都 Du と
郭 Guo かく
黄 Huang こう
経 Jing けい
康 Kang こう
梁 Liang りよう
隆 Long りゆう
陸 Lu りく
鹿 Lu ろく
商 Shang しよう
盛 Sheng せい
陶 Tao とう
習 Xi しゆう
許 Xu きよ
張 Zhang ちよう
章 Zhang しよう

【12画】

程 Cheng てい
達 Da たつ
道 Dao どう
董 Dong とう
費 Fei ひ
馮 Feng ふう
傅 Fu ふ
葛 Ge かつ
辜 Gu こ
賀 He が
焦 Jiao しよう
景 Jing けい
鈕 Niu ちゆう
彭 Peng ほう
琦 Qi き
善 Shan ぜん
勝 Sheng しよう
舒 Shu じよ
粟 Su ぞく
覃 Tan たん
湯 Tang とう
温 Wen おん
項 Xiang こう
陽 Yang よう
葉 Ye よう
裕 Yu ゆう
惲 Yun うん
曾 Zeng そう

【13画】

楚 Chu そ
賈 Jia か
靳 Jin きん
雷 Lei らい
路 Lu ろ
溥 Pu ふ
蒲 Pu ほ
瑞 Rui ずい
僧 Seng そう
鉄 Tie てつ
鄔 Wu う
楊 Yang よう
虞 Yu ぐ
載 Zai さい
詹 Zhan せん
鄒 Zou すう

【14画】

蔡 Cai さい
褚 Chu ちよ
徳 De とく
端 Duan たん
関 Guan かん
嘉 Jia か
蔣 Jiang しよう
廖 Liao りよう
銭 Qian せん
聞 Wen ぶん
熊 Xiong ゆう
殷 Yin いん
趙 Zhao ちよう

【15画】

鄧 Deng とう
樊 Fan はん
翦 Jian せん
黎 Li れい
劉 Liu りゆう
魯 Lu ろ
潘 Pan はん
滕 Teng とう
衛 Wei えい
熙 Xi き
臧 Zang ぞう
鄭 Zheng てい

【16画】

薄 Bo はく
頼 Lai らい
龍 Long りゆう
盧 Lu ろ
駱 Luo らく
穆 Mu ぼく
錫 Xi しやく
蕭 Xiao しよう
薛 Xue せつ
閻 Yan えん

【17画】

戴 Dai たい
韓 Han かん
繆 Miao ぼく
薩 Sa さつ
賽 Sai さい
謝 Xie しや
厳 Yan げん

【18画】

儲 Chu ちよ
額 E がく
簡 Jian かん
藍 Lan らん
聶 Nie じよう
瞿 Qu く
魏 Wei ぎ
顔 Yan がん

【19画】

曠 Kuang こう
羅 Luo ら
龐 Pang ほう
蘇 Su そ
譚 Tan たん

【21画】

顧 Gu こ
饒 Rao じよう

【22画】

龔 Gong きよう

近代中国人名辞典

修訂版

◆編◆

近代中国人名辞典
修訂版編集委員会

山田辰雄　小山三郎
嵯峨　隆　家近亮子

霞山会
国書刊行会

近代中国人名辞典 修訂版

目　次

緒　言

霞山会は，その前身の東亜同文会時代から現代中国の人名辞典を刊行し，膨大なデータを蓄積してきている。その最新版は，1995年に刊行された『現代中国人名辞典』である。言うまでもなく，その目指すところは，現在動きつつある中国を人物を通して理解することである。しかし，収録できる人物の数には限りがある。そこでとられた一つの方針は，死亡者を削除していくことであった。しかし，現在の中国は中華人民共和国全体の歴史，さらにはアヘン戦争に始まる近代の歴史と切り離して理解することはできない。今日亡くなっていく多くの中国の指導者は，1949年以前の中国の近現代史に足跡を残してきた人々である。そこで霞山会では，『近代中国人名辞典』を『現代中国人名辞典』の姉妹篇として編集したらどうかという提案が出された。1978年から伊関佑二郎副会長と太田久勝文化事業部部長代理（当時）のもとで具体化が進んでいた。しかし，その後諸般の事情で中断せざるをえなかったため，改めてこの提案を近衛通隆霞山会会長から，本辞典の顧問の江頭数馬日本大学商学部教授（霞山会理事）を通していただいたのが1983年のことであった。これが本辞典刊行の経緯である。

戦後50年になろうとしている今日，わが国における現代中国研究は非常に盛んであるが，ふり返ってみるとまとまった近代中国に関する人名辞典が刊行されていない。現在の中国では，きわめて多数の人名辞典や伝記的著作が出版されている。またアメリカにも Howard L. Boorman ed., *Biographical Dictionary of Republican China,* 4 vols.（Columbia University Press, New York and London, 1967-79）と，Donald W. Klein and Anne B. Clark eds., *Biographic Dictionary of Chinese Communism 1921-1965,* 2 vols.（Harvard University Press, Cambridge, Massachusetts, 1971）というすぐれた著作がある。

このへんで日本の近代史研究の成果を問うてみたいという気持が編者の心のなかにあった。ひと度この仕事を引き受ける以上，それは単なる便宜的辞典ではなく，学術的価値の高いものにしたいというのが，編集委員一同の気持であった。歴史における人物研究それ自体が魅力的な課題である。歴史の発展において人間が決定的役割を果すのか，あるいは人間をとりまく環境が決定的役割を果すのか，これは歴史家にとって永遠の課題である。いかなる立場をとるにせよ，歴史において個人が重要でないという主張はありえない。特に近代中国において個人の果す役割は大きかった。

清朝の最盛期と1950年代の中華人民共和国期に成立した安定した政治秩序を両極端に設定するなら，この辞典が主要な対象とする19世紀前半から20世紀前半にいたる中国は，相対的にみて政治的不安定と不十分な制度化によって特徴づけられる。かかる情況のなかで，個人の果す役割は相対的に大きくなる。個人の重要性は，伝統的中国社会における人間関係によってさらに大きくなる。

人物研究は，エリート研究でもある。その意味で，近代中国における重要な政策決定過程に参加した人物に光をあてることになった。このような観点から，われわれは重要な政策決定が行われたと思われる事件，会議，組織を中心にして，自らの手で年表を作成してみた。年表の主要部分は本辞典に収録されているが，その副産物としてさらに詳細なものが家近亮子編『中国近代政治史年表』（晃洋書房，1993年）として刊行され，版を重ねている。政策決定を中心に据えたがゆえに政治史に重点が置かれるのは免れえないが，政策決定は必ずしも政治の分野に限定されるものではない。政治を中心としつつも，われわれは広くその他の分野の人物を収録することに努めたつもりである。

人物研究は単に伝記に終止するものではない。そこから抽出される人物類型や行動様式は，社会変動を説明する一つの重要な要素である。また，とかく個人が党派的枠組みのなかで見られがちであるが，個々の人物の行動をたどっていくと党派を越えた同時代人としての関係を発見することができる。かかる発見は，歴史の新たな解釈を生み出すかもしれないという夢を内包しているのである。

以上の人物研究の意義を踏まえて，われわれは本辞典において以下のいくつかの方針を採用することにした。第一の方針は，日本における研究成果に基づいて本辞典を編集するということである。したがって，多くの外国の専門家の研究成果を知りつつも，あえて執筆を日本国内で活躍している研究者に依頼した。その過程で，人々は多くの人物に興味を持っているが，必ずしもその人物の生涯にわたり関心をもっていないという例がよく見られた。その場合，執筆者に一層の努力をお願いすることになった。いずれにせよ，内容の出来具合の主要な責任は編集者にあることはいうまでもない。しかし，この内容は日本の学界の一定の情況を反映するものであり，その意味で学界全体がその責任の一端を負うことにもなる。このような研究の現状の正しい認識は，研究の更なる発展の前提である。

第二は，日中関係を重視したことである。このことは，本辞典が日本で編集されたという理由だけでなく，近代において日中両国がいかに影響しあっていたかを示そうとするものである。

第三は，執筆者の署名入り原稿としたことである。編集委員会は各人物について出来る限り調査をする努力をした。しかし，100年以上にわたって活躍した1,000人を越える人物すべてについて行き届いた調査をすることは不可能である。そこで，原稿の内容については基本的に執筆者の意を尊重することにした。その結果として，同一事項について異なった表現が使われている。「抗日戦争」と「日中戦争」はその一例である。それは，視角の相違を反映している。しかしここでは，極端な表現は排除するものの，一定事項を理解できる常識の範囲内で執筆者の表現をそのまま用いることにした。

第四は，人名の記載に拼音を用いたことである。われわれは漢字を用いながら，日本式の読み方を持っているということが，日本の中国研究の国際交流を妨げてきた一因であった。外国の中国専門家のなかには日本語を解する人が多い。しかし，中国の人名，地名，書名などを日本語で正しく発音することは，それほど容易なことではない。日本の読者はいうまでもなく，学術の国際交流の促進を願ってこのような方針をとることにした。

第五は，中国近現代史を学ぶ専門家，学生，一般読者に対し，そこに登場する主要人物について基礎的データを提供することを目指した。専門家といえども，自分の研究分野と時代を越えた人物について十分体系的な知識をもっているとは限らない。本辞典がそのような専門家の需要にも応えることが出来ることを願う次第である。

本辞典が対象とするのは，1840年のアヘン戦争から1949年の中華人民共和国の成立にいたる時期である。しかし，アヘン戦争を引き起こした背景のなかで活躍していた人物は多数存在している。そこで時期の上限を1800年とし，それ以後の時期に登場する人物を収録することにした。また，中華人民共和国期に活躍した人物については，極めて限られた主要人物を除き，『現代中国人名辞典』に譲ることにした。

本辞典の人物の選定にあたっては，まず，約30冊の日本語，中国語，英語で書かれた中国近代史の通史から約7,000人を抽出し，そのなかから先に言及したエリートと歴史とのかかわりから約1,200人の執筆対象候補を選び出した。しかし，このような作業で常に直面する問題として，質料・研究の不足，適当な執筆者を見出せなかったこと，それとは逆にこちらでそれほど重要視していなかった人物について深い研究をしている執筆者を発見したことによる思わぬ挿入などがあったことを認めなくてはならない。このような絶えざる調整の結果，収録したのは約1,100人の人物である。主要人物はほぼ収めたつもりではあるが，そこにはある種の一貫性の欠如が見られないわけではない。それは編集委員会の責任ではあるが，その主要部分は以上の作業上の困難に起因するものであることを読者諸子にご理解いただきたいと思う。

1995年（平成7年）3月

財団法人 霞山会
『近代中国人名辞典』編集委員会
編集委員長　山田　辰雄

修訂にあたって

前著が刊行されたのは1995年であった。私は10年も過ぎれば他の人々によって同じ企画が始まり，5年くらいかけて新しい近代中国人名辞典が生まれるであろうと思っていた。しかし，22年が経過した2017年の今日においても類書が見られない。幸いなことに前著は今日においてもまだ学界で利用されている。そうであるとしても，われわれは初版における不十分な叙述，その後の新しい研究成果と新しい資料の存在に気づかなかったわけではない。

2011年に霞山会と国書刊行会から前著の修訂の提案が出された。話し合いの結果霞山会は刊行元であるが，修訂の実質的作業と販売は国書刊行会が担当することになった。そこで組織された編集委員会には，山田辰雄（慶應義塾大学名誉教授），小山三郎（杏林大学元教授），嵯峨隆（静岡県立大学名誉教授），家近亮子（敬愛大学教授），朝浩之，永島成郎，竹中朗，倉持由美子，齋藤眞苗の諸氏が参加した。各人はそれぞれの役目を担い，山田（委員長）・小山・嵯峨・家近の4人は前著の編集委員であり，主として原稿の修訂作業を行い，校正作業を含めて全文に3回目を通した。独立の編集者である朝氏は編集・校正において長時間を費やし，専門家としての経験を遺憾なく発揮した。同氏の尽力なくして本書はこのような形で完成しなかった。国書刊行会の永島氏と竹中氏は本書の編集と刊行のあらゆる過程における仕事を担当した。煩雑な連絡，そして何よりも前著の不十分さを認識し，修訂の質を高めるために前著のすべてのページを再度打ち直し編集の基礎とした。霞山会の倉持氏と齋藤氏は刊行者である霞山会との連絡にあたり，度々行われた編集会議を設定した。二人の周到な準備によって毎回の編集会議が円滑に進められた。

前著を見ると，顧問としてご指導いただいた石川忠雄・市古宙三・江頭数馬の3先生はすでに亡くなられている。一部の執筆者のなかにも物故者がみられる。われわれは現在健在なすべての執筆者に前著の原稿を送り，修訂していただいた。物故者の原稿に対しては編集委員会の責任において最小限の修正を加えた。本書に収録する人物の範囲について完全を期することはできない。しかし編集委員会は文芸界の人物，外交官，一部の政治家が欠落していると考え，修訂にあたり若干の人名をつけ加えた。

各編集委員はそれぞれの職務をもっており，この仕事に費やすことができる時間には制限があった。思いのほか長い時間が経ってしまったが，ここに本書を刊行することになった。しばらくの間本書が学界でお役にたつことを願っている。

2017年（平成29年）12月

修訂版編集委員長　山田　辰雄

近代中国人名辞典編集委員会

委員長
山田辰雄（慶應義塾大学教授）
顧　問
石川忠雄（慶應義塾大学名誉教授）
市古宙三（お茶の水女子大学名誉教授）
江頭数馬（日本大学教授）

委　員
小島朋之（慶應義塾大学教授）
小山三郎（杏林大学教授）
嵯峨　隆（静岡県立大学助教授）
家近亮子（津田塾大学講師）

近代中国人名辞典修訂版編集委員会

委員長
山田辰雄（慶應義塾大学名誉教授）

委員
小山三郎（杏林大学元教授）
嵯峨　隆（静岡県立大学名誉教授）
家近亮子（敬愛大学教授）

執筆者一覧

青柳純一	大塚　豊	小島朋之	高柳信夫	西村成雄	松本英紀
味岡　徹	小川利康	小島淑男	滝口太郎	野村浩一	水羽信男
阿辻哲次	奥山　望	後藤延子	竹内　実	萩野脩二	道坂昭廣
阿南友亮	蔭山雅博	小浜正子	田中比呂志	橋本高勝	三石善吉
天児　慧	笠原十九司	小林一美	児野道子	蜂屋亮子	毛里和子
阿頼耶順宏	片倉芳和	小林　武	張　士陽	馬場　毅	望月敏弘
飯島　渉	可児弘明	小林共明	塚本　元	浜口允子	安井三吉
家近亮子	鎌田和宏	小松原伴子	辻田正雄	浜口裕子	安田　淳
池田　誠	川島　真	小山三郎	土田哲夫	林　要三	八巻佳子
石井　明	河田悌一	斎藤秋男	唐　　亮	原田正己	山下未奈
石川照子	菊池一隆	嵯峨　隆	徳岡　仁	針谷美和子	山田　賢
石田米子	北岡正子	笹川裕史	徳田教之	坂野良吉	山田辰雄
井尻秀憲	北村　稔	塩出浩和	栃木利夫	平野　正	山本秀夫
一谷和郎	木下恵二	白川知多	戸張東夫	平松茂雄	山本英史
市橋映里果	桐本東太	末次玲子	中井英基	深澤秀男	湯山トミ子
伊藤泉美	金　文京	杉本達夫	長井裕子	藤井昇三	横山　英
伊原吉之助	楠瀬正明	鐸木昌之	中川雅史	藤谷浩悦	横山宏章
岩佐昌暲	楠原俊代	砂山幸雄	中島勝住	古厩忠夫	吉田富夫
岩谷　將	久保　亨	関根　謙	中嶋嶺雄	本庄比佐子	吉田悠樹彦
臼井佐知子	久保田文次	曾　士才	永野英身	牧野格子	若林正丈
宇野重昭	栗原　純	副島昭一	長堀祐造	松尾洋二	渡辺　惇
江頭数馬	黄　英哲	高綱博文	中村　義	松倉梨恵	
江崎隆哉	黄　當時	高橋伸夫	中村楼蘭	松田康博	（以上141名）
大木　康	小島晋治	高橋久志	並木頼寿	松永正義	

凡 例

本辞典は次の3つの方法で引くことができる。

1）拼音

収録者の配列はすべて拼音（ピンイン）順となっている。各姓（複姓については最初の字）の該当頁を知るには「拼音索引」中扉1を参照。

2）50音

あいうえお順は，「50音索引」中扉2を参照。

3）字画

拼音・50音とも不明の場合でも画数で引くことができる。その場合には，表紙の背後にある「総画索引」を参照。同画数のものは拼音順，同拼音のものは50音順に配列。

1．収録範囲

収録人物は，1840年のアヘン戦争から1949年の中華人民共和国の成立に至る時期を中心に，時期の上限を1800年とし，それ以後の時期に登場する人物，約1,100名とした。中華人民共和国時期に活躍した，ごく限られた人物をも収録した。

2．収録データの最終時点

新たなデータの最終収録時点は原則として2013年10月までとした。

3．使用字体

本文の使用漢字は原則として常用漢字とした。数字は原則として算用数字を使用した。しかし，漢字，数字ともに執筆者が特別に意味を持たせて正字および漢数字を使用した場合は表記のままとした。

4．配列

拼音順とした。

5．年号

原則として西暦を使用し，同一段落中，同一世紀であれば，初出以外は上2桁を省略した。世紀が変わった場合は，新たに4桁で表記し，その後は上2桁を省略した。

6．記事の記載要領

限られた紙幅のなかで，できるだけ以下のデータを記載するように努めた。

⑴ 姓名

漢字：原則として常用漢字（一部，正字を用いたものもある）。

振り仮名：平仮名でルビを付した。（ごく少数の人名の日本語の読み方について，慣用的なものを採用した。）

アルファベット：拼音で表記。姓と名の頭は大文字で表記した。（例：Mao Zedong）

（注1）少数民族の姓名：漢字表記を採用した。

（注2）性別：女性と判明している者については，記事中に表記した。

⑵ 生没年月日

生没年月日はできる限り詳細に姓名の下に括弧書きで表記した。生年（月日），没年（月日）に諸説ある場合は，執筆者が最も適当と判断するものを表記し，その他の必要と思われる説は記事中に記載した。

⑶ 別名

字，号，原名，筆名，別名，幼名，諡などをできるだけ表記した。

⑷ 出生地と原籍

省級およびその下の市・県級まで表記した。しかし，出生地と原籍の区別があいまいな場合，資料の整合性を欠くなどの理由から，推測の域を出ないものもある。

⑸ 民族

少数民族のみ記載し，漢族は省略した。

⑹ 人物類型

職業，専門および歴史的役割などから抽出した。

⑺ 家庭環境

父母兄弟・養子縁組，親戚祖先，家庭の職業，家庭内の特定人物の影響，社会的地位，階級的位置づけ，家庭所在地，恋愛，結婚などについて記載した。

⑻ 教育

科挙，学歴・教育程度・学業成績，就業学校の特質，教師・友人の影響，教育内容，影響を受けた思想，宗教，留学経験（留学先，学校，期間）などについて記載した。

⑼ 社会的活動

運動・組織への参加とその時期，社会的活動への契機（個人的意識と社会状況との結合），組織上の地位，活動地・勤務地，職業，専門分野，派閥，主要事件・論争・会議との関わり合い，人物の相互関係，日本との関係などについて記載した。

⑽ 思想

思想の形成過程，思想内容，戦略戦術などについて記載した。

⑾ 参考文献

当該人物自身の著作およびその人物にかんする研究論文・伝記・資料などを収録した。

中国音索引

X

日本音索引

さ

し

す

せ

れ

ろ

近代中国人名辞典

修訂版

A

艾青 Ai Qing

(1910年3月17日～1996年5月5日)

本名・蔣正涵，字・養源，号・海澄，筆名・莪伽，艾青など。詩人。

浙江省金華県畈田蔣村の地主の家に生まれたが，難産であったため「父母を克す」との卦を立てられ，新しがり屋のくせにひどく保守的で迷信深い父親の手で貧農の家に里子に出され，5歳までを過ごす。このことが，艾青の生涯につきまとう深い憂愁を生んだ。金華の省立第七中学を経て，1928年杭州の国立西湖芸術院絵画系に入学。翌年春，フランスに留学，働きながら絵を学ぶかたわら，ホイットマン，マヤコフスキー，ランボーなどの象徴詩に親しみ，わけてもベルギーの詩人ベルハーレンから強い影響を受ける。31年「満州事変」が起こるや，世界反帝大同盟に加盟し，その集会の印象を歌った「東方部の会合」が公開された最初の作品となった。

1932年4月に帰国。中国左翼美術家連盟に加盟，江豊らと春地芸術社を組織して春地絵画展を開き，魯迅に会う。7月フランス租界警察に逮捕され，江蘇省高等法院から左翼活動を理由に懲役6年を言い渡される。33年1月獄中で貧しい農婦であった養母を讃えた長篇詩「大堰河―わが育ての母」を書き，これが『春光』1巻3期に発表されるや，題材の新鮮さ，憂愁に彩られた抒情の深さ，息の長い思索的表現などで大反響を呼び，出世作となった。この時から艾青の筆名を使用した。35年10月，出獄。翌年，常州武進女子師範学校教師を経てふたたび上海へ，第1詩集『大堰河』を自費出版。

抗日戦争開始後は，武漢，西安，桂林，重慶などの各地を転々とすることになるが，この間に，「雪は中国の大地に降る」(1937年12月)，「太陽に向かって」(38年4月)，「たいまつ」(39年5月) などの民族の苦痛に焦点を当てた長篇詩を次々と書くが，なかでも「太陽に向かって」は，詩人が個人の憂愁から脱却して民族解放へとその視野を拡大する転機となった作品とされる。

1938年3月，武漢で中華全国文芸界抗敵協会設立に参加。40年重慶で陶行知の主宰する育才学校で文学系主任を務めるかたわら，『文芸陣地』の編集にもかかわる。皖南事件後，重慶の進歩的作家に対する圧迫が強まると，周恩来の勧めで，国民党の封鎖線を突破し中国共産党支配下の延安に移る(41年3月)。42年春エッセイ「作家を理解し，作家を尊重しよう」を発表したため，芸術至上主義だとして整風運動で批判されるが，同年5月の延安文芸座談会には，毛沢東の支持の下に積極的に参加。翌年，陝甘寧辺区文化界慰問団を率いて王震指揮下の軍団を慰問，模範工作員に選ばれ，45年には中国共産党に入党。この間，民謡形式を生かした長篇抒事詩「呉満有」，「郷村に献げる詩」，「少年行」などを書く。抗日戦争勝利後は，華北連合大学文学院で一時期教鞭を執り，47年から48年にかけて華北農村の土地革命に参加，解放される農民の喜びを歌った構成詩「郭公」を書いた。

1949年7月中華全国文学芸術工作者第1次代表大会で「解放区の芸術教育」と題する報告をおこなうとともに，全国文学芸術界連合会委員となる。以後，作家協会理事，『人民文学』副編集長，『詩刊』編集委員などを務め，詩壇に指導的地歩を築き，57年夏にはチリを訪問，構成詩「ラテンアメリカの旅」を書く。しかし，順風満帆の生涯は，文芸界のセクト主義を批判したため反右派闘争で「右派分子」のレッテルを貼られて挫折，党を除名される(57年12月)とともに一切の公職から追放され，黒龍江省や新疆の辺境で「労働改造」に従事する。61年にいったん「右派分子」のレッテルを剝がされるが，文化大革命で再度「労働改造」に。79年3月中共中央組織部によって名誉回復され，党籍を回復するとともに，全国政治協商会議委員や作家協会副主席などに就任。以後，80年には復活後の詩集『回帰の歌』を出版，フランスやアメリカを訪問するなど活躍。80年代初めに起こったいわゆる朦朧詩と呼ばれる近代詩運動やモダニズム文学の動きに対しても，マルクス主義の立場から一定の批判を加えつつも，比較的柔軟な対応を示している。

主要作品集は，上記のほかに，『歓呼集』(1950年)，『艾青選集』(51年)，『宝石の赤い星』(53年)，『春』(56年) などがあるが，復活後に新篇の『艾青詩選』(79年) が出た。

参考文献：楊匡漢・楊匡満『艾青伝論』(上海文芸出版社，上海，1984年)。海濤・金漢編『艾青専集』(江蘇人民出版社，南京，1982年)。駱寒超『艾青論』(浙江人民出版社，杭州，1982年)。

〔吉田富夫〕

艾思奇 Ai Siqi

（1910年2月3日～1966年3月22日）

原名・李生萱，筆名・小么，店小二，SG，三（山）本森，李崇基，李東明，崇基，思奇など。雲南省騰冲県和順郷水碓村生まれ。先祖はモンゴル族。マルクス主義哲学者。

父・李日垓（字・子暢）は京師大学堂第1期生で，中国同盟会会員として雲南での蜂起を指導した過激な民主主義者。蔡鍔の護国第1軍秘書長をつとめた。軍閥の唐継尭に反対，迫害を避けて香港，蘇州を流亡。章太炎と親交があった。一家の境遇は絶えず変化し，不安定だった。

艾思奇は7歳で私塾に入り，その後国民小学校に入学する。14歳の年香港に流亡中の父を訪ね1年間を過ごし，父から四書五経を教わるが，その変転絶え間なき生活に強い印象を受けた。1925年父と昆明に帰り，省立1中に編入学。『新青年』などで新思潮に触れ，マルクス主義の洗礼を受けて，昆明学生運動の中堅として活躍するに至った。26年唐継尭によって指名手配され，蘇州の父の下に逃れた。27年に手配中の兄・李生荘（共産党員，南京東南大学学生自治会責任者。彼の思想と行動は艾思奇に大きな影響を与えている）を訪ね，孫伝芳により逮捕されて死刑を宣せられるが，同族の有力者の尽力で釈放された。

1927年春来日，翌年の入試に備えて日本語を学んだ。この間読書に励み，哲学を中心に広く知識を渉猟した。特にヘーゲルの『論理学』はぼろぼろになるまで読んだ。また中国共産党東京特別支部の中国留学生社会主義学習小組に参加，『反デューリング論』などマルクス主義の著作に触れ，更に直接原典を読むためドイツ語を学んだ。やがて貧困と疲労で胃病に苦しむようになる。28年済南事件に抗議して帰国，昆明で病を養った。闘病期間中，日本から持ち帰ったマルクス主義文献に没頭，『民衆日報』（主筆は兄の李生荘）に新文化，新思想を紹介する文章を投稿した。国木田独歩の小説を翻訳し，「インターナショナル」や日本民謡を作曲家の聶耳に教えたこともある。30年病癒え，再度来日，明治専門学校（現在の九州工業大学）に入学したが，31年満州事変に抗議して帰国した。この間中共東京支部の学習会に参加，マルクス主義の著作に読み耽った。

1932年上海で泉漳中学教員となり，傍ら上海反帝大同盟に参加，また思奇，李東明などの筆名で哲学関係の短文を『中華月報』に発表するようになる。33年初めて艾思奇の名で哲学論文「抽象作用与弁証法」を『正路』に発表，同年中国社会科学家連盟に入り宣伝部で工作，以後啓蒙的マルクス主義者としての道を歩むことになる。34年『申報』に入り「読者問答」欄の回答者をつとめ，同年創刊の『読書生活』誌上に毎号通俗的なマルクス主義入門「哲学講話」を連載した。これは36年『大衆哲学』の名で出版され，彼を一躍有名にした。

1935年10月周揚の紹介で中国共産党に入党。上海の新啓蒙運動の主要な推進者として活躍した。37年9月延安に脱出，抗日軍政大学教員となり，毛沢東の信任を得て中共支配地区のマルクス主義哲学の普及と教育に当たった。同年に発刊された『哲学与生活』は毛沢東に高く評価される。38年新哲学会を主宰，同年延安マルクス・レーニン学院が成立すると，哲学研究室主任となる。40年『中国文化』主編，毛沢東の「新民主主義論」を掲載。42年延安整風運動が始まるや毛沢東の意を受けてマルクス主義文献の抜粋を編んだ。また「“有的放矢”及其他」などを書いて運動をリードした。43年『解放日報』に移り，46年編集長。47年10月マルクス・レーニン学院再建に伴い同校に移った。

解放後は中央党校副校長，中国哲学会副会長として党員幹部の理論教育に当たり，また毛沢東思想の解説者としても活躍，さらに党左派の主導的イデオローグとして，1950年代の胡適批判，梁漱溟批判，59～62年の思惟と存在の同一性をめぐる論争などで常に指導的な論文を発表した。64～65年の「一分為二」と「合二而一」をめぐる論争では，楊献珍の唱えた「合二而一」を「矛盾調和論」及び「階級調和論」として否定，楊献珍失脚を決定的にした。第1～3期全人代代表をつとめる。66年病死。59年の『弁証唯物主義綱要』や61年主編の大学哲学教科書『弁証唯物主義，歴史唯物主義』は邦訳もあり，日本のマルクス主義学習者にも影響を与えている。

参考文献：『艾思奇全集』全8巻（人民出版社，北京，2006年）。『馬克思主義哲学家艾思奇』（中共中央党校出版社，北京，1987年）。艾思奇文稿整理小組『一個哲学家的道路—回憶艾思奇同志』（雲南人民出版社，昆明，1981年）。王丹一，盧国英「艾思奇伝略」，晋陽学刊編『中国現代社会科学家伝略』9輯（山西人民出版社，太原，1987年）。艾思奇著，大橋俊夫訳『弁証法的唯物論』（新日本出版社，1961年）。陳正醒「『実践論』までの実践論について」，現代中国学会『現代中国』64号，1990年。岩佐昌暲「〈一分為二〉と〈合二而一〉をめぐる論争—その展開・終焉・再開の過程」，九州大学『文学論輯』29号，1983年3月。岩佐昌暲「楊献珍と艾思奇—〈思惟と存在の同一性〉論争の周辺」，九州大学『文学論輯』38号，1993年3月。

〔岩佐昌暲〕

艾　蕪 Ai Wu

(1904年6月20日～1992年12月5日)

原名・湯道耕，筆名・艾蕪，劉明，岳萌。四川省新繁県生まれ。生誕日を6月2日とする説あり。作家。

父は村の小学校の教師をしていた。辛亥革命後，父は率先して弁髪を切ったという。艾蕪は成都連合中学を受験したが，家が貧しく入学を断念し，一時失望して自殺を考えたという。

1921年秋成都第一師範学校に入学する。すでに『新青年』，『少年中国』を愛読し，新思想の影響を受けていた。半工半読の機会を求め，旧式の結婚に反対して卒業を待たずに，25年夏放浪の旅に出る。昆明の紅十字会の雑役夫をし，夜は英国人の補習学校に学ぶ。『雲波』半月刊に新詩を発表。27年春中国ビルマ国境の木賃宿で馬糞掃除などの仕事をしていた。一時期シンガポールへ行き，その後ビルマにもどる。ビルマ農民暴動支援の言論を行い，31年1月英国政府より強制退去させられる。

1931年春香港，厦門を経て，夏に上海に行く。冬にかけて沙汀とともに創作活動に従事し，魯迅に師事し，32年春左翼作家連盟に加入する。夏，小学校教師，労働者の夜学の教師をする。12月『文学月報』に「人生哲学的一課」を執筆する。33年春国民政府公安局によって逮捕され，約6カ月上海，蘇州の監獄に収容される。この時期の作品に，短篇集『南行記』，『夜景』，『海島上』，『芭蕉谷』などがある。

1937年11月武漢へ行く。38年湖南で小学校教師をする。39年春桂林で王魯彦らと中華文協桂林分会を組織し，理事になる。この時期に，大後方の農村に生まれた抗日意識を描いた作品がある。代表的作品として『秋収』，『荒地』，『文学手冊』，散文集『雑草集』，『翻訳小説集』などがある。

国共内戦時期は重慶で創作活動に従事する。1948年10月～49年に重慶大学中文系の教師を務める。国民党統治下の民衆の生活の現状を描いた短篇小説『煙霧』がある。その他に長篇小説『故郷』，『山野』，中篇小説『豊饒的原野』，自伝『我的幼年時代』，『我的青年時代』がある。

1949年重慶市人民政府委員，文化局局長，文連副主席になる。50年重慶の郊外の歌楽山の土地改革運動に参加する。52年鞍山製鋼所に行く。53年秋北京で創作活動に従事し，この年中共に入党する（57年とする説もある）。この時期の作品に，都市労働者の生活を描いた『新的家』，短篇『夜帰』，長篇『百煉成鋼』がある。61年冬から62年春に雲南の旅に出る。短篇小説集『南行記続編』を出版する。64年春大慶油田での生活をもとに，『採油樹下』を書く。65年春四川で社会主義教育運動に参加したが，68年夏文化大革命で批判の対象にされる。監獄に収容され，72年釈放される。73年1月少数民族の生活を題材にした中篇小説を書き，『四川文芸』創刊号に発表するが，批判される。後に『高高的山上』の一部になる。

1977年創作活動を再開する。78年9月中国作家協会が作家を組織，鞍山・大慶へ訪問学習した際，団長として参加する。81年2月雲南辺境に旅し，『南行記新編』を出版する。四川省文連名誉主席。中国作家協会顧問を務める。1992年北京で病死。

参考文献：北京語言学院《中国文学家辞典》編委会『中国文学家辞典』現代第1分冊（四川人民出版社，成都，1979年)。『四川作家研究』12，19輯（四川人民出版社，成都，1982，1983年)。徐州師範学院《中国現代作家伝略》編輯組『中国現代作家伝略』下（四川人民文学社，重慶，1983年)。上海社会科学院文学研究所編『三十年代在上海的“左連”作家』下巻（上海社会科学院出版社，上海，1988年)。

〔小山三郎〕

安　子文 An Ziwen

(1909年9月25日～1980年6月25日)

原名・志翰，字・浩然。陝西省綏徳県双湖峪生まれ。中国共産党組織部門の指導者。父・安慶雲。夫人・劉競白（山西籍の民主人士で，後に王若飛の紹介で中共に入党した劉少白の娘)，長男・安民。

父は清代の秀才で，民国時代に陝西省議員を務めたことがある。1921年父が病死した後，家計が苦しくなったが，安子文はまもなく綏徳師範学校に入学し，当時校長を務めていた李子洲（共産党員）らの影響を受け，マルクス主義の書籍や中共の雑誌を読み始めた。この時期，劉志丹と親しくなる。

1924年安子文は師範学校を卒業。25年北京で中国共産主義青年団に加入し，国民党にも入党した。27年末に中共に入党。主に中共の地下連絡工作に従事し，中共河南省委交通科長，中共中央北方局交通科長，順直省委秘書長を歴任した。31年3月国民党に4度目の逮捕をされ，5年間の獄中生活を送った。薄一波，劉瀾濤，楊献珍らは獄友であった。36年春中共北方局書記・劉少奇は中央の許可を得て，安子文，薄一波，劉瀾濤，楊献珍らに国民党当局の要求する手続きで反省文を書き出獄するよう指示した。

出獄した安子文は，北平市委組織部長に就任し，西安事件後学生運動をも指導し，薄一波の指導した山西軍政訓練班や民訓幹部団に多くの知識青年を送った。日中戦争が勃発した後，安子文は太原の北方局組織部（部長・彭真）に転任し，劉少奇の指示で1937年11月彭真とともに，薄一波の作った太岳抗日根拠地に赴き，中共太岳区工作委員会を新設した。その後安子文は同委員会書記に就任し，後にまた晋冀魯豫省委委員，省委統一戦線工作部部長を兼任し，薄一波および陳賡とともに根拠地の建設と発展に努めた。43年延安に赴き，中共中央党校2部副主任に任命された。45年8月毛沢東の指示で中央組織部副部長に就任したが，1カ月後中央組織部長・彭真が東北に派遣されたので，中央組織部の日常工作を指導し始めた。以来，中央党校教育長に転任したことを除き，21年間中央組織部副部長，部長を務めた。47年3月国民党軍が延安に進攻した時，政治局は劉少奇を書記とする中央工作委員会を設置し，中央の委託工作を行うことを決定した。安子文は同工作委員会の秘書長を兼任した。このことから劉少奇の安子文に対する信任の深さをうかがうことができる。

1949年中華人民共和国の成立後，安子文は中央人民政府人事部長に就任し，建国初期の深刻な幹部不足問題の解決，幹部教育，「幹部職務名単表」および「幹部の分部・分級管理制度」の導入，幹部の政治審査，党組織の拡大と強化などの指導に直接に参加し，組織制度・幹部管理制度の整備および円滑な運営，組織幹部の育成に大きく寄与した。また，83～84年中央組織部長を務めた陳野苹は彼の秘書であったことからわかるように，安子文の中共の幹部人事に対する影響は非常に大きかったと言える。

1952年初，中央の「三反・五反」運動辦公室主任をも担当したが，53年夏以後，党内の権力闘争に絡んで，安子文は劉少奇グループの要員として，高崗，特に当時の中央組織部長を務めた饒漱石からの激しい攻撃を受けた。特に，安子文が中央の指示を受けずに，改組する政治局委員のリストと党中央事務機関責任者のリストを作ったことが，高崗・饒漱石側に攻撃材料として利用され，53年9～10月の第2次全国組織工作会議で集中批判を受けた。しかし，53年末毛沢東は劉少奇らを支持し，高崗・饒漱石が批判されて失脚し，鄧小平が中央組織部長を兼任したことにより，安子文の地位は安定し，56年9月の中共8全大会で中央委員に初当選し，同年冬中央組織部長に昇格した。

文革では，劉少奇人脈と見られる安子文は，政治的迫害から逃れることはできなかった。1966年9月16日康生は毛沢東に書簡を送り，薄一波，安子文ら61人が36年に反省書を書き出獄したことが，劉少奇の策したもので，「自首」と「裏切り」行為であることを指摘した。この問題が提出されたことにより，安子文は67年3月中共中央によって，「61人の裏切り集団」の中心人物として断罪された。また，48年に彭真から送られたラジオもスパイ用の装置として糾弾された。監禁されている間，釈放と9全大会における中央委員再選を条件に，劉少奇を「裏切り者」と証明する材料の提供を要求されたが，安子文はそれを拒否し，75年安徽省に「下放」された。

1978年「61人の裏切り集団」は冤罪とされ，安子文も名誉回復された。79年中共中央党校副校長に，同年9月の11期4中全会で中央委員に選出された。80年6月北京で病死した。

参考文献：中共党史人物研究会編『中共党史人物伝』20巻（陝西人民出版社，西安，1984年）。陳野苹他編『安子文伝略』（山西人民出版社，太原，1985年）。孫維本主編『中国共産党党務工作大辞典』（中国展望出版社，北京，1989年）。

〔唐亮〕

B

巴（は）　金（きん）　Ba Jin

（1904年11月25日～2005年10月17日）

本名・李尭棠，筆名・比金，欧陽鏡蓉，余一，黄樹輝。作家。

四川省成都の官僚地主の家庭に生まれる。李家は四川省で代々知県を務める家系であった。父・道河は，1911年成都に戻るまで四川省広元県で知県を務めた。07年父に伴われ広元県へ移り，2年半を過ごす。母・陳淑芳。長兄・尭枚，次兄・尭林，姉2人，弟3人，妹3人。幼年期は家塾で学ぶ。14年母死去。17年父死去。幼年期を回想し，母から「愛」を，下働きの男や駕籠かきたちから「忠実」ということを学んだと述べている。

中学進学を希望したが，祖父の許しを得られず，1918年秋YMCAの英語補習学校に入学。その後従兄に英語を学ぶ。19年『新青年』，『新潮』，『毎周評論』を購読。20年クロポトキン著・真民（李石曾）訳『告少年』を読み感動する。2月祖父死去。9月次兄・尭林の成都外語専門学校の入学にともない同校の聴講生となり，本科に進む。21年重慶の「適社」に近づき，

22年成都で無政府主義者連盟の『平民之声』創刊。23年成都を離れ上海，南京へ行き，南京の東南大学付属中学補習班に入学。新生活に踏みだすことができたのは，長兄の助力による。25年5・30事件に抗議する南京の学生運動に参加。胸部疾患治療のため上海に戻る。

1927年1月パリに留学，フランス語の補習学校に通う。当時アメリカのアナーキスト，サッコ・ヴァンゼッティ救援運動が展開されており，パリの救援組織に参加。このような実践活動と不合理な社会への怒りは，28年夏には中篇小説『滅亡』として結実し，29年1～4月の『小説月報』に発表される。27年夏，4・12クーデターの消息を知り，国民政府を批判。清党に賛同した無政府主義刊行物『革命周報』との関係を断絶。31年1月上海の新聞『時報』に長篇小説『激流』(33年『家』と改題され出版)の連載を開始。生家をモデルとして封建的家族制度の罪悪を暴露し，家の犠牲になった長兄を描く。この時期長兄が自殺し大きなショックを受ける。彼の文学には，17歳まで過ごした成都での生活から得た経験をもとに，人間の生きる現実を伝えようとする傾向が見い出せる。

1931年以降抗日救亡運動に参加し，『霧』，『雨』，『電』の愛情3部作を執筆。33年『文学季刊』を創刊。34年11月渡日，横浜，東京に滞在。35年4月，満州国皇帝の日本訪問にあたり予備検束にあい，日本橋署に一晩留置される。5月には上海文化生活出版社発行『文化生活叢刊』の主編となる。8月帰国。

1935年11月『文学叢刊』主編。蕭紅，蕭軍，葉紫ら魯迅と関係のあった新進作家の作品を紹介する。また茅盾，曹禺，何其芳，李広田らと関係をもつようになる。36年6月国防文学論争の過程で魯迅らと「中国文芸工作者宣言」を発表。国防文学を提唱するグループから「アナーキスト」と批判されるが，魯迅によって弁護される。37年茅盾と共同編集で『烽火』を発行。

1938年10月日本軍広州進攻のため広西省桂林へ避難。39年上海に戻り，中篇小説『秋』を執筆開始。40年9月昆明にて『火』を完成し重慶へ移る。41年3月から『火』第2部を，43年『火』第3部を執筆。44年貴陽にて『憩園』起稿，5月外国文学者・陳蘊珍(筆名・蕭珊)と結婚。45年『第四病室』完成。老舎，茅盾らと「文化界時局進言」発表。12月長女生まれる。46年8月より「寒夜」を文協上海分会の刊行物『文芸復興』に連載。以上の作品群は，抗日戦争期に大後方を移動する過程において国民党統治下の腐敗した空気の中で苦悩する小市民を主題にしたものである。

アナーキズムに関しては，1927年クロポトキンの著作より『倫理学的起源及発展』，40年『麺包与自由』，『克魯泡特金的自伝』，41年『倫理学的起源和発展』を訳出している。その他にアメリカのアナーキスト，アレキサンダー・バークマン，ロシアの革命家，スチェプニャーク・クラウチンスキー，ドイツ人アナーキスト，ロッカーらの著作を訳出している。

1949年中華人民共和国成立に際して，中華全国文学工作者協会全国委員会委員，中華全国文学芸術界連合界全国委員会委員に就任。50年11月ワルシャワにて第2回世界平和大会に出席。52年朝鮮戦線に従軍，「平壌英雄的城市」を発表。53年10月中国作家協会第2期理事会副主席に就任。54年第1期全国人民代表大会四川省代表。55年4月バンドン会議中国代表団員。57年7月『収穫』を創刊，主編。58年3月「法斯特的悲劇」を発表，批判され，5月批判を受け入れる。北京の人民文学出版社から『巴金文集』全14巻の出版開始，62年完結。大躍進期に姚文元は，巴金の作品には個人主義，無政府主義，愛情主義が濃厚に存在すると批判。59年短篇小説集『新声集』出版。60年全国作家協会副主席。61年3月AA作家会議東京緊急会議に中国代表団長として来日。63年6月北ヴェトナム訪問。66年8月文化大革命期に批判される。67年5月『人民日報』に巴金批判論文が掲載され，以後各紙に批判論文出現。72年文革中の迫害が原因で夫人死去。上海の作家のなかで最も大きな被害を受けたのは，姚文元との個人的対立が原因しているという。2005年10月17日，上海で死去。

1974年よりゲルツェンの回想記，『往時与随想』の翻訳に従事。77年5月名誉回復。78年2月第5期全国人民代表大会常務委員会委員，作家協会主席。香港の『大公報』に「回想録」を執筆開始。文化大革命を引き起こした作家の責任を反省している。80年来日。

参考文献：北京語言学院《中国文学家辞典》編委会『中国文学家辞典』現代第1分冊(四川人民出版社，成都，1979年)。『巴金選集』全4巻(四川人民出版社，成都，1982年)。徐州師範学院《中国現代作家伝略》編輯組『中国現代作家伝略』上(四川人民出版社，重慶，1983年)。汪応果『巴金論』(上海文芸出版社，上海，1985年)。李存光編『巴金研究資料』上・中・下(海峡文芸出版社，福州，1985年)。巴金著，池田武雄編訳『巴金回憶集』(秋山書店，1978年)。巴金著，石上韶訳『随想録』(筑摩書房，1982年)。

〔小山三郎〕

白　崇禧　Bai Chongxi

（1893年～1966年12月2日）

字・健生。広西省臨桂県南郷山尾村生まれ。回族。広西派軍人，政治家。

族譜によると白家の原籍は江南省江寧府上元県にあり，明代に広西に移り住んだとされる。父・白史書は商店を経営していたが，病気によりその営業の継続が困難になったため，家庭は経済的困難に苦しむことになった。

白崇禧は私塾において古典を中心とする伝統的な教育を受けた後，新学に転じ，1906年広西陸軍小学に入学した。蔡鍔が総辦を務めていたこの小学の同級生には後に白とともに広西派の中心となる李宗仁，黄紹竑らがいた。しかし，まもなく白は病気と家族の希望により広西初級師範へと転じた。

1911年辛亥革命が勃発すると，白崇禧は広西陸軍小学の学生とともに武漢の革命政府の支援を目指す広西北伐学生敢死隊に参加した。南北間で講和が成立したため，学生敢死隊は南京で解散するが，白は武昌の陸軍予備中学に入学し，14年これを卒業した。さらに，北京での軍隊における実習を経て翌15年保定軍官学校へと進み，16年これを卒業した。

白崇禧は新疆での勤務を希望して北京政府に働きかけるが果せず，1917年故郷広西省へ戻り，広西陸軍第1師第3団に見習い士官として勤務することになる。ここに，彼の地方軍人として経歴が始まることになった。そして，同年夏広西軍内に組織された「模範営」に加わり，ここで培われた人脈は後に新広西派を形成するのに大きな意味を持つことになった。広西軍の将校として様々な戦闘に参加した白は，次第に頭角を現し連長，営長へと昇進して行くことになる。

1916年以来広東を支配してきた広西派（陸栄廷を中心とする）に対して，広東省の諸政治勢力の反発が高まり，20年末には陳炯明指揮下の広東軍は武力によって広西派を広東から排除した。さらに，翌21年には広東軍は敗走する広西軍を追って広西省内に侵入した。このため，陸栄廷を中心とする広西派の支配は広西省内でも大きく揺らぎ，広西省内は混乱状態に陥った。以上のような状況で，白崇禧は李宗仁，黄紹竑らと結んで広西省内の権力闘争に参加し，24年には定桂討賊軍参謀長に任じられた（李宗仁総司令，黄紹竑副司令）。彼らは，広東の中国国民党との連携を強めながら，激しい政治的軍事的闘争を経て次第に広西省内の他の勢力を圧倒し，25年広西省全域を支配下に収めるに至った。これ以降，李宗仁を最高指揮官とし，白崇禧，黄紹竑を中心とする広西派は49年に至るまでほぼ一貫して広西省を支配し続けたのであった（彼らを陸栄廷を中心とする旧広西派と区別するため新広西派と呼ぶことがある）。

1926年3月広西派は国民党の正統性を承認し，その部隊は国民革命軍第7軍に改編され，白崇禧は同軍参謀長兼第2旅長に就任する。同年北伐が始まると広西派は全面的にこれに参加し，白は国民革命軍総参謀長，東路前敵総指揮，上海警備総司令などの要職に任じられた。27年4月12日に蔣介石が発動した反共クーデターにおいて白は上海の責任者としてこれに深く関与している。その後も白崇禧は第2路軍総司令，第4集団軍副司令などの要職を歴任し，全中国的に有力な軍人・政治家としての地位を確立した。特に，白は戦略家として高く評価され，「小諸葛」と称されるに至った。

北伐と国民革命の過程において広西派は全国政治にも大きな影響力を行使する有力な政治勢力としての地位を築いた。しかし，1928年から30年にかけての南京国民政府の主導権をめぐる複雑な権力闘争において広西派は敗北し，全国政治への影響力は大きく低下した。もっとも，南京国民政府の全国への実効的支配には大きな限界が存在し，広西省は広西派の支配下で実質的には独立的地位を維持し続け，30年代においても広西派は西南地区の有力な地方勢力としての地位を保っていたのであった。広西民団総司令などの地位にあった白は広西派内では李宗仁に次ぐ地位を維持し続けた。また，36年の両広事件にも参加し，抗日救国第1軍副総司令に任じられている。

1937年日中戦争が始まると広西派も全面的に抗日戦争に参加し，白崇禧は再度全国レベルで活躍することになった。すなわち，彼は国民党軍事委員会副総参謀長，軍訓部部長，桂林行営主任，監察委員会主席などの職を歴任した。また，上海，台児荘，鄂東，昆崙関などの重要な戦闘で指揮をとったことでも知られる。

日中戦争終結後も，1946年には国防部長に就任し，翌47年には戦略顧問委員会主任委員兼華中剿匪総司令などを歴任するなど，白崇禧は国民政府の要職に留まった。

1949年の中華人民共和国成立後は国民党とともに台湾に渡り，総統府戦略顧問委員会副主任委員などの職を務めた。66年12月台北で病死した。

参考文献：蘇理立『白崇禧伝奇』（広西人民出版社，南寧，1988年）。中央研究院近代史研究所編『白崇禧先生訪問録』（中央研究院近代史研究所，台北，1984年）。Diana Lary, *Region and Nation: The Kwangsi Clique in Chinese Republic, 1925-1937* (Cambridge University Press, Cambridge, 1974).

〔塚本元〕

白（はく）　朗（ろう）　Bai Lang

（1912年8月2日～1994年2月7日）

本名・劉東蘭，筆名・劉莉，弋白，杜徽，白朗。遼寧省瀋陽市生まれ。女流作家。

瀋陽の著名な漢方医・劉紫揚の孫として生まれる。彼が黒龍江省督軍の軍医となったため，一家はチチハルに移った。父も医者であるが，半身不随となり白朗11歳の時病死した。小学校卒業後，1922年チチハルに転居，26年黒龍江省立女子師範に入学した。父の死後，姉弟も夭逝し，さらに張作霖爆殺事件の後，家は没落し，祖父の葬式の際，棺を買う金さえもなかった。いとこの羅烽と29年ハルビンで結婚した。羅烽は早世した姉の許婚者で，当時の風習により白朗は身代わりとなったのである。

羅烽は1929年中国共産党に入党しており革新的思想の持ち主で，次第に彼の影響を受け革命文学に接近する。30年代初期羅烽の活動を側面から支える一方，彼を通じて蕭紅ら当時のハルビンの青年文学者たちと交流し，創作への刺激を受け，『大同報』副刊『夜哨』に劉莉の筆名で「叛逆的児子」などの小説や散文を発表，星星劇団にも参加した。33年4月『国際協報』社の記者となり，同年10月副刊編集担当となった。34年1月創刊の同紙の大型文芸副刊『文芸』の編集を担当した。これは『夜哨』発禁後のハルビン文壇の中心となり，多くの作家を育てた。彼女自身も「逃亡日記」，「悚慄的光圏」などを発表している。だが，31～35年の間に相次いで3人の子を亡くし，34年夫を逮捕されるなど不幸は続いた。この間の事情は短篇「無言的会見」，「礼物」などに描かれている。

1935年羅烽が釈放されると，ハルビンを離れ上海に出た。はじめ蕭軍ら旧友に依拠し，のちタイピストをして生活を支えたが，第4子も病死してしまい，精神的打撃は大きかった。当時哀愁をこめて書かれた散文は『月夜到黎明』に収められ，54年に出版された。36年刑死した親友・金剣嘯追悼のため，金人と『夜哨小叢書』を編集，短篇「伊瓦魯河畔」，「輸下」などを収めた。

1937年7月抗日戦争が勃発すると上海文芸界戦地服務団に参加，9月には武漢，さらに重慶へ移った。一時羅烽が単身参軍したため，老母と子どもと不安な日々を送った。39年6月太行山区に向けての作家戦地訪問団に羅烽ら14名と共に参加するが，その途次団長・王錫礼が洛陽で病死，白朗も健康すぐれず，1人後退を余儀なくされた。この2カ月間の貴重な記録は『我們十四個』として40に年出版された。41年2月延安へ行き，『解放日報』文芸副刊編集を担当した。ほかに30年代初期から延安での生活を記した『西行散記』，長篇『獄外記』を執筆した。しかし，整風運動後期の迫害のため一時精神に異常をきたす。45年ハルビンに派遣され『東北日報』副刊部部長，東北文芸協会出版部副部長などを兼任した。

解放後，1950年瀋陽に移り多くの職を兼任，創作面でも黄金期であった。小説集『牛四的故事』，『北斗』，報告文学「真人真事」，代表的中篇小説『為了幸福的明天』などが出版された。朝鮮戦争の際は6度も戦地を訪問し，長篇『在軌道上前進』（のち『愛的召喚』と改題）などを書いた。53年コペンハーゲンの国際婦人デー大会に中国代表として参加するなど外交面でも重要な役割をつとめた。57年反右派闘争で「右派」とされ，炭鉱で労働改造を強いられるが，以後も短篇『少織了一朶大紅花』や多数の散文を発表した。文革中迫害のため精神に異常をきたし，のち名誉回復し北京に戻るが，病身のまま晩年を送り，1994年2月7日，死去した。著作集に『白朗文集』（春風文芸出版社，瀋陽，1986年）がある。

参考文献：白瑩「白朗小伝」，遼寧・黒龍江両省社会科学院合編『東北現代文学史料』2輯（哈爾浜，1980年）。陳震文「白朗的生平和創作道路」，遼寧社会科学院文学研究所編『東北現代文学史料』5輯（瀋陽，1982年）。陳震文「白朗生平与文学活動年表」，遼寧社会科学院文学研究所編『東北現代文学研究』1期（瀋陽，1986年）。梁山丁編『長夜螢火』（春風文芸出版社，瀋陽，1986年）。〔長井裕子〕

柏（はく）　文蔚（ぶんい）　Bai Wenwei

（1876年6月8日～1947年4月26日）

字・烈武，号・松柏居士。安徽省寿州南郷柏家寨生まれ。中国国民党の指導者，軍人。

私塾教師の家に生まれ，1897年に秀才となった後，同郷の孫毓筠らと「閲報書社」という団体を作り，『申報』や唐才常主編の『湘学報』を読んで，欧米の思想を吸収した。

1899年，安慶の安徽大学堂に入学したが，1901年に清露密約に反対する運動を行って学校当局と対立し，退学した。同年，安徽武備学堂に入学し，03年に同校を卒業した。04年2月蕪湖の安徽公学の教員となり，05年夏陳独秀らと「岳王会」という反清秘密団体を組織した。

1905年秋南京の江南新軍第9鎮が新兵を募集した際，管帯（営長）を務めていた革命派の趙声の招きを受けて，安徽公学を辞し，趙声配下の隊官となった。

06年岳王会の南京分会が成立するとその会長となり，同年秋会員とともに中国同盟会に入った。この頃管帯に昇進したが，同年末革命派による両江総督・端方暗殺計画が露見し，柏は吉林省へ逃亡した。07年春延吉庁で吉強軍文幇帯兼馬歩隊総教習となり，08年新軍第1鎮鎮統・呉禄貞配下の屯田軍1標標統となった。09年奉天督練公所参謀処の2等参謀となり，10年ロシア領のイルクーツク，ウラジオストクなどを視察して回った。

1911年10月に武昌で辛亥革命が起きると南京へ戻り，開明的な新軍第9鎮統領の徐紹楨を説得して，南京での反清蜂起に踏み切らせ，張勲軍を追い払う戦闘を指揮した。12月に南京の部隊が改編されると，柏は中華民国陸軍第1軍の軍長となった。12年1月に始まった北伐では，張勲軍を破って徐州を攻略する軍功をあげた。

1912年2月安徽都督に任ぜられたが，13年6月国民党勢力の一掃を図る袁世凱から陝甘籌辺使への左遷命令を受けた。7月に，いわゆる第2革命が起こされると，柏は安徽討袁軍総司令として反袁戦争に参加したが，反袁軍は各戦線で敗れ，柏は一時上海に隠れてから，日本へ亡命した。14年孫文から中華革命党軍務部長への就任を求められたが，自分よりは黄興がふさわしいとして辞退した。

1915年5月東南アジアへ向かい，「水利促成社」という団体を作って軍費の調達に努め，16年2月上海へ戻った。

1917年夏に孫文が護法運動を始めると，孫文の命を受けて広東・湖南で兵士を集めて訓練し，湘粤連軍の先駆となった。18年，靖国軍川鄂連軍前敵総指揮に任命され，20年には鄂軍総司令を兼任した。22年4月孫文から建国第2軍軍長に任ぜられ，北伐の準備をしたが，6月に陳炯明のクーデターが起き，北伐計画は頓挫した。

1923年秋より，軍務よりも中国国民党の改組工作に従事するようになり，24年1月の国民党1全大会で中央執行委員に選出された。26年1月の同党2全大会で中央執行委員に再選され，同年7月に北伐が始まると，同年11月から28年2月まで国民革命軍第33軍軍長に任ぜられた。

1926年12月武漢国民政府委員会の職権を代行する臨時連席会議で委員に選出され，翌27年3月にも武漢政府の国民政府委員会委員に選出された。同年4月の4・12クーデター直後の南京国民政府の政府委員には選ばれなかったが，同年9月の寧漢合作時には国民政府委員に選任された。また，27年7月から29年5月までの間，安徽省政府委員を務めた。27年10月，国民政府軍事委員会委員に選出され，28年2月，31年12月，43年9月と国民政府委員に連続選出された。

党務の方では，1929年3月の3全大会で中央執行委員に再選されず，30年に汪兆銘ら反蔣派が北平で開いた中国国民党中央党部拡大会議で常務委員会委員になるなどしたが，31年12月の4全大会，35年11月の5全大会，45年5月の6全大会でいずれも中央執行委員に選ばれた。また28年8月から35年12月までの間，中央政治会議委員を務めた。

抗日戦争中は病気がちで湖南省に住んでいた。戦後上海に戻ったが，1947年心臓病のため上海南洋医院で死去した。著書に『松柏居士日記』，『五十年大事記』がある。

参考文献：柏文蔚「五十年経歴」，『近代史資料』総40号（1979年7月）。朱来常・聶皖輝『北洋軍閥和民国将領』（安徽人民出版社，安慶，1981年）。張雷「柏文蔚年譜簡編」，『民国檔案』1986年3期。劉敬坤「柏文蔚」，中国社会科学院近代史研究所編『民国人物伝』第12巻（中華書局，北京，2005年）。

〔味岡徹〕

白（はく）　雲梯（うんてい）　Bai Yunti

（1894年2月17日～1980年8月2日）

字・巨川。熱河省卓索図（Josotu）盟喀喇沁（Harachin）中旗生まれ。モンゴル族。中国国民党指導者。

氏名はモンゴル語のBuyantaiを音訳した漢名であり，原義は「福のある者」である。チャハル貴族の後裔である胡遜台（漢名・白玉崑）の次男である。幼年期に白蓮教徒によるモンゴル族迫害や義和団事件などの影響を受け，さらに貢桑諾爾布（Gungsangnorbu）が日本に範をとった改革を進めたことにも影響を受ける。1911年に北京国文専修館で漢文を専攻する。12年に貢桑諾爾布が創立した蒙蔵学校法制経済科に入学する。19年に中国国民党に入党し，翌20年には，孫文に内モンゴルへ党務特派員として派遣される。24年1月中国国民党第1次全国代表大会に出席し，第1期中央執行委員候補に選出される。この時期，国民党とモンゴル人民革命党との折衝も担当している。同年3月には内蒙臨時執行委員会籌備員を拝命し，内モンゴルに赴いて内モンゴル国民党の組織作りを行う。25年3月内モンゴル国民党全蒙代表大会が張家口で開催された際，白雲梯は内蒙国民党執行委員会委員長に推挙される。その後，組織の発展，三民主義の普及，内蒙の優秀な青年の育成に尽力する。この時期に『蒙古民報』も創刊している。

1926年1月国民党第2期中央執行委員候補に当選する。同年モンゴル宣慰隊に任命され，内モンゴル地方の各旗を訪問する。28年2月第2期4中全会の際中央執行委員となり，同月国民政府委員となる。6月蒙蔵委員会委員に就任し，張継，劉揆忱とともに常務委員となる。同年11月中央より寧夏省政府委員に任命され，同地に派遣される。国民党分裂の趨勢に伴い，汪精衛との関係が深かった白雲梯は29年3月の第3次全国代表大会において中央執行委員および監察委員の選挙に落選し，同年9月には蒙蔵委員会委員の職も解かれる。10月に南京国民政府に指名手配され，11月には党籍を剝奪される。30年7月に中国国民党中央党部拡大会議に参加し，その後北平国民政府民族部主任委員を務める。しかし，同年9月に張学良が南京国民政府側についたため，拡大会議は瓦解し，白は北平を離れて広東に赴く。

1931年に国民党が蔣介石の下で統合される過程において，10月白雲梯は党籍を回復して南京に戻る。同年11月第4期中央執行委員候補に就任し，12月には中央組織委員会委員を兼任する。34年にはモンゴル地方自治政務委員会委員も兼任する。この委員会は行政院直属であり，各盟旗における政務の処理を行っている。35年11月国民党第5次全国代表大会で中央執行委員および監察委員選挙を行った際，白は再度落選する。

1945年5月第6期中央執行委員に当選して復活し，抗日戦争終結後モンゴル宣撫団団長を引き受けるが，北平でソ連および中国共産党の妨害に遭い引き返す。46年11月制憲国民大会代表を務め，他のモンゴル代表とともにモンゴル自治の条項を中華民国憲法に盛り込む提案をして認められる。47年7月蒙蔵委員会副委員長に就任する。この後，白雲梯は中央常務委員に就任し，同年冬第1期国民大会代表に選ばれる。48年4月には第1期国民大会第1次会議主席団主席に当選する。同年6月憲政移行後の蒙蔵委員会副委員長を務める。12月に行政院が改組され，孫科が行政院長になった際，白は蒙蔵委員会第9代委員長に就任する。49年3月何応欽内閣の下でも蒙蔵委員会委員長に再任される。同年6月閻錫山が組閣した際には蒙蔵委員会委員長職を辞して，関吉玉がこの職を継ぐ。

中華民国政府の台湾移転にともない，白雲梯は台湾に渡り，後に総統府国策顧問となる。1957年10月第8期中央評議委員に当選し，その後，63年11月，69年4月，76年11月に，9期，10期，11期中央評議委員を連続して務める。80年8月台北で病死する。

参考文献：劉紹唐主編『民国人物小伝』第4冊（伝記文学出版社，台北，1981年）。中国国民党中央委員会党史委員会編『革命人物誌』4集（中央文物供応社，台北，1970年）。

〔松田康博〕

包（ほう）　恵僧（けいそう）　Bao Huiseng

（1894年～1979年7月2日）

学名・包道享。筆名あるいは別名・包悔（晦）生，包一宇，包一亦，包一徳，包生，亦愚，恵僧，僧，栖梧老人。仮名・鮑一徳，鮑懐深，鮑慧僧，楊一如など。湖北省黄崗県生まれ。中国共産党の初期の指導者。

農家に生まれる。1911年に湖北省立第一師範学校に入学，17年に卒業し，半年余り小学校の教員をつとめた後，武漢で記者に転職，『漢口新聞報』，『大漢報』，『公論日報』，『中西日報』などに寄稿した。19年五・四運動並びに新文化運動に参加し，その中で陳独秀らマルクス主義者と交流をもつ。同年北京大学文学系を卒業した。

1920年董必武，劉伯垂，陳潭秋らと武漢で共産主義小組（中国共産党武漢支部）を結成し，初代書記となる。21年1月上海に赴き，上海共産主義小組書記代行の李漢俊の下でソ連留学工作に従事，同工作推進のために設置された中共中央教育委員会の主任をつとめる。5月に広州に行き，7月陳公博とともに広州共産主義小組代表として中共1全大会に参加した。

1921年10月武漢に戻り，以後中共武漢支部書記，中国労働組合書記部長江支部主任として労働運動を指導し，漢口人力車夫工会，粤漢鉄路工人子弟学校，粤漢鉄路工人倶楽部，京漢鉄路江岸工人倶楽部などを組織した。

1922年包恵僧は，張昆弟，何孟雄らと北京政府交通部工作に派遣される。包一宇の名前で活動し，正太，京漢，京奉，津浦，京綏の各鉄道に労働組合を組織，23年2月に2・7ストを指導した（北京滞在中の地位は中共北京区執行委委員，同秘書）。同年9月武漢に戻り，中共武漢区委書記に就任する。

1924年中共党員として国民党に入党した。入党当時鮑慧僧の仮名を用いたという。5月，国共合作成立後の広州に派遣され，当地で国民党中央宣伝部幹事，党員訓練班訓育員，広東大学師範部教員，大本営装甲車隊政治教官，滇軍幹部学校政治部主任に就任，25年2月から6月まで周恩来にかわって黄埔軍官学校政治部主任をつとめた。同年8月国民革命軍第1軍第1師第3団党代表に任命され，10月に第2次東征に参加，東征終了後に黄埔軍官学校入伍生部政治部主任に就任。26年1月軍代表として国民党2全大会に出席し，蔣介石，汪精衛らと「士卒の経済生活改良の提案」を提出した。

1926年3月国民革命軍第1軍第20師の国民党代表となる。同月中山艦事件の発生に際し，蔣介石により第20師の党代表の職務を解かれるが，その後も国民革命軍総司令部国民党特別党部執行委員会委員，国民政府特務委員に就任，武漢では武漢新聞検査委員会主席，武漢中央軍事政治学校準備処主任，鄂軍第1師国民党代表兼政治部主任などを歴任し，国民党内で工作に従事した。

1927年7月の武漢国民政府と中共の決別により武漢から南昌に退出，当地で『前敵日報』主編に任命された。南昌暴動失敗後，武昌，黄崗，高郵の各地を流転し上海に至る。上海ですでに中共を脱党していた李達らと出会い，自らも脱党する。

脱党後は国民政府に参加し，1931年陸海空軍総司令部参議，軍事委員会秘書，中央軍校政治教官，35年防空委員会編審室主任，第4処副処長，36年国民政府行政院内務部参事を歴任した。さらに，44年内務部戸政司司長，47年人口局局長に就任した。48年国民政府から離脱してマカオに向かう。

中華人民共和国成立後の1949年11月マカオから北京に戻り，50年初頭華北人民革命大学政治研究院に入学し，同年12月に卒業した。その後政務院内務部研究室研究員，内務部参事に就任，57年4月には国務院参事となった。文化大革命中は脱党などの経緯から激しい批判を浴びる。79年7月北京で病没した。著書に『二七工潮始末』，『包恵僧回憶録』がある。

参考文献：人民出版社編輯部編『包恵僧回憶録』（人民出版社，北京，1983年）。陳玉堂編『中共党史人物別名録』（紅旗出版社，北京，1985年）。王永均・劉建皋編『中国現代史人物伝』（四川人民出版社，成都，1986年）。徐友春主編『民国人物大辞典』（河北人民出版社，石家荘，1991年）。

〔中村楼蘭〕

包（ほう）　世臣（せいしん）　Bao Shichen

（1775年～1855年）

字・慎伯，号・倦翁，包安呉とも呼ばれる。安徽省涇県生まれ。清代の経世学者，書家，書論家。

少年期は故郷を離れて父とともに南京で過ごしたが，1792年父の病気で帰郷し，土地を借り野菜を栽培して生活を支えながら，95年生員の資格を得た。96年父の死を機に遊学の旅に出，蕪湖で中江書院の山長・程世淳に認められて徽寧兵備道・宋鎔の幕友に推挙され，これを皮切りにその生涯の大半を幕友として過ごした。

実際に農業に携わった経験から包世臣は経済に対して強い関心をもち，また1787年の台湾林爽文の乱をきっかけに軍事についての研究も進めていたが，宋鎔に次いで，97年に安徽巡撫・朱珪に招かれ，朱珪のもとで兵備，農政，塩政，漕運，河工の諸政に関わり研究していくなかで包世臣の経世致用の学の基礎が築かれた。98年白蓮教反乱のただなかの湖北に行き布政使・祖之望に対策を進言し，討伐軍を指揮していた明亮の軍幕に加わり翌年四川に従軍した。1800年に南京に戻り，江蘇，浙江一帯を遊歴し各地の民情をつぶさに観察するとともに，李兆洛や周済ら経世学者との交友を培った。1806年に揚州に居を構えてからは積極的に漕運，河工，塩政問題に取組み，11年両江総督・百齢の招きに応じて幕友となって以後は陶澍，裕謙らのもとで20余年にわたって江蘇，江西，安徽各省の諸行政に関与し，数々の改革案を提起した。幕友としては広く名声を博したが科挙では志を遂げることができず，08年南京郷試で挙人になったものの会試には落第を重ねた。大挑に応じて38年63歳で初めて江西省新喩県の知県に任命され，自らの提起してきた改革案を自らの手で実行しようとした。しかし周囲の官僚らの反感を買い，江西巡撫・銭宝琛らの弾劾を受けてわずか1年余りで罷免された。以後再び官職につくことはなかったが，南京に居しアヘン戦争や南京条約の締結などを目の当りにして，時代の激動の中で常にその対応策を具申し続けた。

嘉慶道光年間勃興してきた経世致用を説く知識人たちのなかにあって，包世臣は早くから経世学の目的を乾隆末からの動揺しつつあった社会経済の建て直しと結びつけ，制度の改革によって清朝支配体制の安定を計ることを目指した。彼は立国の基礎は農業であり，農民の生活を改善し農業生産力の増大を図ることが清朝治世の安泰を維持する根幹をなすと考えた。その観点から農民の生活を圧迫している要因として税の加重，漕運，河工，塩政などの問題を相互連関的にとらえ，さらに形骸化した科挙や捐官制の下で官僚になることが利禄の追求手段と化している官僚機構の腐敗を糾弾し，清廉な士の登用を強く訴え，実学を重視した試験，実務能力のあるものを採用する任官制を求めた。最もその弊害が指摘されてきた漕運，塩政，河工については，大運河での漕船による輸送に代わり商船を雇って漕糧を海路輸送させる海運制や，塩の売輸送を一般商人に開放する票塩制など，広く私人の商業活動を取り入れて官吏及びそれに群がる紳士，特権商人らの中間搾取を途絶し，清朝財政を改善するとともに経済の活性化を計る意図を盛り込んだ改革案を建議した。包世臣の建議は直ちには実現されなかったが，魏源らによって受け継がれ整備され，一部は制度として確立されていった。

包世臣はまたアヘン問題についてもすでに1820年から，アヘンの流入による銀の流出が深刻な社会経済問題を引き起こすと訴え，アヘンの取扱い者，吸飲者の取り締まり，アヘン船の出入り禁止などの措置を厳重に行うことを繰り返し求めたにとどまらず，抜本的対策として外国貿易そのものを一時的に中止すること，銀不足を解消するために紙幣を発行して政府が貨幣を管理することを提案した。アヘン厳禁政策が招くイギリスの武力進攻も早くから予見し，民族を挙げての徹底抗戦を主張し，林則徐に沿海住民を組織して海防の任に充てることを献策し，民衆の郷土防衛力の結実として三元里の戦いを高く評価した。

包世臣はまた阮元らとともに書道史上に1つの画期をもたらした人物としても知られる。清代は金石学の隆盛により石碑の発掘が進んだが，南朝以来の書法を重んじる帖学に対し北朝の石碑上に残る書を古代の書法書の精神を継承する正統と位置づけ，気力の充実した北碑上の書に学ぶべきであると説き碑学を提唱した。

包世臣の著作には，水利，漕運，塩政などに関する論述，書簡を収めた『中衢一勺』7巻，書論，石碑論を展開した『芸舟双楫』9巻，詞詩，歌賦を集めた『管情三義』8巻，農業，教育，刑政，兵政についての論説，書簡をまとめた『斉民四術』12巻があり，これらは1844年世臣自身によって『安呉四種』36巻にまとめられて出版され，51年に改訂版が出された。それ以外にもなお数十万字に及ぶ未刊の原稿が残され，その一部が『小倦游閣文稿』2巻として1917年に出版された。

参考文献：包世臣『安呉四種』(1872年刊本，文海出版，台北，1968年)。包世臣撰，李星・劉長桂点校『包世臣全集　小倦游閣集・説儲』(黄山書社，合肥，1991年)。大谷敏夫『清代政治思想と阿片戦争』(同朋舎出版，1995年)。同『清代の政治と文化』(朋友書店，2002年)。宋叙五『幕僚論政：清朝名士包世臣的経世思想』(商務印書館，香港，2006年)。

〔白川知多〕

貝（ばい）　祖詒（そい）　Bei Zuyi

(1893年～1982年12月27日)

原名・祖詒，字・凇蓀。江蘇省呉県生まれ。原籍，同前。上海の有力銀行家の1人。

呉県の商人の家に生まれ，私塾で学んだ後，上海の中学に進む。1907年呉県に戻って蘇州東呉大学に入り，さらに卒業後の11年から2年間，河北にあった唐山交通大学に学んだ。

1913年漢冶萍煤鉄公司上海事務所の会計係に就職，翌14年には北京の中国銀行本店勤務に転じ，銀行家としてのキャリアに足を踏み出す。15年に同行広州支店会計係長代理，17年に同支店副経理へと昇進したが，この年，軍費提供を迫る地方軍閥と衝突して香港に逃れた。18年中国銀行は広州支店を香港へ移し，新設の香港支店の経理に貝祖詒を任命するとともに，旧広州支店の業務を香港支店に出張所という形で継続させるという措置を採った。この広州・香港勤務時代に，貝は外国為替業務の面で豊富な経験を積むことができたという。その働きが評価され，27年上海支店経理に昇進，さらに28年からは国民政府の成立に伴い上海に移ってきた本店営業部門の統括責任者となった。30年中国銀行が外国為替部門を一般の営業部門から独立させると同時に貝はその責任者に任命され，同行の30年代における外為業務拡大に大きく貢献している。また35年の幣制改革とそれ以降の外為レート維持策や抗日戦争時期の戦時金融政策の展開などの面でも，国民政府の経済政策に密接な関わりを持ったと言われる。41年貝は中国銀行総経理代理に就いた。この間，29年には上海公共租界の立法・行政に関わる納税華人会の代表に選ばれている。

抗日戦後の1946年3月から47年4月までは中央銀行の董事長を務めており，48年アメリカの対華援助について討議する中国側代表団の1人として渡米した。52年アメリカの会社の顧問となり，59年には陳輝徳が香港に再建した上海商業銀行の経理にも就任し，ニューヨークと香港を往復する生活を続けた。

子息の貝聿銘（I.M.Pei）は国際的に名の知られた建築家になっている。

参考文献：Howard L. Boorman ed., *Biographical Dictionary of Republican China,* Vol.3 (Columbia University Press, New York, 1970).

〔久保亨〕

薄（はく）　一波（いつぱ）　Bo Yibo

(1908年2月17日～2007年1月16日)

山西省定襄県生まれ。中国共産党指導者。夫人・胡明。長男・薄熙成，次男・薄熙来。

薄一波は1925年中共に入党し，太原で学生運動と労働運動に従事した。中共山西国民師範学校支部書記，太原北部地区委員会副書記および山西臨時省委委員などを経て，27年中共天津軍委書記，中共北方局軍事委員会秘書長に就任した。31年薄一波は国民政府によって逮捕され，「北平軍人反省分院」に監禁されたが，獄中で中共支部書記を担当した。36年中共中央と北方局（書記・劉少奇）の指示で，安子文ほかの

60名の中共幹部とともに，国民政府当局に反省文を書き出獄した。文革期に，この出獄は劉少奇の策したもので，共産党に対する「裏切り」行為として批判された。

出獄した薄一波は，1936年8月中共山西省工会工作委員会書記に就任した。中共中央北方局で薄一波は閻錫山の「山西犠牲救国同盟会」を通じて，抗日軍政訓練班，民政幹部訓練団および国民兵軍官教導団を組織し，抗日民族統一戦線工作に従事した。日中戦争勃発後の38年8月薄は閻錫山に協力し，山西新軍（山西青年抗敵決死隊）を組織し，自ら第1総隊政治委員を担当した。後に部下を率いて山西東南地区に赴き，八路軍に協力してゲリラ戦を展開し，太岳抗日根拠地を開いた。40年部隊は八路軍第129師に編入され，薄一波は太岳縦隊政治委員，太岳軍区政治委員，晋冀魯豫辺区行政委員会副主席，中共太岳区党委書記を歴任し，根拠地の維持，拡大に努めた。45年6月中共7全大会で中央委員に選出された。国共内戦期に，薄一波は中共中央晋冀魯豫中央局副書記（書記・鄧小平）に就任し，48年5月より中共中央華北局第2書記，第1書記，華北人民政府（主席・劉少奇）副主席，49年華北軍区政治委員などを務めた。

1949年10月，薄一波は政務院副総理，同財経委員会副主任兼財政部部長にも就任し，主任の陳雲に協力し財政経済の指導に従事し，中央経済政策の作成と決定に参加した。51年末から中共中央の指示を受け，薄一波は「三反」運動などを直接に指導した。だが，53年新税制を導入した際「公私一律平等」を主張したため，毛沢東から批判を受け，自己批判をせざるをえなかった。また，当時劉少奇らと高崗・饒漱石との党内権力闘争が展開され，薄一波は劉少奇グループの中心人物として高崗・饒漱石側からの集中攻撃を受けた。同年8月財政部長の職務を解任された後，中共中央の決定に従い，鄧小平に協力し鉄道部，交通部，郵電部の指導工作に従事した。

1954年高崗・饒漱石が権力闘争に敗れ失脚すると，薄一波は再び毛沢東の信頼を得た。54年9月国務院第3辦公室主任に就任し，重工業の指導を担当した。55年より新設された国務院国家建設委員会主任，国家経済委員会主任をも兼任し，工業，交通の関係部門の年度計画の作成と実施を指導した。56年初めから薄一波は経済部門の毛沢東への報告会を組織した。「十大関係論」はこの報告会で出された問題と課題に関して展開されたという。56年9月8全大会で中央委員，8期1中全会で政治局委員候補に選出され，同年11月国務院副総理に任命された。66年まで中央経済担当の責任者の1人として，大躍進運動および経済調整をはじめ工業・財政の分野で活躍した。しかし，文革では「劉少奇の腹心」とされ66年7月地質学院に工作組の派遣を指示したことで，薄一波は毛沢東から名指しで批判され，失脚した。

1978年12月11期3中全会で薄一波は名誉回復された。79年1月国務院副総理に就任し，後に国家機械工業委員会主任を兼任した。82年5月より国務委員兼国家体制改革委員会副主任・党組書記を務めた。79年9月11期4中全会で再度中央委員に選出されたが，82年9月の中共12全大会以後中央委員会から退き，中央顧問委員会副主任に就任し，83年から整党運動を具体的に指導した。87年1月薄一波は胡耀邦の総書記辞任を迫ったことなどが伝えられた。92年10月の14全大会で公式のポストから引退し，2007年1月16日に病死した。

長男・薄熙成はかつて北京旅行局局長を務めた後，1992年からホテル経営に転身。次男・薄熙来は大連市市長や商務部長などを歴任し，第17期政治局委員兼重慶市党書記を務めていたが，2012年3月に失脚した。

参考文献：薄一波『若干重大決策与事件的回顧』上巻（中共中央党校出版社，北京，1991年)。『中国人物年鑑1989』(華芸出版社，北京，1989年)。廖蓋隆・範源主編『中国人名大辞典・現任党政軍領導人物巻』(上海辞書出版社・外文出版社，上海・北京，1989年)。　〔唐亮〕

C

蔡　暢（さい ちよう）　Cai Chang

(1900年5月14日～1990年9月11日)

本来の姓は蔡林，原名・咸熙，幼名・毛妹子。湖南省湘郷県荷葉郷光甲堂生まれ。原籍，永豊鎮。中国共産党の女性運動指導者。

父・蔡林蓉峰，母・葛蘭英（のち葛健豪と改名）の3男3女の末子。三兄は毛沢東の親友・蔡和森。蔡林家はよく知られた辣醤店だったが，父は祖業につかず，咸熙が生まれた頃は30畝程の農地の経営といくらかの不動産収入で暮らしていた。母は進歩的な思想の持ち主で，辛亥革命後自分の持ち物を売って和森，姉の慶熙及び咸熙と共に学校に入っている。1915年父が金めあてで咸熙を嫁にやろうとするのに反対した母は，咸熙を長沙の和森のもとへ送った。同年2月周南女校音楽体操専修科に入学，これより蔡暢と名乗ることになる。16年卒業後は周南の体育教員となった。

五・四運動のあと退職し，母，和森とともに勤工倹学運動に参加，1919年12月上海を発ちフランスへ向かった。モンターニュ女子公学でフランス語を学ぶと同時に，蔡和森，向警予らが指導する新民学会に入ってマルクス主義に接近した。21年在仏中国人留学生の生活権・学習権を要求する運動などに参加，22年中国社会主義青年団に加入，23年正式に中共入党，同年パリで李富春と結婚した。24年末娘・李特特を母にあずけて帰国させ，25年2月李富春とともにモスクワに到着，東方労働者共産主義大学中国班に入った。

1925年8月李富春とともに上海へ帰り，ただちに中共両広区委婦女委員会書記として広州へ行った。中国国民党にも加入し，同党中央婦女部幹事として婦女部部長・何香凝を補佐し，また広東婦女解放協会執行委員兼出版委員となった。北伐開始後26年9月婦女運動講習所が開設され，教務主任となる。11月江西へ行き，国民革命軍総政治部宣伝科科長，中共江西省委婦女部部長となり，27年3月武漢へ移って中共湖北省委婦女部部長となった。

国共分裂後は瞿秋白，李立三および王明らの路線のもとで李富春とともに上海から香港，再び上海へと移り地下活動を行った。この間，兄・和森の元の妻・向警予が1928年5月1日に処刑された。同年，和森とともにモスクワで開かれた中共6全大会（28年6月18日～7月11日）およびコミンテルン第6回代表会議に参加した。31年4月，兄・和森も処刑される。31年11月李富春とともに江西ソヴィエト区に入り，翌年2月江西省委婦女部部長兼組織部部長となった。

1934年10月長征に参加，翌年10月陝北到着，36年2月東征軍に参加して山西で革命活動に従事した。9月陝甘省委白区工作部部長兼婦女部部長，年末には甘粛省慶陽中心県委書記となり，反地主闘争や女性運動を組織した。37年7月日中戦争勃発後延安に帰り，中共中央組織部婦女工作科で活動，38年学習と病気治療のためモスクワに派遣された。同年11月中共中央書記処書記・統一戦線工作部部長の王明が中央婦委書記を兼任し（蔡暢は常務委員に就任），統一戦線的な女性運動を指導した。40年3月蔡暢は周恩来，鄧穎超らとともにモスクワから延安に帰った。

1941年延安整風運動が準備されるなかで中央婦女運動委員会は改組され，王明に代わって蔡暢が書記に就任した。婦女生活連合調査団などを組織して各地の女性工作の情況を調査し，その成果と欠陥を総括，王明指導下の運動を批判して女性の生産参加に重点をおいた「各抗日根据地における当面の婦女工作方針に関する中共中央の決定」（43年2月26日）を準備した。45年4～6月の中共7全大会で蔡暢は唯一の女性中央委員となり，以後第11期までその職にあった（82年辞職）。

日中戦争終結後再び国共内戦がはじまり，1946年11月蔡暢は延安を離れてハルビンへ行き，東北局の土地改革や女性工作に参加した。その間47年2月にはチェコスロヴァキアのプラハで開催された国際民主婦人連合会理事会に執行委員として出席，「独立・民主・平和のためにたたかう中国女性」という演説を行って国際的反響をよんだ。また48年11月同連合会第2回国際婦人代表大会に出席して副主席に選ばれた。49年3月24日～4月11日，中国婦女第1回全国代表大会が北平で開かれ，中華全国民主婦女連合会が成立，蔡暢は主席となった。9月中国人民政治協商会議第1回全体会議に出席，中央人民政府委員会委員に選ばれた。

1949年10月1日中華人民共和国が成立，蔡暢は中共中央委員，同委員会婦女工作委書記，中央人民政府委員会委員，全国民婦連主席，総工会執行委婦女工作部部長などを兼任した。同年12月には23カ国の代表を集めてアジア婦人代表会議を北京で開催した。土地改革，婚姻法，抗米援朝の運動を指導し，また51年1月には全国民婦連主席，総工会女工部部長の名で松川事件について日本政府に抗議を行った。52年病気療養のためソ連へ行き，53年4月の第2回全国婦女代表大会には欠席のまま全国民婦連主席に再任された。6月に帰国。54年9月第1期全国人民代表大会第1回全体会議に出席，以後第3期まで常務委員，第4～5期には常務委員会副委員長の任にあった。

1957年9月中国婦女第3回全国代表大会は反右派闘争のたかまるなかで開かれ，丁玲や劉王立明ら右派とされた代表たちが他の代表の追及をうける一幕もあった。しかしこの大会の「勤倹建国・勤倹持家，社会主義建設のために奮闘しよう」という方針自体がのちに文革で劉少奇路線として批判される。反右派闘争・大躍進・文化大革命を通じて蔡暢は毛沢東の忠実な支持者であったが，李富春が67年の「2月逆流」の黒幕とされたこともあって，文革期には造反派の批判をうけた。

1978年中国婦女第4回全国代表大会で全国婦連主席の職を康克清に譲って名誉主席となり，82年には一切の職務を辞した。90年9月北京で病死した。

参考文献：『婦女運動的先駆蔡暢』（中国婦女出版社，北京，1984年）。胡国華「蔡暢・一個偉大的女性」，瞭望編輯部編『紅軍女英雄伝』（新華出版社，北京，1986年）。蘇平『蔡暢伝』（中国婦女出版社，北京，1990年）。 〔末次玲子〕

蔡（さい） 鍔（がく） Cai E

（1882年12月18日～1916年11月8日）

原名・根寅，字・松坡。湖南省邵陽県生まれ。民国初期の軍人，護国運動の指導者。

あまり裕福でない家に生まれる（父・蔡政は農業と裁縫を業としていた）。6歳から私塾において伝統的教育を受け，14歳にして生員となる。

1898年春，長沙時務学堂に入り梁啓超の強い影響を受ける。同年秋，戊戌の政変により長沙時務学堂が解散されると武昌にて両湖書院へ入る。翌99年6月上海に至り南洋公学に入学。7月梁啓超の招きにより日本に留学し東京の大同高等学校，続いて横浜の東業商業学校に学んだ。唐才常の自立会のメンバーとなり，1900年秋，唐の自立軍蜂起参加のため帰国。蜂起失敗後，蔡鍔はかろうじて脱出に成功し再度来日した。この時，蔡根寅から蔡鍔へと改名する。

1901年成城学校入学。02年成城学校卒業後，連隊実習を経て陸軍士官学校に進む。03年中国人留学生第3期生として陸軍士官学校を第5位という優秀な成績で卒業（首席・蔣方震）。

1904年初め帰国すると蔡鍔は全国各地で新軍の要職を歴任する。すなわち，江西，湖南での勤務をへて，05年広西巡撫・李経義の招きを受けて広西省に入り，広西における新軍組織の中心的役割をはたした。広西新軍総参謀官兼総教練官，広西陸軍小学総辦，新練常備軍第1標標統，広西混成協協統などを歴任。この広西陸軍小学からは李宗仁，白崇禧，黃紹竑など後に新広西派の首脳部を構成する人物が輩出している。11年初め，雲貴総督に転じた李経義の招きにより雲南へ行き，当地の新軍第19鎮第37協協統（旅団長）に就任した。

1911年10月，武昌新軍蜂起が発生すると蔡鍔は李根源，唐継堯，羅佩金らの中国同盟会員である新軍幹部とともに反清武装蜂起を計画した。そして，10月30日，「起義軍臨時総司令」として昆明で新軍部隊を主力とする武装蜂起を指揮し，激しい戦闘の末権力の奪取に成功する。その結果，蔡は11月1日成立した雲南軍政府都督に就任した。この後雲南省全域は順次革命政権の支配下に入り，蔡は13年に至るまで雲南省の最高権力者の地位についていた。

民国初期の政治情勢において，蔡鍔は梁啓超とのつながりから梁が党首を務める進歩党系の立場をとった。そのような立場から，彼は1913年の第2革命には参加せず，逆に袁世凱政権を支持する態度を示した。すなわち，袁世凱の要請を受けて四川に滇軍を派遣すると共に，袁の北洋軍に資金援助を行った。

第2革命失敗後の1913年10月，蔡鍔は袁世凱の要請により雲南を離れ（後任の雲南都督は唐継堯），北京中央政府の陸軍部編訳処副総裁に就任した。この後，彼は全国経界局督辦，陸海軍大元帥統率辦事処処員，政治会議議員，参政院参政などの要職を歴任し，非北洋系にもかかわらず袁世凱支配下の北京政府の中枢において活躍した。

以上のような蔡鍔の袁世凱政権に対する態度は1915年袁が帝制運動に着手するに及んで大きく変化する。すなわち，政治的に密接な関係にあった梁啓超が帝制に反対の立場を明らかにすると，これと連携して蔡は秘かに北京で反袁活動を開始した。そして，11月病気療養と称して天津に脱出し，その後各方面の反袁世凱勢力と接触した後，日本，香港経由で12月19日昆明に入った。雲南都督・唐継堯を初めとし滇軍内には蔡の雲南時代の部下が数多く要職を占めていたので，この関係を利用して蔡は雲南を拠点として帝制の取り消しを要求する武装反乱の準備を進めていたのであった。

そして，1915年12月25日，蔡鍔，唐継堯，李烈鈞らの連名で雲南の独立を宣言する通電を発して，帝制の取り消しを求める公然たる反袁武装反乱にふみきった。翌26日討袁護国軍と護国軍雲南都督府が正式に組織され，護国第1軍総司令には蔡鍔，護国第2軍総司令には李烈鈞，護国第3軍総司令兼雲南都督には唐継堯が就任した。蔡鍔は直ちに護国第1軍を率いて四川へと向かい，16年1月後半から四川省南部で北洋系の軍隊と激しい戦闘を繰り広げた。護国軍は兵力の劣勢と補給の困難に苦しみながらも互角の戦闘を展開し戦線は膠着した。

雲南における護国軍の蜂起をきっかけに反帝制運動は全国的に大きな盛り上がりを見せ，広西，広東，浙江，陝西などが相次いで独立を宣言し，反袁勢力の手によって軍務院が組織された。さらに列強の支持を失い，北洋系勢力内部からも有力な異論が提出されるに及んで，袁はまったく孤立した。この結果帝制の取り消しに追い込まれた袁世凱は1916年6月6日失意のうちに病死した。

袁世凱の死後大総統に就任した黎元洪によって蔡鍔は四川督軍兼省長に任命された。しかし，長年喉を患っていた蔡鍔の健康状態は半年に及ぶ護国戦争の間に急速に悪化していた。病気療養のため1916年８月四川を離れ，日本の福岡大学病院に入院するが，ついに再起できず16年11月病死した。

参考文献：謝本書『蔡鍔伝』（天津人民出版社，天津，1983年）。毛注青・李鼇・陳新憲編『蔡鍔集』（湖南人民出版社，長沙，1983年）。曾業英編『蔡松坡集』（上海人民出版社，上海，1984年）。劉達武等編『蔡松坡先生遺集』（文海出版社，台北，1972年）。 〔塚本元〕

蔡（さい）　和森（わしん）　Cai Hesen

（1895年３月30日～1931年８月４日）

原名・蔡林，沢膺，学名・蔡林和森，改名・蔡林彬。字・潤寰，龢と号す。筆名・彬，和生，蔡林彬，和森，合森，H.S.，化名・Watson。上海生まれ。原籍，湖南省双峰県永豊鎮。中国共産党創成期の理論家・宣伝家，毛沢東とは学生時代からの友人。

父は蔡蓉峰，蔡家は「永豊辣醤」の経営で有名であった。蓉峰の代に家業が傾き，上海に移って江南機器製造総局に勤務するようになった。母は葛蘭英（後に健豪と改名），清朝官僚の名門の出である。蔡和森は６人兄弟の５番目で，妹が蔡暢，妻は向警予（1920年５月結婚）である。

幼い頃私塾で学び，16歳で永豊国民初等小学に入学，のち双峰高等小学校に入る。1913年同小学校を卒業後，湖南鉄路専門学校そして同年秋湖南省第一師範に入学し，毛沢東と知り合う。15年夏同省高等師範学校専修文学部に進学し，17年６月に卒業した。18年４月毛らとともに新民学会を設立するとともに，10月長沙から北京へ移り，ここで中国少年学会に加入，フランス勤工倹学運動を組織しはじめる。

1919年12月母，蔡暢，向警予ら湖南からの三十数名とともにフランスへ出発した。フランスでは，周恩来，趙世炎らと留仏学生を組織するとともに，共産党の建党理論を研究した。この時期に，社会主義，プロレタリア独裁，中国共産党建設の方策を提起した。

1921年末フランス政府によってボリシェビキ活動を理由に追放処分をうけて帰国し，11月上海で中国共産党に入党した。22年５月第１次全国労働大会，中国社会主義青年団第１次全国代表大会に出席した。７月の中共２全大会で「帝国主義打倒」を提起した宣言を起草し，この大会から６全大会まで連続して中央委員に選ばれる。同年９月党機関誌『嚮導』の主編に就任し，コミンテルン工作のためにモスクワに赴いた25年10月から27年３月の期間を除いて，以後それが停刊される27年７月までその地位に留まる。

国共合作問題がでた当初，彼は共産党の独立性維持の立場から，陳独秀らとともに党内合作に反対した。しかし，1922年８月西湖会議において産業労働者の国民党加入には反対したが，共産党員の国民党入党には賛成に変わった。23年党の指導下の上海大学で社会学教授の地位にあり，『社会進化史』，『ロシア社会革命史』を出版した。このころから労農運動の武装化を主張しはじめ，25年の５・30事件では上海ゼネストを指導した。

1925年10月李立三，向警予らとともにコミンテルン中国代表団団長としてモスクワに行き，27年４月帰国した。同月に開かれた中共５全大会で政治局員，宣伝部長に選ばれ，中央秘書長（周恩来）代行も務める。27年８月７日の党中央緊急会議で陳独秀を批判し，毛沢東の政治局入りを推薦した。蔡は秋収暴動を提起したが，中央特派員として北方局の工作のため天津に派遣されたので，それには加わっていない。

1928年６月から７月のモスクワにおける中共６全大会で政治局員，宣伝部長に再選された。しかし，ブハーリン反対闘争との関連で，彼も都市攻撃に反対する「右傾」との非難を浴び，政治局員と宣伝部長を解任された。同年末から病気療養のためモスクワに滞在，30年９月李立三路線反対のため帰国し，同月の３中全会に出席して政治局員に復帰した。しかし以後王明らソ連留学生派と対立し，広東省工作に派遣され，香港に赴いたが，国民党官憲に31年６月に逮捕され，８月４日に処刑された。

蔡和森は病弱であったため，実際の革命運動の指揮の面では顕著な実績はみられない。しかし，党初期のマルクス主義理論の宣伝，建党理論の提起の面では貢献した。

参考文献：人民出版社編『回憶蔡和森』（人民出版社，北京，1980年）。中共双峰県委員会編『蔡和森伝』（湖南人民出版社，長沙，1980年）。戴緒恭『向警予伝』（人民出版社，北京，1981年）。中共党史人物研究会編『中共党史人物伝』６巻（陝西人民出版社，西安，1982年）。中央檔案館編『中共党史報告選編』（中共中央党校出版社，北京，1982年）。 〔小島朋之〕

蔡（さい）　済民（せいみん）　Cai Jimin

（1887年１月21日～1919年１月26日）

原名・国楨，字・幼香，幼襄。革命活動参加後に，済民と改名。湖北省黄陂県生まれ。原籍，同前。辛亥革命期の革命家，武昌蜂起指導者の１人。

先祖は代々農民であったが，父・蔡香浦は知識人で私塾の教師をしていた。済民は父の教育によって文字を知り，長じて革命宣伝の出版物に接して，革命思想を吸収した。1905年湖北省の新軍拡充の際応募して兵士となった。ついで，清朝が軍制改革を行い，「陸軍特別小学」（幼年学校に相当）を設立し，読み書きのできる兵士を入学できるようにすると，蔡も推薦されて入学した。こうして，班長・中隊の経理担当官と兵士→下士官→将校のコースを歩み，辛亥革命時には武昌駐在の第8師団（鎮）所属の歩兵第29連隊（標）の小隊長（排長）となっていた。

この前後，武漢地区の新軍内部には革命団体「日知会」が組織されていたが，蔡は入会し出版物や講演などを通じて多くの下士官・兵士を入会させた。「日知会」が禁止されると，29連隊内に進歩的な「将校研究団」を組織し，また黄申薌，蔣翊武らが歩兵第41連隊（混成第21旅団所属）に組織した革命団体「群治学社」の活動にも参加した。

1910年新軍中の革命団体「共進会」・「文学社」にあいついで加入し，ついで11年には，中国同盟会の湖北分会参議部長となった。当時，これら革命団体相互の対立も激しかったが，蔡はいずれの会にも属しており，相互の調停・統一に重要な役割を果した。文学社・共進会の合同蜂起計画が成立すると，参謀長に推され，武漢地区の革命団体中では孫武・蔣翊武に次ぐ地位を占めた。

1911年10月10日同じ師団の工兵大隊が決起すると，ただちに歩兵第29連隊の兵士を率いて清政府の湖広総督府を占領したが，この時予定されていた革命派の指揮者，孫武，蔣翊武は避難していて不在だったため，蔡が革命派将兵の事実上の指導者となっていた。清軍の混成第21旅団長の黎元洪に湖北都督就任を受諾させ，自らは湖北軍政府内に「謀略処」を設置して，革命派の主導権確保をめざした。のち，漢口での戦闘に従事し，黄興が戦時総司令官に就任すると，その下で経理部副部長となった。

1912年以後袁世凱によって陸軍中将，勲二位を授けられたが，北京には行かなかった。13年第2革命失敗後，日本に亡命し，孫文の組織した中華革命党に入党し，革命活動を続けた。17年，孫文が広州に護法政府を樹立すると，鄂軍総司令に任ぜられ，湖北省にあって北洋政府軍に対抗したが，19年1月26日湖北省利川県で暗殺された。主謀者は四川軍の旅団長・方化南といわれるが，湖北軍の唐克明，あるいは土匪の田沢長らであったとの説もある。

参考文献：黄季陸主編『革命人物誌』7集（中央文物供応社，台北，1971年）。賀覚非編『辛亥武昌首義人物伝』上冊（中華書局，北京，1982年）。　〔久保田文次〕

蔡　培火　Cai Peihuo

（1889年6月20日～1983年1月4日）

字・峰山。台湾省雲林県北港生まれ。日本統治下の台湾の民族運動右派の有力指導者の1人，文化啓蒙運動家。

13，14歳の頃家人から「台湾白話字」（宣教師が考案したローマ字による台湾語表記）を学び，それにより日本語と漢文を自習，1906年台湾総督府国語学校師範部に合格，10年卒業して台湾人子弟向け初等教育機関であった公学校訓導となる。14年台南第2公学校在勤中，板垣退助をかついだ台湾同化会の運動に参加，その時の統治批判の言動が当局の忌諱に触れ，翌年早々同化会が台湾総督府により解散されるや公学校を免職となった。しかし，この運動には差別待遇改善の契機となることを願って多くの台湾人上層人士が参加しており，蔡培火は，後に民族運動右派の象徴的リーダーとなる台湾中部の名望家・林献堂に知られ，その援助を得て東京に赴き，16年東京高等師範理科2部に入学，20年卒業。在学中にキリスト教に入信，植村正久主宰の富士見教会に属した。同教会の長老には自由主義政治家の田川大吉郎がいた。

第1次世界大戦後の民族自決の風潮は東京の留学生から現地台湾の知識人にも及び，台湾文化協会の結成，台湾議会設置請願運動などが行われた。蔡培火は，『台湾青年』の編集責任者兼発行人となり，また植村，田川らの人脈を使い，台湾議会設置請願に対する日本の中央の有識者の支持獲得に奔走した。蔡が『台湾青年』1920年10月号に「台湾は帝国の台湾であると同時に，我等台湾人の台湾である」と書いて被った同誌の発禁処分が，台湾人の近代言論史上初の言論弾圧であった。23年帰台し，文化協会専務理事に就任するとともに，台湾議会設置期成同盟会に参加，台湾総督府による同年末の同同盟会への弾圧（治警事件）で検挙され，4カ月の懲役刑を受けた。

台湾の抗日民族運動は，農民運動の勃興やリーダー間の思想対立により1927年に左右に分裂したが，蔡培火は，左傾化した文化協会から出て，台湾民衆党顧問となり，民衆党が労農政党的傾向を強めると，当局の「内地延長主義」方針に対してより妥協的な台湾地方自治連盟の顧問となった。左派から見れば，蔡は台湾の民衆に基盤を求めるよりは中央の名士の「良識」に訴えるという行動に傾きがちな「地主階級の代弁人」であった。この間，美台団という社会団体を作り，「台湾白話字」の普及運動に努めたが成功しなかった。日中戦争勃発後は圧迫を避けて東京で中華料理店を開いていたが，42年さらに上海に難を避けた。

日本の敗戦後，南京の中国戦区受降式典には林献堂らと台湾住民代表として参加，中国国民党入党，1950～65年行政院政務委員，65年以降総統府国策顧問。この間，東京に亡命同然に移住していた林献堂の帰台工作など，国府に不満な台湾人有力者への説得工作に従事した。代表的著作には『日本々国民に与ふ』（岩波書店，28年）がある。

参考文献：『台湾人士鑑』（台湾新民報社，台北，1937年）。葉栄鐘他『台湾民族運動史』（自立晩報社，台北，1971年）。謝徳錫「蔡培火―変局下的柔性政治家」，張炎憲他編『台湾近代名人誌』第2冊（自立晩報社，台北，1987年）。

〔若林正丈〕

蔡　声白（さい　せいはく）　Cai Shengbai

（1894年11月14日～1977年4月14日）

原名・雄，字・声白。浙江省呉興県双林鎮生まれ。原籍，同前。上海にあった民国期中国最大の絹織物会社，美亜織綢廠の経営者。

父・蔡旬宣は挙人であり，自ら双林学堂を開いていた。蔡声白も7歳の時からそこで学び，1905年に杭州府中学堂へ，さらに11年に北京の清華学堂へと進学した。その後15年アメリカのマサチューセッツ工科大学（一説にエール大学）に留学し，19年工学士の学位を得て帰国した。

1920年から同郷の莫觴清（1877～1938年，生糸商の家に生まれ製糸業で財をなしていた）が上海に創設した美亜織綢廠に勤め始め，翌21年莫觴清に見込まれ経理に抜擢された。後に蔡声白は莫の長女・懐珠と結婚している。創設当初電動織機12台から出発した美亜織綢廠は，33年までに，織物工場10，織機計1,200台，労働者3,000人以上，その他紡織工場（美恒紡織公司，31年設立），染料製造工場や機械製造修理工場（鋳亜鉄工廠，27年設立）などの関連会社，製品の専門販売店などもかかえる，資本金280万元の中国最大の絹織物会社に発展した。創設当時，国内の市場に出回っていた日本の福井県産の絹織物は，美亜がそれを模倣して作った新製品に押され姿を消してしまったという。そして国内市場を制覇した美亜は，シンガポールに支店を設けたり，32年と36年の2回，東南アジアに市場視察団を派遣したりして，国外にも製品を直接販売するルートを拡大している。また輸入人絹糸の関税免除など国民政府に産業保護政策を求め実施させていたことや，中国銀行から多額の金融的支援を受けていたことも同社の発展を促した。そのほか，労働者の待遇条件や福利に配慮していたため，同業各社に比べ労資双方がよく協調していたことを，発展の要因に数える見方もある。

この間，1933年に上海のメイン・ストリート南京路に開店した国産品専門のデパート中国国貨公司の常務董事に就くとともに，中華国貨産銷合作協会の理事，中華工業総連合会の常務委員などもつとめ，自社製品を含む国産品の普及に力を注いでいる。

日中戦争時期には日本軍の攻撃や接収を避けるためイタリア国籍を装い，さらに日本人弁護士の岡本某を法律顧問に招くなどして経営を維持した。1944年には戦後の経済復興に備え，中国絲業股份有限公司を創立し，巧みに資金を蓄積していた。しかし戦後，45年にアメリカの絹織物業界を視察し，その自動化の進展に驚くとともに，中国の業界の競争力に自信を失ったともいわれる。その後，香港に移住し同地の不動産業に力を注ぐようになる。さらにオーストラリアに移住，77年香港に戻った際，同地で客死した。

参考文献：中国社会科学院近代史研究所主編『民国人物伝』4巻（中華書局，北京，1984年）。晨報社編『上海市之国貨事業』（晨報社，上海，1933年）。商報社編『現代実業家』（商報社，上海，1935年）。久保亨『戦間期中国の綿業と企業経営』（汲古書院，2005年）。　〔久保亨〕

蔡　廷幹（さい　ていかん）　Cai Tinggan

（1861年5月15日～1935年9月24日）

字・耀堂。原籍，広東省香山県。清末民初の軍人，政治家。

はじめ，上海出洋総局に学ぶ。1873年，第2期の官費留学生としてアメリカにわたり，ハートフォード（Hartford）中学をへて，ニューブリテン（New Britain）高等学校で機械製造を学び，卒業後ローウェル（Rowell）機械工場で工作に従事し，81年帰国。ついで，天津水雷学堂に入り，卒業後，大沽口砲台の魚雷艇隊に服務，84年水師艇管帯，92年水雷艇管隊司令官に昇進。94年日清戦争がおこるや，黄海，威海衛において日本海軍と激戦を交え，負傷して一時日本の捕虜となったが，袁世凱が交渉した末，釈放された。1910年には海軍参将，翌年海軍部軍制司司長に昇進した。

1911年武昌蜂起勃発後，蔡廷幹は袁世凱の命令をうけて劉承恩とともに武昌に行き，ひそかに民軍の領袖・黎元洪に対して革命陣営から離脱するよう説得工作をしたが，范義俠，蕭鶴明らの反対にあって果せなかった。また清朝と革命軍が南北に対峙した際，彼は同じ広東出身の梁士詒らと協力して，袁世凱を助けて，南北和議と清帝の退位を促進するために奔走した。

中華民国が成立し，袁世凱が臨時大総統に就任するや，蔡廷幹は海軍上将の身分のまま，袁の高等軍事顧問に就任し，外国語が堪能であったことから，袁が外国の賓客を接待する際の通訳や翻訳の仕事を担当した。また袁が弁髪を切る際，その執剪を受け持った。1913年9月，善後借款の締結によって成立した塩務署塩務稽核総所総辦に就任，税務処会辦も兼務した。後者の任務は以後11年余の長きに及んだ。14年5月には総統府副官を兼任し，北京体育競進会が天壇で挙行した第1次全国連合運動大会には，王正廷らと多額の資金を寄付して成功に尽力した。15年初，日本が袁世凱政府に対して，対華21カ条の要求を提出した際，彼はアメリカ駐華公使ポール・ラインシュに対し反対の意見を具陳した。やがて，袁世凱による帝制運動がはじまるや，彼はこれに賛成せず，しだいに反対の立場にたつ黎元洪や段祺瑞らに接近していった。

袁世凱の死後，蔡廷幹は北洋政府の下で，1917，18の両年，税務学校校長に就任し，多くの改革に尽力した。21年には，税務処会辦の資格でワシントン会議の中国代表団顧問となった。この時，政府が21カ条問題を解決する方策を遅々として示さず，英米の圧力でチャンスを失うことを憤った彼は，王寵恵，顧維鈞，施肇基らと代表顧問を辞任する動きをみせたが，その後形勢が変り，態度をやわらげた。24年9月には，税務処総辦に昇進，27年1月その職を辞した。この間，25年には，臨時執政の段祺瑞から派遣されて，外交次長・曾宗鑒と上海に往き，5・30事件の交渉，処理に当たった。はじめあいまいな態度をとる外交団に対して，彼は懸命に道理を説き，これを解決した。また同年10月下旬，顔恵慶，王正廷，王寵恵，施肇基，黄郛，英徳恵らと関税特別会議に代表として参加し，国益擁護のため尽力した。26年杜錫珪が国務総理を代行した時，外交総長代理に就任したが，短期間であったためみるべき成績はなかった。

蔡廷幹は海軍の宿将として，弁舌にすぐれ，談論には鋭いものがあった。1929年には大連に赴き，貧民救済事業に従事したが，当地での日本要人との交流は拒否した。31年，満州事変がおこってからは北京に帰り，ここに居を定めた。晩年は文学に造詣が深かったことから，請われて清華大学，燕京大学などで，中国文学を題材とした講義をおこなった。35年9月24日，北京で死去。著書に『老解考』（詮釈老子道徳経）および『唐詩英韻』（アメリカで出版）などがある。

参考文献：劉紹唐主編『民国人物小伝』第2冊（伝記文学出版社，台北，1982年）。秦孝儀主編『中国現代史辞典―人物部分』（近代中国出版社，台北，1985年）。

〔渡辺惇〕

蔡（さい）　廷鍇（ていかい）　Cai Tingkai

（1892年4月15日～1968年4月25日）

原名・廷錯，幼名・炳南，字・賢初。広東省羅定県龍岩郷生まれ。軍人，中国国民党員，後に中国国民党革命委員会副主席。

父は蔡天明，母は彭氏，姉1人，弟2人。父は貧農，2人の弟は東南アジアに出て華工となる。

9歳の時，私塾に上がる。この頃，父の友人から，台湾割譲時の日本軍の非道，劉永福らの抵抗の話を聞く。父から，農業，服の仕立てさらには獣医の知識と技術を習得，稼ぎを得るほどの腕だった。

1908年，16歳で農家の娘・彭恵芳と結婚した。彭は，37年に亡くなるまで苦しい家計を支えた。10年，近くの羅鏡郷に来ていた広東新軍の部隊に入り，軍人としての一歩を踏み出した。19年，李耀漢の肇軍陳銘枢大隊の小隊長となる。翌20年8月，広州の護国第2軍講武堂入学，21年9月卒業した。22年，粤軍第1師第4連隊（隊長・陳銘枢）に属し，陳の紹介で中国国民党に入党した。孫文の北伐にも参加したが，陳炯明の反乱で失敗した。25年，第1次東征，南征に参加，さらに26年7月からの北伐では，第4軍第10師第28連隊長，第11軍第24師副師長として活躍した。

1927年8月1日の南昌蜂起に遭遇，軍事委員会委員などに任命された。しかし，南昌から進賢（江西省）に至って共産党と行動を別にし，転戦の後広州に戻った。29年，第2独立旅長として粤桂戦争に参加した。30年，中原大戦では蔣介石側に立ち，第60師を率いて激戦を闘い抜いた。蔣はその戦功を讃え，第19路軍長に任命した（31年5月就任）。31年2月，江西ソヴィエトに対する「囲剿」に参加，その後，部隊を率いて京滬線の警備に当たった。31年9月，柳条湖事件が起こり，馬占山らの活躍が伝わると，西南国民義勇軍を組織して東北支援に向かおうとしたが，折から日本軍の上海周辺への圧力が強まり，断念した。

1932年1月，上海事件勃発，蔡廷鍇は第19路軍総指揮として日本軍の侵攻に激しく抵抗，「抗日将軍」「民族英雄」として名声を高めた。しかし，徹底抗戦は蔣介石の方針と異なり，結局3月2日，撤退を余儀なくされた。5月，上海停戦協定成立後，蔣は第19路軍の解体を策したが，蔡らの抵抗により失敗，同軍を福建に移駐させ，12月，蔣光鼐を福建省政府主席，蔡を駐閩綏靖公署主任に任命した。33年2月，関東軍が熱河作戦を発動するや，先遣抗日軍を組織して北上を開始したが，途上塘沽停戦協定が成立，また蔣介石の帰還命令もあって福建に戻り，引き続き「剿共戦」に従事した。この頃，陳銘枢が帰国，連共反蔣反日の方針を掲げ，部下をソヴィエト区に送って中共との連絡をつけた。10月26日，中華ソヴィエト共和国臨時中央政府・紅軍と福建省政府・第19路軍との間で「反日反蔣の初歩協定」が結ばれた。11月20日，福州で中華共和国人民革命政府が成立，蔡は，人民革命政府の中央委員，軍事委員会委員などに就いた。これに対して蔣介石は，直系の15個師を動員，三方から福建を包囲する態勢を取った。蔡らは，瑞金のソヴィエト政府に救援を求めたが，中間勢力主要打撃論にとらわれていた中共は，機敏な対応を怠った。結局，全滅を恐れた蔡らは，34年1月13～15日，福州を撤退，こうして福建人民革命政府は2カ月ももたず崩壊した。2月中旬，蔡は，汕頭から香港に逃れ，第19路軍も解体された。

1934年4月，蔡廷鍇は香港から世界一周の旅に出た。東南アジアからヨーロッパ（ムッソリーニ［Benito Mussolini］と会見），アメリカさらにオセアニアを回って，抗日救国を訴え35年4月，香港に戻った。帰国後，李済深，陳銘枢らと民族革命大同盟を結成，『大衆報』（香港）によって反蔣抗日を宣伝した。さらに，李宗仁，白崇禧らに資金を提供，広西に独立連隊を作らせた。36年6月，両広事件が起こると，李宗仁らの要請を受けて南寧に入った。8月，第19路軍の再建を宣言したが，すでに李・白らは蔣と和睦しており，蔡は再び香港に戻った。

1937年7月，フィリピンで盧溝橋事件勃発を知り，22日，香港に戻った。8月中旬，蔣介石の要請を受けて南京に行き，大本営特任参議官に就任したが，その後足の怪我などにより故郷に帰り休養に努めた。

1939年初，第16集団軍副総司令（後に総司令），さらに南寧が危険にさらされた11月，第26集団軍総司令に任命された。なお，この年7月，羅西欧と再婚している。40年4月，粤桂辺区総司令に就任したが1カ月余で辞任，その後抗日戦争終結まで桂林と故郷の龍岩に閑居した。

1946年初，大部の自伝を完成，その後香港から南京に行き，そこで周恩来と会見した。4月14日，広州で，李済深，何香凝らと中国民主促進会（後に，中国国民党民主促進会と改称）を結成，48年1月，中国国民党革命委員会が組織されると中央常務委員兼財政部部長に就任した。5月1日，中共が「メーデー・スローガン」を発表，新政治協商会議の召集と民主連合政府樹立を呼びかけるや，蔡は中国国民党民主促進会主席として，他の民主諸党派の代表とともに海路北上して密かに東北解放区に入った。やがて49年1月，北平解放とともに北平に移動，新政治協商会議開催の準備に力を尽した。

中華人民共和国建国後は，中央人民政府委員，全国政治協商会議常務委員会委員，同副主席，全国人民代表大会常務委員会委員，国防委員会副主席，国家体育委員会副主任，国民党革命委員会副主席など歴任した。

なお，1957年8月，第3回原水爆禁止世界大会には，中国代表団の一員として来日している。

1968年4月25日，北京で病没した。

参考文献：『蔡廷鍇自伝』（黒龍江人民出版社，哈爾浜，1982年）。胡必武「蔡廷鍇」，王成斌等主編『民国高級将領列伝』1集（解放軍出版社，北京，1988年）。

〔安井三吉〕

蔡(さい)　孝乾(こうけん)　Cai Xiaoqian

（1908年～1982年）

別名・蔡乾，蔡前。台湾省彰化県花壇郷生まれ。日本統治期の台湾共産党創立メンバー，戦後中国共産党台湾地下工作の指導者。

故郷で初等教育を受けた後，1924年父と台湾文化協会の援助で上海にわたり，上海大学に学んだ。この間，台湾留学生間の抗日活動に参加する他，中国社会主義青年団に加入，また『台湾民報』にも盛んに投稿し，中国の新文学運動の紹介や，同誌上の台湾抗日民族運動内の左派対右派の理論闘争でもあった「中国改造論争」にも加わった。

1926年12月台湾にもどり，翌年1月の臨時大会で左派が主導権を握っていた文化協会の有力メンバーとして活動，2月アナキスト団体に対する一斉弾圧に巻き込まれて逮捕されるが無罪となる。28年4月，上海の租界で台湾共産党が結成されると創立大会欠席のまま中央委員に選出された。しかし，同党に対しては創立直後に弾圧（上海読書会事件）があったため，検挙を恐れて8月厦門へ逃走した。その後楊明山と変名し，厦門，漳州で教員などをしながら同地方の台湾留学生に対する工作を行う。この間蔡孝乾の父も漳州に移住した。

1932年4月中国共産党工農紅軍第1軍が漳州を占領すると，同軍政治部に入り『紅色戦士報』の編集を担当，6月同政治部主任の羅栄桓の配慮により同郷の施至善の一家とともにソヴィエト区に入った。ソヴィエト区では，レーニン師範学校教師，反帝同盟主任などをつとめ，34年7月に開かれた中華ソヴィエト第2回代表大会では少数民族たる台湾人の代表として大会主席団に加わった。同年10月紅軍の「長征」が始まると，紅軍中央縦隊政治部工作員として従軍した。長征途上，保安では西北ソヴィエト内政部部長に任ぜられ，この時紅軍の取材のため西北に入っていたエドガー・スノーと会っている。

日中戦争が始まると八路軍総政治部敵軍工作部長となり，日本軍捕虜や鹵獲文書の管理，対敵宣伝工作などを担当したが，後に党中央の「幹部保存政策」に従って延安にもどった。延安では，1941年10月に開かれた東方各民族反ファッショ大会に台湾民族代表として参加し，主席団に選ばれ演説を行った。同大会参加団体の中には，41年6月17日に結成された社員二十数名を有する「台湾独立先鋒社」があるが，蔡孝乾がそのリーダーであったと見てよかろう。

1945年8月，中共台湾省工作委員会書記に任命され，9月延安を出発，46年5月台湾に同委員会を発足させた。メンバーには中共華中局（後に華東局）から派遣された洪幼樵，張志忠がいた。中共は43年のカイロ宣言以降，台湾を外国，中国大陸内の台湾人を少数民族と見る見方を転換していた。長く台湾にいなかったため，蔡孝乾は台湾に足場を持たず，そのため組織工作は進まず，47年の反国民党蜂起（2・28事件）の頃には台北，台中など都市部に5個の支部，全部で70人あまりを組織したのみで，2・28事件にも直接の影響力をもたなかった。48年5月中共華東局は香港で台湾工作会議を開催，蔡は張志忠とともに参加，会議では台湾民主自治同盟を作っていた謝雪紅らと激論が戦わされ，蔡は華東局側から2・28事件中の工作を批判されたといわれる。会議後台湾にもどった蔡は積極的に組織の拡大をはかり，49年末には党員は1,300余人に達し，その影響下に彰化県農民の減租闘争，台北の労働運動，台湾大学，師範学院の学生運動などが起こった。しかし，国民党の情報機関は，49年8月の「基隆中学光明報事件」で省工作委員会の存在を突き止め，50年1月蔡を逮捕，蔡はいったん逃れて「幹部保存」の指示などを出したが，間もなく再逮捕され，51年に転向，その自供により中共台湾省工作委員会は壊滅した。転向後，蔡は国府の情報機関の1つである調査局に配属され，「匪情専家」（中共事情専門家）として余生を送った。

参考文献：台湾総督府警務局編『台湾総督府警察沿革誌第二編・領台以後の治安状況（中巻）台湾社会運動史』（台北，1939年)。蔡孝乾『江西蘇区・紅軍西竄回憶』（中共研究雑誌社，台北，1970年)。翁佳音「蔡孝乾—安享天年的『省工会主委』」，張炎憲他編『台湾近代名人誌』第4冊（自立晩報社，台北，1987年)。エドガー・スノー著，小野田耕三郎・都留信夫訳『中共雑記』（未来社，1964年)。若林正丈『台湾抗日運動史研究』（研文出版，1983年)。

〔若林正丈〕

蔡　元培　Cai Yuanpei

（1868年1月11日～1940年3月5日）

幼名・阿培，字・鶴卿，仲申，別名・鶴廎，鍔青，会稽山人。号・民友，孑民，寉廎。化名・蔡振，周子余。近代中国の革新的教育家，思想家。

浙江省紹興府山陰県城内筆飛坊筆飛弄に生まれる。祖父・廷楨，質店経理。父・光普，銭荘支配人，1877年死去。母・周氏。7人の兄弟姉妹あり。蔡元培は3回結婚している。最初の結婚は89年王昭との間でおこなわれたが，彼女は1900年に病死している。02年黄世振（仲玉）と再婚したが，21年再び病気で妻を失っている。23年周養浩と3度目の結婚をする。6人の子供がある。

1872年蔡元培は家庭教師について勉強を始める。郷試に合格していた叔父・銘恩から中国の古典について学ぶ。以後80年から約4年間郷土の秀才・王懋修の下で儒学を修め，83年秀才となる。その他に兪理初から男女平等思想を，銭振常，王継香，平歩青らの人々から伝統文化について学んだ。また，84年には故郷で塾の教師をやったり，86年から約4年間同郷の徐樹蘭の下で古典の校閲に従事し，広範な古典に接する。

蔡元培は，このような古典の教養を基礎として1889年郷試に応じて挙人となり，90年貢士，92年進士へと科挙の道を進む。進士になると同時に翰林院庶吉士となり，94年には翰林院編修に昇進している。この間，戸部尚書・翁同龢にその才能を高く評価される。

蔡元培の官界からの離反の転機は，日清戦争の敗北（1895年）と変法運動の挫折（98年）にあった。日清戦争のころから西洋の学問に興味をもつようになり，また日本語の学習を始めている。96年には鄭観応の『盛世危言』を読み，変法派，とくに譚嗣同に心服していた。

戊戌の政変後故郷紹興にもどり，中西学堂監督に就任。1901年上海にある政府系の南洋公学に移り，特別班の主任教員（総教習）となる。02年葉瀚，蔣観雲，鍾憲鬯らと上海で中国教育会を組織し，自ら会長となる。このころより蔡元培の共和主義，教育を通しての革命の方向が明確になる。同年中国教育会は，彼の指導の下で愛国女学を設立した。また，南洋公学を退学した特別班の学生を率い呉稚暉，章炳麟の参加を得て愛国学社を開設する。同年7月蔡は日本遊歴に出発するが，駐日公使と衝突を起こした呉稚暉をつれ，予定をくりあげて8月に上海へ帰る。

蔡元培は，中国教育会と愛国学社の機関誌となった『蘇報』を通して満州族の封建的特権に反対する主張を鼓吹した。1903年には留日学界に呼応して上海で拒法・拒俄運動を展開する。しかし，中国教育会と愛国学社の対立に嫌気のさした蔡元培は，6月上海を離れ9月までもどらなかった。この間に『蘇報』事件が発生している。『俄事警聞』（後の『警鐘』，『警鐘日報』）を発行した。

ロシア・ニヒリズムの影響を受けた蔡元培は，1904～05年に清朝高官暗殺活動に関与した。04年11月上海で光復会が成立すると会長に推され，陶成章や徐錫麟をひき入れる。05年の東京における中国同盟会の設立には参加しなかったが，その直後に同盟会上海分会会長に任命される。これ以降蔡の勧誘によって黄炎培，陳嘉祐ら多くの指導者が同盟会に参加した。

1906年になると翰林院の欧米留学に応募したが，政府が政策を変更し行先を日本に改めたため，日本留学を希望しない蔡は応募をとり下げた。07年孫宝琦が駐徳公使に赴任するのに同行してドイツへ留学，辛亥革命直後までそこに留まる。この時の留学費用は孫宝琦と商務印書館から出ている。商務印書館の援助は，当時そこで仕事をしていた翰林院時代の友人・張元済との関係によるものであった。ベルリンでは当時留学中であった唐紹儀家の家庭教師をも務めている。08年ライプツィヒ大学に移り，研究のかたわら哲学，文学，実験心理学，美学などの授業を聴講している。この間『中国倫理学史』を著すとともに，F. Paulsen, *System der Ethik* を『倫理学原理』として翻訳した。

1911年12月初めヨーロッパより上海に帰着した蔡元培は，翌年1月成立した中華民国臨時政府において教育総長に任命される。この時魯迅を教育部職員として招く。2月には孫文によって，北京にいる袁世凱を迎え，南京で臨時大総統に就任することを要請する特使に任命され，汪精衛らと北京に赴くが，袁の抵抗にあって失敗する。3月袁世凱の下での唐紹儀内閣で教育総長に再任されるが，6月唐とともに辞職している。この間，孔子反対・共和主義の教育を唱え，自らの主導下に招集した全国臨時教育会議を通して学制改革を目指した。

1912年9月教育部の援助によりライプツィヒ大学に再び留学するが，翌年6月孫文の要請により帰国。汪精衛らとともに国民党と袁世凱との融和に努めたがうまくゆかず，13年7月の第2革命を支持するにいたる。9月には再び上海を離れ，フランスへ向かう。

蔡元培はフランスにおいて，中国人青年，労働者を働きながら勉強させる留法勤工倹学運動を指導する。その時の同志には李石曾，汪精衛，呉稚暉，張継，張静江，褚民誼などの人々がいた。この運動の一環として1916年に華法教育会がパリで設立され，蔡は中国側会長となる。このような運動の背後には，蔡元培の近代西欧の政治思想と科学思想に対する高い評価があり，このことが来るべき新文化運動に対する支持につながっていく。

1916年11月帰国して翌年1月北京大学校長に就任。蔡元培の校長就任への招請にあたって，当時の教育部長・范源濂と同次長・袁希濤が重要な役割を果していた。この2人は蔡の教育総長時代に彼の下で仕事をしていた。また，蔡の校長就任に反対者が多かったなかで，孫文は就任を支持した。

蔡元培の大学改革の理念は思想的自由，兼容並包であり，改革は多方面にわたった。出世のためでなく研究重視の大学，進歩的で優れた学者の招聘などがそれであり，そのなかには陳独秀，李大釗，胡適，銭玄同，劉半農，周作人らの人々が含まれていた。教授陣を進歩派に限定することなく，学術の優れた保守派の学者をも招き，思想の自由の雰囲気をつくり出したことも評価される。そのような学者のなかには辜鴻銘，劉師培，黄侃らの人々が含まれている。このような雰囲気のなかで李大釗のマルクス主義研究会，雑誌『新潮』による革新思想が生まれ，新文化運動と5・4事件への底流が形成された。蔡元培は1919年の5・4事件において学生を積極的に支持するとともに，北京軍閥政府に対する抗議として事件勃発直後に校長の職を辞し，9月まで復帰しなかった。その後26年8月に北京大学校長の辞職を申し出るまで，20年11月～21年9月及び23年7月～26年2月の間を彼は欧米諸国での視察と留学に費している。この間中国にいなかったにもかかわらず，彼は24年の国民党1全大会と26年の2全大会において，それぞれ中央監察委員候補，中央監察委員に選ばれている。

1926年国民革命軍の北伐に際し許世英，沈鈞儒，黄炎培らと蘇浙皖三省連合会を組織して孫伝芳に対決している。27年武漢と南京の両国民政府が対立するなかで，蔡は中央監察委員会で活動する。そこには，かつてヨーロッパで行動を共にし，今や反共的立場を鮮明にした呉稚暉，李石曾，張静江らの人々がいた。4月蔣介石によって南京に国民政府が樹立されると，蔡はこの政府に参加し，教育行政委員会委員に就任した。

1927年10月教育部に代わる大学院の院長に就任し，学制改革に乗り出すが，成功しなかった。28年6月中央研究院の設立を指導し，自ら初代院長に就任。以後中央研究院は中国の学術研究において指導的役割を果すとともに，蔡元培の主要な活動の場となる。北伐完成後の同年10月国民政府委員および監察院院長に任命されるが，翌年には辞任している。また，29年9月再び北京大学校長となるが，この地位にも1年間留まったにすぎなかった。

1931年頃から蔡元培は，学術・教育活動に加えて，国民政府に弾圧された知識人・政治家の人権擁護に乗り出す。32年12月宋慶齢らとともに中国民権保障同盟を設立し，副会長となる。この間，鄧演達，陳独秀ら国民党官憲によって逮捕された多くの人々の救出にあたった。蔡元培にとって特に痛手だったのは，楊杏仏が33年6月上海で国民党特務によって暗殺されたことであった。楊は中央研究院時代，蔡の下で働いていた有能な秘書長であり，民権保障同盟の最も有力な指導者の1人であった。

それ以後蔡元培の社会的活動は徐々に減退していき，1936年11月には大病を患う。37年日中戦争勃発後家族と共に香港に移り，周子余と改名して，40年3月に亡くなるまでそこを離れなかった。

参考文献：周天度『蔡元培伝』（人民出版社，北京，1984年）。蔡建国『蔡元培先生紀念集』（中華書局，北京，1984年）。周佳栄『辛亥革命前的蔡元培』（波文書局，香港，1980年）。高平叔編『蔡元培全集』1巻～7巻（中華書局，北京，1984～1989年）。
〔山田辰雄〕

曹　福田　Cao Futian

（生年不詳～1901年）

直隷省静海県生まれ。天津地区で活躍した義和団の著名な指導者。

貧農の出身。少年時代より武術を愛し正義感の強い性格で，各地を流れ歩いていた海乾和尚なる人物に金鐘罩（白蓮教の影響を受けた術）を学ぶ。ついで，直隷省の威県沙柳寨の趙三多の門下となって梅花拳を学んだ。趙三多が1896年に梨園屯の闘争を挙行した時，曹福田も参加して「扶清滅洋」の旗を共にたてた。98年，曹福田は拳民を率いて直隷の東部，中部に進出し，慶雲・塩山・滄州・青県一帯で武装蜂起をおこなった。

1899年5月16日，曹福田は500余人を率いて静海県令の役所を夜襲して占領し，県令呉国棟に土地税と小作料の減額を認めさせ民衆の拍手喝采を受けた。彼は静海県の300余の村々のうち200余カ村に義和団の支部をつくり，また子牙河・大運河の両側に検問所をつくり，往来する船を調べ外国製品があると没収し，悪辣な地主やキリスト教徒を攻撃した。

1900年6月8日，曹福田は塩山・慶雲・青県・南皮・静海一帯の義和団約1万人を率いて天津に出動し，総督・裕禄の出迎えを受けた。曹は西門外の呂祖堂を総壇口として威勢を大いに振った。6月14・15日の両日は，安次県の義和団首領・楊寿臣とともに天津城内外の十数カ所の教会を焼き払った。人々から「津（天津）・静（静海）・塩（塩山）・慶（慶雲）・青（青県）義和神団統帯」と称され，張徳成・黄蓮聖母（林黒児）・王徳成と並ぶ首領となった。

曹福田は規律を重んじ，配下の義和団に「不貪財，不好色」（財貨と女に目をくれるな），「神不付体，臨陣傷亡」（信仰心がないと神は乗り移らず，戦いで死傷するのだ）と教えた。8カ国連合軍が天津を攻撃したとき，彼は天津駅や外国租界をめぐる戦いに参加して勇敢に戦った。しかし，天津での戦いが頂点に達した7月9日以後，清軍は外国に媚びるため曹福田・張徳成らの義和団員約2,000人を背後から襲って殺した。義和団の壇口もすべて破壊され，また天津城が13日に陥落し清軍も逃げ去ったので，曹福田は静海に帰り再起をはかった。10月定州に行き3,000余の義和団を集め天津に向かったが，途中保定で外国軍の義和団残党狩りに遭遇し大打撃を受けた。曹は再び定州に行き再起を謀ったが，定州知府の金永に騙され保定に送られて殺害されたといわれる。

曹福田の故郷は従来不明とされてきたが，静海県沿庄村に曹姓が昔から多数あり，ここが彼の原籍と推定される。

参考文献：清史編委会編『清代人物伝稿』下編3巻（遼寧人民出版社，瀋陽，1987年）。中国史学会主編『中国近代史資料叢刊・義和団』2（上海人民出版社，上海，1961年）。『静海文史資料』1輯（政協静海県委員会文史工作委員会，1987年）。
〔小林一美〕

曹　聚仁　Cao Juren

（1900年6月26日～1972年7月23日）

本名・曹聚仁，字・挺岫，筆名・袁大郎，陳思，彭観清，天龍，丁秀，丁舟，趙天一。浙江省浦江生まれ。小説家，ジャーナリスト，評論家。

1921年，杭州第一師範学校卒業。在学中に五・四運動を迎え，学生のリーダーの1人として活躍。22年上海に出て，『民国日報』副刊『覚悟』の執筆を皮切りに，文学活動を開始する一方，23年から上海芸術専科学校，暨南大学，復旦大学，杭州師範学校，社教学院などの教授として次々と教鞭をとり，一時は杭州中学校の校長も兼ねた。

文学活動の面では，1932年8月，『濤声』半月刊を主編として創刊，34年から陳望道と『太白』半月刊を共同編集，35年から徐懋庸と『芒種』半月刊を共同編集した。27年に知り合った魯迅との親交も深く，37年には『魯迅手冊』（上海群衆出版社），56年には『魯迅評伝』（香港世界出版社），67年には『魯迅年譜』（香港三育出版社）を出版した。これらは，彼が，55年に出版した『文壇五十年』正・続（香港新文化出版社），72年に出版した『我与我的世界』（香港三育出版社）とともに，現代文学研究上，重要な資料となっている。この他，小説『酒店』，随筆集『魚龍』，ルポルタージュ『探訪外記』，評論『到新文芸之路』など多彩な分野に数多くの著作を残した。

またジャーナリストとしては，抗日戦争中に『前線日報』を編集，この時は前線記者として最前線まで赴いた。抗日戦争終結後，一時「文瀾閣」職員となったが，後に香港へ移住，執筆活動に専念した。香港では，雑誌『学生時代』を主編した他，徐訏，李輝英らと『熱風』半月刊を共同編集し，「創墾出版社」を創立した。この当時の主な寄稿紙としては，『南洋商報』，『星島日報』，『星島晩報』，『循環日報』，『正午報』，『晶報』などがある。1972年病気治療のためマカオに渡ったが，7月鏡湖医院で没した。

参考文献：李立明『中国現代六百作家小伝』（波文書局，香港，1977年）。徐訏「悼曹聚仁先生」，『展望』253期，1972年8月。『曹聚仁散文選集』（百花文芸出版社，天津，1991年）。劉献彪編『中国現代文学手冊』（中国文聯出版公司，北京，1987年）。
〔関根謙〕

曹（そう）　錕（こん）　Cao Kun

（1962年12月12日～1938年5月17日）

原名・錕，字・仲珊，仲三，仲山。天津生まれ。原籍，直隷省天津市大沽。北洋軍閥直隷派の巨頭。

船大工の家に，7人兄弟の次男に生まれる。三男の曹鋭，五男で末っ子の曹鍈も後に曹錕の世話で直隷派の官僚や軍閥になる。家庭は貧しかったが，幼少時に数年間私塾に通い，読み書きを覚える。16歳になると布の行商を始め，車を引いて天津・大沽間を商って廻った。1882年淮軍に入隊，兵隊となる。身体強健で武術を好み，また文字が書けたことから上官に認められ，天津の北洋武備学堂に入学，王占元や李純らと同期となる。

1890年に卒業とともに宋慶の毅軍の部隊長となり，94年に日清戦争が起こると，毅軍に従軍して鴨緑江方面を転戦した。日清戦争後，袁世凱が天津の小站に編成・訓練した新軍の右翼歩兵1営管帯に任じられる。以後，袁世凱の知遇を得て，軍官班に送られて特別の訓練と教育を受ける。1902年に袁世凱が直隷総督になると直隷常備軍右翼歩隊第11営管帯に任ぜられ，翌年成立した京旗常備軍（後に北洋第1鎮に改編される）の第1協統領に任命され，06年には北軍第1混成協統領となる。07年に新軍第3鎮統制に抜擢され，東三省総督に就任した徐世昌の上奏により，北洋陸軍第3鎮を率いて長春に駐防する。

1911年10月辛亥革命が勃発すると，袁世凱の命に従い直隷省娘子関に移駐して革命運動を鎮圧する。民国に入り，第3鎮が第3師に改称・改編されるとその師長に任ぜられ，北京の防衛にあたる。12年2月南京臨時政府が派遣した蔡元培，汪精衛，宋教仁，唐紹儀の4人の専使が，臨時大総統に選ばれた袁世凱の南京就任を迎えるべく，北京に来た時，袁世凱の密命を受けて麾下の部隊に兵変を起こさせ，3日間にわたる略奪・放火を行わせる。袁世凱はこの兵変を口実に南下を拒絶し，北京で臨時大総統に就任する。第2革命が失敗した後の14年4月，袁世凱により長江上游警備総司令に任命され，岳州に進駐して湖南国民党の勢力を削ぐとともに，南方の革命勢力と西南軍閥に睨みをきかせた。袁世凱の帝制運動の積極的な担ぎ手となり，15年9月張紹曾らと直隷代表の名義で国体改変の請願を袁世凱に上書する。これにより，同年10月袁世凱より虎威将軍の称号を授けられ，帝制実施後には一等伯爵に封ぜられる。

袁世凱の帝制に反対して，蔡鍔，李烈鈞らが雲南で討袁護国軍を組織して雲南の独立を宣言し，第3革命が開始されると，1916年1月袁世凱より武力鎮圧に命じられ，第2路副司令として四川に進駐，呉佩孚，張敬尭らとともに転戦する。北洋軍の軍規は低く，沿途で略奪・暴行・放火を働いたため，四川民衆の反発を買い，士気の高い護国軍との戦闘は苦戦を強いられた。16年6月袁世凱が死に，黎元洪が大総統に就き，段祺瑞が国務総理に就任して，四川軍務会辦に任ぜられるも，護国戦争の終結により7月に四川を撤退し保定に戻る。同年9月には段祺瑞より直隷督軍に任命される。17年7月の張勲の復辟に際しては，段祺瑞の下で西路討逆軍総司令に任命され，京漢線沿いに北京に侵攻し，張勲軍を粉砕する。その功により同月直隷督軍兼直隷省長に任ぜられる。

日本の寺内内閣から武器・財政援助を受けた段祺瑞が，南方の武力征圧を目指して1917年10月より湖南戦争を開始し，南北戦争が激化するが，これに対し，段祺瑞の武力統一に反対する馮国璋の意を受けて，11

月直隷派の長江三督軍の李純，陳光遠，王占元らと連名で内戦停止，南北和議の電報を打つ。しかし，12月初めに段祺瑞の懐刀といわれた徐樹錚が，北洋派軍閥の要人を招集して天津に督軍団会議を開き，将来開かれる新国会において曹錕を副総統に就任させると約束するにおよんで，主戦派に転向する。馮国璋も安徽派の策動した督軍団の圧力下に，曹錕を南征第１路軍総司令に任命し，湖北省に進軍させる。翌18年１月には湖北と湖南の両湖宣撫使を兼任し，第３師を率いて湖南の侵攻を準備する。同年２月に漢口に駐在して呉佩孚を第３師師長代理兼前敵指揮に任命して，湖南に進軍させる。呉佩孚は同年３月には岳州を占領し，ついで長沙，衡陽を占領するが，この時第３次段祺瑞内閣を組閣した段祺瑞が，腹心の張敬尭を湖南督軍に任命して，曹錕と呉佩孚が争取した地盤を抑えようとしたことから，段祺瑞への不満を抱くにいたる。折りしも，日中軍事秘密協定や西原借款，参戦借款などを受け入れて権力基盤を強化しつつあった段祺瑞が，徐樹錚を直隷督軍に据えようと策動したために，病を口実に急遽天津に戻る。同年６月には，段祺瑞から四川・広東・湖南・広西四省経略使という大役に任命されるが，種々の口実をつけて天津を動かなかった。同６月には呉佩孚と湖南軍との間に停戦協定が成立し，南北戦争は停滞状況を迎える。同年９月の新国会（安福国会）で徐世昌が大総統に選出された翌日，安徽派・徐樹錚との約束にそって副総統に選挙されるはずであったが，研究系や旧交通系らの議員が抵抗して出席しなかったため，法定人数不足で国会は流会となる。

1919年５月に始まった五・四運動によって国民の指弾を受けた段祺瑞・安徽派が政治的に孤立し始めたのに乗じて，呉佩孚を中心にした直隷派は，民衆運動に積極的に関与し，安徽派の失墜を謀る。同年12月に馮国璋が病死するにおよび，直隷派軍閥の首領の地位を受け継ぎ，張作霖・奉天派と連合して，安徽派の追い落としを策するようになる。20年４月直隷派と奉天派の８省の督軍代表を保定に招集し，反安徽派の連盟を結成，対決姿勢を強める。７月安直戦争が勃発し，安徽派軍隊を敗退させる。北京政府から大きく後退した安徽派勢力に代わって，直隷派と奉天派が拮抗するかたちで権勢をふるうようになる。同年９月直魯豫（河北・山東・河南）巡閲使に就任。この頃，国務総理・靳雲鵬の仲介で娘の曹士英を張作霖の息子の張学思と婚約させ，典型的な政略結婚が成立するかにみえたが，後の奉直両派の対立激化にともない破談となる。22年１月曹錕と呉佩孚の猛烈な反対により，徐世昌大総統は梁士詒国務総理を罷免し，顔恵慶内閣に代えるが，これにより奉直両派の対立は決定的となる。同年４月第１次奉直戦争が勃発，馮玉祥の支援を受けた直隷派が奉天軍を敗走させ，張作霖を関外に退出させる。北京政府を直隷派で単独で支配できる立場になった曹錕は，同年６月旧国会の回復を標榜して黎元洪を大総統に就任させ，安福国会で選出された徐世昌を離任させる。ついで国会選挙で大総統に選ばれるべく策動を開始するが，黎元洪はまず憲法を制定してのちに選挙を実施することを主張して自己の任期の引き延ばしを図り，これに対して先ず選挙で大総統を選び，それから憲法を制定することを主張する。この争いは，呉佩孚が黎元洪に与したため，保定派（曹錕）と洛陽派（呉佩孚）との直隷派内部の亀裂に発展する。

1923年に入ると北京の甘石橋に議員倶楽部を設立して選挙運動機関とし，半年以上にわたってなりふりかまわぬ買収合戦を続ける。同年10月５日の国会選挙で大総統に選出され，10日に民国第５代の大総統に就任するが，この間収賄に使用した金は総額1,356万元におよぶといわれる。これを「曹錕賄選」といい，民間では買収された議員を「豚の子議員（猪仔議員）」と呼んで軽蔑した。大総統就任の日に中華民国憲法を制定するが，これは賄選議員が制定したので「賄選憲法」といわれ，また「曹錕憲法」ともいわれる。しかし，曹錕賄選は北京政府が有していた共和政治の理念の破綻を意味することになり，国民の支持は喪失した。

国民の強い反対運動を背景に，段祺瑞と張作霖そして孫文の間に反直隷三角同盟が形成され，1924年９月に第２次奉直戦争が勃発するが，直隷派軍第３軍総司令・馮玉祥がクーデターを起こし，総統府を襲って曹錕を幽閉し，呉佩孚は下野を通電して武漢に逃れ，直隷派の完敗に終わる。11月２日に大総統の辞任を通電して代理国務総理・黄郛に大総統の職務の執行を移譲し，そのまま北京中南海の延慶楼に軟禁される。

1926年４月段祺瑞執政と張作霖の結合に反発して兵変を起こした馮玉祥の国民軍の将領・鹿鐘麟によって釈放され，呉佩孚を頼って河南省開封に行き，再起を期すが，27年２月国民革命軍の北伐が河南に進撃するにおよび，呉佩孚も西方へ逃亡してしまい，やむなく天津英租界の自宅に戻る。その後は軍界や政界から引退し，日中戦争が始まってからの日本軍部による傀儡政権への引き出し工作を拒絶し，38年５月天津で病死する。

軍界や政界の要職を利用して，軍費・公費や税金を横領して膨大な私財を蓄積したことにおいても軍閥の典型とされ，曹兄弟４人が権勢を利用して占有した土地は2,000ヘクタール以上，財産は数千万元に達するといわれた。また夫人も第1から第4夫人まで4人を娶り，合わせて3人の女子と2人の男子があった。

参考文献：鄭亜非「曹錕小伝」，政協河北省保定委員会文史資料研究委員会編『保定文史資料選輯』2輯，1985年5月。周玉和・高楽才『曹錕―賄選総統』（黒龍江人民出版社，哈爾浜，1997年）。中国社会科学院近代史研究所主編『民国人物伝』1巻（中華書局，北京，1978年）。劉紹唐主編『民国人物小伝』第3冊（伝記文学出版社，台北，1980年）。

〔笠原十九司〕

草　明（そう めい） Cao Ming

（1913年6月15日～2002年2月16日）

原名・呉絢文，筆名・褚雅明。広東省順徳県生まれ。女流作家。

父は清朝の官吏を務めていた。母は文盲であったが，草明が学問をすることに理解を示していたという。辛亥革命後，家は没落した。13歳の時母を亡くす。1928年広東省立女子高中師範学校に入学する。その後父死去。兄から生活の援助を受ける。在学中，9・18事件が勃発し，これを契機に社会主義に眼を向けるようになる。32年創作を開始する。欧陽山主編の労働者を対象とした広東語の雑誌『広州文芸』に参加し，製糸工場の女工の悲惨な境遇を主題にした作品を発表する。中国左翼文化総同盟広州分盟に加入する。教師・何幹之の秘密読書会に参加したため国民党広州当局の監視を受ける。

1933年9月欧陽山とともに上海に行き，10月左翼作家連盟に参加。33年「傾跌」を左連の雑誌『文芸』に発表する。その他『文学』，『作家』，『文季月刊』に作品を発表。女工，労働婦女の苦しい生活を主題にする。34年左連小説研究会に参加する。メンバーに沙汀，葉紫，欧陽山，艾蕪，楊騒らがいた。この時期『作品』を創刊する。34年から37年にかけて『申報』副刊『自由談』に作品を発表，36年『現実文学』を編集する。35年から36年にかけて国民政府によって逮捕監禁された。

1937年7・7事変件広州へ行く。郭沫若の『救国日報』の記者を務め，広東文学界救亡協会に参加する。この時期の作品に，『阿衍伯姆』，『梁五的煩悩』，『饒恕』がある。周恩来の指令により廖沫沙・周立波・欧陽山とともに湘西沅陵へ行き，そこで『抗戦報』を編集。39年重慶で中華全国文学芸術界抗敵協会に参加する。40年中共に入党する。

1941年1月皖南事件後，白朗らとともに八路軍について延安に行く。中央研究院文芸研究室に所属する。この時期，『陳念慈』の作品がある。42年文芸講話に参加し，文芸講話の精神に従い，思想改造運動に参加する。

1945年東北地区の工作に従事し，張家口，山西，熱河で労農兵と接触する。この時期，「史永平是怎様復仇的」，「解放了的虎列拉」の作品を発表。46年夏ハルビンの鏡泊湖水電所の文化教員を務め，「延安人」，「砂漠之夜」を書く。48年『原動力』を発表し，中華全国第6次労働大会に捧げる。瀋陽で大衆工作に従事する。その経験をもとに長篇小説『火車頭』を書く。朝鮮戦争の時期には援朝志願軍を慰問する。

1954～64年鞍山に定住し，第1錬鋼廠副書記を務める。この時期の作品に，「誕生」，「迎春曲」，長篇小説『乗風破浪』がある。工場内の先進的労働者を描き，業余文学創作学習班を組織し，作家の養成に力を注ぐ。64年10月北京へ移る。創作に従事するが，文化大革命の時期には迫害を受ける。76年以降創作活動を再開している。欧陽山と一時結婚していた。2002年，北京で病死。

参考文献：北京言語学院《中国文学家辞典》編委会『中国文学家辞典』現代第1分冊（四川人民出版社，成都，1979年）。徐州師範学院《中国現代作家伝略》編輯組『中国現代作家伝略』上（四川人民出版社，重慶，1981年）。上海社会科学院文学研究所編『三十年代在上海的“左連”作家』下（上海社会科学院出版社，上海，1988年）。

〔小山三郎〕

曹　汝霖（そう じょりん） Cao Rulin

（1877年1月23日～1966年8月4日）

字・潤田，別号・耐軒，覚庵。上海生まれ。原籍，江蘇省上海県。外交，財政専門家。

祖父・曹載山（国子監生）は江南製造局工事処主任，父・曹豫材（附貢生）も同製造局で長年材料庫主事を務めた。上海市郊外の高昌廟で幼少年期を送り，13歳から数名の師について中国の古典を学んだ。1894年5位で童試に合格，両等学堂に進んだ。97年少年期からの婚約により王梅齢と結婚，2男5女を得たが夫婦仲は悪く，1924年31歳下の郭静真を娶り，2女をもうけた。1898年漢陽の鉄路学堂に進学したが，勉学にあきたらず，1900年，明治維新以来発展が目覚ましく経費の安い日本にひかれ，私費で留学した。

通学に遠い早稲田専門学校から東京法学院（後の中央大学）に転校し，卒業後，判事について司法研修を受けた。留学中は3年余り中江兆民夫人宅に下宿し，留学生組織「励志社」の活動に参加，君主立憲論を唱え，排満興漢の民族革命に反対した。また日露戦争を契機に，日中の親善の深化が東亜の平和維持に不可欠であるとの信念を得て，親日観を強めた。1904年同郷の留学生・范静生の提案を受け，法学院校長・梅謙次郎の協力を仰ぎ，中国人の知識増進と政治方面の人材育成の為に，日本に法政促成班を設立，自らも教壇に立った。

1905年帰国し，商務部商務司行走として商律館で編纂を務め，進士館の助教として通訳と講義を担当，6月，第1回留学生帰国特別試験で進士に登用され，六品の官主事商務候補に任ぜられた。同年冬，外交部勤務に転任，袁世凱の随員として，満州善後会議に出席し，日本代表と「日清満州善後条約」，「付約」の制定に参与した。06年外務部候補主事として庶務司行走に派遣され，ほどなく五品員外郎に抜擢された。08年徐世昌の推薦により，四品京師の外務部参議候補となり，09年右参議より右丞，翌10年外務部左侍郎に昇格，11年には奕劻内閣の外務部副大臣に就任した。

1912年民国成立後，秘書庁に出任したが間もなく辞職し，弁護士証書第1号を取得して自宅で弁護士を開業した。13年，袁世凱の推薦で第1回参議院議員（蒙古議員）に任命され，憲法起草委員に就任，ほどなく袁世凱に請われて総統府顧問となり，同年8月，外交部次長となった。第1次世界大戦開戦後，日本の援助を求める袁世凱の命を受け，外交部次長として，駐日公使・陸宗輿とともに交渉にあたった。15年1月日本側がいわゆる対華21カ条要求を提出，2月より外交総長・陸徴祥とともに，日置益中国駐在日本公使・小幡酉吉参事官との間で秘密交渉を進めた。5月，袁世凱は最後通牒を受諾，直接日本側との折衝にあたった曹汝霖は，売国奴として激しく非難された。16年4月，段祺瑞内閣の交通総長に就任，翌月より外交総長を兼任した。翌年5月の内閣改組には留任を望まず顧問となり，交通銀行総経理に就任，7月段祺瑞の意向を受け，張勲討伐の軍資金を日本の銀行から調達した。同月，段内閣の交通総長となり，次いで財政総長，幣制局督辦を兼任，以後五・四運動により罷免されるまで，王士珍，銭能訓両内閣の交通総長，段内閣の交通総長，財政総長を務め，新交通系の筆頭となった。在任中，段祺瑞の全国武力統一の為の軍費捻出，国会対策の政治資金などを調達する為，中国での利権強化を図り「援段政策」をとる日本に援助を求め，西原借款の成立に奔走，18年日本の山東処理に同意する山東交換公文に携わった。

1919年五・四運動の際，親日「売国奴」として市民，学生より断罪され，自宅が焼き討ちにあった。6月徐世昌は世論を抑える為，曹汝霖，章宗祥，陸宗輿を罷免，これより天津に退いて実業界に入り，交通銀行総理，五実業振興特別委員，六河溝煤鉱公司総経理，中国実業銀行，通商銀行総理などを歴任，華北財界の実力者となった。27年，張作霖の組織した財政委員会会長に就任，翌28年3月より関税自主委員会委員を兼任したが，同年7月前政府要人として国民政府より逮捕命令が出された。自伝に拠れば，36年任命された冀察政務委員会委員の就任は拒絶している。

1937年7月，蔣介石主催の廬山談話会に出席，国際的支持の喪失と日本の物質不足に基づき，アメリカとともに抗日を続ける提言をした。同年「中華民国臨時政府」の成立に際し，再三主席就任の要請を受けたが，直接参加を避け最高顧問となった。そのほか新民印書館理事長，井陘煤鉱公司社長，中華人寿保健株式会社社長など，日中合弁企業の重役を兼任し，40年3月，汪精衛政権成立後，「華北政務委員会」諮詢委員会の諮詢委員となった。

解放後は一連の親日的活動から戦犯とされ，売国奴として批判された。1949年解放前夜，台湾に亡命し，翌50年香港に移住，同年生活費のより安い日本に渡った。日本では，鎌倉，東京に居住，吉田茂ら知己が華北交友会を組織して滞在費用を援助したが，56年心臓発作により入院した。養生の後，翌57年渡米し，7女のいるミシガン州ミッドランド市で晩年を過ごした。66年8月肝臓病及び腸の出血により，ミッドランド医院で死亡。自伝に『曹汝霖一生之回憶』（春秋雑誌社，香港，66年）がある。

参考文献：賈士毅「民国初年的幾任財政総長(6)」，『伝記文学』6巻3期，1965年。王撫州「曹汝霖与五四運動」，『伝記文学』17巻1期，1970年。曹汝霖回想録刊行会編訳『一生之回憶』（鹿島研究所出版会，1967年）。〔湯山トミ子〕

曹(そう)　鋭(えい)　Cao Rui

（1868年～1924年11月30日）

原名・鋭。字・健亭。天津生まれ。原籍，直隷省天津市大沽。北洋軍閥・曹錕の実弟，清末の監生，直隷派官僚。

天津市の大沽港の貧しい船大工の三男に生まれる。長男が曹鎮，次男が曹錕，四男が曹鈞，五男が直隷派軍閥の首領の1人になった曹鍈。他に姉妹2人がいる。幼少時私塾で学び，清末の監生の称号を持つ。袁世凱の創建した新建陸軍第2鎮の執政法官に就任し，1911年には北洋兵站総辦に任じられる。

中華民国成立後，直隷省の提法使となり，1914年4月同省布政使に転ずるが，同年12月には辞任する。17年7月に直隷督軍兼省長に就任した曹錕が，翌18年に直隷督軍に専任になったのにともない，新たに直隷省省長に任命される。曹錕が段祺瑞の武力統一政策に従い，北軍を率いて湖北，湖南の戦線に赴いている間は，直隷督軍の代理も務めた。18年9月，徐世昌を大総統に選出した新国会（安福国会）において，引き続いて副総統に選ばれることを狙った曹錕の意を受けて北京で選挙運動を展開する一方，直隷省選出の参議院議員であった弟の曹鈞を奉天の張作霖のもとへ派遣し，奉天派の抱き込みも図ったが，国会の流会により曹錕副総統は実現しなかった。直隷督軍・曹錕のもとで22年4月まで直隷省省長の任にあった。この間，18年から20年まで末弟の曹鍈も薊楡鎮守使に就き，曹家兄弟で直隷省の軍政民政の要職を占めた。19年3月天津拒毒会（阿片禁煙会）の成立大会で，直隷省省長として当時反日・反安徽派的な性格を備えていた阿片反対運動に積極的に係わる姿勢を見せた。20年7月の安直戦争に際しては，直隷系陸軍を率いて戦闘に参加した曹鍈とともに，直隷派の勝利のために奔走する。22年4月末に始まった第1次奉直戦争に対しては当初開戦に消極的であったが，開戦後は直隷系陸軍第26師長となって活躍した曹鍈とともに，直隷派のために尽力する。しかし，呉佩孚が曹鋭直隷省省長更迭の請願運動を口実に曹錕に圧力をかけたため，直隷省省長を退任し，王承斌に替わる。これ以後，呉佩孚に対する反感はさらに強まることになる。

勝利した直隷派が北京政府を独占的に支配できる条件が生じたことにより，曹家念願の曹錕大総統の実現に向けての大運動を展開する。まずは，国会議長の呉景濂を抱き込んで，旧国会議員203名の連名で徐世昌を辞任に追い込み，黎元洪を大総統に復職させる。次に1922年12月，曹錕の大総統問題を公表する。23年に入って，直隷派は大総統選挙を憲法制定の前に行うか，後に行うかをめぐって，大総統選を急ぐ曹錕・曹鋭の保定派と，武力統一の達成を優先しようとした呉佩孚の洛陽派とに内部分裂する。焦慮した曹錕が大金を使って曹鋭に画策させた結果，洛陽派との妥協が成立し，23年6月黎元洪を大総統職から離任させることに成功し，以後，内務総長・高凌霨に国務総理を代行させ，かつ摂行総統職をも兼任させた。曹鋭は曹錕派の選挙参謀として，反直勢力と国会議員の収賄工作に奔走し，同年10月の国会で曹錕の大総統選出に成功した。曹錕の大総統就任以後，曹鋭は直隷省省長への復帰を，弟の曹鍈は直隷督軍への昇任を望んだが，直隷省議会の反対や，他の直隷派諸将への論功行賞の問題もあり，実現しなかった。結局，曹鋭は熱河林墾督辦に任ぜられたが就任はしなかった。曹兄弟は，兵隊の給料の一部横領，軍費の過大請求と調達，租税の横領，官職の売買など，権勢を利用したあらゆる蓄財を試みた。曹錕の財産のほとんどは曹鋭の手により運営・管理されたが，とりわけ大量の現金や外貨は曹鋭自身が保管し，その大部分を外国銀行に預け入れていた。

1924年9月に開始された第2次奉直戦争の際，馮玉祥のクーデターによって直隷派政権は倒れ，曹錕，曹鋭は中南海の延慶楼に幽閉される。同年11月29日，馮玉祥軍の将校に尋問に呼び出された曹鋭は，全ての財産・資金を供出することを求められたが，尋問中に突然倒れ，翌日，北京の協和病院で死亡する。生阿片を飲んでの自殺であった。

参考文献：陶菊隠『北洋軍閥統治時期史話』第6・7冊（生活・読書・新知三聯書店，北京，1958～59年）。楊大辛主編『北洋政府総統与総理』（南開大学出版社，天津，1989年）。中国史学会・中国社会科学院近代史研究所編，章伯鋒主編『北洋軍閥（1912～1928）』4・5巻（武漢出版社，武漢，1990年）〔笠原十九司〕

曹　禺（そう ぐう） Cao Yu

（1910年9月24日～1996年12月13日）

本名・万家宝，幼名・添甲，字・小石，筆名・家室，曹禺。天津小白楼生まれ。祖籍，湖北省潜江。劇作家。

父親の万徳尊（字・宗石，1929年没）は日本の陸軍士官学校に留学した陸軍中将，黎元洪の秘書を務めたこともある。生後3日で母親が産褥熱で死去，その妹が継母となる。芝居好きの継母に連れられて幼時から芝居小屋に通ったことが，後の演劇人の素地を作った。若き日，舞台で京劇を演じたこともある。

1923年南開中学に入学すると，学内の新劇団に加入，イプセン劇の上演にかかわる。28年南開大学政治経済学部に入学するが，専攻の講義に興味が持てず，30年清華大学西洋文学部2年に編入学。ギリシャ悲劇を学ぶかたわら，シェークスピアからチェーホフにいたる西洋近代劇を広く読み，とくにユージン・オニールに傾倒。この間，イプセン「ノラ」で何度かヒロインのノラを演じて名演技で評判をとり，新劇最後の女形といわれた。

1933年大学在学中に「雷雨」4幕を書き，巴金に認められて『文学季刊』に発表（34年7月），この時初めて曹禺の筆名を使用。はじめ国内では注目されなかったが，日本の中国研究者・武田泰淳や竹内好がいち早くこの戯曲に注目して中国人留学生に紹介し，杜宣たちが作っていた中華話劇同好会が35年に東京で上演して好評を博した。これに刺激されて天津，北京，上海，南京などで次々と上演され，一躍新進劇作家として脚光を浴びる。ある資本家の家を舞台に近親相姦をめぐる愛憎の葛藤を描いたこの戯曲は，ギリシャ悲劇風な運命論的人間洞察や，近代演劇の手法を厳密に踏襲した緻密な構成などで，中国新劇史上で世界に通用する最初の近代劇となった。

「イプセン論」を提出して大学卒業（1933年）後，アメリカ留学試験に失敗，暫く大学院に籍を置くが，間もなく保定明徳中学の英語教師となり，ついで天津河北女子師範学院教授に就任（35年9月）。36年6月から「日の出」4幕を『文学季刊』に連載，大都会のホテル暮らしをする社交界のヒロインを軸に，革命の足音を聞きながら大恐慌の波に翻弄される人間模様を描いた作品であった。「雷雨」をしのぐ完成度で，天津『大公報』文学賞を獲得，劇作家・曹禺の地位を不動のものとした。

1936年，国立南京戯劇学院教授となる。抗日戦争勃発後，戦況につれて学校が長沙，重慶，江安と移動すると，これと行を共にして教鞭を執り続ける。42年初め，国民党特務機関が進歩的学生・教員を弾圧したことに抗議して辞職。この間，戯劇家抗敵協会や文芸界抗敵協会などの理事を務めるかたわら，「原野」（37年），「蛻変」（39年），「北京人」（40年）などを発表。「原野」3幕は，脱獄囚の復讐を描き，人間の動物的な欲望をテーマにしたあたりにオニールの影響が顕著だが，評価は分かれた。民族意識に燃える一女医が腐敗した病院を立て直す過程を描いた抗戦劇「蛻変」4幕は，作者のリアリズム劇への転身を示すものとして注目されたが，曹禺の本領は，古き文明に病む北京の人々をあつかった「北京人」3幕のほうにより良く発揮された。42年には巴金「家」を脚色。44年，大後方の民族工業における技術者の問題を追求した「橋」を発表。この間，重慶で何度か周恩来に会う。

抗日戦勝利後，1946年3月老舎とともに渡米，中国演劇の歴史と現状について講演，ニューヨークではブレヒトに会う。47年1月帰国，上海戯劇学校で教鞭を執るかたわら，シナリオ「うららかな日」（艶陽天）を完成した。

1949年7月第1回中華全国文芸工作者代表大会に主席団の1人として参加し，発言。以後，文学芸術界連合会常務委員，中央戯劇学院副院長，北京人民芸術劇院院長，戯劇家協会副主席，作家協会書記など，演劇界の要職につくが，劇作の筆は棄てず，54年協和医院などに下放した体験をもとに「明るい空（明朗的天）」3幕を発表。56年7月中国共産党に入党。61年，「臥薪嘗胆」の故事をもとに歴史劇「胆剣篇」5幕を集団創作。文化大革命中はブルジョア反動権威として激しい攻撃にさらされ，人民芸術劇院の寮の門番をさせられ，2番目の夫人（最初の夫人とは離婚）を失う。文革終息後は，78年2月に全国人民代表大会常務委員に選ばれたのをはじめ，文芸界の要職に復帰。78年，歴史劇「王昭君」5幕を発表。85年10月，生誕75周年を期して南開大学で曹禺戯劇研究学術討論会を開く。著作集に『曹禺選集』（51年），『曹禺劇本選』（54年），『曹禺代表作』（86年）などがある。

参考文献：奥野信太郎・佐藤一郎訳「日出」，『現代中国文学全集』13巻（河出書房，1954年）。松枝茂夫・吉田幸夫訳「蛻変」，同上書。松枝茂夫訳「日の出」，『中国現代文学選集』6（平凡社，1962年）。松枝茂夫・吉田幸夫「北京人」，『現代中国文学』6（河出書房新社，1971年）。田本相『曹禺伝』（北京十月文芸出版社，北京，1988年）。田本相・胡叔和共編『曹禺研究資料』上・下（中国戯劇出版社，北京，1991年）。潘克明編『曹禺研究五十年』（天津教育出版社，天津，1987年）。

〔吉田富夫〕

岑（しん）　春煊（しゆんけん）　Cen Chunxuan

（1861年3月2日～1933年4月27日）

原名・春澤，字・雲階。別に炯堂老人と署す。清末から民国初期の軍人指導者。広西省西林県に生まれる。

父は雲貴総督・岑毓英。幼年期父に従い昆明に住み，1879年に北京に移る。85年挙人となり，89年五品京堂候補，92年補光禄寺少卿，さらに太僕寺少卿となる。94年日清戦争の開始にあたり，欽差大臣・劉坤一のもとに派遣され，山東黄県に駐留したが，翌年病により広西に帰郷した。98年幼弟が礼部の試験に赴くのを送って北京に出，初めて光緒帝に会見，戊戌変法への理解を示し，光緒帝に用いられて広東布政使・甘粛布政使に任ぜられる。1900年8カ国連合軍の北京入城を聞き，2,000余名の兵を率い，蘭州から「勤王」のため北京に赴いた。西安に逃亡する西太后・光緒帝を警護，その功により陝西巡撫に任ぜられ，さらに01年連合軍が山西辺境に侵入するにあたり，山西巡撫に任ぜられた。02年西太后・光緒帝を警護して北京に帰り，以後広東巡撫・四川総督・両広総督・広西軍務・粤海関監督を歴任し，各地で農民・会党の蜂起を鎮圧して，西太后の信任を得たが，これが慶親王奕劻・袁世凱の忌むところとなった。06年奕劻と袁の策謀により雲貴総督に，07年四川総督に任ぜられたが，西太后に訴え，郵伝部尚書となって北京に留まった。しかし，同年欽州の民衆蜂起鎮圧のため両広総督に任ぜられて北京を離れるや，軍機大臣・瞿鴻禨が罷免されて政治的に孤立し，さらに奕劻と袁が康有為・梁啓超との結びつきを偽造して進言したことにより，突如任を解かれるに至った。08年上海の私宅で西太后・光緒帝の相次ぐ死去の報に触れ服喪し，同年の袁世凱の失脚を知り，時局の変化をうかがった。

1911年四川省の保路運動の高揚及び武昌蜂起にあたっては，四川総督に任ぜられた。12年民国が成立，袁世凱の大総統就任後は，福建宣慰使となり，13年漢粤川鉄路総辦に任ぜられた。同年王芝祥らとともに南北和平を袁世凱に訴えたがこれを拒否され，ついに反袁闘争に組していった。13年の第2革命にあたっては討袁軍大元帥に推され，敗北後シンガポールに亡命した。15年末第3革命がおこり雲南省が独立宣言を行うと帰国，16年には梁啓超らとはかり，3月章士釗・梁耀曾とともに日本に赴いて反袁運動援助のための借款を獲得することに成功した。4月には梁啓超らとともに南方各省の独立を策動し，5月成立した軍務院の撫軍副長となった。6月袁世凱の死去により，軍務院は解散した。

1917年段祺瑞が張勲の復辟運動を抑えて北京政権に復帰し，臨時約法と国会の回復を拒んで内戦の準備を始めるや，9月西南諸省の軍閥は約法擁護の旗を掲げて広州に非常国会を置き，軍政府を組織して孫文を大元帥とした。広西軍閥の陸栄廷は，国民党系右派の政学会と結んで孫文に対抗して軍政府改組を要求し，18年5月孫文を大元帥から辞任させ7名の政務総裁の合議制に替える。この時，陸栄廷らに擁立され岑春煊は首席総裁となった。陸栄廷らは段祺瑞反対・馮国璋擁護に基づいた北方との妥協を唱え，19年には南北和平会議をおこしたが，孫文の抵抗ならびに，唐紹儀，雲南軍閥・唐継尭らの離反により，軍政府内は分裂・抗争し，20年3月外交部長・伍廷芳が広州を離反し上海に赴くに至り，非常国会も事実上上海・広州に分裂した。20年7月奉直戦争がおこるや，10月陳炯明が粤軍を率いて広州を攻め，陸栄廷らはついにこれに敗退した。10月軍政府は解散を宣言し，岑春煊は広州を離れ，上海租界に逃れた。以後上海で，楊永泰・李根源ら政学系の人々と接触，30年には自伝『楽斎漫筆』（序本の影印版は文星書店，台北，62年）を完成させた。32年上海事件の際には，抗戦のため3万元の資金援助を行った。33年4月上海で病死した。

参考文献：李新主編『中華民国史』1・2編（中華書局，北京，1981年，87年）。
〔小松原伴子〕

岑（しん）　毓英（いくえい）　Cen Yuying

（1829年6月26日～1889年6月6日）

字・彦卿，号・匡国，諡・襄勤。原籍，広西省西林県。清末の軍人，政治家。

1850年，父・岑蒼松が死去すると，郷団を組織して土匪を討ち，附生より県丞となる。56年，雲南に回民が蜂起すると，粤勇を率いて助勢に赴く。これより18年間，雲南の回民鎮圧に従事。その間，しばしば戦功を立て，知県，同知直隷州，知府に累進。62年，回民軍指導者・馬如龍を帰順させ，総兵に抜擢。この年，按察使が加銜され，花翎が賞与される。

1863年，回辦の馬栄が反逆し，省城が危機に瀕した時，岑毓英は弟の毓宝らと粤勇を率いて省城を防衛。馬如龍に密書を送り，内外より挟撃して馬栄を駆逐。道員となる。65年，雲南以東路を平定。布政使が加銜され，勉勇巴図魯の称号が与えられる。67年，川楚黔の各軍が久しく鎮圧できずにいた苗族の陶新春，陶三春の軍と120余日の死闘の末，これを貴州の威寧州に撃破。布政使となり，頭品頂戴を賞される。この年，雲貴総督・労崇光が病死し，杜文秀麾下の諸軍が大挙東進して省城に迫った。68年，岑毓英は前線で督戦中銃弾で負傷したが，ついに回民大将軍・李洪勲率いる一軍を殲滅。雲南巡撫となる。

1869年，省城を包囲した数十万の楊栄軍を破り，72年には，雲南以東，以南両路をことごとく平定し，ついで大理を攻撃。岑毓英はトンネルを掘り地雷を使って城壁を破壊し，大砲による猛攻を加えて，ついに杜文秀を服毒自殺に追い込み，大理を粛清。黄馬褂および騎都尉世職の爵位が与えられる。

1873年雲南全省を平定すると，太子少保銜が賞加され，一等軽車都尉世職となる。74年，署雲貴総督を兼任。翌年，マーガリー事件が起こり，イギリス側は排外主義者とみなしていた岑毓英に責任があるとした。

1876年，継母の服喪のため帰省。79年，入京。3度の召見を経て兵部尚書を加銜され，貴州巡撫となる。81年福建巡撫となり，2度渡台し，鉱山開発，原住民の宣撫，大甲渓の浚渫および台北城の築城など，台湾防衛を強化した。

1883年，雲貴総督となる。フランスが北部ヴェトナムに侵入し山西を陥すと，自ら兵を率いて越関し興化に駐屯。84年，粤楚各軍を指揮し，劉永福の黒旗軍をも傘下にいれて抗仏戦を展開。粤軍が北寧，太原を失うと，岑毓英は一時全軍を保勝に撤退させて2級降格，留任の処分を受けたが，翌年仏軍と決戦，これを臨洮に破り，失地を回復。和議成立後，辺関に撤兵。この時の戦功により，一等雲騎尉世職が贈られる。86年，中越国境確定のため，中央から内閣学士・周徳潤が派遣され，フランス公使ディロン（狄隆）らと国境線を調査。この時，岑毓英は国境の警備を厳にし，よくフランスの野望を抑えた。

1888年，病気休養後，雲南省を巡閲し，楚雄に赴き軍隊を査閲した。89年，光緒帝の親政と成婚で太子太保が加銜されたが，まもなく死去。死後，太子太伝が贈られた。

岑毓英は回民蜂起の鎮圧にあたり，「勇を以て兵に易える」政策を採り，軍事費の負担軽減をはかり，辺境の有能な人材発掘に意を用い，回民には帰農政策を採り生産の回復を計った。

岑毓英は辺境防衛のための電信の設置と外敵防御のための洋式武器の製造を提唱。また，雲南の鉱務を重視し，死の直前にもかかわらずフランスの雲南進出を阻止するよう，総理各国事務衙門に密電で要請した。

５人の子供の内，三男の春煊が最も有名。四川総督，雲貴総督，両広総督（1907年）を経て，辛亥革命は政学系政客となる。四男の春蓂は貴州巡撫（06年）。湖南巡撫（06～10年）。

岑毓英は４人兄弟の長男。２番目の弟・毓宝は雲南の回民鎮圧の戦功で額図琿巴図魯を与えられ，1884年のヴェトナムでの戦功で黄馬褂を下賜される。その後，雲南按察使（89年），貴州布政使，雲南布政使（95年）などを歴任，この間，一時署雲南巡撫，署雲貴総督を兼任（94年）したが，御史溥松の弾劾で免職。死後，雲貴総督・崧蕃の疏陳で名誉回復。

岑毓英纂修に『雲南通志』「忠義録」「忠義備考」「裂女録」（1894年）があり，奏議を集めたものに『岑襄勤奏議』30巻（97年）がある。

参考文献：民国清史館編『清史稿』巻425・列伝206（民国清史館，北京，1927年）。民国中華書局編『清史列伝』巻59（民国中華書局，上海，1928年）。朱孔彰『中興将帥別伝』巻21（上海中華書局，上海，1897年）。繆荃孫編『続碑伝集』巻30（江楚編訳書局，上海，1910年）。A.W. Hummel, *Eminent Chinese of the Ch'ing Period, 1644-1912* (U.S. Government Print Office, Washington D.C., 1943-44).

〔林要三〕

柴　世栄　Chai Shirong

（1894年～1943年）

原名・柴兆升。山東省胶県の農家に生まれた。中共系軍人。1899年両親にしたがって吉林省和龍県六道溝に移った。1912年父親が死亡し，生活が困窮したため，24年彼は朝鮮に働きに行った。28年朝鮮から帰った後，警察に入った。

1931年満州事変勃発後，柴世栄は数十人の警察官を基礎に抗日武装組織を組織し，王徳林の指導した救国軍に参加した。救国軍に工作にきていた周保中の影響を受け，行動をともにするようになった。34年彼は中共党員になった。同年12月中共吉東特別委員会は綏寧反日同盟軍を東北反日連合軍第５軍に改編することを決定した。周保中軍長のもとで柴は第５軍副軍長に就任した。35年８月，８・１宣言における抗日連軍結成の路線にしたがい，反日連合軍第５軍は東北抗日連軍第５軍に再編成され，柴は副軍長になった。37年３月柴は中共吉東省委員会成立大会に出席し，省委の決定に基づいて第５軍の工作の責任を実質的に担うことになった。彼は，第２軍および第４，７軍と連係をとりつつ，中東鉄道沿線に進出し，牡丹江中下流域両岸を遊撃根拠地にして遊撃戦を展開する作戦計画を立案した。同年９月に開催された中共吉東省委常任委員会工作会議でコミンテルン駐在中共中央代表団の指示に基づいて，抗日連軍第４，５，７，８軍で第２路軍を編成し，柴は第５軍軍長に任じられた。

1938年に入ると，日満軍警の討伐が厳しくなり，第５軍各部隊は重囲されるようになった。このとき第５軍第１師長・関書範らが日満軍に投降しようとしたが，柴世栄はこれを探知し，39年１月中共吉東省委は彼らの党籍を剝奪するとともに，処刑した。同年３月吉東省委拡大会議で周保中の率いる指揮部は密山，宝清方面に，柴指導下の第５軍は寧安，東寧，汪清方面に移動し，適当な地域を探して後方根拠地を建設し，長期の闘争を続ける準備をすることを決定した。40年９月東寧県で第１路軍と第２路軍幹部会議が開催され，中共道南特別委員会が組織され，柴は同委員になった。しかし，満州における活動が困難になり，41年初め周保中からの通知によりソ連境内に移動し，抗日連軍部隊の一部が集結した北野営に入った。42年７月抗日連軍が東北抗日連軍教導旅（第88旅）に再編されたとき，柴は第４営営長に任じられた。しかし43年秋死亡した。

参考文献：中共党史人物研究会編『中共党史人物伝』11巻（陝西人民出版社，西安，1983年）。軍政部軍事調査部編『満州共産匪の研究』１輯（1937年）。

〔鐸木昌之〕

陳　白塵　Chen Baichen

（1908年３月２日～1994年５月28日）

原名・陳増鴻，征鴻。筆名・黄葉，陳斐，墨沙，江浩，姜浩，皓，馬不陀。江蘇省清河県（現在の淮陰市）生まれ。劇作家。

父親は店員で，のち店を開いたが倒産したという。1914年私塾に入り，『三国志演義』や『水滸伝』などを読むかたわら，『礼拝六』などの旧小説の雑誌も読む。23年秋私立成志初級中学に入学。25年短篇「別一世界」が『小説世界』に掲載され，同誌の4等賞を得る。26年上海文科専科学校に合格。名を陳征鴻と改める。新文学を知り，特に郁達夫を好んだ。27年上海芸術大学文学科に入る。文学科主任は田漢であった。28年上海南国芸術学院文学科に転じ，田漢の劇に参加する。10月最初の長篇『旋禍』を出版。29年南国社に参加し南京へ行く。秋に鎮江で民衆劇社を組織し，最初の独幕劇「墻頭馬上」を発表。冬には鄭君里らと摩登社を組織し，学生演劇運動を推進した。

1930年東京に渡るが勤工倹学がうまくいかず6月に帰国。31年朱凡などと南風社を組織する。独幕劇「汾河湾」，短篇「重逢之夜」などを発表。32年淮陰で“反帝大同盟”と中国共産主義青年団に加入。9月逮捕投獄される。獄中から，左連の雑誌に投稿する。独幕劇「虞姫」，「癸字号」，「大風雨之夜」，「街頭夜景」や多幕劇「除夕」などがそれである。

1935年3月出獄し，散文「還郷雑記」を書く。5月上海に出，独幕劇「父子兄弟」，「徴婚」，児童劇「一個孩子的事」，多幕劇「恭喜発財」，「石達開的末路」，中篇「泥腿子」などを発表。37年「金田村（のち太平天国）」を発表。抗戦脚本「保衛蘆溝橋」の集団創作に参加。7月上海文化界救亡協会が成立し理事となる。8月上海影人劇団を組織し，四川へ赴く。街頭劇「掃射」などを発表。

1941年周恩来の指導で中華劇芸社を設立。45年国民党の昇官発財を風刺した喜劇「昇官図」を完成。これは46年2月から公演され好評。5月上海にもどり，中共の指示で陽翰笙らの昆侖映画会社に参加。「烏鴉与麻雀」などを作るが，国民党におさえられる。

1949年5月上海解放後，上海戯劇電影工作者協会の主席。7月中華全国電影芸術工作者協会の全国委員会委員および常務委員に選出される。11月上海電影制片廠の芸術委員会主任。50年中共に入党。52年10月文化部劇本創作室主任となる。53年6月賈霽と脚本「宋景詩」を発表。第2回中華全国文学芸術工作者代表大会では，中国作家協会理事，秘書長となる。

1957年12月『人民文学』副主編。58年5月漫画家・米谷，江有生，汪犟と合作した独幕風刺劇集『美国奇譚』を発表，出版。60年第3回中華全国文学芸術工作者代表大会で作協書記処書記，戯劇家協会常務理事となる。61年集団創作の映画脚本「魯迅伝」上集を執筆し『人民文学』に発表。66年文革開始後，69年末まで北京で審査を受ける。70年1月湖北省咸寧の幹部学校に行き，73年春病気で南京にもどる。

1977年5月『大風歌』を書き始める。78年9月南京大学中文系主任となる。79年10月第4回中華全国文学芸術工作者代表大会で作協理事と中国戯劇家協会副主席に選出される。80年江蘇省文連名誉主席。全国高等学校文芸理論研究会副会長兼『文芸理論研究』副主編。秋に南京大学中文系主任を辞任。81年4月劇本『阿Q正伝』を発表。

1956年11月ポーランド作家代表大会に参加の途中，ハンガリー事件がおきて，モスクワに半月足止めされる。62年ルーマニア，ブルガリアを訪問し，帰路ソ連を訪問。11月中国戯劇家代表団として来日。泉座が「昇官図」と「結婚進行曲」を上演。82年にはアメリカを訪問。

短篇小説集に『風雨之夜』（1929年），『曼陀羅集』（36年），『茶葉棒子』，『小魏的江山』（37年）などがある。長篇に『罪悪之花』，『一個狂浪的女子』，『帰来』（29年）など，中篇に『岐路』（29年）などがある。多幕劇本に『民族万歳』，『魔窟』（38年），『大地回春』，『秋収（のち大地黄金）』（41年），『歳寒図』（45年），『東風老虎記（のち紙老虎現形記）』（59年）など，歴史劇に『石達開的末路』（36年），『大渡河』（46年），『大風歌』（79年）などがある。戯劇選集に『漢奸』（38年），『後方小喜劇』（41年），『歳寒集』（50年），『陳白塵劇作選』（81年），また，『戯劇創作講話』（40年），『習劇随筆』（44年）の散文と，映画脚本『魯迅伝（のち魯迅）上集』（63年）などがある。

参考文献：卜仲康編『陳白塵専集』（江蘇人民出版社，南京，1983年）。陳白塵『雲夢断憶』（生活・読書・新知三聯書店，香港，1993年）。陳白塵『牛棚日記』（生活・読書・新知三聯書店，北京，1995年）。陳虹『陳白塵――笑傲坎坷人生論』（大象出版社，鄭州，2004年）。董健編『陳白塵写作生涯』（百花文芸出版社，天津，1986年）。　〔萩野脩二〕

陳（ちん）　宝箴（ほうしん）　Chen Baozhen

（1831年～1900年）

原名・宝箴，字・右銘，江西省義寧生まれ。変法派官僚，湖南省で戊戌変法を実施。

陳宝箴は若い時から志節があり，1861年，曾国藩に評価され，その幕僚となった。また，すでに51年には挙人となり，やがて席宝田に従って軍を治め，その功績によって江西の知府に叙せられ，ついで河北道となった。

河北の地で到用精舎を創設し，学生を選んで，有名な教師を招いて教えさせた。ついで浙江按察使に転任するが，事に座して職をやめた。しかし，湖南巡撫・文韻はその才能を高く評価したので，1890年召されて北京に入り，湖北按察使，署布政使となった。

1894年直隷布政使となり，湘軍の糧台となった。

時に日清戦争が極まり，皇帝にまみえて憂愁の気持ちを明らかにし，皇帝に平常心を失わないように期待した。彼は他に陳奏する所も多く皇帝の意に適ったので，光緒帝は陳宝箴に専ら摺奏の事に当たらせた。95年下関条約が成立すると，泣いて国家滅亡の危機を訴え，利害得失を述べたという。

ついで，栄禄の推薦で湖南巡撫に抜擢された。陳宝箴は，就任すると部下で党派を作り，私利を行っている者を重く罰した。この時，学政は江標から徐仁鋳に継がれ，黄遵憲が来任して，塩法道・湖南按察使となり，変法派の人々が結集した。陳宝箴は，湖南の一隅から富強をなそうとして，電信を設置し，小汽船会社を作り，弾薬工場を建て，保衛局を設置した。

陳宝箴は，梁啓超が編集していた『時務報』を湖南省の学生に読ませ，梁啓超を招聘して時務学堂の中文総教習とした。1897年冬梁啓超は，陳宝箴に「湖南のまさになすべきことを論ず」を上書し，全省の意見が一変したといわれている。また，96年に湖南では学校を設立する議が出され，翌年陳宝箴の名前で学生の募集が行われた。熊希齢が中心となって行政事務を行い，受験生で旅費のない者は省から支出してまで人材を養成しようとしている。

1897年冬には全省新政の命脈となる南学会の開設が準備され，陳宝箴は湖南省の紳士を総会長にあてている。会友には，議事会友，講論会友，通信会友があった。議事会友は，品行方正で学問があり，会中の議事章程を議定するのが仕事であって，譚嗣同，唐才常，熊希齢が任に当たった。講論会友は定期的に講演会を催して難問にあたり，学術の主講には皮錫瑞が，政教の主講には黄遵憲が，天文の主講には譚嗣同が，地理の主講には鄒代鈞がなった。98年4月に南学会は正式に発足した。陳宝箴，徐仁鋳，黄遵憲や官紳士民300余人が集り，第1回の講義は，陳宝箴が「学をなすには先ず志を立てるの論」という題で行い，学問は民智を開くものであり，志を立てて自ら恥を知り，学を為すことによって正しい志を持つことができると述べている。第2回目も陳宝箴が行っている。雑誌としては，『湘学新報』が発行され，学問や人士の啓発のために役立つとして陳宝箴は各府州県に購入させている。ついで日刊紙の『湘報』も発行された。

1898年6月変法国是が出されると，陳宝箴は「学術を正し，人材を造る」ことを上書し，学校を建てて，人材を育成し，自強をはかることを主張した。この時期多く上奏し，時には張之洞と連署したともいわれ，また，人材を推薦し，新政を補佐させようとしている。その中には，劉光第，楊鋭，譚嗣同，林旭などがいた。彼は，これらの人をまとめる者として張之洞のような人物を考えていた。

それが実行されないうちに西太后のクーデターが起り，陳宝箴は責任を問われて官を去った。

陳宝箴の子・陳三立は内閣中書であり，湖南変法運動を助けたが，そのため官を罷免されている。

参考文献：趙爾巽等撰『清史稿』巻464（中華書局，北京，1977年）。湯志鈞編『戊戌変法人物伝稿』増訂本上冊（中華書局，北京，1982年）。清史編委会編『清代人物伝稿』下編6巻（遼寧人民出版社，瀋陽，1990年）。小野川秀美『清末政治思想研究』（みすず書房，1975年）。深澤秀男『戊戌変法運動史の研究』（国書刊行会，2000年）。

〔深澤秀男〕

陳（ちん）　璧君（へきくん）　Chen Bijun

（1891年11月5日～1959年6月17日）

字・冰如。マラヤのペナン生まれ。原籍，広東省新会県。汪精衛夫人にして中国国民党員。

陳璧君の家はペナンでゴム農園を営む裕福な家であった。幼い頃から家庭で西洋式の教育を受ける。1908年ペナンには中国同盟会の支部が設立されたが，陳は17歳の若さでこれに加入している。同盟会支部成立直後，ペナンには孫文，胡漢民，汪精衛らが同盟会の組織拡大と資金調達のため訪れたが，陳と汪とはここで初めて出会い，互いに強くひかれるようになる。汪がペナンを離れ日本に赴くと，陳は家を出て汪の後を追う。この時汪と陳にはそれぞれ婚約者がおり，正式な結婚は辛亥革命後，汪が載灃暗殺未遂事件による投獄から釈放されてからのことであった。

汪精衛は陳璧君と結婚した後の1912年8月，一切の政務から離れ，ヨーロッパに新婚旅行に出かけ，そのままフランスに留学する。陳は結婚から44年11月の汪の日本における死までの多くの間，汪と行動を共にし，汪の思想・政策を理解しようと努力した。その結果，陳自身国民党の女性党員として重要な地位を得るようになる。

1920年陳璧君は孫文の命を受け，アメリカに赴き華僑を中心に募金活動を行い，大きな成果を得た。この時の資金が黄埔軍官学校設立のために大いに役立ったといわれる。陳は26年1月広州で開催された国民党2全大会で中央監察委員に選出されたことを皮切りに，27年9月中央党部婦女部委員，31年12月4期中央監察委員（広州），32年6月全国経済委員会委員，西京籌備委員会委員，11月5期中央監察委員を歴任する。

1938年12月19日汪精衛が日本との和平を主張して，

重慶の国民政府を脱出し，ヴェトナムのハノイに逃れると，陳璧君も行動を共にする。29日汪が日本との和平を発表すると，39年1月1日国民党中央常務委員会臨時会議は汪の党籍の永久剝奪を決定するが，陳も7月に党籍を剝奪される。8月には上海における国民党6全大会に出席し，副主席に選出される。40年3月汪が南京に親日政権を樹立すると，中央政治委員会委員，41年2月東亜連盟中国総会常務理事，4月中央政治委員会委員を歴任するなど，汪政権の中心的人物として活躍する。

1943年11月5日と6日の2日間，東京では大東亜会議が開催され，汪精衛は「南京国民政府」代表としてこれに参加する。汪はこれより以前から背部，胸部，そして両脇腹に疼痛を訴えていた。陳璧君はこの時東條英機に依頼し，医師を南京に派遣するよう要請した。南京に派遣された医師によって胃癌と診断された汪は，日増しに痛みが激しくなり，ついに44年3月3日陳とその子女5名を伴って名古屋帝国大学付属医院（現在の名古屋大学付属病院）に入院する。この時の病名は「多発性骨髄症」であった。入院して2日後手術を受けるが，下半身麻痺，高熱の病状は回復せず，11月10日死去する。汪の死後も陳は中央政治会委員として「国民政府」にとどまるが，45年8月の日中戦争終結後は子女と共に香港に逃れる。この時陳は「少しも慌てることはありません。我々の目的は日中の和平にありました。今この目的が達成され，我々の任務は完成されたのです。我々が漢奸などといわれる所以はどこにもないのです」と毅然と述べたといわれる。

陳璧君はその後香港で「懲治漢奸条例」，「刑法」違反容疑で逮捕され，江蘇最高法院で1946年5月無期懲役の判決を受け，蘇州の江蘇第3監獄に収監される。49年5月蘇州が人民解放軍によって占領されると，獄中の汪政権関係者の内，無期懲役より軽い刑のものは一律釈放されることが決定されるが，無期懲役であった陳は上海の監獄に送られ引き続き収監される。59年6月病にかかった陳は上海の監獄医院でその生涯を閉じる。遺体は火葬され，遺骨は広州の家族のもとに送られた。

参考文献：程舒偉『汪精衛与陳璧君』（吉林文史出版社，長春，1988年）。朱金元・陳祖恩『汪偽受審紀実』（浙江人民出版社，杭州，1988年）。聞少華『汪精衛伝』（吉林文史出版社，長春，1988年）。山口一郎「汪兆銘と『国民政府』」，『昭和日本史・太平洋戦争⑶』（教育図書出版，1985年）。「汪兆銘49年前に客死」，『朝日新聞』〔東海版〕1933年11月10日。

〔家近亮子〕

陳　伯達（ちん　はくたつ）　Chen Boda

（1904年～1989年9月20日）

原名・尚友，化名・志梅，万里。筆名・王文殊，王通，曲突，梅荘，周金，史達など多数（伯達も筆名の1つである）。福建省恵安県生まれ。中国共産党のイデオローグ。

家が貧しく，陳伯達は学業を中断せざるをえなかったことがある。後に親友の援助で集美師範および上海労働大学を卒業した。饒漱石は上海労働大学時代の親友であった。1927年中国共産党に入党し，卒業後国民革命軍第49師に入り，張貞の文書事務を担当した。革命活動に従事したため，南京で逮捕された。27年釈放された陳伯達はソ連に赴き，モスクワの中山大学に入学したが，「支部派」に参加したため，30年「トロツキー派分子」として党内警告の処分を受け，同年ソ連から帰国した。

1930年から北平の中国大学で教鞭をとり，マルクス主義の研究，宣伝に努め，陳伯達の筆名で多数の論文を発表すると同時に，革命活動にも従事し，柯慶施らとともに35年の12・9運動を指導した。37年当時北方局書記を務めていた劉少奇の紹介で延安に赴き，中央党校の中国問題研究室主任に就任し，「中国問題」を講義した。この時期，陳伯達は党内有数の理論家とみなされ，毛沢東の政治秘書に任命された。毛沢東の多くの論文は陳伯達によって作成された。45年の中共7全大会で中央委員候補に選出され，47年より中共中央工作委員会常務委員，中央マルクス・レーニン主義学院副院長を歴任した。49年の7期2中全会で中央委員に昇格した。

1949年10月中華人民共和国の成立後，陳伯達は政務院文化教育委員会副主任，中共中央宣伝部副部長，中国科学院副院長，中央マルクス・レーニン主義学院副院長などを歴任した。49年12月毛沢東に随行してソ連を訪問した。53年1月憲法起草委員会委員に就任し，56年2月党中央農村工作部副部長に任命された。56年9月の中共8全大会で中央委員に再選され，8期1中全会で政治局委員候補に選出された。また，58年発刊の『紅旗』編集長をも務めた。大躍進運動の中で商品経済の廃止などを提唱したことで，陳伯達は毛沢東の批判を受けたことがある。

大躍進政策の失敗を受けて，劉少奇，周恩来，陳雲，鄧小平らの指導下で，経済調整を中心に現実路線への転換が始まった。自らの提唱した急進路線の是正や権威の低下に危機感を抱いた毛沢東は階級闘争中心論に基づく継続革命を提起した。路線と政策をめぐる党内対立の中で，陳伯達は毛沢東の理論を支えた1人であった。1966年文化大革命を呼びかける「5・16通知」の起草，中央文革小組の組長への就任および多くの重要文書の作成などの活躍から見られるように，陳伯達は毛沢東側近の1人として，文革の正当化および劉少奇らの指導者の打倒に大いに貢献した。66年8期11中全会で陳伯達は政治局委員，政治局常務委員に昇格し，69年9期1中全会で同職務への再選を果した。

だが，文革の進展にともない文革派内部で新しい権力闘争が始まった。混乱した情勢の収拾に大きく寄与した林彪グループが中央と地方で多数の重要ポストに進出したため，文革小組を中心とする江青グループの反発と不満を買い，毛沢東も林彪グループに警戒心を持ち始めた。もともと毛沢東の側近で江青グループに属していた陳伯達は，個人的に江青らの排斥を受け，林彪グループへと急接近した。1970年8月の9期2中全会で，陳伯達は林彪グループに協力し，国家主席ポストの設置や「天才」論を主張し，江青グループおよび毛沢東と対立した。毛沢東は林彪グループを牽制するために陳伯達をスケープゴートにし，8月25日陳伯達に自己批判を命じ，同月31日「私の1つの意見」を書き，陳伯達の「天才論」および会議における林彪グループの人々の言動を批判した。毛沢東の指示を受けた中共中央は，陳伯達に対する政治審査および「批陳整風」運動を展開し，73年中共中央の決定によって，陳伯達は国民党反共分子，トロツキー派分子，裏切り者，スパイとされ，職務解除と党籍剝奪の処分を受けた。さらに，81年最高人民法院は陳伯達を林彪反革命集団の主要構成員と認定し，実刑18年，政治権利停止5年の判決を言い渡した。審判中，陳伯達は自分の罪を認めたと伝えられる。81年8月から病気の理由で刑務所から釈放された。その後，胡耀邦総書記の指示で政策研究を行った。89年9月北京で死去。

参考文献：孫維本主編『中国共産党党務工作人辞典』（中国展望出版社，北京，1989年）。政治学院中共党教研究編『中国共産党六十年大事簡介』（国防大学出版社，北京，1985年）。柴田穂『現代中国人物100選』（秋田書店，1973年）。

〔唐亮〕

陳　布雷（ちん　ふらい）　Chen Bulei

（1890年12月26日～1948年11月13日）

原名・訓恩，字・彦及，号・畏壘，布雷，筆名・日彦，壘。新聞記者出身の中国国民党政治家で蔣介石の側近。蔣の発表した数多くの重要文件を起草した。

浙江省慈谿県の比較的豊かな家に生まれる。早くも4歳の時郷里の学塾に通い伝統的教育を受けはじめたが，この頃から病弱で，以後終生身体の不調に悩まされた。家は兄弟姉妹の数が増え，次第に生活は苦しくなっていった。陳布雷は勉学に熱心で，11歳の時に創った七言絶句が残されている。

1902年同郷の新式教育推進者・董氏の家へ書生に出て，『新民叢報』，『新小説』，『浙江潮』などの雑誌に接し，立憲主義・反満民族主義を含む当時の新しい思想的諸傾向の影響を受けた。03年慈谿県城で童試を受けるが結果は芳しくなかった。翌年府試に応じ，これには優秀な成績で通過した。05年の院試で秀才となり，慈谿県中学堂に入学，06年寧波府中学堂に転校している。陳布雷はこの頃から社会問題に関心を強め，府中では同級生の生活態度を批判する演説をして，これが問題となり同校を退学した。06年中に杭州の浙江高等学校に進み，校内新聞の編集にあたった。一時日本留学を希望したが，父の反対で断念している。10年に上海に数日滞在した折，『天鐸報』を出していた父方のいとこ・陳訓正のもとに寄宿し，この時新聞記者の生活に興味をもったと自ら回想している。

1911年たまたま休暇をとっていた戴季陶にかわって，陳布雷は毎日『天鐸報』に記事を書くようになった。同年夏浙江高等学校を卒業すると正式に同新聞社に就職し，同業他社の宋教仁，于右任らと知りあった。武昌蜂起勃発後，陳は革命派を支持する論陣をはり，また孫文の対外宣言（英文）を最初に中国語に翻訳し発表した。しかし，編集長の李懐霜と意見が合わず約半年で辞職し，12年寧波の効実中学で教師となった。同年3月同盟会寧波支部に加入。この頃，上海の『申報』に外国の書物，雑誌，新聞からの翻訳をしばしば寄稿した。14年父が死亡すると教職を辞し，郷里で宗族の事務を取り扱うようになった。16年請われて効実中学の校長となったが，週に1度登校するのみで校務の多くは副校長に執らせ，陳自身は引き続き故郷にあった。19年妻の死を機に寧波に引越し，中学で働いたかたわら，当地の『四明日報』に記事を書きはじめた。

1920年には上海に赴き，商務印書館で『韋氏大学字典』の編集に参加。21年陳訓正と湯節之が上海で『商報』を創刊し，陳布雷は編集長として迎えられた。彼は所謂全民革命の立場で政治的改革運動を支持していたが，その文章はしばしば中国共産党の『嚮導周刊』に批評つきで転載された。26年冬蔣介石の国民革命軍が江西省に達すると，陳は蔣に招へいされて南昌に赴き，会見した。27年2月陳は中国国民党に入り，党中央組織部職員となる。これ以後，陳は蔣と政治的行動を共にする。

蔣の下野に合わせて，1927年8月陳布雷は辞職し郷里に戻った。28年蔣が国民革命軍総司令に復帰すると，陳は『時事新報』の総主筆となったが，事実上蔣の私設秘書としての職務をこなした。29年国民党中央候補監察委員，浙江省教育庁長，同省政府委員に就任，浙江省の教育改革と減租政策を推進した。蔣介石発表の文章を起草，修改するため陳は常に杭州・南京間を往復していた。30年12月国民政府教育部常務次長，翌年党中央宣伝部副部長となり，共産党系学生運動の取り締まりに尽力する。31年12月孫科・汪精衛らとの対立で蔣が党・政・軍の職を辞すと陳もその職を離れようとしたが，自身の意に反して旧職の浙江教育庁長に任ぜられた（34年まで）。35年党軍事委員会侍従室第2処（秘書・研究担当）主任となったが，やはり，実際上陳は蔣の個人秘書であり，蔣や党中央名義で発表された重要文書のほとんど（『国民経済建設運動綱要』，『西安半月記』など）は彼の執筆であった。またこの時から陳は政治・軍事上の高度の機密を取り扱うようになった。

第2次国共合作・抗日戦開始後，陳布雷は軍事委員会（後の国防最高委員会議）副秘書長（秘書長・張羣）を兼務した。蔣とともに重慶に移った後も引き続き国民政府・国民党・蔣介石の重要文書（「告国民書」，『三民主義之体系与実施程序』，「国民党6全大会宣言」など）を作成した。彼はまた，国民参政会の実現に努力した。西南連合大学問題の調停に動き，同大の解散を回避させた。重慶では，蔣に手渡される書類のほとんど全部を陳が管理していたという。

抗日戦終結後，陳は南京で『申報』，『新聞報』などいくつかの新聞社の再建にあたり，国民党系ジャーナリズムを育成した。1947年憲政期体制への移行のため国民大会選挙が実施され，陳は慈谿県代表に選ばれた。軍事委員会が解散し，総統府が正式に成立すると，陳は国民政府委員兼総統府国策顧問となった。しかし，48年秋内戦で国民党軍の形勢が不利になってくると，陳布雷の心労は重なり，11月12日夜常用していた睡眠薬を大量に摂り，翌13日死亡した。11月11日の党中央政治委員会で激昂したのが直接の要因であったとされている。蔣介石や友人，家族（再婚した夫人と6人の子供）への遺書と部下への死後の事務手順の指示がのこされていた。「上総統書」（蔣への遺書）には，神経が日増に弱まり公務上の判断に誤りがおこるかも知れないのでここに無価値の一生を終えることを許してほしい，といったことが記されていた。

参考文献：陳布雷『陳布雷回憶録』（伝記文学出版社，台北，1967年〔1940年自序〕）。費雲文『民国人物新伝』（聖文書局，台北，1986年）。陶希望「記陳布雷先生」上・中・下，『伝記文学』4巻5期・4巻6期・5巻2期，1964年。

〔塩出浩和〕

陳　昌浩（ちん　しょうこう） Chen Changhao

（1906年9月18日～1967年7月30日）

湖北省漢陽県の生まれ。中国工農紅軍の指導者。一説に1904年生まれ。

武昌師範大学に学び，武漢学連代表をつとめる。1926年，中国共産主義青年団に加入，27年モスクワの中山大学に入学，陳紹禹らとともに「28人のボルシェヴィキ」を結成し，秦邦憲の後を継いで同校における共産主義青年団支部書記となる。30年11月に帰国，中国共産党へ入党する。

1931年鄂豫皖ソヴィエト区に赴き，鄂豫皖中央分局委員兼中国工農紅軍第4軍政治委員に任ぜられたが，許継慎，周維炯ら軍政幹部の粛正に参与したといわれる。その後第4方面軍政治委員となり，徐向前らとともに黄安，商潢，蘇家埠，潢光などの戦役を指揮した。32年10月同方面軍主力を指揮して鄂豫皖ソヴィエト区から西へ移動する。西北革命軍事委員会副主席，第4方面軍（兼西北軍区）政治委員兼総政治部主任をつとめ，川陝ソヴィエト区の創設に参与，また国民党軍の三路包囲攻撃，六路包囲攻撃に抵抗する。34年1月には瑞金における中共第6期5中全会で中央委員に選出された。35年夏中央紅軍と合流し紅軍前敵総指揮部政治委員を兼任する。それらの功により中央革命軍事委員会から紅星勲章を授与される。台湾側の資料によれば，この間張国燾らとともに中央から分裂したが，率いた部隊がほとんど壊滅したため徐向前とともに変装して武漢から延安に至ったという。36年西路軍軍政委員会主席に任ぜられ，同年12月中央革命軍事委員会委員となる。

1939年ソ連へ渡ったが，一説には前述の分裂行動の罪名により，周恩来によってモスクワへ幽閉されたともいう。その後の消息は不明だが，51年10月にソ連で出版された『俄華辞典』に陳某主編と記されていたといわれる。52年に帰国，中共中央マルクス・エンゲルス・レーニン・スターリン著作編集翻訳局副局長に任ぜられる。文化大革命中迫害を受け，67年7月北京で死去した。服毒自殺とも伝えられる。1980年8月，名誉回復。

参考文献：施善玉他『中国軍事人物辞典』（科学技術文献出版社，北京，1988年）。呉俊才監修『中共人名録』（中華民国国立政治大学国際関係研究所，台北，1989年）。

〔安田淳〕

陳　誠　Chen Cheng

（1898年1月4日～1965年3月5日）

字・辞修，別名・石叟。浙江省青田県高市生まれ。中国国民党の軍人出身政治家。青田小学校長を務めた陳希文の長男。次弟の正修はのちの立法委員，末弟の勉修はのちの台湾銀行会長。蔣介石夫人・宋美齢の義理の娘にあたる譚祥夫人とのあいだに長男の履安を含む4男2女あり。

1911年高市小学を卒業後麗水に行き，省立第十一中学に学ぶが，学費が続かず第十一師範に転入し，17年卒業。18年杭州体育専門学校に入学，同校卒業後北京に行き，保定軍官学校に入学したが，20年休学して広州に行き，中国国民党に入党。広州軍第1師第3団に服務。21年北京に戻り，保定軍官学校に復学し，翌年6月卒業。その後軍歴を重ね，23年5月胸部に銃弾を受けて負傷入院し，病院を見舞った蔣介石とこの頃から知己を得る。

1924年5月黄埔軍官学校が成立し蔣介石が校長となったとき，教育副官の職に就く。その後，第1次東征，第2次東征などに参加したのち，26年7月国民革命軍第1師第3団長として蔣介石の北伐に参加。27年第1師が第21師に改称されたのにともない第21師長に昇格。同年4月蔣介石は南京に進駐し，国民政府の首都を南京におき，翌28年4月北伐を再開。第21師は何応欽の第1路軍の指揮下にあった北伐に従事。その秋，病気を理由に辞職して上海に住むが，まもなく第11師長に復職した。

1929年8月18軍上将軍長に昇格し，第11師長を兼務。31年6月第2次剿共第2路軍指揮官となり，江西ソヴィエトの共産軍を追う。33年2月江西・広州・福建地区の第4次剿共軍中路軍の総指揮となる。同年10月江西・広州・福建・湖南・湖北地区北路軍剿共総部（総指揮・顧祝同）の成立とともに第5次剿共作戦を開始し，第3路軍総指揮を務める。翌年2月北路軍を総指揮して，11月10日に江西省の瑞金を回復し，第5次剿共の任務を達成した。35年春蔣介石が武昌に陸軍整理処を設立するにあたり，その処長を兼任。11月の国民党5全大会では中央執行委員に選出される。36年3月剿共軍第1路総指揮となり，6月には陝晋綏寧4省辺区剿共総指揮。その後，中央政治学校広州分校主任，広州行営参謀長を兼任。同年12月，西安事件で蔣介石とともに一度は軟禁される。

1937年の抗日戦争開始に際し，第3戦区総指揮兼第15集団軍総指令として上海戦の指揮をとる。38年1月武漢衛戍総指令兼軍事委員会政治部長となり，この頃副部長の周恩来と協力した。同年6月三民主義青年団（団長・蔣介石）成立にあたり，その中央団部書記長。6月中旬湖北省政府主席と第9戦区司令長官を兼ね，武漢防衛の責任者として指揮をとる。この頃，湖北省政府主席として，民政方面では，孫文の「耕者有其田」の方針に従い，土地政策の一環として「二五減租」を実施，経済面では，民生主義的経済政策，教育面では，計画教育を試行した。38年9月第9戦区指令長官，40年7月には第6戦区指令長官となり，恩施に駐屯。43年2月には中国遠征軍指令長官，第6戦区指令長官，および湖北省政府主席を兼任。11月病気のため遠征軍の職務を辞し，療養にあたるが，まもなく第1戦区指令長官となって部隊整頓，党政協調にあたり，同年末には軍政部長の職に就く。45年5月の国民党6全大会で中央執行委員に選出される。45年8月15日の日本軍降伏に際し，軍政部長として復員・接収工作の任にあたる。

1946年6月軍事委員会が国防部に改組されるにともない，最初の参謀総長となり，翌47年9月1日には瀋陽に赴き，東北行轅主任として共産軍との内戦を指揮。48年2月5日瀋陽を離れ，上海にて病気療養ののち，年末には台湾省政府主席に任ぜられ，国共内戦下の台湾の初期防衛の任務にあたる。49年7月東南軍政長官公署軍政長官を兼務し，共産軍による南京，上海陥落後の蘇州・浙江・福建各部隊の台湾への退却を可能にする。

1949年10月から11月の共産軍による金門島攻撃に際し，空海軍協同作戦によって同島を死守，台湾での整軍，建軍に尽力。民政，経済面では，台湾省政府主席として，政治革新・経済建設に着手し，入境制限，食糧増産，公営事業の整頓，土地改革，幣制改革，地方自治の準備，計画教育などの諸政策を推進した。50年3月には国民党の台湾移転後最初の行政院長となり，民政面では，すでに試行中の土地改革を52年4月までに完成。経済政策面では，「農業でもって工業を育て，工業でもって農業を発展させる」のスローガンのもとに，公営事業の整頓，民営事業の指導，財政収支のバランス，外貨管理，予算・決算制度の確立などの諸政策を推進した。54年3月第2期副総統に当選，11月には光復大陸設計研究委員会主任委員となり，57年10月中国国民党副総裁に当選。58年7月再度行政院長となり，台湾海峡の危機に際して迅速に対応。経済面では，台湾経済発展の加速化を促進した。60年3月第3期副総統に当選。61年7月から米国を訪問し，米国8都市を訪れて米台関係の緊密化をすすめ，8月中旬に日本経由で帰国。63年3月にはヴェトナム，フィリピンをそれぞれ訪問。同年12月行政院長兼任を辞して副総統，国民党副総裁の職に専任。65年3月肝臓癌のため台北にて死去。

参考文献：徐揚・冠思壘『陳誠評伝』（群倫出版社，台北，1986年）。陳誠『台湾土地改革紀要』（中華書局，台北，1961年）。黄季陸主編『革命人物誌』5集（中央文物供応社，台北，1970年）。劉招唐主編『民国人物小伝』第1冊（伝記文学出版社，台北，1981年）。中国社会科学院近代史研究所主編『民国人物伝』6巻（中華書局，北京，1987年）。〔共尻秀憲〕

陳（ちん）　熾（し）　Chen Chi

（1855年～1900年）

字・次亮，号・瑶林館主。江西省瑞金に生まれる。変法派官僚。

挙人。戸部郎中，刑部章京，軍機処章京を歴任。現状の認識を深めなければならないとして沿海各省や香港，マカオを歴訪した。この経験を踏まえて1893年『庸書』内容2篇を著して改革論を唱え，その主張するところは内政の重視であり，洋務論者が外患に対処するために国際法や海防や軍備の充実を主張するのは本末転倒であるとして批判した。

日清戦争直後，康有為が北京に開いた強学会に参加，のちにその責任者となった。翌1896年『続富国策』を刊行し，欧米各国の富国強兵の根源が議院制度にありと認め，また富国のためにはまず富民からと主張した。そのためには，外国によって掌握されている中国の海関を取り戻し，外国人が享受している特権に反対した。さらに清朝に対しては，インド，ペルシャやトルコの轍を踏まないよう警告し，西法そのものに反対するものや民族資本の育成を怠る洋務派を批判した。そして，商部を設置し保護関税を設定し釐金を撤廃するなど国内の資本主義を発展させる施策を提起した。

戊戌政変によって志の実現に絶望し，郷里に逼塞した。

参考文献：小野川秀美『清末政治思想研究』（みすず書房，1969年）。〔徳岡仁〕

陳（ちん）　楚楠（そなん）　Chen Chunan

（1884年～1971年）

原名・連才，別号・思明州之少年。原地語でTan Chornam。シンガポール生まれ。孫文革命を支持した南洋華僑。

第1代海峡植民地の僑生として，私塾教育を受ける。父は福建省厦門出身，合春号という商店をはじめ，雑貨，木材を扱い，上海，華南の港と商売上の往来があったが，清朝政府とは何もかかわりも持たなかった。

陳楚楠は1903年，革命派の南洋における機関紙『図南日報』の創刊に参加，革命思想の鼓吹に当たった。同紙は2年足らずで停刊したが，陳は06年同盟会支部会長となった。07年『中興日報』を創刊，保皇派と論戦をすすめ，革命派の武装蜂起に巨額の援助を行った。

1917年帰国し，孫文率いる中華民国軍政府参議となる。28年国民党の南京政府成立後，2度福建省政府委員をつとめる。33年シンガポールにもどる。日中戦争中，汪兆銘政権下の中央監察委員，国民政府委員に就任をさそわれたが，拒否した。その後の活動は明らかでない。71年シンガポールで死去。

参考文献：顔清湟『星馬華人与辛亥革命』（聯経出版事業公司，台北，1982年）。陳旭麓・方詩銘等主編『中国近代史詞典』（上海辞書出版社，上海，1982年）。〔江頭数馬〕

陳（ちん）　得才（とくさい）　Chen Decai

（生年不詳～1864年11月7日）

広西省桂平県生まれ。太平天国の武将。英王・陳玉成の叔父。

金田蜂起ののち太平軍に参加，1860年公天福ついで61年公天安に封じられ，廬州の陳玉成の部隊に属した。60年江南大営を撃破した忠王・李秀成は安徽北部の捻軍に援軍を送り，陳得才も周盛伝の率いる廬州の団練と戦った。翌年太平軍は安慶を失い，廬州にも清軍の脅威が迫った。陳玉成は天王に陳得才を扶王に封ずることを奏請し，陳得才および遵王・頼文光，啓王・梁成富，祜王・藍成春らの率いる西北太平軍を河南・陝西に進発させて局面の打開を図った。62年2月上旬陳得才らは河南に進軍し，ついで陝西の商南を攻めた。この間に廬州はいっそう危険となり，陳玉成は軍をもどして廬州を救援するよう求めたが，連絡がつかなかった。5月陳得才らは張宗禹の率いる捻軍と合流して西安東方の尹家衛で清軍と交戦。ついで陝西から河南へもどり，陳玉成が苗沛霖の裏切りによって犠牲となったことを知った。

陳玉成の死後李秀成が残った部隊を統率することとなり，李秀成は陳得才に河南・陝西を固めて天京を救援するように指示した。秋，張宗禹・陳大喜の捻軍とともに湖北・河南一帯に転戦し，天京を救援する機会を探したが，清軍に阻まれた。ついで陳得才・頼文光らは再び陝西に向かい，63年1月興安府を攻略し，梁成富らは湖北で活動した。3月陳得才の部隊は回民蜂起軍，捻軍とともに漢中府を攻撃し数カ月間にわたって清軍を圧倒したが，翌年天京の危急を伝えられると，天京に対する清軍の包囲を解くため再び軍を東に進め河南・湖北で激戦をくり返した。しかしその途中で天京は曾国荃の湘軍により陥落した（7月19日）。安徽の英山・霍山一帯に達した陳得才の太平軍には僧格林沁の清軍が攻撃を加え，黒石渡の決戦で敗北，部隊のなかに清軍への投降者が続出し，64年11月7日ついに服毒して自殺した。残された部下は頼文光の部隊に吸収された。

参考文献：清史編委会編『清代人物伝稿』下編6巻（遼寧人民出版社，瀋陽，1990年）。陳宝輝・尹福庭・荘建平『太平天国諸王伝』（広東人民出版社，広州，1990年）。

〔並木頼寿〕

陳（ちん）　登科（とうか）　Chen Dengke

（1919年4月3日～1998年10月12日）

江蘇省漣水県上営村生まれ。作家。3番目にやっと生まれた男の子だったので，幼い頃は公丫頭と呼ばれた。12歳の時私塾の先生が陳登科と名前をつける。15歳で父が死に，父の残した手押し車ひとつで家族の生活を維持した。20歳の時国民党軍に壮丁としてつかまる。

1940年秋新四軍の遊撃隊に参加。大隊長の警備員となり，大隊長から字を教わる。44年秋日本軍の壮丁狩りを打ち負かしたことをもとに，60字ほどの文を壁新聞に発表した。ある新聞記者がそれを見て，『塩阜大衆報』に推薦した。『塩阜大衆報』の趙平生主編と阿英の息子・銭毅とが誤字や別字を改め，「鬼子抓壮丁」と題をつけて掲載する。陳登科という3文字が初めて新聞に載り，大いに感激する。

1945年夏『塩阜大衆報』の記者となる。前線の取材に行った際，兵士の銃を借りて撃つと，敵トーチカの機関銃にみごとに命中した。このことから兵士たちと親しくなり，いろいろ話を聞き，それをまとめ，47年『蘇北日報』副刊に報告文学「鉄骨頭」を発表。また，48年7万字余の「杜大嫂」を書き，華中新華書店が小説として出版する。

1948年夏『塩阜大衆報』副刊の編集に加わる。インク瓶を改造したランプの明りの下で，蚊に襲われながら，十数万字の「活人塘」を書いた。これは，蘇北地区で敵に生き埋めにされた解放軍兵士が，ある老婆に助けられ，住民とともに国民党軍や地主の私兵と戦い，勝利する話である。原稿完成後，『説説唱唱』主編の趙樹理宛てに郵送した。趙樹理は，誤字，別字以外に陳登科が作った字などのある原稿を苦労して読み，指導と激励の手紙を書き送った。50年『説説唱唱』に発表。51年から始まった，丁玲所長の中央文学研究所に趙樹理の推薦で入る。陳登科は，2年ほど学習し，長篇『淮河辺上的児女』を書きあげた。

1953年淮河治水工事現場に行く。54年短篇「離郷」，「黒姑娘」，「愛」，「第一次愛情」などを発表。「離郷」は，主人公の心理描写に力を注いだので，大変進歩したと評価する人もいたが，ある人は土臭さがなくなったといった。丁玲も，自分の持ち味を失わないようにと意見した。

1958年淮北の農村に行き，大別山区のダム建設を中心とした長篇「移山記」を書く。また，治水英雄の事績を9つの短篇に書き，『春水集』にまとめた。ほかに，映画脚本「柳湖新頌」があり，59年7月には魯彦周と共作で映画脚本「臥龍湖」を書いた。

1964年「風雷」第1部を出版したが，これは大衆と密接な関係にある誠実な農村幹部を歌頌し，大衆から離れ，主観的ででたらめな指導をする幹部を批判している。300万部も売れ，「四清」運動の際には工作隊幹部の必読書となった。

しかし，文革中「風雷」は劉少奇の妻・王光美の「桃園経験」を宣伝していると非難された。また1967年11月江青が突然陳登科は国民党の特務だと宣言し，投獄される。

1973年5月出獄後，九華山麓の村に軟禁された。医療面の仕事をする夫人の，不用になった領収書の裏に，陳登科は「赤龍与丹鳳」の初稿を書いた。この秋，安徽省濉渓県の中学教師がかかわりあいになるのも恐れず，500枚の原稿用紙を郵送してくれた。「4人組」打倒後，陳登科は会いに行ったが，この人は2年前に病死していた。

その他の作品には，中篇「雄鷹」（1965年），肖馬と共作の文革を描いた長篇『破壁記』（80年），散文集『俯仰集』（84年），『顧祝同外伝』（87年）などがある。

党の第8回全国代表大会代表。また第3期，第5期，第6期，第7期全国人民代表大会代表。中国作家協会会員。安徽省文連副主席，作協安徽分会主席。1988年11月の第5回中華全国文学芸術工作者代表大会では，大会主席団の一員に選出されている。92年7月には安徽省文連名誉主席になった。

参考文献：陳登科「全国人民と喜びをともに」，『人民中国』1977年5期。陳允豪「従文盲到作家―陳登科走過的道路」，『人物』1980年2期。吉帛記録整理「“誤上文学之路……”―陳登科同志在徐州師院的講演」，『徐州師範学院報』1981年4期。陳登科「我的第一篇小説」，『山西文学』1983年2期。

〔萩野脩二〕

陳　独秀　Chen Duxiu

(1879年10月8日～1942年5月27日)

官名・乾生，譜名・慶同，字・仲甫，号・実庵。筆名・三愛，只眼，撤翁，頑石，由己，独秀山民など38種。安徽省懐寧県広圩陳家破屋生まれ。新文化運動のリーダー，中国共産党の創設者，中国トロツキズムの指導者。

陳一族は「安慶望族」と言われ，12代にわたって儒学の学者を生み，３人の秀才と１人の挙人を輩出した。陳独秀は挙人となった叔父のもとで育てられ，儒学教育の薫陶を受けた。1896年に秀才に合格し，翌年に江南郷試を受験した。しかし合格せず，挙人にはなれなかったが，試験を通して人間性を損なう科挙試験体制に疑問を持ち，康有為の変法思想に傾いたという。そして儒学から新学に向かった。97年に杭州求是書院に入学，1902年に日本へ留学して本格的に西欧の啓蒙思想を学んだ。15年まで，合計４回ほど日本に留学した。新文化運動では西欧民主主義の導入を主張する欧化論者の旗手であったが，辛亥革命以前の陳独秀はむしろ反清反列強の民族主義を前面に打ち出す愛国主義者の色彩が強かった。03年に帰国すると，先ず上海で出版されていた章士釗の『国民日日報』の編集にたずさわり，続いて04年から安徽省蕪湖で口語啓蒙紙『安徽俗話報』を創刊し，その主筆として健筆をふるった。そこでは列強の侵略の危機を訴えるとともに，儒教的封建支配に苦しめられる民衆の自覚と，その解放を主張した。また口語新聞の創刊による大衆啓蒙運動を進める一方，03年に安徽愛国会を作り，さらに05年に安徽省の革命青年を組織して反清の革命秘密結社・岳王会を創設し，その会長となって革命運動を行った。もともと日本で多くの革命青年と交流を深め，上海では後に国民党の重鎮となる蔡元培らとテロリズムのための爆弾つくりに参加している。この時期に交流を深めた者としては，鄒容，張継，柏文蔚，蘇曼殊，劉師培，章士釗，章炳麟，何梅士，呉樾，趙声，蔡元培などがいる。その多くは孫文の中国同盟会に参加したが，陳独秀は同盟会には参加しなかった。11年の辛亥革命の時は杭州の浙江陸軍小学堂で教鞭をとっていたが，革命軍が独立した安慶に戻り，安徽都督秘書長に就任し，安徽都督となった孫毓筠，柏文蔚を支えた。しかし袁世凱の反動化に反対する13年の第２革命に失敗して上海に逃亡した。

革命に敗北した陳独秀は意気消沈していたが，1915年に啓蒙雑誌『青年雑誌』(翌年から『新青年』と改称）を創刊し，たちまちのうちに論壇の寵児となり，新文化運動の旗手となった。17年には北京大学校長の蔡元培に招聘されて北京大学文科学長となり，北京大学の民主的改革に手腕をふるった。『新青年』には李大釗や胡適ら新時代の論客が集まり，陳独秀の指導のもとで封建的旧文化を打破せんとする新文化運動が始まった。新文化運動時代の陳独秀の特徴は，「進歩と頽廃」の対立概念を想定し，進歩的な西欧民主主義思想と社会科学的思考を武器に，頽廃的な中国の伝統的政治体制と思想を批判，解体せんとしたところにある。そして性急に政治改革を求めるよりも，国民の政治的自覚を確立する意識革命が先行しなければならないという思想革命の重視を強調した点にある。

陳独秀は『青年雑誌』創刊号の巻頭論文「敬みて青年に告ぐ」で，中国青年が陳腐老朽していることを憂い，自主的，進歩的，科学的な西欧思想で奴隷的，保守的，想像的な中国思想を否定することを強調した。こうした伝統的な封建思想の根本は儒教（孔教）にあるとみなし，国民が儒教の呪縛から解放される必要性を先ず説いた。「孔教はすでに魂を失った偶像であり，過去の化石である」(「偶像破壊論」) とみなし，孔教の「三綱五常」は「不平等の道徳，尊卑を階級づける制度」であり，現代生活に適応できないものであると主張した。また「孔教問題はただ憲法に関係するだけではなく，われわれ日常の生活及び倫理思想の根本問題である。この倫理問題が解決しなければ，政治や学術などはすべて枝葉の問題にすぎない。たとえ一方的に古きものを捨てて新しきものを導入しても，根本思想が変更されない以上，すぐにもとの旧に戻るのは自然のなりゆきである」(「憲法と孔教」) と述べ，政治批判に先行する儒教批判を強烈に展開した。「孔家店打倒」運動とも言われたほどである。「デモクラシーとサイエンス」を合言葉に，民主的共和制に反対する軍閥を批判し，軍閥政治を支えている根本思想――非科学的で非民主的な儒教思想を非難したのである。新文化運動の１つに文学革命がある。胡適が口火を切った運動であるが，陳独秀も「文学革命論」を著して，リアルな社会文学の確立を唱えた。

パリ講和会議で帝国主義列強は中国の民族自決の要求を踏みにじった。この現実を通して啓蒙思想の限界を知り，マルクス主義者となっていった。1919年の五・四運動では街頭でビラを配布して逮捕され，北京大学を辞して上海に逃れた。20年12月～21年10月，広東省省長・陳炯明の招聘で広州に赴き，広東全省教育委員会委員長に就任，譚平山らと広東の共産党を組織した。その後，全国各地の共産主義者グループを統合して，上海で21年７月に中国共産党を創設し，初代の総書記となった。労働運動の組織化に着手して独自の革命運動の展開を目指したが，孫文の中国国民党と提携することを要求するコミンテルンに屈して，国共合作による国民革命を指導した。中国は半植民地，半封建社会であると規定し，反帝国主義と反軍閥の民族民主革命を推進した。この民族民主革命の実現はブルジョアジーとプロレタリアートが共に求める政治課題であり，国共合作がその両階級の統一戦線であるとされ，その階級調和論を唱えた。先ずブルジョアジーと協力して民主革命を成功させ，その後にプロレタリア革命を実行するという２段階革命論であった。しかし共産党の台頭はブルジョアジーに脅威を与え，階級対立が表面化してきた。そこで孫文死後は共産党の組織的自立を求めたが，コミンテルンの反対にあって成功しなかった。国民革命軍の北伐戦争が勝利するにつれて，共産党の台頭を恐れる蔣介石は急速に反共的色彩を濃くして，遂に27年４月に反共クーデターを敢行し，これによって共産党は大きな打撃を受けた。この国民党とのヘゲモニー争いに敗北した政治的責任は全て陳独秀の日和見主義にあるとされ，27年７月に中国共産党総書記を解任された。

その後，国民革命の敗北はスターリンの責任であると主張するトロツキーに共感し，中国でトロツキズム運動を開始した。中国における封建的要素の残存を強調する民主革命論を批判して，中国ではすでに資本主義が主要な要素となっているとみなし，来る革命はプロレタリア革命であると主張した。しかし革命は退潮期にあるため軍事闘争よりも公開的政治闘争の必要性を求め，ソヴィエト革命を進める共産党と対立した。このため1929年に中国共産党から追放され，トロツキズム運動を組織したが，32年に国民党に逮捕された。柏文蔚など国民党幹部の旧友が援助の手をさしのべ，死刑は免れたが５年間投獄された。

盧溝橋事件で日中戦争が始まると出獄した。トロツキスト組織には合流せず，また共産党復帰問題が発生したが復帰しなかった。組織に属さず独自の立場から抗日戦争論を主張した。共産党の主張と大差なかったが，只一点，軍隊の指揮にかんしては中央集権を要求し，共産党の独自な遊撃戦には批判的であった。1942年５月重慶郊外の江津で病死した。

息子の陳延年，喬年も共産党の幹部として活躍し，家長的支配を行ったと言われるが，２人は共に国民党によって殺された。長く共産党の公式見解では陳独秀は革命の裏切り者として非難されてきたが，現在ではその再評価がなされてきた。

参考文献：唐宝林『陳独秀全伝』（中文大学出版社，香港，2011年）。任建樹『陳独秀大伝』（上海人民出版社，上海，1999年）。姚金果『陳独秀与莫斯科的恩恩怨怨』（福建人民出版社，福州，2006年）。横山宏章『陳独秀の時代』（慶應義塾大学出版会，2009年）。任建樹主編『陳独秀著作選編』全６巻（上海人民出版社，上海，2009年）。Lee Feigon, *Chen Duxiu*（Princeton University Press, Princeton, 1983）。

〔横山宏章〕

陳　範（ちん はん）　Chen Fan

（1860年～1913年５月16日）

原名・彝範，改名・陳蛻。字・叔柔，叔疇，錫疇。号・夢坡，蛻盦，退安。別名・陳范，夢逋，憶雲，老蛻，蛻安，蛻翁，蛻僧，蛻存，瑤天，瑤天老蛻，退僧，退翁，息庵。原籍，湖南省衡山，後に江蘇省陽湖に移る。清末の新聞『蘇報』の発行人。

父・懐庭（槐庭）は浙江で役人を務めた。母の名前は不明。1889年挙人となったが，翌年の会試には不合格で，官位を買って江西省鉛山県の知県となった。しかし，95年教案処理の問題から失職し，上海に移り住んだ。そして，次第に新学に傾斜し始め，志士たちと交際するようになった。

1900年陳範は当時不振に陥っていた『蘇報』の経営を引き継ぎ，義弟の汪文溥を主筆とした。当初『蘇報』は康有為や梁啓超の学説を掲載したため，一般からは改良派の新聞であると見なされていた。しかし，陳範は01年の辛丑条約締結のころから，康・梁の主張に疑問を抱き始める。02年上海では中国教育会，愛国学社といった革命団体が結成された。陳範は革命派の会合に参加しており，彼らに『蘇報』での執筆の機会を与えている。しかし，彼自身は必ずしも革命的言論人をもって自任していた訳ではなかった。03年広西巡撫・王之春がフランスからの借兵・借款によって反乱を平定しようとする計画が明るみに出，さらにロシアが東三省に出兵して清朝に条約の改定を迫るという事件が発生した。これによって，国内外の人々は頻繁に会合を開いてこれに抗議したが，清朝政府はこれを支持するどころか，在日留学生を逮捕する命令を発した。陳範はここに至って清朝政府がたのむに値しないことを認識し，排満革命論を支持するに至った。そして，『蘇報』に呉稚暉，章炳麟，章士釗らの急進的人物を執筆メンバーに迎えたため，その主張は社会的に大きな影響力をもった。

1903年夏上海共同租界当局は『蘇報』の記事を口実に，陳範と革命派の人々を逮捕しようとした。この蘇報事件で章炳麟らは逮捕されたが，陳はこの動きを事前に察知していたため友人宅に隠れ，その後家族を伴って日本に逃れた。彼は横浜に着き，ここで初めて孫文と面会し，後に中国同盟会に加入した。翌年彼は香港で『中国日報』を発行していた陳少白を訪ねるなどしたが，生計もままならない状態となり，05年春上海に戻った。そのため，彼は警察に逮捕されて1年余り投獄されたが，06年友人の手によって救出された。彼は一時温州に隠れ住んだ後，汪文溥が醴陵で知県をしていることを知り，湖南に赴いた。しかし，汪は同年末の萍瀏醴蜂起の時，革命派の人々を保護したため失職して長沙に移り住んだため，陳範は醴陵と長沙の間を行き来した。07年5月黄崗蜂起が起こると，陳と汪は兵変を起こすべく新軍に工作を行おうとしたが，失敗に終わった。

武昌蜂起が勃発すると，陳範は汪文溥と共に湘桂援鄂連軍に加わった。民国成立後，陳は上海で南社，国学商兌会に加わり，『太平洋報』の主筆となった。その後，北京に行って『民主報』の編集に加わったが，まもなく病気のため上海に戻り，13年5月死去した。彼は妻（名は不明）との間に少なくとも4人の子供をもうけたといわれる。彼には『映雪軒初稿』，『烟波吟舫詩存』など多数の著作があったが，散逸したものも多い。

参考文献：章行厳『蘇報案始末記叙』，『辛亥革命』1（上海人民出版社，上海，1957年）。馮自由「陳夢坡事略」，『革命逸史』1（台湾商務印書館，台北，1969年）。方漢奇『中国近代報刊史』上（山西人民出版社，太原，1981年）。劉唐紹主編『民国人物小伝』第7冊（伝記文学出版社，台北，1985年）。〔嵯峨隆〕

陳（ちん）　賡（こう）　Chen Geng

（1903年2月27日～1961年3月16日）

原名・庶康，別名・陳広，化名・王庸。湖南省湘郷県二都柳樹鋪生まれ。中国共産党の指導者，軍人。

父は陳紹純，地主。富裕な家庭に生まれる。1909年私塾に学ぶ。15年湘郷県立東山高等小学堂に入学。1年通学しただけで翌16年軍隊に入隊，湘軍の魯滌平指揮下の第6連隊第2大隊に所属した。

1921年軍隊から離脱，長沙に出て粤漢鉄道湘局の事務員を務める一方，補習学校や業余中学で学習，この時期『社会進化論』，『新青年』を読む。また，青年救国会などの反帝国主義的活動に積極的に参加。22年毛沢東の湖南自修大学に通い，何叔衡，郭亮，姜夢周らと交流。同年12月中国共産党に入党。23年，2・7惨案，長沙6・1惨案への抗議行動に参加した。24年2月広州の陸軍講武学校に入学。5月黄埔軍官学校に入学（第1期生），同校最初の中共支部の候補幹事に就任（書記・蔣先雲）。11月同校を卒業。その後，25年10月の第2次東征，26年7月以降の北伐に参加。同時期，廖仲愷暗殺事件，中山艦事件で周恩来の指導下に活動した。

1926年9月党中央によりソ連に派遣され，保安及び武装暴動工作を学習。27年2月上海に帰る。翌3月武漢に赴き，北伐軍第2方面軍特務大隊大隊長に就任。4月下旬中共第5回全国代表大会に出席。5月王根英と武漢市で結婚した。

1927年7月国共合作の破綻後，特務大隊大隊長を更迭される。8月1日南昌蜂起に参加。蜂起軍南下中，賀龍率いる第20軍の第3師団第6連隊第1大隊大隊長に就任。同月24日戦闘で左足を負傷，同年10月香港を経て上海に入り，党中央の援助を受け療養した。28年4月中央特科情報科科長に就任，31年まで上海，天津で特務工作を担当。同職在任中，王庸という偽名を使用した。31年10月初め鄂豫皖根拠地に入り，中国労農紅軍第4軍第13師団第38連隊連隊長に就任。11月7日第4方面軍が成立し，同軍第12師団師団長に任命される。32年9月戦闘中右足を負傷し，11月上海で療養，党中央に第4方面軍における張国燾の誤りを報告した。33年3月24日上海で逮捕され，拘留中蔣介石に投降を勧告されるが，これを拒否した。同年5月中共工作員により救出され，同月末瑞金の中央ソヴィエト区に入り，紅軍第1歩兵学校校長に任命される。

1934年10月紅軍幹部連隊連隊長に就任（政治委員・宋任窮），同連隊を率いて長征に参加。35年夏第1・第4方面軍の合流実現のため第4方面軍で活動，張国燾と幹部の政治，規律工作をめぐって対立した。周恩来の配慮で第1方面軍に転属。同年9月陝甘支隊第13大隊隊長に就任，11月下旬左手を負傷。12月紅軍第1師団師団長に就任。37年1月中国人民抗日軍事政治大学に入学。同年7月援西軍第31軍工作に派遣された。

日中全面戦争勃発後，1937年9月第31軍は国民革命軍第八路軍第129師団第386旅団に改編，同旅団長に就任した（副旅団長・陳再道，参謀長・李聚圭）。10月7日旅団を率いて山西省に進入，娘子関などで日本軍と戦った。39年3月8日妻の王根英死亡。40年5月太岳軍区成立，同軍区司令員に就任。41年8月太岳縦隊編成，同隊司令員に就任（軍区司令員は継続）。43年2月傅涯と河北省渉県で結婚。11月太岳を離脱，延安に入り，翌12月中央党校に入学した。45年4月中共第7回全国代表大会に参加，候補中央委員に選出される。

日中戦争の終結と同時に山西省に戻る。1945年9

月7日晋冀魯豫野戦軍が太岳縦隊に再編され，同隊司令員に就任。10月17日第4縦隊司令員に就任。47年7月毛沢東より陳謝兵団編成が指示され，同団前敵委書記に任命される（副書記・謝富治）。48年陳謝兵団を率いて洛陽，鄭州の攻略作戦に参加。49年2月7日第2野戦軍第4兵団司令員，同政治委員に任命される。同兵団を率いて南昌，広州の攻略作戦に参加。50年2月宋任窮らと昆明に進駐，同月22日西南軍区が成立すると，同副司令員に就任する。3月昆明軍事管制委員会主任，雲南省主席に任命される。4月1日雲南軍区成立，同司令員となる。同年7月中共中央代表としてヴェトナムに派遣され，ホー・チ・ミンと会見し，11月帰国した。

1951年4月25日中国人民志願軍第3兵団司令員兼政治委員，6月8日同軍副司令員に任命される。朝鮮の前線の状況の把握及び党中央に対する報告のため，51年から52年にかけて度々中朝間を往復した。53年9月1日には中国人民解放軍軍事工程学院院長，政治委員，院党委書記に就任した。54年9月軍事代表団の一員として訪ソ。10月31日中国人民解放軍副総参謀長，55年9月29日第1期国防委員会委員に任命される。56年4月軍事代表団を率いてヴェトナム訪問，5月3日に帰国した。

1956年9月中共第8回全国代表大会に出席，中央委員に選出される。57年5月1日国務院より軍事工程学院政治委員を解職されるが，院長，党委書記は継続。9月軍事代表団を率いて再び訪ソ。12月19日心筋梗塞の発作を起こす。58年9月25日国防科学技術委員会副主任に任命される。59年9月中華人民共和国国防部副部長，中共中央軍事委員会委員に任命され，10月副総参謀長を解職される。61年2月北京から上海に移り，療養。3月7日『作戦経験総結』の執筆に着手。同書序言執筆後，心臓発作を起こし，16日に死亡。

参考文献：『陳賡日記』正・続（戦士出版社，北京，1982年，84年）。穆欣編『記陳賡将軍』（湖南人民出版社，長沙，1984年）。中共党史人物研究会編『中共党史人物伝』23巻（陝西人民出版社，西安，1985年）。穆欣『陳賡大将』（新華社出版社，北京，1985年）。胥佩蘭・鄭鵬飛『陳賡将軍伝』（解放軍出版社，北京，1988年）。
〔中村楼蘭〕

陳（ちん）　公博（こうはく）　Chen Gongbo

（1892年10月19日～1946年6月3日）

原籍，福建省上杭，のち広東省乳源に転居。先祖は客家。広東省南海県生まれ。国民党改組派の指導者。

父親の陳志美は太平天国の乱に参戦，広西省提督の地位に昇進したが，その時に生まれたひとり息子が公博。志美はのちに広東に引きこもっていたが，秘密結社「三合会」に入会して反清運動を行うようになり，1907年公博を連れて広東・湖南辺境地区で秘密結社の反乱を組織しようとしたが失敗し，自首して無期懲役となった。公博は6歳の時から中国古典の教育を受け，父親の難を聞くと直ちに香港に逃れ，そこで革命党の新聞の校正係となり，翌08年には広東に戻り，苦学しながら育才書社で英語や他の学問を学んだ。辛亥革命の勃発により父親は出獄，80歳過ぎの高齢で革命的英雄として広東省議会議員並びに同省都督府軍事顧問などを務めた。

陳公博はその後育才書社で教えたり，香港系新聞記者として自活しながら1914年に広東の法政専門学校に入学，法律を学び17年に卒業するが，法律学に飽き足らず，同年夏北京大学で哲学を専攻した。当時の北京大学は陳独秀や胡適らによる新文化運動の盛んな時であり，五・四運動は中国全土の若者の愛国心を揺さぶった。また，李大釗の指導でボルシェビキ革命やマルクス，エンゲルスの研究が開始されていたが，陳は学問の習得のみに専念し，20年夏卒業，広東で母校の教授をしながら，親友の譚平山と共に陳炯明広東省長の融資を得て『群報』を刊行した。2人はコミンテルンのロシア人との接触がなり，21年3月頃陳独秀と共に広州市で共産党支部を組織し，宣伝工作を担当した。21年7月広東代表の1人として上海での中国共産党創立大会に参加したが，大会そのものにはいい印象を持たなかったようで，会議の途中で新妻・李励庄と杭州に観光に出掛けた。その後陳は広東で共産党勢力の拡張に努めるが，共産主義の中国への適用やその理論的有効性に疑問を抱き，学問習得のため米国留学を決意する。しかし，22年6月陳炯明の反乱が起こると，党中央は陳と反乱の関係を疑い，留学計画に干渉するまでに至った。そこで，陳は党籍離脱を表明，11月初旬日本を経由して米国に向かった。日本では廖仲愷に接触した。陳はコロンビア大学大学院で経済学を専攻し，「中国における共産主義運動」と題する修士論文を執筆して24年2月に卒業したが，マルクス主義やアダム・スミスなどの経済学原論を学ぶうちに，孫文の三民主義が中国の経済と社会の再建に最も適切であるとの確信を得た。陳は廖の招待で広東大学教授の職に就くため，25年3月に帰国した。

その後廖仲愷の後援で国民党に入党し，1925年7月広東国民政府が成立して廖が省長となると，陳公博は農工庁長となり，翌8月の廖の暗殺後は国民党農民部長兼軍事委員会政治訓練主任になるが，同委員会主席は汪精衛であった。26年1月陳は国民党中央執行委員に就任し，その昇進のスピードは目覚ましかったが，彼を裏切り者と断じる共産党員と共産党との繋がりを未だに疑う国民党右派から批判され続けた。26年6月北伐が決定されると，北伐軍総司令部政務局長となり，江西省政務委員会主任他の要職に就いた。その間陳は中共指導の工農運動に強い不満を抱くようになり，27年1月武漢政府を樹立した国民党左派と中共に対抗し蔣介石を奉じて南昌（のち南京）に首都をおくことを主張する右派との間の分裂が決定的となると，陳は左派に与し，3月国民党中央執行委員会常務委員，中央政治委員会委員兼工人部長となった。やがて国民党左派の要請で外遊中の汪精衛が急遽帰国すると，陳はこれを支持し，その忠誠心は生涯変わらなかった。分共を決定づけた7・15政変の際も汪を支持して行動を共にした。

1927年12月の広州コミューン事件の際，陳公博はその責任を問われ辞職するが，汪精衛外遊の間強大となりつつあった蔣介石の独裁勢力に対抗し，国民党改組派の中心的役割を果した。その後陳は上海に至り，28年5月『革命評論』を刊行し，汪を批判する呉稚暉と論争を展開して青年層に大きな反響を呼んだ。また，大陸大学を創設した。同年冬陳は顧孟餘らと国民党改組同志会総部を発足させ，汪を領袖と仰ぎ，自身を責任者とした。更に，『民心週刊』を発刊し宣伝活動を積極化するが，29年3月汪らと共に国民党3全大会の無効性を明らかにすると，党籍を剝奪された。その後汪の命により，閻錫山を主席とする北平新政府の樹立工作に関係するが，これに失敗すると太原に避難，30年10月拡大会議が瓦解すると香港へ逃亡し，のちヨーロッパへ亡命。9・18事変後，陳は帰国して汪に師事，南京国民政府との合作に努力し，合作がなると党籍を回復，31年12月中央政治会議委員兼実業部長，そして，32年1月には鉄道部長の要職に就いた。その間抗日派の非難にさらされている汪に，外交部長辞職を迫ったこともある。35年11月汪が凶弾に負傷すると，陳も汪に従って辞職したが，南京に留まって執筆活動に従事しつつ，国内の情勢を静観した。西安事件が勃発し，汪がフランスから帰国すると，汪に従って再び蔣との合作に努力した。

陳公博は抗戦の行方を悲観視していた。しかし，汪精衛の対日和平運動が国難を前にして国民党のさらなる分裂に繋がり，しかも，日本には最初から誠意なしとの判断から，汪の重慶脱出とのちの訪日を止めさせようとしたが，これに失敗した。陳は香港で悶々と暮らしながら，1939年冬再度汪への説得を試みた。しかし，その決心が堅固なのを知り，旧友に殉じる気持ちで汪に従った。陳は40年3月に成立した南京新政府の下で，中央監察委員，中央政治委員会委員，立法院長兼政治訓練部長，広東省長（4月），上海市長（11月）他，数多くの要職を歴任した。44年11月汪が名古屋で客死すると，行政院長，国民政府主席代理となった。新政府内では汪に次ぐ地位を占め，汪没後はその後継者となったが，陳の政治力は周仏海と比較して弱体であり，同政府に対し否定的な態度で臨んでいたことは否めない。45年8月16日南京国民政府解消宣言ののち，一時日本に難を逃れるが，中国側の求めに応じて南京に戻り，漢奸裁判を受け，江蘇省高等法院で死刑の判決を受け，46年6月3日刑死した。

参考文献：黄美真主編『汪偽十漢奸』（上海人民出版社，上海，1986年）。陳公博著・岡田酉次訳『中国国民党秘史』（講談社，1980年）。陳公博『寒風集』（上海，1944年）。陳公博『四年従政録』（上海，1936年）。『陳公博・周仏海回憶録合編』（春秋出版社，香港，1971年）。Howard L. Boorman ed., *Biographical Dictionary of Republican China*, Vol. 1 (Columbia University Press, New York, 1967).　〔高橋久志〕

陳（ちん）　光（こう）　Chen Guang

（1918年2月8日～1949年11月11日）

原名・陳益昌，改名・陳揚。広東省梅県南口圩下村生まれ。中国共産党の指導者，教育者。

父は陳泰育，インドネシア東チモール在住の華僑。貧しい家庭の長男として生まれる。12歳の時父がインドネシアの資本家に毒殺され，姉の陳安も香港から共産党の文書を輸送する途中汕頭で殺害される。1932年梅県東山中学に入学，37年高校2年終了時に経済的理由によって退学。

その後，南口星聚学校で教鞭を執りながら抗日救亡活動に従事。1938年共産党に入党。中共南口区委員会書記に任命される。学校を拠点として活動。文化書社を創設し，毛沢東の著作を発行した。抗日救亡劇団を組織し，『雷雨』，『霧重慶』などを上演。同時に南口圩下村で夜学の女学校を創設（学生数，300名余り）。42年5月の「南委事件」（中共南方工作委員会組織部副部長・郭潜が逮捕され，国民党に転向。南方工作委員会所属の組織・人員が摘発された事件）発生後，梅県を離れる。43年以降広西融安県長安中学に赴任，教鞭をとる。44年冬日本軍の桂林，柳州進攻に伴い融安に逃れてきた柳州日報社（地下党員・羅培元が指導）を支援。45年初め同社の印刷工を中核とする抗日自衛隊を組織，政治指導員となる（隊長・羅培元）。

抗日戦終結後，地下党員を率いて国民党と闘争。

1946年春柳州龍城中学に赴任，柳州臨時工作委員会書記に就任した。47年春桂東区特派員に任命され，平東，八歩などに赴き党勢拡大に努める。同年中共桂林市臨時工作委員会書記に任命される（副書記・黄紹亮）。8月桂林に到着，韋純束，高天梅，阿秀らとともに広西大学など教育機関を拠点として活動。10月共産党の外郭団体・広西愛国民主青年会を組織。前年7月に国民党に逮捕された7人の学生・教員（うち2人は党員）の釈放を求めた48年4月の広西大学における授業放棄及びハンストに関与，4月30日に全員釈放された。同年夏，桂林地区の幹部の輪訓工作に従事。同年末中共桂林市臨時工作委員会は中共桂林城市工作委員会に改組，同書記に就任（副書記・黄紹亮）。教員への給与の支払い及び学生への資金援助を求める49年3月下旬の広西大学の授業放棄に関与。同年5月龍勝，義寧，臨桂らに党員を派遣し武装蜂起させ，1,000人近くを武装集団に組織した。9月下旬中共広西城市工作委員会が人民解放軍を迎える準備について検討すべく柳州で開いた地下工作会議に出席。同会の決議を10月4日桂林城市工作委員会に伝達。翌5日黄延流の密告により国民党特務に逮捕される。11月国民党憲兵によって桂林市北門において処刑された。

参考文献：中共党史人物研究会編『中共党史人物伝』27巻（陝西人民出版社，西安，1986年）。〔中村楼蘭〕

陳　果夫　Chen Guofu

（1892年9月7日～1951年8月25日）

原名・祖燾，字・果夫。浙江省呉興県生まれ。中国国民党の政治家，CC系の巨頭。

1896年父の其業らから字を習い始め，99年私塾で学ぶ。1905年春湖南省長沙の明徳学堂入学。

1907年2月南京の浙江旅寧公学予科に入学，夏に卒業。次いで杭州の陸軍小学入学。同小学4年生の時，叔父・陳其美（英士）の日本留学と革命活動に大きな影響を受ける。11年3月中国同盟会加入。6月南京陸軍第四中学に進学。7月中国同盟会中部総会成立。陳其美が南京に来て陳果夫に陸軍第四中学に同盟会分部を組織するように委託した。11年の武昌蜂起の際は，南京の同志とともに蜂起を助け，漢陽兵工廠を守る。

辛亥革命後，其美の事務を行う。1912年秋，渡仏して勤工倹学に参加しようとするが，肺病のために中止。この頃，英語と日本語を学ぶ。13年春東京の病院で診察を受け，4月日本各地を旅行。その後其美からの書簡で2次革命が次第に醸成されていることを知り，6月15日上海に戻る。陸軍中学の学友200人余と奮勇軍を組織し，副司令に就任，7月同軍は上海龍華西砲台を攻撃するが，失敗。10月大喀血により入院した。14年春から2年間ドイツ留学を決意して薛仙舟からドイツ語を習い，同時に合作事業を研究する。15年其美らが上海で袁世凱打倒を発動すると，陳果夫も学友を集め，積極的に建軍工作に従事したが，5月18日其美が袁に暗殺されたため，呉興に戻る。

1918年3月上海晋安荘で銭業を学ぶ。20年秋，孫文が革命経費を調達するため上海証券物品交易所を開設しようとした時，蔣介石は陳果夫に茂新号を設立し，経理になるよう依頼する。同時期，上海合作同志社に参画する。21年春，交易所は全盛時代に入り，茂新号は棉花証券の仲買を行い，その利益を革命活動支援に充てた。しかし22年3月になると，上海証券交易所は恐慌状態となり，茂新号も操業停止に追い込まれた。その後，果夫は黄埔軍校の教導団，軍官，学生の募集に奔走した。24年7月叔父・藹士と中国合作運動協会を設立した。

1926年1月国民党第2回全国代表大会が広州で開催され，第2期中央監察委員に選出される。6月蔣介石が中央組織部長に就任，陳果夫はその秘書となる。同時に果夫は中央，組織委員会，中央財務委員会と中央政治会議の各秘書も兼任し，中共党員駆逐を行う。27年4・12クーデターの時，呉敬恒，張静江，蔡元培と共産党弾劾案を提出した。南京国民政府が成立すると党政訓練所所長の身分で戴季陶，丁惟汾らと協議して中央党務学校創立を決め，8月正式に開校し，彼は総務主任に就任した。11月戴は陳布雷とともに『新生命雑誌』を発刊する。28年2～10月果夫は組織部部長代理になると，全力で党務整理を行い，組織，宣伝，農民，労働者，青年，婦女，海外，商人，軍人の9部門を組織，訓練，宣伝の3部門と民衆運動委員会に再編成し，かつ各省市党部もこれにならわせた。また，7月南京に中央放送局（XGOA）を創設させ，その後次第に全国に分局を設立，宣伝，教育に効果をあげたという。同年10月国民党中央常務委員会は果夫を監察院副院長（院長・蔡元培）にすることを決定した。12月中国合作学社が彼の指導下で上海に成立し，自ら理事長に就任する。29年3月国民党第3回全国代表大会後，中央党部が改組され，果夫は中央執行委員会常務委員に当選し，かつ組織部副部長に就任。6月中央常会決議により，中央党務学校は中央政治学校に改組，校務委員会が増設されると，校務委員の1人になる。30年10月中国合作学社が杭州で年会を挙行した。ここで連日講演などを行ったが，過労で大喀血。32年夏国民党中央政治会議に「教育改革初歩方案」を提出し，中央の修正を経て教育部に実施させた。

1932年8月「導淮」（淮河水路）委員会代理副委員長に就任し，淮河氾濫防止と土地整理計画に着手し，これは33年10月に初期的完成を見た。10月江蘇省政府主席に就任し，各種の施策を行っている。第1に農閑期の民衆約5万人を徴用し，省北部の六塘河の浚渫を行った。各区間で堤を築き，河を掘り，これにより田地400余畝が受益したという。また，淮河を海と直結させる工事に着手，36年4月高郵水門が完成した。さらに37年4月には漣水，淮安，泗陽各区間も完成したが，7･7事件の勃発により中断した。

第2に，1934年3月，陳果夫は省保安処に全省地方武力の統一指揮を，各県保安団と警察隊を保衛隊に改組，合体を命じ，同時に各県に保甲制度の実施と戸口調査を命令した。これらは中国共産党対策である。第3に，田賦，営業税などの整理，苛捐雑税数十種の廃止を命令するとともに，金庫会計制度を実行することで財政秩序を樹立した。第4に，アヘン禁止，娼妓問題にも取組んだ。

第5に，合作社に関しては次の通りである。郷鎮合作制を推進しており，これは県各級合作制度の嚆矢ともいえるものである。また，丹陽合作実験区，光福合作実験区のような模範合作区を創設したり，各種農業特産運銷合作社を運営するなどの活動を行っている。それ以外にも，建設庁江蘇医政学院と江蘇省銀行が協力して江蘇省人保険合作社の創設を準備したが，これも7･7事件勃発で頓挫してしまった。

省以外では，陳果夫は1935年11月国民党第5回全国代表大会で中央執行委員に当選，並びに常務委員，中央政治委員会委員，中央文化事業計画委員会主任委員，土地専門委員会主任委員になっている。38年1月中央政治学校教育長。39年3月党政訓練班が開学，辦公庁主任に就任。7月国民政府軍事委員会委員長侍従室第3処主任。同年経済部に合作事業管理局が設けられ，全国の合作事業を管理・推進することになったが，陳果夫らCC系がその実権を握っていた。この後，国際活動に従事する中国合作事業協会が設立され，名誉会長に就任した。40年2月中央政治学校校務委員会常務委員兼教育長。10月中国農民銀行董事，四連総処農業金融委員会主任委員。42年6月国民党中央党部組織部部長に就任した。

抗日戦争勝利後1945年11月国民党中央財務委員会主任委員。46年1月農業教育映画公司を設立し，董事長に就任する。11月中央合作金庫開幕，理事長となり，47年2月には中央合作指導委員会主任委員となる。特に陳果夫は民衆への合作教育と宣伝を重視し，自ら「合作歌」，「合作工作人員歌」を作ったり，中国農村電影公司を指導して合作映画を撮らせたりした。48年5月中国農民銀行は農林部，地政部とともに土地開発公司を設立し，果夫はその理事長に就任した。同年12月療養のために台湾に向かう。50年2月民族文化問題の重視，中国伝統文化発揚などの反共活動を行った。51年8月病状が悪化し，台北で死去。

参考文献：呉相湘『陳果夫的一生』（伝記文学出版社，台北，1971年）。呉相湘『民国百人伝』2（伝記文学叢刊，台北，1971年）。劉紹唐主編『民国人物小伝』第1冊（伝記文学出版社，台北，1975年）。寿勉成「陳果夫与国民党的合作運動」，『文史資料選編』80輯，1982年。菊池一隆「中国国民党における合作社の起点と展開」，『孫文研究』9，1988年12月。

〔菊池一隆〕

陳（ちん）　国瑞（こくずい）　Chen Guorui

（1837年～1882年2月7日）

字・慶雲。湖北省応城県生まれ。清末の軍人。

はじめ太平軍に加わったが，のちに清軍の九江鎮総兵・黄開榜に投じてその養子となり，江淮の太平軍・捻軍との戦いに従事した。1859年漕運総督・袁甲三の指揮下で安徽北部の捻軍と戦い，翌年鳳陽の包囲を打破して遊撃に抜擢され，61年揚州防衛の功績により副将の称号を与えられた。翌年漕運総督・呉棠のもとで淮安の捻軍を破って副将に昇進，ついで山東省の幅軍その他の民衆蜂起の弾圧にあたり，63年投降してきた幅首・孫化祥を全滅させて幅軍の地盤を畏縮させた。ついで鄒県城蓮池の教軍拠点を攻めて幅軍の首領・劉双印を捕らえた。山東淄川に駐屯していた欽差大臣・僧格林沁の上奏により頭品頂戴を賞せられた。さらにこの年僧格林沁および呉棠の指示により苗沛霖団練の反清活動鎮圧に赴き，皖軍の総兵・宋慶らとともにこれを鎮圧し，苗およびその一族・部下を捕らえ，蒙城・寿州一帯を回復した。この功績により提督の位を与えられた。この間に宋慶と江南提督・李世忠の部隊がこぜりあいを起こすとこれを弾圧し，淮河中流に部隊を駐屯させた。

1864年浙江処州鎮総兵となったが，その後西北太平軍・捻軍との戦いに敗れて処分を受け，部下は郭宝昌の統率に移された。これに対して一時陳国瑞謀反の風聞が生じたが，僧格林沁のもとで先鋒となることを願い，戦功により原官を回復した。ついで流動する捻軍部隊との戦いに従事し，河南・山東・江蘇一帯に転戦したが，65年山東曹州菏沢県の高楼寨で捻軍に大敗した。ここで僧格林沁が戦死し，陳国瑞は代わって欽差大臣となった曾国藩の部下に編入されたが，淮軍の劉銘伝の部隊と衝突を起こし，弾劾を受けた。また淮安で養子としていた傅振邦と争ってこれを殺そうとし，仲裁に入った漕運総督・呉棠とも争った。再度弾劾されて，職務を奪われ，郷里にもどされた。

1867年漕運総督・張之万，戸部侍郎・譚廷襄の推薦により北京に召見に上り，頭等侍衛に封じられた。翌年春，西捻軍が北京に迫るとこれを迎撃した。この間，左宗棠・丁宝楨・官文・都興阿・李鴻章らの指揮を受け，また北京の神機衛管帯侍衛に充当されたが，いずれの場合も部隊の統制は規律がなく，他軍からの掠奪事件が頻発し，しばしば弾劾を受けた。西捻軍の壊滅ののち，揚州で病気の治療を行ったが，李世忠と争いを起こして曾国藩に弾劾され，都司に降格の処分を受け，郷里で地方官の監視下におかれた。しかし75年秘かに揚州に赴いて前徐州鎮総兵・詹啓綸による胡士礼殴殺事件に関与し，両江総督・沈葆楨の弾劾で黒龍江に流罪となった。82年配所で病死した。翌年功が過を上回るとして名誉を回復し，雲騎尉世職の栄誉を賞還された。

参考文献：民国清史館編『清史稿』428，列伝215（民国清史館，北京，1927年）。民国中華書局編『清史列伝』56（民国中華書局，上海，1928年）。清史編委会『清代人物伝稿』下編1巻（遼寧人民出版社，瀋陽，1985年）。Arthur W. hummel, *Eminent Chinese of the Ch'ing Period, 1644-1912* (U.S. Government Print Office, Washington D.C., 1943).

〔並木頼寿〕

陳　翰章（ちん かんしょう）　Chen Hanzhang

（1913年6月14日～1940年12月8日）

満州族。吉林省敦化県半截河屯の富裕な農家に生まれる。中共系軍人。

9歳のとき陳翰章は隣村の私塾に通い，1925年私立宣北小学校に転校し，27年私立敖東中学に入学，30年12月卒業した。中学で陳は進歩的思想に出会い，自治会の責任者の1人になった。29年5・30記念日に学生を組織して日本帝国主義に反対する宣伝を行った。31年彼は小学校の教員を経て，県立民衆教育会館の解説員になり，そこで夜学を設立し，人々に文字を教えた。

1931年満州事変勃発後，教育会館で講演会を開催し，抗日救国を訴えた。そのため日本領事館の追及を受け，それを逃れるために故郷に帰った。32年8月陳は王徳林の組織した抗日救国軍の一部隊である呉義成中隊に参加した。呉の中隊で陳は司令部秘書を務めていたが，呉義成中隊の参謀長として中共から派遣されていた周保中と接触し，その影響を受けるようになった。同年10月救国軍が寧安県城を攻撃したときの活躍によって，中共への入党を認められた。

1935年2月東北反日連合軍第5軍が成立したとき，陳翰章は同軍第2師参謀長兼党委員会書記に任じられた。翌年初め工作のために第5軍を離れ，東北抗日連軍第2軍第2師参謀長に転任し，実際上師長の職務を遂行した。また，中共道南特別委員会常任委員を兼任した。36年6月南満省委員会と抗日連軍第1路軍が結成されたとき，同委員と第2軍第5師長代理を務めた。この会議の計画に基づき彼は第5師を率いて東満地区に留まり，南満省委と吉東省委・北満党組織，第1路軍と第3・5軍のあいだの連絡の責任を負い，ソ連との連絡も担当した。

1939年7月第1路軍総司令部の指示に基づき，第5師は第4師とともに第1路軍第3方面軍に再編成され，陳翰章はその指揮に任命された。第3方面軍は，第1路軍副総司令魏拯民麾下の部隊とともに大沙河鎮を襲撃し，警察署を破壊するとともに，追撃した日本軍討伐部隊も全滅させた。また9月関東軍松島少将指揮下の部隊を待ち伏せ攻撃し，松島少将以下兵員を全滅させた。

しかし，日本の討伐が厳しくなり，補給困難の結果，陳翰章の部隊の活動は次第に衰えていった。1940年陳は敦化県で活動を続け，黄泥河子駅を襲撃したが，反対に撤退途中に日満軍に包囲され，多くの戦闘員が戦死するとともに，陳自身も負傷した。負傷を治すために山中の密営に入り，休息しなければならなかった。同年末第3方面軍の副官が逮捕された後，日満側に寝返り，補給基地をすべて焼却され，食糧が途絶えた。彼らは食糧を得るために，道路建設小屋や木材作業所などを襲撃した。しかし日満軍の討伐と追撃によって陳の周囲には十数名の部下しか残らず，部下の一部は日満軍に投降し，陳の部隊の行動とそのありかを教えた。12月8日，日満軍部隊に密営を包囲され，戦闘のさなか最期を遂げた。

参考文献：中共党史人物研究会編『中共党史人物伝』4巻（陝西人民出版社，西安，1982年）。軍政部軍事調査部編『満州共産匪の研究』1輯（1937年）。〔鐸木昌之〕

陳　洪濤（ちん こうとう）　Chen Hongtao

（1905年7月19日～1932年12月22日）

原名・素華。広西省東蘭県武篆区生まれ。壮族。革命家。中国共産党員。東蘭農民運動の指導者。

兼業小作農・陳元公の長男。村の私塾に学び，その知能と勤勉を愛した師・潘瑞生の強い勧めで両親は借金して1921年洪濤を育才高等小学校に進ませ，更に24年百色県省立第五中学に進ませた。21年以来東蘭農民運動指導者として著名であった11歳年長の同県人・韋抜群に心酔し，育才高小時代は封建的な学校当局と闘争し，第五中学時代は学外とも連絡をとり，学生組織の百色分会会長（副会長・黄松堅）となり革命宣伝をやるが，学資が続かず，第五中学を中退し，東蘭の韋抜群の革命活動に参入した。韋は農民協会組織のため陳洪濤を地元各地に派遣したのち，筋金入りの組織者に育てるべく，25年冬国民党広西省党部が梧州に開所した宣伝員養成所に，国民党東蘭県党部推薦の形で陳洪濤を入所させた。同所で研修中に共産主義青年団員となり，26年春研修終了のとき中国共産党に入党する。同年10月国民党広西省農民部は陳を生地東蘭に派遣した。そこで韋抜群は陳洪濤を東蘭第2期農民運動講習所教員に迎え，政治訓練・思想教育・組織方法論の伝授を陳が，軍事教練を韋が分担し，両者補完し合って東蘭農民運動の人材養成に力を尽した。26年11月東蘭県農民協会委員兼秘書となる。

1927年の国共分裂後，中国共産党は武装暴動路線に転じ，陳洪濤・韋抜群は右江一帯に武装闘争を展開した。29年8月南寧における広西省農民代表大会で広西省農民協会委員（主任・雷経天），9月同地における中共広西省代表大会で中共広西特委委員（書記・雷経天），同年12月11日百色暴動後樹立された右江ソヴィエト政府（主席・雷経天）裁判委員兼粛反委員，中共右江特委（書記・雷経天）委員を歴任し，30年9月紅軍第7軍（軍長・張雲逸，政治委員・鄧小平）政治部の閑職に左遷された雷経天の後任となり，右江ソヴィエト政府主席兼中共右江特委書記に任ぜられ，右江闘争の指導責任を負う。10月紅軍第7軍が江西中央ソヴィエト区に北上し，留守部隊が紅軍第7軍第21師に編成されると政治委員となる。31年7月右江ソヴィエト政府が右江革命委員会に，紅軍第21師が紅軍右江独立師に改編されると，同師政治委員兼同師特委書記となる（師長・韋抜群）。広西軍閥との死闘のなかで，32年10月17日韋抜群が叛徒・韋昂の手にかかって殺害され，それによって韋昂が広西軍閥から賞金を得たという噂をきいた叛徒・王廷業が，陳洪濤とその同志・黄玉温を官憲に売った。白軍司令部に拘禁され，転向強要を拒絶した陳洪濤は，拷問の後，同年12月22日処刑された。妻の潘秀梅（潘瑞生の娘）は，その翌々日，夫の埋葬を終え悲憤のなかで死す。妹・陳玉娥が生き残る。

参考文献：王林濤・程宗善・林為才編「陳洪濤伝」，『広西大学学報』1980年2期。広西壮族自治区革命歴史編輯委員会編『広西革命闘争回憶録』1輯（広西人民出版社，南寧，1981年）。王林濤・程宗善・林為才「陳洪濤」，中共党史人物研究会編『中共党史人物伝』7巻（陝西人民出版社，西安，1983年）。

〔蜂屋亮子〕

陳　化成（ちん　かせい） Chen Huacheng

（1776年～1842年）

字・業章。号・蓮峰。諡・忠愍。福建省厦門金門島生まれ。原籍，福建省同安県。兵士出身。将領。第1次アヘン戦争時の江南提督。

嘉慶年間（1796～1820年），提督・李長庚に従って浙江，福建，広東など東南沿岸の海賊掃討で功績を挙げて認められ，その後，参将，閩粤水師，瑞安協副将を歴任した。1821年には澎湖に移り，その後碣石，金門両鎮の総兵を経て，30年には福建水師提督に昇任し厦門の防衛に任じた。32年，イギリス船が福建・浙江・江南・山東方面の海洋に出没するや，陳化成は各地の沿岸防備の巡検に従い，侵攻に備えた。また厦門近辺には海賊が多かったが，これらをも鎮圧した。

1840年，イギリス軍艦が福建に侵攻をはかった時，陳化成は艦船を率いて梅林洋で迎撃し，これを退去せしめた。同年，陳化成は江南水師提督に任じられ，福建出身の士兵を選んで訓練を施して士気を高めると共に，呉淞の防備の強化に努め，砲台の設置，土塁の修築を増強し，参将・周世栄を率いて呉淞口の西台の防備に当たった。42年6月，イギリス軍艦2隻が呉淞の外洋に来航した。両江総督・牛鑑は敵勢に恐れをなして講和せんとしたが陳化成は強くこれに反対し，決戦を主張したので牛鑑も攻撃を命じた。16日早朝，イギリス軍艦の砲撃を受けるや，陳化成は直ちに応戦し，イギリス軍艦3隻に損傷を与え，イギリス兵多数をたおした。牛鑑はこの戦果に力を得て自ら指揮に当たったが敵艦の集中砲火をあびて演武庁が破壊され，急遽，宝山より退却した。イギリス軍は遂に土塁を壊して上陸して侵攻し，先ず参将・崔吉瑞が守っていた西台が攻め陥され，ついで東台も猛攻を受けて，守備に当たっていた部将はすべて戦死した。陳化成はみずから砲弾の発射に従うなど奮戦したが，遂に敵弾に当たって戦死し，呉淞砲台は敵の手に落ち，宝山・上海も陥落するに至った。宣宗はその功を賞して銀1,000両を贈り，殉難場所および原籍に専祠を建立した。

参考文献：李桓輯『国朝耆献類徴』374（湘陰李氏刊，1890年）。李元度編『国朝先正事略』25（循陔艸堂刊，1866年）。繆荃孫編『続碑伝集』64（1910年）。民国中華書局編『清史列伝』39（民国中華書局，上海，1928年）。民国清史館編『清史稿』列伝159（民国清史館，北京，1927年）。清史編委会編『清代人物伝稿』下編2巻（遼寧人民出版社，瀋陽，1984年）。

〔横山英〕

陳　宧　Chen Huan

（1870年～1943年）

原名・陳儀，字・二菴，二安。湖北省安陸県の生まれ。清末民初の軍人。

経心書院に学び，1897年抜貢を得て，その後，両湖書院を経て湖北武備学堂で学び，官費にて日本に留学し，日本陸軍士官学校で学ぶ。陸軍士官学校中国人留学生の第1期生で，呉禄貞，鈕永建らと同期であった。帰国後，武衛前軍管帯，武衛中軍記室となった。

1903年には新軍第19鎮（雲南省）統制になり，後に雲南講武堂堂長を兼任し，雲南省の新軍建設に携わった。08年，河口の革命党員討伐の功が認められて陸軍部員外郎となった。09年，錫良が東三省総督になるにともない，第20鎮統制となる。この時，奉天守備にあたっていた藍天蔚（当時，第2混成協協統），呉禄貞（当時，第6鎮統制）とともに「湖北三傑」と呼ばれていた。11年，軍事事情視察のためにドイツに赴いた。同年，錫良が東三省総督を辞するとともに陳宧も第20鎮統制の職を退いた。

1912年11月陸軍中将となり，民国政府成立の際，黎元洪の推薦によって参謀次長となった。この時期に袁世凱との関係が結ばれた。

1915年，四川将軍に任ぜられた。この年の12月25日に雲南省で唐継尭，蔡鍔，任可澄，劉顕世，戴戡らの名前で袁世凱の帝制実施反対の電報が打たれ，護国運動がおこる。これにより，16年1月護国軍が長江流域に向けて2路に分かれて進軍を開始すると，陳宧は四川省を拠点として防戦をした。しかし，蔡鍔が自ら率いる護国軍第1軍の力の強さを見て，3月には護国軍と停戦を結んだ。またその後，湖南都督・湯薌銘，江蘇都督・馮国璋らと連絡をとり，反袁の立場に転じ，同月末には蔡鍔に電報を打ち袁世凱討伐に賛成し，連邦制を行ってはどうかという提案を行った。5月3日には袁世凱に対して退位勧告の電報を打ち，22日には袁世凱に対して四川省は袁との関係を断ち独立すると宣言し，陳宧は四川都督となった。それに対し，袁は陳宧を解任し，周駿を四川将軍代理，曹錕を四川防務督辦，張敬尭を防務幇辦として四川に迫った。陳宧は，四川を離れざるを得ないような状況に追い込まれたが，6月6日に袁世凱が死亡した。8日には四川独立を取消し，24日に袁世凱に代わった黎元洪総統が陳宧の職務を解くと，指揮下の軍を率いて成都を出た。7月6日黎元洪が各省の軍務長官を督軍に，民政長官を省長へ改めたのにともない，陳宧は湖南督軍兼省長となった。しかし，湖南人の強い反対に遭遇し，赴任せず，政府は8月3日譚延闓をこれにあてた。17年1月19日黎元洪により毅威将軍に任じられた。

1923年6月黎元洪が下野し，9月，黎元洪，李根源，金永炎らと共に統一政府を組織しようとするが失敗し，11月8日黎元洪らと共に日本の別府温泉に療養に行き，その後天津に戻った。25年5月，王士珍を委員長とする軍事善後委員会の委員となった。

1943年，天津で病死した。

参考文献：関志昌「陳宧」，『伝記文学』37巻6期，1980年。劉成禺『世載堂雑憶』（中華書局，北京，1960年）。李新・李宗一主編『中華民国史』2編北洋政府統治時期1巻下（中華書局，北京，1987年）。謝本書他編『護国運動史』（雲南人民出版社，昆明，1984年）。〔鎌田和宏〕

陳　煥章　Chen Huanzhang

（1881年～1933年12月）

字・重遠。広東省高要県人。孔教運動家。

父・陳錦泉は，地主階級の出身で清朝の候補巡検であった。陳煥章は少年時代，康有為が広州長興里に開いた万木草堂に学び，その前漢今文学に基づく教主としての孔子像に強い感銘を受けた。1899年，郷里で昌教会をつくり，一族の家祠に孔子の位牌をまつり，祭礼を行った。1904年，北京で経済特科考試を受け進士となり，07年アメリカ留学に派遣され，コロンビア大学の経済学部に入学した。康有為と梁啓超の指示の下，在米華僑の間に立憲派の勢力を拡大するため，ニューヨークで昌教会を組織し，また孔教義学開設の計画もたてた。11年，コロンビア大学で博士号を取得。ドクター論文は「孔門理財学」（The Economic Principles of Confucius and His School）で，全書数十万言，36巻，コロンビア大学法政叢書の1冊として，海外で広く読まれた。その主旨は，孔子の思想の中に現代世界に通用する経済学に関する発言が多く含まれていることを具体的に指摘し，中国文化の価値を宣揚することであった。11年秋，帰国。上海にいたが，辛亥革命が起こるや，康有為の秘密指令を受け，外国人宣教師たち，すなわち上海に尚賢堂を設けていた米国人ギルバート・レイド（李佳白）や英国人ティモシー・リチャードらの後援の下に，孔教会結成に奔走した。陳煥章の孔教観は，康有為の「請尊孔為国教立教部教会以孔子紀年而廃淫祀摺」（1898年）の線に沿うものである。科学文明・工業化の進展，立憲共和制の採用といった世界の大勢に背反せず，しかも信教の自由と両立する宗教が孔教である。中国文化存立の根拠が孔教であり，孔教の存否は国運の盛衰を左右する。従って孔教を国教として，国家的行事として祭天祀孔を執り行い，学校で尊孔読経教育を施すことが不可欠である。

以上の孔教観に基づいた陳煥章の努力が実り，1912年10月，沈曾植，麦孟華，梁鼎芬，陳三立ら13名の発起で，「孔教を昌明し，社会を救済する」宗旨の下，全世界の人に開かれた孔教会が成立した。全国各地の尊孔組織の統合とともに，海外に130の支部が生まれた。13年2月，尊孔という1つの目的の下に結集し，全ての学派に平等に門戸を開いた『孔教会雑誌』が創刊され，陳煥章はその主編となった。袁世凱の辛亥革命の成果の否定，帝制復活の企図と呼応して，孔教会の活動は順調に進行した。13年8月15日，梁啓超，夏曾佑，厳復ら孔教会代表が孔教国教化の請願を行い，9月に孔子教会は教育部の批准を得て正式に認可され，国子監で衆議院議長・湯化龍の主祭の下で秋の丁祭が行われた。9月27日，山東省曲阜で孔教会の第1回全国大会が開かれ，康有為を会長に迎え，陳煥章は総幹事に任じた。同年冬，陳煥章は総統府顧問に任命された。15年末，第3革命が起り，袁世凱の洪憲皇帝の夢が挫折し，民国元年の約法と国会が回復されるや，16年9月，孔教会は再び孔教国強化を憲法に明文化するよう請願したが，17年5月憲法審議会によりそのもくろみは否決された。17年7月の張勲の復辟失敗の後も，北洋軍閥政府統治下で孔教会の活動はなお存在価値を認められていた。17年12月，陳煥章は『北京時報』を『経世報』と改名して孔教会の機関紙とし，総経理兼総編集に任じた。18年の安福国会では議員に選ばれた。同年10月，徐世昌大総統により総統府顧問に任ぜられ，叙勲された。19年五・四運動のさなか5月29日，陳煥章は国会に尊孔法案を提出した。20年，「孔教会教規」を発表し，北京に孔教大学開設の計画をたてた。同年8月には政学会に加入した。22年夏の奉直戦争の後，「非連省」を発表し，呉佩孚の武力統一政策に呼応した。23年1月再び叙勲され，同年9月，念願の孔教大学が実現し，校長に就任した。また同年10月，曹錕大総統から総統府顧問に招かれた。北伐が成功し国民政府が成立すると，陳煥章は香港に行き，30年香港に孔教学院を創立し，中学と小学を付設し，院長と校長を兼任し，33年孔教運動推進者としての生涯を閉じた。晩年には『宣統高要県志』の修訂を行った。

参考文献：陳煥章『孔教論』附「孔門理財学之旨趣」（上海商務印書館，1912年）。夏良才・王学荘・呂景琳「評孔教会」，『歴史研究』1975年5月。中国社会科学院近代史研究所主編『民国人物伝』2巻（中華書局，北京，1980年）。

〔後藤延子〕

陳（ちん）　輝徳（きとく）　Chen Huide

（1880年12月17日～1976年7月1日）

原名・輝祖，改名・輝徳，字・光甫。江蘇省鎮江府丹徒県生まれ。原籍，同前。上海の指導的な銀行家の1人。

商人だった父・陳仲衡が事業に失敗して漢口に移り住み通関業者の店に勤めるようになった時，12歳の陳輝徳も同じ店の徒弟になり働き始めた。仕事のかたわら，彼は店のベルギー人から英語を学んだという。1899年身につけた語学力を生かし，高給取りの専門職であった海関職員に応募して採用され，漢口海関管轄下の郵政局に配置された。1902年には漢陽兵工廠の翻訳係に勤めを変えた。この間に横浜正金銀行の買辦をしていた景維行と知り合い，後に彼の娘と結婚した。

1904年景の助力でセントルイス万博への湖北省政府代表団随員として渡米，博覧会終了後も官費留学の方途を得て，アメリカに残った。アイオワ州のシンプソン学院，オハイオ州のウェスレイヤン大学などを経て，06年経営者養成で著名なペンシルヴァニア大学ホワートン校に入学，09年経営学の学位を得た。

帰国直後，南京で開かれた南洋勧業博覧会の外事科主任を務めた後，1911年12月陳は，清朝時代の裕蘇官銭局を改組したばかりの江蘇省銀行督察に任命され，同行の創設業務を委ねられた。対物信用の重視，新式帳簿の採用，通貨発行の抑制など近代的銀行業務の整備に向けた陳の努力が奏功してきたにもかかわらず，結局，同行は官営銀行の弊を免れることができず，財源開拓の思惑から預金者名簿公開を迫ってきた省政府当局と衝突し，陳は14年3月に職を去る。その後彼は，親交を深めていた李銘，張公権らに助けられ，民間銀行設立に力を注ぐようになる。こうして15年6月，第1次世界大戦にともなう好景気にわく上海で，陳を総経理とする上海商業儲蓄銀行（通商・上海銀行）が設立された。同行は既存の銀行とは異なり，一般庶民からの小口預金と商工業者向けの小口貸付を重視して業績を伸ばし，上海の民間銀行を代表する大きな存在となった。関連企業として，23年に国内初の民間旅行会社として創設された同行旅行部（27年に中国旅行社として独立），29年創立の第一保険信託公司，31年創立の宝豊保険公司（イギリスのバターフィールド＆スワイヤー商会との合弁）などがある。

1925年には段祺瑞の要請を受けて善後会議に出席し，同時に孔祥熙，宋子文と親交を深める。27年蔣介石が南京に国民政府を立てると江蘇兼上海財政委員会主任に任命される。この国民政府成立時に財政的支援を惜しまなかった陳輝徳は，蔣介石らの篤い信頼を受け，28年中央銀行理事，中国銀行常務董事，交通銀行董事にそれぞれ任命された。

アメリカ留学の経験と国民政府首脳との太いパイプを生かし，陳輝徳は中米間の金融政策の調整に大きな役割を果している。1936年3月には，中国幣制代表団の主席代表として前年の弊制改革定着の重責を担って渡米，アメリカとの間で中米銀協定を結ぶのに成功した。抗日戦中もアメリカからの桐油借款，錫借款の獲得に尽力し，国民政府の財政金融政策の展開を助けており，41年8月には中米英3国が共同で組織した中米英為替平衡基金委員会の主席に就いた。

戦後の1947年4月，張羣行政院院長の下で国民政府委員に就任，崩壊前夜にあった国民政府の財政経済建直しを図ったが，失敗している。この頃，陳輝徳は上海商業儲蓄銀行の資金を大量に香港に移し，48年にはタイのバンコクに支店を開くなどして国民政府の崩壊後に備えた。

1949年自らも香港に脱出し，51年1月もとの上海商業儲蓄銀行香港支店を上海商業銀行と改名し，香港籍の会社に登記し直し営業を再開した。54年台湾に移り，台北に上海商業儲蓄銀行管理処を設立，さらに65年には台北に上海商業儲蓄銀行を再建した。台湾中国旅行社，中華開発信託公司，亜州水泥公司など多くの関連企業へも投資している。76年7月台北で病死。

参考文献：中国社会科学院近代史研究所主編『民国人物伝』第2巻（中華書局，北京，1980年）。劉紹唐主編『民国人物小伝』第3刷（伝記文学出版社，台北，1980年）。高揚『陳光甫外伝』（南京出版公司，台北，1981年）。姚崧齡『陳光甫的一生』（伝記文学出版社，台北，1984年）。秦孝儀主編『中国現代史辞典―人物部分―』（近代中国出版社，台北，1985年）。Howard L. Boorman ed., *Biographical Dictionary of Republican China,* Vol. 2 (Columbia University Press, New York, 1967).

〔久保亨〕

陳（ちん）　済棠（さいとう）　Chen Jitang

（1890年2月12日～1954年11月3日）

字・伯南。広東省防城県生まれ。中国国民党広東派の軍人，政治家。

父・陳謙受は清朝の秀才であり，農業に従事する傍ら，私塾において長年にわたり教鞭をとった。母・鄧氏。陳済棠は6歳から学問を始めたが，8歳の時に母を亡くした。16歳で郷試に優秀な成績で及第した。1907年に黄埔陸軍小学に入学した陳済棠は，翌年春，教官であった鄧鏗の紹介により中国同盟会へ加入した。辛亥革命の後，広東の陸軍速成学校歩兵科に転入した。

1913年に卒業すると，陳済棠は広東の地方部隊で排長になり，ほどなく連長へと昇進した。15年には袁世凱の打倒に加わり，失敗した後は護国軍の林虎部へと移った。20年11月，広東軍参謀長であった鄧鏗が組織した広東軍第1師第4団（団長・陳銘枢）第1営の営長となった。その後，団長，旅長へと進み，広西には3度にわたり進軍して李宗仁，黄紹雄を支援した。

1925年7月，国民政府が広州に成立すると，広東軍第1師は国民革命軍第4軍（軍長・李済深）に再編成され，陳済棠は第11師師長へと昇進した。翌26年7月に北伐が開始されると，陳済棠は広東の留守を守り，高，雷，欽，廉地区に駐屯して防備にあたり，欽廉警備司令も兼任した。27年春陳済棠はソ連およびヨーロッパ諸国へ視察に出かけ，同年6月に帰国すると蔣介石を訪ね，ソ連と共産党に反対する自らの見解を示した。28年1月，陳済棠は第4軍軍長兼西区綏靖委員に任ぜられた。この時期，南京国民政府文官長の古応芬や胡漢民との結びつきを強めた。翌29年3月，中国国民党第3回全国代表大会において中央執行委員候補に選出された。同月，李済深が蔣介石により湯山に軟禁されると，蔣介石側に組し，陳済棠は広東編遣特派員に任命された。また，第八路軍総指揮に任ぜられ，李宗仁，白崇禧ら広西派の討伐に参加した。こうして，陳済棠は広東の軍権を掌握していった。

しかし，1931年2月胡漢民が蔣介石に監禁されると，陳済棠は反蔣気運が強まるなかで，広東・広西の反蔣勢力と連合した。陳済棠は胡漢民側近の古応芬と組んで蔣介石に近い陳銘枢を駆逐し，広東の政権を奪取した。同年5月，中国国民党中央執行委員会非常会議が開催され，陳済棠の軍事力を背景にして，広州に国民政府が成立した。陳済棠は広州国民政府委員，軍事委員会常務委員，そして第1集団軍総司令となった。31年秋，広東・南京両政府が妥協して後，中国国民党第4期中央執行委員に選出された。32年初めには，中国国民党中央執監委員会西南執行部と国民政府西南政務委員会の常務委員になり，翌33年10月蔣介石の第5次囲剿作戦が開始されると，陳済棠は南路軍総司令に任ぜられた。陳済棠の広東での半独立的な地位は強化されていった。

1936年5月に胡漢民が広東で死去すると，蔣介石はこの機を逃さず，陳済棠に広東の軍権と政権を返還するよう圧力をかけた。6月陳は広西の実力者である李宗仁，白崇禧とともに反蔣の両広事件を起こしたが，部下の余漢謀らの寝返りに敗退を余儀なくされ，香港からヨーロッパへと逃れた。蔣介石と和解した後，陳済棠は37年9月に帰国し，38年1月国民政府委員に任命された。39年11月の中国国民党5期6中全会では中央執行委員会委員と最高国防委員会委員になった。翌40年3月，国民政府行政院農林部長となったが翌年に辞職した。42年11月には国民党中央執行委員会常務委員会委員に任命された。

日中戦争が終了すると，陳済棠は両広および台湾宣慰使に任ぜられ，1946年には広東に帰り教育事業に従事した。49年3月瓊崖（海南島）行政長官となったが，翌年4月共産党軍が海南島に進軍したため台湾に退き，総統府資政，戦略顧問となった。54年11月台北で病死した。

参考文献：何紹瓊等編『陳済棠先生紀念集』（大漢書局，香港，1957年）。陳済棠『陳済棠自伝稿』（伝記文学出版社，台北，1974年）。中国社会科学院近代史研究所主編『民国人物伝』3巻（中華書局，北京，1981年）。王成斌・劉炳耀・葉万忠・范伝新主編『民国高級将領列伝』1集（解放軍出版社，北京，1988年）。　〔望月敏弘〕

陳（ちん）　嘉庚（かこう）　Chen Jiageng

（1874年10月12日～1961年8月12日）

福建省同安県集美社生まれ。シンガポールで財をなした華僑の大立者。現地語ではTan Kahkeeという。辛亥革命を支持し，マラヤの抗日運動を指導し，郷土の教育事業をおこし，中華人民共和国の建設に参加した。

父は陳杞栢，シンガポールに単身移住，商売をしていた。陳嘉庚は9歳で南軒私塾で儒教教育を受け，1890年父の経営する順安米店（米穀輸入）で会計の仕事をする。同店は同族企業として栄えていた。93年帰国，郷紳の娘・張宝果と結婚する。その間に4人の息子と3人の娘が生まれた。その後3人の妻をめとっているが，子女は全部で17人である。郷土での教育事業は最初の結婚のとき，惕斉学塾創設として始まっている。これより先92年順安米店の経営を継いだ。不動産にも投資し資産は10万シンガポール・ドルに達していたが，事業は破産に追い込まれた。しかし，1904年ジョホールでパイナップル園を開拓し，新利川缶詰工場をおこして，巨利を博し，06年さらにゴム栽培に乗り出し，実業界で成功した。

かねて，清朝の腐敗と無能に不満を抱いていた陳嘉庚は革命派の新聞を読んで共鳴し，1909年林義順（潮州人）の紹介でシンガポールに来た孫文に会った。同盟会支部となる晩晴園の秘密会にも出席した。10年中国同盟会に加入，弁髪を切り，政治運動に参加，シンガポール総商会の幹部（協理）に選ばれる。当時，保皇派，孫文の革命派が華僑指導者に働きかけるなかで，しだいに孫文派が優勢になった。陳嘉庚が同盟会に加入したのは，林義順の勧誘によるもので，11年12月ヨーロッパから帰国する途中，同地に立ち寄った孫文に資金5万元を提供している。袁世凱の革命への裏切りにも反対した。

事業の方は一時不調に陥ったが，第1次世界大戦後，海運業を手掛けたが，船がドイツによって沈められ中止，ゴム業に専心した。大戦後のゴム需要のブームにのり，すでに1926年には従業員6,000人，世界各地に80ヵ所の駐在店を持つ大ゴム財閥へとのしあがった。経営は同族支配の形をとった。しかし，30年代の世界不況の波をかぶり，ゴム園経営も行き詰まり，経営も弟の陳六使に委ねた。

陳嘉庚は企業利益のかなりの部分を割いて，故郷の集美に師範学校や航海学校などを次々につくり，大規模な教育事業を興した。1921年創立された厦門大学はその1つで，福建省では当時唯一の大学として師範，商学の2学部に，華僑を含む136人の入学生で開校した。初代学長は鄧萃英で，第2代学長にシンガポールの学者・林文慶を迎え，26年には中文系教授に魯迅を招いている。勤倹節約をモットーとし，5ドル以上の現金を身につけることはなかった。愛読書は『三国志』だったという。23年『南洋商報』を創刊した。同紙は胡文虎の『星洲日報』と対比されて，左派系の性格をもつ新聞として影響力をもった。

陳嘉庚は植民地当局の英国にさからうことはせず，日中戦争勃発まではシンガポール華僑の指導者となっても，国民政府の抗日政策とは一定の距離を置いていた。しかし，日中戦争となるや，シンガポール華僑の祖国難民救済機関の主席に選ばれ，南洋華僑の抗日運動の強力な指導者となった。1940年にはビルマ経由で重慶と延安を訪ねている。汪兆銘政権には反対した。42年日本軍のシンガポール攻略に先だって，シンガポール華僑抗敵動員総会を結成，自らはコロンボの英軍基地から東ジャワのマランに移り終戦まで潜伏生活を送った。その間『南僑回憶録』の回想録を執筆した。45年8月日本軍の敗退の後，ジャカルタ経由でシンガポールに帰着した。

戦後の国共内戦時代，アメリカの介入に反対し，マラヤの華人社会でしだいに左寄りとなり，現地の保守派と相容れなくなり，1949年9月北京の政治協商会議に出席，全国政協常務委員，中央人民政府委員兼華僑事務委員会委員に就任した。54年第1期全国人民代表大会常務委員，第2期全国政治協商会議副主席に選ばれ，56年には中華全国帰国華僑連合会主席に就任した。しかし，中国共産党に入党することなく，郷里の厦門にこもり，郷土の開発に余生を捧げた。墓は集美鰲園にあり，記念碑が建てられている。シンガポールの資産と教育事業は陳六使，娘婿の李光前さらに陳共存らによって運営されて，いまだにシンガポールとマレーシアの財閥としての力を誇っている。その中核は華僑銀行（Oversea Chinese Banking Corporation）である。72年3月シンガポール中華総商会に陳嘉庚教育基金が設けられた。

参考文献：陳碧笙・楊国禎『陳嘉庚伝』（福建人民出版社，福州，1981年）。『回憶陳嘉庚』（文史資料出版社，北京，1984年）。内田直作『東南アジア華僑の社会と経済』（千倉書房，1979年）。C.F. Yong, *Tan Kah-Kee: The Making of an Overseas Chinese Legend* (Oxford University Press, Oxford, 1987).

〔江頭数馬〕

陳　介（ちん かい）　Chen Jie

（1885年～1951年8月15日）

字は蔗青（蔗清）。原籍は，湖南省湘郷。浙江省仁和生まれ。南京国民政府外交部の常務次長などを歴任した民国期の外交官。

1902年，浙江省杭州府中学堂を卒業後，浙江省より選抜されて日本に留学。東京の宏文学院にて学んだが，原籍が湖南であったことから，胡元倓，黄興，楊度らと交際があった。1904年，一時帰国して湖南に墓参りに赴いた際，長沙で明徳学堂を開設していた胡や黄の勧めもあって，同校の助教となり，小学校の主任ともなった。当時の学生には，陳果夫らがいる。1905年，湖南省の官費留学生として再び来日して東京帝国大学法科に学んだ。1908年，ベルリン大学に再留学し，法律，政治，経済などを学んだ。この留学によって，英語，ドイツ語，日本語，フランス語，ラテン語などに通じることとなった。

中華民国が成立すると，帰国して北京政府工商部主事，商務司司長となった。こののち，1914年農工商部が成立すると工商司司長となった。この間，憲法研究委員会委員，関税改良委員会委員，高等文官甄別委員会委員，財政討論会委員等を兼任した。16年，国務院参議となり，17年には農商部秘書兼財政部参事となった。18年，安福国会で湖南省を代表する参議院議員。中華民国の対ドイツ宣戦布告後，天津・漢口のドイツ租界回収業務に従事し，20年には江漢関監督に任命されて，ついで外交部特派交渉員を兼務した。24年，全国水利局総裁となるも，段祺瑞の命により短期で辞任する。南京国民政府成立前後には長沙の明徳中学の董事となったほか，おもに実業界で活動し，上海中華匯業銀行経理，上海塩業銀行経理，上海市商会執行委員，上海市銀行同業会執行委員などを歴任。

1935年12月，蔣介石から外交部常務次長兼総務司司長に任命され，トラウトマン工作などの窓口となるが，和平交渉は妥結しなかった。38年6月には駐独大使となったが，39年8月23日に独ソ不可侵条約が締結された際には，陳からドイツに中独ソ三国提携論を提案した。また部下でウィーン領事の何鳳山が迫害されるユダヤ人数千人に上海へのビザを発給した際に，陳はそれに反対したとされる。こののち，43年にブラジル大使，44年にメキシコ大使，45年8月4日に中墨友好条約批准の全権代表。同月15日，アルゼンチン大使に任じられ，中阿友好条約締結交渉の全権代表（47年締結）となるが，51年8月15日ブエノスアイレスで客死した。

なお，法律などの教育家としても知られ，私立明徳大学，国立北京大学，北京法政専門学校などで教鞭をとった。

参考文献：関志昌「陳介」，劉紹唐主編『民国人物小伝』第5冊（伝記文学出版社，台北，1982年）。徐友春主編『民国人物大辞典　増訂版』上（河北人民出版社，石家荘，2007年）。

〔川島真〕

陳　錦濤（ちん きんとう）　Chen Jintao

（1871年6月20日～1939年6月12日）

字・瀾生。祖籍，広東省南海県，同地生まれ。清末・民国期の政治家。

幼年時代は私塾で伝統的な教育を受けたが，1885年香港の皇仁書院に入学し，英国式の教育を受けた。90年の卒業後，そのまま同校の教員となっていたが，93年に天津の北洋大学の教官に任じられた。

1901年，北洋大学の第1期赴米留学生の一員としてコロンビア大学に留学し，数学と社会学を勉強した。02年に卒業して理学の修士号を得ると，同年さらにエール大学に入学し，政治経済を専攻した。04年に孫文がニューヨークを訪れた際，陳はエール大学の大学院生であった王寵恵らと革命政府の外交・財政などに関する討論会に参加したことがある。06年，「社会循環」と題する論文で中国人として初めてエール大学の博士の学位を得た。

卒業後帰国し，1906年9月に外務部が帰国留学生を対象にして行う試験を受け，翰林の称号を第1位で得た。陳はまず広東，そして京兆の督学者となった。その後，11月戸部銀行幇辦，さらに08年4月に同校監理官に任じられ，これと前後して，度支部預算案司長，統計局局長，印鋳局副局長，幣制改良委員会会長も兼務で歴任した。

1910年3月，大清銀行副監督署理となり，同年9月に資政院が成立すると，第1期議員に選任された。11年6月には，英・米・独・仏の4国銀行団とのロンドン幣制借款会議に首席代表として派遣された。

1911年10月辛亥革命が起こり，11月に清朝の下で袁世凱内閣が成立すると，度支部副大臣に指名されたが，拒絶し，12年1月に臨時大総統・孫文が陳の国際的信用を買って，南京臨時政府の財政総長に任命すると，これを受け，4月1日の孫文の辞職まで在職した。

袁世凱政権が成立すると，財政総長を失職し，1912年9月審計処総辦となり，13年に欧州へ財政の視察に行った後，総統府顧問となった。政治活動としては，12年2月上海で徐謙，許世英らと政党「国民共進会」を発起し，8月に同会が同盟会などと合同して国民党になると，同党参議に選ばれた。しかし陳は中立的と見られていたため，13年11月に国民党は解散させられたが，あまり影響を受けなかった。

1916年6月段祺瑞内閣の財政総長となり，同年6月から10月までは外交総長を兼務し，さらに6月から翌17年4月まで塩務署督辦も兼任した。16年9月陳は日本の興亜公司と水口山鉛鉱の日中合弁化などを条件とする500万円の借款契約に調印したが，国会などの反対により不成立となった。この時，全国商会連合会は制銭錬銅を行う保利銀公司を民間で設立し，興亜公司に代わって政府に融資しようという運動を起こしたが，17年4月陳および財政部次長・殷汝驪らに保利銀公司から収賄したという嫌疑がかけられ，陳は免職・投獄となり，同年10月裁判で徒刑3年，公職追放終身の判決を受けた。これは親米派である陳に対する政府内親日派の陰謀と見られており，陳は翌18年5月証拠不十分で特赦となった。

その後しばらく政界から遠ざかっていたが，1920年5月広西派が握る広東軍政府の財政部長に就任した。同年10月，軍政府が陳炯明に倒されると，上海へ移った。

1925年12月段祺瑞の臨時執政府の財政総長に就任し，つづいて塩務署督辦を兼任し，さらに関税特別会議全権代表に任ぜられた。しかし，国庫券発行による財政改善策を閣内で反対されると，翌26年1月辞職した。

1927年4月に蔣介石が南京政府を建てると，武漢政府に通じたという嫌疑をかけられて杭州で逮捕されたが，まもなく釈放され，29年北平清華大学に招かれて経済学の教授となった。31年に満州事変が起きると，翌32年4月の洛陽「国難会議」に出席し，34年4月には南京国民政府の幣制研究委員会委員長に就任した。

1938年3月日本の傀儡である「維新政府」が南京に成立すると，財政部長，税則委員会委員長，華興銀行総裁などの職に就いたが，その後財政部長を解任され，39年6月心臓病のため上海の自宅で死去した。

著書に，『均富』，『四国公権』などがある。

参考文献：賈逸君編『中華民国名人伝』第6冊（近代中国出版社，台北，1987年）。外務省編『日本外交文書（大正6年第2冊）』（1986年）。P.S. Reinsch, *An American Diplomat in China* (Doubleday, Page & Company, New York, 1922).

〔味岡徹〕

陳（ちん）　炯明（けいめい）　Chen Jiongming

（1878年1月13日～1933年9月22日）

原名・陳捷，字・競存，号・賛三。広東省海豊県生まれ。国民党系の軍人，政治家。

父の名は曦廷。陳炯明は郷紳の家庭に生まれた。幼少期より伝統的な教育を受け，1898年に生員となる。このころより，康有為や梁啓超の思想的影響を受ける。新政の一環として教育制度の改革が始まると陳も新学に転じ，1906年広東法政学堂に入学し，08年に同校を卒業した。このころから陳は民族主義への関心を深め，09年，故郷の海豊で秘密の革命グループを組織し，同時に地方自治の実行とアヘンの禁止を主張する『海豊自治報』を創刊し，その編集にあたった。同年，各省で諮議局が組織されると，広東省諮議局議員に選出される。

1909年末，全国の諮議局の代表が立憲制の早期実施を求めて上海に集まるが，陳炯明は広東省代表として上海に派遣された。この時，革命派の指導者と接触し中国同盟会に加入した。広東に戻った後，陳炯明は革命派の一員として活動し，11年4月には黄興が指導した黄花崗蜂起に参加した。しかし蜂起が失敗に終わった後，彼は香港に亡命を余儀なくされた。

1911年10月，武昌新軍蜂起を皮切りに辛亥革命が始まると，陳は故郷である広東省東部（東江地区）で民軍を組織し，恵州を攻略した。広州を支配下におさめた革命派は北京政府からの独立を宣言し，胡漢民を広東軍政府都督に，陳炯明を副都督に選出した（まもなく陳は代理都督に就任する）。

1913年，袁世凱政権の打倒をめざす第2革命が勃発すると，陳炯明は広東独立宣言を出してこれに参加した。第2革命が国民党系勢力の完敗に終わったため，陳は香港を経てシンガポールへの亡命を余儀なくされた。彼は，孫文が日本で組織した中華革命党には参加せず，シンガポールで李烈鈞，熊克武などと中華水利促進社を組織した。15年12月，雲南を皮切りに始まった反帝制運動に陳炯明も積極的に参加した。16年，故郷東江地区で討逆共和軍を組織し，袁世凱政権の打倒をめざす武装闘争を展開したのである。

1917年，孫文は段祺瑞が実権を握る北京政府に対抗して広東軍政府を組織し，自らは大元帥に就任した。この護法運動に陳炯明も参加し，援閩粤軍総司令として18年にかけて東江地区から福建南部において作戦を展開した。その結果，漳州を本拠地として20年に至るまで広東省東部から福建省南部を支配することになった。この時期，陳は新文化運動の影響を受けて軍事，経済，教育など各方面に渡る様々な改革を実行に移した。このため，陳は改革的政治家として全国的に注目を集め，ソ連代表との接触も始まった。

ところで，1917年に成立した広東軍政府の実権は武力を握る広西派の陸栄廷の手に握られ，18年の軍政府改組以降は孫文をはじめとする国民党系の勢力は軍政府内部から完全に排除された。広東への復帰をめざす孫文は陳炯明への働きかけを強めたため，20年，陳はその要請に答えて指揮下の粤軍を率いて広東省に侵攻した。広西派という外省勢力の支配は広東人の強い不満を招いており，「粤人治粤」を旗印に掲げた粤軍は勝利を重ね，20年末までに広西派を排除して広東省全域を支配下におさめた。

この結果，孫文をはじめとする国民党勢力は広東に復帰し，直ちに再度広東軍政府を組織した。広東省回復の武力的支柱を担った陳炯明は，粤軍総司令兼広東省省長（翌1921年4月にはさらに広東国民政府陸軍部部長および内務部部長を兼任）として広東政府で大きな影響力を持った。そして，陳は広東省省長の立場から陳独秀などの改革派知識人を招くなどして，都市改良，道路建設，教育改革など様々な改革に着手した。またこのころ全国的に大きな盛り上がりを見せた連省自治運動に積極的に参加する態度を示したのであった。

この後広東省内では孫文を初めとする国民党系勢力と陳炯明との間に次第に緊張が高まっていった。広東を本拠地に，速やかに北伐を実行することで武力による中国統一を目指す国民党と，広東省の安定的支配を最優先にする広東省の地方勢力（その代表が陳炯明である）との間の立場の相違がその原因であった。この対立関係から，ついに1922年6月に陳炯明が武装クーデターを発動し，孫文らの国民党系勢力を排除するに至った。ここに，陳は広東省の最高権力者として省内全域を支配下に収めるに至ったのである。

しかし，一時広州を追われた国民党系の勢力は雲南軍部隊と広西軍部隊に依存して反撃に転じ，1923年2月には広州市は再度国民党勢力の支配するところとなった。このように陳炯明による広東全域の支配は短命に終わったが，23年以降も東江地区を支配して広州の広東国民政府に敵対する態度を取り，広東国民政府の軍事的脅威であり続けた。

国民党改組と国共合作によって体制を整備した広東国民政府は，1925年，陳炯明支配下の東江地区への攻撃を開始した（いわゆる東征）。東江地区では激しい戦闘が繰り広げられたが，戦闘は国民革命軍の勝利に終わり，敗北した陳炯明は香港へ亡命した。

香港亡命後も陳炯明は中国致公党を組織するなど政治活動を継続したが，支配地域を失ったこともあって必ずしも大きな政治的影響力を持つことはできなかった。

1933年8月，陳炯明は腸炎のため香港の病院に入院，9月22日病死した。

参考文献：康白石『陳炯明伝』（文芸書局，香港，1978年）。『陳競存先生年譜』（龍門書店，香港，1980年）。Fernando Galbiati, *P'eng Pai and Hai-Lu-Feng Soviet* (Stanford University Press, Stanford, 1985).
〔塚本元〕

陳（ちん）　蘭彬（らんぴん）　Chen Lanbin

（1816年～1895年1月9日）

字・荔秋。原籍，広東省呉川県。清末の外交官。

1853年の二甲進士。翰林院所吉士，国史館編修を経て，刑部主事となる。

1860年，母の死により故郷の高州に帰り，高文書院で書を講じる。この時，自ら諸生を率い郷兵を組織して太平天国軍と闘う。63年，広東提督・崑寿が進駐すると，献策して指導者・陳金缸を謀殺し反乱を平定。この時の軍功により，四品を加銜され花翎を賞される。除服後入京し，現職復帰。

1868年，湘郷の曾国藩が直隷総督となるとその幕僚となる。70年，曾国藩が両江総督となると随行して南下し，江南製造局の会辦を務め洋務にかかわる。次いで72年，正委員（監督官）に推薦され，直隷総督・李鴻章，両江総督・曾国藩らが計画したアメリカへの第1期留学生30名を引率して，副委員の江蘇同知・容閎とあい前後して渡米。以後，第4期生まで計120名の留学生を監督した。

当時，ペルー，キューバの中国人労働者に対する虐待が深刻な問題となっていた。陳蘭彬・容閎は，1874年，それぞれキューバ，ペルーに派遣され，その実態を調査している。調査後，陳蘭彬は李鴻章に一時北京に呼び戻され，当時，北京で進められていたスペイン公使との移民協定の改訂交渉に参加。李鴻章は陳蘭彬らの実態調査報告書を切り札として強硬姿勢をとったため，交渉は中国側に有利に展開し，マカオよりの移民停止，中国人移民の待遇改善および中国人移民の帰国などが実現することとなる。その功により，三四品京堂候補となり，二品頂戴を賞される。

1875年には，高齢にもかかわらず初代駐米公使（スペイン・ペルー公使兼任）に任命される。ところが，75年のマーガリー事件，キューバをめぐる米西間の緊張，76年スペイン商船への賠償をめぐる中西間の緊張などの影響を受け，陳蘭彬の赴任は大幅に遅れ，ようやく78年6月に上海を出帆。9月19日ワシントンに到着，9月28日国書を奉呈。79年スペインに渡り国書奉呈。ペルーは当時チリと交戦中。80年デンバーで中国人排斥暴動が発生。陳蘭彬は華僑保護をアメリカ当局と折衝した。なお，在任中太常寺卿（76年），宗人府府丞（78年），都察院左副都御史（79年）を歴任した。

1881年，アメリカより帰国した陳蘭彬は，翌年，総理各国事務大臣となり，署兵部右侍郎，礼部左侍郎を兼任したが，84年奕訢が清仏戦争の責任を問われて失脚すると，陳蘭彬は高齢を理由に免官となる。

1894年，日清戦争がはじまり，北洋海軍が壊滅すると，憤激の余り持病が悪化し，95年1月に死去。子供に陳嵩琪，嵩璘がいた。

陳蘭彬は洋務運動にたいし，矛盾した態度をとった。1876年には上奏して，外国では強兵のためにはまず富国し，富国のためには必ずまず連商するとし，輪船招商局の設立は中国に欠かせないものであると熱烈に支持したが，もともと保守的な官僚で，アメリカに派遣されたのも進歩的な容閎とバランスをとるためであった。彼は，一部の留学生が中国の富強には無用であるとして儒学を学ばず，また一部の学生が華美に流れて学業を怠る風潮に危機感をつのらせ，81年，後事を容閎に任せて帰国した。保守派の画策により81年6月，突如全留学生が召還され，15年間の留学期間終了を待たずに，最初の計画は挫折した。留学生の中には，後に中華民国初代総理となる唐紹儀，北京張家口鉄道主任技師長となる詹天佑らがいた。

著書に『詩経剳記』1巻，『治河芻言』8巻，『使美記略』，『泛槎詩草』各1巻がある。

参考文献：汪兆鏞『碑伝集三編』巻17（上海書局，上海，1988）。『清碑伝合集』5。容閎著，百瀬弘訳注『西学東漸記』（平凡社，1969年）。A.W. Hummel, *Eminent Chinese of the Ch'ing Period, 1664-1912* (U.S. Government Print Office, Washington D.C., 1943 ～ 44).

〔林要三〕

陳　立夫　Chen Lifu

（ちん　りつぷ）

（1900年8月21日～2001年2月8日）

原名・祖燕，字・立夫。浙江省呉興県生まれ。陳果夫の弟，陳其美の甥。「四大家族」の一員，国民党CC系指導者。

浙江武備学校に入学し，早くから工業と鉱業について学んだ。さらに国立北洋大学でも採鉱科に在籍して学んだ。1923年同大学を卒業後，アメリカに留学し，ピッツバーグ大学において採鉱学を修め，修士号を獲得した。

1925年暮に帰国し，北伐当時は蔣介石の機密秘書をつとめた。27年南京国民政府成立後も蔣介石を支え，その後日中戦争，国共内戦時期に長期にわたり，一貫して党，政府，軍関係の多くの要職を歴任したが，その主要なものは以下の通りである。国民革命軍総司令部秘書長（28年），国民党中央執行委員会委員（第3～6期，29～50年），中央党部秘書長（29年4月就任），中央党部組織部長（31年6月～48年），戦地政務委員会委員（28年4月就任），戦地党務委員会委員（39年3月就任），党中央部政治部秘書長（47年9月～48年），国民政府委員（33年就任），立法院副院長（48年5月就任），行政院政務委員，副院長（48年就任），国民政府訓練総監部政治訓練処処長（28年12月就任），教育部部長（38～44年），社会部部長（38～41年），考試院考選委員会委員（29年12月就任），国民政府建設委員会委員，秘書長（28年6月就任），導準委員会委員（29年1月就任），全国経済委員会委員（31年6月就任），中央政治学校教育長代理（31年12月就任），政治協商会議国民党代表（46年1月），国民革命軍総司令部機要科科長（25年），軍事委員会第6部部長（37年就任）など。

これらのさまざまな歴任に加えて特筆すべきは，陳立夫の特務としての活動である。陳立夫は兄の陳果夫と共に，特務機関である中央クラブ（CC）と国民党中央執行委員会調査統計局（中統・1935年局長に就任）を組織して，政府に反対する多数の共産党員や知識人を脅迫，暗殺し，蔣介石及び南京国民政府の政策実行を陰から支える大きな力となった。また思想統制のための新生活運動の展開の中で，旧道徳の礼儀廉恥を重視し，さらに日中戦争時期には教育部部長として，戦時教育を実施して「精神総動員」を遂行するなど，精神教育，思想統一の面においても，大いに力を振るった。その他文化的事業の分野でも，南京報社社長，南京中央日報理事長，正中書局理事長，中韓文化協会理事，中米文化協会副会長，中ソ文化協会副会長などをつとめた。

国共内戦終結間近の1949年1月，蔣介石の総統引退と同時に，陳立夫は孫科内閣政務委員を辞職し，国民党右派グループの巨頭として活躍したが，6月閻錫山内閣に政務委員として入閣，7月国民党非常委員会委員兼任となった。しかしその後，国民党が台湾へ移った12月，陳立夫は台湾，ヨーロッパを経て，翌年アメリカへ渡った。アメリカでの生活は19年続き，その間陳は中国文化の研究に従事したが，それは『四書道貫』という著作にまとめられている。駐スイス台湾国民党外交部顧問（55年4月）などを経て68年陳は台湾へ渡った。以後台湾に居を定めて活動を続け，とりわけ中華文化復興運動推行委員会副会長（68年）孔孟学会理事長（68年）など，中国文化振興のための事業にたずさわって，多くの書を著した。また早くから中国医薬の改善に関する主張も行い，かつては中央国医館理事長（35年5月）をつとめたが，台湾でも中国医薬学院理事長となった。その考え方は，『我的侵攻和希望』という1冊の書物中にうかがうことができる。さらに台湾総督府資政及び国民党第13期中央評議委員会主席団主席として，政治活動にも関り続けた。

陳立夫は，さまざまな要職を歴任して権力の中枢にある中で，兄の陳果夫，蔣介石，宋子文，孔祥熙といわゆる「四大家族」の一員として，官僚金融資本を形成して全国の富を収奪していった。一方陳は，中国文化，とりわけ儒教に対する造詣が深く，多数の著作を残している。そして中国統一問題に関しても，1988年7月陳立夫及び34名の国民党中央評議委員が国民党13全会閉幕後の中央評議委員会の席上，中国の平和的統一に関する議案を提出したと伝えられている。この議案は，中国文化による両岸の協力と統一を求めたもので，共産党の側も陳の祖国統一を求める態度を高く評価したとされる。2001年，台北で病死した。

著書には『孟子之政治思想』，『唯生論』，『生之原理』，『中文字典』，『参与抗戦準備工作之回憶』，『我与馬歇児将軍』などがあり，主編書として『孔子学説対世界之影響』，『中華文化概述』，『易学応用之研究』，訳書に『中国之科学与文明』などがある。なお陳立夫は孫文の哲学を基礎として研究を重ね，自身の哲学を「唯生哲学」と名づけたが，これは唯物論に対するものであった。

参考文献：張学継『陳立夫大伝——民国人物大系』（団結出版社，北京，2008年）。張珊珍『陳立夫生平与思想評伝』（中央党校出版社，北京，2006年）。胡紫萍編『中国政治人物』（大連図書公司，大連，1948年）。『1989中国人物年鑑』（華芸出版社，北京，1989年）。陳立夫著，松田州二訳『成敗之鑑　陳立夫回想録』上，下（原書房，1997年）。

〔石川照子〕

陳（ちん）　廉伯（れんぱく）　Chen Lianbo

（1884年～1944年12月24日）

字・樸庵。広東省南海県生まれ。父・陳啓源は広東省最初の洋式製糸工場継昌隆の創立者。弟は陳廉仲。ともに広東経済界の実力者。英資香港上海銀行（匯豊銀行）買辦。1924年の商団事件の首謀者の1人。

歳若くして香港の皇仁書院に学ぶ。のち父の事業を継承し，広州，南海で昌機絲荘，利貞絲廠を経営し，広東絹絲公会会長となる。清末より香港上海銀行広州支店の買辦となり，広東の金融界に対して強い影響力を持った。1908年広東保険公司を創設。16年，前後して広州総商会会長，広州商団団長，東江糧食救済会会長となる。広東輸出協会会長となり，パナマ万国博覧会に実業団を率いて出席し，ついでアメリカを訪問。さらに南洋兄弟煙草会社に投資し，19年以降その董事となる。24年孫文の第3次広東軍政府の政策に反対し，各地の商会・商団を結集して対抗した。

広州では，商団は民国成立の前後から活動していたとされ，陳廉伯も辛亥革命時，商団を組織して，革命勢力の一部と結んだとされる。しかしその商団は，元来は各方面から流れ込んでいた外省の軍隊（客軍）による収奪から自衛を図るための組織であったとみられる。孫文が雲南，広西，湖南などの外省からの客軍の力を借りて軍政府を三たび復興し，かつ容共・連ソによって左傾を顕著にし始める頃から，陳廉伯らはしだいに事ある毎に孫文との対立を深めていった。

まず，1924年5月広州市政庁が「統一馬路両旁舗業権弁法」を制定し，各業より徴税を図ろうとしたのに対して，広州市内の72行が反対し，26日を期して全市の罷市を決定した。この時には，政府側が妥協して事なきを得たが，その際罷市の後援として近郊の商団・郷団が結集された機会に，広東商団連防総部の結成が目指されるところとなった。商団連防総部の結団式は8月13日と決められ，その総長には陳廉伯が就任した。しかし，当時広東省長であった廖仲愷がその結団式を禁止したため，総部は仏山に置かれるところとなった。陳らは4,000余名を擁するともいわれた商団の武装力を拡充するために，香港のドイツ商会より銃9,800余梃，弾薬370万余発を購入し，ノルウェー籍の貨物船で広州への搬入を企てたが，広東政府は蔣介石に命じてその船を拿捕して黄埔に曳航させ，積み荷を差し押さえさせた。その一連の陰謀が発覚するや，陳廉伯は香港に逃避したが，彼の指令のもとで，まず8月22日仏山で罷市が始まり，25日にはそれは広州にも波及した。その罷市に対して，広東政府が警告を発するや，8月26日英国領事ジャイルスは商団側を擁護する通牒を提出し，28日には日本の領事もそれにならった。この武器差し押さえ事件は，9月1日雲南軍の范石生らが調停に乗り出し，政府側の反対を押さえ，10月10日を期して武器を返還することで合意し，全面衝突は回避された。

しかし，間もなく，江・浙戦争，ついで第2次奉直戦争が勃発し，いわゆる三角同盟の関係から孫文政権は直隷派討伐の北伐を決定し，1924年9月13日軍事公債400万元を発行し，各業公会にその引受を求めたため，三たび双方の関係は緊張した。北伐に政治生命を賭けた孫文は，広東の政治を省長・胡漢民に託して韶関の大本営に移ったが，そのような中で，広東政府内部では，商団との妥協を図ろうとした胡漢民らと，その抑制・打破を主張した廖仲愷・蔣介石らに意見が分かれた。中共は工団軍，農民自衛軍を組織し，断固対決を主張した。その対決ムードの高まりが，10月10日の商団による双十節記念集会への攻撃に発展した。商団側が孫文の下野と陳炯明の政権復帰を求めるや，10月14日孫文は商団の武力鎮圧を決定した。黄埔学生軍，広東・雲南・広西などの諸軍，労・農自衛軍の集中攻撃によって，翌15日商団は武装解除され，両者の対抗関係は終わりを告げた。

孫文政権との闘争に敗れたものの，陳廉伯は香港から広州にわたってなお経済的影響力を保持し，南洋煙草公司香港支社の督理となる一方，孤児院，女子就業学校，方便・博済医院などの慈善事業も興した。しかし，1934年不正の嫌疑によって南洋兄弟煙草会社から告発され，香港当局の逮捕の手が伸びた。その後，広州沙面の陳廉仲の許に身を潜めていたが，42年香港が日本の占領統治下に入り，磯谷廉介が総督に着任するや，華人代表会長に選任され，日本に協力。44年日本の戦況不利となり，磯谷も離任するに及んで，船でアモイに脱出を図ったが，途中米機の襲来を受けて，船が転覆して死亡した。

参考文献：香港華字日報編『広東扣械潮』（華字日報，香港，1924年）。「広州総罷市的解決与商団連防」，『東方雑誌』21巻12期，1924年6月。栃木利夫「商団事件敗北の歴史的意義」，『長崎造船大学紀要』11巻1号，1970年。横山宏章『孫中山の革命と政治指導』（研文出版，1983年）。波多野善大「商団事件の背景」，『愛知学院大学文学部紀要』4号，1974年。

〔坂野良吉〕

陳　連陞（ちん れんしょう）　Chen Liansheng

（生年不詳～1841年）

原籍，湖北省鶴峰県。兵士出身。将領。

四川・湖北・陝西各省に蔓延した白蓮教徒の反乱（1796～1804年）および湖南・広東両省に起こった瑤民の反乱（1831年）の鎮圧に功績を挙げて増城営参将に抜擢された。

1839年，珠江口の官涌に侵攻したイギリス軍を撃退して三江協副将に昇任し，沙角砲台の守備に当たった。41年1月，イギリス軍は虎門の入口に当たる沙角および大角の砲台を攻撃した。陳連陞は，その子・武挙，陳長鵬と共に士兵600人を率いて数千人のイギリス軍に対して勇敢に対戦したが，敵弾に当たって戦死した。その子・陳長鵬も海に身を投じて殉難した。父子の忠勇を讃え，沙角山麓に「昭忠祠」が建てられた。

参考文献：李桓輯『国朝耆献類徴』372（湘陰李氏刊，1890年）。繆荃孫編『続碑伝集』64（江楚編訳書局，上海，1910年）。民国清史館『清史稿』列伝159（民国清史館，北京，1927年）。

〔横山英〕

陳　銘枢（ちん めいすう）　Chen Mingshu

（1890年～1965年5月15日）

字・真如。広東省合浦県生まれ。民国期の軍人，政治家。

広東陸軍小学堂をへて，1908年に南京陸軍中学堂に入学した。在学中に中国同盟会員となる。辛亥革命の発端となった11年10月10日の武昌蜂起にさいし，宋教仁にしたがって武昌に赴いた。さらに南京攻略にも参加した。中華民国成立後には保定軍官学校に学び，袁世凱の帝制復活に反対し15年に広東に帰った。袁世凱側にたつ都督の龍済光の爆殺を企て，逮捕された。その後逃亡して日本に赴き，20年に陳炯明が広東を奪回し国民党の支配を復活すると，陳銘枢は広東軍第1師（師長・鄧鏗）第4旅の旅長となった。22年に陳炯明が孫文に反旗を翻すと，陳銘枢は軍務から解かれた。

第1次国共合作により，1924年に国民党が改組されると，陳銘枢は広東軍第1師（師長・李済深）第1旅の旅長として軍務に復帰した。25年8月に国民革命軍が成立すると，陳銘枢は国民革命第4軍（軍長・李済深）第10師の師長となった。26年7月蔣介石を総司令官とする国民革命軍の北伐が開始されると，陳銘枢は張発圭の第4軍第12師とともに，第4軍第10師を率いて湖南省に進入した。そして汀泗橋の戦闘で呉佩孚の部隊を激戦の末に破り，勇名を馳せた。このあと唐生智の国民革命第8軍とともに武漢を攻略し，国民革命軍総司令部政治部（部長・鄧演達）の訓練部部長となり，武漢衛戍司令をつとめた。やがて第4軍第10師は第11軍へと昇格し，陳銘枢は第11軍軍長になる。このあと，江西省の南昌に総司令部の行営をおく蔣介石と，武漢を拠点に唐生智の軍事力を後盾とする反蔣介石の国民党員や共産党員との間に対立がたかまった。蔣介石を支持した陳銘枢は，27年3月には武漢を逐われる。

陳銘枢は1927年4月の南京国民政府樹立に参加し，蔣介石体制を支えるために尽力した。27年8月1日のいわゆる南昌蜂起に巻きこまれて混乱していた国民革命第11軍の指揮官に復帰し，蔣介石を支持した李済深の広東支配を実質的に支えた。28年からは，広東省政府委員，国民党広東政治分会委員，29年には李済深のあとをうけ広東省政府主席，さらに国民党中央執行委員となった。

1931年南京では国民政府の支配をめぐる蔣介石と胡漢民の争いがたかまり，蔣介石が胡漢民を監禁した。反蔣介石の国民党員たちは広東に別の国民政府を樹立したが，陳銘枢はこれに加わらず香港に去った。南京国民政府は陳銘枢を江西省剿匪司令に任命して忠節に報いた。この結果，陳銘枢は自動的に，第11軍が改組されて成立していた第19路軍の指揮官となった。

1931年9月の満州事変の勃発により，南京と広東の対立は解消され，広東側の孫科を行政院院長とする国民政府が南京に成立した。陳銘枢は行政院副院長，交通部部長に任命され，さらに上海地区を含む首都圏の衛戍司令に任命された。32年1月の上海事件のさい，第19路軍は日本軍に頑強に抵抗し，国際的に勇名を馳せた。しかし第19路軍は福建に移動させられた。陳銘枢はこの間，上海で社会民主主義者のグループを援助し，神州国光社を通じて社会主義に関する文献を多数出版していた。しかし32年には汚職事件に巻きこまれて交通部部長を辞職し，ヨーロッパへと旅立った。33年に帰国すると，南京国民政府への対決姿勢を強め，同年11月には福建省に李済深を主席とする人民政府を樹立した。しかし南京国民政府側の攻撃で人民政府は2カ月で崩壊し，陳銘枢は香港に逃れた。36年再びヨーロッパに旅立ち，37年の日中戦争勃発で帰国し国民党に復帰したが，以降目立った活動はなかった。

1945年重慶で譚平山と三民主義同志連合会を組織した。49年9月には，北京で開催された中国人民政治協商会議に出席し，以後，中央人民政府委員，中南軍政委員会副主席，全国人民代表大会広西省代表，国民党革命委員会常務委員をつとめた。57年の反右派闘争で批判され，63年まで右派分子のレッテルをはられた。著書に陳銘枢等『海南島志』（神州国光社，上海，33年）がある。

参考文献：陳銘枢等『海南島志』（神州国光社，上海，1933年）。葉雲笙『広東時人誌』（開通出版社，広州，1946年）。新民生出版社『中華人民共和国開国文献』（商務印書館，香港，1949年）。Tang Leang-Li, *The Inner History of the Chinese Revolution* (E.P. Dutton and Company, New York, 1930).

〔北村稔〕

陳　丕顕（ちん　ひけん） Chen Pixian

（1916年3月20日～1995年8月23日）

別名・陳家煜，化名・阿丕。福建省上杭県生まれ。中国共産党の指導者，革命家，現代中国の政治家。1929年中国共産主義青年団に加入，31年に中国共産党に入党した。

ソヴィエト期には故郷の福建省，江西省周辺で革命運動に従事。共産主義青年団と中共長汀県委の児童局書記，共産主義青年団中央分局委員，同福建・江西省境地区中心県委書記，同贛南（江西南部）省委書記などをつとめてから，中央ソヴィエト区に対する国民党軍の包囲攻撃戦と戦い，1934年秋に毛沢東らの中央紅軍が江西を脱出して長征に移ってからも，ソヴィエト区の南部にとどまり，江西・広東省境地区での厳しいゲリラ戦を3年間にわたって指導した。

日中戦争が始まってからは，東南部で国民革命軍陸軍新編第4軍（新四軍）の工作を指導。1937年に中共中央東南分局（のちの東南局）の青年部部長，青年委員会書記，前敵委員会の書記となる。41年から蘇中（江蘇中部）地区党委副書記，同書記，新四軍蘇中軍区政治委員などを歴任。ゲリラ戦の指導と蘇中抗日根拠地の樹立・強化に尽力した。

戦後の内戦期には，陳毅の率いる華東野戦軍で第7縦隊政治委員，中共華中工作委員会書記，蘇北（江蘇北部）兵団政治委員，蘇北軍区と蘇南軍区政治委員などをつとめる。

建国後は，蘇南区党委員会書記兼蘇南軍区政治委員をつとめた後，陳毅市長のもとで，中共上海市委第4書記（1952～55年），同第2書記（55～65年），同第1書記（65年11月～67年），軍では上海警備区第1政治委員（52～67年）をつとめた。

1956年9月はじめて党中央に入り，第8期中央委員候補に選ばれた。65年秋には病死した柯慶施を継いで中共華東局の書記となり，華東地区の第一人者となった。

だが文化大革命で，当時党華東局書記，上海市党委第1書記として上海を曹荻秋（上海市副市長，市党委書記）とともに握っていた陳丕顕は，1967年1月から張春橋らの厳しい攻撃にあい，曹荻秋とともに失脚した。上海は66年秋から騒然となっていたが，同年11月，北京大学に初の大字報を書いた文化大革命派の聶元梓が上海にきて，上海の「実権派」陳丕顕と曹荻秋を名指しで激しく批判した。67年1月から張春橋らの文化大革命派による「1月革命」では，陳丕顕らの批判，追放，『解放日報』などのメディアの奪権，100万人の人民広場集会などが行われ，ついに2月3日に「上海コミューン」の樹立を宣言し，文化大革命派の奪権が成功した。その直後，陳丕顕は北京の釣魚台に軟禁されたが，長らく陳丕顕の上司だった陳毅が陳丕顕救出に動きだし，陳毅の部下が2月17日に陳丕顕を奪回した（釣魚台事件）。2月には譚震林ら副総理クラスが必死に陳丕顕を擁護したものの，逆に「2月逆流」をでっち上げられ，救うことはできなかった。

軟禁と労働改造の7年余りを経験した後，1975年から復活した。上海市革命委員会副主任（75～76年），中共雲南省委書記，省革命委員会副主任をつとめ（77年），ついで中共湖北省委第1書記（78～79年），省革命委員会主任，省軍区第1政治委員，武漢軍区政治委員，湖北省人民代表大会常務委員会主任となる（80～83年）。この間，79年1月，「いわゆる1月革命問題解決のための上海市党委の報告」によって，陳丕顕など67年1月の上海事件で批判されたもの全員の名誉回復が行われている。

党内では，第8期中央委員候補，第11期中央委員，第12期中央委員，中央書記処書記をつとめた後，第二線に下がり，1987年10月の13全大会では中央顧問委員会常務委員となった（～1992年10月）。1995年8月23日北京で死去。

外国訪問は次のとおりである。ソ連（1961年），ルーマニア，ユーゴ（78年），イタリア，フランス，ベルギー，ルクセンブルク（83年），北朝鮮（84年），タイ（88年）。

著作には「贛南3年遊撃戦争」（『中共党史資料』1982年第2輯），「中共中央東南分局・東南局的建立和部分工作情況」（『中共党史研究』90年第4期）などがある。

参考文献：紀希晨「一場捍衛党的原則的偉大闘争」，『人民日報』1979年2月26日。「深切懐念荻秋同志」，『上海文史資料選輯』53輯，1986年。盛平主編『中国共産党人名大辞典』（中国国際広播出版社，北京，1991年）。

〔毛里和子〕

陳（ちん）　其美（きび）　Chen Qimei

（1878年1月17日～1916年5月18日）

原名・其美。字・英士。号・無為。別名・高野英。浙江省呉興県生まれ。原籍，浙江省呉興県学前五昌里。辛亥革命期の革命家。

商人の家に次男として生まれる。祖父・陳絢は郷紳で郷里のために公益事業を行い，財産をあまり残さなかったので，父・延祐が商業を営んで家を起こした。母親の呉氏は学問があり，幼児期の子供の教育は自分で手がけたが，病弱で，陳其美が8歳の時病死する。7歳で私塾に入るが，父親は兄の其業と弟の其采には学問をさせ，其美には商売を習わせ，家業を継がせようとした。後妻をもらった父も1891年に死亡し，この年に崇徳県石門鎮にあった質屋の徒弟に入る。25歳の時，同郷の姚純青の次女と結婚，おそくなって2児をもうける。

1902年弟の其采が日本の陸軍士官学校を卒業し，5年間の日本留学を終えて帰国すると，大いに刺激を受け，12年間奉公した質屋を辞め，翌03年に上海に出て生糸問屋同康泰の会計見習いになる。上海では日露戦争前後の民族運動，革命運動の勃興に刺激を受けて日本留学を決意し，05年湖南省長沙で新軍標統（後の団長に相当）に就任していた弟の其采を訪ね，留学費用を出資してもらうことにする。長沙では折から上海総商会を中心に展開されていたアメリカの華僑排斥に抗議する対米ボイコット運動に積極的に参加し，湖南全省紳米国商品ボイコット推進会の組織に加わる。06年夏日本に渡り，東京警監学校に入学，警察関係法を学ぶ。同校は清朝から派遣された官費留学生が多く，其美のような私費留学生は少なかった。同年冬中国同盟会に加入。まもなくして国際法学者・寺尾亨博士が創設した東斌陸軍学校に転入して軍事学を学ぶ。同校には振武学校に入学できなかった者のほかに彼のように革命思想を抱いて軍事を学ぼうとした自費学生もいた。07年，振武学校に留学してきた蔣介石と同郷の誼で親密になり，同盟会に加入させる。同じく同校に留学してきた黄郛とも意気投合し，後に3人は辛亥革命の際義兄弟の契りを結ぶ。08年春孫文ら同盟会幹部の指令を受けて東斌学校を卒業しないまま帰国，上海を中心にした革命活動に入る。

1909年に上海の馬霍路に天保旅館を経営，江蘇省や浙江省の革命党人の秘密革命機関にし，武装蜂起の準備を進めたが，密告者が出たために失敗し，同機関は閉鎖される。さらに，上海の秘密結社青幇を反清革命勢力に組織する活動に奔走し，辛亥革命時の上海蜂起の際青幇，紅幇の会員を決死隊に参加させることに成功する。また，新聞・雑誌による革命宣伝活動にも積極的に係わり09年の『中国公報』の創刊，10年の『民声叢報』，『民立報』の発刊に関与し，11年8月には英文の日刊紙*China Press*『大陸報』の創刊に加わり，中国革命に対する国際世論の支持を獲得するための活動を行った。11年4月広州黄花崗蜂起が72名の犠牲を出して失敗すると，上海の新聞記者と称して広州に入り，生き残った革命党員の救出に尽力した。同年7月宋教仁，譚人鳳らと1年前から準備を進めていた中部同盟会を上海に設立，その庶務部長に就く。

1911年10月10日武昌蜂起が起こると，これに呼応して上海の武装蜂起を発動すべく，青幇，商団の武装力を組織するとともに，上海光復会総幹事の李燮和，立憲派で上海自治公所理事で商紳の李平書らと図って蜂起を準備し，11月3日上海民軍の蜂起を決行し，自ら決死隊を率いて江南制造局（清軍の武器製造工場）を襲撃，本人は一時捕らえられるが，翌日革命軍が同局を攻略して上海の独立を実現する。11月6日に上海軍政府が成立すると，上海の商紳，会党などに推されてその都督に就任。11月11日，上海軍政府都督として独立した各省に打電して代表を上海に招集し，臨時革命政府の問題を討議する一方，江蘇，浙江の革命連合軍の組織を呼び掛け，12月2日に南京を攻略させ，南京臨時革命政府の樹立を可能にする。12年7月に上海軍政府が解消されるまで上海都督として実質的な権力を握り，この間光復会の総幹事・李燮和を排斥し，同じく光復会の領袖として江蘇，浙江一帯に影響力をもっていた陶成章を暗殺させ，また，当時多発した上海周辺の農村における抗租，抗糧闘争に対しても軍隊を送って弾圧した。一方，青幇などの会党を近代的な政党に改善しようと12年7月に中華国民共進会を発起，成立させている。12年3月に北京に成立した唐紹儀内閣の工商総長に任命されるも就任せず。13年7月袁世凱政権打倒を目指した第2革命が起こると，上海討袁軍総司令に任命され，上海の独立を宣言するも失敗し，日本に亡命する。

亡命先の日本では孫文による中華革命党の結成に参加し，総務部部長に選ばれる。この間，孫文の命を受けて日本から大連や奉天に潜入し，革命党人と連絡を取って東北三省における革命蜂起の工作を行う。1915年10月上海に戻り反袁世凱闘争に従事，同年11月に革命党人に命じて上海鎮守使・鄭汝成を暗殺させる。12月楊虎らと肇和軍艦の蜂起を画策するが，失敗。その後袁世凱帝制反対運動の爆発を背景に第3革命，いわゆる護国戦争が始まると，旧来のような武装蜂起を目指して陸，海軍の工作を進めるも成功せず，16年5月袁世凱に買収された張宗昌の刺客に暗殺される。

陳其采は実弟，陳果夫，陳立夫は甥にあたる。蔣介石と義兄弟の契りを結んだ間柄であったことや孫文の反袁世凱闘争に邁進して殉じたことから，国民政府側から比較的多くの関係書が出版されている。関連著作として，陳其美著，邵元沖編『陳英士先生革命小史』（上海民智書局，1921年），陳其美著，秦孝儀編『陳英士先生文集』（中央文物供応社，台北，77年），何仲蕭編『陳英士先生記念全集』上・下集（上海，30年）などがある。

参考文献：莫永明『陳其美伝』（上海社会科学院出版社，上海，1985年）。潘公展『陳其美』（勝利出版社，台北，1954年）。

〔笠原十九司〕

陳　啓天（ちん　けいてん）　Chen Qitian

（1893年10月18日～1984年8月10日）

幼名・翊林，改名・春森，啓天，字・修平。筆名・翊林，明志，学名・国権，譜名・声翊，党合・无生，別号・奇園。湖北省黄陂県生まれ。中国青年党の指導者，教育者，思想家。

搾油業と農業を営む陳子俊の6人の子供の4番目として生まれる。1900年から05年まで父の私塾で学ぶ。05年に湖北高等農務学堂付属高等小学で，06年から09年には黄陂県立道明高等小学堂で，曾国藩の著書などを学ぶ。10年に湖北高等農務学堂付属中学農科に入学，11年の辛亥革命時に北伐第2軍憲兵隊に従軍。12年から15年には武昌中華大学政治経済別科で政治・経済・憲法を学び，袁世凱の「新約法」を批判する一方，劉文卿学長より陽明学を学ぶ。

1916年に汪彬と結婚，翌年から19年まで中華大学中学部・専門部で教える。19年には王光祈の紹介で惲代英・余家菊らと少年中国学会に入会し胡適の影響を受け，武漢の学生運動を指導。21年春より南京高等師範（後の東南大学）教育科で学び，翌年の少年中国学会年会で中国共産党系会員と反目し，23年に『少年中国』に「何謂新国家主義」を発表し国家主義唱道を開始。24年6月に東南大学を卒業し上海中華書局に就職。10月には曾琦らと『醒獅』を創刊して反ソ反共を主張，25年に青年党に入党，中国国家主義青年団創設を建議し，国家教育協会を発起。26年7月に上海で開催された青年党第1次全国代表大会で中央執行委員兼訓練部主任に選出され，以後党役員職を歴任。同年11月には国民革命軍の反国家主義運動を避け四川省に赴く。

1927年の国共分裂後は中国国民党の反共を支持しながらその一党独裁を批判，8月から翌年まで孫伝芳の金陵軍官学校で国家主義を講じる。29年4月に上海の知行学院（青年党党務学校）の院長となり，12月には日本を視察旅行。30年の中原大戦時に湘鄂贛反共救民会を組織し，31年の満州事変以後上海で『民声週報』を創刊し，抗日及び対ソ国交復活反対を唱える。32年1月以降国難救済会と上海各団体連合会を通じて抗日を支援するが，党内が紛糾した為，青年党中央より退く。34年9月25日から10月22日まで国民党に投獄され，年末に青年党中央を再建し翌年復職。35年から36年には『国論』の主編者として反日反ソを唱え，38年に青年党が合法化されると，6月には国民政府教育部戦時教育問題研究委員会委員に，7月には第1期国民参政会第1回大会参政員に任ぜられ，以後45年の第4期大会まで同職を続任。43年には国防最高委員会憲政実施協進会委員となる。

1945年9月民主同盟を脱退し，46年1月に政治協商会議に参加し，11月には中共脱退後の制憲国民大会に民主社会党と共に参加。47年4月には改組後の国民政府委員，5月には行政院政務委員兼経済部部長となり，11月に国民大会代表に当選，翌年の3月に国民大会の主席の1人に選出される。49年5月には閻錫山・陳立夫らと反共の「中国反侵略同盟」を組織するも，6月に台湾へ移った。

1949年12月には台湾移転後の青年党秘書長となり，50年3月以降は総統府国策顧問などに就任。52年汪彬夫人が死去し，翌年朱玉鳳夫人と結婚。60年の国民大会では蔣介石の総統3選を支持する一方で，国民大会の職権拡大に反対。69年の青年党第12次全国代表大会以降は5人の党主席の1人となり，71年5月には光復大陸設計研究委員会副主任委員に任ぜられる。76年以降は体力が衰え，84年8月栄民総医院にて死去した。

著書には，『国家主義論文集』（中華書局，1926年），『最近卅年中国教育史』（太平洋書店，30年），『寄園回憶録』（台湾商務印書館，72年増訂版）など多数ある。

参考文献：《陳啓天先生紀念集》編輯委員会編『陳啓天先生紀念集』（中国青年党中央党部，台北，1985年）。李義彬編『中国青年党』（中国社会科学出版社，北京，1982年）。劉紹唐主編『民国人物小伝』第8冊（伝記文学出版社，台北，1987年）。

〔江崎隆哉〕

陳（ちん）　其尤（きゆう）　Chen Qiyou

（1892年～1970年12月10日）

別名，陳定思，陳麗江。広東海豊生まれ。中国致公党指導者。

広州博済医学堂を卒業後，中国同盟会に加入。1911年，広州黄花崗蜂起に参加。辛亥革命後日本に留学し，16年中央大学経済学科を卒業。帰国後北京政府財政部に職を求める。17年以降，陳炯明の粤軍総司令部機要秘書，福建東山，雲霄県県長を務める。

1931年中国致公党に加入し，同年に香港で開催された中国致公党第2次代表大会で中央幹事会の責任者の1人に選ばれる。日中戦争期には，国民政府の香港特派員に任命された。後に，民主活動に参加したため，貴州息烽集中営に監禁され，41年に釈放。その後重慶に移り，中国致公党の活動に参加した。

1947年中国致公党第3期中央副主席に選ばれ，実質的な日常業務を執り行う。48年5月，中国致公営を代表して各民主党の責任者，無党無派の指導者とともに，中国共産党の呼びかけに応えて，新政治協商会議の開催と民主連合政府の樹立を支持した。48年香港から東北解放区に行く。49年9月中国致公党を代表して中国人民政治協商会議第1期全体会議に参加した。

新中国成立後，広東省人民政府委員，第1期全国人民代表大会代表，第2・3期全国人民代表大会常務委員，第1期から第4期まで全国政治協商会議常務委員，中国致公党第4次代表大会主席団員，第5・6期中央主席などを務める。1970年12月北京にて病死。

参考文献：蔣景源主編『中国民主党派人物録』（華東師範大学出版社，上海，1991年）。陳旭麓・李華興主編『中華民国史辞典』（上海人民出版社，上海，1991年）。

〔小山三郎〕

陳（ちん）　其瑗（きえん）　Chen Qiyuan

（1888年～1968年5月30日）

字・志璩。広東省広州市生まれ。教育家，民主党派人士。

1903年広東高等学校に入学，05年に北京大学予科に入学する。12年に北京大学工科を卒業後，広東で高等方言学校，広州中学，東莞中学，番禺師範中学などの教員を務める。

1912年に北京政府の農林部秘書を務め，その後に僉事（参事の下の事務官），総務庁庁長へと昇格した。13年に広東省工芸局実業司科長を務めた後，また北京へ赴き，交通銀行秘書長となる。17年に広東に戻り，広三鉄路局総務処長，機務処長，省長公署秘書，財政庁秘書などを歴任すると同時に，広東省教育会長及び広州基督教青年会副会長に推挙され，その後培英学校校長に就任する。

1921年春に華北地方で干ばつが発生した際，広東賑災中外協会の呼び掛けに参与し，執行部長に推挙される。その後，大中儲畜公司及び大中銀行を創立する。同年秋に中国国民党に入党する。

1923年6月広州大本営財政部総務庁庁長，7月に中国銀行監理官の職に就く。24年1月広東財政委員会委員を務め，6月広東財政庁庁長に就任する。その任期中善後委員会民産保証局及び輸運団を組織して自ら団長を務める。この外，「医目学校」を創立し，校長を兼任，また広州赤十字会会長を務める。26年1月中国国民党2全大会で候補中央執行委員，同書記長に就任し，2月広州国民政府参事を務める。27年3月漢口で開かれた国民党第2期3中全会で商民部部長に選出される。

その後マカオに戻ってから上海に赴き，中国国民党臨時行動委員会に参加した後，米国に渡ってサンフランシスコ華僑中学校長を務める。米国では，鄧演達の国民党行動委員会（第三党）に参加したため，国民党から迫害を受け，ニューヨークへ逃れる。米国滞在中，電気工，映画のエキストラなどをしていたこともある。1945年サンフランシスコで開催された国際連合創立会議出席のため訪米した董必武中国共産党代表に勧められ，抗日戦争に勝利した後帰国する。

帰国後，香港の達徳学院院長を務め，中国国民党革命委員会に参加し，中央常務委員会委員となる。中華人民共和国成立後は，中央人民政府華僑事務委員会委員，政務院政治法律委員会委員，内務部副部長，全国僑連副主席，全国人民代表大会常務委員会委員，民革中央常任委員，中国人民政治協商会議全国委員会委員などを歴任する。1968年5月北京で病死する。著書に『辛亥革命回憶録』，『斐島采風録』，『冶金初階』などがある。

参考文献：京声・渓泉編『新中国名人録』（江西人民出版社，南昌，1987年）。徐友春主編『民国人物大辞典』（河北人民出版社，石家荘，1991年）。　〔松田康博〕

陳　啓源（ちん　けいげん）　Chen Qiyuan

（1825年～1905年）

字・芷馨。別名・陳啓源。原籍，広東省南海県西樵地方簡村堡簡村郷生まれ。清末の実業家，民族資本家。生没年は推定である。

童試を受験したことがあるが，幼少時に父を失い科挙を断念した。一時，桑の栽培に従事したが，のち商業に従事。

1854年，東南アジアに渡り，商業に従事し富を築いた。各地を遍歴し，蒸気機関に関心をもち研究を始めた。シャム（タイ）では，製糸工場がフランス製の機械を設置してすぐれた製品を出しているのを知り，72年，故郷の簡村郷に帰って，フランス製の機械を購入し，機械制製糸工場「継昌隆」を創立。女工600～700名を雇い生産を開始した。これが中国に設立された最初の近代的機械制製糸工場である。製品は「糸偈」とも「鬼絚」ともよばれ，品質が精美なため，アメリカ，ヨーロッパに従来の2倍の価格で売れ，おおいに利益をあげた。

当初，陳啓源が故郷で蒸気機関の使用を提唱した時，むしろ異端とみなされた。その後，広東の機械制製糸工場は次第に増え，1874年には4工場を数えるにいたった。機械制製糸の効率は手工にくらべて10倍も高いので，在来の手工業者の生活を脅かした。

1881年10月5日，広東の手工業者は騒動を起こし，機械制製糸工場の打ち壊しの挙に出た。そのため「継昌隆」などは破壊された。この騒動は5日間にわたり続いたので，南海知県・徐賡陛は，10月10日，軍隊を出動させて鎮圧するとともに，「継昌隆」などの工場を閉鎖した。そこで，陳啓源は工場をマカオに移転させ，復和隆絲廠と改称して生産を続けるとともに，製糸大機を製糸小機に改良して，小資本でも経営できるようにした。効率は大機と変わらなかったので南海県，順徳県に普及した。84年陳啓源は政府の許可を得て簡村でも生産を再開した。

陳啓源は両広総督・陶模の要請で，韶州でのアンチモニー採掘問題をめぐる訴訟事件に関わった。陳啓源は現地を調査して訴訟事件を解決したので，陶模は陳啓源の才能を高く評価し，彼にアンチモニー採掘権を与えた。陳啓源は製糸業の他にも鉱山業にも手を広げ，ここでも利益を得た。

陳啓源は政治的には，変法運動を支持した。買辦銀行家・陳廉伯（字・樸庵，1884～1944年）はその子供である（孫説もある）。

著書に『蚕桑譜』1巻，『理気溯源』7巻，『周易理数会通』8巻，『陳啓源算学』13巻などがある。

参考文献：『南海県志』巻21，列伝8，芸術伝，巻26雑録（1910年）。饒信梅「広東蚕糸業之過去与現在」，『国際貿易導報』1巻7号，1930年。孫毓棠編『中国近代工業史資料』2輯下（科学出版社，北京，1957年）。陳旭麓・方詩銘等主編『中国近代史詞典』（上海辞書出版社，上海，1982年）。鈴木智夫「清末・民初における民族資本の展開過程」，東京教育大学アジア史研究会編『中国近代化の社会構造』（教育書籍，1960年）。　〔林要三〕

陳　千秋　Chen Qianqiu

（1869年～1895年）

字・通甫，礼吉。号・随生。広東省南海県生まれ。清末変法派の学者。

陳千秋は広州の学海堂で戴震，段玉裁らの系統を引く考証学を修め，18歳の時『広経伝釈詞』を著し，英才とし名声を高めた。1890年の春，上聞には達しなかったが変法を求める上書を行った康有為が広州に帰郷したことを知り，陳千秋は康を訪ねて大いに感銘を受け，学海堂をやめて康有為の弟子となった。その後梁啓超が陳千秋の勧めで康有為の弟子になったが，その際康が自分が学んできた考証学を無用の学として完膚なきまでに批判したので，冷水を背に浴びせられ，頭を棒で殴られた感がして，その夜は寝ることができなかったと記している。

1891年康有為は，陳千秋と梁啓超の要請により広州長興里に万木草堂を設立して学を講じた。始め門弟は20人に満たず，15～16歳から18～19歳の者が大部分で，韓文挙・曹泰・徐勤・麦孟華・欧榘甲らが当時康有為の弟子となった。

万木草堂での講学は，梁啓超によれば「孔学・仏学・宋明学を体となし，史学・西学を用となす」ものであり，康有為が書いた「長興学記」に基づいて古文経学の批判・孔子改制・大同思想が主に講義された。なお梁啓超は，康有為が「公理通」「大同学」の書を著そうとして陳千秋と討論したが，自分は末席について傾聴するだけであったと述べている。さらに学生たちは江南制造局や宣教師が翻訳したものを利用して西学をも学んだ。その他に彼らは康有為の著述への協力も課せられた。例えば，古文は劉歆の偽作であり，今文に孔子の真意が盛られていると主張した『新学偽経考』や，孔子の真意は改制にあり，孔子は祖述者ではなく教主であることを論じた『孔子改制考』は，多くの門弟，特に陳千秋と梁啓超の協力により，万木草堂から刊行された。

1893年には来学する者が増え，陳千秋は梁啓超とともに学長（塾生の長）として学生の指導にあたった。陳千秋が活躍したのはわずかに91年から94年までの万木草堂における活動にすぎなかった。しかしその後の変法運動を推進した多くの俊英を康有為の指導の下で育成した点に，陳千秋の歴史的役割を見いだすことができる。

1894年始め，陳千秋は肺病が重くなり吐血して翌年死去した。わずか26歳の夭折であり，康有為にとってはもっとも信頼し期待していた弟子の若死であった。梁啓超も，その学問文章，道徳才気において並ぶ者がいないと敬愛していた畏友の死を深く哀惜した。

参考文献：『康有為自編年譜』。丁文江・趙豊田編『梁啓超年譜長編』（上海人民出版社，上海，1983年）。小野川秀美『清末政治思想研究』（みすず書房，1969年）。〔楠瀬正明〕

陳　虬　Chen Qiu

（1851年～1903年）

字・志三，原名・国珍。晩年の号・蟄廬。浙江省温州楽清県生まれ。原籍，同前。清末の変法論者。

1885年瑞安に利済医院を設立。89年挙人に合格したが，会試には結局不合格で，知県に選ばれたが，応じなかった。90年山東巡撫・張曜と会って政治を語り，92年には『治平通議』を著して富国策14，強国策16を提言して自強のための変法を主張した。97年1月，温州で『利済学堂報』を発刊，利済医院学堂を設立して，医業教育を通して時代に対する憤りを吐露し，人々を啓蒙した。翌年杭州で創刊された『経世報』にも多くの文章を寄せた。彼は強国の基本は民心にありとし，また内陸部へ遷都すべきであると主張し，女性の纏足にも反対した。その後官吏として北京に入り，康有為や梁啓超と往来して保国会に入会した。彼は変法自強を上奏して，浙江省でまず実験的に変法を実施しようと考えたが，結局帰郷して医業に従事し，学校，新聞社も設立した。98年戊戌の政変で逮捕状が出たが，学生宅へ隠れて免れた。設立した新聞社，学校もこの時閉鎖した。

参考文献：「治平通議」（選録），『戊戌変法』第1冊（神州国光社，上海，1953年）。湯志鈞編『戊戌変法人物伝稿』上冊（中華書局，北京，1961年）。〔児野道子〕

陳　去病　Chen Qubing

（1874年8月12日～1933年10月4日）

原名・佩忍。字・伯儒，病倩，巣南。号・垂虹亭長，筆名・大哀，天放，南史氏など。別名・百如，無名，拝楼など。江蘇省呉江県同里鎮生まれ。政治家，文学者。

家業は代々搾油業を営んでいた。22歳で秀才となる。1898年，変法維新運動に共鳴して郷里に雪恥学会を組織した。1902年には蔡元培が発起した中国教育会に加入し，『新民叢報』の取り次ぎ販売をも行っている。03年1月，日本に留学した陳去病は，江蘇省出身の留学生が発行していた『江蘇』の編集に携わるとともに，拒俄運動が起こると拒俄義勇隊に加入し，『蘇報』に「日本留学陳君去病致友人書」を載せるなど積極的に活動した。しかし拒俄運動が弾圧されると，帰国して上海の愛国女学で教鞭をとった。

1904年2月，陳去病は呉江県に東江国民学校を創設したが，資金不足で夏には経営は失敗する。その後，劉師培らと『警鐘日報』を創刊したり，柳亜子らと演劇の改革を唱える雑誌『二十世紀大舞台』を発行したが，内容が過激であるという理由でともに発行禁止となった。その年の冬には，劉師培や柳亜子らと「国学保存会」，「国粋学社」を結成している。

ところで陳去病は1906年に劉師培の紹介で中国同盟会に加入している。同年秋，蘇杭甬鉄道の利権回収・自営運動が起こると，彼は江蘇鉄道協会に参加している。翌年4月には上海で発行された『国粋学報』の編集にあたった。08年1月には，前年7月に難に遭遇した秋瑾の追悼会を行い「秋社」を組織した。そして09年11月には，柳亜子・高天梅と陳が発起人となり，詩文によって革命を説くことを目的とした団体である「南社」を結成した。

1911年武昌蜂起が勃発すると，陳去病は蘇州で『大漢報』を発行し，南北講和に反対して北伐を主張した。第2革命では江蘇省都督・程徳全の総司令部秘書として参加している。孫文が護法運動を展開すると，18年陳は広州に赴き非常国会秘書長，参議員秘書長などの職に就いた。19年第1次軍政府が失敗すると郷里に帰った。21年大元帥府が成立すると陳は再び広東に赴き，翌年孫文に従って大本営前敵宣伝主任となり北伐に参加した。しかし陳炯明のクーデターが起こったため広東を離れ，南京の東南大学で教鞭をとった。24年11月には孫文に従って北上し，清宮古物整理委員となった。25年孫文が死去して国民党右派が台頭し，西山会議を開くと陳は支持を表明した。翌年彼は西山会議派の大会で監察委員に選出された。その後，陳は江蘇古物保管委員会蘇州分会主任，江蘇革命博物館館長，中国国民党中央党史編纂委員会委員などを歴任した。晩年には蒋介石の支配のあり方に不満をいだくようになり，病気と称してすべての職務を辞退した。33年蘇州で病没。

著書には『語学綱要』，『浩歌堂詩鈔』などが，編著には『清秘史』がある。

参考文献：劉紹唐主編『民国人物小伝』第9冊（伝記文学出版社，台北，1981年）。清史編委会編『清代人物伝稿』下編1巻（遼寧人民出版社，瀋陽，1984年）。

〔楠瀬正明〕

陳　羣（ちん ぐん） Chen Qun

（1890年～1945年8月17日）

字・人鶴。福建省閩侯県生まれ。国民党の政治家，後に南京汪精衛政権の一員となる。

生家の家庭環境については不明である。陳羣は青年時代日本に渡り，明治大学と東洋大学で学んだ。1921年彼は前年末に回復された広東軍政府の秘書となり，24年6月に黄埔軍官学校が正式に開校すると，政治教官となった。26年7月に開始された北伐に際しては，東路軍前敵総指揮部政治部主任となり，32年1月には内務部政務次長，首都警察庁長などの職を歴任した。しかし，一説によれば，陳羣はかねてから蒋介石とそりが合わず，そのため蒋が国民政府内の権力基盤を固めるに及んで，彼と絶縁すべく下野したと言われる。

1937年7月蘆溝橋事件が勃発し日中両国は本格的な戦争状態に突入した。同年12月日本軍が南京を占領し，翌38年3月当地において中華民国維新政府が成立した。陳羣は，同政府行政院院長となった梁鴻志の下で内政部部長に就任した。39年8月には汪精衛が上海で開催した国民党6全大会に出席し，中央委員会委員に選出された。40年3月南京に汪精衛を主席代理とする国民政府が成立すると，維新政府は解散して汪精衛政権に合流した。この南京国民政府成立にあたって，陳羣は国民政府籌備委員会副秘書長として関わり，新政府成立後は中央政治委員会委員，41年3月には抗日武装勢力を一掃すべく設立された清郷委員会の委員に就任し，43年9月には江蘇省省長となり，翌44年11月には考試院院長に就任した。

1945年8月日本の敗戦が濃厚となると，陳羣は周囲の者に対して，「私は南京政府の中で最も蒋介石に憎まれている。捕えられると必ず殺される。蒋に殺されるよりむしろ自ら潔く死を選びたい」と語っていた。果して日本降伏後の同月17日，陳羣は南京の自宅で服毒自殺を遂げることとなった。彼の遺書には日中合作の主張の正当性を確信する旨が書かれており，これは当時南京で発行されていた新聞に掲載され，中には彼を「鉄の漢奸」と評するものもあった。

ちなみに陳羣の日本贔屓は徹底しており，上海に私財を投じて中学校を創設し，日本式教育を施すほどであった。彼はまた，蔵書家としても有名で，蔵書70万冊のうち日本関係の書籍は12万冊もあったと言われる。なお，彼は7人の夫人と20数名の子供を残したと伝えられるが，その詳細については不明である。

参考文献：黄美真・張雲「抗日戦争時期三箇漢奸政権及其主要頭目」，『人物』1984年3期。劉国銘主編『中華民国国民政府軍政職官人物誌』（春秋出版社，北京，1989年）。王徳林主編『中華留学名人辞典』（東北師範大学出版社，長春，1992年）。益井康一『漢奸裁判史』（みすず書房，1977年）。

〔嵯峨隆〕

陳　少白　Chen Shaobai

（1869年8月27日～1934年12月23日）

名・白。幼名・聞韶。字・少白。号・夔石。日本名・服部次郎。広東省新会県外海郷生まれ。原籍，同前。孫文の革命運動の協力者。

知識人の家庭に生まれ，幼年時代より系統的に儒家の教育を受けた。叔父・陳夢南がクリスチャンで，広州から種々の洋書の訳本を持ち帰っていたのに触れ，世界に対する目が開かれた。1888年秋，アメリカの宣教師が広州に設立した格致書院（のち嶺南学院と改称）に入学し，翌年キリスト教の洗礼を受けた。その年陳少白は区鳳墀の紹介により香港で孫文と知り合って時局を語り，一見旧知のごとく意気投合した。当時香港のアリス医学校に在学中だった孫文の強い勧めによって，陳も90年1月孫文より2年遅れて同校に入学した。それ以後2人は義兄弟の契りを結ぶとともに，まもなく尤列，楊鶴齢を加えて“四人寇”と呼ばれ，4人はしばしば反清革命を語り合った。

1892年孫文はアリス医学校を卒業したが，本来医学にあまり興味のなかった陳少白は孫文とともに同校を去り，孫文の広州などにおける薬局経営に協力，以後孫文の片腕となって革命運動に身を投ずることになった。94年孫文が李鴻章に送った上奏文は陳が原稿の訂正を行ったものである。孫文は94年11月ハワイで興中会を設立後，翌年初め香港に興中会本部を設けた。95年10月26日を期した第1回広州蜂起は事前に事が洩れて失敗に終わり，上海出身の陸皓東は捕えられて処刑され，危険を脱した孫文と陳と鄭士良は香港から貨物船広島丸に乗って日本へ逃れた。

神戸上陸後横浜に入った孫文は，香港生まれの横浜の華僑・馮鏡如，馮紫珊兄弟らとともに興中会支部を設立して，馮鏡如を会長とした。孫文と陳少白は弁髪を切って洋服に改め，鄭士良は香港に戻り，孫文はハワイ経由でアメリカへ赴いた。日本に残った陳は孫文のハワイ時代の友人・菅原傳を介して志士・曾根俊虎と知り合い，曾根を通じてさらに宮崎滔天を知った。陳は在英中国公使館幽閉事件に遭遇後，アメリカ経由で1897年再び来日した孫文に宮崎を紹介した。滔天は初対面で孫文にすっかり傾倒し，以後東京における中国革命派の大同団結，中国同盟会の結成へ向けて孫文のよき理解者，協力者として彼の日本の友人の代表的存在となった。陳少白は犬養毅らの斡旋による孫文一派と，戊戌の政変に敗れて当時やはり日本に亡命中であった康有為一派の提携工作において，孫文に積極的に協力したが，保皇の立場を堅持する康有為に強く拒絶され，両派の提携は実現しなかった。

陳は当時2度渡台し，台湾にも興中会の支部を設立した。98年には長女・英娥が誕生した。99年秋，陳は鄭士良とともに孫文の命を受けて香港に会党との連絡機関を設立した。陳は中国南部の三合会に入会し，長江一帯の哥老会と通じた畢永年，史堅如とともに興中会・三合会・哥老会を合わせて興漢会を結成し，彼はその会長に推薦されたのである。さらに1900年1月には香港で『中国日報』を創刊し，社長兼編集長として排満革命を宣伝した。彼は当時の義和団を“拳匪”とはみなさず，“扶清滅洋”をかざす彼らの運動の中に愛国主義的熱情を認める言論を発表した。陳少白はまた『中国日報』紙上で改良派の批判も行った。同年10月の興中会の恵州蜂起に際しては香港で各種の連絡役を担当した。陳は恵州蜂起で犠牲となった同志・史堅如の妹の史憬然と婚約したが，2年後彼女は病死した。05年東京で中国同盟会成立後はその香港支部長となったが，翌年『中国日報』社長の任とともに辞職した。

その後は中国人労働者の待遇問題をめぐるアメリカ商品ボイコット運動において香港，広州代表としてアメリカと談判したり，演劇学校を共同で設立して演劇を通して革命宣伝を行った。1904年には長男・君景，06年次女・英徳，さらに翌07年次男・君廷，20年三男・君濯が誕生した。

1911年辛亥革命成功後，11月9日広東が独立すると，胡漢民都督の下で一時期外交司司長をつとめ，21年孫文が広東に臨時政府を建てた際は顧問として協力したが，陳少白は生来官職を好まず，これも数カ月で辞した。孫文が北京で病の床につき客死した際はかけつけ，その後郷里に帰った。陳は34年初夏ごろから胃を患ったため，3年間つとめた新会県第4区長を辞し，北京を訪れた際入院先で客死した。

参考文献：陳少白口述，許師慎筆記『興中会革命史要』（中央文物供応社，台北，1956年復刻版）。陳徳芸・陳景農編『陳少白哀思録』（1935年）。除泳平「堂報元祖陳少白」，『革命報人別記』（正中書局，台北，1973年）。清史編委会編『清代人物伝稿』下編3巻（遼寧人民出版社，瀋陽，1987年）。

〔児野道子〕

陳　樹藩　Chen Shufan

（1885年～1949年11月2日）

字・柏森，伯生，陝西省安康県生まれ。祖籍，湖南省寧郷県。北洋系軍人。

7歳の時叔父について家塾で勉強を始める。21歳の時陝西陸軍小学，24歳で保定陸軍速成学堂に入学。速成学堂では砲兵に関して学び，1910年に同校を卒業する。卒業後陝西新軍第39混成旅に配属。翌11年中国同盟会に加入し，辛亥革命に参加，革命時には陝西東路招討使，河東節度使を歴任した。

1912年中華民国成立後陝西陸軍第1混成旅旅長に任命される（第3混成旅旅長とする説もある）。14年白朗（白狼）の討伐に参加して手柄を立て，15年5月陝南鎮守使代行に任ぜられた。次第に陝西省の有力軍人の1人として注目されるようになり，帝制復活を企図する袁世凱より，同年12月三等男爵の爵位を贈られる。同月下旬に始まる討袁護国運動（第3革命）に際しては当初袁世凱支持の立場をとり，16年1月に陝北鎮守使代行に任ぜられた。しかし，戦局が護国軍側の優勢に推移すると討袁を決意，段祺瑞に接近する一方，同年5月自ら陝西護国軍総司令，陝西督軍を任じた。護国軍総司令着任にあたっては本省人であることを巧みに利用し，外省人の威武将軍督理陝西軍務・陸建章を「陝人治陝」の名の下に駆逐した。袁死後の16年6月漢武将軍の名号を与えられ，翌7月には段祺瑞より陝西督軍兼陝西省長に任命される。北洋督軍団の段祺瑞派の一員に加えられ，陝西における最も有力な軍人となった。18年3月に省長職を手放したものの，督軍職は維持する。

督軍在任中の陳樹藩には目立った治績はない。その政治に関しては，「其の間罌粟の栽培に私腹を肥せるの外何等の治績なく省民間に怨嗟の声盛んに起こる。殊に于右任等が陝西靖国軍を起すや之と拮抗して兵を動かし陝人の怒を買ひ『陝人治陝』の期待を裏切ること多大であった」と酷評する向きもある。しかし，北京政府を支配する段祺瑞の後ろ盾を得て約5年の間陝西督軍職を保持し続けた。

1920年の安直戦争で段祺瑞率いる安徽派が敗れたことは陳樹藩にとって政治的に大きな打撃であった。翌21年5月直隷派の軍隊が陝西省に侵入，陳は拠点の西安を捨て部隊を率い陝西・湖北・四川省境地域に立てこもり抵抗したが，同年12月四川軍からも攻撃を受け，抵抗は失敗に終わった。このことで軍政から身を引くことを決意，その後は天津に閑居し仏典研究に専心する。日中戦争中の42年に四川省に行き，蔣介石により軍事参議院参議に任命されたものの，就任しなかった。日中戦争終結後杭州に行く。49年11月に死去した。

参考文献：徐友春主編『民国人物大辞典』（河北人民出版社，石家荘，1991年）。李盛平主編『中国近現代人名大辞典』（中国国際広播出版社，北京，1989年）。園田一亀『支那新人国記』（奉天新聞社，奉天，1927年）。　〔中村楼蘭〕

陳(ちん)　樹人(じゅじん)　Chen Shuren

（1884年2月9日～1948年10月4日）

原名・晋，別名・陳韶，陳哲，号・猛進，葭外，葭外漁夫，訒生，美魂女士。広東省番禺県生まれ。中国国民党の政治家，著名な芸術家。

陳樹人は裕福で教養ある家庭に生まれた。幼少時より厳しい古典的な教育を受け，すでに詩人，画家，文筆家としての才能の萌芽がみられた。陳は清朝末期の広東における有名な画家であった居廉（1828～1904年）の弟子となり，後にその娘・居若文と結婚した。

1900年の義和団事件の後，陳樹人は革命に心を引かれた。03年から04年にかけて，香港で発行された革命紙『広東日報』に加わり，反清革命の宣伝を行った。05年には馮自由の勧めから中国同盟会に加入したが，孫文との個人的な接触はなかった。同年，日本の京都美術学校絵画科へ芸術を学ぶために留学した。

辛亥革命が1911年に起きると，翌12年に広東にもどり，優級師範学校および広東高等学堂で絵画の教師となる。13年の第2革命失敗の後，再び日本を訪れ，立教大学へ入学した。この頃，横浜の中国人学校で教鞭をとっている。また，日本において『民国雑誌』を編集し，袁世凱の打倒を訴えた。16年，孫文によって陳はカナダのヴィクトリアの国民党党部総幹事に任命され，北米華僑に孫文の考えを宣伝し，革命資金を調達するという党務上の重要な役割を担った。翌17年にはヴィクトリアの華僑紙『新民国報』の編集者になった。

1922年に帰国すると陳炯明の反乱に遭遇した。陳樹人は広東から上海に退いた孫文を助け，中国国民党の党務整理に努めた。同年9月政綱起草委員となり，23年1月には中国国民党党務部長に任ぜられた。同年10月，廖仲愷や孫科らとともに9名の中国国民党臨時中央執行委員の1人に指名され，国民党改組および第1回全国代表大会開催の準備に奔走した。

1924年1月に中国国民党の改組がなされ中国共産党との合作が成立すると，陳樹人は広東省の政府関連での地味な活動に従事することになった。この間同郷の汪精衛との交流を深めている。26年1月，陳樹人は中国国民党第2期中央執行委員候補に選ばれた。27年までに，広東省民政庁長を4度，広東省長代理を2度にわたり務め，広州国民政府委員会秘書長にもなっている。

1928年から30年にかけて，改組派の立場から汪精衛に協調的な陳樹人は蔣介石の南京国民政府にとり好ましからざる人物となった。30年7月，陳樹人は汪精衛らが南京国民政府に対抗して北平に召集した中国国民党拡大会議に参加したが，31年12月には中国国民党第4期中央執行委員候補に当選した。32年5月，国民政府の僑務委員会委員長に就任した。

日中戦争が始まると，陳樹人は汪精衛と立場を異にして重慶に残り，僑務委員会委員長を続けた。重慶への忠誠が認められ，1939年に中国国民党第5期中央執行委員会常務委員，1945年には第6期中央執行委員に当選した。日本との戦争が終わると，政治の世界を引退し，絵画に専心したが，48年10月病気のため急死した。

参考文献：中国国民党中央委員会党史史料編纂委員会編『革命人物誌』5集（中央文物供応社，台北，1970年）。劉紹唐主編『民国人物小伝』第2冊（伝記文学出版社，台北，1977年）。劉国銘主編『中国国民党百年人物全書』（団結出版社，北京，2005年）。〔望月敏弘〕

陳（ちん）　潭秋（たんしゅう）　Chen Tanqiu

（1896年1月4日～1943年9月27日）

原名・澄，字・雲先，潭秋。筆名・劉雲生，文光，仮名・徐国棟，徐傑，呉覚民，潭少連。湖北省黄崗県陳宅楼生まれ。中国共産党の指導者，組織工作の専門家。

祖父・陳疇は清末の挙人で教師をして生計を立てていた。そのため，陳家は貧しいながらも教育熱心な家庭であり，潭秋は1912年に武昌省立第一中学に入学，16年には国立武昌高等師範（武漢大学の前身）英語部に入り，19年に卒業している。同年武漢で五・四運動に参加し，上海を訪れた際，董必武と知り合う。武漢に戻った後，潭秋は董が創設した私立武漢中学の英語教師をつとめている。20年秋，董必武が上海共産主義小組の責任者・李漢俊の要請を受けて武漢で湖北共産主義小組の設立工作に着手するが，潭秋もこれに加入する。翌21年7月には，董と2人で武漢代表として中共1全大会に出席し，湖北省の中共の代表的指導者として地歩を固めた。

1923年には2・7惨案以後の京漢鉄道の闘争などに加わり，広州で開催された中共3全大会にも出席，翌24年には武昌地方執行委員会委員長となる。また，24年には『中国青年』誌上に論文「国民党の徹底分析」を発表して，統一戦線の下では国民党左派に依拠し，中間派と団結し，右派を孤立させるという基本戦略を提言した。第1次国共合作成立にともない，25年7月に国民党湖北省党部が成立すると，潭秋は同党部の組織部部長となり，統一戦線工作に従事した。26年には中共湖北区委でも，潭秋は組織部部長に任命されている。27年4月に武漢で開催された中共5全大会において潭秋は中央候補委員に初めて選出された。

1927年8月の南昌暴動では，中共江西省委組織部部長として（後に書記に昇進）星子，瑞昌の暴動を指揮した。南昌暴動は結局失敗に終わるが，暴動終息後も，潭秋は江蘇省委組織部部長を経たのち，中共中央の巡視員として各地区の検査工作に従事しており，相変らず中央のメンバーとして活動していた。例えば，28年劉少奇，韓連恵とともに天津を視察し，同年撤廃された北方局に代わって指導工作に従事している。この時期，潭秋は自分と劉，韓の名前から一文字ずつとった潭少連という号を用いている。翌29年8月には，潭秋は東北地区の巡視に派遣されたが，30年8月以後，当地で中央満州総行動委書記，中共満州委書記を歴任した。しかし，30年12月王鶴寿と密会中，逮捕され投獄される。中共が潭秋の救出に成功したのは32年7月のことであった。

救出後潭秋は上海に赴き，しばらく中共江蘇省委秘書長，組織部部長をつとめたが，上海における取り締まりは次第に厳しくなり，1933年夏中央ソヴィエト区に移った。ここで，34年1月，潭秋は張鼎丞とともに福建省代表として第2回全国ソヴィエト代表大会に出席，中華ソヴィエト共和国中央執行委員会委員並びに中央労農民主政府糧食人民委員に選出された。糧食人民委員となった潭秋は，毛沢東の直接的な指揮の下，食料の調達，紅軍への補給面で活躍したといわれる。長征開始後も，潭秋は中共中央江西分局委員兼組織部部長として根拠地に残り，遊撃戦を指揮したが，35年7月，香港経由で上海に出，陳雲，楊之華らとともにソ連に出発した。

ソ連滞在中は，レーニン学院で学ぶと同時に，モスクワ東方大学の教員をつとめ，後に中共のコミンテルン駐在代表団員となった。1939年5月に帰国し，八路軍駐新疆辦事処の新疆責任者として，『新疆日報』を通じて抗日民族統一戦線の宣伝工作を展開した。しかし，42年9月17日，新疆の盛世才によって，毛沢民，林基路とともに逮捕され，翌43年の9月，迪化（現在のウルムチ）で3人とも秘かに殺害された。当時，中共中央は潭秋の死を知らず，45年4月の7全大会において潭秋を中央委員に選出していた。

参考文献：『不屈的共産党人』1（人民出版社，北京，1980年）。中共党史人物研究会編『中共党史人物伝』9巻（陝西人民出版社，西安，1983年）。陳玉堂編『中共党史人物別名録』（紅旗出版社，北京，1985年）。王永均・劉建皋編『中国現代史人物伝』（四川人民出版社，成都，1986年）。〔中村楼蘭〕

陳　天華　Chen Tianhua

（1875年～1905年12月8日）

原名・顕宿，字・星台，号・過庭，思黄。湖南省新化県下楽村生まれ。清末の革命家。

父の陳善は老童生であったが生活は貧しく，幼い時から小物を売って生活の足しとした。5歳の時から父が教師をしていた塾に通い，神童の誉れが高かったという。身長は6尺を超す大男であったが，あばた（麻子）顔で「陳麻子」とからかわれていた。20歳の時，郷紳の援助を得て新化県の県城にある資江書院に学び，更に求実学堂に進んだ。そこで首席の成績をおさめ，名声を上げたため，結婚の申し入れが多かったが，「女の深情に縛られたくない」として独身を通した。1903年3月，官費留学生として日本に留学し，東京の弘文学院に入学した。

東京では，湖南の同郷である楊篤生，黄興らが発行する雑誌『游学訳編』の編集に参加した。こうした革命青年と交流を深める中から，陳天華は急速に共和革命運動の旗手に成長していった。陳天華は「革命党の大文豪」（曹亜伯）と言われるほどに，その文章は流麗なものであり，啓蒙書として多くの革命青年を魅了した。特に1903年に東京で発表した『猛回頭』，『警世鐘』は，鄒容の『革命軍』と並び称されたほどである。また軍国民教育会の運動員として書いた「敬んで湖南人に告ぐ」や，同盟会の立場から著した「中国はよろしく民主政体に創り改めるべきことを論ず」が知られている。

陳天華の特徴は，それまでの革命論の多くが排満の種族革命論であったのに対し，なによりも西欧列強の侵略の危機を全面的に打ち出したところにある。西欧列強を「民族帝国主義」と規定し，インド，ヴェトナム，ポーランド，ユダヤ，アフリカ，オーストラリアなどの歴史的事例を紹介して，民族が征服された悲劇を強調していった。こうした列強の侵略に対抗するために社会改革の必要性を主張し，民族の団結，公徳の重視，軍備の重視，産業の振興など「十要」（十大必要改革）を唱えた。そして目指す最終目的は，共和革命による強力な統一国家の建設である。新しい国家建設のモデルとして⑴フランスの政治改革，⑵ドイツの軍事強化，⑶アメリカの独立精神，⑷イタリアの統一を紹介し，独立，民主，統一，強兵の新中国の誕生を求めたのである。

陳天華は思想家として名を馳せただけでなく，革命運動にも直接参加した。日本に渡った1903年は，ロシアの東三省占拠に反対する拒俄運動が燃え盛った時である。在日留学生が東京で拒俄義勇軍を結成し，その後に軍国民教育会と改称した。日本に来たばかりの陳天華は，早速その軍国民教育会の主要メンバーとして活躍している。それからは日本と中国を股にかけ，革命運動に奔走した。03年11月，黄興，宋教仁，劉揆一らが革命秘密結社・華興会を組織したが，陳天華も中国に戻って参画した。翌年にはその華興会が長沙で反清蜂起を計画した。会党（秘密結社）・哥老会の首領である馬福益と連絡をとりながら蜂起の準備をしたが，04年10月に発覚して失敗に終わった。その直後，万福華の前広西巡撫・王之春暗殺計画事件が発生して，陳天華も黄興と一緒に逮捕された。幸い釈放され，再び日本に渡った。05年8月，孫文の興中会と光復会，華興会が合流して，東京で同盟会が結成された。陳天華もその主要メンバーとして参画した。書記部主任及び同盟会機関誌『民報』の編集者となり，孫文を助けた。この時，日本政府は中国人留学生の取り締まりを強化し，それに反対する留学生取締規則事件が発生した。『朝日新聞』がその規則に反対する中国人留学生を「放縦卑劣」と非難したことに抗議し，陳天華は05年12月に大森海岸で入水自殺した。まだ30歳という若さであった。

参考文献：陳旭麓『鄒容与陳天華』（人民出版社，北京，1957年）。劉晴波・彭国興編，饒懐民補訂『陳天華集』（湖南人民出版社，長沙，2008年）。羅宗濤『作獅子吼—陳天華伝』（近代中国出版社，台北，1982年）。朱慶葆・牛力『鄒容　陳天華評伝』（南京大学出版社，南京，2006年）。横山宏章『清末中国の青年群像』（三省堂，1986年）。

〔横山宏章〕

陳　望道　Chen Wangdao

（1890年12月9日～1977年10月29日）

原名・陳融，字・参一。筆名・仏突，暁風，暁仁子，雪帆，南山，一介，斉明，V.D. など。浙江省義烏県分水塘村生まれ。教育者，言語学者，社会思想家。

農民の子として生まれる。6歳より郷里の私塾で学び，1906年以後県立繡湖書院，金華中学，之江文理学院で学ぶ。「科学救国」の理想を抱き，15年日本に留学。東洋大学で文学，哲学を，早稲田大学，中央大学で法律を修め，傍ら東京物理学校夜間部で物理と数学を学び，中央大学法学部卒。滞日中，「対華21ヵ条」要求反対運動に参加，また河上肇，山川均ら社会主義者と知り合い，ロシア革命やマルクス主義の宣伝を行った。

1919年帰国，浙江第一師範学校の国語教員となる。五・四運動に参加，省当局と対立，軍と警察が学校を包囲する騒ぎとなる。辞職を迫られるが拒否，当局の要求撤回と引き替えに辞職して郷里に帰り，『共産党宣言』の翻訳に従事する。20年3月マルクス主義研究会より出版，中国最初の全訳本である。20年5月から上海で『新青年』の編集者となり，またマルクス主義研究会（上海共産主義小組）に参加，社会主義青年団の設立にも参画，上海における中国共産党発起グループの1人だった。同年12月からは陳独秀に代わって『新青年』の編集に従事，『民国日報』副刊『覚悟』の編集も担当，労働運動や婦人問題についての評論を発表した。20年9月からは復旦大学で教壇に立った。23年秋から27年までは共産党系の上海大学に職を兼ね，教務長，教務主任代理を務めた。

1928年大江書舗を設立，左翼文芸運動の拠点となる。31年国民党の迫害で復旦大学を離れ，潜伏しながら『修辞学発凡』を書き，32年完成。中国最初の修辞学の書物である。33年秋から安徽大学の文学教員となるが，34年初め迫られて辞職，上海に帰る。34年6月より「文言（古文）復興」の動きに反対して大衆語運動を起し，大衆の言葉を基礎とした「大衆語」と「大衆文学」の創造を主張した。9月そのための理論雑誌『太白』を創刊した。35年国民党の圧迫を逃れ広西に移り，広西大学中文系主任に任ず。

1937年抗日戦争が始まると上海に帰り，文化界救亡協会で抗日工作に従事した。38年中国語ローマ字化を目指すラテン化新文字運動を提唱，上海語文学会を組織，多数の論文を発表し文字改革に努力した。38年にはまた外国の模倣でない科学的な中国語文法理論確立を求める中国文法革新の論争が起こる。41年まで続いた論争の焦点は，品詞分類をどう確定するか，文法全体の体系をどう把えるかにあった。陳望道はこの中で積極的に発言し，43年には論争の文章を『中国文法革新論叢』にまとめ出版した。40年秋国民党の追及を逃れ，香港を経て重慶に移り，ここに移転していた復旦大学で修辞学，論理学を教えた。43年新聞系主任となり中国の新聞教育の基礎を築いた。46年6月復旦大学とともに上海に帰り，49年6月上海市大学教育連合会会長となる。

中華人民共和国成立後は華東軍政委員会文化教育委員副主任兼文化部部長，華東高等教育局局長を経て，1952年11月から復旦大学校長を務めたほか，49年末以来全国人民代表大会および，中国人民政治協商会議の各期代表だった。学術関係では52年以来，中国科学院学部委員，上海市社会科学連合会主席，上海市新文字工作者協会会長，上海市語文学会会長などを歴任，61年には『辞海』改訂の総責任者となり，65年に未定稿を出版した。文革中は職務を追われていたが，72年復旦大学革命委員会主任として復活。75年華東病院に入院，病床で『文法簡論』を完成し，77年同病院で死去。

陳望道の生涯は3つの時期に分けられよう。女性，恋愛，結婚などをめぐる啓蒙的思想家だった1920年代まで，言語学者として活躍した30年代以後，教育行政家として生きた解放後である。その業績は多岐にわたるが，言語に関わるものが最も多い。しかし大衆語やラテン化新文字の提唱が示すように，彼の言語的関心は社会と大衆に注がれていた。中国最初の『共産党宣言』の訳者にふさわしい生涯を生きたといえるだろう。

参考文献：復旦大学語言研究室編『陳望道文集』1～3巻（上海人民出版社，上海，1979～81年）。董樹人「陳望道」，「陳望道語言学論著目録」，《中国語言学家》編写組『中国現代語言学家』第1分冊（河北人民出版社，石家荘，1981年）。鄧明以・陳光磊「陳望道伝略」，晋陽学刊編輯部編『中国当代社会科学家』1輯（山西人民出版社，太原，1982年）。鄧明以「陳望道伝略」，復旦大学語言研究室編「陳望道著訳編述目録索引（初編）」，『中国当代社会科学家』3輯（書目文献出版社，北京，1983年）。〔岩佐昌暲〕

陳（ちん）　衍（えん）　Chen Yan　（1856年5月11日～1937年）

字・叔伊，伯伊。号・石遺。筆名・匹園，匹遠。原籍，福建省福州市，同地生まれ。清末民初の学者，教育者。

6歳で孟子を読み，9歳で五経，左氏伝などを読了して，儒者の父・用賓を驚嘆させた。挙人に合格後，戊戌の変法当時，林暾谷とは学問や政治を論じた。1898年戊戌の政変後，張之洞に招かれ，武昌に滞在した。陳衍は中国に洋文報館（外国事情を翻訳して載せる新聞を発行する新聞社）を設立すべきことを提唱し，一方章炳麟らと『正学報』を起こした。官報局編集主任となったのち，学部大臣から招かれて北京へ赴き学部主事に任じられ，京師大学堂文科教授となった。

辛亥武昌蜂起は前夜知人の革命党員を通して知り避難した。

民国成立後も北京で教壇に立ち，梁啓超の主宰する『庸言雑誌』に大作「石遺室詩話」を連載した。陳衍は青年の教育に情熱を燃やし，その後も北京大学，厦門大学などの教授を歴任した。詩以外にも経史，訓古学も講じた。晩年も精力的に『福建通志』600余巻を編集した。林旭とも親交があった。1937年8月13日，日中戦争が上海に及ぶと蘇州から故郷に帰り，まもなく81歳の天寿を全うした。夫人の蕭道安は名家出身の博識な女性で『説文管見』，『烈女伝集注』などを著したが早く死去した。陳衍の遺著には『元詩紀事』，『石遺室詩話』，『詩品評議』，『近代詩鈔』，『詩詞録』，文集12巻，続集３巻他多数がある。

参考文献：『石遺室文集』12巻，続１巻。邵鏡人『同光風雲録』（自由出版社，香港，1957年）。陳声暨他編『石遺先生年譜』（広文書局文海出版社，台北，1968年）。

〔児野道子〕

陳　延年（ちん　えんねん）　Chen Yannian

（1898年～1927年７月４日）

化名・陳友生，林木。安徽省懐寧県生まれ。中国共産党初期指導者。陳独秀の長男で，陳喬年の兄。

新文化運動の指導者であり，中国共産党創始者である陳独秀の長男として，伝統的な知識人家庭に生まれる。幼い時から四書五経を読み，伝統的教育を受けた。陽気な喬年と対照的で，性格は寡黙であったが気が強かった。あばた（麻子）顔であったために，後に省港ストライキで活躍した時，イギリスは「陳麻子」と呼んで恐れた，という。

1915年に弟と上海に出て，啓蒙雑誌『新青年』を発刊して時代の寵児となった父親のもとで学び，陳独秀が北京大学に招かれた後は上海震旦大学に入った。フランス語が達者であった。最初はアナキズムに傾倒して黄凌霜らとアナキズム結社の進化社を組織し，雑誌『進化』を創刊した。バクーニン，クロポトキンなどを研究して一切の権力と権威を嫌悪した。このため北京大学文科学長に就任した陳独秀に対しても批判的であった。「我が父は新官僚の旧学者に過ぎない」と非難し，まわりから父を否定する「狂妄，狂徒」と見られたという。アナキストの呉稚暉の援助を受けて留仏勤工倹学運動に参加し，20年２月に兄弟でパリに渡り，中国人労働者として半日は工場で働き，半日は法律の勉強をするという「半工半読」生活を送った。最初はパリでも留仏中国人のアナキストが発行する雑誌『工余』の編集主任であったが，21年にマルクス主義者へ変わり，李立三，趙世炎らの「勤工倹学会」に参加した。22年６月，趙世炎，周恩来らと旅欧中国少年共産党（後に中国社会主義青年団旅欧支部）を組織し，機関紙『少年』（後に『赤光』）を発行した。陳延年は中央執行委員となり，『少年』の発行人となった。同年秋にはホー・チ・ミンの紹介でフランス共産党に入党し，自動的に中国共産党員となった。23年３月，陳独秀の指示により趙世炎，王若飛ら12人と一緒にモスクワの東方共産主義労働大学に留学，めきめき指導力を発揮して「小レーニン」と呼ばれた。

1924年６月に中国へ戻り，周恩来らと一緒に広州で革命活動を開始した。11月，周恩来が黄埔軍校政治部主任代理に就任するとともに，彼に代わって中国共産党両広区委書記に就き，27年３月までそのポストにあった。国共合作下の広東は上海と並ぶ共産党活動の中心地であり，上海の陳独秀総書記とともに親子で共産党を指導することとなった。国民党の元老である廖仲愷と親しく，国共両党の連絡を密にし，彼の容共政策に大きな影響を与えた。この間に広東では商団軍事件（24年10月），劉震寰・楊希閔反乱（25年５月），省港ストライキ（25年６月～26年10月），廖仲愷暗殺（25年８月），第２次東征（25年10月），中山艦事件（26年３月）などが発生し，それらの大事件の対応に忙殺される日々をおくった。

陳独秀は息子とともに共産党の家父長的支配を行ったと非難されることがあるが，関係者の回想によれば，陳延年は父親の権威をかさにかけた気配はない。フランスから持ち帰ったヨレヨレの服をいつも着て，「個人的打算をせず，生活は単純素朴であった」（包恵僧）といい，会合では「じっと他人の意見を聞いて，最後に見解を述べた」（夏之栩）という。1926年には父の友人・魯迅を広州の中山大学に迎え，彼から息子のように可愛がられた。

1927年の４・12反共クーデター直後に上海に入り，浙江区委書記となった。同年４～５月の中共５全大会で中央委員，中央政治局候補委員となり，江蘇省委書記に就いたが，６月26日に国民党に逮捕された。反共主義者となった呉稚暉が「父の陳独秀より子の陳延年の方が恐ろしい」と裏切り，７月４日に上海で処刑された。

参考文献：孫其明「陳延年」，中共党史人物研究会編『中共党史人物伝』12巻（陝西人民出版社，西安，1983年）。包恵僧「回憶陳延年烈士」，『包恵僧回憶録』（人民出版社，北京，1983年）。王永均・劉建皋編『中国現代史人物伝』（四川人民出版社，成都，1986年）。夏之栩「回憶陳延年，喬年烈士」，『中国工人』1958年９期，1958年５月。

〔横山宏章〕

陳　毅（ちん　き）　Chen Yi

（1873年～没年不詳）

字・士可。原籍，湖北省黄陂県，生誕地不詳。清末・民初の政治家。

両湖書院を卒業し，清政府の学部参事，図書館纂修などを経て，1910年５月郵伝部右参議となり，12年１月同左参議に転じた。その後中華民国政府の総統府秘書となり，辺境の事情に精通していたため，蒙蔵事務局（14年に蒙蔵院に改組）参事に任じられ，外蒙の自治と外蒙に対する中国の宗主権を認めた15年6月のキャフタ会議では中国代表の顧問を務めた。同月，烏理雅蘇台（ウリヤスタイ）佐理員兼庫倫（クーロン）都護副使に任じられ，17年8月庫倫辦事大員兼庫倫都護使となった。

陳毅は，庫倫・張家口間の自動車交通の発展や外蒙古における中国通貨の流通拡大などに力を入れ，1919年には，ロシア革命によってロシアからの財政支援を絶たれた蒙古王族に働きかけて，蒙古側からの請願という形での自治廃止を謀った。しかし，それがラマ僧勢力などの反対により暗礁に乗り上げた同年11月，西北籌辺使・徐樹錚が武力を用いて自治廃止を強行し，陳毅は12月1日に実権のない豫威将軍職に左遷された。

1920年7月徐樹錚ら安徽派が安直戦争に敗れて失脚すると，陳毅は8月に西北籌辺使に任ぜられ，翌月，庫烏科唐鎮撫使に改任となった。しかし翌21年2月に蒙古独立派と結びついたロシアの反革命派ウンゲルンに庫倫を攻略されると，3月，陳毅はその責任を問われて免職となった上，それまでの勲位，勲章も剝奪された。

その後，1925年春に満州里で，外蒙古を追われてキャフタ方面に留まっている中国人難民の鉄道を利用した送還事業に従事した。

参考文献：劉寿林編『辛亥以後十七年職官年表』（中華書局，北京，1966年）。李盛平主編『中国近現代人名大辞典』（中国国際広播出版社，北京，1989年）。「命令」，『申報』1919年12月4日，1921年4月2日。李毓樹『外蒙古撤治問題』（中央研究院近代史研究所専刊，台北，1961年）。

〔味岡徹〕

陳（ちん） 毅（き） Chen Yi

（1901年8月26日～1972年1月6日）

原名・世俊。字・仲弘，号・仲宏。筆名・曲秋，世俊，東立，絳夫。別名・老劉，陳FOUR・署名・横槊，横槊客。褒称・横槊将軍。四川省楽至県生まれ。中国人民解放軍の軍事指導者。中華人民共和国元帥，副総理，外交部長。

「晴耕雨読」の農家に生まれ，読書人の家風があったといわれる。1910年一家で成都近郊へ移住する。華陽県徳勝郷高等小学に学んだが，ここで中国古典文学に関心を持ち始める。16年成都甲種工業学校紡績科に入学。19年勤工倹学でフランスへ渡り，マルクス主義に接する。21年9月学生運動に参加し，「ボルシェヴィキ活動に参加した」との理由で中国へ送還される。

1922年2月四川省勤工倹学学生代表として省政府に対しフランスでの学生の窮状を訴える。同年重慶『新蜀報』主筆となり，12月蔡和森の紹介で中国社会主義青年団に加入する。23年秋北京中法大学に入学，ここで中国共産党に加入する。北京学生会党団書記，市党部代表として積極的に学生運動，労働運動に参加する一方，「西山文社」を創設して創作活動も行い，多くの作品を著した。26年3月北京でデモに参加した後，党中央の命令で四川に戻る。同年9月朱徳とともに万県の抗英運動を組織し，また中共重慶地区委員会に参加して瀘州・順慶蜂起を指導する。

1927年中央軍事政治学校武漢分校に派遣されて党の活動を行う。撫州で南昌蜂起部隊に加わり，第11軍第25師団第73連隊指導員に任じられる。28年1月朱徳とともに湘南蜂起を指導し，工農革命軍第1師団党代表となる。同年4月部隊を率いて井崗山に至り，毛沢東と初めて出会う。29年初め軍長・朱徳，党代表・毛沢東とともに紅軍第4軍主力を率いて贛南，閩西を転戦，革命根拠地を建設し，同年6月中共第4軍第7回代表大会を主宰する。8月香港を経由して上海へ行き，党中央の軍事会議に出席，報告を行う。その後毛沢東を助けて中共第4軍第9回代表大会（古田会議）を召集し，その決定に参与した。30年新たに成立した第6軍（後に第3軍となる）政治委員に任じられる。その後第22軍軍長，江西軍区総指揮兼政治委員，西方軍総指揮などを歴任。34年10月中央紅軍主力が長征に出ると，中華ソヴィエト共和国中央政府辦事処主任として残り，張雲逸，項英らとともに紅軍と遊撃隊によるゲリラ戦を指揮した。31年と34年の2度，全国ソヴィエト代表大会で紅星奨章を授与される。

日中戦争が勃発すると紅軍遊撃隊は国民革命軍陸軍新編第4軍（新四軍）に改編されたが，中共中央軍事委員会新四軍分会副書記，新四軍第1支隊司令員に任じられる。そして粟裕，葉挺らとともに蘇南を転戦，茅山を中心とする抗日遊撃根拠地を建設する。その後蘇北を転戦し，黄橋戦役などを指揮，八路軍南下部隊と合流した。1940年春，張茜と結婚。同年11月華中総指揮部が成立すると総指揮代理となり，政治委員・劉少奇とともに華中八路軍，新四軍を指揮する。41年1月皖南事件の後新四軍を建て直し，軍長代理となって引き続き華中抗日根拠地を指導する。43年11月党中央に召喚されて延安に赴き，整風運動に参加する。45年5月7全大会で中央委員に選出され，新四軍の華中における状況を報告する。延安から新四軍を指揮し，日中戦争が終結すると新四軍軍長兼山東軍区司令員に任じられた。

1946年初め山東野戦軍司令員に任じられる。47年1月華東軍区司令員，華東野戦軍司令員兼政治委員に任じられ，粟裕，譚震林らとともに部隊を指揮して宿北，魯南，莱蕪などの戦役に参加する。同年秋粟裕とともに華東野戦軍主力の一部を率い，豫（河南省）皖（安徽省）蘇（江蘇省）へ進出する。そして劉伯承，鄧小平とともに中原解放区を拡大させた。48年4月華東野戦軍前敵委員会拡大会議を召集し，5月中共中原局第2書記，中原軍区第1副司令員に任じられる。11月から総前敵委員会の指導者の1人として淮海戦役と渡江戦役を指揮，さらに南京，上海，杭州などの都市の「解放」に貢献し，49年5月上海市長に任じられる。

中華人民共和国成立後，引き続き華東軍区司令員，第3野戦軍司令員をつとめる。そして東南沿海島嶼の「解放」や国民党残党の一掃を指揮すると同時に，華東軍区海軍，空軍及び技術兵種の創設や軍の現代化，正規化に尽力した。1954年国務院副総理に任じられ，また人民革命軍事委員会副主席，国防委員会副主席を歴任する。55年9月中華人民共和国元帥の階級と一級八一勲章，一級独立自由勲章及び一級解放勲章を授与された。56年4月チベット自治区準備委員会が成立すると代表団を率いてラサへ赴く。58年2月外交部長を兼任し，周恩来総理に随行して北朝鮮を訪問，中国人民志願軍の撤退について協議する。61年ジュネーブ会議に出席。63年，64年アフリカ14カ国を，65年アフガニスタン，パキスタン，ネパールおよびギニアを訪問するなど活発に外交活動を行い，中国外交に大きく貢献する。文化大革命では厳しく批判された。69年3～10月毛沢東，周恩来の委託を受け，葉剣英，徐向前，聶栄臻とともに23回もの検討会を開き，国際情勢を検討して米中関係の打開を進言した。71年7月腸癌の手術を受け，北戴河で静養したが，72年1月北京で死去。

文才にも恵まれ，多くの軍事，政治に関する論著を発表するとともに，『陳毅詩詞選集』も出版されている。

参考文献：譚震林他『陳毅』（広角鏡出版社，香港，1978年）。展望雑誌編『陳毅言論選』（自聯出版社，香港，1967年）。解放軍画報社編『陳毅元帥』（長城出版社，上海，1989年）。何暁魯『元帥外交家』（解放軍文芸出版社，北京，1985年）。聶元素他編『陳毅早年的回憶和文稿』（四川人民出版社，成都，1981年）。『陳毅詩詞選集』（人民文学出版社，北京，1977年）。日中友好協会（正統）他編『陳毅談話と文化大革命』（青年出版社，1969年）。　〔安田淳〕

陳（ちん）　儀（ぎ）　Chen Yi

（1883年5月3日～1950年6月18日）

字・公俠，公治，号・退素。浙江省紹興県の生まれ。中国国民党の政治家，軍人。

父・陳静斎は商業に従事，その弟は清朝の秀才であった。陳儀は幼少時より学問を好み，とりわけ『史記』を愛読していた。古典の教育を受けた後，杭州求是学堂（現在の浙江大学の前身）に入学した。

1902年官費により日本に留学，成城学校，陸軍測量学校をへて，陸軍士官学校第5期砲兵科に入学，07年に卒業している。日本において，陳儀は光復会の会員となった。滞在期間中，日本人女性と結婚。11年の辛亥革命に参加した後，浙江省都督府軍政司長に，14年には北京で政事堂統率辦事処参議に任ぜられた。17年陳儀は再度日本に渡り，最初の中国人学生として陸軍大学に留学。20年帰国し上海に住む。

1924年，陳儀は浙江に入った孫伝芳から浙江第1師師長に任ぜられた。26年10月には浙江省長となった。しかし，同年の北伐の過程で蔣介石の国民革命軍に呼応し，一時的には孫伝芳の5省聯軍総司令部に軟禁されたが，12月蔣介石から国民革命軍第19軍軍長に抜擢された。27年7月南京国民政府の軍事委員会委員となる。

1928年3月から11月まで，蔣介石は国防建設の要請から，陳儀を欧州の視察に派遣しており，とりわけ，ドイツ視察とドイツ人顧問の招請を重要視した。29年4月には南京国民政府軍政部兵工署署長，5月軍政部常任次長，31年1月には政務次長に昇進した。34年1月，福建事件が鎮圧された後，福建省政府主席に任命され，同年10月には全省保安司令を兼ねた。

1941年福州が日本軍に占領された後，同12月，陳儀は重慶において行政院秘書長となったが，すぐに孔祥熙と対立して転任した。42年12月行政院経済会議秘書長，翌43年には陸軍大学校長代理となった。44年国民政府が中央設計局に台湾調査委員会を設立した際，陳儀はその主任委員に任命された。45年5月中国国民党第6期中央執行委員に当選した。

1945年8月に日本が降伏すると，国民党中央は台湾省行政長官公署を設け，陳儀は台湾省行政長官および台湾警備司令に任ぜられた。47年，台湾民衆のデモへの軍隊による武力鎮圧，いわゆる2・28事件において，陳儀は鎮圧命令を下した。同年4月の引責辞職により，国民政府顧問という閑職に左遷された。

1948年6月陳儀は浙江省政府主席となり杭州に赴任。49年初め，浙江省へ戦禍が及ぶことを憂慮した陳儀は，京滬杭警備司令であった湯恩伯に和平の道を勧めた。これが蔣介石に伝えられ，同年２月浙江省政府主席の職を解かれ，上海で湯恩伯に逮捕されて台湾に移送され，50年６月処刑された。

参考文献：劉紹唐主編『民国人物小伝』第４冊（伝記文学出版社，台北，1981年）。全国政協・浙江省政協・福建省政協文史資料研究委員会編輯組編『陳儀生平及被害内幕』（中国文史出版社，北京，1987年）。熊尚厚・厳如平主編『民国人物伝』第11巻（中華書局，北京，2002年）。

〔望月敏弘〕

陳（ちん）　友仁（ゆうじん）　Chen Youren

（1878年～1944年５月20日）

欧名・Eugene Chen，Eugene Bernard Acham。英領トリニダード・トバゴ生まれ。原籍，広東省順徳県。客家。中国国民党左派，外交官。

父親は太平天国に参加した農民であったが，敗北後西インド諸島のトリニダード・トバゴに渡り，ココアや砂糖のプランテーション労働者として働いた後，自営農民となった。同じ客家の女性と結婚し，陳友仁はサン・フェルナンドで６男１女の長男として生まれた。幼少時より英国式教育を受け，サン・フェルナンド市立学校を終了後，首都ポート・オブ・スペインのセント・マリー・カレッジ（カトリック系）へ進学，卒業後当地で初の中国人事務弁護士となった。彼はフランス系クリオール人アガタ・ガントウム（1925年死去）と結婚し，有能であったため仕事も順調であったが，経済的トラブルに直面したこと，子弟の教育面での配慮などもあり，一家でロンドンへ移住した。

ロンドンで孫文の思想に共鳴，中国語を理解しなかったが，シベリア鉄道経由で1912年中国に渡る。北京政府交通部で法律顧問を務めた後，13年英字紙*Peking Gazette*（『京報』）を発行，軍閥政治反対の論陣を張ったが，17年に逮捕され，釈放後同年４月広東に南下して孫文の闘争に参加した。広東政府代表として18年渡米，19年パリ講和会議に参加，22年孫文の外事顧問として孫・ヨッフェ会談に同席した。24年11月には英文秘書として孫文北上に同行，北京での孫文死去にあたっては英文で「ソヴィエト・ロシアへの遺書」を起草した。その後北京で，馮玉祥の依頼により中英両文の*People Tribune*（『民報』）の編集長となったが，25年８月張作霖死亡の誤報によって奉天軍に逮捕され，銃殺の危機に直面したが張学良によって釈放される。

広東に戻り改組後の国民政府に参加，1926年１月国民党２全大会において中央執行委員，５月国民政府外交部長，９月僑務委員会委員に就任。外交部長就任後は長びく省港ストライキの対英交渉にあたり，同時に対外的スポークスマンの役割を果しながら，2.5%附加税の一方的徴収を実施した。北伐の進展に伴って26年末に武漢へ移動，27年１月の漢口・九江英租界事件では英国と粘り強い外交交渉を続け，２月陳・オマリー協定によって両租界を中国の主権下に回収した。しかし，３月の南京砲撃事件，４月の漢口日本租界事件では外国との関係が悪化し，困難な対応を強いられた。

1927年７月武漢政府における汪精衛の分共宣言後，モスクワに脱出，鄧演達，宋慶齢と共に蔣介石，汪精衛を批判して国民党臨時行動委員会を組織した。その後ヨーロッパを外遊し，30年パリで張静江の娘・張荔英と結婚。31年２月香港にもどり，５月孫科率いる反蔣の広東国民政府に参加，政府委員兼外交部長に就任，また訪日して同政府に対する支持を訴えた。９月満州事変勃発により挙国一致が唱えられ，広東政府は南京の国民政府に合流，12月国民党４全大会において中央執行委員に選出され，孫科行政院長の下に統一政府の外交部長に就任し，対日強硬論を主張したが，32年１月蔣・汪合作体制が固まることにより，わずか１カ月で辞任した。33年11月には19路軍の蔡廷鍇を中心とした反蔣抗日の福建人民政府に，李済深，陳銘枢と共に参加，中華共和国人民革命政府委員，外交部長，中国社会民主党中央委員に就任。その結果，12月国民党中央委員会によって党を除籍された。34年１月に同政府が武力鎮圧された後，フランスへ亡命した。

日中戦争開始後，1938年10月に帰国し，香港で宋慶齢，何香凝らと協力して蔣介石の独裁反対，抗日推進を訴えたが成果は上がらなかった。41年12月日本軍の香港占領によって逮捕され，上海に送られて汪精衛の南京「国民政府」への協力を説得されたが拒絶。獄中で病気となり，日本軍の治療を受けたが，44年５月病死した。

陳は英領植民地に育ったために，反帝国主義の意識が強く，国民党員でありながら対外政策の面ではむしろ共産党の政策に一致する場合が多かった。中国に帰国した理由はいまひとつ明らかではないが，孫文の民族主義思想に傾倒し，中国の独立と国際的地位の向上，民主化のために戦った。ジャーナリスト，外交官としての資質が高く，とくに国民革命期の外交交渉においては，その交渉力によって英租界回収などの「革命外交」を成しとげ，対外的地位の向上に貢献した。中国語は最後まで上達せず，そのため政治家としては主流になり得ず，また中国国民に直接働きかけることもできなかったが，卓越した英語力は当時の中国では有用であり，中国の対外活動の上で希有な人材であった。

参考文献：Foreign Office, *Further Correspondence respecting China*, Jan. to Mar., 1927 (FO 405-252), No. 97, T.N.A., London. Jack Chen, *Inside the Cultural Revolution* (Macmillan, London, 1975).（小島晋治・杉山市平共訳『文化大革命の内側で』，筑摩書房，1978年）。*Who's Who in China*, 5th ed. (The China Weekly Review, Shanghai, 1936). 徐友春主編『民国人物大辞典』（河北人民出版社，石家荘，1991年）。範済国主編『中国革命史人物伝略』（湖北教育出版社，武漢，1987年）。東亜問題調査会編『最新支那要人伝』（朝日新聞社，1941年）。陳元珍『民国外交強人陳友仁』（生活・読書・新知三聯書店，北京，2010年）。〔滝口太郎〕

陳（ちん）　郁（いく）　Chen Yu

（1901年11月11日～1974年3月21日）

筆名・有邑，仮名・陳徳生。広東省宝安県南頭区南山村生まれ。中国共産党の指導者，労働組合運動の組織者。

陳郁は貧しい船乗りの家に生まれ，12歳の時に香港に出て労働者となった。20歳の時船員となり，1922年に蘇兆徴，林偉民らが指揮した香港の船員ストライキに参加し，以来労働組合運動に深く関わっていくことになる。24年には香港海員総工会幹事，翌25年には同会副主席，次いで主席になった。そして，この25年の8月に，陳権，梁祖貽の紹介により中共に入党し，26年，中華全国海員総工会副主席並びに同会党団のメンバーとなる。27年蔣介石による4・12反共クーデターが発生し，そうした中で陳郁は中共広東省委常委，職工運動委書記兼広州海員工会主任として数千人の労働者赤衛隊を組織し国民党と対決した。

この陳郁の赤衛隊は，葉挺，葉剣英が指揮した教導団，警衛団とともに1927年12月の広州蜂起の際，中共の主力部隊を構成し，陳郁はこの蜂起にともなって組織された広州ソヴィエト政府の司法人民委員に任ぜられた。広州蜂起失敗後陣は香港に脱出，そこでしばらくの間中共香港市委書記，香港海員総工会主席をつとめたが，再び広東省に戻り地下工作に従事した。28年7月に中共広東省委常委兼組織部部長，30年春には広東省委職工運動委書記兼広州市委書記となる。

1930年9月に中共6期3中全会で中央委員に選出されて以後は上海に赴任し，中央のメンバーとして役割を担うこととなる。上海では，まず中華全国総工会常委，中華全国海員総工会委員長兼同会党団書記となり，全国の労働組合運動を指揮する中心的指導者の1人と位置づけられるようになった。さらに，翌31年1月には，上海で開催された中共6期4中全会で中央政治局委員に選出された。しかし，陳郁はこの会議の席上，コミンテルン代表ミフの王明指導部形成の提案に反対したうえ，会議後も羅章龍，王克全ら中華全国総工会党団のメンバーとともに抵抗しつづけたため，党を分裂させる誤りを犯したとして名指しで批判された。

1931年6月には中央によって学習の名目でモスクワに派遣された。モスクワで陳郁は，当初レーニン学院で学び，学院の中国部党支部書記をつとめていたが，32年に王明がモスクワを訪れた際，「反党分子」，「右派首領」と非難され，党籍停止・労働改造処分を受けた。39年11月に周恩来によって救済されるまで実に7年間，陳郁は工場で労働し続けた。もっとも，この間に，陳郁はロシア語を学び，工業技術を身につけたといわれ，陳郁の工業生産面における専門家としての素地はこの頃形成されたともいえる。40年2月25日，周恩来，任弼時らとともに帰国，春に延安に入った。

延安では中共中央職工運動委委員，中共西北局財委副主任を歴任し，財委副主任時代は陳雲の下で陝甘寧辺区の工業生産を管理した。1945年4～5月の中共7全大会で中央候補委員に選出され，日中戦争終結後は東北地区の工作に専念した。中共遼西省委副書記，遼西職工運動委書記，中共長春市委副書記，東北工人政治大学校長，中共合江省依勃樺地区党委書記，勃利軍分区政委，中共中央東北局工鉱処処長，東北人民政府工業部部長などを歴任した。

中華人民共和国成立後は，中共中央東北局工業部部長，中央人民政府燃料工業部部長，北京鉱業学院院長，煤炭工業部部長をつとめ，工業生産分野の専門家として東北あるいは中央で活躍した。1957年8月以降郷里の広東省で広東省省長，中共中央中南局常務書記，中共広東省委書記などを歴任した。また，中共8，9，10全大会では連続して中央委員に選出されている。文化大革命中，文革派の攻撃を受けたこともあったが，周恩来に保護され，68年2月には広東省革委副主任に推された。72年夏汕頭地区の調査中に病で倒れ，74年3月広州において病没した。

参考文献：《回憶陳郁同志》編写組編『回憶陳郁同志』（工人出版社，北京，1982年）。中共党史人物研究会編『中共党史人物伝』18巻（陝西人民出版社，西安，1984年）。王永均・劉建皋編『中国現代史人物伝』（四川人民出版社，成都，1986年）。盛平主編『中国共産党人名大辞典』（中国国際広幡出版社，北京，1991年）。〔中村楼蘭〕

陳　玉成 Chen Yucheng

（1837年～1862年6月4日）

原名・丕成，文丕，維成，綽号・四眠人，四眼狗。広東省藤県大黎里新旺村（一説に西岸村）生まれ。原籍，桂平県。太平天国運動の指導者。

貧農の家庭に生まれた。父母は早逝し，若年の頃より雇農となって生活を支え，1848～49年頃拝上帝会に加入した。

1851年の金田蜂起後，太平軍が永安州に向かう途中藤県を通過した折，14歳で入隊し，童子兵となった。53年3月天京（現在の南京）建都後，戦陣における勇猛果敢さを認められ，左四軍正典聖糧に抜擢された。同年5月国宗・韋志俊に従って西征した。54年6月東王・楊秀清の命を受けて武昌に派遣され，その地を占領した。この戦功により殿右三十検点に抜擢され，陸軍の後13軍，水軍の前4軍を統率することになった。

西征軍が勝利のうちに進撃を続けている時，江北大営統領・託明阿，江南大営統領・向栄は天京包囲を強化し，江蘇巡撫・吉爾杭阿は上海小刀会の蜂起鎮圧後，総兵・張国樑とともに鎮江に迫った。鎮江守将・呉如孝は楊秀清に援軍を要請し，1856年初め冬官正丞相に昇進した陳玉成は秦日綱の指揮下に李秀成とともに鎮江に進軍し，その包囲を解くことに成功した。4月5日揚州を占領し，揚州から鎮江，天京に到る糧道を切り開き，浦口，儀徴を一掃し，江北大営を打破した。6月14日，陳，李は秦日綱に従って天京の外囲に帰還し，翼王・石達開軍に呼応して3年にわたって天京を圧迫した江北・江南大営を潰滅させた。

1856年9月の「楊韋内訌」の時期，陳玉成は江蘇省句容に駐屯し，寧国，無為，廬江，舒城，六安，桐城の地を転戦した。内訌の混乱に乗じた清軍の進撃に応じて，洪秀全は蒙得恩を正掌率に，陳玉成を又正掌率に，李秀成を副掌率に抜擢し，軍事についてはすべて陳，李に委任した。陳は湖北・安徽から蘇北に到る広大な地区の太平軍の指揮を担当した。58年に初期の5軍主将制が復活され，陳は前軍主将に，李は後軍主将に任じられた。

1858年8月上旬，陳，李は安慶東方の樅陽鎮で軍事会議を開き，江北大営を打破するために各地の太平軍が共同作戦を取ることを決定した。陳は即座に湖北，安徽より撤兵し，潜山，舒城，三河を経て，8月23日廬州を占領した。9月中旬李秀成軍と合流して滁州を攻略し，26日，陳，李の連合軍は烏衣鎮で欽差大臣・徳興阿軍4,000人余を撃破した。翌27日，小店において馮子材軍5,000人余を撃退した。さらに浦口，江浦を破り，江北大営を壊滅させた。

1859年5月洪仁玕が干王に封じられると，陳玉成はその政策を基本的に支持した。6月安徽省の盱眙で欽差大臣・勝保の軍を破り，同月，戦功により英王に封ぜられた。

1860年4月安徽省全椒より天京の救援に赴き，李秀成，楊輔清軍に呼応して江南大営を再破し，天京の解囲に成功した。5月11日天京において軍事会議が開催され，東征が決定された。同月15日，陳，李は東征を開始し，6月2日李は蘇州を占領した。他方，陳は劉瑲琳を率いて常州に到達した。

1860年9月陳玉成は常州より蘇州の李秀成のもとに赴き，安慶解囲のため第2次西征を決定した。同月30日陳は天京を出発し，安徽省定遠で捻軍の部隊を糾合し，各地を転戦，61年3月武漢に迫った。しかし陳は，イギリス政府参事官パークスの武漢攻撃中止の進言を聞き入れ，4月下旬安慶の救援に向かった。

安慶の清軍は曾国藩，胡林翼が陣頭指揮を取り，鮑超，曾国荃，成大吉，多隆阿の大軍が加戦していた。1861年5月1日洪秀全は洪仁玕，林紹璋，呉如孝の兵2万余を救援に向かわせ，3日には黄文金が7,000の兵を率いて安慶に赴いた。しかし多隆阿軍に阻止され，陳玉成軍に合流するには到らず，仁玕らは桐城に退却した。13日，陳は劉瑲琳を集賢関北方の赤岡嶺に留め，6,000余の兵を率いて桐城に到り，洪，林と合議した。5月23日陳，洪，林は三方から安慶に進軍したが，清軍に撃退された。6月8日鮑超，成大吉軍が赤岡嶺に進攻し，太平軍の兵4,000が全滅し，劉瑲琳は戦死した。8月陳は再び安慶救援部隊を組織し，林紹璋，呉如孝，楊輔清軍が参戦した。しかし，太平軍の猛攻は清軍の堅守に阻まれ，9月5日安慶はついに陥落し，陳は廬州に退却した。

1862年2月陳玉成は多隆阿らの猛攻を受け，廬州からの退去を決定した。これより以前，寿州に軍を進め，ともに汴京を攻撃するよう勧めた奏王・苗沛霖の信書を受け取り，5月陳仕栄，陳得隆とともに寿州に到った陳は，苗に捕えられ，勝保の軍営に送られた。彼は勝保の投降の誘いを斥け，北京に護送され，6月4日護送途中の河南省延津において処刑された。

参考文献：張徳堅「賊情彙纂」巻2劇賊姓名下，中国史学会主編『近代史資料叢刊II太平天国』第3冊（神州国光社，上海，1952年）。太平天国歴史博物館編『太平天国文書彙編』巻3公文（中華書局，北京，1979年）。羅爾綱『太平天国史料考釈集』（生活・読書・新知三聯書店，北京，1956年）。鍾文典『太平天国人物』（広西人民出版社，南寧，1984年）。蘇双碧『陳玉成評伝』（河北人民出版社，石家荘，

1985年)。陳宝輝・尹福庭・荘建平『太平天国諸王伝』(広東人民出版社，広州，1990年)。　〔針谷美和子〕

陳(ちん)　雲(うん)　Chen Yun

(1905年6月13日～1995年4月10日)

原名・廖陳雲，筆名・懐民，史平，廉臣。別名・廖程雲，陳明，廖陳氏，塵仲仁，黄蘇，施平，成雲，金生。江蘇省青浦県生まれ。中国共産党の組織部門，財政・経済領域の権威。夫人・于若木。

貧困な家庭に生まれる。6年間小学校に通った後，上海商務印書館に就職。植字印刷徒弟工，印刷工，営業担当者として働く。1925年に周恩来の紹介で共産党に入党。初期の党指導者としては珍しい労働者出身。陳雲自身によれば「当初，アナーキズム，三民主義を信奉していたが，これらではダメだと感ずるようになり，暗中模索の中で共産党に出会い，職業革命家になることを決意した」という。同年の大規模な反日行動となった5・30運動に参加，その後8月の商務印書館大ストライキなどで，李立三，劉少奇を助け運動を組織した1人とみられる。27年蔣介石の反共高潮の中で，それに対抗する3回にわたる上海労働者の武装蜂起を周恩来の指導下で組織する。

蜂起失敗後，国民党の逮捕命令を逃れ郷里に戻り，農民運動の組織化に従事した。前後して中共青浦県委員会書記，淞浦特別委員会組織部部長，江蘇省委委員兼農民委員会書記，同省委常務委員，同書記を歴任。再び上海に戻り，閘北区，法南区委書記を務め労働運動を指導。1928年から29年の頃，短期間であるがソ連に行く。30年9月中共6期3中全会で中央委員候補に補選され，31年1月の6期4中全会で中央委員に昇格，同時に江蘇省党委書記兼同委組織部部長を務める。同年9月，臨時中央指導メンバーに任ぜられ，翌32年全国総工会党組書記となる。33年，江西省の中央根拠地にはいる。34年1月中共6期5中全会で中央政治局委員に選ばれ，白区工作部部長となる。同会議では「白区における経済闘争と労働工作」と題する重要講話を行っている。また同年，中華ソヴィエト共和国中央政府執行委員会委員となる。

1934年10月長征に参加。35年1月，中共中央政治局拡大会議(毛沢東の党内指導権掌握の転換点となった遵義会議)に党中央革命軍事委員会委員として参加し，毛沢東の立場を支持。会議後，決定内容をコミンテルンに報告する任務を受けて，上海経由でモスクワに向かう。35年7月，反ファシズム国際統一戦線を呼びかけた歴史的会議，コミンテルン第7回代表大会に出席，引続きコミンテルン駐在中共代表団団長として，約2年間モスクワに滞在した。

1937年冬，王明らとともに帰国。延安に到着後，中共中央組織部部長に就き，党建設と幹部工作に尽力する。しばしば抗日軍政大学，中央党校，マルクス・レーニン学院などで講義，とくに39年に発表した「どのようにして共産党員になるか」は，党建設，整風運動における重要文献となった。38年，中共6期6中全会で中央政治局委員に選出される。40年西北財経辦事処主任に任ぜられ，日本との戦争にくわえ国民党の包囲攻撃にさらされて危機状況に陥っていた陝甘寧辺区の経済の立て直しに大いに貢献した。特に「経済を発展させて供給を保障しよう」とのスローガンのもとに，自力更正による大生産運動を呼びかけた。この時に手掛けたのはソ連のスタハノフ運動にならった労働英雄方式で，貧農から新富農になり合理的経営によって生産を高め，辺区の経済生活向上に貢献した呉満有をモデルとした「呉満有運動」はその典型である。45年春の中共7全大会では中央委員に再選，続いて中央政治局委員にも再任，8月には中央書記処書記候補に任ぜられ，40歳の年齢で毛沢東，劉少奇，朱徳らに続いて党内トップ・グループに進出する。

日中戦争終了後，彭真，高崗，林彪らとともに東北地区に入り，中共中央北満分局書記，南満分局書記兼遼東軍区政治委員，東北局副書記兼東北軍区副政治委員，東北局組織部部長，さらには東北行政委員会委員，同財経委員会主任，その後同建設委員会主任および東北鉄道管理局総局長を兼任した。全東北地区の解放と生産の回復・発展，さらには同地区の重工業化・軍事工業の建設に貢献する。また1948年，中華全国総工会主席に選出される。

中華人民共和国成立後，政治協商会議全国委員会委員，中央人民政府委員，さらには政務院副総理兼財政経済委員会主任，重工業部部長に就き，全国の経済復興およびその後の発展の基礎固めに尽力する。また1952年9月には周恩来に随行してソ連を訪問する。54年の第1期全人代第1回会議では国務院の筆頭副総理に選出され，前後して商業部部長，国家基本建設委員会主任を務める。建国初期の国民経済の復興と社会主義改造の過程では，経済統一，物価安定を重視し，生産手段の段階的公有化を図り，深刻な悪性インフレと物資の欠乏を克服し，高い評価を受ける。56年6月の全人代では「私営工業の社会主義改造について」と題する報告を行う。9月中共8全大会では中央委員に再選，続いて党副主席，中央政治局常務委員，中央財政委員会主任に選ばれ，党序列では毛，劉，周，朱徳についで5位に位置する。この時期，彼は経済建設方針として，客観的な経済法則を重視し，国力に応じ，人民生活の改善を基礎に建設規模を拡大するという総合的均衡発展を主張した。これは毛沢東の提唱する大躍進路線と事実上抵触したため，華々しい活躍はみられなくなるが，59年4月の第2期全人代では筆頭副総理および国家基本建設委員会主任に留任している。しかし，大躍進失敗後，調整工作においては党中央財政経済小組組長として経済復興に大きく貢献した。

その後，文革に向けての機運が高まる中で徐々に冷遇されはじめ，1965年1月の第3期全人代では筆頭副総理の地位を林彪に取って代わられる。66年8月の中共8期11中全会で党副主席を解任され，党内序列も5位から政治局常務委員の末席の11位に降格される。69年の中共9全大会では中央政治局員にも選出されず，失脚。72年8月，建軍記念日に副総理の肩書で出席。75年1月の第4期全人代で同常務委員会副委員長に選ばれるが，副総理は辞任。文革期，目立った活動はない。

1978年中共11期3中全会で中央政治局委員，政治局常務委員，党副主席に当選し，さらに新たに設けられた中央紀律検査委員会の第1書記に就任する。79年3月の第5期全人代で国務院副総理に復活し，同時に国務院財政経済委主任を兼任する（全人代常務委副委員長は離任）。82年9月の中共12全大会では，政治局委員，政治局常務委員，中央紀律検査委員兼第1書記に再選される。同月の中央紀律検査委第1回会議では，「当面の工作問題について」と題する重要講話を行う。

11期3中全会以来の重大な指導思想・政策の方向に関する彼の影響力は，鄧小平についで大きいといえる。例えば，バランスを失った国民経済に対する本格的な調整が必要なこと，執政党の党風（党の日常的なあり方・作風）は党の生死存亡の問題であること，人徳と能力を備えた中青年幹部の養成が急務であることなどを力説し，文革の影響の除去，経済指導工作における「左」の誤りの是正，党の優れた伝統的作風の回復に多大の貢献をなした。

しかし，1982年の中共12全大会あたりから後，近代化のための改革・開放政策をめぐって，積極促進を主張するグループと慎重な対応を主張するグループとの軋轢・対立が聞かれ始めるようになり，慎重派（保守派）の代表格として陳雲の名前が度々登場するようになる。経済の面では，計画経済を主とし商品経済を補とすることを強調した彼の「鳥かご経済論」が，大胆に市場メカニズムや西側技術・資本の導入を試みようとする動きを牽制した。また84年秋の「精神汚染批判キャンペーン」や87年冬から翌年春にかけての「反ブルジョア自由化キャンペーン」などの背後に，党の指導・社会主義的思想工作を重視する彼の影響力が働いていると推測される。しかしいずれにせよ，87年の中共13全大会では中央委員会，政治局のポストから離れ，中央顧問委員会主任に就任し，第2線でアドバイスをするのみとなった。92年の中共14全大会以後は全職務から離れることとなった。依然として党内保守派の象徴的存在であるが，高齢・病気静養をあわせ考えると徐々に影響力を失っていった。

参考文献：『陳雲文選』（人民出版社，北京，1984年）。宋春・朱建華主編『中国政党辞典』（吉林文史出版社，長春，1988年）。中国文史研究学会編『新中国人物誌』（香港）。柴田穂『現代中国人物100選』（秋田書店，1973年）。Donald W. Klein & Anne B. Clark, *Biographic Dictionary of Chinese Communism 1921-1965* (Harvard University Press, Cambridge, Massachusetts, 1971). Nicholas R. Lardy and Kenneth Lieberthal ed., *Chen Yun's Strategy for China's Development* (M.E. Sharpe Inc., New York, 1983).
〔天児慧〕

陳（ちん）　再道（さいどう）　Chen Zaidao

（1909年1月24日～1993年4月6日）

湖北省麻城県生まれ。中国共産党の指導者，軍人。

1926年冬から故郷の農民協会や農民自衛軍に加わり国民革命運動に参加。国民革命の敗北後，27年11月に同郷の李先念などとともに，湖北省黄安・麻城の蜂起（黄麻蜂起）に参加，のち黄陂木蘭山地区に移ってゲリラ戦を展開した。

1928年夏に中国共産党に入党，労農紅軍に入り，ソヴィエト期には鄂豫皖（湖北・河南・安徽の省境地域）根拠地，その後は川陝（四川・陝西の省境）根拠地で国民党の包囲討伐軍と戦闘。35年に川陝地区から北上して長征に参加，紅軍第4方面軍の副軍長，軍長をつとめ，中央紅軍と合流した。

日中戦争が始まると国民革命軍陸軍第18集団軍（八路軍）第129師386旅団の副旅団長となる。その後東進縦隊の司令員となり，部隊を率いて河北南部に進む。1940年冀南（河北南部）軍区司令員となり，この地域の抗日根拠地の拡大のために尽力。43年には延安に赴き，中共中央党学校に入学して学習した。

戦後内戦期には，晋冀魯豫野戦軍第2縦隊司令員となり，上党，邯鄲戦役などに参加。山東南部での国民党軍との戦闘では，7つの旅団を指揮して，羊山集地区で国民党軍を全滅させた。その後，大別山地区に移り，内戦の帰趨を決めた淮海戦役に参加する。

建国後は，河南軍区司令員，中南軍区副司令員，中

南軍政委員会の委員（1950～53年）をつとめる。54年には国防委員会委員に選ばれるとともに（～67年），人民解放軍武装力監察部の副部長となり，また54年から武漢軍区司令員兼湖北省軍区司令員となり，67年まで武漢および中南地区の軍事を掌握した。55年には上将となり，一級八一勲章，一級独立自由勲章，一級解放勲章を受けた。

文化大革命の嵐は1967年2月から武漢地区を襲っていたが，5月からは武漢の大衆組織が造反派と穏健派の2つに完全に分裂。上海赤衛隊と四川の産業軍からなる造反派と，武漢軍区司令員の陳再道を支持する武漢の労働者や民兵たちからなる「100万雄師」が衝突するにいたった。造反派をテコ入れするために北京から王力（中央文化大革命小組のメンバー）と謝富治（公安部長）が武漢に来たが，同年7月20日に「100万雄師」の手で監禁されてしまった（武漢7・20事件）。危機を感じた林彪が東海艦隊を指揮して武漢を包囲し，一時は内戦か，という緊迫した状況になった。その後，「100万雄師」側は徹底的に弾圧され，監禁事件は「陳再道が起こしたクーデター，反革命事件」だとして，陳再道は王任重（66年11月まで党中央中南局の第1書記として武漢地区のトップリーダーだった）とともに事件の「首魁」と目され，北京につれて行かれて査問を受けることになった。

査問の際には毛沢東の間接的な支持で危機を脱したものの，陳再道も王任重も失脚した。1967年7月24日の武漢軍区の「公告」は，「7・20事件は，反共，反党，反軍事委員会，反文化大革命小組の反逆行為であり，その首魁は王任重・陳再道である」と述べ，ついで7月27日の中共中央・文化大革命小組などの「武漢市民・戦闘員・指揮員への手紙」によって，「資本主義の道を歩む実権派・陳再道」は解任された。林彪系の陳再道に対する攻撃の背後には，林彪夫人・葉群の陳に対する個人的怨みがあったと言われる。

なお，7月20日以後の衝突と弾圧で，死傷した幹部・軍人・大衆は合計18万4,000人，武漢市だけでも6万6,000人（うち死者は600人）にのぼったと言われる（中共湖北省委の統計）。文化大革命期でもっとも激しい武力抗争だった。

1971年9月にクーデターを企てたと言われる林彪夫妻とその息子が死んでから復活，75年には中共中央軍事委員会顧問となり，77年9月には解放軍鉄道兵司令員となり，83年1月までつとめる。

1978年12月の中共11期3中全会ではじめて中央委員に選ばれ，82年には中共中央顧問委員会委員に選ばれた。83年から軍務から離れ，政治協商会議全国委員会の副主席となるが，88年には完全に引退した。同7月，一級紅星功勲栄誉章を授与される。1993年4月6日死去。

著作には「武漢“720事件”始末」（『革命史参考資料』1981年第9号）などがある。

参考文献：徐友春主編『民国人物大辞典』（河北人民出版社，石家荘，1991年）。盛平主編『中国共産党人名大辞典』（中国国際広播出版社，北京，1991年）。『陳再道回憶録』（中国人民解放軍出版社，北京，2009年）。　〔毛里和子〕

陳（ちん）　賛賢（さんけん）　Chen Zanxian

（1895年9月2日～1927年3月6日）

字・陳子襄，仮名・陳博珍。江西省南康県東山郷陀圳村生まれ。中国共産党の指導者，労働運動の組織者，教育者。

父・陳錦蘭は農民であったが，学問を重んじ陳賛賢に教育を施した。そのため，陳賛賢は8歳で私塾に通い，12歳で東山郷陀圳小学，14歳で南康県立高等小学に入学する。さらに，高等小学卒業後，江西陸軍講武堂に進学したが，講武堂は間もなく解散されたため卒業には至らず，帰郷する。1915年以降南康県唐江鎮楽群小学，東山郷新民小学，東山郷陀圳村小学で教師をつとめ，18年には東山高等小学を創設し校長となる。

1919年五・四運動が始まると，南康県の教員や学生らと「救国会」を組織し，積極的に運動に参加する。その結果，地元の官僚，地主の反発を受け，東山高等小学の校長の職を追われる。

1921年朱由鏗ら一部の学生を率いて就学のため南昌に赴き，南昌省立第一師範に入学する。しばらく後，孫文指導下の国民革命軍（第1次北伐の部隊）に加わるべく広西に行き，翌22年夏従軍し贛州に入る。しかし，行軍中病気にかかり南康県に帰る。

1923年陳は再び教育の場に戻り，南康県立中区第一初級小学校長に就任する。同年冬南康県教育会会長となり，雑誌『蓉江教育』を創刊，誌上で授業の方法や学校教育の改善について論じた。

1925年7月すでに共産主義思想に傾倒していた陳賛賢は江西全省運動会に参加するという名目で南昌に行き，中共組織との接触を図る。南昌で中共江西地方執行委員会書記・趙醒儂と会い，その紹介により中共に入党する。入党後南雄の労働運動工作に従事し，翌26年南雄総工会成立にともないその委員長に選出される。なお，当時は第1次国共合作下にあったため，陳は同年中共組織より国民革命軍第2軍第5師に派遣され，政治部宣伝科科長となる。

1926年7月国民革命軍が北伐に出発すると，陳賛賢も密かに江西省南部に赴き，朱由鏗とともに北洋軍閥・頼世璜の部隊を国民革命軍側に取り込む工作を展開する（当時，陳博珍の仮名を使用）。国民革命軍の江西省進撃にともない，9月南康県県長となり，同県初の中共支部創設に成功する。同年後半国民革命軍の贛州占領後，陳は中共贛州特別支部書記，贛州総工会委員長に任ぜられ，さらに，翌27年1月南昌の江西省第1回労働者代表大会では江西省総工会執行委員会委員並びに副委員長に選出された。

陳賛賢は労働者代表大会閉幕後，贛州に帰還し，当地の労働運動を引き続き指導したが，1927年3月6日，国民党右派による贛州総工会に対する武力弾圧（いわゆる贛州「3・6惨案」）の中で18発の弾丸を受けて死亡した。

参考文献：『不屈的共産党人』1（人民出版社，北京，1980年）。中共党史人物研究会編『中共党史人物伝』2巻（陝西人民出版社，西安，1981年）。陳玉堂編『中共党史人物別名録』（紅旗出版社，北京，1985年）。《革命烈士伝》編輯委員会編『革命烈士伝』1集（人民出版社，北京，1985年）。王永均・劉建皋編『中国現代史人物伝』（四川人民出版社，成都，1986年）。　〔中村楼蘭〕

陳（ちん）　作新（さくしん）　Chen Zuoxin

（1870年～1911年10月31日）

原名・輔廷，改名・汝弼，競存。字・敬臣，藎誠，滌非，振民，号・竟成，別名・夢天。安徽省池州青陽県生まれ。原籍，湖南省瀏陽県永安市。中国同盟会系の軍人。辛亥革命時の湖南軍政府副都督。

小商人の家庭に生まれる。父・陳肇鉞，子供の頃伯父の陳伊鼎の養子となる。長沙で家庭教師をしながら科挙の道に志し，時務学堂に入学しようとしたが王先謙と衝突して取り止め，譚嗣同らの組織した南学会に参加したと言われる。この間，黄姓の女性と結婚。1899年，唐才常の自立軍に参加して湖北の安陸，崇陽，通山，通城で活動し，会党を組織したが，翌年8月武漢の本部が破壊され，唐が処刑されたため，湖南にもどった。その後も郷試を受験したが結局不合格に終わる。1903年5月に正式開学した武備（将弁）学堂に入ろうとしたがまた落ち，同年11月付設された下士官養成のための兵目（弁目）学堂に入学した。

兵目学堂在学中，『猛回頭』，『革命軍』などの革命宣伝の小冊子を読み，革命思想に傾倒した。その後，『民報』を暗唱するまでになり，謝介僧らの紹介によって同盟会に入会した。兵目学堂卒業後，第25混成協砲兵営左隊排長（小隊長）となり，兵士に『猛回頭』などを頒布し，革命宣伝をおこなった。このことが管帯（大隊長）に知れ，歩兵の第49標2営前隊排長に転任させられた。1909年，随営特別班及び測絵（測量）班の教官を兼任し，学生に革命を説いて数十名を同盟会に入会させた。10年4月長沙で米騒動が起こると，同盟会員だった同標管帯・陳強に蜂起を進言したが，これを恐れた陳強によって口実を設けて免職させられた。

新軍をやめた後も，寿星街の李安国，李藩国兄弟の家に寄居し，焦達峰らの援助を受けて積健会（後に積健社）を組織して日新社などと連絡をとりながら革命運動を続け，主に下士官，兵士，陸軍学生を集めて革命思想を宣伝した。1911年3月，広州での黄花崗蜂起に呼応するため，陳作新の支援によって新軍の各標，営の代表72名が天心閣に集まったが，情報が漏れてあやうく中心人物の馬隊排長・劉文錦が殺されそうになり，新軍内の革命運動も一時停滞した。

1911年10月10日の武昌蜂起の報が13日晩に届くと焦達峰が留守だったため，陳作新がまず使者に会い，翌日各界代表30名余りを楊家山小学に召集して使者から話を聞いた。22日，遂に長沙城外の新軍が蜂起し，城内の巡防営も呼応して長沙蜂起が成功し，中華民国軍政府湖南都督府が組織された。このとき焦達峰が都督となることが決定していたが，陳作新は自ら副都督となることを要求し，革命党人の会議で承認されたと言われている。しかし政治の実権は立憲派の組織した参議院に掌握されてしまい，革命派は30日になって参議院を取り消したが，31日和豊火柴（マッチ）公司で騒ぎが起こり，これを鎮圧しに行った陳作新は何者かに暗殺され，続いて焦達峰も都督府で殺された。犯人については諸説あり，詳細は不明。

1911年11月，湖南省各界追悼焦，陳両督殉難大会が開かれた。後に銅像が作られ，烈士祠に祭られた。岳麓山に公墳がある。

芸術面では書画をよくし，特に刻印にすぐれ，鄭板橋に私淑した。自負心の強い性格のため，革命派の譚人鳳にもうとまれ，焦達峰ともうまくいかなかったと言われている。

参考文献：楊世驥『辛亥革命前後湖南史事』（湖南人民出版社，長沙，1958年）。中国人民政治協商会議全国委員会文史資料研究委員会編『辛亥革命回憶録』2，8巻（文史資料出版社，北京，1981，82年）。湖南史学会編『辛亥革命在湖南』（湖南人民出版社，長沙，1984年）。

〔小林共明〕

程　璧光（てい へきこう） Cheng Biguang

（1859年～1918年2月26日）

字・恒啓，筆名・玉堂，公玉。原籍，広東省香山県，同地生まれ。海軍軍人。

父の培芳は在米華僑であり，ホノルルで死去。父の死後程璧光は帰国し，福建の親戚のもとで育てられる。福州水師学堂を卒業後，清朝に派遣されてイギリスに留学。帰国して海軍部参賛所の一等参賛となり，ついで広東海軍の広甲艦長に任命されて広州に赴いた。

1893年春広州では，孫文が沙基に東西薬房を開店しており，また城南の広雅書局内の抗風軒をたまり場として，尤列，鄭士良，陸皓東，魏友琴，程耀宸らと会合して時政の得失を論じ，程璧光とその弟・程奎光も孫文と面識があり，かつ同郷人であったことからしばしばその議論に加わっていた。

日清戦争の直前，黄海海域で行われた海軍合同演習に広東海軍を率いて参加。日清戦争においては，北洋海軍に編入されて黄海海戦に参加し，来遠，定遠，威遠，鎮遠の主力とともにその乗艦広甲も撃沈され，つづいて北洋海軍の根拠地旅順が日本軍に占領され，1895年2月さらに劉公島，威海衛も攻略されて北洋海軍が壊滅すると，北洋海軍の提督・丁汝昌は自殺，戦後程璧光も敗戦の責任を問われて免職されて帰郷した。

その当時，孫文もすでにハワイから帰国し，興中会を結成して革命運動を開始しており，弟・程奎光も興中会に入会していた。程璧光の失職帰郷を聞いた孫文は，程璧光に入会を勧め，またその弟をして入会を説得せしめたが成功しなかった。孫文らは興中会としては最初の反清武装蜂起の計画を秘密裡に進めていたが，事前に当局の探知するところとなり，1895年10月，陸皓東，朱貴全，程耀宸，程奎光，丘四ら5人は逮捕されて処刑され，孫文，楊衢雲，鄭士良らは亡命した（広州事件）。当時程奎光は広東海軍の艦長の職にあり，その妻も自ら縊死した。程璧光は，事件の累が身に及ぶのを避けてペナンに赴き，梅県出身の富商・謝夢池宅に寄寓することになり，同時に，この事件によって孫文に対する反感を強め，二度と革命運動と関係を持とうとはしなくなった。

翌1896年，程璧光の失職は，遣欧使節として渡欧の途中ペナンに寄港して謝夢池らの歓迎を受けた李鴻章の知るところとなり，翌年清国海軍再建のための専門員に復職し，ついで巡洋艦隊統領，海軍部第2司司長となった。

1911年，清朝の命により載澧の随員としてイギリスに赴き，ジョージ5世の戴冠式に参列したのち，アメリカ，メキシコ，キューバなどの諸国を訪問し，在留の華僑を慰問して帰国した。ついで12年イギリスで建造中の軍艦を受領するためにイギリスに派遣された。

辛亥革命の際，孫文からの参加要請に応ぜず，受領した軍艦・海圻とともにイギリスに滞留していたが，1912年，南北が統一して中華民国が成立すると海圻・肇和両艦を率いて帰国し，翌年，海軍高等顧問，陸海軍統率処軍事参議官の閑職に就いた。袁世凱総統のもとで副総統となっていた黎元洪は，かつて日清戦争当時海軍軍人として程璧光の麾下に属していたことから程を礼遇すること厚く，16年6月，袁の死去によって総統に就任すると，段祺瑞内閣の海軍総長となった。しかし黎・段間のいわゆる「府院の争」における段の専断に不満を抱き，また張勲らの「復辟」にも反対して共和制を擁護し，ついに黎元洪が段に迫られて辞職すると，17年6月海軍総長を辞職して海軍総司令に転出し，ついで第1艦隊を率いて上海に移動した。

当時孫文は，張勲を駆逐して北京政府の実権を掌握した段祺瑞に約法擁護を勧告したがその賛成をえられず，黎元洪の南下を求めて護法運動を開始する決意を固め，謝良牧の説得を受けた程璧光も孫文に対する旧怨を釈いて運動への参加を決意した。

1917年7月22日，国会解散後の非法政府を否認する宣言を発表し，海圻・肇和などの軍艦を引率して広東に南下して孫文の護法運動に加わった。9月，孫文が広州に召集した非常国会によって広東軍政府が成立すると，その海軍総長に就任し，とくに軍政府に参加した陸栄廷，唐継尭ら南方諸軍閥に対抗しうる軍事力を持たぬ孫文にとって，その掌握する唯一の独自の軍事力として重きをなした。

しかし1918年，軍政府内に岑春煊，広西軍閥・陸栄廷らが北京の北洋軍閥政府と通じて，護法をやめて和解しようとする動きが活発となっていたが，これに対抗して広東省議会は程璧光を省長に選挙して，広東省から広西軍閥の勢力を駆逐しようとし，広東省に駐屯していた雲南軍の各将領もこれを支持したので，程璧光に対する広西軍閥の反感も強まり，ついに2月26日，陸栄廷，莫栄新の放った凶徒により海珠で暗殺された（なお程璧光の暗殺については，陸栄廷に接近しようとした程璧光に対し，龍済光の放った刺客に暗殺されたとの説もある）。

参考文献：馮自由『革命逸史』2集（台湾商務印書館，台北，1968年）。劉紹唐主編『民国人物小伝』第3冊（伝記文学出版社，台北，1980年）。中国社会科学院近代史研究所主編『民国人物伝』3巻（中華書局，北京，1981年）。

〔池田誠〕

程　徳全　Cheng Dequan

（1860年7月22日～1930年5月29日）

字・純如，号・雪楼，本良。四川省雲陽県生まれ。原籍，同前。清末東北の辺防に尽力した高級官僚，辛亥革命期の立憲派の政治家。

父の程大観は附貢生であり，教師で生計を立てていて彼も父について習った。1878年結婚したが，家が貧しいために外に出て教師をして生活したという。彼本人は廩貢生の出身であり，88（光緒14）年上京して順天郷試に応じたが，失敗した。2年後に四川を出て遊歴し，北京に到ると国子監に入って修学した。当時東北辺防の情勢が緊張していために彼は努めて関係資料を探していたが，たまたま在京の黒龍江旗人・寿山に会い，東北の状況を尋ねているうちに両者は親交を結んだ。

1891年彼は瑷琿黒龍江副都統・文全に招かれてその幕府に入り，94年日清戦争の時には黒龍江将軍・依克唐阿の招聘でその軍幕に入った。その翌年依克唐阿の推薦を受けて安徽省に知県候補として派遣されたが，98年黒龍江将軍・恩沢，副都統・寿山の転任希望の上奏で翌99年末に彼は瑷琿に到着し，ようやく寿山の幕に入ることが出来た。1900年2月初め寿山がチチハルに黒龍江将軍代理として赴任すると，彼は黒龍江省銀元局総董と将軍文案を兼弁することになった。

1900年7月ロシア軍が義和団の排斥を理由として侵略の準備を始めると，彼は寿山から行営営務処総理に任じられ，防備と前線軍の連絡を担当した。同年8月1日ロシア軍が瑷琿の戦線で侵攻し，一方で清軍も抵抗したので，彼は8月15日チチハルを出発し，前線を視察した。しかし，清軍は博爾多・墨爾根を失い，「頽靡にして整頓すべからず」という状況だったので，この旨を寿山に報告し，併せてロシア軍と講和を結び，義和団を鎮圧するように進言した。そして寿山の命を受けてロシア軍と必死の覚悟で交渉し，ついに省城の攻撃・民衆の殺傷・財産の略奪などをさせない条件でチチハルの和平開城の講和を結ぶことに成功した。しかし，ロシア軍のチチハル進駐に伴い，将軍代理の寿山が責任を取って自殺すると，責任者不在に困り果てたロシア側は彼を無理矢理将軍に就けようとしたために，彼は江に身を投じて抵抗したという。彼はすぐにロシア軍に救い出されてしまったが，この事件はロシア側が軍事的に優勢であっても，清朝官僚はロシアの言いなりにはならないことを証明し，ために彼の声価は高まった。

黒龍江将軍・吉林将軍などもたびたび清廷に破格の重用を要求したので，日露戦争直前の風雲ただならぬ1903年12月西太后は彼を北京に召見し，黒龍江省の事情などを下問し，彼をチチハル副都統代理に任命し，併せて墾務事務（開墾業務）の専任にあてた。日露戦争勃発後の05年5月には漢人に将軍職を授けないという前例を破って彼は黒龍江将軍代理に就き，黒龍江の軍政事務を処理する全権を掌握した。当時彼の任務は対外的には東清鉄路総公司との鉄道用材と占領地の縮小交渉であり，対内的には旗制を改革し，墾務総局・善後局を増設して荒地払い下げを実施し，行省設立の準備をすることであった。前者については07年8月にやっと纏めあげたが，後者は成功しなかった。相当の商業資本が不動産に滞り，ために金融難が生じて省の財政を行き詰まらせ，清朝に援助を要請しても無視されたという。

1907年初め清朝が東北に行省を改設し，徐世昌が総督として赴任し，彼は黒龍江巡撫代理に任命されたが，たびたび圧迫を受けたので痛風の治療を理由に離職を請願し，翌年3月承認を受けた。08年11月光緒帝・西太后が続いて没し，翌09年初め摂政王・載澧が徐世昌を内地に転勤させ，代わって錫良を総督に任命した。彼も再び起用され，5月に奉天巡撫代理に任じられたが，同職は総督と同じ地に勤務し制約を受けることが多かったために，遂に翌10年4月辞職し，江蘇巡撫へ転任した。

江蘇に移った彼は張謇ら立憲派の人士と親密になり，立憲派の要求を支持して他の督撫と一緒に責任内閣の設立や国会の早期開会を要求したりした。これは彼が東北経営を巡る経験の中で，すでに清朝の統治に信頼を失いつつあったためであろう。武昌蜂起の勃発後，彼は常の如く静かであったという。張謇は武昌から南京経由で蘇州に戻ると，1911年10月16日以後，彼に代わって，親貴内閣の解散・立憲制の発布などを骨子とした時局挽回の上奏文を連夜にわたって執筆した。それを彼は他省の意見を徴した後に10月22日入奏したが，朝廷の応答なく，11月4日には上海が独立を宣言する事態となり，ついに地元の士紳に推され，革命派とも連絡を取って翌5日蘇州の独立を宣言，彼は蘇軍都督に任命された。しかし，これまで清朝の高官を歴任してきた彼はまだ革命派に信用がなかったので，張謇を蘇州に呼び寄せてその協力を仰ぎながら，上海で治療を受けつつ，病を押して南京攻略後の軍政を打ち合わせた。そして江蘇都督に推され，南京に都督府を組織しようとしたが，秩序を回復できず，病気を口実に上海から出なかった。12年1月孫文らが臨時政府を組織すると，彼を内務総長に任命したが，彼は相変わらず病気と称して上海を動かなかった。事実彼は痛風をはじめ多病であったが，その時はそれだけでなく，他方で章炳麟・張謇らと統一党，さらに共和党を結成するなどの政治活動をも行っていた。しかし，章炳麟と意見が合わず，後に共和党から離れた。

1912年4月南京臨時政府が終了し，袁世凱の統治が始まると，彼は袁世凱から再び江蘇都督に任命されたが，病気を理由に殆ど職務に就かなかった。滬軍都督の陳其美がその地位をクーデターによって奪おうとしたが，彼がそれを抑え，さらに6月にはかねて問題となっていた黄興の南京留守府を接収し，江蘇都督府を南京に移した。翌13年3月宋教仁暗殺事件が起きると，その処理を担当，7月に第2革命が勃発すると，黄興の要求を退けて江蘇独立を拒み，地方の安寧に努力した。そして同年9月かねてから袁世凱に要請していた引退を承認されて，江蘇都督を張勲に交代し，自身は上海，蘇州での隠遁生活に入った。

袁世凱の死後，黎元洪が総統を継ぐと，彼を政治顧問に招いたが，彼は老病をもってそれを謝辞して，政治の世界に再び戻らなかった。晩年には商工業の投資で失敗したが，所有していた多くの不動産で生活を支えていたという。1926年には受戒して法名を寂照といって，読経と礼拝に専念したとも言われている。30年に上海で病死し，蘇州の寒山寺側に葬られた。同寺は11年に彼がその堂宇を重建した縁があったと伝えられている。

彼の主な活躍は，前半の東北における対ロシア外交・辺境防備と，後半の江蘇における改革・革命の時代とに二分される。特に後半では袁世凱と革命派との間に挟まれて時代の波に激しく翻弄されたが，病の中でただひたすら民生の安寧と秩序維持に努力した。その点で張謇らと共通した清末の儒者の立場を貫いたともいえよう。

参考文献：中国社会科学院近代史研究所主編『民国人物伝』4巻（中華書局，北京，1984年）。李華興主編『近代中国百年史辞典』（浙江人民出版社，杭州，1987年）。康沛竹「日俄戦争後的清廷東北防務」，『近代史研究』1989年3期。劉紹唐主編『民国人物小伝』第1冊（伝記文学出版社，台北，1975年）。秦孝儀主編『中国現代史辞典―人物部分』（近代中国出版社，台北，1985年）。〔中井英基〕

成（せい）　仿吾（ほうご）　Cheng Fangwu

（1897年8月24日～1984年5月17日）

原名・成灝，筆名・石厚生，芳塢。湖南省新化県生まれ。教育家，文学者，翻訳家。

1910年日本に留学し，第六高等学校を経て東京帝国大学造兵科に入学し，同科を卒業した。五・四運動後の21年に，郭沫若，郁達夫，田漢らと上海で文学団体の「創造社」を創設し，多くの文学評論，小説，詩歌を執筆，翻訳するとともに，革命文学やマルクス・レーニン主義に基づく文芸理論の普及を図った。24年から27年までは広東大学（25年8月に中山大学と改称）教授として教壇に立ち，25年に国民党に入党し，黄埔軍官学校の教官を兼任した。蔣介石の4・12反共クーデター後，国民革命挫折後の文学運動のあり方をめぐって，成仿吾ら創造社系の作家は，魯迅を小ブルジョア文学者として批判したため，革命文学論争が起こった。28年5月に成は出国して日本，ソ連，ドイツ経由でパリに至った。28年にはパリの中国共産党ヨーロッパ支部で入党した。この時期，党のヨーロッパ支部の機関誌である『赤光』の編集長を務めた。29年2月創造社は閉鎖された。

1931年に帰国し，党により派遣されて中共鄂豫皖委員会の宣伝部部長，同省ソヴィエト政府文化委員会主席，紅安中心県の党委員会書記を兼任した。この中華ソヴィエト時代にレーニン師範および各郷のレーニン小学を設立し，同時に自ら教科書を編纂するなど，教育事業の発展に尽力した。同省の教育文化活動の根幹を規定した「鄂豫皖省ソヴィエト文化委員会決議案（草案）」（32年5月）も彼の責任において起草されたものである。34年1月には中央ソヴィエトへ赴き，全国ソヴィエト第2回代表大会に参加し，中華ソヴィエト共和国中央政府委員に選ばれ，宣伝・教育活動に従事するとともに中央党校を主宰した。当時の中央党校では，成仿吾がただひとりの政治教育担当の教師であった。

1934年10月長征に参加し，その途中で徐特立とともに幹部団のための政治教育担当の教員となっている。陝北に到着した後は，中央党校高級班の教員および同校教務主任の職に就いた。この辺区では，毛沢東，周恩来，徐特立らとともに延安魯迅芸術学院の創設を提唱し，これを実現させている。その後，日中戦争期および国共内戦期を通じて，成仿吾は一貫して教育事業に携わり，陝北公学校長，華北連合大学校長，華北大学副校長などの要職を歴任した。

1949年中華人民共和国建国を前に開かれた中国人民政治協商会議の第1回会議には，教育関係の全国代表17名の1人として参加し，長年にわたる教育者としての経験に照らして，次のような発言を行っている。すなわち，「中国の教育はこれまで長期にわたって帝国主義，封建勢力および官僚資本によって支配され，教育方針は反人民的であった。彼らは封建的，買辦的，ファシスト的思想をもって青年学生および人民大衆に害を与え，その教育方針は従来，人民の需要から遊離し隔絶したものであった。(中略) 唯一，中国共産党の支配地区のみで早くから新民主主義の教育が実施され，いくらかの経験が蓄積され，われわれが新民主主義の教育を発展させる基礎を作り上げたのである」。

1950年にソ連に学んだ高等教育建設のモデル校として中国人民大学が創設されると，成仿吾は副校長に就任し，やがて初代校長であった呉玉章に代わって校長となった。52年10月から58年8月までは東北師範大学の校長を務め，61年12月には山東大学校長に就任するなど，建国後も教育界，とりわけ高等教育の第一線で活躍を続けた。ちなみに，解放前の陝北公学，解放後の華北連合大学，中国人民大学，山東大学の校歌の作詞は彼の手になるものである。

教育以外の分野での活動としては，1954年8月の第1期，59年3月の第2期全国人民代表大会に広西省代表として出席し，59年2月には吉林省人民委員会委員となり，64年9月には第3期全人代の山東省代表に選ばれている。この間，吉林省人民委員であった55年8月には広島で開かれた原水禁世界大会に中国代表団の団員として訪日し参加している。

文革中には初期に失脚が伝えられたが，1974年9月国慶節前夜祭のレセプションへの出席が確認され，76年4月には中央党校顧問に就任した。また，文革中に『長征回顧録』をまとめている。文革後の78年2月には，第5期全人代の山東省代表に選ばれた。82年には党の第12回全国代表大会に代表として出席している。これは7全大会と8全大会代表であったことに次ぐものである。

成仿吾は日本留学やヨーロッパでの体験を通じて，青年時代から外国語に対する造詣が深く，日本語，英語，ドイツ語，フランス語，ロシア語に精通していたといわれる。この能力を生かして，彼はマルクス主義文献の翻訳や宣伝を行っている。例えば，延安時代には徐冰とともに『共産党宣言』を翻訳したのをはじめ，晩年まで，『共産党宣言』，『ゴータ綱領批判』，『空想から科学への社会主義の発展』の改訳，紹介を続けた。1984年北京で病死。

参考文献：成仿吾『長征回憶録』(人民出版社，北京，1977年)。成仿吾『戦火中的大学』(人民教育出版社，北京，1982年)。中央教育科学研究所編『成仿吾教育文選』(教育科学出版社，北京，1984年)。『中国大百科全書・教育』(中国大百科全書出版社，北京，1985年)。 〔大塚豊〕

程(てい) 潜(せん) Cheng Qian

(1881年～1968年4月9日)

字・頌雲。湖南省醴陵県生まれ。軍人，政治家。

1900年長沙の岳麓書院に入り，伝統的な教育を受け，生員となる。科挙廃止後，湖南武備学堂に学び，06年政府派遣留学生として日本の陸軍士官学校砲兵科に入学。この間，東京で革命運動に参加，中国同盟会員となる。08年陸士卒業 (第6期生)。帰国後，呉禄貞指揮下の北洋第6鎮に勤務。

1911年辛亥革命に際しては，武漢地区での戦闘に参加した後，故郷湖南省で革命に参加し大きな役割を果した。その結果，革命後成立した湖南都督府の軍務司司長に就任し，程は湖南における有力な軍人としての地位を確立した。

1913年湖南都督・譚延闓は第2革命に参加するが，軍務司司長・程潜も積極的にこれに参加した。第2革命が国民党側の完敗に終わると，程は上海経由で日本へと亡命した。14年日本亡命中の孫文が中華革命党を組織するが，程は黄興らとともにこれには参加しなかった。

1915年袁世凱が帝制の実行をはかると，全国的に武力反乱を含む反帝制運動が展開されることになった。すなわち，まず15年12月雲南省で蔡鍔を中心に護国軍が組織され，四川において北洋系の軍隊と激戦を繰り広げた。日本亡命中の程潜はこの護国軍に参画し，護国軍湖南総司令に任命された。そして，部隊を率いて雲南を出発した程は，貴州を通って16年4月湖南へと至った。13年以来北洋系勢力の支配下に置かれていた湖南省では，全国的な反帝制運動の高まりに呼応して，各地で袁世凱政権の打倒をめざす義勇軍「民軍」が組織された。程潜はこれらの各部隊と協力して，16年湖南から北洋系勢力を排除することに成功した。しかし，湖南政治の実権を巡る譚延闓及び譚系の軍人 (趙恒惕など) との権力闘争に敗北した程潜はまもなく湖南を離れ，上海で機を窺うこととなった。

翌1917年孫文らの中華革命党系の勢力が臨時約法の擁護を掲げて広東軍政府を組織すると，譚延闓率いる湖南の地方的勢力はこの護法陣営に参加した。北京政府 (北洋系勢力が実権を掌握する) を中心とする北方陣営と広東軍政府を中心とする南方陣営 (広西，雲南をはじめとする南方の地方的勢力が参加) は，湖南を主戦場に激戦を繰り広げた。程潜は孫文の命を受けて湘軍 (湖南軍) 総司令に就任し，この戦闘に参加した。戦局は兵力において優勢に立つ北洋軍の優位のうちに推移し，湖南省のほぼ全域は北洋軍の占領下に置かれ，湖南軍を初めとする南軍は湖南省南部の山岳地帯で北洋勢力への抵抗を継続することとなった。

この時期には，広西派（陸栄廷など）に近い譚延闓と中華革命党系の程潜との対立は湖南軍の主導権をめぐって再度激化していった。そして，1919年7月北京政府との通謀が発覚したとの理由で程潜は湖南軍総司令の職から解任され，わずかに身を持って逃亡した。

1920年6月，安直対立にも助けられて湖南軍は武力によって湖南省への支配を回復し，譚延闓が湖南督軍兼省長の地位に復帰した。この譚延闓政権に対して，当時上海にあった程潜は敵対する態度を取り，湖南では主に湖南軍内に残存していた程潜系の政治勢力と譚延闓系の政治勢力との間で緊張が高まっていった。そして，湖南の程潜系の勢力は当時譚延闓との対立を深めつつあった趙恒惕系の勢力と結ぶことによって，20年11月譚を辞任へと追い込むことに成功したのであった。しかし，この直後程潜系の勢力は趙恒惕系の勢力との権力闘争に敗北し，趙の手によって粛清された。この結果，程潜は湖南省政治への影響力をほぼ完全に喪失することになった。

湖南の地方的軍人としての影響力を失った程潜は，以後国民党系の軍人として主にナショナルなレベルで活動することになる。すなわち，広東に復帰した孫文が1921年再度中華民国政府を組織すると陸軍部次長に就任したのを皮切りに，程潜は陸軍部総長，広東大本営軍政部部長などの国民政府の要職を歴任した。この間，彼は不安定な広東政府をめぐる政局において一貫して国民党支持の立場を維持した。

1926年に始まる北伐に国民革命軍第6軍軍長として参加した程潜は，南京攻略戦などに大きな役割を果し，武漢国民政府委員などを務めた。28年共産党とのつながりなどその左派的傾向を理由に国民党当局によって逮捕され，国民党中央執行委員，国民政府委員，軍事委員会委員などすべての公職から免じられ，32年まで上海で軟禁状態に置かれたのであった。

程は1932年公職に復帰した後，35年参謀総長に任命され政治的に完全に復活した。37年日中戦争が始まると，彼は第1戦区司令官，河南省政府主席，天水行営主任など要職を歴任した。抗日戦終結後は，46年武漢行轅主任に任じられた後，長沙綏靖公署主任，湖南省政府主席などを歴任した。

1949年8月，人民解放軍が長江を渡河して武漢を支配下に収め長沙に迫ると，かねてから共産党とつながりを持っていた程潜は武装蜂起を発動して共産党支持の立場を明らかにした。そして，同年9月北京で開催された政治協商会議に参加し中華人民共和国においても，軍人，政治家としての高い地位を維持したのであった。すなわち，中華人民共和国において中央人民政府委員，全国人民代表大会常務委員会副委員長，国防委員会副主席，湖南省省長，中国国民党革命委員会副主席などの要職を歴任した。

1968年程潜は北京において病死した。

参考文献：李剣農『最近三十年中国政治史』（太平洋書店，上海，1930年）。陶菊隠『北洋軍閥統治時期史話』全8冊（生活・読書・新知三聯書店，北京，1959年）。湖南省志編纂委員会編『湖南近百年大事紀述』第2次修訂本（湖南人民出版社，長沙，1979年）。〔塚本元〕

程（てい）　子華（しか）　Cheng Zihua

（1905年6月20日～1991年3月30日）

原名・世傑。山西省解県生まれ。中国人民解放軍の高級将校。

農業兼商業を営む家庭に生まれる。1922年秋太原の山西省立国民師範学校に入学，学生会主席となる。26年6月中国共産党に入党。27年初め黄埔軍官学校武漢第1分校に第6期生として入学。同年7月同分校は国民革命軍第2方面軍軍官教導団に改編されたが，8月初め九江において張発奎により武装解除される。その後武漢，上海，香港を経て広州に至った。同年12月広州蜂起に参加し，その後工農革命軍第4師団第10連隊に配属されて海豊，陸豊地区の革命闘争を展開する。同地区での武装闘争失敗後，上海，山西などを経て28年河南に至り，国民党系軍閥・岳維峻の軍に加わる。同年9月馮玉祥軍第2軍南路軍において「兵運」工作（中共による軍隊内部での宣伝啓蒙活動）に従事する。29年12月湖北で大冶蜂起を指導。蜂起部隊は中国工農紅軍第5軍第5縦隊に編入され，第2支隊長に任ぜられて湘豫贛革命根拠地の武装闘争に参加した。30年3月戦闘中に負傷し，7月上海で療養する。

1931年初め中央革命根拠地に入り，中国工農紅軍第35軍第307連隊長，第14軍第40師団政治委員，第14軍第41師団長兼政治委員などの職を歴任する。第2次から第5次までの反「囲剿」戦に参加。33年二等紅星勲章を授与された。34年9月鄂豫皖革命根拠地に派遣され第25軍長，同軍政治委員などに任ぜられる。同年11月呉煥先，徐海東とともに第25軍を指揮して長征に参加，鄂豫陝革命根拠地の創設にあたった。引き続き部隊を率いて甘粛へ向かい，中共中央の率いる紅軍の北上を支援する。35年9月陝北の紅軍と合流，第15軍団政治委員に任ぜられる。その後労山，楡林橋，直羅鎮，東征，西征，山城堡の各戦役指揮に参与したが，戦闘中両手に負傷した。

1937年9月からは第2戦区民族革命戦争戦地総動員委員会人民武装部長となる。39年1月中共中央北方分局委員，冀中軍区政治委員兼八路軍第3縦隊政治委員となり，その後42年からは中共冀中区委員会書記を兼任した。そして呂正操とともに部隊を整頓し，平原地区の根拠地建設と遊撃戦を発展させ，冀中の軍と大衆を指導して日本軍の度々の包囲攻撃と「掃蕩」作戦を阻止する。43年秋からは中共晋察冀分局書記代理，44年秋からは晋察冀軍区司令員代理兼政治委員として党中央北方局を代表し，晋察冀抗日根拠地の党，政，軍および大衆の活動を指導した。

国共内戦前期，中共冀察熱遼中央分局書記，冀察熱遼軍区政治委員兼司令員となり，熱河と遼西地方の根拠地を創設する。1948年8月東北野戦軍第2兵団司令員となり部隊を率いて遼瀋，平津戦役に参加，遼瀋戦役では塔山阻撃戦を指揮した。その後第4野戦軍第13兵団司令員，北平警備司令員兼政治委員にも任ぜられ，渡江戦役，鄂西，湘西解放作戦を指揮した。

中華人民共和国成立後，中共山西省委員会書記，山西省人民政府主席，山西軍区司令員兼政治委員をつとめる。1950年北京に戻って全国供銷合作総社主任，国務院財貿辦公室第1副主任，商業部部長，国家基本建設委員会副主任，国家計画委員会常務副主任，中共中央西南局書記，西南三線建設委員会常務副主任，第5，6期全国政治協商会議副主席などを歴任，長期にわたって国家経済建設と民政部門の指導工作を担当した。文革中公式の場に現れなかったが，77年8月中共第11期中央委員として復活。78年3月から82年5月まで民政部長。82年中共中央顧問委員会常務委員に選出される。また中共第7期中央委員会候補委員，第8，11期中央委員会委員，第1期全国人民代表大会常務委員会委員，第3，4，5期全国人民代表大会代表をつとめる。82年と87年には中共中央顧問委員会常務委員に選出される。84年6月黄埔軍官学校同窓会が成立すると副会長の1人に推薦された。91年3月病没。著書に『冀中平原上的民兵闘争』(42年)がある。

参考文献：『程子華回憶録』(解放軍出版社，北京，1987年)。

〔安田淳〕

崇厚（すうこう） Chonghou

(1826年～1893年)

字・地山，姓・完顔。満州鑲黄旗人。清末の官僚，外交官。

金王朝（1115～1234年）を建てた女真族の完顔部の末裔で科挙により家を起す者多く，父・麟書（1809年進士）は南河河道総督，2男2女あり，兄・崇実（20～76年，50年進士）は四川総督，盛京将軍などを歴任した。弟・崇厚は44年順天副榜貢生，49年挙人。

崇厚の名は英仏連合軍の大沽占領後の1858年8月に海防のため資金を醵出した者として「永定河道崇厚捐銀二千両」と直隷総督の上奏文に見え，次いでその1カ月後恵親王の上奏文の「海口失利」の責任者15名の中に崇厚の名がある（『籌辦夷務始末』）。崇厚は直隷総督の下で大沽の敗戦とその後の天津条約批准に至る英仏との外交交渉においてその能力を買われ，恐るべき昇進を遂げている。

1858年永定河道（正四品），60年長蘆塩運使（二品頂戴），そして，61年1月20日三口通商大臣となる。33歳の四品の道員が2年足らずの間に正二品の大臣に昇格にするという異例の抜擢である。これは61年11月3日恭親王を首席大臣とする総理衙門と軍機処とが新発足し，恭親王が上に同治帝と両宮（東太后と西太后）とを頂く首相兼外相としてここに列強との協調外交を旨とする恭親王体制が成立したことによる。北洋の三口（牛荘，天津，登州）を管轄する三口通商大臣を天津において総理衙門の出先機関とし，そこに「夷務に熟諳」(60年11月恭親王の上奏）する崇厚を置いたのである。

崇厚は1870年10月25日天津教案の謝罪使として中国を離れるまで三口通商大臣の任にあり，中国の締結した多くの条約に直接間接に関与した。プロシャ(61年9月)，オランダ（63年10月)，スペイン（64年10月）との通商条約は交渉も署名も崇厚が自ら行い，ポルトガル（62年8月)，デンマーク（63年7月)，ベルギー（65年11月)，イタリア（66年10月)，オーストリア（69年9月）との通商条約の交渉と署名は北京で行われ，次いで天津にて崇厚が署名した。なお66年12月には，外侮をなくすべく西人の妙を導入せよとの恭親王の要請に従って天津の城南に天津機器局（兵器工廠）の設立を計画した。工場の完成は70年11月崇厚の出発直後のことで，李鴻章が引き継いだ。

同じ1870年には所謂天津教案が突発する。天津におけるフランス人教会や孤児院が幼児誘拐や生体解剖をしているとの噺が立ち民衆が激昂する。フォンタニエ天津領事は崇厚に民衆の鎮圧を要求し，容れられぬとみるや崇厚の役所の前で知県の従者を銃殺してしまう（70年6月21日)。怒った民衆はその場で領事と秘書長を惨殺し，教会，孤児院を略奪破壊した。崇厚は曾国藩と共に事後処理に当り，犯人16名の処刑，償金20万両の支払い，謝罪使の派遣の条件で解決をみた。謝罪は崇厚自身がパリまで赴くことになった。この時の記録は張徳彝『随使法国記』に詳しく，崇厚は71年11月23日パリにてティエール大統領に国書を呈している。なお三口通商大臣のポストは崇厚の渡仏直後，直隷総督に帰併された。帰国後崇厚は兵部左侍郎（正二品）で総理衙門大臣の1人となり，兄・崇実の急死後にはその盛京将軍の地位を継承している。

1878年11月崇厚はイリ地方の紛争解決のため全権大使としてロシアに派遣された。79年10月リヴァディア（ヤルタ）条約を締結して80年1月3日北京に到着しているが，この間の状況は張徳彝『随使英俄記』に詳しい。それは，イリの中国への返還，500万ルーブルの償金，国境地方の割譲を含む極めて不利な条約であって，崇厚の電報を受けた中国側は締結直後の79年10月8日「軽率に議を定」めたと崇厚を非難し，この条約を承認せずと定めていた。帰国した崇厚は80年2～3月の間の廷臣会議の結果「違訓越権」のかどで斬監候（死刑）の判決が下った。この判決は列国公使に大きな衝撃を与え，英公使ウェード，総税務司ハートは助命の申し入れをし，李鴻章らは「使臣・崇厚はにわかに使いしてその国君と覿面えて事を論ず，今不職をもって重罪を獲れば即ち俄国を辱しめる所以に似たり」（『清季外交史料』巻21）と上奏した。かくて恭親王は80年5月曾紀沢に崇厚の死罪を免じたことをロシアに伝えるよう命じ，紀沢の要求もあって同年8月には崇厚を釈放した。84年11月27日西太后の50歳の誕生日を祝って，前都察院左都御史・崇厚は2級下の職銜を与えるとの特赦を得ている。

参考文献：坂野正高『近代中国政治外交史』（東京大学出版会，1973年）。清史編委会編『清代人物伝稿』下編2巻（遼寧人民出版社，瀋陽，1984年）。
〔三石善吉〕

儲（ちよ）　安平（あんぺい）　Chu Anping

（1909年～1966年）

別名・儲平。江蘇省宜興県生まれ。ジャーナリスト，九三学社の指導者。

1928年から32年まで光華大学新聞学科に学ぶ。卒業後は『中央日報』副刊を編集，南京戯劇専科学校でも教える。35年英国に留学，ロンドン大学で政治を学ぶ。28年から36年にかけて文芸雑誌『北新』，『真善美』，『創作』，『新月』，『論語』，『文芸月刊』に小説・散文・詩などを発表。38年帰国，『中央日報』主筆の後，湖南国立藍田師範学院，復旦大学で教える。

1945年日中戦争の終了後，11月11日重慶で雑誌『客観』創刊，儲安平は編集長となる。その資金の出所は不明で，国民党か国民政府，あるいはそれに近い筋の政治勢力が，中共や民主同盟の統一戦線勢力に対し，国民党寄りの方向で知識人（中間層）を結集しようとして創刊したと考えられるという。46年9月1日上海で『客観』の後をうけて時事週刊雑誌『観察』を創刊，編集長となり，自らも時事評論の筆をふるう。『観察』創刊号から表紙には卞之琳・王芸生・沈有乾・呉世昌・李広田・宗白華・馬寅初・許徳珩・曹禺・梁実秋・馮至・馮友蘭・傅斯年・費孝通・潘光旦・劉大傑・銭鐘書ら70名の寄稿者名簿が掲載されている。本誌は民主同盟などに結集する「左傾した」知識人とは区別される，反ソ・反共の「英米式の自由主義」の立場に立つ「自由主義分子」の結集と，「自由主義思想」の宣伝，すなわち国民党政権の存続とその民主的改革を目的とする雑誌であり，中間層のもっとも保守的な部分の意見を反映していた。しかし48年7月中旬以後は国民党蔣介石政府と対立的な姿勢を明らかにしはじめ，「政府自らが国家と民族の敵となった」と激しく政府を非難，このため48年12月同誌は停刊を命じられた。北京に逃れ地下にもぐった後，解放後の49年11月1日同誌を『新観察』と改題し北京で復刊した。

1949年9月政治協商会議第1回全体会議全国新聞工作者協会準備会候補代表。54年9月第1期全国人民代表大会江蘇省代表。56年2月九三学社第4期中央委員会委員。57年九三学社中央宣伝部副部長，同中央委員会委員，全国人民代表大会江蘇省代表，民主同盟員。

1957年4月1日『光明日報』編集長に就任すると社内の左派を退け，民主党派の活動を多く報道し，大きなスペースを右派の言論のために割いた。また従来ほとんど新華社電一本に頼っていた同紙が，整風を機に上海，南京，武漢などの9大都市へ記者を特派，「鳴放」・「共産党の整風援助」の名の下に座談会を開催し，共産党に対する不満を大々的に報道，後に紙面の右傾化の顕著な事例として批判される。同年6月1日中共統戦部主催の各民主党派責任者と無党派人士の第11回座談会で「党の天下」を批判。しかし，この党の天下論は6月8日九三学社在北京中央委員らの座談会，同10日光明日報社民主同盟支部大会などで批判され，同16日光明日報社務委員会会議ではその政治責任を追及されたため，儲安平は誤りを認め，自己批判を行う。同21日九三学社中央常務委員会第16回拡大会議は，社内の整風を決定，儲安平の光明日報社務委員会委員の職務を取り消した。さらに，7月13日第1期全国人民代表大会第4回会議で儲安平は「人民に投降する」と自己批判した。

1958年2月第1期全国人民代表大会第5回会議において「右派分子」の理由により代表資格を剝奪される。66年晩秋消息を断つ。死亡したとされるが，遺体は見つかっていない。右派の罪名はそのままで，今も名誉回復はされていない。

参考文献：『新華半月刊』1957～58年。内閣官房内閣調査室編『中共人民内部の矛盾と整風運動』（1957年）。平野正「儲安平と雑誌『観察』」，『中国の知識人と民主主義思想』（研文出版，1987年）。戴晴「儲安平与党天下」，『明報月刊』1989年1～4月号。田畑佐和子『毛沢東と中国知識人』（東方書店，1990年）。張新穎編『儲安平文集』（東方出版中心，上海，1998年）。章詒和『最後的貴族』（牛津大学出版社，香港，2007年），横澤泰夫訳『嵐を生きた中国知識人　「右派」章伯鈞をめぐる人びと』（集広舍，2007年）。張竟無編『儲安平集』（東方出版社，北京，2011年）。

〔楠原俊代〕

褚（ちょ）　民誼（みんぎ）　Chu Minyi

（1884年～1946年8月23日）

原名・明遺，字・重行，筆名・民ほか。浙江省呉興県生まれ。清末のアナキスト，民国時期の国民党政治家。後に南京汪精衛政権の一員となる。

生家の家庭環境については不明である。褚民誼は幼年時代明理学塾と潯渓公学で学び，1903年に日本に渡り日本大学で政治経済学を学んだ。06年同郷の張静江と共にフランスに渡る途中，シンガポールで中国同盟会に加入する。フランス到着後，彼は張，呉稚暉，李石曾らと共にパリで世界社と中華印字局を創設し，中国語画報『世界』及びアナキズム革命を標榜する週刊『新世紀』の出版に携わった。彼は，『新世紀』には「無政府説」などの論文を寄稿している。

1911年10月武昌蜂起が勃発すると，褚民誼は帰国して上海同盟会総機関の職務に就いた。翌12年2月李石曾らによる留法倹学会の設立に加わった後，同年冬に再びヨーロッパに渡り，フランス，ベルギーなどに滞在した。14年第1次世界大戦が勃発すると東南アジアに移り，新聞の編集に携わった。15年夏にフランスに渡り，蔡元培らと中法教育会の設立に参加した後，20年には呉稚暉，李石曾らとリヨン中法大学を創設し，彼は副校長に就任した。しかし翌年経済援助の問題をめぐって中法教育会と倹学生の間に紛争が生じると，彼は学生たちの批判の的となった。なお，この度のフランス滞在中，彼はストラスブール大学に入学し，医学博士の学位を得ている。

1924年の暮れに帰国した後，褚民誼は広東大学（後の中山大学）の教授に就任し，校長の鄒魯が北上していた1年半ほどの間は校長代理，及び医学院院長の職を務めた。26年1月広州での国民党2全大会において中央執行委員候補に選出され，同年7月より北伐が開始されると総司令部後方軍医処処長に任じられた。27年5月には国立労働大学籌備委員，同年7月には国民政府中央教育行政委員会委員に就任した。翌年2月南京で開催された国民党2期4中全会において中央執行委員に選出された後，衛生事情視察のためにヨーロッパ各地を歴訪し，帰国して衛生建設委員会主席に任じられた。29年3月には国民党中央監察委員候補に任じられた。32年1月汪精衛が行政院院長に就任すると，褚民誼は行政院秘書長に任じられたが，35年12月汪の辞職と共に彼も行政院の職を辞し，中央党部文化事業計画委員会副主任委員に転じた。

1938年12月褚民誼は汪精衛に従って重慶を離れてハノイに渡り，汪の「和平運動」に参加することとなったため，翌年7月の国民党中央常務会議によって党籍を剝奪された。39年8月汪が上海で招集した国民党6全大会において，彼は中央監察委員会委員，中央常務委員会委員（兼秘書長）に任じられた。40年3月南京に汪精衛を主席代理とする国民政府が成立すると，行政院副院長兼外交部部長に就任した。更に，同年6月には憲政実施委員会常務委員となり，12月には駐日大使に就任し，在任中に中日同盟条約などの締結に参与した。翌年10月に離職した後は外交部部長の職に復帰し，45年4月には広東省省長兼広州綏靖主任公署主任などの職に任じられた。

1945年8月日本の無条件降伏によって日中戦争が終了すると，褚民誼は漢奸として国民政府によって逮捕され，翌年4月から江蘇高等法院で裁判にかけられるところとなった。褚は法廷において，汪精衛の行為は愛国的でその目的はあくまで中国国民の福祉増進にあったと述べ，更に「重慶は武装抗日，南京は和平抗日で，抗日には何ら変わりはなかった」として，自らの行いが決して反逆行為に該当するものではなかったと論じた。しかし，4月22日高等法院は彼に死刑の判決を下し，同年8月蘇州の江蘇第3監獄で刑が執行された。なお，妻の陳舜貞は，陳璧君の母・衛月朗の養女であり，彼は5人の子供（3男2女）を残したという。

参考文献：関国煊「褚民誼（1884-1946）」，『伝記文学』32巻4期，1978年。黄美真・張雲「抗日戦争時期三箇漢奸政権及其主要頭目」，『人物』1984年3期。劉国銘主編『中華民国国民政府軍政職官人物誌』（春秋出版社，北京，1989年）。徐友春主編『民国人物大辞典』（河北人民出版社，石家荘，1991年）。劉継増・張葆華主編『中国国民党名人

録』（湖北人民出版社，武漢，1991年）。益井康一『漢奸裁判史』（みすず書房，1977年）。〔嵯峨隆〕

楚　図南 Chu Tunan

（1899年8月28日～1994年4月11日）

筆名・高寒。雲南省文山県生まれ。教育者，文学者，翻訳家。

貧苦の家庭に生まれ，少年時代親族のもとで働きながら独学した。1916年昆明連合中学入学，19年8月卒業，北京高等師範学校に官費生として入学した。22年社会青年団に参加，23年北京高等師範卒業，安徽省で中学校教師となる。

1926年中国共産党入党，李大釗・蔡和森の指導のもと，工学会を組織し，『労動文化』を編集して，マルクス主義思想の宣伝活動に従事した。続いて雲南省の中学校教師となる。28年国民党の清党運動が雲南省に及ぶと，東北ハルビンに逃れて中学校教師となったが，逮捕されて吉林省長春に監禁3年，31年に釈放された。北京，山東，河南各省の中学校教師を歴任して後，上海の曁南大学の教師となる。

1937年抗日戦争が始まると，昆明にもどり雲南大学文史学科教授に就任，次いで同科主任となり，一方で中国民主同盟の雲南省支部の組織工作に参加した。その間，高寒の筆名で，長春獄中でニコラソフの長篇詩『ロシアでは誰が愉快で自由にできようか』の訳（商務印書館，37年），24年以来の著作活動の成果である小説『仇恨なく虚偽なき国土』（北京，人文書店），散文集『悲劇およびその他』（昆明，自力書店），『勺斗集』，『荷戈集』，『旅塵余録』，ニーチェの『ツァラトウストラはかく語りき』の訳（以上，文通書店），『地理学発達史』（中華書局，40年）などを出版した。

1945年10月中国民主同盟の中央執行委員。46年聞一多，李公樸らが刺殺されるや，重慶を経由して秋に上海に到り，上海法商学院教授となり，民主同盟の活動に従事，47年『時与文』第1巻に「いわゆる“各党派の学校ボイコット”を論ず」（第14期），「人民詩人，聞一多」（第19期）を投稿した。48年秋北京師範大学教授に赴任，やがて香港経由で共産党中央の所在地，河北省平山県の解放区に入った。49年2月国民党政府支配下の北平が陥落すると，北平に到り，第1回全国文学芸術工作者代表大会に参加，6月には新政治協商会議の準備会議に民主同盟代表として参加した。この年，訳書，ホイットマンの詩集『草葉集選』（晨光出版公司），『ギリシャの神話と伝説』（上海，書報雑誌連合発行所）を出版した。

1949年12月民主同盟第1回全国代表大会で中央常務委員，以後，西南区盟務特派員（50年7月），西南総支部責任者（52年1月），西南総支部臨時工作委員会主任（53年1月），中央委員会委員（第2回，56年2月），中央委員会副主席（第3回～5回，58年12月，79年11月，83年12月），中央委員会主席代理（86年1月），中央委員会主席（87年1月），中央委員会名誉主席（第6回，88年10月）に選任された。また，政治協商会議の全国委員会委員（第1回54年2月，第3回～5回，59年4月，64年12月，78年2月）及び同委員会常務委員（第2・3・5各回）に選出された。さらに，全国人民代表大会の第1期～3期（54年8月，58年11月，64年12月），第5期～6期（77年12月，83年6月）の各大会に湖南省代表として出席，常務委員会委員（第5・6期），外事委員会副主任（第6期，86年6月免除），常務委員会副委員長（86年4月）に選出された。ほかに，中ソ友好協会理事（49年10月），西南軍政委員会委員を兼ねて文教委員会主任・文教部部長（50年7月），西南抗米援朝分会主席（51年2月），西南軍政委員会土地改革委員会委員（同年3月），中央人民政府文盲一掃工作委員会主任（52年11月），西南行政（軍政改め）委員会委員を兼ねて文教委員会主任（53年1月），『新建設』雑誌編輯委員会委員（54年2月），中国人民対外文化協会会長（同年5月，59年4月），中国人民反対使用原子兵器簽名運動委員会委員（55年2月），国務院対外文化連絡委員会副主任（58年，59年9月），中国人民保衛世界和平委員会常務委員（58年7月，65年6月），中国ラテンアメリカ友好協会会長兼常務理事（60年3月），中国アフリカ学会副会長（62年4月），北京市世界語協会名誉理事長（81年1月），同会長（12月），中国文連委員及び中国作家協会会員（82年3月），中国人民対外友好協会副会長（同年3月）などの職を歴任した。94年4月北京で病死。

参考文献：北京語言学院編輯委員会編『中国文学家辞典』現代第2分冊（四川人民出版社，成都，1982年）。『中共人名録』（国立政治大学国際関係研究中心，台北，1988年3次重修）。張克明主編『中華人民共和国大辞典』（中国国際広播出版社，北京，1988年）。〔橋本高勝〕

D

達寿（たつじゅ） Dashou

（1870年～没年不詳）

字・摯甫，智甫。満州正紅旗人。清末・民国初年の官僚。

両親の名，及び家庭環境については不明。進士出身。1894年，庶吉士となる。1906年清朝が予備立憲の上諭を発して官制の改革に乗り出すと，学部右侍郎の地位にあった達寿は，翌07年日本に憲政視察のために派遣された。11年には資政院副総裁に任じられた。辛亥革命勃発の時，彼は袁世凱内閣の理藩部大臣の地位にあった。14年には高等文官懲戒委員会委員，憲法起草委員会委員となり，16年には段祺瑞内閣の内務部次長となった。翌年，張勲の復辟が行われると理藩部左侍郎に任じられた。その後，20年には徐世昌内閣の下で蒙蔵院副総裁に任じられ，22年には将軍府将軍となった。

参考文献：廖蓋隆他編『中国人名大詞典（歴史人物巻）』（上海辞書出版社，上海，1990年）。劉寿林編『辛亥以後職官年表』（文海出版社，台北，1974年）。〔嵯峨隆〕

戴（たい） 季陶（きとう） Dai Jitao

（1891年1月6日～1949年2月12日）

原名・伝賢，学名・良弼，字・選堂，季陶，号・孝園。筆名・天仇，散魂，法名・不空，不動。中国国民党右派の代表的政治家，理論家。

戴季陶は四川省漢州に生まれた。6歳で私塾に入り，科挙に挫折した後，1902年に成都の東游預備学校に入学，続いて成都客籍学堂高等科で教育をうけた。05年秋に日本へ留学し，師範学校をへて，07年秋には日本大学の法科に入学した。在学中は戴良弼と名乗り，同大学の中国人留学生組織である中国留日学生同学会会長を務めた。

1909年に帰国すると，蘇州で江蘇地方自治研修所の主任教官に任ぜられた。辞職の後，10年春には上海の『中外日報』の記者となり，ジャーナリストの道を歩む。同年，『天鐸報』に移り編集主任に抜擢され，清朝政府と梁啓超への攻撃で名をはせた。この時期，戴天仇の筆名が用いられている。

1911年春『天鐸報』で筆禍事件をおこした戴季陶は，日本を経由して南洋ペナンに亡命した。当地では『光華報』を発刊し，中国同盟会に加盟した。武昌蜂起後に上海へ帰ると，11年12月にはアメリカから帰国した孫文と初めて面識を得る。12年3月『民権報』を創刊し，編集主任を務めた。ここでは，鋭い袁世凱批判と日本の侵略性への糾弾が注目される。戴はとりわけ袁世凱批判の過激さから，一時的に公共租界当局に逮捕されている。

1912年9月孫文が全国鉄路督辦に就任すると，戴季陶は孫文の機密秘書兼日本語通訳となり現実政治の世界へと歩みだした。翌13年2月から3月には孫文の日本訪問に随行した。第2革命失敗の後は，同年9月末，先行した孫文を追って日本へ亡命した。14年には『民国雑誌』で活躍し，また東京での中華革命党の結成も助けている。16年4月，第3革命のため孫文に同行して上海へもどった。

1917年9月に広東軍政府が樹立されると，戴季陶は法制委員会委員長になり，翌18年2月には大元帥府秘書長を兼任した。同年5月孫文が広東軍政府から退出すると，戴季陶もともに広州より上海フランス租界へと移った。

1919年夏，戴季陶は胡漢民や汪精衛らと『建設』雑誌を創刊し，新たな革命の戦略・戦術を模索した。同時期，『星期評論』にも健筆をふるっている。また，五・四運動への対応は受動的であったが，大衆のもつ力の大きさを認識し，大衆を上から指導する必要性を強調した。

1920年には，上海において証券物品交易所の経営に着手する一方で，陳独秀による上海共産主義小組の結成に意欲的に加わっていた。この時期，戴季陶は『建設』雑誌にカウツキーの著作を訳載するなどマルクス主義に接近している。ただし，中国国民党との密接な関係を理由に，中共への正式な加入は拒絶している。22年秋からは孫文の命令で四川で工作に従事したが，翌年末には上海へもどった。23年10月孫文によって，廖仲愷らとともに国民党改組委員に任命され，国共合作には消極的であったが，孫にしたがい協力した。

1924年1月，中国国民党1全大会で第1期中央執行委員，常務委員，宣伝部部長に選ばれた。同年5月には，黄埔軍官学校の政治部主任を兼任した。孫文の北上，訪日に随行し，25年3月に孫文が病死すると，同年6月に著作『孫文主義之哲学的基礎』，7月に『国民革命与中国国民党』を完成させ，中国国民党右派の理論的指導者として台頭した。戴季陶の反共的な孫文主義解釈は蔣介石を思想面から支える役割を果した。また，同年7月に広州国民政府が成立すると，同委員となっている。同年11月の反共的な西山会議には，参加の意向はあったが出席していない。

1926年1月，中国国民党2全大会で第2期中央執行委員となり，同年6月には広東大学（のち中山大学に改組）校長に任ぜられた。27年2月から3月，中国国民党を代表して臨んだ日本との交渉から帰国すると，名著『日本論』を執筆し，翌28年に出版している。北伐完成後，28年10月南京国民政府が正式に成立すると，政府委員および初代考試院院長になった。以後，主に文化・教育面で活躍することになる。

1929年3月，中国国民党3全大会で第3期中央執行委員に当選した。31年の満州事変に際して，同年9月から12月にかけて国民政府特種外交委員会委員長の重責を担い，同年12月，中国国民党第4期中央執行委員に選ばれている。35年11月，中国国民党第5期中央執行委員，さらに，39年には国防最高委員会常務委員になった。45年5月中国国民党6全大会で第6期中央執行委員に選出され，48年6月には考試院院長に代わって国史館館長に任ぜられた。

1948年12月戴季陶は広州へ入り，翌49年2月に就寝したまま死去した。睡眠薬自殺ともいわれる。

参考文献：陳天錫編『戴季陶先生編年伝記』（中華叢書委員会，台北，1958年）。陳天錫編訂『戴季陶先生文存』（中央文物供応社，台北，1959年）。呉相湘主編『戴天仇文集』（文星書店，台北，1962年）。陳天錫『戴季陶先生的生平』（台湾商務印書館，台北，1968年）。章開沅主編，唐文権・桑兵編『戴季陶集（1909―1920）』（華中師範大学出版社，武昌，1990年）。桑兵・黄毅・唐文権合編『戴季陶辛亥文集（1909―1913）』上・下（中文大学出版社，香港，1991年）。嵯峨隆『戴季陶の対日観と中国革命』（東方書店，2003年）。張玉萍『戴季陶と近代日本』（法政大学出版局，2011年）。

〔望月敏弘〕

戴　戡（たい　かん）　Dai Kan

（1879年～1917年7月18日）

原名・桂齢，字・循若，号・錫九，後に改名して戴戡と称す。貴州省貴定県生まれ。民国初期の政治家。

父の名は連城，母は鐘氏。幼少の頃から学問を始め，県庠に入り廩生となった。1904年貴筑に赴き徐叔彝の下で学んだ後，県学附生として日本に留学した。日本では宏文書院に学び，更に理科専修科に進んで鉱山・冶金についての知識を深めた。その傍ら，中国の再生のためには政治改革が必要と考え，法律・政治を学んだ。

1908年に帰国した後，戴戡は同郷の陳国祥が監督を務める河南法政学堂の庶務に任じられた。翌年李経義が雲貴総督となると，雲南にある個旧錫鉱の督辦に任じられた。その後，貴州省銅仁の水銀，水城のアンチモンの輸出を企てたが，辛亥革命勃発のため計画は頓挫した。

貴州光復に伴い省内の秩序が混乱すると，戴戡は雲南に赴いて同省都督の地位にあった蔡鍔に援軍を求め，1912年唐継尭の軍隊と共に貴州へ戻った。そして同年4月唐が貴州都督に就任すると，彼は都督府左参賛に任じられ，翌年1月には実業司長，6月には民政長（14年から巡按使と名称を変更）に任じられた。彼は在職期間中，軍隊の整頓や財政の整理，更にはアヘンの禁止などに成果を上げている。なお，13年には進歩党に加入し，理事に就任している。

1915年11月巡按使の職を解かれた戴戡は，北京に行き参政院参政に任じられた。同年，袁世凱が帝制復活の試みを強行すると，戴は梁啓超，蔡鍔，蹇念益らと雲南・貴州の地で武装蜂起を決行することを画策し，蔡鍔と共に北京を離れた。翌12月彼は雲南護国軍第1軍第4梯団長（後に右翼司令官）となって，第3革命に参画した。帝制復活騒ぎが収まった翌年7月戴戡は貴州省長に任じられ，翌年9月には四川省長となり，17年4月からは督軍を兼任した。

1917年7月，張勲が北京で復辟を敢行すると，それに呼応した軍隊が四川で反乱を起こし，数万の軍勢で成都の攻撃を開始した。これに対して，戴戡は8個大隊を率いて防衛戦を繰り広げた。しかし孤立無援の中，衆寡敵せず，13昼夜にわたる攻防の末成都は陥落し，戴戡は戦死した。

参考文献：梁啓超「貴定戴公略伝」，『飲冰室合集』（上海中華書局，1936年）。姚崧齢「戴戡」，『伝記文学』24巻2期，1974年。戴汝愚他「先府君（戴戡）行述」，卞孝萱・唐文権編『辛亥人物碑伝集』（団結出版社，北京，1991年）。

〔嵯峨隆〕

戴　笠（たい　りゅう）　Dai Li

（1897年4月27日～1946年3月17日）

原名・春風，字・雨農，仮名・漢肯ほか。浙江省江山県生まれ。国民党政治家，特務「三民主義力行社」（いわゆる「藍衣社」）の巨頭。

父の名は不明，母は藍氏，3歳下の弟がいた。7歳で塾師の毛逢乙から四書を習う。11歳の時仙霞小学に入学し，1911年秋江山県文渓高等小学に進学。13年浙江省立第一中学に進み，15年浙軍第1師団潘国綱部隊の志願兵となる。22年江山県保安郷学務委員，自衛団団長。26年10月黄埔軍官学校騎兵科入学。27年4・12クーデターの時第17中隊の共産党分子の粛清に力を発揮したという。

1928年1月胡靖安に代わり政府の正式軍官たる国民革命軍総司令部連絡参謀に就任，徐州に派遣され，情報工作に従事する。31年末「密査組」が成立すると，組長に就任。32年3月1日「三民主義力行社」が南京に正式に成立すると，中央幹事に就任した。また，力行社の外郭団体として「革命青年同志会」,「革命軍人同志会」や「復興社」が成立したほか,「忠義救国会」も設けられた。4月1日力行社特務処が設けられると,戴笠が処長,鄭介民が副処長に就任した。力行社は各省に支社をつくったが,34年以後,全国の比較的大きな都市にはすべて組織を設立したという。参加者は少壮軍人,学生,知識人,工商界人士などであった。その他,戴笠は警察を重視し,32年4月警察特務処を,6月には南京特務警察幹部訓練班を創設,自ら総務組長に就任している。

1933年11月福建人民政府が成立すると,戴笠は鄭介民とともに厦門,福州に行き,第19路軍の内部瓦解を画策した。34年6月中国民権保障同盟副会長兼総幹事の楊杏仏を上海フランス租界楓林橋付近で暗殺するのを指揮し,10月には言論圧殺を目的に『申報』代表者の史量才を暗殺した。同時期,軍事委員会調査統計局が成立すると,第2処処長となる。36年陳済棠が反蔣を明確にした時,戴は香港で策動し,陳の空軍の中で買収などを行い,内部瓦解を推し進めた。同年12月西安事件の10日後,戴は自ら南京から西安に向かい,23日には張学良と直接談判して蔣介石の釈放を訴えた。なお,32年からこの間,戴は一方で日本特務機関との闘争を行い,華中・華東一帯で日本特務による破壊を防止したり,「華北分離工作」などの情報収集に尽力した。他方では,天津,武漢,南京,上海,福建,四川,陝西などの共産党組織の破壊,指導者の逮捕を行ったり,民衆の抗日救国を求める運動に対して「反政府」,「反動」のレッテルを貼り,救国会運動などの弾圧を行ったのである。

1937年8月第2次上海事件が勃発すると,敵のスパイ・漢奸の逮捕,擾乱と破壊の防止,重要物資の安全地区への移動を目的として上海に向かう。また蔣介石の命により,青幇の杜月笙と合作して1万人の抗日武装遊撃隊を組織することも目的の1つとしていた。戴笠は杜と交渉の末,「蘇浙行動委員会」を設立し,杜が主任委員,戴は書記長に就任した。さらに,民心維持を目的に上海の紳商を動かし,「上海職工委員会」も組織している。その他に第2処幹部は,地方治安機関,招商局航警と交渉の上,混合組織たる巡査隊100小組を編成し,後方と前線に配置して漢奸・敵の便衣隊の逮捕,電線・橋の保護,負傷した軍民の救援,友軍の誘導などの任務を遂行させた。こうした種々の活動の結果,37年末には第2処は直属工作地区6地区,20余站,百数十隊,工作人員3,600余人となり,無線電信200基を全国各地に配置した。

1938年3月武昌で国民党臨時全国代表大会が開催された。この時国民党の2大特務機構は拡充され,原有の軍事委員会調査統計局第1処は改組されて国民党中央調査統計局(いわゆる「中統」)になり,朱家驊が局長,徐恩曾が副局長に就任した。また,第2処は国民党軍事委員会調査統計局(いわゆる「軍統」)として長期抗戦の情報作戦の任務を負うことになり,局長に賀耀祖,副局長には戴笠が就任した。同局は,4処4室,16以上の科のほか,設計委員会,2つの訓練班,1つの系統だった電信機構を有し,外部には30余のセンター,300の工作隊,基本工作人員約7,000人を有したといわれる。当時戴は中央警官学校校務委員会主任委員を兼任しており,4月には全国警察の指導権確立のために,「中央警官学校特種警察人員訓練班」を設立することとし,「軍統」内に「臨訓班」が設けられた。戴がその重要人事,教育課程の決定権を握っていた。40年軍事委員会運輸統計局監察処処長(これは42年に改組され,水陸交通統一検査処となったが,継続して処長にとどまる),および財政部密輸取締署長となる。また,「中国人民行動委員会」を発起し,杜月笙を前面に立てながら背後で指導した。同年,後方の農業は豊作であったにもかかわらず,四川の糧価が暴騰し,例えば米価は37年の60倍に達した。戴はその要因が糧食囲い込みにあるとして摘発を進め,大川董事長・楊全宇を処刑した。

1941年戴笠はイギリスと中英情報合作所を開設するとともに,共同で抗日遊撃部隊を組織した。42年財政部戦時貨運管理局局長。アメリカ海軍のメアリー・マイルズが①気象情報網樹立,②無線偵察網樹立,③中国東南部沿海一帯の機雷布設などを目的に,重慶にやってきた。かくして42年7月に中米特種技術合作所が成立した。これは中国,アメリカの最高統帥部に直属し,戴笠が所長,マイルズが副所長に就任した。工作範囲は陥落地区から南洋各地に及ぶ広大なものであった。

1945年抗日戦争勝利後,中国国民党6全大会で中央委員に選出される。46年3月17日青島から航空委員会専用機で重慶に向かう途中,天候悪く,事故のため死亡した。

1914年に結婚した妻の毛氏は抗日戦争時期に死去,2人の子供がいたといわれる。

参考文献:沈酔・文強『戴笠其人』(文史資料出版社,北京,1980年)。沈酔『軍統内幕』(文史資料出版社,北京,1984年)。劉紹唐主編『中国人物小伝』第2冊(伝記文学出版社,台北,1977年)。良雄『戴笠伝』(伝記文学出版社,台北,1980年)。干国勲等編『藍衣社・復興社・力行社』(伝記文学出版社,台北,1984年)。

〔菊池一隆〕

戴震 Dai Zhen

（1724年1月19日～1777年7月1日）

字は慎修，また東原。安徽省徽州府休寧県の生まれ。18世紀に全盛を誇った清朝考証学の大家。訓詁学，文字音韻学，天文暦算学，数学，地理学などに優れた考証学の学派「皖（安徽）派」の領袖として著名であり，また哲学者としては朱子学の禁欲主義に異議をとなえ，欲望肯定の思想を主張した。

貧乏学者を父にもった戴震には，有名なエピソードがある。それによると，彼は数え年10歳まで言葉が喋れず，10歳のとき塾の師について初めて学問に開眼，日に数千言を暗誦できるようになった。そしてある日，朱子が注した『大学章句』の「右は経の一章」というところまで習ったとき，こう質問した。この『大学』の文章が「どうして孔子の言であり弟子の曾子が祖述したものとわかるのですか」と。塾師が「先儒朱子がそう言っているからだ」と答えると，戴震はまた質問した。「朱子はいつの時代の人ですか」と。塾師が「南宋の人だ」と答えると，また質問した。「孔子と曾子はいつの時代の人ですか」と。「東周の人だ」と答えると，また質問した。「周と宋とはどれくらい離れてますか」と。「二千年近い」と答えると，また質問した。「では朱子はどうして二千年前のことがわかったのですか」と。塾師は返答に窮し，戴震の奇才を理解した。梁啓超は『清代学術概論』にこの話を引用し，戴震が聖人，父，師の言葉といえども信用せぬこの批判精神をもっていたからこそ，「清朝一代の学派を完成し建設する事業をなしえた」と評する。

科挙万能の清代において，戴震は順風の道を歩んだわけではない。若いときから貧困に苦しみ勉学に励んだ戴震は，29歳の年ようやく休寧県の県学に入学して生員（秀才）の資格を得た。だが，第2段階のテストである郷試に及第して挙人になったのはなんと40歳。その後，5度，首都北京での最終段階の会試を受験したが，ついに合格できず，50歳のとき特命で進士の位を与えられた。

経書の文章を丸暗記して受験せねばならぬ科挙という試験制度のもとで，戴震は劣等生だったが，幅広い学問分野できわめて独創的業績をあげることができた。たとえば，20歳のとき，暦算の学で有名な江永をおどろかせた計算能力をはじめとして，20代で数学の論文「疇算」，文学音韻学の「六書論」，「爾雅文字考」，また科学技術については「周礼考工記図注」などを執筆した。31歳のとき上京し，当時盛名を馳せた銭大昕の知遇を得たのち，紀昀，秦蕙田，朱筠，王鳴盛など多くの高名の学者，名士との交際が始まり，一躍，学界の寵児となった。そして今日の文部大臣に相当する礼部尚書・王安国に招かれ，その子息・王念孫の家庭教師となったのである。

北京で生活の基盤を得た戴震は，論語，孟子などの経書に出てくる理，道，仁義礼智，性，才などといった語の意味を探求し「諸概念の字義の分析を通じて儒教体系を明らかにしよう」とした著作『緒言』，『原善』，『孟子字義疏証』を執筆した。これらの書物のなかで戴震は，朱子のいう理や節欲，禁欲は聖人の教えに反するものであり，「情や欲は人間の生命維持に不可欠」なものと考え，人間の欲望を積極的に認める主張をおこなった。

1773年乾隆帝の命による四庫全書の編集作業が開始されると，その総編集長であった紀昀は戴震の学問を高く評価して四庫全書編纂官に任命した。戴震は明代の百科全書『永楽大典』をもとにして『水経注』，『周髀算経』などを校訂するとともに，「経部」すなわち儒教経典と天文算法についての解題に精力をそそぎ，その作業の最中に病のため没した。

清代の学術を代表する考証学のなかで，蘇州に住んだ恵棟などいわゆる「呉派」の学者たちは博学多識を誇り，漢代の学者の説を復元研究することを重要視した。それに対して戴震とその弟子で「戴段二王」と呼ばれた段玉裁，王念孫，王引之たち皖派の学者は，理論性に重きを置き「文字よりして以て語言に通じ，語言よりして以て聖人の心志に通ず」ることを主張した。すなわち文字によって構成される言語，その言語によって論じられる経書の窮極の道たる聖人の心へと，演繹的な学問姿勢をうちたてた。ここに戴震の考証学がきわめて体系的（かつ近代的）な方法論をもっていたことがうかがえよう。

だが戴震は考証学のみを学問と考えていたわけではない。学問は義理（哲学），考拠（考証），辞章（文章）という3本の足つまり3要素によって成立するものと考えていた。そして30代から40代初めには，この3要素は等価値のものと考えていたが，晩年には「義理は考証と文章の源である」と述べ，最終的には「義理つまり哲学こそが学問の窮極の目的だ」と述べたのだった。けれど同時代の学者たち，とくに戴震の後楯であった朱筠などは，哲学者としての戴震の業績は無視しその考証学者としての側面を顕彰しつづけた。戴震の哲学的側面が評価されるのは，清末の章炳麟の出現を待たねばならなかった。

参考文献：『戴震文集』（中華書局，北京，1974年）。『孟子字義疏証』（「原善」，「緒言」，「孟子私淑記」など所収）（中華書局，北京，1961年）。梁啓超「戴東原哲学」，『近代中国学術論叢』（崇文書店，香港，1973年）。胡適『戴東原的哲学』，『胡適作品集』第32冊（遠流出版，台北，1986年）。余英時『論戴震与章学誠』（龍門書店，香港，1976年）。安田二郎訳『孟子字義疏証』（養徳社，1947年）。安田二郎・近藤光男『戴震集』（朝日新聞社，1971年）。〔河田悌一〕

道光帝（どうこうてい） Daoguangdi

（1782年9月16日～1850年2月25日）

名・愛新覚羅旻寧，原名・綿寧，即位後旻寧に改名。諡・成皇帝，廟号・宣宗。清朝第8代皇帝。年号，道光。仁宗嘉慶帝の第2子，母は喜塔腊氏（孝淑皇后）。皇后は，鈕祜禄氏（孝穆皇后），佟佳氏（孝慎皇后），鈕祜禄氏（孝全皇后），博爾済吉特氏（孝静皇后）。子は，奕緯，奕綱，奕継，奕詝（咸豊帝），奕誴，奕訢（恭親王），奕譞（醇親王，光緒帝の父親），奕詥，奕譓の9男10女。

1813年嘉慶帝が熱河の離宮滞在中に天理教徒・林清の一派200余人が紫禁城内に侵入する事件が起きた。その時自ら宮兵を指揮して叛徒と戦い大事を食止めた功により皇子第一等の智親王に封ぜられ，嘉慶帝の後継者としての地位を公認された。20年9月嘉慶帝の崩御にともない清朝第8代皇帝に即位し，翌年年号を道光と改めた。

乾隆の盛世から白蓮教反乱の鎮圧や度重なる黄河の氾濫等で嘉慶年間一気に傾いた清朝の国家財政は，道光帝の即位後もさらに悪化の一途を辿り，官僚の腐敗は各方面で政治の破綻を招いていた。こうした状況の中で，改革派の官僚らは長年の積弊である塩政や漕運，河工の問題を中心に様々な改革案を提起し，政治を刷新し財政を改善させ社会経済の建て直しを図ることを訴えた。道光帝は漕運については1826年48年に海運制を採用して江南の一部の漕糧を民間の船隻により海上輸送させ，塩政では1831年以降，塩の販売輸送を民間に開放する票法を淮北から順次施行するなど，改革派の提唱する一部の改革を取り入れたが，積極的な改革を志向するには到らなかった。

アヘン問題は1830年代になるとアヘンの流入による銀の流出は急速に増え財政難に拍車をかけるとともに，アヘンの浸透によって民衆生活の頽廃化が進み，社会問題としても看過しえなくなり清朝内部においても亡国の危機感が高まった。道光帝は即位当初からたびたび禁令を発してアヘンの取り締まりを厳しく命じたが，ほとんど実効をともなわなかった。1838年鴻臚寺卿・黄爵滋がアヘン吸飲者を厳罰に処す厳禁策を上奏し，湖広総督・林則徐らがそれを支持して強硬論を唱えるに及び道光帝は厳禁策で臨む決意を固め，「厳禁鴉片煙条例39条」を頒行して徹底的なアヘンの取り締まりを命じ，林則徐を欽差大臣に任命して広州での禁煙活動の指揮に当たらせた。林則徐は道光帝の支持の下に外国商人からのアヘン没収，焼却の強硬措置を講じ，アヘン戦争へと突入した。

イギリスを初めとする西洋諸国の武力による中国市場開放の動きは，改革論者らの間では早くから予想されていたが，道光帝は中国を取り巻く国際情勢への認識に欠け，華夷思想の範囲を出ることなく，自国の軍事力の実態も十分に把握しえてはいなかった。終始抗戦の意思を抱きつつも形勢不利となると和議に傾き，次第に妥協，投降派への信任を強めていった。1841年4月広州で靖逆将軍・奕山が投降し，続いて清朝のほとんど全ての精鋭兵力を傾注した浙江奪回戦に敗退すると，やむなく耆英，伊里布を欽差大臣にイギリス軍のもとに派遣して停戦を申し入れ，8月イギリス側の条件を全て認めて2100万ドルの賠償金，香港島の割譲，上海，寧波，福州，厦門，広州の5港開港を内容とする「南京条約」を締結した。次いで協定関税，領事裁判権，最恵国待遇を認めた通商条約を結び，同様の条約をアメリカやフランスなどの諸外国とも結ぶに至った。これにより中国は領土並びに主権の一部を喪失し，以後外国の侵略にさらされることになった。

「南京条約」後，国内情勢はさらに悪化した。清朝の歳入の数年分にも相当する軍事費を費消したことに加えて，条約に規定されなかったアヘンの流入は以前にも増して増え，銀の流出もいっそう増大した。清朝の財政は窮地に陥り経済は混乱し民衆の生活は破局に追い込まれた。巨額な維持費を要する河工や漕運は大幅に経費を削減され手抜き工事が蔓延し，道光末には黄河の下流域は常時浸水状態になり，現物輸送の漕運システムは機能不全に陥っていた。こうした状況に道光帝は抜本的な解決策を見出すことはできなかった。すでにアヘン戦争以前から，1826年新疆回民反乱，30年代には湖南，広西，広東の瑶民の蜂起が相次ぎ，各地で抗租抗糧闘争や阻米，搶米の騒動が発生していたが，アヘン戦争後はさらにそれが激化し頻発した。また破産農民や戦争中招募されて解雇された兵士や郷勇，流通ルートの変更で失業した労働者らが膨大な遊民の群れを形成し，天地会などの秘密結社の蜂起も相次ぎ，次第に太平天国を中心とする民衆蜂起の大きなうねりを形成していった。道光末には太平天国の母胎となった広西省は天地会勢力によって埋め尽くされ，無政府状態を現出していた。道光帝はそうした混乱の時代の幕開けとともにその治世を終えた。墓は慕陵（河北省易県）で52年に埋葬された。

参考文献：『宣宗成皇帝実録』（1856年纂修。中華書局，北京，2008年）。趙爾巽等撰『清史稿』巻17～19，宣宗本紀1～3（中華書局，北京，1977年）。孫文範・馮士鉢・于伯銘『清帝列伝　道光帝』（吉林文史出版社，長春，1993年）。張玉芬「道光皇帝述評」，『史学月刊』1986年4期。
〔白川知多〕

徳楞泰（とくろうたい） Delengtai

（1745年12月2日～1809年4月23日）

姓・伍弥特（ウミト）氏，字・惇堂，諡・壮果。蒙古正黄旗人。家はチャハルの出身であったが，徳楞泰（デレンタイ）は北京生まれ。清代乾隆・嘉慶年間の諸反乱の弾圧に尽力した武将。

徳楞泰は乾隆年間，金川の乱，甘粛回教徒の乱，台湾林爽文の乱鎮圧に従軍，1792年には福康安（フカンガ）に従って額勒登保（エルデンボー）とともにネパールに遠征，戦功により副都統となる。95年再び福康安に従い，苗族の反乱を鎮圧するため湖南へ赴いた。しかし，翌96年嘉慶白蓮教徒の反乱が勃発，97年2月命を受け白蓮教徒反乱軍を鎮圧するため明亮（ミンリャン）とともに四川へ転じた。

徳楞泰は武人として生涯を従軍の連続のうちに過ごしたが，中でも最も大きな役割を果したのが，この嘉慶白蓮教徒反乱の鎮圧である。徳楞泰と明亮はまず四川東郷県にて徐添徳・王三槐・冷添禄らの率いる教軍と戦闘を繰り返し，1797年5月には四川教軍の教首・孫士鳳を敗死させるなどかなりの戦果を上げた。しかしこの時，姚之富・斉王氏らの率いる湖北襄陽教軍が陝西を経て四川に侵入，戦況は一変した。徳楞泰らは四川教軍と対峙するばかりでなく，ゲリラ戦を繰り返す襄陽教軍を追走せねばならなくなった。この年の末から翌98年初頭にかけて襄陽教軍は四川から湖北へ，湖北から陝西へ，陝西から再び湖北へと目まぐるしく移動し，清軍を翻弄した。98年に入ると，湖北西部で活動していた長陽県蜂起軍を消滅させた額勒登保は，ただちに陝西へ向かい徳楞泰・明亮と協力して襄陽教軍の進路を塞いだ。3月，徳楞泰・明亮は郷勇の協力のもとに襄陽教軍を鄖西県に追いつめ，襄陽黄号の指導者，姚之富・斉王氏は崖の上から身を投げて死を選んだ。徳楞泰は次いで四川に入り，巴州白号の羅其清，通江藍号の冉文儔らの籠る箕山の山寨を額勒登保とともに攻略した。更に敗走する教軍を追撃，11月には羅其清を逮捕，翌99年1月には冉文儔を敗死させた。

1799年1月乾隆帝が死亡，嘉慶帝の親政が始まると清軍の陣容にも大きな変化が生じた。嘉慶帝は教乱鎮圧軍の軍紀粛正と指揮系統の確立を目指し，勒保（レボー）を経略大臣に命じて鎮圧の総責任者とし，額勒登保・明亮を参賛大臣として補佐せしめた。しかし勒保は見るべき戦果を上げられなかったため，8月新たに額勒登保を経略大臣に抜擢するとともに，参賛大臣には徳楞泰を任命したのである。こうして徳楞泰は名実とともに教乱鎮圧の中心的役割を担った。1800年通江藍号・冉添元は，太平黄号・徐万富，東郷白号・張之聰ら，生き残った領袖たちを糾合，嘉陵江を渡り成都間近の江油県・彰明県一帯にまで迫った。徳楞泰は急行してこれに当り，3月両軍は江油県馬蹄崗にて激突することになった。この戦闘は，徳楞泰自身も一時は死を覚悟したほど激しい戦いとなったが，郷勇・羅思挙の来援もあって清軍は辛うじて勝利を収めることができた。これが嘉慶白蓮教徒の反乱における最後の大規模な決戦であった。

嘉慶帝の親政前後から次第に教軍が衰微に向かった原因の1つに堅壁清野政策――堡寨を築いて住民とその財産を避難させ，教軍の補給路を断つ策――の推進がある。教軍の鎮圧に携わった諸将のうち，徳楞泰は最も早期の1797年10月，堡寨の必要性を認識し，上奏していた。堡寨建築，郷勇・団練の組織など，在地の地主勢力に依据した政策の遂行により，鎮圧は初めて可能であった。1805年北京に帰り，正白旗領侍衛内大臣に任命された。翌06年，寧陝鎮の兵叛が起こると，徳楞泰は再び陝西へ向かった。更に07年には陝西西郷県瓦石坪の兵叛を鎮圧したが，09年陰暦3月9日，西安にて病没した。

参考文献：民国清史館編『清史稿』列伝131（民国清史館，北京，1927年）。民国中華書局編『清史列伝』巻29（中華書局，上海，1928年）。『徳壮果公年譜』。中国社会科学院歴史研究所清史室・資料室編『清中期五省白蓮教起義資料』第1～5冊（江蘇人民出版社，南京，1981～82年）。
〔山田賢〕

徳王（とくおう） Dewang

（1902年2月8日～1966年5月23日）

モンゴル名・デムチュクドンロブ（徳穆楚古棟魯普），漢語での字・希賢，漢語通称・徳王。内蒙古シリンゴル盟西スニト旗生まれ。原籍，同前。モンゴル人。内モンゴル自治運動の指導者，日本の傀儡政権であったモンゴル自治政府の主席。

西スニト旗長，多羅杜稜郡王である父ナムジルワンチョク（那木済勒旺楚克）の第1子として生まれる。漢族の蒙地屯墾に対抗し，モンゴルを復興するためには，伝統的な盟旗の団結，統一組織と統一的な指導者が必要と考え，チンギス・カン第30代目の子孫として自らその指導者たることを目指した。1908年父の死に伴って，後見人のもと西スニト旗長，郡王の地位を継承。12年和碩杜稜親王に昇進。16年スブジトマ（色布吉徳瑪）と結婚し，1子をもうけるが翌年に妻が死去。20年にリンチンツォ（額仁欽朝）と再婚し，あわせて7男4女（2男3女は幼少時に死去）をもうけた。19年に正式に旗長の印綬を帯び，24年シリンゴル盟の副盟長に就任した。

王府で幼き頃より複数の家庭教師による教育を受け，漢文，モンゴル文を学び，チベット仏教の経典も学んだ。旗長としてラマ僧の人数を減らし，学校設立に努めた。

1925年2月段祺瑞が北京で招集した善後会議に出席し，北京蒙蔵学校学生，在京モンゴル人士による蒙地屯墾反対の請願運動に参加した。31年11月シリンゴル盟長索王の病気療養によりシリンゴル盟の権力を掌握すると，盟長の名義で国民政府に通電し，31年10月公布の「蒙古盟部旗組織法」に反対した。第9世パンチェンラマの信任を得たことによって他の王公に一目置かれるようになり，32年5月各盟旗王公から南京国民政府に対しモンゴル宣撫使として推薦された。蔣介石は徳王に関心を持ち，10月徳王を武漢に招いて謁見した。徳王は各盟旗代表とともに南京で旧来の盟旗制による自治と軍権獲得を求めたが果せず，32年末西スニト旗へ戻った。

1933年モンゴル知識青年の支持を得て内モンゴル高度自治運動を開始した。西部内モンゴルの各盟旗の王公を招集して百霊廟会議を開催し，綏遠，チャハル両省廃止と統一的な内モンゴル自治政府の設立を国民政府に要求した。国民政府は「蒙古地方自治政務委員会」の設置を許可し，それによって34年4月百霊廟蒙政会が成立した。蒙政会は省，県の圧力と財政難に悩み，徳王は日本からの籠絡工作を交渉材料としながら，蔣介石の力を借りて自己の力の拡充を目指した。しかし満足いく援助を受けられず，34年末蔣介石に釈放を依頼した側近の韓鳳林が殺害されたことを契機に，日本の力を利用して独立を実現することを考えるようになった。35年10月第3回蒙政会総会で日本との協力を決定し，11月に関東軍の招待で満州国を訪問した。

1936年1月関東軍の影響下にチャハル盟公署が成立すると，2月徳王は西スニト旗でモンゴル軍総司令部を設立したが，各盟旗の協力を得られず実権を有さなかった。そこで各盟旗に呼びかけ4月に第1回モンゴル大会を開催した。大会では呉鶴齢が蔣介石から直接「自救自全」の承認を得たことを踏まえ，日本が個別に各旗を支配することを防ぐために一致団結し，表面上日本と協力することが訴えられ，モンゴル建国案，モンゴル軍政府樹立案等が決議された。決議に基づいて5月に徳化でモンゴル軍政府が樹立され，徳王は軍政府総裁とモンゴル軍総司令を兼任した。6月2度目の満州国訪問をおこなった。モンゴル軍政府は財政難から行き詰まり，関東軍参謀田中隆吉に扇動されて，11月綏遠事件を起こしたが失敗し，百霊廟を失った。折よく西安事件が発生して停戦が実現し，徳王は窮地を脱した。

1937年8月モンゴル軍は関東軍の攻撃に便乗して綏遠省に攻め込んだ。徳王はモンゴルの独立建国を実現しようとしたが関東軍に反対されたため，10月にモンゴル連盟自治政府を樹立し，副主席と政務院長を務めた。主席の病死に伴って，38年7月主席に選出された。10，11月には駐蒙軍の手配で初めて訪日した。駐蒙軍は39年9月に察南，晋北，モンゴル連盟の蒙疆3自治政府を合併してモンゴル連合自治政府を樹立し，徳王が自治政府主席に就任した。徳王はモンゴル自治国の建国を求めたが認められなかった。彼は日本との協力をあきらめ，脱出を企てて蔣介石と連絡をとった。しかし40年春計画が駐蒙軍に露見し失敗した。41年2月2度目の訪日，42年4月3度目の満州国訪問を行った。41年8月，モンゴル連合自治政府は駐蒙軍からモンゴル自治邦と自称することを認められ成立を宣言したが，式典も宣伝も行われなかった。

日本の敗戦後，徳王は北平へ脱出し蔣介石のもとに身を寄せ，1949年1月南京に移動した。4月権力の空白を利用して再び自治運動を進めるためアラシャン旗に移動し，8月モンゴル自治政府を樹立した。人民解放軍が迫ったため，12月モンゴル人民共和国に逃れた。50年9月中国に送還され，63年まで獄中で過ごした。66年5月フフホトにて肝臓がんで死去。

参考文献：ドムチョクドンロプ『徳王自伝』（森久男訳，岩波書店，1994年）。森久男『徳王の研究』（創土社，2000年）。張憲文・方慶秋・黄美真主編『中華民国史大辞典』（江蘇古籍出版社，南京，2002年）。　〔木下恵二〕

鄧（とう）　宝珊（ほうさん）　Deng Baoshan

（1894年11月10日～1968年11月27日）

原名・瑜，字・宝珊。甘粛省秦州生まれ。軍人，中国国民党員，中国国民党革命委員会副主席。

父・鄧尚賢は貧しい読書人であったが，後に商売に転じた。1907年，鄧宝珊は両親と死別，蘭州に出てタバコ工場の徒弟となる。09年，新軍に入隊して新疆に行き，10年7月，伊犁で中国同盟会に加入，12

年1月，伊犁蜂起に参加した。

1916年，陝西の陳樹藩軍の胡景翼部隊の中隊長となり，18年1月，陝西靖国軍を組織して護法運動に参加した。24年，北京政変の後，馮玉祥の国民軍第2軍第7師長となる。25年春，胡景翼の移動に伴い，河南省陝県に駐屯，中共党員・胡重差を所長とする軍官伝習所を開設，又同じく中共党員・葛霽雲を秘書長とした。26年，国民軍は奉直連合軍に敗れ，西北に退却して部隊の立て直しに努めた。9月，ソ連から帰国した馮玉祥は五原誓師を挙行して広東の北伐軍に呼応，鄧宝珊は国民連軍援陝副総指揮に任命された。10月，陝西省乾県に軍官教導隊を開設，鄧小平を政治教育の教官として招いた。27年1月，西安に国民連軍駐陝総司令部が設置され，于右任が総司令，鄧が副総司令，劉伯堅（中共党員）が総政治部主任となった。

1927年4月，4・12クーデター後，馮玉祥は一旦武漢政府に参加したが，6月蒋介石との合作に踏み切る。鄧宝珊は離隊して上海に行き，そこで周恩来と出会った。

1930年，中原大戦が勃発するや馮は，鄧宝珊を呼び戻し，第8方面軍総司令に任命した。馮軍敗北後，河南省許昌で鄧は蔣介石の意を受けた一部将兵の反乱により一時拘留されたが，後に上海仏租界に逃れた。32年3月，楊虎城の要請で西安綏靖公署駐甘行署主任となり，33年4月から一時甘粛省主席代理を務めた。34年，新編第1軍長となる。35年，長征途上の紅軍に対しては攻撃を控え，山西省の閻錫山，西安の張学良，楊虎城らと交流を深めた。

1938年第21軍団長兼新1軍長となり，さらに晋陝綏辺区総司令に就任，抗日戦争終結まで陝西省楡林に駐屯した。この間39年以降，しばしば延安を訪れ，毛沢東，朱徳らと親交を深め，たびたびの反共高潮にも動じなかった。45年5月，国民党6全大会で中央監察委員に選出された。

1946年3月，国民党6期2中全会出席後，内戦回避のため，楡林に戻ることを一時拒んだ。47年夏，劉紹庭が朱徳，続範亭の親書を携えて鄧宝珊を訪ね，国民党に対する決起を促した。49年1月，傅作義軍の代表として人民解放軍との北京の和平解放交渉に参加，その後傅とともに新民主主義革命の道に合流した。9月，綏遠の平和的解放実現に努める一方，政治協商会議に参加，全国委員に選出された。

中華人民共和国成立後は，甘粛省人民政府主席，全国政治協商会議，全国人民代表大会の代表，国防委員会委員を歴任，又，1953年3月，中国国民党革命委員会に加入，56年3月，副主席に選ばれたが，68年11月，北京で病没した。

参考文献：全国政協文史資料研究委員会等合編『鄧宝珊将軍』（文史資料出版社，北京，1985年）。中国社会科学院近代史研究所主編『民国人物伝』6巻（中華書局，北京，1987年）。
〔安井三吉〕

鄧（とう）　初民（しょみん）　Deng Chumin

（1889年10月20日～1981年2月4日）

原名・経喜，改名・希禹，初民，字・昌権。筆名・肥豬，田原。原籍，湖北省石首県，同地生まれ。マルクス主義政治学者，中国民主同盟の理論家，幹部。

祖父は小作農だったが，父親は村の私塾で教え，漢方医もしていた。5歳から父の私塾で教育を受け，古代の歴史に興味を示す。辛亥革命前，荊南中学に入学し，帝国主義と封建制度の人民への圧迫をきいて，救国救民の思想に芽生え，1910年同盟会の綱領を宣伝して革命への道を歩み始める。12年武漢の江漢大学に入学し，社会発展史を学んで「無階級無搾取の社会」を望んで，初民と改名した。

辛亥革命の失敗に失望した鄧初民は，日本に渡り，法政大学に入学して法律を専攻した。この時期，河上肇の『資本論』の講義を聞き，『共産党宣言』を読んで，マルクス主義の学説にはじめて接した。1915年袁世凱の帝制復活と日本の21カ条要求に反対し，中国人在日留学生の間に「中国留日学生総会」を結成し，総会評議会会長となり，会報『民彝』の編集にあたった。17年法政大学を卒業して帰国したが，中国の現状に失望して，郷里に引きこもった。19年6月，太原の法政専門学校に就職し，五・四の新文化運動の影響をうけて，何人かの教師と共同で労働者夜間学校を組織し，雑誌『新覚路』を発刊して進歩的思想を宣伝した。

1924年湖北の法政大学の招きにより，教務長として武漢に移った。この時董必武の紹介で国民党に加入し，25年湖北省党部執行委員会常務委員に選出され，青年部長と宣伝部長を兼務した。26年10月北伐軍の武昌攻略後，湖北省政務委員となり，土豪劣紳を糾弾した。27年7月の武漢国民政府の分裂後，湖北省委員を解任され，同年末上海に逃れた。上海では暨南大学で社会発展史を教え，法政学院・芸術大学・大陸大学・中国公学などでも講義をした。この時「中国社会科学家連盟」に加盟し，主席となった。この時期に，弁証法的唯物論とマルクス主義の階級闘争の理論を系統的に学び，マルクス主義理論に立った『政治科学大綱』と『政治学』を著した。

1931年9月18日の満州事変後，各地で講演して蔣介石の「案内攘外論」の誤りを指摘し，民衆に抗日に立ち上がるよう訴えた。その活動によって，33年夏休み中に，暨南大学を解雇され，広州の中山大学に移った。35年“12・9”運動が起こると，学生と一緒にデモに参加したため，国民党の特務の監視をうけて，香港に避難せざるをえなくなった。36年2月広西大学の教師となり，6月の広西派（李宗仁・白崇禧）の「反蔣抗日」の旗上げに際しては，山西軍閥・閻錫山の支持を得るため，山西に派遣された。閻の同意も得られず鄧初民が広西に帰った時，すでに李・白は蔣介石と妥協し，真の抗日分子に打撃を加えており，彼も37年には広西大学の職を停止された。

1937年9月，広西から武漢に移り，抗日救国活動に従事し，38年春には沙市の朝陽学院の政治学科主任となり，馬哲民・黄松齢などと抗日救国活動を続けた。この夏，同学院の成都移転とともに成都に移り，前記の2人と“鄧馬黄”の筆名で，中共の抗日方針と辺区の民主政治を宣伝するとともに，地方実力者の劉文輝・鄧錫侯・藩文華らに統一戦線工作を進めた。その後成都の国民党の反動支配が強まったため，40年末には重慶に移り，41年王昆侖らと「中国民主革命同盟」を組織し，救国会に加入した。44年中国民主同盟に個人の資格で参加し，中央委員に選出され，重慶の民盟機関誌『民主星期刊』の編集長となり，46年6月には『唯民周刊』を編集した。この間，国民党上層人士への工作を担当し，彼らの抗戦堅持の姿勢を支えた。

1947年1月，民盟2中全会に参加のため上海に至ったが，蔣介石の反動支配が強まったことから，3月には香港に逃れた。この時期，民盟の進路をめぐる論争のなかで，一貫して「第三の道」，「中間路線」を批判し，理論家として，民盟の革命的立場の堅持に貢献した。同じ時期，国民党革命委員会の結成準備にも参画し，中央常務委員に選出され，49年1月東北解放区から北京に入り新政治協商会議の準備工作に参加した。

人民共和国成立後は，1952年山西省人民政府副主席となり，その後，山西大学学長，中国政治学会名誉会長，第1～5期全人代常務委員などの職責を担ったが，57年の反右派闘争に際してどのような態度をとったかは，明らかではない。58年，健康を害し山西省の職務を解かれ，北京に移って民盟の副主席となった。62年，73歳の高齢で中国共産党に入党を認められた。81年2月北京で病死した。

参考文献：『中国社会史教程』（文化供応社，上海，1942年）。『民主的理論与実践』（重慶文治出版社，重慶，1945年）。『世界民主政治的新趨勢』（重慶文治出版社，重慶，1946年）。『階級論』（香港大千印刷公司，香港，1948年）。『新中国政治問題講話』（香港大千印刷公司，香港，1949年）。『怎様培養青年的共産主義道徳品質』（上海新知識出版社，上海，1956年）。「九十述感」，『湖北文史資料』3輯，1981年9月。いずれも鄧初民著。

〔平野正〕

鄧（とう）　恩銘（おんめい）　Deng Enming

（1901年1月5日～1931年4月5日）

原名・恩明，字・仲尭，別名・建勲，尭欽，仮名・廖貴松，黄伯雲，黄仲雲。貴州省荔波県水堡寨生まれ。水族出身。中国共産党の指導者。

鄧恩銘は医者の家庭に育ち，早くから私塾や「荔泉書院」で学び，1918年には済南省立第一中学に入学した。19年に五・四運動が始まると，省立第一中学の学生自治会の責任者として参加し，一中校報を刊行した。この運動の中で，山東省立一師の王尽美と親しくなり，協力して励新学会を結成した（同会は半月刊誌『励新』を刊行した）。その後，意見対立から学会は分裂したが，鄧は王尽美とともに学会の左派過激分子を集めて，20年9月，新たにマルクス学説研究会を結成し，マルクス主義理論の研究及び宣伝を行った。鄧恩銘と王尽美はこの研究会を基礎として，翌21年初頭に山東共産主義小組を形成し，その小組の代表として同年7月，中共1全大会に参加した。

1全大会終了後，2人は山東省に戻り，中共山東支部を設立し，王尽美が書記，鄧恩銘は支部委員となった。1922年1月には張国燾，王尽美，鄧培らとともにモスクワに赴き，極東各国の共産党及び民族革命団体の第1回代表大会に出席し，7月には上海で開かれた中共2全大会に参加した。その後23年4月に青島市に派遣されて以後，鄧は山東工作に専念した。青島では中共青島支部を速やかに組織し，24年春には中共青島市委を組織するまでになった。鄧恩銘は自ら築き上げた青島の共産党組織を拠点として，25年2月には膠済鉄道の労働者などを，そして4月には四方工業区の日本の紡績工場の労働者を動員し，大規模なストライキを展開した。この年の7月，済南で山東省の国民党第1回全省代表大会が開催されたが，鄧は統一戦線政策に基づき大会に出席，大会において設立された国民党山東省党部の執行委委員に選出された。同年9月中共内においても，鄧恩銘は山東区委書記となり，山東省における，国共両党にまたがる重要な指導者になったのである。

ところが，1925年11月，日本と結んだ山東軍閥の張宗昌によって，済南で捕えられ投獄されてしまう。

しかし，獄中生活で結核の病状が悪化し，26年春に保釈される。保釈後，同年6月には病気が治癒しないままに青島に戻り，張宗昌に破壊された党組織の回復に努めた（当時，中共青島市委書記）。翌27年4月武漢で開催された中共5全大会に出席し，席上，他の代表たちとともに陳独秀の対国民党政策を「右傾機会主義」と批判した。大会終了後山東に戻り，中共山東省委書記に就任したが，同年10月の山東省委改組において，依然として国共合作に固執していた盧復担に書記の地位を奪われ，鄧恩銘は省委委員に地位が低下してしまう。その後鄧恩銘は青島に戻り，中共青島市委書記として工作に従事した。28年12月，山東省委への報告のため済南に赴いたところをマルクス学説研究会創立時からの同志であった王復元の密告によって再び逮捕投獄された。王復元は中共山東省委の指導者の1人であり，国民党左派の汪精衛グループと交流があった人物である。鄧は29年の4月と7月に2度にわたって脱獄を計画した。2度目の計画では脱獄そのものには成功したものの，結核の悪化のため逃げきれず捕えられた。31年4月済南において処刑された。

参考文献：中共党史人物研究会編『中共党史人物伝』2巻（陝西人民出版社，西安，1981年）。陳玉堂編『中共党史人物別名録』（紅旗出版社，北京，1985年）。王永均・劉建皋編『中国現代史人物伝』（四川人民出版社，成都，1986年）。『不屈的共産党人』1（人民出版社，北京，1980年）。

〔中村楼蘭〕

鄧（とう）発（はつ）　Deng Fa

（1906年3月7日～1946年4月8日）

原名・元釗，幼名・八仔，化名・方林，別名・易林，方村，鄧広仁，鄧広銘，鄧英銘。広東省雲浮県生まれ。中国共産党の労働運動指導者。特務・情報工作専門家。

父・興盛は雇農兼雑役夫，母・欧氏との間に子女10人をもうける。鄧発は第8子。父は読み書き計算が多少でき，極貧の中で子供に教育を受けさせようと苦労した。1917～21年東明小学，のち城西小学に学び，成績優秀で，19年の五・四運動のときは反帝国主義デモなどに積極的に参加した。生活苦のため21年退学し，広州でホテルのボーイや雑役夫，香港でコックや船員などをした。22年春香港船員ストライキ闘争のとき船員労働組合に入り，ストライキ闘争で活動分子になる。

1925年5・30運動が広州，香港に飛火し，7月省港ストライキ委員会（委員長・蘇兆徴）が成立，ストライキ労働者代表としてストライキ委員会に参加し，労働者糾察隊隊長や宣伝隊小隊長として活躍，同年秋蘇兆徴の紹介で中国共産党に入党した。26年北伐戦争のとき，国民党広東省党部北伐青年工作隊隊長となる。

1927年大革命敗北後，広州共産党員が逮捕・殺害の危機に直面する中，文書の始末や同志の安全確保などに機敏かつ巧妙に対処し，12月広州暴動に労働者赤衛隊を組織して参加した。暴動敗北後一時郷里に戻り，28年中共香港市委組織部部長となって，上海の中共中央政治局に周恩来が創設した中央特務科の指導下に香港の特務工作に従事し，中共広東省委委員に補選され，全国総工会南方代表や香港工人代表会議主席となって香港労働運動指導者として名をなす。29年中共広州市委書記，香港市委書記を歴任，また広東省委委員も兼任し，30年春中共広東省委組織部部長となる。同年秋国民党官憲に逮捕されたが，機知をもって正体を看破されずに出獄，李立三路線を執行停止にした同年9月の上海における中共6期3中全会に出席して，党中央委員に補選される。直ちに3中全会決議伝達の任務を与えられて閩西ソヴィエト区に派遣され，12月には新たに成立した中共閩粤贛特委書記兼軍事委員会書記となる。

1931年1月上海の中共6期4中全会でコミンテルン駐華代表ミフの後援で王明（陳紹禹）が党指導権を握ると，4月に中共閩粤贛特委の4中全会決議受諾を指導し，党内の反革命分子を粛清せよという党中央の指示を受けて5月に粛反工作を拡大するという誤りを犯した。7月党中央の命令で江西中央ソヴィエト区に派遣され，紅軍総司令部政治保衛処で特務工作を担当，同年11月江西省瑞金で成立した中華ソヴィエト共和国第1期中央執行委員会（主席・毛沢東）委員63人中の1人，国家政治保衛局局長，中共蘇区中央局委員となる。34年1月瑞金の中共6期5中全会で候補政治局員となる。同月第2回全国ソヴィエト代表大会で中華ソヴィエト共和国第2期中央執行委員，中央政府主席団17人中の1人となり，国家政治保衛局局長にも留任した。34年10月長征に参加し，35年10月陝北ソヴィエト到着後はソヴィエト中央政府西北辦事処糧食部部長に就任。

1936年6月党中央の委託でコミンテルンへの報告のため新疆経由でモスクワに発ち，37年にはコミンテルン駐在中国共産党代表団の一員となった。同年秋，抗日民族統一戦線工作の一環として新疆の盛世才の支持をとりつけるべく，方林の偽名で18集団軍駐新疆辦事処主任となって活躍し，後任の陳潭秋の到着後39年冬延安に戻り，中央党校校長に就任した。40年初め中共中央職工運動委員会書記を兼任して『中国工人』を発刊，2月には延安各界憲政促進会理事をも兼任した。

1945年9月から10月にパリで開催された世界労働者大会に延安の労働組合を代表して出席，ヨーロッパ各国を歴訪して中国の実情と主張を宣伝してまわった。46年1月上海経由で重慶に行き，延安に帰る飛行機で，同乗の秦邦憲，王若飛，葉挺らもろとも4月8日に遭難死した。『解放日報』に各界弔辞・追想録100余篇が捧げられたという。妻・陳慧清とは29年に結婚している。

参考文献：廖斌志「鄧発同志」，陳用文「哀悼中国職工運動的領導者―鄧発同志」，華応申編『中国共産党烈士伝』（新民主出版社，香港，1949年）。楊世蘭・陸永棣・李忍子「鄧発」，中共党史人物研究会編『中共党史人物伝』1巻（陝西人民出版社，西安，1980年）。何錦洲「矢志献身為人民―鄧発伝略」，『不屈的共産党人』2（人民出版社，北京，1981年）。藤田正典編『現代中国人物別称総覧』（汲古書院，1986年）。　〔蜂屋亮子〕

鄧（とう）　華（か）　Deng Hua

（1910年4月28日～1980年7月3日）

原名・多華。字・実秋。湖南省郴県永寧区生まれ。人民解放軍軍人。上将。

私塾教師の家庭に生まれ，長沙での中学時代革命情勢に刺激され1927年3月中共入党。朱徳，陳毅に従って各地を転戦，28年井崗山で毛沢東と合流。5回の反包囲戦役に参加。長征では紅1軍に所属。36年6月抗日紅軍大学（校長・林彪）で学習。同年第1軍団第1師政治委員（師長・楊成武）。

抗日戦争期は八路軍第115師（師長・林彪）第34旅第685団副団長（団長・楊得志），主として晋察冀辺区で活動。1937年9月平型関の戦闘に参加。38年2月鄧華支隊を組織，6月第120師宋時輪支隊と八路軍第4縦隊を編成（司令員・宋時輪），政治委員，北平から熱河を経て冀東に挺進，8月冀察熱遼軍区を設立して政治委員（司令員・宋時輪）。39年8月百団大戦に参加。43年12月晋察冀軍区（司令員・聶栄臻）第4軍分区司令員兼政治委員。

日本降伏後東北に進撃。1946年7月西満軍区（司令員・黄克誠，政治委員・李富春）遼吉軍区司令員（政治委員・陶鋳）。47年東北野戦軍（司令員・林彪）第7縦隊司令員（政治委員・陶鋳）。48年9～11月遼瀋戦役に参加。48年11月～49年1月平津戦役に参加。49年1月第4野戦軍（司令員・林彪）第15兵団司令員。4月長江を渡河して南下，10月広州を解放，広州警備司令員，同軍事管制委員会主任，広州軍区第1副司令員（司令員・葉剣英）。50年2～4月第15兵団主力を率いて海南島を攻略，海南軍事管制委員会・海南軍政委員会主任を兼任。華南軍区（司令員・葉剣英）参謀長。

1950年7月毛沢東の指示により東北辺防軍13兵団を組織して朝鮮戦争参戦を準備，10月参戦，米軍第8軍を撃破。51年2月中国人民志願軍（司令員・彭徳懐）第1副司令員，7月開城での停戦会談に参加。52年9～10月全戦線にわたる反撃と上甘嶺戦役を指揮して国連軍の北上を阻止。53年7月朝鮮戦争停戦により彭徳懐が帰国した後をうけて，人民志願軍司令員兼政治委員，同月朝鮮より一級国旗勲章を授与される。12月帰国。54年9月第1期全人代人民志願軍代表，国防委員会委員。55年3月東北軍区司令員。5月接収指導小組副組長（代表・蕭勁光）として旅順・大連基地の中国返還に調印。9月一級八一勲章，一級独立自由勲章，一級解放勲章を授与され，上将。同年10～11月遼東半島での反上陸戦役演習副総指揮（総指揮・葉剣英）。56年9月中共8全大会で中央委員，同月ユーゴスラヴィア・ブルガリア軍事視察団長。

1958年中共中央軍事委員会拡大会議における近代化・正規化軍事路線から毛沢東軍事路線への転換に伴い，同年秋楊得志，洪学智ら朝鮮戦争指揮官らと「下連当兵」（将校が中隊で一兵卒になること）に参加。59年夏，廬山会議で彭徳懐の軍事クラブの一員として批判され，すべての職務から解任。60年5月四川省副省長，農業機械部門を担当。67年紅衛兵から批判・暴行を受ける。68年中共8期12中全会で復帰。69年4月中共9期中央委員会候補委員。77年8月中共中央軍事委員会委員，軍事科学院副院長。1980年7月3日上海で死去。

参考文献：黄震遐編『中共軍人誌』（当代歴史研究所，香港，1968年）。羅印文「鄧華」，中共党史人物研究会編『中共党史人物伝』32巻（陝西人民出版社，西安，1987年）。

〔平松茂雄〕

鄧（とう）　家彦（かげん）　Deng Jiayan

（1883年8月30日～1966年3月18日）

字・孟碩。広西省桂林県生まれ。中国国民党中央執行委員（第3期）。党の宣伝工作担当。

鄧家彦の家は，代々県知事などを務めた官吏の家であり，父・慶森も郷紳であった。1895年鄧は，桂林培風書院及び体用学堂において勉学する。1900年，培風書院において同級生となった馬君武とマカオに行き，儲才学堂に入学したが，学費が続かず，桂林に戻る。その後，四川高等学堂への入学を試み，留学予備班に入る。四川に2年間学んだ後，日本に渡り，東京で働きながら勉学する。05年8月孫文の設立した中国同盟会に加入し，同盟会司法総長及び広西分会長に選出される。

帰国後鄧は，四川省の隆昌及び成都で中学教員となる。その間，鄧家彦は革命の宣伝につとめ，組織の拡大を図り，同盟会四川支部を成立させる。しかし，当時四川都督であった錫良はこれを危険として，鄧の逮捕令を出す。1908年，鄧は官費留学生としてイリノイ州立大学に入学し，鉄道学を学ぶ。11年10月辛亥革命が起きると，鄧は帰国し，中華民国臨時参議院議員になる。また，彼は上海で『中華民報』を創刊し，ここで「共和」を鼓吹し，主義の宣伝につとめる。

鄧家彦は参議院議員の任期中，主に建都問題に関わり，多くの人から意見を集める。彼は南京建都を提議し，これを国会で通過させる。1913年3月20日袁世凱による宋教仁暗殺事件が起きると，鄧は『中華民報』誌上で袁批判を展開し，袁から逮捕，投獄される。6カ月後釈放され，14年東京を経由して米に渡り，コロンビア大学で政治経済学を学ぶ。16年帰国して討袁闘争に参加し，北京に赴き胡適と共に『国際連盟規約』を翻訳して出版する。17年5月6日，謝蘭馨と結婚する。その後，鄧は広州に戻って護法戦争に参加する。19年春米人バーと北京で中美通訊社を創設する。

1921年鄧家彦は中国国民党広州特設辦事処宣伝部長に任ぜられ，北伐軍に従って広西省に入り最高会議参議並びに国民党広西支部長に就く。22年ドイツに赴いて党務を研究する。24年1月国民党1全大会においては，不在のまま第1期中央執行委員候補に選出される。11月帰国し，26年4月国民外交協会名誉会長に就任する。また，上海で章炳麟と上海反赤救国大連合を組織し，理事になる。この年，上海で馬素と共に『独立週刊』を創刊する。その後彼は，「清党」問題で入獄するが，31年夏保釈され，中央執行委員に復帰する。また，34年1月には国民政府委員に就任する。

1937年日中戦争が起きると，鄧家彦は広西戦区党政軍事を視察し，39年中央常務委員及び国防最高委員会常務委員に任ぜられる。日中戦争終了後，47年米に渡り，49年哲学博士号を取得する。52年台湾に移住し，中央評議委員及び総統府国策顧問に任ぜられる。60年12月から61年4月の間，中央研究員近代史研究所研究員・敦廷以らの訪問を受け，『口述歴史叢書』を作成する。66年3月台北の栄民総医院で病のため死去する。

著書に，『一技廬詩鈔』，『民族語原』，『黒獄生涯』などがある。

参考文献：劉紹唐主編『民国人物小伝』第4冊（伝記文学出版社，台北，1981年）。杜元戴主編『革命人物誌』（中央文物供応社，台北，1973年）。敦廷以他編『鄧家彦先生訪問紀録』（中央研究院近代史研究所，台北，1990年）。鄭逸梅編『南社叢談』（上海人民出版社，上海，1981年）。

〔家近亮子〕

鄧（とう）　廷楨（ていてい）　Deng Tingzhen

（1776年～1846年）

字・維周，号・懈筠。（『清史稿』は字を嶰筠とする）。原籍，江蘇省江寧県。同地に生まれる。清末の官僚。

1801年（嘉慶6）年，進士。庶吉士。翰林院編修を授けられ，順天郷試および会試の試験官を務めた後，10年，台湾知府に任ぜられたが赴任せず，同年末寧波知府に就任した。その後，陝西省の延安，楡林，西安（17年）など各地の知府を歴任し，その間良吏の名声を博した。ついで21年には湖北按察使，権布政使に，翌年には江西布政使に就任した。22年，西安知府時代の裁判の過失を問われて職を免じられたが，24年には復職して陝西按察使，のち布政使に就任し，ついで26年には安徽巡撫に昇進した。約9年間の任期中，治安維持と水利行政との両面で顕著な功績を挙げた。

1836年には両広総督に昇任したが，当時，アヘンの密輸入とその結果としての銀の大量流出が重大な政治問題となっており，深くかかわることとなった。36年，許乃済がアヘン輸入の緩和を主張した時に鄧廷楨はこれに賛成したが，その直後，朱嶟や許球力らのアヘン厳禁論の影響を受け，またアヘンの弊害の重大さを知り，37年春にはアヘン密輸厳禁論者に変わり，水師提督・関天培に対し「晴雨を問わず密輸を取り締まり，法に照して厳重に処罰すべきこと」を申言し，イギリス商人や沿海中国人の密輸入に対して厳重な取り締まりを実施した。39年，林則徐が欽差大臣として広州に着任すると，鄧廷楨は積極的に林則徐に協力してアヘン密輸厳禁政策を厳正に実行し，同時に，沿岸防備の強化にも努力を傾けた。40年1月，林則徐が両広総督に任ぜられると，鄧廷楨は閩浙総督に転じ，福建省の沿岸防備とアヘン密輸取り締まりに実効を挙げた。同年7月，8月の2度にわたってイギリス艦が厦門に進攻した際には，これを撃破して敗北させた。ついでイギリス軍艦が北上して舟山群島の定海を占領すると，大船を建造し大砲を増強し，間道より攻撃すれば必ず勝利できると上奏し，徹底抗戦を主張した。しかし，同年9月，イギリス軍艦が天津をおびやかすや，清朝は和平策に転じ，鄧廷楨は林則徐と共に「弁理不善，転滋事端」（対策失敗，事件重大化）の罪名で処罰を受けて職を免ぜられ，さらに40年には林と共に流刑に処せられ伊犂に送られた。やがて，3年後の43年には許されて甘粛布政使に任じられた。同地では荒地の開墾に治績を挙げ二品の位階を与えられた。45年には陝西巡撫，陝甘総督に任じられたが，在職中に病没した。

鄧廷楨は官僚であると同時に音韻学や詩作に優れ，著述には『双硯筆記』，『双硯詩鈔』，『双硯詞鈔』，『詩双声畳韻譜』，『許氏説文双声畳韻譜』などがあり，すべて鄧の曽孫・鄧邦述の刊行になる『双硯斎集』（1922年刊）に収められている。

参考文献：李桓輯『国朝耆献類徴』199（湘陰李氏刊，1890年）。繆荃孫編『続碑伝集』23（江楚編訳書局，上海，1910年）。民国清史館編『清史稿』列伝156（民国清史館，北京，1927年）。清史編委会『清代人物伝稿』下編1巻（遼寧人民出版社，瀋陽，1984年）。A.W. Hummel ed., *Eminent Chinese of the Ch'ing Period, 1644-1912,* Vol. 2 (U.S. Government Print Office, Washington, 1944). 〔横山英〕

鄧　拓（とう　たく） Deng Tuo

（1912年2月26日～1966年5月18日）

原名・鄧子健，鄧雲特，筆名，殷洲，左海，馬南邨，高密。福建省福州生まれ。ジャーナリスト，歴史学者，作家。

貧しい教員の家庭に生まれる。父・鄧鷗予は，清朝最後の挙人で師範学校で国文の教員をしていた。幼年期父の指導のもとで詩を学んでいた。1923年福州第一中学，後に福建省立第一高等中学に学ぶ。在学中に仲間と『野草』を創刊し，詩を発表する。青年期，『新青年』の影響を受けていた。

1929年冬上海に行き，30年6月左翼社会科学家連盟に参加する。冬中共に入党し，労働運動を担当する。32年冬広州蜂起を記念するデモに参加した最中に国民党に逮捕され，南京，蘇州の反省院に収容され，翌33年出獄する。同年冬福建人民政府文化委員会で工作を担当。34年秋開封の河南大学に学び，歴史研究に打ち込む。中国社会の性質，中国史の区分を主題にした論文を『新世紀』，『時代論壇』，『中山文化教育館季刊』に発表する。12月開封の中華民族解放先鋒隊総隊長を務める。37年6月『中国救荒史』を出版する。

1937年10月晋察冀辺区へ行く。晋察冀中央局宣伝部副部長を務め，38年4月『抗敵報』（40年に『晋察冀日報』に改称）社長，総編集を担当する。また晋察冀党報委員会書記，新華社晋察冀総分社社長，中共中央政策研究室経済組組長を務める。遊撃戦争の中で，社論，専論を発表する。42年7月1日『晋察冀日報』に「紀念7・1，全党学習掌握毛沢東主義」の社論を執筆し，毛沢東思想の積極的な宣伝者の役割を果す。44年5月『毛沢東選集』を編集，出版する。この時期，『読新民主主義論』，『晋察冀軍区成立志感』を著す。48年中共中央華北局政策研究室主任，中共中央政策研究室経済組組長を務める。

1949年冬人民日報社社長となる。55年中国科学院中国哲学社会科学部学部委員，中国歴史研究所学術委員，北京大学兼任教授を務める。58年9月以降，北京市委文教工作を担当，北京市委の理論機関誌『前線』の主編。59年中国歴史博物館建設準備小組の責任者。60年中共中央華北局書記処候補書記，中国新聞協会主席，中国人民対外文化協会理事を務める。61年『北京晩報』に馬南邨の筆名で雑文専欄「燕山夜話」を執筆する。9月『前線』に呉晗，廖沫沙とともに呉南星の筆名で「三家村札記」を連載する。62年中国作家協会に加入する。63年歴史論文集『論中国歴史的幾個問題』を出版する。ここでは，中国封建社会の特徴と資本主義萌芽の問題が語られている。

1966年文化大革命が始まり，姚文元により「燕山夜話」と「三家村札記」は，「反党反社会主義の大毒草」と断定され批判される。5月弾圧の中で自殺する。79年2月政治的名誉を回復する。

参考文献：劉紹唐主編『民国人物小伝』第5冊（伝記文学出版社，台北，1982年）。晋陽学刊編輯部編『中国現代社会科学家伝略』3輯（山西人民出版社，太原，1983年）。『鄧拓文集』1巻（北京出版社，北京，1986年）。『中国社会科学家辞典（現代巻）』編委会『中国社会科学家辞典（現代巻）』（甘粛人民出版社，蘭州，1986年）。 〔小山三郎〕

鄧　文儀（とう　ぶんぎ） Deng Wenyi

（1903年～1998年7月13日）

字・雪冰。湖南省醴陵県生まれ。中国国民党の軍人。生年に関しては1906年とする説もある。

中学卒業後従軍し，1923年に広東に赴き軍政部教導営に入隊し，次いで講武学校，黄埔軍官学校に入学。24年同校第1期の卒業生となり，25年に教導第2団少尉排長として第1次東征に参加して負傷する。その後，第3期学生隊中尉区隊長に昇進し，モスクワの中山大学に留学，第1期生となる。

1927年1月に帰国，黄埔軍校政治部中校科長となり，3月に国民革命軍第20師政治部主任兼広州警備司令部政治部上校主任に任ぜられ，5月には黄埔軍校政治部副主任兼代理主任に転任し，少将の位を与えられる。28年国民革命軍総司令部侍従参謀となる。

1931年国民政府軍事委員会委員長侍従秘書に任ぜられ，以後蒋介石の下で新生活運動にも従事し，宝鼎勲章を授与される。32年春に戴笠などと共に三民主義力行社と中華復興社を組織してその訓練処処長となり，同年6月には鄂豫皖「剿匪」総司令部第3科科長として囲剿戦を指揮する一方で，国民政府軍事委員会駐南昌行営調査課課長にも任ぜられる。35年中国駐ソ連大使館首席武官となり，ヨーロッパ諸国の視察を行う。36年12月には三民主義力行社書記として西安事件の処理にあたる。

1937年に日中戦争が勃発すると，軍事委員会政治訓練処宣伝委員会主任委員，戦時工作幹部訓練団政治教官を歴任する。38年3月三民主義青年団中央団部宣伝処副処長に任ぜられ，8月には成都陸軍軍官学校政治部主任兼軍事委員会委員長成都行轅政治部主任に転任となる。39年4月陸軍中将の位を授かり，9月には三民主義青年団中央幹事会幹事となる。41年東南前線第3戦区政治部主任兼三民主義青年団戦区幹事長を務め，43年2月に改めて三民主義青年団第1期中央幹事会幹事に選出され，44年には青年軍政治部設計指導委員会及び政工指導委員会主任委員となる。45年軍事委員会政治部第1庁庁長として新疆に2度視察に赴き，同年5月には国民党第6期中央執行委員及び常務委員に当選する。

1946年6月行政院の下に国防部が設置されると，その新聞局局長に任ぜられ全国の新聞報道及び政治教育の責任を負うようになり，10月には行政院綏靖区政務委員会委員に，11月には制憲国民大会代表に選ばれる。47年6月復員管理処及び備役軍官管制処副処長となり，48年には国防部政工局局長として軍事政治作戦を主導し内戦の前線に赴く一方，国防部新聞発言人に任ぜられる。

1949年国民党とともに台湾に移り，50年に国民党台湾省党部主任委員に任ぜられる。51年革命実践研究院副主任兼代理主任となり，52年には行政院内政部政務次長に任ぜられ，以後6年間にわたり台湾の土地改革などに従事する。

1957年行政院退除役官兵就業輔導委員会副主任となり，59年には国防研究院で講義する一方，光復大陸設計研究委員会委員及び中国文化学院教授となり，以後10年間同職を務める。

1983年には中国道教総会理事長に就任するとともに，『中華大道』，『擎天』といった雑誌の発行人となる。

夫人の沈文英との間に8人の子供がいる。

著書には，『黄埔精神』，『台湾游記』，『耕者有其田記実』，『従軍報国記』，『蒋総統的生活』など多数ある。

参考文献：熊鈍生主編『中華民国当代名人録』(二)（台湾中華書局，台北，1978年）。徐友春主編『民国人物大辞典』（河北人民出版社，石家荘，1991年）。世界文化服務社編纂委員会編『自由中国名人伝』（世界文化服務社，台北，1952年）。傅潤華主編『中国当代名人伝』（世界文化服務社，上海，1948年）。言守元主編『中国名将録』1輯（新世界出版社，南京，1947年）。
〔江崎隆哉〕

鄧(とう)　孝可(こうか)　Deng Xiaoke

（1869年～1950年）

字・慕魯。四川省奉節県生まれ。清末民国初期の立憲派人士，ジャーナリスト。

父の鄧徽績も「士紳」といわれる。1903年ころ日本の法政大学速成科に入学，在日中に梁啓超と親しくなったという。卒業後帰国して法部主事となった。また，父とともに「宝華煤礦公司」（石炭販売会社）を創設するなど，実業活動にも従事した。

1910年四川諮議局の機関雑誌『蜀報』の主筆となり，ついで，北京で開かれた各省諮議局連合大会に参加，その書記となって国会開設請願運動に従事した。

1911年5月清朝の幹線鉄道国有令によって民営の川漢鉄道（予定線）もその対象となると，四川省では国有化反対の「保路運動」が全省的に展開した。鄧孝可ははじめは，国有化の承認，会社資本金の現金による返還・汽船航路など他の実業振興への転用を主張した。しかし，国有化の条件が公債による償還，外国資本導入による建設というように，四川省民のもっとも忌避していたものであることが判明すると，一転して「売国郵伝部・売国奴盛宣懐」の論文を発表，鉄道国有，外資導入に猛反対し，運動の発展に寄与した。「保路同志会」が発足するとその「文牘部長」に就任，運動の指導部の一員となった。同年9月7日四川総督心得・趙爾豊に逮捕されたが，かろうじて処刑をまぬがれた。「保路同志軍」によって武装反抗が全省的に展開する中で釈放され，趙爾豊に清朝からの「独立」を勧告したが聞き入れられなかった。

1911年11月27日趙爾豊と立憲派との妥協によって「大漢四川軍政府」が成都に成立すると，都督・蒲殿俊のもとで塩務部長に就任，尹昌衡都督のもとで重慶の革命派政権との統一が実現し，四川都督府が発足した時も，塩務部長の地位を保ったが，まもなく辞職した。12年川漢鉄路公司の股東会長に就任，7月四川省臨時省議会発足時の副議長となった。

のち，社会教育公社副総理，白話報主筆などを歴任，政党では梁啓超系の進歩党・統一党に所属した。晩年は上海に居住した。

参考文献：隗瀛濤『四川保路運動史』(四川人民出版社，成都，1981年)。隗瀛濤主編『四川近代史稿』(四川人民出版社，成都，1990年)。田原禎次郎『清末民初中国官紳人名録』(中国研究会，大連，1918年)。章開沅主編『辛亥革命辞典』(武漢出版社，武漢，1991年)。　〔久保田文次〕

鄧　小平（とう　しょうへい）　Deng Xiaoping

(1904年8月22日～1997年2月19日)

原名・鄧希賢，幼名・鄧先聖，別名・鄧斌，鄧文斌。四川省公安県協興郷牌坊村生まれ。中国共産党の指導者，毛沢東死後の中国最高の実力者。

地主であり四川軍閥・楊森の部下であった父・鄧文明と母・譚氏の長男（兄弟は3男1女)。

1911年に小学校に入学，18年に中学校を卒業。その年の終わりに重慶の「フランス勤工倹学」予備学校に入学，20年にフランスに留学した。21年から25年まで，フランスの鉄工所やゴム工場などで働きながら，主に高校で勉学する。この間，23年「在欧中国共産主義青年団」に入団。機関誌『少年』の出版を担当した。24年，共産党に入党。この時期，当地の共青団，共産党支部では周恩来が中心的な指導者で，彼との関係ができる。25年6月パリで「5・30事件抗議集会」を画策し，官憲に追われる。26年1月にモスクワに入り，東方大学，中山大学で学ぶ。同年5月モスクワを訪問したクリスチャン将軍・馮玉祥と知り合う。

1927年春帰国し，馮玉祥の率いる西安の中山軍政学校政治処処長兼教育長を兼任する。しかし同年7月，馮玉祥が共産党と決裂したため，漢口の党中央のもとに行き，8・7緊急会議に参加し，記録員をつとめる。29年夏まで中央委員会秘書，(28年中共6全大会以降同秘書長）の任につき，周恩来の指導下で主に上海で中央委員会の工作に従事する。29年夏，広西に赴き30年初めにかけて，前敵委員会書記や軍政治委員として張雲逸らとともに「百色蜂起」,「龍州蜂起」を指導。中国労農紅軍第7軍，第8軍を創設し，右江・左江ソヴィエト政府を建設した。しかし，白崇禧の激しい攻撃にあって後退。31年2月，湘贛根拠地に入り中央と合流した。紅軍第1軍団政治部主任，紅軍総政治部副主任に就き，同時に瑞金県党委員会書記長，のちに党機関紙『紅星報』編集長を務める。この頃，中央の実権を握っていたのは王明グループであったが，農民革命を直接指導し，根拠地内で信望を高めていた毛沢東の立場に鄧は傾斜していった。33年春，江西省党委員会書記兼宣伝部部長に就任するが，まもなく反羅明キャンペーンの中で毛沢東派とされて失脚，「留党察看」の処分を受ける（1回目の失脚)。34年10月長征に加わり，年末の会議で中央秘書長に就任して復活。35年1月の遵義会議に秘書長兼『紅星報』編集長の資格で参加，毛沢東派の有力な幹部の1人となる。

1937年，紅軍は八路軍と新四軍に改編され，鄧は総政治部副主任に就任。38年1月，八路軍第129師団の政治委員に任ぜられる（劉伯承師団長，徐向前副師団長)。同師団は後に鄧の「譜代」の部隊，第2野戦軍に発展する。39～40年，有名な「百団大戦」などを指揮し山西，河北，山東，河南の各省境一帯に広大な根拠地を建設。45年4月，中共7全大会で中央委員に当選，晋冀魯豫辺区党中央局書記となる。10月，当地域での国共内戦の緒戦となった山西省東南の「上党戦役」を指揮し，劉（伯承)・鄧軍はわずか3日間で投入された国民党軍の3分の1に相当する3万5,000人を殲滅し，軍人としての名声を高めた。のち，晋冀魯豫人民解放軍政治委員に就任，47年6月黄河を渡り大別山に進撃し根拠地を建設した。48年11月軍改編により中原野戦軍の政治委員に就任，華東野戦軍（司令員・陳毅，政治委員・饒漱石）との合同作戦で，内戦の3大戦役の1つ「淮海戦役」を遂行，その指揮を取る。49年2月，中原野戦軍は第2野戦軍と改称，第2，第3野戦軍の総前敵委員会書記として4～5月揚子江「渡江作戦」を展開。勝利後，党中央華東局第1書記に就任した。

新中国成立直後の1949年11月，第2野戦軍を率いて四川，貴州，雲南，西康4省を攻略。12月，党中央西南局設立と同時に第1書記に就任（第2書記・劉伯承）した。50年西南軍政委員会副主席，西南軍区政治委員に就く。52年8月，政務院副総理として中央へ転任。53年，選挙法制定委員会秘書，憲法制定委員会委員に任ぜられ，さらに財政経済委員会副主任，財政部部長を兼任した。54年9月，政務院の改称にともない国務院副総理，国防委員会副主席に選出される。中共中央秘書長にも就任。55年3月，党全国代表会議において「高崗・饒漱石の反党連盟に関する報告」を中央委員会を代表して行う。4月，中共7期5中全会で中央組織部部長となり，さらに林彪とともに中央政治局委員に選出される。56年2月，ソ連共産党第20大会に，中国代表団員として出席，フルシチョフの「スターリン批判」を直接傍聴する。同年9月，中共8全大会で「党規約改正について」と題する報告を行う。つづいて中央政治局委員，政治局常務委員，党中央総書記に選出される。57年6月，「百花斉放・百家争鳴」運動が一転して「反右派闘争」となるが，鄧はその運動の先頭に立って指導した。59年，国務院副総理，国防委副主席に留任。60年11月，ソ連社会主義革命記念式典に中国党政府代表団（団長・劉少奇）の副団長として出席，「反修正主義の急先鋒」として注目を浴びる。61年3月，経済調整政策の一環として「農業60条」を提案，62年「三自一包」政策を提案，この頃「白猫黒猫論」を主張した。63年7月，公然化した「中ソ論争」の中で中国党代表団長としてソ連を訪問，スースロフ・ソ連共産党政治局員と論戦し名声を博す。同年12月，周恩来の外国訪問にともない国務院総理代理となる。65年7月，中共代表としてルーマニア共産党大会に参加。66年5月，同じ「中ソ論争」の中国側論客・彭真とは異なって「ソ連とは絶対に共同行動を取らない」と強硬発言を行った。

文革勃発直後の1966年8月，中共8期11中全会では劉少奇の降格とともに，鄧も総書記の地位を失い，政治局常務委員ではあるものの解任同然となった。11月，壁新聞で鄧小平批判が始まり「ブルジョア実権派ナンバー2」のレッテルを張られ，「自宅軟禁」の状態におかれ，2度目の失脚となる。68年10月，「厳重監督，留党察看」の正式処分を受ける。ただし劉少奇と異なり自ら誤りを犯したと自己批判を行っており（10月27日），毛沢東に妥協的な態度を取って注目されてもいた。67年10月の国慶節欠席以来，73年まで公式の場から姿を消す。69年秋より，江西省新建県に移され「幽閉の身」となった。71年9月の「林彪事件」以後，鄧は毛沢東と党中央に2度の書簡を送る。

1973年4月12日，カンボジアのシアヌーク殿下の歓迎レセプションに国務院副総理の肩書で出席し，2度目の復活を果す。同年8月の中共10全大会では中央委員に選出され，12月中央軍事委員会総参謀長となり，大軍区司令員の異動を断行。74年4月，中国代表団団長として国連特別総会に出席，中国の国際的認識・立場を示した「3つの世界論」の演説をした。75年1月の中央軍事委員会，中共10期2中全会，第4期全人代第1回会議などで，軍事委員会副主席，軍総参謀長，党副主席，政治局常務委員，国務院第1副総理に選出され，病身の周恩来に代わって中央の活動を主宰した。5月，中国代表団団長としてフランスを訪問。この頃から四人組によって「右からの巻き返し」の最先鋒として攻撃を受ける。76年1月，周恩来死去，鄧はその追悼大会で弔辞を述べるが，直後から自宅軟禁となり，やがて鄧小平批判の壁新聞が現れる。4月5日の天安門事件の黒幕として，中央政治局会議の決議によって鄧の党・軍・政の全ての職が解かれ，3度目の失脚となる（党籍は保留）。76年9月の毛沢東の死去，四人組逮捕・失脚後も翌年3月まで鄧小平批判のキャンペーンが続いた。

1977年7月，中共10期3中全会で鄧の党・軍・政府における失脚前の職務への復帰が決定される。同年中共11期1中全会，78年3月第5期全人代で党副主席，中央政治局常務委員，第1副総理などのポストに再任，この時期政協全国委主席に選出される。78年9月の北朝鮮訪問に続いて，10月には日中平和友好条約批准書交換式出席のため日本を，11月にはタイ，マレーシア，シンガポールを，翌79年1月にはアメリカ，その帰途に再び日本を非公式に歴訪し，積極的に西側諸国を視察した。78年12月，中共11期3中全会直前の中央工作会議で，「思想の解放，実事求是の態度」を呼びかけた重要講話を行い，事実上の指導権を握る。同月に開かれた中共11期3中全会で，現代化建設が階級闘争に代わって最重要課題に設定され，以後改革・開放が推進されることになった。しかし79年春，改革・開放を呼びかけながらも「行き過ぎ」にブレーキをかけるため「4つの基本原則の堅持」を提唱する。80年2月，中共11期5中全会で，胡耀邦と趙紫陽を政治局常務委員に抜擢し鄧小平体制作りに動く。3月に軍総参謀長を，9月に副総理を辞任。続いて文革・毛沢東問題に決着をつけるため，「建国以来党の若干の歴史問題に関する決議」の起草を指導し，81年6月中共11期6中全会で採択，同時に華国鋒党主席を解任し，自らは中央軍事委員会主席に就任した。

1982年9月，中共12全大会で党主席制を廃止し胡耀邦を総書記に選出，自らは政治局常務委員，軍事委員会主席に留任するとともに，新設の中央顧問委員会主任に就任した。82年12月の第5期全人代第5回会議で改正された憲法は「鄧小平憲法」と呼ばれるほど，彼の考えが反映されている。この年あたりから「中国の特色ある社会主義建設」というスローガンを打ち出す。83年6月，第6期全人代第1回会議で新設の国家中央軍事委員会主席に選出される。85年9月，中共12期5中全会では，この間彼の提唱してきた指導幹部の改革，すなわち幹部の革命化・若年化・知識化・専門化を推進するため，李鵬，胡啓立などの若手を政治局に大胆に登用，ただし鄧自身のポストは変わらなかった。

1986年政治改革のあり方をめぐって慎重派と積極派との対立が深刻化し，鄧は「子飼い」の胡耀邦を総書記からはずし難局を乗り切る。87年10月の中共13

全大会では，陳雲，彭真ら老幹部とともに中央委員を辞任，続いて中央政治局委員，政治局常務委員も辞任，趙紫陽を総書記に，李鵬ら若手を政治局常務委員に選出し，ポスト鄧小平に向けての体制作りにはいる。ただし党中央軍事委員会主席のポストは留任。88年4月，第7期全人代で国家中央軍事委主席に再任された。

1989年の天安門事件では民主化要求の広範な高まりを軍の力で押え込み，強硬派として党独裁堅持の先頭にたった。胡耀邦に続いて後継者とした趙紫陽も自らの手で辞職させ，江沢民を総書記に任じた。鄧自身は，89年11月中央軍事委員会主席を辞任し，党・軍のすべてのポストから離れた。しかし，92年の春の深圳，上海などの視察と，そこでの改革・開放をよびかける講話（南巡講話）から明らかなように，最高実力者として隠然たる力を保持していた。

結婚歴3回，2度目の妻は中共中央統一戦線工作部部長をつとめた李維漢と結婚し，その息子・李鉄映は国家教育委主任。最後の夫人・卓琳（本名・蒲瓊英）は，雲南省宣威県生まれで，父は県内有数の大地主・大資産家，1939年に結婚した。鄧林（長女，画家），鄧樸方（長男，中国身障者福祉基金会理事長），鄧楠（次女，科学技術者），鄧榕（三女，国際関係研究者），鄧質方（次男）をもうけた。

参考文献：『鄧小平文選』（人民出版社，北京，1983年）。宋春・朱建華主編『中国政党辞典』（吉林文史出版社，長春，1988年）。寒山碧『鄧小平評伝』1・2巻（東西文化事業公司，香港，1984年）。David Bonavia著，黄康顕訳『鄧小平伝』（明窓出版社，香港，1989年）。『中国共産党人名大辞典』（中国国際広播出版社，北京，1991年）。Donald W. Klein & Anne B. Clark, *Biographic Dictionary of Chinese Communism 1921-1965* (Harvard University Press, Cambridge, 1971). Robert Maxwell ed., *Deng Xiaoping: Speeches and Writings* (Pergamon Press, Oxford, 1984).
〔天児慧〕

鄧(とう)　演達(えんたつ)　Deng Yanda

（1895年3月11日～1931年11月29日）

字・択生，別名・策成，仲密，化名・石生登。広東省恵陽県生まれ。国民党左派の指導者，軍人，政治家。

秀才であった鄧鏡仁の息子として生まれた。1909年広東陸軍小学校入学後，中国同盟会に加入。12年広東陸軍速成学校に入学，14年武昌陸軍第2予備学校を経て，17年保定軍官学校に入学した。18年同校を卒業した鄧は，以後兄の鄧演存同様，軍人としての道を歩み始める。

1920年孫文が組織した広東軍に加わり，第1師訓練部参謀独立営営長をつとめた。こうして孫文のもとで革命の道を歩み始めた鄧演達は，24年第1次国共合作が成立すると，新設された黄埔軍官学校の教練部副主任，学生総隊長などに就任して，革命軍の育成に尽力した。25年ベルリンに滞在して，政治，経済を学ぶと共に，朱徳ら共産党の人物とも知り合ったという。さらにモスクワでソ連の革命の経験を学習した後，同年後半ベルリンから帰国した。

1926年1月に開催された国民党第2回全国代表大会において，鄧演達は中央執行委員候補に選出され，同時に黄埔軍官学校の教育長の職も担当した。軍並びに党の要職も兼任した鄧は，同年3月に起った中山艦事件を批判して拘禁され，いったん広州の黄埔軍官学校を離れて，同校潮州分校教育長へと転じた。しかし，7月に北伐が開始されると，国民革命軍総司令部政治部主任に復帰し，指揮をとった。武漢攻撃の際には，武昌攻城総司令として活躍し，占領後は革命軍総政治部主任，湖北省政務委員会主席，武漢行営主任などの要職を担った。鄧は当時活発に展開されていた農民運動を重視して，農民問題の解決が中国問題の大半を解決することになると認識していた。

軍事的勢力を拡大してゆく蔣介石に対抗して，1927年1月武漢に国民政府が成立し，3月国民党2期3中全会が漢口で開催された。大会は三大政策の擁護を掲げたが，鄧演達もそれを支持して，中央執行委員，中央軍事委員会主席団成員，中央政治委員会委員，そして農民部長などに選出された。とりわけ鄧は農民部長として，かねてから注目していた農民問題に取り組み，武昌に農民運動講習所を開設して自らその所長を兼ね，また土地問題解決に努力した。

蔣介石と武漢政府との対立が激しくなる中で，遂に1927年4月12日，蔣介石による反共クーデターが勃発した。そして武漢政府が共産党排除の態度を明らかにすると，鄧演達は7月中旬武漢を離れて，各地を転々として，8月15日モスクワに到着した。11月1日には，共にモスクワを訪れていた宋慶齢，陳友仁と，孫文の遺志を継承し，反帝反封建闘争を堅持して，蔣介石と汪精衛を批判する，「中国及び世界の革命的民衆に対する宣言」を発表した。またこの3人は，国民党臨時行動委員会を組織して，蔣介石の南京国民政府に反対してゆく姿勢を内外に明確に示した。その後鄧は，ドイツなどヨーロッパ各国を視察して，30年に帰国した。

かつて上海で組織された三民主義を信奉する中華革命党と関わっていた鄧演達は，帰国後これを中国国民党臨時行動委員会（中国農工民主党の前身）に改組して，中央幹事会の総幹事に就任，『政治週報』，『革命行動』などを発刊した。以後上海を中心に，同組織の指導的メンバーとして活躍することとなる。同委員会の主張は，まず蔣介石南京国民政府の反動統治を暴露，批判することにあった。しかし同時に，共産党に対しても批判を加え，共産党との一定の協力は望むものの，共産党は決して中国革命の問題を解決することはできないという見解を示していた。鄧は，共産主義革命は西洋の資本主義の発展した国においてのみ可能であり，中国では労働者階級の力が弱く，莫大な人口の農民を指導して，農民土地問題を解決することはできないと考えていたのである。しかも当時の共産党中央は，コミンテルンの路線を重視した都市中心論に立っており，鄧はそうした考え方に対しても，中国の国情に合わないものとして反対していたのであった。こうして国民党と共産党の双方に反対して，「農民と労働者を中心とする平民政権」を実現しようとした同委員会は，第3の政治勢力を樹立して，第3の道を求めていったために「第三党」とも呼ばれた。

1930年から31年にかけて，黄埔軍官学校系の軍人や，国民党内の蔣介石に批判的な軍人楊虎城，馮玉祥，閻錫山らと連絡をとりあって，反蔣連合戦線を実現しようとした。また31年には陳銘枢，蔡元培らと相談して，19路軍の広東進攻を機に第3勢力の政権樹立を画策したりした。こうした鄧演達の一連の行動は，蔣介石国民政府にとって大きな障害となるものであり，次第に国民党特務機関に監視されるようになっていった。そして8月17日，上海で集会の最中，密告によって逮捕され，南京へ護送された。宋慶齢らによって必死の救命運動が展開されたものの，11月29日南京麒麟門外沙子崗で秘密裡に銃殺された。

軍人として革命の道を歩み始めた鄧演達は，黄埔軍官学校教育長，北伐時国民革命軍総司令部政治部主任などを経て，次第に党・政府の要職を歴任していった。とりわけ重要なのが，農民部長としての武漢国民政府時代の活躍であろう。しかしモスクワ・ヨーロッパでの経験を経て，帰国してからは国民党と共産党とも異なる「第三の道」を邁進していった。この点が，民族ブルジョアジー・小ブルジョアジー・知識人によって指導されるブルジョア共和国を幻想したとして，共産党側からは批判を受けている。

参考文献：楊逸棠『鄧演達先生遺書』（永発印務有限公司，香港，1949年）。中国農工民主党中央委員会編『鄧演達』（文史資料出版社，北京，1985年）。曾憲林・万雲主編『鄧演達歴史資料』（華中理工大学出版社，武昌，1988年）。丘挺・郭暁春『鄧演達生平与思想』（甘粛人民出版社，蘭州，1985年）。楊逸棠『鄧演達』（広東人民出版社，広州，1986年）。鄧演超主編『鄧演達文集新編』（広東人民出版社，広州，2000年）。
〔石川照子〕

鄧（とう）　穎超（えいちょう）　Deng Yingchao

（1904年2月4日～1992年7月11日）

原名・鄧文淑，別名・任美，小超。河南省信陽県光山生まれ（広西・南寧生まれとする説もあり）。中国共産党の婦人指導者，周恩来夫人。李鵬は延安時代に養育した義理の息子といわれる。

父は広西の人，貧しい地主出身で清末期に軍官吏を務めたこともあるが，鄧の幼年時に死去。母は漢方医学その他の学問に通じ，学校教師及び家庭教師として生計を立て，鄧の学費を工面した。

鄧はまず北京で教育を受け，それから天津に移り，1915年天津第一女子師範に入学した。19年の五・四運動に加わり逮捕される。この時期，周恩来が創立し指導していた革命団体「醒社」（原名「悟社」）に参加，最も積極的な活動家の1人となった。周との関係はこの頃から緊密になるが，周は20年からフランス勤工倹学に旅立つ。それからの5年間，鄧は主に天津，北京などで小学校教師の任につきながら，「女星社会」，「婦人権運動同盟会」のメンバーとなって劉清揚女史らとともに婦人運動に参加。24年社会主義青年同盟に加わり，25年天津で共産党に入党し，同支部婦人部部長のポストにつく。その年の末，広東に赴き周恩来と結婚した。

1926年，第1次国共合作中の国民党第2回全国代表大会で国民党中央執行委員候補となる。27年の4・12クーデター発生以後，30年頃まで上海で地下活動。また28年，周恩来らとともにモスクワに赴き，中共6全大会に出席，党婦人部部長に指名される。江西ソヴィエト区に入った彼女は31年，同区中央局婦人部部長，33年，同区中央局秘書長となる。一時期「富農路線」の立場をとったとも言われるが，王明ら「留ソ派」の指導下にあったこの時期，一貫して党中央委員候補であった。34年10月から始まる長征に参加，周恩来らとともに陝西省北部にはいる。

1937年初め，党婦人労働部部長として北京に入り，同年7月抗日戦争勃発後は武漢，重慶などで抗日民族統一戦線工作に従事，特に婦人の抗戦及び民主政治への参加などを呼びかけ，また各界婦人とともに「戦時児童保育会」などを組織した。38年には国際反侵略運動大会中国支部理事に当選し，続いて国民参政会参政員に任ぜられ，41年には重慶に駐在する。この年発生した国民党の反共攻勢の1つ「皖南事件」に際しては，董必武らとともに参政会出席を拒否し強い抗議行動をとる。43年延安に戻り，45年春の中共7全大会では中央委員候補に選出される。この年の末には再び南京，上海など各地を奔走し，民族解放・民主・婦人運動に従事する。46年党中央南方局委員会婦人担当書記に任じられる。さらに45～46年の国共和平交渉段階では，中共代表として政治協商会議に出席した。47年には党婦人工作委副書記，国際婦人連盟の理事に，49年9月には人民政治協商会議全国委常務委員にも選ばれ，平和・民主・統一実現のために活躍する。

新中国成立以降は，国家レベルでは第1，2，3，4，5期全国人民代表大会の常務委員会委員，第1，2，3期全国婦人連合会の副主席，第4期同会名誉主席，中国人民対外友好協会名誉会長などを歴任。1976年11月第3期全人代常務委副委員長，80年第5期全人代第3回会議主席団常務主席，83年には人民政協会議第6期全国委主席に就任する。党レベルでは56年から，第8，9，10期の中央委員に当選，11期3中全会から政治局委員に就任した。党中央規律検査委員会第2書記にも就任し，党風是正，党紀粛正に力を入れる。

外交活動の面では1961年，団長として北ヴェトナムを訪問。文革中は外交活動をひかえていたが，77年以降再び活発になる。77年にはビルマ，スリランカ，イランを訪問，78年にはカンボジアを訪問，79年4月には全人代代表団長として訪日，京都嵐山亀山公園に建立された周恩来記念詩碑の除幕式に出席した。7月には奈良市より「特別名誉市民」の称号を授与される。同年，北朝鮮も訪問し，咸興市における周恩来の銅像除幕式に出席。80年にはいずれも全人代代表団長として，タイ，フランス，欧州議会を訪問した。

1985年9月，第12期5中全会で中央委員および政治局委員を辞任，87年4月の政協全国委会議で同主席を辞任。これらにより事実上政界から引退することとなったが，なお「鄧大姐」として各界各層の人々から慕われた。92年7月，北京で病没した。

参考文献：宋春・朱建華主編『中国政党辞典』（吉林文史出版社，長春，1,988年）。柴田穂『現代中国人物100選』（秋田書店，1973年）。『中国共産党人名大辞典』（中国国際広播出版社，北京，1991年）。*Who's Who in Communist China* (Union Research Institute, Hong Kong, 1966). Donald W. Klein & Anne B. Clark, *Biographic Dictionary of Chinese Communism 1921-1965* (Harvard University Press, Cambridge, 1971).

〔天児慧〕

鄧（とう）　沢如（たくじょ）　Deng Zeru

（1869年3月19日～1934年12月19日）

名・文恩，字・遠秋，号・沢如，愚翁。広東省新会県皇辺村に生まれる。南洋華僑出身の国民党元老。第1次国共合作の当初からの反共的右派の政治家。

父の名は方進。家は貧窮農家。早年より父について行商に従事。18歳の頃シンガポール方面に出稼ぎし，富商・陸佑の商店で手代となる。ついで，マライ地方で錫鉱山，ゴム園などを経営して富を蓄える。南洋地方の富裕な華僑と交際を持つとともに，民族意識の発揚に大きな期待を抱いた。

1906年孫文がクアラルンプール方面に遊説するや，その革命説に傾倒し，07年中国同盟会に加入し，芙蓉同盟会分会長となる。

1908年李月池らとマラッカで中華書報社を設立し，革命宣伝に従事した。09年同盟会南洋総部責任者・胡漢民が香港に移ったのをうけて，英属南洋諸地域に対する統括責任者となる。同盟会による鎮南関，欽廉，河口，黄花崗などの蜂起では，孫文の命を受けて南洋各地で資金集めに奔走し，その「籌餉の功」を高く評価された。

1912年2月孫文によって広東都督に推挙されたが，政治，軍事の素養のないことを理由にして辞退。都督・胡漢民のもとで，広東実業司長，官銭局総辦への就任を求められたが謝絶す。一時広東塩運使となり，広西の錫鉱開発に協力した。

第2革命の失敗後，再度マレーシアに帰り，錫鉱業に従事。1914年中華革命党財政部長となり，南洋各埠で募金運動の責任者となる。20年広東軍政府内政部鉱務局長となる。22年中国国民党広東支部長となる。6月陳炯明のクーデター後，香港に留まり資金集めに当たる。23年3月第3次広東軍政府において建設部長に任命され，5月両広塩運使，大本営参議となる。23年11月国共合作に伴う国民党改組の準備のため臨時中央執行委員会が設置されたが，孫文によって9名の委員の1人に任ぜられた。

改組の実務が広州，上海を中心に動き始めた1923年11月29日鄧沢如は林直勉らと連名で孫文に「告発共産党」文を提出した。そこで彼らは，改組は「総理の乾剛独断」になるとはいえ，党章，党綱などはソ連顧問のボロディンの起草になり，かつそれは元来は陳独秀ら中国共産党の議定になるものであって，その陰謀に乗ぜられることになるうえ，その中共の加入と「帝国主義・軍閥反対」の綱領は，国民党の革命をしてその内外基盤を狭めるとして，容共的改組の再考慮を促した。その告発に対して孫文は，ボロディンに起草を委託したのは自分であり，その内容はつぶさに検討を加えたうえで廖仲愷に翻訳を委ねたものであること，中共の参加はロシア革命党の指示によるものであり，国民党の民族主義革命を認めることを前提にするなどと答え，改組の決意をあらためて示し，鄧らの告発を退けた。

1924年1月の中国国民党第1回全国代表大会において容共的改組が実現し，鄧沢如は張継ら元老とともに中央監察委員会委員に選ばれた。しかし，6月18日鄧は監察委員の張継，謝持らと連名で孫文に対して「弾劾共産党」を上申し，中央執行委員会に対して「党内党派の禁止」を要請した。それは国民党内における中共党員の「党団」活動とセクショナリズムを厳しく弾劾するものであったが，改組以来党内に燻っていた中共への違和感を表面化させる契機となった。そのため，孫文らは中央執行委員会第4次会議を皮切りに「党内共産派」問題を集中審議し，問題は所属ではなくて国民党の主義・政綱に忠実であるか否かであるとして，両党関係の波紋の鎮静化に努めた。

孫文死後，広東の国民党・広東政府（のち国民政府）内部に反共派と容共ないし連共派との対立が深まるなかで，鄧沢如は胡漢民系の胡毅生，林直勉らとグループを形成した。その背景で廖仲愷の暗殺事件が発生し，胡，林らが摘発を受けて広東から逃亡したなかで，鄧は蔣介石の支持で廖仲愷の後をうけて財政部長となる。元老層を主体とした国民党内反共運動は，1925年11月のいわゆる西山会議に結集されたが，鄧は広東に留まり，26年1月の国民党第2回全国代表大会で主席団の1人となり，呉稚暉，蔡元培らとともに再び監察委員に選任された。

1927年4月12日の蔣介石らによるクーデターに際して，上海に監察委員一同と結集し，中共と連共左派による国民党破壊を弾劾し，蔣らの清党運動を正当化し，5月7日南京に中央清党委員会が成立するや，その主席委員を務めた。三全大会で三たび監察委員となる。

その後，胡漢民，蔣介石，汪精衛の対立が深まるなかで，鄧沢如は胡派に属し，1931年5月には広州非常会議に参加し，汪精衛，孫科らとともに常務委員となり，反蔣介石の運動を推進。ついで，汪・蔣合作の機運のなかでそれに反対したため，広東系の国民党四全大会は混乱し，分裂。のちに西南政務委員会委員となる。34年12月広州で病没。

著作に『中国国民党二十年史迹』（正中書局，1948年）がある。

参考文献：陳民『民国華僑名人伝略』（中華華僑出版公司，香港，1991年）。李雲漢『従容共到清党』（中国学術著作奨励委員会，台北，1966年）。林家有・周興梁『孫中山与国共第一次合作』（四川人民出版社，成都，1988年）。

〔坂野良吉〕

鄧（とう）　中夏（ちゅうか）　Deng Zhongxia

（1894年10月5日～1933年9月21日）

原名・康，字・仲澥，中夏，筆名・重遠，心美，中，別名・安石，隆順，隆渤，増昌，寿生，仲海，夏，化名・施義，仲三澥。湖南省宜章県生まれ。中国共産党，労働運動指導者。

清朝政府の湖南衡山県知事であった鄧典謨の次男として生まれた。郷里で私塾，小学校を終え，近隣の郴県連合中学へ進み，1914年長沙の湖南高等師範学校へ入学，蔡和森と同級生となり毛沢東を紹介された。17年北京大学文学部へ入学，ロシア革命と李大釗の影響によってマルクス・レーニン主義に接近する。18年国民雑誌社を創設，雑誌『国民』の編集にあたり，また19年北京大学平民教育講演団の総務幹事となり，五・四運動に積極的に参加。同年7月には少年中国学会に加入，後に毛沢東も入会させ，毛がマルクス主義者となる上で一定の影響を与えた。20年3月北京大学マルクス学説研究会を組織，11月李大釗と北京社会主義青年団を設立，22年1月同団の機関誌『先駆』を創刊した。23年8月には社会主義青年団第2次全国代表大会において組織部長に選出され，宣伝部長の惲代英と協力して機関誌『中国青年』を創刊した。なお21年の共産党創立とともに党員となり，2全大会から6全大会まで出席，いずれも中央委員に選出された。

鄧中夏は，同時に民国初期の労働運動の育成に力を注ぎ，1921年5月には北京郊外の京漢鉄道長辛店駅で労働組合を設立，22年7月中国労働組合書記部総主任に任命された後，京漢・京奉・粤漢鉄道，開灤炭坑などで多くのストライキを指導した。しかし，23年2月の京漢鉄道ストライキは呉佩孚の弾圧によって2・7惨案を引き起し，以後上海に活動の舞台を移した。4月より李大釗の紹介によって上海大学の総務長となり，マルクス主義の教育を進める一方で瞿秋白らと親交を深めた。同年7月中共上海地区委員会委員長，24年2月には国共合作にともなって国民党上海執行部労農部幹事，25年1月中共中央職工運動委員会秘書長，5月中華全国総工会成立にともない秘書長兼宣伝部長に就任した。3月上海の日系企業における反日ストライキでは初めての逮捕を経験している。5・30事件後，省港ストライキを指導，6月罷工委員会中共党団書記，同総顧問，糾察隊訓育長などに就任，同時に労働者に向けて『工人之路』を発刊し，多くの論稿を発表した。26年2月には中共広東地区委員会機関紙『人民周刊』を創刊，6月「労働学院」創設，院長に就任した。省港ストライキの対英交渉においては常に交渉代表の陳友仁に建議を行っていたが，10月北伐支援のため，2.5%附加税徴収と引き換えにストライキ停止を宣言した。

1927年蔣介石の4・12反共クーデター後，南昌暴動の立案，8・7緊急会議などに参加，27年8月中共江蘇省・28年2月同広東省地下委員会書記に任命され，党組織と労農運動の再建にあたったが，3月香港警察に逮捕された。周恩来の努力によって救出された後，モスクワへ渡り，4月プロフィンテルン第4回大会に参加して中央執行委員に選出され，また同地で開催された中共6全大会，コミンテルン第6回大会にも参加，中共駐コミンテルン代表に任命された。しかし，中山大学を舞台に校長ミフや留ソ派の王明によって開始された党内闘争に巻き込まれ，批判された留学生を庇護したことにより，分派活動に協力したとの非難を受け，帰国を命じられた。

1930年7月にモスクワを離れ，帰国後，湘鄂西根拠地特別委員会書記兼紅2軍団政治委員に就任。李立三路線の排除と根拠地の拡大に努めたが，31年1月王明らの留ソ派が党中央を握ったことにより職務を解任され，党中央のある上海へ送られた。32年には危険な任務である全国互済総会主任兼党団書記に任命され，逮捕者の救出と抗日団体の組織化にあたった。33年初め上海における党中央閉鎖後も活動を続けたが，5月フランス租界警察に逮捕されて国民党に引き渡され，宋慶齢らの助命活動にもかかわらず，9月21日朝南京雨花台において処刑された。

著書に『省港罷工中的中英談判』，『一九二六年之広州工潮』，またモスクワ時代に執筆した『中国職工運動簡史一九一九～一九二六』がある。

参考文献：『鄧中夏文集』（人民出版社，北京，1983年）。姜平『鄧中夏的一生』（南京大学出版社，南京，1986年）。魏巍・銭小恵『鄧中夏伝』（人民出版社，北京，1981年）。木村郁二郎『鄧中夏とその時代』（汲古書院，1994年）。

〔滝口太郎〕

鄧（とう）　子恢（しかい）　Deng Zihui

（1896年8月17日～1972年12月10日）

幼名・鄧紹箕。福建省龍岩県生まれ。中国共産党の農業・農村工作指導者。

父は鄧洪陸，漢方医にして小学教師。鄧子恢は8人兄弟の第2子として生まれる。少年期に白土桐岡小学校に学び，1913年龍岩省立第九中学に入学。在学中の15年に中華革命党に入党，16年同郷の曹泉地と結婚した。中学卒業後，龍岩県の日本留学生試験に合格し，17年2月に東京に赴き，東亜補習学校に在学したが，18年4月「中日共同防敵軍事協定」に反対，帰国して郷里にもどった。

1918年末経済的理由で江西省崇義県に移り，いとこの雑貨店で働く。以後25年まで郷里と崇義県との間を行き来する。21年春郷里に戻り小学教員になる。このころ，彼は友人の陳少微（陳明），章独奇らと奇山書社を設立した。22年から同社は『読書録』（後に『同声』と改称）を発刊し，彼は多くの論稿を発表した。それらは，マルクス主義的な色彩の強いものであった。

1925年秋国民党に入党し，同党龍岩県支部を設立。その後，崇義県に党部を設立し，その常務委員となる。26年冬に同県に中国共産党支部が設立されるとともに，12月には支部書記の陳賛擁の紹介で入党した。27年5月崇義県での暴動失敗後，龍岩にひそかにもどり，農民運動にかかわりはじめる。同年11月，龍岩県党支部は県委に改組され，宣伝部長に就任した。以後，農民の武装闘争を指導し，福建省西部（閩西）で最初の農民遊撃隊を組織した。

1928年4月彼は上杭県党委宣伝部長になり，同県蛟洋での農民運動を支援した。6月永定県で農民武装運動が勃発し，現地の情勢と共同作戦の可能性を調査するために派遣された鄧は，永定県指導者に県城から農村への撤退を建議した。農民武装勢力は3つの中隊の独立営に編成され，営長は張鼎丞，鄧子恢は党代表になった。そしてここに，郷および区ソヴィエト政府を設立したのである。鄧はここに留まり，分田工作に携わった。すでにこの時，彼は「抽田補少」，「肥田，瘦田，良しあしで調整する」との原則を提出していた。同年7月閩西特別委員会が成立し，書記の郭慕陵の下，宣伝部長に就任した。紅7軍57団の党代表にもなる。

1929年3月鄧が特委書記になったとき，紅4軍が閩西に進撃してきた。毛沢東は彼の勧告をいれて，紅4軍と地方部隊の共同作戦によって，龍岩城を攻めた。6月龍岩県革命委員会が成立して，鄧は主席についた。10月からの数カ月間，病弱の毛と行動をともにする。30年3月閩西ソヴィエト政府が成立し，鄧が主席に選ばれた。5月には紅12軍が編成され，政治委員を兼任した。

しかし，李立三路線による閩西紅軍の広東進撃に抵抗したため，彼は紅21軍政治委員，ソヴィエト政府主席および特委書記から解任されてしまった。その後，福建省委の巡視員として閩東，閩中，閩南の新区工作に従事した。1932年7月瑞金に入り，中華ソヴィエト共和国臨時政府財政人民委員に就任する。しかし翌年8月「羅明（当時福建省委代理書記）路線」との関連で批判され，財政部長から解任された。

1934年10月の長征出発後，鄧は党中央分局委員としてソヴィエト区に留まった。翌年春，瞿秋白とともに国民党に逮捕されたが，彼だけが死刑寸前に逃亡したといわれる。35年4月閩西南軍政委員会が成立し，張鼎丞が主席，鄧は民衆部長兼財政部長に就任した。36年1月軍事部長・譚震林とともに同委員会副主席に就き，「抗日反蔣統一戦線」を推進する。

1938年1月新四軍の成立にともない，鄧は政治部副主任（主任・袁国平）に任命された。41年1月新四軍事件後，政治部主任（代理軍長・陳毅，代理政治委員・劉少奇）に就き，46年まで留まる。

1945年6月中共7全大会で中央委員に選ばれる。同年8月日本降伏後に8つの根拠地を華中解放区に統合して華中分局を設立し，鄧が書記に就任（副書記・譚震林）した。46年末山東分局と合併し華東局が新設され，鄧は副書記（書記・饒漱石，第1書記・陳毅）に就き，土地工作に従事した。48年6月中原局第3書記（第1書記・鄧小平）に就き，減租減息の土地改革をすすめる。翌年3月中原臨時人民政府が成立し，鄧は主席に選ばれた。6月華中局（のちの中南局）が設立され，鄧は第3書記に選ばれた（第1書記・林彪）。林彪が病気療養中のため，鄧が中南局の工作を担当した。50年2月中南軍政委員会が成立し，副主席兼財経委員会主任として中南地区の経済工作を担当した。病気の林彪にかわって主席代行も務めた。

1949年に中央人民政府委員に任命されていたが，実質的に中央工作に移るのは53年1月からである。新設の党中央農村工作部部長として，農業合作化の基本方針の作成とその執行に中心的な役割を果す。とくに，55年7月以降の初級合作化の「急燥冒進」に反対し，毛沢東に名指しの批判を浴びる。同部長解任後も，国務院副総理，党中央委員として農村・農業問題で一定の影響力を持ち続ける。57年党8期3中全会と第4次農林工作会議で請負制（三包一奨制）を主張した。62年に彼は請負責任制を支持したが，9月の党8期10中全会で資本主義を企てているとして厳しく非難された。農村工作部は廃止され，彼自身も副総理から解任された。文革期には「老右傾機会主義者」として非難され，72年12月北京で病死した。死後81年3月9日に名誉回復の措置を受けた。

鄧子恢は農村・農業問題の最高指導者の1人であり，1920年代末から毛沢東と深い関係をもっていた。28年の閩西での土地工作以来，毛の「抽肥補瘦」原則を踏襲し，中央ソヴィエト区時代には毛とのつながりで「羅明路線」に連座した。40年代後半には，中原地区での土地革命の指導者として毛に称賛され，農村工作部長に抜擢されたのである。毛が革命戦略・運動でもっとも注目した領域が農村・農民・農業であり，鄧子恢はつねに称賛と批判にさらされやすかったといえる。なお同じく農村問題の指導者であった譚震林とも20年代から行動を共にしていたのは，興味深い。

参考文献：Donald W. Klein and Anne B. Clark, eds., *Biographic Dictionary of Chinese Communism, 1921-1965,* Vol. 2 (Harvard University Press, Cambridge, 1971). 強運淦・林邦光「我国農業集体化的卓越組織者鄧子恢」，『人民日報』1981年5月14日。戴清祺・余展「学習鄧子恢同志関於実業農業生産責任制」，『人民日報』1982年2月16日。辺入群・漢生「“停，縮，発”方針与農業合作化的一場辯論」，中国革命博物館党史研究室編『党史研究資料⑶』（四川人民出版社，成都，1982年）。中共党史人物研究会編『中共党史人物伝』7巻（陝西人民出版社，西安，1983年）。強運淦・林邦光「試論1955年党内関於農業合作化的争論」，朱成甲編『中共党史論文選』下（湖南人民出版社，長沙，1984年）。趙長安・蘭微・張天若編『老革命家的恋愛，婚姻和家庭生活』（工人出版社，北京，1985年）。

〔小島朋之〕

鄧（とう）　子瑜（しゆ）　Deng Ziyu

（1878年～1925年）

清末，民国初期の革命家。広東省恵州府帰善県生まれ。

少年時代から任俠心に富み，帰善・博羅・恵陽一帯の秘密結社である三合会会員と交友があったといわれる。1900年鄭士良が恵州で革命に決起した時，鄧子瑜は孫文の命を受けて各地の秘密結社と連絡して準備活動を行い，恵州蜂起に呼応する計画であった。蜂起に失敗してから，黄福・黄耀庭らとシンガポールに亡命し，旅館「広億昌客桟」を開業して生活を支え，会党や革命派の連絡所とした。

1906年孫文が日本からシンガポールへやってきて中国同盟会分会を設立した時，鄧子瑜は尤列，陳楚楠らとともに入会した。翌年，孫文が広東での武装蜂起を計画すると，鄧は許雪秋，黄耀庭，余紹卿らとともに帰国し，潮州・陽春・陽山・恵州で準備工作にあたった。余，黄らは実際の活動はできなかったが，鄧と許はそれぞれ具体的な成果をあげた。

1907年5月許雪秋の率いる革命軍が黄崗で蜂起し

た時，鄧子瑜は香港にいたが，ただちに会党首領の陳純らを帰国させ，帰善・博羅・龍門で同時に蜂起するように命じた。陳純らは恵州の七女湖で蜂起し，清朝政府軍を撃破して，泰尾・楊村・八子爺・公庄などを占領した。広東省当局は水師提督・李準の部隊を派遣して鎮圧にあたらせた。鄧はなお香港で武器，弾薬を買い付け，恵州の革命軍に急送すべく活動していたが，黄崗の革命軍が失敗し，形勢不利となったので，鄧はやむなく七女湖で蜂起した革命軍に梁化墟付近で解散するように命じ，蜂起は10余日間で失敗に終わった。

清朝官憲は鄧子瑜を蜂起の首謀者とみなして，香港のイギリス当局に対して鄧の身柄引き渡しを要求した。香港政庁の命令で鄧は香港を退去して，シンガポールにもどり，旅館の経営・革命党員の接待にあたった。同盟会が鎮南関・河口で蜂起した時には，東南アジアで軍資金の募集に尽力した。

辛亥革命後，他の同志達が多く帰国し，任官したが，鄧子瑜はシンガポールにとどまった。孫文が中華革命党を組織すると，これに参加し，反孫文派の陳炯明の「水利速成社」に対抗した。「護法戦争」の際にも，莫栄新（広東督軍）討伐軍の東江別動隊司令に就任した。のち，孫文の斡旋で広東の海山塩場の知事に任官したが，塩政の腐敗に憤慨してまもなく辞職し，数年後故郷で病死した。

参考文献：馮自由『革命逸史』4集（台湾商務印書館，台北，1965年）。黄季陸主編『革命人物誌』7集（中央文物供応社，台北，1971年）。林増平・李文海主編『清代人物伝稿』下篇3巻（遼寧人民出版社，瀋陽，1987年）。

〔久保田文次〕

丁（てい）　鑑修（かんしゅう）　Ding Jianxiu

（1886年5月～1942年）

字・幹元。原籍，奉天省蓋平県。清末以来の官僚。満州国の大臣。

長男の世吉を含めて5男3女あり。1910年日本の早稲田大学政治経済科を卒業。清朝時代の政法科挙人で，郵伝部七品小京官として官吏生活を歩みだす。奉天師範学堂，外国語学校，陸軍，警察各学校の教職に就く。

1913年奉天交渉司東文科員，15年奉天巡按使署科員となる。次いで，東三省巡閲使署外交科長，奉天財政庁顧問，奉天軍総司令部外交処長などを歴任した。また，奉天省長公署諮議，及び外交部特派奉天交渉顧問並びに日中合弁弓長嶺鉄鉱公司総裁などに就任する。この時期に文官甄用保准薦人職にも当たっている。

1928年張作霖爆死事件後，奉天の治安維持のため，袁金鎧らとともに臨時委員会を組織し，時局収拾に当たる。31年9月18日満州事変が起こると，地方治安維持の立場から日本軍に協力し，東北交通委員会委員長，地方維持委員会委員，瀋海鉄路保安維持会会長などになる。

1932年3月満州国が成立すると，6月に同国交通部総長に就任，34年満州国の帝制実施にともない交通部大臣となる。また，憲法制度調査委員会委員，臨時訂立条約準備委員会委員，国道会議議員なども兼ねる。35年満州国実業部大臣に任命されるが37年4月辞職する。同年9月満州電業社長となり，新京市商工公会会長，日満実業協会副会長，同満州本部長，協和会中央本部副本部長兼企画局長，東亜経済懇談会満州国本部長などに推される。40年5月満州国参議となるが，42年長春で病死した。

参考文献：田辺種治郎編『東三省官紳人民録』（文海出版社，台北，1973年）。高丕琨『偽満人物―偽総理大臣秘書官的回憶』（長春市地方史志編纂委員会，1988年）。外務省情報部編『現代中華民国・満州帝国人名鑑』（東亜同文会，1937年）。*Who's Who in Nippon with Manchukuo and China, 1943-44*（フーズ・フー・イン・ニッポン社，1943年）。愛新覚羅溥儀著，小野忍他訳『わが半生』上・下（大安，1965年）。

〔浜口裕子〕

丁（てい）　玲（れい）　Ding Ling

（1904年10月12日～1986年3月4日）

原名・蔣冰之，筆名・彬芷，叢喧。湖南省臨澧県生まれ。女流作家。

代々官僚を輩出した大地主の一族に生まれる。父・蔣浴嵐は15歳で生員となり，丁玲の生まれた頃は日本に留学していた。彼は，生涯生業を持たず，ロマンチックな気質と侠気の持主だったといわれる。母は，姓を余，閨名・曼貞，後に蔣勝眉という。生家は，書香の家として知られ，両親も開明的であったらしく，娘に高い教養を身につけさせようとした。

丁玲が4歳の時父は死去し，莫大な借財を残したため，田畑，家屋が処分される。母は，寡婦になると実家に戻り師範学校に学び，教師として自立する道を求めた。1909年常徳女子師範学校が開校され，母は師範班に，丁玲は幼稚班に学ぶ。母は，向警予と親交を結ぶ。12年長沙へ移った母は，湖南省立第一師範学校に入学。丁玲は母方の親戚にあずけられ，母子別居する。14年春学費が不足したため母親は桃源へ小学校教員として赴任。2年後丁玲は母が学監を務める常徳女子師範学校に移る。18年桃源第二師範の予科に入学。五・四運動勃発後，学内で指導的人物となった王剣虹と知りあう。丁玲も学生会の仕事に加わり，講演会を開いたり夜間学校で教えたりする。

1919年夏以降，長沙の周南女子中学，後に嶽雲中学に転校。この時期，丁玲の同級生には毛沢東の最初の妻・楊開慧，徐特立の娘・徐潛，中国共産党の最初の婦人党員・徐文萱がいた。周南女子中学では，教師の陳啓明が丁玲に思想的に社会革命の種をまいてくれただけでなく，文学をやるように励ましてもくれた。

1922年王剣虹らとともに上海に行く。陳独秀，李達らが創設した平民女学校へ入学。あきたらず23年南京へ文学修業に行く。柯慶施，施復亮，瞿秋白と親交を深め，瞿秋白のすすめで上海大学に入学する。そこでは沈雁冰（茅盾），兪平伯，田漢，陳望道，邵力子，瞿秋白らの講義を聴講。瞿秋白と王剣虹の恋愛を契機に湖南に戻り，24年北京へ行く。この時点で丁玲が直ちに共産主義へと向かわず，無政府主義に傾いたのは，彼女が気質的に非政治的人間であったとともに王剣虹の影響があったといわれる。

1925年胡也頻とともに上海へ移る。上海へ移った理由は，文学の中心地であったことに加えて，丁玲と馮雪峰との恋愛問題があったといわれる。丁玲は上海で創作に従事，胡也頻は沈従文と『中央日報』副刊『紅黒』を編集する。丁玲は29年に「韋護」を，30年には「1930年春上海」を執筆した。そこでは革命と恋愛が主題であり，『莎菲女士日記』のなかで描いた国民革命期の青年たちの彷徨を否定するにいたる。

1931年1月胡也頻は，柔石，殷夫らとともに上海の租界警察に逮捕され，2月秘密裏に処刑される。丁玲は胡也頻の救出に奔走し，沈従文を介し邵力子，張羣，陳立夫らの援助を求めたが失敗に帰した。

愛人の殉難を直接的契機として政治的実際活動へ踏み出す。1931年9月左翼作家連盟の機関誌『北斗』を創刊，主編を務め，「水」を執筆。それは，同年秋，長江一帯を襲った大洪水のため土地を奪われた農民大衆が彼らを見殺しにする地主や官僚に怒りを爆発させる経過を描いたものであり，左翼文壇でリアリズムの作品として高い評価を得た。32年春中共に入党し，左翼作家連盟の党団書記を担当した。33年上海のフランス租界の自宅で国民党特務に捕えられ，南京へ護送されて監禁生活を送る。丁玲逮捕には，当時の愛人・馮達の自白が関わりをもっていたらしい。

1936年南京を脱出し，西安を経て中共支配区に入る。辺区では文化宣伝工作に従事し，八路軍西北戦地服務団主任，中国文芸協会主席。40年陝甘寧辺区文化協会副主席となる。41年『解放日報』副刊の文芸欄を編集し，「我在霞村的時候」を書く。42年3月9日『解放日報』に「三八節有感」を発表し，陝北，山西の人々の封建的意識や上層幹部の間に存在する旧態依然たる男女関係や性差別の意識を批判した。

1942年の整風運動において丁玲は，延安の現実を批判した王実味，艾青，蕭軍，羅烽らとともに批判され，自己批判する。45年晋察冀の『長城』主編になる。46～48年農村に入り，土地改革，群衆闘争に加わる。48年華北地区の土地改革を主題とする「太陽照在桑乾河上」を発表し，毛沢東の文芸講話を実践した作品として評価される。

1949年中華人民共和国成立以降は，中央文学研究所主任となる。52年『人民文学』の編集者を務める。53年全国婦女連合会理事，中国作家協会副主席，第1次全国人民代表大会代表となる。

1949年から54年までの党の文芸政策を推進するにあたり，周揚らの文芸工作者と丁玲らの作家との間に軋轢が生じていたものと思われる。この軋轢は，30年代以来の左翼文壇の紛糾に関連した個人的怨恨が絡んでいた。54年から55年にかけての胡風批判キャンペーンを通じて，作家協会内で丁玲は「セクト主義」,「個人主義」思想を持っているとして批判される。57年反右派闘争において「右派」と断定され，党籍は保留されたが公式の活動の場から姿を消す。

1958年志願して黒龍江省北大荒の農場で肉体労働に従事する。60年8月10日『人民日報』で近況が報道された以外，彼女の動静は一切報道されなかった。文化大革命期に紅衛兵に批判され，「牛小屋」に監禁される。70年北京付近の監獄に投獄され，75年釈放されると山西省へ移る。79年名誉回復後，全国文連委員，中国作家協会副主席に就任。86年北京にて死去。

参考文献：北京語言学院《中国文学家辞典》編委会編『中国文学家辞典』現代第1分冊（四川人民出版社，成都，1979年）。徐州師範学院中国現代作家伝略編輯組『中国現代作家伝略』上（四川人民文学社，重慶，1981年）。王中忱・尚俠『丁玲生活与文学的道路』（吉林人民出版社，長春，1982年）。『丁玲選集』1～3巻（四川人民出版社，成都，1984年）。上海社会科学院文学研究所編『三十年代在上海的“左連”作家』下巻（上海社会科学院出版社，上海，1988年）。中島みどり編訳『丁玲の自伝的回想』（朝日新聞社，1982年）。

〔小山三郎〕

丁（てい）　黙邨（もくそん）　Ding Mocun

（1903年～1947年7月5日）

湖南省常徳生まれ。南京汪精衛政権の特務工作の指導者。

生家の家庭環境および青少年期の経歴は不明である。

丁默邨は，早い時期から中国国民党のCC系と繋がりを持つ一方で，『社会新聞』の編集長や江南学院の院長を務めるなど，上海の文化界でも活動していた。1937年には，陳立夫指揮下の国民党軍事委員会調査統計局第3処（郵電検査処）処長となった。そして，38年には軍事委員会少将参議，武漢特別市政府参事，秘書長などを務めたが，同年8月香港を経由して上海に至り，当地の日本特務機関と接触し，翌年3月には李士群と共に親日特務機関（いわゆる「七十六号」）を組織するに至った。

1939年5月前年末に重慶を脱出してハノイの地にあった汪精衛が上海に到着して，いわゆる「和平運動」を開始すると，丁默邨は8月28日から上海で開催された国民党第6次全国代表大会において，陳公博らと共に中央委員会委員に選出された。更に，翌月からは中央社会部部長，特務委員会委員副主任，特工総部主任を兼務した。翌年3月汪精衛を主席代理とする中央政府が南京に成立すると，丁は中央政治委員会委員，軍事委員会委員，社会部部長に任じられた。41年12月太平洋戦争が勃発すると丁は，日中両軍が共同して英米を撃滅し，大東亜戦争の勝利を期すことを主張した。その後，43年1月には社会福利部長，同年2月からは新国民運動促進委員会常務委員などの職を歴任し，45年1月には最高国防会議秘書長，軍事委員会政治保衛部副総監に，そして同年5月には浙江省省長，杭州綏靖公署主任に任じられた。

日中戦争終了後の1945年9月丁默邨は国民党政府によって捕えられ，翌46年11月から南京の首都高等法院で裁判にかけられた。当時の新聞には，彼を「汪政権のヒムラー」と表現するものもあった。47年2月8日，「中央要職にあって敵寇深入，国家危急の際みだりに参議の職責を離れ，抗戦陣営を離脱して敵国に私通し，逆臣どもの甘心を買った。中央の司法人員を狙撃し，地下工作員に惨害を加え，対日媚態の言論を散布して人心を惑わし，人民の財貨を奪って敵寇に供した」ことの罪をもって，丁に死刑判決が言い渡された。丁はこの判決を不服として最高法院に上訴したが却下され，同年7月5日南京にて銃殺刑に処せられた。

参考文献：黄美真・張雲「抗日戦争時期三箇漢奸政権及其主要頭目」，『人物』1984年3期。劉国銘主編『中華民国国民政府軍政職官人物誌』（春秋出版社，北京，1989年）。徐友春主編『民国人物大辞典』（河北人民出版社，石家荘，1991年）。益井康一『漢奸裁判史』（みすず書房，1977年）。

〔嵯峨隆〕

丁（てい）　日昌（にちしょう）　Ding Richang

（1823年～1882年2月27日）

字・禹生，雨生。広東省豊順県生まれ。洋務派官僚。

廩貢生で，1859年江西万安県の知県のとき県政刷新に功績があった。太平天国の乱にさいして曾国藩の幕下に加わった。その後李鴻章の命により上海機器局の経営にあたった。この間，容閎をアメリカに派遣して機器の購入にあたらせ近代工業の育成に努めた。

1865年江南地域が鎮定されると蘇松太道に任ぜられ，曾国藩や李鴻章を補佐して洋務を担当して手腕を発揮し，江南製造局総辦を兼任。また，唐廷枢を推薦して開平炭鉱や輪船招商局の開設に尽力した。その後両淮塩運使に任ぜられ，闇取引や汚職官吏の摘発など塩政の整頓に功績があった。67年江蘇布政使，翌年江蘇巡撫に昇任した。

1875年には福建巡撫に任ぜられるとともに，李鴻章の意向をうけて福州船政局を監督経営し，さらに台湾に赴いて義学を設置し，鉄道建設，鉱山開発，造船などを指導し，台湾開発に努力した。78年には福州の教案解決に手腕を発揮して，イギリス人相手に一歩も譲歩しなかった。79年，総督銜を加えられ，南洋海防の任に当たるとともに総理各国事務大臣を兼任した。晩年は蔵書家として広く内外の著作を集めた。

参考文献：上海社会科学院経済研究所『江南造船廠廠史』（江蘇人民出版社，南京，1983年）。林崇『沈葆楨与福州船政』（連経出版事業公司，台北，1987年）。包遵彭『中国海軍史』（中華叢書編審委員会，北京，1970年）。民国清史館編『清史稿』第448，列伝235（民国清史館，北京，1927年）。

〔徳岡仁〕

丁（てい）　汝昌（じょしょう）　Ding Ruchang

（1836年11月18日～1895年2月12日）

原名・先達，字・禹廷，号・次章。安徽省廬江県北郷石嘴頭村生まれ。清末の海軍軍人。

1854年初め太平天国軍が廬江県城を攻めたとき丁汝昌は最初太平天国軍に参加し，程学啓の部下となった。そして安慶攻略に参加したが，61年夏に清軍に安慶が包囲されると程学啓は部下とともに曾国荃に降伏，丁汝昌も湘軍に編入された。その後，程学啓は再び李鴻章の淮軍に改編，丁汝昌は劉銘伝に見出された。

1864年丁は劉銘伝に従って捻軍鎮圧に従軍した。しかし，74年清朝が湘・淮軍を削減するにともない失職。郷里に帰り李鴻章の勧めもあって海軍に転ずることを決心した。79年に清朝が北洋水師建設を命ずると，李鴻章の引きもあって丁汝昌は記名提督として北洋水師の創建に従事した。80年李鴻章は丁にイギリスで超勇，揚威２艦の受領と仏，独の軍事視察を命じた。

1882年の壬午の変では，軍艦を率いて朝鮮に急行し馬建忠らと大院君を捕らえて帰国。さらに，ヴェトナム情勢が急を告げるとトンキン湾へ艦隊を率いて示威した。88年北洋海軍が成立し海軍衙門が北洋艦隊の官制を定めると，丁汝昌は提督に任命され，大小艦艇40余隻，５万トンを率いることとなった。

1894年日清戦争が勃発すると，丁汝昌は艦隊を率いて大孤山沖海戦，威海衛海戦を戦ったが，自らも負傷し艦隊を威海衛に回航して徹底交戦を決意した。しかし，その努力のかいもなくついに敗れた。95年２月丁は敵の軍門に下るを潔しとせず服毒自殺を遂げた。

参考文献：戚其章『北洋艦隊』（山東人民出版社，済南，1981年）。戚其章『中日甲午戦争史論叢』（山東教育出版社，済南，1983年）。民国清史館編『清史稿』巻462，列伝249（民国清史館，北京，1927年）。〔徳岡仁〕

丁（てい）　惟汾（いふん）　Ding Weifen

（1874年11月6日～1954年5月12日）

字・鼎丞，鼎臣，晩号・詁雅堂主人。山東省日照県生まれ。中国国民党の政治家，学者。

父・丁以此は清朝の儒者であり，『毛詩正韻』という著作がある。丁惟汾は家庭での厳格な旧式教育によって成長し，科挙を受け県学に入り，廩生となった。

丁惟汾は保定師範学堂を卒業した後，1904年官費で日本の明治大学に留学して法律を学んだ。留日学生の反清活動に加わるなかで，05年東京で中国同盟会が成立すると同時にその会員となった。この時期，丁は中国同盟会の山東省支部の主任でもあり，反清刊行物『晨鐘』周刊を仲間の蔣衍升と創刊している。

1907年に帰国し，丁惟汾は山東に公学を創設した。11年の武昌蜂起後，丁ら山東省籍の中国同盟会員は山東省各界連合総会を組織し，山東巡撫に独立を促した。12年に民国が成立すると，丁は山東省議会議員，山東法政専門学校校長になり，さらに第１回の国会選挙で当選して衆議院議員となった。また，国民党の山東党部理事でもあった。

1914年１月国会解散の後，丁惟汾は故郷に帰って反袁活動を展開した。16年に袁世凱が病死すると北京で議員を続けたが，国会が再度解散されるにおよび，17年に孫文が広州で招集した非常国会へ参加した。

1919年に中華革命党が中国国民党へと改称される際，丁惟汾は上海において党務に専念し，孫文の活動を積極的に支援した。22年９月，孫文の指示の下で，丁は陳独秀らとともに党務整理のための９人の国民党改進案起草委員の１人となった。

1924年１月，丁惟汾は中国国民党第１回全国代表大会で第１期中央執行委員会委員に当選した。また，李大釗を助け，党の北方執行部の設立工作に従事した。26年１月中国国民党二全大会で再び中央執行委員に当選し，さらに７月には中国国民党中央青年部部長に就任した。

1927年４月12日のクーデターにより武漢と南京が対立すると，丁惟汾は南京側の実力者である蔣介石を支持した。同年，蔣介石が校長を務める中国国民党中央党務学校の訓導長となり，南京国民政府委員の任にも就いた。翌28年２月には，中国国民党中央執行委員会常務委員，続いて同中央訓練部部長，同中央政治会議委員となった。翌29年３月には，党三全大会後，中央執行委員会常務委員に選出された。

1931年に入ると，丁惟汾は中国国民党中央執行委員会秘書長，さらに南京国民政府監察院副院長になった。しかし以後，中央執行委員会常務委員の職務などを維持したものの，党と政府での役割は急速に低下する中で，丁は中国の古籍，音韻，語義の研究に没頭した。日中戦争が始まると，国防最高委員会委員に任ぜられたが，重慶でも研究を継続した。

1949年丁惟汾は台湾に去り，新たな機構である中央評議委員会の委員となったが，政治にはほとんど関与しなかった。54年に台北において脳溢血のため死去した。『毛詩韻律』，『爾雅識名』などの著作がある。

参考文献：中国国民党中央委員会党史史料編纂委員会編『革命人物誌』１集（中央文物供応社，台北，1969年）。劉紹唐主編『民国人物小伝』第１冊（伝記文学出版社，台北，1981年）。朱信泉・婁献閣主編『民国人物伝』12巻（中華書局，北京，2005年）。〔望月敏弘〕

丁（てい）　文江（ぶんこう）　Ding Wenjiang

（1887年4月13日～1936年1月5日）

字・在君，筆名・宗淹。江蘇省泰興県に生まれる。民国時期の地質学者にして改良主義的言論人。

丁文江は中程度の郷紳であった父・吉菴と母・単氏の間の第２子として生まれ，幼少の頃から塾に入り伝統教育を受けた。1901年父は彼を上海の南洋公学に進学させるべく，泰興知県であった龍璋に身元保証を依頼したが，龍は丁文江の素質を見抜き，彼に海外留学を勧めた。そのため，丁は翌年３月からおよそ１年半ほど東京に滞在することとなった。しかし，この間彼は学校に正式に在籍することはなく，当時の革命的気運の高まりの中で『江蘇』の編集に当たるなどした。

その後，丁文江は呉稚暉の影響もあって，1904年

3月荘文亜，李祖鴻と共にイギリスに渡った。イギリス到着後，丁はまずスポルディングという町の学校で学び，2年後の06年にはケンブリッジ大学に入学した。しかし，経済的な理由もあって半年後に同校を退学し，08年スコットランドのグラスゴー大学に入学した。彼はここで地質学と動物学を学んだ。

1911年4月大学を卒業した丁文江は7年間にわたるイギリスでの生活を終え，帰国の途に着いた。帰国の際，彼は旅行と調査を兼ねてヴェトナムのハイフォンに上陸し，ここから列車で雲南，貴州，湖南，湖北を経由して郷里に戻った。帰国後，彼は北京で帰国留学生向けの試験を受け，格知科進士の地位を得た。武昌蜂起勃発後，彼は郷里の秩序紊乱の企てに抗すべく地方保衛団の組織を提唱し，訓練に当たった。

1912年中華民国が成立すると，丁文江は上海の南洋公学で教鞭を執る一方で，『動物学教科書』を執筆した。翌年2月には北京政府工商部の鉱政司地質科長に就任し，12月には工商部秘書となった。13年から翌年にかけて，丁は山西と雲南で地質調査を行った。16年農商部地質調査所が創立されると，初代所長となった。18年末には梁啓超，胡適，蔣百里らと大戦終了後の欧州の視察に訪れ，パリ講和会議の会外顧問を務め，20年初めアメリカ経由で帰国した。2年後，中国地質学会の成立に参画した。

欧州視察から帰国後，丁文江は政治的発言にも積極的に乗り出すようになり，1921年には胡適らと共に努力会を結成し，翌年5月『努力』（週報）を創刊した。丁は同誌において，宗淹の筆名で改良主義的政治主張を繰り広げた。中でも23年に発表された「少数人的責任」はこの時期の彼の代表的著作である。彼はここで現在の混乱の彼方にある中国の前途が，一握りのエリートの自覚と責任に懸かっていることを指摘していた。丁のこうした姿勢は，曾国藩の思想的影響によるものであった。また，同年2月，北京大学教授・張君勱が清華学校で「人生観」と題する講演を行うと，丁文江は4月15・22日の『努力』誌上に「玄学与科学」と題する論説を発表し，張を科学の敵「玄学鬼」と評してその直観的唯心哲学を批判した。これが引き金となって，この後いわゆる「科学と人生観論争」が展開されることになる。

1925年，5・30事件勃発後，丁文江は梁啓超らと宣言を発して大衆運動に反対する立場を表明した。また当時，奉系軍閥の勢力が華中一帯にまで及んでいたが，丁はこれを北方に押し戻すべく孫伝芳の力を利用する計画を立て，彼に接近する行動に出た。その結果，同年10月に至って華中から奉系軍閥の勢力は一掃され，翌年5月には丁は孫が設立した淞滬商埠督辦公署の総辦に任じられた。しかし，26年7月に進撃を開始していた北伐軍の勢力が次第に華中に及ぶや，丁は形勢不利と判断し，同年末に総辦の職を辞して大連に移った。

大連滞在中の1928年，丁文江は明末の地理学者で旅行家であった徐霞客の年譜と旅行記を整理し出版した。また，同年夏には広西に地質調査に赴いている。これは，国民政府鉄道部が当時計画中であった川広鉄路の実地踏査と，広西省政府による鉱物資源の調査の依頼に応えたものである。西南地域の地質調査は，断続的に30年夏まで行われた。31年秋丁は当時校長の地位にあった蔣夢麟の招請に応じて，北京大学地質学系研究教授に就任した。

1931年9月に満州事変が勃発し，日中間の対立が本格化すると，丁文江は抗日に消極的な姿勢を取り，翌年5月に胡適らと創刊した『独立評論』誌上に「仮如我是蔣介石」を初めとする多くの論説を発表し，抗日戦争勝利の可能性が極めて少ないとして，中国が対日妥協策をとるべきことを主張した。これが，蔣介石の対日妥協策採用の一助となったと言われる。また，この時期の丁は「新式的独裁」なるものを主張し，独裁体制下での科学建設や国防の拡充によって国力を増強し，それによって初めて日本に勝利できる旨を説いていた。

1938年8月，丁文江は学術会議出席のためアメリカを訪れ，帰国の途中およそ40日ほどソ連国内を旅行した。帰国後，彼は『独立評論』誌上に「蘇俄旅行記」と題する文章を発表している。またこの年，丁文江は翁文灝，曾世英と共に『中国分省新図』を，翌年には『中華民国新地図』を上海の申報館から出版した。これらは，当時においては最も精確なものとの評価を受けた。翌年6月丁は北京大学の職を辞し，中央研究院の総幹事に就任した。

1935年12月丁文江は国民党南京政府の委託を受けて湖南に赴き，粤漢鉄路のための地質調査と，北方の学校を内陸地域へ移転させるにあたっての土地調達を行った。しかし，衡陽滞在中の同月8日丁文江は一酸化炭素中毒に罹り，長沙に移送されて治療を受けたが回復せず，翌36年1月5日当地で死去した。

参考文献：中国社会科学院近代史研究所主編『民国人物伝』1巻（中華書局，北京，1978年）。呉相湘『民国百人伝』第1冊（伝記文学出版社，台北，1971年）。劉紹唐主編『民国人物小伝』（伝記文学出版社，台北，1981年）。

〔嵯峨隆〕

丁　振鐸　Ding Zhenduo

（1842年～1914年10月15日）

字・巡卿，循卿，筆名・声伯。河南省羅山県生まれ。清末の官僚。

1871年進士となり，96年11月甘粛知府となる。98年8月雲南巡撫となり，1901年5月広西巡撫，02年6月山西巡撫を歴任し，同年11月雲貴総督となる。04年11月宝授を受け，06年7月福建省都督となる。08年袁世凱により禁煙大臣に任命され，11年侍郎候補，その後に弼徳院顧問となる。

中華民国になり，袁世凱政権で1914年5月26日参政院参政，同年6月20日審計院院長となる。

参考文献：費行簡『近代名人小伝』，沈雲龍主編『近代中国史料叢刊』28集（文海出版，台北，1968年）。

〔鎌田和宏〕

董　必武　Dong Biwu

（1886年3月5日～1975年4月2日）

原名・賢琮，別名・用威，字・潔，号・璧五。湖北省黄安県生まれ。中国共産党の指導者，統一戦線及び政法工作の責任者。

父は，董基文，清末の秀才。兄の董基明も秀才。幼少より私塾に学び，1903年黄州府府試に合格，秀才となる。同年秋武昌の武普通中学堂受験に失敗，一時黄安県城で私塾の教師となる。05年春文普通中学堂を受験，合格。以後，米国系キリスト教会の付属機関・知日会に通い，ここで革命人士と交流，また康有為，梁啓超の変法思想に触れ，賛同。同年10月文普通中学堂に正式入学，英語，理数系の知識の習得に専心。在学中，宋教仁，田桐，査光仏らと交流。06年孫文の革命思想に傾倒。10年10月中学卒業。黄州府中学堂の英語教師となる。

1911年辛亥革命勃発後，武昌に赴き，武昌革命軍政府軍務部で蔣翊武の秘書を務める。11月29日武昌軍政府改組にともない，理財部秘書官に転任。この時期，中国同盟会に加入，同盟会湖北支部建設に関与，同支部評議部評議員に選出される。12年，湖北省軍政府財務司総務科科長に任命される。13年1月，財務司を辞し，宜昌川塩局，湖北第一師範学校に就職。同年夏，討袁を準備するが，失敗。詹大悲，潘怡如，張国恩らと上海に逃れる。

1914年1月，渡日。東京に滞在，日本大学で法律を専攻。当地で孫文の中華革命党に入党。日本政府の対華21カ条要求を契機とする反袁機運の高まりに乗じて，15年6月張国恩と帰国。湖北で反袁軍事行動を準備するが，失敗し，当局に逮捕，投獄される。一時釈放されるが，同年12月再逮捕，16年6月袁世凱の死去にともない釈放される。

1917年2月11日再び渡日，日本大学法律科の卒業試験を受ける。この時期，マルクス主義，無政府主義の書物を読み始める。同年夏に帰国し，張国恩と武昌で法律事務所を開業。護法戦争の発動に応じ，18年3月鄂西に赴き，鄂西靖国軍総司令・蔡済民の下で総司令部秘書を務める。19年春張国恩と上海の湖北省善后公会で勤務。この時日本留学から帰国した李漢俊と接触。李漢俊，詹大悲，張国恩らと五・四運動前後，行動をともにする。同年8月張と武漢に戻り，私立武漢中学を創立した。

1920年張国恩，陳潭秋とともに武漢共産主義研究小組を樹立。同小組代表として，21年7月中共1全大会に出席。24年第1次国共合作後，国民党連絡員となり湖北省に赴き，25年7月国民党湖北省党部執行委員に選出される。26年1月の国民党2全大会に湖北省代表として参加，同党候補中央執行委員に選出される。翌2月国民党中央代表として同党の湖北省第2回代表大会を指導。3月長沙で唐生智の国民党側への転向を画策，同年夏中共湖北区執行委員会委員に任命される。27年3月，武漢の国民党2期3中全会に毛沢東，林伯渠，呉玉章らと出席。4月10日湖北省政府設立にともない，同政府常務委員，農工庁庁長を兼任。

1927年末，中共中央よりソ連留学の命を受け，上海，日本を経て28年8月モスクワに到着，中国共産主義労働大学特別班に入学。徐特立，呉玉章，林伯渠，何叔衡，葉剣英らとともに学習。翌29年春レーニン学院に転入。31年冬まで在学し，32年3月帰国のためモスクワを離れる。

1932年夏，上海を経て瑞金の中央革命根拠地に入る。当地で紅軍大学上級幹部隊政治委員に任命される。33年3月マルクス共産主義学校（中央党校）教務長に就任，後に副校長となる。34年2月臨時最高法廷主席，さらに最高法院院長に任命される。同年10月長征に参加。35年8月紅軍上級幹部隊政治委員，11月中央党校校長に任命される。翌12月陝北問題処理のための5人委員会の書記になり，過去の「粛反」で投獄されていた劉志丹らを解放した。

日中全面戦争勃発後，1937年9月武漢に赴き，12月中共中央長江局委員，民運部部長に就任。38年中共6期6中全会で中央委員に選出される。同年重慶に赴き，中共中央南方局統戦委員会主任として統一戦線工作に従事。黄炎培，張瀾，沈鈞儒，郭沫若，陶行知，史良，鄧初民，張申府らと交流。45年4月から6月にかけて，サンフランシスコ連合国会議に中国代表団の一員として出席。同時期，中共７全大会で中央委員，７期１中全会で中央政治局委員に選出される。46年１月重慶の政治協商会議に中共代表団の一員として出席。46年５月国民政府とともに南京へ移動。以後，南京，上海で周恩来とともに国民党との交渉に当たる。同年11月周が国民大会否認声明を発表し延安に引き上げた後，南京駐在中共代表団，南方局を指導。47年３月南京を離れ，陝北に戻る。その後，国民党軍の陝甘寧辺区進攻時に成立した中央工作委員会の常務委員に任命される。48年９月華北人民政府主席に選出される。49年６月新政治協商会議準備会に出席，中華人民共和国政府方案起草組組長となり，「中華人民共和国中央人民政府組織法草案」を起草。同年９月中国人民政治協商会議で「中華人民共和国中央人民政府組織法の起草過程及びその基本内容について」報告，中央人民政府委員会委員，中国人民政治協商会議全国委員会委員に当選。

中華人民共和国成立後，中央人民政府政務院副総理，政治法律委員会主任，政治法律学会会長，最高人民法院院長を歴任。1956年中共８全大会で中央委員，８期１中全会で中央政治局委員，中央監察委員会書記に選出される。59年４月の第２期全人代，65年の第３期全人代で２度にわたり中華人民共和国副主席に選出される。文化大革命中，69年４月の中共９全大会で中央委員，中央政治局委員，73年８月の10全大会で政治局常務委員に選出され，75年１月まで国家主席代理をつとめるなど，地位の低下は見られなかった。しかし実際には，「多くの重要会議，重要決議が全く通知されなかった」という。75年４月肝臓癌のため北京で死去。

参考文献：湖北省社会科学院組編『憶董老』１・２輯（湖北人民出版社，武漢，1980，82年）。中共党史人物研究会編『中共党史人物伝』13巻（陝西人民出版社，西安，1984年）。胡伝章・哈経雄『董必武伝記』（湖北人民出版社，武漢，1985年）。『董必武選集』（人民出版社，北京，1985年）。『董必武政治法律文集』（法律出版社，北京，1986年）。

〔中村楼蘭〕

董（とう）　顕光（けんこう）　Dong Xianguang

（1887年11月９日～1971年１月10日）

欧名・Hollington K. Tong。浙江省鄞県生まれ。中国国民党員。出版業務の専門家。（台湾）駐日大使。

董顕光の家は農家であり，董は７歳で私塾に入るが，10歳の時にはすでに農業を手伝う。董の父母は共に熱心なキリスト教徒であり，董は日曜日蘇州まで教会学校に通わされた。その後一家が上海に移ると，董はまず中西書院に通うが，学費が続かず，清心中学に転入する。1905年上海で学生運動が発生するとこれに参加し，退学して民協中学に移る。１年後，董は寧波の龍津中学堂の英語教師となるが，ここには蒋介石が学生としており，董と蒋は知り合うこととなる。09年趙蔭薌と結婚し，上海の商務印書館に勤める。

1909年１月董顕光は旅費を工面してアメリカに留学し，ミズーリ州のパーク学院に入学する。翌年董はミズーリ大学新聞学科に入学し，新聞学を学ぶ。卒業後のカリフォルニア大学のピューリッツア新聞学院に入学し，修士号をとろうとするが，母危篤の報を聞いて日本経由で帰国の途につく。10年２月横浜から上海に向かう船上，董は偶然孫文と知り合う。上海に着いた後，董は孫文の紹介で英文紙であった*China Repubican*の編集の職を得る。その後董は北京における英文紙*Peking Daily News*，上海の*Millard's Review*の記者及び編集者として活躍し，25年天津において『庸報』を創刊する。

1926年蒋介石の国民革命軍が長沙に到達した時，董顕光は蒋介石を訪ね北伐の状況についての取材をしている。27年の蒋介石による４・12クーデターに際しては，『庸報』上でこれを擁護する論陣を張る。29年には英文紙*The China Press*の招聘を受け，上海に赴き，総経理兼総編集に就任する。34年になると，董は蒋介石の紹介で中国国民党に入党し，国民政府軍事委員会上海協事処委員として外国の新聞及び電報の検閲の任務を請け負う。

1937年７月日中戦争が勃発すると，10月董顕光は軍事委員会第５部次長となり，対外向けの宣伝工作を担当する。しばらくして董は中央宣伝部副部長となる。11月国民政府が重慶に移転した後，国際宣伝処が設立されると，董は処長に任命される。董は自ら通訊『中国在戦闘』を発刊し，中国の抗戦状況を報道する。42年２月の蒋介石のインド訪問，翌年11月のカイロ会談に同行する。

日中戦争終結後，董顕光は1947年５月南京で行政院政務委員兼新聞局局長に任命される。新聞局の外国記者に対する検閲は厳しく，董は外国からの非難を一身に受ける。48年12月董は新聞局長の職を辞し，妻と共に台北に移る。台湾において董は中国広播公司総経理兼台北『中央日報』の代表取締役となる。52年の日華平和条約締結後，初代駐日大使となり，56年には駐米大使となる。58年７月台湾総統府顧問となるが，61年ニューヨークで中風を患い，アメリカから帰国することができないまま71年１月病死する。

著作に，『蔣総統伝』，『中国和世界報刊』，『一個中国農夫的自述』，『日笑録』，『台湾教会発展史』などがある。

参考文献：汪新・劉紅『南京国民政府軍政要員録』（春秋出版社，北京，1988年）。劉招唐主編『民国人物小伝』第5冊（伝記文学出版社，台北，1982年）。徐友春主編『民国人物大辞典　増訂版』（河北人民出版社，石家荘，2007年）。外務省情報局『現代中華民国・満州帝国人名鑑』（東亜同文会，1937年）。
〔家近亮子〕

杜（と）　錫珪（しゃくけい）　Du Xigui

（1874年～1933年12月27日）

字・慎臣，慎丞。福建省閩侯県生まれ。直隷派軍人，北京政府国務総理代行。

南京水師学堂を卒業し，英国に留学し海軍に関して学ぶ。帰国後辰字魚雷艇管帯，建安兵船管帯代理，海軍警衛隊管帯，軍艦「江貞」艦長を歴任。1911年武昌蜂起が勃発すると，海軍提督・薩鎮冰に従い，革命軍鎮圧のため「江貞」を指揮して武昌を目指す。武昌到着当初は清軍第１軍総統官・馮国璋の要請を受け革命軍を砲撃したが，海軍参謀兼軍艦「海籌」艦長・湯薌銘とともに革命側に帰順した。帰順後黎元洪より改めて「江貞」艦長に任ぜられる。

1912年３月第２代中華民国臨時大総統となった袁世凱から湯薌銘とともに入京を求められ，北京で陸軍総長・段祺瑞に手厚くもてなされた。14年10月軍艦「海容」艦長。15年12月帝制復活を企図する袁世凱より一等軽車都尉世の称号を贈られ，同月「肇和」艦長に任命される。海軍を自派勢力に組み込もうとしていた袁より特に目をかけられていたが，袁死後も失脚することはなく，17年７月第２艦隊司令に任命される。

1920年武力統一政策を標榜した段祺瑞が直隷派に敗れ，北京政府と広州護法軍政府との間に南北和解の機会が生ずると，10月に林葆懌，蔣拯とともに南北海軍の統一を呼びかける。

1922年４月第１次奉直戦争が勃発すると直隷派を支援し，秦皇島，山海関付近の海上に第２艦隊の軍艦を率いて出撃，奉天軍の補給線を砲撃して直隷派勝利に貢献した。23年11月17日前月「賄選」により大総統職を得た曹錕から海軍総司令に任命される。24年９月第２次奉直戦争が勃発，再び直隷派を支持して参戦した。同年10月23日「首都革命」が発生し，曹が馮玉祥に捕らえられると，同月27日斉燮元，孫伝芳らとともに馮玉祥討伐を通電する。政変後顔恵慶に代わって国務総理となり大総統職を代行した黄郛より31日に海軍部総長に任ぜられるが着任せず。11月12日敗軍の将となった呉佩孚を上海に迎え，17日呉佩孚，斉燮元，孫伝芳らとともに武昌に護憲軍政府を樹立し馮玉祥を討伐することを呼びかける。19日斉燮元，孫伝芳，劉鎮華と連名で段祺瑞の政権復帰・執政支持を通電，段指導下の中華民国臨時政府より海軍総司令に改めて任命される。但し，病気療養を理由に実際には着任しなかった。25年２月段より海軍総司令を免職される。その後同年12月に許世英内閣，26年３月に賈徳耀内閣から海軍部総長に任ぜられたものの，いずれも着任しなかった。

1926年５月成立した顔恵慶内閣で海軍部総長に任命されるがすぐには着任せず，漢口に赴き呉佩孚の漢口総司令部と接触した後，翌６月に北京で着任を宣言する。同月22日顔内閣が崩壊すると海軍部総長兼務のまま国務総理職を代行する。就任当初，北方における２大勢力であった呉佩孚と張作霖の関係修復に努める。杜内閣はソ連による中国の赤化並びに広東の国民革命軍の北伐に対する支援を阻止するという重大な課題を抱えていた。杜は26年７月にソ連駐華大使カラハンの召還をソ連政府に要請し，北伐軍顧問ボロディンの逮捕を各省に命ずるなどしてこの問題に対処した。

しかし，こうした努力にもかかわらず，1926年７月開始された国民革命軍の北伐を阻止するために南下した奉天派の将領たちは杜内閣の命令をことごとく無視し，同年９月には奉天派の張宗昌に指図された憲兵司令・王琦指揮下の軍警数百人が国務院及び顧維鈞財政部総長宅を２昼夜にわたって包囲した。かかる圧力を受け，ついに10月１日国務総理代行を辞任する。翌11月北方の各将領が参集し国民革命軍の北伐阻止を決定，渤海艦隊，東北艦隊を率いて南下するが，27年４月海軍総司令・楊樹荘と密議，海軍を国民革命軍に帰順させることを取り決めた。

1929年10月国民政府より日本，欧米諸国の海軍を視察する任務を与えられ，翌11月に出国する。30年３月さらに各国の軍用航空事業視察の命を受け，10月視察任務を完了して上海に到着した。帰国後『考察欧美日本海軍報告書』を著し，海軍力の整備を主張する。31年７月海軍上将として馬尾福建海軍学校校長に赴任。32年１月招聘に応じ国難会議会員となり，４月洛陽の国難会議に出席，海軍の対日作戦方針について意見を提示する。

1933年11月李済深，陳銘枢，蔣光鼐らが福建省に中華共和国人民革命政府（福建人民政府）を樹立し反蔣抗日を宣言，馬尾の海軍学校を含む軍事施設を接収すると，「江貞」に乗船し上海に脱出した。同年12月病気により死去。

参考文献：楊大辛主編『北洋政府総統与総理』（南開大学出版社，天津，1989年）。劉紹唐主編『民国人物小伝』第9冊（伝記文学出版社，台北，1987年）。秦孝儀主編『中国現代史辞典—人物部分』（近代中国出版社，台北，1985年）。徐友春主編『民国人物大辞典』（河北人民出版社，石家荘，1991年）。陳玉堂編『中国近現代人物名号大辞典』（浙江古籍出版社，杭州，1993年）。　〔中村楼蘭〕

都興阿（とこうあ）　Duxing'a

（生年不詳～1875年3月18日）

字・直夫。満州正白旗の生まれ。郭貝爾氏。清末，太平天国時期の武将。

祖父・父ともに正黄旗蒙古都統であった。1853年から55年にかけて僧格林沁の下に天津近くまで迫った太平天国北伐軍と，独流・連鎮などで戦い，55年林鳳祥を捕えた功績により京口副都統となった。ついで湖北に派遣され都統西凌阿・湖広総督官文の下で武漢周辺の太平軍に対応した。翌年江寧将軍に昇進し，武漢・黄州・興国などを太平軍から奪回した。58年荊州将軍に転じたが，引き続き長江中流域で多隆阿・李続賓などとともに陳玉成らの率いる太平軍と対峙し，翌年江西の九江を回復したが，11月の三河の戦いでは太平軍に大敗を喫した。60年第2次アヘン戦争における英仏連合軍の天津・北京侵入に際し部隊を率いて北上したが，その途中で停戦となり，揚州に回って江北の軍務を督辦した。

1861年湘軍と呼応して長江下流の太平軍と戦い，太平天国の首都天京（現在の南京）包囲戦に加わり，ついで江寧将軍に転じて曾国藩とともに，江蘇・浙江の太平軍鎮圧に当たった。その後64年初めに陝西・甘粛の回民反乱が激化したため西北に赴くよう命じられ，西安将軍の任に転じて甘粛の軍務を督辦し，代理陝甘総督を務め，さらに荊州将軍・穆図善とともに寧夏の回民蜂起の鎮圧に当たった。65年奉天（現在の瀋陽）の盛京将軍に転じ馬賊の討伐に従事したが，回民反乱の鎮圧に際して指揮下の部隊の略奪行為，回民に対する苛酷な殺戮などについて穆図善に弾劾の上奏をされ，革職留任の処分を受けた。68年張宗禹の率いる西捻軍が北京を脅かすと，急遽呼び戻されて神機営を統率し，欽差大臣に任じられて春寿・張曜・宋慶・陳国瑞の4軍を統轄し，左宗棠・李鴻章らとともに後期捻軍の脅威に備えた。山東省・直隷省から捻軍の勢力が一掃されると奉天の本任に戻り，在任中に病死した。清愨と諡された。

参考文献：民国清史館編『清史稿』417，列伝204（民国清史館，北京，1927年）。中華書局編『清史列伝』55（民国中華書局，上海，1928年）。　〔並木頼寿〕

杜　聿明（と　いつめい）　Du Yuming

（1905年～1981年5月7日）

号・光亭。陝西省米脂県生まれ。中国国民党高級将校。

清朝の挙人の家庭に生まれた。陝西楡林中学を卒業後，1924年黄埔軍官学校第1期生となる。同校卒業後，教導団で見習となったのち，数々の軍歴を積んでいった。第1次東征に参加した後，一時孫伝芳の部隊につかまるが，脱出して武漢へ赴き，黄埔軍官学校武漢分校学兵団の中隊長となった。27年5月以降は，蔣介石の配下に入った。南京では国民革命軍総司令部訓練処校閲委員会中将委員となるが，27年8月，蔣介石下野後は一時失職した。

1929年には南京中央軍官学校第7期第4隊隊長をつとめ，30年には教導第2師団上将連隊長として，中原大戦に参加した。また第4次“剿共戦”でも功績をあげ，32年には陸軍第17軍第25師団副師団長になっている。日本の軍事進攻が始まると，33年杜は第25師団副師団長として部隊を率いて，長城抗戦を戦い抜いた。37年には南京に陸軍装甲兵団を作り，自ら団長となった。

1937年日中戦争が始まってから日本の敗戦まで，数々の戦役を戦った。滬寧一線において部隊を率いて交戦，38年には第200師団師団長に就任，さらに第200師団が改編された，第5軍軍長などを歴任していった。この第5軍は，当時国民党の軍隊の中の唯一機械化された軍であった。そして39年暮から40年初めにかけて，広西崑崙関において，対日本軍攻略作戦の部隊を指揮し，中村正雄旅団を全滅させた。42年にはビルマ遠征中国第1軍司令官として，ビルマ，インド遠征軍を指揮した。また第5集団軍司令官として，日本軍と激戦を展開した。45年5月には，国民党第6期全国代表大会で，中央執行委員会委員候補に選出されている。また同年，蔣介石に反対していた龍雲を監禁して，崑明事件を引き起こした。

1945年8月日中戦争終結後，国共対立の激化，内戦勃発の状況のなかで，第13軍や第52軍を率いる国民党軍司令官として一連の作戦を指揮している。同年10月には蔣介石の命により東北保安司令部中将司令官に転じ，東北廻廊作戦を遂行したが，敗北に終わった。48年遼瀋戦役が勃発すると，東北剿匪副司令官兼冀熱遼辺区司令官に就任して，引き続き東北地区における共産党討伐戦を展開していった。その後南下して，同年11月，徐州剿匪中将副総司令官兼前進指揮部主任となって，徐州共産党討伐作戦を遂行した。しかし，この徐州における淮海戦役の第3段階（49年1月6日～）において敗れ，共産軍に捕えられた。その後捕虜として山東解放軍官教導団での学習を経て，北京戦犯管理処で改造工作に従事した。

10年後の1959年12月，王耀武ら32人と共に特赦によって釈放された。釈放後杜は，文史資料や政治協商会議関係の仕事に従事して，死ぬまで大陸にとどまった。64年12月には政協会議文史資料室研究委員会専員，政協会議第4期全国委員会委員，第3期全国人民代表大会代表に選出されている。73年3月には台湾人民蜂起26周年記念座談会に出席。75年に第4期全人代代表，78年2月に政協会議第5期全国委員，同常務委員，3月には第5期全人代代表に選出されている。また同年，文史資料研究委員会委員兼軍事組副組長にも就任して，杜みずからが経験した遼瀋，淮海などの諸戦役の資料を書いたり，整理する仕事にもたずさわっている。79年6月には全人代予算委員会委員，80年9月には政協会議章程修正委員会委員を務めたが，81年5月北京で病死した。杜は中華人民共和国における協力ゆえに「愛国人士」として評価され，その死に際しては北京で追悼会が挙行された。なお，ノーベル物理学賞を受賞した，アメリカ籍中国人の楊振寧は，義理の息子にあたる（黄済人「杜聿明与楊振寧的故事」，『人物』1981年2期を参照）。

参考文献：蔡開松・于信鳳主編『二十世紀中国名人辞典』（遼寧人民出版社，瀋陽，1991年）。王永均編『黄埔軍校三百名将伝』（広西人民出版社，南寧，1989年）。鄭洞国等『杜聿明将軍』（文史資料出版社，北京，1986年）。関国煊「杜聿明（1905―1981）」，『伝記文学』1981年39巻1期。劉立雲『血滿弓刀：杜聿明将軍』（中央党校出版社，北京，2005年）

〔石川照子〕

杜（と）　月笙（げつしょう）　Du Yuesheng

（1888年8月22日～1951年8月16日）

名・鏞，字・月笙。上海市浦東区高橋鎮生まれ。中国の秘密組織・青幇の大頭目。国民党時代の上海の権勢家。

極貧家庭に生まれ，2歳にして母を，4歳にして父を失い，13歳の時上海南市十六舗の果物屋「鴻元盛」に丁稚奉公に入った。しかし正業に身が入らず，陳世昌のもとで青幇に入り，博打と女遊びに没頭した。やがて，上海暗黒社会の第一人者・黄金栄門下に入った杜月笙は，持ち前の抜け目のない才気煥発さと義侠心で黄金栄夫妻，とりわけ黄の正妻・林桂生の重用するところとなり，フランス租界3大賭博場の1つ公興倶楽部の管理を任されるにいたった。また，フランス租界警察の巡捕長として阿片密売などの取り締まりを任されていた黄金栄と図って三鑫公司を設立，阿片密売者から密売の「保険料」を取り立てた。

青幇勢力が国民党と結んで政治面で重きをなすようになったのは1927年の4・12クーデター以後である。自らも青幇メンバーとなる蔣介石は強大になった共産党と労働運動の弾圧を企図して杜・黄・張嘯林らに委嘱，杜月笙が中心になって子飼のごろつきを「共進会」なるみせかけの労働者団体に組織し，共産党指導下の総工会を襲撃させた。これを機に蔣介石は上海の共産党と労働運動に壊滅的打撃を与えた。杜ら3名はその功で少将に任ぜられた。それは上海暗黒社会における杜・黄・張「3大親分時代」の到来を示すものでもあった。この時点で杜のランクはまだ3位であったが，杜の歩んだ道は黄らの旧い道とは異なった。

第1に杜月笙は将来役に立つと思われる政財軍の大物に対して積極的に接近し，阿片や賭場で稼いだ金を惜しげもなく人脈形成のために投資した。蔣介石を筆頭に，国民政府の中枢を担っていく宋子文，孔祥煕，陳光甫，銭新之らとの関係形成は，杜が闇の世界から表舞台の権力者になっていく上で決定的な役割を果すことになった。またフランス人有力者とも関係をつけ，フランス租界公董局首席華董におさまった。第2に杜月笙は共進会の経験を生かして，門下の朱学範，陸京士らに指示して労働組合に不抜の影響力を植えつけた。第3に銭新之らの助言で，1929年中匯銀行を開設したのを皮切りに，謀略的手段も駆使して中国通商銀行，国信銀行などを乗っ取り，金業交易所理事長，上海市銀行公会理事などの椅子も手に入れた。金融界に止まらず，華豊製粉会社・大達汽船会社などを次々に買収，上海製粉交易所理事長，綿布交易所理事長の椅子も奪い取り，やがて上海市商会に対しても大きな影響力を行使するに至った。第4に上海の各界名士で構成する上海市地方協会会長などに就任する一方，災害救援などに惜しみなく義援金を注ぎ込み，社会的名士としての地位を築いていった。史量才暗殺後，上海最大の新聞『申報』を引き継ぎ，「申新時商4社連営処」を設立してその総支配人におさまるなど，報道界にも抜きがたい力を持つに到った。

杜月笙はこうして上流社会から下層社会に到るまで多方面に大きな力を持つようになり，それぞれの力の相乗効果によって，南京国民政府時代の10年間に新しく形成されてきた政治・経済・労働・文化各界にまたがる大きな権力を形成した。例えば，上海の各企業は，労働界に絶大な影響力を持つ杜月笙を，争って役員に迎えたり，献金したりした。1936年末の在華紡争議では，日本側も杜月笙に頼み込んでやっとストライキを終結させている。政治・経済・文化各界の名士たちも杜月笙の後盾を得るべく近寄ってきた。杜は彼らを社交クラブ「恒社」に組織して君臨した。

日中戦争時期，杜月笙は基本的には抗日陣営に留まり，その幅広い人脈を使って複雑な動きを見せた。1932年の第1次上海事件に際しては国民党有力者と共に上海市各界抗敵後援会を組織した。37年第2次上海事件が始まると「軍統」特務・戴笠と共に「蘇浙行動委員会」を組織した。上海陥落後，日本の杜月笙引き込み工作が強まると香港に避難，蔣介石の指示を奉じて戴笠，呉開先らと「上海統一委員会」を組織して主任委員に就任，万墨林を通じて上海潜伏の部下を駆使して対日特務工作を展開し，商工金融界の大物が日本側に投ずるのを防ぎ，大物漢奸の暗殺や高宗武，陶希聖の上海脱出に一役買った。呉開先や万墨林が日本に捕まった時には，敵方についていた自分の部下や周仏海ら知人を通じて彼らを救出した。

太平洋戦争が始まり，上海租界，香港が陥落すると重慶に逃れた。基盤の上海との関係が希薄になったため，活動は従来ほど多面的ではなくなったが，依然投機活動などによる蓄財は衰えなかった。1942年中華貿易信託公司，43年には通済公司を設立，国民党の要人などと図って日本軍や被占領地との秘密取引や為替投機を行い巨利を得た外，中国通商銀行重慶分行，中国紡織公司（重慶），西北毛織廠（西安），造紙廠（昆明）などを設立している。

日本降伏後の1945年8月19日，杜月笙は蔣介石の命を受けて上海に乗り込み，部下を各所に配置，戦前の「恒社」，上海市地方協会会長，中匯銀行理事長，申報理事長などの地位を次々に回復，さらに中国新社会事業建設協会を設立し，中国紡織業公会連合会理事長に就任するなど70余りの肩書きを持つに到った。

しかし一方で蔣介石は暗黒街につながる杜月笙と距離をおいて接するようになった。このため杜は期待に反して上海市市長や上海市参議会議長になれなかった。そればかりか，上海の物価急騰・経済混乱が危機的状況に達すると，みせしめとして杜の片腕・万墨林さらには三男の杜維屛までが投機犯の廉で逮捕されるにいたり，杜は昔日の威力を回復することができなかった。

1949年5月，人民解放軍が上海に迫った。杜月笙は蔣介石の強い勧めにも，共産党の勧めにも従わず，一族・一味と共に香港に逃れ，約2年の余生を香港で過ごした後，51年8月16日死去した。遺体は蔣介石の手で台湾に葬られた。

参考文献：徐鋳成『杜月笙正伝』（浙江人民出版社，杭州，1982年）。章君穀『杜月笙伝』全3冊（伝記文学出版社，台北，1982年）。中国人民政治協商会議上海市委員会文史資料工作委員会編『旧上海的幇会』（上海人民出版社，上海，1986年）。梅臻韶菩『海上聞人杜月笙』（河南人民出版社，鄭州，1987年）。溥湘源『青幇大亨・黄金栄，杜月笙，張嘯林外伝』（中国文史出版社，北京，1987年）。郭緒印主編『旧上海黒社会秘史』（河南人民出版社，鄭州，1991）。蘇智良・陳麗菲『近代上海黒社会研究』（浙江人民出版社，杭州，1991年）

〔古厩忠夫〕

杜（と）　重遠（じゅうえん）　Du Zhongyuan

（1898年～1944年6月）

吉林省懐徳県楊大城子生まれ。遼寧開原県人。企業家，ジャーナリスト。

父は杜輝，母は董氏，原名，乾学，兄は杜勤学。生没年は，里程の説による。1913年，奉天省立両級師範附属中学入学，15年の「対華21カ条要求」反対運動に参加。17年，公費による日本留学生として東京高等工業学校窯業科に入学，23年帰国。

杜重遠は，日本で窯業を学んだことによって，「実業救国」の思想を抱き，帰国後は瀋陽で肇新窯業公司を設立した。1927年，奉天省総商会副会長に選出され，同年秋にかけての日本の臨江領事館開設に抗議，日本商品ボイコット運動を展開した。張学良が東北政権を担ってからは，高崇民や閻宝航らとともに事実上のブレインとして働き，29年，国民外交協会を総商会内に設立，対日外交交渉に際しての民族主義的支持団体とした。

満州事変後，1931年9月27日に関内に流亡した閻宝航，高崇民らによって結成された東北民衆抗日救国会において，杜重遠は常務委員兼政治部副部長に選出された。31年11月の日本軍の黒龍江攻撃に抵抗した馬占山を支援し，32年1月第19路軍の対日抗戦支援を上海で積極的に推進した。33年初の熱河抗戦にも参加したが，蔣介石の不抵抗政策の限界を痛感し，以後，上海を中心に抗日救亡宣伝に力を集中するとともに，九江に光大瓷業公司を創業，同時に景徳鎮で江西省陶業管理局局長の任につき，その訓練所は事実上抗日愛国青年の訓練機関になった。

1933年から35年にかけて，上海と江西を行き来しながら，『生活周刊』誌を発行していた鄒韜奮らと交わり，抗日救亡運動に従事し，沈鈞儒，沈雁冰（茅盾），史良，胡愈之，沙千里，李公樸らをはじめ，中共地下党員の宋介農（孫達生）とも密接な連携を保っていた。34年2月，杜重遠は『新生周刊』誌を発刊，

「民族の生存」のために奮闘すると宣言した。35年5月，同誌2巻15期に易水という筆名で編集者の1人，艾寒松の「閑話皇帝」と題する短文が掲載されたが，これは，天皇を侮辱したとする日本側の強い抗議を招き，6月上海市公安局は杜重遠を起訴，7月江蘇高等法院第2分院は「懲役1年2カ月」の判決を言い渡した（新生事件）。杜重遠はこの判決の不当性を全国に訴えつつ，上海の漕河涇監獄に入った。全国の世論や監獄を主管していた蔡勁軍が彼の旧友であったことも有利に作用し，事実上監獄への訪問や差し入れは自由な状態であったという。獄中にあっても，東北軍幹部や流亡東北人の高崇民らを中共党員の胡愈之や宋介農に紹介したり，36年8月，たまたま虹橋療養院で一緒になった楊虎城と抗日救国，西北大連合について論じあい，張学良や紅軍との連合を訴えた。9月8日，刑期を終え出獄となる。

西安事件当時景徳鎮にいた杜重遠は，事件の策謀者とみられて国民党当局によって拘束されたが，事件の平和解決後に釈放された。1937年6月，北平で樹立された東北救亡総会（東総）で高崇民，閻宝航らとともに常務委員に選出された。盧溝橋事件後，9月には馬占山支援に赴き，38年6月には国民参政会参政員に選ばれた。

1939年初，周恩来の同意のもとに，新疆を抗日根拠地の1つとし，ソ連との連携をつけるべく，中共党員の陳潭秋，毛沢民らとともに新疆の迪化（現在のウルムチ）に入った。当時，盛世才が反帝親ソ，民族平等などの6大政策をかかげていたことや，杜重遠が留日時代に盛と面識があったことで，彼は新疆を抗日根拠地にしうると判断していた。新疆学院院長に就いた杜は，茅盾，張仲実，薩空了，趙丹，高滔らを教授として招き積極的に抗日救亡教育を実施した。ところが，こうした活動に脅威を感じた盛世才は，41年5月，杜重遠を「汪精衛系の漢奸」として投獄。八路軍駐新疆辦事処の陳潭秋，毛沢民らも逮捕され，陳・毛らは43年9月に殺された。全国からの多くの救援にもかかわらず，杜重遠も44年6月頃，毒殺された（43年10月説もあり）。

参考文献：『杜重遠文集』（文滙出版社，上海，1990年）。閻宝航「流亡関内東北民衆的抗日復土闘争」，中国人民政治協商会議全国委員会文史資料研究委員会編『文史資料選輯』6輯（中華書局，北京，1960年）。杜毅「我的爸爸杜重遠」，『文匯報』1979年12月12日。于毅夫・関夢覚「杜重遠烈士事略」，『西安事変資料』2輯（人民出版社，北京，1981年）。里程「杜重遠東北抗日救亡運動的堅強戦士」，『東北師大学報』1983年6期。徐建東「西安事変前後的杜重遠」，『社会科学輯刊』1988年3期。金冲及「杜重遠和《新生》周刊」，『歴史研究』2000年5期。　〔西村成雄〕

段　徳昌（だん　とくしょう）　Duan Dechang

（1904年8月19日～1933年5月1日）

字・裕厚，号・魂。湖南省南県九都山九屋場生まれ。中国共産党の指導者，軍人。

父・段心銓は1915年に渡日，東京政法学校予科を卒業，帰国後南県県立第一小学の教員となる。母は9歳の時死亡。知識人の家庭に生まれる。段徳昌は7歳で私塾に学び，小学に入学。22年夏南県第一高等小学を卒業後，同年秋長沙雅各中学に入学。この時期，劉革非，何鳴一，彭国才らの友を得，『共産党宣言』，『国家と革命』や雑誌『新青年』，『労働者』などを読みマルクス主義を学習，革命の志を立てる。

1924年フランス留学から帰国した共産党員・何長工と華容の南山で新華中学を創設，理事会副主任，英語教師を兼任した。25年南県県立第一小学の英語教師に就任。5・30事件勃発後，一部の教師と南県雪恥会を組織，同糾察隊隊長となる。日本製品ボイコットや反帝国主義の運動を展開。

1925年6月南県で陳琳，馮希濂の紹介で共産主義青年団に加入。その後，曾習孔の紹介で共産党に入党。同年夏，党の命令により黄埔軍官学校に入学（第4期生）。「国民党右派」の影響力の強かった孫文主義学会と激しく闘争，蔣介石により除籍される。周恩来の紹介で李富春が主任を務めていた中央政治講習班に入り学習，26年6月に卒業。卒業後，国民革命軍第2軍大隊長，同第6軍第5連隊党代表に就任した。北伐開始後，国民革命軍総政治部宣伝科に配属され，部隊内の士気高揚に尽力。同年秋国民革命軍第8軍第1師団政治部秘書長に就任，武昌戦役に参加した。10月第35軍第1師団（前第8軍第1師団）政治部主任，『北伐周報』編集長を兼任。武昌戦役前後，第35軍第1師団に所属していた彭徳懐と親交を結ぶ。27年初め彭徳懐の救貧会工作に積極的に協力，彭の共産党入党を斡旋。同年5月21日の馬日事件後，党の指示により第35軍第1師団を離脱した。

1927年8月南昌蜂起に，秋には沙市一帯の秋収暴動に参加，戦闘中に負傷し，秘かに故郷の南県に戻って静養した。11月湖北省公安県の中共県委員会書記に就任。28年2月公安県城で蜂起（公安暴動），公安県遊撃大隊を組織，大隊長に就任。同部隊は洪湖地区で活動中であった彭国才，劉革非の遊撃隊と合流，洪湖遊撃隊を編成，隊長に就任（副隊長・彭国才）した。同年7月中共鄂西特別委員会成立，委員に任命されるが（書記・周逸群），洪湖遊撃隊隊長は継続した。冬に，中国労農紅軍洪湖遊撃大隊成立，大隊長に就任。29年7月鄂西遊撃総隊成立，参謀長に就任（総隊長・周逸群）。12月鄂西区の中共第2回代表大会に出席，鄂西特委委員に選出される。大会後，鄂西遊撃総隊は中国労農紅軍独立第1師団に改編，師団長に就任。30年2月独立第1師団は中国労農紅軍第6軍に改編，副軍長，第1縦隊司令官に任命される（軍長・孫徳清，政治委員・周逸群）。同年の5月ないし6月に上海の全国紅軍代表会議に出席，賀龍率いる第4軍と第6軍の合併・紅第2軍団の編成を指示される。7月に，両軍合流し第2軍団成立，第2軍団第6軍政治委員，副軍長を兼任した（軍団総指揮・賀龍，政治委員・周逸群）。

1930年9月24日長沙攻略作戦中に第6軍軍長に就任。当時，第2軍団内部では，長沙強襲を主張する鄧中夏ら党中央代表と慎重論を唱える軍団将領の間に対立が発生しており，段徳昌は賀龍，周逸群らとともに鄧に反対した。また，危機に陥った洪湖革命根拠地の「放棄」を主張する鄧中夏に反対し，さらに第2軍団が挟撃される可能性を指摘して，中央代表の作戦上の誤りを批判したため，中央代表により第6軍軍長を罷免され，湘鄂西連県政府赤衛隊総隊長に転任させられた。同年冬国民党軍の攻撃を受け壊滅した第2軍団の残存部隊を収容し，洪湖根拠地に帰還。紅軍独立連隊を編成し，その指揮に当たる。他の遊撃部隊を合併し，新6軍を編成，軍長に就任（政治委員・周逸群）。31年5月新6軍は紅第9師団に改編，師団長に就任した。秋以降，同部隊を率いて洪湖根拠地に対する第3次「囲剿」に対抗。中央代表の夏曦より反「囲剿」戦の中で生じた江南根拠地失陥の責任を問われるが，段は部隊に作戦を指示したのは夏自身であるとして反発，夏との間に溝が生ずる。戦後，夏が根拠地内で実行した苛烈な粛反によってその溝はさらに広がり，ついに32年1月22日，湘鄂西中共第4回代表大会で段は賀龍，万寿，彭国才らとともに夏曦を激しく批判，党中央によって反党，反中央的と見なされ非難される。同年夏以降に始まった鄂豫皖，洪湖根拠地への国民党軍の第4次「囲剿」により，10月洪湖根拠地は全滅。段は33年湖北省巴東における湘鄂西中央分局拡大会議の席上，夏曦の「ソヴィエトの寸土も敵に蹂躙させてはならない」という考えに基づいて部隊を2分した作戦上の誤りを指摘，夏が同志に対して行ってきた「粛反」を批判，さらなる「粛反」に反対した。同時に洪湖根拠地の奪回を提案し，賀龍，宋盤銘，王炳南らの支持を受ける。同年初夏，第9師団を率いて四川，湖北，湖南の辺境地域で作戦を遂行。作戦終了後，巴東に帰還したところを夏曦によって逮捕される。同年5月「改組派」として処刑された。

参考文献：『不屈的共産党人』3（人民出版社，北京，1982年）。中共党史人物研究会編『中共党史人物伝』22巻（陝西人民出版社，西安，1985年）。星火燎原編輯部編『解放軍将領伝』2集（解放軍出版社，北京，1986年）。

〔中村楼蘭〕

段（だん）　祺瑞（きずい）　Duan Qirui

（1865年3月6日～1936年11月2日）

原名・啓瑞，公諱・祺瑞，字・芝泉，晩年の号・正道老人，安徽省合肥県生まれ。原籍，同前。北洋軍閥安徽派の巨頭。

軍人の家庭に生まれる。祖父の段佩は太平天国軍や捻軍の鎮圧に活躍した淮軍の将官。弟の段祺勲も後に日本の陸軍士官学校を卒業する。7歳で私塾に入学したが学業よりも武術が得意であった。16歳の時に山東威海軍営に入隊。1884年，李鴻章が創設した天津武備学堂の砲兵科に入学。

1887年に卒業して旅順砲台の監修に派遣された後，89年，李鴻章により軍事学習のためドイツに派遣され，ドイツ式近代軍事技術を学び，クルップ大砲工場での実習も受け，1年後に帰国。北洋軍械局員となり，翌年威海随営武備学堂教習に転任する。96年に袁世凱が天津の小站に新建陸軍を創設すると，抜擢されて砲兵第3営統帯兼随営学堂総監に任じられる。以後数年をかけて王士珍，馮国璋らと『訓練操法詳晰図説』22冊を編集し，99年に刊行した。同書は『袁世凱史料彙刊』5（文海出版社，台北，1966年）の中で段祺瑞等編「訓練操法詳晰」として復刻されている。1899年，山東巡撫・袁世凱に従って山東へ赴き，義和団運動の弾圧に活躍し，その功績により1901年に新建陸軍を改編した武衛右軍随営学堂総辦に充当され，同年袁世凱が北洋大臣，直隷総督になると保定に同行する。02年に北洋軍政司参謀処総辦に任命され，北洋常備軍の編制・教練を統括，北洋陸軍速成学堂督辦を兼任，この頃から，馮国璋，王士珍とともに「北洋三傑」と称され，北洋軍閥集団の中核を担うようになる。03年，袁世凱が清朝の猜疑を避けるため，慶親王奕劻を練兵大臣とする練兵処を北京に設立すると，練兵軍令司司長に任じられる。袁世凱が北洋新軍を拡大・強化するのにともなって段祺瑞の地位と権力も上昇し，05年から06年にかけて北洋陸軍第3鎮統制，第4鎮統制，第6鎮統制を歴任し，北洋武備学堂監督兼軍官学堂総辦も兼任する。こうして北洋軍の将校の多数を門下生として育て，後に安徽派首領として権勢を振るう基盤をつくる。10年清朝の武官としては最高の地位にあたる江北提督兼兵部侍郎銜に任ぜられ，江蘇省の清江浦に赴任する。

1911年10月武昌蜂起が起こると第２軍軍統に任ぜられ，湖北の革命軍鎮圧を命じられる。袁世凱が清朝に再度起用されて内閣を組閣すると，湖広総督に充当され，第１軍軍統を併任して湖北前線の北洋軍を指揮する。翌年１月には北洋軍将領42人の連名で共和政体を支持する電報を発表し，翌２月の清帝の退位を実現させる。12年３月中華民国の臨時大総統に就任した袁世凱により唐紹儀内閣の陸軍総長に任命される。13年７月に第２革命が発動されると国務総理代理に就任し，革命派の軍事活動を鎮圧する。次の熊希齢内閣でも，陸軍総長を継任するとともに，湖北都督，領河南都督に任命され，数万の軍隊を動員して，白朗の率いる農民軍を鎮圧する。しかし，段祺瑞が軍事的大権を持つことを恐れた袁世凱は，14年４月に大総統府内に陸海軍大元帥統率辦事処を設立して，段祺瑞を６名の辦事員の１人に過ぎなくさせ，陸軍部の兵権を自ら直接掌握しようとした。袁世凱との齟齬が拡大した結果，15年５月に病気と称して陸軍総長を辞任し，袁世凱の帝制運動には消極的立場をとる。16年３月，いったんは皇帝に即位した袁世凱が四面楚歌の状態で帝制の廃止を宣言し，事態の収拾を求めたのに応じて参謀総長に就いて軍の統括を行い，翌４月に辞任した徐世昌に代わって国務卿となる。

1916年６月に袁世凱が憤死すると国務院を復活し，国務総理兼陸軍総長に就任，北京政府の大権を掌握し，同年秋に成立した日本の寺内内閣の財政・軍事援助を受けて安徽派勢力を飛躍的に強化させる。官僚や政治家，将軍らを買収して北京政府を安徽派の勢力下においた段祺瑞は，黎元洪大総統，馮国璋副総統との対立を強め，「府院の争い」（総統府と国務院との争い）を展開する。17年春，第１次世界大戦への参戦問題をめぐって，参戦を急ぐ段祺瑞と，連合軍に条件を確定させてから参戦することを主張する黎元洪・国会との対立が激化。同年５月，段祺瑞が各省の督軍を召集して「督軍団」を組織し，宣戦延期を決議した国会の解散を迫ると，黎元洪は段祺瑞国務総理を罷免し，府院の争いは頂点に達する。しかし，同年７月，武力を持たない黎元洪が長江巡閲使兼安徽督軍の張勲を北京に呼んだことから張勲の復辟が発生し，黎は自ら墓穴を掘ったかたちで大総統を退位する。民国復興の大義を掲げて張勲討伐軍を起こした段祺瑞は，復辟派を駆逐して第２次段祺瑞内閣を組織し，８月には国会を解散したまま対独宣戦布告を行う。段祺瑞が臨時約法の排除と旧国会の取消を企図したことに反発した孫文と国民党議員は，９月に広東に中華民国軍政府（広東軍政府）を設立する。一方，段祺瑞は寺内内閣から西原借款と総称される総額１億4,500万円にのぼる借款援助と総額8,100万円に達する兵器援助を得，さらに日本人顧問のもと日本兵器で装備された参戦軍３個師４個混成旅を編制し，非北洋系軍閥が支配する中国西南部の平定を目指して，武力統一政策を強行する。しかし，それは北洋軍閥内の馮国璋・直隷派の抵抗を招くことになり，17年11月には武力統一政策を頓挫させられた上，国務総理も辞職する。翌18年になってシベリア出兵と絡んで日中軍事秘密協定の締結を目指す日本の段祺瑞援助政策がさらに強化されるにおよび，同年３月に第３次段祺瑞内閣を成立させ，多額の資金を注ぎ込んで買収工作を行い，同年８月の新国会では御用政党の安福倶楽部が絶対多数を占め（安福国会），徐世昌を大総統に選出して念願の馮国璋の引き降ろしに成功する。しかし，武力統一に反対した南北和平運動や日中軍事協定反対の民衆運動が高まるなかで，南北和平を唱える直隷派が影響力を強め，呉佩孚，曹錕らの圧力によって段祺瑞自身も同年10月に国務総理を辞任せざるを得なくなる。

1919年の五・四運動に前後して反日・反安徽派の国民運動が激化するなかで，次第に政治的孤立を深め，同年７月，参戦軍は辺防軍と改称させられて，段は辺防事務処督辦となる。20年７月，直隷派が徐世昌大総統を引き込んで安徽派勢力を弱体化させようとしたことに対抗して安直戦争を起こすも，張作霖・奉天派と結んだ直隷派に簡単に敗れ，辺防督軍を辞任，安福倶楽部を解散して以後２年間，天津の日本租界で隠居生活を送る。22年第１次奉直戦争に勝った直隷派が北京政府を専横するようになると，張作霖や孫文と結んで，いわゆる「反直三角同盟」を形成する。24年９月に始まった第２次奉直戦争で直隷派が敗退すると，張作霖の斡旋を受けて同年11月，中華民国臨時執政政府の執政に就任する。おりしも孫文が不平等条約の排除や国民会議の開催をうたった北上宣言を発表し，国民の熱烈な歓迎を受けると，これに対抗して25年２～４月に善後会議を開催，同年10月から北京関税特別会議を開催するが，いずれも大した成果は収めなかった。

国民革命の高揚にともない馮玉祥の西北国民軍が革命化すると，段祺瑞は日本と英国の援護をうけて奉天派・直隷派軍閥と連帯し，「反赤化」を標榜して，国民軍の締め出しを図る。1926年３月18日，段祺瑞は，日本が中心になった外国の干渉に反対することを要求した北京の学生たちの請願行動に武力弾圧を加え，死傷者百数十人を数える「3・18事件」を引き起こす。翌4月，直隷派・呉佩孚と奉天派・張作霖と秘密裏に連絡を取り，北京の国民軍の壊滅を策したが，逆に国民軍将領・鹿鐘麟の軍に執政政府を包囲され，外国公使館区域に避難する。その後奉天・直隷同盟の圧力により，国民軍が北京から総退却すると，政権への復帰を望んだが，呉佩孚の強い反対で阻まれ，政軍界からの引退を決意する。4月20日天津の租界に移り，正道居士を名乗って仏道信仰の生活に入る。日中戦争期に日本側から傀儡政権への担ぎ出し工作が行われたが応ぜず，国民政府の招請に応じて上海に移る。35年に国民政府委員に任命されるも未就任のまま，36年上海で病死する。

参考文献：『合肥執政年譜初稿』。程舒偉・侯建明『段祺瑞—北洋之虎』（黒龍江人民出版社，哈爾浜，1997年）。李慶東『段祺瑞与幕僚』（浙江文芸出版社，杭州，2010年）。「段祺瑞秘史」，『近代中国史料叢刊』67輯（文海出版社，台北，1971年）。徐炳憲『段祺瑞与民国初年的内閣』（伝賢文化事業有限公司出版，香港，1984年）。〔笠原十九司〕

段（だん）　錫朋（しゃくほう）　Duan Xipeng

（1897年～1948年12月26日）

字・書詒。江西省永新県生まれ。五・四運動の学生リーダー，国民党員，党教育幹部。

1916年江西省立高等師範学校英文科を卒業，奨学金を受け，同年秋北京大学商科（翌年法科に併合，商業学科に改制）に入学した。18年5月21日，中日防敵協定に反対する2,000人の学生請願デモにおいて，許徳珩，易克嶷ら13名の代表者の1人として，総統・馮国璋に謁見した。同年10月許徳珩らと「学生救国会」を組織，「国民雑誌社」を創設して，その評議部議長（18年10月～19年10月，以後経理部幹事）になった。

1919年の五・四運動では，5月4日の集会・デモの主席を務め，同夜成立した「北京大学学生幹事会」の総務股主任に選ばれ，以後北京大学での運動を指導した。次いで6日「北京中等以上学校学生連合会」会長となり，南京，上海に赴き学生運動の組織化を画策，翌6月「全国学生連合会」の会長に選ばれ，上海で開催された国民大会などに出席した。当時，学生間で軍閥政府の総理・段祺瑞に対抗して「我らの段総理」という呼び名が生まれ，略して「段総理」と呼ばれた。

1919年夏北京大学を卒業，そのまま大学に留まり，10月穆藕初の援助で設立された北京大学の留学制度により，羅家倫らとアメリカに留学，ニューヨークのコロンビア大学で2年余り研究に励んだ。ワシントン会議中は，「留米中国人学生ワシントン会議後援会」を組織して，国民外交活動に従事した。国内の不景気により留学資金の援助が打ち切られて渡欧，ロンドン大学政治経済学院，ベルリン大学，パリ大学に学び，25年秋に帰国した。

帰国後武昌大学で歴史学の教授になった。1925年末学長の更迭とともに退職，広東大学（間もなく中山大学に改称）に転任し，歴史学部主任になった。26年中央組織部秘書・陳果夫の紹介で国民党に入党し北伐に参加，中国国民党中央組織部で工作活動に従事した。同年11月江西省党務指導委員会執行委員となり，方志敏ら江西共産党員の活動を制圧する為，南昌で程天放らとＡＢ団（反ボルシェビィキ団）を組織，一時国民党左派と共産党からなる党支部の大権を掌握した。

1927年8月の南昌蜂起後，上海に逃れ，その後中央清党委員会委員，南京特別市党部委員を務め，また中央党務学校（後の政治学校）教授として，2年間党幹部養成にあたった。30年陸海空軍総司令部党務指導処長及び導准委員会委員に就任，31年11月国民党4全大会で中央候補執行委員に選出され，翌32年1月教育部政務次長代理となった。ついで同年6月末中央大学校長に任ぜられたが，学生の反対運動により就任を阻まれた。

1937年7月日中戦争が勃発。38年1月教育部政務次長を辞任し，2月中央常務委員（終身）に就任，3月中央党部訓練委員会副主任（44年4月主任に昇格）となり，8月新たに組織された三民主義青年団に，中央幹事会幹事，常務幹事として派遣された。翌39年3月駐重慶復興関中央訓練団教育委員会副主任（40年9月主任に昇格）に就任，党幹部の教育工作に従事した。45年国民党6全大会で中央執行委員会委員に選任され，46年8月新設の国立政治大学（中央政治学校と中央幹部学校の合併校）の教育委員長に就任した。47年春病気の為に辞職，翌48年上海に転地療養して3日目の12月26日，上海第5医院で没した。

中年以後は，ロンドン時代の濃霧と喫煙による気管支炎の持病をもち，長年の栄養不良による衰弱もあったという。近親者らの回想録中では，謹厳実直，剛毅，質朴を旨とする性格，充分発揮されなかった才能を惜しむ記述が多い。また五・四時期からの友人・羅家倫によれば，蔡元培に深く傾倒しながら，欧陽修の道徳，文章を尊奉するなど，儒家的側面があったという。五・四運動においても，過激な行動派ではなく，逮捕事件発生後に人望を集め，指導力を発揮したとする回想記述が見られる。

参考文献：羅家倫「書詒天下才，我為蒼生哭」，羅家倫『逝者如斯集』（伝記文学出版社，台北，1961年）。劉永明『国民党人与五四運動』（中国社会科学出版社，北京，1990年）。「毎月人物専題座談会一段錫朋」，『伝記文学』30巻3期，1977年。〔湯山トミ子〕

段　玉裁（だん ぎょくさい） Duan Yucai

（1735年～1815年9月8日）

字・若膺，喬林，淳甫，号・茂堂（また懋堂ともいう），硯北居士，長塘湖居士，僑呉老人。自己の書斎を「経韻楼」と号した。清代の言語文字学者で，清朝考証学を代表する1人に数えられる。

江蘇省金壇県に生まれる。祖先は元来河南に住んでいたが，南宋の時に金壇に居を移したという。1815年9月に晩年を暮らした蘇州で死去。病死であったと思われる。遺体は故郷の金壇県の大壩頭という地に埋葬された。現在の金壇県には段氏の墓が復元され，段氏夫妻と段氏が建立したと思われる母の墓がある。また県人民政府によって「段玉裁記念館」が建てられ，1985年にはそこで段玉裁生誕250周年の記念研究会が開催された。

段家はもともと読書人の家柄で，曽祖父以来科挙を目指して学問を続けてきた。しかし段玉裁以前は科挙に合格した者はおらず，父の段世続は金壇より少し離れた太湖の近くで「毘陵連江橋館舎」という塾を経営していた。母は史氏，段世続と同郷の史銘の娘で，玉裁・玉成・玉章・玉立の4人の男子を生んだ。玉裁はその長男である。結婚した時期は未詳。驤と驊の2男と馴という1女を設けた。娘の馴は龔麗正に嫁ぎ，やがて詩人として高名な龔自珍を生んだ。

幼少時より父のもとで科挙を目指して学び，1760年に江蘇省の郷試に合格，挙人となった。そのまま会試を目指して上京，北京の寓居で清朝初期の学者・顧炎武の『音学五書』を読んで，その考証の精密さに驚嘆し，この時より音韻学の研究を志したという。またこの北京滞在中に戴震（字・東原，安徽省休寧の人）と出会ったことが，その後の段玉裁の学問に大きな影響を与えることとなった。生涯の師と仰いだ戴震との交流は晩年まで続き，経学や小学の分野で，戴震と段玉裁は大きな業績を後世に残すこととなった。

都において景山官学の教習を務めながら，会試を合計2度受験したが，ついに合格せず，挙人の資格のまま地方の知県として官界生活に入ったが，四川と雲南のいくつかの県に暮らした後，1781年には官を辞して故郷に帰り，経学と小学の研究に没頭した。

段氏の考証学者としての業績はまず『詩経』の研究にはじまり，『詩経』の中の詩の押韻を分析して上古音韻の体系を17部からなる枠組みに整理して，その研究の結果を『六書音均表』としてまとめた。これが段氏の『説文解字』の研究の土台となっているものである。

その主著は通算30年以上の時間をかけて完成した，後漢の許慎撰『説文解字』に対して詳細な注釈を加えた『説文解字注』（通称『段注』）全30巻であり，説文学の最高峰といわれるこの書は，今も漢字の研究には必読の文献となっている。

段玉裁の『説文』研究の方法は，まずそれまで相当に混乱していた『説文解字』のテキストを校訂し，それをふまえて『説文』全体の体例を究明して，全体を一貫したシステムによって解釈しようとした点に特色がある。個別の文字の解釈に際しては単に字形だけを追うのではなく，独自の見解を誇る上古音韻の研究の成果を遺憾なく発揮して，漢字の形・音・義のすべてを有機的に結合して，完璧な形の漢字研究の方式を確立したことで今も高く評価される。

主要な著書には，『説文解字注』のほかに『六書音均表』・『周礼漢読考』・『儀礼漢読考』・『古文尚書撰異』・『毛詩詁訓伝』など多数があり，また個人の文集として『経韻楼集』がある。また伝記には『清史稿』巻487，『清史列伝』巻68，『国朝先正事略』巻35などがある。

参考文献：劉盼遂『段玉裁先生年譜』（段王学五種所収）。説文会『説文入門』（大修館書店，1983年）。阿辻哲次『漢字学―説文解字の世界』（東海大学出版会，1985年）。〔阿辻哲次〕

段　芝貴（だん しき） Duan Zhigui

（1869年～1925年3月22日）

字・香岩。原籍・出身地，安徽省合肥県。清末民国初期の軍人・政治家。安徽派の領袖。

1886年北洋武備学堂に入学，卒業後母校の教官となり，まもなく日本に留学した。92年に帰国，97年袁世凱のもとで「新建陸軍督操営務処提調」となり，講武堂教官を兼任し，いわゆる北洋陸軍創設時の訓練・教育を担当した。以後，大隊長，連隊長クラスを歴任，1900年には義和団討伐の功により，袁世凱の推薦を受け「知府」の官職につき，天津の警察行政を担当，ついで袁の推薦で「道員」に昇進した。04年北洋陸軍督練公所参議，参謀処総辦を歴任，05年第3鎮統制（第3師団長）を経て督練公所総参議となり，また天津の警察行政にも関与した。07年候補道の資格をもって新設の黒龍江省の布政使となり，同時に黒龍江巡撫の職を代行した。しかし，張元奇らの弾劾を受けて1カ月未満で罷免され，のち鑲黄旗蒙古軍都統，武衛右軍右翼翼長を歴任，辛亥革命勃発後の11月には，革命勃発地の湖広総督の護理（事務取扱）をもつとめた。

民国成立後，駐京総司令官，武衛軍総司令，察哈爾（チャハル）都統を経て，1913年陸軍第2軍軍長兼江西宣撫使となり，第2革命鎮圧に参加し，また安徽宣撫使を兼ねた。14年2月署理（代行）湖北都督となり，6月都督制廃止にともない，彰武上将軍督理湖北軍務となり，15年督理奉天軍務・節制吉林黒龍江軍務に移り，9月鎮武上将軍となる。袁世凱が皇帝即位を企図した時，段芝貴は他の14省の将軍と連名で袁に即位を勧告し，一等公に封ぜられた。17年張勲が復辟を試みた時，段祺瑞にしたがって，張勲討伐に参加，共和軍東路総司令となった。のち京師衛戍司令となり，代理大総統・馮国璋から輔威上将軍を授与された。

1917年12月王士珍内閣の陸軍総長に就任，18年3月成立の段祺瑞内閣にも留任し，同年10月に辞職，19年7月京畿衛戍総司令となった。この間，安徽派の領袖として，西原借款の導入，日中共同防敵協定の締結，「参戦軍」（のちの辺防軍）の編成維持などの親日政策を推進する安徽派政権を支えた。段芝貴個人としては直隷派との調和を考えたこともあるようだが，結局は西南軍閥や革命派に対する武力統一策を主張する段祺瑞や徐樹錚に追随する外はなく，直隷派との武力衝突をもたらすことになった。

1920年7月安直戦争に際しては「定国軍」総司令・段祺瑞のもとで前敵総司令に任ぜられた。安徽派の敗北に終わると，直隷派が掌握した北京政府は「安福系十大禍首」として，安徽派・安福倶楽部系の政客・軍人の逮捕令を発し，段芝貴も当然にその対象となった。段は日本公使館に逃れ，その保護を受けた。22年逮捕令は撤回され，特赦を受けたので，公使館を出て，天津に転居，以後は政界から退き，25年3月病死した。

参考文献：劉紹唐主編『民国人物小伝』第3冊（伝記文学出版社，台北，1980年）。來新夏主編『北洋軍閥史稿』（湖北人民出版社，武漢，1983年）。黄美真・郝盛潮主編『中華民国史事件人物録』（上海人民出版社，上海，1987年）。

〔久保田文次〕

端木（たんぼく）　蕻良（こうりょう）　Duanmu Hongliang

（1912年9月25日～1996年10月5日）

本名・曹京平。筆名・辛人，丁寧，羅旋，螺旋，黄葉，隼，葉之林，葉之琳，曹坪，端木蕻良，紅莨，蕻，金咏霓，荊坪，Chapin，紅楼内史，端末蕻良。遼寧省昌図県鴬鷺樹村生まれ。原籍，山東省。満州族。作家。

祖父・曹泰は清朝官吏，かつ大地主で，父もこれを継ぎ，その晩年まで繁栄は続いた。父は若い頃孫文の思想に傾倒した革新派で，端木もこの影響を受けた。母は満州族の小作農の娘だったため，家で軽視され不遇であった。端木の母への同情は文学に向かう動機のひとつでもあった。

1918年昌図県立小学校に入学，23年天津匯文中学に進学，多くの新文学に接する。特に魯迅『吶喊』とトルストイ『復活』の影響を受ける。第2次奉直戦争のため24年9月帰郷し，一時昌図県立中学に学んだ後，28年南開中学に編入学した。『南開双週』に作品を発表，のちに胡思猷らと新人社を組織し，雑誌『人間』（のち『新人』と改題）を創刊し，処女小説「水生」を，さらに「力的文学宣言」を発表した。また校内紙『汽笛報』の「号角」欄を担当した。31年の9・18事変後学生らで抗日救国戦線を組織し反動的な訓育長を駆逐するなどしたため，除籍される。

1932年孫殿英の41軍に加わり熱河，チャハル一帯の抗日戦線に行く。同年秋北京清華大学歴史学部に入学，同時に北方左連に参加し，『四万万報』，『科学新聞』を編集した。また長篇小説の一部「母親」を『清華週報』に発表した。33年8月北方左連が破壊されると天津に避難し，作家になる決意をする。同年12月処女長篇『科爾沁旗草原』を完成，鄭振鐸に「中国ここ数十年来」の「きわめて良質」な作品と絶賛されるが，出版は37年を待つ。35年12・9運動に参加ののち，上海へ行き，茅盾，魯迅，鄭振鐸らの援助を受けて，36年7月「鴜鷺湖的憂欝」でデビュー，以後「遥遠的風砂」，「渾河的急流」などの短篇を次々と発表，日本統治下の東北を哀感のこもるダイナミックなタッチで描き，魯迅，胡風らから高い評価を得て作家としての地位を固めた。37年6月に短篇集『憎恨』を出版，長篇『大地的海』も出版された。

抗日戦勃発後の1937年10月武漢へ移り，胡風主編『七月』と緊密な関係を持ち，小説，散文などを発表した。38年李公樸の招きで山西省臨汾の民族抗日大学に教授として赴くが，戦況厳しく，まもなく丁玲率いる西北戦地服務団に参加し西安へ行く。4月作家・蕭紅と武漢へ戻り結婚する。8月重慶へ行き『文摘』副刊を編集すると同時に，重慶復旦大学で教鞭を執った。ここで長篇『大江』，『新都花絮』，中篇『江南風景』ほか多数の抗日戦争を反映した作品を発表した。40年爆撃が激化した重慶を離れ，香港へ行き周鯨文の援助のもと『時代雑誌』を発刊する。ここでは「科爾沁前史」のほか創作はあまりない。42年蕭紅が病死すると，香港を離れ桂林に行く。話劇の「林黛玉」，「晴雯」，京劇「紅拂伝」，古典小説の翻案「歩飛煙」，「胡蝶夢」，自伝的小説「初吻」，「早春」，長篇「科爾沁旗草原」二部（未完）など精力的に創作している。44年桂林，柳州が相次いで陥落すると，熊仏西らと広西文花墾殖団について遵義へ避難し，ここで『力報』を出し終戦をむかえる。

1946年秋武漢で『大剛報』副刊『大江』編集を担当の後，長沙水陸州音楽専門学校で3年間教鞭をとり，聞一多をモデルにした映画シナリオ「紫荊花開的時候」などを書く。48年には上海に行き『銀色批判』と『求是』の編集に携わり，その後香港で長篇『上海潮』などの創作を続ける。40年代は創作以外に文学研究も多数あり，特に紅楼夢研究として「向紅楼夢学習描写人物」，魯迅研究として「論阿Q」，「再論阿Q」などがある。

解放前夜，香港から北京へ行き土地改革に参加，北京文連成立後，創作部副部長，出版部副部長，副秘書長などをつとめ，1952年中共に入党。50年代に評劇「梁山伯与祝英台」，短篇「鐘」を初め多くの美しい散文を書いた。63年高血圧に倒れ，文革中冠状動脈症を患った。文革後，78年より『曹雪芹』の執筆を開始，80年1月上巻が，85年5月中巻が共に北京出版社より出版された。また詩画集『旧北京風俗百図』を84年生活・読書・新知三聯書店（香港）より出版している。著作集に『端木蕻良小説選』（湖南人民出版社，長沙，82年），『端木蕻良近作』（花城出版社，83年）がある。

参考文献：劉以鬯『端木蕻良論』（世界出版社，香港，1977年）。任惜時「論端木蕻良創作的内容特徴」，遼寧社会科学院文学研究所編『東北現代文学史料』第5輯（瀋陽，1982年）。李興武「端木蕻良創作道路初探」，遼寧社会科学院文学研究所編『東北現代文学史料』第7輯（瀋陽，1982年）。
〔長井裕子〕

多隆阿（たりゅうあ）　Duolong'a

（1818年～1864年5月18日）

字・礼堂。満州正白旗の生まれ。呼爾拉特氏。清末，太平天国時期の清軍武将。

1853年勝保・僧格林沁に従って北伐太平軍との戦いに参加。55年湖北に配転されて京口副都統・都興阿の下で働き，翌年戦功により副都統の称号を与えられた。57年江西九江の太平軍を攻撃し，独山鎮を奪回した。翌年鮑超・都興阿などの部隊とともに安徽の安慶で陳玉成の太平軍と戦い，都興阿が病気により前線を離れるとその部隊を継承した。59年福州副都統の地位を与えられ，湖北・安徽省境一帯で太平軍と戦い，翌年初めには太湖・潜山などを奪い返した。61年さらに桐城・宿松・黄梅などを回復した功績により，正紅旗蒙古都統，ついで荊州将軍に昇進した。翌年5月英王・陳玉成を追いつめて廬州（現在の合肥）を太平軍から奪回した。陳玉成は寿州団練の頭目・苗沛霖に陥れられて捕えられ，勝保の軍営で処刑された。

1862年6月陝西の軍務を督辦して，西北の回民蜂起の弾圧に当たるよう命じられ，9月河南から陝西に遠征した扶王・陳得才らの太平軍と戦った。その間に欽差大臣・勝保との戦略の相違が大きくなり，勝保が弾劾されて失脚すると，その後を継いで欽差大臣として西北の軍務を督辦した。回民蜂起には反乱を萌芽のうちに鎮圧するとして厳しい弾圧を加え，63年初めには老若男女を問わず「回匪」1万数千名を殺害した。この年秋，西安将軍に任じられた。64年春には，四川・貴州の藍大順蜂起の鎮圧に当り，陝西の盩厔を占拠した蜂起軍を包囲したが，戦闘中に銃弾で負傷し，まもなくその傷がもとで死亡した。正勇と諡された。

参考文献：民国清史館編『清史稿』409，列伝196（民国清史館，北京，1927年）。中華書局編『清史列伝』50（民国中華書局，上海，1928年）。繆荃孫『続碑伝集』67（江楚編訳書局，上海，1910年）。清史編委会『清代人物伝稿』下編4巻（遼寧人民出版社，瀋陽，1988年）。〔並木頼寿〕

E

額勒登保（がくろくとほ）　Eledengbao

（1748年～1805年10月13日）

姓・瓜爾佳（グワルギヤ）氏，字・珠軒，諡・忠毅。満州正黄旗人。吉林の出身。乾隆・嘉慶年間の諸反乱の弾圧に尽力した武将。

額勒登保（エルデンボー）の最初の従軍は1768年のビルマ遠征である。この時20歳，馬甲として遠征軍に加わっている。その後，四川西北部，金川の乱鎮圧に従軍，戦功により三等侍衛に昇り，次いで甘粛回教徒の乱，台湾林爽文の乱を鎮圧する遠征軍にも参加した。91年グルカ軍がチベットに侵入した時には，福康安（フカンガ）に従ってネパールに遠征，大いに福康安を助け，戦功により副都統を授けられた。更に95年には鑲藍旗蒙古都統に進んだ。同年，福康安とともに貴州・湖南地区における苗族の反乱を鎮圧するため出征，ここでも戦功著しく，威勇侯に封ぜられた。97年2月，嘉慶白蓮教徒の反乱を鎮圧するため湖北へ向かうことになる。額勒登保の生涯は従軍に終始したが，中でも彼が最も大きな役割を果したのは，嘉慶白蓮教徒反乱の鎮圧である。反乱平定後において，額勒登保の功績は諸将のうち第1，徳楞泰（デレンタイ）がこれに次ぎ，勒保（レボー）が更にこれに次ぐ，と称された。

1796年1月嘉慶白蓮教徒の反乱勃発より，額勒登保の登場する翌年2月までの動きを簡単に追っておく。湖北では96年1月，宣都県・枝江県で張正謨らが蜂起したのを皮切りに，当陽県，長陽県，襄陽県・来鳳県などの地で次々と教軍が蜂起した。清朝はこれに対応するため，陝西・広西・山東などからも次々と兵力を投入したが，その攻略は困難をきわめた。しかし7月，清軍は来鳳教軍の立て籠る旗鼓寨を陥落させ，同時に，2月より5カ月の長きにわたって教軍の占領下にあった当陽県城を奪回するなどの戦果を上げ，黄柏山の山寨に入って頑強な抵抗を続ける長陽教軍を除けば，教軍の勢いは衰えを見せ始めた。だがこの年の9月，教乱は四川・陝西にも波及，反乱の広域化は清軍の軍事行動に新たな制肘を加えることになった。

こうした事態の下，額勒登保は1797年3月，覃加耀らの率いる長陽教軍の山寨，黄柏山を攻める陣営に加わった。3月末，長陽教軍はこの山寨を放棄して鶴峰州へ，そして更に宣恩県・建始県方面へと逃走した。額勒登保は長陽教軍を追撃，翌98年1月，ようやく覃加耀を逮捕し，長陽教軍を消滅させることができた。次いで額勒登保は陝西へ向かい，徳楞泰・明亮（ミンリャン）らとともに襄陽教軍に包囲攻撃を加え，逃走する張添倫，王廷詔らの一軍を追って四川に入った。張添倫らは営山県箕山に立て籠る羅其清・冉文儔らと合流したが額勒登保・徳楞泰は箕山を攻めて陥落させ，この地に集結していた教軍は98年末再び散り散りに逃走した。翌99年1月，嘉慶帝に位を譲った後も政務に当たっていた乾隆帝が死亡，嘉慶帝の親政が始まると，嘉慶帝は教乱鎮圧軍の軍紀粛正と指揮系統の整備に乗りだす。1月，勒保を経略大臣とし，明亮と額勒登保を参賛大臣とする教乱鎮圧軍の陣容が整えられた。しかし，勒保は軍餉を浪費するのみで見るべき戦果を上げられなかった。ここにおいて8月，嘉慶帝は，生涯漢文を読むことのできなかった生粋の武人，額勒登保を経略大臣に抜擢，嘉慶白蓮教徒の反乱鎮圧の総責任者に据え，参賛大臣には徳楞泰を任命した。99年3月，額勒登保は東郷白号の冷添禄を敗死させ，1801年2月に襄陽の老教首・王廷詔を逮捕するなど，その後も衰勢の教軍を追撃し，かなりの戦果を上げた。額勒登保は05年北京に帰り，嘉慶白蓮教徒反乱鎮圧の記録を整理する方略館の総裁となったが，この年の陰暦8月21日病没した。

参考文献：民国清史館編『清史稿』列伝131（民国清史館，北京，1927年）。民国中華書局編『清史列伝』巻29（中華書局，上海，1928年）。中国社会科学院歴史研究所清史室・資料室編『清中期五省白蓮教起義資料』第1～5冊（江蘇人民出版社，南京，1981～82年）。〔山田賢〕

恩克巴図（おんこくばと） Enkebatu

（1899年～1944年12月6日）

字・子栄。蒙古族。チャハル省生まれ。チャハルの名望家杭金寿の甥。中国国民党員。中央執行委員（1，2期），蒙藏委員会委員。

恩克巴図は北京の蒙旗師範学校卒業後，日本に留学し，1912年東京で中国同盟会に加入する。13年2月4日北京で行われた中華民国第1回衆参国会議員選挙において，チャハル選出の衆議院議員として当選する。21年5月5日孫文が広州に広東護法政府を樹立すると，南下し，大総統府最高顧問に任ぜられる。24年1月20日広州で開催された国民党1全大会においては中央執行委員に選出される。また，2月には国民党チャハル省臨時執行委員会準備委員としてチャハルに派遣され，当地の党組織の拡充に専念する。26年1月の広州における国民党2全大会において中央執行委員に再任される。

1927年4月18日南京国民政府が成立した後，恩克巴図は28年1月国民党中央執行委員会議に出席する。2月2期4中全会における中央執監委員をもって中央政治会議委員とするとの決議により，中央政治会議委員となる。10月国立故宮博物院理事，11月第1期立法院委員，12月蒙藏委員会委員に歴任し，29年3月15日南京で開催された国民党3全大会においては中央監察委員に選出される。31年5月には国民会議代表，12月には第4期中央監察委員（第5期も選出される）ならびに国民政府委員に選出される。34年3月蒙古地方自治政務委員会委員に任命され，チャハルに赴く。

1938年後半から蔣介石と汪精衛の対立が表面化し，39年8月28日汪が上海で「国民党6全大会」を開催すると，恩克巴図はこれに参加し，中央委員に任命される。40年3月汪が南京で親日政権を樹立すると，国民政府委員に任命される。その後，汪精衛政権において蒙古の自治獲得に奔走するが，44年12月上海で病死する。

参考文献：党史史料編纂委員会編『中国国民党年鑑』（中国国民党中央執行委員会，1929年）。徐友春主編『民国人物大辞典』（河北人民出版社，石家荘，1991年）。外務省情報部編『現代中華民国・満州帝国人名鑑』（東亜同文会，1937年）。〔家近亮子〕

F

范　汝増（はん　じょぞう）　Fan Ruzeng

（1840年～1867年12月）

広西省生まれ。一説に広東省恵州市生まれともいわれる。太平天国の武将。

11歳で太平軍に加わり，後に侍王・李世賢の部下となった。1860年討逆主将に任じられた。61年殿左軍主将・黄呈忠の部隊とともに浙江を転戦し，12月開港地寧波を占領した。寧波にはイギリスなど外国商人の活動拠点があり，范汝増は黄呈忠とともに太平天国との通商を呼びかけたが，太平天国が外国租界の特権を認めないこともあって，対外関係は緊迫し，外国勢力は清軍に協力して反撃に移り海上の軍艦から砲撃を加えた。

1862年5月外国軍・清軍の攻撃により寧波を撤退し，余姚・馬渚を転戦して慈渓を占拠，9月「常勝軍」を率い清朝の副将の位にあったアメリカ人ウォードを戦死させた。この年の夏首王に封じられた。64年春浙江の徳華・湖州で清軍と戦い，天京（現在の南京）が陥落すると，8月幼天王洪天貴福を擁して安徽の広徳・寧国に逃げたが清軍に撃滅された。その後ひそかに北上して遵王・頼文光の率いる後期捻軍に加わり，河南・山東・江蘇一帯を転戦し，僧格林沁の率いる清軍と戦った。66年頼文光らと東捻軍を率いて流動作戦を展開したが，67年12月山東の寿光で戦死した。

参考文献：羅爾綱『太平天国史』第3冊（中華書局，北京，1991年）。〔並木頼寿〕

范　旭東（はん　きょくとう）　Fan Xudong

（1883年10月24日～1945年10月4日）

原名・源譲，改名・鋭，字・旭東。湖南省長沙東郷生まれ。原籍，湖南省湘陰県。民国期の化学工業界の第一人者，永利化学公司の創立者。

6歳の時，教育者だった父・范琛を失い母に育てられ，家は非常に貧しかった。梁啓超らが長沙に開いた時務学堂に兄の范源濂（静生）が1897年以来学んでおり，その刺激を受けた16歳の旭東は，同所に入って新しい学問風潮に接した。1901年，兄たちに従って日本に留学した。05年に和歌山中学を卒業，岡山の第六高等学校を経て，08年頃からは京都帝国大学の化学担当教授・近重真澄の下で中国古代青銅器の成分分析などに従事，12年に帰国した。

帰国後，財政部天津造幣廠に検査技師として勤めるが，2カ月で辞職し小さな工場を友人と起こした。1913年7月，教育部総長となっていた兄の源濂の推薦で農商部職員として塩政視察のためヨーロッパに留学，大きな刺激を受ける。

1914年に帰国後，ただちに塘沽に久大精塩公司を創立した。さらに18年，第1次世界大戦勃発に伴う工業原料の不足を見て，塩を原料に炭酸ソーダを製造（ソルベー法）する永利製鹼公司を天津に創立した。そして22年には，久大・永利両公司の技術開発部門を独立させ黄海化学工業研究社をつくった。30年，永利製鹼公司に苛性ソーダ製造工程を増設，34年永利製鹼公司を永利化学工業公司に改名，硫安の生産にも乗り出し，永利公司は中国を代表する化学工業会社に発展した（資本金1,100万元）。日本を含む東アジアの炭酸ソーダ市場の支配をめぐりイギリスの大企業I.C.I.と渡り合い，何度か市場分割協定も結んだ。この間，24年に中華化学工業会副会長に選出され，27年に死去した兄を記念すべく，私財を寄付して静生生物研究所を北京に創設している（中国科学院動植物研究所の前身）。

抗日戦争開始後，奥地の経済建設に協力するため，四川で化学工業を興すことに努力した。第4期国民参政会参政員に選ばれる。1941年香港に逃れ，45年6月インド経由で帰国。抗戦勝利直後の45年10月，重慶で急性肝炎で死亡した。

参考文献：商報社編『現代実業家』（商報社，上海，1935年）。中国人民政治協商会議文史資料研究委員会編『工商経済史料叢刊』2輯（文史資料出版社，北京，1983年）。中国社会科学院近代史研究所主編『民国人物伝』6巻（中華書局，北京，1987年）。呉広義等編『苦辣酸甜―中国著名民族資本家的路』（黒龍江人民出版社，哈爾浜，1988年）。〔久保亨〕

范　源濂　Fan Yuanlian

（1876年～1927年12月23日）

字・静生。湖南省湘陰県生まれ。中華民国陸徴祥内閣，段祺瑞内閣及び孫宝琦内閣の教育総長。教育行政専門家。

幼くして両親と死別，伯父の養子となる。清泉書院で古典を修め，1897年譚嗣同，熊希齢らが設立した湖南時務学堂に入学。経学，史学のほか政治，法律，自然科学を学ぶ。同校総教習・梁啓超の薫陶を受け，学友・蔡鍔，楊樹達らと戊戌変法運動に参加。この運動の頓挫により，同校が閉鎖のやむなきに至ると，日本に留学。亡命中の梁啓超，有力華僑・鄭席儒，犬養毅，柏原文太郎らの設立した東京高等大同学校（後，東亜商業学校，清華学校に改称）に入学，日本語及び普通学を修得した。1902年嘉納治五郎の経営する中国人留学生のための特設教育機関弘文学院に移り，師範教育研究と明治維新研究に没頭。この間，蔡鍔，章宗祥らと励志会を結成，駐日清国公使と図って清国留学生会館の建設に努めた。04年春帰国，11月実践女学校中国留学生部に留学する湖南省の女子学生12名を帯同して再度来日，滞在期間中は，同校のほか弘文学院，法政速成科の通訳を勤める一方，中国人留学生総会副幹事長に推され，文部省公布の「清国留学生取締規則」の撤回運動を指導した。翌年帰国，学部候補主事となり，北京法政学堂，モンゴル語及びチベット語研究を主要目的とする殖辺学堂，北京優級師範学堂の設立に参画。09年学部員外郎となり，義和団賠償金による中国人のアメリカ留学を積極的に推進，游美学務処及び予備教育機関清華学堂の創設と運営に邁進した。

1912年中華民国唐紹儀内閣成立と同時に教育部教育次長に就任。7月蔡元培の後を襲って教育総長となったが，まもなく日本モデルの壬子学制及び各種学校令（12年公布）に基づく教育政策をめぐって大総統・袁世凱と対立，志半ばにして教育総長を辞し中華書局編集部長に転出した。15年袁により帝制復活が企てられると，これに反対する蔡鍔らの袁世凱討伐に加わる。16年段祺瑞内閣の教育総長に復帰し，教育改革に着手。北京大学の改組・民生化，民主と共和の中華民国に相応する教育宗旨の公布，教育行政会議の召集と教育計画大綱の立案，各種学校令の修正に取り組んだ。この間，天津南開中学校校長・厳修とアメリカ27州を歴訪，学校教育制度及び地方教育制度の調査・研究を重ね，これらの中国への導入を提唱した。こうした范源濂の行政手腕は高く評価され，20年三たび靳雲鵬内閣教育総長となったが，翌年辞任。アメリカ郷村教育調査の後，国立北京大学校長及び中華教育文化基金董事会董事長を兼ね，英米義和団賠償金に基づいた各種研究機関，図書館の設立，組織的な海外留学の実現に努めた。国立京師図書館委員会委員を最後に第一線から退く。27年天津にて病没。尚，北京静生生物研究所は范静生を記念して，その死後設立されたものである。

参考文献：中華民国教育部編『范静生先生調査美国教育之報告』（1919年）。徐仲林他共編『中国教育家伝略』（雲南人民出版社，昆明，1980年）。清華大学校史編写組編『清華大学校史稿』（中華書局，北京，1981年）。阿部洋編『米中教育交流の軌跡』（霞山会，1985年）。　〔蔭山雅博〕

范　築先　Fan Zhuxian

（1881年12月12日～1938年11月15日）

原名・金標，字・奪魁。山東省館陶県生まれ。軍人。

貧しい農民の家庭に生まれる。9歳の時に私塾に入って学んだが，13歳の時に父が病死し，中途で学業をやめ家で農作業を行う。1904年，衛河の氾濫により生活の術がなくなったため，馬廠で北洋陸軍第4鎮予備兵となる。しばらくして副兵（2等兵）に昇格した。范築先はある程度の教育があったので，選抜されて第4鎮随営学校に入って学び，隊に戻って正目（軍曹）に昇格した。その後天津北洋陸軍講武堂砲科に入り，卒業後隊に戻って哨官に昇格した。中華民国成立後，北洋陸軍第4鎮は中央陸軍第4師となり，范は砲兵連長となった。

1913年，第2革命失敗後，楊善徳に率いられて第4師は滬杭鉄道沿線に進駐した。その後，范築先は砲兵営長，補充団団長，師参謀長，第8旅旅長などの職に昇進していった。24年秋の江浙戦争勃発後，第4師は浙江督軍盧永祥軍に属していたが，孫伝芳が滬浙連軍の後路を横合いから不意打ちしたため，盧永祥はやぶれて下野した。孫伝芳は第4師を吸収しようとしたが，范は吸収されることを拒否し軍内の共同積立金すべてを将兵に与えて部隊を解散し，「竹仙」と改名して引退した。後にこれがもとで「築先」が名前となった。

1926年，馮玉祥は北伐に呼応して，陝西省潼関を出発した。この時，范築先は馮の部隊の第13軍軍長で，范の同村人である張維璽の要請に応じて西北軍に参加し，先賛に任ぜられた。30年，中原大戦において馮と閻錫山が蔣介石に敗れた後，張維璽の南路軍6，7万は河南省新鄭で，蔣介石軍に包囲されて武装解除された。張と范は軍を離れて天津に行った。

1931年，張維璽の紹介により范築先は山東に戻り，韓復榘の第3路軍の参議に任ぜられ，沂水，臨沂県の県長を勤めた。その仕事ぶりは清廉にして断罪は公平であり，各地で賞賛を得たという。36年冬，山東省第6区行政督察専員，保安司令兼聊城県県長に昇格した。37年春，周恩来の命を受けた彭雪楓が聊城にやって来て，元西北軍軍官子弟学校同窓の関係を利用し，范の腹心張維翰，牛連文と連絡をとり，彼らを通じて中央の抗日の主張を范に紹介した。その後范と中共は統一戦線を組むことになった。

抗日戦争開始後，山東省に侵入した日本軍が，津浦鉄道沿いに南下しつつあった1937年10月16日，韓復榘により黄河北岸の行政専員と県長に対して南岸への撤退命令が出て，多くの行政専員と県長が撤退したが，范築先は撤退せず「守士抗戦を堅持する」ことになった。

1938年6月頃，范築先の下には35支隊と3路の民軍，総計約5万人が結集し，山東省西北部の黄河両岸に20余の抗日県政権が樹立され，魯西北抗日根拠地の初歩的な形態が整えられた。武漢攻防戦に際して，范は武漢の統帥部の命令により自ら十数個の遊撃支隊を率いて，8月13日と9月18日の2度済南に進攻し，津浦鉄道の寧陽から徳州間を破壊した。この時范の次男・范樹民（抗日挺進隊隊長）が8月28日に戦死した。

この間，韓復榘の後を継いだ国民党の山東省主席兼全省保安司令・沈鴻烈との対立が深まってきた。とうとう沈らは，国民党の魯西行轅参議兼陽穀忠孝団総団長・趙長衡を済南に派遣し，日本の特務機関と連絡をとり，忠孝団の暴動の発動に呼応して，日本軍が聊城に進攻する計画を相談したという。1938年11月中旬，寿張，陽穀，東阿3県で数万人の忠孝団の大暴動が起きるとともに，日本軍が聊城に進攻してきた。范築先は聊城にとどまり，少数の部隊を率いて戦ったが，11月15日，聊城は陥落し，戦いのさなかに負傷した范は，日本軍の捕虜になることを願わず，銃で自決し，防戦していた軍民700人も戦死し，魯西北抗日根拠地は壊滅した。

参考文献：延安時事問題研究会編『抗戦中的中国政治』（解放社，延安，1940年）。中国社会科学院近代史研究所主編『民国人物伝』3巻（中華書局，北京，1981年）。辛瑋・尹平符・王兆良・賈蔚昌・王伯羣主編『山東解放区大事記』（山東人民出版社，済南，1982年）。〔馬場毅〕

樊（はん）　錐（すい）　Fan Zhui

（1872年4月3日～1906年）

原名・錐，改名・誠亮，字・一鼒，春徐，春渠，時中。原籍，湖南省邵陽県，同県生まれ。変法派の指導者。

父は樊徳全。樊錐は，極貧の家庭に2人兄弟の長男として生まれたが，幼少より学問を好み，時の学政・張亨嘉に才を見出されて15歳で県学に入り，のち，同郷の石守成，石秉鈞，石建勛らと長沙に出て城南書院に学んだ。そして，1897年には学政・江標より唐才常・楊毓麟・胡元倓・蘇輿らとともに抜貢生にあげられ，その文章は江標の『沅湘通芸録』に収められている。これより先，中国では95年の日清戦争における敗北の憤激から改革運動が興隆し，湖南省でも巡撫・陳宝箴らを中心に改革が鋭意進められたが，樊錐は，譚嗣同・唐才常・楊毓麟・何来保・易鼐などと共にその事業を助けた。そして，98年2月に長沙に南学会が設立されると，樊錐はその分会を郷里の邵陽に設けて自ら分会長となり，また『湘報』が発刊されると，その撰述となって「開誠篇」，「発錮」，「勧湘工」などを発表し，旧弊を批判するかたわら「民権」，「平等」などを主張し，工業の発展を説いた。その間，樊錐は，日本の神戸で発刊予定の『東亜報』の主筆に畢永年とともに招かれたが，結局応じなかった。

一方，日清戦争後の湖南の改革運動は，運動の急進化や康有為の学説の流布とともにそれへの批判も激化し，樊錐は1898年6月に邵陽の郷紳らによって邵陽より追放され，ついで戊戌政変が起こると，山間に難を逃れた。1900年に唐才常の自立軍蜂起が加わって後，樊錐は上海で『蘇報』の刊行に尽力し，03年に『蘇報』が清朝によって発刊停止を命ぜられると石建勛ら20余人と日本にわたり，日本の成城学校に学び，ついで『遊学訳編』の刊行や湖南編訳社の創設に加わった。そして，この間，黄興や陳天華の影響下に革命を志すようになり，04年には，華興会に呼応して東京で創設された新華会の結成に加わった。

樊錐とのちの護国運動で著名な蔡鍔とは師弟の関係にあり，樊錐は1905年にその蔡鍔を介して広西巡撫・張鳴岐に招かれ法政学堂の設立に関わったが，激務にたえきれず，同年冬に肺病から吐血した。そして，学堂の裏の鳳洞山で養生したが，ついに病の不治なることを悟って郷里の邵陽に帰り，06年ほどなく没した。子供はなく，ただ1人の弟が狂死したため，弟の子供をひきとったが，その子も夭逝し，樊錐の死後一家は断絶した。自立軍蜂起に際し，著書の多くを焼いたため，残された文章は極めて少ない。

参考文献：方行編『樊錐集』（中華書局，北京，1984年）。林増平・郭漢民編『清代人物伝稿』下―6（遼寧人民出版社，瀋陽，1900年）。〔藤谷浩悦〕

方（ほう）　方（ほう）　Fang Fang

（1904年4月18日～1971年9月21日）

原名・方思瓊，幼名・瑤泉，別名・方旭。筆名・稗華，星星，野草。広東省普寧県生まれ。中国共産党員。華南の遊撃戦指導者，海外華僑の組織者。妻は蘇恵。

破産商人の子女11人の長子。高等小学在学中，1919年五・四運動期に楊石魂らの影響下に普寧県学生連合会会長となる。20年卒業後，家業を手伝いつつ独学を続ける。22年初級小学の体育・音楽教師の職を得る一方，友人と平民学校を開所し無報酬教師となる。23年末楊石魂・方臨川らと共に洪陽集益社を組織，その社会科長となって普寧青年の啓蒙につとめ，共産主義や社会主義の思想に接触する。24年夏楊石魂の示唆で広州農民運動講習所に入所，孫文の三民主義講話を聴き，政治教育・軍事訓練を受け，農民運動の先達・彭湃らの知遇を得て，革命の道に開眼する。同年冬普寧で小学校教師を続けるかたわら農民協会を組織し，中国社会主義青年団の外郭団体新学生社の普寧支部を組織し，書記となって社会主義文献の読書グループを主宰する。25年5月楊石魂・方臨川の紹介で中国社会主義青年団に入団して普寧支部書記となり，普寧県国民党党部準備委員を兼ねる。同年6月潮安農民自衛軍独立営を編成，秘書長兼団特支書記となり，国民革命軍の東征の援護行動を組織した。26年春中国共産党に入党，潮安で労働運動に従事し，中共潮安上蒲区特支書記兼工業学校校長，中共潮安庵埠特支書記兼潮安総工会秘書長を歴任した。

1927年大革命敗北後，各地を転々と潜行して，10月末中共潮安県委宣伝部長兼赤衛軍第3団党代表となる。28年6月中共6全大会の諸決議が伝達された後，29年中共普寧県委常委兼宣伝部長，同県委書記，汕頭市委書記を歴任したが，30年夏の李立三路線期に一時潮陽県工農革命委員会党フラクション書記に左遷された。同年12月に9月の中共6期3中全会決議が伝達されて，閩西ソヴィエトに派遣され，中共閩粤贛辺区省委職工委員会書記，31年秋中共汀連県委書記，32年春中共閩粤贛辺区省委執委，中共杭武県委書記，上杭中心県委書記兼杭永岩遊撃隊縦隊政治委員，33年冬中共福建省委宣伝部長兼武装部長，福建省委代理書記を歴任した。34年4月江西中央ソヴィエト区援護のため後方の永安一帯で遊撃戦を展開するという新任務を与えられ，永安に赴き独立第9団政治委員となる。同年10月中央紅軍が江西中央ソヴィエト区を放棄して長征に発ったあと，閩西南軍政委員会（主席・張鼎丞）委員兼政治部主任として閩西南で3年間遊撃戦争を展開した。

1937年4～5月延安に派遣されて，毛沢東に閩西南における3年間の遊撃戦争について報告をし，抗日民族統一戦線の新たな指示を与えられた。9月閩西に戻り，閩西南軍政委員会を解消して中共閩粤贛辺区省委（書記・張鼎丞）を成立させ，組織部長となる。南方8省の遊撃隊が新四軍第2支隊に合編されて抗日戦争に出動したあと，中共閩粤贛省委書記となって後方闘争を指導，40年党中央の指示で新たに成立した中共南方工作委員会書記となる。43年8月から2年間延安中央党校で学習，45年4月党7全大会に出席した。46年北平軍事調処執行部第八小組中共主席代表となって国民党広東当局と談判した。同年解放戦争発動後は中共香港分局書記となって華南の党組織を指導し，華南の民主人士・海外華僑の広汎な支持を組織し，48年上半期までに愛国的民主人士の香港雲集を実現した。49年4月中共華南分局（香港分局改め）書記となる。

1949年10月新中国成立後，広東省人民政府副主席，54年中共華南分局交通運輸部長，55年中共中央統一戦線部副部長，中華人民共和国華僑事務委員会党組書記，同副主任，全国華僑連合会副主席を歴任した。54年には第1期全国人民代表大会代表・中国人民政治協商会議第2期全国委員会委員でもあった。文化大革命中林彪・江青一派の誹謗で監禁5年に処され，71年9月痛憤のうちに病死した。79年3月28日名誉回復された。

参考文献：方方「三年遊撃戦争」（1948年），『紅旗飄飄』18，1979年。D.W. Klein & A.B. Clark, *Biographic Dictionary of Chinese Comunism, 1921-1965,* Vol. 1 (Harvard University Press, Cambridge, 1971). 陸永棣・劉子健「方方」，中共党史人物研究会編『中共党史人物伝』11巻（陝西人民出版社，西安，1983年）。張鼎城『中国共産党創建閩西革命根拠地』（人民出版社，北京，1983年）。　〔蜂屋亮子〕

方（ほう）　維（い）　Fang Wei

（生年不詳～1912年8月15日）

字・旭初。湖北省随県生まれ。軍人，文学社員，武昌蜂起参加者の1人。

幼少時に父親から伝統的学問の手ほどきを受ける。その後，14歳の時新軍に身を投じ，湖北新軍第15協第30標第3営所属となる。入隊後，同営所属の江光国，王文錦，張漢卿，王耀東らの文学社員と友好を深め，彼らの紹介により文学社に加入した。文学社は，革命組織振武学社改名の後に蔣翊武，詹大悲，劉復基，章裕昆らが1910年12月に設立したものである。その後，翌11年3月には成立大会を開き，このころには湖北新軍にかなりの浸透を果すことに成功していた。

1911年10月，武昌で武装蜂起が実行に移された。最初に行動に着手したのは第8鎮工程第8営後隊・熊秉坤，金兆龍らであった。方維は熊秉坤と行動をともにした。10月9日各地の銃声を聞きつけるや否や，第30標の兵士たちは武昌城を抜け，楚望台にて弾薬を調達の後，蛇山を占領する一方，分隊を武昌城に派遣し戦闘に参加した。同月11日黎元洪が湖北軍政府都督に，孫武が軍務部部長にそれぞれ選出されたが，このとき方は軍令部調査員に任命された。漢口の陥落後，彼は軍務部参議に任ぜられ，以後張振武に従い，行動を共にした。

中華民国成立後，1912年8月，方維は張振武の同行者として北京に赴いた。張は5月に袁世凱により蒙古調査員に任命されていた。張の今回の上京は献策のためであった。8月15日午後9時，張とともに方は大総統命令，すなわち軍令によって逮捕され，一切の取調べを受けることなく，また裁判にかけられることなく即座に処刑されてしまった。中華民国臨時約法第6条には「人民の身体は，法律に依るに非ざれば逮捕，拘禁，審問，処罰を得ず」と明確に定められていた。また，軍令執行には必ず国務員の副署が必要だったにも拘わらず，それがなされておらず，二重の意味での大総統の約法破りがきわめて重大な政治問題となった。これが「張振武案」である。

この事件の背後には黎元洪と袁世凱が深く関与していた。張・方は武昌蜂起の功労者で，黎の湖北都督就任の内幕を知り尽している人物であり，黎にとっては最も都合の悪い存在であった。そこで黎は袁に密書を送り，袁の手を借りる形でこの2人を殺害したのである。袁は黎の意図を見抜き，2人を処刑した後に黎の密書を暴露した。これにより黎の事件関与が明らかになり，黎の信望は著しく失われてしまい，黎に対する袁の影響力は相対的に強化された。

参考文献：章裕昆『文学社武昌首義紀実』（生活・読書・新知三聯書店，北京，1952年）。賀覚非編『辛亥武昌首義人物伝』下冊（中華書局，北京，1982年）。「張振武案風潮」，朱宗震・楊光輝編『民初政争与二次革命』上（上海人民出版社，上海，1983年）。徐友春主編『民国人物大辞典』（河北人民出版社，石家荘，2007年）。　〔田中比呂志〕

方（ほう）　振武（しんぶ）　Fang Zhenwu

（1885年2月26日～1941年12月）

原名・運策，字・叔平。安徽省寿州瓦埠鎮生まれ。中国国民党の政治家。馮玉祥系の軍人。

方振武は農村の愛国的な塾教師の家に生まれた。幼い頃より詩文・書画に通じていた。安慶武備学堂で学び（この時期，中国同盟会加入），卒業後，軍人の道を歩み，安徽新軍において排長，連長となった。1907年恩銘暗殺に関与したかどで指名手配され，08年には熊成基が指導した新軍による安慶での馬炮営蜂起に加わった。

1911年の辛亥革命において革命側に参加し，南京の戦闘で戦功をたてたが，13年の第2革命に敗れると日本に亡命した。翌14年方振武は中華革命党に入党。また，日本滞在中に浩然盧（殷汝驪が東京の大森に創立した軍事教育の私立学校）を卒業している。17年に中国に戻ると，広東軍政府の海軍陸戦隊に入り，営長，大隊長を務めた。20年広東政府の北伐に加わったが，失敗後上海に閑居した。

1924年，方振武は奉天軍閥に属する張宗昌の軍隊で第24師師長となった。26年初め，この軍隊で旅長の時に張宗昌のもとを離れ，馮玉祥の国民軍に加入し，第5軍軍長に任ぜられた。同年，ソ連より帰国した馮玉祥が国民連軍総司令の職につくと，方振武は国民連軍援陝前敵副総指揮および第1路軍司令を兼任した。翌27年4月には，国民革命軍第2集団軍第3方面軍総指揮に就任した。

1928年に入ると，方振武は馮玉祥から離れ蔣介石の指揮下に移った。その後，国民革命軍第1集団軍第4軍団総指揮兼第4軍軍長，済南衛戍司令，翌29年には安徽省政府主席などの職を歴任した。

1929年3月，方振武は中国国民党の第3期中央執行委員となった。しかし，同年9月，反蔣活動を理由として南京で逮捕され，湯山陸軍監獄に拘禁された。満州事変が勃発した後，蔣介石の2度目の下野の際にようやく釈放され，上海に閑居した。31年末には，国民政府委員会委員に選ばれた。また同時期，中国国民党の第4期中央執行委員に選出された。

1933年，密かに山西へ潜入した方振武は，馮玉祥，吉鴻昌らと張家口において，チャハル民衆抗日同盟軍を組織し日本軍と戦った。馮玉祥は方振武を抗日同盟軍北路前敵総司令に任命した。ただし，抗日同盟軍は日本軍との戦闘だけではなく，中国国民党軍の何応欽指揮下の部隊からも攻撃され，危機的状況に陥った。

結局，抗日同盟軍は敗れ，方振武は香港を経てイギリス，イタリアなど国外へ逃れた。1936年には，パリで救国団体である中華民族解放同盟を組織し，国内が一致して日本と戦うことを訴えた。

日中戦争が始まり中国に帰国した方振武は，再び戦場へ復帰する希望をもったが実現しなかった。失望のなかで香港に移り住み，抗日救国活動を継続した。1941年12月に太平洋戦争が勃発し，日本軍によって香港が陥落した後，方振武は秘密裏に広東に入る際に死亡した。中国国民党の一部関係者がその死に関与したともいわれる。著作として，『中国国民経済的改造与建設』や『余之中国観』等がある。

参考文献：汪新・劉紅『南京国民政府軍政要員録』（春秋出版社，北京，1988年）。李席儒口述，侯鴻緒整理「方振武将軍旧事録」，『人物』1984年1期。劉熙衆「方振武被害真相」，『縦横』1985年1期。劉国銘主編『中国国民党百年人物全書』（団結出版社，北京，2005年）。〔望月敏弘〕

方　志敏（ほう　しびん）　Fang Zhimin

（1900年8月21日～1935年8月6日）

原名・遠鎮，幼名・正鵠，号・慧生，筆名・母文，志敏。化名・李祥松，汪祖海，徐松柏。江西省弋陽県漆工鎮湖塘村生まれ。中国共産党の農民運動指導者。

父は方高翥，母は金香蓮。生家は中農で，経済的余裕はなかったが，幼少より聡明であったので，家族中で最も長く，8歳から断続的に5年，村の私塾で学ぶことを許された。1916年，弋陽県立高等小学に入学，邵式平と知り合った。すでに14歳頃より貧富の差に疑問を抱き始めていたが，さらに五・四運動期の新思潮の影響をうけて，学内で社会的不公平に反対する「九区青年社」を結成した。この組織はその後農民の参加も得て，19年に「弋陽革命青年社」と改称するが，メンバーの多くがのちに贛（江西）東北における革命運動の柱になった。18年，山東問題をめぐる全国的な反日気運のなか，日貨排斥を訴えてデモ行進や講演に積極的に参加した。19年高等小学を卒業して南昌の江西省立甲種工業学校予科に入学，翌年優秀な成績で応用機械科に進んだ。しかし，学生自治会を組織して学校当局に改革を要求し校長の汚職を暴いたことにより，21年退学処分になった。在学中に始めた英語の学習を続けるため，同年秋，九江のミッション系の南偉烈大学に入ったが，学費が続かず1年後に退学した。

工業学校時代に初めて社会主義思想に接し，南昌の進歩的学生組織「江西改造社」にも加わっていたが，1922年，社会主義青年団の主張に共鳴して入団，南昌文化書社を開いて革命活動の拠点にした。23年3月，警察に封鎖されたが改称して活動を続けた。24年，趙醒儂の紹介で中国共産党に加入。25年，国共合作下の国民党江西省党部執行委員となり，農民部部長を兼任した。26年5月，広東省第2回農民代表大会に江西代表として出席，彭湃の演説から農民運動の方法について多くを学んだ。北伐軍の江西進駐を支援するべく農民を組織し，なかでも故郷の漆工鎮の農民は方志敏の意見に基づいて武装暴動をおこした。12月，中共江西省委員会委員兼農民部部長に就任。27年2月，江西省第1回全省農民代表大会を開催し，国民党右派の陰謀を破って第1執行委員兼秘書長に選ばれた。こののち一層右派との対決姿勢を強め，6月，省政府主席から省外追放の処分をうけた。やむなく南昌を離れて省西部へ視察に赴き，二五減租を要求する農民運動の指導にあたった。

1927年8月弋陽に戻り，同地の秋収暴動，続いて隣県横峰の年末暴動を成功させて，贛東北に最初の根拠地をつくった。28年5月，弋陽と横峰両県にソヴィエト政権が樹立され，同時に工農革命軍第2軍が成立，6月から1年間に3回にわたった国民党軍の包囲攻撃に対し革命軍を率いて遊撃戦を展開した。29年10月，弋陽など信江北岸の4県を中心に信江ソヴィエト政府を樹立，主席に就任した。30年2月，中共信江特委の命により信江革命軍事委員会主席を兼任し，軍の強化を図るとともにソヴィエト区の拡大に努めた。しかし7月，九江攻撃を命じた中共中央の李立三路線に強く反対して，軍事委員会主席を解任された。信江特委は方志敏の反対を無視して，成立したばかりの紅軍第10軍に九江への進撃を命じ，方は贛東北革命委員会主席として無防備になったソヴィエト区の防衛に当たった。31年3月，贛東北特区ソヴィエト政府の成立とともに主席となり，また紅10軍政治委員に任ぜられ，部隊を率いて閩（福建）北根拠地救援に赴き，勝利を収めた。

この頃より王明路線をとる中央の支配が強まり，閩北より帰還後，軍政治委員の職務は中央からの特派員・曾洪易と交代させられた。曾は，贛東北ソヴィエト区の方針を富農路線などと非難して全面否定し，方志敏をはじめとする当地の指導者たちを党と紅軍の指導の中心から排除した。1931年11月，贛東北ソヴィエト政府主席に選ばれ，ソヴィエト区の経済建設などに努める一方，翌年から始まる粛清運動において中央特派員の行き過ぎた措置を厳しく批判した。32年9月，紅10軍政治委員に復活，再び閩北に出撃して同地域のソヴィエト区を拡大し，続いて浙江省西部に至る根拠地を拓いた。これにより同年末，贛東北ソヴィエト区は閩浙贛ソヴィエト区と改称され，方は引続きソヴィエト政府主席をつとめた。33年12月，曾洪易に代わって中共閩浙贛省委員会書記になり，粛清，査田運動などにおける左傾路線の是正を図った。また，国民党軍の第5次剿共戦に対抗しつつ，皖（安徽）南へ進撃して新しい根拠地をつくる方針を提起したが，勢力分散になると中央から批判された。敗色が濃くなった

34年10月になって皖南進出に同意する指示を受けて紅10軍団を編成し，北上抗日先遣隊の任務を引継ぎ，12月贛東北を離れて皖南に入ったが，行く手を国民党軍に阻まれた。翌35年1月，贛東北に戻ったが国民党軍の重包囲下に陥り，捕虜になった。2月南昌に護送され，5ヵ月の獄中生活中に「我従事革命闘争的略述」，「可愛的中国」など十数篇の原稿を書き残し，8月6日，処刑された。

参考文献：方志純『贛東北蘇維埃創立的歴史』（人民出版社，北京，1980年）。方志敏伝編写組『方志敏伝』（江西人民出版社，南昌，1982年）。『方志敏文集』（人民出版社，北京，1985年）。Kamal Sheel, *Peasant Society and Marxist Intellectuals in China — Fang Zhimin and the Origin of a Revolutionary Movement in the Xinjiang Region* (Princeton University Press, Princeton, 1989).　〔本庄比佐子〕

費　孝通（ひ　こうつう）　Fei Xiaotong

（1910年11月2日～2005年4月24日）

字，号，筆名は使わない。江蘇省呉江県松陵鎮生まれ。社会学者，人類学者。中国の社会学，人類学の基礎を築いた一人。

父親は日本に留学したことがあり，帰国後新学を提唱し，呉江県で最初の中学校を開いた。母親はクリスチャンで，清末民国初にあって非常に開明的な家庭環境で育った。6歳で母親の創設した幼稚園を卒業し，小学校に上がったが，病弱で欠席しがちだった。10歳の時家が蘇州に引越すと，学校でのいじめを心配した母親が蘇州で有名なミッションスクール振華女学校に編入させ，彼は中学1年まで通った。1923年東呉大学付属一中に編入。28年東呉大学医学部予科に入学。しかし当時の革命思想の影響を受け，「万人の病を治すには社会科学を学ぶしかない」と決意し，30年秋北京の燕京大学へ転校し，呉文藻の教えを受ける。32年秋，客員として来校していたシカゴ大学社会学教授パークの講義を受け，彼のフィールドワークを重視した都市のコミュニティ研究に感銘し，同じ手法で中国の社会を研究できるのではないかと考え，その基になる社会人類学をめざすことを決意。33年同大学卒業後，清華大学社会学・人類学系院生となり，シロコゴロフの学生となる。35年修士課程終了後，新婚まもない妻・王同恵（当時，燕京大学社会学系3年生）と広西大瑤山でヤオ族を調査。誤って虎の罠に落ち，怪我をして九死に一生を得たが，救いを求めに行った妻は誤って溺死。36年広州で治療中，妻の調査資料を整理して『花藍瑤社会組織』を出版。治癒後，呉江県に帰郷し，姉が養蚕技術の改良と普及に取り組んでいた村で農村調査し，36年の夏その資料を持ってロンドン・スクール・オブ・エコノミクスに留学。マリノフスキーの指導の下で博士論文を執筆し，36年学位を取得。この論文は39年に *Peasant Life in China* として出版され，中国農村研究の必読書となった。しかし，本書が『江村経済』というタイトルで中国において翻訳出版されたのは86年になってからであり，彼の半生と中国における社会学，人類学が歩んだ苦難の道を端的に表している。

日中戦争のさなか1938年夏に帰国，雲南大学社会学系教授となった彼は，研究仲間とともに農村，工場，少数民族地区を対象にコミュニティ調査を行う。43年渡米し，シカゴ大学，ハーバード大学で研究。滞米中に雲南の農村での調査に基づき *Earthbound China* を出版。国内情勢が一層緊迫するなか45年に帰国，中華人民共和国成立まで清華大学教授を務めるが，国家の前途を憂い，潘光旦の紹介で中国民主同盟に参加し，愛国民主運動に身を投ずる。この時期の著作に『生育制度』がある。

中華人民共和国成立後は国内の少数民族を対象とする民族工作に従事し，1952年に中央民族学院副院長となる。50年から56年まで主に貴州，広西，雲南を訪れ，民族調査を行う。しかし57年の反右派闘争で十分な研究活動ができなくなり，さらに文革が始まると批判の矢面に立たされ，幹部学校へ派遣された。72年に漸く中央民族学院に戻り，78年に社会科学院民族研究所に移る。78年9月政治協商会議全国委員会民族組会議において発言し，中華人民共和国成立後の民族識別工作の回顧と今後の展開への指針を与える。一方，若き日に志した社会学への情熱は消えておらず，79年に社会学研究会を成立させ，長らく否定されていた社会学の名誉回復をはかり，翌年には社会科学院社会学研究所の設立に尽力し，所長に就任後も社会学の発展と普及に力を入れている。

また，1957年についで81，82年に再度江村を訪れたのを機に，小城鎮の調査研究を提唱。中国政府が進める郷鎮企業や「離土不離郷」といった農村社会の発展戦略のブレインとして指導力を発揮する。

国際的にも注目を集めていた人物であるが，欧米諸国とも交流を深めるなか，日本へも1978年11月京都で開かれた国連大学主催の学術討論会に参加し，発表したのをはじめとして，その後数回来日しており，中根千枝，宇野重昭，鶴見和子など多くの学者と交流を重ねている。80年米国応用人類学会マリノフスキー名誉賞，81年英国王立人類学協会ハクスリー記念賞を受賞し，84年にはロンドン・スクール・オブ・エコノミクスの名誉院士に選ばれている。

国家民族事務委員会顧問，中国民主同盟中央委員会主席，第7，8期全国人民代表大会常務委員会副委員長，中国人民政治協商会議第6期全国委員会副主席などを歴任。2005年北京にて死去。

参考文献：費孝通『費孝通社会学文集』全4冊（天津人民出版社，天津，1985年）。中国大百科全書編輯委員会編『中国大百科全書・民族』（中国大百科全書出版社，北京，1986年）。費孝通『民族研究文集』（民族出版社，北京，1988年）。R.D. Arkush, *Fei Xiaotong and Sociology in Revolutionary China* (Harvard University Press, Cambridge, Massachusetts, 1981).

〔曾士才〕

馮（ふう）　桂芬（けいふん）　Feng Guifen

（1809年～1874年5月28日）

字・林一，号・景亭，景庭，鄧蔚山人。江蘇省呉県生まれ。清末の官僚，思想家。

兄2人と弟1人は夭折，姉1人。家は代々商業，金融業を営み富裕であったが，父の代に2度の火災で没落した。しかし田地を所有していたため，父から10頃の田地を受け継いだといわれる。夫人は黄氏，子は刑部主事を務めた芳緝，芳植の2人。

1832年，江南郷試に合格し，この年江蘇巡撫に着任した林則徐に学才を賞讃され，また江蘇巡撫，後に両江総督・陶澍，及び同じく裕謙の知遇を得たともいわれる。40年，榜眼（第2位）で進士となり，翰林院編修の任に就き，以後考試及び編纂の実務に携わった。46年，母の死によって帰郷したが，喪のあけた後も上京せず，時の両江総督・李星沅の聘に応じて南京の惜陰書院の主講を務めた。その後上京して翰林院編修に復帰し，咸豊帝即位に際しては，呉県出身の軍機大臣・潘世恩に林則徐らとともに推挙されたが，父の死によって再び帰郷した。この時揚州で，両江総督・陸建瀛の幕友となり，主として塩法志の編纂に従事した。53年，太平天国軍の江南進出にともない，江蘇巡撫・許乃釗の要請によって団練を組織し，小刀会の上海蜂起鎮圧に功があった。この間，陸建瀛と許乃釗に土地税（田賦）負担不公平の是正（均賦）を説き，発布されるに至ったが，要路の大官の反対に遭い実施されなかった。58年，右春坊右中允の任に就き，翌年上京したが，要路の大官と衝突して帰郷した。60年，太平天国軍が蘇州を攻撃し占拠したため上海に避難した。次いで太平天国軍が上海を攻撃すると，英・仏両軍に派兵を求めて，62年潘曾瑋，顧文彬，呉雲らとともに会防局を組織したほか，安慶に駐屯していた曾国藩に派兵を請い，李鴻章が派遣されると，請われてその幕友となった。このとき，李鴻章に地方財政支出の削減を目的とした土地税規定額裁減（減賦）政策および均賦政策と，上海広方言館の創設を建策し，また農民の疲弊と農業の衰退とを懸念して，従来民間で行われていた小作料削減（減租）を官の政策として実行させたほか，科学技術を主とする西欧近代文化の移入による富国強兵を建言し，李鴻章の政策に多大の影響を与えた。他方，上海では撫郵局，保息局，安節局を設けたほか，敬業書院の主講を務め，63年蘇州回復による帰郷後は，河道の浚渫修理，祀宇の改修，善堂の復興などを図ったほか，紫陽書院，正誼書院の主講となり，府学，県学，貢院，善堂などの復旧に努めた。その学問は，経世学のみならず，説文学，算学など多岐にわたり，多くの著作がある。

馮桂芬が北京で在職した期間は短いが，その間経世の学を講究したといわれ，その思想は，顧炎武，黄宗羲，さらには龔自珍，魏源の経世思想を受け継ぎ，復古に内政改革の原理を求め，西学に富強の術を採ろうとするものであった。復古は，すべてを古に返すことではなく，復活すべきでないものは除き，その復活すべきものを用い，「三代聖人の法」に叛かないことを旨とするというものである。

その主張するところは，地方行政の改革と，西学の採用に大別される。前者については，人を得ること，上下の情を通ずることに眼目が置かれていた。まず官の登用として，推挙の権限を広く下位の者に移すこと，胥吏に替えて諸生中から選んだ者を用いること，また諸生以下から公挙された郷職を復活して，郷村の自治を強化しようとした。更に，清初以来経世思想家によって説かれてきた「封建」，「井田」を復するには，「宗法を復するに如かず」として，社会秩序の基本に，古の宗法それ自体の復活とは異なるところの宗法を考え，同族間の相互扶助を図らしめた。そして，天子の下での「郡県」を認めたうえで，自治をその本意とする地方分治を主張した。

後者については，中国は外国に及ばない点の所在を認識し自強を図らなければならないとして，西学の採用を説いた。しかし，人材と資源とを十分に活用し，上下相通じ，政治の名実が必ず符合しているという点で，中国は西洋に及ばないとはいえ，その解決の道は，自己を反省し，「三代聖人の法」を旨とするところにあると主張した。そして，西洋に学ぶべきものはただ「船堅砲利（軍備の強化）の一事」として，船砲局と，外国語と中国の経史などの学を課し算学を学ばせる翻訳公所とを，広東と上海に設けることを提唱した。

晩年には，蘇州において様々な事業や提言を行ったものの，その主張する改革が清朝政府に容れられないことを憂いつつ世を去った。

馮桂芬の改革論は，李鴻章の政策を方向づけたといわれるが，変法論ともいうべき内容を持っていたために，1861年に一書にまとめられた『校邠盧抗議』が出版されたのは，その死後のことであった。

参考文献：馮桂芬『校邠盧抗議』（校邠盧刊本，1877年，学海出版社影印，台北，1967年）。馮桂芬『顯志堂稿』18巻（聚豊坊校刻本，1898年，学海出版社影印，台北，1967年）。周輔成「馮桂芬的思想」，『歴史教学』1953年9期。百瀬弘「馮桂芬とその著述について」，『東亜論叢』2輯，1940年。小野川秀美『清末政治思想研究』（みすず書房，1969年，補訂再版）。〔臼井佐知子〕

馮（ふう）　国璋（こくしょう）　Feng Guozhang

（1859年1月7日～1919年12月28日）

原名・国璋，字・華符，華甫。直隷省河間県西詩経村生まれ。原籍，同前。直隷派軍閥の巨頭。

没落地主の家に4人兄弟の末子として生まれる。7歳で私塾に入り四書を学ぶ。12歳から毛公書院で古典，数学，武術を学び，16歳で優秀な成績で卒業する。1875年に同書院の教師の妹と結婚し，4男3女をもうける。22歳の時，保定蓮池書院に入学するも学費が続かず，1年後に退学して家に戻る。

1884年大沽に行き，淮軍に入隊する。上官にその才能を認められ，翌年李鴻章が天津に創設した北洋武備学堂に歩兵科第1期生として入学。在学中，郷里の河間県に帰って科挙試験を受け，当時特設された数学附生額の秀才に合格する。86年順天で郷試を受けるも不合格となり，武備学堂に戻って軍事の学習を続行する。90年に卒業したが，成績優秀であったので学堂に留まり教員に任ぜられる。

1893年，淮軍の将領・聶士成が東三省と朝鮮の地形を視察・測量するのに随行して，聶士成選編『東游紀程』の実質的な編集を担当する。日清戦争に際しては，聶士成に従って転戦し，作戦指導を手伝った。日清戦争が終わると，聶士成の推薦により清国駐日公使・裕庚の随行員として日本を訪問，日本の軍事事情を視察・研究する。この間，シベリア単騎縦断で知られる福島安正や後に袁世凱顧問をつとめた青木宣純ら軍の要人と知り合う。帰国後，聶士成の推薦により督操営務処総辦となり，袁世凱が天津の小站に創設した新建陸軍の編制と訓練にあたる。以後数年かけて王士珍，段祺瑞らと『訓練操法詳晰図説』22冊を編集し，それらは清末中国の軍事学校や新軍の主要な教科書に使用された。

1900年の義和団事件に際しては，山東巡撫になっていた袁世凱の下で義和団の鎮圧に活躍し，その功で済南の補用知府に任ぜられ，武衛右軍（新建陸軍が改称される）と山東全省の軍隊を監督・訓練する役を担う。この頃から王士珍，段祺瑞とともに「北洋三傑」といわれるようになる。03年，清朝政府より再度日本に派遣されて軍事事情を視察し，帰国後，練兵処軍学司司長，北洋武備学堂督辦兼北洋陸軍速成学堂・北洋陸軍師範学堂督辦を歴任する。以後，北洋軍閥集団の少なからぬ軍官が彼の門下生あるいは同僚で占められることになり，直隷派軍閥の首領になる基盤を形成していった。

1906年，正黄旗蒙古副都統兼陸軍貴冑学堂総辦に就任，満州王公貴族子弟への軍事教育を通して満州貴族との密接な関係をきずく。なかでも紫禁城護衛の禁衛軍（一部の部隊を除いてすべて満州・蒙古人の将兵よりなる）を統括できたことは，後に清帝退位の際に重要な意味を持つことになる。08年光緒帝と西太后の死後，摂政・載灃ら満州王公貴族集団による巻き返し政策により袁世凱が失脚させられたのに伴い，連座を恐れて辞職を申し出るも容れられず，軍務を継続する。しかし，袁世凱とは密かに連絡をとり続けた。

1911年10月武昌蜂起が勃発すると，清朝の命を受けて北洋軍第2軍を率いて鎮圧に向かい（実際の軍事行動は袁世凱の密命により動いた），漢口と漢陽の攻略に成功し，清朝より二等男爵を授けられる。馮国璋はさらに武昌の攻略を目指したが，この時すでに清政府の内閣総理大臣に任命されていた袁世凱が革命勢力と取引して清帝を退位をさせることをもくろみ，南北和議の交渉を進めようとしたため，段祺瑞に湖北の北洋軍の指揮を代わられ，北京に戻されて禁衛軍総統兼チャハル都統に任命された。12年2月袁世凱が清皇室の優待条件を孫文ら革命派に認めさせたうえで清帝の退位を迫った時，禁衛軍を説得して反乱に到らせなかったのは馮国璋の功績である。同年9月直隷督軍兼民政長に任ぜられ，13年には陸軍上将に昇格し，名実ともに袁世凱の片腕となる。同年7月国民党による第2革命が発動されると，江淮宣撫使兼第2軍長として張勲とともに南京を攻略し，革命の鎮圧に活躍する。同年12月には張勲の後を継いで江蘇都督に任命され，翌年には江蘇宣武上将軍を授かり，同民政長の韓国鈞と合作して江蘇省一帯への勢力扶植に努める。さらに部下の李純を江西督軍，王占元を湖北督軍に配して，「長江三督」を直隷派で占めた。この時，馮国璋は直接，間接に統括できる2万の軍隊を有しており，まさに大軍閥の首領に成長していた。14年袁世凱が袁家の家庭教師の周砥を馮国璋と結婚させたことから（馮は10年に前夫人を病気で亡くしていた），袁世凱との関係はさらに密接となり，国会解散，臨時約法の破棄，責任内閣制の否定や総統制の主張など，袁世凱の独裁強化のための一連の策動に対して電報などで支持を表明した。しかし，15年になって袁世凱の帝制運動が本格化するや袁と対立するに至り，同年12月洪憲皇帝に就いた袁が参謀長に任命するも上京せず，南京に留まった。同年末から護国戦争といわれた第3革命が発動され，国民の反帝制運動も激化するなかで，江西の李純，浙江の朱瑞，湖南の湯薌銘と連名で帝制取消を求める秘密電報（当時「五将軍密電」といわれた）を各省の督軍に送った。やがてこの密電は袁世凱にも知られて彼との亀裂は決定的になり，16年4月ついに公開で袁世凱の退位をもとめる電報を送るに至った。

袁世凱の死後，黎元洪が大総統になると，1916年10月の国会において副総統に選出されるが，地盤を守るため南京で就任し，江蘇督軍を兼任する。17年7月張勲の復辟の挙により大総統を退位させられた黎元洪の要請を受けて上京し，8月に代理大総統に就く。復辟を阻止した段祺瑞が国務総理に就き，北京政府に反対して成立した広東軍政府の制圧を標榜して「武力統一」政策を強行するようになると，段祺瑞・安徽派との対決姿勢を強めていき，17年11月に直隷派の督軍である江蘇の李純，江西の陳光遠，湖北の王占元，直隷の曹錕らに南北和平支持の電報を発表させて段祺瑞の武力統一政策を一時頓挫させた。馮国璋が西南軍閥とも通じて和平統一を唱えたのは，内戦に反対する商工業者の運動および英米勢力の支持があったからでもある。しかし，18年になると西原借款，参戦借款を中心とする寺内内閣の資金・武器援助を受けた段祺瑞・安徽派がさらに勢力を強め，いわゆる安福国会を召集し，同年9月に徐世昌を大総統に選出し，馮国璋大総統の引き降ろしに成功する。しかし，その徐世昌大総統も次第に安徽派から離反して直隷派に接近するようになり，また19年の五・四運動に前後して国民の間に反日・反安徽派の気運が高まり，英米勢力も直隷派を支持するにおよんで，直隷派の元老として政権への復帰を目指したが，19年12月北京で病に倒れ，「和平統一が早く完成することを望む」という遺言を徐世昌に残して急死する。

馮国璋は軍閥の権力を利用して大地主，官僚資本家に成り上がった典型的な人物で，郷里に3,000余畝の土地を所有し，江蘇省に張謇と合弁で70万畝の土地を占有し，3つの金鉱を所有し，10軒の銭荘，銀号を経営し，さらに銀行やセメント工場などにも大量投資をしていた。

参考文献：中国社会科学院近代史研究所主編『民国人物伝』2巻（中華書局，北京，1980年）。公孫訇『馮国璋年譜』（河北人民出版社，石家荘，1989年）。楊大辛主編『北洋政府総統与総理』（南開大学出版社，天津，1989年）。

〔笠原十九司〕

馮（ふう）　涵清（かんせい）　Feng Hanqing

（1892年～没年不詳）

字・汁青。奉天省蓋平県人。原籍，山東省登州府。清末以来の法律家，官僚。満州国の司法部大臣。

馮慶瀾の長男として生まれる。2男5女あり。官吏である父・慶瀾は西豊県警務総辦，黒龍江省署諮議，吉林軍政署秘書，奉天関監督総務兼会計科長などを歴任し，満州国建国後，同和自動車工業会社常務理事となる。5人の弟があったが，すぐ下の弟・馮世英が満州国成立後，奉天東豊税捐局破局局長となったのをはじめ，皆，満州国の官吏として登用された。

奉天法政学堂を首席で卒業する。奉天省の官費生となり，1910年北京法部第1次法官試験に最優等で合格した。まず吉林に派遣され，吉林府地方検察庁見習検察官となり司法官としての第一歩を踏み出す。続いて，阿城地方審判庁推事，同庭長，同庁長，奉天瀋陽初級審判庁監督推事，地方審判庁推事などを歴任し，奉天公立法政専門学校教授となる。

その後，太原地方審判庁推事，山西第二高等分庁庭長，山西高等審判庁推事，同庭長などを歴任する。また，山西律師懲戒会会員，山西警察専門学校教員，山西行政研究所教員，山西第一高等審判分庁監督推事，河南第一高等検察分庁監督検察官などにも就く。

1925年頃には吉林省長嶺県知事兼清郷専辦の職にあった。その後，陸軍総執法処秘書長，同処長，京奉鉄路局総務処処長，同局長，交通総司令部執法処長などを歴任，黒龍江呼蘭税捐局局長に任ぜられる。

1931年9月満州事変が勃発すると，後に奉天市長兼満州国立法院院長となる趙欣伯らとともに奉天地方の秩序維持に協力し，32年奉天市政公署秘書長，奉天省実業庁庁長となる。また，同年3月満州国成立と同時に同国司法部総長に就任し，憲法制度調査会委員となる。34年3月満州国の帝制実施にともない司法部大臣に任ぜられ，そのかたわら，臨時訂立条約準備委員会委員，逆産処理委員会委員などの職に就く。37年5月辞職。同年12月満州重工業開発株式会社副総裁に就任，民事法典審議委員会委員となる。

参考文献：田辺種治郎編『東三省官紳人民録』（文海出版社，台北，1973年）。外務省情報部編『満州国政府要人調（新京)』(同情報部，1933年)。外務省情報部編『現代中華民国・満州帝国人名鑑』(東亜同文会，1937年)。『満州紳士録・第二版』(満蒙資料協会，1940年)。　〔浜口裕子〕

馮(ふう)　鏗(こう)　Feng Keng

(1907年10月10日～1931年2月7日)

原名・嶺梅，筆名・嶺梅女士，馮占春，梅，馮鏗。広東省湖州県生まれ。左連五烈士の1人，女流作家。

父・馮孝廣，母・盧椿は教師。8人兄弟の末子。三兄は郁達夫と親交を結んでいた。幼時より文学を愛好。8，9歳の時，『水滸伝』，『三国演義』，『紅楼夢』，林紓訳小説などを愛読。自由恋愛をした長女の影響を受けた。

1920年岩石正光女校に入学。その後汕頭友連中学に転入。22年許美塤主編の汕頭『時報』副刊に白話小説，散文などの文芸作品を発表。23年文学団体「火焔社」を組織し，『火焔』週刊を創刊する。5・30運動の影響を受け，友連中学学生会執行委員，嶺東学生連合会代表となり，軍閥批判を行う。26年潮汕地区の指導者・彭湃，李春濤，杜国庠を知る。夏，友連中学高中部卒業。この時期『嶺東民国日報』の副刊『文芸』に作品を発表していた。

1927年春，許美塤と同棲。汕頭を離れ，潮安県で小学校教師，夜校職字班職員を務める。広州の4・12事件，4・15事件により流亡生活。28年春澄海県で小学校教師となる。27年夏から28年にかけては，彼女の文学生活の過渡期であった。文芸作品には社会的搾取制度に対する批判，婦女解放の主張の外に政治闘争，反帝思想，国民党に対する批判が反映される。流亡生活のなかで農民の革命闘争を体験したことが原因であった。中篇小説「最後的出路」，「女学生的苦悩」執筆。

1929年2月上海に移る。一時期復旦大学英語系に学ぶ。5月杜国庠，李春蕃の紹介により中共に入党する。10月以降柔石を通じて魯迅と知遇を得ることとなった。冬，短篇小説「楽園的幻滅」，「突変」発表。30年3月2日左翼作家連盟成立大会に参加。中篇小説「重新起来」，「販売嬰児的婦人」を発表。左翼作家連盟労農工作部で宣伝工作を担当する。〈拓荒者〉の連絡員を務める。5月下旬，全国ソヴィエト第1次労農代表大会準備会に左翼作家連盟を代表して柔石，胡也頻らと参加。紅軍，ソヴィエト区の生活を題材にした短篇小説「小阿強」，「紅的日記」執筆。秋，柔石と同棲。

1931年1月17日午後上海の租界の東方旅社で開かれた秘密会議に参加。王明路線に反対する会合といわれる。密告により，逮捕される。19日英租界地方法院の判決の結果，南市公安総局に引き渡され，23日龍華の国民党淞護警備司令部の監獄に移される。2月7日深夜処刑される。処刑された24人のなかには，柔石，胡也頻，殷夫，李偉森がいた。

1931年4月25日出版の『前哨』第1巻第1期は「紀念戦士者専号」，五烈士の略伝を掲載。魯迅は「中国無産階級革命文学和前駆的血」を書き烈士を追悼した。

参考文献：南京大学中文系編『左連時期無産階級革命文学』(江蘇文芸出版社，南京，1960年)。北京語言学院《中国文学家辞典》編委会編『中国文学家辞典』現代第1分冊(四川人民出版社，成都，1979年)。『新文学史料（季刊)』2期（人民文学出版社，北京，1986年)。『新文学史料（季刊)』2期（人民文学出版社，北京，1987年)。上海社会科学院文学研究所編『三十年代在上海的“左連”作家』上巻(上海社会科学院出版社，上海，1988年)。　〔小山三郎〕

馮(ふう)　乃超(だいちょう)　Feng Naichao

(1901年10月18日～1983年9月9日)

筆名・馬公越，李易水。日本横浜市生まれ。原籍，広東省南海県。作家，文芸理論家。

華僑の家庭に生まれ育つ。祖父は華僑の領袖。孫文，康有為，梁啓超に資金援助をし，保皇党を組織。馮乃超は幼少時より愛国思想，富国強兵の教育を受け，そのため後に理工科に学ぶ。横浜大同小学校，成城中学校，第八高等学校理科を卒業後，京都帝国大学文学部哲学科，東京帝国大学文学部社会学科，美学美術史に進む。1919年の五・四運動と『新青年』による反帝反封建思想は，彼に影響を与える。この時期，クロポトキンと無政府主義に傾く。23年の関東大震災により祖父の家業が破産。これを機会に文学の世界に関心が向く。26年穆木天の後を継いで創造社出版部東京分部の連絡人になる。この時期，象徴主義的，浪漫主義的詩を発表する。

1927年10月創造社の成仿吾の要請により，朱鏡我，李初梨，彭康，李鉄声らと帰国。28年創造社の『文化批判』の編集に参加，「芸術与社会生活」を発表し，革命文学論を提唱。創造社を無産階級革命文学団体に方向転換させる。5月『創造月刊』の主編となり，革命文学理論の宣伝を強化。この時期，魯迅，郁達夫，葉聖陶を「人道主義者」，「社会変革期の落後者」として批判，革命文学論争が上海の文壇で起こる。同年9月「中国戯劇運動的苦悶」を執筆し，鄭伯奇らと無産階級戯劇運動を開始し，文学・芸術の労農大衆化を提起する。この年，中共に入党。詩集『紅紗灯』出版。

29年秋国民党により創造社出版部が封鎖される。中共が左翼作家連盟の設立を決定すると準備工作に参加。冬には柔石から魯迅を紹介され，知遇を得る。「中国左翼作家連盟底理論綱領」の初稿を作成。

1930年3月左翼作家連盟結成。第1次党団書記と宣伝部長を務める。9月『世界文化』に「左連成立的意義和它的任務」を発表。大衆化を当面の文化運動の中心スローガンにすることを提起。小説集『傀儡美人』出版。31年左連党団書記。3月中共中央機関誌『紅旗周報』工作のため，武漢に派遣される。8月翻訳小説集『芥川龍之介集』出版。32年3月上海を離れ，党の情報工作に従事。この時点で左翼文学運動の活動から遠ざかる。

1938年全国文芸界抗敵協会が成立すると，理事，組織部副部長を務める。郭沫若が指導する国民政府軍事委員会政治部第3庁第7処第3科長となり，抗日の宣伝組織工作に従事。40年中共中央長江局の指導する文委工作に参加。46年香港で中共中央華南分局が指導する文委工作に参加。

1949年北京で中央組織部の工作に従事する。華北人民政府高等教育委員会委員。中華人民共和国成立以後，中央宣伝部幹部処処長，政務院文化教育委員会副秘書，人事部副部長。51年広州中山大学副校長，党委第1書記。56年中共広東省委委員。64年全国政協委員。72～75年中山大学革命委員会副主任。75年北京図書館顧問。83年に北京で死去。

参考文献：北京語言学院《中国文学家辞典》編委会編『中国文学家辞典』現代第2分冊（四川人民出版社，成都，1982年）。上海社会科学院文学研究所編『三十年代在上海的“左連”作家』上巻（上海社会科学院出版社，上海，1988年）。

〔小山三郎〕

ふう　じょき
馮　汝騤　Feng Rukui

（生年不詳～1911年10月31日）

字・星巌。河南省祥符生まれ。清末の官僚。

光緒9（1883）年の進士。庶吉士となって戸部主事に任じられた後，軍機章京，郎中となる。この間，袁世凱と姻戚関係を結んだと言われる。その後，四川省順慶の知府となるが，母の死による喪に服すために職を辞した。服喪期間が終了した後は，山東省青州，直隷省大名の知府を歴任する。

馮汝騤は1905年に湖北塩法道，翌年には安徽寧池太道となり，更に甘粛按察使，陝西布政使を経て07年には浙江巡撫に抜擢される。翌年，江西巡撫に転じる。11年10月武昌蜂起が勃発すると南昌駐屯の軍はこれに呼応し，馮汝騤に都督に就任して独立を宣言するよう求めた。しかし，彼はこれを拒否し，脱出して九江に至ったが，ここで南昌の光復を知り，毒を仰いで自殺した。後に忠愍と諡された。

参考文献：民国清史館編『清史稿』巻469（民国清史館，北京，1927年）。沃丘仲子『近代名人小伝』（崇文書局，上海，1918年。中国書店，北京，1988年影印版）。〔嵯峨隆〕

ふう　せつぽう
馮　雪峰　Feng Xuefeng

（1903年6月2日～1976年1月31日）

原名・馮福春，筆名・画室，呂克玉，成文英，何丹仁。浙江省義烏県生まれ。文芸理論家，詩人。

貧農の家庭に生まれる。私塾に学び，1918年高小卒業。五・四運動により新思想の洗礼を受ける。21年学生運動に参加したため，浙江第七師範学校を退学させられる。朱自清，葉聖陶，潘漠華，柔石らが組織した文学団体「晨光社」に参加。「小詩」を発表。22年汪静之，応修人，潘漠華らと湖畔詩社を結成。白話詩集『湖畔』，『春的歌集』を発表。25年北京に行き，北京大学で魯迅の講義を聴講。応修人主編『支那二月』に詩，散文を発表。26年マルクス主義理論の紹介を開始する。この時期の翻訳に『新俄文学的曙光』，『新俄的無産階級文学』がある。

1927年6月中共入党。28年5月「革命与知識階級」を執筆し，革命文学論争で魯迅を擁護する。7月中共義烏県城区支部書記，試鳴社を組織し，マルクス主義を宣伝。このため，国民政府に追われ上海に逃亡する。12月柔石を通して魯迅と知遇を得る。『萌芽』月刊の編集に参加。魯迅とともに『科学的芸術論叢書』を編集。プレハーノフ『芸術与社会生活』，ルナチャルスキー『芸術之社会的基礎』などを出版。29年10月左翼作家連盟準備工作に参加。30年魯迅，柔石，郁達夫らと中国自由運動大同盟を組織。31年左連党団書記。32年10月中共上海中央局文化工作委員会書記。33年6月中共江蘇省委宣伝部長として党の政治工作方面を担当する。同年末，上海を離れ江西省瑞金へ行く。中共中央党校副校長を務め，34年長征に参加。36年4月中共中央により上海に派遣される。魯迅に再会し，党中央の抗日民族統一戦線政策を説明する。6月以降国防文学論争が激化する過程で魯迅の立場を支持し，病床の魯迅にかわって「論我們的文学運動」，「答托洛斯基派的信」を執筆する。8月中共上海辦事処副主任。東南局文化工作委員会委員を務める。10月魯迅死去，葬儀を主催する。

1937年12月長征を主題にした小説を執筆するため，義烏に戻る。7・7事件後彼と博古（秦邦憲）の間に抗日民族統一戦線に関する見解の違いが存在していたことが帰郷の一因と思われる。41年皖南事件後逮捕され，上饒監獄に2年間収容される。43年重慶の中華全国文芸界抗敵協会で工作。抗日戦争期の作品に，詩集『真実之歌』，評論集『魯迅論及其他』がある。46年2月上海で統一戦線工作，文化工作を担当。解放戦争期には，『過来的時代』，『雪峰文集』，『論民主革命的文芸運動』，『雪峰寓言』の作品がある。

1949年5月華東軍政委員会委員，第1期全国政協委員。50年魯迅著作編刊社社長，『魯迅全集』注釈出版工作に参加。51～57年人民文学出版社社長，『文芸報』主編，中国作家協会副主席。この時期に，映画脚本『上饒集中営』，『論文集』（第1巻），『回憶魯迅』，『魯迅和他少年時候的朋友』，『論「野草」』がある。57年以降の作品はない。

1958年初頭に右派と断定され党籍を剝奪される。60年代初頭に一時右派のレッテルを外されるが，活動の跡は認められない。十数年の年月をかけて太平天国の史料を収集，研究し長篇小説『小天堂』を構想，魯迅に関する著作を準備するが未完に終わる。79年4月党籍と名誉を回復，11月追悼大会が挙行される。

参考文献：徐州師範学院中国現代作家伝略編輯組『中国現代作家伝略』上（四川人民出版社，重慶，1981年）。北京語言学院《中国文学家辞典》編委会編『中国文学家辞典』現代第2分冊（四川人民出版社，成都，1982年）。包子衍，袁紹発編『回憶雪峰』（中国文史出版社，北京，1986年）。上海社会科学院文学研究所編『三十年代在上海的“左連”作家』上巻（上海社会科学院出版社，上海，1988年）。

〔小山三郎〕

馮（ふう）　友蘭（ゆうらん）　Feng Youlan

（1895年12月4日～1990年11月26日）

字・芝生。河南省唐河で生まれる。哲学者，哲学史家。

馮友蘭は馮臺異，呉清芝の長男として，世代書香の家で育った。7歳のとき家塾で勉学を開始し，10歳の頃には四書を読み終えた。1911年開封の中州公学に入学，12年武昌の中華学校へ転校した後，同年上海の中国公学に入学した。中国公学で論理学を勉強するうち，西洋哲学を志すようになった。15年北京大学文科哲学門に入学，18年同校を卒業。同年，北京女子師範学校を卒業した任載坤と結婚。なお，載坤の父芝銘は中国同盟会員として辛亥革命に参加し，載坤の姉緯坤は後の時代，共産党員として延安で活躍した人物であった。

1919年，教育部の派遣により河南省奨学金留学生として渡米し，コロンビア大学大学院哲学科に入学，デューイ，ウッドブリッジの指導を受ける。留学を通じて馮友蘭はプラグマティズムや新実在論，ベルグソン哲学など欧米哲学の最先端に触れた。23年コロンビア大学で哲学博士号を取得。23年に帰国した後，中州大学教授，広東大学教授，燕京大学教授を歴任。その間，西洋哲学から中国哲学史へ問題関心を移す。28年，清華大学校長に就任した羅家倫に招かれ同校教授となり，のち哲学系主任，文学院長を兼任した。33年から翌年にかけてヨーロッパ各国を訪問。その間，ケンブリッジ大学ではヴィトゲンシュタインと面談し，フランス，スイス，ドイツを経て訪れたモスクワでは革命後の社会主義社会を観察する機会を得た。さらにプラハで開催された第8回国際哲学会議で中国哲学に関する講演を行った。34年，画期的名著とされる『中国哲学史』上下巻が清華大学叢書として刊行された。35年，北京大学で中国哲学会第1回年会が開催され，馮友蘭は張君勱，胡適らとともに理事会を形成した。

日中戦争期には，1938年に成立した西南聯合大学の文学院長として重責を果した。それと同時に，馮友蘭哲学の業績の中心をなすいわゆる貞元六書を完成させた。すなわち，39年にまず『新理学』を発表し，宋学における理，気の概念に新解釈を施した独自の観念論哲学を展開することによって，中国現代哲学の体系化をめざした。40年には『新事論』，『新世訓』を発表し，前者では社会について論じ，後者では青年に対する教訓を述べた。43年には『新原人』を出版して人生について論じた。さらに45年の『新原道』では中国哲学史について，46年の『新知言』では哲学の方法論について検討した。このように，とりわけ日中戦争の時期において，伝統哲学の再解釈という方法による現代哲学の体系化をなしとげた馮友蘭は，中国思想界に大きな影響力をもつ哲学者として知られるようになった。戦後，46年から翌年にかけて，ペンシルバニア大学，ハワイ大学に客員教授として滞在する。48年3月，馮友蘭は中米国交断絶を懸念して帰国し，清華大学へ戻った。

中華人民共和国の成立後，馮友蘭は1952年に北京大学哲学系教授に就任した。それ以降，馮友蘭は人民共和国成立以前に執筆した著書に対する懺悔を内容とする自己批判論文を多数執筆する。共産党政権下の馮友蘭は，中国哲学史をマルクス主義によって改訂し，再度中国現代哲学を解釈しなおす仕事を進めることになった。その過程で，馮友蘭は57年に論文「中国哲学遺産の継承問題」を著わし，哲学的命題は時代を超越して抽象的に継承されるという抽象継承法を提起したが，唯心的であると批判された。59年に出版された『四十年的回顧』は，馮友蘭が唯物論哲学の受容を表明した著作であった。文化大革命において迫害を受けた馮友蘭は，73年に始まる批林批孔運動では孔子を批判する論文を書いて文革派の歓心を買った。75年，馮友蘭は第4期全国人民代表大会代表に選ばれ，83年，88年にはそれぞれ第6期，第7期全国政治協商会議常務委員に就任した。90年11月肺炎を患い，同月末北京友誼医院にて死去した。

人民共和国期における馮友蘭の代表的著作は『中国哲学史新編』である。本書の第1，2冊は文化大革命以前に刊行されていたが，文革終結後，その改訂版として1989年までに『中国哲学史新編』第6冊までが完成され，著者の死後，91年に台湾の出版社から第7冊が出版された。

参考文献：馮友蘭『馮友蘭文集』1巻・三松堂自序（長春出版社，長春，2008年）。蔡仲徳『馮友蘭先生年譜初編』（河南人民出版社，鄭州，2000年）。吾妻重二「馮友蘭年譜・著述目録稿（1895-1931）」，『関西大学中国文学会紀要』10号，1989年3月。吾妻重二「馮友蘭年譜・著述目録稿（1932-1948）」，『関西大学中国文学会紀要』11号，1990年3月。

〔一谷和郎〕

馮（ふう）　玉祥（ぎょくしょう）　Feng Yuxiang

（1882年11月6日～1948年9月1日）

乳名・科鄧，原名・基善，字・煥章。直隷省（現在の河北省）青県興集鎮生まれ。原籍，安徽省巣県。軍閥中最も革新的といわれた西北軍の首領。中国国民党員。

父・有志は日雇の左官職であったが，武芸に優れていたため武試を受け武秀才となった。母・游氏。兄弟は7人。1883年父親は淮軍の下士官になるが，生活は非常に貧しく，兄・基道と玉祥を除く5人の兄弟は，栄養不良のため乳児期に死亡する。玉祥は1905年長官であった陸建章の夫人の姪と結婚して2男3女をもうけるが，23年夫人が病死したために，24年李徳全と再婚した。

馮玉祥は模範的軍人であった父親から厳正な道徳教育を受け，人格形成上強い影響を受けた。また彼は幼い時から宗教心が篤く，幼年期は多神教を信仰していたが，1896年キリスト教の流れを汲む在理教に入信する。その後次第にキリスト教に傾き，1913年洗礼を受けた。彼は自らの軍隊内部に「キリスト教青年会」（YMCA）を創設し，布教に努めたため，彼の軍隊は倫理的な「模範軍隊」となり，彼は「基督将軍」（Christian General）と呼ばれるようになった。この傾向は，熱心なキリスト教徒であった李徳全と再婚したことによりますます強くなった。

馮玉祥は幼年期，私塾において啓蒙教育を受け，『大学』・『中庸』などを読んだ。1891年9月兄・基道は，「父子兵」で有名な清軍第5営練軍の騎兵補欠となる。玉祥自身も96年正式に5営練軍に入営し，1902年までここに籍を置いた。この間彼は1894年の日清戦争時には大沽港砲台を警備し，1900年の義和団事件には山東省まで出動し，鎮圧にあたった。これら2つの事件は，彼に愛国心を培わせるとともに，清朝の軍隊の無能と腐敗とを痛感させることとなった。

1901年1月に5営練軍が正式に淮軍に改編されると，馮玉祥は，李鴻章の統帥下で歩兵第5営の副教官に任ぜられた。しかし，軍餉の少なさと軍隊内の風紀の乱れに失望し，02年3月淮軍を辞して北京に赴き，当時創設されたばかりの袁世凱の新軍衛隊第3営（「新建陸軍」）に入った。

1910年になると馮玉祥は，自軍である第20鎮中に「武学研究会」を組織し，「民国」の建設を標榜した。11年10月の武昌新軍蜂起に際しては，第20鎮は保皇・革命の2派に別れ，馮玉祥の率いる革命派は清朝の出兵命令を拒否した。この灤州事件は，辛亥革命の成功に間接的ではあるが，大きく寄与したと評価されている。

1912年3月馮玉祥は，袁世凱の備補軍の前路軍第2営長になった。彼はここで『精神書』を著し，倫理・道徳，愛国・救国の軍紀を説いた。また，この時期『孫文小史』・『黄興小史』などに接し民族意識を高めた。そのため，15年の袁世凱の帝制に反対し，「民国」擁護を表明し，また，17年の張勲の復辟にも反対した。その後段祺瑞の支配下に入ったが，段の親日的政策に反対し，20年7月の安直戦争に段祺瑞が敗れると，彼は北京に赴いた。そこで21年8月北京政府の陸軍第11師団長に就任し，また陝西督軍代理となるなど西北軍を掌握する地位を固めた。22年4月の第1次奉直戦争では，呉佩孚より河南督軍に任命された。

馮玉祥は，この頃から英語や日本語を学び，革命思想，特に三民主義に強い関心を示し始めた。1923年には培徳学校に顔恵慶・顧維鈞・徐謙らを招き，三民主義の講義を依頼した。彼は三民主義から民主的思想を学びとったと自述している。また彼は米・ソ連などの外国人との交際も多く，留学から帰国した専門家から外国の知識を得るなど国際性を身につけた。

1924年9月の第2次奉直戦争の際，馮玉祥は直隷派に反旗を翻して奉天派に接近し，10月23日の深夜「首都革命」を称して大総統・曹錕を幽閉し北京を占領した。この時馮は，孫文に北上を歓迎する通電を発し，長年の悲願であった南北統一を目指した。その後自らの軍隊を国民第1・2・3軍に改編し，総司令と第1軍司令とを兼任する。25年3月の孫文の死に際しては，自らの軍隊に7日間の服喪を指令し，哀悼の意を示した。また，この後軍内部に孫文に関する研究会を設け，北方における三民主義の普及に務めた。同年10月，馮は郭松齢・李景林と同盟を結び，張作霖に下野を迫る。しかし，12月地盤の問題で李と対立し，また国民軍内部に内訌が生じたため26年1月下野を宣告してモスクワへ赴いた。

1926年8月広州の国民政府は馮玉祥を国民政府委員，軍事委員会委員に任命した。馮は9月帰国し，五原で国民党入党を宣言した。これと同時に彼は北伐への協力を蔣介石に誓った（五原誓師）。その後彼は河南省に進攻し，洛陽・開封・鄭州などを占領した。27年6月鄭州会議において河南省政府主席に就任した。この時馮は，反共化を表明している。彼は河南省において紅槍会などの既存の農民自衛組織を民団に改編し，民衆の政治参加を促すなど，民主的政策を行った。28年4月蔣介石の北伐再開に呼応して国民革命軍第3軍総司令となり，奉天軍と戦った。10月の南京国民政府発足に際しては，行政院副院長兼軍政部部長となり，同時に国民党中央執行委員に選出された。しかし，次第に中央の蔣介石と地方の利益をめぐって対立するようになり，29年1月から都合3回にわたる反蔣戦争を起こした。30年9月閻錫山，汪精衛らとともに北平で中央党部拡大会議を開催し，国民政府の樹立を宣言したが，張学良の中央擁護の決定により失敗して10月再び下野を宣布するに至った。

馮玉祥は満州事変後徹底的な武力抗日を主張し，蔣介石の対日政策に反発して1933年5月中国共産党と合作し，チャハル省で民衆抗日同盟軍を組織するが，物資の不足と環境悪化のため1年足らずでこれを断念し，34年5月河南に戻る。35年になると国民政府は彼を陸軍上将，軍事委員会副委員長に任命したが，36年12月西安事件の責任をとってこれを辞任する。日中戦争勃発後彼は徹底した抗日のため連ソ連共の必要性を説いた。41年からは重慶に移り，民衆への宣伝工作にあたった。

1945年9月，馮玉祥は国民政府行政院政務処所長となり，46年9月水利視察のために米に派遣された。馮は，そこで反蔣・内戦反対の声明を発表し，党籍を剝奪された。48年9月旧ソ連経由で帰国途中黒海沿岸で乗船の火災に遭い死亡した。同行していた李徳全夫人と3人の子どもたちは無事であった。

参考文献：馮玉祥『我的生活』（波文書局，香港，1954年）。馮玉祥『馮玉祥自伝』（軍事科学出版社，北京，1988年）。簡又文『馮玉祥伝』上・下（伝記文学出版社，台北，1982年）。高興亜『馮玉祥将軍』（北京出版社，北京，1982年）。王華柃・牛耕『馮玉祥将軍伝奇』（黒龍江人民出版社，哈爾浜，1983年）。中国第二歴史檔案館編『馮玉祥日記』（江蘇古籍出版社，南京，1992年）。James E. Sheridan, *Chinese Warlord: The Career of Feng Yu-hsiang* (Stanford University Press, Stanford, 1966).
〔家近亮子〕

馮（ふう）　雲山（うんざん）　Feng Yunshan

（1817年～1852年6月10日）

原名・乙龍。広東省花県生まれ。客家。太平天国運動の指導者。

生年については，1815年，18年，21年などの説もあり，確定されてはいない。父・馮炳隆，母・胡氏の長男として出生し，弟に馮亜戊がいた。妻・練氏との間に馮癸芳，馮癸茂，馮癸華の3人の男児があり，長男・馮癸芳は養子に出されていた。弟の馮亜戊は黎氏を娶り，1男2女があったと伝えられている。

馮雲山は花県禾落地村の中農の家庭に成長した。禾落地村は洪秀全の生家のある官禄布の北隣に位置し，洪は同塾の学友であった。馮は幼少より塾に入り，儒家の典籍，歴史，地理，天文，兵法，暦算などの書を博覧して勉学に勤しんだ。父が早逝した後，馮家は没落し，馮雲山は耕作に励んで生計をたてた。成人した後，塾の教師を務める傍ら，繰り返し科挙に挑戦したが及第するには至らず，科挙制度に対する疑問と不満を募らせ，清朝政治に対して不信と反抗心を抱いた。1843年6月，洪秀全からキリスト教の伝道書『勧世良言』を勧められ，梁発の説くその主旨に深く共鳴した。馮は洪およびその族弟・洪仁玕と『勧世良言』を熟読し，検討を重ねた末，同年7月洪秀全の創始した拝上帝教に帰依した。彼らは石角潭で全身を清めて旧来の自己から生まれ変わった証とし，同時に布教団体・拝上帝会を創立した。しかし，入会者は極めて少なく，彼らの家族，親戚，友人達の反対すら受けた。馮，洪は教義に基づき，塾内の孔子の位牌を棄て去ったので村人の怒りを招き，教師の職を失った。

1844年4月2日馮雲山は洪秀全および馮瑞嵩，馮瑞珍とともに花県を離れ，布教の旅に出発した。彼らは広州，順徳，増城，南海，番禺などの土地を遊歴し，筆墨の行商によって生活を支えつつ，布教を続けた。連山八排の瑶族居住地区において彼らは瑶族の言語を解することができず，布教活動は不調に終わった。馮瑞嵩，馮瑞珍はここから花県にひき返し，馮雲山と洪秀全は同年5月上旬西江を遡り，21日広西省貴県の賜谷村に到着し，洪の母方の従兄・王盛均（後に黄姓に改姓）の家に身を寄せた。ここで花県で洗礼を受けた洪の従兄弟・洪仁球，洪仁正に出会った。彼らは賜谷村に滞在して近隣の河湾，長排，万楊などの村に出かけて布教活動に努め，100名余の信者を獲得した。しかし，洪秀全は王の長期にわたる負担を思い，馮と2人の洪姓に帰郷するように命じた。洪姓2人はこれに応じて花県に戻ったが，馮は広西における布教活動の続行を望み，洪秀全の意見と衝突した。馮は9月7日洪と別れて桂平県に赴き，洪はしばらくして花県に帰った。

馮雲山は桂平に滞在した後，数名の人夫とともに1845年2月紫荊山に行き，彼らの土運びの手助けをした。翌年，彼は当地の地主・曾玉珍の家塾の教師に雇われる傍ら，人々にイエスの教えを説き，偶像崇拝を行わぬよう訴えた。馮は熱意をこめて布教し，病気の治療にあたり，紛争の仲裁を行い，その誠実な人柄によって人々の信頼を得た。この結果，拝上帝会員は飛躍的に増え，3年もたたぬうちに2,000～3,000人の信者を獲得するに至った。この時入会した信者に盧六，楊秀清，蕭朝貴，曾玉珍とその子息・曾雲正および曾一族，貴県の石達開，平南の胡以晄らがいた。

1847年8月27日馮雲山は広西を訪れた洪秀全と再会した。洪は馮とともに教えを説き，広州で得た新約，旧約聖書に基づいて馮と研究を重ね，洗礼，礼拝，布教の儀式などを定めた。こうして拝上帝会の影響力は紫荊山一帯にとどまらず，象州，桂平，平南，武宣，貴県，博白などにまで拡大した。10月26日馮は洪に従って曾雲正，盧六，陳利らの教徒とともに象州大樟古車村の甘王廟に行き，甘王の10の罪状をあげて廟を打ち壊した。拝上帝会員はさらに紫荊山区にある寺廟や社壇を破壊した。同年12月当地の地主王作新は「盟約を結んで会員数千人を集め，異国の聖書に依拠して清朝の法律に服従しない」という罪で馮雲上らを江口巡検司および桂平知県に訴えた。洪は賜谷村の王盛均家に逃れたが，馮は自身の正当性を主張し，翌48年2月1日盧六とともに逮捕され，県の獄舎に繋がれた。盧六は獄中で病死し，馮は原籍地の花県に追放されることになった。11月2人の差役を同行させて郷里に護送される途次，馮は差役に上帝の教えを信仰するよう説得し，彼らとともに紫荊山の地に戻った。拝上帝会員は馮の帰還に狂喜し，牛馬を上帝に献げて天恩に感謝した。

やがて馮雲山は故郷の広東省花県に戻り，彼の救出に奔走していた洪に会い，広西の拝上帝会について協議した。1849年7月馮と洪は再度紫荊山に赴き，武装蜂起の準備に取りかかった。7月金田村への集結令が発せられると，馮は花洲山人村の胡以晄の家に行き，花洲の人々を金田村に導いた。

1851年1月11日馮雲山は洪秀全とともに金田蜂起を発動した。3月23日洪が天王を称し，五軍主将制を設置した折，馮は前導副軍師，後軍主将に任じられた。7月太平軍が象州を撤収する際，馮は韋昌輝とともに右1軍，右2軍，後1軍，後2軍を率いて向栄の追撃を断ち切って，紫荊山の地に軍を返した。9月11日夜平南県思旺圩に到り，25日一挙に永安州を占領した。

永安において馮雲山は秦日綱とともに莫家村，水竇村に駐留し，広州副都統烏蘭泰軍と対峙した。1851年12月17日馮は洪秀全によって南王，七千歳に封じられた。彼は当地で太平天国の軍制，軍律，暦法，官制，礼制を定める上で大きな貢献をした。52年4月5日太平軍は清軍の包囲を突破して龍寮嶺に到り，馮は蕭朝貴とともに烏蘭泰軍の追撃を断ち切り，4,000～5,000人の清軍兵士と総兵4人を倒した。

太平軍は破竹の勢いで進撃を続け，1852年4月中旬桂林に到着し，さらに北上して湖南省に向かい，5月末全州に到った。6月5日蓑衣渡水塘湾において知州江忠源の楚勇と2昼夜にわたって激戦した。この戦いの中で馮雲山は砲撃を受け，わずか30歳余の命を閉じた。

参考文献：謝介鶴「金陵癸甲紀事略」，中国史学会主編『近代史資料叢刊Ⅱ太平天国』第4冊（神州国光社，上海，1952年）。洪仁玕「太平天日」，『太平天国』第2冊（同上）。韓山文著，簡又文訳「太平天国起義記」，『太平天国』第6冊（同上）。邢鳳麟・邢鳳梧「論馮雲山―兼談拝上帝会一些有関的問題」，邢鳳麟・鄒身城『天国史事釈論』（学林出版社，上海，1984年）。邢鳳麟・邢鳳梧『馮雲山評伝』（広東人民出版社，広州，1958年）。陳宝輝・尹福庭・荘建平『太平天国諸王伝』（広東人民出版社，広州，1990年）。

〔針谷美和子〕

馮（ふう）　至（し）　Feng Zhi

（1905年9月17日～1993年2月22日）

原名・馮承植，字・君培。河北省涿県生まれ。詩人，作家，翻訳家。

涿県で小学校を終え，1917年北京市立第四中学に入学。北京大学予科を経て，23年に北京大学独文系に入学した。この年の夏上海に本拠を置く文学団体浅草社に入会した。

北京大学予科在学中既に詩を書き始めていたと言わ

れるが，本格的な活動は1925年浅草社が活動を停止したのち，楊晦，陳翔鶴，陳煒謨らと沈鐘社を作った時からである。

魯迅が「中国で最も強靭な，最も誠実な，最も長く奮闘した集団」(『中国新文学大系・小説二集』の序）と賞賛しているように，ドイツのハウプトマンの戯曲の名から命名されたこの集団は，登場人物の堅忍不抜の精神を見習い文学活動に従事することをモットーとしていた。

沈鐘社は雑誌『沈鐘』週刊（後に半月刊）を発行したほか，沈鐘叢書と名付けた翻訳書を含む単行本を出版したが，その内には馮至の処女詩集『昨日之歌』と第２詩集『北游及其他』が含まれていた。前者は彼が北京大学を卒業する1927年４月に，後者は卒業後ハルビンの中学に赴任，また北京に戻って孔徳学校などで教師をしていた29年８月に出版された。この時期の作品の特色は抒情的な短い詩が多く，内容は光明を求めながら現在は暗い気持ちであるといった，五・四以後の知識青年の気持ちを代弁するものが多い。それはまた沈鐘社の人々の作品が多かれ少なかれ共通に持つ雰囲気でもあった。彼の作品は中国からは晩唐詩と宋詩を，外国からはドイツ・ロマン派の詩を学び，魯迅が「中国で最も傑出した抒情詩人」(前掲書）と述べたように，幽婉な中にも生き生きとしたものを持っていた。

1930年10月より約５年間馮至はドイツに留学した。ベルリンなどで文学と哲学を学び，リルケの作品に傾倒した。帰国後上海で教員をしていたが，日中戦争により各地を転々とした後，39年昆明の西南連合大学外文系のドイツ語教授となった。この時から彼の文学活動は第２期を迎える。

1942年の『十四行集』と43年の随筆集『山水』が第２期前半の代表的作品集である。特徴としては，詩にリルケの影響を見いだすことができるほか，全体的に現実からの逃避を願う傾向が見られる。しかし戦争末期昆明の民主化運動の高揚と政治的緊張は馮至の感情と文学意識に変化をもたらした。詩については素朴で飾りすぎること無く，ヨーロッパ象徴派の表面的模倣と旧体詩の内容の狭さへの反対を主張した。さらに12・１惨案の犠牲者を悼む詩「招魂」を作るとともに，魯迅の『故事新編』の影響を受けた中篇小説「伍子胥」を書き，昔を借りて今を写し出し社会に参加する意欲を示した。第２期の彼の文学については，芸術性の成熟と思想の深化を指摘できる。

1945年馮至は北京に帰り，46年９月北京大学西方語言文学系教授となった。この時から以降は彼の文学の完成期と言える。詩においては彼の初期の抒情詩の良いところを残しながら，更に洗練した作品を書くようになった。また50年ソ連などを旅行し散文作品『東欧雑記』を書き，彼の文学の新たな一面を開いた。

馮至は研究者としての業績も優れており，中国古典文学では杜甫の研究で知られているほか，カントの研究やハイネの詩の翻訳などドイツ文学・哲学の紹介を精力的に行い，1964年に中国科学院外国文学研究所所長に就任して研究を続け，83年西ドイツのミュンヘンのカント学院よりカント記章がその業績を称え贈られた。

馮至は詩，散文，伝記文学，報告文学，翻訳，研究など文学のあらゆる面で活躍した。

参考文献：『馮至詩文選集』(人民文学出版社，北京，1955年)。馮至著，橋川時雄訳『杜甫・詩と生涯』(筑摩書房，1955年)。
〔道坂昭廣〕

馮(ふう)　仲雲(ちゆううん)　Feng Zhongyun

(1908年２月27日～1968年３月17日)

字・希山，化名・馮啓農，馮群。江蘇省武進県余巷鎮生まれ。東北における中共指導者。

父親は湘西洪江鎮官銭局の職員であった。1914年馮仲雲は私塾に進んだが，20年家庭の負担を減らすために勉学を中止し，叔父の家に寄宿した。21年叔父が余港小学校の国語教師になったので，彼も同小学校の高小班に入った。23年小学校卒業後，杭州恵蘭中学に入学した。キリスト教系の学校であったので，彼も洗礼を受けた。26年９月清華大学数学系に入学し，マルクス・レーニン主義の著作を勉強した。翌年４月中国共産党に入党した。

1930年２月馮仲雲は中共北京市委員会幹事に任じられたが，４月メーデーの準備中逮捕された。出獄後，北京で活動を続けるのが困難なため，ハルビンで商船学校数学教授の身分で党地下活動を続けた。31年５月北満特別委員会の決定に基づき，中共江北区委員会宣伝部長に任命された。

満州事変後，馮仲雲は全満反日総会党団書記になり，大衆の抗日運動を指導し，都市と農村に反日会を組織した。1932年秋農村の武装闘争を指導するために満州省委は馮を省委駐松花江下遊代表の身分で同地区に派遣し，朝鮮人大衆の指導にあたらせた。33年１月に発せられた「一月書簡」によって反帝統一戦線の結成が要求された後，彼は満州省委南満巡視員の資格で同地区にその指示を伝えた。７月にハルビンに帰った後，彼は満州省委秘書長に就いた。しかし日本官憲の弾圧によってハルビンの党組織が破壊されたため，34

年10月彼は哈東地区の闘争を指導するために珠河地区に派遣され，趙尚志とともに同地区の遊撃隊を指導した。35年1月同部隊を基礎に東北人民革命軍第3軍が結成され，政治部主任に就任した。翌年，東北抗日連軍第3軍に改編された後も，政治部主任を引き継いだ。

1936年9月，珠河で中共湯源中心県委員会で抗日連軍3，6軍党員会連席会議が開催され，北満臨時省委員会が設立され，馮仲雲は書記に任命された。翌年6月依蘭県で開催された北満臨時省委執行拡大会議で，趙尚志と周保中が35年6月にコミンテルン中共代表団・王明，康生が発した「東北責任同志に与える秘密書簡」の評価をめぐって対立したとき，彼は折衷的態度をとったと批判され，書記を解任された。39年4月北満臨時省委執行委員会第2次全体会議が開催され，臨時省委を北満省委に改編することが決定され，馮は常任委員兼宣伝部長に返り咲いた。また5月に北満では抗日連軍第3，6，9，11軍を基礎に第3路軍が編成され，彼は政治委員に就任した。しかし日満軍の厳しい討伐のなかで次第に活動が困難になり，同年9月ソヴィエト極東方面軍内務部長の招請で周保中，趙尚志とともにハバロフスクに赴き，抗日連軍の基本闘争方針の転換と改編について討議をした。その結果，力量の保存と各軍を支隊に編成し直すことが決定された。この会議後，彼は北満に帰り，第3路軍の改編にとりかかった。

しかし，日満軍の厳しい追及と包囲によって活動を続けることが困難になり，また太平洋戦争勃発後，掃討作戦の強化により，馮仲雲もソヴィエトに入っていった。1942年7月東北党委員会がハバロフスクで結成されたとき，彼は委員に任命された。

1945年9月，日本の降伏後，ソヴィエト軍とともに馮仲雲は奉天に進出し，ソヴィエト軍警備司令部副司令の地位に就いた。46年4月馮は松江省人民代表大会で政府主席に選出された。中共の東北根拠地建設の方針にしたがって省内の大衆を動員し，国共内戦を支援した。

中華人民共和国成立後，1954年9月水利部副部長兼華東水利学院院長，58年に水利電力部長を歴任した。64年馮仲雲は心臓発作に襲われ，入院したが，文化大革命に際し，68年1月重病のなかで審査され，病状が悪化した。3月16日批判大会のさなかに倒れ，翌日他界した。77年11月彼の名誉回復が行われた。

参考文献：中共党史人物研究会編『中共党史人物伝』10巻（陝西人民出版社，西安，1983年）。軍政部軍事調査部編『満州共産匪の研究』第1輯（1937年）。〔鐸木昌之〕

馮(ふう)　子材(しざい)　Feng Zicai

（1818年7月29日～1903年9月18日）

字・南乾，萃亭，翠亭。広東省欽州生まれ。清末の軍人。

匪賊の頭目であったが，帰順して提督・向栄に従った。1851年向栄および曾国藩の幕下にあった張国梁のもとで太平天国軍の鎮圧に従事し，功績により総兵となった。62年には広西提督に昇進。65年広東に赴任して東江軍務督辦となり，匪賊討伐に従事した。67年から派遣されてヴェトナムに入り，阮朝や黒旗軍とともに反乱軍討伐にあたった。この功績によりヴェトナムでの信望はことのほか厚かった。この後数々の軍功により75年貴州提督に転任。81年広西提督に戻り翌年退職した。

清仏戦争が起こると，両広総督・張之洞の要請に応じてヴェトナムに赴き，ランソンを奪回するなど各地でフランス軍を破った。1886年広西関外軍務督辦，翌年には雲南提督に任ぜられたが，病のために広東に留まった。日清戦争に際しては，北上して軍務に当たろうとしたが許されず，やむなく雲南に赴任した。義和団事件のときは北京に赴いて防備に当たった。

参考文献：民国清史館編『清史稿』巻459，列伝246（民国清史館，北京，1927年）。蔡冠洛編『清代七百名人伝』第2編（遼東図書公司，香港，1963年）。〔徳岡仁〕

馮(ふう)　自由(じゆう)　Feng Ziyou

（1882年11月13日～1958年4月6日）

原名・懋龍，字・建華，号・海桴，乗桴客，白頭説夢人。横浜生まれ。原籍，広東省南海県。華僑革命家，著述家。

横浜華僑・馮鏡如の子として生まれる。鏡如は香港から横浜に渡り，輸入雑貨と印刷業を営む文経印刷所を経営。また，早くから革命思想に目覚め，1894年，孫文と横浜港の船上で会見し，革命団体の組織を託される。翌95年，孫文は広州蜂起に失敗し，横浜に亡命。鏡如は孫文を受け入れるとともに興中会横浜支部を設立，馮自由はこの時14歳という最年少で横浜興中会の会員となる。97年横浜大同学校に入学。この学校は横浜在留の華僑子弟の教育のため，はじめ孫文ら革命派が中西学校として設立したものを，まもなく康有為ら保皇派が経営実権を握り大同学校と改名したものである。馮自由は大同学校の第1期生で，同期には革命詩人・蘇曼殊がいる。翌年，東京大同学校に転校。当時康有為らは馮鏡如を総経理として『清議報』を発行しており，馮自由もその編集に関与していたが，保皇派の思想的締め付けに憤慨し名を自由と改名するとともに，大同学校の同学・鄭貴公らと『横浜開智録』を発刊した。この頃から，革命思想の普及を使命としてペンを執る革命著述家としての性格が現れる。

1901年9月，早稲田大学の前身である東京専門学校英語政治科に入学するが，翌年7月に退学。この在学期間中，馮自由は広東籍の留学生・王寵恵らとともに広東独立協会を設立，また章炳麟が提唱した「支那亡国二百四十年紀念会」の開催を企画するなど，日本での革命派の活動に深く参与している。

1902年，馮自由は日本留学生の李自重の妹・李自平と結婚。自平の父は香港の豪商であった。馮自由は結婚後香港に渡るが，翌03年には香港の『中国日報』の日本駐在記者として日本に戻る。

1905年，東京で孫文，黄興，宋教仁らにより中国同盟会が設立される。馮自由は同会に参加し，分会を組織するため香港に赴く。香港の同盟会分会は会長に陳少白，書記に馮自由が就任し，妻・李自平と義父・李煜堂が会員として参加した。

馮自由は引き続き『中国日報』の記者として働いたが，当時同紙は経営危機に見舞われていた。この機会に馮自由は李煜堂の資金援助をえて『中国日報』を改組し，社長兼編集者に就任する。以後『中国日報』は革命党の重要な宣伝機関となる。また，馮自由はシンガポールの『中興日報』など南洋での党機関紙の設立にも尽力する。そして，1906年には陳少白の後をついで同盟会香港分会会長となる。

1907年から10年にかけて，中国西南各地の潮州黄崗，恵州七女湖，欽州馬篤山，雲南河口などで革命派の武装蜂起が相次いだ。香港はその地理的及び政治的条件から，中国本国および南洋各地の革命家の重要な活動拠点となった。馮自由はこの香港にあって革命勢力の拡大と資金集めに奔走した。しかし，10年の広州新軍蜂起失敗以後は，これまで革命運動を支えてきた南洋華僑の間で革命への失望が広がり，革命派は新しい支持基盤を北米に求めるようになる。

1910年，馮自由はカナダのバンクーバーに渡り『大漢日報』の主筆となる。ここで彼の活動の舞台が香港から北米に移る。馮は保皇党の機関誌『日新報』と論戦をはり，革命勢力の拡大をはかる。また，11年にはサンフランシスコの『大同日報』の記者を兼務する。同年1月孫文がカナダを訪れると，馮自由は孫文と共に，黄花崗の役の資金調達に奔走する。また，4月にはカナダ同盟会支部が結成され，支部長となった。

武昌蜂起の後，1911年11月，馮自由は在米華僑革命党総代表として帰国。翌年臨時政府が成立し，南京で孫文が大総統に就任すると，総統府の機要秘書となる。袁世凱が大総統となると馮自由は一旦稽勲局局長に就任するが，第2革命が勃発すると，香港経由で東京に赴き中華革命党本部党務副部長になる。その後，再びアメリカに渡り，民国美州支部長となり，『民国雑誌』を刊行し，資金集めと討袁宣伝を繰り広げる。袁の死後国会が回復すると，華僑代表として参議院議員に当選する。23年曹錕の賄選を拒絶し議員を辞職した。

1924年の国民党改組に際しては容共に反対して上海へ赴き，国民党同志倶楽部を結成。汪精衛，廖仲愷らと対立を深め，25年には党を除籍される。以後，『中華民国開国前革命史』の著作に没頭する。

1931年には国民党に復帰するが，政治の表舞台に出ることはなく，重慶，上海と居を変えながら『革命逸史』などの著述を続ける。51年，夫人・李自平とともに台湾へ渡り，翌52年総統府国策顧問に就任し，革命史蹟の保存に余生を捧げた。58年台湾で病没。陽明山第一公墓に埋葬される。

参考文献：中華民国各界紀念国父百年誕辰籌備委員会学術論著編纂委員会『革命先烈先進伝』（台北，1965年）。馮自由『中華民国開国前革命史』第1，2冊（世界書局，台北，1975年）。劉紹唐主編『民国人物小伝』第2冊（伝記文学出版社，台北，1977年）。馮自由『革命逸史』1～5集（台湾商務印書館，台北，1976～78年）。　〔伊藤泉美〕

傅（ふ）　秉常（へいじょう）　Fu Bingchang

（1896年2月16日～1965年7月29日）

字は褧裳。広東省南海県仏山県生まれ。民国期の外交官，政治家。岳父は香港の著名人，何啓。

仏山県は張蔭恒，戴鴻慈らの清代の外政官僚の輩出地として知られる。傅は仏山県の名家の出であったが科挙試験に合格せず，商人として香港で成功した父のもとに12歳で移り，はじめ私塾で英語を学んだが，後に聖ステファン中学（St. Stephen's Boys' College）にて学んだ。その後，1911年に開校し，12年から学生が入学した香港大学の第1期生となった。ここでは工学を学んでおり，法学博士号は以後に与えられた名誉博士号である。この間，厳格な父の下で，日々四書五経の学習を欠かさなかったと言われる。

1916年，香港大学卒業後，傅は伍廷芳の推薦で北京に赴き交通部主事となったが，すぐに滬寧両路局甲種学習員となって杭州に赴く。17年に上海勤務となり，伍廷芳宅にて何啓の娘と結婚した。伍は何啓の姐の夫であり，その息子伍朝枢の妻は何啓の娘であった。以後，伍の個人秘書も兼ね，日々，伍宅にて親交を重ねた。伍が孫文の広東政府に加わって南下すると，傅もそれに従ったが，18年春まで聖ステファン中学にて教鞭をとる。同年，改組軍政府が組織され，伍が七総裁の一員となると，傅は総務庁印鋳科科長となる。

1919年パリ講和会議に際して，南方政府代表となった伍朝枢に従って随員となり，中国全権代表団の秘書として参加した。翌20年には広東軍政府財政部および外交部の駐香港代表，11月に海南島の瓊海関監督兼交渉員となる。23年，広東大元帥府外交部特派広東交渉員兼財政部粤海関監督となり，後に広州大本営外交秘書となる。この間，22年，後ろ盾となってきた伍廷芳が83歳で病死した。他方，傅と孫文の関係も深く，広東交渉員の時には，香港総督と交渉して，香港当局による孫文の上陸禁止令を解かせたとされる。また，連ソ容共政策にも対応して，ボロディンらとも傅は親交を結んだ。24年に広州の沙面事件の交渉，また25年の5・30事件に際して発生した沙基惨案の交渉に当たったことでも知られている。

1927年4月国民政府成立後，蔣介石とはやや距離を取り，胡漢民や伍朝枢らと相談しつつ政局の変化に対応していた。そして，9月に財政部関務署署長，10月に外交部参事，翌28年10月に立法院委員となり，立法院外交委員会委員長および立法起草委員会召集委員を兼ねた。29年2月，駐ベルギー公使となる。31年5月，汪精衛らが広東に政府を組織すると広州国民政府外交部副部長となる。満洲事変後の諸派合流後，32年1月に外交部政務部長となるも，直後に西南派の組織ともされる西南政務委員会の委員となる。33年には，立法院委員，同院外交委員会委員長，民法委員会召集委員となった。35年11月，中国国民党第5期中央執行委員会委員に選出された。

1937年7月に日中戦争が勃発すると，12月に孫科らとともにモスクワに赴くなど（38年1月到着），38年，39年にも，のべ3度にわたり，ソ連との交渉に当たった。第1回目の訪ソでスターリンは中国への物資援助を，第2回目の訪ソでは借款を約した。

1941年7月，政治的立場が近い郭泰祺が外交部長となると，傅は外交部政務次長となり，8月に高等文官試験初試典試委員長を兼任した。12月，郭部長が辞任し，宋子文が外交部長となるが，宋はアメリカにて外交活動をおこなっており，傅が事実上の部長業務をおこなった。そのため，42年1月12日の第75次国防最高委員会常務会議から外交行政部門において報告をおこなう立場となった。だが，それも42年11月9日の第97次会議で終わり，12月7日の第98次常務会議にて傅の政務次長辞任が認められ，翌日付けで駐ソ連大使に任じられた。42年は，傅が政権中枢で外交政索を担ったが，蔣介石に近い地位にいたこともあり，『蔣介石日記』にも傅に関する記載が少なくない。だが，たとえば5月16日の本星期反省録で，「傅秉常のイギリス大使に対する発言はあまり技術があるとは言えない」などと述べているように，その評価は決して手放しで賞賛するというものではなかった。

1943年1月，傅は駐ソ連大使としてモスクワに赴任した。蔣介石は赴任に際し，新疆問題について主権では妥協せず，経済では協力するようにという点，また日ソ開戦の可能性があるので，中ソ軍事同盟締結を模索できないかという点を伝え，また別途少数民族問題の参考書として『中国の命運』を贈り，経費の使用についても過度の節約を求めた，と言われる。第2次世界大戦中の重要な国際政治の舞台であったモスクワで，傅は中国が四大国の一員であることを示すべく，頻繁にパーティーを開催して交流に努め，43年10月の四国共同宣言の策定に際しては，外交部長に代わって交渉に当たり，英米ソが三国で宣言を発することを防ぎ，中国もその一員とした，とされる。これは蔣介石の意向に基づく外交であったが，外交部長の宋子文は必ずしも自らの代理で交渉に臨む傅に協力的でなかったとされる。だが，45年6月からヤルタ協定に基づいた中ソ友好同盟条約交渉が始まると，モスクワを訪れた宋子文外交部長を支えた。

1945年5月，中国国民党第6期中央執行委員会委員に選出され，46年7月，中国代表としてイタリアなどに対するパリ講和会議に参加した。48年5月，駐ソ大使として新疆問題などの交渉に当たる。49年3月，国共内戦の大勢が定まりつつある中，外交部長に任じられるも帰国できず，任に就けなかった。4月，モスクワから帰国し，最終的にパリに移住した。

1957年5月，パリより台北に移り，中華民国の国策顧問，国民党の中央評議委員となる。58年6月には，司法院副院長，7月公務員懲戒委員会委員長となった。65年7月29日，台北で病没した。

編著に『最新六法全書』，また『一九四九年日記』がある。なお，31年1月，香港大学から名誉法学博士号を送られている。ソ連時代の日記は『傅秉常日記』として台北の中央研究院近代史研究所から出版されつつある。また，写真を好み，イギリスのブリストル大学に多くの写真資料が残されている。

参考文献：郭廷以校閲・沈雲龍訪問『傅秉常先生訪問紀録』（中央研究院近代史研究所，1993年）。馬超俊・傅秉常口述，劉鳳翰等整理『馬超俊・傅秉常口述』（中国大百科全書出版社，台北，2009年）。傅秉常著，傅錡華・張力校注『傅秉常日記（民国32年）』（中央研究院近代史研究所，

台北，2012年)。羅香林『傅秉常与近代中国』(中国学社，香港，1973年)。〔川島真〕

傅　良佐　Fu Liangzuo

(1873年～1926年)

字・清節。湖南省乾城県生まれ。民国初年の軍人。

家庭状況については不明である。1894年傅良佐は湖南時務学堂を卒業した後，北洋武備学堂に入学して軍事を志す。同校卒業後，日本に派遣されて陸軍士官学校第3期砲兵科に入学する。同校卒業後，傅は帰国して北洋督練処提調に任じられ，更に兵備処幇辦となり，職業軍人の道を歩むこととなった。1907年彼は東三省総督の地位にあった徐世昌に任じられてその幕僚となり，兵備処にて軍制の制定に携わった。次いで吉林辺務幇辦となり，更には袁世凱から軍事参議に任じられる。

中華民国成立後，傅良佐は北京総統府軍事処処長に任じられ，1912年11月には察哈爾（チャハル）副都統となった。13年6月直隷省薊楡鎮守使に任じられ，その後高等軍事裁判処処長となった。16年5月北京政府陸軍部次長に任じられ，ここに彼は段祺瑞直系の「四大金剛」の1人と称されるに至る。17年8月傅は譚延闓の後を受けて湖南督軍に任じられた。彼の湖南督軍への就任は，全国の武力統一を目指す段祺瑞による南方制圧のための布石であった。しかし，段の政策に反対する勢力が独立を宣言するという，いわゆる湖南戦争が勃発し，同年11月に至って傅は湘桂連合軍によってその地位から追放される。この後，彼は北京に戻って辺防督辦公署参謀長に任じられたが，安徽派軍閥の敗退に伴って傅も失脚して天津に閑居し，26年当地で病死した。

参考文献：沃丘仲子『当代名人小伝』(崇文書局，上海，1918年。1988年影印版)。来新夏主編『北洋軍閥史稿』(湖北人民出版社，武漢，1983年)。田子渝・劉徳軍主編『中国近代軍閥史辞典』(檔案出版社，北京，1989年)。徐友春主編『民国人物大辞典』(河北人民出版社，石家荘，1991年)。〔嵯峨隆〕

傅　秋濤　Fu Qiutao

(1907年8月3日～1981年8月25日)

別名・旭高，武民。湖南省平江県生まれ。中国人民解放軍高級将校で，民兵建設の指導者，上将。

貧農の家庭に生まれ，幼少時から家業を手伝い，また商家に奉公した。1925年湖南農民運動が盛んになると三眼橋の農民革命組織雇農工会に参加し，委員長に選出される。27年初め江平へ出て工人糾察隊の活動を始めるとともに，三眼橋一帯で農民自衛軍の活動を続けていた鍾期光との連携を保った。同年9月平江農民撲城暴動に参加するが失敗した。

1929年春周義高，鄧楚青の紹介で中国共産党に入党する。30年赤衛隊を率いて紅軍の長沙攻撃に参加し，32年湘鄂贛省赤色総工会執行委員会委員に選出される。革命理論学習の必要性を痛感し，湘鄂贛省少年先鋒隊長・張藩から『国家与革命』，『共産主義運動中的「左派」幼稚病』などのマルクス・レーニン主義の著作を学んだ。

1933年中国工農紅軍の活動に転じ，湘鄂贛革命根拠地の反「囲剿」戦を指導するとともに，中央ソヴィエト区の第4次反「囲剿」戦に協力した。34年中共湘鄂贛省委員会副書記，第3作戦区政治委員などに任ぜられ，戦闘を指揮した。10月中共湘鄂贛省委員会書記・陳寿昌の後を継いで書記兼軍区政治委員となり，同省委員会の日常活動を主宰した。その後中国工農紅軍湘鄂贛軍区政治部主任，中共湘鄂贛省委員会書記兼軍区政治委員を歴任し，南方3軍の湘鄂贛革命根拠地における遊撃戦争を指導した。

1937年2月湘鄂贛省委員会常務委員会が組織され，同省ソヴィエト主席に改選される。同年湘鄂贛人民抗日紅軍が成立すると主席となった。抗日戦争時期，新四軍軍政委員会委員，同軍第1支隊（湘鄂贛人民抗日紅軍から改編される）副司令員兼第1連隊長，同支隊司令員兼政治委員，同軍第7師団副師団長，魯南軍区政治委員に任ぜられて日本軍との戦闘を指揮した。また41年1月皖南事変で奮戦した。

1945年以後の解放戦争時期，魯中南軍区司令員，山東軍区副政治委員，華東前線支援委員会主任委員と同前線支援司令部司令員となって国民党軍と戦い，とくに淮海，渡江戦役の支援に功績をあげた。45年中共7全大会代表に選出される。

中華人民共和国成立後第2，3期全国人民代表大会代表に選出される。また山東軍区第1副司令員，中央復員委員会秘書長，人民革命軍事委員会人民武装部副部長，同部長，人民解放軍総参謀部隊列部長，動員部長，中共中央軍事委員会人民武装部委員会副主任などの職を歴任。朝鮮戦争にさいし中国人民志願軍の補充や全国民兵建設，徴兵制度，志願軍復員などに貢献した。1955年上将の階級と一級八一勲章，一級独立自由勲章，一級解放勲章を授与された。56年中共8全大会の代表に選出される。

文化大革命中失脚するが，その後復活し第4，5期全国人民代表大会常務委員会委員に選出され，1975年総参謀部顧問に任ぜられる。78年12月中共中央紀律検査委員会常務委員となる。81年北京で病没。

参考文献：傅秋濤『高挙紅旗堅持闘争―湘鄂贛三年遊撃戦争的回憶（1934―1937）』（江西人民出版社，南昌，1979年）。傅秋濤他『皖南事変回憶録』（安徽・上海人民出版社，合肥，上海，1983年）。傅秋濤主編『中国民兵』（人民出版社，北京，1983年）。傅秋濤「湘鄂贛辺区的紅色政権」，『星火燎原・選編之二』（戦士出版社，北京，1979年）。周樹昌「傅秋濤将軍和《中国民兵史》」，『人物』1982年3期。

〔安田淳〕

傅　斯年（ふ　しねん）　Fu Sinian

（1896年3月26日～1950年12月20日）

原名・斯年，字・孟真。山東省聊城県生まれ。歴史学者。

先祖に順治3（1646）年清朝最初の状元となり，武英殿大学士に任じた傅以漸がいる。典型的な官僚読書人家庭に出生，中国古典の教養が豊かであった。1913年夏天津府立中学堂から北京大学文科予科入学，16年夏本科国文門に進学した。当初は章炳麟の流れをくむ伝統的な学風の影響下にあったが，17年1月蔡元培校長の赴任，同年9月米国留学から帰国したばかりの胡適の開講などにより，五・四新文化運動の洗礼を受けることになった。胡適の白話文の提唱や陳独秀の文学革命の呼びかけに応じ，『新青年』誌上に，「文学革新申議」，「戯劇改良各面観」などを発表した。デブと綽名される肥満体と，「大砲」と評される談論風発，豪放磊落で学殖豊かな情熱家の傅斯年は，学生の中でも特に目立つ人物であった。彼を中心とした，顧頡剛・徐彦之・羅家倫・康白情らの間に雑誌発行の相談が続き，ついに陳独秀文科学長の承認を得て北京大学からの経費の援助の下，19年1月1日『新潮』（*The Renaissance*）を創刊した。同人は20名で，胡適が顧問に迎えられた。傅斯年は「発刊旨趣書」のほか，リーダーとして多くの文章を発表した。19年の五・四運動の当日，傅斯年は北京大学の学生大会の主席として，デモ隊の指揮に当り，各国大使館と折衝した。しかし運動が過激化したため，翌5日より手を引いた。この時期の彼の文章は，「中国学術思想界之基本誤謬」など，今日なお傾聴に値する優れた指摘に富むが，生来の聡明さと鋭敏な直観力にまかせたものが多く，確かな学問に基礎づけられた明確な方法論と体系性とを欠いていた。

当人もそれを自覚していたとみえ，1919年6月に北京大学を卒業するや，山東省の官費留学生として，20年1月イギリスに赴き，ロンドン大学大学院に入学した。そこで生理学を学ぶとともに，スピアマン教授に傾倒して実験心理学を学び，更に物理学，化学，数学にまで手を広げ，科学方法論への理解を深めた。またバーナード・ショーの戯曲にも触れている。23年9月ドイツに行き，ベルリン大学哲学院で比較言語学を学びつつ，アインシュタインの相対性理論やプランクの量子論を聴講した。またマッハの『感覚の分析』，『力学』を愛読した。当時ベルリン大学には，羅家倫，毛子水，陳寅恪，趙元任，金岳霖，兪大維などの友人が共に学んでいた。

1926年帰国，広州の中山大学で文学院長，国文系と歴史系の主任を兼ね，中山大学に語言歴史研究所を創立。28年南京国民政府大学院長・蔡元培の下に中央研究院が設立されるや，その語言歴史研究所創設の準備に任じ，所長兼専任研究員に就任した。彼は歴史語言研究所集刊創刊号に「工作旨趣」を寄せ，胡適らの国故整理が中国の文化遺産を特殊視する見方に連なると批判し，辺境地帯や非漢民族の文化にも目を注ぐべきだと主張した。その研究方法はドイツの実証主義史学の立場に立ち，史料の博捜と整理とを第一義としている。彼の方針の下に，河南省安陽県の殷墟の発掘や各地の方言・民謡の採集などが行われ，彼自身は『夷夏東西説』（35年），『性命古訓辨証』（40年）の著作や明清史料の整理に従事した。

1929年春，研究所の広州から北京への移転にともない，北京大学史学系で中国上古史，中国古代文学史を講義した。31年9月満州事変が起こるや，『東北史綱』を著し，満蒙が歴史的に中国の領土でないとする日本人の見解を批判して，リットン調査団の参考に供した。また胡適らと『独立評論』を創刊し抗日の論陣を張るとともに，漢方医学の非科学性を暴露し，抗日のナショナリズムが「中世紀」の迷妄に依拠し，その復権を許すことに反対した。胡適の対日譲歩を説く敗北主義的見解には彼との訣別の意志をもって諌め，他方，日本の華北特殊化の策動とそれに踊らされた言論にも決然と反対した。彼は35年9月出生の一人息子に，白村江の戦いで日本を破った唐の劉仁軌の名を取って命名した。

1937年盧溝橋事件が起こるや，国防参議会や国民参政会に参加したが，他方，国民党政権中枢の孔祥熙や宋子文の腐敗瀆職行為を鋭く摘発し，内政の整理を強く要求した。40年秋中央研究院幹事に就任，41年3月高血圧症悪化のため入院した。45年6月国民参政会の5人の代表の1人として延安を訪問，旧知の毛沢東と私的に語り合い，毛沢東が旧時代の通俗小説を乱読し，民衆心理とその操作方法とを研究していることを発見し脅威を感じた。

1945年8月の日本敗戦に接しての狂喜乱舞ぶりが語りぐさになった傅斯年は，北京大学代理校長として，46年9月の胡適校長の帰国まで，西南連合大学からの北京大学の分離・移転，漢奸の追放などに，病身をおして努力した。他方では46年1月政治協商会議に出席し，東方地方の保全についての声明に名を連ねた。胡適の帰国にともない南京の中央研究院に復帰し，47年6月高血圧治療のため渡米してボストンの病院に入院。退院後，イエール大学で講演を行うかたわら，著述と読書の日を過ごし，48年8月帰国した。この間，中央研究院院士に叙せられた。

1948年冬歴史語言研究所の蔵書・古物を台湾に移し，49年1月台湾大学校長に就任。かつての日本の台北帝大の色彩の一掃と真理探求の府としての台湾大学の再建に尽力し，中国の「窮・愚・不合作」を癒し，工業化・大衆化の要求に応じた教育を提唱した。50年12月台湾省参議会の開会中，脳溢血により昏倒，死去。

参考文献：羅家倫「元気淋漓的傅孟真」，『逝者如斯集』（伝記文学出版社，台北，1967年）。呉相湘『民国百人伝』第1冊（伝記文学出版社，台北，1971年）。『傅斯年全集』全7冊（聯経出版事業公司，台北，1980年）。　〔後藤延子〕

傅　作義（ふ　さくぎ）　Fu Zuoyi

（1895年6月27日～1974年4月19日）

字・宜生。山西省栄河県安昌村生まれ。中国国民党の軍人（閻錫山系），政治家。

傅家は黄河沿岸の貧しい地域に居住し，代々農業を営んできた。父・傅慶泰が商売で成功したことにより，傅作義は栄河県でも有名な豊かな家に生まれた。幼くして母を亡くしたため，継母に育てられた。

1901年，6歳の時から私塾で学び始めた。05年栄河県立小学堂に，08年運城河東中学堂に入学した。10年には太原陸軍小学へ入った。辛亥革命が起きると，学生軍の排長として山西での軍事活動に参加した。12年北京清河鎮第1陸軍中学に，15年保定陸軍軍官学校第5期歩兵科に入学して学んだ。

1918年に保定陸軍軍官学校を卒業の後，傅作義は山西にもどり，閻錫山の山西軍に加わった。まず，山西軍独立炮兵第10団に配属され，優れた成績により，数年のうちに排長，連長，営長へと昇進した。24年には第4旅第8団団長となり，26年には第4旅旅長，さらに第4師師長となった。

1927年6月，閻錫山が南京国民政府と結んだため，山西軍は国民革命軍第3集団軍と改称された。閻錫山の第3集団軍総司の下で同年秋から傅作義も第4師附炮兵団を率いて奉天軍との戦いに参加し，この際，涿州に立て籠もって抵抗し勇名を馳せた。

1928年8月，傅作義は奉天軍が華北から退くと，国民革命軍第3集団軍第5軍団総指揮兼天津警備司令に就任した。翌29年劉芸生と結婚。また同年，第43師師長になった。30年に第3集団軍第10軍軍長となった傅作義は，閻錫山の反蔣軍に参加し山東に出陣した。この戦争に敗れ閻錫山が大連に亡命すると，山西軍の勢力保持に尽力した。

1931年1月国民政府軍事委員会は傅作義を第7軍軍長兼第10師師長に任じ，同年7月には第35軍軍長兼第73師師長へとその任を改めた。同じく10月，中国国民党第4回全国代表大会代表に当選し，さらに同年12月には綏遠省政府主席を兼任した。33年日本軍が山海関を越えると，第7軍団総指揮として抗戦した。35年秋には中国国民党第5期中央執行委員になった。

日中戦争が始まった直後の1937年8月，傅作義は第2戦区第7集団軍総司令兼第35軍軍長に任じられた。翌38年初めには第2戦区北路前敵総司令兼第35軍軍長に任命された。さらに同年冬，第8戦区副司令長官兼第35軍軍長となり，綏西へ赴き，39年初めには綏西河套地区に入った。これは閻錫山の軍系統からの離脱を意味していた。また，日中戦争の期間，傅作義の軍隊は共産党の八路軍120師と良好な協力関係を保ち続けた。

1945年5月傅作義は中国国民党第6期中央執行委員に選出され，同年7月には第12戦区司令長官へと昇任した。46年夏に全面的な国共内戦が始まるとともに，翌47年1月には張垣綏靖公署（第12戦区を改組）主任兼チャハル省政府主席に就任した。同年12月華北剿匪総司令に任じられたが，戦局悪化のなかで内戦の継続を疑問視し，49年1月には共産党軍の和平条件を受諾して降伏，古都北平を戦火から守った。

1949年の新中国成立後，傅作義は中国人民政治協商会議全国委員会委員，中央人民政府委員会委員，同政府水利部部長，同政府軍事委員会委員，綏遠軍政委員会主席，中国人民解放軍華北綏遠省軍区司令員になった。その後，国防委員会副主席，水利電力部部長，中国人民政治協商会議全国委員会副主席などを務めた。74年，北京医院において病死した。

参考文献：中国人民政治協商会議全国委員会文史資料研究委員会編『傅作義生平』（文史資料出版社，北京，1985年）。汪新・劉紅『南京国民政府軍政要員録』（春秋出版社，北京，1988年）。江紹貞主編『国民党起義将領』（河南人民出版社，鄭州，1989年）。劉紹唐主編『民国人物小伝』第2冊（伝記文学出版社，台北，1977年）。朱信泉・婁献閣主編『民国人物伝』12巻（中華書局，北京，2005年）。

〔望月敏弘〕

G

甘　介侯 Gan Jiehou

（1897年～1984年）

江蘇省宝山県出身。民国期の外交官，政治家。陳友仁，李宗仁ら国民党の非主流派系に近い人物として知られる。

清華大学を卒業後，1920年に渡米してウィスコンシン大学に学び，後にハーバード大学で政治学を学んで，博士号を取得した。1926年に帰国して，上海で教育に従事した後，翌年武漢国民政府の外交部長であった陳友仁の秘書となった。この後，秘書長となるが，蔣介石の4・12クーデターを経て，武漢国民政府が路線を変更して上海の蔣と合流することになり，陳が武漢を離れると，甘が外交部長代理となる。その後，湘鄂臨時政務委員会委員，江漢関監督兼湖北交渉員となった。

1928年，新広西派とされる李宗仁の下で第一方面軍外交処処長，31年に広州国民政府が成立すると，陳友仁が外交部長に，甘が第四集団軍外交処処長となる。31年の満洲事変後に諸派が合流すると，陳が国民政府外交部長，甘が外交部常務次長となった。32年1月，陳が辞任すると，甘もそれに続き，広東・広西特派交渉員となり，36年5月までこの職にあった。

1936年8月，国防参議会参議員，38年6月には第1期国民参政会の参政員となり，第2期まで務める。

戦後，1946年に李宗仁が軍事委員会委員長北平行営主任となり，次いで国民政府主席北平行轅主任に改組されると，甘は行轅の顧問となった。48年に李が副総統となり，49年1月に蔣介石が下野し，李が代理総統として国民党の新たな指導者となる可能性が生じると，甘は李の代理として，アメリカとの間の調整とともに，国内では宋慶齢の支持を取りつけ，あるいは共産党との和解のために奔走した。まず，甘は李の代理として，アメリカのストランド大使とも連絡を保ちながら，渡米してトルーマン大統領との会見をおこなったとされる。また，国内では，宋慶齢の支持，出馬を求めたが最終的に失敗した。そして，共産党に対しては，顔恵慶，章士釗，江庸，邵力子らから成る上海和平代表団を北平に派遣して和平交渉をもったがこれも条件が合わず失敗した。その後，国共内線が激化すると李と甘は香港に逃れた。後，中華民国国連代表に任じられる。後にラトガース大学の教授となり，84年にニューヨークで病死した。

著書に『抗戦中軍事外交的転変』（前進社，1938年），『第二期抗戦』（共著，独立出版社，2009年に大象出版社から影印本が再刊）がある。

参考文献：李宗仁口述，唐徳剛撰写『李宗仁回憶録』（広西人民出版社，南寧，1988年）。劉維開『蔣中正的一九四九－従下野到復行視事』（時英文化，台北，2009年）。

〔川島真〕

甘　乃光 Gan Naiguang

（1897年～1956年9月30日）

字・自明。広西岑渓県生まれ。中国国民党左派の政治家，言論人。

甘乃光の青年期までの経歴については不明な点が多い。1922年，広東の嶺南大学経済学部を卒業した。卒業してから2年間は，母校の附属中学で教鞭をとった。この時，その娘を通じて廖仲愷と知り合い，中央商民部秘書となった。24年に黄埔軍官学校が成立すると，政治教官を務めた。また，同年国民党の改組に前後して入党している。

1925年には，広東国民政府監察院監察委員に任じた。8月，廖仲愷の暗殺後，廖案特別法庭検察委員会委員になった。この頃より，汪精衛に重んじられるようになる。9月には，査辦電報局委員会および査辦粤漢鉄路委員会委員に任じた。10月，予算委員会委員および広東大学調査委員会委員兼主席に任じられた。11月，広東南路行政委員，広三鉄路査辦委員会委員になった。また同時期に，甘乃光は，商民部部長代理，党や政府の機関紙である『民国日報』と『国民新聞』の社長なども務めた。

1926年1月，中国国民党第2回全国代表大会が広州で開催され，甘乃光は汪精衛の影響力の下で，中央執行委員，中央常務委員，青年部部長となった。その後，政治委員会委員を兼任した。3月には広東南路行政委員および監察委員を辞め，5月中央党部農民部部長に転任した。10月には広東省党部執行委員に当選した。11月広東省政府委員に任じた。12月広州政治分会が成立すると委員に就任した。27年に入り武漢と南京における両国民政府の対立局面において，蔣介石の南京側を支持した。

1927年4月，江蘇省政務委員会委員兼農工庁庁長

に任じられたが，就任せず，7月には広東省政府委員を解かれた。9月には中央特別委員会候補委員に任じた。10月広東省党部改組委員に任じ，続いて広州市市政委員長代理となった。しかし，12月には広東コミューンがおこり，甘乃光は責任を問われて広州市市政委員長代理を解職となった。翌28年アメリカに渡航し，シカゴ大学で政治の研究に従事した。帰国後は，上海において翻訳や著述に専心した。

1931年末，国民党第4期中央執行委員に当選した。翌32年5月，汪精衛内閣の時，黄紹雄部長の下で行政院内政部政務次長に任じた。34年から35年にかけては，内政部部長代理を務めた。35年2月，国民政府軍事委員会委員長，武昌行営第5処処長に任じた。11月には国民党第5期中央執行委員に当選した。また，35年から軍事委員会禁煙委員会常務委員に任じられた。38年4月中央党部副秘書長，同年国防参議会秘書長となった。39年3月軍事委員会戦地党政委員会委員，その後42年から44年にかけて国防最高委員会副秘書長，中央設計局副秘書長を務めた。

1945年5月，甘乃光は国民党第6期中央執行委員に当選した。8月には外交部政務次長に転じ，47年まで務めた。47年4月行政院秘書長に任命された。この冬には国民大会代表に当選し，さらに48年4月国民大会主席団主席に選ばれた。5月には行政院が改組されて秘書長の職を解かれ，オーストラリア大使に任命された。51年5月の辞職後も当地に留まり，56年9月シドニーにおいて病死した。

著訳書として，『先秦経済思想史』，『中国国民党党史研究』，『美国政党史』，『孫文主義之理論与実際』，『中国行政新論』などがある。

参考文献：橋川時雄編纂『中国文化界人物総鑑』（中華法令編印館，1940年）。于翔麟「甘乃光（1897～1956）」，『伝記文学』35巻3期，1979年。劉紹唐主編『民国人物小伝』第4冊（伝記文学出版社，台北，1981年）。

〔望月敏弘〕

剛毅（ごうき） Gangyi

（1834年9月27日～1900年10月14日）

字・子良。京師生まれ。満州鑲藍旗人。西太后の一党で，保守頑固派の代表的人物。清朝官僚。

1866年刑部主事，79年刑部郎中に昇進。その後，西太后の寵愛を受け，地方官僚に転任後，80年広東恵湖嘉道，81年広西按察使，82年直隷按察使，83年広東布政使，84年雲南布政使，85年山西巡撫と異例の出世を遂げた。わずか5年間に道府から巡撫まで昇進したことは官界では全く稀なことであった。江蘇巡撫在任中（88～92年）に光緒帝の親政が始まり，朝野が大いなる期待をもった時，剛毅は親政に反対する上書を光緒帝に送った。そこで，西太后の政治を大いにほめ垂簾聴政は祖宗の成例であると主張した。

西太后生誕60年に当たった1894年，広東巡撫の任にあった剛毅は，広東海関に命じて1万両の黄金を集め西太后に贈り祝賀の意を表した。西太后は大いに喜び，特に詔勅を発して剛毅を北京に召還し軍機大臣の職を授け，同時に礼部右侍郎の職を兼ねさせ，更にまた紫禁城内に騎馬で乗り入れる特権を許した。これにより剛毅はますます昇進栄達し，94年礼部左侍郎，戸部右侍郎，96年工部尚書，97年刑部尚書を歴任。

1898年康有為，梁啓超らが光緒帝を盛りたてて変法維新運動を始めると，剛毅はこれに断固として反対し，維新派が西洋文化を学ぶのは「易きを棄てて難きに就き，中国の長を捨てて短に就き，祖法を忘れる」ことだと論難した。彼は，藤牌と地下道があれば，西洋人の小銃と大砲など恐れるには足りない，西洋人の身体は中国人のそれに劣り，自由自在に曲げることはできず，われわれは徒手で戦えるのだ，などと述べた。更にまた，変法は漢人の利ではあっても満人には害である，と保守頑固派の主張を展開した。維新変法が西太后のクーデターで失敗し，六君子が逮捕された時，剛毅は「このような人は何人殺しても惜しくない」と言った。その後，剛毅は栄禄とともに政府の実権を握り，剛毅は政治を，栄は軍事をそれぞれ主管した。99年，剛毅は内大臣の身分で江南・広東に出張し，白銀600万両を臨時税として徴収し，その一部を着服した。北京に帰った後，西太后に光緒帝を廃位するようしばしば進言したが，内外の反対に遭い実現しなかった。

義和団運動が山東省に起こり，北京・天津方面に拡大してくると，剛毅と載漪は義和団を利用して列強に対抗することを主張。1900年6月7日，西太后の命により涿州の義和団を視察し，それに基づいて義和団を利用して外国と戦うべしと述べ，御前会議で「義民に他心なく恃むべし」，「開戦すべし」と主張し，西太后を宣戦布告に踏み切らせた。同年8月15日，8カ国連合軍が北京を占領した後，西太后は光緒帝を連れて西安に逃亡した。剛毅もこの一行に入って北京から逃亡したが，途中病気になり，10月山西省で死亡した。

参考文献：中国史学会主編『中国近代史資料叢刊・義和団』4（上海人民出版社，上海，1961年）。清史編委会編『清代人物伝稿』下編1巻（遼寧人民出版社，瀋陽，1984年）。

〔小林一美〕

高　崇民（こう すうみん）　Gao Chongmin

（1891年11月14日～1971年7月29日）

原名・健国，字・崇民。遼寧省開原県柴河溝靠山屯村生まれ。中国共産党員，東北抗日指導者。

父は高葆如，東園と号し，塾教師をしていた。生母は郭氏，継母は蔣氏。兄弟姉妹5人。李素質との間に長男・高在信，夫人の死後，王桂珊との間に4男4女をもうける。

1909年，奉天省立農林学堂に入り14年卒業。その間，11年には奉天で同盟会に参加。14年，開原県の公費留学で日本の明治大学に入学するが，翌年「21カ条要求」反対運動で一時帰国し，上海で倒袁活動に従事。19年，卒業帰国し，北京で『正言報』の編集者となり，22年東北に帰り，23年の「旅順・大連回収運動」で奉天省省長王永江に退去命令を受く。24年，国民党に参加，25年ハルビン東省特別区市政管理局で督学兼教育科科長となり，教育行政に従事する。28年，奉天にもどり，瀋陽工商連合会総務長となり，苛捐雑税反対運動などを組織。30年，張学良の秘書となり奉天省農務会会長を兼ねた。この間に，閻宝航，杜重遠，車向忱らと国民外交協会，国民常識促進会，遼寧省拒毒連合会などで活動，張学良政権の3年間を特徴づける民族主義的政治活動の一端を担った。

1931年9月瀋陽を離れ北平に流亡，そこで閻，杜，盧溝績，王化一，王卓然らと東北民衆抗日救国会を組織，常務委員兼総務部副部長として東北義勇軍の抗日武装闘争を支援，11月，北平や天津の流亡学生請願団の引率者として南京で国民党中央党部・蔣介石と面談，その「不抵抗政策」を批判した。33年，蔣介石は，東北民衆抗日救国会に解散命令を出したが，高崇民らは，秘密抗日組織「復東会」を結成し，秘書長となった。35年7月，国民政府の逮捕令などを避けて上海英租界に移り，鄒韜奮，胡愈之らとの交流を深め，10月「新生事件」で獄中にあった杜重遠と会談，この会談に基づき，東北軍と紅軍を相闘わせ消滅させる蔣介石の策略に乗らぬよう張学良を説得すべく，11月下旬西安で張と面談した。同時に，杜重遠を通じた楊虎城への説得もなされていた。この過程で，中共党員の宋介農（孫達生）が高崇民に与えた影響は大きなものがあった。36年3～4月高崇民らは『活路』という小冊子で抗日復土（国土回復）闘争の重要性を東北軍や西北軍に訴えたことから，国民党側に追われ，天津に避難，そこで南漢宸の援助を受けてマルクス・レーニン主義や中国共産党についての理解を深めた。36年10月，張学良と楊虎城の要請で陝西に入った高崇民は，同年12月12日の西安事件で対時局宣言の起草にかかわり，その後設計委員会主任として，中共代表団の周恩来，葉剣英や李克農とも密接なコンタクトをもった。西安事件の平和解決方針については中共の見解を支持した。37年2月2日の東北軍少壮派（応徳田，孫銘九，苗剣秋ら）の王以哲殺害事件後，東北軍から離れ，北平に赴いた。

1937年2月末北平で高崇民は，周恩来の指示にもとづいて，東北愛国人士と救亡団体の統一戦線である「東北救亡総会」（東総）の組織化をはかり，6月北平で成立大会を開催した。盧溝橋事件以後，東総の分会を山東や山西に樹立，南京では戴笠と交渉し東総の合法化の許可を得，38年8月，延安に赴き毛沢東，周恩来と会談し，東北幹部支隊の設立を提言した（39年夏に成立，張学思が隊長となった)。この時，周恩来と陳雲に中共への入党申請したが，東北知名人士として入党せずに活動したほうがよいとの判断がなされた。41年9月，重慶に移っていた東総の責任者となり，『反攻半月刊』を創刊（この編集にあたっては，エスペランチスト緑川英子〔長谷川照子〕とも交流があった)，蔣介石や戴笠の監視下，45年9月まで5年間，関内東北人の抗日復土運動のセンターとしての役割を果した。41年以降，重慶における民主憲政運動に参加，「三民主義革命同志会」（国民党左派分子）や中国民主同盟のメンバーとなった。また，44年秘密裡に「東北民主政治協会」を閻宝航や陳先舟らと組織した。これは戦後の東北地域政治の再編成に大きな役割を果した。

抗日戦争後，東北に帰った高崇民は，1945年11月，東北解放区の安東省主席に任ぜられた。46年8月，ハルビンで張学思とともに東北行政委員会副主席となり，東北解放区全体の責任をも負うこととなった。同年10月張学思と劉瀾波の紹介で中国共産党に入党。49年8月，瀋陽で東北人民政府副主席に就任，東北人民政府司法部部長，最高人民法院東北分院院長を兼ねた。この間，中共東北局社会部の指導下に，国民党・国民政府支配下の東北軍工作や，馬占山，傅作儀への働きかけをおこなった。

1954年8月，東北から中央に移り，9月の第1期全国人民代表大会の主席団メンバーとなり，全人代常務委員会で65年まで活動。また，65年第4期全国政治協商会議副主席，民主同盟中央委員会副主席の地位にもあった。文革中67年に康生らが「東北幇叛党投敵反革命集団」を摘発する事件をおこし，高崇民はこれに連座させられて68年10月秦城監獄に投獄され，71年獄死した。

1979年4月20日，高崇民は中共中央の承認を得て正式に名誉を回復した。

参考文献：中共党史人物研究会編『中共党史人物伝』19巻（陝西人民出版社，西安，1985年）。閻宝航「流亡関内東北民衆的抗日復土闘争」，『文史資料選輯』6輯（中華書局，北京，1960年）。何平・方誠「従愛国民主志士到堅強的共産党人」，『吉林大学社会科学学報』1982年4期。『遼寧文史資料』13輯（遼寧人民出版社，瀋陽，1986年）。李延緑・栗又文・孫漢超「可使寸寸折，不倣繞指柔」，『人民日報』1979年3月27日。丘琴・白竟凡・高凌『高崇民伝』（人民日報出版社，北京，1991年）。馬駿傑「高崇民的奮闘人生」，『党史縦横』2010年3月。　〔西村成雄〕

高（こう）　崗（こう）　Gao Gang

（1902年～1954年8月）

陝西省北部の横山県で，小地主の息子に生まれる。陝西省北部でソヴィエト根拠地を築いた。建国初期には国家計画委員会主席，中央人民政府副主席にまで昇進していたが，党中枢での権力闘争に敗れ，逮捕された後，北京で自殺したと伝えられる。中共指導者。

1921年から4年間，横山県の近くの楡林中学に学び，ここで教師から共産主義思想の影響を受ける。同窓生の劉志丹に1年遅れて，26年に中共に入党する。その後，軍閥の馮玉祥が西安に設立した中山軍政学院に入学する。

1928年から陝西省西北部の保安県地域で，劉志丹と共に農民武装暴動の組織活動に入る。31年までには，陝西・甘粛の省境で活動する紅軍第26軍の指導的人物となった。33年から陝甘辺境地区革命根拠地の建設に参加し，中国工農紅軍第26軍第42師団政治委員，西北革命軍事委員会副主席，前敵総指揮部政治委員，紅軍第15軍団政治部主任，中共陝北省委書記，陝甘寧保安司令部司令員などを歴任した。

しかし，1935年には，高崗ら地方幹部と，党中央から陝北に送り込まれた指導幹部との間には，ゲリラ戦争の戦略戦術をめぐって見解の相違が存在していて，これが原因で，高崗らは一時的に「反革命」の罪名で粛清されるという事件が起っている。徐海東の第25軍は，35年9月に陝西省北部に到着し，第26軍，第27軍と合流して，徐海東を軍団長，劉志丹を副軍団長とする兵力約7,000の紅軍第15軍団を組織するのであるが，その直後に，この軍団の中で粛清事件が発生したのである。

10月末に長征を終えて，陝甘ソヴィエト区を固めた毛沢東は，先ずこの事件を処理するのであるが，この陝北党内での「粛反事件」の概要は，1945年の「若干の歴史的問題についての決議」の中で，次のように説明されている。すなわち，極左的誤りをおかした朱理治は，35年の秋，党中央の代表という名義で，陝北の革命根拠地におもむき，もとからそこで極左的誤りをおかしていた郭洪濤と結んで，正しい路線をとっていた劉志丹，高崗らを排斥した。ついで反革命粛清活動の中で，正しい路線をとる多くの幹部を逮捕するという極端な誤りをおかした。11月長征を終えた党中央は，この極左的誤りを是正し，劉志丹，高崗らを監獄から釈放した，とされている。しかし，この事件については，42年10月～43年1月の陝甘寧辺区高級幹部会議で高崗と任弼時が，最も詳細な報告をしているが，それによれば事情は若干異なり，35年11月の時点での党中央の問題処理には，「極左的誤り」の評価について曖昧さがあったというべきであろう。事実，事件後郭洪濤は昇進し，一方釈放された高崗らは37年に至ってもソ区党代表大会の出席資格もなく，仕事もないという党内では冷遇された地位に置かれていたという。

1936年2月，紅軍の山西省への侵入作戦（いわゆる東征）で劉志丹は戦死し，翌年7月からの抗日戦争で中共勢力が新しい軍事的展開をみせる中で，土着幹部として延安地区に留まった高崗の地位は次第に重要なものとなっていった。38年4月の張国燾の延安脱出と郭洪濤の失脚を，おそらく転機として，高崗の地位は上昇していった。5月に郭洪濤に代わって陝甘寧辺区党委書記，兼保安司令部司令員となり，40年から中共中央西北局書記に昇進し，陝甘寧晋綏連防軍副政治委員，代理政治委員にも任命された。これと並行して，39年末から高崗は毛沢東の指導権の積極的擁護派へと立場を鮮明にしている。特に，42年11月の延安での陝甘寧辺区高級幹部会議における高崗の報告「辺区党の歴史問題の検討」は，毛沢東の革命戦略の無誤謬性を樹立するために考案された，43年末からの中共中央内部での党史書き替えの動きの出発点となった。45年5月の中共7全大会で，高崗は中央政治局委員に選出された。

1945年秋以後，高崗は陳雲，林彪，李富春などと時を同じくして，満州（東北）に移動する。46年に東北民主連軍が組織されると，軍副政治委員となった。47年には，吉林黒龍江（北満）軍区司令員，林彪指揮下の東北軍区第1副司令員，副政治委員となる。東北が解放され，林彪の軍隊とほとんどの最高幹部たちが，48年末から北京と南方に向けて移動した後，東北に残った高崗は49年前半期に，中共中央東北局書記，東北軍区司令員兼政治委員となる。同年8月東北人民政府が設立されると，政府主席となり，高崗は東北の党，政府，軍の最高権力を1人で独占するという傑出した地位を築いた。また同年7月末には，高崗は独自に東北の「商業代表団」を率いてモスクワを訪問し，東北の地方政府とソ連政府との間での「貿易協定」を，早々と北京に先駆けて締結している。これ以後，東北とソ連との経済的結びつきが深まった。

1949年10月北京での新国家成立に参画した高崗は，中央人民政府6名の副主席の1人，革命軍事委員会副主席に列せられた。しかし，高崗は52年末までの3年間，東北の指導者として中国の経済復興の拠点としての東北の経済建設に専念し，その業績は地方最高指導者のモデルとして全国的に脚光を浴びた。この時期が高崗の政治的経歴の頂点であった。52年11月中央人民政府は権力の中央への集中化，つまり革命期から党政軍の権力が統合された形で地方ブロックに権力が分散していた状況を修正する政策に乗り出したが，これが高崗の運命の分岐点であった。11月高崗は東北での指導的地位を名目的に維持したまま，国家計画委員会主任に任命され，北京に常駐するために東北を離れた。53年1月に憲法起草委員会委員，新しい機構改革の結果としての東北行政委員会主席となる。53年後半になると全国財政経済工作会議の召集を契機として，集権化により北京に集められた党の最高指導者たちの間で，経済建設をめぐる地域的利害の対立と権力闘争が次第に激化したようで，高崗は饒漱石と組んで劉少奇，周恩来の降格と自らの昇進を画策したとされる。毛沢東は同年12月末「党の団結」についての警告を発し，ついで54年2月に中共7期4中全会が召集されたが，ここで高崗の「分派分裂活動」が「暴露」されたといわれる。高崗は失脚し，これに抗議して54年8月17日に睡眠薬による2度目の自殺を試み死亡したとされている。55年3月の中共全国代表会議の「高崗，饒漱石の反党連盟に関する決議」で，その罪状が公式に決定された。

参考文献：陳威・陳詩恵「試論反対高崗，饒漱石陰謀分裂党的闘争」，『党史研究』1982年4期。薄一波『若干重大決策与事件的回顧』上巻（中共中央党校出版社，北京，1991年）。『鄧小平文選1975—82』（東方書店，北京・外文出版社）。徳田教之『毛沢東主義の政治力学』（慶應通信，1977年）。Donld W. Klein & Anne B. Clark, *Biographic Dictionary of Chinese Communism, 1921-1965,* Vol. 1 (Harvard University Press, Cambridge, 1971).

〔徳田教之〕

高（こう）　敬亭（けいてい）　Gao Jingting

（1901年8月～1939年6月24日）

原名・志員，別名・俊亭，偽名・李守義。河南省新県生まれ。中国共産党の鄂豫皖革命根拠地の指導者。

父・立祥は貧農兼小売商人。10歳のとき母を亡くして父子2人となり，数年して小学校に入学し四書五経を暗記するが，6年で学費が続かず勉学をやめる。その後父と農作業に従事し，結婚して1子をもうけた。

1925～27年の大革命の後期に，湖北黄安県の共産党員・方進賢とつながる元同級生の梅光栄の影響で，革命活動に入る。そのため妻と父を反動地主に殺され，息子は行方不明となった。これより家を捨て革命隊列の人間として生きようと決意する。28年春湖北光山県弦東区工作委員会委員，29年3月中国共産党に入党した。同年9月に成立した弦東区第1郷ソヴィエト政府の武装委員，のち政府主席，30年5月光山県ソヴィエト政府主席，のち鄂豫皖特区ソヴィエト政府主席，31年3月中共光山県委書記，5月中共鄂豫皖分局委員（書記・張国燾），7月鄂豫皖省ソヴィエト政府主席兼中共光山県委書記，32年1月中共鄂豫皖省委組織部部長（書記・沈沢民）を歴任し，のち豫東南道委書記に転じた。同年10月張国燾が紅軍第4方面軍主力を率いて鄂豫皖辺から川陝地区に移動し，11月鄂豫皖辺に残留した紅軍第25軍第75師の政治委員兼中共鄂豫皖省委常委となる。34年1月江西中央ソヴィエト区の瑞金で挙行された第2回全国ソヴィエト代表大会で，高俊亭の名で第2期中央執行委員175名の1人に不在のまま選出され，同年9月中共鄂豫皖省委常委兼皖西北道委書記となる。35年2月紅軍第25軍主力が鄂豫皖辺から転出したあと，皖西の残留部隊を紅軍第28軍に編成し同軍政治委員となり，以後3年間鄂豫皖辺大別山区3省51県を舞台に国民党軍の討伐に対し遊撃戦争を指導した。

1937年7月8日中共中央は抗日戦争を発動し，7月17日には第2次国共合作が成立した。延安の党中央と連絡のついた高敬亭は，7月28日李守義の偽名で国民党部隊と停戦協定を結び，9月紅軍第28軍を鄂豫皖工農抗日連軍に改編したが，10月中共中央・中央革命軍事委員会の命令で更に新四軍第4支隊に改編，司令員に任ぜられる。その際中共中央が参謀長や政治部主任として延安の人材を送り込んだため，遊撃戦争を通じて同軍を育て，絶対的権威者を任じていた高敬亭は反発し，上級の命令への抵抗や延安系人材の排除を試みた。この抵抗を抗日戦争遂行の障害とみた新四軍上層部は，39年6月24日高敬亭を処刑した。75年11月の毛沢東の発議で再調査が行われ，77年4月27日名誉回復された。

参考文献：何耀榜講・蘇波記『大別山上紅旗飄—回憶鄂豫皖三年遊撃戦争』（中国青年社，北京，1959年）。李世安ほか「大別山区的三年遊撃戦争和高敬亭同志」，人民出版社編『革命回憶録』7（人民出版社，北京，1982年）。侯志英ほか「高敬亭」，中共党史人物研究会編『中共党史人物伝』8巻（陝西人民出版社，西安，1983年）。〔蜂屋亮子〕

高　君宇　Gao Junyu

（1896年10月22日～1925年3月5日）

原名・尚徳，字・錫三（錫山），号・君宇。化名・天辛，江越，記清修。山西省静楽県峰嶺底村生まれ。五・四運動の学生指導者。中国共産党初期指導者，山西省の党組織創始者。

地主の家庭に育つ。中華民国成立の1912年に山西省太原の山西省立第一中学に入学し，袁世凱の帝制運動に反対して街頭活動をしたという。16年に北京大学地質系に入学した。新文化運動の旗手で北京大学に招聘されたばかりの陳独秀や李大釗の影響を受けて学生運動の指導者として台頭した。18年5月，鄧中夏，許徳珩らと北洋軍閥政府が日本と締結した「日中共同防敵軍事協定」に反対する学生デモを組織した。それを契機に学生団体である救国会を組織し，機関紙『国民』を創刊した。また新文化運動の影響を受けて北京大学に組織された新潮社に参加し，その幹事会幹事となり，封建思想に反対した。鄧中夏が組織した平民教育講演団にも参加し，北京大学の積極分子として活動した。こうして19年2月に北京大学学生会の責任者に選ばれることとなった。

1919年5月，五・四運動が勃発すると，学生デモを組織し，趙家楼の曹汝霖宅の焼き討ちに参加した。20年3月に李大釗の指導のもとで北京大学マルクス学説研究会が組織された（21年11月に公開）が，鄧中夏，羅章龍，張国燾ら19人のメンバーの1人となり，マルクス主義の研究を始めた。高君宇は同研究会を母体として10月に結成された北京共産党小組の最初からのメンバーであった。そして11月に北京社会主義青年団が結成されて，高君宇はその書記に選ばれた。マルクス主義者になった後の主要な関心は労働運動であった。20年のメーデーに先立ち，高君宇は郷里の山西省に戻って大同，太原などで労働者の労働条件や生活状況について実地調査を行い，それを『新青年』メーデー記念特集号に「山西労働状況」として発表した。その主張は比較的労働組合運動を重視するアナルコ・サンディカリズムの色彩が強かった。

1921年7月23日，中国共産党が正式に成立した。高君宇は上海で開催された創立大会には出席しなかったものの，創設のメンバーである50余名の1人であった。また山西省共産党の創始者でもある。21年5月に太原社会主義青年団をつくり，24年5月には山西党小組を組織した。そして張叔平，傅懋功（彭真）らが入党し，正式な共産党太原支部となった。

1922年1月にモスクワの極東勤労者大会に中国共産党の代表の1人として出席した。7月に上海で開かれた中共2全大会で5人の中央執行委員会委員の1人に選ばれ，党の最高幹部になった。8月に杭州西湖で開催された中央執行委員会特別会議（西湖会議）で国共合作が討議され，国共合作を主張するマーリンに対して反対意見が続出したが，高君宇も反対論者の1人であった。そこで出版が決定された機関誌『嚮導周報』の編集を担当し，主編の蔡和森を助けた。また北方区党委の機関誌『政治生活』の編集担当も兼ねた。革命活動では中国労働組合書記部主任の鄧中夏を助けて京漢鉄道の鉄道労働者の組織化に従事した。23年2月に発生した2・7惨案では，長辛店でのストライキに参加した。

1924年に国共合作が成立すると，国民党北京特別市党部総務股主任に任命されたが，軍閥政府から逮捕状が発せられて広州に逃れた。24年10月の広州商団軍の反乱では，工団軍を率いて鎮圧の軍事行動に参加した。24年11月には孫文の北上に随行し，日本経由で北京に赴いた。孫文の提唱する国民会議促進会全国代表大会の準備工作に従事したが，25年3月5日，急性盲腸炎のために北京で突然死去した。

参考文献：「弘毅果敢的青年先鋒—五四時期的高君宇」，姚維斗・黄真主編『五四群英』（河北人民出版社，石家荘，1981年）。中共党史人物研究会編『中共党史人物伝』11巻（陝西人民出版社，西安，1983年）。王永均・劉建皋編『中国現代史人物伝』（四川人民出版社，成都，1986年）。「高君宇与山西《平民周刊》」，『光明日報』2011年9月14日。柯興『高君宇　石評梅』（中国青年出版社，北京，1995年）。

〔横山宏章〕

高　凌霨　Gao Lingwei

（1870年9月12日～1940年3月4日）

字・澤畬，号・蒼檜。直隷省天津県生まれ。清末挙人，直隷派官僚，日中戦争時の親日政治家。

5人兄弟の末子として生まれる。先祖の原籍は山東で，明の永楽年間に天津に移り住む。長兄は清末の進士，四男も挙人に合格，文人として教育や天津県新志の編修に参与する。五男の凌霨は中甲午科（1894年）の挙人に合格，高氏兄弟で只1人政界に入ることになる。

1900年の義和団運動の後，湖北に赴任，湖広総督・張之洞の知遇を受けて啓新書院中学副監督に，ついで湖北武備学堂監督に任ぜられて新軍幹部の養成に当たり，08年には湖北提学使（教育庁庁長）に任命される。10年には湖北布政史（民政庁庁長）に任命される。

1911年10月辛亥革命が起こると，上海に逃れ，やがて天津に戻った。民国成立後，袁世凱の御用政党となった共和党（黎元洪理事長）の幹事の１人となり，13年湖南で知己を得た熊希齢が国務総理になった時，熊の推薦により直隷省財政庁庁長に就任，直隷徴税調査処処長・国税準備処処長を兼任する。当時陸軍第３師師長として保定に駐屯していた曹錕を北洋軍閥の領袖になる人物と見込み，軍費発給の便を図ってやるなどして曹と親密な関係を築く。

五・四運動以後親日派の安徽派軍閥が凋落し，代わって直隷派が北京政府内で勢力を強めるようになると，曹錕の信任を得て直隷派官僚として活躍。1920年８月，安直戦争直後に成立した靳雲鵬内閣の農商次長に抜擢され，21年10月同内閣の財政総長に任命される。これより先21年７月農商銀行副総裁に就任，同年11月には幣制局総裁，塩務署督辦を兼任する。12月に奉天派軍閥・張作霖の圧力で梁士詒内閣が組閣されると，その内務総長に任ぜられ，翌22年１月飢饉救済処処長，北京市政督辦，長江水利討論委員会会長を兼任。梁士詒内閣を攻撃して奉天派との対立をさらに強めた曹錕，呉佩孚ら直隷派は，同年４月第１次奉直戦争に突入，これに勝利して奉天軍を東北（満州）へ撤退させる。周自斉内閣の内務総長に就任していた高凌霨は，交通総長を兼任する。北京政府の実権を掌握した直隷派がさらに，曹錕派と呉佩孚派と曹鋭（曹錕の弟）派とに分かれて対立し，短命な内閣が目まぐるしく交替したが，高凌霨は曹錕派を代表する直隷派官僚として，22年６月から23年６月までの１年間に，顔恵慶臨時内閣，王正廷臨時内閣，張紹曾内閣の内務総長を歴任する。この間，曹錕派による黎元洪大総統の追い落とし工作が活発で，23年６月ついに辞任に追い込む。以後10月の大総統選挙が行われるまで大総統は空位となり，高凌霨代理内閣（高内務総長が国務院総理代理を兼任）が大総統の職権を摂行するという異常な事態となった。10月の国会ではいわゆる賄選の結果，曹錕が大総統に選出され，賄選運動に尽力した高凌霨が内務総長兼任で代理内閣を組閣するが，呉佩孚派の反対で正式に国務総理に任命されることなく，24年１月に辞職する。その後，曹錕の後押しで24年９月顔恵慶内閣の農商総長に就くが，同月第２次奉直戦争が起こり，直隷派の馮玉祥のクーデターによって，曹錕が幽閉され，直隷派が完敗したため，北京政界から退き，暫く上海に引き籠もる。

1926年天津の日本租界に住居をかまえ，31年の満州事変以後，日本人僧侶・吉井芳純が天津に設立した「日中密教研究会」（段祺瑞会長）の副会長に王揖唐とともに就く。35年９月，関東軍司令部が指導し，日中実業公司や満鉄が出資した救済華北経済委員会の発起人に名を連ね，さらに同年12月天津の日本租界に松井石根大将主宰の大亜細亜協会天津支部が設立されるとその副総裁におさまった。37年の日中全面戦争突入以後，７月末に天津が占領されると天津治安維持会会長となり，同年12月に北平（北京）に日本の傀儡政権である中華民国臨時政府が樹立されると，同政府の議政委員会委員に就き，38年には日本軍占領下の天津特別市市長，河北省省長に就いたりしたが，まもなく解任され，40年北平で病死した。

参考文献：楊大辛主編『北洋政府総統与総理』（南開大学出版社，天津，1989年）。『中国近代名人図鑑』（1925年上海初版，天一出版社，台北，1977年復刻本）。張樸民『北洋政府国務総理列伝』（台湾商務印書館，台北，1984年）。徐友春主編『民国人物大辞典（上）』（河北人民出版社，石家荘，2007年）。〔笠原十九司〕

郜（こう）　永清（えいせい）　Gao Yongqing

（生年不詳～1861年11月15日）

別名・守正。河南省商丘県生まれ。金楼寨蜂起の首領。

商丘県金楼寨の白蓮教（八卦教）離卦教主の家に生まれ，大地主でもあった。郜家は教内の地位が高く，江南の大乗教・金丹八卦教・如意門などの宗派はすべて郜家に発祥していたともいわれる。祖父と父はいずれも清朝の白蓮教弾圧により逮捕処刑された。

金楼寨は河南・安徽の省境地域にあり，郜永清は安徽北部の捻軍指導者にもよく知られていた。一説には捻軍の盟主・張楽行や王貫三・劉玉淵などの首領はその門徒であったという。

1861年９月金楼寨の教徒は郜永清の下で要塞を修築して守りを固め「大劫まさに至らんとす。免れんと欲する者はわが寨に入れ」と呼びかけ，清朝支配に抗して蜂起した。安徽北部の捻軍も援軍を派遣したが，河南団練大臣・毛昶熙の清軍が鎮圧に赴き，激戦の末郜永清は11月15日に戦死した。

その後弟の妻・郜姚氏が金楼寨の教徒を指揮して抗清活動を続けたが，1862年春僧格林沁の率いる清軍が山東から南下し，安徽北部の捻軍拠点の掃蕩に先んじて金楼寨を蹂躪した。６月26日全寨1,400人余りが殺害された。

参考文献：尹耕雲『豫軍紀略』巻２（1872年）。江地『捻軍人物伝』(山西教育出版社，太原，1990年)。

〔並木頼寿〕

高　語罕　Gao Yuhan

(1888年～1948年)

原名・高超，筆名・語罕，仮名・王霊皋，王霊均，張其柯，戈魯陽，王瑞林。安徽省寿県生まれ。中国共産党の指導者，宣伝工作の専門家。教育者。

若くして日本に留学し，早稲田大学に在籍する。1907年に帰国して後，安慶などで反清活動を続け，翌08年に熊成基が指導した馬砲営蜂起に参加する。11年辛亥革命が勃発すると安徽青年軍秘書長としてこれに参加し，その際陳独秀と知り合う。15年以降新文化運動の中で『新青年』誌上に文章を寄稿するなど言論活動を展開する。

1916年秋蕪湖の省立第五中学に学監兼英語教師として赴任，当地で学生自治会や商業夜学の創設に尽力すると同時に，蔣光慈，李克農らの活動を支援する。19年蕪湖各校の学生を率いて五・四運動に参加，北京の学生運動に呼応する。それにより同年7月第五中学を追われる。その後第2農業学校の教員となり，学生の勤工倹学方式のフランス留学計画を支援する。同年冬同校の教員を辞し上海に行く。20年冬中国社会主義青年団に加入して後，蕪湖に戻り省立第五中学の教職に復帰する。21年初め『白話書信』を出版して社会主義思想を紹介，5月には蕪湖学社を創設して『蕪湖』(半月刊) を発刊する。23年春蕪湖労工会を結成する。この頃中共に入党したといわれる。同年8月章伯鈞らと共にドイツに留学し25年春に帰国する。

上海に到着した高は平民女校の教員や上海総工会宣伝科主任をつとめた後，1925年8月蕪湖に派遣され，以後27年まで統一戦線政策に従い，主として国民党組織内で工作する。まず，蕪湖赴任後，国民党の安徽省の組織に勤務し，25年12月広州で黄埔軍官学校政治総教官に就任，26年1月には広州における国民党2全大会に出席して中央監察委員，常務委員に選出される。さらに，同年冬国民党安徽省党部が創設した安徽党務幹部学校を主宰し，27年4月武漢の国民党安徽省第1回代表大会で国民党安徽省党部執行委員に選出され，大会後は国民党中央四川特派員，国民革命軍第20軍国民党代表，国民革命軍第2方面軍総指揮部秘書長などをつとめる。

国共合作崩壊後，1927年8月南昌蜂起に加わり，革命委員会秘書に就任する。蜂起失敗後，所属部隊とともに広東省に南下するが，国民党軍に攻撃され香港に脱出する。しばらくしてマカオに移動し，28年に上海に入る。上海では中共春野書店支部や太陽社などの工作に従事する。その一方で，当時コミンテルンと対立していた陳独秀と頻繁に意見を交換し，中共の合法活動への専念，国民党打倒・ソヴィエト政権樹立を目指す闘争の停止を求める陳に共鳴するようになり，ついに29年11月中共の党籍を剝奪される。12月15日陳独秀らと連名で「我々の政治意見書」を発表し，コミンテルン並びに中共中央に反対を表明する。

その後北平で北京大学教員をつとめていたが，1932年冬陳独秀が逮捕されると香港に脱出し，香港で教師などをして生活する。37年の日中全面戦争勃発後，釈放された陳独秀とともに活動し，39年5月四川省江津県に滞在して陳と『大英百科全書』を共訳する。42年に陳独秀が死去してからは陳銘枢宅で古体詩を創作し，45年には回想録『九死一生』を執筆する。46年春南京に移り，48年当地で病没した。

参考文献：陳玉堂編『中共党史人物別名録』(紅旗出版社，北京，1985年)。徐友春主編『民国人物大辞典』(河北人民出版社，石家荘，1991年)。

〔中村楼蘭〕

高　宗武　Gao Zongwu

(1905年～1995年)

仮名・其昌。浙江省楽清県生まれ。国民政府外交部科長。後，汪精衛と日本との「日汪協議」を成立させる。

高宗武は17歳で日本に留学し，九州帝国大学法学部に入学，その後東京帝国大学に学士入学し，法学士となる。1930年帰国し，『中央日報』特約記者に就任すると同時に中央政治学校教授に任ぜられる。32年11月国民政府国防設計委員会の専門調査員となり，33年8月には国防設計委員会の依頼を受けて各省を視察し，各省の渉外事務についての報告を行う。34年5月外交部科長に任ぜられてからは，対外政策，特に対日政策の専門家としての手腕を発揮するようになる。同年6月にはアジア司幇辦となり，日本及び満州の視察に赴く。35年5月には外交部アジア司長に任ぜられ，アジア情勢についての専門的調査を担当する。

1938年になると高宗武は汪精衛の命を受け香港に赴き，対日情報を収集する。その直後汪精衛派を代表して「重光堂会談」に臨み，「日汪協議」を達成する。39年5月汪に従って日本に赴き，汪政権の組織準備に専念する。9月には上海における国民党6全大会で中央執行委員会常務委員会委員に任ぜられるが，政権の方針に関して汪と意見が対立し，40年1月，3月30日の汪政権誕生を待たずしてアメリカに渡る。アメリカでは高其昌の仮名を使い，95年アメリカで死去する。

参考文献：聞少華『汪精衛伝』（吉林文史出版社，長春，1988年）。徐友春主編『民国人物大辞典』増補版（河北人民出版社，石家荘，2007年）。外務省情報部編『現代中華民国・満州帝国人名鑑』（東亜同文会，1937年）。

〔家近亮子〕

葛　雲飛　Ge Yunfei

（1789年～1841年）

字・鵬起，凌台，号・雨田，謚・壮節。原籍，浙江省山陰県。武進士。清末の将領。

1823年武進士に合格。はじめ浙江水師に所属し，しばしば功績を挙げて瑞安協副将に昇進，39年には浙江省舟山群島の定海鎮総兵に任ぜられた。父の死去にともなう離職服喪中の40年，アヘン戦争が始まり，イギリス海軍が定海を侵攻する緊急事態が発生した。定海鎮総兵・張朝発が防戦に失敗すると，浙江巡撫・烏爾恭額，提督・祝廷彪，両江総督・鄧廷楨は非常事態に対処するため異例の人事として葛雲飛に定海鎮の防衛を命じた。葛雲飛は先ず防備を固めることを優先し，砲台の設置，土塁の構築，士兵の訓練を推進した。翌41年3月，広州和約が成立してイギリス軍が定海を離れると，葛雲飛は欽差大臣・伊里布の命を受けて定海の事態収拾に当り，俘虜を釈放した。その後，定海奪回攻撃に即応しなかった伊里布は欽差大臣の任を解かれ，江蘇巡撫・裕謙が新たに欽差大臣に任ぜられて鎮海に着任する。葛雲飛は，定海鎮周辺への砲台増築を提案したが，裕謙は莫大な経費を要するとして設置に難色を示し，意見が対立した。同年9月，イギリス軍は再び定海に襲来した。葛雲飛は処州鎮総兵・鄭国鴻や寿春鎮総兵・王錫朋らと協力して抗戦した。6昼夜の抗戦も空しく，10月1日，イギリス軍は上陸し，鄭・王両総兵は戦死し城塁は危機に瀕した。葛雲飛は200人の部下と共に敵陣に斬り込み奮戦のうえ戦死した。

葛雲飛は武将でありながらも文章もよく著し，著書に『名将録』，『製械製薬要言』，『水師緝捕管見』，『浙海険要図説』などがあるほか詩文集もある。

参考文献：李桓輯『国朝耆献類徴』373（湘陰李氏刊，1890年）。李元度編『国朝先正事略』（循陔艸堂刊，1866年）。繆荃孫編『続碑伝集』64（江楚編訳書局刊，上海，1910年）。民国清史館編『清史稿』列伝159（民国清史館，北京，1927年）。清史編委会編『清代人物伝稿』下編1巻（遼寧人民出版社，瀋陽，1984年）。〔横山英〕

耿　飈　Geng Biao

（1909年8月26日～2000年6月23日）

湖南省醴陵県生まれ。紅軍の指導者，外交官。

1925年，共産主義青年団に参加，28年中国共産党員となる。水口山で鉱山労働者として働く。瀏陽・醴陵游撃支隊の小隊長を務める。30年以後紅3軍第9師団参謀，幹部教導隊隊長，師団参謀長を歴任。中央革命根拠地の第1次から第5次にいたる反包囲討伐戦に参加。33年秋紅1軍団第2師団第4連隊の連隊長となる。34年10月中央紅軍の長征に参加。同年末耿飈は第4連隊を率いて師団の先鋒として烏江の天険を強行渡河し，前進の道を切り開いた。35年1月紅1軍団第1師団参謀長。同年9月紅軍陝甘支隊に改編されると，第1縦隊第1大隊参謀長に任命された。11月陝北に到達後，紅1軍団第1師団参謀長として東征，西征戦役に参加。36年11月紅4方面軍第4軍参謀長となる。

抗日戦争期には八路軍第129師団385旅団副旅団長，政治委員，晋察冀軍区副参謀長などのポストを歴任。戦後内戦期には，晋察冀軍区副参謀長兼北平軍調処執行部中共代表団副参謀長，晋察冀野戦軍参謀長，華北軍区第2兵団（後に人民解放軍第19兵団と改称）副司令員兼参謀長などのポストを歴任。同兵団は司令が楊得志，政治委員が羅瑞卿で「楊羅耿兵団」としてその名を知られた。

中華人民共和国成立以前耿飈は，北平軍調処執行部でアメリカ人と接触した以外，外国人との接触はなかったが，建国後は外交畑を歩んでいる。1950年6月～56年2月駐スウェーデン大使，50年11月～55年3月駐デンマーク公使兼任，51年3月～54年9月駐フィンランド公使兼任。56年2月～59年12月駐パキスタン大使。この間，人民解放軍に階級制が導入された際，少将となる。60年1月外交部副部長。63年9月，駐ビルマ大使。

文化大革命の中で1967年1月北京に呼び戻される。69年4月第9回党大会で中央委員に選出され，5月，文化大革命後初の大使としてアルバニアに赴任。当時，外交畑出身の党中央委員は耿飈及びその直後に駐フランス大使となった黄鎮の2人だけであった。70年12月帰任。文化大革命により党中央の事務機構は殆どたたきつぶされたが，党中央国際連絡部の後身，党中央対外連絡部は他の党中央の事務機構と比較して，いち早く改組・再建され，林彪事件（71年9月）の前にすでに活動を始めていた。新たに党中央対外連絡部部長となったのが，耿飈であった。71年3月耿飈は党中央対外連絡部部長として周恩来総理の北ヴェトナム訪問に随行，耿飈の同部部長就任が明らかとなった。73年8月第10回党大会で引き続き中央委員に選ばれた。76年8月24日北京の外交学院卒業式で行った講演「中米外交関係史上の一転換点」は注目を集めた（『世界週報』77年3月8日号に要旨が訳載されている）。

1976年9月「四人組」グループが逮捕された後，部隊を率いて北京の中央人民放送局及び出版部門を接収した。77年8月第11回党大会でも中央委員に選出され，政治局員にも抜擢された。78年3月第5期全国人民代表大会で副総理に就任。その後，政府代表団団長としてパキスタン，スリランカ，トリニダード・トバゴ，ジャマイカ，ガイアナ，マルタ，コンゴ，ギニア，マリ，ガーナ，ナイジェリア，ルワンダ，ソマリア，アルジェリアを訪問。79年2月中央軍事委員会常務委員兼秘書長（党中央対外連絡部部長は姫鵬飛に譲る）。80年9月憲法修正委員会委員。81年3月第5期全国人民代表大会第17回常務委員会で，国務院副総理兼国防部長となる。同年7月楊尚昆の就任に伴い中央軍事委員会秘書長解任。82年5月第5期全国人民代表大会第23回常務委員会で国防部長（副総理は解任）。同年9月第12回党大会で中央顧問委員会委員，同委員会常務委員（中央委員に再選されず）。同年11月国務委員兼国防部長解任。83年6月第6期全国人民代表大会で常務委員会副委員長，全国人民代表大会外事委員会主任委員にも選ばれる。84年3月列国議会同盟（IPU）第71回総会中国全国人民代表大会代表団団長としてジュネーブのIPU理事会に出席，同会は中国の加盟を正式に決定。85年4月には全国人民代表大会代表団を率いてルーマニア，ユーゴを訪問するなど，議会外交を展開。87年11月第13回党大会で中央顧問委員会委員，同委員会常務委員に再選。88年中国人民解放軍一級紅星功勲章授与。

参考文献：『耿飈回憶録』（解放軍出版社，北京，1991年）。王健英『紅軍人物志』（解放軍出版社，北京，1988年）。

〔石井明〕

龔（きょう）　得樹（とくじゅ）　Gong Deshu

（生年不詳～1861年3月14日）

別名・龔得，龔瞎子。安徽省亳州生まれ。清末安徽北部の捻軍の白旗総目。

龔吉寺（宮吉寺ともいう）の磨盤松の貧しい農家に生まれたが，文字を知り，私塩の密売に従事した。1852年雉河集の張楽行らとともに捻党を結成して河南省永城県の在地武装組織「老牛会」と抗争事件を起こした。55年雉河集で張楽行を盟主として捻軍五大旗が旗揚げをしたが，その際，龔吉寺一帯を地盤とする白旗捻軍を率いてこれに参加し，白旗総目となった。「拚豊王」と称したともいう。作戦に長じ，盟主・張楽行の軍師として「龔先生」と呼ばれた。目に異常があったことから「龔瞎子」というあだ名でも呼ばれた。官憲の史料にはしばしば「張龔」と併称されて登場する。56年河南省夏邑県の捻首・王冠三らとともに清軍と戦い，袁甲三，邱聯恩などの率いる清軍部隊に敗れ，一時雉河集を占領された。龔得樹は清軍の軍営に夜襲をかけて総兵崇安の部隊を撃破するなど，激しい攻防戦を展開した。57年張楽行・龔得樹らの捻軍は淮河南岸に進軍し，霍邱・六安付近で陳玉成・李秀成の率いる太平軍と合流した。三河尖・正陽関など淮南での清軍との戦闘を指揮したが，年末にいたって六安を占領していた捻軍部隊に分裂が生じ，淮軍の雉河集への帰還を主張した藍旗の劉永敬らを殺害した（劉餓狼事件）。この事件により藍旗の部隊は単独で淮北にもどった。58年勝保・袁甲三・李孟群の清軍に六安を奪われ，北上して懐遠に拠点を移した。59年太平軍・呉如孝の部隊とともに定遠を占領し，廬州の陳玉成を中心とする太平天国支配地域の拡大に貢献した。その後，懐遠を清軍に奪われて部隊を南に移し，60年1月陳玉成軍とともに安徽中部の太湖・潜山一帯で副都統・多隆阿の清軍と戦い，ついで6月東進して来安を攻めた。ついで太平軍の安慶防衛の戦いに加わって西に進み，桐城から湖北省東部に入ったが，61年3月羅田県の松子関で総兵・成大吉の率いる清軍に敗れ，銃撃に遭って戦死した。龔得樹は淮南において太平軍との合同作戦に積極的に関わった。伝説によるとかつて天京に赴いて天王・洪秀全に会い「掃北主将」に封じられ，湖北羅田で死亡した後遺骸は南京城外に埋葬されたという。

参考文献：清史編委会『清代人物伝稿』下編2巻（遼寧人民出版社，瀋陽，1985年）。江地『捻軍人物伝』（山西教育出版社，太原，1990年）。

〔並木頼寿〕

龔（きょう）　心湛（しんたん）　Gong Xinzhan

（1871年～1943年12月3日）

字・仙洲。安徽省廬州府合肥県生まれ。原籍，同前。清末淮系・袁世凱系の官僚・外交官，民国初の財政関係の高官・政治家。

淮系の外交官・官僚の龔照瑗の甥。清末の監生，また金陵同文館の卒業といわれている。淮系官僚の巨頭・李鴻章の幕下に入り，上海製造局の書記に任命された。後に英国に留学してから，アメリカ・日本・ペルー・イギリス・フランス・イタリア・ベルギーなど各国の中国大使館の随員を務めた。1896年孫文がロンドン滞在中，当時の駐英公使・龔照瑗によって中国公使館に監禁された事件があったが，その時彼自身も同公使館で勤務していたという。

1907年6月に帰国後，広州知府・広東按察使・漢口中国銀行行長などを歴任，11年辛亥革命直前には雲南提法使の職にあった。民国成立後，12年9月に周学熙が財政総長に就任すると，彼は武昌造幣廠廠長に任命された。15年には広東財政庁庁長に転任，同年4月には中央の財政次長兼塩務署長に抜擢された。蔡鍔が袁世凱の帝制に反対し，密かに北京を離れた時には，袁世凱の命令により蔡鍔が担当していた経界局督辦代理を務めた。18年10月徐世昌が北京政府総統に就任すると，銭能訓と共に抜擢され，銭は国務総理代理，彼は財政総長に任命された。翌11月には安徽省省長を兼任，19年1月政府の改組にあたっては財政総長に再任，幣制局督辦兼担とされた。五・四運動直後の6月に国務総理兼内務総長の銭能訓が免職となると，彼が9月まで国務総理代理を務めた。しかし，その後陸軍総長・靳雲鵬によって追われ，天津に引退して，周学熙に従い実業に従事した。

1924年10月馮玉祥らが北京政変を起こし，段祺瑞が推されて臨時政府執政に就くと，彼も内務総長に就任，翌11月には交通総長に任じられた。翌25年5月段が下野すると彼も同様に天津に引退し，周学熙を助けて実業経営に専念した。36年秋には啓新洋灰公司の最高責任者となった。日中戦争が勃発すると，40年日本から協力を求められ，華北政務委員会の諮詢委員会委員という軽職についた。43年12月天津で病死した。

彼は淮系官僚の本拠安徽省合肥の地縁と，有力な官僚家系の龔氏という血縁の両者に恵まれて，外交・財政などの官職を歴任し，また民国初には袁世凱，周学熙という実力者の保護を受けて，北京・天津で政務・実業に従事した。

参考文献：李華興主編『近代中国百年史辞典』（浙江人民出版社，杭州，1987年）。秦孝儀主編『中国現代史辞典—人物部分』（近代中国出版社，台北，1985年）。徐友春主編『民国人物大辞典』（河北人民出版社，石家荘，1991年）。

〔中井英基，中川雅史〕

龔（きょう）　自珍（じちん）　Gong Zizhen

（1792年7月5日～1841年8月12日）

別名は鞏祚，易簡，自暹。字は瑟人，伯定，愛吾。号は定庵（定盦とも書く），定公，晩年には羽琌山民。浙江省杭州府仁和県（杭州城内馬坡巷）生まれ。19世紀前半の優れた詩人。また春秋公羊学を信奉し改革を説いた思想家として，魏源と並び称される。

著名な考証学者・段玉裁の外孫として生まれた龔自珍の家庭は，代々の読書人，官僚の名家であった。祖父の兄・龔敬身は進士に及第して内閣中書から雲南兵備道をつとめ，祖父・禔身も同じく内閣中書から軍機処行走，父・麗正は進士から江蘇按察使（江蘇省の検察長官）という大官になる。と同時に，父は段玉裁の弟子として春秋外伝と呼ばれた国語に注釈を付した『国語注補』などの著書をもつ学者であった。このようなインテリの血を濃厚にもった龔氏は，国内的には乾隆の盛世が終わって大きな反乱が続出し清朝の国運が衰退する時期，しかも外からは産業革命によって国力をつけてきた西洋列強が中国におしよせる，まさに危機の時代に生きたのである。

龔自珍は幼いころから聡明で，しかも感受性の強い子供だった。11歳のとき父の任官について上京，人生の大半を北京に住んだが，アメ売りのチャルメラの音を聞いて病的な放心状態におちいったり，夜，夢をみて泣き出し母の胸に抱かれたりした。「我が生これを天にうくも，哀楽つねに人に過ぐ」と歌うように人並以上の過敏な性情を有する人物であった。『緑華吟榭詩草』と題する詩集をもつ母の段訓は，口うつしに明の詩人・呉偉業（号は梅村）の詩を教えたという。ここに龔自珍の詩人としての原点があったのである。

しかし官僚，読書人家庭のつねとして，科挙の受験勉強を，龔氏もはじめねばならなかった。11歳のとき宋璠を師とし，翌1803年には外祖父・段玉裁を師として経書の学習に精を出した。だが龔自珍は四書五経の暗誦よりも，作詩と作文のほうがずっと得意だった。13歳の時の詩は家庭教師を驚かすに十分であったし，段玉裁もその孫の作品を高く評価してのべている。「余，業とする所の詩文をもとむるに……風と発（おこ）り雲と逝（ゆ）き，一世の不可とするの概（おもむき）あり」と。さらに23歳のときの法制改革を主張する論文「明良論」を読んだ段氏は「吾まさに耄（80歳）にならんとして，なおこの才を見て死す。吾恨みず」と絶賛しているのだ。そして27歳のとき第4番の好成績で浙江郷試にようやく合格，挙人となった。なおそのときの「座主（主任試験官）」はいまはなき外祖父の門弟・王念孫の子で，著名な考証学者・王引之であった。しかし北京での最終テスト会試には落第。挙人の資格で祖父もつとめた内閣中書に就任した。そして国史館の役人として地理学の研究書『大清一統志』の修正作業に従事した。

それと同時にその落第の失意のなかで，劉逢禄と出会い「非常の異議，怪しむべきの論」と称された春秋公羊伝を学び，これまでの文字・訓詁に重きをおく考証学から経世致用の学へと思想転換した。政治を直視し社会改革への志向を次第に強めていった。ときに龔氏28歳。それからさらに10年後の1829年，母の死と火災による蔵書の焼失という悲しみをのりこえて，4度目の会試受験でようやく進士に登第したのだった。しかし，その受験勉強のかたわら，仏教に心を寄せ公羊学という一種の革命思想に傾倒した龔自珍は，次々社会改良，政治改革の提言をおこなった。たとえば，「平均篇」や「農宗」では農村の土地の平均化を説き，「古史鉤沈論」では専制体制に不満を呈して人才尊重を訴え，「西域置行省議」などでは西北辺境を防備し新しい省の設置を提言した。さらに林則徐が広東に赴任する際に送った文章では「銀の海外流出とアヘンの害毒を痛憤して，武力も辞せざれ」と述べ，種々の具体的政策を進言している。

これまで清朝の考証学者たちは「国事を談ずる莫かれ」という鉄則を守って，政治的発言をすることをひかえてきたが，龔自珍はそうしたタブーを破り，積極的に天下国家を論じたのである。それゆえだろうか，龔氏の朝廷での官位はついに正六品の礼部主事どまりで，「異常なほど不遇」であった。

進士及第からまる10年，北京での役人生活をつづけた龔自珍は，48歳のとき突然，辞職引退した。そして退職後は家族をつれて江南に帰り，崑山に羽琌山荘を新築して約2年，自適の生活を送っていた。だがアヘン戦争で敗北した1841年，鎮江府丹陽府の雲陽書院で教鞭をとるべく赴任するのとほぼ同時に死亡した。その急死の原因については，様々にとりざたされているが，不明である。

梁啓超は『清代学術概論』のなかで龔自珍を以下のように評している。「清末の思想解放について，龔自珍はたしかに功績があった。光緒年間のいわゆる新学家たちのほとんどすべてが，誰しも龔自珍に傾倒した一時期をもっている。はじめて『定庵文集』を読んだとき，あたかも電気にうたれたように感じたものだ」と。龔自珍は詩人の直感で清朝の滅亡を予知し，インテリたちにそれを感得させた人であった。

参考文献：『龔自珍全集』全2冊（中華書局香港分局，香港，1974年）。『龔自珍全集』全1冊（上海人民出版社，上海，1975年）。管林，鍾賢培，陳新璋『龔自珍研究』（人民文学出版社，北京，1984年）。朱傑勤『龔定盦研究』（崇文書店，香港，1971年）。田中謙二『龔自珍』（岩波書店，1962年）。島田虔次「龔自珍『尊隠』」，『前近代アジアの法と社会（仁井田陞博士追悼論文集第1巻）』（勁草書房，1967年）。

〔河田悌一〕

古(こ)　柏(はく)　Gu Bai

（1906年～1935年春夏の交）

江西省尋鄔県黄郷塘背村生まれ。江西ソヴィエト区の中国共産党指導者。

父・古光明は山村の没落小地主で，兼農私塾教師。妻・曾碧漪。外祖父・梅椒岑が尋鄔県大田郷の大地主で，古柏は同家で養育される。外祖父は古柏の天性の聡明さを愛し，教育を惜しまず，1920年小学校で首席を通した古柏を広東省梅県のミッション・スクール広益中学に進学させた。古柏は同中学で五・四新文化運動の洗礼をうけ，マルクス主義に触れる。北京，上海，広東各地で勉学中の尋鄔出身知識分子を糾合して雑誌『尋鄔』を創刊，先進思想を紹介し，時局を論じ，反動勢力を攻撃して尋鄔青年の啓蒙につとめた。24年，帝国主義の文化侵略に反対する広益中学の学園紛争に参加し，200名の学友と共に退学処分を受けた。このことは外祖父を嘆かせ，その後経済的援助を断たれたため，教えつつ学業を続けるという郭沫若・成仿吾らの上海学芸大学方式に学んで学芸中学を仲間とともに創立し，梅県進歩勢力の砦にした。25年5・30運動の中で梅県学生運動の指導者となり，梅県学生会主席として広東学生会議に参加，同年12月中国共産党に入党し，27年12月には広州暴動に参加した。

大革命敗北後，中共東江特委の指示で生地尋鄔に戻って地下活動をおこない，中共尋鄔支部を結成した。1928年中共贛南特委の指示の下に尋鄔3・25暴動を組織して敗北するなど経験を重ねる中，29年1月31日に紅軍第4軍を率いて井崗山を下って尋鄔に転戦してきた毛沢東の知遇を得た。同年冬紅軍第21縦隊を編成して政治委員となり，翌年尋鄔県城を攻略して尋鄔県ソヴィエト政府を成立させ，同主席兼中共尋鄔県委書記となる。30年5月，毛沢東の尋鄔県農村調査を手伝い，土地革命について多くを学んだ。以後紅軍第4軍前委秘書長，紅軍第1方面軍総前委秘書長に任ぜられ，毛沢東に従って閩粵贛辺を転戦した。32年10月に毛沢東が第1方面軍総政治委員を解任され江西省瑞金の中央ソヴィエト政府主席の任務に専念するようになると，古柏もソヴィエト政権内の任務に転じた。33年1月に「王明路線」の党中央が上海から瑞金入りし，「羅明路線」反対闘争の名目で毛沢東路線の支持者を紅軍・ソヴィエト機関から排除していくが，古柏も「江西の羅明路線」派「鄧，毛，謝，古」として，鄧小平，毛沢覃，謝維俊と共に中共江西省委の非難と処分を受ける。34年10月紅軍第1方面軍が長征に出発した時，閩粤贛紅軍遊撃縦隊司令として残留し，35年春広東龍川県鴛鴦坑を行軍中に国民党軍に包囲されて落命した。37年毛沢東は，「吾友古柏，英俊奮発，為国捐軀，殊堪悲悼」とその死を悼む題詞を遺族に贈った。

参考文献：劉仁栄「中央革命根拠地時期的一場厳重闘争」，『湖南師院学報』1979年3期。曾碧漪「憶古柏同志」，『紅旗飄飄』19集（中国青年出版社，北京，1980年）。古顕慶・黄賢文「英俊奮発，為国犠牲―古柏烈士伝略」，『不屈的共産党人』1（人民出版社，北京，1980年）。夏道漢「古柏」，中共党史人物研究会編『中共党史人物伝』12巻（陝西人民出版社，西安，1983年）。〔蜂屋亮子〕

顧（こ）　頡剛（けつごう）　Gu Jiegang

（1893年～1980年12月25日）

字・誠吾，号・銘堅。江蘇省蘇州の名門の読書人の家庭に生まれた。中国歴史学者，また中国民間文芸学，中国民族学の開拓者。

1912年呉県県立中学卒業後，北京大学予科を経て哲学門に入る。この時期民間の歌謡や芝居に興味を持ち始めた。後に『呉歌甲集』（26年）に纏められる蘇州の民歌の採集と整理を17年より開始した。また20年北京大学の歌謡研究会が成立するや入会し，『歌謡週刊』の編集に携わった。「もし北京大学が歌謡を集めなかったならば，歌謡を記録することから関連して多くの風俗資料を手に入れて注意を加えることもなかったであろう」（『古史辨』自序）と言うように，大学時代は彼の研究生活の出発点になった。このように同時代の民歌を採集記録し言語，文学，社会，歴史，心理などの角度から考察を加え，その変化の過程と特色を研究する一方，古い時代の民歌の研究も進め，『詩経』の中の民謡に対して歴史学，社会学の方法から民謡としての本来の意味と意義を示そうともした。

また民謡も含め民間の芝居や故事伝説は，同じテーマで時代と地域によって内容を変えていることが多いのに気付き，その発祥と変形に注目した。ここから顧頡剛は民族学と考古学の研究へと進んでいったのである。この伝説故事の研究では1920年代から始めた孟姜女についての調査が代表的である。

さらに顧頡剛はそれ自体は荒唐無稽な神話が，民間文学，民族学，社会学などの角度から研究すれば重要な資料となりうることにも注目した。彼は神話がなぜ事実を記すべき歴史書に採用されたのかという疑問から，それが過去の歴史家の作為と盲信によると考え，神話と史実の弁別と従来の史学体系の見なおしの必要性を感じるようになった。

顧頡剛の綿密な調査と常識とされてきたことに対する疑問から出発する学問は，彼の個性であるとともに，何人かの人物の影響にもよる。最初に挙げられるのは康有為の『孔子改制考』を読んで啓発されたことであった。さらに彼は入学した頃の北京大学の清新な雰囲気のなかで胡適，銭玄同に直接指導を受け，彼らの実証精神と批判精神に感嘆した。

1921年から24年の間，一時上海商務印書館の編集者となった以外は，北京大学で教鞭をとる。26年厦門大学，27年中山大学，29年燕京大学でそれぞれ教授を歴任，34年には『禹貢』半月刊を発行した。

1937年日中戦争勃発後四川に移り，40年成都の斉魯大学史学科教授に就任，43年傅斯年らと中国史学会を組織した。

顧頡剛の様々な分野に渉る調査研究を集大成したものは『古史辨』である。この論説集において，彼は大胆に民間伝承や考古学の調査の成果を導入し，歴史書の記述の中の作為をあきらかにしようとした。史実の眼で史実を見，伝説の眼で伝説を見るをモットーに多くの古典の成立事情を分析するとともに，伝説の成立と歪曲の過程を批判している。この批判精神に満ち，画期的労作と絶賛される『古史辨』の編集と，中華人民共和国成立後の『二十四史』をはじめとする古典の整理，標点，校勘作業で果した彼の中心的役割は，多くの人材の発掘養成と合せて彼の中国の学術界に対する最大の功績である。

中華人民共和国成立後，中国科学院哲学社会科学部研究員となる。第２期政治協商会議全国委員，第４，５期全国人民代表大会代表をつとめ，1980年12月北京で病死した。

参考文献：顧頡剛編『古史辨』1～7巻（樸社，北京，及び開明書店，上海，1926～41年〔上海古籍出版社，上海，1982年重印〕）。顧頡剛編『孟姜女故事研究集』（国立広州中山大学語学歴史学研究所，広州，1928年）。顧頡剛『史林雑識』（中華書局，北京，1963年）。顧頡剛著・平岡武夫訳『ある歴史家の生い立ち―古史辨自序―』（岩波書店，1987年）。〔道坂昭廣〕

顧（こ）　孟餘（もうよ）　Gu Mengyu

（1889年10月18日～1972年6月25日）

原名・兆熊，のちに夢漁，孟餘，筆名・公孫愈之，亭一寄，郭一亭，公孫。原籍，浙江省。河北省宛平県生まれ。中国国民党改組派。政治家，教育家。

1903年訳学館（北京京師大学堂）でドイツ語・ドイツ文学を学ぶ。06年ドイツに留学し，ライプツィヒ大学に入学，08年からベルリン大学で学び，10年，当地で同盟会に加入した。

1911年帰国し，武昌蜂起に参加，16年北京大学文科教授となり，ドイツ語文系・経済系主任，教務長などになる。当時『新青年』に執筆する。

1924年，中国国民党に入党。25年李大釗の推薦を受けて広州の広東大学（後の中山大学）学長となる。翌26年1月国民党2全大会で中央執行委員，中央政治会議委員に選出される。のち北京に帰るが，3・18事件で逮捕令が出されて，再び広州に戻る。5月に国民党中央宣伝部長，7月には中央政治会議委員となる。10月に国立中山大学委員会副主任（～27年6月）に就く。12月，北伐の第2次委員団として北上する。

武漢政府期には，1927年3月開催の2期3中全会で国民党中央常務委員，中央政治委員会委員，軍事委員会委員，続いて4月に成立した土地委員会の委員になる。また武漢国民政府委員，教育部長（未就任），外交部対日外交委員（3月21日），国民革命軍中央軍事政治学校の党代表・校務委員になる。漢口『中央日報』社長にも就任。中央政治委員会の北京政治分会（5月）や，開封政治分会（6月）に参加し，同月に開かれた徐州会議に参加する。武漢政府の反共化から南京国民政府との合流過程では，汪精衛・陳公博らと行動をともにし，南京に行く。9月に南京で中央特別委員会が成立すると，武漢政治分会の常務委員となる。

のち汪精衛らとともに中央特別会議から脱退し，1927年10月広州に移る。11月張発奎らが広州クーデターを起こすと，顧孟餘らも中央執行委員会臨時辦公室を広州で設立するよう汪精衛に打電した。12月南京国民政府が汪精衛らとともに顧孟餘の取調処分を決めると，上海で陳公博らと反蔣運動を始める。28年6月雑誌『前進』を創刊し，その主編として国民党改組運動を行った。また8月14日の2期5中全会で，中央政治会議の委員となる（～35年12月）。

1928年暮れ汪精衛・陳公博らと中国国民党改組同志会を組織し宣伝担当として活動する。翌29年3月には「最近の党務政治に関する宣言」を発表し，国民党3全大会で党籍3年停止の処分を受けた。各地の反蔣運動の下，30年8月汪精衛，陳公博などの改組派と鄒魯など西山派や閻錫山，馮玉祥らが，北平で国民党中央党部拡大会議を組織する。この会議で，顧孟餘は中央委員兼宣伝部委員（秘書主任）となり，9月には中央委員，約法起草委員に推される。

1931年11月，汪精衛派の国民党4全大会（上海）で主席団を構成した。12月末に南京，上海，広州各派が統一を回復して開かれた国民党4期1中全会で第4期中央執行委員，財務委員となる。32年1月には南京に移り，汪精衛の下で鉄道部長となる。

1935年の5全大会では主席団を構成し，引き続き国民党第5期中央執行委員となり，また中央政府委員会委員・秘書長を兼任した。同年11月，汪精衛が襲撃された後，共に南京を離れ，イギリスに渡った。

抗日戦期，1937年11月国民政府と共に重慶に移り，財務委員会委員となり，38年に宣伝部部長に任命されたが，その任には就かなかった。41年には国民党第5期中執委常務委員，国立中央大学学長（41年8月8日，前任者・羅家倫），三民主義青年団中央監察につき，43年開催の三民主義青年団1全大会では中央部指導員となった。43年2月に国立中央大学学長をやめた後，アメリカに渡る。45年5月国民党第6期中央執行委員となる。

内戦期の党団合併後にあらためて6期中執委員に選ばれ，また一時期，行政院副院長に任命された。1949年春帰国して上海に住むが，内戦で北京，上海が陥落すると，香港に移る。その後，張発奎らと第3勢力の運動にかかわり，自由民主大同盟を成立させた。また香港新亜書院や友聯出版社を起こしたが，53年香港を離れ日本に赴き，後アメリカに渡った。59年よりカリフォルニア大学中国問題研究センター教授となった。その間，コロンビア大学東亜研究所から回憶の講演を依頼されたが，断ったという。69年7月夫人とともに台北に戻り，総統府資政となった。72年6月病死。

参考文献：張同新・馬斉彬等編『中国国民党歴史事件人物資料輯録』（解放軍出版社，北京，1988年）。劉国銘編『中華民国国民政府・軍政職官人物誌』（春秋出版社，北京，1989年）。

〔栃木利夫〕

顧(こ)　順章(じゅんしょう)　Gu Shunzhang

（1904年～1935年）

別名・顧鳳鳴，仮名・黎明，張華，化広奇。生地については湖北省とする説と上海とする説がある。中国共産党の指導者，特務工作の専門家。

かつて上海の南洋兄弟煙草公司で事務員をしていたが，後にドイツに留学し，帰国後，1924年中共に入党する。入党後，中共上海区委委員に就任し，上海で工作に従事する。25年の5・30運動では当地の煙草工場のストライキを指導し労働者糾察隊を組織した。台湾の『中共人名録』によると，26年10月今日のウラジオストクでソ連共産党により武装蜂起の訓練を施され，同年12月に上海に戻ったとされる。27年2月上海労働者武装糾察隊総指揮となり，以後3度にわたる上海の労働者の武装蜂起に参加する。4月に武漢で開催された中共５全大会で中央委員，８・７緊急会議で臨時中央政治局委員に選出される。その後，中共中央特科行動科科長に任命され，中共中央の警護や諜報活動を指揮する。

1928年モスクワで開催された中共６全大会でも中央委員に選出され，30年には中央総行動委員会主席団委員に就任，30年９月，31年１月の中共６期３中全会，６期４中全会では中央政治局候補委員に選出された。31年３月中央の命により張国燾と陳昌浩を上海から鄂豫皖ソヴィエト区に護送する任務につく。任務終了後顧は武漢に留まり，翌４月魔術師に化けて化広奇の名で潜伏中，密告され６人の部下とともに国民党の特務機関（中央組織部調査科）に捕らえられる。逮捕後顧順章はすぐに中共より転向し，国民党側に周恩来，瞿秋白，李維漢ら中共中央の指導者の所在に関する情報を提供したり，周恩来らが中共を脱党したというデマを流すのに積極的に協力したりしたといわれる。また，顧は国民党特務機関のために『特務工作の理論と実践』という本を執筆したとされる。31年５月21日中共中央は第223号通知を発し，顧順章の党籍を永久に剝奪したことを党内に伝達した。

転向した顧順章は藍衣社に入り，中共組織に対して多大な打撃を与えた。郭華倫の『中国共産党史論』第２巻は，「（国民党中央組織部調査）科による共産党組織の大々的摘発は，顧の協力が大いに威力を発揮した」と述べ，「これ以後，共産党の重要人物は続々とソヴィエト区に逃げこみ，共産党中央もまたソヴィエト区へ移転の準備をすることになった」と分析している。つまり，顧の転向事件は党中央の都市から農村・辺境への移転を促したといえ，その意味で中共党史上重大な事件であった。その後，顧は国民党特務機関内部の派閥対立の中で陳立夫の恨みをかうこととなり，1935年に中共と内通しているとの理由で銃殺される。

なお，顧順章が逮捕され転向した直後に，顧の家族十数人が殺害されるという事件が起こったが，この件に関して『中共人名録』などの諸文献は，当時中共の特務機関を掌握していた周恩来あるいは康生の命令によるとの見解を示している。

参考文献：陳玉堂編『中共党史人物別名録』（紅旗出版社，北京，1985年）。盛平主編『中国共産党人名大辞典』（中国国際広播出版社，北京，1991年）。劉金田・沈学明主編『歴届中共中央委員人名詞典1921―1987』（中共党史出版社，北京，1992年）。譚宗級「顧順章的叛変投敵和銭壮飛保衛中央的功績」，『党史資料叢刊』1980年３輯。国立政治大学国際関係研究中心『中共人名録』編修委員会編『中共人名録』２次重修（国立政治大学国際関係研究中心，台北，1983年）。郭華倫著，矢島鈞次監訳『中国共産党史論』２巻（春秋社，1988年）。

〔中村楼蘭〕

顧（こ）　維鈞（いきん）　Gu Weijun

（1888年１月29日～1985年11月14日）

字・少川，欧名・Vi-Kyuin Wellington Koo。江蘇省嘉定県の生まれ。外交官。

祖父は郷紳の出身で，嘉定県の官職にあったが，太平天国の時期に暴徒によって拷問の上，殺害され，財産を奪われた。父・顧溶は母方の祖父が設立した通関業者として仕事をしていたが，事業に失敗して失業。顧の誕生後，官営の招商局所属の汽船の会計係となり，生活は安定した。顧は３男２女の４番目，三男として生まれたが，優秀で３歳の時から私塾に通った。1899年キリスト教衛理公会経営の上海英華学院（Anglo-Chinese College）に入学，初めて英語を学習した。1900年には病気のため，実家の近くにある育才学校に転校。この学校は日本留学経験者の経営する新式学校であり，ここで中国古典を学んだ。この間，百日維新，義和団事件による８カ国連合軍の北京侵攻などを知り，愛国意識と近代化の必要性を認識した。01年キリスト教聖公会経営の上海聖約翰書院（St. John's University）に入学した。

日本留学よりも米国留学を主張する友人の影響を受け，1904年渡米，ニューヨーク州のクック・アカデミーで英語を学習した。05年コロンビア大学に入学，08年文学士，09年政治学修士，12年国際法・外交博士を取得した。学位論文は「中国における外国人の法的地位」であった。同大学では中国人留学生の発行する機関紙の編集にも携わり，またアメリカ国際法学会，アメリカ政治学会会員としても活躍し，後に16年にはイェール大学より名誉法学博士の学位を授与された。

1908年清朝政府の特使として訪米した唐紹儀に認められ，辛亥革命勃発後，12年５月帰国，唐の紹介によって北京政府に参加した。袁世凱の英文秘書を経て，８月国務院秘書，14年外交部参事，15年７～10月駐メキシコ公使，同年10月～20年９月駐米公使兼駐キューバ公使となり，第１次世界大戦参戦決定に参与した。19年パリ講和会議全権代表として，日本の21カ条要求取消し，山東権益回収を訴えるが容れられず，同条約の調印を拒否した。20年９月～22年５月駐英公使となり，この間，20年国際連盟中国首席代表，21年ワシントン会議全権代表として国際会議で不平等条約撤廃を要求し続けた。帰国後，22年８～11月北京政府唐紹儀内閣で外交総長，23年４月より張紹曾内閣外交総長，以後歴代内閣で留任した。24

年7月ソ連代表カラハンと中ソ協定に調印，ソ連との国交樹立，大使の交換，帝政ロシア時代の不平等条約撤廃に合意した。また同月孫宝琦総理の辞職に伴い国務総理代理を兼任，9月顔恵慶内閣外交総長に就任したが，10月馮玉祥のクーデターによって内閣は瓦解した。26年5月顔内閣の復活により財政総長兼関税委員会主任委員，10月杜錫珪総理辞職後，国務総理兼外交総長に就任，27年6月まで務めた。

1928年国民革命軍による北京占領後，南京国民政府から逮捕命令が出されたため，フランス，カナダへ逃亡。29年張学良の仲介によって東北に帰国し，30年冬逮捕命令を取り消される。31年9月満州事変により東北を追われ，10月東北失地回復委員会委員長，11～12月国民政府外交部長に就任した。32年2～8月国際連盟の派遣したリットン調査団に対し中国側代表として，日本の東北侵略の違法性を訴えた。32年夏～36年駐仏公使，36～41年同大使として海外勤務につく。その間，33年国際連盟軍縮会議全権代表，34年ハーグ国際仲裁裁判所判事，37年極東問題を扱ったブラッセル9カ国会議全権代表を歴任した。41～46年駐英大使に就任，不平等条約の完全撤廃に力を尽くすとともに，国際連合の創設に協力した。44年ダンバートン・オークス会議主席代表，45年サンフランシスコ会議代表団団長代理を務め，国連憲章起草に参加した。また45年には国民党6全大会で中央執行委員に選出されている。

1946～56年国民政府駐米大使兼駐国連代表団団長に就任，国民党への米国の援助継続を要請し，55年米華共同防衛条約を締結した。56年台湾総督府資政に任命される。57～67年ハーグ国際司法裁判所判事，64年には同裁判所次長に任命され，国際紛争の仲裁にあたった。67年に引退してニューヨークに移住，コロンビア大学で回想録を口述し，死の直前まで健康であったが，85年11月入浴中に倒れ，死去した。

私生活では4度の結婚を経験した。最初は親から強制されて漢方医学界の長老・張聾聲の甥の娘と1908年に結婚し，米国へ同行したが愛情がわかず，11年に正式に別れた。2度目は，唐紹儀の娘・唐梅と12年に結婚したが，唐は19年に病死した。3度目は，南洋華僑・黄奕柱の娘・黄恵蘭と20年に結婚，30年間連れ添ったが，夫人の生活が派手なため離婚するにいたっている。4度目は，ニューヨークの国連職員・厳幼韵と結婚，厳は寡婦（前夫はマニラ総領事で日本軍により殺害）であったが，顧の晩年を支えた。なお唐紹儀は袁世凱の義兄弟であったために，顧の政治的地位の確立に影響を与え，黄奕柱は糖王と呼ばれた資産家であったために，財政的援助を与えたといわれている。

著書に『顧維鈞回憶録』，『外国人在中国之地位』，『門戸開放政策』，『国際連盟リットン調査委員会備忘録』などがある。

参考文献：『顧維鈞回憶録』1～13巻（中華書局，北京，1983～1994年）。*Who's who in China,* 5th ed. (The China Weekly Review, Shanghai, 1936). Wunsz King, *V.K. Wellington Koo's Foreign Policy: Some Selected Documents* (University Publications of America, Reprint, Arlington, 1976). 董霖訳『顧維鈞与中国戦時外交』（伝記文学出版社，台北，1978年）。楊玉清「我所知道的顧維鈞」，『文史資料選輯』17輯（中国文史出版社，北京，出版年不明）。徐景燦「在美国和姨夫顧維鈞相処的日子里」，『上海文史資料選輯』70輯（上海市政協文史資料編輯部，上海，1992年7月）。〔滝口太郎〕

辜（こ）　顕栄（けんえい）　Gu Xianrong

（1866年2月2日～1937年12月9日）

字・耀星。台湾省鹿港生まれ。実業家。

父は辜琴。母は薛麵。1867年，父と死別する。73～84年まで進士・黄玉書に就き漢学を学ぶ。86年，大陸沿海の都市や香港などを往復し，95年ごろまで貿易業に従事する（一説には台北城下で放蕩生活をしていたという）。この間，91年に陳笑と結婚する。95年4月，下関条約で台湾が日本に割譲されると，5月上海より台湾に戻る。6月，基隆に上陸した日本軍を出迎え，台北城への入城に協力する。7月，樺山総督の命令で北白川宮指揮下の軍に従って，台湾中南部の占領に協力する。12月，水野民政局局長と共に東京へ行き，勲六等に叙される。96年，台北保良局局長に任命される。同年7月，雲林事件の発生に際し，鹿港において抗日ゲリラに対抗する団練を組織する。台北英源茶行を買収しこれを大和行と改称し，本店を鹿港に，支店を台湾各地に置き海運・製塩・樟脳業などを開始する。97年，台湾総督より紳章を授けられる。98年1月，刑事被疑者として台中監獄に収監されるが，3月免訴出獄する。後藤新平民政局局長に面会，その治安対策の手腕をかわれ，総督府嘱託となり，台湾中部の平定にあたる。99年，台北城の治安悪化に伴い，後藤に保甲制度を建議し，これが採用され新設の台北保甲局の総局長に任命される。

辜顕栄は総督府要人との関係を着々と深める一方，事業にも積極的に乗り出し，1900年，全台官塩売捌組合長に就任。商工公司を創立し土木請負業を開始する。鹿港に塩田を開設。01年，水利開設事業に着手。02年，糖業経営を始め，蔗田を開発し製糖所を開設。

05年，官塩売捌総館業務担当人に指名される。08年，台湾地所建物株式会社取締役に就任。09年，阿片煙膏売捌人に指定される。10年，株式会社台湾日日新報社取締役に当選就任。14年，台中煙草売捌人に指定される。このように，辜顕栄は総督府との密接な関係によって得た各種の専売的利権により，新興土着資本家の基礎を固めた。第1次世界大戦の勃発は植民地としての台湾の経済にも影響を与え，辜顕栄は18～19年の米・糖の急騰による地価暴騰や，分蜜糖の買占めにより巨利を獲得すると，活発な投資活動を行い，20年に大和製糖株式会社，22年に大豊拓殖株式会社，25年には大和興業株式会社をそれぞれ設立し，その取締役社長に就任し，辜顕栄一族は台湾の5大土着族系資本家の1つとして数えられるほどになった。一方，20年代の台湾文化協会の民族運動に対抗するために，「日台相愛」を提唱する台湾公益会を組織しその会長となった。台湾議会設置請願運動が高揚すると，その対抗策として，24年，大儒学者の辜鴻銘を北京から招き台湾各地で伝統的儒教道徳を講演させた。25年，中国大陸を訪問し段祺瑞らに会見する。34年には日本の台湾植民地統治に対する長期にわたる貢献から，台湾人として最初の貴族院議員に勅選された。同年12月，中国大陸を再び訪問し，35年1月，蔣介石ら要人に会見し日華親善を議す。37年，帝国議会出席のため東京へ行く。第72帝国議会会期中に，持病の心臓疾患が悪化し，そのまま東京に滞在し病気療養に努めたが，12月心臓性喘息のため世田谷区北沢の別邸において死去する。

参考文献：辜顕栄翁伝記編纂会編『辜顕栄翁伝』（台湾日日新報社，台北，1939年）。橋本白水『台湾統治と其功労者列伝』（台北南国出版社，台北，1930年）。張炎憲・李筱峯・荘永明編『台湾近代名人誌』第4冊（自立晩報，台北，1987年）。
〔張士陽〕

古（こ）　応芬（おうふん）　Gu Yingfen

（1873年～1931年10月28日）

字・湘芹，勷勤。広東省番禺県生まれ。清末，民国の革命家，政治家。

1902年科挙に合格して秀才となる。04年国費留学生として日本に留学し，法政大学速成科に学ぶ。05年には同盟会結成に参加し，会員となる。07年には広東に帰り，広東法政学堂で教鞭をとった。当時の学生の中に，鄒魯や陳炯明がおり，同盟会員となる。09年に地方自治のモデルとして広東諮議局が成立すると，書記長に就任した。

辛亥革命勃発後には，胡漢民を都督とする広東都督府の秘書となる。袁世凱打倒をめざした1913年の第2革命が失敗すると香港に逃れ，朱執信らと袁側にたつ広東都督・龍済光に対する武装蜂起を画策した。この間，数度にわたり東南アジアを訪れ，華僑のあいだで軍資金を募った。以上の活動は，1916年の袁世凱の死により終止符をうつ。

1918年には，孫文の命により護法を旗じるしに広東から福建に侵入していた陳炯明のもとで働き，漳州に滞在した。陳炯明は20年10月に広東省に軍を返して国民党の支配を回復し，孫文により広東省省長に任命された。古応芬は陳炯明のもとで政務庁長官に任命された。このあと，北伐に積極的な孫文と，広東省の自治を固めようとする陳炯明との対立がたかまり，22年3月には孫文側近の軍人である鄧鏗が暗殺された。古応芬は陳炯明のもとを去り，上海に赴いた。22年6月陳炯明は公然と孫文に反旗を翻した。古応芬は鄧沢如らとともに，孫文の命により雲南軍と広西軍を連合させ，陳炯明から広東の支配を奪回しようとした。この結果，陳炯明は敗退し，23年2月孫文は広東に帰り，軍政府を組織した。古応芬は大本営秘書長に任命された。

第1次国共合作成立後の1924年9月孫文は北伐を開始したが，古応芬は大本営財政部部長兼広東財政庁庁長に任命された。そして雲南軍や広西軍が広東省内の財政を牛耳っているという困難な状況の中で，軍費の調達に努力した。25年7月に広州に国民政府が樹立されると，汪精衛を筆頭に16名で構成される国民政府委員会の委員となる。同時に，広東省政府委員兼民政庁庁長に選出された。26年1月の国民党第2回全国代表大会では，中央監察委員に選出された。このあと26年10月に北伐軍を慰労するため江西省に派遣され，南昌で蔣介石と会い，共産党の勢力を抑制するため意見を具申した。27年の3月には広州から上海におもむき，4月2日に開かれた国民党中央監察委員会に出席し，共産党弾劾決議に加わった。南京国民政府成立後には財政部部長および国民政府常務委員に就任し，北伐継続の軍費捻出に努力した。

1927年8月に蔣介石が一時的に下野して日本に去ると，古応芬も辞職し，鄧沢如とともに日本に赴いたが，同年末には日本を離れ，香港に居を定めた。このあと鄧沢如とともに，南京国民政府の依頼により，27年12月の広州コミューン事件と汪精衛との関係について報告書を提出し，汪をきびしく批判した。28年10月には，南京国民政府の秘書処が改編されて成立した文官処の処長に就任した。29年3月の国民党第3回全国代表大会で，中央監察委員および中央政治会議委員に選出された。30年11月に病気療養の為，南京を去って広州に帰った。

1931年2月に国民政府内の権力争いの結果，胡漢民が蔣介石により監禁されたことに対し，中央監察委員の林森とともに蔣介石弾劾の声明を発した。5月には孫科や汪精衛とともに，広州に別の国民政府を樹立し，南京に対抗した。広州と南京の対立は，31年9月の満州事変の勃発により和解が成立することになり，上海において双方の代表が協議した。古応芬は広州側代表の1人に選出されていたが，病気のため上海に赴くことができず，10月に死去した。

参考文献：賈士毅『民国財政史』（台湾商務印書館，台北，1962年）。中国国民党中央委員会党史史料編纂委員会『革命人物誌』1集（中央文物供応社，台北，1969年）。

〔北村稔〕

谷（こく）　正鼎（せいてい）　Gu Zhengding

（1903年10月24日～1974年11月1日）

字・銘枢。貴州省安順県生まれ。中国国民党員でいわゆる右派に属し，CC倶楽部のメンバーの1人。組織工作の専門家。

谷正鼎の父・蘭皐は清朝の挙人であった。正鼎は四男であり，長兄・正倫，三兄・正綱は共に国民党の幹部である。正鼎は2人の兄の影響によって早くから学問を志し，北京大学卒業後，兄，正綱に従って日本に留学し，その後ドイツのベルリン大学に転じ，政治，経済を専攻する。1924年正綱，正鼎兄弟はそろって卒業し帰国する。2人は帰国後ただちに国民党に加入し，25年には共にモスクワの中山大学に派遣される。正鼎は中山大学の組織部長に任命されると同時にドイツ語が得意であったことから，ドイツ語の翻訳を担当する。

谷兄弟は思想的には共にいわゆる右派に属し，1924年時点から国共合作に反対し，反共的立場を明確にする。27年の蔣介石の4・12クーデターに際してはソ連当局に身柄を拘束されるが，蔣介石によるソ連人顧問の釈放と交換に釈放され，帰国する。正鼎は帰国直前モスクワでソ連人女性である皮以書と結婚する。帰国後正鼎は第26軍政治部主任兼党代表に任命される。28年6月北伐完了後設立された北平市党部の常務委員となるが，妻・皮以書も常務委員兼婦人部長に任命される。その後31年鉄道部総務司司長となり，同年11月の国民党4全大会では中央執行委員候補に当選する。正鼎はこの時点ではすでにCC倶楽部の中心的メンバーであった。

日中戦争勃発後，谷正鼎は西安に派遣され，行営政治部主任に就任する。1940年には軍事委員会西安辦公庁副主任兼第4処処長，43年には国民党陝西省党部主任，三民主義青年団陝西支団部籌備主任などを歴任する。45年5月の国民党6全大会においては2人の兄と共に中央執行委員に選出される。

谷正鼎は日中戦争終結後陳立夫の片腕となり，国民党中央組織部副部長兼党政軍連席会議秘書長に就任する。1946年11月の国民大会においては貴州省代表の立法委員に選出される。48年には陳果夫，陳立夫，朱家驊の後を継いで国民党中央組織部部長となる。正鼎はその後国民党の組織力の強化と戦力の増強に邁進するが，時すでに遅く，国民政府の敗北とともに台北に移る。

谷正鼎は国民政府の台湾移転後も中央組織部部長としてその再建に努めるが，1952年には中央組織部の職を辞し，中央評議委員となる。その後は立法院外交委員会委員として主に台湾の国際的地位向上に尽力する。73年12月訪日し，国際勝共連盟アジア第3期勝共大会に参加する。74年11月台北で病死する。

参考文献：汪新・劉紅『南京国民政府軍政要員録』（春秋出版社，北京，1988年）。劉紹唐主編『民国人物小伝』第4冊（伝記文学出版社，台北，1981年）。呉相湘『民国百人伝』第4冊（伝記文学出版社，台北，1971年）。徐友春主編『民国人物大辞典』（河北人民出版社，石家荘，1991年）。

〔家近亮子〕

谷（こく）　正綱（せいこう）　Gu Zhenggang

（1902年4月30日～1993年12月11日）

字・叔常。貴州省安順県生まれ。貴州省の名望家に生まれる。中国国民党の政治家，民間の反共運動組織のリーダー。

1924年，中国国民党に加入。26年，ベルリン大学で学問を修めて帰国し，三民主義の実現を目指して，国民革命事業に身を投じる。深い学識と広い人脈のゆえに蔣介石に重用され，31年11月，国民党第4期中央執行委員候補。33年から35年まで，立法委員を務め，35年11月，国民党第5期中央執行委員。36年，実業部次長。

抗日戦争期間中，中国難民救済活動に尽力。1940年から49年まで，社会部長，41年から45年まで，国防最高委員会委員。社会部長の任期中，人民の結社の自由を保障するための「人民団体組織法」，人民の社会的権利を保障するための「社会救済法」，就業服務制度を確立するための「職業紹介法」という3つの重要な社会立法を法案化し，公布する。45年5月，国民党6全大会において中央執行委員を連任し，人口政策，労工政策，農民政策，戦後社会安全措施，４大政策綱領などの提案をおこなう。46年，国民大会代表兼主席団主席の身分において，憲法のなかに，「社会安全」に関する１章及び中央民意代表中の職業団体代表制度をあらたに挿入することを提案した。

台湾へ移って後，1950年，国民党中央改造委員会委員，内政部長，国民大会秘書長。52年10月，国民党第７期中央委員。54年にアジア人民反共連盟が組織されて以来，同連盟の中国総会理事長，理事会主席を歴任。57年，国民党第８期中央委員，中日合作策進委員会主席委員，以来しばしば来日。63年11月，国民党第９期中央委員。65年，国民党中央常務委員。同年12月，東京で開かれたアジア国会議員連合第１回総会代表。66年９月，ソウルでのアジア国会議員連合第２回総会代表。67年，世界反共連盟の成立に際し，同連盟第１次理事会主席となり，アジア人民反共連盟中国（台湾）総会理事長。同年11月，バンコクでのアジア国会議員連合第３回総会代表，国民大会憲政検討委員会副主任。68年，世界反共連盟第２次大会で，同連盟名誉主席，11月，マニラでのアジア国会議員連合第４回総会代表。69年１月，日本の勲一等旭日大綬章叙勲。同年，台北でのアジア国会議員連合第５回総会召集人。69年４月，国民党第10期中央委員。70年，世界反共連盟第４次大会で同連盟永久名誉主席となる。同年12月，サイゴンでのアジア国会議員連合第６回総会代表。71年，プノンペンでのアジア国会議員連合第７回総会代表。73年４月，中央通信社監査役。同年６月，日本でのアジア国会議員連合理事会代表。同年８月，ワシントンでの世界反共連盟第８次大会代表。76年３月，中東各地訪問。同年７月，アメリカ建国200年祭祝賀のため訪米。76年11月，国民党第11期中央委員。77年１月，日本でのアジア国会議員連合総会代表。80年３月，総統府資政，当時，中国大陸災胞救済総会理事長，世界及びアジア反共連盟理事長として海外各地の流亡難民救済活動に尽力。81年４月，国民党第12期中央委員。82年２月，世界反共連盟名誉主席として同連盟第１回大会出席のため訪欧。同年10月，三民主義統一中国大同盟推行委員会常務委員。86年３月，米国アリゾナ州フェニックスでの世界反共連盟及びアジア太平洋反共連盟執行委員会会議を主宰。88年７月，国民党第13期中央評議委員。

1989年２月，李登輝体制下の政治革新の潮流のなかで，「退職条例」の規定に従い，張羣らとともにいち早く国民大会代表を退職する意志を表明し，90年３月に同職を辞任。93年12月，台北にて病死。

参考文献：『中華民国当代名人録』（台湾中華書局，台北，1978年）。『聯合報』1989年２月４日。『中国国民党歴史事件人物資料輯録』（解放軍出版社，北京，1988年）。

〔井尻秀憲〕

顧（こ）　正紅（せいこう）　Gu Zhenghong

（1905年～1925年５月16日）

江蘇省阜寧県獐溝区篆河郷生まれ。中国共産党の指導者，労働組合運動の組織者。

貧農家庭に生まれる。顧正紅11歳の時，父親が苦力として上海に出稼ぎに出たため，以来長男として母親と家事，農耕を分担した。1921年郷里の阜寧県が洪水の被害を受けたため，一家ともども父親を頼って上海に移る。しかし，上海での生活は苦しく，翌22年顧正紅は上海の日本人が経営する紡績工場，内外棉株式会社第９工場に工員として就職する。就職後間もなく，職工長が顧の給与を横取りしたことから，数人の工員とともにこの職工長に暴行を加え，そのことにより工場を解雇される。その後，上海の内外棉第７工場に勤める。

1924年，中共が滬西に設立した労働者補習学校並びに工友倶楽部に加入，同倶楽部では鄧中夏，惲代英，項英，李立之，劉華，楊之華から教育を受ける。顧正紅は倶楽部の積極分子であり，革命理論を工場内で宣伝し，労働運動の組織に貢献した。

1925年２月上旬，上海の内外棉第８工場で工員が殴打，解雇されるという事件が起こり，紡績工場労働者がこれに抗議して大規模なストライキを行った。顧正紅はこのストライキの中で労働者糾察隊，ストライキ鼓舞隊の一員として行動，ストライキの意味，日本の資本家による搾取の現状を労働者に説く一方，上海の各紡績工場の秘密労働組合小組の責任者たちとともに労働組合組織工作に従事し，内外棉の11の工場やその他の日本人が経営する工場に組合を組織することに成功する。２月ストライキの終了後，中共に入党する。

1925年４月から５月にかけて，内外棉，同興，日華などの日本の紡績工場につとめる労働者がサボタージュを行うが，日本の経営陣は５月14日労働者の代表多数を解雇処分として，これに応えた。翌15日早朝，顧正紅はこの処分に対応する対策を検討すべく開かれた内外棉，同興，日華などの夜勤労働者の緊急会議に出席する。経営陣が工場を閉鎖し賃金の支払いを拒否したため，労働者側は工場入口に集まり経営者非難を展開，その際，顧は労働者の最前列にあって工場経営者との交渉を求めたが拒否される。その後，労働者が強引に工場に進入しようとしたことから，小ぜり合いとなり，労働者の最前列に立っていた顧は左足と腹を銃撃され負傷，翌16日この傷がもとで死亡した。死亡の日時については5月17日とする説もある（『民国日報』25年5月18日付)。5月24日閘北潭子湾で顧正紅の追悼大会が開催される。なお，この事件は上海における5・30運動勃発の伏線となった。

参考文献：『不屈的共産党人』1（人民出版社，北京，1980年)。中共党史人物研究会編『中共党史人物伝』9巻（陝西人民出版社，西安，1983年)。盛平主編『中国共産党人名大辞典』(中国国際広播出版社，北京，1991年)。

〔中村楼蘭〕

谷　正倫（こく　せいりん） Gu Zhenglun

（1890年9月23日～1953年11月3日）

字・紀常。貴州省安順県生まれ。中国国民党の軍事専門家。

谷正倫の父・蘭皋は清朝の挙人であった。正倫は長男であり，弟である正鼎，正綱は共に国民党の幹部である。正倫は幼い頃から武術を好み，貴州陸軍小学に入学する。卒業後は武昌陸軍中学に進み，軍人としての教育を受ける。1908年清朝の公費留学生として日本に赴き，陸軍士官学校予科振武学校砲兵科に入学し，のち陸軍士官学校の11期生となる。同期には何応欽，朱紹良，賀燿祖らがいた。09年には中国同盟会に加入する。

1911年10月辛亥革命が起きると，谷正倫は学半ばにしてただちに帰国し，武昌に赴き黄興の下で革命に参加する。13年9月第2革命失敗後，袁世凱が革命派を追撃するようになると，正倫は日本に逃れ，陸軍士官学校に再入学する。16年卒業して帰国したのち，黔軍砲兵団団長に任命される。19年第1団団長，20年黔軍第2旅旅長などを歴任し，21年12月孫文が桂林に北伐大本営を設立すると，黔軍援桂軍第4路司令に任命される。

谷正倫は国民革命中，第2師副師長県第1旅旅長として活躍する。1928年1月蔣介石が国民革命軍総司令として復帰すると，南京衛戍副司令兼戒厳司令に任命される。この時から正倫は憲兵隊の創設に着手し，のち「憲兵の父」と呼ばれ，蔣介石の権力の維持に尽力する。正式には30年蘇州で憲兵軍官講習所及び憲兵訓練所を設立する。国民政府における憲兵隊は，最大時で23個団に上り，その頂点にあった正倫の権力も絶大なものであった。32年1月国民政府は「憲兵令」を発布し，憲兵司令部を設立させるが，正倫は主任憲兵司令に任命され，憲兵の教育の強化，人事，経理，勤務の諸制度の整備に努める。

谷正倫は1953年11月の国民党5全大会において，2人の弟，正綱，正鼎と共に中央執行委員に当選する。37年日中戦争が勃発すると，軍事委員会軍法執行副監に任命される。39年9月には鄂，湘，川，黔4省辺区綏靖主任を兼任する。40年11月甘粛省政府主席を任命されると，正倫は西北地域の建設を目指し，孫文の遺教であった「耕者有其田」を試行する。また，天蘭鉄道の修築，「新県制」の創設などを行う。47年5月には行政院糧食部長及び政務委員に就任する。

谷正倫は国共内戦末期の1948年5月に貴州省政府主席に任命されるが，49年11月の人民解放軍による貴陽占領の直前，胃病のため香港に赴き，香港から台北に逃れる。台北においては総統府国策顧問となるが，53年11月病のため台北において死去する。

参考文献：汪新・劉紅『南京国民政府軍政要員録』(春秋出版社，北京，1988年)。劉紹唐主編『民国人物小伝』第2冊（伝記文学出版社，台北，1977年)。呉相湘『民国百人伝』第4冊（伝記文学出版社，台北，1971年)。徐友春主編『民国人物大辞典』(河北人民出版社，石家荘，1991年)。

〔家近亮子〕

谷　鍾秀（こく　しょうしゅう） Gu Zhongxiu

（1874年～没年不詳）

字・九峯。原籍，直隷省定県，同地生まれ。清末・民初の政治家。

桐城派の学者呉汝綸の門下生で，生員（優貢）となった後，京師大学堂師範斎に入学した。1901年日本に渡って早稲田大学に入学し，日本滞在中に中国同盟会に加入した。卒業後帰国して，直隷高等師範学堂の教員に任じられ，間もなく直隷布政使・増韞の秘書となった。

1909年直隷省諮議局議員となり，11年10月辛亥革命が起きると，11月末直隷代表として武昌の各省都督府代表連合会に出席し，南京に移転して開かれた12月の代表連合会にも出席した。

1912年1月南京臨時参議院議員に任じられ，中華民国臨時約法の制定に参加した。4月11日南京で蔡鍔，殷汝驪らと「統一共和党」を組織し，同月末に北京で開かれた臨時参議院で25議席を得，谷鍾秀は参議院の全院委員長に選出された。8月同党は中国同盟会など4党と合併し，国民党となった。

1913年2月直隷省選出の衆議院議員に当選し，6月国会の憲法起草委員に選出された。同年10月中旬袁世凱が制憲工作への妨害を強めると，谷鍾秀は国民党への弾圧とそれによる制憲の頓挫を恐れて張耀曽らと国民党籍を離脱し，10月21日進歩党を離脱した李国珍らと民憲党を組織し，同31日国民党と協力して「天壇憲法草案」を三読会で採択した。11月初め国民党解散令が出されると，間もなく上海に移った。

1914年1月『正誼雑誌』を創刊して主編となり，また欧陽振声らと明明編訳社及び泰東書局を設立して，国民党の連絡機関としても利用した。同年8月李根源，殷汝驪らが日本で欧事研究会を組織すると，その会員となった。

1915年夏袁世凱の帝制運動が開始されると，楊永泰，欧陽振声らと共和維持会を結成し，袁を批判する宣言を発表した。同10月李根源らと『中華新報』を創刊し，総編集となって，帝制反対の論陣を張った。同月雑誌『新中華』をも発刊した。16年5月，軍務院が成立すると，駐滬委員に任じられた。

1916年6月袁世凱が急死して黎元洪が大総統になると，7月末段祺瑞内閣の農商総長に任じられ，8月末全国水利局総裁を兼務した。同年8月国会が回復されると，谷鍾秀派，張継派，呉景濂派の3派から成る旧国民党穏健派は客廬系を形成したが，谷派は谷自身と張耀曾が入閣したため，黎，段双方を支持し，段に批判的な張，呉両派と立場を異にした。

1916年9月9日客廬系は中華革命党系の丙辰倶楽部及び旧進歩党の孫洪伊らの韬園派と合併して憲法商権会を結成し，国会の第一党となった。しかし，10月末の副総統選挙の際，谷派が南方派の岑春煊らを推そうとしたのに対し，呉景濂派が韬園派と共に馮国璋を推したため，谷派は客廬系を離れ，11月19日に政学会を結成した。主席は張耀曾で，谷鍾秀は副主席となった。

1917年2月対独参戦問題が起きると，政学会は対独国交断絶には賛成したが，対独宣戦には他の商権系各派と共に反対した。5月10日段祺瑞らが公民団数千人を動員して国会に圧力をかけ，対独宣戦案を承認させようとしたため，谷鍾秀は他の閣僚と共に辞職を表明した。このため段内閣は同月23日に倒れ，伍廷芳の臨時内閣を経て，28日李経羲内閣が成立した。谷は両内閣に留任したが，6月13日に国会が解散されると，同月末農商総長及び水利局総裁を辞任した。

1917年8月政学会は他の旧国民党系議員と共に広州で非常会議を開いて護法政府を成立させ，やがてその与党となるが，谷鍾秀は北京にいて外交代表を務めた。

1922年8月旧国会が回復されると，政学系は北京に戻り，黎元洪を支持して直隷派と対立した。23年2月谷鍾秀は収回鉄路籌備処総辦兼籌辦膠済鉄路贖路等事宜に任じられ，3月政学会を国会議員40～50人を擁する憲政社に改組して，その政務部外交股委員兼事務部文牘股委員となった。

その後長く政界を退いていたが，1935年12月河北省政府委員に任じられ，井陘鉱務局長を兼務した。38年6月河北省民生庁庁長に任じられ，39年2月民生庁庁長と省政府委員を退職した。没年不詳。

著書に『中華民国開国史』，『外国地理』などがある。

参考文献：謝彬『民国政党史』（上海学術研究会総会，1925年増補訂正版，上海）。李新・李宗一主編『中華民国史』2編1巻（下）（中華書局，北京，1987年）。楊立強・劉其奎主編『簡明中華民国史辞典』（河南人民出版社，鄭州，1989年）。李雲漢「政学会与護法運動」，『中華民国初期歴史研討会論文集』上冊（中央研究院近代史研究所，台北，1984年）。*Who's Who in China,* Third edition (The China Weekly Review, Shanghai, 1926).

〔味岡徹〕

顧　祝同（こ　しゅくどう） Gu Zhutong

（1893年1月9日～1987年1月17日）

字・墨三。江蘇省漣水県生まれ。蔣介石直系の中国国民党軍人。

1898年から祖父の弟に師事して四書五経を学び，1906年に養正小学，08年に県立高等小学に入学する。10年に南京に赴いて江蘇陸軍小学に入学し第5期生となる。11年辛亥革命勃発にともない淮安で北伐軍先遣支隊に参加し，排長などを務める。同年中国同盟会に加入する。12年7月江蘇陸軍小学に復学し，13年に卒業すると同時に第2革命が勃発し，南京衛戍総司令部参謀となるが失敗し，故郷へ戻る。14年8月武昌の陸軍第2予備学校に入学し，16年に卒業する。17年には保定陸軍軍官学校に入学し，19年に第6期歩科を卒業した後，長江上游総司令部に配置され，連長などを務める。その後，長沙，桂林などを転々とした後，22年に蔣介石と知り合い，軍士教導隊区隊長，贛軍総部連絡参謀，総部副官長代理などを歴任する。23年軍と共に広東に入った際，総部参議に昇進する。

1924年黄埔軍官学校の戦術教官，管理部主任代理，教導第2団第1営営長などを歴任し，蔣介石に認められる。25年には東征に参加し，第2団参謀長代理を務め，楊劉戦争にも参加する。第2次東征の際正式に第2団参謀長となり，同年12月には第3師参謀長に昇進する。26年には何応欽の下で北伐に参加し，第3師副師長に昇進して梅県，福建に進駐し，その後第3師師長に昇進する。長江では孫伝芳軍を撃退し，27年9月に第9軍軍長に昇進し，10月には国民政府軍事委員会委員を兼任する。

北伐完成にともなう編制改編により，陸軍第２師師長兼江蘇省政府委員に就任する。1929年蔣桂戦争に参加する。同年７月湖北各部隊編遣特派員辦事処委員を兼任し，10月には第１軍軍長，第２師師長，国軍編遣委員会直轄第２編遣分区辦事処委員を兼任する。同年12月第２次反蔣戦争で唐生智軍撃破に貢献し，叙勲される。30年の中原大戦の際は第１軍を率いて参戦し，隴海路中央軍総指揮に任命され，大戦終結後は陸海空軍総司令洛陽行営主任に任命される。31年７月国民政府警衛軍軍長兼警衛軍第１師師長に就任する。同月剿赤軍南路集団軍第２軍団総指揮として剿共戦に当たる。同年11月中国国民党第４期中央執行委員に当選し，翌月江蘇省政府委員兼省主席となる。この時期顧は復興社のリーダーと見なされている。32年江北運河善後工程委員会主任委員及び江蘇省戦区救済委員会常務委員に就任する。33年贛粤閩湘鄂剿匪軍北路総指令に就任して江西第５次囲剿作戦を担当する。福建人民政府事件の際には北路軍第２路軍を率いて鎮圧に当たる。34年１月には軍政部政務次長，10月には駐贛綏靖主任に任命され，35年１月には陸軍上将に昇進する。36年，国防会議会員，貴州省政府委員及び省主席，全省保安司令，定桂軍第１路総司令などを兼任する。西安事件の際には，討逆軍西路集団軍総司令に就任して蔣介石救出に尽力する。37年１月軍事委員会委員長西安行営主任兼討逆軍第１集団軍総司令に就任する。

蘆溝橋事件後は江蘇省政府主席，第３戦区司令長官を務め，1938年には第24集団軍総司令を兼任する。39年には第３戦区戦地党政委員会分会主任委員，40年には蘇皖連立臨時政治学院院長を務める。41年には皖南事変で新四軍を撃退し，葉挺軍長らを捕虜とする。42年５月には日本軍と浙贛会戦を戦う。45年には中国陸軍を代表して南京日本軍投降典礼に参加する。46年５月の中央軍事機関改制により初代陸軍総司令に就任する。47年中央訓練団徐州分団主任及び陸軍第２訓練処処長を兼任する。48年に参謀総長に就任，その後陸軍総司令に再任される。同年７月広州で成立した国民党非常委員会の軍事小組委員，12月には西南軍政長官なども兼任して，西南各省の作戦を指揮する。

1949年12月蔣介石とともに台湾に移り，国防部長代理に就任する。同年４月に戦略顧問委員会副主任委員を務め，52年10月には第７期中央評議委員に選出される。54年に１級上将に昇進し，59年には国防会議秘書長に任命される。72年には総統府戦略顧問に任命される。76年11月中央評議委員会議主席団主席に選出される。85年に脳血栓で入院し，87年１月に台北で病没する。著作に『墨三九十自述』がある

参考文献：劉紹唐主編『民国人物小伝』第12冊（伝記文学出版社，台北，1991年)。呉湘湘『民国百人伝』(伝記文学出版社，台北，1971年)。顧祝同『墨三九十自述』(国防部史政編訳局，台北，1981年)。楊牧他主編『黄埔軍校名人伝略』１（河南人民出版社，鄭州，1986年)。

〔松田康博〕

関　天培　Guan Tianpei

(1781年～1841年)

字・仲因，号・滋圃，謚・忠節。原籍，江蘇省山陰県。兵士出身。武生。提督。

1812年揚州営守備，26年江蘇太湖営水師副将を歴任し，27年には蘇松鎮総兵，33年には署江南提督に，さらに34年には広東水師提督に任じられて，広州湾岸の虎門・南山・横檔などの砲台の増強，防備軍の訓練の強化に努め，西欧勢力の侵略にそなえた。

アヘンの禁輸政策が強められるや，両広総督・鄧廷楨に協力して密輸の取り締まりを強化した。1838年，林則徐が欽差大臣として広州に赴任し，アヘン密輸入厳禁政策を強行すると，関天培はこれを積極的に支持し，翌39年，命を受けて指揮下の水軍を出動させてイギリス・アメリカ両国船に積載されていたアヘン２万余箱（16トン余り）を押収してすべて廃棄した。同年11月，イギリス軍艦２隻が穿鼻沖に侵攻して商船の出入を妨害した。関天培は部下を督励して敵艦を砲撃し，イギリス軍艦を撃退した。この戦闘は「穿鼻海戦」といわれ，事実上のアヘン戦争の開端である。翌月，イギリス軍はまた侵攻を試みたが，関天培は参将・陳連陞などと協力して尖沙嘴や官涌など海浜要衝に侵攻してきたイギリス軍艦をしばしば撃退し，外洋に退散させた。その功により関天培は法福霊阿巴図魯の称号を賜与された。40年６月，イギリス増援艦隊が広東に到着し，さらに北進して浙江沿海から天津沖に迫ると，清廷は対英妥協政策に転じ，９月，琦善が欽差大臣に任命されて林則徐や鄧廷楨らアヘン密輸入厳禁派が罷免された。琦善は広州に到着すると沿海の防備体制を解除し，水軍も３分の１に削減した。41年１月初め，イギリス軍は海防体制の撤廃に乗じて虎門沖の穿鼻洋の沙角砲台に侵攻し，副将・陳連陞は抗戦のうえ戦死した。ついで大角砲台も占領され，虎門が危機に瀕するに至り，関天培は靖遠の砲台を守った。イギリス軍の猛攻に対抗すべく琦善に援軍の増派を要請したが，わずか200人の兵士が増派されただけであった。関天培は衆寡敵せずと悟ったが砲台の死守を決

意し，孤軍奮闘した。イギリス軍の猛攻を受けて各所の砲台が次々と占領され，関天培は数十カ所の傷を受けて遂に戦死した。忠勇が賞せられて昭忠祠に合祀された。著書に『籌海初集』がある。

参考文献：李桓輯『国朝耆献類徴』373（湘陰李氏刊，1890年）。繆荃孫編『続碑伝集』64（江楚編訳書局，上海，1910年）。民国清史館『清史稿』列伝159（民国清史館，北京，1927年）。民国中華書局編『清史列伝』39（民国中華書局，上海，1928年）。清史編委会編『清代人物伝稿』下編2巻（遼寧人民出版社，瀋陽，1985年）。〔横山英〕

関（かん）　向応（こうおう）　Guan Xiangying

（1904年9月18日～1946年7月21日）

原名・致祥，別名・応稟，筆名・向応，仮名・関仲冰，李世珍。遼寧省金県大関家屯生まれ。満族。中国共産党員，軍指導者。

生家（瓜爾佳氏）は貧しく，1918年4月，普蘭店公学堂に入学，20年4月，大連の伏見台公学堂付設2年制商科に入学し，23年3月卒業後，「日華興業株式会社」に職を得るが，植民地大連の状況に接し民族的独立の必要性を感じ，数カ月で退職，その後，日本の新聞社「泰東日報社」の印刷工場で見習工をした。

1923年冬，大連に来た中共党員，陳為人，李震瀛らの影響下に，24年4月（2月説もあり）中国社会主義青年団に加入，5月，李とともに上海へゆき，閘北市民協会で活動。同年末，派遣されてモスクワの共産主義労働大学に入り，陳喬年らの紹介で25年1月中国共産党に入党。同年5・30運動後に上海にもどり活動するが，27年4月12日クーデター後漢口でストライキを組織した。同年5月，中国共産主義青年団第4回全国代表大会（武漢）で共青団中央委員会委員に選出された。

1928年6月，モスクワの中共第6回全国代表大会で中共中央委員兼中央政治局候補委員となる。同時期に開催された共青団第5回全国代表大会で団中央書記となった。30年李立三路線を推進し，9月の中共6期3中全会で中央政治局委員，さらに同年冬には中共中央長江局書記となったが，31年1月4中全会では，中央政治局候補委員に降格される。上海で労働組合連合会活動に従事中逮捕される。後に救出され，同年11月，湘鄂西根拠地に派遣された。

その後1931年11月中華ソヴィエト共和国臨時中央政府執行委員，32年2月，工農紅軍第3軍の政治委員となる（軍長・賀龍）。当時，湘鄂西根拠地の書記をしていた夏曦は王明路線を推進していたが，34年関向応は，賀龍とともに，夏曦を批判し，黔東（貴州東部）根拠地を樹立した。同年11月，紅3軍団は湘贛（湖南・江西）根拠地から転戦してきた紅6軍団と合流，中共湘鄂川黔（湖南・湖北・四川・貴州）辺省委員会を成立させた（書記・任弼時）。その際，関向応も同委委員となる。35年8月までに10万の国民党軍の包囲攻撃を撃退したが，9月からの大規模な攻撃を支えきれず，11月「長征」の途についた。36年7月，西康省甘孜に到着し，紅軍第4方面軍（朱徳，劉伯承ら）と合流。紅3軍団は紅軍第2方面軍と改称，総指揮に賀龍，政治委員に任弼時，副政治委員に関向応が就任した。この時，張国燾が別に「党中央」を樹立していたことに対し，関向応は賀龍，任弼時，徐向前らと反対闘争をおこない，北上抗日を実行し，36年10月，紅軍第1方面軍（彭徳懐，毛沢東ら）との合流に成功した。12月，中央革命軍事委員会委員，第2方面軍政治委員に就いた。

1937年7月盧溝橋事件以後，8月中央革命軍事委員会華北分会委員となり，八路軍に改編されたときには，第120師の政訓処主任となって山西に進駐，38年春にかけて山西北部への日本軍の進攻を阻止し，大青山抗日根拠地の創立に力を尽くした。38年9～11月の中共6期6中全会で中央委員となる。日本軍の冀中（河北中部）への進攻が激化したのに対し，第120師は39年半ばにかけて反「掃蕩」作戦を展開し，冀中抗日根拠地を保持した。40年2月，第120師は晋西北（山西省西北部）に引きかえし，日本軍の「掃蕩」と閻錫山の攻撃を阻止し，晋西北根拠地を樹立した。42年5月，陝甘寧晋綏連防軍司令部政治委員となり，10月，中共中央晋綏分局の書記に就任。ところが，40年頃からすでに肺を患っていた関向応は，45年病状が悪化し，翌46年延安で死亡した。45年4～6月の中共第7回全国代表大会ではひきつづき中央委員に選出されていた。

参考文献：趙文翰「関向応」，『解放軍将領伝』4集（解放軍出版社，北京，1987年）。『中国共産党歴史大辞典―人物分冊』1巻（中共中央党校出版社，北京，1988年）。沙汀・王震等『賀龍』（広角鏡出版社，香港，1977年）。金恒薇「無産階級革命家」，『満族研究』2011年2期。

〔西村成雄〕

光緒帝（こうしょてい）　Guangxudi

（1871年6月28日～1908年10月21日）

原名・愛新覚羅載湉。諡・景皇帝。廟号・徳宗。年号により光緒帝と呼ばれる。清朝第11代皇帝，戊戌変法の推進者。

咸豊帝の弟・醇親王奕譞と西太后の妹・葉赫那拉氏

の長子，宣宗道光帝の孫として生まれた。1875年同治帝が嗣子がないまま死去したのでその継承者として西太后から推されて即位したが，実際には西太后が訓政を行った。81年西太后の弟・桂祥将軍の娘・晋澧と婚約し，89年に結婚，さらに謹妃，珍妃の側室を持ったが，実子はなかった。皇后は西太后のための監視役でもあった。また，西太后は大監・李蓮英に皇帝の身辺をさぐらせた。同年，大婚後親政を認められたが，実権は西太后の手中にあった。

1895年日清戦争に敗れて清朝は下関条約を締結，巨額の賠償金，台湾の割譲などにより光緒帝は国の将来に危機を感じて変法の必要性を考えるようになった。

丁度この時，翁同龢を通して康有為の数回の上書や「俄彼得変政考」，「日本明治変政考」を読み，維新派によって自らを固める決意をする。ついで98年6月11日，御史・楊深秀，侍読学士・徐致清の上奏により，変法国是の詔勅を下した。それはまず数年来の廷臣達の変法の求めに応じて，特科の開設，武科制度の改革，大小の学堂の設立などの詔書を発したことに言及している。続いてこの詔書は，「聖賢義理の学を根本に植え，また西学で時務に切実なものを博く探り，実力で求め，空疏迂謬の弊を救い，……経済の変化に通用する人材を成するように」求め，中学を根本にし，西学を採り入れて中国の積弊を救おうとする態度を示していた。詔書の最後の所で「京師大学堂は各行省で提唱し，……軍機大臣と総理各国事務王大臣に命じて」，有能な人材を「均しく入学させて授業を受けることを許し，人材の輩出を期し，共に時難をすくうように」求めていた。ここにおいて，人材を養成し，政治に参加させ，困難を乗り切ろうとする切実な様子がうかがわれる。

ついで1898年6月13日に光緒帝は，康有為，張元済を16日に預備召見することを宣命した。西太后派は光緒帝一派が勢いを得ることを懸念し，ついに翁同龢を咎めたため，光緒帝は翁同龢を退かせ，栄禄に命じて北京を守らせ，3軍を統率させた。また，二品以上の大臣の任命が西太后にゆだねられたので，光緒帝と西太后の一層の対立を引き起こすこととなった。6月16日康有為と張元済は旨を奉じて召見に応じ，康有為は「既に守旧が禍敗を致したことを知り，変法と維新を尽さなければ自強はできない」と強く主張した。帝も「誠に変法でなければできない」といったが，干渉をはばかって，八股文の廃止と国家の予算については，やっと質問に加えた。光緒帝はまた，張元済の通芸学堂のことをたずね，諸生に勉めて励み，国家のためにことをなすように勧めた。

そこで，光緒帝の上諭を取り上げて，変法の構想を明らかにしていく。1898年6月11日から9月20日まで205の上諭が出された。それらは大別して政治，経済，文化教育，軍事の4方面に分類できる。まず政治面においては，変法国是により光緒帝が変革の主体となり，立憲君主制を施くことであった。ついで，新しい人材の登用による変法体制の確立，その内容としては，時務に通達すべきこと，経済特科の新設と八股文の廃止による科挙制の改革，余分の官・員の廃止による役所の近代化がかかげられた。

経済面では，国家の歳入歳出をよく管理し，鉄道の敷設，鉱山の開発，農業，商業，工業の育成により，民生の向上を図ろうとするものであった。

文教面においては，留学生を派遣し，外国の文化を摂取し，旧来の書院を改めて京師大学堂を中心とする西欧風の近代的な学校を設立し，学問や発明を奨め，新聞社を設立して民衆の啓蒙にあたろうとした。

軍事面では，軍艦を建造して西欧風の近代的軍隊を作り上げることにより，清朝を近代的な強固な独立国たらしめんとしたのであった。

しかし，光緒帝の意を呈して譚嗣同が袁世凱に西太后押し込めを依頼したが，逆に袁世凱が西太后に密告したので，これらの変法実施の政策も失敗することとなった。光緒帝は北京城内に幽閉され，変法派の官僚たちは弾圧された。そして，この変法の実施は義和団事件後の新政を待たねばならなかった。

1900年義和団事件処理の失敗により光緒帝は西太后と共に西安に逃れたが，西太后の指示により光緒帝の珍妃は宦官・李蓮英によって井戸に投げ込まれ，殺された。01年光緒帝は北京にもどったが，政治にたずさわることはなく，08年11月光緒帝は西太后の亡くなる1日前に死去した。死亡診断書には，一応胃病と記されているが，正確なことは不明である。

参考文献：徳菱公主『光緒秘史』（時代図書，香港，1981年）。湯志均編『戊戌変法人物伝稿』増訂本上冊（中華書局，北京，1982年）。出山『光緒与珍妃』（山東人民出版社，済南，1983年）。葉林生『光緒皇帝』（黄山書社，合肥，1985年）。馮元魁『光緒帝』（吉林文史出版社，1993年）。

〔深澤秀男〕

郭（かく）　春濤（しゅんとう）　Guo Chuntao

（1895年～1950年6月30日）

字・名忠。湖南省酃県生まれ。中国国民党員，中華人民共和国では中国国民党革命委員会の中心人物。

北京大学卒業後，フランスに留学，帰国後は五・四運動に参加。以後，中国国民党中央政治会議秘書処秘

書，中国経済研究会理事，豫陝甘農工生活改良委員会委員長を歴任。

1926年1月に国民党第2期中央監察委員候補に当選。この頃は，丁維汾を中心とする「反共大同盟」の一員であったとも言われている。27年6月には国民党中央政治委員会開封政治分会委員となる。またそれと前後して，馮玉祥の西北国民軍（国民革命軍第2集団軍）政治部主任，国民党河南省党部指導委員ともなる。

1931年12月，国民党第4回全国代表大会において中央監察委員候補に当選するとともに，国民党中央部民衆運動指導委員会委員となり，32年1月には国民政府実業部政務次長に任ぜられ，陳公博の下で執務する。33年9月には黄河水災救済委員会委員として派遣され，35年には実業部政務次長の職を辞任した。

抗日戦争期には，重慶にて東方文化協会を主宰するとともに，三民主義同志連合会の発起人の1人となる一方で，蔣介石の独裁に対する反感を強める。1947年5月三民主義同志連合会華南辦事処が香港で発行した『大同日報』の理事に任ぜられ，48年には中国国民党革命委員会の組織者の1人となる。49年9月には中国人民政治協商会議第1期全体会議に三民主義同志連合会代表として参加し，その全国委員会委員に選出される。

中華人民共和国成立後は，中央人民政府政務院政治法律委員会委員及び政務院政務委員会副秘書長，参事室主任となり，1949年冬には中国国民党革命委員会の中央常務委員兼秘書長に推される。50年6月北京にて病死。

参考文献：徐友春主編『民国人物大辞典』（河北人民出版社，石家荘，1991年）。李盛平主編『中国近現代人名大辞典』（中国国際広播出版社，北京，1989年）。京声・渓泉編『新中国名人録』（江西人民出版社，南昌，1987年）。週末報社編『新中国人物誌』上・下集〔合訂本〕（週末報社，香港，1950年）。外務省情報部編『現代中華民国・満州帝国人名鑑』（東亜同文会，1937年）。〔江崎隆哉〕

郭（かく）　滴人（てきじん）　Guo Diren

（1907年12月8日～1936年11月18日）

原名・尚賓。福建省龍岩県湖洋郷生まれ。中国共産党の農民運動指導者。

父・郭栄章は小作農。郭滴人は小学校卒業後漳州の雑貨店で徒弟として奉公した。1923年集美師範学校に入学したが，1年後郷里に帰って小学教師になった。26年春広州農民運動講習所に入り，6月には中国共産党に加入。

1926年9月講習所卒業と同時に北伐軍東路軍政治部に配属された。北伐軍と共に閩西（福建西南部）へ入って同地に留まり，国民党中央農民部特派員として龍岩・漳平・寧洋3県の農民運動の指導に当たった。各郷に組織した農民協会は，27年4月国民党右派のクーデターにより解散させられたが，秘密裡に再組織をすすめた。11月中共龍岩県委員会が成立すると組織部部長に就任。宣伝部部長の鄧子恢らと共に龍岩県后田を中心に農民の闘争を指導し，28年春武装暴動を成功させた。29年2月中共龍岩県委書記。同年春，毛沢東らの率いる紅4軍が閩西に入って龍岩県城を攻撃した際，これに呼応し遊撃隊を率いて戦った。龍岩解放後は土地革命を実行し，全県工農兵代表大会において県ソヴィエト政府主席に選ばれ，30年3月閩西ソヴィエト政府が成立すると政府執行委員の1人になった。

1930年5月上海で開かれた全国ソヴィエト区域代表大会に閩西代表として出席し，李立三路線を閩西にもたらした。そして李立三路線受け入れを決定した7月の中共閩西第2回代表大会で，これに反対した鄧子恢に代わって閩西特委書記になった。31年初め閩西社会民主党粛清事件が発生し，当初は積極的に事件の必要を認めていたが，優秀な党員が冤罪で相継いで断罪されるのを見て事件に疑問を抱くに至った。7月，党中央の指示により閩西政治保安処が設けられて処長になると，事件の収拾を図り，逮捕されていた人々を釈放した。11月瑞金で開かれた第1回中華ソヴィエト代表大会に出席，中央ソヴィエト政府の成立とともに国家政治局保衛局福建分局局長に任ぜられた。

1932年3月福建省ソヴィエト政府が成立，執行委員となって文化部部長を担当した。また中共福建省委員会の常務委員，組織部部長，宣伝部部長，地方工作部部長を歴任した。33年福建省委代理書記・羅明に対する反羅明路線闘争が展開された際，紅軍拡大は必要であるが同時に地方ソヴィエト政権の防衛力が弱められてはならないと主張，羅明路線の擁護者とみなされ，職務を解かれて地方の建設工事監督の職に逐われた。34年4月瑞金の中央党校高級班に入り，卒業後は寧都で紅軍拡大のための宣伝工作に従事した。

長征中は第1方面軍第3軍団に所属し，肺結核の病軀をおして通過地域の人々への宣伝工作にあたった。長征終了後，中共陝北省委員会宣伝部部長，党中央局組織部幹部科科長をつとめたが，1936年11月保安にて病死した。

参考文献：中共党史人物研究会編『中共党史人物伝』15巻（陝西人民出版社，西安，1984年）。中共龍岩地委党史資料

徴集研究委員会『閩西革命根拠地史』（華夏出版社，北京，1987年）。〔本庄比佐子〕

郭楽（かくらく） Guo Le

（1874年～1956年）

原名・楽。字・鸞輝。広東省香山県第1区族鼓郷竹秀園村生まれ。原籍，広東省香山県。オーストラリア華僑出身の著名な実業家，百貨店永安公司の創立者。

20～30畝を耕す自作農・郭沛勲の家に生まれ農作業を手伝っていたが，1892年水害のために生計が立たなくなり出国，オーストラリアのシドニーで店員などをして暮らした。97年8月18日，同地の華僑との共同出資によりバナナ販売中心の果物店，永安果欄（後のシドニー永安公司）を開き，1905年にはフィジー島に自社経営のバナナ農園を開設，そのほか対中国貿易や華僑相手の為替送金業務などにも手を広げ，営業活動の規模を拡大していく。この頃までに郭泉，郭葵，郭浩，郭順の4人の弟達も次々にオーストラリアへ渡り，兄の仕事を手伝うようになっていた。

1907年8月28日，それまでの経験を生かし，香港に永安百貨公司を開業し，09年オーストラリアから香港にもどり，事業を拡大した。さらに15年香港で永安水火保険公司を開設，18年9月5日，香港の百貨店経営が順調に推移したため，上海にも進出しメインストリートの南京路に開店している。上海永安公司は，緻密な市場調査にもとづいて高級輸入品の定価販売を重視するとともに，良質の国産品については永安ブランドで販売し巨利を得た。滞貨を生まないよう常に消費動向に注意し，ファッション・ショーの開催や製造過程を実演しての販売など，宣伝にも工夫を凝らしていたという。

国産品愛用の声が高まる30年代には，国産品専門の売場を設けて対応した。一方，併設の大東旅社は，ダンスホール，ビリヤード，バーなどが揃った上海きっての高級ホテルとして知られ，屋上の遊園地も市民の人気を集めていた。こうした経営努力の結果，20～30年代の上海永安公司は，売上高，収益ともに全国首位の座を占めた。

また1921年には，弟の郭順が中心となって永安紡織公司を設立，中国綿紡織業界におけるトップクラスの企業に発展させている。

抗日戦争で上海が日本軍占領下に置かれると，当初郭楽は永安紡織公司の営業をアメリカ国籍で継続しようと試みるが，日本軍によって拒否され，結局1939年，アメリカに逃れざるを得なかった。その後，中国国内の関連企業の経営は弟や子供たちにまかせるとともに，自らはサンフランシスコやニューヨークに永安公司の支店を設けて経営に当たったが，それほど成功しなかったようである。56年に亡くなるまでアメリカで暮らした。なお上海永安公司は，50年代に国営化されて上海第10百貨店と改称されたが，80年代に至り香港永安公司との合弁が進められた。

参考文献：菊池敏夫『民国期上海の百貨店と都市文化』（研文出版，2012年）。郭泉『永安精神之発軔及長成史略』（私家版，香港，1961年）。中国社会科学院近代史研究所主編『民国人物伝』1巻（中華書局，北京，1978年）。呉広義等編『苦辣酸甜—中国著名民族資本家的路』（黒龍江人民出版社，哈爾浜，1988年）。中国人民政治協商会議文史資料研究委員会編『工商経済史料叢刊』1輯（文史資料出版社，北京，1983年）。〔久保亨〕

郭亮（かくりょう） Guo Liang

（1901年12月3日～1928年3月29日）

字・郭靖茄，仮名・李材君。湖南省長沙県銅官射山沖文家壩生まれ。中国共産党の指導者，労働運動の組織者。

父の郭弼林は私塾の教師で，郭亮に幼少の頃より四書五経などの古典を読ませた。12歳の時西湖高等小学堂に入学し，後に靖港第四高等小学に転入する。さらに，1915年秋長沙長郡中学に進学するが，経済的理由から2年で退学し農業に従事する。20年秋再び進学を志し湖南省立第一師範学校第2部に入学し22年8月卒業。在学中毛沢東と親交を結び，新民学会に加入，さらに社会主義青年団，ロシア研究会にも加わり，21年冬，毛の紹介で中共に入党する。郭亮は第一師範時代から毛沢東との関係が深く，その後も毛の指導下で活動することが多かった。

中共入党後，郭亮は粤漢鉄道岳州労働者倶楽部秘書，同倶楽部連合会秘書，中共湘区執行委員会委員などに就任し，1922年9月毛沢東，林育南らとともに粤漢鉄道上の岳州，新河，長沙，徐家棚の4地区でストを組織，実行する。スト続行中に当局に逮捕され，武漢陸軍監獄に一時投獄される。同月下旬に釈放され，同年11月粤漢鉄路総工会主席，湖南省総工会副総幹事となる。湖南省総工会では総幹事の毛沢東の助手をつとめる。23年4月毛の後任として同会総幹事に就任するが，当時中共湘区委内では労農運動部部長をつとめており，郭はこの時点で湖南省における中共系の労働運動の責任者になったといえる。

第1次国共合作成立にともない個人の身分で国民党に加入し，北伐に際しては労働者糾察隊，輸送隊を組織して国民革命軍の長沙進撃を支援した。この合作時期に，1926年5月広州の第3次全国労働大会で中華全国総工会執行委員会候補委員に当選し，同年12月易礼容らとともに湖南全省第1次労働者代表大会を主宰，湖南省総工会委員長に選出される。

1927年4月郭亮は武漢の中共5全大会で中央候補委員に選出され，初めて党中央レベルのポストを得る。会議の席上，土地革命の強化，大々的な農民の武装，農民政権の樹立といった毛沢東の一連の提案を断固支持したとされる。同年5月下旬の馬日事変直前中共湖南省委書記代理となり，事変発生後は柳直荀とともに農民軍を動員し長沙を攻撃する。長沙攻撃失敗後，武漢に退く。

1927年6月中下旬武漢で開催された第4次全国労働大会に出席し，湖南省の労働運動，馬日事変，長沙攻撃の様子を報告，中華全国総工会執行委員に選出される。大会終了後湖南省に戻り，再び武装闘争を展開する。同年7月下旬南昌に赴き，賀龍指揮下の紅20軍内で政治工作に従事する。8月南昌蜂起に参加し，革命委員会農工委員会委員に就任する。蜂起失敗後，所属部隊は南方に撤退途上，広東省の潮州，汕頭において国民党軍に攻撃され大打撃を被り，郭は柳直荀，周尚武らと海上香港に脱出。同年11月香港から中共中央所在地の上海に向かう。潮州，汕頭攻撃から上海に至るまで「李材君」の名を使用した。なお，8月8日湘南特別委員会が成立するが，郭亮はその委員に任命されていた（書記・毛沢東）。

1927年11月上海に到着した郭亮は中共湖北省委書記に任ぜられ，同月中に武漢に赴任し地下工作に従事する。しかし，国民党による弾圧が厳しく，赴任後間もなく武漢撤退を余儀なくされる。28年1月中共湘鄂贛辺区特別委員会書記に任命されると，翌2月初め武漢より岳州に指導機関を移転，湖北，湖南，江西の辺境地帯で党勢の回復に努める。同年3月27日深夜裏切りにあい，岳州で何鍵の部下に捕らえられ長沙に護送され，同月29日長沙の“懲共法院”内で処刑された。

参考文献：陳玉堂編『中共党史人物別名録』（紅旗出版社，北京，1985年）。中共党史人物研究会編『中共党史人物伝』29巻（陝西人民出版社，西安，1986年）。王永均・劉建皋編『中国現代史人物伝』（四川人民出版社，成都，1986年）。《革命烈士伝》編輯委員会編『革命烈士伝』2集（人民出版社，北京，1987年）。〔中村楼蘭〕

郭（かく）　沫若（まつじやく）　Guo Moruo

（1892年11月16日～1978年6月12日）

本名・開貞，幼名・文豹。号・尚武，沫若，筆名・麦克昂，鼎堂ほか。四川省楽山県沙湾鎮生まれ。文学者，歴史学者，政治家。書家としても有名。夫人・佐藤をとみ（中国名・安娜），于立群。

中地主兼商人の家に生まれる。父・郭朝沛。母・杜邀貞。4歳で家塾に入り，1905年嘉定高等小学校，07年嘉府中学堂，10年成都高等学堂分設中学校，および成都高等学堂に進む。優秀ではあったが，反抗分子として嘉定高等小学校，嘉定府中学堂からは除籍処分を受ける。13年夏天津陸軍医学校の学生募集に応じて四川を後にしたが，入学せず長兄の援助で日本留学の途につく。

1914年第一高等学校予科に入学，官費留学生の資格を得る。15年岡山の六高に入学。同年末仙台出身の女性・佐藤をとみと岡山で同居をはじめる。18年九州帝大医学部に入学。九大在学中は文学に傾倒し，21年処女詩集『女神』によって文壇に登場した。また，留学生仲間の郁達夫，田漢，成仿吾，張資平らと「創造社」を結成した。21年4月純文学雑誌を出版するため成仿吾とともに上海に向かうが，3カ月後福岡に戻り学業を続ける。23年3月九大医学部卒業後，妻子とともに帰国。24年4月再度来日，福岡に住む。この年の春から夏にかけて河上肇の『社会組織与社会革命』を翻訳している。同年11月上海に戻る。

1926年3月広州の中山大学文学院長にむかえられたが，間もなく北伐に参加，国民革命軍総政治部副主任（主任・鄧演達）として軍内の政治思想教育と民衆に対する宣伝工作を担当する。しかし，蔣介石による反共クーデター直前の27年3月末，「請看今日之蔣介石」なる檄文を書いて蔣と決裂。同年8月南昌蜂起に参加。同月蜂起軍の撤退中，周恩来，李一氓の紹介で中国共産党に入党した（だが，入党が正式に承認されたのは58年12月であった）。その後，香港，上海を経て28年2月日本へ亡命，千葉県市川に住む。以降，日本官憲の監視下，10年の歳月を中国古代史の研究および文学創作に費やす。当時の代表的著作に『中国古代社会研究』（30年），『甲骨文字研究』（31年），『殷周青銅器銘文研究』（31年），『両周金文辞体系考釈』（32年），『卜辞通纂』（33年）などがある。これらの著作は歴史学者としての彼の名を世間に知らしめた。また，文学の方面では『我的幼年』（29年），『反正前後』（29年），『初出夔門』（31年），『創造十年』（32年）などの一連の自伝的作品がある。

1937年7月の日中全面戦争勃発直後に妻子を市川に残して帰国（佐藤をとみは48年4月台湾，香港経由で北平に到着，のちに大連で人民政府による生活保護を受けて暮らす），周恩来らと協力しながら国民党地区における抗日救国宣伝工作を展開した。38年2月国民政府軍事委員会政治部第3庁庁長（政治部副部長は周恩来）に就任。40年9月国民政府文化工作委員会主任となり文芸宣伝を主管した。抗日戦争中も創作意欲は衰えず，「屈原」（42年），「虎符」（42年），「孔雀胆」（43年），「南冠草」（44年）などの史劇を発表。「甲申三百年祭」（44年）は整風運動の際，学習文献のひとつとなった。45年6月ソヴィエト科学アカデミーの記念会出席のためソ連を訪れた。

1946年1月無党派人士代表として政治協商会議に参加。同年5月重慶より上海に赴く。47年11月香港に移る。香港滞在中，南昌蜂起の回顧録『涂家埠』，『南昌之一夜』，『流沙』，および抗日戦争の回顧録『洪波曲』を書き上げている。48年11月香港より東北解放区に赴く。49年2月瀋陽より北平に移り，新政治協商会議準備委員会副主任となる。同年8月中国文学芸術会連合界主席に選出され，同年9月第1期全国政協会議に出席した。

中華人民共和国成立とともに政務院副総理兼文化教育工作委主任，中国科学院院長に就任。50年10年抗米援朝総会主席，中国人民世界平和擁護委主席に選出され，以降平和運動推進のための多くの国際会議に出席した。53年3月スターリンの死去に際し，弔問団員として訪ソ。5月ストックホルムにおける世界平和理事会に出席。同年12年ウィーンで開催された世界人民平和大会に出席した。54年4月中国科学院社会科学部主任を兼任。同年9月第1期全人代四川省代表，12月第2期全国政協副主席に選出される。55年4月ニューデリーで開催されたアジア諸国民会議に政府代表団長として出席。同年12月学術視察団長として訪日した。59年4月第2期全人代四川省代表，同常務委副委員長，第3期全国政協副主席に選出される。63年7月中国科学技術大学校長に就任。同年10月中日友好協会名誉会長となる。64年9月第3期全人代四川省代表となる。

文化大革命直前の1966年4月14日全人代常務委員会拡大会議の席上，「今日の基準からいえば，私が以前書いたものにはいささかの価値もない。すべて焼き尽くすべきである」と自己批判，内外に衝撃を与えた。69年4月中共9全大会において中央委員に選出される。70年10月ナセル大統領死去に際し特使としてカイロ訪問。73年8月第10期中央委員。75年1月第4期全人代四川省代表，同常務委副委員長。77年8月第11期中央委員。78年3月第5期全人代四川省代表，同常務委副委員長，第5期全国政協副主席に選出される。同年6月北京で病死した。

参考文献：『沫若文集』全17巻（人民文学出版社，北京，1959～63年）。『中国古代の思想家たち』上・下（岩波書店，1953年，57年）。『沫若自伝』全6巻（平凡社，1967～73年）。龔済民・方仁念『郭沫若年譜』上・下（天津人民出版社，天津，1982年，83年）。　〔高橋伸夫〕

郭（かく）　紹虞（しょうぐ）　Guo Shaoyu

（1893年11月21日～1984年6月22日）

原名・希汾，字・紹虞。江蘇省蘇州の貧しい教師の家に生まれる。中国古典文学理論研究家，言語学者。特に中国古典文学における体系ある文学批評史を打ちたてるのに大きな功績があった。

幼い頃蒙養義塾に入り，1910年蘇州工業中学に在学中友人たちと雑誌『嚶鳴』を作り，愛国的な作品を発表，時代の雰囲気を敏感に感じとる文学青年であった。13年7月上海商務印書館附属の尚公小学校の教員に就職，15年上海進歩書局編集人，16年には東亜体育学校で教鞭をとる。五・四運動勃発の頃より『新青年』の影響を強く受けて『新潮』に意見を投稿するようになり，このことから新潮社の社員になった。この上海の時代は後の文学研究家，郭紹虞を生み出す最初の重要な時期であった。彼は上海商務印書館の涵芬楼の蔵書を利用する機会を得て，自学自習の苦労を味わいながらもこの時代に研究活動を開始したのである。

1920年郭紹虞は北京に出た。『晨報副刊』の特約執筆員になり多くの著述や翻訳をおこなう一方，北京大学の哲学系の聴講生となり勉学にも励んだ。21年元旦鄭振鐸，沈雁冰（茅盾），葉聖陶，周作人らと新文学運動に大きな役割を果した文学研究会を作り，彼も新詩，散文，学術的著述と幅広い分野で活動を行った。

1921年から27年まで郭紹虞は教員として中国各地で教鞭をとっている。この頃から古典文学理論に対する研究の準備を行っていた。この努力は27年7月から14年間，燕京大学中文系教授として北京に暮らした時代に大きく結実した。彼は古典文学批評史の研究を進め，『中国文学批評史』（34年）を出版した。この書は多くの資料を集め整理解説し，相互の影響関係を明らかにしたものであり，これにより中国のいくつかの大学の中文系で中国文学批評史の講座が開かれることとなった。

その後郭紹虞は，開明書店の編集者や同済大学などいくつかの大学の教官となり，解放前夜上海に戻った。1940年代の彼の主要な研究は中国言語学であり，文言白話は共に彼の研究対象となった。

1950年より郭紹虞は復旦大学中文系教授となり，中文系主任や図書館長，文学研究室主任などを歴任した。彼の研究教育活動により復旦大学は中国文学理論研究の1つの中心となり，多くの研究者を輩出した。また彼は『辞海』編集委員会副主席など中国の文学研究界を代表する人物の1人として活躍した。

1984年6月上海で病死。

参考文献：郭紹虞『中国文学批評史』(商務印書館，上海，1934年)。郭紹虞『宋詩話輯佚』(中華書局，北京，1980年)。『郭紹虞文集』全3冊（上海古籍出版社，上海，1984～86年)。　〔道坂昭廣〕

郭　松齢（かく しょうれい） Guo Songling

（1883年～1925年12月25日）

字・茂宸。盛京東郊漁樵寨村生まれ。原籍，山西省汾陽県。清末民国期の軍人。

父は郭復興，字・恢原。郭松齢は生家が貧困であったため雇工として働き，ようやく18歳になって奉天の書院に学んだ。日露戦争時の中国の惨状をみて，軍人としての道を選び，1906年奉天陸軍速成学堂に入学，翌年には北洋陸軍第3鎮に派遣された。帰奉後，盛京将軍衙門衛隊に配属されたが，陸軍統領・朱慶瀾に認められ，09年，朱とともに成都に駐防した。11年四川で武昌蜂起に呼応し，郭松齢は朱慶瀾らを支持して四川軍政府を擁立した。しかし，同年末内紛によって追われ奉天に帰り，革命派の連合急進会の指導者・張榕と直接連絡をとったが，総督・張爾巽や奉天前路巡防営統領・張作霖によって弾圧された。12年北京将校研究所に入学，いったん帰奉後，さらに派遣されて13年から16年にかけて北京の中国陸軍大学に在学し，卒業後，北京講武堂の教官となる。その後，袁世凱死後の政治的混乱のなかで，17年8月の孫文による広州での非常国会開催，護法運動に共鳴し，広東省長となっていた朱慶瀾を通じて粤贛湘辺防督辦公署の参謀や広東省警営軍営長を歴任した。ところが，18年5月広州軍政府に依る軍閥によって孫文は大元帥を辞任させられ，郭松齢も同年末，奉天に帰った。

帰奉してから，中国陸軍大学の同期であった奉天督軍署参謀長・秦華の推薦で督軍署中校参謀となり，1919年2月には東三省陸軍講武堂の戦術教官に就任した。この時砲兵科に入ってきた張学良と面識をもち，翌20年春，張学良が巡閲使署衛隊旅長に就くとともに，その参謀長兼第2団長となり，事実上，張学良を指導する立場となった。20年7月，安直戦争が勃発し，調停の名目で入関，天津で安徽派軍を破り，張作霖の信任を得るようになった。22年4月の第1次奉直戦争で張作霖は敗北したが，奉天軍内では日本陸軍士官学校卒業生（士官派）の楊宇霆や姜登選らが張作霖の入関作戦を支持していた。これに対し郭松齢は「保境安民」「改良内政」を唱え，張作霖にその実施を求めたが，楊宇霆派によって阻止された。24年9月の第2次奉直戦争では，馮玉祥の反直隷派クーデターにより奉天派は勝利し，25年5月から9月にかけて江南一帯を占領するにいたった。郭松齢はこれに反対し，東北の「保境安民」を主張したが容れられず，10月6日，日本に身を避け，馮玉祥との合作による張作霖打倒を密かに決意した。10月24日，奉天に帰り，張学良の委託により天津第3方面軍司令部を設置，7万人を擁し，一応国民軍と対峙したが，11月にかけて張作霖の攻撃命令を拒否，張学良には「東北政局の改造」を訴えた。11月19日，天津国民飯店で「反奉の挙兵」を決定，馮玉祥との合作を実行，11月22日，灤州で自軍を東北国民軍と改称，「反奉通電」を発した。

1925年11月23日，灤州を出発，12月4日から5日にかけての連山における東北国民軍の大勝は，張作霖の敗勢を決定づけた。ところが，12月15日，日本政府は関東軍司令官を通じて郭・張両軍に，満鉄付属地両側12キロ以内の戦闘行為を禁止するという警告を発した。これは事実上，遼河を越えて奉天に向かいつつある郭軍の進攻を阻止するものであった。12月21日，郭軍は巨流河東岸の張作霖軍に総攻撃をかけたが，23日にかけて劣勢となり郭夫妻らは24日新民県で逮捕され，25日遼中県に護送の後，処刑された。

参考文献：『遼寧文史資料』16輯（遼寧人民出版社，瀋陽，1986年)。任松・武育文『郭松齢将軍』(遼寧人民出版社，瀋陽，1985年)。毛履平・王関興「論郭松齢事変的性質及其失敗的原因」，『学術月刊』1982年5月。杜尚俠「試談郭松齢反奉的性質」，『東北地方史研究』1985年3期。江口圭一「郭松齢事件と日本帝国主義」，『日本帝国主義史論』(青木書店，1975年)。土田哲夫「郭松齢事件と国民革命」，『近きに在りて』4号，1983年。王雅文「郭松齢与張氏父子」，『遼寧大学学報』1995年5期。季鵬「日本幣原対華外交与郭松齢事件」，『国民檔案』2006年4期。〔西村成雄〕

郭　嵩燾（かく すうとう） Guo Songtao

（1818年4月10日～1891年7月18日）

字・伯琛，号・筠仙，晩号・玉地老人。養知先生と称さる。湖南省湘陰県生まれ。長沙の自宅で病没。父・郭家彪は医をよくするも義行，善行により家産を傾け零落をたどる。5子あり，嵩燾は第2子で長男。清末の官吏，外交官。

家塾，書院で学び1835年に秀才となり，翌36年長沙の岳麓書院で劉蓉，曾国藩と相い識る。37年には挙人となる。以後進士となるべく勉学を続けるが，その間アヘン戦争の敗北に「忠義の心，遏抑すべからず」との「悲憤」を感ずる。47年2甲39名李鴻章，沈葆楨らとともに殿試に合格，翰林院庶吉士となる。

1849年9月母を，50年3月に父を亡くし，51年喪に服して故郷に留まる。52年北上した太平軍は9月長沙を囲み，53年1月には曾国藩が出陣して湘軍が編成される。郭は各州県をまわって軍事費を集め，「通省釐金」の制度を案出して軍費の恒常的調達の途を開き，太平軍に対抗する水師の建設を提案するなど，以後57年まで曾国藩，江忠源の幕下にあって重要な役を果した。この間56年上海を訪れ『瀛環志略』を入手し，英国の強盛に「震詫」する（曾国藩の左宗棠への手紙）。

1858年2月北京に戻り翰林院編修（正七品）の原職に就くが，「京師の気象凋耗し，相与(とも)に掩飾して歓となす」（曾国藩への手紙）と絶望する。59年2月僧格林沁と共に天津の海防に取組み，防内江，造船，通訳の養成を説き，「主戦不可」と主張して僧と対立，遂に60年6月病気と称して帰郷する。

1862年5月江蘇巡撫・李鴻章の推挙で蘇松糧儲道（正四品）に，63年5月には両淮塩運使（従三品）となる。役人の私塩を取り締まり着任1カ月で5倍の増収をあげ，同年8月には広東巡撫（従二品）に栄転してほぼ3年間広州に在任する。

この間の治績で見るべきものは，三板船軍団を再編成して太平軍の余党を亡ぼし，水師の冗費を省いて治安を回復し，釐金関税の弊害に鑑みその数を縮小してむしろ収益を倍にしたことなどである。1865年9月広東官界の腐敗を弾劾する。朝廷は左宗棠に調査を命ずるが，左は逆に郭を糾弾し，怒った郭は翌66年5月広東巡撫をやめ，故郷に引退してしまう。長沙北郷の羅漢荘に田2頃を買い，韓蒲塘に山荘を作って著述に従事しつつ，長沙の城南書院や思賢講舎の主講としてほぼ8年間後進の育成に当たる。69年4月の李鴻章からの手紙によれば，恭親王は夷務に通達する者としてまず嵩燾をあげたという。

1874年5月22日からの日本の「台湾征伐」に驚愕した恭親王は同年7月郭嵩燾・丁日昌ら洋務の通達者と曾国荃ら湘軍の宿将に「来京・陛見」を命じ，国防政策を根本的に再検討する。75年3月福建按察使（正三品）として福州に赴任，翌年4月には「条義海防事宜」を上奏，商人に造船，鉄道，機器局を実行させよ，洋人との交渉には相手国の国情をよく知り然る後に洋人の用兵・製器の方法を師とせよ，また本末論によりつつ政教用人が本(もと)，練兵・製器・造船は末であると断言した。75年8月28日には侍郎候補（正二品）としてマーガリー事件謝罪並びに公使館常設のための出使英国欽差大臣に任命された。これは中国最初の公使派遣である。

郭嵩燾は1876年12月3日通訳・張徳彝，副使・劉錫鴻，夫人ら25余名を率いて上海を出港した。77年1月21日ロンドン着，77年2月7日ヴィクトリア女王に国書を呈し，中国は正式に国際社会に参入する。次いで日本，米，独，仏に公使館を置く。79年1月31日離英するまでの2年間，郭は優れた英国観察，英国研究を行い日記に残す。『使西紀程』は1877年4月に公刊されたが，「西洋立国二千年，政教修明，具有本末」などの句が伝統的士大夫の憤激を買い，77年7月にその版は毀却された。のみならず副使・劉錫鴻の弾劾（洋服を着た，音楽会で洋人の如く楽譜を見た，小国の君主に敬礼したなど）もあって，任期半ばに召還され，以後再び用いられることなく，故郷で学を講ずること12年余にして病没した。滞英の間，郭嵩燾の英国の政党政治，とりわけ「巴力門(パーラメント)」に代表される中央の議会制度，「買阿爾(メイヤー)」に代表される地方自治制度への理解は深まり，中国の秦漢以来2,000年の専制政治に対比され，中国の「風気が開ける」のを大いに期待した。中国における近代的な保守主義者の誕生である。

参考文献：郭廷以編『郭嵩燾先生年譜』（中央研究院近代史研究所，台北，1971年）。『清代人物伝稿』下編1巻（中華書店，北京，1984年）。鐘叔河『走向世界』（中華書店，北京，1985年）。林言椒・李喜所主編『中国近代人物研究信息』（天津教育出版社，天津，1988年）。　〔三石善吉〕

郭(かく)　泰祺(たいき)　Guo Taiqi

（1890年12月4日～1952年2月29日）

字は保元，号は復初。湖北省広済県出身。民国期の外交官，政治家，教育家。

1902年，張之洞の創始した新式学堂である武昌南路高等小学校にて学ぶ。清から奨学金を得て，アメリカに留学し，ペンシルバニア大学にて政治学を学び，大学院に進学した。12年に帰国し，黎元洪を都督とする湖北省都督府外交股股長となり，王世杰の紹介で国民党に加盟した。翌年2月から上京した黎元洪副総統の英文秘書となった。16年，袁世凱の死後，黎が大総統に就任するにともない，総統府高等顧問，外交部参事となる。張勲復辟によって黎が離職すると，郭も北京を離れ，故郷の湖北省で教育活動に当たった。

1918年，親交が深かった伍廷芳の影響もあってか，広州の広東政府に参加し，参事兼外交部次長となった。

19年，南方政府代表として陳友仁とともに中国代表団の技術専門委員としてパリ講和会議に派遣された。だが，アメリカで北京政府否認活動を展開，彼らは南方政府代表としては認められず，最終的には王正廷が南方政府代表という名目で全権代表とされた。20年，広東の軍政府が改組されると，参事兼宣伝局局長となり，翌年5月に孫文が非常大総統となると，総統府参事となった。22年4月，広東省政務庁庁長，23年には広東政府の外交部次長となり，24年には国立武昌商科大学校長に任命された。

北伐期には，国権回収運動で活躍。1927年に武漢国民政府外交部長陳友仁より上海に派遣されている間に，4・12クーデターの影響により，蔣介石と武漢政府が対立すると，郭は蔣介石の委嘱を受け，江蘇交渉員兼上海政治分会会員，中国国民党中央宣伝局上海辦事処国際組主任として外事を担当することとなった。これにより，武漢国民党中央執行委員会は郭の党籍を剥奪し，通電を発して蔣介石を責めた。

1927年，蔣介石が下野している時には伍廷芳外交部長の下で，南京国民政府代理外交部長となったものの，蔣が復帰すると政府を離れた。その後，31年12月に諸派閥が大同団結するまでの期間は，西山会議派，新広西派，汪兆銘らとも近い立場をとり，30年の中原大戦に際しては汪を代表して張学良の説得にあたって失敗し，31年には汪の国民党中央非常会議，また広州政府に加わっている。

1932年，汪兆銘が行政院長となると，羅文幹外交部部長の下で郭は外交部政務次長となった。同年1月28日，第1次上海事件（1・28事件）が発生すると，2月には国難会議委員，3月には国民政府の主席代表として上海のイギリス領事館でおこなわれた松滬停戦交渉に中国側の代表として参加し，そのために5月3日に反日の立場を取る愛国団体に銀元（銅銭とも）を投げつけられて負傷したが，国際連盟での決議の影響もあって，日本が交渉に応じ，5月5日の停戦協定締結に至った。これにより，日本軍は松滬方面から撤退した。

1932年，外交部次長から駐英公使に転じ，35年には大使に昇格して以後41年までその任にあった。この間，国際経済会議代表，9カ国会議代表などとなったが，34年には駐国際連盟代表となり，顔恵慶，顧維鈞らとともに日本の対中侵略を訴えたが，同年9月に国際連盟第15回総会でおこなった長文の演説，また日本寄りと言われたイギリス外相サイモンとの応酬が知られている。郭は，日本とイギリスの間の離間政策を推進したのだった。この間，イギリス国内でも党派を超えてチャーチル，アトリーらと交遊し，離任時にはタイムズ紙やBBCなどで報道があった。また，34年にロンドン大学からの名誉法学博士号授与，国民党第5期監察委員選出などがあり，36年には中華民国全権として中国・エストニア友好条約を締結した。

日中戦争に際して，郭はイギリスから国際連盟に対して日本軍の侵略を食い止めようと多数の電報を打ち，またイギリスからの借款を獲得するなど，外交による日本の侵略阻止に努めたとされる。また，イギリスが日本の綏靖政策をめぐり，滇緬公路との間で妥協をはかろうとすると，それに強く反対した。

1941年4月，王寵恵の後任として外交部長に任じられ，7月には国防最高委員会常務委員会委員となったが，『大公報』の報じた「擁護修明政治案」などで指摘された官邸および私生活問題，あるいは汪兆銘に近かった郭の蔣介石との対米交渉路線の対立によって，わずか半年で外交部長を離任し，国防最高委員会外交委員会主任となった。真珠湾攻撃に際しては，対日独伊宣戦布告によって交戦国の地位を得ることを主張した。蔣介石は，1941年12月8日の『日記』で「外交部の力の無いこと，郭泰祺の常識が無いこと，そして官僚気質でまったく活気がなく，ちょこちょこと文書をつくっていて，5時間かかってもまだぐちゃぐちゃで整理できないことは，本当に頭の痛く，気のやむところだ。このようなことは今までなかったのではないか」と記している。また，真珠湾攻撃が判明した12月9日の日記にも，「未の刻に外交人員にあったが，その無能無学，郭部長の官僚気質，そして王雷艇の小見などは，本当にわが心を苦しめる」と記している。

戦時中，郭は国防最高委員会外交委員主席の地位にあったが，戦後になると王世杰やマーシャルの推薦もあって，1946年3月に駐国際連合代表となり，安全保障理事会の中国の初代主席代表となったが，47年6月に脳内出血に見舞われ，年末には辞任した。同年12月にはブラジル大使に転出，50年5月には離任してカリフォルニアのサンタバーバラにて隠栖した。52年2月29日，カリフォルニアの病院で病死した。

徐徳荃夫人は浙江寧波出身。実子はおらず，弟の子である懋霖を養子とした。

郭は，顧維鈞と同年生まれであったが，その外交官としてのキャリアは平坦ではなかった。それは，郭がそもそも袁世凱周辺ではなく，黎元洪の幕下としてキャリア形成をはじめ，以後もしばしば汪兆銘など，政治面での非主流派と行動をともにしたことに由来するものであろう。そうした点で，顧や施肇基，顔恵慶といった中央政府とともにあった外交官たちとは一線を画している。

参考文献：「郭泰祺先生行述」(『国史館現蔵 民国人物伝記史料彙編』第8冊（国史館，台北，1993年，331～336頁)。蔡元培他主編，唐慶増撰述・郭泰祺校閲『中美外交史』(新時代史地叢書，商務印書館，上海，1928年)。

〔川島真〕

H

海齢 Hailing

（生年不詳～1842年）

郭洛羅氏。満州鑲白旗人。清末の将領。

1810年張家口守備，ついで大名・正定両鎮総兵，西安・江寧副都統を歴任し，40年12月，京口の副都統に就任。当時清朝はイギリスとの妥協をはかろうとし，対英強硬派の林則徐，鄧廷楨らを排し，妥協派の琦善を派遣してイギリス側と交渉しようとした。海齢は徹底抗戦を主張し，両江総督・裕謙（対英抵抗派）に会見して長江の防衛策について協議した。

1841年7月，イギリス軍は再び北上して厦門，定海，寧波を攻撃し，戦局はきびしいものとなった。海齢は長江の防衛を増強するよう清廷に要請したが，両江総督・牛鑑はイギリス軍は長江へ侵攻することはない，呉淞の防衛を強化するだけで十分だとし，海齢の意見を採用しなかった。

アヘン戦争が再開され42年7月，イギリス軍は呉淞を占領した後，陸軍7,000人をもって鎮江に侵攻した。海齢は八旗兵1,000人と青州兵600人を率いて鎮江城を守った。7月21日，イギリス軍は城外高地を守っていた参賛大臣・斉慎と湖北提督・劉允孝の指揮下の守備軍の敗退に乗じて全力を挙げて鎮江城の攻撃に向かった。2日間の死守も空しく城は陥落し，海齢は家族と共に自殺した。

参考文献：李桓輯『国朝耆献類徴』374（湘陰李氏刊，1890年)。民国清史館『清史稿』列伝159（民国清史館，北京，1927年)。民国中華書局編『清史列伝』38（民国中華書局，上海，1928年)。清史編委会編『清代人物伝稿』下編4巻（遼寧人民出版社，瀋陽，1988年)。

〔横山英〕

韓 復榘 Han Fuju

（1890年～1938年1月24日）

字・向方。直隷省覇県東台山村生まれ。西北軍軍人，馮玉祥の部下。山東省政府主席。

父・世沢，母・李氏。兄弟は兄が3人，弟と妹が1人ずついる。韓復榘の家は代々読書人の家で，父も26歳の時に秀才となり，東台山村で私塾の教師となる。復榘が生まれた頃，韓家は経済的に比較的安定しており，子供達は父親の私塾で典型的な啓蒙思想教育を受けた。復榘が成長するにつれて家は貧しくなり，当時の風習で家計を助けるため，彼は3人の兄同様，14歳で妻を娶る。妻・高芸珍は北京師範大学教授の姪であったが，彼女もまた家が貧しいために韓家へ嫁に出された。復榘には4男1女がおり，長男は幼い頃病死したが，残りの4人は中国共産党の革命に参加している。

1910年，韓復榘は生計を立てるため清軍の陸軍第20鎮第40協第3営に入営する。当時第3営の営長は馮玉祥であったが，復榘は馮によって司書生に任命される。以後，復榘は馮の腹心の部下である「十三太保」(他に石友三，孫良城，孫達仲ら）の1人として馮と行動を共にすることとなる。特に，馮の革命思想の影響を深く受け，「武学研究会」の会員となる。

1911年10月の辛亥革命に際しては，馮玉祥に従って灤州蜂起に参加する。12年3月袁世凱の新軍編成によって馮が左路備補前営営長に起用されると，13年復榘は馮軍の排長に任命される。17年7月の張勲の復辟に際しては馮軍の武将として討張戦争に参加する。18年6月から2年間は馮軍の常徳占領のため復榘も常徳にあったが，この間復榘は歩兵第3団1営営長となる。

1922年4月の第1次奉直戦争終了後，11月馮玉祥は部隊を率いて北京に入る。馮軍入京後，韓復榘は中央陸軍第11師第22旅第43団団長に任ぜられる。24年9月の第2次奉直戦争に乗じ，10月馮は北京政変（首都革命）を発動し，自らの軍を国民軍第1軍と改称する。この時復榘は国民軍第1軍第1師第1旅旅長に任命される。25年7月には西北陸軍第1師師長となる。26年5月奉直両軍との「南口大戦」時には復榘は国民軍第8軍長兼第1師師長に任命され，馮玉祥の部下の中でも石友三と並んで最も重要な地位を占めることとなる。しかし，この時，馮が部下を残して1人ソ連へ逃れたことが復榘に馮に対する根強い不信感を植え付けることとなる。

1926年9月馮玉祥がソ連から戻り，五原（現在の内蒙古自治区）で「誓師」を行い，自軍全体を国民党に加入させ，国民連軍第総指令に就任すると，韓復榘は国民軍援陝第6路総指揮に任命される。28年4月の「第2次北伐」時には国民革命軍第2集団軍第6軍軍長兼第3方面軍総指揮に任命され，京漢線に沿って北上する。7月には河北省政府委員に就任するが，この地位に復榘は不満であった。10月南京に国民政府が成立すると第2集団軍は縮小編成され，復榘は第2集団軍暫編第1師師長となる。間もなく同軍は，陸軍第20師と改称される。12月馮の推薦により河南省政府主席に就任するが，第20師が復榘と不仲であった石敬亭に引き継がれたことに端を発して，馮に対して次第に不満を募らせていく。

1929年3月，蔣桂戦争が勃発すると，蔣介石は，中央の名をもって韓復榘に討逆軍第3路総指揮を命ずる。しかし，これと同時に馮玉祥は復榘に兵を信陽に駐屯させ，進軍させないことを命ずる。4月，馮軍の不利が明らかになると，馮は復榘に兵を率いて武漢に進軍するよう打電するが，これを知った蔣介石は漢口で復榘に会い，進兵を停止するよう要請する。復榘は馮と蔣との間で揺れるが，蔣介石の「紳士的な態度に馮にはない指導者としての風格」を認め，5月，洛陽で「和平維持，中央擁護」を打電し，蔣介石擁護を明らかにする。

1930年9月には蔣介石によって山東省政府主席に任命され（～38年1月），31年6月国民政府委員，32年1月北平政務委員会常任委員，8月軍事委員会北平分会委員を歴任する。しかし，韓復榘は，次第に「中央」の支配から離反していき，山東省の「土皇帝」として反独立状態を保つようになる。36年12月の西安事件の際には，いちはやく張学良・楊虎城支持を表明し，反蔣介石の立場を明らかにしていく。そして，この対立は，日本軍の山東出兵に対して復榘が戦わずして退却したことでますます激化する。ついに37年冬，劉湘・宋哲元と謀って，南京から武漢に向かう蔣介石を捕えようとする。この密謀は，事前に発覚し，復榘は38年1月11日開封で開かれた北方将領会議で逮捕され，24日漢口で処刑される。

参考文献：呂偉俊『韓復榘』（山東人民出版社，済南，1985年）。張寿彭・陳立宗『韓復榘外伝』（作家出版社，北京，1986年）。中国社会科学院近代史研究所主編『民国人物伝』1巻（中華書局，北京，1978年）。王成斌他主編『民国高級将領列伝』3集（解放軍出版社，北京，1989年）。

〔家近亮子〕

韓（かん）　文挙（ぶんきょ）　Han Wenju

（1855年～1937年）

字・孔庵。号・樹園。筆名・捫蝨談虎客。別名・孔厂，乗参，樹生，談虎客。広東省番禺県生まれ。変法運動で活躍した思想家。

1891年康有為が広州長興里の万木草堂で講学を始めた際，韓文挙は康に会ってその弟子となり，陳千秋，梁啓超と並んで高弟と称された。その年，万木草堂から出版された『新学偽経考』は，その多くを韓文挙が手書きしたとのことである。光緒17（1891）年の初版本には「韓文挙，陳千秋初校，林奎，梁啓超覆校」と記されている。

日清戦争後，湖南省では巡撫に陳宝箴が，按察使代理に黄遵憲らが就任すると革新的気運が盛り上がり，そのなかで譚嗣同や熊希齢らの尽力で1897年10月長沙に湖南時務学堂が設立された。それは当初，王先謙らが設立を申請していたものであり，中体西用の洋務論的立場から西学の習得を目標としたものであった。しかし中文総教習に梁啓超が招聘され，中文分教習に韓文挙，葉覚邁が梁啓超の推薦で就任し，後に欧榘甲，唐才常が加えられて，時務学堂が康有為の弟子か彼に近い人々によって固められると大いに変法思想が主張された。

時務学堂では康有為の学説とくに孔子改制説と大同説に基づいて「公羊」「孟子」を重点的に教え，学生に劄記（コメント）を課し，梁啓超，韓文挙らが批評を書いた。変法思想の唱道は王先謙ら保守派の非難・攻撃を招き，梁啓超の罷免要求が提出されると，韓文挙らも辞職して広東に帰った。

1897年2月にマカオで『知新報』が出版されたが，韓文挙は梁啓超や徐勤とともにその編集にあたり，変法論を主張した。彼はそこに「万国公法説」，「国朝六大可惜論」，「治始於郷説」，「推広中西義学説」などの文章を掲載している。

1898年戊戌政変が起こると，韓文挙も日本に亡命し，梁啓超が横浜で創刊した『新民叢報』の発行に協力し，さらに同年6月に神戸で発行された保皇派の宣伝出版物である『東亜報』の編集にも携わった。その後彼は密かに帰国した。

辛亥革命後，韓文挙は教育部総長・范源廉の招きにより北京に赴き，大学堂への就任を要請されたが辞退し郷里に帰った。1917年7月張勲の復辟が起こり，康有為から北上の要請があったが彼は辞謝した。この事件以後，韓文挙は世事を疎んずるようになり，妻の死後は家運も傾いた。晩年はますます貧しくなり，香港に流遇し，婿に頼って生活し，37年香港で死去した。

参考文献：劉紹唐主編『民国人物小伝』第2冊（伝記文学出版社，台北，1981年）。湯志鈞『戊戌変法史』（人民出版社，北京，1984年）。小野川秀美『清末政治思想研究』（みすず書房，1969年）。〔楠瀬正明〕

韓（かん）　以礼（いれい）　Han Yili

（生年不詳～1901年）

韓友礼ともいう。山東省武城県生まれ。天津地区義和団の著名な指導者。

光緒26（1900）年以前に天津県西城西南の大南河村に移り住み，ひよこを押し売りしたりしていたので，「韓倒蛋」（騒ぎ屋の韓）なるあだ名があったといわれる。故郷にいた時義和拳を学んでいたので，天津に来てから人々を集め武術を教えた。1900年春，大南河村に総壇口（神術と武術を教えるセンター）を設立し，城内や付近の百数十カ村に支部（分壇口）を設け首領となった。同年の夏，8カ国連合軍が天津城を攻撃した時，義和団民を率いて紀庄子や北洼などにおける戦闘で日本軍と戦った。天津城陥落後，天津から雄県・文安一帯で活動を続けたが，01年春，雄県で清軍と戦い敗死した。死亡した時，30余歳であったとも，50余歳であったともいわれている。

参考文献：廖一中他編『義和団運動史』（人民出版社，北京，1981年）。〔小林一美〕

何（か）　長工（ちょうこう）　He Changgong

（1900年12月8日～1987年12月29日）

原名・何坤。湖南省華容県南山郷の農家に生まれる。中国共産党員，軍人。

何長工は湖南省岳陽第3連合中学と湖南省立長沙甲種工業学校を卒業した。在学期間中，学生運動に積極的に参加した。1918年北京で留仏勤工倹学会に参加し，同時期に李大釗，陳独秀，毛沢東との付き合いでマルクス主義を受け入れ始め，五・四運動にも参加した。19年末フランス留学に赴き，22年フランスで中国社会主義青年団に入り，同年共産党にも入党した。

1924年末，党組織の指示を受け何長工はフランスから帰国し，教育者の身分で故郷で党の秘密工作に従事した。26年に北伐戦争が始まった後，農民自衛隊を組織し，農民運動を展開した。27年7月の国共分裂後，国民党に「大暴徒」とされ，毛沢東の意見で名前を何坤から何長工に改めた。9月秋収暴動に参加したが，井崗山に向かう途中上級の指示を受け，湖南省委に状況を報告した。その後，広東にいた朱徳・陳毅部隊との連絡に派遣されたのち井崗山に戻り，28年4月部下を率いて朱徳・陳毅の部隊を迎えた。28年4月より何長工は紅4軍第28団党代表，紅8軍軍長，紅軍大学校長兼政治委員などのポストを歴任し，井崗山革命根拠地および中央革命根拠地の防衛戦に参加した。この時期，何長工は朱徳・毛沢東と合流し，王佐・袁文才部隊の改造などに直接に参加し，毛沢東との関係を深めていった。

1934年中央紅軍の長征が始まった後，何長工は中央軍事委員会教導師団政治委員，軍委縦隊第2梯隊司令員兼政治委員，紅9軍団政治委員を務めたが，毛児蓋政治局会議の決定によって，紅9軍団が第32軍に改められ，所属した紅1方面軍から張国燾の率いた紅4方面軍に編入され，何長工は第32軍の政治委員になった。しかし，この時期，張国燾は党中央と対立し，何長工は張国燾から「中央委員」に任命され，張の行動にある程度協力せざるをえなかった。以後，張国燾の路線が失敗し，紅4方面軍は紅2方面軍とともに西北に到着し紅1方面軍と合流した。何長工は再会した毛沢東に対し，張国燾路線を執行したことで自己批判をした。これをきっかけに36年10月より紅軍大学（後の抗日軍政大学）に入学し，事実上軍事闘争から離れた。

1937年8月何長工は一旦両延河防司令員に就任し，根拠地の安全確保に努めたが，間もなく抗日軍政大学の第5大隊隊長に任命され，以後軍の教育に専念し，抗日軍政大学教育長，副校長などを歴任した。抗日戦争終結後，何長工は抗日軍政大学本校の4,000人余りを率いて東北に赴き，東北軍政大学の4つの分校を作った。47年東北軍事工業部部長兼機械局局長に就任した。

1949年中華人民共和国の成立した後，何長工は中央人民政府重工業部副部長に任命されたが，52年より地質部（部長・李四光）副部長に転任し，同党グループ書記を兼任した。文革初期，何長工は地質部に所属する地質学院に工作隊を派遣し，校内秩序の維持に努めようとしたが，紅衛兵と文革小組の反発を買い，毛沢東によって「反党，反社会主義」の理由で批判され，失脚した。75年に解放軍軍政大学副校長，軍事学院副院長に復活した。80年9月に第5期全国政治協商会議副主席，82年9月に12全大会で中央顧問委員会常務委員に選出された。87年12月北京で病死した。

参考文献：『何長工回憶録』（解放軍出版社，北京，1987年）。孫維本主編『中国共産党党務工作大辞典』（中国展望出版社，北京，1989年）。『中国人物年鑑1989』（華芸出版社，北京，1989年）。〔唐亮〕

賀　長齢　He Changling

（1785年～1848年）

字・耦耕，耦庚，号・西崖，雪齋，耐庵，罍缺叟。湖南省善化県生まれ。原籍，同前。清末の官僚。

1808年進士。庶吉士。翰林院編集。16年山西学政，19年文淵閣校理，翌年起居注官など文書・記録官を歴任。21年に江西省南昌府知府に就任の後地方官界に入り，山東兗沂曹済道，広西按察使，江蘇按察使，江蘇布政使，山東布政使を歴任し，27年，山東巡撫に任じられた。25年以来漕米の陸運から上海経由の海運への転換の調査・計画に参画し，2年後には調査記録『江蘇海運全案』（12巻）を出版した。またこの間，『皇朝経世文編』（20巻）の編集を進め，27年に初版を発行した。35年福建布政使，翌年には直隷布政使を経て貴州巡撫に昇任した。貴州巡撫在任9年間の治政の間，ケシ栽培の禁止，綿花栽培の奨励，紡織，養蚕普及，民乱の鎮圧，書院義学の建立など優れた業績を挙げた。

1845年には雲貴総督に任じられ，雲南巡撫も兼職となった。翌年，雲南の大理・永昌の回教徒の反乱が勃発したが，賀長齢は流刑軍人を利用してこれを鎮圧した。しかし，46年，反乱が再起し，その責任を問われて河南布政使に降職され，翌年病気のため退職した。賀長齢の著述は『耐庵全集』に収められており，文集としては『切問斎文鈔』がある。

参考文献：李桓輯『国朝耆献類徴』202（湘陰李氏刊，1890年）。繆荃孫編『続碑伝集』24（江楚編訳書局，上海，1910年）。民国清史館『清史稿』列伝167（民国清史館，北京，1927年）。民国中華書局編『清史列伝』38（民国中華書局，上海，1928年）。A.W. Hummel, *Eminent Chinese of the Ch'ing Period, 1644-1912.* Vol. 1, 1943.　〔横山英〕

和春　Hechun

（生年不詳～1860年5月26日）

字・雨亭。満州正黄旗の生まれ。赫舎里氏。清末，太平天国時期の官僚，武将。

1840年副護軍参領となり，42年参将となって湖南に派遣され，48年副将に昇進した。51年太平天国軍に対抗すべく提督・向栄に従って広西の武宣・象州・桂平などで戦い，綏靖鎮総兵に任じられた。翌年太平軍は広西から湖南に入って長沙を包囲し，さらに岳州を攻略したが，清軍はこれを追撃して止めることができず，和春もこの間に欽差大臣・徐広縉により救援の遅延を弾劾され，降格された。53年太平軍は南京を占領して天京としたが，和春は江南提督に起用されて再び向栄の下に江蘇・江西・安徽の各地で太平軍および捻軍と戦った。56年9月欽差大臣に任命されて江南の軍務を督辦し，三河・廬江で太平軍を破り，翌年末には副将・張国樑・馮子材らを指揮して鎮江を奪回した。58年1月天京近郊の小水関に清軍の大営（江南大営）を構え，6月浙江の軍務を兼辦し，ついで揚州・儀徴を回復して江寧将軍に昇進した。59年3月より江北の軍務に携わったが，浦口で太平軍に敗れ，さらに翌年5月忠王・李秀成軍の猛攻により江南大営が潰滅し，鎮江から丹陽・常州へと一路退却を重ね，5月26日無錫の滸墅関で死亡した。一説には縊死したといい，一説には傷がもとで病死したという。

参考文献：民国清史館編『清史稿』401，列伝188（民国清史館，北京，1927年）。民国中華書局編『清史列伝』43（民国中華書局，上海，1928年）。　〔並木頼寿〕

何　鍵　He Jian

（1887年3月11日～1956年4月25日）

字・芸樵，号・容園。湖南省醴陵県生まれ。軍人，政治家。

父の何其善は農業に従事。幼少期より私塾で伝統的な教育を受けるが，後に新式の学堂に転じ，1906年から崇古学堂，湖南公立法政学堂に学ぶ。辛亥革命後，湖南都督府民政司辦事員を務めた後，湖南将校養成所に入る。ここから彼の軍人への道が始まった。以後，南京伍生隊，湖北第3陸軍中学を経て保定軍官学校に進む。16年，保定軍官学校を卒業（第3期歩兵科）すると故郷湖南に戻り，湘軍第1師に勤務，17年に排長となる。

1917年，護法の役が始まると北京政府を支配した北洋系勢力は大軍を南下させ，湖南は南北両陣営の主戦場となった。湖南の地方勢力は南方の護法陣営に加わり，湘軍は北洋系の軍隊との間で激しい戦いを繰り広げた。北洋系の優勢な軍事力の前に湖南省は一時その支配下に置かれ（18～20年），湖南軍は湖南・広東の省境の山岳地帯にたてこもって抵抗を継続した。

この戦いのなかで，何鍵は戦功が認められて醴陵遊撃隊司令（1918年），湘軍第1師団騎兵団長（20年）へと昇進し，湘軍内部で有力な軍人としての地位を築いた。

1920年6月，北洋系勢力内部の安直対立にも助けられて，湖南の地方勢力は，北京政府によって湖南督軍兼省長に任命されていた張敬尭を武力によって排除し，湖南の支配を回復した。この結果，譚延闓が湖南督軍兼省長の地位に三たび復帰した。しかし，譚の湖南支配は短命に終わり，湖南省内部の派閥対立から，譚延闓は20年12月に失脚し，これに代わって趙恒惕が湖南省の最高権力者の地位についた。趙は26年までその地位を維持するが，その間，譚延闓系と趙恒惕系の対立を軸に湖南省政治の実権をめぐって武力の行使を含む激しい派閥闘争が展開された。

1921年湘軍第8団長に就任した何鍵は，有力な湖南軍人としてそのような権力闘争の渦中にあった。彼は，湖南軍内有数の実力者であった唐生智と密接な関係を持ち，唐生智の有力な部下として次第に頭角を現して行くことになる。

1926年，北伐が始まると，趙恒惕に反旗を翻した唐生智は，指揮下の部隊を率いて国民革命に参加し国民革命軍第8軍軍長に就任した。何鍵は，唐に従って国民革命に参加し，国民革命軍第8軍第2師長として武昌攻略作戦などに従事した。27年，国民党の武漢と南京の分裂に際して，彼はやはり唐生智に従って武漢側に立ち，国民革命軍第35軍軍長に就任した。このころから何鍵は唐生智とは一歩離れて独自の政治的行動を見せるようになる。

国民革命の進路をめぐる左右の対立が激化するなかで，1927年5月21日，何鍵は部下の許克祥に命じて湖南の共産党系の労農運動に対して激しい血の弾圧を加えた。これがいわゆる馬日事件である。これをひとつのきっかけとして武漢国民政府においても国共合作が崩壊し，全面的な国共対立の局面が現出した。

この後，国民政府の実権をめぐる各軍事派閥間の権力闘争も加わって，中国全土において内戦状態が解消されることはなかった。このような一連の権力闘争の中で，1929年，何鍵は蔣介石と広西派の対立において蔣介石を支持する立場に立ったことから，彼は南京国民政府によって湖南省政府主席に任命された。ここに何鍵は湖南省の最高権力者の地位についたのであった。

何鍵は1937年まで湖南省政府主席の地位を維持し，湖南省への安定的支配を確立した。彼の湖南省への支配は秩序の維持を最優先にするもので，警察力を中心に保甲制を強化することで治安の維持をはかった。更に何鍵は共産党に対してはこれと明確に対決する姿勢を示し，国民政府軍による江西省の中央革命根拠地への攻撃に参加した。すなわち，第4路討逆総指揮，第1路剿匪総司令を務めるなど，第1，2，及び5次囲剿に加わっている。

この何鍵の湖南省への支配は南京国民政府下でも独立的地位を維持した地方的勢力のひとつの典型として位置づけられるものである。但し，準蔣介石系と位置づけられるように，何鍵は南京の中央政府及び蔣介石との友好関係を維持したのであった。

1937年，日中戦争が勃発すると国民政府は中央集権の強化をめざして地方政府の再編成に着手し，その一環として，湖南省政府主席には蔣介石直系の張治中が任命された。これに伴って，何鍵は国民政府内務部部長に転じ，8年間続いた何鍵による湖南支配は終わりを告げることになった。この人事は形式的には昇進人事であるが，長年培った地盤からきりはなされることを意味することから，独自の権力基盤を持った独立的な地方軍人としての何鍵の政治生命はここに終わりを告げ，彼の実質的な政治的影響力は大きく低下した。

その後，1939年，何鍵は軍事委員会撫恤委員会主任委員に就任し，日中戦争時期も国民政府の重職にあった。45年，病気のため政界から引退し，故郷，湖南で引退生活へと入った。49年，共産党が中国本土を支配すると彼は香港へと逃れ，翌50年には台湾に渡って国民政府総統府国策顧問となった。56年4月25日，台北で病死した。

参考文献：呉相湘『民国百人伝』第3冊（伝記文学出版社，台北，1971年）。「陸軍上将何芸樵先生伝」，黄美真・赦盛潮主編『中華民国史事件人物録』（上海人民出版社，上海，1987年）。厂民『当代中国人物誌』（中流書店，1938年）。

〔塚本元〕

賀(が)　龍(りゅう)　He Long

（1896年3月22日～1969年6月9日）

本名・文常，別名・文朝，雲清，字・雲卿，雲青，愛称・胡子，黒鬆子，化名・王玉，王国珍。湖南省桑植県生まれ。中国人民解放軍の指導者，中華人民共和国元帥。

貧しい農家に生まれたが，私塾に5年間学ぶ。少年時代武術を学び，13歳の頃からラバを駆って塩や茶を運ぶ。世の悪事や社会の腐敗に憤り，多くの人助けをして近隣に名が知られていたという。

辛亥革命の影響下で1914年孫文の指導する中華革命党に参加，桑植，石門県などの武装闘争を指導する。たとえば，16年21名の青年を率いて芭茅渓製塩局を襲撃した。その後農民武装勢力を組織して桑植県の袁世凱討伐護国軍総指揮となり，湘西護国軍大隊長，靖国軍連隊長，四川警備旅団長，混成旅団長，建国川軍師団長を歴任する。26年国民革命軍第9軍第1師団長として北伐戦争に参加した際にはすでに北伐軍の中で著名な軍事指導者であったという。27年6月同軍第20軍軍長に昇任する。27年8月周恩来，葉挺，朱徳，劉伯承らとともに南昌蜂起を指揮し，蜂起軍総指揮に任じられる。同年蜂起軍南下の途上周逸群，譚平山の紹介で中国共産党に加入する。その後香港を経由して上海に至る。

1928年1月党中央の指示により上海から湘鄂西（湖南，湖北西部）に戻って湘西蜂起などを指導。周逸群，段徳昌らとともに紅軍第2軍団と湘鄂西革命根拠地を建設する。34年10月任弼時，蕭克，王震らが率いる紅軍第6軍団と四川，貴州省境で合流し，紅軍第1方面軍の長征に貢献した。その後任弼時とともに反囲剿戦を指揮し，湘鄂川黔革命根拠地を建設する。この間中国工農革命軍第4軍軍長，中共湘鄂西前敵委員会書記，紅軍第2軍団総指揮兼同軍軍事委員会主席，湘鄂川黔軍区司令員を歴任し，36年7月紅軍第2方面軍総指揮に任じられる。

日中戦争が始まると，1937年8月八路軍第120師団長に任じられ，9月から黄河を東へ渡って日本軍後方を転戦する。その後38年2月から機動戦を展開して晋西へ進攻する日本軍との戦闘を指揮し，晋西北抗日根拠地を拡大した。39年2月冀中軍政委員会書記に任命され，同師団と八路軍第3縦隊を指揮して冀中平原を転戦し，国民党とも交戦した。同年9月晋察冀辺区で陳庄戦闘を指揮する。40年11月晋西北軍区（後に晋綏軍区となる）司令員と晋西北軍政委員会書記に任じられる。42年6月陝甘寧晋綏連防軍司令員兼財政経済委員会副主任となって部隊の大生産運動を指導する。同年8月薛明と結婚。45年4月中共第7回全国代表大会で中央委員に選出される。

国共内戦時期は，晋綏軍区・晋綏野戦軍司令員，陝甘寧晋綏連防軍司令員，西北軍区司令員，中共中央西北局第2書記などを歴任する。そして聶栄臻とともに綏遠戦役，晋北戦役を，また晋冀魯豫部隊に協力して呂梁戦役，汾孝戦役を指揮した。さらに彭徳懐の指揮する西北戦場の部隊を支援し，前線部隊のために後方の財政経済政策を担当した。

中華人民共和国建国後の1949年末第18兵団及び第7軍の一部を率いて四川省へ向かい，第2野戦軍と協力して成都戦役に参与，西南地区を解放する。50年西南軍区司令員，中共中央西南局第3書記に任じられる。同年10月チベット進攻部隊を指揮して昌都を攻略し，チベット「解放」に参与する。53年10月北朝鮮を訪問し，中国人民志願軍を慰問する。54年6月人民革命軍事委員会副主席に任じられ，9月国務院副総理，国防委員会副主席となる。55年7月ポーランドを訪問，9月中華人民共和国元帥の階級と一級八一勲章，一級独立自由勲章，一級解放勲章を授与される。56年9月中共第8期1中全会で中央政治局委員に選出され，11月から翌57年2月周恩来に随行して東南アジア，ソ連，東欧諸国を訪問する。59年中共中央軍事委員会副主席になる。同年末中共中央軍事委員会国防工業委員会主任に任じられ，羅瑞卿らとともに国防工業の建設を指導する。64年初めから中央軍事委員会の日常活動を主宰し，葉剣英，羅瑞卿らとともに「大練兵運動」など軍隊建設に貢献した。また52年以来国家体育委員会主任を兼任する。

1967年文化大革命では林彪，四人組に「反毛思想資本家の手先」と厳しく批判され，69年6月迫害されて死去したといわれる。74年9月中共中央25号文件で一応名誉回復され，75年6月周恩来も出席して納骨式が営まれる。82年10月中共中央43号文件で完全に名誉回復された。『関於整軍問題』（42年），『論甄家庄的殲滅戦』（43年），『中国人民解放軍的民主伝統』（64年）などの軍事著作がある。

参考文献：中国人民革命軍事博物館編『賀龍元帥豊碑永存』（上海人民出版社，上海，1985年）。《賀龍年譜》編写組『賀龍年譜』（中共中央党校出版社，北京，1988年）。長二牧『賀龍在湘鄂西』（長江文芸出版社，上海，1979年）。中共四川省涪陵地委員会党史工作委員会編『賀龍在河東南』（解放軍出版社，北京，1988年）。解放軍画報社『賀龍元帥』（長城出版社，上海，1988年）。顧永忠他編『賀龍用兵』（解放軍出版社，北京，1985年）。
〔安田淳〕

何　魯之（かろし） He Luzhi

（1891年2月28日～1968年4月25日）

党号・心紘。四川省華陽県生まれ。西洋史学者，教育者，中国青年党の指導者。

辛亥革命の際，保路同志会に加入。以後，四川（成都）英法文官学堂，方言学堂，外国語専門学校においてフランス語を学ぶ。1919年少年中国学会に入会し，7月13日にその成都分会の機関誌『星期日週刊』（編集長・李劼人）の創刊に加わり，その記者となる。

1919年秋，李劼人，李思純，胡助などの少年中国学会の同僚達と共にフランスに赴き勤工倹学運動に従事。パリ大学に入学して西洋史を専攻する一方，パリの「華法教育会」の秘書兼幹事となる。又，「パリ通信社」及び「旅法華僑協社」でも仕事を行う。23年5月5日中国の鉄道を列強が共同管理する動きに反対し，在仏中国人は「フランス各団体連合会」を設立し，何魯之はその主席に推される。同年12月2日曾琦，李璜らと共に中国青年党を結成し，国家主義と全民政治を主張して中国共産党と対立する。

パリ大学卒業後1926年初頭に帰国し，成都大学，成都師範大学，四川大学教授及び史学部主任を歴任。それと並行して学術書を執筆しながら，中国青年党の西南党務を主宰し，34年には抗日の為の中国国民党との合作を青年党内に呼びかける。日中戦争勃発後も，四川大学，朝陽学院，敬業学院，東北大学及び華西協合大学で教鞭を執り，その余暇には西洋史に関する著述を行い，成都の『新中国日報』及び『国論半月刊』に国際問題に関する専論を執筆し，西洋の民主憲政運動を紹介する。45年4月には第4期国民参政会の参政員に選出された。

抗日戦争勝利後の1946年夏には成都より上海に移り，中国人文研究所を創設，所長となり，「人文叢書」として常燕生の『生物史観浅説』や自編の『国家主義概論』などを出版。同年冬には制憲国民大会代表に推され，47年4月には国民政府委員に任ぜられ，その後第1次国民大会代表に当選。48年9月上海より成都に戻り，人類文化研究所を設立し，その一方でそれまでに書いた原稿を整理した。この年に適太夫人が死去（なお，年月日は不明だが，後に徳配楊夫人と再婚している）。

1949年冬大陸の政情の変化により，完成していた『七部史稿』（西洋通史・西洋上古史・西洋近代史・法国史・希臘文化史・羅馬帝国史・西洋歴史地理図解）を他人に託して台湾に運んでもらおうとするも，途中で紛失する。同年，成都が中国共産党に占領されるに先んじて，家族を伴って香港へ出る。50年香港にて左舜生，李璜らと「自由出版社」を創設し，『自由陣線週刊』を発行，以後10年にわたり反共宣伝を行う。その後，台湾の総統府顧問及び香港の中国文化協会理事となり，66年に台湾の国民大会第4次会議に出席。しかし，晩年は喘息を患って教育職から退き，68年4月香港で病没。

主な著書としては，『欧州近古史』（1933年），『希臘史』（34年），『欧州中古史』（37年）がそれぞれ上海商務印書館より出版されている。

参考文献：劉紹唐主編『民国人物小伝』第2冊（伝記文学出版社，台北，1977年）。徐友春主編『民国人物大辞典』（河北人民出版社，石家荘，1991年）。欣周「何魯之先生事略」，『四川文献』70期，1968年。橋川時雄編『中国文化界人物総鑑』（名著普及会，1982年覆刻）。
〔江崎隆哉〕

何（か）　孟雄（もうゆう）　He Mengxiong

（1898年6月2日～1931年2月7日）

別名・孟宏，夢雄。化名・陳方，廖叢群，廖暴群。湖南省酃県生まれ。中国共産党員。1920年代華北労働運動の指導者。

1916年湖南公立高等工業学校卒業。18年北京に行き，蔡和森・毛沢東らと共に留仏勤工倹学運動を組織したが，自らはフランス留学はせず，北京大学理学院に入学した。19年五・四運動期にデモに参加し，逮捕歴をもつ。五・四運動後北京で工読互助団を組織して自活する。20年3月北京大学で李大釗が組織したマルクス主義研究会の一員となり，繆伯英ともども10月に成立した北京共産主義小組に参加する。孟雄と伯英は中国共産党成立を記念して21年9月に結婚し，両人の住居は中共北京地委の所在地ともなったという。

工読互助団解散後は，唐山，長辛店などで労働者の実態調査に従事し，1921年から22年に京綏鉄道労働者のストライキ闘争を組織し，京綏鉄路総工会準備委員会を成立させ，先進的労働者を何人か入党させるなど，華北労働運動の基盤を作る。22年北京社会主義青年団が成立，その第1期北京地委書記となり，22年から24年には党北京地委書記も兼任した。25年張家口で京綏鉄路総工会の成立，党学校の開設，中共張家口地委の設立などに尽力した。26年長沙で中共湖南省委組織部部長となるが，27年大革命敗北後は江蘇省に派遣され，中共江蘇省委委員，同委農民部秘書，上海滬西，滬中，滬東区委の書記を歴任し，江蘇省の地方党組織の中に日常闘争の指導を通じていわゆる何孟雄派の人脈をつくる。

第1次国共合作分裂後，毛沢東は農村地帯に紅軍とソヴィエト根拠地をつくり，革命的農村をもって反革命的都市を包囲するという路線を構築してゆく。1920年代から都市労働運動にたずさわってきた何孟雄は，あくまでも大都市・上海に留まり，日常的経済闘争から政治闘争へという古典的な労働運動発展の方法論に拠って，白色テロルの荒れ狂うなか労働者の間で地下工作を続けようとした。30年6月上海の中共中央を握る李立三が紅軍の大都市攻撃と大都市労働者のゼネスト・武装蜂起をもって一気に全国革命の勝利を実現しようという計画を中央政治局に採択させたとき，都市労働者がそれだけの力量を全く持たないことを知っている何孟雄は，「立三主義」反対の声をあげて党中央を攻撃した。モスクワから帰国した瞿秋白，周恩来は，9月の党6期3中全会で李立三計画の中止を定めたが，その路線批判を許さず，何孟雄を「右派」と断罪して江蘇省委の職を解任し，それと同時に，立三路線批判の声をあげた陳紹禹グループをも処分に付した。11月に立三路線を批判するコミンテルン書簡が到着して，党中央は何孟雄と陳紹禹グループへの処分を解除したが，ここで党中央の指導権を狙う争いが何孟雄派と陳紹禹派の間に生じた。コミンテルン駐華代表ミフを後楯とする陳紹禹派は，周恩来，瞿秋白ら中央の指導者と手を握り，31年1月7日党6期4中全会を強行して党の指導権を握った。これを無効とする何孟雄派が東方旅館で対策会議を開いていた31年1月17日，上海公安局に踏み込まれて，何孟雄派36人は一網打尽に逮捕される。この逮捕は何孟雄派の潰滅を狙った陳紹禹派の密告によるという噂が当時からあり，今日の中国の史家もそれに対して肯定的である。何孟雄以下江蘇省共産党の精鋭23人が2月7日処刑された。45年4月20日中共6期7中全会で採択された「若干の歴史問題に関する決議」は何孟雄派を「右派」として攻撃したことはセクト主義の誤りであると指摘して，その刑死を悼んだ。

参考文献：新民「最近共党的内幕及総崩潰的趨勢」，『剷共半月刊』22・23期合刊，1932年4月。李海文ほか「東方旅社事件―記林育南，李求実，何孟雄等二十三烈士的被捕与殉難」，『社会科学戦線』1980年3期。楽天宇「何孟雄早期革命事跡」，人民出版社編『革命回憶録』20（人民出版社，北京，1986年）。曹仲彬「何夢雄」，中共党史人物研究会編『中共党史人物伝』49巻（陝西人民出版社，西安，1991年）。Tso-liang Hsiao, *Power Relations within the Chinese Communist Movement, 1930-1934* (University of Washington Press, Seattle, 1961).

〔蜂屋亮子〕

何（か）　啓（けい）　He Qi

（1859年3月21日～1914年7月21日）

名・神啓，字・沃生。香港では広東音Ho Kaiで知られるが，ナイト叙任後はKai Ho Kaiを名乗った。香港生まれ。原籍，広東省南海県。香港の医師，法律家，思想家。

南海県西樵出身の牧師・何福堂の四男として生まれた。姉に伍廷芳夫人となった妙齢がいる。香港の中央書院に学んだ後，1872年イギリスに留学，初めパーマーハウス学院に入学，次いで75年にアバディーン大学に進み，79年医学士となった。同年王立ロンドン外科医学校会員試験に合格したが，法律をも学び，81年に弁護士免許を取得した。その年イギリス人女性Alice Walkdenと結婚，翌82年夫人を帯同して香港に帰った。当時西洋医学による病院開業が時機尚早であったため，82年3月香港高等法院の弁護士となった。同時に香港政庁と中国系住民との間に介在して橋渡し役をつとめるようになり，82年に太平紳士（J.P.）に任命されたのに続き，86年に市政局の前身である潔浄局の議員に選任された。90年には中国人としては伍廷芳，黄勝に次いで3人目の定例局（立法評議会）民間議員に任命され，1914年までその職にあって，中国系住民の公益を代表した。その間12年ナイトの位を受けている。

何啓は西洋医学の普及に熱意を傾けたが，1887年2月ハリウッド・ロードに開院したアリス記念病院は，84年死亡した夫人アリスをいたみ，病院建物の建築費を寄付して開設したものである。また西洋医学を身につけた中国人医師を養成するため，同病院付設の西医学校（後の香港大学医学部）設立に尽力した1人である。孫文が92年この西医学校を卒業した第1期生であることはよく知られている。この他，曹善允らと共に，中国人の独立した教育機関として聖ステーブン男子書院を創立した。さらに，慈善団体である東華医院，保良局の董事，自警組織の団防局董事を歴任するなど，香港の社会福祉事業と住民活動に指導力を持った。1914年死亡した時，何千人もの住民が葬儀に参列し，多数の団体が追悼会を開いたことは，多年にわたり何啓が中国系住民のスポークスマンとして活動し，また医療と住民活動を通して民族リーダーの役割を果したためであろう。

何啓は香港における中国人の公益を守るために役割を果しただけでなく，中国の近代化に対しても深い関心を寄せており，早くから変法論を唱導した維新思想家であった。中央書院以来の友人・胡礼垣（1847～1916年）と共に，1887年『曾論書後』によって曾紀沢批判を行ってから，1900年頃までに洋務論を批判し，議会制度採用などの政治改革を要求する論陣を張った。胡礼垣との共著『新政真銓』に論文7篇（「曾論書後」1887年，「新政論議」94年，「新政始基」97年，「新政安行」97年，「康談書後」98年，「勧学篇書後」98年，「新政変通」1901年）が収められている。戊戌政変後，何啓は革命派を支援するようになったが，これは西医学校の卒業生・孫文との結びつきによるものといわれる。

参考文献：Woo Sing Lim ed., *The Prominent Chinese in Hongkong* (The Five Continents Book Co., Hong Kong, 1937.［呉醒濂編『香港華人名人史略』，五洲書局］)。G.H. Choa, *The Life and Times of Sir Kai, Ho Kai, A Prominent Figure in Nineteenth-Century Hong Kong* (The Chinese University Press, Hong Kong, 1981).

〔可児弘明〕

何（か）　如璋（じょしょう）　He Ruzhang

（1838年～1891年）

字・璞山，子峨。広東省大埔県生まれ。清末の官僚，外交官。

同治の進士で翰林院編修を授けられる。1876年洋務に明るいということで，李鴻章の推薦によって二品頂戴翰林院侍講駐日副公使に任ぜられた。しかし，西南の役のため赴任は翌年となり，77年あらためて駐日公使に任ぜられ赴任した。黄遵憲が書記官として同行した。

赴任した何如璋にとって琉球の帰属問題解決が懸案であったが，交渉は難航し，結局1879年琉球は沖縄県となって日本に帰属した。83年まで6年間在任したが，この間日本で各界の人物と交流した。

帰国後詹事府少詹事を授けられ，福州船政大臣に任ぜられた。しかし，清仏戦争の際福建艦隊および馬尾の船政局が攻撃され壊滅的打撃を受けた。何如璋は，敵前逃亡のかどにより免職。後広東に帰り同地で両広総督・李瀚章の要請により韓山書院で書を講じた。

参考文献：民国清史館編『清史稿』巻444，列伝231（民国清史館，北京，1927年）。　〔徳岡仁〕

何（か）　叔衡（しゅくこう）　He Shuheng

（1876年5月27日～1935年2月24日）

譜名・啓瑢，学名・瞻岵。字・玉衡。号・琥璜，尊号・何胡子。湖南省寧郷県生まれ。中国共産党の指導者，文教・司法工作の専門家。

何叔衡は貧しい農家に生まれ，労働のかたわら私塾で学び，1902年に科挙を受験，合格して秀才になった。その後，郷里の私塾や寧郷雲山高等小学堂の教師をつとめていたが，13年春，長沙の湖南省立第四師範に入学，翌14年に同師範が第一師範に吸収されると，第一師範講習科に転入した。この第一師範在学中に毛沢東と知り合う。毛は何叔衡に対し，敬意を込めて何胡子と呼んだといわれる。

卒業後，1914年7月から，長沙の楚怡小学で教鞭をとる。毛沢東との関係は当時も絶えることなく，18年4月14日に毛沢東，蔡和森らが新民学会を創立した際，何叔衡も13名の創立時のメンバーに加わった。同年11月，新民学会の執行委員長に選出される。19年，五・四運動の高まりの中で，何は湖南督軍・張敬尭の追放を目指した「駆張運動」に参加，その衡陽代表団の責任者となる。20年6月張敬尭が湖南省から追われたのにともない，何叔衡は長沙に戻り，そこでマルクス主義の宣伝，共産党の組織の準備工作を進めていた毛沢東らと，8月に文化書社，ロシア研究会を創立し，湖南省におけるマルクス主義，ロシア十月革命の宣伝に努める。翌9月，湖南省教育委員会から湖南通俗教育館館長に任命され，館長就任後に『湖南通俗報』総編集となった。この年の秋，毛沢東らは湖南共産主義小組を組織したが，何叔衡はこれにも加わっている。また，翌21年の1月には，新民学会長沙年会を主宰，同会は社会主義青年団の結成を決定した。何のこうした一連の活動は，湖南軍閥，趙恒惕の警戒するところとなり，同年6月湖南通俗教育館館長の職を免ぜられることになる。

1921年7月には，毛沢東とともに湖南共産主義小組の代表として上海で開かれた中共1全大会に出席し，中共創立に立会った。1全大会終了後湖南省に戻った何叔衡は毛沢東に協力し，22年中共湘区委員会を創設，その組織委員となる（当時，毛沢東は書記）。この頃，何は毛沢東とともに，21年8月に湖南自修大学を創設，22年9月に同校に補習学校を付設，さらに23年後半に湘江学校を創設し，校務を主宰すると同時に自ら教鞭をとった。第1次国共合作時期には，国民党に加わり，26年8月湖南省国民党党部監察委委員に就任，その他の分野でも，湖南省法院の陪審員，懲治土豪劣紳特別法廷のメンバー，湖南省中山図書館館長，水口山鉱務局監理，『湖南民報』館館長，中国済難会湖南総会執行委員兼財務委員などをつとめた。当時の何の中共におけるポストは，中共湖南区委委員，湖南省委委員であり，国共合作下，何は湖南省における中共の主要な指導者の1人として活発な活動を展開していたといえる。

しかし，1927年の馬日事変によって，何叔衡は湖南省を離れざるをえなくなり，武漢を経て上海に出る。上海では，謝覚哉，徐特立，毛沢民らとともに，中共の地下印刷所である聚成印刷公司をつくり，全国互済総会党団書記，中共江蘇省委秘書長などを歴任した。28年6月党中央の決定によって学習のため上海からソ連に出発，モスクワ到着後，中共6全大会に出席し，同年9月モスクワ中山大学特別班に入学した。当時の特別班のメンバーには呉玉章，林伯渠，徐特立，葉剣英らがいた。

1930年7月，中山大学を卒業して帰国，上海でコミンテルンの救済総会の責任者並びに全国互済総会主任に就任した。31年秋，国民党による取り締まりが厳しくなった上海を脱出し，香港，広東経由で中央ソヴィエト区の瑞金に入った。同年11月，第1回全国ソヴィエト代表大会に出席し，中華ソヴィエト共和国中央執行委委員に選出される。これ以後，何叔衡は中央ソヴィエト区で中央労農民主政府労農検査人民委員，最高法院院長，内務人民委員代理などをつとめた。しかし，当時，司法機関の長として証拠不十分のままの処分や死刑の多用に反対したことから，苛烈な粛反政策を進めようとしていた党中央によって睨まれ，「機会主義」，「富農路線」などのレッテルをはられ，33年冬，全ての指導的職務を解かれたうえ，党籍保留の観察処分を受けた。34年10月，中央紅軍は長征に出発するが，何は瞿秋白，鄧子恢，陳潭秋，陳毅らとともに根拠地に残り，国民党軍に抵抗した。何叔衡は35年2月，福建省の長汀水口地区を瞿秋白，鄧子恢らと移動中，国民党軍の攻撃を受け，逃走中に落命した。

参考文献：中共党史人物研究会編『中共党史人物伝』4巻（陝西人民出版社，西安，1982年）。陳玉堂編『中共党史人物別名録』（紅旗出版社，北京，1985年）。王永均・劉建皐編『中国現代史人物伝』（四川人民出版社，成都，1986年）。朱仲麗『輝く赤い星』（北京外文出版社，北京，1989年）。

〔中村楼蘭〕

何　香凝（かこうぎよう） He Xiangning

（1878年6月27日～1972年9月1日）

原名・諫，別名・瑞諫，別号・双清楼主。香港生まれ，原籍，広東省南海県。国民党左派の女性指導者，全国婦女連合会名誉主席。廖仲愷夫人。中日友好協会会長をつとめた廖承志は長男。

父・何炳恒は，香港で茶や土地を扱っていた大商人，資産家であった。1897年何香凝は廖仲愷と結婚すると，1902年に夫の留学に伴って来日した。自身も日本女子大学や女子美術学校で日本語や日本画を学んだが，03年孫文に出会ってからは，夫と共に革命活動に参加していった。05年には中国同盟会に夫婦で参加，何香凝は秋瑾らと共に，同盟会の最も初期の女性会員であった。同盟会では世界の華僑たちへの革命宣伝活動などに従事した。

1911年の武昌蜂起後は広州へ行くが，第2革命失敗後廖仲愷と共に日本へ亡命し，中華革命党に参加した。その後も21年に宋慶齢と出征軍人慰労会を組織するなど，革命活動を支援していった。24年の中国国民党第1回全国代表大会では，中央執行委員及び初代の婦女部長に選出されている。そして貧民医院，女工補習学校，ストライキ女工講習所などをつくり，特に女工の生活支援や教育普及の活動に尽力した。その間25年8月には廖仲愷が国民党右派の手により暗殺されるが，夫の遺志を継いで，三大政策を堅持していった。27年の蔣介石の4・12クーデター後は，彼に反対して国民党と政府の一切の職務を辞し，パリに居を構えた。

1931年11月に帰国後はもっぱら抗日救国運動に力を注いでいる。32年の上海事件では国民傷兵医院を設立，34年には宋慶齢らと「中国人民対日作戦基本綱領」を発表して，一致抗日を呼びかけた。37年には全国各界救国連合会理事となり，同年日中戦争が勃発すると，海外の華僑から義援金や物資を集めて前線に送った。さらに38年には香港で宋慶齢と保衛中国同盟を組織して，海外への抗日戦争支援の呼びかけを継続した。その後抗日救国運動を継続すると共に，李済深らと46年広州に中国国民党民主促進会を発足させた。さらに48年1月中国国民党革命委員会が成立すると中央執行委員会委員常務委員に就任した。

1949年内戦の末国民党に勝利した共産党の呼びかけに応じて北京に赴いた。9月中国人民政治協商会議に参加し，中央人民政府委員，華僑事務委員会主任委員に選ばれた。何香凝はその後人民共和国において数々の要職を歴任している。その主なものとして，中華全国民主婦女連合会（現在，中華全国婦女連合会）名誉主席（53，57年），全人代常務委員会副委員長（59，65年），政協全国委員会副主席（54，60年），中国国民党革命委員会中央主席（60年），中国美術家協会主席（60年）などが挙げられる。72年9月肺炎のため北京で死亡した。

また画家としてもその才能を発揮して，多くの作品を残している。

参考文献：廖夢醒『我的母親何香凝』（人民出版社，北京，1984年）。尚明軒・余炎光編『双清文集』上・下（人民出版社，北京，1985年）。暨南大学歴史系等編『紀念廖仲愷何香凝』（文物出版社，北京，1987年）。蒙光励『廖家両代人：廖仲愷　何香凝　廖夢醒　廖承志（修訂本）』（暨南大学出版社，広州，2007年）。何香凝美術館編『反思二十世紀中国文化与芸術—紀念何香凝誕辰一百三十周年国際学術研討会文集』（嶺南美術出版社，広州，2009年）。尚明軒『何香凝伝』（人民文学出版社，北京，2012年）。

〔石川照子〕

何　応欽（かおうきん） He Yingqin

（1890年4月2日～1987年10月21日）

字・敬之。貴州興義県生まれ。国民党・軍人。政治家。

1901年，貴州陸軍小学，武昌陸軍第三中学を卒業後，08年，日本に留学，振武学校に入学，蔣介石と同期となり，中国同盟会に入る。辛亥革命期には一時帰国し，上海の滬軍都督府の陳其美のもとで，蔣介石らと上海の役に参加し，第2革命では江蘇陸軍第1師歩兵営長となる。

第2革命失敗後，日本に戻り陸軍士官学校歩兵科第11期生となり，1916年5月に卒業した。日本語に堪能であったといわれる。帰国直後，第3革命で蜂起した国民党の黔（貴州）陸軍総司令・王文華に請われて，貴州新軍の訓練を託され，また王の妹と結婚した。

1918年には貴州講武学校と少年貴州学校の校長に就任し，翌年には黔軍第5混成旅長兼貴州警務処長に任ぜられ，その後，黔軍総司令部参謀長となり，貴州の実力者となった。

1924年，黄埔軍官学校が設立され，日本陸士の同期生，王柏齢の推薦をうけ，広州で黄埔軍校軍事総教官となる。教導団設立にもあたり，黄埔軍校第1期卒業生の何応欽は教導団第1団団長（兼第1営営長）となり，24年の商団事件の鎮圧で活躍する。

1925年の第1次東征では林虎軍を退け，国民党軍第1旅が再編されると旅長兼第1団団長になる。広東国民政府が成立し，建国軍や党軍は国民革命軍として改編され，蔣介石がその第1軍軍長になると，副軍長兼第1師長に任命された。第2次東征では第1縦隊長として陳炯明軍を討ち，さらに第1師長兼東江綏靖委員として汕頭に進駐し，また黄埔軍校潮州分校長兼教育長になった。

1926年に蔣介石が広東に戻ると，第1軍軍長に昇格し，潮梅警備司令を兼任し汕頭一帯を支配した。中山艦事件でも蔣介石を支え，その軍権掌握を助けた。北伐が開始されると，蔣総司令の下で，国民革命軍第1軍長兼東路軍総指揮となり，福州を占領し，翌27年に福建政治分会主席に就いた。さらに浙江の杭州を攻略し，上海政治分会委員となった。北伐の東路方面作戦では，27年3月，上海を攻略し，南京も占領した。鎮江方面の制圧後，長江を渡って孫伝芳軍を破り，第1路総指揮として揚州一帯を占領した。

武漢での国民党2期3中全会で，何応欽は軍事委員，国民政府委員に推挙された。武漢政府が，総司令権を弱めるため国民革命軍を2個集団軍に改編した際，何応欽は第1集団軍第1方面軍総指揮となった。また1927年4月に上海臨時政治委員会委員にも任命され，南京国民政府が成立すると江蘇省政府軍事庁長や省政治委員となり，貴州省政務委員にもなった。南京の国民革命軍総司令部の改組後，第1軍軍長・何応欽は軍事委員会委員，そして同年10月には常務委員となり，南京に駐在した。蔣介石が下野を表明した当時，徐州戦の敗北で蔣の批判を受けていた。武漢・南京合同後は，党中央特別委員会委員，国民政府委員，軍事委員会主席団委員，財政管理委員となった。第1軍軍長を辞め，浙江総司令や省政府委員主席に就いた。12月には国民革命軍第1路総指揮を兼任した。

1928年，蔣介石が総司令に復帰し，何応欽は第1路総指揮を辞める一方で，2期4中全会では中執委員，国民政府委員や軍事委員，同常務委員に選ばれた。同年3月に中央陸軍軍官学校教育長となり，また国民革命軍総司令部参謀次長，総長代理に任命された。以後，蔣介石への対抗意識はもちながらも，蔣の軍事的政治的管理の下に組み込まれた。

その後，財政監理委員，浙江省党務指導委員，故宮博物院理事，禁煙委員，予算委員などに任命された。1929年には首都建設委員，建設委員，財政委員，中央陸軍軍校委員・常務委員，中央編遣区辦事処主任，国防会議委員，参謀本部参謀総長，国民革命軍編遣委員会編組部主任代理などに就いた。30年には軍政部部長を兼任し，漢口，開封，広州などの総司令・委員長行営主任も兼任した。

「掃共戦」では，蔣介石の安内攘外政策のもとで，陸海空軍総司令兼南昌行営主任（第2次囲剿），前敵総司令兼左翼集団総司令（第3・4次囲剿）として，その指揮にあたった。軍事委員会常務委員，駐贛特派綏靖主任公署主任，贛粤閩辺区剿匪総司令などにも就いた。1935年4月，一級上将となる。

日本の「分離工作」に対し，塘沽協定などを締結し，軍事委員会北平分会代理委員長に就任すると，1935年に華北駐屯軍司令官・梅津美治郎との間に交換公文（梅津・何応欽協定）を取り交し，また冀察政務委員会を成立させた。翌年の西安事件でも停戦を支持せず討伐令を出し，「討逆軍総司令」となって軍隊を動かし抗日勢力側から非難された。

その後，軍事委員会広州行営主任，第4戦区司令長官として広州に配置された。1939年に最高国防委員会委員，44年には陸軍総司令として，抗戦終結時の支那派遣軍総司令官・岡村寧次との直接折衝にあたった。

日本敗戦後の1946年，駐米軍事代表団団長としてアメリカに派遣され，駐連合国軍事参謀団の中国軍事代表団団長に任命された。国防部部長にもなり，49年に蔣介石が下野した後は行政院院長に就任した。また総統府戦略顧問委員会の主任委員などに任命された。

国民政府とともに台湾に移った後の1950年，国民党の改造委員や中央委員会の中央評議委員となる。さらに文化及経済協会理事長，合作策進会高級顧問となった。国民大会の主席や貴州省代表にもなった。65年，日本より日台友好促進の効により勲一等旭日大綬章を贈られた。86年，総統府資政となり，戦略顧問，中央評議員でもあったが，87年10月21日，台北で死す。享年97歳。

参考文献：劉国銘編『中華民国国民政府・軍政職官人物誌』（春秋出版社，北京，1989年）。土維礼編『蔣介石的文臣武将』（河南人民出版社，鄭州，1989年）。呉相湘『民国百人伝』4（文星書店，台北，1964年）。熊純生編『中華民国当代名人録』（台湾中華書局，台北，1978年）。

〔栃木利夫〕

何　玉成（かぎょくせい）　He Yucheng

（生没年不詳）

名・琳・字・以行。号・琢石。広東省番禺県慕徳里司蕭岡郷生まれ。原籍，同前。清末の士紳。

1818年，秀才の資格を得た後，郷里で教師をしていた。31年，挙人となる。アヘン戦争勃発後，郷里の懐清社学にて団練を編成し，西欧人の侵略に備えた。41年5月，三元里人民の抗英闘争に参加し，南海・番禺・増城など各地に書信を送り，各郷の社学の抗英闘争を促進した。反英闘争の後，何玉成は忠勇祠を建てて忠魂を慰めるよう両広総督に要請した。42年には番禺の士紳・何有書らの団練組織の拡大に協力した。44年には四川省射洪県の知県に任ぜられた。60年頃，官を退いて郷里にて保良局を主宰したが，63年には懐清社学を仏岭社学と改めた。かつて自ら詩集を刊行したが散佚し，後人が数十首を捜集して編集し，『攬翠山房詩輯』として刊行した。

参考文献：北京師範学院歴史系中国近現代史教研室編『簡明中国近現代史詞典』（中国青年出版社，北京，1985年）。李盛平主編『中国近現代人名大辞典』（中国国際広播出版社，北京，1989年）。　〔横山英〕

賀　衷寒（がちゅうかん）　He Zhonghan

（1900年1月5日～1972年5月9日）

字・君山。湖南省岳陽県生まれ。中国国民党員。蔣介石側近にして，軍における政治工作担当者。三民主義力行社（いわゆる「藍衣社」）の中心的人物。

賀衷寒の生家は，「半耕半読」の家であった。賀は，1916年武昌にあった湖南旅鄂中学に入学する。19年五・四運動が武昌に波及してくると，賀は成績優秀のため学生代表に選出され，その演説の巧みさからも学生の間で次第に頭角をあらわすようになる。その後，董必武らが武昌でマルクス主義研究会を組織すると，賀はこれに入会する。21年春ロシア語を習うために上海に出るが，そこで毛沢東と出会う。

1921年9月賀衷寒は極東民族大会代表に選出され，張国燾らとともにモスクワに赴く。その途中，賀はシベリア鉄道の駅に食料を求めて群がる民衆の姿を目撃し，中国国内で聞いていた社会主義革命の理想とは異なる現実を知り，共産主義に対する基本的な不信感を抱く。22年帰国すると，武昌で人民通訊社，長沙で平民通訊社を創設する。23年には上海『時報』特約記者並びに長沙青年社教務主任となり，ここで反軍閥の論陣をはる。

黄埔軍官学校が1924年6月に開校すると，賀衷寒はその第1期生となる。25年1月ボロディンが「青年軍人社」（後の青年軍人連合会）を設立し，黄埔の学生団体を指導し，その機関誌のなかで孫文を論評するようになると，彼はこれに対抗して繆斌らと「中山学説研究会」を組織する。その後，「中山」は日本時代の仮名に過ぎず，また学説はすでに主義を形成しているとして，「孫文主義学会」と改称する。この「学会」は，25年12月29日広州で正式に成立大会を催し，賀は大会主席をつとめる。この時の彼の正式な職務は，国民革命軍第1師第1団党代表であった。

1926年2月賀衷寒は黄埔軍校内部のソ連留学選抜試験を受け，モスクワのフルンゼ陸軍大学に留学し，28年1月帰国する。帰国直後彼は，蔣介石より杭州軍事訓練班学生総隊長に任命される。28年3月軍校が正式に南京に移され，黄埔同学会が南京で全体会員大会を挙行すると，賀は監察委員に選出される。29年春蔣介石の要請で軍事と政治の研究のため日本に赴き，2年間滞在する。

賀衷寒は1931年2月帰国すると，海陸空軍司令部剿匪宣伝処の処長に就任する。この宣伝処が訓練総監部剿匪軍隊政治訓練処に改編されると，賀はその主持となる。また，11月国民党4全大会に劉健羣が蔣介石に建議した「貢献一点整理本党的意見」書に基づいて三民主義力行社が組織されると，賀はその中心的役割を担う。33年5月彼は南昌で政工会議を召集し，「政訓令」を考案し，軍隊中の政治工作の任務と職権に関する規定を確立する。10月に国民党が剿匪作戦の最高指導原則として「軍事三部，政治七部」を決定すると，賀はこれに3つのスローガンを提起する。それらは，「碉成民安，路成民帰，校成民化」であり，あくまでも民衆と一体化した闘争を主張するものであった。

1935年1月軍事委員会が重慶で参謀団と政治訓練処を付設すると，賀衷寒は副処長としてこれを指揮，監督する。7月彼は「整軍宣伝方案」，「整理部隊政訓工作綱要」などを作成し，政治工作の新しい段階を開く。この特徴は，政治工作をもって旧軍閥の支配地域に強く残存している地方主義を払拭し，全国的に愛国的民族観念を打ち建て，軍政の統一を促進し，軍隊を完全に国家に従属させ，軍隊内部に国家観念を植えつけ，そして「赤化」を防止することにあった。この「政訓」運動に従事した工作員は，当初300余人に過ぎなかったが，37年の全盛期には3,421人にものぼった。また賀は，35年11月の国民党5全大会において中央執行委員に選出されている。

1937年6月賀衷寒は蔣介石の要請を受けてヨーロッパに軍事・政治の視察のために赴くが，日中戦争勃発のため急遽帰国する。38年2月軍事委員会が政治部を設立し，部長に陳誠，副部長に周恩来が就任すると，彼は第1所所長兼軍隊及び軍事学校の政治訓練の統括に任ぜられる。また，6月には三民主義青年団を組織し，同団の中央臨時幹事会幹事となる。41年春賀は行政院国家総動員会議人力組主任，42年には社会部労働局局長に就任し，ここで48年まで全国の技術者の調査及び登記，労働者の失業の救済，就業の指導などに専念する。彼はこの経験に基づいて，『国民労働与軍隊復員計画芻議』，『義務労働五年計画』などの著作を出す。

1949年1月賀衷寒は公職から離れ，全国を遊説し，ソ連と中国共産党の危険性をうったえる。12月国民政府が台湾に移ると，彼は蔣介石と行動を共にする。その後，賀は50年3月交通部部長に就任し，54年総統府国家政策委員会顧問，62年中国国民党中央設計考核委員会主任委員，66年行政院政務委員を歴任するが，70年退職し，72年5月癌のため台北で死亡する。

著作には上記の他，『改組派之検討』，『汪精衛的批判』，『国防的根本問題』，『中国的病根』などがある。

参考文献：呉相湘『民国百人伝』第4冊（伝記文学出版社，台北，1971年）。劉紹唐主編『民国人物小伝』第3冊（伝記文学出版社，台北，1980年）。『自由中国名人伝』（世界文化服務社，香港，1952年）。徐友春主編『民国人物大辞典』増補版（河北人民出版社，石家荘，2007年）。外務省「藍衣社ニ関スル調査」，日本外交史料館史料『支那政党，結社関係雑件―藍衣社関係―』。　〔家近亮子〕

賀（が）　子珍（しちん）　He Zizhen

（1909年9月～1984年4月19日）

原名・賀桂円。江西省永新県生まれ。若くして革命に参加し，ソヴィエト革命時期の毛沢東の妻であった。生まれは1909年9月頃と推定される。

父・賀煥文はかつて安福県県長をつとめた人だが，家産を失い永新県南門禾川鎮で「海天春」という飲食店を経営していた。母・温土秀。兄の賀敏学，妹の賀怡，永新暴動で死んだ弟を含めて兄妹4人全員革命に参加した。両親もその影響をうけて革命運動に従事し，父は紅軍の長征後国民党に殺された。

賀子珍は永新のキリスト教教会小学校に在学中，中国共産党永新県委員会を創建した欧陽禄らの影響をうけて，1925年共産主義青年団員，26年中国共産党員となった。国共合作政策に従い中国国民党に加入，国民党永新県党部婦女部部長となり，また中共永新県婦委書記，団委副書記として，女性解放と反帝・反軍閥の運動を推進した。26年6月永新県の国民党右派がクーデターをおこし，賀敏学らは逮捕されたが，賀子珍は吉安で工作中だったため難をまぬがれた。中共党員らは同月王新亜，袁文才ら農民軍と協同して永新県城を攻略し賀敏学らを救出した。しかしまもなく許克祥軍の攻撃を受け，県城をすて袁文才らと井崗山にのぼることになるが，この時賀子珍は少数の農民兵を率いて永新南門を守り，みごとな戦いぶりをみせた。

1927年11月毛沢東軍を，28年朱徳，陳毅の軍を井崗山に迎え，工農革命軍（のち紅軍）第4軍が成立した。28年永新県城を再攻略したときには，賀子珍は慶祝大会で青年と女性を代表して感動的な演説を行った。毛沢東と結婚生活をはじめたのはこの頃のこととされている（毛の妻・楊開慧は当時湖南で毛沢東の子供を育てながら地下活動をしており，逮捕されて後毛沢東と離婚してそれを公表せよと強要されたが拒否し，30年11月処刑された）。その後湘贛辺界特委，紅4軍前敵委，中央軍事委，中央弁公庁で毛沢東の秘書として活動し，革命戦争のなかで中共中央と意見が対立して政治的に苦しい立場にあり，また病気がちであった毛沢東を心身ともに支えた。

1934年10月長征がはじまり，妊娠中の賀子珍は総衛生部休養連に加わって長征に参加した。小毛とよばれて紅軍の人気者だった男の子は，妹の賀怡夫婦（夫は毛沢東の弟・毛沢覃）にあずけ，長征途上でうまれた男の子も土地の人の手に渡した。貴州では飛行機の攻撃を受け，負傷して身動きできない鍾赤兵をかばって重傷を負う。その時体中にささった破片はいつまでも賀子珍を苦しめた。延安到着後，女児・嬌嬌（李敏）を出産。その後も抗日軍政大学に入学して学習や訓練に参加した。しかし37年にはアグネス・スメドレーの通訳（リリー・呉とよばれた）と毛沢東との関係のことで賀子珍が激怒し，スメドレーにまで暴力をふるうという事件がおこる。

1937年晩秋，賀子珍は長征の際うけた傷の治療ということで延安を離れて西安に行き，その後モスクワへ旅立ち，嬌嬌はあとに残された。モスクワでは東方労働者共産主義大学で学び，38年5月男児を出産するがこの子はまもなく死亡した。一方毛沢東は38年に江青と知りあい，やがて結婚する。嬌嬌は母の許へ送られ，独ソ開戦後の厳しい生活の日々を母子2人ですごした。賀子珍は嬌嬌の病気のことで保育院長とはげしく争い，長期にわたり精神病院に収容されることになった。コミンフォルム中共代表としてモスクワ入りした王稼祥の努力で47年帰国するが，その後も長く東三省で待機させられた。同情した賀怡が嬌嬌を毛沢東の許へつれていき，また賀子珍に職務を与えるよう要請している。

建国後も長く賀子珍は忘れられた存在であった。杭州市婦連主任，上海市委組織部などの職につき，文革中は福建の賀敏学のところに身をよせた。江青逮捕後1977年に上海へ帰り，79年第5期全国政協委員に選ばれてはじめて北京の地を踏んだ。81年までここで暮らした後上海で療養生活を送り，84年4月死去した。

参考文献：《女兵列伝》編輯組『女兵列伝』1集（上海文芸出版社，上海，1985年）。瞭望編輯部編『紅軍女英雄伝』（新華出版社，北京，1986年）。郭晨・裘之倬「従賀子珍同志的一張照片想到的」，『革命文物』1980年2期。伊原吉之助『江青と毛沢東―太后支配を狙う女性』（関西労働文化教育研究所，1976年）。
〔末次玲子〕

洪(こう)　霊菲(れいひ)　Hong Lingfei

（1901年～1934年）

本名・洪倫修，筆名・洪霊菲，林曼青，林蔭南，李鉄郎など。広東潮安県洪沙郷生まれ。小説家，翻訳家。

父親は秀才不合格の教師で，貧困な家庭環境だったが，洪霊菲は潮安県金山中学校に進み，卒業後中山大学の前身である広州高など師範学堂に学んだ。在学中に中国共産党に入党。1924年国共合作の下，共産党員の身分で国民党に入党。26年卒業後，国民党中央海外部組織科科長として活動，同時に共産党広州支部の宣伝活動に従事した。

1927年国共合作が崩れ，国民党より指名手配を受け，地下に潜伏，香港，シンガポール，タイ，汕頭などを巡って上海に入り，著作活動を開始する。上海では閘北地区共産党の活動の責任者となり，蔣光慈，銭杏邨，孟超らと知り合う。28年逃亡生活を素材にした小説『流亡』を現代書局より出版，純文学団体我們社を結成，暁山書店を創立し，『我們月刊』，『我們叢書』を刊行。29年長篇小説『明朝』，短篇小説『在洪流中』，『帰家』を発表。30年中国左翼作家連盟を結成する時，魯迅，銭杏邨らと共に7人の常任委員の1人となった。この年の前後に短篇小説『気力出売者』，中篇小説『大海』，詩『在貨車上』などを次々と出版したが，国民党政府の厳しい手配下，共産党の指示により執筆活動を中断して再び地下に潜伏し，共産党江蘇省委員会宣伝部で活動した。

1931年満州事変後，中国反帝大同盟の創立に参加，重要な指導者の1人となる。32年中国左翼文化総同盟に派遣され活動に従事。33年2月，中国共産党中央駐北平（北京）全権代表秘書処に派遣され同処の活動に従事していたが，7月26日スパイの密告により逮捕投獄され，翌34年南京に移送され雨花台で処刑された。

洪霊菲の著作としては，上記の他に小説『前線』，『転変』，『家信』，『長征』，『新的集団』，『童年』などがあり，1951年に開明書店より『洪霊菲選集』が出版された。また，翻訳にはゴーリキー『幼年時代』のほか，35年に湖風書局より出版されたドストエフスキー『地下室の手記』などがある。

参考文献：劉献彪『中国現代文学手冊』（中国文聯出版公司，北京，1987年）。趙聡『現代中国作家列伝』（香港中国筆会，香港，1975年）。丸山昇・伊藤虎丸・新村徹編『中国現代文学事典』（東京堂，1985年）。北京語言学院《中国文学家辞典》編委会編『中国文学家辞典』現代第1分冊（四川人民出版社，成都，1979年）。馬良春・李福田主編『中国文学大辞典』（天津人民出版社，天津，1991年）。〔関根謙〕

洪(こう)　深(しん)　Hong Shen

（1894年12月31日～1955年8月29日）

原名・洪達，字・伯駿，筆名・荘正平，楽水，蕭振声。江蘇省武進県生まれ。劇作家。

父は袁世凱内閣の内務秘書を務めた。1906年から07年まで上海の徐匯公学，南洋公学に学び，12年清華大学に転入した。清華大学在学中から演劇を志す。15年最初の脚本「売梨人」，「貧民惨劇」を執筆する。16年オハイオ州立大学に留学し，陶磁器工程を学び，余暇に演劇に興味を持つ。19年秋ハーバード大学で演劇を専攻し，ボストン演劇学校に学ぶ。演劇を専攻することになったのは，父が宋教仁暗殺事件に巻き込まれ処刑された事が契機となっているという。19年反帝を主題にした英文話劇「虹」，「為之有室」を執筆する。20年から21年にかけてニューヨーク周辺の都市で巡回公演を行う。

1922年春帰国。冬，反封建反軍閥戦争を主題にした戯劇「趙閻王」を執筆し，23年2月公演する。この年，欧陽予倩と汪仲賢の紹介により谷剣塵，応雲衛の主宰する上海戯劇協社に加入する。24年「少奶奶的扇子」を執筆，公演し成功するが，戯劇協社の旧い体質に失望し，後に映画界，学校戯劇の分野に進む。25年明星影片公司の映画監督を務め，中華電影学校を創設して，中国映画の開拓者的役割を果す。「馮大少爺」，「早生貴子」の作品がある。この時期以降，復旦大学，暨南大学，山東大学の英文科教授を務め，戯劇実験室復旦劇社を創設して，演劇の普及に力を注ぐ。26年「女店主」を執筆する。

1927年田漢の「南国劇社」に接近し，戯劇協社を脱退する。戯劇社を組織し，29年5月南国劇社に参加する。秋から翌30年にかけて左連創設のための準備活動に協力し，30年3月左連成立時に加入する。同月戯劇討論会を開催し，上海戯劇運動連合会を組織する。8月中国左翼劇団連盟に参加，総書記を務める。9月現代学芸講習所所長を務める。31年3月南京国民政府が逮捕命令を下したので天津へ逃れる。30年冬から農村3部曲を執筆開始する。江南農村の農民生活と闘争を主題にした『五奎橋』,『香稲米』,『青龍譚』がそれである。32年春上海に戻り，33年映画「劫后桃花」を制作。夏衍，銭杏邨，鄭伯奇らと共産党の映画小組を組織する。この時期に西方戯劇史，戯劇理論の紹介を開始し，『希臘的悲劇』,『現代戯劇導論』を執筆する。

抗日戦争時期は，大学の教師を辞め，救亡隊を組織し，農村に入り抗日宣伝に従事する。1937年全国演劇界抗敵協会理事，38年武漢で国民党軍事委員会政治部の戯劇科長になり，周恩来，郭沫若の指導のもとで抗日演劇の普及に活躍する。41年皖南事変後，桂林，重慶，昆明において演劇活動に従事する。抗日戦争勝利後，上海の復旦大学，上海戯劇専門学校の教師を務め，『戯劇与電影』周刊を編集。48年厦門大学で演劇を教える。

1949年中華人民共和国成立以降，中華全国文学芸術連合会常任委員，作家協会理事，戯劇工作者協会副主席，対外文化連絡局局長を務める。55年8月肺がんのため北京にて死去する。57年から59年にかけて『洪深文集』が出版される。

参考文献：北京語言学院《中国文学家辞典》編委会編『中国文学家辞典』現代第1分冊（四川人民出版社，成都，1979年）。中国社会科学院近代史研究所主編『民国人物伝』2巻（中華書局，北京，1980年）。上海社会科学院文学研究所編『三十年代在上海“左連”作家』上巻（上海社会科学院出版社，上海，1988年）。　〔小山三郎〕

洪（こう）　秀全（しゅうぜん）　Hong Xiuquan

（1814年～1864年6月1日）

拝上帝教の創始者で太平天国の天王。

広州近郊の花県の客家の農民の三男として出生。一族の期待を担って14歳の時から1843年まで4回科挙を受けたが，いずれも府試に失敗。37年3回目の失敗直後熱病を病み，瀕死の病床で奇妙な夢を見た。天使たちに迎えられて天上に昇り，すべての人の父と称する金髪の老人に会い，悪魔にたぶらかされて堕落し切った下界のさまを示され，天上まで侵入している悪魔と戦うよう命ぜられる。その際この老人の長男で彼の兄とされた人物の援助を受ける。さらに地上に下って悪魔を一掃し，この父なる老人への信仰を回復せよという使命を与えられる。今日残っているこの夢の内容についての記録――ハンバーク『洪秀全の幻想と太平天国の起源』,「太平天日（太平天国年代記）」などはすべて，挙兵後にこれを正当化する神話として作られた部分を含み，真相をそのまま伝えたものではない。しかし奇妙な夢を見たことは事実で，47年に洪秀全が数カ月キリスト教の儀式，教義，聖書について学んだ侵礼会（バプテスト）のアメリカ人伝道師ロバーツも彼からこの夢について聞いたことを記している。しかし瀆神的，異端的な内容については全く記していないことからすると，彼がこの老人の次男で，長兄から助けられたなどの内容は後に付加されたものだと考えられる。

ついで1843年の科挙失敗後に，洪秀全はかつて広州で入手し，放置しておいた梁発という人物が書いた『勧世良言』という書物を初めて読んだ。梁発はロンドン伝道会のロバート・モリソンの中文訳聖書の印刷に従事しているうちに新教に改宗した最も早い時期の中国人プロテスタントの1人だった。彼はこれを読んでかの老人こそ唯一の真神――神爺火華（エホバ），神主，神父，神天上帝などの中文があてられていた――であり，他の一切の神仏，偶像は人をたぶらかす悪魔であり，彼はこれを一掃する使命を上帝から与えられたのだと確信して，この年拝上帝教を創始した。洪仁玕，馮雲山など一族や近隣の客家の在野読書人が数人改宗し信従したものの，自分が教えていた村塾の孔子像を片付けてしまったことをはじめ，祖先神から土地神まであらゆる偶像礼拝を否定したため，彼らは故郷では孤立した。その後客家の移住民の多い広西の貴県その他に布教したが，その成果は極めて限定的であった。馮雲山は引続き，広西省潯州府の桂平県・武宣県などにまたがる紫荊山区に入り，ここでようやく多数の主として客家の移住者たちからなる信徒を獲得することに成功した。47年まで広東に留まった秀全は，拝上帝教の内容を歌の形式にした「原道救世歌」，また「原道醒世訓」などの布教文書を書き，続いてロバーツの教会でキリスト教を学んだ。従来拝上帝教の創立は，宗教を利用した革命の始まりとする説が中国では支配的であった。しかし，これら初期の布教文書及び彼の行動軌跡からすると，当時の彼の思想は『勧世良言』の圧倒的な影響下にあり，宗教的革新と倫理的覚醒によって救世を実現しようとしただけであった。たしかに初期から，彼はすべての人は上帝の子として兄弟姉妹であり，上帝信仰によって強者・多数者・智者・勇者が弱者・少数者・愚者・怯者を犯し苦しめ，国・省・府・県・郷・里・姓がちがうだけで憎み合い，殺し合っている暗黒の世から，すべての人が助け合う「大同」の世に変えられると説いている。しかし同時に梁発同様この世における君臣・夫婦・男女・貧富などは天の定めたものだとして，「分」を守るべきことを説教している。黄巣・李自成などの中国史上の反逆者が多数の人間を殺した果てに悲惨な末路に陥ったことを例に，孔子のように「貧に安んじて楽しめ」とさえ書かれている。淫行・不孝・殺人・窃盗・呪い（まじな）・賭博を６大不正としてこれらを絶対に犯してはならぬことを，『論語』などの儒教の古典，歴史上の故事を例にあげて説いているように，儒教の強い影響を示していた。また彼は梁発とちがって，上帝が中国の古来の最高神である天の主宰者上帝と同じもので，ただこれを唯一神とみなした。これは「太平救世歌」に上古の世には中国で君臣・士庶の別なく，「皇天」すなわち上帝を信じていたとのべられていることなどから明らかである。

この洪秀全が清朝を打倒して地上に天国（小天堂と称した）を樹立することに大きく転換したのは，1847年に広東から紫荊山区に入った直後から，彼が先頭に立って行った当地の偶像を破壊する運動を契機に，郷紳を中心とする当地の支配勢力と拝上帝教徒との対立抗争が激化してきたこと，決定的にはその中で，48年に当地の客家の貧農・楊秀清と蕭朝貴にそれぞれ上帝及び天兄キリストが乗り移り――これを「下凡」と称した。当地では「降僮」といって神が付体して予言するシャーマニズムの風習が広く存在していた――，秀全こそ天兄キリストに次ぐ上帝の次子で，「天下万国の真の主」であることを告げ，秀全がこれを承認したことを契機とする。当時の広西は連年の自然災害とアヘン戦争後の失業兵士や遊民の広東からの流入と跳梁，加えて先住民集団と移住民である客家との武力抗争（械闘）の頻発などによって末世の相を呈していた。宗廟や土地神の祀りを中心に結集していた先住民集団から疎外され，差別されていた客家は，拝上帝教の中に械闘を克服する新たな結集軸を見出した。また馮雲山は秀全の初期の布教文書にはなかった現世利益――上帝による病苦，飢餓，災害からの救い――を説いた。

各地で郷紳の率いる団練（自警団）と拝上帝教徒との抗争が激化する中で，楊秀清，蕭朝貴らの上帝，天兄キリストの名による挙兵への準備が進行し，1850年夏から秋にかけて各地の教徒に桂平県金田村の根拠地への結集令が下され，各地で団練及び清軍との武力抗争が始まった。金田と紫荊山を中心に，男女老幼合せて１万ないし２万の上帝軍と清軍の戦闘が本格化する中で，51年１月，秀全は男の部隊と女の部隊の隔離，命令への絶対服従，退却の禁止，掠奪厳禁などの５カ条の命令を布告し，３月武宣県で即位の式典を挙行し，天王と称した。４月天父が下凡し，楊秀清をつうじて「秀全をこの世に降して天王とした」こと，「彼の一言一言は天の命令である」こと，「天王を思わぬ者はすべて災難に遭う」ことを改めて信徒たちに告げ，洪秀全の命令は天，上帝の命令として絶対的な権威を賦与されることになった。いつ「太平天国」を称したかはそれほど明らかでないが，この前後と思われる。

以後洪秀全はこの絶対的権威をフルに活用して掠奪の厳禁，軍中の協力と老弱・傷病者への援助，上帝とキリストの加護による勝利の保証，よく戦った者の死（昇天）後の天上での永遠の栄光と，その子孫の「小天堂」における官職世襲の約束などによって，当時輩出していた天地会など多数の反乱集団の追随を許さぬよく統制がとれ，禁欲的戒律を軍律として守る強力な戦闘集団を作り上げた。広西各地での苦戦を生きのびて1852年６月湖南に入って以後，太平軍は当時の中国社会の深刻な矛盾が作り出した多数の貧民，流民を吸収し，また富者に攻撃を集中して貧者に分配するなどの行動や，満州王朝を妖魔・禽獣として弾劾する強烈な反満漢族主義のアッピール，清朝とその軍隊の腐敗などによって急速に大勢力に発展し，53年３月，数十万の大軍をもって南京を占領，これを天京と改名して，新政権の建設に着手した。彼が理想とした社会は土地，財貨一切を上帝のものとし，天王がこれを一律均等に民に割当てて，全余剰生産物は公有としてすべての人の衣食を保証するとした「天朝田畝制度」に描かれている。ここでも天王は絶対的な権力者で，「官」は「農」より身分的に高位にあるとされ，その下で民に一律均等の生活を保証して，超安定的な社会を実現するというものであった。

南京占領までは団結を守ってきた諸王間に，建都直後から権力を巡る抗争が始まり，とくに政治・軍事の指導権を握った上に，天王と同等の権威をも要求するに至った東王・楊秀清と天王，東王と北王・韋昌輝らの隠微な抗争が，1856年血で血を洗う大分裂として爆発した。東王，北王，さらに翼王の３大指導者がこの中で死亡ないし離脱して以後，天王は無能な兄２人や一族のみで政権を固めた。「天朝田畝制度」が机上のプランに終わり，建設的な施策を提起できぬまま，洪秀全はますます拝上帝教に狂信的に固執したが，将領や民心の離反傾向は避け難く進行した。彼は最後まで自らを「万国の真主」として確信し，そういう変相の中華思想を諸外国に対しても譲ろうとしなかった。イギリス，フランスの支持する湘軍の攻撃の前に天京が危機に瀕する中で，彼は重病を病んだが，生死はすべて上帝によるとして，一切の服薬を拒否し，64年6月城内で病死した。長く自殺とされてきたのは大分裂以後の太平天国を支えた忠王・李秀成の供述書を，曾国藩が改ざんしたことによる。原文献が1963年台湾で曾国藩の子孫の所から発見されてこのことが明らかになった。

参考文献：王慶成『太平天国的歴史和思想』（中華書局，北京，1985年）。小島晋治『洪秀全―ユートピアめざして―』（集英社，1987年）。ジョナサン・D・スペンス著，佐藤公彦訳『神の子洪秀全』（慶應義塾大学出版会，2012年）。

〔小島晋治〕

洪（こう）　学智（がくち）　Hong Xuezhi

（1913年2月2日～2006年11月20日）

安徽省金寨出身。人民解放軍軍人，上将。

1929年中共入党。30～36年兵士から師長，紅9軍政治部主任を経て，36年抗日軍政大学第2期生。37年毛沢東に反対して許世友らと脱走，第4方面軍部隊に反毛沢東を働きかけて逮捕。抗日戦争勃発後釈放され八路軍第115師第344旅に所属，徐海東に従って山西，河北を転戦。40年黄克誠の第18集団軍第5縦隊に従って蘇魯を転戦。44年新四軍第3師（師長兼政治委員・黄克誠）参謀長。

1945年黄克誠に従って東北に進撃。46年7月西満軍区（司令員・黄克誠，政治委員・李富春）副司令員。47年7月東北民主連軍（司令員・林彪）第6縦隊司令員。48年秋東北民主連軍は東北野戦軍に改編，同軍兵団級幹部。遼瀋戦役（48年9～11月）と平津戦役（49年1月）に参加。49年1月東北野戦軍は第4野戦軍（司令員・林彪）に改編，第15兵団副司令員（司令員・鄧華）。10月第15兵団を指揮して南下，広州を解放。

1949年10月広東人民政府委員会委員（主席・葉剣英），広州軍事管制委員会（主任・葉剣英）副主任，広東軍区（司令員・葉剣英）副司令員，第4野戦軍（司令員・林彪）第15兵団（司令員兼政治委員・葉剣英）副政治委員。50年10月中国人民志願軍（司令員・彭徳懐）後勤司令員として朝鮮戦争に参加。54年9月第1期全人代志願軍代表，11月総後勤部副部長（部長・黄克誠）。55年9月一級八一勲章，一級独立自由勲章，一級解放勲章を授与され，上将。56年9月中共8全大会で中央委員会候補委員。12月黄克誠の総参謀長就任により総後勤部部長（政治委員・余秋里）。57年11月中国軍事代表団員としてロシア十月革命40周年記念式典に参列。59年4月国防委員会委員。9月彭徳懐の解任に連座して総後勤部部長を解任。その後の動静は不明。

1977年9月国慶節式典に出席して名誉回復，国務院国防工業辦公室主任。78年3月第5期全人代解放軍代表，同常務委員会委員。79年9月中共11期4中全会で中央委員会委員に補選。80年3月総後勤部部長。83年6月国家中央軍事委員会委員，10月中共中央軍事委員会副秘書長。同7月中国人民友好代表団長として朝鮮戦争勝利30周年祝賀行事に参加のため平壌訪問，金日成と会見，一級国旗勲章を授与される。84年12月全軍後勤工作会議で後勤部門の経済建設支援を要求。同年6月100万人の兵員削減に関連して総後勤部の人員の半減を発表。9月中共全国代表会議で中央委員会委員を引退，中共中央顧問委員会委員。85年1月中国で最初の国防経済学討論会（銭学森らが開催）で国防部部長・張愛萍と出席して講話。86年中国軍代表団長として米国を訪問。87年11月総後勤部部長を辞任。88年9月階級制度の復活により上将。89年11月中共軍事委員会副主席から委員に降格。90年3月中共中央軍事委員会委員，国家中央軍事委員会委員解任。91年4月第7期政協副主席に補選される。2006年11月死去。

参考文献：黄震遐編『中共軍人誌』（当代歴史研究所，香港，1968年）。現代中国人名辞典編集室編『現代中国人名辞典1986年版』（霞山会，1986年）。軍事科学院軍事歴史研究部編『中国人民解放軍戦史』全3巻（軍事科学出版社，1987年）。

〔平松茂雄〕

胡（こ）　風（ふう）　Hu Feng

（1902年11月1日～1985年6月8日）

原名・張光人，筆名・谷非，高荒，張果。蘄春県赤東区赤東郷中窯村生まれ。原籍，湖北省蘄春県中窯張家。文芸理論家，詩人。

父・張翊泰，母・胡氏の三男として生まれる。父は豆腐職人。1912年村塾に学ぶ。21年武漢の中学に進む。すでに五・四新文化運動の影響を受け，新文学に触れていた。冬，洪霽娥と結婚するが，26年秋に難産のため死亡。23年，南京の東南大学付属中学に転校，革命思想の洗礼を受け，冬に共青団に加入。25年，5・30運動に参加。夏，北京大学予科に進むが，翌26年9月清華大学英文科2年に編入。

1927年，4・12クーデター後，国民党湖北省党部で宣伝幹事を務め，『武漢評論』を編集。28年秋南昌で国民党第31軍政治部宣伝科科長。共産党員の嫌疑をかけられ，夏から秋に上海へ逃れる。29年9月日本に留学，東亜日語学校に学ぶ。この時期，日本プロレタリア文学に接する。30年，大竹博吉，江口渙，秋田雨雀，小林多喜二と知りあう。31年春，慶應義塾大学英文科に入学。プロレタリア科学研究所の芸術学研究会の活動に参加。日本反戦同盟，左連東京支部にも参加。同年東京で新興文化研究会を組織し，抗日を宣伝したため拘留される。32年上海に一時帰国，馮雪峰，丁玲，周揚と知りあう。

1933年7月日本より強制送還され，上海に戻る。魯迅と面識を持つ。8月，左連宣伝部部長を担当。茅盾の後を継いで左連行政書記を務める。12月に，梅志と結婚。この時期，左連党団の同意を得て中山文化教育館で翻訳の仕事を担当。34年秋，国民政府に逮捕されたのち釈放された穆木天が，胡風は南京国民政府が派遣したスパイであると左連党団に密告，中傷したため，これ以後左連との関係が切れ，作家活動に専念。魯迅との交友関係が深まる。36年1月に魯迅の支持を得て『海燕』を編纂。5月に魯迅と馮雪峰の同意にもとづき「人民大衆向文学要求什么？」を書き，「民族革命戦争の大衆文学のスローガン」を提起する。中共が提示した抗日民族統一戦線における文学の役割をめぐって党文芸工作者・周揚と対立し，国防文学論争が起こる。10月，魯迅死去。日本の改造社版『大魯迅全集』の編集に参加。

1937年春『工作与学習』叢刊を編纂，9月には『七月』周刊を出版。38年3月武漢において中華全国文芸界抗敵協会成立，常務理事となる。41年1月の皖南事変後，5月香港へ移る。翌42年桂林で南天出版社から『七月詩叢』，『七月文叢』を出版，多くの新人作家に援助を与える。45年1月重慶で周恩来の援助のもとで『希望』を創刊。舒蕪の「論主観」を発表。文芸界に普遍的に存在すると見られる教条主義，公式主義を批判し，作家の内面の充実を重視する立場を明らかにするが，延安文芸整風が重慶に波及するなかで唯心論的傾向と批判される。47年12月，香港で喬冠華，邵荃麟らが彼の抗戦期の文芸上の観点を批判。48年9月，「論現実主義的路」を執筆し批判に答える。

1949年10月長詩「時間開始了！」を執筆，新中国の成立を祝う。50年4月華東文化教育委員会委員に任命される。52年4月，『文芸報通訊員内部通報』第15期は「対胡風文芸理論的一些意見」を掲載し，胡風文芸理論に対する批判を開始。6月8日『人民日報』は胡風グループの一員であった舒蕪の自己批判を掲載，「胡風を頭とする文芸上の小集団」の存在を明らかにする。9月『文芸報』第18期は，この小集団は「党の指導する無産階級の文芸路線に背く」と解説する。53年1月31日『人民日報』は林黙涵「胡風的反馬克思主義的文芸思想」，2月の『文芸報』第3期は何其芳「現実主義的路，還是反現実主義的路？」を掲載。9月中国作家協会常務理事になる。54年3月，「関於解放以来文芸実践状況的報告」を執筆し，7月22日党中央に提出する。10～12月文連主席団，作協主席団拡大連席会議を開催。胡風の発言を契機に，12月10日『人民日報』は周揚の「我們必須戰鬪」を掲載し，胡風の文芸思想を批判。この直後に「我的自我批判」を執筆。55年5月『人民日報』は，「関於胡風反党集団的第一批材料」，「関於胡風反党集団的第二批材料」を掲載。文連主席団，作協主席団拡大連席会議は胡風の中国作家協会会員会籍剝奪を決議する。6月10日『人民日報』は「関於胡風反党集団的第三批材料」を掲載し15日には「反党集団」の表現が「反革命集団」に変わる。5月17日公安部に逮捕され，その後北京郊外の秦城監獄に収容される。

1965年11月北京市高級人民法院は懲役14年を判決，70年には無期懲役の判決が下る。71年8月精神障害に陥る。79年1月釈放され，成都へ移り，6月には四川省政協委員に任命される。80年7月文化部文化芸術研究院顧問。9月，党中央は「胡風反革命集団」の名誉を回復する。10月，中国作家協会会員の籍回復。83年12月回想録を執筆し『新文学史料』に連載するが，85年肺ガンのため死去。86年1月北京八宝山公墓で追悼会が挙行される。88年8月，『文芸報』主催の座談会で胡風の文芸理論がとりあげられ，肯定的評価が与えられる。

参考文献：徐州師範学院《中国現代作家伝略》編輯組『中国現代作家伝略』下（四川人民出版社，重慶，1983年）。《中国文学家辞典》編委会編『中国文学家辞典』現代第3分冊（四川文芸出版社，成都，1985年）。『胡風評論集』上・中・下（人民文学出版社，北京，1984～85年）。『新文学史料季刊』第4期（人民文学出版社，北京，1986年）。上海社会科学院文学研究所編『三十年代在上海“左連”作家』下巻（上海社会科学院出版社，上海，1988年）。

〔小山三郎〕

胡（こ）　光墉（こうよう）　Hu Guangyong

（1823年～1885年12月6日）

字・雪巌，号・慶余。安徽省績渓県生まれ。原籍，同前。清末，左宗棠の財政補佐，金融業・茶生糸貿易などの巨商。現存する杭州の有名な漢方薬局「胡慶余堂」の創設者。

彼の生家は貧しかったので，浙江金華のハム屋に奉公した。その後同地で銀票や銭荘に接し，金融業に興味を持ち，1841年頃杭州の開泰銭荘に勤めた。そこで彼は商売に励み，何段階もある徒弟を数年にして駆け抜け，24歳の時には店主の片腕にまで出世して，渉外を担当するまでになった。そして店主から出資してもらい，役所内で仕事がし易いよう捐納して道員の資格も取っていた。

当時は有力官僚たちの知遇を得ることが商売の早道であった。まず杭州知府・浙江巡撫の王有齢からは浙江の糧米や庫金の管理を任され，また彼が独立して阜康銭荘を設立するのを助けてもらった。1861年暮，王が太平軍の杭州攻撃を受けて自尽すると，翌年新たに浙江巡撫に任命された左宗棠の知遇を得た。それが彼と左宗棠との最初の出会いである。

まず左宗棠は1862～64年フランスの協力を得て，常捷軍を組織して太平軍の鎮圧に当り，次に66～67年福州船政局を建設し，さらに捻軍の討伐にも出動したが，彼はその左軍の会計係として一貫して武器・食料・医薬品・鋼鉄船などの軍需物資の購入・運搬に尽力し，左の活動を助けた。その一方で彼はその軍事資金を基に杭州を始め，江蘇・浙江・湖南・湖北各地に海関銀号6カ所をはじめ，質屋・漢方薬局の支店をも広く開設し，また同時に生糸・茶貿易の経営にも手を染め，自己の商売を手広く行っていた。そして短期間のうちに巨富を築き，江蘇・浙江地方の金融・商業界を支配したといわれている。そして左宗棠が67年陝甘総督に転任して東トルキスタンの反乱鎮圧に乗り出すと，彼は上海採辦転運局委員という資格で，その軍隊の食糧・武器などの調達・運搬を担当し，また前後6回，総額1,600万両にも達する外国からの借款契約を締結し，その処理も行った。

彼はこうして1860年代初めから80年代初めにかけての洋務運動前半期において，湘系大官・左宗棠に協力，物資調達と公金の預かりや借款の手続きなどで，いわば「政商」的活躍を通して蓄財した。最盛期には阜康銭荘の支店が10カ所（上海・寧波・漢口・北京など），その北京支店は8千万両の預金を擁し，皇族の恭親王や文煜らも数十万両という巨額な資金を預けていたほどである。その外に質屋20店以上，田地1万畝を所有し，財産も2千万両以上にのぼったといわれている。しかし，出世するに従い，彼の生活態度は奢侈に流れ，宮殿のような屋敷を上海と杭州の2カ所に建設し，放蕩三昧の振る舞いが多くなっていった。企業経営にもそれが反映し，事業は傾き，阜康銭荘や胡慶余堂も連年損失を出し始めていたという。そのような時に83年清仏関係が緊張，上海経済はフランス軍侵攻に伴う影響を受けて動揺をきたし，パニックに陥った。特に地価下落のため彼は不動産売買の面で大きな損失を出した。また以前から手がけていた生糸の投機的な買い占めにも失敗し，彼の事業活動の中心である杭州の阜康銀荘がついに84年12月破産するに至った。同時に彼自身は戸部尚書・閻敬銘の弾劾を受け，免職処分となった。曾国藩・左宗棠らが助命に努力したが，85年暮，彼は失意のうちに病死した。一説によれば，絶望の果てに阿片を飲んで自殺したともいわれている。

なお漢方薬局「胡慶余堂」は文煜が貸金の代わりにそれを没収し，経営にあたった。しかし，のち辛亥革命の際に再び没収されて，浙江の商人に競売され，以後何人かの代を経て今日に至った。

参考文献：蔡冠洛編『清代七百名人伝』中冊（香港遠東図書公司，香港，1963年）。李華興編『近代中国百年史辞典』（浙江人民出版社，杭州，1987年）。祈舟「晩清商業巨子胡雪岩」，『中国企業家』1991年7期。鍾源・瀛泳『胡雪岩』上下（珠海出版社，1997年）。C.J. Stanly, *Late Ch'ing Finance: Hu Kuangyung As an Innovator* (Harvard University Press, Cambridge, 1970).
〔中井英基〕

胡（こ）　漢民（かんみん）　Hu Hanmin

（1879年12月9日～1936年5月12日）

原名・衍鸛，字・展堂，別名・不匱室主人。筆名・漢民，民意，弁姦，去非など。広東省番禺県で生まれる。原籍，江西省廬陵県延福郷青山村。中国同盟会員，中国国民党右派の指導者。

祖先は江西省廬陵県の地主であったが，祖父の代に官として広東省に赴任し，父・胡文照は幕友であり，母・文氏は江西望族の生まれで教養ある婦人であった。胡漢民は兄弟姉妹7人中4番目であり，学海堂・菊坡書院で学び，1901年挙人となり，翌年春に陳淑子と結婚した。それまでに，広州『嶺海報』記者を経験し，1900年広東総督衙門に爆弾を投げて刑死した史堅如とも交友関係を持ち，社会改革にも関心を向けていた。

1902年日本に留学し弘文書院速成師範科に入学したが，呉稚暉強制退去事件に抗議して2カ月で帰国し，広西省の梧州中学で教員となる。04年再度留学して法政大学速成科に学んだ。そこで汪精衛・朱執信らと交流し民族革命思想を抱くに至った。05年孫文を迎えて中国同盟会が結成されると入会し，本部秘書の任につき，また同盟会機関誌『民報』の編集責任者となり，自らも論客として「民報の六大主義」，「排外と国際法」などの論文を発表し革命思想の普及に努めた。07年3月孫文が日本を追われた際に随行し，ハノイに革命機関を設立し，黄崗蜂起・恵州蜂起を画策し，同年12月の鎮南関蜂起には孫文とともに戦闘に参加した。その後，ハノイにおいて河口蜂起を準備し，また同盟会南洋支部長として広州新軍蜂起や黄花崗蜂起の計画・実行に参画した。

1911年武昌蜂起の成功後，11月広東省の独立宣布に伴い，広東都督に選出された。孫文が帰国するにおよんで共に南京に赴き，12年1月に中華民国臨時政府が成立し，孫文が臨時大総統に就任すると総統府秘書長となった。同年4月臨時政府が解散すると，再び広東都督に転じたが，6月には袁世凱により免職された。第2革命の敗北後，日本に亡命し，14年7月に孫文により中華革命党が結成されるや政治部長となり，また機関誌『民国』雑誌を主編し，袁世凱打倒運動に奔走した。16年帰国し，翌17年9月孫文を大元帥とする広東護法軍政府が成立すると，交通部長に就任した。18年5月広東護法軍政府を退出した孫文グループとともに上海に赴き，中華革命党（19年10月，中国国民党に改称）の機関誌『建設』雑誌を朱執信らと共に発行し，大衆運動やマルクス主義へ関心を向けた。

1921年5月孫文が第2次広東政府非常大総統に就任すると，総参議兼文官長及び政治部長に任命された。22年6月の陳炯明の反乱により上海へ退出したが，翌年3月第3次広東軍政府が成立する大本営総参議となった。24年1月の国民党1全大会で中央執行委員兼上海執行部組織部長となり，同年10月に広東省長に就任し商団事件の処理に当り，11月孫文の北上後は広州において大元帥の職権を代行した。

1925年7月広州に国民政府が成立すると常務委員兼外交部長に就任し，広東省長を辞任した。同年9月廖仲愷暗殺事件の嫌疑を受けて広東を去り，ソ連へ出国した。26年1月の国民党第2回全国代表大会では欠席のまま中央執行委員会常務委員兼中央工人部部長に選出された。同年4月帰国したが，上海において蟄居し著述生活を行う。27年4月蔣介石が南京国民政府を樹立するとこれに参画し，南京政府と武漢政府との対立が激化する中で中央執行委員会政治部主席委員として活躍し，同年8月に蔣介石が下野した際に南京を去ったが，9月南京・武漢両政府の合体後は中央特別委員会委員，国民政府常務委員，同軍事委員会主席団委員，同中央党部宣伝部主任並びに外交委員会委員となる。28年1月世界各国の政治経済事情調査のために，孫科・伍朝枢らとともにヨーロッパ視察旅行に出発し，同年8月に帰国すると蔣介石と合作して国民政府の改組を推進し，10月国民政府立法院長に就任して立法工作に努力し，国民政府の法律の基礎を確立した。同年には孫文の学説を体系づけようとする著作『三民主義的連環性』を発表し，30年には最初の包括的な孫文全集である『総理全集』全4冊を編集・刊行した。

胡漢民は立法院に拠って蔣介石とともに国民党政権の双璧であったが，蔣介石の独裁化を看取ると対立を深め，1930年蔣介石が国民会議を開催して「訓政時期約法」を上程しようとした際，国民会議と憲法制定の国民大会とを混同すべきではないと主張し蔣の意見との正面衝突を招き，終に31年3月に監禁されるに至った。この胡漢民監禁事件は国民党の内外に大きな衝撃を与え，反蔣運動を急速に拡大し，31年5月には汪精衛・孫科・古応芬・鄒魯・陳済棠など反蔣各派の大同団結による広東国民政府が出現した。しかし，同年9月の満州事変の勃発に伴い，南京・広東両政府の妥協が成り，10月には釈放されたが，汪精衛・蔣介石とは意見を異にし合流せず，11月広州に赴き国民党4全大会に参加して蔣介石の下野と兵権の解除を要求した。同年12月の国民党4期1中全会においては胡漢民が主宰する国民党中央党部西南執行部と国民政府西南政務委員会が広州に設立されたが，その実権は広東の実力者・陳済棠が掌握するところであった。

その後，胡漢民は香港にあって「抗日，倒蔣，反共」をスローガンとする政治活動を展開し，1932年には鄒魯ともに「新国民党」を組織し，翌年1月にはその宣伝機関誌である『三民主義月刊』を創刊（～36年6月）した。この時期，彼は徹底抗日を主張して蔣介石・汪精衛の対日妥協政策に反対し，南京国民政府を敵視するものであったが，一方33年11月福建事件により「反蔣抗日」をスローガンとする「中華共和国人民革命政府」が成立すると，それは「反党連共」であるとして否認した。この時期胡漢民は広州を拠点として「反蔣西南連合」を構想するものであったが，陳済棠の反対により実現できず，健康を害していたこともあって政治勢力を挽回できなかった。35年6～12月にはヨーロッパに外遊したが，翌年5月広州で死去し，国民政府の命により国葬にされた。

参考文献：胡漢民『胡漢民自伝』（伝記文学出版社，台北，1969年）。周聿峨・陳紅民『胡漢民評伝』（広東人民出版社，広州，1989年）。須力求『胡漢民評伝』（河南教育出版社，開封，1990年）。浜田峰太郎『現代支那の政治機構とその構成分子』（学芸社，1936年）。　〔高綱博文〕

胡（こ）　景翼（けいよく）　Hu Jingyi

（1892年～1925年4月10日）

字・笠僧，立生，励生，麗生，号・中山。陝西省富平県生まれ。革命家，軍人。

幼少期からあまり読書せず，大言壮語する性癖があったと言われる。1906年西安健本学校に入学し，孫子及び古代の名将の伝記を学ぶ。明の中山王・徐達を敬慕していたため，号を中山と自称する。

1910年，于右任，井勿幕，宋元愷，楊銘源の紹介で同盟会に入会する。11年に武昌蜂起が起きた後，陝西省も呼掛けに応じて独立し，胡景翼は第一標統帯に就任する。その後，井勿幕が北路宣慰安撫招討使を務めた時，三原に駐在したが，胡は部隊を率いてそれに従った。12年に井勿幕が軍の指揮・統帥権を解除された時，陝西省北部の各部隊を胡の部隊の下に配属させようという動きがあったが，胡は年少であることと学問のなさを理由にこれを固辞したという。同年，張義安とともに日本に留学し，成城学校で兵法を学びそこを卒業する。卒業後一旦帰国し，14年1月に日本を再訪した際，浩然社に入社して革命党の人士と交わり，孫文とも会見している。

1914年陳樹藩が河南省で白狼の乱を包囲殲滅した時，胡景翼は陳の部隊に属し，遊撃営営長を務める。16年袁世凱が帝制復活を強行した際，陝西省はこれに対抗して同年5月に独立を宣言する。陳は陝西都督である陸建章を追い出して，その職に自ら就任し，胡を第1旅第2団団長に任命する。17年10月護法戦争の際に，陳が北京政府と手を結んだため，張義安は挙兵してこれを糾弾する。胡と張は陳に対抗して18年1月三原で独立を宣言し，靖国軍を組織して南方を応援するが，張は戦死する。その後，胡も陳に敗北し，兵権を于右任に譲る。その際，陳に軟禁されるはめになり，20年になってやっと釈放される。

1921年5月呉佩孚の部下・閻相文が陝西督軍に任命され，陳樹藩の軍は閻に敗れて潰走する。そして胡景翼は閻によって陝西第1師師長に任命される。同年8月，閻は馮玉祥に自殺に追い込まれる。このため北京政府は馮を閻の後任に充て，胡も靖国軍の解散と直隷軍閥系統への帰属を強いられる。

1922年4月第1次奉直戦争が勃発し，胡景翼は直隷軍閥を応援するため馮玉祥の軍に従い河南に軍を進め参戦する。24年9月第2次奉直戦争の時，胡は2路援軍司令となる。南方の国民革命運動の影響を受けていた馮は呉佩孚に対する失望が強く，胡と共に呉と曹錕の打倒を謀る。10月23日，胡は馮，孫岳らと共謀して「北京政変」を起こす。その後，胡は国民軍副司令兼第2軍軍長に任命される。同年11月7日，黄郛は内閣を代理して胡を河南省辦理軍務収束事宜に任命する。奉天軍閥系の軍が北京に入城したのを受けて，奉天軍閥への反感を強くしていた胡は，孫とともに馮を訪ねて国民軍で北京の奉天系軍隊を包囲して張作霖を拘禁しようとの密議を行ったが，馮は決断せず，実現せずに終わる。その後，さらに国民軍は保定，大名などの地を奉天系軍に譲る。ところがその後，胡は段祺瑞に河南軍務督辦に任命される。呉はこれに対抗しようとしたが，胡は呉の部下である憨玉琨の部隊と戦ってこれを撃破し，河南省督軍に任命される。

背中に毒瘡ができ，それが治らず1925年4月開封で死亡する。

参考文献：中国国民党中央委員会党史委員会編『革命人物誌』3集（中央文物供応社，台北，1969年）。劉紹唐主編『民国人物小伝』第3冊（伝記文学出版社，台北，1980年）。来新夏主編『北洋軍閥史稿』（湖北人民出版社，武漢，1989年）。中国社会科学院近代史研究所編『胡景翼日記』（江蘇古籍出版社，南京，1993年）。〔松田康博〕

胡（こ）　厥文（けつぶん）　Hu Juewen

（1895年～1989年4月16日）

別名・胡保祥。江蘇省嘉定県生まれ。中国民主建国会指導者，実業家。

1918年北京工業専門学校を卒業後，漢陽鉄工所に勤める。後，上海同済大学実習工場の管理員となる。22年新民機器廠設立。その後，上海市綿布市場理事長，上海機器同業公会主席などを歴任。32年武器弾薬を19路軍に供給し，支援する。抗日戦争期には，重慶，桂林に移り，中南区工業協会理事長，中華職業教育社常務理事を歴任し，抗日戦争を支援，民主憲政運動に参加した。45年12月民主建国会設立に参加し，常務理事に選出される。その後上海に戻り，反内戦民主運動を指導。47年中国工業月刊社を創設し，民主建国会の地下活動を支援した。

1949年9月中国人民政治協商会議第1期全体会議に参加。新中国成立後，中央人民政府委員，上海市政協副主席，上海市副市長，第1期全国人民代表大会代表，第2・3期全国人民代表大会常務委員会委員，第4期から第6期まで全国人民代表大会常務委員会副委員長，第1期から第4期まで全国政協委員，第5期全国政協常務委員，民主建国会第1・2期中央副主任委員，第3・4期中央主席，民主建国会上海市委主任委員，中華職業教育社理事長を歴任。88年1月民主建国会中央主席を辞職し，中央名誉主席になる。著書に『胡厥文詩詞選』がある。89年北京にて病死。

参考文献：蔣景源主編『中国民主党派人物録』（華東師範大学出版社，上海，1991年）。現代中国人名辞典編集室編『現代中国人名辞典1986年版』（霞山会，1986年）。蔡開松・于信鳳主編『二十世紀中国名人辞典』（遼寧人民出版社，瀋陽，1991年）。〔小山三郎〕

胡　礼垣　Hu Liyuan

(1847年～1916年)

字・栄懋，号・翼南。広東省三水県生まれ。変法派知識人。

買辦商人の家庭に生まれ，幼時より香港で中国古典の学習と平行して西欧の教育も受けた。その後香港大書院に入り，卒業後は同書院で2年間教師を務めた。また，『粤報』を創刊し，華僑商人の間で知識人として活躍したばかりでなく，南洋市の開発にも参加した。1887年曾紀沢による「中国先睡後醒論」が香港の『デイリー・プレス』紙に掲載されると，胡は何啓とともに「曾論書後」を発表し，曾の「醒」はまさしく「夢」にほかならないと批判し，治国の根本はまず内政を固めてからであると論じた。「曾論書後」の内政重視は，清末変法論への萌芽ともいえる主張である。

1894年日本を訪れ，日清戦争の間日本に滞在した。この間在日華僑の権益擁護に奔走し，そのために神戸領事代理に推挙されたこともあった。戦後香港にもどり，政治評論活動を続けた。友人の何啓と共同執筆編纂した『新政真詮』を刊行し，初歩的な民権思想を展開した。辛亥革命のとき，革命を擁護する書簡を孫中山に送付したことがある。香港で病没。

参考文献：小野川秀美『清末政治思想研究』(みすず書房，1969年)。〔徳岡仁〕

胡　林翼　Hu Linyi

(1812年7月14日～1861年9月30日)

字・貺生，号・潤芝。湖南省益陽県生まれ。清末の政治家。

進士で詹事府少詹事をつとめた胡達源の息子。父より宋学を学ぶ。1836年の進士。満州人高官・文慶の知遇を得た。両江総督をつとめた陶澍の娘婿で，その死後，陶家の家務を処理し，左宗棠を陶澍の息子の家庭教師に招いた。胡林翼は左宗棠とかつて賀煕齢のもとで同門の間柄であった。46年貴州に知府として赴任した。その際初任地が貧しいところのほうが清廉でいられると述べたという。貴州では盗賊・土匪の取り締まりにつとめ，保甲団練を整備し，湖南から貴州に入った李沅発の蜂起部隊を撃退し，苗族や郎軍の蜂起を弾圧し，53年貴東道に登用された。

1854年貴州の郷勇（黔勇）を率いて，曾国藩の湘軍とともに，武昌を占領していた太平天国軍を攻め，以後羅沢南，彭玉麟らとともに湖北・江西の各地で太平軍との戦いにあけくれた。55年湖北按察使ついで布政使となりさらに巡撫を署理（代行），56年武漢を回復して湖北巡撫に昇進。長江上流を固めて下流の太平軍を制圧する戦略から，湖北の行政を整備，官僚機構を粛清するとともに，田賦・漕糧徴収の合理化，釐金の創設などを行い財政基盤を安定させた。58年湘軍が李続賓らによって九江を回復するとその功による太子少保銜を加えられた。この年秋，母の喪で帰郷していたときに湖北軍は三河の戦いで太平軍に大敗，急遽職務に復帰し，態勢の挽回に成功した。

1860年曾国藩が両江総督・欽差大臣に任命されると，長江下流の軍政の大権を一手に掌握するよう勧め，部下の鮑超の部隊（霆軍）を曾国藩の指揮下に移し，また清朝に左宗棠・劉蓉・沈葆楨・李元度らを要職につけるよう推薦。また英仏連合軍の北京進入に際し，勝保が湘軍の一部を北援に求めたのを断り，湘軍を保全した。

曾国藩とともに安慶の奪回を企図し，包囲戦に参加。1861年春から夏，陳玉成・李秀成の率いる太平軍が，相次いで湖北を攻め武漢に迫ったがこれを退け，その直後に曾国藩の湘軍が安慶を奪回。曾国藩は安慶奪回の第一の功労者は胡林翼であると上奏し，太子太保銜を賞与されたが，まもなく病気を悪化させて死亡。総督を追贈され，文忠の諡を与えられた。著書に『読史兵略』，『胡文忠公遺集』（郭嵩燾編，86巻）がある。

参考文献：民国清史館編『清史稿』406，列伝193（民国清史館，北京，1927年）。民国中華書局編『清史列伝』42（民国中華書局，上海，1928年）。繆荃孫『続碑伝集』25（1893年）。郭嵩燾「胡文忠公行状」，『胡文忠公遺集』（1867年）。梅英傑『胡文忠公年譜』（文海出版社，台北，1968年）。清史編委会『清代人物伝稿』下編6巻（遼寧人民出版社，瀋陽，1990年）。Arthur W. Hummel, *Eminent Chinese of the Ch'ing Period, 1644-1912* (U.S. Government Print Office, Washington D.C., 1943).〔並木頼寿〕

胡　適　Hu Shi

(1891年12月17日～1962年2月24日)

原名・嗣穈，通称・嗣儿，行名・洪騂。改名・適。字・適之。筆名・自勝生，蔵暉室，鉄児，鉄，天風，笑，希彊，胡天，冬心，蝶児，H，C，HSC，QV，OV，GWT，WHO。原籍，安徽省績渓県上荘。出生地，上海大東門外。近代の学者，教育家。

胡伝（原名・珊，行名・祥蚑，字・鉄花，守三，号・鈍夫。1841年生まれ。95年8月22日，厦門にて没）と馮順弟（胡伝の3番目の妻，1873～1918年）の胡伝第7子，馮順弟第1子として生まれた。父50歳，母18歳であった。1893年2月，胡適3歳の時母とともに，父・胡伝の赴任先台湾の台南に赴く。日清戦争のため95年2月に母とともに上海に戻り，3月原籍地安徽省績渓県上荘に落ち着く。8月には父・胡伝が没したため，以後母親に育てられる。この台湾在住中，700字余りの漢字を覚えたといわれ，この事が胡適が「半台湾人」と自称する根拠となっている。績渓県では家塾で「四書五経」を中心に学習し，9歳時には『水滸伝』などの中国古典小説にも親しむようになった。

1904年江冬秀と婚約した後（17年に結婚），すぐ上の兄・洪駓とともに上海に行き，梅渓学堂に入学した。この学堂は不備なものであったが，『明治維新三十年史』にはじまり，鄒容の『革命軍』などに触れることによって新しい空気と知識を吸収していった。翌年春には澄衷学堂へ移り，厳復訳『天演論』などの西洋新思想に触れ，梁啓超の『新民説』を通して梁の思想に傾倒していった。この頃，適之という名を用いるようになった。胡適と名乗るのは10年アメリカ留学の試験を受ける時からである。06年には日本留学生たちが創設した中国公学に入り，鐘胡子らの「競業学会」に参加，『競業旬報』創刊号に著作第1作である「地理学」を口語体で発表した。以後，小説を含め数多くの論考を発表し，08年には『競業旬報』の主編となり，24期から40期（停刊）まで責任編集者であった。

1909年に校章問題を発端に中国公学から分れた中国新公学が解散した後，上海で放蕩生活をおくっていたが，10年7月義和団賠償金によるアメリカ留学第2期試験に合格し，8月に上海を離れた。9月にはコーネル大学付設ニューヨーク州立農学院に入学し科学的農学家をめざしたが，12年には早くも文学院に転じ，14年に卒業した。15年にはデューイ（John Dewey）が主任であったコロンビア大学哲学系大学院に入学し，17年に哲学博士の候補になり，27年に正式に学位を与えられている。この間，キリスト教から多大なる影響を受けたほか，アドラー（Felix Adler）らのコロンビア大学教授からの薫陶は，その後の胡適の思想形成に影響を与えた。その中でもデューイのプラグマティズム（実用主義）との出会いは特に大きかった。

1917年7月に帰国，上海に着く。8月には陳独秀の推挙により北京大学教授に就任した。担当科目は「中国哲学史」，「英国文学」など。さらに在米中より『新青年』に寄稿していた関係でその編集活動にも従事する。以後，陳独秀，銭玄同，劉半農とともに『新青年』の「四大筆」と称せられた。17年1月の『新青年』第2巻第5号に掲載された「文学改良芻議」は口語文学を提唱，新文化運動，文学革命のさきがけとなった。帰国後は「建設的文学革命論」などを著し，「活的文学」，「真的文学」，「人的文学」の提唱，さらに文学理論，哲学史など幅広い分野にわたり五・四新文化運動の一方の中心となった。19年になると『新潮』の顧問，『新教育』の編集にも携わり，5月にデューイを中国にむかえ各地を帯同し，プラグマティズムおよびその教育理論の宣伝につとめた。

一方で，五・四運動後の政治の展開に疑念をいだき，『毎週評論』に「問題を多く研究し，主義をあまり語るな」を載せ，李大釗に対し「問題と主義論争」を挑んだ。胡適は，マルクス主義について多くの議論をしても社会的問題の解決にはつながらず，具体的問題をより多く研究すべきであるとした。このことから，プラグマティズムが李大釗らのマルクス主義とは対立するものであり，改良主義によってマルクス主義に反対したとされる。また，胡適が提唱した「国故整理運動」も，多くの面で科学的な中国文化の再評価であったが，「国粋」派に同調，転じたとして批判された。こうして20年末には『新青年』との関係は解消した。

1922年5月には『努力周報』を創刊し，その第2期で蔡元培らとともに「我々の政治主張」を発表し，プラグマティズムに基づく「好人政府論」を提唱，さらに「国際的中国」を発表し，中国共産党が主張する政治路線とは明確に対立した。17年に帰国して久しく国内にあったが，26年には「中英庚款」全体委員会会議出席のため，シベリア鉄道でモスクワに着き5日間滞在した。このときはじめて社会主義を目撃し大いに感激している。しかし，階級闘争には反対し，「自由的社会主義」を主張し，アメリカがこの傾向にあるという認識であった。モスクワの後ロンドン，パリに渡り，パリ国立図書館，大英博物館で敦煌巻子本を見たことが胡適の「禅宗」研究を一層進ませることにもなった。翌27年のはじめニューヨークに渡り，留学中との変化に目を見張っている。特にモータリゼーションの波は，中国との文明の段階の差を明確に認識させた。ここで，「自由的社会主義」を実感した胡適はマルクス主義との訣別を決定的にしたようである。27年4月に帰国の予定であったが，中国国内の状況から日本に立ち寄り，横浜，京都，奈良，大阪などを旅行している。この間に日本の新聞などで中国の状況を分析し，「擁蔣反共」の立場を固めた。5月上海に戻り徐志摩とともに新月書店を始め，30年末まで上海に留まる。この間，上海光華大学教授，上海公学校長，中華教育文化基金理事などを歴任した。

1931年から再び北京大学に戻り，翌32年に丁文江，傅斯年らと政治週刊雑誌『独立評論』を創刊し，いずれの党派にもくみしない「独立精神」を盛んに宣揚した。35年には「全面西洋化」論争を展開し，西洋文化摂取をめぐる復古派，折衷派に対し全面西洋化を提唱した。しかし，のちにスローガンを「充分世界化」と言い替えたことから推測できるように，内容的には折衷派と変わらないものであった。これは，胡適の西洋文明認識の限界を示すものであろう。

1937年9月には国民政府よりアメリカ，ヨーロッパとの外交工作を非公式に命じられ，翌38年には蔣介石からのアメリカ大使就任の正式要請を，過去20年間の「政界に入らず」という信念を捨て，受諾し，42年まで務めた。46年6月に中国へ戻り，北京大学学長に就任し蔣介石に接近したが，49年4月アメリカへ渡り蔣介石と一線を画す道を選択した。11月には『自由中国』を台北で創刊し，反中華人民共和国の立場で盛んに発言を続けた。その後，58年4月中央研究院院長に就任し，11月にはアメリカを離れ台北へ戻った。そして，62年2月24日中央研究院新入院士歓迎会の席で心臓病の発作のため死亡した。

中華人民共和国では1954年9月兪平伯の紅楼夢研究に対する批判の中で，兪の紅楼夢観が胡適のプラグマティズムに影響されていることが指摘され，胡適批判に発展していった。批判は，哲学，古典文学研究，国故整理，歴史学に及び最終的には政治活動批判に向かい，思想改造の典型的な対象とされた。一方，70年代末から80年代にかけて，これらの一方的，一面的評価は見直されはじめ，特に五・四時期新文化運動における思想解放運動に対する啓蒙的役割，近代的教育学，及び教育哲学の紹介などにおいても先駆的功績があるとされている。今後も，再評価は胡適の政治的立場を除いたところでは，いっそう進んでいくものと思われる。

著書は『中国哲学史大綱』（1919年），『胡適文存』（21年），『白話文学史』上巻（28年），『神会和尚遺集』（30年），『四十自述』（33年），『説儒』（34年）など多数。なお死去後『胡適手稿』（66～69年），『胡適選集』（66年）などが台湾で出版されている。

参考文献：華東師範大学図書館編『胡適著訳系年目録与分類索引』（上海人民出版社，上海，1984年）。耿雲志『胡適研究論稿』（四川人民出版社，成都，1985年）。易竹賢『胡適伝』（湖北人民出版社，武漢，1987年）。沈衛威『胡適伝』（河南大学出版社，開封，1988年）。朱文華『胡適評伝』（重慶出版社，重慶，1988年）。欧陽哲生「重評胡適」，『湖南師大社会科学学報』1988年2期。　〔中島勝住〕

胡（こ）　惟徳（いとく）　Hu Weide

（1863年～1933年11月24日）

別に胡維徳とも記す。字・馨吾。原籍，浙江省呉興県。清末民初の外交官，政治家。

上海広方言館を卒業して，1888年挙人に合格。90年出使英法義比（イギリス・フランス・イタリア・ベルギー）4国大臣・薛福成にしたがって渡欧し，駐英使館の翻訳学生となり，ついで随員に昇格，3年満期の後，出使美日秘（アメリカ・日本・ペルー）国大臣・楊儒の下に渡米，参賛（書記官）に昇任した。96年，楊儒がロシア公使に改任されるや，彼にしたがってロシアに赴いた。1900年の義和団事件の際，ロシアが東3省を侵占した事件をめぐって外交交渉に当たった。02年，楊儒が病死したためその代理となり，ついで同年候補道三品卿銜をもってロシア公使となった。07年に帰国して外務部右丞となり，翌08年，駐日公使となった。10年に帰国して，外務部右侍郎，さらに左侍郎に昇任，幇辦税務大臣も兼ね，一等勲章を給せられた。また同年海牙公断院の裁判員を兼務した。11年5月，奕劻を総理大臣とする親貴内閣が成立するや，職を辞した。

1911年10月，武昌蜂起がおこると，清朝は窮余の策として袁世凱を内閣総理大臣に任命した。この時胡惟徳は外務部大臣・梁敦彦の下で副大臣（次官）に任じ，大臣代理として政務を担当するとともに，袁世凱が革命党による爆弾未遂事件で入朝しなくなると，一切の奏請案件を梁士詒，趙秉鈞の3人で担当し，また清帝退位の詔書に副署した。

1912年3月，袁世凱が中華民国の臨時大総統に就任し，唐紹儀内閣が成立すると，ここでも胡惟徳は外交部次長に任じ，外交総長・陸徴祥が外国から帰国するまでの間，総長代理をつとめた。また税務処督辦にも任じた。同年6月，総統府外交顧問となり，ついで，11月，フランス・イスパニア・ポルトガル全権公使に任命され，14年にはフランス公使専任となった。在仏8年余の後，9年9月に駐日公使に転じ，11年3月に離任して帰国，同年6月，毛革改良委員会理事に就任した。3カ月後，同会が農商部に併合されるため辞職，外交部太平洋会議善後委員会理事に任じた。

1926年3月，賈徳耀内閣の外交総長となり，関税特別会議全権代表を兼務した。同年4月20日，段祺瑞臨時執政が下野し，賈徳耀総理が辞職したため，胡惟徳が国務総理と外交総長を兼務，さらに臨時執政をも代行したが，5月13日，顔恵慶内閣の成立によって解職となった。ついで27年1月，顧維鈞内閣の内務総長となったが，6月に顧が総理を辞したため，胡惟徳が代行した。しかし，この時北京の政局は直系・呉佩孚の勢力にかわり，奉系・張作霖の勢力が拡大し，ついに張作霖が軍政府を組織して陸海軍大元帥に就任したため，胡も解職となった。その後，同年11月に前後して平政院院長，文官高等懲戒委員会委員長に就任，さらに，28年5月には四たび海牙公断院の裁判員に任じた。33年11月24日，北京で死去。

胡惟徳は清末民初期に清朝および北洋政府にあって，長期にわたり内外の官を歴任した。とくに外交官としての勤務が長かったから，海外事情には精通していた。また中華民国の成立に貢献したが，総じて，政治的実績には突出したものがないかわりに，特別の悪跡もなかった。袁世凱の帝制には，「外交官は国事に関与せず」として与しなかった。彼の一族からは外交官が多く出た。弟の胡惟賢はシンガポール総領事，長男の胡世沢はスイス全権公使，次男の胡世熙はウルグアイ全権大使，五男の胡南熟はアメリカ各地の総領事，パラグアイ全権大使，外交部欧州司司長などを歴任した。

参考文献：楊大辛主編『北洋政府総統与総理』（南開大学出版社，天津，1989年）。陳錫璋『細説北洋』（伝記文学出版社，台北，1970年）。劉紹唐主編『民国人物小伝』第5冊（伝記文学出版社，台北，1982年）。張樸民『北洋政府国務総理列伝』（商務印書館，台北，1984年）。〔渡辺惇〕

胡（こ）　文虎（ぶんこ）　Hu Wenhu

（1883年～1954年9月4日）

原地語でAw Boonhaw。ラングーン生まれ。薬業で富を築き，国民党寄りの活動をした華僑実業界の有力者。

父・欽公は福建省永定県出身，胡文虎は10歳のとき父の郷里の福建に行って学び，4年後ラングーンに帰り，1908年父の業を継ぎ，弟の文豹とともに，万金油，八封丹を製造，インド，ビルマに販路をひろげた。26年製薬工場の本拠をシンガポールに移し，財をなした。

1930年中国の国立中央医院建築費として，37万元を寄付したのをはじめ，シンガポール，マレーの病院や学校の建設に貢献した。太平洋戦争中は，香港に居住，留学生の援助にあたった。重慶の国民政府から僑務委員会委員，国民参政会委員のポストを提供されているが，親日的であった。新聞経営者としても知られ，ラングーン，シンガポール，香港，厦門で数種の新聞を刊行し，新聞シンジケートをつくった。その主なものは香港の『星島日報』，『タイガー・スタンダード』，シンガポールの『星州日報』（後に『南洋商報』と統合）である。54年内臓手術のためアメリカに赴き，帰途ハワイで心臓発作で死去。

胡文虎の死後，事業は次第に縮小の方向にあり，新聞事業は娘の胡仙が継いだが，製薬業はオーストラリアに工場を移して経営している。息子の胡一虎は事業から離れ，収集された文物骨董類は建物とともにシンガポール政府に寄贈され，博物館として展示されている。

参考文献：『星州日報』1954年9月6日。「虎豹王国的興衰変遷」，『南洋商報』1985年8月3日。〔江頭数馬〕

胡（こ）　也頻（やひん）　Hu Yepin

（1903年5月4日～1931年2月7日）

原名・胡崇軒，幼名・胡培基，筆名・胡也頻，宛約，黄英。原籍，福建省福州市。福州市生まれ。作家。左連五烈士の1人。

祖父は京劇俳優，のち京劇の一座を経営，老年に失明して父親が経営を引き継ぐ。家庭の影響を受け，幼時より京劇や民間芸能に触れる。

5歳で私塾に学び，3年間古文，古詩を学ぶ。1911年，祖父死亡。11歳の時，外国の教会が興した崇徳小学に入学。15年日本の21カ条に反対する運動が福州で起こると，デモに参加。18年家境困窮のため退学，宝飾店の祥慎金鋪で丁稚となる。2年後，窃盗の嫌疑をかけられたのを機に丁稚生活をやめる。

1920年春，上海へ行く。浦東中学に学んだのち，授業料不要の天津大沽の海軍学校に1年在学，機械技術を学ぶ。海軍学校廃校のため北京に行くが，官費生試験に不合格となり，貧窮生活を続ける。この時期に新文学に対して関心を持ち，外国文学の作品を読み，『新青年』，『毎周評論』，『晨報』副刊などの新文学の作品を読む。

1924年小説や詩の創作をはじめ，12月友人らと『民衆文芸周刊』（『京報』の副刊）を編集。その後丁玲と知り合い，25年夏丁玲と同棲。この頃，沈従文とも知り合う。この頃の創作傾向は，下層人民やプチブル知識人の悲惨な境遇や重苦しい内面世界を描いたものが多いが，「芸術のための芸術」の影響を受け，政治に冷淡であった。

1928年，丁玲とともに上海に移る。夏，『紅与黒』（『中央日報』の副刊）を編集，この頃からマルクス主義思想に触れる。29年『紅与黒』が停刊になり，丁玲と紅黒出版処設立を企画し，『紅黒』月刊を編集し，また沈従文と『人間』月刊を編集，一方で創作をおこなう。同年夏出版処の債務が増え，『紅黒』，『人間』ともに停刊。債務返済のため，陸侃如と馮沅君の紹介により，30年済南の山東省立高級中学教員となり，プレハーノフやルナチャルスキーの研究をはじめる。学校ではマルクス主義文芸理論を宣伝し，マルクス主義の書籍を紹介するなどの活動を行い，数百人の学生が加わる文学研究会の結成を指導する。5月逮捕の危険が迫り上海に戻り，中国左翼作家連盟（左連）に加入，王学文と馮雪峰が責任者であった暑期補習学校で教えた。また，左連の執行委員に選出され，工農兵通訊運動委員会主席にも任ぜられ，全国ソヴィエト区域代表大会左連代表に選出される。同年冬，中国共産党に入党。31年1月17日，国民党に逮捕され，2月7日銃殺される。

代表作に，短篇小説集『聖徒』（新月書店，1927年），詩集『也頻詩選』（紅黒出版処，1929年），中篇小説『到莫斯科去』（光華書局，1930年），長篇小説『光明在我們的前面』（春秋書店，1930年）などがある。作品集には『胡也頻選集』上，下巻（福建人民出版社，1981年）がある。

参考文献：沈従文『記胡也頻』（光華書局，上海，1932年）。丁玲「一個真実人的一生—記胡也頻」，『人民文学』1950年12月。丁玲「胡也頻」，『文匯月刊』1981年1期。丁景唐・瞿光熙編『左連五烈士研究資料編目』増訂本（上海文芸出版社，上海，1981年）。張婀娅「胡也頻」，『中国現代作家評伝』2巻（山東教育出版社，済南，1986年）。

〔辻田正雄〕

胡（こ）　以晄（いこう）　Hu Yihuang

（生年不詳～1856年）

字・杏雲，幼名・二妹。広西省平南県生まれ。太平天国運動の指導者。

生年については1812年2月19日，15年，16年の各説があり，没月日については56年2月中旬～下旬，同年9～11月の説があり，確定されていない。胡琛の次男として出生し，兄に胡以昭，弟に胡以暘があった。胡家は元，明の頃より数百年間に江西から広東，広西へと移住した客家の家柄であるといわれる。家産は豊かで田地は平南，桂平2県にまたがり，米の収穫高は1年に10万担にのぼったという。

胡以晄は武生であり，童試の受験に失敗した経験をもつ。性格は任侠心に富み，江湖の人士との交際を好み，貧窮な民の救済を図り，村人達から尊敬されていた。彼の拝上帝会加入の原因については2説がある。1つは洪秀全，馮雲山が布教の途上で村人と衝突した場に行きあわせてこれを調停し，彼らと交友を深めて入信を勧められたというもの。いま1つは父の死後，兄弟をはじめ親族の中で孤立して他村に移住し，その地の有力者と対立して拝上帝会に救いを求めたというものである。加入した後，胡は家産を傾けて拝上帝教の布教に努め，積極的に会員を増やした。そこで彼の郷里・平南県の花洲を中心とする鵬化山区（藤県大黎地区を含む）は拝上帝会の活動基盤の1つとなった。

1850年夏洪秀全が金田村への集結令を発すると，鵬化山区の漢族，壮族，瑤族の会員1,000人余が花洲に集合した。胡以晄は彼らを指揮して翁鎮三等の地主を打倒し，花洲の山人村で蜂起の誓いをたてた。蒙徳恩，莫仕睽が数百人を率いて金田村に赴いた後，胡は残った人々を引きつれて花洲に移動し，林長坳で彼らを訓練する一方，武器を急造した。やがて胡も金田村に向かったが，彼に同行した親族は妻子以外には従兄らごく少数であり，大部分の者が蜂起に反対した。弟の以暘は団練を組織して彼と対立し，後に清軍に帰服したといわれる。

1851年1月金田蜂起の後，胡以晄は桂平，武宣，象州と転戦し，数々の戦功をあげた。同年12月永安で王制を布いた折，胡は春官正丞相となり，軍の指揮に携わった。53年1月武昌占領後，李開芳，林鳳祥とともに陸路の軍を率い，楊秀清，韋昌輝，石達開，秦日綱の率いる水軍と並行して東進し，3月19日南京を占領した。同年4月戦功により護国侯に封じられ，やがて護天侯となった。5月胡は西征軍の総帥として副将・頼漢英，石祥貞とともに天京（現在の南京）を出発し，和州，安慶を占領し，南昌を包囲した。しかし，その後3カ月間南昌を攻略することはできなかった。そこで天京の東王・楊秀清の指令によって南昌から撤退し，西征軍を2路に分ける作戦を取った。それは，1路は石祥貞，韋志俊が率い，九江から長江沿いに西進し，もう1路は胡以晄，曾天養が率い，安慶から安徽省北部を攻略するというものであった。胡以晄軍は集賢関，桐城，舒城を相次いで占領した。54年1月14日安徽巡撫・江忠源の部隊を殲滅し，廬州を占領した。胡はこの功績により豫王に昇封され，露師の称号を与えられた。

胡以晄は8カ月間廬州を統治し，安徽は太平天国の軍事，政治上の強固な基盤となり，天京西方の屏障となった。清軍は和春を総帥とする3万前後の兵力を投入して包囲攻撃をかけ，胡は自ら廬州城の防衛に努めた。楊秀清は秦日綱を派遣して廬州の包囲を解いた後，秦・胡両軍に北伐軍を救援させようと企図した。しかし，秦軍が舒城の楊家店で敗退して安慶に留まったため，この策は実現しなかった。胡は廬州の戦いで敗北を重ね，豫王の封号を剝奪され，護天豫に降格された。1855年石達開に従って安慶から西上して湖北の救援に赴き，曾国藩の率いる湘軍と湖広総督・楊霈の軍を打ち破り，4月3日，三たび武昌を占領した。

この後，胡以晄は石達開に従い，黄玉崑（石の岳父）らとともに湖北から江西の義寧，新昌，袁州に軍を進めたが，1856年2月中旬から下旬の頃，臨江で病死したといわれている（一説に楊韋内訌に関与して死亡したという)。胡の死後，一子・胡万勝がその爵位を継承した。

参考文献：張徳堅「賊情彙纂」巻1劇賊姓名上，中国史学会主編『近代史資料叢刊II太平天国』第3冊（神州国光社，上海，1952年)。李浜「中興別記」巻24・巻25，太平天国歴史博物館編『太平天国資料匯編』第2冊上（中華書局，北京，1979年)。鄒身城「胡以晃並非死於天京内訌—兼考天京事変中的“第八位者”」，広東太平天国史研究会・広西太平天国史研究会編『太平天国史論文集—紀念太平天国起義一百三十周年』(広東人民出版社，広州・広西人民出版社，南寧，1983年)。清史編委会編『清代人物伝稿』下編1巻（遼寧人民出版社，瀋陽，1984年)。鍾文典『太平天国人物』(広西人民出版社，南寧，1984年)。〔針谷美和子〕

胡（こ）　毅生（きせい）　Hu Yisheng

(1883年11月17日～1957年12月4日)

本名・胡毅，字・毅生，号・随斎。広東省番禺県雹白に生まれる。国民党元老党員，右派の政客。胡漢民の父方の従兄弟。

9歳から14歳にかけて，商殿臣，従兄の胡青瑞，胡漢民らについて学ぶ。1900年広雅書院において西学を学ぶ。01年両広大学堂に入学するが，まもなく革命を唱えて除籍。02年日本に渡り，大阪高等工業学校に入学。のち東京青山の革命軍事学校に入る。03年横浜華僑学校の教師となり，その頃に孫文を知るところとなり，05年中国同盟会に参加。孫文の命を受けて華南における清側の軍事力を調査し，鎮南関などでの蜂起に参加。10年同盟会南方支部民軍責任者となる。11年，広州黄花崗での武装蜂起に際して，儲運課長となり，軍需品の調達に当たる。あわせて第4路の隊長となるも，陳炯明との連絡不備から蜂起には不参加。

武昌蜂起成功後，朱執信らと民軍を発動し，広東光復を達成。広東省の光復後，都督・胡漢民のもとで広州軍政府軍務処処長，ついで海軍司長となる。第2革命失敗後，日本に亡命。1914年中華革命党に参加。15年朱執信を助けて討袁運動を推進。南洋，上海などで軍事物資の調達に当たるなかで，鄧沢如らと親交を結ぶ。17年孫文の護法運動に従い，海軍を率いて南下。いわゆる第1次広東軍政府の成立に当たり，セメント工場総辦となる。21年軍政府大本営参事，翌年粮食処処長，広州市政庁市区測量委員，広東省立銀行行長となる。24年広州市の民選市長となるも，胡漢民が省長であることを理由に辞退した。

容共的改組に批判的立場にあり，孫文死後，広州で趙公璧らと『国民新聞』(日刊）を創刊。一説によると，国民新聞社は広東政府大本営と各機関の職員を株主としていたとされるが，その新聞を通じて，国民党・広東政府（のち国民政府）の左傾化とその責任者・廖仲愷，汪精衛らをあて擦り，右派系人士の不満の気運を醸成したとされる。また，「革命記念会」の理事となり，「文華堂」などのクラブの主催者となった。前者は辛亥革命の伝統を発揚する目的で1923年孫文の認可を得て再興された団体で，鄧沢如，林直勉らとともに，25年8月16日孫中山三民主義の篤守と共産主義排斥の宣言を発表した。後者は反共派のサロンであったが，そこで林直勉，謝英伯，鄧沢如，林森，朱卓文らとともに集会し，反共，反左派の世論を盛り上げたとされる。それらの右派の集会に対して，彼らの盟主格たる前広東省長・胡漢民はそれを黙認し，居宅への出入りをも許していたとされる。

1925年8月20日廖仲愷暗殺事件が発生すると，胡毅生はその暗殺の首謀者の嫌疑を受けたため，上海方面に逃避を謀った。その事件は現在に至るもなお多くの謎を残しているが，国共合作以降広東省内で深刻化した左右対立の所産であり，とくに広東政府左傾化への逆流であったことは間違いない。商団事件以来，広東の軍事的・財政的統一を強力に推進したのが廖であったが，その改革は広東政府内の各種軍事勢力，在地の政治勢力，紳商層からの反発を招いた。廖仲愷は新興の党軍，労農勢力の後援に頼る傾向を深めた結果，右派系直情派の暗殺を誘発させることになったと思われる。暗殺の現行犯として捕縛された陳順との関係から，かつて孫文の護衛をつとめた朱卓文が浮かび，その朱への武器補給に旧広東軍が関与していたこと，その動きには，胡毅生のほか，胡漢民ら広東革命勢力が背景をなしていたことなどが推理されるところとなった。事件処理の全権を委ねられた汪精衛，蔣介石，許崇智よりなる特別委員会は，胡毅生，その従兄・胡青瑞，林直勉らの逮捕を決定した。逮捕を逃れた胡毅生は，「国内外同志に告げる書」を発表し，暗殺への不関与を表明した。また彼は41年にも当時を回想して首謀説を否定している。

その後香港に移居し，俗世との交渉を極力避け，仏教に帰依することを表明。1939年対日抗戦中四川入りし，同年9月と43年10月に国民政府委員となる。46年制憲国民大会代表に当選し，47年には国民政府顧問，翌48年には総統府顧問となる。51年香港から台湾に移り，総統府国策顧問となる。57年台北で病没した。

著作に,『絶塵想室詩草』,『香集』,『集易集』などがある。

参考文献：陳公博『苦笑録』, 岡田酉次訳『中国国民党秘史』(講談社, 1980年) として刊行。李雲漢『従容共到清党』(中国学術著作奨励委員会, 台北, 1966年)。

〔坂野良吉〕

胡　瑛(こ えい)　Hu Ying

(1886年～1933年11月)

原名・宗琬, 字・経武。原籍, 浙江省紹興。清末の革命家。後に洪憲帝制の推進者となる。

少年の頃, 兄と共に知県候補となった父に従って湖南に移った。間もなく父と兄が死んだため, 兄の友人を頼って桃源に住んだ。胡瑛は長沙の経正学校に学び, 当時そこで教鞭を執っていた黄興の思想的影響を受け, 学内で革命宣伝を行った。彼は1903年11月に設立された華興会に加入した。しかし, 清朝当局の逮捕の手が伸びたため, 黄興の紹介で武昌の呉禄貞のところに逃れた。04年7月科学補習所の設立に加わり, 総幹事に就任した。華興会は同年11月に長沙で蜂起を計画し, 胡瑛もこれに加わった。しかし, 計画は失敗に終わり, 科学補習所も封鎖された。その後, 彼は同志の王漢と共に河南省彰徳で清朝官僚・鉄良の暗殺を企てたが失敗に終わり, 間もなく胡瑛は日本に渡った。

1905年8月中国同盟会が成立すると, 胡瑛はこれに加わり評議員となった。同年11月清国留学生取締規則事件が発生すると, 胡は留学生に帰国して自前の学校を作ることを呼びかけている。しかし, 彼はこの時日本に留まっている。翌年, 孫文は萍瀏醴蜂起に際して, 湖北の革命団体である日知会との連係を図るべく胡瑛と他2名を帰国させた。胡瑛は武漢に戻ったが, 清朝権力の罠にはまり逮捕されてしまった。逮捕後, 彼は終身禁固刑の判決を受けたが, 来客とは自由に面会することができた。そのため彼は, 獄中から革命運動の指導を行い, 譚人鳳を通じて革命団体である文学社と共進会の連合を促進させるなどした。なお, 彼は獄中において, 彼を尊敬する談という姓の獄吏の娘と結婚している。

1911年の武昌蜂起の翌月, 胡瑛は出獄した後, 漢口に行き詹大悲の軍政府樹立を援助した。胡は一時, 軍政府外交部長を務めた他, 鄂軍都督代表として南北議和に参加し, 南京で臨時参議院が成立すると, 彼は湖北省選出議員となった。同年から翌年にかけて山東で旧勢力が力を巻き返すと, 12年2月南京臨時政府は彼を山東都督に任命した。当時山東の実権はかつて清朝の巡撫であった張広建の手にあったが, 彼は胡が都督に就任することを承認せず, 袁世凱に彼を就任させないよう要請している。袁は張の申し出を容れ, 大総統の名義で胡を甘青屯墾使に左遷した。結局, 胡瑛はこの役職にはつかずに湖南に戻り, 同年8月に北京で成立した国民党の参議となった。しかし, 間もなく彼は北京を離れ日本に渡った。

日本滞在中, 胡瑛は政治的に大きな動揺を来し始める。そこに以前華興会会員で当時袁世凱の手先となっていた彭希明が東京に来て, 胡瑛に対して, 官位と引き換えに袁を終身大総統にすることに賛成するようアメリカ滞在中の黄興に書簡を書くように依頼した。胡はこの申し出に従い書簡を出したが, 黄興はこれに同意せず, 結局彼1人帰国した。15年8月胡瑛は楊度, 厳復, 劉師培, 孫毓筠, 李燮和らと籌安会を組織し, 袁世凱の帝制復活の先導役を果した。翌年帝制復活は失敗に終わったが, 胡瑛は辛亥革命に功績があったとして処罰の対象から外された。彼はこの後しばらく湖南の桃源に逃れ住んだ。

1917年9月孫文が護法運動を開始し, 張学済を湘西護法軍総司令に任命すると, 張は胡瑛を護法軍湘西招撫使に推薦した。翌年夏, 南北両軍が常徳で対峙する中で, 胡瑛は馮玉祥の停戦案を携えて桃源から出て来た。その後, 湘西護法軍は唐継尭軍と結んで靖国軍となり, 胡は馮との関係で第3軍の軍長となった。20年には張敬尭追放運動にも加わっている。24年馮玉祥が曹錕を監禁して権力を掌握したため, 胡瑛は馮玉祥との縁から北上して彼に活動の場を求めたが, 馮が間もなく下野したため徒労に終わった。しかしその後, 胡と旧知の関係にある幾人かの人物が国民政府の要職に就き彼の面倒を見たため, 彼は職は得なくても生活に困ることはなかった。33年南京で病死した。妻の名は不明であるが, 子供が1人いたと言われる。

参考文献：張難先『湖北革命知之録』,(商務印書館, 上海, 1946年)。陶菊隠『籌安会"六君子"伝』(中華書局, 北京, 1981年)。賀覚非編『辛亥武昌首義人物伝』上冊 (中華書局, 北京, 1982年)。徐友春主編『民国人物大辞典』(河北人民出版社, 石家荘, 1991年)。

〔嵯峨隆〕

胡　愈之(こ ゆし)　Hu Yuzhi

(1896年9月9日～1986年1月16日)

原名・学愚, 小名・阿愚, 字・愈之, 子如。変名・金子仙, 筆名・叆叇, 蠢才, 胡天明, 碌碌, 馬鹿, 巴人, 尚一, 天月, 化魯, 伏生, 何谷, 胡芋之, 説難, 景観, 沙平, 羅羅, 丁訪。原籍, 浙江省上虞県豊恵鎮。中国民主同盟の指導者。中共党員。出版編集者, エスペラント運動家, 翻訳家, 民権運動家, ジャーナリスト，政治家，文学者，言語研究家。夫人は作家，婦人運動家の沈茲九。

祖父・胡光甫は清朝の御史，父・胡慶皆は秀才で私塾経営という家に生まれる。1911年，紹興府中学堂入学，当時同学堂教員だった魯迅の教え子となり，以後関係が続く。12年，病いを得て帰郷，回復後杭州英文専科学校に入学するも半年で閉校，再帰郷。この間，父母の命に従い表姐・曹雅琴と結婚，またエスペラントを学習し始める。14年，上海商務印書館見習いとなり苦学する。20年，巴金らと上海世界語学会再建，沈雁冰（茅盾）らと文学研究会を設立，新文化運動を推進した。この時期『東方雑誌』に多数の文章を発表，24～27年には事実上同誌の編集責任者となる。日本人エスペランチストの要請を受け，21年に来華したエロシェンコを接遇，北京大学教員とすべく魯迅に紹介し，魯迅訳エロシェンコ作品は胡愈之を経て商務印書館の雑誌に多数掲載されるところとなった。

1927年，4・12クーデターに際しては国民党に抗議文を送付，次弟・胡仲持編集の『商報』にも公表。28年，白色テロを逃れパリ大学に遊学，マルクス主義著作を系統的に学ぶ。31年，帰国の途次モスクワ訪問，ソ連の政治，経済，社会を初めて系統的に中国に紹介した著とされる『莫斯科印象記』をエスペラントの序文を付して著す。31年2月，帰国し『東方雑誌』主編となる（33年1月まで）。11月，上海で中国プロレタリア世界語者連盟（後に青年世界語者連盟と改称）設立。32～37年，仏国アヴァス通信社上海支局中国語部門編集者。33年初，魯迅の要請を受け中国民権保障同盟に参加。9月，中共秘密党員となる。抗日運動高揚の中，抗日文化工作に従事。36年初，駐ソ・コミンテルン中共代表団に張学良の中共との連合の意志を伝えるため訪ソ，4月香港経由で上海に戻り救国会活動を支える。11月，救国七君子逮捕に際してはその救援に尽くした。抗日戦争開始後は上海文化界，新聞界で抗日活動を組織化，宣伝工作に努めた。36年10月，魯迅が死去するとその葬儀委員に名を連ね，後に日本軍占領下の上海で『魯迅全集』（38年版）編集，出版に尽力したことは有名。38年5月，軍事委政治部第3庁第5処処長として武漢に赴き抗日文化工作に従事，武漢陥落後は桂林に赴いて活動を続けた。40年12月，シンガポールに行き『南洋商報』主編として華僑界での宣伝工作，組織化を担う。この時期，沈茲九と結婚。42年2月，日本軍侵攻を避け，夫人及び郁達夫らとスマトラに逃がれ流亡生活を送るが，この間にもインドネシア語の辞典や文法書を著した。

抗日戦勝利後，再びシンガポールに戻り『南僑日報』などを創刊，海外における中共の宣伝，統一戦線工作に貢献。1948年8月，香港を経て大連に入り，党ルートを通じて毛沢東に国共内戦の情勢分析を進言。毛はこれを入れて「中国の軍事情勢の重大な変化」（48年11月）を執筆した。

新中国成立後，胡愈之は『光明日報』編集長，国家出版総署署長，中国文字改革委員会副主任，文化部副部長，中国人民外交学会副会長，中華全国世界語協会理事長，第1～5期全人代常務委委員，第6期同常務委副委員長，第2～4期全国政協委員，第5期同副主席，中国民主同盟中央委副主席，同主席代理などを歴任したほか，魯迅研究学会顧問，魯迅生誕百周年記念委副主任委員をも務めた。

文革中は毛沢東との特別な関係からか失脚を免れたが，民主の蹂躙を嘆き被迫害者の救済に奔走，毛沢東に直接面会を求めたが実現しなかったという。

1974年には日本エスペラント訪中団を招き，晩年まで日本人エスペランチストとの交流は続いた（その縁で89年春には孫娘・胡孟園が来日している）。86年1月16日，北京にて病没。代表的著作に上記『莫斯科印象記』のほか，『郁達夫の流亡と失踪』（46年），『世界語四十年』（33年），『大衆語文について』（34年），『胡愈之文集』全6巻（96年）などがある。

参考文献：候志平『世界語運動在中国』（中国世界語出版社，北京，1985年）。『出版史料』6輯（学林出版社，上海，1986年）。費孝通・夏衍等『胡愈之印象記』（中国友誼出版公司，北京，1989年）。胡孟園「萍踪随縁録」，浙江省政協文史資料委員会編『風雨憶同舟』（浙江人民出版社，杭州，1989年）。陳原『記胡愈之』（生活・読書・新知三聯書店，北京，1994年）。于友『胡愈之』（群言出版社，北京，2008年）。徳田六郎「魯迅とエスペラント」，現代史懇話会編『史』31号，1976年。高杉一郎「胡愈之さんのこと，そして重慶」，『みすず』316号，1987年。長堀祐造「魯迅と胡愈之」，『日吉紀要中国研究』No. 5，2012年。

〔長堀祐造〕

胡（こ）　子春（ししゅん）　Hu Zichun

（1860年～1921年）

字・国廉。原地語でFoo Cheechoon。南洋華僑の富豪で，変法維新派を支持した指導者。父はペナンの僑生で，福建省永定の客家である。胡子春は郷里の永定で生まれた。

13歳のときペナンに渡り，祖母のもとで華文教育を受けた。親族の営む鉱山で働いた後，錫鉱山会社を創始，ペラク州セランゴールに鉱山とゴム園をもち錫鉱富豪の名をなした。福建省の鉱業開発，漳厦鉄道建設に投資した。

政治的には康有為の維新派に傾いたが，戊戌の政変後は清朝を支持した。孫文らの革命派の活動に反対し，そのため孫文はイポでの中国同盟会の組織化をあきらめねばならなかった。しかし，1911年辛亥革命の勝利後は，孫文支持に変った。中国の投資の保全のためであった。ペラク州公会主席として華僑の地位向上につくした。一族はペナンで有力な地位を築いている。

参考文献：『檳州華人大会堂慶祝100周年特刊』（ペナン，1983年）。　〔江頭数馬〕

胡（こ）　子嬰（しえい）　Hu Ziying

（1907年～1982年11月30日）

原名，一説には暁春。筆名・宋霖。浙江省上虞県生まれ。民族・民主運動の女性指導者。

6人兄妹の末子で3歳の時母を失った。杭州の浙江省立女子中学時代学生運動の積極分子となる。北伐軍が杭州に達したため，校長に従って上海へ移ったが，ここで国民革命の活動に参加した。1927年の4・12クーデター後はブラックリストにのせられて身をかくした。

1928年，上海の浙江実業銀行行員で，政治評論家でもある章乃器と結婚した。章は妻が社会的活動をするのは好まなかったが，満州事変以後は民主的な雑誌『婦女生活』に寄稿したり，YWCA女工夜校で教えるなどして，民族民主運動の活動家となった。35年北平学生の12・9運動がおこると，これを支持する上海女性の署名運動の発起人となった。12月21日各界にさきがけて上海婦女界救国会が成立し，胡子嬰は理事となる。翌年1月上海市各界救国連合会，5月全国各界救国連合会が成立するとその運営のために尽力した。盛大な人民葬となった魯迅の葬儀で，柩をおおった白緞子の旗に「民族魂」と刺繍したのは胡子嬰の発案であった。

1936年11月救国会指導者7人が逮捕され（救国七君子事件），章乃器もその1人であった。宋慶齢は危険を察知して章乃器が保釈後病気入院を理由に出廷しないことをすすめたが，胡子嬰は救国運動の足並みが乱れるのを恐れて夫に出廷を促した。その後救援活動に奔走し，翌年7月5日宋慶齢らとともに蘇州法院に行き，「救国に罪があるならば我々はみな救国のために入獄する」と主張して入獄を要求した。

1937年11月上海陥落後は香港・安徽・武漢・重慶へ転々とした。当時重慶の商工業者は「星五聚餐会（金曜会食会）」を開いて情報を交換していたが，胡子嬰はこの席に周恩来を招いて商工業者の間に中共の影響を及ぼす機会をつくった。また章乃器をたすけてアルコール工場・手動発電機工場・牧畜場などを経営する上川実業公司設立を推進した。しかし，41年日ソ中立条約の評価をめぐって救国会に分裂が生じ，章乃器は退会し，胡子嬰はとどまった。章乃器からの生活費支給がたたれたため，農民銀行附属合作金庫の仕事につき，半年後正式に離婚した。

戦争末期，戦後の国家建設構想をめぐる議論がたかまり，1945年2月胡子嬰らはただちに緊急国事会議を開いて民主連合政府を樹立することを主張し，104人の女性が署名した。この年の3・8国際婦人デーには，国民党主流派主催の集会のほかに，連合政府樹立を支持する女性たちが中心になって3つの集会が開かれ，胡子嬰は市政府婦女工作隊の会合で演説した。

1945年7月15日，中国婦女連誼会が成立，胡子嬰は理事となり，戦後の内戦反対・政治協商会議即開の運動，さらに反飢餓・反迫害の運動に自らを投入した。12月民主建国会に加入。46年1月政治協商会議開催を迎え，政治協商会議各界協進会や政協成功慶祝大会などで活躍し，また国民政府お手盛りの国民大会代表に対するデモンストレーションとしての国民大会婦女代表選挙行動に参加。同年5月上海人民団体連合会秘書，6月内戦反対上海各界赴京請願団秘書に就任するなど，めざましい活躍をした。48年後半子供を章乃器にあずけて香港から解放区へ入った。

人民政府成立後は，政務院中央財政経済委員会副秘書長として工商経済部門で活動し，三反五反運動，商工業の社会主義改造ととりくんだ。その他，中華全国民主婦女連合会第1・2期執行委員，中華人民共和国全国婦連（改称）第3期執行委員，中華全国婦連（改称）第4期執行委員会常務委員，上海市人民政府委員，第1～4期全人代上海市代表，商業部副部長，全国工商業連合会常務委員・秘書長・副主任委員，第5期全国政協常務委員，中国民主建国会第1期中央委員，第2・3期中央委員会常務委員などを歴任した。

戦争中は重慶で宋霖という筆名を用いて工商業者の経営の困難な情況を題材に「灘」という小説を書いている。1982年11月喘息発作のため急逝。

参考文献：胡子嬰「我知道的章乃器」，『文史資料選輯』82輯（合訂本第28冊，1986年）。馮和法「憶胡子嬰同志」，『人物』1983年2期。張滬「愛国志士胡子嬰」，『婦女』1982年9月。　〔末次玲子〕

胡　宗南　Hu Zongnan

（1896年5月16日～1962年2月14日）

字・寿山。浙江省鎮海県生まれ。7歳の時同省孝豊県へ移る。蔣介石直系の中国国民党高級将校。

1909年孝豊県立高等小学校に入学，11年卒業。翌12年湖州公立呉興中学校へ入学，15年同校卒業後，一時小学校の教員をつとめた。のち，南京高等師範学校を経て，24年黄埔軍官学校に入学（第1期生）した。卒業後教導団第1団少尉見習を経て，蔣介石に従って陳炯明・楊希閔・劉震寰討伐戦，北伐戦争に参加，以後軍歴を重ねた。この間，25年には孫文主義学会設立に参画する。

1930年には国民党軍第1師団副師団長（のちに団長）として各地を転戦。翌31年，石友三が背叛すると，平漢線方面に出動して，平定後浦口に駐屯し，かたわら安徽省内の共産党討伐に従事した。これよりのち，囲剿戦にたびたび参加することとなる。35年第5期中央監察委員・国民党中央執行委員会委員，及び第1戦区副総司令などを歴任。翌36年には第1軍軍長及び第1師団師団長を兼任した。この間胡は，一貫して蔣介石の「安内攘外」政策を支持し，もっぱら共産党軍討伐にその力を注いでいる。

1937年日中戦争開始後，胡宗南は第8戦区副総司令兼第34集団軍総司令・第1戦区第17集団軍司令などを歴任して，各戦役に参加した。このように日本軍と交戦する一方で，44年には第1戦区代行総司令となって，西安において中国共産党に対する監視役に任ぜられ，陝甘寧辺区への包囲攻撃にあたった。翌45年には第1戦区司令長官に就任し，5月には国民党第6期中央執行委員に当選している。8月の日中戦争勝利に際しては，鄭州において日本軍の降伏を受諾した。

国共内戦の始まった1946年6月，胡宗南は中原軍区への進攻を開始，以後共産党との数多くの戦いに参加した。47年3月蔣介石が「重点進行」を遂行した際には，部隊を率いて中共中央と人民解放軍総部所在地の延安を中心とした陝甘寧辺区に進攻して打撃を与えたのち，西安綏靖公署主任に任命されている。さらに，西北掃共副司令，西北軍政長官公署副主任，川陝甘綏靖公署主任などを歴任して，対共産軍討伐において多くの重要な働きをした。49年には西南軍政長官公署長官・参謀長などを経て，四川・西康などの地において人民解放軍南下の阻止にあたった。しかしほどなく解放軍によって部隊を全滅させられ，胡自身は海南島を経て，台湾へ逃れることとなった。

国民党の台湾移転後，胡宗南は蔣介石のもとで一貫して軍事的要職を担った。1950年には総統府戦略顧問となり，翌51年3月には国民党軍江浙反共救国軍総指揮となって，大陸への干渉を試みている。続いて52年には東南沿海総指揮官となり，海上島嶼の共産党軍掃蕩，遊撃部隊の統轄にあたった。同年「浙江省政府」主席，「浙江省党務」特派員を兼任，7月には再び総統府戦略顧問となった。55年から59年までは澎湖地区防衛司令官の任にあたり，59年には三たび総統府戦略顧問の職についている。62年2月台北にて病死した。

胡宗南は陳誠，張治中らと並ぶ蔣介石直系の国民党将軍として，数々の優れた戦績を残した。とりわけ西北の地に駐屯して，陝甘寧辺区を攻撃，封鎖して，共産党軍に対する徹底攻戦を行ったことで知られている。「安内攘外」政策を一貫して支持した胡は，台湾に移ったのちも，蔣介石のもとでその政策を支え続けた。わけても総統府戦略顧問などを歴任して，台湾防衛，大陸反攻をめざす上で大きな軍事的役割を果したといえる。

参考文献：『宗南先生紀念集』（胡故上将宗南先生紀念集編輯委員会，台北，1963年）。羅冷梅等『胡宗南上将年譜』（胡宗南上将年譜編纂委員会，台北，1972年）。段彩華『転戦十万里—胡宗南伝』（近代中国出版社，台北，1985年）。経盛鴻『胡宗南大伝』（団結出版社，北京，2009年）。徐友春主編『民国人物大辞典』（河北人民出版社，石家荘，1991年）。

〔石川照子〕

宦　郷　Huan Xiang

（1919年11月2日～1989年2月28日）

字・鑫毅。貴州省遵義県生まれ。中国の対外政策の理論的指導者，国際政治経済学者。

少年期を漢口で過ごし，米国ミッション系大学の付属中学に学ぶ。上海の交通大学鉄路管理系で工学を専攻し，卒業後，日本の早稲田大学で政治学を学ぶ。1935年頃，帰国して上海の海関に勤務。37年から45年の抗日戦争中，軍の機関誌『前線日報』編集長。戦後すぐの45年10月，上海の『周報』に日本の天皇制を批判する論文を発表。47年まで月刊『新中国』の編集に携わり，その後，上海『文匯報』副編集長として国民政府批判の論陣をはる。この頃，中国共産党に入党。47年末，香港に行き香港『文匯報』勤務，中国民主同盟に参加。48年には東北解放区に入り，華北が解放されると，天津『進歩日報』を主宰。48年6月，『世界知識』の「世界平和運動の新段階」と題する論文で，世界人民の平和運動で第3次世界大戦の危機を克服しうると主張。

1949年9月，政治協商会議全国委員兼副秘書長。

中ソ友好協会理事，外交協会理事を務め，51年から54年まで，政務院外交部西欧アフリカ司長。54年4月，周恩来の率いるジュネーブ会議中共代表団団員。同年9月から62年3月まで，駐英代理大使。58年，「西方世界分裂論」で毛沢東に絶賛される。61年7月，62年1月，ジュネーブ会議中共代表団顧問。64年4月，国務院外交部長補佐，9月，第3期全人代貴州省代表，12月，人民外交学会常務理事。

文革で公式の場から姿を消した後，1976年4月復活，駐ベルギー大使，6月EC駐在使節団団長。同年10月，早くも資本主義経済発展を認める主張を展開。78年には，生産や資本の国際化を評価する見解を提起。同年9月，中国社会科学院副院長。79年12月，中日友好学者代表団団長として訪日。80年2月，中国国際法学会会長。同年，イタリアでの世界各国知名学者会議で，「社会科学と中国の現代化」と題する論文を発表。81年5月，北京での中・米・日三辺委員会に出席。82年8月，日本での教科書問題発生に際し，日本政府による「教科書歪曲」の早期訂正を主張。10月31日付『人民日報』論文で，中国の「独立自主」外交堅持を主張。83年4月，中国社会科学院顧問兼第三世界基金会第三世界奨評会主席として北京南南会議を主催。6月，第6期全人代貴州省代表，同常務委員会委員，同外事委員会副主任委員。9月，社会科学者代表団団長として香港を訪問し，主権回復問題などに関して討議。84年7月，『人民日報』論文で米ソ批判を展開。同月，北京で開かれた「80年代後半の中国現代化と国際環境討議会」で報告，当時，国務院国際問題研究センター総幹事。87年1月，『世界知識』の「当面の情勢と未来の発展」と題する論文で，米国経済に挑戦する日本経済の台頭を直視すべきだと主張。88年8月，台湾研究会会長を兼任。鄧小平の対外政策ブレーンとして，国際関係の理論面で従来の中国の世界認識の修正の必要性を主張し，晩年は，現代を「競争—摩擦—協調，再競争—再摩擦—再協調」の時代と捉え，その特徴を「1つの世界，2つの制度，政経多極，競争的共存」にあるとする現実的世界観を提起。来たるべき十数年は，米ソ核戦争は起こらず，緊張緩和と対話が続き，アジアでは日本の力の台頭を注視すべきだとした。89年2月肝臓癌を患い上海で病死。

参考文献：宦郷『縦横世界』（世界知識出版社，北京，1985年）。楊得志・宦郷他『国防発展戦略思考』（解放軍出版社，北京，1987年）。宦郷主編『南南合作勃興』（経済科学出版社，北京，1984年）。『中国社会科学家辞典』現代巻（甘粛人民出版，蘭州，1986年）。『中共人名録』（国立政治大学国際関係中心，台北，1983年）。Wolfgang Bartke ed., *Who's Who in the People's Republic of China,* 2nd ed. (K.G. Saur, Munchen, New York, London, Oxford, Paris, 1987).

〔井尻秀憲〕

黄（こう）　愛（あい）　Huang Ai

（1897年9月～1922年1月17日）

字・正品。号・建忠。湖南省常徳の生まれ。湖南労工会の指導者。

父・黄一塵は郷村の知識階級であった。黄愛は常徳県第四小学校に入学したが，貧困のため上級学校に進むことができず，卒業後は商店の見習いとなった。しかし，向学心を抑えることができず，1913年に次兄の援助で湖南甲種工業学校機械科に入学した。同校卒業後，黄愛は長沙の湖南電灯公司に就職した。同公司には1年余り在籍したが，学問を継続する道を求めて北方に赴き，19年春に天津高等工業学校に編入した。間もなく，北京で五・四運動が勃発すると，黄愛は他の学生と共に北京の学生運動を支持する姿勢を示した。同年5月14日天津学生連合会が発足すると，黄愛は執行部の一員となり，周恩来が主宰する『天津学生連合会会報』の編集に携わった。

1919年8月山東鎮守使・馬良は民衆の要求を弾圧する政策を採り，そのため山東をはじめ華北各省で不満の声が上がっていた。そこで，黄愛は2度にわたって天津学連を代表して，馬良を厳罰に処するよう北京に請願に赴いた。しかし，9月下旬の2度目の請願時には彼自身が逮捕されるなどして，運動は殆ど成果を上げないままに終わった。彼は38日間ほど獄に繋がれた後，釈放されて天津に戻ったが，学校からは出席日数不足をもって除籍処分となった。20年春黄愛は天津を離れて北京に赴き，ここで李大釗を知り工読互助団に参加した。その後，李の紹介で上海に移り，陳独秀と出会い『新青年』出版の手伝いを行っている。20年9月黄愛は長沙に戻り，かつての甲種工業学校の学友である龐人銓・王光輝らと再会，甲工学友会を組織し，同年11月これを土台にして湖南労工会を組織し，彼自身は教育部主任となった。

湖南労工会は成立以後，湖南第一紗廠の公有化問題に取り組んだ。この工場は1912年に創業し，17年に華実公司へ有償貸与されたが，同公司が単独での経営能力を失ったため，更に湖北の資本家・趙子安へ貸与されることになった。すると，湖南人の株主権を排除するとともに，外省人を技師や労働者に招聘したため，湖南各界の人々の反対を巻き起こしていた。そこで，21年3月労工会は民営化反対の宣言を発し，大規模な抗議行動を行った。しかし，4月末に至って黄愛は逮捕・投獄され，運動は敗北に終わった。同年11月ワシントン会議が開催されると，全国でこれに反対する運動が起こり，長沙でも12月に大規模な反対集会とデモが行われた。この時，黄愛は大会に出席して列強による中国分割の企てに抗議する演説を行った。なお，この年の冬には毛沢東の要請に応じて安源炭鉱を訪れ，労働者の生活状況を視察している。

1922年1月湖南第一紗廠の労働者は，春節に備えての年末一時金を要求してストライキを決行した。湖南労工会はストライキ支援の方針を確認し，同月16日黄愛は龐人銓と共に経営者側との交渉に当たった。しかし，当日深夜2人は趙恒惕の送った兵士によって捉えられ，翌17日早朝長沙瀏陽門外で処刑された。死後，各地で追悼会が開催された。

黄愛は当初アナキズムの影響を受けていたが，次第に政治闘争を容認してマルクス主義に傾き始め，1921年の冬には中国社会主義青年団に加入したと言われている。しかし，一方では彼のマルクス主義受容説を否定する見方もあり，そのため彼の死は，当時次第に対立を深めつつあったアナキストとマルクス主義者の双方から，自らの陣営の犠牲者であると主張されるようになった。

参考文献：中共党史人物研究会編『中共党史人物伝』14巻（陝西人民出版社，西安，1984年）。谷茨「黄愛，龐人銓不是無政府主義者」,『湘潭大学学報（社会科学版）』1985年第1期。「労工運動的先駆—湖南労工会—」，湖南省総工会編『湖南労工会研究論文及資料』（湖南人民出版社，長沙，1986年）。

〔嵯峨隆〕

黄　郛（こう ふ） Huang Fu

（1880年3月8日～1936年12月6日）

原名・紹麟。字・膺白，天生。号・昭甫。筆名・以太，耘農。浙江省紹興府上虞県百官鎮生まれ。原籍，浙江省杭県。中国同盟会以来の国民党員，国民党・新政学系の指導的メンバー。政治家，国際政治の専門家。

4男2女の四男。先祖は江蘇省松江で綿布業を営んで財を成し，その地の名望家であったが，太平天国の乱の時，邸宅が太平天国軍の司令部として占拠されたため，父親の黄文治は家をあげて浙江省紹興百官鎮に移り住む。以後，家運が傾き6歳の時に父親は死亡，母・陸氏に従って杭州に引っ越す。家が貧しかったため，地方の慈善団体が開設した学費無料の義塾で勉強する。1898年母親も病死，この年呉守誠と結婚，しかし14年後に離婚，1912年に沈亦雲と再婚する。

1904年浙江武備学堂に首席で入学，翌年清朝政府が各省に推薦を命じた留日陸軍学生として浙江省から派遣され，東京の振武学校に入学する。この年，孫文が東京で結成した中国同盟会に入会，黄興らと留日陸軍学生の中に丈夫団を組織する。07年振武学校に入学してきた蔣介石と同学となり，共同で『武学雑誌』を創刊する。数学が好きであったため，士官候補生への道へ進まず，日本参謀部設立の陸軍測量部地形科に編入する。10年に卒業，帰国して清朝政府の軍諮府測量部地形科科員に奉職，ついで軍事官報局の仕事に従事，同年日本人の桜井忠温『旅順実戦記』を中国語に翻訳して出版，中国人に警告と発奮を促す。

1911年辛亥革命が起こると上海へ赴き，陳其美を助けて上海の革命蜂起に参加，上海軍都督に就いた陳其美の下で参謀長となり，急いで募集・編成した上海軍第2師（後に陸軍第23師に改称）師長を兼任。この時日本から帰国した蔣介石を第2師第5団長に就け，意気投合した陳，黄，蔣の3人は義兄弟の契りを結ぶ。

1912年1月に南京臨時政府が成立すると，孫文より北伐の準備のための兵站総監に任じられる。袁世凱が北京で臨時大総統となり，上海軍都督府が江蘇都督府に併合されたのにともない同府参謀長に転任。やがて第23師を解散，参謀長を辞める。13年に北京政府より欧米各国の軍事視察を命じられた時に，第2革命が発生，上海討袁軍総司令に就いた陳其美の下に馳せ参じて参謀長となり，江南武器製造局の攻略に参加するも失敗，同年8月袁世凱の逮捕命令を逃れて日本に亡命。同じく東京に亡命した陳其美らがさらに反袁世凱闘争を継続しようとするのに賛成できず，14年にシンガポールへ行き，15年にはアメリカへ渡り，第1次世界大戦と国際政治に関した研究活動を行う。同年末に帰国して浙江省自治法起草委員兼同省駐在上海軍事委員に任じ，袁世凱帝制打倒を目指した護国運動，いわゆる第3革命に参加。袁の帝制失敗以後は天津に籠もり，「いかなる団体にも加入せず，いかなる主義にも雷同せず」と宣言して研究と叙述に専念,18年と19年に『欧戦之教訓与中国之将来』および『欧戦後之新世界』，『戦後之世界』を出版，国民に第1次世界大戦期の新しい世界の政治潮流を紹介した。徐世昌『欧戦後之中国—経済与教育』（中華書局，上海，20年）は黄郛が代筆したものである。

1919年には張紹曾，張耀曾らと南北和平統一を目指す全国和平連合会を組織，徐世昌大総統から中国経済調査委員会委員に任命される。21年戦後経済を視察するために訪米，ワシントン会議開催が発表されると「華盛頓会議発起之内容及其将来之趨勢」という論文を発表，同年9月に北京政府よりワシントン会議出席中国代表団顧問に招聘される。しかし，ワシントン会議が開会されると間もなく同顧問を辞退，ヨーロッパ各国の戦後経済の視察に向かう。22年に帰国，北京政府より著威将軍を授けられ，将軍府に列せられる。同年9月，王寵恵臨時内閣より督辦全国財政会議事宜に任命され，23年張紹曾内閣の外交総長に就き，外交委員会委員長を兼任。次いで高凌霨内閣の教育総長に就任，24年9月に顔恵慶内閣の教育総長に再任される。この間，北京大学，北京師範大学などで講義を行う。当時北京南苑に駐屯した陸軍検閲使・馮玉祥に請われて，馮の士官に軍事学や内外政治について講義したことが契機で2人の間は緊密となる。同年10月，馮玉祥が北京でクーデターを起こすと（北京政変），これに積極的に関与して国務総理代理に就き，摂政内閣を組織，自ら交通総長，教育総長も兼任，修正清皇室優待条例を公布して清朝皇族の特権を廃止し，紫禁城から溥儀一族を追放し，紫禁城を故宮博物院として国民に開放した。しかし，11月末には馮玉祥の西北国民軍は奉天軍に追われて北京から退去し，黄郛も更迭され，再び天津に引き籠もる。

1927年1月北伐軍総司令・蔣介石の密命を受けて南下，南昌で蔣と面会，上海における国民党長老と連絡して北伐軍に呼応した工作を密命され，さらに日本との外交折衝も依頼される。蔣介石の上海4・12クーデターの後，6月に蔣が国民革命連軍司令・馮玉祥と徐州で秘密会議を行い，清党反共の蔣・馮連合声明を発表したが，その仲介役を果した。7月に設立された上海特別市政府の初代市長に就任するも，8月蔣介石の下野とともに，辞職。28年2月蔣介石の復職にともない南京国民政府委員兼外交部部長，国民党中央政治会議委員に任命される。しかし，同年5月再開された北伐軍に日本軍が干渉した済南事件（中国では5・3惨案）が発生し，日本との衝突を回避した国民政府の対応が国民の批判を浴び，引責して辞任する。以後，浙江省の莫干山に隠居し，仏典を精読する日々を送り，30年莫干小学校を創立。

1933年日本軍が熱河作戦を展開し，山海関への侵入を企てると，蔣介石により行政院駐北平政務整理委員会委員長に任命され，国民政府軍事委員会北平分会総参議・熊斌とともに，関東軍参謀副長・岡村寧次少将と交渉，同年5月塘沽停戦協定を締結する。35年春病気のため莫干山で静養，36年12月に上海の病院で肝臓癌のため死去。

2度目の妻である沈亦雲が政務の助手を務めながら日記や関係資料を整理し，さらに著名人の回想文を編集して黄沈亦雲『黄膺白先生家伝』を著す。

参考文献：楊大辛主編『北洋政府総統与総理』（南開大学出版社，天津，1989年）。黄沈亦雲『黄膺白先生家伝』（文海出版，台北，1971年復刻）。沈雲龍編『黄膺白先生年譜長編』上・下（聯経出版事業公司，台北，1976年）。

〔笠原十九司〕

黄（こう）　公略（こうりゃく）　Huang Gonglüe

（1898年1月24日～1931年9月15日）

原名・漢魂，字・家杞，別名・黄石。湖南省湘郷県生まれ。中国共産党員。ソヴィエト革命期の軍人。

父・秀峰は私塾で生計をたて，正妻・左氏との間に3男，元の下女で妾の彭氏との間に1男（公略）1女（姉）をもうけた。20歳年長の長兄は無頼の徒，次兄は辛亥革命に参加し，保定軍官学校在学中の1914年に病死，三兄は夭折した。次兄は公略を愛し，愛国を教え，生母は貧乏人への深い同情心を公略に培った。7歳の時父は『三字経』で文字を教え，四書五経を暗記させた。10歳で峒山小学に入学，卒業後新式の永豊高等小学に入学してヨーロッパ民主主義思想の洗礼を受け，14年卒業。再び父の私塾で古典暗誦を強いられたが，15年秋に父が病没した。翌年末家を出，一兵卒として湘軍に入隊した。上官に文才画才を認められて部隊の文書係となり，18～20年は訓練隊国語教師となり，そこに学んでいた彭徳懐と相識り，愛国の情熱で意気投合，22年秋湘南陸軍軍官講武堂に入学し正規軍人の訓練を受けた。

1926年中隊長として北伐に従軍，27年1月広州の黄埔軍校高級班に入学，同年12月中国共産党に入党した。28年3月に卒業後，彭徳懐の従軍していた独立第5師第1団の駐屯地湖南省南県に戻り，第5師随営学校副校長となって兵士の思想教育を行う。既に入党していた彭徳懐らと第5師内に共産党フラクションを結成し，第5師の乗っ取りの策を練った。28年6月第5師は湖南省平江に移動し，周辺の農民武装暴動の討伐に動員されることになったが，その先手を打って，黄公略，彭徳懐らは平江に派遣されていた中共湖南省委特派員・滕代遠と相談の上，7月22日兵士暴動を起こし，第5師をもって中国工農紅軍第5軍の成立を宣言した（軍長・彭徳懐，党代表・滕代遠）。農民暴動を指揮する朱徳，毛沢東が北伐軍の精鋭である「鉄軍」，即ち国民革命軍第4軍の名を踏襲して28年4月に工農紅軍第4軍を成立させていたのに，続くものである。

黄公略は第5軍第4団党代表となり，1928年10月同第2縦隊隊長となって，第5軍の兵力は2分され，彭徳懐・滕代遠部が湘贛辺境井崗山に割拠していた朱毛紅軍と合流し，29年1月から閩粤贛辺一帯を転戦した。その間，黄公略部は湘鄂贛辺を転戦し，彼は4月に湘鄂贛辺境支隊支隊長，中共湘鄂贛辺境特委委員・特委常委となる。29年8月末彭・滕部と黄公略部は再び合流して第5軍を編成して副軍長（軍長・彭徳懐，政治委員・滕代遠）となる。同年12月中旬贛西南の中共組織は贛西南の地方紅軍諸部隊を紅軍第6軍に合編する計画をたて，黄公略の軍長就任を求めたため，黄は第5軍を離れ，30年1月軍長・黄公略，政治委員・陳毅をもって紅軍第6軍が成立した。30年6月，上海の党中央の指示を受けて第6軍を第3軍と改称し（軍長・黄公略，政治委員・蔡会文），第3，4，12軍を統合する紅軍第1軍団（総指揮・朱徳，総政治委員・毛沢東）が成立した。同じく彭徳懐の第5軍と，第5軍第5縦隊から編成した第8軍を統合して第3軍団が成立し，30年9月には第1，3軍団を統合して紅軍第1方面軍（総司令・朱徳，総政治委員・毛沢東）が成立した。

紅軍の兵力増大と活動区域の拡大に対して蔣介石の国民党は討伐軍を組織した。第1方面軍は1931年1月第1次「囲剿」を，同年春第2次「囲剿」を，夏には第3次「囲剿」を粉砕した。いずれの戦役においても貴重な働きをした第3軍を率いて瑞金に向かう途中，黄公略は国民党軍の空爆を受けて31年9月落命した。31年11月瑞金に成立した中華ソヴィエト共和国臨時中央政府は，紅軍歩兵学校を開所して公略歩兵学校と命名し，贛西南の吉安・吉水両県にまたがる紅色地区は公略県という行政区画に改め，黄公略をしのぶ永遠の記念とした。

参考文献：『彭徳懐自述』（人民出版社，北京，1981年）。湖南省社会科学院他編『湘鄂贛蘇区史稿』（湖南人民出版社，長沙，1982年）。方大銘ほか「黄公略」，中共党史人物研究会編『中共党史人物伝』23巻（陝西人民出版社，西安，1985年）。

〔蜂屋亮子〕

黄　爵滋（こう しゃくじ） Huang Juezi

（1793年～1853年）

字・徳成。号・樹斎。原籍，江西省宜黄県。清末の官僚。

1823（道光3）年進士，庶吉士，翰林院編修。33年，福建道監察御史，陝西道監察御史，兵科給事中，翌年には工科掌印給事中を歴任。34年4月の内政改革の上奏につづき翌月，学校，保甲，水利，積儲，海禁，人材の6分野にわたって改革を上奏した。35年には鴻臚寺卿に登用された。この間，林則徐，龔自珍，魏源，姚瑩などと経世の学を提唱し，また吏治の刷新，汚職の一掃，軍備の充実，辺境防衛の強化などを主張した。

1838年6月，道光帝に「請厳塞漏卮以培国本折」（銀流出を塞いで国力を充実することを請う）なる上奏を行い，アヘン密輸入に伴う銀流出による国力の衰微を痛切に指摘し，1年間の猶予期間を置いてアヘンの吸飲を禁止し，その後の吸飲者は，一般庶民は死刑に処し，官吏は厳罰の上子孫の科挙に応ずる資格を剝奪せよというアヘンの厳禁政策の採用を進言した。この上奏が朝議を動かし，アヘン密輸入厳禁政策の強化となり，アヘン密輸入取り締まり強化の任務を帯びた林則徐の広州派遣の契機となった。その後，黄爵滋は大理寺少卿，通政使，礼部右侍郎など中央官職を歴任した。

1840年初め刑部右侍郎に任ぜられると，2度にわたってみずから福建省へアヘン密輸入取り締まり状況と沿岸防備の現状を視察に出かけ，報告書「海防図表」を上進した。同時に，閩浙総督・鄧廷楨の厦門での対英抗戦の状況を報告し，戦備の強化，団練の組織化によってイギリス軍の侵入を防ぐべきことを強調した。翌年初めに帰京し，朝考閲巻大臣に任ぜられ，その後刑部右侍郎に復職した。43年，10年前の御史時代の銀庫不足事件に連座して員外郎候補に降格されたが，病気となり出仕しなかった。50年，皇帝の招請を受けて上京したが，皇帝が死去したので遂に出仕しなかった。詩文に優れ，著書に『黄少司寇奏疏』（20巻），『仙屛書屋詩録初集』（16巻），同『後録』（2巻），『仙屛書屋文録』（16巻）がある。

参考文献：繆荃孫編『続碑伝集』10（江楚編訳書局，上海，1910年）。民国清史館編『清史稿』列伝165（民国清史館，北京，1927年）。民国中華書局編『清史列伝』41（民国中華書局，上海，1928年）。清史編委会編『清代人物伝稿』下編2巻（遼寧人民出版社，瀋陽，1985年）。

〔横山英〕

黄　侃（こう かん） Huang Kan

（1886年4月3日～1935年10月8日）

原名・喬馨，字・季剛，梅君，禾子，季子，季康。号・運甓，病蟬，病禅，剛翁，運甓生ほか。自号・量守居士，筆名・不佞，鼎苹，奇恣，奇談，信川ほか。湖北省蘄春県生まれ。清末・民国初年の革命家，国学者。

父の名は雲鵠（字・祥雲），母は周氏。父が四川塩茶道署按察使の職にあったため成都に生まれる。黄侃は幼少の頃より経学に造詣が深い父から古典の知識を授けられた。とりわけ，『千字文』や『説文解字』についての知識は，後の彼の音韻学や訓詁学の基礎を作った。

官職を辞した後，黄雲鵠は家族と共に湖北に戻り，江寧の尊経書院の教員となった。黄侃はその後，父の門弟である江瀚からも学問を授けられることになる。1903年黄侃は父の友人であった王鼎丞の娘と結婚した。同年彼は湖北文普通中学堂に入学し，ここでの同級生に宋教仁がいた。しかし，黄は革命を唱えたため同校を除籍処分となり，日本に渡ることとなった。一説によれば，黄侃はこれより前に蘄春に「孝義会」と称する組織を作り，大衆に向けた種族革命の宣伝は大きな反響を呼んでおり，事態を憂慮した清朝当局が張之洞に彼の逮捕を命じたところ，張は黄の父と知己であったため逮捕するに忍びなく，集会を禁止する一方で彼に日本留学を勧めたものと言われる。

黄侃は1904年一旦帰国して河南に赴き，江瀚との縁を頼って教師を務めるなどした後，再び日本に渡った（但し，その正確な時期は不明）。彼が再渡日した当時，東京では章炳麟が『民報』の主筆となっていたが，黄は友人の勧めに従って章に手紙を送ったところ，章によってその才能を高く評価され，これ以後彼は章を師と仰ぎ文字学や音韻学，更には経伝を学んだ。その一方で，彼は中国同盟会に加入し，運甓，不佞，信川などの筆名で『民報』誌上に「専一之排満主義」（第17号），「哀貧民」（同），「釈侠」（第18号），「論立憲党人与中国国民道徳前途之関係」（同），「哀太平天国」（同）などの論説を発表している。

1908年春黄侃は母が病気となったため密かに帰国した。同年6月（旧暦）母が死去すると，黄は郷里にあって喪に服していた。当時革命派の弾圧に血道を上げていた端方がこのことを知るや，彼は湖広総督・陳夔龍に黄を逮捕させるべく電報を送った。更に，陳は蘄春県当局に転令して係官を差し向けたが，事前にその情報を得た黄侃は武昌へ逃れ，しかる後に友人たちの資金援助を得て日本に渡った。

1910年3度目の日本滞在から帰国した後，黄侃は河南で教員を務め，翌年6月郷里に戻る際に漢口に立ち寄った。そこで詹大悲に引き留められた黄は，彼の求めに応じて『大江報』に奇談の筆名で「大乱者救中国之妙薬也」と題する文章を執筆した。翌11年10月武昌蜂起が勃発すると，黄侃は即座に武昌に駆けつけて黄興らの指導者たちと会談した。彼らは漢口の兵力が不足しており，北方からの清軍の攻撃に耐え切れないとの危惧の念を抱き，黄侃がかつて孝義会を組織した経験があることから，彼に郷里に戻って軍隊を組織することを要請した。そこで，彼は蘄春に行き3,000人の義勇軍を組織して応援に駆けつけようとしたが，漢口は敵の手に落ち，彼は九江に逃れた。

中華民国成立後の1913年12月，黄侃は直隷都督・趙秉鈞によって秘書長に任じられた。翌年2月に趙が急死したが，その死因が袁世凱による毒殺であったのではないかとの噂から，黄も被害を恐れて職を辞し北京大学文科教授に就任した。以後，黄侃は主として教育の分野に専念することになる。15年8月帝制復活を画策する籌安会が成立した。その成員の1人であった劉師培は，清末の日本滞在時期から学問を通じて黄と知己となっていたため，彼を籌安会に引き入れようとしたが，黄侃はこれに応じることはなかった。黄は劉の政治的立場に同意はしなかったものの，個人的には彼と密接な関係を保ち続け，19年1月には劉と共に北京大学で『国故』を創刊している。

1919年9月黄侃は湖北に戻り，武昌高等師範学校国文教授となった。この後，21年には山西大学の招きに応じて一時太原に赴き，23年には仏教暑期講習会の講師を務めるなどした後，26年からは東北大学，南京の金陵大学，中央大学などで中国文学を講じている。32年1月には国難会議の会員となっている。

1935年の重陽節の日（10月6日）黄侃は南京の鶏鳴寺の豁蒙楼に遊び，弟子や子供たちと酒を飲みながら詩作に興じた後，吐血するなどにわかに体調を崩し，2日後に自らが建てた量守廬において死亡した。一説に，彼にはかねてより過度の飲酒癖があり，病床でも酒を止めなかったことが死を早める原因になったという。彼は2人の妻との間に，念蓉，念華ら9人の子供をもうけた。主な著作に『三体通論』，『声類目』，『文心彫龍札記』などがある。

参考文献：黄季陸編『革命人物誌』5集（中央文物供応社，台北，1970年）。陶菊隠『籌安会“六君子”伝』（中華書局，北京，1981年）。賀覚非編『辛亥武昌首義人物伝』上冊（中華書局，北京，1982年）。劉紹唐主編『民国人物小伝』（伝記文学出版社，台北，1987年）。
〔嵯峨隆〕

黄（こう）　克誠（こくせい）　Huang Kecheng

（1902年10月1日～1986年12月28日）

別名・黄振興。湖南省永興県の生まれ。中国人民解放軍の指導者。大将。

湖南第三師範学校を卒業。1924年黄埔軍官学校を卒業する。25年中国共産党に入党。26年から国民革命軍唐生智部隊において大隊政治指導員，連隊政治教官などに任ぜられる。北伐に参加，また湘南蜂起にも参加する。その後，永興紅色警衛連隊党代表兼参謀長，中国工農紅軍第4軍第12師団第35連隊長，第5軍の連隊・師団各政治委員，軍政治部主任，第3軍団政治部主任代理，中央軍事委員会衛生部長，紅軍総政治部組織部長などを歴任し，長征に参加した。また延安において党委員会政治部組織部長，拡大第５分校校長に任ぜられる。

日中戦争においては，八路軍第115師団第344旅団政治委員，同軍第２縦隊政治委員，第４縦隊政治委員，第５縦隊司令員兼政治委員，新四軍第３師団長兼政治委員，蘇北区党委員会書記，蘇北軍区司令員兼政治委員を歴任し，とくに蘇北地域で日本軍や国民党軍に抵抗した。45年第７期中央委員候補に選出される。

国共内戦時期には西満軍区副政治委員，同軍区司令員，東北軍区副司令員，中共冀察熱遼分局書記兼軍政治委員をつとめる。1949年には中南軍政委員，湖南省党委員会書記，湖南軍区政治委員に任ぜられ，同年９月中国人民政治協商会議全国委員となる。

中華人民共和国成立後は，中共湖南省委員会書記，湖南軍区司令員・政治委員に任ぜられる。1952年10月人民解放軍副総参謀長兼総後勤部部長となり，54年11月には国防部副部長を兼任する。また54年８月第１期全国人民代表大会中南軍区代表となり，９月には同大会常務委員に選出される。55年９月大将の階級及び一級八一勲章，一級独立自由勲章，一級解放勲章を授与される。56年中共第８期中央委員，中央書記処書記に選出される。58年10月総参謀長に任ぜられる。また54年から中共中央軍事委員会秘書長を兼ねる。

1959年の中央政治局拡大会議（廬山会議）において彭徳懐らとともに「反党集団」と規定され自己批判を行う。その後67年２月に罷免されるまで山西省副省長となる。文化大革命においては迫害を受けたが，77年８月の建軍節に出席，その後12月中共中央軍事委員会顧問に選出され，78年12月の中共第11期３中全会では中央委員，中央紀律検査委員会常務書記に選出される。

1981年４月10日『解放軍報』に論文「毛主席の評価と毛沢東思想に対する態度に関する問題」を発表し，毛沢東評価の基礎を提供したといわれる。82年から85年まで中共中央紀律検査委員会第２書記をつとめる。86年12月北京で病死した。

参考文献：施善玉他『中国軍事人物辞典』（科学技術文献出版社，北京，1988年）。呉俊才監修『中共人名録』（中華民国国立政治大学国際関係研究所，台北，1989年）。

〔安田淳〕

黄（こう）　明堂（めいどう）　Huang Mingtang

（1868年～1939年）

字・徳新。通称・黄八，八哥。広東省欽州生まれ。原籍，同前。壮族。孫文配下の蜂起軍の指導者。

中農の家庭の８番目の息子に生まれ，青年時代より大志を抱いてヴェトナムへ出，秘密結社に入会して義軍を結成して雲南，広西地方とヴェトナムの国境地帯で長期にわたって反清闘争をつづけていた。1907年３月孫文がハノイに西南地方の武装蜂起の根拠地を設立した際，請われて中国同盟会に入会し，ヴェトナムのタイグェンを根拠地として革命派の志士の糾合につとめた。同年10月孫文は黄明堂に中華革命軍の鎮南関蜂起軍司令官を委任し，海外の華僑から資金を募ってモーゼル銃数十挺を購入して黄に小銃部隊を編成させた。12月２日命を受けた黄は100余名の軍隊に加えてヴェトナムや秘密結社の同志総勢約300名を指揮してヴェトナム側から天険鎮南関をうかがった。彼はまず一気に鎮南関石山の砲台を奪取し，知らせを受けた孫文は翌日黄興，胡漢民，日本人・池亨吉らとともに馳せつけた。しかし，まもなく陸栄廷の率いる数千名の清軍に四方を囲まれた革命軍は７日７晩にわたる激戦をもちこたえ，数十名の死傷者を出したが，清軍にも大きな打撃を与えた。しかしハノイに取って返した孫文からの食糧，武器の補給が届かず，一旦ヴェトナム領に退いて待機した黄軍は結局巻き返すことはできなかった。

翌1908年４月29日，再び孫文の命を受けた黄明堂は約100名の革命部隊を率いてやはりヴェトナムとの国境の要衝ホン川（ソンコイ川）河畔の雲南省河口で蜂起を決行した。この時もヴェトナム側ラオカイから進攻して河口を占領し，清軍の投降兵約600名を再編成してまず昆明を目指して北上しようとしたが，雲南広西総督・錫良は各方面から援軍を集めて反攻に出，弾薬尽きた革命軍は進攻後１カ月で四面楚歌の中に再びヴェトナム領へ敗走を余儀なくされた。10年冬，黄はシンガポールから孫文に呼ばれ，香港を根拠地として，翌年春の広州黄花崗の役では武器運搬を，つづいてついに成功した辛亥武昌蜂起では北に呼応して広東で秘密結社を糾合する一方，妻の欧陽麗文を広東省陽春に派遣して画策にあたらせた。広東独立後，胡漢民都督は彼を海南島に駐留させて治安維持にあたらせた。

1913年孫文の第２革命失敗後は厦門で反袁活動にあたったが，龍済光によって１年余り投獄された。出獄後護法軍に加わり，龍軍を海南島に追いやった。その後福州の陳炯明の配下となり，陳に従って広東に入り，広西軍閥を駆逐した。22年６月の陳の反乱後は南路討伐軍司令官として陳軍と戦った。この間妻の欧陽も軍資金調達に関する上海の孫文からの手紙を黄明堂に届けるなど奔走した。23年2月孫文は再び広州に大元帥府を樹立すると，黄の軍隊は建国第2軍と改称して黄を軍長とし，妻・欧陽はその配下の第3旅団長となった。

1925年孫文の死去後は蔣介石の配下に入るのを潔しとせず，自らの十数名の子にも蔣の禄を食むことはさせなかった。晩年は広州で送り，日中戦争勃発後38年10月，日本軍の広州占領の際は欽州に避難した。古稀を迎えた黄老将軍は救国のため今一度抗戦を望んだが，歴戦で受けた負傷がもとで半身不随の身体となって，2カ月後死去した。妻・欧陽は中華人民共和国成立後は広西省政治協商会議委員となり，73年病死した。

参考文献：鄭恵琪他「鎮南関起義見聞」,『辛亥革命在広西』（広西人民出版社，南寧，1961年)。中国国民党中央党史史料編纂委員会編『革命先烈先進伝』（中華民国各界紀念国父百年誕辰籌備委員会，台北，1965年)。中国社会科学院近代史研究所主編『民国人物伝』5巻（中華書局，北京，1986年)。〔児野道子〕

黄　乃裳（こう　だいしょう） Huang Naichang

（1849年7月～1924年9月22日）

本名・黻臣，字・乃裳，黻丞，号・慕華。福建省閩清県生まれ。挙人。辛亥革命を支援したシンガポール華僑。父の黄慶波は建具業を営む。

1892年シンガポールの『星報』紙の総編集に招かれる。戊戌の変法期には国内にあって康有為らと交流があった。1900年サラワクの原野開発を計画，貧困にあえぐ福建の農民と労働者を呼びよせて開拓にあたらせた。開墾費3万シンガポール・ドルは女婿・林文慶（医者），邱菽園が保証人となった。こうしてひらかれたのが北ボルネオのラジャン河のほとりの町シブである。

しかし，アヘン取り締まり問題で英国側代表と衝突，このため数年後シブを去り，シンガポールに移り，『図南日報』に協力する。すでに60歳になっていて，病気で郷里に帰るが，革命思想普及にあたり，門下生から黄花崗蜂起に参加するものを多数出した。辛亥革命のさい，資金集めにあたり福建出身の南洋の富豪との連絡役となった。

辛亥革命後，福建省の交通部長となった。1921年以降福建で病気療養に努めるが，24年9月病没。

参考文献：陳民『民国華僑名人伝略』（中国華僑出版公司，北京，1981年)。〔江頭数馬〕

黄　平（こう　へい） Huang Ping

（1901年～1981年7月）

別名・有恒。湖北省漢口生まれ。中国共産党の初期の指導者，後に転向した。

1924年5月中国共産党に入党する。入党後，中共香港特別支部書記や中共広東区委工人部部長などを歴任し，第3回，第4回の全国労働大会では全国総工会執行委員に選出された。いわゆる大革命の時期には，中共広東省委常務委員，宣伝部部長を務めている。

1927年5月中共5全大会で候補中央委員に当選し，初めて党中央でポストを得る。8月の中共南方局設立後に組織された中共南方局軍事委員会の委員に任ぜられる（主任・周恩来，委員・張国燾，張太雷，彭湃，陳権)。瞿秋白の全国総暴動路線に従って，同年12月に張太雷らとともに広州蜂起に参加，蜂起時に組織された広州ソヴィエト政府の委員，広州革命軍事委員会の委員に着任する。

広州蜂起失敗後ソ連に向かい，1930年にコミンテルン駐在中共代表となる。ソ連滞在中は東方共産主義労働大学に在学し，ロシア語を習得した。同年9月上海で開催された中共6期3中全会で候補中央委員に補充選出され，5全大会以来の党中央における地位を維持し，翌31年には中華ソヴィエト政府の中央委員に選出された。

1932年に帰国し，中華全国総工会党団書記，中共江西省委書記に就任する。31年6月に向忠発が逮捕，処刑されて以後，国民党側の対中共諜報活動が活発化し，中共幹部の逮捕が続いていたが，32年12月天津に当地の中共組織の工作を視察に出かけた際，国民党当局によって逮捕された。翌33年1月自白，転向して釈放される。釈放後は長期にわたって英語の教授並びに翻訳作業に従事する。

中華人民共和国成立後，復旦大学外語系教授を務め，1981年7月に病没した。

ソ連の東方共産主義労働大学在学だけでなく，フランスに滞在したこともあったといわれ，英仏独露4カ国語に通じていたとされる。「語学の天才」,「党内有数の才能人」との評価がある。著作に『往時回憶』がある。

参考文献：劉金田・沈学明主編『歴届中共中央委員人名詞典1921～1987』（中共党史出版社，北京，1992年)。軍事科学院軍事図書館編『中国人民解放軍組織沿革和各級領導成員名録』修訂版（軍事科学出版社，北京，1990年版)。外務省アジア局『現代中国・朝鮮人名鑑』（外務省アジア局，1953年)。〔中村楼蘭〕

黄　琪翔（こう　きしょう）　Huang Qixiang

（1898年9月2日～1970年12月10日）

字・御行，号・毅行。広東省梅県水車墟木蓮塘村生まれ。中国国民党から後に第三党に移った軍人。

農家の生まれであったが，父・富霖は生活苦からインドネシアに移民，母に育てられた。幼時私塾に通い，梅県務本中学に入学，その後広州に出て，広東陸軍小学から湖北第3陸軍中学を経て，保定軍官学校（砲兵科第6期）に進学した。1919年卒業後，北洋辺防軍で排長，翌年保定軍校に戻り砲兵隊長となった。

孫文の思想に共鳴して，1922年黄琪翔は保定軍校を辞職，広東に赴いた。粤軍第1師後方辦事処参謀，続いて輜重営副営長となった。24年1月中国国民党に加入，翌年粤軍第1師第1旅第1団第3営営長となり第1次東征に参加した。第2次東征には国民革命軍第1独立旅第2団団長として参戦。26年の北伐では第12師第36団団長として農民を動員しつつ湖南・江西などで卓越した戦功をあげた。武漢に至ると張発奎の第4軍麾下に入った第12師師長となり，27年4月には第4軍前敵総指揮として河南に出撃した。開封占領後武漢に退却，第4軍軍長に昇進。同年7月汪精衛の分共会議に出席したが，共産党系軍人との接触を保った。しかし，賀龍らとは行動を共にしなかった。

1927年11月，汪精衛・陳公博らは，張発奎及び黄琪翔と謀り広州でクーデター（張黄事件または広州事件）を起こし，桂軍を追放して広東の軍政を掌握し，黄は広州衛戍司令となった。同年12月共産党は教導団の一部と労働者を動員して広州で武装蜂起し，広東コミューンを建てた。黄は張とともに一時避難したが，部隊を立て直して反撃，コミューンを鎮圧した。

1928年黄琪翔は日本経由でドイツに渡り，ベルリン大学に入学してドイツ語を学んだ。その地で鄧演達・宋慶齢らと交わり，彼らの影響を受けた。黄は29年帰国し，30年8月鄧が中国国民党臨時行動委員会，所謂第三党を結成すると，この中央幹事会委員兼軍事委員会主任に選ばれた。31年11月鄧が蔣介石に殺害されると，黄は第三党の実質的指導者となった。

1932年1月の上海事件（淞滬抗戦）で第三党は第19路軍の対日抗戦を支援したが，これに敗北すると黄琪翔は香港に逃れた。第19路軍が共産党軍攻撃のため福建に移動させられると，もと第4軍の李済深・陳銘枢らは第19路軍の軍事力を土台として福建に反蔣抗日の政権を建てようとした。33年11月福州で中国人民臨時代表大会が開かれると，黄は大会主席に選ばれた。この大会で李を主席とする中華共和国人民革命政府が設立され，黄は政府委員兼軍参謀団主任となり，第三党は目的を達成したとして解散した。34年1月福建の人民政府は蔣介石の軍事力の前に崩壊し，黄は再び香港に逃れた。しばらくして再度ドイツに渡り，中国人留学生の抗日運動を組織した。この間，ヒトラー政権に一時逮捕されている。

1935年11月もと第三党の彭沢民や章伯鈞が香港で中華民族解放行動委員会を組織した時黄琪翔はまだドイツにいたが，この会の総書記に選ばれている。36年10月帰国。翌年1月保定軍校時代の教え子・陳誠の仲介で蔣介石と会見し，中将高級参謀に任命された。37年第8集団軍副総司令，のちに同総司令となり華中で日本軍と戦った。抗日戦中，第6戦区副司令官，中国遠征軍副司令官などを歴任，この間共産党軍との協力に腐心した。

1947年黄琪翔は自ら申し出て国民政府の駐独軍事代表団団長となったが，これは蔣介石の共産党軍攻撃に参加したくなかったからだという。翌年帰国し蔣に和平を勧めたが果せず，香港に脱出した。香港から張発奎，薛岳などの国民党将校に反蔣蜂起を促す手紙を送っている。49年9月中国人民政治協商会議に参加した。

中華人民共和国成立後は，中南軍政委員会委員，国防委員会委員，政協常務委員（第1期と第3期）などに任ぜられた。中華民族解放行動委員会はこれより先1947年2月に中国農工民主党と改名し，共産党の指導に従う民主諸党派のひとつとして大陸に残っていたが，黄はこの党の副主席も務めた。70年12月北京で病死した。

参考文献：劉紹唐主編『民国人物小伝』第5冊（伝記文学出版社，台北，1972年）。王成斌他主編『民国高級将領列伝』1集（解放軍出版社，北京，1988年）。兪雲波他『中国民主党派史述略』（上海人民出版社，上海，1989年）。

〔塩出浩和〕

黄　紹第（こう　しょうだい）　Huang Shaodi

（1855年～没年不詳）

字・叔頌，叔鏞，号・縵菴。浙江省温州府瑞安県生まれ。原籍，同前。清末の変法派官僚。

伯父（一説に義父）は清末「清流」の重鎮・黄体芳であり，体芳の息子・黄紹箕はいとこ。没年不詳。1898（光緒24）年の戊戌維新に際して黄紹箕とともに活躍した。1890年進士。その後，翰林院編修となる。95年11月，康有為ら変法派が政治団体である上海強学会を結成すると，その有力メンバーとして黄体芳，黄紹箕らとともに加入した。また戊戌維新に際しては98年8月上奏文を提出し，当時清朝が置かれていた内外の危機的状況を克服する方策として教育の整備，産業の振興，経済の立て直しなどを主張した。なお著書には『縵菴遺稿』がある。

参考文献：湯志鈞編『戊戌変法人物伝稿』増訂本上冊（中華書局，北京，1982年）。〔中井英基，中川雅史〕

黄　紹竑（こう しょうこう） Huang Shaohong

（1895年～1966年9月14日）

字・季寛，別名・黄紹雄。広西省容県生まれ。広西派軍人，政治家。

黄紹竑は，村で医師をしていた黄少韻の子として生まれた。1908年春，広西陸軍小学に入学，その同級生には後に新広西派の首脳部を構成することになる李宗仁，白崇禧がいた。11年辛亥革命が勃発し広西省が独立を宣言すると，黄は広西陸軍小学の学生を中心に組織された広西北伐学生敢死隊に参加し，分隊長を務めた。この学生敢死隊は，武漢地区の革命派支援のため北上するが，南北間の和平が成立したため実際に戦闘に参加することはなく，のち南京で解散された。

黄紹竑はその後，武漢の陸軍第2予備中学を経て，1915年第3期生として保定軍官学校に入学した。翌16年末，保定軍官学校卒業後は，故郷広西省に戻り，桂軍第1師団に勤務した。ここに，彼の地方軍人としての経歴が始まることになった。17年夏，広西軍（桂軍）内に「模範営」が組織されると，黄はこれに参加し，排長（後には連長）を務めた。この模範営には白崇禧，黄旭初などが勤務しており，ここで形成された人脈が後に新広西派を形成する上で大きな意味を持つことになる。

陸栄廷を中心とする広西派は1916年以来広東省を支配していたが，広東の地方的勢力は外部勢力である広西派への反発を強めた。このような状況の中で，広西派によって広州を追われた孫文は20年末，陳炯明指揮下の粤軍の軍事力によって広西派を広東省から排除し，広州に復帰した。さらに翌21年には軍は敗走する桂軍を追って広西省内に進撃した。このため，陸栄廷を中心とする広西派の支配は崩壊し，広西省は様々な政治勢力が省政治の実権をめぐって相互に戦闘を交える内乱状態に陥った。

以上のような混乱状況の中で李宗仁，白崇禧と結んだ黄紹竑は軍人として次第に頭角を現した。1923年3月第3次広東軍政府に赴き，24年国民党に加入し，定桂討賊軍副司令に就任した（総司令・李宗仁，参謀長・白崇禧）。李宗仁を最高指導者とするこの集団は激しい権力闘争を勝ち抜き，25年には広西省の実権を掌握した（李宗仁を中心とするこのグループは陸栄廷を中心とする旧広西派と区別するため新広西派とも呼ばれる）。

新広西派は広東の国民党との提携を強め，1926年3月には国民政府の正統性を承認した。広西軍は国民革命軍第7軍（軍長・李宗仁）に改編され，6月黄紹竑は広西省長兼留桂軍長に任命された。広西派は北伐に全面的に参加し，全中国政治にも大きな影響力を持つに至るが，黄はおおむね広西省に留まった。27年3月国民政府委員，軍事委員会委員に選出される。

1927年銭大鈞らと賀龍・葉挺の中共軍を汕頭・潮州で破り，その後国民革命軍討逆八路軍総指揮に任ぜられる。29年の蔣桂戦争に参加，李宗仁総司令の下で，副総司令兼広西省主席に就任した。30年には蔣介石の軍事力の前に広西派は敗北を喫し，李宗仁を最高指導者とする広西派の支配は広西省一省に限られることになった。以上の一連の経過の中で李宗仁らの広西派主流と意見を異にすることになった黄紹竑は，同年広西派とは袂を分かち，香港で一時的に政治的引退生活に入った。

1932年黄紹竑は蔣介石によって国民政府内政部長に任命され，政界に復帰した。同時に広西善後督辦に任命されるが，李宗仁・白崇禧と折り合わず，香港に戻る。以後黄は蔣介石系の政治家として活動することになった。30年代には浙江省政府主席，湖南省政府主席などの要職を歴任した。

1937年日中戦争が勃発すると第2戦区副司令に任命され，同年12月再度浙江省政府主席に就任し，47年までその職に留まった。この間43年には第3戦区副司令に任じられ，45年5月国民党6全大会で中央監察委員に選ばれる。日中戦争終結後の47年国民政府監察院副院長となり，翌48年には国民政府立法院議員を務めた。同年中国国民党革命委員会の設立に参加した。49年国共内戦の終末にあたって，国民党和平談判代表団の一員となった黄紹竑は，この北平での国共交渉が失敗に終わると，香港に行き他の44人の国民党員と共に国民党を離脱し，中華人民共和国を支持する宣言を発表し，中華人民共和国に参画していくことになった。同年8月に香港から北京に入り中国人民政治協商会議第1期全体会議に出席したのを皮切りに，政務院政務委員，中国国民党革命委員会中央常務委員，和平解放台湾工作委員副主任，第1期全国人民代表大会常務委員会委員，第1～4期全国政協委員などの職を歴任した。

そして，1966年北京において病死した。

参考文献：黄紹竑『五十回憶』上・中・下（杭州，1945年）。Diana Lary, *Region and Nation: The Kwangsi Clique in Chinese*

Republic, 1925-1937, (Cambridge University Press, Cambridge, 1974).
〔塚本元〕

黄　紹箕　Huang Shaoji

（1854年～1907年）

字・仲弢，号・鮮庵。浙江省温州府瑞安県生まれ。原籍，同前。清末の変法派官僚，教育家。黄体芳の子。

1879年順天郷試に合格。翌年の進士。翰林院庶吉士散館で優秀な成績を修め，翰林院編修を授けられる。次いで侍講に任じられ，四川郷試副考官・武英殿纂修を歴任した。

1895年11月康有為が中心となって上海強学会を組織すると黄紹箕はその団体の章程作成に参与し，同時に上海に赴き会のメンバーに加わっている。96年北京に戻り会典館提調に任命され，『清会典』の編纂に参加した。97年には郷試の試験官として湖北へ赴任，98年には翰林院侍読となる。同年6月に開始された戊戌維新に際しては康有為・梁啓超らの変法自強運動に同調する立場をとる。しかし，文廷式・張謇ら他の「清流」の同志と同様に彼は康・梁一派とはっきりと一線を画し，深入りしていなかったと思われる。それゆえに同年9月に西太后ら保守派によって起こされた戊戌政変でも処罰されることなくすんでいる。政変後，康有為の助命に尽力したともいわれている。

政変後，皇太子づきの左春坊左庶士に抜擢され，1899年には京師大学堂総辦となり，西洋や日本の学校制度を参考にして京師大学堂を創設する事業に参与する。1900年元清流の張之洞の下，武昌にある両湖書院長になり湖北の教育振興に貢献した。04年北京に戻り編集局，訳書局監督を務め，教育関係の書物の翻訳にあたった。翌年鉄道建設計画の意見書を上奏したが実現しなかった。06年の学制改革にともない湖北提学使となる。この間，学校制度視察を目的として日本を訪問，加藤弘之・嘉納治五郎らと知り合い，儒学などについて論じた。帰国後ほどなくして没した。

黄紹箕は博学，文章家としても有名であり，書画の鑑別をよくし，蔘綏閣という蔵書のコレクションをもっていた。著書には各国の教育制度の情勢を参考にして書かれた『中国教育史長編』のほか，『鮮庵遺詩』などがある。

参考文献：民国清史館編『清史稿』巻444，列伝231（民国清史館，北京，1927年）。湯志鈞編『戊戌変法人物伝稿』増訂本上冊（中華書局，北京，1982年）。浙江省社会科学研究所編『浙江人物簡志』下（浙江人民出版社，杭州，1984年）。
〔中井英基，中川雅史〕

黄　体芳　Huang Tifang

（1832年～1899年）

字・漱蘭。浙江省温州府瑞安県生まれ。原籍，同前。清末のいわゆる「清流」派の有力官僚，文人，「翰林四諫」の1人。

黄紹箕の父。1851年の挙人，63年進士に第1位の成績で合格し，翰林院庶吉士に選ばれ，翰林院編修を授けられる。ついで翰林院侍読学士に任命された。清流の一員として15年間翰林院にあってしばしば当時の政治の得失について皇帝に意見書を提出した。78年高官に対する名誉毀損の罪で問責されたが，同志・宝廷の尽力により救われた。81年内閣学士に遷され江蘇学政を監督した。この頃より張謇との交流が始まる。その翌年には兵部左侍郎に任じられた。江蘇在任中の84年清仏戦争が勃発すると，辺境地域防備の計画について建議を行った。85年北京へ戻ると北洋大臣・李鴻章に対し彼が過去20年にわたって推進してきた洋務運動が殆ど何の役にも立たなかったとしてその責任を激しく弾劾したため，西太后の怒りに触れ，通政使に左遷された。また署左副都御史の職を兼務し，この間，洋務派に対する批判や外交交渉の得失についての意見書を上奏している。91年辞職を願い出たが，その後も94年の甲午の役（日清戦争）をはじめとする国家の大事に際してしばしば上奏文を提出している。

1895年開封より金陵に移り文正書院を開き講義を行う。同年康有為が上海で変法派の政治団体である上海強学会を創設すると，黄体芳もその会のメンバーとして名を連ねたという。その後文正書院を張謇にまかせ，江陰に南菁書院を創設し，剛直の士を養成した。そして江蘇の気風に大きな影響を与えたといわれている。一方彼は膨大な図書の収集家としても有名であり，江蘇の学者や文人による作品・遺稿をはじめとする彼のコレクションの目録は著書の『敬郷楼叢書』の中に江南徵書文牘として収録されている。その他彼の主要著書として『漱蘭詩葺』があげられる。

参考文献：民国清史館編『清史稿』巻444，列伝231（民国清史館，北京，1927年）。湯志鈞編『戊戌変法人物伝稿』増訂本上冊（中華書局，北京，1982年）。中井英基『張謇と中国近代企業』（北大図書刊行会，1996年）。
〔中井英基，中川雅史〕

黄　維　Huang Wei

（1904年2月28日～1989年3月20日）

号・悟我，のち，培我。江西省貴渓県生まれ。中国国民党高級将校。

農民の家に生まれた。鵝湖第四師範卒業後，小学校教員を経て，黄埔軍官学校（第1期）を卒業。さらに1931年北平陸軍大学特別班第1期を終えた。東征，北伐戦争参加後，顧祝同の部隊で連隊長（27年），陳誠の部隊で少校参謀（28年）を務めたのち，32年陸軍第18軍第11師団第32旅団長，のちに第11師団副師団長に就任した。第1次国共合作崩壊後は，共産党との戦いに従事して，第4，5次囲剿戦に参加し，34年には第11師団長に就任，35年には陸軍少将となった。また36年にはドイツを軍事視察のため訪問している。

1937年盧溝橋事件勃発後帰国して，第18軍67師団長として淞滬抗戦に参加。のち上海を離れて南京の防衛にあたり，38年には第18軍軍長に昇格，翌年には陸軍中将となった。40年第54軍軍長として雲南，ヴェトナム国境地帯防衛のため駐屯。42年昆明防衛司令官代理兼任となった。翌43年から44年にかけて，国民政府軍事委員会中将高級参謀，日本軍の激しい侵攻に対し知識青年達を訓練する，青年軍編練総監部の副総監をつとめた。1年余りの間に黄維の育てた青年は，5,000～6,000人余りに達した。

日中戦争終結後は，青年軍第31軍軍長，国防部海陸空軍連合勤務総司令部副総司令，新制軍官学校校長，陸軍第3訓練処処長など，軍関係の要職を歴任している。国共内戦勃発後は，1948年国民党第12兵団司令官，中将に就任して共産党との戦いにおいて活躍した。しかし同年11月淮海戦役に兵を率いて参加し，双堆集地区において，人民解放軍中原野戦軍と華東野戦軍に包囲される。劉伯承，陳毅らの投降要請を拒否していたが，激戦ののち12月15日部隊は全滅し，黄は兵団副司令官の呉紹周と共に捕えられた。それ以後75年までの30年近い年月，黄維は井陘河畔，北京の戦犯管理処で捕虜として思想改造生活を送った。

1975年3月特赦令によって釈放されたのち，黄維は全国政治協商会議文史資料研究委員会専員となった。その後第5，6，7期の全国政協会議全国委員会委員，同常務委員などを歴任した。また84年には新たに発足した黄埔軍官学校同窓会理事に就任している。88年には全国政協会議祖国統一連誼委員会委員に当選した。89年3月北京にて病死。

参考文献：範天枢・宋禹「活捉黄維」，『新華日報』1962年8月29日。黄済人「黄維晩年的事業」，『青年一代』1982年5期。郭公和「国共合作時期的黄埔軍校及其部分畢業生簡介：黄維（1904年～）」，『人物』1984年4期。王成斌他主編『民国高級将領列伝』3集（解放軍出版社，北京，1989年）。『1990中国人物年鑑』（華芸出版社，北京，1990年）。

〔石川照子〕

黄　興（こう　こう） Huang Xing

（1874年10月4日～1916年10月31日）

原名・軫，字・堇，後に興と改名，号・克強。湖南省善化県生まれ。

父は塾を開き，子弟を教える，比較的裕福な家庭であった。6歳の時，「論語」つづいて唐，宋の文を学んだ。学習のかたわら農耕に励む。1891年17歳で廖淡と結婚，翌年善化県試に失敗，長男・一欧生まれる。93年城南書院入り，県試に合格，97年張之洞の武昌両湖書院に入り，5年間そこで学ぶ。こうして伝統的教育を受けていたが，1900年夏，唐才常の自立軍挙兵には心を寄せたという。

1902年，31人中ただ1人湖南人として選ばれて日本に留学。嘉納治五郎が創設した宏文書院で学ぶ。そこで黄興は法律，政治，歴史，教育などを学んでいたが，一方では軍事に興味をもち，軍事訓練に熱心であり，とくにピストルの射撃は得意であったという。また，楊篤生，蔡鍔ら湖南出身の同志とともに「遊学訳編」を編集，出版し，日本や欧米の政治，経済，教育，軍事などについて紹介しつつ清朝の批判を展開した。黄も「学校行政法論」（山田邦彦）を翻訳，掲載している。03年，宏文書院内に，湖南出身の留学生による土曜会を組織して，現状の改革をめざした。この組織は4月には約500人の拒俄義勇隊となり，さらに軍国民教育会に発展した。この組織に参加した留学生は，ちょうど，このころ満州における勢力拡大に狂奔するロシアに反対していたが，真の目的は清朝を打倒することであった。こうして黄は，日本留学中，湖南を中心とする反清の革新的青年の指導者となった。

黄興は1903年6月4日，中国に帰ったところ，胡元淡から長沙の明徳学堂で教えてくれるよう求められた。彼はそこで学生達に歴史や体育を教えるとともに，革命を宣伝した。この明徳学堂を活動の場として，同年11月，劉揆一，陳天華，宋教仁らとともに華興会を結成し，会長に推された。また会党と共同のため有力な指導者・馬福益に働きかけ，同仇会を結成し，その会長になった。04年10月，西太后70歳の誕生日を期して，長沙で挙兵を図った。しかし，未然に事が漏れて失敗し，日本に亡命する。05年の夏，孫文と会い（この出会いは宮崎滔天の紹介によるという説が有力である）中国同盟会を結成した。黄興は庶務を担当しナンバー2の位置を占めた。07年から08年の間，欽州，防城，鎮南関，雲南河口などで挙兵の指揮に当たった。また，同盟会内の対立では，孫文を支持し，革命派の団結に努力した。日本人の同志は彼の人柄と風貌から中国の西郷隆盛と称した。09年1月には宮崎滔天とともに鹿児島に西郷の墓参りをして，次の詩を詠んでいる。

“八千子弟甘同塚，世事唯争一局棋。悔鋳当年九州錯，勤王師不撲王師。”

1909年秋，孫文の委託を受けて，香港に同盟会南方支部をつくり，広州新軍の蜂起を計った。11年4月27日黄花崗挙兵で，決死隊100余人で，総督署を攻撃したが，失敗し，多くの優れた青年を失った。彼ら死者を「黄花崗七十二烈士」と呼ぶ。この挙兵で自らも手に重傷を負い，香港に逃れた。この時，看護に当たった徐宗漢と結婚する。

1911年10月10日，武昌挙兵による辛亥革命が爆発すると，黄興は上海を経て，10月28日には武漢にゆき，戦時総司令となり，革命軍を指揮して，20日余り，清軍と戦った。この時，萱野長知は軍事顧問として参加した。しかし，革命側の作戦の失敗，袁世凱軍の精鋭と兵力に比べて，急増新参加の革命軍の弱さも暴露され，ついに漢陽を失った。黄興は武昌をしばらく放棄して，南京を攻撃しそのあと兵をまとめて再び武昌にもどり革命の回復を図ろうとしたが，武昌地区の革命党人の反対にあい，上海に戻った。この一連の敗北から，一時は黄は「常敗将軍」と呼ばれた。しかし，戦いに敗れ，また戦うというのが黄の生涯であった。しかし，各省都督の代表会議で黄を大元帥におそうとしたが，彼は任に着かなかった。

1912年1月，南京臨時政府が成立すると，孫文臨時大総統のもとで，陸軍総長兼参謀総長になった。しかし，武昌挙兵とともに膨れあがった兵士を養う財政は極度に不足し，臨時政府は困難な立場となった。こうした事情から三井物産から30万元の借款を結び急場をしのごうとした。南北和議にあたって，袁世凱が共和制に賛成ならば，袁を大総統におすことを認め，自らは臨時政府が北京に移った後は，南京留守府留守となり，南方の各軍の整備につとめた。しかし財政窮迫のため，大量の裁兵と兵変のため，留守府は終わりをむかえた。

1912年8月，同盟会は国民党に改組し，黄興はおされて理事となった。12月袁世凱から川粤鉄路督辦に任じられたが，12月には辞職する。これより先の10月，黄は故郷長沙に帰り，大歓迎を受け，そこで「国家の発展は教育によるほかはない」と講演している。「学校行政法論」の翻訳，軍国民教育の啓蒙の提唱と，そしてしばしば国民教育に関する講演などを見ると，彼の政治思想の中核には教育問題があったといえよう。

1913年3月，宋教仁が暗殺されたことから，反袁世凱の気運が高まると，黄興は法律的手段での解決を主張し，速やかな実力行使を主張する孫文らと対立した。結局第2革命となり，黄は7月に南京で挙兵したが，敗北し，日本に亡命した。日本政府筋は敗北の孫や黄にたいして冷やかであった。とくに黄には，かれが西郷ならば腹を切れとさえ言ったと伝えられる。これに対して犬養毅，頭山満，宮崎滔天，梅屋庄吉らは支援を惜しまなかった。

1914年7月，孫文が日本で中華革命党を組織したとき，入党に際して拇印をすること，孫文に絶対服従することという規約に反対して，黄興は参加を拒否した。この経過から，黄を右派あるいは反孫文として，否定的にとらえていたが，最近の研究と資料によれば，孫文は黄興に「2年間自分に任せ，あなたは静養し，もし私が失敗したら，次はあなたがやって欲しい」と頼んでいたことが明らかになった。そして黄もそれを受けて，中華革命党と別の欧事研究会に名を連ねたが，滞米中には孫文の批判をせず，ひたすら反袁世凱を宣伝し，アメリカ各地をまわって，華僑やアメリカ国民の支援と理解を求めた。雲南に護国軍がおこるとそれに呼応するため，16年6月，日本を経て帰国した。途中の船上で，「何の土産もないが，民権と自由は沢山詰め込んで来た」との詩を詠んで，反袁の決意を訴えた。帰国間もなく，6月に政敵袁は死亡した。黄自身も病が進行し，ついに10月上海で病死した。墓は長沙岳麓山にある。

参考文献：毛注青『黄興年譜』（湖南人民出版社，長沙，1980年）。湖南省社会科学院編『黄興集』（中華書局，北京，1981年）。左舜生『黄興評伝』（伝記文学出版社，台北，1968年）。羅家倫『黄克強先生全集』増訂本（中央文物供応社，台北，1973年）。李雲漢『黄克強先生年譜』増訂本（中央文物供応社，台北，1973年）。薛君度『黄興与中国革命』（生活・読書・新知三聯書店，香港，1980年）。同書は *Huang Xing and the Chinese Revolution* (Stanford Univ. Press, Stanford, 1961) の漢訳本。薛君度・蕭致治合編『黄興新論』（新華書店，武漢，1988年）。林増平・楊慎之編『黄興研究』（湖南師範大学出版社，長沙，1990年）。蕭致治編『領袖与群倫』（武漢大学出版社，武漢，1991年）。〔中村義〕

黄（こう）　炎培（えんばい）　Huang Yanpei

（1878年10月1日～1965年12月21日）

字・任之，号・楚南，韌之，筆名・抱一。上海近郊の江蘇省川沙県生まれ。中国民主同盟，民主建国会の代表的指導者。職業教育派。

秀才の父・黄叔才は私塾教師であったが，のちに地方官秘書として広東などへ単身赴任した。幼少より母・孟樾清に字を習い，親族の私塾で学ぶ。10代半ばで両親を失い，苦学して私塾教師となる。1899年秀才合格後に結婚。1901年親族の援助をえて上海南洋公学特班（後の上海交通大学）の第1期生として入学，教員に蔡元培，馬相伯，同学に邵力子，章士釗らがいた。とくに蔡から大きな影響をうけ，以後40年近く師・友の交わりを結ぶ。翌年紛争で学校が閉鎖された直後に挙人合格，帰郷して公立小学の校長に着任した。

1903年近隣の南滙新場鎮で革命支持の演説を行って逮捕，投獄されるが，アメリカ人牧師と弁護士の助力で釈放。すぐに神戸の華僑を頼って亡命，半年余の東京生活で詩人・劉季平らと交わり，革命派の知己をえて04年春上海にもどる。05年蔡元培の紹介で成立直後の中国同盟会に加入，翌年蔡の出国にあたって後事を託された。やがて張謇を助けて江蘇学務総会（後の江蘇省教育会）を創設，09年江蘇省諮議局常駐委員として地方自治・教育面で革命派の形成に貢献した。

辛亥革命後は初代江蘇省教育司長に就任，実用主義に基づく中等教育を提唱して省立中学に一本化した。同じく師範・高等教育を重視し，1915年南京高等師範学校（後に東南大学，さらに中央大学）創立のほか，暨南大学，同済大学など7大学の創立に関与した。また14年以後『申報』記者の身分で国内各省の学校を巡察，15年米国実業視察団員として米国各州の産業・教育事情を見聞，ついで日本，東南アジア各国の学校を参観した。その結果，17年5月民族資本家の出資で労働者の資質向上をはかって実業救国をめざす教育機関・中華職業教育社を組織，中華職業学校，中華鉄工廠などを相次いで創設した。協力者には蔡のほか華僑・郭秉文，浙江財閥・穆藕初，銭新之，『申報』の史量才らがいた。自らは21年全国職業学校連合会などの全国組織を主導すると同時に，24年研究機関として甲子社（後に人文社）を開設した。なお，25年職業教育社が創刊した『生活周刊』は翌年鄒韜奮主編となって発行部数が急増，黄炎培の援助で独立して抗日戦争初期の中国最大の出版社・生活書店の礎となった。こうして20年代半ば全国教育界および上海，江蘇省に強固な民族資本家の学閥を確立，徐公橋実験区などでの農村改善工作にも着手する。しかし，一方で学生あるいは政府との対立も表面化して27年5月大連へ避難，10月には朝鮮を歴遊した。その後国民党政府と和解，29年には婦女職業学校普及の命をうけ，性別・年齢を問わない職業専修学校，職工補習学校を開設，通信教育にも力を入れた。

1931年春3度目の朝鮮，5度目の日本訪問を通じて日本の中国侵略の意図を察知，蔣介石に献策したが受理されず，職業教育自体も不況の影響で伸び悩んだ。だが9月満州事変が勃発すると上海市商会中心に抗日救国会を結成，教育界なども呼応して連合組織設立の気運が高まった。12月『救国通訊』（後に『国訊』）を創刊，『申報』，『生活周刊』とともに抗日的言論活動を展開して対日経済絶交運動を推進した。かくて翌32年1月第1次上海事件時，民族資本家，中産層，労働者が結集して上海地方維持会（後の上海地方協会，史量才会長）を結成すると，秘書長として第19路軍への資金，物資調達のために奔走した。以来一貫して抗日救国を訴え，33年梁漱溟主催の郷村工作討論会に参加する一方，36年上海知識人の抗日救国運動が高揚すると，湖北，四川省を回って青年を鼓舞した。7月鄒韜奮ら救国会幹部4人が発表した声明「団結禦侮のいくつかの基本条件と最低要求」を高く評価，彼ら“抗日七君子”が逮捕されると獄中慰問に訪れ激励した。

日中全面戦争勃発後，1937年8月第2次上海事件に際して上海市抗敵後援会主席に就任，政府の国防会議参議員に選出された。その翌年創設された国民参政会の参政員となり，武漢をへて重慶に移住。39年2月には同会の川康建設視察団に加わり，四川地域に抗戦建国の基盤を築くための総合的な再建計画・川康建設方案を提出した。また9月の第4回参政会では憲政実施，抗日各党派の合法化を強く要求し，11月梁漱溟らと統一建国同志会を結成した。41年同志会の三党三派は発展的に中国民主政団同盟の結成を準備，10月にその初代主席に就任した。しかし，まもなく政府の圧力で辞任，43年11月政府肝入りの憲政実施協進会の常務委員兼召集人に特任された。44年1月重慶で『憲政月刊』を創刊，以後職業教育派中心に重慶で憲政座談会を主催するなど，民主憲政運動の進展に奮闘した。そして9月中国民主政団同盟の中国民主同盟（民盟）への改組にあたって中央常務委員に選ばれた。45年7月国民参政会を代表して延安を訪問，毛沢東らと会談して国共合作の継続を要請した。

抗日戦争勝利後は民族資本家を中心に中産層，労働者が連合する民主建国会（民建）の結成を準備，1945年12月成立大会を挙行して主席に就任した。この間10月の民盟臨時全国代表大会では工商運動委員会主任，上海総支部責任者に選出され，11月には重慶各界内戦反対連合大会を主催した。こうして46年1月重慶で政治協商会議が開かれると，民盟代表の1人として和平民主・挙国一致の連合政府樹立を強く主張し，人権保障委員会の設置を和平建国綱領に明記させた。

同年夏の国共内戦勃発後も両党を含む全民族団結，挙国一致に腐心するが，国民政府による47年10月の民盟非合法化により厳重な監視下におかれた。それでも上海で地下工作を続け，49年2月ようやく香港に脱出して民建，民盟の同志と再会。3月北京へ行き共産党の歓待を受けるが，次男・競武は5月上海で国民党特務に殺された。

以上みたように，黄炎培は一貫して実業救国，教育救国を主張したが，初期には封建的体質が濃く，抗日期を通じて民主革命をめざす民族資本家へと漸進的に自己変革した民族主義者の典型であったといえる。

なお，その後は1949年9月開催された人民政治協商会議の主席団に加わり，常務委員，中央人民政府委員となる。中華人民共和国下では政務院副総理兼軽工業部部長，全国政治協商会議副主席，全国人民代表大会副委員長，手工業指導委員会主席などを歴任。また中国民主建国会の主任委員として，52年以後民族資本家の社会主義的改造において先導的役割を果した。57年には，民主諸党派の一員ながら，中共の側に立って反右派闘争に参加した。65年12月北京で病没。

主要著作には『八十年来』，『苞桑集』，『紅桑』などがある。なお，中華職業教育社は文革初期の1966年4月解散を迫られて活動を停止したが，80年以降各地で業余学校，補習学校を復興，これらは国公立ではない独自の教育機関として今後注目に値する。

参考文献：黄炎培『八十年来』(中国文史出版社，北京，1982年)。許漢三編『黄炎培年譜』(文史資料出版社，北京，1985年)。尚丁『黄炎培』(人民出版社，北京，1986年)。菊池貴晴「黄炎培と中華職業教育派について」，『中国第三勢力史論』(汲古書院，1987年)。　〔青柳純一〕

黄　詠商（こう　えいしょう）　Huang Yongshang

(生没年不詳)

広東省香山県の生まれで，代々マカオに居住していた。興中会会員。

父の黄勝は香港議政局の議員を務め，当地の法律家であった何啓と姻戚関係にあった。

1895年の興中会成立後，孫文がしばしば何啓に法律問題を相談していたため，黄詠商は何の紹介で孫文の知遇を得て興中会に加入した。同年2月に香港に成立した興中会総会は「乾亨行」と称されたが，これは易に精通していた黄が「乾元奉行天命，其道乃亨」から取って命名したものである。10月の広州蜂起に際して，彼は蘇杭街の洋館を売却して得た8,000元の金を軍費に充てた。蜂起が失敗に終わると，指導者の多くは海外に亡命したが，彼はマカオに逃れ，数年後に病気のため没した。子供の慶修は若い頃から南洋で商売を始め，民国成立後は広東銀行タイ支店の支配人となった人物である。

参考文献：馮自由「黄詠商略歴」，『革命逸史』1集（台湾商務印書館，台北，1969年)。陳旭麓・方詩銘等主編『中国近代史詞典』(上海辞書出版社，上海，1982年)。

〔嵯峨隆〕

黄　源（こう　げん）　Huang Yuan

(1905年～2003年1月2日)

字・河清。浙江省海塩県生まれ。作家，翻訳家。

上海の中学に在学中に日本語を学ぶ。1928年東京に行き，29年秋帰国する。以後翻訳に従事する。

1931年新生命書局の編集者を務める。33年7月生活書店から『文学』を創刊し，編集に携わる。主編は傅東華，茅盾が主持。34年9月魯迅，茅盾編集の『訳文』に参加する。『訳文叢書』の編集担当。37年『訳文』が停刊すると，茅盾，巴金と抗戦文芸刊行物『烽火』を出版する。同年10月上海を離れる。

1938年新四軍に参加する。39年中共に入党。新四軍文委委員を務める。『抗敵雑誌』，『新四軍一日』主編。41年皖南事変後蘇北根拠地へ行く。魯迅芸術学院華中分院教導主任，華中局党報副総編集を務める。43年浙東行政公署文教処処長，魯迅学院院長を務める。45年蘇北華中文化協会主任。国共内戦期には，華東野戦軍第1縦隊で政治宣伝工作に携わる。

1949年華東大学文学院長，上海軍管会文芸処副処長。50年華東軍政委員会文化部党組書記，副部長。53年華東局宣伝部文芸処処長。55年浙江省宣伝部副部長，省文化局局長，党組書記，省文連党組書記。56年戯劇改革工作に加わり，鄭伯永，陳静らと昆曲『十五貫』を改編。79年全国第4次文学芸術工作者代表大会に参加。全国文連委員，中国作協理事，外国文学学会会長，作協浙江分会副主席，魯迅研究学会副会長を務める。2003年，杭州で病死。

参考文献：北京語言学院《中国文学家辞典》編委会編『中国文学家辞典』現代第3分冊（四川文芸出版社，成都，1985年)。　〔小山三郎〕

黄　仲涵（こう　ちゅうかん）　Huang Zhonghan

(1866年11月19日～1924年6月6日)

字・泰源。セマラン（インドネシア・中部ジャワ）生まれ。原地語ではOei Tionghamという。ジャワの砂糖王として世界的に知られる華僑の富豪・実業家。孫文革命の支持者。黄家の3代にわたって経営した「建源」公司の代表的人物で，事業の盛衰は南洋華僑の典型とみられている。

父・黄志信は1835年生まれ，福建省同安県で50年代の小刀会の反乱に参加，清朝の追及を逃れて，兄たちと中部ジャワのセマランに渡った。現地で土産品の商店を経営したのち，貿易会社「建源」(Kian Gwan)を創設，オランダ領時代に大きく発展した。志信は1901年1,750万ギルダーの莫大な遺産を残して死んだ。黄仲涵は志信の子供７人のうちの１人で，父の存命中から商才ありとして後継者として育てられた。私塾で，華文教育を受けて実務を習い，1890年に「建源」公司を継いだ。

当時，オランダ植民政府は甘庶栽培を禁じ，稲作を強制していたが，それに反抗して蓄財を投じ，甘庶畑を開き，大型電化製糖工場を建設した。砂糖需要の伸びに支えられて，業績は伸びた。その成功で，オランダ当局から黄仲涵は華人事務最高行政官のマヨールに任命され，アヘンの取引も行った。

1893年に社名を「建源貿易有限公司」と改めているが，同族からなる合資会社であった。1906年セマランに黄仲涵銀行を開設，11年シンガポールに協栄茂汽船会社を創立，事業を多角化した。オランダ当局は「建源」の事業を規制するため第１次世界大戦後，戦争税を課してきたので，21年黄仲涵はインドネシアを離れ，シンガポールに移った。

孫文が革命資金の支援を呼びかけたとき，黄仲涵もこれにこたえ，1911年「軒袁後人」の名前で５万ギルダーを投じ，15年蔡鍔将軍が袁世凱討伐の挙兵をした折も，２万千ギルダーの資金を拠出した。16年インドネシア最初の華僑中学・セマラン華英中学の開設を援助した。24年に心臓発作で死去したときは，シンガポールで商談中のときであった。

妻は８人あり，多数の子供のなかから，次女は顧維鈞大使夫人となり，黄宗室，黄宗孝の若い２人が事業を継ぎ，世界中に支店網を築いた。1934年上海浦東にアルコール製造工場を投資して建設したが，日本に接収されたり，国民党政権に「漢奸」と非難されたり，最後は中華人民共和国となって54年に公私合営化で政府に吸収された。インドネシア独立後，本来の事業を広げてきたが，現地籍をとらなかったため61年スカルノ政権時代接収・国営化された。

参考文献：蔡仁龍「黄仲涵家族与建源公司」，『南洋問題研究』1983年２期。K. Yoshihara ed., *Oei Tiong Ham Concern: The First Business Empire of Southeast Asia* (The Center for Southeast Asian Studies, Kyoto University, 1989).〔江頭数馬〕

黄（こう）　宗仰（そうぎょう）　Huang Zongyang

（1865年11月27日～1921年7月22日）

本名不明。号・中央，印楞禅師，別名・烏目山僧，金山寺客人，宗仰山人，楞伽小隠。宗仰は法名。江蘇省常熟生まれ。清末の革命家，僧侶。

両親の名，及び家庭環境については不詳。黄宗仰は幼年時代から古典に親しみ，詩文に優れていたと言われる。また，仏教の学説にも関心を抱き，1884年には出家して清涼寺に入った。その後，金山江天寺の顕諦法師により摩頂・受戒し，宗仰の名を授けられた。この後，彼は仏教哲理の研究と書画の才能で次第に世間に知られるようになる。書画の分野では，1900年２月に李叔同らと上海書画公会を設立している。

当時，上海在住のイギリス商人にハドゥーンという人物がおり，彼は静安寺路に愛儷園を建造しようとしていたが，妻の羅迦陵（中国人）が仏教を熱心に信仰していたため，そこに経堂を造ると共に，僧侶を招いて仏教の教えを講じて貰おうと考えた。そこで黄宗仰に講師としての白羽の矢が立てられ，彼は上海へと赴き，そこで仏教を講じることとなった。彼はその後ハドゥーンから寄付金を引き出し，愛儷園に華厳大学を作るなどしている。

1902年４月変革の気運が高まる中で，黄宗仰は章炳麟，蔡元培，蔣維喬ら上海在住の革命派の人々と共に中国教育会の創設を発起した。同会は教科書の編纂を初めとする教育の改良を通じて，青年の間に革新思想を普及させることを目標としていた。この年，上海の南洋公学で学生の一斉退学事件が発生すると，黄は蔡元培らに働きかけ，教育会が学校を設立して彼らを受け入れることを提案した。その結果，11月上海に愛国学社が創立された。

1903年５月から６月の間，中国教育会と愛国学社の間に主導権をめぐって紛争が生じた。この年，蔡元培の後を受け継いで教育会の会長に就任していた黄宗仰は，両者の関係改善を図ったが果せず，遂に会長の名義をもって『蘇報』紙上に「賀愛国学社之独立」と題する一文を発表し，分裂の事態を承認するに至った。また，この直後，清朝政府の革命派に対する言論弾圧事件として名高い蘇報事件が発生した。この事件で章炳麟，鄒容らが獄に繋がれ，革命派の多くの人々が上海を離れたが，黄宗仰は暫くここに留まり，章らの救出に尽力した。しかし結局，彼の活動も功を奏さず，彼自身もこの後上海を離れて日本に渡ることとなる。

黄宗仰は日本に渡ると，当時横浜に滞在中であった孫文を訪ね交遊関係を結び，この後孫文がハワイに渡る際には，彼に資金援助を行った。また黄宗仰は，留日学生たちの雑誌『江蘇』が資金不足のため停刊の危機に追い込まれたことを知るや，これを維持すべく資金調達を行っている。1904年春蘇報事件後の事態が鎮静化したと判断した黄は上海に戻った。その後彼は再び愛儷園に住み，ハドゥーン夫妻に学問を講じた。また，彼は仏典の復刻に従事する一方，09年には『商務日報』の編集者となっている。11年10月の武昌蜂起勃発後，上海の支配権をめぐって陳其美と李燮和麾下の部隊が対立を深めると，黄宗仰は両者の調停に乗り出し，李に上海地域から撤退するよう勧告した。また，彼はハドゥーンに進言して，呉淞政府に3万元の資金援助を行わせている。

中華民国が成立すると，黄宗仰は政権の役職に就くこともなく，仏門に戻って世間との交際を断った。1914年江天寺の首座となり，3年ほど十二部経の研究に勤しみ，20年には棲霞寺の住職となった。この寺は南北朝時代に建立された由緒ある寺であったが，咸豊年間に至って荒れ果て廃墟同然となっていた。そこで，黄は各界から資金を調達し修繕を実現させる運びとなったが，疲労が原因で病気となり，翌年7月死亡した。死後，寺の殿堂の修繕が完了すると，弟子たちは宝塔を建てて黄宗仰を記念した。

参考文献：邱奕仰「黄宗仰」，『伝記文学』28巻5期，1976年。馮自由『革命逸史』3集（台湾商務印書館，台北，1969年）。高平叔編『蔡元培全集』7巻（中華書局，北京，1989年）。

〔嵯峨隆〕

黄　遵憲（こう　じゅんけん） Huang Zunxian

（1848年5月29日～1905年3月28日）

字・公度，号・東海公，観日道人，人境廬主人，法時尚任斎主人，水蒼雁紅館主人，布袋和尚，公之它，拝鵑人。広東省嘉応州生まれ。客家。清末の外交官，詩人，変法派。

黄遵憲の父・鴻藻（字・硯賓，号・逸衣，生年不詳～1891年）は1856年の挙人で，戸部主事を務めたのち，1878年からは広西省で知府や釐金関係の職につき，思恩知府時代は養蚕の奨励や文化事業の振興で名を挙げた。

黄遵憲は1868年生員，73年抜貢生。1870年の香港訪問や同年生じた天津教案を巡る外交交渉に触発されて次第に時事，外交問題への関心を深めていき，76年北京の順天郷試で挙人になると時務に明るい人材として推挙され，直ちに出使日本大臣・何如璋の参賛官のポストについた。翌77年日本に赴任し，これを皮切りに外交官としての道を歩み始めた。

日本で明治維新後の改革に直に触れ，また伊藤博文や榎本武揚，大山巌を初めとして多数の政治家や文人と交わりを結び，日本への理解を深めた黄遵憲は，中国も日本に倣い「西法」によって自強を計るべきだと確信し，200余種の文献を捜集して先駆者日本の紹介書『日本国志』の執筆に着手した。大部の『日本国志』の完成は容易ではなかったため，1879年まず一部の資料を基にして『日本雑事詩』2巻（原刊本）を発表した。日本の改革や近代的諸制度，歴史的事件，地理，風俗，物産などさまざまな分野の154の項目を取り上げ七言絶句と解説を付したもので，格好の日本紹介書として高く評価され，中国人の日本観に大きな影響を与えた。1890年には200首に改訂（定本）された。

1882年サンフランシスコ総領事に任命され日本から転任した。折から「華人入国制限法」が米国会を通過し華人排斥運動が高まる中，清政府の無関心のもと身を挺して華人，華工の保護に当たった。85年に任期満了で帰国すると次のポストにも就かず家郷にこもって『日本国志』の執筆に専念し，87年の夏に完成させた。40巻首1巻，約50万字に及ぶ『日本国志』は歴史書の形式をとり国統志，隣交志，天文志，地理志，職官志，食貨志，兵志，刑法志，学術志，礼俗志，物産志，工芸志の12志からなる。明治維新以後の日本の現状を統計なども幅広く取り入れて，科学的，具体的にとらえようとした詳細な日本研究書で，常に中国が対比され，「西法」を取り入れて強大な国家へと改革を遂げていくための中国の道標を提示した，遵憲の変法論を顕現した書となっている。完成後，黄遵憲は李鴻章らに稿本を送り総理各国事務衙門からの刊行を目指したが果せず1895年に広州で自ら出版した。その後戊戌維新の啓蒙書として注目されるようになった。

1889年黄遵憲は出使英法義比（イギリス・フランス・イタリア・ベルギー）四国大臣・薛福成の推薦で駐英二等参賛官の職を得て，90年イギリスに赴任し，翌年にはシンガポール総領事に任命されてシンガポールに着任した。94年日清戦争の勃発で呼び戻され両江総督・張之洞のもとで南京で江寧洋務局総辦として教案や開港などの外交折衝に当たる一方，95年には康有為が設立した強学会の上海分会に加入し，自らの改革論の実現に向けて実際に行動を始めた。強学会がわずか数カ月で解散させられると，翌96年自ら資金を投じて汪康年らと上海で中国人による最初の雑誌『時務報』を創刊し，梁啓超を主筆に誌上で変法思想の鼓吹に努めた。同年ドイツ公使に任命されたが，ドイツ側の拒否で沙汰止みとなり，代わって巡撫・陳宝箴のもとで新政を推進していた湖南省の長宝塩法道に任命された。赴任後は按察使も兼務して積極的に改革に取組み，長沙時務学堂の総教習に梁啓超，教習に譚嗣同，唐才常らを招いて人材の養成に努め，近代的な警察組織保衛局や官吏の研修所課吏館を設立した。また梁啓超や譚嗣同らの南学会を支持して，自ら西洋の政治や法律，国際情勢についての講演を行うなど変法の啓蒙にも努め，『湘学新報』や『湘報』の創刊にも関わった。湖南ではその他鉄道建設や鉱山開発，武備学堂の開設や女子の纏足禁止運動などが次々に推し進められ，陳宝箴，黄遵憲のもとで湖南は当時最も新政の進んだ地となった。

1898年6月光緒帝は「定国是詔」を発布して新政を開始した。黄遵憲は出使日本大臣に任命されたが，病気で赴任を延期している間に西太后による政変に至り，変法派は次々に弾圧された。黄遵憲も上海で拘禁されたが日本公使らの要請で釈放され家郷に戻った。その後は李鴻章らの招聘にも応じず，詩作や子弟の教育に専心した。1903年には嘉応興学会議所を設立して普通教育の普及を呼び掛けた。05年肺病で没した。

黄遵憲の著作には『日本国志』，『日本雑事詩』の他に，17歳頃からの詩を集めた『人境廬詩草』11巻（定稿は1902年，初版は1911年）があり，自ら「新派体」と称したその詩は，あらゆるジャンルの言葉を取入れ，時代を詠み込んだ斬新な作が多く，後世高い評価を得ている。

参考文献：盛邦和『黄遵憲史学研究』（江蘇古籍出版社，南京，1987年）。鄭海麟『黄遵憲伝　附黄遵楷伝』（中華書局，北京，2006年）。中国史学会・中国社会科学院近代史研究所編『黄遵憲研究新論—紀念黄遵憲逝世一百周年国際学術討論会論文集』（社会科学文献出版社，北京，2007年）。島田久美子注『黄遵憲』〔中国詩人選集2集15巻〕（岩波書店，1963年）。実藤恵秀・豊田穣訳『日本雑事詩』（平凡社東洋文庫，1968年）。蒲地典子「黄遵憲の変法論」，市古宙三教授退官記念論叢編集委員会編『論集・近代中国研究』（山川出版社，1981年）。

〔白川知多〕

黄　佐卿（こう　さけい）　Huang Zuoqing

（生年不詳～1902年）

字・晋荃。原籍，浙江湖州。清末の民族資本家。上海における最初の機械制製糸工場設立者。

早くに上海に移り，上海昌記絲行を経営。上海における糸業公所の指導的人物であり，同時に，機械製糸，機械織布の最初の熱心な提唱者でもあった。

1881年輸出生糸を生産するため，フランスより製糸機械を購入し，蘇州河北岸に100錘規模の機械制製糸工場を設立し，82年生産を開始した。これが上海に最初に設立された民族資本による機械制製糸工場・公和永機器繅絲廠（昌記絲廠　Chang Kee Filature）である。当時，ほぼ同時期に外国資本による製糸工場・公平絲廠（Iveson＆Co.），怡和絲廠（Ewo Silk Filature）などが設立され，生産を開始したが，いずれも女工の訓練が足りず，製品の品質が良くないうえに，もっぱら綱商に頼って，海外市場に輸出していたため運送に時間がかかるうえに資金繰りが難しく，87年には，いずれも経営困難に陥っている。しかし，92年に黄佐卿は公和永絲廠を442錘規模に拡大するとともに，楊樹浦にも新たに416錘規模の新工場を設立し，経営を拡大することに成功している。

黄佐卿は当時すでに候選同知の肩書きを持ち，上海で製糸業を経営するほか，漢口でも絲行を経営し，経験豊かな裕福な商人として，官側の信頼も厚かった。折から機械制製糸工場の設立を計画していた湖広総督・張之洞は，1894年黄佐卿に湖北繅絲廠の設立に協力を要請している。黄佐卿は商董として，商股の募集，労働者の募集，繭の買い付け，製糸工程の監督，販売などの一切を張之洞から任された。

湖北繅絲廠は新しい経営形態である官商合弁形式を採用し，1897年生産を開始した。黄佐卿は企業の欠損は官商双方が補填すべきであるとしたが，官側は欠損の補填を一切商側に押しつけた。そのため，黄佐卿は商股の追加募集を停止し，商董を辞任した。湖北繅絲廠は張之洞により官営化され，湖北繅絲局として再発足した。

その後，1901年黄佐卿は協隆紗廠を新設したが，外国製糸工場の重圧のもとで債務がかさみ，翌年破産した。

新政が開始され，黄佐卿は二品頂戴を賞されたが，1902年蘇州から上海への旅行中，コレラに感染して死亡した。

参考文献：繆鍾秀「上海絲廠業概況」，『国際貿易導報』1巻3号（孫毓棠『中国近代工業史資料』1輯下，科学出版社，北京，1957年）。『農商公報』16期（1915年）（汪敬虞『中国近代工業史資料』2輯下，科学出版社，北京，1957年）。上海通信社編『上海研究資料』（上海書店，上海，1984年）。

〔林要三〕

J

吉　文元 Ji Wenyuan

（1825年頃～1854年3月25日）

広西省桂平県生まれ（一説に平南県人）。瑶族。太平天国の武将。

青年期に上帝会に加入し，太平天国の金田蜂起に参加した。1851年，広西の象州で御林侍衛に封じられ，翌年漢陽攻略戦の功績により後副侍衛に昇進した。53年武昌攻略後，土官副将軍となり，ついで南京攻略戦で春官副丞相に上った。

太平天国は天京（南京）に都を定めるとまもなく北伐を決定し，吉文元は東王・楊秀清に勇猛さを評価され，林鳳祥・李開芳らとともに北伐軍の領袖に選抜された。吉の部隊は浦口を出発し，安徽の鳳陽で林・李軍と合流，蒙城・亳州を経て河南の帰徳府を占領した。林・李軍は黄河渡河の手立てを求めて先発し，吉は朱錫錕と後続部隊を取りまとめて，河南巡撫・陸応穀の率いる清軍を撃破し，黄河の沿岸で先発部隊に合流した。

黄河渡河に難渋している間に，天京に人を派遣して情勢を報告した。洛河で石炭輸送船を得て渡河に成功し，山西を経て直隷に入り，総督・訥爾経額の清軍を破り，1953年10月13日には先陣が保定の南30キロの張登鎮に到達した。戦勝の報告を受けた天京では，吉文元を平胡侯に封じた。

しかし北伐軍は勝保・僧格林沁の率いる清軍に進路を阻まれ，東進して天津西南の独流鎮に達した。天津を攻略することはできず，次第に孤立して静海県城および独流鎮に駐屯して援軍を待つこととなったが，南方人に不慣れな華北の厳しい冬のなかで食糧の補給に苦しんだ。ようやく3カ月持ちこたえたところで，1854年2月5日包囲を突破して南への撤退をはかり，河間府の東城鎮まで行って再び囲まれ，さらに献県を経て阜城に達した。3万の清軍に囲まれてついに阜城を脱出できず，3月25日戦死した。63年太平天国は吉文元を祝王に追封した。

参考文献：張徳堅「賊情彙纂」（中国史学会主編『近代史資料叢刊Ⅱ太平天国』第3冊，神州国光社，1952年）。清史編委会『清代人物伝稿』下編6巻（遼寧人民出版社，瀋陽，1990年）。〔並木頼寿〕

季　雨霖 Ji Yulin

（1881年～1918年2月11日）

字・良軒。湖北省荊門県生まれ。民国初期の革命派幹部。日知会会員。

湖北将弁学堂を卒業後，新軍将校となり，武漢駐在の第8師団（鎮）所属の歩兵第31連隊第3大隊の大隊副官（督隊官）にまで進んだ。国家，民族の前途を憂慮し，1905年劉静庵らと革命団体「日知会」を創立し，同連隊中の多くの軍人を加入させた。

1906年の萍瀏醴蜂起には軍隊内で呼応をはかったが，蜂起失敗後，逮捕投獄された。08年5月病気のため，旅団長・黎元洪，連隊長・曾広大の保証で出獄し，治療に専念した。09年8月四川に赴き，革命活動を行い，ついで東北地区の遼寧・黒龍江に行って活動し，呉禄貞に重視された。

1911年武昌蜂起の報を聞くと，ただちに武漢にもどり，黎元洪から湖北軍政府顧問に任ぜられ，さらに革命軍の連隊長となり，漢口で清軍と戦闘中負傷した。武漢地区で革命軍が不利になると，革命政権は清軍の後方，湖北省北部地方の革命勢力を強化するため，季雨霖を安襄鄖荊招討使に任じ，襄陽・鄖陽・荊州など各府への進撃を命じた。季は沔陽仙桃鎮で梁鐘漢，劉英，李亜東らの部隊を改編して基幹戦力とし，なお清軍に支配されていた荊州・襄陽という湖北北部の2大都市を占領，12月25日には北伐軍を率いて河南省に進撃，清軍の総兵・謝宝勝を逃走させたが停戦令のため新野県で停止した。

1912年3月部隊とともに武漢に帰り，部隊は第8鎮，ついで第8師に改編・改称したが，季は引き続き師団長（統制・師長）として留任した。

1913年3月宋教仁暗殺事件が起こると，田桐が黄興の書簡をもたらして，武漢の同志に袁世凱に反対するよう呼びかけた。季雨霖は田とともに，武漢の軍・政界の名士を「改進団」に組織して，その団長となり，「湖北軍・政の改進，革命事業の継続」を標榜し蜂起を準備したが，5月黎元洪に弾圧され，田とともに上海に逃れた。6月，詹大悲とともに武漢にもどり，「参謀団」を組織し，武装蜂起の計画を進めたが，黎の弾圧により失敗，上海に逃れた。黎からは指名手配され，中将の階級も奪われた。

その後，日本に亡命，中華革命党に参加，つねに湖北の反袁運動と連絡を保ち，季雨霖の名は「乱党」の代名詞として支配者の恐怖の的となった。1916年護国戦争の後帰国，中将の階級も回復したが，実権はなかった。17年護法戦争が起きると，襄陽・荊州地区では黎天才，石星川が中央から独立，季も現地に赴き，黎天才のもとで西路司令となったが，18年2月黎天才の部下に殺害された。

参考文献：張難先『湖北革命知之録』（商務印書館，上海，1946年)。『革命人物誌』5集（中央文物供応社，台北，1970年)。賀覚非編『辛亥武昌首義人物伝』上冊（中華書局，北京，1982年)。〔久保田文次〕

紀　昀（きいん） Ji Yun

（1724年～1805年）

字・暁嵐，春帆，号・石雲，諡・文達。その書斎を「閲微草堂」と呼ぶ。清の学者・詩人・文学者。直隷省の献県に生まれる。伝記は『清史稿』巻326に見える。

献県の紀氏は歴代学問に従事する読書人の家柄であり，名家と讃えられる家であった。紀昀の父である紀容舒（字・遲叟）も考証学者としての著述があり，『玉台新詠考異』10巻，『唐韻考』5巻などの著作が，紀昀が総編纂官を務めた『四庫全書』に収められている。

紀昀は幼少時より聡明さを讃えられ，1747年に郷試に首席で及第して挙人となり，54年には第5位で進士に合格した。最初は翰林院編修となり，やがて侍読学士に昇進した。

1768年には姻戚関係にある者が収賄事件で処罰され，紀昀も事前に情報を漏らしたとの嫌疑によって連座し，新疆のウルムチに流された。しかし3年後には罪を許され，北京に帰ることができた。その後73年から『四庫全書』の編纂が始まると，紀昀はその総編纂官に任じられた。やがて内閣学士・太子太保を加えられ，最終的には礼部尚書協辦大学士に至った。

紀昀のもっとも大きな業績は，乾隆帝の勅命による空前の大きな叢書『四庫全書』の編纂に前後約20年にわたって総責任者として参加したことであった。『四庫全書』は当時存在したあらゆる書籍を網羅して，重要なものには校訂を加えて定本を作り，またそれぞれに解題を付した，歴代の中国における図書事業の中でももっとも規模の大きな叢書である。この編纂のために，朝廷では特に四庫館という部局を設置し，そこに全国から優秀な学者約300人を集めて，各人の専門分野ごとに文献の調査と校訂を担当させ，さらに解題を書かせたのであるが，紀昀はそのほとんどすべての解題に目を通し，誤ったところや不足の点を修正し，また文章にも相当手を加えたという。こうして作られた解題が『四庫全書総目提要』であるが，この膨大な量に達する四庫提要がまるで1人の著述のように文体の上で統一がとれており，また古典の解題として今でももっとも信頼できるほどに優れたものとなったのは，まさに彼の力がそこに大きく反映した結果にほかならない。

これまでの紀昀に対する認識に，彼を「宮中の御用学者」と捉える議論がある。後世の学者が彼を清代の考証学者のうちに数えないことが多いのは，1つには彼が当時の考証学の中心地であった江南地方に縁を持たなかったこともあるが，それ以外に事実として乾隆帝の彼に対する信頼は大変に厚く，乾隆帝が生涯に出会った優秀な学者を紀昀と阮元のただ2人だけと述べたことにもよる。たしかに，紀昀は清朝の他の学者のような学術論文をほとんど書かなかったが，彼の学識の高さはこの四庫提要によって十分に見ることができる。また四庫全書の編纂過程を通じて多くの学者と交流をもち，とりわけ戴震や翁方綱などとはきわめて親しかった。

紀昀にはまた『閲微草堂筆記』という志怪小説集があり，同じく清の学者で芸術と料理の評論で著名な袁枚が書いた『子不語』とともに，清を代表する志怪小説集としてよく知られている。著書として在世中に刊行されていたのは『閲微草堂筆記』だけであるが，没後に著述や詩など集めて『紀文達公遺集』が編纂された。

参考文献：『中国歴代著名文学家評伝』続編3（山東教育出版社，済南，1991年)。〔阿辻哲次〕

賈　徳燿（かとくよう） Jia Deyao

（1880年～1940年12月）

字・昆庭，焜庭，焜亭，安徽省合肥県生まれ。安徽派の軍人指導者。北京政府国務総理。

父・賈芝玉は副榜挙人（郷試補欠合格者）であり，郷里で私塾を開いていた。徳燿は賈家の三男，4人の兄弟を持つ。

清朝末期芝玉が清軍に職を得て天津に赴任，一家も父に従い当地に移住する。賈徳燿は天津でまず保定速成学堂に入学し，その後官費で日本に留学，士官学校に入り第3期歩兵科を卒業した。帰国後北洋第2鎮正参謀官，第6鎮21協馬隊2標標統を歴任する。1911年10月武昌蜂起が勃発すると北洋第1軍軍統兼禁衛軍総統官・馮国璋に従い京漢鉄道を南下，武漢の革命軍の鎮圧に向かう。

中華民国成立以後袁世凱より1912年河南護軍の団長，13年第7師（師長・張敬尭）第13旅旅長，14年9月第15混成旅旅長，16年1月陝南鎮守使に任命さ

れる。討袁護国運動（第３革命）の高まりの中で陝西護国軍総司令を自任したが，陝西省内の実権を握った陳樹藩（16年１月袁より陝北鎮守使を拝命）によって，麾下の第15混成旅を武装解除され，北京に撤退した。

袁世凱死後北京政府より将軍府参軍，陸軍部軍学司司長に任ぜられ，この頃から軍事教育工作に従事する。1919年８月には保定陸軍軍官学校校長を楊祖徳から引き継ぎ，教官・職員人事の刷新，食事方法の改善を図るなど学校改革に尽力した。北京政府の中で賈徳耀は段祺瑞率いる安徽派に属した。そのため20年夏の安直戦争で安徽派が敗北を喫すると指導下の保定陸軍軍官学校は直隷派軍隊に進駐され，大砲16門，銃2,000丁，多数の被服及び教材などを強奪された。その混乱の中で火災により学校は施設の大半を焼失，教官と生徒は離散し，賈も北京に戻らざるを得なかった。しかし陸軍部軍学司司長の職には引き続きとどまった。

1924年11月段祺瑞が復活し中華民国臨時執政に就任，段が任命した陸軍部総長・呉光新（段の妻の弟，賈徳耀とは日本の士官学校で同期生）の推薦により同月陸軍部次長を拝命，将軍府寛威将軍の名号を授与される。翌12月呉の辞任を受けて陸軍部総長に昇任，陸軍訓練総監を兼任する。25年12月許世英内閣の成立に際し引き続き陸軍部総長に任ぜられた。26年２月国民軍第１，２，３軍の将兵及び北京政府の官僚，職員，国公立学校の教員などの各種公務員が軍費，給与の支給を求めて国務院を包囲する事件が発生し，対応に窮した許世英は辞職願いを段臨時執政に提出し，天津に去る。段は許を慰留し，北京不在中賈徳耀を陸軍部総長兼務のまま国務総理代行とした。同年３月４日段より第29代の国務総理に正式に任ぜられる（陸軍部総長は兼務）。賈内閣は当時の諸派割拠の政局を反映し，その人事は呉佩孚派の杜錫珪海軍総長，孫伝芳派の楊文愷農商総長，段祺瑞派の龔心湛内務総長，旧同盟会系の盧信司法総長，元広東軍政府秘書長の馬君武教育総長を含む混成部隊的様相を呈し，しかも杜，楊らは実際には総長職に着任しなかった。内閣は閣僚人事からして基盤が極めて脆弱であったが，入関・北京入城の大望を抱く奉天派の張作霖からも軍事的圧力をかけられた。そして同月の「３・18惨案」の発生により国民からも痛烈な非難を受け，ついに同月20日総辞職を決定する。賈徳耀は段に慰留されなおしばらく政権運営にあたったものの，４月20日後ろ盾の段自身が下野し，その際国務総理及び陸軍部総長を免職された。その後段とともに天津に閑居し，事実上政治の第一線から引退した。

1932年６月国民政府軍事参議院参議，35年12月行政院冀察政務委員会委員，36年外交委員会主席委員に任命され北平に居住した。37年日中全面戦争が勃発し日本軍が侵攻すると偽装して北平を脱出，天津に逃れ租界に潜伏した。日本側から度々親日傀儡政府に加わるよう促されたが，拒絶し続けた。39年に上海に移り，40年12月病没した。没後の41年３月陸軍中将に任ぜられ，さらに上将の肩書きを加えられた。

参考文献：楊大梓主編『北洋政府総統与総理』（南開大学出版社，天津，1989年）。徐友春主編『民国人物大辞典』（河北人民出版社，石家荘，1991年）。陳玉堂編『中国近現代人物名号大辞典』（浙江古籍出版社，杭州，1993年）。

〔中村楼蘭〕

嘉慶帝（かけいてい）　Jiaqingdi

（1760年11月13日～1820年９月２日）

名・愛新覚羅顒琰。原名・永琰，立太子後，顒琰に改名。諡・睿皇帝。廟号・仁宗。清朝第７代皇帝，年号・嘉慶。乾隆帝の第15子，母は魏佳氏（孝儀皇后）。皇后は喜塔腊氏（孝淑皇后），鈕祜禄氏（孝和皇后）。子は旻寧（原名・綿寧，のちの道光帝），綿愷，綿忻，綿愉ら５男９女。

1789年嘉親王に封じられる。95年乾隆帝は在位60年を迎え，嘉親王を皇太子に策立して翌年譲位することを表明し，96年元旦嘉慶帝が即位した。しかし乾隆帝は太上皇に退いたものの訓政を行い，嘉慶帝の親政は乾隆帝の崩壊後の嘉慶４年年頭（1799年２月）からであった。

嘉慶帝が即位したのは，乾隆の爛熟期を経て様々な社会経済矛盾が顕在化しつつある転換期であった。人口増加が顕著になる一方で農地の拡大は限界に達し，人口過剰，地主への土地集中により貧窮化が進み，民衆の不満は抗租抗糧，搶米などの暴動や民衆蜂起となって噴出し，大規模な武装蜂起へと発展していきつつあった。すでに1789年以来，湖南，貴州の省境一帯では苗民が蜂起を繰り返し，広東，福建，浙江の沿海では艇盗と称された海賊集団が海上，沿岸を荒らしていた。そして即位の年1796年には湖北で教主・劉之協の指令に基づき白蓮教徒が一斉に蜂起したのに続いて，四川，河南でも教軍が次々に立ち上がり５省にまたがる白蓮教徒の反乱が勃発した。教軍は当初，苗民蜂起の鎮圧で手薄の官軍の隙を突いて県城や市鎮を攻略，占拠していたが，97年の半ばからは山間部に構築した山寨を拠点にゲリラ戦を展開し，活動地域を拡大して官軍の追撃をかわした。清朝は，太平の世に慣れ弛緩した八旗，緑営の正規軍だけでは対処しきれず，大量の郷勇を招募して討伐に当たったが，数年を経ても制圧できなかった。

こうした状況の下で嘉慶帝の親政が開始された。嘉慶帝はまず腐敗した官界の粛正に着手し，その筆頭に1776年以来軍機大臣の職にあって，息子を乾隆帝の皇女と結婚させ権勢をほしいままにしていた佞臣・和珅を断罪した。和珅は自殺を命じられ没収された家産は数億両に達したという。教乱討伐では，勒保（のち徳楞泰に代わる）を討伐軍の経略大臣，明亮，額勒登保を参賛大臣に任じて討伐軍の態勢を整えるとともにゲリラ戦への対応策として堅壁清野を実施して教軍への補給路を断ち，住民を保甲団練に編成して自衛策を講じさせた。また招撫策も積極的に採った。こうした対応策が次第に効果をあらわし1804年９月にはほぼ教軍を鎮圧し，翌年４月官軍の撤退が完了した。しかし８年に及ぶ教乱で鎮圧に要した兵力は11万人，費用は１億2,000万両に上り，戦場となった地方の疲弊，荒廃は著しく，生産力の低下を招き清朝の財政は大きな打撃を被った。国庫の余剰金は乾隆末6,000万両近くあったといわれるが，それが一挙に減少し清朝の国家財政は一気に傾き，以後二度と好転することはなかった。教乱を八旗，緑営の官兵だけでは鎮圧できず郷勇，団練の民間軍事力に頼らなければならなかったことは，清朝軍事力の弱体化をさらけ出すことにもなり，自衛の必要から民間の武器製造を認め，鎮圧後もその回収が不徹底に終わったことは民間武装力を高める結果を生み出し，後々の民間武装蜂起の温床を作り出すことにもなった。

教乱鎮圧後，南方海上を席捲していた艇盗の取り締まりを本格化させ，1809年には最大勢力の蔡牽を浙江定海沖で破り，それ以後残存勢力も次々に投降して海上も平穏になった。しかしその後も白蓮教や天地会などの民間宗教，秘密結社の活動は活発で，小規模の蜂起を繰り返した。13年には白蓮教系の天理教徒が河南，河北，山東の省境で蜂起を謀り，林清の一派200余人が宦官の手引きで紫禁城内に侵入する事件が起きた。嘉慶帝は離宮に滞在中で，後の道光帝らによって叛徒は捕えられ大事には至らなかったが，前代未聞の出来事であった。民衆の暴動や蜂起の背景には災害の頻発もあり，とくに黄河の氾濫は嘉慶25年間のうち13年にも及び莫大な生産資源が失われ大量の飢民が生み出された。毎年3,000万両もの巨額の治水費が支出され清朝の財政を圧迫したが，河士や漕運の怠慢は常態化し多くの利益集団が群がり弊害が深刻さを増していった。

対外関係では，広東貿易はイギリス東インド会社を主たる相手として貿易額の増加を続け，関税収入は国家財政に大きな割合を占めるに到った。貿易の停止は清朝にとってももはや不可能な状態であり，この機に貿易制限の改善を図ろうとイギリス政府は1793年のマカートニー（Earl George Macartoney）に次いで，1815年アマースト（William Pitt Amherst）を派遣してきた。しかしアマーストは三跪九叩の礼をめぐり清朝側と折り合いがつかず，謁見並びにイギリス国軍の親書の進呈を拒絶され，嘉慶帝は以後の使節の派遣を拒否する旨，イギリス国王への親書で伝えた。正規の貿易交渉は進展をみなかったが，東インド会社は1797年にインド政庁からアヘンの製造権を獲得し，対中国アヘン貿易に本腰を入れ始めた。嘉慶帝は，即位当初より繰り返し禁令を発したが効果はなく，アヘンの流入量は増加の一途を辿り次第に社会経済に暗い影を落としていった。

嘉慶帝の時代は康熙・乾隆の繁栄が一気に崩れ去り，衰退へと転じていった時代で，社会経済の混乱が日増しに度を増していくなか，1820年嘉慶帝は熱河の離宮で崩御した。墓は昌陵（河北省易県）。

参考文献：『仁宗睿皇帝実録』（1824年纂修。中華書局，北京，2008年）。関丈発『清帝列伝　嘉慶帝』（吉林文史出版社，長春，1993年）。
〔白川知多〕

翦（せん）　伯賛（はくさん）　Jian Bozan

（1898年４月14日～1968年12月18日）

名・象時，筆名・林宇，林零。湖南省桃源県生まれ。マルクス主義歴史家，大学教授。祖先はウイグル族。もと国民党員。

５歳で私塾に学び，15歳の時常徳中学に入学，18歳で武昌商業専門学校入学。武漢地区で五・四運動に参加。1919年７月卒業後，常徳中学で英語を教える。24年カリフォルニア大学に留学して経済学を学び，翌年帰国。26年北伐に参加し，国民革命軍総政治部で政治活動を行う。28年商震の総政治部勤務，この間歴史研究を始める。29年反蔣活動に従事，31年国民党４全大会では山西代表となった。また，同郷の覃振が司法院副院長となると，彼の秘書となり，34年欧州諸国を視察した。

1937年５月，中国共産党に入党し，７・７事件後，長沙で湖南文化界抗敵後援会，中ソ文化協会湖南分会を組織。当時，湖南藍田国民学院の教員であった。マルクス・レーニン主義理論によって中国社会の性質と中国史を研究する。39年，『歴史哲学教程』を桂林新知書店より出版した。40年重慶で中ソ文化協会総会理事，雑誌『中蘇文化』副主編となり，また，馮玉祥に中国史を講じる。40～47年，周恩来の指導のもと，重慶，南京，上海，香港で統一戦線と理論宣伝工作に従事した。46年『史料与史学』を上海国際文化服務社より出版。47年には，『中国史綱』Ⅰ・Ⅱ，『中国史論集』を完成させた。前者は，史前史，殷周史，秦漢史を究明したもの，後者は新三民主義共和国の原理を唱えたり，古典戯曲の意義を発掘して歴史学の立場から文学史研究に道を開いたものである。48年11月解放区に入る。

1949年春，パリの平和大会に中国代表団の１人として出席する。同年９月，第１期中国人民政治協商会議に全国委員として出席。10月，政務院文化教育委員会委員，中ソ友好協会総会理事となる。54年８月，第１期全国人民代表大会湖南省代表，９月同大会民族委員会常務委員。この頃北京大学史学系主任であった。55年５月中国科学院哲学・社会科学学部委員。６月中国・インドネシア友好協会理事。12月中国共産党学術視察団団員として訪日。56年11月中国・エジプト友好協会理事。58年２月中国・アラブ連合友好協会理事。７月中国人民保衛世界和平委員会委員。59年３月第２期全国人民代表大会湖南省代表。９月国務院民族事務委員会委員。11月中国・ビルマ友好協会副会長。62年３月北京大学副学長。４月中国アジア・アフリカ学会理事。64年９月第３期全国人民代表大会湖南省代表。65年１月同大会民族委員会委員。６月中国人民保衛世界和平委員会委員。

1966年４月，文化大革命において，呉晗とともに反マルクス主義歴史学の指導者として，その著書『中国史綱要』などにおける史料重視の態度，および抗日戦争中の蔣介石への協力などが批判を受け，史学界における反共知識人と断定された。文革中の68年12月に夫人の載叔宛とともに窮死するが，10年後に北京大学党委員会の決定によって名誉が回復された。かつて郭沫若，范文瀾らとともに中国史学会をつくり，理事を務めた。82年11月，北京大学で翦伯賛学術記念会が催された。

論文は300篇に及び，『戊戌変法』全４冊（1953年），『義和団』全４冊（51年初刊），『捍衛馬克思列寧主義的歴史科学』（58年），『中国歴史概要』（56年），『中国歴史論集』（45年）などを編纂した。著書には上記のほか，『歴史問題論叢』（56年），『義和団運動報告提綱（初稿）』（56年），『中国通史参考資料』（全８冊，62～66年），『内蒙訪古』（63年）などがある。

参考文献：『中国社会科学家辞典』現代巻（甘粛人民出版社，蘭州，1986年）。『翦伯賛批判問題彙編』（油印，楊開書報供応社，香港）。波多野太郎「来日した翦伯賛先生」，『神奈川新聞』1955年12月２日。

〔小林武〕

簡（かん）　大獅（だいし）　Jian Dashi

（生年不詳～1901年３月29日）

別名・太師。台湾台北芝蘭堡生まれ。緑林出身の抗日運動の指導者。台湾中部の柯鉄，南部の林小猫とあわせて北部の簡大獅が「三猛」と称された。

日清戦争後の下関条約によって台湾を獲得した日本は，台湾総督に樺山資紀を任命し，近衛師団を派遣して台湾の接収にあたらせた。台湾では台湾巡撫・唐景崧総統とする「台湾民主国」を結成して日本への割譲に抵抗したが，1895年10月頃にはその抵抗も一段落を告げた。しかし抗日義勇軍の抵抗は台湾全土にわたって根強く展開された。95年末，台湾北部では翌年の元旦を期して蜂起して台北を奪還する計画が進められていたが，10月28日に一部の抗日軍が日本の守備隊と衝突し，それを契機に各地で抗日軍が蜂起して足並みが乱れ，台北への攻撃は失敗した。この蜂起に簡大獅も部下を率いて参加した。蜂起を鎮圧した日本軍は残酷な報復的討伐を行い，多くの住民を殺戮して住民の反感を買い，そのことが抗日義勇軍の継続的抵抗の地盤となった。

その後簡大獅は，大屯山を根拠地とする羅錦春と合流し，金包里・淡水・士林一帯を勢力範囲とした。1896年末から抗日軍の活動が再び活発化し，翌年初め簡や羅も金包里・淡水などを攻撃した。また簡らは５月８日午前３時を期して台北を攻撃したが功を奏しなかった。さらに98年３月には金包里地方の各官署や，大武崙・横渓頭などの憲兵屯所を攻撃したが，日本軍の討伐により山中へ撤退した。

ところで1898年第４代台湾総督に児玉源太郎が，民政長官に後藤新平が就任すると，軍隊による鎮圧政策だけでなく，投降勧誘の懐柔政策をも併用するようになった。その結果，多くの義勇軍首領が日本当局へ投降した。大屯山を根拠地としていた羅錦春が投降したのに続いて，簡大獅にも投降勧誘がなされ，彼も部下を引きつれて投降し，その帰順式が98年10月，士林で後藤新平も出席して行われた。しかし簡大獅は日本への猜疑心が強く，依然として山中に要塞を築いて各地に抗日の蜂起を呼び掛けた。そのため日本軍によって根拠地が攻撃され，食料と武器が不足したため，彼は厦門へ逃亡した。日本政府が簡大獅の引渡しを強く要求したため，清朝官憲は簡を逮捕し台湾総督府に引き渡した。その際，彼は「私は日本に抵抗しているのであって清朝に反対しているのではない。清朝官吏によって殺されても恨むところではないが，もし日本に引き渡されれば死んでも決して目を閉じない」と言ったといわれている。簡大獅はその後台北で裁判にかけられ死刑を宣告された。簡大獅の処刑を聞いた弟の大渡も抗日の蜂起を行った。

参考文献：林崇智『台湾抗日忠烈録』１輯（台湾省文献委員会，台北，1965年）。許世楷『日本統治下の台湾』（東京大学出版会，1972年）。〔楠瀬正明〕

江　標（こう　ひょう）　Jiang Biao

（1860年～1899年11月21日）

字・建霞。号・師鄦。自署・笘誃。江蘇省元和県生まれ。原籍，同前。清末の進歩的教育官僚。

幼時に父を失い，苦学して1889年進士に合格後，同文館で外国事情を学び，翰林院に奉職した。日清戦争後は，康有為が北京に設立した強学会に参加した。来日経験もあり，巡撫の陳宝箴の下で湖南の教育改革を行った。例えば，秀才の試験において，新しい学問からも出題して八股文に偏らないよう改めたり，英語教育を採り入れたりした。また官製の啓蒙新聞『湘学報』を創刊し，95年譚嗣同，唐才常が実学重視の立場から提出した，瀏陽の南台学院を算学館に改革する建白書も積極的に推賞した。96年には時務学堂が設立され，江は翌年８月まで湖南学政に任じた。

1898年春には上海で亜細亜協会（80年明治政府の大久保利通内務卿の主唱によって，日清両国の友好を旨として設立された振亜社がその後改称されたもの。1900年にはさらに東亜同文会に合併された）に入会した。戊戌の変法中に昇官が内定していたが，政変により解任されて故郷で謹慎の日々を送った。翌99年９月上海に赴き白岩龍平宅に立ち寄った際，江標の憔悴した姿に白岩は結核を患っているのではと疑い，医者にみせるよう忠告したが，江は聞かず，まもなく郷里で死去した。夫人と幼い子供たちが遺された。唐才常は，中国の改革の先達である江は戊戌の政変当時上海に在って難をのがれたが，政変で犠牲となった六君子同様に忘れられてはならない人物であると述べている。

参考文献：閔爾昌編『碑伝集補』巻９（四庫善本叢書館，北京，1923年）。唐才常「清前四品京堂湖南学政江君伝」『逸経』22期，1937年１月。湯志鈞編『戊戌変法人物伝稿』上冊（中華書局，北京，1961年）。小野川秀美『清末政治思想研究』（みすず書房，1960年）。〔児野道子〕

蔣　方震（しょう　ほうしん）　Jiang Fangzhen

（1882年10月13日～1938年11月4日）

字・百里。号・澹寧。浙江省海寧県硤石鎮の人。軍人。

1882年，学者を輩出した家系に生まれる。父の名は学烺，母は楊氏。当初伝統的教育を受け，98年に生員となる。1901年杭州府派遣留学生として日本留学。清華学校に学んだ後，成城学校から陸軍士官学校（中国留学生第３期）へと進む。この間，雑誌『浙江潮』の編集に携わるなど政治的に活発な活動を行い，蔡鍔と親交を結んだ。05年，陸士歩兵科を主席で卒業。

翌年に帰国して後，さらに高度の軍事訓練を受けるためドイツに留学，1910年まで滞在する。帰国後，東三省総督，趙爾巽のもとで督練公所総参議を務めた。11年に辛亥革命が勃発すると故郷の浙江に戻り，浙江都督・蔣尊簋のもとで督所総参議を務めた。

1912年，袁世凱によって保定軍官学校校長に任命される。翌13年に保定軍官学校校長の職を辞するが，この間に陳銘枢，唐生智など後に有力な軍人となる学生との関係を得た。

1915年，反帝制運動が開始されると，旧友・蔡鍔とともにこれに参画した。すなわち，16年初頭に単身北京を脱出し，広西に設立された軍務院において梁啓超を補佐した。

1920年代初頭には，『改造雑誌』の編集を行うなど梁啓超たちとともに文化活動に従事し，新文化運動の一翼を担った。この時期には，連省自治運動に積極的に参加するなど地方分権論者として知られた。

蔣方震は日本の士官学校の卒業生であり，保定軍官学校の校長を務めたため，北方，南方を問わず多くの軍人と個人的なつながりを持っていた。彼はその軍人としての声望の高さとこのネットワークを利用して，国民党と孫伝芳の提携の実現をはかるなど20年代中葉の中国政治に一定の影響力を行使していた。

北伐開始後は日本との関係の調整のため来日するなど，国民党に協力する立場にたったが，これに全面的にコミットするのは慎重に避けた。

南京国民政府成立後，国民政府の実権をめぐる蔣介石派と反蔣介石派の権力闘争に巻き込まれ，保定軍官学校での教え子である唐生智とのつながりから，1930年に南京国民政府によって拘禁された。しかし陳銘枢など有力な軍人の仲介を得て，１年後の31年，釈放されて上海の自宅に戻った。これ以後，蔣方震は国防問題を中心に活発な著作活動を展開した。

1935年，蔣介石によって軍事委員会高級顧問に任じられ官職へ復帰した。36年には，蔣介石の命により総動員体制の視察のためイタリア，ドイツ，イギリス，アメリカなど欧米各国を歴訪した。

1937年，日中戦争勃発後は国防参議会のメンバーとなり，蔣介石の個人的特使としてイタリア，ドイツへと派遣された。38年夏に帰国した後，講演及び著述活動に忙殺された。そして，当時湖南省桃源にあった陸軍大学校長に任ぜられた。戦局の悪化に伴い，国民政府は武漢の放棄を決定し，陸軍大学も貴州省遵義への移動を余儀なくされた。この移動のなか，蒋方震の健康は急速に悪化し，38年11月心臓病のため広西省宜山県で没した。妻の左梅（日本人）との間に5人の子をもうけた。著作に『日本人』，『国防論』などがある。

参考文献：陶菊隠『蒋百里先生伝』（中華書局，北京，1948年）。沈雲龍主編『近代中国資料叢刊』73輯（文海出版社，台北）。蒋復璁，薛光前主編『蒋百里全集』6輯（伝記文学出版社，台北，1971年）。中国国民党中央委員会党史委員会編『革命人物誌』12集（中央文物供応社，台北，1973年）。〔塚本元〕

蒋（しょう）　光慈（こうじ）　Jiang Guangci

（1901年9月11日～1931年8月31日）

原名如恒，のち改名して宣如。筆名侠僧，光赤，光慈，華希理，魏克特など。安徽省霍邱県生まれ，原籍，安徽省六安県。詩人，小説家。

父蒋従甫と母陳氏との間に生まれる。父は安徽省霍邱県で行商を営む。7歳より旧式教育の私塾で『三字経』で文字を学ぶ。14歳で河南省固始県志誠小学に入学。詹谷堂が主宰する読書会に参加し，強い影響を受けた。卒業時には「昔日思う班子，今朝慕うレーニン」と詩に書き残す。

1917年，蕪湖の安徽省立第五中学に入学，高語罕に師事する。科学図書社（後の亜東図書館）で，汪原放や銭杏邨（阿英）らと知り合う。19年，五・四運動に呼応して蕪湖市学生連合会が設立され，光慈も参加し，陳独秀門下の蔡暁舟と面識を得る。また，河南省開封の青年学会にも参加し，宋若瑜と出会う。

1920年春，蔡暁舟の紹介状を手に上海へ赴く。夏より社会主義青年団が設立した外国語学社でロシア語を学習する。同学には劉少奇，任弼時，蕭勁光らがいた。21年夏，第三インター宛の密書を携え，上海から貨物船で長崎へ渡り，ウラジオストク，ハバロフスクを経由し，ソ連に入国する。秋にモスクワ東方労働者共産主義大学に入学。授業の通訳兼助手は前年入学した瞿秋白が務めた。冬には学内に共産党旅俄支部が結成され，光慈は22年に党員となる。23年6月，フランス勤工倹学から転じてソ連に来た蕭三，鄭超麟らのために光慈が通訳兼助手を務める。

1924年夏，モスクワより帰国。瞿秋白の紹介で上海大学社会科学系教授となり，「無産階級革命与文化」（季刊『新青年』3期），「現代中国的文学界」（『民国日報副刊覚悟・文学専刊』）を発表し，旧態依然の文学界を批判し，革命文学を提唱する。25年1月，留学時代の詩を『新夢』（上海書店）として刊行。五・四運動の高揚のなか留学し，挫折を知らぬまま革命を謳歌する作品に詩壇の反響は冷ややかだった。この後も詩集『哀中国』（長江書店，1927年1月），『哭訴』（春野書店，1928年2月），『郷情集』（北新書局，1930年2月）を編む。この頃，光慈は宋若瑜と文通を再開し，25年春から夏まで馮玉祥付ソ連軍事顧問に通訳として随行した際，北京で再会を果し，婚約を結び，五・四運動以来の恋を実らせた。

1925年秋に上海に戻ると，処女小説『少年漂泊者』（亜東書店，1926年1月）を執筆。一人称の書簡体で青年が綴る苦悩の告白は好評を博し，版を重ねた。26年春には郭沫若，郁達夫ら創造社メンバーと知り合い，『洪水』に寄稿し，作家として頭角を現した矢先，宋若瑜が重い肺結核を患う。8月には無理を押して結婚するが同居わずか1カ月で病に倒れ，再入院し，11月に死去した。この間も「弟兄夜話」（短篇集『鴨緑江上』亜東図書館，1927年所収）など自伝的短篇小説を数編書き継いだほか，評論「十月革命与俄羅斯文学」を『創造月刊』に寄稿した。若瑜との書簡集『紀念碑』（亜東図書館，1927年11月）は当時記録的ベストセラーとなった。

1927年春，上海4・12反共クーデターを題材に『短褲党』（泰東図書局，1927年11月）を書く。瞿秋白の協力を得て，三人称客観描写中心の小説となった。脱稿後，武漢国民政府のもとへ駆けつけ，共産党中央宣伝部で銭杏邨，楊邨人らと働く。7月，武漢政府も反共化し，上海へ戻る。この頃，革命運動と文学活動の狭間で苦悩する小説家を主人公とする『野祭』（現代書局，1927年11月），『菊芬』（現代書局，1928年4月）を書き上げる。

1927年11月より郭沫若，鄭伯奇らと『創造週報』復刊を計画し，魯迅も参加を承諾していたが，後に成仿吾が反対したため，創造社は『文化批判』を，光慈らは『太陽月刊』をそれぞれ創刊し，魯迅との提携計画は水泡に帰した。『太陽月刊』は，蒋光慈「現代中国文学与社会生活」（創刊号），銭杏邨「死去了的阿Q時代」（2号）を掲載し，革命文学論争の口火を切った。論争では成仿吾らと連携し，魯迅を小ブルジョワ文学として批判した。この対立関係は左連成立まで続いた。光慈は論争に参加する一方，下層労働者を主人公とする小説『最後的微笑』（現代書局，1928年9月）を『太陽月刊』に連載し，更にP・ロマノフ『愛的分野』（邦題『愛する権利』，亜東図書館1929年6

月）を翻訳したが，『太陽月刊』は7月号で発禁となる。

1929年1月，文芸誌『新流月報』，文芸理論誌『海風週報』を同時創刊する。『新流月報』には，ロシア貴族女性の亡命生活とその堕落を描く小説『麗莎的哀怨』を連載した。しかし，党内の冒険主義的極左路線により身辺に逮捕の危険が迫り，7月14日に阿英が逮捕収監された直後，療養と称して日本へ避難した。この行動は党の了解を得ておらず，後に批判を受ける原因となった。

日本滞在期間中は東京新宿区近辺に居住し，リベディンスキー『一週間』（北新書局，1931年1月）を訳し，小説『衝出雲囲的月亮』（北新書局，1930年1月）を執筆した。当時の日記『異邦与故国』（現代書局，1931年1月）には，蔵原惟人，藤枝丈夫との交流が綴られている。11月半ば，上海に戻り，左翼作家連盟結成の準備協議に参加するが，もはや指導的役割を果すことはなかった。

30年1月，『拓荒者』を創刊し，都市革命に失敗し，農村に赴いた知識人が農民と共に再び決起するまでを描く『咆哮了的土地』（後『田野的風』と改題，湖風書店，1932年4月刊行）を執筆，新境地を開く。だが，共産党との関係は却って悪化し，3月，光慈は病を理由に左連発足大会を欠席した。『拓荒者』は同月第3期より左連機関誌となり，同誌に陽翰笙が『麗莎的哀怨』を全面批判する論文を掲載し，10月に光慈は共産党から正式に除名された。

『咆哮了的土地』発表後，光慈の作品は全て発禁され，印税収入の道を絶たれ，生活は困窮した。逮捕から逃れるため転居を繰り返すなか，31年6月には腸結核と診断され，入院するが治療の甲斐なく8月31日に死去。享年31歳であった。

参考文献：方銘編『蔣光慈研究資料』（知識産権出版社，北京，2010年）。呉似鴻『浪迹於文壇藝海間』（浙江人民出版社，杭州，1984年）。小川利康「蔣光慈年譜」，『中国文学研究』12期（早稲田大学中国文学会，1986年）。

〔小川利康〕

蔣（しょう）　介石（かいせき）　Jiang Jieshi

（1887年10月31日～1975年4月5日）

原名・瑞元，譜名・周泰，学名・志清，のち中正と改名。介石は字である。浙江省奉化県渓口鎮生まれ。中国国民党・国民政府の最高指導者，軍人。

蔣介石は蔣家の28代目に当たるが，蔣家は13代の時に河南省から浙江省奉化県に移り住み，以来当地に根を下ろす。蔣家は祖父・玉表の時から渓口鎮で商業を始め，専売の塩，及び酒，石炭などを扱う。店名は「玉泰塩舗」であった。店は太平天国の戦禍で火災に遭うが，父・肇聡（字・粛庵）の時に再建される。蔣家は同時に中農でもあった。蔣介石には兄（介卿）と姉（瑞春）が1人ずついる。彼らは父の最初の妻である徐氏との間にできた異母兄弟である。母・王采玉は，父の後妻であったが，2男2女をもうける。蔣介石はその長男であるが，妹・瑞蓮以外の弟妹は夭折している。蔣介石は最初の妻・毛福梅との間に長男・経国をもうけるが，1927年12月宋三姉妹の末娘・宋美齢との再婚以前に毛氏とは協議離婚している。蔣には宋美齢との再婚までの間に内縁の妻が2人いる。姚冶誠と陳潔如である。次男・緯国は，戴季陶の隠し子を蔣が次男として養子にして，姚冶誠が育てた。陳潔如との間には長女・瑶光がいる。

蔣介石は，1895年7月に父を失ってからは，蔣家よりもむしろ母方の王家の期待を一身に担い，母ひとりの手で育てられる。母は女でありながら「屈強な」人物であり，蔣を厳しく教育し，蔣に強い影響を与える。蔣は6歳の時から家塾で勉学を始め，『大学』，『中庸』，『論語』，『孟子』，『礼記』，『春秋左子伝』などを学び，伝統的啓蒙教育を受ける。99年蔣は初めて家を離れ，葛竹村の溯源堂において姚宗元から『尚書』の講義を受ける。1900年には『易経』に強い影響を受ける。翌01年夏奉化県城で科挙の童子試に臨むが，試験官の横暴な態度に憤慨し，試験を途中で放棄して抗議の意を示す。この年，奉化県岩頭村で雑貨店を手広く営んでいた毛鼎和の娘・福梅と結婚するが，蔣は14歳，毛は5歳年上の19歳であった。毛の兄・懋卿は，のちに蔣の重要な私設秘書となっている。

1903年蔣介石は奉化県の鳳麓学堂に入学する。同校は新式の教育を建前とし，英語や数学を教科にとり入れていたが，実際の授業内容は旧態依然としたものであった。学生たちはこれを不満として3項目の「教育改革の方針」を学校側に提出する。首謀者とみなされた蔣は除籍処分を受けるが，仲間たちの抗議でこれを取り消される。翌04年寧波の箭金学堂に転入する。ここで蔣は思想形成上大きな影響を受ける恩師・顧清廉に出会う。顧は「国学」の基礎と富国強兵思想を教えると同時に，孫文の革命思想を紹介した。蔣が孫文に関する本格的な知識を得たのはこれが初めてであった。また，顧は留学して軍事を学ぶことの重要性を強調した。蔣はこれに強い影響を受け，「留学して軍事を学ぶことは，民族革命に献身することである」と確信するに至る。

1905年初め蔣介石は龍津中学堂に進む。3月になると蔣は弁髪を切り，日本に渡って軍事を学習する決心をする。周囲の反対にもかかわらず，母はひとりこれを支持し，留学のための費用を工面する。06年蔣は日本に渡ってただちに陸軍に入隊しようとするが，清朝の推薦がなかったために果せず，4月自費で日本に留学し，清華学校に入学し，日本語を数カ月学んだのち一時帰国し，本格的留学に備える。07年夏清朝の陸軍部が保定に通国陸軍速成学堂を設立し，各省ごとに学生40名を募ったが，浙江省の場合推薦入学者が多く，試験による募集は14名であった。蔣はこれに合格し，砲兵科に入る。当時彼は志清の名を使っていたが，これは日本留学終了時まで続く。その年の冬には同校の留学生試験を受け，これに合格する。この時の同期には生涯の親友となる張羣，楊傑，王伯齢らがいた。08年3月保定から日本に赴き，振武学校に入学し，11期生となる。日本に着いて間もなく，彼は前回の留学時に知り合った陳其美の紹介で中国同盟会に加入する。蔣はこの時期鄒容の『革命軍』に心酔し，ここから民族主義と反満思想を吸収する。それと同時に王陽明と儒者であり軍人である曾国藩への尊敬の念を強めていった。

1910年11月蔣介石は振武学校を卒業し，12月に士官候補生として新潟県高田の陸軍第13師団野戦砲兵第19連隊に入隊する。蔣は高田で1年間を過ごすが，ここでの生活は彼の軍人としての基本的な生活態度と思想を育むことに役立った。毎朝5時に起床して冷水摩擦をすることが習慣となる。また，国家の軍隊を強力なものにするには，国家の命令に絶対に服従すること，政治訓練と「中心信仰」的なものが必要であること，そして軍隊自体を一般兵士が最も優秀な職業学校と認めるような軍とすることが必要であることを体得する。蔣は日本留学中夏休みには帰国したが，10年4月27日（旧暦3月18日）には長男・経国が生まれている。

1911年10月10日辛亥革命が勃発すると，蔣介石は張羣，陳星枢らと10月30日長崎から上海に戻る。蔣は上海に着くとすぐに杭州における蜂起の指導に派遣される。この時母は彼に「毋以家事為念（家事のことなど心配してはいけません）」という有名な手紙を送っている。11月3日陳其美が上海独立を宣告し，都督に就任すると，蔣も杭州に軍政府を成立させ，7日杭州を独立させる。その後彼は上海に戻り，陳の滬軍第5団団長に就任し，しばらくは陳の指揮下で行動する。陳の娘・姚冶誠と内縁関係をもつのはこの頃である。12年1月14日蔣は陳の命を受け，光復会の叛徒・王竹卿を買収し，陳の暗殺を計画していた陶成章を広慈医院において銃殺させる。事件の訴追を逃れるため，蔣は再び日本に渡る。

蔣介石は日本に着くと間もなく雑誌『軍声雑誌』を創刊し，多くの軍事に関する論文を発表する。特に「軍政統一問題」には，蔣の基本的な考えが見られる。軍政と民政の分離の強調，軍事の徹底した中央集権化などがそれである。この頃彼は，軍事に関する体系的な思想を形成しようとしていたが，戦略・戦術に関する思想はドイツに，組織と統帥に関してはアメリカの軍制に学ぼうとしていた。1912年末帰国した蔣は，翌13年6月ドイツへの留学を決意し，上海で陳其美に会うが，第2革命の時期であったため陳の同意が得られず，これを断念して第2革命に参加し，江南製造局を攻撃する。同団の武装蜂起が失敗した後，蔣は日本に逃れ，9月1日陳と姚冶誠とともに長崎に到着する。その後蔣には日本において孫文らと同様官憲による尾行がつくようになる。

第2革命失敗後の1913年9月23日，孫文が東京で中華革命党の結成を準備すると，上海に戻っていた蔣介石は10月29日同地で入党の手続きをする。彼はこの時蔣志清の名前で署名している。14年初夏には孫文の命を受け，上海で蜂起を起こし，自ら第1路司令となる。蔣は6月22日の東京における中華革命党の成立大会に参加するが，孫文から満州に渡って革命発動の準備と可能性を探るように要請を受け，満州里，ハルビン，長春などに赴く。東京に戻った蔣は，東北の革命機運は「死死沈沈」であると報告した。15年10月陳其美が孫文の命により再び上海における蜂起を計画すると，蔣もこれに参加し，上海鎮守であった鄭汝成を爆殺することに成功する。しかし，大規模な蜂起の計画は失敗に終わる。

1915年12月の袁世凱の帝制復活に端を発して第3革命が起こり，16年5月9日孫文が再び「討袁宣言」を発表すると，袁は陳其美の暗殺を計画し，18日上海にあった日本人・山田純三郎の家に潜んでいた陳を射殺させる。蔣は陳の死を大いに悼み，自らを陳の「弟」とする。6月蔣は山東に赴き中華革命軍東北軍の建設に参加する。この時の総司令部参謀長は，居正であった。しかし，蔣はこの部隊での同僚たちと意見が合わず，たびたび摩擦を起こし，8月12日には部隊を離れている。蔣が上海において証券取引に没頭するようになるのは，この後である。蔣は証券会社を経営するが，この時の共同出資者には，張静江，戴季陶，陳果夫がいた。彼は日本との合弁会社を設立し，虞洽卿と共同経営をするなどして，巨額の富を得る。蔣の証券取引は22年まで続くが，この間に4万元を貯めたといわれる。この年の10月には緯国が誕生している。

蔣介石は1918年3月12日孫文からの電報を受け取り，上海から広州に赴き，粵軍総司令部作戦科主任に任命される。5月4日広東軍政府が合議制を採用し，孫文が7総裁の1人になり，それを不満として上海に移ると，蔣はこれに同行する。この頃から蔣は再び軍事に関する学習を始め，ドイツ軍人の宝典ともいわれた『パルク戦術』などを読み耽った。この時の研究の成果として蔣は，19年2月「廃督裁兵議」を提議する。ここには軍隊はすべて国家の軍隊とすべきこと，「軍政検定会」を設立し，全国の軍政を監督する必要があることが述べられている。蔣は軍事についてさらに研究を進めたいとの希望を持つようになり，3年間の欧米留学を計画する。10月3日彼は孫文に会って留学の希望を伝えるが，「君が長期に留学することになれば，革命陣営にとって大きな損失となる」といわれ，留学を再び断念する。

1920年3月蔣介石は，陳炯明と孫文の要請を受けて福建省漳州の粵軍司令部（総司令・許崇智）に入る。その直後腸チフスにかかり上海の篠崎病院に50日間入院する。9月討桂作戦に参加するが，11月には副軍長との不和を理由に同司令部を辞任し，上海に戻る。その後母が病気ということもあって，故郷と上海，広州の間を頻繁に行き来する。その間歴史，哲学，経済学などの書物を読むと同時に，熱心に外国語の勉強を始める。政治に関する著作では，王陽明と曾国藩のものに傾倒した。12月には陳炯明と許崇智が広東から桂系軍閥を駆逐することに成功し，孫文は陳を広東省長に任命する。この時，蔣は孫文に会わずに故郷に戻る。このような蔣の行動の裏には孫文の自分に対する扱いへの不満があった。21年1月には10ヵ条からなる「軍事意見書」を提出するが，26年からの北伐は基本的にはこれに沿って行われたということができる。

1921年3月29日蔣介石は孫文からの要請で広州に赴くが，母の病状が悪化し，すぐに故郷に戻る。5月15日孫文は非常大総統に就任するが，陳炯明を内政総長兼陸軍総長，粵軍総司令兼広東省長の重職に任命する。蔣はこの時故郷にあってこれを静観していた。6月14日母が死去する。蔣は母を葬った後，12月12日桂林を経由して22日広州に赴き北伐の計画を練る。22年1月18日蔣は桂林の北伐大本営に参加し，許崇智の第2軍参謀長に就任する。

1922年6月15日孫文と北伐をめぐって意見の対立を先鋭にしていた陳炯明は，突如として部下・葉挙に命じて孫文下野を要求する通電を発し，16日未明広州の総統府を襲撃させる。この時孫文は辛くも広州沖に停泊していた軍艦・永豊に逃れる。孫文はただちに蔣介石に打電し，蔣は急遽広州に赴き，孫文の護衛にあたる。この事件の後，蔣は孫文の信任を得るようになる。蔣はこの顚末を『孫大総広州統蒙難記』にまとめる。広東を陳に占領された孫文は，許崇智に命じて福建を攻め，10月12日福州を占領する。蔣はこの時東路討賊軍総司令に任命される。同軍は12月19日泉州を攻略し，福建を平定して広州に進撃する。23年1月16日，陳は広州を退出して恵州に逃れる。

1923年3月1日孫文が広州に大本営を設立すると，蔣介石は大本営参謀長及び軍事委員会委員に任命される。8月5日孫文の命を受けた蔣介石は，上海でコミンテルン代表マーリンに会い，「孫逸仙博士訪ソ代表団」の結成を準備する。蔣はその代表として8月16日上海から「神丸」に乗船してソ連に向かう。同行メンバーには沈定一，張太雷，王登雲らがいた。3カ月のモスクワ滞在中，蔣は赤軍の組織工作を重点的に視察し，党代表制の重要さを知る。また，ロシア革命の成功の最大の原因を労働者・農民の共産党に対する支持に求める。蔣は57年に出版された『中国のなかのソ連』で，ソ連視察において「ソ連の政治制度は専制と恐怖の組織であり，三民主義とは根本的に異なっている」ことを発見したと述べ，「外蒙独立」には一貫して反対を表明した。蔣らは11月29日帰国の途につき，12月15日上海に到着した。

1924年1月24日孫文は蔣介石を黄埔軍官学校準備委員長に指名する。この時期個人的に孫文に対して「游俄報告書」（現存せず）を提出して，ソ連の国家としての侵略性と危険性を強調し，廖仲愷とも意見の対立を見ていた蔣は就任を拒否し，上海に赴く。2月29日蔣は孫文の電報を受け広州に戻る。5月3日蔣は正式に黄埔軍官学校校長に就任し，6月16日同校は開校する。蔣は開校にあたって学生たちに三民主義に対する絶対的信仰と服従を強調した。7月7日には長州要塞司令を兼任する。9月3日中央政治会議第7次会議で北伐が決定され，孫文は「北伐宣言」を発表する。この時の大本営は韶関に設立されたが，これを時期尚早とみなした蔣は今次の北伐には積極的でなく，孫文の韶関への招聘に従わずに広州にとどまる。10月23日の馮玉祥の北京クーデターに呼応して孫文が北上を決定し，11月10日「北上宣言」を発表した。

孫文の北上後再び陳炯明が勢力を伸ばし，広州に迫ると，1925年2月3日蔣は3,500人の黄埔の学生を連れて第1次東征に出発する。「蔣介石日記」によると，3月12日の孫文の死を彼が知ったのは22日，前線においてであるが，自らを孫文の弟子と称してその死を悼む。また，30日には孫文を「国父」とすべきであるという演説を行っている。7月1日広州に国民政府が成立すると，蔣は軍事委員会委員の1人になる。8月20日の廖仲愷の暗殺により蔣介石は党内の軍の指導者として台頭してくる。9月27日蔣は東征軍総指揮となって第1軍を率いる。この第2次東征の成功後，蔣は国民政府内で重要な地位を占めるようになり，ボロディンも蔣を評価するようになる。国民党においては，11月23日北京でいわゆる西山会議派が成立するが，蔣は当時はむしろ連ソ容共の支持者であるとみなされていた。

1926年1月の国民党2全大会において蔣介石は中央執行委員に選出される。この時期蔣は，軍校は党の中心であり，党の基礎であることを強調し，自らの威信の向上に努める。この頃から北伐を主張する蔣と社会革命の重要性を主張する左派及び共産党との意見の対立が顕著となり，3月20日中山艦事件が起きる。この事件に関しては，国共双方の主張が異なっているが，結果として蔣は共産党員で中山艦の艦長であった李之龍と事件に関与したとする多くの共産党員を逮捕し，省港罷工委員会の糾察隊の武装解除を行う。この過程で蔣は軍権を掌握することに成功し，4月16日には国民政府連席会議において軍事委員会主席に選出される。また，5月15日には国民党2期2中全会で主席を務め，「党務整理案」を通過させ，国民党内における共産党員の活動に制限を加える。6月6日には国民革命軍総司令兼中央組織部長，及び国民政府委員に就任する。また，7月9日には北伐軍総司令に就任し，北伐に出発する。北伐は勝利のうちに進行したが，11月8日朱培徳軍が南昌を攻略すると，9日蔣は南昌に入り，当地に大本営を設立することを決定する。この頃国民政府においては遷都問題が論議されていたが，蔣は武漢への遷都に反対し，南昌への遷都を主張する。12月13日武漢で中央執行委員会と国民政府委員連席会議が開催され，蔣介石に対する批判が行われる。

1927年1月11日，蔣介石は自ら武漢に赴き，連席会議に出席し，ボロディンと公開で論争を行う。3月漢口で開催された国民党2期3中全会で軍権を削られ，武漢中央との対立を深めていた蔣介石は，26日になって上海で「清党」を決定し，武漢との分裂を決定的なものにする。29日には上海の工人糾察隊を解散させ，紅色工会を取り締まる。これに対して武漢中央は，4月1日「蔣介石の行動は反革命である」との決定を下し，国民政府における一切の職を解く。11日蔣は「清党」を全国で行う決定を下し，12日に上海でいわゆる4・12クーデターを敢行する。17日中央政治会議が召集され，国都を南京とすることを決定し，18日南京国民政府が成立する。武漢中央は同日，蔣の党籍を剝奪する。5月1日蔣は北伐の継続を発表する。北伐は3路に分かれ，第1路は何応欽，第2路は白崇禧，第3路は李宗仁が率いた。以後，蔣は浙江財閥との関係を強めていった。

土地問題などで共産党及びコミンテルとの対立を深めていた武漢政府は，1927年6月5日ついにソ連顧問の職務の解任を決定し，7月13日中共中央臨時政治局会議は国共合作の停止を決議する。これを受けて汪精衛は15日分共会議を召集し，16日蔣に通電し，武漢と南京を合流させる条件として蔣の辞職を促す。蔣は「国家を愛する」ためこれを受け，8月13日総司令の職を辞し，下野を宣言する。蔣は下野した後，日本に赴き，9月29日長崎に着く。蔣の訪日の目的には，宋美齢との再婚を実現することも含まれていた。彼は10月3日兵庫県の有馬温泉に逗留していた宋美齢の母と会い，美齢との結婚の許しを請うている。この背後には宋家の長女・靄齢の取り計らいがあった。宋家が陳潔如と別れることを再婚の条件としたため，蔣は8月19日に陳を留学を理由にアメリカへ旅立たせていた。日本滞在中，蔣介石は箱根や日光などの名勝地を訪ねるが，10月23日には東京で中日親善について述べた「日本国民に告げる書（東京宣言）」を発表している。その後，11月5日には田中義一首相に会見した。蔣は11月10日上海に戻り，26日新聞紙上で宋美齢との婚約を発表する。この時蔣は姚冶誠，陳潔如とは婚約していなかったこと，毛夫人とは協議離婚をしたこと，今後一切彼女たちとは関係のないことを声明した。しかし，彼の日記によると陳への思いには絶ちがたいものがあったようである。12月1日蔣と宋はキリスト教会で挙式する。当時の中国の新聞は，この結婚を「中美合作」（米中合作の意味）と称してもてはやした。蔣は，その後30年にキリスト教の洗礼を受ける。

1928年1月4日蔣介石は正式に国民革命軍総司令に復職し，2月の2期4中全会において，主席団の一人に選出され，軍事委員会主席に就任する。4月8日国民政府は北伐宣言を発表し，総動員令を出し，作戦を再開する。6月15日には閻錫山の北伐軍が北京を占領し，北伐の完了を宣布する。蔣は7月3日馮玉祥，李宗仁とともに北平に入る。（北京は6月21日北平と改称される。）今次の北伐には宋美齢が同行し，内助の功を尽くした。8月8日，国民党2期5中全会が開催され，蔣を国民政府主席に推挙し，10月10日彼は正式に就任する。蔣は直ちに，全国に訓政の実施を宣布し，また対外的には，関税自主権の回復に着手し，各国と条約を締結し，12月7日には「中華民国海関税則」を公布する。各国は概ねこれを受け入れたが，日本は国民政府と中国の関税自主権を承認しなかった。

蔣介石は1928年7月に宋家を中心とする上海の財界の要請によって「裁兵意見書」を作成していたが，これを受けて29年1月1日国軍編遣委員会が成立する。ここで蔣はかねてからの持論であった軍権の中央集権化を目指す。しかし，編遣は公平を欠き，蔣直系の軍だけがかえって勢力を拡張する結果に終わった。このことは北伐に参加し，大きな功労のあった地方の軍事指導者たち，馮玉祥，閻錫山，李宗仁らに強い不満を残すことになる。当初彼らは互いに連盟せずに個別に蔣と戦い，蔣の「遠交近攻」策と「収実の術」に翻弄され，互いに牽制し合って次々に敗北する。3月の蔣桂戦争，5月と10月の反蔣戦争がそれである。これらの戦いに勝利した蔣は，国民党中央における権力の獲得に着手し，まず11月陳立夫，陳果夫らに国民党中央倶楽部（CC団）を組織させ，反対者を次々と粛正させる。また30年1月には中央常務会議を召集し，政敵である汪精衛の党籍剝奪を発表する。

このような蔣介石に対して，1930年2月19日閻錫山は「君主独裁反対，民主集中制の実行」を打電する。これを受けて汪精衛と国民党上海中央執行委員会は，21日「討蔣宣言」を発表する。閻は23日「時局宣言」を発表し，28日閻，馮玉祥，李宗仁ら反蔣各派34人が太原で軍事会議を召集し，3月14日蔣介石の下野を要求する。20日には正式に汪精衛を迎え入れ，反蔣勢力がここに集結することとなる。4月5日蔣介石は討伐令を発し，中原大戦が勃発する。9月には反蔣勢力による北平拡大会議が召集されるが，張学良の参戦で蔣側の勝利に終わり，10月27日馮，閻軍はそれぞれ河南と山西に撤退する。一連の反蔣戦争における勝利の結果，国民政府は直接的支配領域を飛躍的に拡大することとなった。

1930年12月より蔣介石は攻撃目標を中共の農村革命根拠地に向け，5回にわたる「剿共」に取りかかる。また国民党中央においては着々と国民会議及び訓政時期約法制定の準備を行う。これに対して胡漢民は『中央日報』紙上で蔣主導の約法制定に反対する態度を明らかにしたため，蔣は胡を南京近くの湯山に監禁するという強硬手段に出，31年5月5日南京で国民会議を開催し，「中華民国訓政時期約法」を通過させた。これに対して，汪精衛らの反蔣各派は広州に国民政府を成立させ，南京討伐を発表する。対外政策として蔣は，7月23日「告全国同胞一致安内攘外電」を発し，「安内必先剿匪」を徹底させることを発表する。9月18日満州事変が勃発するが，蔣は問題の処理を国際連盟に委ねることに決定し，張学良にも不抵抗を要求する。11月12日南京で国民党4全大会が開催されるが，ここでは「安内攘外」政策が再確認される。また劉健羣の提議した「貢献一点整理本党的意見」に基づいて三民主義力行社（いわゆる「藍衣社」）が組織される。このような蔣の政策に徹底して反対していた広州の国民政府は，胡漢民の釈放を実現し，蔣の下野を要求する。広州の圧力に抗し切れなくなった蔣は，12月15日国民政府主席，三軍総司令，行政院長の職を辞任する。

1932年1月広州の国民政府は満州事変によって引き起こされた危機に直面して南京に合流し，28日蔣介石は行政院長に再任される。同日上海事件が勃発し，3月1日満州国が成立する。8日蔣は4期2中全会（洛陽）で軍事委員会委員長，参謀本部長に就任し，再び軍権を統帥する。しかし，蔣は満州国問題を再度国際連盟に委ね，日本に対しては5月「淞滬停戦協定」を締結し，あくまでも武力衝突を避ける。33年2月24日国際連盟は満州国不承認を決定し，日本は連盟を脱退する。この決定を待って蔣と汪は26日国内的に「全力で剿共」するとの宣言を発表する。このような国民政府に対してアメリカは6月4日5,000万ドルの棉麦借款協定を締結し，援助を決定した。蔣はこののち特務機関の充実をはかり，4月1日「復興社」を設立し，自ら社長に就任，特務処処長には戴笠が就く。また，7月には廬山軍官訓練団を設立し，団長に就任する。

蔣介石は1934年2月19日南昌行営において新生活運動を提唱する。ここにおいて蔣は，「礼儀廉恥」の遂行を提唱し，国民に対する反共抗日の宣伝と教化の必要性を強調する。同時に，上海において文芸書籍149点を発禁処分にするなどして言論の統制を強化する。5月には「忠孝仁愛信義和平」の「八徳」を三民主義の政治的基礎とすることを提唱する。これは蔣の唯心論の現れであり，彼特有の「心理建設」の完成を目指したものであった。35年11月4日蔣は幣制改革を発表する。また，同月開催された国民党5全大会において，建設の必要条件としての「和平」の重要性を強調する。12月7日行政院長を辞職した汪精衛の後任として再び同職に就く。

日本は，1935年11月24日冀東防共自治政府を成立させ，「華北自治」に着手する。蔣介石は華北における自治問題を考慮するようにとの宋哲元の提言により

12月18日北平に冀察政務委員会を成立させる。35年に入ると，中国全土に抗日民族統一戦線結成の機運が高まり，８月１日共産党駐コミンテルン代表団は，「抗日救国のため全国同胞に告げる書」（八一宣言）を起草し，反蒋政策の転換をはかる。36年５月５日共産党は国民党に対し「停戦議和一致抗日」を通電し，反蒋抗日政策の変更を発表する。８月25日には中共は反蒋スローガンの廃止を決定するとともに，国共合作・一致抗日を南京に呼びかける。９月23日日本は国民政府に７項目の要求を提出するが，この中には華北５省の自治の承認も含まれていた。ここに至って蒋は，日本との武力衝突は「免れ得ぬこと」と認識し，冀東の非武装化を定めた「塘沽協定」（33年５月）の廃止と冀東政府の取り消しを要求した。

このような状況の下で西安事件が起こる。1936年９月張学良は満州において抗日同志会を結成し，蒋介石の「安内攘外」政策を批判し，蒋に一致抗日の決心を促す。10月22日蒋が西安の華山で休暇をとると，張は蒋に面会し，「剿共」の即時停止を申し入れたが，蒋はこの時点では「抗日」と「剿共」を切り離して考えており，11月の初めに閻錫山を太原に訪ね，「剿共」への協力を要請している。12月２日張は再び洛陽に蒋介石を訪ね，内戦の停止，一致抗日を迫るが，蒋介石はこれを受け入れず，４日西安に赴く。一致抗日のみが唯一の正しい方向と確信した張は，これに賛同した楊虎城とともに，11日西安に入り，翌12日未明華清地にいた部下をして蒋介石の身柄を拘束させるという強硬手段に出た。14日スターリンの意を受けた共産党中央は周恩来を西安に派遣し，張に西安事件の平和的解決を迫る。23日蒋と周は会談し，蒋の釈放が決定する。26日張は南京にもどり身柄を拘束されるが，翌37年１月蒋は「剿共」を停止し，国共合作と紅軍の改編に対する交渉を開始する。２月15日には国民党５期３中全会が開催され，「赤禍根絶案」が可決されたが，ここでは中共の和平統一政策が実質的に受け入れられた。

蒋介石が中共との合作による抗日を決定したのは，1937年７月７日の盧溝橋事件後である。蒋はこの事件に大きな衝撃を受け，「我が国民革命過程の一大頓挫である」と述べた。９月９日国民政府は最高国防会議を設立し，蒋が主席に，汪精衛が副主席に就任する。22日には第２次国共合作が正式に成立し，蒋は中国を代表して日本と戦うこととなる。太原，上海が相次いで陥落した後，国民政府は重慶への移転を決定する。12月13日には南京が陥落するが，蒋は17日「全国国民に告げる書」を発表し，「抗戦の中心は農村と民心の中にあり」，この戦いは「持久戦になる」と述べた。また同時に，日本との問題を国際問題化し，アメリカとイギリスに国際連盟の場で制裁を加えることを要請した。

1938年３月29日から漢口で開催された国民党臨時全国代表大会において，蒋介石は国民党総裁に就任する。この会議において「抗戦建国大綱」が採択され，国民参政会の設立が決定される。このような状況下で各政治団体は蒋支持を表明し，蒋を中心とする戦時体制が整う。しかし，和平を希求する汪精衛と日本は次第に接近するようになり，11月20日「日華協議記録」など３つの文件に署名し，汪は12月には重慶を脱出して，ハノイへ赴く。汪に対して国民党中央常務委員会は，39年１月１日党籍剝奪を決定する。また，この頃から蒋は共産党の活動に警戒心を深め，21日から重慶で開催された国民党５期５中全会において，国防最高委員会委員長に就任すると同時に，「防共委員会」を発足させる。４月30日には国民党軍と八路軍の初めての武力衝突が起き，６月30日には「異党活動制限辦法」が公布され，国共間の緊張が生じる。

1940年３月30日汪精衛は南京に新国民政府を樹立させ，国民党は分裂する。蒋介石はこれに憤慨し，「汪は逆賊である」としてただちに国民政府主席・林森を通して南京の国民政府の不承認を通達する。日本は蒋に南京との合併を促すが，蒋はこれを断固として拒否する。蒋は39年12月アメリカから2,000万ドルの借款に成功するが，８月７月「非常時期銀行管理暫行辦法」を公布し，「四大家族」による金融事業の独占をはかり，軍事費の確保に専念する。蒋の共産党に対する警戒心は日を追うごとに強まり，11月14日「黄河以南剿共滅共軍作戦計画」を発表する。41年１月17日皖南事件が起きると，蒋は新四軍を「叛軍」として，解散を命じる。また３月１日に開催された国民参政会第２期第１次会議は，共産党員の出席を拒否する。12月８日太平洋戦争が勃発すると，国民政府はただちに日・独・伊に宣戦布告するが，蒋は「太平洋憲章」に賛同し，日中戦争を世界大戦の中に組み込むことで戦局を勝利に導こうとする。

1942年１月１日ワシントンで「連合国共同宣言」が発表され，蒋介石は中国戦区陸空連軍総司令に任命され連合国の一員として日本と戦うことになる。以後国民政府は非常体制を強化するが，同時にそれは国民党以外の勢力の政治活動を制限することになる。経済的にも中央集権化を一気に進め，６月には貨幣の統一，12月には物価統制法の公布などを行う。この状況下，蒋は連合国との間で長年の懸案であった不平等条約の破棄に成功する。対外政策で自信をつけた蔣は，43年3月『中国の命運』を出版する。ここで蔣は独自の政治思想を展開し，三民主義を「情・理・法」という新しい概念で説明し，中国固有の民族精神と国民の特性を強調した。8月林森が病死すると国民政府主席を兼任するようになり，名実ともに中国の最高指導者となる。11月にはカイロ会談に出席し，12月3日，チャーチル，ルーズヴェルトとともに日本の戦後処理方法を決定した「カイロ宣言」を出す。この中では満州・台湾・澎湖諸島の中国への復帰が謳われていた。アメリカの日本本土への爆撃開始に呼応して，中国においても蔣介石は大規模な作戦を展開する。河南会戦（44年3月10日～5月），湖南会戦（5月27日～8月8日），広西会戦（8～12月）の3大戦役がそれである。これに対して，共産党は農村における支配領域を拡大し，9月15日には重慶で開催された国民参政会で国民政府改組，連合政府の樹立を要求するようになる。また，この時期アメリカも中国への政治的介入を深めていく。44年1月ルーズヴェルトは蔣の10億ドルの借款申し入れを拒否したが，ハーレーを特使として派遣し，11月には延安で毛沢東と会談させ，国共協定を起草するが，国民党は拒否した。蔣介石はこのようなアメリカの態度に次第に不信感を募らせ，45年2月4日に開催されたヤルタ会談に中国ではなく，ソ連のスターリンが出席したことを甚だしく憂慮した。このため蔣は日本との単独講和を考え，日本と協力してソ連に対処しようと考えるようになったといわれる。

1945年4月23日から延安で開催された中共7全大会で毛沢東は「連合政府論」を発表し，中間勢力との連合を呼びかけ，国民大会の開催を求める。これを受けて中国民主同盟は独裁と内戦に反対する声明を出す。それに対抗して5月5日国民党も6全大会を開催し，依然として訓政時期における国民党の独裁的指導に固執した。8月15日日本が無条件降伏すると，同日蔣介石は重慶のラジオ局で「抗戦に勝利し，全国の軍民及び全世界の人々に告げる演説」を行い，「旧悪を念わず」，「報復せず」の原則を強調し，日本軍人の中国船による送還を決定した。このような蔣の対日政策は戦争後に日本を重視していこうとする姿勢の現れであった。蔣は日中戦争に勝利したとはいえ，ソ連が東北に出兵し，外モンゴルの承認を迫られ，ポツダム会談に除外されたことが忘れられなかった。蔣は日記のなかで「新たなる恥」と認識したと書いている。

1945年8月28日蔣介石は重慶で毛沢東と会談を行い，10月10日には「国共双方代表会談紀要」（「双十協定」）を発表し，「内戦回避の堅持」を目指した。翌46年1月国民政府はソ連から迫られモンゴル人民共和国の独立を承認したが，蔣は不満であった。同月アメリカの斡旋により国共両党を含む各政党政派の参加する政治協商会議が開催され，戦後中国の政権構想が発表された。しかし，蔣は3月1日重慶で国民党6期2中全会を召集し，国民党の指導の下での「軍令と政令の統一」を発表し，政治協商会議の決定を実質的に拒否した。5月5日国民政府は再び南京に首都を移す。6月17日蔣は共産党に対して5項目の停戦条件を提示するが，拒否される。これを受けて26日蔣は中原解放区への攻撃命令を出し，全面的な内戦が勃発する。

1946年8月10日トルーマンは蔣に打電し，内戦の停止を迫るが，蔣は中共軍の「国家化」を主張してこれに対応する。11月15日から南京で国民大会を開催するが，ここには共産党，民主同盟は参加せず，国民党中心のものであった。同大会は「中華民国憲法」を採択して閉会するが，共産党は直ちに新憲法不承認の声明を出す。47年1月内戦が激化する中でトルーマンはマーシャルに帰国命令を出し，中国への介入と国民政府への援助を一時停止する。そのような中で中国では経済的な混乱が生じ，民衆の生活を脅かすようになる。4月18日蔣は国民政府の改組を宣布し，青年党，民社党を加え，国民政府が「複数の政党による政府である」ことを強調する。10月中共は「土地法大綱」を公布し，広範な農民の支持を得る。また，人民解放軍の占領地区も飛躍的に拡大していく。

1948年3月29日蔣介石は「行憲国民大会」を召集し，総統に選出される。しかし，国民政府軍は人民解放軍に次々に敗れ，敗色が濃くなっていくなかで蔣は11月トルーマン米大統領に緊急の軍事援助を要請するが，十分な回答は得られなかった。12月25日になると，李宗仁と白崇禧は国共和平会談の開催と蔣介石の下野を迫るに至る。49年1月蔣は，「法統」・「憲法」・「国民党軍隊の維持」を条件に共産党との和平交渉を提案する。同時に，陳誠を台湾省主席に任命し，台湾支配の準備を本格化する。21日国民党中央常務臨時会議上で蔣は下野を宣告し，故郷の奉化県に戻る。4月蔣介石は台湾における「三七五減租」を指示し，民心を獲得しようとする。23日人民解放軍が南京を占領すると，蔣は奉化県を離れ，広州に向かう。7月と8月にはフィリピンと南朝鮮を訪問し，反共問題を話し合う。アメリカ国務省は8月5日『中国白書』を発表するが，蔣はこれを痛恨の思いで読み，「今こそが中国最大の国辱の時である」と述べた。10月1日中華人民共和国が成立すると，10月10日蔣は「全国同胞に告げる書」を出して「反共抗ソ」を「国策」とすることを発表した。さらに，重慶と成都を最後の拠点としようとするが果せず，12月8日国民政府の台北移転を発表し，10日大陸を離れて台湾に赴く。成都から離陸する際，蔣と経国の親子は中華民国国歌を歌い，ともに帰国することを誓う。

台湾移転後蔣介石は，1950年3月1日総統に復職し，革命実践研究院院長を兼任する。行政院院長には陳誠が任命され，蔣経国は総政治部主任に就任する。5月19日には中央党部は宣誓式を挙行し，「台湾の確保」を誓う。同日蔣経国は『中央日報』を復刊する。6月25日朝鮮戦争が勃発すると，アメリカの第7艦隊が台湾海峡に停泊し，台湾はアジアの防衛線の重要な拠点となる。アメリカは中華人民共和国成立時点で中華民国支持を表明していたが，朝鮮戦争以後関係はより緊密になる。7月蔣は「中国国民党改造案」を提出し，蔣経国，陳誠，谷正綱ら16人を国民党改造委員に選出する。9月には政工幹部学校を設立し，「反共抗ソ」と「国民革命」完成のための人材養成を目指すことになる。

蔣介石は日中戦争終結以前から日本との単独講和を望んでいたが，1952年1月吉田内閣との間に日華平和条約を締結する。日本は中華民国を中国を代表する政府とし，52年8月からは大使の交換が行われる。初代駐日大使にはかつて蔣介石の英語の教師であった董顕光が指名された。10月10日国民党7全大会が開催されたが，ここでは国民党の改造が完成したことが宣言され，蔣は総裁となる。また，同会議上，大陸における失敗の「八大原因」を述べ，「五大方針」を提起する。その第1のものは，経済の安定であった。同月中国青年反共救国団が成立し，蔣が団長に，蔣経国が主任になる。同団の宗旨は「反共」と「復国」にあった。

蔣介石は政治的には「内戦状態の継続」を掲げて危機的状況を創出することによって国内をまとめ，国民党の一党独裁を堅持する。経済的には1953年から「第1期経済建設計画」を押し進める。57年10月の国民党8全大会においては「大陸反攻」の任務を提出する。63年11月の国民党9全大会において，大陸における経済的困難を指摘し，「大陸反攻」を加速することを提議する。67年7月中華文化復興運動遂行委員会を設立し，自ら会長に就任する。

1969年3月蔣介石は国民党10全大会を召集するが，大陸が文化大革命の混乱にあることを指摘し，「大陸反攻」の時機がついに到来したとし，各方面で準備を行うことを提議する。同時に時代に即応するために，国民党を「民主化」すべきことを強調する。ただ，蔣のいう「民主」とは西欧のものと異なり，「組織と規律ある民主」であった。72年6月には蔣経国を行政院院長に任命し，後継の準備を整える。7月肺炎を患い，療養生活に入る。75年4月突発性心臓病のため，台北の士林官邸で死去する。遺体は桃園県大渓慈湖殯館に安置されている。

参考文献：「蔣介石日記」（アメリカスタンフォード大学フーヴァー研究所）。「総統副総統文物」（台湾国史館檔案）。『蔣中正総統檔案事略稿本』（国史館，台北，2003年～現在）。秦孝儀主編『総統蔣公思想言論総集』全40巻（中国国民党中央委員会党史委員会，台北，1984年）。サンケイ新聞社『蔣介石秘録』全15巻（サンケイ新聞社出版局，1975～77年）。陳布雷『蔣介石先生年表』（伝記文学出版社，台北，1978年）。董顕光『蔣総統伝』（中華文化出版事業社，台北，1960年）。中国第二歴史檔案館編『蔣介石年譜初稿』（檔案出版社，北京，1992年）。王俯民『蔣介石伝』（経済日報社，北京，1989年）。楊樹標『蔣介石伝』（団結出版社，北京，1989年）。宋平『蔣介石』（利文出版社，香港，1988年）。王遂今『蔣介石家世』（躍昇文化事業，台北，1994年）。李松林『蔣氏父子在台湾』上・下（中国友誼出版，北京，1993年）。家近亮子『蔣介石と南京国民政府』（慶應義塾大学出版会，2002年）。家近亮子『蔣介石外交戦略と日中戦争』（岩波書店，2012年）。山田辰雄・松重充浩編著『蔣介石研究―政治・戦争・日本―』（東方書店，2013年）。Pichon Pei Loh, *The Early Chiang Kai-Shek — A Study of his Personality and Politics, 1887-1924* — (Columbia University Press, New York, 1971). Lloyd E. Eastman, *The Abortive Revolution: China under Nationalist Rule, 1927-1937* (Harvard University Press, Cambridge, Massachusetts, 1974). Lloyd E. Eastman, *Seeds of Destruction: Nationalist China in War and Revolution, 1937-1947* (Stanford University Press, Stanford, 1984).

〔山田辰雄・家近亮子〕

蔣（しょう）　経国（けいこく）　Jiang Jingguo

（1910年4月27日～1988年1月13日）

幼名・建豊。浙江省奉化県渓口鎮生まれ。原籍，同前。中華民国第6，7代総統，政治家。

父・蔣介石，母・毛福梅の長男として生まれる。蔣緯国は異母弟。ソ連滞在中に結婚したファーニャ夫人（中国名・蔣方良）との間に4男（孝文，孝武，孝勇，孝剛）1女（孝璋）がある。また，章亜若女史との間に双生児・章孝厳，章孝慈をもうけた。

郷里の私塾や上海の小学校で学んだ後，経国は1925年上海の浦東中学に入学した。同年5・30事件に呼応して経国も，数多くの愛国青年と共に当時の反帝国主義デモに参加したが，これを校則違反とする学校当局から除籍処分を受けた。このため経国は北京の海外補習学校に転じたが，ここでも反政府デモに参加したことから北京の警察に2週間勾留された。

国民党が連ソ，容共政策に転じたことから，1924年国共合作が実現，これにともないソ連と国民党の関係も緊密化してきた。ソ連はモスクワに中国人を対象にした共産党幹部養成所「孫逸仙大学」を設立し，国民党員にも入学を呼びかけた。経国は早速これに応じ，25年10月19日，22人の仲間と共にソ連船で広州からソ連に向かった。

1925年11月末モスクワに到着，「孫逸仙大学」に入学した経国は，12月共産主義青年団に入った。また政治学習や公開討論に参加するかたわらロシア語の習得にも力を注いだ。ところが27年4月12日蔣介石が上海で反共クーデターを断行したことから，ソ連の国民党に対する態度が一変し，左派分子以外の国民党員の大部分が中国に送り返された。だが，経国は学内で活発な蔣介石批判活動を行ったこともあってか，ソ連に留まることを許可されたばかりでなく，共産主義青年団員から共産党員に昇格した。翌28年ソ連当局の特別のはからいで，経国はレニングラードの中央軍事政治研究学院に移った。同学院では大規模な野外演習にも参加，軍事研究で大きな成果をあげた。

1930年5月同研究学院を卒業した経国は帰国したいと思ったが，ソ連当局の許可を得ることができなかった。ソ連は，経国を人質にして蔣介石に圧力をかけようとした，と見られている。

経国はその後，モスクワ郊外の電気工場や農場，アルタイの金鉱，スベルドロスキーの重工業機器製造工場などに送られ，苦しい日々を過さねばならなかった。官僚風を吹かさず，気さくに大衆と接する経国の独特なスタイルは，当時の経験から生まれたといわれる。ファーニャとはスベルドロスキーの重工業機器製造工場時代に知り合い，1935年3月結婚した。中国共産党も，モスクワ駐在代表の陳紹禹を通じて当時経国に陰湿な圧力をかけてきた。経国の所属する江浙同郷会は反革命団体だとソ連当局に密告したり，経国をシベリア送りにすべきだと建議するなどした。蔣介石を批判し，ソ連を讃美した35年1月23日付けの，経国の母宛ての公開書籍は陳紹禹が書いたものだともいわれている。

1936年12月の西安事件を機に，第2次国共合作の可能性が強まり，ソ連と国民政府の関係が好転したこともあってか，経国の帰国が許可された。37年4月，経国は家族をともない約12年振りに渓口鎮に帰った。

1937年8月経国は江西省政府保安所副所長に任命され，省都南昌に赴いたが，39年6月江西省第4区行政督察専員兼保安司令に任命され，同時に第4区（贛南地区）の重点地区である贛県の県長に就任することになったことから，行政督察専員事務所の所在地である贛州に移った。贛州時代は，新贛南建設をスローガンに掲げ，汚職官僚や地方のボスを厳しく取り締まり，売春，賭博，アヘン吸引を一掃するなどの改革を行い，内外の注目を集めた。また，三民主義青年団臨時中央幹事会幹事，同団江西省流亡青年収容所総幹事，同団江西省支部幹部訓練班主任，新贛南経済建設幹部訓練班主任，江西省夏季青年キャンプ主任，虎崗夏季青年キャンプ主任などを兼任して若い世代の思想教育に力を注いだ。当時経国はまた『新贛南報』（のちの『正気日報』），戡建ニュース通信社，新贛南出版社（のちの正気出版社），『江西青年日報』（のちの『青年報』）の社長を兼任していたが，これは宣伝活動を重視していたからであろう。経国は江西省第4区行政督察専員事務所に「特務所」をいち早く設置していたという証言もあるが，このように思想教育や宣伝活動，特務を重視するところにもソ連の影響が感じられる。

経国との間に男子の双生児をもうけた章亜若は，江西省第4区行政督察専員事務所の図書館員であった。

1944年1月経国は，重慶に新設された三民主義青年団中央幹部学校の教育長に任命された。同幹部学校は国民党の全国レベルの幹部養成所で，蔣介石が校長だった。経国の活動舞台が江西省から中国全土に拡大されたことになる。同幹部学校にはもうひとつ経国の腹心を育成するというねらいがあり，その後少なからぬ同校出身者が経国のもとで要職についた。経国はまた知識青年を抗日のための青年軍に組織する仕事にたずさわり，44年10月から46年6月にかけて全国知識青年従軍召集委員会委員，青年軍10個師団の政治工作を行う青年軍総政治部主任などを歴任したが，この青年軍もその後三民主義青年団江西省支部幹部訓練班，同団中央幹部学校と並ぶ経国の直系幹部の重要な出身母体となった。

日本の敗戦前後経国は，中ソ友好条約締結に関する話し合いのための国民政府代表団の一員として1945年6月訪ソ，スターリンと単独会見したほか，外交部東北特派員として同年10月長春に赴き，中国東北に居座るソ連軍の撤退問題を話し合うなど，2回にわたりソ連当局と外交交渉を行ったが，国民政府が弱体化していたこともあって，見るべき成果をあげることはできなかった。

1946年7月国共両党は全面的内戦に突入した。国民党政権はもはや末期的症状を呈していたが，上海の経済的崩壊は無視できず，経国を経済管制委員に任命し，反共政治工作のために組織した戡乱建国総隊の一部隊員と共に上海に送り込んだ。経国は，汚職官吏や悪徳商人を逮捕，処刑したり，隠匿物資を摘発するなど荒療治を断行，「上海の虎狩り」と話題になった。だが，準備不足や上海当局の足並の乱れなどで失敗に終わった。

1949年10月北京に共産党政権が成立すると，同年12月国民政府は台湾に遷都，経国も父と共に台湾に逃れた。50年3月経国は国防部総政治部主任に就任し，台湾に逃げてきた壊滅状態の国民党軍の再建に取り組んだ。経国はまた，情報，治安工作を担当する総統府資料室主任を兼任，台湾島内の共産党スパイ摘発に当たった。同資料室は54年頃，彭孟緝が主任委員の，情報・治安部門の総元締ともいうべき台湾情報工作委員会を傘下に収め，これを機に経国は情報・治安部門に勢力を確立した。

1950年8月党再建のため新設された国民党中央改造委員会委員に任命された。同委員会は52年に国民党第7回全国代表大会を開催したことで役割を終えたが，経国を含む一部委員は同年国民党中央常務委員に選ばれた。これにより経国は党最高指導部の一員になった。経国はソ連留学直前の25年10月上海で国民党に正式に入党したが，その後の党内の地位や活動についてはこれまであまり知られていなかった。52年10月中国青年反共救国団主任，54年9月国防会議副秘書長を経て，57年5月行政院国軍除退役官兵就業補導委員会主任委員に任命され，当時約10万人といわれた退役軍人救済事業に取り組む。

1964年3月国防部副部長，65年1月国防部部長を経て，69年6月行政院副院長に昇任した。同年8月行政院経済合作発展委員会主任委員を兼任，経済の分野でも指導的役割を演じることになった。

経国はまた副院長時代の1970年4月から5月にかけて訪米，ニクソン大統領と会見した際，ニューヨークで台湾人青年に銃撃されたが無事だった。経国はこれ以前にも4回にわたり（53年，63年，65年，69年）訪米している。経国はまた67年11月政府公賓として訪日した。72年6月行政院院長に就任，首脳部の若返りと台湾人登用をはかる。

1978年5月中華民国第6代総統，84年5月第7代総統に就任。第7代総統就任に当たり経国は，当時台湾省政府主席だった李登輝を副総統に選んだ。これは，経国が李登輝を後継者に指名したことを意味するものである。

1986年3月末の国民党第12期3中全会を機に政治改革に着手，当時新政党の結成を禁じていたにもかかわらず，86年9月反国民党勢力が結成した野党民主進歩党を容認したばかりでなく，厳戒令解除（87年7月）や台湾住民の大陸訪問解禁（同年11月）などを実現した。88年1月台北市内の公邸で病気のため死去した。

参考文献：曹聚仁著，鈴木博訳『蔣経国と台湾』（三一書房，1978年）。丁依著，鈴木博訳『蔣経国—中国革命の悲劇』（批評社，1981年）。彭哲愚・厳農『蔣経国在莫斯科』（中原出版社，香港，1986年）。霞山会編『中国総覧・1988年版』。小谷豪治郎『蔣経国伝—現代中国八十年史の証言』（プレジデント社，1990年）。　〔戸張東夫〕

江（こう）　亢虎（こうこ）　Jiang Kanghu

（1883年7月18日～1954年12月7日）

原名・紹銓，字・亢虎，号・洪水，亢廬，康瓠，別名・徐安誠，無文，抗斧。江西省弋陽県生まれ。清末・民国初年の社会主義者。後年親日政権に加わる。

父・徳宣は進士であり，清朝の工部主事を務めた。江亢虎は12歳の時に北京の東文学堂に入り，1901年春から半年間日本に留学した。帰国後，袁世凱の目にとまり，北洋編訳局総辦と『北洋官報』の編集者となる。03年再び日本に留学したが，翌年病気のため学業を中断して帰国し，刑部主事と京師大学堂日文教習となった。07年3度目の渡日の時，日中両国のアナキストと交わり，社会主義思想に傾倒した。10年春から欧州各国を訪問したが，11年春父が病死したため帰国した。この間，彼は無宗教，無国家，無家庭の三無主義を提唱している。その後，彼は国内で社会主義の宣伝活動を行い，同年7月には上海で社会主義研究会を組織し，機関誌として『社会星』を創刊した。

1911年11月江亢虎は社会主義研究会を中国社会党に改組した。その綱領は，教育の平等，遺産の公有化，土地単税，労働の奨励など8項目から成っており，そこにはアナキズムの影響も見られた。しかし，彼は翌年10月の第2回党大会に至って改良主義的傾向を明確にし，純粋にアナキズムを主張するグループと分裂した。13年8月中国社会党は袁世凱から解散を命ぜられたため，江は渡米してカリフォルニア大学で講師を務めた。20年夏に帰国した江は，翌年春ソ連を訪問し，モスクワで開催されたコミンテルン第3回代表大会に参加し，レーニンらと会見した。しかし，22年8月に帰国してからは反共を前面に出した新社会主義を主張した。

1923年9月には上海で南方大学を創立し，自ら校長となった。24年6月再び中国社会党（翌年1月，中国新社会民主党と改称）を組織した。24年10月の北京政変の後，段祺瑞が臨時執政になり，善後会議を招集すると，江亢虎は中国社会党を代表してこれを支持する声明を出し，段の制憲要員となった。しかし，25年8月，江が前年3月に溥儀に面会して復辟に関係したことが暴露されたため，彼の人望は地に落ち，南方大学の校長の職務も解任された。北伐戦争の進展の中で，彼は新社会民主党を解散し，27年夏にアメリカに渡り，後にカナダの大学で教鞭を執った。

江亢虎は1933年秋に帰国して，しばらく台湾に滞在した後，34年の暮れから翌年にかけて上海で「孔子的人生哲学」を講演した。35年4月文語文の保存のために存文会を作り，『講壇』を創刊した。翌年11月，「我們的出路」を発表し，中国と世界は中道主義によって共産化と独裁を防止できると説いた。日中戦争勃発後，江は香港に逃れたが，39年9月汪精衛の要請を受けて上海に移った。10月には「双十節対時局宣言」を発表し，中国文化を中心として東亜新秩序を樹立することを主張した。翌年3月南京に汪精衛政権が成立すると，国府委員と考試院副院長（42年には同院長）となった。日中戦争終了後，江は逮捕されて南京で投獄されたが，中華人民共和国成立後上海の監獄に移され，54年12月獄中で病死した。彼の著作には『洪水集』，『縛虎記』，『新俄游記』などがある。

参考文献：中国社会科学院近代史研究所主編『民国人物伝』1巻（中華書局，北京，1978年）。呉相湘『民国百人伝』第3冊（伝記文学出版社，台北，1971年）。劉紹唐主編『民国人物小伝』第3冊（伝記文学出版社，台北，1981年）。小島淑男「中国社会党と社会党―辛亥革命の一側面」，『中国研究』18，1971年6月。〔嵯峨隆〕

蔣（しょう）　夢麟（むりん）　Jiang Menglin

（1886年1月20日～1964年6月19日）

原名・夢熊，字・兆賢，号・孟鄰，筆名・唯心。浙江省余姚県蔣村生まれ。中国近代の学者，教育行政専門家。

銀行資本家・蔣懐清の長男。家庭環境にめぐまれ，早くから家塾で学ぶ。1896年紹興中西学堂に入学，校長・蔡元培の指導のもと欧米の新知識の勉学に勤しむ。その後上海ミッション・スクール，官立浙江高等学堂，上海南洋公学に在籍，普通学と英文を修めた。この間科挙に応じ秀才となる。1907年日本に渡り，教育及び産業実態調査を敢行。翌年アメリカに留学，カリフォルニア大学で農学，カリフォルニア州立社会科学学院で教育学及び哲学を専攻する。12年コロンビア大学ティーチャーズ・カレッジに進み，新教育運動の推進者，キルパトリック（W. Kilpatrick），ソーンダイク（E. Thorndike），ポール・モンロー（P. Monroe）に師事。17年，“A Study in Chinese Principles of Education”により博士学位を取得した。

帰国後，上海商務印書館発行の『教育雑誌』，黄炎培主宰の中華職業教育社の機関誌『職業与教育』を編集，欧米の文物の紹介に努める。1919年中国の代表的教育機関，北京大学，南京高等師範学校，暨南学校，江蘇省教育会，中華職業教育社を連合して，新教育研究団体・中華新教育共進社を組織，コロンビア大学の同窓・胡適，郭秉文，陳鶴琴，陶行知らと機関誌『新教育』を発刊して，新教育理念の探究，欧米教育思想の紹介，デューイ（J. Dewey）のプラグマティズム教育理論の研究，欧米における新教育の実態の紹介に全力をあげた。20年蔡元培に招かれて北京大学教授に就任。やがて同校総務長，代理校長となり北京大学の民主化を推進，アメリカ高等教育機関の学校行政組織を参考に，総務処，教務処，学生の生活指導を担当する斎務処および庶務処から成る北京大学行政組織を整備した。この間，北京政府の財政破綻による教育経費の遅配・欠配が決定的となるや，馬叙倫，李大釗らと北京国立八校教職員連席会議を結成，教育経費独立運動を指導した。

1927年南京国民党政府の成立を契機に南下，浙江省政府委員及び教育庁庁長に就任。翌年，国立第三中山大学（浙江大学）校長を経て，中華民国大学院（文部省に相当）院長に転進，教育部に改組後も教育部部長に再任され教育行政制度の確立及び国語教育の推進に努めた。30年国立北京大学校長に就任。37年日中戦争が激化すると，北京大学，清華大学，南開大学を統合した国立西南連合大学を昆明に設置，張伯苓，梅貽琦らと大学運営に当たった。45年には国民政府行政院秘書長，次いで国民政府委員，行政院善後事業保管委員会主任委員を歴任した。

中国共産党の全国解放に伴い台湾に移り，アメリカ合衆国の援助を受けて中国農村復興委員会を組織，委員長として土地改革に従事する。1963年中華教育文化基金董事会董事長として台米間の教育文化交流に貢献した。64年6月台北市にて病没した。

参考文献：蔣夢麟『教育与文化』（世界書局，1962年）。蔣夢麟『新潮』（伝記文学出版社，台北，1967年）。蔣夢麟『西潮』（世界書局，1978年）。朱伝誉編『蔣夢麟伝記資料』全2巻（天一出版社，1979年）。阿部洋編『米中教育交流の軌跡』（霞山会，1985年）。〔蔭山雅博〕

江　青　Jiang Qing

(1914年3月～1991年5月14日)

幼名・李進，原名・李雲鶴，変名・張淑貞，李雲古，江青，芸名・藍蘋，筆名・高炬，峻嶺，初瀾，江天。山東省諸城県東関生まれ。文革期の中共女性指導者。

父・李徳文は諸城で木工店・旅館を経営，後地主。江青は後妻の子供。兄，姉，弟あり。女優を経て毛沢東の内妻となり，文革で権勢を振るう。共産党主席の座を狙うが，毛の死後逮捕投獄され，軟禁状態にあった。

小学校在学中，暴力を振るう父を避けて母が雲鶴をつれて家出して以後，貧乏に苦しむ。1926年，小学校卒業。母と2人で諸城を離れ，天津の姉の婚家先に寄寓。29年春，姉の夫の転任により済南に行き，山東実験劇院で新劇を学ぶ。李雲鶴は「個性が非常に強く，つねに強いこと勝つことを求め，実験劇院の課業によく励んだ」という。

1930年，実験劇院閉鎖。31年春，青島大学図書館員となる。勤務の傍ら聴講し，知識を深め，思想も進み，文章が書けるようになった。青島大学生・兪啓威(変名・黄敬)と同棲。その紹介で33年2月，中国共産党に入党した。

1933年7月，兪啓威の逮捕で上海へ移る。張淑貞という変名を使う。上海で地下活動。34年10月，国民党特務に逮捕され，転向して12月釈放。出獄後，組織は彼女を信用せず。上海にいることにいたたまれず，北京へ行き，すでに出獄していた兪啓威と同棲した。

1935年，上海に戻り，藍蘋の芸名で女優として映画演劇に出演。この頃，『晨報副刊』の映画欄を担当していた唐納と知り合い，同棲。唐納は原名・馬驥良，変名・馬季良。劇評，脚本，演出，俳優と何でもこなした芸達者であった。

強気の藍蘋は軟弱な唐納を嫌い，いさかい絶えず。唐納は，藍蘋の心変わりに悲観して2度自殺を試み(1936年6月27日，37年5月27日)，新聞種となる。

上海時代，済南に住む母，弟，夫を亡くした姉とその2人の子を養うため仕送りし，始終貧乏に悩んだ。

上海で藍蘋に会った日本人は少なくない。その1人，西清子に次のメッセージを託している。「日本の映画製作者に要求する。隣国を傷つける中国侮辱映画を撮るな！藍蘋1937. 5. 7」。

1937年，演出家・章泯(原名・謝興，謝韵心。四川峨眉人)と同棲。章泯，このため妻と離婚。子供は章泯が扶養。これで藍蘋の悪評粉々，友人も離れ，孤立した。そこで37年7月，藍蘋は上海に見切りをつけ，革命運動に身を投ずるため延安を目指す。蘆溝橋事件とは開係なし。

1937年8月末，延安到着。江青(将青)と改名。「青は藍より出でて藍より青し」，「行将一歩登上青天」(やがて天に登る)から，最高権力を目指したことがわかる。後の筆名・初瀾(出藍)，江天(将天)も同じ含意をもつ。

1937年9～10月，江青の党籍問題発生。10月，上海時代の友人の偽証で転向の事実を隠して党籍を回復し，中央党校で6カ月間学習した。

1938年秋，毛江結婚問題発生。毛沢東の賀子珍との離婚にも，江青との結婚にも反対が続出した。身の周りの世話だけで，党務に口出ししないという条件でやっと党の承認が得られた。以後文革まで，陰の女として雌伏する。但し文芸問題でしばしば毛沢東をけしかけた。延安整風の陰に江青がいたし，50年の「清宮秘史」批判，51年の「武訓伝」批判で火つけ役となる。文革にも，江青が深く絡んでいる。

1966年5月16日，毛沢東，杭州で中共中央政治局会議を召集し「5・16通知」を出す。江青を第1副組長とする「中央文革小組」が発足した。

文革に便乗した江青は，自分を主席夫人扱いしなかった党幹部に復讐し，無力だった自分を知る上海時代の知友を迫害して殺した。

1976年9月，毛沢東の死後，江青ら四人組は党主席(江青)，副主席(張春橋，姚文元，王洪文)，総理(張春橋)，副総理，(姚文元，王洪文)就任を既定の事実と考え，新任時に発表する「標準写真」を撮影した。

しかし老革命家を擁する軍が四人組に反撃した。葉剣英が華国鋒を支持し，毛沢東の親衛隊である中央警衛団8341部隊を使って1976年10月6日，4人を逮捕した。江青の女帝の夢は消えた。

1981年1月25日，最高人民法院特別法庭が林彪・江青反革命集団の主犯10名に判決を下した。江青は死刑。2年間執行猶予。政治的権利を終身剝奪。2年後，無期懲役に減刑される。

1984年5月，喉頭癌治療のため秦城監獄から出て北京市内の公安病院近くの療養所で療養。91年5月14日早朝，首吊り自殺。肉体的にも政治的にも再起の望みを失ってのことであった。

参考文献：葉永烈『四人幇興亡』上・中・下(人民日報出版社，北京，2009年)。葉永烈『江青画伝』(利源書報社，香港，2008年)。ユン・チアン，ジョン・ハリデイ，土屋京子訳『マオ　誰も知らなかった毛沢東』上・下(講談社，2005年)。楊銀禄，莫邦富・鈴木博・廣江祥子訳『毛沢東

夫人江青の真実』(海竜社，2001年)。李志綏，新庄哲夫訳『毛沢東の私生活』上・下(文藝春秋，1994年)。葉永烈『江青伝』(作家出版社，北京，1993年)。珠珊『江青野史』上・下(新晩報，香港，1980年)。伊原吉之助「"鄧・華"暗闘の中の江青」，『経済往来』1981年2月号。伊原吉之助「江青・女帝の夢」，『自由』1978年12月号，1979年1月。伊原吉之助「江青評伝稿」連作，『帝塚山大學論集』1976～80年。　〔伊原吉之助〕

蔣(しょう)　廷黻(ていふつ)　Jiang Tingfu

(1895年12月7日～1965年10月9日)

英語名・Tingfu F. Tsiang。湖南省保慶府邵陽県出身。中国の学者で近代外交史研究の泰斗。駐ソ連大使，国連大使などを務めた外交官でもある。

6歳から私塾にて伝統教育を受けた後，1906年から長沙の明徳学堂で新式教育を受け，後に長老会が湘潭で開いた益智学堂にて学び，同校の宣教師の影響もあり，16歳でキリスト教に入信。同年，アメリカに留学し，ミズーリ州のパーク高等学校で学んだ後，1914年にはオハイオ州のオバーリン・カレッジ(Oberlin College)にて主に歴史学を学んだ。18年に卒業後，YMCAの仲介でフランスに赴き，リヨン付近の軍需工場で労働奉仕をおこないながら，中国人労働者にフランス語や中国語を教授し，また彼らの家族への手紙を代書したと言われる。19年，蔣はアメリカに戻り，コロンビア大学にてメディア学，政治学，最終的には歴史学研究をおこない，23年に博士学位を授与され，博士論文は1923年に刊行された。

蔣廷黻は，在米中の1921～22年のワシントン会議に際しては，「中国留美学生後援会」を組織し，英文雑誌の刊行を担当した。1923年に帰国し，まず天津の南開大学で教鞭を執り，後に郭廷以の斡旋もあって清華大学に転じ，文学院院長，歴史学科主任を歴任する。当時の清華大学歴史学系には中国古代史には雷海宗，陳寅恪，元史に姚従吾，邵循正，さらに明清史に呉晗，蕭一山など，一流の同僚がおり，蔣が近代史(現代史)を担当した。

蔣は，中国の伝統的な史学のあり方を批判し，近代歴史学の手法を取り入れながら，新たな近現代(外交)史研究の手法を提唱した。それは，「評『清史稿邦交志』」(『北平図書館月刊』1929年2～6月)などとして早々に具体化された。蔣は，当時刊行されていた清代の対外関係史料である『籌辦夷務始末』を基礎に，西洋諸国の史料も参照した実証的な外交史学をおこなうとともに，多くの研究者を養成した。このような手法は，H.B.モースらを代表とする貿易史を中心とした，あるいはミッショナリーを中心とした対外関係史など，欧米で主流であった，外から中国をみる対外関係史に対して，中国自身の目線を重視した外交史，対外関係史を開拓することになった。後にハーバード大学の教授となるJ.K.フェアバンクも，中国の海関史研究を志して渡中した際に，清華大学を訪れ，蔣から『籌辦夷務始末』を送られ，以後，それを読むことをライフ・ワークとした。

このほか史料の編纂にも取り組み，『籌辦夷務始末』を基礎として『近代中国外交史資料』(上・中)を公刊し，また民間に分散していた檔案を収集して，『籌辦夷務始末補遺』(道光，咸豊，同治〔4年まで〕)を刊行した。また，当時問題となっていた満洲をめぐる国際政治史にも関心を払い，『最近三百年東北外患史』を著した。

1931年の満洲事変から活発化する日本からの侵略に対し，蔣は社会での言論活動，啓蒙活動も活発におこなった。32年には胡適とともに『独立評論』を創刊し，対日政策については，長期的な準備の下に総動員体制で戦争を展開すること，内戦を停止し一致して抗日に当たることなどを主張した。

1933年，蔣介石と汪精衛が相次いで蔣廷黻を引見し，対外政策に対する献策を求めた。34年には外交史料の収集を目的に欧州，ソ連を訪問した蔣廷黻は，蔣介石の密使としてソ連側と接触して，中ソ協力の可能性を模索し，最終的にはその可能性を肯定的に蔣介石に報告した。

1935年2月，蔣廷黻は大学を離れて国民政府行政院政務処処長となり，外交関連業務を担当し，翌年には駐ソ連大使となった(～38年)。この間，『中国近代史』を著し，38年に刊行するなどしたが，外交官としての中ソ協力を推進するはずの任地での業績は必ずしも芳しくない。それは，新疆，モンゴル，中東鉄道などをめぐる利害対立のみならず，西安事件に際して蔣廷黻が孔祥熙からの電報に依拠して，事件のソ連主導を信じてソ連側に抗議し，ソ連側の不信をかったことにも由来する。なお，36年の西安事件を契機に，蔣経国を無事にソ連から帰国させた功績もあり，蔣経国との密接な関係が築かれたことが知られている。

帰国後の蔣廷黻は行政委院政務処処長となった。この間も，外交史研究と現実政治の間で活躍し，1942年の南京条約締結100周年に際しては，不平等条約改正の重要性とともに，友邦との友好関係の推進を提唱し，また韓国の独立を保証すべきだとの発言をおこなったりした。

重慶滞在期に連合国組織(のちの国際連合)の形成

過程に関与し，1945年，中華民国の国際連合代表となり，中国の代表権問題などを担当した。国共内戦期には，49年に胡適を外交部長にしてアメリカの対華政策転換を引き出そうと，顧維鈞らと画策したが，結局効果はなかった。以後，ニューヨークで中華民国の国連代表であり続け，61年には国連代表を兼任したまま駐米大使となったが，これは蔣の女性問題に配慮し，一時的にニューヨークからワシントンに居住地を変える必要があったためとされる。

1965年4月，駐米大使職を周書楷に譲り，コロンビア大学にてオーラル・ヒストリーの対象となったが，その完成半ばで10月9日にニューヨークで病死した。なお，蔣はオーラル・ヒストリー終了後，台湾の中央研究院で再び外交史研究に従事するつもりであったとも言われている。戦後の在米期の蔣の個人アーカイブはハーバード大学に所蔵されている。

著書に博士論文の刊行物である Tingfu F. Tsiang, *Labor and Empire: A Study of the Reaction of British Labor, Mainly as Represented in Parliament to British Imperialism since 1880*, Columbia University Press, 1923. がある。

参考文献：蔣廷黻『蔣廷黻回憶録』（岳麓出版社，台北，2003年）。陳之邁『蔣廷黻的志事与平生』（伝記文学出版社，台北，1967年）。川島真「東アジア国際政治史―中国をめぐる国際政治史と中国外交史」（日本国際政治学会編，李鍾元・田中孝彦・細谷雄一責任編集『日本の国際政治学』有斐閣，2009年）。J.K. フェアバンク著，平野健一郎・蒲地典子訳『中国回想録』（みすず書房，1994年）。湯本国穂「専門家政治と民衆の包摂：蔣廷黻を中心に」，『千葉大学法学論集』8巻4号，1994年4月。　〔川島真〕

蔣　緯国（しょう いこく） Jiang Weiguo

（1916年10月6日～1997年9月22日）

欧名・Wego W. K. Chiang。出生地日本・東京，原籍，浙江省奉化県。蔣介石の次男，蔣経国の弟。中国国民党の軍事専門家。

蔣緯国の出生については不明な点が多かった。蔣介石と姚冶誠との間に生まれたという説，戴季陶と日本人女性との間に生まれたという説などがあったが，緯国自身が晩年に著した自伝の中で，実父は戴季陶であり，実母は日本人で看護婦であった重松金子であることを認めている。

蔣緯国は出生後姚冶誠によって江蘇省で育てられる。1924年6月蔣介石が黄埔軍官学校の校長に就任すると，緯国も養母である姚とともに広州に移り住む。その後緯国は，蘇州東呉大学物理系に入学し，卒業後中央軍事学校第10期生となる。36年緯国は蔣介石の命により，当時の著名な軍事理論家であった蔣百里についてドイツに赴き，軍事を学ぶ。37年ドイツ陸軍ミュンヘン士官学校に留学し，卒業後はドイツ国防軍に入隊し，第2次世界大戦勃発後ドイツ陸軍少尉として装甲部隊に所属し，ポーランド侵攻に従軍した。

1940年蔣緯国は帰国し，胡宗南の部隊に入隊するが，排長，連長，営長と順調に昇進する。日中戦争終結後，緯国は装甲兵第1団団長に任命され，その後装甲兵司令部参謀長となる。49年12月の国民政府の台湾移転後は，装甲兵司令，国防部三庁副庁長，五庁庁長などを歴任する。また，中華民国戦略学会副理事長として国民党の軍事史の編纂にあたる。

1975年4月の蔣介石の死後，蔣緯国は上将となる。80年連勤総司令，84年連合作戦訓練部司令を歴任し，86年6月兄である蔣経国の要請を受け，「動員戡乱時期国家安全会議」秘書長に就任する。また，88年7月の国民党13全大会においては中央評議委員に選出される。97年9月22日台北で病死した。

著書に『抗日禦侮』，『建立民国』，自伝『千山独行―蔣緯国的人生之旅』などがある。

参考文献：汪新・劉紅『南京国民政府軍政要員録』（春秋出版社，北京，1988年）。王俯民『蔣介石伝』（経済日報出版社，北京，1989年）。『蔣緯国口述自伝』（中国大百科全書出版社，北京，2008年）。Howard L. Boorman ed., *Biographical Dictionary of Republican China,* Vol. 1 (Columbia University Press, New York, 1967).　〔家近亮子〕

江　渭清（こう いせい） Jiang Weiqing

（1910年～2000年6月16日）

湖南省平江県生まれ。中国共産党の指導者。1926年中国共産主義青年団に加入。29年に中国工農紅軍に参加し，同年中国共産党に入党した。入党後，工農紅軍の連政治委員，大隊政治委員，団政治委員，団長を歴任した。

1934年には湘鄂贛軍区政治部党委書記となり，翌35年には中共平江中心県委書記に就任する。さらに36年には湘鄂贛ソヴィエト湖北駐在代表団主任，鄂東南道委書記，同軍分区司令員，同政治委員に任ぜられた。なお，34年12月湘西南の通道に長征途上の中央紅軍が到着し国民党の軍事力が脆弱な貴州省へ向けて出発していったが，その際，中央紅軍には同行せず，傅秋濤らと湘鄂贛ソヴィエト区に留まる。以後3年間，省境の山岳地帯を中心に反「囲剿」戦及び遊撃戦を展開した。

1937年以降の日中戦争時期には新四軍に配属され，同軍所属第1支隊（司令員・陳毅）第1団副団長，第

3支隊第1団副団長，新編第1支隊政治部主任，第18旅旅長，第6師第16旅政治委員・政治部主任，蘇浙軍区第1縦隊政治委員などを歴任し軍務につく一方，蘇皖区党委書記や蘇南行政公署主任として党務，政務をも遂行した。日中戦争時期は主として江蘇，浙江，安徽3省で抗日戦の展開，根拠地（特に蘇南抗日根拠地）の建設・拡大に努めた。41年1月の皖南事件に際しては，指揮下の部隊を率いて国民党部隊の重囲を突破し，蘇南の根拠地に退出することに成功した。

日中戦争終結後，1945年11月に華中野戦軍（司令員・粟裕，政治委員・譚震林）が編成されると，まず同軍所属の第6縦隊の政治委員，次いで第6師の副政治委員を務め，46年夏以降国共内戦に参加する。内戦期間中は華東野戦軍（司令員・陳毅）第6縦隊政治委員，第3野戦軍第8兵団副政治委員・政治部主任を歴任した。49年，南京占領後，中共南京市委副書記，南京市軍事管制委員会政治委員に就任する。

中華人民共和国成立後は1952年に中共江蘇省委第2書記，中共中央華東局委員，54年に中共江蘇省委書記，中共中央上海局委員，56年に中共江蘇省委第1書記（文化大革命初期まで在任），江蘇省軍区第1政治委員，南京軍区第3政治委員，中共中央上海局書記に任ぜられ，華東地区を地盤として順調に地位を高めていき，56年の中共8全大会では中央委員候補に選出された。

1958年大躍進運動の全国的展開に直面，華東地区の指導者として当初運動の推進に努めたが，高指標などの方針に対する部分的修正が取り沙汰されるようになる同年後半以降，大躍進運動の前途に疑問を感ずるようになる。

しかし，大躍進運動を正面から批判するようなことはせず，穏当な立場をとったため，彭徳懐，周小舟らのように失脚することもなく，翌1959年には江蘇省政協主席，61年には中共中央華東局書記処書記に就任した。大躍進運動以来，急進的な運動に対する不信感は拭い難く，66年以降の文化大革命に対しては消極的な対応に終始し，そのために紅衛兵，造反派から「資本主義の道を歩む実権派」，「劉・鄧の代理人」などと批判され失脚した。68年2月25日付けの『人民日報』では「中国のフルシチョフの江蘇省における代理人」と弾劾された。

1973年復活を果し，同年の中共10全大会で中央委員候補に選ばれ，翌74年の12月に中共江西省委第1書記（82年8月まで在任），同省革命委員会主任（79年12月まで在任），75年には江西省軍区第1政治委員，福州軍区政治委員に任命された。その後も，77年の中共11全大会で中央委員に当選し，82年，87年の中共12・13全大会では中央顧問委員会委員に選出された。江は2000年6月16日死去した。

参考文献：王輔一主編『新四軍事件人物録』（上海人民出版社，上海，1988年）。劉金田・沈学明主編『歴届中共中央委員人名詞典1921～1987』（中共党史出版社，北京，1992年）。軍事科学院軍事図書館編『中国人民解放軍組織沿革和各級領導成員名録』修訂版（軍事科学出版社，北京，1990年版）。国立政治大学国際関係研究中心〈中共人名録〉編修委員会編『中共人名録』（国立政治大学国際関係中心，台北，1983年版）。蘇暁康・羅時叙・陳政著，辻康吾監修『廬山会議―中国の運命を定めた日』（毎日新聞社，1992年）。

〔中村楼蘭〕

蔣（しょう）　渭水（いすい）　Jiang Weishui

（1891年2月8日～1931年8月5日）

字・雪谷。台湾省宜蘭県生まれ。原籍，福建省漳州府龍渓県。1920年代の台湾民族運動の指導者。

父の蔣鴻章は地方では有名な相命術師であった。父親の教育方針で，幼年期は植民地教育を受けず，9歳から16歳まで地元在住の老儒者の張茂才について漢学を学ぶかたわら乩童を務める。1906年，宜蘭公学校に入学し植民地教育を受ける。09年，同校を卒業し，翌年，台北医学校に入学。在学中，辛亥革命の発生を知りその影響を受け，校内で民族運動を鼓舞し，祖国の革命を支持するために募金を行う。15年，台北医学校を卒業し宜蘭医院に就職する。16年，台北大稲埕に大安医院を開く。20年，新興知識人らを組織して文化公司を設け第1次世界大戦後の思想・文化の研究やその資料となる新聞・雑誌・図書の購入頒布を行う。

1921年，林献堂らによる第1次台湾議会設置請願後，台湾における民族運動が実践段階へ発展したという認識から，その運動の指導団体の結成を計画し，林献堂を訪ね組織結成のための協議を行い，文化啓蒙運動を表向きの目的とする台湾文化協会の創立に奔走し，同会創立後その専務理事となった。22年，第2次台湾議会設置請願後，運動主体を作る必要性を感じ，蔡培火らと共に台湾議会期成同盟会の創設を計画する。23年1月，台北北警察署に結社の申請をするが，結社を禁止された。2月，台湾議会設置第3次請願のため，東京に来た機会に早稲田警察署に台湾議会期成同盟会結成の申請を行い認められ，東京で同会の成立大会を挙行したが，12月に治安警察法違反容疑で台湾議会期成同盟会会員ら41名が検挙され，24年，その内蔣渭水ら18名が起訴された（治警事件）。1審では全員無罪となったが，25年，上告審で蔣渭水に禁錮4カ月の刑が下されたほか，12名が有罪となった。蔣渭水は2カ月余り収監された後仮出獄し，文化協会主催の文化講演会で台湾各地を巡回し，台湾民衆の民族意識を覚醒し，彼らの政治運動への参加意識を高めた。26年，文化書局を設立し，孫文，梁啓超，胡適らの著作や日本文の労農問題関係の著作などを輸入販売することにより，さらに自らの政治思想を発展させ，特に孫文の新三民主義と国共合作路線の影響を受けた。

この頃から文化協会内部の左右の路線対立が顕著になり，蔣渭水は両派の融和に努めたが，1927年，その主導権を日共山川均系の連温卿ら左派が握ると，蔣渭水，謝春木，蔡培火，林献堂，彭英華らは脱会して台湾民衆党を結成した。蔣は民衆党の財政部主任中央常務委員となったが，民衆党の指導原理に関する論文を続けて発表するなど，実質的な指導者であった。28年，台湾民衆党第2回大会後，彭英華が党の役職を辞任すると，党内の主導権は蔣渭水ら左派が握り，民族運動と階級闘争の同時並行，民衆党指導下の農工商学連合，農工扶助，全民運動推進のための階級利害調節などの政治路線を打ち出した。同年，蔣らは連温卿派指導下の新文化協会と競って労働団体の組織に乗り出し，2月，新文協に先んじて全島的労働団体たる台湾工友総連盟を発足させ，蔣はその顧問となり，各地の労働争議を指導した。29年，民衆党第3回党大会で，日本の植民地統治を厳しく批判し，植民地統治に対する民衆党の闘争方針を明確化した宣言を発表する。これに対し党内右派の蔡培火らは，30年に台湾地方自治連盟を結成し，民衆党は事実上分裂した。

1931年2月に民衆党第4回大会を挙行し，蔣渭水らは民衆党の綱領・政策を改め，労農無産市民に基礎を置き，反帝国主義的民族運動の方針を明確化するが，警察当局により結社を禁止された。8月5日，腸チフスのため台北医院にて死去。23日に挙行された大衆葬には4,000人の会葬者が参列した。

参考文献：白成枝編『蔣渭水遺集』(文化出版社，台北，発行年不詳)。黄煌雄『台湾的先知先覚者―蔣渭水先生』(輝煌出版社，台北，1976年，後に書名を『革命家―蔣渭水』と改め，台北，長橋出版社より1978年再版)。許世楷『日本統治下の台湾』(東大出版会，1972年)。若林正丈『増補版台湾抗日運動史研究』(研文出版，2001年)。伊東昭雄「蔣渭水と台湾抗日民族運動―台湾文化協会の分裂」，『横浜市立大学論叢・人文科学系列』30巻2・3号，1979年。同「蔣渭水と台湾民衆党―『全民運動』と『階級運動』」，『一橋論叢』83巻3号，1980年。　〔張士陽〕

蔣(しょう)　先雲(せんうん)　Jiang Xianyun

(1902年7月14日～1927年5月28日)

別名・湘耘，別号・巫山，変名・李英。湖南省新田県生まれ。北伐戦争時期の中国共産党軍事指導者。

貧農の家庭に生まれたが父親は出生前に死去，幼少期は困窮をきわめた。長兄・先烈は革命運動に参加し軍閥・黎元洪によって殺害された。苦学して1917年湖南省立第三師範学校に入学，学生を組織して「学友互助会」をつくり新文化運動の宣伝に努めた。19年衡陽で五・四運動に参加，湘南学生連合会を組織し，総幹事となってストライキ運動を発動する。20年3月湖南で張敬尭排斥運動に参加，21年2月革命団体「心社」を結成した。同年10月衡陽を訪れた毛沢東に触発されて中国共産党に入党した。22年1月第三師範学校を卒業し，同年夏毛沢東の指示により安源路炭坑で労働運動に従事する。5月安源路鉱山労働者クラブが成立すると文書係長となり，9月李立三，劉少奇らとともに安源路鉱山の大ストライキを指導した。11月水口山鉛・亜鉛鉱山区で労働者を指導して水口山労働者クラブを設立し，クラブ全権代表に選出されて12月ストライキ闘争を行う。その後中共水口山鉱山支部書記に任ぜられた。23年指名手配されたため長沙を経て広州へ出る。

1924年5月黄埔軍官学校に第1期生として入学，陳賡，李之龍らとともに革命運動を組織して中共党支部書記となる。卒業後同校に残り，同年10月周恩来が同校政治部主任となると同部秘書となった。25年1月中国青年軍人連合会を組織し，陳賡，王一飛，周逸群らとともに中央執行委員会常務委員となる。また機関誌『中国軍人』と旬刊『青年軍人』を編集出版して国民党右派組織である孫文主義学会と論争を繰り広げた。

1925年初め陳炯明討伐の東征に参加，大衆への宣伝，組織工作を担当した。26年国民革命軍の北伐に際しては蔣介石総司令員の秘書となり，その後第5連隊長に任ぜられて湖南，江西などを転戦した。蔣介石に反対して同年末武漢で湖北省総工会工人糾察隊総隊長となり，武漢国民政府時期の中共による軍事活動に貢献した。27年蔣介石による4・12クーデターが起きると武漢で「討蔣」大会を開催し，黄埔各期学生討蔣運動委員会監察委員となった。その後国民革命軍第11軍第26師団第77連隊長兼同連隊中共党代表に任ぜられ，兵士に対する革命教育を重視した。同年5月河南省臨潁において奉天軍と戦闘中戦死する。6月郭沫若はその死を追悼して「蔣先雲的詩」を著した。また周恩来は武昌で追悼会を主宰した。

参考文献：衡陽市革命烈士事跡編写小組編『蔣先雲烈士伝略』（湖南人民出版社，長沙，1979年）。人民出版社編『不屈的共産党人』1（人民出版社，北京，1980年）。中共党史人物研究会編『中共党史人物伝』1巻（陝西人民出版社，西安，1980年）。〔安田淳〕

蔣（しょう）　翊武（よくぶ）　Jiang Yiwu

（1885年～1913年9月9日）

原名・保勷。改名・伯夔。湖南省澧州澧蘭鎮丁公橋生まれ。原籍，湖南省澧州蔣家廟。革命派の軍人，文学社社長。

商家の出で，澧蘭書屋という私塾に学ぶ。1903年，澧州高等小学を卒業し，常徳西路師範学堂に入学。翌04年，黄興らの華興会の長沙蜂起のために宋教仁が常徳に派遣されると，これを助けて会党との連絡工作に従事した。長沙での機密漏洩後，革命党員の嫌疑をかけられ退学となったが，引き続いて常徳城内に機関を設け，劉復基らと会党の組織化に努めた。05年4月，馬福益の処刑によって蜂起計画は失敗し，活動が続けられず，秋には日本留学を目指して劉と長江を下った。しかし上海で病気となり，そのまま滞留。その後中国公学に入学し，楊卓林の組織した競業学会に参加。中国同盟会員となる。06年12月の萍瀏醴蜂起を援助したが，翌年4月，楊が逮捕，処刑されたため，上海を離れ，長江流域において宣伝・連絡活動をおこなった。

1908年冬，取り締まり強化によってしばらく故郷に潜伏していた際に，革命には軍隊が必要だと痛感し，翌年秋には劉復基と武漢に出て『商務報』の記者となり，新軍内の革命団体である群治学社に接近し，蔣伯夔の名で第41標第3営左隊に入営。まもなく陸軍特別学生となり，革命運動に従事。10年4月，群治学社は長沙米騒動に呼応して蜂起をはかったが，探知されて活動ができず。8月には，楊王鵬を社長にした振武学社に再編されたが，振武学社もまもなくマークされ，さらに楊王鵬，李六如らが除隊処分になる。そのため翌11年1月30日，文学社に再組織。蔣翊武が社長に推挙され，『大江報』が機関報となった。

文学社はわずかの間に第8鎮と第21混成協の新軍に3,000名余りまでに勢力を拡大したものの，そこにはほとんど士官がいなかった。そのため蔣翊武はもう1つの革命団体である共進会との合併を決意し，中部同盟会の援助などにより，9月14日，両者は合併に合意。16日，文学社，共進会は統一指揮機関を成立し，蔣は湖北革命軍臨時指揮となり，10月9日の蜂起が決定された。岳州に赴任中の蔣はその日の朝に武昌に到着したが，準備不足のため蜂起の延期を決定，各営に通報。しかし漢口宝善里機関での爆発事件による事態の急変によって，一転してその夜の一斉蜂起を指令した。しかし夜10時に小朝街の総機関が清朝側に包囲され，その場にいた幹部全員が逮捕された。蔣は脱走に成功したが，10日早朝，劉復基，彭楚藩，楊洪勝の3名が処刑され，蜂起は未遂に終わり，追捕を逃れるために北へ脱出した。

1911年10月10日夜の武昌蜂起の報を聞いた蔣翊武が12日朝武昌にもどったときには，すでに協統（旅団長）黎元洪が軍政府都督となり，蔣は軍事顧問兼連絡使に任命され，詹大悲と漢口軍政分府を組織し，防御使となる。10月28日，黄興が武漢に到着すると戦時総司令として清軍と交戦。蔣もこれを助けたが，漢口・漢陽が相継いで失陥して黄は上海に去った。11月29日，代理戦時総司令となった蔣は，黎元洪が去って動揺した武昌の防備に力を尽したが，停戦後の12月7日，兵権を解かれて都督府高等顧問に就任。まもなく江漢招撫使に任命され，漢口で清軍に働きかけてかなりの投降者を得た。その後軍務部副部長に就任した。

蜂起直後から蔣翊武は都督の黎元洪とことごとく対立し，黎と接近した孫武の『中華民国公報』に対抗して『民心報』を創刊し，詹大悲らが復刊した『大江報』とともに黎・孫を批判した。1912年2月28日のいわゆる群英会事件によって3月1日に軍務部部長（前任は孫武）に昇進した蔣は，文学社を発展的に解消して同盟会に一律加入させ，黎と抗争するが，8月初旬には『大江報』，『民心報』は発禁処分とされた。臨時大総統となった袁世凱の招聘によって8月14日，上京して高等軍事顧問となるが，翌日，発生した張振武事件に抗議して叙勲を固辞した。25日に成立した国民党の本部参議となって10月上旬に湖北にもどり，漢口交通部機関を組織して『震旦民報』によって黎元洪を支持する『群報』と論戦した。

1913年3月の宋教仁暗殺によって政治情勢が緊迫化し，国民党系の将校団体である参謀団が6月末に蜂起を計画したが失敗。湖北を脱出して長沙に到着した蔣翊武は，都督の譚延闓に働きかけ，7月21日の湖南独立によって鄂豫招撫使に任命され，岳州に駐屯したが進攻に失敗。討袁運動が形勢不利になると8月13日，湖南が独立を取り消し，蔣は長沙から香港へ逃げる途中，広西省全州城外の唐家市で逮捕され，9月9日，袁の命令によって桂林で処刑された。

1916年9月，蔣翊武の遺骸は湖南にもどり，長沙岳麓山に葬られた。21年12月，北伐中の孫文によって桂林の麗沢門外に蔣翊武の記念碑が建てられた。

参考文献：張難先編『湖北革命知之録』（商務印書館，上海，1946年）。蔡寄鷗『鄂州血史』（龍門聯合書局，上海，1958年）。楊玉如編『辛亥革命先著記』（科学出版社，北京，1958年）。賀覚非『辛亥革命首義人物伝』上・下（中華書局，北京，1982年）。《辛亥革命史叢刊》編輯組編『辛亥革命史叢刊』６輯（中華書局，北京，1986年）。〔小林共明〕

江　忠源（こう　ちゅうげん） Jiang Zhongyuan

（1812年８月１日～1854年１月15日）

字・常孺，号・岷樵。湖南省新寧県生まれ。清末の武将，政治家。

1837年の挙人。その後しばしば会試を受験したが合格せず，大挑により教職を授けられた。新寧は，漢族と瑤族が雑居する湖南・広西省境の地域で，社会が動揺しており，江は民衆反乱に対処すべく，団練の編制に熱心であった。47年秋，雷再浩の蜂起が発生すると，彼は新寧の団練を率いて鎮圧に向かい，その功績により知県の職を与えられ，浙江の秀水県に赴任し，巡撫・呉文鎔に認められた。

父の喪で郷里にいたとき太平天国の金田蜂起が発生し，鎮圧に派遣された大学士・賽尚阿に起用され，団練を率いて副都統・烏蘭泰の指揮にしたがった。彼の団練は「楚勇」と称し，湖南の団練として初めて太平軍と交戦した。しかし提督・向栄と副都統・烏蘭泰の不和に失望し帰郷した。

1852年太平軍が桂林を囲むと，江は新寧の団練を再編成してその占領を阻止し，功績によって知府の位を与えられた。ついで蓑衣渡の戦いで太平軍に打撃を与え，南王・馮雲山を戦死させた。さらに長沙の攻防戦，巴陵・瀏陽の民衆反乱の鎮圧などの功績で道員に昇進した。

1853年湖北按察使に任命され幇辦江南軍務の任務を与えられ，武昌から江西の九江へ向かい，ついで頼漢英の太平軍と３カ月にわたる南昌攻防戦を展開して，太平軍の包囲を解いた。この戦いの間に水軍の重要性を痛感し，四川・湖北・湖南で水軍を強化して太平軍から長江の支配権を奪うべきことを上奏した。この考えは曾国藩の同調するところとなり，湘軍水師が編制されることとなった。

1853年10月湖北で太平軍に大敗を喫したが，まもなく安徽巡撫に起用され，楚勇を率いて安慶陥落により臨時省都となっていた廬州（合肥）に赴き，胡以晃の率いる太平軍を迎え討った。廬州を守備する清軍は弱体で，援軍の統率が取れておらず，54年１月廬州を囲んだ太平軍が地下道を掘って城内に攻め込むと，支え切れず戦死した。清朝は総督の位と忠烈の謚を与えた。著書に後人が編纂した『江忠烈公遺集』２巻があり，これには「国史本伝」および曾国藩・厳正基・郭嵩燾・鄧瑤らによる墓碑銘や伝記なども収録されている。

参考文献：民国清史館編『清史稿』407，列伝194（民国清史館，北京，1927年）。民国中華書局編『清史列伝』43（民国中華書局，上海，1928年）。繆荃孫『続碑伝集』51（江蘇編訳書局，1910年）。朱孔彰『中興将帥別伝』３上（江寧刊本，1897年）。清史編委会『清代人物伝稿』下編６巻（遼寧人民出版社，瀋陽，1990年）。Arthur W. Hummel, *Eminent Chinese of the Ch'ing Period 1644-1912* (U.S. Government Print office, Washington D.C., 1943).〔並木頼寿〕

蔣　作賓（しょう　さくひん） Jiang Zuobin

（1884年３月４日～1942年12月24日）

字・雨岩。湖北省応城県生まれ。国民党の軍人，外交官。

農家に生まれるが，家が貧しかったため農耕に携わりながら伝統的教育を受け，科挙に応じ秀才となった。張之洞が湖北新政の一環として設立した武昌文普通学堂に1902年宋教仁らとともに入学。05年日本に留学，成城学校在学中の８月に中国同盟会に加入した。07年日本の陸軍士官学校に入学し，歩兵科に学んだ。08年帰国，保定軍官速成学校教官に任ぜられ，軍内の革命派を育てた。09年より清朝陸軍部軍衡司で働き，11年司長となった。

辛亥武昌蜂起後，蔣は革命派軍人の協力・調整を図るために華北・華中各地をまわり，1911年末九江に到着した。その地で江西省都督府参謀長に就任。12年１月南京臨時政府成立時に陸軍部次長（総長・黄興）となった。15年袁世凱の帝制運動に反対し，病気と称して陸軍部次長を辞職しようとしたが，袁によって北京西山に監禁された。袁死後，16年６月参謀本部次長に就いた。

1917年７月上海で孫文と会談した蔣作賓は，同年９月から19年２月まで北米とヨーロッパの各地を歴訪し，各国国情視察のかたわら，華僑の護法運動への協力とりつけに努力した。帰国後，趙恒惕・唐生智らとともに湖北督軍・王占元を倒し，20年末広州の孫文指導下の軍政府に大本営幕僚長として参加した。21年一時湖北省総監を務めた。22年広州における孫文と陳炯明の分裂の際には陳側の葉挙部隊に敗れ，自身は危うく逃れ，反陳諸部隊の間で連絡役をつとめた。23年から25年にかけて蔣は広東軍政府の使節として北京・上海を中心に活動し，各方面から財政・軍事支援を獲得した。

1926年7月北伐が始まると蔣は華中に派遣され，陳調元らの有力軍人を蔣介石側につかせることに成功した。また東北で張作霖との調整にもあたった。彼のこの一連の活動は南京における蔣介石の国民政府の成立を助けた。この功により戦地政務委員会主席（28年1月），北平政治分会委員（28年7月）などの要職に就いた。

1928年10月蔣作賓は駐独公使となり，対ソ関係改善を図った。彼には中独ソの提携によって日本を牽制するという目的があったが，コミンテルン問題や中東鉄道事件（29年）のため中ソ間の対立を解くことができなかった。31年4月離任し7月南京に戻った蔣は対日交渉の必要性を訴え，同年8月駐日公使に任命された。赴任途上の朝鮮において蔣は満州事変の勃発を知り，直ちに朝鮮総督・宇垣一成と交渉にあたった。宇垣との間では事変不拡大の合意が成立したが，関東軍の暴走を止める力は日本政府にもなかった。32年蔣は上海事件や満州問題で日本政府に再三抗議したが受け入れられなかった。日中間は原則上の問題で対立していたが，交通回復や停戦の実務面では中国側の譲歩により関係は次第に改善され，35年5月日中両国は外交関係を大使級に格上げした。蔣は初代駐日大使となった。彼は広田外相に，相互の独立尊重・友好の維持・紛争の平和的解決という中日親善三原則を提示したが，逆に日本側から排日運動の取り締まりなどを要求され，これを基本的に認めた。蔣は35年11月離日したが，この短期間のうちに対日関係改善に努力した。

1935年12月蔣作賓は国民政府内政部長に就任した。彼は各省・各県の地方行政官を選任し，行政講習所を設けて彼らを訓練した。37年には国民大会代表選挙の実施・監督にあたった。37年11月安徽省主席に転任，翌年重慶に赴き党務に専念した。40年国民党党政工作考核委員会政務主任となったが，42年1月高血圧症で倒れ辞職し，同年12月重慶で病死した。

参考文献：M.C. Powell ed., *Who's Who in China: Biographies of Chinese, third edition* (The China Weekly Review, Shanghai, 1925). 呉相湘『民国百人伝』第2冊（伝記文学出版社，台北，1971年）。呉国柄「記蔣作賓先生」，『中外雑誌』34巻3期，1983年。北京師範大学・上海市檔案館編『蔣作賓日記』（江蘇古籍出版社，南京，1990年）。　〔塩出浩和〕

焦（しょう）　達峰（たつほう）　Jiao Dafeng

（1886年～1911年10月31日）

原名・大鵬，字・鞠蓀。湖南省瀏陽県生まれ。清末の革命運動の指導者。

生家は500余苗の土地を持ち，父は団総を務めた経験がある。5歳から私塾に入り伝統的な教育を受ける。のち新式の教育に転じ，瀏陽高等小学に入学し，その後長沙高等普通学堂預備科に学んだ。18歳で哥老会に加入し反清思想の影響を受けた。この哥老会とのつながりが後の革命家としての活動に大きな意味を持つことになる。この時期，焦達峰は禹之謨と交友を結んだ。このころから革命へと傾斜していくこととなった。

1906年，焦達峰は禹之謨らが指導した萍瀏醴蜂起に参加，蜂起の指導者の1人・李金起の参謀を務める。蜂起失敗後日本に亡命。ここで，東斌学校に入学，軍事を学んだ。まもなく中国同盟会に加入し，07年に同盟会調査部長となり，各省の会党との連絡を担当した。

当時，同盟会の活動は華南地区に集中していたが焦達峰は長江流域での蜂起をめざした。このため，1907年7月，焦は各地の会党との連絡のため四川の張百祥，江西の鄧文翬，湖北の劉公らと共同で秘密組織である共進会を組織した。09年初め，焦は共進会から派遣されて湖北，湖南両省で革命活動に従事した。すなわち，09年4月に漢口到着後孫武らと革命運動の展開方法を協議した後，漢口フランス租界内に共進会総機関を，武昌に分機関を設立した。続いて8月には湖南に入り，長沙に共進会機関部を設立し，瀏陽，醴陵，江西省萍郷一帯で活動し会党との連絡にあたった。この結果，半年後には千数百人を組織することに成功したと言われる。

1911年10月に武昌で新軍蜂起が成功すると，焦達峰を中心とする湖南の革命派は武装蜂起の準備に取り掛かった。このとき，会党との連絡の責任者となったのが焦達峰，新軍への工作の責任者となったのが陳作新であった。

1911年10月22日早朝，焦達峰と陳作新は長沙城外に駐留していた新軍内の革命派の兵士を率いて長沙城内に侵入し，城内の巡防営の革命派兵士と合流して諮議局，軍装局，巡撫衙門などを占領した。ここに，革命派が長沙の権力を手中に納め，湖南巡撫・余城格は逃亡した。以上のようにして湖南軍政府が組織され，焦達峰は都督に就任した（副都督・陳作新）。軍政府成立後，焦達峰は武漢地区の革命勢力の支援が最大の急務と考え，3日以内に6万の新兵を募集して王隆中が率いる新編独立第1協を武漢地区応援のため派遣した。

以上のように革命成功後，焦達峰は軍政府の最高権力者の地位についたが，その地位は安定しなかった。なぜなら，当時の湖南において大きな力を持っていた立憲派が焦を中心とする革命派に敵対する態度をとったからである。

すなわち，清朝末期の湖南では清朝政府による立憲君主制の導入を支持する立憲派が諮議局を最大の拠点に大きな政治力を持っていた。そして，湖南立憲派の指導者は諮議局議長の地位にあった譚延闓であった。この立憲派は武昌蜂起以来の政治情勢の緊迫化をうけそれまでの清朝支持の態度を変更し，革命に参加することとなった。湖南の辛亥革命は同盟会系の革命派のみならず立憲派の参加をえて実行されたのであった。

革命蜂起直後は蜂起の軍事的主柱となった革命派が軍政府の主導権を獲得し，革命派の焦達峰と陳作新が正副都督に就任するが，直ちに立憲派は反撃を開始する。すなわち，軍政府成立の翌10月23日，軍政府内に参議院を設置させ，都督・焦達峰の権力に制約を加えることに成功した。この参議院は，院長に就任した譚延闓をはじめそのほとんどの議員が旧諮議局議員からなり，立憲派勢力のいわば牙城となった。さらに，同月25日，都督のもとに軍政，民政の両部を設け，都督・焦達峰の権力をさらに弱体化させたのであった（軍政部長には黄鸞鳴，民政部長には譚延闓が就任した）。このようにして，立憲派は軍政府内で次第に権力を強めつつあった。

これに対して革命派は，当時北洋系軍隊の軍事的圧力のもとにあった湖北軍政府救援のため，長沙での武装蜂起の中心となった会党と新軍兵士を中心とする軍事力の主力を武漢地区に派遣したことから湖南省内の権力基盤は弱体化していたのであった。

そして，1911年10月31日，譚を中心とする立憲派はついに武力クーデターを発動して権力奪取に成功する。すなわち，立憲派の指示を受けた新軍第52標第２営管帯・梅馨は部隊を率いて都督・焦達峰，副都督・陳作新を殺害した。そして，後任の都督には立憲派の中心人物・譚延闓が就任し，湖南省政治の実権は立憲派が掌握することとなった。

このように，湖南辛亥革命の立て役者である焦達峰は革命成功後わずか10日にして非業の死をとげることとなったのである。

参考文献：李剣農『最近三十年中国政治史』（太平洋書店，上海，1930年）。栗戡時等『湖南反正追起』（湖南人民出版社，長沙，1981年）。張朋園『中国現代化的区域研究・湖南省1860～1916』（中央研究院近代史研究所，台北，1983年）。

〔塚本元〕

靳（きん）　雲鵬（うんほう）　Jin Yunpeng

（1877年～1951年1月3日）

字・翼青，翼卿。山東省鄒県生まれ。原籍，山東省済寧県。軍人，段祺瑞門下四天王の１人，北洋軍閥官僚。

祖父は農業と行商を営んだが，父親が子供７人を残して早世したため，家計は苦しく，母親が煎餅を焼いて街に売りにいくのを手伝って育った。母親の邱氏は，富裕な潘家に雇われ，張作霖配下の北京政府の国務総理になった潘復の乳母を務めたことがある。

幼い頃から私塾で勉強し，科挙による仕官の道を目指したが果せず，19歳の時袁世凱が小站に創設した新建陸軍に応募，入隊して，砲兵となる。1898年北洋陸軍武備学堂砲兵科第１期生となり，段祺瑞の指導を受ける。卒業後も同校に残って教練の指導にあたる。1902年袁世凱が保定に創設した北洋軍政司（後の北洋督練公所）の参謀処提調となる。同処総辦の段祺瑞の配下にあって，後に段祺瑞門下の四天王の１人と呼ばれる関係ができる。09年段祺瑞の推挙により，雲貴総督・李経羲の下で雲南新軍督練所総参議に任ぜられる。

1911年の辛亥革命に際して，中国同盟会の李根源や新軍指揮官の蔡鍔らが昆明で蜂起して雲南独立を宣布すると，その鎮圧に回るも敗退し，自らも左手に負傷を負い，駕籠かきに変装して辛くも昆明を脱出する。12年北京政府より第５鎮統制（後に第５師師長に改称）に任じられ，山東軍務会辦となり，同年秋陸軍中将に昇格。以後，山東にあって袁世凱の国民党弾圧政策に積極的に協力，13年に山東都督に任命される。14年，袁世凱の命令を受けて山東省議会を解散，袁より泰武将軍の称号を授かる。15年の袁世凱帝制運動に際して積極的に対応，山東省国民代表大会を召集し，帝制への国体変更を請願させたり，袁世凱の皇帝即位を請願した14省将軍連盟の密電に名を連ねたりし，同年12月の洪憲皇帝即位に際して一等伯爵に封じられる。しかし，機を見るに敏であり，16年３月に馮国璋が策した袁世凱の帝制取消を求める５省将軍連名密電にも名を連ねている。この間，山東において土地・財産の蓄財につとめ，済南に魯豊紡績工場，臨清に魯豊第２紡績工場を創設し，済寧に電灯工場，製粉工場を設立するなど，企業投資にも係わっている。

袁世凱の死後果威将軍を授けられ，将軍府に祭り上げられて山東都督を免ぜられるが，段祺瑞・安徽派が北京政府の実権を掌握するのを助ける。1917年４月第１次世界大戦の参戦問題をめぐって段祺瑞が黎元洪と国会に圧力をかけるために北京に召集した督軍団において，積極的に活躍。同年7月，張勲の復辟に際して討逆軍総参議として復辟鎮圧に動く。国務総理となった段祺瑞によって，17年11月陸軍大演習を参観する名目で日本に派遣され，段祺瑞の武力統一政策に対する日本の武器・資金援助と日中の軍事合作について秘密協議を行う。同月，日本から中国陸軍部に対して泰平組を通じて1,600万円の兵器借款が供与される。18年3月，第3次段祺瑞内閣が成立し，日本の援助を受けて参戦軍が編成されると，参戦督辦公処の参謀長に任ぜられる。同年5月，段祺瑞政府を代表して，日本陸軍との間に日中陸軍共同防敵軍事協定，日中海軍共同防敵軍事協定を締結する。しかし，日中軍事協定反対・南北和平運動が全国に広まり，徐世昌大総統が南北停戦を実現して次第に段祺瑞・安徽派から離反するようになると，折から徐樹錚（段祺瑞門下の四天王の1人で安徽派のナンバー・ツーの実力者）と対立を深めていたこともあって，徐世昌に接近するようになり，18年末に成立した銭能訓内閣の陸軍総長に任ぜられる。

1919年2月徐世昌が欧米公使団からの参戦軍取消の要求を利用して参戦軍を段祺瑞，徐樹錚の手から切離し，陸軍部の管轄に移管しようとすると，これに積極的に賛同し，段祺瑞との亀裂を深めた。段祺瑞，徐樹錚らが山東問題に対する失政と五・四運動による内政の混乱の責任を追及して銭能訓内閣を倒閣させ，段祺瑞派の龔心湛臨時内閣が成立した時も陸軍総長として留任，靳雲鵬排除を策す段祺瑞，徐樹錚との対立は決定的になる。これに乗じた徐世昌の画策により，同年9月陸軍総長兼任で靳雲鵬臨時内閣を組閣，ついで11月直隷派と奉天派の支持を受けて正式な靳雲鵬内閣を成立させる。この間，直隷派の新首領・曹錕とは義兄弟の交情を結び，奉天派・張作霖とは張の娘婿となって姻戚関係を結んだ。

1920年7月安直戦争が起こると段祺瑞から定国軍の総参謀に任命されるも謝絶し，安徽派敗北後の8月，第2次靳雲鵬内閣を組閣，陸軍総長を兼任し，安福倶楽部の解散，日中軍事協定の廃止と参戦軍（当時辺防軍と改称）の解散，参戦借款の停止など，安徽派解体の政策を推進する。日本側から強い要請のあった山東問題解決のための日中直接交渉については，推進派の段祺瑞派から圧力がかけられたが，国民の反対運動を口実に応対を回避する。徐世昌大総統とのコンビでこの期にあっては比較的長く続いた靳雲鵬内閣も，徐世昌，奉天派ならびに旧交通系との軋轢が深まり，21年12月辞職する。

以後政界からは一時退き，天津の日本租界に寓居しながら，経済活動に従事。1922年に山東権益の中国返還が実現したため，日本は中国との合弁企業を設立して利権の保留・拡大を図ったが，それに便乗して大倉系財閥と結んで膠東魯大鉱業会社を設立，前述の済南魯豊紡績工場の理事長の職にあった。当時約2,000万元の私産があったといわれる。26年と27年に張作霖が北京政府を牛耳る状況にあった時，再度組閣を目指して策動したが，いずれも呉佩孚の反対で実現せず，失意のうちに天津に隠居して「居士林（出家しないで仏道の修行をする集団）」を組織，政界への再起を期しながら読経生活を送った。日中戦争中，徐世昌とともに日本の傀儡政権に引き出す計画はいくつかあったが，実現には至らなかった。51年1月天津で病死。

参考文献：中国社会科学院近代史研究所主編『民国人物伝』6巻（中華書局，北京，1987年）。楊大辛主編『北洋政府総統与総理』（南開大学出版社，天津，1989年）。譚志清「我所知道的靳雲鵬和靳雲鶚」，中国人民政治協商会議全国委員会文史資料研究委員会編『文史資料選輯』35輯（中国文史出版社，北京，1986年）。何明主編『北洋政府総理的最後結局』（中共党史出版社，北京，2008年）。

〔笠原十九司〕

経（けい）　亨頤（こうい）　Jing Hengyi

（1877年～1938年9月15日）

字・子淵，号・石禅，署名・聴秋，頤淵，別名・長松山房主人。浙江上虞県生まれ。国民党指導者，教育行政家。

商家に生まれる。従父の経元善は電報機器の製造に携わり，盛宣懐の下で上海電報局総辦として電報行政にかかわった。この従父が1900年蔡元培ら同志と電総署の廃止を批判する通電を出したが，西太后の報復を恐れて亨頤も澳門に脱出して難を逃れ，庚子の乱（義和団事件）の際に浙江に戻った。その後，03年から日本に留学し，東京高等師範学校物理科を卒業した。

帰国後，1908年浙江省の杭州貢院旧址に両級師範学堂が建てられると，招かれて教務長となる。12年学制改革に伴い，両級師範学堂が浙江省立第一師範学校になると，その校長に就任した。15年袁世凱の帝制運動がおこると，浙江省教育会を基礎に青年団を組織し，また会所を西湖平海橋畔におき，民権講座を開設した。

1919年には浙江省教育会会長を兼任する。五・四運動の際には第一師範を軸に浙江省で新文化運動を展開した。その活躍は北京の蔡元培と並び称される。同年秋太原で開かれた全国教育会議に浙江省代表として出席した。20年守旧派勢力などに迫られ校長職を追われたが，第一師範学生たちはそれに反対してストライキを起こした。

経亨頤は1921年北京に行き，国立高等師範学校総務長に就任。その職を退くと再び郷里の浙江省上虞県に戻り，23～24年にかけて，紳商・陳春瀾の資金30万元などの援助を受けて私立春暉中学・図書館を白馬湖畔に建て，校董・校長となって「新文化」を提唱し，下層民衆教育を進めていった。25年には短期間ではあったが省立の寧波第四中学校長を兼任する。

国民革命期には広州で国民党左派として活動する。国民党２全大会では浙江代表として参加し，中央執行委員に選出される。北伐では広東から両湖を経て南京に赴く。1926年８月に国立中山大学学長に就任（10月まで）。27年３月の２期３中全会では武漢国民政府委員に選出された。

南京国民政府が成立すると，経亨頤は南京に移り国民党中央教育行政委員会委員（1927年４月27日），中央訓練部常務委員・浙江省政府委員，さらに国民党中央特別委員会委員（９月16日）に選ばれた。また28年の２期４中全会では，国民政府委員・常務委員・民衆訓練常務委員に推され，７月には処理逆産委員会主席になった。29年３月の国民党３全大会では第３期中央執行委員候補に推挙された。ただし広東派と接触したため就任しなかった。30年南京の中央に対立して，閻錫山，馮玉祥らが北平で中央党部拡大会議を開催すると，亨頤は組織部委員に推された。しかし閻・馮が敗退するに伴い，国民党党籍を剝奪された。

1931年５月，広州事件が起きると，第２期中央執行委員の資格で広州国民政府に参加した。11月国民党中央は経亨頤の第３期中央委員の資格を取り消している。妥協がなった後，南京国民政府の改組委員となり，また31年12月の国民党４全大会で国民党中央執行委員，４期１中全会では国民政府委員に選出され，33年１月政務官懲戒委員にも就いた。また，35年11月の国民党５全大会では，国民党中央執行委員候補に選出された。この間，中共の「8・1宣言」を支持するなど，抗日抵抗への積極的な姿勢を見せていた。

政治的活動の一方で，ペスタロッチ教育法から学んで教育改革にも取り組む。児童全員入学や義務教育の普及，入学経費の無償など，国民教育の普遍化，平均化の「国本教育」を主張した。書画にも親しみ，1925年頃上海で「寒之友社」などの同人団体を組織した。36年には篆刻の影印に詩や書画墨跡を集成した『頤淵篆刻詩書画集』全３冊を出版した。晩年は山水に親しむ。37年重慶で国民政府の政府委員となったが，抗日戦争期には上海租界に住み，38年９月広慈医院にて病死。17～19年の『経亨頤日記』全７冊（浙江図書館蔵稿本）なども残されている。

参考文献：姚輝・黄建国編『経亨頤日記』（浙江古籍出版社，杭州，1984年）。姚輝「経亨頤和『経亨頤日記』」，『浙江学刊』３期，1986年。周邦道『近代教育先進伝略』（中国文化大学出版部，台北，1981年）。張彬「経亨頤的教育改革理論和実践」，『杭州大学学報［哲社］』1984年１期。経遵義「民主革命的先駆・経亨頤先生」，『団結報』1987年６月20日。高志村「経亨頤与春暉中学」，『団結報』1987年６月20日。

〔栃木利夫〕

景（けい）　梅九（ばいきゅう）　Jing Meijiu

（1882年３月15日～1959年３月10日）

名・定成，字・梅九，枚九，号・無碍居士，銘鼎，筆名・秋心，黒景，老梅，塁仇，黒翁，某九，滅奴又一人，MU。山西省安邑県生まれ。清末・民国初期のアナキスト，ジャーナリスト。

景梅九は地主の家庭に生まれた。父・丹祺（字・吉甫）は宋明の理学や天文学に造詣が深く，秀才となって教師を務めていた。景は幼年の時より祖父の弟にあたる人物から古典を学び，1894年には秀才となり，99年には太原の令徳堂書院（後の山西大学）に学び，翌年晋陽書院に移った。1901年京師大学堂（後の北京大学）に入学し，03年官費留学生として日本に渡り，東京の第一高等学校に入学した。05年夏一時帰国した後，秋に再び日本に渡り中国同盟会に加入し，同盟会山西分会が成立すると評議部長となった。翌年『漢幟』，『晋学報』，『第一晋話報』の創刊に加わり，自らも記事を執筆した。07年幸徳秋水ら日本人アナキストと交わって思想的影響を受け，金曜講演会などに出席している。翌年一高を卒業したが大学には進まず，帰国して青島の震旦公学の教員となる一方，造船労働者のストライキを指導している。彼は14歳の時，４歳年上の李姓の女性と結婚し，１男２女をもうけていたが，妻と死別したため，08年閻玉青と再婚した。

1909年景梅九は安邑で教育会を組織した後，西安で教員を務め，翌年日本に渡って章炳麟から『説文』などを学んだ後，西北革命および中央革命決行の意志を持って帰国し，北京に赴いた。しかし，北京でアナキズムの共鳴者を得ることは難しく，彼は孤立した状態になる。11年２月北京で『国風日報』を創刊し，清朝批判を行った。またこれと前後して，彼はパリの『新世紀』や上海の『民国日報』にも記事を寄稿している。

武昌蜂起後，景梅九は北京で山西の独立を画策し，1911年10月30日に山西が独立を果すと，呉禄貞と閻錫山の提携を促進した。その後，袁世凱の攻撃から山西を防衛する軍事行動に加わった。翌年南北和議が成ると，『国風日報』の編集を他の人に任せ，夏には山西大学でアナキズムや社会主義に関する講演を行った。しかし，彼は過渡的手段としての議会政治を認めており，13年2月の国会議員選挙では衆議院議員となっている。第2革命が失敗に終わり，11月に袁世凱が国民党に解散を命じると，景は『国風日報』に袁を批判する記事を書いた。そのため袁は彼を逮捕しようとしたが，事前に北京を離れて陝西に逃れた。しかし，ここで討袁の檄文を書くと，景は袁の命令によって逮捕され，袁が死ぬ16年6月まで獄につながれた。出獄後，国会議員に復帰し，翌17年7月張勲による復辟が起こると，『国風日報』で批判の論陣を張った。同年8月には広州で非常国会に参加し，護法議員に任じられた。

1925年河南辦理軍務収束事宜の地位にあった胡景翼は景梅九を開封に呼び寄せ，省長に就任させようとした。しかし，景は国事に関わっても官位に就く意志はないとして，これを断っている。27年4月南京に国民政府が成立し，蔣介石は景を高官に任じようとしたが，彼はこれに応えず，むしろ29年からは反蔣活動に加わり始める。34年6月『出路』週刊を創刊し，政治・学術を論じた。36年10月には魯迅の追悼会に出席した。37年抗日戦争が始まると，彼は『国風日報』を西安に移し，共産党とも良好な関係を保っていた。また，彼はこの時期『紅楼夢』の研究をも行い，『石頭記真諦』を著している。

1948年1月，中国国民党革命委員会が成立すると，景梅九もこれに加入し，中央監察委員に任じられた。49年5月『国風日報』は出版を停止した。中華人民共和国成立直前には，董必武らから北京に赴くよう要請されたが，高齢と病弱の故をもってこれを固辞した。50年には西安市人民代表となり，翌年には西北行政委員会参事となった。59年3月西安で病没。彼の著作には，『罪案』，『入獄始末記』など多数ある。

参考文献：景克寧・趙瞻国『景梅九評伝』（山西人民出版社，太原，1990年）。劉唐紹主編『民国人物小伝』第7冊（伝記文学出版社，台北，1985年）。景梅九著，大高巖・波多野太郎訳『留日回顧』（平凡社，1966年）。玉川信明『中国の黒い旗』（晶文社，1981年）。　〔嵯峨隆〕

景(けい)　廷賓(ていひん)　Jing Tingbin

（1861年～1902年7月25日）

直隷省広宗県東召村生まれ。武挙人の出身。義和団運動後期の指導者。

小地主の家に生まれる。義和団運動が盛んだった1900年に，広宗県でも教会が破壊され焼き払われる事件が相次いだ。そのため8カ国連合軍の北京占領後，キリスト教会とその信者は，当地の人々に多額の賠償金を要求してきた。また，北京議定書で8カ国に約束した賠償金を支払うため，清朝は民衆から「洋差」とよばれる莫大な臨時税を民衆に課してきた。こうした状況のなかで，民間自警団である連庄会の総団長となった景廷賓は，教会と洋差に反対する運動を始めたので，県から連絡を受けた直隷総督・袁世凱は，正定総兵の董履高と大名道の龐鴻書に命じて景廷賓の捕縛に向かわせた。02年3月，この清軍を景廷賓は東召村で迎え撃ち，両者は激しく戦った。しかし景延賓は敗れ残党を率いて鉅鹿県履頭寺に逃げた。

景廷賓は厦頭寺で2,000～3,000人を集めて正式に蜂起を宣言し，趙三多・郝振邦らの義和団部隊も参加して，統一軍を組織した。同軍は，景廷賓を龍団大元帥，劉永清を副元帥，郝振邦を軍師，趙三多を主将とし，「掃清滅洋」（清を一掃し外国人を滅ぼす），「官逼民反」（官が圧迫するから民は反抗する）をスローガンとし，総勢3～4万人に達した。かれらは付近の州・県の教会を攻撃し，清軍と各地で戦いながら，直隷・山東・河南の3省交界にある広宗県件隻村に移動した。当地の義和団や連庄会の参加を得た。その間，景廷賓は威県張家庄のカトリック教会を攻撃し，フランス人神父（中国名・羅沢甫）を殺して広宗県件隻村に行き，南寨門の上にその首を懸けた。5月5日，段祺瑞は張騰蛟，倪嗣冲らに清軍を率いて件隻村を攻撃させた。景廷賓は敗れ成安県に逃げ，劉永清と会って再起を計ろうとしたが，ここで密告により清軍に襲われた。彼は捕縛され，威県に送られ7月25日処刑された。

景廷賓と共に戦った劉永清は字を四海といい，広宗県東召村の秀才で，家は60畝ほどの自作農であった。彼は景廷賓とともに南和県，曲周県，成安県と転戦したが清軍に敗れ，景廷賓と分れたのち鉅鹿県でしばらく潜伏した。その後，山西省に逃亡し，そこで商売などで生計をたてていたといわれる。

参考文献：中国史学会主編『中国近代史資料叢刊・義和団』2・4（上海人民出版社，上海，1961年）。陳旭麓・方詩銘等主編『中国近代史詞典』（上海辞書出版社，上海，1982年）。賈逸君遺稿「景廷賓起義調査資料」（1980年，義和団運動史学術討論会提出論文）。　〔小林一美〕

経　元善　Jing Yuanshan

（1841年8月29日～1903年）

字・蓮珊，蓮山，号・居易子，小蓮池主人。浙江省紹興府上虞県生まれ。原籍，同前。清末上海の銭荘経営者，洋務企業の有能な経営者，後に変法運動の支持者となった社会改革家。

経氏は元来農家であったが，父・経緯（字・慶桂，号・芳洲，1804～65年）が開港以前に仁元銭荘を設立，46年頃には茶の輸出貿易を営み，巨富を築いた。父はその資産を社会の慈善事業のために寄付し続け，清朝から表彰も受け，知府銜の身分を受けるに至った。

彼は幼い時より学問を好み，読書の間には時事問題にも関心を払っていた。長じて後には特に同郷の王陽明の心学に私淑していたという。1857年商売に従事し始め，父の死に伴い71年には仁元銭荘の経営を引き継いだ。83年上海南市銭業公会董事に選ばれ，89年には北市銭業会館の董事をも兼任して，上海金融界の重鎮となった。彼は父同様に社会のための慈善活動を継続したが，中でも78～79年の義援活動の時，彼の運営能力や商人たちの組織力，金融業界での地位などが洋務派の注意を引くことになった。

彼はまず1880年鄭観応の推挙を受け，李鴻章の委任で鄭と共に上海機器織布局の創設に協力したが，現実の洋務企業経営において無能な官僚側の董事・戴恒，龔寿図らの圧迫を受け，失望の余り退局した。その翌年には3年前の義援活動以来義兄弟の契りを結んだ電報局商董・謝家福の推挙で同局会辦（副支配人）になり，82年謝に代わって官督商辦（官僚が監督し商人が経営）に改められた電報局上海分局の総辦（総支配人）に昇格した。同局の最高経営者（督辦＝官僚支配人）で大株主でもある盛宣懐はいつも天津に勤務していたので，彼の経営はそれ程干渉を受けず，以後20年近く商董（商人理事）として比較的自由に腕を振るい，官場の悪しき慣習を極力排して，合理的経営を行った。彼はまた並行して利国駅煤鉱・湖北織布局の創設にも参与した。

しかし，洋務企業における官僚の腐敗・無能・商人圧迫に苦悩し続け，彼の思想も洋務論の枠から脱却し，彼なりの「変法自強」を模索し始めていた。

1894年冬，抗日戦のための義兵義餉の募集を試みた彼は，その翌年張之洞の紹介で康有為と面談し，鄭観応・汪康年らと共に上海強学会の組織化に協力してその董事となった。しかし，彼にとって康有為の改革の内容・方法があまりに過激にすぎ，強学会を辞退したが，変法運動への協力は継続し，97年には梁啓超を中心とする『自強報』の刊行と不纏足会の組織化への協力，中国女学堂の創立などに尽力した。また97年友人の何嗣焜（生年不詳～1901年，字・眉孫，枚生，江蘇武進の人，盛宣懐の母方の従兄弟，張謇の同志）が盛の命で上海に南洋公学を開設した際にも彼は惜しまず協力したし，さらにその翌年には自身で農工学堂の設立，経正集会の組織，勧善看報会の設立，張謇の上海商学会設立への協力などの社会教育事業の推進を通じて，上海に改革の機運を盛り上げるのに大きな貢献をした。

1900年1月西太后が光緒帝を廃立のうえ，別に9歳の幼帝を擁立しようとし，世上が騒然とした事件が発生した。この時彼は章炳麟・蔡元培・唐才常ら上海紳商1,231人と連名で総理事務衙門に「保皇」の立場から反対の電報を打ったため，その行動は忽ち西太后の怒りを買った。当時たまたま北京にいた盛宣懐は，暗号電報で鄭観応に連絡し，彼を逃亡させた。しかし，彼が上海を離れた後，盛宣懐は電報局の上司として弾劾され，彼を連れ戻す責任を負わされた。そこで盛宣懐は彼が公金を横領して広東方面に逃亡したという罪を被せて，広東総督の李鴻章に彼を逮捕するように依頼した。ところで彼は鄭観応の同郷の親友に護送され，香港経由で澳門に着いたが，その居場所は鄭しか知らなかった。その鄭がこの事件で西太后の機嫌を取り結び，盛宣懐の権勢拡大に利用しようと考え直し，彼を裏切り，その所在を盛宣懐，李鴻章に密告してポルトガル当局に逮捕させた。そして彼の身柄を引き取ろうとしたが，容閎・梁啓超ら広東・上海の知人，変法派の人々の救援の動きがあって，ポルトガル当局は国際法によって彼を保護し，中国政府側と裁判となった。その裁判において結局彼は無罪となり，そのまま亡命者として保護された。しかし，すでに澳門亡命で上海の資産を没収され，社会的地位も失い，彼は間もなく上海に戻ったものの，鄭観応の裏切りによる精神的打撃も大きく，失意のままに03年秋上海で病死した。

彼の著作として時事を論じた『趨庭記述』，上奏文・電報・書簡・経営文書などを集めた文集『居易初集』，同増訂本などがある。

参考文献：武曦「鄭官応与梁啓超，経元善」，『近代史研究』1983年1期。虞和平「従経元善看洋務企業中的官商関係」，『北方論叢』1985年1期。虞和平「略論戊戌前後的経元善」，『近代中国人物』3輯（中国社会科学出版社，重慶，1986年）。黄逸平・袁燮銘「晩清中国銭荘的資本主義化」，『学術月刊』1988年1月号。虞和平編『経元善集』（華中師範大学出版社，武漢，1988年）。王爾敏「経元善之身世与思想及其上書保皇招禍経過」，『近代中国』15輯（上海社会科学院出版社，2005年）

〔中井英基〕

居（きょ）　正（せい）　Ju Zheng

（1876年11月8日～1951年11月23日）

原名・之駿，字・覚生，岳崧，別号・梅川居士。湖北省広済県生まれ。中国国民党西山会議派の政治家。

農家の出身。父・賓虞。母・胡氏。居正は7歳の時中国古典の勉強を始め，科挙の準備をしたが，毎年これに失敗。1899年院試卒業をもって県学に入学，1901年滄浪書院に転じた。しかし，郷試には合格せず一時故郷に帰っている。

1905年居正は陳乾自のすすめで日本に渡り，法政大学予科に入学した。またこの頃，同郷の田桐に勧められて中国同盟会に加入した。06年張伯祥，劉公らと秘密裏に共進会を組織し，その章程を起草した。07年法政予科を修了して日本大学法学部に移った。しかし，雲南省河口での同盟会による反清蜂起（08年4月）に参加するため，居は日本を離れ中国南部に向かった。途中の香港で蜂起の失敗を知った彼は，孫文の兄・徳彰の援助でシンガポールに赴き，中興日報社に入った。居は，胡漢民，汪精衛らとともにこの新聞紙上で保皇党と論争した。

短期間のシンガポール滞在のあと，居正はビルマ華僑に請われてラングーンに移り，その地の中国語新聞『光華日報』の主筆となった。この時，同盟会ラングーン支部が居正によって設立されている。1910年彼はビルマ当局から国外退去を命じられ，『光華日報』は停刊となった。

1910年居正はやむなくラングーンを離れ東京に戻り，日本大学に一時復学した。しかし，同年中に中国に移り，翌11年にかけて長江流域で革命工作に従事した。彼は共進会員として新軍と連絡をとった。11年8月彼は楊玉如とともに上海に赴いて宋教仁，陳其美らと蜂起の計画を練り，黄興の到着を待っていたが，居が武昌に到着する前に，11年10月10日武昌の新軍が蜂起し辛亥革命が勃発した。10月14日になって居は武昌に到着し，湖北軍政府の組織に奔走した。独立各省の代表は南京に集まり，12年1月1日孫文が中華民国臨時大総統に就任した。この時居正は内務部次長に任ぜられた。

1913年1月の国会選挙で居正は参議院に当選した。しかし宋教仁が暗殺され第2革命が勃発すると，孫文の命令で彼は上海で討袁軍を組織した。討袁軍は南下した北洋艦隊と戦ったが戦局は悪化し，居は日本へ亡命した。14年6月東京において中華革命党が成立すると党務部長となり，党員連絡事務を統轄した。この時『民国雑誌』の経理を兼任している。16年中国に戻り，5月山東省において中華革命軍東北軍を組織し，その総司令として膠済線沿線のいくつかの県を占領した。同年6月袁世凱が死去し国会が再会されると，居は北京に上った。このように居正は，同盟会から中華革命党までの時期，孫文に比較的近い共和主義の革命家として平時には党務と宣伝に，戦時には軍務に就いた。この革命歴の豊かさが，法律に関する素養とともに，後に長期間司法院院長を務めるための政治的資源となった。

1917年孫文の護法の呼びかけに応じて南下し，広州国会に参加した。孫文が18年に第1次広東軍政府から去った後も，居正は参議院議長・林森らとともに広州に残って孫文の意向を代弁した。19年の中国国民党成立の際には同党の総務部主任となる。

1922年春広州の護法政府内では陳炯明と孫文の対立が深まっていたが，居正は孫の使者として惠州に赴き陳と3度交渉している。しかしこの交渉は不調に終わり，同年6月陳麾下の葉挙の部隊が孫文の総統府を攻撃した。居も孫文側の部隊に加わり抗戦したが広州を回復できず，孫文は上海に逃れた。居正はこの後，反陳炯明勢力と連絡をとるため福州に派遣された。

1924年の中国国民党第1回全国代表大会で中央執行委員に選ばれる。居正は東北地方で党活動に従事することを希望したが孫文に許可されず，上海に蟄居してしまう。一説には，共産党員の自分に対する中傷に抗議するためだったという。この時以後，彼は反共の姿勢を貫くことになる。

1925年，孫文の死去を知ると居正は急遽北京に行き，国民党中央執行委員会第3回会議に出席した。しかし彼はこの後北京を離れて上海に移り，かつての同盟会時代の同志たちと反共的な辛亥倶楽部をつくった。同年11月北京で鄒魯，謝持，林森らが中央執行委員会，所謂西山会議を開くとこれに参加し，26年西山会議派（上海）の常務委員となった。

北伐が進展し1927年武漢国民政府から共産党員が去ると，南京，武漢，上海の3つの国民党中央党部は合同に向けて動き出したが，党内にある反西山会議派の活動のため，28年南京から日本に移った。その後上海に戻った居正は西山会議開催から南京退出までの事情を『清党実録』として出版したが，これは西山会議派から見た国民党史の資料として貴重な文献である。

日本の中国侵略が強まる中，1931年中国国民党は第4回全国代表大会を南京で開催し，居正を含む西山会議派の党員もこれに出席し，ここで中央執行委員会常務委員となった。翌年彼は司法院院長兼最高法院院長となり，その後48年まで司法院院長を務め，中国における法治の実現と列強の領事裁判権撤廃に向けて努力した。33年彼は三級三審制の法院組織法を制定した。また，35年までに弁護士制度と行政訴訟手続を整備し，監獄を近代化し，さらに36年それまであまり顧みられなかった県レベルの司法機関を整えた。この間31年12月には東三省に関して犬養毅首相の対中私設代表・萱野長知との交渉にあたっている。萱野は居が日本に亡命していた時彼を援助しており，旧知の仲であった。なお居正は36年に広東・広西の反蔣勢力と南京との調停に努めた。

1938年国民政府が重慶に移ってからも居正は戦時に対応した司法政策を進めたが，39年には一時膿胸の手術のため公務を離れた。43年中国は司法の対外的独立を回復したが，これは対日戦の同盟国としての中国に英米両国が配慮したものである。48年第1回国民大会で居正は総統選に立候補し，蔣介石に敗れている。49年蔣引退後の共産党との北平和平会談に李宗仁代理総統，何応欽将軍らとともに参加した。

国府遷台後居正は台湾に住み，自身のかかわった中国近代史に関する史料を編纂した。香港『民主評論』に自伝的歴史評論「梅川日記」を連載した。1951年11月台北で病死した。『居覚生先生全集』がある。

参考文献：呉相湘『民国百人伝』第2冊（伝記文学出版社，台北，1971年）。朱伝誉・王茉莉主編『居正伝記資料』（天一出版社，台北，1978年）。賀覚非編『辛亥武昌首義人物伝』上冊（中華書局，北京，1982年）。　〔塩出浩和〕

K

康　広仁（こう　こうじん） Kang Guangren

（1867年6月13日～1898年9月28日）

原名・有溥，字・広仁，号・幼博。広東省南海県生まれ。戊戌親政に参加した清末政治家。

康広仁は康有為の弟で，父の達初は江西補用知県であったが，早くに失う。母は労氏。彼は若い時から官に仕えないで，事業を興そうとした。中国が弱いのは，優れた人材に門戸を閉ざしたことに由来すると考えた。一応科挙を試みたがやめている。黄娯讙と結婚して，娘・同荷が生まれた。黄娯讙は中国女学会の董事となり，同荷は日本女子大学を卒業した。

1887年浙江で捐納によって巡検候補となったが，その卑屈さを恥じてやめた。97年正月『知新報』がマカオで発行されると，康広仁は総理に任ぜられた。ついで上海に来て女学堂の開設を提唱し，二千年の頽風を振るい，女子を救おうとした。また，梁啓超，譚嗣同，汪康年が時務報館に戒纏足会を設けた時，董事に任ぜられた。そして，会中の同志たちが互いに婚姻して，纏足の悪い習慣を改めるようにした。

1897年9月から10月の間に上海で大同訳書局を開設した。その内容は東学を主として，西文でこれを助け，政治学を中心とし，他の学問を第2とした。また，はじめに各国の変法の事柄を翻訳・紹介し，変革の際の一切の状況をしるした書を含み，今日の取るべき法に備えようとした。ついで，外国の学校の各種の教科書，憲法の書，事業の規則書などを翻訳した。さらにまた商業関係の本を訳して中国の商学を興し，利権を回収するのに役立てようとした。

康広仁は，汪康年とともに戒纏足会の董事をしていたので，汪に依頼して『時務報』に大同訳書局の広告を出そうとした。しかし汪康年は，康有為の『孔子改制考』を見て躊躇し『時務報』第51冊はその書名を伏せて掲載した。

康有為が変法の上書をしていた頃，康広仁は，外交においては英国と連携し，内政においては，八股取士の制を廃し，志士の教育に専心し，多数の実用の才を養成し，3年以後に大いに革命を行うべきであると主張した。この点に関し汪康年に次のような手紙を送っている。「学校は未だ興っていない。軍艦は英国に倍し，鉄道は米国より多く，陸軍は独国に倍しているといっても，その民が窮していれば，国は敗れているのみだ。艦船には操縦する人がなく，道路には工事の材料が乏しく，軍隊では教官，器材を外国に仰いでいる」。また，連英政策については，「英国と結ぶのは，諸外国を拒否するのではない。強い露国を拒めば，中国は日本，英国の餌食となる。だから使節を遣って，鉄道，鉱務は深く英国と結び，そのあとで急いで変法を図り，国の存続を図るべきである」といっている。

1898年康広仁は，梁啓超と北京に入る。6月には変法国是が詔定された。康広仁は，「専ら意は八股の廃止に在り，八股廃止の後より民智が大いに開け，中国は必ず亡びない。上に既に権力がなければ，必ず新政を挙行することはできないであろう。もどるに如くはない。中西文学に通じている者を選んで大道を教えさせる。3年たてば必ず成功するであろう。その後，新政を議す」という態度を表明した。

康広仁は，戊戌の変法に際し，兄の康有為を評して，「スケールが大きく，志気は鋭く，引き受けることも多く，同志はすくなく，挙行は大である」と述べている。また，危険を知りながらも，捨て去ることのできない性格の持主であったことも指摘している。

1898年9月の政変で逮捕されてからも，「中国が強くなるならば，死んでも良い，八股が廃止されれば，人才が輩出し，後継者がいないのを患う必要がない」と述べ，処刑された。処刑されてから16年後，故郷の南海県銀塘の後岡に葬られた。

康広仁の詩は，わずかに一首が，『戊戌六君子遺集』に残されている。

参考文献：『戊戌六君子遺集』（文海出版社，台北，1966年）。康有為著，康文佩編『康南海自訂年譜，康南海先生年譜續編』（文海出版社，台北，1972年）。沃丘仲子『近代名人小伝』（広文書局，台北，1980年）。湯志鈞編『戊戌変法人物伝稿』増訂本下冊（中華書局，北京，1982年）。蔣貴麟主編『康南海先生遺著彙刊』17（宏業書局，台北，1984年）。

〔深澤秀男〕

康(こう)　克清(こくせい)　Kang Keqing

（1912年9月7日～1992年4月22日）

原名・桂英，桂秀。綽名・女司令。江西省万安県羅塘湾生まれ。中華人民共和国の婦人運動・児童問題の指導者。朱徳夫人。

実父・康年苟は贛江の漁夫。母・黄年姑は貧農の娘。貧しさから生後40日余で近くの貧農の家の童養媳となったが，夫となるべき男子が亡くなったためそのまま養女となり，6，7歳から農作業や家畜の世話に明け暮れた。

北伐にあたって故郷の村に農民協会，婦女協会，赤衛隊が成立すると積極的にここに加わり宣伝工作に従事した。1926年には社会主義青年団に入会し，万安羅塘湾婦女協会秘書，万安県巡視員となった。その後国共が分裂して，村に旧勢力が復活した時も，断髪して決意を表し，結婚話を拒否して紅軍を待った。28年秋，陳毅の率いる紅軍が来ると，村を出て行をともにし，井崗山の革命根拠地に入った。29年からは毛沢東，朱徳の軍に入り宣伝工作を行い，この間字を習い，新聞や『レーニン主義入門』，『レーニン主義原理』などの書で理論を学び，活動家として成長し，同年朱徳と結婚した。30年交通大隊政治委員となり，翌31年の第1回全国ソヴィエト代表大会に参加，続いて中国共産党に入党した。32年には200名の農村女性からなる瑞金紅軍総司令部直轄の女子義勇隊の隊長となり実戦に参加して，「朱徳のかみさんは強い」という勇名を馳せた。

1934年1月，第2回全国ソヴィエト代表大会で執行委員会候補委員となり，10月紅軍の長征に参加した。長征の間は第4方面軍党校総支部書記，婦女学校監督として，チベット高原で越冬し，大湿原を3度越え，その間には腸チフスにもかかるなどの苦難を経験した。延安では，中央党校，抗日軍政大学でマルクス主義理論と軍事知識を系統的に学び，37年からは朱徳と共に従軍，山西省太行山中に抗日根拠地をつくる工作を行った。38年には山西東南婦女救国会の成立に尽力，39年成立大会では「晋東南婦女大団結」の報告を行った。延安に帰ってからは中国共産党中央婦女工作委員会委員兼中央軍委政治保衛局第2局副局長になった。41年整風運動の中で同委員会が改組され，43年従来の婦人運動の運動方針が批判されて，「各抗日根拠地における当面の婦女工作方針に関する決定」が出され，解放区の婦人運動は，生産，保育衛生，識字を3本の柱としてすすめられることとなると，康克清は，この中で児童福利事業の指導者となった。康克清自身は，軍事生活を使命として，生涯自分の子どもをもたなかったが，子どもを愛し，以後も一貫して児童工作を重視した。

1945年の解放区保育児童委員会の成立に際しては，副主任に，49年第1期中華全国民主婦女連合会の成立にあたっては児童福利部部長になった。また51年には中国人民保衛児童全国委員会秘書長となり，文革以後は，副主席，主席をつとめたほか，全国児童工作協調委員会主任，中国児童少年基金会会長，宋慶齢基金会主席を歴任した。

婦女運動についても，中華人民共和国建国後一貫して，その中心的役割を担った。全国婦女連合会においては第1期，第2期に常務委員に，第3期には副主席に，文革後の第4期，第5期には主席となった。文化大革命の間は，婦女連合会自体が11年にわたって仕事を中断され，康克清も活動の場を得なかった。この間を除いては，康克清は，ポーランド，ソ連，朝鮮，オーストリア，ユーゴスラヴィア，ルーマニア，デンマーク，日本などを歴訪し，各国の婦人運動の指導者と交流した。とくに1980年7月のコペンハーゲンにおける国連世界婦人会議においては，「婦人に対するあらゆる形態の差別撤廃」に関する条約に調印した。また康克清は，党および国の指導者として中国共産党第8回全国代表大会の代表，同第11，12期の中央委員会委員であったほか，第1期から第7期までの全国人民代表大会の代表をつとめ，うち第4期，第5期には常務委員会委員であった。さらに第2期から第6期までの政治協商会議委員であり，その第4期には常務委員，第5期，第6期には副主席であった。1992年4月22日死去した。

参考文献：康克清『康克清回憶録』（中国婦女出版社，北京，2011年）。中華全国婦人連合会編『蔡暢・鄧穎超・康克清・婦女解放問題文選』（人民出版社，北京，1988年）。アグネス・スメドレー著，阿部知二訳『偉大なる道』（岩波書店，1974年）。末次玲子「康克清・大地の娘」，中国女性史研究会『中国女性解放の先駆者たち』（日中出版，1984年）。郭晨著，田口佐紀子訳『女たちの長征』（徳間書店，1989年）。

〔浜口允子〕

康（こう）　生（せい）　Kang Sheng

（1898年2月～1975年12月16日）

原名・張宗可，幼名・張旺，字・少卿。別名・張裕先，張叔平，張耘，張雯，趙蓉，趙溶。ロシア名・皮特尼兹基。山東省膠県生まれ。中国共産党の指導者で「28人のボルシェビキ」（留ソ派）のリーダー。延安時期から党務工作の責任者，文化大革命など極左思想のイデオローグ。夫人は曹軼欧（1927年に結婚）。

大地主の四男として生まれ，8歳で張家が開設した学館（私塾）に入るが，1911年辛亥革命でこの塾が閉鎖。14歳の時父親と衝突して青島に行き，青島礼賢中学に入学。15年，同郷の陳宜と結婚，1男1女をもうける。17年，礼賢中学卒業とともに郷里に戻り，同年秋，諸城に移ってそこの教師講習所で勉学。翌年諸城高等小学校で教師となる。19年の五・四運動で思想的に大きな影響を受けたと言われる。

1924年に家を離れ上海へ赴き，中共が主宰する上海大学社会科学系に入学。25年中国共産党に入党，同年7月に上海総工会の幹事となる。このころ将来の妻・曹軼欧と知り合う。26年9月，中共上海大学特別支部委員会書記となり，10月上海労働者の第1次蜂起に参加。中共上海滬東区委員会書記となり，翌年春の第2次，第3次上海武装蜂起に参加。

ソヴィエト期には主に上海で地下活動に従事（～1933年6月）。28年春，中共滬西区区委員会書記，夏に同滬中区区委員会書記，同年冬には中共江蘇省委組織部長となる（化名・趙蓉）。29年から李立三（中共中央政治局常務委員兼宣伝部長）の都市蜂起路線を支持，30年には李立三のひきで中共中央組織部秘書長となる。同年10月李立三が批判されると王明（陳紹禹）に接近。中共6期4中全会（31年1月）ではじめて中共中央委員に選出され，王明総書記のもとで組織部長。33年に上海の党中央が破壊され江西に移転後も中共上海局の代表として上海で地下工作に従事した。

1933年7月にモスクワに行き，中共中央コミンテルン駐在代表団の副団長（団長・王明）としてモスクワに37年まで滞在。この間，康生と改名。中共6期6中全会（34年1月）で欠席のままはじめて中共中央政治局に入る。35年11月，コミンテルン中央執行委員会第13回プレナム（モスクワ）でコミンテルン中央執行委員会候補委員となる（王明は中央執行委員）。留ソ中の中共党員の間で反トロツキズム運動を指導。

1937年11月に延安に移り，翌38年には中共中央社会部長，情報部長となり，以後党内のスパイ摘発工作で辣腕を振るう（39年の「三大スパイ事件」，40年の「搶救運動」など）。42～43年の延安整風運動時に毛沢東のもとで副責任者となり，かつての盟友・王明ら留ソ派の摘発に力を発揮した。中共7全大会（45年4～6月）で中共中央政治局委員に選出されたが，スパイ摘発のでっち上げが批判され中央社会部長，情報部長職を罷免された。

内戦期には山東に戻り，1947年から土地改革を指導，49年には中共中央山東分局第1書記，山東軍区政治委員・党委書記となる。だがこの年饒漱石と中共華東局第1書記の地位を争い敗れてからは失意の時期が続き，55年末まで病気静養と称して北京病院に入院，政治活動を停止した。

1956年から政治活動を再開，中共8全大会で中共中央政治局候補委員に選出される。57年には中共中央文教小組の副組長となり，反右派闘争では「右派」党員の摘発と処分で活躍。この後は，毛沢東の左傾路線の推進にともなって，政治的影響力を着々と拡大していく。毛沢東が「社会主義段階での継続革命」理論を提起した中共8期10中全会（62年9月）では右派批判の腕が買われて中共中央書記処書記に昇格。63年7月，ソ連共産党との最後の意見調整のために派遣した中共代表団（団長・鄧小平）に参加，ソ連共産党と論戦。

康生がもっとも活躍したのは文化大革命期である。まず1964年楊献珍の哲学「二を合して一となる」批判キャンペーンを策動し文化大革命の理論的準備をした。66年には毛沢東夫人・江青と結託し，5月の中央政治局会議では北京市長・彭真を攻撃，新設の中央文化大革命小組の顧問となる（江青が第1副組長，張春橋が副組長，姚文元は組員）。その後，67年の「2月逆流」，7月武漢での「7・20事件」，新疆事件，68年1月の雲南省趙健民「特務」事件，ウランフ（烏蘭夫）などの「内蒙古人民革命党事件」などさまざまの事件をでっち上げげた。68年7月に，8期中央委員中の72%を「裏切り者，特務，外国との密通者」，8期中央監察委員の62%を「裏切り者，特務，反革命修正主義分子」として江青に書き送り，68年8月には，第3期全国人民代表大会常務委員115名中，60名を「特務，裏切り者，走資派」と決めつけた。

中共9全大会（1969年4月）で林彪の政治報告を起草，9期1中全会では中央政治局常務委員に昇格した。翌年9月，中央組織宣伝組が成立するとその組長となり，江青らとともに『人民日報』・『紅旗』など宣伝メディアと組織部門を一手に掌握した。中共10全大会（73年8月）では中央政治局常務委員，党中央副主席という最高の地位に上りつめ，この頃が康生の最絶頂期だった。癌にむしばまれていたものの，74年の林彪批判・孔子批判キャンペーンでは周恩来を追い落とすために最後の力をふりしぼった。75年1月の第4期全国人民代表大会では病気欠席のまま全国人民代表大会の副委員長となる。

1975年12月16日北京で病死。追悼会では「プロレタリア革命家」・「マルクス主義理論家」・「反修正主義の輝ける戦士」などの賛辞がついた。

だが康生の政治的生涯はそれでは終わらなかった。毛沢東の死（1976年9月），盟友「四人組」の逮捕（同年10月）を経て，文化大革命イデオロギーがすべて否定されると，80年10月16日，“林彪・「四人組」反革命集団”の「核心人物」・「最悪の罪人」として，謝富治とともに党から除名，弔辞も取消され，康生の「反革命行為」は全党に公布された。ついで81年1月に結審した「四人組」裁判では，江青，張春橋らとともに“林彪・「四人組」反革命集団事件”の主犯とされた。

康生がでっち上げた「冤罪事件」はいずれも建国以前の活動を取り上げたものである。1967年の「新疆裏切り者冤罪事件」では，42年当時の「裏切り」を問題にしており，92人がまきこまれ，うち26人は死に追いやられたと言う。また「趙健民特務事件」（68年1月）は，康生の発言から起こり，ほとんどの現地幹部が巻き込まれ，1万4,000人が死に追いやられた。さらに「内蒙古人民革命党事件」（68年1月）は，内蒙古人民革命党が実は党の機関ではなく内部に多数の反革命を抱え込んでいた，という康生の摘発から始まり，結局，34万人余りが事件に連座，1,622人が死にいたったと言われる。

林彪・「四人組」裁判が語っているのが全て真実だとすれば，康生は1930～40年代に党スパイ摘発工作を一手に握っていた利点を使い，その後大量の冤罪事件をでっち上げて，政敵を追い落とし，あるいは極左イデオロギーを撒き散らした。こうした人物が30年近くも党中枢を握っていたこと自体，中国政治の暗黒面，密室性を示している。

参考文献：林彪・「四人組」裁判記録，『歴史的審判』編輯組編『歴史的審判』（群衆出版社，北京，1981年）。林青山『康生外伝』（吉林人民出版社，長春，1988年）。陳麒章他「剝開康生的画皮」，『人民日報』1980年12月22日。

〔毛里和子〕

康（こう）　有為（ゆうい）　Kang Youwei

（1858年3月19日～1927年3月31日）

原名・祖詒，字・広廈，号・長素，明夷，更生，更甡，天遊化人など。広東省南海県銀塘生まれ。春秋公羊学者，変法維新運動の推進者。

高祖・文燿，祖父・賛修共に挙人，父・達初も地方官であったが早世，母・蓮枝は労省閑の女。姉妹兄弟6人あり。弟の有溥（字・広仁，号・幼博）は戊戌政変に殉じた六君子の1人。康氏夫人・雲珠は張玉樵の女，子女8人あり，長女・同薇，次女・同璧は共に父の変法運動に協力した。

康有為は南海県出身の大儒・朱次琦の門に学び，その済人経世，実践躬行を旨とし，経学，文学，掌故，性理，詞章の五学を兼習し，その根本を孔子に求めるという思想を受けた。1878年には，清朝考証学の空疏にあきたらず，西樵山白雲洞にこもり，道仏の書を読み静坐養心した。梁啓超の『康有為伝』に「陽明学により仏学に入る」と記すが，或は読書と静養とを主とする陳献章の学風をまねたのかもしれぬ。康は経世の書や諸子に親しみ，また『海国図志』，『瀛環志略』から西洋事情をうかがい，さらに江南製造局出版の翻訳書から西学の常識を得た。始めは『周礼』から経世の意を求め，何休の公羊学を批判して「何氏糾繆」を著したが，91年頃には弟子の陳千秋，梁啓超に公羊改制説を教えた。

代表作『新学偽経考』（1891年刊）では，古文経典は王莽の新室のために劉歆が偽作したものと論断し，『孔子改制考』（98年刊）では孔子の『春秋』述作を公羊学の拠乱，升平，太平への三代改制の歴史観としてとらえ，「撥乱反正」の意を重視して孔子を救世の教主とし，素王を始め多くの王号を孔子に与えて改制の主とし，六経をすべて孔子の作として托古改制を認めた。康氏の著作に孔子紀年を用いたのはキリスト紀年の影響と思われるが，清室の忌むところとなった。康有為の改制説は朱子学を奉ずる伝統的儒家に異端視され，蘇輿編の『翼教叢編』に載せる朱一新の駁論にそれが見られる。この康氏の2著には廖平の『今古学考』からの襲用があるとされるが，劉逢禄，魏源，龔自珍らの清朝公羊家から得たものもあった。康氏の著作には別に『春秋董氏学』がある。なお，康氏の初期著作としては『内外康子篇』，『公理書』，『教学通議』などがあった。

康有為の変法案は，1888年の清帝への第1回上書に始まる。その中で，小国日本でさえ種々な変革がなされているのに，中国では政治が停滞し上意下達を欠くという。この上奏が却下されると彼はしばらく北京にいて，金石文を蒐め『広芸舟双楫』という書論を述作した。彼は91年に広州長興里に学堂を開く。いわゆる万木草堂である。『長興学記』にはその学則を記す。

1895年の，18省1,000余人の挙人の名を連ねた上奏文は公車上書といわれるが，これは馬関条約に対する抗議で，皇帝に，天下の根本を定めるための遷都と変法と強兵とを要請したものであった。そこには資本主義的諸制度をとりいれて富国を図り，諸産業を奨励して養民の法を立て，学術の進展のために科挙制度を改め，外国留学を促進し，郷村の淫祠を孔子廟に改めて民衆の教化を行うなど，戊戌奏稿の先駆的意見が認められる。この年，康氏は進士に合格し，工部主事となった。同年5月の上奏は光緒帝の手元にとどけられ，皇帝に親政の意欲をいだかせた。その後の上奏では，議院の開設のことがいわれ，明治維新を論じた。康氏は『日本変政考』を著し，また，日本書を長女・同薇に翻訳させ『日本書目志』を編述した。

康氏の運動は青年たちに「合群」（団結）のための学会活動を促し，1895年には，北京に強学会が設立され，会報の『万国公報』（後に『中外紀聞』と改名）が発刊され，上海の分会でも『強学報』が刊行されたが，その活動方針が清室高官の忌諱にふれ解散させられた。しかし，湖南，広東，福建，四川などに学会が存続し政治改革が提唱された。上海の『時務報』の発刊も強学会活動の延長である。かくして98年に保国会が発足し，保民，養民，教民をいう同年3月の康氏の講演には西洋流の国家観念が導入された。初めは清室官吏も入会したが，やがて脱会者が続出した。特に御史・文悌が「保国会の主旨は中国を保つにあり，大清を保つに非ず」と抗議し，これが戊戌政変への導火線となった。

変法運動は西太后を擁する栄禄その他の側近，李鴻章，張之洞らの官僚に抑止され，袁世凱の西太后への密告があって，光緒帝の幽閉，西太后の訓政の強化となり，康氏を中心とする百日維新は終息した。

康有為はイギリス宣教師ティモシー・リチャード（李提摩太）の救援を得て英艦で上海にのがれ，香港から日本に脱出した。日本での寓居明夷閣には梁啓超，王照ら同志が集まり，大隈，犬養，副島，品川らの政治家，柏原文太郎，陸羯南，三宅雪嶺らの文化人も訪れた。1899年，康氏の「大隈伯に致すの書」には，中国の窮状を切々と訴え，再度，矢野公使に令して西太后の心を動かし，皇帝を救済するようにと哀願している。彼はこの年，カナダに渡り，華僑士人と謀って保皇会を結成した。その後，南北アメリカ，豪州，さらに南洋諸島にも分会ができた。日本では，梁啓超が横浜で発行した『清議報』や『新民叢報』がこの会の動向を伝えている。康氏は1900年にシンガポールの華僑文人・邱菽園宅に寄寓した。この年，義和団の蜂起を機に湖南の唐才常が勤王の兵を挙げた。康氏は梁啓超と共に種々の援助を行ったが，結局張之洞に鎮圧された。この自立軍には革命派と連絡のあるものも参加したが，主義を異にするものの間の合作は無理であり，哥老会，三合会などの会党の協力も無力であった。

その後，康有為は日本，マレー，インドなどの亡命地で著作活動をつづけた。『大同書』の発想は早くからあったが，この書がほぼ完成されたのは，1902年にインドのダージリンにおいてであって，そこには『礼記』礼運篇にある大同，小康の時代観と公羊学の拠乱，升平，太平へと進展する三代改制説との結合によって形成される大同思想が見られる。人生を苦と見て，それが種々の差別から生ずるとする仏教思想が加味され，民族，国家，階級，性（男女）の差別をなくした大同太平の世には世界が同一の政府によって統合され，同一の法を持つ国民が自立の権を有するという一種の空想的社会改造思想が見られ，オランダのハーグで行われた平和会議のことや社会思想家フーリエの名もこの書には見られる。しかし，太平大同の社会がすぐに達成されるのではなく，現実は主に拠乱の段階にとどまるので，中国的礼教も必要であるとされる。康氏の『論語注』もダージリンで著作され，『中庸注』はペナンのイギリス総督署の大庇閣で述作された。彼の公羊学を概括した『春秋筆削大義微言考』もペナンで補筆完成された。この外，『孟子微』，『礼運注』，『大学注』も亡命地で補筆完成された。康有為が論・孟を公羊の義で解したことは以前からあったらしいが，『孟子微』の中に，「升平世の民権開議院の制度を説明した」とか，「立憲君民共主の法をいう」と記し，また，「民主の制，太平の法を立てた」と解説するのは，『大同書』の論説を思わせ，また亡命期の彼の政治論をもうかがわせる。

康有為は1904年以後，5年余，欧米諸国を旅し，政治社会の実状を観察した。帰国後はしばらくシンガポール，香港にいて国内の政情をうかがった。光緒帝，西太后のひきつづく死去を知り，複雑な心境においこまれたが，辛亥革命が起こり，宣統帝の退位があっても康氏の共和政治に対する不安感は変りがなかった。

1911年，康有為は3度目の日本滞在をはたした。神戸から梁啓超のいた須磨の双濤園に同居し，翌年には月見山下の住居からさらに幽邃な大庭園，長懶園（奮豫園と改名）に移ってしばらく憂いを忘れた。この間，彼は矢野と共に犬養に会って旧事を語り，大隈創立の早稲田大学に招かれて欧州旅行談を行い，朱舜水を偲んで詩を作る。当時の彼の政論である『救亡論』，『共和政体論』では，崩壊する清室を見送りながら，旧来の立憲君主制への夢をたちきりがたく，また，混迷する中国の共和政体の現実を見て，さまざまな思いをこめた「虚君共和」の政体が構想された。政府一切の大権がみな国会にあって，君主はただ虚名を擁するにすぎぬというのであろうが，「共和政体論」に見られる「立憲，猶君主なかるべきがごとく，而も共和，君主あるを妨げず」という彼の感慨は，中国のその後の政治情況の変化に応じてとられた彼の動きの中にいろいろな形で現出されたということができよう。なお，当時の康氏の論説は雑誌『不忍』に多く掲載されている。

1913年，母・労夫人の死去があり，その喪のために康有為はやがて帰国した。その後，袁世凱の帝制の企てに憤り，梁啓超の弟子・蔡鍔に打電して，その討袁を支援し，弟子・徐勤にも命じて，彼を保護した。また，康氏自身が袁世凱に退位を促した。しかし，17年には，張勲の復辟運動に対する康氏の勧告が出現した。このことが失敗すると，彼はアメリカ大使館に避難した。この年，『共和平議』を著し，中国に共和政治を行うことの弊害を詳述している。

さて，孔子を素王とし教主とすることは康有為の公羊学に見られるが，合群のための学会活動にも，学堂で孔子を拝祀することがあり，孔子素王は彼の虚君共和の論にも混入している。康氏末期の論説中に見られる孔教会の提唱は憲法中に孔子礼拝の条文を求める彼の「総統総理に致すの書」にまで発展した。この拝孔のことは，梁啓超にも批判され，陳独秀の駁論となって，五・四文化運動期の孔教批判に至ったのである。とはいえ，五・四運動の際に康氏は「国賊を誅し，学生を救うことを請う電」を発している。1922年に張夫人が死去し，27年には康氏70歳の寿に当たり，宣統帝より送られた御書及び礼品を拝して彼は感泣したが，この年の3月31日に波瀾の生涯を青島の寓居で終えたのである。

参考文献：湯志鈞『康有為政論集』（中華書局，北京，1981年）。馬洪林『康有為大伝』（遼寧人民出版社，瀋陽，1988年）。沈雲龍『康有為評伝』（伝記文学出版社，台北，1969年）。佐藤震二「康有為思想の形成」，『日本中国学会報』20集，1968年。原田正己『康有為の思想運動と民衆』（刀水書房，1983年）。坂出祥伸『康有為―ユートピアの開花』（集英社，1985年）。　〔原田正己〕

康（こう）　濯（たく）　Kang Zhuo

（1920年2月21日～1991年1月15日）

原名・毛季常，筆名・毛兮翔，水生，沙里，敏丁。湖南省湘陰県生まれ。作家。

曽祖父は，清代左宗棠配下の軍官であった。祖父は常徳で塩税官となり，湘陰に越してきた。康濯が生まれた時は，家は傾いていたが，父や叔父に文学的素養がありその薫陶を受けた。1927年小学校に入学。先生が上海の『小朋友』などの雑誌を見せてくれ，投稿するよう勧める。詩や劇まで載ったことがあった。29年母が病死。32年長沙広益初級中学に入学。この年父が死ぬが，姉たちが金を工面してくれる。数学が得意であった。35年秋湖南省立長沙高級中学（現在の湖南省第一師範学校）の理科班に入る。12月20日，北平の12・9に呼応して長沙でもデモが行われ，参加する。これ以後，中共の地下組織の指導を受ける。地下党員・高戈と一緒に，38年3月延安に着き，魯迅芸術学院文学系の試験に合格し入学する。18歳の一番若い学生であった。散文「哨兵」が周揚に褒められ，自然科学を捨て，創作に専念する自信ができる。この11月，入党。卒業後は，賀龍の第120師の従軍記者となる。報告文学「捉放俘虜記」を書き，『軍政雑誌』に掲載された。39年7月華北連合大学に従って晋察冀辺区に行き，そこで北平解放まで仕事をする。

1940年11月晋察冀辺区に“文救会”が成立し，宣伝部長となり，『文化導報』（のち『郷村文化』）の主編となる。減租闘争や土地改革運動，また生産互助運動にも参加し，短篇「“二百五”和他的槍」，「臘梅花」，「災難的明天」，「初春」，「我的両家房東」，「抽地」，「明暗約」などを書く。「我的両家房東」は，郭沫若に激賞された。

1945年『工人報』の主編。46年『時代青年』の主編に移り，48年『華北文芸』の編集委員となる。49年第1回中華全国文学芸術工作者代表大会で候補理事に選出されたが，その準備大会の起草委員会秘書にもなった。「工人張飛虎」，「親家」，「我在郷下」，「買牛記」などの短篇を書いた。また長篇の章回体小説「黒石坡煤窑演義」を49年10月に『人民日報』に連載したが，これは中国で初めて炭鉱労働者の闘争を扱ったものである。

1950年から53年まで，中国作家協会の中央文学研究所（のち文学講習所）の仕事をする。丁玲所長，田間秘書長のもとで副秘書長となる。この間，「競賽」，「第一歩」，「牲畜専家」，「放仮的日子」，「春種秋収」などを書き，農村の合作化運動における精神的生活の変化と新人の成長とを謳歌した。

1954年から57年までは『文芸報』の常務編集委員となり，中国作協党組組員，書記処書記の仕事をした。57年に長篇『水滴石穿』を書き，称賛されたが，のち“右傾”思想とされ，文革中には毒草とされた。

1958年河北にもどり，河北省文連副主席となった。大躍進と人民公社化の熱気を「毛主席到了徐水」という特写にまとめ，「冬天里的早春」，「公社的秧苗」などの短篇も書く。つづく３年の困難な時期には，「三面宝鏡」，「代理人（のち代理支書）」などを書く。

1962年11月故郷の湖南にもどり，省文連副主席となり，行政組織工作を担当。この８月には大連会議に参加し，康濯の作品も褒められたが，64年「中間人物」論批判が始まると，彼及び彼の作品も中間人物を描き，リアリズム深化を揚言したと批判された。63年には農村の社会主義教育運動を歌頌した長篇『東方紅』を出版した。

文革中は「文芸黒い糸の骨幹」として“牛棚”に６年余も閉じこめられた上，衡東県の五七幹部学校で重労働に従わせられ，肺気腫，喘息病になった。1979年４月湖南省文連主席となり，10月第４回文代会では全国文連委員，作協理事となる。湖南の総合文芸雑誌『芙蓉』の主編。88年第５回文代会の全国委員。89年11月『文芸報』に「『文芸報』与胡風冤案」を発表し，胡風を突然上層部が反革命分子と断定した様子を明らかにする。また同じ11月の劉賓雁・蘇暁康の中国作家協会会籍取消しには，積極的に賛成した。

1951年訪ソ。81年には団長としてユーゴスラヴィアを訪問。

短篇集に『我的両家房東』（1948年），『工人張飛虎』（49年），『親家』（49年），『正月新春』（53年），『春種秋収』（55年），『太陽初昇的時候』（59年），『公社的秧苗』（59年），『第一戸社員』（63年），『臘梅花』（78年），『康濯近作』（80年）などがある。長篇に『東方紅』上・下（63年），『水滴石穿』（81年重版），中篇に『黒石坡煤窑演義』（50年），『友誼和仇恨』（51年），散文集『在更高的路程上』（56年），児童文学『紅領巾星星』（59年），『英雄樹』（80年），評論集に『創作漫歩』（57年），『初鳴集』（59年）などがある。

参考文献：劉煒「壮美的野菊花―談康濯同志解放後的短編小説創作」，『湘江文芸』1979年１，２期合刊号。李愷修・廖超慧編『康濯研究資料』中国現代文学史資料滙編（乙種）（湖南人民出版社，長沙，1984年）。康濯「我的第一篇小説」，『山西文学』1984年９期。　〔萩野脩二〕

柯（か）　慶施（けいし）　Ke Qingshi

（1902年～1965年４月９日）

原名・柯尚恵，別名・柯怪君，筆名・怪君，仮名・柯乃康（あるいは何乃康）。安徽省黄山市歙県生まれ。中国共産党の指導者，政治家。

柯慶施は1920年冬中国社会主義青年団に加入し，以来中共の初期建設過程に関わった。同年，「怪君」の筆名で上海共産主義小組の刊行物『労動界』第12号（同年12月発行）に調査報告書「南京人力車夫底生活状況」を寄稿する。21年９月上海のフランス租界で工作中，陳独秀らとともに逮捕され一時投獄される。翌22年中国社会主義青年団から中共に転入する。この年上海の平民女校の教員をつとめ，同校では「柯怪君」と名乗った。さらに，同年中共中央よりモスクワに派遣され，極東各国の共産党及び民族革命団体の第１次代表大会に出席する（その際も柯怪君と名乗る）。

帰国後，柯慶施は1924年春上海の中共中央秘書処の工作につく。同年冬再びソ連に赴く。26年春に帰国し，北伐開始時は北伐軍第33軍の柏文蔚部隊の政治部で宣伝工作に従事した。

1927年の国共分裂後，中共安徽省委書記，中共上海閘北区委書記などを歴任し，29年秋以降は紅５軍第５縦隊政治部秘書長，中共中央秘書長をつとめる。30年６月所属の第５縦隊が第８軍に改編されると，同軍政治部主任となる（当時，「柯乃康」と名乗った）。33年４月河北省張家口で中共河北省委前敵委員会書記に就任，その後同省委組織部部長をつとめる。同年チャハルにおいて馮玉祥，方振武指揮下の「察綏民衆抗日同盟軍」を中共側に取り込むために画策する。９月にその同盟軍工作が挫折すると，北京に赴き劉少奇の指導下に入り，中共中央北方局の工作に従事する。同北方局では組織部部長に任ぜられた。

1937年の日中全面戦争勃発後，柯慶施は当時の中共中央所在地であった延安に入り，中共中央統一戦線工作部副部長をつとめ，のちの国共内戦時期には晋察冀辺区行政委員会財政委副主任，石家荘市市長に就任する。

中華人民共和国建国後，柯慶施は南京市市長（1949年冬就任），中共南京市委第１書記，江蘇省人民政府副主席，中共江蘇省委第１書記（52年11月～54年８月），中共中央上海局書記，中共上海市委第１書記

（54年10月～65年4月），上海市市長（58年11月～65年4月），中共中央華東局第1書記（60年9月就任決定）をつとめ，65年初めには国務院副総理に任命される。また，56年には中共8全大会で中央委員，さらに58年5月の8期5中全会で中央政治局委員に選出され，中共中央における地位の上昇は顕著であった。

柯慶施はこのように次第に中共中央と国務院で重要ポストを得ていく一方，地盤であった上海における中共市委書記と市長のポストを引き続き保持した。柯がこれら中央及び地方の主要ポストを確保し得た背景には，彼が1950年代後半の反胡風運動，反右派闘争，大躍進運動など一連の運動を積極的に支持することによって，運動の提唱者たる毛沢東の後援を確保していたという事実があった。柯はその後も，たとえば大躍進運動下の地方委託型の工業政策が転換される兆しが現れると，59年2月いち早く「論“全国一盤棋”」の一文を『紅旗』（59年第4期）に発表し，各省が進めていた工業建設を党中央の「統一的指導」下に組み入れる必要があると主張した。8期10中全会以後彼はまた，毛沢東が文芸批判の必要を提唱すると，それに合わせて文芸関係の多くの部門で社会主義改造がごくわずかしか効果をあげていないと報告するなど，毛沢東に全面的に追従したのである。

1965年3月柯慶施はヴェトナム共産党支援問題を話し合うため成都に赴き，そこで4月9日病没する。柯の急死に関して，当時中共は「病が重く手の施しようがなかった」とコメントしていた。

参考文献：陳玉堂編『中共党史人物別名録』（紅旗出版社，北京，1985年）。盛平主編『中国共産党人名大辞典』（中国国際広播出版社，北京，1991）。程敏主編『中国共産党党員大辞典』（中国国際広播出版社，北京，1991年）。国立政治大学国際関係研究中心《中共人名録》編修委員会編『中共人名録』2次重修（国立政治大学国際関係研究中心，台北，1983年）。

〔中村楼蘭〕

柯（か）　鉄（てつ）　Ke Tie

（1875年～1900年2月）

号・鉄虎。台湾の雲林県古坑郷生まれ。日清戦争後の台湾抗日義勇軍の指導者。

日清戦争の敗北によって台湾が日本に割譲され，日本が軍隊を派遣して台湾の支配に乗り出すと，台湾人民は「台湾民主国」を結成して抵抗し，「台湾民主国」の滅亡後も各地で反日の抵抗運動を展開した。日本軍の侵略に憤慨した父とともに柯鉄ら4人の兄弟も日本に抵抗するゲリラ闘争に参加したが，父と3人の兄は日本軍に捕えられて殺された。難を逃がれた柯鉄は積極的に抗日闘争を継続した。

1896年4月から台湾総督府による民政が開始され，雲林市庁が斗六に設置されると，簡義を大首領として柯鉄ら17人の指導者を「十七大王」として，大平頂を根拠地にして抗日義勇軍が結成された。柯鉄らは大平頂を「鉄国山」と改称し，日本の台湾支配に反対し，日本人を駆逐するよう呼び掛け，4月13日鉄国山抗日義勇軍は斗六を攻撃した。これに対して日本軍は抗日軍を討伐するために無差別攻撃をして多くの住民を殺戮した。そのため住民の反発を買い，雲林地方の蜂起の影響が台湾の中部各地に波及し，鉄国山を根拠地とする抗日義勇軍の勢力も彰化から大林一帯に拡大した。しかし日本軍の反撃により7月半ばには鉄国山に撤退し，さらに鉄国山が攻撃されると深山に退却した。

1896年11月，日本当局は鉄国山義勇軍の大首領・簡義を投降させるのに成功したが，柯鉄らは鉄国山にこもって抵抗を継続した。そのため日本軍は鉄国山を攻撃して占領し，鉄国山山頂に兵営を築き守備隊を駐屯させた。柯鉄らは温水渓地方の抗日義勇軍首領の黄国鎮のもとへ身を寄せた。98年12月に陳水仙を指導者として触口山を根拠地として義勇軍が結成されると，柯鉄は部下を率いて参加した。

日本軍の激しい討伐にもかかわらず，台湾南部では執拗に日本への抵抗が続けられた。1898年11月台湾総督府は中南部の抗日軍に対する討伐と同時に，投降の勧誘を推進することを決定した。それに基づいて雲林地方の抗日軍への討伐がなされ，柯鉄に対しても投降の勧誘がなされたが成功しなかった。

ところが投降政策推進の責任者となった白井新太郎は，1899年3月，柯鉄らと投降交渉を行い，鉄国山を柯鉄に返還すること，1,320円を支給することで合意が成立し，柯鉄は日本当局に投降した。なお投降後も柯鉄は雲林地方で隠然たる勢力を保持していたが，日本から支給された金の分配をめぐって部下が反発して勢力を弱めた。

柯鉄は1900年2月に死亡したが，中部における日本軍に対する抵抗は02年まで続けられた。なお柯鉄は，台湾北部の簡大獅，南部の林小猫とあわせて「三猛」と称された。

参考文献：林崇智主編『台湾抗日忠烈録』1輯（台湾文献委員会，台北，1965年）。許世楷『日本統治下の台湾』（東京大学出版会，1972年）。

〔楠瀬正明〕

孔　厥　Kong Jue

（1914年8月13日～1966年7月30日）

原名・鄭志万，字・雲鵬，筆名・孔厥，鄭摯，沈毅など。江蘇省呉県生まれ。作家。

父鄭龍生は，蘇州市のタバコ屋の店員。母・潘氏は，蘇州市蘇綸紡績工場の繭から糸を紡ぐ女工。8人の子のうち，弟が早く死んで，唯一の男の子として甘やかされて育った。1929年優秀な成績で小学校を卒業した。在学中，『少年』雑誌に「鏡児捉賊記」を投稿し，賞をえた。これが文学を始める決心を固めさせた。32年県立中学の改革を要求して，6人の同学とともに除籍になった。食費，宿舎費免除の江蘇省立測量専科学校に入り，35年卒業。呉江県測量隊技術員となる。測量学校で一緒だった陸先引と『大家報』という新聞を出した。

1937年，陸とともに宜興に転勤になり，邵荃麟夫妻と知りあう。全面的な抗日戦争が始まると，宜興の『抗戦日報』の専従編集者となり，上海文化界内地服務団に参加する。38年銭俊瑞の紹介で延安に行き，魯迅芸術学院第1期生となる。短篇小説「老会長」を書き，何其芳，李広田に認められる。39年魯芸文学研究室の研究員となる。研究員は2人だけで，もう1人は康濯であった。「収槍」,「過来人」などの短篇を書く。40年5月中国共産党に入る。周揚の指示で下郷し，43年書いた「一個女人翻身的故事」は，真人真事にもとづく作品で，整風運動後，最も早い収穫の1つと称賛された。

抗戦勝利後，辺区文芸界協会（中華全国文芸抗敵協会延安分会創作組）に留められ，袁静と創作に従事する。1947年袁静と土地改革を扱った章回体小説「血屍案」を発表，48年から2人で長篇小説「新児女英雄伝」を書き，『人民日報』に連載された。共産党の指導のもと，白洋淀地区（河北省）の人民が抗日戦争に勝利する話で，大評判になった。日本はじめ十数カ国語に訳されている。第1期全国文芸界代表大会では，作家協会全国委員会委員に選ばれ，その後，第1期，第2期の北京市人民大会代表と中ソ友好協会理事に選ばれた。

1951年冬袁静との合作「生死縁」（のち「中朝児女」）を映画脚本にするため，朝鮮前線へ材料補充に行き，朝鮮女性と過ちを犯した。52年5月党除名，降級の行政処分を受けた。54年2度男女関係の過ちを犯し，55年2月作家協会除名と懲役5年の刑を受けた。

1963年，周揚の紹介で農村読物出版社の仕事をする。64年の文芸整風運動では，55年以後書いたものに反党作品があるとされて労働改造に送られた。彭徳懐を称賛したものがあったためである。文化大革命開始後，頤和園の池に身を投じた。残された妻・安秀鳳と子供の1男1女は政治上差別を受け，悲惨な生活を送った。80年1月9日孔厥の64年に受けた冤罪は晴らされた。

孔厥は，1955年以後も創作を続けており，それらは「四人組」打倒後に発表されている。短篇「荷花女」（『当代』79年3期），「両女子」（『十月』80年5期）などがある。未発表の作品もあり，また，唱本，弾詞，秧歌劇，映画脚本，報告文学なども書いた。

参考文献：袁静「深刻的教訓」,『文芸報』1955年23期。盧宗鄰・王載珏「孔厥事略」,『新文学史料』1985年3期。

〔萩野脩二〕

孔　祥熙　Kong Xiangxi

（1880年9月11日～1967年8月16日）

字・庸之，号・子淵。山西省太谷県の生まれ。孔子75代目の後裔。妻は宋靄齢。「四大家族」の一員として知られる国民党の政治家，資本家。

裕福な旧家に生まれた孔祥熙は，太谷キリスト教会の華美公学で学んだ。1901年清朝の大臣として派遣された李鴻章に随行して，アメリカ留学を果した。まずオベリン大学で学んだのち（同大学から26年に法学博士の学位を授与されている），エール大学大学院で理化学を学び，07年修士号を得て卒業した。

卒業後は故郷山西に戻り，母校を記念して山西オベリン大学を創設し，自らその校長と教授を兼ねた。またクリスチャンであったことから，太原キリスト教青年会の理事長も兼任している。1908年韓玉梅と結婚してからもしばらく教育活動に従事していたが，11年に辛亥革命が勃発すると，山西中路民軍司令となって清朝軍と戦い，のち山西省都督・閻錫山の顧問に就任した。早くから銭荘を経営して理財の才のあった孔は，当時全省の実業振興を提唱して，銀行もいくつか創設している。中国同盟会にも関わっていた孔は，13年孫文の要請に応じて第2革命に参加するが，革命が失敗に終わると，孫文と共に日本へ渡った。そこで駐日中国キリスト教青年会の総幹事として中国人留学生たちの面倒をみていた。14年に中華革命党が成立すると，孔は文書処理などの作業をして孫文を助けた。同年，当時孫文の秘書をつとめていた宋靄齢（孫文の友人である宋嘉樹の長女）と結婚している（韓玉梅は12年に死去）。

1915年故郷山西へ戻り，20年の大凶作の際には華洋義振会を組織し，被災者を助け，また赤十字の創設，道路修築などの事業に尽力した。炭鉱事業にも成功して，次第に山西の名士として富を築き上げていったのである。23年からは露中交渉公署駐奉天代表，外交委員会委員，西北辺防督辦公署参議・高等顧問などの職を歴任して，政治の世界でも活動を始めていった。26年のアメリカ訪問を終えると，本格的に政界に進出し，広東政治委員会委員兼財政庁長，武漢国民政府実業部長などをつとめた。武漢政府と蔣介石との間の対立が激化し，蔣介石による反共クーデターが27年4月に勃発する中で，孔は蔣介石の南京国民政府の側に与することとなった。そして27年から48年まで，国民党中央執行委員（29年），国民政府委員（28年），工商部長（28年），実業部長（30年），財政部長（33年，宋子文の後任として就任），行政院院長（38年），中央銀行総裁（33年），中国銀行総裁（44年）など，多くの党と政府の要職を経験してゆくこととなったのである。

富と共に政治的権力をも得た孔は，蔣介石，宋子文，陳果夫・立夫と並ぶ「四大家族」の一員として，官僚金融資本を形成，支配していくこととなった。主として政府の財政面の責任を負った孔は，1932年各国視察のための実業特使として欧米諸国を訪れ，また35年の幣制改革の際には，法定紙幣の流通などに力を注いでいる。その他37年にはイギリスのジョージ6世の戴冠式に中国政府主席代表兼特別使節として参列し，さらにイタリア，フランス，ドイツ，アメリカなどを訪れ，各国の要人たちと会見した。特にアメリカでは6月ローズヴェルト大統領と会見したり，記者会見やラジオ演説で日本の侵略にさらされていた中国の現状についてアピールを行っている。そしてアメリカから中国への1,000万ドルの援助を引き出すことに成功している。同様の対中援助は，同年7月7日の日中戦争勃発をはさんでイギリス，フランスからも得ることができた。

第2次世界大戦終盤の1944年には，連合国通貨財政会議に中国首席代表として出席した。同年8月にはアメリカ議会で演説し，アメリカの対中援助に感謝するとともに，太平洋戦争におけるアメリカを支える中国の抗戦の大きな力についても詳細に述べている。

1945年日中戦争に勝利すると，中国国内は再び国共内戦という事態を迎えるが，孔は総統府諮問委員会委員などをつとめて蔣介石政権を支えた。しかし47年国民政府援助の借款を要請するために渡米したのち，国民政府が共産党の攻撃の前に崩壊すると，孔は病気療養と称してそのままアメリカに残った。62年には台湾に戻り，64年には中国国民党中央評議委員会評議委員にも任命された。しかし持病が悪化したため，66年再度治療のためアメリカへ渡り，翌67年8月心臓病の発作のためニューヨークで死亡した。

孔祥熙は中央政府で数多くの要職を歴任したが，とりわけ南京国民政府では，義理の弟の宋子文とともに，その財政的手腕を発揮した。例えば1933年財政部長に就任すると，公債発行による赤字財政是正，田賦整理と財源確保，金融組織の一元化などを試みた。日中戦争が始まり，38年に出された「抗戦建国綱領」にのっとって戦時経済体制がとられると，孔は行政院長兼財政部長として，外貨管理，税源開拓，工業合作協会設立，公債発行などによるインフレ対策など，一連の措置を講じている。とはいえそれらはすべてが成果を挙げたというわけではなかった。また宋子文と蔣介石が義理の弟にあたるという姻戚関係は，孔の富と権力の構築を助け，「四大家族」として絶大な権勢をふるうことを可能にしたと言える。その結果，さまざまな公的活動を経てゆく中で，孔は莫大な個人的資産を蓄え，50年代前半の時点でその個人資産は50～100万ドルにのぼったと推測されている。

参考文献：郭栄生『孔庸之先生祥熙年譜』（商務印書館，台北，1981年）。寿充一編『孔祥熙其人其事』（中国文史出版社，北京，1987年）。陳廷一『孔祥熙与宋藹齢』（国結出版社，北京，2004年）。陳廷一『山西首富孔祥熙』（東方出版社，北京，2008年）。王松『孔祥熙大伝』（団結出版社，北京，2011年）。

〔石川照子〕

曠（こう）　継勲（けいくん）　Kuang Jixun

（1895年6月16日～1933年6月）

原名・大勲，号・集成，別名・鄺紀勲。貴州省思南県大河壩区桂花郷廟塘湾生まれ。中国共産党の指導者，軍人。

父は曠広明（号・光甫），薬（漢方）売り。貧しい家庭の長男として生まれる。幼年期に家業の手伝いをしながら数年間私塾に学ぶ。14～15歳の頃四川に行き，反清の保路同志軍に参加。1916年に盛り上がった全国的な反袁世凱闘争の中でブルジョア民主主義思想の影響を受ける。同年，四川軍閥・頼徳祥（心輝）の部隊に加入，軍事技術・知識を修得した。20年に中隊長，23年には大隊長に昇進し，25年まで頼徳祥の部隊に所属した。その間，五・四運動の影響を受け，三民主義，社会主義を学習。共産党の『嚮導』を読み，同党の主張にも関心を持つ。

その後，所属部隊が頼徳祥から四川都督・楊森，さらに鄧錫侯の配下に次々と鞍替えし，それに従う。鄧の江防軍では第2師団第4旅団旅団長，第7混成旅団第2連隊連隊長を歴任。第7混成旅団時代に旅団長・

劉丹五（国民党左派）の下で三民主義を部隊内で宣伝。また，同旅団秘書の王文鼎から話を聞き，共産党の主張に共鳴，1925年冬旅団内に「中国青年軍人連合会四川分会」を設立，王とともに執行委員に選出される。同会第1執行委員会議では「共産党と接触を持ち」，「同会への共産党員の派遣・指導を要請する」という文書を起草した。26年8月ソ連留学の経験を持つ共産党員・秦青川が到着。秦の影響を受け，同年末秦，王の紹介を経て共産党に入党した。

1927年の4・12クーデター以後，共産党の資金集め，党員の保護に奔走，次第に国民党側から圧迫を受ける。28年冬重慶作戦の失敗の中で劉丹五に替わって第7混成旅団旅団長代理に就任。29年6月29日同旅団を率いて蜂起，「中国労農紅軍四川第1路軍」を樹立，総指揮に就任した。しかし，翌7月末国民党軍の攻撃を受け，蜂起は失敗。その後，中共四川省委員会の決定によりソ連留学のため上海に赴くが，そのまま上海に留まり，陳賡の指揮下で対国民党特務工作に従事した。同年冬湖北の革命根拠地に派遣され，孫徳清の病気離職にともない紅6軍軍長に就任，30年7月賀龍率いる紅4軍と合流，紅2軍団を編成した。同軍団司令部の命により紅6軍を率いて荊州，沙市を攻撃し失敗，甚大なる損害を被る。同年11月下旬中央の命を受け余篤山らとともに鄂豫皖根拠地に赴き紅1軍と当地の紅15軍を合併して紅4軍を編成し軍長に任命され，同根拠地の拡大に貢献した。

1931年4月中央から張国燾が鄂豫皖根拠地に到着，5月12日党中央鄂豫皖分局及び革命軍事委員会が設置されると，曾中生とともに軍委副主席に任命される（紅4軍軍長は継続）。しかし，李立三路線の批判・粛清の中でかつての同志に対する苛酷な処分を拒否し党中央（王明），張国燾と対立，激しい批判を浴び，同年7月紅4軍軍長を解任され，第13師団師団長に降格となった。10月皖西地区で新設された紅25軍の軍長（兼独立師団師団長）に就任。11月7日紅軍第4方面軍成立，紅25軍軍長は継続，皖西地区を転戦した。32年5月安徽省霍丘県城を占領。7月強力な国民党軍と遭遇，張国燾に霍丘の放棄を進言するが受け入れられず，結局「寸土も敵に占領させない」という張の作戦方針に従い，霍丘を死守，1,000余名の兵員を失い敗退した。その責めを受け紅25軍軍長を更迭される。その後，陳賡の負傷によって第12師団師団長に就任するが，再び甚大な損害を受け，張国燾から師団長を解任される。同年12月曾中生，余篤山らとともに張の指導に抵抗，一時的な譲歩を得る。同月29日川陝省臨時革命委員会成立，同会出席に任命される。旧知の国民党軍将校（謝徳堪旅団長ら）に共産党への協力を呼び掛ける。しかし，この工作を張国燾に国民党と内通したと非難され，「右派」として逮捕される。33年6月十分な取調べもなく中央への報告もないまま，秘密裏に四川省通江県洪口場で処刑された。

参考文献：『不屈的共産党人』2（人民出版社，北京，1981年）。『解放軍将領伝』1集（解放軍出版社，北京，1984年）。中共党史人物研究会編『中共党史人物伝』35巻（陝西人民出版社，西安，1987年）。四川省地方誌編輯委員会省誌人物誌編輯組編『四川近現代人物伝』3輯（四川人民出版社，成都，1987年）。　〔中村楼蘭〕

L

頼（らい）　和（わ）　Lai He

（1894年4月25日～1943年1月31日）

原名・頼河，筆名・懶雲，甫三，安都生，灰，走街先など。台湾彰化県生まれ。台湾の文学者。

民間の道士の息子として生まれ，公学校に通うかたわら，書房で伝統教育を受ける。1914年台湾総督府医学校を卒業，16年彰化へ帰って頼和医院を開く。17年厦門へ渡り博愛病院に勤務，19年帰台，以後終生彰化の町医者として過ごした。

1921年台湾文化協会設立と共にその理事となり，以後一貫して抗日運動に関わる。23年台湾治警事件によって入獄するも，不起訴処分となる。27年の文化協会分裂に際しては臨時中央委員として新文協に留まり，同年台湾民主党の設立にも参加している。イデオロギー的には両者の間にまたがっていたようだが，『台湾大衆時報』創刊号（28年）に寄稿していることからも，共産主義運動に同情的であったことは確かである。

頼和の本領は社会運動家としてよりは，台湾の新文学運動の育ての親としての役割にある。1925年『台湾民報』に発表した散文「無題」は，台湾新文学最初の収穫とされ，また「闘鬧熱」（26年）は台湾最初の本格的白話小説である。「一桿秤仔」（26年），「不如意的過年」（28年），「棋盤辺」（30年），「豊作」，「惹事」（32年），「善訟的人的故事」（34年）などは，短篇ながらいずれもこの時期の台湾新文学の代表作といえ，「豊作」は楊逵の訳で日本にも紹介されている(『文学案内』36年1月)。作風はみごとな白話文に台湾語を交えながら，当時の農民や市井の小人物の苦難を描いて，植民地支配下の社会を浮かび上がらせたものである。また，32年から『台湾新民報』文芸欄の編集を担当，楊逵などの作家を育てた。

頼和は一貫して白話文による新文学の創作を推進してきたが，1930年代に台湾語運動が起こると，これに共感を示し，台湾語による創作「一個同志的批信」(35年)を試みたが，これは成功作とはいえない。この小説を最後に頼和はほとんど創作の筆を断ってしまうが，その理由は明らかでない。

1941年12月8日日米戦争開始とともに，確たる理由もなく拘禁投獄され，獄中で病が重くなったため翌年1月に釈放されたが，病は好転せず，43年1月に死去した。

1951年彰化の忠烈祠に祀られたが，58年台湾共産党関係者であったという理由で祠中から除かれ，作品も世に出ることはなかったが，70年代民主化運動の中で再評価が進み，84年再度祠中に祀られることとなった。

参考文献：『頼和先生全集』〔日拠下台湾新文学・明集1〕(明潭出版社，台北，1979年)。『頼和集』〔台湾作家全集・短篇小説巻／日拠時代①〕(前衛出版社，台北，1991年)。『頼和先生平反紀念集』(紀念頼和先生九十冥誕籌備会，台湾，1984年)。

〔松永正義〕

頼(らい)　文光(ぶんこう)　Lai Wenguang

(1827年～1868年1月10日)

広西省桂平県生まれ。客家。祖籍，広東省嘉応州梅県。太平天国および後期捻軍の武将。

道光年間末に拝上帝会に加入し，1850年秋，金田における団営に参加。52年より天王・洪秀全のもとで文筆の職をつとめた。56年天京(南京)でいわゆる「楊韋内訌」事件が発生し，初期の最高指導者が失われて形勢が激変すると，文職から武職に転換して清軍との戦闘を指揮するようになった。

1860年清軍の江南大営を撃破する戦いに参加し，傑天義に封じられた。61年9月重要な戦略拠点であった安徽省西部の安慶が清軍に奪われると，頼文光は廬州の英王・陳玉成に安徽北部の捻軍や苗沛霖団練との共同作戦を行い，西北に勢力を拡大することを建議した。まもなく遵王に封じられた。年末，扶王・陳得才，啓王・梁成富，祜王・藍成春らとともに河南・陝西への西征に進発した。この部隊を西北太平軍と呼び，しばしば張宗禹・陳大喜の捻軍と連合して湖北・河南・陝西の各地に転戦した。

1864年春，湘軍の天京に対する圧力が強まり，頼文光らは天京救援に向かったが，その途中で天京は陥落した。当時安徽北部の捻軍根拠地も清軍に制圧されて，捻軍と西北太平軍は遊撃部隊が各地を転戦するのみとなり，相互の協力関係を強めることとなった。太平軍は任化邦・張宗禹らの率いる捻軍と連合し，頼文光が最高指導者として部隊を統率した。65年5月太平軍・捻軍の連合軍は山東省菏沢県の高楼寨で華北の清軍の精鋭であった僧格林沁の部隊を撃破し，僧格林沁を戦死させた。清軍では代わって曾国藩が欽差大臣となり，湘軍・淮軍を動員して鎮圧にあたることとなった。曾国藩は戦略的な拠点を押さえて遊撃部隊を自滅させようとしたが，頼文光らはゲリラ戦で曾国藩を苦しめた。

1866年秋，太平軍・捻軍の連合軍は河南省許州で陝西に向かう張宗禹らの部隊(西捻軍)と中原で活動する頼文光・任化邦らの部隊(東捻軍)に分かれた。同年12月，曾国藩に代わって李鴻章が「剿捻」の欽差大臣となり，捻軍を移動に疲れさせる作戦をとった。頼文光の東捻軍は湖北で郭松林，張樹珊，劉銘伝の湘軍を連破したが，尹隆河の戦いで鮑超の霆軍に打撃を受けて大きな損害を出した。その後67年6月，頼文光らが大運河を渡って山東半島に入ると，李鴻章は大運河の防衛線を強化した。東捻軍は大運河の東側で次第に追いつめられ，頼文光は清江浦から揚州へと南下して出路を探したが，揚州付近の瓦窰堡で淮軍に敗北し，捕虜となった。「一死を以て国家に報い，臣節を全うする」という自供書を残して68年1月10日に揚州で処刑された。

参考文献：清史編委会『清代人物伝稿』下編4巻(遼寧人民出版社，瀋陽，1988年)。江地『捻軍人物伝』(山西教育出版社，太原，1990年)。陳宝輝・尹福庭・荘建平『太平天国諸王伝』(広東人民出版社，広州，1990年)。

〔並木頼寿〕

藍(らん)　朝柱(ちょうちゅう)　Lan Chaozhu

(生年不詳～1864年4月11日)

本名・藍朝柱，幼名・藍大順・雲南省昭通府の牛皮寨生まれ。清末雲南・四川の反乱指導者。

族弟・藍朝鼎(幼名・藍二順)とともに貨物輸送の苦力を仕事とした。1859年10月3日，牛皮寨で貧農・李永和らとともに蜂起し，部隊を順天軍と自称し，李永和を順天王，藍朝鼎を大元帥，藍大順を副帥とした。小作料も地税も納めない，金持ちを襲って貧乏人を救うなどのスローガンを掲げ清朝に叛旗をひるがえし，雲南から四川南部に入った。これを李藍蜂起ともいう。四川に入って蜂起軍は勢力を拡大し，60年1月清朝の重要な財源であった自貢塩場を攻撃した。これにより部隊はさらに拡大し，3月部隊を分けて李永和が塩場を守り，藍朝鼎らは四川の西部一帯に転戦し成都の攻略をねらった。

蜂起の拡大に対処するため，清朝は湖南巡撫・駱秉章に四川の軍務を督辦させた。1860年のうちに蜂起軍は四川の40以上の州県に足跡をしるし，全軍30万といわれる規模に達した。秋，自貢塩場に近い鉄山地区に根拠地を置いて李永和がこれを守り，藍朝鼎・藍大順らは四川北部に進んで61年5月成都北方の錦州を囲んだ。9月駱秉章の率いる湘軍が錦州の蜂起軍を攻め，12月12日藍朝鼎は戦死した。その後湘軍はさらに鉄山の李永和を攻めた。62年10月李永和は囲まれて捕虜となり，成都に送られて処刑された。

藍大順の部隊はその後も四川北部を転戦し，1862年6月には陝西の南部に入り，さらに河南西部・湖北北部一帯を移動した。陝西の洋県を占拠した藍大順は大漢顕王と唱え，「受命於天既寿永昌」の玉璽を作り，その後扶王・陳得才らの西北太平軍が陝西に入ると相呼応して漢中を攻めた。63年11月，藍大順は北上して西安西方に達したが，西北太平軍が天京の救援にもどって孤立し，64年4月11日陝西南部の安康で在地の団練に襲撃されて死亡した。

なお藍大順・藍朝鼎については彼らが実在したかも含めて事績に諸説があり，活動内容や死亡時期についても各種の異論があるが，ここでは通説に従った。

参考文献：清史編委会『清代人物伝稿』下編2巻（遼寧人民出版社，瀋陽，1985年）。胡漢生『李藍起義史稿』（重慶出版社，重慶，1983年）。　〔並木頼寿〕

藍（らん）　成春（せいしゅん）　Lan Chengchun

（生年不詳～1864年11月）

広西省生まれ。太平天国の武将。

金田の挙兵に参加し，1855年軍功により殿左十五検点に任じられ安徽合肥近郊の守備に当たった。翌年，春官又副丞相に封じられ合肥の三河の要塞を守り，陳玉成の部下に属した。61年冬祜王に封じられ，ついで扶王・陳得才らとともに西北に遠征し，62年5月には部隊を戻して清軍に捕えられた陳玉成の奪回を図ったが失敗した。翌年再び西北に赴き，興安・沔県・漢中・城固などに転戦した。64年春天京（現在の南京）救援のため湖北の麻城まで来たところでその陥落を知り，その後湖北・安徽一帯で清軍と戦い，湖北蘄水の戦いでは陳得才・頼文光らとともに清軍を撃破した。11月安徽霍山の黒石渡で僧格林沁の率いる清軍に敗れ，清軍に投降した者に捕えられて，清軍の軍営で処刑された。一説には清軍に投降したともいう。

参考文献：羅爾綱『太平天国史』第4冊（中華書局，北京，1991年）。　〔並木頼寿〕

藍（らん）　天蔚（てんい）　Lan Tianwei

（1878年1月～1922年3月31日）

字・秀豪。湖北省黄陂生まれ。清末・民国初の軍人。

藍天蔚は7歳の時に母を失い，父と共に漢陽在住の軍人のところに赴き，軍事や文学を学んだ。その後，湖北武備学堂に学び，1902年日本の陸軍士官学校に留学した。翌年ロシアの東三省侵犯に抗議する運動が起こると，彼は拒俄義勇隊の隊長に推された。04年陸軍士官学校を卒業し，翌年中国同盟会に加入した。

帰国後，張之洞によって統帯官及び湖北商辦高等師範教員に任じられた。この時期，長沙の日知会の会員となっている。しかし，第8鎮統制・張彪から革命派と通じていると疑われたため，藍天蔚は辞職して湖北を離れた。1906年，宋教仁が同盟会遼東支部を設立すると藍天蔚は呉禄貞らと同支部の責任者となった。08年春には，奉天で参謀処2等参謀に任じられている。10年藍は東三省総督・錫良から軍事視察のために日本に派遣された。同年帰国後，陸軍第2混成協協統に任じられ，奉天に駐屯した。

1911年武昌蜂起が起こると，藍天蔚は第6鎮統制・呉禄貞，第20鎮統制・張紹曾らと共に，皇帝権力を無力化する内容を持った12項目の要求を突き付けた。それと同時に，北方の新軍を動かして北京に圧力をかける計画を立てたが，呉が殺害され，張は解職されたため実現しなかった。11月14日藍天蔚は清朝によって軍の職務を解かれ，殺害されそうになったが，熊希齢によって救助された。その後，彼は東三省総督・趙爾巽から南方に移ることを促されたため，大連を経て上海に移った。なお，当時革命軍内部で湖南・湖北両派が不和を来していたが，これを嘆いた藍はピストル自殺を図って両派を諌めたことがある。幸いにして，彼は軽傷ですみ，加えて彼の名声はこれによって高まることとなり，11月26日奉天新軍が蜂起すると，彼は中華民国軍政府臨時関東大都督に推挙された。

1912年藍天蔚は孫文から北伐軍総司令に任じられた。彼は煙台に進駐し，艦隊を率いて東三省を攻略しようとしたが，南北和議が成ったため辞職して上海に戻った。その後，袁世凱の資金で欧米各国を歴訪した。帰国後，北京で袁から将軍府参事に任じられ，後に将軍となった。15年袁が帝制復活を企てると湖北に戻り，

3県を占領して独立を宣言した。16年王天縦らと討袁連合軍を組織したが敗れたため，自殺未遂を起こしている。同年5月北京政府から達威将軍に任じられた。17年南北対峙の中，再び東北に移って馬賊に働きかけようとしたが，10月に馮国璋から逮捕状が出され，軍の職位を剝奪されたため，広州に移って南方の軍政府の仕事に携わった。19年彼は鄂西靖国連軍総司令に任じられ，湖北に進軍した。22年1月彼の部隊は孫伝芳の部隊によって殲滅されてしまった。そのため彼は四川に逃れたが，川軍の但懋辛の部隊によって捕えられ，3月31日に重慶に護送されたところでピストル自殺した。一説によると，川軍によって殺害されたとも言われる。

参考文献：中国国民党中央委員会党史委員会編『革命人物誌』9集（中央文物供応社，台北，1979年）。劉紹唐主編『民国人物小伝』第4冊（伝記文学出版社，台北，1981）。

〔嵯峨隆〕

労（ろう）　乃宣（だいせん）　Lao Naixuan

（1843年11月14日～1921年7月21日）

字・玉初，号・榘斎。晩号・韌叟。浙江省桐郷の人。清末民国初期の高官。

1871年，進士合格。南皮，完県，呉橋，臨楡，清宛などの知県を歴任。99年，義和団の活動が山東省に盛んになると，当時呉橋県の知県であった労乃宣は，『義和拳教門源流考』を編集して，義和拳と八卦教は皆邪悪な白蓮教の支流であり，義和団はこの邪教の末裔であり弾圧すべきであると主張した。しかし，彼の意見は清廷から受け入れられなかった。1900年，義和団が北京に入り義民と認められたので労乃宣の立場は悪くなったが，折よく吏部稽勲司主事に，次いで杭州求是学院監院，浙江大学堂監督，江寧提学使に転任したため，義和団事件にまきこまれることをまぬがれた。

1908年に北京に帰り，憲政編査館参議，翌年碩学通儒として資政院参議に選ばれた。これと同時に京師大学校（現在の北京大学）総監，学部副大臣（短期間，代理大臣）を兼任。辛亥革命後，11年『共和正解』，14年『続共和正解』を著して共和制に反対し，政権を清室に返すことを主張した。14年6月，袁世凱に操られて参政院参政となった。11月北京を離れて青島と上海の間を往来し清室の復辟を画策した。張勲復辟（17年7月1日）後，法部尚書，学部尚書となったが，張勲失脚後，上海に逃亡して租界に隠れ住んだ。21年上海で死去した。

参考文献：中国史学会主編『中国近代史資料叢刊・義和団』4（上海人民出版社，上海，1961年）。陳旭麓・方詩銘等主編『中国近代史詞典』（上海辞書出版社，上海，1982年）。

〔小林一美〕

老（ろう）　舎（しゃ）　Lao She

（1899年2月3日～1966年8月24日）

本名・舒慶春。字・舎予。筆名・老舎，舎。北京生まれ。満州族，小説家，劇作家。

父・舒永寿は満州八旗の正紅旗に，母・馬氏は正黄旗に属した。清朝の最下級兵士であった父が，義和団事件のとき，8カ国連合国軍との戦いで戦死。貧しい家を支える母の頑張りを見て育つ。1906年，仏教の信仰あつい慈善家・劉寿棉の援助を受けて私塾に入り，やがて小学校に転じて，ここで生涯の友・羅常培（言語学者）と出会う。中学に進んだが学資が負担できず退学し，13年，衣食給費の北京師範学校に入る。成績優秀で，18年，卒業後ただちに小学校長に任命され，21年には勧学員に抜擢されたが翌年辞職。中学講師や教育会書記をつとめて貧しい暮らしに耐えながら，宝楽山（＝宝広林）牧師の教会活動を手伝い，洗礼を受けて，社会奉仕活動にはげみ，かつ英語を学ぶ。

1924年秋イギリスに渡り，以来29年夏まで，ロンドン大学東方学院（School of Oriental Studies）の講師となって中国語を教えるかたわら，英訳された西洋古今の文学を読む。年俸250ポンド。母への送金もあって，苦しい生活を余儀なくされた。ディケンズの小説に誘発され，筆の遊びに書いたのが長篇『張さんの哲学』で，友人・許地山（作家，宗教学者）の勧めで本国に送って『小説月報』に寄稿，このあとさらに長篇『趙子曰』と『馬氏父子』を書く。いずれも本国で好評を得て，作者本人の知らぬまに文名が高まっていた。在英中の仕事としては他にリンガフォン語学レコードの中国語テキストを編み，かつ録音したこと，エジャートンに協力して『金瓶梅』の英訳を完成させたことが知られている。

1929年夏帰国の途につき，ヨーロッパ各地を遊歴したのち，シンガポールに滞在，中学講師をしながら現地に取材した長篇『小坡の誕生日』を書く。30年春帰国。9月から山東省済南の斉魯大学助教授に招かれて文学を講じ，31年夏，北京師範大学卒業生・胡絜青と結婚。夫人も満州族で，2人の間に1男3女を得る。講演と執筆の依頼が増えて多忙となり，34年夏，青島の山東大学教授に転出，36年夏に職を辞して著述に専念する。山東時代はきわめて充実した時期といってよく，この時期の作品に長篇，『猫の町』，『離婚』，『牛天賜伝』，『選民』，短篇集『桜梅集』，『蛤藻集』，創作談『老牛破車』などがあるほか，中国30年代の代表作ともいうべき長篇『駱駝祥子』がある。

1937年夏，ふたたび斉魯大学に赴任するが，日中戦争の拡大を前にして単身済南を脱出，武漢に移って抗日のための文学運動に挺身する。38年に入って文学界で抗日統一戦線組織結成の気運が高まり，老舎も準備段階から参画。3月末に文芸界抗敵協会として正式発足して以来，同年夏の重慶移転を経て，抗日戦勝利後の46年初頭まで，一貫して常任理事兼総務部主任を担当した。総務部主任は同協会の代表ポストである。抗日戦は老舎の一大転機となった。従来，政治に背をむけ組織になじまなかった老舎が，ここでは組織の中核となり，国共両派をかかえた統一戦線という難しい局面の中，国民政府のきびしい反共言論統制の下で，精魂かたむけて作家の団結をはかり，党政機関との関係を円滑にし，協会財政を維持し，組織とその活動を持続させたのである。「筆を銃とする一兵士」に徹した老舎の無私の働きがあってはじめて，同協会は存続しえた。

この時期の著作活動の面では，より広範な大衆により有効に抗日を呼びかけるべく，大衆芸能形式，通俗読物の制作に力を注ぎ，また初めて新劇台本に手をそめた。『残霧』，『メンツ問題』，『帰りなんいざ』，『大地龍蛇』，『張自忠』など，いずれも声高く抗日を叫んだ劇である。小説では長篇『火葬』のほか，占領下の北京市民の哀しみと抵抗を描いた代表作『四世同堂』がある。この間1939年には慰労団に加わって5カ月半，河南，山西，陝西，甘粛その他の諸省をめぐり，41年には2カ月半雲南を訪れる。43年秋には妻子が北京から脱出してきて，6年ぶりの団欒となる。が，この時期は過労と貧困のせいで貧血に苦しみ，たえず目まいに襲われていた。

1946年春，アメリカ国務省の招きで訪米，各地で文化交流活動をしたのち，予定を延長してニューヨークに滞在し，長篇『鼓書芸人』および『四世同堂』第3部を執筆，かつヘレナ・クオと共同で『鼓書芸人』の英訳，アイダ・プルーイットと共同で『四世同堂』の英訳を進める。

1949年末，革命成った新中国からの呼びかけに応えて帰国。十数年ぶりに北京の土を踏んで，共産党指導下に急速に成長してゆく街と民衆の姿に感激し，「党の拡声器」たらんとする基本姿勢をかためて，以後『龍鬚溝』に始まり『方珍珠』，『春華秋実』，『茶館』，『女店員』，『義和団』などの劇をはじめ，歌劇，演芸台本，評論，随筆など，おびただしい量の文章を生みだしてゆく。無党派の身でありながら文連，作家協会など文化界の諸団体で指導的地位につき，さらに中央政府や北京市政府の諸委員会の委員をつとめていて，公人としての活動が多忙のなかでの著述活動であって，まさに文芸界の「労働模範」というにふさわしかった。反右派闘争その他の政治運動に際しては，公的には文芸界の指導者の一員として，党の政策を支持する立場，すなわち批判する側の立場から発言している。66年の文化大革命で紅衛兵が活動を始めると，北京文連主席で文芸界の「権威」たる老舎は，まず闘争の標的にされて暴行を受け，同年8月25日夜，北京北部で死体となって発見された。自殺と伝えられるが不明。78年，名誉回復して納骨式が行われたが，墓に骨は入っていない。

北京に育って北京を愛し，北京の街と民衆を描きつづけて，民衆の素朴な正義感を代弁し，とくに弱者に共感の涙をそそいだ。「ユーモアの巨匠」と呼ばれるほど，誇張した諧謔で笑いを誘う作品がある一方，悲愁と哀感に包まれた詩情ゆたかな作品もあり，言語表現の巧みさは際立っている。

参考文献：『老舎全集』全20巻（人民文学出版社，北京，1999年）。日下恒夫他訳『老舎小説全集』全10巻（学習研究社，1981～83年）。中山時子編『老舎事典』（大修館書店，1988年）。杉本達夫『日中戦期　老舎と文藝界統一戦線』（東方書店，2004年）。　〔杉本達夫〕

雷（らい）　経天（けいてん）　Lei Jingtian

（1904年5月24日～1959年8月11日）

原名・栄璞。広西省南寧県生まれ。広西の中国共産党の指導者，司法制度の育成者。

父，雷昆池は林業で成功した実業家で，中国同盟会員。経天は次男，1910年南寧模範小学に入学，中学を経て，23年厦門大学理科に合格するが，24年上海大夏大学に転ず。19年五・四運動のとき16歳で南寧市学連主席となって3,000人の南寧小中学生大会を組織し，北京大学の学生闘争にエールを送る。大夏大学在学中の25年初め共産主義青年団に加入，同年5・30運動のとき中国共産党に入党し，同党大夏大学党団書記となる。大学内の国家主義派・国民党右派との闘争を組織して退学処分を受ける。

以後，黄埔軍校政治部宣伝科長，国民革命軍第6軍政治部宣伝科長を歴任。1927年国共分裂ののち，8・1南昌暴動，12月の広州暴動に参加し，28年1月中共広西党組織再建の任務を広東省委より与えられて，生地南寧に赴いた。同年6月中共広西特委常委，29年1月中共広西省委代理書記，8月広西省農民協会主任，9月中共右江特委書記，12月11日右江ソヴィエト政府主席兼党右江特委書記を歴任し，右江の土地革命を指導した。

1930年6月上海の党中央に李立三路線が確立し，同年9月大都市攻撃のため右江紅軍第7軍の北上を命ぜられたが，北上に反対して右江ソヴィエト政府主席，中共右江特委書記を解任され，党籍除名に付される。紅軍第7軍は9カ月7,000余華里（1華里は500メートル）の「小長征」の末31年7月に江西中央ソヴィエトに到着したが，経天も第7軍政治部配属で同行した。江西到着後，李立三路線の誤りが批判され，党籍除名処分は解除され復党したが，32年国民党改組派の疑いで再び党籍除名され，35年再入党を許される。45年になって党中央組織部は2度の除名は誤りであると認定し，名誉を回復した。

1934年10月中央幹部団配属の一兵卒として長征に参加した。37年日中戦争勃発後は陝甘寧辺区高等法院法廷廷長，同代理院長，院長を歴任し，「廉潔，公平，正直，果敢，強毅，詳細，謹慎」をモットーに，迅速な裁判，司法人材育成と司法制度整備に専心した。45年八路軍南下三支隊政治委員，46年中共晋察冀中央局秘書長，47年人民解放軍両広縦隊政治委員兼党委書記を歴任して解放戦争を闘った。

1949年中華人民共和国成立後，広西省人民政府副主席を経て，50年6月中華人民共和国最高法院中南分院院長に任ぜられ，再び司法制度の整備と運用に専心し，56年上海華東政法学院院長兼党委書記に転出し，司法人材養成に尽力した。のち中共上海市委は上海の社会科学研究・教育向上のため経天を上海社会科学院院長に任じた。肝癌のため59年8月不帰の人となる。

参考文献：雷経天「厳敏同志在広西革命闘争事略」，広西軍区政治部編『広西革命回憶録』（広西僮族自治区人民出版社，南寧，1959年）。盧永克「難忘的日子――回憶右江工農民主政府成立」・姜茂生「紅七軍北上漫記」，広西壮族自治区革命歴史編輯委員会編『広西革命闘争回憶録』1輯（広西人民出版社，南寧，1981年）。王林濤「雷経天」，中共党史人物研究会編『中共党史人物伝』20巻（陝西人民出版社，西安，1984年）。
〔蜂屋亮子〕

雷（らい）　以諴（いかん）　Lei Yixian

（1806年～1884年）

字・鶴皐。湖北省咸寧県生まれ。清末の官僚。

1823年の進士。刑部主事，山東道監察御史，兵科掌印給事中，内閣侍読学士，太常寺少卿などを歴任し，貨幣政策・黄河の治水・対外関係などの仕事に携わった。49年奉天府府丞兼提督学政となり，52年太常寺少卿に復帰した。53年春都察院左副都御史に任じられ，ついで刑部右侍郎となり，江蘇清江浦に赴いて大運河の視察を行ったが，太平軍の江南接近に対応するため，江蘇揚州近郊で郷勇の指揮に当たり，ついで欽差大臣・琦善に従って江北大営の軍務を幇辦し，揚州を占領した太平軍に対抗した。軍餉を工面するために幕友・銭江の建議を採用して釐金制度を創設し仙女廟などに釐卡を設けて商品の通過税を取った。応急措置であった釐金はその後各地に広がり，清末財政の重要な一環となったが，正規の徴税ではなく民間の経済活動に悪影響を及ぼした。雷以諴は後に釐金が人民の困苦を招いたとしてその創設を悔いたという。

1853年12月太平軍が揚州を撤退した際に太平軍の援軍により指揮下の郷勇が撃破され，また琦善との見解の相違から清軍の統率が乱れた。その責任を問われて翌年初めに革職されたが，しばらくして江蘇布政使に起用され揚州・鎮江一帯で太平軍と対峙した。56年4月太平軍の江北大営撃破，揚州占領により再び革職され，9月新疆に流刑となった。59年許されて陝西按察使に任じられ，翌年陝西布政使ついで光禄寺卿に起用された。62年に官職を免じられて後は，湖北で河東書院・江漢書院の主講を務めた。著書に『大学解読』，『経伝雑記』などがある。

参考文献：民国清史館編『清史稿』422，列伝209（民国清史館，北京，1927年）。民国中華書局編『清史列伝』53（民国中華書局，上海，1928年）。閔爾昌編『碑伝集補』4（燕京大学国学研究所，北京，1923年）。
〔並木頼寿〕

李（り）　宝嘉（ほうか）　Li Baojia

（1867年4月29日～1906年3月14日）

幼名・凱，別名・宝凱，字・伯元，別号・南亭亭長。筆名・遊戯主人，芋香，二春居士，顧雨楼主，謳歌変俗人，酒醒炎消之室主人。中国のいわゆる「以字行（字を以て行わる）」で，李伯元という呼び名が広く用いられている。山東省生まれ。原籍，江蘇省武進。清末のジャーナリスト，小説家。

父の李翼辰（字・申之）は，太平天国の乱を避け，山東で官についていた，いとこの李翼清（字・念仔）のもとに身を寄せ，宝嘉はそこで生まれた。宝嘉が6歳の時に父が亡くなり，堂伯父にあたる翼清によって養育された。旧社会における官僚の家庭のこと，宝嘉も，いずれ科挙の試験に応ずるべく，四書五経や八股文の勉学に従ったにちがいない。1882年翼清が官を辞したのを機会に，一家をあげて故郷に帰った。原籍地に戻った宝嘉は，早速童試に応じ，トップの成績で生員（秀才）の資格を得た。その後，上級の郷試に応じたが落第してしまった。

1896年科挙による仕進をあきらめ，上海に出て，大型新聞『指南報』を創刊した。これは時事を扱ったものだが，１年しか続かなかった。翌97年には，もっぱらゴシップ記事を集めた小新聞『遊戯報』を創刊する。これが，上海における小新聞のはじまりといわれている。李宝嘉は，この『遊戯報』に自ら雑文や詩詞を載せるなど，健筆をふるった。だが，４年ほどで『遊戯報』を人に売り，1901年やはり小新聞である『世界繁華報』をはじめる。この新聞に宝嘉の代表作に数えられる長篇小説『官場現形記』や語りもの『庚子国変弾詞』などが連載された。03年経済特科と称する人材登用が行われ，その推薦を受けたが，応じなかった。一説に，宝嘉のジャーナリストとしての活動が弾劾を受けたからともいわれている。この年，商務印書館の依頼によって雑誌『繡像小説』の主編となった。これにも『文明小史』，『活地獄』などの作品を続々と発表し，当時のジャーナリズムで指導的立場にあったが，06年突然亡くなった。子がなく，俳優の孫菊仙が葬儀をとりおこなった。『繡像小説』も彼の死とともに停刊になった。

李宝嘉の小説作品は，以上見たようなジャーナリストとしての活動の一端をなすものであって，その多くは社会のさまざまの矛盾を暴露し，批判した内容である。官界の内幕を暴露した『官場現形記』５篇60回（1901～05年）は，大きな反響を呼び，数多くの続作が生み出された。役所の中にあって，官の下で悪事をはたらく胥吏の世界を，特に牢獄に舞台を据えて描いたのが『活地獄』である。これは宝嘉の死によって中断されたが，呉沃尭らによって書き継がれた。『文明小史』60回（03～05年）は清末の維新運動の時代を背景に，保守党，維新党，革命党，役人，民衆，外国人など広汎な登場人物，そして中国全土から，果ては日本，アメリカまでを舞台に展開する，スケールの大きな構想を持った作品であるが，李宝嘉の筆はもっぱら維新党，革命党に反対する立場でふるわれている。また上海の娼妓の世界を描いた『海天鴻雪記』もある。魯迅は『中国小説史略』の中で，李宝嘉の作品を「清末の譴責小説」の項に入れ，時弊を暴露し，攻撃するための文学であると述べている。筆鋒が鋭すぎ，明確な思想を打ち出すことができていないという点では，魯迅の評価はたしかにあたっている。しかし，ジャーナリズムを背景に，当時の社会の実態をいきいきと描き，いわゆる譴責小説の大流行の先がけをなしたという点で，李宝嘉は清末の文学史において大きな位置を占める人物である。小説のほかに，『南亭四話』，『南亭筆記』，『芋香印譜』などの著作がある。

参考文献：魏紹昌編『李伯元研究資料』（上海古籍出版社，上海，1980年）。入矢義高・石川賢作訳『官場現形記』上・下（平凡社，1968～69年）。阿英著，飯塚朗・中野美代子訳『晩清小説史』（平凡社，1979年）。樽本照雄『清末小説論集』（法律文化社，1992年）。『李伯元全集』（江蘇古籍出版社，南京，1997年）。　〔大木康〕

李（り）　純（じゅん）　Li Chun

（1867年９月12日～1920年10月12日）

字・秀山。直隷省天津生まれ。原籍，同前。民国初期の軍人，直隷派の１人。

父親は下級官吏。私塾で学習したのち，1891年，天津武備学堂に入学，95年卒業後，「淮軍」に入り，中隊長となった。のち，袁世凱の「新建陸軍」に入り，「督隊稽査先鋒官」となった。1902年５月，袁が保定に「北洋軍政司」（のちの督練公所）を設立すると，その「教練処提調」（副処長）となった。教練処総辦は馮国璋であった。03年，「京旗常備軍」（のちの陸軍第１鎮）の騎兵大隊長となり，05年連隊長に昇進，07年には陸軍第３鎮の歩兵第11協の協統（旅団長）となって，保定に駐屯した。

1911年，武昌蜂起の後，第21混成協を率いて南下し，馮国璋を司令官とする第１軍に属し，武漢地区で革命軍と戦闘した。11月６日，呉禄貞の後任として第６鎮統制（第６師団長）となり，陸軍副都統の官位を受けた。

1912年，中華民国成立後も第６師（鎮より師に改称）長として留任，河南省信陽に駐屯した。13年，宋教仁暗殺事件が起こると，袁世凱の命を受けて湖北省内に移駐して，革命派の活動を予防した。７月，李烈鈞が江西省湖口で蜂起して，第２革命が勃発すると，李純は九江鎮守使に任命され，江西省に進撃して国民党軍を攻撃して勝利した。８月「護軍使」となり，ついで江西民政長を兼任，江西都督に昇任した。この功績により，14年６月，「昌武将軍」の称号を授与され，江西省の軍務担当を命ぜられた。15年９月には，袁世凱の帝位への野心に迎合して，段芝貴らの袁に対する早期即位勧告書に署名した。しかし，15年末から帝制反対の反袁運動（護国戦争・第３革命）が発展すると，袁の帝制に不満な馮国璋に追随して，袁に帝制撤回を要請する電報を発した。袁の死後，江西督軍に任ぜられた。

以後，李純は直隷派の馮国璋系軍閥の有力者となる。1917年，馮国璋が代理大総統となると，李は江蘇督軍に転じ，湖北督軍・王占元，江西督軍・陳光遠とともに「長江三督軍」とならび称され，馮の「和平統一」のスローガンに賛成し，段祺瑞の「武力統一」策に反対した。

1919年12月，馮国璋の死後，李純は曹錕とともに直隷派の最高幹部となったが，勢力は曹に及ばなかった。この間，北京政府と南方の護法政府との間の和平会談が上海で開かれ，李はしばしば調停工作を行った。南方側も李を味方につけようと積極的に働きかけたので，李は対南方武力行使を主張する北京の安徽派政権と，護法政府側との「板挟み」の状況に陥った。北京政府は20年8月，李を長江巡閲使に任命し，10月には蘇皖贛巡閲使に転じ，さらに英威上将軍の称号を授与したが，李はこれらの官職，称号を受けなかった。10月12日遺書5通を書いたのち，南京の督軍公署内で自殺し，当時，「軍閥の自殺」として話題になった。強度の神経衰弱によるものとの説もある。遺言により，遺産の50万元は天津の南開大学の永久基金として寄附された。

参考文献：中国社会科学院近代史研究所主編『民国人物伝』1巻（中華書局，北京，1978年）。劉紹唐主編『民国人物小伝』第3冊（伝記文学出版社，台北，1980年）。黄美真・郝盛潮主編『中華民国史事件人物録』（上海人民出版社，1987年）。競志図書館編『北洋人物史料三種』（文海出版社，台北，1971年）。　〔久保田文次〕

李（り）達（たつ）　Li Da

（1890年10月2日～1966年8月24日）

字・李永錫，号・李鶴鳴，筆名・鶴鳴，鶴，胡炎，江春，立達，李特，達，H・M。湖南省零陵県生まれ。中国共産党の指導者，政治理論・宣伝工作の専門家，教育者。

貧しい小作農の家に生まれる。7歳で清末の秀才・胡燮卿に学び，1905年永州中学に入学する。この中学時代に徐特立の救国の呼びかけに感銘を受ける。09年秋京師優級師範に入学するが，旧式の学制の弊害や中国における科学の立ち後れを痛感し教育救国の理想を抱く。11年の辛亥革命の勃発により同師範が閉鎖されたため零陵県に帰る。その後，湖南工業専門学校，次いで湖南優級師範に入学する。この時期，孫文の主張に共鳴し，教育救国から実業救国に方向転換した。

李達は実業に直結する理工の知識を学ぶべく，1913年と17年春に渡日，2度目の日本留学で東京第一高等学校に入り理科を学ぶ。しかし，資本家による労働者の搾取の状況を見て実業救国の夢を打ち砕かれ，ロシア十月革命勃発後，マルクス主義に傾倒していく。18年5月，日中軍事協定締結に抗議して帰国する。

帰国後，北京で協定破棄を求める学生デモを組織し，段祺瑞政府により弾圧され，「革命の道を行く」しかないと考えるようになったという。1918年6月3度目の渡日を果し，マルクス・レーニン主義を専門的に学ぶ。19年の五・四運動勃発時，日本から『民国日報』（上海刊）などに積極的に投稿し，運動を支援する。6月24日には同紙上に「陳独秀と新思潮」の一文を発表，逮捕拘留中の陳独秀の功績を讃え救出を訴えた。

1920年8月日本を離れ，上海に到着した李達は，同月陳独秀，李漢俊らと上海共産主義小組を組織し，11月に『共産党』（月刊）編集長に就任，21年7月の中共1全大会で宣伝主任に選出されるなど，初期の中共結党過程において活発に活動した。22年5月毛沢東の湖南自修大学に赴き，毛に懇請され学長就任を決意する。同年7月の中共2全大会で中央宣伝主任を辞し，夫人・王会悟と湖南に戻る。23年4月毛と『新時代』（月刊）を創刊し，編集長に就任する。この当時，李は国共合作をめぐり，連合戦線の中でも独立を維持すべしと主張して陳独秀と対立し，ついに同年秋中共を離党する。

1926年冬国民革命軍総政治部主任・鄧演達に請われて，武漢の中央軍事政治学校政治総教官（後に政治教官に変更）に就任し，同校で社会科学概論を講義する。27年5月，馬日事変が発生したため零陵県に一時戻る。9月に李漢俊の紹介で中山大学の教員となるが，同年12月に李漢俊が暗殺されたため大学を離れ上海に向かう。上海では，28年冬熊得山らと昆侖書店を創設し，29年以降上海法政学院，曁南大学で教鞭をとる。

1932年5月中共の依頼により馮玉祥にレーニン主義理論を教授する。同年夏北平に赴き，北平大学法商学院教授兼経済学部主任，中国大学教授兼経済学部主任を歴任する。北平滞在中，日中戦争への対応をめぐり，国際連盟による戦争の収拾を主張する胡適らと論争，抗日救国を唱える。

1938年広西大学に招請され経済学部主任，教授を兼任しマルクス主義経済学などを講義する。翌39年初め，馮玉祥の研究室で講義すべく重慶に赴き，その際に中共との合作を馮に勧める。同年9月広西大学に戻るが，解雇され40年春に帰郷する。同年秋広東大学に就職するが，ここも国民党の圧力で解雇され，再び郷里に帰る。41年9月以降長期にわたって失業し，国民党当局の監視を受ける。

1947年初め湖南大学の教員となる。しかし，国民党当局による逮捕のおそれが強まったため，49年4月16日中共華南分局の指示により長沙を脱し北平へ向かう。翌5月に北平に到着した李は華北高等教育委員会常務委員，中国新法学研究会準備委員会常務委員，中国新哲学研究会準備会常務委員，同主席，中国政治大学第1副校長などに任命され，同年9月には第1期全国政協委員に選出される（54年12月第2期委員に当選）。

中華人民共和国成立後，李達は1949年10月政務院文化教育委員会委員，法制委員会委員に任ぜられ，12月には中共に再入党することを認められる。さらに同月，中南軍政委員会委員，文化教育委員会副主任，湖南大学校長の要職に任ぜられる。湖南大学を退いた後，53年2月武漢大学校長に就任し，56年には哲学部を創設する。なお，54年末から55年初めにかけて胡適批判の論陣をはる。

1958年いわゆる「教育革命」が始まり，教員・学生が生産労働に動員されると，李達は専門教育の質的低下をおそれ，これに反対，同時に当時の大躍進政策，人民公社化の行き過ぎを見て「共産主義は破産主義に，大躍進は大後退に，人民公社は人民空社になってしまう」と述べ，反対を表明する。61年夏以降，一時胃潰瘍，高血圧，糖尿病などにより廬山で静養したが，62年9月に零陵県の大躍進政策の被害を調査して回り，「彭徳懐同志の意見は正しかった」と述べ，63年には林彪グループによる毛沢東思想の「単純化」に反対，66年3月林彪の「頂峰論」を「弁証法に反する」と批判するなど，50年代後半以降李達は言論をもって「左」傾化に抵抗した。

1965年1月，第3期全人代常務委員に選出されたが，「左」傾化に反対する言論により，文化大革命が始まると，林彪，康生らから「武漢大学の三家村の頭目」と非難され，66年8月1日党籍を剝奪された。同月24日死去。80年に党籍及び名誉を回復される。

参考文献：中共党史人物研究会編『中共党史人物伝』11巻（陝西人民出版社，西安，1983年）。宋鏡明『李達伝記』（湖北人民出版社，武漢，1986年）。《李達文集》編輯組編『李達文集』1～4巻（人民出版社，北京，1980，81，84，88年）。盛平主編『中国共産党人名大辞典』（中国国際広播出版社，北京，1991年）。　〔中村楼蘭〕

李　大釗（り　たいしょう）　Li Dazhao

（1889年10月29日～1927年4月28日）

字・守常，寿昌，秀昌。筆名・李釗，常，剣影，孤松，冥冥，明明，猟夫，釗，伐申，辛亥，大釗，L. S.C.生，S.C.，S.C.生。別名・巌明，志釗，猟猟，赤，算算，彬彬，英英，生。河北省楽亭県大黒坨村生まれ。中国共産党創立者，運動初期の主要な指導者の1人。思想家。

読書人の家庭に生まれたが，家計は豊かではなく，かつ2歳の時父を，3歳で母を失い，祖父に育てられた。土地の風習に従い，11歳の時，5歳年長の女性と結婚。17歳で「秀才」に合格したものの，この年（1905年）科挙が廃止されたため，永平府中学に進み“新学”を学んだ。07年天津北洋法政専門学校入学，在学中に辛亥革命を迎え，民国初頭の混沌たる政局に対してはげしい危機意識を燃やした。

1913年卒業，湯化龍らの援助をえて，同年冬日本へ留学，14年9月早稲田大学政治経済学科入学，安部磯雄の社会政策をはじめ，当時の日本の思想界を通じて様々の思潮を吸収した。15年日本の「対華21カ条要求」，次いで袁世凱の「帝制復活」に際しては，留学生のリーダーの1人として反対運動を展開した。16年2月長期欠席により早稲田大学除籍，同年5月反袁闘争のため帰国。袁世凱没後の8月，湯化龍らに託されて『晨鐘報』の創刊，編集にたずさわるも，1カ月で職を辞し，以後ひき続き言論活動に従事した。

1910年代半ば，李大釗は一方では政治活動に身を投じつつ，他方中国の前途を模索して思想形成につとめたが，その思索はユニークな色彩にいろどられていた。なかでも，陳独秀主編の『新青年』（2巻1号）に掲載された「青春」は，宇宙論的視点から「白髪老朽の中華」を打破し「青春中華の再造」を訴えるという点で，彼の思想の原型をよく示すものだった。同時に陳独秀とのこうした結びつきを通じて新文化運動の有力なメンバーとなり，次第に当時の代表的知識人の1人と目されるようになった。

1918年1月蔡元培校長のもとで校風の刷新に努めていた北京大学に図書館主任として招かれ，20年教授となり，胡適，陳独秀らとともに『新青年』の編集に携わる。この間，17年のロシア革命に強い啓示的衝撃をうけ，「フランス・ロシア革命の比較観」（18年7月）次いで「庶民の勝利」，「Bolshevismの勝利」（19年1月）を発表，20世紀世界・人類の新潮流という観点から，この革命，解放の大波を進んで受け入れることを主張し，マルクス主義受容の先導者となった。「私のマルクス主義観」（19年9月）は当時の代表的論文である。ただし，彼のマルクス主義理解は独自の思想的基盤を持ち，唯物史観，階級闘争理論を系統的に紹介する一方，「物質改造」と「精神改造」，「霊肉一致の改造」を説いて，きわめて強い倫理的色彩を帯びている。この時，マルクス学説の紹介にあたっては，当時の日本の研究にきわめて大きく依拠したとされ，とくに河上肇の著作の影響が顕著である。

1919年五・四運動が起こるや，陳独秀とともに運動の先頭に立ち，同時に彼自身この大衆運動の展開の中から中国変革のための大きい方向をつかみとることになった。この頃，彼が発表した論文，時評はきわめて多く，『毎週評論』，『新生活』，『晨報』などの誌面を通じて，運動の主要なオピニオン・リーダーの役割を果した。また，当時，わが国で五・四運動に理解を示した吉野作造及び東大新人会との交流を深め，中国の学生団の訪日を実現させている。しかし，こうした彼の方向は『新青年』の同人，とくにいわばブルジョア・デモクラットであった胡適との間に思想的亀裂を生み出し，両者間で闘わされた「問題と主義」の論争は，思想史上重要な意味を持つものとなった。

1920年3月北京大学に「マルクス学説研究会」を設立，やがてこの中から鄧中夏，張国燾など初期共産主義運動のメンバーが成長する。翌5月コミンテルンから派遣されたヴォイチンスキーと会談，次いで彼を上海の陳独秀に紹介し，これを契機に共産党建党問題が急速に浮上した。20年9月北京に共産主義小組を設立。その他上海，広州など各地の小組成立の動きをうけて，翌21年7月上海で中国共産党が創設される（1全大会）。ただし，李大釗はこの会議には出席していない。

中国共産党成立後，北京地区の責任者として労働運動などの工作を開始すると同時に，天津，済南など北方の党組織建設に着手した。1922年7月の2全大会で中央委員。続いて開かれた同年8月の党中央特別会議は，コミンテルンの指示（代表マーリン）により，共産党員の国民党加入問題，すなわち国共合作問題がはげしく論議された重要会議であったが，その方針が決定されたのち，李大釗はただちに上海に赴いて孫文と面談，同意を得て国民党に加入し，国共合作の端緒を開いた。さらに23年1月のソ連政府代表ヨッフェの来華に際しては，「孫文・ヨッフェ共同宣言」の発表に寄与，孫文の信頼は厚かったといえる。他方この間20年から23年にかけて，北京大学その他で現代政治，唯物史観，女権運動史などを講義する他，各所で講演し，青年学生に対して大きい影響を及ぼした。24年1月，孫文の指名により北京代表として国民党1全大会に出席，主席団の1人となり，また中央執行委員に選ばれた。国共合作に対するこうした彼の積極的な行動は，単にコミンテルンの指示によるというだけではなく，むしろ民衆全体の力を可能な限り結集して，中国の変革と解放をめざすという彼自身の思想に発していたと見ることができる。大会以後，北方各地で国民党組織の設立に尽力，同時にその担い手の中には彼の育てた共産党員が含まれていた。

1924年6月，コミンテルン第5回大会に党代表団を率いて出席し，約5カ月間ソ連に滞在，同年11月帰国。その後，中共北方区委員会（24年末成立）の責任者として，ひきつづき党活動を展開した。この間，李大釗は第2次奉直戦争など各派軍閥の目まぐるしい混戦の中で，当時比較的進歩的であった馮玉祥の国民軍にも工作し，馮の支持のもとに25年秋，西北幹部学校を設立させ，また内モンゴルのフホホト，包頭，チャハルなどに党組織を建設，さらに統一戦線組織としての，内蒙古工農兵大同盟の成立（25年10月）に寄与している。25年の5・30運動など，その頃全国にまき起った反帝民族運動の高まりの渦中にあって，彼は一貫して，北方地区の主要な指導者，責任者であった。しかし，26年，段祺瑞政府によるいわゆる「3・18惨案」以後，きびしい弾圧に直面して活動はきわめて困難となり，3月末，彼は国共両党の指導機関とともに，北京のソ連大使館西院，旧ロシア兵営に潜伏し，地下活動に入った。折しも国民革命軍の北伐が始まり，27年初頭には早くも長江流域に進出したが，この時，北京を支配していた奉天軍閥・張作霖はこうした状況の中で共産党組織摘発の挙に出た。4月6日軍警がソ連大使館を急襲，李大釗は同志60余人とともに逮捕された。北京の各大学をはじめとして，正式の裁判を要求する広汎な助命運動が起ったが，及ばず，同月28日西交民巷京師看守所において刑死した。

李大釗は，その人格は高尚，道義心に富み，接触した多くの人々から慕われ，かつ信頼されたと伝えられる。家庭生活は，伝統的な形式による結婚であったが，夫人・趙紉蘭もよく信頼に応え，彼の没後，3男2女を育てた。長男の李葆華は，人民共和国建国後，安徽省党第1書記，中共中央委員，中央顧問委員会委員などを歴任。

参考文献：中国李大釗研究会編注『李大釗全集』（最新注釈本）1～5（人民出版社，北京，2006年）。朱文通主編『李大釗年譜長篇』（中国社会科学出版社，北京，2009年）。朱成甲『李大釗伝上』（中国社会科学出版社，北京，2009年）。韓一徳・王樹棣編『李大釗研究論文集』上・下（河北人民出版社，石家荘，1984年）。中国李大釗研究会編『李大釗研究論文集』（人民出版社，北京，1999年）。M.メイスナー著，丸山松幸・上野恵司訳『中国マルクス主義の源流—李大釗の思想と生涯』（平凡社，1971年）。

〔野村浩一〕

李(り)　徳全(とくぜん)　Li Dequan

（1896年8月9日～1972年4月23日）

直隷省通州生まれ。国際的に活躍した女性政治家。馮玉祥夫人。

祖父の代から一家でキリスト教を信奉し，父親は河川運搬人をしながら牧師をしていた。李徳全自身も生後3カ月で洗礼を受け，以後熱心なクリスチャンとなる。1904年教会の援助により，通州の私立福育女子小学堂入学，11年北京の貝満女子中学に入り，卒業後，協和女子大学に入学した。中学と大学はミッションスクールであった。大学在学中に民族問題に強い関心を持つようになり，協和女子大学生会会長となる。21年大学卒業後，貝満女子中学の教員に採用されると同時に，北京女子青年会（YMCA）学生部の幹事となった。

1924年李徳全は，親戚の紹介で馮玉祥と結婚し，その後は彼と行動を共にする。26年1月には馮玉祥の下野によって張家口に住み，この年外モンゴル，ソ連へ同行した。33年5月からは馮玉祥の民衆抗日同盟軍組織のためにチャハル省へ移った。38年夏，鄧穎超，宋美齢，蔡暢などとともに廬山で開催された婦女領袖談話会に出席し，ここで婦女慰労総会，婦女指導委員会，児童保育会などを成立させた。41年からは夫に従い重慶に移り，彼女もそこで政治活動を行った。まず，婦女慰労総会を指導し，また中ソ文化協会婦女委員会委員長として女子による抗日工作と宣伝活動にも従事した。

抗日戦終結後の1945年10月，李徳全は中国児童福利事業協進会を組織し，積極的に託児所推進運動を行い，女子の政治参加を促進した。また，46年1月には中国人民救済総会執行委員会理事長に就任した。8月馮玉祥の水利視察に随行してアメリカに渡り，国際婦女会議に出席した。48年8月ソ連経由で帰国途中，船の火災で夫・馮玉祥を失った。

馮玉祥死後も李徳全は，婦人政治家として国際的に活躍する。1949年4月には中国民主婦人連合副主席となり，10月には中央人民政府衛生部部長，華北行政委員会委員，そして中国紅字会会長に就任した。54年10月と57年12月には中国紅字会代表団団長として訪日した。55年11月には中国婦人代表団団長としてパキスタンを，56年2月には中国婦女文化代表団としてイタリア，ユーゴスラヴィアを歴訪するなど国際的に活躍した。また，54年から第1・2・3期の全人代代表に選出されている。

李徳全は，1958年4月国務院衛生部部長に就任した後，12月中国共産党に入党した。その後も赤十字中国代表，中国婦人会代表，中国紅十字会会長として，モスクワ，デンマーク，キューバなどを歴訪するなど，72年4月に北京で病死するまで，中国における婦人の地位向上と福祉・衛生の充実のため，その生涯をささげた。

参考文献：中国文史研究会編『新中国人物誌』（中国文史研究会，香港，出版年不明）。簡又文『馮玉祥伝』上・下（伝記文学出版社，台北，1982年）。中国社会科学院近代史研究所主編『民国人物伝』6巻（中華書局，北京，1987年）。中国研究所編「抗日戦下の婦人運動」，『現代中国辞典』（現代中国辞典刊行会，1952年）。

〔家近亮子〕

李(り)　端棻(たんふん)　Li Duanfen

（1833年10月25日～1907年11月27日）

字・苾園。貴州省貴筑県生まれ。原籍，同前。清末の改革派教育官僚。

祖父の代に湖南省より貴州省へ移住してきた。父を早く失い，叔父の順天府尹（長官）・李朝儀に養育された。1863年進士となり翰林院に入った。雲南学校（教育指導主事）などを経て79年御史に転じた。89年内閣学士として広東郷試を監督した際，受験中の梁啓超の才気を見出し，従妹（叔父・李朝儀の娘）李蕙仙を梁に嫁がせた。李端棻はその後，四川郷試総監督，会試副総裁と科挙畑を歩いたのち，刑部侍郎，工部侍郎などを歴任した。

1895年康有為は変法，学校制度の充実を要求する1,300人連名の公車上書を提出した。翌年，当時刑部侍郎であった李は京師大学堂と各省，府，州，県レベルでの学校の設立を要請する上奏を行った。98年春康有為が北京に保国会を組織すると，李端棻の従弟の李端棨，甥の李葆忠，李銘忠が入会した。李端棻はまた密かに康有為および譚嗣同を光緒帝に推挙した。まもなく京師大学堂が設立され，変法の詔が下りてのち，新政に反対して礼部尚書を解任された許応騤，懐塔布に代わって，9月7日裕禄とともに礼部尚書に就任したが，戊戌の政変によって新疆に送られた。しかし1901年赦されて郷里の貴州に戻り，03年には貴陽経世学堂長となった。07年貴陽で病死した。

参考文献：閔爾昌編『碑伝集補』5（四庫善本叢書館，北京，1923年）。民国清史館編『清史稿』464，列伝251（民国清史館，北京，1927年）。湯志鈞編『戊戌変法人物伝稿』上冊（中華書局，北京，1961年）。清史編委会編『清代人物伝稿』下編2巻（遼寧人民出版社，瀋陽，1985年）。

〔児野道子〕

李　富春　Li Fuchun

（1900年5月22日～1975年1月9日）

字は任之，化名・一秋，林大盛，大盛，李一然。湖南省長沙生まれ。中国共産党の指導者，財政経済専門家。とくに第1次5カ年計画の作成と実施を陳雲とともに指導した。夫人は蔡暢（1923年結婚）。

1917年に長沙長郡中学を卒業，五・四運動の後19年10月から「勤工倹学」の学生としてフランスに留学，24年12月までとどまる。その間，フランスで中国共産主義青年団に加入，鄧小平らとともに同ヨーロッパ支部の機関誌『赤光』を編集，出版。22年に同支部が中国共産党ヨーロッパ総支部に改称すると同時に中国共産党員となる。その後周恩来らとともに活動した。25年1月からモスクワに移り，東方勤労者共産主義大学（クートベ）に学ぶ。同8月に帰国後は国民革命運動に従事する。

国民革命時代は，広州で中共広東区委員会軍事委員会委員，国民革命軍第2軍副党代表兼政治部主任，広州政治講習班で理事兼班主任を歴任。1926年7月から北伐に参加，江西・南昌攻撃を指揮し，中共南昌地区委員会書記兼江西区委員会書記。その後，武漢で中央軍事政治学校政治教官となる。

1927年国民革命敗北の後は，中共江蘇省委員会宣伝部長，代理書記，上海フランス租界南区委員会書記，広東省委員会宣伝部部長，代理書記などを歴任。31年春に上海に入り，その後は中共中央で軍事工作を指導。同年末に江西のソヴィエト区に入り，中共江西省委員会書記兼江西軍区政治委員をつとめた後，34年中華ソヴィエト共和国中央執行委員となり，中共6期5中全会（34年1月）で中央委員候補に選出。同年，紅軍総政治部副主任，代理主任となり，秋からの長征に参加した。

長征中遵義会議（中共政治局拡大会議，1935年1月）に出席，その後紅軍総政治部副主任，第3軍団政治委員，陝甘支隊第2縦隊政治委員を歴任。長征を終え紅軍が陝西北部の根拠地についてからは，中共陝甘寧省委員会書記となる。

日中戦争中は，中共中央秘書長，組織部副部長，財政経済部部長，中共中央辦公室主任などをつとめ，延安自然科学院院長となった。1945年6月の7全大会ではじめて中央委員に選出された。

内戦期には，東北地区に派遣され，中共中央西満分局の書記，西満軍区政治委員として，旧満州西部の根拠地の創立を指導。その後，中共中央東北局常務委員，副書記，東北軍区副政治委員，東北人民政府副主席などの職を歴任。東北地区での中共政権の樹立に貢献した。

1949年10月の建国と同時に，北京に移って政務院財政経済委員会副主任，重工業部部長をつとめて，国民経済の復旧，ソ連との経済交渉，第1次5カ年計画案の作成とその実施を中心的に推進。50年初めの中ソ交渉では，モスクワの毛沢東に呼ばれて，1月20日に周恩来首相とともにモスクワに到着，中ソ友好同盟相互援助条約および3億ドルの借款協定について，ソ連側（ミコヤン，ヴィシンスキーら）との交渉に当たった。

1952年8月から周恩来，陳雲，張聞天，粟裕らとともにソ連を訪問，第1次5カ年計画案の作成およびソ連側からの援助のとりつけ交渉に従事。周恩来らの帰国後もモスクワに残ってソ連側ゴスプランメンバー，経済専門家と5カ年計画案について意見交換，ソ連の援助について交渉，53年5月15日に「中国の国民経済発展についてのソ連援助の協定」を調印して，9カ月ぶりに帰国。第1次5カ年計画とソ連援助の獲得は李富春の活動に負うところが多い。9月15日には中央人民委員会でソ連の経済援助についての報告を行い，「ソ連の援助は徹頭徹尾全面的な援助であり，もしソ連の援助がなければ，わが国の第1次5カ年計画は非常に大きな困難に遭遇しただろう」と述べた。

この間1953年4月国家計画委員会が成立すると同時に同委員会副主任（主任・高崗）。54年8月に中共中央の5カ年計画案指導小組が改組され8人のメンバーの1人となる（組長・陳雲）。同年9月主任高崗の失脚にともない国家計画委員会主任（～72年），ならびに副総理となった（～75年）。

1958年6月大躍進運動の発進で中共中央に6つのグループを作って中央指導体制を強化したが，その1つ中共中央財政経済小組の副組長となった。（組長・陳雲）。

1959年には，国務院工業交通辦公室主任を兼務，経済危機の克服のために尽力した。60年夏の北戴河会議で，経済の調整，強化，向上の方針を提起，それが周恩来に入れられて，61年に「調整，強化，充実，向上」の「八字方針」にまとめられた。62年9月の中共8期10中全会では，大躍進運動中の計画工作の誤りについて自己批判。文化大革命の発動を決めた66年8月の8期11中全会で中央政治局の常務委員に昇格した。だが，工業交通部門で「15条」を策定して文化大革命の経済部門への波及を避けようとしたために，67年の「2月逆流」で陳毅，李先念，聶栄臻らとともに「4人組」から激しく批判され，「黒いクラブ主任」と見なされた。文化大革命で政治局常務委員のポストは奪われたが，党中央委員としてその後も残った。

党内では，7～10期の中央委員をつとめ，8期1中全会（1956年9月）および8期5中全会（58年）で中央政治局委員・書記処書記，8期11中全会（66年8月）で中央政治局常務委員となる。第2期～第4期全国人民代表大会代表をもつとめた。75年1月北京で病死。

著作には『抗戦与軍隊政治工作』がある。

参考文献：盛平主編『中国共産党人名大辞典』（中国国際広播出版社，北京，1991年）。薄一波『若干重大決策与事件的回顧』（中共中央党校出版社，北京，1991年）。薄一波「富春同志永在」，『人民日報』1980年1月9日。顧卓新他「李富春同志対経済計画工作的重大貢献」，『人民日報』1980年5月22日。『李富春選集』（中国計画出版社，北京，1992年）。

〔毛里和子〕

李(り)　福林(ふくりん)　Li Fulin

（1874年～1952年2月11日）

字・登同。広東省番禺県大塘郷に生まれる。国民党軍人。

祖父・耀漢，父・沛尹，ともに農業を営み，比較的豊かな生活をしていた。母・呂氏，継母・姚氏。7人の兄弟姉妹あり。父母を早く失い，生活苦を味わう。青少年期の教育については不詳。

李福林の活動は終生広東省一帯が中心であった。早くより広州周辺で起こった匪賊間の対立や反政府活動に際し任侠の徒を結集していたが，1900年同族の者が満州人に金を奪われる事件に直面し，革命の立場を明確に意識するようになったといわれる。07年劉岐山，甄壁らの紹介で孫文とハノイで会い，同盟会に加入する。帰国して広東・香港地区で革命運動に従事する。この間，朱執信，胡毅生らとしばしば連絡をとっている。また，08年には同族の革命家・李菱が故郷で清兵に殺されている。

1911年辛亥革命に際し民軍を組織して広東省総督・張鳴岐を追放し，胡漢民を都督として迎え入れる。李自身は広東都督府警衛軍営長となり，広州近辺の秩序維持にあたる。13年第2革命失敗後番禺・南海両県を拠点とし，龍済光追放に活躍した。17年広東軍政府に参加し，孫文警護の任にあたる。18年広東軍政府改組に際しては孫文を支持し，西南軍閥の妨害と闘う。広東軍と協力して20年広州に再建された大元帥府に参加，広西軍を追い出し，22年孫文の北伐に従う。同年6月陳炯明の反乱にあうと許崇智らと福建省に転戦し，東路討賊軍第3軍軍長として陳炯明と戦い，福州を攻略する。23年三たび建設された広東大元帥府では許崇智の下で建国広東軍第3軍軍長となり，その後，広東全省警務処処長，広東全省民団統率処督辦，広州市市政庁庁長に任命される。

1924年国民党1全大会で中央監察委員候補に選出され，この地位は35年の5全大会で中央監察委員に昇格するまで変わらなかった。24年国民革命の高揚するなかで商団軍の鎮圧，翌年にかけて東江で劉震寰，楊希閔の軍隊の鎮圧のために活躍している。25年7月国民政府成立に際しては政治委員会と軍事委員会の委員，及びその後改編された国民革命軍第5軍軍長に就任している。26年北伐に参加し，許崇智，程潜らと南京を攻略する。

李福林は，1927年国共分裂のなかで反共に転じ，同年12月に勃発した広東コミューンでは共産党の弾圧で重要な役割を果す。しかし，28年には健康を害し，革命運動から引退し，香港に隠居するが，依然故郷の広東との間で連絡を保っていた。

1938年日本軍は引退中の李福林を傀儡に仕立てて広州奪取のために利用しようとしたが，彼は国民党中央と連絡をとり，逆に日本の動勢をさぐり，ゲリラ軍を組織して日本軍に抵抗した。その後再び病気になり，香港に退き，死ぬまでそこに留まった。死ぬ直前に台湾を訪れ，指導者と国民党の再生について話しあっている。

参考文献：劉紹唐主編『民国人物小伝』第3冊（伝記文学出版社，台北，1980年）。*Who's Who in China*, Supplement to the 3rd edition (The China Weekly Review, Shanghai, 1929).『革命人物誌』12集（中央文物供応社，台北，1973年）。

〔山田辰雄〕

李(り)　根源(こんげん)　Li Genyuan

（1879年6月6日～1965年7月6日）

字・印泉，養渓，雪生。別号・高黎貢山人，曲石老人，東斎。雲南省騰越県九保郷生まれ。軍人，政学会系の政治家。

李家の祖籍は山東益都にあり，明代初年より雲南に移り住んだ。父の李大茂は千総を務めた清朝軍人。李根源は幼年家庭及び私塾で伝統的な教育を受ける。そして，1898年永昌府試に合格，秀才となる。1903年6月昆明で郷試を受験するが失敗，新学へ転じ新設の高等学堂に入学した。

1904年11月政府官費留学生として来日，東京で振武学校に入学した。李根源は日本留学中，同盟会に加入するなど活発な政治活動を展開した。そして，雲南同郷会会長，「雲南雑誌社」経理を務めるなど雲南からの留日学生のなかで指導者的役割を果した。06年夏振武学校を卒業した後，雲南同郷会によって雲貴総督・丁振鋒排斥運動のため北京に派遣された。07年1月再度来日し，弘前の第8師団歩兵第31連隊での1年間の連隊実習をへて，08年1月士官学校へ入学した。同年12月卒業（第6期生）後，青森の歩兵第5連隊で見習い士官として勤務した。

1909年8月故郷雲南に戻り，新たに組織されつつあった新軍に勤務することになった。すなわち，雲南陸軍講武堂監督兼歩兵科教官，同総辦，雲南督練処副参議官などの要職を歴任し，雲南新軍内では雲南出身将校のリーダー的な立場にあった。

1911年雲南省における辛亥革命では，蔡鍔，羅佩金，唐継尭などとともにその計画段階から中核的な役割を果し，武装蜂起の過程でも部隊を率いて大きな役割を果した。革命後成立した雲南軍政府（都督・蔡鍔）では，李根源は軍政部総長兼参議院院長に就任し重きをなした。

1911年11月30日，蔡鍔によって陸軍第2師師長兼国民軍総統（のち総指令）に任命され，雲南省西部の治安維持にあたった。翌12年8年昆明に戻った李根源は国民党雲南支部長に就任した。13年2月衆議院議員に選出された李は雲南を離れ，北京へと向かった。

1913年第2革命に参加した李根源は，革命が国民党系勢力の完敗に終わると，日本に亡命し，早稲田大学政治経済科に入学した。第1次世界大戦が勃発すると，日本において熊克武，章士釗などと欧事研究会を組織した。ここに後の政学系の起源がある。

1915年末反帝制運動が始まると李根源も帰国してこれに参加し，唐継尭によって護国軍駐港代表に任命された。翌16年5月広西省肇慶に護国軍都指令部が組織されると副都参謀に，軍務院が成立すると滇粤桂連合軍都参謀に就任している。

1916年6月袁世凱の死後，黎元洪が大総統に就任すると，李根源は黎によって陝西省長に任命された。10月に北京に到着した李根源は衆議院議員の身分で，復活した国会で活発な活動を展開した。そして，欧事研究会の成員を基礎に「政学会」を組織したのであった。

1917年2月李根源は陝西省長に就任し，現地に赴いた。しかし，同年5月末北京政府をめぐる黎元洪と段祺瑞の闘争のなかで，段祺瑞系の陝西督軍・陳樹藩によって軟禁された（7カ月後ようやく釈放）。

1917年9月孫文が広東軍政府を組織し護法運動を展開すると，李根源もこれに参加し，翌18年駐粤滇軍総指令に任命された。広東軍政府の有力な軍事的支柱の1つであった滇軍（雲南軍）と李根源は清末以来密接な関係を維持しており，また李が強い影響力を持つ政学系が広東の非常国会で中心的役割を果していたから，広西派と結んだ李根源は広東軍政府内で大きな政治的影響力を持っていた。

1920年2月雲南の唐継尭と広西の陸栄廷の対立の中で駐粤滇軍は分裂し，その大部分は李烈鈞の支配下に入った。ここに，李根源の広東軍政府内での政治的地位は低下した。同年秋から粤軍を率いる陳炯明が広西派を中心とする広東軍政府への攻撃を開始すると，広西派との密接な関係から指揮下の滇軍将校から排斥され，ここに李の南方での政治的影響力は決定的に低下した。

1922年李根源は黎元洪の要請をうけて北京政府に参画し，航空督辦，農商務総長などの職についた。翌23年黎が北洋系の勢力によって北京政府を追われると李根源も北京を離れ，以後彼は蘇州で引退生活を送った。

日中戦争が始まると李根源は政界に復帰し，軍事委員会参議官，雲貴監察史を歴任した。中華人民共和国成立後李根源はこれに参加し，西南軍政委員会委員に任命された。そして，1953年以降は第2期及び第3期全国政治協商会議委員を務めた。65年7月北京で死去した。

参考文献：李根源『雪生年録』（1934年）。李根源『曲石文録』（1932年）。中国科学院歴史研究所第三処『雲南貴州辛亥革命資料』（中国科学院歴史研究所，北京，1959年）。

〔塚本元〕

李（り）　公樸（こうぼく）　Li Gongpu

（1902年11月26日～1946年7月12日）

原名・永祥。号・晋祥，僕如。筆名・長嘯。原籍，江蘇省常州県。社会教育家，民衆運動指導者，中国民主同盟の幹部。

家は極貧であったが，幼時，私塾で読み書きを習う。13歳で鎮江の洋品店の丁稚となったが，年季のあけた16歳の時，五・四運動が起こり，学生や他の店の店員と「愛国団」を組織し，日貨排斥の活動に参加したため，洋品店を追われ，商人への道を捨てた。1920年鎮江の潤州中学に学び，21年武昌の文華大学附属中学に入ったが，1年余り後，校医の学生虐待反対のストライキに参加して退学させられ，22年上海の滬江大学附属中学に転じた。24年滬江大学に入学したが，苦学の生活を送り，25年5・30事件が起こるとこれに参加し，上海学連の工人科長として連絡の任務にあたった。李公樸の行動的な性格があらわれている。この時，国民党に加入し，26年学業を放棄して広東に行き，北伐に参加し，東路軍総指揮部政治部の工作にあたった。この革命工作の中で，女子師範大学の張曼筠と知り合い，結婚した。27年4・12クーデター後，国民革命軍を去り，再び上海にもどった。

1928年アメリカ合衆国オレゴン州のリード大学（Reed College）の中国人奨学生の募集を知り，キリスト教青年会（YMCA）の援助でこれに応募し，渡米した。アメリカでは勤工倹学生として働きながら学業を続け，その過程でアメリカの社会と政治について多くを学んだ。この見聞を，『生活周刊』（鄒韜奮の編集）の特約通信員として，2年にわたって書き送った。

1930年冬，貨客船の甲板員として，世界各地をまわって帰国した後，キリスト教青年会の幹事として，キリスト者青年の学生運動の指導にあたり，31年，通信社を起こそうとしたが，実現できなかった。李公樸のジャーナリストへの希望は強く，鄒韜奮の『生活日報』の企画にもスタッフとして予定されていたが，実現できなかった。この希望は，32年『申報』の読書問答欄の編集担当となることによって実現した。彼のジャーナリストとなることへの希望は，民衆を教育するという理念と結びついている。この理念は「新聞教育の及ばぬところを助けて，社会の大衆の知識を得る機会を設ける」ことを目的にした『申報』移動図書館の設立によって示されている。青年大衆への読書指導をさらに強めるために，34年11月史量才の暗殺の直前に，読書問答欄担当の3人の仲間（いずれもマルクス主義者）とともに『読書生活』を創刊し，青年学生への読書指導に本格的にのり出した。

1934年から抗日救国活動にも参加し始め，35年12月上海文化界救国会が創立されると，これにすすんで参加し，戦闘的民主主義者として救国会の指導的活動を担った。36年11月，その活動を理由に，他の救国会指導者とともに逮捕投獄された（抗日七君子事件）。37年日中戦争が勃発し，7月31日に釈放されるとすぐ，華北の戦場の視察に行き，50日の前線視察の見聞をもとに，抗日戦争のすすめるべき方向を「民衆を抗戦に動員する」，「全民抗戦」の実現にあると提言した。38年山西の閻錫山の民族革命大学副校長への就任の招きによって太原へ行ったが，太原陥落後，閻の態度の変化によって排斥され，やむなく武漢にもどった。38年10月武漢の陥落後，11月には延安にはいり，陝甘寧辺区に7カ月滞在した。李公樸はここで「抗戦建国教学区」を組織し，民衆運動・民衆教育を行ったが，中共支配地区において，真の民衆運動が実現し，彼の提唱する「全民抗戦」が実現していることに「新中国の雛型」を感じた。しかし40年12月民主政団同盟の設立準備のために，沈鈞儒によって重慶に呼びもどされた。41年の皖南事件後，重慶にいることが危険になったことと，抗戦の対外宣伝のためにビルマに出る目的で昆明に行き，待機していた。ビルマへの出国が不可能となった後，昆明ではキリスト教青年会の支援のもとに「北門書屋」を開き，抗戦と民主の活動を行った。この間，西南連合大学などの進歩的教授たちと民主政団同盟の組織の拡大をはかり，44年9月，民主政団同盟が中国民主同盟に改組した際，中央委員となり，雲南支部の中心メンバーとして，抗戦・民主・団結のために奮闘した。この活動は戦後の内戦の危機が高まるなかで，一層強められ，彼は中核的存在となった。それゆえに，国民党特務は彼を暗殺しようとして46年7月11日，昆明の街頭で彼を撃った。重傷を負った彼は，翌12日夜明けに死亡した。この間，46年1月には重慶に「社会大学」を創立し，副校長として実質的な推進者となって，社会教育の実践を行っている。

参考文献：李公樸『民衆動員論』（生活書店，上海，1938年）。李公樸『抗戦教育的理論与実践』（読書出版社，漢口，1938年）。李公樸『華北敵後—晋察冀』（生活・読書・新知三聯書店，北京，1940年）。方仲伯編『李公樸文集』（雲南人民出版社，昆明，1987年）。方仲伯編『李公樸記念文集』（雲南人民出版社，昆明，1983年）。平野正『中国知識人と民主主義思想』（研文出版，1987年）。〔平野正〕

李（り）　漢俊（かんしゅん）　Li Hanjun

（1890年～1927年12月17日）

原名・書詩，別名・人傑。号・漢俊，筆名・過海鏡，歴品など。湖北省潜江県生まれ。中国共産党創立期の指導者。

父は私塾の教師。1902年兄の李書城（中国同盟会発起人の1人，のちに北洋軍閥政府陸軍総長，中華人民共和国政府農業部長などを務める）とともに来日，東京の暁星中学校に入学。その後，日本高等学校に入学，清国政府より奨学金を受ける。続いて東京帝国大学工学部に入学，在学中河上肇を知り，彼の影響を受けてマルクス主義の研究を開始する。

1918年同校卒業後，帰国。中学校教師を務める傍ら，戴季陶の勧めで『星期評論』に投稿。この頃，董必武と知りあう。20年4月コミンテルン代表ヴォイチンスキーと上海で会見，中国共産党の創立について協議を行う。同年8月，陳独秀，施存統，李達らとともに上海で共産主義小組を結成。当時，北京，長沙，武漢，済南，広州などでも同様に共産主義小組の結成がみられたが，武漢の共産主義小組は李漢俊が董必武に書簡を送って発足を促したものであり，李はそのために武漢まで赴いている。

李漢俊は共産党設立工作と同時に，マルクス主義の紹介と宣伝にも精力を注いだ。『マルクス資本論入門』を翻訳したほか，「強盗階級底成立」，「渾朴的社会主義者底特別的労働運動意見」，「労働者与“国際運動”」，「我們為什麽要講社会主義」などの論文をあいついで発表，張東蓀らブルジョア改良主義者の思想に批判を加えた。1919年より21年7月の中国共産党創立時まで，李漢俊は『新青年』，『星期評論』，『民国日報』，『建設』，『労働界』，『共産党』などに90篇を超える翻訳と論文を発表している。

1920年12月陳独秀が広東省教育委員長に赴任するために上海を離れた後，李漢俊は上海共産主義小組代理書記に就任，併せて『新青年』の編集責任者を務めた。21年6月コミンテルン代表マーリンが上海を訪れ，李漢俊，李達と会見，さらに広州の陳独秀と連絡をとり，中国共産党の設立を決定した。21年7月中共1全大会が上海仏租界望志路106号にある李漢俊の家で開催された。同大会に李漢俊は李達とともに上海共産主義小組代表として参加している。

しかし，李漢俊は1922年，陳独秀，張国燾との意見の相違から上海を離れ，武漢に赴いた。武漢では武漢市政督辦公署総工程師を務め，武昌中華大学および武昌高等師範学校で教鞭をとった。同年7月中共2全大会の開催に際し，陳独秀は李漢俊に電報を送って出席を要請したが，李は河南に留まり出席せず，その代わりに「反対集権・鉄的紀律及作労働運動和領薪水等」との意見書を同大会に送りつけている。同年10月，湖北省工団連合会執行委員に選出される。23年の2・7惨案後北京に赴き，北京政府外交部秘書となるが，間もなく武漢に戻り，武漢大学教授に任じ，「唯物史観」などの講義を行う。23年6月の中共3全大会にも李漢俊は出席していない（しかし，同大会で中央委員会候補委員に選出されている）。

李漢俊と陳独秀の間にはいくつかの点で重要な見解の相違がみられた。例えば，李は陳とは逆に労働運動よりも学生運動を優先させるよう主張し，厳格な規律に支配された中央集権的な党組織ではなく，各地に分散された自律的な党組織のゆるやかな連合体を提唱していた。また，李は国共合作にも反対の立場をとった。このような立場の違いを背景に，1925年1月の中央4全大会において李漢俊は党を除名されている。しかし，彼はマルクス主義に対する信念を捨てず，革命運動に依然精力を傾けた。

1926年7月に北伐が開始されると，李漢俊は董必武とともに湖北省各界代表団を率いて長沙で北伐軍を歓迎した。9月には湖北省政務委員（主任・鄧演達），接収保管委員会主席，教育科長に就任。27年1月国民党湖北省党部執行委員に選出される。4月湖北省政府成立とともに同省政府委員，教育庁長となる。同月の蔣介石による反共クーデター後，共産党員は湖北省政府から退出したが，李漢俊は同省政府に留まった。同年11月李宗仁らの率いる広西系軍隊が武漢を占領し，白色テロが始まると，李漢俊は詹大悲（国民党第2期中央執行委員会候補委員）とともに漢口日本租界に身を潜めた。12月17日，広西系第19軍軍長・胡宗鋒の派遣した兵士が彼らを日本租界より連れ出し，漢口江漢関において銃殺した。52年8月政務院内務部より李漢俊の家族に烈士証が与えられている。

参考文献：包恵僧「懐念李漢俊先生」，『党史資料』1980年1期。甘子久「中国共産党創建時的李漢俊同志」，『社会科学』1981年2期。王永均・劉建皐編『中国現代史人物伝』（四川人民出版社，成都，1986年）。　〔高橋伸夫〕

李（り）　紅光（こうこう）　Li Hongguang

（1910年～1935年5月12日）

別名・李弘海，義山。朝鮮族。朝鮮京畿道龍任軍丹洞生まれ。貧農の出身である。中共系軍人。

1926年父母とともに朝鮮から吉林省伊通県に移住し，小作生活を始めた。貧困のために1年しか小学校に通えなかったが，独学で文章を学び，日本語も話せた。

1927年在満農民同盟会に加入し，南満州地区の農民運動幹部として反帝反封建運動を展開した。30年中国共産党に入党し，伊通県党支部書記，双陽，伊通特別支部組織委員会委員，磐石中心県委員会委員を歴任した。

満州事変後，1932年春李紅光は打狗隊と呼ばれる赤衛隊を組織し，その隊長になった。李はとくに農民運動と結び，32年4月から5月に農民暴動を指導した。さらに，李は赤衛隊を磐石労農遊撃隊に改称し，その隊長に就任した。同年5月中共磐石県委員会は，李紅光の部隊に元満州国軍の兵士を併せて磐石労農義勇軍（磐石労農義勇軍第4軍第1中隊）を組織した。李は第2分隊の政治委員になった。しかし，当時李紅光の部隊は満州省委の指導員の左傾的路線のために一時磐石を離れなければならなかった。満州省委は，地方で抗日闘争を展開した共産党以外の武装部隊との統一戦線を認めていなかった。そのために彼らは，日満軍警とだけでなく，地方の武装部隊とも戦わなければならなかった。この路線を改めたのは楊靖宇であった。

1932年11月満州省委員会は楊靖宇を磐石に派遣し，磐石労農義勇軍を中国工農紅軍第32軍南満遊撃隊に改編した。遊撃隊は3個大隊と1教導隊を有し，磐石，伊通，海龍などで遊撃隊を展開した。李紅光は教導隊の政治委員であった。33年9月18日満州省委の南満遊撃隊を東北人民革命軍第1軍に改称し，速やかに1個師団を再編成せよとの指示に基づき，東北人民革命軍第1軍独立師が組織された。李はその参謀長に就任した。10月独立師の力量を保存し，南満地区の遊撃根拠地を開拓するために，司令部と一部部隊は南下した。そこで東辺道共匪粛正司令官・邵本良との戦闘が続いた。この戦いを通じて独立師の勢力は33年に比べて3倍に増加した。

1934年11月東北人民革命軍独立師は東北人民革命軍第1軍に再編成され，李紅光は第1師師長兼政治委員に就任した。また同年4月南満の抗日部隊が集まり，抗日連合指揮部が設置された。楊靖宇が総指揮に，李紅光は参謀長に任命された。李は，満州国境を越えて，朝鮮平安北道の各地を襲撃した。しかし，35年5月興京県蒿子溝で日満軍と遭遇し，その戦闘中戦死した。

参考文献：黒龍江省社会科学院地方党史研究所・東北烈士紀念館編『東北抗日烈士伝』1輯（黒龍江人民出版社，哈爾浜，1980年）。朴昌煜編『朝鮮族革命烈士伝』（遼寧人民出版社，瀋陽，1983年）。軍政部軍事調査部編『満州共産匪の研究』1輯（1937年）。　〔鐸木昌之〕

李（り）　鴻藻（こうそう）　Li Hongzao

（1820年3月27日～1897年7月24日）

字・寄雲，季雲。号・蘭孫，石孫，硯斎。諡・文正。直隷省高陽県生まれ。原籍，同前。清末の大官，「清流」北方派の筆頭的存在。

祖父は福建巡撫を務めたこともある李殿図。父は広西省賀県の知県などを務めた李轍通。母は姚氏。彼は3歳で賀県から北京へ移り，教育を受ける。1844年順天郷試に合格し挙人となる。52年進士に合格し，翰林院庶吉士に選ばれ，翌年翰林院編修を授けられる。55年郷試の試験官として山西に赴任，57年河南学政に転任する。60年皇太子（後の同治帝）の教育係選出にあたって内閣大学士・彭蘊章の推薦を受け，北京に戻り，翌年大阿哥師傅（皇太子の教育係）に任命され，同治帝が即位したのちも弘徳殿での職務を続けた。62年侍講に抜擢され，同治帝に対し張之万らが編集した『治平宝鑑』をテキストとして交代で講義を行った。64年には内閣学士に転任，署戸部左侍郎に任じられた。翌年軍機処勤務となり，署戸部右侍郎を務める。66年には礼部右侍郎に抜擢され，ついで戸部に転任した。同年6月，母の死により3年間喪に服するため辞職を願い出たが，朝廷側は服喪の期間が終わらぬうちに出仕を命じたため，しばしば上奏文を提出し，出仕することを拒みつづけた。68年喪が明けると引きつづき軍機処，弘徳殿で職務を行う。当時，捻軍が畿内に侵入し，李鴻章・左宗棠などの清朝側の各軍が指揮系統などの不統一によりその討伐に苦労していたのをみて，彼は恭親王奕訢を大将軍として各軍を協力させる方法を建議した。69年戸部右侍郎に任じられ，71年には左都御史に昇進し工部尚書を授けられた。この年，60年に英仏連合軍によって破壊された円明園を修復する上諭が発せられたが，太平軍・捻軍討伐直後であるとしてまず民力の休養を主張しこれを中止させた。

1874年同治帝が没すると，自らを教育係として不適であると弾劾し，弘徳殿での勤務を辞めた。76年総理各国事務衙門大臣の兼任を命じられる。翌年生母が没したため再び喪に服する。80年喪が明けてもとの職にもどり，署吏部尚書に任じられた。当時清朝とロシアとの間で71年以来問題となっていたイリ地方の帰属をめぐる国境紛争解決のため，78年欽差大臣・崇厚がロシアに派遣され，翌年10月イリ条約が締結されたが，彼は条約の内容が屈辱的であるとして崇厚を弾劾し，新たに使節を派遣し条約改正を行うことを要求した。81年兵部尚書となり，同年6月には協辦大学士となる。82年には吏部に転任した。この間フランスとの間でヴェトナム領有に関する問題が表面化すると，これに対する徹底抗戦を主張した。84年盛昱の弾劾に端を発する政変により恭親王奕訢一派が失脚すると，それに伴い彼も全ての官職を失い2階級降格の処分を受けた。盛昱も清流の一員であったが，清流は派閥ではないので，このような同士討ちもあった。

1885年内閣学士となり，ついで吏部右侍郎を授けられた。87年には礼部尚書に昇進する。この年黄河が鄭州で決壊し，その復旧作業の監督をするため河南へ派遣される。これより先に河道総督・李鶴年，河南巡撫・倪文蔚が建議していた西壩の治水工事の監督を88年より開始したが，その年の秋，黄河の増水による事故が原因で工事が中断するという事態が起こり，その責任をとらされて処分された。89年3月処分が取り消され，会試正考官に任命され，5月には署左都御史に任じられる。92年署刑部尚書を兼任した。94年3月再度会試正考官となり，8月朝鮮の支配権をめぐって日清の対立が深まると軍務にあたることを命じられ，10月には軍機大臣に任命され中央政界に返り咲く。日清戦争に際しては「清流」南方派の雄・翁同龢らとともに抗戦を主張し，95年には総理各国事務衙門勤務となり，台湾の割譲などを内容とした対日講和条約を締結すべきであるという李鴻章ら和約派の主張に反対した。翌年礼部尚書，協辦大学士となり，ついで吏部尚書に転任し郷試，会試，殿試などの閲巻大臣に任命された。97年7月北京で病没す。没後，太子太傅の称号を贈られる。

参考文献：民国清史館編刊『清史稿』巻436，列伝223（北京，1927年)。李華興編『近代中国百年史辞典』（浙江人民出版社，杭州，1987年)。李崇侗・劉鳳翰『李鴻藻先生年譜』上・下（中国学術著作奨励委員会，台北，1970年)。秦孝儀主編『中国現代史辞典―人物部分』（近代中国出版社，台北，1985年)。中井英基『張謇と中国近代企業』（北海道大学図書刊行会，1996年)。　〔中井英基，中川雅史〕

李（り）　鴻章（こうしょう）　Li Hongzhang

（1823年2月15日～1901年11月7日）

原名・章銅，字・少荃・漸甫，号・儀叟，諡・文忠。安徽省廬州府合肥県東郷出身。清末の官僚，政治家。

父・文安の本姓は許，母は李氏。李家に嗣子がなかったため，一家は許李両姓を称し，文安が科挙を受験するにあたり，李氏を称することとなった。兄弟6人，妹2人の第2子。父・文安は，1838年の進士で曾国藩とは同期，刑部督捕司郎中。死後，李鴻章の功によって光禄大夫，大学士を追贈される。兄・瀚章は，湖広，両広総督。三弟・鶴章は，太平天国軍鎮圧に功があったとして，甘粛甘涼兵備道。以下，四弟・蘊章，五弟・鳳章，六弟・昭慶らもそれぞれ官位を得る。最初の夫人は，同県の周氏，継室は，安慶の趙氏。子は，経述など男子5人（内1人は弟の子)，女子3人。

1845年，上京して曾国藩に師事し，47年，殿試13位で合格後，翰林院に入り，50年編修となる。47年合格の際の正考官は，のちに林則除，馮桂芬らを推挙した蘇州出身の軍機大臣・潘世恩。この時の状元は張之万，同期としてはほかに，沈桂芬，沈葆禎，郭崇燾らがいる。

1853年，太平天国軍の進出にともない，団練結成を命じられて帰郷し，54年，安徽巡撫・福済の幕僚となり，軍務に従事した。58年，太平天国軍によって合肥諸郷が蹂躙され，妻子が殺されたため，当時江西省建昌に駐留中の曾国藩の下に行き，その幕僚となった。62年，上海在住の蘇州紳士の要請を受けた曾国藩により上海へ派遣され，湘軍に倣い淮南の団練を基礎として編成した淮軍を率いて赴き，江蘇巡撫の職に就いた。63年，ゴルドン率いる常勝軍とともに蘇州を回復し，翌年太平天国鎮圧に功があったとして，一等粛毅伯に叙せられた。65年，捻軍鎮圧に派せられた曾国藩のあと署両江総督となり，66年，曾国藩に替わって欽差大臣署理を命ぜられ，捻軍討伐に赴き，68年これを鎮圧した。その後，すでに67年に任じられていた湖広総督の任に就き，70年，曾国藩に替わって直隷総督兼北洋通商事務大臣となり，清朝の外交を担当した。72年より74年まで武英殿大学士，74年より死に至るまで文華殿大学士。

李鴻章の政治家としての活動は，江蘇巡撫として上海に赴任していたときに始まる。彼はそこで西欧の人々及びその軍事を中心とした技術に接し，また蘇州紳士と連携すべく経世思想家・馮桂芬らを幕僚とし，更には，広くネットワークをもつ商人たちともつながりをもった。そのため中国が置かれている状況に対する認識と政策方針について，彼らから深い影響をうけた。

第1に，1862年着任以降，この地域の富に財源を求め，西欧の軍事技術の導入による淮軍の近代化と，兵器の国産化をはかるなど，近代産業の育成に努めた。同年，上海に西洋砲局設置。63年，上海外国語言文字学館創設，図書館（科学書の収集）設置，印刷所設置。65年，上海に江南機器製造総局，南京に金陵機器局設置。67年，江南機器製造総局に訳書局を付設。70年，天津機器局を拡充。71年，大沽に洋式砲台を設置。72年，輪船招商局を設立。79年，上海機器織布局開設計画。80年，軍艦購入，南北洋電線敷設，天津電報学堂創設，北洋水師学堂創設，鉄道敷設計画。81年，官督商辦の貿易公司設立，開平鉱務局正式成立（78年開設)，唐胥運炭鉄道開通。82年，旅順軍港建設。85年，天津武備学堂の創設。88年，北洋海軍を正式に編成，漠河金鉱開発などが，その具体的内容である。また，72年，アメリカへの留学生派遣，76年，砲兵隊などの訓練習得のため，ドイツへ武官派遣，福建船政廠の学生をフランスへ艦船操縦・製造習得，イギリスへ海軍作戦各法の習得のため，それぞれ派遣（77年出発）にも関与した。

これら近代化事業のうち，輪船招商局，上海機器織布局，開平鉱務局などは，いずれも株式会社組織をとり，民間資本を導入し，更には経営を民間人に一任し，李鴻章は株主として，それを保護する立場をとった。こうした民間資本の導入と民間人の登用とは，対外貿易にともなう変化のみならず，明末清初以降の中国の経済と社会構造の変化と，これらを背景とした江南の紳士の経世思想を反映したものでもあった。また，これら「官督商辦」企業の創立運営は，純然たる多くの民間企業の設立をも促した。

次に，中国近代史において李鴻章が果した役割として重要なものに外交がある。李鴻章が外交面でも高く評価されるようになったのは，1870年の天津教案に関わる処理を契機とする。当時直隷総督・曾国藩が事件処理を担当したが，強硬な態度をとるフランス側に対し，曾国藩はその意を迎える方針をとったため弾劾され，李鴻章がこれに替わって直隷総督兼北洋大臣の任に就いた。折しもヨーロッパで普仏戦争が勃発し，フランス側がひきあげたため事件は決着をみた。以後李鴻章は，当時の清朝が直面した外交問題のほとんどすべてを責任者として担当した。

対英仏関係としては，1875年マーガリー殺害事件の交渉と芝罘条約の締結，清仏交渉と，85年の天津条約，および86年英国の雲南侵略に対する烟台条約の締結を担当した。対露関係としては，イリ問題の交渉に関与した。対日関係としては，71年の日清修好条規締結，台湾先住民による琉球漁民殺害事件の処理と，それに伴う琉球帰属問題の交渉を担当し，81年には，朝鮮関係の「洋務緊要の件」を礼部から北洋大臣の所管に移し，馬建忠を派遣して朝鮮の列強に対する外交を担当させた。また，85年以降は，壬午軍乱に際して派遣された清朝軍の提督・呉長慶の幕下にいた袁世凱に朝鮮の外交の実権を統べらせた。日清戦争に際しては，指揮下の陸軍と北洋艦隊を派遣し，当初これを統率したが，旅順港陥落によって統率権を奪われ，北洋大臣の任を解かれた。しかし戦後，張蔭桓，邵友濂を全権とする広島での交渉が決裂すると，全権として下関へ派遣され，条約締結の任に当たった。

これら外交における李鴻章の政策方針は，列強間の利害を利用して，武力衝突を極力回避せんとするものであった。しかし，この方策の多くは成功をみず，この間清朝は，琉球，ヴェトナム，朝鮮などに対する宗主権を失い，西域の領土も縮小した。

下関条約締結後，1896年，ロシアはニコライ２世の戴冠式の特使として，李鴻章の派遣を要請し，サンクトペテルブルクで，対日防衛とロシアのシベリア鉄道（黒龍江省・吉林省）横断敷設権などを内容とする露清同盟密約が締結された。李鴻章は，締結後，ヨーロッパ，アメリカを経て帰国し，総理各国事務衙門大臣の任に就いた。

露清密約締結以後，租借地と鉄道利権を要求するなど，列強の中国に対する要求の内容は一変した。こうした状況に対し，国内で「変法」を求める声が高まった。李鴻章も従来から体制改革の必要を認識しており，総理各国事務衙門大臣在職中には，科挙の廃止など「変法」を主張し，康有為らの「変法」実行の動きに対し，その性急さを懸念しつつこれを支持した。しかし，1898年，光緒帝らによる改革が進行するなかで，人事刷新が目指され，罷免された。光緒帝らによる改革失敗後，99年，署両広総督に任命され，黄遵憲の提議により，省都における警察法の施行を計画した。この間，変法派を逮捕鎮圧するよう命令が出たが，李鴻章は積極的には対応しなかったといわれる。

1900年，義和団の乱に際し，清朝は，列国に宣戦布告した。このとき，盛宣懐，劉坤一，張之洞ら東南地区の総督らは，清朝の宣戦布告に応じず，各国領事との間に協定を結び，李鴻章もこれに加わった。８カ国連合軍が北京に迫ると，清朝は李鴻章を再び直隷総督兼北洋大臣に任じ，列強との交渉を命じ，01年，辛丑条約（北京議定書）が結ばれた。他方この間，満州に軍を派遣し，これを占拠していたロシアは，辛丑条約とは別に満州に関する条約を結ぶことを要求した。そのため，李鴻章は，その交渉に入ったが，11月北京の賢良寺で吐血し，死去した。

参考文献：李鴻章撰『李文忠公全集』165巻（1906年，金陵刻本）。梁啓超『李鴻章―中国四十年来大事記』（新民叢報社，上海，1901年）。張美慧訳『李鴻章―清末政治家悲劇の生涯』（久保書店，1987年）。雷禄慶編『李鴻章年譜』（台湾商務印書館，台北，1977年）。李守孔『李鴻章伝』（台湾学生書局，台北，1978年）。竇宗一編『李鴻章年（日）譜』（友聯出版社，香港，1968年）。顧廷龍・戴逸主編『李鴻章全集』全39冊（国家清史編纂委員会文献叢刊，安徽教育出版社，合肥，2008年）。岡本隆司『李鴻章―東アジアの近代』（岩波新書，2011年）。　〔臼井佐知子〕

李（り） 厚基（こうき） Li Houji

（1869年～1942年9月）

字・培之。江蘇省銅山県生まれ。安徽派の軍人。

父は清末の陸軍管帯（大隊長）であったが，1900年８カ国連合軍との戦闘で天津において戦死。李厚基は父の軍隊内で育ち，李鴻章の親兵を務めた後，北洋武備学堂に入学。卒業後直隷総督署衛隊長となった。

1896年李鴻章の随員としてロシアと欧州各国を歴訪。以後，北洋陸軍第４鎮で管帯，標統（連隊長）などに任ぜられた。

1911年辛亥革命勃発にあたり，袁世凱の命により武漢の革命軍を攻撃。第４鎮は第４師に改編され，李厚基は第４師第７旅旅長となった。13年第２革命が勃発すると，第４師は陳其美部隊と交戦，この後李は海軍総司令・劉冠雄に従って福建に赴き革命派を鎮圧した。李は引き続き福建にあって兵を集め自軍を拡大し，福建混成旅旅長，福建鎮守使，福建護軍使を歴任した。

1915年袁世凱の帝制運動に協力し，一等子爵を受けている。袁死後は安徽派につき，段祺瑞によって福建督軍に任ぜられた。17年4月には北京に行き対独参戦を主張した。同年7月張勲の復辟に一時同調するが，情勢を見て反復辟に転じた。段は同月18日李を福建省長兼務とした。17年秋から陳炯明率いる粤軍及び方声濤率いる滇軍と閩粤省境で戦闘を始めたが，18年末李厚基は福建南部を失い停戦した。20年粤軍回師の際，陳炯明は福建南部を李に返還している。

1920年安直戦争で段祺瑞が敗れると，李厚基は直隷派に近づきはじめ，22年第1次奉直戦争の後，直隷派支持を明確にした。22年秋，安徽派の王永泉，徐樹錚と国民党の許崇智が連合して李厚基に攻撃をしかけ，福州を占領したため，李は福建から追放された。24年段が臨時執政に就くと，李は意気消沈して天津の日本租界に蟄居した。その後天津で木材商を営むが，42年9月病死。

参考文献：潘守正他「李厚基在福建」，中国人民政治協商会議福建省委員会文史資料研究委員会編『福建文史資料』9輯（中国人民政治協商会議福建省委員会文史資料研究委員会，福州，1985年）。李盛平主編『中国近現代人名大辞典』（中国国際広播出版社，北京，1989年）。尚海他主編『民国史大辞典』（中国広播電視出版社，北京，1991年）。

〔塩出浩和〕

李（り）　璜（こう）　Li Huang

（1895年4月～1991年11月15日）

別名・幼椿，号・学鈍。原籍，陝西省三原府涇陽県。中国青年党の中心人物。

成都で洋品雑貨販売業を営む李春舫の子として生まれ，1903年から私塾で学び，08年からは英法文官学堂でも英語とフランス語を学ぶ。

1913年3月上海のイエズス会系の震旦大学に入学して曾琦や左舜生と知り合い，16年に同校を卒業した。18年9月に北京の少年中国学会に加入し，12月に上海より海路フランスに向かい，19年2月にパリに到着。以後周太玄と「巴黎通信社」を設立し，上海『新聞報』などにパリ会議関係の記事などを寄稿する一方，『少年中国』の編纂も行う。20年2月からはパリ大学で学び，24年の帰国前に文学修士を取得した。

中国共産党系留学生との対立が深まりつつあった1923年12月2日，中国青年党の創立者の1人となり，24年9月に曾琦とともに帰国した。10月10日に曾琦，左舜生，陳啓天らと『醒獅週報』を創刊し，中国国家主義青年団名義で「国家主義」を宣伝する。第1次国共合作期には，武昌大学，北京大学，成都大学などで教鞭をとる一方，各地に国家主義団体を組織して共産党と反目し，26年3月の反俄援僑大会会場では乱闘となる。同年11月以降は成都に在ったが，27年3月には国民党や中共の圧迫からそこを離れ各地を渡り歩いた。

1927年10月以降は上海の英租界で青年党総部の党務を主宰し，張君勱と『新路雑誌』を刊行する。28年5月広西，天津，北京などの党務を視察し，高級幹部訓練のための党務学校を必要と感じ，29年春に上海に知行学院を開学した。同年10月から31年4月にかけて再び天津，瀋陽，北平，山東，四川，山西などの党務を視察。31年5月に腸チフスを患い，年末まで療養を余儀なくされたので，満州事変の勃発当初はそれに気づかなかったという。

1932年2月から4月は淞滬抗日戦区に出入し，5月には青年党関係者などから資金援助を受けて天津に赴き，東北抗日義勇軍の組織工作を行う。しかし，同年10月の張学良との会見では，義勇軍中で青年党独自の活動を行わぬ旨を約し，33年3月には東北軍に派遣した翁照垣が日本軍との戦闘に赴くとこれに従軍した。

1933年5月天津で日本の特務が対日妥協を持ちかけた時には，曾琦の意を受けてそれを拒否。以後北平に赴くが，5月31日に日中間に唐沽協定が結ばれると，日本軍の追手を避け，胡適の助けで天津のイタリア租界に逃れ，6月半ばに青島に至り，2カ月休養した。

1933年9月共産党の紅四方西軍が四川入りしたのに対処するため成都に戻り，士紳より成る四川安撫委員会を設立し，10月に劉湘が剿匪総司令に就任すると，前敵安撫主任として民衆の組織化，各軍官との折衝・連絡に努める。共産党駆逐が成果を見せ始めた34年5月に母の死で成都に戻るが，紅軍が勢力を回復し始めると，9月に江西で蔣介石と会見し，四川への軍事援助を求める一方で江西の軍事施設を見学，四川に戻って『江西記游』を著す。以後35年1月までは四川軍閥を促して共産党軍と闘わせ，1月に重慶に赴いて国民政府が派遣した参謀団に協力し，3月に蔣介石が重慶に来ると軍事から身を引き，10月には四川安撫委員会を解散した。

抗日戦争期には参政会参政員及び主席団主席の職を歴任し，青年党四川省党部を主宰して1938年に『新中国報』を創刊するのと並行して，武昌大学，北京大学，成都大学で歴史学を講じる。39年後半から40年前半にかけて蔣介石が「第1次反共高潮」を引き起こした時には，四川省党部を率いてそれに協力した。

抗日戦争勝利後は中国の代表として連合国の会議に参加すると共に，国共会談の調停役も務め，青年党の民主同盟退出に反対した。1946年11月の国民党による制憲国民大会に参加，47年には国民政府の経済部長に推されるが，体調不全を理由に辞退する。48年に曾琦が渡米すると青年党主席の代理となり，49年に新中国が成立すると，香港へ逃亡し，以後は著述と教育に全力を傾けた。

1949年12月以後青年党本部は台北に移されていたが，51年5月に曾琦が死去すると，李璜の中央常務委員会，余家菊の中央常務整理委員会，非常時期臨時代表大会の3派に分裂した。69年の青年党第12回全国代表大会では一応分裂を収束させ，79年の第13回全国代表大会で陳啓天と共に主席に選出されたが，党章の解釈などをめぐり再び分裂し，以後も内紛を繰り返した。

1984年に総統府資政に就任。88年3月青年党内で再び内紛が激化したが，4月15日に改組後の第1次中央常務委員会を開催し，大幅な人事異動を強行。また6月1日には,「反共宣伝費」として国民党から受領していた月額268万元前後の援助金を放棄する旨を決定した。

1990年1月以降内紛が再び激化した青年党は7党に分裂し，李璜は青年党主席を継任する。91年7月には国民代表大会に16人，立法委員に5人，監察委員に2人の青年党員がいたが，92年8月には1人も見られなくなった。李璜は1991年台北市で死去した。

参考文献：李璜『学鈍室回憶録』(伝記文学出版社，台北，1978年再版)。李義彬編『中国青年党』(中国社会科学出版社，北京，1982年)。中国社会科学院新聞研究所編『中国新聞年鑑』(人民日報出版社，北京，1984年)。台湾研究所編『台湾総監』1991，1992年版 (台湾研究所)。江崎隆哉「国民革命期における国家主義派について―1925年～1927年を中心に―」,『中国近代史研究会通信』19，1986年。

〔江崎隆哉〕

李(り)　済深(さいしん)　Li Jishen

(1885年11月6日～1959年10月9日)

原名・済琛，字・任潮。広西省蒼梧県の生まれ。原籍，江蘇省。中国国民党員，軍人。

祖先は江蘇省の武進官であったが，明代に蒼梧県に移住した。父・李均尚は科挙に合格し，農業と読書を営む富農であった。6歳の時に父が死去したために，叔父の均良が幼少時に学問を教え，農繁期には農作業にも従事した。梧州中西学堂を経て広東黄埔陸軍中学に学び，陸軍速成学堂歩兵科に転入，卒業後新軍の見習い士官となったが，更に広東講武堂に学び，1910年保定軍官学校（後の陸軍大学）に入学した。辛亥革命勃発後，反清闘争に参加，革命軍第4軍第22師団参謀長に任ぜられた。13年北京に移転した陸大に復学，14年第3期生として卒業し，継続して教官を勤めた。

1920年冬広州に南下，孫文指揮下の広東軍第1師団副官長，同参謀長，師団長を歴任して陳炯明の反乱に対処した。24年6月黄埔軍官学校設立に伴い教練部主任，25年8月国民革命軍第4軍軍長に就任，広東商団軍を鎮圧，2次にわたる東征に参加するなど広東政府の基盤安定に寄与した。26年1月国民党2全大会で中央執行委員に選出され，同時期に黄埔軍官学校が国民革命軍中央軍事政治学校に改組され副校長に就任した。校長・蔣介石，教育長・鄧演達，政治部主任・邵力子らと共に教育にあたる。北伐開始により7月国民革命軍総参謀長兼総司令部留守主任に任命され，2個師団で広東の防衛と後勤補給工作を担当した。なお李の第4軍は国民革命軍中で最強であり，湖南，湖北の前線に派遣した陳銘枢，張発奎の両師団と葉挺の独立師団の活躍により,「鉄軍」の称号が与えられた。26年9月自ら前線に出て江西攻撃を指揮，11月南昌を攻略した。27年4月15日蔣介石の4・12クーデターに呼応して広州で反共清党を実施，総工会広東辦事処，省港罷工委員会などを襲撃し，多くの共産党員を処刑した。12月汪精衛と上海出張中に広州蜂起が発生し，一時的に広州を奪われるが3日間で奪回した。南京国民政府成立後，国民党中央政治委員会広州分会主席，広東省主席，国民革命軍第8路総指揮に就任，広東，広西，福建の党政軍の権力を一手に握った。

1929年2月蔣介石と広西派の対立を調停する中で蔣に広西派攻撃を命じられたが拒否し，蔣の怒りを買って南京で軟禁された。31年9月満州事変発生後，蔣の下野により釈放される。11月蔣の鄧演達殺害に抗議したが，12月国民党軍訓練総監に短期間就任した。内戦停止と抗日を蔣に進言するが，容れられず，32年5月ソヴィエト区を包囲する湖北・河南・安徽三省の剿匪軍副司令に任命される。33年11年陳銘枢や19路軍の蔡廷鍇らと連合し，福建人民政府（中華共和国人民革命政府）を樹立，主席に選出され，反蔣の立場を鮮明にした。福建人民政府は共産党と抗日反蔣初歩協定を結んでいたが，支援を得られず，34年1月瓦解した。その後香港に脱出し，35年春反蔣抗日を旨とする中華民族革命同盟を結成，7月同盟主席兼組織部長に選出され，宣伝出版物『大衆日報』を発行した。

36年6月反蔣抗日の両広事件に参加，12月西安事件では抗日民族統一戦線政策への支持を表明した。

日中戦争開始後，1937年末武漢へ行き，毛沢東，周恩来，馮玉祥，白崇禧など抗日人士を集めた最高国防委員会の設立を蔣に提案した。これは受け入れられなかったものの，39年蔣の要請により重慶で戦地党政委員会副主任に就任した。周恩来など共産党員を委員に任命したために蔣の疑念を引起し，40年軍事委員会桂林辦公庁主任に転出，桂林を中心として抗日民族統一戦線の活動を実施した。蔣介石は重慶に呼び戻すために実権のない軍事参議院院長への就任を要請したが，これを拒否した。抗日戦終了前夜，何香凝らと中国国民党民主促進会を結成，抗日戦終了後蔣の反共内戦政策に反対し，47年初め香港へ移動，8月総統に対する不敬の罪で国民党を除名された。48年1月中国国民党民主促進会，三民主義同志連合会，中国民主革命同盟を統合し，中国国民党革命委員会を結成，主席に選出される。49年9月中国人民政治協商会議で副主席に就任，中華人民共和国成立後，10月中央人民政府副主席，54年9月全国人民代表大会常務委員会副委員長に就任した。59年10月北京で胃癌と脳動脈血栓のため死去した。

著書には，『李済深詩文選』がある。

参考文献：中国人民政治協商会議広西壮族自治区委員会他編『李済深紀念文集』(広西人民出版社，南寧，1986年)。楊牧他編『黄埔軍校名人伝略』1巻（河南人民出版社，鄭州，1986年)。姜平・羅克祥『李済深伝』(檔案出版社，北京，1993年)。姜平「李済深与国民党革命委員会的建立」，中国社会科学院近代史研究所編『近代中国人物』3輯（重慶出版社，重慶，1986年)。李済深口述・張克明整理「李済深先生略歴」，『文史資料選輯』67輯（中国文史出版社，北京，1980年)。

〔滝口太郎〕

黎(れい)　錦煕(きんき)　Li Jinxi

(1890年2月2日～1978年3月27日)

字・劭西。湖南省湘潭生まれ。黎氏は湘潭の名門とされる。彼の祖父は官僚として活躍し，彼自身も1905年秀才の資格を獲得した。所謂書香の家の出身である。言語文学学者。

黎錦煕の一生の仕事となる普通話（標準語）の普及と文学の改革は，1911年湖南優級師範の史地部卒業後に始まる。湖南省立編訳局で小学校の教科書に白話小説『西遊記』の一部を採用し，また湖南第一師範では同僚の楊昌済（毛沢東の妻・楊開慧の父）や徐特立らと宏文図書編訳社を作り，白話文を用いて教科書や欧米の書籍の翻訳を出版した。

黎錦煕の主張は1915年教育部の招きで北京に行き，教科書特約編纂員になった頃から明確になる。その例として，学校教育の国文科を国語科に改めたこと，小学校において経書を読ませる読経科に反対したことを挙げることができる。だが国語運動の先駆者として彼の名を不朽のものにしたのは，16年に国語研究会を創設し，19年国語の統一（標準語の普及）を提唱し，言文一致（白話文の普及）を主張したことによる。さらにその普及と文字改革の宣伝のために，彼は銭玄同と共に『国語周刊』を創刊した。当時「原稿を歓迎する。但し文言を採らない」という『国語周刊』は，「原稿を募集する。但し白話を収めない」という雑誌『甲寅』と激しく対立したが，18年胡適，陳独秀らが主宰する『新青年』により文学革命が起こると，国語運動はこれと合流して大きく広がった。

この流れの中で注音字母による中国語の標音化にも黎錦煕は意を注いだ。1918年彼は教育部に注音字母（既に13年に制定されていた）の公布を要請し，11月公布させた。また教育部の付属機関として国語統一籌備会が作られると，彼もこの会のメンバーとなった。この会の主要な仕事は注音字母の整理，北京音を標準音とするための準備，言文一致，国語の統一といった彼の年来の主張と一致するものであった。さらに23年彼は北京高等師範学校国文系教授となり，銭玄同，劉復，趙元任らと国語ローマ字拼音研究会を組織し，26年には国語ローマ字拼音方式を作りだした。28年国立北平大学第一師範学院院長，31年北平師範大学文学院院長，40年国語推行委員会常務委員を歴任。

このような黎錦煕の努力にもかかわらず，普通話は解放前には政治の混乱などにより民衆にまであまり浸透しなかった。しかし1949年10月呉玉章，馬叙倫らと中国文字改革協会を作り，理事会副主席となる。54年に成立した中国文字改革委員会に参加し，漢字拼音方案や簡化漢字の制定に協力するなど解放後も積極的に文字改革と国語運動を推進した。第1～5期の全人代代表をつとめる。

黎錦煕のもう1つの活動として辞書の編纂を挙げることができる。それは1917年教育部に『国語辞典』の編集を要請したことに始まる。その後彼は国語統一籌備会に国語辞典編纂処を作ることを主張し，28年銭玄同とともに中国大辞典編纂処総主任となり，義訓と複合詞の部分を主管した。この辞書はその後の政治情勢から完成しなかったが，解放後彼がこれほど大規模ではないが多くの辞書を作った際，この資料と経験が役立った。

最後に黎錦煕の文法学者，言語教育者としての側面も見落すわけにはいかない。彼は袁世凱政府に警戒され，国語運動が停滞した頃より系統的に文法と音韻の研究を始め，『馬氏文通』の説を継承修正し，現代中国語の文法の基礎を作ったとされる『新著国語文法』など多くの著作を発表した。また1920年より北京師範，北京女子師範，北京大学，燕京大学の国文系教授を歴任し，解放後は北京師範大学文学院院長兼国文系主任として研究者の養成に努めた。

1978年北京で病死。

参考文献：黎錦煕『新著国語文法』（商務印書館，上海，1924年）。黎錦煕『国語運動史綱』（商務印書館，上海，1934年）。黎錦煕・劉世儒『漢語語法教材』（商務印書館，上海，1957～62年）。黎錦煕『文字改革論叢』（文字改革出版社，北京，1957年）。〔道坂昭廣〕

李（り）　経方（けいほう）　Li Jingfang

（1855年～1934年9月28日）

字・伯行，端甫。安徽省合肥に生まれる。清末の外交官。

父は李鴻章の弟・昭慶。1862年李鴻章の養子となり嫡子とされた。幼少より聡明の誉れが高く，64年李鴻章の実子・経述誕生後もなおそのままであった。李鴻章に従って天津の北洋大臣衙門に入り，そこで古典および英語の教育を授けられた。82年挙人となってから，李鴻章のもとで外交事務を補佐し，86年には駐英公使・劉瑞芬に従い参賛としてイギリスに赴任した（～90年）。90年には駐日公使に任命され，翌年日本に赴任した（～92年）。

1895年日清下関講和条約の交渉に全権の李鴻章のもと参議として訪日したが，下関で李鴻章が襲われ負傷すると交渉の全権が李経方に委任された。条約は彼の責任のもとで交渉され締結された。この条約締結に対して弾劾するものがあったが，その後台湾割譲の事務処理のための特派全権委員として台湾に赴き，日本側代表・樺山資紀と交渉し基隆港外で台湾割譲の調印を行った。

1896年李鴻章のロシアをはじめとする欧米各国訪問に随行。ロシアでは清露密約調印に立会い，ベルリン，パリ，ロンドンなどの各都市およびアメリカ訪問に従った。1907年駐英公使として引続き赴任（～10年）。10年署郵伝部左侍郎に任ぜられる。

辛亥革命の後居を上海に移した。君主立憲制維持を主張し，また満蒙独立を画策する川島浪速などと関係の深い宗社党の活動に尽力した。この間李鴻章の函牘を整理した『李文忠公尺牘』を影印刊行した。さらに，1917年には張勲の復辟運動に際しては大いに鼓吹したが，これが失敗すると大連に蟄居し，世事を絶った。

参考文献：劉紹唐主編『民国人物小伝』第5冊（伝記文学出版社，台北，1982年）。中国歴史大辞典編纂委員会編『中国歴史大辞典』清史・下（上海辞書出版社，上海，1992年）。〔徳岡仁〕

李（り）　景林（けいりん）　Li Jinglin

（1885年～1931年12月5日）

号・芳宸。原籍，河北省棗強県。漢軍旗人の出身。奉天派の軍人。

保定軍官学校卒。清末より許蘭州の麾下で，黒龍江省に駐屯。1914年黒龍江第1師参謀長，督軍署参謀長。18年奉天派入関に際して，参戦軍の1団長として陝西省に入り，許の帰奉後，援陝奉軍司令を引き継ぐが敗れ，張作霖に投じ，混成旅長に任じる。22年第1次奉直戦争に従事，戦後東北陸軍第1師長。24年第2次奉直戦争に際しては第2軍長として奉天派で最初に関内進入，天津を占領，12月，直隷督辦兼省長に任じた。李の直隷省支配は不安定で，外部的には北京を挟んで国民1軍（馮玉祥），省西部の京漢線沿線をめぐって国民2軍と対立し，また内部的には天津土着勢力の反抗も強く，張作霖からも軍事，財政面で締めつけを受けていた。

1925年，5・30運動が勃発すると李景林も愛国的演説を行ったりしたが，他方，天津駐在の日本軍及び総領事館とは密接な関係を維持し続けた。11月，郭松齢が国民軍と同盟して東北国民軍と称し，反張作霖の軍事行動を起こすと，李も加担し北方国民軍と称して奉天派からの独立を宣言した。しかし，李は直隷地盤の保持を第一として，動揺的な態度を取り，郭を積極的に援助しないばかりか，まもなく国民軍と衝突して郭の背後を脅かした。12月末，李軍は敗れて天津を失い，山東に逃れた。李は山東の張宗昌とともに直魯連軍を組織し反攻，26年3月下旬には再び天津を占領したが，張作霖に容れられず直隷督辦を褚玉璞に譲り，6月には軍隊も奪われ，下野した。李はこれを恨み張作霖打倒の策謀を種々行い，27年には蔣介石らの北伐軍に投じようとし，張に察知されるが在天津の日本軍及び総領事館の助けを得て日本経由で上海に脱出した（長安丸事件）。南方で李は直魯軍招撫使に任命されるが，蔣の下野後廃止される。30年の中原大戦の時には天津で反閻錫山活動に従事し，その後，国術館副館長に任じた。晩年は山東省省長の韓復榘のもとに寓居し，済南で死去した。

参考文献：韓玉辰「関於李景林与国民軍」，中国人民政治協商会議全国委員会文史資料研究委員会編『文史資料選輯』51輯（中国文史出版社，北京，1986年）。張同礼「李景林督直及其附蔣経過」，中国人民政治協商会議天津市委員会文史資料研究委員会編『天津文史資料選輯』6輯（天津人民出版，天津，1979年）。外務省情報部編『現代中華民国・満州帝国人名鑑』（東亜同文会，1937年）。

〔土田哲夫〕

李　井泉 Li Jingquan

（1908年～1989年4月24日）

江西省会昌県の生まれ。中国共産党指導者。

1929年中国共産党に入党，31年紅軍総司令部直属隊政治委員，警衛連隊政治委員となる。32年末奉邦憲，張聞天らとともに江西ソヴィエト区に入り，地方工作に従事する。その後遊撃隊を組織して長征に参加，陝北へ至り，延安の中共中央党校で学んだ後，抗日軍政大学で区隊政治委員に任ぜられる。

日中戦争では賀龍率いる八路軍第120師団に入り，1941年同師団大青山遊撃支隊長となる。その後，綏蒙軍区政治委員，中共綏遠区委員会委員をつとめ，45年第120師団第358旅団党委員会委員兼晋綏軍区塞北区教導隊隊長に任ぜられる。47年晋綏軍区政治委員，中共中央晋綏分局書記兼陝甘寧綏察五省連防軍司令部秘書長となる。

1949年冬周士第とともに中国人民解放軍18兵団を率いて四川省へ入り，12月成都軍事管制委員会主任，西南軍区副政治委員兼川西軍分区政治委員となる。50年3月川西行政公署主任兼財経委員会主任，同年5月西南軍政委員会委員，52年四川省人民政府主席兼四川省軍区政治委員，53年12月中共四川省委員会書記にそれぞれ任ぜられる。54年12月全国人民政治協商会議第2期全国委員会委員に選出され，翌55年1月四川省人民政府主席は免じられたが，政治協商会議四川省委員会主席に選出された。

1956年8月中共四川省委員会第1書記に任ぜられるとともに，中共第8回全国代表大会四川省代表に選出される。同年9月第8期全人代資格審査委員会委員となり，また同大会で農業合作化についての発言を行う。58年5月8期5中全会において中央政治局委員に選出され，同年8月には中共四川省委員会第1書記兼成都軍区政治委員に任ぜられる。

1960年11月周恩来とともにモスクワを訪問し，ソ連の十月革命43周年記念行事に参加，また世界共産党会議にも出席した。61年10月中共中央西南局第1書記に任ぜられ，65年1月第3期全人代常務委員会副委員長に選出される。

文化大革命に際しては賀龍とともにこれに反対し，四川省で抵抗を続けたが，1967年6月『貴州日報』社説で批判され，成都軍区第1政治委員の地位を剝奪された。68年5月四川省革命委員会が成立するとさらに批判され，消息が不明となった。73年中共第10期中央委員として復活し，75年1月第4期全人代常務委員会副委員長に選出される。76年1月周恩来葬儀委員を務める。77年8月中共第11期中央委員に再選され，78年3月第5期全人代常務委員会副委員長にも再選される。82年9月中共第12期中央顧問委員会委員となり，83年の全人代では再選されなかった。85年9月中央顧問委員会委員を辞職し，引退する。89年4月北京で病没した。

参考文献：『中共人名録』（中華民国国立政治大学国際関係研究所，台北，1989年）。

〔安田淳〕

李　経羲 Li Jingxi

（1860年～1925年9月18日）

字・仲仙，仲軒，仲宣。安徽省合肥県の生まれ。清末の官僚。李鴻章の弟である李鶴章の次男。

1887年四川永寧道に任じられ，93年湖南塩糧道，97年には同省按察使となり，99年福建布政使となる。1901年には広西巡撫に昇任し，後に雲南巡撫となる。02年李鴻章が死去し一時休職するが，03年には署理貴州巡撫，04年5月広西巡撫となる。09年錫良の後を引き継いで雲貴総督となり，6月東三省総督・錫良らと共に清朝に国会開設の要求を打電した。

1911年10月武昌から辛亥革命が始まり，昆明でも雲南新軍によって布政使・世増が殺され蔡鍔が都督となった。李経羲はその変を聞き上海に逃れた。13年2月北京にて王芝祥，孫毓筠，李書城，于右任，王人文，章士釗，林述慶，陸建章らと立法と行政，中央と地方，政党と政党の衝突を調停する国事維持会を組織した。12月12日袁世凱政権で3日後に開幕を控えた政治会議議長に任じられる。14年1月10日袁世凱は参・衆両院の職務を停止し国会を解散し，政治会議を民意を代表する立法機関としようとした。24日政治会議は約法会議の特設を議決し，3月約法会議議員資格審定会の会長となる。会員には蔡鍔，姚震，饒漢祥らの名が見られる。5月政治会議を廃止して黎元洪を院長とする参政院が成立し，参政院参政となり，10月審計院院長となる。15年1月袁世凱より中卿を授けられ審計院院長を解任された。袁世凱の帝制復活が実施されるが，徐世昌，趙爾巽，張謇とともに「嵩山の四友」に封じられ称臣跪拝を免除された。

1917年5月2日段祺瑞内閣の財政総長となる。黎元洪に国務総理に推されるが就かず，6月安徽督軍の張勲が天津より北京入りすると財政総長，塩務処督辦となり，ついには国務総理に就任する。7月1日張勲が帝制を実施すると北京を逃れ，張勲の陰謀を電報によって暴露した。25年9月上海にて病死した。

参考文献：関国煊「李経羲」，『伝記文学』40巻4期（のちに劉紹唐主編『民国人物小伝』第5冊，伝記文学出版社，1984年所収）。謝本書他編『護国運動史』（雲南人民出版社，昆明，1984年）。外務省情報部『現代中華民国・満州国人名鑑』（東亜同文会，1937年）。〔鎌田和宏〕

李（り）　開芳（かいほう）　Li Kaifang

（1825年～1855年6月11日）

李来芳ともいう。広西省潯州の生まれ。太平天国前期の武将。生年は推定である。

1851年，広西の永安で監軍となり，翌年，総制，正将軍，指揮，検点を経て，地官正丞相に累進した。林鳳祥とともに先鋒をつとめた勇将として知られる。

1853年，南京を攻略したのち揚州を攻め，ついで林鳳祥・吉文元とともに北伐を命じられた。5月中旬に北伐軍は9軍約2万の部隊を擁して浦口から進発し，清軍を撃破して安徽北部の鳳陽・懐遠・蒙城・亳州と進み，6月中旬には河南に入ったが，黄河の渡河に苦慮し，南岸を西に進んで6月下旬に鞏県でようやく石炭輸送船を確保して渡河氏，懐慶府を攻めた。清軍は直隷総督・訥爾経額を欽差大臣として太平軍の北進を阻んだ。北伐軍は9月初めに懐慶を放棄し，西進していったん山西に入り山西南部の平陽府を攻めた。清朝は新たに勝保を欽差大臣とした。北伐軍は山西から再び河南北部に進み，9月末，直隷に入って北上した。当時，北京では北伐軍が定州に達したという誤報が流れた。清朝は衝撃を受け，僧格林沁らに首都の防御を命じた。北伐軍は深州にしばらく駐屯したのち東に進んで10月末，天津の近郊の楊柳青に迫った。これが北伐軍の最大の成果であった。

その後，北京・天津を守る清軍に進路を阻まれ，また季節が南方出身者の多い太平軍には不利な冬に向かい，戦局は膠着した。北伐軍は静海・独流鎮に3カ月籠城したのち南下を試みたが，1854年3月下旬に阜城で清軍に追いつかれ，平胡侯・吉文元が戦死した。5月，阜城からさらに南下して東光県の連鎮に至った。李開芳は天京から派遣された北伐援軍を迎えるべく山東に入って高唐州に駐屯したが，その間に援軍がすでに臨清で潰滅したことを知った。高唐州にこもった李開芳の部隊は9カ月にわたって勝保の率いる清軍と対峙したが，55年3月，勝保に替わって僧格林沁の部隊が迫ると，南に撤退して茌平県の馮官屯に拠った。ここでなお半月持ちこたえたが，5月末に清軍に撃破され，李開芳は捕われて北京に護送され，6月11日処刑された。なお林鳳祥は連鎮を9カ月持ちこたえたのち清軍に撃破され，55年3月15日北京で処刑された。太平天国は63年，李開芳に請王の称号を追封した。

参考文献：清史編委会編『清代人物伝稿』下編2巻（遼寧人民出版社，瀋陽，1985年）。陳宝輝・尹福庭・荘建平『太平天国諸王伝』（広東人民出版社，広州，1990年）。〔並木頼寿〕

李（り）　克農（こくのう）　Li Kenong

（1899年9月15日～1962年2月9日）

安徽省蕪湖生まれ。中国共産党員。情報・特務担当者。

安徽省蕪湖徽州小学校で，阿英（本名・銭杏邨）と共に学び，辛亥革命を生きぬいてきた教師・盧伯蓀，王藎山から反封建思想を叩きこまれる。李克農と阿英は共に蕪湖のミッション・スクール聖雅各中学校に入り，1919年の五・四運動期に『新青年』，『新潮』，『湘江評論』その他の急進的な雑誌や書物を多読し，ソ連や社会主義，共産主義についての知識を摂取した。25年の5・30運動期には街頭行動をとり，阿英らと蕪湖に民生中学を開校し，革命思想教育によって人材を育てたが，のち国民党により封鎖される。26年に，阿英に続いて中国共産党に入党し，李克農の住居は革命派のアジトとなった。

1927年大革命敗北後，官憲の逮捕をのがれて上海に行き，周恩来と顧順章の統率下にあった中共中央特務科に配属され，党員の移動のための地下ルートの保全や党員のアジトの確保などの保衛（特務）工作，ならびに国民党特務機関における情報活動に重要な役割を演じた。しかし，特務工作総責任者・顧順章が31年4月国民党特務機関に逮捕されて転向し，その自供によって国民党区域の中共党員の全アジトが割れるという緊急事態が発生したため，江西中央ソヴィエト区の瑞金に逃れる。同年11月瑞金に成立した中華ソヴィエト共和国臨時中央政府の国家政治保衛局（局長・鄧発）の下で，李克農は同執行部部長に任ぜられる。のち紅軍第1方面軍保衛局局長や紅軍工作部部長を担当し，34年1月瑞金で開催された第2回全国ソヴィエト代表大会で中華ソヴィエト共和国第2期中央執行委員会候補執行委員に選出される。同年10月紅軍第1方面に従って長征に参加し，陝北ソヴィエト到着後35年末から中共中央連絡局局長に任ぜられて特務・情報活動を担当した。36年12月西安事件のときは周恩来ら中国共産党代表団に随行した。

1937年7月抗日戦争発動とともに八路軍上海・南京辦事処主任，38年には同桂林辦事処主任を歴任し，国共交渉のための情報活動や国民党区域における特務活動に重要な役割を果した。41年に延安に戻って八路軍参謀部秘書長，のち中共中央長江局秘書長，中共中央社会部副部長（部長・康生）を歴任した。46～49年の解放戦争期には中共中央社会部部長，軍事調処執行部中共代表団員兼秘書長となる。

1949年10月中華人民共和国成立後は，外交部副部長として周恩来を補佐し，人民解放軍副総参謀長，党8全大会（56年9月）中央委員，第1期（54年9月）・第2期（59年4月）全国人民代表大会安徽省代表，全国政治協商会議第3期常務委員（59年4月）に選出される。しかし，長年喘息を病み，57年10月に倒れてから脳に障害を生じ，62年2月死去した。妻・趙瑛との間に3男2女をもうけたが，妻は夫の死に先立つ13カ月前に世を去った。党と毛主席に忠誠，妻に誠実，子女に厳格な慈愛の人であったという。

参考文献：戴淑真「李克農和阿英的革命友誼」，人民出版社編『革命回憶録』5（人民出版社，北京，1982年）。《中共党史事件人物録》編写組編『中共党史事件人物録』（上海人民出版社，上海，1983年）。阿英「哀悼李克農同志」，『人民日報』1962年2月14日。劉潤生・李征・林聡「李克農」，中共党史人物研究会編『中共党史人物伝』59巻（陝西人民出版社，西安，1996年）。 〔蜂屋亮子〕

李（り） 楽天（らくてん） Li Letian

（1905年～1937年3月）

原名・清操。字・励氷。改名・楽天。広東省南雄県新径郷犄箕窩村生まれ。贛粤辺紅軍と同革命根拠地の指導者。

清朝時期の知識人の家庭に生まれる。幼少期より父親の教育を受け，さらに南雄県国民第二小学校に学ぶ。1921年省立南雄中学校に入学し学生自治会委員に選ばれるとともに，革命思想に共鳴した。その後学生運動を指導して退学処分となり，一時郷里で農業を学んでいたが，23年江西省の大余中学校に入学，ここでも学生を組織して運動を指導した。この時同省の各地を巡ったことが後の遊撃戦に役立ったといわれる。25年夏広州から南雄へ戻った中共党員の曾昭秀，陳召南らが組織する青年学社に加わり，休日には郷里に戻って革命思想の宣伝活動に参加した。

1926年夏大余中学校を卒業して帰省し，南雄にて本格的に革命運動に乗り出す。27年春中国共産党に入党，南雄，信豊一帯で労働運動と農民運動に従事する。同年後半から28年にかけて中共広東区委員会及び北江特別委員会が指導した信豊，南雄，大余一帯の武装暴動に参加し，南雄県ソヴィエト政府をうちたて，雄余信遊撃大隊を組織して指揮官となる。29年には南雄県へ入った毛沢東，朱徳，陳毅，彭徳懐らに協力して武装闘争を推し進めた。

1931年以降粤贛辺遊撃大隊を指揮して油山を中心とする遊撃隊を展開した。32年4月中共南雄県委員会書記を兼任。34年10月紅軍の長征開始後中共贛粤辺特別委員会書記兼信康贛雄軍分区司令員兼政治委員に任ぜられ，贛粤辺革命遊撃根拠地を打ち立てて陳毅の指導の下，遊撃隊をさらに推進した。またこの間革命思想の学習と政治思想工作を重視した。36年の西安事件後は農村や都市で抗日運動をよびかけ，「内戦停止，抗日団結」のスローガンを提唱した。37年3月全南，龍南，定南一帯で遊撃戦を展開中，敵に包囲され，突破を指揮したが負傷して，自害したといわれる。

参考文献：陳毅「難忘的三年」，人民出版社編『革命回憶録』1（人民出版社，北京，1980年）。中共党史人物研究会編『中共党史人物伝』19巻（陝西人民出版社，西安，1985年）。 〔安田淳〕

李（り） 立三（りつさん） Li Lisan

（1899年11月18日～1967年6月22日）

原名・隆郅，幼名・鳳生，狗妹仔，別名・李能至，李成，李立三，蕭柏生，李明，李敏然，筆名・憂国子，佐夫，能至，立三，Чин кон-ю，柏山，伯山。湖南省醴陵県生まれ。中国共産党員。初期労働運動の指導者。

1930年の立三路線の誤りの故に31～46年の期間コミンテルンに召喚・留置され，文化大革命中に林彪・四人組の厳しい査問を受けて憤死した。死後13年経って党は，立三が47年にわたる長い中国共産党員歴の中で，立三路線の誤りを償って余りある十分な自己批判と忠誠を党と人民に捧げたと認め，80年3月名誉を回復した。中共党史上有名な立三の別名は，21年末湖南の安源に労働運動のオルグとして派遣するとき毛沢東が李隆郅の名を労働者向けに平易なものに改名するようにすすめ，まず音通で李能至としたが，24年秋に鄧中夏が李三立を提案し，本人が三立は語感が悪いから立三にしようと応じてきまったという。

父・李昌珪（字・鏡蓉）は没落地主で清朝末期の科挙の秀才，小作料と私塾教師でかなり優雅な生計を維持し，妻・何氏との間に男女5子をもうけた。立三は次男として生まれた。早熟な天才児の長男は夭折，両親は立三の長命を願って，習俗に従って狗妹仔なる卑名をもつけて災厄神から守護しようとした。隆郅の名は，1905年蒙童館に四書五経を習いに通うに際して父がつけた。父は立三を伝統的な中国知識人として教育し，四書五経のほか史書子集詩文を自ら手ほどきして暗誦させ，律詩・連句に習熟させた。立三は生来の記憶力によって師や父の課す暗誦をこなし，結果としては伝統的知識人としても十分に通用する古典の教養を身につけ，青年時代の自作詩で『芋園詩草』を編んだほどであったが，母が幼時から読みきかせた『三国志演義』,『水滸伝』,『精忠全伝』(岳飛の物語）の類の野史雑書も隠れて耽読した。立三は蒙童館で浪人学生・孫小山（旧同盟会員）と相識り，秋瑾らの革命事跡を語りきかされて民主主義者となった。08～12年新式の淥江小学校に入学，13～14淥江中学，15～17年長沙の長郡中学と広益中学で学ぶ。中学時代は「憂国子」を筆名として時局を論ずる無政府主義者であった。18年に淥江小学の教師となるが，反動校長追放を画策して追われ，同年護国軍程潜部隊に一兵卒として入隊した。程潜と将棋を一局指す破目になった折，その出自のよさと才能に目をつけられ，北京で学問を続けるよう若干の学資を与えられて追放された。

1919年北京で学資不足で大学に入れず，赴法勤工倹学運動（フランス苦学留学）を知り，まず留法勤工倹学予備班でフランス語を学び，父が田畑を売って作ってくれた200元をもって48人の同志と共に19年10月フランスに船出した。在仏中趙世炎と相識り，在仏中国人苦学生を組織し勤労と勉学の続行を追求した。しかし，赴法勤工倹学運動の組織母体で中国人苦学生のためのリヨン大学を開設する筈であった中仏教育会が，リヨン大学を中国人上流階級留学生の大学に変更しようとしたため，立三らはリヨン大学奪回占拠闘争を組織して官憲に捕えられ，フランス当局によって強制送還を命ぜられた。21年11月中旬香港に着き，12月10日ごろ上海に到着，陳独秀と会見して中国共産党への入党を認められた。

在仏中に共産主義を信奉する一フランス人労働者と知りあって，無政府主義思想を脱却し，マルクス主義こそ中国を救うと信ずるようになって周囲に同志を集めはじめた。直情径行型であったが語学力にすぐれ，恐るべき集中力で分厚いマルクス主義の原書を読破し，趙世炎，蔡和森とともに1921年には在仏中国人苦学生の共産主義組織少年共産党の創立を準備し，広州の陳独秀とも連絡をつけていた。

帰国後1921年12月下旬，平民学校教師の資格で安源入りし，22年労働者補習学校を創設，その先進分子で社会主義青年団支部を組織した。さらに，その先鋭分子で中共安源支部を組織，次は安源路礦労働者クラブを創立し，遂に労働組合の結成に導く，という手順を踏んで同年9月安源路礦ストライキを組織して勝利した。24年には中共上海区委職工運動委員会書記となって上海地区の労働運動を指導した。25年上海総工会委員長となって5・30運動を指導し，26年5月中華全国総工会執行委員会委員兼組織部部長，9月中華全国総工会駐漢辦事処主任となって武漢政府時代の労働運動を指導した。27年4月～5月の中共5全大会で党中央委員，中央政治局委員，中央労働部部長兼全国総工会党団幹事会書記となる。

1927年国共分裂後，8・1南昌蜂起に参加してその教訓を分析し，12月広州暴動失敗後中共広東省委書記に任ぜられる。28年中共6全大会出席のためモスクワに行き，中央委員，政治局員候補に選出され，9月に帰国。11月に中央政治局員，同常委兼宣伝部部長となる。25～27年大革命敗北後の革命退潮期に都市労働運動が沈滞する中，湖南・江西・福建・湖北等南方数省の省境農村地帯に朱毛紅軍・彭黄紅軍・賀龍紅軍などの紅軍が各地に成立し，土地革命によってソヴィエト区域が発展した。これが，立三の目に革命の新高潮と映る。コミンテルンは都市労働運動の沈滞と農村土地革命の発展という発展不均衡の克服を命じたが，立三は，毛沢東の路線は発展不均衡を放置し，発展する農村で沈滞する都市を包囲するという馬鹿げた「郷村包囲城市」路線であると批判し，発展の不均衡を克服し，全国ゼネストと都市暴動を組織することによって紅軍の1省または数省における勝利を直ちに全国的勝利に転化し，全国的勝利を直ちに全世界革命勝利に転化しなければ，中国革命の勝利も1省または数省の勝利も維持できぬと主張した。こうした思考にそって「新たな革命の高潮と1省または数省の首先勝利」決議を30年6月11日中共中央政治局に採択させ，紅軍には武漢，長沙，南昌の奪取を，各都市の弱体な党にはゼネストのための行動委員会の組織を命じた。これが，いわゆる李立三路線である。同年8～9月，紅軍による第1次，第2次長沙攻撃は失敗し，9月中共6期3中全会で立三は政治局を退き，同年冬モスクワに召喚されてコミンテルンの査問を受ける。15年余のモスクワ滞在中は，学習，入獄，プロフィンテルンでの仕事や翻訳で過ごした。

1946年1月帰国を許され，中共中央東北局委員，48年東北局職工運動委員会書記を経て中華全国総会副主席となる。49年中華人民共和国成立にともなって中央人民政府委員兼労働部部長，60年中共中央華北局書記などを歴任する。しかし，文革勃発後，67年1～6月の間，全経歴に厳しい査問と攻撃が加えられ，67年6月毛沢東あての短い遺書を残し，大量の睡眠薬を服用して自殺した。

不在時の党7全大会（1945年）と帰国後の8全大会（56年）でも中央委員に選出されており，安源ストライキなど初期労働運動における輝かしき指導者・李立三を回想する文章が80年代に散見される。後妻・李莎（ロシア人，政治協商会議委員）との2子は立三死後投獄，数年に及んだ。

参考文献：唐純良『李立三伝』（黒龍江人民出版社，哈爾浜，1984年）。郭晨・劉伝政『李立三』（工人出版社，北京，1984年）。夏征農主編『社会主義辞典』（吉林人民出版社，長春，1985年）。聞立樹「立三路線述評」，『北京師院学報』1981年1期。唐純良「李立三」，中共党史人物研究会編『中共党史人物伝』16巻（陝西人民出版社，西安，1984年）。〔蜂屋亮子〕

李（り）　蓮英（れんえい）　Li Lianying

（1848年11月12日～1911年3月4日）

原名・英泰，字・楽元，号・霊傑。直隷省大城県子牙河南李賈村生まれ。清末の宦官。

清末の宮廷において権勢を振るった宦官としては，安徳海（安得海ともいう），張蘭徳（綽名・小徳張）らも著名であるが，清末最大の権監の名に相応しいのは「皮硝李」の綽名を持ち，ほぼ40年にわたって慈禧太后第1の側近として，収賄・公金横領など貪汚の限りを尽くした李蓮英であろう。

李蓮英は，祖父は北京西直門外にて皮革製品を商い，父は郷里にて農業に従事するという家庭に生まれた。1856年に浄身して宮中に入り，懿妃（後の慈禧太后〔西太后〕）付きの太監となる。生来聡明であった李蓮英は，その優れた髪結や按摩の技量などによって慈禧太后の寵を得て頭角をあらわす。69年当時慈禧太后に最も寵愛されていた太監・安徳海が，太監の朝政への参与と京師を出て公務を行うことを禁じた祖法を犯したという咎により，済南において山東巡撫・丁宝楨の手によって処刑されると，程なく副総管太監に昇格し，以後安徳海に代わって慈禧太后の寵愛を独占することとなる。86年内廷総太監に任じられ，乾隆以来四品を越えてはならぬと規定されていた太監としては破格である二品花翎頂戴を賜り，この頃より「九千歳」と称される。88年慈禧太后の許しを得て妹を参内させ，光緒帝の妃とせんと計ったが，光緒帝の拒否に遭い，実現はしなかった。

かくして李蓮英は内宮随一の権監として国政に対しても隠然たる影響力を持つようになり，当時漢人官僚としては最大の実力者であった李鴻章でさえも，李蓮英には一目置かざるを得なかったという。しかし，宦官は本来政治に関わることを禁じられており，李蓮英の跳梁跋扈は多くの批判を招くこととなった。1886年御史・朱一新が，李蓮英が醇親王の天津での北洋海軍閲兵に同行したことをとらえ，これは太監監軍の例を開き，唐代の弊の轍を踏むことになりかねないとして，李蓮英弾劾の上書を提出，また，88年国子監祭酒・王先謙も李蓮英の攬権を批判し，厳罰に処すことを要求する上奏を行う。更に，94年御史・安維峻は，李鴻章の主和策弾劾の上書を提出した折に，同時にその中で併せて李蓮英の政治への関与を非難した。しかし，慈禧太后を後楯とした李蓮英の威勢は度重なる弾劾にもかかわらずいささかも衰えず，逆にこれらの上奏によって慈禧太后の怒りを買って朱一新は降格，安維峻は革職の処分を受けた。

当時，李蓮英に対し，慈禧太后への口添えを求めて取り入った官吏は数知れないが，有力大官としては袁世凱との関係が著名である。日清戦争終了後，北京に在った袁世凱は，親友・阮忠枢が李家の教館で教師をしていた関係を頼って李蓮英に取り入った。袁世凱が1895年に所謂「小站練兵」の職務を得るにあたっては，李の慈禧太后への口添えが大きな作用を果したと言われ，以後，袁世凱は慈禧太后の寵を失わぬために李蓮英への付け届けを怠らなかったという。

1908年11月14日，前日に光緒帝が死亡したのに続き，慈禧太后が病死，100日間の服喪の後，09年隆裕太后（光緒帝皇后）の許しを得て宮中より退出（李蓮英の後を襲って内廷総太監の任に就いたのが張蘭徳であった），西華門外南長街の南花園に隠居した。11年3月同所にて死去，清宮の慣例に従い，過去の有力太監同様に，北京西郊の恩済荘に葬地を賜り埋葬された。

参考文献：蔡世英『清末権監李蓮英』（河北人民出版社，石家荘，1986年）。張仲忱「一箇太監的経歴―回憶我的祖父『小徳張』」，『天津文史資料選輯』16輯，1981年。岩井茂樹訳注『最後の宦官小徳張』（朝日新聞社，1991年）。孫孝恩「清末権宦李蓮英」，『人物』1982年5期。

〔高柳信夫〕

李（り）　烈鈞（れつきん）　Li Liejun

（1882年2月23日～1946年2月20日）

原名・烈訓，字・協和，号・俠黄。原籍，生まれともに江西省武寧県坪源荘。軍人，革命家，中華民国初期中国国民党指導者の1人。

李烈鈞の家は祖父の代には比較的余裕があったが，父・駿興の代に破産した。父は江西省南昌でかごかき（轎夫）をして生活費をかせいでいた時に太平天国に参加。敗北後郷里の坪源荘に隠れて農業に従事，まもなく茶の運輸と商いで家を再興した。正義感の強かった李烈鈞は少年時代に武術を好み，親戚の家屋をめぐる訴訟の際に武寧県知事を殴打して投獄されたことがある。

1902年江西省武備学堂に入学。04年には公費留学生に選ばれて日本に派遣された。日本では東京の振武学堂で２年間学んだのち，四国の砲兵第12連隊で実習した。07年10月日本の陸軍士官学校砲兵科に入学し，１年間同校で学んだ。

李烈鈞は，1905年に発生した留学生取締規則に反対する運動でその先頭に立ち，江西省出身の留学生に呼びかけて反対集会を開催した。07年には中国同盟会に加入し，当時留学生が組織していた武学社や丈夫団などにも参加した。

1908年11月陸軍士官学校卒業後帰国し，江西混成協第54標第１営の管帯に任ぜられたが，翌09年には雲南省昆明で講武堂の教官，兵備堂提調及び陸軍小学堂総辦などに就任した。

1911年初めイギリス軍が雲南省片馬を占拠すると，留日中国国民会と留日雲南省同郷会は代表を雲南省に派遣し反英抵抗運動を組織したが，李烈鈞もこれに呼応して国民軍兵士を育成するための体育総校の設立を提唱した。この活動は雲貴総督・李経義に抑えられ，李烈鈞は永平における北洋新軍の軍事演習参観を口実に雲南省から追放された。北上した李烈鈞は上海で同盟会中部総会の譚人鳳や宋教仁らと連絡をとり中部革命を画策したが，武漢に向かって溯上する途中で武昌蜂起が勃発。混乱状態にあった武漢では同志との連絡がとれぬままさらに北上し，北京で呉禄貞らの同志と交流を持ったのち江西省九江に向かい，革命後成立した九江都督府の参謀長に就任した。武漢攻撃後九江に戻ってきた清朝の海軍を革命側に転身させ，陸海両軍の総司令に就任した。その海軍を率いて安徽省安慶に行き，安徽都督に就任したが，武漢をめぐる清軍との戦闘を支援するため武昌に赴き，蘇皖粤鄂贛五省連合軍総司令兼中央軍総司令に就任した。

1912年１月中華民国が成立すると，李烈鈞は孫文から江西都督に任命され，江西省の経済と社会の改革と安定に尽力した。同年８月，中国同盟会が国民党に改組されると参議に選出された。13年に入ると，袁世凱による宋教仁暗殺と列強からの善後大借款の導入を非難し，６月には江西都督の職を剝奪された。反袁運動に立ち上がった李烈鈞は，７月江西省湖口で討袁軍を組織し，討袁軍総司令に就任するとともに江西省の独立を宣言した。しかし，第２革命に敗北した李烈鈞は，10月日本に亡命した。

日本では再起に備えて亡命中の武官を組織して軍事訓練を実施する浩然廬や法政学校を開設した。1914年孫文が日本で中華革命党を結成したが，李烈鈞はこれに賛同せずヨーロッパに赴いた。パリでフランス語を学び，フランスの軍事・政治・外交を研究したのち，15年に帰国。同年12月に発生した護国軍蜂起（第３革命）に参加し，第２軍の総司令に就任した。広西，広東両省を転戦して護国軍の勝利に貢献した李烈鈞は，16年５月には広州軍務院撫軍，17年１月には将軍府桓威将軍に任命され，７月孫文が広州で護法軍政府を組織すると９月には総参謀長に任命された。第１次護法運動に失敗し，20年４月１度広州を離れて香港・上海に赴いたが，孫文が同年11月に第２次広東軍政府を組織すると，参謀部長に任命され，21年５月に孫文が中華民国政府大総統に就任すると参謀総長に任命された。22年に実行された軍閥打倒の北伐では総司令に任命されたが，６月に発生した陳炯明の反乱で北伐は挫折した。23年１月陳炯明が広州を追われ，２月に孫文が第３次広東軍政府の大元帥に就任すると，李烈鈞は閩粵辺防督辦に就いたのち，10月には大本営参謀長に任命された。

1924年１月に開かれた中国国民党第１次全国代表大会で中央執行委員に選ばれた李烈鈞は，孫文の提唱する連ソ・容共・扶助工農の三大政策を支持。９月に第２次奉直戦争が勃発すると，孫文の特使として日本に派遣され，９月30日から約40日間日本に滞在して直隷派軍閥を支持しないように日本の要人たちに働きかけた。10月下旬馮玉祥の国民軍が北京で発動した政変で曹錕が退陣すると，北京の黄郛政権は李烈鈞を参謀長に任命した。11月中旬上海に戻った李烈鈞は，国民会議の召集を提唱して北上する孫文に随行して日本経由で北京に向かった。天津で発病した孫文が25年３月北京で死去すると，その葬儀を主催した。李烈鈞は馮玉祥の招聘に応じて国民軍の総参議に就任し，国民軍を指揮して奉天軍と戦った。

1926年７月蔣介石を総司令とする国民革命軍が北伐を開始すると，李烈鈞は南昌に赴いて蔣介石に会い，27年２月江西省政府主席に任命され，４月に組織された南京の国民政府では，国民政府常務委員兼軍事委員会常務委員に任命された。

1928年以後李烈鈞は長期間上海で療養生活を過ごすことになったが，31年９月に満州事変が勃発すると，抗日と政治の改革を主張し，36年12月に発生した西安事件の際には，蔣介石に同情し，張学良を審判する軍事法庭審判長に任命された。37年７月の蘆溝橋事件後には住居を重慶に移し，46年2月重慶で病死した。

参考文献：陳旭麓主編，項立岭『李烈鈞』（上海人民出版社，上海，1986年）。中国社会科学院近代史研究所主編『民国人物伝』2巻（中華書局，北京，1980年）。蕭致治主編『領袖与群倫—黄興与各方人物』（武漢大学出版社，武漢，1991年）。章伯鋒，顧亜主編『近代稗海』9輯（四川人民出版社，成都，1988年）。小島淑男『留日学生の辛亥革命』（青木書店，1989年）。兪辛焞『孫文の革命運動と日本』（六興出版，1989年）。〔小島淑男〕

李（り）　孟群（もうぐん）　Li Mengqun

（1830年～1859年3月）

字・鶴人。河南省光州生まれ。清末の官僚。

湖北按察使・李卿穀の子。1847年の進士。広西の霊川，桂平の代理知県を経て南寧同知に進んだが，広西各地には民衆反乱が続発しており，この間に李源発蜂起，陳亜貴蜂起の弾圧に当たった。51年欽差大臣・賽尚阿の下で太平軍と戦い，桂平の盤龍河で太平軍を破って知府に任じられ，ついで永安の清軍軍営に転じた。翌年太平軍の桂林包囲を撃退した功績により道員に昇進した。53年江西の九江府知府に任じられたが，以前広西で反乱の鎮圧に当たり，翌年曾国藩に招かれ，水軍を指揮して太平天国が占拠していた岳州・武昌を奪回する戦いに従事した。55年代理湖北按察使，57年安徽布政使に任じられた。翌年8月代理安徽巡撫となったが，太平軍が廬州を攻略したため，責任を問われて職務を奪われた。その後も軍営にあって部隊を指揮し，廬州西方の官亭・長城一帯で太平軍と対峙したが，59年3月20日陳玉成の部隊に敗れて捕虜となり，廬州で太平軍に殺害された。

参考文献：民国清史館編『清史稿』400，列伝187（民国清史館，北京，1927年）。民国中華書局編『清史列伝』43（民国中華書局，上海，1928年）。朱孔彰『中興将師別伝』18上（江寧刊本，1897年）。〔並木頼寿〕

李（り）　銘（めい）　Li Ming

（1887年～1966年10月22日）

原名・銘，字・馥蓀。浙江省紹興県生まれ。原籍，同前。上海の銀行家。

紹興の金融業者の家に生まれ，私塾で学んだ後，1902年，杭州にあった米国バプティスト派のミッションスクール，ウェイランド・アカデミーに進学，さらに05年日本に留学して山口高等商業学校に入り，銀行学を学んだ。卒業後しばらくの間，横浜正金銀行で実習経験を積んだといわれる。

1910年に帰国して浙江銀行（15年浙江地方実業銀行に改称）に入り，16年には同行上海分行副経理に昇進した。しかし官民合弁という性格上，浙江地方実業銀行の活動は浙江省政府の政治的要請によって左右されることが多く，それに不満を抱いた民間株主側の主導で，22年同行は省営の浙江地方銀行（本店・杭州）と民営の浙江実業銀行（本店・上海）とに分離改組された。この時李は浙江実業銀行の総経理に就任し，さらに27年にはそれまでの董事長・胡済生の死去にともない，新たに董事長も兼任することになり，業務を拡大し5大民間銀行の1つに同行を押し上げた華々しい活躍を見せることになる。

1927年の4・12クーデターの後，李銘は上海で蔣介石と会い，国民政府に対し，金融，工商業の保護を要請し，その見返りとして財政援助を約束したという。27年から40年まで国民政府の公債基金保管委員会主席，28年から49年まで中央銀行監事会主席，28年から35年まで中国銀行董事，28年から49年まで交通銀行董事，26年から34年並びに46年から49年まで上海銀行公会主席などの要職を歴任し，国民政府の金融政策に協力するとともに，中国の銀行業全体の近代化にも力を注いだ。また29年には租界工部局の管轄事業を買収し，米中合弁の形で発足した上海電力公司と上海電話公司の顧問に就任しており，32年には杭州電力公司の董事長にも就いている。

1932年日本軍の起こした上海事件で金融危機が憂慮された際は，中国銀行の張嘉璈らと協力して上海銀行業同業公会連合準備委員会を組織し，金融危機の勃発を未然に防いだ。37年の抗日戦争開始後も国民政府財政部部長・孔祥熙の命を受けて上海に残留，国民政府の抗戦期金融政策の推進に孤島上海で協力していたが，汪精衛傀儡政権ににらまれたため，41年3月上海のアメリカ領事館に難を避け渡米した。在米期間中の45年8月には，陳輝徳の上海商業儲蓄銀行やアメリカ企業GE，GMなどとの共同出資で中米合弁の中国工業投資公司を設立，自ら総経理に就任し戦後の経済復興に備えている。

戦後の1946年浙江実業銀行の総経理の座を退くが，引続き董事長に残り，実権は掌握していた。47年2月上海商業儲蓄銀行などとの共同出資で中米合弁の国泰保険公司を設立，同年春には，国民政府が経済的難局を打開するために設けた輸入管理委員会主任委員及び輸出推広委員会顧問に就く（8月の輸出入管理委員会への改組に伴い同副主任委員）など多方面で活躍した。48年国民政府の銀行法改正にともない，浙江実業銀行は浙江第一商業銀行と改称した。

国民政府の崩壊を目前にした1949年春，李銘は巨額の資金とともにアメリカに渡り，50年香港で浙江第一商業銀行を再建し董事長に就く。66年に香港で死去した。

参考文献：中国社会科学院近代史研究所主編『民国人物伝』2巻（中華書局，北京，1980年）。中国人民政治協商会議文史資料研究委員会編『工商経済史料叢刊』4輯（文史資料出版社，北京，1984年）。Howard L. Boorman ed., *Biographical Dictionary of Republican China*, Vol. 2 (Columbia University Press, New York, 1968). 劉紹唐主編『民国人物小伝』第3冊（伝記文学出版社，台北，1980年）。〔久保亨〕

李（り）　明瑞（めいずい）　Li Mingrui

（1896年11月9日～1931年10月）

原名・李瑾瑞，号・裕生。広西省北流県清湾郷生まれ。中国共産党の指導者，軍人。

農家に生まれる。北流高小，玉林中学で学ぶ。学費が続かず高等学校進学は断念，1918年広東省の滇軍講武堂砲兵科に入学した。20年に卒業して後，兪作柏の部隊に所属し，排長，連長，営長，団長を歴任する。25年10月第2路軍（兪作柏部隊）第3団団長として広東国民政府による鄧本殷討伐に参加し，翌26年3月の国民革命軍第7軍編成時に同軍第1旅第1団団長に就任する。同年7月北伐に参加し，同軍第2旅旅長に任ぜられる。北伐時の李明瑞の戦功は著しく，27年夏に同軍第1師師長に昇格する。

再開された北伐に1928年6月参加，韓荘の戦闘で前敵総指揮をつとめた。北伐完了後，第7軍が第15師に改編されると，李明瑞は同師第4旅旅長に任命された。翌29年蔣介石と広西派の間で「蔣桂戦争」が勃発するが，李は蔣の意を受けた蔣作柏に従って広西派から離反，蔣より第15師師長に任ぜられる。同年兪作柏の広西省政府主席就任にともない，広西軍事特派員，第4編遣区主任（第15師師長を兼務），広西督辦公署主任に就任，兪作柏とともに広西省の支配権を掌握する。その後，両者は蔣介石に対抗すべく勢力拡大をはかり，中共党員を含む政治犯を釈放，さらに中共との接触を開始し，中共より派遣された鄧小平，張雲逸らを広西省の政府，軍の要職につける。29年9月勢力を拡大した兪作柏，李明瑞は広東派の長発奎と連合し反蔣戦争を開始する。戦争当時，兪率いる南路討蔣軍の副総指揮並びに第1路総指揮をつとめた。

反蔣戦争に敗れて後，李明瑞は広西省龍州に退く。1929年11月同省の百色に張雲逸を訪ね，広西警備第5大隊（中共指導下の兪作豫の部隊であったが，実質的に李が指揮していた）と張配下の広西警備第4大隊は引き続き自分に従うよう要求した。これに対し張雲逸，鄧小平は，李が革命に参加するなら同部隊を紅7軍，紅8軍に改め，両軍総指揮を任せると交換条件を提示し，李はこれを承諾した。12月龍州に戻り，30年2月に当地で兪作豫とともに第5大隊を率いて蜂起した。この龍州蜂起にともない，同部隊を中国工農紅軍第8軍に改編し（軍長・兪作豫），左江革命根拠地を樹立した。同月紅8軍と張雲逸指揮下の紅7軍（29年12月の百色蜂起の際成立）の総指揮に任命され，中共に入党した。しかし，左江革命根拠地は李宗仁，白崇禧の攻撃を受けて間もなく瓦解し，李明瑞は残存兵力を率いて張雲逸らの右江革命根拠地に撤退する。30年4月紅8軍は広西省河池地区で紅7軍と合流した際，紅7軍に編入され，李は紅7軍総指揮となった（軍長・張雲逸）。

1930年10月中共中央の命により，鄧小平，張雲逸らと紅7軍を率いて右江革命根拠地を撤収し，一路江西ソヴィエト区を目指す。広西，貴州，広東，湖南，江西諸省を転戦した後，翌31年7月に江西省興国県で中央紅軍第3軍団と合流した。この間，30年冬に紅7軍第58団団長，31年4月に河西総指揮部総指揮，中共紅7軍前敵委常務委員をつとめた。

合流後，紅7軍は第3軍団所属となり，李明瑞は紅7軍軍長に任ぜられ（軍長就任に関しては31年6月説もある。同軍参謀長は張雲逸），第3次「反包囲討伐」に参加する。しかし，間もなく紅7軍の張雲逸参謀長，葉季壮政治部主任が王明指導部によって更迭され，かわりに同指導部の意を受けた葛耀山が政治委員として派遣され，同軍の人事異動が開始される。こうした動きは第3次「反包囲討伐」終結後に「粛反」に転化し，国民党改組派として雷経天・元右江ソヴィエト政府主席，許進・元紅7軍第19師政治部主任といった紅7軍関係者が逮捕されるに至った。この粛反の最中，李明瑞は31年10月に今日の江西省于都県で死亡する。その死について中国の文献の多くは簡単に「誤って殺された」と述べるにとどまる。そうした中で注目されるのが『中国現代史人物伝』である。同書は雷経天，許進の逮捕によって李が恐怖にかられ部隊を率い逃亡を企てたと記している。当時李が置かれていた状況，中共7全大会で粛反の犠牲者として名誉回復された事実から，その死は単なる誤殺ではなく，上述の逃亡計画との関連があると推察される。

参考文献：中共党史人物研究会編『中共党史人物伝』6巻（陝西人民出版社，西安，1982年）。王永均・劉建皋編『中国現代史人物伝』（四川人民出版社，成都，1986年）。廖国良・田園楽編『中国工農紅軍事件人物録』（上海人民出版社，上海，1987年）。徐友春主編『民国人物大辞典』（河北人民

出版社，石家荘，1991年）。　〔中村楼蘭〕

李　求実　Li Qiushi

（1903年～1931年2月7日）

原名・李国緯，幼名・李偉生，字・北京。筆名・李偉森，李求実。別名・李国瑋（偉），李北平，南平，卓如，仮名・林偉。湖北省武昌金口鎮生まれ。中国共産党及び社会主義青年団（共産主義青年団）の指導者，宣伝工作の専門家。

父・李秉之は清末の秀才であり，李求実は知識人の家庭に生まれた。武昌小学，武昌高等商業学校で学ぶ。1919年惲代英に感化されて五・四運動に参加，惲らによる利群書社の設立にも加わる。20年11月惲が安徽省宣城の第四師範学校に教務主任として赴任すると，李求実も呉華梓とともに同校に入学し，21年7月惲代英，林育南らが共存社を創立すると，これに参加，同年10月惲の四川省瀘州の川南師範学校への赴任にしたがい同校に入学するなど，惲代英の影響を強く受けていた。

1921年社会主義青年団に入り，翌22年に中共に入党する。李は川南師範で社会主義青年団を組織し，マルクス主義を宣伝することに努め，青年団の指導者として活発に活動したが，惲代英の逮捕により依るべきものを失い湖北省に戻る。武漢到着後，『日日新報』の編集にたずさわった。

1923年2・7ストに参加し，京漢鉄路総工会党団のメンバーとなる。その後安源に派遣され，安源鉄道・鉱山労働者倶楽部の文書係主任，安源社会主義青年団地委宣伝委員に就任し，劉少奇らと工作に従事する。同年8月南京の社会主義青年団第2次全国代表大会で団中央執行委候補委員に選出され，大会後は団中央機関誌『中国青年』の刊行に協力，団中央局農工部主任に就任するなど，上海で団中央の工作を担った。

1924年モスクワの東方大学に派遣され，そこで青年団中央モスクワ駐在総代表をつとめる。25年に帰国し，中共豫陝区執行委秘書，共産主義青年団河南地委書記，団中央宣伝部部長を歴任，翌26年には広州に赴き，共青団広東省委宣伝部部長となり『少年先鋒』誌を編集する。また，第1次国共合作下に黄埔軍官学校の政治教官をつとめ，「国民革命概論」などの講義を担当した。

1927年1月長沙で共青団湖南省委書記に就任するが，4・12反共クーデターの発生により長沙を離れる。5月武漢で共青団中央委員，団中央宣伝部部長，『中国青年』編集主任に選出される。同年の「大革命」失敗後広州蜂起に参加，蜂起失敗後，上海で前述の共青団のポストを保持しつつ工作に従事する。

1929年に中共中央宣伝部の工作につき，この頃から中共中央における李の活動が始まる。翌30年3月中国左翼作家連盟が成立すると，李は左連工作を担当，魯迅らと交流する。また，同年春全国ソヴィエト代表大会中央準備委員会党団書記に任ぜられ，秘書長の林育南とともに実際の準備工作を指揮する。さらに，同年8月中共中央機関紙『紅旗日報』の編集を担当した。

このように李求実は中央の重要な工作を担うまでになっていたが，1931年1月コミンテルンの権威により突然成立した王明指導部に対して，党の規律，党内民主の原則に反するものとして林育南，何孟雄とともに反対したため，新指導部から「右派」と批判され党籍を剝奪される。同月17日上海の租界で国民党当局に捕えられ，2月7日先に捕えられていた林育南らとともに龍華で処刑された。45年4月中共6期7中全会において「右派」のレッテルが外され，名誉回復される。なお，李の除名処分は，李が国民党側に逮捕されたため，文書によって正式に発表されることはなかった。

参考文献：上海市烈士陵園史料陳列室編『上海烈士小伝』（上海人民出版社，上海，1983年）。中共党史人物研究会編『中共党史人物伝』22巻（陝西人民出版社，西安，1985年）。陳玉堂編『中共党史人物別名録』（紅旗出版社，北京，1985年）。王永均・劉建皐編『中国現代史人物伝』（四川人民出版社，成都，1986年）。　〔中村楼蘭〕

李　盛鐸　Li Shengduo

（1858年～1937年2月）

字・椒微，号・木斉，筆名・木公，沐斉。江西省徳化生まれ。清末民初の政治家，外交官。

祖父・李恕は蔵書を好み，10万巻以上の書を集め，父・李明墀も書を集め数十万巻を所蔵した。このような家庭環境の中で李盛鐸は幼少より詩書に親しんだ。彼は1889年進士に合格し，翰林院編修となり，国史館協修に就任し，91年には江南郷試副考官を務めた。94年日清戦争が勃発し戦況が不利に展開すると，9月27日翰林院侍読学士・文延式を筆頭にして，英・独と連合して日本に抵抗し，和戦に傾斜した李鴻章に代わって恭親王奕訢の起用を請願する上奏がなされたが，李盛鐸もそれに参加した。その後，栄禄の推挙で督辦軍務処文案となり，ついで熱河団防処総理，江南道監察御史を歴任し，95年には京師大学堂総辦に就任した。

戊戌変法が始まる直前の1898年4月17日，李盛鐸は康有為と発起人になって北京に保国会を創設した。

保国会は救国意識に基づいて国土・国民・国教の保全を目的とし，北京と上海に総会を，各省府県に分会を設立しようとした政治結社であった。しかし御史・潘慶瀾らの保国会への弾劾がなされると，発起人であった李盛鐸は自分の名前を保国会の名簿から削除するよう要求し，さらに罪を免れようとして保国会非難の上奏をも行った。

戊戌政変後，李盛鐸は日本公使となり日本に赴任した。当時在日中国人留学生はすでに60人を越えており，さらに増加する勢いであったため，李は彼らを管理するための専任の学生監督者の派遣を要請し，夏偕が赴任した。なお李盛鐸は日本に亡命していた孫文と接触し，清朝への帰順を説いて拒絶されている。1900年5月10日挙行された日本の皇太子婚礼祝いに特使として参列し，01年7月，後任の駐日大使・蔡鈞と交替し帰国した。その後，内閣侍読学士，順天府府丞，太常寺卿代理を歴任した。

日露戦争後の立憲運動の高揚により，清朝は1905年7月16日憲政考察のため5大臣を欧米・日本へ派遣することを決定した。しかし革命派・呉樾による北京駅頭での5大臣爆殺未遂事件が起り，徐世昌，紹英に代わって李盛鐸と尚其享が新たに出洋憲政考察大臣に加えられ，李盛鐸はベルギー公使を命ぜられた。彼は載沢，尚其享とともに日本・英・仏・独などの諸国を歴訪した後，ベルギーに赴任し，09年までベルギー公使を務めた。帰国後は，山西省提法使，同布政使，同巡撫を歴任した。

辛亥革命によって清朝が打倒されると，一時，山西省民政長に就いたが，その後袁世凱に招かれて総統府の政治顧問となった。1912年6月から7月にかけて，袁世凱の密使として李盛鐸は孫宝琦とともに日本に赴き，外交，財政問題，とくに第2革命への日本の反応を打診した。

1913年10月10日正式大総統に就任した袁世凱は独裁化を強め，翌年1月10日国会を解散し，3月に約法会議を開催した。李盛鐸は約法議員に任命され，さらに5月26日には参政院が成立すると，参政となった。

帝制化に失敗した袁世凱が死去したのち，安徽派の段祺瑞が政権を掌握した。1917年6月李経羲を国務総理とする内閣が成立し，李盛鐸は農商総長兼全国水利局総裁となった。しかし，その直後の7月1日に張勲の復辟が起こり，それを鎮圧した段祺瑞が再び政権を握った。そして18年8月にいわゆる「安福国会」が開催され，参議院議員となった李盛鐸は参議院全院委員会委員長，参議院議長となった。さらに25年には「国政商権会」の会長を務めた。28年中央研究院歴史言語研究所を設立，その後『明清史料』全3巻を編集する。37年天津で病没した。編著には『木犀軒書目』，『木犀軒蔵宋本書目』などがある。

参考文献：劉紹唐主編『民国人物小伝』第4冊（伝記文学出版社，台北，1981年）。清史編委会編『清代人物伝稿』下編6巻（遼寧人民出版社，瀋陽，1990年）。永井算巳『中国近代政治史論叢』（汲古書院，1983年）。〔楠瀬正明〕

李（り）　石曾（せきそう）　Li Shizeng

（1881年5月29日～1973年9月30日）

名・煜瀛，幼名・武官，号・拡武，石僧，筆名・真，真民。字・石曾。北京生まれ。原籍，河北省高陽県。清末のアナキスト，国民党右派の政治家。

父は李鴻藻，母は楊紹吉。高級官僚の家庭に育ち，科挙とは無縁であり，家塾の教師として招いた斉禊亭から学問を授けられる。1897年，姚同宜と結婚。同年，父が死去し清朝から官位（郎中）を授けられる。1902年，前年知りあった張静江とともに，駐仏公使に任ぜられた孫宝琦の随員としてフランスに同行する。彼らは途中上海に立ち寄り，ここで呉稚暉，蔡元培と交友関係を持つ。

渡仏後，1903年李石曾はモンタルジ農業実用学校に入学し，生物学，農学などを学んだ。06年，同校卒業後，パスツール学院に入学し，大豆の研究に従事した。同年8月，中国同盟会に加入するが，彼自身の革命観は同盟会主流のそれとは異なる。彼は渡仏後，ポール・ルクリュを通して西洋アナキズムの理論に接していた。彼が受容し展開したアナキズムは，主としてクロポトキンの思想である。

1906年の末，李石曾は呉稚暉，張静江らとパリで世界社を組織し，翌年6月，アナキズムの宣伝誌である『新世紀』を創刊し，10年5月の停刊まで発行を続ける。李石曾は同誌に数多くの論説と翻訳記事を発表しているが，それらの内容は科学を唯一の真理と見なし，西洋文明を全面的に肯定し，中国の封建主義・伝統主義を全面否定するところに特徴があった。しかし，彼は孫文らの革命論を否定しなかった。09年，彼はパリ近郊に豆腐会社を設立して中国から労働者を呼び寄せ，半工半読の生活をさせた。

李石曾は1911年夏に帰国し，武昌蜂起の後，汪精衛らと京津同盟会を組織した後，翌年1月には呉稚暉，蔡元培らと進徳会を組織する。4月には留法倹学会を組織し，学生のフランス派遣を開始し，13年には勤工倹学会，華法教育会を組織する。17年，北京大学の教授に就任した後も勤工倹学運動の推進に努め，リヨン中法大学の創設などに関わった。しかし，李石曾らの活動は経済的困難を来し，在仏中国人の間には彼のやり方に反対する運動も生じ，その運動の中からは後に共産党に加入する者も現れてくる。

李石曾は1924年1月の国民党1全大会において，中央監察委員に選出され，この後急速に政界に接近していく。同年10月以降，彼は馮玉祥に接近し，北京で清朝財産の接収にあたるなどした後，26年南方に移る。北伐開始後，彼は蔣介石の反共行動を支持し，27年4月には呉稚暉らと「護党救国」の通電を発し，4・12クーデターを支持した。この後，彼は国民党右派の指導者としての地位を確固たるものにする。他方，彼は同年5月，上海に労働大学を創設して講師に日本人アナキストを招き，7月には『革命』を発刊してアナキストに執筆の場を与えている。このことは，李石曾のかつての思想傾向の名残を示していると言えよう。

1928年北伐完了後，李石曾は北平臨時政治分会主席，北平大学校長，国立北平研究院院長などの地位に就いた。国民党内の反蔣運動に際しては，反蔣各派の懐柔にあたった。抗日戦争中，彼は中国と欧米諸国の間を往復し，各国に汪精衛政権不承認を働きかけた。45年帰国し，48年には総統府資政に任ぜられた。翌年，中共の勝利を目前にして中国を離れスイス，ウルグアイに滞在した後，54年以降は台湾に定住する。台湾では主として世界各国との文化交流に尽力した。73年9月，台北で消化器内の出血のため死去した。

李石曾は最初の妻が1940年に死去した後，43年にユダヤ人女性と契約結婚し，それを解消した後，47年に林素珊（54年死去），57年に田宝田と結婚している。

参考文献：中国国民党中央委員会党史委員会編『李石曾先生文集』上・下（中央文物供応社，台北，1980年）。楊愷齢『民国李石曾煜瀛年譜』（台湾商務印書館，台北，1980年）。嵯峨隆『近代中国アナキズムの研究』（研文出版，1994年）
〔嵯峨隆〕

黎（れい）　庶昌（しょしょう）　Li Shuchang

（1837年～1898年1月12日）

字は蒓斎，黔男子とも自署する。貴州省遵義県東郷禹門生まれ。清末の官僚，文人，外交官。

科挙官僚を輩出する文人の家に育ち，科挙試験を目指したものの，太平天国の乱の影響のために咸豊5年（1855）から15年にわたって貴州省の郷試が停止されたので，応天府で郷試を受験した。

同治元年（1862），慈禧太后が提言を求めた際に，廩生（生員の一種）として貢生資格を得ていた黎は「万言書」（「上穆宗毅皇帝書」および「上穆宗毅皇帝第二書」）を提出し，科挙制度を改革して，人材登用をおこなうことなどの政治社会改革を求め，その内容と文才により，知県補用に任じられた。

その後，江南にて6年間曾国藩の幕にあり，呉汝倫，薛福成らとともに，「曾門の四弟子」と称され，江蘇候補，代理呉県知県，青浦知県などを歴任し，洋務にも親しむことになった。光緒2年（1876），郭嵩燾がイギリス公使として赴任するに際してその随員となり，以後，曾紀沢，陳蘭彬ら歴代の公使に仕えて欧州各国に滞在した。その欧州在任6年の間に，その見聞を『西洋雑誌』としてまとめた。

1880年代，黎は2度にわたり公使（出使大臣）として日本に6年間赴任した（1881～1884年，1887～1889年）。この間，朝鮮問題に直面し，壬午軍乱に際してはソウルと北京の間に電信がなかったため，先に情報を得た黎は東京から上海経由で北京にいち早く事態を伝えた。また，在日華僑の保護にも努めた。黎は在日中，文人としての活動も活発であり，日本の人士とも詩作を通じて交流し『黎星使宴集合編』や『日東文讌集』（三編）などを刊行したり，漢学家藤野正啓のために墓誌銘を著したりした。また，すでに中国では失われていた漢籍を楊守敬らとともに再収集し，『古逸叢書』（26種，200巻）を編んだ。これは，近代におけるブックロードの代表的事例である。

帰国した黎は，川東道員兼重慶海関監督となり，雲貴会館を創建したり，洋務学堂をおこし，伝統的な教育とともに，英文，算学などを教授して，西洋各国の状況を紹介するなどして，人材の育成に尽力した。日清戦争に際しては，訪日して状況打開することを求めたが容れられず，開戦後は不利な戦局を嘆き，国家に多くの寄付をおこなった。光緒21年（1895），故郷の遵義が干ばつに見舞われると，黎はまた多くの寄付をおこなった。だが，同年に発生した成都教案対策で消耗し，光緒22年（1896），病を患った黎は職を辞して帰郷し，1898年1月12日に他界した。

なお，黎には散文家としての側面もあり，欧州滞在中に『卜来敦記』，『巴黎大会紀略』，『巴黎油画院』，『闘牛之戯』などを記した。そのほか，黎の著書には，『拙尊園叢稿』（6巻），『西洋雑誌』（8巻），『丁亥入都紀程』（2巻），『海行録』（1巻）など多数がある。

参考文献：箱田恵子『外交官の誕生―近代中国の対外態勢の変容と在外公館』（名古屋大学出版会，2012年）。西里喜行「黎庶昌の対日外交論策とその周辺―琉球問題・朝鮮問題をめぐって」，『東洋史研究』53－3号，1994年。石田肇「東洋の学芸 藤野海南と黎庶昌―二人の交友を中心に」，

『東洋文化』83号，1999年9月。黄万機『黎庶昌評伝』（貴州人民出版社，貴陽，1989年）。〔川島真〕

李　維漢　Li Weihan

（1896年6月2日～1984年8月11日）

原名・厚儒，別名・羅邁，和笙。筆名・維漢。湖南省長沙県生まれ。中国共産党の指導者。夫人・金維映（鄧小平の前妻）。子・李鉄映。

貧しい知識人の家に生まれる。父・運楷は私塾の教師。母・孫氏。3人兄弟の末子。7歳で父親の私塾に入り，1909年養正小学校，10年清泰郷作民学校に進む。16年湖南省立第一師範学校第2部に入学。翌年夏に卒業後，同校に留まり初級部主任を務める。同校で毛沢東，蔡和森と知り合い，18年4月彼らとともに長沙新民学会を結成。19年10月勤工倹学生として渡仏，蔡和森の影響を受けマルクス主義に接近する。22年6月パリで旅欧中国少年共産党（のちに中国共産主義者青年旅欧州支部と改称される）が成立すると趙世炎，周恩来とともに中央執行委員となる。同年末すでに中国に戻り党中央で活動していた蔡和森の要請を受けて帰国，ただちに毛沢東，蔡和森の紹介で中共に入党，湖南省に派遣される。

1923年4月毛沢東が上海の党中央に転じた後，彼に代わり中共湘区委員会（のちに中共湖南省委員会と改称される）書記に就任。同年11月第3期1中全会が国民党の地方組織設立を援助する決定を行ったことを受け，国民党に加入，国民党の湖南省党部設立を助けた。25年1月中共4全大会において中央委員，同年5月国民党湖南省党部第1回代表大会において執行委員に選出される。北伐軍の湖南省進入後の同年10月「関於農民運動決議案」を起草，同省における農民運動の推進に力を注いだ。27年4月の中共5全大会では中央委員，中央政治局員に選出される。

1927年7月コミンテルンの指示で中共中央が改組されると，張国燾，周恩来，李立三，張太雷とともに臨時中央政治局常務委員会の一員となり，武装暴動路線を推進。同年8月7日漢口で開催された8・7会議を主宰，陳独秀の「右翼日和見主義」路線を清算し，瞿秋白を総書記とする臨時中央政治局（常務委員会は瞿秋白，蘇兆徴，李維漢の3名で構成）を選出した。28年6月モスクワで開催された中共6全大会の際は任弼時とともに上海の党中央で留守を預かる。6全大会後中央巡視員となり，上海における党活動を視察。29年春江蘇省党委組織部部長兼上海市党委組織部部長，同年10月江蘇省党委書記に就任した。30年9月6期3中全会において中央政治局候補委員に選出される。31年2月6期4中全会の席上，李立三路線に加担したことを自己批判，中央委員を辞すとともに，モスクワ留学を志願。同年6月ソ連に赴き，国際レーニン学校短期訓練班で学ぶ。

1933年3月王明の要請を受けて帰国，江西ソヴィエト区に入り中央組織部部長に就任するが，王明の「左翼冒険主義」を支持する誤りを犯したとされる。34年1月の6期5中全会で中央候補委員，同月中華ソヴィエト共和国中央執行委員，同主席団委員に選出される。10月長征に参加，第2縦隊司令員兼政治委員，第3梯隊司令員兼政治委員，総政治部地方工作部長などを務める。陝西省北部に到着後，党定辺少数民族工作委書記，陝甘省党委書記，中央群衆工作委書記，中央党校校長，陝北公学校長兼党団書記，中央西北工作委秘書長などを歴任。中央西北工作委秘書長を務める間，「関於回回民族問題提綱」，「関於抗戦中蒙古民族問題提綱」を執筆，少数民族問題に関する党の研究の端緒をひらいた。42年春にはじまる延安整風運動の際は中央宣伝部副部長，中央研究院新聞研究室主任兼教育研究室主任。同年9月より46年4月まで中央西北局委員，陝甘寧辺区政府秘書長を務める。46年1月政治協商会議の中共代表団員となり重慶，南京，上海に赴く。同年末，延安に戻った後，中央城市工作部副部長に就任，間もなく部長となる。48年中央統一戦線工作部部長に就任，64年末までこの地位を保持した。

1949年10月の新中国成立後，全国政治協商会議秘書長，政務院秘書長，中央民族事務委員会主任，政務院財政経済委員会副主任，国務院第8辦公室主任を歴任，党，国家の民族工作，統一戦線工作において主導的役割を果した。50年に政務院が制定した「培養少数民族幹部試行方案」，「籌辦中央民族学院試行方案」，および52年に制定した「民族区域自治実施綱要」は主として李維漢の手によるものである。また，51年5月には中央人民政府主席全権代表としてチベット地方政府代表と交渉を行い，「関於和平解決西蔵辦法的協議」を成立させている。統一戦線工作の方面では，53年3月から4月にかけて上海，南京，武漢などで私営工商業の現状と問題点について調査を行い，それに基づき資本主義工業を社会主義に移行させる主要な方式が国家資本主義であり，そのために公私合営を積極的に発展させるよう提言，毛沢東の同意を得た。

1956年9月中共8全大会で中央委員に選出される。文化大革命に際しては迫害を受け，10年間の獄中生活を強いられた。79年中央統一戦線工作部顧問，第5期全国政協副主席に就任。82年党中央顧問委員会副主任となる。

1984年8月北京で病死した。

参考文献：李維漢『統一戦線問題与民族問題』（人民出版社，北京，1981年）。李維漢『回憶与研究』上・下（中共党史資料出版社，北京，1986年）。『李維漢選集』（人民出版社，北京，1987年）。中共党史人物研究会編『中共党史人物伝』45巻（陝西人民出版社，西安，1990年）。李青「李維漢同志我国資本主義工商業社会主義改造理論和実践的貢献」，『党史研究』1985年1期。　〔高橋伸夫〕

李(り)　偉森(いしん)　Li Weisen

（1903年～1931年2月7日）

原名・李国緯，字・北平。幼名・偉生，筆名の李偉森は幼名よりつける。革命参加後，李求実を名乗った。原籍，湖北省武昌。文学翻訳家，左連五烈士の1人。

湖北省武昌金口鎮の没落知識人の家庭に生まれる。父親・李秉之は晩清の秀才であったが，郷試に合格できず，李偉森の生後まもなく一家は武昌に転居した。9人兄弟であったが，長兄・李国綱は異郷で客死，次兄・李国紀は溺死，三兄・李国経は自殺，姉の1人は結婚後まもなく病死し，1人は服毒自殺，妹も1人が若くして亡くなっている。

14歳で小学校を卒業後，武昌高等商業専科学校に入学。在学中五・四運動の影響を受け，惲代英が指導する武漢学生愛国運動に参加，旧教育制度を批判する手紙を校長宛に出して同校を離れ，新しい生活を求めて湖北黄陂県北郷木蘭山余家大湾の正誼小学で教鞭を執った。ここで農民の生活状況を調査している。1919年秋湖南省で活動し，常寧の水口山鉛鉱山で調査をおこない，その調査報告を『湖南』第1巻第3号に発表した。

1920年春惲代英や林育南らが武昌で利群書社を結成し，武昌に戻った李偉森もこれに加わり，『新青年』，『新潮』などの雑誌や『共産党宣言』などの書籍の販売をおこなった。李偉森はこの活動を通じてはじめてマルクス主義に触れた。同年秋惲代英が章伯鈞の要請で安徽の宣城師範学校で教鞭をとることになると，李偉森も行動を共にし，同校に新思想を宣伝する小グループを組織した。これらの小グループはそのほとんどが後に安徽の共産党組織の初期のメンバーとなった。

1921年7月，「階級闘争によって労農政治を実現する」ことを主旨とする共存社を結成。22年中国共産党に入党。紹介人は惲代英。同年秋中共武漢区委員会の活動に参加し，『日日新聞』の編集責任者となり，武漢地区の労働者の状況や闘争の報道に従事する。10月に湖北省労働組合連合会が結成されると教育副主任委員に選出された。

1923年2月1日，鄭州で開かれた京漢鉄路総工会の成立大会に参加。2月7日軍閥・呉佩孚によって労働者虐殺事件が発生すると，李偉森は記者の身分で上海に行き，京漢鉄路労働者を声援するよう各界に働きかけた。同年4月，中国社会主義青年団中央の派遣により安源地区委員会の宣伝科長となった。安源では，宣伝材料の編集，執筆に従事したほか，鉄道鉱山労働者倶楽部の文書係長を担当し，『安源月刊』の編集長も務めた。また，安源鉄道鉱山労働者倶楽部の活動を強化するため，劉少奇に協力し，「倶楽部組織概況」を執筆するなどの文書執筆に関わった。

1923年8月中国社会主義青年団第2回全国代表大会が南京で開催されると，李偉森は出席し，団中央候補委員に選出され，その後上海に移り団中央の活動に従事することになった。24年4月団中央局常務委員会が成立すると農工部主任になり，国際政治や世界歴史の研究をすすめ，論文を『新建設』に発表する。この年の後半にモスクワ東方共産主義労働大学に派遣され，マルクス・レーニン主義の基本理論を学習する。また，この間，団中央モスクワ駐在総代表も務めた。

1925年5・30事件が起きると，李偉森は団中央の命により，東方大学での学習を中断して帰国し，上海で『中国青年』の編集に従事した。同年冬，共産主義青年団河南地区委員会書記を務め，26年上海に戻り『中国青年』編集長。同年8月広東に移り，共青団広東地区委員会宣伝部長，27年1月長沙に移り共青団湖南省委員会書記となる。

1930年3月2日中国左翼作家連盟（左連）が上海で正式に成立すると，中共文化工作委員会指導者として参加し，左連の指導活動をおこなった。

1931年1月17日党内の王明路線に反対する秘密会議に出席しようとして国民党に逮捕され，2月7日銃殺された。

参考文献：北京語言学院《中国文学家辞典》編集委員会編『中国文学家辞典』現代第1分冊（四川人民出版社，成都，1979年）。丁景唐・瞿光熙編『左連五烈士研究資料編目』増訂本（上海文芸出版社，上海，1981年）。中共党史人物研究会編『中共党史人物伝』22巻（陝西人民出版社，西安，1985年）。

〔辻田正雄〕

李(り)　先念(せんねん)　Li Xiannian

（1909年6月23日～1992年6月21日）

旧名・李威。湖北省黄安県生まれ。中国共産党の指導者，政治家，中華人民共和国国家主席。

幼年時私塾で学ぶ。少年時には黄安，その後漢口で大工。1926年国民革命に参加，郷里の郷農民協会の常務委員として農民運動を指導。国共分裂ののち27年11月湖北黄安・麻城蜂起に参加。この年12月に中国共産党に加入。29年から中共黄安県高橋区委員会書記，陂安南県委員会書記，同県ソヴィエト政府主席などをつとめ，おもに郷里近くで党活動に従事した。

1931年10月，300名の青年を率いて紅軍に参加，11月には紅軍第4方面軍第11師33連隊の政治委員となる。以後は，紅軍の政治委員として鄂豫皖（湖北・河南・安徽省境）ソヴィエト区で活動，軍事工作を指導。32年10月に鄂豫皖区を離れて西に移転，川陝（四川・陝西省境）ソヴィエト区の創設に参加。33年紅軍第4方面軍（張国燾，徐向前の指揮）第30軍政治委員となり，宣達戦役などに参加。34年1月には中華ソヴィエト共和国中央執行委員に選ばれる。

1935年5月，毛沢東らの主力紅軍に呼応するため川陝区を放棄して長征に参加，6月に紅軍第4方面軍の先頭部隊を率いて懋功を攻略し，張国燾との激しい抗争を経て紅軍主力の第1方面軍と会寧で合流。8月に包座戦役を指揮，国民党の胡宗南軍と戦闘。36年10月，紅軍30軍を率いて黄河を西渡し，西路軍軍政委員会の委員を兼任。37年3月に西路軍が敗北してから，きわめて厳しい軍事状況下で西路軍を指揮して祁連山を越えてゴビ地帯に避難（なおこの37年3月の戦闘で全軍2万2千人のうち多数が犠牲になり，700人が新疆へ，500人が陝西に逃れたといわれる）。李先念は新疆迪化（現在のウルムチ）に逃れ，そこの支配者だった盛世才の保護を受ける。

1937年7月日中戦争勃発後，ソ連から帰国した陳雲が帰国の途中新疆で盛世才と交渉，李先念を引き取って延安に入る。延安では抗日軍政大学およびマルクス・レーニン主義学院で勉学。38年冬，中共河南省委員会軍事部部長として河南・湖北省境地区に移動，その後は国民革命軍新編第4軍（新四軍）の指導者としてゲリラ活動を指導。新四軍鄂豫独立遊撃大隊，同支隊，同挺身縦隊のそれぞれ司令官をつとめ，鄂豫抗日辺区の創設に従事。

1941年1月，安徽省での国共の衝突で新四軍が攻撃を受けてから（新四軍事件），新四軍第5師の師長兼政治委員となり，日本軍および国民党軍との戦闘を指揮し，鄂豫辺区の拡大に貢献した。

1942年7月，新四軍第5師が中共中央軍事委員会の直接指導下に入ると，鄂豫辺区党委員会書記を兼務することとなり，この地域での整風運動および大生産運動，部隊の訓練を指導。中共7全大会で中共中央委員に選ばれる。

日中戦争終了後の内戦期には主に中原地区の党，軍を指導。新しくできた中共中央中原局の第2副書記，中原軍区司令員として活動。1946年6月国民党軍の中原区総攻撃に際しては部隊を率いて陝西省南部に移動。48年5月，中共中央中原局が再建されると中原局委員，中原軍区兼中原野戦軍の副司令員として，劉伯承，鄧小平らとともに大別山根拠地の戦闘に参加，この地域の政治，軍事工作を指導した。

1949年5月から中共湖北省委書記，建国と同時に湖北省人民政府主席，湖北軍区司令員兼政治委員，中共中央中南局副書記，中南軍政委員会委員（主席・林彪），中共武漢市委書記，武漢市市長などを歴任，52年10月に中南軍政委員会副主席に昇任した。なお49年10月の建国と同時に，中央人民革命軍事委員会の委員となり，54年9月から国防委員会委員をつとめる（～67年）。

1954年夏以後は地方工作および軍隊工作から離れて国務院工作に専念した。同年6月から政務院（のち国務院）財政部長（～75年），国務院副総理（54年9月～80年9月）および財貿辦公室主任として，財政部・糧食部・商業部・対外貿易部・人民銀行などを一括指導した。

1956年9月，中共8全大会ではじめて中央政治局に入り，その後，12期まで一貫して中央政治局メンバーをつとめた（～87年10月）。8期5中全会で中央書記処書記，58年6月から中共中央財政経済小組副組長。また，国務院では，59年9月に国務院財政貿易辦公室主任に就任，国家計画委員会副主任などを歴任し，5カ年計画の策定や実施，財政貿易問題で指導的役割を果した。

文化大革命時には1967年2月の「2月逆流」で康生・江青・張春橋から批判を受けたものの，69年には周恩来首相の庇護で復活，同首相を助けて経済工作に従事。71年の林彪事件以後は完全に第一線に戻って経済工作を指導。75年には一時復活した鄧小平とともに党の日常活動を指導，76年10月の「四人組」逮捕の際には，葉剣英らとともに重要な役割を演じた。その結果，党11全大会（77年8月）で中央政治局常務委員，中共中央副主席，中央軍事委員会常務委員となった。

1979年3月から国務院財政経済委員会副主任（主任・陳雲）として，計画体制の改革や外資・外国技術の導入に積極的につとめ，とくに上海の宝山製鉄所（新日鉄との合弁）を積極的に推進した。

1982年9月の中共12全大会では政治局常務委員となった（～87年9月）。83年6月に国家主席制度が復活すると，毛沢東，劉少奇に次いで3代目の国家主席を1期つとめた。88年4月から第7期政治協商会議全国委員会の主席をつとめた（～92年6月）。92年6月北京で病死。

李先念は，ソヴィエト時期から日中戦争時期，内戦期までは湖北，中原，第4方面軍，そして中南地区を舞台に軍事指導者として活躍していたが，1954年以後は北京中央の経済工作に移り，党・政府における地位を着々と積み上げていった。次のように外国訪問も多い。61年2月アルバニア，64年8月ルーマニア，66年4月カンボジア，69年9月ヴェトナム（ホー・チ・ミン大統領の葬儀），71年7月北朝鮮，74年8月ルーマニア，75年4月イラン，78年3月フィリピン，バングラデシュ，79年1月タンザニア，モザンビーク，ザイール，80年4月パプアニューギニア，オーストラリア，ニュージーランド，80年10月北朝鮮，84年3月パキスタン，ヨルダン，トルコ，ネパール，84年8月ルーマニア，ユーゴ，84年11月スペイン，ポルトガル，マルタ，86年3月バングラデシュ，スリランカ，エジプト，ソマリア，マダガスカル。

参考文献：『李先念文選』（人民出版社，北京，1985年）。『李先念論財政金融貿易』（中国財政経済出版社，北京，1992年）。「李先念同志光輝戦闘的一生」，『人民日報』1992年6月27日。『李先念文選 1935～1988』（人民出版社，北京，1989年）。『李先念伝』（中央文献出版社，北京，2009年）。

〔毛里和子〕

李（り）　燮和（しょうわ）　Li Xiehe

（1873年11月16日～1927年8月16日）

名・柱中，字・燮和。湖南省安化県生まれ。清末の革命家，後に洪憲帝制の支持者となる。

長沙の求実学堂に学び，1903年12月に結成された華興会の会員となった。李燮和は翌年11月の華興会の長沙蜂起の計画に加わったが，失敗に終わったため上海に逃れ，ここで陶成章の紹介で光復会に加入した。05年東京で中国同盟会成立後日本に渡り，黄興の紹介で会員となった。翌年，萍瀏醴蜂起が起こると，李燮和は帰国してこれに加わろうとした。しかし，帰国して間もなく蜂起は失敗に終わり，清朝が革命派の一斉逮捕に乗り出したため，彼は香港に逃れて黄興と善後策を協議しようと考えた。しかし，黄興は当時日本にいて当分帰国できそうにない状況にあったため，彼は当地に2カ月程逗留した後，友人の紹介で南洋の蘭領バンカ島に渡り，ここで3年間教員を務めた。彼はこの間，華僑に革命の宣伝を行い，南洋での同盟会支部結成に貢献した。同盟会では07年以降，数度にわたって孫文の指導に対する批判の声が高まった。09年9月には，李燮和も陶成章ら光復会の会員と「七省同盟会員」の名義をもって孫文批判を行った。翌年2月東京で光復会総部が成立すると，彼は現地で行動総部執行員となった。しかし，彼は同年冬に広州蜂起に向けての資金調達のため南洋にやって来た黄興の説得を受け入れて，孫文の側の資金集めに協力することとなった。

1911年の黄花崗蜂起の直前，李燮和は黄興の要請で帰国した。蜂起失敗後，李は上海に戻り，同年7月光復会上海支部が成立すると総幹事に就任した。しかし，会の内部に不和が生じたため故郷に戻った。間もなく，彼の帰郷は清朝官吏の知るところとなり，1カ月ほどで湖南を離れて漢口に逃れ，ここで武昌蜂起の知らせを聞いた。彼はこの後，黎元洪から長江下游招討使に任命され，江南一帯で軍や警察に働きかけて蜂起を起こすことを命ぜられた。李は10月中旬に上海に戻り，尹鋭志らと決死隊の組織を準備する一方，軍・警察に寝返りの工作を行うなどした。11月3日決死隊による江南製造局襲撃を契機として上海で蜂起が起こり，翌日革命派が権力を掌握した。その後李は蜂起軍臨時総司令に推されたが，彼は滬軍都督の地位を求めた。しかし，光復会と立場を異にする陳其美が実権を握ったため，彼はその地位を譲り，自らは呉淞分府都督と称した。しかし，陶成章と章炳麟の勧告によって都督の名称を放棄し，12年1月光復軍総司令となった。また，長江水師総司令にも任じられている。南京臨時政府が成立し南北和議が進む中で，李は孫文に袁世凱との停戦・和議に反対する意見を表明した。しかし，彼の意見は少数の人々の賛成しか得られず，和議が成立すると職を辞して下野した。

第2革命の時に至ると，李燮和は南北和議を開くことによって双方の争いを収拾すべきことを主張している。このことから，彼はこの時期に至って袁世凱に接近したものと見られている。1915年袁世凱が帝制復活に乗り出すと，李は楊度の誘いで籌安会の一員として運動の推進役を務めた。翌年6月に袁が死に，翌月北京政府によって帝制推進者に対する逮捕状が出されたが，李は辛亥革命に功績があったという理由で処罰の対象から除外されて故郷に戻った。その後の彼の行動は不明であるが，政治に関わった形跡はない。27年，故郷で病気のために死去。

参考文献：陶菊隠『籌安会“六君子”伝』（中華書局，北京，1981年）。馮自由「光復軍司令李燮和」，『革命逸史』2集（台湾商務印書館，台北，1969年）。

〔嵯峨隆〕

李　秀成　Li Xiucheng

（1823年～1864年8月7日）

原名・以文，別名・寿成。広西省藤県大黎里新旺村生まれ。太平天国運動の指導者。

貧しい雇農の家庭に生まれた。父は李世高，母は陸氏，弟に李明成がいる。8歳から10歳にかけて母方の伯父について書を学んだが，それ以後は貧窮に喘ぎ，私塾の仕事を手伝う一方，山地の耕作をして糊口の資を得た。

1848～49年頃拝上帝会が藤県に拡大し，秀成は一家をあげて入会した。51年金田蜂起発生後，太平軍が永安州に向かう途中で藤県を通過した折，家族とともに蕭朝貴部隊に参加し，伍率となった。53年3月天京建都後，東王・楊秀清に保挙されて右四軍帥となり，まもなく後四監軍に昇進し，儀鳳門外の高橋の守備に当たった。同年秋，翼王・石達開に従って安慶に赴き，民生の安定を図った。54年春，春官正丞相・胡以晄のもとで廬州を守備し，殿右二十指揮に抜擢された。54年秋～55年安徽省の太平府，和州一帯に駐屯し，殿右二十二検点に昇進し，さらに地官副丞相になった。56年2月燕王・秦日綱に従って鎮江の救援に赴き，4月高資で清軍を撃破し，江蘇巡撫・吉爾杭阿を自殺に追い込んだ。5月秦に従い石達開軍と合流し，江北大営，江南大営を潰滅させ，天京の包囲を解くことに成功した。

1856年9月2日の「楊韋内訌」の時，李は江蘇省金壇の戦場を撤退し，句容県丁角村に駐屯していた。同年11月捻軍の張楽行，龔得樹を帰服せしめた功績により地官正丞相に昇進した。57年1月安徽省桐城を占領し，合天侯に封じられた。

1857年6月2日天王・洪秀全一族との確執から石達開が天京を離脱した。10月洪は蒙得恩を正掌率に，陳玉成を又正掌率に李秀成を副掌率に任じ，太平政権の立て直しを図った。この結果，李は洪の長兄・洪仁発，次兄・洪仁達に代わって政務を担当し，陳玉成とともに軍事の大権を掌握した。11月李世賢，李昭寿を率いて廬州から鎮江を救援した。12月高資において和春・張国樑軍に敗れ，鎮江は陥落し，李は呉如孝を救出して天京に戻った。ここで李秀成は洪秀全に向かい，「法令の厳守，朝綱の粛清，賞罰の公正，税糧の軽減，人民の救恤」を訴え，従来の如く石達開を重用し，洪仁発・洪仁達を用いないよう諫言して，職位を剝奪されたが，朝臣の忠告によって職位は回復された。この後，李は天京部隊の指揮に当り，また林紹璋を天京に呼び戻し，政務を補佐せしめた。

1858年五軍主将制が復活し，李秀成は後軍主将に封じられた。3月に安徽の和州，全州，滁州を攻略し，9月陳玉成軍と協力して滁州烏衣鎮で欽差大臣・徳興阿部隊を，続いて浦口付近の小店で総兵・馮子材軍を一掃し，江北大営を再破した。10月上旬李は儀徴，揚州を占領し，11月陳の要請を受けて廬州三河鎮で湘軍の李続賓部隊を全滅させ，ひき続き安慶の包囲を解き，さらに潜山，太湖を連破した。三河の勝利は安徽根拠地を確保して江北の戦局を安定させ，天京の糧餉と安泰を保証する重要な意義を持つものであった。

1859年5月天王の族弟・洪仁玕が天京で干王に封じられ，軍師の任命を受け，政務に従事した。11月に李は陳玉成とともに江蘇省六合県紅山窰の清宮を攻略し，同月21日湖北提督・周天培，総兵・張玉良軍を江浦において撃破し，浦口を奪回して天京と安徽北部との交通を回復した。この後李秀成は浦口に駐留した。叛将・李昭寿は清軍への投降を勧める書簡を送ったが，洪秀全は李の忠節が変わらぬことを確認し，彼を忠王に封じた。

1860年初，すでに再構築されていた江北大営，江南大営は天京の包囲を強化した。李は洪仁玕と天京の解囲を検討し，2月10日安徽南部より浙江に進軍し，3月19日杭州を占領したが，総兵・張玉良軍の前に直ちに退去し，天京に軍を返した。李秀成，陳玉成，楊輔清，李世賢軍は四路から同時に進撃し，5月6日江南大営を再破し，天京の解囲に成功した。

東征計画にもとづき1860年5月15日李秀成，陳玉成，李世賢は江浙地区への進軍を開始した。李は同月19日丹陽を占領し，江南提督・張国樑を戦死させ，6月には蘇州を占領した。李は蘇州を中心に蘇福省を設立し，郷官を設置して徴税を実施し，治安の維持を図るなど土地の実情に即した民政を行った。同じ6月にアメリカ人ウォードが洋槍隊を結成し，太平軍を迎え撃ったが，8月に李秀成は青浦でこれを撃破した。同月，李は上海の英，米，仏公使に書簡を送り，上海における外国人の権益を保護することを約束した。続いて李は徐家滙に進軍したが，イギリスによる反撃を受け，蘇州に帰還した。同年秋，生糸の買付けに太平天国支配地区を訪れたイギリス人リンドレーは李秀成と会見し，太平天国への参加を決意した。リンドレーは63年11月常勝軍のファイアフライ号を奪って太平号と命名して李に献上するなど交流を深め，帰国後その経験を記録に留めている。

1860年10月李秀成は蘇州より天京に戻り，61年1月江西に入り，6月武昌に到着，8月南昌に向かったが豊城で清軍に阻まれた。9月5日安慶が陥落した。同月江西の鉛山で石達開軍から離れた部隊20万余と合流し，10月浙江省に進軍し，12月杭州を占領した。62年1月再び上海に軍を進めたが，洪秀全から天京救援の要請を受け，6月松江より蘇州に撤退した。10月李は10万余にのぼる軍を率いて天京に向けて出発し，雨花台の曾国荃営に迫ったが，曾営を打破することができず，12月天京から撤退した。12月4日蘇州は陥落し，李は江蘇の前線から天京に戻って，洪秀全に城を出て再起することを提起したが同意を得られず，天京の死守を命ぜられた。

1864年3月31日杭州が陥落し，5月11日常州が占領された。天京包囲が狭まる中，6月1日洪秀全は病死した。幼天王・洪天貴福（または洪福瑱）が即位し，李は彼を補佐した。7月19日天京陥落の際，李は幼天王を馬上に守って包囲を突破したが，同月22日天京東南の方山に潜伏中捕えられ，曾国荃の軍営に送られた。獄中で5万字余に及ぶ自供書を書いた後，8月7日南京で曾国藩によって処刑された。

参考文献：「李秀成自述」，太平天国歴史博物館編『太平天国文書彙編』（中華書局，北京，1979年）。羅爾綱『李秀成自述原稿注』（中華書局，北京，1982年）。「洪仁玕自述」，中国史学会主編『近代史資料叢刊Ⅱ・太平天国』第2冊（神州国光社，上海，1952年）。吟唎著，王維周訳『太平天国革命親歴記』上・下（上海古籍出版社，上海，1985年）。鍾文典『太平天国人物』（広西人民出版社，南寧，1984年）。蘇双碧『李秀成評伝』（河南教育出版社，開封，1985年）。

〔針谷美和子〕

李（り）　続宜（ぞくぎ）　Li Xuyi

（1824年～1863年1月）

字・克譲，号・希庵。湖南省湘郷県生まれ。清末の武将。

李続賓（1818～58年）の実弟。兄とともに羅沢南のもとで学んだ。1852年太平天国軍が湖南を北上し，湖南各地で団練・郷勇を編成する動きが起こると，曾国藩の湘軍に参加，羅沢南の指揮下に江西の南昌攻防戦に従軍し，各地の民衆反乱の鎮圧に功績があり，同知に抜擢された。

1856年，湘軍が武昌を回復した際の功により知府に任ぜられ，翌年，兄に従って九江を攻め，ついで陳玉成の太平軍と湖北から江西にかけて交戦，道員に昇進した。陳玉成が廬州を陥れると李続賓は安徽北部の防備にまわり，李続宜は湖北に残ったが，李続賓は三河の戦いで戦死した。

1859年，石達開の太平軍が湖南の宝慶府を包囲すると，湖北巡撫・胡林翼に指示されて救援に赴き，劉長佑の部隊とともに太平軍を撃退，布政使の銜を加えられた。まもなく安徽按察使となったが，母の病気により一時帰郷。翌年，前線に復帰して安慶包囲戦に参加し，安慶救援に向かう陳玉成軍と桐城西南の掛車河で戦って撃退，まもなく安徽巡撫に抜擢された。

1861年夏，江西から湖北を攻めた李秀成の太平軍を撃退。湖北巡撫・胡林翼が病気により職務を離れるとその後任を命じられた。62年初め，安徽巡撫・彭玉麟の辞任にともなって安徽巡撫となり，欽差大臣・勝保の捻軍討伐作戦に協力した。同年，袁甲三の病気辞任のあとをうけて安徽全省の軍務を督辦する欽差大臣に任命されたが，まもなく母の喪で帰郷し，ついで発病して職務に復帰できず，63年1月に病死した。死後太子少保銜を加えられ，勇毅と諡された。

参考文献：民国清史館編『清史稿』408，列伝195（民国清史館，北京，1927年）。民国中華書局編『清史列伝』49（民国中華書局，上海，1928年）。清史編委会編『清代人物伝稿』下編6巻（遼寧人民出版社，瀋陽，1990年）。

〔並木頼寿〕

李（り）　延禄（えんろく）　Li Yanlu

（1895年4月1日～1985年6月18日）

号・慶賓。吉林省延吉県生まれ。中共系軍人。

父は漢方を学んだが，9歳のときに李延禄は叔父に養子に出された。1909年延吉道辺防督辦・呉禄貞が設置した軍随営学校に学び，11年軍に編入された。20年吉林省防軍第13混成旅に編入され，騎兵連連長に任じられた。25年李は和龍県警察大隊小隊長，公安局巡官，28年に連長を歴任した。

1928年10月吉会線闘争と30年5月の5・30暴動で李延禄は反日闘争に参加し，31年春軍を除籍された。同年7月彼は中共に加入した。

満州事変勃発後，中共満州省委員会が9月23日に発した「士兵工作に対する緊急決議」に基づき李延禄は吉林省防軍に所属した経験を買われ，抗日に決起した第13旅63団3営長王徳林部隊に派遣された。1932年2月王徳林は国民救国軍を編成し，李はその参謀長になった。33年1月李は日本軍によって分断された部隊を再編成し，東北抗日救国遊撃軍を組織した。「満州各級党部および全党党員に与える中央の書簡」，いわゆる1月書簡が出された後，救国遊撃軍は東北人民抗日革命軍に改名され，李は軍長兼軍支部書記に任命された。しかし李は吉東局から右傾機会主義路線を犯したと非難され，李の部隊は被害を被った。34年9月コミンテルン駐在中共代表団が派遣した楊松が吉東地区に巡視に来たとき，吉東の左傾関門主義が批判され，同時に，李の率いる抗日革命軍と他の抗日部隊を合わせて東北抗日同盟軍第4軍を編成することが決定された。李は軍長とともに，党委員会委員に選出された。

1935年秋，李延禄は東北人民革命軍第3軍の部隊と共同で作戦行動をとり，方正県で遊撃戦を展開した。36年1月彼は湯源県で開催された東北反日連合軍軍政拡大会議に出席し，東北民衆抗日連合軍総司令部の成立に参与した。しかし2月コミンテルン駐在中共代表団の指示により，李はモスクワに呼ばれた。コミンテルン駐在中共代表団は，彼を南京，上海で国民党との統一戦線工作に派遣することを決定した。同年11月彼はパリを経て上海に到着し，東北抗日連軍代表として国民政府，国民党および各界に満州の戦況を説明し，満州に出兵することを要請した。

1937年日中戦争勃発後，蔣介石は李延禄らと会見し，ソヴィエトの援助のもとに東北抗日連軍を拡大することを語った。同年末，李はモスクワに行き，ソヴィエトと交渉した。しかしこのとき一緒に行った国民党特務に疑われ，帰国途中，香港を通じて延安に逃れた。38年12月李は毛沢東と会見し，東北抗日連軍と統一戦線工作の情況を説明した後，39年1月東北工作委員会の副主任に任命された。また抗日軍政大学の学生で東北幹部隊を編成し，李はその責任者になった。

1945年8月の終戦後，9月に李延禄は幹部を率いて満州に向かい，合江省で省政府と中共合江省工作委員会の樹立にとりかかった。同年11月合江省政府が成立し，李は省政府主席に任命された。国共内戦が始まると，彼は省内の反乱者の鎮圧と生産拡大と内戦支援に力を集中した。48年8月東北行政委員会が成立したとき，李は委員に選出された。

中華人民共和国成立後，松江省政府副主席，黒龍江省副省長などを歴任した。しかし文化大革命勃発後，彼は反革命の容疑で入獄したが，重病のために釈放された。その後，回想記の執筆にとりかかり，1985年6月に没した。

参考文献：中共党史人物研究会編『中共党史人物伝』43巻（陝西人民出版社，西安，1990年）。軍政部軍事調査部編『満州共産匪の研究』1輯（1937年）。李延禄『過去的年代』（黒龍江人民出版社，哈爾浜，1979年）。〔鐸木昌之〕

李　永和（り　えいわ）　Li Yonghe

（生年不詳～1862年10月）

李短韃ともいう。雲南省昭通府の牛皮寨生まれ。清末雲南・四川の反乱指導者。

貧農の出身。アヘンの密売を生業としていたともいう。1859年10月3日，牛皮寨で藍朝鼎，藍朝柱らとともに蜂起し，部隊を順天軍と自称し，李永和を順天王，藍朝鼎を大元帥，藍朝柱を副帥とした。小作料も地税も納めない，金持ちを襲って貧乏人を救うなどのスローガンを掲げ清朝に叛旗をひるがえし，雲南から四川南部に入った。これを李藍蜂起ともいう。四川に入って蜂起軍は勢力を拡大し，60年1月清朝の重要な財源であった自貢塩場を攻撃した。塩場の労働者を吸収して部隊はさらに拡大し，3月部隊を分けて李永和は塩場を守り，藍朝鼎らは四川の西部一帯に転戦し成都の攻略をねらった。

蜂起の拡大に対処するため，清朝は湖南巡撫・駱秉章に四川の軍務を督辦させた。1860年のうちに蜂起軍は四川の40以上の州県に足跡を印し，全軍30万といわれる規模に達した。秋，自貢塩場に近い鉄山地区に根拠地を置いて李永和がこれを守り，藍朝鼎，藍朝柱らは四川北部に進んだ。

鉄山の根拠地で李永和は順天王として振る舞い，部下に官職を与え，税糧を徴収するとともに人民に門牌・腰牌を給与し，また商業・鉱山業の振興を図り，武器の製造につとめ，さらに「求賢詔」を発し科挙を行って人材を集めようとするなど，清朝に対抗する独自の王朝を開こうとしたという。その後駱秉章の率いる湘軍の攻勢により，1861年12月に藍朝鼎が戦死し，さらに鉄山の根拠地も包囲された。李永和は糧道を断たれて鉄山を放棄し，宜賓の八角寨に籠りさらに出路を求めたが，62年10月囲まれて捕虜となり，成都に送られて処刑された。

参考文献：清史編委会編『清代人物伝稿』下編2巻（遼寧人民出版社，瀋陽，1985年）。胡漢生『李藍起義史稿』（重慶出版社，重慶，1983年）。〔並木頼寿〕

黎　元洪（れい　げんこう）　Li Yuanhong

（1864年10月19日～1928年6月3日）

原名・秉経，改名・元洪，字・宋卿。湖北省漢陽生まれ。寄籍，湖北省黄陂県。祖籍，江西省豫章碎瓦墩。清末・民初の軍人，政治家。

黎の父・黎朝相は，農業のかたわら教師をしていたが，太平天国軍と戦うために清軍に入隊し，家族を連れて黄陂から漢陽へ移り住んだ。退役後，刑事事件に巻き込まれて家を失ったため，一家で黄陂へ戻り，私塾を開いたが，生活が苦しいため，1872年夏単身直隷省北塘へ行き，直隷練軍の砲兵大隊に入り，やがて游撃まで昇進した。

1877年家族も北塘へ移ったが，黎は同年，父母の命令で漢陽の呉敬君（当時8歳）と婚約し，敬君は童養媳として北塘へ来た。黎は北塘で私塾に入り，伝統的学問を学んだ。78年母・陳氏が死に，翌年父は崔氏を後妻に迎えた。

1883年初め黎は天津の北洋水師学堂の管輪科に入学し，元洪と改名した。水師学堂では，教官の薩鎮冰の愛弟子となった。翌84年初め呉敬君と結婚したが，2月に父が病死した。

1888年3月水師学堂を優秀な成績で卒業し，六品の官位を得て，軍役についた。90年春広東の「広甲」艦の三管輪に任ぜられ，機器の整備やボイラー管理などに当たった。92年夏二管輪に任ぜられ，翌93年春五品に昇進した。

1894年に日清戦争が始まると，北上して，9月の黄海海戦に参加し，「広甲」が座礁したために，海上を3時間余り漂って大連の海岸にたどり着いた。復職のために天津へ行ったところ，敗戦の責任を問われて数カ月拘留された。

1895年春張之洞から南京の諸砲台の建設監督を委任され，翌年初めに完成すると，砲台総教習に，その後さらに砲台専台官に任じられた。96年3月張之洞に従って武昌へ行き，やがて護軍後営幇帯に任じられた。98年初め張之洞の命令で日本へ軍需工業の視察に行き，さらに翌99年と1901年にも陸軍などの視察で日本を訪問した。この間，1900年に自立軍蜂起の鎮圧に参加し，その功により01年夏都司の位を得て三品に昇進した。

1904年湖北新軍両鎮が編成されると，第2鎮協統（旅団長）兼護第2鎮統制官に任命された。05年には6隻の軍艦と4隻の水雷艇も統轄するようになり，06年第2鎮が第21混成協に改編されると，その協統になった。10年4月長沙で「搶米風潮」が発生すると，黎元洪は艦隊を率いて長沙へ行き，騒動の鎮圧に当たった。

1911年10月10日武昌蜂起が起きると，黎元洪は部下の41標3営管帯・謝国超の家に隠れたが，翌日反乱兵に探し出され，諮議局へ連れていかれて軍政府都督に選出された。蜂起直後は革命が失敗して清朝に処罰されることを恐れていたが，革命軍側の形勢が良くなるにつれて革命派へと転じ，12月に南京で開かれた各省都督代表会議において大元帥に選出された。

1912年元旦，中華民国臨時政府が南京に成立し，孫文が臨時大総統に就任すると，1月3日黎は湖北都督と大元帥を兼ねながら副総統に選ばれた。同月，同盟会の協理に選ばれる一方で，孫武，劉成禺らが結成した民社の理事長にもなった。3月臨時大総統は袁世凱に代わったが，黎は副総統職に留まり，4月に大元帥を辞任したものの，同月北京政府から参謀総長に任命された。5月に民社など数団体が共和党を結成すると，黎は理事長に選ばれた。

1912年8月黎元洪は反対派を排除するために，革命派の張振武，方維の2人の将校を北京へおびき出して罪をきせ，袁世凱に逮捕処刑させたが，このため同盟会から除名された。13年5月，国民党に対抗するため，共和党，統一党，民主党が合同して進歩党となると，黎はその理事長となった。

1913年夏の第2革命においては袁世凱を支持し，10月に袁が正式の大総統になると，黎元洪も正式の副総統になった。同年12月袁は黎を北京へ呼び，腹心の段祺瑞を湖北都督代理にした。このため黎は，一方で次女を袁の第9子と結婚させたものの，政治的軍事的実権を失ってしまった。

1914年5月袁の御用機関として成立した参政院の院長に任命されたが，翌15年夏に袁世凱が帝制運動を始めると，参政院の会議に出席せず，また副総統と参政院院長の辞任を申し出るなどの抵抗を示し，12月には北京を去った。

1916年6月，袁の急死によって大総統に就任したが，黎元洪を軽視する国務総理の段祺瑞と事あるごとに衝突し，「府院の争い」という状況が生まれた。17年5月対独宣戦をして日本と結び勢力を強化しようとした段を罷免したが，6月段に指嗾された張勲の圧力に屈して国会を解散し，7月に張勲が復辟を行うと，日本公使館へ避難し，大総統職を放棄した。復辟失敗後，黎は復職しないことを表明し，8月に天津のイギリス租界に移り，事業投資などに従事するようになった。

1922年6月，第1次奉直戦争に勝利して北京政府の実権を握った直隷派に迎えられて，大総統に復職した。直隷派のねらいは，黎元洪を復職させることによって，安徽派の前任大総統徐世昌を追放し，また黎が5年前に解散した国会（旧国会）を回復することによって，広東政府から旧国会擁護の名分を奪い，さらに旧国会が黎の代わりに曹錕を大総統に選べば，直隷派の全国統一が実現するというものであった。黎の復位については，袁世凱が1913年に大統領に就任し，任期が5年であったので，黎の継任期間も18年か，その少し後までで終わっているという法律論があった。

大総統就任を急ぐ曹錕らは，1923年5月以降，袁世凱の帝制などによる中断期間を考慮しても，黎元洪の任期は22年末に終了しているので退位すべきだという議案を国会に提出し，さらに多数の無頼漢を雇って黎宅を包囲させるなどして，黎に退位を迫った。黎は6月13日大総統の印章を北京の第2夫人・危文繍に預けて天津へ向かったが，直隷省長・王承斌らに列車に閉じ込められ，危文繡に印章の引き渡しを指示して，ようやく解放された。

退位した黎は1923年9月上海へ行き，直隷派に対抗する政府を組織しようとしたが果せず，11月療養のため日本の別府へ行き，翌24年5月に天津へ戻ると，完全に政界から引退した。

黎元洪は経済活動にも手腕を発揮し，湖北，北京，天津などで計5,000余畝の土地を購入し，銀行，鉱山などに少なくとも300万元を投資していたと言われ，多くの企業の役員を務める資産家でもあった。

黎元洪は晩年高血圧と糖尿病を患い，1928年6月脳溢血の発作により天津で没した。35年11月国民政府は武昌で黎の国葬を挙行した。著書に『黎副総統政書』などがある。

参考文献：張振鶴「従清軍協統到民国都督―辛亥革命前後的黎元洪」，李新・任一民編『辛亥革命時期的歴史人物』(中国青年出版社，北京，1983年)。黎紹基「黎元洪伝略」,『天津文史資料選輯』45輯（天津人民出版社，天津，1988年)。楊大辛主編『北洋政府総統与総理』(南開大学出版社，天津，1989年)。劉振嵐・張樹勇『傀儡総統黎元洪』(河南人民出版社，鄭州，1990年)。沈雲龍『黎元洪評伝』(中央研究院近代史研究所，台北，1963年)。　〔味岡徹〕

李(り)　章達(しようたつ)　Li Zhangda

(1890年～1953年12月9日)

字・南溟。広東省東莞生まれ。中国民主同盟指導者。

中国同盟会に加わり，1911年武昌蜂起に参加。後に討袁運動に参加する。孫文の警護団団長，大元帥参議を務める。24年中国国民党が改組すると，廖仲愷に従い，党務を執り行う。26年広州市公安局局長を務め，33年福建事件に参加し中華共和国人民革命政府中央委員兼政治保衛局局長を務める。その後香港に移り，中華民族革命同盟に参加し全国各界救国会華南区総部を組織し，華南救国会の責任者となった。

抗日戦争が勃発すると第4戦区軍法執行委員を務め，1941年には中国民主政団同盟の設立に参加し，45年に中国民主同盟第1次全国代表大会で中央委員に選出される。同年12月香港に中国民主同盟南方総支部が成立すると，海外華僑のなかに中国民主同盟の組織を広め運動を推し進めた。48年1月中国国民党革命委員会に加入し，中央常務委員，主任秘書となる。

1949年9月人民救国会の代表として中国人民政治協商会議第1期全体会議に参加。新中国成立後，中央人民政府委員，広東省人民政府副主席，広東省政協副主席，広州市副市長を歴任。同年11月中国民主同盟第1期4中全会で中央常務委員に選ばれる。また中国民主同盟南方総支部主任委員を務めた。53年12月広州で病死。

参考文献：蔣景源主編『中国民主党派人物録』(華東師範大学出版社，上海，1991年)。徐友春主編『民国人物大辞典』(河北人民出版社，石家荘，1991年)。　〔小山三郎〕

李(り)　肇甫(ちようほ)　Li Zhaofu

(1887年～1951年7月20日)

字・伯申。四川省巴県の生まれ。中国同盟会，中国国民党の指導的人物。父親は李鳳九。

幼年時代より私塾で科挙試験を目指して経学を学んでいたが，一方で西学の伝播を受け法学も学んだ。1905年日本に渡り，明治大学法科に学び，11年卒業。05年8月中国同盟会が東京で結成されるとすぐに会員となり，同会東京本部執行部書記に選任された。07年同じく東京で結成された共進会にも加入した。

1911年初め，ロシアが新疆省に，イギリスが雲南省に武力侵略を行うと，これに抗議して中国人留学生が留学生総会の提唱で大会を開き，救亡会の結成を決定した。この救亡会は，同年3月8日留日中国国民会として正式に組織されると，李肇甫は同会規約の起草員をつとめるとともに，同会の理事長に選出された。以後10月の武昌蜂起まで李肇甫は同盟会員で留学生総会の幹事長であった熊越山らとともに，留学生を代表する活動を実行した。

武昌蜂起直後に帰国した李肇甫は，1912年1月1日に成立した中華民国臨時政府総統府の秘書となり，同月28日には蜀軍政府から推薦されて臨時参議院の参議員に，3月には臨時参議院全院委員会委員長にも選任された。同年4月臨時参議院が北京に移った後も参議院議員として財政委員もつとめた。8月に結成された国民党では，本部交際部主任幹事に就任し，同年暮から翌13年にかけて行われた国会選挙では，国民党から立候補し，13年1月衆議院議員に当選した。以来，24年まで衆議院議員の資格を保持し続けた。

1923年曹錕の賄選に反対して上海に赴き，弁護士を開業。25年には善後会議会員となった。37年以後の抗日戦争期には四川省に赴き，39年には四川省臨時参議会議長に就任。40年10月張羣が四川省政府主席に就任すると，張に招かれて四川省政府委員兼秘書長をつとめたが，47年に張がその職を離れると李肇甫も辞職した。48年国民政府が憲政を実施すると，李肇甫は同年1月立法院立法委員に選出され，8月には大法官職に選任された。49年中共との闘いに敗れた国民党が四川省に戻ると李肇甫もこれに従ったが，四川省もまた中共に攻略された。51年春李肇甫は中共に逮捕され，同年獄中にて病死した。

参考文献：周開慶編『民国四川人物伝記』（台湾商務印書館，台北，1966年）。中国国民党中央委員会党史委員会編『革命人物誌』10集（台北，1972年）。学校法人明治大学編『明治大学校友会名簿』（1980年版）。小島淑男『留日学生の辛亥革命』（青木書店，1989年）。徐春友主編『民国人物大辞典』（河北人民出版社，石家荘，1991年）。

〔小島淑男〕

李　兆麟　Li Zhaolin

（1910年11月2日～1946年3月9日）

原名・李超蘭，化名・張寿籛，李烈生，孫正宗，張玉華。遼寧省遼陽県小栄官屯生まれ。中共系軍人。

農民の出である。6歳のとき祖父の勧めによって進学堂に入った後，1922年に高等小学校を卒業した。その後2年間私塾で学んだ。

1931年11月李兆麟は家を離れ，北平に出た。彼は，抗日救国会常任委員であり，地下党員であった馮基平に会い，共産主義運動に接するようになった。同年末北平団市委員会の指示に基づき，彼は遼陽一帯の義勇軍を組織するために満州に派遣された。故郷で彼は東北抗日義勇軍第24路軍に加わり，農民抗日救国会を組織するなどの活動を展開した。32年5月共産主義青年団に加入し，すぐに中国共産党員になった。

1933年8月ハルビンで満州省委員会秘書長・馮仲雲と接触し，奉天特別委員会など都市部の党組織の崩壊状況を聞いた。その後，李兆麟は満州省委員会軍事委員会で指導工作に従事することになった。満州省委の指示に基づき，省委の巡視員として北満の巴彦に赴いた。34年珠河県の遊撃隊を強化するために副隊長に任じられた。この部隊を基礎に，35年1月東北人民革命軍第3軍が編成され，軍長・趙尚志のもとに彼は第2団政治部主任に就任した。36年1月東北抗日連軍第6軍に派遣され，政治部主任代理に就いた。また，同月北満臨時省委が成立し，省委委員になり，その後，北満臨時省委の決定で東北抗日連軍北満総司令部ができたとき，総政治部主任に任じられた。北満では37年6月省委執行委員会拡大会議が開催され，趙尚志問題がおこっているなかで，日満軍の包囲を突破し，日本の統治の及ばない黒嫩平原に遊撃区を移すことが決定され，李は第3軍の政治部主任として軍政幹部の強化に努めた。

1939年4月北満臨時省委は北満省委に改称され，李兆麟は執行委員と組織部長を兼任し，同時に抗日連軍第3路軍が編成され，その総指揮に就任した。しかし，日本の討伐によって次第に活動の範囲を狭められた。また，第2次世界大戦が勃発し，ソヴィエト極東方面軍の要請もあり41年にはソヴィエト領内に部隊は移動した。42年7月抗日連軍はソヴィエト極東軍指揮下の独立歩兵第88特別旅団，別名東北抗日連軍教導旅団に改編され，李はその政治副旅団長に就任した。また満州の共産党組織は独立歩兵旅団東北党組織特別支部局に改組され，彼は常任委員に選出された。

1945年8月日本の降伏後，李兆麟はソヴィエト軍に従って88旅団幹部を率いてハルビンに進出した。彼はハルビンで抗日連軍ハルビン市辦事処を開き，その責任者として地方軍事力の建設に努力した。10月には浜江省副省長と中ソ友好協会会長に就任した。しかし，46年3月ハルビン市で活動中，暗殺された。

参考文献：中共党史人物研究会編『中共党史人物伝』11巻（陝西人民出版社，西安，1983年）。《東北抗日連軍闘争史》編集組『東北抗日連軍闘争史』（人民出版社，北京，1991年）。《東北抗日連軍史料》編集組『東北抗日連軍史料』（新華書店，北京，1987年）。軍政部軍事調査部編『満州共産匪の研究』1輯（1937年）。〔鐸木昌之〕

李　昭寿　Li Zhaoshou

（生年不詳～1882年1月）

李兆受ともいう。河南省固始県生まれ。初期捻軍の首領，清軍の武将。

貧窮の中で成長し，しばしば窃盗・暴行の容疑で監獄に繋がれた。1853年安徽霍邱の薛之元とともに捻党を結成して蜂起し，河南・安徽・湖北の省境地域で活動した。54年清朝の道員・何桂珍に投降し，安徽の太湖などで太平軍と戦ったが，清軍の統制に服さず，翌年安徽巡撫・福済は何桂珍にその処分を命じた。これに対し李昭寿は英山で何桂珍を殺害し，太平軍に投降して李秀成の部下に入り，七十二検点に任じられた。57年殿右拾文将帥に任じられ，李秀成・陳玉成の指揮下に霍邱・固始一帯で活動したが，所属部隊は各地で不法行為を働き，アヘンの吸飲も激しく，陳玉成はその処分を検討した。

1858年清朝の欽差大臣督辦安徽軍務・勝保の招きに応じて再び清軍に投じ，太平軍が占領していた天長・来安・滁州の3拠点を清軍に手渡した。さらに翌年薛之元とともに浦口を奪い，太平軍の江北大営撃破の戦果を烏有に帰せしめた。清朝は李昭寿を利用して太平軍と清朝の間で動揺する地方勢力の吸収を図り，李世忠の名を下賜するとともに参将の地位を与え，60年7月江南提督・欽差幇辦安徽軍務に抜擢した。その部隊は予勝営と称した。こうして李昭寿は江蘇・安徽省境の滁州・全椒・天長・来安・六合一帯の地方行政を左右し，釐金や塩税などの経済基盤を押さえ，地方割拠勢力を形成した。李秀成は後に「わが太平天国を破壊したのは，第1に李昭寿であり，第2に張楽行を招いた害であり，第3に広東天地会党のおこした害である」と述べた。

1862年秋，清朝は李昭寿に欽差大臣督辦江南軍務・両江総督である曾国藩の指揮下に入ることを命じた。長江流域を太平軍から奪い返した曾国藩は地方割拠勢力の削減を図り，李昭寿についてもその無規律と人民収奪を弾劾する議論が沸騰した。64年部隊の解散に追い込まれ江南提督の称号も剝奪された。しかしその後も哥老会などの会党組織とのつながりを持ち，私塩の流通やアヘン売買，賭博などを中心として長江流域に勢力を維持した。71年揚州でかねて対抗関係のあった清軍の武将・陳国瑞と武力抗争事件を起こし，故郷で地方官の監視の下に置かれる処分を受けた。81年候補知県・呉廷選との間に紛争を起こし，これが支配体制への反逆として重視され，翌年初め安徽巡撫・裕禄は清朝の処刑許可の上諭を得て，宴席で李昭寿を陥れて殺害した。

なお李昭寿の次男・李洪は哥老会との関わりが深く，1891年父の殺害の復仇を図りイギリス人メーソンから武器弾薬を密かに入手して，反キリスト教暴動に乗じて長江流域の各地で反清の挙兵を計画した。未然に発覚して逮捕された李洪は南京で服毒自殺した。

参考文献：謝興尭『太平天国史事論叢』（商務印書館，上海，1935年）。羅爾綱『太平天国史』第4冊（中華書局，北京，1991年）。渡辺惇「清末哥老会の成立―1891年長江流域起事計画の背景」，東京教育大学アジア史研究会編『近代中国農村社会史研究』（汲古書院，1973年）。　〔並木頼寿〕

李（り）　之龍（しりゅう）　Li Zhilong

（1897年～1928年2月8日）

字・在田，号・赤顕。湖北省沔陽の生まれ。国民革命軍，中国共産党の軍事指導者。

1912年秋武昌外国語専科学校に入学。13年7月孫文に従って江西湖口で袁世凱追討のための湖口蜂起に参加，その後国立武昌高等商業学校に入学した。16年秋北洋政府が山東省煙台に開いた海軍軍官学校に入学したが，21年6月学校当局が給与を着服しているとしてストライキを実施したため除籍される。また19年には五・四運動にも参加した。

1921年12月武漢で中国共産党に入党。武漢中学と河南省陳州中学で教育に携わり，また党の秘密活動にも従事する。23年2月京漢鉄道労働者の2・7大ストライキに参加し，湖北省当局から指名手配される。24年初め中共漢口地方執行委員会委員に任じられ，その後広州へ赴いてソ連人顧問ボロディンの英語通訳をつとめる。同年5月黄埔軍官学校第1期生として入学，7月国民党黄埔軍官学校特別区党部が成立すると，仏庄，厳鳳儀，陳復，蔣介石とともに第1期執行委員会委員に選出される。11月に同校を卒業し，同校政治部に残って政治部主任・周恩来の下，「血花劇社」を組織し革命の宣伝活動に従事した。25年2月蔣先雲，王一飛らとともに中国青年軍人連合会を組織，6月同会中央執行委員会常務委員に選出され，雑誌『中国軍人』と『革命軍』の編集をも指導した。帝国主義反対，封建主義反対の宣伝につとめ，国民党右派の孫文主義学会と闘争を繰り広げたといわれる。

1925年2月第1次東征に参加，同年10月広東国民政府海軍局政治部主任に任ぜられる。翌26年1月海軍局局長代理兼参謀庁長となり，海軍中将の階級を授与され，その後中山艦艦長を兼任する。3月20日中山艦事件に際しては逮捕され，転向を迫られた。同年6月釈放され，国民革命軍の北伐に参加，同軍総政治部新劇団主任として戦時宣伝活動に従事する。武漢に到着後，中央人民俱楽部（劇楽部）主任となり，革命宣伝活動に携わる。27年7月武漢から上海を経て広州へ至り，海軍社を組織して海軍における蜂起を画策したが国民党の知るところとなり，日本へ逃れる。翌28年2月6日日本から香港を経て広州へ戻ったが逮捕され，8日に広州の黄花崗で殺害された。

参考文献：鄭福林『中国革命和建設歴史時期人物辞典』(1)（吉林人民出版社，長春，1988年）。王永均『黄埔軍校三百名将伝』（広西人民出版社，南寧，1989年）。〔安田　淳〕

李（り）　燭塵（しょくじん）　Li Zhuchen

（1882年9月15日～1968年10月7日）

原名・華搢。湖南省永順県生まれ。天津の民族資本家。民主建国会の指導者。

父は旅館主。幼少時より私塾に学んで秀才に合格。1902年常徳の湘西優級師範学校に入学，湘江学会に参加して林祖涵と知り合う。09年同校理化科を卒業して長沙で教えた後に北京に赴くが，革命前夜の不穏な情勢を避け天津，上海に移る。辛亥革命後の12年日本に留学，やがて東京高等工業学校（現在の東京工業大学）に入学して電気化学を専攻した。

1918年同校卒業後は実業救国の理想に燃えて帰国し，久大製塩所（14年范旭東が塘沽に創立）の技師となる。その後范を助けて永利ソーダ製造会社設立の際に移籍し，内蒙古などでの資源探査を終えて黄海化学工業研究社の設立を范に進言した（以後この三社一体で“永久黄団体”と称さる)。ついで永利の経営管理部長，工場長，副総経理など管理職を歴任，民族資本系最大手の化学工業会社に育て上げた。この間に職員食堂，寄宿舎，病院，補習学校などの福利厚生施設を充実させ，8時間労働制を堅持して生産性向上による待遇改善に努めた。また塩田をめぐる諸軍閥との交渉に腐心し，質素な生活を送りながら事業発展に没頭した。

1937年日中戦争全面化による会社の移転に際し，総責任者として職員，家族1,000余人を率いて武漢経由重慶に到着，久大中心に軍需民用の食塩増産をはかった。そのため塩を求めて抗日戦争下の大後方各地を探査するうち，民衆生活の改善を志して社会，政治活動にも積極的に参与しはじめる。その発端が43年許滌新，沙千里らと結成した中国経済事業促進会であるが，他にも遷川工場連合会，中国工業協進会などの常務理事を務めた。

抗日戦争勝利後は工業復員協進委員会の責任者となり，1945年10月范旭東が病死すると久大総経理などの職をついで国民参政員に指名された。当時，国共両党の幹部と交流しながら「右傾左袒せず」，黄炎培らと民族資本家中心の団体である民主建国会（民建）を発起し，12月結成時に常務理事に就任した。翌46年1月の重慶政治協商会議には，実業界から無党無派人士として代表に選ばれて参加，和平民主・挙国一致の連合政府樹立を強く支持した。また農工業のバランスのとれた経済発展，民生改善を伴う国力充実を主張，農民，労働者に配慮する民族資本家の立場を代弁した。政協会議後は天津中心に復興した“永久黄団体”の発展に尽力しながら，国共対立の険悪な情況下で民族資本の保護，育成を訴えた。46年夏の国共内戦突入後も天津工業会理事長として経済調査所を設立，経済座談会や新聞記者招待会を催して和平建国を説きつづけた。

1949年1月天津解放後は共産党に協力，人民政治協商会議のメンバーに選出された。さらに中華人民共和国では天津市工商連主任委員，中央人民政府委員に選ばれ，民建の天津市分会主任委員，全国会務推進委員会常務委員を兼任した。52年永利の公私合営化に前後して中国貿易促進委員会，中華全国工商業連合会準備委員会に参与，また民建中央委員会副主任委員として民族資本の社会主義的改造を先導する役割を担った。同年末世界人民和平大会代表団（宋慶齢団長）の一員としてウィーンへ行き，帰途ソ連を視察する。54年の第1回全国人民代表大会で常務委員会委員，57年に人民政府の食品工業部部長，後に軽工業部部長を歴任。65年黄炎培死後の民建で中央主任委員を代行するが，66年自らも病に倒れて文化大革命のさなかの68年10月北京で病没。

参考文献：「政協会会員小誌」，学習知識社編『政治協商会議文彙』（広州，1946年）。張帆「李燭塵生平簡記」，中国人民政治協商会議北京市委員会文史資料委員会編『文史資料選輯』80輯（北京出版社，北京，1982年）。党政軍連合編輯委員会編『新中国党政軍人物誌』（海外図書，香港，出版年不詳）。

〔青柳純一〕

李（り）　準（じゅん）　Li Zhun

（1871年3月26日～1936年12月22日）

字・直縄。四川省隣水県生まれ。清末及び民国の軍人。

父の徴庸（字・鉄船）は広東省南海県の知県を務めた人物である。李準は子供の頃に父と共に広東に移り住み，この地の風土や人情に通暁していたと言われる。彼は初め道員に補された後，順調に昇進して総兵の地位に進み，1909年8月には広東水師提督に任じられ，巡防営の指揮官をも兼任した。

当時，広東の地では革命派の活動が活発で，李準が水師提督に任ぜられた後の1910年2月には広州で倪映典の指導による新軍の蜂起が，そして翌11年4月には黄花崗で黄興らの指導による武装蜂起が発生していた。李準はこうした企てを徹底的に弾圧する姿勢を取っており，彼は革命派の仇敵となっていた。そこで，革命派の劉師復，陳啓岳，林冠慈らの人々が，彼の暗殺のために立ち上がったのであるが，その試みはいずれも失敗に終わった。

しかし，1911年10月武昌蜂起が勃発し，各地でこれに呼応する動きが生じると，李準は清朝の命運が既に尽きたと判断するに至った。そこで李準は，革命派からの報復を恐れて，彼の幕友である謝質我と香港在住の韋宝珊という2人の人物を通じて密かに香港の同盟会員と連絡をつけ，今後は誠意をもって革命派に協力する旨を表明した。当時，同盟会の南方支部長の地位にあった胡漢民はこの知らせを聞いて大いに喜び，李準の帰順を受け入れるとともに，彼に手紙を送って生命及び財産を保障するとした。その結果11月9日に至って，李準は珠江に結集させていた艦隊に中華民国旗を掲げさせ，革命軍の隊列に加わることとなった。

広東の情勢が安定すると，陸頌，李福林を初めとする当地の民軍の指導者たちは，胡漢民，朱執信らから李準の寝返りの経過を聞かされ，旧悪を問わないことを確認していた。しかし，他の地域の軍事指導者たちの中には，かつて李準の手によって犠牲になった同志の仇を討つべく，彼の暗殺の機を窺う者も現れた。そのため，李準は革命派の中の怨恨の情を除去することの困難さを知り，胡漢民に手紙を送り悄然として香港に去ることとなった。その後の李準の動静については不明な点が多いが，1922年10月には直威将軍に任ぜられたことが確認されている。その後，天津に隠棲して当地で病死した。

参考文献：馮自由『革命逸史』4集（台湾商務印書館，台北，1969年）。章開沅『辛亥革命辞典』（武漢出版社，武漢，1991年）。　〔嵯峨隆〕

李　宗仁（り そうじん）　Li Zongren

（1891年8月13日～1969年1月30日）

字・徳鄰。広西省臨桂県生まれ。広西派の軍人・政治家。

桂林西郊の農家に父・培英の三男として生まれた。村の私塾で初等教育を受けた後，李宗仁は1908年広西陸軍小学に第3期生として入学した。この広西陸軍小学には後に李と共に広西派の首脳部を構成する白崇禧，黄紹竑，黄旭初が在席していた。このころ李宗仁は同盟会に加入した。

辛亥革命発生によって李宗仁は一時学業を中断して帰郷するが，1912年には陸軍小学が改組された陸軍速成学堂に復帰し，翌13年卒業した。しかし，直ちに軍人としての道を歩むことはなく，桂林模範小学，県立桂林中学などで体操教員を務めた。

1915年末から袁世凱の帝制に反対する護国運動が発生すると，翌16年李宗仁は護国第6軍（司令・林虎）に排長として参加し，ここに彼の地方軍人としての経歴が始まった。李は桂（広西）軍の将校として護国の役，護法の役に従軍し，広東と湖南の戦場で2回にわたって負傷した。以上のような一連の戦闘の中で李は軍人として頭角を現し，18年には営長に昇進した。

辛亥革命後に広西省の実権を掌握した陸栄廷はその強力な軍事力を背景に1916年以降広東省をもその支配下に収めた。しかし，外部勢力である広西派の支配に対して，広東の地方的勢力の反発が次第に高まり，20年末には陳炯明指揮下の粤軍が武力によって広西派を広東から排除した。さらに，翌21年には敗走する桂軍を追撃して粤軍は広西省内に入り，桂軍に大打撃を加えた。この結果，陸栄廷を中心とする広西派の支配は崩壊し，広西省内は内戦状態に陥った。

以上のような極度の政治的，軍事的混乱状態のなかで李宗仁は，一時的に陳炯明の粤軍に加わった後，独自の軍を率いて広西省の実権をめぐる権力闘争に参加していった。そして，白崇禧，黄紹竑などと結び次第に勢力を拡大し，1924年には李は定桂討賊連軍総司令に就任した（参謀長・白崇禧，副司令・黄紹竑）。この李宗仁を最高指導者とするグループは国民党との提携を強め，同年末広東軍政府によって広西綏靖督辦兼公署督辦兼広西第1軍軍長に任命され，広西省内の他の勢力を圧倒し，激しい戦闘の末25年には広西省全域を支配下に収めた。陸栄廷を中心とする旧広西派と区別するため李宗仁を中心とするこの集団は新広西派と呼ばれることがある。

広西省統一後，新広西派は国民党との交渉の末，国民党との全面的な提携に踏み切った。1926年1月李宗仁は国民党中央監察委員候補に就任し，3月広西の部隊は国民革命軍第7軍に改編された（軍長・李宗仁）。北伐が始まると同年7月国民革命軍第7軍を率いて広西省から北伐に出発した李宗仁は，武昌攻城戦の指揮をとるなど北伐戦争の過程で軍事的に非常に重要な役割を果した。

1927年の南京政府と武漢政府の対立に際して広西派は南京政府を支持する立場に立ち，唐生智指揮下の部隊を打ち破って両湖地方を支配下に収めるなど，蔣介石が国民党左派及び共産党に対して勝利を収めるのに貢献した。以上のような広西派の地位を反映して28年李宗仁は国民政府委員，軍事参議院院長，第4集団軍総司令などを兼任するに至った。ここに，新広西派は広西省一省に限らず全中国政治に大きな影響力を持つ有力な政治勢力としての地位を築いた。同時に，広西派の最高指導者である李宗仁は全国的にも有数の政治家となり，その影響力は絶頂に達した。

しかし，1929年から30年にかけての南京国民政府の実権をめぐる複雑な権力闘争の過程で広西派は蔣桂戦争を起こしたが，蔣介石の卓越した軍事力の前に敗北を喫し，その全中国に対する影響力は大きく低下した。しかし，蔣介石が実権を掌握する南京国民政府の全中国に対する支配には大きな限界が存在し，広西省にはその実効的支配が及ばなかった。このため，広西派は依然として広西省を支配し，実質的には独立的地位を維持し続けた。

1931年3月，蔣介石が胡漢民を湯山に監禁したことをきっかけに，汪兆銘，陳済棠らが反蔣介石派の国民党中央委員の参加を得て広州に非常会議を召集し，南京国民政府に対抗する国民政府を組織した。李宗仁は蔣介石の下野を求める通電を発するなどして，これに積極的に参加し，さらに同年9月広東の陳済棠と連合して湖南省南部に軍を出動させた。この直後に満州事変が発生したため，蔣介石派と反蔣介石派間で妥協が成立し，一応両派の衝突は回避された。この妥協の一環として，李宗仁は同年末国民党中央監察委員，西南政務委員会常務委員に就任し，翌32年3月軍事参議院委員に任命された。さらに，広西派の一員である黄旭初が南京国民政府によって広西省政府主席に任命された。

南京国民政府との間で一応安定的な関係を構築した広西派は，以後主に広西省の内政改革に重点を置くこととなった。李宗仁は三自政策を掲げて治安の維持，教育改革，経済開発に積極的に取り組み，大きな成果を挙げるにいたった。

南京国民政府と広西派との関係は1936年の胡漢民の死をきっかけに大きく動揺することになった。すなわち，広東省が南京国民政府の直接の支配下に組み込まれることを恐れた広西派は，広東の陳済棠と連合して抗日救国第1軍を組織し，蒋介石に挑戦する態度を示した（総司令・陳済棠，副司令・李宗仁，白崇禧）。しかし，7月初めには広東空軍が離反したのをきっかけに蜂起は軍事的にはまったくの失敗に終わった。そして，当時広西派を離れ蒋介石系の政治家として活動していた黄紹竑の仲介によって一応事態は収拾された。広西派は南京国民政府の正統性を承認することでかろうじて広西省への支配を維持し，李宗仁は広西綏靖主任兼第5路軍総司令の地位を確保した。もっとも，この両広事件での敗北によって広西派の南京国民政府への立場は大きく弱まることになったのであった。

1937年日中戦争が勃発すると広西派は全面的に抗日戦争に参加することになった。第5戦区司令長官に任命され安徽省政府主席をも兼任することになった李宗仁は，10月その指揮下の広西軍を率いて前線に赴いた。45年初めにいたる日中戦争のほぼ全期間にわたって李宗仁は第5戦区司令長官を勤め（安徽省政府主席の地位は広西派の軍人である廖磊に譲った），江蘇省徐州，後には湖北省老河口に司令部を置き第一線での戦闘指揮にあたった。特に，李は日本軍に対する輝かしい勝利として全中国に大きな反響を巻き起こした台児荘の戦いの指揮を取ったことで名高い。

日中戦争終結後，李宗仁は軍事委員会委員長北平行営主任に任命され，国民政府内での高い地位を保った。そして，国共内戦が共産党の有利に傾きつつあった1948年4月副総統に選出された。さらに，内戦における共産党の優位が決定的となった49年1月，引退を迫られた蒋介石に代わって中華民国大総統の職権を代行するに至った。李宗仁は国民政府の最高責任者として同年4月北平で共産党との会談を行うなど，事態の和平による解決を目指したが，すでに国民党の敗勢は挽回しがたく，共産党は中国全土を支配下に収めた。このため，李は10月香港へ脱出し，蔣介石の要請を断って，同年12月病気療養のためアメリカへ亡命した。

中華人民共和国成立後台湾に逃れた蔣介石に対して批判的態度を取り続けた李宗仁は，1954年1月蔣介石を批判する公開書簡を発表した。台湾の国民政府は同年5月李を副総統から解任することでこれに答えた。

アメリカ合衆国で引退生活を送っていた李宗仁は，1965年7月夫人を伴って中華人民共和国に帰国し，北京その他で周恩来を含む中国指導部の熱烈な歓迎を受けた。そして，69年1月北京で病死した。

参考文献：李宗仁口述，唐徳剛撰写『李宗仁回憶録』（広西人民出版社，南寧，1980年）。Diana Lary, *Region and Nation: The Kwangsi Clique in Chinese Republic, 1925-1937* (Cambridge University Press, Cambridge, 1974).　〔塚本元〕

連（れん）　温卿（おんけい）　Lian Wenqing

（1895年4月～1957年11月）

別名・連嘴。台湾台北市生まれ。台湾抗日運動左派リーダーの1人，労農派の山川均の影響を受けた社会民主主義者，エスペランチスト。

公学校卒業後，1913年日本人エスペランチスト児玉四郎を知り，児玉が作った日本ESP協会台湾支部に加入，その機関誌『緑陰（Verda Ombro）』の編集に当たる。この関係で同じくエスペランチストの山口小静を知り，山口が東京女子師範進学後山川均・菊栄夫妻と知り合うに及び，山口の紹介で山川均と文通しその影響を受ける。ちなみに，山口の父は，台湾神社の宮司であった。連は24年5月エスペランチスト大会出席のため東京に赴き山川宅に寄宿，山川との思想的関係はいっそう緊密なものとなった。山川は26年に小冊子『植民政策下の台湾』（プレブス出版社）を書いているが，これは連の資料提供によるものと考えられる。

これより先，1923年7月蒋渭水，謝文達，石煥長，山口小静らが社会問題研究会を結成，連もこれに参加していた。この団体は同年初め台湾に延長施行されたばかりの治安警察法により禁止されてしまったが，当時の台湾抗日運動の中心機関であった台湾文化協会の援助のもとに行われた青年運動を通じて，社会主義思潮は徐々に広まっていった。「台北青年会」「台北青年体育会」「台北青年読書会」の活動，さらに「台北無産青年」の名義で行われた陋習撤廃運動などがそれである。連温卿はこれらの青年のなかで次第に影響力を増していった。こうした都市青年層への社会主義の広まり，この間，製糖会社の原料甘蔗買収価格問題や台湾総督府退職官吏への土地払い下げに伴う土地収容問題などをきっかけに，20年代中頃から農民運動が盛り上がり，26年には全島的な台湾農民組合の結成がみられた。このような農民運動の進展や都市青年層への社会主義思潮の初歩的な伝播などの影響で，抗日運動の「総機関」となっていた文化協会に改組問題が持ち上がって路線闘争となり，27年1月開かれた臨時大会では，急進的改組案が勝ち，蔡培火ら右派は協会から脱退，連ら左派が指導権を握った。連は，同年10月開かれた新文化協会第1回全島代表大会で中央常務委員に選ばれ，農工商部主任兼台北駐在員となっている。「台湾大衆文化の普及」を綱領とした左翼指導下の文化協会は，旧に増して活発な文化啓蒙の巡回講演会を行うとともに，各地で大衆を動員した街頭行動を展開，官憲との抗争事件を引き起こした。連は，文化協会から分かれた台湾民衆党系の労働運動に対抗した「台湾機械工会連合会」を組織し，ついで全島的な「台湾総工会」結成を目指した。しかし，台湾左翼内部には早くも日本左翼における「福本イズム」の台頭による「山川イズム」の排撃の影響が，ついで28年4月上海で結成された台湾共産党の影響がおよび，さらに「上大派」（上海大学出身者グループ），「非上大派」といった人的対立も加わり，山川均に連なる連温卿排斥の動きが起こり，連は，29年11月の第3回全島代表大会で除名されてしまった。その後，連は対抗組織を作ることもなく台湾の政治舞台から去った。早くに左翼陣営から排撃されたため，その後の台湾総督府や戦後の中国国民党による共産主義者弾圧からは逃れ，晩年大著『台北市志初稿・社会志―政治運動篇』を残したが，生前は日の目を見なかった。

参考文献：張炎憲「連温卿―社会民主主義者」，張炎憲他編『台湾近代名人誌』第1冊（自立晩報社，台北，1987年）。張炎憲・翁佳音編校『台湾政治運動史（原題「台北市志初稿・社会志―政治運動篇」）』（稲郷出版社，台北，1988年）。台湾総督府警務局編『台湾総督府警察沿革誌第二編・領台以後の治安状況（中巻）台湾社会運動史』（台北，1939年）。

〔若林正文〕

連（れん）　雅堂（がどう）　Lian Yatang

（1878年2月17日～1936年6月28日）

初名・允斌，譜名・重送，のち名は横，字は天縦また武公と改名。号・雅堂，雅棠，剣花。台湾台南府生まれ。祖籍，福建省龍渓県。台湾の旧詩人，歴史家，漢学者。

台南の旧家に生まれる。家は糖業，貿易を事とした。1895年日本の台湾占領に際し，一時大陸に難を避ける。この間台湾民主国文告などの資料を集めたのが，後の『台湾通史』の貴重な資料となった。97年上海に渡りセント・ヨハネ大学でロシア語を学ぶが，いくばくもなく結婚のため帰台。

1899年『台澎日報』（のちの『台南新報』）漢文部主筆となる。この頃より詩文の創作に励む。1902年福州で郷試に応ずるが落第。05年一家と共に厦門へ渡り，『福建日日新聞』を創刊，排満を鼓吹するが，これを中国同盟会の機関紙としようとしたことが清廷の忌諱に触れ，報社は封鎖される。06年帰台，『台南新報』に戻る。南社を組織して詩文の創作につとめる。08年『台湾新聞』漢文部主筆となり，台中に移り，櫟社に参加する。この頃より『台湾通史』の編纂に志す。

1912年春辛亥革命に刺激されて大陸へ渡る。この時弁髪を切る。14年冬まで大陸各地を遊歴しつつ，華僑連合会に拠って政治に参画しようとするも果さず。13年吉林に行き，『新吉林報』，『辺声』の編集に前後して関わるが，いずれも袁世凱の忌むところとなって，発行不能となる。14年清史館名誉協修に招かれ，同館の台湾関係の資料を渉猟する。

1914年帰台，はじめ台南に，19年より台北にあって『台湾通史』の著述に本格的に取組み，20～21年に完成。隋代より淪陥までの紀伝体の史書で，いまも台湾史研究の基礎資料の1つとしての価値を失わない。23～24年には台湾文化協会の活動の一環として，台湾通史の講習を行っている。

1924年伝統文化保存のため雑誌『台湾詩薈』を創刊（25年停刊）。25年台湾史資料の台湾叢刊38種を編む。26年一家と共に杭州に移るが，北伐の混乱を避け，27年帰台，台北に雅堂書局を開く。これも伝統文化保存を目的とするものであったが，営業不振のため29年閉鎖した。

この前後より日本語の侵蝕を憂えて台湾語の研究に進み，1931年より『三六九小報』に「台湾語講座」を連載，33年『台湾語典』としてまとめられた。33年一家と共に上海に移り，36年同地で病没した。

著作には他に，詩集『大陸詩草』（1921年，12～14年の大陸での詩をまとめたもの），『寧南詩草』（26年），台湾史の資料をまとめた『台湾稗乗』（16年），『台湾詩乗』（21年），文集『剣花室文集』（31年），台湾語研究の『雅言』（31～32年『三六九小報』に連載）などがあるが，生前に刊行されたのは『大陸詩草』，『台湾通史』のみであった。他の著作はみな台湾銀行刊の台湾文献叢刊として公刊された。

なお，戦後国民党政府の高官となった連震東はその息子，連戦はその孫である。

参考文献：連横『剣花室詩集』(台湾銀行，台北，1960年)。連横『台湾通史』(台湾銀行，台北，1962年)。連横『台湾語典』(台湾銀行，台北，1963年)。連横『雅堂文集』(台湾銀行，台北，1964年)。林文月『青山青史―連雅堂伝』(近代中国出版社，台北，1977年)。鄭喜夫『民国連雅堂先生横年譜』(台湾商務印書館，台北，1980年)。

〔松永正義〕

梁　柏台　Liang Baitai

(1899年9月14日～1935年3月)

別名・越盧，月盧，字・蘇生，号・梯雲，筆名・柏台，栢台。浙江省新昌県査林村生まれ。中国共産党員。中華ソヴィエト共和国期におけるソヴィエト法体系の創出者。

稀にみる有能と温厚・誠実な人柄で知られ，1927年に結婚した妻・周月林との間に2子を得る。父・梁開銭は知見と実行力に富んだ貧農，母・胡玉蘭は従順・素朴な人格で，柏台に温和な性格を与えた。姉2人。父の工面した学資により，10歳から村の私塾，次に双渓学堂，15年から17年には新昌県の新式高等小学校，18年から20年には杭州の浙江省立第一師範予科に学ぶ。学業・スポーツにすぐれた努力家であった。高小時代に孫文支持者の教師から愛国主義を学び，リベラルな教育方針と教師陣を擁することで知られる「浙一師」で新文化運動の新思潮に触れ，新思想や時局を論じ社会改造のための「家庭革命」論に心酔し，その実践として独身主義を掲げる急進的な青年に成長した。19年五・四運動のとき杭州学生運動の先頭に立ってデモや集会を組織し，また浙一師の急進的教師の解任を求める杭州反動勢力との闘争を組織して勝利した。この過程で観念的幻想的な「家庭革命」論を脱却し，マルクス主義と社会革命への自覚的接近を開始した。フランス行きか北京行きかを模索するうち，上海の社会主義青年団が20年に開所したソ連留学準備のための外国語学社で学び，確信的マルクス主義者となって同年冬社会主義青年団に入団した。

1921年任弼時，王一飛，許之楨ら10余人とソ連留学の途につき，イルクーツクの党校を経て，22年から24年モスクワの東方大学でマルクス・レーニン主義の経済学・哲学・歴史学を学び，党務訓練を受けた。卒業後は極東の地ウラジオストク，のちハバロフスクのソヴィエト機関で働き，とくにソヴィエト司法の理論的研究と運用経験を積む一方，ソ連留学を求める中国共産主義者の世話をし，25年の父死去の際にも帰国できなかった。

1931年春，中国ソヴィエト運動の高揚の中でモスクワに帰国を許され，2子を残して妻・周月林と地下ルートで帰国し，9月瑞金入りした。31年11月から34年10月の中華ソヴィエト共和国時期には，中華ソヴィエト共和国第1，2期中央執行委員に選出され，ソヴィエト中央政府司法人民委員部を事実上指揮し，34年2月から司法人民委員となる。中華ソヴィエト共和国憲法，婚姻法，組織法，労働法ほかあらゆる中華ソヴィエト法典の制定に決定的役割を果し，また調査と証拠を重視する裁判制度の樹立に心血を注いだ。34年10月長征出発のとき，中共中央分局委員兼中華ソヴィエト共和国中央政府辦事処副主任として残留した。35年3月，遊撃戦中に重傷を負って捕えられ，入獄のうえ，殺害された。

参考文献：浙江省社会科学研究院編『浙江人物簡志』下冊(浙江人民出版社，杭州，1984年)。陳剛・袁相標・兪水平「梁柏台」，中共党史人物研究会編『中共党史人物伝』22巻(陝西人民出版社，西安，1985年)。張錫嶺「東方大学中国班及其対中国革命的作用」，『華東師範大学学報―哲社版』1988年3期。

〔蜂屋亮子〕

良弼　Liangbi

(生年不詳～1912年2月1日)

字・賚臣。四川省成都生まれ。鑲黄旗人。満州人の軍人，宗社党の中心人物。

宗室多爾袞の後裔，伊里布の孫。父親の勤務地四川省成都で生まれる。生年については1872年頃との説もあるが，確定していない。父親の死亡により湖北に移住。99年11月に来日し，成城学校に学ぶ。留日学生の親睦団体であった励志会で，呉禄貞らと交際した。1901年4月，第1師団第3連隊に入隊。同年12月，陸軍士官学校に入校，翌年11月に第2期清国留学生として歩兵科を修業した。原隊へ再入隊し，他の学生よりも長く留まり少尉待遇を受けるが，03年12月に本国で練兵処が成立し，そのために本国に呼び戻された。

1904年に練兵処軍学司監督，翌年には軍学司副長となり，06年11月の官制改革により練兵処が陸軍部に吸収合併されると陸軍部軍学司司長となった。太湖秋操中央審判官長，考試陸軍游学畢業襄校官提調官などを兼任する一方，陸軍部尚書となった鉄良らと皇族への兵権集中をはかり，袁世凱と激しく対立した。当時の北洋新軍は袁世凱系の人物によって要職を占められていたが，良弼はこれと対抗するため呉禄貞，張紹会らの留日士官を数多く推薦し，このため留日士官に多かった革命派の進出を招くことになった。

1908年11月，光緒帝と西太后の死去，宣統帝（溥儀）の即位の際に袁世凱が載灃によって失脚させられると，良弼は12月に禁衛軍を組織してその第1協統領（旅団長）となった。09年8月，陸軍部から軍諮処（参謀本部）が分立すると，軍諮処の中核ともなり，10年の欧米査察後，軍諮大臣・毓朗，載濤のもとで軍諮府（11年5月に改称）の実権を握った。

1911年10月10日，武昌蜂起が起こると革命鎮圧の計画を立案したが，第20鎮統制（師団長）張紹会らにボイコットされた。また第6鎮統制・呉禄貞を説得に赴かせたものの，呉禄貞も彼らに同調し，山西蜂起軍の閻錫山と気脈を通じた。清廷は11月4日，呉を署理山西巡撫に任命して彼らの離間をはかった。湖広総督・袁世凱はこの情勢に驚き，呉の部下を買収して7日，呉禄貞を暗殺させた。良弼もこれに関与したと言われるが，詳細は不明である。

1911年11月16日，袁世凱が内閣を組織し，政治・軍事の実権を掌握すると，12月9日，馮国璋が禁衛軍総統となり，そのため良弼は第1協統領の職から，鑲白旗漢軍副都統兼軍諮府軍諮使に転任させられ，兵権を奪われた。翌12年1月12日，親貴の秘密会議で奕劻が清帝退位を提案すると，彼は載濤，鉄良，毓朗らとこれに激しく反対し，18日の御前会議後，慶親王府に赴いて奕劻を包囲し，退位反対を訴えた。19日，「君主立憲維持会」の名義で退位反対の宣言を発表し，正式に宗社党が成立した。宗社党は袁内閣の辞職と革命軍との決戦を主張して退位阻止をはかった。26日，良弼は革命派の彭家珍によって自宅前で爆弾を投げられて左足に重傷を負い（彭は爆死），その後容態が悪化。最後の上奏文に彼の持論であった憲政の実行を遺言して2月1日，死亡すると，宗社党も瓦解。11日には，宣統帝が退位して清朝は滅亡した。

参考文献：中国人民政治協商会議全国委員会文史資料研究委員会編『辛亥革命回憶録』6・8巻（文史資料出版社，北京，1981，82年）。中国社会科学院近代史研究所中華民国史研究室編『中華民国史資料叢稿―人物伝記』23輯（中華書局，北京，1988年）。

〔小林共明〕

梁（りょう）　成富（せいふ）　Liang Chengfu

（生年不詳～1865年6月26日）

広西省鬱林州生まれ。太平天国の武将。

1851年金田の挙兵に参加し，後に英王・陳玉成の部下にあって5大隊のうちの前大隊を率いた。62年初めに啓王に封じられ，扶王・陳得才らとともに淮河を渡って河南から西北に遠征した。63年陝西の西安を攻め，漢中・城固を占領した。その年の冬，天京（南京）救援に向かったが湖北の鄖西で阻まれ，西北に戻って李永和蜂起軍の蔡昌栄らとともに陝西・甘粛一帯に転戦した。64年西安攻略を図ったが果さず，甘粛の階州を攻めて占領し，蔡昌栄はそこで昭武王と称した。部隊の増強と防備の充実を図るとともに，回民蜂起軍と呼応して四川を攻めようとした。しかし65年階州は陝西巡撫・劉蓉，四川総督・駱秉章配下の清軍に包囲され，清軍に捕えられて四川の成都で処刑された。

参考文献：羅爾綱『太平天国史』第4冊（中華書局，北京，1991年）。

〔並木頼寿〕

梁（りょう）　鼎芬（ていふん）　Liang Dingfen

（1859年7月5日～1920年1月4日）

字・星海，伯烈。号・節庵。広東省番禺県生まれ。原籍，同前。清末の「清流派」官僚，教育家，張之洞の幕客，民国初期の宣統帝溥儀の師傅，張勲復辟の支持者。

彼は幼い時に両親を失ったために，家は清貧に甘んじ，伯母の龍氏を頼り，読書に励んだという。1876年国子館監生として順天郷試に合格し，2年後，広東の大儒・陳澧の門に学んだ。さらに2年後の80年に21歳の若さで進士に合格し，庶吉士に任じられ，散館試を経て翰林院編修を授けられた。84年清仏戦争の際に北洋大臣・李鴻章の責任を厳しく弾劾して，西太后の怒りに触れ，5階級の降格処分を受け，太常寺司楽という閑職に廻された。こうした状況の下に彼は志を半ばにして辞職の決意をした。

翌1885年10月まだ弱冠26歳に過ぎなかった彼は，清流の同志・盛昱らの見送りを受けながら，故郷へ南下した。そして豊湖・端渓書院の院長を務めていたが，その後間もなく同じ清流出身の張之洞が両広総督として赴任し，広雅書院を設立したので，招かれてそこで教鞭を取り，また張之洞が両江総督に転任すると，再び招かれて鍾山書院の院長となった。さらに張之洞が湖北に転ずると，その後に従い鄭孝胥・陳衍らと共に張の幕府に参画し，新政の実施に協力した。とりわけ教育問題については，梁鼎芬が張の右腕として活躍し，湖広に学堂が林立したと言われるような成果を収めた。当時張之洞と梁鼎芬の両者の関係は親密で，張の「中学を体とし，西学を用とする」（後に『勧学編』に表明される）理念の下に，新政を実施しつつも，伝統的な儒学を復興しようとする点で協力し合っていた。「中体西用」思想は，洋務派のスローガンと誤解されているが，元来は清流派の主張から始まり，清流に批判される的となった洋務派が自己防衛上，受け売りしたにすぎない。また張之洞その人も清流から出発した人物である。変法運動の時期においても，彼は張之洞の代理として康有為らと直接接触し，上海強学会に参加もしたが，しかし，康有為らと必ずしも改革の方向が一致していたわけでなく，他の清流の同志達と共に間もなく袂を分かった。

ところで，義和団事件で光緒帝・西太后が西安に蒙塵した時，彼が地方の産物を献上することを初めて建議したと言われる。その後，端方の推薦を得て直隷州知州の官位を取得，詔により西安に赴き，御下問に答えて最年長の皇子・溥儁（端郡王の子）の廃位を答申したという。以後，彼は張之洞の推薦も得，湖北の地方官を歴任，1906年湖北按察使にまで昇格した。同年には曲阜学堂の復興を請願したりした。翌07年には満人・漢人の隔たりを解消する建議をした後，上京した際に慶親王奕劻，直隷総督・袁世凱両者が国を誤ったと弾劾し，再び叱責を受け，病気を理由に引退を願い出ざるを得なかった。

1908年西太后・光緒帝の死去に伴い，彼は北上して喪に服し，さらに09年張之洞が没すると，自ら遺体を故郷の南皮に送り届けるなどした。11年には広州大東門に梁祠図書館を建設し，図書章程を作成するなどした。同年10月武昌蜂起が勃発すると，再び上京して清朝から官位を受け，広東宣慰使として南下しようとしたが，既に広東など南方諸省は独立して途中を阻まれ，着任すら不可能であった。

民国期に入り，彼は清朝の遺臣として光緒帝の陵墓の墓守などをし，1915年に帝師・陸潤庠が死去すると，元清流の陳宝琛の推挙により新たに溥儀の師傅を務めた。17年張勲が溥儀を擁して復辟を企てると，それに協力したが，復辟失敗の衝撃に憂い悲しみ，20年1月61歳で北京で病死した。

彼はまた詩人としても有名であるが，纏まった原稿を残すことなく，散逸して失われたものが少なくない。わずかに『節庵先生遺詩』として数種あるのみという。

参考文献：荘練（蘇同炳）『中国近代史上的関鍵人物』上冊（四季出版，台北，1978年）。呉天任『梁節庵先生年譜』（芸文書館，台北，1979年）。劉紹唐主編『民国人物小伝』第4冊（伝記文学出版社，台北，1981年）。秦孝儀主編『中国現代史辞典―人物部分』（近代中国出版社，台北，1985年）。徐友春主編『民国人物大辞典』（河北人民出版社，石家荘，1991年）。

〔中井英基〕

梁（りょう）　敦彦（とんげん）　Liang Dunyan

（1857年～1924年5月10日）

字・崧生。原籍，広東省順徳県，同地生まれ。清末・民初の政治家。

香港中央書院卒業後，1872年清朝政府の第1期「幼童出洋」留学生の一員として米国に渡り，78年にエール大学に入学したが，米国が中国人労働者の移入を制限したことが原因で政府から帰国命令が出され，81年に中途帰国した。

帰国後，福州船政学堂に在学した後，天津の北洋電報学堂の英語教官となった。1884年から張之洞に招かれて両広，湖広総督署の文案職を歴任し，1904年に漢陽海関道，続いて天津海関道となった。06年2月に江西省南昌でフランス人とイギリス人の宣教師計9名が民衆に殺される事件が起きると，政府から派遣されてフランス公使との賠償交渉に当たった。

1907年5月駐米兼駐ペルー・メキシコ・キューバ欽差大臣に任ぜられるも，赴任せず，同年9月6日外務部右丞となり，一時同部右侍郎を署理（代行）した。同年エール大学から学士の学位を授与された。08年6月外務部右侍郎署理に転じ，09年1月，免職となった袁世凱の後任として外務部会辦大臣兼尚書に任ぜられた。10年3月には会辦税務大臣にも任ぜられたが，7月に病気のため両職とも免ぜられた。11年5月に慶親王奕劻を首班とする内閣が成立すると，外務部大臣に任ぜられ，10月の武昌蜂起を経て，11月に成立した袁世凱内閣においても外務部大臣に留任した。その後，ドイツ，米国へ派遣され，母校のエール大学から名誉博士の学位を贈られた。

1912年はヨーロッパに滞在し，13年12月に袁世凱が国会に代わる御用機関として召集した政治会議議員となり，14年5月に徐世昌内閣が成立すると，交通総長に任ぜられ，その後国務卿は陸徴祥，さらに再び徐世昌へと代わったものの，梁は16年4月まで同職に留まった。

梁敦彦は交通総長を務めたが，梁士詒らの交通系には与しなかった。ただ尊皇的傾向があり，1917年7月1日に張勲の復辟が起こされると，新政府から外務部尚書及び張勲らとともに内閣議政大臣に任ぜられた。7月3日，梁は日本の駐華公使・林権助を訪ねて，日本の援助と新政府の承認を求め，段祺瑞が挙兵して張勲軍を破ると，6日には林公使に張勲側と段祺瑞側の調停を依頼するなどしたが，復辟失敗後は身を隠し，政界に復帰することなく，24年5月病気のため天津で世を去った。

参考文献：劉寿林編『辛亥以後十七年職官年表』（中華書局，北京，1966年）。銭実甫編『清代職官年表』第1，4冊（中華書局，北京，1980年）。関志昌「梁敦彦」，劉紹唐主編『民国人物小伝』第4冊（伝記文学出版社，台北，1981年）。外務省編『日本外交文書（大正6年第2冊）』（1968

年）。P.S. Reinsch, *An American Diplomat in China* (Doubleday, Page & Company, New York, 1922).　〔味岡徹〕

梁　鴻志　Liang Hongzhi

（1882年～1946年11月9日）

字・仲毅，のち衆異と改める。福建省長楽県生まれ。中華民国維新政府指導者。

清朝政府の高官・梁章巨の孫。父は長崎領事代理をつとめ，梁も日本に留学。1903年挙人となる。05年京師大学堂（現在の北京大学）入学。08年卒業後山東省登萊県高膠道尹公署科長となる。09年奉天優級師範学堂で教師となり，まもなく北京に移り清朝政府学部に奉職した。

1912年辛亥革命後唐紹儀政府の国務院に勤務，『亜細亜日報』編集員を兼ねる。のち段祺瑞政府の安福俱楽部に参加し，安福派の領袖となる。北京政府法制局参事兼京師衛戍司令部秘書処長，僉事，粛政吏を経て18年参議院議員兼秘書長となる。20年9月安直戦争敗北の結果段祺瑞が辞職を宣布すると，梁鴻志に安福八禍首の1人として逮捕令が発せられ，北京日本公使館に逃亡した。24年11月段祺瑞が臨時執政となると，梁は執政府秘書長に就任。25年東方文化事業総委員会委員となった。しかし，26年3月18日8カ国の帝国主義による段祺瑞政府への最後通告に反対する北京民衆の大デモが天安門広場におこり，段政府が群衆に発砲した3・18惨案が発生した。このため段政府は崩壊，梁鴻志も段祺瑞とともに天津に逃亡した。27年6月張作霖が中華民国軍政府（安国軍政府）大元帥に就任すると，梁は安国軍政治討論会員に挙げられたが，その後は政界を退き上海に隠棲し，詩作を楽しむ生活を送り，36年段祺瑞が死亡したあと杭州に転居した。

1937年7月蘆溝橋事件発生後，12月14日王克敏が北平に臨時政府を組織。同年南京が陥落すると，日本軍特務部長・臼田寛三の策動で梁鴻志，温宗尭，陳羣がかつがれ，華中民国政府が38年初めに発足し，同年3月28日同郷の福建人ばかり集めて南京に中華民国維新政府が成立した。梁は同政府行政院長兼交通部長に就任した。38年11月には来日し，皇室・内閣を表敬訪問，中日満経済懇談会を開いて財界の有力者と交流した。39年9月華興商業銀行総裁を兼務する一方，維新政府の下部大衆組織として日本軍特務部が発動した大民会総裁に就任し，副総裁に温宗尭が任ぜられた。

1939年9月南京で臨時政府行政委員長・王克敏，維新政府行政委員長・梁鴻志と汪精衛の3巨頭会談が行われ，中央政府成立への合意が発表された。40年1月の汪・梁・王の3者と各派の要人および日本側から影佐禎昭・犬養健らが出席して青島会談を開催，かねて日本側の策定した中央政府樹立の構想を実現すべく「中央政府成立大綱」・「国民政府政綱」などを協議した。同年3月南京での中央政治会議を経て3月30日汪精衛を代理主席とする国民政府が正式に成立すると，梁鴻志は維新政府を解散し，国民政府監察院院長兼中央政治委員会委員に就任し，6月には憲政実施委員会常務委員となった。44年11月汪精衛の死去ののち，梁は国民政府立法院院長に就任した。国民政府は南京におかれていたが，梁鴻志の実際の活動拠点は上海四川北路橋頭の新亜飯店にあった。日本の敗戦直前の45年7月15日梁は重慶の蔣介石に「自首書」を提出し，新婚の夫人と2歳の娘をつれて蘇州にかくれた。しかし，維新政府時代梁の下で綏靖部長，国民政府では軍事委員会委員，海軍部部長，江蘇省長であった任援道が在任中から蔣介石と暗通していたため，日本敗戦後蔣から南京先遣軍第1路総司令に任命された任司令部の逮捕者名簿に梁は記載された。結局旧維新政府職員に密告され，45年10月20日軍統に自首して逮捕され，楚園にしばらく拘禁され，のち上海提籃橋監獄に移送される。46年6月21日江蘇高等法院で死刑を宣告され，11月9日提籃橋監獄内の刑場で銃殺刑に処せられた。

梁鴻志は詩作と書道をよくし，詩は福建十詩人の1人，書は現代中国五名家の1人といわれた。詩集には『爰居閣詩』11巻，『入獄集』，『待死集』各1巻がある。書画の蒐集家でもあり，秘蔵の宋代書画『三十三宋』は戦後自宅から何者かによって盗みだされ，今もって行方が知れないという。

参考文献：黄美真・郝盛潮主編『中華民国史事件人物録』（上海人民出版社，上海，1987年）。朱金元・陳祖恩『汪僞受審紀実』（浙江人民出版社，杭州，1988年）。『支那問題辞典』（中央公論社，1937年）。東亜問題調査会編『最新支那要人伝』（朝日新聞社，1942年）。益井康一『漢奸裁判史』（みすず書房，1977年）。　〔八巻佳子〕

梁　啓超　Liang Qichao

（1873年2月23日～1929年1月19日）

字・卓如，任甫。号・任公，飲氷室主人。別号・哀時客，滄江，中国之新民，日本名・吉田晋。広東省新会県能子郷茶坑村生まれ。原籍，同前。近代中国の啓蒙思想家，ジャーナリスト。中華民国成立後は政界に入る。

1873年教養ある地主の家庭に生まれた。祖父・梁維清は太平天国の乱当時，郷に「保良会」を組織して農民軍とともに抗戦した。また父・梁宝瑛は長期にわたって郷の行政を司った地元の有力者であった。この父と母・趙氏の間の４男２女の長子として生まれた梁啓超は，幼時より才気煥発で９歳で“神童”といわれた。難産のため生母を失った87年，広州の学海堂に入学した。学海堂は清代の著名な学者・阮元の創設した学校で，梁はここで国学の基礎を学んだ。89年16歳で挙人に合格して，翌年春北京へ赴き会試を受験したが失敗に終わった。その後も結局会試には合格しなかった。梁の広東郷試を監督した李端棻に奇才を見い出された梁は，その従妹で梁より４歳年上の李蕙仙と結婚した。

はじめて会試受験に北京に赴いた帰途，上海で『瀛寰志略』などの西洋書に触れる機会を得，広州に帰ったのち，学海堂の友人・陳千秋を介して康有為の門をたたいた。当時の康有為は２年前一介の平民の身で大胆な上書を行ったことで，青年学徒たちの敬慕の的となっていた。康は1891年広州長興里に私塾万木草堂を設立して門弟の教育にあたった。この万木草堂時代，梁啓超は陳千秋らとともに公羊学や西洋の学問を学ぶ傍ら，康有為の『新学偽経考』や『孔子改制考』などの重要な著作の編集，執筆に協力した。これらの書は廖平の影響を受けて書かれたものであるが，康はさらに儒家思想の解釈の中に西洋資本主義思想の論拠を求めたのである。同学の陳千秋は夭折したが，梁は康有為門下の傑出した弟子として，のちに師とともに近代中国の変法維新運動の主要な担い手となった。

1894年日清戦争が勃発し，敗戦後清朝政府は巨額の賠償金と領土の割譲を強いられた。ちょうどこの年，梁啓超は会試受験のために康有為とともに北京に滞在していたが，２人は全国各省から集まった挙人に呼びかけて約1,300名の署名を集め，１万字に上る上書を行った。これが有名な「公車上書」とよばれる上奏で，日本との屈辱的な講和条約拒否，西安遷都そして変法維新を内容とするものであった。この上奏文も光緒帝の許には達しなかったが，アヘン戦争以来の中国における改革思想が１つの政治改革運動の形を成したものとして注目に値するものであった。94年８月，梁は康有為の指示により変法を宣伝する時局雑誌『万国公報』を創設した（発行部数1,000部，同年12月より『中外紀聞』と改称）。また康有為が北京に設立した学校組織の政治団体「強学会」の書記に任じた。同会には清朝官僚の翁同龢や孫家鼐，張之洞らやティモシー・リチャードらの在華外国人も参集したが，西太后派の攻撃に遭い，強学会は換骨奪胎されて新たに官書局となった。この当時梁が北京で親交を結んだ志士の１人に譚嗣同があった。

翌1896年８月今度は上海で汪康年や黄遵憲らと『時務報』（旬刊）を発刊，１年余り続いたこの雑誌で梁啓超は「変法通議」などで時局を批判し，変法を鼓吹する各文を発表した。この『時務報』の日本紹介欄は古城貞吉（1866～1949年）が担当していた。『時務報』に資金援助をしていた当時の湖広総督・張之洞は，広くこの雑誌の販売を命じたが，梁の言論が当初の科挙廃止，教育振興から民権の主張に傾いてくると不満の意を示すようになった。そのため梁は97年11月上海を去って，湖南省長沙に設立された時務学堂の主任教員となった。当時の湖南は西洋の学問が盛んで，翌年の春にかけて湖南巡撫・陳宝箴の下に湖南新政の準備がととのったが，ここでも梁の時務学堂を足場とした清朝批判，民権・共和制の鼓吹が西太后派の反対を買って潰え去った。

1898年春梁啓超は病を得て上海へ去り，病気治療後北京へ入った。この時も康有為とともに会試受験生に呼びかけ，ロシアへの旅順，大連割譲反対と変法を訴える上書を行ったが，やはり上聞に達しなかった。さらに康有為を助けて「保国会」を組織した。光緒帝派の側近たちの理解を得ていた康有為は，その年の初め彼らに呼ばれて変法に関する諮問に答えていたが，５月に西太后派の実力者恭親王奕訢が亡くなると，まもなく６月11日光緒帝の政治改革の詔勅が下った。５日後，康が，そして７月３日，梁が光緒帝の謁見にあずかり，教育制度をはじめとする急激な改革が進められた。梁は大学堂訳書局の業務を命ぜられ，また日本の学校制度を模倣した大学堂規則を起草した。しかし変法の詔から３カ月余，年若い光緒帝は西太后を中心とする守旧派の勢力を抑えきれず，９月21日のクーデターにより変法の推進は百日維新に終わった。光緒帝は幽閉され，「戊戌六君子」と呼ばれた維新の志士たちは処刑されたが，難を逃れた康と梁はイギリスおよび日本の助けで別途日本に亡命した。

北京の日本公使館に逃げこみ，支那浪人・平山周に付き添われて日本の軍艦「大島」で来日した吉田晋こと梁啓超は日本で康有為と合流した。しかし清朝政府の要請によって日本政府から国外退去を命ぜられた康は，1899年３月カナダのバンクーバーへ出発した。梁は来日後まず横浜の華僑・馮鏡如らの資金援助を受けて『清議報』（旬刊）を発行して中国人の覚醒を呼びかけ，その後３年間100号まで刊行した。

改良派の領袖が亡命来日するや，当時やはり広州での蜂起に敗れて滞日中であった孫文は大陸浪人・宮崎滔天らの斡旋で改良派に合作を慫慂したが，康有為は頑として応じなかった。康の離日後梁は孫文の誘いに傾いたが，これを知らされたシンガポール滞在中の康の激しい怒りを買って，梁はただちにハワイ行きを命ぜられ，孫文との離間がはかられた。梁啓超はハワイに半年余り滞在したのち，湖南時務学堂時代の学生・唐才常の自立軍蜂起に呼応して上海に赴いたが，事前に発覚したため，この勤王計画は失敗に終わった。その後彼は南洋，オーストラリアを回って1901年初夏，１年半ぶりに日本に戻った。

翌1902年２月梁啓超は横浜で『新民叢報』（半月刊）を発刊して「新民説」などの啓蒙的な文章を発表した。彼の言論は一時激化したが，05年８月東京で中国同盟会が成立して『民報』が発刊されて以後は，共和制を掲げる革命派との間に激しい紙上論争をくりひろげた。彼は中国の人民は共和国の国民たる資格がないとして君主立憲の立場を堅持した。06年１月予備立憲制の詔勅が下り，08年11月には西太后と光緒帝が相ついで崩御した。国内の立憲運動の高潮に呼応して彼は07年夏神田で「政聞社」を組織し，さらに『国風報』を発刊した。

1911年10月10日辛亥革命が起こると，翌月梁啓超は秘かに瀋陽に赴き情勢をうかがった。南北和議が成立して戊戌の政変の仇敵・袁世凱が臨時大総統に就任すると，梁は袁に建議の手紙を送った。同盟会勢力の後退後，12年10月，梁は14年の亡命生活を終えて帰国し，12月天津で『庸言報』を創刊，翌年２月黎元洪らの共和党に入党して国民党を攻撃した。13年７月反袁第２革命後梁は熊希齢内閣の司法総長に就任したが，やがて袁世凱によって国会が形骸化されると天津に身を引いた（15年初め）。袁世凱の帝制に直面して袁への幻想を捨てた梁は同年12月蔡鍔の雲南での反袁挙兵に呼応した。翌年６月袁の憤死後は，17年６月の張勲の復辟阻止の功績によって段祺瑞内閣では財政総長に任じられたが，辞職後は再び天津に住んだ。18年暮から20年にかけての渡欧後は主として文化，教育方面の活動に尽力し，『清代学術概論』（21年）などの学術的著作を執筆する一方，北京図書館長などを歴任した。当時の五・四新文化運動の潮流に反対し，晩年の国民革命（北伐）期においても共産党を恐れた。27年６月には北伐を避けて天津に住んだが，病気のため北京協和病院に入院し，29年１月死去した。

参考文献：林志鈞編『飲氷室合集』148巻（中華書局，北京，1932年）。李華興他編『梁啓超選集』（上海人民出版社，上海，1984年）。呉沢『康有為与梁啓超』（華夏書店，上海，1948年）。丁文江『梁任公先生年譜長編初稿』上・下冊（世界書局，上海，1959年）。張朋園『梁啓超与清季革命』（中央研究院近代史研究所，台北，1964年）。孟祥才『梁啓超伝』（北京出版社，北京，1980年）。『論戊戌維新運動及康有為・梁啓超』（広東人民出版社，広州，1985年）。董方奎『梁啓超与護国戦争』（重慶出版社，重慶，1986年）。呉天任『民国梁任公先生啓超年譜』第４冊（台湾商務印書館，台北，1988年）。小野和子訳『清代学術概論』（平凡社，1974年）。小野川秀美『清末政治思想研究』（みすず書房，1960年，69年）。
〔児野道子〕

梁（りょう）　実秋（じつしゅう）　Liang Shiqiu

（1903年１月６日～1987年11月３日）

本名・梁治華，字・実秋，筆名・希臘人，秋郎，子佳，程淑など。北京生まれ。原籍，浙江省杭県。文学評論家，翻訳家，随筆家。

1915年京師公立第三小学校卒業後，14歳で外交部清華アメリカ留学予備学校（清華大学の前身）に入学。21年小説研究社を組織，後に聞一多らとこれを清華文学社に発展拡大する。22年聞一多と『冬夜草児評論集』を共著，北京清華学校文学社より出版。23年７月評論「『繁星』与『春水』」を『創造週報』に発表。このころ郁達夫や郭沫若らとの親交を深める。

1923年秋，許地山，謝冰心とアメリカに留学，コロラド大学英文科４年に入学。24年シカゴに行き，アメリカ留学中の中国人学生らと大江社を創立，『大江季刊』を発行。後，ハーバード大学とコロンビア大学でそれぞれ大学院に１年在学。

1926年帰国し南京東南大学教授となる。27年上海で『時事新報』副刊『青光』の主編となり，同時に雑誌『苦茶』を編集。文学評論集『浪漫的与古典的』，『罵人的芸術』を新月書店より出版。この年の秋より，暨南大学，復旦大学および青年党の知行学院で教授となる。またこの年結婚。28年雑誌『新月』を創刊，編集長となる。このころから梁実秋は新月社の主要な理論家として，「魯迅先生の『硬訳』を論ず」，「文学には階級性があるのか」（29年『新月』）など大量の評論を書き，アメリカ留学で学んだヒューマニズムを全面的に展開，左翼文芸運動を厳しく批判した。これに対し，魯迅らは強く反発し，両者の間に激しい論争が展開された。同年，文学評論集『文学的紀律』を新月書店より出版。

1930年聞一多とともに上海から青島に行き国立青島大学外国語学部長兼図書館長に就任。31年『キケロ文集』を翻訳，上海商務印書館より出版。32年11月天津で『益世報・文学週刊』を主編。34年北京大学英文学部教授に就任，後に同学部長。文学評論集『偏見集』を正中書局より出版。35年週刊『自由評論』を主編。36年『ベニスの商人』，『オセロ』，『デンマーク王子ハムレットの悲劇』を翻訳，上海商務印書館より出版。37年6月国民党の廬山会議に参加。『暴風雨』（シェークスピア）を翻訳，上海商務印書館より出版。38年国民参政会参政員に当選。重慶に行き，国民党教育部特約編集員兼教科用書籍編集委員会常務委員となる。後に，国民党の『中央日報』副刊『平明』の主編，中小学校教科用書籍編集組主任，さらに，国立翻訳館翻訳委員会主任兼社会部主任を歴任。このころ随筆「雅舎小品」を雑誌『星期評論』に連載。43年国立社会教育学院教授となり，西洋戯曲史を講義。45年戦争終結後北平に帰り，翌年北京師範大学英文学部教授となる。

1948年晩秋，上海を経て広州に下り中山大学教授となった後，中華人民共和国建国を目前にして，6月台湾に渡り台湾省立師範学院英語系主任，のちに台湾師範大学文学院長などの職に就く。この年，その随筆の代表作である『雅舎小品』を正中書局より出版した。この清麗朴実な随筆には，学識に裏打ちされた高級なユーモアがあり，好評を博した（60年英訳本出版）。50年国立翻訳館長。58年『談徐志摩』，63年『秋室雑文』（随筆集）を出版。66年一切の公職より退き，以後文学翻訳に専念することとなる。その後72年から2年間アメリカに暮らしたが，妻の死去に伴い帰国。75年韓菁清と再婚。87年台北で心臓病により死去。

梁実秋の業績の最高峰は，イギリス文学の研究にあり，前後40年の歳月をかけて完訳した『シェークスピア全集』40巻を1967年8月に出版，高く評価された。大陸においても，客観的な立場からの梁実秋再評価が進み，89年には散文集（4巻本）などが出版されている。

参考文献：梁実秋『梁実秋散文』全4巻（中国広播電視出版社，北京，1989年）。徐静波「梁実秋伝略」，『新文学史料』1989年1期（人民文学出版社，北京，1989年）。劉献彪編『中国現代文学手冊』（中国文聯出版公司，北京，1987年）。李立明『中国現代六百作家小伝』（波文書局，香港，1977年）。丸山昇・伊藤虎丸・新村徹編『中国現代文学事典』（東京堂出版，1985年）。　〔関根謙〕

梁（りょう）　士詒（しい）　Liang Shiyi

（1869年5月5日～1933年4月9日）

原名・士詒。字・翼夫。号・燕孫。広東省三水県生まれ。原籍，広東省三水県岡頭郷海天坊。官僚資本家，旧交通系官僚の首領。

父親・知鑑，母親・潘氏の5男4女の次男に生まれる。父親は清朝の挙人で知県に選ばれたこともあるが，晩年は地方の商業団体理事を務めたりした。幼少時は父について学問を習い，15歳の時広州馬鞍街の青雲書院で梁啓超と同学となる。1888年郷試に合格して挙人となり，94年進士に合格，翰林院庶吉士を授かり，翌年翰林院編修となる。1903年経済特科試を受け，1等第1番で合格するも，西太后に梁啓超の親族ならびに康有為の同党と誤解されて複試（第2次試験）を許されなかった。その後，唐紹儀の紹介で直隷総督・袁世凱に招聘され，天津に赴いて北洋編書局総辦に任じられ，『北洋兵書』を主編する。

1905年唐紹儀が監辦京漢・滬寧鉄路大臣を兼任すると鉄路総文案（秘書長）に任命され，後に交通系の領袖となる契機となる。07年郵伝部五路提調処提調（後，鉄路総局長と改められる）に任命される。五路とは京漢，滬寧，正太，道清，汴洛の五鉄道を指し，後に梁士詒が「五路財神」と称される由来となる。同年，郵伝部に対して官商合弁（半官半民）の交通銀行の設立を建議し，その幇理（副総経理）に就任，同銀行を通して郵伝部管轄の交通，運輸，郵便，電信関係の収入を掌握した。鉄路総局長の権限を利用して，交通・運輸系統の機関に葉恭綽，龍建章ら同郷者を中心とする自己の党派を配属し，後に交通系に発展する勢力基盤を扶植する。

辛亥革命が起こり，袁世凱が清朝最後の内閣を組織すると，郵伝部副大臣に任命され，のち同部大臣に就任。1912年3月袁世凱が臨時大総統に就任すると，袁の信頼を得て総統府秘書長に任命され，13年4月に北京で中華民国第1次国会の開幕式が行われた際に，袁世凱の代理として祝辞を述べたりするなど，袁世凱の片腕として活躍した。12年に交通銀行総経理を兼任，職権を利用して同銀行に国庫の代理権と紙幣発行権をもたせる。13年5月財政次長に任ぜられ，借款問題で内外の批判を受けて休職した周学熙財政総長の代理を務める。同年9月袁世凱の意を受けて御用政党の公民党を結成して党首となり，買収などを通して100名以上の国会議員を組織し，10月の国会で袁世凱を正式大総統に選出させた。14年税務処督辦，参政院参政に任じられ，参政院では大総統選挙法の改正を提案して，袁世凱の任期を10年，再選を妨げないとする実質的な大総統終身制を決定させた。同年，通恵実業公司を創設。ついで内国公債総理に任命されて約5,000元にのぼる民国3年内国公債，民国4年内国公債を発行し，袁世凱の帝制運動の資金を準備する。15年1月袁世凱より中卿の爵位を授かり，同年新華貯蓄銀行，塩業銀行の開設に努める。

当時，梁士詒は袁世凱政府内の広東派の首領として，また交通系官僚派閥の首領として権勢を振るった。しかし，1915年5月袁世凱政府内の対抗派閥である安徽派が五鉄路局の汚職・不正を糾弾した「五路大弾劾事件」が発生し，梁自身をはじめとして葉恭綽以下交通系の要人が停職，懲戒の処分を受け，交通系派閥は大きな打撃を被った。袁世凱の帝制運動が本格化すると，その推進役となり，袁世凱へ忠誠を示すことによって勢力の維持・挽回をはかった。9月帝制への国体変更を求める各省請願連合会を中心になって組織し，また，国民代表大会を開いて国体問題を表決するための国民代表大会組織法を参政院に提案，議決させた。しかし，16年6月に袁世凱が死去すると，帝制八大禍首の1人とて逮捕令が出され，香港へ逃れて隠遁生活を送る。この間，17年秋渋沢栄一や大倉財閥の招待を受けて3カ月間日本を訪問，政財界の要人と接触し，政治的に親日傾向を強める。

1918年2月，馮国璋代理総統により禍首令が解除されたのにともない北京の財界に復帰，同年6月交通銀行理事長に就任する。この間，親日派の曹汝霖が交通部門に新交通系といわれる派閥を形成したので，かつての交通系は旧交通系といわれるようになった。同年8月に開かれた安福国会で旧交通系が安福派に次ぐ勢力を有したことから，参議院議長に選出され，19年1月総統府直属の外交委員会委員，戦後経済調査委員会委員に任命される。20年3月には内国公債局総理に復帰し，周自斉，葉恭綽らの活躍とあいまって旧交通系は勢力を盛り返す。同年7月の安直戦争以後は奉天派の張作霖と結びつき，ワシントン会議に際して北京政府に親日派内閣の出現を望んだ日本の策動に基づき，21年12月下旬靳雲鵬内閣を倒して梁士詒内閣を組閣する。しかし，山東問題の日中直接交渉を主張したり，山東鉄道の日中合弁に同意したり，親日的傾向を示したことから国民の大反対を受け，世論を背景にした呉佩孚の攻撃により22年1月下旬辞職する。梁内閣の出現は奉天派と直隷派の対立を深め，同年4月の第1次奉直戦争へと発展する。奉天派の敗北により，直隷派に迫られた徐世昌から逮捕令を出されて日本に亡命，その後香港に戻り，24年に欧米各国を漫遊する。

1925年第2次奉直戦争後，段祺瑞執政政府に招かれて財政善後委員会委員長，憲法起草委員会主席委員，関税特別委員会委員に任命され，さらに交通銀行総理にも就任し，27年に張作霖が安国軍総司令に就任すると政治討論会会長，全国税務督辦に任じられるも，28年北京政府の崩壊と張作霖の爆死によってほぼ政治生命を絶たれ，香港生活に戻る。33年4月，上海で病死する。門人が記念に編集した鳳岡及門弟子謹編『三水梁燕孫先生年譜（上・下）』(1939年）がある。同年譜の復刻本が『民国梁燕孫先生士詒年譜』（台湾商務印書館，台北，1978年）である。

参考文献：楊大辛主編『北洋政府総統与総理』（南開大学出版社，天津，1989年)。張樸民『北洋政府国務総理列伝』（台湾商務印書館，台北，1984年)。何明主編『北洋政府総理的最後結局』（中共党史出版社，北京，2008年)。

〔笠原十九司〕

梁（りょう）　漱溟（そうめい）　Liang Shuming

（1893年10月18日～1988年6月23日）

本名・煥鼎，字・漱溟。北京市生まれ。原籍，広西省桂林。蒙古族。思想家にして教育者，郷村建設運動指導者。

梁漱溟の家は代々清朝の官吏を務め，父・巨川も進士であった。母・游氏。兄弟は，兄・凱銘と2人の妹，父は1918年自らの思想を守るために入水自殺したほどの伝統主義者であった。梁は21年親友の伍傭伯の夫人の妹と結婚し，2人の男子をもうけるが，36年夫人が死去したため，43年陳樹棻と再婚した。

梁漱溟は1908年北京の中西小学校卒業後，北京順天中学校に入学した。これらはいずれも，西洋式教育を行う近代的学校であった。梁はそこで英語教育を受け，西洋に関する基本的知識，学問を得る。梁は，中学時代最初は立憲論に傾いていたが，次第に革命派に傾き，11年の辛亥革命に際しては「京津同盟会」に加入し，熱心な革命論者となり，『社会主義粋言』を著す。しかし，その後すぐに革命の急進化に幻滅し，12年自己の内面的矛盾から2度の自殺未遂を引き起こし，世間との交渉を断った。

1916年「究元決疑論」を『東方雑誌』に発表。これが学界の注目を集め，北京大学の印度哲学の講師に任ぜられた。北京大学時代儒教に傾倒し，18年には北京大学に「孔子哲学研究会」を創設し，20年には「東西文化及其哲学」を開講。そこで梁は西洋社会と中国社会を比較し，中国を倫理本位の「階級なき社会」と規定し，中国には階級対立がなく，そのために革命が起こり得ないと述べた。梁が革命よりも建設を主張した理論的根拠はそこにあった。

1924年梁漱溟は北京大学を辞任する。その背景には，梁が五・四運動を単なる西洋化運動として批判したこと，21年に出版した『東西文化及其哲学』を胡適らに批判されたことなどがあった。その後，曹州中学に赴任，そこで彼の理想とする全人教育を実践しようとした。また梁は，国民革命に関心をもち，南下してその実態を視察したが，彼がたまたま目撃した27年12月の広東コミューンは，「赤色の恐怖」と映り，以後中国共産党の武装革命に強い嫌悪を抱くようになり，自らの「救国」の道を模索するに至った。

1928年梁漱溟は，友人の李任潮の代わりに国民政府広州政治分会建設委員会主席に任ぜられ，各地の郷村運動を視察するとともに，郷治講習所を開設する案をこの委員会に提出した。その後広州第一中学校長に赴任し，その敷地内に郷治講習所を開設，これが彼の郷村建設運動の出発点となった。29年梁仲華・彭禹庭の計画していた河南村治学院に王鴻一の紹介によって参加した。梁はここで「河南村治学院旨趣書」を作成し，中国の政治問題解決のため，郷村自治体確立の必要性を説いた。

1930年1月河南村治学院開校。梁漱溟はここで「郷村自治組織」などの学科を担当した。また，この年『村治月刊』の主筆となった。同学院は31年閉校となったが，その後すぐに山東省政府主席であった韓復榘の招聘により山東郷村建設研究院を設立した。梁はここで農業合作化と工業の発展を結び付けることを計画，その具体的方策として知識人と郷民を一体とした全村規模の「郷農学校」を設立した。

梁漱溟は，兄・凱銘が日本に留学したことがあり，また彼自身が二宮尊徳を崇敬するなど，日本に対して強い関心をもっていたが，1936年4月日本に赴き農村を視察している。この時の日本の印象について，地方格差が少なく，人々は6年間の義務教育を受け教育程度が高いと述べている。さらに合作社が各村に1社づつ発達し，生産，消費，流通各部が備わっていると日本の農村社会を高く評価した。

1937年7月の盧溝橋事件勃発後は抗日運動に従事するようになったため，郷村建設運動はこの時点で事実上停止することになった。梁漱溟は，8月国民政府の国防最高会議に出席し，38年には鄒平の学生100余人を軍事委員会戦幹団第1団に投入し，軍事委員会政治部直属第3政治大隊を組織するなど，山東省における抗日運動の組織に奔走した。また春には延安を訪れ，国内闘争の即時停止などを申し入れた。7月第1期国民参政会に出席。39年には参政員の身分で戦地を視察し，延安で毛沢東と会見し，中国社会の認識に関して論争を交した。41年左舜生・黄炎培らと中国民主政団同盟を発足させ，国民党の独裁に抵抗を始める。また同組織を香港でも結成し，9月にはその機関紙である『光明報』の主筆となった。

日中戦争終了後，梁漱溟は1946年1月重慶における政治協商会議に参加。国共内戦の激化に際しては民主同盟秘書長として内戦調停に奔走するが，和平不成立のため48年11月秘書長を辞任。49年の中華人民共和国設立にあたっては，「中共には賛成できないところも多いが，国内の諸党派を認め，武力の乱用を止めるならば，国民党の独裁主義よりは良い」として大陸に留まることを決意した。

梁漱溟は，1950年解放後の農村各地を視察。53年政治協商会議全国委員会拡大会議の席上，共産党の農村政策を批判。毛沢東は梁の発言を陰謀的で労農同盟を破壊するものと激しく批判したため，この会議において梁は「反動分子」・「反革命分子」となった。55年5月からは梁漱溟批判の一大キャンペーンが開始され，梁の思想と著作全般が批判された。その後，政治協商会議の全国委員に数度選任されるが，批判は続けられる。

1980年代に入り，梁の思想，郷村建設運動の歴史的意義などが見直されるようになり，北京大学で彼を招いてのシンポジウムが開かれるなど，中国において梁漱溟研究が盛んになるが，88年6月北京で死去した。主な著書には上述の他，『印度哲学概論』（18年），『中国民族自救運動之最後覚悟』（33年），『郷村建設大意』『郷村建設論文集』（34年），『漱溟教育文録』（35年），『郷村建設理論』（37年），『中国文化要義』（49年）などがある。

参考文献：胡応漢「梁漱溟先生年譜初稿」，『人生雑誌』1963年2～5月。朱伝誉『梁漱溟伝記資料』（天一出版社，台北，1979年）。汪東林「訪梁漱溟問答録」，『人物』1986年1月号～1987年10月号。家近亮子「梁漱溟における郷村建設運動論の成立過程」，山田辰雄編『近代中国人物研究』（慶應通信，1989年）。Guy S. Allitto, *The Last Confucian; Liang Shu-ming and the Chinese Dilemma of Modernity* (University of California Press, Berkeley, 1979).

〔家近亮子〕

梁　廷枏（りょう　ていだん）　Liang Tingnan

（1796年～1861年）

字・章冉，号・藤花亭主人。広東省順徳県倫教堡生まれ。清末の学者，劇作家。

梁廷枏の父（字・礼観，号・澹滌居士，1810年没）は学者で音律に造詣が深く金石，書画の収蔵家としても知られ，梁廷枏も幼時より書物や金石に親しみ，歴史，金石，書，戯曲など様々な分野に及ぶ学問を修め，23歳で『金石称例』4巻を刊行したのを初めとして数多くの書物を著した。

1834年副貢生。潮州澄海県訓導に任官。36年以降，広州の越華書院，粤秀書院の監院，学海堂堂長を歴任した。また，35年両広総督・盧坤の招きに応じて広東海防書局の纂修に就任し，広東一帯の海防について，詳細な海図から軍備，海防戦略，軍餉等，あらゆる事項を百科全書的にまとめた『広東海防彙編』42巻を編纂した。38年に刊行されたあとは引き続き粤海関監督・豫堃の招聘を受けて粤海関志局の総纂となり『粤海関志』30巻の編纂に当たった。『粤海関志』は38年までの粤海関の沿革，税則や禁令，通商相手国，行商などの推移を歴史書や地方志，公文書，航海記などからまとめた清朝の対外貿易を総覧した書で，アヘン戦争前夜の39年に完成した。すでに『広東海防彙編』編纂時より梁廷枏は西洋諸国の中国侵略を予見して海防の強化を主張していたが，『粤海関志』の編纂により西洋諸国並びに国際情勢についての認識を深めるなかで，西洋諸国の中国侵略が目前に迫りつつあることを実感し，防衛体制を早急に整備するよう訴えた。以後，梁廷枏は時務，海外事情に精通した学者として鄧廷楨，林則徐，祁𡎴，徐広縉らに重用され，幕下に招かれて兵備などに携わった。とりわけ林則徐は広州に赴任した当初梁廷枏が監院を務めていた越華書院に幕を設け禁煙運動展開にあたっての助言を求めたのに始まり，西洋事情や防衛，広東の民情の指南役として終始梁廷枏に厚い信頼を寄せ，梁廷枏もまた広州の知識人らに働きかけて林則徐の対外抵抗論を積極的に支持した。

林則徐ら抵抗派が更迭されイギリスの武力の前に清朝が屈すると，梁廷枏は対外知識の啓蒙に努め，イギリスの歴史や資本主義政治制度を詳述した『蘭崙偶説』4巻，アメリカの通史や地方政治にまで言及した『合省国説』3巻，『耶穌教難入中国説』不分巻，『粤道貢国説』6巻を著して西洋諸国の政治経済，文化などを紹介した。以上の4書は1846年『海国四説』として刊行された。

一方ではイギリスの侵略行為に率先反対行動を組織し抵抗の姿勢を貫いた。広東では南京条約によって正式に開港されたのちも条約に規定されていない広州城への入城，居留を強硬に要求するイギリスに対し，社学を中心とした広州士民の反対運動が1842年以降断続的に展開されていたが，49年イギリス公使ボナム（Samuel George Bonham）が両広総督・耆英と香港総督デイビス（John Francis Davis）との間で交わされた，49年にイギリス人の入城を認めるとの密約の実行を迫って大軍を率いて虎門に進軍した。その報が伝わると当時粤秀書院監院であった梁廷枏はただちに越華，羊城書院の関係者，在籍の紳士，社学などと連絡を取り合い，イギリス軍の入城阻止運動を組織した。その結果，ボナムは退却を余儀なくされイギリスの入城要求はこれによって放棄された。この反対運動のあと梁廷枏は自らの見聞と公文書類とによってアヘン戦争に至る経緯から反入城闘争終結までの詳細な記録『夷氛聞記』5巻を著した。そのなかで梁廷枏は琦善ら投降派の官僚を鋭く糾弾し林則徐ら抵抗派を賞賛するとともに，三元里の抗英闘争や反入城闘争で示された民衆の反侵略行動，郷村防衛の力を高く評価した。そのためこの書は著者名を伏せて刊行された。51年反対運動の功により内閣中書を授かり，侍読の銜を加えられた。

梁廷枏の著作は40種近くに上り，総巻数は300巻に近い。前述の書以外に若い時の作に『南漢書』18巻，『南漢攷異』18巻，『南漢文字』4巻，『南漢叢録』2巻，『南越五主伝』3巻，『南越叢録』2巻，『碑文摘奇』1巻，『蘭亭考』2巻，『論語古解』10巻，『東坡事類』22巻，『藤花亭文集』14巻，『曲話』4巻などがあり，1830年にはこれらの著作のうちから主要なものをまとめて『藤花亭十種』64巻として刊行した。その他にも『藤花亭詩集』4巻，『藤花亭曲譜』5巻，『越華紀略』4巻，『藤花亭鏡譜』8巻など多々あり，咸豊『順徳県志』の編纂にも加わっている。

参考文献：梁廷枏撰，邵循正点校『夷氛聞記』（中華書局，北京，1997年）。梁廷枏撰，駱賓善・劉路生点校『海国四説』（中華書局，北京，2006年）。陳思維『梁廷枏評伝』（人民出版社，北京，2007年）。村尾進「梁廷枏と『海国四説』—魏源と『海国図志』を意識しながら」，『中国—社会と文化』第2号，1987年。
〔白川知多〕

廖（りょう）　承志（しょうし）　Liao Chengzhi

（1908年9月25日～1983年6月10日）

別名・何柳華。東京大久保で生まれる。原籍・広東省恵陽県。中国共産党員。父・廖仲愷，母・何香凝，姉・廖夢醒，息子・廖暉。

廖承志は革命家の両親，孫文，宋慶齢の影響を受けて育った。少年時代から両親に連れられて広州，上海，日本の間を転々とした。廖承志は標準語や上海語が分からなかったため，学校教育を受けられず，父・廖仲愷の指導下で独学した。1923年3月廖承志は広州にある嶺南大学中学部に入学した。24年8月改組した国民党に入党し，25年の5・30運動をはじめ政治活動に積極的に参加した。当時，ともに革命活動に参加した同志の中には李少石（後に姉の廖夢醒と結婚）がいた。25年8月国民党左派の指導者の父・廖仲愷が暗殺され，息子と娘の安全を心配した母・何香凝は2人の子供を日本に送った。27年4月早稲田大学第一高等学院に入学し，中共指導下の社団に加入し革命活動に参加した廖承志は，数度にわたり日本の警察当局に逮捕され，28年1月「学費未納，長期欠席」の理由で早稲田から除籍処分を受け，同年当局によって中国に強制送還された。

1928年8月廖承志は上海で中共に入党し，同年11月党の派遣でドイツに赴きドイツ国際海員労働組合で働いた。32年中国に戻り，中華全国総工会宣伝部長，全国海員総工会中共党団書記を務めた。33年3月廖は国民党に逮捕されたが，母および母の親友の助けで4月に釈放された。同年8月党組織の指示を受け，羅世文とともに川陝革命根拠地に入った。廖承志は川陝省委常務委員などを経て，34年に紅4方面軍総政治部秘書長に就任したが，張国燾の政策を批判したため6月張国燾の命令によって秘密審査され，同年10月逮捕された。35年5月廖は拘束された身で紅4方面軍の長征に参加した。36年2月毛沢東と周恩来が張国燾に電報を打ち，廖の命を保全するように要請したことにより，7月部分的な自由を回復し，更に11月周恩来の助けで釈放された。

延安に到着した廖承志は党報委員会秘書としてマスコミ・宣伝工作に従事したが，日中戦争が勃発した後の1938年1月，中共中央と周恩来の指示で香港に赴き八路軍辦事処を設置し，家族および自分の社会関係を活かし，募金を中心に華僑の抗日支援活動を組織した。同月母や姉と再会し，経普椿（国民党元老・経亨頤の娘）と結婚した。41年皖南事件が起き，多くの愛国民主人士と文化人は国民党の支配地域から香港とマカオに移動した。廖承志は彼らの抗日活動を支持し組織した。

1941年12月日本軍が香港を占領すると，廖は喬冠華（文革期の外交部長），葉以群らを派遣し，愛国民主人士と文化人の安全脱出に努めた。42年1月党の指示を受け廖は粤北で中共南方工作委員会の指導工作に参加したが，5月31日国民党から逮捕され，4年間の獄中生活を送った。その間彼は蔣介石自らの説得を拒否した。45年の中共7全大会は獄中の廖承志を中央委員候補に選出した。

1946年出獄した後，中共中央南方局委員に任命され，東江縦隊の北への撤退について国民党当局と交渉した。46年9月延安に戻り，中央宣伝部副部長，新華通信社社長に就任した。47年3月国民党軍が延安を占領する直前に，毛沢東の指示を受け新華通信社を率いて晋冀魯豫解放区に入り，ラジオ放送の確保に努めた。49年3月7期2中全会で廖承志は中央委員に昇格し，4月新民主主義青年団中央書記処書記兼連絡部部長に就任した。

1949年10月新中国の成立後，廖承志は中共中央統一戦線部副部長，中共中央対外連絡部副部長，青年団中央書記処書記，全国青年連合会主席，国務院華僑事務委員会主任，政務院外事辦公室副主任などを歴任した。また，55年4月バンドン会議をはじめ多くの国際会議に参加し，中国外交の第一線で活躍した。

1952年日中間の民間交流が始まった。廖承志は終始対日本外交の責任者の1人として積極的に働いた。52年5月参議院議員・高良とみらと会談し，初めての日中民間貿易協定の締結に寄与した。54年10月新中国初の訪日代表団—中国赤十字会代表団副団長として日本を訪問した。62年11月廖は中国側の代表として，日本側代表・高碕達之助とともに「日中総合貿易に関する覚書」（LT貿易）に署名し，8月に東京に廖承志事務所を設置した。63年10月新設の中日友好協会会長にも就任した。72年廖承志は周恩来を助け，また外交部顧問として，日中国交回復交渉の全過程に参加した。78年10月中国政府代表団（団長・鄧小平）の一員として日本を訪問し，日中平和友好条約の批准書の交換儀式に出席した。82年10月早稲田大学の名誉博士号を受けた。日本には友人が多く，石橋湛山，松村謙三は早稲田大学第一高等学院時代の同窓である。

廖承志が華僑の出身であること，長期の海外生活経験，国民党の著名な指導者を父に持つことなどの要素が中共によって重視された。1958年から中共の対香港，マカオ工作の責任者となり，文革後は台湾に対する平和統一工作の中で積極的に動いた。82年7月24日に蔣経国に書簡を送り，国民党当局が平和統一交渉に応じるように呼び掛け海外で大きな反響を起こした。

文革で一時批判され，1969年の9全大会で中央委員に再選されなかったが，政治的復活が比較的早く，73年の中共10全大会から中央委員に連続当選し，82年9月の12期1中全会で政治局委員に昇格した。だが，廖承志は長い間心臓病を患い，80年アメリカで手術を受けた。83年6月第6期全人代で中共中央から国家副主席候補として推薦されたが，同月10日心臓病で急死した。

息子・廖暉は，1983年に国務院僑務辦公室副主任に，84年から2013年まで同主任，85年9月から2007年10月まで中央委員，2003年から2013年まで全国政治協商会議副主席を務めていた。

参考文献：『中国人物年鑑1989』（華芸出版社，北京，1989年）。中共党史人物研究会編『中共党史人物伝』34巻（陝西人民出版社，西安，1987年）。『廖公在人間』（生活・読

書・新知三聯書店，北京，1984年)。『廖承志的一生』(新華出版社，北京，1984年)。〔唐亮〕

廖　平 Liao Ping

(1852年3月29日～1932年6月5日)

原名・登廷。字・秀平。号・四益，四訳，五訳，六訳。四川省井研県生まれ。原籍，同前。清末民国初期の学者。

質素な家庭に生まれたが，1874年県の学校に入学し，76年廩生（給費の秀才）となった。四川の教育指導主事・張之洞に認められ，尊経書院に入学して綿竹出身の楊鋭らとともに王闓運の下で春秋公羊学を修めた。廖平は張之洞には嘱望されたが，師の王闓運にはあまり認められなかったといわれる。79年挙人となり，知県を命ぜられたが，年老いた親のために教職を選んだ。龍安府学教授となり，のち射洪，安岳さらに綏安府学，また母校の尊経学院でも教えた。

廖平ははじめ宋学を研究し，その後は今文学，古文学の研究に専念し，1883年から1902年までの20年間にその経学思想は四変したと自ら言っている。86年に『古今学攷』を著して，まず古文と今文を峻別した。次いで廖は88年からの10年間は古文は前漢の劉歆が王莽のために改ざんしたものであるとして今文を重んじた。98年以後，廖は大同を唱え，さらに1902年には人学と天学の分類を立て，その後もその学説は何度か変化した。

『今古学攷』を読んだ康有為は1890年梁啓超と共に広州で廖平に会い，これを契機としてそれまでの古文重視の立場から今文重視の立場に転じた。その後も廖の学説から多くのものを得て『新学偽経考』(91年）および『孔子改制考』(98年）を著すことになった。康自身は明記していないが，このように康有為の著書に述べられた学説は廖平の発想に由来するものが非常に多い。

戊戌の政変後，廖平は康有為の学問の父であったために，四川督学・呉郁生によって職を解かれたが，錫良が四川総督に就任するに及んで再び教師として招かれた。

廖平は1913年国学専門学校校長となり，21年からは高等師範および華西大学教授を兼任した。24年より郷里の井研に帰り住み，80歳の天寿を全うした。その著書は多数で，晩年自ら編纂した『六訳館叢書』には経学類の著作の他，医学や地理に関するものなど143の論文が収められている。

参考文献：夏敬観「廖平伝」『国史館館刊』1巻1期，1948年9月。湯志鈞『戊戌変法史論叢』(湖北人民出版社，武漢，1957年)。湯志鈞編『戊戌変法人物伝稿』上冊（中華書局，北京，1961年)。小島祐馬「六変せる廖平の学」『支那学』2巻9号，1922年。〔児野道子〕

廖　仲愷 Liao Zhongkai

(1877年4月23日～1925年8月20日)

原名・恩煦，改名・夷白，字・仲愷，筆名・屠富，淵実，無首，別名・独夫，夾白。サンフランシスコ生まれ。原籍，広東省帰善県鴨仔埗郷。客家。中国国民党左派の指導者，財政専門家。

父・竹賓と母との間の3人の子供の第2子として生まれる。異母弟・廖恩勲。兄・廖恩寿は北京政府外交官としてキューバ公使，日本代理公使を務める。父は貧しい農民の生活をすて，苦力としてサンフランシスコに渡り，苦労の末商人として産を成した。1893年に父を亡くした廖仲愷は母とともに広東省帰善にもどったが，帰国数カ月後に母をも失う。

1885年アメリカ式の小学校に入るとともに，私塾で中国語を学ぶ。親戚の援助を受けて93年から科挙試験受験準備のため郷里の梁緝暇の塾で学ぶ。しかし，変法運動の影響を受けて旧学をすて，96年には叔父の廖志崗の援助で香港の皇仁書院に入り，英語による西洋式の教育を受ける。02年日本留学，早稲田大学政治予科卒業後，中央大学経済学科に入学する。ここで学んだことは後年の財政工作の基礎となる。また，早稲田の下宿では関乾甫，蕭友梅らと同居していた。

この間，1897年10月何香凝と広州で結婚した。何香凝は香港の裕福な茶商の出身で，家財を売って廖仲愷の日本留学を助けた。何香凝自らも少しおくれて日本に渡り，日本女子大学校，東京女子師範予科，私立女子美術学校などで学んでいる。1904年長女・廖夢醒，08年長男・廖承志生まれる。

廖仲愷は幼少時アメリカで中国人排斥を経験し，太平天国，変法運動に関心をもっていたが，本格的に革命運動に関係をもったのは，1903年9月東京で孫文に会って以後のことであった。この年留日中国人学生の間で義勇軍を組織したり，04年には革命工作のため天津に赴いたりしている。05年8月中国同盟会成立時には香港にあって留学費用捻出のための活動をしていた。彼は9月に日本へもどり，何香凝と黎仲実の紹介によって同盟会に加入し，外務部幹事となる。同年には中国留日学生会会長に選ばれるとともに，天津に潜入し中国駐在フランス人参謀ブコペとの間で革命工作を行った。08～09年天津と吉林に赴き，フランス社会党員と革命活動を行う。09年留学生科挙を受験し，法政挙人に合格。その資格で吉林省へ派遣され，辺務督辦・陳昭常の下で陳を助けて満州・朝鮮国境の延吉回収のため日本との交渉に携わる。以後吉林巡撫となった陳の下で革命工作に従事し，辛亥革命を迎えることになる。この時期に林祖涵と知りあう。

この間，廖仲愷は欧米・日本の学者から社会主義思想の影響を受けた。煙山専太郎，久津見蕨村の無政府主義，W.D.P.ブリスのキリスト教社会主義，ヘンリー・ジョージの単税論などがそれである。彼は1905年11月の『民報』第1号でジョージの*Progress and Poverty*の一部を翻訳し，孫文の地権平均論の基礎として宣伝した。

1911年11月，辛亥革命によって広東都督となった胡漢民の要請により吉林から広州へもどり，軍政府財政部副部長となる。その後，13年7月の第2革命の結果8月に広州を離れるまで，廖仲愷の主要任務は広東省の逼迫する財政を改善することにあった。この間，11年12月南北議和会議の工作人員として上海へ行ったり，12年3月には同地で宋教仁の暗殺を目撃したりした。

第2革命に際し北京へ行き，国会議員の反袁世凱行動を促したが失敗し，日本へ亡命せざるをえなかった。革命運動再建のため1914年7月東京で孫文指導の下に中華革命党が組織された。廖仲愷は早くも5月に孫文への忠誠を誓い，党の成立とともに財政部副部長に就任した。党はまた成立直後に中華革命軍の組織を決定した。16年5月日本より帰国した廖仲愷は，山東省各地の中華革命軍東北軍の慰問に訪れている。9月には胡漢民らと北京を訪れ，黎元洪，段祺瑞と袁世凱亡きあとの政局運営の交渉に当たるとともに，上海にもどってからは山東討袁軍の駐屯費捻出に奔走した。

1917年8月孫文は西南軍閥の支持を得て広東軍政府を組織し，護法運動を提唱した。9月に廖仲愷は財政次長に任命され，華僑に対して革命運動への資金の供給を呼びかけた。しかし，18年5月西南軍閥の圧力によって広東軍政府が改組されるにおよび，孫文とともに上海へ退き，ここで五・四運動を迎えることになる。

廖仲愷は五・四運動を指導する立場にはなかったが，その運動の結果は彼に大きな影響を与えた。とくに政治運動のなかで果す大衆の役割に対する認識の深化は重要である。孫文のまわりに結集した人々は，この新しい政治状況に対応していくために，1919年6月と8月にそれぞれ『星期評論』と『建設』を発刊した。廖仲愷もDelos F. Wilcox，*Government by All the People*を「全民政治」として『建設』誌上に訳載した。この頃になると，廖仲愷は議会制民主主義の下での代表と人民との遊離，少数者による支配を指摘し，それに代わる直接民主主義を提唱した。この立場は孫文の民権主義に大きな影響を与えたといわれている。彼はまた，経済建設における交通建設，貨幣革命，合作社運動の重要性をも強調した。

中華革命党は五・四運動の影響を受けて1919年10月中国国民党に改組，改称した。廖仲愷は新しい組織のなかで財政部長となり，20年福建省を転戦する陳炯明軍に工作を行い，資金を供給している。陳炯明の軍事力を借りて21年5月に成立した広東政府において，廖仲愷は財政部次長，広東省財政庁長に任命された。彼の主要な任務は孫文の北伐のための資金集めであった。

廖仲愷は1922年3月から孫文の意を受けて陳炯明に北伐を促す工作を行っていたが，孫文と陳炯明の対立のなかで6月14日陳に逮捕され，62日間監禁されるという事件が発生した。廖仲愷の釈放にあたって，何香凝の尽力はいうまでもないことだが，20年の陳炯明軍に対する資金供給，陳の仲間の金章との親しい関係から陳公博が一役買っていたことも見落してはならない。

陳炯明との決別によって廖仲愷は孫文とともに国民党改組の方向に進むこととなった。廖仲愷のソ連との関係は，1918年孫文を助けてレーニンへの通信文を起草したこと，19年上海におけるソ連人との接触とロシア語学習班の組織にまでさかのぼる。22年1月には広州でコミンテルン代表マーリンと会見するとともに，22年9～11月と23年1～3月の2度にわたり日本を訪れた。とくに，23年には孫文と共同宣言を発表した直後に日本を訪れたソ連代表アドルフ・ヨッフェ一行と熱海で会談している。熱海での会談ではソ連の現状と中国革命の将来，ソ連の被圧迫民族に対する態度，ソ連の中国との協力の意図，ソ連の国民党に対する軍事援助などが話し合われ，ソ連と国民党との提携が確認された。

1923年3月三たび広東に樹立された国民党政権下で，廖仲愷は大元帥大本営財政部長（3月），広東省長（5月），統一広東財政委員（7月），大本営籌餉総局総辦（10月）に就任した。彼は，一面では依然として行財政部門の地位につきながら，他面では党改組の積極的推進者として活躍した。同年10月には改組準備の会議に出席したり，ボロディンが英文で起草した国民党組織法，党章，党綱などを翻訳したりした。同月成立した国民党臨時中央執行委員会の中心的指導者として改組を推進し，特に全党の改組のモデルとして広州市党部の改組を推進した。さらに，23年11月から12月にかけて上海党部改組にも関与した。

1924年1月に召集された国民党1全大会では孫文指名の広東省代表に選ばれ，党務審査委員会委員，国民党党章程案審査委員会委員を務めた。廖仲愷は大会において改組の必要性を強調し，特に容共政策に強い支持を与えた。1全大会の結果，廖仲愷は中央執行委員会委員，同常務委員に選出され，工人部長をも兼任した。以後彼の政治活動はいっそう広い領域に拡大していく。以上の地位以外にも同年に彼が担任していたものには，政治委員会委員，軍事委員会委員，農民部長，広東省長，中央銀行董事，広東籌餉総辦などがあった。

1924年蔣介石に代わって黄埔軍官学校準備委員会委員長に就任し，ソ連・コミンテルンの支援を得て6月には軍官学校を開校し，自らは5月に軍校党代表となった。同年10月の商団軍の反乱に対しては，革命委員会委員兼秘書として，広東軍，工団軍，農民自衛軍を動員して鎮圧することを強硬に主張した。廖仲愷はまた，25年2月と6月の2度にわたる東征に党代表として参加し，広東省から軍閥勢力を排除するにあたって指導的役割を果した。

国民党工人部長，農民部長としての廖仲愷は，自ら運動のなかに入って行き，革命運動における労農階級の重要性を認識するようになった。労農運動の激励，資金の供給，会議の主催，労働者農民の武装への支援，党と政府の権力によって反革命から労働者農民を保護することなど，その活動は多様である。しかし，廖仲愷は労農階級の組織者たることなく，工人部，農民部で働く中共の指導者に大衆の組織化の面で依存していた。理論的にも，労農階級の重要性を認識しつつ，国民革命における労働者階級の指導性を認めない点で中共と異なる。

労働者，農民を組織する中共の参加にかんして廖仲愷は容共政策の積極的推進者であった。1924年6月右派分子によって提出された中共弾劾文に対して断固反対の立場を表明した。中共との関連で廖仲愷は，ロシア革命を反帝国主義的民族主義と社会革命の2つの側面から高く評価した。その延長線上に廖仲愷の反帝国主義があった。彼は反帝国主義の一環として租界と海関の回収を主張するとともに，帝国主義と軍閥との結合をも明確に批判した。

廖仲愷は第1次東征の途中広東省棉湖で孫文死去の報に接した。しかし，孫文亡きあとも廖仲愷の連ソ，容共，労農扶助の政策には基本的変化がなかった。1925年5・30事件にひきつづいて起こった広州の沙面事件と省港ストに対し，広東各界対外協会主席，省港ストライキ委員会顧問としてこれらの運動を支援した。このような反帝国主義的大衆運動の高まりのなかで，同年7月1日広州で国民政府が成立し，廖仲愷は政府委員，軍事委員会常務委員，財政部部長，広東省財政庁長に就任した。

しかし，国民党の急進化，その指導者としての廖仲愷は右派分子の怨嗟の標的となった。そのような雰囲気のなかで，1925年8月20日広州市の中央党部の入口で暴徒によって暗殺されたのである。暗殺を教唆した人物のなかには胡漢民の従弟の胡毅生，梁鴻楷，魏邦平，朱卓文らの軍人がふくまれていた。

参考文献：広東省社会科学院歴史研究室編『廖仲愷集』増訂本（中華書局，北京，1983年）。中国国民党中央委員会党史委員会編『廖仲愷先生文集』（同党史委員会，台北，1983年）。尚明軒・余炎光編『双清文集』上巻（人民出版社，北京，1985年）。尚明軒『廖仲愷伝』（北京出版社，北京，1982年）。林玲玲『廖仲愷与広東革命政府（1911―1925）』（近代中国出版社，台北，1995年）。　〔山田辰雄〕

林（りん）　柏生（はくせい）　Lin Baisheng

（1902年～1946年10月8日）

字・石泉。広東省信宜県生まれ。中国国民党員。汪精衛政権行政院宣伝部部長。

1915年林柏生は信宜県の高州中学に入学する。高州中学卒業後，20年に広州に赴き嶺南大学に入学する。大学在学中の23年学生運動に参加し，登校を禁止される。この時高州中学から訓育主任就任の誘いをうけ，これを受ける。25年再び広州に赴き，中国国民党に入党する。7月広州に国民政府が成立し，汪精衛が国民政府常務委員会主席兼軍事委員会主席に就任すると，林は汪の秘書に任ぜられる。

1925年9月林柏生は汪精衛のすすめによりソ連に留学し，モスクワ中山大学に入学する。26年9月ソ連から広州に戻り，黄埔軍官学校の政治教官となる。27年12月汪がフランスに赴くとこれに同行し，当地で『留欧通訊』（後『欧美通訊』と改称）を創刊する。29年末汪が帰国するとこれに従い，汪の命により香港で南華通訊社を創立する。翌年2月『南華日報』を創刊し，自らは社長に就任する。32年1月になると上海に移り，『中華日報』を創刊する。同年4月には，国民政府僑務委員会常務委員に任ぜられ，33年には立法院立法委員に任ぜられる。

1937年7月の日中戦争勃発後，上海の『中華日報』が停刊となると香港に移る。香港においては『南華日報』の主筆として活躍すると同時に，中国国民党の中央党部駐港特派員及び国際問題研究所主任などの役職につく。38年には香港に国際編訳社並びに蔚蘭書店を創立する。同年12月汪精衛が重慶から昆明を経てハノイに移ると，林柏生もこれに従う。翌年８月汪が上海で独自の国民党６全大会を開催すると，林は中央執行委員及び中央宣伝部副部長に選出される。９月『中華日報』が復刊されると，再び社長に就任する。11月汪に従って日本軍代表の影佐禎昭らと青島で和平の基本方針について会談する。40年３月30日汪が南京で「国民政府」を成立させると，林は宣伝部部長に任命される。同年５月９日汪が訪日すると，林は使節団の一員としてこれに同行する。41年５月には清郷委員会委員，42年には新国民運動促進委員会秘書長などの職につく。43年１月には最高国防会議委員に就任する。

1945年になると林柏生は宣伝部部長の職を辞し，安徽省長兼蚌埠綏靖公署主任に就任する。８月15日日中戦争が終結すると，８月24日林は陳公博とともに日本に逃れる。10月13日「懲治漢奸条例」,「刑法」違反などの容疑で日本で逮捕され，中国に護送される。46年５月31日国民政府首都高級法院で漢奸罪で死刑の判決を受け，10月８日処刑される。

参考文献：朱金元・陳祖恩『汪偽受審紀実』（浙江人民出版社，杭州，1988年）。黄美真・張雲「抗日戦争時期三個漢奸政権及其主要頭目」,『人物』1984年３期。徐友春主編『民国人物大辞典』増補版（河北人民出版社，石家荘，2007年）。李盛平主編『中国近現代人名大辞典』（中国国際広播出版社，北京，1989年）。外務省情報部編『現代中華民国・満州帝国人名鑑』（東亜同文会，1937年）。

〔家近亮子〕

林（りん）　白水（はくすい）　Lin Baishui

（1874年１月17日～1926年８月６日）

名・獬，別名・万里，学・少泉，号・宣樊，別号・退室学者。白水は晩年に用いた号。福建省閩侯県の生まれ。清末の革命派，民国時期のジャーナリスト。

父の名は剣泉。林白水は幼少の頃は母から十三経と詩文を学び，14歳から母方の伯父の家の私塾で学んだ。彼は古文を好み，著作に秀でていたが，科挙の道に進むことはなく，塾の教師・高嘯桐らの影響で革新的考えを抱くようになった。

林白水は，20歳になると福建を離れて杭州に移り，1898年には杭州知府の林迪臣が創設した蚕桑学堂の教員となった。1901年には求是書院の総教席となり，同年６月には『杭州白話報』の主筆となった。彼はその紙面において，平易な文章で民族主義を鼓吹し，学校および新聞社の創設を提唱した。02年４月蔡元培・蔣観雲らと共に上海で中国教育会を創設し，教科書の編纂と教育改革を提唱した。同年11月には蔡元培・呉稚暉らと共に愛国学社を組織して，南京陸師学堂および南洋公学の退学生を収容した。

1903年初め林白水は日本に渡った。同年４月留日学生がロシアの東北侵略に抗議すべく拒俄義勇隊を結成すると，彼もこれに加わり丙区隊第２分隊隊長となった。間もなく義勇隊が解散に追い込まれ，代わって軍国民教育会が組織されると林白水もこれに加わった。この後帰国して，同年11月に華興会が結成されると彼も会員となった。12月には蔡元培・劉師培らと『俄事警聞』（翌年『警鐘日報』と改題）を創刊し，ロシアの東北侵略に反対し，ニヒリズムを主張した。同月革命を主旨とする『中国白話報』を創刊し，林は白話道人の筆名で「論刺客的教育」などの文章を発表した。同紙は当時の白話新聞の中で最大の影響力を持っていたと言われる。04年11月上海で万福華による王之春暗殺未遂事件が発生すると，林は劉師培・蔡元培らと共に万の救援活動を行った。しかし，彼はこれが原因で政府によって要注意人物と目されることとなり，間もなく再び日本に渡って早稲田大学に入学した。05年８月中国同盟会が結成されると林もこれに加入した。しかし同年12月日本文部省が清国人留学生取締規則を公布すると，彼も抗議のために帰国した。帰国後は上海で著作と翻訳で生計を立てた。

1911年武昌蜂起が勃発し，11月９日に福建省が独立し軍政府が樹立されると，林白水は福建に戻って都督府政務院法制局局長に任ぜられる一方，共和党福建支部長となった。13年２月の国会議員選挙では衆議院議員に選出された。北京到着後，袁世凱から総統府秘書兼直隷省督軍署秘書に任ぜられた。14年１月袁によって国会が解散に追い込まれると，林は福建に戻り軍務幇辦に任じられたが，間もなく辞して再び北京に赴いた。15年袁世凱が帝制復活に乗り出すと，友人である劉師培らの影響からこれに賛同するところとなり，10月には参政院参政に任ぜられた。翌16年帝制が取り消され国会が復活したが，林は議員の職を辞し，新聞出版の事業に専念することとなり，９月に北京で王志澂・黄秋岳らと『公言報』を創刊し，19年２月上海で南北和平会議が開催されると『平和日刊』を創刊した。

1921年春林白水は財政総長・周自斉の支持のもとに，胡政之と共に北京で『新社会報』を創刊した。しかし翌年２月，呉佩孚の腐敗を暴きたてたため，政府から３カ月間の出版禁止の処分を受け，５月に至って『社会日報』と名を改めて復刊した。23年10月の曹錕賄選の際には，同紙は収賄議員を批判したため３カ月間出版禁止に追い込まれた。26年４月馮玉祥の国民軍が奉魯軍閥の攻撃を受けて北京を撤退すると，林は国民軍に同情的な立場を示し，８月５日の『社会日報』紙上に「官僚之運気」と題する論説を発表し，財政総長の潘復と張宗昌を痛烈に批判した。翌６日林白水は記事に激怒した張が放った刺客によって北京の天橋で射殺された。著作は劉師培との共著である『中国民約精義』をはじめ『生春紅室金石述記』など多数あり，死後に『林白水先生遺集』が出版された。

参考文献：関国煊「林白水」，『伝記文学』32巻３期，1978年。中国社会科学院近代史研究所主編『民国人物伝』３（中華書局，北京，1981年）。〔嵯峨隆〕

林　葆懌（りん　ほえき）　Lin Baoyi

（1863年～1930年）

字・悦卿。福建省侯官県生まれ。清朝および民国初期の海軍軍人。

福州船政学堂を卒業した後，英国に渡り，海軍で学ぶ。帰国後北洋艦隊の管帯を務める。1910年に駐英造艦監督を務め，軍艦肇和号建造の監督任務を担当する。12年９月に北京政府海軍部参事，13年８月には第１艦隊司令を務める。

1916年６月25日，林葆懌は駐滬海軍総司令李鼎新及び練習艦隊司令・曾兆麟とともに海軍の独立を宣言して段祺瑞政権に中華民国臨時約法と国会の回復を迫る。17年７月北京政府海軍総長・程壁光とともに護法宣言を行うと同時に，第１艦隊を率いて広州まで南下する。同年９月，護法軍政府海軍総司令に就任する。18年２月程壁光が刺殺された後，その職を継いで海軍総長に就任する。５月護法軍政府政務７総裁の中の１人になり，海軍部部長，海軍司令を務める。同年11月，護法軍政府によって福建省督軍に任命される。

1920年８月粤桂戦争が勃発した時，林葆懌は海軍を使って桂系側に加勢する。しかし10月に桂系軍閥は敗北し，林は海軍を率いて北京政府に投降しようとしたが成功しなかった。22年７月29日，北京政府により将軍府葆威将軍に任命される。1930年に病没。

参考文献：徐友春主編『民国人物大辞典』（河北人民出版社，石家荘，1991年）。李盛平主編『中国近現代人名大辞典』（中国国際広播出版社，北京，1989年）。郭卿友主編『中華民国時期軍政職官誌』上巻（甘粛人民出版社，蘭州，1990年）。〔松田康博〕

林　彪（りん　びょう）　Lin Biao

（1907年12月5日～1971年9月13日）

原名・毓容。別名・育容。湖北省黄崗県出身。人民解放軍軍人，元帥。

父・林明清，母・陳。父が雑貨屋店員や長江の汽船会計係などで生計を立てていた貧しい家庭で，６人兄弟の２番目に生まれた。革命運動を行っていた林育英，林育南の２人の叔父の影響を受けて，中学時代『新青年』を読んだ。５・30事件（1925年）で学生のストライキを指導，10月黄埔軍官学校入学（第４期生），共産主義青年団に入団。26年北伐戦争に参加，第４軍独立団（司令員・葉挺）排長。27年中共入党，南昌蜂起に参加，葉挺部隊連長。同年冬朱徳に従い12月宜章で農民蜂起。28年同部隊は労農紅軍第１師に改編，第１団第２連長。５月井崗山で毛沢東と合流，労農紅軍第４軍（軍長・朱徳，党代表・毛沢東）成立。29年第４軍第１縦隊隊長。30年６月第１方面軍（朱徳，毛沢東）第１軍団第４軍軍長（政治委員・羅栄桓）。32年７月第１方面軍第１軍団総指揮（政治委員・聶栄臻）。

1934年第１軍団軍団長として長征に参加。第１方面軍と４方面軍の会師後第１方面軍（司令員・彭徳懐，政治委員・毛沢東）右路軍軍長（政治委員・聶栄臻）。36年６月中国抗日紅軍大学設立，校長に就任。37年春中国抗日紅軍大学は延安に移り中国人民抗日軍政大学と改名，校長兼政治委員（副校長・劉伯承）。学生の劉錫銘と結婚。

1937年８月八路軍への改編により国民革命軍115師長，山西に出撃。９月山海関の戦闘で日本軍板垣師団を撃破。その後山西南部に転進，晋察冀辺区遊撃基地を設立。38年３月夜間行軍中，山西軍（閻錫山）と出会い誤って相互に戦闘し負傷。38～43年モスクワで治療。帰国後延安の中共中央学校（校長・毛沢東）副校長。学生の葉群と結婚。45年４月中共７全大会で中央委員。

日本降伏後東北に進撃，東北民主連軍司令員兼政治委員，1946年中共中央東北局書記，東北軍政大学校長。47年四平街を解放。48年春長春を解放。９～11月遼瀋戦役を指導して瀋陽を解放。11月東北民主連軍を東北野戦軍と改称，司令員（政治委員・羅栄桓）。山海関を越えて関内に進出。48年11月～49年１月平津戦役を指導，北平を解放。東北野戦軍は第４野戦軍と改称，司令員（政治委員・羅栄桓）。４月長江を渡河，平漢線沿いに南下，５月武漢を解放，華中軍区司令員，中共華中局書記。７月長沙解放。

1949年９月全国政協第１期全国委員会委員，同常務委員，中央人民政府委員会委員，中央人民革命軍事委員会委員。10月広州を解放後雷州半島まで進撃。50年中南軍政委員会成立，主席に就任。10月毛沢東より中国人民志願軍司令員に任命され，拒否。51年中央人民政府委員会第13回会議で中央人民軍事革命委員会副主席，国家計画委員会委員。53年1月中南軍政委員会は中南行政委員会と改称，主席に就任。

1954年9月1期全人代中南軍区代表，国防委員会副主席，国務院副総理。55年4月中共7期5中全会で中央政治局委員。9月一級八一勲章，一級独立自由勲章，一級解放勲章授与，元帥。58年5月中共8期5中全会で中央委員会副主席。5～7月の中共中央軍事委員会拡大会議で彭徳懐の近代化・正規化軍事路線を批判し，人民戦争路線への回帰を主張する毛沢東を支持。59年8月中共中央軍事委員会拡大会議で①軍事クラブを作って軍隊をのっとろうとした，②外国（ソ連）と内通したとの理由で彭徳懐を糾弾。

1959年9月解任された彭徳懐を継いで国防部長，中共中央軍事委員会副主席。10月建国10周年記念論文「党の総路線と毛沢東軍事思想の赤旗を高く掲げて勇往邁進しよう」（『紅旗』19期）で，彭徳懐の近代化・正規化軍事路線を批判，毛沢東の革命化軍事路線を展開。60年4月全国民兵代表会議で帝国主義の核戦争に人民戦争で対処することを強調。9～10月中共中央軍事委員会拡大会議で「軍隊政治思想工作強化に関する決議」を採択，「4つの第一」（人の要素第一，政治工作第一，思想工作第一，思想の活用第一）の堅持を強調して唯武器論を批判，「毛主席の書物を読み，毛主席の語を聞き，毛主席の指示に基づいてことを処理し，毛主席の良い戦士となる」ことを呼び掛け，四好中隊（政治思想が良い，三八作風が良い，軍事訓練が良い，生活管理が良い）の建設・五好戦士（四好に身体の鍛練が良い）の創出などを提起。同年『毛沢東選集』第4巻出版で論文「中国人民の革命戦争の勝利は毛沢東思想の勝利である」（『紅旗』19期）を発表。61年10月毛沢東のヴェトナム共産党主席ホー・チ・ミンとの会談に同席。

1961年10～11月，63年2月，63年12月～64年1月，65年12月～66年1月全軍政治工作会議を開催して，毛沢東軍事路線を具体化。63年2月雷鋒に学ぶ運動を指示。3月「中国人民解放軍政治工作条例」を公布。5月国防部は南京路上好八連を四好中隊の模範として表彰。63年末～64年解放軍に学ぶ運動を展開，党・政府各級機関に解放軍の党委員会内部に政治部を設置，解放軍幹部の下放。64年5月総政治部『毛主席語録』を出版。65年5月階級制度を廃止。9月論文「人民戦争の勝利万歳」でソ連を中心に社会主義陣営が団結して米帝国主義と戦いヴェトナムを支援すべきことを説いた羅瑞卿を批判，国土を焦土と化しても米国を引き入れて戦う戦略を提起。

1966年2月毛沢東夫人・江青に対し部隊の文芸活動に関する座談会の開催を委託。3月同座談会紀要の実行を部隊に指示，軍内のブルジョア的思想との闘争を強調。5月毛沢東は林彪に人民解放軍は学校であるべきことを指示（5・7指示）。文化大革命開始。66年8月中共8期11中全会で唯1人副主席に選出され，毛沢東の後継者の地位を獲得。8月18日毛沢東に随行して文化大革命慶祝大会に出席，毛沢東に代わって演説。67年8月呉法憲（空軍司令員），葉群（夫人），邱会作（総後勤部長），張秀川ら第4野戦軍系統の軍人から構成される辦事組を中共中央軍事委員会に設立，その後黄永勝（総参謀長），李作鵬（海軍第1政治委員），謝富治（公安部長）らが参加，林彪軍事指導体制が成立。

1969年4月中共9全大会で政治報告，同大会採択の新党規約は林彪を「毛主席の親密な戦友でその後継者」と規定，中央政治局委員に李作鵬，呉法憲，邱会作，黄永勝を選出。3月の珍宝島および8月の新疆でソ連軍との武力衝突でソ連軍の近代戦力を経験，人民戦争戦略の限界と中国軍の近代化の緊急性を認識。6月中共中央軍事委員会辦事組座談会で膨大な国防建設計画を立案，経済建設重視の周恩来と対立。72年2月の米国大統領ニクソンの中国訪問に具体化する米中接近にソ連を刺激するとの理由で反対，毛沢東・周恩来と対立。

1970年3月中共中央工作会議で新憲法に国家主席を置かないとの毛沢東の意見に対し，4月国家主席設置の意見を提出，毛沢東に拒否された。8月中共8期11中全会で陳伯達とともに「天才論」を提起し，毛沢東を天才として祭り上げ，自ら国家主席に就き軍隊の統帥権を握ろうとして毛沢東から野心家と批判され，長男の林立果に武装クーデターを計画させ（五七一工程紀要），毛沢東の暗殺を企てたが失敗，ソ連に逃亡を企て71年9月13日モンゴルのオンドルハン付近で航空事故により夫人の葉群，長男の林立果とともに死亡。これを林彪事件といい，73年8月中共10全大会で周恩来により初めて公表された。80年11月から81年1月の林彪・四人組裁判で事件の詳細が公表された。

最初の夫人との間に林小琳（女），葉群との間には，林立衡（豆豆）（女）と林立果（男）の2人の子供がいる。林小琳は，ハルビン工学院在学中に紅衛兵活動で，1966年西北砂漠にある国防科学研究所に隔離された。林立果（45年生まれ）は北京大学で物理学科に在籍中の66年10月空軍司令部辦公室副主任兼作戦部副部長，71年3月武装クーデター「571工程」を計画した。林立衡（44年生まれ）は北京大学文学部卒業，空軍新聞社副編集長，71年9月12日武装クーデターに失敗して逃走する両親，弟を密告した。

参考文献：黄震遐編『中共軍人誌』（当代歴史研究所，香港，1968年）。中国問題研究中心編『林彪専輯』（自聯出版社，香港，1970年）。袁悦編『林彪事件原始文件彙編』（中国大陸問題研究所，台北，1973年）。武内香里・森沢幸『中国の政治と林彪事件』（日中出版，1975年）。軍事科学院軍事歴史研究部編『中国人民解放軍戦史』全3巻（軍事科学出版社，北京，1987年）。張雲生『毛家湾紀実―林彪秘書回憶録』（春秋出版社，北京，1988年）。林青山『林彪伝』（知識出版社，北京，1988年）。于弓編『林彪事件真相』（中国広播電視出版社，北京，1988年）。何力編『林彪家族紀事』（光明日報出版社，北京，1989年）。〔平松茂雄〕

林（りん）　伯渠（はくきょ）　Lin Boqu

（1986年3月20日～1960年5月29日）

原名・祖涵，改名・伯渠，字・邃園。湖南省臨豊県生まれ。中国革命初期以来の指導者。中国同盟会員，共産党員，財政・経済の権威者。

父の林鴻権は清朝官吏，母・李氏。兄弟4人。10歳頃から私塾に通い，16歳の時湖南西路師範学校の試験に合格，2年半在学する。1904年師範学堂より日本へ留学し，東京弘文学校に入る。在日中，宋教仁，黄興，孫文らと知り合い，清朝支配の打倒，共和国の樹立を主張するようになり，翌05年孫文の創設した中国同盟会に参加，民主革命に身を投ずる。同年11月，日本政府発布の留学生取締規則に反対の抗議行動を起こし，帰国を余儀なくされる。一旦，長沙に戻るが07年，同盟会により東北に派遣され，吉林省勧学総所の所長として活動，同時に師範伝習所，四関小学校で教鞭をとる。さらに社会の底辺にいる憂国の士達と接触し，反清蜂起を準備する。10年，友人の紹介により，教師であった伍崇賢と結婚。11年黄花崗蜂起失敗の後，湖南に戻り当地の新軍を動かし最初に武昌蜂起に呼応して辛亥革命に参加した。

1913年，宋教仁が暗殺されて後湖南で孫文指導下の第2革命に参加，失敗後日本に亡命する。中央大学で一時期勉学した後，再び孫文の指導する中華革命党に参加。この時日本に留学していた李大釗と出会うが，それは林伯渠のその後の革命活動を大きく左右するものとなった。14年，帰国した林は18年に至るまで湖南護国軍総司令部参議，省公署秘書兼総務科長，政務庁長，湖南省財政庁庁長などの職を歴任し，護国・護法の役に参加した。

1918年，李大釗からの手紙，刊行物によってロシア十月革命の事情を知り，20年彼を通じて陳独秀と会見し，上海共産主義小組の活動に参加する。またこの時期広州にて孫文の軍政府の参議も務め，『革新評論』を創刊している。21年，李・陳の紹介により中国共産党に入党することになるが，これにより民主主義者から共産主義者となった。中共1全大会以前のもっとも早い入党者の1人である。22年，国共合作の機運が高まるなか，孫文，李大釗との特殊な関係から国民党中央総務部長に任ぜられ，国共合作，「連ソ・連共・労農扶助」政策，国民党改組などの重大な政策転換に，彼は重要な役割を果す。24年1月，国民党1全大会では湖南省代表として出席し，国民党中央執行委員会候補委員に当選，6月には農民部長，監察委員を兼任した。26年1月，国民党2全大会で中央執行委員会委員に当選，その後，農民部長などにくわえて中央政治委員会候補委員，軍事委員会秘書長となる。しかし，26年3月の「中山艦事件」以後，中央党部秘書，農民部長などを辞任。ただし，北伐戦争では国民革命軍第6軍副党代表兼政治部主任に任じられ，国共合作・国民革命に大いなる貢献をなす。

1927年の蔣介石クーデター，汪精衛の離反による第1次国共合作解消後，8・1南昌蜂起に参加，革命委員会委員兼革命委員会財務委員会主席として軍を指導した。蜂起に失敗の後，賀龍，劉伯承らとともに香港，ついで日本に逃れる。28年ソ連に入り，呉玉章，瞿秋白らとモスクワ中山大学で字ぶ。この頃呉や瞿とともに中国農民問題，文字革命問題に関する共同研究を行い論文を発表。30年に卒業，32年上半期までハバロフスクの極東労働者レーニン主義学校，ウラジオストクの華僑労働学校で教鞭をとり，下半期に帰国する。

1933年3月，江西の中央根拠地に入り，中華ソヴィエト政府国民経済部部長兼財政部部長を歴任。34年1月，第2回全国労農兵代表大会で彼は中華ソヴィエト共和国中央執行委員会委員に当選，「経済建設に関する報告」を行う。34年10月，没収調達委員会主任兼総供給部部長として長征に参加。陝西北部に到着後，西北辦事処主席兼財政部部長に就く。36年，西安事件勃発後，林伯渠は西安に赴き紅軍西安駐在連絡処総代表として統一戦線工作に従事。37年7月，周恩来，秦邦憲とともに廬山にて蔣介石と談判し，第2次国共合作の実現を促す。抗日戦争期には，第1～4期国民参政会参政員の中共側代表7名中の1人として参加，44年9月，国民参政会の席上で中共を代表し一党独裁廃止，連合政府樹立を力説する。また，37～48年，陝甘寧辺区政府主席として同辺区の政権建設，経済建設を指導し，政府活動報告など数々の重要講話を行う。

1945年4月の中共7全大会では，林伯渠は大会主席団の1人となり，かつ中央委員，中央政治局委員に選出された。また同年秋の国共和平のための重慶会談には，中共代表として出席した。国共内戦が始まり，47年国民党胡宗南軍による延安占領後，林は党中央・毛沢東とともに陝西北部にとどまり，辺区の人民を動員し国民党軍を迎えて遊撃戦争を指導した。48年延安回復後は再び生産の回復・発展，組織の立て直しに尽力する。49年，周恩来，葉剣英らとともに中共代表団を組織し，国民党政府との和平談判を進め，交渉決裂後は新政治協商会議常務委員として人民共和国政府樹立の準備工作を行う。

新中国成立以降，中央人民政府委員兼秘書長に任じられ，1951年11月の中ソ友好同盟相互援助条約締結に際しては会議メンバーとして参加。第1期（54年8月），第2期（59年3月）全人代の湖南代表で，いずれも同大会常務委員会副委員長に選出される。中共8全大会（56年9月）では，中央委員および中央政治局委員に当選，59年中ソ友好協会副会長に再選，同年全人代代表団団長としてモンゴルを友好訪問。60年5月心臓病のため北京で死去。

参考文献：王永均・劉建皋編『中国現代史人物伝』（四川人民出版社，成都，1986年）。宋春・朱建華主編『中国政党辞典』（吉林文史出版社，長春，1988年）。「陝甘寧辺区三年来的工作概況―林伯渠主席対第二期参議会的報告」，『解放日報』1941年11月23～26日。*Who's Who in Communist China* (Union Research Institute, Hong Kong，1966).

〔天児慧〕

林（りん）　長民（ちょうみん）　Lin Changmin

（1876年9月3日～1925年12月24日）

幼名・則沢，学・宗孟，苣荃子。桂林一枝室主，双栝廬主人とも号した。原籍，福建省閩侯県。民国初期の政治家。

父親の林孝恂は清朝の進士で，浙江省の金華・孝豊・仁和・石門などの州県で下級官吏を務めた。孝恂は欧米の思想的影響を受けた当時の進歩分子で，杭州に家塾を設けた時，林紓（琴南）を教師に招いた。林紓は民国時代には新文化運動に反対した保守的人物として有名であるが，清末には欧米の小説を中国に翻訳・紹介した欧米通である。林長民は林紓について学び，1897年科挙を受け，秀才となった。

まもなく科挙の道を放棄，カナダ人から英語を，日本人・嵯峨から日本語を学んだ。1901年林紓らと月刊雑誌『訳林』を創刊，12号まで刊行した。同年日本に留学したがまもなく帰国，杭州の東文学校で日本語を学び，卒業後再来日し，早稲田大学に入学，政治・経済・法律を学んだ。中野正剛，風見章は学友であり，また，犬養毅，尾崎行雄らにも面識を得た。在日期間中は留日福建同郷会会長を務め，張謇，岑春煊，湯化龍，孫洪伊，宋教仁，楊度とも交流があった。

1909年帰国して福建官立法政学堂教務長となり，福建省諮議局書記長を兼任，各省諮議局連合の国会開設請願運動にも参加した。11年辛亥革命勃発時には上海の『申報』に勤務していたが，革命政権を支持し，福建省代表となり，臨時約法制定にも参加した。12年1月南京に中華民国臨時政府が成立すると内務部参事，臨時参議院秘書長を歴任，この間，2月には張謇・程徳全らと統一党を結成した。

1913年の総選挙には蒙古三音諾顔部選出の衆議院議員に当選，衆議院秘書長兼憲法起草委員となった。この間，統一党・共和党が合併して進歩党が結成されるとその政務部長となった。その後，袁世凱のもとで政治堂参議，参政院代理秘書長，国務院参議，法制局長などを歴任，17年7月段祺瑞内閣の司法総長に就任，11月に辞職，18年段が総統府内に設立した外交委員会事務主任となった。

1919年ヴェルサイユ講和会議に呼応して国際連盟設立を促進する国連同志会を組織し，その理事となった。同年，ヴェルサイユ会議が山東問題に関する中国代表の要求を拒否すると，林は『北平晨報』紙上に「山東亡矣」の一文を発表し，五・四運動を誘発する一因となった。

1920年イギリスに行き，ロンドンでは梁啓超・汪大燮と「学社」を組織，5月イタリアで国際連盟総会が開催されると，中国首席代表として出席，10月に帰国した。22年憲法起草委員会委員となったが，翌年曹錕の「賄選」（賄賂による大総統選出）に反対して上海に転居した。24年私立福建法政専門学校が福建大学に昇格した際，その校長に就任した。同年『敬告日本人』と題するパンフレットを刊行，日本軍閥が提携を名目として中国に対して武断政策を実施していることを非難した。

1925年11月奉天系の郭松齢が部下の部隊を「東北国民軍」に改編し，親日政策をとる張作霖に反対して決起すると，林は郭の幕僚となったが，12月24日郭松齢軍は白旗堡の戦闘に敗れ，郭夫婦は逮捕・銃殺され，林も戦死した。

参考文献：梁啓錞「林宗孟与郭松齢」，『伝記文学』15巻5期，1969年。劉紹唐主編『民国人物小伝』第3冊（伝記文学出版社，台北，1980年）。黄美真・赫盛潮主編『中華民国史事件人物録』（上海人民出版社，上海，1987年）。

〔久保田文次〕

林　朝棟　Lin Chaodong

（1851年～1904年）

字・蔭堂，号・又察。台湾中部を代表する彰化県霧峯の地主・林文察の嫡子として生まれる。台湾の民族資本家。

文察は1860年代の天地会系の民乱の平定などで官位を得，更に私兵を率いて大陸に渡り，太平天国と戦ったが，64年漳州郊外で戦死した。84年清仏戦争が勃発，8月フランス艦隊が基隆を攻撃し，劉銘伝が福建省巡撫として台湾防衛に派遣されると，朝棟は1営（500名）の私兵を率いて基隆の戦闘に参加した。朝棟軍は一時妻の実家から増援軍を得てフランス軍撃退に成功した。

戦後，台湾は福建省から分離して台湾省となり，戦争中募集された30営を下らない私兵軍は解散させられたが，朝棟軍は2営の残存を認められた。清仏戦争以前，台湾の樟脳生産は営辦とされていたが，1886年巡撫の劉銘伝は樟脳生産を民間に委託することを上奏，朝棟は2営の武力を背景に北部・中部の先住民を圧迫して開墾と樟の伐採事業を推進し，中部における樟脳生産を支配した。また，劉による土地の清丈事業が北部から開始されると，穀倉地帯の中部では事業の目的が隠田の摘発と等級の格上げによる増税にあるとして反対運動が起きたが，88年彰化県の県城が包囲されると朝棟はただちに鎮圧に向かい反乱を平定して清丈を強行した。なお，この功績により朝棟は清代台湾の道員としてははじめて黄馬褂を与えられた。このように文察・朝棟父子は私兵を率いて清朝に協力し，官位を得て，台湾中部における地主間の抗争を有利に展開し，あるいは樟脳利益を独占していった。また北部で鉄道の建設がはじまると，枕木は朝棟の主事する伐木局から購入されたといわれる。

日清戦争が勃発し，日本軍の優勢のまま講和交渉が開始され，1895年3月には台湾が日本の割譲対象に含まれていることが台湾現地にも伝えられた。日本軍に占領されていたわけでもない台湾の割譲については清国政府内部でも反対論は大変強く，台湾現地でも巡撫の唐景崧の上奏や紳民の請願が相次いだ。しかし，反対論の多くは列強の干渉による日本の譲歩を期待するという内容にすぎず，講和条約調印後の三国干渉も遼東半島に限られたため，台湾の紳民は講和条約の否定と列強による干渉を受け入れやすくすることを考慮して5月に「台湾民主国」を宣言し，清国からの分離をはかった。

台湾割譲の情報とともに朝棟も数営を率いて基隆の防衛に従事していたが，1895年5月なかば唐によって中部の防衛を命令された。その後日本軍の到着によって再び唐から北上を指示されたが，途中日本軍の台北入城，唐の大陸脱出を知り，6月朝棟もまた大陸に家族とともに渡った。朝棟はその後厦門などで樟脳事業などに従事していたが，1904年上海で死去し，祖籍である漳州に埋葬された。

参考文献：黄富三『霧峰林家的興起従渡海拓荒到封疆大吏（1729～1864）』（自立晩報，台北，1986年）。Johanna Menzel Meskill, *A Chinese Pioneer Family : The Lins of Wufeng, Taiwan 1729-1895* (Princeton U.P., Princeton, 1979).

〔栗原純〕

林　呈禄　Lin Chenglu

（1887年～1968年6月16日）

号・慈舟。台湾省新竹県桃園生まれ。台湾抗日民族運動右派のリーダー，台湾議会設置運動の理論家，近代台湾の言論人，新聞人の草分けの1人。

10歳の時，父と3番目の兄を日本軍に殺されている。1908年台湾総督府国語学校国語部を首席で卒業，台湾銀行雇員，公学校教員，地方法院雇員を務める間に普通文官試験に合格，11年台湾総督府法院書記官の資格を得，台北地方法院に勤務した。この間，中国より視察に来た湖南省督軍・譚延闓の幕僚である蕭仲祁と知りあい，中国への雄飛を志した。

1914年東京に赴き明治大学法科3年に編入，翌年大学院に進み，17年中国湖南省立政治研究所および同統計講習所教授に任じたが，推挽してくれた蕭仲祁の失脚とともに中国大陸の実情に失望して東京に戻った。時に第1次世界大戦の末期で民族自決の風潮の刺激が台湾人東京留学生に及んでおり，林呈禄は留学生と在東京台湾人で作る「新民会」の幹事となり，同会機関誌『台湾青年』編集委員を務め，同時に「六三問題の帰着点」を書いて，萌芽期の留学生の運動を単なる差別撤廃運動から植民地自治の方向性を持つ台湾議会設置請願運動へと進むべく理論面で主導した。台湾総督府の同請願運動への弾圧である「治警事件」（23年12月）では，懲役3カ月の刑を受けた。『台湾青年』は，その後『台湾』，『台湾民報』，『台湾新民報』と発展したが，林のその後の歩みは，この台湾人言論機関の発展の跡そのものである。『台湾』の編集長,『台湾民報』の主筆,および株式会社化した台湾民報社の事務取締役,29年『台湾新民報』への改称に際しては取締役兼主筆兼編集局長に任じた。この間,27年8月それまで東京発行だった『台湾民報』は台湾発行が許可され,32年4月15日より日刊新聞となった。しかし,満州事変と前後して組織的な抗日民族運動が弾圧を受けてほとんど姿を消すとともに,『台湾新民報』への圧力は強まり,日刊化に際しては日本語ページを3分の1に増やさざるを得ず,さらに37年6月1日以後中国語ページの廃止に追い込まれ,ついで41年『興南新聞』と改称させられ,44年台湾総督府御用紙『台湾日日新報』など5紙と『台湾新報』に統合されて,ついにその歴史を閉じた。

林呈禄は,一貫してこの台湾人言論機関の編集と言論の中枢にあったがゆえに,台湾総督府や軍の圧力を直接に被り,1941年4月,台湾版大政翼賛会である皇民奉公会が作られるとその生活部長に任じ,またいわゆる「皇民化運動」に呼応して「林貞六」と改名せざるを得なかった。日本の敗戦後,南京での中国戦区受降式典に林献堂らとともに台湾住民代表として参加,『台湾新報』を改組した『台湾新生報』顧問,台湾省文献委員会顧問に任ずる他,「東方出版社」をおこしたが,その他目立った活動をしていない。

参考文献:『台湾人士鑑』(興南新聞社,1943年)。葉栄鍾他『台湾民族運動史』(自立晩報社,台北,1971年)。謝徳錫「林呈禄—台湾新民報的総編輯」,張炎憲他編『台湾近代名人誌』第1冊(自立晩報社,台北,1987年)。黄秀政『《台湾民報》与近代台湾民族運動(1920年—1932年)』(現代潮出版社,台北,1987年)。　〔若林正丈〕

林(りん)　福祥(ふくしょう)　Lin Fuxiang

(1814年～1864年)

字・亮予。号・季薇,季眉。原籍,広東省香山県。清末の官僚。

アヘン戦争開始後,広州知府・余保純に謁見して防衛策について建策した。その後両広総督・祁塤の指率の下で水勇を招募し,平海営を設けて管帯に任じ,広州城西の離明観海口の守備に当たり,イギリス軍の侵入に備えた。1841年5月30日,三元里の人民が抗英闘争に決起した時,林福祥は水勇を率いて戦闘に参加した。当時,両広総督に香港島の即時回収を進言したがいれられなかった。

その後,南昌,撫州,鐃州の知府,吉安贛寧兵備道,浙江布政使などの官職を歴任。その間,安徽,江西などで太平天国軍と戦った。1861年当時,浙江布政使の任にあり,太平天国軍が杭州に進攻した際捕えられた。釈放された後上海,九江へ逃れた。64年,浙江省衢州において浙江巡撫・左宗棠に捕えられて殺された。著書に『平海心籌』(2巻)がある。

参考文献:広東省文史研究館編『三元里人民抗英闘争史料』3部(中華書局,北京,1959年)。陳旭麓・方詩銘等主編『中国近代史詞典』(上海辞書出版社,上海,1982年)。

〔横山英〕

林(りん)　黒児(こくじ)　Lin Hei'er

(生年不詳～1901年)

黄蓮聖母なる神仙名を名乗る。天津地区の義和団の著名な指導者。天津市侯家後付近の水上生活者の娘。彼女の出生については判然としないが,侯家後の色街の娼婦に実によく似ていたという記録もある。

少女時代より聡明で武術に秀いで,武芸を見世物にし芝居をやりながら各地を巡ったとも言われる。18歳の頃,船頭・李有なるものの息子の嫁となる。李家は塩の販売を仕事にしていた。李有はかつて外国人から罪禍をきせられて投獄されたことがあるため,林黒児はかねてから外国人に怨みをもっていた。

1900年,義和団が天津地区に現れた時,林黒児は積極的に参加していたが,突然神がかりの状態になり,「神霊付体」を宣し,自分を「黄蓮聖母」であると称した。彼女は楊柳青の文昌閣内に神壇を建てようとして該地の土豪の反対に遇った。この時張徳成の勧めで天津市内にある侯家後の南運河の岸部に船をつなぎ,そこを本拠とし,義妹を黄三姑と称し弟子にした。黄蓮聖母は医術で人々を治療し神術でよく病いをなおしたので大いに信用を得,多くの女性を集めて女性義和団の組織である「紅灯照」をつくった。当時,天津にいた直隷総督・裕禄も彼女に大いに敬意を表したのでますます威信は高まった。黄蓮聖母率いる紅灯照の神術は,海上にいる外国船を焼き,空を飛行して外国の首都を空から焼き払い,あるいは敵の大砲を無力にする能力があると義和団に信じられていた。彼女は赤い衣服を着,左手で赤い布を振り,右手で扇子をあおぎながら神霊を身体に乗りうつらせて神がかりになり,義和団員や紅灯照の女性たちを反キリスト教,反外国人の戦いに奮いたたせた。

8カ国連合軍が天津に来た時,彼女は紅灯照を率いて天津停車場や外国人租界である紫竹林の攻撃に参加した。天津城が陥落した時,彼女と黄三姑は外国軍に捕えられ,都統衙門に監禁されて強姦された後に殺されたといわれている。またある伝説によると,外国軍によって国外に連れ去られ行方不明になったともいう。

黄蓮聖母は張徳成，曹福田，王徳成とならぶ最も著名な天津義和団の指導者で，この4者は天津の呂祖堂でしばしば会見して作戦を練ったといわれる。彼女は女性神を自称して紅灯照という10～20代前半の女性たちの義和団を指導したが，こうした女性たちの活動は天津地区でもっとも盛んであり，ついで北京地区に見られたが，山東奥地の義和団初期にはほとんど見られず，山東省の茌平・高唐一帯から始まった現象であった。没年に関しては1901年説があるが，定かではない。

参考文献：中国史学会主編『中国近代史資料叢刊・義和団』3（上海人民出版社，上海，1961年）。清史編委会編『清代人物伝稿』下編3巻（遼寧人民出版社，瀋陽，1987年）。「黄蓮聖母事迹考」，『南開大学学報』1979年2期。

〔小林一美〕

林（りん）　覚民（かくみん）　Lin Juemin

（1887年～1911年）

字・意洞，号・抖飛，天外生。原籍，生まれともに福建省閩県。実父・林孝顗。実母は8歳の時に病死。叔父・林孝穎（字・可山）は学者で，林覚民はその養子となる。辛亥革命期の革命家，「黄花崗七十二烈士」の1人。

林覚民は少年時代から養父に教育されていたが，1902年福州に新設された全閩高等学堂（創立時は全閩大学堂）に入学。当時中国に伝わってきた西洋の近代思想も学び，自由・平等の思想に共感を抱いた。当時，学校内ではしばしば学生運動が発生したが，権力を恐れない林覚民はいつも指導者にかつぎ出された。林覚民は公共的な社会事業にも熱心で，友人たちと福州北部に私立小学校を創設して新思想による教育を行ったり，啓蒙活動の一環として福州南部に新聞閲覧所を設けたりした。林はこの時期既に中国の自強は革命の道以外にないことを認識しはじめていた。

1905年父の命令で陳意映と結婚し，翌年男子をもうけている。夫婦仲はすこぶるよく，妻に対する深い愛情に基づいて男女の愛情について「原愛」という文章を書いている。

1907年全閩高等学堂を優秀な成績で卒業した林覚民は，自費で日本に留学し，1年間日本語を学んだのち，官費留学生の資格を得て08年に慶應義塾大学文科に入学した。大学では哲学を専攻し，好んでトルストイの書を読み，他に英語とドイツ語を学んだ。当時，林覚民は福建省からの留学生で同盟会員の林文や林尹民と一緒に下宿生活を送っており，3人は兄弟のように仲がよかったので“三林”といわれ，林覚民は年齢が真中だったことから特に“中林”と呼ばれた。彼もまた同盟会に加入した。林覚民はすでに民権思想を身につけていたが，一方で列強の中国侵略に対する危機意識から救国のために腐敗無能の清朝を打倒する必要性も強く自覚するようになった。

1911年初め，同居人の林文（中国同盟会福建分会会長）宛てに広州蜂起を準備していた黄興・趙声から手紙が送られてきた。福建省出身の同盟会員はただちに会議を開き，林文を香港に派遣して広州蜂起の準備に参画させ，林覚民を福建省に派遣して呼応体制の準備に当たらせることを決定した。林覚民は3月5日林文らと一緒に日本を離れ香港に赴いた。林覚民に会った黄興は非常に喜び，「意洞来るは，天我をたすくるなり。本部でのはかりごとは一日として君無かるべし」と語り，香港統籌部での準備活動に林覚民を参加させた。その後林文の提案で林覚民は広州蜂起に参加する同志を福建省で募ることになり，故郷に帰った。突然の帰省に驚く家族には，大学は桜見物の休暇で，今回の帰国は日本人の同級生を伴って江浙一帯の観光を行うことだと嘘をついた。福建滞在中の10日間に組織活動を熱心に行い，他のどの省よりも多い参加者を集めた。

1911年4月13日と定められていた武装蜂起は，はからずも4月8日に発生した温生財による広州将軍・孚琦暗殺事件で狂いが生じ，清朝側の防衛体制の強化に革命側の準備不足が重なって蜂起日程も再三変更された。林覚民はようやく4月23日夜に林文ら福建省の同志とともに香港から広州に入ったが，その後も福建の同志を迎えるため再三にわたって広州・香港間を往復した。彼が残るすべての福建の同志を連れて広州に入ったのは，4月27日の朝であった。

広州の武装蜂起は，1911年4月27日（旧暦3月29日）午後5時過ぎに開始された。革命軍は4方面に分れて蜂起する手筈であったが，実際に立ち上ったのは，両広総督衙門に攻め入った黄興率いる100余人のみで，林覚民もこれに参加していた。激しい戦闘で傷ついた林覚民は捕えられ，水師提督・李准による取調べの際には，革命の大義について自ら数千字に及ぶ文章をしたためた。林覚民は，数日間の拘禁ののち処刑された。

武装蜂起前の7月24日夜，父と妻それぞれに遺言をしたためているが，特に妻への遺書は夫婦の情愛あふれる内容のものとして広く知られている。妻・陳意映は，その後林覚民の子・林仲新（男子）を生んだ。林仲新は，上海光華大学を卒業し，福建省漳州市糧食局の副局長をつとめている。

参考文献：中国国民党中央委員会党史史料編纂委員会編

『革命人物誌』２輯（中央文物供応社，台北，1969年)。李新・任一民編『辛亥革命時期的歴史人物』(中国青年出版社，北京，1983年)。中国社会科学院近代史研究所主編『民国人物伝』４巻（中華書局，北京，1984年)。吉林省歴史学会編『中国近代愛国人物伝』(吉林文史出版社，長春，1985年)。卞孝萱・唐文権編『辛亥人物碑伝集』(団結出版社，北京，1991年)。〔小島淑男〕

林（りん）　清（せい）　Lin Qing

（1771年～1813年10月16日）

直隷大興県黄村に居住。その後，社会の下層で放浪を繰り返す過程において白蓮教系民間宗教の一派である八卦教に入教，1813年の天理教（八卦教）反乱の指導者となる。

林清の父は浙江省紹興県より大興県黄村へ移住，黄村巡検司の書吏をつとめていた。林清は北京の薬店の店員から始まり，黄村巡検司の書吏，そしてうずら売りの行商などの職業を転々とした。1806年林清は八卦教の坎卦に属する栄華会に入教。師の宋景耀から「真空家郷，無生父母」という八字真言を伝えられた。２年後の08年，この教派が官の摘発を被った時，多くの教首が処罰を受けたが，林清は杖罪のみにて釈放され，これ以後，北京南部坎卦教組織の指導者として抬頭することになる。

1806年の摘発において林清が保定に拘引されていた時，彼は公金使い込みによって逃亡中であった元河南省滑県庫吏・牛亮臣に出会っている。林清は牛亮臣に対し，「山東単県の人，劉林は先天祖師であったが，この林清は劉林の転世で後天祖師である」と語り，牛亮臣を入教させた。先天祖師である単県の劉林とは，山東省単県にて八卦教を開創，その道統を伝えていた老教首一族，劉家のことを指すと思われ，この頃から林清は自らを八卦教の後継者と考え始めたのであろう。牛亮臣はまもなく滑県に帰り，林清と滑県をつなぐパイプ役を果すことになった。1811年春以降，林清は牛亮臣を介して滑県の震卦教徒馮克善・李文成らと知り合い，彼らから「前世は卯金刀（劉姓，即ち八卦教首劉姓の転世)」と認められた林清の宗教的権威はここに確立した。林清は天王を，馮克善は地王を，李文成は人王を自称，11年中に林清は北京南部の坎卦教組織を，李文成は滑県震卦教組織を完全に掌握し，彼らの蜂起計画は急速に進展する。林清は彼の所持した経典『天書』の中に「八月中秋，中秋八月，黄花満地開放」とあることを根拠に，13年陰暦９月15日（10月８日）を一斉蜂起の期日と定めた。当初の計画によれば，まず林清の部下が内応を約束した太監の手引によって紫禁城に侵入してこれを占拠し，滑県では李文成が挙兵の後，北京に進軍，林清は河南からの来援とともに巡幸中の嘉慶帝の帰路を襲撃する手はずとなっていた。しかし，滑県では事前に李文成が逮捕されてしまい，滑県の教徒は李文成を奪回するために９月７日県城を襲撃，これを占領してそのまま反乱に起ち上がった。一方，北京では，林清の命を受けた200名ほどの教徒が予定通り太監・劉得財ら６名の手引きにより紫禁城に突入したものの，この暴動は直ちに鎮圧されてしまった。９月17日，林清は黄村宋家荘の本拠において逮捕され，反乱からわずか８日後の９月23日，内応の太監らとともに刑死した。こうして林清をリーダーとする北京の集団はあっけなく消滅してしまったが，滑県周辺の教徒は数カ月にわたって抵抗を続けた。しかし11月には李文成が死亡，12月には教徒の占拠する滑県城が陥落，牛亮臣も捕えられて反乱は終息した。

林清の所持した『天書』には，「弥勒仏には青羊・紅羊・白羊の三教がある」と記されていたと言う。1813年陰暦９月15日は，「白羊」―即ち弥勒仏によって治められる最後の，そして最高の段階であり，理想世界が始まるべき日であった。「白羊」の象徴たる白旗を掲げて戦った教徒たちにとって，新しい世界は「黄花満地開放（黄色い花が咲きそろい地に満ちる)」如く，時が満ちれば自ら出現するものと観念されていた。林清の反乱は紫禁城侵入という事態によって清朝を震撼させたけれども，十分な計画も備えてはおらず，反乱も迅速に平定されて大きな波紋にはならなかった。しかし華北農村社会に受け継がれた八卦教―殊に离卦―の伝統は，やがてその延長上に「義和挙」を生み出す揺籃となるのである。

参考文献：托津等編『平定教匪紀略』(1816年)。那彦成『那文毅公奏議』1834年。〔山田賢〕

林（りん）　森（しん）　Lin Sen

（1868年３月４日～1943年８月１日）

字・子超，号・長仁，天波，晩年別署・青芝老人。中国国民党西山会議派の指導者。国民政府主席（1931～43年)。

福建省閩侯県に生まれる。父・道炳，母・張氏。５人兄弟の長男。林家は元来農家であったが，祖父の代から商業を営む。林森３歳の時，一家は福州に転居。1890年鄭氏と結婚するが，93年妻に先立たれる。以後再婚せず，実子はない。

林森は６歳の時，中国古典の勉強を始めた。1877年米国の教会が設立した福州の培元学校に入学し，80

年に卒業している。翌81年同地のこれも教会によって設立された英華書院に入学，そこで3年間勉強した。

1884年春，林森は台湾に渡り，台北電報局に就職した。90年福州に一時戻った折，結婚している。彼は95年まで台北で働いていたが，台湾が日本に割譲されると，福建に移った。林は98年に再び台北へ赴くが，1年余りで嘉義に南下し，その地で台南法院嘉義支部の通訳となった。林森は孫文らの提唱する反清革命に共鳴して，台湾を革命の基地にしようとしたといわれているが，彼の日本植民地主義に対する態度は必ずしも明らかではない。

林森は1900年再度福州に帰り，02年末上海税関に採用された。上海において林は当時の最先端の思想・学問に触れ，同時に反満民族主義的態度をかためた。ここで彼は史家麟，林述慶らとともに福建学生会を組織し，また福州には同分会をつくった。05年東京で中国同盟会が成立すると，林は他の福建学生会会員とともにこれに加入した。

1909年林森は九江税関に移るが，ここで呉鉄城らと出版社をつくって反清革命の宣伝に努めた。11年10月の武昌蜂起に林はすばやく呼応し，九江新軍の指導者・馬毓宝を説得し，彼を革命側につかせ，江西省の独立を達成させた。その後林は九江民政長に選ばれた。彼は長江にあった海軍の革命参加も画策し，同年11月これに成功した。12月の南京における各省都督府代表連合会には江西省代表として出席し，中華民国臨時政府の樹立と，孫文の臨時大総統選出に貢献した。

1912年1月林は南京の臨時参議院に福建省代表として参加，参議院議長に選ばれたが，3月臨時政府と臨時参議院の北遷に反対して辞職，福建に戻った。同地で宋教仁の呼びかけに応じて国民党支部を組織し，同年末の第1回国会議員選挙で再び福建省代表の参議院議員に選ばれた。

1913年袁世凱と国民党との対立が決定的になると，林は日本へ逃れ，孫文の中華革命党に加入した。14年林は離日し，16年半ばまでハワイとアメリカ各地を巡り，革命派海外組織の整備，反袁闘争資金の調達，在外華人教育の振興などのために活動した。

1916年袁世凱が死去すると林森は帰国し，国民党の再建にあたった。林は，孫文や一部国会議員とともに広州に入り，17年8月北洋軍閥系政府と対抗すべく，同地で国会非常会議を開き，そこで再び参議院議長に選ばれた。18年5月孫文の広州退出から，20年11月陳炯明，魏邦平らに支持されて広州に復帰までの間，林は広州，香港，上海などにおいて国会の公文書，印鑑類を守るために多くの危険を冒した。この間の林の行動は，孫文グループ内での彼の信望を高め，のちに南京国民政府で重きをなす政治的資源のひとつとなった。

1921年1月広州国会は再開，4月には広東省長・陳炯明や広東省議会の反対を押し切って広東軍政府の取り消しを決議し，孫文を大総統とする「中華民国政府」を広州に樹立した。林はこの動きの立役者の1人であった。

1922年6月陳炯明のクーデターにより孫文が広州から追放されると，林森は福建経営に赴いた。24年の中国国民党第1次全国代表大会で林は中央執行委員兼海外部長に選ばれた。25年3月の孫文死後，林は鄧沢如とともに孫文墓地の選定と設計にあたった。同年7月林は国民政府委員に任ぜられたが，9月彼は鄒魯とともに北京に移動した。11月に林森，謝持，鄒魯らは，北京西山において国民党中央執行・監察委員「全体会議」を開き，容共姿勢をとる広州の国民党中央と対決する姿勢を示した（西山会議）。26年7月に開始された北伐の進展の中で蔣介石の反共化が明確になると，林は蔣に接近した。

1928年10月林森は国民政府立法院副院長に任命され，31年院長・胡漢民が辞職すると，立法院院長となった。これより先，30年に蔣に対抗する左派の汪精衛らが広州に中央執行監察委員「非常会議」を設けたが，林は院長就任後この広東派に近づいた。満州事変後の31年秋，広東・南京両派国民党は妥協し，蔣が下野して南京国民政府が改組されると，林は党の中央監察委員となった。21年12月林は国民政府主席に就任し，33年11月の福建人民政府事件では調停に動いた。37年日中戦争が勃発し，国民政府が重慶へ移転した後も林は43年8月の重慶での病気による死去まで主席の地位にとどまった。38年12月の汪精衛重慶脱出後の対日妥協に誘われたが従わなかった。

参考文献：呉相湘『民国百人伝』第2冊（伝記文学出版社，台北，1971年）。朱伝誉主編『林森伝記資料』（天一出版社，台北，1979年）。中国社会科学院近代史研究所主編『民国人物伝』2巻（中華書局，北京，1980年）。『革命先烈先進伝』（中華民国各界紀念国父百年誕辰籌備委員会学術論著編纂委員会，台北，1965年）。　〔塩出浩和〕

林（りん）　紓（じょ）　Lin Shu

（1852年11月8日～1924年10月9日）

原名・群玉，字・琴南，号・畏廬，冷紅生，践卓翁。福建省閩県生まれ。清末の小説家，翻訳家。

1882年郷試に合格して挙人になったが，その後八股文にいやけがさして古文を学び，北京の五城中学の国文教師，京師大学堂，閩学堂教師などを歴任した。99年パリから帰国した王寿昌が口頭で翻訳するのにもとづき，小デュマの『椿姫』の翻訳『巴黎茶花女遺事』を出版したところ，一躍有名になり，以来，魏易ほかの口頭での翻訳の手助けにより，英米の小説を中心とする翻訳活動を続けた。商務印書館のおかかえのような形で翻訳を行い，その約200種にものぼらんとする翻訳の大部分は，商務印書館から刊行されている。

その代表的なものは，英国のものでは，シェークスピアの『ジュリアス・シーザー』，『リチャード２世』，『ヘンリー４世』ほか，デフォーの『ロビンソン・クルーソー』，スウィフトの『ガリバー旅行記』，チャールズ・ラムの『シェイクスピア物語』，ディケンズの『オリバーツイスト』，『デヴィッド・カッパーフィールド』，スコットの『アイヴァンホー』，ハガードの『ジョン・ベイスト』，コナン・ドイルの『マイカ・クラーク』などがある。アメリカのものでは，アーヴィングの『スケッチ・ブック』，ストウ夫人の『アンクル・トムの小屋』など。フランスのものでは，アレクサンドル・デュマの『赤い家の騎士』，バルザックの短篇小説４篇，サン・ピエールの『ポールとヴィルジニー』他がある。さらに，ロシアのものでは，トルストイの作品，ギリシアのイソップ，スペインのものではセルヴァンテスの『ドン・キホーテ』，そして日本のものでは徳冨蘆花の『不如帰』などがある。

林紓は，自身英米をはじめとする外国文学についての造詣が必ずしも深かったわけではなく，ためにその作品の選択については，欧米文学史上の評価からすれば，必ずしも至当といえないものも含まれている。（例えば，翻訳点数の最も多い英国のハガードは，英国では二流の作家であった）。しかし，これだけ広い範囲にわたる作品を翻訳したことは，中国における西洋文学受容にどれだけ多くの影響を与えたか，はかり知れないものがある。中国近代文学の父である魯迅も，若い時この林紓の翻訳によって西洋文学の息吹きに触れたのである。林紓が当時に与えた影響の大きさは，『天演論』などによって西洋の思想を翻訳紹介した厳復の影響と並び称されている。ちなみに，林紓と厳復は同郷であり，またともに古文の大家・呉汝綸の門下であり，京師大学堂の同僚でもあった。

ところで，林紓は自身外国語を解せず，翻訳にあたっては，言葉のできるものに口頭で翻訳させ，それを文章に記していったという。その文体には，自身が学んだ古文を用いた。後の文学革命運動の際には，林紓の文体がやり玉にあげられたりしたが，当時の読者にとっては，題材の目新しさとともに，その格調高い文体が魅力のひとつになっていたことと思われる。

林紓訳の小説は，商務印書館の雑誌『小説月報』に掲載されたり，単行本で出されたりしたが後に『林訳小説』（１集97種，２集58種）としてまとめて刊行された。また，林紓の自著の小説に『金陵秋』，『官僚新現形記』，戯曲に『天妃廟』，『合浦珠』，詩文に『畏廬文集』ほかがある。

1917年文学革命がおこると，北京大学校長であった蔡元培に公開の詰問状を送って攻撃を加えたため，反動派の頭領と目された。24年10月北京で没した。

参考文献：増田渉「林紓について」，『人文研究』10巻１号，1959年。阿英著，飯塚朗・中野美代子訳『晩清小説史』（平凡社，1979年）。韓洪挙『林訳小説研究』（中国社会科学出版社，北京，2005年）。張俊才『林紓評伝』（中華書局，北京，2007年）。

〔大木康〕

林（りん）　述慶（じゅつけい）　Lin Shuqing

（1881年４月８日～1913年４月16日）

字・松亭，頌亭。福建省閩侯県生まれ。民国初期，革命派の軍人。

父の林耀源は普通の農民で，林述慶は学校に通わず，清朝の駐防軍の兵卒となった。1902年福建武備学堂の生徒に選抜され，この間に福建学生会に加入し，反清革命思想の影響を受けた。卒業後原隊の長門練営の将校となり，督操官，常備幇帯を歴任した。06年江寧（南京）駐在の陸軍第９鎮第17協歩兵第33標の第３営管帯（大隊長）となった。33標の統帯（連隊長）は革命派の趙声で，林は趙の活動にも積極的に協力した。ついで第34標第２営管帯に転じ，06年革命派の萍瀏醴蜂起鎮圧のため出動を命ぜられたのを機会に，趙とともに部隊を率いて呼応・決起すべく企画したが実現できなかった。09年江陰駐屯の第36標第１営管帯に転じ，この頃中国同盟会に入会した。

1911年10月10日の武昌蜂起の後，林は同連隊の将校と協議して11月７日京峴山で決起，鎮江を占領，軍政府を設置して，その都督となった。また鎮江附近に投錨した清朝海軍の将校達に革命政権への支持を説得して成功した。11月26日鎮軍司令として南京攻撃に出動，浙江，上海からの革命軍とともに天保城を占領，翌日鎮軍単独で太平門より南京城内に入城，「臨時江寧都督」の名義で布告を発した。このため浙江軍の不満を買い，宋教仁の調停により鎮江都督の職を廃し，北伐臨淮総司令に任じて，鎮軍を率いて浦口・臨淮関戦線に出動した。革命政権と袁世凱との間に和平交渉がはじまると，林はしばしば孫文に進言して，袁との妥協に反対した。その後，他の革命軍と不和になったため，12年1月8日全国に公開電報を発して下野を宣言し，故郷に引退した。

1912年9月臨時大総統・袁世凱から陸軍中将加上将銜（上将待遇の中将）の階級を授与され，10月北京に赴き，総統府軍事顧問に任ぜられた。また各団体連合国防会副会長，国民党名誉理事に推薦された。13年2月孫毓筠らと国事維持会を設立，その理事となる。まもなく，宋教仁が暗殺されたことに憤激し，南方に帰って軍を起こし，宋のための仇討ちをすると何度も公言した。4月10日袁の腹心の総統府秘書長・梁士詒の招宴に応じて帰宅後，急病となり，16日に死去した。『江左用兵記』，『林松亭遺詩』の著がある。

参考文献：黄季陸主編『革命人物誌』2集（中央文物供応社，台北，1969年）。中国社会科学院近代史研究所主編『民国人物伝』1巻（中華書局，北京，1978年）。

〔久保田文次〕

林（りん）　偉民（いみん）　Lin Weimin

（1887年9月～1927年9月1日）

原名・林興。中国共産党員，初期労働運動の指導者。

広東省香山県三竈島西洋田村の貧農の家に生まれる。1906年香港へ出て下級船員となったが，その中で帝国主義や外国資本主義に対する反抗精神が芽生えたといわれる。当時船上で海外や国内を行き来する孫文に出会う。同郷であった蘇兆徴，孫文と親密になり，孫文の影響の下，清朝統治に対する革命活動に積極的に参加するようになった。辛亥革命後も船員を続け，ロシア革命の影響を受けてマルクス主義の勉強を始める。

1921年3月蘇兆徴らと中華海員工業連合総会を組織し，第1期幹事として渉外業務を担当する。22年1月香港海員ストライキに参加，指導する。5月上海へ赴き朱庭宝らとともに上海における海員組織の結成を図る。7月中華海員工業連合総会上海支部を設立して主任となり，8月上海海員ストライキを指導した。同年末上海フランス租界当局に指名手配されたため香港へ戻って潜伏する。

1924年春国際運輸工人代表大会の招きによりモスクワを訪れ，同地に滞在していた王若飛，蕭勁光，黄平和らと交友を深めつつ，マルクス主義や中国共産党について学ぶ。同地にて羅亦農の紹介により中国共産党に入党。10月広東に戻り，広東・香港の海員労働運動を指導する。同年周恩来，陳延年が相次いで広東入りし，中共広東区委員会の組織を充実強化させたが，林偉民は同委員会委員に任命され，後に同委員会監察委員会書記となった。

1925年5月1日劉少奇，鄧中夏，林偉民らの共同主宰の下，第2次全国労働大会が広州で開かれる。この大会で蘇兆徴，劉少奇，鄧中夏，李森らが執行委員会委員に選ばれ，林偉民は中華全国総工会の成立とともに初代委員長となった。

1925年5月末上海で5・30事件がおきると，これに呼応して中共広東区委員会は香港及び広州で大ストライキを発動することに決定する。このため党中央は蘇兆徴，鄧中夏，楊殷らを香港に派遣し，林偉民，李森らを広州のストライキ準備工作に当たらせる。6月香港広州大ストライキを指導する。8月腿部骨結核のため入院。同月国民党左派の廖仲愷が暗殺されたが，林偉民は廖が孫文の3大政策を断固として貫徹執行しようとしていたことにずっと敬服していたといわれ，交友関係があった。

1926年1月上旬全国海員第1次代表大会が広州で開かれ，林偉民は病気のため出席できなかったが，執行委員会委員に選出される。5月第3次全国労働大会が広州で開催され，中華全国総工会第2期執行委員会委員となる。開催期間中入院中の林偉民を代表者が慰問し，治療費を援助することに決定した。27年の春節にいったん退院するが，病状が悪化し，再び入院。広州で「4・15政変」（4・12クーデターに呼応して李済深らが軍に中華全国総工会広東辦事処などを包囲させ共産党員ら多数を逮捕させた）が起き，逮捕の危険があったため再入院時に名前を林斉卿と変える。同年9月病院で死去。広州の海員が治療費や葬儀費を募金したといわれる。

参考文献：鄧中夏『中国職工運動簡史1919～1926』（人民出版社，北京，1949年）。中国労工運動史編纂委員会編『中国労工運動史』全5冊（中国労工福利出版社，台北，1959年）。林偉民「痛悼廖仲愷先生」，『工人之路』69期，1925年9月1日。中共党史人物研究会『中共党史人物伝』6巻（陝西人民出版社，西安，1982年）。　〔安田淳〕

林（りん）　維源（いげん）　Lin Weiyuan

（1840年～1905年）

字・時甫，号・冏卿。清末台湾における最大の地主の一族，林本源の中心人物。林本源の祖先については顕官も存在せず不明であるが，台湾における興隆は1782年に厦門から林平侯が渡台し，米穀商として成功して以来といわれている。平侯は19世紀はじめ，分類械闘を避けるとともに新たな開墾地をもとめて北部の大嵙崁に移住した。維源は平侯の三男・国華の次男として1840年（38年説もある）に生まれ，兄の維譲とともに厦門の挙人陳金南に師事した。一族は53

年淡水河中流域の板橋に移住し，以後この地を本拠地とする。62年，叔父・国芳（平侯の五男，59年の挙人）の死去にともない維譲は維源とともに帰台し，民乱平定の功績や献金によって弟とともに官位を得た。その後78年，維譲の死去により維源が一族の中心となる。

1884年清仏戦争がはじまると，維源は全台団練大臣となり，20万両の献金をしたが，台湾兵備道・劉璈の100万両の要求には応ぜず，厦門に戦争を避けた。清仏戦争ではフランス軍が北部に上陸したり，また台湾の海上封鎖を試みたため，台湾は戦争の帰趨に重大な地域となり清朝は劉銘伝を防衛のため派遣し，戦後台湾は福建省から分離して台湾省となった。

台湾省の初代巡撫には劉銘伝が任命されたが，維源は戦後の善後経費として50万両を献金し内閣侍読などの官位を得るとともに，劉の台湾における洋務運動の協力者でありまた最大の受益者としての地位を獲得した。即ち，劉の土地清丈事業においては，北部の作業を担当したが，そのため多くの中小地主は林本源の庇護をもとめ自らの土地を林本源のものとして登録するなどしたといわれる。

また開山撫番事業（荒地開拓による先住民族の生活向上支援事業）においても，維源は台湾全体の責任者となり，全台撫墾局を一族の縁の地である大嵙崁に設置し，先住民の居住地域に開墾の事業を拡大した。このことは林本源の所有地が増大したばかりでなく，先住民の地域にある樟（クスノキ）を入手することをも可能にしたため，維源は清末台湾の代表的な輸出品である樟脳の生産においても莫大な利益を得ることとなった。北部においては樟脳とともに茶が代表的な輸出品としてアメリカなどにもたらされたが，劉が1887年，淡水河中流の大稲埕に外国人居留地を設け茶貿易の基地とすると，維源はここに茶貿易の会社を設立して淡水河流域の丘陵地帯の茶畑を支配下におさめ台湾最大の茶商人になり，しかも茶税の徴収をまかされた。そのほか，外国に向けて開港された基隆港の築港工事，基隆から台北に建設された鉄道工事を総辦・督辦として担当したのも維源であった。

日清戦争が勃発すると，維源は督辦全台団防大臣を命ぜられ，40万両の防衛費を負担し，更に「台湾民主国」議長に推されるが，辞退して厦門に渡り1905年台湾に帰ることのないままその地でなくなった。

参考文献：許雪姫『林本源及其邸園之研究』（台湾大学土木所都計室，台北，1981年）。伊能嘉矩『台湾文化志』上巻（刀江書院，1928年）。王世慶「林本源之租館和武備与乙未抗日」，『台湾文献』38－4，1987年。　〔栗原純〕

林（りん）　献堂（けんどう）　Lin Xiantang

（1881年12月13日～1956年9月8日）

名・朝琛，字・献堂，本名・大椿，号・灌園。台湾省台中県阿罩霧庄生まれ。原籍，漳州府。台湾の民族運動指導者。

台湾の代表的な名望家である霧峰の林家一族の出身で，父は挙人の林文欽，祖父は林奠国。1887年，林家の家塾「蓉鏡斎」で何趨庭から伝統的漢学を学び始め，科挙を目指すが，95年日本の台湾領有でその道は途絶し，戦火を避けて泉州晋江へ避難した。台湾情勢鎮静後，帰台する。98年，彰化の名望家である楊晏然の長女・楊水心と結婚。1905年台湾製麻株式会社董事に就任，この頃，上海の『万国公報』や『清議報』，『新民叢報』などを購読し，『民報』の創刊号で三民主義を知る。姪の林幼春から梁啓超の思想を知り，その民族主義・民権主義に共鳴する。07年，最初の日本旅行で梁啓超に会う。梁から今の中国には台湾を救う力はないので，平和的手段により法的平等，経済的平等などを得て議会に台湾の代表を送り込み，日本の植民地政策に影響力を行使すべきとの助言を受け，これが以後の献堂の穏健な民族運動路線の原則となる。10年，台湾3大詩社の1つの櫟社に加入する。12年，台湾人子弟のための中等教育機関の設置運動を起こし，台中一中の創立に尽力する。14年，板垣退助を台湾に招き，板垣を総裁とする台湾同化会を創設するが，わずか2カ月で解散させられた。

1918年，台湾電力株式会社創立委員と台湾製紙株式会社取締役に就任。渡日し林呈禄や蔡培火ら政治意識・民族意識を高めつつあった台湾人留学生と頻繁に接触した。19年，台湾人留学生は啓発会を結成し，林献堂は会長に推された。啓発会の下に六三法撤廃期成同盟を組織したが，積極的活動をすることなく解散した。20年，民族運動組織として，林呈禄らが中心となって新民会を結成し，林献堂は会長に就任した。林献堂は当初，六三法撤廃に運動の力点を置いたが，新民会の中で台湾の自治を求める声が大きくなるとその折衷案として，台湾議会設置運動を起こす方針を採用した。こうして林献堂の指導のもと，21年に第1次台湾議会設置請願が帝国議会に提出された。同年，台湾文化協会が結成され，林献堂はその総理に就任した。文化協会は台湾議会設置請願運動の実質的な推進機関となり，林献堂は積極的に文化協会の活動に参加し，その名望から資産家層も参集した。第1次請願運動後，台湾人の政治意識が高揚する中，22年に第2次請願が行われると，総督府はこれを弾圧し，林献堂は「八駿事件」で汚名を着せられ，第3次から第5次の請願運動には参加せず，運動の主力は東京留学生に移った。23年,「台湾治警事件」で蔣渭水らが逮捕されると，その家族を支援する一方，総督府による新聞封鎖の中で，この事件経過を『朝日新聞』に知らせ報道させた。25年の第6次請願運動以降，運動に再び参加し，運動参加者も全島的に増加し，労働者・農民の参加者も現れるようになった。26年，金融面で台湾人の株式会社設立を支援するために設立された大東信託株式会社社長に就任する。27年，文化協会内部での路線対立が激化し，日共山川均系の連温卿らの左派がその主導権を握ると，林献堂は蔣渭水，蔡培火らと共に脱会した。台湾民衆党成立後はその顧問に就任したが，蔣渭水派による「全民運動」路線の推進のなかで，次第に影響力を失った。新文協や民衆党の急進的な民族運動方針に対して林献堂は保守的になり，30年，蔡培火，楊肇嘉らと共に地方自治を単一目標とする台湾地方自治連盟を結成し，顧問となる。しかしこれ以後，林献堂は組織的民族運動から距離を置き，台湾総督らに台湾政治の改革を個人的に建議した。議会設置請願運動は依然として蔡培火らと共に継続したが，台湾の民族運動が分裂状態にあったため，もはやかつての勢いはなく，34年の第15次の請願運動が最後となった。30年代以降，総督府当局の民族運動に対する取り締まりは一層強化され，林献堂への圧力も強まり，36年，台湾軍の意を受けた日本右翼団体員に殴打された（祖国事件）。その後東京へ避難した。日本の戦時体制が強まる中，台湾でも皇民化政策が実施され，林献堂は44年に皇民奉公会台中支部大屯郡事務長に就任する。45年，貴族院勅選議員に任命される。日本の敗戦後，安藤総督，諫山参謀長と台湾島内の治安維持について会談した。また台湾省海外僑胞救援会を組織した。46年，省参議員に当選，台湾光復致敬団に参加し，上海，南京，西安を回り国民党各部会の要人と会見する。47年，2・28事件勃発に際して，台中を訪問中の厳家淦を保護する。3月，台湾宣撫のため台北に滞在中の白崇禧に呼ばれ，事件後の善後策を述べる。48年，台湾省通誌館館長に任命される。49年，病気療養を理由に渡日し，館長職を辞職，以後，度々の帰台の勧めにも応ずることなく，56年9月，肺炎のため東京久我山の居宅で死去する。

参考文献：林献堂（許雪姫主編）『灌園先生日記（一）～(廿三)』(中央研究院台湾史研究所，台北，2001～2012年)。林献堂先生紀念集編纂委員会編『林献堂先生紀念集』(文海出版社，台北，1974年)。張正昌『林献堂与台湾民族運動』(著者出版，台北，1981年)。若林正丈『増補版台湾抗日運動史研究』(研文出版，2001年)。黄富三『林献堂伝』(国史館台湾文献館，台中，2004年)。〔張士陽〕

林　旭（りん　きょく）　Lin Xu

（1875年～1898年9月28日）

字・暾谷。号・晩翠。福建省侯官県生まれ。原籍，同前。戊戌六君子の1人。

安徽省東流県知県・林福祚を祖父に，儒者・林百敬を父として生まれたが，幼時に親を失った。しかし1893年18歳で郷試に首席で合格した。同郷の道員・沈瑜慶に奇才を認められて，その娘・鵲聡と結婚した。日清戦争後の下関条約に反対する上奏文を上呈し，内閣中書になってのち，楊鋭と交際し，康有為の変法運動に投じて98年福建学会（保皇会）を設立した。同年春，康が保国会を結成すると，林はこれに協力して奔走した。王錫蕃の紹介により9月5日軍機処の章京（文書係）となって譚嗣同，楊鋭，劉光弟とともに新政にたずさわった。しかし戊戌の政変により捕らえられて9月28日処刑され，“戊戌の六君子”として23歳の短い生涯を閉じた。これを知った妻は服毒自殺した。子供はなかった。著書に『晩翠軒集』がある。

参考文献：閔爾昌編『碑伝集補』巻12（四庫善本叢書館，北京，1923年)。民国清史館編『清史稿』巻464，列伝251（民国清史館，北京，1927年)。湯志鈞編『戊戌変法人物伝稿』上冊（中華書局，北京，1961年)。「晩翠軒集」，張元済編『戊戌六君子遺集』3（上海商務印書館，上海，1917年。文海出版社，台北，1966年復刻)。〔児野道子〕

林　義順（りん　ぎじゅん）　Lin Yishun

（1879年11月12日～1936年3月21日）

字・発初，号・蔚華，其華。シンガポール生まれ。父が広東省潮陽県出身，英語教育を受ける。母の兄が孫文革命に共鳴した張永福。孫文の革命を支援したシンガポール華僑。

1903年革命を呼びかけた『革命軍』の書5,000冊を印刷，『図存篇』と書名を変え，福建，潮州で配布した。05年中国同盟会加盟，08年ペナン，ラングーン同盟会支部創設に奔走，英文をよくして孫文の秘書をつとめた。13年第2革命失敗後，シンガポールに逃れ，革命家を援助した。

1921年シンガポール中華総商会の副会長となり，ゴム大王として知られる。24年上海に渡り，国民党西山会議派及び反共大同盟を援助，27年南京国民政府成立後，華僑委員会委員となる。32年国民党国難会議会員に推され，洛陽会議に参加した。36年上海で病気療養中死去。

参考文献：陳旭麓・方詩銘等主編『中国近代史詞典』(上

海辞書出版社，上海，1982年）。〔江頭数馬〕

林　育南（りん いくなん） Lin Yunan

（1898年12月15日～1931年2月7日）

号・湘浦（甫），字・香浦，別名・林毓蘭，林相払。筆名・林根，根，若愚，仮名・李少堂，李敬塘，鉄巒。湖北省黄州回龍鎮林家大湾生まれ。中国共産党の指導者，労働運動の専門家。

1904年郷里の回龍山の私塾に通い始め，11年に黄州学堂，15年に武昌中華大学中学部に入学する。17年10月惲代英の互助社に参加し，しばらく後に自らも黄社を組織した。19年3月魏以新らと『新声』（半月刊）を創刊，新思潮研究の専門誌として武昌の青年層に影響を与えた。同年5月惲代英とともに五・四運動に参加，9月に武漢で『向上』を創刊，12月には「共同生活の社会的義務」宣言を行い利群書社を創設した。

1920年9月北京医学専門学校に入学し，当地で北京共産主義小組のメンバーで互助社社員でもあった劉仁静から思想的影響を受け，マルクス主義に傾倒した。21年7月15日惲代英，李求実らと共存社を結成し，階級闘争及びプロレタリア独裁を認め，労農政治及び人類の共存を目指すことを宣言した。同年冬中共武漢支部より中国代表団の一員としてモスクワの極東各国の共産党及び民族革命団体の第1回代表大会に派遣された。

1922年春ソ連より帰国し，正式に中共に入党する。入党後中国労働組合書記部武漢分部で労働組合工作に従事し，同分部主任となる。10月湖北省工団連合会秘書主任に就任，23年2月に京漢鉄道の2・7ストを指導した。同年8月南京で開かれた中国社会主義青年団第2回全国代表大会で団中央執行委員会委員に当選した。

1924年国共合作後の4月に青年団中央駐鄂特派員，国民党漢口執行部青年部幹事に就任し，翌25年には中共中央職工運動委員会委員，中華全国総工会上海辦事処秘書長，中国社会主義青年団中央執行委員会候補委員となる。

1926年10月北伐軍の武漢占領にともない武漢工作に派遣され，中共湖北区委宣伝部部長に任ぜられ，27年1月に湖北省総工会宣伝主任を兼任した。同年4月武漢で開かれた中共5全大会で中央候補委員，6月の第4回全国労働大会で中華全国総工会執行委員会委員，常務委員，秘書長に当選する。

「大革命」失敗後も武漢に留まり，中共湖北省委宣伝部部長として地下工作を指導していたが，1927年末上海へ退出，当地で中共滬東区委員会の責任者となる。28年の夏以降一時中共江西省委秘書長に任ぜられたものの，同年末には上海に戻る。29年11月上海で中華全国総工会の第5回全国労働大会（秘密会議）を大会秘書長として主宰し，大会後総工会の編集委員会主任，秘書長代理に任命された。

1930年春上海で全国ソヴィエト代表大会中央準備委員会秘書長に任ぜられ，羅章龍（主任）とともに準備工作の責任を負う。当時李敬塘の名前を使用する。同年11月江西ソヴィエト区に入り，第1回全国ソヴィエト代表大会に出席した。31年1月中共6期4中全会で王明がコミンテルン代表ミフの支持を受け中央を掌握すると，何孟雄とこれに強く反対，そのため王明指導部から右派として攻撃された。

1931年1月17日上海の租界で何孟雄，李求実らとともに租界警察に逮捕された。逮捕時，李少堂と名乗る。同月23日国民党淞滬警備司令部に移送され，2月7日上海の龍華で処刑された。45年4月の中共6期7中全会で右派のレッテルが外され名誉回復される。

参考文献：中共党史人物研究会編『中共党史人物伝』4巻（陝西人民出版社，西安，1982年）。陳玉堂編『中共党史人物別名録』（紅旗出版社，北京，1985年）。王永均・劉建皋編『中国現代史人物伝』（四川人民出版社，成都，1986年）。徐友春主編『民国人物大辞典』（河北人民出版社，石家荘，1991年）。〔中村楼蘭〕

林　語堂（りん ごどう） Lin Yutang

（1895年10月10日～1976年3月26日）

原名・和楽，大学入学時に玉堂と改名し，のち語堂とする。筆名・毛驢，宰予，宰我，豈青，薩天師，語，玉堂。福建省平和県坂仔村で生まれる。作家，散文家，言語学者。

父・林至誠は，キリスト教長老教会派の牧師で，西洋文明の崇拝者であった。4人の兄と2人の姉さらに1人の弟があり，生活は苦しかったが，教育には熱心な家庭であった。林語堂が10歳の時，鼓浪嶼の教会小学校に移り，13歳で厦門の教会の旧制中学「尋源書院」に入る。1912年卒業すると，上海の聖約翰大学文科に入った。英語の学習に力を入れ，2番の成績で卒業すると，北京の清華大学の英語教師となった。

1919年鼓浪嶼の富豪の娘・廖翠鳳と結婚し，ともにアメリカに渡り，10月ハーバード大学比較文学研究所に入る。アービング・バビットに学んだが，その論敵であるスピンガーンやイタリアのクローチエといった「表現派」にひかれた。20年修士号を得たが，公費切れとなり，フランスへ渡り，華人青年会で働いた。生活費を少し蓄えると，21年ドイツのイエーナ大学に入る。22年ライプチヒ大学に移り，中国古代音韻を学び，23年4月言語学博士となって，イタリアを経由して帰国した。

清華大学や北京大学などで，英語や言語学を教える一方，『晨報副刊』にハイネの訳詩を発表したりした。林語堂は，西欧ブルジョア民主主義や個性解放，ヒューマニズムなどの観念を持ち帰ったが，軍閥統治の現状に不満を持った。1924年11月，魯迅，周作人らと週刊誌『語絲』を創刊。25年，章士釗の下野につき，フェアプレーをおこなって，水に落ちた犬を打つなと提言し，魯迅の反論にあった。26年3月女子師範大学の教務長兼英文系主任となる。「3・18惨案」では，劉和珍，楊徳群の追悼文を書き，帝国主義と中国封建勢力が最も恨むべき敵だと述べ，魯迅の意見が正しかったことを認めた。

段祺瑞政府の逮捕令によって北京を離れ，1926年5月厦門大学文科主任となり，魯迅を招いた。しかし，校長・林文慶と意見が合わず，27年2月武漢に行き，国民政府外交部英語秘書となった。半年でやめ，上海に行く。11月，蔡元培の要請で，中央研究院国際出版物交換処処長となる。12月には世界ペンクラブ中国分会秘書となり，官職にはつかぬことを声明。28年魯迅の『奔流』月刊に一幕悲喜劇「子見南子」を発表，孔子を諷刺して話題になった。29年開明書店から『開明初中英文読本』全3冊を出版し，新しい英語の教科書としてベストセラーとなり，林語堂を裕福にした。32年末宋慶齢らが発起人の中国民権保障同盟に参加した。

1932年9月，ユーモアを提唱する『論語』半月刊を上海で創刊。彼は24年に『晨報副刊』でユーモアを提唱していたが，今回は人生の大計，文学の要諦と位置づけた。多くの文を発表し，「幽黙（ユーモア）大師」と称されたが，だんだん無聊な文人趣味の作品が多くなった。34年4月別に『人間世』半月刊を創刊し，自我を中心とした小品文を書くことを提唱した。魯迅はこれに反対し，『太白』半月刊で「科学小品文」を提唱した。35年9月林語堂はまた『宇宙風』半月刊を創刊した。12月9日の学生運動に対して，林語堂は学生を支持し，中央の大学の御用学者に反対する文を書いた。

1936年8月林語堂は家族とともにアメリカへ渡り，以後40年にわたる海外生活を送ることになった。ニューヨークで魯迅の死を知り，追悼文を『宇宙風』32期に発表した。彼は，自由なブルジョア知識分子としてヨーロッパの論理を受け入れ，中国文明はヨーロッパ人の目から弱点に見えても，実際はそれが長所であることをその論理で証明した。そういう中国の文明を英語で紹介する著作を数多く書いた。35年アメリカで出版した *My Country and My People*（『吾国与吾民』あるいは『吾土吾民』，邦訳は『我国土，我国民』）は，彼のこれまで断片的に書きためたものの集大成で，パール・バックの序がある。それは中国の歴史，民族，文化についてかなり全面的に紹介した800頁余の著作である。43～44年にかけて，*The Vigil of a Nation*（『枕戈待旦』），*Between Tears and Laughter*（『啼笑皆非』）を出し，欧米に中国の抗日戦争の様子を知らせたが，国民党政府をやや持ち上げすぎていた。このほか自伝体の英語小説がある。*Moment in Peking*（『瞬息京華』あるいは『京華煙雲』，邦訳は『北京好日』あるいは『北京の日』，39年），*Chinatown Family*（『唐人街』，48年），*The Red Peony*（『紅牡丹』，61年），*The Flight of the Innocents*（『逃向自由城』，64年）などがある。これらは，中国近現代史を背景に，人物の悲歓離合を描いているが，中国共産党に対しては悪意ある攻撃をしているといわれる。

1947年夏ユネスコ芸術部長としてフランスに赴き，50年アメリカに帰った。52年ニューヨークで『天風』月刊を創刊。54年シンガポール南洋大学総長。66年6月アメリカから台湾に行き，居を定めた。台湾は林語堂を上賓として遇し，彼も応じて『中央日報』のコラム「無所不談」に文を載せた。それは，『無所不談合集』として台湾開明書店から74年に出版された。69年羅家倫の後を継いでペンクラブ中国分会会長，75年世界ペンクラブ副会長となる。76年香港で病死した。

その他の著作には，『剪払集』（1925年），『大荒集』（34年），『我的话・行素集』（34年），『我的话・披荆集』（36年），*Memoirs of an Octogenarian*（『八十自叙』，75年）など，また『当代漢英詞典』（72年）などの辞書や言語学の専門書もあり，『老残遊記』など中国古典の英訳，そしてバーナード・ショー『売花女』などの翻訳など多数がある。

参考文献：王兆勝『林語堂大伝』（作家出版社，北京，2006年）。陳煜斕主編『林語堂研究論文集』（河南人民出版社，鄭州，2006年）。劉炎生『林語堂評伝』（百花洲文芸出版社，南昌，2010年）。万平近『林語堂論』（陝西人民出版社，西安，1987年）。
〔萩野脩二〕

林　則徐　Lin Zexu

（1785年8月30日～1850年11月22日）

字・元撫，少穆，石麟。号・竢村老人，竢村退叟。

福建省侯官県生まれ。原籍，同前。清末の官僚。

父・賓日，学者。母，陳氏。幼時父から伝統的学問を学ぶ。1797年府試，翌年県試に合格。1804年挙人。06年，厦門に赴き海防同知書記，翌年福建巡撫・張師誠に見込まれて幕府に招かれて仕えた。この期間に歴代の政治制度や兵政・刑政などについての知識を深めた。11年進士，庶吉士，翰林院編修。16年江西郷試副考官，翌年会試同考官，雲南郷試正考官，江南道監察御史に任じた。著書『滇南紀程』は，雲南郷試正考官として赴任した時の旅行記である。

1819年末より宣南詩社に参加した。翌年浙江杭嘉湖道に任じられて以後地方官を歴任す。浙江塩運使（22年），江蘇按察使（23年）を歴任し，江寧布政使代理にも任じられた。江蘇按察使就任の年には大洪水に見舞われて飢民暴動発生の恐れが生じたが，林則徐は，巡撫・韓文綺の出兵弾圧の計画に反対して米穀の安価放出，減税，窮民賑済の政策を実施し，暴動発生の危機をおさめた。またこの時期，林則徐の裁判が公平かつ人道的であったため，人びとは林則徐を「林青天」と呼んで尊敬したという。その後，陝西按察使（27年），江寧布政使，湖北布政使（30年），江南布政使，江寧布政使，河東河道総督（31年）と地方官を歴任し，32年江蘇巡撫に任じられた。この間，龔自珍，魏源，黄爵滋など経世の学を提唱する今文公羊学派の人びとと親交を重ねた。江蘇巡撫に赴任してまもなくイギリス船が上海沖の洋山洋に侵入する事件がおこり，林則徐はこれを退去せしめた。これは対外問題の処理に当たった最初の仕事であるが，この時期の林則徐は優れた地方行政官として名声を博した。かつて河東河道総督在任中には黄河の治水に尽力して成果を挙げ，ついで5年間に及ぶ江蘇巡撫在任中には銭漕を減額して民衆の苦しみを弛め，白茆，劉河などの水利を改修し，またアヘン吸飲による弊害に心を痛めた。

1837年湖広総督に転任したが，前年太常寺少卿の許乃済がアヘンの販売，吸飲の許可，アヘン輸入の認可と国内生産の奨励による銀流出の防止などアヘン禁止政策見直し論を提出し，それに対して一方では厳禁論もわきおこった。38年，アヘン厳禁派の鴻臚寺卿・黄爵滋がアヘン厳禁強化論を上奏し，各将軍，督撫から意見を徴したところ，応奏した29人のうち厳禁反対者は21人，賛成者はわずか8人であったという。厳禁派の代表者は林則徐であり，6項目のアヘン禁止案を提出し，黄爵滋の禁止案以上の厳しい禁止政策を提案した。同時に，林則徐は任地の湖南・湖北でアヘン吸飲厳禁政策を実施して成果を挙げた。同年，道光帝は林則徐を北京に呼び林則徐のアヘン厳禁政策に賛同し，林則徐をアヘン密輸入取り締まりを使命とする欽差大臣に併せて兵部尚書，右都御史に任じ，広州へ派遣した。林則徐は39年3月初旬に広州に到着した。

到着前すでに両広総督・鄧廷楨，広東巡撫・怡良，広東水師提督・関天培などが協力して密輸入取り締まり強化と虎門海域の防備の増強に努めていたが，林則徐は「広東十三行」の貿易商人に保有アヘンの外国商人への返却を命ずると共に，買辦の廃止，外国商館の封鎖など強硬な措置を実施し，イギリス商人保有のアヘンをすべて没収し，19,179箱，2,119袋（約16.5トン）のアヘンを虎門海岸へ投棄した。その後，林則徐は外国商人に対し，今後アヘンを密輸入しないという誓約書の提出を求めた。イギリス商務監督エリオット（Charles Elliot）らイギリス人側は誓約書提出に反対した。他方，林則徐は先守防衛策を採用し，虎門沿岸の砲台増強，商船の戦艦への改装，水軍の増強など沿岸防備を固めると共に，沿岸村民や郷紳層の団練の編成によって郷土自衛の体制を固めた。1839年7月，沿岸村民1人が酒に酔ったイギリス兵に殴殺される事件がおこった。林則徐は犯人の引渡しを要求したが，エリオットは一方的に「審理」した。林則徐，鄧廷楨は西欧国際法の「司法主権」を主張してあくまで犯人の引渡しを要求し，当時マカオに退避していたイギリス人に対して食料の提供を拒否するなど強圧手段を採った。9月4日，突然エリオットは軍艦を率いて九龍山の洋上に進攻して攻撃を加え，砲撃戦となった。林則徐は鄧廷楨と共に虎門に駐留して水軍を指揮して防衛に当たった。10月，広州知府・余葆純をマカオに派遣してエリオットと通商回復条件について協議させた。しかし，エリオットは林則徐の提出した殺人犯人の引渡し，誓約書の提出，アヘン運搬船の駆逐などの条件を拒否し，そのうえ犯人をイギリスへ送還し，両者の談判は決裂した。11月初，エリオットは再び武力的脅迫を加えるべく川鼻洋に侵攻し，つづいて官涌山を攻撃した。広東守備軍はこれらを撃退したが，この時からイギリスは「砲艦外交」に移り，清国への軍事侵略の端緒を開いた。11月末，朝命により，12月6日以後の対英貿易を禁止した。翌40年1月初，林則徐は両広総督に任ぜられたが，5月末にイギリスは軍艦15隻など大量の艦船を率いて広東に来航し，開国を迫った。林則徐はこれを拒絶したが，この時より本格的なアヘン戦争が始まった。6月初イギリス艦隊は北上して舟山群島を侵犯して定海を占領し，さらに北進して天津沖に迫った。清廷内では穆彰阿，琦善らの妥協派が優勢となり，直隷総督・琦善が司令官エリオットと交渉し，対戦責任者の林則徐，鄧廷楨の処罰，没収アヘン代金の賠償を条件にイギリス軍艦の撤退と広州での通商条約協議とを約した。9月，対外強硬派の林則徐は免職され，代わって琦善が欽差大臣に任じられて広州に赴き，対英折衝に当たった。林則徐は翌41年，沿岸防衛に協力するため浙江に派遣されたが，その年6月，対英戦争惹起の責任を問われて鄧廷楨と同じく新疆のイリに追放された。イリに赴く途中，鎮江で友人・魏源に会い，『四洲志』など外国紹介の文献を贈って『海国図志』の編集を依頼した。

新疆滞在中，林則徐は屯田の開放，水利施設の築造，兵農一致，屯田防辺を主張し，また西北方からのロシアの侵略の危険性について警告した。1846年，陝甘総督代理に起用され，翌年には陝西巡撫，さらに47年には雲貴総督に任ぜられ，この間，西北および西南の回族などの反乱を鎮圧した。雲貴総督在任中，商民を召集して鉱山の開発を図ることを道光帝に上奏した。49年，病気のため辞職して帰郷したが，翌年太平天国鎮圧のため欽差大臣に任ぜられ，広西に赴く途中，広東省普寧で病死した。

外国事情の調査の必要性を痛感した林則徐は各種資料に基づいて『四洲志』，『滑達爾各国律例』，『華事夷言』などを編集し，新知識の啓蒙に貢献した。林則徐の数多い奏議は『林文忠公政書』37巻（1885年刊）に収められ，その他著作は『林文忠公遺書』5巻，『林則徐集』，『雲左山房文鈔』，『雲左山房詩鈔』，『信及録』などに収録されている。

参考文献：繆荃孫編『続碑伝集』24（江楚編訳書局，上海，1910年）。民国清史館編『清史稿』列伝156（民国清史館，北京，1927年）。来新夏『林則徐年譜』（上海人民出版社，上海，1981年）。楊国楨『林則徐伝』（人民出版社，北京，1981年）。A.W. Hummel ed., *Eminent Chinese of the Ch'ing Period, 1644-1912*, Vol. 1 (U.S.Gov.Print Office, Washington, 1943).

〔横山英〕

林　直勉（りん　ちよくべん）　Lin Zhimian

（1887年～1934年）

原名・培長，字・紹軒，晩号・魯直。広東省東莞県生まれ。中国国民党指導者。

若くして同盟会に参加し，『少年中国晨報』の編集に携わり，革命を鼓吹する。1909年に胡漢民，黄興，趙声，倪映典らと香港で同盟会南方支部を設立し，広州新軍蜂起を起こす。支部は香港島黄泥涌道に設けられ，胡漢民は支部長，林直勉は軍資金調達主任を務める。支部の費用は香港の同志により負担されており，林と李海雲は家産を傾けて援助をしたと言われる。辛亥革命後，広東に戻り，胡漢民らの軍政を補佐する。

1912年3月同盟会は南京で大会を開催し，秘密の革命団体から公の政党に改められる。孫文を総理，黄興と黎元洪を協理に推挙し，林直勉は同盟会広東支部長に就任する。14年9月朱執信の命を受けて広州湾に赴き資金調達をするが，同志10余名とともにフランス租界当局に逮捕され，安南（現在のヴェトナム）のハノイにある監獄に収監され，15年9月に釈放される。20年10月孫文の代理として『サンフランシスコ市少年晨報』の株主総会に参加する。また，サンフランシスコ市支部の総幹事を務めるが，まもなく辞任して帰国する。

1921年，非常大総統・孫文の秘書を務める。22年6月16日に陳炯明が反乱を起こし，総統府を包囲攻撃した際に，林樹巍とともに情報を孫文に伝え，海上への避難を成功させる。同年8月北伐軍が反乱鎮圧のため南方に戻るが苦戦し，孫文は広東を離れ，香港を訪れた後上海へと向かう。孫が不在となった後の艦隊の善後策は林直勉と李章達に委任される。同年10月鄧沢如，古応芬，李樹巍，李文範らと香港で「討陳駐港辦事処」を設けて陳炯明討伐を計画した際，胡漢民は処長に推挙され，林，古応芬，鄧沢如はそれぞれ軍事，連絡，経済の各業務を分担している。

1923年陳炯明の反乱が鎮圧された後，胡漢民は広東に戻って省長に就任し，林直勉は省政府秘書長に就任する。「江防会議の変」以後，広州を離れて香港に向かう。2月21日孫文は広州に到着し，大元帥の職権を引続き執行する。そして省長公署を訪れたとき，鄧沢如，林樹巍，林直勉，陸志雲らの所在を尋ね，不在であった林ら3人をわざわざ電報で呼び寄せたという。孫を救出した林らの功績に対する評価の高さが窺える。同年3月胡漢民一行に同伴して上海から寧波へ赴いた後，蔣介石を広東に招いて軍事問題の策をめぐらしている。11月，中国国民党臨時中央執行委員会候補委員に任命される。24年6月に大本営秘書，同年11月には大本営会計司長を兼任する。

1925年8月の廖仲愷暗殺事件に関連したとして，自宅で病気の療養中であったにもかかわらず逮捕され，2年間投獄される。27年春，陳銘枢，呉敬恒，鄧沢如らが冤罪を雪ぎ，名誉回復して出獄する。31年に広東省党部党務委員に就任。同年5月の広東国民政府樹立に参加し，南京，広東両派の妥協成立後，西南政務委員会常務委員，西南軍事委員会委員，中国国民党西南執行部宣伝部主任を兼任。34年に病死する。書道に長じ，隷書においては100年来の名書道家と言われる。

参考文献：劉紹唐主編『民国人物小伝』第7冊（伝記文学

出版社，台北，1985年）。外務省情報部編『現代中華民国・満洲帝国人名鑑』（東亜同文会，1937年）。

〔松田康博〕

林（りん）　宗素（そうそ）　Lin Zongsu

（1878年～1944年）

福建省閩侯県に生まれる。華興会会員でジャーナリストの林獬（字・少泉，筆名・白水）の実妹。叔父の林履中は，日清戦争のとき海戦で戦死した揚威艦の管帯。林宗素は，清末民初期の数少ない女性ジャーナリスト，革命党員の１人。

林宗素は，1898年前後林獬に従って浙江省杭州に行き浙江教育界の活動に参加したが，その時，のちに著名な革命運動のリーダーとなった秋瑾と知り合う。1902年上海の愛国女学校に入学し，革新団体中国教育界が組織する諸活動にも参加した。

1903年３月には日本に渡り，東京女子高等師範学校に入学した。同年男子留学生が拒俄義勇隊を組織したとき，林宗素もこれに加入し，04年10月には秋瑾らと実行共愛会を結成し日本赤十字社にも参加した。05年，林宗素は横浜に作られた爆弾製造機関に秋瑾，唐羣英ら他の女子留学生とともに参加している。06年１月，中国同盟会に加入した。

林宗素は，父が編集を担当していた『中国白話報』に民主革命を主張する論文を投稿するとともに『俄事警聞』，『警鐘日報』などの編集にも従事し，『警鐘日報』停刊後は『婦女時報』などの新聞・雑誌にも投稿した。

1911年末，武昌蜂起後に江亢虎を党首とする中国社会党に入党し，中国社会党の新聞を刊行するとともに労働運動を積極的に支持し，労働者の待遇改善をかちとるためにはストライキも必要であることを主張している。また，中国社会党の主張の重要な側面である女性解放（男女平等）を実現するため，11年12月20日，上海で女子参政同志会を組織し会長に就任した。12年１月５日南京で中華民国臨時大総統の孫文に謁見し，女子参政権に対する孫文の支持を獲得した。女子参政同志会は女子参政権運動を強化するため，呉木蘭らの女子同盟会，王昌国らの女国民会や女子後援会，女子尚武会などと連合して12年４月８日に唐羣英を会長とする女子参政同盟会を結成した。しかし同年８月中国同盟会が国民党に改組される過程で女子参政権の主張が党綱領から脱落し，女子参政権運動も挫折した。

1913年以後は東南アジアなどで教育や商業活動に従事し，兄の林獬が中国で日刊新聞を発行するのを資金援助した。26年８月林獬が奉天軍閥に逮捕処刑されたのちは，南方に移住し，44年雲南省昆明で病死した。

参考文献：徐春友主編『民国人物大辞典』（河北人民出版社，石家荘，1991年）。『中国新聞年鑑1987年版』（中国社会科学出版社，北京，1987年）。『辛亥革命回憶録４』（中華書局，北京，1962年）。劉巨才編『中国近代婦女運動史』（中国婦女出版社，北京，1989年）。呂美頤・鄭永福『中国婦女運動（1840―1921）』（河南人民出版社，鄭州，1990年）。小島淑男「中国社会党と社会党」，『中国研究』18，1971年６月。

〔小島淑男〕

凌（りょう）　叔華（しゅくか）　Ling Shuhua

（1900年３月25日～1990年５月22日）

現代女性作家。本名は凌瑞棠，筆名は叔華，瑞唐，Suhua，素心，素華。原籍は広東省番禺県，北京に生まれた。家は代々画家の家系であり，父は官吏であった。幼い頃から文芸と芸術に親しみ，後にその才能を発揮することになる。

天津直隷第一女子師範学校在学中，文章を書き始め，校内雑誌に発表していた。1919年五・四運動勃発後，天津に“天津愛国同志会”が成立し，許広平，蔣雲主編の『醒世』が出版された。凌叔華はこの雑誌を読み，影響を受けた。

1922年，燕京大学予科に入学，翌年，本科外国文学系に上がり，主に英語，フランス語，日本語を専攻した。大学在学中，絵画制作に勤しむ一方で，創作活動も行っていた。24年１月13日『晨報』副刊に，初めて小説『女児身世太凄凉』を発表した。続けて『資本家之聖誕』，『那件事我対不起他』や散文『朝霧中的哈大門大街』を発表した。

1924年５月，インドの大詩人，タゴールが中国を訪問し，北京大学英文系主任だった陳源（陳西瀅）が接待し，凌叔華も歓迎団代表に加わった。

1925年１月『酒後』を『現代評論』（１巻５期）に発表し，文壇での評価を高めた。３月には『繡枕』を『現代評論』（１巻15期）に，続けて『中晩秋』を発表し，幅広い注目を集めた。この３作品は，愛情，嫉妬，虚栄心など女性の心理を巧みに描いたことが特に評価を得ている。他に『新月』月刊，『晨報』副刊，『燕大周刊』，『文学雑誌』，『大公文芸』，『武漢文芸』，『文学季刊』，『開明』，『国聞周刊』，『中国文芸』などの雑誌に文学作品を発表した。

1926年６月燕京大学を卒業後，北京の故宮博物院の書画部門に勤めた。27年に陳源（陳西瀅）と結婚。同年初秋，夫婦で日本旅行をし，菊池寛，佐藤春夫，芥川龍之介などの日本文学作品に触れた。

1928年，最初の短篇小説集，『花之寺』を新月書店から出版。29年，夫・陳源が武漢大学教授に就任するのに伴い，同大学で教鞭を執った。そこで教えていた女性作家である，袁昌英，蘇雪林と知り合い，親交を深めた。

1930年，短篇小説集『女人』を商務印書館から出版。35年には『小孩』を良友図書出版公司から，他に児童短篇集『小哥児們』を出版した。

抗日戦争時期は，戦争がもたらす混乱により情緒不安定になることがあり，創作作品もあまり多くないが，その間，東方芸術と戯劇の研究に専心していた。

1946年夫の陳源は国民党政府により，パリのユネスコに派遣された。翌年，凌叔華は娘を連れてロンドンで夫と再会した。一時期パリに住み，フランス語を学び，印象派絵画を研究したのち，経済的理由でロンドンに移住した。

1953年にバージニア・ウルフにアドバイスを受けた英語による自伝体作品，『古歌集』を出版した。これは1994年に『古韻』という題名で中国語に訳され中国で出版された。

1954年から60年まで，シンガポールの南洋大学へ行き，中国近代文学を講義した。60年，中国女性と子どもの生活を題材とした短篇小説自選集，『凌叔華短篇小説選』と海外の名勝と詩歌について書いた散文集『愛山蘆夢影』を出版した。

1967年から68年まで，カナダのトロント大学で教壇に立った。その後，イギリスに戻り，ロンドン大学，オックスフォード大学などの招聘を受け，中国近代文学と書画芸術についての講義を行った。1972年以降，数回にわたり祖国に戻り，観光を兼ねて，創作と絵画制作を行った。凌叔華が製作した絵画作品は，イギリスでも反響を得，イギリスのほかにアメリカ，シンガポールなどで，個人展覧会を開催している。

また，香港の『大公報』，『南洋商報』に『敦煌礼賛』など祖国の名勝を紹介する文章と文芸作品を数篇発表し，他に一幕劇12編を発表した。

『夢里心声』と『柳恵英』が長らく凌の作品とされてきたが，彼女自身は1970年代にシンガポールの『南洋商報』に自作ではないとの声明を出している。

その後，重症のチフスと乳腺癌に苦しんだが，1989年末帰国後，北京の景山病院に入院した。その後も北京に留まり，1990年5月22日に永眠した。

魯迅はかつて凌叔華の小説創作について，「たいていは，慎重に，程よく旧家庭の従順な女性を描いている」，「世の中の有様の一角であり，名門一族の魂なのだ」（『中国新文学大系』小説二集序）と述べた。

参考文献：閻純徳『二十世紀中国女性作家研究』（北京語言文化大学出版社，北京，2000年）。凌叔華『繡枕』（江蘇文芸出版社，南京，2009年）。凌叔華著，傅光明訳『凌叔華的文与画』（山東画報出版社，済南，2005年）。

〔牧野格子〕

劉（りゅう）　白羽（はくう）　Liu Baiyu

（1916年9月2日または28日とも～2005年8月24日）

原名，劉玉賛，北京生まれ。作家，散文家。

幼い頃は丁稚になったことがあるというが，詳しいことはわからない。14歳で学校に入る。1931年9・18事件により，学業をやめ軍隊に入る。綏遠で腸チフスにかかり，家にもどる。34年民国大学中文系に合格。在学2年間をほとんど図書館ですごす。36年処女作「冰天」を発表し，国民党軍隊の腐敗を描く。37年第1小説集『草原上』を上海で出版。38年春延安に行き，入党。5月華北の抗日戦線に赴き，自ら戦火をくぐる。散文特写集『八路軍七将領』（王玉杞と共著），『遊撃中間』，小説「行軍中」，「火」などを書く。また，遊撃区の生活を描いた「五台山下」，「龍煙村紀事」，「幸福」などもある。39年には太行山に行き，「朱徳将軍伝」に着手する。

1942年延安文芸座談会に参加し，翌年の『解放日報』に「読毛沢東同志“在延安文芸座談会上的講話”筆記」を発表し，自分の思想を改造し，大衆の中へ入って労働者農民兵士のために書くことを誓う。44年重慶に行き，『新華日報』文芸副刊の編集に参加するかたわら，辺区の生活を紹介する作品を書く。散文集『延安生活』，短篇集『金英』などがある。

1946年初，北平軍事調停執行部に行き記者となる。国共関係が険悪化した4月，東北戦線へ記者として赴く。以後，林彪の第4野戦軍に従い，多くの戦役に参加しつつ南下し，全国解放を迎える。この時期，報告集『為祖国而戦』，『歴史的暴風雨』，短篇集『早晨六点鐘』，中篇「火光在前」といった優れた作品を発表。とくに「政治委員」や「無敵三勇士」といった短篇は，時代の強烈な息吹きと飾り気なく清新な作風を表現していて，彼の代表作となった。

1949年12月毛沢東の訪ソに記者として従う。翌年帰国後，「莫斯科訪問」を書く。50年解放戦争の映画「中国人民的勝利」の編集に周立波らと参加する。これは，スターリン文学賞を得た。抗米援朝の時期は，2度朝鮮前線に赴き，散文通訊集『朝鮮在戦火中前進』・『対和平宣誓』や短篇集『戦闘的幸福』などを書く。

1952年中国作家協会常務理事。54年9月第1期全国人民代表大会河北省代表。55年以後文化指導工作につき，中国作協党組書記，副主席，書記処書記。65年4月文化部副部長。中国人民解放軍総政治部文化部部長，第5，6期全人代代表などを歴任する。

主な散文集に，『火炬与太陽』(1956年)，『踏着晨光前進的人們』(59年)，『青春的閃光』(59年)，『紅瑪瑙集』(62年)，『晨光集』(64年)，『紅色的十月』(78年)，『劉白羽散文選』(78年)，『芳草集』(81年)，『海天集』(84年)，『白羽論稿』(85年) などがある。彼の散文は，強烈な時代感と戦闘性に富み，骨太で雄渾なタッチは，その政治的色彩をきわだたせている。ほかに，『劉白羽小説選』(79年)，『劉白羽東北戦場通訊選』(87年) などがある。

1964年老舎を団長とする作家代表団の副団長として，84年には巴金を団長とする中国ペンクラブ代表団の副団長として来日している。86年には，フランス，イタリアを訪問。

文革後は，毛沢東，周恩来，朱徳らを讃える「紅太陽頌」，「偉大的創業者」，「巍巍太行山」などの散文や「石油英雄之歌」といった，社会主義時代の新長征を讃える散文を発表している。文芸の階級的原則論を堅持する保守派の代表で，1981年の白樺批判では，『時代的報国』紙で白樺批判の口火をきった。93年初には「心霊的歴程」(3部作) を書き終えている。この第1部は85年の長篇報告文学『大海』(朱徳伝) であり，第2部は87年の長篇「第二個太陽」で，これは91年第3回茅盾文学賞を得ている。また『人民文学』90年7・8期合併号から主編となり，報告文学掲載に力を入れている。88年11月の第5回文代会では，大会主席団の一員に選ばれた。

参考文献：孟広東・朱運清編『劉白羽研究専集』，中国当代文学研究資料叢書 (解放軍文芸出版社，北京，1982年)。牛運清『劉白羽評伝』(重慶出版社，重慶，1995年)。

〔萩野脩二〕

劉(りゅう)　半農(はんのう)　Liu Bannong

(1891年5月27日～1934年7月14日)

原名・劉寿彭，のちに劉復と改める。字は初めは半儂，のち半農。号・曲庵。筆名・伴儂，寒星，範奴冬女士，含星，海。江蘇省江陰県城内西横街生まれ。散文家，音声学者，北京大学教授。父・劉宝珊は，江陰で学校を運営する名士。母・蔣氏は，出身が貧しく棄てられていたのを，半農の祖母に救われて育てられた。

1901年翰墨林小学に入る。07年常州府中学堂に入学。10年6月3歳年上の朱恵と結婚。11年中学堂を卒業後，翰墨林小学の教師となる。武昌蜂起後革命に身を投じるが，軍の混乱状態に嫌気がさし，12年2月江陰に帰る。弟・劉天華と上海に行き，開明劇社に入る。最初の翻訳小説が上海『時事新報』に発表され，これより著作活動を始める。生活は厳しく，弟と2人で1枚の綿入れしかなく，1人が外出すると，1人は蒲団の中で待つよりほかなかった。

1913年『小説月報』に小説「仮髪」を発表。10月『時事新報・雜俎』に百字小説「秋声」を発表し，賞を得る。上海中華書局に入り，編訳員となる。14年“偵探小説”「匕首」，“滑稽小説”「黒行囊」，“醒世小説”「咏而帰」，“哀情小説”「此何故耶」などを『中華小説界』に発表。また，週刊誌『礼拝六』に翻訳小説「橡皮傀儡」と「奉贈一円」を発表。15年“滑稽小説”「福爾摩斯大失敗」を発表。ほかに，“言情小説”，“家庭小説”，“実業小説”，“外交小説”など旧小説の形式に新しい題材を盛った小説や翻訳を多数発表する。16年中華書局同人と『福爾摩斯偵探案全集』を共訳し，その「跋」も書いて，名探偵ホームズを中国に定着させた。10月『新青年』に初めて「霊霞館筆記・愛爾蘭愛国詩人」を発表。秋，中華書局をやめる。

1917年5月『新青年』に「我之文学改良観」を発表し，積極的に文学革命のスローガンに応じ，白話俗文学を評価する。夏，蔡元培の要請をうけ，国立北京大学予科教員となる。北大文科研究所で，詩，小説，文典編纂法，語典編纂法の新学工作を担当。12月北大国文門研究所国語部と国語研究会が共催した国語討論会に出席。

1918年『新青年』に胡適，沈尹黙と3人で白話詩9首を発表。北大国文門研究所の第3回小説科研究会で「通俗小説之積極教訓与消極教訓」と題して講演。『北京大学日刊』に，「北京大学徴集全国近世歌謡簡章」を載せ，のち整理して148首を発表する。3月『新青年』に「復王敬軒書」を発表し，王敬軒という架空の保守派に反論して，新文学の長所と白話文の必然を述べる。7月蔡元培らの「進徳会」に加入し，“不嫖，不賭，不納妾”を守る。12月沈尹黙に代わって『新青年』5巻6号を編集。「悼曼殊」の詩を発表。

1919年「国語統一籌備会」会員に推され，会が4月に成立すると，「国語統一進行方法」を提案し採択された。6月周作人らと，所謂五・四運動で逮捕された北大法科の学生を慰問に行くが，軍警に拒絶される。銭玄同らと「致本校全体教職員諸君函」を『北京大学日刊』に発表。北大教授臨時会議に出席し，蔡元培校長慰留を討論する。『中国文法通論』を出版。

1920年，「国語辞典委員会」委員になる。夫人と長女をつれてヨーロッパへ出発。3月英国ロンドン大学に入学，語音実験室に入る。8月，長男・劉育倫，次女・劉育敦の双子が生まれる。上海『時事新報・学灯』に「“她”字問題」を発表し，初めて“她”“它”の2字を作る。21年夏パリ大学に入学。この年，文学研究会に加入。23年敦煌文書を抄写。24年『四声実験録』出版。パリ言語学会会員となる。25年『漢語音声実験録』によってフランス国家文学博士を得る。8月大量の音声学機器を携えて帰国。北京大学で教える一方，「数人会」を組織し，銭玄同，趙元任，黎錦熙，汪怡，林語堂らと音韻を研究する。11月全国国語運動大会の幹事となり，『国語運動略史』出版。26年詩集『瓦釜集』，『揚鞭集』を出版。清代の小説『何典』に標点をつけ重印。7月から半年余，『世界時報・副刊』の主編となる。脚本『茶花女』を訳して出版。27年『法国短篇小説集』，訳詩集『国外民歌訳』，『半農談影』などを出版。魯迅をノーベル文学賞候補者に推薦するが，魯迅に拒絶される。

1928年京都の東亜考古学会に出席し，「新嘉量之較量及推算」と題し講演。7月南京で『中国大字典』編集計画を提案。中央研究院歴史語言研究所研究員。29年北京輔仁大学（翌年開校）の教務長を兼任。国立北平図書館委員会委員。30年北京大学女子文理学院院長。音声学や中国俗文学に関する学術的著作を多数発表。ほかに，『調査中国方音用標音符号表』編成，『声調之推断及“声調推断尺”之制造与用法』発表，李家瑞と『宋元以来俗字譜』，『中国俗曲総目稿』を印行，『中国文法講話』（32年），『初期白話詩稿』（33年），『半農雑文』（34年）などを出版。34年に賽金花にインタビューし，『賽金花本事』を編集。

1934年6月綏遠一帯の方言や民俗調査に赴き，回帰熱に罹り，7月北京で死亡。10月，北京大学で蔣夢麟校長による追悼会が行われた。35年商鴻逵編『半農雑文二集』。86年徐瑞嶽編『劉半農文選』が出版され，92年5月には，弟の劉天華，劉北茂とともに「劉氏三傑」記念活動が北京で行われた。

参考文献：徐瑞嶽編『劉半農文選』（人民文学出版社，北京，1986年）。鮑晶編『劉半農研究資料』（知識産権出版社，北京，2005年）。朱洪『劉半農伝』（東方出版社，北京，2007年）。

〔萩野脩二〕

劉(りゅう)　伯承(はくしょう)　Liu Bocheng

（1892年12月4日～1986年10月7日）

原名，孝生。四川省開県趙家場出身。人民解放軍軍人，元帥。

貧農に生まれ，幼少より苦学。辛亥革命に共鳴し，1912年重慶の将校学堂に入学，四川の袁世凱討伐軍に参加。14年孫文の中華革命党入党，中隊長・旅団参謀長，連隊長を歴任。16年3月作戦中右眼に被弾して失明。24年共産主義者の呉玉章に従って上海，北京，広州など中国社会を観察，しだいに愛国的民主主義者から共産主義者に転換。

1926年5月中共に入党，朱徳らと四川省各地で武装蜂起を指導。27年春武漢の国民政府により第15軍軍長に任命，南昌蜂起では中共前敵委員会参謀団参謀長。同年冬モスクワに逃れ高級歩兵学校，ついでフルンゼ軍事学院に入学。30年夏帰国，中共中央軍事委員会委員，中共長江局軍事委員会書記。12月上海で中央軍事委員会書記周恩来を助けて同委員会の日常活動を処理。31年中央革命根拠地に入り，32年1月紅軍学校校長兼政治委員。12月第1方面軍参謀長，33年10月中央軍事委員会総参謀長，朱徳，周恩来を助けて第4次反包囲戦争を指揮。第5次反包囲戦争では「軍事指揮上の教条主義」に反対したため総参謀長を解任。

1934年10月第1方面軍第5軍団参謀長として長征に参加。長征中の35年1月末再び総参謀長に任命され，中央縦隊司令員を兼任。先遣隊として烏江，金沙江，大渡河などを強行渡河するなど多くの勇猛果敢な戦功をあげたが，なかでも大凉山の彝族居住区の首領・小葉丹と血を啜りあって義兄弟の契りを結び，無事部隊を通過させたことは有名なエピソード。

抗日戦争勃発により八路軍第129師師長，山西に進出，太行山に依拠して敵後遊撃戦争を展開。1938年政治委員・鄧小平，副師長・徐向前とともに晋冀豫抗日根拠地を創設。40年8月百団大戦に参加して日本軍に重大な打撃を与えたが，日本軍の「三光作戦」の報復を受け，根拠地を縮小し，部隊を分散化・地方化して日本軍の掃討作戦に耐えた。抗日遊撃戦争の戦術に関する多数の著述を発表。45年春の中共7全大会で中央委員会委員。

国共内戦では，中原野戦軍，第2野戦軍の各司令員として鄧小平とともに国府軍を殲滅する上で貢献。1947年6月黄河を渡って中原に進出，8月大別山の国民党軍33個旅団を粉砕。48年11月第3野戦軍とともに淮海戦役を指揮，国民党軍55万を撃破。49年4月長江渡河作戦を指揮して江南の広大な地区を解放，南京解放後南京市軍事管制委員会主任兼市長。さらに西南戦役で四川，雲南，貴州，西康の4省を解放，50年1月西南軍政委員会主席。

1949年9月政協第1期全国代表，中央人民政府委員会委員，中央人民革命軍事委員会委員。51年1月

〜57年8月軍事学院院長兼政治委員。革命戦争中からソ連軍に倣って「軍隊を治めるには学校を作る」ことを説き，戦闘指揮の傍らソ連軍の戦略・戦術に関する文献を翻訳・紹介。50年11月「軍事学院を創設することに関する意見書」を提出。軍事学院を頂点とした100余校からなる近代的な軍事学校教育体系をつくり，近代的な正規軍を運用して近代戦争を指揮できる多数の軍人を養成。54〜57年統帥部に設置された訓練総監部の部長として解放軍の軍事訓練を統括。54年6月中央人民革命軍事委員会副主席，9月同委員会は廃止され，新設された国防委員会副主席。同年9月中共中央軍事委員会委員。同月第1期全人代代表。55年9月一級八一勲章，一級独立自由勲章，一級解放勲章授与，元帥。56年9月中共8全大会で中央政治局委員。

解放軍のソ連軍化を目指した彭徳懐の近代化・正規化軍事路線が批判されて毛沢東軍事路線への転換が断行された1958年の中共中央軍事委員会拡大会議で，訓練総監部と軍事学院は厳しく批判された。その前年劉伯承は健康上の理由で訓練総監部長と軍事学院長を辞任，訓練総監部長の後任となった蕭克が批判の矢面に立ったが，批判の矛先は劉伯承に向けられていた。軍事学院を頂点とする中国軍の学院・学校は毛沢東軍事思想に基づいて改革され，訓練総監部は廃止されて総参謀部に吸収。蕭克は国務院農墾部副部長（部長は抗日戦争中の南泥湾精神＝部隊の生産自給で知られる王震）。軍事学院は文化大革命の過程で廃止された。こうした軍隊学校改革を進めた中心人物は58年3月に創設された軍事科学院院長兼政治委員の葉剣英である。葉剣英と劉伯承は軍事教育・訓練などの領域でライバルであった。

1957年8月高級軍事学院院長兼政治委員。59年4月第2期全人代で常務委員会副委員長。9月中共中央軍事委員会に創設された戦略研究小組組長。10月論文「長征の回顧」を解放軍雑誌『八一雑誌』20期に発表。65年左眼を手術，視力減退，事実上両眼失明。66年1月中共中央軍事委員会副主席。69年4月中共中央政治局委員，73年8月同委員に再選されたが，それ以後公式行事に出席せず，77年7月病気であると公表された。75年10月19日『人民日報』は長征の勝利40周年を記念して上記論文「長征の回顧」を掲載。82年9月の中共12全大会で高齢と健康上の理由からすべての党・国家・軍の職務から引退。老衰のため北京で死去。

文化大革命終束後の1978年3月軍事学院復活。院長に蕭克が就任。翌79年蕭克はそれまでの解放軍の教育・訓練が時代後れの毛沢東軍事思想によって拘束されてきたことを正面から批判，劉伯承の名誉回復をはかった。鄧小平政権は『劉鄧大軍南征記』（河南人民出版社，82年），楊国宇・陳斐琴編『劉伯承用兵録』（戦士出版社，82年），『劉鄧大軍風雲録』上・下（人民日報出版社，83年），『劉伯承指揮芸術』（解放軍出版社，84年）など劉伯承の戦争指導を評価する多数の出版物を刊行。葬儀での追悼文で鄧小平は58年の中共中央軍事委員会拡大会議における劉伯承批判を「不公正であった」と批判，名誉を回復。

参考文献：『劉伯承回憶録』（上海文芸出版社，上海，1981年）。楊国宇・陳斐琴・李鞍明・王偉『劉伯承軍事生涯』（中国青年出版社，北京，1982年）。『劉伯承回憶録』2集（上海文芸出版社，上海，1985年）。『劉伯承回憶録』3集（上海文芸出版社，上海，1987年）。「功勲卓著的名帥—劉伯承同志生平」，『人民日報』1986年10月17日。

〔平松茂雄〕

劉（りゅう）　伯堅（はくけん）　Liu Bojian

（1895年1月9日〜1935年3月21日）

原名・永福，字・栄錮，改名・伯堅，号・鉄俠，鋳，外国名・大治，毅伯。四川省巴中県龍崗寺生まれ。中国共産党の指導者，政治工作面の責任者。

父は劉貴顕，宿屋を経営。7歳で私塾に学び，次いで小学に入学。10歳の時，清末の秀才であった伯父の荀俊生の下で古典に関する基礎知識を伝授される。1912年春，岳家寺の金斗寨高等小学堂に入学。卒業しないまま13年春，省立巴州中学に合格，数学などの習得に専心。さらに先進的な学風を求めて，達県の綏属連中に転入。在学中，共和制擁護，反軍閥，反帝国主義の文章を発表，保守的な教員や学生から攻撃される。15年秋同校を離れ，万県の川東師範に入学，反袁，反帝国主義の活動に参加。17年秋成都に赴き，呉玉章らの「勤工倹学」精神に基づく欧州留学を希望するが，資金がなく断念。

1918年春，友人の紹介で保寧府に駐在していた嘉陵道道尹・陳炳坤の秘書となる。陳により重用されるが，同年末から19年初めにわたる龍崗，仏楼一帯の農民暴動に加担したのを契機に辞職。19年2月再度成都に赴き，成都高等師範学堂に入学，留学に備えて外国語を学習。五・四運動の中で新思潮を積極的に宣伝。8月成都を離れ，9月北京に赴く。「四川留京学会」を通じて呉玉章の高等法文専修館に入り，フランス語を学習。また，当時趙世炎らとともに『工読（半月刊）』を創刊。

1920年6月25日，フランス留学を目指して上海を出発，8月フランス到着後，ベルギーに入国，聶栄臻，何長工らとともに労働しながら勉強。その後，再度フランスに入国。21年初，『共産党宣言』，『フランスにおける内乱』，『資本論』，『国家と革命』などマルクス・レーニン主義の著書を読む。趙世炎，李立三が組織した労働学会に加入。同年2月，食べる権利，働く権利，学ぶ権利の獲得を求めた2・28運動に参加。6月から8月にかけて中仏間の借款契約への抗議活動に参加。9月，リヨン中仏大学の闘争では趙世炎，李立三らとともに決死隊となり活躍，フランス当局により逮捕される（その後釈放）。21年末から22年初にかけて趙世炎（フランスで活動），周恩来（ドイツで活動）と緊密に連絡をとりつつ，ベルギーで少年共産党の組織工作に従事（聶栄臻と協力）。22年6月，パリの中国少年共産党第1回代表大会にベルギー支部代表として出席，同年夏共産党員となる。23年2月，少年共産党臨時代表大会（パリ）で同組織は「旅欧共産主義青年団」と改名，同年秋中共旅欧総支部書記に就任，パリで党勢拡大に尽力，蔡暢らに入党を勧誘。

1923年11月，旅欧総支部による派遣団の第2陣として李合林ら十数名とともにモスクワへ出発。同年末モスクワの東方労働者共産主義大学に入学，そこで中共のモスクワ支部書記を3年間務める。25年10月，ソ連に滞在する中共党員はソ連共産党の指導下にあることを主張し，同支部の廃止を求めた王明とモスクワ支部の存廃をめぐって対立。26年初め曾涌泉，王仁達らとともに『前進報』を創刊。同年5月モスクワに到着した西北国民軍の馮玉祥の懐柔に成功，8月同軍に加わるべく馮及びソ連軍事顧問団とともに帰国。

国民軍連軍（元西北国民軍）政治部副部長に就任。同軍の政治工作，幹部の訓練を担当。軍政幹校を創設，自ら「社会主義概論」，「共産主義ABC」，「国家と革命」，「新三民主義」，「中国国民党第1回全国代表大会宣言」などを講義。同年秋，国民軍連軍が寧夏を転戦した際，当地にマルクス・レーニン主義訓練班を創設。同軍の将領，鄧宝珊，楊虎城，吉鴻昌，趙博生，董振堂，李振同らとも関係を強化。27年4月，王叔振と西安で結婚。4・12反共クーデター以後，馮玉祥が蔣介石に接近すると，鄧小平とともに同軍から排除される。その後，しばらく武漢及び上海で秘密行動をとる。

1928年党中央により再びソ連に派遣され，軍事技術・知識を習得して，30年秋帰国。江西の中央ソヴィエト区に入り，中央軍事委員会秘書長に任命される。31年11月，瑞金における第1回全国労農兵代表大会で中華ソヴィエト共和国中央執行委員会委員に選出される。また，ソヴィエト区労農紅軍学校政治部主任に就任（校長・何長工）。翌12月の国民党26路軍の「寧都蜂起」を鄧小平らとともに指揮，同軍を改編した紅軍第1方面軍第5軍団の政治部主任に任命される。34年10月主力紅軍が中央ソヴィエト区を離脱する際，「左の誤った指導」の下で第5軍団から引き離され，贛南軍区に政治部主任として派遣される。当地で残存部隊を率いて国民党軍に抵抗する一方，『紅色中華報』を35年2月まで刊行。35年3月4日の戦闘中に負傷，国民党軍の捕虜となり，処刑される。

参考文献：中共党史人物研究会編『中共党史人物伝』4巻（陝西人民出版社，西安，1982年）。『不屈的共産党人』3（人民出版社，北京，1982年）。中共四川省委党史工作委員会党史人物伝編輯組編『四川党史人物伝』1巻（四川省社会科学院出版社，成都，1984年）。星火燎原編輯部編『解放軍将領伝』5集（解放軍出版社，北京，1987年）。《革命烈士伝》編輯委員会編『革命烈士伝』4集（中共党史資料出版社，北京，1990年）。
〔中村楼蘭〕

劉（りゅう）　歩蟾（ほせん）　Liu Buchan

（1852年～1895年2月10日）

字・子香。福建省侯官県に生まれる。清末の海軍軍人。

15歳で福州船政学堂に入り，航海術および砲術などを学ぶ。1875年船政局監督ジケルに従って英，仏を視察。翌76年船政学堂第1期西欧留学に参加し，イギリスに留学する。成績優秀にて花翎を与えられる。

帰国後，砲艦鎮北の艦長に任命され，その能力を高く評価された。しかし，清朝の海軍力の現状を憂慮した劉歩蟾は，「西洋兵船砲台操法大略」を書き李鴻章に建議した。この「大略」で彼は，海軍力の拡充をもって海防の充実を主張した。

1880年李鴻章はドイツで建造する定遠，鎮遠および済遠の建造監督に劉歩蟾を派遣し，あわせて砲術と水雷術の研究に従事させた。85年定遠などの建造がなると，これらの艦艇を本国に回航，この功績により副将となる。88年海軍衙門は「北洋海軍章程」を作成したが，その草案は劉歩蟾の手になったものであり，イギリス海軍より多大の影響を受けたものであった。北洋海軍が成立すると，丁汝昌に次ぐ総兵に任ぜられたものの，海軍の維持，拡充は思うにまかせず，さらに外国人教習との軋轢もあって苦労を重ねた。

日清戦争の黄海海戦では，定遠艦長として奮戦した。丁汝昌負傷の後は提督代理を務め，威海衛で日本軍と交戦したが，衆寡敵せず最後には乗艦定遠とともに爆沈した。

参考文献：戚其章『北洋艦隊』（山東人民出版社，済南，1981年）。包遵彭『中国海軍史』（中華叢書編審委員会，北京，1970年）。民国清史館編『清史稿』巻460，列伝247（民国清史館，北京，1927年）。〔徳岡仁〕

劉　道一（りゅう どういつ）　Liu Daoyi

（1884年～1906年12月31日）

字・炳生，号・鋤非。原籍，湖南省衡山。同省の湘潭県に生まれる。清末の革命家。

父の劉方尭は元々農民であったが，太平天国の際には湘軍の一員となったことがあり，後には湘潭県衙門で差役を務めていた。劉道一は，幼少の頃は私塾で伝統的教育を受けたが，後にアメリカ人が創設した湘潭教会中学に入学し，ここで英語などを学んだ。しかし，革命の潮流の高まりと，兄・揆一の影響によって思想は急進化していった。彼の鋤非という号は，『漢書』の「朱虚侯伝」にある「非其種者，鋤而去之」から採ったもので，民族意識を反映したものである。

1903年11月黄興，劉揆一らが長沙で華興会を組織すると，劉道一も兄に従って入会した。翌年3月彼は日本に渡り，正則英語学校に学んだ。その一方で彼は革命派の人々との交流を深め，秋瑾，王時沢らと反清を標榜する秘密団体「十人会」を組織した。秋には馮自由らが横浜で組織した洪門天地会に加わり，草鞋（将軍）に任じられた。05年8月東京で中国同盟会が創立すると，劉道一もこれに参加し，書記，幹事などの職に任じられた。彼は弁舌に長け，加えて英語にも精通していたため，同盟会の対外交渉の事務などに当たった。

1906年秋劉道一は蔡紹南らと共に，湖南において新軍と会党への工作に当たるべく帰国した。彼は同志との協議の結果，長沙を攻め落とすにあたっては，会党を萍・瀏・醴各県に結集させ，事前工作が行き届いた軍隊との連携のうえで蜂起を行う方針を定めた。そして，もしこの計画が実現できない場合は，瀏・醴両県において会党が暴動を起こした後に長沙に進撃し，そこで軍隊が呼応して全市を掌握し，会党は決死隊を組織して敵の後援部隊を阻止しようとするものであった。

劉道一らは蜂起の期日を陰暦の年末，清朝の官吏が休暇に入る時期に定めていた。しかし，蔡紹南，姜守旦らが指導する萍瀏醴蜂起は，予定を早めて1906年12月4日に実行に移された。この時，劉道一は長沙にいたが，蜂起決行の報せを聞いて，部隊の長沙攻撃の便を図るべく，城内から開門させるよう軍隊に働きかけた。しかし，彼の活動は清朝当局に発覚し，逮捕されて12月31日に処刑された。彼は，革命運動に参加した留日学生の中で犠牲となった最初の人物である。彼の亡骸は一時湘潭に埋葬されたが，中華民国成立後の12年3月に至って烈士と認定され長沙の岳麓山に移された。

参考文献：黄李陸主編『革命人物誌』6（中央文物供応社，台北，1971年）。中国社会科学院近代史研究所主編『民国人物伝』3（中華書局，北京，1981年）。〔嵯峨隆〕

劉　鶚（りゅう がく）　Liu E

（1857年10月18日～1909年8月23日）

原名・震遠，孟鵬，夢鵬，字・鉄雲，雲搏，雲臣，箕湍，公約。号・蜨雲，筆名・洪（鴻）都百錬生，蝶隠，再不死人，蝶雲，抱残守缺斎，二百瓦登斎。江蘇省丹徒県生まれ。清末の実業家，小説家。

父・劉成忠は進士に及第し，京畿道監察御史にまで至った官僚であり，劉鶚はその次男として生まれた。父は科挙の受験勉強をさせようとしたが，それに従わず，奔放不羈の幼少年時代を送った。その後思い立って，西学をも含む幅広い学を身につけた。生活の面では，淮安で煙草を売る店を持たされたが失敗，揚州で医者を開業したが，これもうまく行かなかった。また，南京で科挙を受けたが，落第，上海へ出て石昌書局を開業したが，これにも失敗，というぐあいに，劉鶚の前半生は失敗の連続であった。このころ，劉鶚は李光炘に師事した。李光炘は，三教合一の立場に立ち，民を養うことを主張する太谷学派の思想をうけついでおり，実社会にあって行動しようとする劉鶚は，この思想の影響を受けていたといってよい。

劉鶚の運が開けてきたのは，1888年黄河が鄭州で決壊し，時の河南巡撫・呉大徴に対策を進言して認められ，自ら工事を指揮して功績をあげたことにはじまる。これについで，山東で水害がおこると，山東巡撫・張曜に招かれ，やはり治河に功績をあげた。張曜にかわった福潤に推薦され，北京で総理衙門の試験を受け，知府の資格を得た。これ以後，洋務派官僚の張之洞，王文韶らの後押しを得て，鉄道敷設を説いたが，反対にあって実現できなかった。また，外資を導入して山西の鉱山を開くことを主張したが，これによって，「漢奸」の汚名を着せられることになる。

1900年の義和団事件の際には，政府の米倉を守っていたロシア軍と交渉し，米を払い下げてもらい，北京の飢民に分け与えた。だが，後にこのことにより政府の米を私売したとの罪に問われ，新疆に流され，09年7月廸化で中風を患い没した。

以上見たように，劉鶚は洋務派の実業家としての生涯を送ったのであるが，今日劉鶚の名は，古代の甲骨文字の最初の研究家として，そして小説『老残遊記』の作者として最もよく知られている。劉鶚が『老残遊記』を，本名ではなく，あくまで洪都百錬生の筆名で手すさびとして書いたことを思うと，それは皮肉でもある。

甲骨文字については，光緒年間に河南省安陽の殷墟から発見された大量の甲骨文字資料を最初に認め，蒐集したのが劉鶚であり，それを1903年『鉄雲蔵亀』として一本にまとめた。この書物が今日の甲骨学のはじまりであった。

小説『老残遊記』は，義和団事件の後に書かれたものであり，はじめ上海の商務印書館の雑誌『繡像小説』(1903～04年)に途中まで連載され，続いて『天津日日新聞』に再録され，20回で完結を見た。『老残遊記』は，作者の投影ともいえる主人公・老残（医者）が人生をふり返り，各地を旅した見聞に寄せて，当時の社会を批判したものであるが，「清官の及ぼす害は，貪官の及ぼす害よりもはなはだしい」といった意見が特徴的である。『老残遊記』は，当時たいへん広く読まれ，続篇も多くあらわれており，李宝嘉の『官場現形記』，呉沃尭の『二十年目睹之怪現状』，曾樸の『孽海花』と並んで清末の4大譴責小説の1つに数えられる。ただ，他の3作者がジャーナリズムの世界を背景に活躍したのに対して，劉鶚の場合，本業はあくまで別のところにあったという点が異なっている。劉鶚には他に，黄河の治水に関する『治河七説』，『黄河変遷図攷』，『抱残守缺斎遺詩』などの著作がある。

参考文献：魏紹昌編『老残遊記資料』(中華書局，北京，1962年)。劉徳隆・朱禧・劉徳平編『劉鶚及老残遊記資料』(四川人民出版社，成都，1985年)。劉徳隆・朱禧・劉徳平『劉鶚小伝』(天津人民出版社，天津，1987年)。岡崎俊夫・飯塚朗訳『老残遊記・続集』(平凡社，1969年)。樽本照雄『清末小説閑談』(法律文化社，1983年)。樽本照雄『清末小説論集』(法律文化社，1992年)。『劉鶚集』(吉林文史出版社，長春，2007年)。

〔大木康〕

劉(りゅう)　復基(ふくき)　Liu Fuji

(1884年～1911年10月10日)

字・尭澂，瑤臣，別名・汝夔，武陵哭生。湖南省常徳県生まれ。湖南西部の哥老会の首領，中国同盟会，振武学社，文学社の会員。武昌三烈士の1人。

農家に生まれた劉復基は少年時代，明末清初の儒者，黄宗羲，顧炎武，王船山の著書を読んで民主主義に目覚めた。1903年武陵県立高等小学堂に入学。前年の02年常徳に滞在していた宋教仁を尋ねて親交を結び，04年の華興会の長沙蜂起計画では，湖南西路一帯の組織活動に責任を負っていた宋教仁の配下となって動いた。湖南の西部地方では地主の長男は武術を習得する習慣があり，哥老会などの秘密結社とも関係があったという。復基と宋教仁との関係はおそらく哥老会と密接な関係があった教仁の兄・宋教信の仲介によるものであったであろう。

長沙蜂起が失敗すると，劉復基は山村に潜伏して逮捕を逃れ，1905年の馬福益の洪江蜂起の計画にも加わった。計画がまたもや失敗すると日本に逃れ，宋教仁の紹介で中国同盟会に入り，宋との往来を重ねた。中国同盟会の命を受けてすぐに帰国したらしく，長沙で胡有華，覃振，楊熙績らと内外の雑誌販売店を経営し，主に『民報』の内地搬入を受け持った。この頃，禹之謨，寧調元らが陳天華と姚宏業を岳麓山に葬る計画を立てると，復基はこれに奔走し，禹之謨が逮捕されると常徳に逃げ，祇園寺に秘密機関を設立した。しかしまもなく当局に探知されると上海に走り，競業旬報社に身を隠した。その後，漢口で『商務報』に携わっていた兄の星澂の招きで，漢口に赴いて新聞経営に加わった。漢口では新軍内に群治学社という革命団体が結成されており，『商務報』は軍隊のニュースを提供する主旨で，多くの群治学社社員が記者や特約員となった。こうして『商務報』はいきおい群治学社の機関紙となった。

1910年春劉復基は李抱良と漢口にやって来て鉄道の国営化を宣伝していた楊度の行動を妨害したため，イギリス官憲に一時逮捕された。『商務報』も停刊に処せられ，群治学社は活動の中止を余儀なくされた。この時，復基は革命は軍隊を動かさなければ駄目だと悟り，名前を汝夔と改め，武昌に駐屯する新軍の兵隊になった。この時，群治学社は振武学社と改め，組織の温存を図っていたが，復基はこの中心人物となった。しかしこの組織も官憲に探知され，蔣翊武，劉復基，詹大悲らは文学社と名を改め，11年1月新年の互礼会にかりて武昌の黄鶴楼で正式に発足した。蔣翊武が社長になり，劉復基は文書，評議部長に就任した。彼は除隊して武昌の小朝街に設立された本部に詰め，社員5,000人余りを擁した軍隊との連絡に専心した。武昌では文学社の他に，07年東京で結成した張伯祥，焦達峰，孫武ら共進会の組織があり，09年に武昌（一説では漢口）に本部を置いてから長江下流域の秘密結社と連絡をとっていたが，文学社とは常に対立していた。しかし，11年9月中部同盟会の譚人鳳の斡旋で統一がなり，文学社の蔣翊武が湖北革命軍総指揮，共進会の孫武が参謀長となって，蜂起の具体的な計画と文書が制定された。当初，10月6日に蜂起を敢行する予定であったが準備が整わず，9日に延期した。9日の午前8時，孫武らは漢口のロシア租界のアジトで爆弾を試作中，誤って爆発し，ロシア官憲の捜索をうけ，蜂起計画が一挙に露見してしまい，漢口宝善里の本部も摘発されて清朝政府の大々的な捜索がはじまった。午後5時蔣翊武は知らせを受けて，当夜12時を期して一斉に蜂起の命令を出した。この時，本部にいた劉復基，彭楚藩，楊宏勝は蔣翊武の命令に従って各地との連絡にあたったが，夜10時本部は官憲に踏み込まれ，劉復基らは爆弾を投げて抵抗しようとしたが，不発弾であったため爆発せず，ついに捕らえられた。その夜総督署で尋問を受けた復基は，革命を憚らず，大いに清吏を罵った。報告を受けた総督・瑞澂は「殺せ！殺せ！殺せ！」とわめいた。翌10日午前3時武昌の督署前で処刑された。この日，あたかも劉復基が処刑された頃，蜂起軍は武昌の戦闘に勝利しつつあった。

参考文献：中国国民党中央委員会党史史料編纂委員会編『革命人物誌』6集（中央文物供応社，台北，1971年）。賀覚非編『辛亥首義人物伝』（中華書局，北京，1982年）。

〔松本英紀〕

劉　公（りゅう　こう）　Liu Gong

（1881年～1920年12月）

原名・炳標，耀賓。別名・湘。字・仲文。号・非非子。湖北省襄陽県生まれ。原籍，同前。清末民初の革命派の人物。

武挙（武郷試合格者）の劉子敬を父に6人兄弟の2番目に生まれた。劉家は襄陽の3大素封家の1つであった。劉公は何度か科挙に応じたが合格せず，時代の趨勢の影響を受けて次第に革命思想を抱くようになった。1902年自費で日本に留学して日本語を学んだのち，軍事を学んだ。当時彼は陳天華の『警世鐘』，『猛回頭』の宣伝配布につとめ，中国同盟会成立後，『民報』創刊にあたっては，多額を投じてこれを助けた。06年湖南・江西省境の萍郷，瀏陽，醴陵の蜂起に際しては，命を受けて湖北に帰ったが間に合わなかった。再び日本に渡った彼は明治大学で政治や経済学を学んだ。翌年8月，日本で張百祥，焦達峰らと長江中流・下流地域での武装蜂起を目的とした共進会を同盟会の下に結成し，張，焦が内地画策のために帰国すると，彼は会長の任を引きついだ。10年明治大学を卒業後，帰国して結核の治療のかたわら郷里で革命の準備をととのえた。裕福な家庭の彼は終始革命のための資金面の負担を惜しまなかった。9月24日の共進会と文学社の連合大会において政治準備処総理に選ばれた。武昌蜂起の前日は漢口のロシア租界で同志・孫武が爆弾試作中爆発し，党人名簿が瑞澂の手に渡って，同志30人以上が捕縛されたが，劉はあやうく難を脱した。

辛亥革命後は都督府監察処総監察に推挙され，黎元洪に左路軍司令官に任命された。年老いた父を郷里に残しての北京入りは気が進まなかったが，黎副総統の強い勧めによって1912年9月北京に入り，総統高等顧問となり，袁世凱により勲二位を授けられた。13年宋教仁暗殺事件後，劉公は上海に赴き，第2革命失敗後は袁世凱の帝制に反対して，漢口で武装軍を組織した。

袁の死後黎元洪が総統になると，劉公は再び北京に入って高等顧問に復職した。しかし1917年復辟運動によって黎が失脚し，安徽軍閥・段祺瑞が実権を握ると，劉は故郷襄陽の部隊を組織して孫文の護法軍に加わった。しかし，四川方面へ転戦中，結核が再発し，治療のため上海へ赴いて数年間治療したが効果はなく，20年12月同地で死去した。

劉公は生前荘氏と結婚したが，死別し，子供も夭折した。後妻で革命の同志・李淑卿（名・劉一，字・文華，別号・征清子，原籍，広東省）は1892年生まれ，湖北で小役人をしていた父の死後，母・謝氏とともに沔陽に住み，人に紹介されて丁固有と結婚したが，夫の急死によって丁家を追われてのち，母子は小船で武漢へ出た。その後李淑卿は沔陽時代の友人の助けで女子職業学校を卒業した。やはり沔陽時代の友人を通して革命運動に参加し，積極的に連絡工作に当たっていた彼女は，劉公と結婚後，漢口に住んだ。辛亥革命の直前一時捕えられたが，辛亥革命成功後は夫・劉公の下で総監察処監印員となり，女性任官第1号となった。その後も夫に従い，夫の死後は夫の郷里の襄陽に住んだ。2人の間に子供はなく，彼女は1951年病死した。

参考文献：「共進会始末」，張難先『湖北革命知之録』（商務印書館，上海，1946年）。賀覚非編『辛亥武昌首義人物伝』（中華書局，北京，1982年）。清史編委会編『清代人物伝稿』下編3巻，（遼寧人民出版社，瀋陽，1987年）。張玉衡「辛亥改革襄陽見聞録」，『近代史資料』1963年2期。

〔児野道子〕

劉　冠雄（りゅう　かんゆう）　Liu Guanxiong

（1858年～1927年）

字・子英，号・資穎。福建省閩侯県生まれ。原籍，同前。清朝，民国期の海軍軍人。

少年時代福州船政学堂に入学，1880年に卒業，北洋艦隊に配属された後，第3期海外留学生としてイギリスに渡る。グリニッチで軍艦・武器・航海などについて学習，89年帰国し，軍艦「靖遠」の幇帯（副長）任ぜられた。94年の日清戦争には靖遠の大副（航海長）として従軍，管帯（艦長）代理として戦闘を指揮した。のち「海天」管帯に昇進した。海天は4,300トンで，清朝最大の軍艦の1つである。劉冠雄の操艦の失敗により，海天は呉淞江で座礁して沈没した。軍法の規定では死刑に処せられるべきであったが，直隷総督・袁世凱のとりなしで，免官されるにとどまった。のち，復役して海軍部軍学司（海軍省教育局に相当）の科長を署理し（課長心得となり），98年に「飛鷹」艦管帯となった。同年戊戌政変の際，劉は軍艦をもって康有為を逮捕すべく命ぜられたが失敗，西太后から故意に康を見逃したと見なされ，免官されて入獄した。のち釈放され，1905年受験して工科挙人の資格を獲得，09年には長江を管轄する江防艦隊司令官，10年，海軍部軍制司駕駛科長となる。

1911年辛亥革命が勃発すると，武漢地区の革命軍を攻撃したが，のち革命政権の説得を受け，12年中華民国（南京臨時政府）の海軍高等顧問に任ぜられた。同年袁世凱が南京で臨時大総統に就任するための歓迎使節として，蔡元培らとともに北京に赴いた。3月唐紹儀内閣の海軍総長に就任した。この後，劉冠雄は19年12月までの間に，陸徴祥，張秉鈞，熊希齢，段祺瑞，王士珍，銭能訓の各内閣で海軍総長を歴任，13年には教育総長を代理した。この間，1913年の第2革命期には袁世凱より南洋巡閲使に任ぜられ，艦隊を率いて福建に赴き，革命派を弾圧した。ついで海軍上将に進級，陸海軍大元帥辦事処辦事員，海軍総司令に任じ，12月には一時福建都督をも兼任した。

1915年袁世凱の帝制回復時には二等公に封ぜられたが，袁の死後は官を辞し，天津に転居した。17年7月には段祺瑞内閣の海軍総長に復帰。20年1月勲一位を授けられ，21年6月考察福建種煙専使（アヘン栽培調査特使）に，22年福建宣撫使に任ぜられた。23年4月閩粤海疆防禦使に任ぜられたが，11月に辞し，以後政界・官界・軍から引退し，天津に住んだ。27年病気のため死去。

参考文献：来新夏主編『北洋軍閥史稿』（湖北人民出版社，武漢，1983年）。楊志本主編『中華民国海軍史料』第2冊（海洋出版社，北京，1986年）。黄美真・郝盛潮主編『中華民国史事件人物録』（上海人民出版社，上海，1987年）。中国社会科学院近代史研究所主編『民国人物伝』11巻（中華書局，北京，2002年）。

〔久保田文次〕

劉（りゅう）　光第（こうだい）　Liu Guangdi

（1859年7月14日～1898年9月28日）

原名・光第，字・裴村。四川省富順県生まれ。原籍，福建省武平県。戊戌新政に参与した清末の官僚。

劉光第の父は宗准，号は永茂，一時理髪職人をしていた。母は王氏。1863年私塾に入り，翌年母から書を学ぶことを命じられた。伯父の泉渓公に可愛がられ，本を買って貰い，聖賢の教えを知った。家は非常に貧しく，炊事の炭にも困り，母は病気勝ちであった。彼の性格は剛直であり，天性の資質は聡明で，大志を抱き，発憤して学を治めたといわれている。

劉光第は1877年富順県の張雲仙と結婚し，4男5女をもうけた。78年童試に合格したものの，翌年督学試に落ち，家計はますます苦しく，母は家を売って彼のために書籍を購入した。80年弟と共に成都の錦江書院に入学し81年生員，82年挙人，翌年進士に及第し，刑部主事となった。同年休暇を願い出て帰省し，84年成都に出て文昌書院の主講となった。

1888年官職に復帰したが，大臣が旦夕の安きを盗み，小臣が巧みに人に取り入っている様子を見，中国が英国にタイを取られ，フランスにヴェトナムを取られる様子を見て扼腕した。他方，劉光第は官職に復帰してから仕事に練達し，声誉を日に高め，同郷の官僚達を喜ばせた。また，時間のある時には古文の学に留意し，それを経世致用に用いようとした。書法は顔平原に学び，銭南園法を参考にした。

1894年日清戦争が始まり，旅順を失うと，彼は朝夕愁憤して寝食が普通でなくなったといわれる。96年劉光第は武昌で張之洞と会い，時事について話しあった。この年の秋，上海において『時務報』が発刊され，劉光第は四川の宋芸子などに手紙を送り，四川において『時務報』を広めることを依頼した。97年には四川の飢饉救済に当たっている。

1898年劉光第は，同郷の京官と蜀学会を四川会館に開き，官僚たちの数千金の援助により書籍，儀器を購入し，中西の教習を招聘して時務の学を求めようとした。同年4月康有為が保国会を粤東会館に開いたので，劉光第もこれに参加し，またこの頃『論校邠盧抗議』を書いた。

1898年8月28日戊戌の変法に際し湘南巡撫・陳宝箴の人材推薦が劉光第にも及び，9月4日光緒帝に召見された。劉光第は，時勢の危機と中外の積弊について述べ，翌日譚嗣同，楊鋭，林旭と共に四品卿銜を与えられ，軍機処の章京上行走となって新政に参与した。当初劉は枢要の任にあることはできないとして辞したが，光緒帝の命や郷里の官僚の勧めに従った。当時，言論が大いに開け，日に数百の章奏があったという。しかし，戊戌政変により９月24日自宅で捕えられ，９月28日処刑された。処刑される時，今まで１度も訊問を受けなかったことに反対したが，難に臨んでも平生通りで顔色を変えることはなかったといわれている。

劉光第は14歳から詩作を始め，その著作には文章55篇，書簡63通，詩678首がある。まず文章については，46篇が『衷聖斎文集』に載せられており，1986年に発行された。『劉光第集』にすべてが収録されている。その中で主なものは，『甲午条陳』，『論校邠盧抗議』，『南旋記』，『高騒擬議』である。書簡の９通は『衷聖斎文集』に載せられており，詩の多くは『介白堂詩集』，『衷聖斎詩集』，『飲冰室詩話』，『戊戌六君子遺集』に収められている。なお，書簡や詩についての補足は『劉光第集』に見られる。

参考文献：張元済編『戊戌六君子遺集』（文海出版社，台北，1966年版）。趙爾巽等『清史稿』巻464（中華書局，北京，1977年）。沃丘仲子『近代名人小伝』（広文書局，台北，1980年）。湯志鈞編『戊戌変法人物伝稿』増訂本上冊（中華書局，北京，1982年）。《劉光第集》編輯組編『劉光第集』（中華書局，北京，1986年）。

〔深澤秀男〕

劉　広沛　Liu Guangpei

（生没年不詳）

奉天省海城県生まれ。キリスト教徒の技師。中国工業合作運動の指導者。

1924年から26年までアメリカに留学してシンシナティ大学で工学を学ぶ。在学中，実習でフォード自動車会社の工場に行き，ジョゼフ・ベイリーに出会った。彼はアイルランド生まれのアメリカ籍宣教師で，中国窮乏の原因を農工技術の低さと考え，南京金陵大学農科の創設に尽力，自ら教授に就任した。「ベイリーの弟子」には梁士純，林福裕，呉去非らの技術者集団がおり，後の中国工業合作運動で基幹的役割を果すことになる。ベイリーは劉に対して，アメリカの大学にいる中国人留学生100人をフォードなど多種の工場に派遣，訓練することで，単なる布教ではなく，実質的に中国を救済，再建できると力説した。劉は彼の話に感銘を受け，中国に帰国すると，やはり上海に戻っていたベイリーと連絡をとり，貧窮な見習工に対する技術訓練計画を実施するため先頭に立って活動した。

1928年東北に行き，東北大学工学院土木系教授となり，また張学良政権下の財政庁に参加し，さらに遼寧国家銀行経理に就任した。31年９・18事変が勃発すると，東北を離れた。そして孔祥熙の援助を受け，極端に腐敗した県として有名であった安徽省和県の県長に就任した。そこで進歩的政策を推進し，例えば，苛斂誅求を撤廃し，行政粛正と腐敗官吏の解任を断行，かつアヘンと賭博の一掃を図った。また，農業改良，植林などにも尽力している。かくして和県の状況は一変した。この実績から劉は一挙に名をあげ，「模範県長」との名声を博したのである。その後，甘粛省建設庁長に就任したが，37年７・７事件後再び安徽省に行き，抗日のため農民自衛軍や遊撃隊の組織化に力を尽した。

1938年７月孔祥熙の勧めで工業合作運動に参加することとなった。劉広沛はベイリーの感化を受けたキリスト教系の民主派であり，かつまた技師で，行政，金融，経済に明るいこと，東北出身で抗日意識が強いことなどから，中国工業合作協会総幹事と業務組組長を兼任した。だが，42年洛陽八路軍辦事処の昌延甫と結託して，レウィ・アレーが共産党支援を行ったことを国民政府に密告し，その工業合作協会技術顧問の地位剝奪に加担した。

1945年８月日本敗戦後，国連救済復興会議（UNRRA）主任，中央銀行総東北分署長などを歴任するが，この期間に私腹を肥したとして逮捕された。国共内戦後，台湾に亡命。その後の活動は不明であるが，行政院国軍退役官兵就業輔導委員会で活動していたといわれる。

参考文献：鹿地亘『砂漠の聖者—中国の未来に賭けたアレーの生涯』（弘文堂，1961年）。菊池一隆「中国工業合作運動と救国会派—中国工業合作協会設立をめぐって」，大阪教育大学『歴史研究』25，1988年３月。東亜会『東亜』13—1，1940年１月。Nym Wales, *China Builds for Democracy: A Story of Cooperative Industry* (Modern Age Books, New York, 1941. 東亜研究所訳『支那民主主義建設』〔1942年〕). Douglas R. Reynolds, “The Chinese Industrial Cooperative Movement and the Political Polarization of Wartime China, 1938-1945” (Ph. D dissertation, Colombia University, 1975).

〔菊池一隆〕

劉　和珍　Liu Hezhen

（1904年～1926年３月18日）

江西省南昌生まれ。原籍，安徽省歙県。国民革命期の学生運動の女性指導者。

14歳の時父が病没。母が麻を紡ぎ紗を織って生計をたてる苦しい生活の中で成長した。1918年学費，寄宿費の免除を受けて江西省立第一女子師範学校に入学，知識欲にもえ，暗い灯火のもとで夜遅くまで勉強し，社会的な問題に対しても深く考える学生であった。

在学中校則が厳しく，学校側がことごとに学生の行動に干渉したため，劉和珍は学生の先頭にたって女師学生自治会を組織し，交渉して校則の改正を実現した。

1919年北京の五・四運動のニュースが伝えられると，劉和珍は女子師範を代表して各女校と連絡をとり，徐世昌大総統に打電して「パリ条約」の調印拒否を要請した。さらに学生に呼びかけて，街頭で「日貨排斥，国貨提唱」を訴え，商店にある日本製商品を集めて焼きすてて，民衆の自覚を促した。21年冬には，孫思義，銭鴻偉らと共に南昌に覚社をつくり，半月刊『時代之花』を創刊し編集長となった。誌上では白話文を提唱し，男女平等，社交公開，婚姻自主，教育の平等などを主張するとともに，女性もお嬢さん気質を脱して時代の潮流とともに歩むことを提唱した。また女子師範の仲間と共に『女師周刊』を創刊し，自身も「裝飾与人格」という文を書き掲載した。

1922年10月江西省百花洲で方志敏，趙醒儂が新文化書社を開き，『新青年』，『解放与改造』，『新潮』などを売り出すと，劉和珍はその愛読者となり，そこで知ったマルクス主義や十月革命に共鳴した。従って23年1月中国社会主義青年団江西支部が南昌に成立すると，劉和珍はただちにここに加入したが，これは軍閥政府によって，リーダーの逮捕，出版の停止などの処分を受けることとなった。

1923年秋劉和珍は師友の経済的援助をうけて北京女子高等師範学校の予科に入り，続いて北京女子師範大学英文科に入学した。大学では李大釗による「社会学」や「女権運動史」の授業を聞き，折から教鞭をとっていた魯迅を尊敬して，その授業に出席し，魯迅の編集による『莽原』の熱心な読者になった。この時代の劉和珍は，熱心な勉学による優秀な成績，確固とした強い意志，「いつも微笑をたたえた穏やかな態度」（魯迅「紀念劉和珍君」）によって，多くの学生の信頼を集め，入学して1年にも満たぬ間に，推されて学生自治会の主席となった。また北京の学生運動の指導者の1人となった。

1924年北京女子師範大学では楊蔭楡学長と学生の間に対立がおこり，25年にはそれが「駆羊（楊）運動」と言われる学長排斥運動にまで発展して，軍警の介入による学生の弾圧が行われた。だがこの間も劉和珍は，学生会議を主宰し，学生を組織し，長期にわたる闘争を維持して最後に目的を達した。

1926年3月18日，北京の天安門広場では，日本を初めとする列強の最後通牒に抗議し，段祺瑞政府に対して不平等条約撤廃，国家主権回復を要求する総工会，総商会，学生連合会による集会が開かれた。2,000人ほどの参加者は，さらに鉄獅子胡堂にある段祺瑞政府の国務院へ請願に向かった。そしてその中にあった劉和珍は，国務院の門前で軍警の発砲により友人の楊徳群とともに死亡した。3月25日北京女子師範大学では2人を悼んで追悼大会が行われた。南昌でも母校である女子師範学校が27日に追悼大会を開催した。

参考文献：魯迅「紀念劉和珍君」，『魯迅全集』3巻「華蓋集」続編（人民文学出版社，北京，1981年）。北京市婦女連合会『北京女傑』（北京出版社，北京，1985年）。中華全国婦女連合会婦女運動歴史研究室『中華女英烈』（人民出版社，北京，1891年）。『三一八運動資料』（人民出版社，北京，1984年）。

〔浜口允子〕

劉（りゅう）　健羣（けんぐん）　Liu Jianqun

（1902年3月～1972年3月17日）

原名・劉懐珍，字・席儒。原籍，江西省吉安県。貴州省遵義市生まれ。中国国民党員，蔣介石の側近。三民主義力行社書記長。

劉健羣は貴州省立法政専門学校出身であるが，在学中は『少年貴州日報』の校正の仕事をしながら勉学を続け，卒業後は同紙の主筆となる。1923年黔軍旅長であった何厚光に軍法処処長，師長，更に軍需処長に任命される。劉は軍閥が横行する当時の政治状況に強い憤りを感じ，25年自ら広東に赴き，中国国民党に入党し，国民革命軍に身を投じる。この時劉は東路軍の総指揮をとっていた何応欽の秘書となる。

1929年劉健羣は武漢行営辦公庁主任に任命され，30年には南昌行営辦公庁主任となり，江西地方整理委員会を創設し，江西省における剿共作戦に従事する。この時の功績が蔣介石に認められるところとなり，これ以後劉は蔣介石の側近の1人となる。31年になると軍事委員会政訓処長兼中央軍校政治部主任に抜擢される。劉健羣は11月12日から開催された国民党4全大会に，「貢献一点整理本党的意見」という意見書を提出し，「中華民国の危機」はとりもなおさず「国民党政権の危機を意味する」として，「国家救亡」のための「鞏固たる革命団体」の結成を提言する。ここに結成されたのが三民主義力行社である。この組織の三大原則は，①蔣介石を永久最高の領袖とする，②黄埔勢力をもって中枢機関とする，そして③三民主義を遵奉するであったが，彼自身は黄埔軍官学校の出身ではなかった。また，劉はこの大会で国民党中央常務委員に選出されている。

劉健羣は1932年から抗日運動に政訓研究班主任として参加し，北方各軍と中央との連絡を緊密にすることに尽力する。当時北方は中央との関係が疎遠であったが，これが党の政策を実行する上での大きな障害となっていると見た劉は，軍校政訓班の学生を華北宣伝隊に組織し，自ら総隊長に就任し，軍隊と民間内部に深入して軍民の団結を促進した。35年春には三民主義力行社の書記長に任命され南京に赴き，民族復興運動を推進する。36年広州行営第２庁長，大本営第６部副部長を歴任するが，37年11月20日国民政府が南京から重慶に遷都し，大本営が改組して第６部が廃止されると，劉は病気療養のため雲南省の鶏足山で２年余りを過ごす。

日中戦争終結後，劉健羣は再び蔣介石の下で活動し，三民主義青年団の中央団部の組織化に従事する。1946年12月25日の国民大会においては貴州省第２区立法委員に選出され，48年12月には立法院副院長に選出される。49年４月12日には国民政府が南京から再び遷都し広州に移ると，立法院院長代理に就任する。国民政府の12月８日の台北遷都後，劉は立法院院長に選出される。51年10月同院院長を辞任した後は立法委員，中国国民党中央評議委員を歴任するが，72年３月心臓病のため台北で死去する。

著書に『如何抗日救国』，『復興中国革命之路』，『民生主義与官僚伝統』，『銀河憶従』などがある。

参考文献：「藍衣社ニ関スル調査」，『支那政党，結社関係雑件』（外務省外交史料館史料）。秦孝儀主編『革命人物誌』20集（中国国民党党史委員会，台北，1979年）。劉紹唐主編『民国人物小伝』第２冊（伝記文学出版社，台北，1977年）。

〔家近亮子〕

劉　錦棠　Liu Jintang

（1844年～1894年）

字・毅斎，諡・襄勤。原籍，湖南省湘郷。清末の武将・政治家。

劉錦棠は監生より入貲し，県丞となるが，９歳の時，父・劉厚栄が太平軍と戦って岳州に戦没したことから，老湘営に投じる。

1865年，両江総督・曾国藩（魯督師）の命を受け捻軍鎮圧に向かう叔父・劉松山の下で，江西，安徽を振出しに，以後３年間，華北，華中，西北諸省を転戦。68年，西捻軍を直東の間に滅ぼした。この間，しばしば戦功をたて，知県から累進して按察使加銜の道員となり，花翎を賞される。

これより先，陝西，甘粛に回民蜂起が起こり，1868年，陝甘総督・左宗棠が欽差大臣となって西征すると，劉錦棠は劉松山の北路軍の先鋒を務め，10年間西北の地で回民蜂起の鎮圧に当たる。69年陝境を粛清して，布政使を加銜，法福凌阿巴図魯の称号が与えられ，70年寧夏の国民軍との戦いで劉松山が戦死すると，代わって老湘軍を率い，甘粛の回族指導者・馬化龍の軍を金積堡に撃ち，雲騎尉世職の爵位と黄馬褂が与えられる。翌年，馬化龍を討ち一時帰省した。

1872年，回族の族長・白彦虎らが反乱すると，左宗棠の命を受け，勇を募って前線に復帰し，甘粛に白彦虎と戦う。73年粛州を陥し，西寧を平定。翌年，署甘粛西寧道となる。ついで，河州の回民・閔殿臣を討ち，75年軍機処に存記され，甘涼道，西寧道を歴任。

これより先，アクブ・ベグが新疆に侵入。1869年，新疆全域を占領して一大独立国を建設。ついで71年，ロシアがイリを占領。ロシア，イギリスはアクブ・ベグと相ついで条約を結び（72，73年），これを緩衝国とした。白彦虎はアクブ・ベグの援助を受け引き続き清朝に抵抗した。

1875年，清朝は左宗棠（欽差大臣督辦新疆軍務）を派遣して新疆回復にあたらせた。劉錦棠はウルムチの収復に奇才を発揮し，76年左宗棠に「一時傑出の才」と称賛され，その推薦により騎都尉世職が与えられる。その後，南進して達坂，吐魯番，托克遜を占領して白彦虎を駆逐，77年アクブ・ベグを庫爾勒で自殺に追いやる。その後さらに西へ砂漠を越えて白彦虎を追い，庫車，阿克蘇，烏什などを収復し三品京堂候補となる。77年，カシュガル，イェールカンド，英吉沙爾に軍を進め，提督・董福祥にホータンを占領させた。白彦虎はついにロシア領に逃亡。劉綿棠はイリのロシア占領地を除く新疆全域を回復した功により，78年二等男爵となり，ついで太常寺卿，通政使司通政使となる。

1879年，崇厚がイリ割譲を認めるリヴァディア条約を締結した時，塞防論と海防論とが厳しく対立。80年塞防論の立場から強硬にイリ返還を主張した左宗棠が北京に呼び戻されると，81年劉錦棠はその後を継いで欽差大臣督辦新疆軍務となり，関外の軍事に当たった。82年イリが回収されると，劉錦棠は左宗棠の構想を引き継ぎ，新疆省を新設しウルムチに巡撫・布政使を置くが，暫時，陝甘総督の管轄下に入れるよう献策。ついで，ウルムチに城壁，廟壇，学校，駅伝などを設置し，広く屯田を行い，水利を興した。

1883年，兵部右侍郎。翌年，西太后の意向で特別に尚書が加銜され，ついで，初代の新疆巡撫となる。89年に太子少保，翌年に太子太保が加銜され，94年西太后の60歳誕生祝賀で，一等男爵となる。日清戦争が勃発し，電報で召見が促されたが，上京の途次脳溢血にたおれ，間もなく死去。

弟の劉鼒は山西按察使（1895年）。５人の子供の内，監生の劉道健は員外郎，優増生の劉篤列は挙人を賞される。

劉錦棠の上奏文を集めたものに『劉襄勤公奏稿』16巻（1898年）がある。

参考文献：民国中華書局編『清史列伝』巻59（民国中華書局，上海，1928年）。民国清史館編『清史稿』巻460，列伝241（民国清史館，北京，1927年）。朱孔彰『中興将帥別伝』巻20（上海中華書局，上海，1897年）。〔林要三〕

劉（りゅう）　揆一（きいつ）　Liu Kuiyi

（1878年12月3日～1950年11月1日）

字・霖生，林生。原籍，湖南省衡山。湘潭生まれ。清末・民国初の革命家・政治家。

父・劉方尭は農民であったが，太平天国の後に湘潭県知事公署刑房差役となったため，会党との接触が多く，反清復明の主旨を支持していたと言われる。そのため，劉揆一も早くから馬福益ら哥老会の会員と接触があった。

劉揆一は幼年期に私塾に入り，後に長沙の岳麓書院に入った。しかし，科挙を受験したか否かは不明である。1903年春彼は日本に私費留学し，東京の弘文学院に学んだ。ここで彼は黄興と面識を持ち，共に拒俄義勇隊（後に軍国民教育会と改称）に参加した。同年6月，軍国民教育会は武装蜂起のために黄興らを帰国させる計画を立てた。この時，劉は黄に会党と結ぶことの重要性を説き，彼に馬福益を紹介している。

間もなく劉揆一と黄興は相継いで帰国し，1903年11月に長沙で華興会を組織し，まず湖南で蜂起を起こすことを計画した。そして，会党との連絡の便を図るために外郭団体として同仇会を組織し，馬福益ら会党の首領に参加を呼びかけた。04年春，劉，黄と馬は湘潭で会合し，西太后の誕生日に当たる11月16日（旧暦10月10日）に長沙で蜂起を行うことを決定した。しかし，事前に計画が漏れて当局の知るところとなったため，失敗に終わった。その後，劉と黄は上海で組織を立て直そうとしたが，11月に起きた万福華による王之春暗殺未遂事件のため，彼らの活動も不可能となり，日本に亡命することとなった。

1905年7月孫文が日本に到着して中国同盟会の創立が議論されたが，劉揆一らは孫文派に加わることに難色を示し，華興会は同盟会加入を個人の自由に任せることとした。劉は8月の同盟会創立には加わらなかったが，07年1月に至って加入し，東京本部執行部庶務幹事となった。同盟会成立後，内部では数度にわたって分裂の危機があったが，彼は反孫文派の主張を抑え，同盟会の分裂を回避することに貢献した。10年から翌年にかけては，蜂起計画の一環としての国内の組織作りに携わった。

1911年10月の武昌蜂起後，劉揆一は漢口に赴き黄興を援助した。翌年3月同盟会が公開政党になると，劉は幹事の1人となった。当時，宋教仁ら同盟会の人々は，政党内閣制を主張して陸徴祥内閣に加わろうとしなかったが，劉揆一はこうした方針に同意せず，8月には袁世凱の任命を受けて陸徴祥内閣の工商総長となり，同盟会を脱会する旨を発表した。9月には趙秉鈞内閣が成立したが，彼は引き続き工商総長の地位に留まった。13年3月宋教仁が暗殺されると彼は上海に弔問に赴き，孫文や黄興らと会見した。同年7月彼は総長の職を辞任した。なおこの間，彼は第2革命のための資金捻出に携わったとも言われる。

1915年8月楊度らは籌安会を組織し，劉揆一にも参加を求めたが，彼はこれを断った。9月から10月にかけて彼は天津で劉鋳生らと『公民日報』を創刊して帝制に反対する言論を展開した。12月雲南で護国戦争が勃発すると，討袁運動は全国に広まり，劉もこれに加わった。翌年6月の袁世凱の死後，黎元洪が大総統の地位に就くと，劉は国会議員となったが，18年の国会解散以後は特定の職務に就くことはなかった。

五・四運動前後，劉揆一は政治的に引退の状態であったが，学生の行動と孫文の護法運動に対しては支持の意を表明し，留仏勤工倹学運動にも資金援助を行ったと言われる。北伐戦争前夜，彼は広州に行き革命運動と関わりを持ち，国民党と共産党の指導者と接触を行った。国共分裂後，彼は北京で著作の毎日を送り，1929年には『黄興伝記』を出版した。32年彼は南京で国民党党史編纂委員会の編集者となった。翌年，蔣介石によって劉は行政院顧問に任ぜられた。しかし，彼は満州事変以来の国民政府の対日政策に不満を持っており，34年には天津の『大公報』紙上に「救国方略之我見」なる文章を発表し，連ソ・容共・労農扶助の3大政策を回復すること，そして内戦を停止して共同して抗日に当たり民族の危機を救うべきことを主張した。これは蔣介石の反感を買い，間もなく顧問の地位を解かれた。これ以後，彼は故郷に隠棲し，国民党指導者との接触も途絶えた。中華人民共和国成立後，彼は湖南軍政委員会顧問となったが，50年11月湘潭で病気のため死去した。彼は妻・黄自珍との間に4人の子供をもうけている。

参考文献：中国社会科学院近代史研究所主編『民国人物伝』3巻（中華書局，北京，1981年）。中国国民党中央委員会党史委員会編『革命人物誌』23集（中央文物供応社，台北，1983年）。清史編委会編『清代人物伝稿』下編3巻

（遼寧人民出版社，瀋陽，1987年）。〔嵯峨隆〕

劉　坤一　Liu Kunyi

（1830年1月21日～1902年10月6日）

字・峴荘。湖南省新寧県生まれ。清末の地方大官。

劉坤一は，清末（特に1890年代以降）の政界において，湘軍の流れをくむ実力者として政策決定上大きな発言力を持った政治家である。

劉坤一の目立った活動として最初に記録されているのは，1855年廩生の身分で団練を率い，当時広東より侵入してきた天地会軍に対する攻撃に参加し，茶陵・郴州・桂陽・宜章などの州県を回復した，というものであり，以後，彼は太平天国をはじめとする民衆反乱鎮圧の活動を通じて頭角をあらわしてゆく。

1856年同じ劉一族で，湘軍の将領でもあった劉長佑が，湖南巡撫・駱秉章の命により，江西省で展開されていた湘軍の太平天国軍攻撃の援護に向かうのに同行，自ら一営を率い袁州を攻略，その功によって直隷州知州の地位を与えられ，また翌年臨江府城を攻略，知府・道員銜を与えられる。坤一は輩行の上では長佑の族叔に当たったが，長佑より12歳年少であり，従軍中にその薫陶を受け，長佑を師として仰いだ。58年劉長佑が病に伏して湖南へ戻ったため，坤一が代わってその兵団を統率，撫州・建昌などを攻略した。59年石達開率いる太平天国軍が湖南に侵入したため湖南に戻り，永州・新寧にてこれを破り，塩運使銜を加えられる。さらに引き続き劉長佑の太平軍残党追撃に従って広西省に入り，60年劉長佑が広西巡撫に任じられると，坤一が長佑の率いてきた軍の総指揮官となる。翌61年柳州を平定，さらに同じ湘軍系の将領・蔣益澧とともに潯州を攻略，陳開らの「大成国」を滅ぼす。同年，広東按察使に任じられる。62年広西布政使に転じ，潯州にて軍務を担当，各地の反乱平定にあたる。64年「大成国」の残党・黄鼎鳳らを討伐。65年江西巡撫に任じられる。翌年太平天国の残党で，広東，福建，江西を転戦していた汪海洋の軍勢を嘉応州城（現在の梅県）にて壊滅させた。74年署両江総督・通商大臣を命じられる。75年両広総督に任じられ，財政再建・吏治の整頓・賭博禁止・軍営の整備などに成果をあげる。

その頃の劉坤一の国政上の立場は，当時政府内で繰り広げられていた国防を巡っての李鴻章を中心とする「海防論」と左宗棠を中心とする「塞防論」との間の論争については，左宗棠寄りの見解を示し，また，所謂洋務運動については，軍艦の建造・鉄砲の鋳造などの軍事的なものについては賛成しつつも，電信・鉄道の敷設などには必ずしも積極的ではなかった。

1879年両江総督・南洋通商大臣に任じられる。同年末より，イリ地方からのロシア軍撤退問題を巡っての交渉のために全権大使としてロシアに派遣されながら，国辱的な内容のリヴァディア条約を調印して戻った左都御史・崇厚の処分が大きな政治問題となったが，劉坤一は崇厚の処刑を要求する張之洞らの所謂「清流党」の主張に与せず，李鴻章らとともに諸外国との関係を慮り，崇厚を厳罰に処することに反対した。81年彭玉麟により両江総督の任にたえないと弾劾されたことをきっかけとして開缺回籍の処分を受け，以後約10年間政治の中心的位置から離れた。

1890年再び両江総督に任じられ，以後没するまでその地位にあった。翌年幇辦海軍軍務を命ぜられる。94年7月より日清両国が交戦状態に入り（中国側の宣戦布告は8月1日），8月劉坤一は兼署江寧将軍を命ぜられる。李鴻章の淮軍系部隊を中心とした清国軍が日本軍に対してなすすべなく敗退していったため，湘軍系部隊をもってそれに代えるべしとの声が上がり，新政府は，曾国藩・左宗棠・彭玉麟・曾国荃すでに亡き当時において，湘軍系勢力を代表する大官であった劉坤一に白羽の矢を立て，同年12月彼を欽差大臣に任じ，諸軍の統帥に当らせた。劉坤一は陣容を整えての抗戦を試みたが，効果をあげぬうちに講和が成立し（劉自身は下関条約には反対で，主戦論者であった），両江総督の任に戻る。

1900年1月溥儁が「大阿哥」とされ，光緒帝廃立の陰謀が企てられると，これに対して異議を唱え，事態の展開に大きな影響を与えた。同年義和団運動が北方一帯に拡大すると，その速やかなる鎮圧を主張，6月に中央政府は義和団の勢力を背景として列国に宣戦を布告したが，劉坤一ら南方の多くの督撫はその動きには同調せず，彼は湖広総督・張之洞ともに列国の現地当局との間に所謂「東南互保」の了解を取り結び，東南地域の秩序維持に努めた。01年1月当時列国の軍を避けて西安に在った慈禧太后によって所謂変法預約の上諭が下され，改革について中央・地方・在外各大官の意見が求められたのに応じ，7月張之洞との連名で3回にわたって変法についての長文の上書（所謂「江楚会奏三摺」）を提出した。その内容は，育才興学について古今を参考し文武を会通すべき点が4，中法の整頓変通すべき点が12，西法の兼采並用すべき点が11あるとして，これから行うべき変法のプログラムを詳説したもので，以後所謂「新政」は，基本的には彼らの主張に沿った形で進行していった。同年10月慈禧太后らが西安より北京に戻ると，劉坤一には，

「東南の疆土を保った」という功績により太子太保銜が加えられた。02年10月両江総督に在任のまま病死，忠誠の諡を賜る。

参考文献：民国清史館編『清史稿』巻413（民国清史館，北京，1927年）。『清史列伝』巻59（民国中華書局，上海，1928年）。朱孔彰「劉坤一別伝」，繆荃孫編『続碑伝集』（1910年）。『劉坤一遺集』（中華書局，北京，1959年）。

〔高柳信夫〕

劉（りゅう）　瀾波（らんは）　Liu Lanbo

（1904年～1982年3月5日）

遼寧省鳳城県生まれ。中国共産党員，東北出身の抗日の指導者。

天津南開中学に進み，北京大学を卒業。1926年，中国共産主義青年団に加入し，28年，中国共産党に入党。30年以降，東北四洮路局，斉克路局で活動していたが，満州事変後は，遼寧で東北義勇軍に参加した。32年から37年春にかけての約5年間は，前後して，党の指示のもとに東北軍騎兵2師工委の組織部部長，上層工作委員会書記，東北軍工作委員会書記を歴任。36年12月12日，西安事件後は，西北抗日軍政委員会党政処科長，設計委員会委員となった。37年春，東北救亡総会の党・団書記として，武漢で抗日救亡運動に参加した。

その後，1939年，延安のマルクス・レーニン学院に入り，41年，中共中央統一戦線工作部の科長となり，43年には中央党校で整風運動に参加した。45年4月，中共7全大会に出席，抗日戦後は東北に派遣され，中央遼東省委員会委員，安東省人民政府副主席，のち主席となり，中共安東省委書記，安東軍区政治委員などを歴任，さらに，49年8月には東北人民政府委員，中共遼東省委副書記，遼東省政府主席に就いた。東北出身の幹部として戦後の東北解放区建設に深くかかわった。

中華人民共和国成立後，1950年9月，政務院燃料工業部副部長（兼党組副書記）となり，電力工業を主管した。54年9月第1期全国人民代表大会代表（本渓市）となり，55年7月，国務院電力工業部部長に昇任。この間，ソヴィエト訪問時に，モスクワ動力学院留学中の李鵬を知り，55年9月には李鵬を吉林豊満電廠副廠長に任じた。56年9月の中共8全大会で中央委員候補となり，58年2月，水利電力部副部長，12月，第2期全人代代表（遼寧），59年4月，人民政治協商会議第3期全国委員会常務委員会委員となる。64年9月，第3期全人代代表（遼寧）となり，翌年1月，常務委員会委員となる。66年の「文革」のなかで「反革命修正主義分子」として批判され失脚した。78年12月の11期3中全大会で，中共中央紀律検査委員会常務委員会委員，翌79年2月，電力工業部部長に任じられ，同年9月，中共11期4中全会で中央委員に増補された。電力工業部の部長となった時点で李鵬を副部長とし，さらに，81年3月には高齢を理由に自ら退いて李鵬を部長に推薦した。劉瀾波がとったこの措置は鄧小平に賞賛されたが，翌82年3月北京で死去した。

参考文献：『中国共産党歴史大辞典』人物分冊1巻（中共中央党校出版社，北京，1988年）。李国強等編『李鵬伝』1集（広角鏡出版社，香港，1988年）。張万傑「劉瀾波与抗日民族統一戦線」，『社会科学輯刊』2005年5期。

〔西村成雄〕

劉（りゅう）　麗川（れいせん）　Liu Lichuan

（1820年～1855年2月17日）

字・阿混。広東省香山県生まれ。太平天国期の上海小刀会の指導者。

農家に生まれ，幼少より耕作に励む。アヘン戦争後，香港に出て生計をたて，1845年天地会に加入した。49年上海に行き，洋涇浜地区で使用された英語を解し，市場の仲買人あるいは生糸問屋，茶問屋の使用人として働いた。また簡単な医学知識を備え，病気の治療にも携わり，貧しい民からは代価を受け取らなかった。こうした活動を通じて同郷の人々の尊敬を集め，上海における広東籍天地会員の中心的存在になった。

1853年春，劉麗川は上海に存在した双刀会，羅漢党など多数の結社を糾合して小刀会を結成した。この組織は外部に対しては義興公司と名乗り，劉はその首領に推戴された。彼は太平天国の南京定都，鎮江，揚州の占領という動きを見て，上海における蜂起を企図した。

同じ頃，青浦県の農民・周立春と娘の周秀英は抗糧闘争を起こし，嘉定県の農民・徐耀がこれに呼応して蜂起に立ち上がり，劉麗川は彼らと連絡を取った。同年9月5日周，徐は嘉定の農民を率いて県城を占領した。7日黎明，劉は潘起亮，陳阿林，陳阿六らとともに上海城外の三連塘で蜂起した。小刀会軍は紅巾を頭に巻いて上海県城に突入し，知県・袁祖徳を殺し，衆人を解放し，糧米の貯蔵庫を襲撃した。さらに軍を進めて上海道台・呉健彰を捕えた。こうして小刀会軍は上海をその支配下に置いた。

劉麗川は即座に政権を樹立し，自ら「大明国統理政教招討大元帥」と称し，清朝政治の腐敗を痛撃する告示を出すとともに，内外政策を決定し，実行に移した。

国内政策については次のことを定めた。賦税を3年間免除する，奸商による米価の操作を厳禁する，「太平通宝」の鋳造，孤児・貧民を輔元堂・育嬰堂に収容する，義塾の設置・学問の普及，軍紀の粛正，民間における掠奪の禁止，民間女性に対する姦淫の厳禁がそれである。また外交政策としては，外国人居留民に対する掠奪の禁止を布告し，諸外国が清軍，小刀会軍に対して中立的立場を取ることを求め，諸国はこれに応じた。

この後，劉麗川はただちに青浦，宝山，川沙，南匯に進撃して県城を占領し，上海およびこれらの諸県には蜂起軍の旗が翻った。劉は続いて太倉州を攻撃し，太倉から蘇州，無錫を経て鎮江に達して太平軍と合流し，南京と上海の兵力を連合する構想を有していたといわれる。そこで彼はその率いる軍が太平天国の指揮下にあると宣布する一方，自らの職位を「太平天国統理政教招討大元帥」と改め，洪秀全に信書を送った。しかしこの水陸両路から送られたといわれる書函は南京に到着するには至らなかった。他方，東王・楊秀清は劉麗川軍が太平天国に参加することを望み，羅大綱に命じて水路より清軍を突破して上海に赴かせ，小刀会に協力させようと図った。しかしながら，この計画は実行に移されるには至らなかった。

清朝は江蘇巡撫・許乃釗を鎮圧に向かわせる一方，江南大営の兵力の一部を小刀会軍の討伐にあてた。またこの時，小刀会軍に捕われていた上海道台・呉健彰は，アメリカ副領事カニングハムの要請により釈放された。呉は租界に逃れ，小刀会の鎮圧に加わった。1853年9月清軍は嘉定を陥落させ，上海に進撃し，三方から県城を包囲した。

周辺の土地をすべて失い，包囲網が狭まる中で劉麗川は籠城作戦を取り，自ら兵を率いて敵陣に切りこむなどして防衛に努めた。1854年7月清朝は許乃釗を罷免し，江蘇布政使・吉爾杭阿を江蘇巡撫に任命し，小刀会の討伐にあたらせた。イギリス，フランス，アメリカは6月下旬には中立政策を放棄し，小刀会軍に上海県城より退去するよう通告し，11月下旬公然たる武力干渉に踏み切った。55年1月初旬フランス軍は清軍と連合して上海城を攻撃したが，小刀会軍によって撃退された。

上海県城が包囲攻撃を受け，城内の食糧が欠乏しはじめると，小刀会内部に動揺が現れた。劉麗川は知県・謝継超の投降の誘いを拒絶し，同志・陳阿六の寝返りを抑えた。さらに林阿狗の逃走，李文炳の投降が続く困難な局面の中で闘いを持続した。1855年2月全城の食糧，弾薬が尽き，劉は潘起亮らの首領と協議した結果，包囲を突破して鎮江に進撃し，太平軍に合流するという方針を決定した。2月17日夜劉麗川は兵を率いて上海城西門から打って出，虹橋における清軍虎崇林部隊と戦い，その激戦中に戦死したと伝えられる。

参考文献：滌浮道人「金陵雑記」，中国史学会主編『太平天国』第4冊（神州国光社，上海，1952年）。上海社会科学院歴史研究所編『上海小刀会起義史料彙編』（上海人民出版社，上海，1958年）。清史編委会編『清代人物伝稿』下編2巻（遼寧人民出版社，瀋陽，1985年）。単宝「劉麗川略論」，『史学月刊』1983年1期。湯建光「論太平天国与上海小刀会的関係」，『上海大学学報—社科版』1988年4月。

〔針谷美和子〕

劉（りゅう）　銘伝（めいでん）　Liu Mingchuan

（1836年9月7日～1896年1月12日）

字・省三，号・大潜山人，諡・壮粛。安徽省合肥（肥西県）生まれ。清末の軍人，洋務派官僚。

私塾を早くから断念し，闇塩の販売に従事するとともに郷里一帯で在地の土豪と争ったり金持ちを襲って無頼の限りを尽したが，1859年の初め官府の求めに応じて団練を組織した。やがて62年李鴻章率いる淮軍に編成される。李鴻章の指揮のもとで太平天国の乱鎮圧に活躍し，64年その功績で直隷提督に昇進。彼の率いる銘軍は淮軍の中で相当有力となった。

太平天国鎮定の後，捻軍の鎮圧に華北，華中一帯を転戦した。1868年捻軍鎮圧の功績により三等軽車都尉，一等男爵を贈られた。このとき配下の銘軍は1万2千余を数え，淮軍中最も強力な部隊となった。70年には天津教案，同年さらに陝西の回教徒反乱を鎮圧していた左宗棠の援軍を命ぜられ従軍した。しかし，左に対する不満から病気を理由にして帰郷を願い出，許されて故郷に帰る。

1880年イリの帰属をめぐってロシアとの交渉が難航，清朝はロシア対策のため劉銘伝を召還した。このとき彼はロシアに対抗するためには鉄道建設が不可欠であることを上奏した。この上奏で，鉄道は単に軍事的観点からばかりでなく，商業や工業の振興，漕運や賑恤の便，地方通行税などの撤廃といった点で中央集権強化に有利であると説いた。

1884年清仏両国の間が緊張すると，巡撫待遇という異例の措置で台湾防衛を命ぜられ，清仏戦争の間台湾に拠って果敢に交戦した。台湾からフランスを撃退した劉銘伝は，85年台湾省設置に際して最初の巡撫に任ぜられた。台湾巡撫として彼は台湾経営に努力し，鉄道，電信敷設，学校の開設，鉱山の開発などの事業を行い，行政や税制の整備，台湾防備のための砲台構築などを手がけ，台湾近代化のために尽力した。

参考文献：『劉壮粛公奏議』。民国清史館編『清史稿』列伝203（民国清史館，北京，1927年）。姚永森『劉銘伝伝―首任台湾巡撫』（時事出版社，台北，1985年）。〔徳岡仁〕

柳(りゅう)　青(せい)　Liu Qing

（1916年7月2日～1978年6月13日）

本名・劉蘊華，字・東園。陝西省呉堡県張家山寺溝村の裕福な農家に生まれる。小説家。

男8人，女2人の10人兄弟の7番目。初め私塾に学ぶ。1928年，高等小学校在学中に共産主義青年団に加入。楡林の省立第六中学時代から，魯迅をはじめ，内外の文学作品に親しむ。この頃から肺を病み，一生の宿痾となる。34年，西安の高級中学に入学，創作を始める。35年冬，上海の『中学生文芸季刊』にスケッチ風の処女作「列車待ち（待車）」を発表，これより柳青の筆名を使う。この年，12・9学生救亡運動に参加し，『救亡線』を編集。翌36年，西安事件に衝撃を受け，西安学連の機関誌『学生呼声』を編集。この頃，中国共産党に加入。

1937年，北京の大学へ入学を志すが，日中戦争勃発のため果さず，西北臨時大学（西安）で一時ロシア語を学ぶ。日本軍の西安爆撃にともなって大学は漢中に移転，柳青は38年5月延安に行く。初め陝甘寧辺区文化協会に勤務，ついで部隊に移り華北『新華日報』記者となるが，病情悪化で延安に戻り（40年秋），文芸界抗敵協会延安分会の工作に従事。この年の末，短篇小説「犠牲者」，「地雷」などを重慶の『文芸陣地』に発表，“陝北のチェーホフ”と呼ばれる。これ以降，42年にかけて抗日戦争や華北農村の生活を素朴な筆緻で描いた短篇を次々に発表，それらはのちに『地雷集』（47年）に収められた。

1942年延安で整風運動に参加，毛沢東「文芸講話」の方向を遵守し，43年から3年間，陝西省米脂県のある郷政府［＝村役場］の書記として村人と苦楽を共にし，その体験を踏まえて長篇小説「種穀記」を書く（刊行は47年）。種まきをめぐる集団労働の中で生まれ変わる農民を描いたこの小説は，作家の思想改造を通じて解放区の新しい農民像をとらえた最初の長篇小説と称えられた。

抗日戦争後，1946年3月から約1年，大連の大衆書店の編集部に派遣されるが，国共内戦激化にともない陝北に戻り，人民解放軍に対する前線補給支援に立上る農民の姿に感動して長篇小説「銅牆鉄壁」を書く（完成は51年3月）。

1949年7月第1回文芸工作者代表大会に参加。51年10月中国青年作家代表団に加わり，ソ連を訪問。52年5月から陝西省長安県皇甫村に定住，党の県委員会副書記として農業協同化運動の全過程に参加。その体験をもとに，集団化に向かって変貌する農村生活を描いた小説やルポルタージュを数多く発表するが，それらはやがて長篇小説「創業史」となって結実する。人民公社にいたる農業集団化の全貌を四部作で描くという雄大な構想のもとに54年春から描き始められたこの小説は，互助組から初級合作社にいたる過程をあつかった第1部が59年に雑誌『延河』に連載，ついで『収穫』59年6期に一挙掲載，60年に中国青年出版社から単行本が出た。解放によって土地を手に入れた農民の前には，独立農民の道を行くか，社会主義的集団化の道を行くか，2つの道の選択がつきつけられたが，小説は，いわば新旧2つの“創業”の夢をかけて激突し，苦悩する農民群像を描いた。精緻な人間観察，柔軟で鋭いリアリズム，方言を駆使した表現技巧など，どの点からみても建国後最大の文学的収穫のひとつに数えられるこの長篇は，国内外から高い評価を与えられ，英，独，日，スペイン語などの訳が出されたが，60年代に入ると，後れた意識をもった農民，いわゆる「中間人物」を称えすぎているという批判があがり，それが文化大革命まで尾をひいた。

文革中は，皇甫村を追われ，「特務」，「現行反革命」などの汚名を着せられて迫害され，夫人は自殺，自らも自殺を思うほど追いつめられたが，1973年から周恩来の配慮で北京で療養。「四人組」逮捕後の76年10月から『創業史』第1部に手を入れるとともに，第2部上巻を出版，下巻4章を『延河』に連載中，78年6月肺気腫のため北京の朝陽医院で没した。

主要作品に『地雷』（短篇小説集，1947年），「種穀記」（長篇小説，人民文学出版社，51年），「銅牆鉄壁」（長篇小説），「創業史（第1部）」（長篇小説，中国青年出版社，60年），「創業史（第2部・上巻）」（中国青年出版社，77年）などがある。

参考文献：人文雑誌編輯部・陝西社会科学院文学研究所共編『柳青紀念文集』（陝西新華書店，西安，1984年）。孟広来・牛運清編『柳青専集』（福建人民出版社，福州，1982年）。徐文闘・孔範今『柳青創作論』（陝西人民出版社，西安，1983年）。蒙万夫・王暁鵬・段夏安・郜持文『柳青伝略』（陝西人民教育出版社，西安，1988年）。人民文学研究会訳『創業史』上・下（新日本出版社，1964年）。

〔吉田富夫〕

劉　清揚　Liu Qingyang

（1894年～1977年7月19日）

別名・念吾，筆名・清揚。天津市生まれ。回族。女性運動指導者。

天津の北洋女子師範在学中，同校教員・白毓昆の指導のもとに革命団体共和会に加入，辛亥革命運動を支援した。1912年10月北京で成立した中華民国家庭改良会の会長におされ，その後女子教育に従事した。19年五・四運動では天津女界愛国同志会会長，天津各界連合会常任理事として活躍し，6月末パリ講和条約署名反対の総統府請願の代表団に加わった。8月の第2次請願で逮捕され，兄がうけ出しにきたが，「女界の罪人となりたくない」とことわっている。9月周恩来らとともに覚悟社を組織，同月全国各界連合会を組織するため上海へ行き，11月10日同会成立後理事として活躍した。その後上海で陳独秀，毛沢東らとともに上海工読互助団準備会に参加，毛沢東らの新民学会にも加入している。

1920年秋周恩来らとともに勤工倹学運動で渡仏し，21年中国共産党に加入。パリで張申府と結婚，のちドイツをまわり23年秋帰国した。

天津で鄧穎超らと『婦女日報』（1924年1月1日～9月中旬）を刊行，国共合作により中国国民党に加入した。25年国民会議促成会常務理事，国民党北京特別市党部婦女部長として華北の国民革命を推進した。27年武漢へ行き，中央婦女部婦女訓練股股長に就任。国共分裂後国民党を脱党，のち中国共産党とも関係を断った。

1931年満州事変以後，夫・張申府（当時清華大教授）とともに抗日救国運動に投入，華北人民抗日救国会の結成に参与し，10月馮玉祥夫人・李徳全，張学良夫人・于鳳至とともに北平女界抗日救国会委員におされた。35年の12・9運動以降全国の各界救国運動と合流，36年1月北平婦女救国会成立後主席となり，2月張申府とともに逮捕された。

日中戦争勃発後は冀東遊撃隊支援の募金のため南京，武漢へ行った。1938年3月戦地児童保育会理事に就任し，5月宋美齢が召集した廬山婦女談話会に出席した。7月旧来の新生活運動促進総会婦女指導委員会が抗日民主の婦人運動指導機関として改組され，劉清揚は訓練組組長となった。41年新四軍事件後右派の圧迫が強まったため，香港・桂林へ移って抗日運動を続けた。香港陥落後重慶へ帰り，民主政団同盟に加入，44年民主同盟に改組後中央執行委員兼婦女委員会主任となった。

1945年2月劉清揚ら104人の女性は緊急国事会議即開・民主連合政府樹立の要求書に署名，7月この人々が中心となって中国婦女連誼会が重慶に成立した。劉清揚は理事兼秘書となって戦後の内戦反対・政治協商会議即開などの運動を推進した。46年7月婦女連誼会北平分会を組織，民主同盟の活動を続けたが，張申府と意見が対立し，48年10月1人で華北解放区に入った。全国民主婦女連合会籌備委員となり，49年3～4月中国婦女第1回全国代表大会に出席して中華全国民主婦連候補執行委員となる。9月には中国人民政治協商会議第1回全体会議に出席した。

建国後，政務院文化教育委員会委員，河北省人民政府委員，中国人民保衛児童全国委員会委員，中央婚姻法貫徹運動委員会委員，民主同盟第1期中央委員，第2・3期中央委員会常務委員，第1～3期全人代河北省代表，政協第2・3期全国委員会委員，第4期全国委員会常務委員，中華全国民主婦連第2期執行委員，中華人民共和国全国婦連（改称）第3期執行委員会副主席，中ソ友好協会第1～3期理事，中国アフリカ友好協会理事，中国紅十字会秘書長，のち同副会長などの職についた。1961年中国共産党に再加入。文化大革命中迫害をうけ，77年7月に死去した。79年名誉回復される。

参考文献：英文《中国婦女》編『古今著名婦女人物』下冊（河北人民出版社，石家荘，1986年）。《華夏婦女名人詞典》編委会編『華夏婦女名人詞典』（華夏出版社，北京，1988年）。*Who's Who in Communist China* (Union Research Institute, Hong Kong, 1969). 于剛主編『中国各民主党派』（中国文史出版社，北京，1987年）。　〔末次玲子〕

劉　仁静　Liu Renjing

（1902年3月～1987年8月5日）

原名・劉人俊，字・鏡園，改名・劉宇，別名・劉人静，劉養初，劉敬雲，劉競人，劉一宇，劉亦宇，劉仁宇，聶里奚。筆名・敬雲，競人，澄宇，仁静（常用した筆名）。湖北省応城県生まれ。中国共産党の初期の指導者。理論・宣伝工作の専門家，翻訳家。

生家については，劉仁静自身，後に「小ブルジョアジーの家庭」であったと述懐している。幼少の頃より郷里の応城小学で学び，武昌のミッション・スクール博文書院に進学，但し書院は学費が高く2年でやめ，私立中華大学附属中学の第3学年に編入，2年後に卒業した。1918年7月北京大学を受験，同大予科物理系に入学するが，「数学が好きでなかった」ため哲学系に移る。北京大学入学後の劉は専ら図書館で英語版の『共産党宣言』などマルクス主義の書物，あるいはクロポトキン，カウツキーなどの著書を読みふけったという。また，19年に始まった五・四運動に積極的に参加し，逮捕され北京地方法院で裁判にかけられた。結局，無罪判決を受け釈放されたが，この一件で有名人となった劉は，釈放後少年中国学会会員の王光祈から勧誘され学会に入会，会計を一時つとめた。

1920年春，五・四運動の「新思潮」の影響を受け社会主義青年団に入る。同年，北京共産主義小組の創立に参加し，最初のメンバーの1人となる。しばらくのち鄧中夏，羅章龍の紹介により中共に入党，21年7月中共1全大会に出席する。大会から帰った劉仁静は北京大学で鄧中夏らとともにマルクス学説研究会を結成し，マルクス主義の研究，宣伝に従事する。翌22年鄧と『先駆』（社会主義青年団の刊行物）を創刊，自ら敬雲の筆名で「青年共産主義在中国的意義」，「二次全国大会的幾個実際問題」，「学生運動提案」などの文章を発表した。同年9月陳独秀に同行しモスクワに赴き，コミンテルン第4次代表大会に出席，大会終了後，モスクワで数カ月間ロシア語を学び，23年に帰国する。同年6月に広州で開かれた中共3全大会に出席し，コミンテルン第4次代表大会の状況を報告，8月中国社会主義青年団第2次代表大会で総書記に選出される。ここまで劉は中共ないし社会主義青年団において重要な役割を担い，その地位も上昇しつつあったが，青年団中央における指導工作の中で個人の役割を強調しすぎ個人と組織の関係を混乱させる誤りをおかし，青年団総書記をわずか数カ月で退任した。

劉仁静は総書記辞任後，北京に戻り一時期『政治生活』の編集長をつとめたが，1926年に学習のため再びモスクワに派遣される。モクスワではレーニン主義学院で学び，この留学中にトロツキストと接触する。29年4月帰国の途につくが，途中トロツキーが滞在していたトルコのイスタンブールに立ち寄り，トロツキーから中国のトロツキストの綱領として「中国の当面の政治情勢と反対派（ボルシェヴィキ）の任務」と題する一文を受取る。また，トルコを去る時，トロツキーより聶里奚という名前をもらう。同年8月16日上海に到着すると，早速中共内でトロツキー派の組織に着手。同年10月中共中央がトロツキーとの会談について報告するよう求めたにもかかわらず，報告しなかったため，党籍を剝奪される。

中共を追われた劉仁静は1931～32年に『熱潮』（週刊）の刊行に関連して陳独秀と接触，陳の逮捕にともない国民党当局によって連座逮捕される。その後，劉はトロツキストと度々交流したため南京警備司令部に睨まれ拘束される。35年11月懲役2年の刑を言い渡され，蘇州反省院で服役，この服役中に幾つかの文章を発表，そのうちの「節制資本芻義」がトロツキーに反対するものとして陳独秀はじめトロツキストから非難され，35年12月ついにトロツキー派からも排斥される。

1937年4月に釈放されて以来，上海，武漢，長沙，桂林，重慶などを転々とした。武漢では，陳独秀に前述の一件がもとで絶交され，頼るものもなく生活が困窮したため，黄李陸，康沢を介して三民主義青年団に接近，重慶で同団に加入していなかったにもかかわらず団中央宣伝処科員となる。その後入団するが，結局脱退する。

脱退後西安に赴き，梁幹喬国民党第10戦区政治部主任の紹介で西安戦争4団教官に着任，ロシア語や歴史を教授した。西安ではさらに，陝西省教育庁長の王友直の紹介で教育庁編審室編集・審定係，西安『正報』編集主任につとめ，1945年の日中戦争終結を迎える。

戦争終結後，上海に赴く。上海で中国文化服務社（国民党中央委員の劉伯閔が社長）の『民主与統一』（半月刊），顧祝同の『前線日報』，孔祥煕の『時事新報晩刊』の編集主任をつとめたのち，1948年7月南京に行き，陶希聖国民党中央宣伝部副部長の紹介により国民党政治研究室の研究員となる。研究室在籍中に4篇の反共的文章を発表，そのことにより劉仁静を信頼した鄧文儀政工局局長は劉を鎮江国防部教導所に派遣しようとするが，劉はこれを辞退して上海に戻る。

中華人民共和国成立後北京に赴き，中共中央と接触，中央より1950年に北京師範大学の教員の仕事を分配される。そこで政治経済学を教授する一方，ソヴィエト人教師の通訳をつとめる。しかし，同年12月21日付『人民日報』に劉宇の名前で声明を発表し自己批判を行ったことから，学生が劉の講義を受けようとしなくなり，ついに教壇を去る。安子文により3カ月ほど安徽省阜陽県の土地改革運動に派遣され，再び北京に戻る。51年後半以降人民出版社特約翻訳員，国務員参事などを歴任，87年8月交通事故により死亡した。

参考文献：陳玉堂編『中共党史人物別名録』（紅旗出版社，北京，1985年）。程敏主編『中国共産党党員大辞典』（中国国際広播出版社，北京，1991年）。景杉主編『中国共産党大辞典』（中国国際広播出版社，北京，1991年）。秦英君・張占斌主編『大浪淘沙―中共“一大”人物伝』（紅旗出版社，北京，1991年）。「訪問劉仁静先生談話記録」（1979年3，4月），『党史料叢刊』1981年4輯。　〔中村楼蘭〕

劉　尚清　Liu Shangqing

（1868年～1947年2月20日）

字・海泉。遼寧省鉄嶺県生まれ。清末及び民国の官僚，政治家。

家族状況については不詳。劉尚清は幼年の頃から詩書を読み，19歳にして附生となり，県下でも優秀な人物として聞こえ，塾を開いて学問を講じていた。

1911年清朝は東三省の機構改革を行い，当地の優秀な人材を幹部として登用する方針を固め，更には人材育成のために仕学館を奉天法政学堂と改めた。劉尚清はこの時督署に新設された度支部に採用され，後に科長に任じられた。また，彼は法政学堂に入学し，卒業後は東三省官銀号に採用された。辛亥革命に際しての態度は定かではないが，彼の地位には変動はなかったようで，中華民国成立以後は主として財政畑を歩むことになった。13年4月に奉天財政司科長に任じられたのを始めに，19年には黒龍江省財政庁庁長代理，翌年6月には財政庁庁長兼永済官銀号総辦を務め，25年9月には中東鉄路督辦となった。

1926年4月奉天省長・王永江が離任すると，莫徳恵が暫く代理を務めた後に劉尚清が正式の省長に任じられ，11月からは東北大学校長を兼務した。翌27年6月張作霖が中華民国陸海軍大元帥に就任して潘復が内閣を組織すると，劉は農工総長に任じられたが，同年10月に至って奉天省長に復帰した。28年8月彼は東北大学校長を辞し，翌年1月東北政務委員会委員，30年12月には国民政府内政部長となり，翌年5月に南京で開催された国民会議に出席した。以後，国民政府委員，中央政治会議委員，救済水災委員会委員，全国経済委員会委員の職を兼任した。32年には北平政務委員会委員，翌年5月軍事委員会北平分会委員，37年4月から安徽省政府主席，41年12月からは監察院副院長となり国民政府委員を免じられたが，43年には同職に復帰した。

劉尚清は抗日戦争末期から咽頭癌を患い，治療を受けるためにアメリカに渡った。1945年5月に開催された国民党6全大会において，彼は中央監察委員に選出された。そして，同年8月中国が抗日戦争に勝利すると，ニューヨークで開催された戦勝祝賀会に出席した。その後一時帰国して重慶に赴いたが，間もなく病状が悪化したため，再びアメリカに渡って治療を受けたが回復せず，47年2月客死した。

参考文献：黄興華「劉尚清」，『伝記文学』37巻2期，1980年。劉国銘主編『中華民国国民政府職官人物志』（春秋出版社，北京，1989年）。徐友春主編『民国人物大辞典』（河北人民出版社，石家荘，1991年）。

〔嵯峨隆〕

劉　少奇　Liu Shaoqi

（1898年11月24日～1969年11月12日）

湖南省寧郷県炭子冲で富農の子弟として生まれた。父は小学校教師。元の名は劉渭璜，別名・衛黄，紹選。変名・胡服，趙之啓，陶尚行など。最後の妻は王光美。中国共産党副主席と中華人民共和国国家主席となった中国の最高指導者の1人。

1918年まで寧郷中学，湖南陸軍講武堂に学ぶ。19年から20年の間，長沙高等中学，保定の育徳中学付設留法予備班，上海の外国語学社に学ぶ。五・四運動に参加。20年に中国社会主義青年団に加入。21年春にモスクワの東方共産主義労働大学に進み，同年冬モスクワで中国共産党に入党。22年初夏にモスクワから上海に帰り，上海の中国労働組合書記部の仕事につく。秋に，中共湘区委員会委員となり毛沢東らと共に湖南の労働運動を指導する。9月中旬に李立三が指導する江西省の安源路礦工人倶楽部に派遣され，粤漢鉄道ストライキ，安源路礦ストを指導して労働運動指導者としての頭角をあらわす。

1923年春にその工人倶楽部の主任となるが，国共合作の進展に伴い長沙を基盤としてその活動の範囲は拡大して行く。25年春に上海の中央労働委員会に移り，5月広州での第2回全国労働大会で中華全国総工会を組織し，その副委員長となる。その後，上海で5・30ストを指導した。同年夏まで上海において李立三と共に労働組合の組織工作に従事する。11月長沙に帰ったが，12月湖南軍閥の戒厳司令部に一時逮捕される。26年1月に釈放されると，広州に移り，全国総工会の仕事を続け，省港ストの指導に当たった。5月広州での第3回全国労働大会で総工会秘書長に選出される。同年10月北伐軍の北上に伴って武漢に到着の後，湖北省総工会組織部長，秘書長を担当した。27年1月武漢労働者たちの漢口英国租界の奪回闘争の指導に参加する。そして，4月末から武漢で召集された中共第5回全国代表大会で中央委員となる。だが第1次国共合作は失敗し，産業都市における労働運動の指導者としての劉少奇の最初の役割は，ここで終わる。

1928年春からは，党中央の代表として天津に行き，河北，東北などの国民党支配地域（白区）での秘密工作を指揮した。（一説では，同年6月から7月には中共6全大会に出席のためモスクワに滞在したとされる）。6全大会では中央検査委員会委員に選出される。この年は天津を拠点として河北省党委を指導したようである。29年2月に天津から北京に入り，春に天津を経て上海に帰った。6月の党中央の満州工作会議の結果，満州省委の仕事を与えられ，同年7月に満州省委書記を担当した。8月に瀋陽で逮捕されたが，直ぐに釈放され，引き続き瀋陽，ハルビンなどの労働争議，東支鉄道ストを指導した。30年4月に満州省委を離れて上海に移り，8月モスクワの赤色労働者インター第5回代表大会に出席し，執行局委員に選任された。モスクワでその仕事についた後，31年秋に帰国した。同年1月の中共6期4中全会で中央政治局（一説では候補）委員に選出されたが，同年秋に中央職工部長，全国総工会党団書記に任命された。

上海の党中央機構が次第に瑞金に移転して行く中で，上海に留まり中央局を管理し地下活動を続けた。1932年3月王明の路線に批判的であるという理由で，職工部長，党団書記の地位を罷免される。同年末に上海から江西省の中央ソヴィエト革命根拠地に入り，中華全国総工会ソヴィエト区中央執行局委員長に任命される。33年4月中華ソヴィエト共和国臨時中央政府労働人民委員部副部長に任命。既に，31年11月の瑞金での第1回中華ソヴィエト全国代表大会では不在のまま中央執行委員会委員に選出されていたが，34年1月から2月の第2回大会でも再選され，江西ソヴィエトでの労働運動についての報告を行った。同年7月福建省党委書記に任命。34年10月に大長征に参加し，紅軍第8軍団，第5軍団党中央代表，第3軍団政治部主任を歴任。35年1月の貴州省の遵義会議（中央政治局拡大会議）では，王明ら留ソ派の白区工作を批判する立場から，毛沢東の路線を支持する。

1935年10月紅第1方面軍と共に陝西省北部に到着。11月中華全国総工会西北執行局委員長となり，12月の中央政治局瓦窰堡会議に出席する。36年春に中央北方局書記として華北に移り，胡服の変名で労働者，学生に向けて抗日民族統一戦線工作を進めた。ここでは「左傾閉鎖主義」を排除しながら，抗日民族統一戦線政策を弾力的に執行したとされる。この時期の彼の論文には，白区での王明路線の誤りを批判した「李立三路線の残りかす—閉鎖主義，冒険主義—を清算せよ」（36年4月）と，「過去の白区工作に関して中央に送る手紙」（37年3月）などがある。37年4月に北平から延安に帰り，5月延安で白区党代表会議を主宰し，「白区の党と大衆工作に関する」報告を行い，また中共ソヴィエト区党代表会議に出席した。この頃に，秦邦憲に代わり党中央組織部長に任命される。

1937年7月日中戦争が勃発すると，8月八路軍と共に山西省に移動した。劉少奇の活動は，白区において大衆的な「抗日救亡」運動を作り出すことであったが，山西省の抗日新軍と華北抗日根拠地の創設をも指導した。中央北方局はこの時期太原に置かれていたが，10月彼は陶尚行の変名で「抗日遊撃戦争中の各種基本政策問題」を発表している。11月に太原が陥落すると，彼は臨汾，西安を経て延安に後退した。38年は主として延安で活動したようで，3月には抗日軍政大学で「華北戦区工作の経験」について講演し，中央政治局会議に出席。9月から11月の6期6中全会に出席している。6中全会の決定により，39年1月に延安から西安，洛陽を経て，河南省確山県竹溝鎮に至り中央中原局書記となり，華中での抗日根拠地の建設を策した。中央組織部長の地位を陳雲と交代。同年3月に延安に帰り，4月に中央職工運動委員会書記となる。5月，7月に延安の工人学校とマルクス・レーニン学院で講演をした後，10月から，中共中央の代表と中央中原局書記として河南，安徽，江蘇を移動し，新四軍部隊と行動を共にしている。ここで41年1月の新四軍事件（皖南事変）に遭遇し，蘇北新四軍幹部会議を召集している。その直後，新四軍政治委員に，5月に東南局と中原局を合併した中央華中局の書記，華中軍分会書記に任命される。

1939年から41年にかけて，劉少奇は党建設に関する理論家としても重要な役割を見せ始める。39年7月の延安のマルクス・レーニン学院での「共産党員の修養を論ず」と題する講演，41年7月の江蘇省の中央華中局党校での「党内論争を論ず」という講演は，その後の延安整風運動で，学習文献に指定された。そのほか，「宋亮同志に答える書簡」（47年7月）など約十数篇の重要論文がこの時期に著されている。

1942年3月に，蘇北を離れ，山東，河北，山西，綏遠を経て年末に延安に到着する。この時から国共内戦が再開するまで，劉少奇は延安に留まった。それまで彼は大半の時期を，毛沢東と党中央から離れた所で過ごしてきたのであったが，この頃の延安の党内政治は，彼を毛沢東に次ぐ地位にまで引き上げるように働いた。彼は43年春には張聞天に代わって中央書記処書記となり，また中央革命軍事委員会副主席となった。この頃には延安整風運動は党史学習へと向かい，党内で毛沢東崇拝が一挙に高まったが，彼は7月の論文「党内のメンシェビズムを一掃せよ」で，留ソ派批判と毛沢東擁護を鮮明にし，毛沢東崇拝の積極的演出者へと自分を転換させた。44年10月の延安幹部会では，「党建設の中での幾つかの問題に関する報告」を行った。そして45年4月の6期7中全会の「歴史問題の決議」の起草に参与し，「決議」では，毛沢東路線と劉少奇の白区路線は一対の「正しい路線」であるとされた。

劉少奇は延安で開かれた1945年5月の中共第7期

全国代表大会において「党規約改正に関する報告」（「党を論ず」）を担当し，毛沢東への評価と毛沢東思想に対する公式の解釈を確定する。そしてこの党大会で中央委員，続く１中全会で中央政治局常務委員，中央書記処書記に選出され，この時期から，中国共産党の中で毛沢東に次ぐ指導的地位をえた。

1945年８月から10月には，毛沢東が重慶会談に赴いている期間の党主席代理の職務を任された。同年９月には党中央のために「当面の任務と戦略配置」の党内指示電報を起草した。46年５月党内文献「土地問題に関する指示」（「５・４指示」）を起草する。内戦勃発後，47年３月に延安は陥落し，党中央機関は移動するが，劉少奇は中共中央工作委員会書記に任命された。４月河北省阜平県（晋察冀中央局所在地）を経て平山県西柏坡に至る。７月から９月にここで全国土地工作会議を召集，主宰して，「中国土地法大綱」を制定し，新しい解放区の土地改革運動を推進した。48年５月中央華北局書記を兼任。12月マルクス・レーニン学院院長を兼任。49年３月西柏坡での７期２中全会に出席。３月25日党中央機関と共に北平に到着。５月中華全国総工会名誉主席となる。６月党内の報告提綱「新中国の経済建設方針」を起草。７月にソ連を訪問している。９月に中国人民政治協商会議で中央人民政府副主席，10月に人民革命軍事委員会副主席に選出される。また10月に新設された中ソ友好協会の会長となる。48年11月には，コミンフォルムからのユーゴスラヴィアの追放を支持する論文「国際主義と民族主義」を発表している。

建国直後の1949年12月から毛沢東がモスクワを訪問していた期間，劉少奇は党と政府の仕事を任された。全国的に開始された土地改革運動に関連して50年６月に，人民政治協商会議において「土地改革問題に関する報告」を行う。51年から中央毛沢東著作編集委員会主任。53年１月憲法起草委員会委員。同年２月中央選挙委員会主席。54年２月の党の７期４中全会で，高崗，饒漱石らの「反党事件」を毛沢東に代わり処理する。同年９月第１期全国人民代表大会で，「憲法草案に関する報告」を行う。全国人民代表大会常務委員会委員長に選出。56年９月中期第８期全国代表大会で「政治報告」を行い，中央委員に，続く１中全会で中央政治局常務委員，中央副主席に選出される。57年２月18日から４月14日の期間，人民内部矛盾の問題についての調査のため，河北，河南，湖南，湖北，広東に出張。４月27日に上海で「人民内部の矛盾をいかに正しく処理するか」について講話。秋以降，彼の社会主義建設戦略も次第に急進化の傾向を見せ，58年５月８日８全大会第２回会議で「活動報告」を行った時までには，大躍進政策の積極的な推進者となった。59年９月に中華人民共和国成立10周年祝賀論文「マルクス・レーニン主義の中国における勝利」を発表し，急進的姿勢を守った。62年８月「共産党員の修養を論ず」を改訂再版。59年４月，64年12月の第２，第３期全国人民代表大会で人民共和国主席，国防委員会主席に選出。60年以後大躍進政策の挫折が明確になると，危機的情況からの体制立て直しの方策をめぐり毛沢東との間に乖離を生じた。

対外的活動としては，先ず建国直後の1949年12月１日，北京で開かれたアジア・オセアニア労働組合会議で，劉少奇は中国革命のモデルを，「植民地・半植民地国家が民族独立と人民民主主義を獲得するための道である」と規定して，中国の道の普遍性を強調した。52年10月ソ連共産党第19回大会に中国代表として出席。59年４月に国家主席に就任以後は，各国共産党間の交流のほか外交関係での活動が活発となる。同年10月に北京での日中両国共産党の共同声明に調印。60年１月モスクワの中ソ友好集会で国際共産主義運動の団結強化について演説。同年９月中国・ギニア友好条約に調印。11月モスクワの81カ国共産党労働者党代表者会議に中共代表団長として出席し，厳しさを増した中ソ関係での中国の立場を表明する。同年12月シアヌーク・カンボジア元首との共同声明に北京で調印。61年３月中国・インドネシア友好条約に調印。同年８月中朝友好相互援助条約に調印。同月ガーナ，キューバ大統領との共同声明に北京で調印。10月中国・ネパール国境条約に北京で調印。63年３月中国・モンゴル国境条約に調印。同年５月にインドネシア，ビルマ，カンボジア，北ヴェトナムを，９月に北朝鮮を訪問。64年３月に北京で中国・ルーマニア両党代表団会談の中国側代表。同年５月にスーダン・アブード議長との共同声明に，同年６月に中国・イエメン友好条約に北京で調印。10月にシアヌーク・カンボジア元首との共同声明に北京で調印。11月に中国・マリ友好条約，65年１月に中国・コンゴ友好条約，２月に中国・タンザニア友好条約に北京で調印。66年３月「中華人民共和国主席特赦令」（蔣介石，満州国，蒙疆自治政府関係の戦犯に対する）を発令，同年３月から４月に，陳毅，章漢夫らを連れてパキスタン，アフガニスタン，ビルマを訪問した。

毛沢東との対立は1965年９月から10月の党中央工作会議で明確化する。文化大革命では紅衛兵による攻撃の最大標的となり，68年10月の８期12中全会は「劉少奇を永遠に党から除名する」と決議した。69年

10月には重病の身を北京から移し，河南省開封に監禁され，その直後の11月12日に病死した。80年2月の11期5中全会では，名誉回復の決議がなされた。

参考文献：『劉少奇問題資料専輯』（《中共研究》雑談社，台北，1970年）。中国社会科学院近代史研究所等編『劉少奇与安源工人運動』（中国社会科学出版社，重慶，1981年）。遼寧社会科学院編『少奇同志在満州省委』（遼寧人民出版社，瀋陽，1981年）。中国青年出版社編『回憶少奇同志』（中国青年出版社，北京，1980年）。『緬懐劉少奇』（中央文献出版社，北京，1983年）。『劉少奇研究論文集』（中央文献出版社，北京，1989年）。陳君総『劉少奇的思想理論研究』（華夏出版社，北京，1988年）。徳田教之『毛沢東主義の政治力学』（慶應通信，1977年）。Lowell Dittmer, *Liu Shao-chi and the Chinese Cultural Revolution* (University of California Press, Berkeley, 1974).

〔徳田教之〕

劉（りゅう）　士端（したん）　Liu Shiduan

（生年不詳～ 1896年7月）

山東省曹県焼餅劉庄生まれ。義和団運動の先駆的指導者。

家庭は小地主。劉士端は13～14歳の時，趙金環という白蓮教徒から様々な術（金鐘罩，鉄布衫，気功，刀槍不入）を学ぶ。のちに大刀会を組織し教会を攻撃した。

大刀会とは八卦教の坎門に属し，19世紀の後半から山東，安徽，河南，江蘇などの地に盛んとなった「保衛身家」（自分の身と家庭を守る）を目的とする民間の武術組織であった。劉士端の大刀会は1894年の日清戦争後活動を始め，火神廟で芝居をやって多くの人を集め，曹州府，済寧府，兗州府や河南，安徽，江蘇などの一部の地方にまで活動を広め，土匪や不法行為を働くキリスト教民と敵対するようになった。96年6月，江蘇省碭山県の龐傑三は，当地のキリスト教民の非道横暴に反対するため，劉士端の大刀会に支援を依頼した。劉士端は智效忠と彭桂林に大刀会員1,000名を率いて支援させた。当時，土豪や不法の徒が教会に入り，教会の力を借りて税金の支払いを拒否したり，裁判を有利にしようとするものが多く，民衆はこうした教会と中国人教民を憎み，彼らと闘うため劉士端の大刀会や大紅拳などの武術結社に救いを求めた。これを支援した大刀会は反教会の闘争をしたばかりでなく，悪辣な地主なども攻撃した。こうして民衆の支援を得た大刀会は，一時は10余万人もの人々を動員することができた。

1896年7月，外国とキリスト教会の圧力を受けた清朝は両江総督・劉坤一と山東巡撫・李秉衡に電報で命令してこれを攻撃させた。大刀会は弾圧され，人々は逃げ散った。7月7日，曹県知県・曹啓塤は「共商大計」（ともに大計をはかろう）という口実で劉士端を誘い出して殺害した。

劉士端の大刀会は，白蓮教の革命の伝統と武術結社とを結合させ，「刀槍不入」（神が乗り移って刀や銃でも死なない）の確信のもとに貧しい多くの人々を結集して，官も恐れて手を出さなかったキリスト教会を攻撃したことによって，民衆の拍手喝采を受けた。劉士端らの指導者が処刑されたのちに，華北一帯に大刀会の会員・参加者は拡大し勢いはますます盛んとなり，義和団運動の先駆的役割を果した。

参考文献：『義和団檔案史料』上冊（中華書局，北京，1959年）。李文海等編『義和団運動史実要録』（斉魯書社，済南，1986年）。

〔小林一美〕

劉（りゅう）　師復（しふく）　Liu Shifu

（1884年6月27日～ 1915年3月27日）

原名・紹彬，字・子麟。一時，思復と改め後年更に師復と改める。1912年以降は姓を廃す。広東省香山県石岐鎮生まれ。清末・民初の革命家，アナキスト。

父の名は秉常といい当地の進歩的な郷紳であった。母の名は不詳。生家は裕福であり，屋敷は「水楼劉家」と称された。劉師復は13人兄弟の次男として生まれた。1899年，生員となるが，1901年の郷試に意図的に落第した後科挙の道を離れ，社会変革の活動を開始し，郷里で演説社，女学堂の創設に携わる。04年，日本に留学し翌年の中国同盟会の創立に加わる。06年春帰国し，香港で『東方報』の編集に加わった。その後，丁湘田と婚約したが，正式な結婚までに至ったかは不明である。07年春，広州で広東水師提督・李準暗殺を企てるが，失敗して重傷を負い，2年間香山県の監獄に収容される。彼はこの間読書と著述に専念し，広東語の変遷を論じた『粤語解』を著した他，『香山旬報』にも記事を寄稿している。辛亥革命前の劉師復は仏教の影響を受けつつ排満・共和の革命論を展開していたが，出獄後は次第に同盟会の活動から離れ始める。

1909年，劉師復は釈放されて香港に赴き，翌年支那暗殺団を組織し，李準，鳳山らの暗殺を企てる。11年武昌蜂起後，莫紀彭らと香山の新軍を寝返らせ「香軍」と称した。その後，暗殺団のメンバーと載灃および袁世凱の暗殺を企てるが，清朝崩壊の報を聞いてこれを中止した。この後，師復はアナキズム宣伝の時機が到来したと考え，12年5月広州に晦鳴学舎を創設した。これは国内における最初のアナキズム組織である。そしてまもなく，個人の修養をはかるための組織として心社を創設した。これら２つの組織の創設は，彼の思想発展においてはもとより，中国のアナキズム運動の新たな段階を示しているといえる。

1913年，師復は広州でアナキズム宣伝の機関誌として『晦鳴録』を創刊した。また，エスペラントの普及にも努め，広州にエスペラント研究会を創設している。同年９月，龍済光が広州を占領したため，彼はマカオに逃れ，ここで『晦鳴録』を『民声』と改めて出版した。しかし，まもなく袁世凱がマカオ当局に圧力をかけたため，彼らは上海の共同租界へ移転した。14年７月，彼は上海で「無政府共産主義同志社」を創設し，絶対自由主義を唱えた。

師復は『民声』出版の他，1912年から14年にかけて，アナキズム宣伝のための各種の小冊子を出版している。その多くは，辛亥革命前の『新世紀』の論説の再版であった。このことからわかるように，彼の思想はクロポトキンのアナキズムを知的源泉とする『新世紀』グループの思想の延長線上にあり，科学を唯一の真理と見なし，封建的迷信に反対する立場に立っていた。しかし，『新世紀』グループの人々の一部が後年政界へ接近していったのに反し，彼は理論・実践の両面でアナキズムの純化を求めた点において特徴的である。15年３月，彼は肺病のため上海で死去し，後に杭州西湖の煙霞洞に葬られた。丁湘田との間に娘を１人もうけたが，家族制度廃絶の信念に基づいて，自分の子供とは認めなかったといわれる。『民声』は彼の死後も同志たちの手によって21年まで断続的に出版された。

参考文献：劉師復『師復文存』（革新書局，広州，1927年）。張磊・余炎光「論劉師復」，《近代史研究》編輯部編『近代中国人物』（中国社会科学出版社，重慶，1983年）。劉石心（口述）「関於無政府主義活動的点滴回憶」，葛懋春・蔣俊・李興芝編『無政府主義思想資料選』（北京大学出版社，北京，1984年）。文定「劉師復伝」，『師復文存』。馮自由「心社創作人劉師復」，『革命逸史』第２冊（台湾商務印書館，台北，1969年）。嵯峨隆『中国黒色革命論―師復とその思想』（社会評論社，2001年）。

〔嵯峨隆〕

劉（りゅう）　十九（じゅうきゅう）　Liu Shijiu

（1882年～没年不詳）

原名・劉呈祥，綽名・劉十九。山東省生まれ。貧民出身。天津地区で活躍した著名な義和団指導者。

1900年春父に連れられて故郷から直隷省静海県の二堡地方に移り，地主の家に雇われ住み込む。付近の人々に義和団を宣伝し，「刀槍不入」（刀でも銃でも身体を傷つけられない）なる術を教えた。劉十九は高家村に総壇口をつくり，ここを根拠地にして活動し，団員は２万人に達し，1,200人の銃槍隊も組織したという。ついで７月７日，天津に団員とともに出動し，８カ国連合軍と戦った。７月13日天津城が陥落すると劉十九は静海に帰り，高家村に多数の団員を集め，武器弾薬で武装し抗戦の準備をした。外国軍は北京城陥落後の８月19日に高家村を包囲し攻撃した。彼は勇敢に戦ったが，北洼の戦いに敗れ，逃亡して行方不明となる。彼は農村に隠れ，のち小商店などを開いてながく生きたといわれる。

参考文献：1958年の南開大学歴史系の調査（未刊）

〔小林一美〕

劉（りゅう）　師培（しばい）　Liu Shipei

（1884年６月24日～1919年11月20日）

字・申叔，号・左盦，改名・光漢，筆名・少甫，光漢子，無畏，金少甫，世培，豕韋之裔。別名・韋裔，激烈派第一人。江蘇省揚州府儀徴県生まれ。学者にして思想家。清末のアナキスト。

父は貴曾，母は李氏。彼の家系は揚州学派の流れをくみ，『春秋左氏伝』の研究をもって知られる。早くして父を失ったため，母から学問を授かり，17歳にして秀才，18歳にして挙人に合格した。

劉師培は，1903年頃から社会問題に関心を示し始めた。当初，彼の思想傾向は改良主義的であったが，この年，上海で愛国学社の人々と交わってから革命派に接近する。その後郷里に戻り，同年６月，『蘇報』に学生の反仏・拒俄運動を支持する記事を寄稿し，民族革命家として出発する。彼はその後『国民日日報』に記事を寄稿し，排満革命論者として名が知られるようになる。

劉師培は1903年郷里で結婚した後，この年の夏から冬にかけて妻・何班（後に何震と改名）とともに上海に出て革命派に加わる。同年から翌年にかけて，初期の代表作である『攘書』と『中国民約精義』を著した。04年彼は『警鐘日報』の編集者となり，同誌に多数の論説記事を発表した。この頃，ナロードニキの影響を受け，テロリズムを賛美する記事を書き，自らも王之春の暗殺計画に加わったと言われる。同年冬，光復会が結成され，劉師培も会員となった。05年３月『警鐘日報』は発禁に処せられ，彼にも逮捕状が発せられた。そのため，彼は上海を離れて蕪湖に赴き，安徽公学，皖江中学の教員として約１年間活動を続けた。

劉師培の政治活動は，当初から文化的活動と並行して展開されていた。彼の文化的関心は主として国学の保存に集中していたが，これは西洋学術の流入に伴う中国の伝統学術の衰退の危機を感じたためであった。そこで彼は，1905年１月に創刊された『国粋学報』の主要メンバーの１人となり，11年の停刊に至るまで同誌に多くの論文を寄稿することになる。

1907年の２月から３月にかけて，劉師培は章炳麟の招きで日本に渡り中国同盟会に加入する。渡日後，彼は『民報』に数篇の論説を寄稿しているが，それらの内容は，国内時期に展開された排満革命論の延長であった。しかし，彼は幸徳秋水ら日本人社会主義者からの影響，そして同盟会の内訌を契機として，同年６月から７月にかけてアナキストに転向する。そして，８月以降，日本人アナキストを講師に招いて社会主義講習会を開催し，アナキズムの宣伝に努めた。また彼は，この年の夏，アジアの被抑圧民族の解放を目標とした亜洲和親会を組織している。彼のアナキズムは『天義』と『衡報』の中で展開されているが，それは伝統思想の再解釈の形をとって現れたという点で極めて特徴的である。

劉師培は，1908年８月までは，革命派として活動していた。しかし彼は，10月から翌月にかけて日本を離れて中国に戻り，その後は清朝官僚・端方のスパイとなる。彼の転向の要因としては，妻・何震の慫慂などがあげられているが，なお不明な点も多い。

1911年の保路運動勃発後，劉師培は端方に従って四川に入った。しかし，11月に端方が軍の反乱にあって死んだため，劉師培は成都に逃れ，四川国学院の教授となった。13年，彼は閻錫山の顧問となり，更にその後，袁世凱に接近した。15年８月，劉師培は籌安会の発起人の１人となった。彼は翌年１月『中国学報』を発行し，袁世凱の帝制復活支持の論陣を張った。

帝制復活の失敗後，劉師培は世間の非難を浴び，一時流浪の生活を送ったが，1917年，蔡元培の招きで北京大学の教授となった。彼は，その後一貫して守旧の立場を取り続け，五・四時期においては『国故月刊』を創刊して文学革命に反対した。しかし彼の主張は実質的な影響を及ぼすことはできなかった。劉師培はその後，持病の肺結核が悪化し，19年11月死去した。

参考文献：劉師培『劉申叔先生遺書』全４冊（華世出版，台北，1975年影印版）。森時彦「民族主義と無政府主義」，小野川秀美・島田虔次編『辛亥革命の研究』（勁草書房，1978年）。丸山松幸「劉師培略伝」，『中国近代の革命思想』（研文出版，1982年）。嵯峨隆『近代中国の革命幻影―劉師培の思想と生涯』（研文出版，1996年）。　〔嵯峨隆〕

劉（りゅう）　守中（しゅちゅう）　Liu Shouzhong

（1882年１月26日～1941年10月23日）

字・季良，允丞，允臣。陝西省富平県生まれ。国民党の軍人。

父・劉徳智は儒学者・賀複斎の門下生である。劉守中も賀複斎門下で伝統教育を受ける。幼少期から頭角をあらわし，次第に天下国家への関心を深め腐敗した清朝への不満を強め，革命思想に傾倒する。

1909年井勿幕，郭希仁，曹寅侯，李岐山らと共に同盟会に入会する。辛亥革命が起こり，陝西省がこれに呼応した際，劉守中は陝西省の軍事幕僚となる。16年劉は袁世凱の帝制復活に反対して胡景翼，岳維峻，董振らと共に三原で挙兵する。17年段祺瑞によって国会が解散された時には，同志と共に渭河以北地域で靖国軍を組織して護法の呼掛けに応じる。この時，靖国軍の総指揮を務める。その後靖国軍は改編され，劉は上海に赴く。

1924年劉守中は馮玉祥，胡景翼，孫岳らと首都革命を謀り「北京政変」を起こすが，段はこの機に乗じて臨時執政となり，劉や胡の恨みを買う。段に対抗するため，胡の国民軍を基礎として，孫文の国民政府を河南に呼ぼうとしたが，孫と胡は相継いでこの世を去り，これは実現しなかった。その後，岳維峻が胡の後を継いで河南省辦理軍務収束事宜に就任するが，裏で呉佩孚と手を結んだため，劉は裏切られ，崤陵で一敗地に塗れた上，運城に半年間とらわれの身となる。この後その城は「留運城」に改名される。

1926年平遥に滞在し，歴史と地理を学ぶことに専念する。同年中国国民党第２期中央執行委員，27年には国民政府委員に就任する。28年蘇州の網師園に仮住いして読書，研鑽し，小学，歴史，地理の外に特に兵学を好んで学ぶ。同年，北平政治分会委員に就任する。31年には太原に滞在する。同年，国民党第４期監察委員候補に就任する。満州事変が発生した際，劉守中は馮玉祥と共に南京に赴き，国民党中央全会に出席して国民政府委員に選出される。32年から34年までの間に２度モンゴルに赴き，各地の盟や旗を訪れて実業および国防の状況を調査し，察綏盟旗実業調査記及び視察日記を記している。35年故郷の富平に帰る。36年国民党第４期１中全会で国民政府委員に選ばれる。

蘆溝橋事件が起きた時には国民政府の命を受け，黄河沿いの国防状況を視察する任務を与えられる。その際，山東省境内黄河以東地域を守らなければ関中を守ることは難しく，関中を失えば兵のみならず戦費調達もままならなくなるため，四川省に撤去して関中を簡単に放棄するのはよくない，と抗戦を主張する。国民政府はこれを受けて，河南，関中防衛策を取ることになる。

1940年重慶から三原にひきこもり，外界との接触を断って著述に専念し，『続漢書郡国志略補注』を著す。41年10月陝西省三原でこの世を去る。

参考文献：中国国民党中央委員会党史史料編纂委員会編『革命人物誌』6集（中央文物供応社，台北，1971年）。劉紹唐主編『民国人物小伝』2集（伝記文学出版社，台北，1980年）。李盛平主編『中国近現代人名大辞典』（中国国際広播出版社，北京，1989年）。　〔松田康博〕

劉　文輝（りゅう　ぶんき） Liu Wenhui

（1895年1月10日～1976年6月24日）

字・自乾，病虜。四川省大邑県生まれ。四川の軍閥，中華人民共和国成立後四川省政協副主席，林業部長。

14歳で成都陸軍幼年学校入学，続いて1911年西安陸軍中学校，12年北京陸軍第一中学に学ぶ。14年保定陸軍軍官学校第2期砲科に入り，16年卒業。卒業後四川に帰り，四川軍第2師・劉存厚の師団の上尉参謀，甥の劉湘の紹介により楽山駐屯の第8師・陳洪范の師団の営長，まもなく団長に昇任。20年秋劉湘が四川軍総司令兼省長となるや陳洪范から離れ宜賓に移駐し，第1混成旅旅長となり総司令に直属する。これから地方軍閥としての生涯が始まる。23年第9師師長。

1924年より劉文輝の勢力は急速に発展した。同年2月劉湘，楊森軍が熊克武を破ったとき，劉文輝は直接参戦しなかったが，財政的に劉湘を支援した。劉湘は勝利の後劉文輝に獲得した地域の一部を支配させた。その結果富順，江安，屏山，雷波などを支配することとなる。これより川東で劉湘，川南で劉文輝が支配し，相互に助け合い「二劉合作」を形成した。

1925年2月四川軍務督理・楊森の武力による全四川を統一しようとする「統一の戦い」が起こった。戦争の初期には楊森が優勢であったが，最後は劉湘，劉文輝，袁祖銘らにより組織された四川，貴州の連合軍により敗れた。この戦争により劉文輝は楊森軍の残党や帰順した多数の兵を吸収し，実力は大きくなった。劉の支配地域は宜賓から楽山，仁寿，眉山一帯に拡大し四川軍務幇辦として部隊を率いて成都に駐屯した。26年1月劉文輝は接収改編して間もない楊春芳軍約1万余名を成都に移駐させ，突然この部隊を襲撃して全て武装解除して改編して自分の部隊とした。4月敘南の呂超を攻撃した。呂超は壊滅され敘府以南6県は劉文輝の所有するところとなる。

1926年の末国民革命軍に忠誠を宣明して国民革命軍第24軍軍長に任命された。この地位は46年まで保ち続け，第24軍は彼の政治権力の源泉となる。27年劉文輝は突然劉成勲を攻撃し，これを破りその支配地域を占領した。そして新津，邛崍を含み雅安に属する各県を含め彼の勢力は西康にまで拡大した。同年冬劉文輝と劉湘は第22軍の頼心輝を東南より挟撃して貴州に敗走させ，頼は永州，江津，合江，瀘州などの各県を放棄し，劉文輝はこれらの地方の全てを占拠した。28年春楊森，李家鈺，羅沢洲らの連合軍は重慶の劉湘を攻撃したが，劉湘は劉文輝の援助を得た。資中，内江，栄昌，隆昌などの地が劉文輝の支配地と境を接していたからである。劉湘は楊，李，羅を打倒し，下川東を統一し，資，内県など及び川上東一帯は劉文輝の支配地となった。

楊，李，羅の失敗後四川の軍閥の「四巨頭」劉湘，劉文輝，鄧錫侯，田頌堯が四川を分割した。彼らは劉湘の速成系，劉文輝の保定系と出身士官学校により分裂した。1928年夏資中における「四巨頭会談」において劉湘を四川善后督辦，劉文輝を四川省政府主席に推すことが決定された。9月南京国民政府は劉文輝を川康辺防総指揮，10月には四川省主席に任命した。当時の実力は70余県を支配し，10余万の軍を保持しその力は四川に冠たるものであった。

1930年チベットと四川，西康境界の紛争が起こった。南京国民政府の委任により32年の10月の初めまでにチベットと現地における協定を結び，境界地帯に安定をもたらした。同年秋より12月にかけて劉湘と劉文輝との間に四川を2分する大戦が勃発した。劉文輝が大敗し四川における軍閥混戦に終止符が打たれた。

西康に敗退した劉文輝軍はその数十分の1の2万を欠けるまでになる。打撃を受けた劉文輝はアヘンを吸い仏典をひもとく生活を続けた。しかしやがて日中戦争が起こり国内情勢が変化して新たな活躍の機会が訪れた。1935年5月紅軍長征の途中雲南より金沙江を渡り西康に侵入してきた。蒋介石の命により大渡河を阻止しようとしたが失敗し，劉文輝は蒋介石に処分を受けた。

日中戦争勃発後1938年国民政府は重慶遷都した。蒋介石が四川に軍を率いてきたので，長らく覇権を握ってきた地方軍閥は重大な不安に陥った。同年初め劉湘が病死すると蒋介石は張羣を四川省主席に任命しようとしたが，劉文輝，鄧錫侯，潘文華は連合して反対した。3人は四川，雲南，西康3省連合して反蒋問題を討議し，秘密の協定を結んだ。39年西康省が成立して，劉文輝は省主席に任命された。約10年間劉文輝とその軍は文字どおり西康を独立国的に支配した。西康と国民政府の関係は緩いものであり，この省は経済的には後進地域であったが，劉文輝の支配のもとで中国，チベット間の流通の要地であり，アヘンの他の地域への最大の搬出地であった。劉は次第に自らの勢力を守るために国内最大の反蔣勢力である中国共産党と進歩勢力を政治的に支持するようになった。成都に秘密の政治団体「唯民社」を結成したが，実際は中共党員がこれを指導した。42年2月周恩来と秘密に会談し，雅安には延安との秘密の電信基地を設けた。日中戦争終結後内戦が再開したが，大勢は共産党に有利で，最後の四川では劉文輝らが49年12月9日彭県の蜂起を通電し，翌10日蔣介石は成都から台湾に飛行機で逃げた。

1950～54年西南軍政委員会副主席，51年全国政協常委，54年全国人大常委，国防委員，55年1月四川省政協副主席，兼林業部長，他に国民党革命委員会中央常委を歴任した。76年6月癌により北京病院にて死去。妻・楊蘊光，兄・劉升延，その他兄に中国最大の悪徳地主・劉文彩がいる。

参考文献：劉文輝『走到人民陣営的歴史道路』（生活・読書・新知三聯書店，北京，1979年）。四川省地方志編纂委員会省志人物志編輯組編『四川近現代人物伝』1輯（四川省社会科学院出版社，成都，1985年）。松崎つね子「収租院今昔」，神田信夫先生古稀記念論集編集委員会編『清朝と東アジア』（山川出版社，1992年）。　〔片倉芳和〕

劉　湘 Liu Xiang

（1890年～1938年1月22日）

字・甫澄。四川省大邑県生まれ。軍人，政治家。

家庭環境，幼年時代について多くは知られていない。1908年四川陸軍速成学堂に入学，10年卒業後直ちに四川陸軍講武堂に進む。12年講武堂卒業後，川軍（張瀾の部隊）で地方軍人としての経歴を開始した。その後川軍内で順調に昇進した劉湘は18年に師団を指揮するに至り，四川省での有力な軍人としての地位を確立した。

辛亥革命後の四川省は，省内の軍人間の対立に加えて雲南，貴州さらには北洋系勢力などの省外の勢力が介入し，各政治勢力間で戦闘が繰り返される極度の混乱状態に陥った。この政治的混乱状態の中で，劉湘は陸軍速成学堂出身者を中心とする「速成系」の中心としての地位を次第に確立していくことになった。すなわち，1920年四川督軍・熊克武を中心とする四川省の地方的勢力は，激しい戦闘を経て四川省に大きな政治的影響力を行使していた唐継尭指揮下の雲南系の軍隊を四川から排除するのに成功した。川軍第2軍軍長としてこの戦闘に参加した劉湘は戦闘終結後の翌21年，熊克武を排除して四川省省長兼川軍総司令の地位についた。

以上のように外部勢力が排除された後も，四川軍幹部の有力な軍人は四川各地を分割支配して独立的地位を築き，相互に対立抗争を繰り返して，四川省内の恒常的内戦状態は解消されなかった。有力な軍人としては但懋辛，鄧錫侯，楊森，劉存厚，劉文輝，頼心輝，劉成勲などがあげられる。劉湘は，他の軍人とあるいは同盟し，あるいは対立しながら，重慶を拠点としてこの複雑な政治的，軍事的権力闘争に参加していった。そして，この間22年から25年にかけて四川善後督辦，川滇辺防督辦，川康軍務督辦などの職を歴任した（北京政府の任命による）。

1926年7月北伐が始まると劉湘は国民党と提携しこれに参加した。すなわち，劉湘指揮下の部隊は国民革命軍第21軍に改編され，劉自身は軍長に任命された。翌27年の南京国民政府と武漢国民政府の対立に際しては南京国民政府を支持し，蔣介石によって第5路軍総指揮に任じられた。28年末南京国民政府による中国統一が一応達成されると，劉湘は四川省政府委員兼川康裁編軍隊委員会主任委員に任じられた（四川省政府主席に任命されたのは劉文輝）。

以上のように1928年南京国民政府による全国統一が達成された後も，南京国民政府の実効的支配は四川には及ばず，四川省内が独立的地位にある軍人によって分割支配され戦闘が繰り返されるという状況には変化はなかった。しかし，四川省支配を目指す軍人間の闘争は，敗者が排除される形で次第に劉湘と劉文輝との対立に集約されていった。

長期にわたる激しい闘争を経て1932年劉湘は劉文輝を最終的に打ち破り，四川省全土への支配を確立した。ここに四川省内の分裂と内戦という状況はようやく解消され，劉湘は四川省全土を支配する最高権力者の地位を確立したのであった。これをうけて劉湘は翌33年4月剿匪総司令に，34年には四川省政府主席に就任した。四川省政府は当然南京国民政府のもとでの地方政府として位置づけられていたが，四川省に中央政府の実効的支配は及ばないという状況に変化はなかった。

四川軍軍人との長期にわたる闘争に勝利して四川省の統一を達成した劉湘は，直ちに共産党という全く異質の敵と対決を迫られることとなった。すなわち，徐向前を中心とする工農紅軍は四川省内で活発な活動を展開し，1934年から35年にかけて劉湘指揮下の部隊はこれと激しい戦闘を交えた。35年には長征途上の工農紅軍主力が四川省内を通過し，劉湘の四川支配は深刻な脅威を経験した。

さらに，南京国民政府は長征中の紅軍を追撃する機会を利用して，これまでほとんどその実効的支配が及ばなかった中国西南部への影響力の拡大をはかった。四川もその例外ではなく，将来予想される対日戦への考慮も手伝って南京国民政府は四川省への支配の浸透を目指した。このため，あくまでも四川省の独立的地位を守ろうとする劉湘と南京国民政府との間に政治的緊張状態が生じた。しかし，四川への支配を確立する過程で，四川省内のライバルの軍人を武力で排除してきた劉湘は，南京中央政府とのこの対立において四川省内の幅広い政治勢力を動員することができなかった。従って，劉湘は南京中央政府の圧力に抵抗することはできず，1937年6月四川省内への中央直轄軍の駐留を認める協定に調印することを余儀なくされた。この結果，何応欽が中央直轄軍を率いて四川省に進駐し，四川省の独立的地位は大きく損なわれることになったのであった。

1937年7月日中戦争が勃発すると，蔣介石の命令を受けた劉湘指揮下の四川軍は四川省を出発し，抗日戦争に参加した。劉湘は第7戦区司令長官兼第23集団軍総司令として南京防衛線に参加することになった。南京から中国軍が撤退した後，37年12月劉湘は漢口の病院に入院し，38年1月胃潰瘍のため吐血して死去した。この後，地元出身の最高権力者を失った四川は国民党中央政府の支配下で，抗日戦争の最大の拠点としての役割を果していくことになるのであった。

参考文献：Robert A. Kapp, *Szechwan and the Chinese Republic: Provincial Militarism and Central Power, 1911-1938* (Yale University Press, New Haven, 1973). 黎民「軍閥劉湘的財政搜括」，正南軍閥史研究会編『西南軍閥史研究叢刊』1輯（四川人民出版社，成都，1982年）。宋琦「劉湘与帝国主義的関係」，西南軍閥史研究会編『西南軍閥史研究叢刊』3輯（雲南人民出版社，昆明，1985年）。　〔塚本元〕

劉（りゅう）　亜楼（あろう）　Liu Yalou

（1911年～1965年5月7日）

福建省武平県生まれ。人民解放軍軍人，空軍上将。

小学校教員，百貨店店員などを経て1929年8月閩西遊撃隊に入隊。12月紅軍第4軍随営学校学生班長。30年紅軍第12軍連長，5月営長兼政治委員，10月同軍第12師35団政治委員。34年第1軍団第2師政治委員。長征に参加。35年12月同軍第2師長（政治委員・蕭華）。

1936年紅軍抗日軍政大学入学。37年同大学教員，訓練部長。38年同教育長。抗日戦争勃発後八路軍115師（師長・林彪）に所属。39年ソ連のフルンゼ軍事学院入学。41年卒業したが，交通事情が悪く帰国できず，王松と改名してソ連軍に所属，少佐，独ソ戦に参加。

1945年8月ソ連の対日宣戦によりソ連軍に随軍してハルビン中央放送局を接収。その後の動向は不明。47年7月東北民主連軍（司令員兼政治委員・林彪）参謀長。48年一部の反対があったが，羅栄桓の仲人で翟雲英（白系ロシア人）と結婚。9～11月遼瀋戦役に参加。48年11月～49年1月平津戦役前線総指揮。49年1月第4野戦軍（司令員・林彪，政治委員・羅栄桓）参謀長兼第14兵団司令員（政治委員・莫文驊）。

1949年8月劉少奇らとソ連を訪問して空軍建設の援助・協力を要請，11月空軍司令員，第4野戦軍第14兵団を基礎として空軍司令部を建設。52年8月中国代表団（団長・周恩来）の団員としてソ連訪問，第1次5カ年計画における軍事援助でソ連と交渉。54年空軍学院院長。同年9月第1期全人代空軍代表，国防委員会委員。55年9月一級八一勲章，一級独立自由勲章，一級解放勲章授与，上将。56年4月航空工業委員会（主任・聶栄臻）委員。9月中共8全大会で中央委員会委員。同年6月中国空軍代表団長としてソ連の空軍記念日に参加。57年8月建軍30周年記念論文「若年の中国人民解放軍空軍」（『人民日報』7月31日）を発表。11月中国代表団（団長・毛沢東）団員および軍事代表団（団長・彭徳懐）団員としてロシア十月革命40周年記念祝賀式典に参加。

1958年5月23日『解放軍報』に論文「毛沢東軍事思想を真剣に学習しよう」を発表，彭徳懐の近代化・正規化軍事路線を批判，毛沢東軍事路線への復帰を提唱，5～7月の中共中央軍事委員会拡大会議の理論上先導的な役割を果した。同年10月国防部に国防科学技術委員会（主任・聶栄臻）設置，副主任に就任。59年9月国防部副部長。60年9月中国軍事代表団団長として北朝鮮を訪問。61年初頭ソ連の招請で国防工業代表団団長としてソ連訪問（60年6月ソ連が一方的に援助を打ち切って以後最初の中ソ会談）。同年12月中国軍事代表団副団長（団長・葉剣英）として北ヴェトナム訪問。63年7月軍事友好代表団団長としてキューバ訪問。64年8月中国党・政府代表団団員としてルーマニア解放20周年記念式典に参加。9月パキスタン訪問。65年5月上海で死去。

参考文献：孫維『劉亜楼将軍逸事』（北方文芸出版社，哈爾浜，1985年）。軍事科学院軍事歴史研究部編『中国人民解放軍戦史』全3巻（軍事科学出版社，北京，1987年）。

〔平松茂雄〕

柳（りゅう）　亜子（あし）　Liu Yazi

（1887年5月26日～1958年6月21日）

原名・慰高，改名・人権，棄疾，字・安如，亜廬，号・稼軒，別署・青兕。江蘇省呉江県黎里鎮生まれ。詩人，中国国民党員，のち民主諸党派の指導者となる。

父・念曾（純斎）は生員であった。母・費氏。父や叔父・無涯のもとで伝統的教育を受け，1902年生員となった。翌03年章炳麟，蔡元培，呉稚暉らの中国教育会が運営していた愛国学社に入学。その後柳亜子は自治学社（04～05年），上海理化速成学堂（06年）に学んだ。06年高天梅，馬君武らの紹介で中国同盟会にさらに蔡元培の紹介で光復会にそれぞれ加入した。またこの年，建行公学で教育活動にあたり，『復報』を発行して清朝に反対する文章を書いた。同年鄭佩宜と結婚。

1909年11月柳亜子は蘇州で陳去病，高天梅とともに文学結社「南社」を創立し，主任となった。当初南社は，蘇州，上海，杭州の文学者やジャーナリストが中心となって組織されたが，次第に全国的な組織となり加入者数も1,100人余りとなった。黄興，宋教仁，陳其美らが参加したことによって，南社は反満民族主義的傾向を鮮明にしていった。

1911～12年柳亜子は上海で『天鐸報』，『民声日報』，『太平洋報』3紙の主筆として反清革命を宣伝し，北洋軍閥に反対した。12年柳は孫文の臨時大総統府秘書となるが，しばらくして辞職し，南京から上海に戻って言論活動を再開した。袁世凱が孫文から臨時大総統職を引き継ぐと，柳は政治的言論活動を中断して故郷にひきこもってしまった。

この後，柳亜子は精力的に詩や散文を執筆し，また南社出版物の編集，発行に中心的役割を果した。南社は1910年から23年までに『南社叢刻』（期刊）や『南社小説集』を出版し，また准南社，遼社，粤社などの支社が設立された。しかしながら，南社の構成員間には中国の伝統的詩文に対する評価の相違が大きくなり，柳は唐，南宋の詩文を重視するグループに属したが，やがて陳独秀や胡適の白話運動に同調し，口語での詩作を試みた。しかしこれは柳にとって満足のいく結果を得られず，また南社内の対立を解決できなかった彼は，23年南社を離れた。同年柳は邵力子，陳望道らと「新南社」を結成し，伝統的文学と新しい思想的潮流の統合を目指した。しかし新南社は限られた成果しかもたらさなかった。

1924年柳亜子は中国国民党に加入。翌25年江蘇省党部の執行委員会常務委員兼宣伝部長となった。26年国民党第2期中央監察委員となる。柳は廖仲愷らとともに連ソ容共政策を支持し，党内右派と対立した。中山艦事件後江蘇省に戻ったが，柳は孫伝芳によって故郷を追われ，一時上海に滞在した。4・12クーデター後の27年5月日本に亡命。この時の橋本関雪らとの詩文のやりとりは後に『乗桴集』にまとめられている。

1928年4月柳亜子は中国に帰ったが，南京国民政府には参加しなかった。31年国民党4全大会で柳は再び中央監察委員に選出された。翌32年上海通志館館長となり，同市史料の編纂に従事した。

日中戦争勃発後も柳亜子は上海に滞在し，明末清初（特に所謂南明）の歴史を研究したが，日本の支援のもとに南京で成立した汪精衛政権への協力を潔しとせず，1940年12月上海を離れ香港に移った。41年1月新四軍事件（皖南事件）に際して蒋介石を批判し，国民党を除名された。41年12月香港が日本軍に占領されると柳は香港を逃れ，広東省内各地を経て，翌42年6月桂林に至り，文学活動に専念した。44年重慶に移った彼は，内戦と蒋の独裁に反対する政治活動を再開した。45年柳は中国民主同盟に参加，また譚平山らとともに三民主義同志連合会を設立した。

抗日戦終結後，柳亜子は上海に戻ったが，国共内戦が激化すると再び香港に移った。1948年1月反蒋をかかげる中国国民党革命委員会が成立すると，柳はこの中央監察委員会主任に就いた。この時彼はまた中国民主同盟中央執行委員でもあった。

1949年9月柳亜子は第1次中国人民政治協商会議に出席，中華人民共和国成立後は中央人民政府委員（54年まで）となり，54～58年全国人民代表大会常務委員を務めた。58年6月柳は肺炎によって北京で死亡したが，晩年は体力の衰えで文筆活動，政治活動ともにほとんどできなかった。

柳亜子は，中国の伝統的知識人の中では最後の世代に属し，その最も傑出した1人であり，特に詩作における功績が大きい。彼は編集者としての能力も十分に発揮し，蘇曼殊，阮夢桃，張秋石などの文集，そして多数の南社出版物をまとめた。詩詞の交換など毛沢東とも文学的交流があった。

2人の娘，柳無非と柳無垢，の編集による『柳亜子詩詞選』（1959年），柳無非とインディアナ大学で中国文学を教える息子の柳無忌の編になる『柳亜子文集』（86年）がある。3人の実子の他に養女として，陳綿祥，謝冰瑩，蕭紅（張迺瑩）があった。

参考文献：謝冰瑩「憶柳亜子先生」，『伝記文学』36巻3期，1962年。鄭逸梅編『南社叢談』（上海人民出版社，上海，1981年）。Howard L. Boorman ed., *Biographical Dictionary of Republican China*, Vol. 2 (Columbia University Press, New York and London, 1967). 〔塩出浩和〕

劉 彦（りゅう げん） Liu Yan

（1880年～1941年）

字・式南。湖南省醴陵出身。清末民国期の政治家，教育家，また外交評論家として知られる。

武昌の科学補習所にて学び，日本の早稲田大学に留学し，政治学を学び，同郷の宋子文と知り合い，中国同盟会に加入。辛亥革命後に，南京臨時参議院の議員，1913年の第1回衆議院議員選挙で議員となる。だが，宋教仁が上海で暗殺されると北京を離れ第2革命に加わった。16年に国会が回復した際にも議員となるが，17年に孫文が広州で中華民国護法軍政府を樹立するとそれに合流して，広州の（護法）国会の衆議院議員となると同時に，広東政府の政務庁庁長などを務めた。21年には，ワシントン会議に中華民国代表団の諮議として参加。翌年には『外交評論』の編集をおこない，再び北京の国会議員となる。23年，旅順・大連の租借地還付期限に際しては，国会に対して「21カ条無効案」を提出し，衆議院・参議院の両院で通過した。同年9月に発生した関東大震災において多くの華工と王希天という留学生が殺害され，12月に中国政府はその事件の調査団を，王正廷を代表として派遣したが，劉彦はその団員となった。北伐の進行過程において，国民党は「革命外交」を唱道したが，劉は後掲の多くの著作を執筆して，それを言論で支えた。

また，教育家としても活躍し，北京法政大学校長，民国学院政治系主任兼教務長を務めたほか，北平大学，清華大学，朝陽大学，輔仁大学などで教鞭をとった。1937年の日中戦争勃発当時は民国学院（のちに民国大学）で教鞭をとっており，その長沙，溆浦などへの移動に同道した。だが，その過程で直腸癌であることがわかり，41年に成都に診断に向かう途中，沅江で没した。

劉彦は，清末民国期の外交評論家としても知られる。その著作，『中国近時外交史』（中国近時外交史発行所，1911年）は，中国革命運動が盛んな東京で資料収集をおこなって叙述，印刷され，中国国内で発行された。同書は，アヘン戦争以来の中国の近代外交史を体系的に，それもアヘン戦争を中国外交の“失敗”の歴史過程として叙述しようとした初期の著作として重要である。その内容は，アカデミックというよりも，ジャーナリスティックであるが，帝国主義の侵略過程とともに，国権回収へ向けた意図が感得できるものとなっており，以後も増補版などが刊行され重版されている。この他にも，劉の著作には『欧戦期間中日交渉史』（商務印書館，1921年），『帝国主義圧迫中国史』（太平洋書店，1927年），『被侵害之中国—即中国主幹的不平等条約』（太平洋書店，1928年），『最近三十年中国外交史』（太平洋書店，1930年）などがある。1930年代に蔣廷黻らが本格的な外交史研究を開始するまでのあいだは，社会に対して帝国主義による侵略にともなう国権喪失の過程，近代以来の弱国無外交という，中国外交像を提供する役割を果し，これが後の中国外交史に対する一般認識に大きな影響を与えることになった。

参考文献：劉彦『中国近時外交史』（中国近時外交史発行所，1911年）。劉彦『最近三十年中国外交史』（太平洋書店，1930年）。羅文華「劉彦和他的外交史著作」，『求索』1987年5期。川島真「東アジア国際政治史—中国をめぐる国際政治史と中国外交史」（日本国際政治学会編，李鍾元・田中孝彦・細谷雄一責任編集『日本の国際政治学』有斐閣，2009年，75-95頁）。 〔川島真〕

劉 英（りゅう えい） Liu Ying

（1886年～1921年8月4日）

原名・光銘。字・丹書，聃述。湖北省京山県生まれ。原籍，同前。孫文に従った革命家。

資産家の劉大美を父に生まれた劉英は，幼少の頃から県の老儒者について学んだ。1905年，弟の劉鉄，従弟の劉傑とともに日本に渡り，明治大学で政治，経済などを学んだ。友人の紹介で3名は当時日本で結成された中国同盟会に入会したが，共進会が結成されるとその会員にもなった。08年武漢に帰り，孫武らと各所に革命支部を作ってのち，京山に帰って漢水流域で革命の準備にあたった。永隆河に商店をつくって革命の連絡所とし，蜂起が成功した暁には劉公が都督に，そして劉英が副都督に就任する予定であった。11年9月末に開催された共進会と文学社の連合大会において彼は，長江上流地域の革命準備がととのっているので武漢で旗挙げする好機であると同志たちの士気を鼓舞した。

1911年10月10日武昌に革命ののろしが上がると，劉英は12日永隆河で呼応して挙兵し，翌日天門を攻略し，ついで潜江，監利，公安の各県を占領した。この間弟の劉鉄も彼に援軍を送った。劉英はその後黎元洪に迎えられて高等顧問となり，同盟会湖北支部長，衆議院議員に選ばれた。

第2革命失敗後は日本に亡命し，中華革命党が結成されるとこれに加入した。1914年孫文の命を受けて帰国して反袁闘争に従事し，袁世凱の死後は孫文の護法軍に従って南下し，大元帥府参議となった。21年夏母の死に帰省の途次，漢口で王占元討伐運動に加わろうとしてフランス租界で捕らえられ，武昌に送られ，8月4日処刑された。

熊芝瑛夫人との間に明権，明夏，明済，明沛，明武の5男と明淑，明琬，明夔の3女があった。

参考文献：張難先編『湖北革命知之録』(商務印書館，上海，1946年)。賀覚非編『辛亥武昌首義人物伝』上冊（中華書局，北京，1982年)。〔児野道子〕

劉　英 Liu Ying

(1903年～1942年5月18日)

原名・声沐。変名・可夫，愛群，越人，鋤非，王志遠。江西省瑞金県鳳崗郷竹崗村生まれ。中国工農紅軍の将校。

貧農の家庭に生まれる。9歳で竹崗村群徳小学校に入学し，1916年卒業。親族の援助を得て瑞金県城高等小学校に進み，18年卒業。24年松山小学校（旧群徳小学校）の教員となったが，ここで当地の『岩声報』や『新青年』,『嚮導』などを読んで革命思想に接した。その後中共瑞金県地下組織の指導者・鄧生文と知りあい，革命運動に協力する。

1929年4月毛沢東，朱徳らが率いて瑞金に進攻してきた中国工農紅軍第4軍に参加し，劉英と改名した。同軍ではまず兵站を担当する。同年9月中国共産党に加入。その後毛沢東のすすめで文書業務を担当する。中央革命根拠地の反「囲剿」戦が始まると，中国工農紅軍第32師団長，第1軍第1師団参謀長，同師団長や，第2，3軍団の連隊政治委員，師団政治部主任，師団政治委員，第4軍第10師団長などを歴任した。

1934年7月初め紅軍北上抗日先遣隊政治部主任となって瑞金を発ち，同年12月安徽省において方志敏らとともに5人軍政委員会を組織した。しかし国民党の大部隊に包囲され，右手を負傷しつつ部隊の一部を指揮して包囲を突破し，35年1月閩浙贛革命根拠地に戻る。ここで遵義会議の決定により挺進師団を組織して政治委員となる。同師団長・粟裕らとともに師団が福建・浙江省境において展開した遊撃戦を指揮し，閩浙辺根拠地の創設に参与した。35年12月中共閩浙辺区臨時省委員会特派員兼書記，閩浙辺臨時軍区政治委員に任ぜられ，その後浙江省委員会書記に任ぜられる。36年初め浙南遊撃根拠地を創設したが，この根拠地は後の国共内戦期まで，中共地下活動と遊撃戦の基本地区となった。同師団はここで閩浙辺抗日遊撃隊に改編される。

1938年4月閩浙辺抗日遊撃隊は新四軍第2支隊第4連隊に編入されたのに伴い同連隊参謀長となったともいわれるが，同時に浙江臨時省委員会書記に任ぜられ，温州にとどまって浙江省での活動を続けた。39年10月温州で結婚する。42年2月8日同地で密告により国民党に逮捕され，同年5月永康県方岩山において秘密裡に殺害された。

参考文献：江西省民政庁編『不朽的革命戦士』1（江西人民出版社，南昌，1960年)。中国青年出版社編『革命烈士書信』(中国青年出版社，北京，1979年)。方志敏『我従事革命闘争的略述』(人民出版社，北京，1980年)。謝廷斎「憶劉英同志」,『浙江党史資料通訊』1982年10期。粟裕「回憶浙南三年遊撃戦争」,『党史通訊』1983年15，16期。〔安田淳〕

劉　永福 Liu Yongfu

(1837年10月10日～1917年2月3日)

幼名・義，字・淵亭。広西省欽州古森洞小峰村生まれ。原籍，広西省博白県。天地会の指導者。黒旗軍の猛将。

極貧の家庭に生まれる。農業を営む父に武芸を習う。13歳で水夫に雇われ，15歳で水先案内人となる。17歳で両親と死別。

1857年，太平天国に呼応して蜂起した天地会の一派に参加。太平天国の滅亡後清軍に追われ，65年黒旗軍300人を率いてヴェトナム北部に入る。白苗の土覇・盤文義を駆逐し，ついで粤人の土覇王・何均昌を駆逐して保勝，河陽一帯に拠る。

1873年，フランスが海軍大尉フランシス・ガルニエにハノイを占領させると，劉永福は越南王の請を受け侵略軍を殲し，ガルニエを戦死させ，越南王より三宣副提督を与えられ，宣光，興化，西山の3省を統轄。劉永福は保勝に局を設け釐税を徴収し，軍事費にあてた。

1881年，黒旗軍を恐れたフランスは劉永福の放逐を越南王に要求したが，応じられなかったので，82年フランスは再度ハノイを占領。一方，清朝は吏部主事・唐景崧を派遣し，劉永福と連絡を取らせた。劉永福の意がフランス人の駆逐にあることを確認し，「助劉抗仏」の方針を採った。

1883年，劉永福はフランス軍とハノイ城外の懐徳，紙橋の戦いで再び大勝を博し，仏将アンリ・リヴィエールを戦死させた。越南王は劉永福を三宣提督に任じ，男爵の爵位を与えた。

これよりさき越南王は，1874年第２次サイゴン条約を結び，83年には劉永福の度重なる勝利にもかかわらず，順化条約を締結し，フランスの保護下に入ろうとした。この時，岑毓英は藩属国保護のためにヴェトナム入りし，嘉喩関で劉永福を接見し，彼に12営の軍を与え，作戦の一翼に組み入れた。ヴェトナムに入った粤・滇軍はしばしば敗北し北寧，大原を失ったが，劉永福はよくフランス軍を抑えた。岑毓英の推薦により清朝は劉永福を提督に抜擢し花翎を与えた。西太后までが劉永福に献金をした。

清仏戦争が起こるや，劉永福は岑毓英の軍と共同し，地雷をもって宣光のフランス軍を包囲，援軍の海軍を川上で敗走させた。しかし，その後，清朝では主和派が優勢になり，李鴻章はフランスとの和議を急いだ。1885年，劉永福はなおも臨洮で大勝したが，和議成立するにおよび，ヴェトナムからの撤退を強いられた。清朝は９度も上諭を下し，張之洞，唐景崧らも帰国を勧めたので，ようやく帰国。帰国後，清朝は劉永福に依博徳恩巴図魯の称号を与え，広東南澳鎮総兵を授けた。

1894年，日清戦争が勃発すると，署台湾巡撫・唐景崧のもとで台湾守備を命じられ，台南に進駐。下関条約が締結され，台湾の日本への割譲が決まると，台湾民衆は台湾民主国を建国して日本軍の接受に反対した。劉永福は台湾民主国総統を唐景崧に譲り，みずからは幇辦を務めた。劉永福は台湾接受にきた日本軍が台北を占領し，総統・唐景崧が逃亡した後も，日本の台湾総督・樺山資紀の降伏勧告を拒否し反日闘争を続けた。沿海諸省の督撫から何の援助も得られないまま１カ月余にわたる新竹防衛戦を戦った後，嘉義に退いたがついに敗れた。日本軍が台南を占領するにおよび，劉永福はドイツ商船にかくまわれて帰国。帰国後，欽州辺境の防備についた。

1900年義和団が起こり，６月21日清朝が連合軍に宣戦布告すると，当時広東碣石鎮総兵を務めていた劉永福は命を受けて北上した。

1911年辛亥革命が起こり，広東都督・胡漢民の勧めで全省民団総長となるが，間もなく高齢を理由に辞任。15年，日本の対華21カ条要求に反対した。17年２月自宅で死去。

参考文献：民国中華書局編『清史稿』列伝巻469列伝250（民国中華書局，上海，1928年）。黄海安撰『劉永福歴史草』（邵循正・聶崇岐等編『中法戦争１』，上海新知識出版社，上海，1955年）。小横香堂主人編『清朝野史大観』（上海中華書局，上海，1921年）。楊万秀「黒旗軍在越南的抗法闘争」，『学術論壇』1980年２期。楊万秀・呉志輝『劉永福伝』（河南教育出版社，開封，1985年）。増井経夫『太平天国』（岩波書店，1951年）。小玉新次郎「阮朝と黒旗軍」，『東洋史研究』13―5，1955年１月。和田博徳「阮朝中期の清との関係」，山本達郎編『ヴェトナム中国関係史』（山川出版社，1975年）。
〔林要三〕

劉　永和（りゅう　えいわ） Liu Yonghe

（1841年～没年不詳）

渾名・劉弾子（弾丸の劉の意），劉単子。奉天海龍庁五里堡生まれ。原籍，山東省。義和団事件時，満州に侵入したロシア軍と戦った民間英雄。

青年時代，吉林省琿春で「緑林」（山賊野盗）に身を投じた。猟師出身で射撃に秀でていたため，首領に推され，官憲から「馬賊の巨魁」とみなされた。後に清軍に招撫され，当地の墾務営の指揮官となる。

1900年，義和団事件の際ロシア軍が東三省（黒龍江省，吉林省，遼寧省）に侵入した時，琿春副都統・英聯とともにロシア軍に抵抗。琿春陥落後，部隊を率いて吉林省盤石県と樺甸県の間にある黒石頭に退却し，義和団と清軍の敗残兵4,000～5,000人を集め忠義軍を組織して自ら統領と称した。同年11月，忠義軍は弾圧に来た海龍総管・依凌阿の清軍部隊を破り，海龍県の朝陽鎮から通化の境内に進入。翌12月，通化県城を攻め落としたので勢力は２万人に拡大した。忠義軍は各地の義和団の残党と互いに呼応し威勢ますます振った。01年３月，ロシア軍は通化県城に侵入。４月，忠義軍は興京につづいて懐仁，太平哨，寛甸，鳳城などの城鎮を攻め落したが，ロシア軍と清軍に挟撃され敗北した。部下は次第に死傷あるいは逃亡して勢力は急速に弱体化した。01年夏，劉永和はロシア軍に捕縛されてハバロフスクに送られ，ここで拘禁された。しかし，ほどなくここを脱出して吉林省蜂蜜山一帯に残党を集め再びロシア侵略軍と戦った。

1911年，辛亥革命が勃発すると，藍天蔚などの革命党人と連名で孫文に電報をうち，革命への支持を表明した。その後，70歳余で病死。

参考文献：黎光等編『義和団在東北』（吉林人民出版社，長春，1981年）。陳旭麓・方詩銘等主編『中国近代史詞典』（上海辞書出版社，上海，1982年）。
〔小林一美〕

劉　韻珂（りゅう　いんか） Liu Yunke

（生年不詳～1864年）

字・玉坡。原籍，山東省汶上県。清末の官僚。

1828年，安徽省徽州府の知府に任ぜられ安慶に移る。その後，雲南塩法道，浙江按察使，広西按察使（38

年），四川布政使を歴任した。

1840年，アヘン戦争がおこり，舟山群島の定海がイギリス軍に占領されるや，定海が占領された責任を問われて罷免された烏爾恭額に代わって浙江巡撫に就任し，寧波に駐在し，難民の収容と沿岸の防備に当たった。広州で対英和議を進めていた琦善に対しイギリスは定海を割譲するよう要求したが，劉韻珂は，定海は海上交通の要衝であり，また浙江省は物産豊かな地区であるから割譲すべきでないと，強く反対した。当時，両江総督・伊里布が欽差大臣として派遣され，鎮海に駐在して軍事指揮に当たっていたが，伊里布は琦善に同調して対英攻撃を行わなかったため解任され，代わって裕謙が欽差大臣に任じられ定海奪回を命ぜられた。41年，イギリス軍は再度浙江に侵攻し，定海，鎮海，寧波を占領し，裕謙は戦死した。劉韻珂は部下を指揮して曹娥江を閉鎖してイギリス軍の侵入を防ぎ，また勇兵2万人を募集して杭州城の防備に当たった。42年春，イギリス軍は奉北，慈谿にも侵攻し，戦況は極めて不利となった。劉韻珂は，欽差大臣・耆英と協力して対策を検討するよう命ぜられた。劉韻珂は，浙江省の失陥を救うため伊里布を採用して和議を進めるほかないと進言し，これが受け入れられた。同年4月，イギリス軍は乍浦，呉淞を占領して長江に侵入し始めたので，遂に江寧で和議が開かれ，南京条約が締結されて開国となった。劉韻珂は，開港後の諸問題，例えば，イギリス以外の西欧諸国の来航，天津開港の要求，外国人とのもめ事，銀の流出など新しく発生する諸問題10カ条を耆英，伊里布に進言し，併せて被害の大きかった浙江省の優先的復興を主張した。

1843年，劉韻珂は閩浙総督に任じられ，浙江沿岸の海防について沿海防備策24条を定めて実行に移した。翌年厦門が開港となるや，キリスト教宣布の「流弊」の防止について上奏した。45年イギリス人が初めて福州に来て家屋の建築を要請した。劉韻珂はこれを拒絶したが，イギリス人が耆英に条約と違うと訴え，外交交渉の後，結局イギリス人の要請を拒むことはできなかった。福建の人びとは，これを劉韻珂の失策だと非難した。50年，文宗の即位を機に退官した。ところが，2年後，福建省泉州の収賄犯人を見逃がしたということで官位を剥奪された。62年北京に招聘されて三品京堂候補の任を与えられたが，再び病気を理由に帰郷し，生家にて死亡した。

参考文献：繆荃孫編『続碑伝集』23（江楚編訳書局，上海，1910年）。民国清史館編『清史稿』列伝158（民国清史館，北京，1927年）。民国中華書局編『清史列伝』48（民国中華書局，上海，1928年）。清史編委会編『清代人物伝稿』下編2巻（遼寧人民出版社，瀋陽，1985年）。　〔横山英〕

劉（りゅう）　震寰（しんかん）　Liu Zhenhuan

（1890年～1972年）

原名・瑞廷，字・顕臣，また顕丞とも作る。広西省馬平県生まれ。軍閥。

柳州中学卒業後，桂林師範学校に入学。『南風日報』を同志と組織し，中国同盟会に加入する。1911年武昌蜂起勃発後，密かに柳州に戻って革命に呼応する。13年第2革命が起こると，討袁軍を組織し自ら総司令に任ずる。失敗後，日本に逃亡。15年袁世凱が帝制を試み，第3革命が起こって雲南，貴州が独立を宣言すると，帰国して広西に戻って軍を起こし，推されて粤桂連軍総司令となる。

1921年5月第2次広東政府が成立し，陳炯明が広東省長兼粤軍総司令に任命される。広西軍閥・陸栄廷は広東侵入を窺っており，孫文は陳炯明に梧州に陸栄廷を攻めることを命じた。6月23日陳炯明軍が梧州を包囲する中，陸栄廷軍の師団長であった劉震寰は，愛国党の働きかけにより，陸栄廷との関係を絶って独立を宣言して陳炯明軍に内応した。劉震寰の部隊は陳炯明軍と共に26日梧州を攻略した。この功績によって劉は7月孫文より広西陸軍第1師団長に任命され，広東政府の配下に入る。

1922年6月孫文は陳炯明のクーデターによって広州を追われ，8月に上海に去る。12月孫文からの陳炯明討伐の密命を受けた雲南軍閥の楊希閔，広西軍閥の沈鴻栄，劉震寰らは江西省の白馬で会議を開き陳炯明討伐を決定する（白馬会議）。劉は大元帥孫文の名で中央直轄桂軍第2路総司令に任命された。

1923年1月楊，沈，劉は陳炯明討伐の軍を起こし，戦闘を開始する。同月26日沈鴻栄は江防司令部で軍事会議を開いて胡漢民，鄒魯らを招き，彼らを謀殺せんとする（江防会議）。こうして広東の情勢が危急を告げるなか，劉震寰は上海の孫文に使者を遣わして，孫文が南方に戻って大局を掌握するよう要請した。31日孫文は劉震寰に速やかに沈鴻栄を討ち，「護法の根拠地を維持する」よう命じる。孫文は2月広州に戻り，3月に大元帥府を組織した。

以上のような経緯で，劉震寰は，滇軍総司令となった楊希閔とともに，陳炯明のクーデター後の広東政府にとって頼るべき軍事勢力となった。劉は西路討賊軍総司令あるいは桂軍総司令として陳炯明軍の討伐などに活躍した。また1924年1月には国民党1全大会で中央監察委員候補に挙げられ，7月には蔣介石，許崇智，譚延闓，胡漢民，廖仲愷，伍朝枢，樊鐘秀，楊希閔とともに国民党中央軍事委員会委員に任命されている。

だが，劉震寰の１万余の広西軍は広東の民衆にとっては負担の重い客軍であり，ほしいままに税を徴収するようなトラブルも絶えなかった。こうした矛盾は1924年になってだんだん深まってくる。商団事件の際にも，広州市商会と広東政府との対立のきっかけとなった商会の武器購入は，商会側によれば楊希閔，劉震寰の軍隊が横暴を働くので自衛のために購入したものだということであった。

1924年11月孫文は北京の馮玉祥の要請に応えて北上する。劉震寰は孫文より江西省長に任命され，軍を率いて広西に戻るよう命じられた。だが，広西の軍閥・李宗仁は，劉震寰が広西に戻ることを拒絶した。劉は広東に留まるが，広州の留守を任された胡漢民に劉を掌握することはできず，25年初めに劉が陳炯明討伐の東征に従った際にも，すでに離反の兆しがあった。３月孫文が北京で死去する。消息が伝わると雲南軍閥の唐継尭は自ら副元帥となることを宣言した。ここにおいて劉震寰は，楊希閔とともに唐継尭と結んで両広を占拠しようとして広東政府に敵対した。５月劉は唐継尭により江西省長に任じられる。広東政府は楊希閔・劉震寰討伐の軍隊を出し，６月楊・劉の軍は広東政府軍に敗れた。敗北後劉は香港に逃げ，のち雲南で唐継尭の門客となったという。37年５月陸軍中将を授けられた。45年香港に赴き，72年香港にて病没する。

参考文献：張適南「滇桂軍閥楊希閔・劉震寰両部入粤之経過」,『広東文史資料』42輯，1984年。「広東軍閥史大事記」,『広東文史資料』43輯，1984年。徐友春主編『民国人物大辞典』（河北人民出版社，石家荘，1991年）。〔小浜正子〕

劉（りゅう）　峙（じ）　Liu Zhi

（1892年６月30日～1971年１月15日）

字・経扶，号・天嶽。江西省吉安県坊廊廟背村生まれ。中国国民党の軍人。

父・子善，母・胡氏。生家は農業を営んでいた。劉峙が生まれて１年足らずで父は死亡し，初めは母方の家で，後には父の叔父のもとで育てられた。７歳の時から郷里で伝統的教育を受けた。

1905年留学のため日本へ渡ったが，留学生ストライキに参加したため日本政府の清国留学生取り締まりに遭い，すぐに吉安に戻った。この後一時期カトリック教会系の学校で英語を学んだが，07年長沙の湖南陸軍小学に入学した。11年武昌陸軍中学に進学。辛亥武昌蜂起に際して学生軍に加わり武昌の守備に就いたが，12年陸軍第一予備学校に入学した。ここで劉峙は同級生とともに国民党系の秘密組織・輔仁社を組織した。13年一時休学して江西で第２革命に参加しようとしたが，劉らの参戦前に江西は袁世凱派によって制圧され，劉は復学した。14年同校を卒業し東北の陸軍第20師に半年ほど勤めたあと，同年12月保定陸軍軍官学校第２期に入学した。

1916年保定陸軍軍官学校を卒業した劉峙は広東に南下し，政学会系の旧官僚・岑春煊のもとで参謀となり，後に雲南軍の朱培徳が率いる旅団で中隊長に任ぜられた。18年２月広東南部で龍済光と戦い，20年には大隊長となった。20年秋広東軍が広州の広西軍を攻めた際には広東軍の側につき，国民党に加入，この頃蔣介石と知り合ったという。同年広州の広東軍総司令・陳炯明のもとで少校副官として働き，21年広西の陸栄廷討伐に参加した。22年孫文主導の北伐において先遣隊隊長として江西に入ったが，途中で陳炯明部隊の反孫軍事行動があり（６月），劉は広州に戻ろうとしたが，沈鴻英の広西軍に阻止され，上海に逃れた。

1922年12月許崇智が総司令を務める東路軍の中核参謀となり，陳炯明の支配する広州の奪回作戦に参加した。24年黄埔軍官学校が設立されると蔣介石に従い軍校教授部少校となり，９月には同校教導団第１団第２営営長をも兼任し，25年の第１次東征に参加した。同年10月の第２次東征には第１団団長として参戦した。26年教導団は第20師に改編され，劉峙は副師長兼参謀長に就いた。その後，第２師師長となり広州守備にあたった。

1926年７月からの北伐では最初蔣介石とともに湖南に入り，のち長沙を経て武昌を攻撃した。27年５月には徐州付近まで進んだが，すぐ長江以南に退いた。同年９月第１軍軍長となり，28年４月北伐が再開されると，蔣介石のもとで劉峙は第１集団軍第１軍団総指揮となり４個軍を率いた。北伐完成後は第１師師長に任命された。

1929年３月国民党３全大会で劉峙は中央執行委員に選ばれた。同年起きた広西系の李宗仁と国民軍の馮玉祥の反蔣行動に対処し，また30年の中原大戦でも蔣介石側の討伐軍を率いて戦った。反乱平定後の同年10月劉は河南省主席となり，共産党の取り締まりと税制改革（税種の整理や減税）を進めた。31年11月国民党第４期中央執行委員に再選。32年５月豫鄂皖三省剿共総司令に任命され，33年江西の中共根拠地攻撃では北路総司令となるが，ほどなく顧祝同が後継した。35年12月劉は河南省主席を免ぜられ，豫皖綏靖主任となった。36年12月の西安事件では蔣介石の側近として西安に赴き，その後は東北軍の改編にあたった。

抗日戦争が開始されると，劉峙は1937年8月第1戦区第2集団軍総司令に任ぜられた。38年2月第1戦区副司令官（司令官は蔣介石が兼務），同年7月鄂湘川黔辺区主任兼第5予備軍司令にそれぞれ改任されたが，39年重慶に移り衛戍総司令兼重慶防空司令に就いた。以後約6年間，劉は首都重慶の防衛の重責を果した。日本軍機の重慶爆撃にあたっては，疎開・救護・防空建設で対抗した。45年2月第5戦区司令官となり，9月河南において日本軍の降伏を受け入れた。

国共全面内戦の勃発後，1946年9月劉峙は総統府戦略顧問となり，48年6月には徐州剿匪総司令として約50万の国民党軍を率いて戦ったが，同年冬共産党軍の攻撃を受け，49年1月劉は全部隊を徐州から撤退させた。この戦役は国民党軍に20万人もの損害を与え，内戦の帰趨を大きく左右した。劉はこの後国民政府とともに南遷し，同年7月に香港，50年にインドネシアに移った。

劉峙は1953年台湾入りし，54年1月総統府国策顧問に任命され，2月国民大会第1期第2次会議主席団主席を務めた。同年10月行政院の光復大陸設計研究委員会委員にもなっている。71年1月台中で病死した。

著書に『黄埔軍校与国民革命軍』(1946年)，『我的回憶』(61年) などがある。

参考文献：中国国民党中央委員会党史史料編纂委員会編『革命人物誌』19集（中央文物供応社，台北，1978年）。呉相湘『民国百人伝』第4冊（伝記文学出版社，台北，1971年)。Howard L. Boorman ed., *Biographical Dictionary of Republican China*, Vol. 2 (Columbia University Press, New York and London, 1967).

〔塩出浩和〕

劉（りゅう）　志丹（したん）　Liu Zhidan

(1903年10月4日～1936年4月14日)

原名・景桂，乳名・来生，字・志丹，子丹。陝西省保安県生まれ。中国共産党の軍人。

祖父・士傑は清朝同治年間抜貢に合格した読書人であり，父・培基も秀才であった。永寧山本県県立高等小学堂に入学する。陝西省北部の貧しさを実体験したことが後の政治行動に影響を与えている。1922年陝北連合県立楡林中学に入学し，五・四運動以後の新思潮に触れる。24年に社会主義青年団に加入し，25年に中国共産党に入党する。陝西省北部における学生運動の組織作りに尽力し，共進社第1審査委員会委員に選出される。

1925年党組織の決定により黄埔軍官学校第4期砲兵科に入学し，26年に同校を卒業する。この後，党組織の決定により西北に戻り，国民軍連軍第4路軍馬鴻逵部の党代表兼政治処長，国民革命軍第2集団軍総政治部組織科長などを歴任する。27年4月に蔣介石が反共クーデターを発動した後，劉志丹は審査を受けた上中共からの脱党を命じられたため，部隊を離脱する。28年夏に渭華暴動を指導したが失敗する。その後，革命軍事委員会主席，中共陝北特委軍事委員会書記を歴任し，陝西省北部の組織活動に従事する。29年7月中共陝西省委員会候補委員に選出され，甘粛省との省境で軍閥や民団を相手に軍事攻撃を行うが失敗する。その後，李立三路線にのっとり陝北行動委員会軍事指揮部が設立され，劉は総指揮に就任する。その後甘粛軍に入り，団長，旅長を務めるが，暴動準備が暴露されたため，逮捕の後彬県で収監され，楊虎城の助力を得て釈放される。

満洲事変の後，謝子長らと西北反帝同盟軍を組織して，その副総指揮兼第2支隊隊長を務める。1932年2月同軍は中国工農紅軍陝甘遊撃隊に改編され，その第3支隊隊長，副総指揮，参謀長などを務め，国民政府軍や民団などを相手に遊撃戦を行い，戦果を上げる。12月同隊は紅26軍に改編され，劉は参謀長となるが，内部分裂により紅26軍は崩壊する。劉らは王世泰らと共に甘粛省との省境に逃れ，高崗の協力の下紅26軍を再建して第4師期参謀長となり，土地改革や遊撃戦を展開する。33年の福建人民政府事件に乗じて勢力を拡大する。34年第42師師長となり，南下して三原，淳化，耀県などで遊撃戦を拡大して戦果を収める。同年秋には陝甘辺ソヴィエト政府及び革命軍事委員会が成立し，劉は軍事委員会主席兼前敵総指揮に就任する。35年激化する囲剿戦に勝利し，陝北及び陝甘辺ソヴィエト区を繋げることに成功する。同年秋改編により紅15軍団が成立し，劉は副軍団長兼参謀長に就任する。しかし，この直後に王明路線によって「右派反革命首領」の罪状で投獄される。10月長征途上陝西省北部に北上してきた中央紅軍の周恩来らにより釈放され，革命軍事委員会西北辦事処副主任，紅28軍軍長，瓦瑶堡警備司令，紅軍北路軍総指揮などに任命される。

1936年2月中共中央の決定により中国人民紅軍抗日先鋒軍が組織され，「東征宣言」が出されると，劉志丹は宋任窮と共に紅28軍を率いて東征に向かい，黄河の渡河に成功して山西省に入る。しかし，同年4月三交鎮における国府軍との激戦で負傷し，戦死する。陝西省出身の「愛国者」としてひんぱんに教材に掲載されている。

参考文献：中共党史人物研究会編『中共党史人物伝』3巻（陝西人民出版社，西安，1981年）。華応申編『中国共産党烈士伝』（新民主出版，香港，1949年）。張光・劉力真「劉志丹和渭華暴動」，『延河』1971年7月号。王子宜「回憶劉志丹同志和中共永寧山支部」，楊和亭「回憶劉志丹同志的点滴情況」，中国人民政治協商会議陝西省委員会文史資料研究委員会編『陝西文史資料』12輯（陝西人民出版社，西安，1982年）。劉志丹紀念文集編委会編『劉志丹紀念文集』（軍事科学出版社，北京，2003年）。　〔松田康博〕

龍（りゅう）　済光（さいこう）　Long Jiguang

（1867年～1925年3月12日）

字・子誠，紫丞。雲南省蒙自県生まれ。彝族。袁世凱系軍人。

龍家は元の姓を儂といい，そもそも広西省境に居住していたものが後に雲南省に移住したとされる。

1902年広西省の匪賊が雲南省に侵入した際蒙自，臨安，広南諸県で団練を編成して防衛に当たり功績をあげた。03年秋辺防軍済字営統領に任ぜられ，すぐに広西省右江道に昇任した。07年12月中国同盟会員・黄明堂らが鎮南関で蜂起すると兵3,000人を率いて現地の清軍（陸栄廷部隊）を支援，蜂起軍をヴェトナムに駆逐した。09年広西提督に任ぜられる。

1911年武昌蜂起が勃発すると，龍は両広総督・張鳴岐の命を受け広東省内に進駐，革命軍を鎮圧し，陸軍第25鎮統制兼警衛軍副司令に任命される。戦局が革命側有利に傾いた同年末，革命成就を求める広東省の紳商から革命側へ転向するならばその見返りとして広東の副都督にすることを提案されるが，これを拒否した。清朝滅亡後は西南の有力者の1人として袁世凱に目をかけられ，12年12月には広東護軍副使に任ぜられている。13年7月第2革命が発生した際，龍は袁世凱に味方し革命派駆逐に尽力，その功績によりまず広東鎮守使，次いで8月3日広東都督兼民政長代行に任命される。さらに同月12日には革命派から広州を奪回，16日勲二位を授与された。15年12月帝制復活を企図する袁世凱より一等公爵を贈られ，討袁護国運動（第3革命）中は恵州の反乱を鎮圧して16年1月郡王の称号を贈られた。

広東護軍副使就任以来ほぼ一貫して袁世凱派であり続けたが，帝制取消宣言の後広東省における実権を維持すべく1916年4月6日やむを得ず広東独立を宣言，袁に反旗を翻し護国軍側に投じた。同月24日には袁が任命した禁煙督辦・蔡乃煌を銃殺して護国軍側に誠意を示し，同年5月肇慶に護国軍軍務院が成立するとそれに参加，軍務院撫軍に就任した。しかし，李烈鈞，陸栄廷ら護国軍将領の龍に対する不信は払拭できず，袁世凱の死後李の滇軍，陸の桂軍の進攻を受け，同年9月に広東省の軍権を返還，翌10月に広州を退出した。

その後海南島で両広礦務督辦を務め一時政治の表舞台から姿を消していたが，1917年後半に南北対立が生ずると，11月に広州側に圧力をかけたい北京政府から両広巡閲使に任命され，再び脚光を浴びることとなる。12月広東省陽江を攻略，陳炳焜麾下の両広討龍連軍を迎えて陽江などで激戦を交えた。しかし，18年4月上旬海南島の戦いで敗れて後，5月北京に到着，北京政府に救いを請う。同年6月天津で曹錕，徐樹錚，倪嗣冲，張懐芝らと会談，20日北京政府は張懐芝を援粤（広東）軍総司令に任命した。9月以降自ら山東省で土匪を募り「振武新軍」を編成，海南島に向かいそこから広東省に進攻する計画を立てて広東奪回に闘志を燃やすが，海南島に出発する前に部隊の土匪が反乱を起こし計画を実行に移すことができなかった。翌10月安徽省で再び土匪を募り「振武新軍」再建に着手したものの，やはり部隊の反乱により広東奪回計画は完全に水泡に帰した。

1921年1月両広巡閲使を免職され，隆威上将軍の名号を授与される。25年3月北京で病死した。

参考文献：劉紹唐主編『民国人物小伝』第5冊（伝記文学出版社，台北，1982年）。秦孝儀主編『中国現代史辞典―人物部分』（近代中国出版社，台北，1985年）。徐友春主編『民国人物大辞典』（河北人民出版社，石家荘，1991年）。家近亮子編『中国近代政治史年表』（晃洋書房，1993年）。

〔中村楼蘭〕

隆文（りゅうぶん）　Longwen

（生年不詳～1841年）

字・存質，号・雲章，諡・端毅。伊爾根覚羅氏。満州正紅旗人。清末の官僚。

1808年進士。庶吉士，翰林院侍講，内閣学士に昇進。さらに駐蔵大臣，吏部・戸部の侍郎，左都御史，刑部および兵部の尚書を歴任し，39年には軍機大臣の高位に就いた。

1841年初め，琦善が「穿鼻草条約」を強要されて和議に失敗したため，清廷はその職を免じ北京へ召還した。清廷は奕山を靖逆将軍に任じて広東へ派遣したが，隆文は参賛大臣として湖南提督・楊芳と共に広東に派遣され防備に当たった。楊芳は敵勢を恐れて講和を主張し対英抵抗に消極的態度をとったので職を免ぜられたが，広州城外の東西の砲台を陥れられるに及び奕山も戦意を失い，清軍の広州城外60マイルの撤兵，莫大な賠償金の即時支払いなど屈辱的な条件で休戦条約「広州和約」を結んだ。隆文は憂憤のあまり絶食して自ら生命を絶った。

参考文献：李桓輯『国朝耆献類徴』113（湘陰李氏刊，1890年)。民国清史館編『清史稿』列伝160（民国清史館，北京，1927年)。

〔横山英〕

龍(りゅう)　雲(うん)　Long Yun

（1884年11月27日～1962年6月27日）

原名・龍答雲。字・志丹。雲南省昭通県生まれ。彝族。民国期の地方軍人，「西南軍閥」の1人。

漢化した少数民族の地主の家庭に生まれる。彝族名・納吉岬岬。先祖は四川省金陽から移住したとされる。幼年にして父を亡くし，郷里にて私塾に通う。青年時代武術を学び，械闘で勇名をはせる。この時期，龍雲は哥老会と関係があったとも言われる。

1911年，械闘に失敗し四川宜賓に逃亡，この地で辛亥革命後四川に遠征していた滇（雲南）軍部隊（梯団長・謝汝翼）に加入した。この直後部隊とともに昆明へ戻り雲南講武堂に入学，2年半にわたって近代的軍事教育を受ける。14年，雲南講武堂（第4期歩兵科）を卒業し，滇軍部隊に配属される。その後，唐継尭の信任を得てその護衛隊長を務めるなど唐直系の軍人として昇進した。21年，唐継尭はその部下・顧品珍によって雲南を追われるが，翌22年反撃に転じ武力によって雲南への支配を回復する。この過程で滇軍部隊を率いた龍雲は大きな役割を果した。その功が認められ，龍は滇軍第5軍軍長兼滇中鎮守使に任命され，昆明に駐留した。26年秋，唐継尭は滇軍の改組を行い，龍を昆明鎮守使に任じた。

1927年2月，唐継尭による近親者の優遇に不満を持っていた龍雲，胡若愚，張汝驥，李選廷の4鎮守使は北伐の進行という状況を利用して反唐クーデターを発動した。滇軍最高幹部の一致した反抗には唐継尭も対抗できず，唐は実権を失って有名無実の雲南省省務委員会総裁の職に退いた。クーデター成功後4鎮守使は雲南省省務委員会を組織して集団指導体制をとるが，省政府の実権をめぐって相互の矛盾対立が生じた。27年5月唐継尭が病死すると，対立はさらに激化し武力衝突へと発展していった。龍雲は28年1月までに軍事力の行使を含むこの権力闘争に勝利し雲南省の政治的実権を掌握した（その軍事力によって雲南省全域への支配を最終的に確立するのは翌29年秋である)。これ以降45年に至るまで龍雲は雲南省の最高権力者の地位を維持する。28～45年，龍は雲南省政府主席を務めた。ここに示されるように龍雲は，新軍系の地方軍将校から地域の最高権力者の地位へという西南軍閥の典型的コースをたどったといえる。

龍雲は権力掌握の過程の中で北伐への参加を表明し，1927年6月14日国民政府によって国民革命軍第38軍軍長に任命された。この結果，同年7月1日雲南省は正式に易幟を行った。翌28年1月国民政府によって龍雲は雲南省政府主席兼国民革命軍第13路総指揮に任ぜられた。しかし，このような南京国民政府への服属は名目的なものに過ぎず，南京国民政府の実質的支配は雲南には及ばなかった。南京国民政府のもとでも雲南省の独立的地位は実質的には維持されたのであった。

この間龍雲は，財政の整理，交通及び実業の振興，教育の充実，治安の維持など省政の安定に努力した。戦乱の連続であった民国期にあって龍雲による17年間の雲南省の統治は，閻錫山による山西省の統治，李宗仁による広西省の統治などとならんで例外的に長期にわたるものであった。

日中戦争期には龍雲統治下の雲南は抗日戦の根拠地（大後方）の1つとして大きな役割を果す。この間，重慶の蔣介石に対しては一定の距離を置く態度を示した。

日中戦争終結直後の1945年10月，蔣介石は軍事力を動員して雲南省政府の改組を実行し，龍雲を雲南省政府主席から解任した（後任の雲南省政府主席は龍雲腹心の盧漢)。ここに龍雲による雲南省の支配は終わりを告げたのであった。龍は国民政府軍事委員会軍事参議院院長という名目的なポストに就任するが，実質的には重慶及び南京で国民政府の監視下に置かれた。48年国民政府戦略顧問委員会副主任兼代主任に就任した龍はまもなく離職し香港に脱出した。

1949年8月，香港で黄紹竑ら44人と共に中国共産党支持を表明する声明を発表し，翌50年北京へ赴き，第1回中国人民政治協商会議に出席した。その後，50年代には中央人民政府委員，国防委員会副主席，第1期全国人民代表大会常務委員，第2期及び第3期全国政治協商会議常務委員，中国国民党革命委員会中央常務委員会副主席，西南軍政委員会副主席など，中華人民共和国において要職を歴任する。

1957年反右派闘争のなかで右派として批判され，翌58年2月，公職より解任される。62年北京において病死。80年名誉回復がなされた。

参考文献：孫代興「滇系軍閥始末簡述」，西南軍閥史研究会編『西南軍閥史研究叢刊』1輯（四川人民出版社，成都，1982年)。徳新「論“二・六”政変」，西南軍閥史研究会編『西南軍閥史研究叢刊』3輯（雲南人民出版社，昆明，

1985年)。江南『龍雲伝』(星辰出版社, 香港, 1987年)。J.C.S.Hall, *The Yunnan Provincial Faction, 1927-1937* (The Australian National University, Australia, 1976).　〔塚本元〕

魯　滌平(ろ てきへい)　Lu Diping

(1887年10月25日～1935年1月31日)

字・詠庵。別号・無煩。湖南省寧郷県人。軍人。

1887年, 湖南省寧郷県に生まれる。幼年から古典的教育を受けるが, のち新式の教育へと転じ湖南将弁学堂へとすすむ。卒業後, 湖南に組織された新軍第49標に勤務, 連長から営長へと昇進する。1911年, 辛亥革命が勃発するとこれに参加するが, 革命後まもなく軍を離れる。

1916年, 反帝制運動の一環として, 湖南でも譚延闓が湘軍を組織して反袁運動を展開した。魯滌平もこれに参加し, 湘軍第6団長に任じられた。ここから魯の湘軍幹部としての経歴が始まった。

1917年, 孫文が広東軍政府を組織して護法戦争が始まると, 湖南督軍兼省長の地位にあった譚延闓は広東軍政府を支持して護法陣営に加わり, 北洋系の軍隊と激戦を交えた。しかし, 戦局は兵力の点で圧倒的優位にたった北洋系勢力優勢のうちに推移し, 譚は湘軍を率いて湖南省南部の山岳地帯に依って抵抗を継続した。魯滌平は譚に従って護法戦争に参加し, まもなく湘軍第3旅長に昇任した。

1920年6月, 北洋系勢力内部の安直対立に助けられて湘軍は湖南省への支配を回復し, 譚延闓は長沙に復帰した。しかし, 湖南の地方的勢力内部の派閥闘争が激化して, 同年12月に譚は失脚した。譚に代わって湖南省最高権力者の地位に就いたのは, 湘軍最大の実力者であった趙恒惕であった。魯はこの権力闘争の過程では譚延闓直系の有力な軍人という立場にあったが, 譚失脚後も湘軍内の地位を維持した。魯は21年湘軍第2師長に任命され, 湘軍内では総司令・趙恒惕に次ぐ地位にあった。

1923年, 譚延闓は湘軍内の直系の勢力を動員して湖南への復帰をめざした。この結果, 湖南省は譚延闓系の勢力と趙恒惕系の勢力の間で全面的内戦に突入した。魯滌平は譚延闓の側に立って, この戦争に参加した。しかし, 戦いは呉佩孚の援助を受けた趙の勝利に終わり, 譚及び魯は軍を率いて広東省へと撤退した。

広東では譚延闓は広東国民政府に参加し, 湘軍は国民政府の武力的支柱となった。国民党改組の結果, 1925年に湘軍は国民革命軍第2軍に改組され, 魯滌平は副軍長に任命された (軍長・譚延闓)。

1926年に北伐が始まると, 国民革命軍第2軍もこれに参加するが, 軍長の譚は文官政治家であり, しかもその役職の必要上広東に留まったため, 実質的に国民革命軍第2軍を指揮したのは代理軍長に就任した副軍長・魯滌平であった。北伐において魯指揮下の第2軍は江西省で孫伝芳軍の攻撃に参加した後, 翌27年程潜の国民革命軍第6軍とともに南京を攻略した。この時, 南京事件が発生している。国民党内の南京, 武漢の分裂では魯は当初中立の立場に立ったが, 後に武漢政府側の唐生智軍への攻撃に参加した。

1920年代末から30年代初めにかけて, 国民政府の実権を巡って展開された様々な派閥間の複雑な権力闘争の中で, 有力な軍人であった魯滌平は軍政両面の様々な要職を歴任する。彼は北伐以後の権力闘争を生き延び, 南京国民政府治下でも有力な軍人, 政治家の地位を維持したのであった。すなわち, 27年に正式に第2軍軍長に任命された後, 28年には湖南省政府主席の地位に就いた。29年, 彼は広西派との対立のため湖南省政府主席の地位から解任されるが, まもなく江西省政府主席兼第9略軍総指揮に任じられた。

1930年, 江西・福建省境の共産党に対する第1次囲剿で魯滌平は総司令を務める。しかし, 指揮下の第18師 (師長・張輝瓚) が紅軍によって撃滅され, 第1次囲剿は失敗に終わった。31年の同じく失敗に終わった第2次囲剿にも魯は参加している。31年には浙江省長に転じ, 第4次国民党大会では国民党候補中央委員に選出された。

このころから健康を損ね, 1933年には, 脳卒中の発作を起こした。このため, 34年, 国民党軍事参議院副院長に転ずるが, 35年1月に再度脳卒中の発作を起こし病死した。妻の丁氏との間には1子, 側室との間に4子をもうけている。

参考文献：李剣農『最近三十年中国政治史』(太平洋書店, 上海, 1930年)。中国国民党中央委員会党史史料編纂委員会編『革命人物誌』15集 (中央文物供応社, 台北, 1976年)。　〔塚本元〕

陸　定一(りく ていいつ)　Lu Dingyi

(1906年～1996年5月9日)

原籍, 江蘇省無錫県。中国共産党のイデオローグ, 政治家。元夫人・唐儀貞。夫人・厳慰冰。

陸定一は1925年中国共産主義青年団に参加し, 間もなく中共に入党した。26年交通部南洋大学 (現在の上海交通大学) 電機学部を卒業し, 27年上海労働者武装暴動に参加した。青年団上海法南区委書記, 青年団中央宣伝部幹事, 宣伝部部長を歴任した後, 陸定一は28年モスクワに赴き少共国際執行委員会委員,中国共産主義青年団駐少共国際代表に就任し，29年当時モスクワ中山大学留学中の唐儀貞と結婚した。この時期，陸定一は中共駐コミンテルン代表団長の瞿秋白と親しかったが，王明をはじめ国際派と対立した。

1930年上海に戻った陸定一は一旦青年団中央宣伝部長に復帰したが，31年反李立三路線の際「調和路線」をとったとの理由で同職務から解任され，中央革命根拠地の首都瑞金に赴き，青年団蘇区中央局宣伝部長に左遷された。32年「右傾日和見主義」の理由で再度免職の処分を受け，上海にある青年団中央組織部の幹事に降格された。33年青年団中央組織が国民党当局によって摘発された後，陸定一は再度中央根拠地に入った。34年10月陸定一は長征に参加したが，夫人の唐儀貞は妊娠中で長征に参加できず，35年1月反共組織によって殺害された。唐儀貞との間に2人の子供がいたが，戦争中連絡がとれず，再会を果したのは80年代のことであった。

1935年1月の遵義会議を契機に国際派の影響力が低下し，毛沢東は党と軍の指揮権を確立し始めた。会議後，反国際派の陸定一は紅軍に入り，紅軍総政治部宣伝幹事を経て36年より総政治部部長に就任した。抗日戦争勃発後の38年陸定一は山西東南地区に赴き，第18集団軍野戦政治部副主任兼宣伝部部長を務めた。40年に延安に戻り，42年『解放日報』編集長に就任した。延安時代に，陸定一は中共の理論・宣伝や整風運動などで活躍した。同時期に厳慰冰と結婚。45年の中共7全大会では高い得票を得て中央委員に当選し，中央宣伝部部長に任命された。46年1月政治協商会議中共代表団のメンバーとして重慶に赴き，47年3月中共主力部隊が延安から撤退した後，毛沢東らとともに西北地区に残り闘争を堅持した。

1949年中華人民共和国が成立した後，陸定一は中央人民政府文教委員会副主任，主任を歴任した後，54年再度中共中央宣伝部部長に就任し，66年まで同ポストを務め，中共のイデオロギー，宣伝，文化および出版工作を主管した。56年5月陸は中共中央を代表して知識人に「百花斉放・百家争鳴」を宣言したが，57年6月の反右派闘争によって自由化が中断された。56年9月の中共8全大会で政治局委員候補に昇格し，58年6月中共中央文教小組組長，59年4月国務院副総理，62年9月8期10中全会で中央書記処書記，65年1月文化部部長を兼任した。

だが，1960年代に入り，陸定一の指導下で中央宣伝部は林彪らによる毛沢東思想の「単純化」反対を主張した。加えて，夫人・厳慰冰が60年6月から66年2月の間に，「匿名」の手紙で林彪の夫人である葉群（厳慰冰の延安時代の親友だった）の過去の男女関係を告発したことによって，陸は個人的にも林彪らの恨みを買った。更に，65年12月毛沢東の指示を受け姚文元は上海の『文匯報』に「評新編歴史劇『海瑞罷官』」を発表したが，中央宣伝部は転載に消極的であった。しかも，陸定一は文化革命小組副組長として同組長の彭真とともに，「海瑞罷官」に対する批判を学術批判に限定するように主張した。「海瑞罷官」を修正主義路線に反撃する突破口にしたい毛沢東は66年3月，中央宣伝部は伏魔殿であり，解散しなければならないと厳しく批判した。その結果，66年5月4～26日の政治局拡大会議で，陸定一は，①林彪，葉群に対する「反革命匿名信」事件，②毛沢東思想反対，③左派の批判的文章を発表させないことなどの理由で，彭（真），羅（瑞卿），陸（定一），楊（尚昆）反党集団の一員として断罪され，中央書記処書記および中央宣伝部長の職務を解任され失脚した。

1978年12月の11期3中全会後名誉回復された陸定一は，79年中共中央宣伝部顧問に就任し，80年11期4中全会で中央委員，82年9月の12全大会と87年10月の13全大会で中央顧問委員会委員，79年7月から83年まで第5，6期全国政治協商会議副主席を務め，党内の開明派として知られた。1996年5月9日に死去。

参考文献：政治学院中共党教研室編『中国共産党六十年大事簡介』（国防大学出版社，北京，1985年）。『陸定一文集』（人民出版社，北京，1992年）。『中国人物年鑑1989年』（華芸出版社，北京，1989年）。　〔唐亮〕

盧　広綿（ろ　こうめん）　Lu Guangmian

（1906年5月28日～1995年5月10日）

奉天省海城県生まれ。原籍，山東省。社会運動家，中国工業合作運動の指導者。

両親は「父が中医，母は家庭婦女」といわれる。地元の初等，中等学校で教育を受けた後，1923～27年北京大学で化学を専攻。この時期，北京大学東三省学生同郷会会長，同大学学生キリスト教青年会（YMCA）会長を担任。26，27年広州に行き，北伐に参加。当時，晏陽初の「平民教育」，陶行知の「教育救国」の影響も受け，キリスト教青年会名義で学友を組織して北京郊外の農村に行き，農民の中に知学班を設立し，救国思想などを宣伝した。28，29年瀋陽キリスト教青年会学生部幹事。28年夏，浙江普陀聚青年会全国幹事大会に出席。この後，陶行知の暁荘を参観。29年春1カ月暁荘の共同生活を体験。同年訪日。賀川豊彦の講演を聞き，感銘する。10月スコットランドのアバディーン大学に留学，経済学，協同組合論を学び，30年デンマークに行き，農民高等学校と協同組合を参観。この時点で思想的に「教育救国」から梁漱溟の「郷村建設救国」に転じ，中国農村で合作社を発展させる重要性を認識し，かつ中国の伝統思想についても考えるようになった。

1932年初頭，帰国するとすぐに燕京大学学生輔導工作を担当，特に同大学社会学系によって行われた清河鎮服務区での教育，衛生工作，社会調査の責任者となる。同年秋，経済学系教授テイラー（J.B. Taylor）の協力で河北省深沢，束鹿で第1号の棉花運銷合作社を組織した。同年末，天津南開大学，燕京大学，北京大学地質研究所が共同で華北工業改進社を組織した時，工業改進社総幹事に就任。34年初頭，工業改進社の基礎の上に，綿花生産の改善，棉花産銷合作社の組織化を目的に華北農産研究改進社が設立される。その総辦事処主任に就任。

1937年7・7事件後，合作社は日本の侵略により破壊され，盧広綿は上海に逃れる。11月上海救国会参会者とともに救国組織「星一聚餐会」を組織し，張宗麟の下で秘書として工作を行う。同会は東北義勇軍の支持，上海に青天白日旗を掲げる運動，魯迅全集の出版などを行い，同時に上海青年の抗戦意欲鼓舞のために進修補習学校を設立した。盧は同学校長に就任。とりわけ重要なことは，同会でエドガー・スノーとニム・ウェールズが持久戦のために工業合作社の組織化を訴えたことである。これを受けて，38年4月工業合作社設計委員会が設立され，委員に就任。8月中国工業合作協会が成立すると，指導者レウィ・アレーと共に活発に活動し，同協会組織組長，および西北辦事処主任に就任。この後，盧は陝西省宝鶏に行き，中国最初の冶金工業合作社組織化に成功。以後，西北区は全国5区の中で工業合作社が最も順調に発展した。

しかし，1941年1月新四軍事件以降，国民党による反共圧力が強まる中で，西北区ではCC系によって盧広綿にも圧迫が加えられた。そこで国民党内の派閥矛盾を利用して重慶に逃れ，孔祥熙の庇護の下，8カ月滞在した。その後，西北区に戻り，工業合作社活動を再開する。45年4月工業合作社を代表して，妻の姜漱寰（西北区婦人部主任）と英米を訪問。47年ジュネーブの国際難民組織「振恤庁」の責任者に就任。文化大革命時期，民主派として弾圧されたが，83年11月再建された中国工業合作協会の副理事長，および中華全国供銷合作総社理事会理事，政治協商会議全国委員，中国民主同盟宣伝部長を務めた。なお，兄・盧広績は政治協商会議遼寧省副主席であった。

参考文献：東亜研究所『支那工業合作社問題関係資料』1（東亜研究所，1941年）。菊池一隆「中国工業合作運動について」，『アジア経済』21―5，1980年5月。菊池一隆「中国工業合作運動指導者からの書簡について」，大阪教育大学『歴史研究』23，1985年9月。菊池一隆「現在の中国工業合作運動について」，『季刊中国研究』11，1988年4月。菊池宛の「盧広綿氏からの書簡」（1989年1月3日）。

〔菊池一隆〕

陸（りく）　皓東（こうとう）　Lu Haodong

（1868年9月30日～1895年11月7日）

名・中桂，字・献香，号・皓東。広東省香山県生まれ。孫文の初期の革命の同志，興中会員。

父親の陸暁帆は上海で商業を営み，かなり豊かであったといわれるが，皓東が9歳の時に死去した。8歳の時から私塾で学んだが，古典の学習よりも，絵を描くことを好んだという。孫文とは同じ翠亨村の生まれで，家も近くにあり，年齢も2歳違いであったから，幼少時代からの親友であった。孫文とともに村の偶像破壊などを行ったため，村を出て上海の電報学堂に入学し，卒業後，安徽省の蕪湖電話局に勤務，「領班」（班長）にまでなった。23歳で結婚のために帰郷して，また孫文と会い，革命運動に本格的に従事することになった。

このころまでに孫文は，陳少白，尤列，鄭士良らとともに清朝打倒の革命思想を形成しており，運動の組織化を準備していた。陸皓東もその一員に加わることになったのである。1894年孫文は北上して，天津で直隷総督・李鴻章に意見書を提出したが，陸はこれに同行した。孫文と李鴻章との会見は実現せず，その後孫文はハワイに赴き，同年革命団体「興中会」を結成する。陸は広東に帰り，父の残した私財を提供して運動を続けた。また，順徳県に中興蚕糸公司を設立して，革命運動の便宜に供したという。

1895年，日清戦争勃発後，孫文は香港に戻り，陸皓東，陳少白，鄭士良らと協議し，楊衢雲・謝纘泰らの輔仁文社と連合して武装蜂起をすることを決定し，2月21日香港に「乾亨行」の商社の看板を掲げて，興中会の本部とした。3月16日孫文は楊衢雲らと広州での武装蜂起計画を協議したが，陸はこの会議にも参加し，席上，陸の考案した「青天白日旗」も革命軍の軍旗とすることが決定された。この計画に基づき，孫文，鄭士良・陸皓東は広州で「農学会」の看板を掲げて，清朝の陸海軍将兵，会党，緑林らに働きかけ，蜂起の準備を行った。

半年間の準備が進行したので，興中会は旧暦の9月

9日（1895年10月26日）の重陽節に広州で武装蜂起することに決定した。重陽節には墓参のため人々の往来が多く，革命派の移動が目立たないからである。しかし，香港から到着予定の兵力が未着のため，決行を27日に延期した。この間，清朝当局は計画を未然に探知し，両広総督・譚鐘麟は兵力を広州に集中して革命党員逮捕をはじめた。広州双門底の興中会本部を管理していた陸は，情報を得ると孫文や同志に避難を勧め，自らも避難しようとしたが，本部にある党員名簿が官憲に押収されることを恐れて，敢然として本部にもどり，名簿を焼却した。そこへ官憲がやって来て逮捕された。香港から延着した兵士たちも，指導者が逮捕されて解散し，孫文の最初の武装蜂起は失敗に終わった。

陸は訊問を受け，拷問にかけられたが，仲間の事を告白せず，かえって，孫文とともに革命を志した由来を語り，清朝政府の腐敗・無能を非難し，外国の侵略に抵抗するためには清朝を打倒する革命を行わなければならないと述べた供述書を書いた。ついに，死刑を宣告され，11月7日朱貴全，丘四らの同志とともに処刑された。南海県令・李徴庸は心中で陸に敬意を表し，処刑時に長衫（官吏・知識人などが着る中国の衣服）を支給したという。孫文は，陸の「沈勇」を称賛し，「中国革命のために血を流した最初の人である」といってその死を惜しんだ。

参考文献：中華民国各界記念国父百年誕辰籌備委員会学術論著編纂委員会『革命先烈先進伝』（中央文物供応社，台北，1965年）。『革命人物誌』4集（中央文物供応社，台北，1970年）。林增平・李文海主編『清代人物伝稿』下篇3巻（遼寧人民出版社，瀋陽，1987年）。〔久保田文次〕

路（ろ） 翎（れい） Lu Ling

（1923年1月23日～1994年2月12日）

本名・徐嗣興。筆名・路翎，烽嵩，流烽。江蘇省蘇州出身。小説家，劇作家。

2歳の時実父が自殺し，その後，母と南京に転住，小さな会社の雇員だった継父に育てられた。南京蓮花橋小学校に通い，江寧中学校に進んだとき，日中戦争が始まり，武漢を経て，四川に難を逃れ，四川省合川県国立第二中学校の高等部で学ぶ。この頃から『大公報』などに投稿を始め，左翼的な文学活動に接近。このため国立二中より退学処分を受ける。その後一時期，国民党三民主義青年団宣伝隊（後の「青年劇社」）隊員となる。しかし「左傾思想」により除名。

1939年，小説「『要塞』退出以後」を『七月』に投稿，胡風の賞賛を得る。40年陶行知の育才学校で文学教師となり，その後経済部北碚鉱冶研究所の職員となる。天府炭田地帯に暮らし，炭坑労働者の生活を取材した短篇小説群を発表。この時その代表作の1つである『飢餓的郭素娥』（出版は42年，桂林南天出版社）を完成した。

1942年，重慶国民党南温泉中央政治学校に図書館助理員として赴任，胡風の紹介により，彼の激賞する文芸理論家・阿壠を知る。この時期，路翎の創作力は最高潮で作品数も多く，短篇集『求愛』，『在鍛錬中』，中篇『蝸牛在荆棘上』（44年，桂林新新出版社），長篇『財主底児女們』（第一部，45年，重慶希望出版社，第二・三部，48年，上海希望出版社）などが書かれた。中でも長篇『財主底児女們』は彼の最大の代表作であり，発表後大きな反響と論争を引き起こした。この作品のなかで彼は，青年知識層に焦点を当て，トルストイ的な観点により，抗日戦争前後の中国の現実を『戦争と平和』の枠組みにはめ込もうとし，人間性に内在する弱点を徹底的に描写した。しかし反対者たちは，彼の小説に人民の力の観点が欠落しているとして厳しく批判した。先に書かれた『飢餓的郭素娥』は侮辱され傷つけられた女性を描いた作品で，人物描写においてかなり成功していたが，中華人民共和国建国後の「胡風批判」で，やはり徹底的に批判された。

抗日戦争勝利後南京に帰り，1947年多幕劇『雲雀』を発表。48年南京中央大学中文系で教鞭を取り，南京文連に参加。49年南京市軍管会文芸処創作組組長に就任。

1950年3月，北京の中国青年芸術劇院に転任，シナリオ編集の責任者となる。この頃『人民万歳』，『英雄母親』，『紅軍布』のシナリオ3作を発表したが，労農兵醜化の嫌疑をかけられ，中国共産党の文芸政策と合致していないとされ，上演禁止となった。52年朝鮮戦争派遣の中国人民義勇軍に志願，朝鮮戦場での体験をもとに，小説「窪地上的『戦役』」，「初雪」，「戦士的心」，「戦争，為了和平」，散文「板門店前線散記」などを発表した。これらのなかでは「窪地上的『戦役』」が出色であったが，戦争の冷酷で厳しい側面を強調しすぎているとして，発表後ただちに極めて厳しい批判を受けた。55年「胡風批判」により，胡風文芸路線の忠実な実践者，胡風一派の中心的「反革命」分子として逮捕投獄された。以後10年間牢獄につながれ，厳しい追及と独房の恐怖のため，精神に異常を来した。64年治療のため一時保釈されたが，文化大革命開始後66年に再び逮捕され，73年，「反革命罪」で懲役20年の判決が確定した。75年釈放，以後5年間公安委員会のもとで北京の清掃労働者として

「思想改造」の日々を送る。80年11月中共中央が「胡風批判」の誤りを認め，名誉回復。83年中国戯劇家協会会員。84年中国作家協会理事に復帰。81年『初雪』，86年『路翎劇作選』，『路翎小説選』，88年『飢餓的郭素娥・蝸牛在荆棘上』を出版。94年2月12日，北京にて脳溢血のため死去。死後『路翎文集』全4巻が刊行された。

参考文献：林曼叔・程海・海楓編『中国当代作家小伝』（巴黎第七大学・東亜出版中心，香港，1976年）。「路翎小伝」，『路翎小説選』（四川文芸出版社，成都，1986年）。劉献彪『中国現代文学手冊』（中国文連出版公司，北京，1987年）。楊犁・呉福輝『中国現代作家大辞典』（新世界出版社，北京，1992年）。「路翎同志生平」，『新文学史料』1994年2期（人民文学出版社，北京，1994年）。『路翎文集』（全4巻，安徽文芸出版社，合肥，1995年）。〔関根謙〕

陸　平（りく　へい）　Lu Ping

（1914年～2002年11月28日）

吉林省長春生まれ。中国共産党員，北京大学校長（1960～66年）。

1933年中国共産党に入党。共産主義青年団吉林市特支宣伝委員兼西区書記，中共中央晋察冀分局青年委員会書記，冀察熱遼区党委員会秘書長，平北地委員会書記兼軍分区政治委員，冀察軍区政治部主任，華北野戦軍3縦隊政治部主任を歴任。48年全国総工会青年工作部副部長。

1949年新民主主義青年連盟常任委員兼青年工作部長。52年12月ハルビン鉄道管理局長，54年11月国務院鉄道部副部長，57年10月北京大学副校長，当時北京大学党委員会第1書記。59年3月第2期全国人民代表大会黒龍江省代表。60年3月北京大学校長となる。61年8月中国ルーマニア友好協会会長。64年9月第3期全国人民代表大会北京市代表。66年6月文化大革命の際に，北京大学党委は反党，反毛沢東思想，「三家村グループ」の拠点として批判され，北京大学校長，党委員会書記の地位を解任される。69年から江西省南昌県の「北大農場」に下放され，70年秋頃にも同農場にいたという。76年1月周恩来追悼大会に出席。78年5月国家第7機械工業部副部長。その後第6・7期全国政治協商会議常務委員を務めた。2002年，北京で病死。

参考文献：現代中国人名辞典編集室編『現代中国人名辞典1986年版』（霞山会，1986年）。蔡開松・于信鳳主編『二十世紀中国名人辞典』（遼寧人民出版社，瀋陽，1991年）。〔小山三郎〕

陸　栄廷（りく　えいてい）　Lu Rongting

（1859年9月9日～1928年11月6日）

原名・陸阿宋，字・幹卿，幹馨。広西省武鳴県壘雄村生まれ。壮族。軍人，政治家。西南軍閥の指導者。

広西省武鳴県壘雄村に壮族の貧農・陸業秀の子として生まれた。父を2歳で，母を10歳で失い，孤児として成長する。若年から無頼の生活を送り，74年に龍州へ，78年水口村へと移る。同地で渡船業を営む譚泰元のもとで操船に従事，譚の長女と結婚した。

中仏戦争が勃発すると，1885年に清朝の募集に応じて兵士となる。この兵士時代に秘かに会党の一種である三点会に加入した。戦争終結後の86年，軍隊の縮小によって失職し，他の三点会会員と共に緑林となる。中越国境地帯で活動し，数年後には数百の勢力を持つ匪族の頭目となった。

1894年，広西提督・蘇元春の招撫をうける。彼の部下は1営に改編され，陸栄廷自身はその管帯に任じられた。その後，広西省で民衆反乱の鎮圧などに従事し，その功績が評価されて清軍内部で順調に昇進した。すなわち，巡防営統領，右江鎮総兵，左江鎮総兵を歴任した。そして，1911年6月に広西提督へと昇進し，南寧に駐屯することとなった。

1911年10月，武昌新軍蜂起をきっかけに辛亥革命が始まると，陸栄廷も指揮下の部隊を率いて革命に参加し，広西副都督に就任した。南寧に軍政分府を組織してその実権をにぎった陸は12年2月に桂林へ侵攻し，新軍標統・陳炳焜らの地方実力派の推挙を受けて広西都督に就任した。13年，広西民政長をも兼任することになった陸は，省都を本拠地南寧に移し広西省の実権を掌握することになった。

陸栄廷を中心とする広西派の主要な権力基盤は巡防隊の流れを引く直系の軍隊にあった。特に支配の中核にあったのは，陳炳焜，譚浩明，莫栄新など，陸の近親者及び緑林時代以来の部下であった。

1913年に第2革命が勃発すると，陸栄廷は袁世凱を支持する立場に立ち，革命派を弾圧した。その功績が評価され，14年6月に北京政府によって寧武将軍へ，15年3月には耀武将軍に任じられた。この時期，袁世凱政権による中央集権政策の進行にもかかわらず，陸栄廷は独立的地位を維持しえた。

1915年12月，反帝制運動が始まると，かねてから袁世凱に不満を持っていた陸栄廷は，これに積極的に参加し，16年3月15日に広西の独立と討袁を宣言した。広西省肇慶に組織された軍務院では，撫軍（全部で9名）となり，大軍を率いて大きな影響力を保持した。反帝制運動の進行のなかで陸栄廷指揮下の桂軍は広東省に侵攻し，龍済光を排除して広東省への支配を確立した。この結果，陸は同年10月，広東督軍に就任し，広西，広東の両省を支配する南方最大の実力者の地位を確立したのであった。17年春，陸自身が北京を訪れ，北京政府によって両広巡閲使に任じられた(後任の広西督軍は譚浩明，広東督軍は陳炳焜)。

1917年，護法運動が始まると，陸栄廷は両広の「自主」を宣言し，孫文を支持する立場にたった。そして，同年8月，広州非常国会は孫文を陸海軍大元帥に，唐継尭と陸栄廷を元帥に推挙し，ここに広東軍政府が組織された。形式上は陸は軍政府第2の地位に就いたわけであるが，実質的には軍政府が位置する広東を軍事的に支配する陸こそが政府最大の実力者であった。

陸栄廷は，1918年には広東軍政府を総裁制に改組し，自らも総裁の1人となった。この結果，実権を奪われた孫文は広州を離れ，陸は広東軍政府の実権を手中に納めた。この時期北方では北京政府の実権をめぐって北洋系勢力内で安徽派と直隷派の対立が激化しつつあったが，陸栄廷は中国の武力統一をめざす段祺瑞の安徽派に対抗する立場から，直隷派との提携を深めた。

広東復帰の機会を上海で窺っていた孫文は1920年夏から反撃に転じた。その主力となったのは陳炯明率いる粤軍であった。すなわち，福建省南部に駐留していた粤軍は福建省南部に侵攻した桂軍を打ち破り，逆に広東省内へと侵攻した。広東省内には外部勢力である広西派の支配に対する不満が蓄積していたため，粤人治粤をスローガンに掲げた粤軍は快進撃を続け，同年10月には広州を支配下におき，11月広州に復帰した孫文が広東軍政府を再度組織した。このような軍事的敗北によって陸栄廷を中心とする広西派の広東支配は終わりを告げたのであった。

さらに，粤軍の軍事的攻勢はこれには留まらなかった。すなわち，1921年6月，粤軍は広西省内へ進撃を開始し，桂軍内部からも粤軍への内応者がでたこともあり桂軍は各地で敗戦を重ねた。軍事的に厳しい立場に追い込まれた陸栄廷は7月19日に辞職を通電し，南寧から龍州へと逃亡した。その後も粤軍の攻勢は続き，南寧，桂林など広西省全域は粤軍の支配下に置かれた。この結果，同年9月陸は上海へと逃亡し，辛亥革命以来10年に渡った陸栄廷による広西支配は終わりを告げた。

その後，1922年，陳炯明が孫文に対して反乱を起こした機会をとらえて陸栄廷は広西省への復帰をはかった。しかし，24年までにこれも失敗に終わり，陸は再度上海へ逃亡した。これによって，陸栄廷は最終的に政治的影響力を失った。その後蘇州に居を移した陸は，28年11月病死した。

参考文献：莫傑「論陸栄廷軍閥政権」，西南軍閥史研究会編『西南軍閥史研究叢刊』1輯（四川人民出版社，成都，1982年）。書瑞霖「桂系軍閥陸栄廷伝記」，『西南軍閥史研究叢刊』1輯（四川人民出版社，成都，1982年）。陸君田・蘇書選編『陸栄廷伝』（広西民族出版社，南寧，1987年）。

〔塚本元〕

魯（ろ） 迅（じん） Lu Xun

（1881年9月25日～1936年10月19日）

本名・周樹人，幼名・樟寿。字・豫山，豫才。筆名・索士，令飛，黄棘，唐俟，迅，魯迅，巴人，宴之敖者，俟堂，L.S，楮冠，許霞，隋洛文，何家幹（干），何豊，越客，康伯度，直入，楽雯，周裕斎。浙江省紹興城内東昌坊生まれ。原籍，湖南道州。中国近代文学の創始者。思想家，文学史家，翻訳家，木版画の普及に貢献。

魯迅の生家は大家族で紹興城内の各所に分かれて住み，城内に共通の宗廟があった。祖父は進士に合格，江西省金谿県知事，北京では内閣につとめたが，母の喪に服するため帰郷，親戚友人に依頼され科挙の裏口合格をくわだてて発覚，7年間入獄。このため魯迅の父は科挙の受験ができなくなった。祖父がつれてきた妾腹の子は，魯迅の父の弟にあたるわけであるが，魯迅より年下だった。

1898年，南京の海軍学校（江南水師学堂）に入学，翌年，陸軍学校附属の鉱山・鉄道学校（江南陸師学堂附設礦務鉄路学堂）に転じた。西洋の新しい思想（とくに進化論）にふれた。卒業後，官費留学試験をうけ合格，1902年4月，横浜に到着した。

東京弘文学院に入学，国民性，民族性の問題に関心をもった。翌年，弁髪を切り，革命団体「光復会」の会合に出席。

1904年9月，仙台医学専門学校に入学，解剖学の藤野厳九郎（1874～1945年）がノートを訂正した(「藤野先生」，26年)。06年6月，仙台医専を退学，7月，一時帰国，母がとりきめた朱安と結婚。次弟の周作人をともなって日本にもどる。以後，東京本郷区駒込西片町のもと夏目漱石宅に友人5人とともに住み，文芸研究にうちこむ。来日した章炳麟（太炎）を歓迎。革命評論社に宮崎滔天を訪問。翻訳小説集『域外小説集』を周作人と編訳，自費出版した。

1909年6月，帰国。杭州の浙江両級師範学堂の生理学化学教員，翌年，紹興中学堂の博物学教員兼監学。11年，辛亥革命が勃発，学生とともに武装して隊をくみ，城外に革命軍を出迎える。『越鐸日報』を創刊

（12年）した。

1912年2月，南京におもむき中華民国政府教育部に就職。蔡元培の招聘による。政府の移転にともない，5月，北京に到着，宣武門外南半截胡同の紹興会館（もとの名は山会邑館）に住む。祖父もこの会館に住んだことがある。教育部では社会教育司第1科長，博物館，図書館，美術工作を管掌。15年9月，通俗教育研究会の小説部会の主任となり，小説の検閲推薦にたずさわる。

1917年7月，張勲の復辟に憤慨，離職するが，復辟が失敗におわり復職。18年5月，「狂人日記」を執筆，発表。はじめて魯迅の筆名をもちいる。以後『新青年』に文明批評的短評を発表する。翌年，八道湾に家を買い周作人一家とともに移り，紹興に帰省して母，妻，末弟の周建人とその妻をつれて上京。次弟の周作人夫妻はすでに上京，周作人は北京大学に就職していた。21年12月から翌年2月にかけ，「阿Q正伝」を北京『晨報』に連載。筆名は巴人であった。

「阿Q正伝」の主人公・阿Qは，小さな町の土穀祠（土地の神を祀ったやしろ）に住みつき，地主の家などに日雇いで雇われてその日暮らしの男である。姓はクエイだが字がわからないので「Q」を宛てたと作者（魯迅）はいう。かれは，ひとにいじめられ殴られても，内心で相手を虫ケラだとか，自分の息子だ（中国ではたいへんな侮辱である）と思うことで，自分のほうが勝利したと信じた。革命が起こったという噂が伝わると，革命党になったつもりでうかれて歩き，革命さわぎにまぎれて強盗をはたらいた連中の一味として，銃殺に処せられる。弾丸が身をつらぬく直前，かれは見物の群衆の眼は狼の眼であると感じた。

阿Qの自己満足を作者は「精神勝利法」と名づけたが，やがてこれは民族的病根を指すものとなった。「阿Q」，「阿Q的」は中国語の言葉として定着し，否定さるべき対象となった。さきの「狂人日記」が，「仁義道徳」を告発し「人が人を食う」社会だと規定したのをうけ，魯迅の文学は社会批判，国民性批判として評価された。

かれは社会批判の短文（「雑文」といった）もよく書いた。1926年，学生が国務院まえに請願デモをおこなったとき，衛兵がこれに発砲，死傷者300余人をだしたと事件直後にいわれ，魯迅も信じたが，じつは死者は，重傷ののちの死者を含めて47人であった（3・18事件）。

弾圧が強化され，魯迅にも逮捕状がでた。北京を離れ（1926年8月），厦門大学の教授になったが辞職，27年1月，広州の中山大学に就職した。4月に，蔣介石による共産党弾圧がおこなわれ（4・12クーデター），辞職，抗議を表明した。

1927年10月に上海に到着，以後，北京女子師範の学生であった許広平と同居，海嬰（男）が生まれた。北京には母親が朱安と暮らしていた。

創造社と協力する予定であったが，創造社が突如方針を変更したことから，創造社（太陽社がこれに連合），魯迅とのあいだに論戦がはじまった。創造社側は魯迅の階級性を問題にし，魯迅は創造社のいう「芸術の武器」は国民党反動派の「武器の芸術」のまえには無力であると批判した。論争は1928年にもっともさかんであった。

魯迅批判は1928年末，もしくは29年の上半期に終息した。おそらく上海の中共指導部（周恩来か）の指示による。

1930年，国民党のテロに反対して自由大同盟が成立，魯迅は発起人の1人になった。

1930年3月，中国左翼作家連盟が成立。会長職は設けなかったが，魯迅が参加したことによって，社会的影響力は大きかった。魯迅は，マルクス主義文芸理論の翻訳紹介に力をそそぎ，左連にたいする非難攻撃には敢然と反論をくわえた。また資金援助もした。

1930年5月，中共中央宣伝部部長の李立三がひそかに魯迅と会見，宣言を発表することを求めたが，魯迅は宣言は1回かぎりのもので，実際の効果はないといって拒絶した（周恩来は3月にモスクワにむけ上海を出発しており，周恩来の留守中の李立三の独断専行は党に損害をあたえつつあった）。

1931年，十数人の中国共産党員が租界警察に逮捕され，国民党に引渡されて，銃殺された。そのなかに，左連所属の文学者が，柔石はじめ5名，含まれていた。魯迅はかれらの虐殺を世界に知らせ，かつ記念するために，左連の機関誌『前哨』を馮雪峰とともに秘密裏に印刷発行した。これに「中国プロレタリア革命文学と先駆者の血」を執筆，掲載した。

巴金，老舎，曹禺らは加入しなかったが，当時，筆力ある文学者のかなりの部分が左連に吸収された。そこで，国民政府はこれに対抗して「民族主義文学」を提唱した。魯迅はこれに鋭い批判をくわえた。

満州事変（9・18事変）が上海にも波及し，1932年1月，上海事件（1・28事件）が勃発した。魯迅ははじめ内山書店に避難，ついでイギリス租界にある同書店支店に避難した。30年3月，31年1月にも避難した。いずれも国民党による逮捕，暗殺を避けるためであった。

1932年春（あるいは夏のはじめ），瞿秋白が魯迅を訪問，意気投合した。1933年，バーナード・ショーが上海に来たおり，かれと宋慶齢宅で蔡元培，林語堂らとともに歓迎したが，そのあと瞿秋白とともに，新聞記事を編集，『バーナード・ショー，上海にあり』を出版した。瞿秋白は前後あわせて3回，国民党による逮捕を避け魯迅の家にかくれた。魯迅の雑文を取捨選択して『魯迅雑感選集』を編み，序文を書いた。瞿秋白の「魯迅雑感選集序言」を魯迅は知己の言として喜んだ。毛沢東の「魯迅論」（37年）には，これの影響がみられる。

これよりさき，1932年11月，母親の病気見舞のため北平にいった。じつは，ゴーリキーから，十月革命の式典に招かれ，北平経由でソ連にゆくつもりだったが，監視がきびしく実現しなかったという説がある。

1932年12月，周揚らが左連反対者を歪小化した詩を機関誌に掲載したのに対し，批判の手紙をよせた。このころから，周揚らとの溝が深くなる。

魯迅は美術に対する関心も深く，1931年8月，内山書店主内山完造の弟・内山嘉吉に頼み版画の実技の講習会をひらき，通訳した。ソ連，ヨーロッパの版画家に宣紙を送り，かれらの作品と交換するなどして，ソ連版画集やケーテコルヴィッツ版画集などを出版した。全国木版画移動展にでかけていって，青年版画家と語ったときの光景が，最後の写真として残っている。

左連はモスクワの国際革命作家連盟の支部としての性格をもっており，モスクワにあった蕭三が中国左連の代表となっていた。

蕭三は魯迅に手紙で連絡した（まえのゴーリキーからの招待も，蕭三から伝えられたという）。1935年11月，蕭三はソ連でラップが解散した例をあげ，左連の解散を提起してきた。モスクワにあった王明の指示によるものであった。魯迅はこれを左連の指導部に伝えたが，解散には反対だった。周揚らは，抗日統一戦線の樹立が緊急であるとして解散の措置をとり，新しいスローガンとして「国防文学」をとなえ，新しく中国文芸家協会を組織した。これに対して，魯迅は「民族革命戦争の大衆文学」というスローガンを提出，まず胡風に論文を発表させた（このスローガンを考案したのは胡風である）。2つのスローガンをめぐって，論争が発生，まるで仇敵のように対立した。周揚らのグループに属していた徐懋庸が私信を魯迅に送り，詰問した。魯迅は「徐懋庸に答え，あわせて抗日統一戦線の問題について」という長文の手紙を発表，反撃するとともに，統一戦線を支持する旨，あきらかにした。

新中国になって，魯迅の原稿の写真版複製が出版されたが，そのなかにこの手紙は収録されていない。手紙を作文したのは馮雪峰であり，魯迅展などで展示される魯迅の原稿は，魯迅が集中的に訂正を加えた3箇所の肉筆部分のみである。馮雪峰は，上海からソヴィエト区へ脱出，労農赤軍の「長征」に参加，陝西省北部から特別の使命を帯びて上海に潜入したが，上海の党組織とは連絡せず，魯迅を訪問した。魯迅の家に胡風がきていて，魯迅は2人をひきあわせた。

胡風は左連の党支部の書記であったが，周揚らと対立，左連から遠ざかっていた。この論争の原因は根深い。明快な結論を示し論争の中止をよびかけたのは莫文華の一文であり，莫文華とは劉少奇の筆名である。徐懋庸はのち延安におもむき，毛沢東にこの論争について報告し，毛沢東から訓戒をうけた。

中国の近代文学は胡適，陳独秀の先駆的論文によって「文学革命」がはじまり，実作としてまず出現したのが魯迅「狂人日記」である。以後，小説，散文詩，雑文とかれは執筆活動をつづけ，『吶喊』（とっかん），『墳』（墳墓），『熱風』，『彷徨』，『野草』，『朝花夕拾』，『華蓋集』，『華蓋集続集』などに収められた。中国の古典・古代伝説に題材をとった創作も試み，それらは『故事新編』に収録され，歴史小説であるが諷刺がきいた現代的な読み物ともなっている。晩年の批評活動はもっぱら雑文の形式をとり，『而已集』，『三閑集』，『二心集』，『南腔北調集』，『偽自由書』，『准風月談』，『花辺文学』，『且介亭雑文』などに収録。『中国小説史略』，『漢文学史綱要』などの文学史研究，『嵇康集』，『会稽郡故書雑集』，『古小説鈎沈』，『唐宋伝奇集』，『小談旧聞鈔』など古典の校勘整理にも業績をあげた。

全集は，かれの没後全20巻の『魯迅全集』として出版され，新中国成立後，著作と翻訳がそれぞれ『魯迅全集』（10巻，はじめて注釈がついた），『魯迅訳文集』（10巻），さらに『魯迅日記』（2巻），『魯迅書信集』として出版された。さらに，全16巻の『魯迅全集』が刊行された（1981年）が，翻訳を含まず，書信，日記にも注釈がつき，人名索引，書名索引などがついた。

魯迅の墓は1956年，虹口公園に移され新しくなった。墓の題字は，毛沢東の揮毫である。北京，上海，紹興に魯迅博物館，記念館がある。

参考文献：人民文学出版社編集部『魯迅全集』全10巻（人民文学出版社，上海，1956～58年）。人民文学出版社編集部『魯迅訳文集』全10巻（人民文学出版社，上海，1958年）。人民文学出版社編集部『魯迅日記』（人民文学出版社，上海，1958～59年）。人民文学出版社『魯迅全集』全16巻（人民文学出版社，上海，1981年）。『魯迅全集』全16巻（学習研究社，1985年〔1981年版の日本語訳〕）。薛綏之主編『魯迅生平史料滙編』１～５輯（天津人民出版社，天津，1981～86年）。中国社会科学院文学研究所魯迅研究室『魯迅研究学術論著資料滙編：1913～1983』（中国文聯出版公司，北京，1985～90年）。竹内好『魯迅』（日本評論社，1944年）。増田渉『魯迅の印象』（講談社，1956年）。裘沙・王偉君『裘沙画集・魯迅の世界』（岩波書店，1986年）。竹内実『魯迅遠景』（田畑書店，1987年）。竹内実『魯迅周辺』（田畑書店，1981年）。〔竹内実〕

盧（ろ）　永祥（えいしょう）　Lu Yongxiang

（1867年10月22日～1933年）

字・子嘉。山東省済陽県生まれ。北洋系軍人。

1887年北洋武備学堂に入学し，91年卒業。同校に残り助教を務める。その後新建陸軍兵官学堂教習，第１鎮２協３標標統，北洋第６鎮11協協統などを歴任し，1909年北洋第３鎮（統制・曹錕）５協協統に就任，奉天に赴任した。そこで曹錕の傘下に入る。武昌蜂起が起こると曹に従って入関，第20鎮統制・張紹会，第２鎮第２混成協協統・藍天蔚らと灤州に駐兵し，当地から清廷に対し連名で立憲の実行・国会の即時開会・責任内閣の組閣を求めた。

清朝滅亡後は袁世凱に目をかけられ，1912年８月第20師師長，同年９月陸軍中将，14年５月第10師師長に任ぜられた。15年秋帝制復活を企図した袁の命を受け，反袁活動鎮圧のため第10師を率い上海に移駐，同年12月袁より第10師師長兼務のまま淞滬護軍副使に任命され，さらに一等男爵の爵位を贈られた。

1916年の袁世凱死後，黎元洪大総統と段祺瑞国務総理が対立するなかで曹錕に従い行動した。17年１月に淞滬護軍使に昇任する。同年６月曹錕，李厚基ら督軍団の反乱に加わり，黎の北京政府からの離脱を宣言した。７月には清帝溥儀復辟事件が発生し，盧永祥も事件首謀者の張勲により江南提督に任ぜられるが就任しなかった。復辟失敗の後８月に馮国璋代理大総統より会辦江蘇軍務に任命される。

1917年後半以降広州護法軍政府と北京政府の対立が始まるが，同年12月曹錕，張作霖，張敬尭，張懐芝らとともに旧国会の回復反対を通電し，参議会による国会職権の代行を主張するなど，盧は北側の立場に立った。19年五・四運動に際し上海に戒厳令を布告する一方で，北京政府に対し大局的見地に立って曹汝霖，章宗祥，陸宗輿を罷免するよう打電し，北方政権の維持のための提言を行っている。20年の７月浙江督軍に任ぜられる。広州で旧国会が復活し非常大総統選挙の実施を目指す動きが活発化していた21年４月には曹錕，張作霖，呉佩孚とともに広州国会の非常大総統選挙反対を通電し，南方の動きを牽制した。

1922年４月第１次奉直戦争が勃発する。盧は開戦前夜両者に対し天津で会談し問題を平和的に解決するよう打電，戦争終結後の同年６月黎元洪の大総統復帰に反対，黎復帰後は「浙江自治」を宣言，督軍を廃止し，浙江省軍官の推挙を得て浙江軍務善後督辦となる。翌７月軍務善後督辦として，すでに浙江省電政を改組し，これ以後全収入が浙江省に帰することを北京政府交通部に通電し，自治を実行した。

1923年10月曹錕賄選では不承認を声明し，曹との間に対立が生ずる。翌11月曹は斉燮元を蘇皖贛巡閲使に任命し，盧の牽制に当たらせた。24年９月淞滬をめぐる対立から「蘇浙戦争」が勃発する。開戦とともに浙滬連軍総司令に就任，「反直」で利害が一致する張作霖，孫文が盧を支援した。しかし，10月13日「前線戦事失敗」を理由に下野，部下の何豊林らとともに日本に赴き，長期にわたり地盤としてきた淞滬・浙江を失った。

1924年10月23日「首都革命」が発生し曹錕が失脚すると，29日に帰国，奉天に入り張作霖に接近する。12月中華民国臨時執政・段祺瑞より直隷軍務督辦に任ぜられ，その後すぐに蘇皖宣撫使に改められた。しかし，蘇皖宣撫使拝命にあたっては江蘇省の直隷派軍人の反発が強く，天津で宣撫使署を組織し就任宣言を行わざるを得なかった。25年１月奉天系張宗昌麾下の第１軍とともにかつて師長を務めた第10師を率い南京に進駐，同月14日奉天系軍隊の進駐に抵抗して斉燮元，孫伝芳が引き起こした「上海事件」を鎮圧すべく南京で宣撫軍を組織し，16日段より江蘇軍務督辦の兼務を拝命した。１月28日に斉を，２月22日に孫を上海から駆逐して，蘇浙戦争敗戦の雪辱を果した。その後一時江蘇督軍を兼務したこともあったが，同年８月全ての職務を辞し軍政務から退く。翌９月初代の故宮博物院臨時董事会董事，26年３月故宮博物院理事会維持員に任ぜられ，最晩年の32年１月招聘に応じ国難会議会員となる。33年天津で病没した。

参考文献：劉紹唐主編『民国人物小伝』第５冊（伝記文学出版社，台北，1982年）。秦孝儀主編『中国現代史辞典―人物部分』（近代中国出版社，台北，1985年）。徐友春主編『民国人物大辞典』（河北人民出版社，石家荘，1991年）。賈逸君編『民国名人伝』（岳麓書社，長沙，1993年）。

〔中村楼蘭〕

陸（りく）　祐（ゆう）　Lu You

（1846年～1917年２月24日）

本姓・黄，字・弼臣，号・衍良。原地語でLoke

Yew。広東省鶴山生まれ。マレー開発の功労者，華僑富豪の1人。

10歳でシンガポールに渡り，商店の雑役として働いた後，マレーの錫鉱山で工夫頭をやりつつ雑貨商を営む。1872年頃からクアラルンプールで錫鉱山経営に乗出し，同市北方から東方地区の開発に従事した。セメント，ヤシ油，鉄工場，ゴム園など多角的な事業を行って富を築いた。1902年シンガポールのラッフルズ・カレッジを創建した。

孫文が1906年クアラルンプールに来て，陸祐に雲南鉱業開発権を10年にわたって与えることを条件に10万元の革命資金提供を申し出ているが，応じなかった。彼は一貫して英当局の庇護下のマレー半島開発に専心従事した。17年かねて資金援助を行っていた香港大学から名誉博士号を授与された。第3子・陸運濤は国泰機構をもち映画製作にあたっていたが，63年台湾で事故死した。

参考文献：温故知『吉隆坡華人史話』（輝煌出版社，台北，1984年）。

〔江頭数馬〕

陸　徴祥（りく　ちょうしょう）　Lu Zhengxiang

（1871年6月12日～1949年1月15日）

原名・徴祥。字・子興，子欣。別名・増祥。上海生まれ。原籍，江蘇省上海県。外交官僚，宗教家。

父親の誠安（字・雲峯）は熱心なキリスト教徒で，牧師の伝道活動の助手を務めながら生活していた。母親は病弱で，8歳の時死亡，姉妹も幼くして病死，1人っ子として育つが，本人も病弱であった。父親の計らいで幼少にして洗礼を受ける。11歳から私塾で勉強した後，13歳の時に上海江南製造総局に付設した広方言館に入学，フランス語を勉強する。同校で8年間学んだ後，21歳の時に北京の総理各国事務衙門が設立した同文館に入学，フランス人教師についてフランス語を学び，後に著作はフランス語で書くほどになる。

1892年ロシア・ドイツ・オーストリア・オランダ4カ国駐在公使に任命された許景澄の翻訳官としてロシアの首都ペテルスブルグに派遣される。この時，許景澄に才能を見込まれ，国際公法，国際条約，外交儀礼など外交官として必要な基礎的素養を学ばされる。続いて，ロシア・オーストリア・オランダ駐在公使・楊儒の翻訳官を務め，ロシアの旅順・大連租借問題や義和団事件後のロシアの満州（中国東北地方）撤兵問題の交渉に参加する。ロシア駐在中国公使館員として，14年間ペテルスブルグに滞在し，この間，99年にベルギー国王の侍従武官の娘ベルザ・ボビィと結婚する。彼女は以後欧州の外交界で活躍する陸徴祥にとって不可欠なパートナー役を務める。また，結婚を契機に従来のプロテスタント信仰から彼女と同じローマ・カソリックに改宗し，1911年には正式にカソリック教の洗礼を受ける。06年にオランダ駐在中国公使に任命され，翌年オランダのハーグで開催された国際平和会議に中国代表として出席。この間，オランダ領インドネシアの華僑の国籍問題の解決に努力し，清末の中国政府が欧米列強と結んだ例外的な平等条約であるオランダ領植民地領事条約を締結する。11年にロシア駐在中国公使に任命されるが，辛亥革命が起こり，同年12月5日海外駐在の中国公使団と連合して清朝皇帝の退位と共和制への移行を求める電報を打電する。

1912年3月に唐紹儀内閣が成立すると，袁世凱に請われて外交総長に就任。民国政府初代の外交総長として，ヨーロッパ諸国の外交機関をモデルにした外交部の改組に取組み，北京政府の中では教育部と並んで比較的近代的な組織・人員をつくりあげた。顧維鈞など若手外交官の養成と抜擢に道を開いたのも陸徴祥である。同年6月に唐紹儀が辞職したのを受けて代理総理に任命され，ついで国務総理となって陸徴祥内閣を組閣し，外交総長を兼任，翌13年趙秉鈞内閣の外交総長を務める。15年1月徐世昌が袁世凱によって政事堂国務卿に任命されて内閣を組閣すると，外交総長に任ぜられる。時あたかも日本の対華21カ条要求が突きつけられ，外交次長・曹汝霖とともに日本の駐華公使・日置益，一等書記官・小幡酉吉らとの折衝にあたり，交渉の引き延ばしや第5要求の撤回などの努力を行ったが，5月9日に同要求を受諾させられ，関連諸条約や交換公文の署名責任者となる。15年10月袁世凱の帝制運動が本格化する中で徐世昌が国務卿を辞任すると，その代理を務め，同年12月には正式に国務卿に就任，外交総長を兼任する。しかし，袁世凱の帝制取消とともに国務卿を免ぜられ，袁世凱の死後は外交総長を辞任する。陸徴祥が袁世凱に用いられたのは，陸内閣が当時「超然内閣」といわれたように，彼には政党の基盤がなく，また彼自身確固たる政治理念を持ち合わせていたわけでなく，政治的指導力にも欠けていたので，御しやすかったからだと言われる。

1917年に段祺瑞内閣の外交委員会委員に任命され，段祺瑞の第1次世界大戦参戦政策を支持した。同年12月に王士珍臨時内閣の外交総長に就任したのを皮切りに，20年8月まで3年近くにわたって外交総長を歴任（この間内閣は7回交替する），第1次世界大戦終結前後の外交問題の処理にあたる。18年12月パリ講和会議の中国主席代表として中国を出発，日本に数日滞在して外務省関係者と多少協議した後，アメリカに渡り，フランスへ向かう。この時，日本の内田康哉外相は陸が山東利権の日本移譲へ同意したと理解したため，パリ会議において中国代表が山東直接返還要求の陳述を行うと，小幡酉吉駐華日本公使が北京政府に強硬に抗議して中国民衆の怒りをかう事件が発生する（日使恫喝事件）。19年1月から開催されたパリ会議では，２人に限定された正式代表委員の選定に苦慮するが，結局は陸徴祥が病気を理由に欠席し，顧維鈞と王正廷のヤング・チャイナに活躍の場を譲り，中国代表団が本国政府の訓令に従わずにベルサイユ条約調印拒否の立場を貫いたのを容認する。

パリ会議から帰国すると，条約拒否代表として中国国民の大歓迎を受ける。しかし，パリ会議で国際会議における中国の劣位を思い知らされたこと，曹汝霖が売国奴として糾弾されたこと，国内では軍閥戦争の混乱が醸成されていることなどから考えるところがあり，1920年８月外交総長を辞職し，政治生活からの離脱を決意する。以後，22年にスイス駐在中国公使に任命され，国際連盟中国代表を兼任したこともあるが，それは大病を患った夫人をスイスで療養させるためでもあった。26年春に夫人が病没すると，スイス駐在公使を28年に辞め，夫人の故国ベルギーでブリュージュの修道院に入り，修道士の生活を始める。35年には司鐸（神父）に昇格，46年にはローマ・カソリック教会からベルギーのブランデン山聖ピィエール修道院の名誉院長に任命される。49年１月ベルギーのブリュージュで死亡。

参考文献：楊大辛主編『北洋政府総統与総理』（南開大学出版社，天津，1989年）。羅光『陸徴祥伝』（台湾商務印書館，台北，1967年）。張樸民『北洋政府国務総理列伝』（台湾商務印書館，台北，1984年）。何明主編『北洋政府総理的最後結局』（中共党史出版社，北京，2008年）。

〔笠原十九司〕

鹿　鐘麟（ろく　しょうりん） Lu Zhonglin

（1884年3月12日～1966年1月11日）

字・瑞伯。直隷省定県北鹿庄生まれ。馮玉祥系軍人。

1906年伯父・全珍が初級軍官を務める新軍第６鎮に学兵として参加，10年北洋陸軍第20鎮に入隊した。馮玉祥と王金銘が第20鎮内に秘密に組織した反清組織たる武学研究会に参加した。辛亥革命後の12年１月鹿鐘麟は，王金銘を大都督，馮を総参謀長とする北方革命軍政府に参加し，右路司令となった。

1915年鹿鐘麟は馮の第16混成旅の士官として四川省にはいり，営長となった。この後馮の部隊は湖南・湖北に駐留したが，鹿は砲兵団団長，参謀などを務めた。22年４月の第１次奉直戦争のあと馮によって河南全省警務処処長兼省会警察庁庁長に任ぜられ，治安の維持，賭博の禁止などにあたった。

1924年10月馮の北京におけるクーデター後京畿警衛総司令となった。馮が自軍を国民軍に改変すると，鹿鐘麟は国民軍第１軍第１師師長に任ぜられた。同年11月鹿は馮の命で宣統帝溥儀の護衛部隊を武装解除し，溥儀に清帝称号の不使用などを承諾させ，彼を紫金城から追放した。12月鹿は北上した孫文を北京駅に迎え，翌25年３月の孫の死まで身辺警備にあたり，李烈鈞とともに葬儀を運営した。

1926年３月「３・18惨案」では北京の警護にあたり，民衆のデモを保護した。同月察哈爾（チャハル）都統兼国民軍東路総司令に就任。９月には包頭で馮の国民連軍に合流し同軍総参謀長となり，五原誓師に参加した。この時点で鹿鐘麟は国民党に加入する。国民連軍は武器・弾薬・食糧とも不足していたが，馮は鹿ら部下23人をソ連に派遣し，援助を求めた。ソ連政府は鹿をベルギーのブリュッセルで開かれた反帝世界大会に参加させ，中国の実情を訴えさせた。その後鹿はモスクワにもどり，スターリンと談判してソ連からの武器・財政援助をとりつけた。

1927年５月帰国した鹿鐘麟は，河南省政府主席となっていた馮のもとで河南民政庁庁長となる。一時河南省主席代理となるが，その後国民革命軍第２集団軍東路軍総司令官として楊虎城らの部下を率い孫伝芳部隊などと戦った。28年４月北伐が再開されると北路軍総司令となり，途中済南事件による日本軍の妨害に遭いながらも，６月北京に達した。同年８月南京に招かれ，国民政府軍政部常務次長に任命された。

1929年５月反蔣戦争第２戦の時に南京を脱出し，馮に合流した。反蔣第２，３，４方面軍前敵総指揮となって蔣軍と戦ったが敗北し，30年10月下野して天津に蟄居した。31年から政治活動を再開し，同年国民党第４期中央執行委員候補，32年軍事参議院参議，35年第５期中央執行委員となる。

1937年日中戦争が勃発すると再び馮のもとで第３戦区参謀長，第６区参謀長などを務めた。38年冀察戦区司令兼河北省政府主席となり，八路軍と共同して抗日戦を進めようとするが，蔣介石に監視され十分には実現できなかった。44年11月国民政府兵役部部長に任ぜられる。抗日戦終了後，名誉職的な華北宣撫使に任ぜられ天津に住んだ。

人民共和国成立後は天津で地域の衛生・防犯活動などに従事。1954年毛沢東に「街道工作専家」と称賛され，その後国防委員会委員となった。59年以後文史工作にたずさわり，自らの経験をもとに『馮玉祥北京政変』，『駆逐溥儀出宮始末』，『孫中山北上与馮玉祥』などを著した。

結婚は2度。最初の妻・徐氏との間には2男1女があったが，1948年に死別した。同年王士苹と結婚。王は鹿鐘麟についての回顧を残している。

参考文献：王士苹「鹿鐘麟的一生」，中国人民政治協商会議天津市委員会文史資料研究委員会編『天津文史資料選輯』29輯（天津人民出版社，天津，1984年）。高継高「鹿鐘麟逃離南京及中原大戦的爆発」，同上書。李盛平主編『中国近現代人名大辞典』（中国国際広播出版社，北京，1989年）。尚海他主編『民国史大辞典』（中国広播電視出版社，北京，1991年）。
〔塩出浩和〕

陸(りく)　鐘琦(しょうき)　Lu Zhongqi

（1848年～1911年10月28日）

字・申甫，号・少蓮。順天府宛平県生まれ。原籍，浙江省蕭山県。清朝政府の高官。

父・陸春栄は読書人であったが，科挙には不遇であった。陸鐘琦は父より伝統的教育を受け，少年時代は父母に孝行だとして名声があったという。1889年進士となり，翰林院編修に任官，この間，直隷の災害救援活動を担当，大学士・那桐に称賛され，那桐に知られた。1900年義和団蜂起に際して，那桐は義和団を利用して列強に対抗しようとしたのに対し，陸鐘琦は反対意見を述べたが採用されなかった。8カ国連合軍の北京侵入の時，同期生の王懿栄ら多くが自殺し，陸も家族とともに自殺を図ったが，救助されて生存した。

1903年江蘇督糧道として地方官に出，5年後江西按察使に昇任，08年湖南按察使に転じ，「州県結案功過章条」を制定，また，自ら重要な裁判に関与し，乾隆年代から数百人をまきこんだ大事件の裁判を解決した。ついで，江蘇按察使に転じ，ここでも積年未決の訴訟を解決し，無実の人の罪を晴らしたという。09年江蘇布政使に進み，11年9月山西巡撫に昇任した。太原着任後，1カ月もたたないうちに武昌蜂起が勃発した。陸鐘琦は清朝の前途に絶望しながらも，次男の敬煕に対して，「もしも太原に革命が発生したら，自分は殉職するつもりである。しかし，お前はそうする必要はない」との趣旨の決意を語っていたという。

陸鐘琦は新軍を厳しく統率していたが，1911年10月28日，2個大隊を南方に派遣して革命軍鎮圧にあたらせようとした。同日夜，新軍は革命のために決起して，巡撫衙門を攻撃し，陸鐘琦は妻および長男の陸光煕ら家族とともに殺害され，清朝から「文烈」と諡された。

長男の陸光煕は，盛昱の弟子で，光緒30（1904）年の進士，翰林院庶吉士となり，日本に留学，陸軍を学び，卒業して帰国後，翰林院編修，同侍講となっていたが，敬煕の言によって父のもとに滞在していたものである。清朝から「三品京堂」を追贈され，「文節」と諡された。

参考文献：民国清史館『清史稿』巻470，列伝256（民国清史館，北京，1927年）。閔爾昌纂録『碑伝集補』巻34（燕京大学国学研究所，北平，1932年）。
〔久保田文次〕

陸(りく)　宗輿(そうよ)　Lu Zongyu

（1876年7月5日～1941年6月1日）

字・潤生。浙江省海寧県生まれ。新交通系の高級官僚。「対華21カ条要求」を調印した時の中華民国駐日公使。五・四運動で「売国三官僚」として罷免される。

没落商家に生まれる。1899年に日本へ自費留学し，早稲田大学を卒業した。1902年から進士館，警察学堂で日本語を教えた。05年に行われた「第1次留学卒業学生試験」（従来の科挙試験に準ずる）に合格して挙人に列せられた。ただちに徐世昌ら5大臣の海外憲政視察団に参賛として随行し，日，米，英，仏，独，露を回る。徐世昌が東三省総督に任命されると東三省塩務督辦となり，塩税収入を3倍に伸ばすなどの著しい成果を上げた。清朝皇族の奕劻がその才を高く評価し，候補四品京堂に昇格する。清朝が立憲への準備を宣布すると，資政院議員に選ばれた。その後，交通銀行協理，内閣印鋳局局長，度支部右丞などを歴任した。

中華民国成立後は袁世凱との関係を深めた。袁世凱が臨時大総統に就任すると，総統府財政顧問となり，1913年に参議院議員に選出された。そして13年12月，袁世凱より駐日公使の特命を受ける。民国後最初の駐日公使であり，袁世凱が死去する16年6月まで公使を務めた。この時に第1次世界大戦が勃発し，15年1月に日本政府は中国における影響力を強化する「対華21カ条要求」を突きつけたため，陸宗輿は日本にあってその交渉に苦慮した。陸宗輿は，最後通牒を拒否して日中間の戦争が起こるのを恐れ，事前に「和平解決で軍事行動を免がれることを望む」と袁世凱に通電した。こうして日本の最後通牒を突きつけられた袁世凱政府はやむなく受諾した。

1915年後半，袁世凱の帝制運動が高まった。袁世凱は曹汝霖，陸宗輿に対し，密かに日本政府と接触し，帝制移行への同意を得るように交渉することを命じた。陸宗輿は9月23日に大隈重信首相と首相官邸で会い，大隈首相から「(袁世凱）大総統がもし誠意をもって日本と連合するならば，日本は努力して援助し，一切の障害を取り除くことができる」という言質を取った旨を報告した。結局日本は帝制に反対することになるが，陸宗輿の日本における活動は袁世凱帝制運動を支援したという評価を受けることとなった。

1916年6月に袁世凱が死去すると駐日公使を辞して帰国した。その秋，交通銀行股東会長に就任した。こうして所謂「西原借款」（17年1月～18年9月）を推進する1人となった。日本に派遣されて寺内正毅首相に会い，段祺瑞支援を要請した。寺内首相は援段の前提として中国の第1次世界大戦への参戦を求めた。「私は当時，仲和（章宗祥），潤田（曹汝霖）と内外を奔走努力した。これにより日本が段内閣を援助することとなった」と陸宗輿は述べている。17年8月，借款の為替を円滑に処理するための機関として日中合弁の中華匯業銀行を設立し，その総理に陸宗輿が就任した。このため「日本の公開代理人になった」と非難されることとなった。17年11月に段祺瑞系の臨時参議院議員となる。

1918年10月，段祺瑞内閣の後に徐世昌が大総統となり，銭能訓内閣のもとで幣制局総裁を務めた。19年4月に北方最大の龍煙鉄鉱公司督辦に任じられた。翌5月に五・四運動が勃発して学生デモが曹汝霖邸を襲い，章宗祥が負傷した。運動は全国的に広がり，「売国三官僚」追放の要求が高まった。その結果，6月10日に曹汝霖，章宗祥と一緒に幣制局総裁の職を罷免された。

その後も中華匯業銀行総理を続け，段祺瑞臨時執政下の1925年7月臨時参政院参政となった。汪精衛政権のもとで行政院顧問となったが，41年6月1日北平（北京）で病死した（一説に58年6月に東京で死去とある）。

参考文献：沃丘仲子『当代名人小伝』（崇文書局，上海，1919年）。劉紹唐主編『民国人物小伝』（伝記文学出版社，台北，1981年）。陸宗輿「段祺瑞的参戦和借款」，中国社会科学院近代史研究所近代史資料編輯組編『近代史資料』総38号（中華書局，北京，1979年2月）。鄭則民「陸宗輿」，中国社会科学院近代史研究所主編『民国人物伝』3巻（中華書局，北京，1981年）。呉相湘「五四親日三伙伴―曹汝霖，章宗祥，陸宗輿」，『伝記文学』42巻5期，1983年5月。

〔横山宏章〕

盧(ろ)　作孚(さくふ)　Lu Zuofu

（1893年4月14日～1952年2月8日）

原名・作孚，筆名・盧思。四川省合川県北門外楊柳街生まれ。原籍，同前。長江の汽船会社・民生公司を創設した知識人出身の実業家。

小さな麻布販売商の家に生まれ，合川の瑞山書院で初等教育を終えた後，16歳で成都に出て，働きながら数学，英文を学ぶ。この間，ルソーの社会契約論やダーウィンの進化論などにも触れたという。1913年から14年にかけ四川省の江安中学で数学を教え，その後1年ほど上海で暮らし，黄炎培らと親交を結んだ。16年に成都の地方紙『群報』の記者になり，17年に合川県立中学の教員に転職，この年に結婚した。19年再び教職を離れ，成都の地方紙『川報』の主筆となり健筆を振う。

1919年7月北京で少年中国学会が成立すると，翌年劉正江らの紹介でこれに加入。折から四川省南部で政治改革を目指していた開明的な軍閥・楊森に注目されるところとなり，21年四川省南部の行政機構である川南道尹公署（道尹・楊森）の教育科長に就任，学校教育・社会教育の振興に尽くした。この時，少年中国学会の陳愚生，惲代英（後の中共指導者）らの助力を受けている。24年には成都で通俗教育館の館長に就任した。27年から31年まで，江北・巴県・璧山・合川の4県を統括する団務局局長に推挙され，地方の治安の維持にも当たった。

こうした開明的知識人としての活動の中で実業救国の思いを強めた盧作孚は，1926年6月10日，外国の汽船会社に対抗して中国自身の水運業を発展させるため，合川に民生実業公司を設立するに至る。その後，事業規模の拡大にともなって本社を重慶に移した民生公司は，37年の抗日戦争勃発までに，重慶―上海間の長江ルートを中心に46隻の船舶を運航する有力な汽船会社に成長した。関連企業に民生造船廠，天府煤礦公司などがある。

盧作孚は，民生公司の経営に尽力するとともに，1935年に四川省政府建設庁庁長，37年には国民政府交通部次長に任命され，部長の張嘉璈を助け抗戦中の輸送路確保に大きな役割を果した。そのほか39年に三民主義青年団社会服務部部長，40年に全国糧食管理局局長に就いた。戦後の45年には太平洋輪船公司を設立，外洋航路の開拓にも乗りだしている。48年第1期国民大会代表に選出される。

中華人民共和国成立後，一時香港に逃れたが，1950年6月重慶に戻り中共の監督下で民生公司の経営に当たろうとした。しかし52年2月，大衆集会で「官僚資本家」との批判にさらされた夜，大量の睡眠薬を飲み自殺した。

参考文献：久保亨『戦間期中国の綿業と企業経営』（汲古書院，2005年）。商報社編『現代実業家』（商報社，上海，

1935年)。盧国紀『我的父親盧作孚』(重慶出版社，重慶，1984年)。秦孝儀主編『中国現代史辞典—人物部分』(近代中国出版社，台北，1985年)。凌耀倫『盧作孚与民生公司』(四川大学出版社，成都，1987年)。呉広義等編『苦辣酸甜—中国著名民族資本家的路』(黒龍江人民出版社，哈爾浜，1988年)。劉紹唐主編『民国人物小伝』第2冊(伝記文学出版社，台北，1978年)。Howard L. Boorman ed., *Biographical Dictionary of Republican China*, Vol.2 (Columbia University Press, New York, 1968).　〔久保亨〕

駱　賓基(らく　ひんき)　Luo Binji

(1917年2月12日～1994年6月11日)

本名・張璞君，別名・張依吾。筆名・駱浜基，駱賓基，張晋君，金陽，羽衣，金羽，一民，張懐金。吉林省琿春県生まれ。原籍，山東省平度県。作家。

父母とも山東省の貧農で，父・張青山は東北に移住してから茶問屋を経営し小金を貯めた。1931年県立高小で学んでいたが，父の商売が失敗し翌年朝鮮とソ連に接する国境地帯の黒頂子山区に父と赴き農業を始めた。ここにおける朝鮮族貧農との交流は彼に深い印象を残した。同年学業再開のため琿春県に戻り寄宿舎で暮らす。卒業後は父母の勧めで平度県の伯父のところで農業を手伝いつつ村塾で勉強を続ける。33年学資の目途がたち，済南の私立正誼中学黄台分校に入学する。だが父が病死し，困窮のため正規の学校教育を受ける機会は失われた。34年北京大学で正規の学生の身分をもたずに聴講する一方，北京図書館に通いながら世界文学やマルクス，エンゲルスなど社会科学にも触れた。翌年ハルビン精華学園でロシア語を学び，この学校の代用教員をつとめるが，36年密告事件がおこり，上海に出る決心をする。この間に処女長篇『辺陲線上』を完成するが，その出版は38年であった。

抗日戦争勃発後青年防護団に参加，同時に茅盾主編『吶喊』にルポルタージュ「大上海的一日」を発表，評価を得た。上海陥落後浙東嵊県茶場へ行き，抗日救亡活動に参加，ここで中共地下党員と接触を持つ。1939年紹興で『戦旗』を主編，その後金華へ行き，雑誌『現代文芸』に寄稿するほか，中篇小説「東戦場別動隊」を『文芸陣地』に発表した。新四軍で宣伝活動をするが，党との連絡が途絶えたため桂林へ行ってここに落ち着く。中篇『呉非有』や童話『鸚鵡和燕子』などを発表するとともに桂林市文協の理事もつとめた。

1941年夏香港へ行き，また，茅盾主編『筆談』に「罪証」を連載，また『時代文学』に「人与土地」を連載した。病床の蕭紅に付き添ってその臨終をみとどける。当時の心情はのち『蕭紅小伝』にまとめられ，47年に出版された。香港陥落後再び桂林へ行き，創作に専念する。この時期の作品のうち後方におけるインテリの生活と憧れを繊細なタッチで描いた「北望園的春天」や「老女僕」，「郷親—康天剛」などは高く評価された。また北方辺疆都市の風物や人情に富む自伝的作品『混沌』(のちに『姜步畏家史第一部幼年』と改題)も44年出版された。同年夏豊都の適存女子中学で教鞭を執るが，共産主義的な教材を選んだとの理由で国民党政府に逮捕される。釈放後重慶へ行き東北文化協会に参加，八路軍駐渝辦事処の指導下で東北出身の流亡人士の団結をはかる民主文学運動を展開し，『東北文化』(不定期刊)を発行する。一時陶行知らの主宰する社会大学で教鞭を執るが，46年重慶を離れ上海へ行く。この時期長篇「少年」，シナリオ「五月丁香」，神話「藍色的図們江」などを発表した。

内戦期，ハルビンへ行く途次長春で武装反乱を企んだ嫌疑で逮捕され，瀋陽，南京と移送されるが，解放前夜『大公報』記者の援助で釈放される。その後上海に行き香港に逃れる。1949年6月北京の中華全国文学芸術工作者代表大会に参加，全国文連候補委員に選出され，山東省文教委員会委員，山東省文連副主席もつとめた。解放後は短篇集『年假』，『老魏俊与芳芳』，代表的短篇集『山区収購站』などを発表した。

1962年より2年かけて完成した人民公社化の農村を描いた話劇『結婚之前』は北京人民芸術劇院で上演され，26カ月のロングランを記録した。文革中は「17年の文芸の黒い糸の独裁」論により迫害を受けた。70年代ころより上古史，文字学の研究を始め，金文の考証的研究として『金文新考』がある。文革後再び創作活動を始め，東北抗日連軍第4軍軍長・李延年の事績を描いた『過去的年代』が79年出版された。80年北京作家協会副主席となった。

著作集に『駱賓基短篇小説集』(人民文学出版社，北京，1980年)，『駱賓基小説選』(湖南人民出版社，長沙，82年)がある。

参考文献：駱賓基『初春集』(江西人民出版社，南昌，1982年)。蔣源倫「駱賓基伝略」，黒龍江社会科学院文学研究所編『東北現代文学史料』9輯(黒龍江省社会科学院文学研究所，哈爾浜，1984年)。常勤毅「眼晴流着泪滴儿，嘴却在笑着」，哈爾浜文学院編『東北文学研究史料』6輯(哈爾浜文学院，哈爾浜，1987年)。　〔長井裕子〕

羅　炳輝(ら　へいき)　Luo Binghui

(1897年12月22日～1946年6月21日)

原名・徳富，別名・南煌。雲南省彝良県生まれ。紅軍・新四軍の指導者，軍人。

貧しい農民・羅守清の長男として生まれた。母は黄氏。姉が1人，弟が2人いた。7歳より，3年私塾に学ぶ。1915年冬，昆明で雲南軍に加わる。当時，袁世凱反対運動が強まっており，反袁将領・蔡鍔が北京から雲南に逃れ，雲南都督・唐継尭らと同年12月25日雲南独立を宣言して，護国軍を組織した。羅炳輝はこの軍隊のなかで短期間に2等兵から1等兵，上等兵へと昇格した。20年雲南都督の身辺警護を担当。同年，雲南軍は四川軍閥に敗れたため，羅炳輝は唐継尭に随行して香港に赴いた。しかし，羅炳輝はそこで軍閥の争いに嫌気がさし，昆明に戻ってくる。

その後，羅炳輝は孫中山の軍に投ずることを決意し，孫中山が大本営を置いていた広西省桂林に向かう。桂林で，広東軍政府の指導下の雲南軍総司令・朱培徳のもとに馳せ参じ，軍官学校将校隊に編入される。1922年孫中山が北伐ののろしをあげると，羅炳輝は北伐軍に従い，桂林を出て贛州に達した。しかし，22年6月，孫中山のお膝元の広州で広東軍総司令陳炯明が反乱を起こした。23年2月雲南軍が陳炯明を広州から追い払い，孫中山が大元帥府を回復すると，朱培徳の部隊は“拱衛軍”に改編され，羅炳輝は同軍の中隊長となった。

1926年7月北伐の動員令が出された。朱培徳の拱衛軍は国民革命軍第3軍に改編され，羅炳輝は第3軍第9師団第25連隊第2大隊大隊長に任ぜられて，江西を転戦した。27年4月12日蔣介石が反共クーデターをおこすと，朱培徳は蔣介石の側に立った。羅炳輝は第3軍から第9軍第27師団第69連隊の大隊長となり，共産党の包囲討伐に従事した。28年6月23日，江西省永新県の七渓嶺での毛沢東・朱徳の率いる紅軍との戦闘で第69連隊は連隊長が戦死し，大きな損害を被った。

1929年江西省西部の吉安の靖衛大隊の大隊長となるが，同年7月「羅南煌」と改名して密かに入党志願書を記し，中共に加入。同年11月蜂起し，紅4団の団長（連隊長）となる。30年，紅6軍第2縦隊司令員，同年6月紅12軍軍長代理（まもなく軍長が犠牲となったため軍長に昇格）。同年10月吉安を攻め，占領。10月7日吉安で江西省ソヴィエト政府が成立し，羅炳輝も執行委員会の一員となった。国民党の第3次包囲討伐に反対する戦いに勝利すると，31年9月紅軍は組織を再編するが，羅炳輝は中国工農紅軍第1軍団第12軍軍長となる。32年10月第12軍は紅22軍に改編，羅炳輝は引き続き軍長。33年6月の紅1方面軍の再編に伴い，第1師団の師団長。同年10月，第9軍団の軍団長。国民党の第5次包囲討伐に反対する戦いでは，第9軍団は広昌で「短促突撃」の戦法で戦うも，多大の損害を出し，34年4月27日広昌から撤退。長征の途上，35年7月21日紅一方面軍は再編され，第9軍団は紅32軍と改められる。羅炳輝は引き続き軍長。同年秋，紅32軍は張国燾の左路軍に従って南下，その後北上し陝西省北部に到達。37年2月，甘粛省河西回廊で苦戦する西路軍救援のため援西軍が組織された，羅炳輝は副司令員をつとめる。

1937年7月，日中全面戦争勃発。同年12月，中央軍事委員会は中央党校で学習中の羅炳輝を華中へ派遣することを決定。38年11月安徽省南部の新四軍軍部に赴き，新四軍第1支隊副司令員となる。新四軍の勢力を長江の北に発展させ，39年7月1日新四軍第5支隊を創建，司令員となる。40年新四軍江北指揮部副指揮。41年1月安徽省南部事件がおきると江北指揮部の部隊は新四軍第2師に改編，羅炳輝は副師長となる。43年1月第2師師長兼淮南軍区司令員。

日中戦争が終わると，中央は国民党軍の北上を阻むため，新四軍第2師第4・第5旅と第4師第9旅を併せて第2縦隊を編成し，羅炳輝を司令員兼政治委員に任じ，山東省南部に赴かせた。46年4月新四軍第2副軍長兼山東軍区副司令員。羅炳輝はかねてより高血圧症を患っていたが，同年6月脳溢血で倒れ，山東省蘭陵で死去。89年，中央軍事委員会は毛沢東ら33名に「軍事家」という評語を贈ることをきめたが，羅炳輝もその1人に加えられている。

参考文献：王輔一『羅炳輝将軍伝』（解放軍出版社，北京，1986年）。

〔石井明〕

羅（ら）　大綱（だいこう）　Luo Dagang

（生年不詳～1855年）

原名・亜旺。広東省掲陽県（一説に順徳県）生まれ。太平天国運動の指導者。

生年については1804年，10年，11年などの説があり確定されておらず，没年についても正確な日時は不明である。困窮した家庭に生まれ，幼時は飢餓に苦しみ，長ずるに及んで天地会に加入した。やがてその一支派の首領となり，「替天行道」，「反清復明」の旗幟を掲げ，富商から財貨を奪い貧民に分け与え，地方官，富者から恐れられたと伝えられている。

アヘン戦争後，清朝の天地会に対する弾圧が強まり，羅大綱は広東から広西に潜入した。1847年頃荔浦県馬嶺街に染坊を設置し，潯州，梧州間の郁江水上で天地会会員を集め，その活動を継続した。しかし，按察使・姚瑩らが鎮圧に乗り出したため，羅は平楽，永安，平南などの地に逃れた。この後沿海地区で活動を活発させ，「江洋海盗」として近隣に名を知られた。

1850年夏洪秀全が集結令を発すると，羅大綱は他の天地会首領・張釗，田芳らとともに部下を引きつれて金田村に急行した。やがて張釗，田芳は太平軍の規律の厳格さに恐れを抱いて清軍の側に寝返った。しかし，羅は洪の掲げる理念に共鳴し，従軍した。51年1月金田村で決起するや，羅は左二軍軍師に任じられ，進軍中しばしば先鋒をつとめた。52年6月全州を破った折，土一総制に昇進し，中一軍を率いた。同年12月岳州を占領した際，戦功により金官正将軍に抜擢された。53年1月武昌を占領した後，太平軍は水陸両路から長江に沿って東下した。羅は秦日綱らとともに水路の先鋒をつとめ，九江を占領し，安慶を破り，3月19日南京を占領した。その10日後，羅は命を受けて東征し，3月31日鎮江城を陥落させることに成功した。

東王楊秀清の命により，羅大綱は呉如孝とともに鎮江の防衛に当たった。彼は告示を出して鎮江人民に呼びかけ，交易を盛んにし，公平な売買を保証した。また進貢に訪れる者すべてと会見し，新兄弟2,000人余を獲得した。鎮江は水陸交通の要衝であり，イギリス，フランス，アメリカなどの諸国は太平天国の実情およびその対外政策を探るため，この地を訪れた。他方，清朝地方官は偽造文書を出し，太平天国と諸外国との友好関係の妨害を図った。このため羅は鎮江の防衛と外交という2つの重責を負うことになった。彼は諸外国に対し友好的な通商交易を保証する一方，アヘンの販運と清軍に対する援助には反対するという政策を鮮明に打ち出した。この鎮江統治の功績により，殿左五検点に任じられ，即座に冬官正丞相に昇進した。

1854年3月羅大綱は鎮江から天京（南京）に戻った。4月胡以晄に従って西征し，安徽，浙江を転戦して天京に帰還した。この戦闘では11月中旬安徽省の建徳県を占領した際，羅が安民の告示を出し，戸口を編査し，郷官を採用する政策を取ったことが知られている。同年12月曾国藩の率いる湘軍が湖北省の田家鎮に進軍し，江西の九江に迫った。翼王・石達開は安慶から江西に入って軍を指揮し，自ら湖口に駐留し，林啓栄軍に九江を防衛させ，羅大綱軍を湖口，九江間の梅家洲に駐屯させた。翌55年2月11日湘軍を大破し，九江は危機を脱した。

1855年夏羅大綱は九江から安慶に軍を移動させ，清軍と交戦を繰り返した。その戦闘中に負傷し，天京に戻った後死去した。死後，奮王の封号を追贈された。

参考文献：張徳堅「賊情彙纂」巻2劇賊姓名下，中国史学会主編『近代史資料叢刊Ⅱ太平天国』第3冊（神州国光社，上海，1952年）。謝介鶴「金陵癸甲紀事略」，『太平天国』第4冊（神州国光社，上海，1952年）。海虞学釣翁「粤氛紀事詩」，太平天国歴史博物館編『太平天国史料叢編簡輯』第6冊（大安，1967年影印）。清史編委会編『清代人物伝稿』下編1巻（遼寧人民出版社，瀋陽，1984年）。陳宝輝・尹福庭・荘建平『太平天国諸王伝』（広東人民出版社，広州，1990年）。

〔針谷美和子〕

羅（ら）　登賢（とうけん）　Luo Dengxian

（1905年～1933年8月29日）

原名・羅挙，筆名・登賢。仮名・光生，達平，何永生ほか。広東省南海県南荘区紫洞郷隔巷村生まれ。中国共産党の指導者，労働運動の組織者。

生家は広東省の貧しい農家で，両親を早く失い（父は羅登賢3歳の時に死去），姉に連れられて香港に出る。香港での生活は苦しく1905年，羅11歳の時に太古造船所に徒弟として就職，徒弟期間終了後，機械組立て工として働く。21年3月蘇兆徴らが組織した中華海員総工会に加入し，以後中共系の労働運動に参加していく。

1925年3月羅珠，陳日祥の紹介により中共に入党し，中共香港支部の一員となる（書記・黄平）。入党後羅登賢の地位は中共組織内で着実に上昇し，同年5月香港海員工会秘書，26年10月中共香港市委（香港支部を改編）常務委員，27年4月22日中共広州市委委員，10月中共広東省委委員にそれぞれ就任している。

1927年8月の8・7緊急会議後，中共広東省委（書記・張太雷）の命を受け，羅登賢は李源，陳郁らとともに広州で武装蜂起を準備，同年12月の広州蜂起に赤衛隊第1連隊隊長として参加する。蜂起失敗後の同月末，香港で工作中香港当局によって逮捕され，一時投獄された。出獄後，28年初め香港で開かれた中共広東省委拡大会議に出席し，常務委員に選出され，そのしばらく後に中共江蘇省委書記に就任する。同年6月モスクワの中共6全大会に出席，中央委員並びに中央政治局候補委員に選出される。

1929年初め中共江蘇省委が改編されるが，羅登賢は引き続き書記に任命される。また，蘇兆徴の病死にともない中華全国総工会委員長にも就任する。その後，江蘇省委婦委・周秀珠（周冷波）と結婚する。11月上海の全国第5次労働大会で中華全国総工会党団書記に任命される。なお，当時中共中央組織部副部長を兼任し，周恩来の下で勤務していた。同年冬上海で開かれた広東省の第1回党代表大会に出席，大会終了後に広東省委書記に任ぜられる。

1930年春中共南方局の成立にともない南方局書記に就任し，広東，広西，福建，雲南，貴州並びに東南アジアの中共組織に対する指導工作を行う。同年9月李立三路線批判が行われた上海の中共6期3中全会に中央委員，中央政治局候補委員として参加し，7人の主席団のメンバーに加わる。31年1月王明ら留ソ派の指導権が確立した中共6期4中全会で羅登賢は再び中央委員，中央政治局候補委員に選出される。会議後上海に留まり，中華全国総工会委員長に就任する。同年春，満州に赴任，「達平」という仮名を用い，中共中央駐満州省委代表として6期4中全会の決定を実行するとともに満州省委における羅章龍派（反王明派）の分派行動を粛清した。9月の満州事変勃発後，翌32年まで満州の党組織が崩壊していく中，中共満州省委書記兼組織部部長として抗日武装勢力を組織し，遊撃戦を指導する。その間，31年11月に第1次全国ソヴィエト代表大会で中華ソヴィエト共和国中央執行委員会委員に当選する。

強力な日本軍による満州占領という現実に直面した羅登賢は1932年6月の北方各省省委代表連席会議（上海）に代表を送り，満州と関内の革命情勢の違いを説明させ，満州では土地革命の進行，ソヴィエト及び紅軍の建設を停止し，工作の重点を「東北人民の抗日武装闘争」の組織・指導に移すべきであると主張させた。これに対して，博古の指導する中共中央は羅登賢を「右傾機会主義」的で，「満州特殊論」を主張したとして批判，32年7月羅を中央委員，中央政治局候補委員，満州省委書記の職務から解任した。羅は同年12月強制的に上海に引き戻され，中華全国総工会上海執行局党団書記に任ぜられる。上海では，鉄道や日本の紡績工場でストを組織し，国民党軍によるソヴィエト区攻撃に抵抗する。33年3月28日午後上海の租界で全国総工会の秘密会議に参加中，密告により廖承志・全国海員総工会党団書記らとともに国民党当局に捕らえられ，同年8月29日南京の雨花台で処刑された。

羅登賢の原名については他に羅能挙あるいは羅光とする説があり，生地についても広東省順徳県とする異説がある。

参考文献：陳玉堂編『中共党史人物別名録』（紅旗出版社，北京，1985年）。王永均・劉建臯編『中国現代史人物伝』（四川人民出版社，成都，1986年）。『革命烈士伝』編輯委員会編『革命烈士伝』4集（中共党史資料出版社，北京，1990年）。中共党史人物研究会編『中共党史人物伝』49巻（陝西人民出版社，西安，1991年）。「羅登賢伝略」，『広東党史資料』9輯。

〔中村楼蘭〕

羅（ら）　烽（ほう）　Luo Feng

（1909年12月13日～1991年10月23日）

本名・傅乃琦，筆名・洛虹，彭勃，克寧，羅迅，KN，羅烽。遼寧省瀋陽郊外蘇家屯に生まれる。作家。

祖父は山東移民の獣医で，瀋陽に来てから博労となり金を儲けたが，のち没落する。父は郵便配達夫をして家計を支えつつ勉学に励み，奉天省立工業専科学校職員となった。羅烽は1916年より私塾で勉強を始め，翌年奉天小南関第一師範附属小学校に学び，22年卒業。父の転職のためチチハルに移り，23年黒龍江省立第一中学に入学する。初級中学の課程を修了後，家庭の経済状態が著しく悪化したため学業を断念，訥河県県長の秘書となった。

だが，官僚の圧政や堕落した生活に20日余りで見切りをつけ，辞してチチハルに戻った。ここで半年余り読書三昧の日々を送る。この間知り合った青年2人と共同で1927年に書店を開業，羅烽自身も多くの新文学に触れた。だが書店は経営不振のために4カ月で倒産，28年ハルビンへ行き，呼海鉄路伝習所に入学する。ここで中共地下党員・胡栄慶と知り合い，非公開で販売されていたマルクス主義文献にも触れた。29年中国共産党入党，呼海鉄路支部で宣伝委員をつとめた。この年作家・白朗と結婚した。

1932年中共北満省委員会候補委員となり，楊靖宇の指導下活動する。同年詩人・金剣嘯と共に北満革命文芸運動の責任者に命ぜられ，反満抗日活動を繰り広げた。33年8月『大同報』副刊『夜哨』，34年1月『国際協報』副刊『文芸』がそれぞれ発刊されると，洛虹などの筆名で「現在晩了」，「星散之群」などを発表した。また，話劇団の星星劇団も組織した。34年4月北満省委に対する弾圧が強化され，羅烽は6月逮捕投獄された。35年釈放されると，白朗と上海に逃れ，左連に参加，36年には上海文学家協会駐会秘書となった。同年短篇集『呼蘭河辺』を出版，うち「第七個坑」は高い評価を得，英訳もされた。

1937年上海事件後，上海文芸界戦地服務団の宣伝部長となった。まもなく武漢，そして重慶に移り，抗日戦初期の祖国防衛の事績を描いた話劇「紅旗飄揚」を発表した。39年中華全国文芸界抗敵協会戦地訪問団宣伝部長となった。同年短篇集『横渡』，40年短篇集『糧食』を発表した。41年国民政府の弾圧厳しく，艾青らとともにひそかに延安に赴いた。42年中華全国文芸界抗敵協会延安分会主席となり，延安文芸座談会にも参加するが，同年3月12日『解放日報』掲載の「還是雑文的時代」で思想的誤りを指摘された。陝甘寧辺区政府文化工作委員会が成立すると常務委員兼秘書となった。45年，東北解放軍とともに故郷へ戻り，東北吉江軍区宣伝部副部長，『前進報』副社長，軍区幹部学校副校長をつとめ，46年には東北局宣伝文芸委員会常務委員，東北文芸協会主任代理，哈爾浜中ソ友好協会副会長などを兼務した。

解放後，1950年東北人民政府文教委員会委員，東北文連第1副主席，作協東北分会第1副主席となる。53年捕虜返還訪問団団長として板門店での講和締結式に参加した。58年反右派闘争で右派とされ，遼寧省阜新の炭坑で労働させられた。文革中は遼寧省委「学習班」で残酷な虐待にあった。79年名誉回復。85年より中国作家協会顧問となる。著作集に『羅烽文集』全2巻（春風文芸出版社，瀋陽，83年）がある。91年病死。

参考文献：里棟・金倫「羅烽伝略」，遼寧・黒龍江両社会科学院文学研究所合編『東北現代文学史料』2輯（黒龍江社会科学院文学研究所，哈爾浜，1980年）。醒言「羅烽著作目録系年，著作書目」，遼寧社会科学院文学研究所編『東北現代文学史料』8輯（遼寧社会科学院文学研究所，瀋陽，1984年）。〔長井裕子〕

羅（ら）　福星（ふくせい）　Luo Fuxing

（1886年2月24日～1914年3月3日）

字・東亜，号・国権，中血。バタビア生まれ。満1歳で祖籍の広東省嘉応州鎮平県高思郷大地村に転居す。客家。台湾の抗日革命家。父・羅経邦（添長）。母・葉氏。また，オランダ系とインドネシア系の血統を引くともいう。

幼年期を郷里で過ごし，中国文化の薫陶を受ける。1895年祖父の羅耀南に連れられてバタビアに行き，現地の学校でオランダ語・英語を学び，1903年卒業し，祖父と共に台湾へ行く。台湾では苗栗一堡に住み，03年から5年間苗栗公学校で学ぶ。07年祖父が広東の郷里に帰るのについて，台湾を離れる。帰郷の途中，厦門で中国同盟会に加入する。郷里の大地村の学校の体育教員に採用され，同年黄玉英と結婚する。08年広東教育総会会長であった丘逢甲が羅福星を評価し，その命でジャワの華僑学校の視察に行く。09年シンガポール中華学校校長に任命され，同地に赴任するが，気候になじめず半年で辞職し，中国同盟会ビルマ分会の書報社の書記となる。これが羅福星の同盟会での本格的活動の開始となる。

ビルマでの同盟会の活動が困難になったため，1910年指令でバタビアへ行き，同地の中華学校の校長となる。校長としての仕事をする一方，胡漢民ら同盟会の重要同志と共に，東南アジア各地を回って，活動資金を集めた。11年4月統籌部から活動資金の調達を求められ，同志と共にインドネシアの島々を回る。広東蜂起の電報を受け，同志と共に帰国を決定。3・29黄花崗の蜂起に参加し戦闘に敗れた後，香港へ脱出する。さらに胡漢民と共に東南アジアに行き，タイを経由してインドネシアに入り，バタビアで黄興と会う。教職に再び就く。11年10月黄興の求めに応じてインドネシアで民兵を集め，香港へ向かう。11月羅福星らの軍は香港から広州へ行き，さらに胡漢民の命令で朱玉廷と共に軍を率いて上海へ行き，ついで蘇州へ入る。12年1月民軍を解散。上海に5カ月滞在してから，郷里に戻り中学校の校長になる。

1912年8月劉士明が中心となって，台湾抗日革命組織「華民連絡会館」が結成され，羅福星も劉からの求めでこれに参加する。12月羅福星は羅国亜と共に汕頭から台湾に入り，その他の同志もそれぞれ個別のルートで台湾に入り，台北に結集して党員募集の担当地区を決め，羅福星は苗栗・台北地区を担当。羅福星らは，自分の革命経歴や祖国の革命の成功を紹介し，また日本の植民地統治の問題点を指摘するなどして，抗日意識を喚起して，台湾光復のための軍事的核となる党員の募集をした。13年の半ばまでで，羅福星個人が集めた党員数は数千人にのぼったと言われる。日本官憲は次第に羅福星らの活動を察知し，羅福星は追及の手が及び始めると，6月に活動の根拠地を苗栗から台北の大瀛館へ移した。以後，福建都督と連絡を取り，同志と抗日蜂起について計画を練り，9月には台湾南部へ行き，下級機関と協議した。10月上旬新竹大湖の革命党機関が摘発され，ついで全島各地の革命党機関関係者に追及の手が及ぶと，羅福星は苗栗・台北と転々と移動して，官憲の追及を逃れたが，12月19日に淡水庁で逮捕された。苗栗臨時法院では，同じ時期に台湾各地で摘発された抗日武装組織の裁判と共に審理が行われ，14年2月28日同法院において羅福星に死刑判決が下り，3月3日台北監獄で絞首刑に処せられた。

参考文献：台湾総督府法務部編『台湾匪乱小史』（台北，1920年）。羅秋昭『羅福星伝』（黎明文化事業公司，台北，1974年）。荘金徳・賀嗣章編訳『羅福星抗日革命案全檔』修訂本（台湾省文献委員会，台中，1977年）。覃怡輝『羅福星抗日革命事件研究』（中央研究院三民主義研究所，台北，1981年）。〔張士陽〕

羅（ら）　家倫（かりん）　Luo Jialun

（1897年12月21日～1969年12月25日）

字・志希，筆名・毅。浙江省紹興生まれ。教育家，歴史家。

新文化運動が高揚した1917年，北京大学文科へ入学し，外国文学を修める。在学中の19年1月，傅斯年，徐彦之とともに新潮社を成立させ，雑誌『新潮』を出版し，胡適文科教授や陳独秀文科学長の支持を得た。同誌で羅家倫は，『新青年』に倣って倫理革命を鼓吹し，礼教を批判して個性の解放や男女の平等を提唱した。とりわけ『新潮』創刊号において羅家倫はロシア十月革命を平民の社会革命として称賛し，19年5月に始まる五・四運動では北京学生界の代表として積極的に活動した。しかし同年末，ロシア革命に対する肯定的評価を自ら否定し，さらに翌年には，五・四運動で発揮された大衆の政治運動を無意味な行為であったと断じた。羅家倫は，いっさいの革命の基礎は思想革命に求められるべきであり，思想革命とは学問に志し政治に関与しない態度によって涵養されると考えるようになっていた。20年，羅家倫は渡米してプリンストン大学，コロンビア大学で学び，その後渡欧してロンドン大学，ベルリン大学，パリ大学で学んだ。足かけ7年にわたる海外遊学ではおもに歴史と哲学を専攻した。

1926年に帰国した羅家倫は蔣介石の知遇を得，国民党へ加入した。北伐戦争の時期，国民革命軍総司令部参議，総司令部編集委員会委員長，中央法制委員会委員，中央党務学校副主任，戦地政務委員会委員等の役職を歴任した。28年から30年まで国民政府によって清華学校から改組された国立清華大学校長を務めたほか，30年には中央政治学校教務処主任に，32年には中央大学校長に就いた。37年7月，盧溝橋事件が勃発すると，羅家倫は中央大学の重慶移転に尽力した。41年に中央大学校長を辞職した後，羅家倫は滇黔考察団団長，西北建設考察団団長，新疆監察使の職に次々に任命され，辺境各省における党務や経済建設を視察する仕事を担った。

日中戦争終結後，1947年に羅家倫は中華民国駐インド大使に就任したが，49年12月，インドが中華人民共和国承認を宣言したことによって大使館を撤収する役目を負い，翌年台北へ向かった。台湾では50年に総統府国策顧問の任に就いた。また，同年国民党中央党史史料編纂委員会主任委員に就任し，68年までその職務を任された。その間，57年には国史館館長に任命され，『中華民国開国五十年文献』，『国父百年誕辰紀念叢書』，『革命文献』等の大規模な資料編纂事業を推進した。なお，52年には考試院副院長を兼任している。69年，肺炎により台北にて死去した。

著書に『科学与玄学』（1927年），『新人生観』（1942年），『文化教育与青年』（1942年），『新民族観』（1945年）などがある。

参考文献：羅家倫先生文存編輯委員会編『羅家倫先生文存』第10冊（国史館・中国国民党中央委員会党史委員会，台北，1989年）。宗志文「羅家倫」，李新総編『中華民国史人物伝』4巻（中華書局，北京，2011年）。張暁京『近代中国的「岐路人」―羅家倫評伝』（人民出版社，北京，2008年）。陳明珠『五四健将―羅家倫伝』（浙江人民出版社，杭州，2006年）。

〔一谷和郎〕

羅（ら）　隆基（りゅうき）　Luo Longji

（1898年～1965年12月7日）

字・努生，魯参。江西省安福県生まれ。ジャーナリスト，政治学者，中国民主同盟の指導者。

生年に関しては，1896年，97年，98年の3説があるが，ここでは『辞海（歴史分冊・中国現代史）』（上海辞書出版社，1980年）などに依拠して98年説をとった。中国古典の伝統的教育を受けた羅隆基は，1912年北京へ赴き，清華学校へ入学。在学中，北京市学生連合会主席として五・四運動に関与，反日運動に従事した。21年に清華大学を卒業し，翌年渡米，ウィスコンシン大学で政治学を学ぶ。23年に学士号を，25年に修士号を取得後，渡英。1年間ハロルド・ラスキの指導を受け，再び渡米。28年コロンビア大学で哲学博士号を取得，学位論文は“The Conduct of Parliamentary Elections in England”。在米中は留学生組織の代表として活動した。

1928年帰国，上海の光華大学政治系主任などに任じ，研究・教育活動に従事。その他，雑誌『新月』の編集も担当し，時事評論を多数執筆した。しかし，国民政府の専制支配を批判したため，30年11月，一時拘束される。当時羅隆基は胡適，梁実秋らとともに“新月人権派”と呼ばれ，彼らの政治的立場は『人権論集』（上海新月書店，1930年）などに詳しい。拘束後，華北へ赴き，天津の南開大学で教え，『益世報』総編集として活動した。

1932年，張君勱・張東蓀らと中国国家社会党を非合法に組織した（正式成立は34年）。国社党は思想的には反共的立場を表明，民族の解放を目指すとともに，国家主義とブルジョワ民主主義との折衷を主張。経済的には資本主義経済に計画経済的な要素を取り入れる必要を説いた。羅隆基は日本の侵略の強化にともない，国社党の立場から抗日と民主との実現の必要を強調し，共産党との連合も示唆するようになる。なお，羅は36年5月末成立の全国各界救国連合会の会員で，天津・北京支部の執行委員だった，とする見解もある。

1937年の日中全面戦争開始後は国民参政会のメンバーとして活動（38～41年）。39年には西南連合大学で教鞭をとる。しかし国民政府を批判し，その権限の縮小を主張したため失職，国民参政会のメンバーからも外れる。41年に中国民主政団同盟の組織に関与，同年には国社党を脱退した。羅隆基は共産党との協力の必要を感じていたため，国社党党首・張君勱と対立していたと思われる。政団同盟は44年に中国民主同盟に発展。羅は中央委員会常任委員・宣伝委員会主任に任じ，雲南省支部の責任者を担当した。同年民主周刊社設立。

抗戦勝利後，政治協商会議に民主同盟の代表として参加。国共両党を含む統一戦線による連合政府の樹立，中国の民主化などを追求した。しかし，国民政府は民主同盟を非合法化。それに対して，同盟の活動家は1948年1月香港において3中全会を開催，反米帝・反蔣介石および中国共産党との共闘を決定した。上海にとどまっていた羅は，反米に関しては反対の意志を表明したとも言われる。

1949年国民党監視下の上海から脱出，北京に赴き人民政治協商会議開催の準備に関与，民主同盟代表・全国委員会委員となる。中華人民共和国成立後は全国人民代表大会の江西省代表および常務委員会委員，国務院森林工業部部長などを歴任。また，世界保衛和平大会中国代表団代表，中国人民外交学会副会長，中ソ友好協会理事などとして国際平和につくし，中国の外交政策に関与。民主同盟では53年に副主席となり，55年の張瀾死去，57年3月の沈鈞儒引退ののちは，章伯鈞とともに民主同盟の指導者となった。

1957年の「百花斉放・百家争鳴」時期には共産党の知識人政策の矛盾などを指摘。それゆえ，「反右派闘争」の開始にともない，羅隆基は章伯鈞とともに「反〔共産〕党，反社会主義，反人民の政治連盟」を結成したとして厳しく批判され，58年末までに重要な政治ポストから退けられる。65年北京で死去。死に際して，『光明日報』は人民政協，民主同盟のメンバーとして羅隆基を紹介した。

参考文献：劉紹唐主編『民国人物小伝』第6冊（伝記文学出版社，台北，1984年）。馬洪武等編『抗日戦争事件人物録』（上海人民出版社，上海，1986年）。劉志強『中国現代人権論戦――羅隆基人権理論構建』（社会科学文献出版社，北京，2009年）。水羽信男『中国近代のリベラリズム』（東方書店，2007年）。章詒和（横澤泰夫訳）『嵐を生きた中国知識人――「右派」章伯鈞をめぐる人びと』（集広舎，2007年）。Howard L. Boorman ed., *Biographical Dictionary of Republican China*, Vol.2 (Columbia University Press, New York, 1968). Fredric J. Spar, "Human Rights and Political Engagement: Luo Longji in the 1930s", R. Jeans ed., *Roads Not Taken* (Westview Press, 1992).

〔水羽信男〕

羅(ら)　明(めい)　Luo Ming

（1901年9月24日～1987年4月28日）

原名・羅善培，別名・羅亦平。広東省大埔県楓朗区岩下郷上岩村生まれ。中国共産党の指導者。

父は羅百歴，私塾教師。生家は貧しく借金がかさみ，1906年父は5歳の羅明を300元で売る。以後養父は羅鏡栄，養母はその妻・肖炎。小学卒業後，雑貨店員となる。2年後質屋に勤め，店に送られてくる『申報』，『新聞報』を読み視野を広げた。20年に潮州で金山中学を受験し第1位の成績で合格，親戚の援助により入学するが，教育水準の低さに不満を抱き帰郷，百候歩梯小学で算術の代理教師となる。翌21年同郷の羅楊才から厦門の集美学校師範部の話（学費・食費などの免除）を聞き，同校を受験，合格し第2学年に編入される。同校でマルクス主義の著作に接した。23年学園紛争に加わり，学校当局より帰郷を命じられる。

1924年中頃金山中学時代の友人・藍裕業（中国社会主義青年団広東区委の指導者で中国共産党員）の助言により復学，学内に国民党左派の組織を結成，次いで羅楊才，李覚民らと福建青年協進社を組織する。その結果，同年冬社会主義青年団広東区委により団の連絡員に任命される。また，当時『星火周報』を創刊し，マルクス主義の宣伝に努めた。

1925年5月上旬組織の命により厦門を離れ，広東省に赴く。9月共産主義青年団，中共に加入。その後10月に共青団広東区委宣伝部幹事，翌26年の4月に中共広東区委宣伝部秘書，9月に中共汕頭地委書記にそれぞれ就任した。

1926年12月北伐軍の福建省到達にともない，中共広東区委は羅明を同省の指導工作に派遣することを決定。翌27年1月羅は福建省に赴任し，中共閩南特委を組織してその書記に就任した。4・12反共クーデター発生後，福建省に反共高潮が生ずると，活動の重点を都市から農村に移し，国民党の力が及ばない農村部で農民暴動の組織に専心，勢力温存を図る。

1927年1月以降福建省の中共組織における羅明の指導的地位は安定しており，同年12月には中共福建臨時省委常委，28年2月には同委書記，そして29年2月には中共福建省委書記に就任している。しかし，30年6月中共中央において全国総暴動・都市の奪取を掲げる李立三路線が確立されると，その地位に変化が生ずる。すなわち，李立三率いる中央が都市の奪取を福建省委に命じたのに対し，羅は都市攻撃は時期尚早と判断して農村で遊撃戦を展開，そのために中央より右傾保守との批判を受けることとなったのである。李立三のあとを継いだ王明を中心とする新中央も羅の方針を右傾と批判，羅は新中央への報告に出向いた31年1月から数カ月にわたって中央所在地の上海に足止めされた。その後，周恩来の計らいで4月に福建省に帰任，中共閩粤贛辺省委組織部部長を経て，32年3月に福建省委代理書記となったが，やがて新中央との対立が再燃する。

羅明の代理書記就任に先立つ1932年1月新中央は全国総暴動・都市の奪取を骨子とする「一省または数省で革命の首先勝利を勝ち取る決議」を採択し，3月中央紅軍が漳州攻略のため福建省西部に進出した。しかし，同年夏中央ソ区に対する第4次囲剿が始まると中央紅軍は福建省から撤収，省内の主力部隊も中央ソ区の防衛に投入され，福建省の中共勢力は戦力の大半を失い，国民党側の第19路軍の攻撃の前に苦境に陥った。羅はこの状況に農村遊撃戦争方針で対応し，結局中央の方針に従わなかった。そのため，33年2月中央によって右傾機会主義の誤りを犯したと批判され，福建省委代理書記を罷免され，中共中央局党校教務主任に転任となる。こうした羅明批判は，当時農村遊撃戦争を主張していた毛沢東ら中央ソ区の有力幹部に対する王明らの間接的な攻撃であったといわれる。

1934年10月中央紅軍の長征に参加する。35年紅3軍団政治部地方工作部部長として作戦を遂行中に負傷，貴州黔北地区に留まる。同年上海に赴いた際，逮捕され中共組織との連絡が途絶え，党籍を失う。翌年春保釈となり，郷里の大埔百候中学の教員となる。日中戦争中は中共の活動を側面支援。46年弾圧を避け香港に脱出し，のち対華僑宣伝のためシンガポールに向かう。49年6月に帰国。

中華人民共和国成立後，南方大学副校長，広東民族学院院長，広東省民族事務委員会主任，広東省第2～4期政協副主席，第3～5期全国政協委員，第6期全国政協常委，第5期広東省人代常委会副主任などを歴任する。1980年に党籍を回復。87年4月広州で病没した。

参考文献：中共党史人物研究会編『中共党史人物伝』48巻（陝西人民出版社，西安，1991年）。王健英『紅軍人物誌』（解放軍出版社，北京，1988年）。董保存『譚震林外伝』（作家出版社，北京，1992年）。羅明「関於“羅明路線”問題的回顧」，中共中央党史資料徴集委員会・中共中央党史研究室編『中共党史資料』2輯（中共中央党校出版社，北京，1985年版）。
〔中村楼蘭〕

羅（ら）　栄桓（えいかん）　Luo Ronghuan

（1902年11月26日～1963年12月16日）

原名・鎮慎。字・雅懐。号・宗人。湖南省衡山県寒水郷鎮南湾村出身。人民解放軍軍人，元帥。

私塾教師の家庭に生まれたが，封建的な家庭と土地に反発して，1919年長沙の中学に入学，毛沢東の『湘江評論』の影響を受けて革命運動に共鳴。その後北京，青島で勉学。26年広東中山大学に入学したが，蔣介石の4・12クーデターを機に中国共産主義青年団，ついで中共に入党。建築士を断念して同年秋帰郷，父母・妻と絶縁して農民運動に参加。

1927年9月の毛沢東の三湾改編以後紅軍第1軍第1師第1団特務連・9連・8連・3営の党代表。29年12月の古田会議で前敵委員会委員，第2縦隊政治委員。30年8月第4軍政治委員。5回にわたる反包囲戦役で政治工作を担当。32年3月第4軍は第1軍団第4軍に改編，政治部主任（軍長・林彪）。

1934年10月第8軍団政治部主任として長征に参加。35年6月第1方面軍第1軍団政治部副主任。36年6月抗日紅軍大学で学習，同大学1科政治委員。37年6月総政治部（主任・王家祥）後方政治部主任。同年5月延安で林月琴と結婚，8月八路軍第115師（師長・林彪）政治処主任。38年3月閻錫山部隊が発射した小銃弾に被弾して延安に帰った林彪に代わり，第115師を指揮。39年115師は東進支隊の名で山東に挺進。41～42年日本軍の三光作戦により根拠地縮小。43年3月山東軍区司令員兼政治委員，115師政治委員・代理師長，8月中共山東分局書記。減租減息工作および大生産運動を展開。44年7月山東軍区直属機関幹部に「毛沢東同志の思想を学習しよう」を講演。45年4月中共7全大会で中央委員会委員。

日本降伏後東北の解放に参加，1945年12月東北民主連軍副政治委員。46年6月中共中央東北局副書記。8月モスクワで腎臓手術。国共内戦の激化により医師の療養継続要請を断って47年6月帰国。7月第2線兵団の建設を提案，11月までに38個独立団，48年までに126個団を編成，各団約2,500人。48年10月軍事生産と後勤工作の必要性を提起して東北軍区に軍工部を設立（部長・何長工，政治委員・伍修権），48年夏までに大小55カ所の軍事工場を擁し，60ミリ砲200門，迫撃砲弾50万発，山砲野砲弾150万発，手榴弾150万発，小銃弾1,700万発を年産。東北野戦軍政治委員として林彪（司令員）と48年9～11月遼瀋戦役，48年11月～49年平津戦役を指揮。49年4月第4野戦軍は南下したが，病気のため天津で療養。6月中共中南局第2書記兼中南軍区政治委員。

1949年9月第1期全国政協会議第4野戦軍代表，中央人民政府委員会委員，最高人民検察署検察長。50年4月総政治部主任，9月総幹部管理部部長。同年後半総参謀部（総参謀長代理・聶栄臻）の協力で540万人の兵員を140万削減し，空軍・海軍・砲兵・装甲兵・防空兵・工兵・鉄道兵・公安部隊の各軍種・兵種を建設し，軍事学院をはじめとする各種各級の学院・学校を設立し，各野戦軍から数万人の幹部を抜擢してこれらの部隊・機関に配属する整編に着手，51年末までに完了。50年8月軍隊のなかで文化教育を実施することに関する指示を公布，52年8月までに全軍で50カ所の速成中学校，200カ所の速成小学校を設立，200万人が学習。50年末と51年11月総政治部は宣伝教育文化工作会議を開催して，全軍幹部の革命理論学習を組織。

1953年5月全軍の正規訓練開始に備えて，正規化訓練においても大衆路線を歩み，大衆の積極性と創造性に依拠することを強調。同じ頃から中国人民解放軍政治工作条例草案の起草開始にあたり，古田会議決議および毛沢東の関連文献を学習し，ソ連軍の経験を機械的に模倣しないことを要求。53年夏政治工作・政治委員制度を軽視しソ連軍の一長制の実施を説く彭徳懐ら一部の同志を批判。53年12月～54年1月の全国軍事系統高級幹部会議で政治工作条例草案採択。55年8月の建軍節に論文「わが軍の光栄ある伝統を引き続き発揚しよう」（『人民日報』8月1日）を発表し，ソ連軍の経験を機械的に導入する傾向を批判。同年2月制定された将校階級制度の制定および9月に授与された将校の階級付け指導，9月一級八一勲章，一級独立自由勲章，一級解放勲章を受け，元帥。54年11月，51年より準備してきた政治学院院長，同学院は55年一部開校，56年3月正式開校。

1956年9月の中共8全大会直前病気で政治学院院長に専念，総政治部主任を辞任（後任は譚政）。同大会で中共中央政治局委員。57年の反右派闘争での総政治部文化部長陳沂批判，58年の中共中央軍事委員会拡大会議での劉伯承批判を弁護。58年8月の建軍節記念論文「秋収蜂起とわが軍創世期」（『人民日報』7月31日）を発表。59年夏の廬山会議には出席しなかったが，国防部部長・彭徳懐の後任に賀龍を推薦。12月民兵工作小組組長。60年2月広州で中共中央軍事委員会拡大会議民兵座談会，4月北京で全国民兵代表会議，民兵工作の重点を都市などの要害地区，都市・工場・学校を重点，工場民兵では特殊兵の訓練を重点とした。60年末譚政を総政治部主任から副主任に格下げ，毛沢東の命で羅栄桓が総政治部主任に再任，但し林彪不同意のため公表されず。61年賀龍と南京，福州，長沙などの部隊，学院・学校を視察し調査研究，部隊の政治思想工作の強化に関して重要指示。59年の林彪国防部部長就任から63年12月死去するまで，毛沢東軍事思想の学習，軍隊政治工作の問題などで林彪と対立，闘争を繰り返した。北京で病死。

参考文献：劉漢・黄瑤・李維民・潘天嘉・楊国慶・白刃・李志経『羅栄桓元帥』（解放軍報社，北京，1987年）。《羅栄桓伝》編写組編『回憶羅栄桓』（解放軍報社，北京，1987年）。中共党史人物研究会編『中共党史人物伝』32巻（陝西人民出版社，西安，1987年）。　〔平松茂雄〕

羅（ら）　瑞卿（ずいけい）　Luo Ruiqing

（1906年5月31日～1978年8月3日）

四川省南充市午風郷清泉陳馬家坡出身。人民解放軍軍人，大将。

1921年南充中学入学，『新青年』，『独秀文存』などを読み革命運動に関心。25年呉玉章を訪ね，軍事活動と武装闘争の重要性を知る。26年革命運動により停学処分，家を出て実業専修学校入学，共産主義青年団入団。同年末武漢の中央軍事政治学校（黄埔軍官学校の後身）入学，歩兵第5期生。27年中共入党。

1927年7月中央軍事政治学校は南湖学兵団と教導団を組織して，南昌蜂起参加を準備したが，間に合わず以後各地を逃亡。江西で遊撃隊を組織，29年紅4軍（毛沢東，朱徳）に参加，7月第4縦隊参謀長。12月古田会議に参加。30年5月羅栄桓（紅4軍政治委員）に代わり第2縦隊政治委員。32年第1方面軍（朱徳，毛沢東）第1軍団（林彪，聶栄臻）第4軍政治委員。33年1月第1軍団（林彪）保衛局局長。

長征では中央紅軍先遣隊（司令員・劉伯承，政治委員・聶栄臻）参謀長。1935年9月第1方面軍第3軍団（軍団長・彭徳懐）政治部主任。36年6月中国抗日紅軍大学（校長・林彪）教育長。12月の西安事件で中共代表団員。37年抗日軍政大学（校長・林彪）教育長。38年毛沢東の指示で『抗日軍隊の政治工作』を出版。39年7月抗日軍政大学の学生を率いて晋察冀地区に挺進，太行山脈を転戦。40年5月八路軍野戦政治委員兼中共北方局委員，模範支部活動を広く展開して部隊の基層建設を強化。41年郝治平と結婚。44年初頭延安の中共中央校で学習。同年4月中共7全大会で中央委員会候補委員。

1945年末晋察冀軍区副政治委員兼政治部主任。46年1月国共停戦のための軍事調処執行部中共代表団参謀長。6月晋察冀野戦軍（司令員・蕭克）政治委員。47年3月晋察冀軍区（司令員・聶栄臻）政治工作会

議で「軍隊の政治工作をどのように強化するかに関する問題」を報告，古田会議と八路軍留守兵団政治部の軍隊政治工作問題報告の基本精神を略述。5月野戦軍（司令員・楊得志）第1政治委員，同年春から華北で戦略的反攻開始。48年5月華北軍区（司令員・聶栄臻，政治委員，薄一波）成立，政治部主任兼華北第2兵団（司令委員・楊得志）政治委員。48年9～11月遼瀋戦役。11月全軍の統一編成が断行され，華北第1兵団と第2兵団は第18，19，20兵団に改組され，中共中央軍事委員会直轄，第19兵団政治委員。48年11月～49年1月平津戦役。

1949年9月政協会議華北兵団代表。10月最高検察署委員，政務院政務委員，人民革命軍事委員会委員。11月政務院政治法律委員会委員，政務院公安部長，北京市人民政府委員会委員兼公安局局長。50年11月公安部隊司令員兼政治委員。50年中央の統一指導で全国規模の反革命鎮圧運動を展開。54年9月第1期全人代代表，国防委員会委員，国務院公安部長。55年6月論文「警戒を高め，麻痺に反対しよう」（『人民日報』6月30日）。7月公安部隊は公安軍に昇格，司令員兼政治委員。9月一級八一勲章，一級独立自由勲章，一級解放勲章を授与，大将。10月公安学院院長。56年9月中共8全大会で中央委員会委員，「わが国の反革命粛清運動の主要状況と若干の問題」について報告。57年公安機構の改革（全国部隊は総参謀部警備部の隷下，地方部隊は人民武装警察に改編）により公安軍は廃止され，公安軍司令員兼政治委員を解任。

1959年4月国務院副総理。9月解任された黄克誠に代わり総参謀長，中共中央軍事委員会副秘書長，国防部副部長。10月建国10周年記念論文「10年来の革命と反革命との闘争」（『人民日報』9月28日）。60年5月論文「大いに民兵師を興し，祖国を建設し，祖国を防衛しよう」を『紅旗』10期に発表。羅栄桓に協力して60年10月中共中央軍事委員会拡大会議で採択した「軍隊政治工作を強化することに関する決議」を起草。61年国務院国防工業辦公室主任。62年中共中央書記処書記。毛沢東の指示で軍隊高級幹部のマルクス主義教典30冊を学習する活動を組織。64年葉剣英と協力して全軍の大衆性の大練兵活動を展開。10月陳毅，賀龍，聶栄臻とともに第1回原爆爆発実験を指導。

1965年1月国防委員会副主席。5月ソ連の独ソ戦勝記念日論文「ドイツ・ファシストとの戦争に勝利したことを記念して米帝国主義に反対する闘争を最後まで進めよう」（『人民日報』5月11日）で，国防部長・林彪の抗日戦勝記念論文「人民戦争の勝利万歳」と軍事思想・軍事戦略の面で対立。西南を視察中の同年12月上海で開催された中共中央政治局常務委員会拡大会議に召集され，林彪より「政治突出に反対し，軍を簒奪し党を混乱させようとした」と非難され，中共中央軍事委員会副秘書長と総参謀長を解任。毛沢東は羅瑞卿を摘発・批判する闘争を指示，葉剣英を組長とする中共中央工作小組を組織。同小組は66年3月「羅瑞卿の錯誤問題に関する報告」を討議，4月毛沢東に提出。5月中共中央政治局拡大会議（北京）で彭真，陸定一，楊尚昆とともに批判され，中共中央書記処書記を解任。文化大革命中監禁，迫害で足を骨折し切断（飛び降り自殺との説あり）。

1973年11月復活，福州で治療。75年中共中央軍事委員会顧問。77年8月中共11全大会で中共中央委員会委員，中共中央軍事委員会常務委員兼秘書長として同委員会の日常活動を処理。10月論文「長征途上における厳しい階級闘争」（『人民日報』）を発表。78年前半に林彪軍事路線を批判する目的で『解放軍報』が掲載した「10個のすべきこととしてはならないこと」に関する10篇の論文を葉剣英の指示で病院で校閲。78年5月『解放軍報』が真理基準の討議に関して特約評論員論文「マルクス主義の1つの最も基本的な原則」を掲載する際重要な役割を果す。8月某地（西ドイツという説あり）で手術中死去。

参考文献：黄震遐編『中共軍人誌』（当代歴史研究所，香港，1968年）。星火燎原編輯部編『解放軍将領伝』2集（解放軍出版社，北京，1985年）。穆静・冰如『羅瑞卿』（海燕出版社，河南，1987年）。　〔平松茂雄〕

羅（ら）　文幹（ぶんかん）　Luo Wengan

（1888年～1941年10月18日）

字・鈞任，別名・文幹。広東省番禺県生まれ。北洋政府，国民政府の閣僚。法律家。

清末に英国のオックスフォード大学に留学。法学修士号を取得したが，弁護士の資格を取得することなく1909年帰国し，広東審判庁庁長に就任。11年学部留学生試験に応募し，法科進士となる。

1912年広東都督府司法司司長，広東高等検察庁庁長を歴任。13年北上して北京政府の総検察庁検察長に就任したが，「籌安会」の成立を非合法と主張し，袁世凱と対立したため辞職して南下し，倒袁運動に参加する。18年には修訂法律館副総裁に就任，20年には司法視察の名目で訪欧し，英国で念願の弁護士の資格を取得する。帰国後，北京大学及び法官講習所の教授を兼任。21年にはワシントン会議の中国代表団の一員として渡米し，帰国後梁士詒内閣の司法次長に就任し，翌22年には大理院院長を兼任する。同年6月の内閣改造により辞職，9月に塩務署長兼幣制局総裁に就任し，その直後王寵恵内閣の財政総長に就任する。

1922年11月王内閣との関係が悪かった衆議院議長・呉景濂と副議長・張伯裂が，オーストリアからの借款に関与した羅が収賄したと黎元洪総統に密告し，逮捕，収監される。王総理の抗議により4日後に出獄が認められるが，審理が開始されたため辞職。23年の一審では証拠不十分のため無罪とされるが，検察庁がこれに不服として控訴したため，再度収監される。24年春に控訴が取り消されて自由の身となり，弁護士業で生計を立てる。同年11月「俄国退還庚子賠款委員会」の中国側委員に任命される。

1927年1月顧維鈞内閣の司法総長となるが，6月に内閣総辞職となる。28年2月から6月まで外交部長を務める。12月に東三省が易幟を行い，張学良の国民政府東北辺防軍指令長官への就任にともない，羅文幹は同司令長官公署顧問に任命される。翌29年9月には沈瑞麟とともに「中東路事件」を調査する専員の職を奉じる。

1931年には国民政府司法行政部部長に就任し，翌32年1月より外交部部長も兼任した。同年7月宋慶齢と蔡元培らが逮捕されたコミンテルンのスパイを釈放するよう迫ったため，辞意を表明してこれに抵抗。宋らが上海へ引き返したため，辞意を撤回して職務に復帰する。33年に新疆で起きた2度の事変の調停のため，迪化（現在のウルムチ）に赴くが，調停は失敗する。その後ウラジオストク経由で帰国し，外交部長を辞任。34年10月には司法行政部長も辞任する。

1938年1月には国防参議会参議院，6月には第1期国民参政会参政員を歴任する。同年には西南連合大学の教授として迎えられ，「ローマ法」，「中国法制史」の授業を担当する。41年3月第2期間国民参政会参政員となるが，10月悪性マラリアのため，広東省楽昌でこの世を去る。著作に『獄中人語』などがある。

参考文献：外務省情報部編『現代中華民国満洲帝国人名鑑』（東亜同文会，1937年）。賈士毅「民国初年的幾任財政総長(5)」，『伝記文学』6巻2期，1965年2月。劉師舜「関於羅文幹的二三事」，『伝記文学』14巻5期，1969年5月。劉紹唐主編『民国人物小伝』第3冊（伝記文学出版社，台北，1980年）。経学静「内閣，国会与実力派軍閥――20世紀20年代羅文幹案始末――」，『史学月刊』，2004年4月。

〔松田康博〕

羅（ら）　学瓚（がくさん）　Luo Xuezan

（1893年12月2日～1930年8月27日）

号・栄熙，別名・雲熙。湖南省湘潭県生まれ。中国共産党の指導者，組織工作の専門家，教師。

農家に生まれ，9歳の時私塾で学び，1906年青龍橋の羅氏明徳両等小学校に入学，同校在学中に国語，歴史，地理，数学，自然科学などの基礎知識を身につける。12年湖南省立第四師範学校に進学，同校の省立第一師範への合併によって第一師範第8班に編入，毛沢東と同窓となる。以来，毛沢東，蔡和森らと交際し，18年4月新民学会の創立に加わる。同年8月毛沢東の指揮の下，羅章龍，陳紹林ら20余名とともに北京に行き，いわゆる「勤工倹学」方式のフランス留学を志す。

1919年7月13日同郷の包光溢らとともにフランスに出発し，9月2日にパリに到着，フランスではモンタルジ公学で3カ月学んだのち工場で働く。当時，「勤工倹学」の中国人学生の生活は苦しかったため，彼らを支援すべく工学励進会を李和笙（李維漢）らと結成するなど，中国人学生の生活権を守るための活動を展開した。21年2月28日の学生による「食べる権利，仕事をする権利，学ぶ権利」を求めるデモ，同年9月のリヨン中仏大学校長，呉稚暉に対する抗議行動，羅学瓚はこれらのいずれの運動にも積極的に参加した。そのため，フランス政府から共産主義を宣伝したとして，蔡和森，張昆弟らとともに中国に強制送還される。21年10月フランスを出国し，翌11月下旬上海に到着する。

上海到着後，早速中共中央を探し，1921年末に入党を果す。翌22年初秋に湖南省に帰り，中共湘区委員会（毛沢東）の指導下で労働運動の組織工作に従事する。特に，人力車夫の組織に努め，人力車工会を結成し，同年11月にその代表となる。その後，湖南省工団連合会代表に就任する。当時の同志としては郭亮，任樹徳がいる。23年4月には旅順，大連の返還，対華21カ条要求撤回を求める湖南外交後援会が組織されるが，羅学瓚はこの文書主任となり，学生，労働者を反日運動に動員した。また，湖南省に戻って以来，毛沢東の創設した自修大学付設補習学校やその後の湘江中学，その他，長沙女子師範，湘潭女中，醴陵淥江中学，開聯女校，山東斉魯大学で教鞭をとる一方，『新民周報』上に教育改革を提唱する文章を発表するなど，教育者としても活躍した。

1923年の中共3全大会後，李維漢の指導下で中共湘区委委員，宣伝部部長をつとめ，24年から25年には長沙の労働運動の強化のために尽力した。25年冬中共醴陵県委書記として醴陵に派遣され，当地の農民運動の拡大，李味農，潘疆爪ら国民党左派に対する統一戦線工作の実施を任せられる。羅学瓚は統一戦線工作の一環として，北伐が開始されると，中共醴陵県委を動員して，運輸隊，担架隊，平民救国団，農民武装隊などを組織し，北伐軍の醴陵占領に協力したといわれる。しかし，27年の4・12反共クーデターを起点として第1次国共合作は崩壊に向かい，長沙では同年5月馬日事件が発生，羅は郭亮の命令に従い易足三，孫小山，潘疆爪，朱少連らとともに湘東贛西工農義勇軍を編成し，「長沙打倒」をスローガンに掲げ国民党軍（許克祥部隊）を攻撃した。戦略上の誤りにより敗北し，安源に撤退する。

1927年の秋収暴動の前に，夏明翰，羅章龍とともに長沙に派遣され，長沙市内における暴動の準備工作に従事する。同年9月湖南省委委員兼湘潭工作委書記として湘潭県に赴任し，中共湘潭県委建設に努めるが，28年3月国民党軍の攻撃を受け，結局県委は壊滅，羅学瓚自身も上海に脱出せざるをえなかった。脱出後，山東省斉魯大学の教員や中共浙江省委書記などをつとめたが，浙江省委書記在任中に杭州で密告により国民党側に捕えられ，30年8月秘かに処刑された。

参考文献：中共党史人物研究会編『中共党史人物伝』5巻（陝西人民出版社，西安，1982年）。盛平主編『中国共産党人名大辞典』（中国国際広播出版社，北京，1991年）。

〔中村楼蘭〕

羅(ら)　亦農(えきのう)　Luo Yinong

（1902年5月18日～1928年4月21日）

原名・善揚，字・敬斎（元は慎斎）。号・振綱，別名・覚。改名・亦農，別名・一農。ソ連名・Вухаров（布哈諾夫）。湖南省湘潭県易俗河雷公塘生まれ。初期の中国共産党の指導者。

父は羅子厚，雑貨店を経営，比較的裕福であった。7歳で私塾に学ぶが，旧式の学問を嫌い，故事や小説，『水滸伝』，『三国志』，『岳飛伝』など英雄伝に関心を寄せる。11歳の時郭月欽の下で歴史，地理，時事に関する知識を得る。1916年米国人が経営するキリスト教系の湘潭益智学校に入学，英語と神学主体の授業を受けるが，神学を嫌い礼拝を行わず，学校の規制を無視して反日デモや日本製品ボイコット，反袁活動に参加し，17年末に退学した。19年6月父の反対を押切り上海に出，中学に通うが，父から学費の援助がなく退学。フランス租界の小さな新聞社に勤め，独学で政治，経済，哲学，自然科学などの知識を得る。同時に『新青年』，『労働界』などの雑誌を読みマルクス主義と接触。陳独秀を尊敬し教えをこう。陳に気に入られ工読互助団の活動に参加するよう勧誘される。上海共産主義小組がソ連に留学させる人員を養成する目的で作った「外国語学社」に入り，ロシア語やマルクス主義の基礎知識を学習。20年8月中国社会主義青年団が正式に設立されると，劉少奇とともに入団した。

1921年初め上海を出発，ソ連に留学，モスクワ東方労働者共産主義大学に入学。同年冬社会主義青年団員から劉少奇らの紹介で正規の共産党員となる。大学の中国班内に中国共産党及び社会主義青年団の旅ソ支部を組織，支部委員に選出される。英語，ロシア語が堪能で，瞿秋白のロシア語の翻訳を手助けしていたといわれる。22年末コミンテルンの第4回代表大会に出席すべくモスクワを訪れた陳独秀，張太雷ら中共代表団と対面，留学生の状況を報告した。23年東方労働者共産主義大学内に中国語言組が成立すると同組書記に就任した。24年夏コミンテルン主宰の国際運輸労働者大会に参加すべくソ連を訪れた中国の船員代表・林偉民と旅ソ中国共産党の責任者として会見。モスクワで林を勧誘し共産党に入党させる。

1925年3月帰国。翌4月中旬中央の命により広州に赴き，鄧中夏，林偉民らとともに全国第2次労働大会の準備工作に従事した。大会終了後，中央駐粤臨時委員会委員として広州に留まり宣伝工作に従事。5・30事件勃発後，中共広東区委員会が組織した「臨時委員会」に周恩来らとともに加わる。同年8月20日の廖仲愷暗殺に際しては「廖仲愷偶剌前後的広州政府」の一文を発表し，「国民党右派」「国民党中の反動軍閥」などを非難した。10月広東代表として北京に赴き中共中央拡大会議に出席。以後，マルクス主義理論にたいする造詣の深さを買われ党校工作に配属された。12月に上海に帰還，江浙区委員会書記に任命される。26年8月中共中央軍事委員会の命により上海で趙世炎とともに労働者糾察隊を組織した。北伐の進展にともない同年10月24日と27年2月23日の2度にわたって上海で武装蜂起を企図したが，いずれも失敗した。周恩来，趙世炎らとともに，27年3月21日第3次上海武装蜂起を敢行，翌22日共産党指導下の市民代表大会で上海市臨時政府主任委員に選出される。

1927年4・12反共クーデター発生後，周恩来，趙世炎と協議しゼネストを敢行，蔣介石によって弾圧される。4月中旬有力幹部を上海から脱出させる党中央の決定に基づき上海を脱出，中共江西省委員会書記に任命される。同月下旬武漢で開催された中共第5回全国代表大会に江西省代表として出席し，毛沢東，任弼時と交流した。大会後江西省南昌にもどる。7月汪精衛らが「分共」会議で共産党と決別する中で，武漢に派遣され，中共湖北省委員会書記に就任した。

1927年8・7会議に出席，瞿秋白，李維漢らとともに中央臨時政治局委員に選出される。同会議が決定した土地革命の方針に沿って秋収農民暴動を重視，特に鄂南（湖北南部）の重要性を指摘して，自ら同地区の暴動を指導した。9月中共長江局書記に任命され，湖北，湖南，江西，四川，安徽，陝西の革命運動及び党組織建設を指導した。同局は，10月28日所轄の党委員会に対して「最近政治議決案」を伝達，土地革命とソヴィエト政権樹立の意義を明示した。一方，羅は都市部における武装蜂起にたいしては慎重な態度で堅持した。翌11月上海の党中央政治局拡大会議で中央政治局委員，常務委員に選出される。しばらく後中央組織局主任に任命され，年末には武漢から上海に赴く。28年2月湖北，湖南の農民運動の視察に派遣され，3月上海に戻る。4月15日上海のイギリス租界で活動中密告され，租界警察によって逮捕される。18日国民党淞滬警備司令部に引き渡され，21日上海の龍華刑場で処刑される。

参考文献：金再及「羅亦農的出生年月和曾用名」，『党史資料叢刊』1981年2輯。金再及「羅亦農同志被捕，犠牲前後的一些情況」，『党史資料叢刊』1981年3輯。中共党史人物研究会編『中共党史人物伝』8巻（陝西人民出版社，西安，1983年）。《革命烈士伝》編輯委員会編『革命烈士伝』2（人民出版社，北京，1987年）。〔中村楼蘭〕

羅(ら)　章龍(しょうりゅう)　Luo Zhanglong

（1896年～1995年2月3日）

原名・羅璈階，別名・文虎，縦宇一郎，羅仲言。筆名・滄海，無我，章龍，仮名・柏格森，景雲，ロシア名・ВаНОВ ПетроВ。湖南省瀏陽県生まれ。中国共産党の指導者，労働運動の組織者，宣伝工作の専門家。経済学者。

1912年から17年まで長沙第一連合中学で学ぶ。この頃から毛沢東と交流があり，「縦宇一郎」の名で長沙第一師範の毛と文通していた。18年春毛沢東，蔡和森らの新民学会に加入する。同年秋北京大学文学院経済系に入学し，在学中に中共指導者への道を歩み始める。19年五・四運動が始まると，五・四運動行動小組のメンバーとなり運動に積極的に参加，翌20年北京大学マルクス学説研究会及び共産主義小組の設立に際して，その発起人に名前を連ね，中共の初期の組織建設過程に関わっていった。

1921年羅章龍は中共北方区執行委員会書記並びに中国労働組合書記部北方部主任を兼任することとなり，22年の唐山，開灤の5つの工場におけるストライキや23年の京漢鉄道労働者の大規模なストライキに加わり指導した。

1923年6月広州で開催された中共3全大会で中央委員及び中央局委員に選出され，同時に中共中央宣伝部部長に任ぜられる。24年には中共代表としてモスクワに赴き，コミンテルン第5次代表大会に出席する。この年第1次国共合作が成立するが，羅章龍は上海の中共中央で工作に従事する一方，国民党上海執行部の幹事として活動した。

1925年1月広州の中共4全大会に出席し，中央候補委員に選出される。26年秋国民革命軍が武漢を占領した後，中共湖北区執行委員会宣伝部部長並びに中共漢口市委書記に就任する。翌27年4月武漢の中共5全大会で再び中央委員に当選する。

1927年8月中共湖南省委宣伝部部長に就任するが，間もなく上海の党中央に戻り，28年から30年にかけて中央で労働運動工作を担った。当時中華全国総工会秘書長，同会執行委員会党団書記を歴任する。また，28年6月にモスクワで開催された中共6全大会にも出席し，大会の副秘書長をつとめ，中央候補委員に選出されている。

1923年以来中共中央のメンバーとして重要な役割を担っていた羅章龍であったが，王明指導部に反対すべく，31年1月の中共6期4中全会後，徐錫根，王克全らとともに臨時中央幹事会を組織し，さらに徐を書記とする「中央非常委員会」（いわゆる第2中央）を組織したことから，「党を分裂させ」，「党の組織原則及び規律にひどく違反した」として批判を浴びる。そして，1月27日中共中央政治局は「羅章龍の中央委員（のポスト）及び党籍を剝奪することに関する決定」を採択し，羅は正式に中共から除名されるに至った。

除名後も羅章龍は「分派行動」をとり続けていたが，1933年4月上海で国民党当局に逮捕される。出獄後，34年以降，河南大学，西北大学，湖南大学で教鞭をとる。国共内戦期，国民党軍敗退の中で中共の「湖南和平解放運動」に参加する。

中華人民共和国成立後，湖南大学，中南財経学院，湖北大学，湖北財経学院各校の教授，中国革命博物館顧問を歴任する。このように，羅は主として教職，研究職にあったが，1979年に第5期全国政教委員に増補されて以後は，第6期，第7期の全国政協委員に連続して選出された。羅は1995年99歳で死亡した。

羅章龍の代表的な著作としては，『経済史学原論』，『社会主義計画経済原理』，『中国国民経済史』，『椿園載記』,『欧美各国経済政策』などがある。

参考文献：政治学院中共党史教研室『中国共産党六十年大事簡介』（中国人民解放軍国防大学出版社，北京，1985年）。陳玉堂編『中共党史人物別名録』（紅旗出版社，北京，1985年）。范済国主編『中国革命史人物伝略』（湖北教育出版社，1987年）。盛平主編『中国共産党人名大辞典』（中国国際広播出版社，北京，1991年）。羅章龍「回憶“五四”運動和北京大学馬克思学説研究会」,『文史資料選編』36輯，1979年4月。羅章龍「回憶“二七”大罷工」,『文史資料選編』66輯，1979年9月。〔中村楼蘭〕

羅（ら）　振玉（しんぎょく）　Luo Zhenyu

（1866年6月28日～1940年6月19日）

字・叔言，号・雪堂。江蘇省淮安生まれ。清末・民国の学者。

父は羅樹勲，母は范淑人であり，５人の兄弟，６人の姉妹がいた。長男振鋆，次男は振鏞であり，振玉は三男であった。

羅振玉は４歳から字を習い初め，５歳で塾に入って読書した。13歳までに３大聖典を読み終わり，1890年童試に合格した。翌年郷試を受験したが，家の借財などもあり，学業を放棄して，家業のかたわら読書に耽った。

羅振玉の父は，振玉が10歳の時県丞となったが，16歳の時同郷の人と質屋を開業して失敗し，莫大な負債を残して家を離れたため，羅振玉は母と兄を助けて家の再興に専念した。1881年范氏と結婚し，その内助の功もあって，1902年には借財を償却した。しかしその間，范夫人を92年に亡くしている。その後95年丁氏と結婚した。

日清戦争に中国が敗れると，羅振玉は，国力を回復するために農業を興すことが国の本であると考えるようになった。そこで農学を研究し，1896年農学社を設立し，ついで翌年農報館を上海に開き，５月には同地で『農学報』を蔣黼などとともに発行した。同報は，1906年まで発行され，日本，欧米の農書や農報を翻訳し，近代的な農業，養蚕，牧畜を開発しようとするものであった。この頃から汪康年と親しくなり，変法派の人々とも関係をもつようになった。

ついで，1898年『農学報』の日本文訳者である藤田豊八と共に日本語と日本文化を中国の青年に教えるために「東文学社」を開始した。日本語の教師は，藤田豊八と田岡嶺雲であった。しかし，戊戌政変のため学生が３分の１になり，羅振玉が私財を校費にあてて授業したという。なお，この学生の中に，後に羅振玉の娘と結婚する王国維がいた。

1900年張之洞に請われて武昌の湖北農務局総理兼農務学堂監督となったが，１年で辞した。ついで，01年から02年まで，湖北・江蘇両省の命を受け，約６カ月間日本に出張し，その教育制度を視察している。02年上海に新設された南洋公学の東文科監督となり，03年には広東の教育行政に参画したが，04年でやめ，同年蘇州に新設された江蘇師範学校の校長となり，藤田豊八や日本人の師範学校出身者を採用した。

1906年羅振玉は端方の招きで北京に赴き，新設の学部に入って参事行走に任命された。09年試署参事官兼北京農科大学監督となり，辛亥革命まで在職した。この間，教育事業の改善に尽力すると共に，広東の岳雪楼の蔵書を購入したり，古器物，拓本，書籍の収集・研究に努めている。また，殷虚や敦煌の資料の価値を認識し，敦煌の資料を学部に購入した。

1911年の辛亥革命で女婿の王国維とともに日本に亡命し，京都府田中村に７年間住んだ。その間，内藤湖南，狩野直喜，富岡謙三などの斡旋で『鳴沙石室佚書』,『流砂墜簡』,『芒洛冢墓遺文』など，100種あまりの資料集を出しているが，特に有名なのは,『殷虚書契』と『殷虚書契考釈』であり，前者は甲骨文字の図録集であり，後者はその解説であって，ともに甲骨学研究の基礎を築くものとなった。

1919年帰国し，それ以後天津に住むことになった。21年選ばれてフランス・アカデミーの通信員となり，また，廃帝溥儀の師となっている。22年には，内閣大庫の明清檔案史料が廃棄処分により流失しそうになったのを防ぎ，東方学会を設立した。

1932年満州国建設とともに参議府参議，監察院長となり，35年まで務めている。その後40年に心臓麻痺で死ぬまで旅順で著述生活を送った。

羅振玉の著作には，今まで述べた外に，金石文を集めた『三代吉金文存』,『貞松堂集古遺文』などがあり，めずらしい書物，文献など400部以上を復刊した。それらは,『羅雪堂先生全集』にまとめられている。

子供には，福成，福萇，福頤がおり，孫には，羅承祖，羅継祖などの学者がいた。

参考文献：羅振玉『羅雪堂先生全集』初編～７編（大通書局，台北，1981年）。羅継祖『庭聞憶略―回憶祖父羅振玉的一生』（吉林文史出版社，長春，1987年）。榎一雄「羅振玉氏の訃」,『史学雑誌』51―9，1940年9月。花岡千春『羅恭敏公正伝』私家版（錦城，1943年）。〔深澤秀男〕

M

馬　本斎 Ma Benzhai

(1902年2月10日～1944年2月7日)

原名・守清，字・本斎。河北省献県東辛庄生まれ。回族。軍人，中国共産党員。

父は馬永長，母は白文冠。馬永長は貧農で，生計維持困難のため村を離れ，異郷で働いた。11歳の時，馬本斎は村の私塾に通った。

1915年，冀中（河北省中部）を大旱魃が来襲，一家の生活は困窮をきわめ，馬本斎も父と同様に故郷を離れ，張家口で徒弟をしながら勉強を続けた。3年後，内モンゴルの多倫に行き，馬の放牧を手伝っていたが，21年，さらに東北に流れて張作霖軍に入隊した。やがて，東北講武堂に学び，職業軍人として本格的なスタートを切った。

1924年9月，第2次奉直戦争に際し，小隊長として参戦，関内に進駐した。当初張宗昌軍，後に劉珍年の独立21師に属し，中隊長として山東半島の牟平一帯に駐屯した。

1931年9月，柳条湖事件勃発。この頃より，軍内の将兵関係，兵士と民衆の関係などに疑念を抱く一方，紅軍や共産党にも関心を寄せるようになる。馬本斎の“赤化”の噂は劉珍年の耳にも達し，中隊長の地位を失った。32年秋，劉軍を離れ故郷の東辛庄に戻った。

1937年7月，盧溝橋事件勃発。8，9月，敗走の国民党軍が子牙河の堤防を切ったため東辛庄は水びたしになり，多くの死者が出た。やがて日本軍も村に侵入，清真寺を焼払い，阿訇（宗教指導者）や村人を殺害していった。土匪の跋扈は目に余るものがあった。そこで馬本斎は，村民60～70名を集め回民義勇隊を組織した。10月，初めて日本軍と戦い，勝利したが，孤立した戦いには限界があり，八路軍との連携の道を求めた。38年3月，中共冀中区委員会は，回族対策重視の方針を定め，回族の劉文正を冀中回民抗日建国総会主任に任命した。劉は，やがて東辛庄を訪れ，馬らと会見，その結果，馬らの八路軍参加が決まった。

河間（河北省）進出の頃，部隊は200余名に増え，回民教導隊と改称，馬本斎が隊長に選ばれた。1938年7月，他の回族部隊も合わせ回民幹部教導総隊となった。10月，馬は中共に入党した。39年7月，冀中の無極，藁城，新楽県一帯に根拠地を建設，この頃八路軍第3縦隊回民支隊と改称，馬は司令員となり，郭陸順が政治委員として派遣されてきた。40年初，回民支隊は2,000余名に増強された。41年8月，母が日本軍に逮捕され，7日間の絶食の後亡くなった。

1942年，日本軍は“大掃蕩”をくり返した。郭陸順が戦死，張同鈺が新政治委員として派遣されてきた。馬本斎は山東省西北一帯で抵抗を続け，八路軍冀魯豫（河北・山東・河南）軍区第3分区兼回民支隊司令員になる。支隊には漢族出身者も増え，回漢の融和に心を砕いた。43年秋，孫良誠の傀儡軍を濮陽県八公橋で破り，大きな功績をあげた。

1944年2月，回民支隊は延安防衛に当たるため移動，病気のため莘県（山東省西北部）に残留した馬本斎は，同月7日，急性肺炎で亡くなった。3月17日，延安では共産党中央主催による追悼大会が盛大に挙行された。

参考文献：馬国超・張鳴『馬本斎』（中国青年出版社，北京，1982年）。「馬本斎同志不死」，河北省民政庁編『河北革命烈士史料』1集（河北人民出版社，石家荘，1961年）。張同鈺「馬本斎同志在魯西」，中国人民政治協商会議全国委員会文史資料研究委員会編『革命史資料』2（文史資料出版社，北京，1981年）。楊樹昇・韓一徳「“民族英雄，吾党戦士”馬本斎伝略」，『不屈的共産党人』3（人民出版社，北京，1982年）。

〔安井三吉〕

馬　超俊 Ma Chaojun

(1886年10月17日～1977年9月19日)

原名・超俊，字・星樵，別名・馬其，馬祺。原籍・生まれ，広東省台山県。中国同盟会会員，中国国民党右派の労働運動指揮者，国民党政府の労働官僚・政治家。

父・接賢公，母・黄太夫人。父は在米華僑の経験があり，鉱夫を職業としていたが，乳児の頃に死去。塾で「五経」を学び，15歳で「童子試」に合格したが，試験官の賄賂の強要に憤激して香港に出て，九龍「馬宏記機器廠」の徒弟工となる。1902年に渡米しサンフランシスコ「庇利魯機器造船廠」に入り，同時に致公堂に加入し，また孫文に会い革命への志を決めたと言う。その後来日し，05年に孫文に再会し，同盟会へ加入した。同年明治大学に入学したが，翌年孫文の指示で労働者を革命運動に動員するために帰国し，香港・広州・漢口・上海など各地の機械工の組織化に努めた。

1907年の広西の鎮南関の役，11年の黄花崗の役に参加，同年10月武昌で革命軍が蜂起すると「広東華僑敢死隊」総隊長となり清軍と戦闘し，漢陽兵工廠を死守した。12年黎元洪より漢冶萍礦務督辦に任命されたが就任せず，漢陽で反袁世凱組織である「鉄血団」を結成して逮捕され8カ月入獄したが，孫文などの助力により釈放された。第2革命の敗北後，来日して滋賀県八日市飛行学校で航空技術を習得し，16年4月中華革命党東北軍の反袁闘争に参加し，済南の山東督署を爆撃した。

1917年6月馬超俊は広東に帰り，孫文より全国労働運動の工作に従事せよとの指示を受け，その具体的方策として「全国労工運動原則」8項（①労働組合を発展させる，②労働時間の基準を規定する，③賃銀の増額を協議する，④労働者の福利を増進する，⑤労働者教育を発展させる，⑥政治知識を広める，⑦労使協調を確認する，⑧争議を支援する）を定めた。それは孫文の裁可を得て，以後「国民党労働政策」の基本方針となった。その後，広東機械工の組合である広東機器総会の指導的地位の向上と基礎組織の拡大に努め，20年4月広東全省機器工人維持会を結成し主任となり，同年4月の香港華人機器会のストライキ及び21年1月の香港海員ストライキを指導した。

1921年第2次広東軍政府が成立すると広州市政庁総稽兼工運事務に任命され，政府代表として労使紛争の調停・仲裁に当たる。翌年6月の陳炯明の反乱後，上海に赴き反共的労働運動を支援し，上海工団連合会の設立に助力する。24年国民党1全大会後，国民党広州特別市党部執行委員会委員・市党部工人部長となる。25年5月広州で第2回全国労働大会において反共主義のため「工賊」に指名される。5・30事件が発生すると杜月笙らと共に上海工商学界の指導を行い，また一方で反共行動を具体化するために上海孫文主義学会を設立し，北京に赴き「西山会議」に参加した。26年3月中山艦事件後，上海から急遽広州に戻り広東機器工会などの労働団体幹部と協議して反共対策を遂行する。26年7月アメリカ・カナダへ出国し，反共政策と労働問題を研究して翌年6月に帰国した。

1927年7月1日南京国民政府労工局が成立し，馬超俊は局長に就任する。同月彼を招集人として国民政府労働法起草委員会が成立する。同年12月労工局長を辞任して広東農工庁長・広東省政府委員となり，翌年2月広東省で労働法起草委員会を組織し，「労働法典草案」を完成させる。29年5～6月ジュネーヴの第12回国際労働大会に国民政府より労働者委員として派遣される。帰国後，国民政府立法委員として労働法起草を主宰し，また中央民衆訓練委員会秘書・訓練部長を兼任する。

1930年国民党民衆運動委員会副委員・海外党務委員会副主任委員。31年南京市長・国民党中央執行委員。38年中国戦時児童救済協会，全国慰労総会（漢口）を設立，同年中央社会部副部長。40年中央組織部長。45年南京市長。46年農工部部長，国民党中央執行委員，中国紅十字総会理事となる。

1949年台湾に移ってからは，以下のような要職を歴任した。国民党改造委員会評議委員，総統府国策顧問，華僑総会理事長，国民党評議委員，中央銀行監事，国民党中央評議委員，総統府資政，国民党中央紀律委員会主任委員，国民大会代表，故宮博物院管理委員会理事などである。また，『中国労工運動史』全5冊を主編し，59年に刊行。74年に古参国民党員でもある夫人・沈延貞（慧蓮）死去，馬超俊は77年9月に死去した。

参考文献：『馬超俊先生言論選集』（労工福利出版社，台北，1967年）。黄季陸編『革命人物誌』17集（中央文物供応社，台北，1977年）。『馬超俊先生訪問記録』（中央研究院，台北，1992年）。木村郁二郎「馬超俊略年譜稿」，『中国労働運動史研究』8号，1980年。　〔高綱博文〕

馬（ば）　烽（ほう）　Ma Feng

（1922年6月8日～2004年1月31日）

原名・馬書銘，筆名・孔華聯，閻志吾，馬戦哮，莫韻，時英，小馬。山西省孝義県居義村生まれ。作家。

家は漢方医。5歳で父親に死なれ，おじの家（汾陽県）に寄寓。日本軍の侵略により小学校も卒業せず，1938年春抗日遊撃隊に参加。この冬，16歳で中国共産党に入党。40年部隊から延安に派遣され，魯迅芸術文学院附設の部隊芸術幹部訓練班に入る。急性腎炎にかかり，半年間療養するかたわら，国内外の文学作品を読む。

1942年壁新聞用に書いた「第一個偵察」が延安『解放日報』に載り，文学創作に従事する決心がつく。同年冬，晋綏辺区にもどる。『抗戦日報』，『晋綏大衆報』の特派員となり，大衆の口語を使用して“真人真事”を書くことを身につける。44年周文の指導のもと，呂梁地区の民兵と地主との戦闘を，西戎と2人で章回体形式で書く。この「呂梁英雄伝」は，国民党支配地区でも好評を得た。また，土地改革に参加した経験をもとに，「村仇」を49年に発表。

1949年春北京に出る。第1回中華全国文学芸術工作者代表大会では，候補委員及び理事に選出される。51年中央文学研究所（のち講習所）の学員となり，系統的に中国および外国の文学史や文学理論を学ぶ。

54年創作組組員，青年部副部長。小説「結婚」，「飼養員趙大叔」，「韓梅梅」を発表。

1956年山西省にもどる。省文連副主席，のち主席，作協山西分会主席となる。また大衆と接触するため，汾陽県副書記となる。小説「三年早知道」，「我的第一個上級」や映画脚本「我們村里的年軽人」を発表。長篇伝記小説「劉胡蘭伝」も64年に書きあげる。

文革が始まると，学習班に入れられたが，1973年には山西省文化局創作組にもどされ，76年から旺盛な創作活動を再開。「結婚現場会」は，80年全国優秀短篇小説賞を得た。また，孫謙との映画脚本「新来的県委書記」（映画題名「涙痕」）は，第3回“百花奨”の最優秀映画賞を得た。87年には「葫蘆溝今昔」を発表。

朝鮮民主主義人民共和国をはじめ，蒙古，フランス，イタリア，ソ連を訪問しており，1963年10月には，巴金を代表する作家代表団の一員として来日し，90年9月には「中国文学芸術界連合会代表団」の団長として来日した。

馬烽の文章は平易で，テーマが明快，ユーモアに富む。テーマは，一心に社会主義のために自分を捨てて，集団に尽くす農民の高尚な品質を描くことにある。彼らの頑固でとっつき難く，そのくせ素朴でまっすぐな性格は，趙樹理をはじめとする“山薬蛋（じゃがいも）”派の特徴である。馬烽は，西戎，胡正，孫謙とともに，これを継承する。また，この楽天的な，明快な，社会主義及び善意への信頼は，中華人民共和国の“人民文学”の本流でもある。この意味で，馬烽は，山西省を代表する作家であるばかりでなく，中国を代表する作家といえる。1988年11月第5回文代会では，9名の全国文連副主席の1人に選出された。89年6・4後の12月に，中国作家協会党組書記に任命され，90年2月作協副主席に選出（賛成90.7%）された。

短篇集に，『一個下賤女人』（1950年），『村仇』（50年），『周支隊大鬧平川』（51年），『三年早知道』（58年），『我的第一個上級』（59年），『太陽剛剛出山』（60年），『馬烽短篇新作』（81年）など，また『馬烽・孫謙電影劇作選』（88年）もある。

参考文献：高捷等編『馬烽西戎研究資料』，中国現代文学史資料滙編〔乙種〕（山西人民出版社，太原，1985年）。陳為人『馬烽無“刺”』（秀威資訊科技股份有限公司，台北，2010年）。

〔萩野脩二〕

馬（ば）　福益（ふくえき）　Ma Fuyi

（1866年～1905年4月20日）

原名・福一，別名・乾。哥老会の首領，湖南省湘潭県生まれ。

父親・馬大良は貧しい小作農民で，福益は成人後，自立して，妻子とともに淥口に移り，石灰焼の労働者となった。

福益は少年時代，学校（恐らく私塾）へ行ったこともあり，読み書きもできた。体も大きく，性格も豪快で，義俠心に富み，強きを挫き，弱きを助けるというタイプであった。少年時代から当地の秘密結社，哥老会に加盟し，その小幹部となっていた。淥口時代に「開堂放票」（会党の中で独自に成員を募集し，一方の頭目となること）をはじめ，1891年にはさらに「回龍山堂」を創設し，謝受祺，郭福らを四路の各頭目に任じ，自らは「四路総統」となり，その勢力は醴陵，湘潭，瀏陽一帯に及んだ。

馬福益は少年時代から，のちに革命家となる劉揆一，劉道一の兄弟とは交際があった。黄興，劉揆一らが1904年に華興会を発足させ反清革命蜂起を計画した時，劉は黄に対して会党を利用すれば，軍隊や知識人に呼びかけるよりも，早く成功することができると提案し，馬福益を推薦した。黄興は劉道一の紹介で馬福益と会談し，華興会と哥老会との連合蜂起を決定した。華興会は会党との連絡組織として「同仇会」を設立し，黄興が大将兼会長に，馬福益は少将となった。

まもなく，華興会は1904年11月16日の西太后の70歳生誕日を期し，湖南省都長沙で武装蜂起することを決定した。省城内外の会党を長沙，衡州，岳州，常徳，宝慶の「五路義軍」に編成して一斉に長沙に進撃することとし，馬福益は蜂起軍の副総指揮兼五路督辦となった。9月23日瀏陽県で，湖南省でも有数の牛・馬・豚などの市（いち）が開かれ，大勢の参加者や見物人が集まる機会を利用して，劉揆一，陳天華らが黄興の指示を受けて，馬福益を少将に任命する儀式を行い，各種の武器や馬を贈った。以後哥老会員で同仇会に加入するもの多く，総数10万人前後に達したともいう。

しかし，蜂起計画が清朝当局に探知され，各地の会党頭目が逮捕されはじめたので，蜂起は中止され，黄興，劉揆一らは上海経由で日本に亡命し，馬福益も広西へ逃れた。

1905年馬福益は湖南に戻り，陳佑衡と変名して活動を再開し，洪江を拠点とする新たな蜂起を計画した。しかしこれも察知され，4月12日馬は萍郷駅で逮捕され，種々の拷問を受けたのち，4月20日長沙の瀏陽門外で斬首された。死に臨んで，「満州人の命を革（あらた）めるのは，漢人の復讐のためである。自分1人が殺されても，4億の同胞が続いてたちあがり，敵（かたき）を討ってくれさえすれば，死んでも怨みはない」と述べたという。

参考文献：黄季陸主編『革命人物誌』4集（中央文物供応社，台北，1970年）。林増平・李文海編『清代人物伝稿』下編3巻（遼寧人民出版社，瀋陽，1987年）。

〔久保田文次〕

馬（ば）　建忠（けんちゅう）　Ma Jianzhong

（1845年2月9日～1900年8月14日）

字・眉叔。江蘇省丹徒県に生まれる。清末の官僚・外交官，言語学者。

天主教徒の家庭に生まれ，洗礼名をマチアスという。兄の1人は後に北京大学校長となった馬相伯である。生家は医業を営んでいたが，太平天国の乱を避け上海に移住。彼は上海でカソリック系の徐匯公学でフランス語をはじめとする西洋の教育を受けた。李鴻章によってフランス語の能力を高く評価された彼は，1877年福州船政局が学生を英仏両国に留学させるにともない随員の資格でフランスへ留学した。留学の目的は外交や法律を学ぶことにあった。

1880年フランスから帰国すると，李鴻章の幕下にあって北洋海軍の建設に従事したり，輪船招商局の会辦などを務めるとともに，李の特使としてインド，ヴェトナム，朝鮮へと派遣された。82年朝鮮で壬午の変が起こると水師提督の丁汝昌，呉長慶らとともに直ちに現地に急行し，首謀者の大院君を拘束して保定に護送した。清仏戦争後のフランスとの交渉は得意のフランス語や国際法の知識をフルに生かして巧みな交渉を行った。さらに，95年の日清講和条約の交渉には全権大臣参賛官として李鴻章に随行するなど，外交官として敏腕をふるい，相手にとってはまことに手強い交渉者であった。

一方で馬建忠は輪船招商局の官督商辦方式よりも民族資本の形成をはかるべきであると主張したり，その海軍論では専門家の養成には充分に時間の必要なことを論じるなど，単なる洋務論から一歩抜きんでた存在でもあった。

外交の専門家として大いに活躍したが，科挙の資格のない彼は官界では二品官の道員どまりで出世の見込みもなく，その晩年はいささか不遇であったが，死後刊行された中国語の文法書である『馬氏文通』に精根を傾けた。

参考文献：「適可斎紀言紀行」，沈雲龍主編『近代中国史料叢刊』16輯（文海出版社，台北，1968年）。『適可斎記言』（中華書局，北京，1960年）。林明徳『袁世凱与朝鮮』（中央研究院近代史研究所，台北，1970年）。民国清史館編『清史稿』巻446，列伝233（民国清史館，北京，1927年）。坂野正高『中国近代化と馬建忠』（東京大学出版会，1985年）。

〔徳岡仁〕

馬（ば）　君武（くんぶ）　Ma Junwu

（1881年7月17日～1940年8月1日）

原名・道凝，字・厚山，のち同と改名。号・君武，諱・和，筆名・貴公，馬貴公，馬悔。広西省恭城県生まれ，原籍，湖北省蒲圻県。ブルジョア民主主義の政治家，翻訳家，教育者。キリスト教徒。

曽祖父・馬麗文は広西省思恩府知事。父・馬衡臣は恭城，平南，馬平などの諸県で幕僚をつとめる。馬君武は9歳で父を失い，母の家内仕事のみで生活する貧しい少年時代を過ごし，その頃弟1人と妹2人を相次いで病気で失う。母の励ましのもと学問に勤しみ，1897年唐景崧が桂林に創立した近代的教育を行う広西体用学堂に入学し数学を専攻，併せて英語を学ぶ。同年康有為が桂林で講義し，唐景崧・岑春煊らと聖学会を組織して『広仁報』を創刊したとき，馬君武は康の講義を聞いて影響を受け，馬恫の名で『広仁報』に投稿したことがある。

1900年友人の援助により広州に行き，フランスの教会が経営する丕崇書院でフランス語を学ぶ。この年8カ国連合軍が北京を攻略すると，馬君武はシンガポールに行き康有為に救国の計について教えを請う。康有為は馬君武に広西で勤王の自立軍に呼応するよう諭したが，広西に戻った時には自立軍は失敗していた。01年馬君武は母とともに上海に移り，震旦学院でひきつづきフランス語を学び，友人と翻訳社を創設して『フランス革命史』，『代数学』などを翻訳出版した。

1901年冬，官費留学試験に合格して日本に渡り，暫くは変法派の人々と交流し，02年に一時梁啓超に代わって『新民叢報』の編集長を担当したが，同年4月章炳麟らの組織した支那亡国242周年紀念会の活動に参加し，革命的傾向を強めた。03年4月東京帝国大学に入学し，工芸化学を学んだが，この頃，「唯心派の巨人ヘーゲルの学説」，「ジョン＝ミルの学説」，「サン＝シモンの生活と学説」などの西洋思想の紹介を『新民叢報』誌上で行っている。

1902年以来興中会に加入していた馬君武は，05年8月中国同盟会の創設に参画し，黄興らと同盟会章程を起草。同年11月同盟会機関紙『民報』が創刊されると「帝民説」を投稿し，ルソーの民約論を紹介し，主権在民の説を提唱した。同年末に日本の文部省が「留学生取締規則」を公布すると，反対運動に参加。06年夏東京帝国大学工科大学を卒業して上海に行き，中国公学の創立に参加，教務長を務めつつ理化学を教授した。

中国同盟会上海分会会長の任にあった馬君武は，両江総監・端方にマークされ逮捕の危険が迫ったので，中国公学校長・鄭孝胥のはからいで1907年春官費留学生の資格を得てドイツに留学，ベルリン工業大学で冶金学を学ぶ。11年同校を卒業して工学士の学位を得た。留学期間に『平面幾何学』，『礦物学』，『微分方程式』などの書を翻訳出版した。

1911年辛亥革命が勃発するとただちに帰国し，上海で同盟会の機関紙『民立報』の主筆を務めたが，広西省代表として各省代表者会議に出席するとともに臨時政府組織大綱の起草にも参加した。中華民国臨時大総統の選出では強力に孫文を推挙し，南京臨時政府では実業部次長に就任，中華民国臨時約法の起草にも参加した。13年1月参議院議員に選出されたが，第2革命に敗れて日本に亡命。同年冬，再度ドイツに留学しベルリン農科大学に学びつつ『独中字典』，『動物学』，『植物学』などの書を翻訳出版した。15年6月ベルリン工業大学で工学博士の学位を授与された。中国人としてドイツで博士号を得た最初の人物である。

1916年6月ドイツから帰国した馬君武は参議院議員として政治活動に入ったが，17年に孫文が広州で「臨時約法」を擁護する中華民国軍政府を組織すると交通総長に就任。21年5月孫文が広州で非常大総統に就任すると，秘書長を担任し，7月には広西省長に任命された。

1924年孫文が中国国民党第1回全国代表大会で連ソ・容共・扶助工農の3大政策を提唱すると，馬君武は国共合作と3大政策に反対し，26年の第2回全国代表大会で国民党を除名された。

馬君武は，1924年11月に上海大夏大学の校長に招かれて以来，25年4月には北京工業大学校長，27年には広西大学校長，30年には上海の中国公学校長などを歴任し，多くの人材を要請した。40年8月桂林で病死した。

参考文献：広西辛亥革命研究会編『民国広西人物伝』1（広西人民出版社，南寧，1983年)。章開沅主編，莫世祥『馬君武集』(華中師範大学出版社，武漢，1991年)。蕭致治主編『領袖与群倫―黄興与各方人物』(武漢大学出版社，武漢，1991年)。卞孝萱，唐文権編『辛亥人物碑伝集』(団結出版社，北京，1991年)。

〔小島淑男〕

馬（ば）　融和（ゆうわ）　Ma Ronghe

(生年不詳～1864年11月)

太平天国の武将。

英王・陳玉成の部下。1861年ごろ天朝九門御林羽林軍副総提・泳天安に封ぜられ，また主将に任じられた。62年初め捻軍と呼応して安徽潁州を包囲し，4月には安徽潁上の江口集で，苗沛霖の裏切りで捕われた陳玉成を清軍から奪い返そうとしたが失敗した。その後河南の荊子関から湖北に入り，棗陽・随州・孝感などに転戦した。天京（南京）救援に赴こうとして失敗し湖北に戻った。この年天将に昇進した。63年5月捻軍と連合して安徽の宿松を攻め，ついで忠王・李秀成の部隊とともに六安を攻めた。64年扶王・陳得才らと合流して陝西・河南・湖北を転戦し，11月に安徽に入ったが，霍山の黒石渡で清軍に敗れて投降し，まもなく殺害された。

一説に投降後清軍の総兵となり，1874年7月に福建の晋江で，太平天国滅亡後も上海・広東などに潜伏して再起を画策していた輔王・楊輔清を発見して捕え，閩浙総督・李鶴年に引き渡して処刑させたという。

参考文献：羅爾綱『太平天国史』第1冊（中華書局，北京，1991年)。

〔並木頼寿〕

馬（ば）　叙倫（じょりん）　Ma Xulun

(1884年4月27日～1970年5月4日)

字・夷初，号・石翁，寒香，石屋老人。原籍，浙江省杭県。言語文学者，教育者，民主活動家，民主促進会の創立者・主席。

下級官僚の家に生まれ，4歳から四書五経を学び，10歳で父を亡くしたが，母は学問を続けさせた。杭州の養正書塾（のちに杭州府中学堂と改名）に学び，16歳の時歴史の教員から革命思想を啓発され，当時の清朝の腐敗を目にし，義和団事件で8カ国連合軍が北京を占領したことによって，強烈な愛国主義の思想に目覚める。友人に代わって学校への不平を述べたため，杭州府中学堂を退学させられる。

以後，上海に出て各種の雑誌の編集をして，革命思想の宣伝を行った。この時孫文の革命派が日本で出していた刊行物にのった章太炎・蔡元培らの文章に深刻な影響をうけ，柳亜子の組織した「南社」に参加した。辛亥革命前，杭州，江山，諸暨，広州などで教職についた。1911年夏日本に渡り，章太炎の紹介で中国同盟会に加入。帰国後，上海で章太炎に協力して『大共和日報』の編集長となった。13年，北京医学院専門学校，15年北京大学文学院の教員となり，19年五・四運動が起こると北大教職員会を組織して書記となり，20年北京大中小学教師の給与支払い運動が起こると，教職員連合会を組織して主席に推された。

1921年蔡元培と李大釗の紹介で浙江省教育庁長となり，24年には段祺瑞政府の教育部の職についたが，孫文死去後，その職を辞して北京大学にもどった。この間，23年には国民党北京特別党部の宣伝部長となり，25年の5・30事件では，「5・30惨案後援会」を組織して，会長となった。26年の3・18事件では，弾圧に抗議して北大を辞し，杭州に帰った。このころ北京の国民党は分裂し，指導部のほとんどが右派の「西山会議派」に属し，彼もその一員であった。26年末，浙江省政務委員に任ぜられ，27年国共分裂後も国民政府参事となる。28年南京国民政府教育部次長となったが，29年冬，家庭の事情でこの職を辞し，杭州に帰った。国民党の腐敗と堕落を目にして，この時以後は，再び官につかぬ決心をし，これを堅持した。

1931年，大学の復職要請に従って北京大学にもどった。この時，教育と研究に没頭することとし，それゆえ9・18事件に際しても，あえて動かなかった。しかし35年日本の華北への侵略が強まり，北京の文化界・教育界の人士の間に抗日気運が高まるなかで，黙視することができず，北京大学法商学院院長・白鵬飛とかたらい，「北平文化界抗日救国会」を組織し，その主席となった。しかし，この抗日宣伝活動による過労のため，病に倒れた。この時胡適は彼を北大から追放する策動を行ったため，これに怒って北大を辞して杭州に帰った。36年秋，四川軍閥・劉湘を抗日に説得するため，四川に行き，軍官学校の学生にも抗日を説いた。

1937年7月日中戦争が始まると，世界戦争に発展することを予想し，上海が比較的難を避けられるとして，上海抗戦後上海に行き，以後ここにとどまり，鄒華孫と名を変えて著述に専念した。汪精衛の南京傀儡政府は，彼の教え子の陳公博を通じて政権への参加を要請して来たが，これを拒絶した。

1945年の抗日戦勝利後，蔣介石の内戦と独裁に反対する平和と民主の運動が高まると，彼はこの運動の先頭に立ち，抗戦中上海にとどまった人たちの手で『周報』・『民主』などの雑誌が創刊されると，精力的な執筆活動を行い，45年12月にはそれらの人々とともに民主促進会を結成し，常務委員となった。46年6月には内戦反対の請願団を組織し，南京に赴いたが，下関駅で国民党特務に襲われ重傷を負った。47年冬反動化の強まるなかで香港に逃れ，48年の中共の「新政治協商会議」のよびかけに応えて，同年秋，解放区に入った。

1949年，中国人民政治協商会議第1回全体会議に参加し，中華人民共和国成立後は，中央人民政府委員，中央教育部長，高等教育部部長などを歴任し，53年3月，民主促進会主席，同年6月民主同盟副主席を兼任した。また同年12月以後，中ソ友好協会副会長などをもつとめた。57年春，脳軟化症となり，長期療養の身となったため，反右派闘争には直接かかわることはなかった。58年6月一時症状は好転したが，再び文章を書くことはできなかった。70年5月北京で病死した。

参考文献：馬叙倫『説文解字研究法』（上海商務院書館，上海，1933年）。『馬叙倫言論集』（山東新華書店，済南，1946年）。馬叙倫『我在六十歳以前』（生活書店，上海，1947年）。馬叙倫『説文解字六書疏証』（北京科学出版社，北京，1957年）。『馬叙倫学術論文集』（北京科学出版社，北京，1958年）。『馬叙倫政論文選』（文史資料出版社，北京，1985年）。

〔平野正〕

馬（ば）　寅初（いんしょ）　Ma Yinchu

（1882年6月24日～1982年5月10日）

原名・元善，字・寅初。浙江省嵊県生まれ。経済学者，教育家。

上海崑山路中西書院（東呉第二中学の前身），天津の北洋大学（天津中西学堂の後身，天津大学の前身）を卒業した。1905年アメリカに官費留学，約9年間滞在した。10年エール大学を卒業，次いでコロンビア大学に入学，経済学を専攻し，修士号さらに博士号を取得，続いてニューヨーク大学において会計学・統計学を研究した。この間に『ニューヨークの財政』を著した。14年，帰国。

1915年より国立北京大学の経済学教授，経済学科主任，大学教務長を務め，同大学に13年間在職した。一方，20年に浙江興業銀行の顧問となり，また上海東南大学商科学院の設立に参画し，同大学の教授を兼任した。この年，『新青年』に「経済界の危険預防法」（第7巻第3号），「人口計算の数学」（同巻第4号）を発表した。21年1月上海に中国最初の経済学術社団である経済研究会（主席・徐滄水）が設立され，その幹事となる。22年北京中国銀行総司券（頭取），中国経済学社社長を兼任した。23年上海商務印書館より『馬寅初演講集』第1集，25年第2集及び『中国国外滙兌』，29年第3集及び『中華銀行論』を出版した。

1928年，浙江省政府委員となる。以後，南京国民政府の立法院立法委員，経済委員会委員長，禁煙委員会委員などに就任，また国立中央大学（28年5月8校を合併して成立）の法学院経済学科主任となる。

『東方雑誌』に，「資本主義か共産主義か」（第28巻第24号，1931年），「個人計画」（第31巻第1号），「米国の金銀吸収政策と我が国との関係」（同巻第8

号），「全国財政会議の議定した重要原則」（同巻第14号，以上34年），「愉快な生活」（第32巻第1号），「世界経済恐慌の中国への影響如何と中国の対策」（同巻第13号，以上35年），「上海証券交易所に産業証券取引を開始する能力はあるか」（第33巻第1号，36年），「経済思想の社会環境に随って変遷する程序」（第34巻第1号，37年），「中日問題」（同前）などを発表，『文化建設』に，「経済力の集中の途径と運用の範囲」（第1巻第4期），「読書経験談」（同巻第7期，以上35年）を投稿した。また上海商務印書館から，『馬寅初経済論文集』（32年），『財政学と中国財政』（34年），『中国経済の改造』（35年），『中国関税問題』（35年），『中国の新金融政策』（36年）などを出版した。

1940年4月国民政府学術審議会委員となり，また重慶大学商学院院長に就任。12月蔣介石の独裁政治に反対して逮捕投獄され，中共中央の助命工作によって44年12月に出獄した。以後，上海中華職業学校，上海工商専科学校，金陵大学，交通大学（南洋大学堂の後身），浙江大学などの教授を歴任し，一方，愛国民主運動に参加した。46年『文萃』（第25期）に重慶求精商専学校での講演録「中国今後の経済建設」を掲載，『文滙報』（12月30日）に「私はなぜ新中米通商条約に反対するか」，47年『経済評論』（第1巻第4期）に「中国経済の路」を発表した。また『経済学概論』（商務印書館，47年9月）に「我が国伝統の“安貧楽道”の旧思想は即刻に放棄すべし」を分担執筆した。48年中共の手配の下に香港経由で東北解放区に入った。

1949年新中国成立以後は，華東行政委員会副主席，中央人民政府財経委員会副主席，浙江大学校長，北京大学校長，名誉校長，中国科学院哲学社会科学学部委員，中国人口学会名誉会長，中国銀行常務董事などの職を務めた。その間57年『新人口論』を出版，それは産児制限論に与するものとして批判されて，北京大学校長を退陣，翌58年出版の『私の経済理論，哲学思想と政治的立場』（北京財政出版社）も批判された。

また選出代議員として，政治協商会議の全国委員（第1期1949年9月，第3期59年4月），常務委員（第2期54年2月，第4期56年12月，第5期78年2月），全国人民代表大会の常務委員会委員（第1期54年8月，第2期58年11月，第5期78年3月）を務めた。79年名誉回復，北京大学名誉校長となる。82年5月，100歳の天寿を得て，北京にて病死した。

参考文献：蔡尚思主編『中国現代思想資料簡編』５巻（浙江人民出版社，杭州，1983年）。李盛平主編『中国近現代人名大辞典』（中国国際広播出版社，北京，1989年）。張古明主編『中華人民共和国大辞典』（中国国際広播出版社，北京，1989年）。胡安権責任編輯『中国文化史年表』（上海辞書出版社，上海，1990年）。橋川時雄編『中国文化界人物総鑑』（名著普及会，1982年覆刻）。　〔橋本高勝〕

馬（ば）　占山（せんざん）　Ma Zhanshan

（1885年11月30日～1950年11月29日）

字・秀芳。遼寧省懐徳県生まれ。原籍，河北省豊潤県。軍人。反満抗日の英雄として知られる。

曽祖父の代から東北に移り住む。父は貧農の馬純，母は杜氏。生涯に6人の妻をめとる。幼くして馬家の養子に入った最初の妻との間に長男・馬奎，長女・馬玉文をもうける。

子供の頃家を出て馬賊となり，1905年懐徳県地方武装遊撃隊に入るが，この遊撃隊は08年に清国政府直属の部隊に改編された。

辛亥革命後，呉俊陞の下で4営中哨哨長となる。1913年より中央騎兵第2旅第3団少校連長，改編陸軍第29師騎兵29団第1営長，東三省陸軍第29師騎兵第5旅第8団長に任ぜられる。この間18～19年まで東三省講武学堂に学ぶ。24年第29師砲兵第1団長兼東三省騎兵第4旅長代理，25年東北陸軍第17師騎兵第5旅長となり，馮玉祥の国民軍と奉天軍の開戦後は万福麟と行動を共にし，27年第17軍に属して山西に出征した。28年ホロンバイル事件のため東北に帰り，黒龍江省防軍第1旅長となる。張作霖，呉俊陞爆死後は黒龍江省剿匪司令に就く。さらに29年黒龍江省騎兵総指揮，30年黒龍江省黒河鎮守使兼警備司令，黒龍江省陸軍歩兵第3旅長などを歴任する。

この間，1928年に長女・馬玉文が陶英麟と結婚。陶の弟が万福麟の娘と結婚，馬占山は万福麟の姻戚となる。また29年頃，最初の妻が病死。娘の馬玉文によれば，失意の馬占山はこのあと日本と妥協していったという。

1931年9月18日満州事変が勃発すると，10月10日国民政府より黒龍江省政府主席兼黒龍江省軍事総指揮，11月8日東北辺防軍駐江副司令官に任ぜられ，日本軍と対戦するが，同年末，大興で敗れ海倫に逃れる。32年2月に入ると張景恵を介した日本側の説得工作に応じ，関東軍と和解，2月17日張景恵，熙洽，臧式毅らとともに東北行政委員会に参加，黒龍江省長官に任命される。翌日同委員会の名のもとに東北省区の国民政府からの独立宣言を発表した。3月9日満州国建国式に列席し，満州国軍政部総長を兼任する。しかし，4月初旬突然出奔，反満州国軍を組織し，4月12日黒河において抗日の通電を発した。これに呼応して吉林方面の李海青軍が黒龍江省に突入，馬軍はこれに応じて南下し関東軍と交戦した。また，蘇炳文の援軍をも得て北満各地に転戦するが，関東軍により壊滅的打撃を被り，ついに32年12月ソ連に脱出した。

1933年4月，蘇炳文，李杜，王徳林らとともにモスクワに行き，駐ソ大使，顔恵慶に会う。その後，ポーランド，ドイツ，イタリア，香港を経て6月上海に帰り，南京で蒋介石と会見。7月中旬蒋より国民政府軍事委員会委員に任ぜられる。ほどなく天津に行き一時この地に閑居する。

1937年7月日中戦争勃発後，8月東北挺進軍司令兼東北四省招撫事宜に任ぜられ綏遠地方で日本軍と対戦した。その後内蒙古を中心として各地で日本軍と交戦，38年夏には負傷して療養のため延安にも行っている。40年5月3日，重慶国民政府は遼寧，吉林，黒龍江，熱河四省政府の改組を命じ，馬を黒龍江省政府主席に任じた。馬占山はその後中国国民党中央候補執行委員に選ばれる。

1945年8月日本の降伏後，10月蒋介石は東北行営政治委員会を組織し，馬占山はこの委員に任ぜられた。国共内戦の初期馬は蒋介石のために戦い，46年9月東北保安副司令長官，48年8月東北剿共副総司令兼松北綏靖総司令に任ぜられるが，この数年来の病気のため療養を必要とした。48年10月には北平に帰り，治療のかたわら北平の平和的解放のために尽力する。鄧宝珊を北平に呼び，傅作義に武器を捨て和平を受けるよう勧告した。49年1月，馬，鄧，傅は協議の末，和平に応じ北平は解放された。

1950年6月，毛沢東は馬占山に中国人民政治協商会議第1期全国委員会第2回会議に出席するよう要請したが，馬は病気のため出席できなかった。11月北京の自宅で肺癌のため没する。

参考文献：全国政協・黒龍江省政協文史資料研究委員会編『馬占山将軍』（新華書店，北京，1987年）。中国社会科学院近代史研究所主編『民国人物伝』3巻（中華書局，北京，1981年）。田辺種治郎編『東三省官紳人民録』（文海出版社，台北，1973年）。劉紹唐主編『民国人物小伝』第4冊（伝記文学出版社，台北，1981年）。林義秀「建国当初に於ける黒龍江省の回顧」，『現代史資料』11（みすず書房，1965年）。

〔浜口裕子〕

麦（ばく）　孟華（もうか）　Mai Menghua

（1875年～1915年2月25日）

字・孺博，号・蟠庵，駕孟，別名・汝博，曼倩，先憂子，傷心人など，筆名・曼殊，曼殊室主人。広東省順徳県生まれ。清末の変法運動，立憲運動で活躍した人物。

1893年に挙人となり，その年の冬，万木草堂に入学して，康有為の弟子となった。95年4月，麦孟華は康有為や梁啓超らとともに会試のために北京に集まっていたが，その時ちょうど下関条約が調印された。講和を拒否し，遷都して日本と徹底抗戦し，変法の実施を要求する請願上書が康有為を中心にして受験者約1,200名によって出されたが，これがいわゆる公車上書である。上書の文章は麦孟華と梁啓超が書いたといわれている。

1895年7月には『中外紀聞』が創刊され，麦孟華と梁啓超が編集にあたった。この新聞は京報（官報）の配達人に托して官吏に無料で配布された。ついで8月には変法自強を目的とした政治団体である強学会が北京に設立され，その後上海にも分会が設立された。これらの会には翁同龢，劉坤一，張之洞，袁世凱らの有力な中央官僚や各省巡撫らも加入した。しかし強学会は変法派の台頭を恐れた保守派によって96年1月閉鎖させられた。なお上海では，黄遵憲，汪康年，梁啓超らによって『時務報』が創刊され，主筆は梁啓超が担当した。翌年冬，梁啓超が湖南時務学堂の招きに応じたため，麦孟華が梁啓超に代わって『時務報』の主筆となった。

『時務報』に執筆した文章で麦孟華は，中国の患いは民権が確立していないことではなく，君権が確立していないことにあると強調し，日本の明治維新をモデルとした上からの変法を主張した。また学会を設立して「群智」を開き，公司を作り商会を結成して「群力」，「群財」を興していくことを提唱した。

1897年麦孟華は梁啓超らと不纏足会を組織し，その董事となった。翌年ロシアが旅順・大連を奪うと，彼は梁啓超らと都察院に上書して，英・日と連合してロシアと対抗するよう主張した。彼は4月に結成された保国会に参加している。

戊戌政変後，麦孟華は日本に亡命し，梁啓超が創刊した『清議報』を援助した。しかし，梁啓超が孫文と接触して合作を進めると，彼はそれに反対して康有為に告げた。そのため合作は失敗し，梁啓超は康有為の命でハワイに赴いた。梁啓超に代わって麦孟華が『清議報』を主宰し，東京高等大同学校校長となった。彼は『清議報』で，西太后の訓政によって政治がさらに腐敗し，外患も逼迫したと指摘し，西太后が光緒帝を廃立しようとしていると強く批判した。

義和団運動が高揚し，清朝が義和団と結託して列強に宣戦布告すると，麦孟華は義和団運動を乱民による「野蛮な挙動」であると非難し，その打開策として義和団を一掃して光緒帝の親政を実現すること，それができなければ中国の南部で新政権を樹立して中国の保全を図るべきであると主張して，両広総督・劉坤一，湖広総督・張之洞らが画策した「東南互保」を支持した。さらに彼は列強が光緒帝の復位を援助するよう主張した。

1902年，梁啓超が『新民叢報』を創刊すると，麦孟華はその撰述人となった。そして07年，梁啓超が東京で政聞社を結成して国会速開運動を展開すると，常務員となり，翌年政聞社の本部が上海に移されると麦孟華は上海に赴き，馬相伯らと活動したが，清朝が政聞社を弾圧すると彼は香港に逃亡した。

辛亥革命後，康有為が『不忍』雑誌を創刊すると，麦孟華はその編集人になった。また袁世凱が麦孟華を招聘し教育総長の職を与えようとしたが，彼は応じなかった。1915年2月，上海で死去した。

参考文献：湯志鈞編『戊戌変法人物伝稿』上冊（中華書局，北京，1961年）。清史編委会編『清代人物伝稿』下編4巻（遼寧人民出版社，瀋陽，1988年）。
〔楠瀬正明〕

茅盾（ぼうじゅん） Mao Dun

（1896年7月4日～1981年3月27日）

本名・沈徳鴻，字・雁冰，筆名・茅盾，玄珠，馮虚，石萌。浙江省桐郷県烏鎮生まれ。小説家。

父・永錫は漢方医を開業，変法運動に共鳴し，新学と自然科学に興味を示していた。母の陳愛珠は古典に親しみ，旧小説を愛読。妻・孔徳沚。弟の沈沢民（本名・徳済）は1900年生まれ，25年中国共産党から派遣され訪ソ，孫逸仙大学に留学，34年ソヴィエト区で病死している。

茅盾は父の命により幼時から家塾で洋書を学び，母から歴史地理を学んだ。父は将来譚嗣同の『仁学』を学ぶように言っていた。1904年烏鎮の励志小学校に入学。10年呉興の浙江省第三中学を受験，編入。11年浙江省第二中学に転校，舎監に反抗し退学処分を受ける。12年杭州の安定中学に転校し13年北京大学予科第1類に進学。16年7月家庭の経済事情のため退学し，上海の商務印書館編訳所に就職。文学との関わりがここに始まる。

1917年『学生雑誌』の編集に参加，「学生与社会」を執筆し，封建的治学思想の革新を訴える。19年五・四運動の影響を受け，『時事新報』副刊『学燈』にチェーホフ，ストリンドベリ，モーパッサン，ゴーリキーの翻訳を発表。婦人解放問題に関して執筆。20年『小説月報』の編集に加わり，同年李漢俊の紹介により上海共産主義小組に参加。21年1月北京で文学研究会結成のとき，鄭振鐸，周作人，孫伏園，葉紹鈞とともに発起人に名を列ねる。『小説月報』は，全誌面を刷新して同会の機関誌となり，旧小説を批判し，西欧の文学と思潮の翻訳紹介に努める。この年，共産党支部の活動に参加し，21年末（一説には翌年初頭）に入党。21年10月上海平民学校，23年上海大学の中国文学系の教員となったが，両校は中共と深いつながりを持つ。学生に丁玲，施蟄存，戴望舒らがいた。25年5・30事件では抗議行動に参加。この時期以降，社会活動に直接的に関わり始める。

1926年広州で北伐に参加。国民党中央執行委員会宣伝部秘書として北伐軍のなかで宣伝活動に携わる。宣伝部長・汪精衛，部長代理・毛沢東であった。27年武漢で『漢口民国日報』を編集。4・12クーデター後上海へ向かうが，党組織との関係は疎遠になり，一時牯嶺で静養。それ以後創作活動に専念する。

1927年9月長篇小説『幻滅』を書き，茅盾の筆名で『小説月報』に発表。その後『動揺』，『追求』を加え，『蝕』3部作とする。大革命期に挫折する知識青年の姿が執ように追求されている。この執筆態度は，当時上海の文壇で創造社，太陽社の革命文学者の提唱する革命文学の見解と抵触することになり，28年から29年にかけて魯迅とともに激しく批判される。28年7月から30年4月にかけて日本に滞在。当初東京の旅館に滞在したが，後に京都に移り執筆活動に従事。

1930年3月上海に左翼作家連盟が成立し，日本より帰国後加盟する。魯迅，瞿秋白と親交を回復。31年魯迅，馮雪峰とともに『前哨』を創刊。32年『申報』副刊『自由談』に寄稿。36年中共が提唱した抗日民族統一戦線をめぐり，周揚グループと魯迅グループの間で国防文学論争が発生。当初，周揚に近い立場をとるが，論争の進展のなかで魯迅に加担した。左翼作家連盟時期の作品には，中篇小説『路』，『三人行』，『多角関係』，短篇小説『林家舗子』，『春蚕』，『秋収』，『残冬』，長篇小説『子夜』，散文集『速写与随筆』，報告文学『中国的一日』などがある。

その後茅盾は，1937年8月上海文化界救亡協会の『救亡日報』の編集に参加。『吶喊』主編。38年香港で『文芸陣地』を編集。39年新疆学院で教育関係の講座を担当。40年5月延安の魯迅芸術学院で講義を行う。41年春，国民党特務の実態を描いた『腐蝕』を香港で発表。42年『霜葉紅似二月花』を桂林で執筆。この時期の作品としてその他に『第一階段的故事』，短篇集『委屈』，劇本『清明前後』がある。抗日戦争期は，彼の創作力が最も旺盛な時期であった。46年12月から47年4月までソ連対外文化協会に招かれモスクワに旅行。48年7月香港で周而復，巴人らと『小説』月刊を創刊した。

1949年7月中華全国文学芸術界連合会副主任，中国作家協会主席，10月政務院文化部部長に選出される。『人民文学』初代主編。49年以降の活動は，主に社会主義陣営内の世界人民平和大会，文化会議などに参加するなど文化使節としてのものに限られ，創作活動は実質的に停止。56年「百花斉放・百家争鳴」を支持し，反右派闘争にも積極的に参加した。58年1月に発表した長篇論文『夜読偶記』において政治的文学的立場を表明。64年12月中国人民政治協商会議第4期全国委員会副主席に就任。文芸整風の展開過程で59年に映画化された茅盾の作品『林家舗子』が「毒草」として批判される。65年文化部が改組され，部長職を退く。

文化大革命中，「ブルジョア階級反動学術の権威」として批判される。1970年1月，夫人死去。75年1月第4期全国人民代表大会予備会議に出席。78年2月第4期全国人民政治協商会議第4期全国委員会第8次全体会議に出席。11月より「茅盾回想録」を『新文学史料』に連載開始。81年北京にて死去。死の直前の3月14日中共中央に党籍の回復を要請し，31日中共中央は彼の党籍を21年にさかのぼり回復することを決定した。

参考文献：北京語言学院《中国文学家辞典》編委会編『中国文学家辞典』現代第1分冊（四川人民出版社，成都，1979年）。茅盾『茅盾文芸雑論集』上・下（上海文芸出版社，上海，1981年）。徐州師範学院《中国現代作家伝略》編輯組編『中国現代作家伝略』上（四川人民出版社，重慶，1983年）。査国華『茅盾年譜』（長江文芸出版社，湖北省，1985年）。万樹玉『茅盾年譜』（浙江文芸出版社，杭州，1986年）。上海社会科学院文学研究所編『三十年代在上海“左連”作家』下巻（上海社会科学院出版社，上海，1988年）。松井博光『薄明の文学』（東方書店，1979年）。

〔小山三郎〕

毛　人鳳（もう　じんほう）　Mao Renfeng

（1898年1月5日～1956年10月14日）

原名・毛善余，毛鳳，字・斉五，別名・以炎。浙江省江山県生まれ。中国国民党員。情報工作の専門家。

毛人鳳は江山県立文渓高等小学卒業後，1913年文渓書院に進む。この時の同期生に戴笠がいる。毛はその後杭州の浙江省立第一中学に入学する。19年五・四運動が杭州に波及し，学生運動が起こると，毛はこれに積極的に参加する。毛は中学卒業後上海の復旦大学に進み，更に陸軍軍官学校第4期に入学する。

軍官学校卒業後，毛人鳳は故郷に戻り，小学校の教師をしていたが，1933年弟・毛万里の影響で「復興社」に加入する。翌年国民党の情報工作を担当していた戴笠の要請を受けて，浙江省警官学校に入る。その後は武漢及び西安の行営第3科に勤務する。36年南京の「復興社」特務処本部に赴き，戴笠の私設秘書となり，情報工作に携わる。

1937年日中戦争が勃発し，11月国民政府が南京から重慶に移ると，情報工作は軍事委員会調査統計局の担当となる。蔣介石より戴笠が同局の副局長に任命され重慶に移ると，戴に従い毛人鳳も重慶に移る。日中戦争中は特務工作に従事し，日中戦争終結後戴笠の後を継いで同局の副局長となる。46年3月戴笠が飛行機事故のため急死すると，軍事委員会統計局内部は湖南派，広東派そして毛の江山派の3派に別れて熾烈な権力闘争を行う。47年夏同局が国防部保密局と改組されると，毛は局長となりその実権を握り，国共内戦期の情報工作，特に対米関係の情報工作に従事する。

1949年12月国民政府が台湾に移ってからも，毛人鳳は特務を指導し，大陸反抗の機会を窺う。56年10月肝臓癌を患い台北で死去する。国民政府は毛の死後陸軍上将の称号を与える。

参考文献：汪新・劉紅『南京国民政府軍政要員録』（春秋出版社，北京，1988年）。姜超嶽「記陸軍上将毛君人鳳二三事」，『伝記文学』29巻4期（1976年10月）。文強「毛人鳳是怎様爬上保密局局長宝座的」，『人物』1981年1期。

〔家近亮子〕

毛　沢東（もう　たくとう）　Mao Zedong

（1893年12月26日～1976年9月9日）

字・潤之，筆名・二十八画生，子任，李徳勝，毛允滋ほか。湖南省湘潭県韶山沖（村）生まれ。中国革命の元最高指導者。

父・貽昌，字順生は貧農から上層中農ないし富農になった人。母は文氏，道教的な仏教を信じていたといわれ，沢東への精神的影響は大。6歳で野良仕事に出，9歳頃村の私塾で孔孟経書を学ぶ。『水滸伝』，『三国演義』，『西游記』などを愛読。15～16歳頃形式的に結婚させられたといわれる。1910年父の反対を押しきって湘郷県立東山小学堂に入学。康有為，梁啓超，日本の明治維新のことなどを知る。11年長沙の駐省湘郷中学堂に転学，孫文の革命思想を知り，弁髪も切る。11年の辛亥革命には新軍兵士として参加，視野を拡げた。12年湖南省立第一中学に復学したが，校則・課目に不満で図書館で自修，ダーウィンの『種の起源』などを読む。

1914年省立第四師範（翌年第一師範に合併）に入学。

新カント派を学んだ同校教員の楊昌済の影響で「意志の自由」論に傾倒。『新青年』も愛読し，ようやく康・梁の影響を脱した。17年には省内旅行をして農村の実状を再認識する。また労働者のための夜間学校を開く。18年4月第一師範卒業後，社会改革をめざす新民学会を組織。8月苦学留仏（赴仏勤工倹学）運動のため北京に行き，北京大学図書館助理員として働きながらマルクス主義の片鱗に触れる。19年4月湖南に帰り，五・四運動に参加。6月湖南学生連合会を設立，7月『湘江評論』を創刊して反日反軍閥の論陣を張る。20年初頭，湖南の軍閥・張敬尭追い出し運動のため北京に行き，李大釗，胡適らと会うかたわらマルクス主義，無政府主義文献の中国語訳を読む。20年5月上海で陳独秀に会った後，長沙に帰り，湖南第一師範付属小学主事（校長）兼国文教員となる。しだいに無政府主義的色彩を減じてマルクス主義に接近し，文化書社，ロシア研究会を設立，さらに湖南社会主義青年団，マルクス主義研究会の組織を経て共産主義小組設立に向う。この間パリに居た畏友・蔡和森との往復書簡で，共産党組織の必要性に目覚めたことは有名。

1921年7月上海における中国共産党創立大会に参加して後，実践的な組織活動に入り，湖南省党書記，中国労働組合書記部湖南分会主任を兼任，安源炭鉱ストライキやその他の労働運動を指導した。23年6月党3全大会に出席して中央委員・中央局委員に選出されてより後は党中央指導工作に従事。国共合作期の中国国民党1全大会においては国民党中央執行委員候補。24年冬病を得て湖南へ帰省した時5・30運動後の農民運動のエネルギーの盛り上りを体験。やがて国民党の工作に復帰し，中央宣伝部部長代理として『政治週報』の編集にたずさわったが，26年5月蔣介石の党務整理案の圧力で国民党の要職を追われ，中共中央農民運動委書記に就任。この間26年5～9月には広州の農民運動講習会の第5期所長も務めた。やがて湖南に盛り上った農民運動のエネルギーを労働運動以上に高く評価した「湖南農民運動の視察報告」（27年3月）を党中央に提出。4月の中共5全大会の時には，中小地主の所有地における土地革命を制限しようとした陳独秀に反対。6月湖南省委書記として全国農民協会（武漢）を指導。農民の武装力を評価して，馬日事件の時には反撃を主張。8・7緊急会議の頃「政権は銃口から生まれる」ことを主張して，臨時中央政治局候補委員となる。9月の秋収蜂起の時には農民・労働者・兵士より成る軍を指揮。しかしこの蜂起に敗れたことで現実的戦術に転進した。

1927年9月25～29日，江西省永新の三湾村で，毛沢東に従う者のみで党・軍組織を再編成（三湾改変），10月27日省境の井崗山茨坪に入った。その後朱徳の軍と合流して工農紅軍第4軍を編成，政治委員となり，一時前敵委員会書記を兼任。29年井崗山を出て各地を転戦する間に「農村をもって都市を包囲する」戦略を確立。なおこの間最初の妻・楊開慧は国民党に逮捕，処刑されている。

1930年7月の李立三指導時代の長沙攻撃には，第1方面軍総政治委員として参加。敗退後，李立三と対立。この敗退とも関連して富田事件を起こした。30年12月に始まった蔣介石の剿共戦（共産党地区包囲せん滅戦）には，柔軟な遊撃戦で対応。31年11月工農紅軍の占領地域に中華ソヴィエト共和国臨時政府（瑞金政府）が樹立された時には政府主席。しかし32～33年上海の党中央が蔣介石のテロに追われて江西省に移ってきた頃から党中央と対立，名目上は中共中央政治局委員であったが，党・軍における実権を失った。

1934年10月中国共産党が蔣介石の攻撃阻止に失敗して西方に退却（長征のはじまり）する頃から，毛沢東は発言力を回復。35年1月貴州省遵義で党拡大中央政治局会議（遵義会議）が開かれるや，従来の党中央の軍事政策を批判してリーダーシップを回復，毛に協力した周恩来，王稼祥らと共に3人軍事指揮小組を組織。やがて第1方面軍の軍権を完全に掌握したが，張国燾・徐向前のひきいる第4方面軍には威令を及ぼしえず，単独で北上。この頃は毛沢東にとっては苦難の時期で瑞金に残留した弟の毛沢覃（1905～35年）も戦争中犠牲となっている。35年10月陝西省北部に到着してからは根拠地を強化。またコミンテルン第7回大会の際陳紹禹（王明）らの作成した8・1宣言を受けて，抗日民族統一戦線の戦術を採用。12月の中央政治局会議で「日本帝国主義に対する戦術」を展開。張学良ら東北軍に対する工作を進めて，36年2～5月の抗日東征の間に内戦停止の協定を締結，逼蔣抗日論に転換。36年12月の西安事件の際も，蔣介石に内戦停止・一致抗日・民主化推進を強制する方針の下，助命に協力。なおこの間中央革命軍事委員会主席として軍中央の実権を掌握した。

1937年7月日中戦争の全面的展開に際しては，抗日軍政大学で「実践論」，「矛盾論」を講義して党を戦術的・理論的に指導。同年末にはコミンテルンから陳紹禹が抗日戦と国共合作指導のため送り帰されてきたが，毛沢東はこれと協力。この年の冬には井崗山から長征まで苦難を共にしてきた事実上の妻の賀子珍（1909～84年）を病気療養と学習のためソ連に送っている。この後38年に延安に来た藍蘋（後の江青，14～91年）と39年に結婚した。

1938年10月の中共6期6中全会では陳紹禹の擁蔣抗日論に同調して「新段階論」を展開。ただし中国共産党の独立自主，民衆発動の方針を堅持して間接的に陳紹禹の路線を批判。40年1月には国共合作の歴史的段階を明らかにする「新民主主義論」を著して自己の主張を公開。41年には延安整風運動を発動してマルクス主義の教条主義的解釈を批判，43年までに陳紹禹らソ連留学経験者の影響力を排除した。43年3月中共中央政治局主席。同年5月コミンテルンの解散とともにマルクス主義の民族化を提唱。45年4～6月の7全大会の党規約では，毛沢東思想をマルクス主義，レーニン主義と並記。この間，43年には弟の毛沢民（1896～1943年）が新疆で殺害されるという不幸もあった。

1945年8月の抗日戦争勝利後は，蔣介石の反共政策と対峙。重慶和平交渉や政治協商会議などの“交渉＝対決”の政策を進めて，46年7月国民党と全面的内戦に突入。勝利の見通しが確実になった49年には，マルクス主義の考え方を再提起して，3月の7期2中全会では政策の中心を農村から都市に移すことを宣言し，6月には「人民民主専制論」を発表。10月1日中華人民共和国中央人民政府主席となってからは連ソ政策を推進，50年2月にはモスクワにおいてスターリンと中ソ友好同盟相互援助条約に調印。50～53年の朝鮮戦争では，ソ連の援助を背景に対米対決。この戦争では長男の毛遠人（字・岸英，1922～50年）を失った。53年にはソ連にならった憲法案を起草（54年制定）するとともに，マルクス主義的用語も大幅に取り入れた『毛沢東選集』第1～3巻を発行。しかしこの間ソ連のプロレタリア国際主義的援助に限界と危険性のあることを体得した毛沢東は，中国独自の社会主義建設に向かった。

独自の社会主義建設の基礎は，農村における生産協同組合の発展である。当初互助組から初級協同組合に進む間，運動は順調に進んだ。しかし初級から高級に進む間には反対の気運も盛り上り，毛沢東の指導は逆に急進化した。1955年7月の地方委員会書記に対する講話は，その例である。しかし56～57年初の毛は，まだバランスを保っていた。56年の「十大関係論」，57年の「人民内部矛盾論」は，なかに不適切な表現を含みながらも，革命のなかの建設と安定という意味でなお一定の役割を果しえた。しかし57年の反右派闘争からソ連訪問旅行，そして58年の各地巡行と続く間に毛は情勢判断に誤りを重ねはじめた。かれは国家権力掌握後の共産党幹部の質の低下をほとんど理解していなかったのである。ここで毛は強引に人民公社建設，大躍進発動に踏み切り，継続革命の考え方を鮮明にした。それはまた近代的経済開発に対する無理解もはらんでいた。59年毛は，大躍進の停滞（挫折）から理論の再検討に着手し，国家主席の地位を劉少奇に譲った。また61年党8期9中全会では，大躍進政策の欠陥を認めた。

しかし毛沢東は，劉少奇の調整政策が大躍進政策の否定にまで進むことは認めなかった。1962年9月党8期10中全会で「決して階級闘争を忘れるな」と呼びかけ，63年，階級闘争，生産闘争，科学実験の3大革命運動を指示した。これとともに林彪，江青ら毛沢東を支持するグループが劉少奇ら実権派批判に向かい，理論闘争は権力闘争の色彩を強くした。こういった情勢下に，毛は，65年11月，少数派に転落していたにもかかわらずプロレタリア文化大革命を発動した。こうして66年には紅衛兵，67年には人民解放軍が動員され，事態は混乱した。ここで毛は，67年9月の地方視察以後，実権派の打倒とともに秩序の回復を求め，68年9月全国1級行政区に革命委員会設立，10月党8期12中全会で劉少奇除名を経て，69年4月9全大会で革命を基調とする秩序を打ちたてようとした。しかし毛の意志に反して混迷は続いた。71年には後継者とされた林彪の失脚事件，72年には中米，中日の国交改善，73年の10全大会では周恩来の発言力の強化などが続き，毛沢東の威信は後退した。また76年1月周恩来の病死とともに江青らは指導権をうかがったが果せず，毛沢東寄りではあるが中間派的で権力基盤の弱い華国鋒が臨時の首相の地位に押し出された。こうして晩年の毛沢東は革命の推進を望みながら，なかば失意のなかに，76年9月9日，北京において病死した。

こうしてみると毛沢東は過渡期の革命指導者であったことがわかる。かれは時代の環境的制約から自由になることはできなかった。それはかれの思想が本質的に中国的リアリズムであり，時代を超えた価値観を明示しえなかったことも関係している。すなわち，かれの生きた時代は独立自主が主題であった。また自力更生論は危機の時代にあって有効な考え方であった。さらに変動の時代にあっては過去の教義体系はしばしばマイナスに機能し，したがってかれの唱導した実事求是は積極的な意義をもっていた。他方20世紀前半は大衆が積極的発言を開始した時代である。したがって毛沢東の大衆路線は，時代を先取りする意義をもっていた。もっともそれは基本的には大衆動員の思想に属するもので，民衆自身のなかに価値を求める現代の民主主義思想とは距離があった。そこに毛沢東思想の限界があった。

それにもかかわらず当面の中国において，思想としての独立自主，実事求是，大衆路線の考え方が過去のものとなったわけではない。それらは国際主義，科学的計画，民主と法制と結びつくならば，なお一定の積極的役割を果しえる。また中国に広く存在する土着的思想が近代的概念によって触発されて展開されたものが毛沢東思想であったと考えるなら，それは20世紀革命中国に結実した中国人の集団的英知の結晶ということもできよう。1981年の党11期6中全会がなお毛沢東思想の存在理由を肯定し，毛沢東を「功績第一，誤り第二」とした原因もそこにある。毛沢東思想における土着的思想と近代的概念との結びつきのあり方そのものの内容を構造的に問い直すのは，なお今後の時代に属することといえよう。

参考文献：竹内実監修，毛沢東文献資料研究会編『毛沢東集』1～10巻（蒼蒼社，1971年）。同編『毛沢東集補巻』1～9巻（蒼蒼社，1984～85年）。『毛沢東選集』1～5巻（外文出版社，北京，1968～77年）。中共中央文献研究室『関於建国以来党的若干歴史問題的決議注釈本』（人民出版社，北京，1985年）。東京大学近代中国史研究会訳『毛沢東思想万歳』上・下（三一書房，1974年）。『毛沢東選集1－4巻注釈校訂本』（中央文献出版社，北京，1991年）。中共中央文献研究室編，逢先知主編『毛沢東年譜1893-1949』上・中・下（人民出版社，北京，中央文献出版社，1993年）。中共中央文献研究室編『毛沢東伝（1893-1949）』（中央文献出版社，北京，1996年，〔村田忠禧・黄幸監訳，上・下，みすず書房，2000年〕）。〔宇野重昭〕

毛（もう）　沢民（たくみん）　Mao Zemin

（1896年4月3日～1943年9月27日）

字・潤蓮。湖南省湘潭県生まれ。中国共産党員。兄・毛沢東，弟・毛沢覃，妻・銭希鈞。

1919年10月と20年1月父と母を亡くした。毛沢東が故郷を離れたため毛沢民は一旦家計を引き受けたが，21年春故郷に戻った毛沢東の説得を受け，長沙に赴き，最初毛沢東が責任者をしていた湖南省立第一師範付属小学校の事務を担当し，教員と学生の食事を管理した。同年秋毛沢東の設立した湖南自修大学の事務員に転任すると同時に，同大学付設補習学校でマルクス主義の教育を受けた。22年冬毛沢民は中共に入党し，同年末党組織の指示によって江西安源炭鉱に派遣された。23年3月毛沢民は同鉱山で労働者消費合作社を設立し，7月に総経理となり，労働者の福祉の増進および党の経費の募集に努めた。

1925年2月毛沢民は毛沢東，義理の姉・楊開慧とともに故郷・韶山に戻り農民運動を組織した。4月党組織の指示で広州に赴き，農民運動の幹部・人材の育成を目的とする農民運動講習所の第5期生として訓練を受けた。同年卒業した毛沢民は上海に派遣され中共中央出版発行部経理を務め，上海書店の業務を指導した。26年秘密印刷工場と発行所を設置した。同年毛沢民は共産党員・労働者の銭希鈞と結婚した。上海書店の活動が敵に注目されるようになると，27年3月党中央は漢口で公開の発行機構―長沙書店を設立した。27年4・12クーデターの後，毛沢民は漢口に移り，漢口『民国日報』（社長・董必武）の総経理に就任した。

1927年7月15日武漢の汪精衛らは共産党と決裂した。毛沢民は党の指示を受け湖南の秋収暴動に参加しようとしたが，9月中旬長沙に戻った時には，暴動は既に起こっていた。遅れた毛沢民はしばらく長沙で地下活動に従事したが，同年末中央の指示で上海に戻り，再度秘密印刷工場の責任者に就任した。印刷工場が国民党に発見された後，速やかに印刷機械などを天津に移転した。天津では工場を指導したほか，中共中央の連絡や順直省委の財務管理にも努めた。

1931年初め毛沢民は党中央の指示を受けて上海に戻り，地下発行工作を指導した。この時，楊開慧が殺害されたことを知った毛沢民は，党組織の同意を得て毛沢東と楊開慧の3人の息子（岸英，岸青，岸龍）を上海に迎えた。同年4月党中央の安全，連絡および特務工作を担当した政治局委員候補の顧順章が国民党に逮捕され投降したため，中央は安全の考慮から毛沢民を香港に派遣したが，顧も間もなく香港に来たため，31年7月中央の指示で毛沢民は革命根拠地に赴き，同軍区経理部部長に就任したが，間もなく瑞金に派遣され中華ソヴィエト第1次全国代表大会の準備活動に参加した。その後毛沢民は中央臨時政府の指示を受け国家銀行の創立に努め，32年2月初代中華工農民主政府国家銀行行長に就任し，革命根拠地の財政統一，生産の発展および貯蓄運動を指導した。

1934年毛沢民は中央紅軍の長征に参加し，運輸，食料，経費の調達および紅軍の供給に努めた。36年初め陝北に到着した毛は中央工農民主政府国民経済部長に就任し，根拠地の経済の発展，供給の保障および前線の支援を担当したが，37年冬持病の気管支炎が悪化し，党中央の指示でソ連での治療に向かった。途中，ペストのため新疆の迪化（現在のウルムチ）で足留めされた。丁度この時期，中共は新疆の実力者・盛世才との統一戦線工作を進めており，盛世才は中共に幹部，特に有能な財政幹部の派遣を要求していた。党中央は迪化に到着した毛沢民を盛世才のところに派遣し，抗日統一戦線工作に従事することを決定した。その結果，毛沢民は周彬の名前で新疆省政府の財政庁副庁長に就任し，庁長を代行して，財政機構の整頓，財政幹部の育成，インフレの解決，新貨幣の安定および税制改革などに取り組んだ。しかし，これらの措置は盛世才の不満をまねき，41年7月病気を理由に毛沢民を民政庁長に転任させた。

1941年になると盛世才は中共とソヴィエトが劣勢に転じたと見て，「親ソ擁共」政策を放棄し蔣介石との関係改善を図った。42年9月17日盛世才は「共産党4・12陰謀暴動案」を理由に毛沢民ほか5人を監禁し，新疆にいた共産党員全員を逮捕した。43年2月7日から刑務所に送られた毛沢民は，尋問に対し暴動の存在を否認し，離党を拒否したため，9月27日陳潭秋らとともに殺害された。

参考文献：中共党史人物研究会編『中共党史人物伝』9巻（陝西人民出版社，西安，1983年）。『革命烈士伝』7巻（人民出版社，北京，1985年）。孫維本主編『中国共産党党務工作大辞典』（中国展望出版社，北京，1989年）。

〔唐亮〕

毛（もう）　沢覃（たくたん）　Mao Zetan

（1905年8月27日～1935年4月25日）

字・潤菊。湖南省湘潭生まれ。中国共産党員。兄・毛沢東，毛沢民。先妻・周文楠，妻・賀怡。

少年時代から兄・毛沢東と毛沢民の影響を大きく受けた。1918年毛沢覃は長沙第一師範付属小学校に入学し，21年中国社会主義青年団に入団した。22年湖南自修大学付設補修学校に入学し，『共産党宣言』などを勉強した。23年3月長沙を離れ衡陽付近の水口山鉱山で労働運動に従事し，同年10月中共に入党した。間もなく毛沢覃は長沙に戻り，社会主義青年団長沙地委書記処書記に就任した。25年春毛沢東，義理の姉・楊開慧とともに故郷に戻り農民運動に従事した。同年秋，軍閥に指名手配された毛沢東の指示を受け広州に赴き連絡役を務めた後，黄埔軍校および中共広東区委などで仕事をした。同時期に毛沢覃は周文楠と結婚した。27年4月上海の4・12クーデターに続き，広州では4・15政変が起き，毛沢覃と妻の周文楠は上海を経由し武漢に向かう船上で兄・毛沢民に会い，ともに武漢にいた毛沢東と合流した。本人の要望で毛沢覃は国民革命軍第4軍政治部に派遣されたが，武漢の政治状況が悪化したため，毛沢東は2人の弟を自宅に呼び武漢脱出とそれからの活動について相談した。毛沢覃は南昌に赴き，妊娠した妻は子供を産んだばかりの楊開慧とともに，湖南に戻った。

毛沢覃は1927年8月1日の南昌蜂起に遅れたが，後に蜂起部隊に追いつき，葉挺を軍長とした11軍に勤めた。間もなく毛沢東は秋収蜂起を指導し，部隊を率いて井崗山根拠地を設立した。朱徳は毛沢東との間に連絡を取るために，毛沢覃を井崗山に派遣した。任務を果した毛沢覃は井崗山に残り，最初喬林郷の組織作りに派遣されたが，28年初めから遂川攻略戦に参加し，同県委委員，県ゲリラ大隊の党代表などを務めた。2月羅霄の防衛戦に参加し，4月朱徳・陳毅の部隊を井崗山に迎えた。28年末負傷した毛沢覃は贛西南特別委員会委員となり，29年秋紅3軍（軍長・黄公略）政治部主任に就任した。30年10月紅軍は吉安を占領した後，毛沢覃は吉安県委書記兼贛西南後方辦事処主任に任命され，武装闘争のほかに資金・物資の調達や軍需工業の生産などに努めた。31年6月毛沢覃は永（豊）吉（安）太（和）中心県委書記に任命され独立第5師政治委員を兼任し，師長・蕭克が転任した後，師長となる。この時期，毛は当時公略県婦人部長を務めた賀怡（毛沢東の2番目の妻・賀子珍の妹）と結婚した。

1933年初め臨時中央は上海から瑞金に移転した。臨時中央の指導者は福建省委代理書記羅明をはじめ毛沢東と密接な関係を持った幹部を批判した。その中で，江西省の党と紅軍の幹部を務めた鄧（小平），毛（沢覃），謝（唯俊），古（柏）は33年3月から江西の「羅明路線」を実行し「反党派閥」を形成したとの理由で批判され，毛沢覃は自己批判や農村労働などを強いられた。34年王明路線が失敗し，政治局常務委員会は中央紅軍主力部隊の長征を開始すると同時に，一部の幹部と部隊が根拠地に残りゲリラ戦で国民党軍との闘争を堅持することを決定した。病気療養中の毛沢覃は根拠地の闘争に残され，中共中央ソヴィエト区分局委員，紅軍独立師長に任命された。35年4月江西省瑞金紅林の戦闘で戦死した。

参考文献：中共党史人物研究会編『中共党史人物伝』3巻（陝西人民出版社，西安，1981年）。『革命烈士伝』3巻（人民出版社，北京，1985年）。李維漢『回憶与研究』上巻（中共党史資料出版社，北京，1986年）。政治学院中共党教研室編『中国共産党六十年大事簡介』（国防大学出版社，北京，1985年）。

〔唐亮〕

茅　祖権　Mao Zuquan

（1883年11月2日～1952年2月20日）

字・詠薫。江蘇省海門県生まれ。中国国民党員。西山会議派。

茅祖権は19歳で日本に留学し，東京や江蘇省出身者の革命グループと接し，雑誌『江蘇』を購読する。1905年8月20日東京・赤坂に中国同盟会が成立すると，これに加入する。茅はその後帰国し，11年10月同盟会員として辛亥革命に参加する。12年1月南京に中華民国が成立し，1月28日臨時参議院が成立すると，茅は参議院議員になる。13年2月4日の衆参両院選挙においては，衆議院議員に当選する。その後は，反袁闘争に参加し，再び日本に渡り，14年6月孫文が中華革命党を設立すると，これに参加する。

1919年10月10日孫文は中華革命党を中国国民党と改称・改組し，コミンテルンの働きかけで次第に中国共産党との合作を決心するようになると，国民党の「改進案」を作成する必要性を認識する。22年9月孫文は，国民党改進案起草委員会を発足させるが，茅は陳独秀・覃振・陳樹人・丁維汾ら9名の委員の1人として任命される。24年1月の国民党1全大会においては，中央執行委員候補に選出される。

茅祖権は国民党改進案起草委員に任命されていたが，基本的には共産党との合作，特にソ連との提携に対して懐疑的な立場をとっていた。1925年3月12日孫文が北京で死去し，11月23日林森・居正・謝持などいわゆる国民党右派が北京の碧雲寺で西山会議（国民党1期4中全会）を開催すると，これに参加し，中央執行委員候補に選出される。そして，26年3月29日西山会議派の開催した上海における2全大会においては，中央執行委員に選出される。27年7月13日国共合作停止が宣言され，7月15日武漢で分共会議が開催された後，茅は蔣介石から国民政府参加を呼びかけられ，これに応じる。28年には江蘇省政府委員兼民政庁庁長に就任する。

茅祖権は，国民政府において特に行政分野にその手腕を発揮し，1929年には国民政府中央公務員懲戒委員会主任委員に任ぜられる。34年からは行政法院院長として活躍する。この頃の茅は，蔣介石の信任が非常に厚かったといわれる。40年には国民政府司法院秘書長となる。その後次第に蔣介石の独裁体制に批判的になり，49年12月の国民政府の台湾移転には同行しなかった。しかし，50年上海人民政府によって逮捕され，52年2月獄中で病にかかり死亡する。

参考文献：劉仁栄・汪長柱主編『中国革命史―事件与人物―』下（湖南大学出版社，長沙，1986年）。李盛平主編『中国近現代人名大辞典』（中国国際広播出版社，北京，1989年）。歴民『当代中国人物誌』（中流書店，上海，1938年）。

〔家近亮子〕

梅　蘭芳　Mei Lanfang

（1894年10月23日～1961年8月8日）

近代中国を代表する京劇の名優。1894年に北京で生まれる。梨園世家に生まれ女形の名優の梅巧玲の孫にあたる。父親は巧玲の次男で京劇俳優の梅竹芬，母は京劇役者の楊隆寿の娘の楊長玉だった。日本ではメイランファンとして知られる。

1897年，梅蘭芳が4歳の時に父が他界する。1901年になると8歳の時に朱小霞から京劇を学ぶ。だが当時，梅は不器用だったため朱は師を辞し帰ってしまった。その後，呉菱仙について朱幼芬，王蕙芳と共に訓練を積んだ。そして04年8月17日（旧暦7月7日）に11歳の梅蘭芳は北京の劇場の広和楼にて昆劇「長生殿」の七夕の誓いの場面で織女の役で初舞台を踏む。07年，14歳の時に科班の名門の喜連成班（後の富連成班）に入学し京劇の実技を学び舞台経験を積む。しかし15歳の時に母が他界してしまう。10年，17歳の時に俳優の娘の王明華と結婚する。11年，18歳の時には呉に学んだ朱や王と並んで女形として人気を得ていた。12年に清朝は滅亡し中華民国が成立するが，革命後も梅蘭芳は舞台に立ち続けた。そして13年，20歳になると上海に出来た劇場，上海丹桂第一台にて「玉堂春」などを上演，1カ月間公演を行う。西欧から帰国した斉如山は「嫦娥奔月」（1915年），「天女散花」（1917年），「覇王別姫」（1922年）などを合作した。斉如山は梅のために自分の演劇論に基づく新作の脚本を書き，理論面では京劇の上演技術や知識の体系化を試みた。梅蘭芳は音律と様々な発声法に通じ伝統的な節回しに加え新しい節回しを編み出し，埋もれていた昔の節回しにも新しい光を与えることを行った。梅は青衣，花旦，刀馬旦の演技様式をまとめあげ，さらに文明戯の演技手法や舞台美術，照明などを学んでいる。また衣装や化粧法なども改良した。楽器についても旦の唱の伴奏に京二胡を加えた。

1919年には帝国劇場の招聘で来日し5月1日から5月12日まで帝劇で公演を行った。松本幸四郎（7代目）や守田勘弥（13代目）が演じる歌舞伎や舞踊の合間に梅らが京劇を演じるというものだった。「玉簪記」などを演じ人気を博した。チケットは当時としては高価であったが完売であり，この公演で京劇が海外で人気を得ることが出来るジャンルであることを示した。さらに大阪で2日間，神戸で3日間ほど公演をしている。来日中の5月4日に北京で日本の帝国主義に反対する大衆運動である五・四運動が起きたため，予定を早めて帰国している。さらに関東大震災の翌年の1924年に大倉喜八郎の要請で再び公演を行う。震災で被災をした帝国劇場が修復され，その開幕式を行うためであった。10月25日から11月4日まで初回同様に歌舞伎と同じ舞台で上演された。この時に梅を見て感銘を受けた芥川龍之介は『侏儒の言葉』で京劇の文学性について論じた。

梅蘭芳は妻・王との間に息子・大永，娘・五十を得ていたが2人はいずれも早く他界してしまった。そこで王の同意を得，1921年に満州旗人の娘の福芝芳と結婚した。2人の間から生まれた子たちが梅葆琛，梅葆珍，梅葆玥，梅葆玖だ。さらに梅は京劇女優の孟小冬と内縁関係であった。

1924年にインドの詩人・思想家のタゴールが梅蘭芳を訪れる。1927年には北京の順天時報の第1回中国名旦コンテストに四大名旦として梅蘭芳，程硯秋，尚小雲，荀慧生が選ばれた。30年にはシアトル，ニューヨーク，シカゴ，ワシントン，サンフランシスコ，ロサンゼルス，ホノルルでアメリカ公演を行う。そしてポモナ・カレッジと南カルフォルニア大学から名誉博士号を得，中国演劇界で初めて欧米の学位を得た。アメリカでは当時を代表する喜劇役者・監督のチャップリンと交流をした。

1931年の満州事変勃発後，梅蘭芳は上海で「抗金兵」，「生死恨」などを上演している。1935年になるとソ連公演と西欧訪問を成功させている。彼はソ連公演のときは演劇のスタニスラフスキーやブレヒトに影響を与えた。映画のエイゼンシュテインは「虹霓関」の槍合わせの舞踏の映像を撮影している。38年に45歳で香港にて引退興行を行う。日中戦争勃発後は二度と舞台に立つという意志がないという決意を示すために髭を伸ばし，公演活動は行わなかった。

終戦後，1945年10月に上海にて52歳の梅蘭芳は復帰公演を行う。1948年，梅蘭芳は自身が出演する京劇「生死恨」を映画化した。斉如山は台湾へ渡るが，梅は劇団と共に上海に残り，49年の中華人民共和国成立を迎える。その後，彼は政府要人のための公演のみならず，工場や軍事施設のための慰問などもこなしている。52年になると世界人民平和大会に出席した。中国共産党が文芸政策の要として力を入れた京劇改革では梅蘭芳の「移歩不換形」理論と毛沢東ら中国共産党の「推東出新」理論が対立した。しかし毛は梅を批判することは得策ではないと考え，共産党による批判を密かに停止させた。55年に中国京劇院が成立すると62歳の梅蘭芳は周恩来からの要請で院長に就任した。東西冷戦の最中の56年に来日し東京，福岡，八幡，名古屋，京都，大阪の6都市で公演を行っている。梅は59年に中国共産党に入党した。晩年まで後進の指導，著作の刊行，京劇映画の撮影，外国訪問をこなす。“半島の舞姫”として知られた現代舞踊の崔承喜とも交流している。61年に68歳で病死した。代表作に「貴妃酔酒」，「覇王別姫」，「穆桂英掛師」，「宇宙鋒」，「虹霓関」などがある。その生涯を通じて京劇の発展に尽くし，国際的スターとしてそれまでの中国，中国の芸能のイメージを一新した。

参考文献：梅蘭芳述・許姫伝記『舞台生活四十年』(中国戯劇出版社，北京，1961年)。王長発・劉華『梅蘭芳年譜：紀念梅蘭芳誕辰一百週年』(河海大学出版社，南京，1994年)。梅蘭芳『梅蘭芳全集』(河北教育出版社，石家荘，2001年)。梅紹武『我的父親梅蘭芳』(百花文芸出版社，天津，1984年)。梅蘭芳紀念館編『梅蘭芳表演芸術図影』(外文出版社，北京，2002年)。
〔吉田悠樹彦〕

梅(ばい)　思平(しへい)　Mei Siping

(1897年～1946年9月14日)

浙江永嘉人。本名梅祖芬。字・思平。中華民国の政治家，汪精衛政権の要人。父・梅佐羹と母との間の5人の子の長男として生まれる。父は秀才の出で，訴訟代理人。

1915年に浙江省第十中学を卒業後，16年に北京大学法科予科に入学。19年には北京大学政治系に入り，23年に卒業。卒業後は王雲五の招請を受け商務印書館で編集の任に当たる。27年に南京に中央党務学校が設立されると，陳果夫の招請を受け教職の任に就き，教育を行うかたわら『新生命』に論文を発表した。

陳果夫が江蘇省長に就任した後，江寧県で新たな県政モデルを打立てるための実験県が始められ，梅思平は県長に迎えられる。このころ，中央においては政治委員会内政専門委員会委員（1937年11月まで。38年4月から法制専門委員会委員）を兼ねた。1936年に江寧区行政督察区が設置されると行政督察専員（兼）保安司令となり，日中戦争勃発前まで地方行政に携わる。日中戦争が勃発した後，軍事委員会第二（政略）部専員となり，藝文研究会研究員として香港に派遣される。香港では林柏生が主任を務める国際問題研究所の委員となり，国際情報工作の調査を行う。

1938年11月，香港で日本問題研究所主任を務めていた高宗武と上海へ赴き，日本側と和平条件を討議し，重慶の汪精衛に報告する。汪精衛の重慶脱出に伴い，梅思平は周仏海と上海に至り，和平運動を展開するとともに汪政権成立の地ならしを行う。翌年8月には上海で汪派による「第六次全国代表大会」が開かれ，梅思平は大会秘書長を務めた。梅は汪精衛国民党において中央執行委員会常務委員に選ばれ，あわせて組織部長に就任した。また中央政治会議（後に中央政治委員会）委員ならびに同委員会内の法制専門委員会主任，汪精衛国民政府籌備委員会委員を務め，汪精衛政権の樹立に尽力した。

汪精衛国民政府の成立に伴い，梅思平は工商部長に就任し，続いて糧食委員会委員長を兼任する。1941年の改組に伴い実業部長となり，その他糧食管理委員会委員長，社会行動指導委員会常務委員，全国経済委員会常務委員などを兼ねる。また2月から8月にかけて浙江省主席を務めるが，42年に地方行政から離れて中央にもどり，中央物資統制委員会主任委員，新国民運動促進委員会常務委員に任ぜられる。

1943年，江蘇省長李士群の暗殺に伴う玉突き人事により内政部長に転任するとともに最高国防会議設置を受け最高国防会議委員となった。またこの間，実業部接収日軍管理工廠委員会委員長として日本軍から工廠の接収を担当した。日本の降伏時は民衆訓練部長の地位にあったが，その後漢奸の疑いで軍事委員会調査統計局により逮捕される。

1946年5月9日，漢奸の罪により死刑判決が下され，同年9月14日南京首都監獄の刑場において執行された。享年50歳。

参考文献：「軍統局南京辦事処偵訊筆録」。梅思平「和平運動始末記」。新武漢社『民国三十一年国民政府要覧』（新武漢社，漢口，1942年）。申報社『民国卅三年度申報年鑑』（申報社，1944年）。　〔岩谷將〕

孟（もう）　慶樹（けいじゅ）　Meng Qingshu

（1911年12月2日～1983年9月5日）

原名・静淑。安徽省寿県田家集孟家围子生まれ。中国共産党女性指導者。王明（陳紹禹）の妻。

地主の家庭に育った。父は孟募州。1927年11月，モスクワの孫逸仙大学に入学（第3期生）。28年中共6全大会がモスクワで開催された際，王明が選んだ一部の留学生と共に大会の秘書処で働いた。留学生間の党内抗争において王明のグループの1人とされる。

1930年帰国後，上海の中共滬東区委員会に配属され，婦女委員会の事務や紡織女工の状況調査に従事したが，7月30日逮捕されて入獄。11月22日出獄の翌日，23日に王明と結婚した。31年1月中共6期4中全会で王明らが中央の実権を握ってのち，その下で婦女運動に従事した。同年10月，王明と共に上海を去ってソ連へ向かった。

日中戦争初期の1937年11月帰国ののち，武漢へ赴き，中共長江局の婦女委員会主任，戦時児童保育会（理事長・宋美齢）理事などとして，婦人，児童問題に関係して活動した。39年からは延安にあって同保育会辺区分会名誉理事，中国女子大学（校長・王明）政治科主任をつとめた。

中華人民共和国成立後，政務院法制委員会委員および中共中央法律委員会委員。1950年10月から53年12月まで病気治療のためソ連に赴いた王明に同行。56年1月再び王明に従ってソ連へ行き，83年モスクワで死去。

参考文献：曹仲彬・戴茂林『王明伝』（吉林文史出版社，長春，1991年）。『新華日報』1938年2月～39年3月。　〔本庄比佐子〕

米（べい）　逢吉（ほうきつ）　Mi Fengji

（1882年～没年不詳）

字・廸剛。直隷省定県翟城村生まれ。清末民国期の郷村建設運動，模範村運動の推進者。

米家は翟城村の名門で村最大の一族。父・米春明（字・鑑三）は，19世紀末からの村の指導者，新教育体制の導入につとめ翟城村国民学校，同女子国民高等小学校を設立。米逢吉は長子で，この父から強い影響を受けた。

1897年米逢吉は家を離れて勉学，特に「范文正公義田」，「呂氏郷約」，「古代井田法」などを学んだ。1902年定州定武学堂に入学，顔李学派の賈恩紱および日本教習・松崎保一の教えを受け，郷村社会の改革である「村治」に志をもった。04年冬日本に留学，早稲田大学に学んだ。留学中とくに関心を寄せたものは，日露戦後の日本に広く展開された地方改良運動や模範村運動で，日本3大模範村の1つ，千葉県源村を訪ねた。村を重視するこうした観点は，後に「国は花木，村は花木の根」（『河北日報』発刊の辞）と表現されている。

1908年夏華北一帯には干害による食糧不足がおこり民変が多発し，翟城村にも騒乱が発生した。このため米逢吉は卒業をまたずに帰国してその対応に当たり，以後本格的に村治に取り組むこととなった。この時米逢吉が認識した村政の問題点とは，「経費不足と因習的な村民の気風」（『翟城村志』）で，その解決策とは，1．中心となる指導層を強化すること，2．勧業により村の基本財産を増強すること，3．村民を教化することの3点であった。米逢吉は鑿井を重視し，「農村鑿井組合法」を定めて井戸を掘り，綿紡織の振興をはかって鉄輪新式機を導入し，貧しい家庭のために教育資金の貸与を行い，さらに反日学校を設立して教育機会の強化につとめた。

他方1909年に上京，北京で師である賈恩紱や留学を共にした谷鍾秀らに会い，その立憲運動から強い刺激をうけた。そこで村の改革に着手しつつも，10年には定県の理財所管理員に，12年には県財務局長に，13年には順直省議会の議員に就任した。このように村治を重視しつつも県政に参与した理由を，米逢吉は「県治は村治を推進する第一の鍵」だからとしている。

1914年から所謂「翟城村治」を実施，定県県長・孫発緒を初めとする官界の援助をうけた。ただし米逢吉自身は，村内体制を整備すると，実務は弟の米逢清，米逢泰にゆだね，同年秋から綏遠へ赴いて辺境の墾殖の調査に当たった。これは，農村立国のためには，1に内地農村の整理，2に辺地新農村の建設が重要，という考え方による。

だが村治活動は，1916年4月袁世凱による干渉によって停頓，袁世凱の死去後も軍閥支配によって続行できず中断した。米逢吉は，残された言論活動のために19年5月『河北日報』を創刊，これを村治普及のための発言の場とした。だがこれも20年7月停刊のやむなきに至り，米逢吉は以後2年余の間，門を閉じ晴耕雨読の日をおくった。

だが，1921年米逢吉は再び地方政治に復帰した。順直省議会副議長となり，再度墾殖と新農村建設に活路を見いだすことを主張し，自ら再び西北の地に赴き，段祺瑞，馮玉祥らに屯墾事業について意見書を提出した。『中華報』（のち雑誌『中華』），『村治月刊』を刊行，一時は梁漱溟らと郷村建設運動のために活動を共にした。だがやがて見解を異にし，33年には山東省鄒平における郷村工作討論会に梁から招かれたが出席しなかった。

米逢吉については，この時期を最後に以後の動静は確認できない。ただ，綏遠で墾殖活動を行い，日中戦争の後消息を絶ったとの伝聞がある。

二等嘉禾章受賞。論著には，「論吾人之天職」，「余之社会改良主義」，「建国方案説略」があり，『翟城村志』に収められている。

参考文献：『翟城村志』（成文出版社，台北，1925年）。今関天彭『北方支那の村治学派』（今関研究室，北平，1931年）。根岸佶『中国社会における指導者—耆老紳士の研究』（平和書房，1947年）。李生「河北省模範村—定県翟城村」，『東方雑誌』（復刊8－3，1975年）。浜口允子「米逢吉について—清末民初における郷村指導者」，『論集　近代中国研究』（山川出版社，1981年）。
〔浜口允子〕

繆（ぼく）　斌（ひん）　Miao Bin

（1902年～1946年5月21日）

「みょうひん」とも読まれる。字・丕成。江蘇省無錫県生まれ。国民党の政治家，日中和平運動の指導者の1人。

父・繆建章は希夷道院院主で地方では著名な道士。繆斌は光華小学校卒業後南菁学舎に学び，この時期朱子学と陽明学を折衷した東林学派に入門した。一方1919年の五・四運動は青年・繆斌に大きな影響をあたえ，無錫の政治団体である復社と接触している。卒業後上海南洋公学（現在の上海交通大学）電気科に入学し，在学中は学生会主席にあげられ，呉稚暉を通じて孫文，汪精衛に会っており，22年中国国民党に入党した。卒業後日本に留学。

1924年6月孫文が広州に黄埔軍官学校を創立すると繆は教官に就任し，周恩来とも面識をえた。25年4月「孫文主義学会」を組織した。10月陳炯明討伐の東征に第1軍第3師政治主任として従軍，ついで第1軍第2師党代表となり西山会議派にも加わった。26年1月国民党第2次全国代表大会で中央執行委員に選出され，総預備隊政治部主任。同年7月北伐開始のとき何応欽の東路軍総指揮部政治部主任となり，東路軍の浙江占領後は浙江省政府委員兼財政庁長に任ぜられた。

1927年国民党内の南京，武漢両派の合同後中央特別委員会候補委員，中央党部青年部員，国民政府軍事委員会経理処長となる。28年3月江蘇省政府委員兼民政庁長に任じ，同年7月全国財政会議に軍事委員会代表として参加。同年8月国民党5中全会で程潜免職の後任の中央執行委員に選ばれた。31年2月胡漢民が蔣介石と約法問題で対立して監禁されたので繆は辞職し，米国コーネル大学に留学し綿花栽培を研究。何応欽は同年帰国した繆斌が日本語に通じているのに目をつけ，繆を東京に派遣し，満州事変後の日本との妥協点を探らせた。繆が36年2月日本に到着した翌日，2・26事件が起こった。当時繆は最初の周夫人を亡くし，呉稚暉の媒酌によって財閥・栄宗敬の姪である項秀錦（全人代副委員長を務めた栄毅仁と従姉弟関係）と再婚し，項夫人を同伴しての来日であった。またこの頃秘書に佐藤正三郎が当たっていた。来日後は権藤成卿，頭山満，満川亀太郎，安岡正篤，紀平正美，田崎仁義ら右翼と面会し，北一輝研究のため弟・眕吉とともに生地，佐渡にも赴いた。同年9月，広西省の李宗仁が反蔣抗日の兵を挙げたため帰国。何応欽に2・26事件などの報告を行い，上海と無錫を往復し役職につかなかった。

1937年7月蘆溝橋事件後，日本通の許修直（王克敏の配下，のち北平市長）が華北戦局の収拾のため繆斌を北平に呼んだ。許と繆はともに国民党中央執行委員時代の友人であった。一方北支派遣軍特務部の根本博大佐は吉村虎雄を上海に送り，繆斌に北平行きをすすめていた。38年1月北平で根本大佐と会談し，ついに新民会中央指導部長に就任，中央監察部長を兼任し，40年新民会副会長となった。繆斌はすでに35年10月「中日危機の猛省」を書いて日中間の和平を主張し，当時国民党中央政治会議主席の汪精衛に認められたが，国民党内に抗日救国の主張が強く，繆は中央委員候補に格下げされた。同年7月出版した『武徳論』ですでに儒教の立場から王道を実現するためにだけ武力を用いるべきだとのべている。このような考えは38年1月に刊行された『新民主義』と題する著書にまとめられた。繆の唱えた新民主義は「四書」の中の「大学」にある「大学ノ道ハ明徳ヲ明ラカニスルニ在リ，民ヲ新ニスルニ在リ」や「書経」の中にある「作新民」の言葉から出ており，新民たらしめる道は人類が善の境地に至ることであるとのべた。王道の実現のために「9条目」すなわち格物，致知，誠意，正心，修身，斉家，親郷，治国，平天下を必要とすると主張した。ここに「大学」に示された「8条目」に地方自治を意味する「親郷」をつけ加えた点が新民主義の「特色」であった。この理論は中華民国新民会の指導精神とされ，新民塾で繆斌自ら塾生に講話をし，日本人塾生にも影響をあたえた。また中国人青年を集めた中央訓練所の所長となり，新民主義を説いた。しかし40年戦線の拡大に伴い安藤紀三郎中将が新民会副会長に就任し，軍の介入により宣撫班との統合が強行されるにいたり，小沢開作ら多くの日本人幹部が脱会し，繆斌も会を去った。

その後南京に行き，1941年3月汪精衛政府立法院副院長，8月考試院副院長，41年2月汪精衛を会長とする東亜連盟中国総会が結成されるとその理事長となった。この頃繆は重慶の何応欽とひそかに連絡し，43年には藍衣社の戴笠直系の顧敦吉とも連絡をとっていた。44年7月日本の敗戦色が濃くなり，東條内閣に代わり小磯内閣が成立すると，元朝日新聞記者・田村真作は国務大臣（朝日新聞副社長）・緒方竹虎に繆斌を通じ重慶と和平工作をすすめるよう勧告した。45年2月繆斌を日本に招いて交渉に着手，緒方と東久邇宮が奔走したが，重光外務大臣，米内海軍大臣らが強く反対し，結局昭和天皇が重光らに同意して繆斌を蒋介石の密使に非ずと断じてこの工作は中止となった。上海に帰った繆斌は蒋介石から8万元の褒賞金を贈られていたことが85年に中国側から明らかにされたが，重慶政府と蒋介石が繆斌工作に全面的に介入していた確証はいまだ明らかではない。終戦後46年繆斌は上海の杜月笙の別荘に軟禁後，堤監橋監獄に移送される。4月3日江蘇高等法院で裁判，8日死刑宣告，5月21日最高法院の判決により蘇州獅子口第三監獄で漢奸第1号として銃殺刑に処せられた。日本では50年東久邇宮，緒方竹虎らによる追悼会が行われ，86年には40回忌が東京九段会館で行われた。また久留米市善導寺内に繆斌を祀った宣撫廟がある。91年には「和平神繆斌顕彰碑」が東京中央区鉄砲洲稲荷神社境内に建立された。著書に『新民精神的三民主義』，『中国第三次国民革命論』などがある。

参考文献：朱金元・陳祖恩『汪偽受審紀実』（浙江人民出版社，杭州，1988年）。路哲「繆斌的所謂“新民主義”」，『南京大学学報』1985年1期。蔣憲基「漢奸繆斌之死」，『江蘇文史資料選輯』12（江蘇人民出版社，南京，1983年）。田村眞作『愚かなる戦争』（創元社，1950年）。八巻佳子「中華民国新民会の初期工作状況」，藤井昇三・小林弘二編『1930年代中国の研究』（アジア経済研究所，1975年）。岡田春生編『新民会外史（前後編）』（五稜出版社，1987年）。横山銕三『「繆斌工作」成ラズ』（展転社，1992年）。

〔八巻佳子〕

繆（ぼく）　伯英（はくえい）　Miao Boying

（1899年10月～1929年10月）

乳名・玉桃，筆名・伯英，英。湖南省長沙生まれ。中国共産党の最初の女性党員。何孟雄夫人。

父・繆雲可は教育者，清末の秀才で日本に遊歴し明治維新から思想的影響をうけ，その座右の銘は「国家興亡匹夫有責」であった。繆伯英はこの父から愛国主義的教育をうけ，子供時代から屈原，文天祥，岳飛，秋瑾などについての本を愛読した。1916年湖南省立長沙第一女子師範学校に入学，卒業後は北京女子高等師範学校にすすみ，24年卒業。この間五・四思潮のなかで社会改造を志し，北京大学湖南学生同郷会に入会，また李大釗，陳独秀，魯迅らに学び，とくに李大釗の「青春」から多大の影響をうけた。

繆伯英の最初の社会的活動は，北京女子工読互助団の組織化である。工読互助団とは，李大釗，蔡元培，陳独秀，王光祈らが発起し，五・四を経験した青年達が，精神，学業，生活の三面にわたる拠点として，1919年12月に組織したもので，繆伯英の属した女子工読互助団はその第3組として成立した。その宣言「吾親愛的姉妹們曷興乎来」及び「簡章」（『晨報』20年1月21日）は，繆伯英らが起草したもので，女性が家や家庭の束縛を離れて，働きつつ教育をうけ，能力を得て，自立することを目指している。工読互助団はどの組も短期間で終焉したが，第３組は比較的長く続き20年末解散した。この間の経験は繆伯英に多くの影響を与え，12月にはその代表的論述「家庭和女子」が書かれた。これは，家庭が当時の社会のなかで如何なる位置を占め，如何なる役割を果しているのか，家庭は女性にとって何であるのかを現状分析したもので，それが歴史的に形成されたものであること，従って今後も歴史の示す方向に向かって変革されるべきであることを主張したものである。

以上の工読互助団の組織化と並んで，同時期に繆伯英は李大釗の指導する「北京マルクス主義研究会」，「少年中国学会」にも参加した。また「社会主義青年団」，「北京共産党小組」にも加入，さらに1921年７月中国共産党が成立すると直ちに入党して同党最初の女性党員となり，北京労働組合書記部女工部門の部長となった。さらに隴海路労働者ストライキに係わり，ここで共同して働いた何孟雄と結婚した。翌22年５月から書記部の機関報『工人周刊』や『労働通訊』の編集にあたり，何孟雄とともに国内・国外の労働ニュースを大量に紹介した。同年８月には北京民権運動大同盟の公開発起人の１人として「章程」を起草，国会の開設，憲法上の各種権利，集会，結社，言論，出版などの自由の保証，普選の採用，労働保護法の制定，女性の平等な権利などを要求した。同時に北京女権運動同盟会に加入，同会より派遣されて南京で南京分会を組織した。

1922年末から23年初めには武漢で彭允彝駆逐の運動を支援，さらに湖北女子師範に赴き新思想の伝播につとめた。北京に戻ってからは，労働運動，学生運動，婦女運動などの組織工作にあたり，23年２月「２・７惨案」が発生すると，李大釗の指導下に『京漢工人流血記』を責任編集，５月１日の５・１記念国民大会では婦女界を代表して北洋軍閥政権批判の演説をおこなった。24年になると警察の追及を避けて北京を離れ，故郷の湖南に移って湖南省婦女委員会書記に就任，26年湖南代表として広州でおこなわれた国民党第２次全国代表大会に出席，国民党右派の分裂行動を譴責した。27年には何孟雄とともに上海へ赴き，上海西区婦女委員会書記となった。だが病を得て29年10月上海で死去した。

参考文献：繆伯英「家庭和女子」，『家庭研究』１－３，1921年。北京市婦女連合会『北京女傑』（北京出版社，北京，1985年）。華夏婦女名人詞典編集委員会『華夏婦女名人詞典』（華夏出版社，北京，1988年）。中華全国婦女連合会『中国婦女運動史』（春秋出版社，北京，1989年）。

〔浜口允子〕

苗（びょう）　沛霖（はいりん）　Miao Peilin

（生年不詳～1863年12月６日）

苗霈霖ともいう。安徽省鳳台県生まれ。太平天国期の安徽省の団練首領。

鳳台県武家集の人で生員であったが，1853年太平軍の北上に備えて清朝が地方に団練による郷村の自衛を呼びかけたとき，いちはやくそれに呼応して団練編成を主張した。その後鳳台県の北に隣接する安徽北部の捻軍の組織が拡大し，苗沛霖は捻軍から郷里を守るため練長となって団練の編成と村落防御の施設である圩寨の修築を進めた。淮河中流域の鳳台一帯は，太平天国の勢力圏と捻軍の活動地域の接点に当たり，苗沛霖の率いる団練はその間にあって，清朝地方官の注目するところとなり，57年から58年にかけて安徽の清軍を指揮していた副都統・勝保や袁甲三，安徽巡撫・翁同書に抜擢され，団練経費の融通を受けるとともに官位を授けられ，四川川北道を経て布政使待遇を与えられるまでに至った。その団練は苗練と呼ばれて淮河流域の一大勢力に拡大し，「公局」を設置して租税の徴集を代行するほか，淮河に沿う商品流通路に釐局を設置して釐金の徴集を行うなど，実質的な地方支配権を掌握した。これは清朝地方官との対立を生み出したが，勝保の庇護により勢力を維持し，一時安徽中部のみならず河南省の東南部まで支配下に収めた。60年英仏連合軍の北京占領を知ると，苗練の地方支配の強化を図り，淮河南岸の寿州の団練を併呑して捻軍および太平軍との連繋を進めようとした。これに抵抗した寿州団練の首領・孫家泰（大学士・孫家鼐の一族）を殺害し，巡撫・翁同書を寿州城に幽閉するとともに，太平天国軍と連絡を取り，一説に「奏王」の称号を与えられた。同治帝が即位して清朝が危機を脱し，太平軍に対する湘軍などの攻勢が進むと，苗沛霖は勝保を通じて清朝との関係の修復を図り，62年盧州を失って頼ってきた太平軍の英王・陳玉成を捕らえて勝保に献じた。しかし，曾国藩をはじめ湘軍・淮軍系の指導者は苗練を討伐すべき反逆者とみなし，63年安徽北部の捻軍根拠地を掃蕩した僧格林沁の率いる清軍も苗練に圧力を加えた。５月追い詰められた苗沛霖は配下の圩寨に反清の反乱を呼びかけ，潁上・鳳台の知県を殺害し，懐遠知県を追放し，再度寿州を包囲した。しかし12月僧格林沁軍に敗北し，鳳台の北の蒙城県で殺された。苗練は瓦解し，残部は一部が清軍に降伏し一部が張宗禹の率いる捻軍に吸収された。

清末から民国期に軍事力を背景に地方割拠を図った軍閥的存在の，初期の代表例といえる。

参考文献：江地「19世紀の階級闘争における異色の人物とその根拠地〔苗沛霖伝〕」，『東アジア世界史探求』（汲古書院，1986年）。〔並木頼寿〕

莫　徳恵（ばく　とくけい） Mo Dehui

（1883年4月16日～1968年4月17日）

字・柳忱。新疆生まれ。原籍，吉林省双城県。満州旗人。東北及び国民政府の官僚。

長く新疆軍役に筆帖式（書記）として従っていた満州旗人を父に，ウイグル族を母に生まれる。2歳の時に父の軍務終了により父母と共に新疆を離れ，2年後に双城県の原籍に着く。私塾，義塾で科挙の勉学に励み，1902年生員となるが，新政で科挙が廃され，06年天津の北洋高等巡警学堂に入学する。

卒業後，1910年よりハルビンの浜江巡警局局長に任じ，治安・治水・防疫（ペストの流行の防止）に成果をあげる。12年地元の高い評価を背景に第1期衆議院議員に選出され，中央政界に接触を持つ発端となる。またこの間奉天省，吉林省の地方官や財務担当官を歴任し，18年には吉林省省議会の名士と共に吉黒戦争の調停に活躍した。22年第3回目の国会召集で北京に赴き制憲活動に従事，翌年の曹錕の賄選後は張作霖の意を受け上海で安徽派・孫文派との反直連合結成に活動する。24年，第2次奉直戦争後帰郷し依蘭道尹，ついで奉天派の北京政府への影響力拡大を背景に25年3月に蒙蔵院副総裁，5月には段祺瑞内閣の農商部次長・部務代行に任じる。26年4月，王永江の後を受けて奉天省財政庁長兼省長代理に任じ，インフレ抑制に努めるが成果はなかった。27年9月，莫は北京政府の農工総長に転じ，28年6月張作霖の北京引き上げに同行し，皇姑屯事件で脚を負傷する。

1928年11月，昭和天皇即位大典に際し東三省代表として訪日，参列し，田中義一首相と会談，日本はこれ以上強いて介入しないとの感触を掴み，年末の東三省易幟を確定させた。29年の中ソ紛争の後，中東鉄路督辦，中ソ会談中華民国特命全権代表に任じ，善後処理に努める。莫徳恵は30年5月からモスクワで交渉を行うが，双方の主張は平行線をたどり何ら決着せず，年末に請訓のため一時帰国，翌31年も交渉するが，満州事変によってその意義を失い，年末にモスクワを離れた。莫は以後しばらく政界を離れ，33年秋までヨーロッパ歴訪，帰国後は天津，北平に閑居した。

西安事件後の1937年初めに他の東北元老とともに蔣介石及び監禁中の張学良を慰問，この頃から再び政治の舞台に復帰した。38年からは国民参政会の参政員，41年川康建設期成会の駐西昌辦事処主任，42年3期参政会主席団主席の1人となり，43年から東北難民救済委員会主任，戦後すぐ東北宣慰使として東北に入り，接収促進に当たる。46年には政治協商会議の「社会賢達」代表の1人，47年には憲政実施促進委員会副委員長になり，翌48年3月には南京で開催の国民大会で，憲法を停止し元首に緊急臨時権限を付与する「戡定動乱時期臨時条款」の提案者となった。またこの大会では「社会賢達」代表として副総統選挙に出馬，5月には憲政督導委員会会長に任じた。

1949年初めには李宗仁代理総統による共産党との和平交渉代表に推されるが拒絶し，台湾に渡った。以後，51年対日和平条約交渉代表団の顧問などを経て，54年9月から66年まで考試院院長を務め，その後総統府資政の名誉職につく。68年4月没す。

参考文献：『民国莫柳忱先生徳恵自訂年譜』（台湾商務印書館，台北，1981年）。王冠吾「莫柳忱先生早年事蹟」，『伝記文学』12巻5期，1968年5月。陳紀瀅「敬悼莫柳老」，『伝記文学』12巻5期，1968年5月。〔土田哲夫〕

莫　紀彭（ばく　きほう） Mo Jipeng

（1886年～1972年7月27日）

字・宇非，別名・侠仁。広東省東莞県生まれ。清末の革命家。

代々農業を営む家に生まれる。父の名は潤生。莫紀彭は幼い頃から顧炎武や王船山の書を読み，民族精神を抱いていたという。17歳にして師範学校に入学し，そこで新しい思想に接して革命の志を抱き，『東莞旬刊』を出版した。23歳の時中国同盟会に加入し，李文甫，林直勉，胡漢民らと南方支部を設立する。そして彼は，資金を集めて蜂起計画を立て，1910年には倪映典らと新軍に働きかけたが，計画が事前に漏れたため失敗に終わった。11年4月の黄花崗蜂起では第3選鋒隊隊長となり，同年10月に武昌蜂起が勃発すると何振らと香山県前山鎮で蜂起に加わり，広州の光復に貢献した。

中華民国成立後の莫紀彭は，官位に就くことも，また叙勲に与かることもなく，劉師復らと共に心社を設立してアナキズム運動に従事した。しかし，1937年に抗日戦争が開始すると，彼は嶺南の地から重慶に移り，中国国民党史史料編纂委員会纂修となった。戦争勝利後は再び広東に戻り，妻であった李靄文（抗日戦争直前に死亡）の遺志を継いで青年の教育に携わり，広州に粤東女子職業学校と靄文中学を設立した。彼は，49年の中華人民共和国成立直前に台湾に渡り，72年

7月当地で死去した。著作に『革命史藁』，『秀園詩稿』などがある。

参考文献：黄季陸編『革命人物誌』12集（中央文物供応社，台北，1973年）。郭廷以校閲『莫紀彭先生訪問記録』（中央研究院近代史研究所，台北，1997年）。　〔嵯峨隆〕

莫　栄新（ばく　えいしん）Mo Rongxin

（1853年～1930年3月30日）

字・日初，化名・高崇民。広西省桂平県生まれ。広西系軍人の指導者。

幼年期に短期間私塾に通う。学業を離れて後郷里で農業に従事し，16歳の時雑貨店に就職した。1871年百色で従兄の莫昆甫の部隊に炊事夫として入隊，すぐに哨兵に昇進した。昆甫に従い，72年苗族の反乱を鎮圧すべく貴州省に赴き，84年清仏戦争に参加，85年に毅新営右哨副哨に昇進した。清仏戦争終結後，広西辺防督辦・蘇元春により督辦署親兵右哨哨官に任命される。1900年百色一帯の会党などによる騒乱を鎮定，鎮南宮幇帯に昇任，翌01年には管帯となる。しばらく龍州布局駐屯の任務に就いた後，03年広西辺防督辦・丁槐によって貴字右営管帯に任命され十万大山の会党討伐に当たる。数年間玉林，陸川，桂平などを転戦，捕虜を自ら処刑し住民から「莫屠戸」と恐れられる。07年戦功により両営督帯に昇進。09年広西巡防帯幇統となり梧州に駐在した。11年6月陸栄廷が広西提督に就任すると，巡防営督帯に任命され，慶遠に赴く。これ以後莫栄新は陸の傘下に入る。

武昌蜂起勃発後慶遠で独立を宣言，革命側の広西軍政府より慶遠府長に任命される。1912年5月広西都督・陸栄廷によって梧州府長に任命され，当地で会党，民軍などの取り締まりに当たる。功績があり梧州関監督，広西中区第1正司令と順調に昇進，陸軍中将となる。さらに14年に広西陸軍第1師（師長・陳炳焜）第2旅旅長，蒼梧道道尹，15年9月には桂平鎮守使に昇進した。同年12月帝制復活を企図する袁世凱によって二等男爵の爵位を贈られたが，翌16年初頭陸栄廷に従って討袁護国運動に参加する。同年6月袁世凱死去の後，陸の命を受け李烈鈞の滇軍とともに龍済光（袁系の広東督軍）を攻撃，10月広州より駆逐した。

1917年9月西南諸省の軍事指導者が孫文と同盟して広州に中華民国軍政府（広東軍政府）を組織し，10月には北京政府に対し護法戦争を発動する。莫栄新もこの西南諸省の動きに便乗，11月広東督軍に就任する。もっとも実際には軍政府及びその大元帥たる孫文の権威に従うことはなく，18年1月2日桂軍游撃営統領・鄧文輝に唆され，李福林率いる大元帥府衛隊の兵士60余名を殺害する事件を引き起こす。事件発生後孫文は海軍，粤軍・滇軍による莫の駆逐を図ったため，莫は大元帥府に対し謝罪した。しかし，事件後も孫文・軍政府の指導に従わず，陸栄廷ら桂系軍人とともに独自の行動をとり続ける。4月広州非常国会中の政学会，益友社系議員に働きかけ，孫文の権限の弱体化を目的とした大元帥制から総裁合議制への改変を提案し，翌5月同案を非常国会で採択させることに成功，孫文を大元帥職辞任に追い込む。以後2年余の間陸・莫ら桂系軍人による広東支配が続く。

1920年8月こうした支配に不満を抱いていた粤軍指揮官の陳炯明が福建省漳州で桂系討伐を宣言，粤軍を率い「粤人治粤」を叫んで南下を開始すると状況は一変し，9月下旬には魏邦平，李福林らが桂系軍政府からの離脱を宣言し，莫栄新に「粤の政権を粤人に返し兵を率いて桂に帰る」ことを勧告するに至った。かかる状況下に莫は巨額の軍費を受け取ることの見返りとして広東省からの撤退を提案，陸栄廷もこれに同意した。

広西省に戻った莫は陸栄廷の不興を買い，沈鴻英の助力を得て上海に脱出，一時高崇民の化名を使い当地に潜伏する。その後広西省に帰り，1921年6月陳炳焜とともに桂軍の再起をかけ広東省に進攻，味方の裏切りと粤軍の反撃の中で敗退した。敗戦後は上海に蟄居，もはや軍政に積極的に関与することはなかった。22年2月北京政府より騰威将軍の称号を贈られる。晩年の28年秋に広西省桂平県に戻り，30年3月当地で病没した。

参考文献：劉紹唐主編『民国人物小伝』第8冊（伝記文学出版社，台北，1987年）。徐友春主編『民国人物大辞典』（河北人民出版社，石家荘，1991年）。秦孝儀主編『中国現代史辞典―人物部分』（近代中国出版社，台北，1985年）。

〔中村楼蘭〕

穆　湘玥（ぼく　しょうげつ）Mu Xiangyue

（1876年6月18日～1943年9月16日）

字・藕初。江蘇省松江府川沙庁生まれ。没年については，1943年9月19日との説がある。原籍，蘇州洞庭東山。民国期綿紡績業に科学的管理法を導入した近代的経営者，上海商工界の有力実業家。

彼は上海浦東で綿花商を営む小商人の家に生まれた。5歳より私塾で学ぶが，家業が次第に傾き，勉学を継続できず，14歳（1889年）から従兄弟の紹介で別の綿花商の徒弟に入った。92年父が病死し，彼は兄・穆恕と共に家業の建て直しに努めた。その後，日清戦争での祖国の大敗に衝撃を受け，救国・自強のために西学を学ぶ決心をした。97年より夜学に通い英語を学習し，1900年24歳の時には上海海関の事務職に就いた。

義和団事件以降，祖国の危機が深まる中で，彼も愛国心から種々の団体に参加したり，馬相伯・黄炎培らと共に滬学会を組織し，社会改良運動を行ったりした。1905年アメリカ製品ボイコット運動が展開されると，彼も上海商務総会の呼掛けに答えて，海関内の華人職員を組織して抗議集会を開催した。しかし，これを海関の米人副税務司に恨まれ，辞職を余儀無くされたが，彼の愛国的行動を高く買った張謇らが，彼に別の職を斡旋したこともあったという。

1909年の夏，彼は家族と友人の援助を受けてアメリカに留学し，初め農学を志してウィスコンシン大学，イリノイ大学に学び，農学士の学位を取得，さらにテキサス農工専修学校で植綿・紡績・経営について学び，農学修士号を獲得した。

1914年彼は「実業救国」の大志を抱いて帰国した。彼は兄と共に20万元を集め，当時上海に建設途上で破産した民族資本の紡績廠を買収し，自ら総経理兼総技師としてその完成を図り，徳大紗廠（1万錘）として発足させた。それと同時に彼はテイラーの『科学的管理法』を自ら翻訳・出版してその普及に努める傍ら，自分の紗廠でも実践し，規律化・標準化などの経営改革を行った。その結果徳大紗廠は順調に発展し，18年には別に塗料商薛宝潤らと一緒に厚生紗廠（資本120万元，1万6,000錘）を新設することが出来た。彼は紗廠経営の傍ら，中国産綿花の品質改良にも注意を払い，植綿試験場を設立，同業の聶雲台らと共に改良綿の普及を指導しながら，河南の綿花市場開拓にも意を用い，19年には豫豊紗廠（資本200万両，当初3万錘，後5万6,000錘・織機234台に増設）を河南省鄭州に建設するに至った。さらに当時上海綿花市場が日本商社など外国勢力によって牛耳られていたことを見て取ると，中国人商人達と20年冬上海華商紗布交易所（資本300万元）を組織，彼自身その理事長を担当した。

彼の関心は綿業に止まらず，1921年には100万元を集めて中華勧工銀行を設立し，単に金融のみならず，家業振興のための調査・人材養成・経営指導などの任務をも幅広く担当させた。以上のような目覚ましい活躍をしていた彼に対して，20年北洋政府は名誉実業顧問の資格で招聘したり，22年には「太平洋商務会議」の首席代表に任命して，アメリカとの交渉に当らせたりした。しかし，彼の目覚ましい活躍も23年頃までであった。聶雲台らと共に要請した北洋政府の援助も得られず，結局彼は徳大・厚生の総経理を辞任し，また豫豊紗廠も借財が嵩み，遂に中国銀行の管理下に入った。その後，彼は失意の中で病気と貧困とで悩み，仏教の信仰に入ったとも言われている。

1928年国民政府工商部常務次長に就任，31年実業部（工商・農鉱両部改組）常務次長となる。37年以降，日中戦争が本格化すると，彼は他の愛国的人士と共に各種の抗日運動に参加した。38年上海が日本軍に占領されると，重慶に豫豊紗廠を移設させたりした。また国民政府行政院農産促進委員会主任委員，経済部農本局総経理などの紡織関係の職務にも就いて綿花・綿糸の増産に努めるなど，日中戦争での後方を支えていたが，43年9月重慶で病死した。

彼の一生は綿紡績業との関係が深く，故に綿業大王と賞賛された。また社会事業においても熱心であり，救護傷兵協進会，地方維持会，上海市救済委員会などを創設した。愛国心に溢れた企業家であったといえよう。

参考文献：『藕初五十自述』（商務印書館，上海，1926年）。中国社会科学院近代史研究所主編『民国人物伝』1巻（中華書局，北京，1978年）。果鴻孝『中国著名愛国実業家』（祖国叢書，北京，1988年）。陳正書「二十年代上海民族企業家穆藕初」，『中国企業家』1987年8期。徐友春主編『民国人物大辞典』（河北人民出版社，石家荘，1991年）。

〔中井英基〕

穆彰阿（ぼくしょうあ） Muzhang'a

（1782年～1856年）

字・子樸。号・鶴舫，常軒。郭佳氏。満州鑲藍旗人。清末の官僚。

1805年の進士。庶吉士。14年礼部侍郎に就任以来，刑部侍郎，工部侍郎，戸部侍郎など中央官職を順調に昇進した。20年に嘉慶帝が没して道光帝が即位すると特に寵愛を受け，翌年には内務府大臣となり，さらに左都御史，理藩院尚書（24年），漕運総督（25～26年），工部尚書（27年）を歴任，28年には軍機大臣に就任し，以後50年まで20余年間この地位にあった。その間，兵部尚書，戸部尚書（33～34年）の要職をも担任し，武英殿大学士，文華殿大学士にも叙せられ，軍機大臣・曹世恩の死後，37年には首席軍機大臣の高職に就いた。

アヘン戦争が起こるや，穆彰阿は妥協和平派の主唱者となり，林則徐がアヘン禁輸政策を固守してイギリスに敗退し，天津で和平交渉が始まると，穆彰阿は林則徐を罷免して妥協派の琦善を広州に派遣することを主張した。1841～42年にかけてイギリス軍が東南沿岸諸地域を侵略するや，穆彰阿は琦善らの対英和議を支持し，また，耆英・伊里布・琦善らを支持して南京条約およびアメリカと望厦条約，フランスと黄埔条約を締結させた。

道光年間（1821～51年）を通じて穆彰阿は重要政務にあったため追随者が多く，官界に「穆党」と称せられた一大派閥を形成し権勢を誇った。しかし，51年咸豊帝が即位するや，対外妥協策が批判され職を免ぜられた。53年太平天国鎮圧のための軍費を献納し，五品を与えられた。詩集に『澄懐書屋詩鈔』がある。

参考文献：李桓輯『国朝耆献類徴』99（湘陰李氏刊，1890年）。繆荃孫編『続碑伝集』3（江楚編訳書局，上海，1910年）。民国清史館『清史稿』列伝150（民国清史館，北京，1927年）。民国中華書局編『清史列伝』40（民国中華書局，上海，1928年）。清史編委会編『清代人物伝稿』下編2巻（遼寧人民出版社，瀋陽，1985年）。A.W. Hummel, *Eminent Chinese of the Ch'ing Period, 1644～1912*, Vol. 1 (U.S. Govt. Print, Washington D.C., 1943).〔横山英〕

N

那桐（なとう） Natong

（1857年11月～1925年6月28日）

満州鑲黄旗の生まれ。姓・葉赫那拉（エホナラ）氏，字・琴軒。清末の官僚，政治家。

光緒11（1885）年の挙人，戸部主事より四品京堂に推され，鴻臚寺卿，内閣学士を歴任，1900年総理各国事務衙門大臣を兼任，理藩院左侍郎に昇任した。義和団事件の時，8カ国連合軍の北京侵入に際しては軍を率いて豊台の防衛にあたり，西太后・光緒帝が北京を脱出して西安に避難した時には，留京辦事大臣を命ぜられ李鴻章・慶親王奕劻とともに，列強との外交交渉に従事した。この間，礼部右侍郎，戸部右侍部に転じた。01年に義和団事件の講和条約「辛丑条約」が調印されると，謝罪特使（専使欽差大臣）として日本を訪問，元駐清国公使館書記生・杉山彬の墓参をし，9月13日には明治天皇に会見して謝罪した。帰途，大阪の万国博覧会を視察して帰国した。のち，外務部左侍郎の署理（代行）となり，03年戸部尚書に進み，ついで外務部会辦大臣に転じ，歩軍統領を兼ね，さらに工巡局事をも担当した。この間，外交・警察・道路行政を処理し，懸案であった王維勤の冤罪事件をも解決した。

のち，協辦大学士・大学士を授けられ，1905年体仁閣大学士を授けられたが，外務部会辦大臣には留任した。この間，官制改革や八旗制度の改革にも関係し，一時は民政部尚書を署理（代行）した。09年軍機大臣に任ぜられ，清朝政府の最高政策決定機関の一員となった。母の喪にあたるため，軍機大臣を辞したが認められなかった。この間にも，東閣大学士，ついで文淵閣大学士を授けられた。同年，一時直隷総督を署理（端方着任までの代理）し，中央政府の経費で鳳河の改修を行った。

1911年の官制改革で，慶親王奕劻を内閣総理大臣とする「責任内閣」（実態は皇族内閣）が発足すると，那桐は内閣協理大臣（副総理）に就任した。辛亥革命勃発によって慶親王内閣に代って袁世凱内閣が成立すると，協理大臣を辞し，弼徳院顧問大臣（枢密顧問官に相当）に任じられた。清朝滅亡後は天津に転居し，25年6月北京で病死した。清華大学にある『清華学堂』の額は那桐の書である。

参考文献：民国清史館『清史稿』巻440，列伝226（民国清史館，北京，1927年）。王学庄「十種辞書工具書民国人物生卒年訂補」，『近代史研究』1986年3期。『時事新報』明治34（1901）年9月14日号。宮内庁編『明治天皇紀』10（吉川弘文館，1974年）。北京市檔案館編『那桐日記』（新華出版社，2006年）。〔久保田文次〕

倪（げい） 嗣冲（しちゅう） Ni Sichong

（1868年～1924年7月12日）

字・丹忱，丹臣。安徽省阜陽県生まれ。袁世凱の部下，安徽派の軍人。

倪嗣冲は，若くして科挙に合格し，秀才となる。1895年袁世凱の部下となり，北洋常務処総辦に任ぜられる。1907年徐世昌が東三省総督に就任すると，倪は徐によって黒龍江民政使兼巡防軍翼長に任命される。09年錫良が徐の代わりに東三省総督になると，倪は職を辞して故郷に戻る。11年9月袁世凱が奕劻の後内閣総理大臣に就任すると，10月倪は袁より河南布政使に推挙され，また辦軍務も兼ね，豫軍を統帥する。

1913年7月12日，李烈鈞が江西省の独立を宣言し，第2革命が起きると，22日倪嗣冲は袁によって皖北鎮守使に任命され，17日独立を宣言した安徽省に進攻する。また，27日には孫多森の後を継ぎ，安徽都督兼署民政長に就任する。14年6月北京政府は各省都督制度を廃止し，代わりに将軍府を創設し，各省ごとに督理軍務を配置することを決定する。倪はこの改革によって，安武将軍・督理安徽軍務となる。15年7月には袁世凱が召集した各省将軍会議に出席する。12月12日参政院が袁に帝位を授与し，袁が皇帝を称すると，倪はこれを強く支持し，一等公爵に封ぜられる。

1916年4月10日，張勲が長江巡閲使兼署督理安徽軍務に就任すると，倪嗣冲は長江巡閲副使に任ぜられ，蚌埠に駐屯する。5月彼は南京において袁世凱の総統の地位を守るために力を尽くし，張勲と共に袁擁護の通電を発する。6月6日袁が北京で病死すると，翌7日倪は軍を率いて岳州を離れ，安徽省に戻る。7月，総統に就任した黎元洪は，各省督理軍務長官を督軍，民政長官を省長と改称する。これによって，張勲は安徽督軍，倪は安徽省長に任命される。9月張勲と倪は連名で第2次徐州会議を招集し，「13省区連合会」を組織する。また，17年1月には張勲と第3次徐州会議を招集する。4月，倪は張懐芝，李厚基らと共に黎元洪に会い，対独宣戦を要請する。5月第4次徐州会議に出席し，国会の解散及び憲法改正に賛同する。7月1日張勲が復辟を断行すると，倪は溥儀より安徽巡撫に任命される。しかし，4日段祺瑞が討逆軍総司令に就任すると，かえって彼は討逆軍皖魯豫連軍総司令に任命され，12日には討逆軍南軍司令に任命される。

1918年4月，倪嗣冲は段祺瑞に入京を勧め，また大総統であった馮国璋に対しては新国会の即時開催を要請する。7月天津会議に出席し，徐世昌を総統に推挙することを決定する。11月には北京会議に出席し，停戦及び撤兵などの問題を討議する。19年5月五・四運動が起きると，安徽省内のストライキに参加した学校に解散命令を出す。20年7月安直戦争が起き，段祺瑞が敗れると，倪も北京政府から安徽督軍兼長江巡閲使の職を解かれる。24年7月失意のうちに病のため死去する。

参考文献：劉紹唐主編『民国人物小伝』第5冊（伝記文学出版社，台北，1982年）。丁中江『北洋軍閥史話』（春秋雑誌社，台北，1972年）。中国第二歴史檔案館編『直皖戦争』（江蘇人民出版社，南京，1980年）。辛倍林著・上田正一監訳『近代中国の軍閥列伝』（学陽書房，1990年）。

〔家近亮子〕

倪（げい）　映典（えいてん）　Ni Yingdian

（1885年9月20日～1910年2月12日）

字・炳章。改名・端。安徽省合肥県北郷生まれ。原籍，同前。清末の革命烈士。

質素な村医者の家庭に生まれ，少年時代より父の玉泉について医業を学んだ。1904年安慶にある安徽武備学堂に入学後は，同じ革命の志をもつ柏文蔚らと交友し，革命団体の岳王会に入会した。06年技術科を優秀な成績で卒業して見習い入隊したのち，江寧の江南砲兵中隊速成学堂将校科に入り，修了後は新軍第9鎮砲兵隊で任官した。江寧時代は趙声，柏文蔚らと交友し，鶏鳴寺に集まって革命の具体的方法を検討した。

1907年初め湖南・江西省境地帯で蜂起した革命派の萍郷・瀏陽・醴陵の役に際しては，趙声らとチャンスをうかがったが果せなかった。翌年安慶の新軍砲兵隊に移ってその指導にあたり，ついで同騎兵中隊長となった。その後第31混成砲兵旅団所属の大隊長となり，同中隊長の熊成基や歩兵大隊長・冷遹らの旧友と翌年の春を期して蜂起を計画していたが，08年2月11日事が洩れたため，倪映典は蕪湖さらに合肥へ逃走した。その後上海経由で海路広州へ赴き，同地で広東陸軍小学堂の校長をしていた趙声の許へ身を寄せた。同地で朱執信などを知った倪は中国同盟会へ入会した。

1908年9月雲南河口蜂起の支援に赴こうとしたが，間に合わなかった。倪端と改名してのち，趙の紹介で新軍の砲兵小隊長見習いとなって軍隊内部の革命工作に苦心した。軍隊の教壇に立つ機会を利用して，広東語ができない彼は極力板書して民族革命を鼓吹した。やがて軍隊内で疑いの目がかかって除隊された彼は，広州市天官里に根拠地を構えて新軍内の班長クラスの兵士たちと連絡をとり合った。同様に除隊を余儀なくされた趙声はペナン島に渡った。倪は兵士たちの野外訓練を行い，休日を利用して広州市北方白雲山に彼らを集めて革命を説いた。当時新軍内の同盟会員は3,000人に達したといわれる。しかし09年暮，新軍内の同盟会員に配布していた会員証が発覚したため，倪は急遽香港に逃れ，翌年の元宵の節句（旧暦1月15日）の蜂起を期することになった。新軍内の状況を判断して予定を早めて2月12日（旧暦1月3日）朝，燕塘で約1,000人の兵士を率いて旗挙げしたが，午後牛王廟一帯の戦闘で戦死した。司令官を失った蜂起軍は多勢に無勢，翌日夜には清軍に鎮圧され，新軍内部からの蜂起は失敗に終わった。

参考文献：中国国民党中央党史史料編纂委員会編『革命先烈先進伝』（中華民国各界紀念国父百年誕辰籌備委員会，台北，1965年）。中国社会科学院近代史研究所主編『民国人物伝』2巻（中華書局，北京，1980年）。胡秀『血路：范伝甲・倪映典・熊成基三烈士伝』（近代中国出版社，台北，1982年）。

〔児野道子〕

聶　耳　Nie Er

（1912年2月15日～1935年7月17日）

原名・守信，字・子義，紫芸，筆名・黒天使，王達平。昆明市生まれ。原籍，雲南省玉渓県。中国共産党の指導者，音楽家。

貧しい漢方医の家に生まれ，4歳の時，父を失う。6歳で雲南省立第一師範付属小学に入学し，10歳の時に私立求実小学に入る。音楽を好み，求実小学では音楽団員として演奏し，指揮者をつとめた。1924年に昆明連合中学，27年7月に雲南省立第一師範高級部外語組に入学，翌28年秋，第一師範高級部の教員・李国柱（中共党員）の紹介により中国共産主義青年団に加入した。この頃，革命歌の創作活動を開始したといわれる。同年冬，聶は一時，雲南の范石生が率いた第16軍所属の学生軍に加わり湖南省に向かったが，半年後に軍を脱退し昆明に戻って，第一師範高級部に復学した。30年7月に同校を卒業した後，中共に対する弾圧が激しさを増していた昆明を離れ，上海に向かう。

上海では，国立上海音楽専科学校入学を目指すが，受験に失敗，1931年4月まで店員として貧しい生活を過ごし，一時失業さえ経験した。この上海における貧困時代に，上海の反帝大同盟が組織した反日デモに参加している。31年4月上海の明月歌舞社にバイオリニストとして入社，後に首席バイオリニストに昇進する。明月歌舞社の中では，姓が聶であったことから，しばしば「耳朶先生」と呼ばれ，ついに聶耳と改名したという。同年，満州事変が起こり，翌32年には上海事件が発生するが，聶はこうした国家存亡の危機にあってもなお「桃花江」，「毛毛雨」，「妹妹我愛你」などを演奏し続ける明月歌舞社，特にその指導者の黎錦暉の方針に反発を深めていった。聶は黒天使の筆名を用いて，「中国歌舞短論」，「黒天使，黎錦暉に答える」などの文章を発表し，明月歌舞社並びに黎錦暉を批判し，32年8月ついに明月歌舞社を辞職する。辞職後北平に赴き，北平左翼音楽家連盟を組織する工作に従事するが，国立北平芸術音楽院の受験に失敗した後，同年11月に上海に戻った。翌33年初め，前年の4月に知己をえた田漢の紹介により，中共に入党した。以後，中共党員として，音楽，戯曲，映画などの分野で創作活動を展開していった。同年，中国電影文化協会常委兼組織部秘書となり，蘇聯之友社が音楽小組を設けると，任光，張曙，呂驥らとともにこれに参加，ここを拠点として，「飢寒交迫之歌」，「開鉱歌」，「小工人」，「雪」，「静夜曲」などの歌曲を作り，「影界漫話」，「電影的音楽配音」などの評論を執筆した。34年から35年にかけては，聶が百代唱片公司，聯華影片公司に相次いで入社，特に聯華影片公司では二廠音楽部主任兼聯華声楽団指揮をつとめ，最も活発な創作活動を行った時期である。この時期の作品は以下の通り。歌曲：「傷兵歌」，「売報歌」，「雪花飛」，「白雪歌」，「碼頭工人歌」，「苦力歌」，「卒業歌」，「大路歌」，「小野猫」，「開路先鋒」，「牧羊女」，「飛花歌」，「告別南洋」，「慰労歌」，「梅娘曲」，「春回来了」，「新女性」，「自衛歌」，「塞外村女」，「打長江」，「採菱歌」，「走出撮影場」，「鉄蹄下的歌女」，「義勇軍行進曲」。民族器楽曲：「金蛇狂舞」，「山国情侶」，「翠湖春暁」，「昭君和番」。評論：「看俄国歌劇雑談」，「一年来之中国音楽」。短篇小説：「一个冒険的撮影故事」。また，田漢と合作で歌劇「揚子江暴風雨」を創作した。

1935年4月1日，国民党当局による逮捕の情報が入り，中共は聶を日本経由でソ連に派遣することを決定した。この決定に基づき，聶は急ぎ出国し，同月18日に東京に到着した。日本滞在中は，留日中国人学生と接触する一方，日本の文化人，秋田雨雀，浜田実弘らとも交流し，新協劇団，新築地劇団など文芸団体を設立，大阪，神戸，京都などを公演して回った。35年7月，神奈川県藤沢市鵠沼海岸で遊泳中に溺死した。聶耳の「義勇軍行進曲」は後に中華人民共和国国歌に定められ，今日に至っている。

参考文献：中共党史人物研究会編『中共党史人物伝』14巻（陝西人民出版社，西安，1984年）。王永均・劉建皋編『中国現代史人物伝』（四川人民出版社，成都，1986年）。盛平主編『中国共産党人名大辞典』（中国国際広播出版社，北京，1991年）。景杉主編『中国共産党大辞典』（中国国際広播出版社，北京，1991年）。聶叙倫「聶耳生平」，『雲南文史叢刊』2期（雲南省人民政府参事室・雲南省文史研究館，1985年）。

〔中村楼蘭〕

聶　緝槼　Nie Jigui

（1855年～1911年4月）

号・仲芳。江蘇省泰興県生まれ。原籍，湖南省衡州府衡山県。曾国藩の女婿。清末の湘系洋務派の官僚，上海華新紡織新局の創業者。

1875年同郷の大先達・曾国藩の末の娘・曾紀芬（1852～1942年，晩号・崇徳老人）と結婚した。その時曾国藩夫妻はすでに世を去っていたが，官界の巨頭・曾国藩の女婿という人脈によって，洋務・地方官の重職を歴任した。

彼の義兄・曾紀沢の門下にいた邵友濂（字・小村，浙江省余姚人，生年不詳～1901年）が1882～86年まで上海道台を務めていたので（後，湖南巡撫，台湾巡撫に転任，華新の株主ともなる），その推挙を得て，彼はまず初めに84年江南製造局の総辦となる。90年には上海道台に昇格した。たまたま道台の前任者・龔照瑗（合肥出身の李鴻章側近）が中心になり，厳信厚ら淮系の人脈によって88年から設立計画を推進していた官商合弁の上海華新紡績新局（当初，資本45万両，1万2,000錘，織機200台）が建設・開業を間近に控えていたので，洋務の経験を持つ彼が同新局の設立を継承することになった。同新局は91年に開業したが，彼は当時5万4千両の株式を保有していたという。94年彼は道台を離れ，浙江省の按察使に転任となった。それに伴い彼は道台の会計係であった腹心の湯癸生（上述の邵友濂から推薦された人物）と共に復泰公司を設立，経営不振に陥っていた華新紡織新局を4年間の契約で請負い，湯に総理，当時まだ15歳であった彼の三男・聶其傑に経理を務めさせたという。これは不在の彼に代わって華新を管理し，私産化していく1つのプロセスであった。また同年彼は故郷の湖南洞庭湖に4万数千畝の湖田を開墾させて，「種福垸」という荘園を設置してもいたので，聶家は近代企業の大株主・経営者であると同時に伝統的な大地主でもあったことになる。しかし，それらの資金源を考えると，彼が5年間上海道台に在任した間に80万両という巨額の使途不明金を出していたことが注目される。勿論，その全てが彼自身の責任であるわけではなく，そのうち20万両は前任者の責任と指摘されている。だが，残りの相当部分に彼が直接間接に関与していたことは疑いがないようである。当時の官界の腐敗ぶりと高官の蓄財法，そして洋務企業の私産化の経過が，以上から推測されよう。

ともあれ，彼は1894年浙江の按察使，99年江蘇巡撫代理，1901年安徽巡撫，03年浙江巡撫などというように華中の要職を歴任したが，05年ついに浙江の銅元局の不正事件で責任を取らされて，罷免され故郷に帰された。しかるに，それと同じ年に腹心の湯癸生が死去したので，復泰公司を改組し，聶家が6割，湯家が4割の分割所有とした。そして子供の聶其傑・聶管臣に同公司の総理，協理をそれぞれ担当させ，華新紡織新局の請負を継続させた。その頃聶家は官商合弁から商弁に変えられた華新の3分の2以上の株主権を所有していたという。

1908年華新の請負期間4年が満期になると，発起人の龔照瑗一族を含む小株主達は，当時紡績業が好況であったので，請負更新をせずに自己営業に戻ることを要求した。しかし，競売を主張する聶家側と意見が対立し，ついに翌09年初めに聶家が華新の残りの株式を32万5,000両で買収して，個人経営の会社に切り換え，その社名を恒豊紡織新局（後，恒豊紗廠と改名）とした。経営陣には聶其傑・聶管臣兄弟がそのまま経理，協理として残った。時に30歳になっていた聶其傑は，早速に訓練班を組織して，人材の養成と包工制の廃止などの新しい経営法を導入し始めたという。そこには後年の大企業家としての片鱗を窺うことが出来よう。

1905年以来故郷に引退させられていた彼は，11年4月56歳で死去した。彼には5男4女の子供があり，三男が上述した民国期の著名な企業家・聶其傑（字・雲台，1880～1953年）である。家産である恒豊紗廠と湖南の種福垸は18年に子供達で9分割し，合股公司を組織して共同運営したという。上海国際投資公司副経理であった聶光琦（戦前，一橋大学卒業）はその子孫の1人である。

参考文献：中国科学院上海経済研究所・上海社会科学院経済研究所編『恒豊紗廠的発生発展与改造』（上海社会科学院，上海，1958年）。中国社会科学院近代史研究所主編『民国人物伝』2巻（中華書局，北京，1980年）。李華興主編『近代中国百年史辞典』（浙江人民出版社，杭州，1987年）。曾紀芬『崇徳老人自述年譜』（広文書局，台北，1971年影印版）。劉紹唐主編『民国人物小伝』第6冊（伝記文学出版社，台北，1984年）。

〔中井英基〕

聶（じょう）　栄臻（えいしん）　Nie Rongzhen

（1899年12月29日～1992年5月14日）

別名・向上，栄鎝，雲臻，有牙佬。原籍，四川省江津県呉灘鎮，同地生まれ。中国人民解放軍の指導者，中華人民共和国元帥。

貧しい農家に生まれたが，外祖父の私塾に学ぶ。1917年9月江津中学に入学，在学中は温厚で記憶力が良く，活発で意志が強かったという。19年同校を卒業，重慶の留仏予備学校に入学したが，鄧小平と同級であった。この頃五・四運動の影響を受ける。同年末勤工倹学によりフランスへ渡り，フランス語を学びつつ工場労働者として働く。ここで陳毅，蔡和森らと知り合った。21年10月ベルギーへ移り，翌年夏から化学を学ぶ。22年8月旅欧中国少年共産党に加入し，23年初め中国共産党へ転じる。まもなくパリへ戻り，中国共産主義青年団旅欧総支部執行委員，訓練部副主任として活動する。同年6月個人として国民党に加入し，欧州での国共合作活動に従事する。24年1月国民党パリ連絡事務所が設立されると所長に任命される。同年9月ソ連に渡り，モスクワ東方労働者共産主義大学で学んだ後，25年2月共産主義インターナショナルの決定により，ソ連紅軍学校中国班に入学。同年9月上海へ帰国し，広州へ派遣されて黄埔軍官学校政治部秘書兼政治教官に任じられる。また同校の『軍事政治月刊』の政治編集主任を兼任した。

1926年3月の「中山艦事件」で軟禁され，同校の職務を解かれる。7月国民革命軍中央軍事委員会前敵委員会書記兼中共広東区党委員会軍事委員会特派員として北伐戦争に参加，湖南・湖北地区で軍事指導者として活躍する。27年いわゆる4・12クーデター後李立三とともに上海へ派遣され，周恩来を助けて工人糾察隊の秘密活動にあたった。

1927年7月中旬周恩来により中共前敵軍事委員会書記に任じられ，九江で武装蜂起の準備工作を行う。同年8月1日張発奎率いる第25師団の2個連隊を指揮して南昌蜂起に参加し，蜂起軍第11軍党代表となる。同軍軍長・葉挺とともに南下し，一時香港へ出る。同年12月広州蜂起にも参加。その後香港・天津・上海で地下活動に従事する。28年8月広東省党委員会軍事委員会書記に任じられる。31年末中央根拠地に入り，中国工農紅軍総政治部副主任・第1軍団政治委員となる。32年4月紅軍東路軍政治委員として漳州戦役を指揮した。同年末林彪とともに第4次，第5次囲剿戦を指揮し，長征に参加する。35年1月の遵義会議では毛沢東を支持したといわれる。その後中央紅軍先遣隊政治委員に任じられ，陝北到着後は東征，西征などの戦没に参加，36年11月には山城堡戦役を指揮した。

日中戦争時期においては，八路軍第115師団副師団長，政治委員として林彪とともに平型関の戦闘を指揮し，日本軍に初めて多大な損害を与えた。1937年11月晋察冀軍区司令員兼政治委員に，また38年1月晋察冀辺区臨時行政委員に任じられ，同辺区での根拠地建設に貢献する。39年1月中共中央北方局が成立し，彭真書記の下で程子華らとともに委員に任じられる。同年冬には雁宿崖，黄土嶺の戦闘を指揮し，阿部規秀中将率いる日本軍独立混成第2旅団に多大な損害を与えた。40年8月百団大戦では39個の連隊と多くの地方武装勢力を指揮して日本軍との戦闘を繰り広げる。41年中共中央晋察冀分局書記となる。43年8月延安に戻り整風運動に参加。45年4月中共第7期中央委員に選出される。

国共内戦時期は，晋察冀軍区司令員兼政治委員，中共晋察冀中央局書記，華北軍区司令員兼華北野戦軍司令員，中共中央華北局第3書記，中国人民解放軍副総参謀長，平津衛戍区司令員，北平市市長兼軍事管制委員会主任を歴任，正太・清風店・石家荘などの戦役を指揮した。1949年1月中央の決定により林彪・羅栄桓とともに平津前線総前敵委員会を組織し，平津戦役を指揮，さらに北平和平交渉に参与した。

中華人民共和国建国後は，1949年10月中国人民解放軍副総参謀長に任じられ，総参謀長・徐向前が病気療養のためまもなく総参謀長代理となり，西南地区及び南方島嶼の解放と国民党掃討戦に尽力する。朝鮮戦争に際しては後方支援活動に貢献した。51年3月北京市長は解任されたが，54年6月人民革命軍事委員会副主席となり，主として武器装備を担当する。また同年9月第1期全国人民代表大会常務委員に選出される。55年9月中華人民共和国元帥の階級，一級八一勲章，一級独立自由勲章及び一級解放勲章を授与される。同年12月東独・東欧を歴訪，56年2月朱徳全人代常務委員長に随行してソ連を訪問する。同年4月航空工業委員会が成立し，主任としてミサイルと航空機の研究に参与する。11月国務院副総理兼中央科学小組長に任じられ，主として科学技術方面を担当，陳毅・李富春とともに「1956～1967年科学技術発展遠景規画綱要」を制定した。58年11月には国務院科学技術委員会主任，国防部国防科学技術委員会主任をそれぞれ兼任，軍の先端兵器や原爆，水爆の開発に尽力した。「中国原爆の父」と称される。また全国人民代表大会常務委員会副委員長，中華人民共和国中央軍事委員会副主席を歴任し，さらに中共第7期から第12期までの中央委員，第8期，11期，12期中央政治局委員も務めた。

文化大革命中は厳しく批判されたが，1968年2月自己批判し，69年4月新たに設けられた党中央軍事委員会副主席に任命される。同年夏毛沢東，周恩来の委託を受けて，陳毅・葉剣英や徐向前とともに外交活動についての建議を行う。83年6月国家中央軍事委員会副主席に任命され，翌84年6月新たに設立された黄埔軍官学校同学会顧問となる。88年にすべての職務から引退したが，89年5月21日いわゆる天安門事件直前に人民解放軍は学生を鎮圧しないという声明を徐向前とともに発表した。92年5月北京で病没。娘の聶力は人民解放軍空軍少将に昇任し中国初の女性将軍となった。

参考文献：『聶栄臻回憶録』（解放軍出版社，北京，1984年）。解放軍画報社編『聶栄臻元帥』（長城出版社，上海，1989年）。清華大学中共党史教研組編『赴法勤工倹学運動資料』3（北京出版社，北京，1981年）。中共広東省委員会党史資料徴集委員会他編『広東党史資料』1（広東人民出版社，広州，1983年）。

〔安田淳〕

聶　士成　Nie Shicheng

（生年不詳～1900年7月9日）

字・功亭。安徽省合肥県生まれ。日清戦争，義和団戦争に際して日本軍と勇敢に戦った淮軍出身の将軍。

少年時代に湘軍の袁甲三の軍隊に入った後，1862年淮軍の劉銘伝の軍隊に移る。太平軍，捻軍と戦い，63年守備，65年副将，68年総兵と急速に昇進。84年清仏戦争が起こると1,000余名を率いて台湾に赴き，フランス軍の侵入に抗戦した。91年，直隷提督・葉志超の命により，熱河の金丹教徒の蜂起を鎮圧。92年太原鎮総兵となり，のち蘆台の師団に配属された。

1893～94年，武備学堂の学生3名と通訳1名を伴い東北3省（黒龍江省，吉林省，遼寧省）の中国・ロシア国境一帯，中国・朝鮮国境一帯を約8カ月にわたって実地調査。調査終了後，「日暦」（日記）2巻，「東省全図・図説」，「東三省韓俄交界道路表」各1巻を収録して『東游紀程』を著す。聶士成は，この著作のなかで，国防の強化と辺境の開発の重要性を述べ，日本は「心腹之憂」であることを強調した。日清戦争に際しては，1,500の兵士を率いて朝鮮におもむき，94年7月牙山・成歓の戦いで日本軍と勇敢に戦ったが，日本軍の増強により敗北し平壌に退却した。10月，遼寧大高嶺一帯を守備し鴨緑江を越えて清国に進入してきた日本軍と戦い，連山関・分水嶺などで日本軍をしばしば撃退したので，直隷提督に昇任した。彼は優秀な将軍であったが，清国軍隊の退勢をくいとめる力はなかった。日清戦争敗北後，『東征日記』を書いて記録とした。彼はこの敗北を反省し，ドイツ軍を模倣して近代的軍隊の創建につとめた。

1900年春，聶士成は義和団運動が北京・天津間にまで波及するや蘆保，津蘆の両鉄道の守備を命ぜられ，部下を派遣して義和団を激しく弾圧した。そのため，義和団は聶士成とその武衛前軍を憎み，以後各地で聶軍兵士を殺傷した。清朝が8カ国連合軍と交戦状態になったとき，義和団を利用しようと考えた中央の保守頑固派は聶士成軍から近代的装備を取りあげ義和団の歓心を買おうとした。聶士成は絶望し，天津市八里台で死を覚悟して日本軍と戦い重傷を負って壮絶な戦死をとげた。かれは武勇に優れたのみでなく親に孝を尽し，また清廉に甘んじた人物であった。彼と戦った日本軍人からも高く評価され，その死を悼まれた。

参考文献：民国清史館編『清史稿』列伝254（民国清史館，北京，1927年）。清史編委会編『清代人物伝稿』下編1巻（遼寧人民出版社，瀋陽，1984年）。陳旭麓・方詩銘等主編『中国近代史詞典』（上海辞書出版社，上海，1982年）。

〔小林一美〕

牛　鑑　Niu Jian

（生年不詳～1858年）

字・鏡堂。号・雪樵。原籍，甘粛省武威県。同地に生まれる。清末の官僚。

1814年進士。庶吉士。翰林院編修。御史，給事中。31年雲南糧儲道に就任以来，山東按察使，順天府尹，陝西布政使を歴任，38年江蘇布政使，翌39年河南巡撫に就任した。

1841年，イギリス軍が浙江に侵攻し，両江総督・裕謙が寧波で戦死した後両江総督に任じられ，提督・陳化成と共に長江海口の防備に努めた。42年6月，イギリス軍は乍浦を占領し呉淞口に侵攻した。牛鑑は提督・陳化成と協力して防戦したが及ばず，陳化成は戦死した。ついで嘉定，宝山，上海が次々と占領され，牛鑑は昆山，鎮江を経て江寧に退却した。イギリス軍艦が下関に結集して南京城の攻撃を図るに及び，牛鑑は戦闘の停止を決意し，和議を奏した。耆英・伊里布が交渉に派遣され，同年8月，いわゆる南京条約が締結された。牛鑑は防衛不備の故に職を解かれたが，44年に許された。53年河南按察使代理に任じられて太平天国の鎮圧に当たり，翌年には捻軍の鎮圧に参加し，湖北，河南地方で功績を挙げた。翌55年には200万緡を集めて河南中牟河の河防工事を行い，また100万緡の軍費を集め，二品を与えられた。病気のため職を退いた。

参考文献：民国清史館編『清史稿』列伝158（民国清史館，北京，1927年）。民国中華書局編『清史列伝』48（民国中華書局，上海，1928年）。

〔横山英〕

鈕　永建　Niu Yongjian

（1870年4月8日～1965年12月23日）

字・惕生，孝直，号・天心。江蘇省上海県馬橋鎮生まれ。清末革命派の軍人，後に中国国民党の政治家。

父・世章，母・曹氏。鈕永建は幼年の頃から伝統的教育を受け，江陰の南菁書院に学んで，1893年に挙人となった。しかし，日清戦争における敗北を機に，彼は官吏への道を捨て，軍事を学ぶことを決意し，湖北武備学堂に入学する。98年同校を卒業し，翌年官費留学生として日本に渡って士官学校に入学した。1903年ロシアによる東北侵犯事件が発生すると，拒俄義勇隊（後に軍国民教育会と改称）の結成に加わった。そして彼は湯爾和と共に天津に赴き，袁世凱に対露主戦を要求したが，彼らの主張は容れられなかった。同年末上海に戻って紫崗学舎を設立し，学生に革命教育と軍事訓練を行った。その後，広西で講武学堂及び陸軍小学の設立に加わり，上海で強恕学堂を設立するなどして青年に軍事教育を施した。しかし，清朝政府の圧力が強まったため，10年香港を経由してドイツに逃れた。翌年黄花崗蜂起失敗の知らせを聞いて帰国を決意し，武昌蜂起直後に上海に戻った。

帰国後，鈕永建は陳其美の蜂起計画を援助した。1911年11月松江が光復し軍政府が成立すると，鈕は都督に就任した。翌年1月南京臨時政府が成立すると，参謀次長となり総長の職務を代行したが，4月孫文の大総統辞職と時を同じくして彼も一切の公職を辞任した。8月国民党が成立すると名誉参議となった。13年7月第2革命が勃発すると，松江学生軍と決死隊を率いて江南製造局を攻撃したが，敗れたため日本に逃れた。14年7月東京で中華革命党が結成されたが，彼はこれに加入せず，欧事研究会の会員となった。同年冬彼は欧米歴訪に出発し，翌年10月に上海に戻り，袁世凱打倒の工作に携わった。17年9月広東軍政府が成立すると，大元帥府参謀次長兼兵工廠廠長に任じられた。22年6月陳炯明が反乱を起こすと，孫文の命を受けて北京に赴き，馮玉祥に対する工作に当たった。

1925年3月以降鈕永建はしばらく北京に滞在した後，翌年広州に戻り中央政治会議秘書長となった。26年7月国民革命軍が北伐を開始すると，彼は上海に派遣されて地下工作を行ったほか，孫伝芳の軍隊に働きかけるなどした。翌年4月南京に国民政府が成立すると，国民政府秘書長に就任し，11月には江蘇省政府主席となった。主席在職期間中，彼は土地整理委員会を設立して登記を明確にさせて税制を公正なものにしたほか，社会教育にも力を注ぎ，無錫に教育学院を作るなどした。さらには，治安の確立を図るために警官学校を設立している。

1930年3月に江蘇省政府主席を辞任した後，鈕永建は内政部部長，立法院軍事委員会委員長，考試院銓叙部部長（後に副院長）などの地位についた。31年5月には国民会議に出席し，翌年1月には国難会議議員に任じられ日中戦争時期の41年12月には国民政府委員となり，43年10月には政府委員，政務官懲戒委員会委員長となった。

1945年8月日中戦争が終了し，国民政府を南京に戻す準備の中で，鈕永建は被占領地域を訪れて民衆の慰問の任に当たった。翌年5月国民政府が南京に移ると，彼は引き続き政務官懲戒委員会委員長の職務についた。47年国民大会代表選挙に際して，彼は中央監察委員に就任し，江蘇省の選挙監督に当たった。翌年5月国民政府が総統府に改組されると総統府資政となった。49年3月再び考試院副院長の職についたが，4月に南京が共産党軍の手に落ちると，院長代理として残務整理を行って台湾に移った。

1952年4月考試院の職を解かれ，総統府資政，国民党中央評議委員の地位についた。その後，高齢に加えて病気がちとなり，53年から4年間療養のためアメリカに滞在した。56年に帰国したが，その後も健康はすぐれず，再び渡米して数度にわたって手術を受けたが回復せず，65年12月ニューヨークの病院で肺炎のため死去した。鈕永建は妻の徐恵容と12年に死別した後，黄という姓の女性と再婚したといわれる。

参考文献：中国国民党中央委員会党史委員会編『革命人物誌』18集（中央文物供応社，台北，1978年）。劉紹唐主編『民国人物小伝』第2冊（伝記文学出版社，台北，1977年）。秦孝儀編『中華民国名人伝』2（近代中国出版社，台北，1984年）。

〔嵯峨隆〕

O

欧（おう）　榘甲（くこう）　Ou Jujia

（1858年～1912年）

号・雲樵。筆名・無涯生ほか。広東省帰善県生まれ。原籍，同前。康有為の門弟。

1897年『知新報』を発刊して康有為の主張する変法を鼓吹する論文を発表した。その後上海の『時務報』の編集に携わり，世界各国の変法事情を紹介した。同年冬，康有為がロシアや日本に則った変法を上奏した第5上書で，欧榘甲はその序文を書いた。98年春梁啓超の下で湖南時務学堂の教壇に立ったが，その講義内容は革新的な師の教えを伝えるものではなく，時代の流れに合わせたブルジョア民主政治を讃えるものであった。

1898年9月戊戌の政変後は欧榘甲も日本で梁啓超の『清議報』の編集に協力し，西太后を非難，光緒帝の復位を訴えていた。その後革命派の楊衢雲や陳少白，尤列らとの交友を通じて彼らの影響を受け，『清議報』にも自由や民族の独立の言論を載せるようになった。彼は『易経』を引用して中国にも湯王（殷）や武王（周）の革命というものがあったと説いたが，これは師・康有為の怒りを招き，米国へ追放された。その後サンフランシスコの『文興日報』の編集に当たったが，ここでも皆と意見が一致しなかった。若い頃秘密結社の人たちと交友があった彼は，同地で『大同日報』を発行して，広東独立や満清政府との断絶を主張して同地の秘密結社洪門会の読者に歓迎された。再びこれを知った康有為に破門するとまで言われ，厳しい叱責を受けた。インドの滅亡は各省の独立によって生じたと梁啓超らに諭された彼は，以後過激な発言は慎むようになった。『大同日報』を去ってからはシンガポールにも赴き，1904年広西巡撫・張鳴岐の下で貴県の鉱山振華公司の発起人となった。これもまた康有為の非難の的となり，その後は郷里に戻って没した。

参考文献：馮自由『革命逸史』初集，２集，４集（商務印書館，上海，1939年，1943年）。中国史学会主編『戊戌変法』３（上海人民出版社，上海，1957年）。湯志鈞編『戊戌変法人物伝稿』上冊（中華書局，北京，1961年）。

〔児野道子〕

欧陽（おうよう）　山（さん）　Ouyang Shan

（1908年12月11日～2000年9月26日）

原名・楊鳳岐，楊儀，筆名・凡鳥，羅西，龍貢公。湖北省荊州生まれ。作家。

養父に連れられて各地を流浪する。７歳の時から広州で生活する。五・四運動の影響を受け，1924年８月『学生雑誌』に短篇小説「那一夜」を執筆する。知識青年の個性解放と社会改造に対する強烈な願望が描かれていた。25年北京大学を目指すが，実現せずに広州に戻る。26年広州文学会『広州文学』週刊を創刊する。長篇小説「玫瑰残了」を執筆する。中山大学文学院の郭沫若に面識を得て，中山大学予科に編入するが，すぐに退学する。27年南中国文学会を組織し，魯迅から指導を受ける。

1928年上海に向かい，後に南京に住む。ここで光華書店，北新書局から小説を出版し，職業作家として出発する。労働者の闘争を主題にする小説を書き始める。29年６・７月魯迅と通信を始め，下層人民の生活を反映した小説「死屍」を魯迅主編の『奔流』月刊に発表する。30～31年にかけて南京抜提書店，上海正午書局で編集に携わる。31年４月『毎月小説』を主編。11月広州で龔明・草明らとプロレタリア作家同盟を組織する。32年９月広東語の雑誌『広州文芸』を創刊，広東語で中篇小説「単眼虎」を執筆。『広州文芸』は，工場，商店，学校，農村に浸透し，さらに香港，南洋に広まる。ここで左翼作家連盟の文芸大衆化，無産階級文学を提唱し，中国左連広州分盟を組織する。国民政府の監視を逃れ，草明と上海に脱出，左連と文化界総同盟に参加し，文化界総同盟では宣伝部長を務める。草明・沙汀・周文らと左連小組に参加。34年４月楊騒と『作品』月刊を編集し，さらに５月上海『民報』の映画副刊『影譚』を創刊する。36年３月方之中と『夜鶯』月刊を編集。国防文学論争では，魯迅に加担し，「文芸工作者宣言」に署名する。７月『現実文学』を編集。８月張天翼らと「小説家座談会」を開催し，国防文学論争の収拾に努める。『小説家』を創刊。この時期には，短篇小説『七年忌』，中篇小説『崩決』の作品がある。９月広州へ向かう。

抗日戦争期には，広州・長沙・沅陵・重慶で抗日文化運動に従事する。1940年重慶で中共に入党する。41年延安整風運動に参加し，延安魯芸教師を務める。陝甘寧辺区の合作社での農民幹部の経済闘争と反迷信闘争を描いた長篇小説『高乾大』は，文芸講話を実践した作品として高い評価を得る。

1949年以降，文連全国委員，中国作家協会理事，作協広東分会主席を務める。作品には海南島の人民の闘争生活を主題にした『英雄三生』，広州蜂起の歴史特写『紅花崗畔』があるが，57年から執筆を開始した『一代風流』全５巻は彼の代表作といえよう。１巻『三家巷』，２巻『苦闘』の後，63年に文芸整風運動で批判され，文化大革命では打倒の対象とされ，66年監獄に収容され，五七幹部学校に入れられる。78年文壇に復帰し，作家活動を再開する。79年来日した。2000年，広州にて病死。

参考文献：北京語言学院《中国文学家辞典》編委会編『中国文学家辞典』現代第１分冊（四川人民出版社，成都，1979年）。徐州師範学院中国現代作家伝略編輯組『中国現代作家伝略』上（四川人民出版社，重慶，1981年）。上海社会科学院文学研究所編『三十年代在上海的“左連”作家』下巻（上海社会科学院出版社，上海，1988年）。

〔小山三郎〕

欧陽（おうよう）　予倩（よせん）　Ouyang Yuqian

（1889年５月１日～1962年９月21日）

本名・欧陽立袁，別名・蓮笙，蘭音，南傑。筆名・欧陽予倩，予倩，桃花不疑庵主。湖南省瀏陽県生まれ。劇作家，演出家，俳優。

清末名門官僚の家に生まれる。父・欧陽自耘，母・劉氏。譚嗣同・唐才常の師たる欧陽中鵠は彼の祖父で，予倩自身も私塾で唐才常より新学の薫陶をうける。1904年日本の成城中学に留学し，軍人を志すが，近視のため断念，のち明治大学・早稲田大学で学ぶ。05年冬日本政府の清国留学生取締規則に憤り，一時帰国。06年劉韵秋と結婚。留学中の07年春柳社なる話劇団体に参加，中国初の完全な話劇「黒奴籲天録（Uncle Tom's Cabin）」を上演した。続く「熱血（トスカ）」

の上演は日本文学界にも影響を与え，予倩自身の春柳社に於ける地位も確立し，彼は戯劇芸術の社会に対する教育作用を認識するに至った。

1910年帰国後，12年に上海で新劇同志会を結成，さらに13年長沙の社会教育団体とともに文社を結成したが，政局変化により文社は封鎖され，上海へ戻ることを余儀なくされた。その後春柳劇場という商業劇場を興したが，春柳社時代からの協力者であった陸鏡若が死去するに及んで，15年劇場は解体した。

予倩は話劇とともに旧劇にも関心を抱き続けた。幼少時から見よう見まねで芸を覚え，さらに日本留学中友人らについて修練し，1914年京劇役者として初舞台を踏んだ。その後基礎から学び直し，28年までプロの京劇役者として活躍した。19年南通の地方官・張謇の招きで伶工学社を創設，古い科班制度を改め新しい教育法で京劇俳優の養成につとめ，また更俗劇場を建てて京劇の振興にもつとめた。当時「南欧北梅」として，梅蘭芳と並び称せられた。21年沈雁冰（茅盾）らと民衆戯劇社を組織するが，経済上政治上の理由で上海に戻り，22年上海戯劇協社に参加するに及んで，田漢・洪深の知遇を得，26年南国社に参加した。翌年の南国社の魚龍会演劇公演では予倩作「潘金蓮」を上演し大成功をおさめた。同時に映画界にも乗り出し，26年処女シナリオ「玉潔氷情」を完成，続いて「天涯歌女」では社会の不平等を訴えた。だが4・12クーデターののち，予倩は国民政府総政治部の芸術顧問となり，在野の芸術運動を提唱する田漢と道を分かった。

1929年2月広東省政府肝入りの高等戯劇研究所が創立されると，彼は所長に就任した。当研究所は戯劇学校と音楽学校を付置し，大規模劇場と実験劇場を持ち，さらに雑誌『戯劇』・新聞『戯劇週刊』を発行していた。この頃，予倩は革命文学思想の影響を受け，次第に広東に息苦しさを感じ，31年10月上海に戻った。だが，白色テロル厳しく，翌年冬よりソ連・ヨーロッパの視察に出かけ，モスクワ映画界やドイツの国策映画会社ウーファーと交流する。帰国後，反蒋抗日を旗印とする福建人民政府に参加，国民政府より指名手配され，33年日本に亡命する。翌年手配解除後漸く上海に戻り，当時設立直後の新華影業公司で「新桃花扇」を制作する機会を得る。以後，明星影業公司で「清明時節」をはじめとする映画を撮るなど，抗日戦争まで映画界で活躍する。

1937年陥落後の上海で「梁紅玉」，「桃花扇」などの京劇を演じたのち，翌38年香港で映画「木蘭従軍」を撮り，好評を博す。ついで桂劇改革のため桂林に招かれ，40年に桂劇学校を開いて人材の育成と桂劇の整理を行った。当時桂林に田漢主宰の新中国劇社があり，両者の間で「磨光派と突撃派」の論争が戦わされた。44年9月戦況悪化著しく，昭平県へ逃れ千家駒らと『広西日報』昭平版を刊行するなどして，戦争終結を迎える。内戦期は上海へ戻り熊仏西の招請で上海劇団で教鞭を執り，新中国劇社を率いて台湾公演も行う。

解放前夜の1949年3月国立戯劇院設立準備のため北京に招かれ，翌年4月中央戯劇院設立とともに院長に就任，62年心筋梗塞で辞世するまで勤める。ここで教鞭を執るかたわら，自己の芸術論，教育論を執筆し，回想録も『回憶春柳』，『電影半路出家記』，『一得余抄』など多数出版する。55年，中国共産党に入党する。また，全人代代表，中国文連副主席，戯劇協会副主席，舞踏工作者協会主席，中央実験話劇院院長も勤めた。

著作集に『欧陽予倩劇作選』（人民文学出版社，1956年），『欧陽予倩選集』（人民文学出版社，1959年），『欧陽予倩文集』（中国戯劇出版社，1980年）がある。

参考文献：欧陽予倩・田漢・陽翰笙等編『中国語劇五十年史料集』（中国戯劇出版社，北京，1958年）。程季華・李少白・邢祖文編『中国電影発展史』（中国電影出版社，北京，1963年）。欧陽予倩『欧陽予倩戯劇論文集』（上海文芸出版社，上海，1984年）。丘振声・楊蔭亭編『欧陽予倩与桂劇改革』（広西人民出版社，南寧，1986年）。蘇関鑫編『欧陽予倩研究資料』（中国戯劇出版社，北京，1989年）。

〔長井裕子〕

欧陽（おうよう）　振声（しんせい）　Ouyang Zhensheng

（1879年～没年不詳）

字・篤初。号・駿民，俊民，正民。湖南省寧遠県生まれ。清末の武昌の革命運動の指導者，民国初期の政治家，ジャーナリスト。

秀才の資格で武昌に張之洞が創設した新式学校の文普通学堂に入り，同時に入学した宋教仁や欧陽瑞驊らと親交を結んだ。1904年7月，湖北省で最初の革命団体となった科学補習所の設立に参画し，排満運動を始めた。この年の秋，黄興，劉揆一らの華興会の長沙蜂起計画が失敗すると，科学補習所も捜索されたが，当時の湖北按察使・梁鼎芬の保身で組織は温存され，後に日知会へと発展し，11年10月の武昌蜂起の組織的基盤となった。振声が在籍する文普通学堂も宋教仁と欧陽瑞驊が除籍処分に処せられただけで，振声はそのまま学生の身分で同志との連絡員となった。

卒業後，おそらく1906年の夏，日本に留学，早稲田大学の政治経済学科に学んだ。卒業後に帰国，辛亥革命が勃発すると，革命派の立場で各地を遊説し，湖南省代表，宋教仁の代理として南京に赴き，臨時政府の樹立に参画した。12年1月28日に南京に成立した臨時政府の最高機関である臨時参議院の湖南代表議員となり，12年暮れに行われた参議院議員選挙で正式議員に当選した。この頃，谷鍾秀，殷汝驪，彭允彝らと統一共和党を結成した。この党は政治思想から言えば穏健な立場をとり，(1)中央集権，(2)税制の公平負担，(3)社会政策の重視，(4)商工業の発展と保護貿易政策の採用，(5)貨幣制度の統一と金本位制の採用，(6)国家銀行制度，(7)鉄道及び交通機関の整備，(8)軍国民教育の実施，(9)徴兵制，(10)海外移民の保護，辺地開墾，(11)国内民族の融和，(12)外交の重視，などの政治綱領を掲げた。人脈的にも，かつての立憲派とも合流し，党の総幹事に蔡鍔が就任し，王其祥，彭允彝，殷汝驪，欧陽振声らが常務幹事になった。7省に支部をもったが，勢力は振るわず，政府が北京に遷移すると，清末の東三省諮議局長の呉景濂を抱き込んで，ようやく国会に25議席を占めることができた。まもなく宋教仁の斡旋で国民党と合併する。

欧陽振声は「風采温雅，人となりは篤実穆然として士大夫の風あり」と言われ，政治の舞台ではつねに裏方に徹した。1913年3月親友の宋教仁が暗殺されると，黄興の主張する法律による解決にくみし，7月の討袁蜂起，いわゆる第2革命にも国会議員として北京に留まったが，11月袁世凱によって国民党が解散させられ，国会も取り消されると，上海に逃れた。上海では，谷鍾秀，楊永泰，徐傅霖らと泰東図書局や明明編訳社を設立し，これを拠点に反袁勢力の幅広い人材との連絡を目指した。また14年1月『正誼雑誌』を発行し，袁世凱支持一色になっていた言論界の中で「社会を指導し，政府に忠告する」宗旨で正論を説き，「神州に一線の光明を放った」。

第2革命の敗北で東京に亡命していた孫文は，国民党に代わる，党首の独裁を定めた中華革命党を結成し，反袁武力闘争を急務としていたが，これに反発する政治団体，欧事研究会が黄興を推戴して，李根源，彭允彝，殷汝驪，冷遹，林虎，程潜らによって同じく東京で結成され，孫文派と対立した。この結社は人材の集中，国内における「侵潤漸進主義」を主張し，日本が袁世凱に提出した21カ条要求に対しても，挙国一致の姿勢を打ち出し，その主旨を『正誼雑誌』に載せた。欧事研究会が15年の春夏の間に上海に拠点を移すと，この年の冬，欧陽振声，殷汝驪らは活動方針を打ち出し，幅広い勢力を結集するため，学校，出版会社の創設を計画し，具体的に新聞，雑誌を発行することにした。これらの方針は，五・四文化運動の基盤を作ることになった。

袁世凱が帝制を企図し，その推進団体の籌安会が結成されると，欧陽振声らは共和維持会を組織し，また総理となって『中華新報』を発行して反袁世論を盛り上げた。1915年12月雲南で反袁蜂起が勃発すると，振声は上海・香港間を往来して連絡にあたり，やがて護国軍の枢要についた。袁世凱の死後，軍務院代表として上京し，農商次長の就任を要請されたが固辞した。16年国会回復後，衆議院議員となる。

参考文献：田原天南編『清末民初中国官紳人名録』（中国研究会，1916年）。張難先『湖北革命知之録』（商務印書館，出版地不詳，1944年）。佐藤三郎・井上一葉編『民初議員列伝』（天一出版社，台北，1975年版）。　〔松本英紀〕

P

潘　鐸（はん たく）　Pan Duo

（生年不詳～1863年3月4日）

字・木君。江蘇省江寧県生まれ。清末，太平天国期の官僚。

1832年の進士。兵部主事，軍機章京，御史を経て，40年湖北の荊州府知府となり，ついで江西督糧道に昇進。広東塩運使，四川按察使，山西布政使を歴任し，48年河南巡撫に任じられた。陳州府知府の汚職事件により降格され，51年山西按察使，翌年湖南布政使を勤めた。太平天国の湖南進撃に対応するため岳州の防備を担当したが，その陥落の責任を問われ，しばらく山西に隠棲して病気の療養にあたった。

1861年雲貴総督代理に起用され，四川・雲南の回民蜂起の鎮圧にあたったが，63年初め，杜文秀蜂起軍の馬栄の部隊が昆明の五華書院を占拠し，その退去を迫った潘鐸は逆に刺殺されてしまった。雲南知府・昆明知県も同時に被害に遭った。潘鐸は総督戦死の恩典を援用して，太子太保の称号と忠毅の諡を与えられた。

参考文献：民国清史館編『清史稿』396，列伝183（民国清史館，北京，1927年）。清史編委会『清代人物伝稿』下編4巻「馬如龍」伝（遼寧人民出版社，瀋陽，1988年）。

〔並木頼寿〕

潘　復 Pan Fu

（1883年11月22日～1936年9月12日）

字・馨航。山東省済寧県生まれ。民国初期の政治家。北京政府第32期内閣総理。

潘復の家は，代々清朝の官吏をつとめる家であり，父・主廉も進士であった。潘自身も早くから私塾に入り科挙受験の準備をし，挙人となるが，1905年９月科挙が廃止されたためそれ以上の進級はできなかった。潘は，その後父親の友人で江蘇布政使であった陸鍾琦の元に身を寄せる。11年６月陸が山西巡撫になると，潘もこれに従う。10月武昌蜂起に呼応して閻錫山の山西新軍が蜂起すると，潘は難を逃れて郷里に戻る。

1912年４月江蘇都督・荘蘊寛が辞職し，程徳全が後任に就くと，潘復は程の秘書となり，江蘇省に移るが，13年１月山東実業司司長に任ぜられ再び郷里に戻る。この任期中に第１次山東博覧会を開催する。15年潘は財政部参事となる。また，この年の秋靳雲鵬と共に済寧で魯豊紡織廠を開設し，自ら経理を担当する。16年５月には全国水利局副総裁に就任する。

1919年11月靳雲鵬が徐世昌の命を受け内閣を組織すると，潘復は財政部次長に任命される。20年５月靳内閣は安福系の攻撃を受けて総辞職する。安直戦争後の８月９日張作霖の支持の下第２次靳内閣が成立すると，潘は財政部次長兼塩務署署長に就任する。21年12月第３次靳内閣が財政破綻を理由に総辞職すると，潘も職を辞し，天津に移り住む。その後，潘の私邸には張学良・李景林・張宗昌・褚玉璞などが集まり，そこは朝野の政治家クラブ的存在となる。彼らは，褚玉璞が発行した直隷省公債を利用して市場の金融を操作し，辺業銀行，徳興塩務公司を開設し，塩の流通を独占する。

1926年張宗昌が直魯連軍総司令となって北京に進駐すると，潘復は河道督辦に任命され，全国の水利を総監する。４月顔恵慶が組閣すると，潘は再び財政部次長に就任し，７月には関税特別会議委員会委員に任命される。10月顧維鈞内閣の下で財政部総長となり，27年１月の第２次顧維鈞内閣においては，交通部総長となる。６月18日張作霖が中華民国軍政府を組織すると，金融界との密接な関係，豊富な財務経験を高く評価され，北京政府第32期内閣総理兼交通部総長に任命される。12月財政部が奢侈品税を導入すると，北京日本人商工界はこの税金の不払いを決議し，中国政府の輸入品に対しても同様に５％の税金をかけるべきとの声明を発した。このような日本の動きを受けて，潘は28年２月３日外交・財政両界の要人を集め，「関税自主委員会」を設立し，自ら主席に就任する。

1928年５月３日済南事変に際して潘復は，「日本の我々に対する侮辱は甚だしきものがある」が，今は日本と全面的に事を構える時ではなく，国内政治を安定させ，世論の引き起こるのを待つべきであるとの見解を示した。これを受けて張作霖は，停戦を通電する。６月１日張は「中華民国陸海軍大元帥」の名で，国務院の印鑑及び外交部の重要檔案をすべて奉天に移し，２日北京からの退出を通電し，潘も３日辞職を通電する。同日午前１時，張は奉天に向かい，潘もこれに従う。４日午前５時半専用列車が皇姑屯を通過した時爆破され，張は死亡し，潘も怪我を負う。

1928年12月東三省が易幟を行い，張学良が国民政府東北辺防軍司令長官に任命されると，潘復は最高顧問として迎えられる。その後彼は天津の英国租界に居を構え，隠遁生活を送る。35年冬悪質な感冒を患い，これが長い間完治せず，肺炎を併発して６月北平の病院に入院するが，９月北平西山で死去する。北京政府における内閣総理の在任期間は，潘復が最長で，約１年間であった。

参考文献：楊大辛主編『北洋政府総統与総理』（南開大学出版社，天津，1988年）。劉紹唐主編『民国人物小伝』第４冊（伝記文学出版社，台北，1981年）。外務省情報部編『現代中華民国・満州帝国人名鑑』（東亜同文会，1937年）。筒井清忠編『昭和史論義』（ちくま新書，2015年）。

〔家近亮子〕

龐　人銓 Pang Renquan

（1897年10月16日～1922年1月17日）

字・寿純（一説に受淳），別号・龍厂。湖南省湘潭県の生まれ。湖南労工会の指導者。

父の名は樹綱。母の姓は江。先祖代々，農業を営む家庭に生まれる。龐人銓は５人兄弟の五男として，５歳の時に父を亡くしたため，母から読み書きを習い，暫くして付近の私塾に学んだ。７歳の時，三兄の人銘が龐氏族校を創設するとそこに転校した。１年後，湘潭県の楚山観高等小学に入学した。しかし，病気のために学業を中断して家に戻り，1911年からは兄の主宰する族校で教鞭をとった。

中華民国成立後の1913年龐人銓は族校をやめて長沙に赴き，湖南甲種工業学校染織科に入学した。在学中の彼は，文学の方面に関心を示している。17年同校を卒業して故郷に戻り，織布工場に就職した。翌年織布を学んだ楊佩岐と結婚し，２人で家内織物工場を始めたが，間もなく倒産の憂き目に遭った。そのため，彼は湘軍に入り陳嘉佑の部隊の副官となり，張敬尭追放運動に加わった。20年夏張が湖南省を退出すると，龐人銓は軍隊をやめて故郷に戻った。

1920年9月かつて甲種工業学校の同級生であった黄愛が長沙に戻って来た。龐人銓と黄は再会の後，甲工学友会を組織し，同年11月これを基礎に湖南労工会を結成し，彼は出版幹事に選ばれた。成立当初の労工会は，工読互助を実行するために労働者の夜学と読書会を開き，図書室や新聞閲覧所を設け，さらには労働者の演劇サークルを作るなどの啓蒙活動を行った。翌年3月労工会は湖南第一紗廠公有化の闘争を開始した。この工場は12年に創業した後，17年に華実公司へ有償貸与されたが，同公司が単独での経営能力を失ったため，さらに湖北の資本家・趙子安へ貸与されることになった。すると，湖南人の株主権を排除するとともに，外省人を技師や労働者に招聘したため，湖南各界の人々の反対を巻き起こしていた。そこで，21年3月労工会は民営化反対の宣言を発し，デモ行進を行うなど大規模な抗議行動を行うこととなったのである。4月末公有化運動の中で黄愛が逮捕・投獄されると龐は軍閥の弾圧の中でメーデーの集会を行う一方で黄の救援活動に当たった。

紗廠公有化運動の後，龐人銓と黄愛は労働者のストライキの指導にいっそう積極的に乗り出すこととなった。彼らが1921年の間に指導したものには，長沙理髪工会の自由営業獲得のためのストライキ，土木労働者による8時間労働制要求のストライキ，長沙湘鄂公司による労働者不当解雇撤回のためのストライキなどがある。また，同年12月にはワシントン会議反対のための集会とデモを指揮している。このような直接的な運動と並行して，龐は持ち前の文芸面での才能を活かして出版宣伝工作に当たり，『労工週刊』の編集を行ったほか，「金銭万悪」，「社会福音」，「人道之賊」といった戯曲を発表している。

1922年1月湖南第一紗廠では春節に備えての年末一時金を要求した労働者がストライキに突入した。湖南労工会はストライキ支援の方針を確認し，同月16日黄愛は龐人銓と共に華実公司との交渉に当たった。しかし，公司側はこの2人に恨みを抱く趙恒惕に多額の賄賂を贈り，彼らの殺害を依頼した。そのため，当日深夜2人は趙の送った兵士に捕えられ，翌17日早朝長沙瀏陽門外で処刑された。死後，各地で追悼会が開催された。

龐人銓は，労働運動に関わって行く過程で，実業救国，工読主義など様々な思想に触れていった。中でも，彼は一時アナキズムに強い関心を見せていた。しかし，後に彼は黄愛と共にマルクス主義に傾き，1921年には中国社会主義青年団に加入したと言われる。但しこれには異論もあって，アナキストとして生涯を終えたとする説もある。

参考文献：中共党史人物研究会編『中共党史人物伝』14巻（陝西人民出版社，西安，1984年）。谷茨「黄愛，龐人銓不是無政府主義者」，『湘潭大学学報（社会科学版）』1985年1期。「労工運動的先駆―湖南労工会―」，湖南省総工会編『湖南労工会研究論文及資料』（湖南人民出版社，長沙，1986年）。

〔嵯峨隆〕

彭（ほう）　楚藩（そはん）　Peng Chufan

（1884年～1911年10月10日）

原名・譚藩，別名・先棟，家棟。幼名・和尚，字・青雲。湖北省武昌県彭家湾生まれ。軍人，革命家。

父親は彭愚村で県庁の下級職員（書吏）をしていた。彭楚藩は幼少時から謝寛甫の養子となり，私塾で学び，20歳ごろ農村部の私塾の教師となった。そのころ，鄭という友人から『革命軍』・『猛回頭』などの革命鼓吹の書物をもらって感激したという。他に，黄宗羲，王船山の書を読んで，反満革命を志し，中訳の日本書で明治維新のことを知り，西郷隆盛を崇拝したという。1906年農村生活から脱出するため，湖北新軍砲兵隊の募集に応じ，新軍第21混成協砲兵第11営左隊の兵士となった。まもなく，軍隊内の革命団体日知会のリーダー・劉静庵らと知り合い，日知会の評議員となった。

1906年冬萍瀏醴蜂起との関連で日知会のことが官憲に知られ，劉静庵は逮捕され，彭は砲兵隊から除隊させられた。翌年原名の譚藩から楚藩と改名し，憲兵学堂の入学試験に合格，卒業後憲兵となり，職務精励のため「正目」（軍曹）にまで昇進した。

1911年はじめ，彭楚藩は文学社に加盟して連絡役となり，ほぼ同時期に共進会にも加入し，その調査部副部長，憲兵営（大隊）駐在の文学社・共進会連合代表となった。憲兵の地位を利用して武昌における清朝軍隊の配置，施設，武器などの情報を集め，革命蜂起の準備を進めた。文学社・共進会の双方の会員であったから，この両革命団体の連合にも大きな貢献をし，11年10月の武装蜂起のための「機関部」（司令部）の「軍事籌備員」の1人に選ばれた。

1911年10月9日午後，機関部は当夜蜂起決行の命令を発したが，上官に察知され，機関部に乱入した兵士によって彭楚藩は劉復基とともに逮捕された。取調べに際しては，自分が革命党員であることをはっきりと認め，「中華を回復し，民国を建設する」という革命理論を宣伝した。取り調べた鉄忠は，彭の理論に対抗できないことを知り，湖広総督（心得）の瑞澂に報告したため，10月10日の未明，劉復基・楊洪勝とともに，総督府付近で処刑された。武昌革命が勃発したその日である。

参考文献：黄季陸編『革命人物誌』6集（中央文物供応社，台北，1971年）。賀覚非『辛亥武昌首義人物伝』下冊（中華書局，北京，1982年）。清史編委会編『清代人物伝稿』下編3巻（遼寧人民出版社，瀋陽，1987年）。

〔久保田文次〕

彭(ほう)　徳懐(とくかい)　Peng Dehuai

（1898年10月24日～1974年11月29日）

原名・徳華。湖南省湘潭県石潭郷石生まれ。人民解放軍軍人，元帥。

貧農出身。幼少から赤貧の生活を送り，8歳で母と死別，10歳で牛飼い，13歳で炭坑の水の汲み上げ，15歳で日雇い労働者となる。1916年3月湖南軍（督軍・湯薌銘）に入隊。21年夏第2師第3旅第6団第1営第1連連長。22年秋湖南講武堂入学，徳懐と改名。23年秋卒業，第2師第3旅第6団第1営営長。26年北伐戦争に参加，国民革命軍第8軍第1師第1団第1営営長として第4軍独立団（団長・葉挺）と行動。同年第8軍第1師は独立5師に改編，同第1団団長。

1928年1月中共入党。7月平江蜂起。12月井岡山で紅第4軍（毛沢東，朱徳）に合流。29年1月紅第5軍軍長（党代表・滕代遠）。30年6月紅第3軍団に改編，総指揮。7月長沙攻撃，何鍵軍6万を撃破。8月第1軍団と第3軍団は合同して第1方面軍を編成（総司令員・朱徳，政治委員・毛沢東），第3軍団総指揮（政治委員・滕代遠）。31年11月中共中央革命軍事委員会副主席。5回の反包囲戦役に参加。34年1月中共6期5中全会で中央委員会候補委員。

長征では第3軍団軍団長。1935年11月中国労農紅軍第1方面軍司令員（政治委員・毛沢東）。36年1月中国人民紅軍抗日先鋒軍司令員（政治委員・毛沢東）として山西に挺進。同年5月西北革命軍事委員会（主席・毛沢東）副主席，第1方面軍西方野戦軍司令員兼政治委員。10月第1，第2，第4の各方面軍が会師，中共中央革命軍事委員会（主席・毛沢東）副主席，第1方面軍司令員兼政治委員。抗日統一戦線ができるまで前敵総指揮部総指揮（政治委員・任弼時）。

1937年7月国共合作による八路軍への改編に当たり「紅軍改編の意義と今後の任務」を報告。8月中共中央軍事委員会委員，八路軍（総司令員・朱徳）副総司令員。40年8月百団大戦を総指揮。42年浦安修と結婚。45年4月中共7全大会で中央委員会委員，6月同中央政治局委員。

1945年8月中共中央軍事委員会副主席兼総参謀長。47年3月人民解放軍総部（司令員・朱徳）副司令員，西北野戦軍司令員。同月胡宗南の攻撃による中共中央の延安撤退を指揮。12月「訴苦」（旧社会と反動派が勤労人民に与えた苦しみを訴える）により兵員の団結・戦闘力を高める新式整軍運動を展開。48年4月胡宗南軍を撃破して延安を奪回，毛沢東はこの勝利を新式運動によるものと賞賛。49年1月第1野戦軍司令員兼政治委員。5月西安解放，中共中央西北局第1書記。8月蘭州解放。

1949年9月全国政協会議代表，中央人民政府委員会委員，10月中国人民革命軍事委員会副主席，12月西北軍政委員会主席。50年10月中国人民志願軍司令員兼政治委員として朝鮮戦争に参戦。52年春病気治療のため帰国，中共中央軍事委員会の日常活動を主宰，中国軍の近代化・正規化に取り組む。53年6月停戦協定調印のため朝鮮に戻り，7月調印，朝鮮人民民主主義共和国一級国旗勲章授与。帰国後の9月中央人民政府委員会第24回会議で「中国人民志願軍の抗米援朝活動」を報告。

1953年12月～54年1月全軍軍事系統党高級幹部会議で，「4年来の軍事活動の総括と今後の軍事活動のいくつかの基本問題」を報告，朝鮮戦争における米軍との近代戦争の経験を総括，兵員の削減による中国軍の近代化・正規化を提起。会議後軍事制度の改革に着手，志願兵制度から義務兵役制度への転換は聶栄臻，階級制度の導入は羅栄桓，階級の符号・服装は賀龍，供給制度から俸給制度への転換は黄克誠がそれぞれ担当，55年秋までに完了。54年9月中共中央軍事委員会副主席，第1期全人代代表，国防委員会副主席，国務院副総理兼国防部長。55年5月オブザーバーとしてワルシャワ条約会議に出席。7月第1期全人代第2回会議で兵役法草案を説明。9月一級八一勲章，一級独立自由勲章，一級解放勲章授与，元帥。54～55年北京で2回会議を開催，対台湾軍事行動と戦略部署について報告，55年9月福建，広東を視察。11月遼東での原子兵器条件下の反上陸作戦演習幹部会で講話，過去の経験に満足することなく学習することを要請。56年3月中共中央軍事委員会拡大会議で「祖国を防衛する戦略方針と国防建設問題について」報告，陣地戦と運動戦を結合した作戦方式を提起。

1956年9月中共8全大会で，中央軍事委員会を代表して軍事活動報告。57年1月中共中央軍事委員会拡大会議で兵員の削減による軍隊の質的向上を提起，総兵員数は240万人で建国後最少となる。同年4月全国復員工作会議で予備役と民兵の結合による後備力の蓄積を提起。8月建軍30周年記念論文「強大な近代化された軍隊を建設し，祖国の平和建設を守ろう」(『人民日報』8月1日)を発表。11月中国代表団(団長・毛沢東)団員・中国軍事代表団長としてロシア十月革命40周年記念式典に参加。

1958年5～7月の中共中央軍事委員会拡大会議で毛沢東から中国軍を近代化・正規化するために実施してきた一連の政策をブルジョア軍事路線，教条主義と批判される。59年4～6月ソ連，東欧，モンゴル訪問。7月大躍進・人民公社に関する意見書を毛沢東に提出。7～8月の中共中央政治局会議・中共8期8中全会(廬山会議)で，毛沢東は彭を「ブルジョア階級の党内での代弁者」と批判，「解放軍が自分について来なければ，紅軍を探しに行く」と演説。8月北京で開催された中共中央軍事委員会拡大会議で林彪は①軍事クラブを作って軍隊をのっとろうとした，②外国(ソ連)に内通したとの理由で糾弾。9月国防部長，中共中央軍事委員会副主席解任，中共党学校高級班で学習。62年6月「野心家」「外国と内通した」との批判に対して自己弁護した8万字の意見書を中共中央と毛沢東に提出。9月中共8期10中全会で中央政治局委員解任。

1965年1月国防委員会副主席解任。9月毛沢東と会見，西南三線建設(四川省を中心とする戦略後方の建設)副総指揮(総指揮・賀龍)として11月成都に赴任。11月上海『文匯報』掲載の姚文元「新編歴史劇『海瑞免官』を批判する」で彭徳懐を批判，文化大革命始まる。66年12月北京衛戍区の営房に監禁され，尋問・暴行。林彪事件後の73年春ようやく入院。直腸ガンで北京で死去。79年12月の中共11期3中全会で名誉回復。

参考文献：丁望主編『彭徳懐問題専輯』〔中共文化大革命資料彙編〕(明報月刊出版社，香港，1969年)。『横刀立馬彭将軍』(人民出版社，北京，1979年)。『彭徳懐自述』(人民出版社，北京，1981年)。中国人民革命軍事博物館編『彭徳懐元帥豊碑永録—中国人民革命軍事博物館陳列文献資料選』(上海人民出版社，上海，1985年)。中共党史人物研究会編『中共党史人物伝』30巻(陝西人民出版社，西安，1986年)。平松茂雄『中国・核大国への道』(勁草書房，1986年)。彭徳懐伝記編写組編『彭徳懐軍事文選』(中央文献出版社，北京，1988年)。

〔平松茂雄〕

彭(ほう)　湃(はい)　Peng Pai

(1896年10月22日～1929年8月30日)

幼名・天泉，学名・漢育，改名・彭湃。広東省恵州府海豊県海城鎮橋東社生まれ。清朝道光年間，曽祖父が陸豊県吉康区より移住した。近代的農民運動の指導者たると同時に初期中国共産党の指導者。父・彭哲。10歳の頃，父と嫡妻・王氏が相ついで死去したため，残された子女の面倒はすべて妾の周風が引き受けた。彭湃が生まれた頃の家庭は，県では大地主に数えられた。それにもかかわらず彭湃とその一家は，貧農出身の周風の影響からか，すべて土豪劣紳ぎらいに育っていった。

1912年16歳の時彭湃は，鹿境郷の周の娘・蔡素屏と結婚させられた。彭は蔡の纏足を止めさせ，他方新知識を注入した。蔡は後に農民運動の闘士となり，28年6月犠牲となった。17年日本へ留学。当時の中国人留学生と同じく，彭湃も熱烈な愛国反日主義者となった。彼は東京の成城学校に入り，18年に卒業，同年早稲田大学政経学科に入学した。19年に「建設者同盟」が結成されると，彭湃ら数名の留学生は早速入会し，急速に思想的にアナーキズムに近づいていった。狭い愛国主義の枠をこえて世界人類を強権から解放することを目指すにいたった。彭湃のアナーキスティックな思想をさらに固めたものは20年秋に成立した「コスモ倶楽部」への参加であった。その中心に堺利彦がおり，会員にはアナーキストが多かった。

大学の卒業式は1921年7月であったが，故郷の祖母の病状悪化のため早めて5月初旬に帰国した。帰国後「社会主義研究社」を組織したり，観学所(後の教育局)の所長になって教育に力を入れたが，ここも翌年のメーデーの後，罷免されてしまった。

彭湃が農民運動に入ったのは，1922年6月「農民に告げる話」を発表した時に始まる。7月には彭湃を含めた「6人農会」が組織され，翌年元旦には会員1万人の「海豊総農会」に発展した。

彭湃は1922年日本の岡山の農場で起こった農民闘争を注視していた。この闘争で建設者同盟時代の友人・和田巌が病死したが，この頃より日中両国の農民運動は次第にマルクス主義に指導されるようになったのである。

その後，海豊農民運動は1923年7月と8月の2回にわたる台風を機として地主，官僚，民団の部隊に粉砕された。彭湃は24年4月広州で中国共産党に入り国民党中央農民部長・林伯渠の下で秘書となり，部長の交替があってもその地位にとどまって力を振るった。

彭湃は秘書時代に従事した農民闘争からいくつかの経験をした。その1つは，地主階級の民団の強さを知り，そこから農民を直接指導する幹部の養成の必要性を感じ，廖仲愷の力を借りて農民運動講習所を設立したこと，いま1つは，農民に耕地を分け与えること，即ち孫文の「耕者有其田」を実現することであった。

1923年8月には広東農民自衛軍が設立され，彭湃が総指揮に任じた。

広東の革命軍は，1925年に陳炯明の支配を排除するために，2度にわたり東征を成しとげ，10月には海陸豊をその手に落とした。26年は海豊県の農民運動の全盛期で，一切の権力を農会がにぎった。この夏，第6期農民運動講習所長であった毛沢東は所員300余人を海豊に送りこみ見学させ，その成果を絶賛した。

1926年10月に彭湃は汕頭に行き，そこの広東省農会潮梅事務所にいた許泳という女性と知りあい，その冬結婚する。許泳は正確には許玉慶と呼び，07年生まれ，33年に大南山で犠牲となった。

彭湃は1927年3月，陳延年，蘇兆徴らと武漢に行った。各地を演説して歩くうち，27年4月12日上海で蔣介石の反革命クーデターが起こり，広州でも革命軍が15日に反乱を起した。武昌では4月27日から5月9日にかけて中共5全大会が開かれ，陳独秀の左翼的傾向が批判され，彭湃が新しく中央委員に選出された。彭湃は江西省を視察し，方志敏の結婚に参加した後，南昌に行き周恩来らの蜂起に参加した（南昌蜂起)。その後，蜂起軍と共に南下，香港を経て11月8日には海豊に帰った。

1927年11月海豊県工農兵代表大会は彭湃の提供した土地接収案などを採択し，海豊県ソヴィエト政府が成立した。

1927年11月張太雷，葉挺，葉剣英らによって広州ソヴィエトが樹立された。彭湃は人民土地委員に選出されたが，広州支援にかけつける途中広州ソヴィエトの敗北が決定した。徐向前らの敗軍の将が海豊に辿りついたのは28年1月のことであった。海豊ソヴィエトも2月の末に至ると反革命軍によって占拠されてしまった。5月の戦闘では彭湃は大衆の掩護のもとに普寧県の白馬仔村に逃れた。28年7月，モスクワ郊外の中共6全大会で彭湃は欠席のまま中央委員に選出された。さらに，11月20日上海における中央政治局会議で中共農民委員会の書記に選ばれた。

1929年2月，中央は江蘇省委員会を改組し，彭湃を同委員会常務委員，省委軍事委員会書記に任じた。8月24日江蘇省軍事委員会が開かれたが，彭湃，顔昌頤，刑士貞，張際春らの出席者はそこで全員逮捕された。

8月26日，上海市公安局の一事所に引渡された彭湃は自己の身分を承認，28日龍華に移され，8月30日特別法廷で判決が下され，彭，楊，顔，刑の4人が国民党淞滬警備司令部によって秘密裡に刑場へ送られた。

参考文献：広東革命史料叢刊『彭湃研究史料』(広東人民出版社，広州，1981年)。『彭湃文集』(人民出版社，北京，1981年)。中共党史人物研究会編『中共党史人物伝』3巻(陝西人民出版社，西安，1981年)。《彭湃伝》編写組『彭湃伝』(北京出版社，北京，1984年)。祭洛他『彭湃伝』(人民出版社，北京，1986年)。白石「彭湃早期革命思想初探」，『学術研究』1980年3月。彭湃著，山本秀夫訳『中国農民革命の源流』(アジア経済研究所，1969年)。

〔山本秀夫〕

彭（ほう）　述之（じゅつし）　Peng Shuzhi

（1895年11月26日～1983年11月28日）

筆名・述之，張次南，陶伯，ロシア名・Петров。湖南省邵陽県生まれ。中国共産党草創期の指導者。中国トロツキズム運動の創始者。

彭述之は故郷の私塾で伝統的教育を受けたあと長沙の邵陽中学に入学，邵陽の宝慶五県中学に転校後，同校で学生会を組織し，愛国運動を行った。1917年邵陽県の高級小学校教師になったが，陳独秀の指導する新文化運動の洗礼を受けて教職を辞し，北京に赴いて陳とともに五・四運動の指導者の1人として革命運動に投じ，20年秋には湖南省長沙で中国最初の共産主義者グループの建設に参加，次いで上海で社会主義青年団に加わり，マルクス主義研究会メンバーとなった。

1921年ソ連に渡って最初の数カ月はシベリアで赤軍と工作に従事し，同年8月東方勤労者大学に入り，中国共産党モスクワ支部の書記となった。22年のコミンテルン極東勤労者大会，24年のコミンテルン第5回大会には李大釗とともに出席，はやくもスターリン・トロツキー論争に直面した。3年にわたるモスクワ滞在ののち24年に帰国後は党上海市委員会のメンバーとして中国共産党機関誌『嚮導』週報や同理論誌『新青年』に多くの論文を書いた。

最初の論文は「帝国主義と義和団運動」(『嚮導』週報第81期，1924年9月）であり，また「誰が中国国民革命の指導者か？」(『新青年』第4期，24年12月）は当時，多大の反響を呼んだ。中国革命の指導者はあくまでも労働者階級でなければならないことを鋭く説いたこの論文は，一躍彭述之の存在をクローズアップさせ，25年の中国共産党4全大会で党中央常務委員兼宣伝部長になり，『嚮導』週報の編集責任を担うとともに陳・彭・瞿（秋白）の党最高指導部を結成した。同年2月には上海の日本紡績工場ストライキを指導し，同地で日本共産党代表の佐野学らとも会った。彼はその後も国民革命におけるプロレタリアートの指導性を一貫して主張するとともに，スターリン，ブハーリンのコミンテルンが指導した国共の党内合作に激しく抵抗し，中国におけるコミンテルンの代理人ボローディンと激しく論争した。26～27年にはしばしば毛沢東の訪問を受け，27年3月毛沢東は「湖南農民運動の視察報告」の前半を『嚮導』週報に発表したが，中国共産党の正統史家・胡華は，「当時，中国共産党宣伝部長であった日和見主義者・彭述之はこれを続けて掲載することを許さなかった」(『中国新民主主義革命史』)といっている。ところで，彭述之の立場の一貫性は今日それを証明する歴史的文献が物語っているが，このような彼にも，インテリ革命家としての弱さがあったものと思われ，上海クーデター直前の緊迫した情勢のなかで，27年3月トロツキーに書簡を送った上海の3名の若い党員たちは当時の彭述之（ペトロフ）を「右翼」だとして批判していた（「上海からの書簡」，邦訳『トロツキー選集』第6巻)。

1927年7月の革命敗北後，彭述之は極左路線に転換した党中央を離れ，29年春にトロツキーの中国革命に関する論文を読んで深く感銘，29年秋に陳独秀とともに解消派・トロツキストとして約80名の同志とともに党を除名されてからは，中国トロツキズム運動を公然と開始し，機関誌『無産者』を拠点に精力的に活躍した。31年5月には中国トロツキズム各派が一応の統一を遂げ，陳独秀，彭述之らを責任者とする中国共産主義同盟が結成された。しかし32～37年までは蔣介石によって逮捕・投獄され，南京の獄中では陳独秀と隣の房であったが，陳独秀との理論的対立と個人的関係の破綻によって彼と最終的に訣別した。釈放後，陳独秀は四川省に赴き，42年に不遇のなかで病死したが，彭述之は再び上海で運動を続けた。

1938年4月の第4インターナショナル成立後は中国支部書記となり，中国トロツキー派の「多数派」(新中央）を率いて活動した。第2次世界大戦後は『求真』，『青年と婦女』(後に『新声』と改名，妻の陳碧蘭が編集責任者）を公刊して永続革命の立場を鼓吹したが，毛沢東らの革命が勝利に近づくや，トロツキスト弾圧にあい，48年末香港へ逃れた。香港，ヴェトナムでもトロツキズム運動を続けたが，スターリン主義者と官憲に圧迫され，50年春ヨーロッパへ亡命した。ヨーロッパでは，困難な条件のなかで第4インターナショナルの再建につとめ，同時に，毛沢東主義への批判の筆をとり続けた。「中国情勢についての批判とわれわれの態度」(59年)，「中国共産党およびその政権の性質について」(60年）はその代表的なものであり，また文化大革命に際しては，「中国共産党員への公開状」(67年）を発して中国プロレタリアートの使命を喚起した。

彼はまた，第4インターナショナルの一部に生じていた毛沢東主義への傾斜に対しても論争を続けてきたが，トロツキストとしての彼の立場は，ソ連・中国を社会主義国家＝労働者国家としてとらえたうえで，スターリン主義国家の「政治革命」を追求するという立場に近いといってよく，晩年には「プラハの春」のドプチェックの立場を高く評価していた。

その後も中国革命の現場証人として張国燾（大長征期に毛沢東と対立し，やがて香港に亡命した。1979年12月にカナダのトロントで死去）の『わが回想』(香港の雑誌『明報』月刊に連載）への批判と異議申し立てを行ったり，トロツキーの中国革命論を網羅した Les Evans and Russel Block (eds.), *Leon Trotsky on China* (Monad Press, New York, 1976）への長文の序文を書くなど精力的に執筆活動を続けた。

日本へは，1968年秋に亡命先のフランスから密かに来日し，約2カ月間滞在したが，日本のトロツキズム運動に失望して山西英一，中嶋嶺雄らとの交友を深めた。晩年はパリからアメリカのカリフォルニア州に移り，保養と執筆の生活を送ったが，83年11月ロスアンジェルス郊外でその生涯を閉じた。

彭述之は，中国革命の敗北者ではあるが，決して脱落者ではなく，生涯をかけて「失われた革命」の勝利を求め続けた革命家であり，またその風貌，個性は学識豊かな知識人そのものであった。

参考文献：中嶋嶺雄編訳『彭述之　失われた中国革命』(新評論，1980年)。Claude Cadart, Cheng Yingxiang, *L'Envol du Communisme en Chine: Mémoires de Peng Shuzhi*, (Gallimard, Paris, 1983). Peng Shu-tse (with Chen Pi-lan), *The Chinese Revolution* (Socialist Workers Party, New York, 1972). P'eng Shu-tse, *The Chinese Communist Party in Power* (Monad Press, New York, 1980). 彭述之『評張国燾的「我的回想」―中国第二次革命失敗的前因後果和教訓―』(前衛出版社，香港，1975年)。

〔中嶋嶺雄〕

彭(ほう)　雪楓(せつふう)　Peng Xuefeng

(1907年9月9日～1944年9月11日)

原名・彭修道。軍人。中共工農紅軍，新四軍の指導者。

河南省鎮平県七里庄の貧しい農家に生まれる。父は彭延泰。1918年秋鎮平県の模範高等小学入学。21年天津の伯父・彭延慶を頼って郷里を去る。伯父の援助を受けて南開中学に入るが，資金援助が続かず，中退。22年北京に来て，馮玉祥軍で書記官を務める同族の彭禹廷の援助により西北軍子弟学校に入るが，24年彭禹廷の資金援助が打ち切られる。25年育徳中学入学。そこでマルクス主義に触れ，5・30運動の高まりの中で農村に入り，反帝国主義を呼び掛ける。育徳中学学生自治会会長に選出される。同年6月，中国共産主義青年団入団。その後，育徳中学が解散すると，匯文中学で引き続き学ぶ。26年10月18日中国共産主義青年団から中国共産党に移るとともに，匯文中学党支部書記となり，北京東城区の学生運動工作を担当。27年3月中共北方区組織の指導する北京南苑の農民暴動に参加。同年9月北平民国大学文学系に入る。

1929年末山東省福山県で農民運動に従事。小学校の国文の教師の身分をかくれみのにして，農村に入る。その後上海に赴き，中央軍事委員会の機関で活動。30年初め中央視察員として鎮江，丹徒一帯を視察。30年5月1日中央軍事委員会より紅5軍の工作に派遣されて，鄂東南のソヴィエト地区に至り，紅5軍第5縦隊第3大隊の政治委員となる。同年6月中旬彭徳懐が主宰する紅5軍軍委拡大会議が開かれ，紅5軍が紅3軍団に編成換えされた際，同軍団紅8軍第1縦隊政治委員となる。その後，国民党軍の包囲討伐と戦いながら，紅8軍の第6師団，第2師団の政治委員を歴任。32年中央軍事委員会より「紅星奨章」を授与された。34年江西軍区政治委員，その後，紅軍大学校政治委員に転出した。

長征に参加し，中央軍事委員会第1局（作戦局）局長となる。1935年1月紅3軍団第4師団師団長，同年2月部隊編成を縮小した際，紅3軍団第13連隊連隊長となる。2月25日遵義を再攻略するためにはどうしても落とす必要のある婁山関奪取の命令を受け，紅13連隊を率いて占領した。9月紅軍陝甘支隊が成立し，紅3軍団が第2縦隊に改編されると，縦隊司令員となる。11月陝北に到達して紅1方面軍が復活すると，紅1軍団第4師団政治委員となる。36年8月紅軍大学高級指揮科に学ぶ。同年秋，中共中央の代表として密かに太原に赴き，連合抗日を計るため閻錫山と接触した。この時彭雨峰という変名，上海の某公司の副支配人の肩書を使った。

抗日戦争勃発後，太原の秘密連絡処は八路軍駐晋辦事処と改められた。彭雪楓は八路軍総部少将・参謀処長兼駐晋辦事処処長となり，中共中央北方局連絡局書記となった。連絡局は山西・河北・山東・チャハル4省及び北平・天津両市の統一戦線工作に責任を負っていた。1937年11月太原が陥落すると，八路軍駐晋辦事処は臨汾に移転（彭雪楓は引き続き辦事処処長）。38年1月八路軍総部も臨汾に移ってくると，同年2月閻錫山との連絡も八路軍総部が担当するようになり，彭雪楓は駐晋辦事処の60余名の幹部を率いて河南省确山県竹溝鎮に派遣された。竹溝は中共中央中原局の所在地であり，彭雪楓はそこで河南省委員会軍事部長として抗日武装の発展強化に務めた。38年9月2日竹溝で300余人を集めて新四軍游撃支隊を組織し，その司令員兼政治委員となる。39年8月新興集に豫皖蘇辺区党委員会がつくられると，その書記に任命された。同年12月新四軍第6支隊に改編された際には，9個連隊，1万2,000名余りの武装力に発展していた。40年7月12日八路軍第2縦隊344旅団と新四軍第6支隊が合併して，八路軍第4縦隊（9個連隊，1万7,000人余り）が作られると，その司令員となる。41年1月の皖南事変後，八路軍第4縦隊は新四軍第4師団となり，彭雪楓はその師団長兼政治委員となって，淮北蘇皖の抗日戦争を指導。44年8月河南省の敵後方で国民党頑迷派軍との戦いを続けていたが，同年9月10日流れ弾にあたって翌11日に戦死した。

参考文献：中共党史人物研究会編『中共党史人物伝』8巻（陝西人民出版社，西安，1983年）。王健英『紅軍人物志』（解放軍出版社，北京，1988年）。曾成貴主編『中国革命史人物研究綜覧』（河南人民出版社，開封，1989年）。暁音編『彭雪楓論抗日游撃戦争』（解放軍出版社，北京，1987年）。饒子健「在彭雪楓領導下的戦闘」，『革命回憶録』14輯（人民出版社，北京，1985年）。
〔石井明〕

彭（ほう）　沢民（たくみん）　Peng Zemin

（1877年11月7日～1956年10月18日）

字・錦泉，号・鏞希。広東省四会県生まれ。中国国民党左派の元老，華僑工作に従事。

貧しいながら，幼くして塾で学び，漢方医術も習う。1902年マラヤに渡り，塾教師や錫鉱山の事務係などになる。同地の興中会で革命思想に触れ，06年同盟会クアラルンプール支部設立の発起人の1人として，渡来した孫文の活動を支える。公開活動は許されず，キリスト教の中国青年益塞会として同盟会の活動を展開した。

1911年の広州蜂起では益塞会会員を参加させた。マラヤでは地下活動を行い，辛亥革命後に公開活動に転じた。彭沢民は副会長や会長として活動。15年彭は中華革命党セランゴール副支部長につき華僑から資金を集め，袁世凱打倒運動をおこない，華僑討逆軍を組織して広東東江地方で龍済光軍と戦った。また第1次世界大戦期に錫鉱山の他，ゴム園経営でも成功した。中華革命党の国民党への改組とともに，セレンバン総支部の活動では『益群日報』（クアラルンプール）を発刊した。

1924年に国共合作が成立すると，孫文の三大政策を擁護し，5・30運動と省港ストに対しては華僑の支持活動を組織し，マラヤを追われた。広州に戻ると国民革命に参加した。26年の国民党2全大会ではセレンバン総支部代表となり，中執委員に選出され，国民党中央海外部長兼国民政府委員となった。蔣介石の「党務整理案」(26年5月）には強く反対して左派的立場を堅持した。9月には国民政府僑務委員会委員となる。武漢国民政府が成立すると，彭沢民も武漢に移り，2期3中全会では財務委員会委員の他，党中央海外部長兼政府委員に再び選出された。4・12クーデター後，彭は党中執委員や政府委員らと連名で「討蔣通電」を出し，また中央軍事政治学校での討蔣大会では蔣介石打倒の演説を行った。

武漢政府の分共化に反対し，汪精衛らからは「逆党親共」と非難される。1927年7月分共会議に参加した後，漢口を離れた。8・1南昌蜂起に参加し，革命委員会委員となる。蜂起失敗後，彭湃の援助をうけて南昌から広東陸豊を通って汕頭に移り，以後20年間，香港で漢方医をしながら流亡生活を送る。国民党中央により28年2月国民党党籍を剝奪された。

1930年8月鄧演達らとともに上海の国民党臨時行動委員会が組織されると，彭沢民は香港で南方幹事会を組織した。33年に福建人民政府が成立すると参加するが，後，香港に帰った。35年11月，国民党臨時行動委員会第2回大会が香港で開催され，中華民族解放行動委員会に改組されるとその臨時中執委員となった。その後，彭は「全国各界領袖に告ぐる書」を発表した。

日中戦争開始後，章伯鈞と連名で「抗日救国の八項主張」を国民政府あてに打電した。また香港で『抗戦華僑』を創刊し，海外華僑に抗日団結を訴えた。1941年1月彭沢民は宋慶齢らと連名で蔣介石や国民党中央宛の書簡を発表し，抗日統一を要求。3月に中国民主政団同盟が結成されると，解放行動委員会にも加盟した。太平洋戦争開始後，香港で日本により2度逮捕された。

国共内戦期，宋慶齢の主張（1946年7月22日）に賛同を表明し内戦停止，政治協商会議，連合政府結成を主張した。また解放行動委員会は第4次代表会議で，中国農工民主党と改組され，彭は中央監察委員会主席になった。農工民主党は国民政府の改組を主張し，彭沢民は民主同盟南方総支部主任委員になった。中共の政治協商会議結成の呼びかけに応えて香港で活動し，12月には東北解放区に入り，政治協商会議準備会に参加。翌49年北平の人民政協会議1全大会に農工民主党代表として参加し，全国政協常務委員兼中央人民政府委員に選出された。

人民共和国成立後，政法委員会副主任，華僑事務委員や首都帰国華僑連誼会主席となり，1951年には農工民主党副主席についた。その後，北京市政府委員，市政協委員，中国紅十字会副会長，中華全国帰国華僑連合会主席，中医研究院名誉院長などを歴任。56年10月北京で心臓病により死去。

参考文献：中国社会科学院近代史研究所主編『民国人物伝』5巻（中華書局，北京，1986年)。中国農工民主党中央編『紀念彭沢民』(中国文史出版社，北京，1987年)。劉国銘編『中華民国国民政府・軍政職官人物誌』(春秋出版社，北京，1989年)。陳旭麓・李華興編『中華民国史辞典』(上海人民出版社，1991年)。
〔栃木利夫〕

彭（ほう）　真（しん）　Peng Zhen

(1902年10月12日～1997年4月26日)

原名・傅茂功，傅懋恭，別名・傅公茂，老魏，老高，高先生。山西省曲沃県生まれ。夫人・張潔清。長男・傅平，次男・傅揚，三男・傅亮，長女・傅彦。抗日戦争以来の中国共産党，国家の主要指導者の1人，とりわけ建国以降は法制建設に大きな貢献をなす。貧農出身。

21歳の時旧制師範学校を卒業したが，在学中左翼的な教師・学生の影響を受け，共産主義的な青年運動に加わり，学生運動や労働運動に熱心になる。1923年に共産主義青年同盟に参加，同年中共に入党する。この年の下半期，正太鉄道総工会秘書となり，また石家荘の党支部組織の活動に従事。24～29年中共天津地区委員会・順直省委員会組織部長に任ぜられ，太原，石家荘，天津，唐山などの都市で労働運動・学生運動を指導した。この間，天津，北京などで逮捕・入獄を繰り返すが，ここでもハンガー・ストライキなどで抗議運動を展開する。28年，共産党積極分子指導のために北方に派遣されてきた劉少奇と知合いになる。29年，省委から地区委に格下げされ，北方での組織的労働運動に従事。29年6月天津で逮捕され，実刑10年の判決を受けるが，35年に釈放される。

1935年中共天津市委員会書記および北方局組織部長に任ぜられ，華北において地下革命活動に従事する。抗日戦争勃発後は，中共晋察冀分局書記に就き聶栄臻らとともに，晋察冀辺区における抗日戦争と根拠地建設に重要な貢献をなす。また北方局書記兼統一戦線工作部長となり，青年学生の「救国運動」の組織発展にも尽くす。41年から43年にかけて，延安において中央党校副校長兼教育長となり，42年に展開された整風運動に参加・指導している。44年，党中央組織部長代理となり，翌年組織部長となる。45年の中共7全大会では中央委員に選出され，かつ中央政治局委員に当選する。続いて8月には書記処書記候補に，9月には，党中央東北局書記兼東北民主連軍政治委員に任ぜられ，林彪，陳雲らとともにハルビン一帯で活動する。

1949年2月，北平解放後，中共北京市委員会書記（55年まで，56年1月～65年10月は同市党委第1書記）に就き当地において影響力を持つ。中華人民共和国建国後は中央人民政府委員，政務院政治法律委員会副主任，第1～3期全人代常務委員会副委員長兼秘書長，第2～4期政協全国委員会副主席，北京市長，中央政治幹部学校校長などを歴任。56年の中共8全大会では，中央委員，中央政治局委員，中央書記処書記に，58年から党中央政法小組組長になり，党，政府における政治法律部門での実力者となっていく。56年11月～57年2月，全人代代表団長としてソ連・東欧を訪問。63年7月，中共代表団副団長としてモスクワに入り，中ソ論争の中国側論客の1人として活躍。64年11月，日本共産党9全大会で中共代表団長として訪日の予定であったが，日本政府は入国を拒否した。

文化大革命直前には毛沢東，劉少奇，周恩来，鄧小平に次ぐナンバー5の地位にあり，総理級の指導者と見なされていた。1966年6月以来，彭真と陸定一，羅瑞卿，楊尚昆の「四家店」の頭目とされ，反党反革命分子として紅衛兵などから激しい批判を受け，党および北京市長など一切の職務を罷免され，党中央指導者としては最初の失脚者となり，陝西省商県に強制居住させられる。

1979年2月党中央は正式に名誉回復を決定，同年9月中共11期4中全会で中央委員，中央政治局委員に補選される。第5期全人代第2回会議では全人代常務委副委員長，全人代常務委法制委主任に選出される。80年より中央政法委員会書記となる。79年以来，人民政府組織法，人民法院組織法，中外合弁経済企業法，刑法，刑事訴訟法など重要な法律の制定，および81～83年の憲法改正作業などにおいて指導的役割を果す。83年6月の第6期全人代第1回会議で，葉剣英の後を受けて，同常務委員会委員長に選ばれる（～88年3月）。

全人代委員長に就いてからは訪中の外国要人との会見は頻繁になり，日本の政界関係者，経済・文化関係者らと多くの接触を経験している。また彼自身も1985年4月，全人代委員長として，衆参両院議長の招きで夫人同伴で訪日し，天皇陛下とも会見した。

参考文献：柴田穂『現代中国人物100選』（秋田書店，1973年）。*Who's Who in Communist China* (Union Research Institute, Hong Kong, 1966). Donald W. Klein & Anne B. Ciark, *Biographic Dictionary of Chinese Communism, 1921-1965* (Harvard University Press, Cambridge, 1971).　〔天児慧〕

皮（ひ）　錫瑞（しゃくずい）　Pi Xirui

（1850年12月17日～1908年3月6日）

原名・錫瑞，字・鹿門，麓雲，室号を師伏堂といい，師伏堂先生ともいう。原籍，湖南省善化県。同県に生まれる。清末の学者，教育者。

皮家は江西省の名家で，乾隆年間に湖南省に移り，皮錫瑞の曽祖父・登楽の代に長沙府善化県を原籍とした。家は富豪であった。父は皮樹棠，1862年の挙人で，浙江省処州府宣平県の知県などをつとめ，皮錫瑞はその長男として生まれた。63年に県学に入り，翌64年から城南書院に学び，73年には後に譚嗣同・唐才常の師となる欧陽中鵠や，呉獬・陳兆文などと共に抜貢生にあげられた。ついで，82年に順天郷試に及第したが，会試にはついぞ及第せぬまま仕官を断念し，以降，研究と講学，著述に専念した。

1890年に湖南省桂陽州の龍潭書院で講学し，92年には同郷の江西学政・龍湛霖に招かれて江西省南昌の経訓書院に移った。時に中国では，95年の日清戦争における敗北の憤激から改革運動が興隆し，中でも湖南省では巡撫・陳宝箴，学政・江標，のちには長宝塩法道・黄遵憲らを中心に改革が鋭意進められ，98年2月に南学会が設立されると，皮錫瑞がその会長に招かれた。南学会において皮錫瑞は会長をつとめる一方，「学術」，「政教」，「輿地」，「天文」の4門のうち「学術」を担当し，連続して12回の講演を行ったが，改革運動の急進化とともに，葉徳輝らの攻撃を受けて南学会会長を辞任し，同年6月江西省の経訓書院に戻った。その間の皮錫瑞の日記（『湖南歴史資料』1958―4，59―1，2，81―2に掲載）は，戊戌変法の史料として貴重なものである。

悲嘆のうちに戊戌政変をむかえ，譚嗣同の死を悼んで「譚復生を哭する詩」5首を詠じたが，自身も政変に連座して挙人の資格を剝奪された。その後，皮錫瑞は門を閉じて著述に専念するが，1902年には招かれて湖南善化小学堂の設立に加わり，03年に新たに湖南省で設立された高等学堂と師範館で倫理・経学・史学を講義し，かつ高等学堂監督を兼ねた。さらに，北京で設立された京師大学堂の講師としての招聘を断り，湖南で講学すること5年，湖南高等学堂，師範館，中路師範学堂，長沙府中学堂の講席，学務公所図書課課長，長沙定王台図書館纂修などを歴任し，多くの門人を育てたが，1908年3月，長年の研鑽による疲労からか，突如不調を訴え，没した。

皮錫瑞は若い頃は詩文につとめ，『師伏堂駢文』，『師伏堂詩草』を著したが，30歳より経学をおさめ，『経訓書院自課文』，『尚書大伝疏証』，『古文尚書疏証辯正』，『九経浅説』，『古文尚書冤詞平議』，『孝経鄭注疏』，『鄭志疏証』，『今文尚書考証』，『聖証論補評』，『尚書中候疏証』，『駁五経異議疏証』，『漢碑引経考』，『王制箋』などを発刊した。中でも，晩年にまとめた『経学歴史』と『経学通史』は，経学の入門書として名高い。皮錫瑞の経学の特徴は，漢代の伏生の学に師事し，公羊学（今文学）を宗とした点にあり，また経世致用を自覚して実践的な役割をも果したが，同じ公羊学でも康有為の学問とは主旨を異にし，また戊戌変法期には一時対立したものの，王先謙・葉徳輝らとの親交も厚かった。中でも王先謙は皮錫瑞の学問を高く評価し，その著書の発刊につとめ，『尚書孔伝参正』では皮錫瑞の説を多く採用した。

参考文献：銭基博・李肖聃『近百年湖南学風・湘学略』（岳麓書社，長沙，1985年）。皮名振『清皮鹿門先生錫瑞年譜』（台湾商務印書館復印，台北，1983年）。狩野直喜『中国哲学史』（岩波書店，1953年）。濱久雄「皮錫瑞の学問と思想」，『大東文化大学紀要』29，1991年。　〔藤谷浩悦〕

蒲（ほ）　殿俊（でんしゅん）　Pu Dianjun

（1876年～1934年10月28日）

字・伯英。筆名・沚龕，沚庵，沚水。四川省広安県生まれ。清末民国初の政治家，四川省立憲派の指導者。

代々書香の家柄の名族で，祖父の端渓は学識があり，人望も厚かった。蒲殿俊は幼い頃からその祖父と祖母に学問の手ほどきを受けた。その後，叔父の慕勧，ついで当地の名儒と謳われた周煦笙に就き，また外叔父の胡葆森の門下に入って勉学に努めた。18歳で秀才に合格。1897年挙人となり，翌88年会試に臨んだが父の死で帰郷，喪に服した。その間，暇をみては経史諸子の学を究め，また北京で目撃した戊戌政変の刺激を受けて，時務の学にも目を向けた。99年，従兄弟の巨六と広安の城北に紫金精舎を創設し，胡葆森を主講に招き，斬新な指導方法で生徒を教育した。この紫金精舎はやがて紫金派と称され，また康有為派と目されて告発されたが，殿俊は意に介さずあくまで新しい方式を採り，ついに紫金精舎の方式で旧書院が合併され，広安官立学堂となった。

その後の1902年，綏定府尹（府の長官）に招かれて漢章書院の山長になる。この頃，重慶に政治改革を標榜して梅際郇や楊庶堪が創設した公強会に参加する。04年進士となり，この年清朝政府は新政を進めるため人材の養成を図り，03年と04年の進士合格者を海外に留学させることにし，蒲殿俊は日本に留学，法政大学に入り，梅謙二郎について法律を学んだ。時に四川では，総督・錫良が川漢鉄道の敷設を上奏し，募股あるいは租股と名づけられた敷設費を民間から徴収することにし，鉄路局が設けられ，道員の沈秉堃が総辦となり，すべて官庁の命令で執り行われた。鉄路局はやがて川漢鉄路公司と改められ，官民総辦各々1人を置いたが，株金の募集は役人が強制的に催促し，民間は騒然となった。日本でこの事情を知った蒲殿俊は，胡駿や友人の蕭湘，張智遠，李大鈞，鄧鎔，及び四川出身の留学生と図って，川漢鉄路改進会を組織し，錫良に書簡を送って不当なやり方に抗議した。

1908年蒲殿俊は蕭湘，鄧鎔らと北京に帰り，法部兼憲政編査館に出仕した。翌09年，諮議局議員の選挙が行われ，彼は北京で当選したが，四川の紳士たちに帰郷を求められた。9月に諮議局が開かれると議長に推された。この後，各省の議員代表とともに国会請願同志会を組織し，政府に立憲の予備期間の短縮を要求し，10年『蜀報』を創刊して立憲を宣伝し，北京でも請願団を結集して立憲制の実施を強く求めた。11年6月，孫洪伊，湯化龍らと憲友会を結成，かつ四川支部の指導者となった。一方，この年政府が外債を借りて，四川，湖北，湖南，広東の鉄道の国有化を謀ったので，借款協定は資政院の同意を得ておらず，諮議局の議決を経ていないとして国有化に反対する運動が起きた。蒲殿俊は総督代理の王人文の同意を得て，保路同志会を結成し，反対運動の先頭に立った。趙爾豊が四川総督に就任すると，強圧策を採って蒲殿俊，羅綸ら9人を逮捕し，救済に集まった民衆に発砲する事件を起こした。10月下旬，武昌の独立を引き金に各省が呼応する情勢になると，趙爾豊は9人を釈放し，四川の独立を承認した。蒲殿俊はただちに政権接収の代表となり，11月22日趙爾豊と30カ条の妥協策を締結し，27日大漢四川軍政府都督に就任した。しかし，30日には同盟会四川支部長の董修武が成都で省民大会を開いて都督と対立するなど，情勢は流動的で，事実，12月8日に副都督・朱慶瀾がクーデターを起こして権力の奪取を謀り，これに対して革命派の軍政部長・尹昌衡が軍を率いて成都に入り，新たに都督に就任する。

都督を退いた蒲殿俊は郷里に帰り，読書に明け暮れる日々を送るが，1913年国会が開かれると，再び政界に出，衆議院議員に当選した。当初，副議長に推されたが辞退し，梁啓超が結成した進歩党に加わり，理事の１人となった。15年袁世凱の帝制を推進する籌安会が出現すると，一時，上海に住み，また17年に復辟の動きが起こると天津に隠れ，巧みに災難が身に降りかからぬよう注意を払った。その間，進歩党は国会内で離合集散し，憲法研究会，研究系，新研究系などの政治結社が生まれるが，彼は常にその間を左右した。ただ一度，新研究系から衆議院副議長に擁立された。また，17年７月段祺瑞の執政政府で内務部次長に就任するが，12月に辞職，以後，政界から遠ざかった。

その後，1919年北京の『晨報』に招かれ，編集長となり，また独自に『実話報』を創刊して言論活動に従事した。この頃，社会改革は演劇による啓蒙が効果があるという考えから，演劇雑誌の創刊や演劇の専門学校を設立した。27年郷里の広安に帰り，旧友の梅際郇らと詩酒を交わす晩年を送った。34年10月北京で病死した。

参考文献：張朋園『立憲派与辛亥革命』（中国学術著作奨助委員会，台北，1969年）。隗瀛濤・趙清編『四川辛亥革命史料』下（四川人民出版社，成都，1982年）。

〔松本英紀〕

溥傑（ふけつ） Pujie

（1907年４月～1994年２月）

姓・愛新覚羅，名・溥傑。清朝最後の皇帝溥儀の弟。満州国皇弟。満州国軍人。中華人民共和国全国人民代表大会常務委員会委員。立命館大学名誉法学博士。

醇親王載灃の第２子として生れる。幼少より紫禁城にて兄溥儀の勉強相手をつとめる。17歳で結婚。しかし，最初の妻との夫婦仲は円満ではなかった。

1924年10月の北京政変により兄溥儀とともに紫禁城を追われる。これを機に北京で幅広い交友関係を築く。なかでも26年の張学良との出会いは，溥傑に大きな影響を与えた。溥傑は，張学良との交友をつうじて，中国政治における武力の重要性を認識するにいたり，軍人を志すようになる。この志に兄溥儀も同意し，溥儀の計らいにより，軍事を学ぶために日本へ留学することとなる。

1928年４月に日本に渡った溥傑は，半年間遊び回っているうちに学費，生活費を使い果してしまい，その後は，日本の財閥大倉喜七郎から支援を受けながら留学を続ける。陸軍士官学校への入学が目標であったが，当時同校を受験するには中華民国政府の推薦が必要であったため，同校の受験を断念し，学習院中等科に入学する。

1931年９月18日に満州事変が勃発し，翌32年３月１日に満州国が成立すると兄溥儀は，執政に就任した。溥傑は，33年３月に学習院高等科を卒業し，同年９月に満州国の推薦により陸軍士官学校本科に入学した。34年３月１日に満州国が帝制に移行し，兄溥儀が皇帝に就任したことにより，満州国皇弟という地位を得ることになる。

1935年６月に陸軍士官学校を卒業し，見習士官として宇都宮の歩兵第59連隊に赴任した。同年10月満州国歩兵中尉となった。その後，満州に渡り，新京禁衛歩兵連隊の小隊長となり，満州国皇帝の警護の任に就いた。

1937年に溥傑は，千葉県の陸軍歩兵学校に派遣された。同年４月，関東軍の手配により侯爵嵯峨実勝の娘嵯峨浩と結婚。この結婚は，「日満親善」・「日満一体」の象徴として宣伝された。

同年８月に陸軍歩兵学校を卒業した溥傑は，新京に戻り，９月に禁衛歩兵連隊大尉に昇進した。39年春には，満州国駐日本大使館付武官室勤務となる。その後，溥傑は，満州に一度戻るが，43年の秋に日本の陸軍大学校に派遣され，再び来日する。

1945年８月，溥傑は，満州国で終戦を迎えた。溥儀と溥傑は，ソ連軍の満州国への進撃から逃れるべく，日本への脱出を図ろうとしたが，奉天の空港においてソ連軍に捕えられ，ハバロフスクの収容所へ送られた。ここで５年間抑留された後，身柄を中華人民共和国へ移され，撫順の戦犯管理所に収容された。ここでレーニン，毛沢東，魯迅などの著書の学習，自己批判，肉体労働をつうじて「思想改造」に取り組んだ。

1954年３月に溥傑は，日本に残した長女の慧生が周恩来に送った手紙を受取る。これ以降，周恩来の許可により日本の家族との文通が始まった。しかし，慧生は，57年12月に学習院大学の学生大久保武道とともに天城山中において死んでいるのを発見された（この事件は一般に「天城心中」として知られている）。

1960年12月，溥傑は，特赦により釈放され，前年に釈放された溥儀のいる北京に帰った。そこで溥儀とともに周恩来の接見を受けた。翌年５月に周恩来の取り計らいにより，妻の浩および次女との再会を果した。翌月，溥傑の家族は，日中両国の著名人とともに周恩来の招待を受けた。周恩来には，溥傑・浩夫妻を戦後の日中友好のシンボルとする意図があったと考えられる。

溥傑は，釈放後，まず景山公園管理処で働き，その後周恩来の指示により，全国政治協商会議文史資料研究委員会の専門委員となった。1966年に始まった文化大革命で紅衛兵に批判されたこともあったが，周恩来の庇護により，厳しい迫害は免れた。

1974年12月，溥傑夫妻は，周恩来の許可を得て，日本を訪問した。溥傑は，その後，80年，81年（中日友好第2次訪問団），82年，88年，90年，92年と合計7回来日し，日中関係の発展に寄与した。その間，83年5月に全国人民代表大会常務委員会委員に選出され，人大常務委員会民族委員会副主任を担当した。翌年8月に中国中日関係史研究会が設立されると，その副会長に就任した。91年には立命館大学より名誉法学博士の学位を授与された。

溥傑の妻浩は，1987年6月に波乱の人生に幕を下ろした。溥傑は，94年2月に日中双方の多くの人士に惜しまれつつ北京の協和病院で息を引き取った。

参考文献：愛新覚羅溥傑著・丸山昇監訳，金若静訳『溥傑自伝―「満州国」皇弟を生きて』（河出書房新社，1995年）。賈英華『末代皇弟溥傑伝』（作家出版社，2002年）。

〔阿南友亮〕

溥儀（ふぎ） Puyi

（1906年2月7日～1967年10月17日）

姓・愛新覚羅，名・溥儀。字・浩然。英文名・Henry Pu Yi。筆名・植蓮。満州正黄旗人。清朝最後の皇帝。満州国皇帝。

第2代醇親王載灃の長男として北京醇王府で生まれる。母は満州正白旗人・爪爾佳氏栄禄の娘。3人の弟と7人の妹がある。祖父・醇賢親王は清朝第6代皇帝道光帝の第7子，父・載灃は醇賢親王の第5子。醇賢親王第2子の載湉が彼の伯母にあたる慈禧太后（西太后）の命令で宮廷に迎えられ光緒帝となった。

1908年慈禧太后と光緒帝の病が重くなると，慈禧太后の意によって宮廷に入る。溥儀が宮廷に入って2～3日の間に慈禧太后と光緒帝が相前後して亡くなり，旧暦11月9日，満3歳にも満たない溥儀が清朝第10代皇帝として即位した。年号は宣統と改められ，父の醇親王が摂政王となる。しかし3年後の11年辛亥革命が勃発，翌12年2月12日溥儀は袁世凱により退位を余儀なくされる。

退位後も溥儀は，この時公布された「清帝辞任後の優待に関する条件」などにもとづいて尊号を廃止されず，中華民国より年金を支給され，紫禁城に住むことを許された。1916年袁世凱の死後軍閥混戦が続く中で，17年7月1日張勲が北京に入り突如復辟を実行，溥儀を復位させたが，10日余りで失敗し，張勲はオランダ公使館に逃げ込み，7月12日溥儀は2度目の退位を余儀なくされる。

溥儀は満5歳の1911年から宮中で学問を始め，儒教の古典を主として，歴史や満州語を学び，19年からはイギリス人ジョンストンについて英語も学んでいる。ジョンストンから西洋文明の一端を学んだ溥儀は，外国留学を夢みるようになる。21年生母が自殺。22年12月満州正白旗人・郭布羅氏栄源の娘，婉容を皇后に，額爾徳特氏端恭の娘，文綉を淑妃として迎えた。23年3月紫禁城を脱出し国外に雄飛する計画をたてるが失敗。この年の夏，宮中に入った鄭孝胥と初めて会い，清朝復辟を真剣に願う彼の態度に信頼をよせ，その意見を入れつつ復辟の財政的基盤を確保するため内務府の整理を手掛けるが，失敗する。

1924年第2次奉直戦争の最中，馮玉祥が10月突然北京で首都革命を起こし，「清室優待条件修正案」をつきつけたことにより，溥儀は皇帝の尊号を廃され，紫禁城からも追われ，25年2月天津の日本租界に移って張園に住むようになる。

天津時代，溥儀は復辟にむけて事態打開の道を探った。当時の軍閥の大物将軍の中で最も期待したのは張作霖で，溥儀は1925年6月張と会って以来，奉天系の将軍達の抱き込み工作に特に力を入れた。また，ロシア人セミョーノフの満蒙地域奪取計画に期待をよせ，資金援助をした。その一方で日本との関係をさらに深め，28年には鄭孝胥が渡日し復辟支援の対日工作を行うことを許し，29年3月弟の溥傑と妹の婿である潤麒を日本に留学させた。7月日本租界内の静園に移る。31年淑妃文綉と離婚する。

1931年9月18日満州事変が勃発した。11月2日関東軍の奉天特務機関長・土肥原賢二と会見，満州に帰り新国家の元首となるよう要請される。11月10日ひそかに天津を脱出，18日旅順に入る。32年1月及び2月関東軍参謀・板垣征四郎と会見，復辟ではなく新国家・満州国の執政となる旨要請され激怒するが，結局これを受諾した。

1932年3月1日満州国が成立し，年号を大同，首都を長春（15日新京と改称）とすることが定められた。溥儀は暫定一年の条件で3月9日執政に正式就任した。しかし国政の実権は関東軍が握り，32年9月15日に日満議定書がとりかわされ，満州国は日本の傀儡国家の色彩を濃くしていった。

1934年3月1日満州国は執政から帝制に移行し，年号は康徳と改められ，溥儀は皇帝に就任した。35年4月初めて訪日。同年冬，弟溥傑が日本留学から帰国。溥傑は37年4月関東軍の勧めにより日本の華族出身の嵯峨浩と結婚し，溥儀の対日不信は強まっていった。同じ37年に溥儀は譚玉齢を貴人（祥貴人）に迎えたが，玉齢は42年急死する。関東軍が日本人の血を引いた帝位継承者を望んでいたことを察知していた溥儀は譚玉齢の死に疑いを持ち，日本人を妃にという関東軍の勧めを断わり，44年に李玉琴を貴人（福貴人）とする。

皇帝となってからも溥儀のできたことは，日本軍の意向にしたがってその役割を演ずることのみであった。1940年6月2度目の訪日。帰満後長春に建国神社を建てた。43年4月東條英機首相が渡満，溥儀は聖戦支援を明言した。

1945年8月9日ソ連が対日宣戦布告，15日日本の降伏とともに溥儀は満州国皇帝を退位する。19日，日本へ逃避する途中ソ連軍に捕えられ，チタからハバロフスクの収容所に送られ，ここに5年間拘留される。この間，46年8月極東国際軍事裁判に出廷，日本人を非難する証言を行い，日本と結託したことについて自らの意向と認めようとしなかった。

1950年8月ソ連から中国政府に身柄が引き渡され，撫順の戦犯収容所に送られたが，10月末ハルビンに移される。51年父・載灃死去。ハルビンでは自伝を執筆し，労働の傍らレーニンの『帝国主義論』などを学習する。

1954年3月撫順に戻される。56年6～7月日本人戦犯の証人として瀋陽に行く。57年李玉琴と正式に離婚。この年の秋には石炭運び，58年には医療助手などの仕事に従事した。59年12月4日付で特赦となり，12月9日，35年ぶりに北京に帰る。

1960年中国科学院植物研究所の北京植物園に配置される。6月日米安全保障条約反対闘争に参加。11月26日中華人民共和国の選挙権を得て投票。61年3月全国政治協商会議文史資料研究委員会専門委員となる。62年看護婦の李淑賢と結婚。64年自伝『我的前半生』を出版する。同年11月政治協商会議全国委員会委員に選出される。この頃より身体に異常を覚え，入退院をくりかえす。66年から始まった文化大革命の中で『我的前半生』も批判され心身共に打撃を受ける。67年10月北京の人民病院で腎臓癌のため没す。

参考文献：愛新覚羅溥儀著，小野忍他訳『わが半生』上・下（大安，1965年）。李淑賢資料提供，王慶祥編，銭端本他訳『溥儀日記』（学生社，1994年）。愛新覚羅毓嶦他著，菅泰正訳『素顔の皇帝溥儀―大奥からの証言』１・２・３（大衛出版社，1988年）。劉紹唐主編『民国人物小伝』第5冊（伝記文学出版社，台北，1982年）。楊照遠・劉暁暉編著『溥儀外記』（吉林文史出版社，長春，1987年）。李文達主編『人龍人―溥儀画伝』（群衆出版社，北京，1987年）。

〔浜口裕子〕

Q

祁（き）　寯藻（しゅんそう）　Qi Junzao

（1793年～1866年）

字・叔穎，淳甫，実甫，号・春圃，観斎。諡・文端。原籍，山西省寿陽県。清末の官僚。

1814年進士。23年から36年にかけて庶吉士，翰林院編集，通政司副使，光禄寺卿，内閣学士，湖南学政を歴任し，36年兵部侍郎に任ぜられ，ついで江蘇学政（36～40年）に転じた。

1840年初め，侍郎・黄爵滋と共に福建の沿岸防備およびアヘン密輸入禁止状況についての調査を命ぜられて約6カ月福建に滞在した。この間，6月にイギリスの大艦隊が広東に到着してアヘン戦争が始まり，艦隊は7月初めには福建海域に移動し，厦門に至って交渉を求めた。イギリスの艦隊は守備軍の砲撃を受けて退去し，さらに北上し，浙江の舟山群島に達して定海を占領した。閩浙総督・鄧廷楨はこのことを上奏したが，疑義をとなえる者があり，清廷は祁寯藻に厦門でのイギリス艦隊撃退の実情を報告させた。福建事情を調査した祁寯藻は，総督に対して泉州に駐在して防務に当たるべきこと，海口の砲台に土塁を築くこと，アヘン密輸入を厳禁すべきこと，漳州府や泉州府での外国銭の使用を禁止すべきこと，械闘には厳罰をもって対処すべきこと，などを上申し実行に移された。また彼は，浙江通過の際，台州府や温州府でのケシの密培について台州知府を，さらに塩政の不善について温州知府を弾劾した。40年，左都御史，兵部尚書に任ぜられ，翌年には戸部尚書（～50年）に転任し，軍機大臣の要職にも就いた（～54年）。

1849年，戸部尚書協辦大学士として甘粛に赴き，四川総督・琦善と協議して前任の陝甘総督・布彦泰の失政を審査し，処罰を上奏した。50年宣宗（道光帝）が死去し，文宗（咸豊帝）が即位すると，祁寯藻は体仁閣大学士を賜与された。そして，かねてアヘン戦争期に洋務政策についてしばしば意見が対立していた穆彰阿が罷免されたので，祁寯藻が政務の枢機に参画することとなった。51年から2年間，工部および戸部の監督に当たった。当時，太平天国軍が興起して勢力を拡大し，東進して，湖南・湖北・江南数省を前後して占領した。尚書・粛順は軍事費捻出のため高額銭貨の発行を主張したが，祁寯藻は賛成しなかった。結局，粛順の意見どおり高額銭貨を発行したが，弊害が多かった。また，湖南で曾国藩の統率する湘軍が編成されたので，粛順はこの利用を主張した。祁寯藻はこれに賛成ではなかったが，咸豊帝は粛順の意見に従った。政見をことごとく無視された祁寯藻は辞職を申し出たが許されず，55年初めまで在職した。60年，イギリス・フランス連合軍が天津，北京を占領する重大事件がおこった（第２次アヘン戦争）。連合軍が天津を占領した際，皇帝は熱河へ退避したが，祁寯藻は反対意見を提出し，西安への遷都を進言した。61年，穆宗（同治帝）が即位し，特に政務についての意見を求められると，祁寯藻は，帝王学の尊重，民心の安定，官吏の粛正，人材の登用，捻軍の早期鎮圧，山西・陝西の防備強化，節倹の奨励による民力の回復の６カ条を奏上した。この上奏を受理した皇帝は祁寯藻を礼部尚書に任命し，62年修学を始めると，帝王学の教授とした。64年引退。祁寯藻は詩作にすぐれ，特に宋詩を尊重した。詩文は『䨇䜵亭集』（14巻）に収められている。

参考文献：繆荃孫編『続碑伝集』４（江楚編訳書局，上海，1910年）。民国清史館編『清史稿』列伝172（民国清史館，北京，1927年）。民国中華書局編『清史列伝』46（民国中華書局，上海，1928年）。A.W. Hummel ed., *Eminent Chinese of the Ch'ing Period, 1644-1912, Vol.1* (U.S. Gov. Print, Washington D.C., 1943).　〔横山英〕

斉（せい）　如山（じょさん）　Qi Rushan

（1876年１月16日～1962年３月18日）

名・宗廉，字・如山。河北省高陽県の生まれ。京劇研究家。

曽祖父の竹渓と父の禊亭はともに進士という名門の家に生まれる。斉如山は５歳の時から，四書五経を初めとする古典を学び始めた。しかし，科挙の道に進むことはなく，19歳で北京の同文館に入り，ドイツ語とフランス語を学んだ。1900年の春義和団事件が起き，同文館は破壊され機能を停止した。そして同年６月，８カ国連合軍が北京に入城を果すと，彼は一転して商業に従事することとなった。これは，父・禊亭からの「清朝の官吏となるべからず」と「外国人のために翻訳をするべからず」という厳命に従ったものであった。この後，彼はしばしば欧米各地を訪れては当地在住の革命派中国人と交流を持った。その中には，張静江，張継，呉稚暉，李石曾といったアナキストも含まれていた。ちなみに，李石曾は父の門下生である。中華民国臨時政府成立後の12年１月，北京で彭家珍による清軍諮吏・良弼爆殺事件が発生したが，その際には斉如山が経営する義興局がアジトとなった。

斉如山は商業に従事している間，外遊のたびに各国で演劇を鑑賞するなど，その方面に関心を深めていたが，梅蘭芳の演技に触れた後は京劇に関心を抱き，京劇研究および改良の道に進むに至った。彼は1931年に梅蘭芳らと共に北平国劇学会を創設している。また，彼が収集した京劇関係の書籍は千冊以上に及び，そのコレクションは稀覯本数百種，図集，拓本，模型などを含むものであった。彼の関心は戯曲自体にとどまらず，音楽，舞踏，武術，服飾，建築，美術，工芸などにも及んだ。彼の演劇関係の著作には，『説戯』，『中国劇之組織』，『国劇概論』，『国劇漫談』，『説平劇』などがある。他方，斉如山は中国社会史にも関心を抱き，『故都瑣述』，『北平三百六十行』，『北平土語』などの著作を残している。

1948年12月中共軍が北平に迫る中，斉如山は国劇学会を解散し，大陸を逃れ台湾に渡った。54年教育部の要請で中国歌劇改良委員会主任委員に任じられ，人材の育成に当たった。国立台湾芸術専科学校の創設は，斉の意見によるものである。62年台北で死去した。彼の著作は合計90篇に上るが，死後『斉如山先生全集』が出版されている。

参考文献：鄭孝穎「斉如山」，『伝記文学』40巻５期，1982年。徐友春主編『民国人物大辞典』（河北人民出版社，石家荘，1991年）。斉香「我的父親斉如山」，舒乙主編『京華奇人録』（北京出版社，北京，1992年）。　〔嵯峨隆〕

琦善（きぜん）　Qishan

（1790年～1854年）

字・静庵。謚・文勤。博爾済吉特氏。満州正黄旗人。世襲一等侯爵。清末の官僚。

1806年刑部員外郎となり，ついで通政司副使。14年河南按察使に就任，その後18年江寧布政使，河南布政使を歴任し，19年に河南巡撫，21年に山東巡撫，25年両江総督兼漕運総督に任ぜられた。運河の改修に失敗したため山東巡撫に降格されたが，29年には四川総督に，さらに31年には直隷総督（～41年）に任ぜられた。36年には協辦大学士，38年には文淵閣大学士の称号を与えられた。

アヘン戦争が始まるや，当時直隷総督の任にあった琦善は1840年天津に駐在して沿岸防備を督励したが，８月イギリス艦隊５隻が大沽に来航，林則徐，鄧廷楨らのアヘン没収事件を非難し，没収アヘンと軍費の賠償，香港島の割譲，開港などを要求した英外相パーマストンの書簡を伝達した。琦善はイギリス全権C.エリオットに面会し，広州において外交交渉を行うことを約してイギリス艦隊を退去させた。清廷は林則徐，鄧廷楨を罷免し，代わって琦善を両広総督兼粤海関監督に任じた。12月，琦善は欽差大臣としてイギリス全権C.エリオットと交渉を開始したところ，エリオットは外相パーマストンの指令に基づいて沿海領土の割譲，賠償，通商の回復，厦門・定海の開港などの要求を提出し調印を迫った。清廷は領土の割譲については認めようとしなかった。また，江蘇巡撫・裕謙が対英妥協政策の誤りについて激しく弾劾するなど，抗戦派の対英和議反対論も多く，交渉は進捗せず，清廷も和議の中止を決意した。

他方，イギリス側は和議を強要するため武力の行使が必要と決し，1841年1月初め，突如として川鼻砲台を攻略した上，虎門沿岸の沙角，大角の両砲台を占領し，さらに広州城への侵攻の態勢を示した。琦善は勝算なしと判断して和議を申入れ，広州湾外洋に1カ所居住地を認めると独断で約束したが，エリオットは香港島の割譲を強く求めた。

1841年1月20日，琦善はやむなく和議の経過を上奏すると共に，「広東外洋の香港地方への寄港，居住」を認めることを要請した。同日エリオットは香港島の割譲，賠償金600万元の支払い，広州の開港などを内容とした「川鼻仮条約」の草案（中国では「穿鼻草約」という）を提出して調印を迫り，一方的に条約の成立を宣言し，26日には香港島を占領した。翌月16日，エリオットは琦善に対し再び調印を迫ったが，この時にはすでに琦善は欽差大臣を解任されており，結局，「川鼻仮条約」は調印されなかった。対英交渉の失敗の責任を問われて琦善はいっさいの官位を剝奪され，家産も没収された。

清廷では再び主戦論が優位を占め，琦善に代わって皇族・奕山が広州に赴任して事態の収拾を試みたが，戦局不利を悟って，1841年3月，広州休戦協定を結んだ。ここで，奕山は，まずはアヘン賠償金600万元を支払い，香港島割譲など和約条件は後日協議することを約し，イギリス軍は侵攻を停止した。琦善は北京に帰着して釈明し，罪を許されて浙江に派遣されて軍務についた。42年6月，イギリス軍は再度長江下游に進攻を開始し，上海，鎮江，呉淞を攻め落し，南京に迫った。清廷はついに降伏し，耆英・伊里布などを全権大使として南京条約を締結した。

その後琦善は1843年熱河都統，駐蔵大臣，46年四川総督，49年陝甘総督，50年青海辦事大臣（兼任）を歴任した。51年罪を得て官を失い吉林に追放されたが，翌年許されて河南巡撫に起用され，ついで欽差大臣に任命されて湖北，河南方面で太平天国の防衛に当たった。53年，湖北，安徽両省および南京，鎮江，揚州などが太平天国軍に奪われるや，江北の防衛を命ぜられ，その後，54年夏まで太平天国軍と戦い各地を転戦し，軍中で死亡した。

参考文献：民国清史館編『清史稿』列伝157（民国清史館，北京，1927年）。民国中華書局編『清史列伝』40（民国中華書局，上海，1928年）。清史編委会編『清代人物伝稿』下編1巻（遼寧人民出版社，瀋陽，1984年）。蔣廷黻「琦善与鴉片戦争」，『清華学報』6巻3期，1931年10月。A.W. Hummel ed., *Eminent Chinese in the Ch'ing Period, 1644-1912*, Vol.1 (U.S. Gov. Print, Washington D.C., 1943).

〔横山英〕

斉　燮元（せい しょうげん） Qi Xieyuan

（1885年4月28日～1946年12月18日）

字・撫万，号・耀珊。河北省寧河県生まれ。軍人。

若くして科挙の秀才となり，その後1904年に北洋陸軍武備学堂砲兵科に入学（同期に李純がいた）。卒業後北洋軍第6鎮随営学堂教官となり，後に営長に昇進。09年に陸軍大学正則班第3期に入学し，11年には陸軍6鎮歩12協執事官，歩23標教練官となり，辛亥革命時には清軍第2軍副官・参謀官を務める。12年陸軍大学卒業後は，豫南総司令部参謀長に任ぜられる。13年には江西都督府参謀長となり，14年1月に陸軍第6師補充第5旅旅長及び歩11旅旅長となる。

1915年12月袁世凱の帝制復活に際し一等軽騎都慰世職に封ぜられ，16年1月には北軍第6師第12旅旅長に任ぜられ，2月に第6師師長・馬継登が自殺（斉の毒殺説もあり）すると，9月に師長に就任した。

1917年9月江蘇督軍・李純の参謀長となり，12月には江寧鎮守使を兼任。20年5月に江蘇軍務幇辦となり，10月に李純が蘇皖贛巡閲使を兼任すると副使に任ぜられ，李純自殺後の12月には江蘇都督を代行，21年9月に正式に就任する。22年8月浦口改修局総裁を兼任し，10月に陸軍上将に昇進，23年11月には蘇皖贛巡閲使も兼任して曹錕総統より寧武上将軍の位を授与されるとともに，南京にて「和平統一協会」を組織する。

1924年4月呉佩孚の支持の下で蘇皖贛秦魯五省連防を発起し，9月の江浙戦争では浙滬連軍総司令の盧永祥と淞滬護軍使・何豊林を破り，何の地位を引き継ぐ。同年10月馮玉祥の離反により曹錕が捕えられ呉佩孚が湖北省に逃れると，11月に8省及び海連防軍会議を開催し，「護憲政府」組織を建議して馮と対立した。しかし，同年12月に段祺瑞によって江蘇督軍を免職され，盧永祥が蘇皖宣撫使となるに及んで，南京を離れ上海に赴く。

1925年1月上海駐留中の第6師・19師師長を追放して浙滬連軍第1路総司令となり，第2路総司令・孫伝芳と共に奉天軍の南下に反対したが，盧永祥の宣撫軍に敗れ，日本の別府に一時亡命する。同年10月に呉佩孚が再起すると，11月に漢口で14省討賊連軍副総司令兼第4軍総司令に就任する。

1926年4月張学良と国民軍対策を北京で協議し，7月に中国国民党の北伐が始まると，蔣介石・唐生智討伐軍副司令に就任。呉佩孚は27年10月に北伐軍が武昌へ進攻すると河南へ，奉軍が迫ると四川へ逃れるが，その間河南留守総司令を務め，敗走後は天津及び大連に赴く。28年6月には孫伝芳や于学忠と共に直系復興を画策するが失敗に終わる。30年5月閻錫山から江北招撫使に任ぜられて太原の軍事会議に出席するも，閻と馮玉祥が「中原大戦」で蔣介石に敗れると，以後天津で隠遁生活を送る。

1935年日本が華北に傀儡政権を成立させると，宋哲元の要請でその冀察政務委員会常務委員に就任。37年に日中戦争が勃発すると，12月に北平の「中華民国臨時政府」に加入し，清郷総署督辦，議政委員会常務委員，行政委員会兼治安部長に任ぜられ，国民政府からは「漢奸治罪条例」による厳罰の対象として逮捕命令が出される。

1939年12月4日日本軍医と共謀して呉佩孚を殺害。40年1月には「臨時政府」代表として「青島会議」に出席し，3月に汪精衛が日本傀儡の「国民政府」を南京に成立させると，その華北綏靖軍総司令及び華北政務委員会常務委員兼治安総署督辦となり，後には華北政治委員会委員長，国民党中央政治委員会招聘委員などを歴任。43年2月には華北政務委員会内政総署督辦兼諮議会議副議長に就任する。

日中戦争終結後の1945年8月に逮捕され，軍法裁判で死刑宣告を受け，46年12月18日南京の雨花台で処刑される。

参考文献：劉紹唐主編『民国人物小伝』第3冊（伝記文学出版社，台北，1980年）。徐友春主編『民国人物大辞典』（河北人民出版社，石家荘，1991年）。章伯鋒主編『北洋軍閥』6巻（武漢出版社，武漢，1990年）。王俯民編『民国軍人誌』（中国広播電視出版社，北京，1992年）。外務省情報部編『改訂現代支那人名鑑』（東亜同文会，1928年）。

〔江崎隆哉〕

耆英（きえい）　Qiying

（1787年～1858年）

字・介春。愛新覚羅氏。満州正藍旗人。清末の官僚。生年に関しては1790年説あり。

1806年宋人府主事に任ぜられ，以後中央の官職を歴任。25年内務府大臣に任ぜられ，29年には礼部尚書，34年工部尚書，戸部尚書に就任し，翌年には太子少保に加えられ，広東・江西に派遣されて政務に当たった。37年に宦官・張道忠の賭博事件に連座して兵部侍郎に降格させられたが，まもなく熱河都統に転出し，38年には盛京将軍に任ぜられ，アヘン厳禁に努め，40年には旅順港口の警備の充実を要請した。

アヘン戦争が始まってイギリス軍艦が渤海湾内に侵入し，山海関，秦皇島付近に出没するや，錦州，山海関の防備を固めた。1842年，広州将軍に任ぜられ，欽差大臣を拝命して浙江の沿岸防備に当たった。同年5月，呉淞，宝山，上海が相ついでイギリス軍に占領されると，伊里布と共に江蘇に赴いて対策を協議し，さらに鎮江が占領されるや，揚威将軍・奕経と前後して対英和議を上奏した。7月，イギリス軍が南京に迫ると耆英は伊里布，両江総督・牛鑑らとともにイギリス全権ポッティンジャーやモリソンと講和条件について折衝し，首席軍機大臣・穆彰阿らの支持を得て8月29日南京条約の調印となった。同年9月，耆英は両江総督に任ぜられ，通商問題の処理および浙江，福建の諸政改善に当たった。翌43年には欽差大臣を拝命して広州に赴き，イギリスと五口通商章程および五口通商附粘善後条款（虎門寨追加条約）を締結した。翌年両広総督に任ぜられたが，再び欽差大臣を拝命して，アメリカと中米五口貿易章程（望夏条約），フランスと中仏五口通商章程（黄埔条約）を締結し，両国との通商を開いた。

1845年協辦大学士に栄進したが，48年まで両広総督として対外折衝に従事した。その間，イギリス官商民の広州城内居住要請が執拗に行われ，これに対して省城内人民の反対が強く，重大な問題となっていた。47年，遂に耆英はイギリス側の圧力に屈して2年後に広州城への入城を許すことを約した。また，同年11月，スウェーデンとノルウェーとの条約締結にも当たった。翌年，耆英は北京に赴いて皇帝に謁見し，功績を讃えられて双眼花翎を賜り，文淵閣大学士に任ぜられた。しかし，50年，道光帝が没して咸豊帝が即位すると，穆彰阿と共に耆英も過去の対外政策が軟弱で国益を害したとして断罪され，工部員外郎に降格された。

1853年，太平天国の北上に際し，討伐軍費を上納し，四品頂戴を与えられたが，その子・慶錫の収賄事件のため免職となり，監禁の身となった。しかし，58年，第２次アヘン戦争が始まり条約改正問題が起こると，外交事務に通暁しているということで耆英は再び起用され，大学士・桂良や尚書・花沙納の両全権と共に天津，広州において外交交渉に当たった。しかし，耆英の上奏や条約の華訳は正確でないとしてイギリス通訳官に非難，忌避され，そのため北京に帰され自殺を命ぜられた。

参考文献：李桓輯『国朝耆献類徴』37（湘陰李氏刊，1890年）。民国清史館編『清史稿』列伝157（民国清史館，北京，1927年）。民国中華書局編『清史列伝』40（民国中華書局，上海，1928年）。蔣廷黻『近代中国外交資料輯要』（上海商務印書館，上海，1931年）。清史編委会編『清代人物伝稿』下編２巻（遼寧人民出版社，瀋陽，1985年）。『籌辦夷務始末』（道光朝1856年官撰；故宮博物院，1930年）。A. W. Hummel ed., *Eminent Chinese of the Ch'ing Period, 1644-1912*, Vol. 1 (U.S. Gov. Print, Washington D.C., 1943).

〔横山英〕

銭（せん）　大昕（だいきん）　Qian Daxin

（1727年２月16日～1804年11月21日）

原名・大昕，字・暁徴，及之。号・辛楣，竹汀。室名・得自怡斎，潜研堂，十駕斎，孱守斎，餐柏斎。原籍，江蘇嘉定県。清の学者。

1742年生員となる。51年乾隆帝南巡の時の召試で挙人となり，内閣中書に任用された。54年進士となり，翰林院庶吉士を授けられた。以後，翰林院の官を歴任し，その間に『熱河志』，『続文献通考』，『続通志』，『大清一統志』，『天球図』などの欽定書の編纂に参与した。73年詹事府少詹事に昇進し，翌74年河南郷試正考官，ついで広東学政を担当した。75年父の死で官を辞して帰郷した。以後任官を求めず，77歳で蘇州において病死するまでの約30年間を鍾山（南京），婁東（松江），紫陽（蘇州）などの書院で後進の指導に当たった。

その学問は，諸子，音韻，訓古，制度典章，氏族，地理，金石，画像篆隷，天文，中西暦算などの諸方面に博通し，とくに古紐の研究では「いにしえに軽唇音，舌上音なし」との新説を出し，詩文においては「呉中七子の冠」と称せられるほどであった。

その博学ぶりは京官時代からすでに知られ，当時ラマ学の権威であったチャンギアフトクトが元代のモンゴル碑文を漢訳した際，偶然通りかかった銭大昕がその訳文の誤りを指摘し，元代に漢訳されたものを自宅から持出してそれを証明したため，人々はみな敬服したという話が『嘯亭雑録』に収められている。

しかし，銭大昕の学問中，筆頭に挙げるべきものは，「恵棟・戴震の学が流行して以来，世の学者はただ経書を修め，歴史はほぼ３史に渉るくらいで，それ以下は全く知らない。これで儒学に通じているといえようか」と述べて力を注いだ史学である。それは内藤湖南をして「当時の学風である考証の方法を史学に応用し，清朝一代の史学の研究法を立て，その他に従来の人の注意しなかった新方面を開き，以後の史学の風を一変せしめた」といわしめるものであった。

湖南は銭大昕の史学研究法に，①校勘学を用いて史料としての正確な定本を必要としたこと，②史料となるべき書籍の選択をほどこしたこと，③金石文を史学に利用したこと，④経学の知識を史学に応用したこと，⑤沿革地理の学問に注意したこと，⑥数学に長じ，天文の学問に通じたこと，の６つの特徴を挙げ，「銭大昕の清朝史学に於ける位置は，清朝の学風を史学の上で一定したことであり，それ以後色々な方面に研究の種類が分かれて，清末まで分業的に発達したが，その土台を作ったのは彼である」と絶賛している。

その結晶は，1782年に成った『廿二史考異』100巻である。この書は『史記』以下新旧『唐書』までの17史に『五代史』，『宋史』，『遼史』，『金史』，『元史』の５史を加えた22種の正史について考証したもので，正史のなかでもとくに誤りの多い地理，職官，氏族などの志類に対して，まず正史自体のなかで補正すべき記事を求め，つぎに他の文献，殊に金石などの資料を用いて考証を進めるという方法が一貫してとられ，その結果，例えば遼，金，元３史が同一人物に２伝を立てているなどの彼の学問造詣をもってしてはじめて発見できる誤りをことごとく訂正した。王鳴盛『十七史商榷』，趙翼『廿二史箚記』と並び称されるが，記述の信用では群を抜く。

銭大昕の業績で忘れてはならないものは元史の研究である。彼は，『元史』の編纂準備期間が短く出来の悪いことを理由に晩年その改訂に精力を費やした。狩野直喜は元代史研究の先鞭をつけたのは銭氏であるとして，それを彼の功績の筆頭に置く。ただ『元史』全体を改訂した稿本は完成したようであるが伝わらず，現在は『補元史氏族表』３巻と『補元史藝文志』４巻の２書を残すのみである。

この他，銭大昕は自分の学問と関係が深く尊敬していたと思われる人物，例えば宋の洪适，洪邁，王応麟，明の王世貞らの年譜，清の厳衍，閻若璩，万斯同，恵棟，戴震らの伝記を多く残している。

著書は上記のほかに『通鑑注辦証』２巻，『三統術衍』3巻，『金石文跋尾』25巻，『金石文字目録』9巻，『十駕斎養新録』20巻，『養新余録』3巻，『三史拾遺』5巻，『諸史拾遺』5巻，『疑年録』3巻，『恒言録』6巻，『声類』4巻，『潜研堂文集』50巻，『潜研堂詩集』20巻などがあり大半は『潜研堂全書』に収められている。

弟の銭大昭，族子の銭塘，銭坫，銭侗らは銭大昕の学統を継いで学者として名を成した。

『清史稿』巻481，『清史列伝』巻68，『国朝耆献類徴初編』巻128，『碑伝集』巻49，『国朝先正事略』巻34，『国朝漢学師承記』巻3などに伝がある。また年譜には，『竹汀居士自訂年譜』（一名『銭辛楣先生年譜』）1巻続編1巻がある。

参考文献：内藤虎次郎『支那史学史』（弘文堂，1949年）。狩野直喜『中国哲学史』（岩波書店，1953年）。方詩銘・周殿傑『銭大昕』（上海人民出版社，上海，1986年）。

〔山本英史〕

銭（せん）　能訓（のうくん）　Qian Nengxun

（1870年～1924年6月5日）

原名・能訓。字・幹丞，幹臣。浙江省嘉興県生まれ。原籍，同前（一説に嘉善県）。清末の進士，北洋派官僚。

1898年に二甲第十八位の進士に合格し，五・四運動時に北京政府の教育総長を務めた傅増湘と同科の翰林となる。翰林院を出てから編修を授かり，刑部主事，員外郎，監察御史，広東および湖北の郷試主考官，広西学政などを歴任する。左都御史であった満州族・裕徳の推挙を受けて，経済特科試験を受験して優秀な成績で合格し，これを機に徐世昌の知遇を受けることになる。徐世昌が巡警部および民政部尚書にあった時，巡刑部左参議，左丞，民政部右丞などの職に任ぜられる。また，1903年に中国東北が東三省に改制となり，徐世昌が初代東三省総督に任ぜられるや，奉天左参賛に抜擢され，まもなく順天府尹に昇格する。11年，徐世昌が軍機大臣に就任したのにともない，陝西布政使に任ぜられ，陝西巡撫・揚文鼎が未赴任のため，同巡撫代理を務める。

1911年10月武昌の革命軍が蜂起して辛亥革命が勃発すると，西安の革命党人を大量に逮捕。陝西省の革命軍が西安を占領し，陝西省の独立を宣言すると，西安将軍・文瑞に出兵させ，革命の弾圧を図った。しかし，文瑞麾下の旗兵が革命軍に敗れ，敗将の文瑞が井戸に身を投じて死ぬと，銭能訓も民家に隠れてピストル自殺を図ったが，革命軍に発見され，西洋医師の治療を受けて一命を取り止める。傷が癒えるや出走し，北京に逃げ帰った。

1913年，熊希齢内閣の時，内務総長・朱啓鈐のもと同次長に任命される。14年3月，蒙蔵青海地区を代表する約法会議議員に任ぜられる。同年5月，袁世凱が国務総理を国務卿と改めて徐世昌を任命し，総統府に政治堂を設置すると，政治堂右丞に任ぜられ，礼制館副総裁（正総裁・徐世昌）を兼任して徐世昌の政務処理を補佐し，袁世凱によって認められる。15年1月には袁世凱より中卿を授かり，同年10月，平政院院長兼文官高等懲戒委員会委員長に就任する。17年12月王士珍臨時内閣の内務総長に任命され，18年2月，王士珍が安徽派の圧力を受けて辞職すると，馮国璋の命を受けて国務総理代理を兼任。翌3月に発足した第3次段祺瑞内閣の内務総長に留任する。馮国璋大総統の引きずり降ろしを図った安徽派が，18年9月の安福国会で徐世昌を大総統に選出し，段祺瑞も国務総理を辞任すると，10月に大総統に就任した徐世昌より国務総理代理を命じられ，12月には銭能訓内閣同意案が衆議院と参議院を通過し，正式に北京政府第14代内閣総理となる。この時も内務総長を兼任する。

この間，国務総理として，徐世昌大総統の意を受けて南北和平の実現にむけて奔走し，広東軍政府の岑春煊や陸栄廷らと頻繁に交渉を繰り返した。段祺瑞が南方政府と対等の形式で和平会議を行うことに強く反対して圧力をかけたのに対して，銭能訓は1918年12月に発表された英，米，仏，伊，日の五国共同による和平勧告書を利用して対抗，19年2月，上海において対等形式による南北和平会議の開催にこぎつける。しかし，当時中国では最強の武力である参戦軍（大戦終結後は西北辺防軍と改称）を保持し，最大政治派閥の安福倶楽部を擁して北京政府内に大きな発言権を持っていた段祺瑞の隠然たる抵抗，また，段祺瑞の懐刀として陸軍総長や国務総理の地位をも狙っていた西北籌辺使・徐樹錚の公然とした妨害に直面する。一方，徐世昌が南方政府が非合法と反対した安福国会で選出された大総統であることも，南北和平会議の進展の障害となった。国内の和平会議と平行する形で開催されていたパリ講和会議に中国の南北双方から代表を派遣させ，山東のドイツ権益の中国への直接返還，日本の対華21カ条要求の取消，不平等条約の撤廃などを要求させたが，いずれも不成功に終わる。

1919年5月初，中国の外交的敗北のニュースが伝えられるや，北京において五・四事件が発生，五・四運動が開始される。事件の起こった5月4日と5日の両日，銭能訓の自宅で緊急閣僚会議を開いて対応策を協議，北京大学閉校説や同校長・蔡元培の罷免意見が出されたが，いずれも傅増湘教育総長の強い反対で通らなかった。一方，段祺瑞は学生運動に対する銭能訓内閣の対応が軟弱無力であり，教育総長が「学閥（蔡元培を指す）」を庇っていると非難，安福国会の意を受けて倒閣運動を展開する。このため，５月９日には段祺瑞を訪れて辞意を表明，後任者の推薦を依頼する。折しも５月13日，南北和平会議の双方の代表が辞表を提出して会議は決裂，銭能訓内閣に大きな打撃となった。しかし，段祺瑞の巻き返しの策動は，その後展開された民衆の反日・反安徽派運動の爆発によって阻止される。結局，６月10日に国民の指弾を受けた曹汝霖交通総長ら親日派３官僚を罷免した後，銭はその責任をとる形で同月13日に国務総理を辞任する。ヴェルサイユ条約に対して，段祺瑞と徐樹錚があくまで調印を主張したが，徐世昌と銭能訓は内外の圧力を受けて最後には中国代表の調印拒否を認める。

1919年11月北京政府より蘇浙太湖水利工程督辦を任じられるも馴染まず，翌年８月に辞職する。その後，外交部顧問に招聘され，21年８月に熊希齢，汪大燮らがワシントン会議開催にむけて発起した華盛頓会議中国後援会の成立大会の主席を務め，同会の理事に就任，山東主権の中国無条件返還を主張した。24年北京にて病死。

参考文献：揚大辛主編『北洋政府総統与総理』（南開大学出版社，天津，1989年）。劉紹唐主編『民国人物小伝』第５冊（伝記文学出版社，台北，1982年）。張樸民『北洋政府国務総理列伝』（台湾商務印書館，台北，1984年）。何明主編『北洋政府総理的最後結局』（中共党史出版社，北京，2008年）。
〔笠原十九司〕

銭（せん）　杏邨（きょうそん）　Qian Xingcun

（1900年２月６日～1977年６月17日）

原名・銭徳富（銭徳賦の名を用いたこともある）。筆名・阿英，張若英，黄英，阮無名，黄人影，魏如晦など多数。原籍，安徽省蕪湖市。同市生まれ。文学史家，文芸評論家，戯曲家，蔵書家。

父親は時計修理工。

中学卒業後，１年ほど郵便局勤務を経て，上海中華工業専門学校土木工程系で学ぶ（卒業せず）。五・四運動に参加し，マルクス，レーニン，ゴーリキーなどの著作を読みはじめ，『新青年』などの影響を受ける。1920年秋から合肥，六安，当涂，蕪湖などで国語の教員をつとめ，新文化を広め，反帝反封建の宣伝活動をおこなう。

1926年上海で中国共産党に入党。蕪湖で李克農らと党の活動拠点建設をおこなうが，指名手配され逃走。武漢に移り，中華全国総工会宣伝部で活動する。大革命失敗後，上海に逃れ，28年党の指導の下に蒋光慈，孟超らと武漢で計画した文学団体太陽社を結成し，『太陽月刊』や『時代文芸』などの編集をおこないながら，文芸評論，小説，散文，詩などの執筆活動をさかんにおこなう。階級闘争やプロレタリア文学を宣揚したため，作品の多くは発禁となり絶えず筆名を変える。29年上海でデモ参加中逮捕され，数十日の獄中生活をおくる。

1930年中国左翼作家連盟の準備工作をおこない，成立大会で議長を務め，常務委員に選ばれる。７月中国左翼文化総同盟常務委員に選出される。31年頃から小説史研究に力を入れ，この分野で大きな成果を残した。32年５月党の映画小組のメンバーとなり，映画界の地下党組織の指導を担当。明星影片公司の左転回は銭杏邨の活動によるところが大であるとされている。また，30年代に『大晩報』副刊『通俗文学』，『大美晩報』副刊『文化街』などの編集に参加したこともあり，范長江や惲逸群などとの交流もある。

抗日戦争時期は抗日救亡宣伝活動に従事し，上海市文化界抗敵救亡協会機関紙『救亡日報』編集長のほか『文献』編集長を務め，また抗日演劇活動にも力を入れ，劇団の組織化，シナリオ執筆，演出もおこなう。1941年12月指名手配されたため一家を挙げて蘇北抗日根拠地へ移る。このあと45年まで新四軍軍部，第１師団，第３師団で活動し，『新知識』，『江淮文化』，『塩阜報』副刊『新地』などの編集長を務める。

1946年江蘇省淮陰市に入り，中華全国文芸界協会華中分会常務委員，華中建設大学文学院院長となる。46年から48年まで，はじめ中共中央華東局文化工作委員会書記，のち華東局の北方への撤退にともない大連市委員会文化工作委員会書記を務める。47年３月長男の銭毅（25年生まれ，共産党員），江蘇省淮安で捕われ犠牲となる。

1949年６月北平（10月より北京）に入り，中華全国文学芸術工作者代表大会の党組メンバー，華東代表団団長，大会常務主席団メンバーとして大会の準備活動に参加する。49年秋から51年春まで天津市文化局長，市文連主席を務め，南開大学兼任教授も務める。51年北京に転じ華北文連主席となる。54年中国文連党組の一員に加わり副秘書長を務める。

解放後はほとんど映画界から離れていたが，1960年代初め大病を患ったあと，シナリオ『梅蘭芳』執筆にかかるなど再び映画界と関わりを持つが，文化大革命がはじまると，映画界の座談会で江青から「叛徒」と批判され，また収蔵していた30年代の書籍，文物は陳伯達に押収される。75年10月名誉回復。77年6月肺癌のため北京で死去。解放以来，全国文連委員，中国作家協会理事，中国戯劇家協会・中国曲芸工作者協会・中国民間文学工作者協会の常務理事などを歴任した。

編著書は多方面に及びまたその数も多いが，代表的なものに，『中国新文学運動史料』（上海光明書局，1933年），『晩清小説史』（上海商務印書館，37年），『晩清文学叢鈔』（中華書局，60—62年）などがある。死後，評論活動を中心に『阿英文集』（生活・読書・新知三聯書店，81年）が編まれている。

参考文献：北京語言学院『中国文学家辞典』編集委員会編『中国文学家辞典』現代第1分冊（四川人民出版社，成都，1979年）。銭小恵「阿英伝略」，『中国現代作家伝略』上巻（四川人民出版社，成都，1981年）。銭瓔・銭小恵「阿英在新聞出版戦線上」，『編輯記者一百人』（学林出版社，上海，1985年）。

〔辻田正雄〕

銭（せん）　玄同（げんどう）　Qian Xuantong

（1887年9月12日～1939年1月17日）

原名・夏，改名・玄同，字・中季，号・徳潜，疑古，逸谷など。江蘇省蘇州生まれ。原籍，浙江省呉興県。言語学者（文字・音韻学）。五・四新文化運動の指導者，民国期の国語統一事業推進の中心人物。

父・振常は挙人で，中央および地方の役人をつとめた。5歳で塾に入って古典教育を受け，1901年に劉逢禄『左氏春秋考証』を読んで公羊学にそまり，03～04年ころには章太炎『駁康有為論革命書』，劉師培『攘書』，鄒容『革命軍』などにふれて排満の思想にめざめる。さらには清初の学者・劉継壮の学説にふれて，言語・文字の研究を志すにいたる。

11歳で父を，15歳で母を失ったため，科挙受験の機会が得られず，その後は兄恂に従って生活することになる。1905年，上海の南洋中学に入学，翌06年，留日学生監督となった兄恂に同行して日本に渡り，早稲田大学師範科に入学。『民報』主筆であった章太炎に会い，また秋瑾ら革命派の人物を知って翌07年，同盟会に加入。08年，章太炎の主宰する国学講習会に参加して魯迅，黄侃，許寿裳，龔宝銓らとともに『説文』を受講した。この時期，革命派の人物と交わることで，排満興漢の思想をいっそう強めるとともに，伝統的音韻学を学ぶことで，中国の言語問題研究への情熱をたかめる。また，かな文字をもつ日本の言語と教育と近代化の関係は，つよい印象を与えたものと思われる。

1910年，帰国して嘉興，海寧，湖州などの中学で国文教員をつとめ，辛亥革命後の12年，浙江省教育司科員，視学となる。13年，兄恂が袁世凱総統府顧問となったのに同行して北京に移り，北京高等師範附属中学で国文教員となり，16年，北京高師および北京大学教授となって，魯迅や周作人たちとの往来が日常的になる。17年，雑誌『新青年』を舞台として文学革命の声があがった際，ただちに共鳴して言語面から革命論を展開し，白話文（口語文）を採用すべきこと，アラビア数字・西暦・横書き・欧米的句読点を採用すべきことなど，多くの提言をおこない，さらには漢字を全廃してエスペラントに替えようとまで極論した。『新青年』が全誌面を白話文に切りかえたのは，銭玄同の提言にもとづく。言語面からの改革論はすべて，新文化運動の一眼目たる孔子批判，儒教批判と分かちがたく結合しており，銭玄同の現状批判の姿勢，社会変革への情熱をよく語っている。

1918年には『新青年』の編集陣に加わって，魯迅に近代文学の記念碑的作品「狂人日記」を書かせ，また，劉半農と組んで八百長論争を誌上で展開した。文学革命派の主張に対して社会の反応が乏しいため，銭玄同が保守派を装って「王敬軒」の名で批判文を投稿し，それを劉半農が論破するという趣向である。

銭玄同が現代中国にはたした功績は，新文化運動に対する指導的役割もさることながら，やはり第1に，国語統一事業の推進をあげるべきであろう。この領域では，1917年，国語研究会会員，19年，国語統一準備会常任幹事，28年，同準備委員会常任委員，35年，国語推進委員会常任委員となり，この間25年には黎錦熙とともに，『世界日報』紙上に「国語周刊」を創設かつ主宰し，31年には国音字母講習所長をつとめた。大学の職務を兼ねつつ，国語統一，さらには漢字改革に全精力を傾けたのであるが，その主要な業績としては，辞典編纂，国語ローマ字の制定，漢字簡略化案起草をあげることができる。

辞典編纂の面では，既存の『国音字典』（呉稚暉編，1920年教育部公布）の修訂に際して増修委員，起草委員となり，さらに最終的な読音審定の任に当たった。こうして北京語音を標準音とする『国音常用字匯』が新たに生まれ，32年，教育部から公布されたのであるが，銭玄同は前後10年に及んだ作業の中核であり，同書のために書いた北京音に関する詳細な「説明」はとくによく知られている。

国語ローマ字とは，漢語をローマ字で記す表記法をいう。漢字の難しさが教育の普及，国語文学の発展，科学知識の伝達を妨げ，中国の近代化を阻んでいると考えていた銭玄同は，早くから漢字革命を叫び，漢字を廃止して，ローマ字式の表音文字を採用するよう提言していた。漢字廃止は成らなかったが，国語ローマ字研究委員たる銭玄同その他の人びとの努力によって，「国語ローマ字表記法」が制定され，1928年，教育部から正式に公布された。漢字簡略化は緊急の改革案として提起したもので，銭玄同が起草した「第一批簡体字表」2,300余字のうち324字が，35年に教育部から公布され，歴史上最初の政府公布の簡体字となった。

文字学，音韻学の分野では，伝統的音韻学の成果に現代音声学の方法を加えて整理した『文字学音篇』(1918年)，『説文解字』の540部首に現代語音を与えて分類した『説文部首今読』(33年）などが代表的である。また，古典研究にあたって記述の真偽の弁別の重要性を強調，記述の信憑性を疑う姿勢を表明して疑古と号した。この方面の仕事に「重論経今古文学問題」がある。

国民革命期を通じて，政治活動に参画することはなかったが，国難に際しては明確な態度を示した。9・18事件の後は日本人との往来を断ち，日中戦争期は病気のため占領下の北京にとどまったが，名を夏にもどし，門を閉して招聘に応じなかった。なお，夏とは中国の意味である。1939年1月，脳溢血で死去。

参考文献：《中国語言学家》編写組『中国現代語言学家』第1分冊（河北人民出版社，石家荘，1981年)。晋陽学刊編輯部編『中国現代社会科学家伝略』5輯（山西人民出版社，太原，1985年)。曹述敬編『銭玄同音学論著選揖』(山西人民出版社，太原，1988年)。『銭玄同文集』全5巻（中国人民大学出版社，北京，1999年)。
〔杉本達夫〕

銭（せん）　永銘（えいめい）　Qian Yongming

(1885年～1958年6月19日)

原名・永銘，字・新之，筆名・北監老人。上海生まれ。原籍，浙江省呉興県。上海の代表的な銀行家の1人。

生家は上海の資本家で，1897年から王培孫の育才書塾（南洋中学の前身）に学び，16歳の時に卒業，1年間上海の外国企業に勤めた後，1902年天津の北洋大学に進み，財政経済学を学ぶ。この学生時代，後に姻戚関係を結ぶことになる王正廷との親交を深めたという。1年足らずの在学後，上海に戻り馬相伯，李叔同らが開いた補習学校や体育の提唱運動に協力。この年に結婚。03年官費留学生として日本に渡り，08年の卒業まで神戸高等商業学校で財政経済を専攻した。

留学を終えて帰国後，1909年から11年まで南京高等商業学校で教職に就いている。辛亥革命で中華民国政府が成立すると，唐紹儀内閣の下で工商総長であった陳其美の求めに応じ北京に赴き，同次長となっていた旧友の王正廷を助け清朝政府農工商部の接収工作に協力した。接収工作終了後，一時工商部会計課長の職にあったが，陳其美らの指導した第2次革命の勃発後，数カ月で辞任し上海に戻っている。上海では，中国実業銀行の創設準備作業に協力したり，王正廷と汽船会社（捷運公司）を始めたりして実業界に身を投じ，16年5月，折から発生した中国銀行・交通銀行の兌換停止問題に際しては，宋漢章，張公権らが組織した抗議行動に加わった。翌17年，曹汝霖総理（頭取）の下で交通銀行が業務を再開した時，32歳の銭永銘は同行上海支店副経理に就任，銀行家としての長いキャリアに一歩を踏み出す（19年同経理)。なおこの人事は，当時参議院副議長という要職にあった旧友の王正廷が推薦したものという。銭は交通銀行上海支店の業務近代化に力を注ぎ，事業規模の拡張にも貢献した。20年から22年にかけては，上海銀行公会の会長をつとめている。

交通銀行総行（本店）の経営が北方軍閥間の勢力争いで悪影響を被っていたため，1922年6月その業務刷新を求める江浙一帯の資本家層の運動によって株主総会が開催され，張謇を総理に，銭を協理に選出，南通にあって自らの事業展開に忙しい張謇に代わり，銭永銘が北京の本店に着任し交通銀行の実権を掌握した。しかし25年段祺瑞政権の下，交通銀行創設者の梁士詒が復権したことにともない，銭は交通銀行の職を辞さざるをえなくなり上海に戻る。26年四行儲蓄会の副主任兼上海分会経理となり，33年にはその新たな営業拠点として国際大厦という22階建ビルを南京路に建設した。

この間，1927年成立直後の南京国民政府に財政部次長として加わり，政府財源調達のための公債発行に敏腕をふるい，28年には浙江省政府の財政庁長に転じて地方財政の確立にも活躍したが，29年以降，行政関係の職を離れ，四行儲蓄会を拠点とする金融事業と新たに就任した中興炭鉱総経理としての活動に専念するようになった。36年には中興炭鉱の汽船部門を独立させて中興輪船公司という汽船会社を設立し，その董事長にも就いている。その間，30年に政府から駐仏公使に任命されたが，結局，事業多忙を理由に断わったという。但し35年の中国経済界訪日使節団には参加した。

日本の侵略開始後の1938年7月国民参政会委員に選ばれ，8月には再び交通銀行に戻ってその董事長に就くなど，一経済人として抗日戦争に協力していく。参政会の会議には必ず出席し，多言を弄さぬ要点を押さえた発言で知られたという。戦時下の産業振興に交通銀行は出色の貢献をなし，雲南省昆明の裕滇紗廠，貴州省貴陽の貴州企業公司，湖南省長沙の裕湘紡織廠など多くの新規事業を支援した。42年杜月笙とともに重慶に中華実業信託公司を設立，常務理事となる。

1946年1月蔣介石の要請で政治協商会議に無党派人士の身分で出席した。戦後の輸送難打開に向け汽船業の復興航業公司を組織したほか，新たに中国塩業公司，上海の閘北水電公司，『新聞報』社などの董事長も兼任するなど，めざましい活躍を見せた。47年には第1期国民大会代表に選ばれた。しかし国共内戦の激化にともない香港に逃れ，交通銀行や復興航業公司の董事長も辞任している。54年さらに台湾に移り住み，58年6月台北で病死した。

銭は実業家としての活動の傍ら，教育振興にも積極的だったといわれ，1917年に黄炎培らの中華職業教育社創設に参加したこと，浙江省財政庁長時代各学校に万有文庫を備えさせたこと，抗日戦争中には奥地へ移転してきた復旦大学の董事長をつとめたことなどが知られている。

参考文献：中国社会科学院近代史研究所主編『民国人物伝』3巻（中華書局，北京，1981年）。中国人民政治協商会議文史資料研究委員会編『工商経済史料叢刊』2輯（文史資料出版社，北京，1983年）。秦孝儀主編『中国現代史辞典―人物部分』（近代中国出版社，台北，1985年）。劉紹唐主編『民国人物小伝』第3冊（伝記文学出版社，台北，1980年）。Howard L. Boorman ed., *Biographical Dictionary of Republican China*, Vol. 1 (Columbia University Press, New York, 1967).

〔久保亨〕

銭（せん）　鍾書（しょうしょ）　Qian Zhongshu

（1910年11月21日～1998年12月19日）

字・黙存，号・槐聚，筆名・中書君。作家，文学者。蘇州無錫市出身。

父・基博は著名な古典学者。代表作に『韓愈志』，『経学通史』等の著書がある。夫人・楊絳は作家，翻訳家。長女・銭瑗は北京師範大学外語系教授。

郷紳を多く輩出した無錫の名門に生まれる。幼少期に伯父・基成の養子となったが，東林小学に入学する頃からは父からも国文の指導を受け，7歳で『三国演義』，『水滸伝』，『西遊記』を読了したという。1923年，米国聖公会の全寮制ミッションスクール，蘇州桃塢中学に入学し，後に同系列の無錫輔仁中学に転校。国文，英語の成績は優秀であった。この頃から『古文辞類纂』，『駢体文鈔』，『十八家詩鈔』等の選集や欧米文学，百科事典といった分野を体系的に閲読するようになり後の研究活動の基礎となった。29年，清華大学外文系に入学。数学がわずか15点であるにもかかわらず，英語と国文が最高点のため規定では不合格となるところ，校長・羅家倫の特別裁量により合格したといわれている。顔毓蘅，曹禺と並ぶ「三傑」であり，比較文学や哲学等での突出した才能は外文系教授・葉公超や呉宓からも称賛された。この頃，中書君の筆名で『大公報』や『新月』等に書評を載せている。33年，卒業。父の勤める光華大学外文系の講師となる。35年，英国オックスフォード英文系に首席で公費留学し，同年，楊絳と結婚。37年，論文「十七，十八世紀英国文学里的中国」で文学士号（B. Litt.）を取得し，その後，パリ大学でフランス文学を研究した。

1938年，抗日戦争により留学を中断。清華大学文学院院長・馮友蘭から招聘され，弱冠28歳で昆明西南聯合大学外文系の教授となる。（戦時中，清華大学，北京大学・南開大学は昆明に疎開し，西南聯合大学を創設）学生には許国璋，穆旦等がいた。39年，父の希望により辞職し，父の勤める湖南省藍田師範学院に外文系主任として赴任するが，戦況が変わり，妻子の避難先である上海から戻ることができず，震旦女子文理学校で教員となった。45年以降は暨南大学外文系教授を務めるかたわら南京国立中央図書館英文館刊『書林季刊』の編纂委員等を兼任する。46年，鄭振鐸が編集する『文芸復興』に長篇小説『囲城』（邦題『結婚狂詩曲』）を連載。『囲城』は47年，上海晨光公司から出版された。自身の経験を投影し，新旧知識人の風刺の効いた描写は「新儒林外史」とも称され注目を集め，瞬く間に第3版が増刷された。40年代は散文集『写在人生辺上』，短篇小説集『人・獣・鬼』，古典詩歌評論集『談藝録』等代表的作品が相次いで出版された。『談藝録』は伝統的な詩話形式を踏襲し文体には文言文が用いられている。

1949年，北京へ転居。台湾大学，香港大学，オックスフォード大学からも招聘されるが辞退して，再び清華大学外文系の教授に就く。転居の際，長篇小説『百合心』の原稿を紛失してからは小説を執筆することをやめ研究活動に専念する。50年，『毛沢東選集』翻訳委員会主任となる。52年，大規模な大学改組により中国社会科学院文学研究所の前身である北京大学文学研究所の外国文学研究組に異動。56年，所長・鄭振鐸の命により古典文学研究組に配置され『宋詩選注』の編纂を始め，58年，人民文学出版社より出版された後は『唐詩選』，『中国文学史』の編纂に携わった。64年，袁水拍が長を務める『毛沢東詩詞』英訳委員会に参加。メンバーには葉君健，喬冠華らがいた。

反右派闘争時期に「資産階級学術権威」とされ，文化大革命中は夫人とともに河南省の五七幹部学校に72年まで下放された。この頃の五七幹部学校には兪平伯，何其芳らがいた。

1979年，『周易正義』，『毛詩正義』，『左伝正義』，『史記会注考証』，『老子王弼注』，『列子張湛注』，『焦氏易林』，『楚辞洪興祖補注』，『太平広記』，『全上古三代秦漢三国六朝文』等10種の古典文学を対象とした学術的著作，『管錐編』全4巻が生活・読書・新知三聯書店より刊行される。文言文を用いた札記形式で書かれ4千名余の作家，1万種以上の著作が引用され，計1550頁余りにもなる。88年には増訂を加えた全5巻が中華書局より再版された。『談藝録』と『管錐編』の2大論著は英，仏，独，西等45言語にもおよぶ西洋の文献から多数引用され，博学多識による研究の集大成である。古今東西のあらゆる学問に精通し，その並外れた学術的知識は「文化崑崙」とも称され，銭鍾書を研究する分野である「銭学」をも生み出した。80年，訪日。京都大学，早稲田大学等で座談会，講演会を行う。『囲城』がおよそ30年ぶりに人民文学出版社より再版される。82年，胡喬木により中国社会科学院副院長に任命される。85年，論文集『旧文四篇』に早稲田大学で行われた講演「詩可以怨」を含む論文集『也是集』を加えた評論集『七綴集』が上海古籍出版より出版。90年，テレビドラマ『囲城』が中国中央電視台にて放送される。93年，中国社会科学院副院長を辞職。特別顧問となる。95年，詩集『槐聚詩存』を生活・読書・新知三聯書店から出版。96年，談話記録『石語』を社会科学院出版社から出版。98年12月19日北京にて病死。江沢民により夫人へ哀悼の意が述べられた。2001年に『銭鍾書集』全13巻が生活・読書・新知三聯書店より出版された。

参考文献：『中国文学家辞典』現代2分冊（四川人民出版社，成都，1979年）。『銭鍾書楊絳研究資料』（中国文学史資料全集現代巻，知識産権出版社，北京，2010年）。夏志清原著・劉紹銘等訳，『中国現代小説史』（友聯出版社，1979年）。孔慶茂，『銭鍾書伝』（江蘇文芸出版社，南京，1992年）。『銭鍾書　愛智者的逍遥』（北京出版社出版集団，文津出版社，2005年）。『宋詩選注』（平凡社東洋文庫，宋代詩文研究会，2004年）。楊絳・桜庭ゆみ子訳，『別れの儀式　楊絳と銭鍾書』（勉誠出版，2011年）。　〔市橋映里果〕

秦(しん)　邦憲(ほうけん)　Qin Bangxian

（1907年6月24日～1946年4月8日）

別名・博古，字・則民。浙江省無錫県生まれ。中国共産党指導者，留ソ派。延安期の党中央機関紙『解放日報』社長。

父は浙江省寧波県長で，邦憲9歳のときに死んだ。無錫の小学校を経て，1921～25年蘇州の省立第2技術中学を卒業した。中学時代に国民党と中国社会主義青年団（25年1月の第3回大会で中国共産主義青年団と改称）に加入し，蘇州学生連合会主席に選ばれる。上海大学入学後の25年10月に中国共産党に入党し，やがて政治活動に専念するため中退した。27年2月の上海第2次暴動に参加し，まもなくソ連に留学した。

1927～30年モスクワの中山大学で学び，30年5月に帰国した。博古の別名は，ソ連留学時代のロシア名・ボクロフの華訳・博古洛夫の簡称だという。帰国後は上海の全国総工会宣伝部長となり，『労工報』，『工人小報』の編集に従事した。その間反李立三路線闘争に加わり，31年1月の上海における中共6期4中全会に出席し，多分この時党中央委員に補選され，中国共産主義青年団中央宣伝部長に任ぜられた。4月中国共産主義青年団中央委員会書記，9月中国共産党臨時中央責任者を歴任し，33年1月臨時中央を率いて上海から江西中央ソヴィエト区の瑞金に到着した。改めて党中央総書記となって，34年1月瑞金の中共6期5中全会を指導し，同年10月紅軍第1方面軍と共に長征に参加した。

1935年1月貴州省の遵義会義で総書記を解任（後任・張聞天）されたが，中央政治局に留まり，陝北ソヴィエト到着後の36年冬党中央組織部長となる。同年12月西安事件勃発後周恩来，葉剣英と共に中共代表団の一員として西安，盧山，南京で国民党との3次にわたる談判を行い，中共駐南京代表となる。37年12月党中央政治局会議で党長江局委員兼組織部長となるが，38年9月党6期6中全会で長江局が解消され，その後中央政治局員，中央党報委員会主任となる。39年1月成立の党南方局員・党委兼組織部長，41年5月延安で『解放日報』社長兼新華通訊社社長を歴任し，45年4月延安の党7全大会で中央委員に選出される。46年2月中国共産党代表団の一員として国民党との重慶談判に赴き，4月8日王若飛・葉挺・鄧発と共に重慶から延安に帰る飛行機が山西省黒茶山で墜落し，11日全員の遭難が確認された。妻・張越霞との間に7子を残した。

1936年7～10月陝西省保安で，38年7月漢口で，さらに39年10月重慶で，博古と会見したエドガー・スノウは，「博古は私の会った共産党指導者中では品位もあり，興味をそそった一人であり，政治局員のなかでも最年少であった。……趣味はテニス――それにポーカーだった。……頭の働きは非常に鋭く，周恩来にも劣らぬほど緻密で，柔軟性にかけてはおそらく周さえ及ばなかったであろう」と記している。『解放日報』社長としての博古は常々部下に対して，「私は終身，革命の新聞事業に従事しよう。わが党の指導下に，よき人民政権・人民軍隊はすでに樹立された。我々はなお，よき人民新聞事業を持たねばならぬ」と言っていた。また記者に対しては，報道は「忠実」・「精確」・「生動」・「迅速」でなければならぬと指示し，自らは寝食を惜しんで原稿に目を通し，文章を書き，会議を主宰し，インタヴューをとり，内外の新聞雑誌に目を通して報道テクニックを研究し，ラジオを聴いていた。しかも博覧強記として知られる精力的な読書家で，内外の著名な文学作品はたいてい読んでいたという。ロシア語に精通し，英語も読みかつ話し，余暇があれば翻訳に没頭していた。訳書に『連共党史簡明教程』，『弁証唯物論与歴史唯物論基本問題』，『共産党宣言』，『社会主義従空想到科学的発展』，『卡爾馬克思』，『論一元論歴史観之発展』などがある。

ソ連留学帰りの博古が入党歴6年で上海の臨時中央の責任者になり得たのは，「陳紹禹王稼祥秦邦憲何子述四同志」の1人として李立三路線反対派を形成し，1930年12月上海に到着したコミンテルン駐華代表ミフの権威を後楯に，31年1月党6期4中全会で党中央政治局を掌握したことに由来する。秦邦憲率いる上海の党臨時中央（31年9月～33年1月）と瑞金の党中央（33年1月～35年1月）は長年の間，李立三路線を克服してコミンテルン路線を樹立した党6期4中全会以来の党中央の路線は正しいという党史神話を保持してきた。これを覆したのが，延安整風運動（42～44年）を経た後の45年4月20日党6期7中全会で採択された「関於若干歴史問題的決議」であった。この決議は，李立三路線を第2次「左」傾路線と呼び，6期4中全会から遵義会議までの党中央の路線は王明（陳紹禹）と秦邦憲に指導された第3次「左」傾路線であったとして詳細な批判を加えたのである。博古はこの批判に苦悩し苦闘する中で自己の「誤り」の来源たる教条主義的思考を徹底的に反省・克服するに至ったという。

参考文献：柳雲「赤匪首領李徳博古逆蹟記」，『逸経』6期，1936年5月20日。エドガー・スノウ著，小野田耕三郎・都留信夫訳『中共雑記』（未来社，1964年）。華応申編『中国共産党烈士伝』（新民出版社，香港，1949年）。范済国主編『中国革命史人物伝略』（湖北教育出版社，武漢，1987年）。陳夕「博古」中共党史人物研究会編『中共党史人物伝』53巻（陕西人民出版社，西安，1994年）。

〔蜂屋亮子〕

秦（しん）　徳純（とくじゅん）　Qin Dechun

（1893年12月11日～1963年9月7日）

字・紹文。山東省沂水県生まれ。軍人，政治家。

幼時私塾で学び，13歳の時沂城高等小学入学。1908年山東陸軍小学入学。11年北京の陸軍第一中学入学。辛亥革命による学校閉鎖のため一時帰郷。12月陸軍第一予備学校入学，翌年卒業。14年保定陸軍軍官学校入学，16年同校卒業，第5師見習となる。18年第2補充旅第1団副官に任ぜられ，教育訓練を担当。19年孫挹清と結婚。同年辺防軍第1師参謀長。20年陸軍大学第6期入学，在学中安直戦争に参戦。22年卒業し，豫東鎮守使参謀長，旅長，師長，軍長などを歴任した。

1926年国民革命軍に参加，馮玉祥の第23軍に入る。その後総司令部副参謀長となる。28年国民党入党。29年馮玉祥が国民政府軍政部長に就任すると，馮に従い南京で編遣に従事。30年中原大戦では，馮玉祥軍の参謀長兼前敵総司令部総参議を務める。その後宋哲元に従い，29軍参謀長，総参議，副軍長を歴任。32年宋哲元とともに軍事委員会北平分会委員となる。29軍のチャハル省移駐にともない副軍長として対日交渉に当たる。33年日本軍の熱河侵攻による長城戦役では第29軍から拡大編成された第3軍団の副総指揮となる。喜峰口の戦役勝利後，中将に昇任，青天白日勲章を受け，チャハル省政府民政庁長を兼職。35年6月張北事件に端を発する関東軍の要求にたいして，チャハル省代理主席として交渉に当たり，日本軍奉天特務機関長・土肥原賢二との間に，チャハル省から国民党諸機関および宋哲元軍を撤退させることを認めた土肥原・秦徳純協定を結んだ。秦は「この屈辱的協定は私に抗日の決心を固めさせた」と回想している。同年11月北平市長兼冀察政務委員会常務委員となり，対日交渉を担当した。この間市長として12・9運動の鎮静を図る。35～45年国民党中央監査委員を務めた。

1937年7月7日夜，蘆溝橋付近で日本軍が演習中，原因不明の銃声の後1名の兵士が行方不明になったことをもって，冀察政務委員会に日本軍による宛平県城内の捜索を要求したが，秦徳純は日本軍の演習は中国側の事前の同意なくして行われたもので，中国の主権を侵すものである，行方不明の日本兵士については中国に責任はないし，城内に調査に入るのは認められないとしてこれを拒絶した。この事件を契機として勃発した蘆溝橋事件に際しては，29軍副師長兼北平市長として第38師長・張自忠とともに日本側との交渉に当たった。その後南京に行き蘆溝橋事件の経過を報告。

39年軍風紀第5巡察団（西安辦事処）主任として陝西，甘粛，山西などを巡察。40年重慶に移り，軍法執行総監部副監に就任。43年新兵補充のため設置された兵役部政務次長となる。

1945年抗日戦争終結後，軍令部次長。国防部の成立にともない国防部次長となる（部長・白崇禧）。46年極東国際軍事裁判に出廷のため，蘆溝橋事件当時の行政専員兼宛平県長・王冷斎とともに来日，北チャハル（張北）事件，蘆溝橋事件に関する宣誓口述書を提出し，7月22～25日証言台に立った。張北事件，土肥原・秦徳純協定，冀察政務委員会成立，豊台事件，蘆溝橋事件などについて証言した。この中で，土肥原・秦徳純協定については，「交渉の経過及び結果は全て宋将軍と徳純が中央に電請しその許可を得て処理したのである。中国政府は和平を欲するが故に一再ならず譲歩した」，また「蘆溝橋事件は土肥原が発動したものであります。それは私が土肥原と交渉したから斯う申上げることが出来るのであります」と証言した。48年人民解放軍による済南占領後，山東省政府主席兼青島市長に任命され，49年3月青島に赴任したが，軍事情勢急転のため南京に戻る。その後上海，広州，重慶，成都を経て同年12月台湾に渡る。50年総統府戦略顧問委員会顧問。52年仮退役。59年正式退役。63年台北で病死した。

参考文献：『秦徳純回憶録』（伝記文学出版社，台北，1981年）。『極東軍事裁判速記録』1巻31～34号（雄松堂，1968年）。　〔副島昭一〕

秦（しん）　鼎彝（ていい）　Qin Dingyi

（1877年～1906年11月26日）

字・力山。別号・遁庵，遁公，恐黄。湖南省善化県生まれ。清末の変法派から革命派へ転換した代表的人物。

父の文炳は善化県署に勤務。秦鼎彝は1898年春，善化県の県学に入った。ちょうど湖南変法運動が盛り上がっていた時期で，彼は康有為，梁啓超，譚嗣同ら維新派の人々を尊敬していた。しかし変法運動は失敗し，譚嗣同ら6人が処刑された。彼はそれに大きな刺激を受け，99年8月自費で日本に赴き，梁啓超が主宰していた東京高等大同学校に入り，梁と師弟関係を結んだ。当時梁啓超が使用していた任庵の号に因んで彼が遁庵の号を使ったことからも明らかなように，この学校で彼は梁から深い影響を受けた。

1900年義和団運動が高揚すると，秦鼎彝は義和団との連合を画策しようとして天津に赴いたが失敗した。その後，彼は長江一帯の会党に働きかけ，同年自立軍の蜂起に尽力し，自立軍の前軍統領となって安徽省大通で蜂起したが，唐才常の率いる軍が武器と資金不足のため予定どおり蜂起できなかったため，あえなく清朝の軍隊によって鎮圧された。その後彼は，今回の自立軍の失敗の原因は康有為が運動資金を私したことにあると厳しく批判し，康と決裂した。

自立軍蜂起に失敗した後，秦鼎彝は再び渡日し，1901年5月に留日学生界で最初の革命的刊行物である『国民報』を創刊した。彼はそこに掲載した「中国滅亡論」で，列強が清朝を利用して中国を侵略し滅亡させようとしていると批判し，また「亡国論」という文章で，君主立憲を主張する保皇派を批判して排満革命を強調した。なお02年4月26日，彼は章炳麟らと「支那亡国二百四十二年紀念会」を東京で挙行した。

秦鼎彝が孫文と接触し交流し始めたのは1901年から02年にかけての時期であり，彼は留日学生と孫文を仲介する役割を果した。なお秦鼎彝は03年に章士釗が宮崎滔天の『三十三年の夢』を抄訳して出した『孫逸仙』の序文を書いている。自立軍蜂起の失敗後の1，2年の間に，保皇派の一部が革命派へと転換したが，秦鼎彝はその重要人物の1人であった。

排満革命へと思想転換した秦鼎彝は，1902年冬帰国し，上海などで活動したが，05年春，香港からシンガポールを経て5月ラングーンへ赴き，そこで華僑への革命宣伝工作を行った。さらに06年の春から夏にかけて彼はラングーンから雲南の干崖に赴き，民族学堂を設立し，雲南における中国同盟会活動の先鞭をつけた。秦鼎彝は干崖で06年に死亡した。

参考文献：彭国興「秦力山」，『紀念辛亥革命七十周年青年学術討論会論文選』上冊（中華書局，北京，1983年）。王徳昭「論秦力山」，『紀念辛亥革命七十周年学術討論会論文集』下（中華書局，北京，1983年）。彭国興・劉晴波編『秦力山集』（中華書局，北京，1987年）。　〔楠瀬正明〕

秦（しん）　日綱（にちこう）　Qin Rigang

（生年不詳～1856年11月28日）

原名・日昌。広西省桂平県（一説に貴県）生まれ。太平天国運動の指導者。

生年については1815年，18年，21年などの説があり，確定されていない。貧家と男子として生まれ，豆腐作りや雇農として働き糊口をしのいだ。武芸の修練を積み貴県の郷勇となったが，事に坐して追放され，北山銀鉱の鉱夫となった。

1845年馮雲山が紫荊山区に拝上帝教の布教に訪れた際，秦日綱は洗礼を受け，拝上帝会の幹部の1人となった。入会後，秦は北山の鉱夫の中に会員を増やす活動を精力的に行った。

1850年夏洪秀全が金田村への集結令を発すると，秦日綱は一族および1,000人余りの鉱夫を引きつれて駆けつけ，蜂起発動の主力部隊となった。51年12月洪秀全が永安州で王制を布いた折，秦は東西南北翼の五王に次ぐ天官正丞相に任じられ，南方の水竇村を守備した。52年4月5日太平軍が永安包囲を突破して北上するにあたり，秦は全軍の後衛を担当して清軍の追撃を断ち切り，脱出を容易にした。

1853年10月（一説に54年1月）真忠封国頂天侯に封じられ，翼王・石達開に代わって安慶に駐屯し，安徽方面の軍政に携わった。54年5月燕王に昇進するとともに霜師と称され，廬州を救援した。さらに北伐援軍が山東省臨清で敗れた後，東王・楊秀清の命を受けて救援に向かったが，舒城県楊家店で敗北し，安慶に戻って政務をとった。同年9月西征軍に加わって湖北一帯を防衛し，九江にまで到った。10月武昌が陥落すると，秦日綱は田家鎮に赴いて清軍と戦い，半壁山に軍営を築いて指揮をとった。11～12月湘軍の羅沢南，李続賓部隊と半壁山で激戦の末敗れ，田家鎮から撤退して黄梅へ，さらに九江にまで退却を余儀なくされた。秦はこの敗戦の責めを負って燕王から頂点燕に降格された（一説には降格されたのは56年7月）。55年には湖口，九江の戦いで攻勢に転じ，広済で湖広総督・楊霈の軍を破り，4月3日武昌を三たび占領した。56年には陳玉成，李秀成らを率いて鎮江救援に向かい，4月3日江北大営を潰滅させ，揚州，浦口，儀徴を奪回した。5月に高資を攻撃し，九華山の清軍を破った。その後，秦は天京城外に軍を返して石達開軍と連合し，6月20日江南大営を撃破した。天京の包囲を解いた後，清軍を追撃して丹陽に進軍し，江南大営の主帥・向栄を自殺に追いこんだ。

1854年5月秦日綱の従者が楊秀清の親族が通りかかった際起立しなかったことで，楊の親族は礼を失したとして，刑事裁判の責任者である黄玉崑（石達開の岳父）のもとに従者を送った。黄は従者がすでに鞭打ちの刑を受けているので，杖罰するには及ばないという判断を下した。楊の親族はこの決定を不服として楊秀清に訴えた。楊は石達開に黄玉崑の逮捕を命じ，これに憤慨した黄は辞職し，従者を鞭打たれた秦もまた職を辞した。楊はこの対応に怒り，黄と秦に杖罰を加え，従者を八つ裂きの刑に処した。この事件は「楊韋内訌」を誘発し，秦が北王・韋昌輝に加担する要因となった。

1856年8月楊秀清は洪秀全に万歳の称号を与えるよう強要した。かねてから楊との確執を深めていた韋昌輝はその更なる権力強化を恐れ，9月1日深夜江西の前線から3,000人余の親兵を率いて天京に戻った。2日未明秦日綱は韋に従って東王府を襲撃し，楊とその一党を殺害した。さらにその数日後，東王麾下の数千人の兵士を誘い出して殺戮した。この報を聞いて天京に急行した石達開は韋によって暗殺されそうになった。石自身は脱出し得たが，彼の一族は皆殺しにされた。秦は韋の命を受けて1万5千人の兵を率いて石の追撃に向かった。しかし，石に寄せられた同情とその強大な部隊を目のあたりにして目的を転換し，安徽省和州の西梁山に駐留して清軍の攻撃から太平天国を防衛することに専念した。

「楊韋内訌」は天京の文武官，兵士，人民に強い衝撃を与えた。洪秀全は詔勅を発して韋昌輝を処刑した。これに続いて秦は天京に召還され，1856年11月28日に処刑され，その封号は剝奪された。

参考文献：張德堅「賊情彙纂」巻1劇賊姓名上，巻7偽文告上，中国史学会主編『近代史資料叢刊Ⅱ太平天国』第3冊（神州国光社，上海，1952年）。謝介鶴「金陵癸甲紀事略」，『太平天国』第4冊（同上）。麦高文著，章克生訳「東王北王内訌事件始末」，『太平天国史訳叢』2輯（中華書局，北京，1983年）。羅爾綱『太平天国史事考』（生活・読書・新知三聯書店，北京，1955年）。清史編委会編『清代人物伝稿』下編1巻（遼寧人民出版社，瀋陽，1984年）。顧朴光「忠勇信義過不掩功―論太平天国燕王秦日綱」，『貴州大学学報・社科版』1985年4月。
〔針谷美和子〕

秦（しん）　毓鎏（いくりゅう）　Qin Yuliu

（1880年1月16日～1937年4月5日）

字・効魯，別名・黙。号・天徒，坐志。江蘇省無錫県生まれ。中国同盟会員，中国国民党の幹部。

秦家の祖先は江蘇省高郵県に住み，宋代に「龍図閣直学士」を授けられた秦准海の子孫だといわれる。祖父の秦煥は廩貢生で句容県の訓導・教諭などの官を歴任，父の秦謙培は挙人で国史館謄録（書写を担当），議叙知県などを務めた。

秦毓鎏は1896年華蘅芳から変法思想の影響を受け，また梁啓超の『時務報』，その他『万国公報』などを購読して改革思想をいだくようになった。98年南洋公学に入学したが，孔子生誕記念活動実施を提唱し，アメリカ人校長に忌避されてまもなく退学，『清議報』を読んで政治思想を深めた。1901年南洋水師学堂に入学，同期の友人の中には，のちに革命派の幹部となり黄花崗蜂起の指揮者となった趙声（伯先）がいた。

1902年呉稚暉に勧められて来日，早稲田大学で政治経済学を学んだ。そのころ，清朝の駐日公使・蔡鈞は革命防止のため日本の陸軍学校への留学生派遣を阻止しようとしたので，呉稚暉は抗議運動を組織した。しかし，呉が本国に送還されたので，秦毓鎏は憤慨し，張継，蘇曼殊らと「青年会」を結成して，民族主義，破壊主義をスローガンに掲げた。

1903年大阪博覧会での中国人侮辱の展示物事件に抗議し，展示を変更させた。同年江蘇省同郷会に推薦されて，雑誌『江蘇』の編集長となり，革命思想を宣伝した。また同年ロシア，日本間の中国東北を戦場とする戦争が切迫したので，黄興・鈕永建らと「留学生拒俄義勇隊」を結成，帰国してロシア軍に抵抗しようとした。しかし，清朝政府からは，ロシアへの抵抗は名目で，実際は革命をめざしているとみなされ，弾圧されたので，義勇隊を解散し，張継らと「軍国民教育会」を結成してその趣意書を執筆した。軍国民教育会には鼓吹・暗殺・起兵の3部を設け，革命の宣伝から実行への転換を図った。まもなく，秦は張継，程家檉らとともに運動員として帰国し，革命運動に着手することになった。

上海に国学社を設立し，革命出版物の発行と連絡の機関とした。1904年劉季平らと麗沢学院を設立，革命青年を育成しようとしたが，まもなく解散し，秦毓鎏は黄興らに招かれ湖南省長沙に赴き，高等実業学堂教務監督に就任した。同時に黄興，張継，陳天華らと協議して，革命団体華興会を長沙に発足させ，黄が会長となり，秦毓鎏は副会長となった。まもなく，華興会の長沙蜂起計画が発覚したので広西に避難した。05年安徽高等学堂で西洋史を講じ，翌年広西龍州辺防法政学堂監督となり，『中国歴代興亡史略』を編纂し，学生に革命思想を注入した。07年黄興が指揮した同盟会の鎮南関蜂起に参加，失敗後，上海に赴き，楊篤生の招きで新聞『神州日報』の編集にあたった。楊篤生が自殺すると「祭楊篤生文」を書いた。

1911年武昌蜂起後秦毓鎏は無錫に帰り，「光復団」を組織して革命蜂起を計画，11月9日清軍を武装解除して無血裡に革命政権「錫金軍政分府」（無錫・金匱両県の意）を発足させ，自らその「総理」となり，ついで総司令と改称した。

1912年1月南京に中華民国臨時政府が成立すると，秦毓鎏は大総統府秘書となり，「錫軍」の北伐業務を兼任した。まもなく無錫県民政長・同盟会無錫分部長となった。

1913年の第2革命では黄興らと武装蜂起したが逮捕され，懲役9年と判決され，陸軍監獄に収容された。16年袁世凱死去後の特赦で出獄，以後無錫県長，国民党江蘇省党部執行委員などを歴任，中国共産党の活動には反対して，これを弾圧した。37年4月肺炎のため自宅で死去した。

参考文献：「秦毓鎏事略」，馮自由『革命逸史』初集（台湾商務印書館，台北，1965年）。『革命人物誌』4集（中央文物供応社，台北，1970年）。「秦毓鎏事略」，『革命先烈先進伝』（中央文物供応社，台北，1965年）。劉紹唐主編『民国人物小伝』第2冊（伝記文学出版社，台北，1977年）。

〔久保田文次〕

邱（きゅう）　逢甲（ほうこう）　Qiu Fengjia

（1864年～1912年）

字・仙根，号・倉海など。清末台湾の読書人。曽祖父の時代に広東省鎮平県から渡台し，淡水庁銅鑼湾に居住。父は貢生でもあり，幼くして科挙にめざす。1888年に福州に赴き郷試に合格，89年北京において会試，殿試に合格し進士となる。工部主事に任命されるが，帰郷し台南の書院で教育に専念する。台湾兵備道・唐景崧が布政使となり台北に異動したことに伴い，91年台北に赴き，地方誌の編纂に従事する。

1894年日清戦争が勃発し10月に唐が巡撫代理となり，団練が義軍と改称されると，邱逢甲は全台義軍統領を自任し台中の柏荘に司令部を置いた。講和は清国が朝鮮の独立と賠償金の支払いによって交渉をまとめようとしたのに対し，日本は領土分割の権限を有する全権の派遣をもとめて対立し，ついに清国も領土交渉権を李鴻章にあたえて全権とした。

講和交渉は1895年3月20日に休戦実現をめぐって開始されるが，この間23日に日本軍は澎湖島に上陸し台湾攻撃の態勢を整えた。休戦は予想外の李鴻章の負傷によって実現したが，講和交渉は日本側の要求した賠償金の額と遼東半島と台湾の2カ所を含む領土をめぐって厳しく対立した。清朝は李鴻章にたいし，賠償金の減額と同時に，領土は1カ所に限ること，やむをえず台湾を割譲する場合には，全島を南北に分割して一部に日本の統治を認める対案などを指示したが，期待した列強の干渉も実現せず，休戦期限をまえにして結局日本側の条件を受けいれざるを得なかった。

1895年4月17日，講和条約が調印されると，19日邱逢甲らはただちに清朝にたいして請願をし，他方列強の干渉に期待した。しかし，三国干渉から台湾は除外され，5月8日講和条約は批准されて台湾の割譲が確定した。このため割譲反対を清朝に請願して来た邱逢甲らは，運動の性格を転換せざるを得なくなり，唐景崧らとはかり，住民の不承認を理由に割譲反対を表明し，また清国とは分離したほうが列強の干渉を受け入れやすくなることを考慮して「台湾自主」の宣言を検討し始めた。李鴻章や清朝は台湾の動向が日本との講和破局をもたらすことを恐れて台湾交換委員の李経芳を任命し，5月20日唐に大陸への帰還を命令したが，23日唐は邱ら台湾在住の士紳とともに「台湾民主国」を宣言し，邱は義軍統領に任じられたという。しかし，邱自身はもともと軍人ではなく文人であり，南下した日本軍と新竹で若干交戦したものの7月末には大陸に逃れた。

その後邱逢甲は広東省各地で教育事業に従事していたが，1909年広東諮議局が成立すると副議長となり，11年11月には広東政府教育部部長となって広東代表として南京に赴いた。しかし翌年臨時参議院議員となった後，2月に祖籍である広東鎮平県で死去した。代表的な詩文に『嶺雲海日楼詩鈔』がある。

参考文献：張奮前「邱逢甲之家世及其生平事蹟」，『台湾文献』14―3，1963年。呉宏総・張磊主編『邱逢甲研究』（広東人民出版社，広東省，1986年）。曾迺碩「乙未之役邱逢甲事蹟考証」，『台湾文献』 7―4・3，1956年。

〔栗原純〕

秋（しゅう）　瑾（きん）　Qiu Jin

（1875年11月15日～1907年7月15日）

原名・闺瑾，小字・玉姑。字・卿，日本留学後改名，瑾。また，自ら旦吾・競雄・鑒湖女俠・漢俠女児・秋千などの字号を称した。

福建省南部にて生まれる。原籍，浙江省山陰県。辛亥革命期の女性革命家・烈士，詩人。

秋瑾の生年については，1875年，77年，79年の3つの有力な説があり，現在なお議論が続いているが，誕生日についての史料は一致している。ここでは弟・秋宗章の75年説を採用しておく。出生地も諸説があるが，福建省南部では一致している。秋瑾が清軍に逮捕されたのは1907年7月13日であるが，刑死の日についても7月13日，14日，15日の3説がある。しかし，7月15日未明，紹興城内の軒亭口で斬首されたとの説を採るべきであり，殉難記念日も7月15日とされている。

先祖は明初より山陰城西南福全山に住み，もと農業を営んだが，秋瑾の4代前から代々挙人となり，士大夫の家柄となった。1891年祖父・秋嘉禾が福建の任地から郷里の山陰に戻る際，秋家は紹興城内塔山南麓に居を構えた。革命家となった秋瑾の居室のあるこの和暢堂秋瑾故居は，現在秋瑾紀念館となっている。

祖父・秋嘉禾は挙人，福建省南部諸県の知県，厦門海防庁同知，雲霄庁同知などを歴任したが，秋瑾が生まれたのはこの時期である。

少女時代はほぼ福建で過ごし，外国と中国との関係の変化を経験的に知った。秋瑾はものごころついた時から家塾で兄とともに学問を始め，その詩文の天才は母ゆずりであったという。母・単氏は，彼女に兄弟と同じ教育を施し，実家蕭山の従兄弟たちと共に武術も学ばせた。棒術，拳撃，剣舞，騎馬を纏足の秋瑾が好んで学んだ。

父・秋寿南（字・益三，号・星侯）も挙人，福建省及び台湾の知県など地方官を勤めた後，湖南省の下級地方官となり，秋瑾はおそらく1893年，家族とともに湖南省に移住した。初め長沙に住み，後，父の任地の移動に従って常徳ついで湘潭に移り，ここで湘郷の富商王家の3男・王廷鈞（子芳）と結婚することになった。夫は彼女より年下であり，この結婚は当時のしきたり通り親の決めた結婚であった。秋瑾の意思については，後に彼女が書いた『精衛石』という語り物の内容から，気のりのせぬ結婚であったことが想定される。96年結婚し，その翌年，長男・元（沅）徳が生まれる。秋瑾が居た頃の湖南は，変法維新運動が最も盛んで，按察使・黄遵憲が纏足禁止の告示を出した地でもある。

秋瑾がいつ湖南を離れ，夫の任地北京に移り住んだのかも諸説ある。1898年か99年に北京に行ったが，義和団運動と8カ国連合軍の北京進駐という重大事件をはさんで，両地を何回か往復し，1903年春に北京に落ち着いた。この時には長女・燦芝が生まれていた。この頃，清朝はその体制を維持する為に所謂新政を開始，一方，変法派と袂を分かった革命派がその主張を明確にし，清朝打倒をめざす革命団体が東京を根拠地として各地に簇生し始めた。

秋瑾は，この時代の急速な動きを，夫の同僚・廉泉の妻・呉芝瑛を通じて知る。呉芝瑛とは家も近く，この時結ばれた友情は秋瑾の死後も変わることがなかった。秋瑾は呉芝瑛を通じて服部宇之吉の妻・繁子と知り合い，自らも中国も自立し強くなる為には日本に渡って学問しようと思い立つ。夫は最初留学に反対したが，最後にはそれを認め，2人の子とともに彼女の留学を見送ったと繁子は証言している。1904年6月北京を発ち，7月に東京に着く。この時実践女学校に入学したのか，日語講習所に入学したのかは明確でない。この年一旦帰国，翌日再留学，この05年8月に実践女学校に入学した事は記録に残されている。

留学後間もなく，馮自由らの組織する秘密結社三合会に，劉道一，龔宝銓らとともに加入，以後彼女の活動と言論は堰を切った奔流の如くであった。04年浙江省の革命家の団体光復会の陶成章と知り合い，一旦帰国した際，同会会長の蔡元培及び徐錫麟と会って光復会に入会，05年東京で中国同盟会が成立すると，これにも加入した。

1905年12月「清国留学生取締規則」に抗議して帰国，郷里で女子教育に携わり，また上海で『中国女報』を発刊，同胞女性に自覚と自立を呼びかけた。一方，光復会員，同盟会員として同志の組織と会党＝秘密結社の教育・組織に力を入れ，やがて07年2月武装蜂起準備の拠点大通学堂の督辦となり，浙江全域の革命軍＝光復軍の総組織者・総責任者として活動した。同年夏安慶の徐錫麟と呼応して蜂起する計画が事前に漏れ，7月13日大通学堂は清軍に包囲され，事は失敗に終わる。秋瑾は取調べにも毅然として応じ，その処刑はどのような事件にも増して人々の心を震撼させ，激動の局面の形成を促した。秋瑾に関わる詩文や故事の量がその影響の大きさを物語っており，後に演劇・映画にもなった。

参考文献：周芾棠等輯『秋瑾史料』（湖南人民出版社，長沙，1981年）。中国国民党中央委員会編『秋瑾先烈文集』（文物供応社，台北，1982年）。鄭雲山・陳徳禾『秋瑾評伝』（河南教育出版社，鄭州，1986年）。郭延礼編『秋瑾研究資料』（山東教育出版社，済南1987年）。中華書局上海編輯所編『秋瑾集』重版（上海古籍出版社，上海，1991年）。

〔石田米子〕

邱（きゅう）　菽園（しゅくえん）　Qiu Shuyuan

（1874年～1941年11月30日）

原名・徳馨，号・星洲寓公。原地語でKhoo Seohwan。南洋華僑の保皇派指導者の1人。

福建省海澄県生まれ。父・邱正忠は若くしてシンガポールに渡り，商業に従事したのち，精米等で成功した福建幇商人の領袖の1人。清朝政府から栄禄大夫の称号を受ける。菽園は1880年シンガポールの父のもとに移るが，帰国して旧式教育を受け，94年郷試合格，挙人となる。南洋僑生としては空前絶後のこととされるが，翌年会試に不合格となる。

1896年父から大量の財産を譲られ，98年維新変法を支援し，公車上書に名を連ねる。同年『天南新報』を創刊，総主筆となる。戊戌政変後，亡命してシンガポールに来た康有為に住居を提供，10万シンガポール・ドルの資金援助をした。1903年までは南洋華僑のなかで最も活動的な保皇派指導者であった。

しかし，派手な生活から財産を食いつぶし『天南新報』も1905年停刊，その2年後に破産した。晩年は『振南日報』，『星洲日報』の編集に携わった。41年シンガポールで病没。詩文にも巧みで，著書に『菽園贅談』などがある。

参考文献：陳民『民国華僑名人伝略』（中国華僑出版公司，北京，1981年）。

〔江頭数馬〕

瞿（く）　鴻禨（こうき）　Qu Hongji

（1850年7月23日～1918年4月25日）

字・子玖，子九，号・止盦，晩号・西巌老人。湖南省善化生まれ。同治の進士。清朝末期の高官，遺臣。

1871年進士に合格。75年大考第一を得て侍講学士となる。その後，内閣学士に昇任し，福建，広西の郷試を主管。河南，浙江，四川の学政を歴任後，礼部侍郎を経て江蘇学政となる。日清戦争に際して「四路進兵」（四方面からの攻撃）の策を奏上したが採用されなかった。

1900年義和団事件で北京が8カ国連合軍に攻略された後，西安に逃げた西太后の行在所に向かったが，その途中で左都御史を命ぜられ，その任に就いた。西安到着後，西太后の寵愛を得て西安行在所で工部尚書，軍機大臣，政務処大臣などを歴任。北京議定書調印後，行在所から北京に帰り，黄馬褂を賞与され太子太保の名銜を加贈された。総理外国事務衙門を外務部に改称後，瞿鴻禨はその尚書に任命され，清政府の立憲準備に参画した。後，西太后の意に逆らい免職され故郷に帰った。中華民国成立後は上海に住み，18年4月清室の遺臣として死んだ。病死であった。

参考文献：中国史学会主編『中国近代史資料叢刊・義和団』4（上海人民出版社，上海，1961年）。陳旭麓・方詩銘等主編『中国近代史詞典』（上海辞書出版社，上海，1982年）。

〔小林一美〕

瞿（く）　秋白（しゅうはく）　Qu Qiubai

（1899年1月29日～1935年6月18日）

幼名・阿双，原名・懋渺（棫渺），爽，霜，秋白，学名・瞿双。別名・疑仌，宜賓，何朴，晩霜楼，号・雄魄，熊伯，鉄柏，鉄梅，滌梅，瓠舟，梅影山人。仮名・瞿子源，史維它，宿心，斯特拉霍夫（Strakhov），之夫，一天，DOU LON，林復，史維，范易，維寧，王莫吉，何其祥。筆名・巨縁，秋蕖，屈維它，維它，双莫，陶畏巨，双林，黙，顧，維，維摩，熱，血，沸，騰，了，它，M・君，美夫，狄康，屈章，啓凡，史鉄児，GMPAXOK，STR，樊梓，樊梓生，董龍，陳笑峰，司馬今，Sma Kin，V・T，J・K，易陳風，范亢，范易嘉，易嘉，文尹（楊之華の筆名を借用），A・T・T，宋陽，向茄，華靖，静華，卓東欧，魏凝，何苦，楽雯，何家幹，幹，子明，余銘，洛文，何凝，蕭参，史傑，陳逵，商霆，維嘉，商延発，陳節，史歩昌，阿林，Menmin，楊霞青，石人，犬耕。江蘇省常州府陽湖県青果巷86号八桂堂天華楼に生まれる。中国共産党の初期の指導者，政治理論家，文芸評論家。

瞿家は代々清朝の官僚を輩出した家柄で，父・瞿世瑋は浙江候補塩大使なる肩書きを持ち，書画を愛し道教を信仰し阿片を吸飲した。母・金衡玉は江蘇省江陽西郷大岸村の生まれで，広東候補塩大使を務めた金城の次女，古典の素養があった。このような家に育った秋白は早くから伝統的教育を受け，6歳で唐詩を暗唱しえた。1905年から冠英両等小学堂で，10年以降常州府中学堂（後に江蘇省立第五中学に改称）で学ぶ。中学在学中，中国同盟会員であった校長・屠寛の影響を受け，反清革命に目覚めた。辛亥革命後瞿家は家運が傾き，15年秋白は困窮のため中学を退学，16年春無錫江渓橋の楊氏小学の教師となる。同年貧窮のため母が服毒自殺し一家は離散，秋白は常州を離れ武昌の外国語専修学校に入学，さらに北京に行きロシア語専修館に入る。

1919年北京で五・四運動に巻き込まれ社会問題に関心を持つようになり，鄭振鐸らと社会実進社を創設，雑誌『新社会』を発刊する。五・四運動当時の瞿秋白は改良主義や無政府主義の影響，特にトルストイの影響を受けていたが，20年3月に李大釗のマルクス学説研究会に加わってから急速にマルクス主義に傾倒していった。同年4月以降『新社会』（第17～19号）誌上でマルクス主義の階級，所有制，国家に関する理論を紹介する一方，新社会を創造するためには「激烈な改革運動―革命―根本的改造」が必要であると説き，かつて信奉したトルストイの思想について，その「学説は多分に消極的，破壊的，批判的性質のものであり，積極的，建設的，討論的性質が比較的少ない」と断じた。

1920年10月『晨報』特約通訊員としてモスクワに向かうべく北京を出発，21年1月モスクワに到着。2年間のソ連滞在中肺結核を患いながらも，『晨報』などに「共産主義之人間化」，「蘇維埃俄羅斯之経済問題」，「労農国家与経済前途」など数十篇の文章を寄せ，ソ連事情を伝えた。21年5月，張太雷（中学の同期），張国燾の紹介を得て中共に入党，9月に正式党員となる。以後，東方労働者共産主義大学中国班のロシア語教師，政治理論課通訳を務め，極東各国共産党・民族革命団体第1回代表大会やコミンテルン第4回代表大会では翻訳・通訳工作に従事した。特に，コミンテルンの大会では陳独秀の通訳を務めた。22年12月陳に従い帰国の途につき，23年1月に北京に戻る。

1923年6月広州に赴き国共合作を決した中共3全大会に参加，大会期間中は中共党員の個人としての国民党への加入を積極的に支持し，反対派の張国燾らと対立した。また，合作賛成論をとりながらも2段階革命論の立場から当面のプロレタリアート及び共産党の力を過小評価する陳独秀とも意見を異にした。秋白は当時，「新青年之新宣言」の中で，革命の使命は労働者階級のみが担い，ブルジョア革命さえも労働者階級の指導がなければ成就しえないと言明していた。

大会終了後，上海に派遣され上海大学の教務長，社会学系主任を歴任，社会学概論などを講義しマルクス主義の伝播に努める。1923年末からボロディン，汪精衛らと国民党1全大会宣言の草案作成にあたり，作成途上の24年1月初め王剣虹と結婚する（王は同年死去）。同月下旬国民党1全大会で中央執行委員候補に当選し，以後国共合作の維持に奔走する。しかし，国民党右派の中共批判が激化すると右派との対決を決意し，同年9月から10月にかけて上海大学で中共党員に対し国民党右派との闘争を準備するよう指示を発す。10月国民党右派から弾圧され，地下に潜る。この潜伏中に中共との連絡役を務めた上海大学学生・楊之華と恋に落ち，11月に結婚した。

1925年1月中共4全大会（上海）で中央委員，中央宣伝部委員，中央局委員となり，中共中央の理論・宣伝面の指導者となる。同年5・30事件が発生すると蔡和森らとストを組織し，自ら『熱血日報』主編を務め，反帝反軍閥の論陣を張る。また，6～7月に国民党新右派の戴季陶が公然と中共批判を行うと「中国的国民革命与戴季陶主義」などの文章を書いて，それに激しく反論した。

1926年北伐への対応をめぐり陳独秀との間に意見対立が生ずる。すなわち，陳が北伐の進展は蔣介石の権力の膨張をもたらすとして北伐実施に消極的態度をとったのに対し，瞿秋白は北伐途上で労働者・農民を取り込み革命の指導権を握りうるとして，積極的態度をとったのである。また，同年夏中共内部で革命における農民の位置づけをめぐる議論が起こるが，ここでも，陳独秀が農民の革命性を疑い，統一戦線維持のため地主との対決の回避を優先し，農民運動及び農民の武装化に制約を加えようとしたのに対し，秋白は農民は革命に賛同しているとし，①「耕地農有（土地革命）」を実施し，②農民自衛軍を組織し，③郷村政権を農民に帰属させ，④買辦地主勢力を鎮圧することを提唱した。

1927年2～3月頃陳独秀との度重なる意見の対立に決着をつけるべく，秋白は陳を弾劾する小冊子『中国革命之争論問題』を執筆し，4月下旬に中共5全大会に提出した。その弾劾は多くの支持者を得，大会は陳が右傾機会主義の誤りを犯したと批判し，陳の主張を否定した。秋白は大会中第5期中央委員，政治局委員に選出され，後日政治局常務委員となる。

1927年5月の馬日事変以後，反共高潮の中で中共中央は混乱をきたすが，瞿秋白は国民党右派との対決姿勢を堅持し続け，李維漢の協力及びコミンテルンの支援を得て8・7緊急会議を主宰，土地革命・武装暴動の方針を確定し中央臨時政治局を選出する。そして，8月9日中央臨時政治局第1回会議を開き，自らを首班とする中央臨時政治局常務委員会を組織し（常委は瞿秋白，李維漢，蘇州徵から成る），農委主任，宣伝部部長，党報総編集を兼務して党の指導権を掌握した。緊急会議で秋白は国民党右派に対する積極的反攻の方針を示すことによって，反共高潮の中で敢闘精神を阻喪し，四散した中共党員を奮い立たせ団結させることに成功した。実際，中共は瞿秋白の指導下に秋以降，①賀龍・葉挺軍による潮州・汕頭攻略作戦（南征），②湖南，湖北，広東，江西諸省における秋収暴動，③武漢，上海，南京におけるストライキを展開した。これら一連の行動はいずれも各地の大都市を攻略・占領することを目指しており，瞿秋白の都市重視の革命戦略に基づくものであった。しかし，いずれも都市近辺で圧倒的な国民党軍の反撃に遭遇し，短期間で失敗に終わった。湖南省の秋収暴動を指揮した毛沢東は長沙攻撃に失敗した時点で，大都市の攻略・占領に見切りをつけ，国民党の力が浸透していない省境の農村地帯に革命根拠地を形成して実力を温存し増強する農村重視の立場を鮮明にした。党内に都市重視と農村重視，換言すれば労働者重視と農民重視という2つの立場が表れたのである。秋以降の一連の敗北は，中共勢力の全国的後退を示しており，客観的に見れば，毛沢東の選択した農村を重視し農村根拠地の建設に力を注ぐ方法が現実的であったと思われるが，瞿秋白ら党中央はなお大都市の攻略・占領に執着した。27年11月瞿秋白らは中央拡大会議において，当面の革命情勢をきわめて楽観的に分析・評価し，中国革命は「マルクスのいわゆる『間断なき革命』である」と述べ，①広州，上海，武漢，天津，長沙など大都市でゼネスト，総暴動を起こし，②両湖，江蘇，浙江など諸省で労農総暴動を行う，いわゆる「全国総暴動」計画を決定した。この計画にそって同年末に広州暴動が実行にうつされたが，国民党軍の反撃に遭い中共部隊は壊滅，張太雷が戦死し暴動は完全な失敗に終わったのである。

この惨状を目の当たりにした秋白は即座に予定されていた両湖年末総暴動を中止し，最初に大都市を奪取する戦術から都市の周りを占領し割拠・包囲する戦術への切り替えを図るとともに，遊撃戦争の展開，革命根拠地の建設，工農紅軍の建設の必要性に目を向けるようになる（6全大会の政治報告で遊撃戦争の展開と武装割拠を今後の方針として提起）。

1928年5月中共6全大会開催予定地のモスクワに到着，翌月大会の席上政治報告を行い，陳独秀の右傾機会主義を批判するとともに自らが犯した左傾盲動主義の誤りをも批判，各代表からの批判を請う。大会では第6期中央委員，6期1中全会では政治局委員に当選し中央の地位を保ったものの，コミンテルン駐在中共代表団団長としてソ連に残留，事実上失脚した。ソ連残留中は肺結核に悩みながらも，コミンテルン執行委委員，コミンテルン主席団委員，モスクワ中山大学中国問題研究所『中国問題』編輯委員会委員，コミンテルン駐在中共代表団7全大会党綱起草委員記（29年7月）などを務めた。また，当時中山大学ではミフ，王明ら（支部局派）が主導権を握ろうとして他の中共党員（教務派）と対立しており，秋白もこの争いに巻き込まれる。秋白は学内の状況を調査し29年4月に支部局を非難する報告書を作成したため，ミフに睨まれ同年の反ブハーリン闘争の後，右傾分子として攻撃され，翌30年にコミンテルン駐在代表の職を解任される。

1930年夏李立三路線が破綻すると，コミンテルンは，李は路線面でコミンテルンと相違がないものの政策上誤りを犯したと認定，瞿秋白は李の政策上の誤りを是正する任務を与えられて周恩来（同年4月に訪ソ）と共に帰国する。9月に上海で周と中共6期3中全会を主宰し，李立三に自己批判させるとともに，全国総暴動・紅軍の集中投入による大都市政略・占領の計画を中止させた。しかし，その後コミンテルンは態度を一変し，11月中共中央に対し書簡で李立三の誤りは路線上の誤りであり，3中全会での李立三批判は調和主義であると伝えた。主宰した会議が批判されたうえ王明らの画策もあって秋白の立場は悪化，12月にはコミンテルン内部で瞿に対する名指し批判が始まり，ついにミフが統轄した31年1月の中共6期4中全会で政治局委員から外される。

党中央を追われた瞿秋白は上海で病気の療養に努める一方，文芸面に活動の場を求め，しばらく魯迅らとともに左翼文化運動を指導した。やがて，国民党による取り締まりが強化されると，上海を脱出，1934年2月5日中央ソヴィエト区の瑞金に入り，中央工農民主政府委員，人民教育委員，ソヴィエト大学校長に就任する。中央紅軍の長征には加わらず，中共中央江西分局宣伝部部長としてソヴィエト区に残留した。

1935年2月何叔衡らと香港に脱出するため国民党支配地区を突破する途中，福建省長汀で国民党軍の捕虜となる。獄中で執拗に転向を促されるが拒絶，蔣介石の密命により6月18日長汀西門外羅漢嶺下の草地で銃殺された。55年6月18日に北京八宝山革命烈士公墓に納骨された。文化大革命中反徒の罪名を着せられたが，中共11期3中全会後に名誉回復される。

瞿秋白は多くの評論，論説，詩文，劇本などを残したが，その一部を収めた文献として『瞿秋白文集』，『瞿秋白詩文選』などがある。また，魯迅がその死を悼み病を押して編纂した秋白の文学訳文集『海上述林』は有名である。

参考文献：中共党史人物研究会編『中共党史人物伝』38巻（陝西人民出版社，西安，1988年）。周永祥『瞿秋白年譜新編』（学林出版社，上海，1992年）。王士菁編『瞿秋白伝』（四川人民出版社，成都，1985年）。丁守和『瞿秋白思想研究』（四川人民出版社，成都，1985年）。王鉄仙『瞿秋白論稿』（華東師範大学出版社，上海，1984年）。陳玉堂編『中共党史人物別名録』（紅旗出版社，北京，1985年）。石川忠雄『中国共産党史研究』（慶應通信，1976年版）。

〔中村楼蘭〕

屈(くつ)　武(ぶ)　Qu Wu

（1898年7月12日～1992年6月13日）

字・経文。陝西省渭南県に生まれる。軍人，中国国民党員，後に中国共産党に入党。

幼年期に私塾で教育を受け，その後西安私立成徳中学に進学する。1919年五・四運動の時，陝西省学生連合会会長として陝西の学生を代表して北京に請願に赴き運動に参加する。同年6月陝西省学生連合会を代表して全国学生連合会成立大会に出席，その後孫文に出会って感化を受け，後に中国国民党に入党する。西安に戻ってからも学生運動を指導したため，陝西督軍・陳樹藩に監禁される。釈放後三原に逃れ，靖国軍総司令・于右仁に見込まれ，22年4月その長女・芝秀と結婚する。その後北京大学政治系に進学し，24年12月と25年2月に北上した孫文と再会する。同年，夫人はモスクワの中山大学に留学し，中国共産党に入党する。24年に馮玉祥が発動した北京政変に参加する。26年国民党第2期候補中央執行委員となる。同年ソ連の中山大学に進学してソ連共産党に入党し，留学中の蔣経国と親交を深める。同大学卒業後，ソ連陸軍大学に入学，国共両党関係の悪化を受けて28年に国民党から除籍処分を受ける。

陸軍大学を卒業した後，1938年に帰国する。第2次国共合作を受けて国民政府軍事委員会少将参議兼顧問事務処副処長，陸軍大学教官などを歴任する。41年6月，周恩来の指示を受けて統一戦線組織である中国民族大衆同盟（1年後に中国民主革命同盟に改称，略称・小民革）を組織する。42年1月立法委員，中ソ文化協会秘書長に就任する。45年4月小民革への参与が暴露されたため重慶を離れ，陝西省政府委員兼建設庁庁長，新疆省政府委員兼迪化（現在のウルムチ）市市長などを歴任する。

1949年3月行政院が派遣した和平交渉代表団顧問となって蔣介石に説得工作を行う。同年9月新疆で中共側に立って蜂起し，新疆を平和解放する。建国後は，同年12月に西北軍政委員会委員，新疆省人民政府委員会委員兼新疆迪化市市長を歴任する。50年に中共に再入党し，51年に政務院副秘書長兼参事室副主任，53年に西北行政委員会委員，54年に国民党革命委員会（民革）中央常務委員会副秘書長，第1期全国人民代表大会河南省代表，同常務委員会副秘書長，同予算委員会委員などの職を務める。56年3月民革中央常務委員，57年2月には同委員会の和平解放台湾工作委員会委員を務める。58年3月国務院対外文化連絡委員会副主任に就任する。59年4月には第3期中国人民政治協商会議全国委員に就任する。

文化大革命時期には，元国民党党員だったことから迫害を受け，1969年から74年まで獄中生活を強いられる。77年には名誉回復し，78年3月に第5期全人大代表，第5期政協全国委員などの職に復帰する。79年4月に訪日する。同年10月，民革第5期中央副主席に就任する。80年10月ユーゴスラヴィアを訪問する。80年代に入ってからは国民党内の人脈を利用して対台湾統一戦線工作に従事することが多く，83年9月には政協に新たに設けられた祖国統一工作組組長に就任する。同年12月民革第6期中央副主席，85年9月に同代理主席，87年2月に同主席に就任する。同年12月には指導部の新旧交替を理由に同主席を辞任する。この前後，蔣経国との交遊関係があったため高齢ながらも国民党に対して統一の呼びかけを何度も行っている。

1992年6月北京で病死し，「八宝山革命公墓」に埋葬される。著作に『論蘇徳戦争』，『屈武文選』などがある。

参考文献：劉紹唐主編「民国人物小伝―屈武（1898―1992）」，『伝記文学』1992年8月号。中国百科年鑑総編集部編『中国百科年鑑』（中国大百科全書出版社，北京，1983年）。『中国人名大詞典―現任党政軍領導人物巻』（外

文出版社，北京，1989年)。陳江鵬「屈武与蔣経国」,『人文雑誌』1995年2期。　〔松田康博〕

R

冉　文儔 Ran Wenchou

（生年不詳～1799年2月5日）

四川省通江県に居住。嘉慶白蓮教徒の反乱（1796～1806年）において通江県蜂起軍を指導した中心人物。

1796年，四川省・湖北省・陝西省三省交界地区の山岳地帯において大規模な白蓮教系民間宗教教徒の反乱が勃発した。反乱の主要な原因は，この地区への移住民の流入，及びそれによってもたらされた地域社会の動揺に求められるが，中でもこの現象が最も顕著にあらわれたのは四川省東部・北部である。清代初頭，明末農民戦争のために荒廃に帰した四川の再開発は，湖広を中心とする長江中下流域から流入した移住民よって急速に進められた。しかし18世紀後半，四川の開発も飽和状態に近づき，それとともに移住民間の競合も次第に激しくならざるを得なかった。ここにおいて，農耕・交易に有利な低平地における土地占拠から大土地所有へと向かう有力な同族集団と，劣悪な農耕環境に甘んじねばならぬ劣位同族集団との矛盾は深刻化し，嘉慶白蓮教徒反乱の基礎条件が形成された。

冉文儔の生年，入教以前の職業などについては伝えられてないが，彼もまた冉氏同族集団を率いて白蓮教徒の反乱に参加している。もともと通江県冉家湾（冉氏一族が聚居していた可能性も考えられよう）に居住，1795年白蓮教に入教し，翌96年12月冉氏一族を率い，王士虎，李彬らとともに王家寨に兵を挙げた。97年2月，清軍に包囲された冉文儔らは王家寨を脱出，巴州方山坪を拠点とする羅其清に合流する。この年5月四川東郷県にて，四川教軍の徐添徳・王三槐・冷添禄と，湖北から脱れて四川に入った姚之富・斉王氏らが会合，これを契機にそれぞれ出身地ごとに集団を形成していた教軍各部隊の名称が決定された。四川の教軍について述べれば，以後，通江県の冉文儔は通江藍号を，巴州の羅其清は巴州白号を，太平県の龍紹周は太平黄号を，東郷県の王三槐・冷添禄は東郷白号を，達州の徐添徳は達州青号をそれぞれ名のることになる。97年8月，冉文儔と羅其清は方山坪を脱出，儀隴県・営山県一帯で転戦を続けた。98年6月，冉文儔・羅其清の率いる教軍は営生県箕山の一帯に駐屯，張添倫・王廷詔らの率いる湖北襄陽教軍，徐添徳の率いる達州青号教軍も相次いでここに集結した。11月，箕山太鵬寨のとりでも清軍の攻撃によって陥落，教軍は再びこの地を放棄して去り，冉文儔は通江県麻巴寨に逃れた。しかし99年陰暦1月1日，冉文儔は麻巴寨を囲む清軍との戦闘において遂に戦死した。

通江教軍の中でも，冉文儔とその一族は「冉家営」と名のり，文儔の死後も次々と冉氏族人を指導者に立てて抵抗を続けていく。その後は冉文儔の甥，冉添元を総元帥として戦闘を継続，1800年3月，江油県馬蹄崗で清軍と激しく戦い，一時は清軍を劣勢にまで追いつめたが結局敗れ去った。これが白蓮教軍による最後の大規模な戦闘となった。冉添元が馬蹄崗の戦いで生け捕られた後，冉家営では，冉添元の族弟・冉添泗，冉添璜らを相次いで指導者に推している。しかし01年中には両者とも逮捕され，冉家営もここにほぼ消滅した。

次に，反乱の初期において冉文儔と行動をともにした羅其清について見ておく。羅其清は巴州方山坪に居住，父親・羅定国を始めとする一族の人々も多く白蓮教に入教しており，この地方の有名な老教首の1人であった。彼は1754年に出生，兄弟とともに機織り職人として生活していたが，反乱前夜には酒飯店を営んでいた。96年12月，白蓮教徒60余人を集めて兵を挙げ，次いで方山坪に入ってここを拠点とした。既に述べた如く，この方山坪では後になると通江県から逃れて来た冉文儔らも合流する。羅其清はこの地を根拠地として2度まで巴州城に攻め込んでいる。98年11月，羅其清は陥落した営山県箕山から逃れる途中捕えられ，99年2月，王三槐とともに刑死。彼は「滅満興漢」を目標として考えていたが彼と同じく四川北部地区で挙兵し，しばしば行動をともにしていた冉文儔，龍紹周には「滅満興漢」を唱えた形跡がない。結局，教軍は共通のスローガン，政治目標を欠如したまま，山間部でのゲリラ戦を繰り返したのである。

参考文献：慶桂等編『欽定剿平三省邪匪方略』(1810年)。石香農『戡靖教匪述編』。蔣維明編『川湖陝白蓮教起義資料輯録』(四川人民出版社，成都，1980年)。中国社会科学院歴史研究所清史室・資料室編『清中期五省白蓮教起義資料』第1～5冊（江蘇人民出版社，南京，1981～82年)。

〔山田賢〕

饒(じょう)　漱石(そうせき)　Rao Shushi

（1903年11月23日～1975年3月2日）

別名・饒梁槙，趙建生，筆名・漱石。江西省臨川県生まれ。中国共産党の指導者。

1923年に社会主義青年団に加入。25年中国共産党加入。国民革命敗北の後，東北地方で活動，29年共産主義青年団北満省委員会書記，中共東北地区代理書記，中華全国総工会秘書長などを歴任。35年にモスクワに行き，労働組合の全世界組織であるプロフィンテルンの中国代表として活動。王明，康生らとともに中共内での留ソ派の指導者となる。

日中戦争期には，1938年頃延安にもどり，華東および華中地域で活動。中共中央東南局副書記，同華中局書記を歴任。41年7月以後は，国民革命軍新編第4軍（新四軍）政治部主任，政治委員代理を務める。なお，55年に「高崗・饒漱石の反党同盟事件」で党から除名された時の評価によれば，当時饒漱石は「新四軍の指導権を奪うために反陳毅・新四軍代理軍長の陰謀を練った」と言われる。中共7全大会（45年6月）ではじめて中央委員に選出される。

戦後内戦期には，1945年12月に山東軍区政治委員となり，46年から中共中央華東局書記，第3野戦軍兼華東軍区政治委員を歴任。この時期に，華東地区で康生と権力を争い，それに勝利してから華東地区の実権を掌握，この地区の第一人者となった。

中華人民共和国成立と同時に，華東軍政委員会の主席，中央人民政府委員，中国人民革命軍事委員会委員，中共中央華東局第1書記となり，東北地区の高崗とともに押しも押されもせぬ地方リーダーとなる。

1953年春，地方の独立的動きに警戒的な毛沢東の指示で6大軍政委員会（あるいは行政委員会）の撤廃と省への改編，地方指導者の大幅移動が行われ，東北地区の実力者・高崗（当時東北行政委員会主席，中共中央東北局第1書記）とともに北京への移動を命じられた。高崗は国家計画委員会主任に，饒漱石は中共中央組織部長へ転任した。高崗，饒漱石ともに，この中央移動に大いに不満だったと言われる。

中央組織部長になってからの饒漱石の動きは，1955年3月の中国共産党全国代表会議での「高崗・饒漱石反党同盟についての決議」によって知る以外にないが，それによれば次のとおりである。まず高崗は53年6～8月の全国財政経済工作会議で薄一波（当時財政部長）批判をすることで劉少奇（当時党副主席）批判を狙い，ついで饒漱石が同年9～10月の第2回全国組織工作会議で，安子文（中央組織部副部長）をはじめ53年以前の組織部の工作を「敵と味方を充分に分けずに悪人に対する警戒心が足りず，右寄りの誤りを犯した」と批判，これが実は安子文の後ろにいる劉少奇批判だった。この饒漱石・安子文対立を周恩来などが調整したが失敗，同年末の中央政治局会議で高崗・饒漱石が「党の団結を守るように」と警告を受けた。

1954年2月の7期4中全会では，高崗も饒漱石も釈明して「党の団結についての決議」を採択するに止まり，問題は2～3月にかけての，高崗問題座談会（周恩来が主宰），饒漱石問題座談会（当時党中央の秘書長だった鄧小平が主宰）に持ち越された。高崗は結局8月に自殺，饒漱石は一応の自己批判をし，その後華東局や上海市党委員会の会議でもこの問題が討議された。

1955年3月，高崗・饒漱石問題の処理と第1次5カ年計画案の策定のために中共全国代表会議（これは党規約にはない異例の会議である）が開かれ，「高崗・饒漱石の反党同盟についての決議」が採択され，高崗・饒漱石ともに党籍剝奪，党内外におけるすべての職務の罷免が決まった。

しかしそれと同時に饒漱石は，「反革命分子を庇護するなどの政治問題」が露顕して，1955年4月1日には公安部に逮捕され隔離審査された。この審査はなぜか長くかかり，65年8月，最高人民法院が14年の懲役刑，10年間の政治権利剝奪を宣告した。同年9月には仮釈放されたが，文化大革命が始まると67年にふたたび拘禁された。結局，饒漱石は75年3月獄中で病死した。

高崗・饒漱石事件はまだ多くが謎に包まれている。劉少奇・鄧小平らと高崗らの間の権力闘争だったのか，それとも中央権力対地方権力という構造的な問題だったのか，あるいは高崗がスターリンに近かったことからソ連が何らかの形で絡んでいるのか，高崗と饒漱石の間に組織的つながりがあったのかどうか，問題は沢山ある。

1955年3月の決議は次のように饒漱石の罪状を述べている。「1953年に命を受けて中央の職に転じてから，中央の権力を奪いとる高崗の活動が成功すると考え，高崗と反党同盟を結び，中央組織部長という職務を利用して中央の指導的地位にある同志に反対することを目的とする闘争を始め，党を分裂させる活動をさかんに行った。……会議は，反党陰謀の首謀者であり，あくまで悔い改めない裏切り者・高崗を党から除名し，反党陰謀のいま1人の首謀者・饒漱石を党から除名し，また党内外でのかれらの全ての職務を免ずることを全員一致で決議する」。

また同じ会議での鄧小平「高崗・饒漱石反党同盟に

ついての報告」によれば，饒漱石は，中共華東局書記の時代に「上海は特殊，華東区は特殊」として中央の指示に抵抗し，1949年には華東軍政委員会主席の地位を奪いとり，「独断専行」を進め，53年高崗の企てに乗じて政治的投機に出たという。さらに上海で資本家階級に譲歩し，反革命鎮圧では寛大な措置を強調するなど「右寄りの誤り」を犯したとされている。

ともかく，高崗・饒漱石が除名され饒が刑事処分を受けたことは，1953～54年，過渡期の総路線をめぐって党内が相当に割れていたこと，中央集権化への地方の抵抗が相当に強かったことの表現だと考えられる。いずれにせよ，饒漱石批判には鄧小平が絡んでおり，その評価が定まるにはまだ時間がかかろう。

参考文献：1955年3月中共全国代表会議「高崗・饒漱石の反党同盟についての決議」，日本国際問題研究所・中国部会編『新中国資料集成』4巻（日本国際問題研究所，1970年）。林蘊暉他『凱歌行進的時期1949—1989年的中国①』（河南人民出版社，開封，1989年）。馬畏安『高崗饒漱石事件始末』（当代中国出版社，北京，2006年）。〔毛里和子〕

任（にん）　弼時（ひつじ）　Ren Bishi

（1904年4月30日～1950年10月27日）

原名・任二南，学名・任培国。別名・陳林，史林，詩圃，布林斯基，弼世，史村，伯堂，辟時，弼実。筆名・弼，弼時，辟世，P.S.，化名・胡少甫。湖南省湘陰県生まれ。創設初期以来の社会主義青年団・中共の指導者の1人。

貧しい教師の家庭出身。5歳の時から父に習って勉学を始め，やがて郷里の小学校で学び，12歳になって長沙の湖南省立第一師範学校付属高等小学校に入学，長郡中学で学ぶ。1920年8月，毛沢東・何叔衡らが組織したロシア研究会に加わる。やがて同研究会の紹介により上海共産主義小組が創設した外国語学社で学び，同時に中国社会主義青年団に加入する。21年春，蕭勁光，劉少奇らとともにソ連に行き，モスクワ東方共産主義労働大学に留学する。22年1月，共産党に入党。24年，中国社会主義青年団の正式代表として，モスクワにて開催の少年コミンテルン第4回代表大会に参加。24年秋帰国し，湖南省安源地区党委青年部長の任に就くが，まもなく上海にて青年団の指導工作および上海大学でロシア語を講義。25年1月，社会主義青年団第3回全国代表大会で，団中央委員及び中央組織部長となる。5月団中央書記代理，9月書記に任ぜられる。この時期「社会主義青年団とは何か？」，「レーニンと十月革命」，「マルクス主義概略」，「上海五三〇惨殺と中国青年の責任」など積極的に執筆活動も行う。

1927年4月任弼時は中共5全大会に参加し，中央委員に選出される。26～27年国民党の反共傾向の強まる中で，国共合作をめぐり陳独秀ら党中央の協調路線と激しく対立する。国共分裂，陳独秀失脚後の27年8月に開かれた中共中央8・7緊急会議にて，任は臨時中央政治局委員に選ばれる。その直後，鄂（湖北省）南地区の農民暴動，そして湖南での革命闘争を指導する。28年彼は党中央での工作を担当，6～7月の中共6全大会では中央委員に当選した。10月安徽での党工作視察中，国民党に逮捕される。翌年3月保釈出獄し，中共江蘇省委常務委員となるが，11月上海で再び逮捕，2カ月で出獄し武漢に派遣され，党中央長江局委員兼組織部長に就く。同時に湖北省委書記と武漢市委書記を兼任する。31年1月中共4中全会で中央政治局委員に選ばれる。

1931年党中央は任弼時と王稼祥，顧作霖を中央代表として江西省の中央革命根拠地に派遣した。任は中共中央ソヴィエト区中央局委員兼組織部長になると同時に，第1回全国労農兵代表大会で，中華ソヴィエト共和国中央執行委員会委員に当選する。中央根拠地時期，任は王明指導下の左傾路線を推進し，31年11月の贛南会議，32年10月の寧都会議では毛沢東のソヴィエト中央局書記，紅軍総政治委員，総前敵委員書記の職務を解除し，根拠地の党・軍における毛の影響力排除に努める。しかし後，当時の党中央左傾路線との路線上のずれが大きくなり，ソヴィエト区中央局組織部長の職を解かれる。33年5月任は中共湘贛（湖南・江西）省委書記，同軍区政治委員となり，同地域で根拠地建設を進める。34年8月以降，蕭克，王震らとともに紅軍第6軍団を率い長征の先鋒として国民党の包囲線を突破し，やがて賀龍らと合流して湘鄂川黔（湖南・湖北・四川・貴州）根拠地を樹立する。36年7月これまでの紅軍2，6軍団と第1方面軍9軍団を合わせ工農紅軍第2方面軍（総指揮者・賀龍）が組織され，任は政治委員になる。同時に中共中央西北局副書記にも任ぜられる。

抗日戦争勃発後，彼は軍総政治部主任，八路軍総政治部主任などの要職に就き，前線にも赴きながら対日作戦を指導した。1938年党中央の指示によりモスクワに入り，中共コミンテルン駐在代表団責任者として宣伝・情報活動を行う。40年3月延安に戻り，中央書記処で活動する。41年9月中央秘書長となり書記処の日常活動に責任を持ち，ならびに中央組織部，西北局，労働者・青年・婦人工作を主管する。43年3月党中央政治局は毛沢東，劉少奇，任弼時の3人で中央書記処を構成し，党の日常工作を処理することを決定。45年4月中共7全大会では大会秘書長となり，大会開幕式を主宰，中央政治局委員，中央書記処書記，中央秘書長となる。

国共内戦期には多くの重大な方針・政策の策定に参加し，とりわけこの時期の土地改革政策の策定に関して多大の貢献をなす。また1947年3月国民党の延安占領以降は周恩来とともに毛沢東を助け，西北と全国解放戦争を指導する。49年彼は中国新民主主義青年団（後に中国共産主義青年団と改名）準備委員会主任を務め，4月の第1回全国大会で同団名誉主席に選ばれる。しかし，大会後強度の高血圧症を患い，50年10月北京で脳溢血のため死去する。

参考文献：京声・渓泉主編『新中国名人録』（江西人民出版社，南昌，1987年）。王永均・劉建皐編『中国現代史人物伝』（四川人民出版社，成都，1986年）。宋春・朱建華主編『中国政党辞典』（吉林文史出版社，長春，1988年）。Donald W. Klein & Anne B. Clark, *Biographic Dictionary of Chinese Communism 1921-1965* (Harvard University Press, Cambridge, Massachusetts, 1971).

〔天児慧〕

任（にん）　化邦（かほう）　Ren Huabang

（1834年～1867年11月19日）

幼名・任柱。安徽省蒙城県生まれ。後期捻軍の首領の1人。

初期捻軍首領の1人，任乾の甥。1852年任乾が藍旗捻軍の蜂起を行った時，父や兄とともに参加して，第2隊を率いた。蒙城の捻軍は南隣の鳳台に本拠を置く苗沛霖の団練と激しく抗争し，その過程で任化邦の声望が任乾を越えるようになった。57年藍旗の首領として捻軍の盟主・張楽行に従って淮河南岸に遠征した。59年任乾が戦死すると藍旗の総目となった。63年張楽行が僧格林沁の清軍に捕えられて処刑されたのち，張宗禹らとともに頼文光の率いる太平軍部隊と合流した。この年の冬苗沛霖の団練も僧格林沁軍に粛清されたが，任化邦はその残党を吸収して勢力を拡大した。

このころ太平軍から魯王の封号を与えられた。1865年5月山東の曹州で僧格林沁軍を撃破した戦闘に加わり，勇猛の名を馳せた。66年10月捻軍・太平軍の連合部隊は河南の許州で東捻軍と西捻軍に分れたが，任化邦は頼文光とともに東捻軍を指揮し，湘軍・淮軍としばしば戦い，67年2月湖北尹隆河の戦いでは劉銘伝の指揮する淮軍に大きな損害を与えた。この年夏東捻軍は山東に入って登州・莱州・青州一帯を転戦したが，捻軍鎮圧の欽差大臣に任命された李鴻章により次第に追いつめられ，11月19日江蘇の贛楡での戦いで淮軍に大敗し，投降した者に刺殺された。

参考文献：江地『捻軍人物伝』（山西教育出版社，太原，1990年）。羅爾綱『太平天国史』第4冊（中華書局，北京，1991年）。

〔並木頼寿〕

任（にん）　可澄（かちょう）　Ren Kecheng

（1877年～1945年）

原名・鏁文，改名・可澄，字・志清，号・匏叟。貴州省安順府普定県生まれ。官僚。教育行政に深く携わる。1903年，挙人となり，日本へ教育事情視察のため赴く。帰国後，貴州省にもどり，省内の開明紳士・于徳楷，唐爾鏞，華之鴻らと共同出資し北京・上海で出版された最新の教科書，博物標本などを取り寄せ，扱う文書通局を創設し新式の学堂の準備をした。また唐爾鏞と貴陽の貴山書院に簡易師範科を設立した。この機関は，初等学堂の教員養成を目指し，貴州の生員を集め師範訓練を行い1年で卒業，各県に分けて小学堂の教員とした。1906年，唐爾鏞らと貴陽書院に師範伝習所を設立した。この機関は高等小学堂の教員を養成するもので，挙貢生員及び簡易師範科の卒業生を対象とした。また，師範伝習所は，実習の便をはかるため，附属の高級・初級小学堂を設けた。07年，唐爾鏞と優級師範選科を創設し，中学堂の教員養成を行った。08年，貴州通省公立中学堂を作った。清末の立憲運動に際して，貴州には任可澄の指導する憲政預備会と自治研究会（指導者・張百麟）があり，どちらも将来の行政参加に備えていたが，憲政預備会は法律・行政系の人材養成が弱かった。そこで，任可澄は憲羣法政学堂を創立し，法律・行政系の人材養成をはかった。

1911年の辛亥革命に際しては，憲政預備会と自治研究会は協力し，同年11月4日張百麟と任可澄は貴州の独立を宣言し軍政府を組織した。軍政府内に枢密院を設置し，任可澄は副院長となった。この時，憲政預備会派は省内の会党勢力の台頭に対して省内秩序の混乱をもたらしているとし，雲南より援軍を頼んで討伐を行った。

1912年4月，貴州省の軍政府は改組し，それにともなって任可澄は右参賛となる。13年4月，黔東観察使，14年6月貴州鎮遠道道尹，4月貴州を代表し北京の約法会議に出席した。

1915年8月，中央政府より雲南巡按使に任命された。この年，袁世凱の帝制復活運動が行われ，それに対して任可澄は蔡鍔，唐継尭らと結んで共和政体を擁護し帝制実施を阻む（護国運動）ことを決意した。12月

23日，唐継尭，任可澄の名義で電報を打ち，袁世凱の帝制実施を取り消すよう要求したが受け入れられず，25日雲南省は独立し，武力による袁世凱討伐を開始した。この時の討袁に関わる電文は任可澄の手によるものが多い。雲南独立にともなって雲南都督府が成立し，任可澄は都督府の右参賛となった。16年各省が独立し，3月22日袁世凱が帝制を取り消し，6月6日に死ぬと，7月には中央政府より雲南省長に任ぜられた。9月その職を辞して雲南都督・唐継尭の代表として北京に赴いた。17年，張勲の帝制復活に際しては，梁啓超，湯化龍らと共に討伐に参加した。

1918年，貴州省政府の招聘に応じ通志の編纂に取り組み，貴州通志局総裁となった。21年1月28日，貴州省長となった。25年臨時執政の段祺瑞が北京で善後会議を召集した時，任可澄は雲南代表として参加した。26年6月22日杜錫珪の摂政内閣に入閣し教育総長となり，翌年の顧維鈞内閣でも留任した（27年1月12日まで）。

1934年，監察院長・于右任の推薦を受け雲貴区監察使となり，昆明に駐在，39年にその任を降り，後は貴陽に定住した。44年日本軍が貴州に侵入し，日本軍が任可澄を貴州省長にするとの声を聞き重慶に逃れる。45年，貴陽にて心臓病のため死亡した。

参考文献：姚崧齢「任可澄」，『伝記文学』43巻4期，1983年。謝本書他編『護国運動史』（雲南人民出版社，昆明，1984年）。李新，李宗一主編『中華民国史』2編，北洋政府統治時期1巻・下（中華書局，北京，1987年）。寺広映雄『中国革命の史的展開』（汲古書院，1979年）。

〔鎌田和宏〕

栄（えい） 徳生（とくせい） Rong Desheng

（1875年8月4日～1952年7月29日）

譜名・徳銓，号・楽農。江蘇省無錫市生まれ。原籍，同前。製粉・紡績業における民国期最大の企業集団栄家の1人。栄宗敬の弟，栄毅仁の父。

父は栄熙泰，母は石氏，2男2女の子があった。無錫の下栄氏の貧しい家に生まれた彼は，2歳年上の兄と共に私塾で学んだ後，若い時から上海の銭荘で修行した。父が上海に広生銭荘を開設すると，兄弟で運営し，父の死後は兄弟で手広く経営に当たった。

1900年義和団事件の際，製粉業の利益に注目した兄弟は親戚と同業を開始，後には有力商人と一緒に工場を改組，茂新と改名し，兄弟で経営に当たった。05年兄弟は別の商人達と無錫に振新紗廠を設立し，紡績業にも進出した。

辛亥革命後製粉業が好転し，兄弟は上海に王禹卿らと福新製粉廠を設立・経営，第1次世界大戦勃発前後にはさらに繁栄したので，無錫・上海・漢口に多くの分工場を設立した。紡織関係では，先の振新紗廠内で大株主間の対立があり，栄家はそれから手を引き，代わって上海に申新紗廠を創設した。

五・四運動以後，全国的な日貨排斥運動が起きると，栄家はその機会を捉え，上海・無錫・済南・漢口などに各分工場を増設した。1921年上海に本社の茂新・福新・申新総公司を設立して，全企業の統一を図った。「小麦王」，「紡績王」とも言われるようになったが，表面上の発展とは裏腹に総公司の負債額も膨張の一途を辿っていた。

日中戦争勃発後に兄は上海に留まり，弟の彼は漢口に去った。1938年兄の死後上海に戻った彼は子や甥から申新の総経理に推されたが，日本の圧迫を避けるためにその任に就かなかった。各企業はそれぞれ栄家の者が管理し，福新系企業は王禹卿が支配した。栄家各企業は日本軍による破壊を受けたが，租界内の企業は継続して生産でき，折からの物価上昇の機会に乗じて巨利を得，それまでの借財を清算することができた。太平洋戦争勃発前，日本は彼と合弁を目論んだこともあったが，彼は同意しなかった。

戦争終結直後の1946年彼は早くも無錫に天元実業公司を設立，麻・毛・綿紡織業を開始し，同時に上海で輸出貿易にも従事した。翌47年彼は四男の栄毅仁を前面に立てて，上海の大手製粉業者数社と共同して小麦共同購入所を設立，国民政府糧食部の支持を得て，安徽・江蘇の麦源を独占した。また国民政府が傀儡政権の残した物資を没収する機会に乗じて廉価で原麦を獲得し，戦争中に受けた茂新などの製粉各工場の修復にあて，王禹卿に支配されていた福新各企業も栄家に取り戻した。その翌48年彼は子供達が管理していた各企業を再編成して総管理処を設立，彼がその総経理に就任した。

彼は戦後の国民党に幻想を抱いていたが，1946年彼自身が上海淞滬警備司令部の特務によって誘拐されたり，その2年後に甥の1人が蔣経国に逮捕されたり，50万米ドル以上もの強奪を繰り返されたことなどがあって国民党に絶望した。また息子の1人と娘婿が各工場の機械設備を台湾に搬出しようとした時にはそれを阻止した。49年以後，彼は中国人民政治協商会議の第1期全国委員会委員と蘇南行政署の副主任などの職務に就いた（毅仁が代理出席）。彼は実業以外に教育・社会事業にも熱心で，江南大学を設置・経営していたが，52年故郷の無錫で病死した。総じて，彼は兄宗敬の陰にかくれて目立たない存在であったが，栄家王国を築き支え，そして新中国へ継承したのはまさに彼であった。

参考文献：黄漢民「栄家企業的締造者栄宗敬・栄徳生」，許滌新主編『中国企業者列伝』第１冊（経済日報出版社，北京，1988年）。上海大学・江南大学共編『楽農史料選編』（栄徳生文集はじめ全四種六冊）（上海古籍出版社，上海，2002～04年）。中井英基「清末民初無錫栄宗敬，栄徳生兄弟与茂新，振新的経営」，『近代中国』15輯（2005年）。上海大学他編『紀念栄徳生誕辰一百三十周年国際学術研討会論文集』（上海古籍出版社，2005年）。　〔中井英基〕

容(よう) 閎(こう)　Rong Hong

（1828年11月17日～1912年4月21日）

字・達萌。号・純甫。本人が用いていたローマ字つづりはYung Wingであり，生地の発音に従ったもの。広東省香山県南屏生まれ。清末の改革運動家。

マカオに近い南屏において，兼業農家の次男として生まれた。1835年マカオで英人ギュツラフ夫人の経営するミッション・スクールに入り，37年まで洋式の教育を受けた。その後41年からマカオのモリソン・スクール（42年香港へ移転）に学んだ。47年１月モリソン学校の校長サミュエル・ブラウンの帰国に同行して黄埔を発ち，アメリカへ留学。マサチューセッツ州のモンスン学園を経て，50年イエール大学に入学，54年同大学最初の中国人卒業生となった。この間洗礼を受け，またアメリカに帰化している（52年）。

1855年帰国してからは，幼時から受けた洋式教育とアメリカにおける生活体験とを活用し，イギリス代理公使P.パーカーの書記や，香港最高法院の通訳となったり，上海税関翻訳局，イギリス商社に各々短期間勤務したが，他人の雇人として働くことを好まないところから自立した。先ず翻訳業に着手，これを通じてアメリカで教育を受けた中国人として名前を知られるようになり，各界に広い面識をえた。次いで茶と生糸の仲買いなどに従事し，自己の経済的独立を確立していった。

1860年太平天国を視察する宣教師に同行して南京に赴き，太平天国の干王・洪仁玕と会見し，軍備・行政・金融・度量衡・教育に関する施策を提案した。干王は容閎に高級な官位を与えようとしたが，容閎は太平天国の誘いを断わり，かえって清朝側の曾国藩の誘いに応じて幕下に入る。以後彼の洋務運動に協力し，後に江南機器製造局に据えつけられることになる機械の買付けに当たったり，江蘇省当局のために通訳官を務め，70年天津教案の対外交渉に関係したりした。また丁日昌と交わるようになり，丁を通して曾国藩を動かし，アメリカへ政府留学生を派遣することを実現させた。この留学生派遣は72年の30名に始まり，81年までの合計４回，120名の派遣となった。容閎はこの留学生を監督する副委員となり，約10年間再びアメリカで生活するが，75年にコネティカット州ハートフォードにおいて医師の娘メアリ・ルイザ・ケログと結婚，また同年初代駐米副公使に任命されている。なお妻メアリは86年に男児２人を残して死亡した。

日清戦争に際して，容閎は外債募集を張之洞に建策，次いで張之洞の指示によって1895年ロンドンへ赴いたが，張の政敵である李鴻章の反対によって事が挫折した。同年帰国した容閎は，戦後政策について張に建策，次いで北京において国立銀行設立案，北京・鎮江間の鉄道敷設を建議したが，いずれも徒労に終わった。

西学によって中国を新しい国たらしめようと念願した容閎は，中国が持たねばならぬものは「新式の銃砲と新式教育を受けた人材」（自叙伝18章）であると主張したが，当時は洋式教育とか留学体験それ自体が一般には価値あるものとされなかった。15年にわたり洋式教育を受け，イエール大学を卒業した容閎自身のばあいも，江蘇省の候補同知の資格を与えられたのをはじめ官僚機構にわずかな足場を得たが，しょせんは正規の官人登用試験をへておらず，上から近代化を行おうとする洋務派地方高官の補佐役に甘んじざるをえなかった。その近代化も清朝体制の維持に必要とされるものに限られたから，容閎に開かれた活動の余地は限られており，洋学によって中国を新しい中国たらしめたいとする彼の構想とはほど遠いものであった。このため容閎は変法運動に深く共鳴するようになり，康有為，梁啓超らと往来し，北京の容閎の宿は変法派の集まる場所となった。しかし戊戌の政変によって北京を脱出，上海に移った。

上海滞在中の1900年自立会会長にかつぎあげられたが，変法派最後の蜂起が失敗した後は香港に移った。香港滞在中の01年春に台湾を訪れ，総督・児玉源太郎と会見している。

1902年興中会の企てる蜂起の資金集めにアメリカに渡ったが，蜂起の企てが画餅に帰してからはアメリカにとどまり，自叙伝の執筆をしながら余生を送った。12年ハートフォードにおいて死亡。自叙伝*My Life in China and America* (Holt, New York, 1909) は，漢訳本『西学東漸記・容純甫先生自叙』（商務印書館，上海，15年），邦訳本『西学東漸記・容閎自伝』（百瀬弘訳注，坂野正高解説，平凡社，69年）によって普及している。

容閎を買辦的改良主義者とするものもあるが，帰化したアメリカ市民でありながら，祖国を愛し，激動期の祖国とかかわり，清朝体制の厚い壁にはばまれ，ついに志を達成することのできなかった改革運動家であった，と評価することができる。

参考文献：湯志鈞編『戊戌変法人物伝稿』上冊（中華書局，北京，1961年）。顧長声『容閎』（上海人民出版社，上海，1984年）。羅香林『香港与中西文化之交流』（中国学舍，香港，1961年）。T.E. La Fargue, "The Chinese Educational Mission to the United States", *Far Eastern Quarterly*, Vol. 1, no. 1, 1941.
〔可児弘明〕

栄禄（えいろく） Ronglu

（1836年4月6日～1903年4月11日）

字・仲華，略園，諡名・文忠，姓・瓜爾佳。満州正白旗人。清朝末期の満州族官僚。

栄禄の祖父・塔斯哈はトルキスタンの回教徒反乱（1826～28年）の鎮圧に任じ，のちにカシュガル辦事大臣となったが，コーカンド汗国との戦闘で戦死した。伯父・長端は天津鎮総兵，父・長寿は甘粛涼州鎮総兵に任じ，いずれも太平天国革命鎮圧の過程で戦死した。

栄禄は，1852年蔭官により主事，まもなく騎都尉となる。祖父，伯父，父がいずれも戦争の犠牲となっていたため，時の咸豊帝の特に注目するところとなったが，満州族官僚の派閥抗争，とりわけ粛順らの自派への取り込みを固辞したため，苦汁をなめた時期もあった。

1859年戸部銀庫員外郎，60年恭親王の下で英仏連合軍攻撃下の北京の警備にあたる。61年捐輸軍餉奨候選道，62年神機営文案処翼長，西太后らの熱河からの帰京を警備した。61年11月西太后の政権掌握（辛酉政変）に際し，恭親王との連絡を行ったのは栄禄であるとされ，そのことにより西太后の信任を得た。68年直隷の捻軍を鎮圧，神機営左翼総兵，内務府大臣，その後文祥により文官としての才能をも認められ，転じて71年署工部左侍郎，73年戸部左侍郎となったが，再び軍事部門に戻り，75年歩軍統領，78年左軍都統（同時に工部尚書），91年西安将軍となった。日清戦争中は督辦軍務処に参与，96年兵部尚書，協辦大学士に進み，袁世凱に新建陸軍を編成させ，武備特科・武備学堂の設置を行うなど，全般的な軍事改革を図った。以上のように，栄禄は軍事官僚として順調に栄達の道を進んだ。また，袁世凱を登用したことにより，後年の北洋軍閥形成の背景を提供したとも考えられよう。

1898年文淵閣大学士，直隷総督兼北洋大臣となり，変法派・譚嗣同による暗殺計画の対象とされたが，逆に袁世凱の密告を受けクーデターを断行，譚嗣同，林旭らの戊戌六君子を刑死させ，変法派を一掃（戊戌政変），西太后との関係を一層強化し，軍機大臣に就任した。同時に，北洋4軍節制の特命を受け，清朝正規軍隊の整備・拡大を図り，新設近衛軍たる武衛軍を編成，前軍（淮軍）聶士成・後軍（甘軍）董福祥・左軍（予軍）宋慶・右軍（新建陸軍）袁世凱を擁し，自らは中軍を直接率い，その軍事力を政治的資本として清朝中央における強力な発言力を確保した。但し，光緒帝廃立問題に対しては消極的であったとされる。

義和団事件に際しては，端郡王・載漪，剛毅，董福祥らの積極的宣戦派に対して，奕劻，王文韶らとともに和平派を形成し，袁昶，許景澄らを擁して，列国との協調関係を維持しようとした。義和団事件時期の栄禄の態度については，従来は大勢を左右するに足る積極性を有しなかったとの評価が一般的であったが，例えば，公使館の包囲・攻撃などについての栄禄の態度が解明され，清朝中央の義和団事件への対応を決定するにあたっての重要な役割が指摘されるようになった。当初，その軍は公使館包囲に加わっており，包囲が失敗する過程で和平派に転じたと考えられ，董福祥を抑制することが出来なかったことなどにより，辛丑条約（北京議定書）締結交渉において，その責任を追及されるはずであった。その姿には，保身の態度を指向しつつ義和団民衆を弾圧するに至る清朝官僚の姿が集約されている。『景善日記』は，義和団事件における栄禄の態度に好意的である。しかし，現在では，それが栄禄への責任の追及を回避するための偽作であったことが確かめられている。

日本の外相・青木周蔵は，小田切万寿之助上海総領事代理の情報から栄禄を講和全権とすることを目指したが，列国の反対が強く，栄禄はいったんは講和全権に任命されたが，その任に就かなかった。

義和団事件収拾の過程で留京辦事大臣となり，1901年慶親王奕劻らとともに督辦政務大臣となり，以後，所謂「光緒新政」に参与したとされるが，実際には諸改革には消極的であったと考えられ，商部設置などの実質的な改革は栄禄の死をもって実際に着手されたとの感がある。02年太子太保を受け，文華殿大学士となるが，03年死去，太傅を追贈された。なお，栄禄の娘は醇親王載灃に嫁ぎ，溥儀（宣統帝）を生んでいる。

一次史料として，『栄文忠公集』，「栄禄集」（『近代史資料』総54号，1983年4月），杜春和・耿来金『栄禄存札』（斉魯書社，86年）がある。

参考文献：劉鳳翰『武衛軍』（中央研究院近代史研究所専刊，台北，1978年）。李文海・林敦奎「栄禄与義和団運動」，中

国社会科学院近代史研究所《近代史研究》編輯部編『近代中国人物』３輯（中国社会科学出版社・重慶出版社，重慶，1986年）。河村一夫「義和団事件における栄禄の事蹟（上）（中）（下）」，『歴史教育』４巻１～３号，1956年。菅野正「義和団事件と栄禄─講和全権任免問題を中心に」，『奈良大学紀要』12号，1983年12月。ヒュー・トレヴァ・ローパー著，田中昌太郎訳『北京の隠者─エドモンド・バックハウスの秘められた生涯』（筑摩書房，1983年）。

〔飯島渉〕

栄　毅仁（えい　きじん）　Rong Yiren

（1916年５月１日～2005年10月26日）

江蘇省無錫市生まれ。原籍，同前。民国期の代表的な民族資本家・栄家の後継者，徳生の四男，宗敬の甥，中国国際信託投資公司（略称，中信）の創業者，香港・中信泰富の創立者・智健の父。

彼の母は程慧雲（のちに第２夫人となる），第１夫人丁氏の長男・偉仁（1906～39年），二男爾仁（1908～94年），三男伊仁（1912～48年）と違って庶子だったので，若い段階では家では目立たない存在であった。上海の兄・宗敬を支えて地元の無錫で活躍することの多かった父は，長男が若くして病死したために，長女・慕蘊（1896～1980年）の婿となった李国偉（民国期・鉄道関係の元官僚，1893～1978年10月１日，1916年結婚）を片腕として重用，漢口の申四福五などの経営を任せていた。

彼，毅仁は無錫中学を卒業後，上海のアメリカ系のミッション・スクールのセント・ジョーンズ大学に入学，1937年卒業とともに家業の茂新面粉廠経営の手伝いを始めた。時あたかも日中戦争が勃発，またその後には続けて国共内戦の激動期に入り，栄家の茂新・福新・申新各企業はほとんどが戦禍を被り，また内地に強制移転させられたり，日本軍あるいは戦後国民政府により没収されたりして経営も混乱を極めていた。戦後には栄徳生誘拐事件（1946年）や「申九血案」（1948年の労働者ストライキ弾圧事件），さらに徳生の三男・六男の若死などの災難も重なった。企業群も宗敬の死後（1938年），その長男・鴻元（溥仁，1906～90年）グループの支配する系列，無錫の徳生と二男・爾仁を中心とする系列，そして漢口の李国偉の系列という３つに分裂，その後さらに内戦が激化すると資産や工場の設備機械を香港など海外に移転させて脱出する多数の者，無錫に留まる徳生を軸とする少数の者の２つに再分裂した。前者には宗敬の子供たちと徳生の第１夫人の子供たちが含まれる。前者の者たちはそれまで概して企業経営に熱意はなく，先物取引や株の投機で蓄財する指向が強かった。他方父のもとに残った彼は，地味ながら経営に頭角を現し始めていた。庶子の彼が栄家経営の前面に出るためには，共産軍が目前に侵攻してくる上海に残り，あえて火中の栗を拾うしか他に選択肢はなかったであろう。

新中国発足後，彼はまず全国各地（上海・無錫・漢口・重慶・済南・広州等）に散在する二十数社の栄家各社の再建と統率に全力を傾注した。当時正常に操業できる工場は皆無であり，機械設備の補修から運転資金・原材料の調達，雇用した数万人に及ぶ労働者の生活保障，製品運搬と販売ルートの確保など操業体制の整備と新政権との連絡調整に取り組まねばならなかった。その際，親交を結んだ陳毅将軍・上海市長の支援と協力が役に立った。共産党ならぬ「上海党」を掲げて中国最大の経済都市の統治に臨む陳毅にしても，なによりも衣（綿布）と食（製粉）の増産に努めて経済復興と社会安定を実現する必要があったのである。

また彼は1950年父の代理で北京の全国税務会議と全国人民政治協商会議に出席すると，有力な民族資本家の一員として周恩来・毛沢東等国家首脳部にも注目され，彼らの知遇を得て「抗美援朝」運動への資金援助や，国家復興のための経済政策（統購統銷）の立案にも協力した。こうして彼は上海における栄家企業の最高経営者と北京における共産党政権の経済ブレーンとの２つの顔をもつ「赤い資本家」となったのである。

その後，彼は「五反運動」で過失をとがめられ巨額の罰金を課せられたが，毛沢東の一声で救われた。しかし，1953年からの社会主義改造の大方針には逆らえず，まず公私合営，次に国有化へ転換させられた。彼の場合「愛国資本家」として仲間に率先して改造を歓迎する「模範」の役割を演じざるを得なかったが，その代償は持株に比例した企業利益の5％相当の利子配当を1954～66年の間受け取ることだけであった。企業経営から次第に離された彼は，57年陳毅の推薦で上海市副市長に就任し紡績部門の運営を担当，次に59年大躍進の失敗後，政策転換と経済の立て直しが進むと北京に呼ばれ紡績工業部副部長に転任，政権中枢の高級経済官僚に転進して実績を上げていった。しかし，文革で再び政治の嵐に翻弄され，娘の通う女子中学で組織された紅衛兵によって夫婦共に暴行を受け，生涯深い傷の後遺症に悩まされなければならなかったし，また利子配当の支払いも停止されたままであった。しかしその後政権中枢（周恩来・廖承志ら）の下に守られ，70年代に入ると経済政策の企画・推進・運営に復活しさらに活躍（全国工商連副主席），なかでも79年鄧小平が採用した改革開放政策に合わせて中信を創設，外資の導入・活用に成功，国際的金融活動を軸にリース業・不動産開発・国際コンサルタント業などで辣腕をふるい，鄧小平の期待に大いに答え，新たな「赤い資本家」として再登場した。中信はわずか10年間で約200社の子会社を作ったといわれる。そしてその過程で権力との癒着を通して中信の中に新たな「栄家王国」を再現した。

また中信には鄧小平の娘婿・賀平（賀龍将軍の子）や王震将軍・国務院副総理（当時）の子・王軍をはじめ党幹部の子弟・関係者を多数上級幹部として採用，「太子党」を形成する経済的基盤をも築き1983年全人代副委員長に昇格もした。しかし，他方で権力の癒着・乱用による事業展開と資産拡大に対する陳雲ら党内保守派と一般庶民の批判が高まり，ついに88年党中央規律委員会での審査を受け，またその翌年の天安門事件の際には最大の「官倒」（官僚ブローカー）として学生たちから激しい非難の的となったが，それらの危機にも鄧小平，次いで江沢民の庇護を受けてしのぎ切り，93年国家副主席（前任者が王震将軍）にまで上り詰めた。彼は中信の董事長を王軍に継承させたが（当時国家副主席と董事長の交換人事かと噂された），その影響力は依然として残り，後任者たちは彼が長年培った幅広い政治的経済的人脈，また海外のネットワークに依存せざるをえなかったという。すでに香港で活躍中の彼の長男・智健も父の勢威を利用したことであろう。彼は99年副主席を引退した後も改革開放の旗がしらとして，国内民族資本家や海外華僑，台湾統一に向けての統一戦線工作の先頭として活躍しつづけたという。亡くなったのは2005年，享年89歳であった。実は彼は1985年秘密党員になっていたという。「党員」になった年は，中信における彼個人の経営独裁権がさらに強化された時期にあたるし，また「秘密」にされたのは，それまでの「党外人士」「友好人士」としてのソフトなイメージを装い続けることが対外戦略的に優先されたからであろう。

中信そのものは彼の没年，それまでの反省・批判から規模を大幅に縮小され，中信集団に改名，組織替えし，直属する機関も国務院の大型企業管理委員会から中央金融工作管理委員会に移されたが，彼が健在の時は誰も手を出せなかったことからも彼の権力の強力さが伺い知られよう。

なお，彼には1936年結婚した楊鑑清（同じ無錫の名門の出，1917年～）との間に1男4女がおり，先に言及した智健（1942年～，天津大学卒）は文革後香港へ出て独立，アメリカでのベンチャービジネスを経験した後に香港に戻り，中国政府の後押しで中信の香港子会社を起こし，さらに半独立の中信泰富を急成長させて，香港有数の富豪になり上がった。文革で辛酸をなめた智健には父以上にクールな，権力との癒着による致富の指向が明らかである。

以上，栄家4代の企業者活動と致富の系譜をたどると，日清戦争後の1896年祖父の栄熙泰が開業した広生銭荘（わずか3,000元の資本）を出発点として，その子ら宗敬・徳生兄弟が独力で製粉・紡績の民国最大の企業群（茂福申新）を建設，民族資本の雄として名をはせたが，しかし，孫の毅仁は社会主義改造にともない，栄家の家産たる企業群を失ったものの，逆に中央権力に接近し共産党の高級経済官僚に転進，なかでも1979年改革開放政策に合わせて中信を創設，新たな「赤い資本家」として再登場した。そしてその過程で権力との癒着を通して新・栄家王国を実現し，さらに香港でその息子・智健に継承・拡大させた。このような栄家の展開過程を眺めると，清末期の盛宣懐から民国期の四大家族にかけてのいわゆる「官僚資本」概念の内容を，新しい観点（社会主義下の「官倒」）も導入し，近現代中国に固有の経営風土における「官・商」関係として根本的に再検討しなければならない。

最後に栄家の手を離れた企業について付け加えれば，最大規模を誇った上海・申新第九紗廠は1998年破産し，1万人の労働者を解雇，3万平米の敷地は開発の対象になった。上海福新は1956年国有化とともに最古の製粉企業・阜豊面粉廠と合併され，上海阜豊福新廠となり，66年上海福新廠に改名，その後さらに99年国有企業改革にともない上海良友集団（上海市糧食局の後身）の傘下に入って，上海福新面粉有限公司として現在も優良企業として操業している。栄家の地元・無錫の茂新面粉廠も一流企業として存続している。

参考文献：徐友春主編『民国人物大辞典』（河北人民出版社，石家荘，1991年）。霞山会編刊『現代中国人名辞典』1978年版，86年版。

〔中井英基〕

栄（えい）　宗敬（そうけい）　Rong Zongjing

（1873年9月23日～1938年2月10日）

譜名・宗錦。原籍，江蘇省無錫市，同地に生まれる。製粉・紡織業における民国期最大の企業集団栄家の総帥。栄徳生はその2歳年下の弟，栄毅仁はその甥に当たる。

無錫の下栄氏に属する貧しい家に生まれた彼は幼年の頃から私塾に学び，弟とともに14，5歳の頃から前後して上海の銭荘の徒弟となった。1896年父熙泰が出稼ぎ先から帰郷し，他人と上海に広生銭荘を開設，兄弟で営業を担当した。間もなく父が没し，広生は栄家の単独経営となり，繭問屋も兼営した。

1900年義和団事件で華北が混乱し，糧食が不足した折，兄弟は小麦粉の利益に着目し，親戚の元官僚・朱仲甫と共同して02年保興製粉工場を建設，朱による官庁への根回しで専利10年の特権を獲得した。しかし，操業当初同廠は生産能力が低く，大きな利潤を得られなかった。それで翌年朱が経営から身を引き，代わりに買辦商人の張石君らと合資で工場を改組，茂新と改名し，弟が経理，兄が上海で販売経理を担当した。05年兄弟は別の買辦企業家・栄瑞馨（名は瑞錦，1872～1922年）らと無錫に振新紗廠を設立した。同廠は2年後に完成し，初め同族の栄瑞馨が経営の実権を握っていたが，後に董事会が弟を経理に任じた。09年外国からの輸入製品との競争で製粉業が影響を受け，欠損が出始めると，共同経営の株主が次々と手を引き始めたが，彼は逆にその株を買い集め，設備を拡充して経営を継続した。

辛亥革命後製粉業は好転し，兄弟は上海で王禹卿らと福新製粉廠を設立・経営，彼が総経理となった。その後福新は巨利を得て，次々に分工場を作った。第1次世界大戦の勃発後，製粉業はさらに繁栄し，その利潤再投資と日本の銀行からの借款により拡充に努め，無錫・上海・漢口各地に茂新，福新の分工場を設立した。紡織関係では，先に経営していた振新内で株主間の対立があり，栄家兄弟はそれから手を引き，代わって上海に申新紗廠を創設した。

五・四運動以後，全国的な日貨排斥運動が起きると，栄家はその機会を捉え，経営規模の拡大に努めた。その結果，1922年の段階で栄家の製粉工場は計12，その生産能力は全国民族製粉業の3分の1，「小麦王」と呼ばれた。21年には上海に本社である茂新・福新・申新総公司を設立，彼が総経理に就任し全企業の最高意志決定を行った。しかし，翌22年外国資本が中国市場に再び登場し競争が激化すると，栄家も損失を出し始め，資金繰りのために日本から過酷な条件の借款を受け入れざるをえなくなった。その危機を乗り越えると，25年の5・30運動と大規模な外貨排斥運動の中で，栄家は再び機会を捉えて経営規模の拡大に努めた。

1927年南京国民党政府が成立した際，彼は蔣介石の政策に必ずしも従順でなかったために財産の封鎖を受けるなどして屈伏を余儀無くされた。以後，国民政府の各種委員を務めて官僚資本との関係を深め，中国銀行・上海商業貯蓄銀行などの協力を得て，他廠を買収，申新をいっそう拡大した。その結果，31年には申新が9廠，紡錘数46万錘にも達し，栄家兄弟は「紡績王」とも言われるようになったが，表面上の発展とは裏腹に総公司の負債も膨張の一途を辿っていた。34年申新の資産総額は6,800万元であったが，その負債もほぼ同じ額に達しており，栄家各廠は抵当に入っていた。その返済の資金繰りの過程で栄家企業は国民政府の高官たちによって併呑されそうになったり，匯豊銀行の差押えに遇い，日本に売却されそうになったりした危機が何度もあった。いずれも全力を尽くして経営権を維持できたものの，資金繰りで銀行への依存をますます深め，日中戦争前夜にはやっと生産を維持しているにすぎなかった。

日中戦争の勃発後，彼は上海に留まり，弟は漢口に去った。彼は一時日本がつくった地方協会に協力したこともあったが，間もなく香港に避難し，1938年そこで病死した。彼が築いた企業王国は弟や子供達3男4女によって継承されたが，革命後子供達は資産と共に香港やアメリカ・ブラジルへ亡命した。

貧しい家に生まれた彼は，いわば徒手空拳から一大企業群を建設し，立身者の中でも最大の成功者とされているが，その経営方法も一世代前の企業家よりも一歩前進し，企業利潤の再投資で資金の徹底活用を図るなど近代的な特徴をもっていた。彼が民国期最大の企業家といわれるゆえんである。しかし，資金上の裏付け以上に積極的な拡大政策を取り続けて，福新・茂新・申新3系列全二十数社の一大財閥を形成したものの，その反面で経営は常に安定さを欠き，終始資金繰りに苦悩することになった。彼の一生は投資のための資金調達と借金返済の際限のない循環に終わったと言えるかもしれないが，あくまで自主独力で企業者精神を果敢に展開した点は高く評価すべきだろう。

参考文献：上海社会科学院経済研究所編刊『栄家企業史料』上・下（上海人民出版社，上海，1980年）。許維雍・黄漢民編『栄家企業発展史』（北京人民出版社，北京，1985年）。趙雲声等主編『中国大資本家伝――栄氏家族巻』2巻（時代文芸出版社，長春，1994年）。栄敬本・栄勉韌等編著『梁渓栄氏家族史』（中央編訳出版社，北京，1995年）。中井英基『民国期の栄家企業集団（製粉・紡績業）についての総合的研究』（文部省科学研究費報告書，筑波大学，2002年）。

〔中井英基〕

柔（じゅう）　石（せき）　Rou Shi

（1902年9月28日～1931年2月7日）

原名・趙平復，筆名・柔石，趙少雄，趙璜，金橋，劉志清など。原籍，浙江省台州寧海県市門頭。作家。左連五烈士の1人。

数代続いた読書人の家に生まれたが，父親の代になって暮らし向きが傾き，小さな商売を営むようになった。家庭の事情により10歳になって小学校に入学。1917年夏寧海県正学小学校を卒業後，同年秋台州の浙江省立第六中学に入学するが，学校の授業に満足できず中途退学。18年夏，杭州の浙江省立第一師範学校に入学。在学中，社会主義に関する書物に触れる。五・四運動の影響を受け，21年に杭州で成立した文学団体，晨光社の一員として新文学運動に参加した。晨光社の主なメンバーに，朱自清，葉聖陶，馮雪峰などがいた。

1923年夏第一師範卒業後，しばらく家庭教師をし，24年春慈渓県普迪小学教師となり，そのかたわら創作をはじめ，25年1月短篇小説集『狂人』を寧波の華昇書局より自費出版した。

1925年春，北京大学聴講生となる。この時魯迅の授業を受けている。経済的理由により26年3月浙江にもどり，鎮海中学教員となり，教導主任をつとめる。7月に北伐がはじまると，北洋軍閥の圧迫に対する抵抗に力を尽し，反帝反封建宣伝をおこない，北伐に呼応するよう訴える。秋，喀血。療養中も寧海県の青年を助けて寧海中学を創立。27年春寧海中学教員となり，消夏社を組織して青年の学習のための補習班をつくったり，教育儲金会を組織して貧困家庭の子弟の進学のために資金援助をおこなう。かたわら，寧海県教育局長に任じ，全県の教育改革に尽力した。

1928年5月農村蜂起が起こり，寧海中学からも教員や学生が参加した。蜂起は失敗し，寧海中学は解散させられ，柔石の身にも危険が迫り上海に逃れ，上海に寓居しながら文芸を研究する。夏，友人の紹介によって魯迅に会う。11月魯迅の援助の下に殷夫や胡也頻らと文芸団体，朝花社を結成し，創作のほかに，外国文芸，とりわけ北欧，東欧の文学および版画の紹介につとめた。『朝華周刊』，『芸苑朝華』などを出版。29年初め魯迅の推薦により『語絲』の編集を半年ほど担当。

1930年2月，中国自由運動大同盟が上海で発足するにあたって発起人の1人となる。3月中国左翼作家連盟（左連）が成立すると，基本構成メンバーの1人として，プロレタリア文学運動に力を尽くした。左連執行委員に選出され，その後常務執行委員兼編集部主任となり，左連の機関誌『萌芽月刊』の編集を担当。5月馮雪峰の推薦で中国共産党に入党，中共が上海で開催した全国ソヴィエト区域代表大会準備会に左連の代表として出席し，終了後「一個偉大的印象」（通信，『世界文化』創刊号，30年9月，署名・劉志清）を書き，この会議を報道する。

1931年1月17日党内の王明路線に反対する秘密会議に出席中，国民党に逮捕され，2月7日銃殺。魯迅は「柔石小伝」，「為了忘却的記念」を執筆して悲憤を綴った。

代表作に知識人の思想的苦悶を描いた中篇小説『二月』（春潮書店，上海，1929年）や，妻を借金のかたに地主にさし出す短篇小説『為奴隷的母親』（『萌芽月刊』30年3月）などがある。

参考文献：魯迅「柔石小伝」，『二心集』（1931年）。鄭擇魁「柔石的生平，思想和創作」，『新文学史料』1981年1期。丁景唐・瞿光熙編『左連五烈士研究資料編目』，増訂本（上海文芸出版社，上海，1981年）。中国社会科学院近代史研究所主編『民国人物伝』4巻（中華書局，北京，1984年）。『中国現代作家評伝』3巻（山東教育出版社，済南，1986年）。

〔辻田正雄〕

瑞澂（ずいちょう） Ruicheng

（1864年2月24日～1912年7月19日）

字・莘儒，号・心如，姓・博爾済吉特氏。満州正黄旗の人。清朝末期の高官。

祖父は道光年間の大学士・直隷総督の琦善で，父の恭鏜も黒龍江将軍であった。満州貴族の家庭に生まれ，少年時代は北京の盛り場に出入りし，岑春煊らとともに「京師三悪少」と呼ばれたという。科挙の成績は良くなかったが，父祖の地位によって官界に入って出世することができた。はじめは貢生より刑部筆帖式に任官，刑部主事，戸部員外郎を歴任した。1900年義和団事件による8カ国連合軍侵入の際，北京に留って外国人に応待し，臨時に地方審判官となった。その功によって04年江西九江道に昇任，楽平県の藍栽培農民の反税闘争を武力で弾圧した。05年江蘇蘇松太道（上海道）に転じ，要地上海の地方行政を担当，外国商人や張謇らの地方の名士と交際し，外交・警察・学校・工商総局などに尽力して名声を得た。07年江西按察使に昇任したが，未着任のまま江蘇布政使に転じた。当時，江蘇省の「塩梟」（塩の闇商人や製塩労働者）が塩専売制に反対して実力闘争を進めていたが，刑部侍郎沈家本の提案により「清郷」を実施することとなり，瑞澂は蘇州府，松江府，太倉州の本来の管轄区域の他，杭州，嘉興，湖州（浙江省）の弾圧活動をも指揮した。兵士を増募し，汽船の購入などによって武力を強化して，ついに指導者を逮捕して闘争を弾圧し，清朝から「正一品」を授けられた。

1909年6月両江総督端方の推薦により江蘇巡撫に昇任し，軍隊・警察の整備，実業の奨励，立憲準備などの開明的政策を実施した。張謇が主宰した江蘇農工商務局の認可を皇帝に要請したり，立憲派人士と交際し，「予備立憲公会」にも入会した。彼は数少ない現職官僚の会員の1人であった。同年10月江蘇諮議局議長・張謇が各省諮議局と連合して国会開設請願運動を始めたが，瑞澂はこれを支持した。10年全国の総督・巡撫・将軍・都統ら18人の地方大官が連名で国会開設の期限を定めるよう要請する上奏をしたが，瑞澂はその1人であった。

1909年署理湖広総督に転じ，10年6月正式の総督に任ぜられた。武漢に着任後，巡警道・馮啓鈞，勧業道・鄒履和らを弾劾して吏治の刷新に努め，警察・学校・実業奨励などの「新政」の実施に尽力し，「悪弊除去のやり手」という評判を得た。民衆の反抗運動には厳しい態度をとり，10年湖南省長沙の米騒動には，軍隊を派遣して弾圧した。この時も湖南の有力な郷紳，前国子監祭酒・王先謙，主事・葉徳輝，道員・孔憲穀らが「新政」を妨害していると弾劾し，かれらを処罰させた。当時，清朝中央も立憲準備を進めたが，瑞澂も諮議局開設などの新政を展開，張謇らとの交流を深めたので，地方総督中の有力者と目せられ，南洋通商大臣，北洋通商大臣をも凌ぐほどの名声を得た。

1911年5月川漢粤漢鉄道建設にも参画することを命ぜられ，清朝中央の幹線鉄道国有化政策を積極的に支持した。鉄道国有に反対する郷紳，民間資本家，一般民衆の運動に対しては，「格殺勿論」（反抗する民衆を殺しても罪に問わない）という厳しい方針を指示した。四川省で急進化した鉄道国有反対運動が展開して清朝支配を動揺させると，瑞澂は同年8月詹大悲・何海鳴ら革命派が刊行していた『大江報』を治安に害ありとして発禁にし，詹を逮捕・投獄した。10月には湖北省内の知県，管帯（大隊長）以上の文武官を召集して革命防止のための防務会議を開いた。

1911年10月9日漢口宝善里の革命派秘密機関を探知して，軍隊を派遣して武漢地区の革命党員一斉検挙を開始，同夜，彭楚藩，劉復基，楊宏勝の3名を総督府附近で処刑した。中央に反乱鎮定と報告すると，皇帝より乱を初発の内に防いだとして嘉賞された。しかし，武昌の革命派（文学社・共進会）の組織が強かった工程第8営（工兵第8大隊）を中心に，10日夜武装蜂起が決行され，決起部隊が総督府を攻撃すると，瑞澂は揚子江上の軍艦「楚予」に避難し，武漢地区は革命軍に占領されるにいたった。これが武昌蜂起である。清朝は10月12日付で瑞澂の本官を免じたが，なお湖広総督の事務を取り，功績をたてて，「棄城」の罪を償うよう命じたものの瑞澂は軍艦に乗って漢口から蕪湖，九江，ついで上海に逃亡した。10月14日袁世凱が後任の湖広総督に任じられ，10月29日清朝は両江総督・張人駿に，瑞澂を逮捕して北京に護送するように命じたが，瑞澂は外国租界に潜伏していたので逮捕できなかった。12年7月喘息のため上海で病死した。

参考文献：民国清史館『清史稿』巻472列伝258（民国清史館，北京，1927年）。『清代人物伝稿』下編3巻（遼寧人民出版社，瀋陽，1987年）。劉紹唐主編『民国人物小伝』第5冊（伝記文学出版社，台北，1982年）。〔久保田文次〕

S

薩鎮冰（さつちんひょう） Sazhenbing

（1859年3月30日～1952年4月10日）

字・鼎銘。福建省福州生まれ。祖籍，山西省雁門。清末・民国期の海軍軍人，政治家。

薩鎮冰の先祖・薩拉布哈は宋代の西域のウイグル人で，元朝の高官となった。その孫・薩都剌は1335年に福建閩海道粛政廉訪司知事となって福州に赴任し，以後一族は同地に住むようになった。薩鎮冰の父・怡臣は秀才出身の教師で，薩鎮冰に幼時から伝統的学問を学ばせた。

家が貧しかった薩鎮冰は科挙受験を断念し，1869年福州船政後学堂に入学した。72年に首席で卒業すると，乗艦実習で東南アジアを回り，75年には日本も訪問した。

1877年春海軍留英学生の一員としてイギリスに渡り，同年秋グリニッチ王立海軍学院に入学した。翌78年6月同校を卒業すると，同年夏から79年春までイギリス艦隊に乗艦実習し，その後兵器学，水雷術なども学んで，80年5月に帰国した。

帰国後，南洋艦隊の「澄慶」の副長を経て，1882年天津の北洋水師学堂の教官となった。薩鎮冰の学生には，後に大総統となった黎元洪，南開大学校長となった張伯苓らがいた。86年，練習艦「威遠」，翌87年練習艦「康済」のそれぞれ艦長となり，日清戦争では95年1～2月の威海衛防衛戦に参加した。

日清戦争後，北洋海軍の解体により福州に帰り，間もなく夫人を亡くした。1896年両江総督・張之洞に招かれて呉淞砲台総台官になり，間もなく自強軍の幇統となった。98年海軍に戻って練習艦「通済」の艦長となり，翌99年総兵，さらに北洋水師幇統領に任ぜられ，当時中国で最大の軍艦「海折」の艦長も兼ねた。

1900年の義和団事件の際には，いわゆる「東南互保」に加わって，列強とは戦わなかった。03年煙台に海軍学校を創立し，05年5月，北洋水師統領に昇進し，同年8月広東水師提督総理南北洋海軍，すなわち海軍の最高位に昇った。09年7月籌辦海軍大臣に任じられた。同年および翌年の2回日本や欧米へ視察に出かけ，10年12月に海軍部が発足すると，海軍統制に任じられ，11年4月には海軍副都統となった。

1911年10月に辛亥革命が起きると，清朝の命令を受けて漢口へ向かった。軍政府都督の黎元洪は薩鎮冰に手紙を送って革命軍側への帰順を求めたが，薩は聞き入れなかった。しかし，部下の革命軍への同情を抑えきれず，病気を理由に引退して上海へ去った。

民国になった1912年当初は，革命の鎮圧に加わったことにより呉淞高等商船学校の校長職しか与えられなかったが，同年12月には袁世凱から海軍上将に任じられたうえ，海軍部高級顧問に招かれ，13年7月に第2革命が起きると，8月に督辦淞滬水陸警察事宜に任ぜられ，上海の治安維持に当たった。

以後袁世凱の信任を得て，1914年5月に陸軍大元帥府統率辦事処辦事員と参政院参政員に任じられ，8月には上海兵工廠総辦，また翌年には全国兵工廠督辦を兼務した。15年12月上海で反袁勢力が軍艦「肇和」を占領する事件が起きると，他の艦を指揮してこの反乱を鎮圧した。

1916年8月粤閩巡閲使，翌17年6月海軍総長となり，7月の張勲復辟時には海軍部尚書に任命された。復辟失敗後の同月中旬，段祺瑞から海疆巡閲使に任じられたが，孫文の護法運動の影響で海軍が分裂すると，間もなく同職を辞任した。翌18年の閩粤戦争の際には，福建清郷督辦に任じられて広東軍政府側と戦った。

1919年12月再び海軍総長となり，21年5月まで務めた。この間，20年5月から8月まで兼務で国務総理の代理を務めた。22年春の第1次奉直戦争では海軍第2艦隊を率いて直隷派を支援し，5月に粛威将軍に任ぜられた。同年10月福建省長となり，26年12月に国民革命軍が福州に迫るまで在職した。

1927年南京国民政府が成立すると，海軍部高等顧問に招かれたが，福州を動かず，社会事業に従事した。33年11月福建事件が起きると，「人民革命政府」を支持して同政府高等顧問及び福建省内の延平省省長となった。

日中戦争が始まると，東南アジアを回って華僑に抗日の宣伝活動をし，1938年2月に帰国後，重慶などに住んだ。戦後福州に戻り，46年に動脈硬化症になると，政界から遠ざかり，49年に国民党政府から台湾行きを勧められたが，病気を理由に断った。

1949年9月中国人民政治協商会議に委員として招かれたが，病気で出席しなかった。中華人民共和国成立後，中央人民政府人民革命軍事委員会委員などに任ぜられたが，就任せず，52年4月没した。編著に『雁門薩氏家譜』，詩集『客中吟草』がある。

参考文献：中国社会科学院近代史研究所主編『民国人物伝』4巻（中華書局，北京，1984年）。『中華民国名人伝』第6冊（近代中国出版社，台北，1986年）。薩本仁『薩鎮冰伝』（海潮出版社，北京，1994年）。〔味岡徹〕

賽福鼎（さいふくてい） Saifuding

（1915年3月12日～2003年11月24日）

通称・サイフジン，Seypidin Aze。原籍，新疆省阿図什。新疆省カシュガル生まれ。ウイグル族出身の中国共産党の指導者。イスラム教徒。ウイグル族出身の阿依木夫人との間に1女あり。

父は商業に従事していたと伝えられるが，比較的裕福であったので，少年時代から教育環境に恵まれ，ロシア語，中国語を学ぶ。1935年から37年まで，ソ連の中央アジア大学で法律と政治学を専攻。この間，ソ連共産党に入党。32年，西新疆の東トルキスタン共和国武装蜂起に参加。33年11月，同共和国が成立しソ連，英国，日本などの影響で揺れ動くなか，41年新疆ハザック族反乱を策動，失敗後再びソ連に潜入し，一時アフガニスタンに移り住む。その後，イリに出現し，ウズベク族とともに大規模な反乱を策謀，東トルキスタン人民革命党を組織し，ソ連と中華民国間の緩衝地帯形成に努力。44年11月，イリ，塔城，阿勒泰3区の漢族に対するいわゆる3区革命に参加し，3区軍事法廷秘書，臨時政府教育庁長，新疆3区革命連合政府委員。新たな第2次東トルキスタン共和国の成立に重要な役割を果し，45年1月，同共和国教育部長。

1946年，張治中が国民党から新疆に派遣され，ソ連の調停の下に革命政府と連合して新疆連合政府（政府主席・張治中）を設立したとき，同政府に参加して政府教育庁長。47年，同政府を離れてイリに戻り，国民政府に対する抵抗運動を組織。48年，新疆民主擁護自治同盟の成立に際し，同同盟機関誌『前進日報』の編集長から，のちに同盟主席代行となり，中国共産党の新政権に合流した。

1949年9月中国人民政治協商会議第1期全国委員，10月中央人民政府委員，12月新疆省軍区副司令委員

(司令員・彭徳懐)。49年末の毛沢東の訪ソ，50年1月の周恩来のモスクワ交渉参加の10日後，新疆を代表してその経済実務交渉に合流，この時ソ連共産党から中国共産党へ転入した。50年3月，西北軍政委員会副主席（主席・彭徳懐），6月，新疆人民民主同盟主席。51年11月，『毛沢東選集』翻訳出版委員会副主任となり，毛著作のウイグル語，ハザック語への翻訳を担当。52年11月，中共新疆分局第4書記。53年1月，憲法起草委員（委員長・毛沢東)。54年8月，第1期全人代新疆省代表，9月，同大会常務委員会副委員長，国防委員，新疆省政府副主席，12月，中ソ友好協会副主席。55年10月，新疆省にかわって新疆ウイグル自治区が成立し，同自治区主席，新疆軍区副司令員。56年9月，第8期中共中央委員候補。57年11月，毛沢東の率いるロシア革命40周年記念訪問団員としてモスクワ訪問。59年3月，第2期全人代新疆省代表，同大会常務委員会副委員長，4月，チベット暴動を『人民日報』で非難。62年9月，全人代代表団副団長（団長・彭真）として北ヴェトナム訪問。64年3月，中ソ論争のさなか，新疆ウイグル自治区大会にてソ連を厳しく非難。65年1月，第3期全人代常務委員会副委員長，国防委員。

1966年7月，新疆ウイグル自治区委員会書記，9月，同自治区主席。毛沢東は文革中，賀龍・王震らの第1野戦軍系統の勢力を抑えるため，林彪系の龍書金を部隊とともに新疆におくり，土着勢力の賽福鼎の力を借りて強引に革命委員会を設立。その功労として，68年9月，同自治区革命委員会副主任，69年4月，第9期中共中央委員に抜擢さる。71年5月，新疆ウイグル自治区党委員会第2書記。73年7月，林彪事件に関連して失脚した龍書金にかわり，同自治区党委員会第1書記，同区革命委員会主任，新疆部隊第1政治委員に昇格，8月，第10期中共中央委員，中央政治局員候補。75年1月，第4期全人代常務委員会副委員長。77年8月，第11期中共中央委員，政治局員候補。同年末の新疆ウイグル自治区人民代表大会で汪鋒が第1書記，革命委員会主任となり，文革派とみなされて，78年1月，新疆ウイグル自治区党委員会第1書記，同革命委員会主任，新疆部隊第1政委の全職務を解任され，全人代常務委員会副委員長専任となる。同年2～3月，第5期全人代新疆ウイグル自治区代表，全人代常務委員会副委員長。82年9月，中共第12期中央委員，11月，全人代第5回会議主席団常務主席。83年6月，第6期全人代新疆ウイグル自治区代表，同大会第1回会議で「文芸創作は社会的影響に注意せよ」と発言，全人代常務委員会副委員長。85年9月，新疆ウイグル自治区成立30周年を記念して，中央代表団副団長（団長・王震）として同地区を訪問。87年11月，中共第13期中央委員。88年4月，第7期全人代常務委員会副委員長。93年3月，第8期政治協商会議全国委員兼副主席。03年11月，北京にて死去。

参考文献：Donald W. Klein & Anne B. Clark eds., *Biographic Dictionary of Chinese Communism, 1921-1965* (Harvard University Press, Cambridge, Massachusetts, 1971). Wolfgang Bartke ed., *Who's Who in the People's Republic of China*, 2nd ed (K.G. Saur, Munchen, New York, London, Oxford, Paris, 1987).『現代中国人名辞典1986年版』(霞山会，1986年)。李谷城『中共最高指導層』3版（明報出版社，香港，1989年)。

〔井尻秀憲〕

賽（さい）　金花（きんか）　Sai Jinhua

(1872年～1936年10月)

原名不詳，趙姓といわれる。傅彩雲と自称したこともある。江蘇省塩城県生まれ。清末民初の名妓。賽金花は妓名の1つ。

幼女で蘇州の遊女屋に売られる。1887年状元（進士に第一位で合格した人)・洪鈞の妾となる。同年洪鈞は清国の露・独・墺・蘭駐在公使として出国する際に彼女を伴ってヨーロッパに行く。しかし，洪鈞は帰国後まもなく病死したので，その遺骨を洪の郷里蘇州に送る途中上海に行き，再び遊女となり曹夢蘭と名乗る。その後，天津の遊女屋に転じ賽金花と改名，更に北京の遊女屋に移った。

1900年8月，8カ国連合軍が北京を占領した際，彼女は丁度北京石頭胡同のある遊女屋の妓女であり，そこでドイツ軍の将校と知り合う。この時，ドイツ軍司令官のワーゼルゼー元帥に中国人を虐殺しないよう進言したと後に小説などに書かれた。この話はにわかには信じ難いが，ドイツ軍の虐殺をやめるようドイツ軍将校たちに言ったことは確かだと言われている。

1903年，幼い妓女を虐待する事件にまきこまれ一時入獄したが，以後蘇州，上海，北京などの地をさすらいながら著名な文人墨客・高官顕貴と交際した。年老いて零落し，36年北京で病死した。遺骸は窑台に葬られ塚が建てられた。しかし，この塚は今日他に移されて存在しない。小説「孽梅花」のなかに描れた賽金花は，多くは虚構である。

参考文献：陳旭麓・方詩銘等主編『中国近代史詞典』(上海辞書出版社，上海，1982年)。孫震編『賽金花其人』(重慶出版社，重慶，1987年)。

〔小林一美〕

僧格林沁 Senggelinqin

（生年不詳～1865年5月8日）

サンゴリンチン，センゲリンチンなどと呼ばれる。モンゴル族。姓・ボルジギト（博爾済吉特）氏，内蒙古科爾沁旗の生まれ。清末の武将。

1825年同族の索特納木多布爾斎が子供を残さずに死ぬと，その妻が道光帝の妹だったことから勅旨によりその嗣子となり，順治以来世襲されてきた科爾沁扎薩克多羅郡王の爵を相続した。道光帝の外甥として直ちに御前行走となり，34年には御前大臣に進み，正白旗領侍衛内大臣，正藍旗蒙古都統となり，36年鑲白旗満州都統となった。

1853年太平天国の北伐軍が直隷に入ると大将軍・恵親王綿愉のもとで参賛大臣としてその迎撃を命じられ，蒙古騎兵を率いて北伐軍と各地に転戦した。阜城で吉文元を敗死させ，連鎮で林鳳祥を捕えた。北伐軍は連鎮から山東の高唐州に退いたが，欽差大臣・勝保が連戦して戦功がないために北京に呼び戻されると，代わって僧格林沁が指揮をとり，55年高唐州を回復しついで李開芳を捕えた。この間の功績により博多勒噶台親王に封ぜられ，さらにその世襲を許された。彼の兄弟も恩賞にあずかった。

1858年第2次アヘン戦争で英仏連合軍が天津に迫ると欽差大臣に任命され，大沽・双港の砲台の防備を固め，翌年上陸したイギリス軍を撃退した。しかし60年増強されたイギリス軍を撃退しえず天津一帯を占領され，通州に退いた。また連合軍の進京を監視中，イギリス全権エルギンの命をうけて国書親呈の交渉にあたった幕僚パークスを張家湾付近で捕えて北京に護送したが，この事件により八里橋の戦いが起こって清軍は敗れ，連合軍の北京進攻，円明園焼討ちをもたらした。こうした失敗により正黄旗領侍衛内大臣，鑲藍旗満洲都統の職を奪われ，爵位も失った。

1860年北京条約が締結されて講和が成立すると，この年秋山東の捻軍などの蜂起に対する弾圧を命じられ各地に転戦した。これにより山東の民衆反乱は大打撃を受け，僧格林沁は戦功により61年御前大臣に復帰し，同治帝即位後，親王の爵位を回復した。曹州の菏沢県で長槍会の郭秉鈞蜂起を壊滅させて山東の蜂起をおおむね鎮圧すると，軍を南下させて河南北部に進軍し，62年白蓮教系の離卦教徒の蜂起の拠点であった商邱県の金楼寨を囲み，これを壊滅させた。ついで山東・河南全省の軍務の統轄を命ぜられ，また河南・山東の地方官に対する指揮権を与えられた。63年安徽北部の雉河集など捻軍の根拠地であった地域を掃蕩し，捻軍の首領・張楽行，蘇添福など多数を捕えて処刑し，捻軍蜂起に一時期を画した。これらの戦功により親王の爵位の世襲をふたたび許された。

ついで軍を山東にもどして淄川の劉徳培の蜂起および鄒県の白蓮教系の文賢教軍を制圧し，再度安徽に南下して淮河中流域で清朝支配に対する抵抗の姿勢を示していた苗沛霖の団練を壊滅させた。こうして華北各地の民衆蜂起の拠点となっていた地域がつぎつぎに撃破され，加えて1864年太平天国の首都天京が曾国藩の指揮する湘軍の力により陥落した。しかし捻軍および西北太平軍はなお強力な部隊を擁して華北各地を転戦しており，僧格林沁は引き続いてこうした反乱軍と死闘をくりひろげた。65年頼文光・張宗禹らの率いる太平軍・捻軍部隊が山東の曹州一帯を動きまわり，これを追撃していた僧の部隊は連戦の消耗により敗北，菏沢県で包囲された。僧格林沁は高楼寨で囲みを突破しようとして失敗し，部隊はほぼ全滅，自身も戦死した。清朝は子孫に親王の世襲を許し，忠と諡した。彼の死により清朝は華北を押える直系の軍事力を失い，捻軍討伐のために湘軍の曾国藩を起用せざるをえなくなった。著書に『僧王奏摺』全8冊（鈔本，北京図書館蔵）がある。

参考文献：民国清史館編『清史稿』404，列伝191（民国清史館，北京，1927年）。民国中華書局編『清史列伝』45（民国中華書局，上海，1928年）。繆荃孫『続碑伝集』70（江楚編訳書局，上海，1910年）。朱孔彰『中興将帥別伝』16上（江寧刊本，1897年）。Arthur. W. Hummel, *Eminent Chinese of the Ch'ing Period, 1644-1912* (U.S. Government Print Office, Washington D.C., 1943). 江地『捻軍人物伝』（山西教育出版社，太原，1991年）。

〔並木頼寿〕

善耆 Shanqi

（1866年3月15日～1922年3月14日）

姓・愛新覚羅氏，号・偶遂亭主，字・艾堂。満州鑲白旗人。北京生まれ。清朝の皇族，官僚，政治家。第10代粛親王。

清太宗の長子・武粛親王豪格の第9世の孫，第9代粛親王隆懃の長子。8大世襲親王家のひとつとして，家格のきわめて高い粛親王家に生まれ，中国の伝統的教育を受け，8歳の時には詩文をよくしたという。1886年二等鎮国将軍に封じられ，のち頭等侍衛に任ぜられた。93年正白旗漢軍副都統，97年鑲紅旗満州副都統となり，98年父の死により第10代粛親王となる。1900年義和団事件に際しては，西太后・光緒帝の西安避難に随行，御前行走を命ぜられ，ついで鑲黄旗蒙古都統，宗人府宗正，崇文門正監督，鑲紅旗満州都統，正白旗領侍衛内大臣，正黄旗領侍衛内大臣などを歴任した。

善耆は清廉な官僚であったといわれ，崇文門監督在任中，徴税の不正行為を是正し，公金横領などをなくしたため，年間に60万両の銀を国庫に上納できたという。清末の王公の中では稀有の存在であったといえよう。

1902年5月歩軍統領に任ぜられ，北京の道路修築業務を担当し，工巡局（警察）管理事務大臣を兼任した。工巡局を担当したのは，義和団事件後，北京の警察行政を担当していた日本人の川島浪速から警察権を回収したことによるもので，毓朗を工巡局総監に，川島を同顧問に任じた。04年10月鑲黄旗蒙古都統，翌年10月鑲藍旗満州都統に転じ，11月には命ぜられて理藩院事務をも管理した。

1906年5月内蒙古視察に赴き，帰京後，内蒙古辺境地区を開拓民に開放して人口増加，産業開発に努力するよう意見書を提出した。10月宗人府宗正に転じた。

1907年6月徐世昌の後任として民政部尚書に就任，内務行政，近代的警察制度の整備などを担当，11年5月奕劻を首相とする「責任内閣」制発足に際しても，民政部大臣として留任，8月理藩部大臣に転じ，辛亥革命勃発後の11月袁世凱内閣の成立によって辞職した。この間，海軍整備にも参画，一時歩軍統領をも署理（代行）した。

善耆は平素，人才，人心の収攬に注意し，内外の名士との交際が広く，帰国留学生にも彼を頼りとするものが少なくなかった。1910年汪精衛が摂政王載灃暗殺を試みた時も，善耆の助言で汪は死刑を免れた。川島浪速とも多年の個人的友情を維持していた。

袁世凱内閣成立後は，皇族の良弼らと宗社党を結び，皇帝退位に反対する一大勢力となった。1912年皇帝退位，清朝滅亡後は，北京粛親王府の文化財，財産を売り払い，川島浪速の援助を得て，日本租借下の旅順に転居した。旅順転居後は，自分の財産を抵当にして日本人から借金し，「満蒙独立運動」を進めた。袁世凱が大総統の時，日本人からの債務を政府が返済することを条件に，北京への帰還を申し出たが，善耆は断った。袁の死後，張作霖暗殺を試みたが失敗した。16年，第7子の憲奎を通じて蒙古族の巴布札布（バブチャップ）の第2次「満蒙独立運動」を援助，巴布札布は5,000騎をもって奉天（現在の瀋陽）を襲撃したが，10月巴布札布は戦死し，部隊は壊滅して失敗に終わった。善耆の財産もほとんど尽き，旅順で病死した。

善耆の第14女・顕玗が川島浪速の養女となり，スパイとなった川島芳子である。

参考文献：川島浪速『粛親王』（私家版，1914年）。石川半山『粛親王』（警醒社，1917年）。政協全国委員会文史資料研究委員会編『晩清宮廷生活見聞』（文史資料出版社，北京，1982年）。秦孝儀総編纂『中国現代史辞典：人物部分』（近代中国出版社，台北，1985年）。劉小萌『愛親覚羅家族全書・家族全史』（吉林人民出版社，長春，1997年）。中見立夫『「満蒙問題」の歴史的構図』（東京大学出版会，2013年）。

〔久保田文次〕

商（しょう）　震（しん）　Shang Zhen

（1888年9月21日～1978年5月15日）

号・起予，啓予。直隷省大城県苦水務村生まれ。原籍，浙江省紹興。山西軍についで国民政府の軍人，戦後の中国駐日軍事代表（1947～49年）。

貧農の家に生まれ，幼児に父を失い，母の再婚により紹興籍の小職人を継父とし，保定に育った。学堂を経て，1905年保定北洋武備速成学堂（後の保定軍官学校）洋文班に入学，中国同盟会に加入して革命活動に従事し，翌年退校処分になる。この後日本に渡るがまもなく帰国，07年東北に行き小学教師を務めた後，錦州で新軍兵士になり，11年東三省陸軍講武堂，ついで奉天測絵学堂に送られる。

武昌蜂起後，商震は他の革命派と遼陽で武装蜂起を企てるが失敗，ついで1912年1月，張榕ら東北駐留新軍革命派は壊滅し，商らは大連に逃れた。その後，関外民軍総司令として山東省煙台に根拠地を築き，遼東で清軍と戦った。南北和議の後，13年春，商は北京政府陸軍部高等顧問の閑職につき，その後陸建章の軍に入り，彼に従って陝西に入り団長に任じ，陝北に駐する。16年，陸の失脚により兵を率いて山西の閻錫山に投じる。商震は以後14年間閻に仕え，団長，旅長，兵工廠総辦，ついで25年に第1師長に任じ，山西軍の代表的将領とされた。

だが，商震は省外出征や防衛の困難な戦役の第一線をたびたび担当させられるが，外省人ゆえに警戒されて実力養成は抑えられた。商震の人柄は厳格，勇猛で弁論に長じて部隊をよく掌握し，酒・アヘン，賭けなどをせず英語学習や外国人との交際を好み，山西軍内の「洋派」と言われた。1926年には河南の樊鐘秀軍の侵入を撃退し，ついで晋軍前敵総指揮として馮玉祥軍を撃退，綏遠都統に任じる。27年7月閻錫山が北方国民革命軍を組織し，北伐に参加すると，その第1軍長兼国民政府軍事委員会委員に任じ，奉天軍と晋北に戦い，28年には保定，北京，天津一帯及び晋北，綏遠，チャハルを占領し，6月，河北省政府主席に任じた。商震は綏遠で創設した軍政学校を北京郊外に再興し，独自に幹部養成を始め，河北を地盤に自立化しようとするが，閻に抑えられ翌29年8月名義だけの山西省政府主席兼民政庁長に転じた。30年閻が中原大戦に敗北し大連に下野，亡命した後，商震は省主席留任，第32軍長に任じ，張学良による華北軍事改編に協力するが，他の山西軍の軍人の不満を買い，翌31年7月，石友三の反乱鎮圧に出動して後，山西を離れた（8月閻は山西帰還，省主席は徐永昌が継ぐ）。以後商の第32軍は河北省南部を駐地とする雑牌軍になり，中央に軍費を仰ぎ，紹興出身を強調して蔣介石に接近した。

1933年春，第2軍団長として長城抗戦に参加。塘沽協定後北平郊外に駐屯した。35年6月初め塘沽保安司令兼天津市長，同27日梅津・何応欽協定による于学忠更迭を受けて河北省主席に就任する。日本軍による華北自治工作に対して商震は抵抗し，35年11月には「重病」と称して接触に応じず，12月宋哲元を首班に冀察政務委員会が成立すると抗議して軍，政各職を辞任した。翌36年1月河南省主席に転じた（38年5月まで）。この間，紅軍の山西侵入に際し，「剿共」を命じられるが，消極的な実力保存主義に終始した。この時期商の第32軍は河南，河北に分駐し，兵力3.5万と最大に達した。

抗日戦争開始後，第20集団軍総司令兼第32軍長として平漢線沿線で戦うが敗退。1938年7月商震は長沙で第9戦区副司令官に就任するが，同年末第32軍軍長を免じられ，自らの軍隊への指揮権を失う。40年2月衡陽の第6戦区司令官，ついで6月重慶の軍事委員会辦公庁主任兼外事局長に任じる。商が抗戦期の最高指導機構の要職に入れられたのは，彼が政治的色彩が中立で蔣介石，何応欽ともよく，馮玉祥，閻錫山ら地方勢力ともつながりがあり，さらに英語を理解し外国人との社交に通じる数少ない軍人であったためであろう。以後彼は，実権は持たないが国民政府の主要な軍人外交官として活躍する。翌41年2月ビルマ・インド・マレーシア視察団団長，43年11月カイロ会議高級随員に任じ，44年3月から45年5月まで駐米軍事代表団団長としてワシントン駐在，主として軍事援助調達交渉に当たった。45年9月総統府参軍長，46年1月から8月再び渡米し駐国連首席代表，連合国参謀団主任代表に任じ，47年4月から中国駐日代表として来日した。49年3月，国民政府の大陸での崩壊により辞職，台湾行きを拒絶し，日本人の妻を迎え，東京に居を定めた。晩年，74年，75年と2度にわたり中国へ帰国参観を行った。78年5月，死去。

参考文献：唐永良「商震歴史概述」，中国人民政治協商会議全国委員会文史資料研究会編『文史資料選輯』8輯（文史資料出版社，北京，1981年）。尹丕傑・陳家珍『商震将軍』（中国人民政治協商会議河北省委員会文史資料研究委員会編『河北文史資料選輯』第23輯，河北人民出版社，石家荘，1987年）。

〔土田哲夫〕

邵（しょう）　力子（りきし）　Shao Lizi

（1882年12月7日～1967年12月25日）

原名・景奎，字・仲輝。浙江省紹興府会稽県生まれ。政治家，教師，ジャーナリスト，「国民党内民主派」と称される。

1898年戊戌維新の影響で上海に行き，求志学堂に入学。99年広方言館でフランス語を学び，その後蘇州中西学堂に入学。1902年上海南洋公学特班に学ぶ。04年浙江省呉興で教鞭をとる。05年上海震旦公学で学ぶが，この時学友に陝西省三原出身の于右任がいた。

1906年秋日本に留学，ジャーナリズムを学び，かつ中国同盟会に加入する。07年于が上海で創刊した『神州日報』に，09年『民呼日報』に参画。同年10月于の紹介で陝西高等学堂で教鞭をとる。10年『民立報』に参加し，「光復義勇軍紀聞」などを精力的に執筆した。

1914年7月上海で中華革命党に加入。15年復旦公学で教鞭をとり，17年公学が復旦大学になると，中文系主任に就任する。6月15日上海学連茶話会で演説し，各界が学生の愛国運動を支持するように訴えた。16日『救国余聞』を改名した『覚悟』を発刊し，主筆となる。19年10月10日中国国民党入党。20年2～3月陳独秀と会見し，5月陳らと上海にマルクス主義研究会を発起，組織する。11月国民党員の身分で共産党に加入し，いわゆる「跨党分子」となる。12月上海合作同志社委員に就任。なお，20，21年のメーデーでは8時間労働制を訴え，かつ青年が工場，農村に行くよう指導した。

1924年1月中国国民党第1回全国代表大会が広州で開幕し，第1期中央執行委員候補，次いで上海執行部工農部秘書に任ぜられる。25年7月黄埔軍官学校秘書長。26年1月第2期中央監察委員，7月国民革命軍総司令部秘書長となる。同月蔣介石の委託により，モスクワのコミンテルン第7回拡大会議に出席するため，広州から上海に赴き，陳独秀，瞿秋白，周恩来による歓送会に出席。かくして友好的な形で共産党籍を離脱し，国民党代表としてモスクワに行くことになった。9月共産党代表・譚平山とモスクワでスターリンに会見，11月22日コミンテルン第7回拡大会議に出席し，27年5月上海に戻る。

1928年中央政治会議委員，陸海空総司令秘書長。

32年4月甘粛省政府主席に就任。33年4月西安に赴き，陝西省政府主席に就任。それまでの省主席・楊虎城は陝西綏靖公署主任となり，軍政分離を行ったが，双方の関係は比較的良好であったという。この時期，旱魃救済，水利，造林，アヘン栽培禁止，中小学校教育強化，名所旧跡の修理と保護，鉄道敷設，河運の発展などに尽力した。それと同時に，合作事業を極めて重視し，南京や上海の華洋義賑会と連繋し，大々的に事業を推進した。また，全国経済委員会の援助で陝西農業合作事業委員会を成立させ，自ら主任委員となった。さらに陝西省農業合作事業局を創設して，西安およびその周辺に信用合作社を組織したことで広範な農民が多少なりとも利益を受けたという。35年11月国民党5全大会で中央監察委員。36年12月西安事件の時，一時拘禁される。37年2月陝西省政府主席を辞し，中央宣伝部部長に就任。同年7～9月廬山で蔣介石らと国民党を代表して周恩来ら共産党代表と第2次国共合作の交渉をする。抗日戦争開始に伴い，国際反侵略同盟中国分会副主席，国民外交学会会長，軍事委員会戦区政務委員会秘書長，中国政治学校政務委員に就任。1938年8月中国工業合作協会総会理事に就任し，39年中ソ文化協会副会長となる。42年11月重慶で「ファシスト必敗。ソ連必勝」の講演を繰り返し行い，右派勢力の攻撃を受ける。43年国民参政会憲法促進委員会秘書長。45年8月重慶で張羣，王世杰ら国民党代表とともに毛沢東らと交渉にあたる。46年1月重慶滄白堂で開催された政治協商会議に国民党代表として出席。7月国民大会準備会主席，憲法起草委員会委員。47年国民政府委員，社会経済研究会委員。政府顧問委員。48年政策諮問委員会委員。49年2月李宗仁が上海で組織した上海人民和平代表団に参加。4月国民政府「和平交渉代表団」の一員として，北京で，周恩来らと「国内和平協定」細則草案8条24款をまとめるが，李宗仁，何応欽の拒絶にあい，邵力子は南京に戻らぬことを明確にする。

1949年9月政治協商会議第1回全体会議で全国政治協商会議委員に選出される。さらに中華人民共和国政務院政務委員，華僑事務委員会委員，中ソ友好協会準備委員会委員，中国国民党革命委員会中央常務委員などを歴任した。文革初期に攻撃を受けた可能性があるが，66年8月周恩来が毛沢東の許可を得て，宋慶齢，邵力子ら12人を保護すべしとの指示を出す。67年12月北京にて死去。

参考文献：中国人民政治協商会議全国委員会文史資料研究委員会辦公室編『和平老人邵力子』（文史資料出版社，北京，1985年）。傅学文編『邵力子全集』上・下冊（中華書局，北京，1985年）。菊池一隆「中国国民党における合作社の起点と展開」，『孫文研究』9，1988年12月。『平民』（『上海民国日報』副刊）152，1923年5月5日。〔菊池一隆〕

邵　友濂（しよう　ゆうれん） Shao Youlian

（1840年～1901年）

原名・維埏。字・小村，筱春。浙江省余姚生まれ。清末の官僚，外交官。

邵友濂は若くして監生から金で員外郎を獲得し，工部に職を得た。1865年，郷試に合格して挙人となり，71年に工部虞衡司の員外郎となった。74年には御史となり，総理各国事務衙門の章京に就任した。

1878年，イリ問題を解決するためにロシアに派遣された全権大使・崇厚に従って邵友濂は一等参賛としてロシアに赴いた。崇厚は79年9月，18条からなるリヴァディア条約を締結したが，調印した条項が彼に与えられた権限を超えていたため，その説明のために帰国し，処罰された。崇厚に代わって曾紀沢が全権大使に任命されたが，その間，邵友濂が全権大使代理を務めた。81年2月にペテルスブルグ条約を調印した曾紀沢は，政府の批准を求めるために邵友濂を帰国させた。帰国後，邵は蘇松太道となった。

清仏戦争が起こると，命を受けて台湾の防衛に尽力し，また南洋大臣・曾国荃に協力してフランスとの交渉にあたった。

1886年に邵友濂は河南省按察使に任命され，翌年には台湾布政使に転じた。つづいて89年には湖南巡撫代理となり湖南省提督代理を兼ねたが，91年に台湾省巡撫に転任し，そして94年には湖南省巡撫代理となった。

朝鮮主導権をめぐる日本と中国との対立は，1894年2月から高揚した甲午農民戦争を契機として両国が出兵し，日清戦争へと発展した。日本軍が遼東半島への進攻を始めると，米国の斡旋により12月に講和交渉の打診がなされ，両国は合意に達した。

1894年12月20日，邵友濂は戸部左侍郎・張蔭桓とともに講和全権大臣に任命され，95年1月31日広島に到着した。翌日，広島県庁で日本の全権代表の伊藤博文，陸奥宗光との会見が行われた。日本側は中国代表の全権委任状について，第1に交渉事項が明記されていない，第2に条約を締結する権限が与えられていない，第3に皇帝の批准が明記されていない，という理由で，交渉に入ることを拒否し，条約を調印しうる「名望官爵ある者」を選べばあらためて交渉に応ずる用意があると主張した。2月7日，清朝は日本の要求に応じて全権委任状を修正し，会談の開始を要求したが日本側は拒絶した。交渉は決裂し，しかたなく2月12日，全権代表の張と邵は長崎から帰国した。その後日本側の要求にそって李鴻章が講和全権大臣になり，4月17日に全文11条からなる講和条約が調印された。邵友濂は帰国後，しばらくして病気となり免職となった。

参考文献：孫克復・関捷主編『甲午中日戦争人物伝』（黒龍江人民出版社，哈爾浜，1984年）。坂野正高『近代中国政治外交史』（東京大学出版会，1973年）。〔楠瀬正明〕

邵（しょう）　元沖（げんちゅう）　Shao Yuanchong

（1890年～1936年12月14日）

原名・邵驥，本名・庸舒，字・伯瑾，号・翼如。筆名・玄中，中子，玄圃，守黙。浙江省紹興県生まれ。父・大昌，母・屠太夫人。中国国民党中央執行委員（第1・3・4・5期）。党の思想教育・宣伝を担当。

邵元沖の家は，商業を営んでいた。邵は早くから私塾で学ぶが，貧しさのため本も買うことができず，塾の教師から借り，それを数日で写した。彼は幼い時から優秀で，13歳で科挙の童子試験に合格し，秀才となる。1907年浙江高等学堂に入学し，09年には宣統帝に選ばれて貢士となる。翌年法官となり，江蘇省鎮江の地方審判庁庭長に就任する。

1911年邵元沖は日本に渡るが，10月辛亥革命が起きると帰国し，『民国新聞』上海版の主筆となる。13年3月20日宋教仁が上海で袁世凱が派遣した刺客によって暗殺されると，邵は租界に逃れた犯人の引き渡しを租界当局と交渉し，これに成功する。7月には湖口における反袁闘争に参加するが，失敗し，日本に逃れる。14年6月東京で結成された中華革命党に加入し，機関誌『民国』の主筆となる。

1917年9月孫文が広州で軍政府大元帥に就任すると，邵元沖は秘書長代理となる。19年10月中華革命党が中国国民党と改称すると，彼は米に留学し，ウィスコンシン大学とコロンビア大学に学ぶ。また彼は孫文の命を受け，海外の党務視察のため英・仏などヨーロッパ諸国に赴く。23年11月ドイツからソ連に入り，モスクワで蒋介石と会う。その後帰国し，24年1月の国民党1全大会においては中央執行委員に選出される。9月には政治委員会委員兼広東軍総司令部秘書長，黄埔軍官学校教官，政治部主任代理などの要職につく。12月孫文の北上に随行して主任秘書となり，また北京民国日報社社長に就任する。25年3月12日の孫文の死に際しては，「遺嘱」の証明人の一人となり署名している。

その後，邵元沖は広東に戻るが，1925年11月いわゆる「西山会議」出席のため北京に赴く。彼はここで謝持，鄒魯らと共に孫文の「連ソ・連共・労農扶助」のいわゆる三大政策への反対を表明する。その後，邵は上海に「中山学院」を創設し，自ら院長に就任する。彼はここで若者への教育・宣伝の大切さを主張し，「真」の三民主義の普及に努める。26年3月西山会議派が上海で独自の国民党2全大会を開催すると，中央執行委員に選出される。しかし，5月邵は蒋介石に説得されて広州に戻り，国民党中央執行委員会青年部部長に任ぜられる。

1927年7月，北伐軍について浙江に赴き，浙江政治分会委員，浙江省政府委員兼杭州市市長に就任する。また，28年初めには広州政治分会秘書長兼両広建設委員会委員に任ぜられる。4月彼は上海で週刊『建国』を創刊する。彼は，ここで軍における政治教育の必要性，強固な組織の下での党建設の必要性を主張する。『建国』はその後南京に移り，『建国月刊』と改称するが，邵はその社長に任ぜられる。これらの雑誌には，国民党の「党治」の強化の必要性を主張する彼の論文が多数掲載されている。（これらの論文は1983年『邵元沖先生文集』として出版された。）

1928年10月南京国民政府より，邵元沖は立法委員兼立法院経済委員会委員長に任命される。29年3月の国民党3全大会において中央執行委員，政治会議委員兼党史史料編纂委員会常務委員に選出される。また彼は，「訓政時期約法」の起草にも参加する。30年考試院選考委員会委員長，31年国民政府委員，立法院副院長代理を歴任。31年11月の4全大会では中央執行委員，政治会議委員，宣伝委員会主任委員などに就任する。しかし，35年春邵は対日外交問題で汪精衛と対立し，宣伝委員会主任の職を辞任する。その後彼は，黄帝陵を祭るために各地を巡る。また，同年11月5全大会において，中央執行委員，中央党史史料編纂委員会主任委員に選出される。

1936年10月邵元沖は胡漢民の葬儀を取りしきるため広州に赴くが，12月蒋介石から電報を受け陝西に入る。ここで彼は西安事件に遭遇し，西京招待所に監禁される。12日未明ここからの逃走を謀るが，張学良軍側の兵士によって撃たれ，2日後死亡する。

著書に『心理建設論』，『各国革命史略』，『孫文主義総論』，『建国之路』などがある。

参考文献：邵元沖『邵元沖先生文集』上・中・下冊（中国国民党中央委員会党史委員会，台北，1983年）。中国社会科学院近代史研究所主編『民国人物伝』2巻（中華書局，北京，1980年）。中国国民党中央委員会党史史料編纂委員会編『革命人物誌』2集（中央文物供応社，台北，1969年）。

鄭逸海『南社叢談』（上海人民出版社，上海，1981年）。
〔家近亮子〕

沈　葆楨　Shen Baozhen

（1820年4月9日～1879年）

榜名・振宗，字・翰宇，号・幼丹。福建省侯官県生まれ。洋務派官僚。

1847年進士に及第して翰林院庶吉士に選ばれ，後に編修を授けられる。同年及第したものには，李鴻章，沈桂芬，郭嵩燾らがいる。

1854年御史に任ぜられてから，翌年江西九江府知府として任にある間，太平天国の乱鎮圧について軍事方面でたびたび建議上奏し，咸豊帝に認められた。さらに，江西巡撫となって太平天国鎮圧に功績があった。

1866年左宗棠の後を継いで福州船政大臣となり船政局経営にあたった。船政局では近代的艦船を建造するとともに，技術者や海軍軍人を育成するため付属の学堂で西洋式の近代的教育を行った。

1874年日本の台湾出兵に際しては欽差大臣として台湾に派遣され対日交渉を行い，同時に各国通商事務を兼務した。日本の撤退後は台湾防備，基隆炭鉱の開発などに腐心した。翌年両江総督に抜擢され，とくに南洋水師の拡充に努め，李鴻章とともに近代海軍建設を推進した。

参考文献：林崇墉『沈葆楨与福州船政』（聯経出版事業公司，台北，1987年）。包遵彭『中国海軍史』（中華叢書編審委員会，北京，1970年）。民国清史館編『清史稿』巻413，列伝200（民国清史館，北京，1927年）。〔徳岡仁〕

沈　秉堃　Shen Bingkun

（1862年～1913年1月30日）

字・幼嵐。湖南省善化県人。清末・民国初期の官僚，政党の幹事，監生出身。

江安県知県を経て，1903年，錫良が四川総督に任ぜられると，候補道より四川省の成，綿，潼，龍，茂道となる。この年日本に遊び実業を視察して帰り，勧工局を創立し製革廠を設け，日本より顧問技師を招聘し大いに実業振興に精力を傾けた。07年，甘粛按察使に転出し，翌年2月，雲南布政使となる。09年2月，錫良の後を受け護理雲貴総督に就任した。このとき沈秉堃は日本人を招き製革廠を興し，また滇蜀鉄道，雲南騰越鉄道敷設を計画した。加えて阿片禁止後の財政策を確立するなど大いに政治的手腕を発揮し，その名を中央に重んぜられるようになった。10年10月，広西巡撫に栄転し，すぐに辛亥革命を迎えた。

1911年11月6日，広西省は独立を宣言し，沈秉堃が都督に，そして王芝祥，陸栄廷が副都督に就任し軍政府が発足した。沈は推されて広西都督に就任するも，やがては副都督の陸栄廷に排斥され，湘桂聯軍総司令に就任し，北伐隊を率いて湖南省に向かった。そしてその地位もまもなく王芝祥に譲り，上海に韜晦した。その後黄興と出会い，中華民国成立後には南京留守府高等顧問，国民捐督辦を歴任した。「張振武案」発生後，混乱した政局収拾のために孫文，黄興は北京入りして袁世凱と会見した。その際に孫，黄は袁に対して沈を推薦し，沈は浦口開阜督辦に任用された。

官僚としての経歴の一方，政党人としての経歴もはなやかである。民国が成立した1912年にはきわめて多くの政党・結社が結成された。そのような風潮の中で沈は同盟会に所属するかたわら，統一共和党では総務幹事に選ばれ，そして国民党結成後においては参議に選出された。

1912年6月唐紹儀の内閣総理辞職後，「混合内閣」に留まることを拒否して同盟会籍の4閣僚（陳其美，王寵恵，蔡元培，宋教仁）が，そしてまた熊希齢，趙秉鈞が相次いで辞任した。そのために臨時大総統・袁世凱はあらたに陸徴祥を内閣総理に任命した。第1次組閣工作の結果，沈秉堃は工商総長候補に挙げられたが，陸に対する不信任から候補者全員が否決されてしまい，沈工商総長案は日の目を見なかった。

袁世凱の様々な工作の結果，ようやく成立した陸内閣は，1912年8月15日の「張振武案」（張振武・方維暗殺事件）のためにあえなく倒れてしまった。ここで再び後継総理の人選が政局の焦点となった。このとき候補者になったのが宋教仁，趙秉鈞，そして沈秉堃である。袁は当初沈を意中の人物としていたが，国民党内が沈推薦でまとまらなかったため，沈はこれを辞退し，最終的には趙秉鈞が内閣総理に就任した。13年北京で没した。沈の死は趙秉鈞が暗殺したという説もある。

参考文献：費行簡「近代名人小伝」，『近代中国史料叢刊』78輯（文海出版社，台北，1967年）。北京支那研究会編『支那官紳録』（富山房，1918年）。徐友春主編『民国人物大辞典』（河北人民出版社，石家荘，2007年）

〔田中比呂志〕

沈　従文　Shen Congwen

（1902年12月28日～1988年5月10日）

原名・沈茂林，別名・沈岳煥，沈崇文，筆名・沈従文，休芸芸，上官碧，甲辰，窄而霉斎主など多数。作家。湖南省鳳凰県生まれ。原籍，同前。

ここは漢族，苗族，土家族の文化が入り交じる古い町で，この地の風俗が沈従文の作品のなかに反映され，それが沈従文の特色になっている。祖父・沈洪富は雲南昭通鎮守使や貴州提督までつとめた軍人。沈洪富に跡取りがいなかったため，祖父の弟・沈洪芳と苗族の女性との間に生まれた次男を跡取りとする。それが父親・沈宗持で蒙古，西蔵など各地を転戦し軍医正（大佐級）までつとめた。母親・黄英は読書人の家系出身。母方の祖父は貢生であり，また早くからヨーロッパ文明の影響を受けた家庭でもあった。その地方で最初に写真館と郵便局を開いたのは，沈従文の母方のおじであった。沈従文およびその兄弟の幼児の啓蒙教育は母親によってなされた。兄弟姉妹は9人，うち4人の姉妹は夭折している。

私塾，そして新式小学校に入るが，机に向かうことを好まなかった。1917年8月軍隊に入り，これ以後5年間にわたって主に軍隊生活をおくる。湖南，四川，貴州の省界を転々とするなかで，社会のさまざまな面を見，また多くの書籍，書画などにも触れた。この時期に，五・四新思潮の影響を受けた印刷工から，『新潮』，『改造』，『創造周報』などの雑誌を借覧し影響を受ける。この頃，生死の境を彷徨うほどの大病を患ったほか，友人の溺死も体験し，人の一生について深刻に思考する。これらの体験が契機となり，22年夏湖南を離れ1人北京へ出る。北京で燕京大学2年生に入学しようとするが不合格。当時，蔡元培が校長をしていた北京大学は門戸を開放しており，正規でない聴講生は定員を限っていなかった。沈従文は，同年冬湖南会館から北京大学紅楼近くの漢園公寓に移り，北京大学の未登録聴講生となった。北京大学近くには全国各地から青年が集まっており，かれらと知り合い，新文学の影響を受ける。貧乏生活を続け，友人や同郷人のところで食事を得たり，また，香山図書館の管理員となって『現代評論』の発行を担当したり，一時期馮玉祥の軍隊で秘書をしていたこともある。

『京報』副刊の『民衆文芸周刊』に作品を投稿し掲載されたことがきっかけで，編集を担当していた胡也頻と知り合い，丁玲とも知り合う。1924年から27年の間，『晨報副刊』，『語絲』，『現代評論』，『小説月報』，『新月』などに作品を発表，短篇小説集『鴨子』（北新書局，26年），『蜜柑』（新月書店，27年）を出版。

1928年はじめ，家族（母親と妹）とともに上海に移る（母親はまもなく故郷に帰る）。秋，中国公学教員となる。同じ頃上海へ来た胡也頻・丁玲と，29年『人間』，『紅黒』を編集。30年秋，国立武漢大学国文系講師。31年秋から33年夏まで青島大学で教鞭をとる。この間，31年の胡也頻逮捕では国民党側と釈放交渉にあたったり，33年の丁玲逮捕では文芸界の救出活動に参加している。

1933年9月，北京で張兆和と結婚。『大公報』文芸副刊編集長となる（37年まで）。31年から37年までの間に，小説，散文，評論など旺盛な創作活動を展開する。文学評価は作品そのものに拠るという観点を以後も堅持する。37年8月北京を離れ，武漢，長沙滞在などを経て，38年昆明へ行き西南連合大学師範学院で教鞭をとる。46年7月北平へ戻り，北京大学教授となり，『益世報』，『経世報』，『平明日報』などの文学副刊の編集にも従事する。

1949年1月頃，北京大学中共地下党員，楽黛雲（後，北京大学教授）らから台湾へ行かずに北平に残るよう説得される。その後，北京大学の学生らから「現代評論派，反動派」と批判され自殺を図る。自殺未遂退院後，中央革命大学で10カ月間学習。これ以後，文学創作はしていない。四川の土地改革に参加したあと歴史博物館配属となり，出土文物や工芸美術図案の研究をおこなう。第2回及び第3回全国文学芸術工作者代表大会美術部門に出席。

1969年11月，湖北省咸寧県に下放。高血圧のため，71年北京に戻る。78年中国社会科学院歴史研究所に移り，服装史研究に従事。80年10月から81年2月まで，米中学術交流委員会の賛助で訪米。82年全国文連委員，85年中国作家協会顧問。

代表作に中篇小説『辺城』（生活書店，1934年），散文集『湘行散記』（商務印書館，36年）などがある。作品集『沈従文文集』12巻（生活・読書・新知三聯書店香港分店，花城出版社合同編集出版，82～85年）がある。

参考文献：『中国現代作家評伝』2巻（山東教育出版社，済南，1986年）。凌宇『沈従文伝』（北京十月文芸出版社，北京，1988年）。呉重陽「悼沈従文老」，『民族文学』1988年7期。吉首大学沈従文研究室編『長河不尽流』（湖南文芸出版社，長沙，1989年）。邵華強編『沈従文研究資料』上・下（花城出版社，広州，1991年）。
〔辻田正雄〕

沈（しん）　家本（かほん）　Shen Jiaben

（1840年8月19日～1913年6月9日）

字・子惇，惇祖，号・寄簃。浙江省帰安県生まれ。清末の官僚，法律家。

祖父・沈鐘源は挙人出身，浙江慶元県教諭，父・沈英瑩は進士出身で，貴州安順などの知府を歴任した。沈家本は少年時代より「周官」に造詣が深かったという。1865年に挙人となったが，なかなか進士に合格しないので，捐例（買官）によって任官，刑部郎中となり，中国古来の法律，刑罰に関する調査をした。83年にやっと進士合格，正途の官僚となったが，ひき続いて刑部に在職ののち，主稿官兼管秋審処となり，法律研究によって刑部尚書・潘祖蔭に称賛された。

1893年直隷天津知府に転じ，ついで省都の保定知府になる。甘軍に破壊されたフランス教会堂再建に際し，上級当局者が弱腰で賠償金を出し，道署の跡地を提供したが，敷地が府署の一部にくいこんだので，沈は「保定府志」の記述をもとに抵抗し，是正させた。

1900年義和団事件の際，山西通永道，ついで山西按察使へと昇任したが，赴任するにいたらなかった。8カ国連合軍が保定に侵入した時，外国人宣教師は沈家本を義和団使嗾の罪に陥れようとしたが，証拠なく，釈放されて，西太后・光緒帝の避難先西安に赴く。そこで，光禄卿，ついで01年刑部右侍郎に抜擢され，まもなく左侍郎に転じた。沈家本は，外国宣教師と中国民衆との紛争を緩和するためには，中国の官吏に法律の観念や知識を普及させることが必要だと考え，また，領事裁判権回収を考慮したが，うまくいかなかった。

義和団事件後「新政」が開始され，袁世凱らの上奏によって修訂法律館が設置されると，沈家本は伍廷芳とともに法典の編纂・整備を担当し，また法律学堂を設立して，法律家の養成に尽力した。この間，大理卿，法部（刑部の改称）右侍部，修訂法律大臣などの官職を歴任，1910年には資政院副総裁を兼任したが，ひき続き修訂法律館で法律の研究，制定，改正に従事した。中国の伝統的，前近代的法典の改革をめざし，凌遅，梟首，戮屍，縁坐，刺字，笞杖などの惨酷な刑罰の廃止を提案した。「大清律例」を修正して「大清現行律例」に代え，また，欧米・日本の刑法を参照して，立憲君主政体に適合した「大清新刑律」を制定したのである。

1911年法部左侍郎に転じ，11月の袁世凱内閣発足に際して，法部大臣に任命されたが，実際には就任しなかった。その後は官界を引退し，法律の研究，後進の養成を続けたが，13年に病死した。

主な著作には『読律校勘記』，『刑案滙覧』などがあり，また文章をまとめたものに『沈寄簃先生遺書』，『沈碧楼叢書』がある。

参考文献：民国清史館『清史稿』巻440列伝230（民国清史館，北京，1927年）。李光燦「従沈家本的奏議和修律看他的法律思想」，『近代史研究』1982年3期。張国華・李貴連合編『沈家本年譜初編』（北京大学出版社，北京，1989年）。李貴連『沈家本評伝』（南京大学出版社，南京，2005年）。陳柳裕『法制冰人―沈家本伝』（浙江人民出版社，杭州，2006年）。

〔久保田文次〕

沈（しん）　鈞儒（きんじゅ）　Shen Junru

（1875年1月2日～1963年6月11日）

字・秉甫，号・衡山，隠仏，民主老人。江蘇省蘇州生まれ。原籍，浙江省嘉興県。弁護士，抗日民主運動の指導者，中国民主同盟主席（第2代）。

祖父は蘇州の府知事，父は江蘇省候補県の知県であり，本人も清朝の進士である。7歳から伝統的な教育を受けたが，戊戌変法前後に西洋の民主主義思想の書物にふれて，康有為・梁啓超らの改良主義思想の影響を受けた。1905年の科挙の廃止にともない，進士は日本に留学するということで，同年9月日本の法政大学に入学した。07年同大学を卒業して帰国し，立憲運動に参加し，浙江省諮議局の副議長に任ぜられた。辛亥革命によって浙江省が独立を宣言すると，警察局長に任ぜられた。12年5月褚輔成の紹介で中国同盟会に加入し，同年8月柳亜子らとともに「南社」を創立した。

民国初期，浙江省教育司長の職につき，教育行政面の任にたずさわった。また第1回国会参議院の候補議員に選ばれ，袁世凱の帝制に反対した。1916年には段祺瑞内閣の司法部書記となり，政学系の活動に参加した。張勲の復辟後，孫文の護法軍政府を支持して南下し，広東軍政府の検察庁長となったが，21年には広州から上海に出て，政学系の『中華新報』の主筆となった。24年の国民党の改組には，孫文の国共合作の三大政策を支持し，26年7月の北伐以後，浙江省自治会を江蘇・浙江・安徽の三省連合自治会に拡大して，孫伝芳軍閥の盤踞に反対した。この活動の根拠は「民国の主権は民にある」との思想にあり，“自治”を“民治”に変えようとするところにあった。

1927年の4・12クーデター後，浙江省政府は国民党反動派によって解散され，彼も拘禁された。これ以後，彼は国民党およびその権力との関係を一切断った。釈放後，上海法科大学の教務部長となり，弁護士も開業し，民主主義運動に献身するようになった。33年中国民権保障同盟に参加し，法律委員として，国民党政府に逮捕された革命的人物や愛国的人士の救援活動を行った。35年12・9運動後，上海文化界救国会，上海各界救国連合会（36年1月），同年5月末には全国各界救国連合会が組織されると，彼はそのいずれの組織でも執行委員，常務委員として抗日救国会の中心人物となり，彼を除いては抗日救国運動は語りえない存在となった。36年7月には「団結禦侮のいくつかの基本条件と最低要求」を提出して，抗日民族統一戦線の前進に大きな役割を果した。この時期から中国共産党の主張の正しさを認め，中共に近づいた。36年11月，抗日救国運動の高揚を恐れた蔣介石によって，逮捕投獄された（抗日七君子事件）。

1937年7月の日中戦争開始後釈放され，同年12月に漢口に移り，抗敵救亡協会が組織されると，その主席に推された。この時，李公樸を編集長にして『全民周刊』が創刊された。これは38年7月鄒韜奮の『抗戦』三日刊と合併して，『全民抗戦』となった。38年9月国民参政会が設置されると，参政員となり，39年秋には民主憲政運動を積極的に推し進めた。41年皖南事件後，民主政団同盟が組織されると，42年には彼が中心となっている抗日救国会もこれに参加し，抗戦・民主・団結の活動に推進的役割を果した。44年9月民主政団同盟が民主同盟に改組されると彼は中央常務委員となり，以後民主同盟の中心的指導者として活躍した。

戦後の1945年末，抗日救国会が人民救国会に改組されるに際して，彼は再び主席に推された。46年1月政治協商会議が開かれると，民主同盟の代表の1人として参加し，民主政治の実現のために奮闘した。それ以後，国民党の内戦と反動の政策が強まるなかで，民主同盟と人民救国会の指導的地位に立ち，平和と民主の活動の象徴的存在となった。48年5月の中共の「新政治協商会議」の呼びかけに呼応して，同年9月東北解放区に入った。49年2月解放後の北平に入り，6月の中国人民政治協商会議に参加し，10月の中華人民共和国成立後は人民法院院長となる。49年民主同盟副主席となり，56年同主席となる。この間，54年と58年に全国人民代表大会常務委員会副委員長となる。57年の「反右派」闘争では，すぐれた活動家が多数“右派”とされたことに深い疑問を感じ，中共の「反右派」闘争を支持しながらも，大きな行き過ぎの誤りを指摘していたという。対外活動の面では，51年ベルリンの国際民主法律家会議に中国代表として参加し，59年には，国際民主法律工作者協会副主席の職につくなど，活躍した。

参考文献：沈鈞儒『寥寥集』（生活・読書・新知三聯書店，北京，1978年）。沈叔羊『愛国老人沈鈞儒』（浙江人民出版社，杭州，1981年）。『沈鈞儒紀念集』（生活・読書・新知三聯書店，北京，1984年）。平野正『中国革命の知識人』（日中出版，1977年）。

〔平野正〕

沈（しん）　沢民（たくみん）　Shen Zemin

（1900年～1933年11月20日）

幼名・徳済，筆名・成則人，風，羅美，明心，沢民，偽名・李清揚。浙江省桐郷県烏鎮生まれ。中国共産党員，鄂豫皖ソヴィエト区の党指導者，教師，文筆家。

父・永錫は清末の秀才で私塾を開き，母・陳愛珠は学問があり，沢民と4歳年上の兄・雁冰（茅盾）に手ほどきし，愛国心と反逆精神を教えた。1916年省立第三中学卒業，南京河海工程専門学校で父の遺言に従い実業救国に生きるべく勉強に励む。英語に習熟し，在学中に兄と共訳で科学小説を出している。19年五・四運動期に街頭行動に参加，中国少年学会南京分会に加入し，張聞天と『少年中国』誌の校正などをやるうちに実業救国から革命へと志向が変化していった。革命理論を求めて20年7月張聞天と日本に留学し，東京帝国大学で苦学し，日本語でマルクス主義文献を読むうちロシア十月革命の道を歩む決意をした。

1921年1月張聞天と共に帰国し，4月に兄・雁冰の紹介で上海共産主義小組に加入，22年5月広州の中国社会主義青年団第1回大会で団中央委員となり，団中央の日常工作に従事した。23年春南京建鄴大学で教え，中共南京小組を組織した。この間プロレタリア文学への関心を深め，翻訳や評論を多数発表している。同年12月上海大学社会学科教授となり，『民国日報』副刊『覚悟』の編者・執筆者となる。24年1月第1次国共合作成立とともに，中共上海地方委員会委員や国民党上海執行部メンバーとなって国共合作の宣伝工作を担当，同年夏張琴秋と結婚した。25年5・30運動のとき，瞿秋白の主編する中共中央の『熱血日報』の編集に参加し，評論を多数執筆する。

1926年プロフィンテルン大会中国職工代表団の通訳としてモスクワに行き，大会終了後モスクワの中山大学に入学，27年に同大教師となる。28年6月モスクワ開催の中共6全大会で通訳を担当し，その後2年間張聞天と共にモスクワの紅色教授学院哲学科で学び，30年10月コミンテルンの李立三路線批判書翰を携えて帰国した。

王明（陳紹禹）が指導権を握った1931年1月の党6期4中全会で中央委員に補選され，中央宣伝部長となるが，4月に張国燾・陳昌浩と前後して妻の張琴秋と共に鄂豫皖ソヴィエト区に赴く。5月中共鄂豫皖分局委員（書記・張国燾），6月同常委の1人となり，11月江西中央ソヴィエト区の瑞金で開催された第1回全国ソヴィエト代表大会で中華ソヴィエト共和国中央執行委員会委員63人の1人に不在のまま選出された。32年1月鄂豫皖党省委書記となる。上海の党中央の指示により鄂豫皖ソヴィエト区党組織の最高指導者となった張国燾は，反革命派AB団の罪名で同ソヴィエト区創出に尽した紅軍第4軍12師師長・許継慎，同11師師長・周維炯，同12師政治委員・姜鏡堂，同政治部主任・熊受暄らの将領を大量に粛清した。この「粛反」は中共鄂豫皖分局として行われたもので，張国燾による「王明『左』傾路線」の執行として今日の中国では厳しく非難されている。

1932年は鄂豫皖ソヴィエト区の最盛期であったが，9月の第4次反「囲剿」戦争に大敗して，10月張国燾，陳昌浩は第4方面軍（総指揮・徐向前）主力を率いて川陝に西行した。沈沢民は既に結核を病む身であり，鄂豫皖省委書記として残留部隊を紅軍第25軍（軍長・呉煥先，副軍長・徐海東）に編成し，その指導の責任を負った。遊撃戦争の展開を主張する呉煥先・徐海東らの反対を押し切って，「王明『左』傾路線」の戦術スローガン「中心城市奪取」，「全ソ区回復」を採用し，33年5月から10月の間に鄂豫皖区と紅軍第25軍に重大な危機を招来したという。10月16日の鄂豫皖省委拡大会議の総括討議を経て，11月11日党中央宛てに方針の誤りを認める報告を執筆したが，20日に大喀血して不帰の人となった。

新中国成立後，旧鄂豫皖区指導者の生残りは，沢民は張国燾とは異って党に忠実な人格者であったと党中央に訴え，1963年4月15日鄂豫皖の故地・紅安で正式な葬儀を営んだ。

参考文献：茅盾『我走過的道路』上（人民文学出版社，北京，1981年）。《鄂豫皖蘇区歴史簡編》編写組『鄂豫皖蘇区歴史簡編』（湖北人民出版社，武漢，1983年）。武英林・李良明「沈沢民伝略」，『華中師院学報：哲社版』1985年2期。武英林・李良明「沈沢民」，中共党史人物研究会編『中共党史人物伝』22巻（陝西人民出版社，西安，1985年）。

〔蜂屋亮子〕

沈（しん）　曾桐（そうとう）　Shen Zengtong

（1853年～1921年）

字・子封。別名・同叔，檗宧。浙江省嘉興県生まれ。原籍，同前。清末の官僚。沈曾植は兄。

1886年進士合格，翰林院編修となる。95年日清戦争に敗北したことで清朝に対して不信をもち，兄の沈曾植とともに康有為の強学会設立に協力，強学会が禁止されて官書局に再編された後も引き続きその仕事を受け持った。戊戌の年，変法自強の上書をしたことがある。1908年山西省平陽府知府に選ばれたが着任しなかった。10年広東の布政使となり，翌年雲南に転じた。21年北京で死去した。

参考文献：湯志鈞編『戊戌変法人物伝稿』増訂本上冊（中華書局，北京，1982年）。〔児野道子〕

勝保（しょうほ）　Shengbao

（生年不詳～1863年4月）

字・克斎。蘇完の瓜爾佳氏，満州鑲白旗人。清末の政治家，武将。

1840年の挙人。順天府学教授・詹事府賛善・翰林院侍読・国子監祭酒・光禄寺卿などの官を経て52年内閣学士に昇進した。53年南京が太平軍に占領されると，欽差大臣・琦善，直隷提督・陳金綬とともに揚州郊外に軍営（江北大営）を置いて太平軍の北上に備えた。太平軍の北伐が始まるとこれを追撃し，河南懐慶府の囲みを解いた戦功により都統の称号を与えられた。ついで9月訥爾経額に代わって欽差大臣に任じられ，副将以下の軍官を現場で処分する権限を与えられた。

北伐軍の進撃を天津近郊で食い止めたが，直ちに撃退することはできず，1854年清朝は僧格林沁の部隊を前線に派遣した。勝保と僧格林沁は互いに反目し，清軍の統率は乱れた。北伐援軍が山東の臨清に達すると山東巡撫・張亮基とともにこれを迎撃して失敗し，両者ともに革職の処分を受けた。李開芳率いる北伐軍が連鎮から山東の高唐州に移動したが，勝保は高唐を奪回しえず，清朝は僧格林沁を派遣するとともに，55年3月勝保を逮捕して北京に護送した。新疆に配流されたが，まもなく伊犁（イリ）領隊大臣に任じられ，56年呼び戻されて安徽の戦線に配置された。

1857年副都統の称号を与えられ，河南巡撫・英桂，袁甲三に協力して捻軍との戦いに従事した。淮河上流地域における戦勝により英桂に代わって督辦三省軍務の職につき，さらに58年には欽差大臣に任じられ，安徽の軍務を督辦することとなった。しかし督辦三省軍務は袁に代わり，勝と袁の反目が生じた。勝保は河南・山東の捻軍を押さえ南方の太平軍を防ぐために淮河流域を重視するとともに，弾圧と懐柔を併用する方針をたて，団練頭目・苗沛霖や捻首・李昭寿，張隆らの投降を受け入れた。こうした動きは袁ら他の清軍軍官との対立を深め，また勝保がしばしば敗戦を勝ち戦と偽る上奏をくり返したこともあって，周囲の弾劾と反発が強まった。60年欽差大臣の職務を解かれ，ついで北京に呼び戻されて光禄寺卿に格下げされた。

北京では第2次アヘン戦争の英仏連合軍侵入に直面し，僧格林沁・瑞麟らとともに防衛にあたった。1860年北京条約調印ののち，「勤王」の軍を起こし，恭親王奕訢の対外講和の姿勢を支援した。61年ふたたび欽差大臣に任ぜられて山東の軍務を督辦し，黒旗軍を率いる宋景詩の投降を受け入れた。ついで河南の捻軍蜂起に対応するため，督辦河南安徽軍務を命じられた。

この年咸豊帝が熱河で病死すると，粛順ら賛襄政務王大臣と西太后・恭親王らとの間に権力闘争が発生したが，勝保は西太后一派を支持する態度を示し，政変後，護軍統領に任じられた。62年あらためて安徽・河南の捻軍鎮圧を命じられて安徽の潁州に軍営を移し，寿州の苗沛霖を使って太平天国の英王・陳玉成を捕らえた。ついで回民蜂起に対処すべく陝西に赴いたが，連戦連敗を重ね，また招撫した苗・宋らは清軍に従属せず，光禄寺卿・潘祖蔭や欽差大臣・袁甲三など政敵の勝保に対する弾劾の上奏があいついだ。僧格林沁らによる調査を経て，清朝は軍費の乱用，軍紀の退廃，敗戦を勝利と偽る虚報などの罪状を列挙して63年1月勝保の職務を解いて北京に護送した。刑部での取調べが行われ，誣告を主張したが容れられず，4月自害を命じられた。

参考文献：民国清史館編『清史稿』403，列伝190（民国清史館，北京，1927年）。民国中華書局編『清史列伝』47（民国中華書局，上海，1928年）。清史編委会『清代人物伝稿』下編2巻（遼寧人民出版社，瀋陽，1985年）。江地『捻軍人物伝』（山西教育出版社，太原，1990年）。

〔並木頼寿〕

盛（せい）　世才（せいさい）　Sheng Shicai

（1897年1月8日～1970年7月13日）

原名・振甲，字・徳三，晋庸。東北奉天省開原県盛家屯生まれ。父・盛徐雲は地主，奉天軍の部将。新疆省の督辦として君臨し，新疆を中国のため確保した軍人政治家。

1909年省立農林中学卒業。政治家を志し，上海へ出て，呉淞中国公学専門部政治経済科に学び，15年卒業。17年日本留学。明治大学で政治経済を学ぶ。「東北留日学生同郷会」会長。大言荘語の癖あり。愛国心強く，19年パリ講和会議に反対して留日学生が帰国運動を展開したとき，留学継続を願う同郷学生を殴ってまわったという。

帰国後上海で全国学生総会の国土回復運動に参加。運動停滞後，上海で左翼文献を読んでマルクス主義者となる。手づるなく，共産党入党は果さず。

救国には実力が必要と悟り，1919年広東韶州の韶関講武堂に入学。広東は，上海と並ぶ革命基地だった。卒業後，奉天軍第8旅団長に転任した教官・郭松齢の縁で奉天軍に入る。子のない郭松齢夫妻に可愛がられた盛世才は，郭松齢夫人・韓淑秀の義女・邱毓芳（瀋陽女子師範学校学生）と結婚。23年郭松齢の推薦で日本留学。24年暮に陸大入学，27年暮卒業。陸大同期生は盛世才を，中肉中背で人並みの顔立ち，格別目立たぬが，言動が豪放磊落でやや野放図と評している。

陸大卒業後帰国し，大佐参謀として北伐に参加。北伐成功後，参謀本部に勤務。南京の中央政界で出世するには人脈も金脈も乏しい。あり余る野心と外国陸大卒の経歴を生かすべく辺境への転出を考えていたところへ，新疆省が軍校教官を募集，応募して1930年入新。督辦公処参謀，新疆軍官学校戦術総教官を歴任した。

1931年哈密（ハミ）で回教徒の反乱事件発生。馬仲英が救援して内戦化。盛世才は東路剿匪総指揮となり，鎮圧に出動する。33年4月12日迪化（現在のウルムチ）で金樹仁省主席に対するクーデター発生。盛世才はこの機に乗じて権力を掌握した。

盛世才の新疆統治は，権力掌握期，親ソ時期，中央復帰時期の3段階に分かれる。

権力掌握期（1933～34年）：生き延びた金樹仁省主席を下野させ，4・12政変の首謀者を殺し，政変で権力の座についた人物を追い落として新疆省督辦に就任し，中央政府に承認させた。

親ソ時期（1934～42年）：馬仲英軍鎮圧に中央政府の援助は望めなかった。江西の紅軍討伐で手一杯だったからである。盛世才はソ連と結んだ。ソ連は33年，満州事変でソ連に脱出していた東北軍4万余を新疆に送り込み，借款供与（33年12月300万ルーブル，35年5月500万ルーブル），軍隊派遣（34年1月）で盛世才を支援した。盛世才は34年6大政策（反帝・親ソ・民族平等・清廉政治・平和・新新疆建設）でこれに報いた。

知友を登用して親ソ容共政治を行った盛世才は，1937年めぼしい幹部を粛清し，中共党員と入れ換えた。西安事件後の抗日統一戦線結成に見合う行動だった。抗日戦勃発後の37年10月迪化に中共代表部設置を承認。鄧発中共駐新疆代表兼八路軍駐新疆辦事処主任が毛沢民ら多数の中共党員を送り込み，ソ連との交通路を確保した。38年8月訪ソ時，ソ連共産党に入党。その代償は，ソ連赤軍第8連隊の哈密進駐（38年8月）と，ソ連に大幅な特権を与える「錫鉱租借条約」の締結（40年11月）だった。新疆は，ソ連の衛星国化寸前に来ていた。

中央復帰時期（1942～44年）：41年6月の独ソ戦争勃発で，雲行きが変わる。ソ連の敗北を見越した盛世才は，中央政府に復帰を申し出た。ソ連勢力の駆逐，中共党員の逮捕投獄，国民党員の導入が始まる。

1943年1月盛世才は国民党に入党。4月11日共産党員とその家族を逮捕投獄。7月国民党新疆省党部主任委員，西北幹部訓練団主任，国民党中央監察委員，中央軍校分校主任となる。9月27日中共幹部3人（陳潭秋・毛沢民・林基路）を処刑した。

1944年春ドイツ軍の敗色濃厚となる。盛世才はスターリンに色目を使い，8月11日国民党要員・黄如今ら1,000余人を逮捕投獄した。これで政府は盛世才を見限り，8月29日盛世才を農林部長に任命する（新疆省主席の後任は呉忠信）。盛世才が新疆を離れると，新疆人民は「新疆省全体民衆討盛檄文」を出し，『盛世才禍新紀略』を編纂して，盛世才の11年間にわたる暗黒独裁政治を糾弾した。

1945年7月30日内閣改造で農林部長交代（後任は一時谷正綱社会部長が兼任した後，8月13日周貽春が就任）。抗日戦争勝利後，胡宗南の武漢行轅高級参謀となる。

1949年台湾に移る。陸軍上将参議，国民党総統府国策顧問，光復大陸設計研究委員会委員を勤める。

1970年7月脳溢血により台北市の空軍総医院で死去した。

親ソ容共政策の展開と，恐怖政治の故に盛世才の新疆統治の評判はよくないが，新疆がソ連の衛星国にされた外蒙の二の舞を免れたのは，盛世才の功績である。

参考文献：「盛世才新疆十年回憶録（節略部份）」，『自立晩報』1952年9月29日～12月14日，台北。『盛世才怎様統治新疆』（中国辺政協会，台北，1954年）。Allen S. Whiting and General Sheng Shi-tsai, *Sinkiang: Pawn or Pivot?* (Michigan State University Press, 1958). 小田英郎「新疆をめぐる中ソ関係—盛世才の時期を中心として—」，『法学研究』34巻6号，1959年。張大軍『新疆風暴七十年』全12冊（蘭渓出版社，台北，1980年）。鮑爾漢『新疆五十年』（文史資料出版社，北京，1984年）。伊原吉之助「盛世才の新疆支配と毛沢民の死—抗日戦期中ソ関係の一齣—」，竹内実編『転形期の中国』（京都大学人文科学研究所，1988年）。新疆社会科学院歴史研究所編『新疆簡史』全3冊（新疆人民出版社，烏魯木斉，1980年）。陳慧生・陳超『民国新疆史』（新疆人民出版社，烏魯木斉，1999年）。盛世驥口述・欧播佳整理『蔣介石的封疆大吏　我家大哥盛世才』（万巻楼図書有限公司，台北，2000年）。

〔伊原吉之助〕

盛（せい）　宣懐（せんかい）　Sheng Xuanhuai

（1844年11月4日～1916年4月27日）

字・杏蓀，幼勖。号・愚斎，止叟ほか。江蘇省常州府武進県生まれ。原籍，同前。海運・紡織・鉄道・通信など重要産業における清末民初の代表的な官僚企業家。

彼は代々官僚を出した科第世家の家に生まれた。祖父は嘉慶15年の挙人で浙江の知州を務め，父・盛康は道光24年の進士に合格，湖北塩法道等地方官を歴任し，晩年『皇朝経世文続編』120巻を編纂した。

太平軍が江蘇を席巻した時期，彼の家族は各地を転々と避難した。1866年帰郷した彼は弟と共に童試に応じ，合格したが，翌年の郷試には失敗した。それで70年楊宗濂の推挙を経て，当時陝西で回民蜂起を鎮圧していた李鴻章の幕下に入った。元来父が李と親交があったので，彼はすぐに李の信任を得て，70年秋李が直隷総督に転任し，洋務運動に携わると，彼はその有能な助手として官督商辦の輪船招商局（72年）・天津電報総局（80年）などの設立と経営に携わり，辣腕振りを発揮した。93年秋上海機器織布局が火災に遇うと，その処理を一任され，資本を再募集し華盛紡織総局を設立，同局の督辦（官僚支配人）をも兼担した。それら企業はいずれも洋務派官僚の監督下に，民間の商人，特に辦を参加させ，資本と人材の欠を補い，併せて独占・免税などの特権を付与して競争力を強めるという独特の経営戦略を採用していた。しかし，その反面辦が自ら経営に携わると民間商人出身の経営者との摩擦・対立が生じて，経営が不安定となり（輪船招商局），逆に民間商人に経営権が一任されている場合には（電報総局上海分局の経元善），経営が発展するという傾向が見られた。ともあれ，彼は自身で投資して大株主ともなり，経営者兼大株主として企業への支配権を強化していった。

科挙については彼は2回郷試に失敗して官僚としての正途の出世を諦め，専ら李鴻章の推薦を受けて洋務関係の要職に順次引き立てられていった（1879年天津河間兵備道代理，84年天津海関道代理，86年山東登莱青兵備道兼東海関監督，92年重職の天津海関道兼天津海関監督）。しかし，それと並行して彼が企業の私産化を進め，北洋派内に自己の「王国」を築き，自立の傾向をも見せていた事実も看過できない。

日清戦争での敗北で李鴻章が失脚すると，すでに李から離れつつあった彼は，華中の実力者，湖広総督・張之洞や，李鴻章に代わって直隷総督となった王文韶らに巧みに取り入り，経済官僚としてさらに大きく飛躍していった。彼はまず蘆漢鉄道の敷設への協力を条件に，赤字続きでその経営を持て余していた漢陽製鉄廠の経営を張之洞から継承した。次に1897年これも彼の建策に従った鉄路総公司と近代的な中国通商銀行が上海に開業した。以後，彼は天津からこの上海に活動の舞台を移し，製鉄・鉄道・金融・通信・海運・紡織など重要産業を網羅した一大企業群の経営を開始した。まず鉄道はベルギーと借款契約を結んで蘆漢鉄路に着工したのを手始めに，英米など外国から順次借款をしながら滬寧・蘇杭甬・浦信・粤漢諸鉄路の建設計画を進めた。しかし，これらの借款契約は債権国に鉄道の敷設権と経営権を与えたことで大きな問題を残した。この頃彼はまた新しい人材の養成が急務であるとの認識に立って，95年天津に中国最初の工科大学（中西学堂，後の北洋大学堂），その翌年上海に南洋公学（後の上海交通大学）を設立するなど教育事業にも貴重な先鞭を付けていたことが注目される。

政治面では，1900年義和団事件の時，彼は早くからその鎮圧を唱え，華北一帯に連合軍との戦争が拡大すると，劉坤一・張之洞らの総督，湯寿潜・張謇らの有力郷紳達と協議の上，いわゆる「東南互保」を計画，乱の影響が華南に及ばないように努力した。02年袁世凱が直隷総督兼北洋大臣に任命されると，彼との対立が激化した。袁は権力を用いて彼の手から電報・輪船両局を奪取しようとしたが，彼の抵抗も根強く電報局しか取れなかった。03年彼が英国と滬寧鉄路の正式契約を締結して後，湖南・広東両紳商層は彼が先に米国と契約した粤漢鉄路の敷設権の回収と自営を要求し始めた。かつては彼を支援した張之洞も05年紳商層の圧力により米国との協約を破棄する側に回り，彼と対立し始めた。また江浙紳商層も滬寧・蘇杭甬両鉄路に関する英国との契約破棄を要求し，大規模な利権回収運動にまで発展していった。そこで05年清朝は袁世凱の部下唐紹儀に滬寧鉄路の管理を継承させ，間もなく鉄路総公司を廃止したので，彼は失脚のやむなきに到った。

1908年3月彼は漢陽製鉄廠，大冶鉄鉱，萍郷炭鉱を合併して漢冶萍煤鉄公司とし，かつ商辦経営に改め，彼自身はその総理に就任した。製鉄廠は彼がその経営を引き継いだ当初から資本が不足して充分な生産を行えない状況にあり，彼は独日両国から借款をして自転車操業をしていた。

1910年8月彼は郵伝部右侍郎となり，同時に度支部の幣制を担当した。これは清朝政府が彼に外国から借款をさせて体制建て直しを図ろうとしたものである。彼はすぐに英仏独米4国銀行団と幣制実業借款と湖広鉄路借款の2つを前後して交渉した。

1911年1月彼が郵伝部尚書に昇格すると間もなく，度支部尚書・載沢と共に4国銀行団との幣制実業借款1,000万英ポンドを纏め，続けて同年5月同じ相手と600万英ポンドで湖広鉄路借款を締結し，すでに民営化されていた川漢・粤漢両鉄路を国有化しようとした。この処置がたちまち広範で激烈な人々の反対を呼び，四川保路運動から武昌蜂起へと至った。10月26日彼は免職処分を受け，身の危険を察し，独日など外国の保護下に青島，大連へと亡命した。辛亥革命の間，彼はこれまでの経緯をすてて革命の鎮圧のため袁世凱に協力をした。漢冶萍は当時日本の保護下にあり，革命政府もこれに手出しを出来ない状況にあった。彼は日本とこの漢冶萍との関係をもっと密接なものにしようと企て，12年1月日本へ出掛け，交渉した。日本政府も当時の南京臨時政府が財政上困難な情況にあることを知り，500万円の軍事費提供の借款契約と交換に漢冶萍の日中合弁を画策した。孫文もこれに同意したので，契約がほぼまとまりかかったが，革命政権の内外から強い反対が出て，取り消しとなった。上海の株主達も同年3月総会を開催し，合弁反対と彼の総理辞職を決議した。

1912年10月彼は日本から上海へ戻ると，江蘇都督・程徳全と交渉し，差押さえられていた財産を取り戻し，翌13年3月以降再び大株主の力を振るって漢冶萍の理事長兼輪船招商局の副理事長に返り咲き，袁世凱政権の第2革命鎮圧に協力した。しかし，袁からはなんの見返りもなかっただけでなく，逆に漢冶萍の官営化を狙われる始末であった。彼は一方で袁の新たな野望を防ぎつつ，他方で日中合弁化を執拗に要求する日本に対しても抵抗を続けた。そして日中合弁を含む15年の21カ条の要求を断固として退けたのである。政治権力から見放された晩年の彼は，逆に純粋な立場から1人の民族資本家として行動するようになったが，まもなく上海で病死した。

彼自身の上奏文などは『愚斎存稿初刊』100巻（上海，1939年）として出版されているが，未整理の資料も多く，北京大学歴史系近代史教研室整理『盛宣懐未刊信稿』（北京，60年），王爾敏・陳善偉編『近代名人手札真蹟（盛宣懐珍蔵書牘初編）』全9冊（中文大学出版社，香港，87年）などが関連資料として刊行されている。

参考文献：荘練（蘇同炳）『中国近代史上的関鍵人物』下冊（四季出版事業，台北，1979年）。夏東元『盛宣壊伝』（四川人民出版社，成都，1988年）。陳景華「盛宣懐」（徐立亭主編『晩清巨人伝』哈爾浜出版社，哈爾浜，1996年），丁離『撃敗胡雪岩——中国商父盛宣懐和他的商業帝国』（当代世界出版社，北京，2001年）。波多野善大『中国近代工業史の研究』（東洋史研究会，1961年）。A. Feuerwerker, *China's Early Industrialization, Sheng Hsuan-huai (1844-1916) and Mandarin Enterprise* (Harvard University Press, Cambridge, 1958).

〔中井英基〕

升允（しょういん） Shengyun

（1858年～1931年7月23日）

姓は多羅特。字・吉甫。蒙古鑲黄旗の人。清末の官僚，政治家。父・納仁は工部侍郎。

挙人出身，陝西督糧道などを歴任，1900年山西按察使となり，まもなく甘粛布政使に昇任したが，着任前に山西布政使に転じ，01年4月陝西布政使となり，同年6月陝西巡撫に昇任した。04年江西巡撫に転じたが，赴任前に察哈爾（チャハル）都統に任ぜられた。05年閩浙総督に任ぜられたが，着任前に陝甘総督に転じた。西安などに存古学堂，巡警総局，甘粛農工商礦総局などを設立して「新政」を実施したが，立憲制には反対して，09年免官となり，甘粛省西寧に退隠した。

辛亥革命勃発後陝西省都西安に革命政権が成立すると，1911年11月署理陝西巡撫に起用され，甘粛方面から陝西の軍務を指揮した。12年2月清朝の退位に反対し，馬安良の「精鋭軍」，張行志の「壮凱軍」など，数十万の兵を率いて「勤王」の兵を挙げ，鳳翔府城など10余城を占領した。西安を攻略して，そこに宣統帝を迎えて清朝を維持する計画であったが，宣統帝が退位したとの情報が入ると，戦闘を断念して西北に退いた。

1913年第2革命に際しても，勤王復辟の蜂起を画策したが，成功しなかった。以後，天津，上海，大連，青島などに往来し，17年張勲の復辟準備に際しては日本人・佃信夫の斡旋で来日，寺内正毅首相と会見した。また甘粛を復辟の基地とすることを謀ったが成功しなかった。31年天津で死去したといわれる。「文忠」と諡された。

参考文献：劉鋒「升允復辟陰謀」，『近代史資料』35期，1965年。卞孝宣・唐文権編『辛亥人物碑伝集』（団結出版社，北京，1991年）。黒竜会編『東亜先覚志士記伝』（原書房，1966年復刻）。神谷正男編『宗方小太郎文書』正・続（原書房，1975年，1977年）。

〔久保田文次〕

施　存統（し　ぞんとう） Shi Cuntong

（1899年～1970年11月29日）

字・復亮，伏量，筆名・光亮，存統，C.T.，号・伏図，化名・方国昌。浙江省金華生まれ。民国期の政治活動家。

1917年杭州の浙江省立第一師範学校に学ぶ。夏衍らと『浙江新潮』を創刊。『新青年』雑誌社を中心とする活動に参加し，20年上海共産主義小組に加入，マルクス主義研究会の成立に参与。卒業を待たずに退学した後，戴季陶の資金援助により日本に留学し，東京で中国共産主義小組の責任者となる。

1922年初に帰国した後，中国社会主義青年団（後の中国共産主義青年団）臨時中央の仕事を受け持ち，雑誌『先駆』を主編する。同年5月，同青年団中央執行委員会書記，中央委員に就く。23年中共上海地区執行委員会委員長。

1924年から26年まで上海大学教授兼社会学系主任を務める。国共合作時，国民党上海執行部宣伝部幹事。『民国日報』編集者にもなり，邵力子の後を継ぎ同日報副刊『覚悟』を編集。鐘復光と結婚後，復亮と改名。26年戴季陶に招かれて広州に行き，中山大学，黄埔軍官学校，広州農民運動講習所で政治経済学を教授。

1927年2月武漢に行き国民革命軍教導師政治部主任及び武漢中央軍事政治学校入伍生総隊政治部主任兼政治教官を務める。蔣介石が4・12クーデターを起こし，続いて武漢政府が7・15反共決定を行うのを見て，中国共産党を離脱し，後，国民党改組派に参加するものの，陳公博と指導権を争い，駆逐されて脱退。

1929年よりマルクス主義や革命理論の翻訳著述に携わり，32年より上海大陸大学，北京師範大学，北京大学，広西大学及び民国大学などの教授を歴任，積極的に抗日救亡運動に献身し，文化界救国会の重要な指導者の一人であって，南方印書館総経理，四川銀行経済研究処処長を務める。

1945年末，黄炎培，章乃器らと中国民主建国会を設立，責任者の1人であった。46年2月，重慶の集会で特務に襲われ重傷を負う（較場口事件）。48年の冬に上海より香港に行き，49年初に中国民主建国会代表として新政治協商会議籌備会に出席するため北平に赴く。

1949年9月，中国人民政治協商会議第1期全国委員会常務委員兼副秘書長に選出される。後に中国人民解放軍と共に南下。上海解放後，華東軍政委員会顧問を務め，新中国成立後は，中華人民共和国中央人民政府政務院労働部副部長，中国民主建国会の中央常務委員及び副主席・副主任委員・組織委員会主任委員，中華全国工商連常務委員，第2期より第4期まで中国人民政治協商会議全国委員会常務委員，第1期より第3期まで全国人民代表大会常務委員会委員などを歴任。70年11月北京にて病死。著書に，『現代唯物論』，『中国現代経済史』などがある。

参考文献：京声・渓泉編撰『新中国名人録』（江西人民出版社，南昌，1987年）。『満鉄支那月誌』9年8・9・10合併号（南満州鉄道株式会社，上海，1932年）。李立明『中国現代六百作家小伝』（波文書局，香港，1977年）。

〔黄當時〕

石　達開　Shi Dakai

（1831年3月～1863年6月25日）

幼名・亜徳，亜達，字・子祥。広西省貴県生まれ。太平天国運動の指導者。

父は石昌輝（または石昌奎），母は周氏，壮族出身。石が若くして結婚した妻は六合村の壮族熊氏の娘であったと伝えられている。姉1人，妹2人がいたが，姉も壮族に嫁ぐ。石家は比較的裕福な小地主であり，達開は幼時より孫子の兵法を学んでいた。しかし，石が10歳になる前に父に死別し，母も間もなく死去したので，石は成人する前から自ら耕作に励み，木炭，牛などを売って生活を支えたが，客家であることにより土着の地主から圧迫を受けた。

1847年広西に布教に訪れた洪秀全，馮雲山の勧めにより拝上帝会に加入し，貴県における会の中心的人物となった。50年7月洪秀全が集結令を発すると，一族をひきつれて金田村に赴き，楊秀清，蕭朝貴とともに軍事，財政を担当し，51年1月11日金田蜂起に参加した。

1851年3月武宣県東郷において洪が天王を名のり，五軍主将制を布いた折，左軍主将に任じられた。6月象州で清軍を打ち破り，8月太平軍が紫荊山茶地で清軍の包囲を突破した際，蕭朝貴とともに先鋒の役割を果した。9月永安を占領し，12月17日翼王，五千歳に封じられた。52年4月永安の包囲を突破し，馮雲山と蕭朝貴が戦死した後，楊秀清の命を受けて湘江を渡り，向栄軍を大破した。53年1月武昌を攻略し，水陸両路から南京に向かう途中，2月24日安慶を占領し，53年3月19日南京を占領，天京と改称して太平天国の首都とした。

天京建都後，大中橋の劉氏宅を翼王府とし，民間の7人の女性を王娘として娶った。生活の上では性格が穏やかで拝上帝教の教義をよく説いた。石達開は天京においては韋昌輝とともに楊秀清の政務を輔佐し，軍政面では全軍の刑律と後方活動を担当した。1853年4月イギリス公使ボナムが通詞メドウスを伴って天京を訪問した折，韋とともに会見に臨んだ。同年9月命を受けて安慶に赴き，民間の困苦を慰撫し，流民を安住させ，土地の人間を郷官に採用し，科挙を行った。石は米穀，資財はすべて聖庫に納付するという政策を改めて，以前のように所有する土地の多寡によって銭米を徴収したので，農工商人は各々生業に勤め，社会秩序は安定した。54年初め天京に戻り，楊，韋との連名で「照旧交糧納税」政策を建議し，洪秀全の同意を得て実行に移し，太平天国の財政は安定した。

1854年10月曾国藩の率いる湘軍が武昌，漢陽を占領し，西征軍が劣勢に陥ったため，11月楊秀清の命を受けて西征に出陣した。石達開は安慶に赴いて西征軍を指揮し，55年1月羅大綱を率いて湖口，梅家洲を防衛し，湖口の水卡を塞いで湘軍の水軍を分断した。さらに小船で奇襲をかけ，2月には九江で湘軍を大破し，西征の戦局を転換させる大勝利を収めた。この勢いに乗じて長江を遡り，4月3日，三たび武昌を占領した。石は半年たらずのうちに各地で清軍を破り，江西省の8府50余の州県を太平天国の版図とし，曾国藩を南昌に敗走させた。56年4月長江上流の戦局の好転により，命を受けて天京に帰還した。6月秦日綱らと協力して江南大営を大破し，天京を長期にわたって苦しめた包囲を解除した。7月中旬石は西征の前線湖北に赴いた。

1856年9月天京で「楊韋内訌」事件が発生すると，石達開は武昌の洪山より天京に急行した。そこで韋に暗殺されかけ，自身は脱出したが，一族は皆殺しにされた。11月洪秀全の詔勅が発せられ，韋昌輝と秦日綱が処刑された後，天京に戻り，洪より「電師通軍主将義王」に封じられ，政務を担当した。石は天京では洪秀全の長兄・洪仁発，次兄・洪仁達とともに天王を輔佐する一方，江西，江南を防衛し，安徽，湖北から反撃を展開する方針を打ち出した。しかし，内訌後，洪秀全の親族重用，石に対する猜疑心，洪の兄達による掣肘などから次第に天京を離れる決意を固めていった。

1857年6月2日20万余の精兵を率いて遠征に出発し，安徽の銅井鎮，無為州から安慶に到り，「為瀝剖血陳，諄諭衆軍民」の告示を出し，天京離脱の委細を明らかにした。57年10月初めから59年10月にかけて，江西，浙江，福建，湖南，広東各地を転戦した。60年1月傅忠信，譚体元らの武将が石達開のもとを離れ，3月石の部下余忠扶部隊で衝突が発生し，将兵多数が石から離反するなど，石達開の主力軍は離反者が相継ぎ，6月彭大順，朱衣点，吉慶元は石に天京帰還を訴えたが，同意を得られなかった。彭らは数万人（一説に20万人余）の部隊を率いて石のもとを離れ，江西鉛山の忠王秀成軍に復帰したといわれる。

1861年秋広西から湖南に入り，湖北を経て，石達開は頼裕新，李福猷と4万余の軍を率いて62年2月四川省石柱に到達した。4月初め涪州に進軍，この地の農民は石達開の趣旨に賛同し，20万余の人々がその軍に加入した。貴州，四川，雲南3省の交界地帯を転戦した後，63年1月四川省横江で清軍と激戦して敗走した。5月石達開は四川の寧遠府を出発し，大渡河を渡って成都を占領せんとしたが，同月17日渡江に失敗した。以後数回，渡江を強行したが失敗に終わった。6月9日紫打地の石達開の陣営は清軍の包囲を受けて陥落し，糧食は尽き，軍馬を食し，桑葉草根を食するという絶体絶命の窮地に陥った。12日妻妾5人と幼児2人を投水させた後，四川総督・駱秉章に自身の一命を代償に全軍の助命を請う信書を送り，6月13日腹心の部下・曾仕和，5歳の息子・石定忠らとともに洗馬姑の清営に投降した。しかし，助命の約束は破られ，数千の部隊は駱の命を受けた唐友耕軍に急襲され，大渡河で全滅させられた。石達開は成都に護送され，6月25日毅然たる態度を崩さず刑死した。

参考文献：「石達開自述」，中国史学会主編『近代史資料叢刊II太平天国』第2冊（神州国光社，上海，1952年）。張徳堅「賊情彙纂」巻1劇賊姓名上，『太平天国』第3冊（同上）。王慶成『石達開』（生活・読書・新知三聯書店，北京，1980年）。蘇双碧『石達開評伝』（河北人民出版社，石家荘，1986年）。鍾文典『太平天国人物』（広西人民出版社，南寧，1984年）。陳宝輝・尹福庭・荘建平『太平天国諸王伝』（広東人民出版社，広州，1990年）。　〔針谷美和子〕

史（し）　堅如（けんじょ）　Shi Jianru

（1879年6月24日～1900年11月9日）

原名・久緯，字・経如，後に堅如と改名。広東省番禺県生まれ。原籍，江蘇省溧陽県。清末の革命家，興中会員。

明末の英雄・史可法の子孫だといわれる。曽祖父・史善長は江蘇省余干知県，祖父・史澄は進士，国子監司業であり，ともに，官僚，文人として名声があり，著書も多数ある。父の史悠乾も文名あり，地元で講学に従事したが，科挙には及第しなかった。

史堅如は，この名家の4男3女の子供の中の三男である。5歳で父に死別し，以後，母の薫陶により成長した。地元の私塾で学習しつつ，西洋の政治・軍事・工芸・地理・医学の書物を閲読，書道，画にも巧みであった。とくに画は花鳥人物を得意として，「小画師」といわれていた。体はあまり丈夫ではなく，母親もあまり学業のことを督励しなかった。ただ，武芸・体育にも努力し，日本の剣術や中国伝統の刀槍の術も学んだ。容貌もすぐれ，「非常なる美男子」であったという。

私塾時代から歴史書を読み，中国の現状を考え，打開・解決の道を模索するようになった。1895年日清戦争敗北時にはすでに，「君主専制制度ではもはや中国を治めることはできない。共和制は天下の公理である」と述べ，周囲からは狂人と目せられた。この中で兄の史古愚，妹の史憬然は次第に堅如の感化を受け，のちには堅如の活動を援助するにいたった。

1898年の戊戌変法失敗の報を聞くと，「此の老婦〔西太后〕殺すべし」と叫んで，清朝打倒の志を深めた。新知識を得るため，広州のアメリカ人経営の学校，格致書院に入学，物理・化学などを学習，アメリカ人教師にも愛された。

1899年ころ反清活動のために家産の一部を売り，湖南，湖北の会党指導者と交渉した。当時，広州に東亜同文会広東支会があり，日本人の高橋謙，原口聞一がいた。史堅如は高橋を訪ねて意気投合し，高橋の勧告で日本へ行き，孫文に面会し，革命組織に入ることを決意した。また，高橋の紹介で香港に行き，陳少白，楊衢雲に面会し，ただちに興中会に入会した。香港滞在中であった宮崎滔天（寅蔵）も，陳少白の紹介で，史古愚・史堅如兄弟と会見，堅如の革命思想を聞き，その大要を後に回想している。

1899年10月宮崎滔天，陳少白と同船して香港を出発，上海で下船し，湖南の畢永年と会い，長江を溯って武漢に行き，湖南・湖北の会党首領と協議した後，上海より日本に渡航，孫文と会談した。孫文の命を受けてまもなく帰国し，長江一帯の会党組織を担当し，のち，革命派の新聞『中国日報』社で活動した。

1900年北方で義和団運動が起こると，孫文は革命の好機到来とみて，香港で同志の会議を開き，鄭士良・黄耀庭が恵州における武装蜂起を行い，史堅如，鄧蔭南が広州で恵州蜂起に呼応することを決定した。史堅如はこの計画にもとづき，広州附近の北江・西江・東江・各流域の会党のリーダーと連絡し，数千人の兵力を組織する準備を進めた。また，満州族に対する反感を利用すべく，広州駐在の漢軍八旗兵部隊にも働きかけた。

1900年10月3日鄭士良は恵州・三洲田で決起し，署理両広総督・徳寿は兵2万を派して革命軍鎮圧にあたらせた。しかし，史堅如たちが担当した広州の緑営・駐防の各兵は，武器と資金の不足のため，決起不能の状態となっていた。堅如は家財を売り払って資金に充てたが，もとより解決にはならず，広州の富商たちは義和団の影響を恐れて香港，マカオに避難していたから，資金を集めることはできなかった。ここにいたって，史堅如は予定を変更して暗殺活動によって恵州蜂起軍を支援しようと決意した。家産売却で得た3,000元で署理総督・徳寿の官邸の裏に民家1戸を購入し，香港で入手した爆薬200ポンドをドラム罐に詰め，地下にトンネルを掘り，爆薬を置き，10月27日朝，起爆用の線香に点火したが，湿気のため線香が消え失敗した。翌朝の点火は成功し，総督官邸は爆破され，十数人の死傷者を出した。しかし，徳寿は無事であった。

史堅如は，３度目の爆破をしようとしたが，同志の説得で香港へ避難する途中，清軍の捜査を受け，ドイツ語の爆薬教本を発見されて逮捕された。

種々の拷問にも屈せず，同志の名前を自白せず，1900年11月９日広州の天字碼頭で斬首刑に処せられた。興中会員最初の犠牲者である。宮崎滔天は「容貌玉の如し……胆斗の如し」という「２つのものを兼備したる実物」として称賛している。

参考文献：『革命先烈先進伝』（中央文物供応社，台北，1965年）。『革命人物誌』１集（中央文物供応社，台北，1969年）。趙矢元「史堅如及其供詞，絶筆考弁」，『辛亥革命史叢刊』２期，1980年。宮崎滔天「亡友録」宮崎龍介・小野川秀美編『宮崎滔天全集』５巻（平凡社，1976年）。

〔久保田文次〕

史　良（し　りょう）　Shi Liang

（1900年３月27日～1985年９月６日）

字・初存。江蘇省常州府武進県生まれ。女性弁護士。救国民主運動の婦女界指導者。中華人民共和国初代の司法部長。

祖父，外祖父は清朝の進士，父は科挙に反発して私塾教師。貧窮ゆえに７人姉妹１弟のうち３人は早病死。幼少より父について読書し，洪秀全らの愛国精神，民族魂に深く感動，また父譲りの反骨，強情な性格ゆえに封建的な婚約を拒否する。辛亥革命後，姉の援助により13歳で武進県立女子師範付小に編入学，師範本科時には学生会会長として不良教員追放のストを組織した。五・四運動期には武進県学生連合会の副会長および評議部主任として活躍，デューイの講演を聞くなど「科学と民主」の新思潮に強い関心を寄せた。さらにロシアの女性革命家ゴールドマンやクロポトキンの無政府主義に影響され，蔡元培らが提唱した平民教育運動に参加して反帝反封建の決意を固めた。そして女子参政の道を切り開くべく，大同大学などをへて上海法政大学の第１期生となり，働きながら法律を学んだ。

1927年大学を卒業して南京総政治部工作人員養成所に勤務，ついで鎮江の江蘇省地方法院，江蘇省婦女協会などをへて青島市党部訓練科に赴任した。南京では４・12クーデター後の情勢もあり，対立した上司の密告により冤罪で投獄されたが，運よく蔡元培らの助力で２カ月後に釈放された。この獄中体験を通じて人権尊重，女性解放の重要さを痛感，31年弁護士資格を取得すると大学時代の校長・董康の事務所で経験を積み，やがて独立して家父長制に苦しむ女性の訴えを代弁した。

９・18（満州）事変以後は沈鈞儒らの上海律師公会および婦女界の社会活動に参与，女性も抗日救国に責任を負うべきだと主張した。1933年抗日，民権保障の立場から，宋慶齢より秘密の依頼で鄧中夏ら共産党員の助命に奔走，また日本人経営下の紡績女工（在華紡女工）の権利擁護にも努力した。35年国民政府の「婦女回家」論に対抗して女性の抗日活動への参加を唱え，北京の12・９運動を契機に12月21日上海婦女界救国会を結成，主席格の総務部主任に選ばれる。同会には婦女生活社，婦女文化協会などに関係する知識人を中心に，学生，店員，工員，主婦を含む100余団体，1,000人以上が結集，各界救国会結成の先駆的役割を果した。翌36年３月８日の国際婦人デーには女性７団体合同の集会を主催，禁止令を無視して街頭デモを敢行して弾圧された。５月全国各界救国連合会の成立大会で常務委員に選出され，中国の女性解放運動は五・四運動期に始まる民族解放運動の一環だと明言する。７月沈ら救国会幹部と国民党５期２中全会に赴き，即時抗日，内戦停止，政治活動の自由を請願するが，９・18事変５周年記念行動で軍警に殴打されて入院した。ついで11月の孫文生誕記念集会で在華紡女工のスト後援会結成に動き出すや，他の救国会幹部とともに逮捕された（抗日七君子事件）。翌37年６月公開裁判で法廷陳述し，７月宋慶齢らによる釈放要求運動のさなかに蘆溝橋事件が勃発して釈放，ほどなくフランス語通訳の陸殿棟と結婚した。

1938年３月宋美齢，李徳全を中心に戦時児童保育会が成立すると，常務理事に就任。また５月宋美齢主催の廬山婦女座談会には国共両党を含む超党派の愛国女性が総結集し，７月新生活運動促進会婦女指導委員会を結成，連絡委員会主任に指名されて婦女団体全国280余の連絡役を担った。同じ頃，国民参政員（200人中女性10人）に推挙され，抗戦建国工作に女性が参加しやすい条件づくりに努めた。その一例が39年９月の第４回参政会での憲政実施要求だが，憲政期成会における唯一の女性メンバーとして婦人参政権，婦人代表の比率拡大を求めて奮闘した。だが41年には新四軍事件，生活書店の強制閉鎖など国民党の反動化が強まり公職を辞して弁護士に復帰，42年国共両党に属さない小党派指導者が結集した中国民主政団同盟に加入する。44年９月この同盟の中国民主同盟（民盟）への改組にあたっては，陶行知らとともに民盟重慶市委員会を結成して積極的に改組を推進した。また翌45年７月民主愛国女性の団結をめざして婦女連誼会（理事長・李徳全）を結成した。

抗日戦争勝利後の1945年10月民盟臨時全国代表大会で中央執行委員，12月再編された中国人民救国会では中央常務委員，秘書長に選出された。46年1月重慶における政治協商会議の際，沈鈞儒らの民盟代表団を補佐する法律顧問となり，政協会議の成功に側面から協力した。同年夏同志である陶行知や李公樸が迫害，暗殺されると遺志をついで社会大学，和平民主運動の展開に尽力した。翌47年11月の民盟強制解散後も上海に留って華東執行部の責任者となり，49年5月の上海解放まで九死に一生を得るような日々を送った。

1949年9月人民政治協商会議の委員，人民政府設立後は初代司法部長に就任，人権尊重の法治国家，男女同権の家族制度を樹立すべく，婚姻法貫徹運動の先頭に立った。だが反右派闘争で司法部批判が噴出，59年同部は解体されてこの運動も後退を余儀なくされた。その他，政協全国委員会常務委員（第5期副主席），全国人民代表大会代表（第5，6期常務委員会副委員長），全国婦女連合会副主席などを歴任。この間ウィーン世界人民和平大会に参席して帰途ソ連を視察，後にインドなどを訪問し，65年中国人民保衛世界和平委員会の常務委員となる。79年多難な文化大革命をしのいだ民主党派の女性法律家として復権，民盟全国中央委員会主席に任じられた。85年9月北京にて病没。

参考文献：全国婦連婦運史研究室編『中国婦女運動史』試用教材（人民出版社，北京，1986年）。『史良自述』（中国文史出版社，北京，1987年）。干剛編『全国各民主党派』（中国文史出版社，北京，1987年）。田景昆他編『中国婦女領袖伝』（海洋出版社，北京，1989年）。〔青柳純一〕

史（し）　量才（りょうさい）　Shi Liangcai

（1880年1月2日～1934年11月13日）

名・家修，字・量才。江蘇省青浦県生まれ。中華民国期のジャーナリスト。

父・春帆は商人。史量才は1899年附生となるが，その後科挙の道を捨て近代科学を研究しはじめ，1901年杭州蚕学館に入学。卒業後，上海の育才学堂，兵工学堂などで教鞭をとり，04年上海で女子蚕桑学校を創設，05年には『時報』の主筆となる。07年には江蘇鉄路公司の理事として江蘇・浙江両省の保路運動に参与した。

中華民国になって1912年，史量才は上海『申報』館を買い入れる。『申報』は中国で最も早く発刊された新聞のひとつで，英商人メージャー（E. Major）が1872年4月に創刊，84年の中仏戦争にロシア人を戦地特派員として送りこむなどの新機軸を出して大きな新聞となっていた。『申報』を引き継いだ史は『時報』の短評欄で名声のあった陳冷（景韓）をひきぬいて総主筆にし，張竹平を経理にあて，自らは総経理となって経営に尽力した。『星期増刊』，『常識』副刊，『汽車週刊』，『教育新聞』，『本埠増刊』，『商業新聞』，『図書週刊』（戈公振編集）など多種の専欄専刊を出し，1932年には『申報月刊』，翌33年には『申報年鑑』を創刊，同年，丁文江ら主編の『中国分省新図』を出版した。

この間，史量才は1921年華僑の黄奕住とともに中南銀行を創設し，財政基盤を固めるとともに中華書局復興を援助し，27年には『時事新報』を買収，29年には米人ファーガソン（J.C. Ferguson）より『新聞報』の株の大部分を買いとり，上海最大の新聞資本家となった。このような経営努力の結果，『申報』の販売部数も12年の7,000部から17年の2万部，34年には15万6,000部へと飛躍的に増大していった。全国で最多販売部数を誇る上海の大新聞を36年段階で比較すると，『申報』15万，『新聞報』14. 8万，『時報』8万，『時事新報』5万である。2大新聞ともいえる『申報』と『新聞報』は，前者が時に政治を談じ官紳を読者層としていたのに対し，後者は全く政治を談せず，もっぱら商界を読者層としていた違いがある。また全国レベルで紙面に占める政治と経済の記事の割合をみると，22年段階でそれぞれ上海『申報』が25%，34%；北京『晨報』が39%，28%；天津『益世報』が84%，11.5%；漢口『中西報』が79%，13%；広州『七十二行商報』が70%，20%であり，『申報』には政治関係の記事がきわめて少なく，経済関係が多いことがわかる。上海という大経済都市で発刊されていたことの影響を明確にみてとれよう。『申報』自体，政論は読者を引き寄せるが弾圧をうけやすく，また人を得にくい，そのため政治ニュースで政論を補充するという方針をとっていた。かくして『申報』は政治的にやや保守的であり，袁世凱の帝制反対，五・四運動期の三罷斗争支持は行ったが，北洋軍閥の混戦期には政治批評がきわめて少なく，5・30運動に際しては一時共同租界側の代弁者となりかけて上海学連の不買運動にあい，蔣介石支配初期には擁蔣の立場をとっていた。

この状況を一変させたのが1931年の満州事変と蔣介石の不抵抗政策であった。31年上海で12・9抗戦が起こるや史量才は19路軍に多大の寄与金をよせ，32年には宋慶齢らの中国民権保障同盟を支援する一方，多数の愛国人士を招き申報館の仕事に参画させた。李公樸を流通図書館の責任者とし，陶行知，茅盾らの文章を『申報』に掲載した。また，黎烈文を副刊の『自由談』の編集にすえ，魯迅，茅盾，郁達夫，老舎，巴金，瞿秋白らの文章を大量に載せ，『自由談』は左翼作家連盟の機関紙以上の役割を果したと言われるほどになったのである。かくして史量才と蔣介石集団との矛盾は激化し，ついに34年11月13日杭州から上海への帰路，史は国民党特務に暗殺されるに至ったのである。

参考文献：戈公振『中国報学史』（学生書局，台北，1964年）。曾虚白主編『中国新聞史』（国立政治大学新聞研究所，台北，1966年）。張静廬輯註『中国出版史料補編』（中華書局，北京，1957年）。王文彬編『中国報紙的副刊』（中国文史出版社，北京，1988年）。上海市通志館年鑑委員会編『(民国二十六年）上海市年鑑』（上海，1937年）。申報館編『最近之五十年；申報五十周年記念』（上海，1922年）。

〔松尾洋二〕

師陀（しだ） Shi Tuo

（1910年3月10日～1988年10月7日）

本名，王長簡。河南省杞県化塞の没落地主の家庭に生まれた。1946年以前は蘆焚を使用していた。他に使用した筆名は君西，康了斎，韓孤，佩芳など。幼少時『水滸伝』『封神演義』，『七侠五義』，『小後義』，『施公案』などの語り物に馴染み，他に李賀の詩に親しんだ。

1925年から31年開封の河南省立第一商業学校の中学班，河南省立第一高校文科で学んだ。この時期，文学に触れ，あわせて文学愛好家の同級生と小雑誌『金柝』を創刊した。

1931年高校卒業後，北平に赴き，革命団体“反帝大同盟”に参加した。9・18事変発生後，積極的に抗日宣伝活動に従事，さらに学生の抗日愛国運動を描いた作品を世に出した。1932年初めて蘆焚の筆名を使い，丁玲主編の『北斗』雑誌で短篇小説「請願正篇」を発表し，続けて『文学月報』に「請願外篇」を発表した。同年5月，汪金丁，徐盈とともに雑誌『尖鋭』を創刊。『尖鋭』は3期まで出された戦闘性の強い文学雑誌である。『尖鋭』の創刊号に散文詩『May Day』を発表し，圧迫された労働者たちへの敬意を表わした。

1932年から37年の抗日戦争勃発前夜まで，師陀は精力的に文学創作に従事し，最初の短篇小説集『谷』は，37年芸術スタイルの独自性が認められ，『大公報』文芸賞を獲得した。他に『現代』，『文学』，『文学季刊』，『文季月刊』，『太白』，『中流』，『文叢』などの雑誌及び新聞副刊『大公報・文芸』，『申報・自由談』に，相次いで芸術的風格の独特な短篇小説や散文を発表した。この時期に，短篇小説集『谷』，『里門拾記』，『落日光』，散文集『黄花苔』を出版した。その描写力が認められ，最初の短篇小説集『谷』は，1937年5月に『大公報』文学賞を獲得した。

これらの作品は1930年代国民党統治下の労働人民の苦難多き生活を見事に表現している。同時に作品中では作者の強烈な憤怒が封建社会の暗黒面と悪弊に向けられている。

1936年秋，北平から上海に移住。当時“国防文学”と“民族革命戦争の大衆文学”論争が文芸界で繰り広げられていた。師陀は『中国文芸工作者宣言』と『中国文芸家協会宣言』に署名をした。

1941年から47年までソビエト上海放送局文学編集を担当。困窮生活にあっても，国民党系や漢奸の雑誌に接近し，売文するということは決してなかった。ある漢奸文人が『中華日報』に筆名であった「蘆焚」を勝手に用い，混乱を招いた。すぐに雑誌上に声明を出し，筆名の使用中止と筆名の変更を宣言した。

この時期出版されたものに，短篇小説集『野鳥集』，『無名氏』，散文集『江湖集』，『看人集』，『上海手札』，中篇小説『無望村的館主』（署名季孟），長篇小説『馬蘭』，『結婚』，劇本『大馬戯団』がある。抗戦前に出版された『黄花苔』と抗戦時期に出版した3冊の散文集は，文体は同じではないが，作中で表現されている深い感受性や純朴で優美で荘重な言語は，様々な芸術表現方法，そして作中にあふれる泥臭さは，多くの読者をひきつけた。

1946年上海戯劇学校の教員に着任。47年から51年上海文華電影製片公司の特約脚本作家，50年から52年まで上海出版公司の総編集長，52年から57年まで上海映画脚本作家，1957年から中国作家協会上海分会の専業作家となった。

1946年短篇小説集『果園城記』を出版。48年，柯霊とともにゴーリキーの原作を改編した話劇の脚本である『夜店』を出版した。同年，また映画脚本『歴史無情』の創作を完成させた。経済的理由で，上海から嘉興の農村に引っ越した。その後，上海解放前夜（1949年3月），上海に戻った。不安定な生活の中，創作数は明らかに減ったが，この時期出版した作品は多くの読者の支持を得ていた。『果園城記』はその清新なスタイル，素朴で熱烈な感情，濃厚な叙情的筆致，流暢で詩意に富んだ言語によって文芸界から注目された。『夜店』の上演の成功は，戯劇創作の面での才能を示している。

1950年春，特任代表として，河南省許昌地区での土地改革工作に参加した。1952年，山東省莒県の愛国村の農村生活を体験し，56年夏，東北地区で訪問見学した。この時の体験は，短篇小説集『石匠』（1959年出版）と散文，歴史小説，歴史劇作品集『山川・歴史・人物』（1979年出版）に描かれている。

1957年8月，ブルガリアを訪問。現地の人々と幅広く接触した。この時の経験から，社会主義革命と社会主義建設をテーマにした作品が生み出された。これらの作品は，短篇小説集『石匠』（1959年出版）と散文，歴史小説，歴史劇作品集『山川・歴史・人物』（1979年出版）に収録されている。

ブルガリアから帰国後，旅行記『ブルガリア旅行記』（1960年）を出版した。ブルガリアでの印象を写実的に描き，ブルガリアの人々の生活を活写している。

1950年代末から1966年までの“文化大革命”前夜，かなりの精力を注ぎ，歴史小説と歴史劇の創作を行った。四幕の歴史話劇『西門豹』，独幕喜劇の『伐竹記』及び歴史小説『西門豹の曹禺』などがある。

この時期，師陀は映画脚本『農村鐘声』，『洋場狼群』を書き，『ブルガリア旅行記』を修正し，『大馬戯団』を書き直した。彼はまた明末清初の文人，蔣平階の一部の詩稿に考証と注釈を加え，『蔣平階詩稿系伝』を編んだ。これらの作品と著作は，“文化大革命”の混乱の中で大部分が散逸してしまった。

文革時期，“四人組”による長期の迫害と残酷な虐待を受けた。文革終了後は，高齢による体力減退を顧みず，何年もの沈黙を破って再び精力的に新たな創作生活に入った。

1980年代半ばまで創作活動を続け，1988年10月に永眠した。

参考文献：「師陀伝略」および「師陀生平年表」，劉増傑編『師陀研究資料』中国文学史資料全編　現代巻14，知識産権出版社，北京，2010年。師陀編著，劉増傑編校，『師陀全集』（河南大学出版社，2004年）。　〔牧野格子〕

施（し）　洋（よう）　Shi Yang

（1889年6月13日～1923年2月15日）

原名・施吉超，字・施伯高，学名・施万里，改名・施洋。湖北省竹山県楊家湖桂樹村生まれ。中国共産党の指導者，労働運動の組織者。法律家。

父・施永貞は清末の廩生で私塾の教師をしていた。施洋は9歳の時その父について四書五経を学び始め，11歳から労働しながら私塾で勉強する。1907年郷里の竹山高等小学に入学するが，入学資格を剝奪され憤慨して郷里を離れる。その後，湖北鄖陽府立農業学堂に入学し養蚕を研究する。10年に同校を卒業し，さらに鄖陽農業中学に進学するが，翌11年に辛亥革命が勃発して学校が閉鎖されたため帰郷する。郷里では国民学校を創設し自らその校長となる一方，農務会を組織して会長となり，竹山県に養蚕業を普及しようとした。

1914年施洋は「革命の真理を求めて」武漢に赴き，湖北警察学校に入学する。翌15年同校の卒業資格をもって湖北私立法政専門学校を受験し合格，法律を学ぶ。同校を17年に卒業し，18年冬弁護士の資格を獲得する。その後武漢弁護士組合に入会し，副会長に選ばれる。

1919年五・四運動の中，施洋は7月に湖北各界連合界の書記に選出され，11月には上海で全国各界連合界の評議部部長，駐会常任理事に選出される。11月以降，上海で全国各界連合会の宣伝・組織工作に従事する。

1920年春に武漢に赴く。施洋はこの武漢で利群書社やマルクス主義研究会の活動に加わり，マルクス主義思想の影響を受けたといわれる。同年4月当地で湖北平民教育社を創設し，総務主任となる。また，施洋は武漢到着後，湖北督軍・王占元を追放する運動を展開し，（湖北）省自治臨時約法の制定を主宰したり，自ら省総監並びに省務院秘書を兼任したりしたが，王に弾圧され，一時湖南省長沙に逃れる。

王占元が追放された1921年9月施洋は湖北省に戻り，そこで中国労働組合書記部武漢分部の弁護士として勤務する。以後，中共系の労働運動に深く関わっていく。同年12月武漢の人力車夫のストに参加し，この時組織された人力車労働組合の法律顧問となる。

1922年の前半，施洋は京漢鉄道江岸労働者倶楽部，武昌徐家棚の粤漢鉄道労働者倶楽部並びに漢陽鉄鋼所，漢口水電公司などの労働者倶楽部の法律顧問を相次いでつとめ，6月許白昊，項英（項徳隆）の紹介により中共に入党する。さらに，同年10月には湖北省工団連合会の法律顧問となる。

1923年京漢鉄路総工会の法律顧問となる。同年2月初頭京漢鉄路総工会が京漢鉄道のゼネストを決定したのを受けて，施洋は林祥謙（当時，京漢鉄路総工会江岸分会委員長）らとともに武漢で準備工作に従事し，2月4日ゼネストを敢行する。しかし，7日ストは呉佩孚により武力弾圧され，林祥謙は死亡，施洋も同日夜逮捕される。逮捕後，施洋は武昌陸軍監獄に投獄され，23年2月15日呉佩孚の命を受けた湖北督軍・蕭耀南によって同監獄内で処刑された。

参考文献：中共党史人物研究会編『中共党史人物伝』1巻（陝西人民出版社，西安，1980年）。『不屈的共産党人』1（人民出版社，北京，1980年）。陳玉堂編『中共党史人物別名録』（紅旗出版社，北京，1985年）。《革命烈士伝》編輯委員会編『革命烈士伝』１集（人民出版社，北京，1985年）。范済国主編『中国革命史人物伝略』（湖北教育出版社，武漢，1987年）。〔中村楼蘭〕

石　友三（せき　ゆうさん）　Shi Yousan

（1891年～1940年12月１日）

幼名・文会，字・漢章。吉林省長春県東卡倫屯の生まれ。西北軍の軍人。

貧しい雇農の家に生まれ，長春の糧坊で徒弟，ついで小学校で学ぶ。1908年生活のため長春の陸軍第３鎮呉佩孚営の兵士になり，辛亥革命時に兵変で同鎮が崩壊した後，12年春，北京で馮玉祥営に投じた。石友三は当初，馬夫として勤務，14年馮が陝西で第16混成旅長の時にその護衛兵に任じる。以後石は19年模範連連長，ついで営長，団長，24年10月第８混成旅旅長，26年第６師師長と馮によって抜擢され，麾下の有力将領とされた。

1926年夏，馮玉祥訪ソの間，国民軍は奉天・山西両軍に挟撃されて崩壊し，石友三は韓復榘とともに山西軍に収編される。９月馮の帰国後，国民軍に復帰し，陝西進撃，27年６月国民革命軍第２集団軍第１方面軍副総指揮兼第５軍軍長として河南，山東で北伐に参加した。北伐後の編遣で第24師師長として河南省南陽地区に駐屯した。29年春，馮玉祥は南京と対立し，麾下の軍を集結して反蔣を図るが，５月22日，石は韓復榘らとともに和平通電を発して離反，これを不発に終わらせた。石はこの功で10月には安徽省政府主席に任じられるが，直ちに蔣介石より南下，対広東軍作戦を命じられ，石は移動時に軍が消滅されると疑い，12月９日南京対岸の浦口で反乱を起こし，首都を砲撃した。その後北上して河南省主席の韓復榘に庇護を求め，同省北部に駐屯した。

その後石友三は再び閻錫山，馮玉祥に接近し，1930年４月中原大戦開始後，反蔣側の第４方面軍軍長として中央軍と戦った。だが反蔣側が不利に陥り，９月東北軍が中央側に立って入関すると，石はいち早く呼応して戦線を離脱，馮軍の崩壊を促進した。もはや中央に容れられないことを知る石は同郷関係を利用して東北軍に投じ，河北省南部，河南省北部を駐屯地とし，張学良の指揮を受けることになった。だが石は内戦の中で蓄積した６万４千の兵力と武器・資材を頼み，旧西北軍系軍人を糾合して北方に覇を唱えようと図り，広東の反蔣陣営と連絡し，31年７月18日，反張反蔣の反乱を起こして北平方面に進撃した。石軍は一時北平に迫る勢いを示すが，東北軍，中央軍，山西軍・商震部に挟撃されて全滅，８月初めに石は下野，山東省に逃亡し再び韓復榘の下に寄寓した。この反乱は，天津特務機関の土肥原賢二の東北軍内部崩壊の策謀に乗ったもので，日本軍将校の援助を受け，天津占領後日本軍から武器弾薬の供給を受ける約束であった。反乱は失敗したが，華北の状況を極度に不安定化して東北軍を制肘し，満州事変に際して東北軍が対応不能になる１つの要因となった。32年秋，石は日本軍人の保護下に天津租界に潜入し，租界内で暗躍，ついで冀東一帯で土匪と結んで策動，再起を図る。33年８月石の部隊は華北当局によって河北戦区保安隊に改編され，36年１月宋哲元冀察政務委員会委員長により翼北保安司令に任じられた。

抗日戦争開始後，石軍は第181師に編成されて第一線に立ち，撤退の過程で各地散兵や遊撃隊を収容し，1938年２月には第69軍，ついで第10軍団に拡大した。12月冀察戦区副司令兼チャハル省主席に任じられ，39年石軍は第39集団軍に編成される。石友三は抗日戦当初，河北，山東の後方地区で遊撃戦を展開して八路軍冀南部隊とも合作していたが，やがて衝突，反共活動に転じ，40年２月八路軍によって大打撃を受ける。６月，石は開封で日本軍の佐々木司令官と共同防共協定を締結し，ついで華北傀儡政権に参加して河北省省長兼治安軍総司令に就く旨の交渉を行う。だがこの間，石は部下将領及び蔣介石派遣の政治部主任との対立が深まり，ついに12月１日山東省濮県で部下の共謀により捕縛され，生き埋めにされた。

1930年代華北の複雑な政治情勢の中で，石友三は反乱，帰順をくりかえして依附・連合する勢力を変え，独立した大軍閥に上昇しようと精力的に立ち回り，「倒戈将軍」と称された。だが，結局地盤を得て軍事・政治支配を制度化・安定化する機会を得ず，軍内に堅固な人的関係を構築することもできず，残忍で猜疑心の強い性格が災いして，部下の離反によって身を滅ぼすことになった。抗日と団結が叫ばれる中国は，すでに石のような典型的「小軍閥」の時代ではなくなっていたのである。

参考文献：中国社会科学院近代史研究所主編『民国人物伝』１巻（中華書局，北京，1978年）。黄広源「反復無常的石友三」，中国人民政治協商会議全国委員会文史資料研究委員会編『文史資料選輯』52輯（文史資料出版社，北京，1981年）。唐邦植「回憶石友三倒張之役」（同上）。

〔土田哲夫〕

施　肇基（し ちょうき） Shi Zhaoji

（1877年4月10日～1958年1月4日）

字・植之，欧名・Alfred Sao-ke Sze。江蘇省震沢鎮純孝里生まれ。祖籍，浙江省銭塘県。清末・民国期の外交官。

家は代々生糸商を営み，施の父・則敬は挙人出身で，震沢で生糸の仕入，輸送に従事していた。次兄・肇曾（字・省之）は，ニューヨーク正領事官，招商総局董事，京漢鉄路南段会辦，永亨銀行董事長などを歴任した政治家・実業家であった。

施は地元の塾を経て，1886年南京の江寧府立同文館に入学し，英語とフランス語を学び始めたが，多湿の気候が体に合わず，翌87年次兄・肇曾の出身校である上海の聖約翰書院に入学した。90年，さらに上海の国文学院に入り，古典の文章・文学を２年学んだ。

1893年駐米公使館の通訳学生に任じられて，出使米国大臣・楊儒に従って渡米し，勤務のかたわらワシントン市立のハイスクールに通った。97年夏ハイスクールを卒業すると，公使館員を辞職し，ニューヨーク州のコーネル大学文学部に入学した。しかし99年出使ロシア大臣となっていた楊儒の要請により，大学生活を中断してペテルブルクの駐露公使館随員となり，また同年ハーグで開かれた第１回万国平和会議に中国代表団参賛官として出席した。

1900年秋公使館員を辞職してコーネル大学に復学し，翌年卒業して，さらに１年学び，02年夏文学修士の学位を得て帰国した。同年招商局漢口局会辦をしていた兄（字・成之）の紹介により，湖北巡撫・端方から巡撫署洋務文案兼西北路中学堂監督に任じられた。間もなく湖北省留美学生監督も兼務し，同年冬湖北省の第１期公費留学生を引率して渡米した。

1903年清朝が幣制改革のために招いたコーネル大学教授J・ジェンクスに同行して帰国し，その幣制視察の通訳を務めた後，同年冬湖北省の第２期公費留学生を引率して再び渡米した。

1904年帰国して，武昌の湖広総督・張之洞から総督署の洋務文案に任じられ，その後さらに銅元局董事などを兼務した。05年10月上海で唐紹儀と同族の唐鈺華（1886年生まれ）と結婚し，12月から翌年夏まで，戴鴻慈・端方らの「憲政考察団」の随員として米，仏，独，伊などを歴訪した。

1906年12月唐紹儀の推薦により郵伝部右参議となり，京漢鉄路局総辦を兼務したが，07年１月免職され，同年秋京奉鉄路局会辦となって天津に赴任した。同年遊学法政科進士の位を得た。08年東三省総督・徐世昌の推薦により吉林西北路兵備道兼浜江関監督となり，吉林木殖局総辦も兼務した。10年８月外務部右丞に任じられ，翌11年８月同左丞に転じた。武昌蜂起直後の10月下旬左丞のまま出使米国兼出使メキシコ・ペルー・キューバ大臣に任命されたが，赴任しなかった。

1912年４月唐紹儀内閣の交通総長に任じられ，一時財政総長も兼務したが，６月唐紹儀と共に辞職した。翌13年総統府大礼官となり，14年６月駐英公使に任じられた。19年パリ講和会議に中国全権代表の一員として出席した。

1920年９月駐米公使に転じ，21年のワシントン会議では中国代表団首席代表を務めた。23年１月張紹曾内閣の外交総長に任命されたが，国会議員を供応しなかったために，閣僚候補としてただ１人国会の承認を得られず，駐米公使に復任した。24年ジュネーブで開かれた国際アヘン問題会議に中国全権代表として出席し，25年10月北京で開催された関税特別会議に中国全権代表の一員として出席した。26年５月顔恵慶内閣の外交総長に任じられたが，奉天派の反対により就任できなかった。

1928年７月，国民政府の国際連盟第９期会議代表となり，同月中華教育文化基金董事にも任じられた。29年１月駐米公使から駐英公使に転じ，その在任中，31年５月ロンドン購料委員会主席，７月国際連盟第12期会議代表にそれぞれ任じられた。また同年10月外交部長に任じられたが，就任しなかった。翌11月国民政府委員にも任じられた。

1932年４月に駐英公使を退任後，33年１月に駐米公使となり，35年６月大使に昇格した。37年５月辞職して上海に戻り，日中戦争が始まると，社会事業に従事し，国際救済会宣伝組主任に任じられたほか，上海防癆協会及び付属病院を設立して董事長となった。また，38年６月第１期国民参政会参政員，40年12月第２期国民参政会参政員にそれぞれ選任された。

1941年６月渡米して中国物資供応委員会副主任委員及び米国・南ア国際和平５人委員会の非米国籍委員となった。45年サンフランシスコ連合国全体会議の中国代表団高等顧問に任じられ，48年から50年まで国際復興開発銀行顧問委員会委員を務めた。54年秋脳溢血を起こし，半年間手足が麻痺した。58年１月米国で没した。著書に『施植之先生早年回憶録』がある。

参考文献：施肇基『施肇基早年回憶録』（伝記文学出版社，台北，1967年）。*Who's Who in China, Fifth edition*（The China Weekly Review, Shanghai, 1940）。羅幼娟「施肇基」，中国社会科学院近代史研究所編『民国人物伝』10巻（中華

書局，2000年）。〔味岡徹〕

舒　新城　Shu Xincheng

（1893年7月5日～1960年11月28日）

原名・玉山，学名・維周，字・心怡，号・暢吾盧，別名・遁庵。湖南省溆浦県生まれ。教育者，教育理論家，辞典編纂者，中華書局の中心人物。

小農の家に独り子として生まれ，1899年から私塾で学び始め，1904年に一時商店で徒弟奉公し，05年復学。07年に鄜梁書院，翌年溆浦県立高等小学に入学。11年5月，黄花崗蜂起に影響されて同校内でストライキを組織し退学処分となる。12年初には鄜梁小学（以前の鄜梁書院）で教鞭をとり，夏に常徳第二師範附設単級教員養成所に入り，半年後に卒業。この年に賀瑞蘭と結婚。13年春に長沙の遊学預備科，夏に武昌の文華大学で英語を学び，8月には親戚の舒建勲の中学卒業証書を借用して湖南高等師範英語部に入学，17年に卒業。その間16年には，同級生の陶菊隠，許彦飛らと『湖南民報』を発行。17年に長沙の兌沢中学の音楽と英語の教員となるも，翌年学生のストライキのため同校を離れ，アメリカのミッション系の長沙福湘女子中学の教育学教員となる。19年には同校の教務主任となるが，上海『時事新報』副刊『学灯』紙上で教会学校を批判し，職を追われる。

この頃，デューイやソーンダイクらの著作を通じて教育学を研究し，その内容を，楊国礎，方拡軍らと創刊した『湖南教育』誌上に紹介，1920年には『実用教育学』（商務印書館）を出版。同年夏に上海で惲代英，張聞天ら少年中国学会会員と知り合い，長沙第一師範では教育心理学を講義。21年7月に張東蓀の招きで上海の呉淞中国公学中学部主任となり，翌年10月より同校でドルトン・プランを実験的に施行し，その宣伝にも努めるが，教育方針をめぐり学校当局と対立し，年末に辞職。23年，南京の東南大学附属中学及び江蘇省第一中学の教員を兼任し，ドルトン・プランを実施する一方，江蘇，浙江，安徽，湖北，湖南などの省でそれについて講演。同年11月には惲代英，李儒勉らの紹介で少年中国学会に入会。24年10月に呉玉章の招きで成都高等師範学校の教育学教授となるも，翌年6月には学生のストライキのため南京に戻る。また25年7月の少年中国学会第5回大会で改組委員会委員となる一方，同時期に国家教育協会の発起人にも名を連ねる。以後，27年までは中国教育史などの研究，著述に専念した。

1928年4月に中華書局総支配人・陸費逵との間に『辞海』編纂の契約を交し，杭州に居を移して10月に正式に着手。また同年開催の第1次全国教育会議では教育改革案を提出。30年1月上海に移り，中華書局の局長と図書館長を兼任。以後多くの書物を編纂・発行。33年，『新中華』を創刊。36年2月孑民美術研究院籌備委員となり，12月には『辞海』上冊，翌年に下冊を出版。

1937年11月，日中戦争に伴い陸費逵が香港に移るとその職務を代行，38年7月中華書局の業務をすべて引き受ける。41年には日本占領下の香港に留まる事を余儀なくされ，翌年中華書局編集局を重慶に移すが，病のため業務は停頓。44年には日本のために働く事を拒否し，『辞海』合訂本出版の準備を始め，47年3月に出版。また，同年『中華教育界』復刊。48年に入ると，ロシア語書籍出版のための活字を準備し，秋から翌年にかけて許彦飛，陶菊隠ら中共党員に地下活動の場所を提供するとともに，新中国成立後の中華書局の活動の保証を求める。49年6～7月には中華書局の上海方面の事務を担当し，総支配人職を代行した。

新中国成立後も中華書局の編集局長・図書館長などの職を続任，1950年には上海の出版界を代表して全国第1次出版工作会議（北京）に出席。53年7月には中華書局の職務から退く。54年8月に第1期全国人民代表大会湖南省代表となり，後に上海市政治協商会議副主席を兼任。57年，第1期全人代第4次会議で百科全書編集部・出版社設立を建議，9月には毛沢東の支持の下に『辞海』修訂版出版に乗り出す。58年5月に中華書局辞海編集所主任。60年3月に『（辞海）試写稿』の印刷が完成するが，その出版を待たずに，同年11月上海にて癌で死去する。

編著書には，『収回教育権運動』（中華書局，1927年），『近代中国留学史』（中華書局，28年），『近代中国教育思想史』（中華書局，29年），『中華百科事典』（中華書局，30年）など多数ある。

参考文献：晋陽学刊編輯部編『中国現代社会科学家伝略』7輯（山西人民出版社，太原，1985年）。舒新城箸・阿部洋訳『中国教育近代化論』（明治図書出版，1972年）。劉紹唐主編『民国人物小伝』第5冊（伝記文学出版社，台北，1982年）。中国社会科学院近代史研究所主編『民国人物伝』4巻（中華書局，北京，1984年）。〔江崎隆哉〕

司徒　美堂　Situ Meitang

（1868年4月3日～1955年5月8日）

原名・羨意。字・基賛。広東省開平県生まれ。愛国華僑の領袖。

貧農出身。4歳のとき父を失い，母の手で育てられる。幼年時代，４年間私塾に通い，少年時代は，新会県城の線香店で働く。1880年，香港よりアメリカにわたり，サンフランシスコの中国餐館で働く。83年,『揚州十日記』,『嘉定屠城紀略』などの書を読み，民族主義的な怒りに駆られて，反満主義の秘密結社「洪門致公堂」に加入する。94年冬，致公堂の活動が不活発なのを見て，阮本万らとともにボストンで青年を集め,「安良工商会」(安良堂と略称）を組織,「鋤強扶弱，除暴安良」をそのスローガンにした（1938年まで44年間，総理を務める。この間の活動によって，アメリカ東部の各都市に２万人ほどの会員ができた)。また，同年春よりアメリカの軍艦にコックとして乗り込み，南北アメリカや欧州各地を巡った。この体験によって大いに見聞を広め，様々な人と交わりを結んだ。98年，米西戦争勃発により，船を降りて帰国し，ボストンで行商人となる。1904年，ボストンで孫文に出会い，その考えに共鳴，交わりを深めた。05年，ボストンよりニューヨークに行って，安良総堂を成立させ，孫文を支援して華僑の愛国と団結の運動を推進した。

1911年４月の広州蜂起の失敗後，急に入用になった革命の活動資金15万米ドルは，司徒によって調達されたものである。致公堂と安良堂は一貫して反満の立場をとり，アメリカ駐在の清朝の官僚や保皇会と対立，後には国民党とも対立した。31年香港五洲洪門大会を開き，中国致公党を組織，海外部は彼が指導した。37年日華事変勃発後，ニューヨーク華僑抗日救国籌餉総会を成立させて，祖国支援の義援金を募り，宋慶齢の保衛中国同盟と密な関係を保った。41年，皖南事件発生の際，国民党の反民族統一戦線制度を非難する通電を発し，華僑参政員としてアメリカより帰国した。途上香港に寄ると，ちょうど太平洋戦争が勃発し，日本は彼に香港幇会を組織させようとしたが，それを拒否する。45年３月12日，致公堂を中国洪門致公党に改組して全米部主席に当選。46年，彼はアメリカ各地の洪門代表を連れて，上海の五洲洪門懇親大会に参加，10月23日周恩来と会談して，周より解放区を参観することを求められる。11月，国民党の開いた「国民大会」においては，五洲洪門代表の席を受けなかった。47年５月１日，香港で致公党第３回代表大会を開き，政治綱領を発表。48年国民党が開いた「国民大会」に参加するのを拒否。毛沢東に書簡を送る一方（「上毛主席致敬書」)，政治協商会議を開いて連合政府を組織する主張を擁護する声明を香港の新聞紙上に発表した（「擁護中国共産党召開新政協的声明」)。10月30日，ニューヨークに帰着。それ以後，アメリカ西部の各都市で講演し，中国の独立を説いて回った。

1949年９月，海外華僑民主人士の身分をもって第１回中国人民政治協商会議に参加。49年９月より55年５月まで，司徒は北京に住み，中央人民政府委員会委員，全人代常務委員会委員，中国人民政治協商会議第１期，第２期の全国委員会委員，華僑事務委員会委員などを歴任し，人民政府に参加した。55年５月，脳溢血のために北京で死去，八宝山革命公墓に葬られた。

参考文献：中国社会科学院近代史研究所主編『民国人物伝』２巻（中華書局，北京，1980年)。司徒美堂「我痛恨美帝」,『祖国与華僑』(香港文匯報)。司徒丙鶴「司徒美堂与美洲洪門致公堂」，全国政治協商会議文史資料研究委員会編『文史資料選輯』38輯（文史資料出版社，北京，1980年)。

〔小林武〕

宋（そう）　藹齢（あいれい）　Song Ailing

(1889年７月15日～1973年10月19日)

別名・愛林，愛琳，靄齢，英語名・Eling，Ailing，Alice等。上海生まれ。原籍，広東省文昌県。民国期の社会活動家。孔祥熙の妻，宋慶齢，美齢，子文の長姉。

孫文の友人であり，革命支援者であった宋嘉樹の長女として生まれた。熱心なクリスチャンである両親の影響から，1893年上海の新式教育の学校である中西女塾に入学した。父の宋嘉樹はアメリカで学んだ経験から，子供達全員をアメリカに留学させたが，藹齢は1904年ジョージア州メーコンにあるメソジスト教会系のウェスレアン・カレッジに入学した。妹の慶齢と美齢もその後同大学に留学したが，藹齢は同大学最初の中国人女子学生であったという。文学を学んで09年卒業，翌年上海へ戻った。

帰国後は公共事業に参加したり，英語を教えたりしていたが，父との関係から孫文の英文秘書をつとめるようになった。手紙の処理や翻訳などが主な仕事の内容であったが，第２革命に失敗して亡命した孫文のあとを追って，宋一家も日本へ渡った後も，藹齢は秘書の仕事を継続した。1914年当時駐日中国キリスト教青年会総幹事をつとめていた孔祥熙と横浜で結婚した。孫文の秘書の仕事は，妹の慶齢が引き継ぐこととなり，藹齢は夫と共に夫の故郷である山西省の太谷へ戻った。しばらくそこで，夫が校長をつとめたこともある銘賢学校の校務を担ったりしていた。

しかし1920年代半ばに至って，孔祥熙が国民革命に参加して党の要職を歴任するようになると，藹齢は夫と共に広州，上海，南京，香港など各地を飛び回ることとなった。藹齢が，財政部長，行政院院長などをつとめた孔祥熙の夫人として，政界・商業界や福利事業において活発な活動を行うのは，この20年代後半から40年代半ばにかけてである。

日中戦争時期には，慈善事業，とりわけ婦女児童工作に専念した。妹の美齢と共に新生活運動婦女指導委員会を組織し，1938年には香港に赴き，傷兵の友協会の名誉会長となったりした。また国民政府が移転した後の重慶では，長年にわたり慶齢，美齢と三姉妹で，戦災にあった婦女児童救済工作に尽力した。40年4月には慶齢らと共に中国工業合作社の活動にかかわって，顧問となっている。42年4月には慶齢とともに中米文化協会会議に出席した。しかし藹齢は，終始国民党や政府の正式な職務についたことはなかった。再び国共内戦が勃発した後，孔祥熙は国民政府を代表して借款を実現する為にアメリカを訪れることとなり，藹齢も渡米した。その後共産党軍が勝利して人民共和国が成立すると，一家は中国へは戻らず，ニューヨークに居を構えた。73年10月ニューヨークで病死。

参考文献：楊耀健『宋氏姉妹在重慶』（人民日報出版社，北京，1986年）。陳廷一『孔祥熙与宋藹齢』（団結出版社，北京，2004年）。楊者聖『未加冕的女王宋藹齢』（上海人民出版社，上海，2011年）。Cornelia Spencer, *Three Sisters-The Story of The Soong Family of China* (George G. Harrap & Co. Ltd., London, 1940). Emily Hahn, *The Soong Sisters* (Doubleday Doran & Company Inc., New York, 1941).
〔石川照子〕

宋　嘉樹（そう　かじゅ）　Song Jiashu

（1861年10月17日～1918年5月3日）

原名・韓教準（喬蓀），号・耀如。英語名・Charles Jones Soong。広東省海南島文昌県生まれ。清末民初の実業家。宋藹齢，慶齢，美齢，子文，子良，子安の実父。妻の倪桂貞（珍）は徐光啓の末裔。

韓鴻翼の次男として生まれた。1875年生計をたてる道を求めて，兄の韓政準と共にジャワへ行ったのち，78年叔父の養子となってアメリカへ渡った。ボストンの叔父の経営する店で働いていたが，家を出た後キリスト教に感化され，80年11月7日にはノースカロライナ州ウィルミントンのメソジスト教会で洗礼を受けている。さらに退役将軍の豪商ジュリアン・S・カーの援助を得て，81年にトリニティー・カレッジ（現在のデューク大学）に入学，82年にはナッシュビルのバンダービルト大学神学院に入学して，神学を修めた。85年同大学を卒業後，医学を学ぶという願いを断念して，86年に帰国した。

宋嘉樹は宣教師として，江蘇省昆山，上海でさまざまな困難の中，熱心に布教活動に専念した。1887年には，敬虔なクリスチャンである倪桂貞と結婚している。92年頃から上海で実業家としての活動を始め，中国語の聖書を印刷する美華印書館を興したり，上海阜豊麵粉工場の責任者としても成功を収めた。この間に教会の宣教の仕事はやめたものの，宋は一貫して熱心なクリスチャンとしてＹＭＣＡの創設にも携わり，教会への資金的援助も継続している。

実業家として成功した宋嘉樹は1894年（一説では1892年）孫文と出会った。同じ広東省出身の孫文の革命の理想に共鳴した宋は，以後親密な友人の１人として，孫文の革命活動を金銭的にも，精神的にも支えてゆくこととなった。1905年7月には武装蜂起に失敗して亡命した孫文を追って日本へ亡命，中国同盟会にも関わり，８月にはアメリカへ渡って革命資金の調達に奔走している。帰国後宋は，上海に同盟会の秘密連絡部を設け，自身は同盟会の財務全般を担当した。実業家としても印刷，紡績，タバコ工場を経営，美華印刷館は同盟会の機関誌『民報』や革命パンフレットの印刷を行っていた。また娘の藹齢と慶齢は，孫文の秘書をつとめた。辛亥革命後，宋嘉樹自身も孫文の中国鉄路総公司の設立準備にあたり会計を担当した。18年5月上海で病死。

1942年11月1日，アメリカのノースカロライナ州ウィルミントンのメソジスト教会に，宋嘉樹の功績を記念してCharles Jones Soong記念館が建てられている。宋は成功した事業家として，孫文の革命活動を熱心に支援した人物としてその名を知られている。また宋のアメリカ滞在の経験から，子供達全員がアメリカに留学したが，長女の藹齢は孔祥熙と，次女の慶齢は孫文と，三女の美齢は蔣介石と結婚し，長男の宋子文と共に，近・現代中国のさまざまな政治的局面でその影響力を発揮した。

参考文献：于醒民他『宋氏家族第一人』（北方文芸出版社，哈爾浜，1986年）。徐甦編『蔣宋大家族』（遼寧人民出版社，瀋陽，1988年）。陳漱渝著・石川照子訳「韓家の故郷―宋慶齢の原籍訪問考察記録―」，（『中国研究月報』481号，1988年3月）。Israel Epstein, *WOMAN IN WORLD HISTORY Life and Times of Soong Ching Ling*（*Mme. Sun Yatsen*）（New World Press, Beijing, 1993）（日本語訳：Ｉ・エプシュタイン著，久保田博子訳『宋慶齢――中国の良心・その全生涯』サイマル出版会，1995年）。
〔石川照子〕

宋 教仁 Song Jiaoren

（1882年4月5日～1913年3月22日）

字・得尊，号・遯初，鈍初，遁初，別名・宋錬，宋練，宋鏈。筆名・宋漁父，漁父，公明，勥斎，勥，桃源漁父，抱膝長吟者，抱膝長吟客，第十姓子孫之伯人。湖南省桃源県生まれ。清末民国初の革命家，政治家。

宋教仁の生家は一族から多くの秀才を出した書香の家柄で，100畝の土地を有する地主であったが，10歳の時に父を失い，母の万氏が宋家を采配し，放蕩の兄・教信に代わって教仁に一族の将来を託した。家塾で帖括詞章を習い，1899年春，親友の文駿の勧めで県城にある漳江書院に入った。ここで2人の先生，瞿方梅と黄彝寿の薫陶のもとに伝統的な学問を究めた。その博学強記，学職の深さは学友を驚かせるほどであった。

1900年春院試に合格，秀才となったが，その後の科挙の試験を受けなかった。この頃，陳猶龍が率いる秘密結社の富有山堂にも加盟した。宋教仁の排満思想はこの頃すでに確固たるものになっていた。以後，科挙の勉強に目もくれず，いっそう時務の書や歴代の典章制度，地誌の書を読み漁り，友人たちと天下国家を論じ，清朝打倒の戦略を論じ合った。02年春，張之洞が武昌に創設した新式学校，文普通学堂に入学。03年11月，黄興，陳天華，蔡鍔，呉禄貞，章士釗らが結成した革命団体，華興会に加わった。華興会は04年の秋長沙で蜂起を計画し，武昌でも革命組織，科学補習所が設立され，その文書担当になった。華興会の蜂起計画では湖南西部の組織責任者となり，先祖伝来の土地を売って活動資金とし，劉復基，胡有華，楚庶其，游得勝らの会党の首領を配下にして策動した。計画が漏れ，指名手配を受けて長沙，武昌，上海をへてこの年の12月末，日本に亡命した。

東京での生活は留学生でなかったので経済的に困窮したが，まず順天中学に入って英語と日本語を学び，その後法政大学の聴講生になった。その間，雑誌の発行に奔走し，1905年1月，程家檉，張歩青，李仲卿，田桐，白逾桓らと『二十世紀之支那』雑誌を創刊する。この雑誌は民族主義を標榜し，第2期は日本の満州経営の実状を暴露したので発売禁止処分を受け，幻の雑誌となった。

1905年7月19日，アメリカ，ヨーロッパを歴遊して横浜に着いた孫文は宮崎滔天を介して黄興をはじめ程家檉，陳天華，宋教仁，白逾桓，田桐，張継，但燾，呉暘谷らと会し，各団体の統一を説き，8月20日中国同盟会が東京で正式に結成された。宋教仁は各派の統一に積極的な立場をとり，執行部の検事に就任した。ただ機関紙となるはずであった『二十世紀之支那』雑誌は，孫文派から排外主義が強すぎると忌避され，新たに『民報』を創刊することになり，このことがもとで孫文派に対して不信感を抱くことになった。早くも05年の暮れ日本の文部省が発布した「留学生取締規則」の反対運動の過程で，孫文派への反発が表面化する。湖南，湖北や浙江の留学生は一斉に帰国して抗議しようとしたが，広東派は穏健な行動を主張し，それぞれ連合会，維持会を組織して激しく対立した。宋教仁は表だった行動をしなかったが，連合会の実質的な指導者となった。この事件で宋教仁の心境に変化が起こり，早稲田大学に入って本格的に近代的な学問を学び，各国の政治制度の研究に関心を払うようになる。しかし依然民報社の経営に尽力した。この頃，革命運動への挫折感と彼を取り巻くさまざまな境遇に神経を擦り減らし，ひどい神経症にかかった。斎藤紀一の青山脳病院に通い，さらに東京脳病院に入院するのもこの時期である。

1906年から翌年の初め，日本政府による孫文の国外退去勧告をめぐって，中国同盟会では内部紛争が激化し，宋教仁は章炳麟らとともに孫文を批判した。これまで抱いていた英雄革命に疑問を抱き，しだいに制度法律の確立を重視する考えを持つようになった。このような認識からは，孫文は「専制跋扈」に近く，彼の革命は辺境地での軍事投機主義に映った。07年3月，宋教仁は白逾桓と日本人の末永節を伴って東北の満州に渡り，「馬賊」工作にたずさわる。この満州行は彼の革命戦略の最初の実践行動であった。中央集権の統一国家を建設するには，首都の北京を一挙に攻略するのが良策であり，そのためには首都の背後にある満州を革命化せねばならない，というのがこの時の目的であった。彼らは大連（あるいは奉天）に同盟会支部を結成し，塩廠で蜂起を計画するが，同行した大陸浪人，古川清に密告され，白逾桓は逮捕され，宋教仁は日本に逃れた。この時，日本の「間島」占領の陰謀を聞き，日本に帰ると「間島」が清朝の領土であることを実証する『間島問題』を著した。この問題が日清間の外交問題に発展すると，清国政府は宋教仁を召還して外交交渉に当たらせようとし，彼はこれに応じようとしたが，孫文派から陰湿な攻撃を受けて断念する。

1907年以降，宋教仁はすでに有形無実の状態にあった同盟会の経営に腐心し，その命脈である『民報』の発行に精力を傾けるが，08年10月，いわゆる民報事件で発売禁止の処分を受け，革命派の拠点は瓦解してしまう。彼自身の経済的な困窮も極度に達し，ふたたび東京脳病院に入るなど，物心両面で悲惨な生活を送った。10年，宋教仁，譚人鳳，趙声らは独自の組織を作るべく，11省の同盟会支部長を招集し，中部同盟会を結成した。ここで宋教仁は運動方針として「革命三策」を提案し，現状に照らして長江流域の同時蜂起の革命方策を採用することになり，この年の暮れ，宋教仁は6年ぶりの帰国の途についた。上海では于右仁の経営する民立報社に寄寓し，政府の外交政策を非難するなどの健筆を振るった。彼が編集長になった後の民立報社は勢い国内の革命拠点となる。

1911年4月27日，孫文，黄興らが進めていた広東における黄花崗の役が失敗し，黄興の要請で香港の統籌部編制課長として蜂起計画に参加していた宋教仁は，上海に帰ると譚人鳳らと本格的に中部同盟会の組織化に取り組んだ。

1911年7月31日，上海の湖州公学で中部同盟会の正式結成大会を開いて，宋教仁，譚人鳳，陳其美，楊譜笙，潘祖彝の5人を総務幹部に選び，先に宋教仁が提案していた長江流域の一斉蜂起の革命方策が確認され，綱領と宣言を出した。すでに武昌で活動していた文学社と共進会の合作を図る一方，宋教仁はポルトガル革命を模範とした具体的な革命方略を打ち出し，①革命行動の短期化，②革命地点の集中化，③革命軍は旧政府の軍隊を利用することを説いた。ところが武昌では，10月9日の朝，ロシア租界のアジトで爆発事故が起こり，やむを得ず決起した革命軍はたちまち武昌を占領した。辛亥革命の始まりである。中部同盟会は武昌側の要請で譚人鳳を派遣したが，対応が遅れ，黎元洪を軍政府都督に推戴した。数日遅れて黄興とともに武昌に赴いた宋教仁は革命政府の憲法（鄂州約法）を作成し，また上海に走って，中央臨時政府樹立を画策した。11月4日上海が独立すると，上海に各省の代表が集まり各省代表連合会を組織し，革命派の議決機関となった。この間，宋教仁は大総統制を採用した「中華民国組織大綱」を作った。12月2日南京が独立すると，宋教仁は黄興を首班とする南京臨時政府の樹立を画策した。この間，南北和平会議も開催され，各省代表連合会は清帝の退位と共和制の履行を条件に袁世凱を臨時大総統に公推してもよいと決議し，宋教仁は従来の方策通り和平会議を推進した。12月25日孫文が香港から胡漢民を伴って上海に到着し，29日臨時大総統に選ばれた。あくまで孫文を排斥して黄興を首班に立てようともくろんだ宋教仁の策謀は却って四方の反発を招いた。

1912年1月1日孫文は臨時大総統に就任し，宋教仁は内務総長となるはずであったが，これも各省代表の反対に会い，法制局局長になった。この時，中華民国が採用すべき政治体制を巡って，大総統制を主張する孫文と，議院内閣制を主張する宋教仁は激しく対立した。中央集権的統一国家のもとで政党政治の実現に理想を掲げる宋教仁にとって，大統領制によって必ず登場するはずの袁世凱に強大な権力を与えることは共和制の根底を覆すことになりかねなかった。実際，3月10日，袁世凱は北京で臨時大総統に就任する。その間，宋教仁は「臨時約法」の作成に関与し，彼の思惑通りの議院内閣制を採用した憲法を制定した。

1912年3月13日，袁世凱は唐紹儀を首班に指名し，唐紹儀内閣が成立，宋教仁は農林総長として入閣した。これより前の3月3日，中国同盟会は全体会員会議を南京に開き，秘密結社を正式に公開政党に衣替えし，孫文を総理に，黄興，黎元洪を協理に選んで挙党体制をとったが，実際に党務を牛耳ったのは政党政治の実現に熱意を燃やした宋教仁であった。唐紹儀内閣が倒れ，連帯辞職した宋教仁は，6月には共和党，統一共和党などと合併して，8月に正式に国民党を結成した。この年の12月から翌13年の初めにかけて全国で総選挙が行われ，国民党は圧倒的な勝利を得た。実質的な党首として各地を遊説し，宋教仁内閣の出現は実現のものとなりつつあった。法律制度が完備した社会は法律が何よりも勝る。軍事力だけに勝る袁世凱にとって宋教仁打倒の方法はただひとつテロしかなかった。宋教仁は13年3月20日，上海の北駅で凶弾に倒れ，22日に死亡した。

参考文献：陳旭麓編『宋教仁集』上・下冊（中華書局，北京，1981年）。方祖燊『三湘漁父―宋教仁伝』（近代中国出版社，台北，1970年）。中国国民党中央委員会党史委員会編『宋教仁先生文集』上・下（中央文物供応社，台北，1982年）。呉相湘『宋教仁伝』（伝記文学出版社，台北，1985年版）。松本英紀訳註『宋教仁の日記』（同朋舎，1989年）。

〔松本英紀〕

宋（そう）　晋（しん）　Song Jin

（1802年～1874年10月21日）

字・錫蕃，号・雪帆。原籍，江蘇溧陽。清末清流派の官僚。

父は宋緒。宋晋はその長男（4人兄弟）。1844年の二甲進士。翰林院庶吉士編修を経て，46年，順天郷試同考官となる。47年，詹事府中允となる。49年，河南省郷試考官となったが，出題の錯誤により革職留任の処分を受ける。50年，詹事府司経局洗馬ついで文淵閣校理となり，実録館総纂を務める。52年，侍講学士。武郷試副考官を務める。53年，光禄寺卿，ついで署礼部左侍郎となる。この年，太平天国軍が南京を占領し，北伐軍が北方を窺ったため，会辦京城団防となり，京師防衛の一翼を担った。

1855年，宗人府丞。56年，国史館副総裁，文淵閣直閣事，稽察中書科事務となる。同年，『宣宗実録』を完成。その功により内閣学士になる。58年工部右侍郎となり，58，59年の2回，興京修陵事業を行った。61年，咸豊帝が死去すると，その葬儀をとり行った。62年，倉場侍郎となる。漕糧は長い間不正の温床であった。海運開始当初，年間300万石を数えた漕糧は，太平天国が起こって20余万石に激減したが，漕糧の抜きとりは減らなかった。宋晋はこの弊害を改めようとしたが果せず，ついに67年，10年来の不正が発覚し，内閣学士に左遷された。宋晋はみずから責を負い，2万石の米を弁償した。

1873年，同治帝の親政が始まり，署吏部右侍郎，ついで戸部左侍郎となるが，翌年10月死去。

宋晋の3人の子供の内，長男・陳寿に直隷邢台県知県，次男・文寿に工部郎中がそれぞれ与えられ，先に死亡した三男・貽寿に刑部主事が贈られる。亡父・宋緒には光禄大夫が贈られる。

宋晋は道光，咸豊，同治の三帝に仕え，30年間の京官としての生涯において，終始，祖制を墨守し，綱常名教を重視した。また，時艱に際し無能な大官を弾劾して，人材を推薦し，国家財政の節約を重視して，定陵（咸豊帝陵墓）の造成さえ倹約，質朴を旨とするよう上疏した。

宋晋は太平天国鎮圧には積極的であり，西洋の利器の利用さえも辞さなかった。1856年，清軍江南大営が壊滅し，太平天国が江南に勢力を振るっていた時，江南，江北の安泰をはかるため，両江総督・怡良，浙江巡撫・何桂清らに外国の輪船で軍隊を長江に運び，太平軍の水師を焼き討たせるよう疏請。

このように太平天国の鎮圧に西洋の利器の使用をも辞さなかった宋晋も洋務運動には一貫して反対した。1867年，同文館が天文算学の教育を行おうとしたとき，倭仁らと反対し，71年には，国家財政の節約を理由に，福州船政局，江南製造局の輪船建造停止を主張し，李鴻章ら洋務派官僚とのあいだに論争を引き起こした。

宋晋の奏議をまとめたものに『水流雲在館奏議』2巻（1887年）がある。

参考文献：民国清史館『清史稿』巻428列伝209（民国清史館，北京，1927年）。繆荃孫編『続碑伝集』巻12（江楚編訳書局，上海，1910年）。　〔林要三〕

宋（そう）　美齢（びれい）　Song Meiling

（1897年3月14日～2003年10月23日）

原名・美林，英語名・Mayling Soong。上海生まれ。原籍，海南島文昌県。中国国民党の女性指導者。蔣介石夫人。宋靄齢，宋慶齢，宋子文の妹。生年月日については諸説ある。

孫文の友人であり，その革命活動の支援者であった宋嘉樹の4番目の子として生まれた。両親は共に熱心なクリスチャンで，宋美齢は幼い時から英語を学び，5歳になると上海のメソジスト教会の中西女塾に入学している。

姉の宋靄齢に続き1907年，慶齢とともにアメリカに留学し，12年秋ジョージア州のウェスレアン・カレッジの学生となった。翌13年にはマサチューセッツ州のウェルズレイ女子大学に移り，イギリス文学を専攻した。宋美齢はアメリカ生活によくなじみ，大学を卒業する頃には，「東洋人として残っているのはこの顔だけ」と自ら言うように，その考え方や態度にはアメリカでの生活が大きな影響を及ぼしていたという。

1917年に帰国すると積極的にＹＭＣＡの活動に参加し，指導的メンバーとなった。また映画検閲委員会や，上海市議会に任命された最初の中国人として，幼年労働委員会などにも参加して，その社会的活動を開始していった。しかし宋美齢が政治的にも重要な役割を果すようになるのは，蔣介石と結婚してからのことであった。蔣介石との結婚を母親の倪桂貞はためらい，宋慶齢も最後まで反対したが，27年12月1日宋靄齢，宋子文，蔡元培らの立会いのもとで2人は結婚した。結婚後宋美齢は常に軍事行動中の蔣介石に従い，英文秘書などもつとめ，蔣がその地位を高めるにつれて，宋美齢も中国婦女界の指導者となっていった。30年から32年には国民政府立法委員をつとめている。その他36年から38年の間には，全国航空委員会秘書長として空軍の近代化に尽力した。

宋美齢の側の蔣介石への影響も大きく，1930年には蔣は洗礼を受け，また西洋の文化と思考を蔣に理解させるために，外国人を蔣介石の顧問として雇わせたりした。34年蔣介石が思想統制のための「新生活運動」を始め，礼義廉恥の儒教道徳を提唱すると，宋美齢は女性たちを指導して運動に動員した。36年12月西安事件が勃発すると，宋美齢は冷静に事態に対処し，自ら西安へ飛んだ。そして全面的内戦の危機は回避され，抗日民族統一戦線への道が大きく開かれることとなったのである。

日中戦争が始まると，三姉妹は提携して抗日を戦うこととなった。宋美齢は新生活運動促進総会婦女指導委員会指導長となり，同委員会は若い女性たちに対する戦時工作訓練，難民・孤児収容センター設立準備，農村地区の小型合作工場の設置など多岐にわたる活動を展開した。また，戦時児童保育会理事長も務めた。三姉妹は協力して工業合作社運動や国際的な抗日援助の呼びかけを行い，外国へ大きな影響を与えた。そうした活動の中でも，宋美齢が抗戦中の祖国に対して果した最も大きな貢献は，アメリカへのアピール活動であった。宋は『平和と戦争の中国』（1940年）などの本をアメリカで出版したり，ラジオ演説でアメリカの中国抗戦支持を呼びかけた。そして42年から43年にかけてカナダ，アメリカを訪問し，アメリカでは，ローズヴェルト大統領に招かれ，43年2月18日には史上2番目の女性としてアメリカ議会で演説して，アメリカ国民に大きな印象を残している。同年蔣介石とカイロ会談にも出席した。

日中戦争が終わると，宋美齢は国民党中央執行委員に選出された。再び国共内戦が始まると，アメリカの援助を得るため，1948年蔣介石は宋美齢をアメリカへ派遣した。しかし宋はトルーマン大統領と会見したものの，アメリカの対中不干渉政策を変えることはできなかった。50年1月までアメリカに滞在したが，既に国共内戦は共産党の勝利に終わり，国民政府は台湾へ移っていた。宋美齢は台湾で，中華婦女反共抗ソ連合会会長として，その多くの時間を費やし，特に婦女・児童の福利・教育などの分野の活動を指導した。また国民党中央評議委員にも選出され（63，69年），同主席も経験している。その他国民党婦女工作委員会指導長など多くの名誉職を歴任した。75年に蔣介石が死去すると，アメリカへ移り，ニューヨークに滞在し，2003年10月に死去した。

宋美齢の長い波乱に満ちた生涯は，重要な歴史の局面における様々な活動に彩られている。西安事件においては，国民党内部の何応欽たちの「張学良処罰，西安進攻」の声を抑え，平和解決に貢献している。また南京国民政府では婦人運動指導者として「新生活運動」などを推進したが，特に抗日戦争中の宋美齢の活動は重要である。1938年5月廬山に婦人運動の指導者を集めて会議を開き，抗戦と生産への各層女性の動員，労農婦女の文化・生活水準の引き上げなどという，抗戦期の婦人運動の方針を決定したことの意義は大きいといえよう。さらにアメリカでの対中支援獲得の活動として，議会での演説以外にも各地で募金活動や公開講演を行い，大きな成果を収めている。台湾時代も一定の政治的影響力を発揮した。86年蔣介石生誕百周年記念行事に参加のため台湾に戻った時には，政治への復帰をほのめかし，「元老派」との関係が取沙汰されたりした。しかし蔣経国も亡くなり，政治状況が大きく変わった後は，アメリカに居住し続け高齢となった宋美齢には，もはや台湾に対する政治的影響力はほとんどなくなっていたと言ってよいであろう。主な著作として『西安事変』，『与鮑羅廷談話的回憶』などがある。

参考文献：陳鵬仁主編『蔣夫人宋美齢女士言論選集』（近代中国出版社，台北，1998年）。師永剛・林博文編『宋美齢全伝　1897～2003』（明報出版社，香港，2003年）。洪亮・姚嵐『宋美齢在美国』（団結出版社，北京，2008年）。宋美齢『宋美齢回憶録――民国名人回憶録』（東方出版社，北京，2010年）。Emily Hahn, *The Soong Sisters* (Doubleday Doran & Company Inc., New York, 1941).
〔石川照子〕

宋（そう）　慶齢（けいれい）　Song Qingling

（1893年1月27日～1981年5月29日）

原名・慶林，別名・慶琳，英語名・Rosamonde。上海生まれ。原籍，海南島文昌県。政治家。中華人民共和国副主席・名誉主席。孫文夫人。孔祥熙夫人・宋靄齢の妹，宋子文，宋美齢の姉。

孫文の革命活動の支援者であった宋嘉樹の次女として生まれた。熱心なクリスチャンの両親の考えから，1902年，上海にある教会学校の中西女塾に入学し，英語などを学んだ。姉の宋靄齢に続き1907年，美齢とアメリカに留学し，ジョージア州メイコンのウェスレアン・カレッジに入学した。この留学中，辛亥革命勃発の報に接して大変喜び，大学の雑誌に「20世紀の最大事件」という文章を書いて，辛亥革命に高い評価を与えている。13年に大学を卒業すると，孫文と共に亡命中の家族を追って来日，姉の靄齢の後任として孫文の秘書となり，英文翻訳，文書整理，対外連絡などに従事した。2人は長い時間行動を共にした末，宋の両親の反対を押し切って，15年10月25日，和田瑞の立会いのもと，東京で結婚した。翌年中国へ戻ると，機密文書の処理など，孫文の助手としても，常に彼の革命活動を支えていった。25年の孫文の臨終の際には遺囑を託され，以後三大政策など，孫文の遺志を継承してゆくこととなる。

1926年国民党2全大会では中央執行委員に選出され，次第に中国革命の中心へとその身を投じていった。国民党内部の権力対立が激化すると，武漢国民政府委員として，あくまで国共合作の継続を主張した。また武漢に女性を国民革命に動員するための党務訓練班も設けている。27年4月12日に反共クーデターが起こると，蔣介石を激しく非難し，国民党中央執行委員の職を辞した。そして孫文の遺嘱の実現と中国革命の状況の説明を目的として，陳友仁らと共に8月モスクワへ向かった。モスクワでは多くの声明を発表し，また27・28・29年のヨーロッパでの反帝大同盟大会では，大会名誉主席に選ばれている。その後ベルリン滞在などドイツやフランスを訪れて，国際的な反帝平和活動に積極的に参加していった。

4年近くのモスクワ・ヨーロッパ滞在の経験を携え，1931年8月に帰国すると，宋慶齢は抗日と民主の運動に邁進して，現実の中国政治と大きく関わってゆくことになる。32年の上海事件では十九路軍を積極的に支援して，国民傷兵医院を設立した。また同年12月に魯迅，楊杏仏，蔡元培らと組織した中国民権保障同盟は，蒋介石南京国民政府の独裁政治に反対して，言論・出版など民権の充分な保障，政治犯釈放をその目的に掲げていた。9・18事変以来露骨に中国侵略を進める日本に対し，宋は一致抗日を主張し，34年には何香凝ら1,800人近い著名人と，「中国人民対日作戦基本綱領」を発表している。36年には全国各界救国連合会の執行委員として，抗日民族統一戦線の実現を求めた。

日中戦争が全面化すると，工業合作社運動への支援の他，1938年香港で保衛中国同盟を組織して後方から抗戦を支えていった。同盟の任務は医薬品などの物資の募集と輸送，世界へ向けての抗日戦争の状況と意義の報道などであった。41年12月の香港陥落に伴い同盟は重慶に移転し，活動を継続した。45年抗戦に勝利すると，同盟は更に上海に移り，その名を中国福利基金会と改めた。その活動も「解放区」支援，児童福利ステーション・病院・識字班などの設立といった，女性や幼児の衛生・文化教育・社会救済事業となっていった。国共内戦が激化する中，同盟は医薬品や医療機械を「解放区」へ送り続けている。

1949年9月の政治協商会議に出席した宋慶齢は，他の兄弟姉妹たちと袂を分かって大陸に留まり，人民共和国建国後は，数々の要職を歴任した。主要なものとして，中央人民政府副主席（49年），国家副主席（59，65年），全人大常務委員会副委員長（54，75，78年），政協会議全国委員会副主席（54年）などがある。また中国福利会を指導して特に婦女・児童工作に力を注ぎ，中華全国民主婦女連合会名誉主席にも選ばれている（51年他）。さらに国際的な平和運動にも関係し，世界保衛和平委員会執行局委員（50年），アジア太平洋区域和平会議主席（52年），世界人民平和大会主席（52年）に就任し，51年にはスターリン平和賞を受賞した。またインド・ビルマ・パキスタン（55～56年），ビルマ・インドネシア（56年），ソ連（57年，毛沢東たちと同行），セイロン（64年，周恩来たちと同行）各国を歴訪し，親善外交にも努めた。81年5月15日共産党への入党が認められ，翌日には国家名誉主席の称号が送られている。同月29日に病死し，追悼会は6月3日，国葬として盛大に行われた。

以上の政治と社会事業における活動に加えて，宋慶齢の活動のいまひとつの大きな特色は，その国際性にあった。アメリカ留学，ソ連・ヨーロッパでの活動の経験をもとにした中国民権保障同盟や保衛中国同盟の活動は，常に世界に向けて訴えることが意識され，ロマン・ロランなど国際的な知識人の関心を呼び起こした。中国の抗日の戦いがスペイン内戦と並ぶ重要な反ファシズム闘争であるという認識が深まると，中国の状況は世界が注目するところとなっていった。医師の馬海徳（ジョージ・ハテム）やジャーナリストのエドガー・スノーを共産党の根拠地に紹介したのは宋慶齢であった。また宋慶齢は松川事件（1950年）の被告とされた労働者を声援する手紙を書くなど，日本への関心を払っていた。宋の言論を集めたものに『宋慶齢選集』，『永遠和党在一起』，『宋慶齢書信集』などがある。

参考文献：『宋慶齢書信集』上・下・続編（人民出版社，北京，1999・1999・2004年）。張磊主編『宋慶齢辞典』（広東人民出版社，広州，1996年）。盛永華主編『宋慶齢年譜（1893～1981）』上・下（広東人民出版社，広州，2006年）。『宋慶齢選集』上巻・下巻（人民出版社，北京，1992年）。Emily Hahn, *The Soong Sisters* (Doubleday Doran & Company Inc., New York, 1941). Israel Epstein, *WOMAN IN WORLD HISTORY-Life and Times of Soong Ching Ling (Mme. Sun Yasten)* (New World Press, Beijing, 1993).（日本語訳：I・エプシュタイン著，久保田博子訳『宋慶齢―中国の良心・その全生涯』（サイマル出版会，1995年）。　〔石川照子〕

宋（そう）　時輪（じりん）　Song Shilun

（1907年9月10日～1991年9月17日）

湖南省醴陵の生まれ。中国人民解放軍の軍人，上将。

黄埔軍官学校卒業。林彪，羅瑞卿，黄克誠，郭化若らと同じ第4期生。在校中中共に入党。1929年湖南省瀏陽・醴陵，江西省萍郷境界地区で遊撃隊を組織し，労農紅軍第6軍に合流。30年贛南第35軍参謀長。長征に参加。36年3月第1方面軍（司令員・彭徳懐，政治委員・毛沢東）中路軍（総指揮・葉剣英）第30軍軍長。5月第1方面軍西方野戦軍（司令員・彭徳懐）第28軍長（政治委員・宋任窮）。

第2次国共合作後の部隊改編により八路軍第120師

(師長・賀龍，副師長・蕭克）に編入，第358旅（旅長・張宗遜，政治委員・李井泉）第716団団長（政治委員・廖漢生)。38年冬晋察冀軍区（司令員兼政治委員・聶栄臻）第4縦隊司令員（政治委員・鄧華）兼第12支隊司令員，北平から熱河を経て冀東に転戦。40年8月冀熱遼軍区を創設，その司令員（政治委員・鄧華）となる。

1946年6月山東野戦軍（司令員兼政治委員・陳毅）参謀長。47年7月陳粟野戦軍（司令員・陳毅，政治委員・粟裕）第10縦隊司令員。洛陽，開封，済南を転戦。48年11月～49年1月淮海戦役に参加。49年1月第3野戦軍（司令員・陳毅）第9兵団司令員。5月上海を解放，上海市軍事管制委員会警備司令員。

1950年1月～53年1月華東軍政委員会委員。50年6月舟山列島を解放。10月第9兵団の3個軍を率いて朝鮮戦争に参戦。11月下旬長津湖地区に兵力を集結して米軍海兵隊第1師団約2万を包囲したが，殲滅できず敗退。半年の休養補充後51年4月第5次戦役に参加。52年帰国，上海警備区司令員。

1953年1月総高級歩兵学校校長兼政治委員。54年9月国防委員会委員。55年9月一級独立自由勲章，一級解放勲章授与，上将。56年9月中共8全大会で中央委員候補。58年3月軍事科学院副院長。67年5月文化大革命で失脚。

1972年軍責任者として復活。73年9月中国軍事代表団を率いて北朝鮮訪問。林彪事件（71年9月）により中共中央軍事委員会の日常活動を担当した葉剣英に代わり，軍事科学院長。77年8月中共11全大会で中央委員会委員。81年7月『軍事学術』8期に論文「毛沢東軍事思想はわが軍勝利の指針である」を発表，中共機関誌『紅旗』16期に転載。

1982年9月中共12全大会で中央委員会委員を引退，中共中央顧問委員会委員・同常務委員。83年秋毛沢東生誕90年を記念した軍事科学院主宰の毛沢東軍事思想学術シンポジウムを開催，自ら講演して毛沢東軍事思想を擁護。85年8月抗日戦争・反ファシスト戦争勝利40周年記念論文「不滅の歴史的貢献」(『世界歴史』8期）を執筆。87年7月軍事科学院院長を引退。8月建軍60周年記念論文「毛沢東軍事思想はわが軍の輝かしい歴史を照らしている」(『光明日報』7月23日）を発表。88年7月一級紅星功勲栄誉章授与。91年9月上海で死去。

参考文献：黄震遐編『中共軍人誌』(当代歴史研究所，香港，1968年)。軍事科学院軍事歴史研究部編『中国人民解放軍戦史』全3巻（軍事科学出版社，北京，1987年)。「宋時輪同志逝世」，『人民日報』1991年9月21日。　〔平松茂雄〕

松寿（しょうじゅ） Songshou

（生年不詳～1911年）

字・鶴齢。満州正白旗の人。満州族。清朝末期の高級官僚。

「蔭生」の資格で工部筆帖式に任官，工部郎中を経て陝西督糧道となり，1895年山東按察使に昇任，翌年江西按察使に転じ，まもなく江蘇江寧布政使となる。98年江西巡撫に進み，江蘇巡撫，河南巡撫を歴任，この間尚書銜を与えられた。1902年中央にもどり，工部右侍郎兼正藍旗蒙古副都統となり，ついで熱河都統に進んだ。この間，「続修礦章四条」を皇帝に提出，また「吏治軍政興学理財方略」をも提出して，蒙古・熱河統治政策を論じた。同年兵部尚書として中央に復帰，工部尚書に転じ，さらに察哈爾（チャハル）都統となり，07年閩浙総督となり福州に赴いた。

1911年辛亥革命に際し，福建駐在の新軍第10鎮統制（師団長）孫道仁らは革命側に転じ，松寿に旧式軍の駐防営の武器引き渡しを要求，松寿はこれを拒絶し，駐防営を率いて革命軍と戦闘，当初は勝ったが，戦況不利となるや金を飲んで自殺した。のち，清朝から「太子少保」を贈られ「忠節」と諡された。

参考文献：民国清史館『清史稿』列伝巻256（民国清史館，北京，1927年)。沃丘仲子等『近代名人小伝』(崇文書局，上海，1918年)。　〔久保田文次〕

宋　恕（そう　じょ） Song Shu

（1861年～1910年）

初名・存礼，改名・恕，後名・衡，初字・燕生，後字・平子，号・六斎，自署・不党山人。浙江省温州平陽県万全郷鮑陽生まれ。原籍，同前。清末の改革主義者。

儒家の家庭に生まれ，8歳で塾に入って学び，9歳で古今の文を能くした。その後瑞安県の孫鏘鳴の目にとまり，その末娘を妻とした。1877年秀才，県の諸生（儒生）となり，彼とともに“温州の三傑”と称された楽清県の陳虬，瑞安県の陳介石と親交を結び，求志学社を設立した。80年には岳父・孫鏘鳴に顔元の学の教授を受けた。

1886年父の死により移転をくり返した際，江南製造局で翻訳した洋書を読む機会があった。87年には上海の龍門書院で孫鏘鳴の助手をつとめ，翌年には南京の鐘山書院で教鞭をとった。89年杭州に移って詁経精舎に学び，兪樾と親交をもった。90年湖北省に赴いて張之洞に会見を求め，変法を進言しようとしたが果せず，黄鶴楼に登って詩をよみ，将来に思いを馳せた。その後南京，山東，上海の地を回って名士と交わり，広く内外の書物に触れて自らの学問をつくり上げ，91年上海で『六斎卑議』4篇を脱稿した。この中で宋恕は学校，議院，新聞社が富国の3大綱領であると主張し，また「白色人種の国家ではロシアだけが議会がないため，ロシアは治まっていない。黄色人種の国家では日本だけが議会をもっており，それゆえ日本はよく統治されている」として，中国も日本の明治維新の道を歩むべきであるとした。経済面でも鉱業開発，貨幣改革，道路建設，土地税廃止による農業の振興，工業の発展などを提唱し，西洋に倣うべきことを主張した。『六斎卑議』の中で彼はまた男女平等や少数民族政策の改善，各種学会の設立，さらには漢字に日本のかな文字のような表音文字をつくることなども提唱した。

1892年北京へ出て李鴻章に著書『六斎卑議』を送って改革を求めたが，重用されず，水師学堂の主任漢文教師にとどまった。97年春上海で章炳麟と会って意気投合し，またこの年夏杭州で創刊された『経世報』に論客として招かれた。98年戊戌の政変に際しては「六君子」を悼む詩をよみ，清廷に追われる身の章炳麟を避難させた。当時上海で山根虎之助が発行していた日中提携を標榜する『亜東時報』（月刊）にも章，畢永年，宋らは招かれて論陣を張った。1900年夏唐才常が上海で「国会」を結成すると，これに入会した。しかし，それ以後は運動から退き，03年には日本に赴き1年余り滞在した。05年山東学務処議員兼文書係に就任し，09年郷里に帰り，翌年病死した。多くの著作，詩文を遺した。

参考文献：宋平子『六斎卑議』（1891年）。閔爾昌編『碑伝集補』巻52（四庫善本叢書館，北京，1923年）。蘇淵雷『宋平子評伝』（正中書局，上海，1941年）。湯志鈞編『戊戌変法人物伝稿』上冊（中華書局，北京，1961年）。清史編委会編『清代人物伝稿』下編2巻（遼寧人民出版社，瀋陽，1985年）。

〔児野道子〕

宋（そう）　育仁（いくじん）　Song Yuren

（1857年～1931年5月18日）

字・芸子，講易，芸岩。号・道復。筆名・宋芸子，問琴，鴟狄逸客。四川省富順県生まれ。官僚，学者。

宋育仁は母を5歳で，父を11歳で亡くし，伯父に育てられた。18歳で秀才となり，張之洞が成都に創設した尊経書院に学んだ。29歳で進士に合格し，翰林院庶吉士となった。1887年に『時務論』を著して政治，経済，文化諸方面での改革を主張し，翌年には「三大礼賦」を書いて光緒帝に献じた。

1894年に宋育仁は参賛の資格で英，仏，伊，比の4カ国を訪問し，『莱風記』を著して西洋の政治制度，経済制度，教育制度などを称賛した。日清戦争が勃発すると，彼は日本と対抗し，ロシアにも警戒するようロンドンから政府に建議した。また彼は日本との講和に反対し，遷都して日本と徹底的に交戦するよう主張した。

1895年帰国した宋育仁は，康有為らが組織した「強学会」に加入し，「中国自強の学」を講義して変法による救国，富強を主張した。96年には推挙されて四川省の商務監督に任命された。そこで宋育仁は自己の変法の主張を実現すべく，重慶に商務局を設立し，各種の実業公司を創設して四川省の民族産業の発展に努めた。また成都の尊経書院の院長を兼ね，蜀学会を組織して『渝報』や『蜀学報』を創刊して，民族的危機を打開するためには変法が不可欠であり，君主立憲制や議会制度の樹立，人材育成のための近代的学校の創設などを主張した。

1898年戊戌政変が起こると，維新変法を主張していたため宋育仁は商務監督を解任され，北京に閉居した。義和団事件後，清朝が「新政」政策を発表すると，宋は財政政策や教育制度の改革案を提出した。その後，彼は両広総督・張之洞，湖広総督・楊士驤の幕僚となった。ところが，川漢鉄道の建設問題が起きると，彼は盛宣懐を支持し清朝の鉄道国有化政策を容認して四川保路運動に敵対するに至った。

辛亥革命後，宋育仁は招かれて国史館纂修となったが，袁世凱が政権を奪取して独裁化し，さらに帝制化を図ると，彼は袁の帝制化に反対し，清朝の復辟を主張した。そのため彼は袁世凱の怒りを買って四川省に回籍させられた。

1916年宋育仁は国学院院長に就任し，24年には四川通志局総纂となり，『四川通志』を主編した。晩年宋は成都の東郊外の東山草堂に隠退し，同地で死去。

参考文献：四川地方志編纂委員会省志人物志編輯組編『四川近現代人物伝』2輯（四川省社会科学院出版社，成都，1986年）。徐鳴皋主編『中国近代政治思想家評伝』（重慶出版社，重慶，1988年）。

〔楠瀬正明〕

宋（そう）　哲元（てつげん）　Song Zheyuan

（1885年10月30日～1940年4月5日）

字・明軒。山東省楽陵県趙洪都村生まれ。西北軍系の軍人，冀察政務委員会委員長として1930年代日中関係史上重要な役割を果す。

貧しい農村私塾教師の家に生まれ，幼年より経書を学ぶ。13～16歳，北京で家塾の教職を得た父と共に住み，父の失職後帰郷して私塾で教えて生計を立てた。

1907年武衛右軍随営学堂総辦・陸建章の幕僚兼家塾教師となった父の勧めで哲元は上京して同学堂に入り，以後軍人の道を歩む。10年卒業後陸建章に従い広東，北京で勤務。13年陸の左路備補軍が京衛軍に改編され，馮玉祥の第2団第2営前哨哨長となる。以後，馮に従って各地を転戦し，営長，団長，旅長などを歴任してその有力将領となる。16年四川省綿陽駐屯時に常淑清と結婚した。

1924年馮玉祥の北京政変後，宋哲元は国民軍第1軍第11師師長に任じ，25年末熱河に出兵し，同都統となる。26年奉天派に敗れ熱河を失って敗退，綏遠ついで甘粛，寧夏に落ちる。馮玉祥の帰国，北伐参加により，27年6月国民革命軍第2集団軍第4方面軍総指揮，次いで11月陝西省政府主席代理に任じる。28年第2次北伐に参加，開封政治分会委員，山東省政府委員を兼任。北伐完成後，編遣により第9師長として陝西に駐屯した。29年馮玉祥の反蔣時には河南で戦い敗退。30年の中原大戦でも西北軍総指揮として中央軍と戦うが敗れ，山西南部に退いた。馮玉祥下野後，宋は旧西北軍残部を取りまとめて中央・張学良による改編を受け入れ，陸軍第29軍軍長に任じた。この時，宋は自立化したとはいえ兵力3万強の小軍の長に過ぎなかったが，「満州事変」以後の日本の侵略の過程での華北情勢の流動化─中央勢力の弱体化と諸軍の割拠，日本軍の「実力者」抱き込みなどの諸工作─の中で，地盤と政治的地位を得て独自の勢力を築くことになった。

1931年8月宋哲元は河北南部に移駐し，12月北平の東北政務委員会委員に任じ，張学良下野後の32年8月にチャハル省政府主席，軍事委員会北平分会委員に昇進した。彼は満州事変後直ちに通電して抗日の姿勢を表し，33年には長城抗戦における喜峰口の勝利で抗日英雄の名声を勝ちえた。塘沽協定後の33年春馮玉祥が張家口でチャハル抗日同盟軍を組織すると宋は和平解決に努め，その解散後チャハルに戻り，同省を根拠地として実力の養成に努めた。だが35年6月察北事件により突如省主席を罷免され，宋は蔣介石中央に対して不信感を強め，白堅武事件を機に平津を占領，独自の発展を志した。日本の華北侵略に対する国民政府の妥協策（35年7月6日の梅津・何応欽協定成立）は彼にとってきわめて有利に働き，中央諸機関と東北軍の撤退による華北の軍事的・政治的空白を埋める形で，8月平津衛戍司令兼北平市長，ついで12月冀察政務委員会委員長兼河北省主席に転じた。こうして宋哲元はチャハル・河北・北平・天津の2省2市を支配し，南京国民政府の統制を排して華北の実力者となった。だが同時にそれは，宋が日本の「華北工作」の主な対象としてその侵略的諸要求に応対しなければならないことをも意味した。宋は表面的には対日親善の姿勢を取り，冀察政務委員会の構成，経済権益等で小さな譲歩をしつつも，「華北自治」，「共同防共」などの日本の重要要求には確約せず，交渉回避，引き延ばし政策をとったが，他方抗日世論からは親日的と批判された。

1937年7月7日，日本の圧力をかわすため墓参を名目に帰省していたときに麾下29軍37師と日本軍との衝突（盧溝橋事件）が起きた。宋哲元は直ちに天津に赴き，7月12日日本軍司令官と現地解決の交渉を行ったが，衝突は拡大，27日夜宋は日本の増兵と中央の抗戦決定を知りようやく抗戦を決意するがすでに遅く，28日宋は北平を撤退し日本軍に委ねた。宋は平津陥落の責任を取って辞表を出すが慰留され，第1集団軍総司令として防衛第一線に当たるが敗退，29軍も大打撃を受ける。38年3月第1戦区副司令長官を兼ねるが，部隊指揮権を失い，やがて病を得て職を辞し，軍事委員会委員の閑職に任じる。以後病気療養の日々を過ごし，40年4月四川省綿陽で病没した。

参考文献：李雲漢『宋哲元与七七抗戦』（伝記文学出版社，台北，1973年）。陳世松主編『宋哲元研究』（四川省社会科学院出版社，成都，1987年）。

〔土田哲夫〕

宋（そう）　之的（してき）　Song Zhidi

（1914年4月6日～1956年4月17日）

原名・宋汝昭，筆名・宋之的，艾淦，宗人，佐佐夫，一舟，洛夫，懐昭，宋一舟，苹，何人。河北省豊潤県宋家口頭村生まれ。劇作家，散文家。

父・宋錫功は農民であったが，小商いに手を出し失敗した。宋之的11歳のとき叔父・宋錫銘に預けられ，小学校と中学校に通う。1930年北平に出て，宋之的の筆名で小説「黎曙」を『新晨報』副刊に発表した。この年の夏，北平大学法学院俄文経済系に入った。劇作家の于伶や陳沂と知りあい，影響を受けた。32年于伶と苞莉芭劇社（ロシア語の闘争という意）を組織し，左翼戯劇家連盟北平分盟に加入した。機関誌『戯劇新聞』を編集。33年北平を逐われて上海に出たが，デモに参加して逮捕される。獄中で鄧中夏の人格にうたれる。35年山西太原に行き，芸術通信社で働き，西北劇社の脚本を書く。劇社の女優・王苹と恋愛結婚をする。36年上海にもどる。

1937年7月中国劇作者協会成立大会で宋之的が動議を出し，夏衍ら十数名と「保衛蘆溝橋」（三幕劇）を作る。上海戯劇界救亡演劇一隊の副隊長として宣伝公演をする。自らも「烙痕」,「黄浦江辺」,「旧関之戦」などの抗戦劇を作る。中華全国戯劇界抗敵協会が武漢に成立すると，常務理事に選ばれた。38年陳白塵らと重慶に行き，舒群，羅烽，陳荒煤と「総動員」を作り，9月曹禺と合作して，これを「全民総動員」(のち,「黒字二十八」) に改編した。この劇は，趙丹，白楊，舒綉文，張瑞芳など100名をこえる役者が参加し，抗戦のムードを盛りあげた。しかし，梁実秋が「文芸と抗戦とは関係ない」,「空虚な抗戦八股は，誰に対しても有益でない」という文章を『中央日報』(重慶) に発表した。これに対し，宋之的は「『抗戦八股』を語る」と題して，題材，人物，生活とも真実で，情緒も真実であること，抗戦の決心を増強させるから読者に確実に有益だと感じさせると述べ，文芸と抗戦が関係ないなどという人は「高みの見物」派どころか，あの「王道楽土」を夢想する「愚かな奴隷」にすぎない，と反論した。

1939年作家戦地訪問団の副団長として5カ月戦地を訪れたが，13人の団員のうち団長・王礼錫が病死するなど苦しい旅程であった。40年老舎と「国家至上」(多幕劇) を作る。多幕劇「鞭」(のち「霧重慶」),「刑」などが上演され，好評を博した。41年周恩来の指示により香港に行き，廖承志のもとで旅港劇人協会を組織する。42年重慶で金山と中国芸術劇社を組織。46年山東大学文学系教授につく。48年大連に脱出してハルビンに行き東北文協の仕事をする。48年3月中国共産党に加入し，中国人民解放軍に参加。第4野戦軍に従って南下し，武漢軍管会文芸処副処長になる。

1949年7月第1期全国文学芸術工作者代表大会の全国文連委員，全国作協委員，全国劇協常務委員になる。51年と54年に2回朝鮮を訪問，記者の身分で板門店停戦会議に参加した。55年ポーランドの2人の作家に従って，紅軍長征のあとをたどる。56年全国話劇コンクールで広州軍区戦士話劇団上演の「保衛和平」が1等賞，脚本創作2等賞を得る。4月肝臓癌のため死去。軍人の位は上校であった。その他に報告文学「1936年春在太原」や映画脚本「無限生涯」，京劇「皇帝与妓女」，越劇「西廂記」などがある。

参考文献：宋時編『宋之的研究資料』(解放軍文芸出版社，天津，1987年)。『宋之的劇作選』(人民文学出版社，北京，1958年)。『宋之的散文選』(江蘇人民出版社，南京，1983年)。董大中「宋之的『1936年春在太原』」,『山西文学』1984年10月号。

〔荻野脩二〕

宋（そう）　子文（しぶん）　Song Ziwen

(1894年12月4日～1971年4月25日)

英語名・T.V. Soong。上海生まれ。「四大家族」の一員として知られる，政治家，資本家。宋靄齢，慶齢の弟，美齢の兄。

孫文の長年の友人であり，かつその革命の支持者であった宋嘉樹の長男として生まれた。敬虔なクリスチャンである両親の考えから，上海のセント・ジョンズ大学で学んだ。そののち，姉妹や弟達同様，アメリカに留学，ハーバード大学で経済学を専攻した。1915年同大学を卒業後，ニューヨークへ行ってコロンビア大学で学び，経済学博士号を取得，同時に銀行で実務にもたずさわった。

1917年帰国後，まず漢冶萍公司の上海総辦事処の秘書となり，その後自ら大洲実業公司を創立した。23年孫文によって広東政府の英文秘書として招かれたが，やがて政府の重要な財源である塩の管理の職（両広塩務稽核所経理，10月就任）をこなした。その財政的手腕は，広州中央銀行行長として，政府の財政的基盤固めにも充分発揮された。

孫文死後も広東省政府委員兼商務庁庁長，広東省財政庁長，国民政府財政部長などの財政関係の要職を歴任，国民政府委員としても活躍し，蔣介石による北伐の財政的後ろ盾を用意した。1926年の国民党第2回全国代表大会では，中央執行委員および商務部長に選出されている。27年1月武漢に国民政府が成立すると，宋子文は国民政府常務委員，財政部長などを歴任し，政府を支える大きな力となった。

1927年4月12日の反共クーデター後は，南京国民政府のもとで，蔣介石の財政政策の立案者兼推進者として，その手腕を充分に発揮することとなった。蔣の国民党政権も宋を通じて，上海の銀行家や実業家との強力な関係を築くこととなった。宋子文は，28年10月南京国民政府成立時には国民政府委員，財政部長兼中央銀行総裁となり，29年の国民党第3回全国代表大会で中央執行委員に再選され，30年9月には行政院院長代理に就任するなど，数多くの政府や党関係の要職を歴任していった。

宋子文によってなされたさまざまな財政改革のうち，最も重要なものの1つが1931年に実施された釐金の廃止である。33年にロンドンで開催された世界経済会議に宋は主席代表として出席した。その際ジュネーブに立ち寄って，満州事変以後の日本の中国侵略に抵抗するための，国際連盟の対中国経済援助獲得に尽力した。またアメリカからの5,000万ドルにのぼる綿，麦借款を得ることに成功している。33年には行政院院長代理，財政部長，中央銀行総裁の各職を辞任したが，これは蔣介石の軍事費増大に反対の意向を示すことがその大きな理由であったとされている。迫りくる日本の脅威から中国を守り，強大にする道を，宋は外国の投資と国内金融市場の発展による商工業の振興に見出していた。33年10月新たに設立された全国経済委員会の主席として，鉄道網の拡大など，国内経済建設のための努力を続けていった。いくつかの要職を退いてのちも，こうして大きな力を持ち続けた宋は，35年に中国銀行が設立されると，その総裁に就任している。

中国侵略を続ける日本に対して，抗日民族統一戦線結成の声が高まる中で，1936年末西安事件が発生した。宋子文は蔣介石夫人・宋美齢らと共に，蔣釈放の交渉のために西安へ赴き，重要な役割を果している。37年7月日中戦争が始まると，38年には宋慶齢の要請で，香港で保衛中国同盟の会長を務めた。また，宋はいく度か外国へ出かけ，英米に対して多額の借款と武器援助を要請し，アメリカから1億ドルの借款を引き出すことに成功した。アメリカにおける蔣介石の個人的代表として，宋はこうして多額の援助を獲得できたが，その功績が認められて太平洋戦争開始後，41年12月外交部長に就任している。引き続きアメリカやイギリスを訪れ，積極的に経済援助交渉や戦後構想の話し合いなどに参加し，アメリカからの5億ドルの借款や，中米租借協定の締結などを実現させた。44年行政院院長代理に復帰すると，翌45年4月，国連設立のためのサンフランシスコ会議に中国代表団団長として出席し，4人の議長団の1人に選ばれている。また当時のトルーマン米大統領とも会見して，極東問題及び戦後の米中協力関係について話し合った。帰国後5月に行政院院長に就任した。その後宋は，モスクワを訪れ中ソ友好同盟条約の締結交渉にあたり，スターリンとも数回会談を重ねた。とりわけ外モンゴルの処置などをめぐって議論をかわしたのち，最終的に45年8月14日王世杰外交部長の下で同条約は締結された。

日中戦争終結後再び国共の間の緊張が高まると，アメリカはパトリック・ハーレーとジョージ・マーシャルを中国に派遣して，調停に乗り出した。宋子文もマーシャルとたびたび交渉の機会をもったが，結局この調停は失敗に終わった。国共全面戦争が再開されると，国民党支配地域の経済は急速に悪化していった。宋はトルーマン政府に対する国民党支援をあおぐと同時に，1946年6月国民党最高経済委員会委員長となって経済の再建をはかるが，成功しなかった。このことは宋の個人的地位をも危うくすることとなり，47年3月には行政院院長を，10月には国民政府委員の職を退いた。中央のほとんどの職を辞任すると，宋は9月に，広東省政府委員兼主席に就任した。その他，広東軍管区司令，広州綏靖公署主任，広州地区経済管制督導員なども歴任している。こうして広東に退いた宋であったが，国共内戦における共産党の勝利がほぼ確定した49年1月，蔣介石が総統の座を退くと，宋も広東における職をすべて辞し，香港に逃れた。そして共産党によって上級戦犯と名指しされる中でアメリカに渡り，以後ニューヨークに居を構えることとなった。その後台湾を何度か訪れることはあったものの，アメリカで実業に従事する生活を続け，71年4月サンフランシスコで病死した。

宋子文は広東国民政府以来，政府の財政政策を担当してきたが，とりわけ南京国民政府において，その巧みな財政的手腕を発揮した。財政部長，中央銀行総裁などの要職をアメリカで学んだ知識と流暢な英語でこなしていった。その西洋式の辣腕ぶりは，国内よりもむしろ国外で高い評価を得ていた。上海の金融界に君臨し，また多数の企業を興して莫大な富を形成した宋は，蔣介石，孔祥熙，陳果夫・立夫と並んで，いわゆる「四大家族」の一員として，官僚金融資本を形成，支配していったのである。1949年以降アメリカで生活を送った宋は，3人の娘や多くの孫達に恵まれたものの，もはや中国や台湾に対する政治的影響力は失ってしまったといえる。

参考文献：張敏孝「宋子文（1894～1971）」，張敏孝主編『中国民主革命時期人物簡介』（遼寧大学歴史系函授部，瀋陽，1981年）。徐友春主編『民国人物大辞典』（河北人民出版社，石家荘，1991年）。陳立文『宋子文与戦時外交』（国史館，台北，1991年）。呉景平『宋子文評伝』（福建人民出版社，福州，1992年）。呉景平『宋子文与他的時代』（復旦大学出版社，上海，2008年）。　〔石川照子〕

蘇（そ）　曼殊（まんじゅ）　Su Manshu

（1884年9月28日～1918年5月2日）

本名・蘇戩，後に蘇玄瑛。字・子穀，曼殊は僧号。原籍，広東省中山県恭常都瀝渓村。清末民国初年の詩人・作家。

横浜に万隆茶行の茶商人・蘇傑生と日本人・河合若（叶子と記す書もある）の間に生まれる。母の姉の河合仙に育てられるが，1889年以降父の郷里，瀝渓村で過ごす。彼は日本人であるとする説もあり，その出自には不明な点がある。

父は，1892年に茶行の経営に失敗し，瀝渓村に戻る。蘇曼殊は，98年に日本に留学し，横浜の大同学校に学ぶ。同級生に馮自由がいた。その後，1902年に早稲田大学中国留学生部に入学するが，この年の秋から冬にかけて留日学生の革命団体「青年会」に加入する。03年成城学校に転入し，同年4月に拒俄義勇隊，5月に軍国民教育会に参加する。この頃，陳独秀を識る。

1903年10月，蘇曼殊の革命的傾向を従兄が反対し，彼は帰郷を迫られ帰国する。帰国後，蘇州の呉中公学社で教える。この時期，包天笑を知る。また上海の『国民日日報』にユーゴーの『レ・ミゼラブル』の翻案「惨世界」などを寄稿していた。冬，広東省恵州にて落髪し，僧侶となるが，苦行に耐えかねて，04年香港に移る。この地で，康有為暗殺を図るも未遂に終わる。

1904年3月，上海，それ以降，タイ，インド，セイロンを放浪する。7月長沙に至り，その後華興会に入る。05年南京陸軍小学で教師を務め，06年春には長沙の明徳学堂教師を務める。この時，学生に陳果夫がいた。夏，劉師培の招きにより蕪湖に至り，皖江中学に勤める。

1907年2月劉師培・何震夫妻とともに来日し，章炳麟と親交を結ぶ。『民報』に寄稿し，排満主義を唱える。同年春『梵文典』出版を計画，夏に魯迅が計画していた雑誌『新生』の同人になる。09年8月帰国するが，秋から冬にかけてジャワに行き，華僑に英語を教える。11年武昌蜂起の報に接するが，帰国できなかった。

1912年上海，日本などを歴遊し，同年4月南社に参加する。14年中華革命党機関紙『民国日報』に作品を発表。孫文，居正，戴季陶らと往来が始まる。16年5月居正が山東で護国軍を起こして袁世凱の帝制運動に反対すると，彼はこの報に喜び青島に居正を訪ねている。

1918年上海のフランス租界の広慈病院で病没。汪兆銘が葬儀を主宰し，西湖孤山に葬る。死後，友人の柳亜子によって28年に北新書局から『曼殊全集』5巻が刊行された。

著書としては，1908年東京で『文学因縁』を出版。12年に上海の『太平洋報』に自伝的中篇小説「断鴻零雁記」を連載。16年には『新青年』に小説「砕簪記」を発表している。「断鴻零雁記」は，日本，イギリス，アメリカ，フランス，ロシアで翻訳されている。

参考文献：飯塚朗訳『断鴻零雁記　蘇曼殊・人と作品』(平凡社，1972年)。柳亜子・柳無忌編『蘇曼殊年譜及其他』(北新書局，北京，1927年)。李蔚『蘇曼殊評伝』(社会科学文献出版社，北京，1990年)。柳無忌『蘇曼殊伝』(生活・読書・新知三聯書店，北京，1992年)。賈逸君編『民国名人伝』(岳麓書社，長沙，1993年)。　〔小山三郎〕

蘇　添福(そ　てんふく)　Su Tianfu

(生年不詳～1863年3月)

別名・蘇天福。河南省永城県生まれ。捻軍の首領の1人。

農民の家に生まれ小規模な商業を兼ねて暮らしをたてていたが，1853年太平天国の北伐軍が河南の永城を占拠したとき，捻軍部隊を結成して蜂起し，地方団練と抗争した。河南の団練が安徽亳州に越境して蘇添福を捕えようとし，亳州ではこれに反発して事態は地域間対立に発展した(蘇添福事件)。翌年10月亳州の捻主・張楽行が再度蜂起すると，蘇添福はこれと連合して部隊を拡大し，しばしば清軍や地方団練と抗争した。蘇添福の部隊は5,000人を擁し，故郷付近の70～80カ村を勢力下に収めていたという。

1855年の亳州の雉河集における捻軍の会盟では，五大旗の首領の1人に選ばれて黒旗の総目となり，「順天王」と号称した。その後張楽行とともに淮河南方に遠征して李秀成らの率いる太平軍と呼応して活動し，太平軍から「立天侯」の称号を与えられた。63年3月雉河集が僧格林沁の清軍に攻略された際，張楽行とともに捕えられ亳州の義門集付近の清軍軍営で処刑された。

参考文献：江地『捻軍人物伝』(山西教育出版社，太原，1990年)。　〔並木頼寿〕

蘇　輿(そ　よ)　Su Yu

(1874年6月8日～1914年4月4日)

原名・輿，字・嘉瑞，号・厚菴，閑斎。

原籍，湖南省平江県。同県に生まれる。清末・民初の学者。

父は蘇海，太学生である。蘇輿は，父の淵泉公の代に財産を失ったものの，極めて裕福な家庭に生まれ，13歳で県学に入り，ついで時の学政・張亨嘉に認められて，岳麓書院に附設された湘水校経堂に学び，1897年には学政江標により唐才常・楊毓麟・胡元倓，樊錐らとともに抜貢生にあげられ，その文章が江標の『沅湘通芸録』に収められた。その間，蘇輿は，湘水校経堂山長の杜本棠を介して湖南の大儒・王先謙の知遇を得，以降生涯を通じて王先謙に師事した。そして，日清戦争後に湖南省で起きた改革運動では，唐才常・樊錐らがそれに積極的に参与したのに対し，蘇輿は王先謙・葉徳輝らに与して運動の急進化を批判した。

1898年の戊戌政変後に，康有為・徐仁鋳らを批判した王・葉らの言論を集めて『翼教叢編』を編纂し，湖南省における聖道の保衛と異端の排斥を唱えた。1904年に蘇輿は清朝最後の会試に第二甲で及第して翰林院に入るが（同年に譚延闓がいた），翌05年に憲政視察のため清朝が端方ら5大臣を日本・アメリカ・ヨーロッパ諸国に派遣すると，それに私費をもって同行し，日本の教育行政などに研鑽を深める一方，郵政電信に関する法律や規則を探り，帰国後に翰林院庶吉士から分省補用道，郵伝部郎中となった。

1911年に辛亥革命が勃発し，翌12年宣統帝が退位すると，蘇輿は憂情から官を辞して郷里に帰り，以降平江県に難を避けた王先謙の面倒を見，13年には林熙春を発起人に設立された孔教会平江県支会の正会長になったが，時政に鬱々として楽しまず，さらに以前より患っていた肺病を悪化させて，14年4月に平江県の煙舟で没した。

蘇輿は「著書存古」をもって自任し，学問的には博覧強記，ことに春秋を究め，先の『翼教叢編』の外，『晏子春秋校本』，『春秋繁露義証』，『自怡室詩存』，『辛亥濺涙集』を発刊した。遺稿には，『自怡室文存』，『史記校注』，『顧亭林詩集注』がある。

参考文献：蘇輿（林慶彰・蔣秋華編輯，楊菁点校）『蘇輿詩文集』（中央研究院中国文哲研究所，台北，2005年）。銭基博・李肖聃『近百年湖南学風・湘学略』（岳麓書社，長沙，1985年）。
〔藤谷浩悦〕

粟（ぞく）　裕（ゆう）　Su Yu

（1907年8月10日～1984年2月5日）

湖南省会同県楓木樹脚村生まれ。人民解放軍軍人，大将。

封建地主の家庭に生まれたが，悲惨な農民の姿を見て17歳の時家を出て湖南第二男子師範に入学。1926年11月中国共産主義青年団に入団，滕代遠と学生運動を行い，自ら鉄砲を買って北伐軍を迎えた。27年5月馬日事変を機に離校して葉挺が指導する国民革命軍第4軍独立団の教導隊学生班長。7月中共入党。

1927年8月南昌蜂起失敗後朱徳，陳毅に従って各地を転戦，28年4月井崗山で毛沢東の部隊と合流。33年10月第1方面軍第7軍団（軍団長・蕭勁光）参謀長。5回にわたる反包囲戦役に参加。34年7月長征に先立ち紅軍北上先遣隊参謀長として，国民党軍の包囲を突破，浙江・湖南・福建省境一帯で遊撃戦を展開して，主力の中央ソヴィエト区脱出を助ける戦略陽動作戦を行った。11月方志敏の部隊と合流して紅軍第10軍を編成，参謀長となったが，方志敏死後の35年2月中央の指示で同部隊は浙南挺進師に改編され，師長として紅軍主力軍を外から支援しつつ転戦北上。国民党軍の攻撃を受けて中央との連絡を失ったが，抗日戦争の勃発により連絡を回復，38年3月国民革命軍新編第四軍（新四軍）に編入され，第2支隊副司令として江南を挺進する任務を遂行。39年11月陳毅と新四軍江南指揮部を組織して副指揮，さらに40年7月同蘇北指揮部を組織し副指揮。同年10月の黄橋決戦で，韓徳勤の国民党軍を破り八路軍と合流。

1941年1月皖南事件で蘇北指揮部は新四軍（司令員・陳毅）第1師となり，その師長をつとめる。41年4月蘇中軍区司令員兼政治委員。42年8月中共蘇中区党委員会書記。45年1月13日蘇浙軍区司令員兼政治委員，4月中共7全大会で中央委員候補。45年12月華中軍区副司令員。11月華中野戦軍司令員（政治委員・譚震林）。47年1月華東野戦軍（司令員・陳毅）副司令員，同司令員代理・政治委員として開封・済南・淮海戦役を指揮。49年1月第3野戦軍（司令員・陳毅）政治委員。4月上海陥落後同軍事管制委員会副主任，同年9月全国政協会議第1期全国委員，人民革命軍事委員会委員，10月華東軍政委員会副主席，華中軍区副司令員，11月南京市長。

1950年7月米海軍の台湾海峡進駐により台湾解放の任務を延期するとの中共中央の指示を伝達。7月創設された東北辺防軍の司令員兼政治委員として朝鮮戦争参戦を準備。51年副総参謀長として，総参謀長代理・聶栄臻を補佐して作戦，訓練，海軍・空軍・陸軍技術兵団の建設を担当。52年7月「航空工業建設と空軍後備戦力増強問題」を毛沢東に提出して，空軍の優先的発展を主張。53年1月華東行政委員会副主席。54年8月第1期全人代華東軍区代表，9月国防委員会委員，10月総参謀長として国防部長・彭徳懐を補佐して中国軍の近代化・正規化を遂行。54年8月建軍節に記念論文「わが軍の近代化建設を加速させよう」（『人民日報』8月1日）を発表。55年9月一級八一勲章，一級独立自由勲章，一級解放勲章を授与され，大将。56年9月中共8全大会で中央委員。58年「教条主義」と批判され，10月総参謀長解任。中国軍の金門島砲撃を契機に行われた国府空軍との空中戦で中国空軍が大敗したさなかに解任されたことは，彼が空軍に力を入れてきたことと無関係でなかったようである。

1959年3月第2期全人代で国防部副部長。65年1月第3期全人代で同常務委員会委員。67年5月中共中央軍事委員会委員，全軍文化革命小組副組長，7月中共中央軍事委員会常務委員。文革中周恩来の下で鉄道・交通・郵便電信・港湾建設を指導。

1958年3月人民戦争戦略・戦術を現代戦争に適応

させることを研究する目的で毛沢東により創設された軍事科学院（院長兼政治委員・葉剣英）に副院長として参加，林彪事件以後葉剣英が中共中央軍事委員会の活動に専念するとともに，第1政治委員として院長の宋時輪と同学院を指導した。77年8月の建軍50周年記念論文「毛主席の戦争指導路線の偉大な勝利」（『人民日報』8月6日），および中越戦争直前の79年1月軍事学院高級系卒業班を対象とした講話「将来の反侵略戦争における初期作戦の方法のいくつかの問題に関する探究」は，同学院指導の集大成。

1979年5月「中日友好の船」（団長・廖承志）の最高顧問として訪日，山下防衛庁長官を訪問。80年国防部副部長辞任，9月第5期全人代第3回会議で同常務委員長。82年9月の中共12全大会で中央委員を引退，中央顧問委員会委員，同常務委員。84年2月北京で病死。

参考文献：「光栄戦闘的一生―粟裕同志生平事述」，『人民日報』1984年2月14日。老戦士詩文集編集委員会・中国革命博物館編『名将粟裕』（新華出版社，北京，1985年）。『一代名将―回憶粟裕同志』（上海人民出版社，上海，1986年）。粟裕『千万里転戦』（上海文芸出版社，上海，1987年）。《陳粟大軍征戦記》編輯委員会編『陳粟大軍征戦記』（新華出版社，北京，1987年）。鄭乃臧・王楠『十大将伝記叢書・粟裕大将』（海燕出版社，河南，1987年）。朱楹「略論粟裕的国防戦略思想」，『軍争史材』1992年1期。

〔平松茂雄〕

蘇（そ）　兆徴（ちょうちょう）　Su Zhaozheng

（1885年11月11日～1929年2月29日）

筆名・兆徴。広東省香山県淇澳村生まれ。中国共産党員，労働運動指導者。

珠江の河口にある淇澳島で，貧農・蘇阿賦の長男，3男4女の7人兄弟の第2子として生まれた。この島は香港，マカオに近いため，早くから外国勢力の軍事的，経済的圧力によって大きな被害を受けていた。家が貧しいために進学できず，幼少時より地主の雇農として働き家計を助け，1895年には外国に住む祖母の援助によって村の私塾に入ったが，3年で退学した。1903年郷里を離れ，香港でジャーディン・マセソン社の汽船楽生号の船員となり，外国を見聞し，また身をもって海員生活の悲惨さを体験した。08年中国同盟会に加入，11年の辛亥革命では広東方面の活動分子として活躍，孫文の表彰を受ける。13年には郷里に戻り反地主闘争を組織して投獄され，その後香港で船員をしながら17年ロシア十月革命の影響を受け，19年五・四運動では対日ボイコットに参加した。

1921年3月香港で林偉民らと中華海員工業連合総会（香港海員工会）を組織し，それは中国で最も早く設立された労働組合の1つとなる。工会設立後，外資系汽船会社へ海員の賃金など生活改善要求を提出し，度重なる要求を無視されたため，22年1月大規模な香港海員ストライキを開始した。苛酷な弾圧を受けたが，運輸労働者，外資系従業員などの支援により各界労働者のストライキを惹起したため，3月香港政庁は要求を受け入れた。工会長は陳炳生であったが，実際の指揮，交渉には罷工総辦事処総務部主任の蘇があたり，2月中旬には一時的に工会長代理に就任した。また5月広州で開かれた第1次全国労働大会に参加，23年冬海員工会の役員改選により幹事に選出された。25年3月孫文北上に呼応して北京で開かれた国民会議促成会全国代表大会に参加，同時に共産党に正式に加入した。5月広州で第2次全国労働大会に参加し，中華全国総工会執行委員に選出された。5・30事件後は反英闘争を指揮，省港ストライキを発動し，7月罷工委員会成立によって同委員長兼財政委員会委員長に就任，中共党団書記の鄧中夏と協力して26年10月10日にいたる長期のストライキを指導した。26年1月には香港海員工会を改組して全国海員工会を設立し，委員長に選出される。同年5月全国総工会委員長に選出され，この時期多くの組織の役職を兼務し，事実上中国労働運動の最高指導者となった。

1927年3月武漢国民政府労工部長に任命され，4月中共5全大会に出席，中央委員，中央政治局候補委員に任命された。5月漢口で太平洋労働会議を多くの外国労組代表を招いて開催，上海に同会議秘書処を設置することを決議，同秘書処のメンバーに選出される。国共分裂後は，8月南昌蜂起に参加，武漢労働者のゼネストを指導する一方で，8・7緊急会議において中共臨時中央政治局委員に選ばれた。11月張太雷らと共に広州蜂起の計画を立案，12月中共湖北省委員会書記を兼任，同月広州コミューン成立後，労農民主政府主席に不在のまま選出された。全ての蜂起が失敗した後，28年2月モスクワに渡り，3月プロフィンテルン第4回大会に参加し執行委員に選出される。その後ソ連各地の労働組合を訪問し，またソ連総工会第8次代表大会，農村工会国際代表大会に出席，農村工会国際執行委員会副委員長に選出された。6月中共6全大会に参加し，7月中央政治局常務委員に就任，同時に中央労働委員会書記を兼務した。同じく7月にはコミンテルン第6回大会に参加，執行委員に選出されたが，9月過労のため倒れた。診断は虫垂炎であったが，体が衰弱していたことと，多忙であったこともあり，手術をせずに薬で対応した。休養が必要であったにもかかわらず，相変らず各種の政治集会に参加して，29年2月中国に帰国した。上海で全国総工会第2次拡大会議を開催，モスクワにおける各種会議の報告を行った。その後2月25日発作を起こし，上海の病院で死去した。

日本との関係では，1925年より鈴江言一と親交を結び，鈴江が信頼を寄せていたことも知られている。著書は，ソ連滞在中に22年の香港海員ストライキに関する小冊子を出版したとされているが，タイトルは不明である。それ以外に目立ったものはないが，多くの会議における報告，講演録，新聞・雑誌記事を残している。

参考文献：『蘇兆徴研究史料』（広東人民出版社，広州，1985年）。盧権・禤倩紅『蘇兆徴伝』（上海人民出版社，上海，1986年）。盧権・禤倩紅『蘇兆徴』（広東人民出版社，広州，1993年）。中国共産党珠海市委員会「中国工人運動的偉大開創者―紀念蘇兆徴同志誕辰一百周年」，『紅旗雑誌』1985年21期，1985年11月1日。〔滝口太郎〕

孫（そん）　宝琦（ほうき）　Sun Baoqi

（1867年4月26日～1931年2月3日）

字・慕韓，筆名・孟晋老人。浙江省銭塘県生まれ。清末・民初の政治家。

父・孫詒経は戸部侍郎を務め，光緒帝の教師をした。その父の地位により，孫宝琦は1893年刑部貴州司の学習行走となり，95年直隷淮軍支応に転じ，その後稽査津浦鉄路及び武術前軍随営学堂を経て，98年辦理天津洋務局及び辦理海河工程，1900年辦理西安電報局にそれぞれ任じられた。

1900年秋，義和団事件により西太后らが西安に避難した際，孫はすぐれた記憶力によって，多数の電報を電報コード書を使わずに処理したという。

1902年7月孫宝琦は駐仏出使大臣となり，翌年11月駐スペイン出使大臣を兼任した。04年3月駐露出使大臣・胡維徳らと連名で，英・独・日各国に倣って立憲政体を採用すべきであると上奏し，朝野で立憲制に関する議論が本格化する契機を作った。

1905年に帰国して，06年9月順天府府尹署理となり，翌年4月駐独出使大臣に転じ，08年9月幇辦津浦鉄路大臣に任じられ，さらに順天府府尹署理に再任された。

1909年6月，女婿の父である軍機大臣・慶親王奕劻の後押しにより山東巡撫に任じられ，翌10年に萊陽，海陽両県で農民暴動が起きると，これを鎮圧した。

1911年10月辛亥革命が起きると，11月13日革命派に推されて山東都督に就任し，清朝からの独立を宣言したが，24日に独立を取り消し，12月にさらに巡撫を辞職した。孫宝琦の「独立」と「独立取り消し」については，孫と姻戚関係にある袁世凱が間接的に指示したもので，「独立」は袁の総理大臣就任（11年11月13日）と組閣（同月16日）を清朝に止むを得ないことと思わせるためであり，「独立取り消し」は袁内閣の手柄を作るためであったとも言われている。

1912年12月袁世凱政権の下で税務処会辦となり，翌13年5月税務処督辦に昇格した。同年7月熊希齢内閣が発足すると，孫宝琦は9月に外交総長に任じられ，翌14年2月熊が辞任すると，孫は同年5月まで国務総理代理を兼務した。5月に国務院が政事堂に変わり，徐世昌が国務卿となったが，孫は外交総長に留任し，翌15年1月まで在職した後，審計院院長に転じ，同年4月辞任した。

1916年4月段祺瑞内閣の財政総長に任じられたが，5月に政府が中国・交通両銀行への兌換停止令を発して各地の金融が混乱すると辞職し，袁死後の6月税務処督辦に就任し，24年1月まで在職した。この間，18年12月総統府外交委員会委員，20年2月経済調査局総裁，21年10月全国賑災処処長，22年1月揚子江水利委員会副委員長，同年4月外交部華盛頓（ワシントン）会議外交問題研究会副会長，などを兼職した。

1923年10月曹錕が大総統になると，内閣総理の人選をめぐって北京の各党派間に争いが生じ，24年1月無党派の孫宝琦が総理に選出された。しかし，閣僚の人事権や財政を曹錕が握っていたため，孫は思うような政治を行えず，特に曹錕派の財政総長・王克敏を更迭しようとして曹錕との矛盾を深め，同年7月，辞職した。

その後は政界から身を引き，1925年8月段祺瑞臨時執政府から駐ソ大使に任命されたが，就任しなかった。民間においては，15年6月漢冶萍公司董事会長に任じられ，26年中法大学董事長となった。28年大連に転居し，29年病気治療のため香港へ行き，翌年上海へ戻り，31年同地で病没した。

参考文献：章開沅・林増平主編『辛亥革命史』下冊（人民出版社，北京，1981年）。楊大辛主編『北洋政府総統与総理』（南開大学出版社，天津，1989年）。陳錫璋『細説北洋』第1冊（伝記文学出版社，台北，1971年）。『中国現代史辞典』（近代中国出版社，台北，1985年）。*Who's Who in China*, Third edition (The China Weekly Review, Shanghai, 1926).
〔味岡徹〕

孫　伝芳　Sun Chuanfang

（1885年4月17日～1935年11月13日）

字・馨遠。山東省歴城県生まれ。北洋軍閥指導者。

幼時に父が行方不明になったため，母と姉と共に済南の親戚を頼って成長した。義兄が「北洋新軍」の軍官を務めていたため，その縁で北洋新軍に兵士として入衛し，軍人としての経歴を開始した。1903年設立された北洋武備学堂に第1期生として歩兵科に入学した孫は，翌04年在校中に直隷省派遣留学生として日本に留学した。日本では振武学校から第39連隊での実習を経て陸軍士官学校に進み，08年12月中国人留学生第6期生として陸士を卒業した。その同期生からは閻錫山，李根源，程潜，趙恒惕，劉存厚など有名な軍人を輩出している。留日期間中に同盟会に加入している。

1909年初頭に帰国後，孫伝芳は陸軍第2鎮第3協歩兵第5標教官に就任し，歩兵科挙人の称号と協軍校を得た。特に，第2鎮第3協協統・王占元が遠縁の親戚に当たったためこれと密接な関係を形成し，以後北洋系直隷派の軍人として順調に昇進していくことになる。

辛亥革命時には王占元が第2鎮統制に昇進したのに伴って，孫伝芳も第2鎮輜重営管帯に就任した。さらに1912年秋第2鎮が第2師に改称され湖北に移動すると，孫もこれに従って湖北に移り，第2革命，河南の匪賊・白狼の討伐作戦，護法戦争などに関与した。14年には第2師第3旅第6団団長，17年には第2師第3旅旅長，第21混成旅旅長，そして21年には第18師師長に就任した。ここに，孫は直隷派の有力な軍人としての地位を確立することになった。

1921年湘鄂戦争によって湖北督軍・王占元が失脚すると孫伝芳は王占元のもとを離れ，両湖巡閲師・呉佩孚の指揮下で長江上遊警備司令兼第2師師長に就任した。これ以降孫はしばらく呉佩孚系の軍人としての行動をとることになる。22年の第1次奉直戦争で勝利を収めた直隷派は黎元洪の大総統への復帰と「法統」の回復を画策するが，孫伝芳はこの運動で顕著な役割を果した。23年1月北京政府の命をうけた孫は部隊を率いて湖北から福建省に入り，3月北京政府は福建の軍務の督理を委ねた。このころから孫は政治的に独立して行動し始めることになる。当時福建では安徽派系の軍人，国民党系の勢力，陳炯明の粤軍との間で複雑な戦闘が展開されており，孫伝芳はこの戦闘に介入し，福建の政治状況はいよいよ混迷の度を深めた。そして，様々な勢力との提携と戦闘を繰り返すなかで福建省内で勢力を拡大していった。

1924年9月孫伝芳は，曹錕の命を受けて安徽派に属する浙江督軍・盧永祥への攻撃を開始した。これが第2次奉直戦争の序幕となる江浙戦争である。戦闘は孫伝芳軍の勝利に終わり，孫は浙江省を支配下に収めるとともに，盧永祥の部隊5個師団を吸収した。この結果孫の勢力は大きく拡大し，長江下流域有数の軍閥としての地位を築いた。北方で戦われた第2次奉直戦争は奉天派の勝利，直隷派の敗北に終わったにもかかわらず，孫は複雑な政治，軍事闘争によって自己の勢力の保持に成功した。

第2次奉直戦争後長江下流域に勢力を拡大しつつあった奉天派との間で孫伝芳は対立を深め，1925年10月両者は全面的な戦闘に突入した。戦闘は11月までに孫軍の勝利に終わり，孫伝芳は南京で浙閩蘇皖贛5省連軍の成立を正式に宣言し，自身は同軍総司令兼江蘇総司令に就任した。ここに孫伝芳は経済的に最も豊かな長江下流域の5省（浙江，福建，江蘇，安徽，江西）を実質的に支配下に収め，北洋軍閥中の最有力者となったのであった。

1926年の北伐開始後，国民革命軍はまず湖北の呉佩孚に攻撃を集中したため，孫伝芳は「保郷安民」を唱えて暫時局外中立の立場を取った。国民党と呉佩孚の両者が戦闘によってともに大きな損害を受けるのを予想し，いわば漁夫の利を納めようとするのが孫のねらいであった。しかし，両湖地方で呉佩孚軍が完敗を喫したため孫の以上の方針はまったくの失敗に終わった。孫の中立方針は結果的に国民革命軍による北洋軍閥の各個撃破を許すことになったのであった。同年9月北伐軍が江西省に侵攻すると，孫伝芳はそこで国民革命軍と全面的戦闘状態に突入し，激戦が展開された。そして，11月初めまでの戦闘で孫伝芳軍は敗北を喫し撤退を余儀なくされた。しかも，その精鋭部隊に大きな損害を受けたことは孫にとっては痛手であった。

形勢挽回のため孫伝芳は急遽北上して張作霖と会談し，従来対立関係にあった奉天派と和解し，共同して国民党に対抗することとなった。両者は「安国軍」を組織し，張作霖が総司令に孫伝芳が副司令に就任した。しかし，国民革命軍の攻勢はさらに続き，1927年春には上海，南京などの長江下流域を支配下に収めた。他方軍事的に敗北を重ねた孫は部隊を率いて北方に退却した。ここに孫による長江下流域への支配は崩壊したのであった。

1927年春から夏にかけて国共分裂や国民党内の対立によって北伐が一時停滞したのにも助けられて，北方に撤退した孫伝芳軍は態勢を立て直し，同年夏攻勢に転じた。しかし，国民革命軍の反撃に孫指揮下の部隊は大敗を喫し，大きな損害を出した。このため孫の実力は大きく低下し，以後実質的には張作霖のもとで行動することになった。

1928年4月国民党の実権を掌握した蔣介石は閻錫山，馮玉祥と提携して北方に総攻撃を開始した。この戦闘で壊滅的打撃をうけた孫伝芳軍は山東省から天津方面に退却し，その部隊は国民革命軍に投降した。指揮下の軍隊を失った孫伝芳は6月下野を通電し，大連に逃亡した。ここに，影響力ある軍人としての孫の経歴は終わりを告げたといっても過言ではない。

1928年7月，孫伝芳は張学良の庇護下に奉天に移った。29年張学良が奉天派内の楊宇霆を粛清すると，累が及ぶのを恐れた孫は大連に逃亡した。30年中原大戦が勃発すると，孫は奉天，天津，太原，鄭州などの各地で活動した。孫の旧部下や上官であった雲相，王金鈺などが依然として部隊を指揮していたため，このような活動が可能となったのであった。これ以降孫伝芳は天津の英租界に居住し，仏教を信仰してまったくの引退生活を送った。1935年11月13日，天津の紫竹林清修院で施従浜の女児である施剣翹に暗殺された。

参考文献：泰孝儀主編『中華民国名人伝』（近代中国出版社，台北，1985年）。中国社会科学院近代史研究所主編『民国人物伝』1巻（中華書局，北京，1978年）。田子渝・劉徳軍主編『中国近代軍閥史詞典』（檔案出版社，北京，1989年）。

〔塚本元〕

孫（そん）　徳清（とくせい）　Sun Deqing

（1900年～1932年）

原名・以悰，別名・一中。安徽省寿県生まれ。中国工農紅軍の軍事指導者，高級将校。

生年については1904年とする説もある。幼少時私塾，小学校に学ぶ。1923年広州へ出て柏文蔚の駐粤皖軍司令部の兵となる。24年4月黄埔軍官学校に第1期生として入学。同年冬中国共産党に入党。その後軍閥・陳炯明討伐のため2度にわたる東征に参加，国民革命軍第1軍第3師団第9連隊第3大隊第8中隊長となる。26年の中山艦事件では国民革命軍から共産党員が排斥されたが，党員の身分を知られていなかったため党の指示によりそのまま留まった。

北伐戦争時期，国民革命軍第4軍へ移り葉挺独立連隊第1大隊副大隊長，大隊長に任ぜられて武昌攻略に参加，負傷する。27年第24師団第75大隊長に任ぜられ党の活動を行う。同年8・1南昌蜂起に参加して戦功をうちたて，第11軍第25師団第75連隊長に任ぜられたが戦闘中負傷し，上海で療養する。

1927年冬党の指示により国民革命軍第33軍に入り，柏文蔚の下で「兵運」工作（中共による軍隊内部での宣伝啓蒙活動）に従事する。28年初め柏文蔚の同意を得て安徽省寿県に第33軍学兵連隊を創設し，連隊長兼党特別支部書記となった。同年秋同連隊が革命活動を行ったとの理由で柏文蔚により連隊長の職務を解かれ，上海へ出て党の地下工作に従事した。

1929年中央軍事委員会で参謀となり，その後周恩来の主宰する中央軍事訓練班で遊撃戦争理論を学ぶ。同年9月卒業し，許光達とともに洪湖革命根拠地で中国工農紅軍第6軍を組織する活動に参加するよう命ぜられ，30年2月同軍長兼同軍前敵委員会委員となる。その後病気となり軍長を退いて上海で療養する。

1930年7月以降第2軍団の参謀長，中国工農紅軍軍官学校第2分校（洪湖紅軍軍事政治学校）校長，第2軍軍長などの職を歴任。湘鄂西地区を転戦して潜江，石首，監利，沔陽などの県城を占拠する戦闘の指揮に参加した。31年3月第3軍（第2軍から改編）参謀長兼第7師団長兼湘鄂西革命軍事委員会委員に任ぜられ，房県を中心とする鄂西北革命根拠地建設に参与した。同年部隊を率いて洪湖地区に帰還し，前後して黄陵磯，文家墩などの戦闘を指揮した。32年3月党中央の王明が派遣した夏曦による粛清のなかで「改組派」とされ，同年湖北省監利県瞿家湾において殺害された。

参考文献：蕭超然他『中共党史簡明詞典』下冊（解放軍出版社，北京，1987年）。施善玉他『中国軍事人物辞典』（科学技術文献出版社，北京，1988年）。王永均編『黄埔軍校三百名将伝』（広西人民出版社，南寧，1989年）。

〔安田淳〕

孫（そん）　多森（たしん）　Sun Duosen

（1867年1月23日～1919年）

字・蔭庭。安徽省寿県生まれ。貢生。清朝末期から民国初期の官僚，政治家，実業家。

父の孫伝機は李鴻章の部下で，太平天国鎮圧にも参加した。孫多森は貢生として候補同知・上海文報局幇辦となる。1898年兄の孫多鑫とともに阜豊面粉公司を設立，1900年その総経理となる。同公司は，中国人により設立された機械制製粉工場として堅調な実績を残した。

1901年候補道，また，上海電報局幇辦に任じた。この間，上海商務総会協理（05年には副会長），京師勧工陳列所名誉賛助員，直隷商務議員，北京自来水公司協理，天津啓新洋恢公司協理などとして実業部門に広く進出した。のち，直隷工芸局総辦，直隷全省工芸総局督辦となり，南洋勧業協賛会董事，南洋勧業会参議員などを歴任，10年直隷勧業道，安徽省勧業司長となった。

辛亥革命に際しては，唐紹儀に同行して上海へ赴く。中日実業公司・中日銀行設立計画に参与している。中日実業公司は，孫文の来日を直接の契機として設立された対中国投資のための合弁会社であり，日本側は当初は三井の森恪らが主導的役割を果し，のちに，渋沢栄一，勝田主計らが参与することにより本格化した政治性の強い対中国投資機関のひとつである。第２革命が起こり，1913年10月以後中日実業公司の中国側関係者は袁世凱政府の関係者に切り替えられたが，孫多森はその専務取締役に推されている。

1912年安徽省勧業司長，同時に，大清銀行を基礎とする中国銀行の運営にも参与している。同年９月熊希齢に代わって周学熙が財政総長となると，別に財政部内に籌辦国家銀行事務所を設置し，金邦平を総辦，孫多森を会辦に任じた。

こうした中国銀行をめぐる動向は，辛亥革命以後の財政金融政策の推移を示しており，南方の臨時政府が財政収支を重視する立場から中国銀行を政府の統制下に置こうとしたのに止まったのに対して，袁世凱政府は中国銀行を日本の中央銀行（日本銀行）制度をモデルとして，紙幣発券銀行として確立しようとしたことを示している。但し，袁世凱政権の中国銀行の運用も財政政策と金融政策の混在の中で進められ，1912年12月には改めて孫多森が中国銀行の管理責任者となり，30条にわたる則令を制定，参議院通過ののち，同則令は財政部から公布・施行された。その則令にもとづいて，改めて孫多森が中国銀行総裁に任命された(13年８月まで)。

1913年安徽省民政長，14年参政院参政，18年全国農工銀行籌備処議員となった。

参考文献：汪敬虞編『中国近代工業史資料』２輯下（科学出版社，北京，1957年)。黄美真・郝盛湖『中華民国史事件人物録』(上海人民出版社，上海，1987年)。姚崧齢『中国銀行24年発展史』(伝記文学出版社，台北，1976年)。野沢豊「民国初期の政治過程と日本の対華投資—とくに中日実業会社の設立をめぐって」,『史学研究』東京教育大学文学部，1956年12月。　〔飯島渉〕

孫（そん）　発緒（はつしょ）　Sun Faxu

(1869年～没年不詳)

字・純斎，琴斎。安徽省桐城県生まれ。清末及び民国初年の官僚，地方指導者。

清末，安徽省で地方官を務める。1907年省視察学官として訪日，当時の日本の地方改良運動と模範村運動に関心をもち，12月22日，３大模範村の１つ千葉県源村を参観。この経験は，後年の施策に影響した。

辛亥革命時には安慶における革命を鎮圧，その功により湖北按察使となり，さらに黎元洪の幕下において秘書長をつとめ，文電起草の任にあたった。

中華民国成立の際は，武昌で開かれた各省都督府代表連合会に，４名からなる湖北代表の１人として出席。1913年には漢口電報局長となり，黎元洪の側近として重用された。だが翌14年にはこれを辞して入京，しばらく袁世凱のもとにあったが，地方政治を志し，５月には自ら望んで直隷の定県長に就任した。在任中は，県内の学校を興し，村治を奨励した県長として知られる。就任直後には，同県の翟城村を訪れ，その地の指導者・米逢吉にあい，官紳協力による地方政治の強化について共鳴し，その村治計画に対して財政的援助を行った。15年秋には翟城の事績を「郷村自治の模範」と高く評価し，これを中国における模範村第１号に推奨した。

1916年７月山東省長に就任，これを約３カ月務めて，10月山西省長に転任。12月には二等大綬嘉禾章を受章した。だが17年６月，山西が黎元洪に反対して独立すると辞任，潜行して北京にはいったと伝えられる。以後の消息は不明。

才幹に富み，その言辞が巧みであったところから，当時の評価では「縦横の術に長じ，当代の張蘇なり」と言われた。

参考文献：張難先『湖北革命知之録』(上海商務印書館，上海，1946年)。賈恩紱纂修『定県志』文献志・職官篇名臣（成文出版社，台北，1934年)。『教育雑誌』7—10，1915年10月。支那研究会『最新支那官紳録』(冨山房，1918年)。　〔浜口允子〕

孫（そん）　洪伊（こうい）　Sun Hongyi

(1872年11月17日～1936年３月26日)

字・伯蘭。直隷省天津県生まれ。清末・民初の政治家。

天津の富裕な塩商の家に生まれ，挙人となった。教育事業に資金を出して取り組み，また1906年，自治研究所の設立に参加した。

1909年10月直隷省諮議局議員となり，12月上海で開催された16省諮議局代表者会議に出席し，国会早期開設請願代表団の筆頭代表に選出された。翌10年１月代表団は朝廷に１年以内の国会開設を請願したが，拒絶され，２月孫らは運動の継続のために「国会請願同志会」を組織し，本部を北京に置いた。同年６月，孫洪伊らは第２次の請願を行ったが，再び拒否された。この後，国会請願同志会は諮議局以外の団体を加える改組を行い，孫は幹事員に選ばれた。また7月，孫らは世論を喚起すべく，各省から資金を集めて，北京で『国民公報』を創刊した。8月北京で開催された各省諮議局連合会第1回会議で審査員に選出された。10月孫らは第3次の請願を行い，11月清朝は3年後の国会開設を回答した。11年5月北京で各省諮議局連合会第2回会議を開催した。6月北京で徐仏蘇らと各省諮議局連合会を母体にして立憲派の政党「憲友会」を結成し，その常務幹事となった。

1912年3月謝遠涵らと北京で「共和統一党」を組織し，理事長となった。4月湯化龍，林長民らと上海で「共和建設討論会」を組織し，10月同会や共和統一党など6政党を合わせて「民主党」を結成し，その「常務員」となった。

1913年2月直隷省から衆議院議員に当選した。5月国会第一党の「国民党」に対抗して，民主党，「共和党」，「統一党」の3党が合併し「進歩党」が成立すると，党務部副部長となり，6月には国会の憲法起草候補委員に選ばれた。7～9月の第2革命以後，反袁世凱的傾向を強めて進歩党を離れ，国民党に接近した。14年1月袁が国会を解散すると，孫洪伊は上海へ行き，15年末以降袁の帝制に反対する活動を行った。

1916年6月30日段祺瑞内閣の教育総長に任命され，7月12日内務総長に改任となった。8月1日の国会回復の前後，孫洪伊は旧進歩党の丁世嶧，王湘ら50～60人の議員と「韜園派」と呼ばれる政派を組織してそのリーダーとなった。9月9日韜園派は北京で旧国民党内の穏健派である「客廬系」及び急進派である「丙辰倶楽部」と合併し，国会第1党の「憲法商権会」を結成したが，同会は11月に分裂し，韜園派は翌年2月，丙辰倶楽部と合併して「民友社」を組織した。

孫洪伊は黎元洪大総統を支持し段祺瑞に反対する立場で入閣していたが，1916年8月段の片腕で国務院秘書長の徐樹錚が，内務総長の主管事項を孫に相談せず，また閣議も通さずに処理するなどの越権行為を働いたため，孫はこれを批判して段，徐と対立した。孫は直隷派の曹錕の姪の婿であったと言われ，同派の馮国璋とも交際があった。そのため韜園派は，反段の意図もあって，10月30日の国会副総統選挙会で馮国璋を推し，馮は当選した。

1916年10月以降，孫洪伊と段，徐の対立は一層激化し，段らは黎元洪に孫の免職を要求した。黎は孫が外遊や転任にも応じないため，両成敗の方法をとって，11月20日に孫を罷免し，続いて22日に徐も罷免した。孫ら韜園派は国会における旧国民党系の優勢を利用して，内務総長の後任人事案を否決し，12月初めには段の弾劾案を提出した。翌17年1月段は歩軍統領・江朝宗に口実を設けて孫宅の家宅捜索を行わせ，孫は逮捕を避けるため南京の馮国璋のもとへ逃げた。

1917年7月孫文が護法を呼びかけると，これを支持した。9月護法軍政府の内政総長に任命されたが，就任せずに上海に留まり，11月軍政府駐滬全権代表に任じられて，各方面との連絡，交渉に当たった。当時しばしば孫文派は「大孫派」，孫洪伊派（韜園派）は「小孫派」と呼ばれた。19年の五・四運動の際は学生運動を支持し，新聞などを通じて不平等条約の廃棄，日本の侵略政策への反対などを訴えた。20年11月軍政府顧問に任じられた。

1922年8月，旧国会が回復されると，11月北京で韜園派を「民治社」に改称・改組した。同社は議員約30人を中核に社員80人余りを擁し，孫洪伊は理事長となった。同年夏以降，孫文と曹錕の提携交渉を担当するようになった。23年1月初め中国国民党参議に任じられ，2月広州に戻って政権を再興した孫文から「辦理和平統一事宜全権代表」に任命されて孫，曹提携の交渉を続けたが，同年5月には失敗が明らかとなった。

その後中国国民党と別れて曹錕支持派に転じた。1923年10月の大総統選挙では，民治社の議員の多くが買収されて曹錕に投票した。翌年秋に曹錕が失脚し，国会が機能を停止すると，民治社も消滅し，孫は政界から引退した。

1927年憲友会時代以来の友人で国民政府主席となった譚延闓から国民政府顧問に任じられ，32年4月洛陽国難会議に出席した。36年3月上海で病死した。

参考文献：謝彬『民国政党史』（上海学術研究会総会，上海，1925年増補訂正版）。范体仁「孫洪伊与民治社」，『天津文史資料選輯』16輯（天津人民出版社，天津，1981年）。李新・李宗一主編『中華民国史』2編2巻（中華書局，北京，1987年）。関志昌「孫洪伊」，『民国人物小伝』第8冊（伝記文学出版社，台北，1987年）。潘栄「孫洪伊」，中国社会科学院近代史研究所編『民国人物伝』12巻（中華書局，北京，2005年）。

〔味岡徹〕

孫（そん）　家鼐（かだい）　Sun Jianai

（1827年～1909年）

字・燮臣，諡・文正。原籍，安徽省寿州，同地に生まれる。清末の高級官僚。

1859年，進士のトップで科挙に合格して状元のポストである修撰となり，77年には翁同龢と共に光緒帝に学問を講じた。その後翰林院侍読，内閣学士，工部侍郎，さらに工部，刑部，戸部の各尚書を歴任した。

日清戦争開戦には反対の立場であった。西洋の政治に学ぶべきとした康有為の第４上書（1895年）は孫家鼐が代奏しようとしたといわれ，その年康が北京に強学会を設立した際は場所の提供などの協力をしたが，その後楊崇伊による強学会非難の上奏をきっかけとして協力を断念した。結局強学会は解散を命じられ，官書局として再生，孫はその責任者となった。官書局規約では新聞の発行が禁止され，官書局は外国の紹介がその趣旨とされて，強学会の革新的な性格は骨抜きにされた。98年光緒帝の変法の詔勅が下ると，孫は京師大学堂の設立を担当したが，康有為一派の過激な主張をチェックする立場を堅持した。孫は康有為の思想・運動を理解し，同情を寄せたが，いわば西洋一辺倒の康に比して，孫はあくまで「中体西用」の立場に立っていた。孫は康の偏向的な著作は京師大学堂の教科書として不適である旨上奏し，さらに事実上康を中央から追放するなどして，康との立場の相違はここで決定的に明らかとなった。

1900年８カ国連合軍の北京進駐に際しては，西太后らに随行して西行し，礼部尚書，翌年吏部尚書，その後政務大臣，学務大臣，各大学士を歴任して，資政院総裁となり，09年82歳の長寿をまっとうして死去した。死後，太傅を贈られ，「文正」の諡を与えられた。

官書局に外国人顧問（ティモシー・リチャード）を招聘しようと試みたりした孫家鼐は上海強学会設立の詞に名を貸した張之洞と並んで，日清戦争に敗戦した当時，中国のおくれを認識していた開明官僚の代表であったが，やはり基本的に老練な官僚であり，「保皇党右派」ともいうべき立場で光緒帝と西太后の間を徘徊した。

参考文献：閔爾昌編『碑伝集補』巻１（四庫善本叢書館，北京，1923年）。民国清史館編『清史稿』巻443，列伝230（民国清史館，北京，1927年）。国家檔案局明清檔案館『戊戌変法檔案史料』（中華書局，北京，1958年）。中国史学会主編『戊戌変法』２・４（上海人民出版社，上海，1957年）。湯志鈞編『戊戌変法人物伝稿』上冊（中華書局，北京，1961年）。小野川秀美『清末政治思想研究』（みすず書房，1960年，69年）。

〔児野道子〕

孫　科（そん か）　Sun Ke

（1891年10月20日～1973年9月13日）

字・哲生。原籍，広東省香山県。中国国民党右派の政治家。広州市長。国民政府期の財政・外交家。

広東省香山県翠亨村で孫文の長男として生まれる。母は盧慕貞。1892年，祖母や母たちとともにハワイに渡る。幼少より中国古典に親しんだが，ハワイでは７歳の頃より私塾で学び，またカトリック系の学校で外国語や科学も学び，その後ホノルルのセントルイス学院に入学する。1910年，同盟会員となる。学院卒業後，辛亥革命で民国が成立すると，孫文の指示で一時中国に帰ったが，再びアメリカに戻った。12年７月，ホノルルで陳淑英と結婚。その後カリフォルニア大学（12～16年）で経済学・政治学を専攻し，17年にはコロンビア大学大学院で新聞学修士号を取得した。

1917年，帰国し大元帥府秘書や非常国会書記となった。また1919年，*Canton Times*（『広州時報』）の副主編など，編集記者として活動した。

1920年，広州市政庁長兼広州治河督辦となり，21年２月には初代広州市長に就任した。22年６月の陳炯明クーデターで広州を追われ，翌年に再び市長に復帰した（24年10月まで）。この間に，広州の都市改造計画や地方行政に力をつくし，政府財源の確保に努めた。

また1922年９月には国民党改進案起草委員となり，翌年10月には国民党臨時中央執行委員に選出され，国民党１全大会の文件の起草にあたる。また当時，太子派集団を形成し，胡漢民らの元老派集団と対抗して広州政局を動かした。24年10月，市長職を辞し，孫文北上に先立って，天津で張作霖との連絡にあたり，翌年の孫文の死にも立ち会った。

1925年７月，広東国民政府の政府委員に就任した。北京の西山会議派中執委からは商人部長に推されるが（11月），辞退した。26年１月の国民党２全大会では第２期中央執行委員兼中央政治委員に選出された。同年６月には広州市政委員長に就任した。また国民党中執委・政治会議委員や広東省政府省務委員となり，建設庁長も兼任。10月には省務委・常務委員主席，広州市長に就任した。11月に交通部が新設されると部長になる。この間，黄埔開港計画委員会主席委員，黄埔商埠股份有限公司執行委員会委員，査辦広九鉄路委員会委員として実業計画に関与した。

国民政府が武漢に移る過程で北上し，1926年12月に臨時連席会議委員となり27年に武漢政府が成立すると，政府委員，交通部長および湖北省政府委員に就いた。２期３中全会では武漢政府常務委員に選出され，また青年部長，党中執委員会常務委員，中央政治会議主席団，軍事委員，予算委員，外交委員，航空処長などを歴任した。さらに陳友仁らと外交部対日外交委員会委員になった。

1927年４月に南京国民政府が成立するとその政府

委員に推された。また鄭州会議に参加し，武漢と南京の調停工作に加わった。同年7月，湖北省政府委員を免ぜられたが，武漢派として，九江で南京派と会合，両派妥協による中央特別委員会では，委員（28年常務委員）に選出され，武漢政治分会委員になった。蔣介石辞任後の南京国民政府で，軍事委員，財政管理委員会委員，外交委員，財政部長などに就いた。中央特別委員会をめぐる対立が深まると，12月，財政部長を辞任し上海に去った。28年，新たに建設部長に任命されたが自らその取消も求めた。蔣介石が復帰すると孫科は出国し，胡漢民，伍朝枢らと「経済事情調査」のため，渡欧した。その間に建設委員会常務委員，国民党2期4中全会（南京）では国民政府委員，軍事委員会委員に選出され，財政管理委員会常務委員にも推された。

1928年6月，国民政府駐米代表としてパリからワシントンへ派遣され，済南事件などの折衝にあたった。また中華教育文化基金董事会の委員に就任。帰国後，新しい国民政府組織法の下で国民政府委員となる。同年10月に鉄道部長に就くと平奉線，津浦線の開通や修復など，鉄道事業で実績を上げる。また考試院副院長，両粤賑災委員会委員や禁煙委員会委員にも推された。翌29年には中国航空公司を創業し，その理事長に就任した。その後，財政委員，首都建設委員・常務委員，黄河水利委員，広東治河委員などに就いた。また総理陵園管理委員や，翌30年には整理内外債委員になった。党務としては，中央政治会議の委員（28年）や常務委員（29年）となり，3全大会（29年）以後，抗戦期にかけて国民党中央執行委員や常務委員として，「長期抗日」を主張した。

教育分野では交通大学長（1928～30年）や嶺南，中国その他大学の董事長の職を歴任し35年，復旦大学から法学博士の称号を受けた。

1931年5月，反蔣派が広東政府を樹立すると，非常会議常務委員として積極的に参加し広東省主席になった。妥協の結果，同年12月に南京国民政府が改組されると，その行政院長を引き受けたが，宋子文の反対で，翌32年に辞職した。32年1月，立法院院長に就任し，憲法起草委員会委員長にも就き，以後，五五憲法を起草した。全国経済委常務委員にもなった。

日中戦争の拡大期にはソ連との復交交渉にあたり1936年中蘇文化協会を設立，会長に就任，翌年には中ソ相互不可侵条約を締結した。38，39年の両年，訪ソして中ソ商務条約を締結した。国防最高委員会常務委員についたが，主に対外交渉にあたり，39年のソ連訪問後は欧州各国を訪れている。42年には中韓文化協会会長にも就任した。

日本敗戦後，重慶の政治協商会議（1946年）では国民党代表団として交渉に加わり，南京での制憲国民大会（同年11月）では，国民党代表団として参加し主席団を構成した。47年には憲政実施促進委員会や国民大会籌備委員会主任委員にも就いた。同年4月には国民政府委員・副主席になり，立法院院長の兼務職は解かれた。48年，南京で開催された行憲国民大会に参加するが，同年4月の国民党副総裁選挙に敗北する。5月に再び立法院長となり，7月に成立した戡乱建国動員委員会の主席となる。

1948年11月には行政院院長に就任するが，翌年2月，行政院を広州に移し，中国共産党との和平・停戦交渉に反対した。しかし李宗仁らの工作で，行政院長職を辞任する。49年7月の国民党非常委員会（広東）では委員に推されたが，大陸から出国後，50年フランスに移り，翌51年には渡米する。米国では中美文化教育基金会の董事長に就任。65年に台湾に渡って国父百年生誕慶祝典に参加した後，同地に留まり，同年12月より総統府高級諮議，66年8月には考試院院長に就任し，69年には国民党第10回全国代表大会で国民党中央評議員に選出された。69年に訪韓して勲章を贈られ，韓国中央大学名誉大学博士の称号も受けた。

1973年9月，心臓発作で倒れ，台北で死去。

著作は『孫科文集』（台北，70年），『孫哲生先生文集』（台北，90年）などに収められている。

参考文献：蘇平寧『孫哲生伝』（南京独立書店，南京，1947年）。劉国銘編『中華民国国民政府・軍政職官人物誌』（春秋出版社，北京，1989年）。呉相湘『民国百人伝』第4冊（伝記文学出版社，台北，1971年）。国民党中央党史史料編纂委員会編『革命人物誌』13集（中央文物供応社，台北，1975年）。劉紹唐主編『民国人物小伝』第3冊（伝記文学出版社，台北，1980年）。　〔栃木利夫〕

孫（そん）　良誠（りょうせい）　Sun Liangcheng

（1893年6月22日～1951年5月10日）

字・少泉。河北省静海県生まれ。国民党系軍人。

家族状況，及び少年時代の教育については不明である。1912年孫良誠は左路備補軍に入り，馮玉祥の部下となった。第1次国共合作期の24年10月には国民軍第6軍第2師3旅旅長となり，次いで第2師師長となった。26年9月彼は国民軍援陝総指揮兼第6路司令となり，翌27年6月には第2集団第1方面軍総指揮兼第6軍軍長となる。28年2月には国民政府軍事委員会委員となり，同年5月には山東省政府委員兼主席に就任する。

北伐戦争終了後，国民党内では蔣介石の権力が強化されるが，同時にこれに反発する気運も高まり，反蔣各派が形成されるようになる。孫良誠は1929年1月から7月まで首都建設委員会委員を務めた後，同年10月に西北軍の宋哲元らが反蔣を掲げて挙兵すると，彼は反蔣派の前敵総指揮に任じられる。しかし，翌年12月に馮玉祥・閻錫山連合軍による反蔣戦争が敗北に終わると，孫も彼らと共に下野し天津に閑居した。

1932年6月孫良誠は国民政府軍事参議院参議に就任し，翌年5月察哈爾（チャハル）民衆抗日同盟軍が成立すると軍事委員会常務委員に就任した。37年7月抗日戦争が勃発すると，孫良誠は冀察戦区遊撃総司令に任じられ，39年2月には河北省政府委員，蘇魯豫皖辺区遊撃総司令に任じられた。40年8月には山東省政府委員に転じ，翌年2月には第39集団軍副総司令となった。

これまで抗日戦争を戦ってきた孫良誠は，1942年4月に至って寝返り，6月には汪精衛の南京国民政府の下に身を投じて第2方面軍総司令に任じられた。同年8月孫は南京国民政府の軍事委員会委員並びに開封綏靖主任に任じられ，44年9月には蘇北綏靖主任に，45年1月には国民党蘇北党務指導委員会主任委員に任じられた。抗日戦争後，孫は蔣介石の下に戻り先遣軍司令に任じられ，国共内戦下の48年には暫編第25師師長，第107軍軍長，更には第1綏靖区副司令官となった。同年11月淮海戦役の際に中共軍に投降したが，後に逃亡して蔣介石の下に戻った。しかし，中共軍が江蘇省を制圧する際に捕われ，51年蘇州で病死した。

参考文献：来新夏主編『北洋軍閥史稿』（湖北人民出版社，武漢，1983年）。徐友春主編『民国人物大辞典』（河北人民出版社，石家荘，1991年）。陳旭麓・李華興主編『中華民国史辞典』（上海人民出版社，上海，1991年）。〔嵯峨隆〕

孫　眉（そん　び）　Sun Mei

（1854年12月6日～1915年2月11日）

名・徳彰，号・寿屏。広東省香山県翠亨村生まれ。孫文の長兄，興中会会員，孫文の革命運動を援助した。

父・孫達成は貧農で，孫眉も少年時代から農業労働に従事し，隣村の地主の傭工をしたと伝えられる。身体強健，性格も強情であったという。当時は香山県人でハワイへ出稼ぎするものが多かったが，孫眉の母親の弟・楊文納もハワイ華僑であった。18歳の時，一時帰国した楊文納につれられてハワイに赴き，同郷人経営の農場で労働者として働いた。1877年6年間の勤労・倹約の成果と楊文納の援助でハワイ王国政府の土地を借りて開墾に従事し，数年後にはマウイ島に広大な荒地を借りて開墾，牧畜に従事，同島のカフルイ，オアフ島ホノルルに農産物商店を経営し，大いに成功して「キング・オブ・マウイ」と称されるほどになった。のちには故郷に中国人移民事業のための事務所も開設した。こうして，孫眉は，中国にいる家族の生活の世話をするようになった。

1878年一時帰国し，母・楊氏及び弟の孫文をともなってハワイにもどった。当初，孫眉は孫文にはカフルイにある商店の業務を手伝わせようとしたが，孫文が学問に興味を示したのでホノルルのイオラニ・スクールに入学させ，英語を学ばせた。のち，孫文がキリスト教に入信したことを怒って，弟を故郷に送還し，中国伝統文化を学習するよう勧めたが，同時に財産の一部を与え，経済的援助を続けた。孫文が故郷で偶像破壊をしたことを聞くと孫文をハワイに呼び寄せ，贈与した財産をとり戻したが，のち孫文が帰国すると，父親に資金を送って孫文が広州，香港で勉学を続けられるようにしてやった。

孫文が反清朝の革命運動を開始するため，1894年ハワイに渡り，華僑の間で資金募集・組織工作を行った時，孫眉は率先して賛成し，革命組織「興中会」に加入した。95年孫文が最初の武装蜂起に失敗して，日本を経てハワイに亡命した時も，孫眉は行動計画について助言し，経済的援助を与えた。

1899年康有為，梁啓超がハワイに「保皇会」を組織し，孫文の紹介で孫眉に協力を求めたので，かえって革命派の活動が打撃を被ったことがあった。

ハワイ王国が1898年にアメリカに併合されてからは，華僑の企業活動に対する制限が強化され，孫眉も営業が次第に不振となったが，1904年孫文がハワイに来た時には，秘密結社「致公堂」加入を弟に勧め，革命運動の発展に尽力した。

1907年孫眉は借地に関する訴訟事件にまき込まれたこともあって，ハワイのすべての事業を停止し，陳少白らの世話で香港九龍の土地を借りて，果樹，野菜の栽培，牧畜業に従事したが，陳少白らや地主と対立があって，あまり順調には行かなかった。この間も孫文の革命活動に参加し，また経済的援助を行った。

1911年辛亥革命に際しては，中国同盟会主流に反発する旧興中会員から擁立されて広東都督に就任する動きがあったが，孫文から「兄はあまりに正直すぎて，政治には不向きである」と反対されて実現しなかった。その後南京に行き，臨時大総統となった孫文に批判的意見を述べたが，弟から政治不関与を勧告されて帰った。まもなくマカオに引退して，15年病死した。

参考文献：鄒魯編『中国国民党史稿』(台湾商務印書館，台北，1965年)。馮自由「孫眉公事略」，『革命逸史』２集(台湾商務印書館，台北，1969年)。劉紹唐主編『民国人物小伝』第４冊(伝記文学出版社，台北，1981年)。荘政『孫中山家属与民国関係』(正中書局，台北，1989年)。黄健敏編著『孫眉年譜』(文物出版社，北京，2006年)。

〔久保田文次〕

孫　文（そん　ぶん） Sun Wen

(1866年11月12日～1925年3月12日)

譜名・孫徳明，幼名・孫帝象，日本名・中山樵，高野長雄，号・日新，逸仙，中山。筆名・載之，公武，南洋小学生，南洋一学生。化名・陳文，陳載之，呉仲，高達生，杜嘉偌。欧米ではしばしばSun Yat-senと呼ぶ。台湾での尊称は国父。出生地，広東省香山県翠亨村。中国国民党総理，革命家，政治家。

貧しい農家に父・孫達成，母・楊氏の三男として生まれた。出稼ぎで成功したハワイの長兄・孫眉のもとに行き(1879年)，教会学校で学び，４年後帰国。84年香港のクイーンズ・カレッジに入学し，洗礼を受けた。86年広州の博済医院の付属医学校に入学して医学を学び，反満秘密結社・三合会の首領・鄭士良と知り合った。87年改良主義者として著名な何啓が亡妻を記念して香港に創設した西医書院(アリス医院付属医学校。香港大学医学部の前身)に転じ，何啓，カントリーらから医学を学んだ。このように少年期から欧米の社会・文化に触れる機会が多く，その間，84～85年の清仏戦争で中国が敗れたことに刺激されて，陳少白らとの交友を通じて反満の民族意識を強めた。92年西医書院を首席で卒業し，澳門(マカオ)，広州で開業。この間に革命を決意するに至る。やがて医業を離れて革命運動に専念し，94年11月最初の革命組織として秘密結社・興中会をハワイで作った。95年１月香港で写真館経営中の日本人実業家・梅屋庄吉と知り合い，革命援助の盟約を結ぶ。２月香港に興中会本部を設け，広州で最初の武装蜂起を企てたが失敗，11月日本に亡命して横浜に興中会分会を設けた。これ以後，日本渡航は合わせて15回(そのうち亡命12回)，滞在期間は通算約９年(横浜約５年，東京約４年)の長きに及ぶことになる。96年革命遊説のためアメリカを経てイギリスに行き，10月ロンドンで欺かれて清国公使館に13日間監禁されたが，香港西医書院時代の恩師カントリーらの奔走により奇跡的に救出され，この事件と，97年に英文で発行した体験記*Kidnapped in London*によって，革命家としての孫文の名は欧米で一躍有名になった。

このヨーロッパ滞在中に欧米社会についての見聞を広め，とくにロンドンでは大英博物館の図書館に通い，政治，経済，法律，社会，工業，農業，軍事などの図書を読破し，資本主義社会の実情に触れることによって民生主義の構想を作り上げ，のちの三民主義の基本綱領を完成した。

1897年日本に戻り，宮崎滔天，平山周，犬養毅らを知り，東京，横浜に居住した。98年戊戌政変が起こり，康有為，梁啓超らが日本に亡命してきた際，宮崎らは孫文と康有為を提携させようと画策したが康の拒否により，実現しなかった。康有為，梁啓超ら保皇派の日本での宣伝活動は，同時期日本亡命中の孫文らの革命運動にとって大きな障害となった。康有為らは清朝・光緒帝擁護，共和革命反対を唱え，梁啓超は横浜で保皇派機関誌『清議報』を発行して中国国内と海外華僑に呼びかけた。このため孫文の革命宣伝活動は保皇派の論客・梁啓超に妨げられ，在日華僑の数は１万を超えたにもかかわらず，孫文ら革命派の努力により数年の間に獲得できた興中会員は百数十名にすぎなかった。97年孫文の革命思想の影響を受けた横浜華僑の馮鏡如，馮紫珊らが中心となり興中会は横浜の華僑の子弟のために中華街に中西学校を設立したが，98年戊戌政変後の康有為，梁啓超らの日本亡命の影響で，馮鏡汝らが保皇派に傾き，また校長に保皇派の徐勤が就任するに及んで，校名を大同学校と改めた。翌99年横浜大同学校は正式の開校式を行い，犬養毅が新しく校長に就任した。

横浜滞在中の1898年，アメリカのフィリピン支配に抗してフィリピン独立を要求して起ち上がったフィリピン独立軍の委員ポンセと横浜で会い，興中会員をフィリピンに送り込んで独立軍の勝利を早め，その余勢を駆って中国革命の成功を促そうと提案したのに対してポンセは同意し日本で武器を購入してフィリピン独立軍に輸送することを孫文に依頼した。孫文は宮崎，平山，犬養らの協力を得て政商・中村弥六を通じて日本陸軍の払い下げの武器の入手に成功し，輸送のため布引丸を買い入れ，玄洋社の内田良平の勧めで平岡常次郎(平岡浩太郎の実弟)が燃料の石炭を無償で提供し，武器弾薬を満載した布引丸はフィリピンに向かったが途中暴風雨のため沈没した。その後，独立軍から再度の依頼があり，再び日本で武器弾薬が準備されたが間に合わず，独立軍は敗北し，これらの武器弾薬は孫文に譲与されることになった。1900年義和団事件に乗じて鄭士良らに広東省恵州で挙兵させ，厦門出兵をねらう日本軍部からの武器援助の密約に期待したが，武器弾薬の補給が続かず失敗した。この恵州蜂起は，外国の膨張主義的勢力の援助に依存しつつ武装蜂起を強行することによって清朝を打倒しようとする当時の孫文のいわば武装蜂起中心主義の革命路線の典型的な例であった。

恵州蜂起失敗の後，引き続き横浜に居住していた孫文は，1903年秋から第２回目の欧米遊説に向かった。この20世紀初頭の時期，清朝の新政運動が始まり，一方，革命派と保皇派の間で革命の是非をめぐる論戦が続いていた。05年７月，日露戦争の勝利に沸く日本に帰った孫文は，黄興と会見して革命派の大同団結に合意した。東京で革命三派（孫文らの興中会，黄興，宋教仁らの華興会，章炳麟らの光復会）合同による中国同盟会が結成され（８月20日）孫文は総理に選ばれ，機関誌『民報』を発刊し三民主義を政治綱領として掲げた。06年「革命方略」を発表し，共和国建設の順序として軍法の治，約法の治，憲法の治の３期に分けた。これはのちの「建国大綱」の原型となった。これ以後，革命派は各地で10回にのぼる武装蜂起を繰り返したが，いずれも失敗に終わった。

1911年10月10日の武昌蜂起で辛亥革命が勃発，アメリカにいた孫文は，列強に革命派に対して中立的ないし好意的態度をとらせるためヨーロッパに渡って外交活動を行ったのち，12月25日上海に帰国した。この帰国に際して孫文は，日本に立ち寄って「公然滞在」することを日本側に認めてほしいと要望している。日本側が革命派に同情的態度を有することを示せば革命軍を鼓舞することになり，また日本政府が「陰然北京政府ヲ庇護スルトノ疑」を解くことにもなり，革命派，日本側の双方にとって有益であるからとの理由であった。これは日本側に認められなかった。

革命派と清朝・北京政府側との間でイギリスの仲介により停戦交渉が進められ，南北講和から清帝退位，共和政府樹立へ政局は急展開するなかで，日本から渡来した犬養毅，頭山満らの革命派に対する南北妥協反対勧告は中国の分裂を策するものと疑われて反って革命派の対日疑惑を生ぜしめ，南北妥協を促進させる結果となった。

孫文は辛亥革命時期，武器購入その他の資金に乏しかったため，外国とくに日本からの借款獲得を試みた。蘇省鉄路公司借款契約300万円が大倉組との間で結ばれ，250万円が支払われた。三井物産との間の漢冶萍公司借款500万円は，300万円が交付されて購入武器代金支払いに充てられたが，中国側に反対運動が起こり，借款は立ち消えとなった。招商局借款1,000万円は仮契約が調印されたが，イギリスと北京政府の反対で取り消された。また孫文は1912年２月３日三井物産の森恪と会談し，森恪が元老・桂太郎の内意を受けた三井物産顧問・益田孝の内命に基づいて，革命派に対する日本の援助と交換に「満州」を日本の租借地にするという提案を示したのに対して，孫文は日本側からの1,000万円借款供与を条件に，この提案を受諾した。しかし結局実現しなかった。12年１月１日中華民国が成立し，孫文は臨時大総統に就任したが，革命派が組織面，軍事面，財政面で弱体のため，清朝側の実力者・袁世凱との交渉で，清朝皇帝の退位と共和制の採用とを条件として，袁に大総統の地位を譲ることを余儀なくされた。袁世凱大総統のもとで臨時約法（憲法に当たる）が公布され，革命派はこの約法によって大総統の権限を抑えようとした。９月籌画全国鉄路全権に任命され鉄道建設と実業振興に努めたが，袁が専政支配を強化し，孫文の同志・宋教仁を暗殺したため，13年７月第２革命を起こしたが敗れ，８月日本に亡命し16年４月まで東京で袁世凱打倒のため第３革命を準備し，発動した。

1912年８月中国同盟会は国民党に改組されたが，13年11月袁世凱により解散を命じられた。日本亡命中の孫文は14年７月国民党を改組して中華革命党を組織したが，極端な独裁制をとったため，これに反対する黄興らの有力同志が離脱した。第１次世界大戦勃発後，中国への大幅な権益拡大をねらいつつあった日本が15年１月袁世凱政府に21カ条要求を突きつけた時，孫文はこれに反対の意思表示をせず，犬塚信太郎，山田純三郎との間で「中日盟約」（11カ条）を締結し（２月５日），これを外務省政務局長・小池張造に提示（３月14日）して討袁革命への援助を求めた。この「中日盟約」は，一方では中国の条約改正・関税独立・領事裁判権撤廃・内政改革・軍備整頓・国家建設などに対する日本の援助を規定し，他方では政治・経済・外交・軍事面における日本の極めて大きな優越的地位ないし優先権を約定しており，とくに日本側の利益ないし優先権を規定した第２・３・４・６条は基本的には21カ条要求の第５号の内容とほぼ一致する。孫文が「中日盟約」に調印した背景には，当時進行しつつあった第３革命準備工作への日本側からの資金供与・武器兵員調達などに関する積極的援助に対する強い期待があったと考えられる。この約３年間の亡命期間中に，日本の政治家，軍人，実業家などに革命援助を求めて接近したが，梅屋庄吉の辛亥革命前から続く物心両面にわたる援助や久原房之助，鈴木久五郎らからの資金援助などを除けば，成果がなかった。1884年に親の決めた盧慕貞と結婚して以来，１男（孫科）

２女をもうけたが，協議離婚し，1915年10月25日，梅屋庄吉夫妻の尽力で東京で宋慶齢と結婚。15年末袁世凱の帝制運動に反対する第３革命が起こり，16年袁の病死で旧国会と臨時約法が復活したが，北京政府は依然として反動的北洋軍閥の支配下におかれ，広東に基盤をおく孫文らの第１次広東政府との間で南北対立が始まった。18年広東政府内部の反動軍閥に排斥され，大元帥辞任に追い込まれた孫文は，上海に脱出し，従来の革命路線を再検討し，『建国方略』の著述の中で「心理建設」「物質建設」「社会建設」について論じ，19年８月朱執信らに雑誌『建設』を発行させた。19年６月に発表された「心理建設」は「行易知難」説とも称されるが，知すなわち科学的知識ないし認識の重視と，それ以上に行すなわち社会的実践ないし革命的実践の重視とその実行可能性の強調によって，国民に「志」すなわち革命的実践への自覚的主体性の確立を要望したものであり，国民がそれぞれの個人的進化の段階において分担すべき役割を「先知先覚」「後知後覚」「不知不覚」に３区分し，すべての国民が革命実践に参加し協力すべきことを要望したものであった。1920年に英文で発表された「物質建設」は国内経済建設，実業発展のために列国の外資導入を図り中国の資本主義的発展を目指す大規模な経済建設計画であり，①鉄道・道路・運河・河川などの交通運輸機関の開発②開港場の開設③鉄道・開港場における新式市街地の建設④水力の開発利用⑤製鉄所とセメント工場の建設⑥鉱山の開発⑦農業の開発⑧蒙古・新疆の灌漑⑨華北と華中の植林⑩東三省・蒙古・新疆・青海・西蔵への移民などの構想を展開している。(12年に孫文は鉄道建設計画を発表し，60億元の外資を導入して20万里の鉄道建設を10年以内に完成し40年間で元利を償還して全鉄道を国有化するという計画をもっていた。) 17年の「社会建設」は会議の民主的運営方法を具体的に説明したものである。19年２月から５月にかけて上海で開かれた南北和平会議に対して，孫文は武力による南北統一を主張してこれを批判するとともに，上海駐在日本総領事を通じて日本政府に対して，再三にわたり軍事援助を要請したが，拒否された。

1919年５月の五・四運動に触発されて，「革命の成功を収めようと欲するならば，必ず思想の変化に頼るべきである」と述べて，宣伝活動により民衆を思想的に啓発して革命運動に組織化することの重要性を認識するに至った。10月中華革命党を改組して公開の政党・中国国民党に変えたのはその表れである。またこの時期，従来日本に対して依存的態度の強かった孫文は，基本的には対日批判的態度に転換する。19年６月『朝日新聞』に寄稿し，日本の帝国主義と侵略政策をきびしく非難した。これ以後，宮崎滔天，梅屋庄吉，萱野長知，山田純三郎，犬養毅ら一部の日本人との接触・交流を通じて革命援助への期待を残しながらも，基本的には日本政府・軍部などへの依存的態度を改めて，専ら日本国民に対して中国の不平等条約廃棄要求への理解と支持を呼びかけるに至る。20年末第２次広東政府を組織して21年５月非常大総統に就任し列国の承認を求めたが効なく終わった。22年６月広東政府の軍事的支柱であった陳炯明の反乱に遭って上海に逃れ，第２次広東政府は崩壊した。

五・四運動以後の孫文の思想的発展は，第３革命後続いてきた護法闘争を再検討させることになった。1921年１月「正式政府の成立は民国の基礎を鞏固にする」と題する講演で「護法は決して根本問題を解決できない」ことを認めた。22年には「中華民国の建設は必ず人民を基礎とすべし」と主張するに至った。22年１月「軍人の精神教育」と題する講演では，三民主義の現状とその実現方法及び中国の窮極的理想像を鮮明に描いている。その中で三民主義は「自由平等の主義」であり，民族主義は民族の不平等の打破，民権主義は国内の政治上の不平等の打破，民生主義は社会的不平等の打破を目標とするものであり，英米では「政治革命成功後，さらに社会革命にまで思いを致さなかった」ために今日社会問題が発生しており，「ソヴィエトの現在の政府のみはこの点に鑑みて政治革命と社会革命を同時に並行して行った」ので「君主専制を覆したのみでなく資本家専制の打破も実行した」としてソヴィエトにおける社会革命を高く評価した。この時期に孫文のソヴィエトに対する思想的共鳴が明確になってきていることが知られる。

ロシア十月革命後のソヴィエトに対する接近は，1918年５月頃のレーニン宛てのロシア革命成功を称える祝電から始まり，21年末コミンテルン代表マーリンの来訪を受け，次第にソヴィエトに対する思想的共鳴を深め，23年１月上海でソヴィエト代表ヨッフェとの間で孫文・ヨッフェ共同宣言を発表してソヴィエトとの協力を約束し，８月蒋介石を団長とする軍事視察団をモスクワへ派遣して軍事組織などを学ばせた。一方，21年７月成立した中国共産党との提携を積極的に進めた。共産党も，ブルジョア民主主義政党との提携を推進しつつあったコミンテルンの方針に沿って，国共合作に踏み切った。23年３月第３次広東政府を組織し，10月コミンテルンが派遣したボロディンを国民党の最高顧問に任命し，11月国民党改組宣言を発表して反軍閥・反帝国主義を国民党として初めて掲げた。ボロディン指導のもと，譚平山，瞿秋白らの共産党員が中心となって準備を進め，24年1月中国国民党第1回全国代表大会（1全大会）を開き，国民党改組，役員選出（孫文を総理とした），軍官学校設立，連ソ・容共・扶助農工の「3大政策」などを決定。特に1全大会宣言は，軍閥の背後に帝国主義列強が存在して中国の内乱を作り出しているとして，人民自身の政府を樹立すべきことを主張し，反帝反封建を明確に表明。民族主義では民族解放と国内各民族の平等及び自決権を，民権主義では間接民主制と直接民主制及び五権分立主義をそれぞれ採用。民生主義では従来の地権平均・資本節制のほか，「耕者有其田（耕す者に土地を与える）」，失業救済，労働法制定などによる労働者農民の生活改善を中心に置いた。その具体的な政策としては，一切の不平等条約の廃棄，普通選挙の実施，男女平等の原則，教育の普及などを挙げた。これ以後孫文は，革命的急進ブルジョアジー及び革命的国民党左派を代表する立場に立って，革命的民衆を結集する民主連合戦線に基礎をおいた反帝国主義的民族解放運動の一方の指導者となった。

1924年1月から8月まで広州でほぼ毎週1回行った連続講演をまとめたものが，孫文の主著『三民主義』である。『三民主義』は孫文思想の集大成であり，その内容は，一部に論理的矛盾もあるが，1全大会宣言に掲げたいわゆる「新三民主義」をより詳細に説明し，三民主義の目標は亡国の危機から中国を救うための救国主義であるとし，中国の「次植民地」的状況から民族の真の独立を回復すること，4億人民すべてを皇帝にするいわゆる「全民政治」を実現することを強調し，民生主義は社会における財源を平均するためのものであって，民生主義とは共産主義であり，社会主義であると主張した。同年4月『国民政府建国大綱』を発表し，三民主義と五権憲法（立法・司法・行政・監察〔または弾劾〕・考試）とに基づいて中華民国を建設すること，建設の順序は，中国同盟会結成当時の『革命方略』を発展させて，軍政時期・訓政時期・憲政時期の3段階とすることなどを定めた。

1924年9月第2次奉直戦争が起こると，北京政府を支配する直隷派を打倒するため北伐宣言を発表し，22年初頭の第1次北伐に続いて第2次北伐を開始した。10月直隷派の部将馮玉祥が奉天派に内応してクーデターを起こし（北京政変），直隷派が敗北したのち，孫文は馮玉祥らの招請に応じて北上することに決定。途中日本に立ち寄り，日本国民に中国の不平等条約廃棄要求に対する理解と支持を訴えた。11月28日神戸で「大アジア主義」について講演し，欧米の「覇道」と東洋固有の「王道」を対置し，ソヴィエトを王道国家と規定し，アジアの被圧迫民族解放のため日本が覇道を捨てて王道に帰ることを要望した。12月天津を経て北京に到着したが，肝臓癌のため25年3月12日58歳で死去。国民党への遺嘱として，「世界でわれわれを平等に待遇する民族と連合し，共同して奮闘す」べきこと，「革命はまだ成功していない」ので同志は，建国方略，建国大綱，三民主義及び1全大会宣言に基づいて努力を継続し，国民会議開催と不平等条約廃棄を最短期間に実現すべきことを書き残した。ソヴィエトへの遺書で，民族革命運動を推進して中国を帝国主義の半植民地的状況から解放するためにソヴィエトと永久に提携するよう国民党に命じたことを明らかにするとともに，中ソ両国が「世界の被圧迫民族の自由を勝ち取るための大きな戦いにおいて，提携してともに進み，勝利を獲得する」よう希望した。遺体は北京西郊の西山の碧雲寺に葬られたが，29年南京の紫金山の中山陵に移葬された。

孫文の死後，国民党内では，孫文思想をいかに継承するかをめぐって，容共左派と反共右派の対立が表面化し始め，1927年国共合作の崩壊によって孫文の三民主義路線をめぐる解釈の分裂は決定的となった。国民党による孫文神格化が始まり，孫文は「国父」として崇拝され，国民党の象徴的存在となった。37年日中戦争勃発とともに第2次国共合作が形成された時，その理論的根拠となったのは孫文思想であった。第2次世界大戦後，中華人民共和国成立を経て，中国における孫文評価は，国内政治状況の変化に伴って大きく揺れ続け，「文革」期に最低に落ち込んだのち，76年以後高揚に転じ，80年代に入って中国の近代化政策推進の中で，孫文は近代中国の民主革命の先駆者として高い評価を受けつつある。

参考文献：広東省社会科学院歴史研究所・中国社会科学院近代史研究所中華民国史研究室・中山大学歴史系孫中山研究室合編『孫中山全集』全11巻（中華書局，北京，1981～86年）。中国国民党中央委員会党史委員会編『国父全集』全6冊（同党史委員会，台北，1973年）。陳錫祺主編『孫中山年譜長編』上・下（中華書局，北京，1991年）。C. Martin Wilbur, *Sun Yat-sen, Frustrated Patriot*（Columbia University Press, New York, 1976）。久保田文次『孫文・辛亥革命と日本人』（汲古書院，2011年）。藤井昇三『孫文の研究』（勁草書房，1983年）。
〔藤井昇三〕

孫　武（そん　ぶ） Sun Wu

（1879年11月8日～1939年11月1日）

原名・葆仁，字・尭卿，号・夢飛。湖北省夏口県生まれ。清末新軍の将校，武漢地区の革命運動の指導者。

祖父の孫允忠は太平天国に参加し，失敗後に夏口柏泉郷に潜居したという。父の孫賢恭は清朝軍の将校であった。孫武は幼少より武術を好んだので武と改名したといわれる。18歳で湖北武備学堂に入学，呉禄貞，傅慈祥と同級であり，常に呉・傅と国事を談じていた。卒業後任官し，岳州駐屯の威武営の管帯（大隊長）に累進した。

1900年呉禄貞が唐才常らと自立軍蜂起を計画した時，孫武はその岳州司令に任ぜられたが，失敗後広西に逃れ，金に改姓した。04年呂大森，曹亜伯らが科学補習所を設立すると，孫武も加盟し，軍隊，会党工作を担当した。のちに弾圧にあい，やむなく日本に留学して成城学校に入学したが，滞在3カ月未満で，日本の「清国留学生取締規則」に抗議して帰国した。のち，武漢地区の革命団体「日知会」に参加したが，06年の萍瀏醴蜂起に関連して日知会が閉鎖され，孫武の家宅も捜索を受けた。孫武は東北地方に逃れ，呉禄貞らの援助を得て馬賊と接触，ついで再び日本に渡り，大森の軍事講習会に参加，07年焦達峰らと長江流域の革命促進をめざして「共進会」を結成，その軍務部長となった。同年帰国，09年4月湖北共進会を設立，新軍，学生，会党の中で活動したが，当局に察知されて広州，ついで香港に逃れ，香港で洪承点の紹介で中国同盟会に入会した。

1910年6月ひそかに武漢に戻り，共進会の新軍内への浸透をはかり，蜂起の計画を定めた。孫武は，この間，官僚や会党に革命への参加を呼びかけるよりも，兵士を革命運動に吸収する方が有利であると認識し，待遇や昇進に対する兵士の不満を利用して兵士を吸引した。また，武漢に来た同盟会の譚人鳳に対しては，広東地区におけるよりも，武漢地区における蜂起の利点を力説した。

1911年10月文学社と共進会との連合計画が実現，蜂起軍の司令官には文学社の蔣翊武が，参謀長には孫武が就任することとなった。10月8日漢口ロシア租界宝善里のアジトで点検中の爆弾が暴発し，孫武は負傷して入院した。10月10日に武昌蜂起が起きたが，孫武が戦列に復帰したのは10月26日になってからである。この間，孫武は革命軍総司令の黄興と対立し，また，中華民国臨時政府の陸軍次長にもなれなかったことから，孫文や南京臨時政府とも対立するようになった。こうして，孫武は黎元洪を擁立して12年1月民社を結成，新聞『民声日報』を発行，反同盟会勢力の一中心となった。のち，陸軍中将を授けられ，上将銜（待遇）を加えられた。袁世凱の帝制時期には参政院参政などの官職を受けた。その後は中央政治に関与せず，武漢の地方軍閥のもとで官職につき，軍閥と結託し，地位を利用して巨富を得た。39年11月北京で病死した。

参考文献：中国国民党中央委員会党史史料編纂委員会編『革命人物誌』10集（中央文物供応社，台北，1972年）。賀覚非編『辛亥武昌首義人物伝』上冊（中華書局，北京，1982年）。阮知「孫武発家及其政治上的堕落」，『近代史研究』1983年1期。中国社会科学院近代史研究所主編『民国人物伝』12巻（中華書局，北京，2005年）。

〔久保田文次〕

孫　毓筠（そん　いくいん） Sun Yuyun

（1872年～1924年）

字・少侯，少甫。安徽省寿県生まれ。原籍，山東省済寧県。清末の大官僚・孫家鼐の孫。中国同盟会会員，袁世凱帝制下のいわゆる帝制八凶の1人。

科挙の前段階の院試に合格した。1906年3月，妻とともに日本に留学し，同時に中国同盟会に加入し，財力に物をいわせて安徽支部長となった。時に同盟会本部は財政難に苦しみ，早くも地域主義が表面化し，本部執行部の庶務幹事になった孫毓筠は，宋教仁，董修武，楊篤生，黄樹中らと同盟会の再建にあたった。この年の10月に帰国。南京に留まり，新軍に働きかけて，萍郷，瀏陽，陵醴の蜂起計画に呼応しようとしたが，官憲に探知されて捕えられた。しかし，両江総督・端方は彼が大学士・孫家鼐の孫ということで，刑を軽減，監禁5年に処した。

辛亥革命が勃発すると釈放され，江浙連軍総部副秘書長になり，1912年3月安徽都督に就任した。7月，袁世凱が倪嗣冲を安徽布政使に任命すると，都督の職を柏文蔚に譲って上京した。北京では陸徴祥内閣の教育総長として入閣するはずであったが，同盟会は孫毓筠，胡瑛，沈秉堃の入閣を許さず，7月19日，参議院は同盟会の反対で孫らの指名を否決した。国民党が結成されると孫毓筠は参議の1人となり，さらに12年暮れの総選挙で参議院チベット選出議員となったが，同盟会，国民党への不満は抗し切れず，自ら政友会を組織し，また総統府政治顧問となって，袁世凱から月収800元を受け，しだいに袁に近づいていった。

1913年3月宋教仁が暗殺されると，宋教仁事件を調停するという名目で国事維持会を作ったが，実際は袁世凱の肝入りの組織であった。第2革命の失敗で国民党が解散を命じられると，孫毓筠は民憲党の結成を呼びかけ，楊度に加入を要請し，袁世凱の間接的な御用党を自負した。この後も袁の指示を受けて憲政研究会を設立し，純粋の学会を称したが，これも国会で憲法を制定する審議に加わらんための団体に他ならなかった。その後，11月には政治会議議員となり，14年1月袁世凱が国会解散を命じ，3月約法会議を召集して新約法を制定しようと企てると，その議長に選出され，5月参政院参政に任じた。15年8月，国体問題を研究する名目で楊度らと籌安会を発起し，その副理事長となって厳復，劉師培，胡瑛，李燮和を加えて，北京で盛んに袁世凱の帝制を宣伝し，かつ大典籌備処副処長に就いた。

1916年6月袁世凱が死ぬと，7月14日に黎元洪の新政府からいわゆる八凶の1人として逮捕令が出されたが，すでに楊度と天津の租界に逃れ，一時自殺を図ったとうわさされた。17年7月，張勲の復辟にどう係わったのか明らかでないが，復辟失敗後，「復辟陰謀紀実」という文章を書いて上海の『中華新報』に掲載し，その内幕を暴露し，かつ復辟に賛同して他人のために政治の犠牲になったことを嘆いた。18年3月に逮捕されたが，すぐに特赦を受け，その後，政界から姿を消した。24年，河南軍務督理の胡景翼に招かれて開封に赴き，その幕客となるが，この年，開封で死去した。

孫毓筠の政治活動は何の主義主張もなかった。いわば地位と名声を得るため，巧みに政界を遊泳する典型的な官僚の姿を見い出せる。陶菊隠が彼を評して次のように語るのは，彼の生涯の行動を言い当て興味深い。「孫毓筠の人となりは，碁石を手に持ったままで打ちあぐね，異なるものを見て気移りがする。彼は秀才に合格すると，金で同知（知府の補佐官）の職を買い，また三品の道台（道の長官）を買い足した。彼は族長の孫家鼐の官位の高いのに鑑みて役人になろうと思った。彼の父が『楞厳』，『円覚』の諸経を読んで夢中になっているのを見ると，また出家して和尚になろうと思った。1905年，桐城の人，呉樾が5大臣の暗殺を企て，“一挙に名を天下に知らしめた”のを聞いて，思想的に大きな影響を受けて革命党になろうと決心した」。

参考文献：陶菊隠『籌安会六君子伝』（中華書局，北京，1981年）。黄美真・郝盛潮主編『中華民国史事件人物録』（上海人民出版社，上海，1987年）。〔松本英紀〕

孫　岳（そん　がく） Sun Yue

（1878年～1928年5月27日）

字・禹行。河北省高陽県生まれ。北洋軍，のち国民軍軍人。

孫岳の家は，代々読書人の家であった。彼は6歳で私塾に入り，科挙の準備をする。若くして科挙に合格し，秀才となる。後，保定武備学堂に入学し，卒業後は北洋軍第3鎮砲兵排長に任ぜられる。1907年保定軍官学堂（後の陸軍預備大学堂，民国以後陸軍大学と改称）第2期速成科に入学する。09年卒業し，第3鎮2等参謀官兼将校研究所教官に就任する。その後，歩隊第9団第3営営長に任ぜられる。

1911年10月10日辛亥革命が起きると，孫岳は陸軍総参謀長として南方に駐屯する。その後孫は，鎮5路総司令，第19師師長を歴任し，12年9月陸軍中将に昇進する。13年夏，反袁世凱の2次革命が起きると，江西都督・李烈鈞と行動を共にし，これに参加する。17年には直隷軍官教育団団長に任ぜられる。

1920年7月直隷保衛団が成立すると，孫岳は徐永昌に招かれて営長となる。10月勲二等文虎章を受け，陸軍第15混成旅旅長に任ぜられる。22年2月には勲三等嘉禾章を受ける。4月第1次奉直戦争が起きると，直隷西路軍総司令になり，長辛店で奉天軍を撃破し，呉佩孚の信任を受ける。10月直隷冀南鎮守使に任ぜられ保定に駐屯する。24年9月第2次奉直戦争に際しては，京畿警備副司令兼北京戒厳司令として，北京の治安維持に努める。この時孫は，馮玉祥，胡景翼と連合していわゆる「首都革命」を発動し，和平停戦を通電する。同時に国民軍を創建し，馮が総司令となった国民軍の副司令兼第3軍軍長に就任する。また11月には，馮より河南省長に任ぜられる。

孫岳は，1925年1月豫陝甘剿匪総司令，2月善後会議会員に就任する。この年の末，国民軍と奉天軍との戦闘が起き，直隷省にいた李景林の部隊が山東省に敗退すると，孫は，馮玉祥から直隷軍務善後事宜兼直隷省長に任命される。しかし，26年初め奉天軍及び李の率いる直魯連軍の反抗を受け，3月天津を失い，北京に撤退する。27年6月孫岳は河南省主席であった馮より政府委員に任ぜられ，8月には国民政府軍事委員会委員に選出される。28年1月河南省政府委員，軍事委員会委員に再任されるが，5月上海で病のため死去する。

参考文献：劉紹唐主編『民国人物小伝』第5冊（伝記文学雑誌社，台北，1982年）。辛倍林著・上田正二監訳『中国近代の軍閥列伝』（学陽書房，1990年）。園田一亀『支那新人国記』（奉天新聞社，1927年）。外務省情報部編『改訂現

代支那人名鑑』（東亜同文会，1928年）。〔家近亮子〕

T

太虚（たいきょ）　Taixu

（1890年1月8日～1947年3月17日）

原名・呂淦森，学名・沛林，法名・唯心，字・太虚。筆名・泰義，太，悲華，華子，芬陀など多数。原籍，浙江省崇徳県。同省の海寧県に生まれる。仏教界の指導者。

父の名は呂駿発，母の姓は張。太虚は幼少の頃両親を亡くしたため，外祖母の手によって育てられ，学問は母方の伯父から授けられた。外祖母は敬虔な仏教徒であったため，太虚も幼少の頃からその影響を受け，1906年5月蘇州の平望小九華で出家するに至った。同年11月彼は寧波の天童寺の奇禅和尚より受戒した。当時は革命思想が普及する時期に当たるが，彼は同じ寺の華山法師から教育を受ける中で，康有為，梁啓超，章炳麟，譚嗣同らの著作に触れるところとなり，中でも譚嗣同の『仁学』から多大な影響を受けることとなった。

1911年太虚は仏法の宣伝のために広州に赴き，当地の白雲山双渓寺の住持となった。翌年1月彼は中国仏教協進会を創設したが，4月同会は奇禅和尚の主宰する中華仏教総会に合流し，翌13年総会の機関誌である『仏教月報』の総編集に任じられた。

中華民国成立後，太虚は仏教活動と並行して社会主義運動にも関わった。1912年11月彼は沙淦らと社会党を結成，『社会世界』，『良心』を出版し，楽無の筆名で記事を執筆しアナキズムを主張した。しかし，翌年8月沙淦が反袁世凱闘争の中で軍閥政府によって殺害されると，太虚は運動を離れ，以後2年半にわたって普陀山錫麟禅院に閉門蟄居し，天台宗，華厳宗，法相宗，禅宗，律宗，三論宗などの研究に没頭し，『整理僧伽制度論』，『成大乗論』などを著した。

1917年春太虚は台湾，日本に渡り仏教の状況を視察した。翌年8月上海で章炳麟，張謇らと覚社を組織し，『覚社叢書』（後に『海潮音』と改題）の主筆となった。24年夏太虚は廬山における世界仏教連合会に出席し，反戦・反侵略を内容とする講演を行った。26年春章炳麟らと全亜仏化教育社を発起し，翌年4月には厦門の南普陀寺の住持となった。27年秋蒋介石の要請で奉化の雪竇寺で心経を講じたが，これ以後太虚は蒋によって重用されることとなる。

1928年7月太虚は南京で中国仏学会を組織し，同時に中国仏教会の創設を発起した。同年秋彼は欧米を歴訪して仏教の普及に務めたが，これは中国仏教界においては初めてのことであった。翌年6月中国仏教会常務委員兼学務委員長，11月には中国仏学会の会長となった。32年10月蒋介石の要請を受けて雪竇寺の住持となった。

1937年日中戦争が勃発すると，太虚は日本の仏教徒に向けて反戦・反侵略に立ち上がるよう呼び掛けた。また，四川，雲南，貴州などの地に赴いて，仏教徒に抗戦・救国の事業に加わるよう呼び掛け，僧衆救護隊の創設を提唱した。39年国民精神総動員会設計委員に任じられ，同年秋には中国仏教代表団を率いて東南アジア各国を歴訪して，中国の抗日・救国政策を明らかにし，各国の仏教徒の理解と支持を求めた。

抗日戦争勝利後，太虚は蒋介石と密接な関係となり，『海潮音』誌上に蒋を全面的に支持する内容の記事を発表した。1945年12月中国仏教整理委員会が組織されると，太虚は常務委員に任じられた。翌年元旦には国民政府から宗教領袖勝利勲章を授与された。47年3月，脳溢血のため上海の玉仏寺で死去した。著作は『太虚大師全書』に収められている。

参考文献：中華文化復興運動推行委員会編『中国歴代思想家』55（台湾商務印書館，台北，1978年）。中国社会科学院近代史研究所主編『民国人物伝』3（中華書局，北京，1981年）。葛懋春・蒋俊・李興芝編『無政府主義思想資料選』上（北京大学出版社，北京，1984年）。〔嵯峨隆〕

譚（たん）　平山（へいざん）　Tan Pingshan

（1886年9月28日～1956年4月2日）

原名・鳴謙，字・誠斎，号・聘三。筆名・平山。広東省高明県生まれ。初期の中国共産党指導者，中国国民党革命委員会の創立者。

貧困家庭の出身で，父は裁縫で生計をたてていた。広東省両広優級師範学校卒業後，孫文の指導する中国同盟会に参加。辛亥革命後の1912年，広東省参議会議員に選出されたのち国民党に加入。17年北京大学文科に入学し，哲学を学ぶ。18年11月傅斯年，羅家倫らと「新潮社」を結成，雑誌『新潮』を出版し，新文化運動に参加した。19年五・四運動に参加，北洋軍閥政府に逮捕される。20年7月北京大学卒業後広州へ戻り，広東高等師範学校教授に任ずるかたわら，陳公博，譚植棠らと広州で『群報』を創刊，ロシア革命，および社会主義思想の紹介につとめた。

1921年初め陳独秀の指導下で陳公博らと広州に共産主義小組を結成，書記となり，ついで広州社会主義青年団を組織，宣伝員養成所を設立した。同年９月陳独秀が中共中央書記に就任し広州を離れると，中共広東区執行委員会書記，中国労働組合書記部広州分部主任，国民党広東省党部候補委員兼組織部長に就任した。

1923年６月広州で開催された中共３全大会に参加，中央執行委員，中央局委員に選出され，のちに中共中央駐粤委員に任命される。同年11月孫文の指名により国民党臨時中央執行委員となる。

1924年１月国民党１全大会に参加，国民党中央執行委員会常務委員，中央組織部長に選出され，国共合作の時期において国民党が大衆的基盤を確保するにあたって重要な役割を果すとともに，共産党と国民党の組織的交流の促進に努力した。25年１月中共４全大会において中央執行委員，駐国民党党団書記に選出される。26年１月国民党２全大会で中央執行委員会常務委員，政治委員会委員，国民党中央党部秘書処員，中央組織部長となる。同年11月中共代表としてモスクワで開催されたコミンテルン執行委員会第７回拡大会議に参加，コミンテルン主席団員に選出される。

1927年１月国民政府が広州より武漢に移って以降も，譚平山は蘇兆徴とともに同政府に留まり，国民政府委員会常務委員，農政部長を務め，コミンテルン代表ボロディン，ロイの活動を援助した。同年４月中共５全大会において中央委員，中央政治局員に選出される。当時，国民党中央土地委員会委員，中華全国農民協会臨時執行委員会常務委員を兼務していた。蔣介石による４・12反共クーデター後の７月，中共中央の指示で「譚平山，蘇兆徴辞職書」を発表，武漢政府より退出した。

1927年８月党前敵委員会委員，革命委員会委員として南昌蜂起を指導。失敗後，香港に逃れる。同年11月党臨時中央政治局拡大会議が「政治紀律決議案」を承認，周恩来をはじめとする南昌蜂起前敵委員会全員が処分の対象となり，譚平山は党を除名された。彼は28年香港より上海に戻ってはじめてこの事実を知った。30年８月鄧演達が中国国民党臨時行動委員会（47年に中国農工民主党と改名される）を結成するとそれに参加，国民党と共産党の間で中間路線を模索した。33年11月に成立した福建人民革命政府が失敗した後，国民党臨時行動委員会に対する弾圧が厳しくなると香港へ脱出，のちに欧州へ渡る。同年国民党臨時行動委員会を脱党した。

1937年７月の日中戦争勃発後，帰国。蔣介石は譚平山の国民党党籍を回復するとともに，国民党軍事委員会政治部指導委員，設計委員，国民参政会参政員に任命した。しかし，41年以降，蔣が国共合作を有名無実化したことに憤りを感じ，また周恩来，董必武らの説得もあり，譚平山は中共に接近していく。43年，陳銘枢，楊傑らと三民主義同志連合会を発足させ，国民党内において蔣介石の消極的抗日，反共政策に反対を表明した。45年10月三民主義同志連合会は重慶で全国代表大会を開催，譚平山は５人の常務委員の１人に選出される。

国共内戦期，蔣介石の内戦継続に公然と反対し国民党と決裂，香港に逃れる。1948年１月香港において中国国民党革命委員会を創設，中央常務委員となる。５月，李済深，沈鈞儒ら民主諸党派の指導者たちと連名で毛沢東に電報を送り，中共が呼びかけた新政治協商会議の開催に応ずる意向を明らかにした。同年８月東北を経て北京に到着，新政治協商会議の準備活動を推進。９月には第１回中国人民政治協商会議に出席，主席団常務委員に選出される。

1949年10月の新中国成立以降，中央人民政府委員，政務院政務委員，政務院人民監察委員会主任などを歴任。54年９月第１期全人代常務委員，第２期全国政協委員に選出される。56年３月中国国民党革命委員会副主席に就任。同年４月北京で病死した。

参考文献：「首都各界人民公祭譚平山」，『人民日報』1956年４月５日。《譚平山文集》編輯組『譚平山文集』（人民出版社，北京，1986年）。王永均・劉建皐編『中国現代史人物伝』（四川人民出版社，成都，1986年）。彪暁紅・楊飛「近十年来譚平山研究綜述」（『広東党史』2008年２期）。

〔高橋伸夫〕

譚（たん）　人鳳（じんほう）　Tan Renfeng

（1860年９月20日～1920年４月24日）

原名・有府，字・符善，石屏，号・石叟，雪髯。湖南省新化県生まれ。原籍，新化県毛田。同盟会中部総会の中心人物，革命家。

農家の６人兄弟の末子として生まれ，兄たちの援助により就学し，童子試を受けたことがある。1890年から村の義学の教師となった。清朝に抵抗した先祖の影響を受けて『船山遺書』を愛読し，16歳から会党に参加し，30歳すぎには臥龍山という山堂を開き自ら山主となった。日清戦争後に発刊された『時務報』などの雑誌から維新運動に接触し，帰省した留学生の話から新思想に目を開いた。1903年，新化県城に群志小学堂を開設したころから革命運動に関わり，翌年には華興会の蜂起に呼応して会党の組織化に着手した。

蜂起失敗後も湖南各地を回って組織の拡大に努め，江西や広西にも出向いたが，清朝側に情報が洩れたため，06年11月日本に亡命して，東京麹町に居を定めた。

1906年12月初対面の黄興の紹介によって同盟会に加入し，萍瀏醴蜂起が起こって急ぎ帰国するが，到着前に鎮圧されたため東京にもどった。法政大学に第5期編入生として入学して一時党務から遠ざかったが，07年12月の鎮南関蜂起の報を聞き，駆けつけるが間に合わずそのまま一連の武装蜂起に奔走した。翌08年1月，旧知の広東新軍統領・郭人漳を説得して弾薬の補給を得ようとして失敗，香港に逃げた。4月の河口蜂起の報を聞くもまた間に合わず，8月，東京にもどった。黄興の勤学舎組織に協力するが資金不足によって解散。10年2月，広州新軍蜂起に備えて香港に到着するが，参加できず失敗した。このころから同盟会本部が華南だけに注目し，長江流域を軽視していることに反対して10年6月趙声らと協議して東京に11省の分会長を召集し，同盟会の改組と中部同盟会の組織を提議した。10月香港に赴いて資金問題について話し合うが，胡漢民に拒否され，憤激して東京にもどった。11年2月，同盟会が総力をかけた黄花崗蜂起の準備のためにまた香港に赴き，長江中流域への事前の働きかけを主張して黄興から資金を受け取り，上海から武漢，長沙へ回って呼応の準備を整えた。4月27日の蜂起に直接参加を企てるが高齢のため黄興に止められ，意気消沈して帰郷を決意した。途中，武漢で共進会の焦達峰らに慰留されて翻意し，共進会と文学社の統一に尽力した。その後長江流域各地を連絡しながら上海にもどり，7月31日宋教仁らと正式に中部同盟会を組織して自ら総務会議議長兼幹事，交通部の責任者となり，長江流域の革命運動の進展に努力した。

1911年10月8日，武漢での情勢切迫を聞いて病をおして上海を出発し，14日に武昌に到着。黎元洪の都督就任を認め，10日の武昌蜂起後の指導体制確立に努めた。22日の湖南光復の報を聞き，湖北への援軍を求めに26日長沙に到着。ただちに都督・焦達峰を促して28日には湖南の援軍を武漢へ出発させた。30日，都督の権力を制限していた都督府の参議院と軍政部の廃止を諮議局で主張し，決議させたが，31日の都督・焦達峰，副都督・陳作新の暗殺をまねいた。湖南の混乱によって湖北が孤立することを恐れ，やむなく立憲派の譚延闓の都督就任に協力した。その後岳州鎮守使として赴任したが，黎元洪が招請した各省代表会の湖南代表に選ばれ，11月24日に武漢にもどった。27日の清軍の漢陽占領という非常事態のなかで，30日から漢口のイギリス租界で開催された各省都督府代表会の臨時議長として「中華民国臨時政府組織大綱」を制定する一方，黄興，黎元洪の去った後，武昌防御使兼北面招討使と称して人心の安定に努めた。休戦により黎元洪が武昌に帰ると都督の座を狙っていると疑われ，南京に移動した各省代表会の和議代表に任ぜられ，12月14日武昌を離れた。29日の臨時大総統選挙では孫文ではなく黄興に投票したため，南京臨時政府から締め出され，上海にもどって北伐部隊を準備し，南北和議・袁世凱の臨時大総統就任・清帝に対する優待条件などに反対して通電を打ち続けたが，翌年4月に北面招討使解職宣言を出して部隊を解散した。

袁世凱によって1912年7月粤漢鉄路督辦に任命されたが，黎元洪らの反対によって辞職し，11月に長江巡閲使に任命された。9月には会党を改良し，政党化するための社団改進会設立の意見書を提出したが許可されず，また国民党へも参加しなかった。13年3月陸軍上将銜を辞退してまもなく宋教仁暗殺事件が起こったため，各省の独立宣布と武力討袁を主張し，7月長沙にもどって湖南独立に努力する。第2革命失敗後，再度日本へ亡命して福岡県筑紫郡太宰府町で隠棲。15年1月から南洋に赴き，反袁活動をおこない，秋に日本へもどる。袁の死後，16年6月上海へ帰った。17年夏，孫文の護法軍政府を援助するため広州に赴いて，活動したのを最後に，晩年は病弱のため電報や手紙を発するだけとなった。20年4月，上海で病没し，新化県毛田譚家山に葬られた。

参考文献：譚人鳳撰『石叟牌詞』（甘粛人民出版社，蘭州，1983年）。石芳勤編『譚人鳳集』（湖南人民出版社，長沙，1985年）。

〔小林共明〕

譚（たん）　嗣同（しどう）　Tan Sitong

（1865年3月10日～1898年9月28日）

字は復生。号は壮飛・華相衆生・東海褰冥氏。原籍は湖南省瀏陽県，生まれは北京。清末の思想家，革命家。維新変法運動に尽力し戊戌政変で犠牲となった「六君子」の1人。

譚嗣同の父，譚継洵はエリート大官僚であった。1859年進士に及第，北京で戸部員外郎をつとめたのち，77年すなわち譚嗣同が数え年13歳から12年間，西北の辺境甘粛省の高官（道台，按察使，布政使）を歴任した。89年末には「湖広満れば天下足る」といわれた農産物豊かで重要な地，湖北省の省長（巡撫）に就任した。このような父をもった譚氏は，当然のごとく5歳から科挙のため四書五経の勉強をさせられた。順調にゆけば，おそらく父親と同じく科挙の諸試験に合格し，高級官僚への道を歩んでいたことだろう。

だが譚嗣同は大きな不幸にみまわれた。12歳のとき，北京に流行したジフテリアにかかったのだ。嗣同は譚家の三男第５子として生まれたが，このジフテリアのため長兄・嗣貽と次姉・嗣淑，さらに末子の彼を愛した母・徐五縁の３人を，一度に失ったのである。譚嗣同自身は３日間昏睡状態をつづけたのち奇跡的に意識を回復した。ときに父は，彼に「復生」という字をあたえたという。やがて父は後妻（妾）を迎えたが，この継母と彼女の告げ口を信じた父に譚嗣同はいじめられ虐待された。が，儒教倫理のもとでは父と母（継母といえど母は母）に孝をつとめねばならなかった。のち譚氏は「われ若きより壮年に至るまで，遍（あまね）く綱倫（儒教倫理）の災いにあう。その苦しみはほとんど常人の耐え忍びがたいもので，死に瀕したことも度々だった」と回想する。譚氏が科挙の勉学に身が入らなくなったことは想像に難くない。21歳から10年間に６度，郷試を受験したが，ついに合格できなかった。

知的に早熟だった譚嗣同は異端と称されていた『墨子』あるいは『荘子』を愛読し，「気の哲学」を説いた張載（号は横渠）と王夫之（号は船山），また「中国のルソー」と呼ばれた黄宗羲の著作を読んで感銘をうけた。それだけではない。譚氏は剣術や拳術を学んだり，乗馬をしたり，「大刀の王五」こと王正誼，「猿の胡七」こと胡致廷などの俠客と交わり，酒を飲んでは衰退をたどる清朝に危機感をいだき悲憤慷慨した。さらに北京，甘粛，故郷の瀏陽の間をいく度も往来し，旅すること「８万余里」，中国各地の状況をつぶさに見聞した。

だが1894年に勃発した日清戦争は，譚嗣同の思想と人生に大きな転機をもたらした。敗北が決定的になったこの年の末，「三十自紀」を書き，従来の科挙と考証の学をすて去り，救国済民のため生きることを誓った譚氏は，自ら「壮飛」という号をつけた。翌年，長年の師である欧陽中鵠と友人・貝元徴に手紙を送り，西洋をモデルとする「変法」いわゆる国政の根本的改革を力説した。また北京で梁啓超と知り合い，春秋公羊学に依拠して改革を説く康有為の変法論を紹介され，夏曾佑および楊文会から法相や華厳の仏教学を教えられた。さらにイギリス人宣教師ジョン・フライヤーから西洋の科学と進化論の知識をえた。梁啓超は『清代学術概論』のなかで「啓超と交わって後にその学は一変し，楊文会に従い仏法を聞いてから，その学はまた一変した」とのべている。この96年から97年にかけて，湖北で新聞の発行を企画したり，上海で「戒纏足会」を設立したり，湖南で梁啓超や唐才常と改革のための新政運動に従事するなど，実践活動を積極的におこなった。またその間，「仏学と格致学（自然科学）の二者を根本とし」つつ，墨子や王船山の思想，公羊学，キリスト教，初歩的な西洋思想を混合して「網羅の衝決」をめざす，すなわち「道徳，政治を問わずあらゆる拘束を打破する」ことを根本思想とする，ユニークな社会改革の書物『仁学』を書きあげた。

1898年６月11日，光緒帝の「国是を定める詔」が発せられた。中国の伝統学術を根幹としながら西洋の学術を広く取りいれ立憲君主制をめざす政治改革，いわゆる戊戌変法が始まったのである。翌々日，この詔勅をうけた翰林院侍読学士の徐致靖は，康有為，張元済，黄遵憲，梁啓超そして譚嗣同の５名を「人才」として光緒帝に推薦。譚氏は四品卿軍機章京（いわゆる軍機四卿の１人）に任ぜられたが，病気で出仕できず，新政に参加したのはわずか10日余にすぎなかった。

譚嗣同は袁世凱の軍事力によって新政に反対する西太后を幽閉しようと考え，深夜，袁を訪れたが，老獪な袁は西太后に密告。西太后はクーデター（戊戌政変）をおこし，新政は挫折，1898年９月21日譚嗣同も逮捕された。譚氏は梁啓超の日本亡命のすすめを拒否し，「各国の変法は，流血よりして成らざるはなし。今日の中国は，いまだ変法によりて流血するものあるを聞かず。これ国の昌（さか）んならざるゆえんなり。これあり，請う，嗣同よりはじめん」という有名な言葉を吐いた。そして９月28日，北京菜市口で断頭台の露と消えた。

参考文献：楊廷福『譚嗣同年譜』（人民出版社，北京，1957年)。『譚嗣同全集』増訂本全２冊（中華書局，北京，1981年)。鄧潭洲『譚嗣同伝論』（上海人民出版社，上海，1981年)。徐義君『譚嗣同思想研究』（湖南人民出版社，長沙，1981年)。小野川秀美『清末政治思想研究』（みすず書房，1969年)。島田虔次「中国近世の主観唯心論について」『東方学報（京都)』第28冊（1958年)。西順蔵，坂元ひろ子訳注『仁学』（岩波書店，1989年)。　〔河田悌一〕

譚（たん）　延闓（えんがい）　Tan Yankai

（1880年１月25日～1930年９月22日）

字・組庵，祖安，号・無畏。浙江省杭州に生まれる。原籍，湖南省茶陵県。文官政治家。

その父・譚鐘麟は湖南出身の洋務派の漢人官僚の大物で，陝西巡撫，陝甘，閩浙，両広総督などを歴任した。譚延闓は伝統的教育を受け，順調に科挙に合格。すなわち，1892年に府学に入学，97年優貢，1902年に挙人，04年最後の科挙で進士となる。直ちに翰林院編集となり同年湖南に戻る。

当時，清朝は「新政」を実行しつつあったが，譚延闓は湖南における新政に積極的に参加し大きな役割を果した。その過程で湖南の有力者との結び付きを得たことが譚の政治家としての地位を築くのに大きな意味を持った。すなわち譚は「湖南憲政公会」を組織して立憲派の運動に積極的に参加し，1909年10月湖南資議局議長に就任した。翌10年から11年にかけて立憲君主制の繰上げを求める請願運動に積極的に参加するなど，譚は全国的にも有力な立憲派の指導者の1人となった。

1911年10月，武昌新軍蜂起に呼応して湖南の立憲派と革命派は武装蜂起を発動し，清朝権力の打倒に成功した。ここに成立した「湖南軍政府」の実権は，当初会党と新軍兵士を主な勢力基盤とする革命派の手に握られ，焦達峰が都督に就任した。しかし，立憲派は新軍幹部と結んで反撃に転じ10月31日クーデターによって焦達峰を殺害して湖南省政治の全権を掌握した。この結果，譚延闓が都督に就任し，湖南省最高権力者の地位を確立したのであった。このようにして成立した第1次譚政権は教育，司法改革，アヘンの取り締まり，実業の振興など様々な改革を試みている。

1913年の第2革命に際しては，湖南の譚延闓政権もまたこれに参加し，北京政府からの独立を宣言した。しかし，第2革命が北洋系勢力の優越した軍事力の前に鎮圧される。譚は湖南都督から解任され一時逮捕拘禁された。政治的に失脚した譚延闓は一時，青島，上海で雌伏を余儀なくされる結果となった。

1915年12月雲南を皮切りに反帝制運動が始まると，湖南でも16年初頭から各地で袁世凱政権に対する武装反乱が展開された。この結果北洋系勢力の代表として湖南を統治していた湯薌銘は逃亡を余儀なくされ，16年6月，譚は再度湖南省長兼督軍に就任した。

1917年北京政府の実権を握る段祺瑞が武力による中国統一路線を追求し，湖南は再度北洋系軍隊の占領下に置かれたため，譚延闓は再度失脚を余儀なくされた。同年8月広東に護法軍政府が成立すると，譚を中心とする湖南の地方的勢力は護法陣営に参加し北洋系勢力に対抗する立場に立った。この結果，湖南は南北両陣営対決の主戦場となるが，戦闘は北洋系勢力の圧勝に終わった。

しかし，湘軍（湖南軍）部隊を率いる譚延闓は1918年6月停戦協定が現地で締結された後も，湖南省南部の山岳地帯で北洋系勢力への抵抗を継続した。この時期譚は広東軍政府によって湖南督軍兼省長に任命されていたが，その地位は名目的なものに留っていた。湖南省の最高権力者の地位にあったのは北京政府によって湖南督軍兼省長に任命された北洋系の軍人・張敬尭であった。

1920年6月北洋系内部の安直対立に助けられ，譚延闓率いる湘軍は，武力によって湖南駐留の北洋系軍を圧倒し湖南省への支配を回復した。この結果，譚は湖南督軍兼省長として三たび湖南省の最高権力者の地位についたのであった。この第3次譚延闓政権のもとでは，湖南省の自治，省政治の民主化，連邦制による中国統一を柱とする連省自治運動が大きな盛り上がりをみせるなど様々な改革運動が展開された。

第3次譚延闓政権は深刻な省政府の財政難に苦しみ，これが政権の命取りとなった。すなわち，1920年11月財政難による給与支払いの遅れが最大の原因となって湘軍兵士の間に深刻な動揺が拡大した。この機を捉えて，従来から譚延闓との対立を深めていた趙恒惕系の勢力と程潜系の勢力は譚への攻撃を開始し，その圧力の前に譚は11月23日督軍兼省長の辞職を余儀なくされた。譚に代わって湖南省政治の実権を掌握したのは湘南軍最大の実力者・趙恒惕であった。

ここに譚延闓は湖南を離れ上海へと移るが，湘軍内部を初め湖南省内には直系の勢力が残存しており依然湖南省政治に隠然たる影響力を持ち続けた。同時に，譚はそれまでは必ずしも良好な関係にあったわけではなく，むしろ時として対立さえした孫文の国民党に接近し，譚は大元帥大本営内政部長及び建設部長を歴任するなど，広東軍政府の要職に任じられた。1922年，周震鱗の紹介で国民党に入党。

1923年譚延闓は湘軍を動員して趙政権の武力による打倒をめざしたが，敗北に終わり，広東省へと退却し，全面的に国民政府に参加した。これ以後譚は湖南省政界への影響力をほぼ完全に喪失することになる。

他方，広東軍政府にとって彼が率いた湘軍の軍事力の意味は大きく，譚延闓は地方レベルの政治家としての失敗にもかかわらず，全国レベルの政治家としてはその地位はむしろ向上したといえよう。すなわち，1924年国民党改組後国民党中央執行委員に選出され，25年国民政府が広州で組織されると国民政府常務委員兼軍事委員会委員，国民革命軍第2軍軍長に任命された。26年には国民政府主席代理，中央政治委員会主席，政治会議主席代理を歴任している。

北伐開始後も譚延闓の国民党最高指導者の1人としての地位はかわらず，翌1927年には国民党中央常務委員，中央政治委員会主席団員，中央軍事委員会主席団員，国民政府常務委員などを務めている。また，武漢政府と南京政府の分裂期には武漢国民政府主席代理であった。

1928年，南京国民政府による中国統一が達成された後，国民政府の実権をめぐって複雑な対立・抗争が展開されるが，譚延闓は蔣介石に近い立場を維持した。この時期彼は行政院長，国民政府主席代理などを歴任している。30年譚延闓は南京において脳溢血のため死去した。

参考文献：子虚子「湘事記」，栗戡時編『湖南反正追記』（湖南人民出版社，長沙，1981年）。杜邁之「譚延闓与湘南軍閥」，西南軍閥史研究会編『西南軍閥史研究叢刊』１輯（四川人民出版社，成都，1982年）。成暁軍「湘南軍閥形成時期的特点」，西南軍閥史研究会編『西南軍閥史研究叢刊』３輯（雲南人民出版社，昆明，1985年）。楊鵬程「試析辛亥革命時期的譚延闓政権」，『近代史研究』1985年５月。『譚延闓手札』（文海出版社，台北，1970年）。〔塚本元〕

覃（たん）振（しん） Tan Zhen

（1885年～1947年4月18日）

原名・道譲，字・理鳴，理民，筆名・大譲。湖南省桃源県生まれ。中国国民党西山会議派の政治家。

生家は農業を営んでいたが，周囲の援助で伝統的教育を受けることができた。1900年父母を亡くしたが，その後秘密結社と関係をもつようになったという。02年桃源県の小学校で学び，宋教仁を知った。03年常徳府中学に入学，『新民叢報』などを読み始めた。この頃，武陵県朗江書院の式典で救国には改革が必要であるとの演説をし，常徳府中学の退学処分を受けている。退学後覃振は「死裏求生」という文章を書きこれを街路に貼って革命の宣伝をしたが，このために官憲に追われる身となった。彼は追及を逃れるため改名し，上海を経て日本に渡った。逃亡には秘密結社の助けがあった。東京宏文書院に入学している。

1904年黄興・宋教仁らの計画した華興会の蜂起に参加するため覃振は湖南に戻ったが，蜂起は失敗し，しばらく故郷近くに隠れた。この時，朱之昭と結婚している。05年再度渡日し，中国同盟会に加入した。06年冬湖南の瀏陽と醴陵で蜂起が勃発すると，覃は他の同盟会員とともに帰国し長沙に入った。ここで彼は同盟会機関誌『民報』を売り，陳天華の葬儀を組織したため逮捕状が出され，再び日本に逃れた。08年覃は長沙に戻ったが逮捕され，11年まで獄に繋がれた。しかしこの間獄中でも革命を宣伝し，外部の支持者と連絡をとっていた。

1911年辛亥革命で覃振は出獄し，湘桂連軍督戦官として武漢に向かった。その後彼は黎元洪の代表として南京に赴いて臨時政府の組織にあたり，参議院議員となった。また，宋教仁を補佐して国民党設立を助け，自らは13年衆議院議員に当選した。第２革命失敗後覃は日本に亡命し，中華革命党に加入した。袁世凱支持の留学生との争いで一時日本の警察に拘留されている。

1916年覃振は帰国し，湖南でテロ活動を指導するが，多くは失敗した。17年広東の護法政府に参加し，湖南検閲使に任命された。翌年孫文の広東退出に従って上海に移動。20年孫が広東に復帰すると，覃も南下し広州における国会非常会議に出席した。21年孫文が南方政府の非常大総統に当選すると，覃は総統府参議兼法制委員に任ぜられた。

1922年10月孫文が国民党改組の準備を始めると，覃振は党章起草委員の１人となった。24年１月の国民党１全大会では中央執行委員に当選した。24年から25年にかけて，覃は共産党員と協力して湖南・湖北で労働者と知識人の組織化を進めた。しかし，25年３月孫文が死ぬと北方の国民党員とともに国民党同志倶楽部を結成し，同年11月には謝持・鄒魯らの反共国民党員とともに広州とは別の国民党中央執行委員会を北京西山において開いた（西山会議）。西山会議派は上海に「国民党中央党部」を設置し，覃はここで働いた。

1927年９月国民党再統一のための中央特別委員会が上海で開催されると，覃振は上海党部の代表としてこれに参加し，宣伝部長になった。同年11月南京の民衆大会において流血事件が起きると，西山会議派は中央委員としての職務を停止された。28年北伐完成とともに覃は北平に移った。30年８月西山会議派は北平で中央拡大会議を開き，汪精衛の改組派や馮玉祥・閻錫山ら軍人とともに蔣介石の南京国民政府に対抗した。31年には広州の国民党非常会議に参加したが，同年９月日本軍による満州事変が発生すると国民党は再統合し，12月覃は南京国民政府の立法院副院長となった。32年には司法院副院長兼中央公務員懲戒委員会委員長に任命された。

1934年覃振は半年ほどヨーロッパ各国とアメリカを視察し，帰国後中華民国法学会の設立を援助した。抗日戦の進展で覃は国民政府とともに西遷し，43年司法院副院長を辞し，国民政府委員となった。47年上海で病気のため死去。

参考文献：呉相湘『民国百人伝』第２冊（伝記文学出版社，台北，1971年）。劉紹唐主編『民国人物小伝』（伝記文学出版社，台北，1976年）。Howard L. Boorman ed., *Biographical Dictionary of Republican China*, Vol. 3 (Columbia University Press, New York and London, 1968).〔塩出浩和〕

譚　震林　Tan Zhenlin

（1902年4月24日～1983年9月30日）

別名・林俊。湖南省攸県生まれ。中国共産党の指導者，新四軍，第3野戦軍の指導者。

少年時代は装丁の職人や書店の見習いをやり，1925年冬に湖南省で国民革命運動に参加。26年10月中国共産党に加入。

ソヴィエト期には，1927年に井岡山根拠地の茶陵県労農兵政府の主席兼中共茶陵県委員会書記となり，井岡山根拠地の創建に尽力。翌年10月中共湘贛（湖南・江西省境）特区委員会書記となる。29年から，紅軍第4軍第2，第4縦隊政治委員，第1軍団第12軍政治委員，福建軍区司令員を歴任。33年，軍隊内の右翼日和見主義として羅明グループが批判された時，その一員として処分された。

1934年秋中央紅軍が西への長征に出てからも福建西部地区に残り，そこで軍政委員会軍事部部長，副主席をつとめ，張鼎丞，鄧子恢とともに3年間の厳しいゲリラ戦争を指導した。

日中戦争期には，1938年，国民革命軍新編第4軍（新四軍）第3支隊副司令官，政治委員となり，40年5月，江南人民抗日救国軍東路指揮部司令員兼政治委員となる。41年1月の「新四軍事件」の後，第4軍第6師師長兼政治委員，江蘇南部地区党委員会書記，新四軍第2師政治委員兼淮南区党委員会書記などを歴任，主に華東地区で日本軍との作戦，政治工作を指揮した。中国共産党7全大会（45年6月）ではじめて中央委員に選ばれる。

戦後内戦期には華中地区に転じ，1946年中共中央華中分局副書記，華中軍区副政治委員，華中野戦軍政治委員，華東野戦軍副政治委員兼山東兵団政治委員，第3野戦軍第1副政治委員などを歴任。48年秋の済南戦役，淮海戦役を指揮。49年4月には同野戦軍第7兵団政治委員となり，蕪湖から長江を強行渡河して浙江に進軍。同年5月に中共浙江省委書記，省人民政府主席，浙江軍区政治委員となる。

建国後は浙江省，江蘇省など華東地区で活躍。中共浙江省委書記，浙江省人民政府主席，浙江軍区政治委員をつとめ，後中共江蘇省委書記，江蘇省人民政府主席，中共中央華東局第3書記，華東軍政委員会副主席（主席・饒漱石）兼土地改革委員会主任，淮河治水委員会主任となる。

1954年12月に中共中央副秘書長（秘書長・鄧小平）兼中央書記処第2辦公室主任となる。中共8全大会（56年9月）では，華東地区での工作を買われてはじめて政治局委員，書記処書記に選ばれた。政府では59年4月に国務院副総理，62年10月からは農林辦公室主任，国家計画委員会副主任などを兼務し，国民経済の調整政策で活躍した。

文化大革命時には，いわゆる「2月逆流」の主役として康生・林彪・江青と激しい闘争を演じた。1967年1月の張春橋らの「1月奪権」のあと，周恩来をはじめとする老幹部と文化大革命派の間の抗争は激しかった。79年の資料によれば，次のようである。2月13日午後の検討会には，周恩来をはさんで譚震林を含む7人の中央軍事委員会副主席・国務院副総理らと，陳伯達ら中央文化大革命小組のメンバーが対峙した。まず葉剣英が陳伯達らが政府その他を混乱させているばかりか軍隊まで破壊しようとしていると非難，激しいやりとりがあった。67年2月16日には譚震林が張春橋に，「何が大衆だ。党の指導はどうなるんだ。君たちの目的は，老幹部を1人1人全部倒すことか。蒯大富（紅衛兵のリーダー）が何だと言うんだ。反革命じゃないか」と激しく非難，「牢に入っても，党を除名されても君たちとは徹底的に闘うだけだ」と興奮して席を立つ場面もあった。

そもそも譚震林がやり玉に上がったのは，江青のやり方に憤懣やる方ない譚震林が，かつて「江青は今日の武則天だ」と中央に手紙で訴えたため，江青らが「まず譚震林からたたこう」と考えたためだと言われる。

1967年3月14日には林彪・陳伯達らの指示で「2月逆流打倒」，「鮮血と命をかけて中央文化大革命小組を守ろう」と北京のデモ隊は叫んだ。8月19日には人民大会堂で譚震林を吊し上げる大会が開かれた。その後翌年3月27日の10万人大会では江青が，「譚震林は裏切り者だ」と宣言，楊成武（解放軍総参謀長代理）などを罷免し，余立金総参謀長を逮捕した。

だが譚震林は1973年の中共10全大会で中央委員に復帰，74年から復活して活動を再開する。75年1月から第4期，第5期全国人民代表大会常務委員会副委員長に選ばれた。正式の名誉回復は，80年1月10日，中共中央が「譚震林は裏切り者だとする林彪・“四人組”の侮蔑はすべて実際にはなかった」と判定してからである。11全大会でも中央委員となるが，82年に引退を表明，12全大会（82年9月）では中央顧問委員会副主任となる。

党中央での地位は，1945年から82年まで，9期を除く，第7，8，10，11期中央委員。8期（56年9月～）には政治局委員・書記処書記であった。

国務院では，国務院副総理（1959年4月～67年）。全国人民代表大会では，第4期（75年～），第5期

（78年～）常務委員会副委員長。83年9月30日北京で病死。

参考文献：「在譚震林同志追悼会上胡耀邦同志致悼詞」,『人民日報』1983年10月6日。紀希晨「一場捍衛党的原則的偉大闘争」,『人民日報』1979年2月26日。童保存『譚震林外伝』（作家出版社，北京，1992年）。　〔毛里和子〕

譚　政　Tan Zheng

（1906年6月14日～1988年11月6日）

原名・譚世銘（名），号・挙安。湖南省湘郷県生まれ。紳商の家庭出身。中国共産党の指導者，新四軍・第4野戦軍の指導者，軍人，大将。

湘郷県立の東山学堂で勉学の間に，社会主義の書物の影響を受け，国民革命時代の愛国運動に参加。1926年の北伐戦争の影響で軍人になることを決意。27年2月に武漢に行って国民革命軍に参加。第4方面軍指揮部の文書・司書を担当する。

国共分裂後1927年9月に湖南・江西省境での秋収暴動（毛沢東らが指導）に参加，同年10月井崗山で中国共産党に加入した。井崗山の根拠地づくりにたずさわり，紅軍第4軍前敵委員会書記，第31団党委員会秘書，第4軍党委員会秘書長，第4軍政治部訓練部部長，第12軍・第22軍の政治部主任，第1軍団第1師政治部主任・政治委員などをつとめる。

1929年には紅軍第4軍第9回党代表大会（古田会議）にも参加，党の指導下での軍建設を指導。31～33年の国民党軍の包囲討伐との4回にわたる戦争に参加。34年10月，主力紅軍とともに西に向けて長征，36年陝西北部に到着してから紅軍第1軍団政治部組織部長となる。陝北ではこの年抗日軍政大学に入り，軍事および政治理論を学ぶ。

日中戦争期には，中共軍事委員会総政治部副主任，陝西・甘粛・寧夏・山西・綏遠連防軍の副政治委員兼政治部主任などをつとめる。この間，軍隊内の政治工作で実績を上げ，『八路軍軍政雑誌』上に政治工作について沢山の論文を発表，1944年4月には，中共中央の委託を受けて，中央西北局高級幹部会議で「軍隊の政治工作問題について」を報告した。この文書は，譚政が起草し，毛沢東・周恩来らの手が入ったもので，軍隊の政治工作についてその後ももっとも重要な文書とされた。中共7全大会（45年6月）ではじめて中央に入る（中央委員候補）。

内戦期には，東北に行き中共中央東北局委員，東北民主連軍政治部主任，1949年3月から第4野戦軍政治部主任・副政治委員，中共中央華中局常務委員などをつとめた。内戦の帰趨を決めた48～49年の遼瀋戦役，平津戦役のいずれでも軍内の政治工作を担当した。

建国後は中南軍区・第4野戦軍副政治委員，第3政治委員，中共中央中南局第1副書記，さらには華南分局第3書記，華南軍区政治委員などをつとめる。1954年9月には解放軍総政治部第1副主任（主任・肖克），国務院国防部副部長（部長・彭徳懐），軍事分野での最高決定機関である中共中央軍事委員会の常務委員，全国人民代表大会常務委員会のメンバーとなる。

軍内政治工作の強化とともに，彭徳懐らとともに軍の近代化と正規化につとめ，1955年には大将となり，一級八一勲章，一級独立自由勲章，一級解放勲章を受けた。56年9月の8全大会では中央委員，中央書記処書記に選ばれ，同時に解放軍総政治部主任となった。

1950年代後半から譚政は，中央書記処書記，中央軍事委員会常務委員，国防部副部長，解放軍総政治部主任として，軍隊ではほとんど彭徳懐に継ぐリーダーになりつつあった。彼が軍内の地位を急激に失うのは，60年の林彪国防相との抗争によってである。近代的国防軍よりもゲリラ戦時代の革命軍を望む林彪は，59年9月彭徳懐に代わって国防相になってから，軍の政治・思想工作の転換をはかった。まず60年2月に彼は軍内の「三八作風」を強調，同年3月の全軍政治工作会議では譚政と対立。ついで同年秋の中央軍事委員会拡大会議で林彪は，毛沢東への個人崇拝，人の要素，政治工作，思想工作，生きた思想の「4つの第一」を提唱，客観的な軍事理論や訓練を強調する譚政と激しく対立し，結局会議は林彪の主張にそった「軍隊の政治思想工作を強化することについての決議」および「譚政同志の誤りについての決議」を採択した。譚政は彭徳懐と関係があったとしても批判を受け，この段階から軍隊工作から離れた。

林彪の譚政追い落としはさらに続き，翌1961年1月，総政治部党委員会は毛沢東に「譚政は反党・反毛沢東・反毛沢東思想だ」と訴え，結局，61年2月に譚政は，中央軍事委員会常務委員を免職，総政治部主任から副主任に降格された（後任主任・羅栄桓）。ついで中共8期10中全会（62年10月）では党中央書記処書記の地位も失った。文化大革命時には，8年間監禁されている。

譚政が鄧小平や葉剣英のひきで活動を再開するのは，1975年8月に中共中央軍事委員会顧問に選ばれてからである。79年春には正式に名誉を回復した。この年3月3日解放軍総政治部は「"譚政反党集団"冤罪事件についての決定」で「譚政の反党セクト集団などは事実無根」とし，3月21日に中共中央・中央軍事委員会がそれを認め，譚政の名誉回復を決定した。4

月２日には，総政治部主催で正式の名誉回復大会も開かれた。

その後譚政は軍隊工作には戻らず，1978年１月に第５期全国人民代表大会常務委員，法制委員会主任に選ばれている。88年７月には一級紅星功績栄誉章を受けた。論文としては，「関于軍隊政治工作問題的報告」（44年４月），「建軍新段階中的政治工作的若干問題」（56年９月）などがある。1988年11月６日北京で病死。

参考文献：「譚政同志在平」，『人民日報』1988年11月18日。叢進他『曲折発展的歳月 1949-1989年的中国②』（河南人民出版社，開封，1989年）。　〔毛里和子〕

唐（とう）　才常（さいじょう）　Tang Caichang

（1867年５月12日～1900年８月22日）

字・紱丞，仏塵，筆名・洴澼子。湖南省瀏陽県生まれ。教育者，政治運動家。

唐才常は，父・賢疇，母・邱氏の子として生まれた。父は役人たることを好まず，郷里で終生教育にたずさわり，親孝行で有名であった。弟に唐才中，才質などがいる。才常の子供は４人いた。

年少の頃から読書を好み，実学を学び，1886年童試に及第し，中国・西欧の歴史を熟知するようになった。87年から長沙の校経書院に学んだが，譚嗣同と共に欧陽中鵠に師事した。90年西湖書院に学び，学政江標によって抜貢生に挙げられ，変法を意図し，親友で変法左派の譚嗣同から多くの影響を受けた。

変法運動が起こると，湖南もこれに呼応し，巡撫・陳宝箴の庇護のもとで，1896年より熊希齢，譚嗣同らと時務学堂，南学会の設立などを行い，『湘学報』や『湘報』の発行に尽力した。98年の戊戌政変により戊戌の六君子が処刑され，康有為，梁啓超は身ひとつで日本に逃れた。唐才常は，譚嗣同の死に発憤して時務学堂の学生・林圭などとともに渡日した。

当時日本では，康・梁系の変法派と孫文らの革命派との合作の動きが見られたが，結局は失敗した。

唐才常は，日本において変法派の康有為，梁啓超や革命派の孫文と会見し，やがて康や梁から軍資金を受けて，長江流域に蜂起を起こすことを約束した。そこで義和団事件を利用して，唐才常は自立軍蜂起の計画に着手した。1899年，上海の租界に正気会，後の自立会を組織した。その時，正気会章程の序文に，「我が種族でなければ，その心は必ず異る」という言葉と，「君臣の義はどうして廃することができようか」という矛盾した言葉があり，革命派の畢永年と章炳麟によって批判された。翌年，上海の張園に中国国会を開き，章炳麟，文廷式，葉瀚，張通典，呉藻初，宋恕，龍沢厚，沈尽，馬湘伯など，変法派から革命派に至る千数百名を集め，蜂起の内容を合議した。そして，会長に容閎，副会長に厳復が推され，唐才常が総幹事となった。国会の宗旨としては，自立国の創造と，満州政府の否定，光緒帝の復辟が掲げられ，矛盾した内容となっていた。

唐才常は，自立会と国会を合わせ，東京高等大同学校などの日本留学生の参加も得て，蜂起を起こそうとした。そこで，漢口の英国租界に２つの行動機関を設け，自立軍を組織したのである。秦力山が大通の前軍の総統となり，田邦璇が安慶の後軍の総統となった。また，常徳の左軍を陳猶龍が，新堤の右軍を沈克誠が，さらに漢口の中軍を林圭が統率し，別に総会親軍と先鋒軍を置き，唐才常が諸軍の督辦となった。また，畢永年を通して会党とも連繋し，富有票を発行した。哥老会首領・李金彪が正龍頭，康有為，唐才常らが副龍頭となり，長江中下流域の10万の会党を結集した。さらに唐才常は東南諸省の独立をはかり，張之洞とも連繋しようとした。

しかし，康有為から来るはずの資金がおくれ，大通においては自立軍の計画が清朝側に漏れたので，秦力山は1900年７月挙兵したが，鎮圧された。ついで漢口でも挙兵の計画を立てたが，７月に張之洞の官憲によって唐才常，林圭伝，良弼，黎科らの指導層が逮捕・処刑され，湖北新堤で挙兵した沈尽も失敗した。

自立軍蜂起は，変法から革命に連繋しようとしたものと評価されている。蜂起失敗後，変法派から革命派へ移る者が多く出るようになり辛亥革命に連繋して行くこととなった。

唐才常の書いたものには，論文が82篇，その他に書簡と30篇の詩がある。論文のなかには，「歴代商政与欧洲各国同異攷」，「史学論略」，「外交論」，「通塞塞通論」，「各国政教公理総論」，「公法通議」，「日本寛永以来大事述」，「各教考原」，「湘報序」，「覚顛弇斎内言」などがある。

参考文献：閔爾昌編「碑伝集補」57（燕京大学国学研究所，北京，1923年）。湖南省哲学社会科学研究所編『唐才常集』（中華書局，北京，1980年）。湯志鈞編『戊戌変法人物伝稿』増訂本上冊（中華書局，北京，1982年）。皮明庥『唐才常和自立軍』（湖南人民出版社，長沙，1984年）。

〔深澤秀男〕

湯（とう）　恩伯（おんぱく）　Tang Enbo

（1899年９月20日～1954年６月29日）

原名・克勤，字・恩伯。浙江省武義県湯村鎮の農家

に生まれる。知日派として知られた中国国民党の軍人。

湯恩伯ははじめ武義県立小学校で学び，1916年浙江省立金華中学校に入学したが中退し，杭州の浙江体育学校に転校した。体育学校を20年に卒業すると湯は援閩浙軍講武堂に入学した。講武堂修了後，同軍の少尉小隊長となったが，彼の部隊は潰滅し，湯は上海に逃れた。

1921年湯恩伯は同郷の裕福な家に費用を負担してもらい，その家の子弟とともに日本に渡った。日本語習得後，22年明治大学法学部に入学，政治経済を学んだが，24年同校を中退し，一時中国に帰っている。帰国後，湯は日本で軍事を学ぶため何人もの有力軍人に学費提供を要請した。結局，浙軍第1師師長であった陳儀が援助を与え，湯は25年日本の陸軍士官学校に入学した。この時の陳儀の厚情に応えるべく，名を「恩伯」に変えたという。

1927年湯恩伯は士官学校を卒業して帰国した。この時，おりしも長江流域に達しつつあった国民革命軍に投じ，蔣介石率いる総司令部で参謀兼作戦部長となった。北伐完了後の28年，湯は南京に移転していた陸軍軍官学校で第6期学生総隊大隊長となった。湯はこの学校で『歩兵連教練之研究』を著し，蔣介石校長の高い評価を得た。29年湯は教導第1旅旅長となった。30年の中原大戦では，蔣に反対する閻錫山及び馮玉祥の軍と戦って戦功をあげた。33年の対福建人民政府戦，34年の共産党に対する第5次囲剿戦にも参加している。特に34年の瑞金攻撃では軍楽隊に戦勝曲を演奏させ前線の共産党軍兵士を惑わし国民党軍による瑞金占領を可能ならしめた，とされている。

1937年7月蘆溝橋事件が起こり，湯恩伯は傅作義第7集団軍総司令のもとで前敵総指揮となり，自身の第89師団などを率いて南口防衛にあたったが，圧倒的な日本軍の火力を前に，湯の部隊は8月末南口から退却した。

1938年3月から4月にかけて，国民党軍初期抗日の典型とされる台児荘会戦がおこなわれた。湯恩伯の部隊は山東省南部を支配下に置こうとする日本軍の連絡線を断ったため，陥落寸前の台児荘にたてこもる孫連仲の部隊を救援した。湯は台児荘攻撃中の日本軍を背後から衝き，日本軍は後退した。

1938年10月の蔣介石武漢脱出後，湯恩伯は遊撃隊幹部の教育にあたり南岳游陸幹訓練班教育長となった。彼の部下には中共の葉剣英らがおり，湯と中共幹部との関係は比較的良好であった。しかし，国共両党の協力関係は次第に崩れ，41年蔣介石は中共支配地域を牽制するため湯を魯蘇豫皖四省辺区党政分会主任委員兼第1戦区副司令官に任命した。

1944年アメリカの協力のもとで昆明に中国軍の総司令部（何応欽総司令）が設置され4つの方面軍が編成されると，湯恩伯は第3方面軍の司令官となった。45年4月から5月，第3方面軍は張発奎の第2方面軍と協力して桂林及び柳州を日本軍から奪回した。日本の無条件降伏受け入れ後，湯は45年9月上海に赴き，華東地区日本軍の受降と日本国民の本国送還の任にあたった。湯は日本軍捕虜及び日本人を戦争の被害者として扱い，蔣介石の「以徳報怨」策を実行した軍人として，上海周辺から日本に復員・帰還した人々から永く感謝された。

1946年湯恩伯は京滬衛戍総司令兼第1綏靖区司令官となり，江蘇・浙江両省の治安維持を担当することとなった。49年1月の蔣介石「引退」表明・李宗仁代理総統就任後，湯は李の対中共妥協策に反対した。彼は2月に苦学時の恩人であった陳儀浙江第1師師長兼浙江省主席を，共産党と接触し「和平」の陰謀をはたらいたとして，逮捕した。5月に上海に共産党軍が迫った際に，湯は物資を台湾に向けて運び出した。上海撤退後湯は福建省主席に任命され，厦門・金門の守備についた。しかし同年10月湯の部隊は金門に退き，彼自身は同月末金門から台北に移動した。

1953年湯恩伯は軍を引退し，病気療養のため日本を訪れた。彼は一時台湾に戻るが，54年胃の病気が再発し再び来日，東京の慶應義塾大学病院で3度手術を受けるが治癒せず，6月同病院で死亡した。葬儀は東京で行われ，旧日本軍関係者・政府高官などが多数出席した。

参考文献：呉相湘『民国百人伝』第2冊（伝記文学出版社，台北，1971年）。呉紹周「関於湯恩伯」，中国人民政治協商会議河南省委員会文史資料研究委員会編『河南文史資料選輯』3輯（河南人民出版社，鄭州，1980年）。費雲文「湯恩伯的一生」，『民国人物新伝』（中外雑誌社，台北，1986年）。文強「"中原王"湯恩伯」，中国人民政治協商会議全国委員会文史資料研究委員会編『文史資料選輯』32輯（中国文史出版社，北京，出版年不詳）。湯恩伯記念会編『日本の友湯恩伯将軍』（湯恩伯記念会，1954年）。

〔塩出浩和〕

湯（とう）　化龍（かりゅう）　Tang Hualong

（1874年11月27日～1918年9月1日）

字・済武。湖北省蘄水県生まれ。清末・民初の政治家。

家は富裕な商家であったが，太平天国の戦乱により衰微した。生員であった湯化龍の父・聘莘は学問を捨てて家業に励み，家を再興した。

湯化龍は父が設けた家塾に入り，1892年県試で首席を取って，県学の生員となった。97年廩膳生になり，さらに張之洞が設立した黄州経古書院で学んだ。1903年挙人となり，04年開封へ赴いて会試を受験後，山西大学堂国文教習となり，間もなく進士となって，刑部主事に任じられた。

1905年11月北京進士館の官費留学生として日本の法政大学法政速成科（課程1年半）に入学し，07年5月卒業した。日本滞在中梁啓超と知り合い，また留日教育学会を組織して『教育雑誌』を発行した。さらに，後年北京大学教授となった孟森らと法政学交通社を結成して，法律・政治を研究し，『大清違警律釈義』を著した。湯化龍は大隈重信を尊敬していたとも言われる。

1908年帰国して民政部主事に任じられ，09年湖広総督・陳夔龍に招かれて湖北自治籌備処参事となった。湯化龍は国会の早期開設を熱望し，同年5月「湖北憲政籌備会」が成立するとその書記となり，10月諮議局が成立すると副議長となった。10年初め欠員となった議長に選任され，同年5月国会請願同志会の湖北支部が結成されて，書記になった。8月北京で開かれた各省諮議局連合会第1回会議で会長に選ばれ，第3回国会早期開設請願を行った。この年また，南京で張謇らと「全国農務連合会」を組織した。11年5月，清朝の「皇族内閣」に反対して開かれた各省諮議局連合会第2回会議に出席し，6月立憲派の全国的政党「憲友会」が設立されると，その湖北支部の責任者となった。

1911年10月10日武昌蜂起が起きると，翌日都督府総参議に任じられた。同月14日法政大学の同窓生・黄中塏と軍政府の組織を定めた「軍政府暫行条例」を起草し，15日同条例が採択されて政事部部長に任命されたが，ただ湯化龍は形勢を観望して就任しなかった。湯らが定めた軍政府の組織体制は立憲派に有利であったため，革命派の反対に遭い，10月25日「暫行条例」は改訂され，湯は実権のない編制部長に任じられた。その後，「中華民国臨時約法」のモデルとなった「中華民国鄂州約法」（11月9日公布）の起草に参加したが，11月下旬革命派との関係が悪化したため武昌を離れ，上海で黄興の私設秘書となり，12月下旬南京へ行った。

1912年1月南京臨時政府の法制局副局長に任じられたが固辞し，陸軍部秘書長となった。しかし間もなく南京を去り，同月末章炳麟らが上海で同盟会に対抗して「統一党」を組織すると，その参事に任じられた。さらに4月，上海で立憲派の林長民，孫洪伊らと「共和建設討論会」を結成し，主任幹事となり，同月下旬，北京臨時参議院の副議長に選出された。

1912年5月上海で統一党が他党と合併し，袁世凱政府与党の「共和党」が成立すると，幹事に選出された。しかし，同党に続いて8月に「国民党」が結成され，2大政党が出現すると，湯化龍は林長民らと第3の政党を作ろうとし，8月共和建設討論会といくつかの党派を合わせて「民主党」を結成し，その幹事長に就任した。

1913年1月衆議院議員に当選し，4月衆議院議長に選出された。5月総選挙に大勝した国民党に対抗するために，共和党，民主党，及び共和党から再び分かれていた統一党が北京で合併し，「進歩党」が成立すると，湯化龍は理事に選ばれ，梁啓超と共に同党の実質的な指導者となった。

1913年4月の善後大借款，7月の第2革命などに際しては袁世凱を支持し，翌14年5月徐世昌内閣の教育総長に任じられた。同年冬娘の佩琳と息子の佩松に日本の教育を受けさせるため，2人と夫人・夏氏を日本へ送り出した。

1915年夏袁が帝制運動を開始すると反袁派に転じ，9月病気を理由に北京を離れ，翌月教育総長を辞職した。同年末に始まった護国戦争においては，実弟で湖南将軍の湯薌銘に袁政府からの独立を呼びかけるなどの反袁活動をした。16年7月夫人が日本で病死し，湯化龍は葬儀のために一時帰郷した。

1916年8月15日梁啓超らと北京で『晨鐘報』（18年に『晨報』と改題）を創刊し，李大釗を総編集に迎えた。同月26日回復された国会の衆議院議長に復職し，31日中央集権的な憲法の制定を目指して，北京で劉崇佑ら旧進歩党人と政治団体「憲法案研究会」を組織した。9月9日旧国民党議員が地方分権的な憲法の制定を主張して「憲法商権会」を結成すると，12日湯化龍らは別の旧進歩党系の団体「憲法研究同志会」と合併して「憲法研究会」を組織し，秋以降憲法商権会と激しく論争した。同年10月黎元洪大総統から二等宝光嘉禾章を授与され，同年冬湖北旅京学会が成立すると，会長に選出された。

1917年2月対独参戦問題が起きると，湯化龍ら「研究系」は参戦派の段祺瑞総理を支持し，参戦反対派の黎元洪及び「商権系」と対立した。5月下旬黎が段を罷免すると，湯は衆議院議長を辞職した。

1917年7月初め張勲の復辟が起きると，湯化龍は段祺瑞に従って天津南方の馬廠に行き，討逆軍総司令部参賛に任じられ，復辟平定後の7月中旬段内閣の内務総長となった。湯，段らは6月に解散された国会の回復に反対し，このため10月広州軍政府は湯，段らの逮捕命令を出した。11月段内閣が倒れ，湯も免職となった。

1918年3月林長民らと日本へ渡り，6月さらに米国へ政治制度の視察に向かった。帰国途上の9月1日晩カナダのビクトリアの中華街路上で，広東出身の理髪師で国民党員の王昌に拳銃で暗殺された。

参考文献：中国社会科学院近代史研究所主編『民国人物伝』2巻（中華書局，北京，1980年）。「湯化龍行状」，『辛亥革命在湖北史料選輯』（湖北人民出版社，武漢，1981年）。賀覚非『辛亥武昌首義人物伝』下冊（中華書局，北京，1982年）。韓玉辰「湯化龍的一生」，『湖北文史資料』8輯（中国人民政治協商会議湖北省委員会，武漢，1984年）。沈雲龍「湯化龍其人其事（上）（下）」，『伝記文学』28巻1～2期（1976年）。〔味岡徹〕

唐（とう）　継尭（けいぎょう）　Tang Jiyao

（1883年8月14日～1927年5月23日）

字・蓂賡。雲南省東川府会沢県城関生まれ。民国前半期における地方軍人，「西南軍閥」の代表的人物。

郷紳層の家庭に生まれる。6歳にして私塾に入り伝統的教育を受け，15歳で生員となる。1904年雲南省派遣官費留学生として日本に留学，振武学校をへて陸軍士官学校に進み，08年卒業（第6期）。この間同盟会に加入。09年帰国，故郷の雲南省で組織されつつあった新軍に勤務，雲南督辦公所提調，講武堂教官，監督，第19鎮参謀官，第74標第1営管帯を歴任するなど順調に昇進する。

蔡鍔を指導者として1911年10月30日実行された雲南における辛亥革命において，唐継尭はその準備段階から中枢に参加し，蜂起の過程においても部隊を率いて重要な役割を果している。その結果，革命成功後組織された大漢雲南都督府（都督・蔡鍔）において軍政，参謀両部の次長兼講武堂総辦に任命された。ここに唐継尭は有力な軍人として雲南における地位を確立した。

雲南の隣省にあたる貴州でも1911年11月に革命蜂起が成功し，同盟会系の自治学社が指導権を握る貴州軍政府が成立した。しかし，これに反発を強めた貴州の立憲派系の勢力は雲南都督府に援助を求め，雲南都督府は唐継尭を指揮官とする滇軍（雲南軍）部隊を派遣した。12年3月貴陽に到着した唐は哥老会との関係を理由に同盟会系の勢力に武力による弾圧を加え，立憲派の後押しを受けて貴州臨時都督に就任した（5月には北京中央政権によって正式に貴州都督に任命）。ここに唐継尭は貴州の軍事及び政治の実権を掌握したのであった。

第2革命後の1913年10月，雲南都督・蔡鍔が北京政府の命令によって北京におもむくと，唐はその後任として雲南都督に就任し，雲南省の最高権力者の地位についた。

蔡鍔が中心となって1915年末から雲南を拠点に展開した帝制の取り消しを求める護国運動において，唐継尭もその中枢に参加し，護国軍第3軍総司令兼雲南都督，軍務院撫軍などを務めた。雲南を皮切りに始まった反帝制運動はその後全国的に大きく盛り上がり，袁世凱は孤立無援の状況に追い込まれ，ついに袁は帝制を取り消し，16年6月失意のうちに病死した。これ以降北京政府は中国全土を実効的に支配し得る力を失い，唐継尭治下の雲南も実質的には独立的地位を確固たるものにした。

1917年孫文が護法運動を開始し広東軍政府を組織すると，唐継尭は護法への参加を表明し，非常国会によって元帥に選出され（実際には就任せず），翌18年広東軍政府の改組が実行されると，唐は総裁に就任した。この時期，唐継尭は広西省の陸栄廷と並んで最も有力な西南軍閥であった。すなわち，広東軍政府に大きな影響力を持っていただけではなく，隣省である四川省に滇軍を派遣して介入するなど武力による支配地域の拡大をはかった。このような唐継尭の強力な力を支えたのは西南地域で最強の実力を誇った滇軍の優秀な軍事力であった。また，省外への拡大の要因として，雲南省の経済的貧しさからくる財政難が指摘できる。

しかし，以上のような滇軍による四川への介入—軍隊の駐屯，過酷な租税の徴収など—は当然軍人を含む四川の政治勢力の不満を呼び起こさざるをえなかった。1920年そのような不満が爆発し，四川において川軍と滇軍との間で全面的な戦争（川滇戦争）へと発展した。川軍各部隊の一致した攻撃にあい，四川駐在の滇軍は大敗を喫し雲南へと敗走した。しかも，この期に乗じて唐継尭の部下である四川駐在の滇軍第1軍軍長・顧品珍が反乱をおこし，軍を率いて昆明に迫った。この結果，唐継尭は一時失脚を余儀なくされ，21年2月香港へ脱出した。

1922年当時広西省に駐屯していた滇軍部隊を率いて唐継尭は反撃に転じ，顧品珍軍を破って（この戦いで顧は戦死）再度雲南省の支配者の地位についた。そして，唐は連省自治を支持する態度を示し，省政府を改組して「民治」の実行を宣言した。雲南省の支配を回復した後，唐は再度四川及び貴州に介入をおこなっている。また，北伐の実行を呼びかける孫文に対しては冷淡な態度を取り続けたのであった。

一貫して対外膨張路線を採用した唐継尭の支配を通じて，その軍事費を賄うため租税負担は増加したから，雲南省内には唐政権への不満が蓄積していった。他方，唐による近親者優遇に対しては唐の最大の権力基盤である滇軍内にも不満が高まっていくことになる。北伐と国民革命の進行という雲南省を取り巻く政治情勢が大きく変化していく中で，このような政権の矛盾は1927年2月ついに爆発した。すなわち，龍雲，胡若愚，張汝驥，李選廷の滇軍4鎮守使は一致してクーデターを発動した。滇軍の最高幹部の一致した行動には唐継尭も対抗することはできず，唐は雲南省務委員会総裁の地位に留まったものの，これはまったく名目上のものにすぎなかった。そして，この3カ月後の同年5月唐継尭は吐血して病死した。

参考文献：謝本書『唐継尭評伝』（河南教育出版社，開封，1985年）。謝本書「論唐継尭」，西南軍閥史研究会編『西南軍閥史研究叢刊』1輯（四川人民出版社，成都，1982年）。東南編訳社編『唐継尭』（1925年）。沈雲龍主編『近代中国資料叢刊』3輯（文海出版社，台北，1966年）。Donald. S. Sutton, *Provincial Militarism and the Chinese Republic: The Yunnan Army, 1905-1925* (The University of Michigan Press, Ann Arbor, 1980).

〔塚本元〕

唐　景崇（とう　けいすう）　Tang Jingchong

（1844年～1914年）

字・春卿，広西省滝陽県生まれ。清末の高級官僚。

父の唐懋功も挙人であった。唐景崇は同治10（1871）年の進士で，翰林院編修，同侍読，内閣学士となる。94年広東省の科挙の，翌年は会試の業務を担当し，さらに工部侍郎，礼部侍郎となり，一時，都察院左都御史の代理を務め，さらに浙江学政に転じた。母の喪に服すため退官して帰郷中，1900年義和団運動が起こったので，命ぜられて広西の団練を督辦した。03年工部侍郎の資格で浙江の科挙を実施，ついで江蘇学政に転じた。

1905年清朝は科挙制度を廃止し，各省学政に各地の学校教育の情況を報告させたが，唐景崇はこの時10カ条の意見書を提出した。さらに，翌年北京に帰り，「立憲大要四事」を皇帝に提出した。このころ，清朝の高官内部に広西省の省都を桂林から南寧に移転する議論が盛んとなっていた。ヴェトナムを領有したフランスの勢力が広西に脅威を与え，桂林はヴェトナムやフランスの根拠地に近すぎるという理由からである。唐景崇は反対論を皇帝に提出して採用され，南寧への省都移転は取り止めとなった。

のち，吏部侍郎に転じ，経筵講官ともなった。科挙制廃止後，帰国した外国留学生学位の成績判定も唐景崇に依存することが多かった。1909年大学士・戴鴻慈が死去の直前に上書して唐景崇を重用するように推薦し，翌年学部尚書に進んだ。11年「責任内閣」制の発足時，慶親王奕劻内閣の学務大臣に任ぜられ，のち弼徳院顧問大臣を兼ねた。この時，学説の相違が甚しかったが，唐は新旧の疎通に留意したといわれる。

1911年辛亥革命が起こり，袁世凱内閣が成立すると，学務大臣へ留任を命ぜられたが，唐は病を口実として就任せず，官界から引退し，14年病死した。清皇室から「文簡」と諡された。

学術面では天文・数学，とくに歴史に通じ，『新唐書注』などの著書がある。

参考文献：民国清史館『清史稿』巻444，列伝230（民国清史館，北京，1927年）。賀金林・秦競芝「唐景崇与清末教育改革」（『河池学院学報』25巻4期，2005年）。

〔久保田文次〕

唐　景崧（とう　けいすう）　Tang Jingsong

（1865年～1902年）

字・維卿。広西省漢陽県生まれ。清末台湾の官僚。

1865年進士に合格し，吏部主事になる。82年清仏戦争に際して劉永福を招いてフランス軍と戦うことを具奏し，また両広総督・曾国荃と会見して協力を依頼した。翌年ヴェトナム北部の保勝で劉永福と会談した唐景崧は，自らもランソンなどを転戦し，その功績によって台湾兵備道に任ぜられ台湾府に着任した。91年布政使に昇進した唐は台北に赴任するとともに，詩社を設立したり，或いは台湾省の通史を編纂することに着手するなど文化事業に務めた。

1894年日清戦争が勃発すると，台湾における軍備もまた強化され，台南の防衛には劉永福を招き，中部には林朝棟を配置するなどした。この年9月には巡撫の邵友濂が辞職したため，唐景崧が巡撫代理となり文字通り台湾防衛の最高責任者となった。

戦闘は遼東半島や山東半島などで展開されたため台湾が戦場となることはなかったが，1895年の秋以来日本において検討された講和条件にははじめから遼東半島とともに台湾が含まれていた。清国政府内部では朝鮮の独立と賠償金による講和をもとめる意向が強かったが，95年3月はじめ全権に任命された李鴻章には領土割譲を講和条件とする権限が与えられていた。2月に威海衛を攻略し北洋海軍を全滅させた日本軍は，3月23日には澎湖島に上陸し，4月1日講和会議において遼東半島とともに台湾・澎湖島の割譲を含む条約案をはじめて提示した。未占領地である台湾の割譲については清廷においても反対論は根強く，両広総督・張之洞のように列強の干渉による日本の要求拒否を唱えるものもいた。唐景崧もまた列強の干渉案や住民の不服従を理由とする条約の無効論などを上奏したが，4月17日講和条約は調印され，また期待された三国干渉からも台湾ははずされた。

かくして1895年5月8日講和条約は批准され，また5月なかばにはフランスなどによる台湾派兵の可能性もなくなり，18日には台湾譲渡の委員として李経芳が任命された。清国政府は唐景崧に対しても離台を促したが，台湾の紳民はあくまで日本への抵抗を主張し唐ら官僚の離台や武器の搬出に反対し，唐もまた台湾における抗日が日清の講和を破壊することを恐れ，また列強の干渉を受け入れやすくするためにも清朝への忠誠を明確にしたうえで「台湾民主国」を宣言して清国からの「分離」に同意した。唐は自らその総統となったが，多くの官僚は大陸に脱出し清軍もまた統率を失っており，「民主国」の議会の議長に押された林維源は辞退して大陸に渡るなど国家，政府としての実態はなかった。そのため6月2日，日本軍が基隆郊外に上陸し台北に接近すると，台北は無政府状態となり，唐もまたいちはやくドイツ船で淡水から厦門に脱出し「台湾民主国」としての組織的抵抗は起こらなかった。

参考文献：黄秀政『台湾割譲与乙未抗日運動』（台湾商務印書館，台北，1992年）。呉密察『台湾近代史研究』（稲郷出版社，台北，1990年）。張雄潮「唐景崧抗日之心迹及奏電存稿」，『台湾文献』16－1，1965年。　〔栗原純〕

唐　羣英（とう　ぐんえい）　Tang Qunying

（1871年～1937年）

字・希陶。湖南省衡山生まれ。中国女性参政運動の先駆者。

父・唐少垣は清末振威将軍に封ぜられた人。唐羣英は幼い時から古典を学び，詩文に堪能であった。曾国藩の父方のいとこにあたる曾伝綱と結婚し，湖南省湘郷県荷葉に住んだ。荷葉には曾家のほかに王・葛の名望家があったが，王家は秋瑾の嫁ぎ先，葛家は蔡和森・蔡暢兄妹の母・葛健豪の実家で，互いに婚姻関係や交友関係もあった。1897年に夫・曾伝綱が亡くなり，唐羣英は衡山の実家に帰る。それはちょうど維新変法運動の高潮とその挫折の時期にあたっていた。

1904年家産を処分し，救国救民の思いを胸に来日し，秋瑾と同じ実践女学校に入学した。05年華興会に加入，光復会・興中会との合同により中国同盟会のもっとも早期の女性会員となった。

1906年9月留日女子学生の連帯を強め，情報や知識を交換し，同時に公益を図るという主旨で留日女学生会が成立，唐羣英は書記となった。12月成女学校に新設された速成師範科に入学。07年創刊の『中国新女界雑誌』に憂国憂民の詩を寄稿したり，江北災民救済のため女子留学生に美術工芸品の供出を働きかけたりしている。

1907年末師範速成科を卒業して帰国，教職につく一方，革命活動を行ったが，その後再び来日。11年3月東京で開かれた留日女界全体大会で留日女学会が成立すると会長となり，『留日女学会雑誌』編集人も兼ねた。辛亥革命勃発後直ちに帰国し，成女学校同窓生の張漢英と共に上海で女子後援会・北伐軍救護隊を組織して募金や救護活動にあたった。また神州女界共和協済社（のち「共和」をとる）にも参加して編集部長をつとめている。

1912年2月唐羣英らは女性団体によびかけて南京に集まり，参政権を含む男女平等を臨時約法に明示するよう参議院に請願書を提出し，かつ女子参政同盟会を結成することをきめた。しかし3月11日公布された臨時約法にその条文はなかった。唐羣英らは19日から21日まで連日参議院におしかけて女性参政権を要求し，窓ガラスをこわすなど大いに参議院を騒がせた。4月8日には正式に女子参政同盟会を発足させ，参政のみならず，家庭・職業・教育その他の分野も含めた女性の地位の向上をスローガンに掲げた。同年8月中国同盟会は他の4団体と合同して国民党を組織するに当たり男女平等の主張を党綱からはずした。合併大会の席上，唐羣英はこれに抗議して宋教仁を殴打し，女性に対し丁重に詫びた上で党綱に加えることを要求したが否決された。参議院に対する女性参政の要求も敗北したが，10月北京に女子参政同盟会本部を設立して総理に就任，各地に支部をおいて活動を続けることを決めた。その後湖南に帰り，女子参政同盟会湖南支部の支部長を兼任，13年春には女子美術学校・自強職業女学校の開設，『女権日報』発刊などを行うが，第2革命敗北で挫折した。

1916年反袁の第3革命勝利後活動を再開するが，政情不安定のため停滞。国共合作時の24年，かつて湖南省憲法制定にあたり結成された湖南女界連合会が再興され，唐羣英はその副会長におされた。その後衡山白果に岳北女子職業学校を創設，女子教育事業に奔走するが負債を負う。古参国民党員らが窮状を知り，35年南京に招いて国民党中央党史編纂委員会委員の職を与えた。のち帰郷し37年4月（38年ともいう）病死した。

参考文献：羅柳之「女権運動領袖唐羣英」，『婦女』1983年3月。中華全国婦女連合会『中国婦女運動史（新民主主義時期）』(春秋出版社，北京，1989年)。盛樹森・譚長春・陶芝蓀「中国女権運動的先駆者唐羣英」，『人物』1992年2期。
〔末次玲子〕

唐(とう)　紹儀(しょうぎ)　Tang Shaoyi

(1862年1月2日～1938年9月30日)

別名・紹怡，字・少川。広東省香山県唐家湾生まれ。清末・民初の政治家。

唐紹儀の父・巨川は上海の茶輸出商であった。1874年秋唐は清政府の第3回「幼童出洋」留学生の一員として米国に派遣され，ハイスクールを経てコロンビア大学に入学した。しかし81年清政府は在米留学生に帰国命令を出し，唐らは学業半ばで帰国した。

1882年秋唐紹儀は朝鮮のドイツ人税務司メレンドルフの秘書に任じられ，84年の甲申政変後帰国した。85年天津税務衙門の官吏となり，同年秋駐扎朝鮮総理交渉通商大臣となった袁世凱の随員として朝鮮に赴任した。唐は，税務，外交に手腕を発揮して袁世凱に認められ，94年7月袁が日清開戦を前に帰国してしまうと，袁の代理を務めた。95年に一旦帰国した後，96年秋駐朝鮮総領事に任じられ，98年父の死により帰国し，99年両広総督・李鴻章の幕僚となった。

1900年関内外鉄路総辦となったが，義和団事件の際，天津租界で中国軍の砲撃により夫人と子供1人を亡くした。同年，山東巡撫となっていた袁世凱の招きで，山東省洋務局総辦に転じた。01年袁世凱が直隷総督になると，唐紹儀は天津海関道に任じられた。

1904年英国軍がチベットに侵入すると，副都統，さらに議約全権大臣に任命され，翌05年カルカッタで対英交渉を行った。同年11月外務部右侍郎兼会同商議東三省事宜となり，12月の日中間の満洲善後協約の締結交渉に参加した。06年5月会辦税務大臣を兼職し，11月官制改組により郵伝部が発足すると，同部左侍郎も兼任した。07年4月新設の奉天巡撫に転じた。

1908年秋米国による義和団賠償金の減額に謝意を表するための特派使節として日本を経由して米国へ行き，11月に光緒帝，西太后が没すると，命令により帰国した。09年1月に袁世凱が失脚すると，唐紹儀も一時要職から遠ざけられ，10年8月に至って郵伝部尚書に任じられたが，11年1月清政府の鉄道国有化政策に反対して辞職し，天津に引き籠った。

1911年10月辛亥革命が起きると，12月内閣総理大臣・袁世凱の全権代表となって上海へ行き，革命側との和平交渉に当たった。唐紹儀は革命側の共和制要求を支持して，交渉をまとめるのに貢献したが，そのため袁世凱との間に溝ができた。

1912年3月革命側にも信頼されていたことにより，中華民国最初の国務総理に任じられ，組閣後の一時期，交通総長も兼務した。同3月孫文らの紹介により同盟会に加入した。しかし，閣僚人事などで袁世凱の干渉を受け，またその同盟会寄りの政治姿勢を閣内外から批判されたため，6月中旬に辞職し，上海に移り住んだ。

1914年黎元洪，梁士詒ら政財界の大物を株主とする金星人寿保険有限公司を設立し，その董事長となった。15年に袁世凱が帝制運動を開始すると，これに反対し，16年5月，軍務院の外交専使に任じられた。6月大総統となった黎元洪から外交総長に任命されたが，国務総理段祺瑞や督軍団の反対に遭い，就任できなかった。

1917年8月孫文の護法を支持して広州へ赴いた。9月護法軍政府の財政部長に任じられ，翌18年5月財政部長兼務のまま7人の政務総裁の1人に選ばれたが，いずれも就任しなかった。19年2月広東軍政府側の総代表として上海で北京政府側と和議交渉を行ったが，交渉は進展せず，10月に辞職した。21年5月孫文の広東軍政府の財政部長に任命されたが，就任しなかった。25年2月孫文の連共政策などを批判して，章炳麟らと上海で「辛亥同志倶楽部」を結成した。ただ，4月に上海で挙行された孫文追悼大会では主祭を務めた。

1927年南京国民政府が成立すると，28年12月両粤賑災委員会及び晋察冀綏賑災委員会の委員に任じられた。29年1月国民政府賑款委員会委員に任じられ，3月に同委員会が賑災委員会と改称されると，常務委員に任命され，30年1月，同委員会が賑務委員会と改称されると，再び委員に任じられた。この間，29年4月に兼任で中山県訓政実施委員会主席となった。

1931年5月反蔣派が広州で組織した国民政府の常務委員に任じられ，12月国民党4全大会（広州）で中央監察委員，同月の4期1中全会で国民政府委員会委員にそれぞれ選任され，翌32年1月西南政務委員会常務委員（34年秋辞職）及び軍事委員会西南分会委員に任じられた。同年3月中山県県長を兼任したが，広東の軍権を握る陳済棠と対立し，34年10月退任して上海へ戻った。36年6月陳済棠らが反蔣の軍事行動を起こすと，7月南京の国民党5期2中全会に出席し，西南政務委員会の廃止を提案して，蔣介石を支援した。ただ，蔣介石からの見返りがなかったため，蔣に不満を抱いたと言われる。

日中戦争開始後，唐紹儀は上海に残っていたため，1938年1月以降日本側は数回彼に対日協力を求めた。唐はこれを拒否したが，唐が対日協力政府を組織することを恐れた国民政府は，同年春唐に上海を離れるよう勧告した。しかし唐は上海を離れなかったため，同年9月30日，骨董商を装った国民政府軍統局の工作員により上海フランス租界の自宅で殺害された。

著名な外交官の顧維鈞，国民政府駐スウェーデン公使などを務めた諸昌年は，いずれも唐紹儀の女婿である。

参考文献：中国社会科学院近代史研究所主編『民国人物伝』1巻（中華書局，北京，1978年）。張暁輝「唐紹儀出生年月考」，『近代史研究』1988年3期。余炎光・周孝中「唐紹儀」，『北洋政府総統与総理』（南開大学出版社，天津，1989年）。夏茂粋「再論唐紹儀晩節問題」，『民国檔案』1990年1期。李恩涵「唐紹儀与晩清外交」，『中央研究院近代史研究所集刊』4期上冊，1973年。　〔味岡徹〕

唐（とう）　生智（せいち）　Tang Shengzhi

（1889年10月12日～1970年4月6日）

字・孟瀟。湖南省東安県に生まれる。民国期の軍人，政治家。

祖父・唐本有は広西提督を務めた。父・唐承緒は東安で天錫礦冶公司を経営し，湘西で塩卡を管理した経験がある。

1907年湖南陸軍小学卒業後，武昌の第3陸軍中学に進む。辛亥革命が勃発すると，上海その他で革命運動に参加する。12年保定軍官学校第1期歩兵科に入学，14年卒業後湖南陸軍混成旅に配属され見習軍官，代理排長，代理連長を務める。袁世凱政権の打倒をめざす護国戦争に参加し，16年ここに組織された湘軍（湖南軍）第1師第2旅第3団の営長（大隊長）に任命され，以後湘軍の軍人として護法の役，駆張戦争に従軍，湘軍第1師（師長・趙恒惕）第1旅第3団長に昇任する。20年12月趙恒惕が湖南省の実権を掌握すると湖南第1師歩兵第2旅旅長に任命される。このころ，湖南軍幹部を含む湖南政界においては譚延闓系，程潜系，趙恒惕系の3派による権力闘争が展開されたが，唐は趙恒惕系の最も有力な軍人の1人であった。

1923年8月，湖南省への復帰をめざす譚延闓が，直系の湘軍軍人を動員して武力による趙恒惕政権の打倒をめざし，ここに湖南省は全面的内戦へと突入した。この譚趙戦争において唐生智は趙が組織した「護憲軍」に参加し，譚延闓系に属する蔡巨猷の部隊を打ち破った。同年11月譚趙戦争に勝利した趙恒惕は，湖南軍を4個師団に再編成し，唐生智は第4師師長兼湖南善後督辦に昇任し衡陽へと移駐した。

この1923年から26年にかけて，唐は湖南省南部を地盤として部隊の拡大に努め，その数5万と号するにいたった。この強大な武力を背景に，唐は趙恒惕に次ぐ湖南省第2の実力者としての地位を確立したのであった。

1924年の国民党改組後，唐生智は呉佩孚に支援を要請し，広東と広西の連携を意図したこともあった。26年3月，唐は武力を動員して趙恒惕を追い，湖南省政治の実権を掌握して，湖南代理省長に就任した。広東の国民政府はこのような湖南省での政治情勢の変化を受けて，陳銘枢，白崇禧を派遣し唐との接触をはかった。そして，その働きかけをうけて唐生智は連ソ・容共・労農扶助の3大政策の擁護と北伐への参加を表明することになった。しかし，4月呉佩孚麾下の部隊が反撃を開始すると戦局は唐不利へと傾き，長沙その他の要地は呉系の部隊の占領下に置かれた。このように軍事的政治的に苦境に立った唐生智は国民政府に援助を要請し，これを受けて国民政府は国民革命軍部隊を湖南へ派遣した。ここに北伐が実質的に開始されたのであった。そして，6月2日広州の国民政府によって唐は国民革命軍第8軍長兼北伐軍前敵総指揮兼湖南省長に任命された。

1926年7月広州国民政府は正式に北伐の開始を宣言し，唐生智は北伐軍総指揮として湖南及び武漢攻略を指揮した。長沙占領後国民党に入党。蔣介石に対抗して国民党左派が組織した武漢国民政府の軍事的な支柱となり，第4集団軍総司令に任じられた。27年7月武漢政府が共産党を排除し国共合作が完全に破綻した後も国民党内各派閥間の対立はやまず，唐生智は南京の蔣介石と対立する立場に立った。しかし，軍事情勢は唐不利に傾き，唐生智は27年11月12日下野を通電し日本への亡命を余儀なくされた。

1929年3月蔣桂戦争の勃発に伴って，上海で機を伺っていた唐は討逆軍第5路総指揮に任命され政治の表舞台に復帰した。そして，同年12月蔣介石の打倒をめざす武装闘争を開始するが惨敗に終わり，30年1月9日下野を通電し天津から香港，マカオ，シンガポールへと再度亡命を余儀なくされた。

1931年広州に「国民党中央執行委員会非常会議」が組織されると，唐生智は広州国民政府及び軍事委員会常務委員に就任した。満州事変勃発後，広州政府と南京国民政府の合同が実現すると唐生智は軍事委員会委員兼軍事参議院院長に任命され，以後37年に至るまで陸軍上将として訓練総監部総監，軍事委員会執行部主任，軍事委員会委員，軍事委員会第１庁主任など南京国民政府の要職を歴任することとなった。

日中戦争が勃発すると，唐生智は南京衛戍司令長官に任命されるが1937年12月日本軍の武力の前に撤退を余儀なくされた。この後日中戦争の期間，唐は軍事委員会委員として地位は保持したものの，必ずしも表だった政治活動は行わず，重慶及び故郷東安で過ごした。

日中戦争終結後は故郷東安で公職から離れた生活を送っていたが，1949年夏国共内戦が共産党優位のうちに最終段階を迎え，人民解放軍が長江を越えて南下してくると，湖南で程潜らが発動した蜂起に唐生智も参加し，湖南人民臨時政府軍政委員会委員を務め中華人民共和国の創設に関与することになった。

中華人民共和国成立以後の唐生智は，湖南省人民政府副主席，副省長，政協湖南省委員会副主席，中南軍政委員会委員，中南行政委員会委員，全国人民代表大会第１，２，３期代表，第２，３期常務委員，政協全国委員会第１期委員，第２，３，４期常務委員，国防委員会委員，国民党革命委員会中央常務委員などの要職を歴任した。

1970年唐生智は腸癌のため長沙で死亡した。

参考文献：李剣農『最近三十年中国政治史』（太平洋書店，上海，1930年）。陶菊隠『北洋軍閥統治時期史話』全８冊（生活・読書・新知三聯書店，北京，1959年）。湖南省志編纂委員会編『湖南近百年大事記述』第２次修訂本（湖南人民出版社，長沙，1980年）。〔塚本元〕

唐　澍（とう じゅ） Tang Shu

（1903年～1928年７月１日）

字・東園。河北省易県南賈庄生まれ。紅軍指導者。清澗蜂起，渭華蜂起指導者の１人。

貧しい知識人の家庭に生まれ，幼少時より私塾に学ぶ。その後東部村の高級小学校に入り，卒業後同校の教員となった後，郷里に戻って朝陽初級小学校の教員となる。1922年夏保定の河北省立第二師範学校に入学。同校では中共の北方党組織による宣伝啓蒙活動が活発で，積極的に李大釗やマルクス・レーニン主義の著作を学んだ。そして学生運動を指導したため退学処分となる。

いったん上海に出たがその後広州に到り，1924年４月黄埔軍官学校に左権，徐向前，陳賡らとともに第１期生として入学，同年中国共産党に入党する。25年広州農民運動講習所にて軍事教官に任ぜられる。同年２度にわたる陳炯明討伐のための東征に参加。11月省港ストライキ委員会糾察隊総教練となり，その後糾察隊模範大隊長をつとめる。徐成章，鄧中夏，蘇兆徴らとともに工人糾察隊を率いて香港を封鎖し，省港大ストライキを指導した。

1926年秋張家口へ赴き，党の命令によって馮玉祥軍の統率する軍官学校に派遣され，隊長，主任教官などを歴任した後学校の政治工作を担当する。同年冬馮玉祥軍とともに寧夏，甘粛を経て陝西へ移る。27年３月同校が改編されて国民軍連軍軍事政治学校が西安に設立されると主任教官となる。同年７月初め蔣介石の反共クーデターに同調した馮玉祥によって劉志丹らとともに追放される。

1927年秋以降中共陝北特別区軍事委員会書記，陝西省委員会軍事委員会書記，第２集団軍第６旅団参謀長に任ぜられ，陝北の石謙旅団で「兵運」工作（中共による軍隊内部での宣伝啓蒙活動）を行う。また同旅団の軍事教官と中共党団書記をつとめた。同年10月同旅団が陝西省清澗でひきおこした蜂起の指導に謝子長，李象九らとともに参与し，同旅団参謀長と中共陝北軍事委員会書記となる。部隊が宜川へ移動後報告のため省委員会へ赴いた留守中同部隊は損害を受け，韓城で独立旅団に改編される。12月ふたたび謝子長，閻揆要らとともに韓城で蜂起を発動。さらに西北工農革命軍遊撃隊第１支隊を創設して総指揮となった。28年１月同部隊が甘粛合水地区で敗北した後西安へ移る。

1928年２月党陝西省委員会によって扎洛南に駐屯する陝軍新編第３旅団に派遣され参謀長に任ぜられる。４月劉志丹，謝子長，許権中，高克林らとともに渭（南）華（県）蜂起を指導し，また西北工農革命軍を成立させて総指揮となる。同年７月１日陝西省洛南県碾子溝において李虎臣の率いる国民党軍と戦闘中戦死した。

参考文献：楊暁初「渭華起義片断」，星火燎原編輯部編『星火燎原　選編之一』（戦士出版社，北京，1979年）。中国共産党陝西省委員会党校党史教研室・陝西省社会科学院党史研究室編『新民主主義革命時期陝西大事記述』（陝西人民出版社，西安，1980年）。呼震西「清澗起義漫憶」，『革命英烈』1982年１期。中共党史人物研究会『中共党史人物伝』15巻（陝西人民出版社，西安，1984年）。〔安田淳〕

唐　廷枢（とう ていすう） Tang Tingshu

（1832年２月29日～1892年10月７日）

号・景星，鏡心。原籍，広東省香山県，同県に生まれる。清末上海の広東系大買辦商人，中国初期工業化の大企業家。

彼の父は香港でアメリカ人医者の給仕，ないし下僕をしていたという。その子の唐廷植（茂枝，1827年

～没年不詳），唐廷枢，唐廷庚（応星）3人兄弟は後述するように学んだ語学を生かして，後に怡和洋行などの買辦商人として活躍した。また同族の唐国泰（翹卿）は匯豊銀行の買辦，上海茶業公所の董事，同じく唐瑞枝（瑞芝）は漢口の阜昌洋行の買辦，厚生祥茶桟の経営者であり，甥の唐傑臣（1862～1904年），甥の子・唐紀常らも怡和洋行を始めとする買辦，文字通り買辦一族であった。別の甥・唐紹儀は袁世凱の側近として政界で活躍して有名である。

彼は10歳から6年間香港にある英国教会の学校で徹底した英華教育を受け，英語の力を磨いてから，ある競売店の助手を3年務めた後で，香港政庁で翻訳を7年担当した（19～26歳）。その間に2軒の質屋に投資して相当の利潤を得たという。また同僚としてイギリス人H.N. Lay（李泰国）と知り合い，李が上海海関に移ると，彼も同海関の通訳・書記に転職した。3年後の1861年に同職を辞めて，同郷の怡和洋行買辦・林欽の紹介により怡和の長江一帯の代理業を担当，特にアメリカ南北戦争の影響下に騰貴した綿花の売買で活躍したという。その間，忙しい暇をぬって広東人と外国人との交際のための『英訳集全』という実際的な書物（同書の第6巻は『買弁問答』）を62年広州から出版もしていた。2年後には林欽に代わって怡和の正式な買辦となり，以後63～72年の10年間上海を中心に大活躍をした。

彼はまず怡和洋行の営業範囲を大幅に拡大，生糸・茶の買付けと輸出を中心とする貿易・運輸商社から，不動産・海運・金融・鉱山採掘を含む多角経営化への転換を推進したし，またそれと並行して洋行の信用と資金を十二分に活用して個人としての商業活動をも展開，私産を形成した。また関連業界に同業公所のような連絡機関を組織化してその理事として勢力を築きながら，当時続々と進出してきた外資企業に対して自身で投資した他に，他の買辦・商人に対しても投資の勧誘や指導を行い，中国人商人・投資家の指南役を果したという。

1873年に彼は怡和の買辦職を兄に譲り，自身は李鴻章の招きを受けて設立されて間もない輪船招商局の総辦として，その改組と資本補充に着手した。以後亡くなるまでの20年間洋務派の良き助手として活躍した。その期間は招商局の経営（73～76年），招商局と開平鉱務局の兼営（76～85年），開平専任（85～92年）の3期に区分できるが，一貫して注目されるのは招商局・開平鉱務局のような近代的大企業設立・管理に関する巨額の資本調達と経営手腕に彼が充分力を発揮したことである。次に買辦から離職した後も，彼は元の雇主・怡和の支配人や買辦職を継いだ兄と密接な連絡を取り合い，資本調達・借款導入・国外での代理委託などでその協力を仰いだり，逆にその利益を図ったりした。さらに彼は洋務派官僚や怡和らから二重の保護下に自身の企業者活動を展開，ないし継続発展させて私産を拡大させていたことも無視できない事実である。92年彼が天津で病死した時の遺産は，100万両を下らなかったといわれている。

彼は買辦のパイオニアとして，ビジネス界の東西両文明のかけ橋として活躍し，中国初期工業化に貢献した。総じて彼の生涯は清末の買辦ビジネスマンの形成・発展を多くの面で象徴していたといえよう。

参考文献：汪敬虞『唐廷枢研究』（中国社会科学出版社，北京，1983年）。中井英基，同上書書評，『近代中国』16巻，1984年12月。張富強「唐廷枢与近代民族企業」『社会科学戦線』1988年3期。趙暁雷・于醒民「多重身分的実業家唐廷枢」，許滌新主編『中国企業者列伝』第1冊（経済日報出版社，北京，1988年），中井「買弁」（菊池敏夫他編著『上海・職業さまざま』東京・勉誠出版，2002年）。Hao Yen-p'ing, *The Comprador in Nineteenth Century China: Bridge between East and West* (Harvard University Press, Cambridge, 1970).

〔中井英基〕

湯（とう）　象龍（しょうりゅう）　Tang Xianglong

（1909年3月3日～1998年4月3日）

字・豫樟。湖南省湘潭県の人。経済史学者。

父親の湯仏心は，清末に長沙の城南師範を卒業して，二十余年にわたり教育界にあった。湯家は「多文為富，与物同春（文多きを富と為し，物と春を同じうす）」を家訓としており，これは象龍に大きな影響を与えたといわれる。

湯象龍は5歳で私塾に入り，翌年には地元の国民小学に入る。1918年，長沙の明徳中学付属小学に転じ，翌年同校を卒業する。20年，明徳中学に入学し，3年後に漢口の私立明徳大学に入学して英文学を専攻する。25年，清華大学文科に入学，29年に卒業すると特別研究生として大学に残り，中国近代経済史を専攻する。

1930年7月に清華大学を離れ，北平社会調査所で近代中国経済史の研究に従事する。2年後には同所の経済史組組長となった。36年より2年間，中央研究院より派遣されてロンドン，パリに渡りヨーロッパ近代経済史などを学び，その後ボンでドイツ語を学んだ。帰国後は中央研究院社会研究所の所員となり，中国近代経済史研究組組長となったほか，『中国近代経済史研究集刊』（36年より『中国社会経済史研究集刊』と改題）の編集に当たる。同誌は，国内での中国経済史・

社会史に関する最も初期の学術誌である。42年，個人的な理由で中央研究院の職を辞し，日中戦争時期は経済部物資局専門委員などを務め，戦争後は上海金城銀行総官処専員，上海中国経済研究所研究員を務めた。

中華人民共和国成立後は，南京で中国人民解放軍第２野戦軍籌設西南経済所の副所長，代理所長となった。1950年初めに西南財政委員会計画局研究主任となり，『西南統計工作』（月刊）と『統計工作参考資料』の編集に携わった。同年３月には西南財委統計処処長となった。52年冬に成都に移り，66年までの間に四川財経学院（現在の西南財経大学）副教務長，同経済研究所所長，同科研処処長を務めた。また，四川省省志編輯委員会の財政・金融・貿易分野の編集責任者となり，四川省政協文史資料研究委員会の副主任にも任じられている。この間，57年には中国共産党に入党している。

文化大革命が始まり，1966年になると湯象龍にも「学術的権威を振り回した」とか「隠れた大右派」といった汚名が着せられ，攻撃を受けることとなる。そのため，研究も停滞したが，その間に収集された資料は，その後の新たな四川省近代財政史，金融史を著す上での重要な基礎となった。72年からは舌癌を患い，手術と治療を重ねながら研究を続けた。20歳代から始めた中国経済史研究は，明清時代の檔案を発掘し活用したものであって，湯象龍の研究は近代経済史，財政史を開拓したものであり，当該分野研究の基礎を作った第一人者として高く評価されている。湯象龍は80歳を超えても研究意欲は衰えず，妻と共同で，過去に北京で収集した６千点に及ぶ資料を整理し，厳密な研究のうえ，６年の歳月をかけて92年に中華書局から『中国近代海関税収和分配統計：1861-1910』を出版している。彼は更に『清代財政制度史』の執筆を企図していたが，病気のため果たせなかった。

1998年４月３日，病死。妻・劉新渼との間に１男２女があった。他の著書に『中国近代財政経済史論文選集』（西南財経大学出版社，1987年）がある。

参考文献：崔国華「湯象龍」，『財政経済』1991年１期。劉方健「湯象龍百年追思紀念会綜述」，『中国経済研究』2009年３期。趙彦昌・陳聡「湯象龍与明清檔案」，『山東檔案』2011年６期。
〔嵯峨隆〕

湯（とう）　薌銘（きょうめい）　Tang Xiangming

（1885年～1975年）

字・鋳新，別名・住心。湖北省蘄水県生まれ。兄は清末立憲派の指導者で，民国以後臨時参議院副議長，教育総長を歴任した湯化龍。清末民国初期の軍人。

1903年清朝の挙人となり，後に武昌文普通学堂に入り，新式教育を受けた。05年端方が西欧に留学生を派遣した時，選抜されてフランス，ついでイギリスに留学し，海軍について学んだ。フランス留学中，孫文の演説を聴き，革命党に参加したが，のちに後悔し，孫文の鞄から入党誓約書や孫文とフランス官憲との通信文を窃取して，清朝政府の駐フランス公使・孫宝琦に自首した。

1910年帰国し，直隷知州に任ぜられ，ついで軍艦「鏡清」の機関長，「南琛」の副長を経て，11年海軍統制（司令長官）・薩鎮冰の参謀となった。10月10日武漢で革命が起こると，薩に随行して「楚有」に坐乗して長江を遡航し武漢戦線の革命軍に対する艦砲射撃に従事した。しかし，湖北軍政府民政長となっていた湯化龍は，書面をもって海軍の革命政権への帰順を勧告した。すでに長江艦隊の統制も，薩鎮冰も戦線から離脱したので，湯薌銘は「海容」艦上で将校の集会を開き，革命への帰順を決定，海軍の臨時司令となった。今度は革命側に参加して武漢地域の清軍を攻撃した。

1912年南京に中華民国臨時政府が成立すると，海軍次長兼海軍北伐総司令となり，胡瑛，藍天蔚の率いる山東，東北の革命軍を援助した。南北統一後，北京で袁世凱に引見され，袁に重視された。同年11月海軍中将となったが，数次の内閣に海軍次長として留任した。

1913年第２革命に際しては艦隊を率いて南下，江西・安徽の討袁軍を鎮圧，功により勲二位・海軍上将銜を授けられ，９月靖武将軍・湖南軍務督理兼巡按使に任ぜられ，湖南の政治・軍事の大権を掌握した。湖南では残酷な支配を行い，革命派や一般民衆を多数殺害し，「湯屠戸」とよばれた。

1914年袁世凱に帝制復活，即位の意あるを知ると，袁に迎合して，その即位を勧告する「世論」をつくり上げ15年12月21日袁の即位直前，「一等侯」に封ぜられた。しかし，帝制反対の「護国戦争」（第３革命）がはじまると，またしても兄の湯化龍の勧告もあって形勢を観望，ついで16年５月湖南の「独立」を宣言した。

共和制復活後，湖北人士に排斥され，辞職して北京に引退，仏教経典の研究に専念，「居士」と自称した。しかし，これは韜晦の計であって，1922年黎元洪の２期目の大総統選出に尽力，黎は湯薌銘を湖北省長兼武昌陽夏商埸督辦に任じた。湯薌銘は赴任にあたって，直隷派軍閥の巨頭，曹錕，呉佩孚の了解を求めたが，湖北督軍・蕭耀南ら現地軍閥（直隷派）の反対のため，実際には就任することができず，曹錕の大総統就任後，正式に辞職した。

1927年国民政府の北伐に際しては逮捕状を出された。日中戦争中日本軍に投降し，北平治安維持会長となった。この間，重慶の国民党に協力すると称しつつ，ひそかに汪精衛政権とも通じていたという。46年張君勱の中国民主社会党が成立すると，湯住心の名義で入党し，常務理事となった。

人民共和国成立後，北京で2度逮捕されたが免訴となった。以後は仏典の研究に専念，1958年『漢蔵梵英法仏教名詞辞典』編集計画を起草，70年『菩提正道菩薩戒論』（東林念仏堂，香港）を訳出した。75年初め病死した。

参考文献：賀覚非編『辛亥武昌首義人物伝』下冊（中華書局，北京，1982年）。王学庄「十種辞書工具書民国人物生卒年訂補」，『近代史研究』1986年3期。劉紹唐主編『民国人物小伝』第8冊（伝記文学出版社，台北，1987年）。

〔久保田文次〕

唐（とう）　有壬（ゆうじん）　Tang Youren

（1893年～1935年12月25日）

字・寿田。湖南省瀏陽県生まれ。生年に関しては，1894年，97年とする説もある。中国国民党員にして，銀行家。唐才常の次男であると言われている。

1917年日本に留学し，慶應義塾大学理財科を卒業。帰国後，21年に中国銀行に入り，同銀行総管理処調査部主任となる。

1925～26年には関税会議専門委員，28～29年には湖北省銀行行長兼湖北省金庫長の職を歴任。この間，27年10月には南京国民政府交通部次長に任ぜられるが，翌28年11月に免職となる。

1931年1月には立法院立法委員に任ぜられ，同年12月に中国国民党第4期中央執行委員候補に当選するとともに，中央宣伝委員会委員に推される。32年には中央政治会議秘書長となる。34年2月外交部常務次長に任ぜられると，前年5月に成立した塘沽停戦協定以来の外交方針に沿い，外交部長の汪精衛と協力して対日外交調整に従事。同年11月には国民政府内外債委員会委員ともなる。

1935年1月以降，広田弘毅日本外務大臣の方針に従う形で，有吉明公使，鈴木美通中将と蔣介石，汪精衛間の会談成立に尽力し，日中親善，経済協力を目指す。それと並行して，同年3月には中央銀行理事会理事の職に就き，11月に国民党第5期中央執行委員に当選するが，対日妥協の外交方針が民族主義者の反感を買い，同年12月上海の寓居で刺殺される。

参考文献：徐友春主編『民国人物大辞典』（河北人民出版社，石家荘，1991年）。『アジア歴史事典』7巻（平凡社，1961年）。李盛平主編『中国近現代人名大辞典』（中国国際広播出版社，北京，1989年）。外務省情報部編『現代中華民国・満州帝国人名鑑』（東亜同文会，1937年）。郭卿友主編『中華民国時期軍政職官誌』上（甘粛人民出版社，蘭州，1990年）。

〔江崎隆哉〕

湯（とう）　玉麟（ぎょくりん）　Tang Yulin

（1871年3月～1937年5月）

字・閣臣。奉天省阜新県馬吉溝村生まれ。奉天派の軍人。

貧しい農民の家に生まれ，後，奉天省黒山県湯家窩堡に移る。湯玉鱗は幼時から粗暴で喧嘩早いので知られ，二虎子と言われた。長じて義県の地主の下で牛羊の番や御者をするが，輸送中に匪賊に襲撃されたのを機に，自らも匪賊に投じ，凶暴・勇猛をもって頭角を現し，やがて独立し遼西で活躍。この間張作霖と義兄弟の契りを結び，ついでその武装集団に加わり，張作相，張景恵らと共に後の奉天派の中核となる。張作霖はその武装力と地盤を拡大すると共に，当局・郷紳に認知させて正規の合法的武装力としようとし，1902年には配下450人を率いて新民知府に帰順，地方巡防営に改編されたが，この時湯も左哨哨官に任じる。後，清朝のために遼西の匪賊掃討の功あり，張は奉天前路巡防営統領，湯は二営幇帯として鄭家屯に駐する。

辛亥革命時，張作霖の命で革命派弾圧，民国成立後張の第27師騎兵第27団長，同師歩兵第53旅長などを歴任する。1916年張作霖の奉天督軍兼省長就任後，後任第27師長の職を得られず，不満を抱き，17年王永江警務処処長と対立し，3月19日旅長を解任され，憤激の余り，配下2団を率いて張作霖と対立する馮麟閣第28師に投じて反張作霖を策動。7月北京に赴き，張勲の下に投じ復辟に参加。その失敗，馮麟閣の逮捕後，郷里に隠棲する。19年張景恵らの斡旋で奉天に帰還，東三省巡閲使署中将顧問，20年の安直戦争で奉天軍偵探隊長。21年5月東辺鎮守使兼奉天陸軍暫編第11混成旅長に任じられ，鳳城に駐する。24年の第2次奉直戦争後，第11師長として，朝陽，北票一帯に駐する。25年末の郭松齢事件に際しては張作霖側にたって功績あり，翌年4月，事件中動揺していた闞朝璽に代わって熱河都統となる。27～28年北伐軍と交戦。張作霖死後，国民政府の熱河引き渡し要求を拒み，易幟後も熱河省政府主席兼第36師師長として地盤を確保した。湯の熱河統治は，兵匪不分，一族の要職支配，アヘン栽培強制，土地税の10年以上の預徴など腐敗と苛斂誅求で悪名高く，張学良はその更迭を欲したが湯の勢力が強固なため着手できなかった。

満州事変の際には日和見的な態度を取り，1932年満州国「建国」に際しては代表を長春に派遣，参議府副議長に任じられた。湯玉麟は抗日世論の昂まりに押されて就任せず，代表も撤回したが，抗日には消極的で，張学良直系東北軍の入省も許さなかった。いずれも熱河の地盤維持のための行動である。33年日本軍の熱河進入の報を聞くや，アヘン・金銀などの財産を天津英租界に避難させ，3月3日，一戦も交えずに省都承徳より部下を引き連れて関内に逃亡，わずか128騎の日本軍をして無血占領を許した。このため全国世論から批判され，国民政府からは免職・逮捕令を受け，チャハルに逃げる。同年5月馮玉祥が抗日同盟軍を起こすと，再起を図ってこれに加わり察東司令に任じられたが，対日態度はなお動揺的で，7月には参謀長を承徳に派遣し日本軍と投降条件につき交渉，部下の反対のため辛うじて見合わせたという。10月，劉桂堂部と駐屯地を争い，チャハル省主席・宋哲元に調停され，配下は宋の29軍に収編，湯は29軍総参議になり，軍権を失う。34年5月北平軍事委員会分会高級顧問の閑職に就くが，半年後に辞職，以後天津で寓居し，37年5月病死した。

参考文献：東人「湯玉麟的一生」，『瀋陽文史資料』10輯（政協瀋陽市委員会文史資料研究委員会，瀋陽，1985年）。李賛廷「湯玉麟別伝」，『吉林文史資料選輯』4輯（吉林人民出版社，長春，1983年）。喩鵬秋・席亭「湯玉麟其人」，『東北地方史研究』創刊号，1984年12月。外務省情報部編『現代中華民国・満州国人名鑑』（東亜同文会，1937年）。

〔土田哲夫〕

湯　震（とう しん） Tang Zhen

（1856年7月3日～1917年6月6日）

字・蟄先，蟄仙，寿潜。筆名・孝起，翼仙。浙江省山陰県天楽郷生まれ。清末の立憲派指導者。

父の湯沛は塾の教師。少年時代家塾で読書。湯震は若い頃山東省巡撫・張曜の幕僚となった。1890年，国勢が傾くのを憂えて『危言』（4巻40章，後4巻50章となり『質学叢書』に収録された）を作成した。彼はこの書で，釐金や捐納の弊害を指摘し，外患を防ぐために西安に遷都して議院を設置し，科挙を改革し学校を開いて西学を採用し，鉱山の開発，鉄道の敷設，海軍の増強などを主張した。これらの主張の中で留意すべき点は，第1に言論の開通を図るために西洋の議会制度を模倣して，上層官僚と下層官僚とによる上下議院の設置を提唱していること，第2に政務の最高機関である軍機処の改革を提案していることである。このような湯震の主張は，当時はほとんど顧みられなかったが，日清戦争後には変法論の台頭に伴って注目されるようになった。

1892年，湯震は進士に合格し，翰林院庶吉士となった。そして94年には翰林院編修となり，安徽省青陽県知県に就任したが，わずか3カ月で辞職し郷里に帰った。その後，彼は湖広総督・張之洞の幕僚となっている。

変法運動が高揚すると，湯震の書いた『危言』が翁同龢らによって推薦され，光緒帝が北京に来て引見するよう要請したが，彼は母の病気を理由に行かなかった。

1900年義和団運動が高揚し，清朝が義和団と結んで列強との戦争に踏み切ると，湯震は張謇らと図って，義和団の排外主義は中国に禍害を及ぼすものとみなし，英米などと結んで東南互保を画策するよう両広総督・劉坤一，湖広総督・張之洞に建言した。その結果，上海の各国領事との間でいわゆる「東南互保約款」が締結された。

1903年には湯震は両淮塩運使に推挙されたが赴任しなかった。翌年，上海の龍門書院（後の上海中学）の院長となった。

川漢鉄道や粤漢鉄道の敷設権回収運動に呼応して，1905年蘇杭甬鉄道の敷設権回収運動がもりあがった。蘇杭甬鉄道の敷設権は1896年イギリスに買収されていたが，湯震は張謇と結んで清朝にイギリスと締結した「蘇杭甬鉄路仮条約」を破棄するよう要求した。湯震らは「浙江全省鉄路公司」を設立して敷設権の回収と鉄道の自弁運動のための募金活動を展開した。かくして清朝は湯震に四品京卿を与え，浙江省鉄道総理に任命した。翌年江蘇省も鉄道自弁が認められ，07年浙江，江蘇両省はそれぞれ蘇杭甬鉄道の建設を分担することとなった。しかしイギリスの圧力を受けた清朝は，中英公司と150万ポンドの借款契約を締結した。湯震らはその責任者である郵伝部侍郎の盛宣懐を弾劾した。清朝は反対運動を牽制するために湯震を雲南按察使に任命したが，彼は赴任しなかった。そのため清朝は江西省提学使に任命したが彼はまたも赴任せず，鉄道問題に尽力した。ついに清朝は10年湯震の江西省提学使と浙江省鉄路公司総理の職を解任した。

ところで日露戦争後，立憲を求める世論が高揚すると，清朝は1906年，予備立憲の上諭を公布した。それに呼応して全国で立憲団体が組織された。湯震も張謇らと図って予備立憲公会を設立し，湯震は副会長となり，08年には国会速開請願運動を起こした。09年

11月，各省に諮議局が成立すると，湯震は浙江省諮議局議長となり，江蘇省諮議局議長・張謇と図り，全国諮議局連合会を結成し，国会速開と責任内閣の樹立を求めて3回にわたって全国的な請願運動を展開した。それによって予備立憲の期限を短縮することに成功した。しかし清朝が請願運動を禁止し，11年5月に「皇族内閣」が成立すると，湯震は清朝に絶望した。

1911年10月10日武昌蜂起が勃発し，湖北軍政府が成立した。浙江省でも革命が成功し，湯震が浙江省の都督に推挙された。その後各省が呼応して清朝から「独立」すると，湯震は上海都督・陳其美，江蘇都督・程徳全らと各省代表者会議を招請し，清朝に対抗する中央政府の実現に尽力した。12年1月1日，孫文を臨時大総統とする南京臨時政府が成立すると，湯震は交通総長に任命され浙江省都督を辞任した。2月には湯震は南洋勧募公債総理として東南アジアに赴いた。なお湯震は章炳麟らと中華民国連合会を組織し，統一党にも参加したが，袁世凱の独裁化が顕著となると政界から遠ざかり，17年病没した。著書には『危言』，『爾雅小辦』，『理財百策』などがある。

参考文献：劉紹唐主編『民国人物小伝』第7冊（伝記文学出版社，台北，1985年）。中国社会科学院近代史研究所主編『民国人物伝』6巻（中華書局，北京，1987年）。菊地貴晴『現代中国革命の起源』（巌南堂，1970年）。〔楠瀬正明〕

陶（とう）　成章（せいしよう）　Tao Chengzhang

（1878年1月27日～1912年1月14日）

字・煥卿，号・匋耳山人，会稽先生。筆名・漢思，巽言ほか，仮名・起東，志革ほか。浙江省紹興府会稽県陶堰の生まれ。清末の革命家。

陶家はかつて科挙合格者を輩出した当地の名家であったが，清末に至って零落し，父の陶正（字・品三）は漆業で生計を立てていた。1882年陶成章は村の陶氏義学に入り，四書五経ほかを学んだ。91年からは同義学の塾師となり，95年には紹興県東湖通芸義学の教師に転じた。この間，陶は黄宗羲の『明夷待訪録』などを読んで民族意識を高める一方，新学の書籍にも接し，政治・社会的問題についての関心を深めて行った。1900年義和団事件に際し，陶は混乱に乗じて西太后の暗殺を図ろうと考え，北上して奉天・内蒙古各地の調査を行い，翌年にも北京に赴いて実行の機会を狙ったが，ついに機会を得られないまま南下した。

1902年春陶成章は北京で縁故を頼って陸軍学堂に入学しようとしたが果せず，同年夏に日本に渡り清華学校と成城学校に学んだ。この度の留学期間中，彼は龔宝銓と知己となり，頻繁に時事問題を論じ合うようになった。しかし間もなく，留学生監督である汪大燮は陶が革命論者であることを知り，彼に軍事を学ばせることは危険であると判断し，官位で買収して帰国させようとした。陶は権力の地位を得ることは革命に有利であると考え，この誘いに乗って帰国したが，北京に到着すると汪が前言を翻して，彼の学籍を剝奪しようとしたため怒って東京に戻った。03年4月ロシアの東北侵略に抗議して拒俄運動が勃発すると陶もこれに加わり，翌月には黄興・龔宝銓らと軍国民教育会を結成した。

1904年1月陶成章は日本から帰国し，上海で中国教育会の活動に加わった。間もなく彼は浙江に戻り，蜂起に向けて各地の会党との連絡に当たることとなった。同年8月彼は上海で蔡元培・黄興と協議のうえ，西太后の誕生日に当たる11月16日に湖南・湖北・福建・浙江の各地で同時多発的に武装蜂起を行うこととしたが，条件が整わなかったため実現には至らなかった。同年11月上海で光復会が結成され，会長には蔡元培が就任した。陶は同会創立には立ち合わなかったが，後に蔡の勧誘を受けて会員となった。光復会加入後，陶は江蘇・浙江など5省の会党の工作責任者となり，彼らの間に光復会会員を増やすことに成功した。

1905年9月陶成章は徐錫麟・龔宝銓らと紹興に大通師範学堂を創設し，ここに体育専修科を設けて会党の成員に軍事訓練を施した。この後，陶は徐らに対して，捐納によって官位を手に入れて軍事を学び，然る後に清朝の軍隊に潜り込んで軍権を掌握し，中央革命を達成する方針を提案し，彼自身も知府の地位を手に入れ，この年の冬に日本に渡った。しかし，駐日公使の許可が下りなかったため，軍事を学ぼうという彼らの計画は実現しなかった。翌年6月帰国し，福建・安徽各地の同志の連絡に当たった。その後，秋瑾が光復軍を組織すると，陶は「五省大都督」となって杭州での蜂起を計画した。しかし，事前に情報が漏れたため計画は失敗し，彼は日本に逃れた。

1907年1月陶成章は日本で中国同盟会に加入し，留日会員中の浙江分会長となった。同年4月章炳麟・劉師培らと亜洲和親会を結成した。6月に恵州蜂起が失敗すると，陶は章炳麟らと共に孫文を総理の地位から解任するよう求めた。その後，帰国して蕪湖中学堂の教師となる一方で，徐錫麟の安徽での革命活動と連携しようとした。7月徐が蜂起に失敗し，秋瑾も紹興で逮捕・処刑されると，陶にも逮捕の手が伸びていることを知り南洋に逃れた。その後，彼はシンガポールの『中興日報』，ラングーンの『光華日報』に文章を寄稿した。

1908年3月陶成章は日本に渡り，張継の後任として同盟会機関誌『民報』の主編者となり，20号から22号までの編集を担当した。同年秋再び南洋に渡り，華僑から資金援助を得ようとする一方で，『中興日報』に拠って保皇派の主宰する『南洋総匯報』と論争を行った。華僑の間での募金活動が不調に終わると，陶はこれを孫文の妨害によるものと考えるに至り，翌年9月李燮和らと「孫文罪状」（別名，「七省同盟会員意見書」）を発布し，3種14項の罪状を挙げて孫文を総理の地位から解任するよう主張した（この文書は，11月に『南洋総匯新報』に掲載された）。10年2月東京で光復会総部が成立すると，陶は副会長に任じられ（会長は章炳麟），同盟会はここに分裂状態となった。

1911年4月黄花崗での武装蜂起の後，陶成章は帰国し蜂起の準備に取り掛かったが，形勢不利のため実現しなかった。6月南洋に渡って募金活動を行うと同時に，各地で光復会支部の組織を作った。10月10日武昌蜂起が勃発すると帰国し，上海で光復会の秘密機関として鋭進学社を創り，江蘇・浙江の各地の人々に蜂起を呼び掛けた。11月5日浙江軍政府が成立すると，浙江都督の地位には立憲派の湯寿潜が就き，陶成章は実権の伴わない参議の地位に任じられた。

1912年元旦中華民国臨時政府が成立すると，湯寿潜は交通部長に任じられ，陶成章は浙江都督の後継候補者の1人と目された。しかし，滬軍都督の陳其美は陶の存在を快く思わず，配下の蔣介石に彼の暗殺を命じた。1月14日，陶は前年末より病気治療のために入院していた上海広慈医院で，蔣に雇われた光復会会員・王竹卿によって暗殺された。先妻の王氏との間に2子（守和・守咸），後妻の孫暁雲（09年に結婚）との間に1子（本生）があった。著作に，『浙案紀略』，『中国民族権力消長史』などがある。

参考文献：中国社会科学院近代史研究所主編『民国人物伝』2（中華書局，北京，1980年）。李新・任一民編『辛亥革命時期的歴史人物』（中国青年出版社，北京，1983年）。湯志鈞編『陶成章集』（中華書局，北京，1986年）。

〔嵯峨隆〕

陶　模（とう　も） Tao Mo

（1835年～1902年10月10日）

字・方之，子方。諡・勤粛。原籍，浙江省嘉興府秀水県。清末の官僚。

1868年の二甲進士。翰林院庶吉士から甘粛文県知県となり，ついで皐蘭知県となる。73年回民・関殿臣が反乱し河州を包囲した時，陶模は軍糧を調達して，陝甘総督・左宗棠の急を助けた。

1875年，秦州直隷州知州となる。その年，干魃による数十万の飢民が流入。陶模は粥廠を設け養済院を建ててこれらの飢民を救済。また，州南に堤（陶公堤）を築いて水利を興し，池には蓮の花を植え魚介を養殖し，堤には楊柳を植え，利益を救済資金に当てた。

1879年，署甘州府知府，迪化州知府に累進。新賦則を制定し土地税を6年間3分の1に減じ，回民蜂起によって離散した漢回両族の農民を呼び戻し，生産の回復に努めた。

1885年，直隷按察使。88年，陝西布政使。90年，一時署陝西巡撫を務めるが，「籌解新疆餉義」を奉り頭品頂戴を賞され，91年，新疆巡撫となる。当時，ロシアはパミールに進攻。イギリスもこれに対抗して坎巨提などを占領し，アフガン人を使嗾して進攻させた。新疆の文武官の間では開戦論が起こったが，陶模は軽率な開戦論に反対。中国の軍隊は土匪を平定できても強敵を防ぐほど強力でなく，その上，新疆の長い国境線防衛に十分な兵力を配備する鉄道がなく，しかも民力が疲弊し国家の財政は困難であるので，開戦を避けむしろ武器の購入，電信の延長などで辺境の防備を固めるべきだと主張した。

1892年，陶模は幼童100余人を選び測算の諸法を教えた。辺軍をドイツ式で訓練し，これを徐々に各軍に広めようと企図した。また，辺境防衛のための洋式砲台構築資金を金，鉄，石炭など鉱山の開発で得ようとした（「地と利を争う」）。新疆の民政面ではロシア商人やイギリスの保護を受けた諸部に課税できず，回民に一方的に重い負担を負わせていたので一律免税を要請したり，漢人の詐取を受けないよう，回民子弟に漢語を教えたり，ロプノールの北に蒲昌城を築き，南に屯防局を設けて回民の移入定住を促進して，保護，同化政策を進めた。

1985年，日清戦争に乗じて発生した回民の反乱を平定し，回民をタリム盆地に移して計口授田した。96年，この功により陝甘総督となる。

1900年，職務報告のため上京する途次，病気になったが，01年にわかに両広総督に任命され，病をおして赴任。任地広東では，ポルトガルの鉄道敷設によるマカオの拡張策に反対した外，清郷章程を定めて「多盗」の汚名を返上したり，府県に勧工廠を設置して貧民救済に努めたりしたが，02年，広州の行館で病死した。死後，太子少保銜が贈られた。

陶模は新疆省で洋務運動を進めたが，財政難のため十分成功しなかった。日清戦争末期，和戦をめぐって国論が分かれた時，国の強弱は人才によるとし，一切の旧習を破除し，科挙を改革して算学，芸学科目を設け，武科を廃止して洋式教練を採用し，功労者子弟を留学させ，工芸を培植するなど新人材養成の改革案を提案。また，変法を龍頭蛇尾に終わらせないため，根本の改革は急ぐべきだが，普及は急いではならないとした。1901年，西太后の新政が始まると，学校制度の導入，整備と科挙の停止，宦官の淘汰，国是の速定などを主張した。

陶模の奏議を集めたものに『陶勤粛公奏議遺稿』（12巻，1924年）がある。

参考文献：民国清史館編『清史稿』巻453，列伝234（民国清史館，北京，1927年）。民国中華書局『清史列伝』巻61（民国中華書局，上海，1928年）。繆荃孫編『続碑伝集』巻32（江楚編訳書局，上海，1910年）。　〔林要三〕

陶（とう）　希聖（きせい）　Tao Xisheng

（1899年10月30日～1988年6月27日）

原名・彙曾。字・希聖，筆名・方岳，方峻蜂，佩我。湖北省黄崗県生まれ。国民党系文化人，政治家。

陶希聖の父・炯照は知識人で，1903年の経済特科の試験に合格し，河南省で知県を務めた人物である。希聖は初め父より教育を受けたが，後に転勤に伴う頻繁な転居を嫌った父の命によって開封の旅汴中学（後に河南第一中学と改称）に入学した。11年武昌蜂起が勃発すると，この年の冬陶は一家を挙げて郷里の黄崗へと戻った。翌12年夏彼は武昌の英文館に入学したが，間もなく当時黄陂県の知県を務めていた父の離職に伴って郷里に戻った。彼はこの間，父の影響もあって，史学と法学に関心を抱くようになって行った。

1915年春陶希聖は北京大学予科の聴講生となり，同年秋には正式に予科文科に入学した。18年に予科を卒業した後，本科の法律系に進んだ。当時の彼は，ローマ法に特段の関心を抱いていた。翌年，五・四運動が勃発すると，彼もデモの隊列に加わった。しかし，彼は学問を捨て置くことはせず，この後経済学や社会学方面にも関心を広げ，更には日本語を学んで日本の法学関係の著作を読み耽ったという。なお，彼は大学在学中に修訂法律館の論文募集に応じ，優秀賞を得たことがある。

1922年夏に北京大学を卒業した後，陶希聖は安徽省立法政専門学校の教師となった。しかし，学内に紛争が発生したため，翌年冬に同校を辞職して郷里に戻った。24年7月知人の紹介で上海商務印書館編訳所の編集者となり，法律，政治，経済関係の原稿の整理に当たる傍ら，自らの専門とする中国古代社会の組織とその歴史的展開についての研究を行った。翌年，5・30事件が発生すると，彼は『公理報』に英国官憲の行為の不当さを指摘する論説を寄稿した。これによって，彼は世間の注目を浴びるところとなり，上海学生連合会の法律顧問にも就任した。この後，彼は『独立青年』という雑誌の編集者となったが，その主張である「民族自決，国民自決，労工自決」が国民党の主張に通じると見た西山会議派の人物によって国民党入党を勧められたことがあった。これが彼の国民党への接近の第1歩であった。

1927年1月陶希聖は中央軍事政治学校武漢分校の政治教官に招聘された。武漢では武昌中山大学の法律教授を兼務した。翌年12月政治教官の職を辞して上海に戻り，顧孟餘，陳公博らが発起した国民党改組同志会に加入した。29年改組同志会の機関は北平に移ったが，彼は上海に留まり復旦大学で教鞭を執る一方，中国社会に関する自らの研究を進めた。彼は，この年に「士大夫身分的意識形態—孔子学説之発展」などの論説を発表して，三民主義の儒教化に批判的な立場をとった。そのため国民党筋から彼に対する不満の声が上がったが，それと同時に共産党からは「ブハーリン主義」，「社会民主主義」として批判を受けた。

1930年10月陶希聖は欧米視察より帰国した王雲五によって商務印書館に招聘された。彼は，ここで王が持ち帰った科学的管理法を採用しようとしたが，職員らの強い反対に遭い，辞職を余儀なくされた。翌31年1月彼は南京の中央大学の教授に就任し，中国政治思想史，法律思想史の講義を担当した。その後間もなく北京大学教授に転じ，同校及び北京師範大学で教鞭を執った。当時，「中国社会史論戦」が発生していたが，陶は何れの学派にも加担することなく，超然たる態度をとり続けた。

1937年7月日中戦争が勃発すると，陶希聖は南京に赴いて国防参議会議員となり，翌年6月に同会が国民参政会に改組されると第1期参政員となった。また，37年冬には武漢で周仏海らと芸文研究会を創設している。しかし，38年12月に汪精衛が重慶を脱出してハノイに渡ると，陶もこれに従うところとなった。翌年1月から香港に暫く滞在した後，8月には汪が上海で招集した国民党6全大会に出席して，中央常務委員会委員兼中央宣伝部部長に任じられた。39年10月より陶は上海で開催された日華国交調整原則協議会に出席したが，日中提携の方針に疑問を抱き始め，翌年1月高宗武らと香港に逃れ，ここで汪と日本の間に進められていた「日華新関係調整要項」の全文を公表するに至り，汪政権と袂を別った。

陶希聖は香港では杜月笙の保護の下で生活したが，日米開戦後の1942年2月に重慶に入り，軍事委員会委員長（蔣介石）侍従室第5組組長,『中央日報』総主筆などに任じられた。43年1月の『中国之命運』の出版に際しては，陶が資料の収集と整理の任に当たった。日中戦争勝利後の46年11月制憲国民大会代表となり，翌年7月には国民党中央宣伝部副部長を兼任するとともに，国民政府立法委員にも当選した。49年12月に台湾に移った後は，総統府国策顧問，国民党設計委員会主任委員，国民党中央党部第4組主任，国民党中央常務委員，国民党中央評議委員などの職を歴任し，88年6月台北で病死した。著作に『中国社会与中国革命』,『中国社会之史的分析』,『中国政治思想史』などがある。

参考文献：呉相湘『民国百人伝』第4冊（伝記文学出版社，台北，1971年)。劉国銘主編『中華民国国民政府軍政職官人物誌』(春秋出版社，北京，1989年)。徐友春主編『民国人物大辞典』(河北人民出版社，石家荘，1991年)。劉継増・張葆華主編『中国国民党名人録』(湖北人民出版社，武漢，1991年)。橋川時雄編『中国文化界人物総鑑』(名著普及会，1982年復刻版)。〔嵯峨隆〕

陶（とう）　行知（こうち）　Tao Xingzhi

（1891年10月18日～1946年7月25日）

原名・文濬，幼名・和尚，筆名・韵秋，何日平，時雨，梧影，不除庭草斎夫。教育研究団体“生活教育社”理事長，全国各界救国連合会・中国民主同盟の指導者。安徽省のほぼ南端・歙県西郷黄潭源村に生まれる。

1911年南京・金陵大学在学中，王陽明“知行合一”説に傾倒して自ら知行と名のり，のち“行は知の始め，知は行の完成”と体得，34年夏以降，行知と改名した。36年7月，国民外交使節として香港を出発，抗日宣伝のため28の国・地域を歴訪して帰国，39年以降四川省重慶で活動，46年4月上海に出て内戦反対・民主実現の言論に献身，国民党特務の圧迫のもと脳溢血で急死した。

陶行知は父・陶位朝，母・曹翠仂の長男。1男2女のうち姉は幼くして病没，妹・文渼は長じて独身のまま兄の教育事業に協力した。陶家は“家境清貧”というが，父親は読み書きの素養がある。行知の出生前，近隣・休寧県万安鎮で醤油商を営んだが失敗，郷里にもどり，わずかな田畑で農業に従事した。歙県を含む徽州地区は古来“無徽不城市”（徽州商人がいなければ都市が成り立たぬ）といわれるほど有能な商人が輩出する一方，読書重視の気風が強く，清代の文人は“新安派”を形成，同じ省内の“桐城派”と並立した。地区は長江の支流・新安江を交通路とし，東へ浙江・江蘇と結ぶ文化圏。義和団事件前後から宣教師が来住，教会・病院・学堂を開設する。行知はこうした風土に生い育ったのである。陶家は1913年江蘇省南京に移住，彼はここで妹の学友・汪純宜と結婚，妻は四男を生んで29年病没。妹も同年没した。39年重慶で安徽省出身の呉樹琴と再婚。

父は商業失敗ののち再び休寧県に職を得て移住，1897年行知はここで経館に入塾，四書五経を学ぶ。その後，歙県城内に開校したミッション系・崇一学堂に1906年入学，英国人校長ギップス（Gibbs）のもとで英文・数学を学び，08年卒業。翌09年船で浙江省杭州に出，広済医学堂に入ったが，非信徒差別に憤慨して短期間で退学。のち南京匯文書院に入学，同書院・宏育書院を基礎に10年ミッション系・金陵大学が成立，その文学系第1期生となる。辛亥革命前後，孫文思想に共鳴，王陽明を耽読，13年首席で卒業した。校長ボーエン（Bowen）の勧めもあって14年秋アメリカへ私費留学，はじめイリノイ大学で都市行政を学び，15年秋コロンビア大学ティーチャーズ・カレッジに編入。デューイ（J. Dewey），モンロー（P. Monroe）に教育学を学んで17年帰国した。

1917年秋，南京高等師範教授に就任。19年デューイ，21年モンローの訪中をむかえ，留学当時の学友・胡適らと旧師の講演旅行に随行，新教育理論の普及に努めた。21年，南京高師は改組，国立東南大学が成立。陶行知は23年夏，大学教授を辞職，以降講壇には復帰せず，主として民族資本に拠る教育運動に専念する。

1921年12月，北京に中華教育改進社が成立，彼は22年2月，その主任幹事に，また23年8月，中華平民教育促進会総会が成立すると理事会書記に就任（総幹事・晏陽初）したが，前者の教育科学研究，後者の平民教育運動いずれも軍閥政治のもとで25年には停滞。彼には早くから“農民のため・農村へ”の志向が強く，26年末から南京北郊に“郷村実験師範”を計画，27年3月，暁荘師範を開設した。彼は後年，これを自身の構想した“生活教育”運動の出発点としている。蔣介石・首都警備司令部の弾圧により30年4月学校は閉鎖。彼は上海租界にのがれたのち日本に亡命，31年春帰国。亡命中，京都桃山陵で日本人民の参拝態度を観察，中国知識人は“日本の富国強兵は天皇中心の団結による”というが，勤労大衆は必ずしも天皇を尊崇しておらず，日本の成功は科学の発達・文化水準の向上にこそ真因があると認識，帰国直後から上海租界で自然科学知識向上に努めた。32年10月，上海近郊に地域生産学園・山海工学団を開設，ここで34年2月“生活教育社”機関誌『生活教育』を創刊，また小学生による“小先生”運動を指導した。35年12月～36年抗日民族統一戦線運動で活動するなか，世界新教育会議（36年8月，ロンドン）参加の招請を受ける。全国救国連合会は彼に国民外交使節を委嘱，36年7月出発，38年8月香港に帰着。39年7月重慶郊外，嘉陵江上流の農村に戦災児童のために育才学校を開校，45年1月重慶市内に勤労青年の夜学・社会大学を開校した。

日本亡命ののち，1934～36年，上海“生活教育社”と東京池袋・児童の村小学校とのあいだに交流が実現（児童の村“生活教育研究会”編集『生活学校』35年1月創刊号に関係記事），37年“7・7”前後，日本のジャーナリズムは“抗日人民戦線の指導者”陶行知を紹介している（『日本評論』特集・抗日支那の解剖，37年8月臨時増刊号など）。

彼の経歴・活動は教育史における中米関係を代表する。暁荘師範以来の教育事業は共産党員を擁し，革命人材多数を養成，中国では“党外のボルシェヴィキ”という評価（周恩来）がある。また農民・労働者を対象とした詩歌の作者，大衆詩人として知られる。

参考文献：『陶行知全集』全6巻（湖南教育出版社，長沙，1984～85年）。『陶行知全集』全10巻（四川教育出版社，成都，1991年）。陶行知著，斎藤秋男訳編『民族解放の教育』（明治図書出版，1961年）。斎藤秋男『陶行知・生活教育理論の形成』（明治図書出版，1983年）。阿部洋「コロンビア大学留学時代の陶行知―資料調査をめぐって」，斎藤秋男他共編『教育のなかの民族・日本と中国』（明石書店，1988年）。牧野篤『中国近代教育の思想的展開と特質―陶行知“生活教育”思想の研究』（日本図書センター，1993年）。

〔斎藤秋男〕

陶（とう）　鋳（ちゅう）　Tao Zhu

（1908年1月16日～1969年11月30日）

別名・際華，号・剣寒，化名・陶磊・湖南省祁陽県生まれ。中国共産党の指導者，革命家，政治家。

少年時代は店員。1926年に国民党の黄埔軍官学校第5期に入学。同年に中国共産党に入党。27年8月の南昌暴動，12月の広東コミューンに参加。28年春に故郷の湖南に戻り，中共祁陽県委の軍事委員会委員となる。

1929年秋から福建に移り，中共福建省委の秘書長，書記，漳州特別区委書記，省委組織部部長，福州中心市委書記などを歴任。この間，閩南（福建南部）労農紅軍遊撃総隊と福建東部地区の武装勢力を組織した。

1933年に上海に移るが，同年5月中共党員の裏切りで国民政府に逮捕され，上海公安局および南京監獄に入り，無期懲役の判決を受けた。4年間の獄中生活の後，日中戦争が始まり国共合作が成立すると，周恩来・葉剣英らが国民党と交渉，ようやく釈放された。

釈放後，武漢に行って中共湖北省委常務委員兼宣伝部長となり，1938年冬から湖北中部へ行って抗日部隊を組織，遊撃地区の創立に従事した。同年から国民革命軍新編第4軍（新四軍）鄂豫（湖北・河南省境）挺身支隊の代理政治委員となる。40年から延安に移り，中共中央軍委秘書長，総政治部秘書長兼宣伝部長などを歴任。

1945年秋八路軍南下支隊とともに南進したが，途中命令を受けて東北地区に向かい，内戦期にはおもに東北地区で活動した。中共遼寧，遼吉（遼寧・吉林省境），遼北省委書記兼遼西，遼北軍区政治委員として，東北の根拠地づくりに尽力。47年8月には東北民主連軍第7縦隊政治委員を兼任。48年秋の遼瀋戦役後に中共瀋陽市委書記となる。同年末の平津戦役に参加，人民解放軍平津前線司令部代表の身分で北京に入城，北京を守っていた国民党傅作義部隊と交渉。北京の無血解放後は傅作義部隊の編成替えと南下工作団の活動を指導。49年3月に第4野戦軍政治部副主任，南下工作団副総団長となる。

建国後はおもに広東・広西地方で活躍。1949年第4野戦軍兼中南軍区政治部主任，中共中央中南局常務委員，中南軍政委員会委員。50年秋に中共広西省委代理書記に移動して国民党の残存部隊の一掃を指導した。

1951年から中共中央華南分局代理書記，華南軍区第2政治委員，広東省人民政府副主席などをつとめ，53年から中共広東省委書記，広東省長となる（～57年）。

1956年9月の中共8全大会ではじめて中央委員会のメンバーとなる。57年からは，中共広東省委第1書記，広州軍区政治委員。60年からは，新設された中共中央中南局第1書記兼広東省委第1書記，広州軍区第1政治委員，広東省軍区第1政治委員となり，文字どおり，広東を中心とする中南地区の第一人者となる。

陶鋳は1960年代前半の大飢饉後の国民経済の調整で大きな功績を残した。中南局が成立すると，災害がとくに重大だった広東・湖北・湖南・広西・河南5省の危機を乗り切るため数回の調査を行い，強制的な人民公社化の是正のために尽力した。

1961年春に広州の中央工作会議で農村経済の調整を決めると，毛沢東は「農村人民公社についての60条」の起草委員会主任に陶鋳を命じた（副主任・王任重）。陶鋳は故郷を含む各地を実地に視察し，広東では珠江デルタ地帯の食糧基地化構想など，農業生産の回復のためにいくつかの政策提言も行っている。この国民経済調整期の活躍が買われて65年1月に国務院副総理に抜擢された。

だが陶鋳はその後文化大革命の嵐に翻弄される。まず1966年5月，文化大革命を発動した中央政治局会議では，修正主義者として批判された陸定一に代わって中共中央宣伝部長，書記処常務書記につき，ついで8月の中共中央8期11中全会では，中央政治局常務委員となり，毛沢東，林彪，周恩来に次ぐナンバー4に躍進した。

だが，陶鋳が周恩来などの意を受けて文化大革命の工業分野への波及を防ぐために「工業交通企業で文化大革命をいかに展開すべきか」などの通達を出し，あるいは王任重などをかばったことが康生ら中央文化大革命小組メンバーの怒りに触れた。1967年1月，「中国最大の保皇派」，「資本主義復活の急先鋒」，劉少奇・鄧小平に次ぐ「ブルジョア司令部のナンバー3」，「中南地区のフルシチョフ」，「裏切り者」とされ，1月4日に逮捕，拘禁されてしまった。同年9月には姚文元が「陶鋳の2冊の本を評す」で「陶鋳は極左派5・16兵団の黒幕だ」と決めつけるなど，完全に政治生命を失った。その後3年以上中南海に幽閉され，69年11月不遇なうちに安徽省合肥で病死した。

死後，1978年末の党中央工作会議で，彭徳懐・薄一波・王鶴寿とともに名誉を回復，11期3中全会（78年12月）のコミュニケは，「以前彭徳懐，陶鋳，薄一波，楊尚昆らの同志に対して下された誤った結論を審査し，党と人民への彼らの貢献を確認した」と述べている。12月24日には彭徳懐・陶鋳の追悼会が行われた（主宰・葉剣英）。

著作には，『理想・情操・精神生活』，『思想・感情・文彩』，『随行記談』などの散文集，『陶鋳詩詞選』などがある。

参考文献：『陶鋳文集』（人民出版社，北京，1987年）。権延赤『陶鋳在“文化大革命”中』（中共中央党校出版社，北京，1991年）。王任重他「松樹的風格長存―深切懐念逝世20周年的陶鋳同志」，『人民日報』1989年11月30日。

〔毛里和子〕

滕　代遠（とう　たいえん） Teng Daiyuan

（1904年11月2日～1974年12月1日）

筆名・李光達。湖南省麻陽県生まれ。中国工農紅軍，中国人民解放軍の指導者。

農民の家庭に生まれ，高等小学校を卒業後，故郷で初級小学校の教員をつとめる。1923年湖南省立第二師範学校に入学後，マルクス・レーニン主義に触れたといわれる。在学中麻陽新民社を組織し，機関誌『錦江潮』を発行して論文を発表する。24年10月中国社会主義青年団に加入し，25年中国共産党に入党する。同年冬湖南省立第二師範学校において国民党右派系の学生と衝突し（いわゆる「二師事件」），翌年春学籍を剝奪される。

1926年党組織により平江県社会主義青年団委員会書記に任ぜられたが，その後長沙で近郊区省農民運動特派員，長沙近郊区農民協会委員長となり農民運動に従事する。27年8月以後中共湖南省委員会委員，湖南省農民協会委員長，中共湘東特別委員会書記，中共醴陵県委員会書記などを歴任した。28年6月湘鄂贛辺区特別委員会書記となり，7月彭徳懐とともに平江蜂起を指導して中国工農紅軍第5軍を創設する。12月彭徳懐と井崗山に入って毛沢東の率いる紅軍第4軍と合流し，遊撃戦を展開した。29年紅軍第5軍は湘鄂贛辺区に戻り，紅軍第3軍団に拡編され，総政治委員となる。30年夏同軍団が毛沢東らの第1軍団と合併して第1方面軍となると，副総政治委員となり，徴兵・動員工作を担当した。31年紅軍西路軍総政治委員に任ぜられ，国民党の「囲剿」戦に抵抗した。同年末中華ソヴィエト共和国臨時政府が成立すると中央執行委員会委員，工農検査委員会委員に選出された。33年8月中央革命軍事委員会二等紅星勲章を授与される。留ソ派の下で紅軍東方軍総司令部が成立すると総政治委員となったが，その後中央軍事委員会武装動員部部長に任ぜられ徴兵工作を担当する。

1934年6月瑞金を離れてモスクワへ向かい，許光達らとともに，中国共産党のために創設された軍事学習班で戦術を学ぶ。35年7月モスクワでコミンテルン第7回代表大会に出席し，またスターリンなどと会見する。その後レーニン学院に学ぶ。36年9月陳雲らとともに帰国，その途上新疆で軍閥・盛世才と交渉し，李先念ら第4方面軍西路軍の数百名を延安に生還させた。

延安帰着後中共中央軍事委員会参謀長に任ぜられる。1938年冬林一と結婚する。39年冬八路軍，山西新軍などを指揮して5カ月にわたる国民党との戦闘を繰り広げ，晋西北抗日根拠地を発展させるとともに，中共晋西北区党委員会を成立させる。40年5月抗日軍政大学副校長兼副政治委員，中共中央北方局常務委員となり，幹部養成に貢献した。42年5月八路軍副参謀長・左権の戦死により八路軍参謀長に任ぜられ，遊撃戦を展開すると同時に軍の生産運動を推進した。45

年８月晋冀魯豫中央局常務委員兼軍区副司令員に任ぜられる。

国共内戦時期も動員工作に参与し，中共華北中央局常務委員，華北軍区副司令員をつとめる。1948年11月中国人民革命軍軍事委員会鉄道部部長に任ぜられ，鉄道復興事業に貢献した。

建国後中央人民政府鉄道部部長，政務院政務委員，同財政経済委員会委員，国防委員会委員に任ぜられ，引き続き鉄道事業に参与する。1964年冬中国人民政治協商会議第４期全国委員会副主席に選出される。第７期から第10期までの中共中央委員をつとめる。69年林彪によって朱徳，董必武らとともに広東省従化へ送られ自由を奪われた。71年北京に戻ったが健康が悪化し，74年12月北京で死去した。

参考文献：星火燎原編輯部編『解放軍将領伝』１集（解放軍出版社，北京，1984年）。　〔安田淳〕

田（でん）　漢（かん）　Tian Han

（1898年３月19日～1968年12月10日）

字・寿昌，筆名・陳瑜，紹伯，張坤，春夫など。1935年以降は田漢を使用。湖南省長沙東郷の貧農の家に生まれる。劇作家，詩人。

５歳，金持の家塾の通塾生として学問を始める。９歳，父を失うが，母が夜なべ仕事をして通塾を続けさせる。南社の詩人であった叔父・易象（梅澄）の援助を受ける。好んで地方劇を観る。14歳，長沙師範学校に入学，創設者・徐特立に目をかけられる。京劇の脚本「新教子」を書く。

1916年日本に留学，小劇場運動に強い刺激を受け，劇作家を志す。五・四運動が起こると少年中国学会に加入，『少年中国』に評論や新詩を発表。20年，東京高師文科第３部に入学。この頃，郭沫若，宗白華の２人と手紙で社会や文芸問題を論じ合い，それらを集めて『三葉集』（20年）を出版するとともに，創造社結成に参加（21年），機関誌『創造季刊』に「咖啡店之一夜」を発表（22年），劇作家としてデビューした。

1922年９月に帰国，妻の易漱瑜と演劇・映画の雑誌『南国半月刊』を創刊。これ以後，30年に国民党政府に弾圧されるまで，８年におよぶ「南国時代」が続く。22年妻の死にともなって帰郷，一時長沙第一師範で教鞭を取る。24年再び上海に出て『南国特刊』を復活。26年南国電影劇社を興し，映画「到民間去」（石川啄木「墓碑銘」の翻案）を撮る。翌27年，同社を南国社に改組。文学，絵画，音楽，演劇，映画の５部門を設けて，「芸術上の革命運動」を目指す。同年，上海芸術文学文学科主任・校務委員会主任に就任すると，「魚龍会」と銘打った小劇場方式の実験的公演を企画，自作の「蘇州夜話」，「名優之死」，欧陽予倩「潘金蓮」などを上演して成功，新劇史上に画期をなした。余勢を駆って翌28年，南国芸術学院を創設。田漢の豪放な人柄や熱意が共感を呼び，戯劇科主任・欧陽予倩，画科主任・徐悲鴻をはじめ，冼星海，徐志摩，陳子展などの有力スタッフが無報酬で教壇に立ち，ここから劇作家・陳白塵をはじめ陳凝秋，鄭君里，唐叔明，左明などの演劇人のみならず，画家の呉作人，音楽家の張曙など多彩な人材が輩出した。29年，『南国月刊』を創刊。この間，「火之跳舞」，「一致」などの戯曲で左傾化の傾向を示す。28年から29年にかけては，学院を基盤に南国劇社を組織，上海，杭州，南京，広州，無錫などで公演，新劇普及につとめた。

1930年３月，中国左翼作家連盟に加入。５月10万字にのぼる「我們的自己批判」を『南国月刊』に発表し，従来の小ブルジョア階級のロマン的・感傷的傾向との訣別を宣言。その手始めとしてメリメ「カルメン」を労働者の反封建闘争の芝居に改編したが，公演３日目に国民党政府によって中止させられ，南国社は解散。以後，左翼戯劇家連盟結成に奔走する。32年，中国共産党に入党。左翼劇連党書記，党上海中央局文化工作員（34年）などをつとめるかたわら，「梅雨」，「姐妹」，「乱鐘」，「暴風雨中的七個女性」などの革命劇や歌劇「揚子江的暴風雨」などを執筆。また，明星，芝華，電通などの映画会社に係わり，「民族生存」（33年）をはじめ多数のシナリオを書き，聶耳，冼星海，張曙などの作曲家とのコンビで「畢業歌」，「義勇軍進行曲」などの革命歌曲を多数制作。とくに抗日映画「風雲児女」（34年）の主題歌として作詞した「義勇軍進行曲」（作曲は聶耳）は抗日戦争中に大流行し，のちに中華人民共和国国歌に指定された。

1935年２月国民党に逮捕され，南京の憲兵司令部に送られたが，徐悲鴻らの尽力で，政治活動をしない，南京を離れない，などの条件を承諾して釈放される（７月）。その直後，南京で中国舞台協会を組織して「復活」を公演。この間，転向の噂が流れたが，国共合作後に南京に派遣された中共代表団の博古が上述の経緯を審査したのち，党籍を回復した。

抗日戦争開始直後，1937年７月戯曲「蘆溝橋」を発表するとともに，上海戯劇界救亡協会を組織する。秋，長沙で『抗戦日報』を編集。翌38年４月武漢に招かれ，国民政府軍事委員会政治部第３庁第６処（芸術処）処長に就任，周恩来の指導下に抗敵演劇隊，抗敵宣伝隊，児童劇団などを組織して抗日宣伝活動をすすめるとともに，中華全国戯劇界抗敵協会の設立に努力。この間，京劇，漢劇，湘劇などの伝統劇・地方劇の改革を試み，「江漢漁歌」，「新雁門関」，「新児女英雄伝」，「岳飛」などの脚本を執筆。39年，桂林で『戯劇春秋』を主編。翌40年一時重慶に出て文化工作委員会芸術組組長となるが，皖南事件後，再び桂林に戻り戯曲「秋声賦」を書く。44年欧陽予倩らと桂林で西南戯劇展覧会を企画，広西，広東，湖南など8省から数十劇団が参加した。

抗日戦勝利後，上海に戻り，アメリカの侵略を暴露した戯曲「麗人行」を書く。1948年，華北解放区に入る。

新中国成立後は，中央人民政府政務院文化教育委員会委員，文化部戯曲改進局局長，芸術事業管理局局長，中国戯劇家協会主席・党組書記などをつとめるかたわら，第1，2期全国人民代表大会代表に選出される。また，創作面では，「関漢卿」（1958年），「文成公主」（60年）などの歴史劇や「白蛇伝」（55年），「西廂記」（57年），「謝瑤環」（61年）などの新作京劇に健筆をふるった。しかし，63年，建国後の13年間を主要テーマとすべきだという極「左」的主張に反対したため批判され，次いで66年2月以降，「謝瑤環」に「反党反社会主義の大毒草」との非難が加えられ，やがて66年4月，文化大革命が始まると，周揚，夏衍，陽翰笙とともに魯迅に反対した「四人の男」として文芸界最大の打倒の対象として逮捕・投獄され，2年後に獄死。79年に完全に名誉回復が行われた。

その生涯に書いた新劇，伝統劇，歌劇，映画シナリオは100部をこえ，詩は約800首（うち600余首は旧体詩）あるが，生前出版された著作集に『田漢戯曲集』1～5（現代書局，1930～33年），『文芸論集』上・下（上海良友図書印刷公司，35年），『田漢代表作』（三通書局，41年），『田漢劇作選』（人民文学出版社，55年）などがあり，死後に『田漢文集』16巻（中国戯劇出版社，83～86年）が出た。

参考文献：劉幗君「田漢伝」，『中国現代戯劇電影芸術家伝』2輯（江西人民出版社，南昌，1984年）。柏村・徐景東等編選『田漢専集―中国当代文学研究資料』（江蘇人民出版社，南京，1984年）。何寅泰・李達三『田漢評伝』（湖南人民出版社，長沙，1984年）。中国人民政治協商会議全国委員会文史資料研究委員会編『回憶田漢専輯』（文史資料出版社，北京，1985年）。
〔吉田富夫〕

田（でん）桐（とう）　Tian Tong

（1879年12月25日～1930年7月2日）

字・梓琴，号・玄玄，玄玄居士，江介散人，筆名・恨海。湖北省蘄春県生まれ。清末の革命家，ジャーナリスト，民国の政治家。

父・又青は知識人であったが，官に就くことなく郷里で塾を開いていた。田桐は初め父の塾で学び，諸子百家や唐宋以後の名文など，多岐にわたって関心を示したが，八股文だけは好まなかったという。彼は21歳で県学生に補された。しかし，当時は学堂開設の時期に当たり，彼は武昌文普通学堂に入学し，ここで宋教仁と同学となった。しかし，1903年冬試験の答案に革命を鼓吹する文章を書いたため，密告を受けた巡撫・端方から大逆不道と見なされ，退学に処せられて日本に渡ることとなった。

日本滞在中の1904年秋，田桐は劉仲文，白逾恒らと『二十世紀之支那』を創刊し，排満民族主義を鼓吹した。05年には中国同盟会発起人の1人となり，同会成立後は評議部議員，書記部書記となった。同年11月『民報』が創刊されると，彼はここに恨海の筆名で記事を発表している。また，明末の満州人への抵抗記録を集めて『亡国惨記』を編集・出版した。同月，日本文部省によって留学生取締規制が公布されると，田桐は宏文書院で学生の反対闘争を組織した。

1906年5月田桐は高天梅，柳亜子らと『復報』を創刊して『民報』を補完する役割を果し，翌年末にはシンガポールの『中興日報』の主筆に任じられ，保皇派と論戦を繰り広げた。08年にはスラバヤに渡って『泗浜日報』の編集に当たった。この頃の田桐は，度重なる武装蜂起の失敗から，孫文らの辺境革命路線に疑問を抱き始め，密かに北京に赴いて中央革命の機会を窺うと同時に，当地において『国風日報』と『国光新聞』を創刊するに至った。

1911年10月武昌で蜂起が勃発すると，田桐は黄興に従って上海を経由して武昌に至り，総司令部秘書長に任じられた。12年1月中華民国が成立すると，田は内務部参事，参議院議員に任じられた。その後，臨時政府が北京に移ると，彼は北京で『国光新聞』を再刊し，袁世凱の独裁化に対する批判を展開した。これに対して，袁世凱は田の買収を行おうとしたが失敗に終わっている。また，宋教仁らが政党内閣制の実現のために同盟会の解消と国民党の組織を提案した際には，田桐は同盟会総務部幹事としてこれに反対の姿勢を取った。しかし，後に孫文，黄興がこれに同意する姿勢を示すと，田も当初の姿勢に固執することなく，国民党政権実現に積極的に取り組むこととなった。

1913年3月宋教仁が暗殺されると田桐は上海に戻り，7月に第2革命が勃発すると彼も軍事行動に加わったが，2カ月後に討袁軍が敗れると彼は再度日本に渡った。日本滞在中の14年7月中華革命党が成立すると田もこれに加わり，10月には湖北支部長に任じられた。翌15年袁世凱が帝制復活を企てると，田は数度にわたる集会においてこれを批判する演説を行い，同年末には帰国して漢口で反袁勢力の結集に尽力した。

1916年6月袁世凱が死去し，8月に国会が再開されると，田桐は衆議院議員となった。当時，国会では憲政商榷会（国民党系）と憲法研究会（進歩党系）が対立し，地方分権か中央集権かで争っていた。田は中華革命党の議員と共に，商権会を支持すべく丙辰倶楽部を作り，段祺瑞内閣に反対する姿勢を取った。翌年7月張勲の復辟失敗の後，孫文が護法の旗を掲げると，田は広州に赴き9月に大元帥府参議に任じられた。

1919年五・四運動が勃発すると，田桐は学生のストライキ闘争に批判的立場を取った。この年の10月中華革命党が中国国民党に改称・改組されると，田は同党の広州特設辦事処党務科主任，韶関大本営宣伝処長に任じられた。22年6月陳炯明の反乱に際して，田は一時陳によって逮捕されるところとなった。釈放後，田は上海に赴き，そこで孫文から国民党改組に向けての修改党章起草委員に任じられた。しかし，翌23年11月広州で中国国民党改組宣言が発せられ，連ソ・容共・労農扶助の3大政策が明示されると，彼は一転してこれに反対する態度を示し，広州に赴いて孫文に抗議を行った。しかし，孫文の意志が変わらないと判断するや，彼は上海に戻り，章炳麟，居正ら12名の連名によって「護党救国公函」を発した。また，この時期，社会主義を批判する論文をも発表している。

1924年9月第2次奉直戦争が勃発し，翌月馮玉祥，胡景翼らが北京でクーデターを断行すると，田桐は馮に電報を発してこれを支持した。この後，田は北京に赴き，25年元旦には馮自由らと会合を開き，孫文の政策に対する不満の意を表明した。孫文の死後，田は当時河南の軍務の責任者となっていた胡景翼を頼り，開封の地に至った。しかし，間もなく胡が病死したため，田は開封を離れて張家口で馮玉祥の家庭教師を務めるなどした。

1926年7月国民革命軍による北伐が開始されると，蔣介石は田桐を政治的に利用しようとして南下を呼びかけ，彼を江漢宣撫使兼湖北省政府委員に任じた。しかし，翌年の4・12クーデター以後，田は独裁化の傾向を強める蔣介石に対して不信の念を抱き始め，6月から7月の間に至って山西省の五台山に逃れた。1年後上海に戻って『太平雑誌』を創刊し，著述に従事した。北伐完了後，蔣介石は田を国民政府委員，山西政治分会委員などの職に任用しようと試みたが，彼はこれらの申し出には一切応じることはなかった。むしろ29年春には，彼は居正，許崇智らが組織した反蔣同盟に加わっている。しかし同時に，彼は中共に反対する立場を取り続け，蔣介石の「清党」に際しては，これを支持する立場に立っていた。

晩年，田桐は肝臓を患い，1930年7月上海で死去した。妻の童夫人との間に2男1女があった。著作に，「太平策」「五権憲法」「人生問題」「革命閑話」などがあり，死後『玄玄遺著』が刊行された。

参考文献：賀覚非編『辛亥武昌首義人物伝』上冊（中華書局，北京，1982年）。中国社会科学院近代史研究所主編『民国人物伝』3巻（中華書局，北京，1981年）。黄季陸編『革命人物誌』1集（中央文物供応社，台北，1969年）。劉紹唐主編『民国人物小伝』1集（伝記文学出版社，台北，1981年）。馮自由『革命逸史』2集（台湾商務印書館，台北，1969年）。

〔嵯峨隆〕

田（でん）　文烈（ぶんれつ）　Tian Wenlie

（1858年11月24日～1924年11月12日）

字・煥庭，煥亭，号・姚堂，晩号・拙安老人。祖籍，浙江省上虞県，湖北省漢陽県生まれ。清末・民初の軍人，政治家。

田文烈の父は幕僚として浙江から湖北に移り住んで，塩政に従事した。田は廩膳生となったが，郷試に数回失敗したため，1885年に天津の北洋武備学堂に入学し，卒業後帰郷した。89年広済県の訓導となり，間もなく母の死により退任した。その後朝鮮へ行き，90年袁世凱の下で仁川理事署府文案となり，帰国後の94年北洋水師学堂の教習となった。

1895年袁世凱の新建陸軍の文案となり，武術右軍統制・姜桂題の幕僚を経て，1904年袁世凱が率いる北洋常備軍の辦理左翼営務に任じられ，翌年北洋督練公所正参議となった。さらに兵備処総辦，陸軍部糧餉局坐辦を経て，10年直隷通永鎮総兵，統領淮軍右路兼直隷巡警本道に昇進した。

1911年11月袁世凱内閣の陸軍部副大臣となり，翌12年総統府軍事顧問に任じられ，陸軍中将の位を得た。13年8月山東民政長兼会辦軍務となった。

1914年2月，白朗蜂起の鎮圧に失敗した張鎮芳に代わって河南民政長（同5月，巡按使と改称）兼会辦河南軍務に任じられ，陸軍上将の位を得た。同年5月河南都督（同6月，将軍と改称）兼督理河南軍務を兼務し，6月将軍府将軍の位を得た。9月白朗蜂起の鎮圧に功があった趙倜が河南将軍に任じられたため，田文烈は河南巡按使（16年7月，省長と改称）兼会辦河南軍務に戻った。巡按使在任中は治水，実業振興，教育にも力を入れた。

1915年12月袁世凱から「一等伯」に封じられ，16年6月袁が急死すると，その河南省彰徳への埋葬の責任者を務めた。

1917年12月，河南巡按使から王士珍内閣の農商総長に昇進した。その後，18年3月の段祺瑞内閣，同年10月の銭能訓内閣，19年9月の靳雲鵬内閣にいずれも留任し，靳内閣では12月に内務総長を兼務した。20年2月農商総長は退任したが，5月の薩鎮冰内閣に内務総長として留任し，7月交通総長を兼務した。

1920年7月の安直戦争に直奉両派が勝利を収めると，8月内務総長職を失い，政界を退いた。22年8月唐紹儀内閣の内務総長に任命されたが，呉佩孚派の内務総長代理・孫丹林に遠慮して就任しなかった。24年北京で病没した。著書に『拙安堂詩集』がある。

参考文献：来新夏主編『北洋軍閥史稿』（湖北人民出版社，武漢，1983年）。王樹楠「家伝」，卞孝萱・唐文権主編『辛亥人物碑伝集』（団結出版社，北京，1991年）。羅幼娟・邵桂花「田文烈」，中国社会科学院近代史研究所編『民国人物伝』12巻（中華書局，北京，2005年）。〔味岡徹〕

田　中玉（でん　ちゅうぎょく）　Tian Zhongyu

（1864年～1935年9月）

字・韞山，堂号・存義堂。直隷省臨楡県生まれ。清末民初の軍人にして政治家。生年に関しては，1870年とする説もある。

楡関武備学堂を経て1884年に天津の北洋武備学堂に入学し，卒業後は淮軍に入り，その後定武軍砲隊営幇帯に任ぜられる。95年10月袁世凱が清朝の命を受けて小站で新建陸軍創建に着手すると，張懐之，陳光遠，段芝貴，雷震春，陸建章，曹錕らと共にその幹部に抜擢され，寧武軍砲隊営幇帯，新建軍陸軍営官を歴任し，その後武衛右軍砲隊統領官となる。1904年に北洋教練処総辦及び北洋陸軍第1鎮砲1標標統，05年に第2鎮4協協統，06年5月には広東新軍混成協協統に任ぜられる。

1907年3月に徐世昌が東三省総督に任ぜられ，軍務も兼ねるようになると，その求めに応じて東三省督練公所総参議の職を奉天で王懐慶と共に担当するようになる。10年に江蘇新軍23混成協協統，11年に山東省兗州の総兵官，翌12年には山東省巡防総領及び山東民政長代理となる。13年7月山東曹州鎮総兵を兼任し，8月には山東省兗州鎮守使の職を施従浜より引き継ぎ，その後陸軍第5師師長にも任ぜられる。15年6月山東省兗州鎮守使を施従浜に譲り，天津の北洋武備学堂の学長をしていたこともある王士珍の力添えもあって，徐樹錚に代わって陸軍部次長となる。

1916年6月袁世凱の死を契機にハルビン特別区域都統の職を張懐芝より継任し，皖系の影響下に入る。またこの年には釐金制度調査員としても活躍する。17年10月孟恩遠より引き継ぐ形で吉林省督軍に昇進するが，18年3月には孟の吉林独立運動に屈し，孟に同職を譲り，張継尭より引き継いでハルビン都統に復職する。

1919年12月張樹元より山東督軍職を継任し，翌20年には山東省長も兼ねるようになる。22年4月省長を辞し，23年12月25日には山東の「臨城刼車案」の責任を取って山東督軍を辞職する。それと同時に，督軍を「督理軍務善後事宜」と改めて鄭士琦に譲り，曹錕からは「将軍府益威上将軍」の称号を授かる。

以後は政治に関与することなく，大連において貧民小学校などの慈善事業に私財を投入する。1935年9月大連（天津とする説もある）にて死去する。

参考文献：劉紹唐主編『民国人物小伝』第5冊（伝記文学出版社，台北，1982年）。徐友春主編『民国人物大辞典』（河北人民出版社，石家荘，1991年）。王俯民編『民国軍人誌』（中国広播電視出版社，北京，1992年）。章伯鋒主編『北洋軍閥』6巻（武漢出版社，武漢，1990年）。外務省情報部編『改訂現代支那人名鑑』（東亜同文会，1928年）。外務省情報部編『現代中華民国・満洲帝国人名鑑』（東亜同文会，1937年）。〔江崎隆哉〕

鉄良（てつりょう）　Tieliang

（1863年～1938年）

字・宝臣，姓・穆爾察。満州鑲白旗人。監生。清朝末期の満州族官僚。

鉄良は，栄禄の幕僚として栄達したとされる。1898年五品京堂，99年通政司参議，1901年内閣学士，03年戸部右侍郎，同年兵部侍郎に転じ，練兵大臣として北洋陸軍を統制した。こうした鉄良の政治的役割に対し，革命派胡瑛が暗殺を企てたが失敗している（胡瑛は日本へ亡命）。

練兵大臣在任中，鉄良は軍事視察を目的として日本を訪問，陸軍秋季大演習などを視察している。1905年戸部尚書兼軍機大臣，06年陸軍部尚書兼督辦，税務監督となり，清朝中央に重きをなした。09年海軍事務大臣となったが，10年江寧将軍へ左遷された。辛亥革命に際し，日本の兵庫県垂水に亡命した。14年帰国，宗社党の一員として清朝復活を画策したが，実質的影響力は失われており，後に天津のイギリス租界に隠棲して一生を終えたとされる。

鉄良と清末政治との関係については，第1に，満州族官僚として軍事改革，特に陸軍軍制の改革に着手したことが上げられる。具体的には禁衛軍の強化などを行った。これは，袁世凱により掌握されていた北洋陸軍の軍事力を満州族の統制下に置こうとする意図のもとに，監国摂政王・載灃を中心として進められた。当時，軍事部門の指導者としては，漢人では袁世凱，満州族では鉄良との声が一般的であった。しかし，この過程において，清朝中央の満州族官僚の間に醇親王載灃と奕劻の対立があり，奕劻派に属すると見られた鉄良は結局は1910年江寧将軍に左遷されるに至った。

第2に，戸部尚書・税務監督として財政改革にあたったことがあげられる。新財政機構である税務処設置の目的は，総税務司ロバート・ハートによって徴収・管理されてきた洋関税（義和団賠償金財源としての一部の常関税・釐金税を含む）について，総税務司を税務処に帰属させ，洋関税の管理に対する清朝（特に，中央政府）の影響力を強めることにあった。この改革は，イギリスの反対を押し切って実行されたが，本来の目的を達成するには至らなかった。また，税務監督として各地常関に対する統制力を強化しようとしたが，この改革も既に地方財源として機能していた常関の統属関係を実質的に改革するには至らなかった。

参考文献：惲宝恵「清末貴族之明争暗闘」，『晩清宮廷生活見聞』（文史資料出版社，北京，1982年）。陳詩啓「論清末税務処的設立和海関隷属関係的改変」，『歴史研究』1987年3期。凌冰『愛新覚羅・載灃―清末監国摂政王』（文化芸術出版社，北京，1988年）。外務省情報部『改訂現代支那人名鑑』（外務省情報部，1928年）。
〔飯島　渉〕

同治帝　Tongzhidi

（1856年4月27日～1875年1月12日）

諱・愛新覚羅載淳，諡・毅皇帝，廟号・穆宗。清朝皇帝，在位1861～75年。

咸豊帝の長子。母は後の慈禧太后（西太后）。1860年咸豊帝の熱河蒙塵に母（西太后）とともに同行。翌年同地で咸豊帝は，その死に臨んで載淳を皇位継承者にした。帝の死後，怡親王載垣，粛順ら8人が賛襄政務大臣となって載淳を補佐，年号を祺祥と定めた。しかし，生母・西太后らは恭親王奕訢らと謀ってクーデターを決行，補佐役の賛襄政務大臣らを一掃した。西太后らは，恭親王を議政王とし，載淳は即位，年号を同治と改めた。そして，西太后と東太后は「垂簾聴政」を行い，幼帝に代わって政務を掌握したが，実際の権力は西太后が次第に握るようになった。

生来病弱の上，公私万事にわたって西太后の干渉が厳しく，帝位にあっても政務などの意欲が乏しかった同治帝は，演劇をはじめとする芸事に逃避した。1873年成人すると親政に臨んだが，それはほとんど名目的なものにすぎず，実権は西太后の手にあった。そんな中で唯一西太后の意に反して，東太后の推す崇綺の娘（孝哲毅皇后）を皇后にむかえた。しかし，このことはかえって西太后の不興をかい，ついに不遇の内に没した。

同治帝の治世は同治中興とよばれ，国内は政治的軍事的に暫しの平穏を保っていた。太平天国の平定に功績のあった曾国藩や李鴻章といった漢人大官僚を中心にして，西洋の近代工業導入や軍事力の近代化を推進する洋務運動が展開され，彼らの実権が次第に伸張する時期でもあった。対外的にも，1861年に総理各国事務衙門の設立にみられるように外交交渉の円滑化がはかられ，新しい対外関係の模索が始まった。

参考文献：民国清史館編『清史稿』（民国清史館，北京，1927年）。『中国歴史大辞典』清史・下（上海辞書出版社，上海，1992年）。
〔徳岡仁〕

王　柏齢　Wang Bailing

（1889年～1942年8月26日）

字・茂如。江蘇省江都県生まれ。民国期の軍人。

父の名は宗彝。14歳で陸軍小学堂に入学し，保定陸軍速成学堂（保定陸軍軍官学校の前身）に進んだ。このあと1908年に蔣介石らとともに日本に留学生として派遣され，中国人の陸軍留学生の予備学校であった振武学校に入学し，2年間学んだ。この間に同盟会員となる。さらに10年には新潟県高田にあった第13師団野砲第19連隊に見習士官として勤務。ちなみに，蔣介石も同じ野砲連隊に見習士官として勤務した。

辛亥革命が勃発したあと帰国し，革命軍に参加した。袁世凱打倒をめざした1913年の第2革命が失敗したあと日本に亡命し，陸軍士官学校に学んだ。15年には陸軍士官学校中国学生隊第10期を卒業した。このあと帰国し，16年には，中華革命党総裁である孫文を大元帥とする中華革命軍の軍官として，居正の指揮下に山東省濰県で反袁世凱の軍事活動に参加した。このあと雲南省の軍閥である唐継尭にまねかれて昆明に赴き，7年間滞在して，雲南講武学堂教育長や雲南高等軍事学校砲兵科長などを歴任した。23年に雲南を去り，故郷の江蘇省に帰ったあと，蔣介石の求めに応じて広州に赴き，５月には孫文を大元帥とする大本営の高級参謀に就任した。

第１次国共合作が成立した1924年１月には，蔣介石を委員長とする陸軍軍官学校（黄埔軍官学校）準備委員会の委員に任命された。６月に軍官学校が成立すると，第１期の教授部主任となる。さらにこのあと，第２，３期の教育長をつとめた。同年12月に陸軍軍官学校の卒業生を中核とする教導団が成立すると，教導第２団の団長となった。教導第１団の団長は何応欽であり，第１団と第２団は陸軍軍官学校長である蔣介石の指揮下におかれていた。25年２月に陸軍軍官学校の中に共産党系の学生組織である青年軍人連合会が成立したが，王柏齢はこれに対抗する国民党系の組織である孫文主義学会を設立し，その後盾となっていた。

王柏齢は1926年２月には，教導団が拡充発展した国民革命第１軍の第１師長となった。さらに北伐開始後の26年７月には，国民革命第１軍副軍長ならびに総予備隊指揮に就任した。このあと同年10月の江西省における孫伝芳軍との交戦において，王柏齢麾下の国民革命第１軍第１師は惨めな敗北を喫した。第１師第１団の団長は命令を無視して退却した罪により，革命連座法の適用をうけ銃殺された。第１軍第１師の敗北は，蔣介石の面子を失わせる出来事であり，このあと王柏齢が国民党中枢に登用されなかった事実と，大いに関連すると考えられる。

南京国民政府が成立したあと，王柏齢は1928年の３月にあらたに南京に成立した中央陸軍軍官学校の教授部主任に就任した。同時に，江蘇省政府の政府委員兼建設庁長となった。29年から35年まで国民党中央執行委員を務める。37年には江蘇省政府委員を辞任した。以後，『黄埔軍校開創之回憶』（原載は『黄埔季刊』。後に，台湾の『伝記文学』第15巻６期，第16巻３～６期，第17巻７期に，分割して転載された）の執筆に着手した。42年に四川省の成都で死去した。

参考文献：『中国国民党歴史事件・人物・資料』（解放軍出版社，北京，1988年）。張光宇『第一次国共合作時期的国民革命軍』（武漢大学出版社，武漢，1989年）。中国国民党中央委員会党史史料編纂委員会編『革命人物誌』５集（中央文物供応社，台北，1969年）。羅家倫編『国父年譜』上・下冊増訂本（中国国民党中央委員会党史史料編纂委員会，台北，1969年）。〔北村稔〕

王（おう）　伯羣（はくぐん）　Wang Boqun

（1855年９月６日～1944年12月20日）

原名・文選，字・蔭泰，伯羣。貴州省興義県生まれ。主に教育・文化方面で活躍した中国国民党の政治家。

王伯羣は幼い頃より母方の祖父である劉官礼から学問の手ほどきを受けた。のち，貴陽に出て筆山書院に入学。1905年親族の援助を得て日本に渡り，まず東京大塚にあった弘文学院に入学。続いて中央大学に進み，政治・経済を学んだ。王はこの留学時期中国同盟会に加入する。10年大学卒業と同時に帰国し，11年の辛亥革命に参加する。

1912年１月章炳麟・程徳全らと上海で中華民国連合会（のち統一党と改称）を結成し，その幹事となる。同時に同会の機関紙となった『大共和日報』の支配人も担当する。その後同紙が停刊となると，故郷である貴州にもどる。13年12月袁世凱が政治会議を招集すると，王は貴州代表に選出される。しかし，その後は反袁闘争に参加するようになり，16年１月唐継尭が雲南護国軍府を成立させると，護国軍第１軍総司令に任命され，同月貴州が独立すると，都督に任命される。

1919年２月南北和平会議が上海で開催されると，王伯羣は南方の代表の１人となり，上海に赴く。５月和議が決裂し，19年10月孫文が中華革命党を中国国民党に改組すると，王はこれに加入する。20年冬孫文に従い上海から広州に入り広東軍政府の交通部部長代理（部長・唐継尭）に任ぜられる。21年５月呉稚暉・居正・張継らとともに連省自治擁護を通電し，９月貴州省議会選挙において省長に選出される。同月孫文が非常大総統に就くと，大総統府参議に任命される。24年６月厦門大学において学生運動が起き，これが流血事件に発展し，学生，教授陣が大量に離校するという事件が起きる。王は７月これらの教授，学生14名を上海に招き，大夏大学籌備会を結成する。26年１月には北京工大校長に転任した馬君武を継いで，同大学の校長に任ぜられる。

1927年４月南京に国民政府が成立すると，５月王伯羣は国民政府に招かれ中央政治会議委員及び交通部部長に就任する。同月上海交通大学校長をも兼任する。９月上海の中国国民党中央特別委員会が成立すると，南京地区選出の委員となる。28年12月には国民政府委員及び禁煙委員会委員に任命される。

王伯羣は1929年３月の国民党３全大会で中央執行委員候補に選ばれ，５月には中央政治会議委員候補に選出される。その後中央執行委員に昇格し，中国航空公司の理事長にも就任する。７月には中国とアメリカの初めての合弁航空会社となる「中美航空公司（Curtis American Aviation Co.）」の理事長に推薦される。31年６月王は47歳で大夏大学の女子学生であった保志寧と上海で結婚するが，保家への結納金10万元，「愛情保険費」15万元，別室の建築費合わせて50万元の出所について監察委員会で追及され攻撃を受ける。その後王は31年11月の国民党4全大会，35年11月の国民党5全大会において中央執行委員に連続して選出される。なお，31年12月アヘン密貿易で弾劾され，交通部長職を免ぜられた。

1937年7月日中戦争が勃発すると，王伯羣は大夏大学の教師及び学生をまず江西省廬山に避難させ，のちに貴州省貴陽に移動させる。11月には南門の講堂で，文・理・法・商・教育の5学院及び師範専修科を開設し，校長として校務に専念する。42年春国民政府は復旦大学と大夏大学を国立とすることを協議し，復旦大学は国立復旦大学に，大夏大学は国立貴州大学に改編することを決定する。大夏大学の教師及び学生は政府の決定に抗議し，護校運動を起こす。王はこのような教師・学生の意を尊重して政府側と交渉し，現状維持を獲得する。44年12月日本軍が貴州を攻撃し貴陽に迫り大夏大学が移転の危機に直面すると，王は話し合いのため重慶に赴いた。しかし，長旅で持病の胃潰瘍を悪化させ，同月重慶の江北軍医院で死去する。死亡年月日は45年1月の説もある。45年1月21日の貴陽『中央日報』は,「追悼王伯羣先生特刊」を特集し，王の生前の功績を讃えた。

参考文献：馮正儀「王故校長伯羣百齢記念」,『伝記文学』47巻4期，1985年。関国煊「王伯羣先生生平」,『伝記文学』47巻4期，1985年。中国国民党中央委員会党史史料編纂委員会編『革命人物誌』3集（中央文物供応社，台北，1969年）。劉紹唐主編『民国人物小伝』第10冊（伝記文学出版社，台北，1988年）。
〔望月敏弘〕

王　寵恵（おう　ちょうけい） Wang Chonghui

（1881年12月1日～1958年3月15日）

字・亮疇。香港生まれ。原籍，広東省東莞県。国民党・国民政府の長老，民国時代の中国を代表する国際的な法律家，外交官僚，教育者。

香港の道済会堂（プロテスタント教会）の牧師，煜初夫妻の7男3女の四男に生まれる。祖父の元琛がキリスト教に入信，牧師となったため，周囲の村民の反キリスト教風潮に耐えられず，広東省東莞県を出て香港に居住するようになった。祖父も父親もキリスト教の伝道のため何冊かの著作を著している。本人も幼少時に洗礼を受けた。6歳で聖パウロ（聖保羅）学校に入学，学校では英語を勉強し，家では家庭教師について中国古典を学ぶ。その頃，道済会堂の隣の西洋医師の医院に見習生できていた孫文が教会に出入りし，父親と懇意にしていた。香港クイーンズ・カレッジ（皇仁書院）を卒業後，天津北洋大学法律学部に入学，1900年に最優秀の成績で卒業，翌年上海南洋公学校の教師（英語と地理を教える）となったが，法律学の研究を継続するために教師を辞め，01年日本に留学した。

東京では日本語を自学して大学に入る準備をするかたわら，秦力山が排満革命を鼓吹するために発刊した『国民報』編集を手伝う。1901年に孫文が横浜に滞在した時，孫文を何度も尋ね，革命思想について強い影響を受ける。日本の学位が欧米の学位ほどには権威がないためにアメリカ留学を決意し，02年にカリフォルニア州立大学に入学，後エール大学に転入し法律を専攻，同大学で法学博士の学位を取得。この間，*Journal of the American Bar Association*の共編者を務める。07年に渡欧してヨーロッパ各国を廻って研鑽を積み，ベルリンでは「ベルリン比較法学会」の会員に推挙される。この時「ドイツ民法」を英語に翻訳して好評を博す。同翻訳本はイギリスやアメリカの大学でテキストに使用された。また，イギリスのインナー・テンプルで英国弁護士の資格を取得。08年パリに来た孫文と会い，欧州同盟会の工作を依頼される。

1911年帰国した年に辛亥革命が起こると，上海に赴いて上海軍政府都督・陳其美の顧問となる。同年12月末に南京で開催された臨時大総統選挙会には広東省代表として出席し，孫文に1票を投じた。翌12年1月に成立した南京臨時政府の外交総長に31歳の若さで就任。袁世凱臨時大総統のもとで同年3月北京に成立した唐紹儀内閣の司法総長となるが，唐紹儀の辞職に同調して同総長を辞し，上海で中華書局の英文編集に従事し，東西文明の紹介に務め，14年には復旦大学副校長を兼務する。この頃，陳果夫，陳立夫の家と親戚筋にあたる蘇州の名門の娘，楊兆良と結婚，男子1人をもうけるが，2子目が難産で母子ともに死亡。

袁世凱の帝制問題がおこるやこれに反対して反袁運動に努め，袁世凱の死後，北京に戻り（孫文との密議により革命工作のため北京政府の閣僚に加わったといわれる)，18年修訂法律館総裁に就く。同年11月，熊希齢，蔡元培らの呼び掛けにより南北政府の和平統一を目指した和平期成会が成立するとその発起人に名を連ねた。

1919年のパリ講和会議に中国代表の一員として参加，20年大理院（最高裁判所）院長に任ぜられる。21年国際連盟大会に中国首席全権として出席し，同年12月に成立した梁士詒内閣の司法総長に任命される。21年から22年にわたって開催されたワシントン会議に中国代表として参加，日本の対華21カ条要求の廃棄を訴えてその実質的な無効化に努力し，また山東権益の中国返還の実現に活躍した。同会議では日本全権委員として出席した駐米大使の幣原喜重郎と知己の間柄となり，戦後幣原の衆議院議長時代に何度か日本に呼ばれ，学術講演を行っている。22年8月唐紹儀内閣の教育総長に任命されたが，唐紹儀が未就任のため国務院総理を代行，9月には正式に国務総理となって王寵恵臨時内閣を組閣する。23年からオランダのハーグにある常設国際司法裁判所の予備判事に着任，正判事の補欠として国際紛争の処理に活躍する。

同職4年の任期を終えて帰国した1927年に南京国民政府が成立し，司法部長に任命される。この年20歳年下の朱学勤と再婚。28年国民政府委員に当選，司法院院長，立法院顧問となり，中華民国刑法，国民政府組織法の作成に携わる。その後も民法の改正や国民政府が36年に発表した中華民国憲法草案（五五草案）の起草など，重要な法律の作成に係わった。また，30年の上海租界の領事裁判権の回収にも尽力。29年に国民党中央監察委員となる。31年にハーグの常設国際司法裁判所の正判事に赴任，36年まで就任し国際法の権威として活躍。37年に外交部長となり，代理行政院長も兼務した。同年7月に開始された日本軍の中国全土への戦争拡大に対して，国際連盟総会やブリュッセルの9カ国条約会議などを利用して日本を国際的に孤立させるべく外交努力を行った。国民政府の遷都にともなって重慶に移り，41年には国防最高委員会秘書長に就任。42年の蔣介石のインド訪問や43年のカイロ会議出席に随行し，45年のサンフランシスコ連合国全体会議には中国代表として出席。46年に制憲国民大会代表に選ばれ，47年に公布・施行された中華民国憲法の制定の中心となる。49年以降は台湾に移り，晩年は私立東呉大学理事長を務め，58年に病死した。

著書に『困学斎文存』（中華叢書委員会，台北，1957年），『王寵恵先生文集』（中国国民党中央委員会党史委員会，台北，81年）がある。

参考文献：段彩華『民国第一位法学家―王寵恵伝』（近代中国出版社，北京，1982年）。何明主編『北洋政府総理的最後結局』（中共党史出版社，北京，2008年）。

〔笠原十九司〕

汪（おう）　大燮（だいしょう）　Wang Daxie

（1859年10月～1928年11月）

字・伯棠，伯唐。浙江省銭塘生まれ。清末には外交官として，民国初期には段祺瑞に近い政治家として活躍。

挙人に合格した後，銭納により内閣中書となり，翰林院侍読，戸部郎中，総理衙門章京を歴任した。さらに張蔭桓の推薦で外務部員外郎となった。

1902年日本への留学生が増大する状況下で，私費留学生の成城学校入学手続きを駐日公使・蔡鈞が拒否したことを契機として，留学生代表の呉敬恒，孫揆均らが公使と折衝したが，結局日本政府によって治安妨害の理由で呉，孫が強制送還される事件が起こった。この事件後，清朝は留日学生の管理体制を強化するため留日学生総監督を設け，汪大燮が任命された。なお05年には日本の文部省が公布した「清国人ヲ入学セシムル公私学校ニ関スル規程」をめぐっていわゆる清国留学生取締規則事件が起こった。

1904年汪大燮は外務部左参議となり，翌年には出使英国大臣に任命されて，イギリスに赴任した。李経方が後任の駐英公使となったため，汪大燮は07年帰国したが，同年9月には考察憲政大臣として再び英・独などに赴いた。翌年，郵伝部左侍郎となり，10年には駐日公使となった。辛亥革命後もそのまま留任し，13年8月に馬廷亨と交替した。

日本から帰国直後，1913年9月11日熊希齢を総理とする進歩党を中心とした内閣が成立し，汪大燮は教育総長に就任した。袁世凱は14年1月10日国会を解散して独裁化を強化したが，汪大燮は3月平政院院長となり，5月には諮問機関にすぎない参政院が成立すると参政となり副院長に就任した。

第3革命が起こり袁世凱が死去すると，安徽派の段祺瑞が政権を掌握し，内閣を組織し，汪は交通総長となった。1917年3月には特使として日本に赴き，中国政府を代表して大正天皇に大勲章を授与した。当時，第1次世界大戦への参戦をめぐり，大総統・黎元洪と内閣総理・段祺瑞との対立，いわゆる「府院の争い」が激化し，張勲の復辟が勃発した。張勲の復辟を鎮圧した段祺瑞が再び政権を握り内閣を組織すると，汪大燮は外交総長に就任した。ところが段祺瑞が旧国会を復活せず新国会を成立させたため，孫文を中心とする護法運動が勃発した。これに対して段祺瑞は武力統一を主張したが，直隷派の反対により失敗し，段は総理を辞任した。そのため汪大燮が17年11月22日から30日まで国務総理を代行した。その後，徐世昌に推されて総統府外交委員会の会長となった。

第1次世界大戦が終了し，講和会議がパリで1919年1月18日から開催された。戦勝国である中国は，ドイツからの山東省の返還と21カ条条約の破棄を主張した。このような情勢下に，2月11日国民外交協会が結成され，梁啓超が理事長に，蔡元培，熊希齢，汪大燮らが理事となった。パリ講和会議のため欧州に漫遊中の梁啓超に代わって汪大燮が理事長代理を務めた。5月2日外交協会は林長民の名で「外交問題警告国人」を発表したが，それが五・四運動の重要な契機となった。また五・四運動で学生が逮捕されると汪は王寵恵，林長民らと学生の釈放に尽力した。

1920年には呂海寰の後任として汪大燮が中国紅十字会会長となった。21年7月北京で教育費用をめぐって紛争が起こると，汪大燮は范源廉，張国淦らとその調停に奔走した。21年11月から翌年2月にかけてワシントン会議が開かれたが，汪大燮は熊希齢らと「華盛頓会議中国後援会」を結成し，さらに22年4月外交部の「華盛頓会議善後委員会」の副会長にも就任した。

1922年6月の奉直戦争で直隷派が勝利し北京政府を掌握したが，曹錕，呉佩孚ら直隷派内部の対立，地盤争いにより政局は不安定であった。11月29日王寵恵内閣の後を受けて汪大燮は国務総理となったが，財政総長の人選をめぐって国会の支持を得られず，翌日辞職を通電した。正式に辞職が承認されたのは12月11日で，外交総長の王正廷が総理を代行した。その後12月16日に汪大燮は平政院院長に就任した。

1925年5月段祺瑞が臨時参政院を召集すると，汪大燮は参政となり，8月には孫宝琦の後を継いで外交委員会委員長となった。28年6月3日蔣介石の北伐に圧倒された張作霖が奉天へ列車で退却する途中，日本の関東軍によって爆殺される事件が起こり，6月8日に北伐軍が北京に入城したが，北京の各団体は連合して臨時治安維持会を組織し，汪大燮はその副会長に推挙された。晩年には教育基金委員会委員や全国防災委員会委員長などを務め慈善事業にも尽力した。編著には『英国憲政叢書』全3冊がある。

参考文献：劉紹唐主編『民国人物小伝』第5冊（伝記文学出版社，台北，1982年）。永井算巳『中国近代政治史論叢』（汲古書店，1983年）。　〔楠瀬正明〕

王（おう）　徳成（とくせい）　Wang Decheng

（生没年不詳）

又名・王成徳。直隷省雄県板家窩村生まれ。貧農出身。天津地区で活躍した著名な義和団指導者。

1899年，板家窩村の中国人キリスト教徒が一般民衆の財産を強奪したことに怒った王徳成は，義憤にかられて村民を連合して官府に訴えた。しかし，官府は教会を恐れて王徳成に敗訴を宣告した。王徳成は同年冬山東から拳師を招き，板家窩村に乾字義和団の総壇を設け，更に付近の村々に分壇をたてた。1900年春，文安・霸州を中心に固安，新城，永清など一帯の義和団まで結集してその首領となり，霸州の韃子営・韓庄などの村の教会を焼き，教徒の財産を没収した。同年6月25日，彼は義和団を率いて大清河に沿って天津に行き大仏寺に総壇を設け，城外にも多くの分壇をたてた。8カ国連合軍が天津に進攻した時，王徳成らは東機器（兵器廠）・西沽武庫（武器庫）を占領した外国軍を攻撃した。7月11日，天津城陥落の直前に配下の義和団を率いて北京に向かい，北京最大の西什庫教堂（フランス・カトリックの清国総本山）や外国公使館の包囲戦に参加。北京が8月中旬外国軍に占領された後，直隷中部に転戦し，文安・雄県・大城一帯で義和団鎮圧のため出動した清軍と戦った。01年夏，雄県王家場において清軍と戦い，包囲されていた義和団部隊を救ったが，その後行方不明となる。

参考文献：中国史学会主編『中国近代史資料叢刊・義和団』1・4（上海人民出版社，上海，1961年）。李文海等編『義和団史実要録』（斉魯書社，済南，1986年）。

〔小林一美〕

王（おう）　徳林（とくりん）　Wang Delin

（1874年～1938年12月20日）

原名・王林，字・恵民。山東省沂水県徐家洼子村生まれ。東北の国民救国軍，吉林光復軍の指導者，軍人。生年については1879年説がある。

農村の代々医業を営む貧しい家に生まれる。2年間私塾に学んだが，貧困のため学業を断念，以後父について医療を学ぶ。19世紀末に山東省南部を襲った災害により多くの被災農民が東北地区に逃れた際，20歳の王もこれら難民に紛れて東北に脱出した。当時東北ではロシアの勢力が浸透し始め，民衆の間には反露感情が高まりつつあった。王もその影響を受けロシア帝国主義への敵愾心を抱き，敵情を探るべく1899年3月ウスリースクに入る。当地でロシア人が経営する工場で働きながらロシア語を学び，ロシアの国情を調査した。さらにロシアが東北地区で中東鉄道建設工事のため中国人労働者を募集するとそれに応募，労働者の指導者となる一方，東北各地の地形や自然，民情などを調べ反露の拠点作りに尽力した。1900年に東北義和団，忠義軍とロシア軍が中東鉄道沿線で戦闘状態に入ると，王は100余人の同志を率いて義和団，忠義軍に追随しロシア軍を襲撃，ここにその後10年余に及ぶ王の反露闘争が始まる。

1917年のロシア十月革命により東北における侵入勢力の主体はロシアから日本に変わる。日本は当初東北の有力指導者を懐柔しようとしたが，王徳林は反日の姿勢を明確にするとともに，同年11月部下を率いて吉林督軍・孟恩遠の指揮下に入った。王の部隊は吉林省陸軍第1旅第1団第3営に編成され，王はその営長に任命された。その際，孟が原名の王林の2字の間に「徳」を加えて王を表彰したため王徳林に改称することになる。

1931年9月満州事変勃発後，抗日勢力を糾合し，翌32年の2月中国国民救国軍成立抗日誓師大会を開催，「党派を分かたず一致協力して対外抗日を実行する」というスローガンを掲げ，大会の推挙を得て国民救国軍総指揮に就任した。事変後，中国共産党員・李延禄，周保中らを介して同党との結び付きが強まり，王麾下の救国軍には多くの共産党員が入り込み枢要な地位を占めていった。こうした状況に危機感を深めた蔣介石は32年8月王を寧安警備司令に任命する一方，その代償として共産党勢力を一掃せよという密命を発した。しかし，王は警備司令の地位を受けず，蔣の命にも従わなかった。

1933年1月遼寧省東部にあった王徳林の総指揮部は圧倒的な日本軍に包囲攻撃され，同月13日ついに王は将兵とその眷属600人を率いソ連領内に脱出した。ソ連政府は日本側の引き渡し要求を拒否，その後ソ連からポーランド，ドイツ，イタリアを経由して5月5日香港に到着。帰国後は上海，天津，鄭州などで抗日救国活動を展開，東北抗日義勇軍支援のための資金集めに奔走したり，言論をもって南京国民政府に東北出兵を強く求めた。35年東北抗日連軍結成時に中共吉東特委から共産党との合作を条件に同軍総司令就任を打診されたものの，すでに病気が重く実現しなかった。

1937年日中全面戦争勃発後，それまで不抵抗政策に固執し王を冷遇していた国民政府は，国内外の世論に押され王を国民革命軍事委員会別働隊光復軍第2路の指揮に任命，吉林省奪回の任務を与えた。もっとも，同軍は実働部隊を持たない名前だけの存在で，王は現実には抗日戦の前線に立つことはなく，郷里の沂水県で療養生活を送り，38年12月病没した。

没年については1938年10月中旬説がある。

参考文献：譚訳主編『東北抗日義勇軍人物志』下編（遼寧人民出版社，瀋陽，1987年）。徐友春主編『民国人物大辞典』（河北人民出版社，石家荘，1991年）。趙素芬『周保中将軍伝』（解放軍出版社，北京，1988年）。　〔中村楼蘭〕

王　徳泰　Wang Detai

（1908年～1936年11月）

山東省生まれ。東北抗日連軍の高級将校。

貧農の家庭に生まれたが，幼少時に災害のため生活が困窮し，一家で吉林省延吉県茶条溝，老人頭溝，銅仏寺一帯へ移る。炭焼きをして家計を助けた。

1931年9月満州事変が勃発し，32年4月日本軍が延辺に進攻してきたのにともない東満各地で中共東満特別委員会の指導により「秋収」闘争が組織されたが，これに参加し，まもなく中国共産党に入党する。32年春さらに大規模な「春荒」闘争が展開されると，積極的に参加し延吉県反帝同盟組織部長となって反日運動を指導した。33年延吉遊撃隊を成立させ，小隊長，中隊長，大隊参謀長などをつとめ，湾湾溝などにおいて日本軍と戦闘を交えた。

1934年3月延吉，琿春などの抗日遊撃隊と一部の抗日武装義勇軍を統合して東北人民革命軍第2軍独立師団が成立すると同師団政治委員となり，同年6月中共東満特別委員会委員に選出される。そして継羅子溝，大甸子，安図などで日本軍と交戦すると同時に，延吉，汪清，寧安，敦化などの抗日遊撃根拠地を発展させた。35年3月同独立師団長となったが，5月同師団が東北人民革命軍第2軍に改編されると軍長に任ぜられ，東満各地で抗日戦を展開した。

1934年夏東満各地の抗日部隊が連合指揮部を成立させるとその指揮に選出され，各部隊の連合工作を推進して東北抗日連軍の成立に尽力した。その結果36年3月東北抗日連軍第2軍が成立し，同軍長となって主として長白山地区で活動した。

1936年6月金川河里において中共南満州，東満州省委員会及び東北抗日連軍第1軍，第2軍の幹部会議が召集され，両軍が統合されて第1路軍が成立すると，同軍副総司令員兼第2軍軍長に任ぜられた。また両省委員会も合併して中共東南満州省委員会が成立し，同委員にも選出される。そして引き続き長白山地区で抗日戦を展開したが，同年11月中旬撫松県小湯河村における日本軍との戦闘で戦死した。

参考文献：黒龍江省社会科学院地方党史研究所他編『東北抗日烈士伝』1輯（黒龍江人民出版社，哈爾浜，1980年）。中共党史人物研究会編『中共党史人物伝』10巻（陝西人民出版社，西安，1983年）。霍燎原他『東北抗日連軍第二軍』（黒龍江人民出版社，哈爾浜，1986年）。《東北抗日連軍史料》編写組『東北抗日連軍史料』上・下（中共党史資料出版社，北京，1987年）。　〔安田淳〕

王　鼎　Wang Ding

（1768年～1842年）

字・定九，号・省厓，諡・文恪。原籍，陝西省蒲城県，同地に生まれる。清末の官僚。

1796年進士。庶吉士。翰林院編修。1814年工部右侍郎に就任，その後，刑部・戸部侍郎を歴任，18年には順天府尹事を兼務した。22年，しばらく河南巡撫代理に任じて河工費の調査に当たり，同年都察院左都御史に抜擢された。25年軍機大臣に任じられ，さらに翌年，浙江省の訴訟事件を解決した功により戸部尚書に昇進した。28年，回教徒の反乱を鎮圧し，太子太保の身分を与えられた。ついで長蘆塩・淮塩の積弊を改善し，両淮塩政を廃止して両江総督の管轄に帰した。31年直隷総督代理，翌年刑部事務の管理に当たり，35年協辦大学士となり，38年東閣大学士，40年には太子太保を加えられた。41年，黄河が開封付近で決壊したため，治水のため河督に任じられ，工費を節約した上早期の治水に成功した。その功により太子太師の栄誉を与えられた。

アヘン戦争が起こり，イギリス軍艦が沿岸に侵攻するや，王鼎は徹底抗戦を主張した。清廷が対英妥協政策に転じて林則徐が左遷されると，強くこれに抗議した。道光帝がなだめ休養を命じたが，数日後，遺言の上奏文を書いて対英和議を主張した穆彰阿の失政を弾劾し，自縊して死をもって抗議した。

参考文献：李桓輯『国朝耆献類徴』40（湘陰李氏刊，1890年）。繆荃孫編『続碑伝集』3（江楚編訳局，上海，1910年）。民国清史館編『清史稿』列伝150（民国清史館，北京，1927年）。民国中華書局編『清史列伝』36（民国中華書局，上海，1928年）。清史編委会編『清代人物伝稿』下編4巻（遼寧人民出版社，瀋陽，1988年）。　〔横山英〕

王（おう）　法勤（ほうきん）　Wang Faqin

（1870年～1941年5月28日）

字・励斎，筆名・高陽酒徒。河北省高陽県生まれ。反蔣介石派の中国国民党長老。

王法勤は高陽県で郷兵となる訓練を受け，辦学校に進学する。1905年日本に留学するが，同年日本政府の定めた「清国留学生取締規則」に抗議して帰国する。帰国後王は，保定に戻って「地方自治『白話報』社」を創設し，月刊『白話報』を発行する。王は高陽酒徒の名で同誌の主筆となり，白話による多くの記事を書く。その記事に同調した多くの若者が王のもとに集まる。彼らは「革命非ずして，強国なし」との結論に至り，07年中国同盟会に集団で加入する。

1908年10月清朝は諮議局設置の上諭を発するが，「選挙を民治の基礎とすべし」との立場をとっていた王法勤を招聘して選挙の調査を依頼する。11年10月10日辛亥革命が勃発すると，王は京津同盟会糾察部部長兼天津共和団団長に任じられる。12年1月1日中華民国が成立すると，王が臨時省議会議長に選出され，13年2月4日の衆参両院国会議員選挙においては参議院議員に選出される。9月12日第2革命が失敗し，11月4日袁世凱が国会を解散すると，王法勤は郷里に戻って紡織工場の振興に努力する。その間も討袁運動を継続し，14年7月孫文が中華革命党を興すと，これに加入する。16年6月6日袁世凱が死去し，8月1日国会が再開されると王は北京に赴く。22年6月16日陳炯明が反乱を起こし，孫文は広州から上海に避難するが，王は丁鼎丞，劉允丞らとともに北京から戻り，陳炯明討伐軍を組織する。

王法勤は1924年1月の国民党1全大会において中央執行委員兼北京執行部執行委員に選出され，北方における革命の進行に尽力する。26年1月の国民党2全大会においても中央執行委員に選出され，国民革命軍が武漢を占領した後は国民党中央商民部部長兼国民政府委員及び人民委員会委員長に任命される。27年3月からは武漢，広東の政治分会委員となる。11月17日広州事件が起こると責任を問われ党中央から免職されるが，間もなく職権を回復される。28年には北平政治分会委員となり，当地における党務に専念する。この頃から王は蔣介石の指導に批判的になり，30年9月閻錫山，馮玉祥，汪精衛らの反蔣各派が北京に新政府を樹立すると，これに参加する。この時王は汪精衛らとともに国民党拡大会議を組織し，その臨時主席に推挙される。その後反蔣軍が敗れると，王は天津に潜伏し，広東をはじめとする全国の反蔣派に呼応して運動を続ける。

1932年1月1日蔣介石と汪精衛の合作が成立し，3月1日4期2中全会が開催されると，王法勤は再び中央執行委員及び国民政府委員に選出され，丁鼎丞，張継らとともに華北の党務の指導にあたる。35年11月12日に開催された国民党5全大会においては，中央執行委員，撫恤委員会主任委員及び国民政府委員に選出され，39年には中央執行委員会常務委員となる。王は37年頃から胃癌を患い，40年7月成都の病院に入院するがすでに手の施しようがなく，41年5月入院中の病院で死去した。

参考文献：黄季陸主編『革命人物誌』1集（中国国民党党史史料編纂委員会，台北，1969年）。徐友春主編『民国人物大辞典』増補版（河北人民出版社，石家荘，2007年）。外務省情報部編『現代中華民国・満州帝国人名鑑』（東亜同文会，1937年）。　〔家近亮子〕

王　貫三　Wang Guansan

（生年不詳～1856年7月）

別名・王冠三。河南省夏邑県生まれ。初期の捻軍首領の１人。

武秀才の出身。1854年太平天国北伐援軍の夏邑占領に乗じて蜂起し，黒旗を旗印として部下数千を擁し，河南省東部の帰徳府一帯に勢力を張った。河南巡撫・英桂，団練大臣・毛昶煕らの指揮する清軍と抗争した。55年龔得樹の率いる安徽北部の捻軍が河南に入ると，王貫三はこれと連合し同年秋の亳州雉河集における捻軍の会盟に加わり，盟主・張楽行の下で黒旗総目となった。56年張楽行とともに淮河沿岸に遠征し，河南・安徽省境の三河尖で清軍・王庭蘭の部隊と激戦し，２度にわたって清軍の包囲を突破した。その後黒旗は亳州に北上し，渦河沿岸で英桂・袁甲三の清軍と激戦したが，その戦いで負傷し死亡した。

王貫三の死後，その母「老捻磐」と弟・王藩が黒旗を統率して抗清活動を続けた。

参考文献：江地『捻軍人物伝』（山西教育出版社，太原，1990年）。　〔並木頼寿〕

王　光祈　Wang Guangqi

（1892年10月5日～1936年1月12日）

字・潤与，筆名・若愚。四川省湯江県生まれ。少年中国学会の指導者。音楽史研究家。

王光祈は早世した父の遺腹の子として出生，牛飼いなどをして貧窮の幼時期を送った。1907年，祖父のかつての受業生・趙爾巽が四川総督に就任，その経済的援助の下に，08年成都の中学に入学。同級生に郭沫若，曾琦，李劼人がいた。12年末卒業，14年北京に行き，趙爾巽の紹介で清史館に勤務しながら，中国大学法律科に進学し，外交史の勉強に熱中した。かたわら成都の『群報』，『川報』の通信員として四川に五・四の闘いを伝えた。

1918年卒業。おりから日中共同防敵軍事協定に反対して帰国した曾琦らと相談し，李大釗，周太玄，陳淯らと７人で19年７月１日少年中国学会を成立させた。少年中国学会は，「科学的精神に基づき，社会的活動をなし，以て少年中国を創造する」を宗旨とした，厳しい入会資格（会員５人の紹介と評議部の承認が必要，女性は不可）をもつ全国的組織であり，月刊誌『少年中国』，『少年世界』を刊行した。会員は総勢121名，李大釗，毛沢東，惲代英，鄧中夏，張聞天ら中国共産党の指導者となったもの，曾琦，李璜，左舜生，陳啓天ら中国青年党の指導者となったもの，また田漢，宗白華など文学・美学方面で活躍したものなど，錚々たるメンバーを擁していた。少年中国学会の発起人，準備委員長，初代執行部主任，またその存続に最後まで固執し，それを生涯唯一の所属組織としたことから，王光祈の名は少年中国学会と切り離しがたいイメージで解されている。

王光祈自身はクロポトキンの無政府共産主義を信奉し，全世界の人々の相互扶助と皆労働とによる，「能力に応じて働き，必要に応じて受け取る」社会を最高の理想とし，農村各地に働きつつ集団生活する小団体を結成して，その拡充と連合により理想社会実現を果そうと考えた。1919年12月，封建的家庭の圧迫に反抗し糧道を絶たれて病死した北京高等女子師範学校の学生・李超の事件を機に，王光祈は「城市中的新生活」を発表し，都市で集団生活を行って働きつつ勉学する工読互助団の結成を提案した。この提案は，陳独秀，周作人，蔡元培，胡適ら知名人の賛同を得て，20年初め，北京，上海各地で工読互助団が次々と結成されたが，確たる経済的見通しもない杜撰さのため，２，３カ月であっけなく破綻してしまった。

1920年４月欧米留学の途についた王光祈は，最終的にはアメリカに行き，経済学を学ぶ予定であった。だが出発前から互いに恋愛感情を抱いていた呉虞の娘・呉楷に失恋したこと，また出国して初めて物質文化のみならず精神文化面において中国の立ち遅れの大きさに気づき民族主義に目覚めたことなどにより，中国音楽の復興と進歩とを通じて民族文化再興を図ることを急務と考え始めた。22年暮，王光祈はドイツにとどまり中国音楽史の総括に従事することを最終的に決意した。21年７月の南京大会を機に顕在化した少年中国学会の性格づけをめぐる意見の相違に対し，23年10月の蘇州大会で陳啓天ら国家主義派が指導権を握り，少年中国学会の変質を図ることに不満を述べている。他方，共産主義にも反対し，25年の南京大会での決裂も，自らの『少年中国運動』（中華書局，24年）の線で回避しようと努力を傾けている。

王光祈は1927年ベルリン大学音楽系に入学，34年，中国古典歌劇についての論文でボン大学から博士号を授与された。彼の中国音楽史の研究，西洋音楽の紹介などの著述は，単行本だけで20冊近く刊行されている。そのかたわら，ヨーロッパ人の著した中国に関する外交資料を７冊翻訳し，また切迫しつつある日本の中国侵略に対する防衛策の参考資料として，西洋の軍事関係書を翻訳・編纂した。32年11月ボン大学中国文芸講師に就任するまで，彼の在独生活の費用は，『申報』や『時事新報』などの特約通信員としての原稿料収入に依存しており，極度の倹約を強いられた。

それらに掲載した文章は『王光祈旅徳存稿』（中華書局，36年）に収められている。

1936年1月脳溢血で客死するや，留学して以来一度も中国の土を踏むことがなかった王光祈の死を悼み，ボンをはじめ中国各地で追悼会が開かれた。その際の弔辞や回想文を集めて，『王光祈先生記念冊』（王光祈先生記念委員会，36年）が刊行された。また84年6月，四川音楽学院で王光祈研究学術討論会が開かれた。

参考文献：郭正昭・林端明『王光祈的一生与少年中国学会』（百傑出版社，台北，1978年）。韓立文・畢興『王光祈年譜』（人民音楽出版社，北京，1987年）。李永春『《少年中国》与五四時期社会思潮』（湖南人民出版社，長沙，2005年）。『王光祈文集』全5巻（巴蜀書社，成都，2009年）。

〔後藤延子〕

王（おう）　国維（こくい）　Wang Guowei

（1877年12月3日～1927年6月2日）

初名・国楨，字・静安（庵），伯隅，号・礼堂，観堂，永観。浙江省海寧県生まれ。清末，民国の歴史学者。

1892年秀才に及第したが，以後の郷試には落第。98年上海に出て，梁啓超らが96年に創始した時務報館の書記となるとともに，羅振玉が設立した東文学社に通学，戊戌政変により時務報館が閉鎖されると，東文学社事務員となり，半工半読の学生生活を送った。同学社に招聘された藤田豊八，田岡嶺雲に師事し，特に田岡より英語を学び，彼の文集を通じてカント，ショーペンハウエルらの哲学に興味を持った。1900年義和団の蜂起の中で東文学社が解散するや，羅振玉を助けて上海で『教育世界』を主編，同誌に哲学・文学・教育に関する論考を次々と発表した。

1901年秋には東京の物理学校に留学したが，脚気のため半年で帰国。その後03年江蘇省の南通師範学校教習，04年蘇州師範学堂教習に任じられ，心理学・論理学・社会学・哲学などを講じた。この間，ドイツ哲学への関心は深まり，04年にはショーペンハウエルの哲学に立脚した『紅楼夢評論』を発表し，05年にはカント，ニーチェらの哲学に関する論考と近作の詩文を集めて『静安文集』を刊行した。06年羅振玉に同行して北京に赴き，翌07年学部総務司行走に任ぜられた。この頃より研究上の関心は，宋・元・明の通俗小説に向かい，詞の文学批評を試みた『人間詞話』を著し（10年脱稿），従来かえりみられなかった戯曲の史的研究たる『宋元戯曲史』を著した（12年脱稿）。08年京師図書編訳となり，のち名詞館編修となる。

1911年の辛亥革命に際し，日本に亡命し京都に住んだ。以後死ぬまで弁髪を垂らしたまま，民国をとりまく政治状況の中を生きた。京都在住の5年間のうちに，内藤湖南，狩野直喜らと関わりながら，発見当初の甲骨文・敦煌文書にも触れ，その研究対象は経学・史学・考古学の分野に進み，清朝実証学の成果の上に，西洋の近代的精神をまじえて，厳密な科学的態度で中国文化の歴史的研究を進めた。13年には羅振玉との共著『流沙墜簡』で，フランス人シレンが敦煌で発掘した漢代の木簡を整理・考証し，漢代の辺境の軍事地理と兵制・官制などを明らかにした。ついで羅振玉を助けて，19世紀末に河南省安陽県から発見された殷代の甲骨文史料を整理，羅振玉『殷虚書契考釈』（14年）には多くの自論を提供した。金文著録の整理・分析・考釈にもつとめ，数十種の金文研究の論考を著すとともに，封泥の研究も進めた。さらに，敦煌莫高窟から発見された唐代の写本により，唐代の韻書の組織を復元して，中古の中国音韻研究の新しい研究分野も開いた。

1916年帰国後，イギリス籍ユダヤ人ハードン発行の『学術雑誌』編集に携わり，また同人が創設した上海の倉聖明智大学の教授となった。同年には魏代の石経について整理・考証を加えた『魏石経考』を著し，さらに卜辞研究を深めて，『戩寿堂殷虚文学考釈』などを出版，「殷卜辞中所見先公先王考」（17年）では甲骨文の記事を『史記』などの旧史伝承と比較して，殷代の高祖神や祖宗の名との一致を見出し，世系を訂正して，甲骨文が殷王朝の後半期，盤庚から帝紂に至る約200年間の卜辞であることを論証し，甲骨文の史料的価値を明らかにした。『殷周制度論』（17年）では，殷周交替による政治・文化の大変革を，立子立嫡の制（兄弟相続から嫡子相続への変革）・廟数（葬法）の制・同姓不婚の制の諸点から論証した。

1923年南書房行走に任じられ，25年以後は清華大学国学研究院教授となったが，この頃より特に西北地理学の研究に従事し，『蒙古史料校注四種』などを刊行（26年）。27年日本の第1次山東出兵開始ののち，馮玉祥の北京入城を前にして，「五十ノ年，只ダ一死ヲ欠ク。此ノ世変ヲ経，義ノ再ビ辱シメラルル無シ」との言を残し，北京西北郊・頤和園の昆明湖に投身自殺した。その自殺の原因については，性格ないし厭世思想によるとするもの，時局への失望を考えるもの，あるいは羅振玉との対立をあげるものなど諸説がある。

参考文献：『国学論叢』1巻3期〔王静安先生専号〕（商務印書館，上海，1928年）。王徳毅『王国維年譜』（台湾商務印書館，台北，1967年）。『王観堂先生全集』（文華出版公

司，台北，1968年)。『王国維全集』(中華書局，北京，1984年)。〔小松原伴子〕

王(おう)　荷波(かは)　Wang Hebo

(1882年5月～1927年11月11日)

原名・王灼華，仮名・満玉綱，彼得洛夫，汪一喜。福建省福州城内生まれ。原籍，山西省太原。中国共産党の指導者，労働運動の組織者。

父・王猶允は清代の福建布政司衙門の小役人で，家は貧しく，王荷波は少年期に２年間私塾で学んだのみで，すぐに東北，華北の各地で労働者として働いた。1916年夏津浦鉄道の浦鎮機械製造工場に機械組立て工としてつとめる。ロシア十月革命後，『新青年』，『労働界』などの雑誌からマルクス・レーニン主義を学び，五・四運動中は浦鎮の労働運動に参加，21年３月浦鎮機械製造工場の労働組合を組織し会長に就任する。22年春王の組合は中国労働組合書記部北方分部の傘下に入り，６月王は羅章龍の紹介により中共に入党する。同年秋王荷波は中国労働組合書記部が派遣して来た王仲一とともに，南京地区における最初の中共の党小組である浦口党小組を組織し組長となった。23年１月には浦鎮機械製造工場及び浦口埠頭の労働者を動員して賃上げ要求ストを敢行して勝利を得，王荷波は中共の労働運動の組織者として地歩を固めていった。

1923年２月１日津浦鉄路総工会準備委員会の代表として鄭州で開かれた京漢鉄路総工会成立大会に出席，大会が呉佩孚によって粉砕されると，浦鎮に帰り，浦鎮，浦口の労働者を動員して京漢鉄道の労働者を支援するためのストライキを組織し指導した。ストライキ後，津浦鉄路総工会成立にともない委員長に就任する。

王荷波の中共中央への進出は，1923年６月の中共３全大会で王が中央執行委委員，中央駐滬委員に任ぜられてからのことである。大会終了後王は上海で中共上海地方兼区執行委員会委員長に就任。同年９月中央が広州から上海に移動した後も，中共中央局委員に補選され，陳独秀，毛沢東，蔡和森，羅章龍とともに中央の指導工作に従事する。

1924年５月に中共中央工農部部長に就任，翌６月には李大釗率いる中共代表団に加わり，モスクワのコミンテルン第５次代表大会に出席し中国の労働運動の状況について報告した。また，第１次国共合作の成立によって，毛沢東や惲代英らとともに国民党上海執行部に入り，同部の工農部辦事員となる。

1925年１月中共４全大会で中央執行委候補委員に選出され，大会後さらに中共中央職工運動委委員に任ぜられる（書記・張国燾)。翌２月鄭州の全国鉄路工会第２次代表大会で中華全国鉄路総工会委員長，同年５月，26年５月にそれぞれ中華全国総工会の第２，第３期執行委委員に選出される。

1926年秋から27年３月にかけて福建省に派遣され，同省における中共組織の建設工作に従事，同月中旬に上海の中央のもとに戻る。上海で４・12反共クーデターに巻き込まれ，４月22日行商人に化けて羅亦農，李立三とともに上海を脱出，漢口に向かう。同月武漢における中共５全大会で中央監察委委員兼同委主席，６月の第４次全国労働大会で中華全国総工会常務委員，８月の漢口における８・７緊急会議で臨時中央政治局委員にそれぞれ選出される。

8・7緊急会議の後中共中央は北方局の設立を決定し，王荷波はその書記に任命され，北京，順直，山西，満州，内蒙古，山東の中共組織の活動を主管することとなった。当時の北方局指導部には王以外に蔡和森（秘書長)，張昆弟，彭述之，劉伯承がいた。1927年10月18日北方局の工作を指導するため，北京法政大学第一院にいたところを密告され，張作霖の軍閥政府によって逮捕され，11月11日に北京の近くで処刑された。

参考文献：中共党史人物研究会編『中共党史人物伝』12巻（陝西人民出版社，西安，1983年)。陳玉堂編『中共党史人物別名録』(紅旗出版社，北京，1985年)。王永均・劉建皋編『中国現代史人物伝』(四川人民出版社，成都，1986年)。徐友春主編『民国人物大辞典』(河北人民出版社，石家荘，1991年)。〔中村楼蘭〕

王(おう)　稼祥(かしょう)　Wang Jiaxiang

(1906年８月15日～1974年１月25日)

原名・嘉祥，別名・稼薔，稼穡，家祥。安徽省涇県厚岸村生まれ。中国共産党と紅軍・八路軍の指導者。妻・朱仲麗。

父・承祖は質屋兼油屋で，母は旧家出の教養人，姉が２人いる。読み書きを母が教え，村の柳渓小学で英語を，卒業後私塾で『論語』，『孟子』などを学び，1922～25年ミッション・スクール（南陵県楽育学校，次に蕪湖聖雅各中学高中部）時代，『新青年』，『嚮導』，『中国青年』ほか進歩的な書籍雑誌を多読し，思想信仰の自由を求める学園闘争を組織して退学となる。25年９月上海大学中学部に入り，中国共産主義青年団に加入。上海大学中学部主任・侯紹裘のすすめでモスクワに留学，25～26年中山大学で英・露語に習熟し，その翻訳の仕事をこなし，28年２月中国共産党に入党した。モスクワ紅色教授学院でマルクス・レーニン主義を系統的に学び，30年2月に帰国した。

帰国後上海の中共中央宣伝部に配置され，党機関誌『紅旗』,『実話』を編集，陳紹禹（王明）の反李立三路線闘争に参加し，1931年1月中共6期4中全会に出席，同年3月志願して江西中央ソヴィエト区に赴く。中共蘇区中央局委員，紅軍総政治部主任に任じられ，31年11月瑞金の中華ソヴィエト共和国成立のとき，臨時中央政府中央執行委員会委員，外交人民委員，中央革命軍事委員会副主席になる。33年4月空爆で腹部に重傷を負い，瑞金の不十分な器材と薬品のもとでの応急手術で一命をとりとめたが，弾片を体内に残し，生涯を通じて幾度も発熱・危篤にみまわれた。37年6月，46年5月，50年夏と手術・治療のためモスクワに送られ，その都度奇跡の生還をとげて任務に戻るのである。

1934年1月瑞金における党6期5中全会で党中央政治局候補委員となり，34年10月担架にのせられて長征に参加し，紅軍総政治部主任としての職責を果す。江西中央ソヴィエト時代に「王明『左』傾路線」派が毛沢東を紅軍指導部から排除するのを座視したことを生涯悔いたという。そこで長征中の35年1月遵義会議では毛沢東の紅軍指導権確立のために決定的な発言をし，政治局委員に補選され，毛沢東，周恩来と共に「3人軍事指揮小組」に任じられたということが70年代終わりになって公表された。

1937年11月モスクワで，帰国する王明に代わってコミンテルン駐在中共代表に任じられた。38年4月後任の任弼時が到着し，8月初めコミンテルンの中共あての2つの指示を携えて延安に戻った。それらは，中国の抗日戦争を支持するという外部向け指示と，毛沢東の中共指導者としての地位を承認するという内部向け指示であったという。同年9月の中共6期6中全会開催に際し，武漢の王明は党指導権を狙って武漢開催を要求したが，6中全会準備秘書長・王稼祥はコミンテルン指示を武器に王明を延安に呼びつけることに成功した。85年に公表された中共7全大会における毛沢東の選挙講話は，遵義会議と6中全会という党史上の二大危機に王稼祥が決定的な貢献をしたとして，7全大会で中央委員に落選した王稼祥の候補中央委員選出を求めている。6中全会で王稼祥は中央軍委副主席，軍委総政治部主任兼中共華北華中工作委員会主任となった。

1938年から43年には，王稼祥は毛沢東，朱徳と連名で八路軍，新四軍，各抗日根拠地にあてて多数の指示電を発し，毛沢東の第一助手の役割を果した。43年7月8日付『解放日報』発表の王稼祥「中国共産党与中国民族解放的道路」は，はじめて「毛沢東思想」の概念規定をしたものと評価されている。また延安時代の王稼祥は八路軍の理論的水準の向上につとめ，39年2月に『八路軍軍政雑誌』を発刊し，同年12月に成立した八路軍軍政学院の院長に就任した。彼はまた，知識分子をひろく受け容れ，教化し，大胆に起用するという「容，化，用」政策を打ち出した。知識分子の支持，知識と技術の向上なくして抗日戦争の勝利も中国革命の勝利もない，と考えていたのである。40年9月の八路軍医科大学創設も，この一環であった。解放戦争期の47年5月，中共中央東北局委員となり，中共としてはじめて大都市工作にとりくみ，成功する。49年3月中共7期2中全会で党中央委員に補選された。

1949年10月新中国成立と共に人民政府外交部副部長，駐ソ特命全権大使となって中ソ友好同盟樹立に貢献した。51年初～63年，中共中央対外連絡部部長として全世界60余国兄弟党との関係を樹立し，56年9月党8全大会で中央委員，中央書記処書記となる。のち康生の攻撃の標的となって中連部を逐われ，文化大革命で追い落された。73年8月党10回大会で中央委員に選出されたが，74年1月失意のうちに心臓発作で世を去った。

参考文献：王稼祥「回憶毛主席革命路線与王明機会主義路線的闘争」,『紅旗飄飄』18（中国青年出版社，北京，1979年)。朱仲麗「"関鍵一票" 的由来―王稼祥同志談遵義会議」,中国人民政治協商会議全国委員会文史資料研究委員会編『革命史資料』1（文史資料出版社，北京，1980年)。朱仲麗「内乱之中―王稼祥同志在 "文化大革命" 中的遭遇」,同上『革命史資料』5（文史資料出版社，北京，1981年)。戴恵珍「王稼祥」,中共党史人物研究会編『中共党史人物伝』33巻（陝西人民出版社，西安，1987年)。

〔蜂屋亮子〕

王（おう）　金発（きんはつ）　Wang Jinfa

（1882年～1915年6月2日）

名・逸，字・季高，号・孑黎，金発は幼名である。浙江省嵊県の生まれ。清末・民国初年の革命家。

祖父の王修宮は太平天国に参加した経験を持ち，父の啓孝は知識人であったにもかかわらず満州人に仕えることを潔しとしなかった人物である。王金発は21歳で生員となったが，家系の影響もあってか若い頃から民族主義意識を高めていった。彼は反清秘密結社である平陽（洋）党に加入しており，1904年に謝飛麟・周志由らと共に大同学社を創設し，排満革命のための機関とした。また，彼は烏帯党（一説に黒帯党）と称する組織を作り，革命活動を行った。04年11月上海で光復会が結成され，翌年同会の指導者の１人である徐錫麟が嵊県にやって来て王金発と知己となった。以後，王は徐を師と崇め，紹興で大通学堂に入り，光復会にも加入した。

1905年冬，王金発は徐錫麟らと共に日本に渡り，大森体育学校に入学した。翌年夏，帰国して大通学堂の体育教員となった。ここで彼は秋瑾と知己となり，彼女に協力して革命の準備工作を開始した。当時の彼は学校の教員という身分であったが，学校にいる時間は少なく，浙東各県に行っては会党と連絡を取り，また上海や杭州に赴いては情報の収集を行うなどした。07年７月皖浙蜂起計画が失敗し，秋瑾が逮捕・処刑されると，王にも逮捕状が発せられたため，浙東の山間区に潜んだ後上海に移った。この後彼は同盟会に加入し，08年に陳其美らと浙江の革命派の人々の連絡機関として天保桟を作った。またこの時期，彼は各地に赴いて暗殺活動を行っていた。以前同盟会の会員でありながら，スパイとなって同志を敵に売り渡した汪公権の如き人物は，彼の手で「処刑」されている。

1911年10月武昌蜂起が勃発すると，王金発は蜂起に呼応すべく紹興に戻った後，11月には上海光復の闘いに加わった。その後，王は決死隊を率いて杭州光復の闘いに加わり，新軍と協力して軍械局を攻撃した。杭州光復後，湯寿潜が浙江の都督に推されたが，湯がかつて秋瑾の殺害に関与していたことから，王はこれに強く反対し，紹興に戻って自ら紹興軍政府分府都督となった。これ以後８カ月間，王は紹興において反革命勢力の鎮圧，教育や実業の振興，風紀の改良，軍備の拡充などを含む大胆な改革案を実行した。この間の活動は，王金発の一生の中で最も高く評価されているものである。

1912年７月紹興軍政府分府が取り消された後，王金発は上海に移った。この間彼は，和議方式による南北統一に反対し，徹底して北伐を主張した。また彼は，袁世凱との妥協にも応じることはなかった。1913年３月宋教仁暗殺事件が発生すると，王は下手人を探し当てるとともに，その背後には袁世凱がいることを突き止めた。同年７月に勃発した第２革命は２カ月後に敗北を喫し，革命派の指導者の多くは海外へと逃れたが，王は母が病気であったこともあって上海のフランス租界に蟄居した。15年５月袁世凱が帝制復活を企てると，王は陳其美と謀って討袁の兵を挙げる準備をしていたが，杭州に赴いたところを浙江都督・朱瑞に逮捕され，６月２日当地で処刑された。

参考文献：童蟻昌『王金発伝奇』(浙江人民出版社，杭州，1984年)。馬丁「工金発論」,『温州師専学報』1985年１期。徐嘉恩「試論王金発在督紹期間的改革」,『紹興師専学報(社会科学版)』1985年３期。　〔嵯峨隆〕

王（おう）　燼美（じんび）　Wang Jinmei

（1898年６月14日～1925年８月19日）

原名・瑞俊，別名・尽美，字・灼斎。山東省莒県生まれ。中共１全大会の代表。息子・王乃征，王乃恩。

王燼美は農民の家庭に生まれ，生後４カ月の時父をなくした。祖母，母との３人で家計が非常に苦しかった。８歳と９歳の時，地主の息子のお供をする形で勉学の機会を得たが，２度ともその息子の病死で中断さぜるをえなかった。３年半後に村の私塾に入学でき，1912年北杏村初級小学校入学，13年積溝鎮高級小学校に転入，15年に卒業し，農業労働に従事した。18年生活に不満を感じた王燼美は，老人の面倒を新婚の妻に頼んで故郷を離れ，済南に赴き山東省立第一師範の入学試験に合格した。この学校は学費を免除するだけでなく，学生に生活費まで供与した。しかし，厳しい内外の状況は間もなく王燼美を政治活動にかりたて，19年済南で五・四運動の洗練を受け，後に山東学生連合会の責任者に選出された。

王燼美はさらに1919年11月新文化，新思潮を研究する「励新学会」を創立し，『励新』半月刊を主編した。以後，学会は分裂したが，20年９月鄧恩銘らとともに「マルクス学説研究会」を結成し，マルクス主義の研究と宣伝に努めた。21年春「マルクス学説研究会」が当局によって解散させられたが，研究会の責任者として活動した時期に王燼美は北京の李大釗と連絡をもった。以後，北京と上海の共産主義小組の協力を得て，山東の共産主義小組は王燼美，鄧恩銘らを主要メンバーとして20年末（あるいは21年初め）秘かに発足した。21年７月王燼美と鄧恩銘は山東共産主義小組の代表として中共１全大会に出席した。この頃名前を王瑞俊から王燼美に改めた。

中共１全大会後王燼美は山東に戻り，党中央の代表・陳為人の協力で中共山東区支部を正式に創設し，自ら書記に就任した。1922年１月党の指示を受けた王燼美は，鄧恩銘，張国燾，柯慶施，高君宇らとともにモスクワに赴き，第１回極東勤労者大会に出席した。同年６月帰国して上海で開かれた中共２全大会に参加し，国際会議の状況やレーニンの中国革命に関する指示を報告した。８月中共の労働運動の指導機関であった中国労働組合書記部の責任者に就任し，「中国労働法大綱」の作成に参加した。間もなく済南を経て北京に来た王燼美は中国労働組合書記部北方分部（主任・

羅章龍）副主任に就任し，山海関に赴いた。山海関鉄道労働者と鉄工場労働者のストライキ，秦皇島港労働者と鉱山労働者のストライキは彼の指導下で行われた。この時期，王燼美は工作の便宜のため劉瑞俊の名前を使ったが，23年2月革命活動が当局の目にとまり逮捕された。労働者の救援で間もなく釈放されたが，身分が知られたため，王燼美は天津に戻らざるをえなかった。その後，山東省地方執行委員会書記に就任し，党の組織活動を指導した。

王燼美は宣伝面においても活躍した。『励新』のほかに，『済南労働週刊』（1921年5月前後），『山東労働週刊』（22年7月～23年6月前後），『晨鐘報』（23年8月から約2年間），『鐘声』（『晨鐘報』の日曜日版，『晨鐘報』が停刊処分を受けた後も続けられた），『現代青年』週刊（24年），『十日』（王燼美の創立した「平民会」の刊行物，24年に創刊）などを編集したり，自ら文章を書き党の主張を宣伝した。

1923年10月王燼美は個人の身分で国民党に入党し，24年1月広州で開かれた国民党1全大会に参加した。以後王燼美は孫文によって特派員に任命され，山東の統一戦線工作に従事した。同年陳独秀によって派遣された尹寛が山東地方執行委員会書記に選出され，王は組織担当の執行委員に降格した。24年末肺結核を病んだが，国民会議の宣伝と準備工作のため，青島に派遣された。25年1月病気の身で上海で開かれた中共4全大会に出席したが，疲れや風邪などで肺結核が悪化したため，済南に戻り入院せざるをえなかった。25年6月に一旦故郷に帰ったが，同年8月に青島医院で病死した。

息子・王乃征は吉林省軍区副司令員，もう1人の息子・王乃恩は上海工業交通政治部副主任を務めた。

参考文献：中共党史人物研究会編『中共党史人物伝』1巻（陝西人民出版社，西安，1980年）。『革命烈士伝』1巻（人民出版社，北京，1985年）。孫維本主編『中国共産党党務工作大辞典』（中国展望出版社，北京，1989年）。

〔唐亮〕

汪（おう）　精衛（せいえい）　Wang Jingwei

（1883年5月4日～1944年11月10日）

原名・兆銘，字・季新，季恂，季辛，号・精衛。原籍，浙江省山陰県。広東省三水県生まれ。中国国民党左派の指導者，のち南京国民政府主席。

汪家の祖先は安徽省婺務源県の出身だったが，元朝末に現在の浙江省紹興に移った。小商人の父親・汪琡は，浙江省から広東省に移り，病死した最初の妻とは1男3女，広東人の後妻（呉氏）とは3男3女をもうけ，兆銘は最後の子供であった。幼少の頃より父親から厳しい教育を受け，陽明学や陶淵明，陸放翁の詩を好んで学ばされた。1897年，母を，次いで翌年には父を亡くし，その際の「重九遊西石巌」と題する父母を慕う詩は，詩文の才能を早くも髣髴とさせている。その後家計は困窮したが，蔵書家で博学だった叔父の指導を受けて勉学に励む一方，家庭教師をしたり，各書院で試験を受けて奨学金を得ては家計の足しにした。1904年科挙の試験に合格し秀才となるが，義和団事件以降の国内政治の混乱は清朝への失望と不信を生み，現体制内での任官出世の夢を断ち切るに至った。同年9月広東省政府の官費留学生試験に合格し，日本に渡り，法政大学速成科に学ぶ。同科は1年半の課程で，日本語を解せぬ中国人留学生を対象にしていた。汪は勉学に専念し，2番という優秀な成績で同科を卒業。しかし，清朝の役人として奉職する道を放棄して同大専門部に進学したため，官費待遇の資格を喪失，『法規大全』などの翻訳作業によって苦学生活の資とした。

汪精衛が孫文の革命運動に参加するのは，ごく自然な成り行きであった。彼は在日留学生が弁髪を切ることで清朝へ抵抗した事件の首謀者の1人であったし，日本の卓越した近代化に大きな役割を果した西郷隆盛と勝海舟の事績に深い関心を示した。また，日本の大学で初めて接した憲法や国家学などの新知識は，民族思想の歴史的役割について目覚めさせ，時あたかも日露戦争の渦中に身を置くことで，その若き一途な心は他山の石として愛国心の尊さに感服した。その間，同郷の朱執信や胡漢民と特に親しい関係を結び，1905年8月に中国同盟会が発足すると直ちにこれに参加し，章炳麟を主筆とする機関誌『民報』発刊の際，弱冠22歳の汪は宋教仁，胡漢民，陳天華の錚々たる編集陣にその名を連ねる一方，同盟会の規則の起草作業に参加，評議部長の重職に就くなどして，孫の信任は最初から卓越していた。汪は同誌第1号以降「精衛」の筆名を使い始め，その文才は水を得た魚の如く遺憾なく発揮された。そして，保皇党の領袖・梁啓超の主宰する『新民叢報』との間に繰り広げられた理論闘争を通じ，民族主義を標榜する論客として広く知られるようになり，将来を嘱目された青年革命家としての道を歩み始めた。

1907年3月汪精衛は清朝政府の圧力で日本を去るはめになった孫文に同行して東南アジアに至り，同盟会組織の拡張と資金獲得に努め，雄弁家としての世評も高めた。08年冬汪は日本に戻り機関誌の再刊に従事したが，その論調は急変し，10年2月発刊の論文では，革命の手段として暗殺を唱えた。かくして汪は北京に潜入して清朝の摂政王載灃の暗殺を企てるがこれに失敗し，4月に逮捕。しかし，奇しくも粛親王により助命，無期懲役の幽囚の人となるが，辛亥革命の勃発により身柄を解放され，28歳の汪は民族的英雄として遇されるに至った。出獄後，汪は袁世凱の腹心だった楊度と国事共済会を組織，唐紹儀を説得して孫と袁の提携工作を図る一方で，孫の臨時大総統就任の際の宣言を起草するという大役まで果した。12年初め汪は同郷の留学生で，彼に心服して危険な行動を共にし，その入獄後は懸命な助命活動を通じて愛情を深め合った陳璧君と正式に結婚したが，これまでの革命家の生活で失ったものを取り返すために一念発起，文学を学びヨーロッパ諸国の見識を広めるため，同年8月独りフランスへ旅立った。

汪精衛はそこで専ら創作活動に従事する傍ら，呉稚暉，李曾石，蔡元培らと協力して，海外在住の中国人労働者や勤労学生に対し支援活動を行った。1913年6月上海に戻り，南北間の対立の調停を画策するが効果なく，第2革命も失敗して孫文が日本へ避難すると，9月再びフランスに戻った。15年12月汪は蔡鍔の護国戦争勃発に際して一時帰国するが，袁世凱の急逝後フランスに戻り，17年1月に帰国した。9月第1次広東政府が発足すると，秘書，更には秘書長代理として孫の側近として党務や軍務の仕事に関係した。18年5月改組された護法軍政権の成立により孫が大元帥職を辞すと，汪はフランスへ。12月軍政府はパリ講和会議の南方代表として汪を推挙したが，これを拒絶しながらも，会議の実態を視察し，調印反対運動に参加した。19年8月孫が上海で月刊誌『建設』を創刊すると，汪は主筆を命ぜられ，講和会議弾劾の論陣を張った。21年5月第2次広東政府が成立，孫が大総統に就任すると，汪は広東教育会会長，教育委員会常務委員となる一方，孫の手足となって北伐工作に携わった。22年6月の陳炯明の反乱の時は，汪は上海で北伐軍を迎える準備工作に従事していた。23年3月第3次広東政府が成立すると，汪は天津に北上する命令を受け，その後は広東と奉天の間を往復して対段祺瑞・張作霖工作に関係した。10月国民党改組委員に任命され，24年1月国民党1全大会の開催時には，大会主席団員，党規約審査委員の他，孫の個人的連絡役という大役を任じられた。そして，大会では，中央執行委員会委員や宣伝部長などの要職を与えられた。同年汪は孫の命により北上，段，張との間に三角反直同盟を成立させた。11月汪は孫に従い北上，天津に先行して孫と段，張，並びに馮玉祥との会談の事前工作に従事した。しかし，北京に到着後孫の病状はにわかに悪化し，手術を受けたが肝臓癌の末期であった。汪は死の床にある孫文の傍らで遺嘱の草稿を作成，孫は死亡する前日の25年3月11日，これに署名した。

孫文の死は，汪精衛を後継者の地位に近づけた。汪は孫の連ソ容共策を奉じて国民党左派の領袖となり，ボロディンの指導で1925年7月に広東国民政府が成立すると，常務委員会兼軍事委員会主席に就任，翌8月に廖仲愷が暗殺され胡漢民が辞職すると，当面の政敵は消滅した。しかし，黄埔軍官学校長，国民革命軍第1軍長を務める蔣介石は，軍を背景に急速に浮上，やがて汪の強力なライバルとなった。そして，26年3月汪は中山艦事件の勃発後辞職を迫られ，5月フランス向かった。しかし，蔣介石国民革命軍総司令の北伐軍が長江・黄河流域に至ると国民党は容共政策をめぐり完全に分裂，南京と武漢の両政府が激しく対立すると，左派の求めで27年4月に帰国。汪は帰国直後蔣と密談したり，陳独秀と会見して国共間の調整を図ろうとしたが失敗した。一方，蔣は上海で共産党員への白昼テロを行い，他方，汪はロイからコミンテルンの密電を見せられて反共を決意（7・15政変）するに至った。汪はこの時から強硬な反共主義を抱くようになり，中国共産党は国家統一と経済再建の障害をなすものと考えた。しかし，国民党右派の汪に対する批判は止まず，12月に広州コミューン事件が突発するとその責任を問われ，フランスへ亡命。やがて，張発奎軍の南下に呼応して広西派の反蔣運動が行われると，汪は28年冬に香港に戻るが，運動が失敗するとシンガポールに一時避難。その後香港に蟄居しつつ，蔣に対抗する国民党改組派の領袖として，閻錫山，馮玉祥との三角連盟を画策，北平に新政府を樹立しようとするが，張学良の抵抗でこれに失敗。その後汪は広東，広西両省の将領の支持を得て31年5月広東で国民政府を組織した。

9・18事変の勃発は，日本の侵略という国難を前に汪精衛・蔣介石間の分裂を一時的に棚上げして合作への道を開いたが，相互の不信の溝や不和はなかなか元に戻りようもなかった。しかし，蔣の下野要求を撤回する代償として軍事独裁制を解消することで両者間で合意が成立，1932年1月南京，広東の両政府は合流し，汪は行政院長となった。以後汪が35年11月に凶弾に倒れて負傷するまで，蔣は剿共活動に専念して軍事的・政治的基盤を拡張し続ける一方，汪蔣間では不安定ながらも外見は協調関係が続いた。やがて，汪は「一面抵抗，一面交渉」のスローガンを掲げて「直接交渉反対」の論調に対抗して張学良を弾劾，蔣の対日政策を批判して辞職，32年10月病気を理由にヨーロッパに外遊した。ところが，33年3月汪は帰国し行政院長に復職，8月には自ら外交部長を兼務して唐有壬を用いて対日交渉を指揮，梅津・何応欽協定の締結，大使館への昇格など，両国の和平回復に努力したが，これを妥協外交とする抗日ナショナリズムや中国共産党の激しい批判の矢面に立たされた。しかし，この間の国民党政府は，汪の指導で最も革新が進んだ時期でもあった。そして，35年11月抗日派の狙撃で遭難，夫人はこれを蔣の差し金と疑ったが，翌月唐も凶弾に倒れると，36年2月汪は治療と静養の目的で失意のうちにヨーロッパに向かった。

ところが，西安事件の勃発を耳にした汪精衛はいたたまれずに翌1937年1月に帰国，上海で国共合作の危険を批判する一方で再び蔣との合作を試み，38年3月汪は蔣介石国民党総裁に続く副総裁の地位に就いた。盧溝橋事件が勃発し日中間の戦争が泥沼化すると，抗戦中国の象徴として高い人気と強大な軍事力を背景にした蔣の実力に比較して，汪の政治力は急速に形骸化していった。自らを孫文の「大アジア主義」の継承者として自認し，日中提携に中国の将来を託そうとする汪の「和平救国論」は，中共の焦土戦術を強く批判する一方で，徹底抗戦を説く蔣の「抗戦救国論」と激しく対立したが，汪の主張に与する人々は常に少数派だった。その間，陸軍省軍務課長・影佐禎昭大佐，参謀本部支那班長・今井武夫中佐らと高宗武，梅思平の間で，汪を和平の調停者として引き出す計画が合意されていた。汪は38年12月四面楚歌の重慶を脱出して仏印のハノイまで至り，「東亜新秩序声明」など一連の近衛声明に呼応して，「和平，反共，救国」の「艶電」を打電した。これに対し国民党は汪を永久除名したばかりか，蔣は暗殺団まで差し向け，39年3月汪の秘書・曾仲鳴が犠牲となった。近衛声明が日本軍の撤兵時期を明示せず，日本側の方針や態度が未だ不明で，日本との和平，提携には漢奸となる危険性が存在していたにもかかわらず，この事件は汪に一大衝撃を与え，南京に新政府を樹立することを決意した。やがて，汪は日本側の援助でハノイを脱出，5月に上海到着，同月末に日本を訪問して平沼騏一郎首相らと会談した。汪は10月にも訪日し，その後駐兵，国旗問題他の重要な懸案をめぐり，広大な占領地域の既得権益に固執する日本側との厳しい交渉の前に次第に譲歩を重ね，12月末日華協議書類に調印するが，同志の高宗武と陶希聖が翌40年1月『香港大公報』に日本側の要求事項を暴露すると，汪側のショックは隠しようもなかった。その後の新政府樹立工作は重慶側の謀略，桐工作などにより激しい妨害を受け，日本軍の傀儡政権だった臨時，維新の両政府の吸収合併（同月，青島会談）は，新政権の声望を著しく低下させた。やがて8月汪は上海で国民党6全大会を開催し，孫文の衣鉢を継ぐ新政権として40年3月30日南京に還都した。その際汪は，主席代理（11月，主席に就任），行政院長兼軍事委員会委員長などの要職を兼務し，8カ月後に締結した日華基本条約では，占領地域における日本側の権益を大きく認めるという苦しい選択を強いられるが，日米開戦後は対米英宣戦布告（43年1月）や，同年10月成立の日華同盟条約の交渉を通じて，日本側に中国の主権と独立の回復（治外法権撤廃，在華租界返還）を迫り，ある程度の成功を収めた。しかし，銃弾の古傷が悪性化し，汪は44年3月に治療のため訪日，空襲下の日本で治療に努めたが，「多発性骨髄症」のため11月10日名古屋大学病院で波瀾に富んだ生涯を終えた。汪亡き後の南京国民政府はアメリカに対する日本の敗色が濃厚となるに従って，士気も衰え，統制も弱まり，全面和平や重慶との合流への夢もはかなく消えてしまった。同政府は日本が降服した翌日の45年8月16日に解消宣言を行い汪の後継者の陳公博をはじめ関係者の多くはのちに敵国に内通し祖国を裏切った漢奸として処刑，あるいは厳しく断罪された。現在でも中国本土や台湾では汪を大漢奸，その政府を日本の傀儡政権，偽政権として見なす歴史の刻印が押されている。しかし，日本の占領下にあって戦火に喘ぐ数多くの無辜の民を同政府が保護し，治安と生活の安定を与えた役割やその他の業績，並びに汪の「最後の心情」と題する「国事遺書」に見られる深謀遠慮は，大いに検討を要しよう。

参考文献：蔡徳金『汪精衛評伝』（四川人民出版社，成都，1988年）。徐友春主編『民国人物大辞典』（河北人民出版社，石家荘，1991年）。黄美真主編『汪偽十漢奸』（上海人民出版社，上海，1986年）。蔡徳金・李恵賢編『汪精衛偽国民政府紀事』（中国社会科学出版社，北京，1982年）。安藤徳器編訳『汪精衛自叙伝』（大日本雄弁会講談社，1941年）。Howard L. Boorman ed., *Biographical Dictionary of Republican China*, Vol. 1 (Columbia University Press, New York, 1967). T'ang Leang-li, *Wang Ching-wei: A Political Biography* (China United Press, Tientsin, 1931). John Hunter Boyle, *China and Japan at War, 1937-1945* (Stanford University Press, Stanford, 1972).

〔高橋久志〕

汪（おう）　康年（こうねん）　Wang Kangnian

（1860年1月3日～1911年9月13日）

字・穰卿，毅伯。浙江省杭州市銭唐県生まれ。清末のジャーナリスト，変法論者。

父は広東の候補知県であり，弟に詒年と洛年がおり，２人の姉と１人の妹もいた。汪康年は若くして県の学生となり，1892年父を失い，勉強して郷里で学問を教えた。弟２人も彼に学び，彼の学問に対する造詣も日に進み，その名声が呉越の間に聞こえたという。

1890年郷試に合格した。また，その年，張之洞の招きで，彼の孫達を教えている。その後，自強書院の編集となり，両湖書院の史学斎分教にも充てられている。

1892年会試に合格し，94年には殿試を受け，翁同龢に会い，湖北に帰っている。日清戦争で清が負けると，汪康年は，変法しなければ，中国の存続をはかることができないのを悟った。また，士大夫達も，日清戦争に負けてようやく関を閉ざすのは，自分達を守る計略でないことを知った。

1895年９月上海強学会の議が興ると，康有為は汪康年に手紙を出し，同会を助けるよう頼んだので，上海に家を遷し，同会に参加した。しかし，12月楊崇伊の「党を作り，私を営む」という弾劾により，上海強学会は封鎖された。

1896年汪康年は，上海強学会の余った金子で『時務報』を上海に作って自ら経理となり，梁啓超を主筆として迎え，７月始め月３回の雑誌を出した。『時務報』が出ると一時海内を風靡し，数カ月の間に発行部数は万で数えられ，梁啓超は急に有名になっていったという。また『時務報』は，それまでのゴシップ新聞と違って政治新聞となり，梁啓超，汪康年も政治改革を理想とする最高級の評論家になっていった。

『時務報』は69冊発行され，内容は，論著，論摺，最近の国内外の情勢，諸外国の新聞・雑誌の翻訳，中国内外の学会・会社の紹介などが載せられ，変法運動の主要な宣伝物であったのみならず，当時の若者にも読まれ，中国の近代化に大きな役割を果した。主な執筆者は，梁啓超（60回），汪康年（15回），麦孟華（12回）であった。

汪康年の寄稿した主な論説を２つ取り上げる。その１つは「中国自強策」であり，その中で，中国が各地に瓜分されていることを述べ，士民共に治め，外国の近代化に学んで，中国を独立富強の国にすることを説いている。また，「中国が民権を参用する利益を論ず」では，欧米諸国にも民権の国があり，中国では従来民権が述べられて来たが，この国難にあって，民権を用いて国の主権を守るべきことが説かれている。このような『時務報』の発行によって，人心が一新され，今までの晦盲，閉塞の風気がようやく開けたのであった。

また，1896年汪康年は，当時農学会を主宰していた羅振玉と東文学社を設立している。設立のねらいは，当時翻訳書が自然科学や医学の書に限られていたので，日本文を中国人に習わせ，人文科学の書を大いに翻訳させ，中国人を啓蒙しようとすることにあった。また，羅振玉と『農学報』の翻訳を引き受けた藤田豊八が，来清した日本人士と中国の士夫の交流を考え，日本語学校を作ろうという意図もあった。開校したのは98年５月であり，藤田豊八と田岡嶺雲が教師となったが，９月に戊戌政変が起こり，生徒の３分の１が去ったため，一時財政困難に陥った。

ついで1897年に入ると，汪康年は上海の不纏足会，蒙学公会に参加し，『蒙学報』の発起人，中国女学堂の董事などになっている。98年に汪康年は，曾広銓や汪大鈞らと日刊紙『時務日報』を発行し，中外の大事や時政の得失を評論しようとした。しかし，経理から企画，撰述に至るまで，ほとんど彼自身がやっていた。記事は詳細にして調べがゆきとどき，議論は公正だったので，次第に士大夫に重視され，売行きも良くなったという。汪康年は，その中で「時務日報を設立する宗旨を論ず」を書き，章程も定めている。同年７月『時務報』が官報に改められ，康有為が督辦として派遣されたので，汪康年は別に『昌言報』を発刊し，梁鼎分を招聘して主筆としている。同報は，この年12冊で休刊し，後は日本人・安藤晨雄が総監となった。

1898年９月戊戌政変が起こると，梁啓超は日本に亡命し，汪康年は発憤して，『時務日報』を『中外日報』と改名して発行し，「天下以て公けとなす」と言った。この年，夫人の王氏がなくなった。1900年には，汪康年の母・関氏が死んだ。また，この頃，義和団事件に対しても，中国人ばかりが悪いのではないことを論じ，外国人もその論調を翻訳し，彼の主張は徐々に広まっていった。

ロシア人が中国の東北部から撤兵しないので，1901年汪康年は同志を集めて演説会を開き，ロシア人を批判すると，外国の新聞も彼の論説を転載したという。ついで，03年陳氏の娘と再婚している。04年には殿試の朝貢で登用されて，内閣中書となった。

1907年北京で『京報』を創刊したが，政府から停刊を命ぜられた。08年には『中外日報』を蔡乃煌に売却した。10年に北京で『芻言報』が刊行されると，編集，校正，発行を彼１人でやったため，過労で病気になり，11年，武昌蜂起を直前にひかえて天津に移り，亡くなった。

汪康年は，『時務報』の頃もっとも活躍し，それ以後は改革論からより穏健な改良論に移った。

著書には，『汪穰卿先生筆記』，『汪康年師友書札』などがある。

子供が無かったので，弟の詒年の子・徳蔚が嗣子となり，12年蘇州に葬られた。

参考文献：湯志鈞編『戊戌変法人物稿』増訂本上冊（中華書局，北京，1982年）。汪康年『汪康年師友書札』第1～3冊（上海古書出版社，上海，1986～87年）。汪康年『汪穰卿先生筆記』（文海出版社，台北，1969年）。頼光臨『中国近代報人与報業』上冊（台湾商務印書館，台北，1979年）。内藤戊申「汪康年伝稿」，『東洋史研究』17—3，1958年。

〔深澤秀男〕

王　克敏　Wang Kemin

（1873年～1945年12月25日）

字・叔魯。広東省生まれ。直隷派系の政治家，財政専門家。

父・王存善（字・子展）は，もと広東省の道員で，上海招商局の総責任者を長年務めた資産家であった。挙人出身の兄・克誠は広西督知府，同じく挙人出身で候補知府の兄・克均は駐英参事官，新義州総領事を務めた。克敏も挙人出身で，北京で道員を捐官した。清末，留日浙江学生監督として来日，留日学生監督を経て，駐日公使館参事官となり，1906年より留日学生副監督を兼任した。

1907年冬帰国し，度支部，外務部でしばらく参事を務めた後，四川総督・趙爾巽の幕僚となり，翌08年直隷総督・楊士驤の幕僚に転じ，外交事務を担当。09年直隷総督・陳夔龍の下で，幕僚として外交係長と洋務局会辦を兼務し，『約章成案匯覧』の編纂にあたった。翌10年署理直隷交渉使，11年に直隷交渉使に任ぜられ，辛亥革命後の天津の秩序の維持と外国人の安全確保を担った。

1913年辞職してフランスに遊学，同年10月帰国し，天津で中法実業銀行の理事に就任した。17年7月，手腕をかわれて中国銀行総裁に就任，11月王士珍内閣の財政総長になり，翌18年3月の内閣改組まで，財政総長，中国銀行総裁，塩務署督辦を兼任した。同年12月，南北和平会議に北洋政府代表10名の1人として参加，次いで幣制局名誉顧問となり，20年より中法実業銀行総裁，天津保商銀行総理を務め，22年に中国銀行総裁，翌23年に教育減債基金委員会委員に就任した。22年6月，フランス政府は破産した中法実業銀行の再開とからめて，義和団賠償金の金フラン支払いを要求（金フラン問題），翌23年2月，内閣がフランス政府の要求を黙認する王の提案を承認した。しかし世論は反発，議会も糾弾決議を下した為，金フラン支払いを2年延期し，中法実業銀行の再編成が妥結された。同年7月張会紹内閣の財政総長に任ぜられたが，張作霖の紙幣換金の要求，反直隷系の阻止により1週間で離職し，10月財政総長，中国銀行総裁を辞任した。しかし翌11月直隷派の曹錕が賄選により総統に就任するや，再び財政総長に返り咲き，24年の孫宝琦，顧維鈞，顔恵慶各内閣にも留任，塩務署督辦を兼任した。

1924年10月馮玉祥による北京政変が勃発，直隷系は勢力を失い，金フラン問題で逮捕命令が出された王克敏は，財政総長を辞任し，天津に逃れた。天津では，保商銀行総理，中国銀行常務理事に就任，27年税関付加税保管委員会委員，関税自主委員会委員に就いたほか，天津裕元紡績工場を創設し経営にあたるなど，政治面から経済面に活動基盤を移した。同年5月国民政府より逮捕命令が出された為，大連に逃れ，奉天系の張学良の下に身を寄せ，東北辺防軍司令長官公署参議になった。31年12月北平で張学良を委員長とする財政整理委員会が成立，王は副委員長として，実質的な全権を握り，翌年には東北政務委員会委員となった。33年5月黄郛を委員長とする行政院北平政務整理委員会が成立，22名の委員の1人となり，財務処主任を兼任した。35年春，南下して帰任しない黄郛の委員長代理を命ぜられたが，8月同委員会が廃止され，12月第29軍長・宋哲元を委員長とする新たな日中緩衝政権，冀察政務委員会が成立，王も委員の1人となった。36年7月日本軍中央の意向を受けた冀察政務委員会は，経済委員会主席代理を王に委任したが，駐屯軍と29軍の反対により9月就任不能で辞任した。

1937年7月日中戦争勃発後，香港に出て，12月に帰国し，湯爾和，王揖唐らと，日本の華北傀儡政権たる中華民国臨時政府を組織，同政府行政委員会委員長，議政委員会委員，大衆組織の新民会会長に就任。次いで翌38年1月北平に新設された国立新民学院校長，日華経済協議会会長を兼任した。同年9月，日本の要請を受け，南京の維新政府代表・梁鴻志と会談，両政府の連絡機関たる中華民国政府連合委員会の主席委員に就任した。40年3月，より強力な傀儡政権を望む日本の意向により南京に汪精衛を首班とする国民政府が成立，臨時政府は華北政務委員会と改称され，王は同委員会委員長，内政総署督辦に就任した。同年6月全職を辞任していったん下野，43年華北政務委員会委員長に再任された。

1945年8月抗日戦終了後，漢奸として逮捕され，河北高等法院第1監獄に送られ，審議の進行を待たぬまま，同年12月獄死した。死因については，疾病と阿片切れの発作による病死説，服毒自殺説がある。若い時日本に長期滞在し，日本傀儡政権の主要人物となったが，日本語は話せなかった。賭博好きで浪費的な派手な生活ぶりのために困窮し，傀儡政権に仕官したとする知人らの声もある。晩年は，両目とも視力に支障をきたし，黒眼鏡を常用，"王瞎子"と揶揄された。

参考文献：仲雲「王克敏長財与金仏郎案」，『東方雑誌』20巻23号，1923年。大公報文芸編集部『精算日本』（大公報館，重慶，1939年）。賈士毅「民国初年的幾任財政総長（6）」，『伝記文学』6巻3期，1965年。陳錫璋『細説北洋』下（伝記文学出版社，台北，1978年）。外務省情報部編『現代支那人名鑑』（外務省情報部，1924年）。

〔湯山トミ子〕

王　楽平（おう　らくへい）　Wang Leping

（1884年～1930年2月18日）

本名・者塾，字・楽平。山東省諸城県生まれ。中国国民党員，国民党改組派の一員。

幼時より父親に学び，18歳で科挙の秀才となる。1906年夏，山東高等学堂に入学したが，翌07年には中国同盟会に加入したために学籍を剝奪される。08年末に諸城に戻り，相州中学にて教鞭をとり，09年には山東法政専門学堂に入学した。

1911年武昌蜂起勃発後は，丁惟汾らと共に山東各界連合会を組織し，山東臨時議会成立後には議員となる。12年1月煙台に赴き，山東軍政府の仕事に従事するかたわら，山東省の登州，黄県，青州，諸州，諸城などで蜂起を組織し，革命軍司令の任にあたり，同年4月には『斉魯日報』の編集長となる。

1913年の第2革命失敗後に『斉魯日報』が停刊を余儀なくされると，山東高等学堂の教員となる。翌14年に山東都督・靳雲鵬により逮捕令が出されると，甘粛に逃れて同省の教育庁課長となり，その後陝西略陽県に赴き，厘金局局長の任に就く。

1916年初頭に山東に戻り，反袁世凱活動に従事し，同年6月の袁の死後は参議院議員に選出される。17年7月張勲復辟により国会が解散させられると再び山東に戻り，18年8月に山東省第2会議の議員に当選するとともに，省議会秘書長の職をも担当する。19年夏には済南にて斉魯通訊社（ほどなくして「斉魯書社」となる）を創立する。

1921年末にソ連に行き，22年初頭に開催された第1回極東勤労者大会に参加。5月の帰国後は，山東にて中国国民党の党務工作を指揮し，平民学会を設立し，雑誌『十日』を創刊した。同年6月に国会が再開されると，新たに参議院議員となり，丁惟汾らと共に北京で国民党北方支部を組織する。23年7月には北京を離れ上海に赴き，丁惟汾と『北方週刊』を創刊し，同年末には丁と青島で膠澳中学を創立した。

1924年1月には中国国民党第1回全国代表大会に出席した。閉会後に山東に戻り国民党山東臨時党部設立の責を負い，8月に山東反帝国主義大同盟に参与し，12月には孫文によって国民会議宣伝特派員に任命される。

1925年1月済南国民会議促成会および山東国民会議促成会総会の成立を指揮し，7月には国民党山東省党部主任委員に任ぜられる。26年1月には国民党2全大会において中央執行委員候補に当選。鄧演達が武漢に湖北政務委員会を成立させると，同委員会委員兼武漢電信局局長となる。

1927年7月には開封にて馮玉祥が開設した党政訓練班の主任に任ぜられ，9月15日に国民党中央執行委員，9月21日に武漢政治分会委員に選ばれる。同年末には中国共産党による広東コミューンに関係したとして責任を問われるが，翌28年1月31日の執行監察委員連席会議で職権を回復し，2月の国民党2期4中全会（南京）で改めて中央執行委員に選出される。

1928年6月顧孟餘と共に『前進』を創刊し，陳公博の国民党改組の政治主張を支持する。同年冬には，陳や顧と共に上海で「中国国民党改組同志会」総本部を成立させる。29年に陳公博が出国した後は，改組派総本部の責任者となる一方，大陸大学の学長代理を兼任するが，同年11月に改組派総本部は強制的に閉鎖され，国民党籍を剝奪される。

1930年2月上海で国民党特務の手で殺害される。

参考文献：徐友春主編『民国人物大辞典』（河北人民出版社，石家荘，1991年）。李盛平主編『中国近現代人名大辞典』（中国国際広播出版社，北京，1989年）。外務省情報部編纂『改訂現代支那人名鑑』（東亜同文会調査部，1928年）。

〔江崎隆哉〕

王　立言（おう　りつげん）　Wang Liyan

（生年不詳～1900年2月）

王利言ともいう。別名・北斗。山東省茌平県王莫庄生まれ。貧農。山東義和団の指導者。

家貧しく農業の外に布の販売を行う。少年時代より拳術を学び，ついで神拳を習う。1899年春神拳の拳場を故郷につくり多くの門徒を集め，朱紅燈・于清水と繋がりを強めた。朱・于らが殺されたのち，義和団員を率いて高唐・茌平・禹城一帯で活動を続け，一時は6～7万人に達した。同年末，禹城県御橋韓庄にあったカトリック教会を攻撃したが失敗した。そのため，王立言は団員を率いて高唐・茌平一帯を逃げまわっていたが，1900年2月清軍に捕縛され，済南に送られ処刑された。

参考文献：中国近代史資料叢刊『義和団』1（上海人民出版社，上海，1961年）。中国社会科学院近代史研究所『山東義和団案巻』上冊（斉魯書社，済南，1980年）。

〔小林一美〕

王　明（おう　めい） Wang Ming

（1904年4月9日～1974年3月27日）

原名・陳紹禹，字・露清，筆名・韶玉，慕石，兆雨，石，王明，紹玉，紹禹，化名・馬馬維奇，波波維奇，泰山。安徽省六安県金家寨鎮下碼頭村生まれ。中国共産党留ソ派の指導者。妻は中共の女性指導者として著名な孟慶樹。

父・陳嘉渭，母・喩幼華。小商人（富裕な農民ともいわれる）の家庭に育ち，私塾に学んでのち，1919年志誠小学に入る。翌20年六安の省立第三甲種農業学校に入学。五・四運動の影響をうけて進歩的な学生活動に参加した。24年武昌商科大学予科に進み，豫皖青年学会事務部主任，商大安徽同学会機関誌『皖光』の編集，社会科学研究会の委員などとして活躍した。また上海の5・30運動に呼応する武漢の運動に参加して湖北青年団体連合会執行委員，武昌学生連合会委員をつとめた。これらの活動を通じて25年9月共産主義青年団に，10月中国共産党に加入した。同時に国民党に入って湖北省党部宣伝幹事を担当した。ほどなくソ連留学が決定，11月末モスクワに到着して孫逸仙大学第1期生となった。

入学後，熱心にロシア語の習得と理論学習につとめて副校長ミフの目にとまり，また弁論の才を発揮して学生公社の主席に選ばれた。1927年1月，ソ連共産党宣伝担当者代表団の一員として訪中するミフの通訳を命じられ，一行とともに広州，上海，武漢の各地をまわった。この間4月27日～5月9日の中共5全大会に通訳として出席。大会後，党中央宣伝部秘書となり，中共の機関誌『嚮導』の編集を兼任して，同誌に論文2篇を発表した。いずれもコミンテルンの政策を忠実に反映していた。8月モスクワに戻り，まもなく孫逸仙大学を卒業したが，ミフの通訳として引続き大学に残った。ミフは校長に昇格し，翌28年3月にはコミンテルン東方部副部長を兼任するに至るが，彼の権威を背景に大学の共産党支部局の活動に参加していた張聞天，沈沢民らとグループを形成して，セクト主義的な活動によって学内の支配を図った。とりわけ，「江浙同郷会」なる反党グループがあると当局に摘発した事件は，ミフや王明らの支配に不満を抱く学生を反党分子扱いしてこれに打撃を加えた代表的事例であり，事件は駐コミンテルン中共代表団をも巻き込む問題に発展した。28年6～7月，中共6全大会がモスクワで開かれた際には，大会秘書処翻訳科主任として留学生たちの中心になって通訳，文書の翻訳などに従事した。

1929年3月帰国。上海の党滬西区委員会，滬東区委員会で宣伝工作を担当し，のち党中央宣伝部で『紅旗』の編集に従事したが，30年1月，上海工会連合会の会議に出席してイギリス租界警察に逮捕された。党機関の救出工作により（中国駐在コミンテルン代表の援助があったともいわれる）2月に保釈されたが，この間に巡査を買収して党中央に連絡した行為について党内警告処分をうけ，総工会党グループの秘書兼総工会機関紙『労動』の編集にまわされた。6月，中央宣伝部秘書に復帰。

1929年帰国以来の1年間に三十数篇の文章を書いているが，いずれもコミンテルンの資本主義体制の「第3期論」に基づく左傾路線に沿って都市中心の武装暴動，反富農闘争の強化などを主張し，当時形成されつつあった李立三路線と根本的に異なるところはなかった。しかし30年6月11日に李立三路線の開始を示す中央政治局決議が採択されると，7月9日秦邦憲らと共により強硬な左派の議論を展開して決議に反対し，6カ月の観察処分に附された。中央宣伝部の仕事をはずされ，江蘇省委員会宣伝部に派遣された。9月の第6期3中全会は李立三路線批判を行ってその実行の停止を決定したが，11月，この批判を不十分とみなすコミンテルンの意向を知り，秦邦憲（博古）と連名で2度にわたり党中央へ書簡を送って3中全会反対を表明した。さらに「両条路線的闘争」と題する意見書を作成して党内に右傾の危険があると主張，3中全会後の党中央を激しく攻撃した。この意見書は，それ以後王明派の綱領的文書となった。12月コミンテルン代表としてミフが来華，その圧力の下に観察処分は取消され，江南省委員会書記に任命された。31年1月7日，ミフの直接の指示により開催された4中全会は，李立三路線を徹底的に批判，新たな党中央の成立にともなって，中央委員，中央政治局員となり，江蘇省委員会書記を兼任した。総書記は向忠発であったが，実権は王明ら留ソ派が握り，のちに「王明路線」と呼ばれる極左路線を実行した。6月，向忠発が逮捕されたことにより総書記代理となったが，同時に逮捕を恐れて上海郊外の療養所に身を隠していたと言われる。

1931年10月中旬，後事を秦邦憲に託して上海を離れ，モスクワへ向かった。11月7日モスクワに着き，以後6年間コミンテルン駐在中共代表として同地に滞在した。コミンテルン東方部の仕事に参加し，32年8月の第12回プレナム以降コミンテルン執行委員をつとめた。『コムニスト・インターナショナル』などの機関誌に多数の論文を発表したが，それらは中間陣営打撃論，中心都市奪取論など左傾したコミンテルンの方針を中共に伝える役割を果した。33年以降日本の中国侵略の進展に対応してコミンテルンの政策転換が始まると，本国の党に先行して反日統一戦線の方向を提起した。35年，コミンテルン7回大会では議長団の一員をつとめつつ，植民地・半植民地における反帝統一戦線の適用を提案する演説を行った。また広範な抗日民族統一戦線の結成を呼びかけた「8・1宣言」を起草し，これよりコミンテルン機関誌のほかパリ『救国時報』でも精力的に抗日論を展開した。当初の反蒋抗日論は35年末の『新形勢与新政策』において蒋介石を含む統一戦線構想に発展し，36年7月「為独立自由幸福的中国而奮闘」では人民民主共和国の樹立を説いてソヴィエト革命路線からの転換を提起した。

1937年11月14日モスクワを出発して帰国の途につき，29日延安に到着した。12月9日からの中共中央政治局会議に出席し，中央書記処書記に選ばれる。中央長江局書記を兼任して直ちに武漢へ赴き，中共代表の1人として国民参政会大会に出席のほか，党中央代表として同地における統一戦線工作をとりしきった。その活動は，国民党および国民政府を軸とする統一戦線論に基づくもので，中共の独自性を堅持し，民衆動員を重視した毛沢東ら党中央の統一戦線政策をないがしろにしていた。38年9月，中共第6期6中全会に出席。会議は長江局の廃止を決定して王明から自由な活動の舞台を奪った。延安で中央統戦部部長，中央婦女運動委員会主任をつとめることとなり，翌年中央南方工作委員会主任にも任ぜられたほか，中国女子大学校長に就任，その他大衆団体の名誉職にも挙げられたが，39年以降の活動は各種大衆集会での講演が主要なものであった。

1940年，毛沢東の「新民主主義論」発表に対して，『両条路線的闘争』第3版を出して反李立三路線闘争の党史上における意義と自らの果した役割を主張した。41年，整風運動が開始され，同年9月の中央政治局会議では第6期4中全会から遵義会議に至る王明の左傾の誤りは路線上のものであり，長江局時期にも重大な誤りがあると指摘されたが，これを認めず，10月12日以降病気を理由に会議を欠席した。この直後，延安中央医院に入院，翌42年病状が悪化した際，医師に暗殺されるとの恐怖にとらわれ，それが中央の指示によるものであると申し立てた。43年3月，中央書記処書記，婦女運動委員会および南方工作委員会主任を解任された。45年，中共6期7中全会ではじめて第3次極左路線の指導者として公然たる名指し批判を受けた。引続き開かれた7全大会ではなお中央委員に選出され，46年，党中央法律問題研究委員会が組織されて主任となり，陝甘寧辺区憲法草案，続いて全国的な憲法草案の研究と起草に従事した。人民共和国成立後は政務院政治法律委員会副主任，法制委員会主任，最高人民法院委員，政治協商会議第1期全国委員会委員となった。この間，再三にわたり自己批判を求められたが応ぜず，50年6月の第7期3中全会は「王明同志に関する決定」を採択して厳しく自己批判書の提出を迫った。同年10月病気治療のためソ連へ行き，53年12月帰国したが，翌54年の政府改組で全てのポストからはずされた。56年1月再びソ連へ治療に行き，そのまま帰国しなかった。

1969年，ソ連の中国文革批判が続くなか，「中国―文化革命か反革命クーデターか」を発表したのを皮切りに，74年までに「中国共産党の半世紀」など数篇の文章を公表して激しい毛沢東攻撃を行った。74年3月モスクワにて病死。

参考文献：『王明選集』1～5巻（汲古書院，1970～75年）。曹仲彬・戴茂林『王明伝』（吉林文史出版社，長春，1991年）。周国全・郭徳宏『王明年譜』（安徽人民出版社，合肥，1991年）。蓋軍・于吉楠「陳紹禹是怎様上台的」，『党史研究』1981年2期。高田爾郎・浅野雄三訳『王明回想録―中国共産党と毛沢東』（経済往来社，1976年）。

〔本庄比佐子〕

王（おう）　念孫（ねんそん）　Wang Niansun

（1744年3月13日～1832年1月24日）

字・懐祖，号・石臞。江蘇省高郵州の生まれ。清朝中期の考証学者。

王念孫は読書人の家庭に生を受けた。3歳の時に母親の徐氏と死別，礼部尚書に任命された父の王安国に伴われて北京に赴き，多くの知識人に取り囲まれた環境の中で成長した。13歳になると，父親は戴震を招き，王念孫の家庭教師とした。ほぼ1年に満たない短い期間ではあったが，この間に彼は戴震から，古典研究の手ほどきを受けた。この経験が，王念孫の後年の学問の基礎を作ったと言っても過言ではない。

1757年父親が死去したのにともない，王念孫は故郷に帰り，学業に没頭，61年高郵の州試に合格した。翌年には妻の呉氏を娶っている。65年，乾隆帝が4

度目の江南巡行を行い，その際王念孫に，無試験で挙人の位（郷試の合格者の資格）を授けた。その翌年には，長男の王引之（1766～1834年）が誕生する。

32歳の年，幾度かの失敗を経てようやく会試に合格した彼は，翰林院庶吉士に任命されたが帰郷，以後数年を高郵の湖浜精舎に暮らし，のちの膨大な著作の基礎となったノートを作成した。

37歳で故郷を離れ，北京に赴いた王念孫は，翌年工部都水司主事に任命された。以後治水の事は，長く彼の職務となった。彼はこの方面においても旺盛な探求心を発揮し，黄河の河道について論じた『導河議』を著し，さらに黄河の源流を考察した『河源紀略』の編纂に携わっている。

その後，様々の官職を歴任したが，1806年，自身が治水に携わった永定河の氾濫の責任を取って永定河道の官職を辞した。退官後は子供の王引之と同居して，研究に没頭する毎日を送ったが，32年世を去った。「私にとっては読書が最大の楽しみである」，あるいは「こつこつと著述に励むのが私の日常である」といった自述が端的に示しているように，官僚としての職務の合間をぬい，学究としての生き方を貫いた生涯であった。

すでに述べたように，王念孫は戴震に学問の手ほどきを受け，戴震に代表される「皖派」すなわち安徽の学の伝統を継承している。皖派の学者を考える時に見落としてならないのは，安徽省が朱子の原籍地であった事であろう。この宋代の哲学者が重んじた実証主義は，安易な推測にたよらない理論的な学風として皖派に受け継がれ，さらに王念孫・王引之父子の著述にもその精神がみなぎっている。すなわち王念孫は非常に注意深く事実を観察し，ささいな点にも注意を怠らない。そして問題点を発見すると，そこに早急な判断を下すことを慎み，丹念に客観的な資料を収集する。その上で自己の考えを立て，帰納的な方法によってこれを実証してゆくのである。

こうした王念孫の学風がよく示された，代表的な著作として『広雅疏証』を挙げることができよう。この書は彼が44歳の時に書き始められ，10年の歳月を費やして，53歳の時にようやく完成した。『広雅』は魏の張揖によって書かれた字書であるが，王念孫はまず，そこに見られる誤字・脱字のたぐいを訂正し，その上で広く同音仮借の法則について考察を展開している。その考証は精緻をきわめ，古代の音韻学における多くの問題がこれによって解決された。さらに，彼がいかに精密な古典の読解術を駆使していたかを端的に示す著書に，『読書雑志』がある。これは，『逸周書』，『戦国策』，『史記』，『漢書』，『管子』，『晏子春秋』，『墨子』，『荀子』，『淮南子』の難句に注釈を加え，さらに漢代の碑文のいくばくかに解説を施したものである。その中で，古典の読みについての従来の定説を訂正する時には，彼は常に膨大な資料を引用しながら着実に自説を展開することを旨としており，そこに示された王氏の見解は，なお今日においても，そのほとんどが確証として従うべきものである。その他，彼の著書には王引之との父子合作とも言うべき『経義述聞』がある。

これらの輝かしい業績はまさに，戴震・段玉裁とならんで，戴・段・二王の学と称せられるにふさわしい威容を誇っていると言うべきであろう。

参考文献：吉川幸次郎「清代三省の学術」，『吉川幸次郎全集』16巻（筑摩書房，1970年）。劉盼遂『高郵王氏父子年譜』（崇文書店，1971年）。梁啓超著・小野和子訳注『清代学術概論』（平凡社，1974年）。『高郵王氏四種』（江蘇古籍出版社，南京，1984～85年）。近藤光男『清朝考證學の研究』（研文出版，1987年）。

〔桐本東太〕

王（おう）　鵬運（ほううん）　Wang Pengyun

（1849年～1904年）

号・幼霞，半塘老人，鶩翁。原籍，広西省臨林県，同地に生まれる。清末の官僚。

1870年広西省の郷試に合格して挙人となり，74年内閣中書に入り，のち内閣侍読に昇任した。93年江西道監察御史となってのち，礼科給事中（秘書官）に昇任した。95年には康有為に代わって北京の道路建設などの上書を奉ったが，道路建設は建武門一帯で実現されたにとどまった。同年暮には沿海地方に商務局を設置することを奏上し，さらに北京の通貨の異常に際しては，各地の鉱山を採掘して銀貨を鋳造することを進言した。96年春に西太后が頤和園に住まうため円明園の修復工事の話が持ちあがると，当時の中国の困難な時局においてはまず国の富強の基礎をつくることを優先させるべきであり，巨額を投じての大工事は見合わせるべきことを願い出たが，逆に厳しく戒められた。

京師大学堂の開設は1895年より上奏されていたが，98年正月の王の上奏によって，同年4月23日の変法の国是の上諭として実現の途につくことになった。戊戌の政変が勃発すると，昨今の邪説の横行は康有為の変法論の提唱の結果であるとして，不正な学説を正すべきであると上奏して保身をはかった。1902年より江蘇省揚州に移り住み，04年春蘇州で病没した。

参考文献：朱寿朋編『光緒朝東華録』（集成図書公司，上海，

1908年。中華書局，上海，1958年）。閔爾昌編『碑伝集補』巻10（四庫善本叢書館，北京，1923年）。王鵬運他『庚子秋詞2巻』（台湾学生書局，台北，1972年）。湯志鈞編『戊戌変法人物伝稿』上冊（中華書局，北京，1961年）。

〔児野道子〕

王　平陵（おう　へいりょう）　Wang Pingling

（1898年5月20日～1964年1月12日）

本名・王仰嵩，筆名・西冷，史痕，秋濤，草莱，疾風。江蘇省溧陽県樊川鎮生まれ。小説家，劇作家，詩人。

父親は清代の秀才で，幼い頃から四書五経の厳しい家庭教育を受け，初莽国民小学校から県立第一高等小学校に進み，杭州省立第一師範学校に学んだ。同校卒業後は，奉天第一師範学校，溧陽県立同済中学，南京美術専科学校などで教鞭を取った。

創作活動の面では，1920年小説「雷鋒塔下」と一幕劇「回国以後」を，それぞれ『時事新報』の副刊『学灯』および『婦女雑誌』に発表，これが好評を博して，幸先のよい文壇への登場となった。24年には『学灯』主編および『東方雑誌』の投稿選者となった。28年，上海暨南大学教授に就任し，『中央日報』の副刊『大道』，『清白』の主編となり，文名はいよいよ高まった。

1930年中国左翼作家連盟が結成され，「プロレタリア文学」が主張されると，施蟄存，黄震遐らと「民族主義文学」を提唱し，激しく論戦を展開し，文学雑誌『文芸月刊』を主編した。抗日戦争勃発後38年1月，茅盾，老舎らが中心となり，中国文芸界が結集する「抗敵協会臨時準備会」が組織されたが，この時，王平陵は総書記として活躍した。3月，同会は「中華全国文芸界抗敵協会」として正式に発足し，組織部主任，常務理事に就任した。この年国民政府の重慶移動と共に重慶に移り，論文「抗戦における文芸の基礎の建立」，詩「目覚めよ，祖国を売り渡した奴隷たち」，通信「重慶……美しい山城」などを相次いで『抗戦文芸』に発表。また，新聞『掃蕩報』を創刊，編集に当たった。43年，商務印書館『大時代文芸叢書』を主編。抗日戦争後は重慶に留まり，巴蜀中学校の教師をするかたわら，各種の文化活動に従事した。

1949年11月台湾に移住。52年から2年間月刊『中国文芸』を主編。55年タイのバンコクに赴き，『世界日報』の総編集長に就任したが，気候が合わず，1年後台湾に戻り，散文集『帰来』を中華書局より出版。59年から2年間マニラの華僑師範専科学校で教壇に立ち，マニラ『大中華日報』の文芸コラムを担当，『錦上添花』をアジア出版社より出版。60年散文集『幸福的源泉』を正中書局より出版。61年台湾に戻り，政工幹校教授に就任，翌年戯曲『夜』を正中書局より出版したが，64年台大医院で病死した。王平陵の著作は60余部に上り，著名なものとしては上記の他，戯曲「帰舟返旧京」，「残酷的愛」，「副産品」，「自由魂」，詩集『獅子吼』，論文「西洋哲学概論」，「三十年文壇滄桑録」などがある。

参考文献：李立明『中国現代六百作家小伝』（波文書局，香港，1977年）。劉献彪『中国現代文学手冊』（中国文聯出版公司，北京，1987年）。「為右翼文運鞠躬尽瘁的王平陵」（古遠清『涪陵師範学院学報』18巻4期，2002年）。

〔関根謙〕

王　清任（おう　せいにん）　Wang Qingren

（1768年～1831年）

一名・全任，字・勳臣。河北省玉田県生まれ。医家。

幼時より武術を学び武生員から捐納して千総銜を得たが，医学を志して郷里で薬店を開き医者になった。その後北京に行き「知一堂」という医薬店を開設して広く医療活動に携わった。

王清任は適切な治療を施すには人体の構造についての正確な知識が不可欠であるにも関わらず，これまでの医事書や内臓の構造，形状を図示した臓腑図は簡略に過ぎ誤謬も多いことを痛感し，自らの目で確かめて内臓の構造を明らかにしようと決意し解剖学に取り組んだ。当時人の内臓を見ることは容易ではなかったが，1797年に灤州に行った際に疫病で死んだ子供の死体が共同墓地に散乱しているのを見て，それらの不完全な死体300余体を検分した。その後も刑場などで刑死者の死体を観察することを重ね，また不明なところは長年戦場で戦死者を見てきた役人に教えを請い内臓の構造の解明に努め，42年の歳月を費やして臓腑図を完成させた。それに自らの長年の臨床経験に基づく病理学説，治療法を合わせて30年，『医林改錯』上下巻を刊行した。

『医林改錯』は上巻に「医林改錯臓腑記叙」「脳髄説」「気血合脈説」「心無血説」「方叙」「通竅活血湯所治症目」「血府逐瘀湯所治症目」「膈下逐瘀湯所治症目」，下巻に「半身不遂論叙」「癱痿論」「瘟毒吐瀉転筋説」「論抽風不是風」「論痘非胎毒」「少腹逐瘀湯説」「懐胎説兼記難産胎衣不下方」「痺症有瘀血説」「辨方效経錯之源，論血化為汗之誤」を収め，全体の内容は2つに分かれる。1つは，臓腑図を基に生理解剖を詳述し，自らが確認した臓器の形状，構造を明らかにした部分で，それまで3部分に分かれるとされてきた腹腔は横隔膜で胸部と腹部の２分に分かれることや，思惟は心臓ではなく脳でなされ，耳・目・鼻は脳に通じ感覚は脳で認知されること（「脳髄説」）など，この書によって初めて明らかにされたことも多い。ただし動脈を気管と誤りそれを根拠に心臓には血液はないと述べる（「心無血説」）など，内臓の構造全てが正確に認識されるまでには至っていなかった。もう一方は，臨床経験から得た半身不遂（半身不随）や血瘀（血の滞留）により生じる病気，症状に対する独自の所見とその治療方法の提示で，生命の源泉は気血であり，病は気血に支障をきたすことから生じると断じ（「気血説」），気虚を原因とする病気や症状を挙げて，その治療法として「補気活血（気を補強して血を活性化させる）」，「逐瘀活血（血の滞留を除き血を活性化させる）」の治療原則を説き，その治療原則に則って自ら調剤したり従来の処方に修正を加えたりした30余種の薬と効能を論述している。これらの調合薬は，臨床医家に広く採用され，「血府逐瘀湯」や「隔下逐瘀湯」などは今日でも一般に用いられている。

参考文献：竇志芳編『《医林改錯》注釈及臨床応用』（山西科学技術出版社，太原，2006年）。銭超塵・温長路主編『王清任研究集成』（増訂版）（中医古籍出版社，北京，2006年）。李作仁編著『王清任与医林改錯』（学苑出版社，北京，2011年）。
〔白川知多〕

王　慶雲（おう　けいうん）　Wang Qingyun

（1798年４月14日～1862年４月５日）

原名・慶雲，字・家鑲，賢関，号・楽一，雁汀。原籍，福建福州府閩県。清末の官僚，学者。

先世は16世紀にすでに福州にあって「西清王氏」として知られていた。父は王彩鳳といい，王慶雲は３人兄弟の次男にあたる。1819年に挙人となり，ついで29年に好成績で進士となり翰林院庶吉士を授けられた。32年散館によって翰林院編修に任ぜられた。37年貴州学政に転じ，任地で３年を過ごしたのち，41年北京に戻り，功臣館纂修，国史館纂修に任ぜられたが，父の死去のため官を辞して帰郷した。46年春に至って再び上京し，文淵閣校理，国史館提調，翰林院侍講学士，日講起居注官，翰林院侍読学士など国史館や翰林院の諸官を転々とした。51年順天府尹を署し，５カ月後に戸部左侍郎に昇進した。53年陝西巡撫に任ぜられ，55年初め山西巡撫に転じ，さらに57年四川総督に昇進した。59年には両広総督に転任を命じられたが，赴任途中で病気になり，西安で静養するために職を辞して，翌年60年山西汾州で隠棲した。62年初め工部尚書に任ぜられたが，赴任する前に病死した。

著書『石渠余紀』６巻は別名『熙朝紀政』ともいう。87篇の項目に分けられ，主として19世紀前半までの清の官制，税制，役法，財政などの制度全般についてその沿革を簡潔に記した政書で，とくに財政の推移を見るのに有用である。たとえば巻３《紀丁随地起》には各地方で地丁銀制が施行されていく過程を年を追って詳細に記されており，地丁銀研究の重要資料として従来多く利用されてきた。

この書の特色は，依拠した資料に「紅冊」，「戸部北檔冊」，「兵部冊檔」，「掲帖」，「奏稿」といった檔案や，『三朝国史』，『国史列伝』などの国史館の編纂書，さらには順治，康熙，乾隆，嘉慶の各「実録」が挙げられていることであろう。これらの資料は当時一般には利用が困難であったが，翰林院や国史館に関係が深かった王慶雲は閲覧の機会が多く，その立場を大いに活用したものと思われる。「年譜」の1846年の条には，国史館提調就任の記事のあとに「実録」や「聖訓」の関係記事を抄録したことが記されており，また47年の条にも，彼が国家財政の再建のために「実録」「聖訓」をはじめ「皇朝三通」や「会典」により根本に戻って時務を論じることに腐心していたことが記されている。

王慶雲は早くから経世や時務について強い関心を抱いていたが，貴州学政の任にあったときの貴州巡撫は『皇朝経世文編』の編者として有名な賀長齢であり，王慶雲は彼と意気投合して大きな影響を受け，改めて時務に眼を開いたといわれている。また，1846年に北京に戻ってから呂賢基，曾国藩，羅惇衍，蘇廷魁たちと交遊したことも彼の政治や学問傾向に強い影響を与えたものと思われる。『石渠余紀』はこれらを背景に48年から49年に主として執筆され，死ぬ直前まで逐次増補修訂されたようである。

孫の王仁堪は1877年に殿試一甲一名の成績で進士となり，蘇州知府に任ぜられた。また，同じく孫の王仁東は挙人，内閣中書，浙江候補同知となった。

『清史稿』巻426，『清史列伝』巻46に伝があるが，詳しいものとしては，王慶雲の次男・王伝璨が編纂した『王文勤公年譜』１巻（『近代中国史料叢刊』第14輯，文海出版社，台北，1933年所収）と「文勤公行状」（『西清王氏族譜』所収）がある。

『石渠余紀』については，清末に多くの異なった版本が出されている。利用には1985年北京古籍出版社から出された標点本が便利である。曾我部重太郎訳『熙朝紀政　石渠余記抄』（甲陽書房，1969年）は書き下し文による部文的な邦訳である。

参考文献：神田信夫「王慶雲の『石渠余紀』について」,『星博士退官記念中国史論集』(星斌夫先生退官記念事業会, 1978年)。 〔山本英史〕

王　人文（おう じんぶん） Wang Renwen

(1863年～1941年3月26日)

字・采臣。雲南省太和県生まれ。清末民国初期の地方官僚・政治家。

光緒12（1886）年の進士。貴州省の湄潭・貴筑，清鎮，開泰の各県の知県，広西省の南寧・平楽，奉天省の錦州の各府の知府を歴任。1907年広西省の桂平梧道に昇進，2カ月もたたないうちに，広東按察使に抜擢され，翌年陝西布政使に進み，まもなく四川布政使に転じ，四川総督・趙爾巽の補佐に努めた。11年1月趙爾巽が上京すると総督を暫護（臨時代理）した。同年4月の人事移動で趙爾巽が東三省総督に転じ，趙爾豊（爾巽の弟）が署理四川総督（総督心得）に任ぜられた時，王人文は侍郎銜を加えられて趙爾豊の後任として川濵辺務大臣に転任することになった。ただし，趙爾豊の着任までは引き続き四川総督の代理を命ぜられた。

1911年5月清朝は幹線鉄道国有令を発布し，武漢—成都間に建設予定であった川漢鉄道もその対象となった。この鉄道は民営の川漢鉄路公司が四川官民の協力を得てナショナリズムの高揚期に着工したものであったし，会社の幹部や有力株主には清朝の立憲君主制への移行を主張する立憲派が多かった。国有化の内容・条件，外国借款との関連などについて，会社や地方官憲との一切の交渉なしに行われたこの決定に対し，四川省の有力郷紳は反対運動を展開，やがて「保路同志会」を結成，革命派をもまき込んだ全省的規模の大衆運動に発展し，辛亥革命の導火線となったのである。

一時期，四川省の最高責任者となった王人文は四川省民に同情的な態度を取り，国有化政策の撤回，資政院の審議を要求する反対運動の請願を中央に代奏した。さらに，王人文は，自己の意見として政策の撤回と国有化政策の首唱者・盛宣懐の免官を要求する電報を発した。このため，何度も戒告を受け，趙爾豊着任後北京に召喚され，査問，逮捕を待つこととなった。上京の途次，西安で逮捕されたが，10月10日の辛亥革命の勃発によって上海に逃れた。

以後は国民公党の協理となったり，国民党の理事となったりしたが，政治的には広西出身で四川総督，両広総督を歴任した岑春煊に近かった。1913年参議院議員に当選したが，袁世凱から任官を求められた時には就任しなかった。晩年は仏教に帰依し，また世界紅卍字会長などをつとめ，天津で病死した。

参考文献：王人文「辛亥四川路事罪言」，中国史学会主編『辛亥革命』第4冊（上海人民出版社，上海，1957年)。周善培『辛亥四川争路親歴記』(重慶人民出版社，重慶，1957年)。田原禎次郎編『清末民初中国官紳人名録』(中国研究会，北京，1918年)。『朝日新聞』1941年3月31日。隗瀛濤『四川保路運動史』(四川人民出版社，成都，1981年)。 〔久保田文次〕

王　任重（おう にんじゅう） Wang Renzhong

(1917年1月15日～1992年3月16日)

河北省景県生まれ。農民家庭の出身。中国共産党の指導者，政治家。

少年時から社会主義思想の影響を受け，1932年に中国共産主義青年団に加入，翌年中国共産党入党。入党後，小学校教員の身分で故郷近くで地下工作。ソヴィエト期は中共景県委員，泊鎮区委員，津南工人委員会委員などをつとめる。

日中戦争が起こると，1937年に延安の中央党学校へ行って学習。38年に故郷に戻り，冀魯豫（河北・山東・河南省境）地区で区党委宣伝部の副部長，冀南区党委組織部部長，同宣伝部部長，同党委常務委員，同行署副主任，党組書記などをつとめ，宋任窮らとともに河北南部の抗日根拠地の創立に尽力。この地域は平原地区で抗日ゲリラ戦には向かないという地勢の中で，王任重・宋任窮らは，戦地動員委員会，抗日農会，抗日労働組合，青年抗日先鋒会などの大衆組織を作って，抗日勢力の糾合をはかった。43年3月日本軍の掃討作戦によって右足に弾を受け負傷。なお，延安整風運動の際に河北地区でも康生らの策動でスパイ摘発キャンペーン（搶救運動）が起こり，「王任重はトロツキスト」という疑いがかかったことがある。王任重は党の審査を受けることになったが，延安にいってからこの疑いが晴らされ，その後すぐに河北に戻った。

戦後内戦期にも引き続き河北で活動し，冀南行署主任，冀南区党委副書記，代理書記などを歴任，この地域の土地改革を指導した。

1945年5月部隊とともに南下，以後は湖北一帯で活動。中共湖北省委常務委員，省政府副主席となり，主に財政・経済工作を主管。この地区の経済復興に尽力した。その後，中共武漢市委第1書記（54年)，武漢市副市長，代理市長，武漢軍区第1政治委員，湖北政治協商会議副主席，中共湖北省委第1書記（54～66年）などを歴任した。

1958年5月党8期2中全会ではじめて中共中央委員候補となる。60年党中央中南局の設置にともない，中南局第２書記（第１書記・陶鋳），ついで第１書記となり，中南局３線建設委員会主任，華中協作区主任などをつとめ，大飢饉時期の湖北地区の経済復興に尽力。この経済調整機に陶鋳とともに「農村人民公社についての60条」の草案を起草するなど，農業の回復のために働いた。

文化大革命期には，1967年１月に陶鋳らとともに批判され，ついで７月20日の「武漢百万雄師事件」では徐向前や陳再道とともにその首魁と目され，失脚。７年近く拘禁された。1978年から復活，陝西省で省党委第２書記，省革命委第１副主任，省党委第１書記，省革命委主任などをつとめ，ついで国務院副総理（78年12月～80年９月），国家農業委員会主任（同任期）となる。

党内では，1978年から11期中央委員，中央書記処書記，80年２月からは胡耀邦の後をついで党中央宣伝部部長，12期と13期の中央委員をつとめた。中央宣伝部長の時代には比較的改革的な指導をしたが，82年春に保守派の鄧力群にとって代わられた。88年からは第一線を退き，政治協商会議全国委員会副主席，同党グループの副書記となる（88年４月～92年３月）。

1979年から外国訪問も多い。ユーゴ・デンマーク・オランダ・ベルギー・スイス（79年），イラク（83年），クウェート・ヨルダン・エジプト（84年），東独・ポーランド・カナダ・米国（85年），スーダン・モロッコ・リビア（87年）。

1992年３月北京で病死した。

著作には『馬克思主義的立場，観点，方法』（人民出版社，北京，1990年）がある。

参考文献：『王任重文集』（中央文献出版社，北京，1999年）。盛平主編『中国共産党人名大辞典』（中国国際広播出版社，北京，1991年）。「王任重同志生平」，『人民日報』1992年３月18日。李先念「痛悼王任重同志」，『人民日報』1992年４月16日。

〔毛里和子〕

汪（おう）　栄宝（えいほう）　Wang Rongbao

（1878年～1933年６月）

字・袞甫，袞父，号・太玄。江蘇省呉県生まれ。清末・民国期の政治家。

父の鳳瀛（字・荃台）は貢生のなかから選ばれて州判となった後，買官して中書舎人となった。伯父の鳳藻（字・芝房）もまた官僚で，かつて外交官として日本に滞在したことがある。母は張氏。

汪栄宝は８人兄弟の長男として生まれた。幼年の頃から神童の誉れが高く，14歳で邑庠に入り，歳試を受験して抜群の成績で廩生となり，江陰の南菁書院に入学した。彼はここで黄元同の指導の下，訓詁の学や文学の研究に努めた。1897年には抜貢生となり，翌年朝考を受験して七品小京官となり，兵部に勤務することとなった。しかし，時に戊戌変法失敗の時期に当たり，汪栄宝は休暇を願い出て郷里へ戻った。そして間もなく義和団事件が発生し，８カ国連合軍が北京に入城することとなる。こうした事態を前にして，彼は従来の旧態依然たる知識だけでは，国勢の挽回は不可能と考えるに至り，上海の南洋公学に入学した。ここで彼は，章炳麟，蔡元培，呉稚暉といった当時の急進的知識人と知己となった。

汪栄宝は既に英語を解し，内外の情勢にも通じていたが，この後更に見識を広めるべく日本に渡り，早稲田大学と慶應義塾大学において東西の歴史と法律及び政治を学んだ。当時，日本には多くの中国人亡命政客がおり，そのうちの革命派の人々は国民義勇軍なるものの創立を企てていた。汪もこれに加わったが，計画が失敗に終わると流言飛語が飛び交ったため，彼は友人の勧めもあって帰国した。帰国後，兵部に復帰した後，京師訳学館に招聘されて教習となり近代史を講じた。

1906年汪栄宝は兵部から巡警部主事に転じ，同年９月に清朝によって予備立憲の上諭が発せられると，汪は載沢の官制改革の作業を助け草案を作成するなどした。次いで，巡警部が民政部に改組されると，汪は参事となり前記訳学館教習を兼務した。この年，新たに奉天，吉林，黒龍江の３つの省が設置されると，汪は民政部尚書・徐世昌に随行して東北各地の実情を視察した。その後，08年１月には民政部右参議となり，憲改編査館正科員を兼任した。10年10月資政院が開設されると，勅選議員となり新刑法の制定に尽力した。翌年３月には陳邦瑞（度支部右侍郎），李家駒（学部右侍郎）とともに協纂憲法大臣に任じられた。しかし，この年の10月辛亥革命が勃発したため，憲法編纂事業は頓挫を来した。

1912年１月中華民国が成立し臨時参議院が開設されると，汪栄宝は同議員となり，翌年には衆議院議員となった。13年３月には進歩党に加入し，法制主任に任じられた。14年２月には駐ベルギー公使に任じられる。在任中の15年７月憲法起草委員となり，各国の情勢を視察する。この年，帝制復活に乗り出していた袁世凱は，法制を担当させるべく汪を呼び戻し，世論の如何を下問したところ，彼は帝制復活に批判的な回答をしたため公使の職に戻された。19年１月からはスイス公使に転じた。

1922年６月汪栄宝は胡惟徳の後を受けて駐日公使

に任じられる（但し，現地着任は27年）。28年5月日本軍が山東省に侵入し，いわゆる済南事件が勃発すると，汪は中国政府に対してしばしば意見を具申したが，意見の相違があって採用されなかった。31年の春には汪は東三省で日本が何事かを画策していることを察知し，上書して対処の必要性を説いたが，外文部当局からは相手にされなかった。同年7月長春付近で万宝山事件が勃発し，中国政府から現地調査を命じられた汪は，報告書を提出する直前になって，公使の職を解かれて帰国の途についた。それから間もなく，満州事変が勃発することになる。この後，軍政府当局から意見を求められた際，彼は主戦論の立場から対日不抵抗政策の非を唱えたが，彼の意見も結局採用されることはなかった。このことを憤った彼は，各種委員の肩書を持つとはいえ，これより国政についての発言を控えるようになる。

1933年6月汪栄宝は北平で病没した。彼は妻の黄氏との間に5男2女をもうけたが，四男の公紀は対日戦勝利後，駐日代表団の団長を務めた人物である。著作には，死の直前に脱稿した『法言義証』を初め，京師訳学館の教習時代の講義録である『清史講義』などがある。

参考文献：沃丘仲子『当代名人小伝』（崇文書局，上海，1918年。中国書店，北京，1988年影印版）。劉寿林編『辛亥以後十七年職官年表』（文海出版社，台北，1973年）。沈雲龍「汪栄宝」，『伝記文学』31巻3期，1977年。章炳麟「故駐日本公使汪君墓誌銘」，卞孝萱・唐文権編『辛亥人物碑伝集』（団結出版社，北京，1991年）。　〔嵯峨隆〕

王　若飛（おう　じゃくひ）　Wang Ruofei

（1896年10月11日～1946年4月8日）

原名・運生，字・継仁，筆名・王渡，岳飛ほか。貴州省安順県生まれ。中国共産党の指導者。

地主の家に生まれる。父・王孝源。母・黄固貞。曾祖父の死後，アヘンと賭博を好む父が祖母に家を追い出され，やがて客死。以来母子はきわめて困難な境遇に置かれる。1905年叔父で当時教育家として著名であった黄斉生の勧めで母とともに貴陽に移り，彼と生活をはじめる。11年貴陽達徳中学校を卒業後，書店の店員，貴州銅仁鉱務局文書係兼経理，達徳小学校教員を務める。18年春貴州省官費留学生として黄斉生とともに来日，明治大学に学ぶ。この頃よりマルクス主義に接近しはじめる。

1919年5月五・四運動が拡大するなかで帰国，上海で反日宣伝活動に参加。その後，黄斉生の主宰する貴州教育実業参観団に参加，江蘇省，山西省などを視察する。同年10月勤工倹学生として黄斉生とともに渡仏，製鉄工場，ゴム工場などで働く傍ら学習に励む。22年6月趙世炎，周恩来，李維漢らと旅欧中国少年共産党（同年10月中国共産主義青年団旅欧支部と改称）を結成し，秋には同党の執行委員に補選，機関誌『少年』の編集にも参加する。間もなく趙世炎，蕭三，陳延年，陳喬年とともにホー・チ・ミンの紹介でフランス共産党に入党し，10月コミンテルンの規定により，中共中央は彼らを中共党員として承認した。23年3月趙世炎，陳延年らとともにモスクワに赴き，東方労働者共産主義大学で学ぶ。

1925年4月帰国，上海の党中央で工作。5・30運動ののち河南に派遣され，豫陝党委書記を務め，河南省，陝西省の革命運動を指導した。同年秋鄭州で李培之（モスクワ東方大学に留学，後年第1期～第3期全人代河北省代表を務める）と結婚。26年2月河南から上海に移り，中共中央秘書長に就任し，同年10月より翌年3月まで3回にわたる上海労働者の武装蜂起を指導した。27年4月に武漢で開催された中共5全大会に参加，中央委員に選出される。同年6月以降江蘇省党委常務委員，省委書記，宣伝部長，農民部長を歴任。同年11月9日無錫において農民暴動を指導するが失敗，同月14日に瞿秋白が開催した中央臨時政治局拡大会議において警告処分を受ける。

1928年6月モスクワで開かれた中共6全大会に出席，大会の席上陳独秀を部分的に弁護する発言を行い，批判を受けたとされる。大会後志願してモスクワに残り，レーニン学院で学ぶ。29年秋コミンテルン監察委員会により6全大会での発言を問題とされ，厳重警告処分に付されたうえ，30年秋より31年夏までモスクワの製鉄工場で肉体労働を強いられた。

1931年7月に帰国後，党西北特別委員会書記に就任，フフホトに赴く。同年10月包頭で逮捕され，懲役10年の判決を受ける。36年フフホトより太原陸軍監獄に移される。西安事件解決後の37年4月に釈放，5年7カ月におよぶ獄中生活を終えた。同年8月太原より延安に移り，陝甘寧辺区党委宣伝部長，八路軍副総参謀長，中共中央華北華中工作委秘書長，中央秘書長，中央党務研究室主任などを歴任。42年春に始まる延安整風運動の際は中央機関人員学習組長を務める。43年12月報告書「関於大革命時期的中国共産党」を発表。44年5月林伯渠とともに中共中央代表として重慶における国共会談に参加，当時党重慶工作委副書記（書記・董必武）を兼ね，さらに八路軍重慶辦事処でも活動を行っていた。

1945年4月中共7全大会で中央委員に選出される。

第2次世界大戦終了後の8月28日毛沢東，周恩来に随行し重慶を訪れ，蔣介石と会談を行い，10月10日周恩来とともに双十協定に署名。翌日毛沢東と延安に戻ったのち，直ちに重慶に引き返し周恩来とともに国民党との会談を継続した。46年1月周恩来，董必武，葉剣英，呉玉章，陸定一，鄧穎超とともに中共代表団の一員として重慶で開催された政治協商会議に出席した。しかし，同年3月国民党第6期2中全会が政治協商会議の決議に反対したため国共会談は頓挫，4月8日王若飛は延安に戻って指示を仰ぐため秦邦憲，葉挺，鄧発らと飛行機に乗り込んだ。途中，気象条件の悪化により，飛行機は山西省興県黒茶山に墜落，王若飛ら乗客は全員死亡した。

参考文献：馬連儒・袁鐘秀『王若飛伝』（貴州人民出版社，貴陽，1984年）。楊植霖・喬明甫・薄一波『王若飛在獄中』（中国青年出版社，北京，1961年）。中共党史人物研究会編『中共党史人物伝』20巻（陝西人民出版社，西安，1984年）。〔高橋伸夫〕

王（おう）　三槐（さんかい）　Wang Sanhuai

（1763年～1799年3月14日）

四川省東郷県に居住。嘉慶白蓮教徒の反乱（1796～1806年）において東郷県蜂起軍を指導した中心人物。

18世紀末，四川省・湖北省・陝西省交界地区の山岳地帯に大量の移住民が流入する。この地域の厳しい自然環境と移住民流入によってもたらされた深刻な社会の動揺は，中国の伝統的な民間宗教であり，現存する世界の終末と秩序の全的転換を説く故に邪教として禁圧され続けて来た「白蓮教」に増殖の基盤を提供することとなった。1796年（嘉慶元年）湖北省で清朝衰勢への分水嶺となった嘉慶白蓮教徒の反乱が開始された。同年9月，王三槐もまた，隣接する遠州の白蓮教徒，徐添徳が亭子舗にて蜂起したのに呼応，冷添禄とともに700余人を集め，東郷県蓮池溝にて挙兵した。

挙兵以前の王三槐は，巫術を習って病気治療の祈禱を生活のたつきとする一方，塩の密売にも従事していたと伝えられる。1792年白蓮教の一支派，西天大乗教の教首・孫士鳳がこの地に現れて布教を開始すると，王三槐は仲間の冷添禄とともに入教，これ以後，彼は病気治療の祈禱の折々に白蓮教の経典・呪文を人々に伝授し，教勢の拡大に努めた。96年彼の叔父・王元伯は，王三槐が白蓮教徒であることを県政府に密告，王三槐自身は逃亡したものの，家族は逮捕されて県城に収監された。この年の9月，王三槐らは蜂起，12月東郷県城を攻めてこれを陥落させ，既に獄死していた彼の父を除き，その母と妻を救出した。翌97年に入ると，彼らは清軍の追撃を受けて東郷県各地を移動しつつ激しい戦闘を繰り返したが，その過程で孫士鳳が戦死するなど，情況は著しく不利となりつつあった。この戦況を一変させたのが，湖北省襄陽県にて蜂起した襄陽教軍の四川侵入である。5月，姚之富・斉王氏らを指導者とする襄陽教軍は清軍に追撃され，陝西を経て四川東郷県に入った。王三槐，冷添禄，徐添徳と襄陽教軍はここに会合し，出身地別に形成された各々の率いる部隊に名称を定めた。四川の教軍について述べれば，これ以後，東郷県の王三槐・冷添禄は東郷白号を，達州の徐添徳は達州青号を名のり，さらに四川北部太平県の龍紹周，巴州の羅其清，通江県の冉文儔らもそれぞれ太平黄号，巴州白号，通江藍号を名のることになる。一方，姚之富・斉王氏らは，襄陽黄号と称した。

しかし，教軍はこれを契機として地域性を克服し，統一的な闘争方針を樹立することができなかった。王三槐は，四川の地を湖北教軍の蹂躙に委ねることを快しとせず，襄陽教軍との合流を拒んだ。結局，彼らは再び小集団を単位とするゲリラ戦を繰り返し，最後まで山中を彷徨し続けたのである。こうした過程において，王三槐は次第に投降を考えるに至る。1798年5月投降に反対する徐添徳と袂を分かち，次いで7月蜂起以来の仲間・冷添禄とも訣別する。この時，冷添禄と王三槐は，四川雲陽県安楽坪に立て籠っていたが，王三槐は講和を話し合うため，単身にて清軍の将，勒保の陣営を訪問，捕縛されて身柄を北京へ送られた。王三槐は訊問の中で，反乱の理由は「官逼民反」（官の悪政が民を反乱へと追いつめたこと）にあるとしばしば繰り返し，これを聞いた嘉慶帝は大きな衝撃を受けたと言う。翌99年陰暦2月9日，北京にて羅其清とともに刑死。

反乱の当初，王三槐と行動を共にした徐添徳と冷添禄について簡単にふれておく。冷添禄は東郷県の人，王三槐と同じく占いを業としていた。精悍で知略に長け，王三槐逮捕の後は安楽坪を脱出し，追撃する清軍と更に激しく戦い続けた。1799年3月，四川広安州にて戦死。徐添徳は達州亭子舗の人。王三槐と同じく，孫士鳳から西天大乗教を伝授されていた。もともと達州の捕り方（馬快手）をつとめ，家は頗る豊かだったと言う。挙兵当時既にその地位から罷免されていたが，知州に対して衙役の元締（総役）20人の首を要求している。四川各地を転戦の後，1801年5月，清軍に追われ，陝西西郷県にて渡河の途中，溺死。

王三槐らの信奉した西天大乗教が如何なる教義を持

っていたのかは，明らかでない。ただ，反乱前夜，孫士鳳は王三槐に対し「近く大きな災難がある。天地は皆暗く，日月は光を無くす。(中略) 世界は一変するけれども，わが教に入れば免れる」と語っている。現存世界の破局を説く切迫した終末思想が教義の核心にあり，これが戦闘への力を与えたことは疑いないが，しかし反面，教軍は具体的な政権樹立プランを練り，それを実行に移すことは遂になかった。従って当初の宗教的情熱が稀薄となれば，教軍は求心力を失って容易に分散してしまう危険も孕んでいた。襄陽教軍との連合に反対し，投降へと至った王三槐の軌跡は，こうした反乱の負の部分を象徴していたと言えるだろう。

参考文献：慶桂等編『欽定剿平三省邪匪方略』1810年。石香農『戡靖教匪述編』。蔣維明編『川湖陝白蓮教起義資料輯録』(四川人民出版社，成都，1980年)。中国社会科学院歴史研究所清史室・資料室編『清中期五省白蓮教起義資料』第1～5冊 (江蘇人民出版社，南京，1981～82年)。

〔山田賢〕

汪（おう）　士鐸（したく）　Wang Shiduo

(1802年7月14日～1889年8月3日)

初名・鏊，字・振庵，晋侯。号・悔翁，芝生，無不悔翁，俗称・梅村。江蘇省江寧県生まれ。清末の学者。

父は宋学の儒者・汪均 (1765～1832年)。家が貧しいなかで苦学を続け20歳で私塾の教師となった。1840年の郷試に合格して挙人となったが，その時の試験官は胡林翼であった。47～48年に『南北史補志』を編纂した。53年春，太平軍が南京を占領すると「老民館」に収容されたが，抑留生活10カ月ののち，南京をのがれて安徽省績渓の胡中実のもとに身をよせた。私塾の教師などをしながら6年間績渓で暮らし，59年湖北巡撫・胡林翼に招かれて武昌に赴いて幕友となり，また胡林翼・曾国藩のためにしばしば太平天国との戦いに関する献策を行った。その間に歴史地理の知識をまとめて『水経注図』(60年) を刊行した。

64年湘軍が南京を回復すると故郷にもどり，官職に就くことを断って南京の歴史地理の研究と読書に明け暮れた。南京の地誌として『同治上江両県志』(74年) および『続纂江寧府志』(81年) の編纂にあたった。85年江蘇学政・黄体芳の推薦をうけて国子監助教銜を加えられた。著書には他に『汪梅村先生集』(81年) および『悔翁詩鈔』，『悔翁詞鈔』，『悔翁筆記』などがある。また三女の婚家である呉氏の家から発見された手稿「乙卯随筆」，「丙辰備遺録」は鄧之誠により『汪悔翁乙丙日記』(1936年) としてまとめられた。これは太平軍占領当初の南京の状況および当時の太平天国の内情を伝える貴重な史料である。

参考文献：繆荃孫『続碑伝集』74 (江楚編訳書局，上海，1910年)。趙宗復「汪梅村先生年譜」，『史学年報』2－3，1936年。Arthur W. Hummel *Eminent Chinese of the Ch'ing Period, 1644-1912* (U.S. Government Print Office, Washington D.C., 1943).

〔並木頼寿〕

王（おう）　世杰（せいけつ）　Wang Shijie

(1891年3月10日～1981年4月21日)

字・雪艇。湖北省崇陽生まれ。憲法学者から政界に入り，戦後の国共交渉などで活躍した国民党政治家。

5～11歳までの幼少期に私塾で中国の古典などを学ぶ。1903年，童子試を受験するため武昌に行くが，張之洞の勧めで童子試受験を放棄し，近代教育のはしりである南路高等小学に入学。同小学を卒業後，湖北優級師範理化専科学校に入学。同行卒業後，天津北洋大学採礦冶金科に入学するが，1年も経たぬうちに辛亥革命が勃発し，武昌に戻って革命政府に参加，都督府の秘書となる。

1913年，功労調査局よりイギリス留学の機会を与えられ，専攻を変えてロンドン大学で政治経済学を学び，17年に同校を卒業，政治経済学士の学位を取得。その後，パリ大学にすすみ，20年に法学博士の学位を取得。同年，中国在外学生及び政治団体を代表してヨーロッパで開かれた国際連盟同志会第1，2回大会に出席した。

帰国後，1920年12月から，蔡元培・北京大学校長の勧めで，北京大学教授となり「比較憲法」などの科目を講じ始める。また，同年北京において，友人とともに『現代評論』(週刊) を創刊。21年8月，米国大統領ハーディングが「太平洋会議」の開催を呼びかけたとき，蔡元培，蔣夢麟，馬叙倫らとともに北京の「国立八校太平洋会議研究会」を組織し，その組織大綱起草委員となる。27年4月，国民政府が南京に成立し，同政府法制局長となる。同年12月，湖北省政府委員兼教育庁長。28年11月，立法院立法委員。29年3月，国立武漢大学校長。32年1月，国難会議会員。33年4月より38年1月まで，国民政府教育部長を務める。この間，ロンドン中国芸術国際展覧会準備委員兼主任委員 (34年10月)，中央研究院第1期評議委員 (35年6月)，中国国民党第5期中央候補監察委員 (35年11月) などを歴任。37年1月，教育部長から軍事委員会参事室主任に異動し，政治部 (陳誠部長) の成立にともない，その指導委員を兼任した。

日中戦争勃発後，1938年6月，国民参政会秘書長。

39年11月から，中央宣伝部長（39年から42年12月，及び44年12月から45年まで）を務める。41年，中央設計局秘書長を兼任。43年4月三民主義青年団第1期中央監察会監察，9月第3期国民参政会主席団主席に当選。同年11月，中国訪英団団長として，王雲五，胡霖，杭立武らを率いて訪英し，国王，チャーチル首相らと会見。44年1月一等景星勲章を得，2月，胡霖，李惟果らを率いて英国・米国を訪問。同年5月，張治中とともに中共代表・林伯渠と国共交渉を行う。45年2月，周恩来らと中共の合法化および政府参加問題について会談。同年5月，第6期中央監察委員，7月第4期国民参政会主席団主席となり，また7月より，宋子文の後を継いで外交部長となる。同年8月宋子文行政院長とともに訪ソし，中ソ友好同盟条約に調印。

日中戦争終了後，1945年8月29日，張羣，張治中，邵力子らとともに国民政府側を代表して，毛沢東，周恩来，王若飛らの中共側代表と重慶で会談し，10月10日，「双十協定」に調印。46年1月，孫科，張羣，呉鉄城，陳立夫らとともに政治協商会議に参加。7月，パリ平和会議代表団団長として同会議に出席。11月，制憲国民大会代表となる。47年4月，政府の改組にあたり，国民政府委員，行政院政務委員，兼外交部長となり，9月には連合国大会第2次会議に首席代表として出席，ならびにロンドンで開かれた5大国外相会議に参加。同年冬，第1期国民大会代表に当選。48年3月26日，第1期中央研究院院士。4月，第1期国民大会主席団主席，9月，連合国第3次大会に首席代表として出席。同年12月，行政院政務委員と外交部長の職を退く。同月，中共から43名の「筆頭戦犯」の1人に指名される。同年，故宮博物院理事会理事。49年7月，蔣介石総統に随行してフィリピンを訪問し，バギオ会談に出席。8月には『香港時報』創刊にあたり同管理委員会主任委員となり，11月，胡適，雷震らとともに『自由中国』（半月刊）を創刊。

台湾へ移動後の1949年，故宮博物院の新院を台北・士林に建設。蔣介石の総統復帰にともない，50年3月総統府秘書長となる。同年6月，故宮博物院，中央博物院の両院共同理事会第1期理事，7月，両院共同理事会常務理事，8月，国民党中央評議委員。52年10月，国民党第7期中央評議委員。53年12月，総統府秘書長の職を退く。57年10月，第8期中央評議委員に連任。58年7月，陳誠行政院長のもとで行政院政務委員。59年8月，連合国第14次大会代表として出席。60年3月，「中国古芸術品訪米展覧委員会」委員，9月，連合国第15次大会代表。62年4月，中央研究員院長となり，5月，行政院政務委員の職を退き，後に国家長期発展科学委員会主任委員を兼任。中央研究院院長在任中に，物理，動物，植物，経済研究所を増設・改新し，新たに中米科学研究合作組織を新設して，数学，物理，生物，工業，農業，化学などの研究センターを創立。63年11月，第9期中央評議委員。64年5月，「中米科学合作会」主任委員。65年，故宮博物院管理委員会常務委員。67年8月，国家科学委員会委員兼中華文化復興運動推行委員会常務委員。68年6月，ソウルで開かれた国際校長会議に中央研究院院長の身分で中華民国を代表して出席。69年4月，第10期中央評議委員に連任。70年4月，中央研究院院長の職を辞して，総統府資政となる。76年11月，第11期中央評議委員，81年4月，第12期中央評議委員に連任されたが，同月台北栄民総医院において死去。主著に『比較憲法』，『憲法原理』，『代議政治』（共著）などがある。

参考文献：王世杰講『国際形成概観』（国防研究院，台北，1959年）。王世杰・胡慶育編『中国不平等条約之廃除』（蔣総統対中国及世界之貢献叢編編纂委員会，台北，1967年）。劉紹唐主編『民国人物小伝』第5冊，（伝記文学雑誌社，台北，1982年）。『中華民国当代名人録』（台湾中華書局，台北，1978年）。『中国国民党歴史事件人物資料輯録』（解放軍出版社，北京，1988年）。
〔井尻秀憲〕

王（おう）　士珍（しちん）　Wang Shizhen

（1861年7月14日～1930年7月1日）

字・聘卿，号・冠喬，冠儒。直隷省正定県生まれ。原籍，直隷省保定道正定県。北洋軍閥長老，馮国璋，段祺瑞とともに北洋三傑といわれた軍人。

歴代科挙の合格者を出した定県の名望家の家に生まれる。しかし，父・王如柏の代から兄弟が相次いで早世し，家運が傾き始める。伯父・如松が子供を残さずに死んだため，養子になるが，生父も翌年に死ぬ。幼少時は病弱で9歳になって初めて私塾に入る。若くして寡婦となった養母と生母の2人が内職をしながら学費を工面し，学問を修めさせたが，16歳の時文人の道を捨て，正定鎮標の軍隊に入り，19歳の時山海関に移駐。1885年，李鴻章の創設した天津武備学堂に入学（段祺瑞と同学となる），算術の成績に特に優れ，25歳で卒業。

1894年に日清戦争が起こると，直隷提督・葉志超の指揮下に砲隊学堂の学生を率いて朝鮮に入り，日本軍と戦うも頭部に負傷，敗走する軍隊を率いて義州から中国へ撤退する。95年末袁世凱が小站に新建陸軍を編成すると，督操営務処会辦兼講武堂総教習，工程営管帯兼徳文学堂監督などに任ぜられ，馮国璋，段祺瑞らと新軍訓練の補佐を務めた。97年冬日本陸軍演習の視察に派遣される。袁世凱が山東巡撫に転任したのに従って参謀処総辦となり，1900年の義和団の乱に対しては袁世凱を助けてその鎮圧に活躍する。01年袁世凱が病死した李鴻章に代わって直隷総督兼北洋大臣になり，北洋新軍の拡充に努めたのにともない，袁世凱に抜擢され，北洋常備軍左鎮翼長，軍学司正使兼第6鎮統制などを歴任し，05年秋に行われた新軍最初の全国的規模の彰徳軍事大演習では軍令使司正使の身分で総参議に任じられる。ついで軍政司正使署陸軍部右侍郎を経て，07年江北提督に任命される。軍事才略に富みながらも人柄は朴訥寡黙であり，質実で温和なところが袁世凱の気に入られた。09年軍機大臣・袁世凱が清朝権力から失脚させられると，自ら袁世凱に殉じて全ての官職を辞し，郷里へ帰った。

1911年に辛亥革命が起こり，清朝が最後の延命策として袁世凱に責任内閣を組閣させるとその陸軍大臣に任命され，湖広総督も兼任。しかし，中華民国が成立すると「本人の官職は既に解除された」と声明して下野し，自ら清室の遺臣を任じて原籍の正定へ隠居した。その後，民国臨時大総統となった袁世凱の長男袁克定を遣わしての再三懇請を受けて14年北京に戻り，陸軍上将に特任され，陸海軍大元帥統率辦事処坐辦（辦事処処長）に就任。翌15年病気を理由に辞職した段祺瑞に代わって徐世昌内閣の陸軍総長となる。これは北洋軍閥内の段祺瑞の勢力拡大を牽制しようとした袁世凱父子の思惑によるものであった。

1916年4月袁世凱の帝制が破局した後に成立した段祺瑞内閣の参謀総長に任ぜられ，17年の李経羲内閣の陸軍総長兼参謀総長に任命される。この間，黎元洪大総統と段祺瑞国務院総理との間で展開された「府院の争い」に際して，黎元洪より調停を依頼される。17年7月の張勲の復辟に参加し，内閣議政大臣兼参謀大臣に就く。張勲の復辟失敗後に成立した第2次段祺瑞内閣では参謀総長に復帰。段祺瑞の武力統一政策の失敗により同内閣が辞職した後，馮国璋大総統の意向を受けて17年11月に国務総理に就任，陸軍総長を兼任，翌年3月に辞任する。20年，徐世昌大総統から自殺した蘇皖贛三省巡閲使・李純の後任に任じられるも，就任せず。22年徳威上将軍を授かり，将軍府に列する。25年臨時執政となった段祺瑞に請われて軍事善後委員会委員長に就任，奉直連軍と国民軍の衝突に際し調停に奔走。26年末に段祺瑞が執政を下野した直後，北京政府に一時権力の空白が生じた際，北京商会，銀行公会などの団体で組織する京師臨時治安維持会の会長に推され，北京の秩序維持に努める。さらに28年張作霖が国民革命軍に敗れて北京を撤退し，北京に無政府状態が出現すると，再び京師臨時治安維持会会長となり，治安の確保に努めた。30年北京の堂子胡同の自宅で死去。王士珍編『正定王氏双節永慕録』（24年。文海出版社，台北，71年影印版）がある。

参考文献：楊大辛主編『北洋政府総統与総理』（南開大学出版社，天津，1989年）。張僕民『北洋政府国務総理列伝』（台湾商務印書館，台北，1984年）。劉紹唐主編『民国人物小伝』第1冊（伝記文学出版社，台北，1975年）。何明主編『北洋政府総理的最後結局』（中共党史出版社，北京，2008年）。

〔笠原十九司〕

王（おう）　韜（とう）　Wang Tao

（1828年11月10日～1897年5月24日）

原名・利賓，改名・瀚，字・懶今，蘭今，紫銓，子潜。号・仲韜，韜園，無悔，玉鮏生，淞北逸民，天南遯叟。刻印・日欧西経師，日東詩祖。江蘇省蘇州呉県生まれ。洋務・変法論者，ジャーナリスト。

貧しい読書人の家庭に生まれた王韜は，18歳で秀才に及第したが，挙人には及第せず科挙を断念した。1849年上海に出，イギリス国教会の経営する墨海書院で筆耕，編集，翻訳に従事。この間，宣教師のメダースト，エドキンズ，ムーアヘッドらと交わり，時務にたいする強い関心から西洋事情や自然科学などを学んだ。家庭の事情などから科挙を断念しなければならなかった彼は強い出世欲を持ち，59年巡撫・徐有壬に「和戎」，「防海」，「弭盗」などについて建言し，さらに太平天国平定の献策を曾国藩に上書した。しかしながら一方で，黄畹という変名で太平天国側にも上海攻略の建策などを行って内通し，この事実が清朝側に明らかになると，イギリス領事の手引きなどで62年難を香港に避けた。

香港では，宣教師ジェームズ・レッグの『尚書』の翻訳を助け，さらに1867年にはイギリスに渡ってレッグの中国古典の翻訳を助けた。香港に帰ってからは，73年から『循環日報』の主筆となった。王韜は同紙で改革を主張したが，その主張で注目すべきは，「変法自強」と「変法」の2篇である。とりわけて「変法自強」では，武装整備，海防，防御，軍制改革，練兵，機器の精密化などを挙げて「当務の急」とした。これは，中国の富国強兵をはかって西欧列強と肩を並べる国家にすることをねらったものであり，さらに「取士」，「練士」，「学校」，「律例」を「変ずべきもの」として科挙制度，軍隊の訓練制度，学校制度，外交官の設置など諸制度の改変を主張した。

王韜はこの2篇の論文で主として強兵のために制度を表面的に改めるのではなく，改めるべきものをより徹底して改変を求め，そのためには西欧の長所に学ばなくてはならないと強く論じたのである。だが王韜の変法は，「その外を変じて，その内を変ずるものではなく」，「変ずべきものを変じ」ることでしかなく，残念ながら中国の政治体制を含めて根本的全面的な改変を求めたものではなかったといえる。彼の立場は，後の変法論には及ばないけれども，洋務論からはいくらか逸脱しているといえよう。

香港在住の間1879年には日本を訪れ，政府要人と会い日本の西欧化の成功を讃えた。その後84年王韜は上海に帰還し，格致書院の院長となって電気学の研究とその発展を提唱したが，97年不遇の中上海で死去した。

著書には，その他に『韜園文録外編』，『韜園尺牘』，『同読鈔』，『蘅華館日記』などがある。

参考文献：王漢章編『天南遯叟年譜』。方行・湯志鈞編『王韜日記』（中華書局，北京，1987年）。　〔徳岡仁〕

王　統照（おう　とうしょう）　Wang Tongzhao

（1897年2月9日～1957年11月29日）

字・剣三，改名・恂如。筆名・韋佩，剣先，剣，鑑先，健先，容廬，廬生，恂子，鴻蒙，息夢，提西，霌騫，T.Cなど。山東省諸城県の地主の家に生まれる。詩人，小説家，書家。

6歳より家塾で古典に関する伝統的教育を受けるかたわら，欧陽詢体の書を好んで習い，のちに書家として知られる素地をつくる。少年期，旧小説を耽読し，『紅楼夢』に熱中。1913年済南の山東省立第一中学に入学，林紓訳の外国小説や雑誌『新青年』を通じて新思想に触れ，小説を書き始める。18年，北京の中国大学英国文学系に入学。翌年の五・四運動の学生デモに一般学生として参加。同年11月，友人と総合雑誌『曙光』を創刊。21年1月，文学研究会の発起人の1人となる。この間，『曙光』をはじめ『小説月報』，『東方雑誌』，『晨報副刊』などに端正かつ華麗な表現で「美」と「愛」による人生の救済というテーマを追求した小説，詩，評論などをつぎつぎに発表，初期新文学の旗手の1人となる。22年に商務印書館から出版された『一葉』が新文学史上初の白話で書かれた長篇小説となったほか，初期作品集に『春雨の夜』（小説集，24年），『童心』（詩集，25年）がある。24年タゴールの訪華に際しては，徐志摩とともに済南まで同行し，通訳をつとめる。同年8月より中国大学教授兼出版部主任となる。

1925年5・30事件に衝撃を受け，散文詩「烈風雷雨」を書く。26年7月中国大学の職を辞し，青島へ移り，28年第2短篇集『ラッパの響き』を出版するが，この頃から次第に現実主義的傾向を強める。長篇詩「この時代」（29年）はその記念碑的作品である。20年代末から文学活動の拠点を上海に移し，青島との間を往復。31年友人・宋介の招きで東北地方を旅行，日本侵略下の民衆の苦しみに触れて崩壊する北方農村の現実と農民の覚醒を描く決意を抱き，長篇小説『山雨』を書く（32年）が，国民党政府から発禁処分を受け，部分削除を余儀なくされる（33年秋）。翌34年初め，当局との紛糾を回避すべく，家産を処分して訪欧の旅に出発，第2次世界大戦の危機迫るヨーロッパ情勢に心を痛めつつ，35年春帰国。36年6月，中国文芸家協会に加盟。10月，魯迅，茅盾など21人の文学者署名の「団結して侵略者を防ぎ，言論の自由を獲得する為の文芸界同人の宣言」に名を連ねる。37年，雑誌『文学』を編集。6月『王統照短篇小説選』を自選したが，「美」と「愛」をテーマとした初期作品の多くを収録しなかった。

1937年7・7事件後，青島が急を告げるや，家族を上海に移す。旧居，旧蔵書は日本軍に押さえられるが，動ぜず。冬，フランス租界に移り，王恂如と変名。38年，抗日戦詩集『横吹集』を出版。この年の8月に発表した詩「きみの心の鳥」は，亡国の危機の中を生きぬく決意を柔軟な感性で歌って，学生間に広く流行した。この時期，『欧遊散記』（39年）をはじめとする散文集数冊を敢行。38年より暨南大学教授であったが，41年12月上海租界が日本軍占領下に入ると，一切の社会活動を停止，開明書店編集部員としての収入のみで清貧の4年間を送る。

抗日戦争勝利後，1946年より山東大学教授となるが，翌年6月学校当局の学生運動弾圧に抗議して辞職。人民共和国成立後は，山東大学文学系主任，山東省人民政府委員，山東省文連主席などに任じ，54年8月には第1回全国人民代表大会代表に選ばれたが，57年11月肺気腫のため山東医学院付属病院で死去。

作品集として，死後に『王統照短篇小説選集』（人民文学出版社，1957年），『王統照詩選』（人民文学出版社，58年）が出されたが，より完全な作品集に田仲済主編『王統照文集』6巻（山東人民出版社，80～84年）がある。

参考文献：馮光廉・劉増人編『王統照研究資料』（寧夏人民出版社，銀川，1983年）。吉田富夫『五四の詩人王統照』（同朋舎，1985年）。王錦泉『王統照作品欣賞』（広西人民出版社，南寧，1986年）。楊洪承『王統照評伝』（花山

文芸出版社，石家荘，1990年）。〔吉田富夫〕

王　文明（おう ぶんめい）　Wang Wenming

（1892年～1930年1月17日）

字・王欽甫。海南島楽会県第4区益良郷生まれ。中国共産党の指導者，組織工作の専門家。

父は清朝の貢生であり，郷里で私塾の教師をしていた。農村知識人の家庭に生まれた王文明は5歳の時から私塾に通い，1906年に陽江小学に入学する。高等小学を卒業後，経済的理由から進学が一時困難となったが，15年先輩の王文元の助けを得て瓊崖中学に入学する。王文明は成績優秀で信望も厚かったため，中学の学生会会長に選ばれる。19年五・四運動が海南島にも波及し，瓊崖13属学生連合会が結成されるが，王は楊善集らとともに常務理事に選出され，以後海南島の学生運動の主要な指導者の1人と目されるようになった。

1922年海南島で革命活動を進めていた羅漢（初期の中共の指導者，後にトロツキー派となる）と接触し，楊善集とともに農工職業学校の設立工作に従事する。翌23年同校の創立にともない教務主任に就任した（校長・羅漢）。

1924年国共合作下の上海に出て，上海大学社会学系（瞿秋白が主任）に入学する。在学中マルクス主義やその他の革命理論を学び，中共組織の影響下に同郷の学生たちと瓊崖青年社を結成するなど，急速に中共に接近していき，同年中に入党した。その後，徐成章の要請で瓊崖革命同志大同盟結成のため広東省に戻る。25年9月大同盟は広東新学生社などと合併し，広州革命青年連合会が成立するが，王はその執行委員となり政治部の工作を担当した。翌10月当時国民革命軍第4軍政治部主任であった羅漢に頼まれ第4軍に入り，広州で羅に代わって政治部の工作に従事する。同年11月下旬第4軍第12師政治部主任，同第12師中共代表となり，鄧本殷討伐作戦に参加する。同部隊の海南島進攻後，中共組織の命により軍を離れ，以後瓊崖地区（海南島）の党組織建設工作に専念する。

1926年6月海口市における中共瓊崖地方委員会設立にともない同委書記に就任し，瓊崖地区の中共の責任者となる。当時の党委員会のその他のメンバーとしては，国民党工作郎部長・羅漢，宣伝部部長・許侠夫，組織部部長・陳垂斌らがいた。王文明はまた，第1次国共合作の下，同年夏国民党広東省党部指導員となり，国民党瓊崖特別委員会の組織工作に従事し，8月には同委工人部を主宰するなど，国民党内でも主要な地位を占めていた。

しかし，1927年の4・12反共クーデター以後，瓊崖地区の中共勢力も国民党による弾圧を受けるようになり，王は拠点を都市から農村に移さざるをえなくなる。6月中共広東省委の指示により，瓊崖地委は瓊崖特別委員会に改編され，書記には楊善集（広東省委特派員）が就任し，王文明は粛反委員会主席となる。その後，楊善集は戦死し，王は同年11月の瓊崖特委第1次拡大会議で書記に選出される。書記に就任した王は27年12月拠点の楽会県第4区にソヴィエト政権を樹立し，翌28年1月以降「貧農・雇農に土地を分け与え，中農の利益を保護」し，地主にも没収後生活に必要な分の土地を残すという基本原則に基づく，現実的な土地改革を実施する。

1927年11月以来上海では瞿秋白の急進的な革命路線が出現し，その影響を受けた広東省委は瓊崖特委に対して「瓊崖全島での暴動の実現」を度々要求した。このような状況下で28年の前半王の中共組織内での地位は一時的に著しい上昇を見せる。4月には中共広東省委候補委員に，その数カ月後には正式な委員に就任する。しかし，結局王を首班とする瓊崖特委は全島暴動を実行しなかったため，同年6月広東省委特派員・黄学増により批判され，王文明は同特委から排斥される。

1928年7月以降瓊崖地区のソヴィエト政権樹立工作に専念し，翌8月全瓊ソヴィエト政府を樹立，政府主席に就任する。同年後半あくまで海口市奪取・全島暴動に固執する黄学増率いる瓊崖特委と袂を分かち，ソヴィエト政府直属機関を率いて母瑞山に入り，革命根拠地の建設に着手する。

1930年1月かねてより患っていた肺病が悪化し，母瑞山で死亡した。王文明の生年については1894年とする説もある。

参考文献：中共党史人物研究会編『中共党史人物伝』45巻（陝西人民出版社，西安，1990年）。盛平主編『中国共産党人名大辞典』（中国国際広播出版社，北京，1991年）。景杉主編『中国共産党大辞典』（中国国際広播出版社，北京，1991年）。〔中村楼蘭〕

王　文韶（おう ぶんしょう）　Wang Wenshao

（1830年～1908年）

字・庚虞，夔石。号・耕娛，退圃。浙江省仁和県生まれ。原籍，同誌。清末の高級官僚。

1852年進士となり，はじめ戸部主事，のち司長として湖北省安襄に赴任する。左宗棠や李鴻章に認められて按察使に抜擢され，湖南の布政使に転じた。71年湖南巡撫となり，翌年にかけて貴州省の苗族の乱や広西，湖南一帯の反徒の平定につとめた。湖南の叛徒の平定には6年を費やして，75年ようやく落着した。ついで兵部侍郎となり，軍機大臣，その後礼部侍郎・総理衙門兼任を経たが，82年雲南省の軍需に関連して弾劾を受け，数年間官職を離れた。

1889年雲南・貴州総督に返り咲き，土匪の平定に努めるとともに，イギリス，フランス，ビルマ，ヴェトナムに対して南方と西方の国境防備も固めた。日清戦争が勃発すると北洋大臣付に召還され，95年講和条約締結のために日本に赴いた李に代わって直隷総督および北洋大臣の代行をつとめ，条約締結後は同職に正式に就任した。就任後は旅順・大連砲台を修築して北洋の海防を固めること，また兵員の拡充のための学校設立などを進言した。さらに北洋大学堂，鉄路学堂，育才館，ロシア語館など各種の学校の設立も上奏し，98年変法運動当時も，教育，学校設立，中国の自強に必要な諸教科の増設についての計画を案じた。

王文韶はまた命により当時天津で厳復らが創刊した『国聞報』を調査した。国聞報社は厳復と同郷の福建出身の李志成らが創立後，日本人・西村博が社長を引き継いだため，日本人との合弁の疑いが持たれていた。王は当時の新聞社林立とそれによる暴言放言の行きすぎを指摘した。この結果，厳復や彼の北洋水師学堂の学生たちは暴言放言を吐く輩と同類視されて，以後彼らは『国聞報』への執筆を禁じられた。変法の国是が下ってのち，王は戸部尚書に就任し，張蔭桓とともに鉱務鉄道局とその付設専門学校の設立に従事した。彼は光緒帝の命により“新政”を担当したが，本来西太后派に属する人物であり，義和団事件当時は光緒帝と西太后の西安蒙塵に随行した。その後も要職を歴任して，1906年病気を理由に退官し，08年78歳で没した。死後「太保」の位と「文勤」の諡を与えられた。

参考文献：閔爾昌編『碑伝集補』巻1（四庫善本叢書館，北京，1923年）。民国清史館編『清史稿』巻437，列伝224（民国清史館，北京，1927年）。『清史列伝』巻64（民国中華書局，上海，1928年）。袁英光・胡逢祥編『王文韶日記』上・下（中華書局，北京，1989年）。湯志鈞編『戊戌変法人物伝稿』下冊（中華書局，北京，1961年）。

〔児野道子〕

王　錫朋（おう しやくほう）　Wang Xipeng

（1786年～1841年）

字・樵慵（傭）。諡・剛節。順天府寧河生まれ。原籍，同前。武挙出身，清末の将領。

1808年兵部差官に任ぜられた後，固原の游撃に移る。26年陝甘総督・楊遇春に従って回疆に遠征して功績を挙げ，湖南臨武営参将に任ぜられ，さらに32年，湖南の苗族の鎮圧に功を立てて鋭勇巴図魯の称号を賜与され，宝慶協副将に抜擢された。翌年，広東の連州の瑤族の鎮圧にも功績を挙げ，汀州鎮総兵に任ぜられ，ついで38年，安徽寿春鎮総兵に起用された。

アヘン戦争が勃発すると，1840年夏，江南堤督・陳化成の指揮の下で呉淞の防備に当たった。翌年，兵1,000余人を率いて浙江定海の防備を支援し，定海総兵・葛雲飛，処州総兵・鄧国鴻と協力してイギリス軍に抗戦し，暁峰嶺の守備に当り血戦すること6昼夜，遂に部下将兵と共に戦死した。

参考文献：李桓輯『国朝耆献類徴』373（湘陰李氏刊，1890年）。繆荃孫編『続碑伝集』64（江楚編訳局，上海，1910年）。民国清史館編『清史稿』列伝159（民国清史館，北京，1927年）。民国中華書局編『清史列伝』39（民国中華書局，上海，1928年）。清史編委会編『清代人物伝稿』下編1巻（遼寧人民出版社，瀋陽，1984年）。　〔横山英〕

王　先謙（おう せんけん）　Wang Xianqian

（1842年8月6日～1918年1月8日）

原名・先謙，字・益吾，号・葵園，室名・虚受堂。辛亥革命後は遯と称した。原籍，湖南省長沙県。同県に生まれる。清末の学者，教育者。

先祖・王needed は江南の上元の人，明の正徳年間に会試に及第し，湖南岳州府連判となり，以降一家は長沙に居住した。父は王錫光，王先謙はその4人兄弟・4人姉妹の三男として生まれた。しかし，兄たちは早世し，父も王先謙20歳の時に病没し，そのため一家は窮迫したが，母の鮑氏がよく一家を支えた。

王先謙は，父の死後やむなく安徽省の長江水師郷導営の書記や湖北提督・梁洪勝の幕僚をつとめ，太平天国の討伐軍に加わったが，その間にも勉学に励み，1864年郷試に，翌65年会試に及第して前途が開けた。以降，翰林院編修から国史館協修，纂修，総纂，功臣館纂修，左右中允，左右春坊庶子，司経局洗馬，翰林院侍講，侍読，実録館協修，纂修，総校などをへて日講起居注官となる。一方，雲南，江西，浙江の各省郷試に正考官や副考官として赴き，ついで国子館祭酒，江蘇学政に任ぜられ，その間『東華続録』，『続古文辞類纂』，『皇清経解続編』，『南菁書院叢書』を刊行した。このように官界で栄達を遂げた王先謙も家庭的には極めて不幸で，2度妻に先立たれて3度結婚をし，1914年73歳で妾の主氏との間に初めての子・祖思をもうけるまで子供は全て夭折し，そのため従弟先泰の子・祖坤と族弟先博の子・祖陶を養子とした。

官界での王先謙は聖道保持の立場をとって清流をも

ってならし，1888年には李蓮英の専横を弾劾したが，89年に病いを理由に官を辞して長沙に帰った。長沙では郭崇燾に請われて思賢講舎の主講となり，その俸給で思賢書局を創設して多くの書籍を刊行し，さらに城南書院山長をへて94年から湖南第一の書院である岳麓書院の山長となった。山長としての王先謙は，日清戦争後に沸き起こった改革運動と軌を一にして書院の改革を手掛け，岳麓書院の学科を「時務」を中心として５門に分け，上海で発刊されていた『時務報』を書院に備えて院生に閲読させた。また，湖南省に新たに時務学堂の設立を申請し，宝善成製造公司を作って産業の振興を図ったが，97年秋から翌98年にかけて湖南での改革運動が急進化し，康有為の学説が広まると，聖道保衛の立場から運動排斥の先頭に立った。その時の王先謙の言論は，『翼教叢編』に収められている。

戊戌政変以降は「省紳」として湖南省内に隠然たる勢力をはり，省内に揉め事がおこるたびに引き出され，1904年には粤漢鉄路の利権回収運動に名を連ね，また06年に湖南鉄路局名誉総理，07年に湖南学務公所の議長，湖南諮議局籌辦処会辦となり，08年には礼学館顧問官におされ，さらに巡撫・岑春蓂が王先謙のその著書を北京の南書房に納めて「内閣学士の銜」を加えられた。しかし，10年に長沙で起きた米騒動では，王先謙は冤罪を主張したものの，巡撫の更迭を要求したかどで葉徳輝・楊鞏・孔憲教とともに処罰を受け，５級に降格された。

1911年に辛亥革命が起こると，王先謙は革命派の追及の手を逃れて湖南省平江県や長沙の田舎に身を潜め，その間『後漢書集解』，『三家詩義集疏』などを著したが，18年不遇のうちに没した。

王先謙は，王闓運，葉徳輝とともに湖南の「二王一葉」と言われ，学問的には経学・史学を周寿昌に私淑し，文章は桐城派の曾国藩にならい，考拠・訓詁を重んずる一方で古文詞の研究につとめ，さらに古今の書籍を通覧して各朝の典章制度を研究した。編書・著書は極めて多く，先にあげた書籍の外，『荘子集解』，『荀子集解』，『後漢書集解』，『漢書補註』，『合校水経註』，『東華録』，『虚受堂文集』，『虚受堂詩存』，『日本源流考』，『外国通鑑』，『五洲地理志略』，『尚書孔伝参証』，『三家詩義集疏』，『王先謙自訂年譜』などがある。また多くの門人を育てた。門人の著名な者としては，朱一新，李慈銘，繆荃孫，江標，梁鼎芬，葉徳輝，呉慶坻などがおり，日本の塩谷温，松崎鶴雄などと親交を持った。なお，1986年に発刊された『葵園四種』（岳麓書社）には，『虚受堂文集』，『虚受堂詩存』，『王先謙自訂年譜』，『虚受堂書札』が収められている。

参考文献：銭基博・李肖聃『近百年湖南学風・湘学略』（岳麓書社，長沙，1985年）。楊布生『岳麓書院山長考』（華東師範大学出版社，上海，1986年）。松崎鶴雄『柔父随筆』（座右宝刊行会，1943年）。　〔藤谷浩悦〕

王（おう）　学文（がくぶん）　Wang Xuewen

（1895年５月４日～1985年２月22日）

原名・王守椿，号・首春，筆名・王昂，汪鉄鋒。江蘇省徐州市生まれ。初期のマルクス主義政治経済学者，中国共産党員。

1910年春に来日，東京目白の同文書院，東京の一高予科，金沢の四高に学び，21年に京都帝大経済学部に入学。一高予科時代，郭沫若，成仿吾と同級生であった。官費学生であったが，家族５人の生活は苦しく，一時期，真如堂付近の極楽寺に住む。大学では河上肇に師事。

1924年11月，学生のマルクス・レーニン主義研究団体社会科学研究会（幹部に岩田義道，メンバーに石田英一，太田遼一郎など）に加わり，２年余り活動する。25年に卒業し，同大学院に進学。河上肇を指導教授とし，課外でも河上の個人誌『社会問題研究』を愛読した。

1927年蒋介石が４・12クーデターを起こし，中国革命は沈滞。この時，京都で中国共産主義青年団に加入，４月に帰国後上海に行き，済難会（後の互助会）に勤める。５月末武漢に移り，国共合作下の国民党海外部に勤務，『海外周刊』を主編し，６月に中国共産党に加入。７月15日国共分裂後，来日し，京都で党支部委員兼小組長を務めるが，経済的に困窮し，中国人学生の援助に頼る。８・１南昌蜂起後，帰国を決意するが，旅費が無く，河上家を訪ね，夫人から20円を貰う。生活の困窮を見た河上は，『資本論』第１巻第７篇の翻訳権を与えたが，王学文の帰国と多忙で，計画は実現していない。

1928年秋，上海に行き創造社に参加，上海芸大，中華芸大，華南大学，群治大学，法政学院でマルクス主義政治経済学と経済思想史を講義。30年，魯迅，朱鏡我らと中国自由運動大同盟，左翼作家連盟，中国社会科学者連盟などを創設し，中国自由運動大同盟の執行委員を務める。同年３月，日本人青年多数の依頼で政治経済学を講義し，中日闘争同盟を組織。この年，中国社会性質論戦にも参加している。31年中国社会科学研究会を創設し，第１期党団書記を務める。32年，中共江蘇省委員会宣伝部に移る。

1937年春，上海から延安に移り，中央党校で教員を務め，7・7事件後に教務主任，後に管理委員会主任を兼任。5月には中国共産党全国代表会議に参加。38年秋，中共中央マルクス・レーニン学院（後に中央研究院と改名）副院長兼教務主任となり，授業も担当するが，後に過労のため病に倒れ，同学院を離れる。

1940年5月，中共中央軍事委員会総政治部に移り敵工部部長を務め，敵軍工作幹部学校校長を兼務。軍政学院，敵軍工作幹部学校，日本工農学校で政治経済学を教授，この延安宝塔山の日本工農学校で取られたノートが，80年に王学文に贈られ，漢訳後，『社会科学基礎知識』の表題で出版されている。抗日戦争期には陝甘寧辺区銀行顧問も務める。

1947年5月に華北財辦（後の中財部）で研究室主任を務め，解放区の経済財政を研究。48年8月，華北財経学院院長兼研究室主任を務め，董必武の依頼で政治経済学教程の執筆に着手。49年6月，中央マルクス・レーニン学院教授，政治経済学教研室主任。後に『政治経済学教程緒論』の中で述べた生産力3要素観が，陳伯達の生産力2要素観と対立し，マルクス・レーニン学院を追われる。53年に中宣部に移る。

中華人民共和国建国後は『資本論』や財経問題の研究に尽力し，1958年から63年にかけて北京大学，景山大学（中宣部の運営），中央党校で『資本論』を講義。第1期全国政協代表，第1期・第4期全人大代表，第2期・第3期全国政協委員，第4期・第5期全国政協常務委員，中国科学院哲学社会科学学部委員・同経済組専門委員，経済研究所学術委員兼研究員を歴任。『毛沢東選集』編纂工作に参加。文革中迫害を受ける。85年2月北京にて病死する。

参考文献：晋陽学刊編輯部編『中国現代社会科学家伝略』3輯（山西人民出版社，太原，1983年）。何思敬・王学文主講，王艾英・何理文訳『社会科学基礎知識』（求実出版社，北京，1983年）。
〔黄當時〕

王（おう）　一飛（いつぴ）　Wang Yifei

（1898年11月17日～1928年1月28日）

原名・王兆鵬，別名・王亦非。筆名・王伊維，伊維，仮名・阮維鵬，徳哥，陸崇文。浙江省上虞県豊恵鎮生まれ。中国共産党初期の指導者，組織・宣伝工作の専門家。

小学，高等小学を経て，1910年に紹興山会初級師範学堂に入学し，そこで魯迅の講義を受ける。13年夏同校を卒業し，郷里の上虞県に帰り，教育救国の希望を抱いて小学教員となる。

1919年五・四運動が発生し，王一飛はその渦中で『新青年』，『浙江潮』に接する。とりわけ『新青年』の主張に共鳴した王は，20年夏教職を辞して同誌の編集主任であった陳独秀を上海に訪ねる。上海では，陳独秀の紹介を得て，上海共産主義小組の外国語学校に入学，さらに同年11月上海社会主義青年団書記・兪秀松の紹介で同団に加入する。

1921年春上海共産主義小組は3波に分けて青年たちを学習のためソ連に派遣したが，王一飛は第3波のグループの責任者となる。日本経由でソ連に入り，モスクワの東方労働者共産主義大学に入学する。モスクワ滞在中の22年春，中共のコミンテルン駐在代表団の承認の下，青年団員から中共党員となる。

その後，ロシア語を習得した王一飛は1923年後半から大学で「ソ連共産党の歴史」,「政治経済学」といった科目の通訳を担当し，北京『晨報』のモスクワ駐在員として滞在していた瞿秋白と共同で『政治経済学概説』を翻訳した。また，王は翌24年の6月にはコミンテルン第5回代表大会に参加した中共代表団のために通訳をつとめるなど，活発に活動しており，モスクワの中共組織内の王に対する評価は次第に高まっていった。その結果中国社会主義青年団駐モスクワ地方委員会委員長に選ばれる。

1925年2月コミンテルンは中共の軍事工作面の人材を養成するため，王一飛ら30名余の学生をソ連赤軍の軍事学校に編入させ，5カ月にわたって軍事理論学習並びに野営実習訓練を施した。この時点で，王は中共における軍事工作分野の専門家としての地歩を固めた。同年8月帰国の途につき，翌9月上旬上海に到着する。

上海到着後，すぐに中央軍事部の組織工作に従事し，次いで中共上海区執行委員会書記並びに宣伝委員を兼任する。1926年2月6日に同区委の機関工作員であった陸綴雯と結婚するが，上海での結婚生活を営む間もなく，中央軍事部特派員として武漢，南昌，長沙など各地に赴き，北伐準備のための軍事情報の収集にあたり，情報を広州の周恩来のもとに伝えた。

北伐期間中，王一飛は中共中央軍事委員会（中央軍事部を改称）の特派員または秘書として，ソ連軍事顧問団の通訳をつとめたり，情報の収集，作戦の建議を行い，さらに，1927年3月の上海における第3次武装蜂起に自ら参加し，羅亦農らとともに南市区の蜂起の指揮をとった。4・12反共クーデター後の27年5月初め周恩来の命を受け，党中央に上海の状況を説明すべく武漢に向かう。武漢ではすでに到着前に開催された中共5全大会で中央委員に選出されており，到着後は中央軍事委員会秘書長に就任しそのまま当地に留まる。

中共のいわゆる「大革命」失敗後，王一飛は1927年8月の漢口の8・7緊急会議に中共中央軍事委員会代表として出席し，会議後の秋収暴動では鄂北特委書記として湖北省内の暴動を指揮した。湖北省の秋収暴動が失敗した後，王は27年10月に中共湖南省委書記に就任し，長沙などにおける武装蜂起を計画するが，同年12月機密漏洩から蜂起は失敗に終わり，28年1月長沙で国民党側に逮捕され，処刑された。

参考文献：陳玉堂編著『中共党史人物別名録』（紅旗出版社，北京，1985年）。中共党史人物研究会編『中共党史人物伝』45巻（陝西人民出版社，西安，1990年）。盛平主編『中国共産党人名大辞典』（中国国際広播出版社，北京，1991年）。〔中村楼蘭〕

王（おう）　一飛（いつぴ）　Wang Yifei

（1901年～1968年）

湖北省黄梅県生まれ。中国共産党の指導者，組織工作の専門家，軍人。

王一飛は，1923年9月武漢で中国社会主義青年団に加入し，以後同団の工作に従事する。まず，王は郷里の黄梅県で平民教育運動に参加し，黄梅平民教育促進会の発起人となり，同会成立時にその総幹事に選出される。次いで青年読書会を組織し，黄梅県における社会主義青年団組織の強化に努め，ついに同県における最初の社会主義青年団小組を結成することに成功した。しかし，平民教育運動をいわゆる「土豪劣紳に反対する」農民運動に転化させたことから当時の黄梅県政府の弾圧を受け，王は同県を脱出せざるをえなくなる。

黄梅県を出た王一飛は上海を経たのち広州に至り，1924年8月黄埔軍官学校に入学し（第2期生），工兵科に入った。入学後，しばらくして社会主義青年団員から正式な中共党員となる。翌25年の2月蔣先雲，李之龍らとともに中国青年軍人連合会を結成し，広州の青年軍人を中心に軍人を中共側に取り込む工作に従事する。同連合会では当初から中央執行委員会委員に選出され，『中国軍人』などの刊行物の編集を担当しており，国民党右派の孫文主義学会との闘争の最前線に立っていた。また，この年の8月広東国民政府及び労農兵学商各界の代表が北京に派遣する「広東外交代表団」を組織するが，その際王一飛は同代表団の軍人代表に選ばれ，同時に中共組織からも代表団における中共の党団書記に任ぜられる。広東外交代表団団員として北京に到着した後，王は李大釗，趙世炎らとともに26年3月18日にデモを指揮し，北洋軍閥支配下の北京政府に対する抗議行動を展開した。このデモは即座に北京政府によって武力弾圧され（3・18惨案），この弾圧の際王自身も負傷する。

弾圧事件後，広東外交代表団は広州に帰還するが，王一飛は李大釗の要請により北京に留まり，中共北方区委の地下工作に従事する。1926年の4月から5月にかけて李の命を受けて馮玉祥指揮下の国民軍部隊に入り，国民軍第3軍第3混成旅参謀長に就任した。なお，当時の中共における王の地位は中共北方区委直属の革命軍連委会書記であった。同年9月馮玉祥は国民革命への参加を表明，以後国民軍内部に国民党の党部が設置されるようになるが，その際王一飛は国民軍国民党最高特別党部執行委員会常務委員に任ぜられた。このように第1次国共合作下において，王一飛は中共組織並びに国民党の双方で枢要な地位を占めていたのである。

1927年蔣介石を中心とする反共グループの勢力が拡大すると。6月馮玉祥は蔣介石に追従して国民軍内部の中共党員の排除を開始ししたため，王一飛は劉伯堅，鄧小平らとともに国民軍を追われる。国民軍退出後，王は当時の中共中央所在地の武漢に行き，一時党中央秘書処の工作に従事したが，同年8月ソ連に学習のために派遣される。この時派遣された党員としては蕭勁光，万堂文らがおり，王はこのグループの組長に任命された。

ソ連滞在中文教工作及び軍事工作に従事し，独ソ戦にも参加する。戦争ではソ連最高ソヴィエト主席団から英雄労働の賞状を授与され，スターリン金賞を受ける。第2次世界大戦後の国共内戦時に帰国する。

中華人民共和国成立後，中共中央編訳局副局長並びに北京図書館副館長を歴任し，1968年に北京で病没した。

参考文献：王永均編著『黄埔軍校三百名将伝』（広西人民出版社，南寧，1989年）。〔中村楼蘭〕

王（おう）　揖唐（ゆうとう）　Wang Yitang

（1877年9月11日～1948年）

初名・志洋，改名・賡，字・慎吾，什公，一堂，号・揖唐，逸塘，今伝是楼主人。安徽省合肥県生まれ。原籍，同前。清末の進士，政治家，親日派官僚。

1904年の進士となり同年軍事を学ぶための出国を清朝に出願し，北洋督練公所を経て日本へ派遣される。まず東京振武学校に入学，卒業後金沢の第9師団砲兵第9連隊に入隊して実習訓練を行うも軍隊生活に耐えられず，法政大学に転入する。05年に留日学生の楊度らが東京に留日学生総会を組織すると，安徽省分会職員長となる。07年帰国，まず兵部主事に任じ，ついで東三省総督・徐世昌の知遇を受け，奉天に赴き軍事参議となる。その後，吉林陸軍第１協統領，吉林督練処参議を歴任し，09年ロシア皇帝ニコライ２世の戴冠式に参列するために，欽差大臣・戴鴻慈の随行員としてモスクワを訪問。ついで２年間欧米各国を歴訪し，軍政，鉄道，交通・運輸事情などを視察，特にドイツにおいて軍事学を研究し，帰国後吉林兵備処総辦に任ずる。

辛亥革命後，徐世昌の紹介により袁世凱の幕僚となり，大総統府秘書，参議，顧問などを歴任，この間の袁世凱臨時大総統実現に果した貢献が認められて陸軍上将を授かる。1912年５月袁世凱の御用政党である共和党（理事長・黎元洪）が結成されると，その幹事となる。13年４月に召集された第１回国会にチベット代表の参議員として列席。５月国民党に対抗して袁世凱が共和，民主，統一の三党を合併して進歩党（理事長・黎元洪）を組織させると，その理事となる。14年，袁世凱が国会を解散した後に召集した約法会議において安徽省選出の議員として活躍，新約法に基づいて設置された参政院の参政に任命される。15年から16年にかけて吉林省巡按使（後省長に改称）に就く。この間，袁世凱の帝制運動に積極的に係わり，北京で『国華報』を発行，帝制の鼓吹に奔走，吉林でも奉天省巡按使の段芝貴と呼応して帝制運動を展開した。16年４月袁世凱の帝制取消後に成立した段祺瑞内閣の内務総長に任命されるが，これが安徽派に加わる契機となる。

袁世凱の死後内務総長を辞し，ドイツ，フランスを漫遊して陸軍組織を研究。1917年に帰国すると再び政界に身を投じ，同年11月に成立した北京臨時参議院の正議長に選出される。翌18年３月に安徽派の御用政党である安福倶楽部が結成されるとその総裁に任じ，同年８月に北京臨時参議院が閉会されて新国会（安福国会）が開かれると，衆議院議長に就任，段祺瑞直系の安徽派政治家の首領として活躍。その頃北京の私立民国大学および中華大学の両校校長も兼任し，時代の寵児となった観があった。19年８月に再開された上海南北和平会議の北方総代表に任命されたが，南方から反発を受け，和平会議自体は自然消滅する。

五・四運動で親日派として国民の糾弾を浴びた安徽派が1920年７月に安直戦争で敗れると，安福倶楽部を解散させられたうえ，指名手配を受けて日本に亡命する。23年に特赦を受け，24年春に帰国，段祺瑞派の再起の画策に参与する。同年段祺瑞が臨時執政に就くと安徽省長に任命され，督辦軍務善後事宜を兼任して安徽省の軍政の大権を掌握する。25年２月段祺瑞執政が孫文の国民会議に対抗して北京に召集した善後会議に議員として名を連ねる。28年国民革命軍が北京を攻め，北京政府が崩壊すると，逮捕命令が出され，天津の日本租界に逃れて亡命生活を送る。

1934年に個人の資格で日本を訪問，日本の朝野の歓迎を受け，軍部，政界，経済界の実力者と中国東北問題などについて会談する。この訪日が日本の傀儡政治家となる道を決定的にし，35年冀察政務委員会（委員長・宋哲元）委員に就き，天津匯業銀行総理に任ぜられる。37年王克敏らが組織した傀儡政権の中華民国臨時政府の賑済部総長，内政部総長などを歴任，40年に汪精衛が南京に中華民国国民政府（いわゆる汪精衛政権）を組織すると，考試院院長に任ぜられ，華北政務委員会（先の中華民国臨時政府が改称されたもの）委員長に就任，ついで同傀儡政府の中央政治委員会委員兼内務総署督辦となる。抗日戦争勝利後の48年９月，国民政府により漢奸の罪状で銃殺される。

著書に，日本の訪問記である『東游紀略』（天津大公報社，1934年）がある。さらに『上海租界問題』３巻（24年），『今伝楼詩話』（天津大公報社）などがあり，日本語からの翻訳書に『徳皇威廉第二自伝（ドイツ皇帝ウイルヘルム２世自伝）』（商務印書館）がある。

参考文献：劉紹唐主編『民国人物小伝』第５冊（伝記文学出版社，台北，1982年）。*Who's who in China*, 5th edition (The China Weekly Review, Shanghai, 1932. 龍渓書舎，1973年復刻)。中国史学会・中国社会科学院近代史研究所編，章伯鋒主編『北洋軍閥 1912-1928』６巻（武漢出版社，武漢市，1990年）。

〔笠原十九司〕

王（おう）　蔭泰（いんたい）　Wang Yintai

（1886年～1947年11月）

字・孟群。浙江省紹興県生まれ。原籍，山西省臨汾県。民国期の政客，対日和平協力者。

父の王式通は清朝時代の進士。1906年学務視察委員として来日。民国政府の司法次長，25年には清史館纂修，東方文化事業総委員会委員をつとめた清末民初の高名な学者にして官僚であった。

王蔭泰は1902年日本に留学し，06年第一高等学校卒業後ドイツに渡り，12年ベルリン大学法科を卒業した。一時，ベルリン大学附属訳学館教師，ドイツ国立人類学博物館協纂に任ぜられた。13年帰国すると北京政府国務院法制局に入り，20年までの間編訳員，国務院法典編纂会纂修，司法部法律編査会編査員を務め，ついに国務院法制局参事に昇進した。またこの間，13年に北京大学法科講師。17年には高等捕獲検察所判事となり，同年日本特派使節として来日。19年敵国財産管理処法律顧問及び庫倫（ウランバートル）特派使節。20年庫倫宣撫使総務処長を兼務。21年外モンゴル独立の影響により辞職し，奉天に行って張作霖の顧問となり，ついには外交を一任されるにいたった。この間，川島芳子とも面識があった。

1926年北京の段祺瑞が失脚し，奉天にある張作霖が北京に進出すると，杜錫珪内閣の外交次長に登用され，関税会議代表，東支鉄道問題にかんする中露交渉委員会長などを兼任し，顧維鈞内閣にも留任した。27年張作霖が大元帥に就任し潘復内閣が成立すると，外交総長となり，条約研究会副会長，中華匯業銀行総理を兼任。28年司法総長に転任し，関税自主委員会委員となる。しかし奉天派が衰え北京を去るとともに奉天に赴き，その後は官界を退いて上海で弁護士を開業した。

日中戦争開始後，日本北支方面軍は北洋軍閥系の江朝宗，潘毓桂らを立てて治安維持会を北平，天津に組織し，これを踏み台に1937年12月14日香港にあった王克敏を北平にかついで中華民国臨時政府を宣言した。王蔭泰はこの臨時政府行政委員会に入り，議政委員会委員，実業部総長を兼任し，同年日華経済協議会委員となった。40年３月汪精衛の率いる国民政府が南京に成立すると，臨時政府は華北政務委員会と改称し，それに編入され，王は国民政府華北政務委員会常務委員兼実業総署督辦に就任した。また中日実業株式会社総裁を兼ねた実業官僚であった。

1945年２月華北政務委員会委員長に就任したが，同年８月日本の敗戦後12月５日汪時璟宅の謎の宴会で逮捕され，王克敏，殷汝耕ら華北要人とともに46年５月26日南京に空輸され，老虎橋監獄に投獄された。同年７月１日高等法院法廷に立つ，弁護人は戴修潜。王は傀儡政府に参加した事実を認め，同年10月８日死刑を宣告され，47年11月南京老虎橋監獄刑場で銃殺された。

参考文献：黄美真・郝盛潮主編『中華民国史事件人物録』（上海人民出版社，上海，1987年）。外務省情報部編『現代中華民国・満州国人名録』（東亜同文会，1932年）。東亜問題調査会編『支那政府要人録』（朝日新聞社，1938年）。『満州紳士録』（満蒙資料協会，1940年）。益井康一『漢奸裁判史』（みすず書房，1977年）。　〔八巻佳子〕

王（おう）　永江（えいこう）　Wang Yongjiang

（1872年２月17日～1927年11月１日）

字・岷源，号・鉄龕。奉天省金州庁生まれ。奉天派の代表的官僚。

王氏は山東省蓬莱県より６代の祖の時に移り，代々農耕に従った。父・王克謙は県城の曹氏「双興貸桟」に勤務，ついで独立して雑貨店を開業した。妻・許氏，長子・永江，次子・永潮，兄弟共に曹氏の５，６女を妻とする。王兄弟は私塾で学び，永江は17歳で県試頭榜（生員），ついで1900年奉天の金州庁学歳貢生になる。また，この間瀋陽の萃升書院で学び，袁金鎧，張之漢らを識る。その後，日本人経営の金州南金書院小学堂監理を経て，義兄・李景周（生員）と合資で旅順に中薬店を開業，売薬・治療を行うが，日露戦争により倒産し，次いで07年直隷候補知県の弟が早逝した。王が悲嘆の極にあったある日，遼陽で団練を行っていた旧友・袁金鎧より関東庁警察制度について問われ，詳細な報告書を送ったのが機縁で，遼陽警務学堂監督に迎えられた。王永江は関東州植民地統治をモデルに警察行政・教育の法令や講義書を編纂し，声誉上がり，遼陽の警察行政の責をも担い，東三省総督・錫良より全省警察行政の第一人者として激賞された。これが王の東三省政界入りの発端である。

1911年辛亥革命勃発後，総督・趙爾巽の参事に召されて機要に任じ，鉄嶺の蜂起鎮圧に功績あり，奉天民政司使に保署されるが就任せず，ついで東辺道尹，興鳳道治に任じる。民国成立後，瀋陽及び省内各県の税捐局長，奉天官地清丈局長などを歴任する。16年張作霖の奉天省支配開始後，その軍政両署秘書長袁金鎧の推薦で，11月全省医務処長，ついで奉天省警務処長兼省会警察庁長に任じ，治安粛正に辣腕を振った。17年５月，奉天財政庁庁長兼烟酒公買局長に任じ，翌年４月には東三省官銀号督辦を兼務した。奉天省は財政危機と金融混乱が連年続いていたが，王永江は財務行政の粛正・整理と土地清丈により数年にして財政充実の成果をあげ，張の堅い信頼を得た。22年６月張の懇請により奉天省長代理兼財政庁長に任じる。王は長く財政面と治安維持面で奉天派の支配の安定に力あり，さらに省長としては実業振興，教育発展，吏治粛正，交通発展，屯墾奨励を５大政策とし，東三省の経済・教育の発展にも貢献した。しかし24年の第２次奉直戦争とその後の関内進出による内戦の連続，地方財政・経済の混乱によって，東北地方社会の発展を志向する王と，地盤支配の安定と財政・軍備充実を基礎に全国的な勢力伸張・武力統一を目指す張作霖，楊宇霆ら軍人集団との相違も次第に顕在化した。26年１月，郭松齢事件後の善後会議の席上，王は内戦介入に反対し，軍備縮小，経済発展推進，張作霖個人の機密費廃止の改革案を提起した。だが張作霖らはこれに応じずなお関内出兵を続けたため，同年２月19日，王は病気と称して帰郷，３月２日張に辞表を提出し，慰留されるが，５日再度辞表を提出，張作霖の内戦拡大，地方経済混乱を批判した。27年11月病死した。

王永江の東三省の安定・発展第一，内戦反対の立場は日本側からも歓迎され，満州国成立後には日満提携・保境安民の先駆者のごとく喧伝された。確かに王は保守的実務官僚として，日本の関東州統治の効率性を評価し，また対外的には慎重であり，1922年末の旅大回収運動，25年の５・30運動には抑圧方針をとった。しかし王の施策，とりわけ経済・教育政策は東三省地方社会の自立的発展の趨勢を促進するものであり，日本の「満州」支配とは対立する側面があったことにも注意が必要であろう。

参考文献：魏福祥「王永江伝略」,『東北地方史研究』３，1985年２月。金毓黻「王永江別伝」,『吉林文史資料選輯』４期（吉林人民出版社，長春，1983年）。馮月庵・潤生「王永江」，政協瀋陽市委員会文史資料研究委員会編『瀋陽文史資料』４輯（政協瀋陽市委員会文史資料研究委員会辦公室，瀋陽，1983年）。Ronald Suleski, *Civil Government in Warlord China: Tradition, Modernization and Manchuria*. Peter Lang, Bern & New York, 2002. 澁谷由里『馬賊で見る「満洲」』（講談社，2004年）田島富穂「王永江を語る」，満州回顧集刊行会編『あゝ満州』（農村出版，1965年）。

〔土田哲夫〕

王（おう）　雲五（うんご）　Wang Yunwu

（1888年～1979年８月14日）

小字・日祥，名・之瑞，字・雲五，筆名・岫廬，出岫，広東省香山県生まれ。出版ジャーナリスト，教育家，政治家。

早くから上海で学び，独学で日，英，独，仏の４カ国語に通じ，数学，化学から法律，政治など広い知識を自ら修めた。1907年振群学社社長となる。辛亥革命前，呉淞中国公学で英語を教え，胡適，楊杏仏，朱経農ら後年有名になった人びとがその教え子であった。

1912年，南京臨時政府が成立すると教育部に入り，同じ頃，臨時大総統に就任した孫文の秘書になる。同年，北京政府教育部専門教育司長および教育次長代理となる。13年，国民大学（のち，中国公学大学部，中国大学と改称）の教授，および『北京民主報』の主編となる。16年，全国鉱油局翻訳処長となり同技術部の主任も兼ねる。同年秋より翌年末まで，江蘇，江西，安徽各省のアヘン禁止運動の特派員。20年，上海商務印書館の編集長となる。25年従来の部首索引に代わって漢字を検索する「四角号碼検字法」を考案し，47年に完成した。また，上海の東方図書館理事，上海図書館協会長をへて，28年南京国民政府大学院科学用語統一委員会主任委員に任命された。29年商務印書館編集長を辞任，国立中央研究院社会科学研究所法制組主任兼研究員に任命される。30年商務印書館総経理。のち，欧州を旅行し，31年帰国。その時，科学的管理法を徹底的に研究し，中国産業界に初めて科学的経営を紹介する。32年初め日本によって商務印書館が破壊されたが，この経営法によって数年のうちに復興させたと言われる。

日中戦争勃発後1938年には，国民参政会常務委員会委員を任ぜられ，45年まで務める。44年，中国使節団団員としてイギリスに派遣される。46年，政治協商会議の無党派代表。５月には国民政府行政院経済部長に任ぜられる。47年４月張羣のもとで行政院副院長，48年翁文灝内閣の財政部部長。８月金円券発行による幣制改革を実施，９月，国際復興開発銀行の国際貨幣会議，国際通貨基金会議に中国代表としてワシントンに赴く。11月，幣制改革失敗の責任をとって財政部長を辞任。

1951年台湾へ渡り，54年考試院副院長。58年７月，行政院副院長に任ぜられて（63年12月まで），考試院副院長を辞す。この間，幣制，財政，教育の改革に尽す。65年政治大学教授。67年には総統府資政兼中華文化復興運動推進委員会副会長を務め，68年３月第４回亜州印刷会議（台北）名誉会長となる。また11月，中山学術文化基金理事会理事長。69年６月，中央研究院第７期評議員（人文系，任期３年）に挙げられる。10月，韓国建国大学名誉法学博士の称号を与えられる。79年台北で死去。

『万有文庫』第１集，第２集，『中国文化叢書』，『叢書集成』，『漢訳科学大綱』などを主編し，『編纂中国文化史之研究』（1937年），『中国塩政史』（37年），『先秦政治思想』（68年），『両漢三国政治思想』，『晋唐政治思想』，『明代政治思想』（ともに69年），『清代政治思想』，『先秦教学思想』（ともに70年），『宋元教学思想』，『明清教学思想』（ともに71年）などの著書がある。

参考文献：『第２次改訂四角号碼検字法』（商務印書館，上海，1928年）。『科学管理法的原則』（上海中国工商管理協会，上海，1930年）。『王雲五大辞典』（商務印書館，上海，1930年）。『我的生活片段』（華国出版社，1952年）。『岫廬八十自述』（台湾商務印書館，台北，1967年）。〔小林武〕

王（おう）　造時（ぞうじ）　Wang Zaoshi

（1902年８月３日～1971年８月５日）

字・雄生。江西省安福生まれ。学者，社会活動家。

王済善（1869～1947年）を父に，商人の家庭に生まれる。8歳の時に，晩清の秀才・朱廉夫に教えを受け，造時の名はこの時に付く。1913年安福県高等小学に入学，16年南昌第一中学に入学。17年夏，北京清華学校に合格し，在学中に『新青年』，『新潮』を愛読，新思潮の影響を深く受ける。19年の五・四運動にも積極的に参加し，2度捕われ入獄する。

1925年夏清華高等科を卒業後，米国ウィスコンシン大学に留学，政治学を専攻し，29年6月博士の学位を受ける。同年8月英国ロンドン大学政治経済学院に入り，H.J.ラスキにつき政治思想・比較制度論を研究，フェビアン社会主義の深い影響を受ける。

1930年8月，欧州よりソ連経由で帰国。欧州型の多党制議会政治制度を中国で実現したいという考えを持ち，国民党政府の南京赴任要請や清華，南開などの有名校の教員招請を辞退，上海へ行き，光華大学教授，政治系主任，文学院院長を務める。

帰国して1年後に，9・18事変が起こり，事変後間もなく，『救亡両大政策』の中で，国民党の一党独裁に反対，内戦を停止し，中国共産党と連合して抗日するように訴える。蔣介石の「攘外必先安内」の政策に対して，「安内必先攘外」を主張。抗日の主張を宣伝すべく半月刊の『主張与批評』を創刊，発禁処分を受けた後，同じく半月刊の『自由言論』誌を創刊。更に，上海各大学教授抗日救国会を創設，上海の他の抗日団体と連合して上海各界抗日救国団体連合会を成立させ，19路軍1・28淞滬抗戦を積極的に援助。1933年1月，宋慶齢，楊杏仏，魯迅らの組織する中国民権保障同盟上海分会が成立すると，宣伝委員，執行委員を務める。後，特務の工作により各大学での職を失い，弁護士及び翻訳で生計を立てる。

1933年11月，福建事件の際，陳銘枢の要請で福州に行き，「為閩変忠告当局」を発表し，反蔣抗日の態度を表明，このため『自由言論』誌は発禁となる。

1935年7月，李済深，陳銘枢に要請されて香港に行き，民族革命大同盟の設立に参与，中央執行委員に当選したが，辞退。同年12月，馬相伯，沈鈞儒らが上海文化界救国会を創設し，王造時は執行委員に選ばれる。36年1月，1・28淞滬抗戦4周年を記念して上海各界救国連合会が成立すると，宣伝部長を務め，『上海文化界救国会会刊』，『救国情報』を創刊主宰。

1936年5月末，全国各界救国連合会が上海で成立大会を開き，常務委員に当選。同年11月上海で逮捕され，翌年4月「危害民国緊急治罪法」違反で起訴されるが，7・7事件後に釈放される（救国会七君子事件）。

南京陥落後江西に行き，1938年3月江西南昌政治講習院教務処長兼教授を務める。後，江西吉安に移り『前方日報』を創刊し社長を務める。

1941年4月，日ソ中立条約が結ばれると，中国の主権を犯すとして「スターリン元帥に致す公開書簡」を起草，後に中央社により香港で発表される。

1946年5月，江西から上海に戻り，9月に自由出版社を設立。この時期，反内戦・自由民主を唱え，国民党による民主同盟の解散に反対した。

中華人民共和国建国後，華東軍政委員会委員，華東文化教育委員会委員，上海市政協第1期常務委員，上海法学会理事，上海市人民代表を務める。1951年8月より復旦大学歴史系教授，世界史教研組主任。

1957年に右派とされ，文革中にも迫害を受け，71年8月死去。80年，上海市政協・復旦大学が追悼大会を開催し，名誉を回復。

参考文献：晋陽学刊編輯部編『中国現代社会科学家伝略』6輯（山西人民出版社，太原，1985年）。中国社会科学院近代史研究所主編『民国人物伝』6巻（中華書局，北京，1987年）。

〔黄當時〕

王（おう）　占元（せんげん）　Wang Zhanyuan

（1861年2月20日～1934年9月14日）

字・小春，原名・徳賢。山東省館陶県生まれ。北洋陸軍の軍人。

王占元は青年時代淮軍に身を投じ，劉銘伝の兵卒となる。1886年天津で武備学堂に入り，90年第1班卒業生となる。卒業後は宋慶の毅軍に入り，日清戦争に参加する。95年天津で袁世凱が新建陸軍を創設すると，これに入隊する。1902年袁世凱が軍の拡充に着手し，北洋常備軍を編成すると，王は歩隊第7営管帯に任ぜられる。04年には北洋陸軍第2鎮歩隊第3協統領となる。

1911年10月辛亥革命が勃発すると，王の第3協は第1軍に編入され，革命鎮圧のため南下し，10月27日馮国璋の指揮下漢口を占領する。12月1日の中華民国成立後は近畿陸軍第2師師長に任命され，その後は第2革命を鎮圧するなどして，袁世凱を支える。15年袁世凱が帝制運動を起こすと，王はこれを積極的に擁護する。

1916年6月の袁世凱の死後黎元洪が大総統となり，段祺瑞が国務総理となると，王は湖北督軍兼民政長に任ぜられる。袁世凱の死後北洋軍閥は次第に直・皖両派に分裂していったが，王は馮国璋の直系に属し，段祺瑞との対立を深めていく。19年12月馮国璋が病死し，曹錕が直系の首領となると，王は曹錕，呉佩孚と結び，皖系に対抗する。20年6月には両湖巡閲使に任命され，湖北省，湖南省を統治する。王の湖北省における専制的な統治は人民の強い反発を招き，21年になると王打倒の民衆運動が相継ぎ8月王は辞職を余儀なくされ，湖北省内の財物を隠匿して天津に逃れる。

1926年9月，王は五省連軍総司令であった孫伝芳の強い要請を受けて南京に赴き，訓練総督となり，孫と共同して北伐革命軍に対抗する。28年北伐軍の勝利にともない，王は天津に戻って英国租界の保護を受ける。その後は北京，天津，大連などで企業及び株式に投資を行い，巨額の富を得るが，34年9月天津で病死する。

参考文献：劉紹唐主編『民国人物小伝』第5冊（伝記文学出版社，台北，1982年）。中国社会科学院近代史研究所主編『民国人物伝』2巻（中華書局，北京，1980年）。賈逸君編『中華民国名人伝』（文化学社，北京，1937年）。徐友春主編『民国人物大辞典』増補版（河北人民出版社，石家荘，2007年）。
〔家近亮子〕

王(おう)　震(しん)　Wang Zhen

（1908年3月15日～1993年3月12日）

湖南省瀏陽出身。人民解放軍軍人，上将。

小学校3年で家出，粤漢鉄道の雑役，機関車のかま炊きをし，16歳の時広西軍（桂軍）に入隊。1925年黄埔軍官学校入校（第3期）。27年1月中共入党，長沙鉄道労働組合を指導。7月南昌蜂起に参加，葉挺の南征に従軍。34年10月紅軍（総指揮・賀龍，政治委員・任弼時）第6軍（蕭克）政治委員。長征に参加。

1936年八路軍第120師第359旅旅長兼政治委員。41年2月第359旅第八路軍留守兵団（司令員・蕭勁光）に所属。40年毛沢東の「生産発展・自力更生」の呼び掛けに応え第359旅を投入して南泥湾で開墾・生産自給活動を開始，以降各革命根拠地でも同様の生産自給運動が実施され，日本軍の攻撃によって直面した経済困難を解決。44年11月～45年毛沢東の命令で359旅の一部からなる八路軍南下支隊（湖南人民抗日救国軍）を組織，中央ソヴィエト区の回復を目指したが，実現できず新四軍第5師（司令員・李先念）に合流。45年春中共7全大会で中央委員会候補委員。

1946年春中原軍区（司令員・李先念）副司令員兼参謀長。47年西北野戦軍（司令員・彭徳懐）第2縦隊司令員。49年1月第1野戦軍（司令員・彭徳懐）第1兵団司令員。5月西安，9月西寧，10月新疆を解放。49年12月西北軍政委員会委員，中共新疆委員会書記，新疆軍区（司令員・彭徳懐）司令員代理兼政治委員代理，新疆政府委員会委員，新疆財政経済委員会主席。

1950年10月彭徳懐が朝鮮戦争に参戦したため，西北軍区副司令員，新疆軍区司令員代理に昇格，毛沢東の命により南泥湾での生産活動の経験を生かして新疆の開墾に着手，ソ連の援助を得て国営農場を建設。これらの農場を基礎として54年8月新疆生産建設兵団（兵員約30万）が設立され，新疆駐屯部隊の食料問題を解決。

1954年3月新設された鉄道兵司令員兼政治委員に就任，全国の戦略鉄道の建設を指揮。9月第1期全人代解放軍代表，国防委員会委員。55年9月一級八一勲章，一級独立自由勲章，一級解放勲章授与，上将。

1956年5月国務院農墾部長に就任，中ソ国境の北大荒から海南島にいたる全国的な南泥湾式の生産運動を指導。9月中共8全大会で中央委員会委員。57年10月中国農業技術代表団長として訪日。58年1月農業水利労働組合第1回全国代表大会で「大いに意気込んで革命を行い，国営農場・牧場の生産の大躍進を実現しよう」を報告。59年3月第2期全人代黒龍江省代表。61年4月論文「国営農場の建設を強化しよう」を『紅旗』7期に掲載。67年1月文化大革命で賀龍とともに批判され，農墾部長を罷免。

1968年5月のメーデー祝賀会に出席して復活。69年4月中共9全大会で中央委員会委員に復帰。74年9月日中航空路開設の中国民航第1便で中国側代表として訪日。75年1月国務院副総理。76年10月聶栄臻，楊成武とともに四人組逮捕で葉剣英に協力。78年3月第5期全人代陝西省代表。11月英国を訪問，科学技術協力協定に調印。12月中央代表団（団長・韋国清）副団長として広西壮族自治区成立20周年祝賀大会に出席。同月中共11期3中全会で中央政治局委員，中共中央軍事委員会委員。79年3月中央慰問団団長として中越戦争に参加した広西辺防部隊を慰問。9月27日回想記「勇敢に奮闘して刻苦創業した―新疆の解放と建設の回顧」（『人民日報』）を発表。

1980年9月国務院副総理を辞任。10月16日，論文「各族人民は団結して富裕文明の社会主義の新疆を建設しよう」を『人民日報』に発表。81年8月鄧小平に随行して新疆訪問。82年6月新疆生産建設兵団復活慶祝大会に出席。中共中央学校校長。9月中日国交正常化10周年慶祝代表団団長として訪日，中日民間人会議中国委員会代表団団長として同会議に出席。82年12月～83年1月海南島事件を調査・処理。83年7月中日友好協会名誉会長。

1983年10月「精神汚染の排除」を指示。84年1月鄧小平に随行して深圳・珠海経済特区を視察。4月中日友好代表団団長として訪日，中曽根首相と会見。85年7月中国国際友好連絡会訪日団団長として訪日，中曽根首相と会見。9月中共全国代表会議で中央政治局委員を辞任，中央顧問委員会副主任。同月中央代表団団長として新疆ウイグル自治区成立30周年祝賀のためウルムチを訪問。87年2月中共中央学校始業式で挨拶，「中国の革命指導と社会主義建設の重責を担うことができるのは中共だけ」と強調。5月毛沢東の文芸講話発表45周年記念シンポジウムで講話，延安精神の発揚を強調。88年10～11月第7期全人代で国家副主席に就任。93年3月12日広州市で死去。

参考文献：黄震遐編『中共軍人志』（当代歴史研究所，香港，1968年）。現代中国人名辞典編集室編『現代中国人名辞典』1986年版（霞山会，1986年）。軍事科学院軍事歴史研究部編『中国人民解放軍戦史』全3巻（軍事科学出版社，北京，1987年）。〔平松茂雄〕

王（おう）　正廷（せいてい）　Wang Zhengting

（1882年9月8日～1961年5月21日）

字・儒堂。浙江省寧波府奉化県城生まれ。中国同盟会以来の国民党員。政治家，外交官僚，教育者，法律家，実業家，社会事業家。

父親の際唐は奉化キリスト教会（英国国教会派）の牧師で，母親の施愛麗は地方名士の娘。5男6女の三男に生まれる。幼くして洗礼を受け，敬虔なクリスチャンとなる。7歳で寧波小学校に入学し，10歳の時父親の計らいで上海の中英中学（Anglo-Chinese School）に入学，英語の基礎を学ぶ。天津の北洋大学予科を経て，17歳で同大学の正科に進学し，法律を勉強する。しかし1900年に義和団の乱が発生して，北洋大学はドイツ軍に占領されて閉鎖されたため，上海に戻り一時海関の仕事に就く。翌年ふたたび天津へ行き，北洋大学の教授だったパーシー・H・ケント弁護士のもとで法律の研修を続ける一方，天津の中英書院（Anglo-Chinese College in Tientsin）の英文系主任に招聘される。この時従妹の施美利と結婚，のち5男3女をもうける。04年，湖南に私立名徳学堂が創設されると，請われて英文科主任となる。

米国留学の意志強く，翌年キリスト教国際青年総会駐華協会総幹事フレッチャー・S・ブロックマンの要請をうけて先ず日本に渡り，留日学生を組織して中華キリスト教青年協会分会を成立させ，その総幹事となる。日本には2年間滞在し，仕事のかたわら東京の各大学に聴講に行き，学問を修める。また来日中の孫文の勧誘で同盟会に加入する。1907年日本での工作を終えアメリカに渡り，ミシガン大学で法律を専攻する。翌年，念願のエール大学に転入，留米中国学生連合会の主席や留米中国キリスト教協会総幹事に選ばれ，留米中国学生のリーダー的存在となる。卒業時，成績優秀により最高名誉褒賞を受ける。引き続き同大学の研究所に残り，国際法を研究するも，肺病を病み，スイスで治療した後11年に帰国する。

辛亥革命の幕開けとなった武昌革命がおこると，武昌へ行き黎元洪の下に湖北軍政府外交部長となり，中華民国臨時政府組織大綱の起草に参与する。革命成功後は中華民国臨時約法の起草にも参与，臨時参議院の副議長となり，1912年に北京政府の第1次内閣たる唐紹儀内閣の工商部次長に任ぜられ，陳其美同総長が未就任によりその代行を務めた。翌年浙江省選出の参議院議員となり，参議院の副議長に選ばれるも，第2革命がおこり，袁世凱が国民党を解散させると，北京を脱出し，護法運動に加わった。なお，当時の国民党の派閥のなかでは張継らの憲法商権会（後に益友社と改める）に属したが，後に褚輔成らと政余倶楽部を組織しその中堅となる。

1917年に孫文が広東軍政府を成立させるとこれに参加し，非常国会の副議長に就いた。翌18年には南方の広東軍政府を代表して渡米，中国軍のヨーロッパ戦線への派兵問題の商議に入ったが，大戦終結となる。19年にパリ講和会議が開かれると渡仏し，南方政府代表として顧維鈞とともに山東主催回収に奮闘，ヴェルサイユ条約に抗議して条約調印拒否の立場を堅持する。22年ワシントン会議によって山東主催の中国返還が決定されると，山東問題善後事宜督辦に任ぜられ，山東問題日中連合委員会の中国側全権委員として返還細目協定の作成にあたり，山東諸権益の返還実現の立役者となる。同年北京政府の汪大燮内閣の外交総長，さらに国務総理代理を務める。23年に関東大震災がおこると，在留中国人の被害状況の視察調査のため日本に派遣される。また，中俄交渉事宜督辦としてソ連のヨッフェおよびカラハンと交渉を重ね，24年の中ソ協定の調印に貢献する。同年馮玉祥がクーデターを起こし北京の政権を掌握するとこれに呼応して活躍し，黄郛内閣に入り，外交兼財政総長に就く。25年には再び中俄交渉事宜督辦となり，5・30事件善後辦理，関税特別会議全権委員となり，同年末に成立した許世英内閣の外交総長として北京関税特別会議に参与し，不平等条約改正に努力する。

1926年北伐が開始されると，蔣介石の連絡者として馮玉祥の許に赴いて国民軍の活動に参与し，蔣介石と馮玉祥の合作を促進させた。南京国民政府が成立して後，28年国民政府の外交部長に就任，以後3年4

カ月にわたっていわゆる革命外交を推進し，関税自主権の回復に成功，治外法権の撤廃の実現にほぼこぎつけたところで，31年の「満州事変」の勃発を見，政府の対日不抵抗政策に不満を抱いた学生デモに外交部で執務中を襲われ，重傷を負い，外交部長を辞める。36年に駐米大使に出仕し，翌年日中戦争が勃発すると，アメリカに対中援助を訴えて様々な活動を展開する。38年には胡適と駐米大使を代わり，重慶に赴き，国民政府委員，国民党中央委員に任ぜられる。

外交と政治のほかにも，中国大学校長を40年間務め，国際貿易会社を創設・経営，また遠東運動会（アジア大会の前身）の運営やオリンピック大会への中国参加に係わるなど，教育，体育，宗教，慈善，実業などの諸分野で幅広い活動を続けた。新中国成立以後晩年は香港で過ごし，1961年喉頭癌で死亡。

著書に『中国近代外交概要』（外交研究社，1928年），回想録*Looking Back and Looking Forward*がある。エール大学の図書館には「王正廷室」が設けられ，回想録をはじめ関連資料・記録類が収められている。

参考文献：張騰蛟『壇沾健者—王正廷伝』（近代中国出版社，台北，1983年）。楊大辛主編『北洋政府総統与総理』（南開大学出版社，天津，1989年）。劉紹唐主編『民国人物小伝』第1冊（伝記文学出版社，台北，1981年）。服部龍二編『王正廷回顧録 Looking Back and Looking Forward』（中央大学出版部，東京，2008年）。　〔笠原十九司〕

王　佐（おう さ）　Wang Zuo

（1898年～1930年3月）

原名・雲輝，号・南斗。江西省遂川県生まれ。中国共産党員，井岡山革命根拠地の軍事指導者。

幼くして父と養父を失い，兄姉とともに人夫などをしていたが後に仕立て屋に弟子奉公する。ここで武術も学んだといわれる。3年後自ら仕立て屋を開業するが生活が逼迫し，井岡山地区に出入りするうちに，1923年朱聾子の一党に加わった。当時湖南・江西両省境は割拠する地方武装勢力が多く，翌年自らの一党を率いて独立する。

1927年部隊を農民自衛軍に改編し，土豪劣紳との闘争を繰り広げた。同年永新県で劉珍，王懐，賀敏学，賀子龍らが逮捕されると袁文才らの農民自衛軍と協力して彼らを救出し，永新県革命委員会の副主席となる。同年10月毛沢東率いる秋収蜂起部隊が井岡山に到着後，袁文才の勧めもあって中国共産党の教育指導と改編を受け，工農革命軍第1軍第1師団第2連隊副連隊長兼第2大隊長を務める。28年4月朱徳，陳毅が毛沢東と合流して紅軍第4軍が成立すると，同軍第32連隊副連隊長となり，中国共産党に入党。5月湘贛辺界特別委員会委員に選出される。7月下旬井岡山革命根拠地内の五井軍事根拠地建設を中共から委任され，湘贛辺界防務委員会主任に任ぜられる。この間根拠地の建設や防衛に多大な貢献をし，中共中央との連絡に当たった。

1929年1月紅4軍主力は贛南に進軍したが，紅5軍及び紅4軍第32連隊は井岡山に残って「第3次囲剿」に対する闘争を続ける。彭徳懐と協力してこれを指揮し，苦戦の末根拠地を防衛した。4月中旬湘贛辺界特別委員会が湘贛辺界紅軍独立連隊を設置すると連隊長となる。5月紅軍第5軍第5縦隊長となり，地方武装勢力との闘争を続けた。だが次第に王佐・袁文才ら在地の幹部と湘贛辺界特別委員会書記・朱昌偕・王懐，龍超清ら外来の幹部たちとの矛盾対立が生じ，同委員会は王佐，袁文才の殺害を決定する。特別委員会から応援を依頼された紅軍第5軍長の彭徳懐もこの決定を認め，30年3月永新城に誘いだされて袁文才とともに殺害される。中華人民共和国建国後烈士に追認された。

参考文献：彭徳懐「往時回憶」，『近代史研究』1979年1期。何長工『何長工回憶録』（解放軍出版社，北京，1987年）。井岡山革命博物館他編『井岡山革命根拠地研究論文選』（井岡山市党委員会党史辦公室，井岡山，1987年）。李立『革命揺藍井岡山』（人民出版社，北京，1983年）。中共党史人物研究会編『中共党史人物伝』7巻（陝西人民出版社，西安，1983年）。　〔安田淳〕

魏　邦平（ぎ ほうへい）　Wei Bangping

（1880／1883／1884年の諸説あり～1935年）

字・麗堂。広東省香山県生まれ。軍人。

父親は裕福な在日華僑である。清末に各省が送り出した日本留学生の1人であり，日本陸軍士官学校第4期騎兵科を1909年に卒業し，帰国して広東督練公所に就職する。岑春煊が両広総督の時，少校教馬委員を務める。11年11月陳炯明による正規軍の編成替えにともない，広東軍政府軍事部副部長，後に広東陸軍第2旅長に任命される。

1913年2月第2革命が失敗したとき，広東軍は袁世凱によって瓦解させられ，魏邦平は香港に逃亡する。この前後，広東都督府参謀長，広東水上警察署署長，北京政府陸軍部顧問などを歴任する。16年には広東討龍海陸軍攻城総司令に就任して，龍済光に広東独立を迫る。同年広東全省警務処長兼省会警察庁庁長に就任する。

1917年孫文は護法戦争のため魏に協力を求めたが，

魏邦平は消極的であったと言われる。18年護国軍第5軍軍長に任命される。19年1月広州軍政府軍事委員会委員に就任する。20年から21年にかけて広州市市政公所総辦を務め，20年10月広東督軍・莫栄新を広東から追い出す。22年4月第3師師長兼広東衛戍司令に任命される。23年西江討賊軍総司令，後に瓊崖実業都辦に就任したが，広東軍と戦って敗れる。25年香港に亡命し，35年香港で病死する。

参考文献：楊其偉「魏邦平在護国護法時期的活動」,『広東文史資料』46輯。外務省情報部編『現代中華民国・満洲帝国人名鑑』（東亜同文会，1937年）。徐友春主編『民国人物大辞典』（河北人民出版社，石家荘，1991年）。

〔松田康博〕

韋　昌輝　Wei Changhui

（生年不詳～1856年11月）

原名・志正，または正，政。広西省桂平県生まれ。太平天国運動の指導者。

生年については1823年，24年7月，26年の各説があり，没年月日は56年11月2日とする説が有力であるが，同年11月中旬とする説もあり，確定されていない。

祖父は韋彩，父・韋源玠の次男として生まれた。兄に韋志浜，弟に韋志俊，韋志先，韋志能がいた。韋の一家は金田村に居住し，土地100畝余を所有する新興地主であったが，大地主，郷紳層から圧迫を受けていた。このため，韋家は官吏として立身する望みを韋昌輝に託したが，彼の科挙への挑戦はすべて失敗に帰した。そこで国士監生の資格を買い取り，「成均進士」（一説に「勅封登仕郎」）の額を門に掲げたところ，進士を詐称したとして郷紳，地主達から告発されて父・源玠が役人に捕えられ，数百両の銀を支払ってようやく難を免れた。

1848年紫荊山区で布教活動を行っていた馮雲山が逮捕され，郷里の広東に護送される途中金田村に立ち寄り，韋家に投宿した。この時，馮の勧めに応じて韋昌輝は拝上帝会に加入した。以後，韋は広西の地主，団練と対立を深めていた拝上帝会のために，武器の製造，食糧の調達などの活動を精力的に行った。

1850年夏洪秀全が金田村への集結令を発して以後，韋昌輝は家産を傾けて会を支援した。翌51年1月11日金田挙兵に当たり，彼は右軍主将に任じられ，後護又副軍師となった。9月中旬韋は蕭朝貴，秦日綱，羅大綱とともに陸軍の主力を率いて平南から破竹の勢いで進軍し，永安を占領した。12月永安で王制を布いた折，韋は北王に封じられ，六千歳の称号を与えられた。

1853年3月天京（南京）建都後，韋昌輝は中正街に北王府を設け，対外折衝，日常事務，宣伝活動を担当した。当時，天京の政治は楊秀清によって行われ，韋と石達開がこれを補佐した。同年4月27日イギリス公使ボナムが通詞メドウスを伴って天京を訪れた。韋は石とともにメドウスと会見し，天父を信ずる兄弟姉妹国としての協力を訴え，さらにイギリスが太平天国と清朝に対し中立の態度を取ることを確認した。韋はまた，楊，石とともに地主に課税する「照旧交糧納税」政策を建議し，洪秀全の裁可を得た。これは初期の理想を掲げた天朝田畝制度から，現実順応型の土地政策に太平天国の政策を転換させるものであった。

他方，天京の執政の大権を掌握した楊秀清と他の諸王との間にはしだいに亀裂が生じ，とりわけ韋昌輝との確執が深まった。1853年12月下旬，楊は天父下凡に託して幼主教育および女官の処遇に対する洪秀全の誤りを指摘し，洪に杖罰を加えようとした。これに対し，韋は洪に代わって杖罰を受けることを願い出た。さらに，韋の兄が楊の妾腹の兄と邸宅をめぐる争いを起こして楊の怒りにふれ，韋は私情を捨てて兄を見殺しにせざるを得なかった。54年春から夏にかけて，韋は部下の殿前右二承宣・張子朋を湖南，湖北戦線に派遣した。この時，張は水営の唐正才軍と船隻の争奪を演じて太平軍相互の間に混乱が生じた。この報告を受けた楊は韋と張に杖罰を課す一方，唐には恩賞を与えたうえ昇進させるという処置を取った。さらに同年6月，楊は韋に西征軍の指揮を命じたにもかかわらず，部下を用いて天王・洪秀全に中止を上奏させ，洪の同意が得られなかったとして韋の任を解き，代わりに弟・韋志俊，黄再興らを派遣した。楊はまた9月から10月には韋を湖北，安徽戦線に出征させておきながら，すぐに召還して石達開を派遣した。これら楊の専横に対し，韋は深い恨みを抱いたまま服従せざるを得ず，こうしたことから彼はしだいに権力奪取を企てるに至った。

1856年6月20日江南大営を破って天京の包囲を解いた後，7月初旬韋は布政使・耆齢軍を大破し，江西の饒州府城を占領して南昌に迫り，8月瑞州に進軍した。ところが天京では，楊秀清が天父下凡に託し，自身の称号を九千歳から万歳に昇格させるよう洪秀全に強要した。韋昌輝は楊の更なる権力強化を恐れ，3,000人余の親兵を率いて江西の前線を離れ天京に急行した。途中，秦日綱部隊と合流し，同年9月1日深夜から2日未明にかけて東王府を包囲し，楊秀清とその一族，将兵を殺害した。さらに数日後，東王麾下の部隊を誘い出し，殺戮するに至った。10月に石達開が湖北の前戦から天京に戻り，韋の暴挙を非難すると，韋は石の暗殺を企てた。石は夜陰に乗じて脱出し得たが，翼王府に残っていた石一族は皆殺しにされた。

この「楊韋内訌」は天京の軍民に強い衝撃を与え，韋昌輝の残虐行為に対する怒りの声があがった。洪秀全は詔勅を発して韋昌輝を捕え，処刑した。韋の死後，その封号はすべて剝奪された。

参考文献：張徳堅「賊情彙纂」巻１劇賊姓名上，巻７偽文告上，巻８偽文告下，「北王聯句」，中国史学会主編『近代史資料叢刊Ⅱ太平天国』第３冊（神州国光社，上海，1952年）。謝介鶴「金陵癸甲紀事略」，中国史学会主編『近代史資料叢刊Ⅱ太平天国』第４冊（同上）。蘇双碧『太平天国人物論集』（福建人民出版社，福州，1981年）。章克生訳「裨治文関於東王北王内訌的通訊報導」，『太平天国史訳叢』２輯（中華書局，北京，1983年）。鍾文典『太平天国人物』（広西人民出版社，南寧，1984年）。〔針谷美和子〕

魏（ぎ）　宸組（しんそ）　Wei Chenzu

（1885年～没年不詳）

字・注東。湖北省江夏生まれ。外交官。

清法政通榜挙人。1902年武昌文武学堂に進み，孔庚，李書城，呉禄貞らとともに武昌の花園山で密かに革命運動を推進した。当時，革命運動の発展を懸念した湖北政府は，革命派の活動を抑制し，勢力を分散させる為，学生活動家の中から優秀な者を選抜して，留学に派遣する方針をとっていた。

1903年12月魏宸組も選抜され，ベルギーに留学し，ベルギー法学校に入学，法学を専攻し，石瑛と親交を結んだ。05年春，ベルギー，ドイツ，フランスなどに留学中の革命派中国人学生が，資金を調達して孫文の欧州訪問を実現，まずベルギーの首都ブリュッセルで，孫文，留欧学生による第１回欧州会議が開かれ，革命運動の遂行と革命組織の結成について，具体的に討議を重ね，欧州同盟会が結成された。結成時の参加者は30余名で，魏は連絡員を務めた。ブリュッセルについで，ベルリン，パリでも会議が開かれたが，ほどなくブリュッセルでの第１回会議の秘密名簿が漏洩，再度ブリュッセルで会合がもたれた。加盟者が半減するなかで，魏は主要メンバーとして，引き続き活動を続けた。同年８月，中国同盟会が東京で成立，同月，欧州同盟会は中国同盟会直属の組織となり，留欧通信所に改称，魏は，フランス，ベルギー間の連絡員として活動した。

1911年の武昌蜂起の際，北京天津で京津同盟会が組織されると，外交部長に推薦され，外交交渉をとりしきった。その後汪精衛とともに上海に赴き，南北講和事宜に参与，12年南京臨時政府成立後，数少ない同盟会派として入閣し，外交部次長に就任した。同年２月参議院選挙で，袁世凱が第２次臨時大総統に選出された際，蔡元培，宋教仁らとともに袁歓迎の特派使節として北京に赴いた。同年３月唐紹儀内閣の下で国務院秘書庁の秘書長となったが，７月唐とともに辞職，翌８月同盟会が国民党に改組された際，総務部主任幹事及び政務研究会幹事に就任した。11月，袁世凱により駐オランダ全権公使に任ぜられたが，翌13年12月に免職となった。

1919年１月５日駐ベルギー全権公使に任ぜられ，同月18日パリ講和会議に全権大使の１人として参加，さらに翌20年11月，全権代表として国際連盟会議に派遣された。21年７月駐ドイツ全権公使に任ぜられ，中独関係復活後初の主任公使となり，26年任期を終えて帰国した。ベルギー赴任中は，ヨーロッパ文化の研究に打ち込んだという。そのほか北京政府の督辦全国国道準備事宜に参与し，後一時銀行界に入ったともいわれる。36年外交部顧問となり，翌37年１月駐ポーランド全権公使に任命されたが，38年免職となった。以後の動向については不明。

参考文献：鄒魯『中国国民党史稿』（香港商務印書館，香港，1965年〔1947年初版増訂，1953年修訂〕）。劉寿林『辛亥以後17年職官年表』（中華書局，北京，1966年）。外交部檔案資料処編『中国駐外各公大使館歴任館長銜名年表』（台湾商務印書館，台北，1969年）。武昌県志辦公室「魏宸組」，湖北省地方志編纂委員会編『湖北省志・人物志稿』１巻（光明日報出版社，北京，1989年）。〔湯山トミ子〕

衛（えい）　立煌（りつこう）　Wei Lihuang

（1897年２月16日～1960年１月17日）

字・輝珊，俊如。安徽省合肥県生まれ。国民党系軍人。

父親の衛正球は合肥の名望家だったが没落したため，立煌は苦学しながら古典教育を受ける。1914年に兵営に入って軍隊生活を始め，その後呉忠信に付き従って広州に赴き，その紹介で孫文の衛隊を務める。その後粤軍第２軍で班長，団長，旅長などの職に就く。25年秋に国民革命軍が成立した時，第１軍第３師第９団団長に任命される。26年７月の北伐時には皖北警備第３支隊司令，27年には馮軼裴の後を継いで第14師師長に就任，同年10月には第９副軍長を兼任し，その後第14師師長の兼任を解かれる。

1928年冬陸軍大学特別班第１期に入学。29年には陸軍第45師師長に任命される。30年５月に皖北剿匪指揮官，同年９月に安徽省政府委員を務める。31年６月統率する部隊が第10師に改称したのにともない第10師長を務め，後に第14軍軍長に昇進する。32年夏豫鄂皖三省剿匪軍中路軍第６縦隊指揮官に任命され，第10師および第83師を管轄する。同年９月第10師第28旅が中国共産党根拠地である金家寨の攻撃に成功したため，その功績により同地の地名を「立煌県」と改められる。33年４月豫鄂皖辺区剿匪総指揮，同年冬，贛粤閩湘鄂剿匪軍北路軍第２路軍第１縦隊指揮官に任命される。12月第５路軍総指揮，34年２月には東路軍前敵総指揮，同年11月には駐閩預備軍総指揮兼駐閩第10綏靖区司令官に就任する。35年４月国民政府により陸軍中将に任命され，同年８月閩贛浙皖辺区剿匪総指揮を務め，11月には中国国民党第５期中央執行委員に当選する。36年６月徐海綏靖分区司令を歴任し，同年９月には陸軍上将に昇進する。37年１月，討逆軍第５集団総司令を務める。

抗日戦争が勃発してからは第14集団軍総司令に就任し，増援部隊を率いて山西省に赴く。この時期に八路軍との接触が多かったと言われる。1937年11月第２戦区南路前敵総司令，38年２月には第２戦区副司令長官，その後に程潜の後を継いで第１戦区司令長官などを歴任する。39年５月陸軍２級上将に昇進し，同年９月には河南省政府主席，10月には河南全省保安司令を兼任し，40年には冀察戦区総司令も兼任する。42年１月には軍事委員会西安辦公庁主任に就任し，蔣鼎文の後を受けて第１戦区司令長官，同年３月にはビルマ遠征軍総司令，４月には軍事委員会委員などを歴任する。43年には陳誠の後を受けて遠征軍司令長官を務める。45年４月には中国戦区陸軍副総司令，同年５月には第６期中央執行委員に再任される。46年には欧米の軍事視察に派遣される。

1947年５月戦略顧問委員会委員に就任。48年１月東北行轅代理主任兼東北剿匪総司令に任命され，同年３月暫定的に東北行轅政務委員会主任委員代行を兼任する。４月張作相の後を継いで東北行轅政務委員会主任委員に就任する。同年末は東北が中共の手中に落ちたため，政府は責任追及のため衛を南京で軟禁し，49年に釈放する。その後香港に赴き，顧孟餘らが組織した民主戦闘同盟に参加して軍事委員会主席に就任するが，民主戦闘同盟は内紛により解散してしまう。55年３月北京に行き，56年に中国人民政治協商会議全国委員会常務委員，その後には，国防委員会委員，第２期全国人民代表大会代表，中国国民党革命委員会中央常務委員などを務め，59年４月には国防委員会副主席に就任する。60年１月北京で心臓病に肺炎を併発し，死去する。

参考文献：衛道然『衛立煌将軍』（安徽人民出版社，合肥，1985年）。趙栄声『回憶衛立煌先生』（文史資料出版社，北京，1985年）。趙栄声「原国民党“五虎将”之一──衛立煌風雲録」，『人物』1985年１期。万選初「憶衛立煌将軍」，合肥政協文史資料研究委員会編『合肥文史資料』１輯（安徽省版社，合肥，1984年）。劉紹唐主編『民国人物小伝』第４冊（伝記文学出版社，台北，1981年）。〔松田康博〕

韋（い）　紹光（しょうこう）　Wei Shaoguang

（生年不詳～1901年）

別名・進可。広東省南海県恩州堡三元里東華里生まれ。原籍，同前。農民。生年は1810年から20年の間とされ，没年も推測である。

野菜栽培と山林・墓地の管理で生計をたてていた貧農である。1841年５月29日，広州城北の四方砲台を占領していたイギリス軍が三元里一帯に侵攻し，韋紹光の妻も暴行を受けた。韋紹光は村民と共に反抗に決起して敵兵数人を斃し，敵を退散せしめた。イギリス軍の報復に備えて村民を古廟前に集めて作戦を練り，蕭岡，唐夏など，付近100余村の住民を結集し，翌30日早朝，四方砲台のイギリス軍を包囲攻撃し，数十人の敵兵を殺傷して撃退した。80余歳にて死去したという。

参考文献：広東省文史研究館編『三元里人民抗英闘争史料』（中華書局，北京，1959年）。〔横山英〕

魏（ぎ）　源（げん）　Wei Yuan

（1794年４月23日～1857年３月31日）

原名・遠達，字・黙渾，漢士，墨生。号・良図。原籍，湖南省邵陽県。清末の学者，官僚。

父・邦魯は清朝官吏であった。母・厳氏。1800年家塾に入り，02年童子試を受験。08年陽明学に関心をもつ。14年，抜貢として北京に赴いた際，劉逢禄に認められて春秋公羊学を学び，龔自珍，林則徐らの宣南学社に参加し，朱子学や考証学を批判して経世致用を主張する今文学派に所属した。

挙人の資格を得た1822年，江蘇布政使・賀長齢の依嘱を受けて『皇朝経世文編』（20巻）の編集に従事し，４年後に完成した。29年，内閣中書に任ぜられ，翌年，楊芳鎮に従って回教徒の反乱の鎮圧に当たった。同時期，江蘇巡撫・陶澍の諮問に応じて漕運，塩政，水利治水など諸政策について建議し，実際政治の問題についての関心と知識を深めた。

アヘン戦争が始まると，外国勢力の優勢と清国の弱勢とに心を痛め，1841年，主戦派の両江総督・裕謙の指率下で浙江沿岸でイギリス軍の侵略に抵抗した。しかし裕謙は対英戦争で死去し，清朝は和戦不定，優柔不断，さらに妥協政策の推進に至り，魏源は憤慨して官を辞し，著述に専念した。南京条約の締結で終戦となった42年，魏源は『聖武記』（14巻）の著述を完成し，清朝の開国時から当時の道光年間に至る間の重要な軍事活動を記述し，清朝隆盛時の武功を顕彰し，武運盛衰の経過を跡づけて練兵，国防の方策を提示した。

ついで，かつて林則徐がイギリス人ムレー（Hugh Murray）の著 *Encyclopaedia of Geography* を中国語訳させた『四洲志』（世界５大州30余カ国の地理・歴史・国情を紹介したもの）や宣教師ギュッラフの出した『東西洋考毎月統紀伝』などを素材にして『海国図志』（42年初版50巻，47年増訂版60巻，52年増訂版100巻）を著述した。同書は，世界各国の地理・歴史・国情の紹介だけでなく，イギリスの東南アジア侵略，ロシアの北西方からの侵攻の危険性について警告すると共に，「夷の長技を師として夷を制する」こと，すなわち，西欧の科学技術を導入して軍備および産業の近代化をはかることの急務を主張した。それは，中国の愛国的，近代的ブルジョア思想の先駆である。この主張は当時の中国の開明的な知識人に大きな影響を与えたが，それだけでなく，すぐ日本にも伝えられて，50年（嘉永年間）前後に同書の要約本や全訳本が出版されて，幕末の海外知識の源となり，改革派の啓蒙に大きく貢献した。先著『聖武記』も同じころ『聖武記撮要』（50年刊），『聖武記抜粋』（56年刊）の書名で要約の日本語訳が出版され，清国事情の紹介に役立った。

魏源は1844年，50歳にしてようやく進士の資格を得，翌年，江蘇省東台の知州代理を振出しに下級官僚として官界に入った。48年には同省興北の，51年には同省高郵の知州に任ぜられた。当時，太平天国軍が興起して東進しており，53年太平天国の首都が南京に樹立された時，魏源は高郵知州として団練を組織して太平天国軍に対抗し，翌54年には周天爵の幕下で太平天国軍と交戦した。そして同年退職し，３年後杭州にて病死した。

魏源は，学者としての才能に優れて業績も多く，上記の諸著のほか晩年には，未完成に終わったけれども，不完全な『元史』を補うべく『元史新編』の著述に着手するなど，内外の歴史・政情・地理に通暁し，顕著な業績を挙げた。彼はそれだけでなく，龔自珍，劉逢禄らとともに今文学の唱導者でもあり，考証学を排し「微言大義」を尊重した春秋公羊学の高揚に大きく後見した。その立場からの古典の考証・評論としては，『詩古微』（22巻），『書古微』（12巻）などのほか『老子本義』，『庸易通義』，『説文儗雅』，『小学古経』，『大学古本』，『曾子章句』，『孝経集経』，『孫子集注』，『論語孟子小記』などがある。魏源の文集は1878年『古微堂集』（10巻）として出版されたが，1909年には別の版本『魏黙渾文集』が刊行された。詩集には1870年刊行の『古微堂詩集』（10巻）がある。1970年，詩文を整理編集して『魏源集』が出版された。

参考文献：閔爾昌編『碑伝集補』24（四庫善本叢書館，北京，1923年）。民国清史館編『清史稿』列伝273（民国清史館，北京，1927年）。民国中華書局編『清史列伝』69（中華書局，上海，1928年）。黄麗鏞『魏源年譜』（湖南人民出版社，長沙，1985年）。李漢武『魏源伝』（湖南大学出版社，長沙，1988年）。A.W. Hummel ed., *Eminent Chinese of the Ch'ing Period, 1964-1912*, Vol. 2 (U.S. Gov. Print, Washington D.C., 1944). 清史編委会編『清代人物伝稿』下編６巻（遼寧人民出版社，瀋陽，1990年）。
〔横山英〕

魏（ぎ）　拯民（じょうみん）　Wei Zhengmin

（1909年２月３日～1941年３月８日）

本名・関有維，字・伯張，化名・魏拯民，魏民生など。山西省屯留県王村の農家で生まれた。東北で活躍した中共系軍人。

1925年太原第一中学に入学した。そこで中共が宣伝工作をしており，魏拯民は社会改革に目覚めた。26年共産主義青年団に入団し，翌年１月中共に入党した。28年北平私立弘達学院に入学したが，経済的困窮のために中途退学した。30年中共の指示によって河南省安陽の国民党第13路軍安陽軍時幹部学校に入学した。しかし翌年病気のために退学し，北京大学で党活動を続けた。

満州事変後中共は魏拯民を東北に派遣し，1932年５月ハルビンに到着，同委員会書記に就任した。34年冬中共は東満地区の指導を強化するために魏拯民を東満抗日遊撃区に派遣することを決定し，工作を開始した。35年５月東北人民革命軍第２軍が成立したとき，王徳泰が軍長，魏拯民は政治委員に就任した。

1935年夏満州省委員会の指示により，魏拯民はコミンテルン第７回大会に出席することになり，モスクワに向かった。モスクワで中共代表団に東満地区の工作と抗日闘争の状況を説明し，代表団の指示を受け取って満州に帰還した。36年２月寧安県の鏡泊湖で第５軍の周保中，東満党と第２軍幹部と会見し，また南湖頭で東北人民革命軍第１軍，第２軍党委員会連席会議を開催した。そこで魏拯民は満州省委員会の解体と南満，東満，吉東，松江の5省委員会を結成するとのコミンテルンの指示を伝えた。3月人民革命軍第2軍は東北抗日連軍第2軍に改編され，魏拯民は政治委員に任命された。魏拯民は同軍麾下の第1・3師を率いて長白，撫松，臨江などの地域に向かい，その地域で遊撃闘争を展開した。同年6月楊靖宇麾下の第1軍と合流し，金川県阿里で会議を開催し，第1軍と第2軍で抗日連軍第1路軍を編成することを決定した。また東満と南満の党組織を合併して，南満省委員会を結成し，魏拯民は書記に任じられた。

1937年日中戦争開始後，魏拯民は第2軍を率いて日満軍の守備する交通の要衝輝南を攻撃し，成功した。しかし魏拯民はすでに心臓病の発作と胃病を患っていた。

1938年5月輯安県老爺領で楊靖宇と会い，第1路軍・南満省委員会高級幹部会議を開催した。会議では遊撃戦を継続しつつ，実力を温存し，敵の全面的進攻を粉砕することが決定された。さらに，39年冬樺甸県で中共南満省委員会・第1路軍高級幹部会議が開催され，小部隊に再編成し，兵力を温存すること，分散活動することが決定された。日満軍の討伐の強化とともに，魏拯民の健康状態も悪化していったが，楊靖宇戦死後，魏拯民は南満の活動を指導した。しかし日満軍の治安工作と治標工作により，食料が不足し，魏拯民の病状はさらに悪化した。41年3月魏拯民は長白山区達座の密営で病死した。

参考文献：中共党史人物研究会編『中共党史人物伝』11巻（陝西人民出版社，西安，1983年）。軍政部軍事調査部編『満州共産匪の研究』1輯（1937年）。〔鐸木昌之〕

文康（ぶんこう） Wenkang

（生没年不詳）

字・鉄仙，悔盦，費莫氏。満州鑲紅旗の旗人。清末の口語体長篇小説『児女英雄伝』の作者。

文康の曽祖父は，乾隆年間の軍人で，理藩院尚書，工部尚書，武英殿大学士などを歴任した温福である。温福の2子，勒保と永保も乾隆・嘉慶年間に軍人として活躍し，特に勒保は軍機大臣，国史館総裁官となり，死後，文襄と諡され，侯爵に追封された。文康は勒保の孫，ただし父の名は不明である。一方，永保の孫，すなわち文康の又従兄弟にあたる文慶（1796～1856年）は1822年の進士で，翰林院庶吉士をふりだしに武英殿大学士にまでなり，曾国藩など漢人官僚を積極的に登用する道を開いた人物として有名である。文康の家は，この文慶に代表されるような漢人化，文人化した満州貴族であり，文康もまたそのような道を歩んだのであるが，しかしその仕途は文慶のようなはなばなしいものではなかった。

文康はおそらく科挙には合格しなかったのであろう。彼の家と関係の深い理藩院の員外郎となって，1824年には『理藩院則例』の編纂に携わり，その後42年から2年間，分巡天津河間兵備道をつとめ，また51年には鳳陽府通判となったことが知れる（『続天津県志』巻9，『安徽通志』巻134）。その他，『児女英雄伝』の馬従善序，『八旗芸文編目』，『長白芸文志』などによると，一時徽州府の知府となり，駐蔵辦事大臣に任ぜられたが病気のため赴任できず，晩年は子供に家庭を蕩尽され，困窮のうちに生を終えたという。『児女英雄伝』は，その不幸な晩年にあって彼の胸中にある理想の家庭を描いた作品である。

正黄旗漢軍の安学海は，治水工事担当の知事の任中に罪を問われ，1人息子の安驥が父の危急を救うため都より淮安に赴くが，山東の茌平で強盗に襲われたところを十三妹と名のる謎の美女に助けられ，かつそのとりはからいでその場にいあわせた張金鳳と婚約する。息子からその経緯を聞いた安学海は，十三妹が実は旧友の娘の何玉鳳で，将軍・紀献唐を父の仇とつけねらっていることを察し，都への帰途，彼女に会って紀献唐がすでに刑死したことを告げる。やがて何玉鳳は周囲の説得により安驥と結婚，安驥は科挙に第三名探花で合格してのち順調に出世を遂げ，金鳳，玉鳳の2夫人は1人ずつ男子を生み，万事めでたくおわる。

以上が物語のあらすじであり，随所に当時流行の『紅楼夢』をはじめ才子佳人小説，武俠小説の影響が見られ（『児女英雄伝』という題は，十三妹が児女の柔情と英雄の意気を兼備していたことによる），主題，趣向ともに新味に乏しく陳腐の感を免れない。しかしこの作品の魅力はその内容にではなく，むしろ人物描写と筋運びの巧みさ，そして何よりもその北京語を駆使した会話の妙にあると言えるであろう。作品の成立は，馬従善の序が書かれた1878年以前，ほぼ咸豊・同治年間のことと考えられるが，80年には読我書室主人，すなわち戸部尚書をつとめた董恂の評のついた本が出版され，民国後も胡適の消極的評価にもかかわらず，銭玄同，周作人など多くの愛読者をもった。武田泰淳に小説『十三妹』がある。

なお作中の人物には，馬従善の序が「書中に指す所は皆その人あり」と言うようにモデルがいる。たとえば安驥の官歴は文慶のそれに酷似しており，作者が一族の出世頭である文慶を意識していたことは間違いない。また十三妹の祖父とされる何焯は，清初の著名な学者，何義門と同名であり，これには何義門が康熙帝の皇八子の侍読で，その娘が皇八子府に仕えていた事実が反映しているかもしれない。

文康の著作としては，この他，友人の史梅叔の詩を選び，自ら評を加えた『史梅叔詩選』（1835年刊）が残されている。『八旗芸文編目』は『栄昌県志』の編者を文康とするが，これは同名異人の可能性もある。

参考文献：立間祥介訳『児女英雄伝』〔中国古典文学大系47〕（平凡社，1971年）。林薇「《児女英雄伝》作家文康家世，生平及著述考略」，『文史』18輯（中華書局，北京，1983年）。孫楷第「関於児女英雄伝」，『国立北平図書館館刊』4巻6号，1930年（のち『滄州後集』巻3〔中華書局，北京，1985年〕に再録）。〔金文京〕

温（おん）　生才（せいさい）　Wen Shengcai

（1870年～1911年4月15日）

字・練生。広東省嘉応県生まれ。原籍，同前。中国同盟会のテロリスト。

貧しい家庭に生まれ，6歳で父を失い，10歳の頃親戚を頼って河南省鎮平の教会の学校で数カ月読み書きを習った。兄は南洋へ行き，温生才も14歳の時南洋のオランダ領植民地へ赴き，タバコ畑で働いた。3年後，ペルリスの錫鉱山に移ったが，厳しい労働に耐えかねて帰国，広東省連州で働いた。その後も官人の下僕として働き，また兵士として寧波に赴いたこともあった。

長年にわたる辛い労働生活によって強じんな性格に鍛えられ，また官界の腐敗をつぶさに見た温生才は，官人宅を辞して台湾に渡り機械工場で働いた。1903年頃再びペルリスに渡って錫鉱山で働いていた際，07年中国同盟会員の経営する出版社で明末の清兵による虐殺を描いた『揚州十日記』を目にしたことがきっかけとなって反清意識に目覚めた。孫文の革命演説を聞くチャンスを得た彼は，積極的に孫文に面会を求め，まもなく中国同盟会に加入した。09年秋，温は鉱夫たちを集めて広益学堂を開設して，昼間の労働の後，夜この学堂に集まって天下国家を論じた。当時の情勢から革命の成功はすぐには望めないと考えた彼は，李佐漢らと暗殺団を結成して清朝要人の暗殺によって民族の敵を除去することを誓った。

1910年初め温生才はまず広州の増祺将軍の暗殺を計画したが，実現しなかった。汪兆銘が摂政・醇親王載灃の暗殺に失敗して投獄されてから悶々の日々を過ごし，必ず汪の後を継ぐ決意を固めていた。彼のいとこに新軍の小隊長がおり，当時新軍中にも革命分子のシンパが多かったが，しばしば彼らの蜂起を潰した水師提督・李準を標的とすることにした。

1911年3月下旬温生才は香港で5連発のピストルを入手したのち，広州へ赴き東市街に粗末な家を借りて李準暗殺のチャンスをうかがった。4月8日，李が燕塘へ飛行訓練を視察するために外出するとの情報を得た彼は東門外の茶屋で待機していた。その日の夕刻，護衛兵を従えた駕籠がやってきた。温は茶屋からとび出し，駕籠の中へ続けて弾丸を撃ちこんだ。従者たちは四散し，温は逃走中捕えられた。実は彼が射殺したのは李準ではなく，副都統の孚琦将軍であった。尋問中の彼は終始泰然として，苛酷な満人支配に苦しむ4億の同胞に代わって恨みを晴らしたと述べ，12日の両広総督・張鳴岐の審問の際にも決して同志たちの名を明かさなかった。彼は「自分の死ぬ日は生まれる年だ」と心に誓っており，15日の処刑の日も引き回しを見物する大勢の群衆に向かって，「今日私は同胞に代わって仇を討った。同胞諸君の発奮を望む！早く死んで早く生まれ変わって再度賊を撃つ！」と訴え，孚琦を襲撃した現場で処刑された。

参考文献：鄒魯『紅花崗四烈士伝』（民智書局，上海，1927年）。馮自由『革命逸史』2集（商務印書館，上海，1943年）。中国社会科学院近代史研究所編『民国人物伝』2巻（中華書局，北京，1980年）。清史編委会編『清代人物伝稿』下編3巻（遼寧人民出版社，瀋陽，1987年）。沈雲龍主編『近代中国史料叢刊』30輯（文海出版社，台北，1968年）。〔児野道子〕

文（ぶん）　廷式（ていしき）　Wen Tingshi

（1856年12月23日～1904年10月3日）

字・道希，芸閣，道爔，道溪ほか。号・純常子，雲閣，薌徳，羅霄山人，菩提流支ほか。原籍，江西萍郷県。生地，広東省潮州府。清末の清流・帝党の中心人物の1人，変法維新の協力者。

彼の原籍は江西であるが，2代続けて挙人出身の祖父と父・文星瑞の勤務地の関係で広東に生まれた。広東海堂・菊坡精舎に入って学び，成績は特に優秀であったという。しかし，祖父・父が共に比較的若く世を去ったために家が貧しく，1873年順天郷試に失敗して以後，総兵・呉長慶，広州将軍・長善，両広総督・張樹声らの幕僚として働きながら苦学した。長善の嗣子・志鋭とその弟・志鈞は彼と深い交わりを結んだし，後に光緒帝の珍妃・瑾妃となった彼らの姉妹は，その後文廷式が北京に応試で上京し，志鋭達の屋敷に宿泊するたびに，彼を師として文章を習ったともいわれ，進士合格後に彼が光緒帝の近臣として寵愛を受ける契機ともなった。

ところで，彼が苦学の果てにようやく順天郷試に合格したのは1882年であり，進士合格は90年であった。この長い勉学と応試の時期に注目される４点を記せば，まず第１は彼の学問の傾向についてである。広州の著名な陳澧に師事したが，師の経世致用思想の影響は大きく，彼が科挙の応試のために広州と北京を往復する間に通過した多くの省で腐敗した政治の弊害をつぶさに見聞し，また外国の影響下にある上海・香港の繁栄にも眼を開かれ，早くから国内外の状況を比較する視点を持っていた。また科挙合格後になって科挙試験を一種の愚民政策であるとしてこれを廃止し，維新のための人材を育成しなければならないと考えるに至ったのも，経世致用の表れとして注目に値しよう。

第２に成長期の文廷式に影響を与えた人物として，師の陳氏の他に彼の父と親友の徐建寅の２人がいる。彼の父は西洋の「本」と「末」の区別，その「本」としての制度変革の必要性について説いたという。徐建寅は洋務運動期に活躍した科学者・徐寿の子である。英仏独など欧州に留学して造船・兵器製造の技術を学んだ徐は科学技術の専門ばかりでなく，西洋の社会・政治の制度にも通じていて，多くの翻訳・紹介書を著した。文廷式は徐の翻訳を通して西洋の新制度，なかんずく議院制についての知識を得ていたという。後に彼が見せた変法派との思想的な近似性はこの２人の影響にあった。

第３に日本との関連として，1885年広東を遊歴した仙台の歴史家・岡千仞との交友がある。一般に清流・帝党の中には急に成り上がった東夷たる日本への反感を持つ者が少なくなかったが，文廷式はそのような感情を持たず日本人と交際した。

最後は翁同龢との関連を軸とする清流・帝党の問題である。先述のように文廷式は漸く順天郷試に合格したが，その文才が京師で有名となり，とりわけ清流・帝党の嘱目されるところとなり，沈曾植・沈曾桐・盛昱・陳熾らや，またのちの変法派の黄遵憲・江標らともこの頃交わったという。1890年の会試で清流・帝党の中心である翁同龢，潘祖蔭から第一に押され，続く殿試で翁の強い推薦で名誉ある榜眼（第２位）に挙げられた。そして翰林院編修を授けられ，以後「翁門六子」の１人として活躍した。

ところで，当時朝廷では，西太后が1884年以来実権を握り続け，賄賂横行し，風紀日増しに廃れるという有り様であったが，光緒帝の近臣たる翁・潘らが科場を主持する権限を利用し，有能な人士を翰林院，御史の列に入れて自己の勢力を扶植していた。

清流・帝党の一員としての彼の活躍には，次の３点が注目される。第１は日清戦争期での主戦論である。対日妥協を図っていた李鴻章らの后党・淮系勢力に対して，翁を主とする清流・帝党は主戦の論陣を張ったが，文廷式・張謇はその翁の腹心として活躍した。結局日清戦争で主戦論は採用されず，その敗戦と党争がきっかけとなって彼らの内部では政治改革が模索され始めた。彼個人は，まず制度上の改革（治人よりも治法の優先）と維新の人材育成（科挙の廃止）の２つを断行し，「君民共主の政治」（立憲・議院を立てて，君権を制限し，民権を守る）を実現せんとする思想を抱いていたが，清流・帝党の同志達は，必ずしも一致した考えを持っていたわけではなかった。

そこでその限界を突破するものと期待されたのが，日清戦争時に大胆な改革案（公車上書）を提示した康有為・梁啓超らである。第２の点はこの維新派との協力活動である。先に1894年康有為の『新学偽経考』が弾劾された時，彼ら帝党は彼を救った経緯があり，95年８月の強学会の結成は両派の正式で公開の合作であるという。彼は早速にもこの強学会の副董として活躍し始めたが，すぐに96年３月に李鴻章らの手によって厳しく弾劾・革職され，北京を離れざるをえなかった。しかし，彼はこれで維新運動から離れたわけではなく，上海に留まって梁啓超・汪康年・江標らと共に活動を継続した。また98年には鄭観応・鄭孝胥らと共に上海総領事代理の小田切万寿之助に協力して，亜細亜協会の設立に努めた。同年６月には南下して湖南巡撫の陳宝箴の変法事業に助力した。その間に政変の発動を受け（９月21日），彼に対しても逮捕と北京への護送の命令が出たが，彼は陳宝箴・三立父子（陳三立と文廷式は郷試合格の「同年」であり，陳氏はまた彼と同郷の江西出身であった）と小田切の援助を得て上海に潜み，政府の追及を逃れたのであった。彼と親しい湖広総督・張之洞と両広総督・劉坤一の両者も，彼を庇い続けたと言われる。

その後，彼は指名手配を受けた身でありながら，国事から離れなかった点が第３である。例えば，1899年10月，内藤湖南が東亜同文会会員として来華すると，彼は内藤と会談し，中国の変革問題を議論し，日本維新の人材が中国の変法に幇助するよう協力を求めたという。1900年２月その東亜同文会の招待を受けて，彼は日本を初めて訪問，４月に帰国すると，成立間もない上海国会に参加した。さらに唐才常と密接な連絡を取りつつ，自立軍蜂起の計画にも関与するという積極性を見せた。しかし，同年９月自立軍の失敗により，以後彼は一切の政治活動から手を引き，故郷で病気勝ちの生活を続けていたが，その３年後に没した。また彼は清末の個性的な詩人としても有名である。

参考文献：文廷式著，趙鉄寒編『文芸閣（廷式）全集』全10冊（文海出版社，台北，1975年）。銭仲聯「文廷式年譜」，『中華文史論叢』1982年4輯。劉方「文廷式述論」，『近代中国人物』3輯〔『近代史研究』専刊〕（重慶出版社，1986年）。趙伯陶「文廷式及其《雲起軒詞》芻議」，『江淮論壇』（安徽省社会科学院）1989年1期。Paul A. Cohen and John E. Schrecker eds., *Reform in Nineteenth Century China* (Harvard University Press, Cambridge, 1976).　〔中井英基〕

文祥（ぶんしよう） Wenxiang

（1818年～1876年）

字・博川，号・文山。遼陽市に生まれる。原籍，盛京正紅旗。満州族，瓜爾佳氏。清末の官僚。

1845年進士及第。最初工部主事となったが，太平天国軍が華北に進出したとき北京を動かず，これをきっかけとして急速に昇進し，54年工部員外郎，57年太僕寺少卿，翌年署刑部左侍郎，さらに内閣学士と礼部右侍郎を兼務，59年在軍機大臣上走行および戸部左侍郎となった。60年英仏連合軍が北京に迫り，咸豊帝が熱河に難を避けたあと，講和の交渉にあたった恭親王奕訢を大学士・桂良とともに補佐した。

1861年総理各国事務衙門が設立されると総理衙門大臣として以後死ぬまで洋務を担当し，清朝中央政府の中で洋務派官僚として首領格の1人となった。また，同年起こった祺祥政変では恭親王を助け，62年左都御史に抜擢される。その後工部，吏部尚書，協辦大学士，体仁閣大学士，75年には武英殿大学士と昇進し官僚としての最高位に昇りつめた。

清朝にあっては剛直，勤勉にして思慮深く，さらに清廉な満州人官僚として聞こえた。

参考文献：民国清史館編『清史稿』巻386，列伝173（民国清史館，北京，1927年）。　〔徳岡仁〕

聞一多（ぶんいつた） Wen Yiduo

（1899年11月24日～1946年7月15日）

原名・聞亦多，輩名・聞家驊，改名・聞多。字・友三，友仙，号・友山，筆名・一多，タタ，別名・聞匡斎。湖北省浠水県下巴河鎮陳家大嶺生まれ。詩人，学者。

父は晩清の秀才。1904年から私塾に通い，三字経・幼学瓊林・爾雅・四書を読むが，翌年新たに師範学堂出身の先生を招き，新しく編纂された国文・歴史・博物・修身などの教科書を習う。幼少の頃より詩詞・美術を好み，伝統的な教育と晩清以来の「新学」教育の双方を受ける。09年武昌の両湖師範付属高等小学校に入学，同時に叔父の主宰する改良私塾で国文・英語・数学を習う。

辛亥革命後，民国公学，実修学校を経て，1912年アメリカ留学生の派遣養成を目的とする清華学校に入学。在学中は，15～16年『清華週刊』，19～20年『清華学報』の編集に加わり，多くの旧体詩文を発表。また游芸社（16年成立，19年新劇社に改組），美術社（19年成立），清華文学社（21年成立）の中心人物として演劇・美術・文学の各方面で活躍。20年9月『清華週刊』に新詩「西岸」を初めて発表，以後旧詩を発表することはなく，新詩の習作に励む。21年12月清華文学社で“A Study of Rhythm in Poetry”を報告，22年3月「律詩底研究」（未刊）を脱稿，中国古典継承の新たな可能性を探りつつ，時代にふさわしい真の意味での「正式な新体中国詩」のあり方を模索していく。また五・四運動には積極的に参加し，学生会の文書工作を担当。21年には卒業のところ学生ストライキに参加して留年。

1922年2月父母の命により結婚。同年5月清華学校を卒業し，7月アメリカに向けて出帆。アメリカ留学中はシカゴ美術学院，コロラド大学，Art Students' League of New Yorkで美術を学ぶかたわら，「テニスンとブラウニング」・「現代英米詩」の授業にも出席，多くの新詩を書き，23年最初の詩集『紅燭』を出版。22年『冬夜草児評論』（清華文学社叢書，梁実秋との共著）刊行。23年「女神之時代精神」，「女神之地方色彩」を発表，郭沫若の詩集『女神』が20世紀の時代精神を見事に表していることを高く評価するとともに，新詩人に見られる「欧化の狂癖」を指摘，『女神』もまた形式のみならず精神まで全く欧化してしまっていると批判する。

『紅燭』ではキーツを芸術の忠臣と称え，「芸術の為の芸術」を標榜，極端な唯美主義者といわれたが，一方米国での中国人排斥に憤り，世界における中国の位置を日々に身をもって体験し「中華文化の国家主義」を提唱，亡国の危機感から清華学校出身の留学生・羅隆基，何浩若，梁実秋らと国家主義団体「大江会」を結成，1925年7月には機関誌『大江季刊』を創刊，「洗衣歌」などを発表する。

1925年7月帰国，北京芸術専科学校教務長となる。26年徐志摩主編の『晨報副刊・詩鐫』に詩「死水」，詩論「詩的格律」などを発表，新詩における建築の美（節の均衡・句の均整），すなわち脚韻・詩脚などの韻律法の重要性を主張し，詩の実作，理論の双方で指導的な地位に立ち，大きな影響を及ぼす。26年秋から冬にかけて呉淞の国立政治大学訓導長，27年1カ月ほど北伐軍総政治部芸術股股長兼政治部英文秘書，同年夏から南京土地局を経て，同年10月国立第四中山大学外文系主任となり，英米の詩・戯曲・散文を教える。28年1月代表作の第2詩集『死水』を出版，同年3月雑誌『新月』創刊，徐志摩，饒孟侃とともに編集に当たる。28年秋国立武漢大学文学院長兼中文系主任となってからは，詩作から遠ざかり，29年4月『新月』編集を辞退，中国古典文学の研究に力を注ぎ，「荘子」,「杜少陵年譜会箋」を発表。30年青島大学文学院長兼国文系主任，文学史・唐詩などの他外文系で英詩も教える。臧克家はこの時の学生。32年母校の清華大学中国文学系教授，唐詩から詩経，楚辞，楽府，古代神話などまでにいたる研究に没頭。伝統的な文献学，訓詁学によりテキストの校定を行うと同時に，新興の隣接諸科学の民俗学，社会学，人類学，神話学などの成果と方法を採り入れ，伝統的な枠組みにとらわれない斬新な解釈を示し，「天問釈天」,「詩新台鴻字説」,「高唐神女伝説之分析」などを発表。「外へ向かって発展していく道が通れない以上，内へ向かって歩かなければならなかった」という。

抗日戦争中は，北京・清華・南開大学を合併した長沙臨時大学，昆明の西南連合大学の教授，1938年臨時大学の昆明移転の際には，200余名の学生の組織する徒歩旅行団に参加，68日かかって昆明に到着。この間学生とともに少数民族の服装，言語，民謡，伝説，神話等について調査研究を行う。連合大学では爾雅，楚辞などを講じ，詩経，楚辞，楽府，神話などの旧稿を整理し，「楽府詩箋」,「唐詩雑論」,「周易義証類纂」などを発表，42年『楚辞校補』を出版。44年5月3日学生主催の歴史晩会で講演，初めて民主運動に参加，同年民主同盟に加入，以後民主と平和を求めてしばしば講演し，多くの雑文を発表する。45年9月民主同盟中央執行委員，民主同盟雲南省支部宣伝委員，『民主週刊』社社長となる。国共内戦勃発直後，46年7月15日李公樸暗殺を糾弾する演説をした数時間後にテロに遭い，西南連合大学教職員宿舎近くの路上で満身に銃弾をうけて死亡する。

参考文献：聞一多先生遺著整理委員会編『聞一多全集』全4巻（開明書店，上海，1948年）。同前再版（生活・読書・新知三聯書店，北京，1982年，年譜なし）。孫党伯等編『聞一多全集』全12巻（湖北人民出版社，武漢，1993年）。『聞一多選集』（開明書店，北京，1951年）。『聞一多紀念文集』（生活・読書・新知三聯書店，北京，1980年）。Kai-Yu Hsu, *Wen I-duo* (G.K. Hall, Boston, 1980). 劉烜『聞一多評伝』（北京大学出版社，北京，1983年）。李鎮淮主編『聞一多研究四十年』（清華大学出版社，北京，1988年）。聞黎明『聞一多伝』（人民出版社，北京，1992年）。聞黎明・侯菊坤編『聞一多年譜長編』（湖北人民出版社，武漢，1994年）。中国現代文化学会聞一多研究会主催『聞一多研究動態』（電子版，98期まで刊行，1995年創刊，中国社会科学院近代史研究所のホームページで見られる）。

〔楠原俊代〕

温（おん）　宗尭（そうぎょう）　Wen Zongyao

（1876年～1947年11月29日）

字・欽甫。広東省新寧生まれ。清末及び民国の政治家，後に南京汪精衛政権の一員となる。

生家の家庭環境については不明である。温宗尭は6歳にして香港官立中央書院（後に維多利亜書院，更に皇仁書院と改称）に入学した。1892年温は楊衢雲，謝纘泰らと共に香港で輔仁文社を創設した。同社は，民智を開通し新学を提唱することを主旨とするもので，後には尤列もその成員となっている。皇仁書院卒業後，温は最初の留学生としてアメリカに渡った。95年2月孫文が香港で興中会を創設すると輔仁文社もこれに統合され，温も自動的に会員となった。97年天津北洋大学堂の教習に任じられ，その後香港に戻って皇仁書院の英語教師となった。1900年6月唐才常らが上海で自立軍を組織すると，温は同軍駐上海外交代表に任じられた。同年8月の蜂起失敗以後は，両広洋務局局長，広東電話局総辦，広東将弁学堂総辦，江蘇候補道などの職を歴任した。04年チベット問題につきイギリスと協定を結ぶための英蔵訂約副大臣に任じられ，全権大臣の唐紹儀と共にインドに赴いた。翌年夏に帰国した後，両広総督・岑春煊の幕に入り，対外交渉の責任者となった。08年駐蔵参賛大臣としてラサに滞在したが，翌年辞職して両江総督署洋務顧問，外務部参議となった。

1911年10月武昌蜂起が勃発すると，温宗尭は11月湖北軍政府外務次長に任じられ（総長・伍廷芳），12月には汪精衛らと共に上海で開始された南北和議交渉に加わった。12年1月に中華民国が成立すると，彼は上海通商交渉使兼議和参賛に任じられた。彼はこの時期，政党活動にも積極的に関わっており，同年2月に結成され統一党では参事に就任し，後には岑春煊らと上海で国民公党を結成して副会長となった。更に8月，中国同盟会，統一共和党，国民共進会，国民公党などが改組して国民党が成立すると参事に選出された。袁世凱が帝制を取り消した直後の16年5月，護国軍都司令部外交局長，肇慶護国軍軍務院外交副使に任じられた。同年10月には黎元洪によって会辦浦口商埠事宜に任じられた。

1920年4月温宗尭は広東軍政府外交部長に任じら

れ，翌月には軍政府政務総裁となった。しかし，10月に岑春煊らと共に軍政府総裁の職務を解除する宣言を発し，イギリス兵の保護の下に上海に移った。そのため翌年２月，広州軍政府から彼に対する逮捕状が発せられた。その後約10年間にわたって温は目立った政治活動を行っていない。

1932年１月温宗尭は国民政府が招集した国難会議に会員として出席した後，章炳麟，熊希齢らと中華民国国難救済会を結成し，４月には洛陽で開かれた会議に出席した。しかし，日中戦争が本格化する中で37年12月南京が陥落すると，温は翌年３月南京に成立した中華民国維新政府の立法院院長となり，９月に北平で中華民国臨時政府と維新政府による中華民国政府連合委員会が成立すると，その委員となった。39年６月上海で汪精衛と会談し，温は中央政府の設立が急務であることを訴え，９月には梁鴻志，陳羣らと共に汪精衛による政府樹立を支持する旨を発表した。またこの頃，彼は華中大民会の副総裁に就任し，親日思想の流布に努めた。40年３月南京に汪精衛を主席代理とする国民政府が成立すると，温宗尭は中央政治委員会委員，司法院院長に任じられた。翌年２月東亜連盟中国総会が成立すると常務理事に就任した。

日中戦争終了後の1945年10月１日温宗尭は武漢で逮捕され，初め上海の軍統看守所「楚園」に収容された後，南京の老虎橋監獄に送致された。そして，翌年５月から首都高等法院検察処において温の取り調べが開始され，７月から「敵国通牒，国家反逆罪」の容疑で法廷に立たせられ，「無期懲役，終身公権剝奪，家族の生活必需物資を除く全財産没収」の判決が下された。そして，翌47年11月南京の監獄内で病死した。

参考文献：黄美真・張雲「抗日戦争時期三箇漢奸政権及其主要頭目」，『人物』1984年３期。関国煊「温宗尭（1876―1946）」，『伝記文学』45巻３期，1984年。劉国銘主編『中華民国国民政府軍政職官人物誌』（春秋出版社，北京，1989年）。益井康一『漢奸裁判史』（みすず書房，1977年）。

〔嵯峨隆〕

翁（おう）　同龢（どうわ）　Weng Tonghe

（1830年６月17日～1904年７月３日）

字・笙階，訒夫，声浦。号・叔平，松禅，瓶笙。諡・文恭。原籍，江蘇省常熟県，同県に生まれる。清末に要職を歴任した大官。いわゆる「清流」という清廉・剛直をもって聞こえた一派のうち，南方派の筆頭。また光緒帝の側近で構成された帝党の中心人物であり，西太后支持派である后党の李鴻章・栄禄らと対立した。

1822年の進士で咸豊年間に体仁閣大学士を務めた翁心存の末子である。長兄の翁同書は40年の進士であり，翰林院編修より出発して安徽巡撫などの職を歴任した。次兄の翁同爵は父・心存の功績により兵部員外郎となり，湖北巡撫などを務めた。

1856年彼は状元で進士に合格し，翰林院編修を授けられた。58年郷試の試験官として陝甘に赴任し，ついで陝西学政として留任することになったが，病気を口実に北京へもどる。62年賛善に抜擢され，郷試試験官として山西へ派遣されたが，父の死により辞職を願いでて帰郷した。65年服喪の期間が明けてもとの職に復帰し，弘徳殿侍講を命じられ皇太子（後の光緒帝）の教育係となった。以後，長期間にわたり光緒帝の教育係を担当したため，光緒帝に最も信頼され，特に即位後，光緒帝は事ある毎に絶えず彼の意見を聞いたという。ついで内閣学士に転任した。75年には署刑部右侍郎となり，翌年４月毓慶宮侍講に任命されたが就任を辞退した。ついで戸部右侍郎となり，筵講官を経て都察院左都御史に昇進。以後刑部尚書，工部尚書と転任している。この間，イリ地方の領有をめぐる清露間の対立が発生し，彼は惇親王・醇親王・潘祖蔭らとともにロシアとの外交交渉にあたる。82年には軍機大臣に就任した。

1884年清仏戦争が勃発すると和戦両様の立場をとった。しかしこの時起こった朝廷内部の政変により恭親王を筆頭とする全軍機大臣が罷免されたため軍機処勤務からはずされたが，毓慶宮勤務には留まる。85年戸部尚書に転任した。これと前後して会試総裁，順天郷試考官を務める。94年日清関係が険悪化すると，彼は李鴻藻らとともに門生の張謇・文廷式ら若手清流の建議をいれ開戦を主張し，日本との戦争回避を主張する李鴻章に迫って開戦に踏み切らせた。戦争が始まり清朝の海軍，陸軍が各地で敗北を喫すると，彼は西太后の命を受け天津に赴き李鴻章に対して敗戦の責任を問いただした。ここにいたって84年以来失脚していた恭親王が中央政界に復帰し軍務を監督することになると，彼もまた恭親王とともに軍務を担当し，94年10月には李鴻藻とともに軍機大臣に再任された。11月には恭親王に代わり軍機大臣領班（筆頭）となる。95年の下関条約締結に際しては賠償金支払いについて承認したものの，領土割譲については断固反対し，露・英・独の３国を利用して日本による領土割譲を阻もうとしたが，実現しなかった。95年には総理各国事務衙門大臣を兼任し，97年には戸部尚書，協辦大学士となる。

彼は日清戦争敗北後の危機的状態から清朝を立て直すために，また光緒帝による真の親政を実現するためには変法の実現しかないと判断し，先例にとらわれず有能な人物を登用すべきであると主張して，1898年康有為ら変法派の抜擢に尽力した。その結果同年6月11日光緒帝によって変法の詔が出され，いわゆる戊戌維新が開始された。しかし，彼自身は元来康有為らとは違って西太后らとの共同歩調を保ちつつ，穏健な改革（変法ならぬ「変事」）を構想していたので，変法が実施され始めると，康有為ら変法派と彼・張謇ら清流・帝党との亀裂が拡大していた。それ故詔勅の4日後の6月15日に彼を罷免したのは，保守派ではなく康有為らという可能性もある。ともあれ，罷免後彼は帰郷を命じられた。同年9月18日ついに西太后派によるクーデター（戊戌の政変）が起こると，光緒帝は軟禁され，康有為らの変法派とそれに協力した清流・帝党が朝廷の要職から一掃された。その結果彼は先の処分が軽すぎたとして「革職永不叙任」（懲戒免職処分）という重い処分を受け，身柄を地方官に引き渡され，厳重な監視下に置かれた。罷免後は出身地である江蘇省常熟の白鴿峰に「瓶庵」と呼ばれる庵を立てて隠棲し，これ以後政治のことについては全く口にしなくなった。話題が朝廷のことに及ぶと激怒し非常に不機嫌になったという。なお1909年には名誉を回復され，処分取り消しの詔勅が出された。

彼の著書には『翁文恭公日記』40冊，『瓶廬詩稿』8巻，『文稿』20巻などがあるが，主として罷免後に書かれたものが多いので，内容的には書き直されている可能性大である。

参考文献：民国清史館編『清史稿』巻436，列伝223（民国清史館，北京，1927年）。荘練（蘇同炳）『中国近代史上的関鍵人物』中冊（四季出版事業，台北，1978年）。蕭公権撰，楊粛献訳『翁同龢与戊戌維新』（聯経出版事業公司，台北，1983年）。章開沅著，藤岡喜久男訳『張謇伝稿―中国近代化のパイオニア』（東方書店，1989年）。陳義傑整理『翁同龢日記』（中華書局，北京，1989-98年）。仲偉行編『翁同龢日記勘誤録（付甲午日記）』（上海古籍出版社，上海，2010年）。

〔中井英基，中川雅史〕

翁（おう）　文灝（ぶんこう）　Weng Wenhao

（1889年7月26日～1971年1月17日）

字・咏霓，別名・存璋，永年，悫士。浙江省鄞県出身。北洋政府，国民政府のテクノクラート，地質学者。

1902年秀才となる。震旦大学卒業後，ベルギーのローベイン大学（Louvain University）に留学し，物理学と地質学を専攻する。12年物理学及び地質学の博士号を取得し，帰国後北洋政府農商部鉱政司長，技正，技監を歴任する。14年農商部地質研究所主任教授，16年農商部地質調査所鉱産股長，18年同調査所代理所長に就任。22年以降国際地質学会議と太平洋科学会議に何度も出席し，24年には中国地質学会会長に就任する。26年地質調査所所長，28年中華教育文化基金董事会董事などを歴任する。また，22年から31年まで清華大学地質系主任教授を務め，盛んに調査，研究，執筆活動を行う。31年には清華大学代理校長を務める。32年国民政府は翁文灝を教育部長に指名したが，翁はこれを固辞する。

1933年夏蒋介石の強い勧めにより翁文灝は官界に入る。10月非公開組織である国防設計委員会秘書長に内定し，34年1月同委員会は正式に成立するが，翁は交通事故にあい秘書長就任は1年遅れる。35年12月7日蒋介石の行政院長就任とともに行政院秘書長に就任し，正式な公職につく。37年4月英国国王ジョージ6世戴冠式祝賀特使団秘書長として訪欧し，6月にはドイツで中独軍事・経済協力関係強化を図ったが，日独同盟がすでに既定路線となっており実現しなかった。翁はソ連を視察して帰国するが，この時抗日戦争が勃発しており，翁は戦時体制に参加していく。

1938年1月実業部が経済部と改組・改称されると同時に翁文灝は経済部長に就任する。また，国防設計委員会は経済部資源委員会に改組されて公開組織となり，翁はその主任委員を務める。蒋介石が下した軍需産業振興の指示により経済部に工鉱調整処（後の戦時生産局）が設けられ，翁はその処長を兼任して民営の軍需・民生工業の発展に尽力する。主任委員を務めた資源委員会は主に国営の工鉱業を管轄し，同様に後方の工鉱業発展に寄与する。

1945年5月宋子文内閣発足にともない行政院副院長に就任したが，経済部長を離任し，資源委員会の実権も銭昌照に握られたため，経済行政における翁文灝の影響力は大幅に低下する。

1947年3月宋子文は行政院長を辞職したが，蒋介石国民政府主席が行政院長職を代行したため翁文灝は行政院副院長職に留まる。4月に国民政府委員，張羣内閣発足に伴い翁は政務委員兼資源委員会主任委員に就任し，再び経済行政の中枢に復帰する。48年5月蒋介石の中華民国総統就任に伴い行政院長に指名される。中国共産党との内戦と経済危機は深刻化しており，それを打開するため8月19日経済緊急処分令を交布し，法幣の流通を停止して金円券の発行に踏み切るが，逆にさらなるインフレを招いてしまったため，11月に行政院長職を引責辞任して政府委員となる。12月25日翁は中国共産党の公表した「一級戦犯」43名のうち12番目に挙げられる。

1949年3月総統府文官長。5月に翁文灝の家族の一部が中国共産党側に寝返る。50年何応欽は5万米ドルを翁に渡して「研究のため」フランスに送り出したが，51年には統一戦線の呼びかけに応じて香港経由で中国本土に帰国する。同年4月6日北京に到着した際郭沫若，章伯鈞，周恩来らの歓迎を受ける。その2週間後には団を率いて新疆やチベットに鉱物資源調査に赴く。

1951年12月中国政治協商会議第2期全国委員会委員，56年2月中国国民党革命委員会第3期中央委員，3月同常務委員，57年2月台湾和平解放工作委員会委員などを歴任する。65年李宗仁の帰国時を最後に公の場から姿を消し，71年1月に北京で病死する。地質学や鉱業などに関する著作が多数ある。

参考文献：郭桐『国共風雲名人』4集（広角鏡出版社，香港，1977年）。関徳懋「翁文灝其人与事」，『伝記文学』36巻4期，1980年4月。白瑜「翁文灝，王雲五与金円券的後遺症」，『伝記文学』37巻2期，1980年8月。文洋「原国民党行政院長翁文灝」，『人物』第26期，1984年7月。劉紹唐主編『民国人物小伝』第6冊（伝記文学出版社，台北，1984年）。戴光中『書生本色—翁文灝伝—』（杭州出版社，杭州，2004年）。〔松田康博〕

倭仁（わじん） Woren

（1804年～1871年）

姓・烏斉格里，字・艮峰，諡・文端。河南（開封）駐在の蒙古正紅旗人の出身。清末の学者，官僚。守旧的な「清議派」（開明的な清流とは異なる）の1人。

彼は李棠階・呉廷棟とともに同治年間（1862～74年）の三大儒と称され，宋学の学者として名声を得る。また同治帝の教育係として中央政界で大きな発言権を持ち，政府内の守旧派として洋務運動に反対した代表的人物である。

1829年の進士。中央官庁の幹部候補生である翰林院庶吉士に選ばれ，32年翰林院編修に任命された。以後翰林院において昇進し中允，侍講，侍読，庶子，侍講学士，侍読学士の職を歴任する。この間35，36年には会試の試験官になり，37年には郷試正考官として福建に派遣された。42年詹事府詹事に抜擢され，44年には大理寺卿に任命された。この頃から曾国藩と親交を結んでいる。

1850年咸豊帝が即位すると皇帝に対し政治の要諦について宋学に基づいた進言を行う。同年トルキスタン統治のため協辦大臣としてヤルカンドに派遣された。53年管内のウイグルの郡王を証拠不充分のまま弾劾したため，処分され北京に召還される。翌年戸部右侍郎の王茂蔭らが彼を京師団練の編成にあたらせようとしたが，咸豊帝は倭仁が軍務に不適であるとしてこれを却下し，翰林院侍講候補として惇郡王の教育係に任命した。55年翰林院侍講学士に復帰し，56年には光禄寺卿兼盛京礼部侍郎，57年には盛京戸部侍郎兼奉天府尹事に任命された。61年，咸豊帝の後を幼少の同治帝が継ぐと北京に戻り都察院左都御史となり，62年には工部尚書に抜擢され，翰林院掌院学士，文淵閣大学士なども兼任した。更に東西両皇太后の推薦により即位したばかりの同治帝の教育係にもなったが，同治帝に対する教育用テキストとして古来の名君の事績や名臣の言行録を編集し，『顧心金鑑』という書物にまとめて弘徳殿に備えさせた。彼の教育は非常に厳正であったために同治帝は彼をあがめ恐れたという。

当時清朝は太平天国の乱に悩まされていたが，この国難に際し，彼は政界・官界の刷新を建議し孔子や孟子の古典を引用して減税策と綱紀粛正を求めた。その一方で1860年代より開始された洋務運動に対して断固反対の立場をとった。当時彼は文淵閣大学士にも任命されていたが，67年恭親王奕訢らが同文館に西洋人教師を招き新人官僚に対して天文学・数学を学ばせようと提案したのに対し反対の立場をとった。68年国史館総裁となったが，国事に関する上奏をしばしば行っている。次いで総理各国事務衙門への出仕を命じられたが固辞し病気を口実に辞職を申し出，一切の職務を解かれた。辞職後は弘徳殿に出仕し皇帝の教育係に専念することになる。71年文華殿大学士に叙せられたが，まもなく没した。主要著書として『顧心金鑑』のほか『莎車行紀』1巻，『倭文端公遺書』8巻がある。

参考文献：民国清史館編『清史稿』巻391，列伝178（民国清史館，北京，1927年）。蔡冠洛編『清代七百名人伝』（中国書店，北京，1984年影印版）。李華興主編『近代中国百年史辞典』（浙江人民出版社，杭州，1987年）。Kwang-Ching Liu, “Politics, Intellecual Outlook, and Reform: The T’ung-wen Kuan Controversy of 1867”, Paul A. Cohen and John E. Schrecker eds., *Reform in Nineteenth Century China* (Harvard University Press, Cambridge, 1971).〔中井英基，中川雅史〕

伍　秉鑑（ご へいかん） Wu Bingjian

（1769年～1843年）

字・成之，号・平湖，別名・敦元，慶昌，行商名・浩官（Howqua），沛官（Puiqua）。広東省南海県，現在の仏山市南海区生まれ。清代，外国貿易の特許を与えられていた広東十三行のひとつ怡和行の行主で，行商の同業組合組織の公行を統率する総商を長年務めた。

伍秉鑑の父・伍国瑩（字・明石，号・琇亭，行商名・浩官。1731年～1800年）は，行商の会計や塩の販売などに携わったのち，1783年に元順行を開設して浩官の行商名で外国貿易に乗り出した。しかし，88年には関税の滞納により海関当局の追及を受け破産の危機に陥り間もなく第2子の秉鈞（字・鴻之，号・衡波，別名・忠誠，行商名・沛官，浩官。～1801年）に行商を譲った。伍秉鈞は1792年に怡和行を開設し，以後怡和行は順調に成長した。行商の数は常時10家前後であったが，97年には伍秉鈞はその第3位にランクされている。

1800年に伍国瑩，翌年には秉鈞と相継いで没し，01年伍秉鑑が怡和行の行主になり，浩官，沛官の両方の名で対外貿易に従事した。浩官の名は伍秉鑑の後も，後を継いだ第4子の元華（字・良儀，号・春嵐，別名・受昌。～33年），さらにその後を継いだ第5子の崇曜（原名・元薇，字・良輔，号・紫垣，別名・紹栄。1810年～63年）が継承したが，沛官の方は27年に廃された。伍秉鑑は09年には行商中第2位になり，広利行の盧観恒（茂官）とともに総商に任命され，さらにその数年後には行商の第1位になった。42年に「南京条約」で公行が解散され行商制度が廃止されるまで，怡和行は常にトップの座を維持し，秉鑑，元華，崇曜の3代にわたって30年近く総商を務めた。

行商は，清朝政府の重要な財源であり，規定の税や宮廷への献上品の負担のほかに捐輸の名目で多額の割り当てが課せられた。さらに海関官僚を初めとする官界の収奪も激しいうえに行商自身の投機的な運営も一因となって資本不足に陥り外国商人に多額の負債を抱えて破産する行商も多かった。こうした入れ替わりの激しい公行内にあって，伍秉鑑はイギリスを初めとする西洋諸国の対中国貿易が急速に増大しつつあった時期に，その波にうまく乗り経営を拡大していった。滞貨を抱え債務を被りやすい外国産の織物類の請け負いを極力避け，茶葉貿易を主力に年々貿易額を伸ばしていき，東インド会社や旗昌洋行（Russel & Co.）と密接な関係を築いた。東インド会社とは1834年に対中国貿易独占権が撤廃されるまで強い信頼関係を維持し，外国人の広州滞在が認められない冬季，会社の監理会が澳門に退去している間は会社の経理一切を任された。1818年広州で設立されたアメリカの旗昌洋行は伍秉鑑の庇護を受けてたちまち大アヘン密輸業者に成長したが，伍秉鑑はまた旗昌洋行を通じてアメリカに資本をプールし，旗昌洋行への資金融通やアメリカの証券への投資などで巨額の利益を得ていた。

1826年伍秉鑑は引退が認められ第4子の元華に行商を譲り，元華が33年に病死した後は第5子の崇曜に後を継がせた。しかし引退後も怡和行の実権を握り公行の長老，外国商人たちの顧問格として外国商人—清朝間の交渉の第一線に立った。1839年に欽差大臣林則徐が広州に派遣されて禁煙運動が開始されると，林則徐は行商に外国商人への命令の伝達実行を厳しく迫った。伍秉鑑は総商筆頭の崇曜とともに矢面に立たされ，外国商人らの言動全てに対して責任を問われ，林則徐の外国商人に対する保有アヘンの引き渡し並びに以後アヘンを持込まないとの誓約書の提出，英商デントの出頭命令に際しては，期日までに実行させえなかったとして伍崇曜は投獄，秉鑑は枷刑を受けた。その後も伍家は1841年5月の「広州和約」締結を初めとして対外交渉の最前線で重要な役割を果した。1842年7月のイギリスとの講和交渉では，欽差大臣耆英はイギリス軍に最も信頼の厚い人物として伍秉鑑を呼び寄せて交渉に当たらせようとした。伍秉鑑は高齢を理由に崇曜を代わりに送ったが，「南京条約」締結には間に合わなかった。

伍秉鑑は怡和行ばかりでなく銀号や茶山も経営し，福建武夷山の伍氏の茶山で産する茶は高級茶として知られ，ヨーロッパ人に愛好された。1834年当時で伍氏の財産は総額2,600万元を超え，また多年の捐輸の総額は100万両以上に達したといわれる。さらにその他にも「広州和約」で課せられた600万元の賠償金の内，80万元を伍氏が負担したほか，同年秋には伍秉鑑がアメリカ船を購入して清朝政府に献上するなど，多大な義援活動を行った。その功績により布政使銜・栄禄大夫を賜与された。

参考文献：梁嘉彬著，嶺南文庫編輯委員会，広東中華民族文化促進会合編『広東十三行考』（広州人民出版社，広州，1999年，原本は1937年刊）。章文欽『広東十三行与早期中西関係』（広東経済出版社，広州，2009年）。H.B. Morse, *The Chronicles of the East India Campany Trading to China, 1635-1834* (Oxford University Press, Oxford, 1926-29).

〔白川知多〕

呉（ご）　昌碩（しょうせき）　Wu Changshuo

（1844年8月1日～1927年11月6日）

名・俊，俊卿。昌碩は民国以後に使用した字であり，他にも字として香補，倉碩，蒼石を用いた。号・缶廬，老缶，老蒼，大聾，苦鉄，剣候，石尊者，破荷亭長，蕪青亭長，無鬚呉など，その数は非常に多い。死後に弟子たちによって贈られた諡を貞逸先生という。清末から中華民国時代の詩人・書家・画家・篆刻家。

浙江省孝豊県鄣呉村（旧称・安吉県）に生まれ，

1927年11月に上海で没した。遺体はひとまず郷里にある祖先の墓の近くに葬られ，その後33年11月に浙江省杭州市塘棲県超山西麓の報恩寺に改葬された。墓は今も宋梅亭のほとりにある。

呉昌碩は代々にわたって読書人を輩出してきた家に生まれ，祖父の淵，伯父の開甲，父の辛甲はいずれも挙人となった人物である。また父が金石学と篆刻を趣味とする人物であったことが，後年の呉昌碩に大きな影響を与えたことは確実である。

1860年呉昌碩は県学に入り，科挙受験の準備を本格的に始めるが，あたかもその年に，太平天国農民革命運動の侍王・季世賢が南京を包囲している清軍の兵力を分散させるために浙江省北部を撹乱し，呉昌碩の村にも太平天国の大軍が進軍してきた。そのために村は大混乱におちいり，呉昌碩の一家も山中に避難して野生の果実や樹皮などで飢えをしのいだという。この後は約5年にわたって戦乱による混乱が続き，その中で呉昌碩の最初の妻である章氏が病死し，続いて母の万氏が病死した。しかし母を埋葬するにも棺がなく，石穴に埋葬せざるを得ないほどの混乱状態であったという。

このような状態があったからか，すでに秀才の資格をもっていたにもかかわらず，呉昌碩は科挙を受験しようとはせず，もっぱら書と篆刻の精進に励んでいたようである。

1872年に浙江省帰安県の施酒（字・季山）と結婚した。最初の妻の章氏との間には子がなかったが，施氏との間には3男1女を設けた。長男の育は16歳で夭折したが，次男の涵と三男の邁はともに書画によく秀でたことで知られる。

結婚によって精神的にも落ち着きを取り戻した頃から，呉昌碩は書画と篆刻の世界に深く傾倒しはじめ，郷里をあとにして杭州や蘇州に遊歴するようになった。蘇州で知遇を得た楊見山からは，書と詩文で特に深い影響を受けたという。また杭州では考証学者として著名な兪樾から文字と訓詁の学を授けられたりもした。さらに絵画の方面では，上海で出会った任伯年や胡公寿など，当時「海上派」と称された画家グループとの交流によって，後年の画風に大きな影響が与えられることとなった。

1882年呉昌碩はそれまでは故郷においてきた妻子を蘇州に呼び寄せた。その頃に友人からの資金援助を得て，県令の職を買ったようである。しかしその収入は極めてわずかなものであり，またこれまでの自由な生活に慣れてきた身では長官の御機嫌をとることもできず，わずか1カ月でその職を辞去することとなった。その事から呉昌碩は自分を自嘲して「酸寒尉」と呼ぶことがあり，また「一月安東令」とか「棄官先彭沢五十日令」と刻字した印章を刻んだりもしている。

1904年に葉銘・王禔・丁仁・呉隠の4人が発起人となって，浙江省杭州の西湖湖畔に金石学と篆刻という学問と学術を総合した学術団体「西泠印社」が創設されることとなった。その西泠印社が正式に発足したのは13年のことであるが，その初代の社長（団体の代表）は呉昌碩であった。当時呉昌碩は上海を中心とした書画壇で，おしもおされもしない大御所となっていた。

呉昌碩の書画と篆刻の作品はきわめて多く，わが国にもその愛好者は非常に多い。その代表的な作品集には，篆刻の印譜に『削觚廬印存』，『缶廬印存』など，書画集に『苦鉄砕金』があり，また詩集には『缶廬集』がある。

参考文献：王家誠著・村上幸造訳『呉昌碩伝』（二玄社，1990年）。『中国書法ガイド60清　呉昌碩集』（二玄社，1990年）。

〔阿辻哲次〕

伍（ご）　朝枢（ちょうすう）　Wu Chaoshu

（1887年5月23日～1934年1月2日）

字・梯雲。原籍，広東省新会県。天津市生まれ。中国国民党の外交家。

中国外交界の元老といわれた伍廷芳を父とし，1897年父の駐米公使に同行して少年期をアメリカで過し，1905年帰国し，広東省労工局，農工実業局に就職。ついで08年官費によりアメリカに留学し，ついでイギリスのロンドン大学を卒業，法学士。

1912年帰国し，工部農商主事となり，ついで湖北省外交司長に転出した。辛亥革命の直後には，南北の講和によって中華民国が成立すると，外交部に転じて条約研究会主任となり司法部の顧問をも兼任した。

1913年2月の第1回国会選挙では，中国同盟会を中心として結成された国民党に所属して衆議院議員に当選し，憲法起草委員となった。袁世凱総統の国民党弾圧，ついで14年1月の国会解散後も北京にとどまり，総統府顧問，政事堂参議，外交部参事，国務院参議などを歴任した。しかし袁の死後，黎元洪が大総統となり旧国会を回復したが，段祺瑞総理との対立が激化し（府院の争），また張勲らの「復辟」など北洋軍閥の分裂による北方の政局が混迷に陥ったのにたいして，17年夏，孫文が広州に非常国会を召集したのに呼応して父の伍廷芳とともに南下し，以後孫文の護法運動に積極的に参加して活動することとなり，18年には孫文らが組織した広東軍政府の外交部次長に就任し，総務庁長をも兼任した。

1919年のパリ講和会議に際しては，広東軍政府を代表して会議に参加し，顧維鈞ら他の代表と協力して不平等条約の撤廃，日本の21カ条要求の取消しなど7項目の提案を行ったが取りあげられず，五・四運動を激発する遠因となった。ついで20年ワシントン会議に際しては，北京政府（徐世昌総統）から全権代表に任命されたが，これを拒絶して受けなかった。陳炯明のクーデター後，23年孫文が広東に軍政府を再建して北伐を再開すると，孫文の大元帥府の外交部長となり，汪兆銘と協力して直隷派に反対する孫文・段祺瑞・張作霖による三角同盟の結成に奔走した。

1924年1月，孫文が中国国民党第1回全国代表大会によって国民党を改組し新体制を成立させると，その中央執行委員会専門部の商民部長に選任された。ついで孫文の北上そしてその死去を転機として，国民党内の左右の対立が激化し，広東の政局も大きく変化しはじめると，孫科とともに党内少壮派の有力者として独自な立場をとり，党内の「太子派」と呼ばれるようになった。

1925年7月，これまでの軍政府に代わって広東に国民政府が樹立されると，その政府委員となり，司法委員会主席を兼ね，さらに広州市政委員長および広州市長に就任した。ついで翌年1月の中国国民党2全大会においては，中央執行委員に選出され，さらに国民政府常務委員として予算，政治，軍事の各委員会の委員をも兼ねることになった。また3月に中山艦事件が起こると，孫科，宋子文らと連署して党務整理案を起草し，中央執行委員会全体会議に提出して採択させ，国民党の枢要のポストから共産党員を排除するのに加担した。

この間，唐生智ら軍人グループのクーデター未遂，1925年8月の左派の領袖・廖仲愷暗殺事件，そして翌年の中山艦事件と一連の右派の攻勢が続くなかで，国民革命軍を掌握する蔣介石は，党内および国民政府における指導権を強化し，7月北伐（国民革命）を開始した。北伐軍の進撃が揚子江に達すると，国民政府の移転問題をめぐる左右両派の対立は決定的となり，左派の武漢政府に対抗して南京に政府を移転させた蔣介石を支持し，27年9月その国民政府の外交部長に就任したが，翌年辞職して欧米に外遊し，南京国民政府による全国統一が一応達成されると29年1月その駐米全権代表（のち駐米公使）に就任した。ついで29年および31年には国際連盟総会に首席全権代表として出席した。この間，29年3月に開催された中国国民党3全大会において中央執行委員に再選された。

1931年5月，胡漢民，汪兆銘，孫科らが広西派の新軍閥・李宗仁らと反蔣同盟を結成し，南京国民政府に対抗して広東に国民政府を組織したのに参加するため帰国し，政府委員となり，さらに広東省政府主席に就任するとともに瓊崖特別区長官をも兼ねた。しかし満州事変が勃発すると両政府は急速に接近し，翌年1月，統一政府が南京に成立すると，その司法院長となった。のち34年，香港において病死。

参考文献：劉紹唐主編『民国人物小伝』第1冊（伝記文学出版社，台北，1981年）。中国国民党中央党史史料編纂委員会編『革命人物誌』3集（中央文物供応社，台北，1971年）。 〔池田誠〕

伍（ご）　崇曜（すうよう）　Wu Chongyao

（1810年～1863年）

原名・元薇，字・良輔，号・紫垣，商名・紹栄（対外的には，父の商名を使用する慣例に従って浩官と称した）。広東省南海県生まれ。原籍，同前。貿易商人。いわゆる広東13行の1つ怡和行の経営者。

行商という立場上，代々官府，外国商人と密接な関係を有し，またアヘンの密貿易，白銀の密輸にも関係し，行商として対外貿易の独占権をも持ち，巨富を築いた。1831年父・秉鑑が崇曜の名で珠江デルタの桑園囲の修復のため3万3千両を寄付して挙人の称号を与えられた。その後，会試に応じたが進士の称号を得ることはできなかった。

1833年，兄の死後，家業を継いだ。アヘン戦争当初，アヘン貿易の責を問われて林則徐に拘禁されたこともあった。41年5月，イギリス軍に広州を包囲され，靖逆将軍・奕山がイギリス軍司令C.エリオットに広州知府余保純を通して和議を申し出たが，その時，伍崇曜は仲介に当たった。翌年7月には両江総督・祁𡏖に派遣されて江蘇に赴き，耆英の対イギリス講和交渉に参画した。

また，アヘン戦争で広東省政府は財政難に陥ったため，富商に財政援助を求めた。広東貿易商人のうち最も裕福であった伍崇曜は，戦費あるいは公共事業のため巨額の献金を行い，財政上の功績も大きかった。

1849年，広州市民がイギリス官商の広州城入城に反対した時には，伍崇曜ら対外貿易商人も賛同した。54年天地会が蜂起して広州城を包囲した時には（紅巾の乱）両広総督・葉名琛とひそかに連絡し，また，みずから討伐費を醵金すると共に外国人商人からも資金を調達して壮丁数千人を募って鎮圧に努めた。57年末イギリス・フランス連合軍が広州を攻略した際には，両広総督・葉名琛などがイギリスの要求に反対したが，伍崇曜は広東巡撫・柏貴の命を受けてエルギンやパークスと談合し，和議の交渉に当たった。太平天国の反乱に際しては団練を組織して治安の維持につとめた。清朝は，伍崇曜の功を賞し，挙人，候補郎中，候選道，布政使銜，栄禄大夫などの称号を賜与した。

伍崇曜は学術にも関心が有り，嶺南の遺詩・遺書・絵画を多く収集し，粤雅堂に収蔵していたが，これらをもとにして『粤雅堂叢書』を刊行した。そのほか，『嶺南遺書』，『粤十三家集』，『楚庭耆旧遺詩』，『輿地紀勝』などの出版も行った。

参考文献：梁嘉彬『広東十三行』（国立編訳館，上海，1937年）。広東省文史研究委員会編『三元里人民抗英闘争史料』（中華書局，北京，1959年）。史澄等編『光緒広州府志』（粤秀書院，広州，1879年）。梁紹献等編『同治南海県志』（1872年）。A.W. Hummel ed., *Eminent Chinese of the Ch'ing Period, 1644-1912*, Vol. 2 (U.S. Gov-Print, Washington D.C., 1944).　〔横山英〕

呉(ご)　大澂(だいちょう)　Wu Dacheng

（1835年～1902年）

字・清卿，号・恒軒，愙斎。江蘇省呉県に生まれる。清末の官僚，金石学と文字学の専門家。

1868年進士。翰林院編修を授かる。後，陝甘学政および河北道に任じ，さらに吉林将軍・銘安に従って国境防務にあたる。81年太僕寺卿を授かるとともに北洋軍務に従事。85年吉林におけるロシアとの国境交渉で琿春黒頂子地区を回収する。この国境に銅柱を得て，篆文の銘記を刻したことはつとに知られる。翌年広東巡撫となり，マカオのポルトガル管轄に反対する。92年湖南巡撫へ転任した。

日清戦争では，湘軍を率いて山海関に出動。1895年遼東戦役で敗れ，ために革職留任の処置にあう。98年には復職の望みをたたれ，以後郷里で金石学，古文字学に没頭する。

参考文献：民国清史館『清史稿』巻450，列伝237（民国清史館，北京，1927年）。　〔徳岡仁〕

呉(ご)　光浩(こうこう)　Wu Guanghao

（1906年～1929年5月）

原名・光皓。変名・陳新。湖北省黄陂県蔡呉家湾生まれ。黄麻蜂起の指導者，鄂豫辺紅軍と革命根拠地創設者の1人。

1913年から黄陂県の霊鷲庵小学校，自進学校，前川中学校で学ぶ。中学校で中共党組織の活動に接し，マルクス，レーニンの著作や『新青年』，『嚮導』などを好んで読んだ。

1925年春党組織の紹介により広州へ出て黄埔軍官学校に第3期生として入学。26年中国共産党に入党する。軍官学校卒業後国民革命軍第4軍に配属されて小隊長，中隊長を務め，北伐戦争時には汀泗橋，賀勝橋，武昌攻略などの戦役に参加する。その戦功により大隊長に任ぜられる。

1927年7月国共合作分裂後いったん帰郷。まもなく中共湖北省委員会によって咸寧，蒲圻地区に派遣され，9月鄂南蜂起を指導するが失敗した。翌10月王志仁，劉鎮一らとともに黄安，麻城地区へ派遣され，農民自衛軍大隊長となる。11月黄麻両県党団活動分子会議において中共鄂東特別委員会鄂東革命委員会が成立し，黄安県委員会が改組されて潘忠汝らとともに委員となる。そして黄麻暴動総指揮部が成立すると副総指揮に任ぜられる。同月農民自衛軍を指揮して黄麻蜂起を発動し，突撃隊を率いて黄安県城を攻撃占領する。その後工農革命軍鄂東軍の創設に参与し，同軍副総指揮兼第2路軍司令員に任ぜられる。同年12月国民党第12軍教導師団に包囲攻撃されたため，黄安北郷木城寨で会議を召集し，黄陂県木蘭山一帯で遊撃戦を行うことに決するとともに，部隊を率いて脱出した。

1928年1月部隊は中国工農革命軍第7軍に改編され同軍長兼第3軍軍長兼第11師団長に任ぜられて黄陂県木蘭山，黄岡県大崎山で遊撃戦を展開する。同年4月部隊を率いて黄麻地区に戻り，黄安，光山，麻城の境界である柴山堡地区で根拠地境界の武装闘争を指導し，鄂豫辺紅軍と革命根拠地の創設に貢献した。7月工農革命軍第7軍は中国工農紅軍第11軍第31師団に改編され，同軍長兼同師団長に任ぜられる。10月中共湖北省委員会の決定により中共中央鄂東特別委員会が復興され常務委員となる。

1929年4月同委員会が鄂東北特別委員会を設立して鄂豫辺区の武装闘争を統一的に指導することを決定した際，軍事委員に任ぜられて紅軍の指導を担当した。そして活発な機動戦術を用いて同師団を指揮し，国民党軍の「囲剿」攻撃を阻止するとともに，鄂豫辺革命根拠地の発展に貢献する。29年5月商南に赴いて蜂起を計画したが，河南省羅田県滕家堡において民間自衛団に包囲され戦死した。

参考文献：人民出版社編『不屈的共産党人』1（人民出版社，北京，1980年）。　〔安田淳〕

呉(ご)　晗(がん)　Wu Han

（1909年8月11日～1969年10月11日）

原名・呉春晗，筆名・劉勉之，趙彦。浙江省義烏県呉店苦竹塘村生まれ。原籍，同前。歴史学者，作家。

父・呉声，母・蔣三英の長男として生まれる。父は，秀才，辛亥革命後公務員をしていた。

1925年中学校卒業後地元の小学校の教師となる。この時期，黄埔軍官学校に入学しようとしたが，旅費の工面がつかず実現せず。27年杭州之江大学，28年上海の中国公学大学予科に入学。30年「西漢的経済状況」を書き，胡適に称賛される。31年清華大学史学系に編入，明史を専攻する。33年鄭振鐸の『文学季刊』の編集に参加する。34年清華大学卒業，大学院に進学せず助手となる。在学中多くの論文を発表。

1937年７月昆明の雲南大学から招聘され，９月文史系教授として赴任。38年雲南省文化界抗敵協会が成立，それに参加する。39年10月袁震と結婚。40年頃より政治問題に関心を持つにいたる。

1943年周恩来，董必武が昆明の民主運動を指導。７月，中国民主政団同盟に参加。華崗，周新民が組織した西南文化研究会の活動に参加。この時期，国民党の反動政治を攻撃する多くの雑文を発表。44年９月重慶で，民主同盟全国代表会議に出席，中央執行委員になる。12月民主同盟雲南支部の機関誌『民主周刊』主編。45年聞一多とともに西南連合大学の中共地下組織である民主青年同盟を支持。46年７月李公僕，聞一多が国民党特務により暗殺されると追悼文を上海『群衆』などの多くの雑誌に発表。47年10月国民政府が民主同盟に解散を命ずる。

1948年春以降民主同盟は中共と密接な関係をもつ。11月延安の中共解放区へ行き，毛沢東，周恩来と会見する。毛沢東は，呉晗の『朱元璋伝』に異議を提出。それを受け入れる。12月党中央に入党の申請書を提出する。

1949年１月毛沢東は自ら手紙を書き，呉晗の入党要求を受け入れるが，その時期を保留。清華大学校務委員会副主任，文学院院長，歴史系主任に任命される。９月全国政治協商会議に参加，全国政協委員に選ばれる。11月北京市副市長になり，文化，教育，衛生工作を担当。市長は彭真であった。51年９月北京市文教委員会主任。52年11月北京市中ソ友好協会副会長。55年４月『朱元璋伝』を改訂する。６月中国歴史学会第１期理事会理事に選ばれる。57年３月中国共産党に入党，７月反右派闘争支持の立場を明らかにした。59年４月毛沢東の提案により海瑞の研究を開始。６月『人民日報』に「海瑞罵皇帝」を，９月には「論海瑞」を発表，海瑞の剛直な精神に学ぶことを提唱。11月歴史劇『海瑞罷官』の執筆開始。この年，『中国歴史小叢書』を中華書局より出版開始，歴史知識の普及を唱え，大躍進政策の混乱を招いた「一窮二白」の文化状態を改善しようとした。

1960年11月北京市歴史学会が成立し会長に就任。61年10月中共北京市党委員会理論誌『前線』に鄧拓，廖沫沙とともに「三家村札記」を執筆開始。11月『海瑞罷官』を出版し，北京京劇団が演出。文学界，史学界に大きな反響を巻き起こす。62年５月「説道徳」，「再説道徳」の随筆を執筆，封建道徳は批判的に継承できるか否か，道徳継承問題に関する討論を理論界に引き起こす。64年７月「三家村札記」連載停止。

1965年２月，前年に再改訂した『朱元璋伝』を出版，４月には江青によって批判される。11月姚文元，上海の『文匯報』に「評新編歴史劇『海瑞罷官』」発表，『海瑞罷官』は，廬山会議で罷免された彭徳懐の名誉回復を意図した作品であり，反党反社会主義の大毒草と断定する。12月自己批判。66年５月文化大革命開始とともに三家村批判に発展，紅衛兵の引き回しを受ける。68年３月逮捕，投獄され，69年10月獄死。同年３月妻の袁震も迫害され死亡。78年『海瑞罷官』が北京京劇院で上演され，79年７月鄧拓，廖沫沙とともに名誉回復。９月八宝山革命公墓で追悼会が挙行される。

参考文献：『呉晗和海瑞罷官』（人民出版社，北京，1979年）。北京言語学院《中国文学家辞典》編委会編『中国文学家辞典』現代２分冊（四川人民出版社，成都，1982年）。夏鼐・蘇双碧『呉晗的学術生涯』（浙江人民出版社，杭州，1984年）。蘇双碧・王宏志『呉晗伝』（北京出版社，北京，1984年）。『呉晗紀念文集』（北京出版社，北京，1984年）。呉晗著，佐久間重男・小林文雄訳編『新中国の人間観』（勁草書房，1965年）。

〔小山三郎〕

呉（ご）　景濂（けいれん）　Wu Jinglian

（1874年～1944年１月24日）

字・蓮伯，蓮白，濂伯，号・述唐，別署，竹舫，晦廬，晦園，晩号・抱水老人。奉天寧人。清末民初の政治家。

父は呉大祥，在郷商人，母は張氏。1882年，呉は入塾し，科挙のための読書を開始した。86年，同邑の郭益康と結婚。94年秀才となり，そして98年の郷試では第６位の補欠合格者となり，自宅で開塾した。

1902年，呉景濂は京師大学堂優級師範科に入学，４年後に卒業，挙人出身の資格を与えられ，併せて候補内閣中書を授与，五品銜を加えられた。07年，呉は帰郷し，奉天両級師範学堂監督になり，まもなく奉天省教育総会長に就任した。翌年，呉は教育総会内に憲政講習所を設立し，立憲の鼓吹に大いに功があった。08年夏，東三省総督・徐世昌の援助により日本に留学し，教育学を学んだ。1911年，奉天省諮議局が成立すると呉は諮議局議長に推挙され，奉天師範学堂監督を兼職した。呉は極力奉天省の警察網，水陸交通網の整備に力を注ぎ，奉天省の振興に努めた。

1911年10月の武昌蜂起発生後，各省の清朝からの独立の動きは東北地方にまで伝わり，奉天省でも呉景濂に独立を宣言するように迫るものがあった。この時呉は秘かに革命志士を結集して東三省同志急進会を結成したが，総督・趙爾巽の知るところとなり，趙は張作霖を派遣して牽制した。その後，趙が会長，自らを副会長とした奉天保安会を結成した奉天の独立宣布後には民政長に就任，のち奉天諮議局代表として南京に赴き，中華民国臨時約法の制定，臨時大総統の選出に参加した。

1912年1月28日，南京臨時参議院が成立し，呉景濂は参議院議員に選出された。この時は政党・結社が雨後の筍のように出現し，呉もまた政治上の重要な地位を獲得するために統一共和党結成に精力を注ぎ，4月11日の成立大会で参議に選ばれた。南京和議が成立した結果，政府・議会ともに北京に移転することになり，それにともない，改めて参議院議長・副議長の選出を行うことにした。当時の議会において，統一共和党がキャスティングボートを握っていたことから呉景濂が議長に選出された。その後，統一共和党は同盟会と合併し国民党を結成し，呉は理事に選出された。

1912年の冬から13年4月にかけて，第1回国会議員選挙が実施されたが，呉景濂は奉天省から国民党籍で立候補し，衆議院議員に当選した。13年4月8日，衆議院，参議院の2院よりなる正式国会が開会され，呉は衆議院議長候補となったものの，袁世凱のさしがねのため当選を果せなかった。第2革命において，呉は孫文らの南下要請を拒絶し，袁の命令にしたがって黄興らを国民党から除名した。この“功績”により呉は，袁が正式大総統に選出された後に総統府顧問に抜てきされた。しかし，袁世凱政権の前途に非常な注意を払っていた呉は，楊度，孫毓筠らの誘いを断り，籌安会に加わらず，16年3月，袁が帝制を取り消したときに，呉は袁に対して敢然と反旗を翻した。

袁の死後，国会が回復されると呉景濂は憲政商権会を結成し，その分裂後は益友社に参加した。1917年5月，呉は湯化龍辞職の後をついで衆議院議長に就任したが，黎元洪により国会が解散させられたため呉は天津へ移った。7月，孫文が護法軍政府を広州に召集し，呉はこれに応じて南下し軍政府高等顧問に就任，後には衆議院議長に選出され，憲法会議を主持した。22年，第1次奉直戦争の結果，曹錕，呉佩孚が北京の実権を握った。呉は曹錕に接近し，徐世昌，黎元洪の追い落しに協力した。第1回国会の回復後，内閣総理の座の獲得を目指し，呉は引続き曹錕の権力奪取に協力し，曹錕は“賄選”によって大総統に就任した。しかし，その後呉は内閣総理に就任できるどころか，議長の椅子からも滑り落ちてしまい，さらに文書毀壊の罪状で起訴されたためやむなく日本に亡命した。1年後，呉は帰国して天津に戻った。

1925年，呉佩孚が“護憲”を旗印に漢口で14省討賊連軍総司令に就任すると，呉景濂は上海で呉佩孚支持を表明し，自ら漢口へ赴いた。しかし“護憲”は張作霖の反対に遭い，漢口での呉景濂の活動はほとんど成果をあげることなく挫折した。同年11月，郭松齢が張作霖と衝突すると，呉景濂は郭松齢を支持して張打倒を図るが，郭の敗北によって，これは全くの水泡に帰した。呉はやむなく天津にもどり，閉門して仏教研究に打ち込む日々をおくった。

1932年，満州事変調査のためにリットン調査団が来華した際に，呉景濂は日本軍の東北での行為や東北の状況を調査団に述べた。日華事変後，天津は日本の占領下に入り，呉は日本軍のために働くことを要請されたが，年老いて病気であることを口実にしてこれを拒絶した。44年1月天津で病没した。

参考文献：費行簡『当代名人小伝』下（崇文書局，上海，1919年）。呉叔班筆記，張樹勇整理「呉景濂口述自伝輯要」，中国人民政治協商会議天津市委員会文史資料研究委員会編『天津文史資料選輯』42輯（天津人民出版社，天津，1987年）。中国社会科学院近代史研究所主編『民国人物伝』6巻（中華書局，北京，1987年）。徐友春主編『民国人物大辞典』増補版（河北人民出版社，石家荘，2007年）。

〔田中比呂志〕

呉（ご）　俊陞（しゅんしょう）　Wu Junsheng

（1863年10月14日～1928年6月4日）

字・興権。奉天省昌図県興隆溝村生まれ，原籍，山東省歴城県。奉天派の軍人。

博労などをしていた父・呉玉に従い，5歳の時に奉天省鄭家屯に移る。呉家は生活はなはだ貧しく，8～9歳から近隣の富戸のため牛馬の番をした。17歳の時当時の清軍に投じ炊事夫，20歳で騎兵になる。騎馬に長じ，軍功により累進して光緒末年盛京後路巡防隊管帯，ついで巡防隊統領（時に張作霖は前路巡防隊統帯）となり遼西に駐屯する。

民国初期の27師師長・張作霖と28師師長・馮徳麟の奉天支配をめぐる闘争では張作霖を支持した。以後直系ではないが，軍歴最古で重要かつ忠実な張作霖の盟友として奉天派の発展に貢献する。1912年，モンゴル軍の進入を洮南に撃破し勇名を馳せる。13年陸軍騎兵第2旅長兼任，14年洮遼鎮守使兼任。16年夏バブチャップ軍と林西に激戦を交え重傷を負うが，彼を殺し平定する。17年巡防隊及び騎兵旅を改称して陸軍第29師を編成，同師長に任じ，東北辺防総司令として黒龍江に移駐する。その後孟恩遠の失脚，孫烈臣の吉林転任により，21年3月黒龍江督軍兼省長に任じる。第1次奉直戦争後，張作霖は東三省の独立を宣言し，その保安総司令に就任，呉は副司令に任じる。一方，呉佩孚は奉天派きり崩しを策し，呉俊陞を奉天督軍に任じたが，彼はこれに応じなかった。24年の第2次奉直戦争では熱河開魯方面に出動。25年末郭松齢事件の遼河会戦時には騎兵を率いて白旗堡の郭軍本部を襲い，これを倒し張作霖の危急を救い，張の信任を強固にした。26年南口の反馮玉祥戦に参加。27年奉天派幹部の北京移転後は東三省防備総司令として留守役を務める。28年遼寧東辺道の大刀会討伐軍総司令となる。

1928年6月北伐軍に敗れ，日本より退却勧告を受けた張作霖が北京を引き上げるに際して山海関で出迎えて同道，6月4日，奉天帰還の直前に皇姑屯で関東軍に列車を爆破され，張と共に死す。奉天派で呉俊陞は張に忠実だが学歴のない旧派の代表格で，第29師を基盤とし，後継の師長に長男・呉泰来を任じて私軍を維持し，また黒龍江省に膨大な財産を有した。呉は非識字者であったが，人柄は温厚で人心掌握に長じていた。

参考文献：孫徳昌「呉俊陞生平記述」，政協瀋陽市委員会文史資料研究委員会編『瀋陽文史資料』10輯（政協瀋陽市委員会文史資料研究委員会辦公室，瀋陽，1985年）。早川正雄『呉俊陞の面影』（大阪屋号書店，大連，1930年）。外務省情報部編『現代中華民国・満州国人名鑑』（東亜同文会，1937年）。

〔土田哲夫〕

烏蘭夫（うらんふ）　Wulanfu

（1906年12月23日～1988年12月8日）

幼名・慶春。学名・雲沢。別名・陳雲章，烏雲達賚，雲時雨。内蒙古自治政府成立後，烏蘭夫と改名。モンゴル族出身の革命家，民族工作の指導者。

モンゴル族の農民の父・雲二明亮と母・長長の子として，内蒙古土黙特旗で生まれた。1919年9月，帰綏の土黙特高等小学校に入学。そこで『新青年』，『毎周評論』などを読み，新思想にふれる。21年，帰綏で日本の資本を利用して電話局を開設していた天津の商人・沈文炳が電灯会社をつくろうとしていた。同年9月中旬，帰綏の学生は街頭に出て「日本の経済侵略反対」を叫んだ。烏蘭夫もこの闘争に加わったが，これは彼が学生運動に参加した場所であった。23年北京に赴き，蒙蔵学校初中部で学ぶ。24年李大釗がひらいたマルクス主義研究小組に参加。25年4月，烏蘭夫らは李大釗の指導のもとに内蒙古で最初の革命的出版物『蒙古農民』を創刊。同年9月上旬，社会主義青年団員（23年加入）より中国共産党員となる。10月12日，北京の学生代表の資格で内蒙古国民党第1次代表大会に参加。

1925年10月末中共北方区委員会より烏蘭夫を含めて5名が学習のためソ連に派遣されることとなった。上海に各地からの国共両党の学員300余名が集まり，ウラジオストクから列車でモスクワへ向かった。26年1月モスクワ中山大学（学制2年）入学。27年7月下旬繰上げ卒業。モスクワ歩兵学校で2カ月間軍事訓練を受ける。同年9月末，東方共産主義勤労大学軍事訓練班中国班に配属され，教学翻訳工作を行う。28年秋中山大学で政治経済学の教学翻訳工作に従事。29年6月下旬モスクワを発ち，ウランバートルを経て7月末帰国。

1931年王若飛（中共西北特別委員会書記）が，日本の内蒙古に浸透して民族の分裂を図る陰謀に反対するため，内蒙古に中共の外郭団体として内蒙古平民革命党を結成することについて烏蘭夫と相談。烏蘭夫も賛同。同年，王若飛の指示で包頭にモンゴル人民共和国，ソ連との連絡をつけるための国際交通総站をつくり，その站長となる。同年11月22日王若飛が逮捕され，国民党綏遠省党部に護送された（36年，釈放）。

1937年2月，国民党政府が蒙旗保安旅の結成に同意。烏蘭夫はその結成に尽力し，5月正式に結成されると政訓処主任代理となる。9月下旬馬占山が包頭で主宰した軍事会議に出席。蒙旗保安旅を改編し，蒙旗独立混成旅とし，その下に1騎兵連隊，1歩兵連隊，1砲兵大隊をおくことになり，烏蘭夫は政治部主任代理。38年1月20日，蒙旗独立混成旅の工作について指示してきた中共中央書記処の電報を受け取る。王若飛の逮捕後，初めて中共中央の指示に接する。5月延安に赴き，毛沢東に会見。同月，蒙旗独立混成旅を国民革命軍新編第3師（新3師）に改編，烏蘭夫が新3師の党委書記となる。45年6月，中共7全大会で中央委員候補。

1945年11月，内蒙古自治運動連合会主席兼軍治部長。12月，内蒙古軍政学院院長。46年3月，内蒙古自治学院院長。同年4月3日，承徳で烏蘭夫の率いる内蒙古自治運動連合会代表団と博彦満の率いる東蒙古自治政府代表団が正式会談を行い，内蒙古自治運動の方針が独立自治ではなく，平等自治であることを確認し，内蒙古自治運動連合会が内蒙古自治運動の統一的指導機関であることを確定し，東蒙古自治政府の解散を決めた。同年，内蒙古人民自衛軍司令員兼政治委員。9月23日内蒙古党委員会がつくられ，書記となる。47年5月1日内蒙古人民代表会議で内蒙古自治政府主席に選出される。同年8月，内蒙古軍政大学校長。49年9月人民政治協商会議に出席，9月30日中央人民政府委員に選出される。

1949年中華人民共和国成立後，10月9日政協全国委員会常務委員，10月19日政務院民族事務委員会副主任委員。12月2日内蒙古自治区人民政府主席，綏遠省軍政委員会副主席，12月13日綏遠省軍区副司令員，50年6月中央民族学院院長。52年5月中共中央華北局副書記，綏遠省人民政府主席，8月1日綏遠省軍区司令員兼政治委員。53年6月綏蒙軍区司令員兼政治委員。54年9月国務院副総理，民族事務委員会委員，国防委員会委員。55年7月中共内蒙古自治区委員会書記。9月，一級解放勲章授与，上将。56年9月中共8全大会で中央委員，政治局員候補。60年11月中共中央華北局第2書記。

1967年1月，文化大革命の際，批判を浴びて失脚。73年8月復活。同月，中共第10期中央委員。75年1月第4期全人大常務副委員長。77年8月第11期中央委員，政治局員。78年2月政協第5期全国委員会副主席。同年3月，第5期全人大常務委員会副委員長。82年9月第12期中央委員，政治局員。83年6月，第6期全人大で国家副主席に選出された。88年12月北京で死去。

参考文献：王樹盛・郝玉峰主編『烏蘭夫年譜』上巻（中共党史資料出版社，北京，1989年）。　〔石井明〕

呉　禄貞（ご　ろくてい）　Wu Luzhen

（1880年3月6日～1911年11月7日）

字・綬卿，別名・夢沢雄。原籍，湖北省雲夢県。革命派の軍人。

雲夢県呉家台子の読書人家庭に生まれる。1895年邑庠に入り，まもなく廩膳生員となる。97年挙人となるが，教員だった父親の死後，経済状態の逼迫によって，湖北護軍に工兵として入営。さらに母親が湖広総督・張之洞の娘の家庭教師となった関係から，湖北武備学堂に学び，98年12月日本へ留学のため派遣された。

成城学校在校中に孫文と知り合い，梁啓超とも関係をもち，1900年夏に同校を卒業後，一時帰国して自立軍蜂起に参加した。同年8月秦力山と安徽省大通で前軍を指揮して挙兵したが，まもなく武昌での唐才常，傅慈祥らの処刑を聞き，部隊を解散して東京にもどった。近衛騎兵連隊へ入隊後，12月に陸軍士官学校に入学し，同校騎兵科を翌年11月に卒業。再入隊後，02年4月に帰国した。

湖北護軍にもどって，学務所会辦，営務処幇辦，将弁学堂護軍総教習，武普通中学堂会辦などの職を歴任する一方，武昌の花園山天堂付近に革命運動の連絡機関を設置して軍人に働きかけ，朱和中らの同志を得た。1903年11月旧知の黄興の招請を受けて李書城らと長沙に赴き，華興会の結成に参加した。

士官学校の1期後輩（呉は1期生）の良弼（満州族）の推薦によって北京に招かれ，1904年5月署理練兵処軍学司訓練科馬隊監督（翌年8月実授）となり，新軍の編成に努力した。06年11月新軍視察のため蘭州に赴き，陝甘総督・升允に非礼を咎められて逮捕された。釈放されたが，結局監督を辞任した。

1907年7月新任の東三省総督・徐世昌の軍事参議（一説には訓練処総辦）として奉天（現在の瀋陽）に赴任し，さらに国境紛争がおこった吉林省延吉に派遣された。現地で国境地区の実地調査をおこなって，日本側の斉藤季治郎に対抗した。9月に正参領吉林辺務幇辦に正式に任命され，督辦の陳昭常に代わって現地の局子街に督辦公署を開設し，実際の交渉にあたった。08年4月『調査延吉辺務報告書』をまとめて中国側の主張の論拠を示し，緑林の韓登挙を味方につけ，朝鮮族の学校を設立するなどの活動をおこなった。一時北京に呼びもどされたが，09年5月督辦として再度赴任して，9月の「図們江中韓界務条款」，いわゆる間島協約によって延吉地区が中国領であることを日本側に認めさせた。10年2月17日吉林辺務督辦を解職され，鑲紅蒙古副都統に任命されたが，まもなくドイツ，フランスに大演習視察に派遣された。帰国後，同盟会会員の軍諮府科員・黄愷元から2万元を借りて慶親王奕劻に賄賂を送り，巡撫職を得ようとしたが，巡撫に欠員がなく，12月23日に保定駐屯の第6鎮統制（師団長）に任命された。袁世凱直系の第6鎮を手中に収めようとしたがうまくいかず，北京に閑居して時機を待った。

1911年10月10日武昌で新軍が蜂起すると，第6鎮の一部が鎮圧に派遣され，同行を希望したが陸軍部に拒否された。その後，不穏な行動を示す第20鎮統制・張紹曾の説得のために派遣されたが，かえって第2混成協協統（旅団長）・藍天蔚とともに北京進入の計画を立てた。山西省の革命軍攻撃のため第6鎮が派遣されることを知り，10月31日急遽石家荘に赴いて部隊を停止させた。11月2日湖北への武器輸送列車の運行を止め，停戦と陸軍大臣・蔭昌に厳罰を求める通電を発したため，これを恐れた清廷は4日署理山西巡撫に任命して革命派内部の対立をはかったが，同日娘子関で山西都督・閻錫山と密談して燕晋連軍を組織し，自ら大都督兼総司令となって張紹曾，藍天蔚らと呼応して北京挟撃を計画した。この事態を憂慮した袁世凱（一説には良弼）は騎兵営営長（大隊長）・馬歩周を買収し，11月7日早朝石家荘駅の駅長室にいた呉禄貞を副官・周維楨，参謀官・張世膺とともに射殺させた。

1912年3月14日黄興らによって上海張園で呉禄貞追悼大会が開かれ，翌年11月7日には暗殺地に墓碑が建てられた。著作に『呉綬卿先生遺詩』2巻がある。

参考文献：胡玉衡『九江処処諦痕：呉禄貞伝』（近代中国出版社，台北，1982年）。趙宗頗・夏菊芳『呉禄貞』（上海人民出版社，上海，1982年）。中国社会科学院近代史研究所主編『民国人物伝』2巻（中華書局，北京，1980年）。皮明庥・賡和平・呉厚智編『呉禄貞集』（華中師範大学出版社，武漢，1989年）。　〔小林共明〕

呉（ご）　佩孚（はいふ）　Wu Peifu

（1874年4月22日～1939年12月4日）

字・子玉。山東省蓬莱県で雑貨商を営んでいた呉何成の次男として生まれた。軍人，政治家。いわゆる北洋軍閥の代表的人物の1人。

彼は6歳から私塾で伝統的な教育を受けた。1887年父が病死し家庭の経済状態が悪化したため，呉佩孚は登州府水師営の学兵となった。入隊後も呉は科挙の準備を続け，96年生員の資格を得た。しかし，翌97年郷里の有力者と紛争を起こしたため生員の称号を剝奪され，北京に逃亡した。

1898年呉佩孚は天津の淮軍・聶士成の部隊（翌年武衛前軍と改称される）に入隊し，1900年創設された開平武備学堂に選抜されて入学した。しかし，義和団の乱の影響で開平武備学堂は閉鎖され，呉は武衛前軍に戻り，翌01年人員削減に伴って武衛前軍は解雇された。02年直隷総督・袁世凱が保定に創設した陸軍速成学堂に少尉として入学し，翌03年測量科を卒業し中尉に昇進した。ここに北洋系の軍人としての第一歩を踏み出したのである。

1904年日露戦争が始まると，北洋督練公所と日本軍は秘密裡に偵察隊を組織した。呉佩孚はその一員として東北地区各地でロシア軍の情報収集活動に当たった。その功績に対して，日本政府から勲六等単日旭奨を贈られている。

日露戦争終結によって情報活動から離れ，1906年保定に戻った呉佩孚は第3鎮第11標第1営督隊官に任じられた。06年第1営管帯に昇任し，第3鎮が長春に移駐したのに伴って長春に赴き，辛亥革命まで当地に留まった。当時第3鎮統制を務めた曹錕は呉佩孚を重用し，08年呉は砲兵第3標第1営管帯に任じられた。呉と曹の密接な個人的つながりはここに始まり，以後呉は曹錕直系の軍人として順調に昇進していくことになる。

辛亥革命が勃発すると第3鎮は入関し，呉佩孚は砲兵第3標標統に昇進した。1912年鎮が師に改称されるに伴って第3師砲兵第3団団長に任じられ，南苑に駐留した。第2革命後の14年4月長江上遊警備総司令に任命された曹錕は，第3師を率いて岳州に進駐した。師部副館長に転じた呉はこれと共に南下し，翌15年第6旅旅長に昇進した。同年末から反帝制運動が展開されると，16年初頭袁世凱の命を受けた第3師は四川に入り，護国軍と激しい戦闘を交えた。この戦闘における功績が認められて呉は袁によって陸軍中将に任じられた。しかし，帝制運動は失敗し，袁世凱は急死したため，第3師は保定に撤退した。この頃から呉佩孚は北洋軍閥内で有能な部隊指揮官として次第に頭角を現していった。

1917年の復辟に際して，呉佩孚は討逆軍西路先鋒として張勲攻撃に参加し，保定から北京を攻撃した。この頃から北洋系内部では安徽派と直隷派の対立が深まっていくが，曹錕及び呉は直隷派に属した。

同じく1917年孫文は広東軍政府を組織し，北洋系勢力との間で護法の役を開始した。翌18年両湖宣撫使に任じられた曹錕の下で第3師と3個混成旅を指揮した呉佩孚は，湖南省に侵攻し湖南省南部を占領下に置いた。南軍を打ち破るのに決定的な役割を果したにもかかわらず，期待した湖南督軍の地位を得られなかったことから，呉は当時北京政府の実権を掌握していた段祺瑞との対立を深めていった。さらに，18年4月湖南省南部の最前線で現地の南軍部隊と停戦協定を結ぶなど独自の行動をとり始めた。同年8月には公然と武力統一に反対する態度を表明し，南北和平を主張した。

1919年五・四運動が始まると，呉佩孚はパリ講和条約への調印に反対し中日密約の取消を主張する通電を発し，公然と学生たちの運動を支持した。このような呉の態度は「愛国軍人」として世論の強い支持を受けた。また，これ以降呉は労働運動などの改革運動に理解ある態度を示し，開明的軍人として世論の高い評価をうけることになる。

さらに呉佩孚は，1919年11月西南軍閥とのあいだで反安徽派の秘密同盟を締結し，安徽派への対決姿勢を強めた。翌20年5月この密約に基づいて呉佩孚は湖南省から北方へ撤退した。この直後の6月安直戦争が勃発し，呉佩孚指揮下の部隊は直隷派の主力として安徽派に勝利するのに決定的な役割を果し，呉は直隷派内で最有力の軍人としての地位を確立した。

1920年9月直魯豫巡閲使に就任した曹錕の下で直魯豫巡閲副使に就任した呉佩孚は部隊を率いて洛陽に駐留した。さらに翌21年7月湘鄂戦争に乗じて湖北省を支配下に収めた呉佩孚は，8月両湖巡閲使に就任した。このようにさらに勢力を拡大した呉は次第に奉天派の張作霖との対立を深めていった。この対立は22年4月第1次奉直戦争として爆発した。戦闘は直隷派の勝利に終わり，張作霖は奉天軍を率いて東三省に撤退した。この時点で呉の直系部隊は5個師団1混成旅団，計10余万に達し，洛陽を本拠としてこの優勢な武力を背景に中国の武力統一を目指すに至った。そして，23年2月従来良好な関係にあった京漢鉄路の工人運動を武力で弾圧し，曹錕の大統領への選出に積極的な役割を果したことも加わって，世論の失望と反発を買うことになった。

以上のように着々と権力を強化していった呉佩孚は，1924年大きな挫折を経験することになる。9月に始まった第2次奉直戦争は，突如馮玉祥が奉天派に寝返ったため11月には直隷派の完敗に終わり，呉佩孚は下野を余儀なくされた。指揮下の軍を失った呉は，湖南の趙恒惕の保護を受けながら岳州で旧部下と連絡を取りつつ政界復帰の機会を狙うことになった。

1925年10月孫伝芳と奉天派，馮玉祥と奉天派の対立に乗じて，呉佩孚は武漢で討賊連軍総司令に就任し，政界への復帰を果した。そして，張作霖と提携して馮玉祥の国民軍との間で戦闘状態に突入した。戦闘は呉，張側の優勢のうちに展開し，翌26年8月国民軍は西北方面に撤退した。

しかし，まさにこの時北伐が始まり，湖北を地盤とする呉佩孚はその第1の攻撃目線となった。国民革命軍は速やかに湖南を支配下に収めた後，湖北省をうかがう勢いを見せた。呉佩孚は急遽軍を南下させ汀泗橋などで北伐軍の阻止をはかるが，激戦の末敗北を喫した。そして，26年9月から10月にかけて国民革命軍は順次漢陽，漢口，武昌を攻略した。呉佩孚軍は鄭州方面に退却するが，湖北の戦闘で大損害を受けたためその実力は大きく低下した。翌27年初頭北伐軍は河南に入り，北方から奉天軍に圧迫されたことも手伝って，呉佩孚指揮下の部隊は敗退し，壊滅した。呉本人は南陽，興山などを経由して四川へと逃亡した。そして，四川の軍閥・楊森の保護を受けながら白帝城，後には大竹県で引退生活を送ることになった。ここに，呉佩孚の政治生命は一応終わりを告げたといってよい。

1930年蔣介石と閻錫山，馮玉祥らとの間で中原大戦が起こると呉佩孚は四川脱出を試みるが，万県に駐留する王陵起の部隊に阻止されて果さなかった。満州事変勃発後の32年1月北平に到着した呉佩孚は，抗日の名目で旧北洋系勢力の終結を目指した。しかし，この構想は蔣介石の妨害によって実現しなかった。

これ以降呉佩孚は北平什綿花園内に住み，引退生活を送った。1935年日本が組織した華北自治運動への参加を働きかけられるが，呉はこれを拒否した。37年北平が日本軍の占領下に置かれた後も，呉は同地に留まった。39年日本の特務機関長・土肥原賢二らは日本の傀儡政権への協力を求めたが，呉は日本の中国からの撤兵を交換条件として持ち出し，これを拒否した。

呉佩孚は日本人歯科医による抜歯を受けた後，1939年12月急死した。

参考文献：章君穀『呉佩孚伝』（伝記文学出版社，台北，1980年）。泰孝儀『中華民国名人伝』（近代中国出版社，台北，1984年）。岡野増次郎『呉佩孚』（万径閣，1939年）。Odoric Y.K. Wou, *Militarism in Modern China: The Career of Wu Pe'i-fu, 1916-39* (Australian National University Press, Canberra, 1976).

〔塚本元〕

呉（ご）　鉄城（てつじょう）　Wu Tiecheng

（1888年3月9日～1953年11月9日）

孫文と同郷の広東省香山県人，父親の商売のため江西省の九江で生まれる。父の名は玉田，母は余氏。民国期の政治家，軍人。

幼時より中国古典を学んだが，14歳ごろから英語学習を始め，メソジスト派が経営する九江同文書院を1906年に卒業した。日本留学を志したが，09年に九江にきた同盟会員の林森を知り，10年に同盟会員となった。父親は九江商会の副会長を務めており，呉鉄城は11年には日本を訪れる中国商業代表団の九江代表となった。しかし上海で武昌蜂起の勃発をきくと，訪日をとりやめて九江に戻り，林森とともに軍政府を組織し，参謀次長兼外交部長となった。このあと江西省の代表として南京に行き，他省の代表とともに，アメリカから帰国したばかりの孫文を臨時大総統に選出した。

袁世凱の国民党議員逮捕に端を発する1913年の第2革命が失敗すると，呉鉄城は日本に亡命し，明治大学に学んだ。14年には孫文の命によりホノルルに行き，『華僑自由新報』の主筆となり，反袁世凱の論陣をはった。このとき，その過激な言論により，殺人教唆の罪名でアメリカ人弁護士により告発された。しかし裁判では英語を駆使して勝訴し，その名をあげた。16年には帰国し，香港とマカオで反袁世凱の武装蜂起の準備をすすめた。袁世凱が死去し，黎元洪を大統領として国会が再開されると，呉鉄城は叙勲された。

1917年，国務総理の段祺瑞の専横に対抗すべく，孫文は広州に非常国会をひらき，自ら大元帥となって中華民国軍政府を組織した。呉鉄城は参軍として孫文のもとに赴き，以後その側近となる。22年には，香山県で初めての民選の県長となった。陳炯明が孫文に反旗を翻すと，劣勢にもかかわらず呉鉄城は香山県を拠点に陳炯明に対抗した。23年に孫文は雲南軍や広西軍の援助で陳炯明を破って広州に復帰し，自らを大元帥とする軍政府を再び組織した。呉鉄城は広州市公安局長および広東全省警務処処長となり，警衛軍を組織した。そして大元帥・孫文の親衛隊として，軍政府大本営の存在を支えた。呉鉄城は警衛軍講武堂をつくり士官を養成したが，やがて黄埔軍官学校に合併される。

1924年の国民党改組により，呉鉄城は国民党広州市党部執行委員会の委員となり，市党部の宣伝部，工人部，青年部の部長を歴任した。麾下の警衛軍は，25年8月以降，国民革命軍独立第1師（のち第17師）に改編された。26年5月，中山艦事件にからんで蔣介石により逮捕されるが，10月には釈放された。このあと北伐に参加した。

1928年に広州に帰り，国民党支配体制の確立に努力した。同年，孫文の棺を北京から南京に移送する国民政府の3名の代表の1人に選ばれた。29年には国民党中央執行委員ならびに国民政府立法院委員に選出された。このあと蔣介石の代表として，東北の張学良や広東の汪精衛との政治交渉にたずさわった。32年から36年までは上海市長を努め，市政の確立と整備に功績があった。37年の春には広東省政府主席に就任した。

日中戦争の勃発後，1938年に蔣介石の命により香港とマカオで国民党の情宣活動を指揮した。40年には国民党海外部長に任命され，5ヵ月間にわたって東南アジア各地を歴訪し，華僑に対して抗日戦争完遂の必要と財政的援助を訴えた。41年には重慶に南洋華僑協会を作り，理事長となった。また中国国民外交協会理事長に就任し，さらに，国民党中央党部秘書長となり，国民党中央執行委員会常務委員を務めた。46年には重慶で開かれた政治協商会議に参加した。46年から48年まで国民政府立法院副院長を務めた。48年11月に孫科が行政院長に就任すると，請われて行政院副院長ならびに外交部長に就任したが，翌49年3月の孫科の辞任とともに，呉鉄城も辞任した。

1949年国民政府が台湾に移ったあと，呉鉄城は台北で中国国民外交協会と華僑協会総会を主催し，東南アジア各国および華僑との友好関係の維持に努力した。53年心臓病で死去。妻の馬氏との間には2人の子供があった。

参考文献：呉鉄城『四十年来之中国与我』（台北，1957年）。中国国民党中央委員会党史史料編纂委員会編『革命人物誌』2集（中央文物供応社，台北，1969年）。〔北村稔〕

伍（ご）　廷芳（ていほう）　Wu Tingfang

（1842年7月9日～1922年6月23日）

字・秩庸。号・文爵。別名・観渡廬。香港時代における別名・伍叙（Ng Choy）。シンガポール生まれ。原籍，広東省新会県。清末民初の法律家，政治家，外交官。

シンガポールに生まれた関係でイギリス籍を取得したが，3歳の時に一家が帰国し，広州近くの小島に住んだ。幼年時代には伝統的な初等教育を受けたが，中等教育は香港政庁立の英文中学校である中央書院（後のクイーンズ・カレッジ）に進み，1860年同校を卒業した。卒業後，香港において法廷の通訳となり，また日刊華字紙『中外新報』の編集，あるいは王韜，黄勝らの『循環日報』創立に参画した。

1874年法律を学ぶためロンドンに渡り，76年に弁護士の免許をえたが，間もなく父親が死亡したため広東に戻り，喪に服した。その後再び香港に赴き，香港において中国人として初めて弁護士を開業するかたわら，積極的にコミュニティ活動を行い，中国系住民の間に声望を築いていった。80年華商会館および保良公局を設立するため，香港政庁に土地下げ渡しを請願した文書中にその名がみられる。同年プロ・チャイニーズであったヘネシー総督は，一部の反対を押し切り，伍廷芳を立法評議会の民間議員に登用，伍は82年までその職にあった。この地位に登ったのは，中国人として伍廷芳が初めてである。伍が名流中の名流であり，政庁と中国系住民とのブリッジ役を果す人物として高く評価されていたことを示している。また後には義兄弟に当たる何啓と共に，アリス医院付属西医学校（1912年香港大学医学部となる）の設立に努めた。孫文が1887年に開設されたこの医学校の第1回の学生であり，92年7月に卒業していることはよく知られたところである。

その後1882年に李鴻章の幕下に入ったのを契機にして，伍廷芳は活躍の舞台を香港から中国大陸に移すようになった。85年フランスとの天津条約の調印に関与した他，李鴻章の進める洋務運動を助けた。その主要なものは天津武備学堂の設立，天津・塘沽間の鉄道敷設，電信事業などである。89年になって母親が死亡したため一時広東に帰り喪に服したが，91年再び天津に帰った。95年には日清講和会議の首席全権になった李鴻章の随員となり，下関条約の調印と批准にたずさわった。

1897年になって駐米公使を拝命してワシントンに赴き，1902年までアメリカに滞在した。この間，粤漢鉄道を建設するため米国中国開発会社との間に借款条約，同追加条約を結んだこと（1898，1900年）や，中国としては初めて最恵国条項をかちえたメキシコとの条約（1899年）締結に成功している。また中国に対する正しい認識の普及に努めた。アメリカ議会図書館が中国関係資料を系統的に収集するようになったのは，伍廷芳の個人的努力に負うところが大であるとされる。

帰国後は上海において外交活動に従事したが，間もなく北京に移り，法部侍郎，外務部左侍郎，修訂法律大臣を歴任した。同じ修訂大臣であった沈家本と共に近代的な刑法典起草に当たったが，これは採択されずに終わり，伍廷芳は病気を理由に辞職し，上海に閑居した。

その後1907年に至り再び駐米公使に起用され，09年までアメリカに滞在した。10年ヨーロッパ経由で帰国した後は上海に居住し，コミュニティ活動にたずさわった。

1911年十月革命の烽火があがると，伍廷芳は上海で革命派に応じてその外交部長となり，南北講和条約に際しては，南方総代表として北方代表の唐紹儀と折衝した。12年1月中華民国臨時政府が発足すると司法総長に就任したが，袁世凱の臨時大総統就任後は政治の表面から退き，上海において内外の宗教を研究する結社を組織したりした。

袁世凱討伐をめざす1913年の第2革命に際し，伍廷芳は両派いずれにも歩み合いを拒否したが，帝制復活をもくろむ袁を危険視していた。袁の病死後，16年段祺瑞政権の外交総長に迎えられた。17年の対独参戦問題で総統・黎元洪は段を罷免し，伍を国務院総理の代理としたが，復辟事件（7月）で総統代理となった馮国璋によって退けられた。伍は，広東に赴き孫文の護法軍政府に加わり，18年7総統制への改組が決まるとその財政，外交部長となり，さらには政務総裁を兼ねた。しかし孫文が広東を追われたため西南軍閥との妥協が困難となり，伍自身も19年3月上海に逃れた。

1920年10月陳炯明が広東から西南軍閥を駆逐し，孫文が再び広東に復帰すると，伍廷芳もこれに従い，外交部長に復帰し，21年5月には孫文の下で財政部長に就任した。その後，孫文と陳炯明が対立し，22年6月16日クーデターによって孫文が珠江に停泊する砲艦に逃れる事件が発生，護法軍政府は崩壊した（広東政変）。翌17日伍は孫文と面談したが，中国統一運動に疲れ果てた伍は，その1週間後に死去した。なお，国民政府外交部長，司法院長などを歴任した伍朝枢（1887～1934年）は伍廷芳の令息である。

参考文献：伍廷光編『伍廷芳歴史』（国民図書局，上海，1922年）。張雲樵『伍廷芳与清末政治改革』（聯経出版事業公司，台北，1987年）。平凡社『アジア歴史事典』巻3（平凡社，1960年）。James Pope Hennessy, *Verandah: Some Episodes in the Crown Colonies, 1867-1899* (George Allen and Unwin Ltd., London, 1964). Howard L. Boorman ed., *Biographical Dictionary of Republican China*, Vol. 3 (Columbia University Press, New York & London, 1970).

〔可児弘明〕

呉（ご）　沃尭（よくぎょう）　Wu Woyao

（1866年5月29日～1910年10月）

字・小允，繭人。のちに趼人と改めた。筆名・我仏山人，趼廛主人，中国老少年など。北京生まれ。原籍，広東省南海県仏山鎮。筆名の我仏山人はこれにちなむ。清末の小説家。

呉沃尭は，祖父の呉莘佘が工部員外郎として北京におり，父の呉允吉も浙江候補巡検として北京にいた時に生まれた。仏山の呉氏は代々多くの進士挙人を輩出した名族であった。沃尭が17歳の時に寧波で官に就いていた父が亡くなった。父は，末弟に後事を託したが，末弟は薄情な人で，沃尭らに全く援助を与えようとしなかった。そのため沃尭は，若くして母と妹をかかえ，一家を支えなければならなくなり，さまざまの仕事をし，処世の苦労を重ねたが，それはまた世の裏面を垣間見る機会にもなったであろう。

20歳の頃，明の帰有光の古文を愛読し，それをきっかけにして文章を学びはじめた。沃尭は，名家の生まれであり，父も祖父も官に就いていたにもかかわらず，科挙による仕進には冷淡であり，終生八股文を憎み続けた。

25～26歳の頃上海に出て，江南機器制造総局翻訳館に筆耕として就職した。この頃から小新聞の編集にたずさわり，繭人，趼人の名で短文を発表しはじめた。

1902年梁啓超が，日本の横浜で雑誌『新小説』を創刊。その創刊号に自ら「小説と群治の関係を論ず」を発表し，社会の改良に対する小説の効用を説いたのに深く感銘を受け，03年呉沃尭は，宋末の亡国の歴史に材を取った小説『痛史』を『新小説』に連載しはじめる。これが，沃尭の小説家としての処女作にあたる。その後も同誌に『二十年目睹之怪現状』，『九命奇冤』などを続々と発表する。『二十年目睹之怪現状』108回は，九死一生と号する主人公が，清末20年の中国社会について見聞したところをつぶさに書き記したものであるが，第2回の「我輩がこの世間に出て20年，ふりかえり慮るに，めぐりあったものはたったの3種だけであった。すなわち，第1種は蛇足鼠蟻，第2種は豺狼虎豹，第3種は魑魅魍魎」というところに作者の主旨はあらわれている。この『二十年目睹之怪現状』によって，呉沃尭は一躍有名になったのである。『九命奇冤』は，中国の旧来の迷信のばかばかしさと貪官汚吏を批判する内容である。

この頃呉沃尭は，新たな生活の手だてを得ようとして日本へ行ったり，山東に行ったりしたが，志を得なかったようである。

1904年文名の揚がった呉沃尭は漢口の『楚報』の主編として迎えられたが，折から反米運動が起こり，米国資本であった『楚報』の主編を自ら辞した。

1906年再び上海に戻った呉沃尭は，汪維甫が風俗の改良を企図して発刊を準備した雑誌『月月小説』の著述主編に迎えられ，この『月月小説』にも，歴史小説『両晋演義』，『雲南野乗』や，買辦を批判した『発財秘訣』などの小説を発表した。また，同年には義和団事件を背景に男女の悲歓離合を描いた『恨海』10回を発表した。08年『月月小説』は停刊する。この頃から沃尭は，広東人の新たな同郷会である両広同郷会や，それに併設された広志両等小学などの経営に力を注いだが，10年上海で客死した。

呉沃尭は，李宝嘉，曾樸，劉鶚とともに，清末の4大譴責小説家の1人に数えられている。その思想的立場は，保皇改良派のそれであった。

参考文献：麦生登美江「呉趼人」，『野草』12号，1973年。中島利郎「呉趼人伝略稿」，『清末小説研究』1，1977年。中島利郎「呉趼人研究資料目録」，『清末小説研究』3，1979年。阿英著，飯塚朗・中野美代子訳『晩清小説史』(平凡社，1979年)。『呉趼人全集』(北方文芸出版社，哈爾浜，1998年)。

〔大木康〕

呉　醒漢（ご せいかん）　Wu Xinghan

(1883年～1938年8月18日)

原名・基培，字・厚栽，厚斎。湖北省黄陂県の生まれ。中国同盟会員，中国国民党員，軍人。

呉醒漢は初め湖北新軍第8鎮第30標に所属し，湖北陸軍特別小学堂と将校講習所を卒業し本営の排長となった。彼はこの間，劉尭徵，蔣翊武らと振武社を組織して他の連隊との連絡を取る一方，1906年中国同盟会に加入，蔡済民らと将校研究団を組織して下級幹部や兵士に革命の宣伝を行っている。その後，共進会に加入した。

1911年の武昌蜂起の日，呉醒漢は督署攻撃の任に当り，清軍が南下すると漢口で作戦の指揮に当たった。さらに，黄興が漢陽の防衛に当たると，彼は総司令部の主任参謀となった。湖北軍政府が成立すると，都督府参謀長，軍務司長，漢口劉家廟前敵指揮官などの地位に就いた。

民国成立後，呉醒漢は陸軍中将に任じられた。同盟会が国民党に改組されると，彼は評議の1人となった。1913年彼は軍隊を伴って江西に移動し，一切の職務を辞して袁世凱の命令を拒否した。同年7月第2革命が勃発すると，呉も李烈鈞の軍隊に呼応しようとしたが，行動を起こす前に李が敗れたため，難を逃れるべく日本に渡り，翌年には中華革命党に加入した。15年袁が帝制復活を図ると，呉は孫文の命を受けて田桐，蔡済民らと帰国し，武漢で挙兵したが失敗に終わり，再び海外に亡命した。翌年，袁の死後帰国した呉は，黎元洪の招きに応じて北京に行き，総統府の顧問となった。17年張勲による復辟が発生すると，呉は広州に逃れて軍政府の参軍となった。同年冬彼は湖北に戻り，藍天蔚らと靖国軍を組織し，都督の王占元と戦うこと3年に及んだ。

1921年孫文が第1次北伐を計画すると，呉醒漢は鄂軍総司令に任じられた。翌年陳炯明の反乱に遭って北伐が中止になると，呉は国民党軍事委員に就任した。23年には曹錕賄選を機に，唐継尭から第9軍総司令兼湖北宣撫使に任じられ，25年までその地位にあった。26年北伐軍が武漢に到着すると，軍閥勢力の一掃に協力した。その後彼は南京に移り，27年に国民政府参事，翌28年には国民党党史編纂委員会編纂となった。38年，病気のため故郷に戻り療養に努めたが，同年8月死去した。

参考文献：黄季陸主編『革命人物誌』2集（中央文物供応社，台北，1969年)。賀覚非編『辛亥武昌首義人物伝』上冊（中華書局，北京，1982年)。

〔嵯峨隆〕

伍　修権　Wu Xiuquan

（1908年3月6日～1997年11月9日）

湖北省武昌出身。人民解放軍軍人。外交官。父・伍理釗，母・朱三姑。

下級官吏の家庭に8人兄弟の4番目として生まれた。4歳の時父親は辛亥革命で失業，赤貧の生活のなかで五・四運動で革命思想に目覚めた。1920年12歳の時武昌高等師範学校の付属学級で初めて学習，翌21年同付属小学校4年に入学。クラス担任となった陳潭秋（中共1全大会代表）の影響をうけて23年12月中国社会主義青年団に入団。25年秋モスクワの中山大学に入学。27年秋卒業したが，交通事情で帰国できず11月ソ連軍の歩兵学校に入学。29年ソ連極東国家保衛局で通訳。ソ連共産党党員候補。30年帰国後中共党員となり，閩粤贛軍区司令部（司令員・蕭勁光）直属の機関銃中隊教員。31年紅軍学校（校長・葉剣英）の創設に参加，教員。33年コミンテルン代表オットー・ブラウン（李徳）の通訳。長征に同通訳として従軍，遵義会議に参加。

長征後周恩来・葉剣英の旧東北軍に対する抗日統一戦線の働きかけに参加，西安事件解決に協力。1938年2月～41年5月八路軍蘭州辦事処処長。41年5月～45年9月延安の中共中央軍事委員会総参謀部（総参謀長・葉剣英）第1（作戦）局長。45年春国際連合創立大会に中国解放区代表として出席のため重慶に向かったが，出国できず延安に戻り，中共7全大会に出席，中央委員会委員に選出されたが，名簿に記載されず。

1945年9月彭真，陳雲らとともに東北に進出，ソ連軍との会談の通訳。10月東北民主連軍第2参謀長。日本軍の残した軍用機と林弥一郎ら航空兵の協力で東北航空学校を創設，現在の中国空軍の基礎を作った。46年4月～同年末国共内戦調停のための軍事調処執行部中共代表団（団長・葉剣英）第27執行小組（瀋陽）参謀長。47～48年秋東北軍区で軍事工業生産を担当。48年秋東北軍区（司令員・高崗）司令部で高崗の後勤工作に協力。11月瀋陽衛戍司令員。49年1月東北軍区（司令員・高崗）参謀長。

1949年12月政務院外交部ソ連東欧司長。同月毛沢東のソ連訪問に当たり北京から満州里までの鉄道沿線の警護を担当。50年1～2月周恩来のソ連訪問に随行，2月調印された中ソ友好相互援助条約の交渉に参加。同年11～12月台湾問題などを討議するため国連安保理事会に中国特派代表（大使待遇）として出席。51年11月～53年7月中国代表団員として朝鮮停戦会談に出席。53年スターリン弔慰団員としてモスクワ訪問。

1954年第1期全人代四川省代表。56年9月中共8全大会で中央委員会委員。56年3月～58年5月駐ユーゴスラヴィア大使。帰国後中共中央連絡部（部長・王稼祥）副部長。59年4月政協全国委員会常務委員。中共代表団員として英国（59年3月），北朝鮮（61年9月），ブルガリア・ハンガリー・チェコスロヴァキア（62年11月），東ドイツ（63年1月），ルーマニア（65年7月）などの党大会に出席。その間60年2月ワルシャワ条約協商委員会高級会議に出席，64年11月ロシア十月革命47周年記念式典参加中国代表団（団長・周恩来）団員としてソ連を訪問，66年10月康生に随行してアルバニア勤労党大会，同党創立25周年記念式典に参列。67年4月文革で彭真の一味と批判され失脚。

1974年9月国慶節前夜祭に出席して復活。75年1月第4期全人代常務委員会委員。5月解放軍副総参謀長（渉外担当）。77年中共11全大会で中央委員。78年中国軍事友好代表団長としてフィリピン，ビルマを友好訪問。75年軍人協会会長を兼務。80年2月軍人協会会長として西ドイツを訪問。4月中国を訪問した自民党代議士・中曽根康弘に日本の防衛力増強に賛成し，防衛費をGNPの2パーセントにしても経済に影響しないと発言。6月北京国際戦略問題研究学会会長。9月林彪・江青反革命集団事件審理の最高人民法院特別法廷副廷長，第2裁判法廷裁判長を兼任。82年1月日本防衛庁防衛審議官・西広整輝と会見。5月中国軍事代表団長としてスペイン，イタリア，オーストリアを訪問。6月中共代表団（団長・彭真）団員としてユーゴスラヴィア訪問。このほか副総参謀長，軍人協会会長，北京国際戦略問題研究学会会長として日本，米国その他の外国の多数の現役軍人，退役軍人，政府の国防関係者，民間の軍事・戦略研究者，報道関係者などと会見。

1982年9月中共中央委員会委員を引退，中央顧問委員会委員・常務委員会委員。84年4月米国大統領レーガンの中国訪問を前に「米国は中国統一に障害を設けるな」との談話を発表。4月日中協会会長・茅誠二の招待により夫人同伴で日本を訪問，中曽根首相と会見。88年7月一級紅星勲功栄誉章授与。

参考文献：伍修権『我的歴程（1908-1949）』（解放軍出版社，北京，1984年）。伍修権『往事滄桑』（上海文芸出版社，上海，1986年）。

〔平松茂雄〕

呉　虞　Wu Yu

（1872年12月19日～1949年4月）

原名・永寛，改名・虞，字・又陵，幼陵，筆名・呉吾，号・愛智，別名・黎明老人（1927年以後），呉山人，飲水居士。室名・愛智廬（12～18年），師今堂（19～26年），宜隠堂（27年以後）。四川省成都人。五・四時期の儒教批判の代表的思想家。大学教授，詩人。

父は富順県の教諭。妻・曾蘭（1875～1917年）は，南社の詩人，男女平等・女性解放を唱え，「女権平議」（『新青年』3巻4号），「孽縁」（『小説月報』6巻10号）などを発表。妻との間に1男（早逝）9女（3人早逝），妾との間に1女がある。三女・楷は向警予らとともにフランスに勤工倹学に行き，四女・桓はアメリカで潘大道と自由結婚，後に国民革命に参加して夏威と再婚，五女・稜は袁世凱の親戚・袁毓埜と結婚したことがあり，七女・桜は共産党に入党した。

1892年，王闓運の弟子・呉伯朅と廖平とに師事。同年母の死にあい，翌93年父から家を追われ，分与された田産の所在地新繁県に移る。この時，後漢の劉熙の『釈名』に「呉は虞なり」とあるのにより改名。科挙は童試すら拒否し，98年の戊戌政変後は新学を兼修し始め，1905年秋，日本の法政大学附設法成速成科4期生として留学，07年帰国。

同時に来日した従弟の呉永権（字・君毅）は，成城学校を経て東京帝大法科に学び，日本で丙辰学社を結成し『学芸』雑誌を刊行，のちロンドン大学とベルリン大学に留学，帰国後，北京法政大学教務長，法務局参事，成都大学法学院長，国立四川大学秘書長などを歴任した。妻の弟・曾天宇（字・和君，闔君）も呉永権と同じころ日本，ドイツに留学している。

呉虞の父の妾狂い，財産再分割をめぐって息子を再三告訴するなどに対し，1910年『家庭的苦趣』と題する文章を成都の読書人界に配布し，父の非行を暴露した。この事件は，封建的色彩の濃い成都の知識人社会に大きな衝撃を与え，親不孝者，「名教の罪人」の非難を巻き起こした。呉虞は教育界から放逐され，代理総督・王人文は捕えた者はその場で殺してもよいと明記した指名手配書を発した。呉虞はついに12年の民国成立まで身を隠さねばならず，以後14年1月1日父が死ぬまで家庭内の争いは絶えなかった。呉虞は日記の中で父を「魔鬼」,「老魔」と称して呪詛している。

呉虞は日本留学中に老子，荘子，モンテスキュー，ジェンクス，ミル，スペンサー，遠藤隆吉，久保天随の著作，及び欧米各国の憲法，民法，刑法を，中国の経書や歴代の法典と比較対照し，儒教が家族制度と専制王朝体制を支えるイデオロギー的機能をもち，共和・民主実現の桎梏であるとの認識を得た。父との確執を機に，それを明らかにしたのが，1917年2月の『新青年』2巻6号の「家族制度為専制主義之根拠論」から6巻6号「吃人与礼教」までの7篇の文章であり，呉虞の名は一躍天下に轟いた。後にこれらを中心に『呉虞文録』が編まれた時，序文の中で胡適は，呉虞を「中国思想界の清道夫」,「隻手で孔家店を打倒した老英雄」と称賛し，以後，これが呉虞の通称となった。

1912年以後，成都で川西道署に勤めたり，法政学校や外国語専門学校で教えたりする一方，共和党に入党して，生涯のうち例外的に政治活動をした時期を過した。『醒群報』,『威克烈』週刊や，少年中国学会成都支部の機関紙『星期日』の編集に携わっていた呉虞は21年北京大学国文系教授に招かれ，以後25年まで活動の舞台を北京に移した。初めは人気があったが，彼の講義の結論はいつも同じであるため聴講者が減り，給料の遅配欠配のため留守宅や在仏の楷への送金の苦労もあり，23年から25年まで花柳界で遊興に耽る日々が多くなった。嬌玉という高等娼妓に送る詩を橋川時雄の需めに応じて『順天時報』に載せ，『晨報副鐫』で叩かれることにもなった。一時は嬌玉の身請けを本気で考え金策をしている。元来呉虞には妻の存命中より2人の妾が同居しており，儒教倫理に戦闘的に反対し，妻・曾蘭の文才を珍重してその女性解放の主張を支持していた彼の過渡期的人物としての矛盾・限界を示している。39年，10女・植の婚約の際に，良妻賢母が理想だと述べているのが本音と見られる。

1925年夏，成都に帰った呉虞は，成都大学，また後の国立四川大学教授として，33年70歳まで教鞭を執り続けた。以後47年に病気で倒れるまで，日々に生起する出来事に関心を持ち続け，中国の旧書とともに時事問題に関する新書や新雑誌を読むという生活を過ごし，経済状況の推移なども克明に日記に記している。また孔子の尊崇，読経の復活などの動きには敏感に反応し，生涯反対の態度を貫き通し，自己の思想を普及するため，『呉虞文録』を幾度か自費で復刻し，心ある人に寄贈している。呉虞の儒教反対論は，京都大学教授・青木正児により『支那学』2巻3号（21年11月）で日本に紹介された。また「墨子的労農主義」など，日本でのみ発表されたものもいくつかある。青木との主として書信による交友は，21年秋から24年5月まで続いた。呉虞は青木からの情報もあり，東京帝大系の中国研究者にはあまり好意を抱かず，特に服部宇之吉の尊孔の言動には反感を示した。49年病気のため成都で死去。

参考文献：『呉虞文録』（亜東図書館，上海，1921年）。唐振常『章太炎呉虞論集』(四川人民出版社，成都，1981年)。『呉虞日記（1911～47)』上・下（四川人民出版社，成都，1984年)。『呉虞集』(四川人民出版社，成都，1985年)。

〔後藤延子〕

呉　玉章（ご ぎょくしょう） Wu Yuzhang

（1878年12月30日～1966年12月12日）

原名・呉永珊，字・樹人，号・玉章。別名・呉銘，ロシア名・N.I. ブレニン。化名・岳平洋，平洋，岳鎮東，鎮東，震東，玉栄，Joseph。四川省栄県生まれ。中国同盟会，中国国民党の指導者，辛亥革命のリーダー。教育者。のち中国共産党の文化面の指導者となる。

1892年に成都の尊経書院で学び，その後栄県の県城で家庭教師をする。1903年に日本留学，まず東京の成城中学に入り，在学中の05年に中国同盟会に加盟，同盟会評議部評議員となる。06年に成城中学を卒業，すぐに岡山の第六高等学校（現在の岡山大学）に入学。在学中東京で『四川雑誌』を創刊したが，発禁処分にあい，その後高等学校に復学，卒業した。

1911年に帰国して黄花崗蜂起に参加したが失敗，一時日本に逃れる。再び帰国してから，故郷の栄県蜂起を指導し，栄県革命政権を樹立。12年中華民国ができると，孫文の要請で総統府秘書処総務科科長となる。13年の第2革命の敗北後袁世凱から逮捕状が出て，一時上海に隠れ，同年11月フランスに向かう。

1914年秋パリ法科大学に入って経済学を学び，翌15年には在仏中の蔡元培とともに留仏勤工倹学学会を組織。16年には同じく蔡元培と一緒に華法教育会を作った。

1917年に帰国してから，北京でフランス留学勤工倹学予備学校を設置し，進歩的青年の「働きながらフランスで学ぶ」運動を推進した。18年には四川省に戻り，22年に成都高等師範学校の校長となる。その間，中国青年共産党の秘密組織を作り，雑誌『赤心評論』を編集。24年に校長職を辞すが，ひきつづき成都で革命活動に従事した。

1925年に中国共産党に入党，重慶で華法学校を創設。26年1月広州で開かれた中国国民党2全大会に出席し，大会秘書長をつとめるとともに，同党中央執行委員に選ばれる。27年3月には国民党中央常務委員兼秘書，中央政治委員会委員，国民政府委員となり，国共合作に尽力した。

国共分裂の後，1927年8月の南昌蜂起に参加，革命委員会委員兼秘書長となる。同年10月モスクワに逃れ，まず中国問題研究院で中国の農民問題を学び，ついで28年にはモスクワ孫中山大学の特別班で研究活動。30年に孫中山大学が閉鎖されると，東方勤労者大学（クートベ）の中国部主任として，中国人留学生の指導に当たる。その後ソ連で極東労働者レーニン主義学院の教員（ウラジオストク，30年10月～31年)，ソ連アカデミー極東分院東方支部中国部主任（32～35年）などをつとめた。

1935年7月コミンテルン7回大会に出席した後パリに拠点を移し，10月からパリで『救国時報』(週刊）を創刊してその編集長をつとめた。同紙は王明らコミンテルン在留の中共党員の指導下に海外の中国人に抗日救国を訴えるもので，有名な「8・1宣言」は同紙ではじめて発表された。36年7月にモスクワに戻り，クートベの教員に復帰したが，日中戦争の勃発とともにふたたびヨーロッパに派遣され，38年4月にようやく帰国した。

帰国後は第1期国民参政会参政員をつとめる一方，1938年10月中共第6期6中全会ではじめて中央委員に選ばれた。延安では，39年魯迅芸術学院院長，40年憲政促進会会長，延安大学校長，43年陝甘寧辺区政府の文化委員会主任などを歴任した。

1945年6月の中共7全大会で中央委員に再選され，同年12月には政治協商会議のため武漢に赴いた。内戦が始まるまで対国民党交渉の重要な要員だった。46年春重慶で中共四川省委，中共重慶駐在代表をつとめたが，47年3月に延安に戻った。48年8月には華北大学の校長となる。

中華人民共和国になってからは，おもに教育，歴史学分野で活動した。建国と同時に，中央人民政府委員，中国文字改革協会理事，政務院政治法律委員会委員となる。1950年11月には新設の中国人民大学の校長となった。その他，52年中国史学会副会長，54年文字改革委員会主任，55年科学院哲学社会科学学部委員，56年社会主義学院院長などを歴任している。

1956年9月には8全大会で中共中央委員に再選され，また全国人民代表大会では長く常務委員をつとめたが（54年9月～66年)，50年代に入ってからはほとんど政治的活動をしていない。66年12月12日，北京で病死。

著作には『辛亥革命』,『中国史教程』,『呉玉章回憶録』,『文字改革文集』などがある。

参考文献：楊尚昆「一輩子做好事一貫的有益于革命──緬懐呉玉章同志」,『人民日報』1984年4月4日。徐友春主編『民国人物大辞典』(河北人民出版社，石家荘，1991年)。盛平主編『中国共産党人名大辞典』(中国国際広播出版社，北京，1991年)。

〔毛里和子〕

呉　樾 Wu Yue

（1878年～1905年9月24日）

原名・越，字・夢霞，号・孟俠，孟霞，建霞。安徽省桐城県高店生まれ。清末の排満革命家，テロリスト。

呉一族は呉汝綸を出した桐城の名門であるが，呉樾の父・爾康は下級役人で，その後に商人となって成功せず，没落読書人家庭に育った。母は6歳の時に死去。子供の時から任侠の資質があり，侠客として有名な荆軻や聶政に憧れていた。13歳の時から科挙試験の童試を受け続けたが，合格しなかった。1902年に呉汝綸を頼って保定高等師範学堂に入学した。最初は康有為の変法思想に共感していたが，蔡元培の『警鐘報』，楊篤生の『新湖南』，劉師培の『攘書』など革命書を読み，排満思想を抱くに至った。その年の冬，子供の教育塾である両江公学を開設して革命教育を進めると共に，05年1月には『直隷白話報』を発行して，啓蒙運動をおこした。しかし呉樾の運命を決定したのは，テロリズムを唱えていた楊篤生との出会いである。趙声の紹介で楊篤生と会った呉樾は，その思想に傾倒し，北方暗殺団を結成して清朝要人の暗殺に走った。最初は京旗常備軍総括の戸部侍郎・鉄良の暗殺を計画したが目的を達成せず，ついで05年立憲の準備のために海外視察へ出発する5大臣（載沢，徐世昌ら）の暗殺を謀り，壮行式で賑わう北京駅で列車に潜り込み，大臣一行に爆弾を投げつけた。2人の大臣が負傷したが，呉樾も爆死した。

呉樾はテロリズムの正当化を主張する「暗殺時代」と「意見書」を残した。「満州排斥の道は2つ存在する。1つは暗殺である。1つは革命である。暗殺は原因であり，革命は結果という関係にある。暗殺を実行するには個人でも可能であるが，革命となると大衆の力がなければ，その効力は無い。今日という時代は革命の時代ではない。まだ暗殺の時代である」。大衆の自覚が未熟な段階におけるテロルの覚醒効果を強調し，過激な破壊主義の効力を信仰したのである。「かつて主義が破壊的でないこと，手段が過激ならざることを深く戒めた。誠に破壊なくして建設なく，過激なくして平和なし」。言わば革命的暴力の持つ弁証法を認識していたのである。また清朝の立憲的改革に反抗し，海外視察の5大臣を襲撃した理由として，立憲的改革は満州民族支配を温存するための改革にすぎないと非難した。「専制立憲は形式的な変更だけであって，根本的な問題は，やはり満人が排漢主義を抱いていることである」。だから根本的な解決としては，「逆賊を殺しつくし，九世の仇を復讐する」ことであり，「唯一の原理は民族建国主義である」といい，異民族王朝の打倒を前面に掲げた。そしてその方法としてテロルを実行するのであるが，「限り無く殺せば，限り無く戒めることができる」として，その道義性を強調したのである。

参考文献：林適存『霹靂手段—呉樾伝』（近代中国出版社，台北，1981年）。張嘯岑「呉樾烈士事蹟」，『史学工作通訊』1957年2期。尚明軒「呉樾」，中国社会科学院近代史研究所主編『民国人物伝』2巻（中華書局，北京，1980年）。横山宏章『清末中国の青年群像』（三省堂，1986年）。

〔横山宏章〕

呉　兆麟 Wu Zhaolin

（1882年2月28日～1942年10月17日）

字・畏三。湖北省鄂城県生まれ。原籍，同前。軍人，辛亥武昌革命の指揮官。

農家に生まれたが，1898年武昌の湖北陸軍第8鎮工兵大隊の兵士となり，翌年同隊の将校講習所に入った。1906年卒業後は湖北参謀学校に派遣され，文武共に優秀な成績を収めた。06年と08年の河南省彰徳（安陽）および安徽省の太湖での秋期演習終了後，『彰徳太湖秋操紀事』や『戦術実施参謀旅行兵術』などをまとめ，これらは印刷されて各軍の閲覧に供された。これに先だつ04年，呂大森，張難先，劉静庵らは武昌で革命団体「科学補習所」を設立して，“革命は軍隊内部から”との考えから工兵隊や騎兵隊に入隊した。さらに05年春には，やはり革命高潮期の波に乗って劉静庵らにより武昌の教会内に革命団体「日知会」が組織されると，呉兆麟はこれに進んで入会した。彼は資金をつのり，陳天華の『猛回頭』や『警世鐘』などのパンフレットをひそかに各大隊内の兵士や学生たちに配布した。湖北省の軍内の革命同志の討論会で呉は，兵器工場のある漢陽，商業港である漢口，工場の多い武昌のある湖北省は武器弾薬，糧秣などの点で革命根拠地として絶好の地であることを主張した。07年1月湖北・江西省境地区の萍郷，瀏陽，醴陵の役の失敗により日知会は解散させられ，劉静庵らは捕えられた。

1911年9月，湖北省の革命分子は蜂起の準備にとりかかった。10月9日漢口で爆弾製造が発覚したのち，革命派への締めつけは一段と厳しくなった。翌10日夜，新軍中の革命分子はここで決起を決定して，市外の第21大隊が武昌市内へ侵攻，市内の第8大隊と合流して戦闘を開始した。工兵大隊左翼中隊長だった呉兆麟は急きょ総指揮官となって夜半3千人の兵の配置を決め，総督府を攻撃，占拠した。翌11日午前，勝利した革命軍は諮議局に集合して軍政樹立を討議し，黎元洪を都督（軍政長官）に推挙したが，黎は積極的に任に当たらなかったため，呉が参謀部副部長（のち部長）兼第1旅団長として指揮にあたった。その後黄興が到着して司令官となった。12月17日，黎元洪中華民国臨時中央政府大元帥の下で呉は第5師団長となり，翌12年1月黎が副総統に就任すると，呉は大元帥府参謀総長となり，その後陸軍中将を授けられた。

しかし，袁世凱政府にも革命派にも失望した彼は，その後は社会福祉事業を中心に活動した。1922年秋，章炳麟が設立した辛亥第1革命同志会で理事会主席に推薦され，辛亥第1革命公園の建設を提案したり，傷痍軍人のためのカンパに奔走した。また樊口大堤防工事の責任者となって2年がかりで完成させて，同地の水利建設に貢献した。その後は日知会の旧友であった張純一らとともに仏門の修行に励み，国家の安泰を願った。38年10月日中戦争で日本軍が武漢に進攻して来た時，呉兆麟は政府および軍から指揮を依頼されたが，病気を理由に断った。42年10月病死した。

初婚の詹氏との間の子・祖慈と祖善は夭折したが，再婚した魏氏との間の子・祖蔭は日本の陸軍士官学校を卒業して国民党の軍官をつとめた。

参考文献：曹亜伯『武昌革命真史』正編（上海書店，上海，1929年，1982年復刻）。賀覚非『辛亥武昌首義人物伝』下冊（中華書局，北京，1982年）。中国社会科学院近代史研究所主編『民国人物伝』5巻（中華書局，北京，1986年）。呉兆麟「辛亥武昌革命工程第八営首義始末記」，『近代史資料』1982年1期。

〔児野道子〕

鄔（う）　志豪（しごう）　Wu Zhihao

（1886年～1946年）

原籍，浙江省奉化県。上海の繊維製品販売商，日本品ボイコット運動の指導者の1人。

幼時，槐蔭書院という私塾に学んだという。16歳の時から商業に身を投じ，1930年代には上海の天福綢緞局，維大綢緞公司などをはじめとして，江蘇浙江両省に絹織物，革製品，衣類などを扱う10店以上の店を経営していた。

1920年の上海租界行政権回収運動では，各馬路商会連合会の指導部の1人として活躍，その後何度か広がった日本品のボイコット運動に際しても，積極的な幹部の1人として活躍した。上海国貨公司や寧波実業銀行（1931～41）の創設にも係わっていた。戦後の1946年，香港で死去。

参考文献：晨報社編『上海市之国貨事業』（晨報社，上海，1933年）。

〔久保亨〕

呉（ご）　稚暉（ちき）　Wu Zhihui

（1865年3月25日～1953年10月30日）

名・敬恒，原名・朓，幼名・紀霊。字・稚暉，別字・朏盦，筆名・燃，燃料，夷，呉朏，X与X，革命党一分子，翰青，別名・訒庵，談天老人，朏盦老人。江蘇省陽湖県生まれ。教育家，清末のアナキスト，のち国民党右派の政治家。

父は有成，母は鄒氏。呉稚暉は1870年，5歳にして母を失い，無錫の外祖母に引き取られ，そこで幼年時代を過ごした。88年，袁蘊生と結婚する。89年から江蔭の南菁書院に学び，山長の黄以周に大きな影響を受ける。91年挙人となるが，翌年以降3度受験した会試には失敗する。

呉稚暉は1894年以降，康有為らの影響を受けて変法・維新を支持するに至る。その後，天津の北洋大学堂の教員を経て，98年，上海の南洋公学の教員となり，中国の危機打開と近代化のために教育を重視し始める。

呉稚暉は1901年日本に留学し，東京高等師範学校に入学するが，翌年7月，成城学校入学事件で清国公使・蔡鈞と衝突し，日本官憲によって国外退去を命じられる。この間の彼の政治意識は改良主義的であったが，帰国後，中国教育会に加入してから急進化し，03年2月以降，自ら革命主義者たることを鮮明にする。しかし彼は，排満民族主義思想を深めることなく，同年6月から7月にかけて起こった蘇報事件を契機として中国を離れ，イギリスに渡ることになる。

イギリスに渡ってから，呉稚暉はしばらく政治活動から離れ，知識の吸収に努めた結果，中国の精神文明に対する西洋の物質文明の優越性を認識するに至る。1905年冬，彼は中国同盟会に加入し，翌年フランスに渡って李石曾，張静江らと世界社を結成する。この間，彼はアナキズムを受容し，07年6月，李石曾らとアナキズム宣伝誌『新世紀』を創刊し，同誌に多数の記事・論説を寄稿した。彼のアナキズムは，李石曾のそれに影響された部分が多く，クロポトキンの思想を基盤とした科学主義的傾向を有し，中国の伝統文化を全面否定するところに特徴があった。しかし，彼の思想は急進的装いを見せながらも，教育による社会変革を主張するなど，改良主義的傾向を有していた。ヨーロッパ滞在中，彼はアナキズム思想の鼓吹と並行して，『上下古今談』などを書いて科学知識の普及にも尽力した。また，彼は孫文と同志的連帯を強め，反孫文派の章炳麟らと論争を繰り広げ，同盟会における孫文の指導権維持に貢献した。

呉稚暉は武昌蜂起後帰国するが，これ以後アナキズムの宣伝には積極性が見られなくなる。むしろ，個人の修養と教育に関心が向けられ，1912年，李石曾，蔡元培らと進徳会を結成し，留法倹学会の設立に加わる。また，彼は以前から関心を抱いていた国語統一の実現に乗り出し，13年1月，国語読音統一会会長に就任し，「注音字母」を制定させた。その後，第2革命の失敗により，中国を離れてヨーロッパに滞在し，勤工倹学会の設立に加わった後，16年帰国する。20年以降，彼は李石曾を中心とした北京中法大学，リヨン中法大学の創設に協力し，呉自身もリヨン中法大学の校長としてフランスに滞在したが，23年，学内紛争のため帰国する。同年，「科学と人生観論争」が起こると，彼も翌年「一個新信仰的宇宙観及人生観」を発表し，辛亥革命以前からの持論である唯物論的科学主義を展開した。

1924年1月，呉稚暉は中国国民党1全大会に出席し，中央監察委員に選出される。彼はこの頃から反共主義的態度を明確にし，翌年11月の西山会議には出席しなかったが，通電を発してこれを支持した。北伐開始後，彼は蔣介石へ接近し，27年4月には中央監察委員会で「清党」を主張し，李石曾らと「護党救国」の通電を発し，4・12クーデターに際しては支持を表明した。以後，彼は一貫して国民党右派として蔣介石を支持する立場を取り続ける。北伐完成後は，国民党中央政治会議委員に選出され，31年の訓政時期約法の起草に加わる一方，教育部の国語統一籌備委員会主席として「注音符号」の普及に努めるなど，教育・文化面での発展にも尽力した。

1937年盧溝橋事件勃発後，呉稚暉は国民政府移転に伴って重慶に移り，中央監察委員，国防最高委員会常務委員として，国民党の会議に出席し，数度にわたって汪精衛政権批判などの報告や講演を行った。戦後，上海に戻り，46年11月，制憲国民会議の臨時主席となり，48年3月には，南京で開催された第1回国民大会に主席団の1人として出席した。しかし，戦中から戦後にかけての彼は，政治家としては実質的に引退した状態であった。国共内戦終了目前の49年2月，共産党軍が南下する中で，彼は蔣介石が差し向けた飛行機で大陸を脱出し，台湾に移った。台湾では，中央評議委員となった。53年10月，呉稚暉は腸内出血のため死去した。彼の遺体は台湾海峡に水葬された。

参考文献：李文能『呉敬恒対中国現代政治的影響』（正中書局，台北，1977年）。呂芳上『呉敬恒』（台湾商務印書館，台北，1978年）。楊愷齢撰『民国呉稚暉先生敬恒年譜』（台湾商務印書館，台北，1981年）。嵯峨隆『近代中国アナキズムの研究』（研文出版，1994年）。　〔嵯峨隆〕

呉（ご）　組緗（そしょう）　Wu Zuxiang

（1908年4月5日～1994年1月11日）

作家。本名，祖緗，後に祖襄と改める。字は仲化。筆名は，野松，寄谷，木公，無など。安徽省涇県出身。故郷の私塾，小学校を経て，1921年2月，蕪湖安徽省立第五中学に入学した。在学期間中，図書館主任を務め，雑誌『赭山』を主編した。23年7月，上海『民国日報』副刊『覚悟』上で，短篇小説『不幸的小草』を発表した。後，上海に移り，持志大学に入学し，英文学を学んだ。5・30事件後，27年結婚し，故郷に戻って小学校教員になったが，28年に再び，上海に戻り，持志大学に再入学した。29年清華大学経済系に入学後，30年に中文系に転科した。31年，清華大学在学中，左翼“反帝大同盟”に参加。33年，卒業後，大学院に入学し，中国文学を専攻した。在学中の32年に発表した作品『官官的補品』で成功し，33年に書かれた『一千八百担』で評価を確立した。34年には小説集『西柳集』，35年に『飯余集』を出版した。『一千八百担』では，安徽南部の農村の場景を描き，農村経済の破綻と宗族制度の崩壊を緻密に描写して，文壇の好評を博した。

1934年8月，清華大学退学後，職探しのため，朱自清の紹介を頼り，南京の国立中央研究院で丁文江の秘書となった。同年12月秘書の職を辞した。南京では，張天翼らと知り合い，その後も交流を続けた。

1935年1月，馮玉祥により山東省泰山に呼ばれ，家庭教師兼秘書となり，その後13年の長きにわたって務めた。その間，多くの抗日に関する宣言に署名し，特に36年6月，魯迅ら76人と共に『作家』月刊1巻3期に発表された『中国文芸工作者宣言』が有名である。同年10月『小説家』月刊創刊に参加。38年3月，中華全国文芸界抗敵協会が武漢で成立し，馮玉祥ら44人と共に理事を務めた。4月，“文協”常務理事になった。39年4月，文協第2次理事となる。5月，馮玉祥に従って湖北，広西，貴州から重慶を巡った。その後，重慶の中央大学師範学院国文系副教授，四川省立教育学院国文系教授を歴任した。

重慶時期の1942年に『鴨嘴澇』を発表し，単行本として発行した。この作品では農民の民族意識の覚醒とその紆余曲折の過程を描き，主人公の素朴で善良で，勇敢な農民イメージを作り出し，抗戦文芸における傑作の1つとなった。

1945年2月，郭沫若ら311人と共に重慶『新華日報』に『文化界対時局進言』を連名で発表し，民主政治の実施を呼びかけた。同年6月，四川省立教育学院教授の職を辞し，後に国立中央大学への復職により南京に戻った。9月，馮玉祥とともにアメリカ訪問に赴く。47年7月，原稿の修正をめぐって馮玉祥と対立し，辞職して帰国。同月中央大学の職も解雇された。同年9月，私立南京金陵女子文理学院中文系教授となった。

1950年春，中国民主同盟に加入。51年3月，中国人民赴朝慰問団北京分団副団長となり，同年冬，政治協商中南区土地改革工作団第16団団長として，江西で土地改革工作に参加。52年夏，北京に戻り，北京大学中文系教授となった。53年9月，第2次中国作家協会理事に選ばれた。54年1月北京大学中文系現代文学研究室主任となる。9月，清華大学の招聘に応じ，中文系教授兼系主任となった。

1960年7月，第3次文代会に出席し，作家協会理事に選ばれた。62年12月，政治協商委員会北京市第3次委員会委員に就任。文化大革命終了後は，第4次文代会北京市文学方面代表，作家協会理事，北京市文芸委員，北京市作家協会副主席を歴任した。80年7月，中国『紅楼夢』学会会長に選ばれる。85年1月，作家協会第4次理事会顧問となった。94年1月，病気により北京で死去。享年86歳。著作に『呉組緗作品選』，『明清文学史稿』など。

参考文献：呉組緗著『呉組緗文選』（北京大学出版社，北京，2010年）。呉組緗著『一千八百擔』（人民文学出版社，北京，1955年）。　〔牧野格子〕

錫良（しゃくりょう） Xiliang

（1852年～1917年）

字・清弼，姓・巴岳特，諡名・文誠。蒙古鑲藍旗人。進士。清末の地方大官。生年に関しては1853年説もある。

1874年進士及第。山西省の各県の知県を歴任した。75年の旱魃に対して有効な処置をとり，張之洞に見出される。94年山東省に転じ，大刀会の平定を行う。98年山西按察使，99年湖南布政使を歴任。

1900年山西巡撫，外国軍隊の山西省進出を防ぎ，軍隊を率いて北上，西太后らを山西に迎えた。01年湖北巡撫，河南河道総督を兼任，のち河南巡撫となり，綱紀粛正を行い教案を平定した。続いて，熱河都統として求治局を設置し，綱紀粛正を断行，荒地の開墾，巡防営の整備などの諸改革を行い，熱河の行政区面の改変を行うなど，その改革は積極的であった。

1903年署四川総督，鉄道建設に際しては，鉄道利権の喪失が反清朝運動に転じることを恐れ，その自弁を主張，川漢鉄路公司を創設して資金の調達などを行った。04年四川総督，05年のチベットの反乱を鎮圧，行政区画を設定し，開墾・鉱山開発・学校の設置などを行った。

1907年雲貴総督となり，軍事力増強を目的として雲南陸軍講武学堂を設置し，新軍建設を推進した。この雲南陸軍講武学堂は，日本へ留学した同盟会会員を多く擁し，学堂教官と新軍第19鎮が辛亥革命や護国運動の中心として活躍したことは歴史の皮肉であり，清末の地方改革の歴史的意味を示すものである。また，財政改革にも着手し，実際には徹底されなかったとはいえ，雲南財政の中心であったアヘンの栽培を禁止する命令を出している。

1909年欽差大臣，東三省総督となり，ロシア・日本の進出の中，困難な政局の中で一貫して地方官僚の立場から改革に取り組んだ。ロシア・日本の鉄道支配に対抗して錦州から愛琿への鉄道敷設を計画し，アメリカ財界代表との交渉を行っている。また，日本の朝鮮併合に対し，清郷局を設置し，巡警を整備して事実上の民兵を組織してこれに対抗しようとした。10～11年の東三省のペスト大流行に際しては，華僑の伝染病学者でのちにペスト学者として世界的に知られ，民国時期営口において東三省の防疫活動に従事することとなる呉聯徳や日本の北里柴三郎を奉天に招き，国際ペスト会議を開催している。

錫良の東三省に対する治世は，他に，綱紀粛正・財政改革（特に，塩務改革）・八旗に対する殖産事業などがあり，積極的であったが，すでに清朝支配はこうした地方的な改革により支えることができないほど行き詰まっており，また，錫良自身も病気がちであったため東三省総督を辞任した。

辛亥革命以後官位に就かず，1917年病死した。以上のように錫良の半生は清朝地方官としてのそれであり，その改革の事業は，清末の地方政治の独自の展開を象徴するものでもあった。一次史料として『錫良奏稿』がある。

参考文献：中国科学院歴史研究所第三所主編『錫良遺稿』（中華書局，北京，1959年）。蔡冠洛編『清代七百名人伝』中冊（遠東図書公司，香港，1963年）。Carl F. Nathan, *Plague Prevention and Politics in Manchuria* (East Asian Center, Harvard University, Cambridge, 1967).　〔飯島渉〕

熙洽（きこう） Xiqia

（1884年～没年不詳）

字・格民。満州正藍旗人。清王朝の太祖・ヌルハチ（努爾哈赤）の弟・モルハチ（穆爾哈斉）の後裔。奉天省瀋陽県人。軍人。満州国の大臣。

1911年日本陸軍士官学校騎兵科卒業。辛亥革命後より朱慶瀾の下で黒龍江省都督参謀，同省牧養廠長などをつとめる。17年朱の広東省長転任にともなって広東省長公署諮議となるが，18年東北に帰り，東三省講武堂教育長，19年東三省巡閲使署参謀処長，蒙蔵経略使署軍務処長，東北陸軍第10旅長，22年東北省保安総司令部軍務処長などを歴任した。さらに24年吉林軍務善後事宜督辦公署参謀長となり，また吉林東北辺防軍副司令長官公署参謀長兼吉林陸軍訓練総監，および吉林省政府委員として張作相の下に吉林地方の省政に参与した。

1931年9月18日の満州事変勃発時，省長・張作相が不在のため実権を握った熙洽は，陸軍士官学校時代の教官であった多門師団長らと連絡をとりつつ不抵抗政策を堅持，吉林に日本軍を迎え入れた。さらに日本側と協議し，吉林に新政府を組織して自らその長官に就任，羅振玉を通した日本側の独立勧告を受け入れ，9月28日ついに張学良との絶縁と吉林省の独立を宣言した。その一方で，遠い親族にあたる清朝最後の皇帝・溥儀に羅振玉を介して手紙を渡し，満州事変は「祖宗発祥の地」でめぐってきた復辟の機会であると説いた。そして，これをのがすことなく，日本人の支持のもとにまず満州を占領し，その後関内をねらう旨を提言し，溥儀に瀋陽へ来るよう促している。吉林での新政府組織後は，于芷山と連絡して吉林省内の匪族討伐に努める一方，日本軍に協力して満州における新国家の建設に尽力した。32年2月17日に張景恵を委員長として組織された東北行政委員会の委員として名を連ね，翌日同委員会の名で東北の国民政府からの独立を宣言した。

1932年3月の満州国の樹立にあたり，同国総理の座を要求したともいわれるが，結局，満州国財政部総長となる。また，吉林省長，吉林清郷総局長，中東鉄路護軍路軍総司令も兼ねる。さらに憲法制度調査委員会委員，鴉片専売籌備委員会会長，満州中央銀行継承資産審定委員会副会長などの職にも就いた。

1934年満州国の帝制実施にともない同国財政部大臣，35年には宮内府大臣となり，終戦まで満州国の重臣として過ごす。満州国の中心となった中国人の中で，熙洽は特に吉林を中心として東北在来の軍に力を持っていたことから，満州事変直後において日本軍の期待も大きく，熙洽もこれに応じ，日本軍の東北占領に果した役割は大きかった。溥儀あての手紙にあるように清朝の復辟を願い，日本の力を利用することが彼の真意だとしても，結果的には日本に利用された観がある。

なお，弟・熙清は北京大学を卒業後，吉林省五常県，阿城県などの税捐局局長を経て，阿城県県長となり，満州国成立後吉黒榷運総局副長となった。

終戦後はソ連に抑留され，同地で病死した。死亡年月日の詳細は不明であるが，1950年前後と思われる。

参考文献：『吉林文史資料選輯』2輯（吉林人民出版社，長春，1981年）。馮占海「日軍侵占長春，吉林経過」，『文史資料選輯』6輯（中華書局，北京，1960年）。姜念東・伊文成・解学詩・呂元明・張輔麟『僞満州国史』（吉林人民出版社，長春，1980年）。外務省情報部『現代中華民国・満州帝国人名鑑』（東亜同文会，1937年）。愛新覚羅溥儀著，小野忍他訳『わが半生』上・下（大安，1965年）。片倉衷『回想の満州国』（経済往来社，1978年）。

〔浜口裕子〕

西戎（せいじゅう） Xi Rong

（1922年12月1日～2001年1月6日）

原名・席誠正，筆名・曹文，曹有才，何仁。山西省蒲県西坡村生まれ。作家。

この村は，地主も富農もいない二十数戸の村で貧しく，西戎の家も中農に数えられたが，その日の暮らしがやっとの状態であった。6歳で10里先の小学校に通った。作文に優れ，本家の兄が彼の能力を認め，五・四新文化運動の思想を吹き込んだ。しかし，西戎は早くから地方劇の1つ蒲劇に興味を持って，小さな芝居狂となった。

1938年中学に合格したが，蒲県に成立した抗日組織である犠牲救国同盟会工作団に参加する。40年春新軍決死第2縦隊呂梁劇社に編入される。この時から日記をつけ始める。5月入党。冬，延安に行き，魯迅芸術学院附設の部隊幹部訓練班に入る。のち八路軍留守兵団部隊芸術学校に移り，戯劇班に入る。ここで系統的に戯劇理論を学び，古今の文学名著を読む。42年春八路軍第120師団政治部戦闘劇社に移り，留守兵団が出している『連隊生活』という小新聞にものを書く。自分が宣伝隊にいた時，敵の襲撃を受けて落伍したことがあった。その時農民の家族に親切にしてもらったが，それを飾らずに書いた「我掉了隊後」が，42年10月延安『解放日報』に載り，大いに鼓舞されて，以後文学の道を歩むことになった。

1942年冬晋西北抗日根拠地にもどり，馬烽，孫謙，李東為，胡正などと抗連文化部で仕事をする。西戎は，晋西北第２軍分区保徳県第４区の文化部長になる。彼は農民のいでたちで紡績技術を教えたりしながら，家々を訪ね，女たちの良き相談相手となった。

晋西北辺区政府の所在地である興県にもどり，整風運動に参加した。毛沢東の「文芸講話」の影響で，かつて参加した減租闘争をもとに「王徳鎖減租」という大型多幕歌劇を，盧夢らと書く。これが44年抗日戦争７周年（777）文芸１等賞になる。この劇は，七月劇社によって演ぜられ，延べ20余万人の観衆を得た。44年末，『晋綏大衆報』に移り，編集に参加する。社長周文の指導と激励により，馬烽と共同で民兵英雄を描いた通俗読物「呂梁英雄伝」を，45年から１年余にわたって『晋綏大衆報』に連載。国民党地区でも大評判になった。

1947年春土地改革に参加し，その終了後，『晋綏日報』副刊『大衆園地』の編集委員になり，短篇「喜事」，「誰害的？」などを書く。

1949年11月第１野戦軍に従って四川に行く。『川西日報』や『川西文芸』などの新聞雑誌の編集を行う。52年末北京に移り，中央文学研究所の創作輔導組副組長になる。53年９月第２回中華全国文学芸術工作者代表大会に参加。中国作家協会会員となり，創作に専念。「紛糾」，「麦収」「宋老大進城」などを書く。

1955年冬山西にもどり，省文連党組副書記，作協山西分会副主席，『火花』主編となる。彼は常に下放し，農村の人的関係と経済的関係の変化に注目する。とりわけ女性の動揺や変身に関心を寄せる。「行医事件」，「姑娘的秘密」，「灯芯絨」，「冬日的夜晩」，「頼大嫂」，「老好幹部」などの短篇と，馬烽との映画脚本「撲不滅的火焰」などを書く。

1962年８月大連会議に参加し，邵荃麟作協副主席から，「頼大嫂」は人民内部矛盾を描いた良い小説だと評価される。しかし，64年「中間人物」論批判では，「頼大嫂」は，修正主義文芸の「黒い模範」だと批判され，文革中の西戎の大きな罪状の１つとなった。70年心臓病で入院。75年山西文芸工作室が復活すると，『汾水』の編集に参加する。78年省文連副主席，作協山西分会主席に選出される（88年まで）。83年には「在招待所的日子里」を書き，第１回趙樹理文学賞短篇小説１等賞を得た。

長篇『呂梁英雄伝』は，1977年に人民文学出版社から再版された。80年短篇集『宋老大進城』を人民文学出版社から出版。ほかに，『誰害的？』（50年），『麦収』（56年），『終身大事』（58年），『姑娘的秘密』（59年），『豊産記』（63年），などの短篇集がある。

参考文献：西戎「我邁出的第一歩」，『山西文学』1983年７期。高捷等編『馬烽　西戎研究資料』，中国現代文学史資料匯編（乙種）（山西人民出版社，太原，1985年）。林友光・屈毓秀編『西戎代表作』（黄河文芸出版社，鄭州，1987年）。

〔荻野脩二〕

西太后（せいたいごう）　Xitaihou

（1835年～1908年10月22日）

原名・葉赫那拉（エホナラ）氏，謚・孝欽。懿貴妃，孝欽顕皇后，慈禧太后とも呼ばれる。清朝９代咸豊帝の側室で，10代同治帝の生母であり，11代光緒帝の伯母にあたる。

西太后は，エホナラ氏に属する満州旗人で，安徽省の寧地広太道であった恵徴の娘として北京に生まれた。兄弟は，男３人，女３人であった。

1851年選ばれて，秀女として後宮に入った。まず，懿貴人と号され，54年懿嬪に封ぜられ，56年皇子載淳（後の同治帝）を生み，57年懿貴妃となって咸豊帝から慈禧の名を賜った。

1861年英仏連合軍の北京攻撃を逃れ，熱河の離宮に滞在中，８月に咸豊帝が病没し，５歳の皇子・載淳が位をつぎ，年号を同治とすると，西太后は皇太后と呼ばれた。同年，怡親王載垣，鄭親王瑞華，協辦大学士尚書・粛順（鄭親王の異母弟）など７人の重臣は咸豊帝の遺命を尊重し，政務を執っていたが，西太后は慈安皇后（東太后），恭親王と結んで，これを粛清して実権を握り，恭親王に議政を授け，自ら垂簾聴政の諭を下し，東太后と垂簾政治を開始した。73年に同治帝が18歳になると「撤簾帰政」の方針をかかげたが，政治の実権は掌握していた。この間，対外的には妥協的政策をとり，62年太平天国に対しては「借師助剿」の政策によって諸外国の力を借りようとした。

1875年同治帝が死ぬと，西太后は咸豊帝の弟・醇親王と自分の妹の子・載湉を立てて皇帝とし，年号を光緒として引き続き垂簾政治を行った。81年に東太后が死去した。89年に西太后は自分の姪の娘を光緒帝の皇后に選び，光緒帝に「親政」を許し，自らは頤和園に隠居したが，実権は放さなかった。

1894年日本が朝鮮を侵略し，日清戦争が始まったが，たまたま西太后が60歳で頤和園で非常に盛大な祝いを受け，海軍の経費を頤和園の修築に当てたため，日清戦争の終結をはやめた。

1895年下関条約の締結により，外患を極め，官僚は争って自強を唱えた。北洋海軍はすでに破壊され，陸軍もほとんどなく，清廷の経済は困難となり，人民は反抗蜂起した。西太后はこれを憂い，劉坤一を北京へもどし，海軍の回復を許らせた。この頃，翁同龢は光緒帝を助けていたが，台湾の割譲などを遺憾とし，変法の心を持ち，汪鳴鑾，長麟がこれを助けていた。彼らは光緒帝の帝位を強固にし，西太后をおさえようとしたので，西太后がこれをきらった。西太后は，95年10月光緒帝に命じて，汪鳴鑾と長麟をやめさせ，翁同龢の協力者を取り除こうとした。また，皇帝派の文廷式，安維峻を免職し，光緒帝の珍妃，謹妃の妃号を奪った。

1898年恭親王奕訢が死ぬと，翁同龢が中心となって新政を計画した。6月11日光緒帝が詔して，変法国是を定めたが，西太后は，光緒帝に命じて翁同龢を退かせ，直隷総督・文部を宮中に呼びよせ，栄禄を直隷総督につけた。軍政の実権は，西太后にかたく掌握されていた。

戊戌変法で光緒帝は，事々に西太后の旨を請うてたびたび熙和園に赴き，そこに安んじていることを願った。しかし，変法派の四卿が参政し，やめさせられた礼部尚書・懐塔布の妻が西太后に訴えると，西太后は帝を憎むようになった。また，袁世凱の裏切り，栄禄の密告により，西太后を熙和園に留める計画が失敗し，楊崇伊の訓政の請願もあり，西太后は1898年9月21日光緒帝を通して「垂簾の詔」を下し，政権に復帰した。

西太后はさらにまた諭し，工部候補主事・康有為が結党して私を営み，政治を乱したので免職すること，その弟，康広仁を罰することを述べ，1898年9月28日には「戊戌の六君子」の死刑を宣告した。29日には筆硃の諭が下され，康有為に対する厳しい非難が表明された。さらに，10月21日には翁同龢を免職し，永久に任用しないこととし，地方官に命じて厳重に管束を加えている。また，次の日に沿江，沿海の各督撫らに康有為，梁啓超，王照らを逮捕することを命じている。

1899年12月24日には載漪の子・溥儁を立てて皇太子としているが，1901年辛丑条約締結のあと廃している。1900年5月義和団の活動にともなって8ヵ国連合軍が太沽砲台を陥落させたので，7月に西太后は光緒帝を連れ出し，西安に逃亡した。その際西太后は，珍妃を宦官・李蓮英にまかせ，彼が紫禁城内の井戸に投げ捨てるのを放任した。8月には論を下し，義和団は今や禍の源となったので討伐・排除する旨を明らかにした。さらに，新政を宣言し，教育の刷新，官制の改革，纏足・売官の禁止などの上諭を下している。04年5月には戊戌変法に関係した者のうち康有為，梁啓超の外はすべて赦し，05年憲政視察のため5大臣をヨーロッパに派遣し，06年7月には預備立憲の方針を表明した。08年に西太后は醇親王載灃に命じて摂政王とした。同年，光緒帝が死ぬと，溥儀をたてて皇帝継承者とし，その翌日彼女は死去した。

参考文献：湯志鈞『戊戌変法人物伝稿』増訂本下冊（中華書局，北京，1982年）。特齢著，さねとうけいしゅう訳『西太后秘話—その恋と権勢の生涯』（東方書店，1988年）。俞炳坤等『西太后』（紫禁城出版社，北京，1985年）。左書諤『慈禧太后』（吉林文史出版社，長春，1993年）。

〔深澤秀男〕

習（しゅう）　仲勲（ちゅうくん）　Xi Zhongxun

（1913年10月15日～2002年5月24日）

陝西省富平県生まれ。人民解放軍の指導者。夫人・斉心。弟・習仲凱，習仲祺。習近平の父。

陝西省富平県立誠中学校卒業。1926年共産主義青年団に加入，学生運動に投じ，翌年逮捕投獄されたが，後に脱走。28年4月中国共産党に入党した。30年1月西北軍楊虎城部隊に派遣される。32年以降，陝甘辺区工農遊撃隊第5支隊中共隊委書記。陝甘辺区遊撃隊総指揮部政治委員，中共陝甘辺区特委軍委書記，陝甘辺区革命委員会主席，陝甘辺区ソヴィエト政府主席などを歴任，陝西，甘粛において農民運動を組織するとともにゲリラ戦を展開した。37年7月の日中戦争勃発後，関中軍分区政治委員，警備第1旅政治委員，中共中央西北局党校校長，綏徳警備区および独立第1旅政治委員を歴任，大生産運動を指導した。

1945年4月中共7全大会において中央候補委員，中央組織部副部長に選出される。その後，中央西北局副書記（書記・高崗），陝甘寧晋綏連防軍政治委員（総司令・賀龍）などを務める。国共内戦期の47年3月に胡宗南軍が延安に重点攻撃をかけた際，西北野戦軍政治委員（司令員・彭徳懐）に任命され，彭徳懐とともに延安および党中央防衛にあたるが，党中央は延安より撤退した。その後，西北軍区政治委員（司令員・賀龍）として西北地区の解放および土地改革に活躍した。

1949年10月の新中国成立とともに中央人民政府委員，西北軍政委副主席（主席・彭徳懐）に就任。翌11月西北土地改革委主任となる。52年中共中央宣伝部長に転任。53年1月憲法起草委員，西北行政委副主席，9月には政務院秘書長に選出される。54年7月第1期全人代陝西省代表となる。56年9月中共8全大会において中央委員に選出される。59年4月第2期全人代陝西省代表に再選。同月，国務院副総理，国務院秘書長に就任した。同年9月経済視察団団長として訪ソ。60年9月中国政府代表団長としてピーク東独大統領の国葬に参列した。

1962年，小説「劉志丹」事件の首謀者とされ失脚。「劉志丹」事件とは，高崗とともに陝甘辺区ソヴィエトを設立した劉志丹の功績を讃えるため，劉志丹の弟の劉景範（当時，国務院地質部部長）とその妻・李建彤が小説「劉志丹」を執筆したところ，康生（当時，中央政治局候補委員）が劉志丹の名を借りて高崗の名誉回復を企んだものと批判した事件である。習仲勲はこの小説の執筆を勧めた主犯格とみなされ，65年1月に国務院秘書長を解任された後，洛陽鉱山機器工場副工場長に降格，文化大革命が終了するまで悲惨な生活を強いられた。

1977年2月政界に復帰。78年2月第5期全国政協常務委員に選出される。4月には広東省党委第2書記。同省革命委員会副主任に就任。12月広東省党委第1書記，同省革命委員会主任，同省軍区第1政治委員に昇進した。同月，中共第11期3中全会において中央委員に補選。79年1月広州部第2政治委員となる。11月広東省代表団長としてオーストラリアを訪問。同年12月広東省省長に就任し，同月，第5期全人代広東省代表に補選された。80年2月広州部隊第1政治委員となるが，4月には広東省軍区第1政治委員を解任される（後任は楊尚昆）。同年9月第5期全人代常務委員会副委員長に補選。同月，第5期全国政協委員および同常務委員を辞任した。10月には中国省長代表団長として訪米。同年11月広東省党委第1書記を解任される（後任は任仲夷）。81年5月全人代代表団長としてフィンランド，スウェーデン，ノルウェー，デンマークを歴訪。同年6月中共中央書記処書記，全人代常務委法制委員会主任に選出される。82年9月中共12全大会において中央委員，中央政治局員，中央書記処書記となる。83年10月中共中央整党工作指導委員会顧問（主任・胡耀邦）となる。同年11月，中共代表団長としてフランスを訪問。84年9月，新たに成立した北京社会福利基金会名誉会長。85年9月中共中央書記処書記を辞任した。87年11月中共13全大会においては中央委員に選出されず，党務より引退。88年4月全人代常務委員会副委員長となる。

参考文献：「習仲勲簡史」，『人民日報』1980年9月11日。何東・楊先材・王順生主編『中国革命史人物詞典』（北京出版社，北京，1991年）。
〔高橋伸夫〕

夏（か）　斗寅（とういん）　Xia Douyin

（1886年1月14日～1951年6月23日）

字・霊炳。湖北省麻城市生まれ。国民党の指導者，軍人。

両親を幼年期に失い，祖父母によって養育された。長じて張之洞の武昌第8鎮第32標に入り2等兵となる。後に共進会に入会し，1911年10月10日段海山と兵を率いて総督衙門を攻撃，辛亥革命に参加する。攻撃成功後，総稽査部稽査に就任した。

1913年部隊の改編・縮小にともない夏斗寅は退役し商人となる。しかし，経営不振により倒産し，北京に赴き講武道に入学する。一時孔庚の部隊の排長をつとめたが，解職され湖北省に戻る。17年護法戦争の際，張篤倫とともに策動し，鄂軍を率いて参戦する。湖北第1師師長・石星川を鄂軍総司令に擁立し，石星川の下で新兵訓練総監となった。後に同軍は壊滅するが，夏は数百名の兵士をまとめ湖南省津市に入り，新たに李書城総司令の下で第2梯団団長に就任した。20年彼の部隊は増強され，夏斗寅は鄂軍総司令（第1路第1梯団司令）となり，長沙を同軍の拠点とした。21年湘軍総司令・張恒惕に従い王占元の追討を企図するが，果せず長沙に撤退した。

1923年夏斗寅は万燿煌を参謀長に招くとともに，部隊幹部の訓練機関として鄂軍軍官研究所を創設した。26年に万参謀長とともに広東に赴き，蔣介石と会見，蔣より鄂軍第1師師長に任ぜられる。同年夏斗寅は部隊を率いて北伐に参加，当初唐生智の第8軍に属する。翌27年初め所属部隊が国民革命軍独立第14師に改称されたのにともない，改めて同師長に就任した。5月17日武昌で反共クーデターを起こし，そのことによって新編第10軍軍長に昇進した。

夏斗寅はその後も北伐の隊列に留まり，何応欽総指揮の下で活躍する。1927年7月第10軍が国民革命軍第27軍に改編されると，引き続き軍長に任命された。その後，28年に中央軍第13師師長，29年に湖北全省警備司令，国民党湖北省党部整理委員会委員，討逆軍第2路総予備隊司令，湖北省政府委員，第13軍軍長，30年に武漢警備司令，第21路総指揮，陸軍第13師師長などを歴任する。

1931年5月夏斗寅は国民会議代表に任ぜられ，12月に国民党第4期中央委員に当選，翌32年3月には湖北省政府委員兼主席となり，33年7月まで在職した。35年国民政府軍事委員会委員長武漢行営総参議，重慶行営総参議に就任し，4月に陸軍中将となる。また，同年11月には国民党第5期中央委員に当選した。

日中戦争期間中，夏斗寅は国民政府の新兵訓練第1処処長などの職務をつとめ，1945年5月に国民党第6期中央委員に選出された。日中戦争終結後は故郷の湖北省に戻り，東湖農場や炭坑を経営する。48年に立法院第1期立法委員に当選した。49年（50年説もあり）に漢口より香港に脱出し，翌51年に当地で病没した。

参考文献：劉紹唐主編『民国人物小伝』第2冊（伝記文学出版社，台北，1977年）。呉如嵩主編『中華軍事人物大辞典』（新華出版社，上海，1989年）。徐友春主編『民国人物大辞典』（河北人民出版社，石家荘，1991年）。

〔中村楼蘭〕

夏曦（かぎ） Xia Xi

（1901年8月17日～1936年2月28日）

字・蔓伯（湖南学生連合会時代に使用），蔓伯，曼伯。仮名・李家瑞（浙江省委書記時代に使用），労俠（又は労悏）。湖南省益陽県桃江鎮生まれ。中国共産党の指導者。

農村知識人の家庭に生まれ，1915年益陽県立龍洲高等小学堂に入学，17年8月長沙の湖南省立第一師範学校第1部第16班に編入，22年に卒業した。第一師範在学中，毛沢東と交流し，19年には新民学会，20年10月には毛が長沙で組織した社会主義青年団に加入，21年中共に入党する。翌年1月学生であったにもかかわらず，中共代表としてモスクワの極東各国の共産党及び民族革命団体の第1次代表大会に出席する。

帰国後，湖南省の工作に従事する。1922年春崇新学社を結成し，同年9月には毛沢東の湖南自修大学付設補習学校の教員に就任，同年冬から翌23年にかけて湖南学生連合会幹事部主任をつとめる。23年夏曦は林伯渠を介して国民党に入り，統一戦線工作を推進し，24年1月の国民党1全大会に毛沢東，林伯渠，李維漢とともに湖南省代表として出席，大会後国民党湖南省党部常委に任ぜられた。26年1月の国民党2全大会で国民党中央執行委候補委員に選出される。国共合作時期，夏曦は国民党内で重要な地位を占めていたが，中共あるいは社会主義青年団でも重要ポストにつき，次第にその地位は上昇していった。例えば，23年8月社会主義青年団中央執行委委員，24年中共湖南区委委員，同委国民党工作委書記，27年中共中央委員（中共5全大会で選出），中共湖南省委書記に就任している。

国共分裂後，1927年8月の南昌蜂起に参加し，湘南特委（書記・毛沢東）の委員として郭亮（同委委員）と湘南の暴動を組織する。蜂起失敗後，上海に脱出，同年一時中共浙江省委書記をつとめたのち，学習のためソヴィエトに派遣され，モスクワ中山大学特別班で学ぶ。ソヴィエトより30年に帰国する。なお，モスクワ滞在中，28年6月中共6全大会に出席した。

帰国後，中共江蘇省委常委兼宣伝部部長に就任，1931年1月，中共6期4中全会で中央委員に選出される。同年3月以降，湘鄂西革命根拠地の工作に赴き，そこで中共湘鄂西中央分局書記，紅3軍政委，中央革命軍委湘鄂西分会委員，中共紅3軍前敵委委員，湘鄂西省革命軍委主席団委員を歴任する。しかし，当時の中共中央の「一省あるいは数省における首先勝利」の方針に基づき，紅3軍を襄河北岸に移動させ強引に新ソヴィエト区を建設しようとする一方，反対派を厳しく粛清して味方の勢力を弱めてしまい，さらに国民党軍の大規模な攻勢を受け，32年10月根拠地は壊滅した。その後しばらくの間，賀龍，関向応とともに紅3軍の残存兵力を率いて各地を転戦した。34年6月貴州省沿河県を占領し黔東革命根拠地を樹立することに成功したが，任弼時，王震の紅6軍と合流した後の同年11月下旬，湘鄂西での誤りを批判され，全ての指導的職務を解かれる。

1935年3月31日中共中央より職務に復帰することが認められ，中共湘鄂川黔省委委員，中央革命軍委湘鄂川黔分会委員，湘鄂川黔革委副主席，湘鄂川黔軍区政治部主任，紅6軍団政治部主任に就任した。同年11月紅6軍団は「長征」に出発するが，夏曦もこれに参加，36年2月28日貴州畢節地区で勤務中の事故により死亡した。一説によると，夏曦は「長征」に加わろうとしなかった席大明の部隊を説得に行く途中発砲され，なおも川を渡って情況を確かめようとしたところ，急流に呑まれ溺死したといわれる。

参考文献：中共党史人物研究会編『中共党史人物伝』9巻（陝西人民出版社，西安，1983年）。陳玉同編『中共党史人物別名録』（紅旗出版社，北京，1985年）。王永均・劉建皐編『中国現代人物伝』（四川人民出版社，成都，1986年）。王健英『紅軍人物志』（解放軍出版社，北京，1988年）。袁福生「夏曦同志犠牲的経過」，中国人民政治協商会議全国委員会文史資料研究委員会編『革命史資料』2輯（1981年）。饒興「我見到的夏曦同志犠牲経過」，同上『革命史資料』5輯（1981年）。

〔中村楼蘭〕

夏衍（かえん） Xia Yan

（1900年10月30日～1995年2月6日）

本名・沈乃熙，字・端先，筆名・沈宰白，丁一之，蔡叔声，丁謙平，羅浮など。浙江省杭州慶春門に落第秀才・沈学詩（字・雅言）の子に生まれる。主な筆名の夏衍は，父の字の同音。劇作家，シナリオライター，文芸評論家，職業革命家。

3歳で父を失い，貧乏を経験。芝居好きの母に連れられ，幼時より地方劇に親しむ。6歳から村の私塾に通う。14歳で徳清県高等小学校卒業後，染色店の徒弟となったが，成績優秀のため，公費で杭州甲種工業学校染色科に学ぶ。五・四運動を迎えると，浙江で最初のマルクス主義の雑誌『双十』（2期より『浙江新潮』と改名）を創刊。

1920年，工業学校を首席で卒業。母校の費用で日本に留学，翌年，福岡の明治専門学校電機科に入学。マルクスやレーニンの著作に触れ，松本治一郎や大山郁夫を知る。24年，北上途上の孫文を門司港に出迎え，中国国民党に入党。25年明治専門学校を卒業し，九州帝国大学に入学したが，国民党駐日総支部常務委員・組織部長として東京，神戸，長崎間を奔走するかたわら，『語絲』や創造社系の雑誌に投稿。また，日本共産党とも接触した。

1927年，4・12クーデター後，国民党右派から逮捕状が出たため，5月に緊急帰国し，7月中国共産党に入党，上海市閘北区第三街道支部所属となり，職業革命家の道を歩み始める。本間久雄『欧州近代文芸思潮論』やゴーリキー「母」などを訳すかたわら，29年中国左翼作家連盟の創立準備工作にかかわり，創造社・太陽社と魯迅の間の調整をすすめ，30年3月左連が成立すると，常務委員に選出され，対外宣伝を担当した。

この間，1929年陳望道らと中華芸術大学を興し，文学科主任に就任。同年10月には鄭伯奇らと上海芸術劇社を組織，「プロレタリア演劇」のスローガンを初めて掲げて「炭坑夫」（メルテン）などを公演するとともに雑誌『芸術』，『沙侖』などを発行。翌30年同社が解散させられると，左翼劇団連盟，ついで左翼戯劇家連盟を組織，大道劇社を率いて学生・労働者の間に演劇活動を展開した。

1932年，銭杏邨らと明星影片公司に招かれ編劇顧問となり，中国初のシナリオ「奔流」（前年16省を襲った大水害を描く）を書き，ついで茅盾「春蚕」をシナリオ化し，「上海二十四小時」を書く（33年）。このほか，芸華影片公司にも関係し，国民党当局の弾圧が強まると，司徒慧敏らと電通影片公司を組織，「自由神」を書く。

1935年，中共江蘇省委員会に国民党特務機関の手が回ったため，地下に潜り，翌年，短篇「泡」（2月，初めて夏衍の筆名を使用），戯曲「賽金花」（4月），同「自由魂」（12月，のち「秋瑾伝」と改題），ルポルタージュ「包身工」などの力作をつぎつぎと書き，文壇に確固たる地歩を築く。37年，上海小市民の暗い生活を描いた「上海屋檐下」で，リアリズム演劇に新境地を拓く。

1937年7月抗日戦争が始まると，于伶，田漢，洪深らと救亡演劇隊や戦地服務隊を組織するとともに，抗戦劇「保衛蘆溝橋」を集団創作（8月）。これ以後，上海，広州，桂林などの各地を移動し，『救亡日報』を断続的に編集しつつ，戯曲「一年間」，「心防」，「愁城記」，長篇小説「春寒」などを書く。

太平洋戦争勃発後，香港から桂林を経て重慶に行き，『新華月報』特約評論員の肩書きで文化界統一戦線工作に従事，かたわら「法西斯細菌」（1942年），「戯劇春秋」（43年），「芳草天涯」（45年）などの戯曲を書く。抗日戦勝利後，南京の梅園新村中共代表団に加わり，のちシンガポールや香港で在外華人工作に従事した。

1949年陳毅とともに上海に進駐，上海市の文化事業の接収に当たり，上海市文化局長，中共華東局宣伝部副部長，上海市文連主席などを務める。53年夏，新中国における官僚主義の弊害を描いた戯曲「考験」を書いたのをはじめ，魯迅「祝福」や茅盾「林家鋪子」などのシナリオ化にも手をそめる（56年，58年）など，さかんな創作意欲を示す。この間，54年には国務院文化部副部長に任命され，60年には全国文学芸術界連合会副主席に選出されるなど，文芸界の指導的地位についたが，昆曲の伝統演目「十五貫」を推奨（56年）し，話劇運動史料集の出版を提唱するなど，伝統を踏まえた柔軟な文芸政策を推進した。そのために64年以降，急進派から斉燕銘，陳荒煤らなどとともに重点的批判の対象とされ，65年には文化部副部長を罷免。文化大革命では周楊らとともに魯迅に反対したいわゆる「4人の男」の1人として激しい批判にさらされ，8年7カ月にわたって投獄された。文革終息後は，全国文連副主席（79年），中国電影家協会主席（80年）などとして文芸界に復帰するとともに，78年秋から中日友好協会副会長（のち会長）に就任，83年には来日した。『夏衍劇作選』（人民文学出版社，53年），『電影論文集』（中国電影出版社，63年），『夏衍選集』上・下（人民文学出版社，59年，80年再版）などのほかに，回想録『懶尋旧夢録』（生活・読書・新知三聯書店，85年）がある。

参考文献：陳堅『夏衍的生活和文学道路』（浙江文芸出版社，杭州，1984年）。会林・紹武『夏衍伝』（中国戯劇出版社，北京，1985年）。夏衍著，阿部幸夫訳『日本回憶』（東方書店，1987年）。巫嶺芬編『夏衍研究専集』上・下（浙江文芸出版社，杭州，1990年）。　〔吉田富夫〕

夏　雲傑（か　うんけつ）　Xia Yunjie

（1903年～1936年11月26日）

山東省沂水県生まれ。東北抗日連軍の指導者。

貧しい家庭に生まれ，私塾に4年学ぶが働かざるをえなくなった。1926年3月生活が逼迫し妻を伴って女闖関東へ行き，一時黒龍江省湯原県城で商売を営んだ後，翌年10月同県太平川に定住する。農業のかたわら農閑期には黒金河金鉱で季節労働者となる。

1931年春頃から漢・朝鮮両民族青年たちによる抗日運動に関心をもち，中国共産党地下党員と接触する。32年9月中共湯原中心県委員会に抗日積極分子として採用されて教育を受け，中共満州省委員会の馮仲雲の紹介で中国共産党に入党，黒金河金鉱労働者や農民に対して抗日扇動工作を進める。33年8月同委員会委員に任ぜられ，抗日統一戦線のための軍事工作を担当する。3個大隊を擁する東北民衆連合義勇軍を設立したが失敗し，党が直接指導する抗日武装組織の必要性を痛感した。10月日本の憲兵により同委員会は壊滅的打撃を受けたが，その後書記となり，党組織の復興・発展につとめる。同年11月湯原反日遊撃隊を組織し，抗日運動に努力した結果，中共満州省委員会から「(松花江）下流における反日反満の唯一の中心的勢力」と賞賛された。

1934年8月中共満州省委員会により，ハルビンで党の短期教育を受ける。その後湯原反日遊撃総隊政治委員に任ぜられ，湯原反日遊撃隊を湯原反日遊撃総隊と改称した。同年末戦闘で負傷し，部隊を離れて治療に専念する。

1935年6月部隊に復帰し，政治工作を推進する。同年秋同総隊は700人余にまで発展し，日本軍や地主との闘争を展開した。36年1月同総隊は東北人民革命軍第6軍に拡大改編され，軍長に任ぜられる。同年秋「東北抗日連軍統一軍隊建制宣言」に基づき同軍が東北抗日連軍第6軍となると，軍長として松花江下流を転戦した。9月帽児山にて珠（河)・湯（原）中心県委員会及び第3・6軍党委員会連席会議に出席し，中共北満臨時省委員会委員に選出される。11月石場溝での湯原治安隊との戦闘において重傷を負い，6日後に死去した。

参考文献：中共党史人物研究会編『中共党史人物伝』25巻（陝西人民出版社，西安，1985年)。徐首軍『東北抗日連軍的闘争』（黒龍江人民出版社，哈爾浜，1986年)。

〔安田淳〕

夏　曾佑（か　そうゆう）　Xia Zengyou

（1863年11月～1924年4月17日）

字・穂卿，号・碎仏，筆名・別士，蕙卿。浙江省杭州生まれ。清末変法維新派の啓蒙家，史学家，官僚。生没年については諸説があるが，没年の年齢により，生年1863年説を採ることが多い。

父・夏鸞翔（字・紫笙）は，杭州3大数学者の1人と称された清末の著名な数学者で，『致曲図解』,『少広縋鑿』などの著書があり，詩詞に長け（『春暉山房詩稿』)，詹事府主簿などを務めたが，曾佑1歳の時，家産をほとんど残さぬまま，広東で病死した。その為，夏も貧しい少年時代を送り，母・陸氏の手ほどきの後，親類の汪養雲（汪遠孫の甥）から教えを受け，14歳で県学に進み，紫陽書院で儒学と漢学の研鑽を積んだ。1888年挙人，90年進士となり，礼部主事に任ぜられた。

この頃より今文経学に傾倒し，北京の維新運動の指導者であった若き梁啓超，譚嗣同と意気投合，1894～95年頃は，公羊学をはじめとする政治，学術思想の諸問題について，連日のように論議を交わし，中国封建統治の腐敗原因と見なした荀子の学を激しく糾弾し，梁啓超をして「清末思想界革命の先駆者」と言わしめた。また群書に通じた博学の士で，仏典にも造詣が深く，「法宗教」を信奉し，黄遵憲，沈曾植，張爾田らと親交を結んだ。96年候補知県となり，梁啓超，汪康年（汪養雲の子，夏の表兄弟（いとこ））らの『時務報』創刊を助け，さらに梁啓超，譚嗣同とともに旧詩の改革を提唱して，詩界革命を主導した。同年末，同郷の孫宝琦に招かれ，天津「育才館」の教師となり，翌97年10月，厳復，王修植らとともに新学と維新変法の世論を作るべく『国聞報』を創刊，翌月旬刊『国聞匯編』（6期で停刊）を発刊し，その主編を務めた。この間，親交を結んだ厳復の翻訳，著述に協力しながら，自らも進化論の学説を系統的に理解し，伝統的今文経学による歴史観を脱し，進化論の擁護者に転じた。

1898年戊戌の政変後，『国聞報』は停刊，夏も「育才館」から解雇された。翌99年末安徽祁門県知県に着任，3年間の知県時代は，民心を得て，数十年間に比類なき良官と評された。しかし，地方官吏の腐敗と民気の閉塞から中国の滅亡を杞憂し，8カ国連合軍の北京侵攻以後，危惧の念を一層深めた。1902年4月任を終えて間もなく直隷州の知州に任ぜられたが，ほどなく母の喪に服す為に離職，服喪中は中国古代史の研究に力を入れ，従来の変法の失敗原因を歴史的根拠の欠如に求めた。また「論中日分合之関係」(04年，『東方雑誌』）では，ロシアとの連合に反対して連日を唱え，日本の援助の下で中国の強化，繁栄を実現することを主張，あくまで変法を通して封建君主制度を持続することを力説した。05年8月服喪があけて復職，翌06年4月載沢ら5大臣の憲政外洋視察団の随員として来日，「憲法大綱」十則を草した。2カ月の視察後，両江総督特派代表の随員として北上，官制会議に参与し，翌07年には『東方雑誌』で立憲問題臨時特集号を担当，「刊印憲政初綱縁起」を発表し，清朝憲政の為の世論作りに努めた。08年初め安徽広徳知州代理となり，10年張元済，厳復らと「師範講習社」を創設，さらに遅々として進まぬ立憲革命を憂慮して仏教研究にも力を注いだ。

辛亥革命後は上海に移り，1912年5月教育部の蔡元培に招かれて北上し社会教育司司長を務めたが，翌13年には厳復らと「孔教公会」を設立，梁啓超らと孔教の国教化を憲法に規定するよう議会に申請した。16年7月北京図書館館長に転任，晩年はひきこもって泥酔することが多く，24年4月病死した。

著述200余篇，詩100余首の遺稿があるが刊行された著書は少ない。章節体形式で，進化論的視点から上古史を叙述した『最新中学中国歴史教科書』（1904～06年，33年『中国古代史』に改題，商務印書館）は，伝統史学の枠を破った近代的な歴史書として高く評価された。ほかに『荘諧選録』（03年），『京師図書館善書簡明書目』（16年）がある。なお長男・夏元瑮（字・浮筠）は，エール大学卒業後，ベルリン大学で理学博士を取得，北京大学理科学長はじめ諸大学の教授を歴任，湖北省教育庁庁長を務めた物理学者。

参考文献：梁啓超「亡友夏穂卿先生」，『東方雑誌』21巻9・10号，1924年。夏元瑮「夏曾祐伝略」，『第一次中国教育年鑑』第5冊戊編（1934年版影印，伝記文学出版社，台北，1971年）。丁文江・趙豊田編『梁啓超年譜長編』（上海人民出版社，上海，1983年）。中国社会科学院近代史研究所主編『民国人物伝』4巻（中華書局，北京，1984年）。清史編委会編『清代人物伝稿』下編4巻（遼寧人民出版社，瀋陽，1988年）。

〔湯山トミ子〕

向（こう）　警予（けいよ）　Xiang Jingyu

（1895年9月4日～1928年5月1日）

原名・向俊賢，幼名・九九，別名・向警余。号・儆予，筆名・警予，振宇，化名・易夏氏。湖南省溆浦県生まれ。中国婦人運動・革命運動の指導者。

父・向瑞齢（嘉年）は同県温湖村の人。豆腐づくりや陶磁器の運搬から始めて，晩年には県城の商会の会長となった。母は貧農の出身。兄弟姉妹10人，向警予は9番目。父は子供達に，商界に入るより学問を修めて社会の役に立つようにと教え，そのため兄弟の4人までが日本に留学した（長兄・仙鉞は日本の官費留学生で早稲田大学法政経済科に学び卒業を目前に病没，七兄・仙鍾は明治大学商科の卒業，五兄仙良，十弟・仙錁は京都府立医科大学の卒業）。

1903年冬，溆浦県城西文昌閣に長兄が小学校を開いたため向俊賢（警予）はここに入学，最も成績のよい生徒であった。読書好きで「離騒」や「木蘭辞」，雑誌『新民叢報』，『民報』などを愛読した。11年常徳女子師範学校に入学，14年湖南省立第一女子師範（稲田女師）に転校。同年秋，校長の朱剣凡が，進歩的であるとの理由で免職になったため，数名の友人とともに退学。朱が創立した長沙の私立周南女子師範学校に移り，これを機に名を俊賢から警予と改めた。周南女校時代の向警予は，21カ条要求反対運動に積極的に加わった。16年夏，周南女校を卒業，郷里に戻り溆浦学堂の校長となった。

1919年秋，前年に設立された新民学会に加入，毛沢東，蔡和森，蔡暢らと交流した。11月には周南女校で毛沢東とともに“趙五貞を記念する会”を開き封建的な婚姻制度を批判した。12月には蔡暢と共に周南女子留仏勤工倹学会を組織し，同月自らも上海を発ってフランスへ渡った。

フランスではモンターニュの女子公学で働きつつ学ぶ「半工半読」の生活に入り，蔡和森を中心に結成された新民学会支部に加入，マルクス主義文献の講読に参加し，『共産党宣言』，『家族，私有財産及び国家の起源』，『資本論』などを読み，その翻訳に当たった。1920年5月蔡和森と結婚，“向蔡同盟”と言われた（26年離婚）。その後2人共に社会主義を目指す「工学世界社」の活動に参加，ロシア革命の道をすすめること，そのためには共産党を組織することが必要であるとの確信を深めた。21年秋蔡和森らがリヨン大学の一般への開放を求めて校舎を占拠したため，10月退去命令を受けて帰国，向警予も11月末帰国の途についた。

1922年初め向警予は帰国とともに中国共産党に入党，7月の2全大会で中央委員となり中央婦女部部長に就任，上海での活動に入った。このため4月出産した蔡妮は蔡和森の姉・蔡慶熙に養育を委ねた。（24年5月生まれた次子・蔡博も同様）。

1923年中共3全大会で「婦女運動に関する決議」を起草，女史も国民革命に参加することを提起した。大会の後に婦女運動委員会の初代書記に就任した。

またこの頃から，『嚮導』，『前鋒』，『婦女周報』，『婦女雑誌』，『婦女日報』などの雑誌に婦人運動について多くの意見を発表，国民革命運動や労働運動の中での婦人運動の位置づけ，知識婦人の役割などについて述べ，以後の運動に指針をあたえた。向警予の他に優る特徴は，実践の必要性を強調し，自ら実際の活動を行ったことである。1924年1月には上海絲廠女工協会を組織，6月には絲廠女工のストライキを指導，25年5月には5・30運動のなかで労働婦人を結集した。また，前年末設立された女界国民会議促成会や女界連席会議の運営，婦女解放協会の組織化などにもつとめた。この結果，婦女解放協会の会員は30万人に達した。

1925年10月，党中央は向警予をソ連へ派遣，向は27年3月までモスクワの東方共産主義者労働大学で学び，傍らソ連工農婦女代表と交流した。帰国後は，武漢での宣伝工作に従事，特に農村における土地革命と武装闘争を労働者が支援するよう働きかけ，党の機関紙『長江』を編集して各方面の連携を保った。国共分裂後の武漢はすでに危険であったが，向警予は避難を肯んぜず活動を続けた。その結果28年3月20日，漢口のフランス租界で逮捕，国民政府に引渡されて，5月1日漢口で銃殺された。

向警予没後50周年の1978年，武漢を中心に記念行事が行われた。記念墓碑は長江と漢水の合流する亀山の頂に立つ。故郷湖南の溆浦にある溆浦学堂は，現在「警予小学」という。

参考文献：『向警予文集』（人民出版社，北京，2011年）。『烈士向警予』（中国婦女雑誌社，北京，1958年）。『紀念向警予同志英勇就義五十周年』（人民出版社，北京，1978年）。戴緒恭『向警予伝』（人民出版社，北京，1981年）。

〔浜口允子〕

項　英（こう えい） Xiang Ying

（1898年～1941年3月14日）

原名・項徳龍，項徳隆，別名・行英，徳発，化名・江鈞。湖北省黄陂の生まれ。新四軍の軍事指導者。

12歳で工場労働者となる。1922年4月中国共産党に入党。23年京漢鉄道の2・7大ストライキを指導する。中共第3回から第6回の全国代表大会において中央委員に選出され，第6期全国代表大会第1回中央全体総会においては中央政治局委員・中央政治局常務委員に選出される。26年秋武漢の労働者を組織して北伐に参加，武漢工人糾察隊総隊長となる。その後湖北省総工会党団書記，全国総工会執行委員兼上海総工会党団書記，中央革命軍事委員会主席に任ぜられる。30年8月中共中央長江局書記となり，31年以降ソヴィエト区中央局書記代理，中華ソヴィエト共和国臨時中央政府副主席を歴任する。34年10月主力部隊が長征に出た後も命令により残留し，中央軍区司令員兼政治委員として奮戦した。また陳毅等とともに紅軍と遊撃隊を指揮し，中共中央江西分局書記として広東・江西省境で3年にわたる遊撃戦を展開した。

日中戦争においては中共中央東南局書記，新四軍副軍長，中央軍事委員会新四軍分会書記などをつとめ，陳毅らと南方8省に分散する紅軍や遊撃隊を組織して新四軍を組織，抗日戦に参加した。また部隊を組織して江蘇省中南部，安徽省東部に進軍し，抗日民主根拠地を建設した。1941年1月の皖南事変においては新四軍皖南部隊は深刻な損害を被り，涇県茂林杭山に潜伏したが，同年3月14日早朝蜜峰洞において殺害された。遺体は55年6月19日に南京の雨花台烈士陵園に移され埋葬された。『南方三年遊撃戦争経験対于当前抗戦的教訓』（37年）などの軍事著作がある。

参考文献：棲梧老人『“二・七”回憶録』（工人出版社，北京，1957年）。中共広東省委員会党史資料徴集委員会他編『広東党史資料』第1冊（広東人民出版社，広州，1983年）。楊牧他『黄埔軍校名人伝略』（河南人民出版社，開封，1986年）。王永均『黄埔軍校三百名将伝』（広西人民出版社，南寧，1989年）。

〔安田淳〕

向　忠発（こう ちゅうはつ） Xiang Zhongfa

（1880年～1931年6月23日）

別名・向仲発，変名・楊特生，科発，独中，筆名・忠発。湖北省漢川県人。上海生まれ。中国共産党の指導者。中共中央総書記。

貧しい農家に生まれたが，14歳で漢陽兵工廠に見習いとして入り，16歳から漢陽造幣廠で4年間勤務する。その後水運業に転じ，漢冶萍公司の水運業務に携わる。

1921年漢冶萍公司工会副委員長として中国共産党に入党，支部書記に任じられる。その後中共湖北区委員会委員となり，23年同公司を退職して中共湖北省委員会書記となる。また国民党漢口市党部工人部長，武漢工人糾察隊総指揮，武漢工会委員長，中華全国総工会執行委員会委員などを歴任した。27年湖北省総工会委員長に任ぜられ，同年4月中共5全大会で中央委員に選出された。同年の8・7緊急会議で臨時中央政治局委員となる。

その後上海からモスクワへ赴き，ヨーロッパで数カ月過ごした後に再びモスクワへ戻って，1928年2月コミンテルン執行委員会第9回拡大全体会議に出席，国際執行委員会委員と主席団委員に選出される。7月同地で中共6全大会に出席，瞿秋白路線を批判して中央委員に選出され，第6期1中全会で中央政治局常務委員，中央総書記に任ぜられる。

帰国後は上海にいたが，実権は李立三が掌握していた。1931年1月の中共4中全会では周恩来らとともに李立三路線について自己批判し留任したが，同年6月21日上海のフランス租界での中共秘密会議に出席していて逮捕され，23日龍華監獄で国民党により銃殺された。

参考文献：『中共人名録』（中華民国国立政治大学国際関係研究所，台北，1989年）。石川忠雄『中国共産党史研究』（慶應通信，1959年）。張紀恩「周恩来同志在上海革命活動片断及其它」，『党史叢刊』1輯（上海人民出版，上海，1979年）。高軍整理「関於向忠発被捕叛変問題—陳琮英，朱瑞綬，黄玠然，李沐英，周恵年等同志」，『党史研究』1980年4期。
〔安田淳〕

蕭　朝貴（しょう　ちょうき）　Xiao Chaogui

（生年不詳～1852年9月12日）

広西省武宣県（一説に桂平県）生まれ。壮族（一説に瑤族）。太平天国運動の指導者。

生年については金田蜂起時の年齢（30歳余）から推測して1820年代の前半ではないかと思われる。父は蔣万興，母は蕭盤氏。蕭朝貴は壮族の習慣により母方の姓を継承したといわれる。朝貴は武宣県東郷上武蘭村の貧農の家庭に生まれた。上武蘭村は東郷の東北に位置する壮族の寒村であった。蕭朝貴は兄2人，弟1人の4人兄弟の三男であり，その兄弟すべて家を離れ，雇農として働き糊口をしのいだ。彼もまた年少の頃より県城近くの煙廠村で雇農となったが，程なく県城西の雑家店に移り，黔江を往復する商船の護衛にあたる用心棒の役目を果した。しかし好景気の終焉とともに故郷の上武蘭村に戻り，北方の沙田村に移住した。山地を切り開いて耕作し生活を支えたが，山主の苛酷な搾取に耐え切れず，開墾した焼き畑を捨てて父母とともに花雷村に移り，山林の伐採，炭焼きなどをして生活をたてた。花雷より六盤へ，六盤より鵬隘山（または平隘山）へと苦難の旅を続けた末，紫荊山麓の下古棚に居を定め，山地の耕作，炭焼きなどを生活の手段とした。下古棚は鵬隘山の南側にあり，北方には楊秀清の住む新村，瑤族居住区の漋田が続き，鵬隘山東方には金田村，大宣圩があった。蕭は山地での仕事を通じて楊秀清と交際を深めた。

1845年蕭朝貴は紫荊山を訪れた馮雲山からイエスの教えを聞き，拝上帝会に加入した。彼は積極的に近隣地区に布教を出かけ，信者の獲得に努め，武宣，象州一帯における山民の指導者と仰がれた。その妻・楊雲嬌（一説に楊宣嬌，また一説に黄宣嬌）もまた拝上帝教の敬虔な信者となり，率先して女性の信者を増やし，会員の間では「男は馮雲山に習い，女は楊雲嬌に学べ」という格言が生まれたと言われている。

1847年12月地主，王作新の訴えによって馮雲山が下獄し，洪秀全が広東に逃れた折，一時的に指導者を失った拝上帝会は分裂，解散の危機に瀕した。この時，蕭朝貴は楊秀清と協力し，「天父下凡附体」，「天兄下凡附体」という形式を通じて会員の動揺を鎮めた。48年4月6日（道光28年3月3日）楊が初めて天父エホバの附体伝言を行い，続いて10月5日（道光28年9月9日）蕭が天兄イエスの附体伝言を行った。その内容は人間の過失と悪行の譴責，邪道から正道への回帰，未来の予言と指針などであり，楊の峻厳さに対し，蕭は極めて穏やかに伝言を行ったという。楊，蕭のこうした努力のもとで拝上帝会員は一致協力して馮雲山の救出にあたり，釈放をかち得た。それゆえ太平天国は南京建都の後，陰暦3月3日を「爺降節」，9月9日を「哥降節」と定めたという。

金田蜂起前夜，蕭朝貴は郷里武宣に帰還し，一族の参加を訴え，会員を招集した。「棚の葡萄のつるが絡みあうように，朝貴が村々を縫ってやって来る。百姓は涙を流し，家を焼き双髻山に向かう」という民歌が残されているように，彼のリーダーシップのもとで人々は勇躍として蜂起に参加していった。

1851年1月11日蕭朝貴は指導者の1人として金田村の決起に加わり，蜂起当初の複雑な局面において的確な判断を下した。大湟江から参加した天地会首領・張釗，田芳らが太平天国の宗旨と規律を遵守し得ないことを「天兄下凡附体」によって知らせ，会員の警戒を促した。やがて張釗らが清朝側に寝返り，江口墟に拠って太平軍の鎮圧に加わると彼らを捕えて処刑し，被害を未然に防止した。

1851年3月洪秀全が天王を名のり，五軍主将制を定めた折，蕭は右弼又正軍師，前軍主将に任ぜられた。7月初め太平軍が武宣，象州から紫荊山の金田村に引き返すにあたり，清軍の包囲を受けて危機に陥った。この時，蕭は楊秀清と協力して天父・天兄の附体伝言を行い，太平軍の士気を鼓舞し，会員の動揺を鎮め，9月には平南県の思旺圩に到着した。広西提督・向栄は平南の官村に陣取り，太平軍の進路を遮断する作戦を取ったが，蕭は前軍を率い，後軍を率いる馮雲山と連合して向栄軍を急襲し，全滅させた。官村の大勝利の後，水陸両路からの永安への進撃が決定され，蕭は陸路より韋昌輝とともに数千人の精兵を率い，羅大綱を先鋒に据え，藤県の大黎を経て，9月25日永安州を攻略した。

永安における半年間，蕭朝貴は県城西方の防衛にあたり，広州副都統烏蘭泰軍，向栄軍の度重なる包囲攻撃を撃退した。1851年12月17日天王洪秀全より西王，八千歳に封じられた。52年4月5日清軍による永安の包囲を突破する際，馮雲山とともに太平軍兵士数千人を率いて烏蘭泰軍の追撃を断つ重任を負い，龍寮嶺において4,000～5,000人の清軍兵士および総兵4人を倒し，破竹の勢いで桂林に向かって進軍した。

1852年夏桂北の全州から湖南に進撃する期間に，楊秀清との連名で「奉天討胡檄布四方論」，「奉天誅妖救世安民論」，「救一切天生天養中国人民論」の檄文を発し，妖たる清朝の支配に反対する太平天国の正当性を主張し，広範な人々の支持と参加を訴えた。これにこたえて周辺地域から貧農，職工，除隊兵士，船戸，天地会員，中小地主，下級官吏など多数が太平天国に加入した。

蕭朝貴は前軍を率いて湖南に進軍し，道州，桂陽，安仁，攸県を次々に占領し，1852年9月初め醴陵を攻略した。9月10日長沙近郊の石馬鋪の戦いで勝利を収め，曾水源，林鳳祥，李開芳を従えて長沙県城に迫った。9月12日蕭朝貴は部隊を率いて陣頭指揮を取り，抜刀して応戦する中で胸部に銃撃を受け，戦死した。彼の死後，長子・蕭有和が幼西王に封じられ，その爵位を継承した。

参考文献：「頒行詔書」，中国史学会主編『近代史資料叢刊Ⅱ太平天国』第1冊（神州国光社，上海，1952年）。張徳堅「賊情彙纂」巻1劇賊姓名上，『太平天国』第3冊（同上）。黄培奇「蕭朝貴的籍貫」，北京太平天国歴史研究会編『太平天国学刊』1輯（中華書局，北京，1983年3月）。邪鳳麟「蕭朝貴与太平天国」，那鳳麟・鄒身城『天国史事釈論』（学林出版社，上海，1984年）。鍾文典『太平天国人物』（広西人民出版社，南寧，1984年）。〔針谷美和子〕

蕭（しょう）　楚女（そじょ）　Xiao Chunü

（1893年4月～1927年4月22日）

原名・樹烈，学名・楚汝，字・秋。筆名・匪石，楚女，抽玉，醜侶，初遇，丑信，野馬。別名・楚侶，丑女，楚，女，玉，蕭秋，弧父，丑侶，女玉。湖北省漢陽生まれ。生年に関しては1891年説もある。五・四運動時期，中国共産党草創期の青年運動指導者。

漢陽鸚鵡州の貧しい材木商の家に生まれる。10歳で父を失い生活が困窮したため，江蘇省，浙江省などを流浪し種々の労役に従事する。1910年漢陽に戻ったが，その途次鄭希曾と知り合い，ともに湖北新軍に参加する。11年武昌蜂起に参加。その後勉学の必要性を痛感し，武昌新民実業学校に学び卒業する。14年反袁世凱の運動に加わった鄭希曾が逮捕処刑されると，その父・鄭錫雲の薫陶を受ける。

1915年武漢で新文化運動に参加し，劉泥清と知り合い『崇徳報』を編集する。武昌中華大学で聴講しているうちに惲代英と知り合う。19年の五・四運動に呼応し，武漢で惲代英，林育南，陳漂秋らの指導する学生運動に参加，日本の「青島侵略」に抗議する。そして惲代英の組織した利群書社の活動に加わり，マルクス主義に接した。20年9月劉泥清が校長を務める襄陽県の湖北省立第二師範学校教員となり，国文，物理，哲学などを教える傍ら学生運動を指導する。21年7月惲代英らが共存社を発足させると参加したが，同年末安徽省宣城の省立第四師範学校で国文の教員となり，マルクス主義を説く。

1922年中国共産党に入党。同年一旦武漢に戻った後，四川に派遣される。重慶連合中学校の教員になったがすぐに辞職し，11月熊禹治，陳愚生らと重慶公学を設立する。12月同校が解散させられた後，省立第四師範学校，第二女子師範学校の教員を歴任する。それと同時に，四川省の党組織建設を推進し，『新蜀報』を編集，多くの著作を発表する。24年1月党の指示により漢陽に戻り，再び湖北省立第二師範学校教員となってマルクス主義を講じる。同年秋四川特派員に任ぜられ，再び重慶で共産主義青年団の指導にあたる。楊闇公とともに四川平民学社を設立し，革命思想の宣伝を推進した。同年11月船舶の臨検をめぐって重慶当局と重慶日本領事との間で紛糾したいわゆる「徳陽丸事件」では「日本帝国主義反対」の闘争を指導した。

1925年5月から上海で惲代英と『中国青年』の編集に参与する。折からの5・30事件をめぐり数々の文章を発表する。同年8月河南へ派遣され，王若飛の中共豫陝区執行委員会を支援すると同時に，『中州評論』を創刊し，マルクス・レーニン主義や中共の統一戦線政策の宣伝に努めた。この頃戴季陶主義批判を強め，数多くの著作を発表した。

1925年12月広州革命根拠地強化のため広州に派遣され，その後国民党中央宣伝部長代理であった毛沢東の下で『政治週報』の編集など中央宣伝部の仕事を担当した。この間広東大学で思想史の講義も受け持ち，また黄埔軍官学校でも演説した。26年2月国民党中央農民運動委員会委員となり，広州農民運動講習所の唯一人の専任教員となる。ここで「帝国主義」，「中国民族革命運動史」，「社会問題と社会主義」などを講義し，多くの学生に慕われたといわれる。また『帝国主義講授大綱』，『中国民族革命運動史講授大綱』，『社会主義概要講授大綱』を著した。その後健康を害し広州東山医院に入院する。同26年末回復し，黄埔軍官学校政治教官に任ぜられる。政治教育に専心し，『黄埔日刊』紙上でマルクス・レーニン主義や党の政策の宣伝を推進するとともに，蔣介石に対する批判を強めた。27年3月再び肺病のため東山医院に入院。上海の4・12クーデターの影響は広州にも及び，病院から拉致された後南京で処刑されたといわれる。

参考文献：中共党史人物研究会編『中共党史人物伝』1巻（陝西人民出版社，西安，1980年）。中共広東省委員会党史資料徴集委員会他編『広東党史資料』1（広東人民出版社，広州，1983年）。

〔安田淳〕

蕭（しょう）　仏成（ふつせい）　Xiao Focheng

（1862年～1939年5月31日）

字・鉄橋，慈祥。バンコク生まれ。原籍，福建省。華僑革命家。

蕭仏成の祖先は明末に清朝の支配に抵抗して台湾に逃れ，その後マラッカに移り住んだ。19世紀初頭，さらにバンコクに渡り貿易業を営んだ。

幼年期，蕭仏成は中国の伝統的教育を受けるが，彼の師は太平天国革命に参加しタイへ逃れてきた反清思想を抱く人物であり，師の教育が蕭仏成に与えた思想的影響は大きい。成長した仏成は同地の法律家の資格を得る一方で，民族主義・革命思想に傾倒する。1888年，反清復明組織である三合会に参加する。

1899年，孫文は香港で革命思想の宣伝紙『中国日報』を創刊する。1905年，蕭仏成は『中国日報』と連絡をとり，バンコクで革命新聞の発刊を計画し，翌年陳景華の協力を得て，『華暹日報』を創刊した。『華暹日報』には中国語版とタイ語版があり，中国語版は陳景華と蕭仏成が，タイ語版は仏成の娘が主筆となって発行された。この新聞は42年まで30余年にわたり発刊されたが，日本軍がタイを占領するにおよんで，停刊を余儀なくされた。

1908年，孫文が胡漢民とともにバンコクを訪れると，当局が革命運動を禁止する中で，華僑たちは密かに孫文を迎え，同盟会分会を結成した。分会の会長には蕭仏成が選ばれ，陳景華が書記となった。これ以後，仏成は孫文の革命運動遂行のために，資金の調達をはじめあらゆる面で援助していく。

中華民国成立以後は，タイ国民党支部長を務め，1926年1月広東で開催された国民党第2次全国代表大会に出席し，中央執行委員に選ばれる。この大会で蕭仏成は政府に強力な華僑保護政策を訴え，27年9月南京で国民党華僑部の部長に就任した。

1927年9月蕭仏成は中央特別委員会で，以下の8項目を提唱した。1．南京を首都とする，2．非合法の中央党部を廃止する，3．武漢政府を廃止する，4．武漢，南京両派に属する党員の党籍を排除する。5．反徒を逮捕する，6．26年7月に決定された革命軍総司令の職権を回復する，7．武力をもって奸党を征伐する，8．正式な通電を発する。この提唱は事実上，蔣介石の南京国民政府の合法性の宣言であった。

1928年，蕭仏成はタイに戻ると，5月3日の済南事件に端を欲する日貨ボイコット運動に遭遇した。タイでは，08年の辰丸事件，15年の21カ条要求，19年の山東問題，28年の済南事件，そして31年の満州および上海事件，37年の第2次上海事件に際して，日貨ボイコット運動が執拗に繰り広げられた。日貨ボイコット運動では，仏成は同地の華字紙，精米所，中華総商会などを組織して，常に運動を指導した。タイのボイコットは南洋諸国の中で最も熾烈かつ統制のとれたものであったが，その理由として当時日本側は老練な蕭仏成の指導があったことを指摘している。

1929年3月，南京で国民党第3回全国代表大会が開催され，蕭仏成は中央監察委員となる。31年2月，胡漢民幽閉事件が起こると，仏成は古応芬，鄧沢如らと共に蔣介石を弾劾した。31年，9・18事件が勃発すると，南京，広東両国民政府合作がなり，仏成は国府委員に選ばれた。しかし鄧沢如・胡漢民らの相次ぐ死で仏成の権力にも陰りが見え，抗日戦争が開始された37年夏故郷のタイに帰り，39年5月，バンコクで生涯を閉じた。

参考文献：Howard L. Boorman ed., *Biographical Dictionary of Republican China*, Vol. 2 (Columbia University Press, New York, 1968). 劉紹唐主編『民国人物小伝』第3冊（伝記文学出版社，台北，1977年）。*Who's Who in China*（『中国名人録』）Vol. 3（龍渓書舎，1973年，復刻版）。満鉄東亜経済調査局『タイ国に於ける華僑』（満鉄東亜経済調査局，1939年）。

〔伊藤泉美〕

蕭（しょう）　紅（こう）　Xiao Hong

（1911年6月1日～1942年1月22日）

本名・張秀環，のち張廼瑩と改名。筆名・悄吟，田娣，蕭紅，玲玲。黒龍江省呼蘭県生まれ。女流作家。

官僚地主の家に生まれる。父・張延挙，母・姜玉蘭。1920年呼蘭県立第二小学校入学，10歳のとき母を亡くし，継母や父・張廷挙とは反りが合わず，祖父・張維禎のもとで孤独な幼年時代を送る。1924年呼蘭県立第一初高両級小学校に進学，27年同校を卒業，同年家の反対を押し切ってハルビンの東北特別市第一女子中学校に入学する。ここで新文学や新思想に触れ美術を目指すが，29年祖父の死により家庭内で孤立し，家の定めた結婚のため退学を余儀なくされた。

まもなく家を出る決意をし，ハルビン法政大学学生・陸振舜や北京大学学生・李潔吾の援助で1930年北京へ行き女子師範附属中学に通い始める。だが，家よりの援助なく窮乏甚だしいとき，婚約者・汪殿甲と再会，31年ハルビンに戻り東興順旅館に投宿する。しかし身重のまま汪に捨てられ，その窮状を『国際協報』に訴えたことがきっかけで蕭軍と出会い，以後38年までともに生活する。当時の生活は散文集『商市街』に詳しい。蕭軍を通じてハルビンの文学青年らと接触，『大同報』副刊『夜哨』，『国際協報』副刊『文芸』に短篇小説や詩を発表，33年には蕭軍らと星星劇団を結成した。同年，書きためた作品をまとめ，蕭軍との共著『跋渉』として自費出版する。これには「王阿嫂的死」，「広告副手」，「小黒狗」，「看風筝」，「夜風」の5篇を悄吟の筆名で収める。「満州国」政府の言論・思想の取り締まりにより『跋渉』は発禁となり，34年6月蕭軍とともに青島へむかう。ここで処女長篇「生死場」を完成，同年11月上海へ行き，魯迅の知遇を得る。『生死場』は魯迅の協力のもと奴隷叢書として35年出版される。日本侵略下の東北を郷土色濃厚に描く本作について，魯迅はその序文で「北方人の生命力の強さ，死へのあがきは時として筆力紙背を通し」ていると賞讃し，文壇における地位を固めた。文学的成功の反面私生活は不遇で，蕭軍と不和になり，36年夏から37年初めまで日本（東京）で独居する。この間の事情は蕭軍編の書簡集『蕭紅書簡輯存注釈録』に詳しい。東京滞在中に『商市街』が出版され，また「家族以外的人」などの短篇小説も発表された。

帰国後も蕭軍との関係は好転せず，一時北京へ行くが，抗日戦争勃発のため上海に戻り，蕭軍らとともに武漢へ逃れ，胡風主編『七月』に寄稿する。1938年山西省臨汾の民族革命大学へ招かれるが，戦況悪化のためここを去り，丁玲の西北戦地服務団に参加し西安へ赴く。西安で蕭軍との関係は決定的破局を迎え，端木蕻良とともに武漢へ戻りここで彼と結婚した。だが，端木はまもなく単身重慶へ発ち，前夫の子を宿した蕭紅も後を追って重慶へ行き，旧友の作家・白朗宅に一時身を寄せて出産したが死産だった。39年一時，鹿地亘夫人・池田幸子，緑川テルらと同居するが精神的不安定と身体的衰弱は激しかった。同年3月重慶歌楽山で端木と暮らし始めてから心身の小康を得，短篇集『曠野的呼喊』（40年）収録の各作品，『回憶魯迅先生』（40年）や「呼蘭河伝」の一部を脱稿した。重慶の戦況が悪化し，40年1月端木とともに香港へ避難した。だが，端木との不仲と病魔に蝕まれ，幸福と安寧からは遠かった。41年1月長篇小説『馬伯楽』第1部を出版するとともに，同年2月『時代批評』誌にその第2部の連載を始めたが，病状好転せず未完に終わった。また同年5月自伝的長篇小説『呼蘭河伝』を出版した。これは故郷呼蘭県を舞台にその人情風物を物語的に綴った作品で，茅盾は「風俗絵巻」と評した。さらに同年7月少女時代に取材した短篇「小城三月」を『時代文学』誌に発表した。同年夏病状が悪化し入院するが，経済的困窮のため退院，駱賓基らの看護を受ける。晩年の事情は駱賓基『蕭紅小伝』に詳しい。太平洋戦争勃発直後の12月10日病状は再び悪化し，42年1月陥落下の香港で肺結核のため死去，浅水湾に葬られ，解放後広州の革命公墓に改葬された。

著作集に『蕭紅選集』（人民文学出版社，1958年），『蕭紅全集』全2巻（哈爾浜出版社，91年）がある。

参考文献：駱賓基『蕭紅小伝』（黒龍江人民出版社，哈爾浜，1981年）。蕭軍編『蕭紅書簡輯存注釈録』（黒龍江人民出版社，哈爾浜，1981年）。「紀念中国三十年代著名左翼女作家蕭紅誕辰七十周年専輯」，黒龍江社会科学院文学研究所編『東北現代文学史料』4輯（黒龍江社会科学院，哈爾浜，1982年）。王観泉編『懐念蕭紅』（黒龍江人民出版社，哈爾浜，1984年）。尾坂徳司『蕭紅伝』（燎原書店，東京，1983年）。葛浩文『蕭紅評伝』（北方文芸出版社，哈爾浜，1985年）。

〔長井裕子〕

蕭（しょう）　華（か）　Xiao Hua

（1916年1月～1985年8月13日）

江西省興国県生まれ。人民解放軍軍人，上将。

父・蕭能球。母・厳招勝。父は北伐戦争中労働運動に参加しセメント労組委員長，興国県労組執行委員，母は30年中共に入党して興国県城区婦女主任という貧困で革命的な労働者の家庭に生まれ，小学校では校長以下多くの教員が中共の地下党員という環境のなかで，少年時代から革命運動に参加。1928年共産主義青年団入団。29年春毛沢東が興国で実施した土地革命幹部訓練班で学習，同年冬共産主義青年団興国県委員会書記。30年3月労農紅軍参加，7月中共党員。紅4軍中央軍事委員会委員，連・営・団の政治委員，紅軍総政治部青年部部長，少年共産主義国際師政治委員などを経て，33年9月第1方面軍（司令員・朱徳，政治委員・毛沢東）第5軍団第15師政治委員。長征では第1軍団（司令員・林彪，政治委員・聶栄臻）第15師（師長・彭紹輝）政治委員。

抗日戦争の勃発により八路軍115師（司令員・林

彪）343旅政治委員，平型関の戦闘に参加。1938年5月八路軍東進抗日挺進縦隊司令員兼政治委員として敵の背後に深入，冀魯辺区抗日根拠地を創設。39年魯西軍区司令員兼政治委員。41年第115師政治部主任兼山東軍区政治部主任として羅栄桓に協力して山東における日本軍掃討作戦に対抗，山東抗日根拠地の強化・発展に貢献。

日本降伏後山東から渤海湾を渡って東北に進撃，東北の解放と根拠地の建設に寄与。国共内戦の開始当時遼東軍区司令員兼政治委員。内戦中東北野戦軍（司令員・林彪，政治委員・羅栄桓）第1兵団（司令員・蕭勁光）政治委員，第4野戦軍（司令員・林彪，政治委員・羅栄桓）第13兵団（司令員・程子華）政治委員，第4野戦軍特殊兵司令員を歴任，遼瀋戦役（1948年9～11月），平津戦役（48年11月～49年1月）に参加。特殊兵の建設に貢献。

1949年9月政協会議第1期全国委員会委員，11月空軍政治委員。50年4月総政治部副主任。病気の羅栄桓に代わり総政治部の活動を担当。50年7月創設された東北辺防軍副政治委員（司令員兼政治委員・粟裕）副政治委員として朝鮮戦争参戦を準備。51年『八一雑誌』『解放軍画報』『解放軍文芸』『解放軍歌曲』などの雑誌を創刊，軍の文化・体育活動に力を入れた。52年の建軍節記念論文で中国軍の近代化・正規化の方向を体系的に提示。54年総帥部の改革により総政治部（主任兼部長・羅栄桓）副主任兼総幹部副部長。55年9月一級八一勲章・一級独立自由勲章・一級解放勲章授与，上将。56年9月中共8全大会で中央委員会委員，中央監察委員会委員・副書記。56年12月総幹部部長。57年1月中共中央軍事委員会拡大会議で中国軍の精簡整編を指示。59年6月国防部長彭徳懐のソ連・東欧・モンゴル訪問に随行。8月建軍節記念論文「国家建設への参加は人民解放軍の光栄ある任務である」（『紅旗』15期）を発表。

1961年4月総政治部主任を解任された譚政に代わり中共中央軍事委員会副秘書長兼総政治部主任代理（主任・羅栄桓）。同年10～11月，63年2月，63年12月～64年1月，65年1月全軍政治工作会議を主宰，重要報告。62年8月建軍記念節論文「中国革命と武装闘争」（『紅旗』15―16期）。63年8月建軍節記念論文「毛沢東思想を指針として生きた思想教育を進めよう」（『紅旗』15期）。12月羅栄桓の死去により総政治部主任。64年4月論文「わが軍の指揮員・戦闘員はどのようにして毛沢東の著作を学習しているか」（『紅旗』10期）。65年1月国防委員会委員。67年4月解放軍文化革命小組長。同年中共中央軍事委員会常務委員。8月副組長解任，文化革命小組に批判され失脚。

1975年復活，軍事科学院第2政治委員。77年6月蘭州部隊第1政治委員，甘粛省党委員会書記，8月中共第11期中央委員会委員。78年3月第5期全人代軍隊代表。79年9月解放軍友好参観団長として北朝鮮訪問，北朝鮮より一級独立自由勲章を受勲。83年6月政協第6期全国委員会副主席。北京で病死。

参考文献：黄震遐編『中共軍人誌』（当代歴史研究所，香港，1968年）。軍事科学院軍事歴史研究部編『中国人民解放軍戦史』全3巻（軍事科学出版社，北京，1987年）。『回憶蕭華』編輯組『回憶蕭華』（軍事科学出版社，北京，1988年）。「蕭華」，『解放軍将領伝』11集（解放軍出版社，北京，1989年）。 〔平松茂雄〕

蕭（しょう）　勁光（けいこう）　Xiao Jingguang

（1903年1月4日～1989年3月29日）

原名・玉成。湖南省長沙生まれ。人民解放軍軍人，海軍大将。

貧困家庭の生まれ。1917年中学入学，同期生に任弼時がいて，ロシア研究会（書記・毛沢東）に参加，ソ連で勉学のため，20年上海の外国語学社（上海共産主義小組がソ連で学習する青年を対象にして設置）で学習。工読互助団（共産主義青年団の前身，責任者・劉少奇）に参加。21年劉少奇，彭述之らとともに上海から船でウラジオストク経由でモスクワに行き，コミンテルン第3回大会に参加した後モスクワ東方労働者共産主義大学（コミンテルンが創設）に入学。1年後ソ連赤軍学校（初級指揮官学校）に入学。ソ連を訪問した陳独秀に「軍事を学んで何になるのか。軍閥になるのか」と批判され，中断。モスクワ滞在中の21年7月中共誕生，22年ソ連支部（書記・彭述之）で入党，同時にソ連共産党員。24年1月レーニンの葬儀に参加。

1924年春帰国。25年秋国民革命軍第2軍第6師党代表兼政治部主任。27年朱仲止と結婚。国共分裂後の27年8月再びソ連に行きレニングラード軍政学院入学。中国人は10余名で劉伯堅，李卓然，傅鍾，蔣経国がいた。30年夏卒業，帰国。上海より香港を経て江西ソヴィエト区に入り，同年末紅21軍参謀長。31年11月中華ソヴィエト共和国労農兵第1回全国代表大会に参加，中央軍事政治学校校長。12月紅5軍政治委員として寧都で蜂起した国民党第26路軍の教育改造工作。32年12月黎泰警備区司令員兼政治委員。33年羅明路線の紅軍における代表として国際派（反毛沢東派）から批判され，34年1月最高臨時軍事裁判法廷で5年の懲役，党籍・軍籍剥奪。紅軍大学教官。同大学を改編した幹部団（団長・陳賡）に参加して長征に随軍。

日中戦争勃発直後の1937年10月各部隊から兵員を調達して延安の中共中央を守る目的で編成された陝甘寧留守兵団の司令員。部隊の生産運動，整風運動などに関与。45年4月中共7全大会で中央委員会候補委員。

1946年1月東北民主連軍（司令員・林彪）第2副司令員兼参謀長。11月東北軍区遼東軍区司令員を兼任。48年初頭東北野戦軍（司令員・林彪）副司令員兼第1兵団司令員。10月遼瀋戦役に参加。49年1月平津戦役に参加。同月第4野戦軍（司令員・林彪）副司令員兼第12兵団司令員。同年夏武漢を解放，武漢警備司令員。7月長沙を解放，湖南軍区司令員，長沙軍事管制委員会主任。

1950年1月海軍司令員（同4月海軍司令部創設），第4野戦軍第12兵団を基礎にして海軍司令部を建設。海軍司令員に任命された理由は不明だが，ソ連軍との長い関係からソ連の援助・協力を得るためと推定される。3月中南軍政委員会委員兼湖南軍区司令員。7月創設された東北辺防軍副司令員（司令員兼政治委員・粟裕）として朝鮮戦争を準備。51年海軍首長会議を開催。52年1月海軍航空兵の創設を建議。4月海軍建設5カ年計画（53年10月提出）の援助要請でソ連を訪問。54年9月第1期全人代解放軍代表，国防委員会委員，国防部副部長。55年5月中ソ連合軍事委員会中国代表団主席として旅順口の中国返還に調印。9月一級八一勲章・一級独立自由勲章・一級解放勲章，海軍大将。11月遼東半島で総参謀部が実施した原子兵器の条件下での諸軍種・兵種による上陸作戦演習（総指揮・葉剣英）で海軍部隊を指揮。56年9月中共8全大会で中央委員会委員。60年代以降林彪が李作鵬（海軍政治委員）を通じて海軍を支配することに対抗。67年1月海軍文化革命小組長。11月「林彪の政治第1に反対し，ブルジョア軍事路線を推進した」と批判されたが，毛沢東の「蕭勁光は老同志」との発言により失脚せず，林彪事件（71年9月）以後蘇振華（政治委員）と海軍を再建するが，華国鋒政権（76年10月成立）下で海軍指揮権の掌握を企図した蘇振華を批判した。

1980年2月海軍司令員を引退（後任・葉飛）。82年8月中共12全大会で中央委員会委員を引退，中央顧問委員会委員兼常務委員。85年中共中央顧問委員会委員辞任。88年7月一級紅星功勲栄誉章授与。89年北京で死去。

参考文献：『蕭勁光回憶録』（解放軍出版社，北京，1987年）。張煒，俊岐『十大将伝記叢書・蕭勁光』（海燕出版社，開封，1987年）。《当代中国》叢書編輯部編『当代中国海軍』（中国社会科学出版社，北京，1987年）。『蕭勁光回憶録』続集（解放軍出版社，北京，1989年）。

〔平松茂雄〕

蕭（しょう）　軍（ぐん）　Xiao Jun

（1907年7月3日～1988年6月22日）

原名・劉鴻霖，のち蕭と改姓。別名・蔚天，劉軍，劉均など。筆名・田軍，蕭軍，郎華，百姓，欄丁，外行，学生，夜鶯，者也，秀才，一間楼主，小夥計，標準市民，館丁，新市民，軍など。遼寧省義県沈家台鎮下碾盤溝村生まれ。作家。

祖父・劉栄は小作農で綿打ち職人，父・劉清廉は指物師で作業場と店舗を持っていた。はじめは村の私塾に通い，のちに沈家台鎮国民小学校で学ぶ。1917年父の事業が失敗，一家は長春へ移り，吉長道立国民高等商埠小学校で学業を続けるが，教師との対立が原因で除籍処分される。25年吉林軍閥軍の騎兵になり，26年瀋陽の東北陸軍講武堂附属憲兵教練処に入学，法律と軍事を学ぶ。ここで方未艾の知遇を得，新文学に触れる。28年東北陸軍講武堂本科砲兵科に入学するが，非人道的訓練に反発，『盛京時報』29年5月11日掲載の処女作「懦……」で批判した。卒業間近の30年，上官に反抗し営倉入りの上，除籍された。

1931年瀋陽の憲兵教練処で武術教練の職についていたとき9・18事変が勃発，吉林省舒蘭県で義勇軍を組織せんとするが失敗し，ハルビンに逃亡する。ここで試みに『国際協報』紙に寄稿して，副刊編集者・裴馨園と知り合い，文筆生活に入ることになる。32年蕭紅と出会い，ともに生活しつつ創作につとめる。その成果は『大同報』副刊『夜哨』などにみえるが，ハルビンでの記念碑的作品集は蕭紅との共著で自費出版された『跋渉』である。三郎の筆名で「桃色的線」，「燭心」など実生活に基づいた作品を収める。33年『跋渉』は発禁となり，これをきっかけに蕭紅と共に34年6月ハルビンを去り，青島に向かう。『青島日報』副刊の編集に携わり，処女長篇「八月的郷村」を完成，同年11月上海に出る。魯迅の資金援助を受け，彼の序を附して『八月的郷村』は35年奴隷叢書として出版され，反響を呼んだ。同時に左翼文学雑誌などに寄稿，短篇集『羊』，『江上』，散文詩集『緑葉底故事』を36年に出版した。

1937年長篇『第三代』の1，2部，散文集『十月十五日』出版ののち，抗日戦争が勃発し，上海が陥落すると武漢へ行き，胡風主編『七月』の編集に加わった。同年12月国民党特務に逮捕される事件が起き，董必武によって救助されたのち，身の危険を避けるため，38年2月李公樸の要請に応じ，山西省臨汾の民族革命大学へむかう。だが校長・閻錫山の反共工作の陰謀を知るや辞して一旦延安へ行き，4月西安で丁玲らの西北戦地服務団に加わる。ここでかねてから確執のあった蕭紅と別れる。39年詩人・塞克と蘭州へ行き，『国民日報』副刊『西北文芸』の編集を担当，また王徳芬と知り合い結婚する。7月成都へ行き『新民報』副刊の編集，中華全国文芸界抗敵協会理事を担当するとともに，旅行記『側面』（のち『従臨汾到延安』と改題）を出版する。

1940年延安へ行き，45年終戦までここですごす。延安では文芸月会幹事，『文芸月報』編集，延安魯迅研究会主任幹事，魯迅芸術文学院教師などを担当する。42年文芸座談会に参加,「第三代」続編の執筆も続ける。43年整風運動において孤立し，一時延安付近の農村で自給自足生活を送った。

1945年11月魯迅文芸大隊とともに東北解放区へ向かった。46年秋ハルビンに戻り，2カ月ほど大衆向け講演を行い，冬ジャムスの東北大学魯迅芸術大学院の院長となる。47年院長を辞しハルビンに戻り，魯迅文化出版社を開設，『文化報』を創刊する。『文化報』に土地改革，ソ連関係，青年の思想改造，解放などに対する忌憚ない意見を書いたところ，『生活報』からの批判を引き起こし一大論争を展開する。結局この論争は中共東北局が蕭軍の文芸活動に対する援助を打ち切ることを表明して決着した。文学者としての道を閉ざされた蕭軍は48年11月瀋陽に移り，さらに鞍山の鉄鋼所で数カ月生活した。49年撫順の組合資料室に勤めつつ，模範的労働者の伝記を整理し，同時に撫鉱京劇団の顧問もつとめた。

1951年北京に居を定め，北京市文物組鑑定員となる。「五月的鉱山」を執筆，完成するが出版の目途がたたず，周恩来，毛沢東に直訴した結果，52年『第三代』とともに出版が許可される。作家活動不能の不遇にあって，漢方医学を学ぶなど生活維持の道を求めつつ，執筆も続けた。54年『五月的鉱山』が大毒草と批判され，さらに反右派闘争，続く文革で受けた迫害は苛酷であった。文革後の79年「蕭紅書簡輯存注釈録」を『新文学史料』に連載，北京作家協会副主席となり，文壇に復活した。80年中共北京市委は49年東北局の決定を誤りとし，正式に名誉回復がなされ，『呉越春秋史話』が黒龍江人民出版社より出版された。83年作家生活50周年記念シンポジウムが東北三省で開催されたほか，国外でのシンポジウムにも多数参加した。88年6月，癌のため死去した。

参考文献：蕭軍『我的童年』（黒龍江人民出版社，哈爾浜，1982年）。『蕭軍創作研究論文集』（吉林大学社会科学学報編輯部出版，長春，1983年）。廬湘『蕭軍蕭紅外伝』（北方婦女児童出版社，長春，1986年）。梁山丁主編『蕭軍紀念集』（春風文芸出版社，瀋陽，1990年）。張毓茂『蕭軍伝』（重慶出版社，重慶，1992年）。　〔長井裕子〕

蕭（しょう）　克（こく）　Xiao Ke

（1907年7月14日～2008年10月24日）

湖南省嘉禾生まれ。別名・克成，敏功。人民解放軍軍人，上将。

小地主の家庭に生まれ，中学卒業後の1926年広州で国民革命軍総司令部憲兵兵団に入隊，黄埔軍官学校第2教導隊で受訓。北伐に参加。27年第4軍独立団（団長・葉挺）に配属されて南昌蜂起に参加。失敗後郷里で遊撃隊を組織，朱徳に従って井崗山に入る。30年第1軍団第4軍（軍長・林彪，政治委員・羅栄桓）第2師師長。32年8月第1方面軍江西軍区（総指揮兼政治委員・陳毅）第22軍軍長。34年8月第6軍団軍政委員会（主席・任弼時）軍団長（政治委員・王震）兼第17師師長（政治委員・王震）。

長征では先発隊として国民党軍の封鎖線を突破したが，兵員の損耗が多く1934年10月賀龍部隊と合流，第2方面軍に編入。36年10月第1・第2・第4の各方面軍が会師，第4方面軍（総指揮・徐向前）第31軍軍長。日中戦争勃発後の部隊改編により，37年8月八路軍120師副師長（師長・賀龍）として山西で抗日活動。39年晋察冀軍区（聶栄臻）の指導下で挺進軍を組織して北平・天津の敵後根拠地で活動。39年7月北平西郊に出撃して影響力を拡大。晋察冀軍区12軍分区司令員。41年2月晋察冀軍区冀熱察挺進軍司令員。43年12月晋察冀軍区副司令員。

国共内戦では晋察冀野戦軍副司令員として聶栄臻・羅瑞卿に従って華北を転戦。1948年8月華北軍区（司令員・聶栄臻）第3副司令員（第1副司令員・徐向前），49年5月第4野戦軍（司令員・林彪，第1政治委員・羅栄桓）華中軍区第1参謀長として同野戦軍の南下を指揮，同年10月広州を解放，中共中南局書記，中南軍政委員会委員。

1953～54年軍事訓練部長。54年8月第1期全人代華北軍区代表，同年9月第1期全人代代表，国防委員会委員，国防部副部長，訓練総監部副部長（部長・劉伯承）。55年9月一級八一勲章・一級独立自由勲章・一級解放勲章，上将。56年9月中共第8回全国代表大会で中央委員会委員。57年11月訓練総監部部長。58年5～7月の中共中央軍事委員会拡大会議で訓練

総監部および軍事学院の指導した軍事訓練・教育が「教条主義」,「奴隷の思想」と批判された時,「軍閥主義」,「野心家」と毛沢東から罵倒され，訓練総監部は廃止。59年4月農墾部（部長・王震）副部長。文化大革命で反党分子と批判され失脚。

1972年8月の建軍節に関係方面の責任者として出席。73年8月軍政大学校長，中共第10回全国代表大会で中央委員会委員に復帰。78年3月軍事学院院長。79年8月建軍節記念論文「偉大な建軍綱領―古田会議の回想」(『紅旗』第8期）で,「古田会議決議はいわゆる天才の創作ではなく，集団の知恵の結晶である」と述べて毛沢東を批判，さらに同年9月軍事学院での教学経験交流会で，敵を国土に深く誘い込んで包囲殲滅する毛沢東の人民戦争戦略・戦術を時代にそぐわないと批判。80年3月国防部副部長，5月中共中央軍事委員会常務委員。82年9月中共中央委員会委員を引退，中共中央顧問委員会委員，同常務委員。83年2～3月の第12回全軍学院・学校会議で「科学・文化教育を軽視する『左』の思想」を批判。86年1月軍事学院・政治学院・後勤学院を統合して国防大学が創設されたことにより軍事学院長を辞任。87年8月建軍60周年記念論文「わが軍創成期の歴史的回顧」(『紅旗』第15期）を発表，建軍節当日南昌で中共中央・国務院・中共中央軍事委員会を代表して講話。88年7月1級功勲栄誉章。同年江西ソヴィエト時代をテーマとした長篇小説『浴血羅霄』(解放軍文芸社）を出版。

参考文献：黄震遐編『中共軍人誌』(当代歴史研究所，香港，1968年)。軍事科学院軍事歴史研究部編『中国人民解放軍戦史』全3巻（軍事科学出版社，北京，1987年)。現代中国人名辞典編集室編『現代中国人名辞典1986年版』(霞山会，1986年)。

〔平松茂雄〕

蕭（しょう）　三（さん）　Xiao San

（1896年10月10日～1983年2月4日）

原名・蕭子暲，筆名・愛梅，植蕃，蕭愛梅，Emi Siao。湖南省湘郷県蕭家沖生まれ。詩人，翻訳家。

父は小学校の教員をしていた。母は文盲であったが,故事を話すのが得意であったという。1907年県立の東山高等小学堂に学ぶ。同級生に3歳年上の毛沢東がいた。この時期にすでに詩作に興味を示していた。11年湖南省立第一師範学校予備班に学ぶ。学内では，毛沢東が「学友会」を組織し，蕭三も加わる。15年に卒業し，小学校の教師になる。18年「新民学会」に加入する。19年北京で五・四運動に参加した後長沙にもどり，毛沢東主編の『湘江評論』に散文・白話詩などを発表する。

1920年6月渡仏し，新聞報道の工作に従事する。秋,留仏中国青年が組織した「工学世界社」に参加し，マルクス主義を学ぶ，周恩来らが組織した中国少年共産党に加入する。22年秋，王若飛らと中国共産党に入党する。23～24年夏にかけてモスクワの東方労働者共産主義大学に学ぶ。「インターナショナル」の歌詞を中国語に翻訳紹介する。24年夏蔣光赤らと帰国する。

湖南省の社会主義青年団で工作に従事し，1925年には北方区団委書記を務める。当時李大釗が北方区党委書記を務めていた。26年秋上海で共青団中央組織部長を務める。27年中共5全大会に参加する。28年病気療養のためにモスクワに行く。

1930年モスクワの東方学院で教師を務め，秋に左翼作家連盟代表としてハリコフ国際革命作家会議に参加する。『国際文学』中文版主編を務め，中国の土地革命，紅軍の宣伝に力を注ぐ。34年ソ連作家協会の工作を行う。蕭三が詩の創作を始めたのは，30年からである。この時期の詩集に『綿花』,『南京路上』,『三個揺籃歌』,『前進曲』,『抗日部隊進行曲』がある。35年抗日民族統一戦線樹立のために左連解散の要求をモスクワから提出する。35～38年モスクワにて『救国時報』の編集に携わり，そこで国防文学論争に関して発言する。

1939年春帰国する。その後延安魯迅芸術学院翻訳部主任。中華文芸界抗敵協会延安分会，延安文化倶楽部主任，中共中央宣伝部文委委員などを務める。42年延安文芸座談会に参加し積極的に発言する。45年中共7全大会に出席する。46年華北文協主任を務め,張家口『晋察冀日報』に「毛沢東同志在大革命中」を執筆し，また『北方文化』に「毛沢東略伝」を発表する。48年民歌集『中国出了個毛沢東』を出版する。

1949年7月中華全国文学芸術工作者代表大会第1回会議に出席し，中国文連委員に選出される。中国作家協会書記処書記。中華人民共和国文化部対外文化連絡事務局局長。中国人民対外文化協会常務理事。この時期，しばしば世界和平会議に出席する。53年中国作家協会外国文学委員会主任を務める。57年反右派闘争に参加した後,『世界文学』の編集委員になる。この時期までに，詩集『和平之路』,『友誼之歌』,『伏枥集』,『蕭三詩選』，散文集『人物与紀念』を出版。59～61年『革命烈士詩抄』の編集に携わる。

1967年6月文化大革命の動乱に巻き込まれ，夫人・葉華とともに監獄に収容される。74年秋獄中で重病になる。79年9月政治的名誉を回復する。82年10月病状悪化し，翌83年死去。83年2月19日北京の中国政協礼堂で追悼会が挙行された。

参考文献：北京語言学院『中国文学家辞典』編委会編『中国文学家辞典』現代２分冊（四川人民出版社，成都，1982年）。徐州師範学院『中国現代作家伝略』編輯組編『中国現代作家伝略』上（四川人民出版社，重慶，1983年）。『中国現代作家評伝』４巻（山東教育出版社，済南，1986年）。

〔小山三郎〕

蕭　耀南　Xiao Yaonan

（1875年～1926年２月14日）

字・珩珊。湖北省黄岡県生まれ。北洋派軍人。

北洋武備学堂（第２期）を卒業し，北洋陸軍第３鎮正参謀官（参謀長）となる。辛亥革命後同軍は改称し，第３師となった。1916年曹錕が総司令を務める長江上流警備総司令部参謀長，翌17年陸軍中将，直隷陸軍第３混成旅旅長となる。18年呉佩孚に従って湖南に進出したが，20年同省から撤退し，翌年王占元に代わって湖北督軍となった。

1922年共産党員に指導された粤漢鉄道ストライキを蕭耀南は厳しく弾圧した。しかし，ストライキに対する全国各地の労働者・学生・知識人の支持は大きく，蕭は最終的には賃上げや組合の承認など労働者側の諸要求を受け入れ，逮捕・拘留していた組合指導者たちを釈放した。翌23年２月今度は京漢鉄道でストライキが起きたが，蕭は呉佩孚の指示によって，鄭州・漢口などの地でスト参加者を武力制圧した（2・7惨案）。この事件を契機として中国の労働運動は停滞期にはいった。同年10月曹錕が賄選によって総統に就任すると，11月蕭は呉佩孚を継いで両湖巡閲使の兼務を命ぜられ，これで名目的には湖南・湖北両省の軍事力を統率することとなった。24年１月湖北省長をも兼任，３月には陸軍上将となる。

1924年10月馮玉祥のクーデター（首都革命）で曹錕が失脚し呉佩孚の部隊が敗れると，蕭耀南は直隷派から安徽派に乗り換え，段祺瑞の臨時執政就任を支持した。この功により段は蕭を湖北軍務督辦に任じた。ところが，25年呉佩孚軍が張作霖の奉天軍と協力して馮玉祥軍を破ると，蕭は再び呉支持にまわり，河南軍討賊軍総司令となって馮麾下の部隊と戦った。26年２月武昌で病死した。

参考文献：于翔麟「蕭耀南」，『伝記文学』39巻２期，1981年８月。季盛平主編『中国近現代人名大辞典』（中国国際広播出版社，北京，1989年）。尚海他主編『民国史大辞典』（中国広播電視出版社，北京，1991年）。〔塩出浩和〕

謝　冰心　Xie Bingxin

（1900年10月５日～1999年２月28日）

本名・謝婉瑩，筆名・謝冰心，男士，王世英ほか。福建省福州市生まれ。曽祖父は同省長楽県の貧農で，祖父の代から読書人に。父親は，清朝海軍軍官学校校長や民国海軍部軍学司司長も務めた。女流作家，詩人。

生後間もなく父親の勤務移動で，上海を経て山東省煙台芝罘島に移住（1904年），そこで幼・少女期の８年を過ごす。７歳頃から『三国志』など旧小説を耽読，旧体小説を習作。10歳，父の従兄・王夆逢に就いて『論語』や『左伝』を学び，旧体詩を習う。辛亥革命直後福州に帰り，12年福州女子師範予科に入学するが，父が民国海軍部に奉職したため，13年北京に移る。翌14年秋ミッション系の貝満女子中学に入学，キリスト教の影響を受け，のちの愛の哲学の種が播かれる。

1918年，女医を志して協和女子大学理科予科（のち燕京大学に吸収され，燕大女校となる）に入学。翌年五・四運動が起こると，学生自治会および北京女学界連合会で宣伝活動に従事。ついで従兄・劉放園の勧めで小説「両個家庭」を『晨報副刊』に発表（このとき，初めて冰心の筆名を使用）。封建的家庭の不幸と西欧型家庭の幸せを対比的に描いたこのテーマ小説はいわゆる「問題小説」の発端となったが，これに続けて「斯人独憔悴」，「秋雨秋風愁煞人」，「去国」などを発表するに及んで，俄然反響を呼んだ。

1921年理科予科を卒業し，文科本科に入学。文学活動を本格的に始め，文学研究会に名をつらね，事実上のその機関誌『小説月報』に「超人」を発表，母の愛・童心・自然を柱とする「愛の哲学」をテーマとした小説を次々と書く。また，タゴールの影響を受けた連作小詩「繁星」および「春水」を発表し，小詩の流行時代を生んだ（22年）。

1923年夏燕京大学を卒業，アメリカのウェールズ大学に留学。その直前から『晨報副刊』の「児童世界」欄に「寄小読者」の連載を開始，滞米中も書き継ぎ，計29通の書簡体散文で児童文学に独自の境地を拓き，26年初版以後，数十版を重ねた。またこの間，短篇「悟」，「六一姉」，散文「山中雑記」などを書く。修士論文は「論李清照的詩」であった。

1926年夏帰国後，燕京大学国文学系助教授に迎えられ，29年民俗学者・呉文藻と結婚。31年２月，長男出産後に短篇「分」を発表，職業によって差別される社会的不平等を描いて愛の哲学からの転機を示し，34年にはテーマからみてその続篇とも言える短篇「冬児姑娘」を発表。36年，ロックフェラー基金を得て世界視察に出た呉文藻と米・英・仏・伊・独・露の各国を回り，37年6月末帰国直後に7・7事件に遭う。

1938年9月一家を挙げて昆明に移り，雲南呈貢県簡易師範学校で志願して教鞭を執る。40年宋美齢の誘いで重慶に移り，男士の筆名で『星期評論』に「関於女人」を連載，さまざまな中国女性像を活写し，好評を博す。42年には「再寄小読者」を発表。この間，国民政府の国民参政会議参政員であった（40～47年）。

1946年冬，駐日代表団政治組組長となった夫とともに来日。49年から倉石武四郎の肝入りで東京大学で中国新文学を講義した。

1951年アメリカ行きのビザ取得後，香港経由で帰国。53年，丁玲と老舎の紹介で中国作家協会に加入。「新社会」で児童文学工作者となることを決意。53年「陶奇的暑暇日記」，57年「小橘灯」，58年「再寄小読者」などを発表。54年以降，全国人民代表大会代表に選出され，60年の第3回全国文学芸術工作者代表大会以後は文学芸術界連合会全国委員，作家協会理事にも選出される。文化大革命中は湖北省沙洋の幹部学校に送られたが，文革終息後は全国政治協商会議委員として復活（78年）した。「三寄小読者」（78年）を書くとともに，短篇「空巣」で全国優秀短篇小説賞を獲得。新中国になって13回外国を訪問したが，55年，61年，73年，80年と来日し，日本にも知人が多い。89年には，民主と人権運動で逮捕された魏京生など政治犯の特赦を要求する文書に署名，愛に立脚するその一貫した思想的立場を示した。

戦前の作品集に『冰心全集』（小説集，詩集，散文集の3巻。開明書店，上海，1932～33年）があり，新中国になってからは『冰心小説散文選集』（人民文学出版社，54年）がある。また，『冰心文集』1～5（上海文芸出版社，82～90年）がもっとも完備したものとしてある。

参考文献：範伯群・曾華鵬『冰心評伝』（人民文学出版社，北京，1983年）。蕭鳳（趙鳳翔）『冰心伝』（北京十月文芸出版社，北京，1987年）。卓如『冰心伝』（上海文芸出版社，上海，1990年）。

〔吉田富夫〕

謝　持（しゃ　じ）　Xie Chi

（1876年1月18日～1939年4月16日）

原名・桂林，改名・振新，振心，字・銘三，愚守，慧生，別名・朱恵生。四川省富順県生まれ。中国国民党の政治家。西山会議派。

父は商人であったが，謝持は生後まもなく男子のいなかった伯父の養子となった。ただし，12歳の時まで伯父夫婦と実の父母は同居していた。7歳の頃より伝統的教育を受け，1898年江陽書院に入学。ここで救国の新思潮に触れたという。99年県試に応じ秀才となった。

1900年川南経緯書院に入学し周善培の教えを受けた。02年卒業し，周とともに成都に移ると，彼の世話で翌年警察学堂体操教官となった。04年富順に戻り樹人学堂などで教鞭をとった。07年富順第二小学堂で教えていた時に中国同盟会に加入し，富順分部長となる。同年6月成都で商務局文案の職を得たが，反清蜂起の謀議が漏れ，上海に逃れた。08年四川に帰って再び教職につく。

1911年武昌蜂起が勃発すると重慶に赴き，軍政府の設立に参加した。謝持は重慶軍政府総務処処長となり，12年3月成都と重慶の軍政府が統合されると，総務処副処長に任ぜられた。13年参議院議員に選出されたが，宋教仁の暗殺に憤激し，袁世凱を討とうと趙鉄橋・周予覚らとともに暗殺団（袁政府によって「血光団」と呼ばれた）を組織して北上した。同年5月謝は北京で逮捕されたが，証拠不十分で，尚かつ参議院の要請もあり釈放され，日本に亡命した。14年孫文が中華革命党を組織すると，謝は総務部副部長に任命された。このとき総務部長になったのは陳其美であった。

1916年国会が回復されると謝持は北京に戻り，参議院議員としての活動を再開したが，17年黎元洪によって国会が解散されると孫文に従って南下した。第1次広州政府において謝は代理秘書長となり，また18年には司法部次長を務めた。

1919年10月中華革命党は中国国民党に改組・改称され，謝持は党務部部長に任ぜられた。20年11月広州で軍政府が回復されると，謝持は内政部次長に就任し，21年5月孫文が非常大統領に就くと，参議となり，後に総統府秘書長に転じた。22年2月には段祺瑞の代表でかつての師である周善培と香港で会談し，安徽派との協調を模索した。22年6月陳炯明と対立した孫文が広州を追われると謝も北上し，上海を経て北京に至り国会に出席した。

1923年広州における第3次の軍政府が成立した。謝持は翌年1月，広州で開かれていた国民党第1次全国代表大会で5人の中央監察委員の1人に選ばれた。同年6月，同じく観察委員であった鄧沢如・張継とともに中央執行委員会に共産党員を弾劾する手紙を送った。これを全面的に受け入れた訳ではないが，7月中央執行委員会は1全大会宣言に違反する中共党員を紀律処分にするという決議を発表している。

1925年3月の孫文死後，謝持は林森・居正・鄒魯らとともに北京西山において「第1次中央執行委員会

第4回全体会議」を開き，西山会議派を結成した。その後，国民党上海中央党部に依って広州の国民党と対峙し，党内の共産党勢力を批判した。

1927年9月北伐を一段落させた国民党の寧漢合作が成ると西山会議派も合流し，謝持は中央特別委員会常務委員となり，南京国民政府の政府委員も兼務した。27年11月から12月に張継・居正らとともに2度にわたって「中央特別委員会告同志書」を発表し，西山会議派結成の経緯と自らの政治的立場を表明したが，南京における同派への批判が強まり，同年末許崇智や鄒魯を頼って上海に移動，翌年北京に赴いた。この地で覃振らとともに30年反蔣戦争のなかで「中央拡大会議」を開いた。この会議の立場は反共・反蔣介石であったが，北方の利益と独自性を守ろうとする馮玉祥や閻錫山の支持を受けていた。しかし同年馮・閻の軍事的基盤が弱くなると，謝は天津に避難した。

1931年5月謝持は右半身不随となったが，同年末国民党の3派がそれぞれ南京，上海，広州で別々に4全大会を開くと，病身をおして上海に向かった。その後謝の病状は悪化し，歩行もできなくなって政治活動は衰えていった。それでも，32年には再び政府委員となっている。34年口述筆記で『天風澥濤館六十自述』を著した。35年11月の国民党第5次全国代表大会では中央監察委員に当選し，その後は上海で病気治療にあたった。主疾患は糖尿病であった。抗日戦開始後重慶，のちに成都に移り，39年4月病死，7月には国葬が実施された。

参考文献：呉相湘「西山会議二健将：謝持与覃振」，『伝記文学』8巻4期，1966年。劉紹唐主編『民国人物小伝』第2冊（伝記文学出版社，台北，1977年）。汪新，劉紅『南京国民政府軍政要員録』（春秋出版社，北京，1988年）。

〔塩出浩和〕

謝（しゃ）　春木（しゅんぼく）　Xie Chunmu

（1902年11月18日～1969年7月26日）

別名・南光。台湾省彰化県北斗鎮生まれ。日本統治下台湾のジャーナリスト，抗日運動家，戦後中国の対日工作者。

生家は地主で二林公学校卒業後，台湾総督府国語学校入学。在学中より東京留学生が発刊した『台湾青年』を生徒監の目を盗み輪読した。台北師範学校（在学中改組）卒業後，東京高等師範に留学，『台湾青年』の後身『台湾』に追風の筆名で活発に投稿，1923，24年には台湾文化協会が組織した留学生の夏期講演団に参加して台湾各地を講演して回った。25年東京高師卒，台湾民報社に入社，11月台北支局に転勤。以後，新聞記者兼抗日運動活動家として活発に働くことになる。

1926年にもちあがった文化協会改組問題では，会則改正起草委員として本部案を起草したが，27年初めの臨時大会では左派に敗れた。同年7月台北での台湾民衆党結成に際しては，中心人物の蔣渭水が警察当局に忌避されたことから替わって組織届上の党主幹となり，9月の第1回中央委で中央常務委員会兼政務部主任に選出された。12月，『台湾』発行が許可された台湾民報社の改組により和文部主任となった。民衆党内では，文化協会とは一線を画しつつも「全民運動路線」を掲げて労働者の組織化に乗り出した蔣渭水に近く，28年2月同党指導下に台湾工友総連盟が成立するとその顧問に就任した。

1929年5～6月中国大陸を旅行。この間，6月に行われた孫文の遺体の南京中山陵への改葬式に民衆党代表として参加した。帰台後，総督府のアヘン政策批判キャンペーンに参加するとともに，30年10月に勃発した先住民族・セデック族の霧社蜂起事件に際しては，日本の全国大衆党，労農党に対して調査団の派遣を促すなどの行動をとった。この間，民衆党内の右派人士は，執行部の労農路線を嫌い，30年に別個に台湾地方自治連盟を作り，同党は事実上分裂，残った蔣渭水派は31年2月の党大会で労農政党化を目指し綱領を改正したが，ただちに総督府により結社を禁止された。8月長年結核を患っていた蔣渭水はチフスで死去。この頃，台湾共産党弾圧などで，組織的な抗日運動はほぼ不可能になっており，12月謝は上海に渡り，北四川路に居を構えた。上海渡航の名目は，『台湾新民報』（29年改称）の通信員ということであったが，実は，同紙の日刊紙化（32年4月15日より実現）の条件としての台湾追放であったと言われる。

1932年1月の上海事件勃発とともに中国抗日陣営に加わり，上海，厦門などで対華僑事務に従事した。この頃より謝南光を名乗った。33年には一時蔡廷鍇らの福建人民政府に参加した。37年蘆溝橋事件後は，一時広東で台湾民族総同盟を組織したが，国民政府の移転とともに重慶に移り，国府軍事委員会直属の日本研究機関である国際問題研究所に入り，その秘書長を務める。43年国民党の指示で在重慶の台湾人抗日団体の連合組織台湾革命同盟会が作られると，その主席に任じた。

1945年台湾の中国復帰とともに重慶の台湾人は陳儀台湾行政長官とともに台湾に戻ったが，台湾人内部の不和からはずされ，9月中国駐日代表団の一員として訪日。47年一時台湾に帰郷。49年中華人民共和国を支持して在日華僑内で闘争，52年12月大陸入り，福建省で台湾向け放送活動に従事，59年華僑代表として第2期全国人民代表大会代表に選出，以後外交学会理事，日中友好協会常務理事などの肩書で対日工作で活躍，64年12月には全国人民代表大会常務委員に選出された。69年北京で病死，遺骨は八宝公墓に埋葬された。

台湾での記者時代に書いた『台湾人は斯く観る』(1930年)，『台湾人の要求』(31年) は，台湾抗日運動史の重要史料である。

参考文献：木下一郎「謝南光（春木）氏の足跡（年表）」，『日中』4—9，1974年9月。〔若林正丈〕

謝 富治（しゃ ふじ） Xie Fuzhi

(1909年8月～1972年3月26日)

湖北省黄安生まれ。中国共産党員，軍人，政治家。娘・謝静宜。

謝富治は1929年中国工農紅軍に参加し，31年中共に入党した。紅第4方面軍師団政治部主任，軍政治部主任，総政治部組織部長を歴任した後，長征に参加した。37年日中戦争勃発後，謝富治は八路軍第129師団第772連隊政治委員，第358旅団政治委員，太岳軍区副指令員と司令員代理を歴任した。46年の国共内戦勃発後，謝富治は晋冀魯豫野戦軍第4縦隊政治委員，第8縦隊政治委員を経て，48年初めより第4野戦軍第3兵団政治委員に就任した。

1949年新中国の成立後，謝富治は川東軍区司令員兼政治委員を経て，52年7月中共雲南省委書記に就任し，55年3月昆明軍区司令員兼政治委員を兼任した。同年9月上将を拝命。56年9月中共8全大会で中央委員に初当選した。59年8月廬山会議を契機として党内闘争が起きると，謝富治は人民解放軍総参謀長に就任した羅瑞卿の後任として，同年9月公安部長に任命された。63年4月には国務院内務辦公室主任を兼任した。同辦公室は中央政法小組の指導を受け，公安部，内務部，民族事務委員および宗教局の政策問題と重要事務を主管した。65年1月謝富治は国務院副総理に昇格するとともに，引き続き国務院内務辦公室主任，公安部長および公安部隊司令員兼政治委員を兼任した。

文革のもたらした激しい権力闘争，政治混乱および暴力横行の中で，プロレタリア独裁を実施する機関の責任者として謝富治は重要な役割を演じた。以下の政治的昇進が謝富治の文革での活躍ぶりを浮き彫りにしている。1966年8月8期11中全会で政治局委員候補，67年4月北京市革命委員会主任，69年4月の9期1中全会で政治局委員に当選し，71年3月北京市委第1書記に就任した。また文革後の中共の公式文献によると，謝富治は文革で公安部長や幹部の政治審査を担当する専案組責任者の権限を利用して，江青グループや林彪グループとともに多くの党，政府，軍隊の指導幹部を「裏切り者」，「特務」，「投降者」とし，多数の冤罪を作り出した。特に謝富治がかかわった事件や問題には以下のものがある。①67年1月と2月の間に，中央の会議で文革政策に疑問を出した葉剣英，陳毅，李先念，譚震林らの中央指導者に対し，いわゆる「2月逆流」反撃に加担した。②武漢の「7・20」事件に参画し，軍隊の混乱をもたらした。③武闘などの「暴力」を支持，江青グループと林彪グループを保護した。④林彪，江青，康生らの支持下で公安，検察，裁判所の機構を麻痺状態におとしいれた。

1972年3月胃癌のため北京で死去した。死後，79年文革での政治責任を問われ，80年中共中央の決定によって党籍剝奪と追悼文撤廃の処分を受け，81年江青反革命集団の主犯の1人に認定された。

参考文献：孫維本主編『中国共産党党務工作大辞典』(中国展望出版社，北京，1989年)。政治学院中共党史教研室『中国共産党六十年大事簡介』(国防大学出版社，北京，1986年)。廖蓋隆・範源主編『中国人名大辞典・現任党政軍領導人物巻』(上海辞書出版社，外文出版社，上海・北京，1989年)。〔唐亮〕

謝 懐徳（しゃ かいとく） Xie Huaide

(1887年1月23日～1928年2月)

別名・謝祥七，通称・謝猛子。湖南省衡山県白果鎮生まれ。中国共産党の労働運動の指導者。

鍛冶屋の謝仁美の次男に生まれる。7人兄弟。生家は貧しくて学堂に通えず，10歳で父の仕事を手伝う。1908年兄・謝祥六とともに江西省の安源炭鉱に行き，修理工場の機械組立工となる。炭鉱の労働は厳しく，資本家に対する強い不満を抱く。初めキリスト教に救いを求め，次いで青幇に加わり炭鉱当局に対抗しようとしたが，いずれも効果がなかった。21年冬中共湖南支部から李立三が安源に来て以来，蔡増准，蔣先雲ら共産党員が工作に派遣されて来るようになり，謝懐徳はこれら共産党員が安源に開設した工人補習学校に入る。同校で『工人読本』などを読み，キリスト教は「労働者を麻痺させる阿片」であり，マルクス主義を受け入れてはじめて労働者は圧迫を取り除くことができるという主張に同調した。その後，謝はその政治的信念が評価され，李立三の紹介を得て中共に入党する。

1922年9月工人監察隊副隊長として勇名をはせ，

その勇猛果敢さから謝猛子と呼ばれた。スト勝利後，一時倶楽部の交際股長，文書股長を務めたが（実弟・敬賢は游芸股長），11月には湖南省の水口山鉱山に蔣先雲とともに派遣される。蔣の指導下に水口山の労働運動の組織に尽力し，翌月ストを決行，勝利を得た。23年1月に安源に帰還する。当時，謝懐徳は安源の労働者から厚い信頼を寄せられており，労働歌の1つである「罷工歌」の中で「修理上廠謝懐徳，正直無私把己克」と歌われた。同年4月安源工人倶楽部の財務管理機関であった経済委員会の委員長，6月7人委員会の委員に選ばれる。

1923年の2・7惨案以後，労働運動は全国的に低迷していったが，中共中央はこのような局面を打開すべく，農民運動を興起し，農民運動に労働運動を支援させる方針を採択，多数の工作幹部を農村に派遣し始めた。謝懐徳もこの方針にそって23年7月中下旬に郷里の衡山県白果鎮に戻り，農村工作に従事する。謝は湖南省における軍閥・譚延闓と趙恒惕の抗争の間隙を縫って，同郷の劉東軒らと農民運動の組織に努め，同年9月に岳北農工会を結成，自ら副委員長に就任し，さらに農民糾察隊隊長を兼務した。翌10月には趙恒惕の実兄・趙念慈による農工会に対する攻撃を撃退するとともに，小作料引き下げ闘争を展開して勝利を得た。同月16日譚延闓の部隊に奇襲され拘束されたが，農工会メンバーの助力によって釈放される。11月譚が趙恒惕に敗れ衡山県から撤退し，岳北農工会は後顧の憂いが除かれた趙軍の集中攻撃を受けるに至り，ついに謝も劉東軒とともに安源に退却した。

1925年春第1次国共合作下の広州に派遣され，国民党に入党する。9月農民運動講習所に入学（第5期生），卒業前の11月頃農民運動を指導すべく湖南省に戻る。26年1月，郴県に赴き農民夜学の開校，農民協会の創設に努め，農民に教育を施し革命の必要性を説いた。5月下旬国民革命軍第4軍の葉挺北伐先遣団が郴県に到達すると，農民を組織して同部隊を支援した。その後再び郷里に戻り，趙国城（共産党員，安源炭鉱労働者），彭桂峰（元岳北農工会委員），謝敬賢らと岳北農民協会を結成，農会への権力の集中を目指す一方，かつて岳北農工会を弾圧した趙桂生岳北団防局長らと全面的な闘争を展開した。しかし，このことから国民党右派の反感を買い，「衡山岳北で暴行略奪を行った」と国民党湖南省党部に告発される。この告発に対し，26年8月国民党省党部は謝懐徳の出頭を命じる電文を衡山県長に発したうえ，『長沙大公報』にその電文を掲載した。こうした圧力により，謝は衡山県に留まることができなくなり，翌9月に江西省南昌に転出した。

南昌では名前を変えて国民革命軍第6軍（程潜指揮）に入り，一兵卒として戦闘に参加，敵陣を陥れ勇猛に誇ったものの，南昌，九江の作戦で2度負傷し，やむなく1927年5月に安源炭鉱に戻った。同月湖南省では馬日事変が発生，謝懐徳は朱少連らとともに当時中共党員の避難所となっていた安源炭鉱の防衛に努め，翌6月には甘漢華ら地主勢力の武力攻撃を17昼夜の戦闘を経て撃退した。

1927年後半の秋収暴動に際しては，謝懐徳は第2団（安源の労働者及び湖南省醴陵などの農民で構成された部隊）第8連副連長として戦闘に参加した。湖南省瀏陽で暴動部隊が敗北すると，敗残兵を率いて江西省萍郷に撤退，なおも萍郷上栗一帯で遊撃戦を展開した。28年1月上栗暴動の後，斑竹山根拠地が成立，謝は部隊を率いて同根拠地に向かうが，その途上攻撃され負傷，2月11日江西省保安団第2団に捕えられ，身元が判明した直後に殺害された。

参考文献：中共党史人物研究会編『中共党史人物伝』42巻（陝西人民出版社，西安，1989年）。『中国工人運動的先駆』3集（工人出版社，北京，1984年）。長沙市革命紀念地弁公室・安源路礦工人運動紀念館編『湖南革命史料選輯・安源路礦工人運動史料』（湖南人民出版社，長沙，1980年）。

〔中村楼蘭〕

謝（しゃ）　介石（かいせき）　Xie Jieshi

（1878年～没年不詳）

字・又安。台湾新竹市の生まれ。原籍，福建省。満州国の外務大臣。

1878年台湾で謝景禧の長男として生まれる。妻は王氏香禪，長男・文彭ほか3男1女あり。

台湾新竹公学校（明志書院台湾総督府立国語伝習所）で学び，新竹において通訳となる。日露戦争前に渡日し，拓殖大学の前身である東京の東洋協会専門学校の台湾語の講師になった。そのかたわら明治大学法学部に学び，在学中に張勲の子と知り合い親交をむすぶ。

日露戦争後，吉林将軍府文案を経て，吉林巡撫部院洋政文案民治科長，方言学堂総教習，官銀号会辦，中央政府参事上行走，直隷総督洋務文案，督辦川漢鉄路大臣総文案，福建法律講習所所長兼総教習，吉林法政学堂教習などを歴任した。

辛亥革命後，吉林都督府政治顧問となる。1913年国務総理随辦外交事宜を任ぜられるが，この頃天津に移住し，15年台湾から中国に転籍した。同年直隷巡按使署外交辦事員となる。16年直隷交渉公署会辦を兼任し，次いで張勲の秘書長となる。

1917年の張勲の復辟運動に参加し，7月1日の復辟後10日余り外務部に入り外交を担当した。張勲復辟失敗後は野に下る。一時，日本人の推薦で李景林のもとで秘書官を務めている。その後天津行在御前顧問，籌辦東三省軍務事宜などにあたる。羅振玉らとともに，溥儀の引出し工作にかかわり，溥儀が旅順へ移る際にも勧告をしている。溥儀の自伝には，20年代後半の謝介石が羅振玉らとともに日本軍の特務機関と関係があり，溥儀と日本軍との間にたって情報の通達をしていたことが記されている。また，日本語に堪能なことから，中国側の通訳としても活躍している。羅振玉や謝介石は，日本の援助に全面的に頼って復辟を実行しようという考えから日本に近づいたのであろうが，もう一方で清朝の復辟を真剣に願い，当時列強の共同管理と援助のもとにその実行を考えつつあった鄭孝胥らとは見解を異にしていた。

1931年9月満州事変が起きると吉林に赴き，旧知の熙洽に懇願されて吉林交渉署長となる。また，ハルビン市政処長，建国会議吉林代表などを歴任した。満州国建国の準備段階において，新国家を帝制にすべしとの意見を強硬に主張した。32年3月満州国建国後，同国外交部総長，満州国協和会中央事務局長に就任し，憲法制度調査委員を兼ねた。同年，日本の満州国承認に対する答礼使として訪日している。34年3月満州国の帝制実施にあたり，籌備委員に推され，法令部長となり，外務部大臣となる。35年5月外相辞任後，6月まで参議府参議。同年駐日満州国特命全権大使に任命されるが，37年辞任した。退官後，満州房山株式会社理事長を務める。

参考文献：外務省情報部編『満州国政府要人調（新京）』（同情報部，1933年）。外務省情報部編『現代中華民国・満州帝国人名鑑』（東亜同文会，1937年）。愛新覚羅溥儀著，小野忍他訳『わが半生』上・下（大安，1965年）。『満州紳士録第二版』（満蒙資料協会，1940年）。　〔浜口裕子〕

謝（しゃ）　覚哉（かくさい）　Xie Juezai

（1884年4月27日～1971年6月15日）

輩名・沢琛。学名・維鋆。字・換南。別号・覚斎。筆名・見心，飛飛，馬彬，敦夫，覚，求実，老板。湖南省寧郷県堆資山村生まれ。父・謝恢前，母・姜氏。中国共産党の指導者，ジャーナリスト，法律専門家。

裕福な地主の家庭に生まれた謝覚哉は，幼少より伝統的古典教育を受けて育ち，11歳で『詩経』，『書経』などを読破する。清朝最後の科挙に合格して秀才となった。しかし，中華民国成立から新文化運動に至る新思想の流入，および五・四愛国運動の全国的高揚の影響を受けて，愛国的民主主義者へと思想的転換をとげた。そして，1920年8月，長沙で『湖南通俗報』の主編となり，主に湖南省憲法制定をめぐる政局批判や様々な新思潮の紹介につとめ，21年1月，毛沢東・何叔衡らの紹介で新民学会の会員となった。このような活動の中で，湖南の若い急進的知識人たちとの交流を重ねながら，マルキシズムを受容し，25年に中国共産党に入党した。この時，42歳であった。

国共合作下の国民革命が進展して，1926年7月に国民革命軍が湖南省を占領すると，謝覚哉は国民党湖南省党部機関紙『湖南民報』の主編となって，革命運動とりわけ農民運動を擁護・鼓吹するとともに，土豪劣紳の審判・処罰およびそのための諸条例の制定にも従事した。革命的法制・司法建設の担当者としての謝の経歴の出発点である。

しかし，長沙馬日事変に遭遇して同地区の中国共産党の党組織が壊滅し，1928年に密かに上海に逃れた。国民政府の弾圧を受けつつ，上海で地下活動を継続し，党中央機関紙『紅旗』を主編し，『上海報』の編集にも携わった。次いで31年，湘鄂西ソヴィエト区に派遣され，同地区内における“左傾”的粛清運動と対立しながら，湘鄂西中央分局文化部副部長，同省委政治秘書長，同政府機関紙『工農日報』主編をつとめた。湘鄂西ソヴィエトが崩壊する前後に，国民党の軍隊に捕われるが，窮地を脱して33年5月に中央ソヴィエト区の瑞金へと活動の場を移した。

瑞金では，まず毛沢東の秘書をつとめ，次いで中央工農民主政府秘書長に選出された。この時期，中央ソヴィエト区選挙法，土地法，労働法などの重要法令の起草に貢献した。1934年10月，蒋介石の第5次「囲剿」によって中国共産党中央は長征を余儀なくされるが，この時，謝覚哉はすでに50歳に達し，長征参加者の中では徐特立に次ぐ高齢であったにもかかわらず，困難を極めた行軍を最後まで耐えぬいた。

1935年10月，陝北に到着すると，謝覚哉はまず中央政府西北辦事処内務部長兼秘書長となり，ソヴィエト区から辺区（抗日根拠地）への移行前後における民主選挙を通じた政権建設を手がけ，次いで同司法部長兼陝甘寧辺区高等法院院長などとなり，革命的司法制度の建設と「実事求是」にもとづくその運用・定着化に努力した。第2次国共合作が正式に成立し，37年7月，盧溝橋事件勃発後，謝は党中央駐蘭州八路軍辦事処代表として蘭州に派遣され，国民党統治区内での統一戦線工作の実務に従事した。1年余りして延安に戻り，中央党校副校長，陝甘寧辺区中央局副書記兼同辺区政府秘書長，同辺区政府機関党団書記など要職を歴任し，41年末から翌年初めにかけて開かれた同辺区参議会において副参議長に任命された。この間，三三制の実行による抗日民主政権の建設に指導的役割を果し，また戦局の悪化の下で展開された延安大生産運動や整風運動においても模範的な活躍をみせた。延安時代，これらの活躍によって，「延安五老」の１人に数えられ，「延安精神」の模範とも称えられている。

抗日戦争勝利後の1945年11月，辺区に憲法研究会が組織され，謝覚哉はその責任者として国民政府の「五五憲法草案」を批判しながら，新民主主義論にもとづく「憲法草案大綱」を起草した。ここには，新中国成立後に全国的に具体化する各級人民代表大会の制度が，早くも構想されている。46年６月には中央法律問題研究委員会（後に中央法律委員会に改称）の主任委員となり，辺区憲法草案を完成させた。

この後，国共内戦の再開・激化により，謝覚哉は延安を離れて山西省臨県に移るが，やがて戦局が好転すると，河北省平山県で党中央と合流した。謝は新たに成立した華北人民政府の政府委員兼司法部長となり，目前に迫った新中国成立に向けて各種重要法令の起草，旧司法制度の接収と再編に貢献した。

新中国成立後は，1949年11月内務部長に任命され，とりわけ各級人民代表大会および人民代表会議の実現を中心とした人民民主政権の建設・強化に尽力した。59年には最高人民法院院長に選出され，伝統的な，あるいは“左傾”思想の影響による法治軽視の風潮に抗しながら，「実事求是」にもとづく司法運用の健全化をめざした。

しかし，1963年５月脳栓塞のため半身不随となり，65年に全国政治協商会議の副主席に選ばれはするが，しだいに政治活動の第一線を退き，71年６月文革の混乱を憂いつつ，この世を去った。

中国革命における謝覚哉の功績は，革命宣伝家としての活躍とともに，とりわけ法制・司法建設の分野において著しい。文革時期，謝の死は「四人組」などによって伏せられ，葬儀なども禁じられた。しかし文革を経て「民主と法制」，「実事求是」が改めて強調される今日では，伝記・文集・日記などが相次いで公刊され，その功績は高く評価されている。

参考文献：易鳳葵・吉世霖・王萍・丁浪『謝覚哉伝』（人民出版社，北京，1984年）。吉世霖・劉子谷・謝放・商景澄・易鳳葵編『謝覚哉文集』（人民出版社，北京，1984年）。吉世霖・劉子谷・謝放・商景澄・易鳳葵編『謝覚哉日記』（人民出版社，北京，1984年）。馬連儒「謝覚哉的前期思想」，『近代中国人物』２輯（中国社会科学出版社・重慶出版社，北京，1985年）。

〔笹川裕史〕

謝　雪紅（しゃ　せつこう）　Xie Xuehong

（1901年10月17日～1970年11月５日）

原名・謝阿女。上海時代に謝飛英，モスクワ時代および戦後に謝雪紅，戦時中出獄後の仮名に山根美子。台湾省彰化県生まれ。日本統治下台湾における共産主義運動の女性リーダー，戦後２・28事件の台中地方における民衆運動のリーダー。

家は貧しく台中の街頭でバナナ売りをして家計を助けたが，父の葬式費用のため「童養媳」に売られた。1919年製糖工場で働いていた時知り合った男と日本に駆け落ちしたが，男には妻があることが判り別れる。21年台湾文化協会に参加。24年上海に渡り在住台湾青年の抗日活動に加わり，ついで５・30運動で活躍して上海大学に入学，12月にはモスクワの東方勤労者大学に派遣された。

モスクワで徳田球一ら日本共産党リーダーを知り，コミンテルンの指示で日本共産党台湾民族支部として台湾共産党を結成すべく，台湾南投県草屯出身でモスクワ中山大学に派遣されていた林木順とともに上海にもどり日本共産党中央，中国共産党とも連絡の上，1928年４月上海租界で台湾共産党を結成した。結成直後日本領事館警察の手入れを受け（上海読書会事件）検挙されて台湾に送還，証拠不十分で釈放されたので，台北に国際書局を開き，党活動を開始して中央を再建，27年に左派が指導権をとっていた文化教会や台湾農民組合に影響を拡大したが，党の存在は総督府警察の感知するところとなり組織は充分に拡がらなかった。それが，東京留学生あがりの新党員や中国共産党系の党員の批判を受け，かれらは台湾共産党改革同盟を結成して謝雪紅を除名した。だが，まもなく抗日民族運動全体への弾圧が激しくなり，31年中に党は壊滅，謝も６月21日逮捕，34年11月治安維持法違反で懲役13年の刑が確定した。39年肺病で保釈，出獄後は台中で「三美堂」という商店を経営して戦中期を過ごした。

戦後，蒋介石により台湾省行政長官として台湾接収にきた陳儀らの失政が明らかとなると，「人民協会」などを組織して進歩勢力の糾合をはかった。1947年２月末台北市で反国民党蜂起（２・28事件）が勃発すると台中市の民衆運動をリード，弾圧が始まると学生などで組織した武装部隊「二七部隊」に参加し，中部山地の埔里まで撤退した後に地下に潜行，５月上海に脱出，ついで香港に逃れた。11月元台湾共産党員の蘇新，蕭来福，楊克煌らと台湾民主自治同盟を結成，

49年北上して中国人民政治協商会議に参加，中華全国民主婦女連合会執行委員，中華全国民主青年連合会副主席，中央政治法律委員会委員，華東軍政委員会委員，中国保衛和平委員会委員，中ソ友好協会理事など多くの職を兼ね重視されたが，52年から在大陸台湾人間の内訌も重なって排斥を受け，これらの肩書は名目のみとなり，反右派闘争では右派分子，反革命分子，投機主義者，地方主義者のレッテルが貼られ，58年全ての役職から追われた。文化大革命では再び闘争の対象とされ隔離審査を受けて，再び肺病を病み，70年死去。死因は肺癌とされた。80年右派のレッテルが剝がされ，86年9月15日，台湾民主自治同盟は北京の八宝山墓地で謝雪紅の骨灰を一級公墓へ移す儀式を行い，正式に名誉回復した。

参考文献：台湾総督府警務局編『台湾総督府警察沿革誌第二編・領台以後の治安状況（中巻）台湾社会運動史』（1939年）。陳芳明（森幹夫訳）『謝雪紅評・野の花は枯れず』（社会評論社，1998年）。謝雪紅口述・楊克煌筆録『我的半生記』（楊翠華，台北，1997年）。楊克煌遺稿・楊翠華整理『我的回憶』（楊翠華，台北，2005年）。　〔若林正丈〕

謝　英伯（しゃ　えいはく） Xie Yingbo

（1882年5月29日～1939年8月10日）

原名・華国，字・抱香，号・英伯・瑛伯。広東省梅県の生まれ。清末・民国初年の革命派ジャーナリスト。

曽祖父と祖父がタイで商売をして財を蓄えたため，謝英伯の生家は裕福であった。父の名は益之，母の姓は温。謝英伯は幼少の頃，家庭内で啓蒙教育を受けた後，私塾に入って伝統的教育を受けた。塾の教師は彼に科挙受験の道を勧めたが，彼の父は異民族政府に仕えること，そして八股文を学ぶことをよしとせず，16歳から彼に英語を学ばせた。17歳から3年間，彼は香港の皇仁書院に学んだ。

謝英伯は父からの影響もあって新聞事業に関心を抱き，皇仁書院を中退して新聞記者生活に入ることとなった。まず，1902年には広州で『亜洲日報』の総編集となり，「女権之界説」などの論説を発表した。この後，04年には『開智日報』の総編集および『時敏報』の執筆者となり，05年には『拒約報』の執筆に携わった。06年香港で陳樹人らと『東方報』を創刊した。また，彼はこの間，教員としての生活も送っており，南武公学，梧州中華学堂，香港安懐女学などの教壇に立った。

1907年謝英伯は香港で族兄の謝己原の紹介で中国同盟会に加入し，香港分会の会長である馮自由から主盟人に任じられた。これより彼は，本格的に革命運動に関わって行くようになる。翌年4月同盟会の河口での蜂起が失敗し，多くの兵士たちが南洋経由で香港に逃れて来ると，謝英伯は彼らに経済的援助を行い郷里に帰してやった。その後，彼は幾つかの蜂起計画に携わった後，10年4～5月の間に劉師復・陳炯明らと共に支那暗殺団を結成した。彼と劉師復は，梧州中華学堂，安懐女学，『東方日報』での活動時期を通じて知己となっており，劉が07年6月に逮捕された時は救援活動を行っていた。暗殺団は翌年8月，会員の林冠慈による李準暗殺未遂事件を起こした。その後，謝は当局の注意を引くところとなり，マカオに暫く滞在した後にハワイへと逃れた。ハワイでは華文学堂の教員となる傍ら，当地の『自由新報』に記事を執筆して保皇派と論争を行った。

1912年，中華民国の成立後，謝英伯は帰国すると同盟会広東支部部長に任ぜられ，胡漢民が広東都督に就任すると謝は高等顧問となった。13年袁世凱が露骨に独裁化に乗り出すと，謝は広州で『討袁日報』を創刊したが，間もなく龍済光によって発禁に処せられた。同年7月第2革命が勃発し2カ月後に失敗に終わると，彼は香港からアメリカに逃れた。途中日本に立ち寄り，ここで孫文と会見し中華革命党に加入した。以後2年間，彼は林森らとアメリカ・カナダの各地で募金活動や党支部の創設，そして新聞の発行によって反袁の宣伝を行った。他方，彼はこの間学問にも関心を示し，カリフォルニア大学やコロンビア大学などで政治学や法学などを学んでいるが，彼は特に社会主義や労働運動の方面に関心を寄せた。

1915年12月，雲南での護国軍蜂起の報せを聞いた後，謝英伯は帰国を決意した。翌年，日本経由で上海に到着した時は既に袁世凱の死後のことであった。17年夏謝は孫文と共に広州に移り，軍政府の創設に加わり，大元帥府秘書に任じられた。翌年7月彼は衆議院議員に任じられた。その後，労働者のストライキなどを指導し，広西軍閥によって生命を狙われるという事態になったため，一時香港・マカオに逃れたが，粤軍が広東を回復したため謝も広州に戻って再び労働運動を指導した。

1924年中国国民党が改組して共産党との合作が成立したが，謝英伯は容共政策に反対の立場を表明していた。そして，25年11月に開かれた西山会議にも出席し，翌年3月の西山会議派による国民党2全大会では中央監察委員に任じられた。しかし，27年秋以降は上海で弁護士を始め，政界から距離を置くようになる。翌年春には広東に戻って弁護士を続けると同時に，考古学や仏教の研究に従事した。36年広東省高等首席検察官に任じられた。37年に日中戦争が勃発し，38年10月広州が陥落したため，家族と共に広寧に移ったが，糖尿病のため翌年８月に死去した。著作に『人海航程』（自伝）がある。

参考文献：陳哲三「謝英伯」，『伝記文学』31巻３期，1977年。『人海航程』，中国国民党中央委員会党史委員会編『革命人物誌』19（中央文物供応社，台北，1978年）。

〔嵯峨隆〕

謝　子長　Xie Zichang

（1897年１月19日～1935年２月21日）

原名・世元，別名・徳元，号・浩如，字・子長，変名・秋陽。陝西省安定県生まれ。生年に関しては，1896年説もある。西北紅軍と陝甘，陝北革命根拠地創設者の１人。

1919年西安の陝西省立第一中学へ入学し，翌年陝北連合県立楡林中学へ移る。同校では学生会の責任者となって軍閥反対などの学生運動を指導した。22年春安定で小学校を創設し，五・四運動後の新文化，新思想を宣伝する。同年秋太原学兵団に入り軍事を学ぶ。24年いったん郷里に戻りその後北京，天津へ出る。25年天津で５・30運動の影響を受け，同郷の中国共産党員・白志誠，白志強，李波濤らの紹介で入党する。その後陝北へ戻って「兵運」「農運」工作（軍隊，農村での中共による秘密宣伝啓蒙活動）に従事した。

1927年と28年それぞれ清澗蜂起と渭華蜂起の組織指導に唐澍，劉志丹らとともに参与し，西北工農革命軍軍事委員会委員兼革命軍第３大隊長，同軍副総指揮，中共陝北特別委員会軍事委員会委員，同委員会書記，中共陝北行動委員会軍事指揮部総指揮に任ぜられる。

1931年10月西北反帝抗日同盟軍（翌年中国工農紅軍陝甘遊撃隊，さらに同軍第26軍に改編される）総指揮となって遊撃戦争を展開し，陝甘辺革命根拠地を打ち立てた。33年夏察綏民衆抗日同盟軍第18師団に派遣され党の工作を担当し，また師団長・許権中を補佐して日本軍との戦闘を指揮する。同師団の敗北後11月中共中央北方代表に任ぜられ，西北駐在軍事特派員として困難な状況の下，いったん挫折した陝北紅軍遊撃隊を復興，発展させた。34年７月陝北紅軍遊撃隊総指揮部総指揮に任ぜられ，その後第26軍第42師団の政治委員を兼任し，陝北革命根拠地の第１次反「囲剿」作戦を指揮した。

1935年２月５日中共西北軍事委員会が成立すると主席に選ばれ（一説に劉志丹ともいう。なお両人の間に長年の戦友としての友情が厚かったことが指摘されている），また中央西北工作委員会常務委員となる。反「囲剿」戦で受けた戦傷が長いこと治癒せず，同年２月死去する。死後中共西北工作委員会は安定県を子長県と改称することに決定した。また46年中共中央西北局及び陝甘寧辺区政府は瓦窰堡に彼のための陵墓を修築し，毛沢東，朱徳，劉少奇，周恩来，任弼時，彭真，賀龍，劉伯承らが揮毫した。

参考文献：閻紅彦他『回憶劉志丹和謝子長』（陝西人民出版社，西安，1960年）。中共陝西省委員会党校他編『新民主主義革命時期陝西大事記述』（陝西人民出版社，西安，1980年）。中共党史人物研究会編『中共党史人物伝』３巻（陝西人民出版社，西安，1981年）。劉明山他「謝子長和劉志丹的戦闘友誼」，人民出版社編『革命回憶録』10（人民出版社，北京，1983年）。

〔安田淳〕

熊　秉坤　Xiong Bingkun

（1885年９月30日～1969年５月31日）

原名・祥元。字・戴乾，別名・忠炳。湖北省江夏県生まれ。清末民国初期の革命派軍人，共進会会員。辛亥革命の一番槍と称される。

生家は材木商であったが，没落したため，商店の徒弟となる。新軍兵士の募集に応じて第８師団工兵大隊（第８鎮工程営）に入隊。大隊長に認められて軍曹（正目）にまで進んだ。

工兵大隊は湖北新軍中，革命派勢力のもっとも強かった部隊で，熊秉坤は孫武と知り合い，1911年４月共進会に入会した。まもなく，共進会の工兵大隊における代表となり，下士官・兵士の組織に努め，革命蜂起に備えて部隊の編成を行った。辛亥革命勃発時，大隊内の共進会員は200名に達した（大隊は500人が定員）。また武漢地区全体の蜂起に関しても，孫武に意見書を提出し，９月24日の文学社・共進会の合同会議でも採択された。

1911年10月８日武漢地区の蜂起計画が発覚し，蔣翊武・孫武らの指導部が逃走や入院のため不在となり，計画の実行は不可能に見えた。しかし，熊秉坤は，「革命派の名簿はすでに当局の手中にあり，決起しても，決起しなくても，死が待っていることには変りはない。坐して死を待つより，決起して死中に活を求めた方が良い」と主張し，同志の賛成を得た。熊秉坤は職務を利用して他処にある歩兵第29連隊の蔡済民らと連絡して準備を進めた。10月10日午後７時ごろ，小隊長・陶啓勝を射ち，陶は負傷して逃走した。ついで，３発を発射して合図とし，70～80人の同志を率いて，兵営を出発，楚望台の武器庫にむかった。熊秉坤の一発が辛亥革命蜂起の最初の一発となったのである。

楚望台の武器庫は同じ工兵大隊の別の中隊が警備していたので，ここを占領，ついで湖広総督府を攻撃，総督・瑞澂と師団長・張彪は逃亡し，ここに湖北省都武昌は革命軍の手中に入った。

1911年10月16日，革命軍の新建第5旅団長（協統領）となり，漢口に進撃して，劉家廟・大智門で清軍と交戦した。12年雲夢県に移駐し，10月陸軍少将，翌年1月勲五位を授けられた。13年，第2革命に際して反袁活動をはかったが失敗，日本に亡命した。

1914年，日本で中華革命党に加入，孫文により湖北地区の革命軍司令官に任ぜられた。第3革命時には広東大元師府の参軍となった。中国国民党成立後軍事委員会委員となり，27年には北伐に参加，湖北省政府委員となり，31年南京の軍事参議院参議・陸軍中将などの官職についた。

1946年引退。人民共和国成立後は，人民政治協商会議湖北省委員会常務委員，中国人民政治協商会議全国委員などを歴任，69年病死した。

参考文献：熊秉坤「辛亥首義工程営発難概述」，中国人民政治協商会議湖北省委員会編『辛亥首義回憶録』1輯（湖北人民出版社，武漢，1957年）。賀覚非『辛亥武昌首義人物伝』上冊（中華書局，北京，1982年）。林増平・李文海主編『清代人物伝稿』下篇3巻（遼寧人民出版社，瀋陽，1987年）。

〔久保田文次〕

熊（ゆう）　克武（こくぶ）　Xiong Kewu

（1885年12月26日～1970年9月2日）

字・錦帆。化名・劉一峰。四川省井研県生まれ。中国同盟会会員，民国期の軍人。

故郷の私塾や成都の東遊預備学堂で学んだ後，1903年私費で日本に留学，東京の大成中学に入学し，軍事の専攻に備えた。故郷にいる時から民族思想に覚醒しつつあったが，東京で革命思想を深め，05年中国同盟会成立時に参加，四川の但懋辛とともにその評議員となった。まもなく，日本文部省の清国留学生取締規則に反対して帰国，上海の呉淞中国公学設立にも関係した。

1907年四川省における同盟会の責任者を命ぜられて帰国し，江安，瀘州，成都などで武装蜂起を企てたがすべて失敗に終わった。08年来日して武器・弾薬を買い付け，翌年広安，嘉定で蜂起したが失敗，上海に逃れた。11年4月広州の黄花崗蜂起に参加，失敗して，呉玉章・洪承点とともに日本に亡命した。

1911年10月武昌蜂起の後，日本より帰国，上海周辺で四川出身者中心の革命部隊を編成，蜀軍北伐総司令として帰郷した。12年3月蜀軍第1師長，中国同盟会四川支部長となる。4月，部隊は四川陸軍第5師，13年7月四川陸軍第3師と改称したが，師長として留任した。

1913年7月第2革命が起こると，8月四川討袁軍総司令に就任，袁世凱反対の武装蜂起をしたが，周駿・王陵基に敗れ，日本に亡命した。14年夏孫文の組織した中華革命党に入党したが，のちには，非孫文系の欧事研究会に参加した。

1915年12月に帰国，袁世凱の帝制に反対する「護国」運動に参加，翌年護国軍四川招討使となり，旧部下を結集した。護国戦争後，四川陸軍第5師長となり，のち重慶鎮守使を兼ねた。

1918年「護法」運動に参加，四川靖国軍総司令となり，雲南軍・貴州軍と共同で北洋派の四川督軍・劉存厚に対抗，3月劉を駆逐して，四川督軍となった。翌年5月広州軍政府の政務総裁に選出された。以後，四川省内部で地方軍閥相互の権力，地盤の争奪戦が続くが，熊克武はこの内戦に積極的に参加，四川を退出したり，戻ったりをくりかえし，次第に軍閥化していく。

1923年6月孫文から曹錕討伐のための四川討賊軍総司令に任ぜられ，翌年1月中国国民党の第1期の中央執行委員に選出された。25年1月建国川軍総司令に任ぜられたが，反蒋介石運動のため蒋に監禁され，国民党中央執行委員も免ぜられた。釈放後も反蒋活動に従事，31年6月には反蒋派の広州国民政府委員となった。この他，27年から国民政府委員，国民党中央執行委員・国民党中央監察委員などを歴任，47年には国民大会代表に選出された。

1949年中華人民共和国成立後，中国共産党と中央人民政府を支持すると表明。50年1月西南軍政委員会副主席となり，さらに中国人民政治協商会議の特別招請代表となった。その後，政治協商会議全国委員，国民党革命委員会川康臨時工作委員兼召集人，全国人民代表大会代表（第1～3期），同常務委員会委員，国民党革命委員会副主席などを歴任，70年北京で病死した。

参考文献：熊克武「辛亥前我参加的四川幾次武装起義」，『辛亥革命回憶録』3（中華書局，北京，1962年）。『民国人物小伝』第5冊（伝記文学出版社，台北，1982年）。任一民主編『四川近現代人物伝』1輯（四川省社会科院出版社，成都，1985年）。中国社会科学院近代史研究所主編『民国人物伝』11巻（中華書局，北京，2002年）。

〔久保田文次〕

熊　十力（ゆう じゅうりき） Xiong Shili

（1885年2月18日～1968年5月23日）

原名は子貞，号が十力であったが，1920年に名と号を入れ替えた。晩年に漆園老人とも称した。湖北省黄岡県生まれ。近現代中国の思想家，学者。新儒家の代表的思想家として，近年再評価されている。

青年期に両親を病気で亡くし，父の友人の下で勉学に励み，のちに維新派の影響を受けて革命の志を抱くようになったという。1903年，武昌の凱字営の新軍に加わる。翌年，呂大森，胡瑛，宋教仁，曹亜伯らと，武昌に科学補習所を設け，革命の密約を交わす。05年，湖北新軍の特別学堂に入学。06年，黄岡軍学界講学社を開き，革命の準備を進めるも，同年の萍醴の役に際しては，それに応じようとしたものの，情報が事前に漏洩したため，当面黄岡に難を逃れた．11年に武昌蜂起に参加し，湖北省都督府参謀となった。12年，一家で江西省徳安に移る。17年，広州に赴いて孫文の護法運動に加わるが，以後は学問研究に専念する。

熊の学問研究，とりわけ仏教に傾倒していく契機は，章炳麟の影響，そして梁漱溟との交流があったとされる。その梁の紹介もあって，1920年南京の支那内学院にて欧陽竟無大師に師事，仏教学をおさめる。22年，すでに北京大学でインド哲学を教えていた梁の要請もあって，学長の蔡元培を通じて，熊を同大に特約講師として招かれた。熊は唯識論を教授したが，楊文会から欧陽漸へと継承された『成唯識論』に基づく唯識学に疑問を抱くようになり，講義録を自ら破棄し，新唯識論の研究に取り組むことになった。24年，黄岡の朝天寺で私塾を開く。翌25年，武昌師範大学が武昌大学となって，石瑛が校長となると，招かれて教鞭をとる。武昌大学では，李璜，郁達夫らが同僚であった。だが，同年秋に校長が交代すると，同校を離れて再び北京大学で教鞭をとる。こののち，杭州にて療養。28年，国立中央大学哲学系に勤めるが，秋には再び北平大学に移った。

満洲事変勃発後，杭州で療養していたが，1932年に再び北平大学に戻り，『新唯識論』を著し，以後，仏教学者と激しく論争を繰り広げることになった。劉権の「破新唯識論」と熊の反論「破破新唯識論」はよく知られている。熊の唯識論と旧来のそれの相違は，端的に言えば，現象としての「境」と認識としての「識」の関係性にある。すなわち，旧来の議論では，「境」は「識」のつくり出す仮のものだとするのに対して，熊の議論は「唯識」は「境」の実在性を否定しただけであり，「境」と「識」は同体不離であると認識し，逆にむしろ「識」の姿を探求しようとしたのだった。この議論は，やがて熊を儒学へと導き「内聖外王」への関心を引き出すことになるのだった。

日中戦争開始後，北平を離れて黄岡に，1938年に重慶に至り，『中国歴史講話』を著す。翌年，杭州などで既に親交を結んでいた馬一浮の開設した楽山復性書院で宋明理学を教授した。間もなく，それも辞して璧山にて講習会を開いた。40年，梁漱溟の開いた勉仁書院で教鞭をとり，44年には居正の組織した中国哲学研究所籌備処の処長となった。抗日戦争の終了後，籌備処は終了し，46年に漢口に帰った。47年，北京大学にて中国哲学会に参加し，48年には浙江大学，次いで広州に至るが，最終的には北京大学教授となった。

中華人民共和国成立後，唯物論に反対しつつ，マルクス・レーニン主義の中国化を提唱した。1954年に北京大学を退職，56年，『原儒』を公刊した。このほか，第1回全国政治協商会議に参加し，第2回，第3回，第4回の委員となった。68年，文化大革命において迫害を受け，5月23日，上海で没した。

参考文献：熊十力著・吾妻重二訳『新唯識論』（関西大学出版部，2004年）。野村浩一・近藤邦康・砂山幸雄責任編集『救国と民主―抗日戦争から第二次世界大戦へ―』（新編・原典中国近代思想史6，岩波書店，2011年）。中島隆博「新儒家と仏教―梁漱溟，熊十力，牟宗三」（『思想』1001号，2007年9月）。末木文美士「熊十力哲学の再評価へ向けて（書評・熊十力著・吾妻重二訳『新唯識論』）（『東方』285号，2004年11月）。姚崧齢「熊十力」（劉紹唐主編『民国人物小伝』第2冊，伝記文学出版社，台北，1977年）。

〔川島真〕

熊　希齢（ゆう きれい） Xiong Xiling

（1869年8月2日～1937年12月25日）

原名・希齢，字・秉三，筆名・双清居士。熊鳳凰（郷里の県名にちなむ）とも呼ばれた。湖南省鳳凰直隷庁生まれ。原籍，江西省豊城県。清末の進士，立憲改良派の官僚，慈善事業家，教育家。

父・兆祥は，世襲の雲騎尉で副将となり，澄湘水師（海軍）営統帯まで務めた人。幼い時から聡明で，12歳の時に科挙試験を受け，秀才となる。沅州知府の朱其懿は「湖南の神童」と呼んで，その才能に注目し，沅水校経堂に入学させて勉強させる。3年後に長沙の湘水校経堂に転入，22歳で挙人となり，23歳で貢士となる。2年後の1894年には殿試を受けて進士に合格，翰林院庶吉士も任ぜられる。この間，廖氏の娘と結婚するも数年後に急病で失い，朱其懿の異母妹の朱其慧と再婚する。後に1男2女をもうけるが，長男は小児麻痺のため障害者となり，長女と次女はアメリカの大学に留学，長女の芷は後に台北女子師範専門学校長になる。

1897年湖南巡撫・陳宝箴により長沙の時務学堂総理に任命され，按察使・黄遵憲らが推進していた湖南新政に参画する。この時，梁啓超を同学堂の国語総教習として招聘している。湖南省の変法維新運動にも積極的に参加し，98年に「南学会」が成立すると譚嗣同や唐才常らと議事会友となり，同じく『湘報』を創刊して理事となり，さらに湖南纒足反対会，延年（長寿）会など維新運動の組織にも加わった。98年9月に戊戌の政変が起こり，譚嗣同ら6名が処刑されたが，熊希齢は8月に清朝の命を受けて上京の途上，大病を患って北京へ到着出来なかったため，難を逃れた。しかし，官職永久免職処分を受け，以後4年間，湖南省の郷里で謹慎生活を送る。

1902年義兄の朱其懿・常徳知府が創立した西路師範学堂で教鞭を執り始めたところ，湖南新政を押し進めていた湖南巡撫・趙爾巽に認められて，04年夏日本の教育と実業の視察に派遣され，多くの有益な建白を行う。翌05年盛京将軍に昇進した趙爾巽の尽力で，清朝から永久免職処分を解かれたばかりでなく，5大臣の洋行の随員に任命され，同年12月から翌年7月まで日本，アメリカ，ヨーロッパ諸国を歴訪，とくに財政関係について考察を深める。帰国後，趙爾巽の斡旋で奉天の農工商務局総辦に就き，1年後に江蘇農工商務局総辦に転ずる。この間，06年11月河川工事の調査で日本を訪れた際，日本で亡命生活を送っていた梁啓超と会い，立憲政党の結成について協議している。政党は翌年政聞社として発足。清末新政のなかでその行財政の手腕を買われ，09年以降，東三省清理財政正監理官，奉天塩運使兼財政正監理官，東三省屯墾局会辦兼奉天造幣廠総辦などを歴任した。

1911年辛亥革命が起こると，日本から帰国した梁啓超を大連に迎えにいくが，梁が情勢を不利とみて再び日本へ戻ってしまったため，上海に行き，黄興，宋教仁らと会ってしだいに共和制支持の立場をとるようになり，同年12月湖南共和協会会長として清皇帝の退位と共和制の実現を要請する電報を袁世凱宛に打つ。さらに章炳麟らが中心となって組織した中華民国連合会に加入し，翌12年3月に同会が統一党と改名した際，章炳麟，宋教仁，張謇，程徳全とともに理事に名を連ねた。12年3月北京に成立した唐紹儀内閣の財政総長に任命され，次の陸徴祥内閣にも留任。在任中，列国銀行団と借款契約の交渉に当たったが，各方面から売国的内容と指弾され，同年7月財政総長を辞任する。12月袁世凱大総統より熱河都統に任じられる。この間，同年5月に統一党，民社，民国公会，国民党など6団体が連合して共和党を組織するとその党員となり，13年5月袁世凱政権の与党として，共和，民主，統一の3党を合併して旧立憲派を中心とする進歩党が組織されるとその名誉理事（本人は軍職にあったため）になる。同年7月袁世凱の強い要請を受け，政党を問わないで人材を選ぶことを方針に，本人が財政総長を兼任，司法総長に梁啓超，教育総長に汪大燮，農商総長に張謇を入閣させ，いわゆる「名流内閣」を組閣した。しかし，名流内閣は結局，袁世凱の国民党解散，国会解散，各省自治の停止，各省議会の解散の策動に協力することになり，全国民の指弾を浴びた。その後，袁世凱にとって無用となった熊希齢内閣は，14年2月袁が仕組んだ「熱河行宮宝物盗難事件」により，辞職に追い込まれる。その翌月，アメリカのスタンダード石油会社と合弁で組織された全国石油鉱事宜督辦に任命されるが，袁世凱の帝制運動が本格化した15年8月休暇を請い，故郷の湖南省に帰り，16年3月袁の帝制が取り消されると，全国石油鉱事宜督辦，参政院参政，湘西（湖南西部）宜慰使などの官職を辞職し，袁世凱に退位を促す電報を送る。

袁世凱の死後北京へ戻り，1917年2月黎元洪大総統より平政院院長，ついで政務評議会（段祺瑞国務総理会長）評議員に任命される。同年天津大洪水が起こると，京畿一帯水災河工善後事宜督辦に任じられ，被害地の修復と被災民の救済に奔走し，北京には慈幼局を特設し，災害孤児1,000余人を救済する。この時の経験が以後，社会福祉事業に専念していく契機となる。

日本の援助を受けた段祺瑞の武力統一政策に反対して，1918年10月に和平期成会が結成されると，その会長に選出され（副会長・蔡元培），同年12月徐世昌大総統がパリ講和会議に向けて設置した外交委員会委員に任命され，また大衆組織である主張国際税法平等会の発起人に加わる。20年に譚延闓が湖南省で推進した湖南省自治運動にも賛同を表明し，「湖南省自治大綱及自治法大綱説明書」を書く。その後，25年に段祺瑞執政政府が招集した善後会議に出席し，国憲起草程序案，廃督裁兵案などを提出したりしているが，19年以後は官職を辞退し，政界からしだいに離れ，慈善福祉活動に専念するようになる。20年に災害孤児やその他の孤児500人を収容する香山慈幼院を北京郊外に創設してその院長に就任，大学への進学まで含めて孤児らの生活と教育を保障し，多くの人材を育成した。22年には中華教育改進社社長も務める。

1925年5・30事件に際しては，北京で「5・30事件失業同胞救済会」の結成の発起に参加し，31年の

「満州事変」に始まる日本の中国侵略戦争に対しては，国民救国会指導委員，北平紅卍字会会長，世界紅卍字会中華総会会長，その他時ごとの諸災害救済委員会の要職を歴任して，難民，被災民の救済と負傷中国兵の救護に粉骨砕身の活躍をする。33年に日本軍の熱河侵攻作戦が展開されると，北平紅卍字会の組織を動員して北平に第一後方病院を設立し，負傷中国兵の救護にあたらせ，長城を越えようとした日本軍に対する中国軍の抵抗が強まると，老軀を顧みず，長女の熊芷と共に救護隊を組織して前線に赴いて負傷兵の救護に当たった。37年8月の第2次上海事件に際して，上海の紅卍字会の社員と1カ月余にわたり負傷中国兵のための臨時病院の設立や難民の救済に奔走した。この間，夫人を病気で失い，35年，金陵女子大学を卒業してアメリカのコロンビア大学に留学し，長女と同級生だった毛彦文と再婚，66歳と33歳の白髪紅顔の恋と言われた。37年12月日本占領下の上海に耐えられず，香港へ避難したところ脳溢血に倒れ，その生涯を閉じる。

参考文献：周秋光編『熊希齢集』上・中・下（湖南人民出版社，長沙，1996年）。楊大辛主編『北洋政府総統与総理』（南開大学出版社，天津，1989年）。劉紹唐主編『民国人物小伝』第2冊（伝記文学出版社，台北，1977年）。熊希齢『熊希齢先生遺稿』1～5（上海書店出版社，上海，1998年）。何明主編『北洋政府総理的最後結局』（中共党史出版社，北京，2008年）。
〔笠原十九司〕

熊（ゆう）　越山（えつざん）　Xiong Yueshan

（1882年～1913年9月25日）

別名・聶荊，聶経。広東省梅県生まれ。清末の革命家。

若い頃両広陸軍軍医学堂に学び，排満革命の宣伝活動を行って除籍される。その後汕頭に行き，『潮報』館の編集を担当。1905年秋黄興らが横浜で設立した爆弾製造機関に参加，07年5月には革命武装蜂起黄崗の役に加わったが失敗し，指名手配を受け日本に亡命。中国同盟会の会員であったが，同年8月には共進会の結成にも参画し，08年には共進会の内務部長，広東大都督の任務も担当した。この頃，早稲田大学政治科に在籍し，08年下半期の中国人留学生総会の役員人事では，調査部幹事に選出されている。中国同盟会の会員としては，広東省主盟人をつとめ，広東・香港間を往来して革命活動に従事した。

1910年の暮には孫文の委嘱を受け，事実上つぶれかけていた中国同盟会東京本部の再興に劉揆一とともに尽力し，11年1月13日には中国人留学生総会の幹事長に選ばれた。11年初頭ロシア・イギリス両国が中国辺境への武力侵略を強めると，2月26日留学生総会の臨時大会を東京牛込区神楽坂の高等演芸館で開催した。この日以来，露英両国に対する抗議行動を指導するとともに，3月8日には，反露英の抵抗運動を実質的に担う武力としての国民軍を創出することを目的とする留日中国国民会を結成した。3月13日熊越山は，留学生総会館の名で作成した長文のビラ「中国危亡警告書」を各省の留学生代表に配布し，祖国の危機を訴えて留学生たちの結集を図るとともに，留日中国国民会理事長に就任した中国同盟会東京本部執行部書記の李肇甫と提携し，留学生を代表する活動を続けた。

1911年10月10日の武昌蜂起後に本国に帰った熊越山は，故郷広東省梅県の革命に参加した。12年1月中華民国が成立すると，江西省民政長を委任されたが赴任しなかった。13年の第2革命前夜，熊越山は黄興の命を受けて寧調元とともに武漢に赴き，湖北省における袁世凱政権打倒の革命機関を組織し，湖北軍への工作を行った。しかし，6月26日漢口ドイツ租界にある日本人経営の富貴旅館に逗留中，寧調元とともに逮捕された。7月から8月にかけて闘われた第2革命は失敗し，熊越山は，9月25日武昌の抱冰堂で，黎元洪によって寧調元とともに処刑された。熊越山には子供が1人いて，その名は汝梅という。

参考文献：中国国民党中央委員会党史史料編纂委員会編『革命人物誌』7集（中央文物供応社，台北，1971年）。張玉法『清季的革命団体』（中央研究院近代史研究所，台北，1982年）。石芳勤編『譚人鳳集』（湖南人民出版社，長沙，1985年）。楊天石・曾景忠編『寧調元集』（湖南人民出版社，長沙，1988年）。小島淑男『留日学生の辛亥革命』（青木書店，1989年）。徐春友主編『民国人物大辞典』（河北人民出版社，石家荘，1991年）。広東省中山図書館・広東省珠海市政協編『広東近現代人物詞典』（広東科技出版社，広州，1992年）。
〔小島淑男〕

許（きょ）　崇智（すうち）　Xu Chongzhi

（1887年10月26日～1965年1月25日）

字・汝為。広東省広州市生まれ。国民党系の軍人，政治家。

両親については詳しいことは知られていないが，父方の祖父・許応騤は閩浙総督（1898～1903年）を務めた清朝大官僚。許応騤は康有為に厳しい批判を加えた保守派の代表として知られる。許崇智は幼年時代から伝統的教育を受けるが，後新学へ転じ1899年福州船政学堂に入学した。その後，日本の陸軍士官学校に留学し，1907年卒業した（中国人留学生第2期）。日本留学中に革命派の影響を受け，05年同盟会員となっている。帰国後は福建省の新軍に勤務し，第10協参謀，福建武備学堂総教習，第10鎮第40標標統，第20協協統などの要職を歴任した。

1911年10月武昌新軍蜂起をきっかけに辛亥革命が勃発すると，許崇智は福建での蜂起に中心的な役割を果した。この結果，許は第1師師長に就任し，有力な軍人，政治家としての地位を築くに至った（なお，このとき福建都督に就任したのは孫道仁である）。翌12年許の部隊は第14師に再編成され，許自身はこの年組織された国民党へ加わった。

1913年，国民党系の勢力は袁世凱の打倒を目指して武装蜂起に踏み切った。許崇智もこの第2革命に参加し，福建討袁軍総司令に推挙された。しかし，第2革命が国民党系勢力の敗北に終わったため，日本への亡命を余儀なくされたのであった。

1914年孫文が中華革命党を組織すると，許崇智はこれに積極的に参加し，軍務部長に就任した。これ以降，許崇智は孫文を中心とする国民党勢力内で最も有力な軍人の1人として大きな役割を果していくことになる。そして，翌15年には孫文によってマラヤに派遣され華僑への働き掛けをおこなった。15年から16年にかけての反帝制運動に際しては，許は日本から故郷広東に戻りこれに参加している。

1917年孫文は広東軍政府を組織して北京政府に対抗する動きを示した。この護法運動に許崇智は参加し，大元帥府参軍長に就任した。ここに組織された広東軍政府の実権は優勢な軍事力を保持する広西派（陸栄廷を中心とする）の手中に握られ，必ずしも直系の有力な軍隊を持たない孫文の地位はかなり脆弱なものにとどまっていた。そのような状況において，許崇智は数少ない孫文直系の軍人の1人として孫文を支える上で重要な役割を果していくことになる。すなわち，17年12月孫文の命を承けて陳炯明と共に新たに粤軍を組織した。そして，翌18年には福建省に赴き，粤軍総司令兼第1軍長・陳炯明と共に粤軍第2軍長として，漳州を拠点に粤軍の勢力の拡大に務めた。

1920年8月福建にあった粤軍は，粤人治粤の旗印の下に広東省を支配する広西派に対する攻撃を開始した。広西派という外部勢力の支配に対して広東の地方的勢力は反発を強めていたこともあって，戦闘は粤軍優勢のうちに推移し，同年末には粤軍は広州を手中におさめ，まもなく広東省全域から広西派を排除するのに成功した。この結果，上海にあった孫文は広州に復帰し，広東軍政府を再建することになった。この後21年に入ると，許崇智は粤軍第2軍を率いて広西省攻撃に従事し，桂林を攻略してここに司令部を設置した。

1922年6月北伐に対する態度の違いなどから，当時広東軍政府最大の実力者であった陳炯明は武装クーデターによって孫文を追い，広東の全権を掌握した。当時粤軍第2軍を率いて広西にあった許崇智は反撃に転じ陳を攻撃するが，22年8月広東省北部での戦闘で敗北した。このため，許崇智は指揮下の部隊を率いて福建省に退却した。かろうじて上海に脱出した孫文は，許崇智を東路討逆軍総司令に命じた。

孫文は広西省内に駐屯していた雲南系及び広西系の軍人を動員し，これらの部隊は1922年12月広州を回復した。これを承けて，翌23年1月許指揮下の部隊は汕頭地区を占拠し，依然東江地区を支配し続けた陳炯明を挟撃する体制を整えた。この時許は，建国粤軍総司令に任命された。

1924年1月，国民党第1回全国代表大会で許崇智は中央監察委員候補兼国民党中央軍事部長に選任された。そして，25年孫文が死去すると，国民政府常務委員兼軍政部長，広東省政府主席などの要職を占め，広東国民政府の最高実力者の1人となった。しかし，廖仲愷暗殺に始まる国民政府での一連の政争の渦中で，25年9月許は全ての職務を解任され，上海での政治的引退生活を余儀なくされた。この後許は，主に上海にあって西山会議派の活動に加わることになった。

1931年国民党内反蔣介石派が広州に国民党中央非常会議を組織すると，許崇智もこれに参加した。しかし，まもなくいわゆる満州事変が勃発したため，南京の国民党に復帰し，国民党第4期中央監察委員会委員などの職を務めた。さらに，35年には国民政府監察院副委員長に就任した。しかし，これらの職における活動は多分に国民党長老としての名誉職的なものにとどまり，許崇智は上海に居住して政治的には必ずしも大きな役割を果すことはなかった。日中戦争が勃発すると，許は香港経由で重慶に入り，戦争終結までそこにとどまった。また，45年第6回国民党全国代表大会でも中央監察委員会委員に選出されている。

日中戦争終結後，許崇智は香港で引退生活を送り，1965年1月病死した。

参考文献：『工商日報』（香港）1965年1月25日。李剣農『最近三十年中国政治史』（太平洋書店，上海，1930年）。陶菊隠『北洋軍閥統治時期史話』（生活・読書・新知三聯書店，北京，1957年）。
〔塚本元〕

許　徳珩　Xu Deheng

（1890年10月17日～1990年2月8日）

字・楚生（楚僧）。江西省九江府徳化県生まれ。九三学社の創設者・中央主席。政治家，学者。

父は許鴻臚（号・唱初），清末の廩生で浙江省紹興府の文案を務めた。しかし，革命思想に共鳴し，1907年徐錫麟，秋瑾ら革命烈士に同情を寄せたために免職され，郷里に戻って九江同文書院の教師となった。徳珩は鴻臚の次男として生まれ（兄が1人，弟が2人，姉と妹が3人），6歳の頃からまず家塾で中国の古典を学び，後に父から革命思想の薫陶を受けた。18歳の時，九江中学堂に入学し，そこで中国同盟会に加入した。

辛亥革命が勃発すると九江で李烈鈞の部下となり革命に参加，その後一時中学堂に復学したものの，第2革命が始まるとこれに参加した。革命失敗後の1913年冬上海に出て中国公学に入り英語を学ぶ。15年秋北京大学に入学，陳独秀，李大釗らのいわゆる新思潮の影響を受ける。19年同校を卒業，李大釗が結成した少年中国学会に入る。五・四運動中は「五・四宣言」を起草したり，『全国学連日刊』の総編集を務めるなど運動に積極的に参加した。

1920年1月フランス留学のため出国。留学中中国共産党旅欧支部から入党を勧誘されたが，「帰国後必ず革命に参加する。当面はしっかりとフランス語を学び理論を学ばなければならない」と答え入党せず。このことについて許は後に「誤って回答した」と述懐している。26年春帰国を前に中共旅欧支部に入党許可を申請したが，当時は国共合作下であったため支部から国民党に入党して同党左派に加わるよう指示される。

1927年1月帰国の途につき，翌月広州に到着した。帰国後は広州中山大学教授，黄埔軍官学校第5期政治教官，武漢中央政治学校政治教官，武漢第四中山大学教授，国民革命軍総政治部秘書長，代理主任などを務めた。29年には暨南大学教授となり，この頃中国国民党改組派に接近した。31年には北京大学教授に就任する。また当時このように教務に従事する一方でマルクス主義の著作の翻訳にも努めた。

満州事変勃発後，抗日救亡運動に参加，1932年12月に国民党当局に逮捕されたが，宋慶齢ら中国民権保障同盟の助力で釈放された。翌33年1月中国民権保障同盟北平分会成立にともない執行委員に選出される。35年楊秀峰，馬叙倫らと華北文化労働者協会，北平文化界救国会を結成し12・9運動に参加した。

1937年以降の日中戦争時期，国民参政会参政員を務める。参政員在任期間中は「常に国民党政権の反動政策を論難した」といわれる。44年重慶で民主科学座談会を組織して，民主・団結・徹底抗戦を呼びかけた（事実上の九三学社の創建）。45年9月3日日本が正式に降伏文書に署名すると，民主科学座談会はこれを記念して九三座談会と改称することを内定，46年1月に九三学社が正式に成立し，第1期理事会理事に選出される。国共内戦時には，国民党統治下で「反内戦・反飢餓・反迫害」の闘争に加わった。

1949年1月人民解放軍による北平包囲のさなか，中共の提示した8項目の和平案並びに新政治協商会議開会の呼びかけに同調する。そして，6月15日新政治協商会議準備会が北平で開会されると，九三学社を代表して出席し，毛沢東，周恩来の意を受けて報告書の作成にあたる。ひき続き9月に開会された中国人民政治協商会議第1回全体会議にも出席する。

中華人民共和国成立後は各分野で一定の地位を占める。政府機関では政務院法制委員会副主任委員，水産部部長，政治協商会議では第1～3期の全国政協常委，第4，5期の全国政協副主席，全国人民代表大会では第1期全人代常委，第2，3期の全人代代表，第4～6期の全人代常委会副委員長を歴任し，九三学社では第1～7期の中央委員会主席を務めた。もっとも，建国後許が歩んだ道程は常に平坦であったわけではなく，反右派闘争では右派分子として批判されたし，文化大革命では一時消息が途絶えている。

なお，許徳珩は九三学社中央主席として民主諸党派の一翼を担う立場にあったが，中共や毛沢東に対する親近感が非常に強かった。1979年3月は鄧穎超，烏蘭夫の紹介を得て中共に入党しており，入党の際には「共産主義の事業のため命をかけ最後まで奮闘する」と誓った。また，83年12月には毛沢東生誕90周年を記念して一文を執筆，その中で「中国共産党の指導がなく，毛主席の心のこもった配慮がなかったならば，九三学社の成立も発展も不可能であった」と述べているのである。

1988年九三学社中央名誉主席に推されたが，病気により入院，90年2月北京で病死した。著書に『社会学講話』，『中日関係及其現状』など，訳書にマルクス『哲学の貧困』，ブハーリン『唯物史観社会学』などがある。

参考文献：許徳珩『為了民主与科学―許徳珩回憶録』（中国青年出版社，北京，1987年）。于剛主編『中国各民主党派』（中国文史出版社，北京，1987年）。『1990年中国人物年鑑』（華芸出版社，北京，1990年）。中外名人研究中心編『中国当代名人録』（上海人民出版社，上海，1991年）。現代中国人民辞典編集室編『現代中国人名辞典1986年版』

（霞山会，1986年）。　〔永野英身〕

許　地山　Xu Dishan

（1894年2月3日～1941年8月4日）

原名・贇堃，字・地山，筆名・落華生。台湾省台南府生まれ。原籍，福建龍渓。祖籍は広東掲陽。作家，宗教学者。

1894年2月清朝統治期の台湾省台南府に，進士出身の地方官吏であった父・南英と母・呉慎の間に四男として生まれる。同年に日清戦争が勃発すると，父は籌防局統領として抵抗を行ったが敗戦。翌年の下関条約により台湾の日本への割譲が定められ，一家はやむなく福建に移る。その後許地山は知県となった父に従い，広州各地を転々としながら育つ。96年より私塾に学ぶ。1905年広東韶舞講習所入学。06年随宦学堂入学，10年10月卒業。11年に父が引退，生計を立てるため許地山は翌年より福建省立第二師範学校の教員となる。13年にはビルマのラングーンに赴き，華僑学校で教員を務める。15年12月に帰国，16年漳州の華英中学，福建省立第二師範学校で教員を務める。また同年，閩南倫敦会（キリスト教会）に参加。

1917年秋，北京へ赴き，燕京（当時は匯文）大学文学院に入学。同年，父がインドネシアのスマトラ島で客死。18年初，林月森と結婚，年末には長女・楙新が誕生。19年燕京大学在学中に五・四運動に参加。11月より，瞿秋白・鄭振鐸・瞿世英らとともに雑誌『新社会』の共同編集を始め，ここで十数編の文章を発表した。20年6月卒業，文学士号取得後，燕京大学神学院に転入。同年10月妻子を北京に迎えるため福建に行くが，ともに北京へ向かう道中に妻を病気で亡くす。

1921年1月の文学研究会成立の際には，周作人・沈雁冰（茅盾）・鄭振鐸らとともに12人の発起人の一人として参与。文学研究会の機関誌となって最初の『小説月報』（12巻1号）に処女小説「命命鳥」を発表。この作品は，ビルマを舞台に親の反対によって結ばれることのできない若い男女が死後の世界に思いを馳せてともに入水自殺するというもので，作品の持つ異国情緒と宗教的色彩によって注目を浴びた。この作品では本名で発表を行ったが，次作より「落華生」の筆名を用いて同誌に「商人婦」「換巣鸞鳳」「黄昏後」等の小説を続けて発表。22年6月卒業，神学士号取得。卒業前には同大学で周作人の助手を務めていた。卒業後は同大助手，平民大学教員を務める。

1923年8月謝冰心・梁実秋らとともに米国留学，コロンビア大学大学院哲学系で宗教史・宗教比較学を学ぶ。24年6月文学修士号取得。9月英国へ赴き，オックスフォード大学で研究生として宗教史・インド哲学・民俗学等を学ぶ。ロンドン滞在中には老舎と知り合い，彼の小説「老張的哲学」を国内で発表することを勧め，同作品は26年『小説月報』に発表されることとなった。26年5月文学修士号取得。オックスフォード大学の図書館でアヘン戦争期の中英交渉資料を収集，帰国後31年に商務印書館より『達衷集』として出版。英国から中国への帰国途中には，インドに滞在し大学でサンスクリット語と仏教学を学ぶ。27年の帰国後は中国における宗教学・サンスクリット学の数少ない権威として活躍。同年燕京大学文学院助手，28年燕京大学文学院・宗教学院副教授就任。また北京大学でインド哲学，清華大学で人類学を教える。

1929年熊仏西・朱君允の紹介で周俟松（湖南湘潭出身，北京師範大学数学系卒，理学士，元・武昌第一女子中学校教師，結婚後は北京女子高等師範学校附属中学校教員）と結婚，北京石駙馬大街に居を構える。30年燕京大学教授就任。31年長男・周苓仲が誕生。

1933年燕京大学の1年間の研究休暇に広東の中山大学へ赴き，教鞭を執る。広東へ向かう途中，台湾へ立ち寄って生家を訪れた。同年次女・燕吉誕生。34年インドへ赴き大学で宗教とサンスクリット語を研究し，帰国。同年，小説「春桃」を『文学』3巻1号に発表。その内容は，屑拾いをしながら男と暮らす春桃が，生き別れになっていた夫と再会，戦争で両足を失っていた夫を家に引き取り，夫の座を譲り合おうとする男2人に自分は誰の妻でもないと言って2人の男との同居生活を送るというもので，社会的道徳に縛られることなく実直に生きる庶民の女性の姿を描いて許地山の後期の代表作となった。

1935年に旧友の瞿秋白が逮捕され，福建長汀で銃殺される。この時許地山は彼の救出を図ったものの，結局救い出すことはできなかった。同年夏，燕京大学校長のスチュワートとの間で意見が衝突したため大学を辞職，胡適の紹介で香港大学中国文史学系主任教授に就任。就任後は同大学のカリキュラム改革に積極的に取り組んだ。四書五経などの古典的教養を中心に教えていた同大中文学院に，許地山は文・史・哲の3つの学科を設置し，授業内容を近代的なものに一新させた。香港中英文化協会主席。37年日中全面戦争が勃発すると，抗日のための文化活動に参加。38年香港新文字学会理事となり，漢字を廃止しラテン化新文字を使用することを主張。39年中華全国文芸界抗敵協会香港分会の発起に参与，理事兼総務。また，中国文化協進会の発起に参与，理事を務める。41年8月心臓病により急逝。

著書に小説集『綴網労蛛』『危巣墜簡』，随筆集『空山霊雨』。学術書に『国粋与国学』『道教史（上）』『扶箕迷信底研究』等。

参考文献：許地山著，周俟松・向雲休編『許地山』（人民文学出版社，生活・読書・新知三聯書店香港分店，香港，1982年）。徐迺翔・徐明旭編『許地山選集』（海峡文芸出版社，福州，1985年）。邱文治編『許地山代表作』（河南人民出版社，鄭州，1987年）。王盛『許地山評伝』（南京出版社，南京，1989年）。高巍編『許地山文集』（新華出版社，北京，1998年）。松岡純子訳注『落華生の夢―許地山作品集―』（中国書店，福岡，2000年）。　〔松倉梨恵〕

許（きょ）　鼎霖（ていりん）　Xu Dinglin

（1857年～1915年10月15日）

字・九香。江蘇省海州贛楡県生まれ。原籍，江蘇省海州直隷州。清末民初の官僚・政治家・実業家。特に清末江浙における立憲運動の推進者。

父・許恩普は生地贛楡の紳士。彼は1882年南京の郷試に合格。93年２月抜擢の理由は不明であるが，駐米公使・楊儒に従い出国して駐ペルー領事に任命された。97年に帰国後，安徽省の廬州，鳳陽などの知県を務めた。1900年彼が大通保甲局委員に任命された時，自立軍の党人・秦力山らの蜂起計画を探知し，局勇を派遣して鎮圧，党人７名を逮捕した。翌01年末，安徽巡撫に任命された聶緝槼の知遇を得て，彼は安徽候補道や蕪湖道代理の資格を獲得，02年５月彼は蕪湖巡警局を増員し，警察として改革した。03年秋，浙江でいわゆる「寧海教案」事件が起きたが，その10月聶が浙江巡撫に転任し，彼も聶に従い浙江洋務局総辦に就任，派遣されてその事件処理に尽力した。

彼は以上の浙江，安徽の地方官を歴任していた間に，聶緝槼の庇護下に蓄財し，その富を新式企業の利潤動機や「設廠自救」という当時の社会世論の下に，実業への投資・経営を始めた。まず彼自身が直接経営した例として，張謇との共同出資の耀徐玻璃公司（江蘇徐州，資本80万両，1904年８月設立，11年破産停業），厳信厚らとの海豊麵粉公司（江蘇海州，官商合弁，資本30万両，ほぼ同時期の設立，10年４月飢民によって破壊された），同じく厳信厚らと設立した贛豊機器油餅廠（江蘇贛楡，05年６月設立，資本42万元）などである。その他，張謇・厳信厚らとの共同経営による鎮江開成鉛筆罐廠，贛楡海贛墾牧公司，上海同利機器紡織洋線麻袋公司，上海大達外江輪船公司など，また企業投資には北京溥利呢革廠，景徳鎮江西瓷業公司などがあった。以上の諸企業の経営や投資活動によって，彼は清末の著名な実業家となり，08年その功が認められて正二品封典を授けられた。

1905年９月許鼎霖は惲租祁・王清穆らと共に，上海に江蘇学会を組織し，その会董兼経済部幹事となった。翌年その組織は江蘇教育総会（会長は張謇・唐文治らが歴任）と名を改め，彼はまた幹事職を継続し09年には副会長に上った。それは「教育救国」を趣旨とする社会改良運動である。

その教育団体とほぼ同じメンバーが，1906年以降の立憲運動の推進母体である。彼はこれまで密接な関係を持ってきた張謇らと一緒に06年12月江蘇・浙江・福建の立憲派に連絡し，上海に「予備立憲公会」を設立，彼自身はその本部事務所の会董に就いた。また西太后の死後清朝の立憲にむけての方針が一歩進み，各省で諮議局が設立されると，張謇らと共に09年９月江蘇諮議局を設立し，彼はその総会辦を担当，10月には学務特審員・審議会議長をも兼任した。立憲派はかかる合法的集会組織を得て，一層活動を活発にしたが，なかでも張謇は江蘇諮議局の名で，11年の国会招開・責任内閣設置を政府に要求し，全国16省の諮議局に連絡して各局３人の代表を上海に集め，国会請願同志会を組織したりしたが，彼はこの動きを積極的に支持した１人である。10年９月に清朝が資政院を設立すると，彼は欽選の議員となった。しかし，彼は立憲派の中でも概して清朝寄りの穏健派であり，ほぼ同時期に起きた蘇杭甬鉄路の外債借款問題については結局政府の借款方針を受け入てしまったし（08年春），また国会の早期開会と責任内閣組織を求める立憲派内急進派が出した軍機大臣弾劾要求に対して反対したりした（10年11月）。

1911年初め彼は東三省総督・趙爾巽によって本渓湖煤鉄公司督辦に任命され，10月には塩政監督に転任された。武昌革命後，奉天に趙爾巽を会長とする国民保安会が組織されると，彼はその組織の下に張作霖を利用して革命党を武力弾圧した。12月には唐紹儀の供をして上海和議に参加，12月１月には資政院総裁になった。しかし，清朝が滅亡し，情勢急転し止むなく帰郷した。後，13年２月には国民党に加入して江蘇省議会議長に推薦された。袁世凱が国民党を弾圧，解散した後には張謇の推挙で江蘇省特派議員になり，14年袁世凱の約法会議の成立に協力，その議員となり江北の開墾関係の役職その他の職務につくが，1915年上海で病死した。

参考文献：汪敬虞編『中国近代工業史資料』２輯下冊（科学出版社，北京，1957年）。中国社会科学院近代史研究所主編『民国人物伝』５巻（中華書局，北京，1986年）。

〔中井英基，中川雅史〕

許(きょ)　光達(こうたつ)　Xu Guangda

(1908年11月19日～1969年6月3日)

原名・徳華，改名・泛舟，洛華，光達，別名・徳懐，浩，徐浩，筆名・洛華。湖南省長沙県東山市蘿卜冲生まれ。中国共産党の軍事指導者，中国人民解放軍の高級将校，大将。

1921年秋長沙師範学校に入学，在学中に中国共産党の指導する長沙学生運動に参加。25年5月毛沢東，陳公陶の紹介で中国共産主義青年団に加入，同年9月中国共産党に入党。26年広州に出て黄埔軍官学校に第5期生として入学，同年末同校（中央軍事政治学校に改名）武漢分校に移る。在学中砲兵科党支部宣伝委員をつとめる。27年7月卒業後国民革命軍第4軍直属砲兵大隊に配属され，小隊長見習いとなる。

1927年8月江西省寧都において南昌蜂起部隊に加わり，小隊長，中隊長代理となる。その後会昌などの戦闘に参加して負傷し，大埔で療養する。同年11月上海へ出る。28年1月安徽省寿県へ行き孫徳清が団長をつとめる国民党第33軍学兵団で教育副官，小隊長，同学兵団特別支部委員をつとめ，「兵運」工作（中共による軍隊内の宣伝啓蒙活動）に従事したが，同年秋発覚したため長沙へ帰郷，党中央との連絡を絶った。その後清河，北京，唐山，蕪湖などを経る。この間河北省公安局局長をつとめる。

1929年5月党組織との連絡が復活し，蕪湖に駐留する国民党独立旅団の小隊長となって「兵運」工作に従事。同年7月発覚し，上海へ出て中央軍事訓練班に入る。9月孫徳清とともに洪湖革命根拠地へ派遣され，中国工農紅軍第6軍の創設に参与した。30年代前半の土地革命戦争時期，中国工農紅軍第6軍参謀長，同軍前敵委員会候補委員，同軍第2縦隊政治委員，紅軍第2軍団第6軍第17師団政治委員や同師団長，紅軍第3軍第8師団第22連隊長などの職を歴任する。洪湖を中心とする湘鄂西革命根拠地と紅軍の建設に参与し，何度も部隊を率いて反「囲剿」作戦に参加した。32年1月国民党との戦闘で重傷を負い，上海へ送られて治療を受ける。

1932年5月モスクワへ行き，国際レーニン学院と東方労働者共産主義大学戦車科へ入学して戦車理論を学んだ。

抗日戦勃発後1937年11月に帰国。その後抗日軍政大学訓練部長，教育長，第3分校校長，中央軍事委員会参謀部長兼延安交通司令，防空司令，衛戍司令，中共中央情報部第1室主任，八路軍第120師団独立第2旅団長兼晋綏軍区第2軍分区司令員などの職を歴任する。五寨，神池，保徳，偏関一帯で軍民を指導して遊撃戦を展開し，抗日革命根拠地の発展に貢献した。

1945年以降，晋綏野戦軍参謀長代理兼独立第2旅団長，同軍第3縦隊司令員として汾家店，延清，第2次楡橋，宜川，澄合，荔北，冬季の各戦役指揮に参与した。その後第1野戦軍第3軍長として49年春季攻勢，陝中戦役に参加。同年6月からは第2兵団司令員として扶眉，蘭州の各戦役を指導する。10月から甘粛軍区司令員となり，また陝甘寧辺区を防衛する闘争にも参与し，西北軍政委員会委員，甘粛省人民政府委員なども兼任した。

中華人民共和国成立後1950年5月第2兵団指揮機構を基礎として装甲兵を組織するよう命ぜられ，同年6月装甲兵司令員兼党委員会第1書記となった。59年3月からは装甲兵学院院長を兼任，装甲司令機関，部隊，学校，基地や科学研究機構の創設を指導した。

1954年9月第1期全国人民代表大会に参加，国防委員会委員に任命される。55年9月大将の階級と第一級八一勲章，第一級独立自由勲章，第一級解放勲章を授与される。56年9月中共8全大会で中央委員，中央軍事委員会委員に選出される。59年4月国防委員会委員，9月国防部副部長，第2期全国人民代表大会代表，64年12月第3期全国人民代表大会代表となる。66年からの文化大革命では迫害を受け，69年北京で死去した。77年6月名誉回復され，北京で葬儀が営まれた。著書として『戦術発展的基本因素』(39年)，『論新戦術』(40年）があり，85年には『許光達論装甲兵建設』が出版された。

参考文献：星火燎原編輯部編『解放軍将領伝』1集（解放軍出版社，北京，1984年)。中共党史人物研究会編『中共党史人物伝』9巻（陝西人民出版社，西安，1988年)。

〔安田淳〕

徐(じょ)　広縉(こうしん)　Xu Guangjin

(1787年～1858年)

字・仲升。河南省鹿邑県生まれ。清末の政治家。父は1811年の進士で内閣中書の徐瀚。

1820年の進士で，翰林院編修，のち御史となり，33年陝西省楡林の知府，ついで江西督糧道，福建按察使，順天府尹，四川布政使，江寧布政使をへて，46年雲南巡撫となり，47年広東巡撫に転じ，翌年両広総督にすすみ通商大臣を兼ねた。

1847年12月広州郊外の村でイギリス兵殺傷事件が発生すると，両広総督・耆英とともに事件を処理し，郊外に出る外国人を官憲が保護するとともに，故意に郷村を騒がした外国人は郷紳が官に摘発しうる旨の章程を定めて，紛争の再発防止をはかった。48年6月より香港総督ボナムと広東入城問題について交渉し，入城要求を拒絶，翌年再度ボナムと折衝した際にも広東の民心がイギリス人の入城を嫌っていることを考慮して再び要求を拒絶。ボナムは当面問題を棚上げにせざるを得なくなった。道光帝は功績を認めて一等子爵の位を賞与した。徐の強硬姿勢は後任の葉名琛に引き継がれた。

1849年マカオのポルトガル人殺害事件を処理し，また新寧など各地の民衆蜂起を弾圧。50年から52年にかけて広東西部・広西各地の民衆反乱に対処し，信宜の凌十八らを中心とする上帝会を弾圧，その功により太子太保銜を加えられた。52年太平軍が湖南に入り，欽差大臣・賽尚阿が革職され，徐に欽差大臣として湖南の軍務を指揮するよう勅命が下ったが，彼は太平軍に有効な打撃を与えることができず武昌を失った。敗戦の責任を問われて革職逮捕され，家産を没収された。53年釈放されて河南巡撫・陸応穀の下で河南東部から安徽北西部の捻軍の討伐に従事。58年には勝保の下で軍務に従ったが，病気により帰郷し，まもなく病死した。

参考文献：民国清史館編『清史稿』394，列伝181（民国清史館，北京，1927年）。民国中華書局編『清史列伝』48（民国中華書局，上海，1928年）。清史編委会『清代人物伝稿』下編２巻（遼寧人民出版社，瀋陽，1958年）。Arthur W. Hummel *Eminent Chinese of the Ch'ing Period 1644-1912* (U.S. Government Print Office, Washington, D.C., 1943).

〔並木頼寿〕

許（きょ）　広平（こうへい）　Xu Guangping

（1898年2月12日～1968年3月3日）

筆名・景宋，漱園。広東番禺生まれ。原籍，同前。文学者。魯迅夫人。

広東の没落した官僚の家庭に生まれる。祖父は清朝の浙江巡撫。父親の許炳璈は庶子で，家では疎んじられる地位にあり，生涯大した仕事はしなかった。母親は厦門の華僑の娘であった。許広平は幼時より気が強く，８歳のとき母親が纏足をしようとしたが，泣きわめいて反抗したため，母親はあきらめざるを得なかった。私塾に通っていたとき，男女不平等な授業方法に反抗している。12，３歳の頃，親の決めた結婚への不満を家族にはっきりと表明した。

1911年９月，母親が死去。辛亥革命勃発後，一家は厦門に移り，長兄の許崇禧が許広平の面倒をみるようになった。許崇禧は，日本に留学したことがあり，よく許広平に民主革命思想を話し聞かせた。兄の影響を受けて，ブルジョア革命派の『平民報』を読み，国家や民族のために力を尽したいという望みをもつようになる。また，女性解放思想を伝える週刊『婦女報』を購読し，その影響を深く受ける。

1917年父親が病死し，次兄が葬儀のため北京から広州に戻った。次兄は，許広平のために親が取り決めた婚約を解除してくれた。許広平はこの兄についてそのあとすぐに北京へ行った。その後，天津の伯母のところに身を寄せ，天津の直隷省立第一女子師範学校予科に入学。２年目に本科に入り，成績優秀のため，官費生となる。五・四運動が北京で起こると，反帝反封建運動に身を投じた。また，天津女界愛国同志会刊行の『醒世周刊』の編集者の１人となり，婦人問題に関する意見を多く発表した。10月10日天津警察庁長の楊以徳に抗議し，他の女子学生とともに，軍隊，警察との戦いの最前列に立ち，警察庁を包囲した。

1920年５月７日，許広平は，他の学生たちとともに校長の阻止に従わず，５・７国恥記念大会に参加し除籍処分を受けるが，１週間闘争を続け，校長に除籍処分を撤回させる。

1922年第一女子師範学校を卒業し，23年国立北京女子高等師範学校国文系に入学，24年11月，校長の楊蔭楡の推し進める奴隷化教育に反対して，北京女子師範大の学生が楊排除の運動を起こした。初め許広平は，直接的には関与しなかった。翌年３月11日２年間教わったことのある魯迅に初めて手紙を書き，これを機に許広平はよく魯迅に手紙を書くようになり，直接魯迅に会って教えを乞うようになる。25年３月から29年６月までの間に魯迅と交わした通信は，32年12月『両地書』出版のもとになった。

1926年８月魯迅が北京を離れ，厦門大学へ赴任すると，許広平も南下し，広州の広東省立第一女子師範学校の訓育主任となった。27年１月魯迅が広州の中山大学教務主任兼文学系主任になると，許広平は魯迅の助手となった。２月18日，19日両日，魯迅に同行して香港に行き魯迅の講演の広東語通訳をつとめた。10月，魯迅とともに上海に移り同居。魯迅が創作活動に専念するようになると，許広平は魯迅の助手をつとめた。29年９月，長男・海嬰生まれる。

1936年10月19日，魯迅死去。許広平は魯迅が未完に終わった事業を完成させるべく尽力する。魯迅の34年から36年までの雑文13篇を編集して『夜記』として37年４月に出版。６月，三閑書屋の名義で『魯迅書簡』の影印本を自費出版。７月，『且介亭雑文末編』を編集，出版。

1937年11月12日上海は陥落し，左翼文芸工作者は次々と上海を離れたが，許広平は魯迅のすべての遺稿とその他の遺品を守るため，上海に留まり出版事業に打ち込んだ。38年4月『集外集拾遺』を編集し，6月『壁下訳叢』に基づいて『訳叢補』を編集。同年8月胡愈之の提案によって許広平，鄭振鐸ら20名よりなる復社が結成され，「魯迅記念委員会」の名で，中国共産党の指導と財政的援助を得て，600万字の『魯迅全集』（20巻本）を編集，出版。同時に，許広平は抗日闘争にも取り組み，抗日の将校，兵士のために日用品，薬やその他の慰問品の寄付を募り，また，『上海婦女』，『婦女界』，『上海周報』，『魯迅風』，『中蘇文化』，『文芸新潮』，『申報』副刊『自由談』，『文匯報』副刊『世紀風』などの新聞，雑誌に原稿を書き，魯迅を記念する文を多く発表して，抗日活動を行った。

1941年12月日本軍によって上海の租界は占領され，日本の憲兵によって12月15日逮捕され拷問を受ける。42年3月1日釈放。この時の経緯を記した作品に『遭難前後』（『民主』45年12月15日～46年3月23日。邦訳『暗い夜の記録』）がある。47年上海婦女連誼会主席となり，上海学連の中共地下党組織と接触をもつ。48年10月，長男・周海嬰とともに香港を経て密かに解放区に入る。

1949年9月，第1回全国政治協商会議で全国政協委員に選出される。10月，中央人民政府より政務院副秘書長に任命。54年，第1回全国人民代表大会で常務委員会委員。その他，全国婦女連合会副主席，中国民主同盟中央常務委員，民主促進会副主席，中国作家協会理事などを歴任。60年10月，中国共産党に入党。56年8月，長崎の原水爆禁止世界大会に中国代表団の一員として来日。61年4月，中国婦人代表団団長として来日している。

参考文献：北京語言学院《中国文学家辞典》編集委員会編『中国文学家辞典』現代1分冊（四川人民出版社，成都，1979年）。中国社会科学院近代史研究所主編『民国人物伝』3巻（中華書局，北京，1981年）。『中国現代女作家』上巻（黒龍江人民出版社，哈爾浜，1983年）。魏玉伝編『中国現当代女作家伝』（中国婦女出版社，北京，1990年）。

〔辻田正雄〕

徐（じょ）　海東（かいとう）　Xu Haidong

（1900年6月17日～1970年3月25日）

原名・元清。湖北省黄陂県夏店区徐家橋村生まれ。中国共産党員，軍指導者。

6代続いた陶工の家の出身。父・重本，母・呉氏の子女10人の六男。兄たちは海東の利発さに希望を託し，小金を貯めて9歳のとき村の私塾に送ったが，貧乏人対金持ちのけんかにまきこまれ，金持ちの子供をなぐって教師に不当な叱責を受け，3年半で学校を飛び出して陶工の徒弟となり，16歳で腕のいい陶工となる。1936年陝北の保安で徐海東に会ったアメリカ人ジャーナリスト・スノウは，「かれは恐らく赤軍の領袖中，ただひとりの“純粋のプロレタリア”である。……かれはプロレタリアの出身であることを誇りにしていた。……かれは自分の軍隊を深く自慢にしていた」，と述べ，その「自負の熱烈さ」の故に部下は徐に対し全的信服を寄せている，と記している。

21歳のとき兄嫁との不仲などのトラブルがあって家を出て，陶工としての出稼ぎや軍隊入りなどして苦労するうち，再会した小学校時代の親友・吝積堂の感化で革命に投ずる決心をした。1925年4月中国共産党に入党。国民革命軍に入って本格的な教練を受けて軍人としての素質を示し，26年北伐戦争のとき国民革命軍第4軍12師の小隊長代理，のち小隊長となって従軍した。

1927年大革命敗北後，出身地黄陂に戻って黄陂共産党員として農民運動に参加した。わずか13人の農民自衛軍を組織して隊長となり，11月の黄安麻城武装暴動に参加した。28年5月中共黄麻特委委員となり，闘争拡大のため単身黄陂に戻り，同年秋中共黄陂県委書記兼軍事部長，黄陂県遊撃大隊長，また中共黄陂県夏区区委書記となる。29年初め夏区越年暴動委員会総指揮を担当，越年暴動に失敗して徐一族数十人が地主側武装によって殺される。なおも遊撃隊を組織して武装闘争を展開し，同年冬中共鄂豫辺特委が遊撃隊を5つの教導隊に改編したとき，第5教導隊隊長兼党代表になったが，30年4～5月に黄陂県赤衛隊大隊長兼鄂東暴動委員会西南総指揮に配置転換された。10月黄陂県赤衛隊の6師昇格と共に6師師長となり，まもなく第5教導隊隊長兼党代表に復し，翌31年初めに鄂東警衛2団団長に転じ，3月同団が紅軍第4軍12師38団に改編されて団長となり，ここではじめて紅軍の正規の中級指揮員となった。陶工・兵士であった旧軍隊時代に身につけた飲酒癖や粗暴さがあったが，失敗を重ねるとともに部下の苦言によって次第に矯正されたという。

1931年11月紅軍第4方面軍が鄂豫皖辺区に成立すると，その第4軍12師36団団長，のち独立第4師師長，第9軍27師師長を歴任し，32年10月第4方面軍主力が鄂豫皖から川陝に西行したあと，11月鄂豫皖残留部隊を合編して紅軍第25軍を成立させ，同軍74師師長となる。33年2月第25軍副軍長兼74師師長，

10月紅軍第28軍軍長，34年4月第28軍が第25軍に吸収されて第25軍軍長となる。11月党中央の指示で第25軍は中国工農紅軍北上抗日先遣第2隊に改編されて，副軍長（軍長・程子華）となり，鄂豫皖辺から鄂豫陝辺へ，さらに陝北へと長征を行った。35年9月陝北ソヴィエトに到着して第25軍軍長に昇格（程子華は政治委員），長征の苦労を共にした周東屏と結婚した。9月18日劉志丹率いる陝北紅軍と第25軍は合編し第15軍団が成立し，軍団長（副軍団長・劉志丹）となり，11月に毛沢東・彭徳懐率いる長征の旧紅軍第1方面軍を陝北に加え，正式に西北革命委員会委員，第1方面軍第15軍団軍団長に任ぜらる。36年10月長征を終えた紅軍第2・4方面軍が陝北に到着し，紅軍3大主力の陝北会師が実現し，12月中央革命軍事委員会委員に任ぜられた。

1937年7月抗日戦争勃発とともに八路軍115師344旅旅長，39年11月新四軍江北指揮部副指揮兼第4支隊司令となって転戦したが，同年12月大喀血とともに倒れ，抗日戦争後半と解放戦争中を再起不能に近い状態で長期病臥に伏した。

1954年，新中国成立後の中央人民政府革命軍軍委員会委員，国防委員会委員，党中央軍事委員会委員となり，56年9月の党8全大会，69年4月の9全大会で中央委員に選出さる。60年から革命回想録などを多数執筆した。文化大革命を批判して林彪・江青派の迫害を受け，病気が再発しても治療を許されず，70年3月怨みをのんで病死した。

参考文献：エドガー・スノウ著，宇佐美誠次郎訳『中国の赤い星』（筑摩書房，1964年）。「徐海東生平自述」，『人物』1981年3期。陳志凌「徐海東」，中共党史人物研究会編『中共党史人物伝』14巻（陝西人民出版社，西安，1984年）。

〔蜂屋亮子〕

許（きょ）　継慎（けいしん）　Xu Jishen

（1901年～1931年11月）

原名・紹周。字・旦如，謹生。安徽省六安県生まれ。中国工農紅軍の高級将校。

農民の家庭に生まれ，幼少時私塾に学ぶ。1920年秋安慶の省立第一甲種工業学校工程科に入学，まもなく第一師範学校に移る。21年4月安慶社会主義青年団設立準備活動に参加し，安徽省で最も初期の団員の1人となる。同年6月安徽省議会の予算編成に反対して学生運動を指導した。同年秋安徽省学生連合会の改選に際し常務委員兼連絡部長となる。23年秋学生運動を指導したことから指名手配され，上海に逃れる。24年5月黄埔軍官学校第1期生として入学，マルクス・レーニン主義の著作や革命理論を好んで学んだ。同年冬中国共産党に入党する。8月中共黄埔軍官学校支部が成立すると蔣先雲書記の下で幹事候補となり，また中国青年軍人連合会の会員となって国民党右派の組織した孫文主義学会と論争した。

1924年11月卒業後同校に残って教導第2連隊小隊長，第3期学生隊第2大隊第6中隊副中隊長となり，25年には陳炯明を討伐するための2度の東征に参加した。第2次東征では国民革命軍第1軍第3師団第7連隊党代表辦公室少佐幹事となって，党代表・蔣先雲に協力した。26年3月の中山艦事件後中共党員であることが発覚して同軍から退く。その後周恩来が主任をつとめる国民政府政治幹部訓練班で第2中隊長に任ぜられる。

1926年5月から国民革命軍第4軍葉挺独立連隊第2大隊長，同連隊参謀長，第25師団第73連隊参謀長，第11軍第24師団第72連隊長となり，北伐に参加し，27年夏斗寅軍との戦闘で負傷する。上海で療養後中共中央軍事委員会の下で安徽省籍の各界人士と交流し，国民党第33軍長・柏文蔚らと統一戦線工作を推進した。

1930年3月鄂豫皖革命根拠地に派遣され，同年4月中共鄂豫皖特別委員会委員，中国工農紅軍第1軍長に任ぜられる。副軍長・徐向前，政治委員・曹大駿らとともに第2，第3師団を率いて克霍山，英山，羅田などを攻撃し，国民党軍との戦闘をくりかえした。その後徐向前が率いる第1師団とともに四姑墩で敵に重大な損害を与え，第1次「囲剿」を阻止した。

1931年1月第1軍，第15軍は合併して第4軍となったが，その第11師団長に任ぜられ，第10師団とともに双橋鎮の戦闘を指揮する。ここで鄂豫皖紅軍は初めて国民党軍1個師団を全滅させるという勝利を収めた。同年5月第12師団長兼中共鄂豫皖革命軍事委員会皖西分会主席となり，鄂豫皖革命根拠地および紅軍の発展に貢献した。その後徐向前，曾中生らとともに張国燾と対立したが，同年9月「反革命分子」として逮捕され，11月河南省光山県新集において秘密裡に殺害された。45年中共7全大会において名誉回復される。

参考文献：安徽省民政庁編『江淮英烈』1輯（安徽人民出版社，合肥，1981年）。人民出版社編『不屈的共産党人』3（人民出版社，北京，1982年）。中共党史人物研究会編『中共党史人物伝』4巻（陝西人民出版社，西安，1982年）。鮑勁夫『許継慎将軍伝』（解放軍出版社，北京，1986年）。胡允恭「回憶許継慎同志」，『南京大学学報』1980年3期。

〔安田淳〕

徐（じょ）　継畬（けいよ）　Xu Jiyu

（1795年～1873年）

字・健男，号・松龕。山西省五台県生まれ。原籍，同前。清末の官僚。

1813年挙人，26年進士。庶吉士。翰林院編修。36年，御史に任ぜられ，忻州知州，保徳知州，登州知府，栄河知県らの失政を弾劾する上奏を行った。また行政の簡素化を進言して嘉納された。同年広西省潯州知府に任ぜられた後，38年，福建省の延部道，汀漳龍道に赴任した。

1840年，アヘン戦争が勃発してイギリス軍艦が厦門に進攻したので，厦門に近接した位置にある漳州の居民は動揺したが，徐継畬が説得して静めた。

1842年両広塩運使に続いて広東按察使に任ぜられたが，翌年には福建布政使に転じた。46年広西巡撫に任ぜられたが，赴任しない間に福建巡撫に転任を命ぜられた。そして当時，閩浙総督・劉韻珂が病気のため退職したので，しばらくの間総督をも兼任した。

南京条約の結果福州が貿易港として開かれた。初めイギリス人が省城の烏石山の神光寺に居住していたので士民の間に騒ぎが起こった。清廷は劉韻珂と徐継畬にイギリス人の居住地の変更を命じ，しばらく後道山観に移転させた。徐継畬は福建巡撫在任中，イギリス人など外国人と接触する機会があり，1843年にアメリカ人宣教師D.アビールから世界地図を借用したことをきっかけに外国関係資料の収集に努め，西欧事情に通じていた。北京宮廷に詣向した時道光帝の詢問を受けて諸外国の地理風土や政情について詳しく上奏した。その後，外国事情を紹介した『瀛寰志略』（10巻，48年初刊）を編集した。それは，魏源の『海国図志』（50巻，42年初刊）と同じく，中国近代の世界の地理や国情を紹介した著作として有名であり，『海国図志』と共に日本にも伝来し，幕末の海外知識の源となった。

1852年，徐継畬は福建巡撫時代の罪人の誤認逮捕事件のため免職となったが，同年太平天国軍が北上するや，翌年太平天国の侵入防止のための団練の督辦を命ぜられて山西に赴いた。数年間の山西滞在中，回教徒や捻軍の反乱に遭遇し，各府州県の団防の編成，督辦に従った。63年に北京に召還されて総理各国事務衙門に仕えた。次いで，太僕寺卿を授けられ，その後京都同文館大臣に任ぜられた。著書に『瀛寰志略』のほか『退密斎詩文集』がある。

参考文献：清繆荃孫編『続碑伝集』17（江楚編訳書局，上海，1910年）。民国清史館編『清史稿』列伝209（民国清史館，北京，1927年）。清史編委会編『清代人物伝稿』下編1巻（遼寧人民出版社，瀋陽，1984年）。　〔横山英〕

徐（じょ）　建寅（けんいん）　Xu Jianyin

（1845年3月7日～1901年3月31日）

字・仲虎。江蘇省無錫県銭橋社崗里生まれ。清末の科学者。

父は有名な科学者・徐寿であり，幼時父親から家庭教育を受ける。1861年父に従って曾国藩の幕僚となり，翌年安慶軍械所に勤め，父の助手として活躍した。64年安慶軍械所が南京に移り，金陵機器制造局と改称すると，彼は父とともに南京へ移り造船技術の研究を行った。翌年，中国人最初の汽船である木質明汽船（船名・黄鵠）を建造した。

1867年，父とともに江南機器制造総局に移った。父の徐寿はその後17年間江南機器制造総局に在職し，造船・火薬の研究，翻訳書の作成などに大きな貢献を果した。68年に翻訳館が設立されたが，イギリス人フライヤーと共訳で徐寿が『化学考質』など40冊近くを，徐建寅が『化学分原』など20冊余りを翻訳した。

1874年，徐建寅は天津制造局に移り，強酸の製造に成功した。翌年，山東巡撫・丁宝楨に請われて山東機器局に移って総辦となり，外国人技術者を1人も雇用しない機器局を作った。

1879年に徐建寅は二等参賛の資格で駐独公使・李鳳苞に従ってドイツに赴いた。彼は清朝が派遣した最初の科学技術専門家であった。彼の目的は軍艦の購入の商談と，西欧各国の各種の工場，特に軍事工場の視察であった。西欧に滞在した4年間に彼はドイツ，イギリス，フランスなどで数多くの工場を見学した。その見聞録は『欧遊雑録』，『徳国議院章程』，『水雷録要』などに記されている。

徐建寅は1884年帰国した。この年父の徐寿が死去した。86年に両江総督・曾国荃の招請で金陵機器局の総辦に就任し，さらに90年には湖北鉄路局へ移った。そして94年に推挙されて道員となり直隷に赴いた。95年，徐建寅は北洋海軍が日清戦争で敗北した原因調査の特命を受け，天津，威海衛で調査し，その不備を報告した。そのため李鴻章の勘気を蒙り，翌年李の圧力で福州船政局の提調に飛ばされた。

変法運動が盛り上がると徐建寅は積極的に賛同した。そのため変法派によって彼は農工商務大臣に推挙が予定されていたが，戊戌の政変で実現されなかった。

1900年，徐建寅は湖広総督・張之洞の招きで湖北へ赴き，保安火薬局と漢陽鋼薬場の総辦となった。そして01年2月12日，漢陽鋼薬場で無煙火薬の製造中に誤って火薬が爆発し，16名の職工とともに殉職した。

『欧遊雑録』,『化学分原』,『造船全書』など，数多くの著書・翻訳がある。

参考文献：沈渭浜『近代中国科学家』(上海人民出版社，上海，1988年)。朱洪斌「愛国科学家徐寿，徐建寅在洋務運動中作用」,『歴史教学』1988年3期。〔楠瀬正明〕

許　景澄　Xu Jingcheng

(1845年～1900年7月28日)

原名・癸身，字・竹篔。浙江省嘉興県生まれ。清朝末期の外交官。

代々学者の家に生まれ，1868年，進士に合格して官僚となり，79年北京一帯の郷試同考官となる。79年四川郷試副考官。80年侍講に昇進し，日本公使になることが決まったが，父の死により取りやめとなった。84年，フランス・ドイツ・イタリア・オランダ・オーストリア5国駐在公使として渡欧，翌年ベルギー公使を兼任した。許景澄は「外国師船表」(外国軍艦表)をつくって政府に提出し，海防の必要を説き北洋海軍創設のためドイツからの軍艦購入に尽力した。

1887年母の死去のため一時帰国したが，90年，ロシア・ドイツ・オーストリア・オランダ4国駐在公使として再び渡欧。92年ロシアが出兵してパミールの薩雷闊勒嶺の西にある中国領土を占領するという事件が起こり，許景澄は清国代表としてロシアと交渉に当たったが，ロシアは軍隊の撤退を拒否した。94年4月再びロシアと交渉したが，ロシアは撤退を拒否したので最終的解決まで現状の維持を承認した。

1898年9月，病気のため帰国した許景澄は総理各国事務衙門大臣の任に就き，工部左侍郎を兼ねる。同年イタリアが武力で浙江省三門湾を占領し，これを租借地にしようとした事件が起こった。許景澄はこれに激しく反対して阻止した。このほかにもシベリア鉄道問題，旅順・大連租借問題をめぐってロシアとの折衝に当たった。

1900年，義和団事件が起こると義和団鎮圧を強硬に主張し，外国公使館の包囲攻撃にも断固反対して「(外国の)使臣を殺すことは，中国でも外国でも前例のないことだ」といった。西太后は激怒し，彼に「任意妄奏」(勝手にでたらめなことを上奏した),「語多離間」(騒ぎたてて清朝中央の団結を乱した)という罪名を着せ，太常寺卿・袁昶，兵部尚書・徐用儀とともに北京で処刑した。しかし，清朝が8カ国連合軍に敗北し謝罪したのち，01年1月，冤罪として再審理がおこなわれ名誉回復され，09年文粛の諡が与えられた。『許文粛公遺稿』,『許竹篔先生出使函稿』,『許文粛公外集』などがある。

参考文献：『清史列伝』巻62(台湾中華書局，台北，1982年)。陳旭麓・方詩銘等主編『中国近代史詞典』(上海辞書出版社，上海，1982年)。〔小林一美〕

許　克祥　Xu Kexiang

(1889年12月15日～1964年6月13日)

字・克祥，号・長勝。湖南省湘郷県首善郷に生まれる。湘軍系統出身の下士官。1927年5月21日のいわゆる「馬日事変」の首謀者の1人。

生家は代々の農家。兄弟は6人。8歳で私塾に学ぶ。18歳で湖南陸軍講武堂に入り，ひそかに同盟会に参加。講武堂を卒業後，湖南守備隊排長となり，1911年，湖南光復の革命に参加。16年湖南陸軍第1師の営長となる。14年朱沢黄旅長の招きで営長となり，第3革命に参加。20年第6混成旅団第19団の団長となる。21年阮陵鎮守使署第17団団長となる。広東軍政府の孫文の命を受け，軍にしたがって江西に赴き，その後陳炯明の叛軍とも戦う。26年貴州軍閥・袁祖銘が湘西に入るや，袁軍に投じて旅長となり，常徳に駐屯。その後，独立第33団(連隊規模)の団長となり，湘郷，湘潭地方に駐留。27年5月唐生智の第8軍とともに第35軍が，いわゆる第2次北伐で河南省方面に転戦していくに及んで，第33団は長沙の留守部隊となる。

すでにその頃，武漢国民政府統治下の湖南，湖北両省を中心に，労働・農民運動の急進化が顕著となり，それに伴って社会上の階級対立，政治上の左右抗争が一触即発の状態に達していた。湖南省では，農民協会の指導権を握った貧農層が中共・国民党左派の急進グループのリードのもとで，旧農村指導層を政治的に断罪し，それらの土地・財産の再配分を開始していた。また，貧農層は米価の引き下げと安定的供給を確保するために，米どころの湖南省の各地で，米の他地域への流出を人為的に統制する挙に出ていた。そうした農村革命に対して，地主・郷紳クラスのみならず，自作・中農層までが不安と反発を抱き，それが湘軍系の国民革命軍将兵の気分にも伝染した。とくに革命軍将官層の一部に農民運動の矛先が向かうようになると，運動の「行き過ぎ」を非難し，怨嗟する声が巷に溢れだしていた。その結果，軍閥・郷紳体制に挑戦して，いわば平民革命を現出しつつあった中共・左派主体の国民党は，しだいに孤立を深めていた。

その様な折に，湖北・武漢方面で，夏斗寅の部隊が武漢政府に反旗を翻すや，許克祥らは第35軍の軍長・何鍵，参謀・余湘三らの密命をうけて，教導隊隊長・王東原，長沙駐留部隊営長・陶柳らと協同して長沙でクーデターを断行し，国・共両党の機関，総工会・農民協会などの大衆組織，折から開催準備中の湖南省民会議などを襲撃して破壊した。その急襲の結果，当時内外に名を轟かした湖南の急進革命は一夜にして瓦解した。

その反共・反左派のクーデターは，元来は第８軍留守部隊の張国威らとの共同行動の予定だったが，張が実行を躊躇したため，35軍系が許を中心にクーデターへと動いたものと思われる。そのクーデターが成功したのは，許らが湖南人のうえ長沙守備についたばかりで左派側の警戒に隙があったことにもよろうが，上述のような中産，富裕階層の急進革命への根深い反発が背景になっていたものと思われる。国民党中央指導者の汪精衛，孫科らまでもが，許らの武力発動は「無理からぬもの」であり，民心は「青天」と受けとめていると述べている。一方，蔡和森は，中共の各級指導機関の「自壊」の結果であったと指摘している。

クーデターの後ただちに，許克祥，王東原，周栄光，李殿臣，張敬分の５名を主席として，中国国民党湖南救党辦事処が組織され，そのもとに1927年５月29日国民党湖南救党委員会が成立した。すなわち，湖南では国民党の党部が中共党員を根幹とする左派の指導下におかれ，尖鋭な階級闘争方針が推進されていたため，国民党内部の闘争は，東南方面のように「清党」に止まらないで，国民党左派・中共の全面排除により国民党を救済することが目指されたものである。５月25日武漢政府はボロディン，譚平山，陳公博らを派遣して事態の早期収拾をはかろうとしたが，許らはその調査団を武力を背景に追い返した。結局事件の処理は，湖南の最高実力者・唐生智に委ねられた。６月26日湖南に帰った唐は，張敬分らを処罰して党籍を剝奪したものの，許らにはその非法行為を記録するに止めるほかなかった。許らの厳重処罰は，何鍵ら第35軍全体に波紋を広げる恐れがあったこと，その間隙に南京側の影響力が浸透することが危惧されたためであった。

事件後，南京の蔣介石側より，許克祥らの行動は高く評価され，許は広東独立第２師師長に任命された。1930年第24師師長となり，いわゆる中原大戦に参加し，馮玉祥軍と戦う。ついで江西方面に転じて，中共ソヴィエト区の討伐戦に参加し，33年第37軍副軍長となる。37年国民政府軍事参議院参議となる。抗日抗戦が始まると厦門に移住。汪精衛らから親日の汪政権への参加を求められたが拒否。49年の革命に際して厦門に避難。53年台湾に移って，総統府国策顧問に就任。64年６月台北で病死した。著書に『湖南馬日剷共回憶録』がある。

参考文献：蔣永敬『鮑羅延与武漢政権』（伝記文学出版社，台北，1972年）。中国革命博物館・湖南省博物館編『馬日事変資料』（人民出版社，北京，1983年）。坂野良吉「馬日事変覚書」，『静岡大学教育学部研究報告』27号，1976年。

〔坂野良吉〕

徐（じょ）　立清（りつせい）　Xu Liqing

（1910年４月５日～1983年１月６日）

原名・映清。河南省商城県李家集生まれ。中国工農紅軍，中国人民解放軍の軍事指導者。中国人民解放軍中将。

貧しい小作農の家に生まれ，苦しい生活の中，私塾に学ぶ。1927年５月鄂豫皖地区の大別山革命根拠地に赴き，少年先鋒隊，農民協会の革命運動に参加する。29年８月中国工農紅軍第32師団に参加，30年９月同郷の漆祖昆，漆承旺に紹介されて中国共産党に入党した。

その後紅軍第１軍第２師団経理処監護中隊書記，第４軍第11師団政治部組織幹事，同中共党支部書記，第４方面軍第11師団政治部組織科長，同部宣伝科長，第12師団政治部主任などをつとめた。1933年６月木門における会議で第４方面軍に４個軍が編成されると第４軍政治部主任となり，その後紅軍第４方面軍総衛生部政治委員，同軍第91師団政治委員などをつとめ，鄂豫皖地区の反「囲剿」戦，川陝革命根拠地創建闘争，紅軍第４方面軍の長征に参加した。紅軍第４方面軍と中央紅軍との合流以後は党中央および毛沢東の北上抗日の方針を支持した。

抗日戦争時期，国民革命軍第八路軍（後，第18集団軍）第129師団組織部長，冀南東進縦隊政治委員などをつとめ，朱徳，劉伯承，鄧小平，徐向前らの下で積極的に抗日遊撃戦を展開し太行山の抗日根拠地の創建に参与した。1940年には中共７全大会代表に選出される。翌41年中共中央軍事委員会が創設した軍政学院に入学，42年初め党秀玉と結婚し，同年中共中央党校に移って約２年学んだ。この間延安整風運動に参加する。43年中央組織部の組織する審査処理幹部委員会の活動に参加し，その後幹部党員資格審査に従事した。44年２月陝甘寧辺区晋綏連防軍新編第４旅団政治委員となり，陝甘寧辺区の防衛戦争に大きな貢献をした。

国共内戦時期には，陝甘寧辺区晋綏連防軍政治部主任，西北野戦兵団政治部主任，西北野戦軍政治部主任，同軍第６縦隊政治委員，第１野戦軍第２兵団副政治委員兼政治部主任，同軍第１兵団政治委員などを歴任し，彭徳懐，許光達らとともに西北の戦線を転戦して延安を防衛し，大西北を「解放」することに貢献した。49年新疆に進軍し中共中央新疆分局副書記，中国人民解放軍第１野戦軍第１兵団政治委員兼新疆軍区政治部主任となって少数民族政策に従事した。

中華人民共和国成立後，中共中央軍事委員会総幹部管理部副部長，中共８全大会代表，中国人民解放軍総政治部副主任，済南軍区政治委員，成都軍区第１政治委員，中共11，12全大会代表，第11期中央委員会候補委員，中共中央軍事委員会委員，中央顧問委員会委員，第１～４期全国人民代表大会代表，第３期全人代常務委員会委員，中国人民政治協商会議第３期全国委員会常務委員などをつとめた。この間全軍の幹部管理を統一し，幹部人事を調整して新しい軍種，兵種，教育機関，軍区などの組織を整備した。さらに軍幹部制度を正規化することに尽力した。1951年以降羅栄桓の下で，「中国人民解放軍各級幹部管理部門工作職責（草案）」「関於復員工作的指示」，「中国人民解放軍軍官服役条令」などの制定に携わる。文化大革命中は迫害を受けたが，その後復活し，再び軍隊の幹部工作に従事した。83年１月北京で病没。

参考文献：李達『抗日戦争中的八路軍一二九師』（人民出版社，北京，1985年）。星火燎原編輯部『解放軍将領伝』９集（解放軍出版社，北京，1989年）。　〔安田淳〕

徐　懋庸　Xu Maoyong

（1910年12月16日～1977年２月７日）

原名・茂栄，仮名・余揚霊，余致力。筆名・高平，揚，弗先，回春。浙江省上虞県下管鎮西堂生まれ。散文家，翻訳家。

父，叔父ともに竹細工人。1916年方山小学校に入学。19年秋高等小学校に進学，22年卒業。中学進学を経済的理由であきらめ，山区で竹細工を売る。23年初め鹿渓小学校の教師になり，26年末まで教える。上虞県の春暉中学で夏期講習会があり，呉稚暉，黄炎培，黎錦熙，劉大白などの話をし，愛国思想を固める。23年１月１日から12月31日までの日記が，85年に発見されたが，徐懋庸はエスペラント語で日記をつけていたという。

1925年進歩的小学教師の組織「青年協進社」に加入し，その不定期刊『上虞声』に文章を発表。26年中国共産党が指導する上虞県国民党党部宣伝部の幹事になり，27年国民党の新聞『南針報』の編集をする。４・12蒋介石クーデター後，地下闘争に入り，『石榴報』を出す。逮捕令が出たので，上海に逃げ，余致力と名を変え，半工半読の上海労働大学中学部に合格する。30年に卒業後，浙江臨海回浦中学の教師となる。32年ロマン・ロランの『托爾斯泰伝』を訳す。臨海女子高小の学生・劉蘊文と結婚。彼女は，42年犠牲となった。

1933年上海へ出る。山川均の『社会主義講話』を訳す。夏，『申報』副刊『自由談』に投稿を始め，編者・黎烈文に注目される。11月魯迅に『托爾斯泰伝』中の日本人名につき教えを乞う手紙を出す。以後，魯迅との文通が始まる。

1934年春，任白戈の紹介で中国左翼作家連盟に加入し，理論研究小組に入る。夏，半月刊『新語林』の編集責任者となる。『太白』の編集委員，『芒種』を曹聚仁と編集するなど雑誌編集者として活躍。35年春左連の常務秘書長となり，林淡秋，何家槐，梅益，周立波らと仕事をする。この間，多くの雑文を書き，『不驚人集』にまとめるが，国民党図書雑誌審査委員会におさえられる。そこで，曹聚仁が『懋庸小品文選』を35年に出版する。『不驚人集』は，37年に千秋出版社から出版されたが，そのことを，徐懋庸は文革中に知り，本そのものは生前見なかった。35年『打雑集』を出版。魯迅が序を書く。36年『街頭文談』，『怎様従事文芸修養』，『文芸思潮小史』などの芸術理論書や，バルビュスの『従一個人看一個新世界—斯大林伝』などを翻訳し出版。

1935年から36年にかけて，徐懋庸は上海「文化界救国会」と「文芸家協会」に参与する。36年左連解散後，「国防文学」と「民族革命戦争的大衆文学」の２つのスローガンをめぐる論争がおきた。８月１日彼は魯迅に手紙を書いて，「国防文学」のスローガンに一致するよう求めた。魯迅は「答徐懋庸并関於抗日統一戦線問題」という長文を発表し，徐懋庸や周揚らの考えや行為を非難した。彼はすぐ「還答魯迅先生」という文を書いて，誤解をとこうとしたが，魯迅はとりあわなかった。徐懋庸はこれ以後，消すことのできない汚名を生涯荷なうことになった。

1938年３月延安に着く。５月毛沢東に左連解散や２つのスローガンなどにつき報告する。中共組織部の陳雲と李富春にも，報告する。８月抗日軍政大学の艾思奇と張庚の紹介で入党。抗日軍政大学３大隊政治主任教員となり，何幹之と『社会科学基礎教程』を編集し，楊松主編『社会科学概論』の１章「帝国主義」を書く。42年１月渉県で開かれた座談会に参加。この時，趙樹理が民間文芸に学んで大衆化せねばならぬと発言したが，徐懋庸は，楊献珍と趙樹理の独善性を批判している。42年末王韋と結婚。

1943年３月初，晋冀魯豫辺区文連主任となり，『華北文化』の主編となる。魯迅の「阿Q正伝」や「理水」に注釈を書く。45年承徳に行き，冀察熱遼連合大学副校長，熱河省文連主任，建国学院院長などを歴任する。49年3月，連合大学の幹部を率いて北京に着き，第4野戦軍南下工作団第3分団を組織し，政治委員となる。同年10月武漢に着き，武漢大学秘書長，中南軍政委員会委員，中南文化部副部長，教育部副部長，武漢大学副校長などの職につく。この間，『魯迅―偉大的思想家与偉大的革命家』，『馬克思列寧主義和毛沢東思想的簡単介紹』，『工人階級与共産党』などを出版。

1957年中国科学院哲学研究所に移る。56年11月から57年8月までに100篇余りの雑文を書き，『打雑新集』にまとめたが，58年右派とされて，出版されなかった。59年歴史小説「鶏肋」を発表。62年から66年まで哲学研究所西方哲学組に所属。ポーランドのアダム・シャフ『人的哲学―馬克思主義与存在主義』（63年。林波・段薇傑・張振輝らが共訳），フランスのガロディ『人的遠景』（65年，陸達成と共訳）や『共産党哲学的任務和対斯大林的哲学錯誤的批判』（63年，陳莎と共訳）などを内部発行として，生活・読書・新知三聯書店より出版。また，サルトル『弁証理性批判・第1分冊』（63年，商務印書館）などを，内部読物として出版。ほかに，300余首の詩詞がある。66年7月から70年まで「黒いグループの一味」として“牛棚”に入れられ迫害を受けた。72年から74年までに12章の『回憶録』を書く。魯迅の手紙への注釈を，77年南京海軍医院で死ぬまで書き続ける。

1976年，右派のレッテルを外され名誉回復される。79年4月12日八宝山革命公墓で追悼会が行われた。

参考文献：顧傑坤「風雨管渓声―追憶“十年動乱”中返郷的徐懋庸同志」，『上海文学』1986年2期。王章編『徐懋庸研究資料』（知識産権出版社，北京，2010年）。

〔萩野脩二〕

許　乃済（きょ　だいせい）　Xu Naiji

（1777年～1839年）

字・叔舟，号・青士。原籍，浙江省銭塘県。同地に生まれる。清末の官僚。

1809年進士。34年広東按察使，アヘン輸入弛禁を主張し，両広総督・盧坤，広東巡撫・祁𡎴の賛同を得た。ついで光禄寺卿・太常寺少卿に任ぜられた。36年アヘン輸入・吸飲の緩和を上奏し，アヘンを薬材として輸入を認めて課税して税収を増やすこと，銀との交換を禁ずること，官吏・兵士の吸飲を禁ずること，国内でのアヘン生産を許すこと，などの見解を述べた。このアヘン弛禁論は内閣学士・朱嶟，兵科給事中・許球，江南道御史・袁玉麟らアヘン厳禁論者の猛反対を受けた。38年，道光帝は林則徐や黄爵滋のアヘン厳禁の建議を認め，許乃済を降格し休暇を命じた。

参考文献：陳旭麓・方詩銘等主編『中国近代史詞典』（上海辞書出版社，上海，1982年）。清史編委会編『清代人物伝稿』下編2巻（遼寧人民出版社，瀋陽，1985年）。『籌辦夷務始末』（道光朝1856年，官撰）。　〔横山英〕

徐　企文（じょ　きぶん）　Xu Qiwen

（生年不詳～1913年）

本名・徐継曾。上海生まれ。清軍某営の書辦（書記）・徐梅卿の子。中華民国工党の領袖，民国初期労働運動の指導者。

清朝末期，中等工業学校卒業後，徳文医学堂で学んだが中退。留学生であった（留学先不明）との説もある。上海市北部の小学校で教師をつとめた。

1911年10月辛亥革命が開始され，同年11月初旬上海が独立すると，北伐軍のために従軍紅十字会を組織し，中華共和憲政会を結成してその宣講部長を担当した。辛亥革命勃発後江亢虎が組織した中国社会党に参加し平民主義を主張し，12年1月下旬，江亢虎や中華民国臨時大総統・孫文らの支持を得て，実業家・朱志尭らと中華民国工党を結成し副党首に選ばれた。多数の労働者が参加した工党は，次第に労働者中心の政党に脱皮し，同年10月南京で開かれた工党の第1回全国支部連合大会では党首に選ばれた。

徐企文は，1912年6月から7月にかけて紅白作（豆腐業）や翻砂業（鋳物業）の労働争議で労働者の賃上げと労働時間の短縮などを要求する運動を支援し，7月には工党本部で児童労働，成人の労働時間，日曜日休業，最低賃金，労働保険，ストライキ法などの案件について国会開幕時に請願を行うことを決定している。工党党首に就任した後には，11月に開始された上海の小木業（指物師）の労働争議に本格的に介入し，賃上げを要求する労働者のストライキを指導した。工党の結成と活動は，上海の企業家を強く悩ませたため，当時のマスコミは，徐企文と工党について「徐企文ありてより，徐企文の工党ありてより，上海の罷工風潮多くして，上海の企業家苦しむ」と評した。徐企文はまた中華民国工党松江支部主任であった楊了公が上海で12年12月に中華民国農党を結成するとこれを全面的に支援した。

1913年5月1日，徐企文は中華民国工党を代表して，戴季陶の指導する中華民国自由党，沙淦を党首とする純粋社会党とともに，宋教仁暗殺，国会未承認の善後借款に抗議し，袁世凱政権を弾劾する全国公民大会を上海で開催し，全国公民会を結成した。全国公民会は袁世凱政権に対する非暴力の抗議行動を推進する団体であったが，徐企文は5月28日に国民共進会の指導者・張尭卿や柳人環らと組んで江南製造局を攻撃した。反袁世凱の第2革命を目前にして突如実行された徐企文らの行動は，逆に袁世凱政権による革命派弾圧に口実を与えることになった。徐企文は，江南製造局を攻撃した5月28日夜袁世凱の軍隊によって逮捕され，北京に送られたのち処刑された。中華民国工党は新聞『覚民報』を発刊した。

参考文献：陳伯熙編『上海軼事大観』6版（上海泰東図書局，上海，1924年）。『民立報』1913年5月30日，6月6日。小島淑男「辛亥革命期における工党と農党」，『歴史評論』256号，1971年11月。〔小島淑男〕

徐　謙（じょ けん）　Xu Qian

（1871年6月26日～1940年9月26日）

字・季龍，英文名・George Hsu，晩年は黄山樵客と称す。江西省南昌生まれ。原籍，安徽省歙県。清末の法官，中国国民党左派の指導者。

知識人の家庭に生まれるが，早く父を亡くした。兄の巽（字・鳳人）とともに母に育てられ，伝統的教育を受けた。1902年挙人，04年進士となる。04～07年仕学館及びそれを継いだ進士館で法律と政治を学んだ。

1907年翰林院編修，その後徐謙は法部参事を経て法律編査館の長となった。そこで彼は4級裁判制の実施，民事及び刑事訴訟手続きの整備などに向けて諸規定の草案を作成した。欧米からの司法主権回復のための法制近代化を担ったのである。08年北京高等検察庁検察長となり，10年許世英とともに外遊して欧米各国の司法制度を研究した。

徐謙は辛亥武昌蜂起勃発直後北京に戻ったが，すぐに辞職して清帝の退位求め，1912年4月天津で国民共進会を組織し，立法・司法の中央集権と行政の地方分権を主張した。徐が著した『共和連邦折衷制商権書』は当時注目されなかったが，のちに載季陶の『中華民国与連邦組織』（17年）に収録され世人の共鳴を得た。

1912年唐紹儀内閣の司法部長となるが，唐辞職の際これに同調した。同年8月共進会は他のいくつかの政党とともに同盟会と糾合し国民党を結成した。徐謙は国民党参議となったが，第2革命挫折後は弁護士活動に転じた。長兄・巽にキリスト教信仰を勧められた徐謙は「袁世凱の死を求める祈りが通じたら信じる」と宣言し，16年6月袁が死ぬと聖公会で洗礼を受けた。同年北京で司法部次長に復職した。

1917年中国のカトリックとプロテスタントの団体は，信仰の自由を求めるために「信教自由総会」を組織したが，徐謙はこの会長に選ばれた。この会にはのちに，回教，仏教，道教の諸教徒も参加した。

1917年9月孫文が広州に護法軍政府を建てると，徐謙は大元帥府秘書長に任命された。18年軍政府の政務総裁制採用に反対した孫は上海に退去したが，徐は孫文の代表としてしばらくは広州に残った。徐は粤軍総司令・陳炯明と協力して国民党系の軍事力を温存することに努力した。同年9月護法軍政府司法部長に就任。またこの年「基督救国運動」を組織・指導した。

1919年徐謙は陳友仁とともに孫文の上海護法軍政府代表としてヴェルサイユ和平会議に出席しようとした。欧米諸国は北京政府を認めていたので，彼らは広州護法軍政府代表の伍朝枢同様，公式参加はできなかった。帰国後徐は天津でカトリック系新聞『益世報』の主筆となった。

1920年9月孫文の指示により徐謙は，河南に進出した馮玉祥と会談した。以後彼は馮と頻繁に接触することになる。同年11月陳炯明の粤軍が広州を回復し孫文が広州に戻ると，徐は再び広州軍政府の司法部長となった。21年軍政府が中華民国政府に改組されると，徐は大理院院長に任命された。22年孫の広州追放後，北京政府王寵恵内閣の司法部長に就任するが，2カ月で王とともに辞職した。

1923年孫文が再建した広州の政権を代表して，徐謙は胡漢民・汪精衛らとともに上海で北京政府との和平統一会談をおこなった。会談は成功せず，徐は嶺南大学で教職についた。24年上海で『評議日報』を創刊，また政法大学を設立した。同年10月馮玉祥が北京でクーデターを起こすと，徐は馮に請われて北京ロシア語専門学校校長となった。この時共産党員との関係が深まった。25年中国国民党北京政治分会主席，広州国民政府委員となる。26年1月国民党2全大会で中央執行委員に選出される。3月の日本軍艦による大沽口砲撃事件に際して，徐は北京で学生運動を組織した。段祺瑞の弾圧でモンゴル経由でソ連に逃れた徐は，途中同行の馮玉祥に国民党加入を決意させた。

1926年7月徐謙はモスクワから広州に戻り，蔣介石に馮への軍備援助を要請しこれを実現させた。同年12月13日国民党左派が中心となって武漢で党中央執行委員・国民政府委員臨時連席会議が開かれ，徐はこの会議の主席となった。翌年1月武漢国民政府成立。蔣が27年4月上海で反共クーデターを起こした時，武漢政府の北伐軍は開封付近まで達していた。徐は馮と会談し，北伐軍を河南省から引くかわりに馮の武漢政府に対する一定の支持をとりつけることに成功した。しかし徐は情勢混乱を理由に武漢にもどらず，馮も共産党員を追放した。

国民党左右両派から政治姿勢を批判された徐謙は，1927年11月政界からの引退を発表した。しかし33年福建人民政府に参加し，翌年１月この政府が崩壊すると香港に逃れた。

日中戦争開始後の1937年南京国民政府国防委員会の閑職に就くが，39年病気治療のため香港に移り，翌年死去した。

著書に『民約総論』，『生活共同制』などがある。ほかに『徐季龍先生遺詩』が1943年に妻によって出版された。２度結婚し，最初の妻とは死別，息子２人，娘３人があった。

参考文献：呉相湘『民国百人伝』第３冊（伝記文学出版社，台北，1971年）。何東他主編『中国革命人物詞典』（北京出版社，北京，1991年）。Howard L. Boorman ed., *Biographical Dictionary of Republican China*, Vol. 2 (Columbia University Press, New York and London, 1967).
〔塩出浩和〕

徐（じょ）　仁鋳（じんちゅう）　Xu Renzhu

（1862年～1900年）

字・硯父，号・宛平。河北省宛平県生まれ。原籍，同前。清末改革派の官僚。

官吏の父・致清の長男として生まれ，1889年進士に合格した。日清戦争後，康有為の主張に共鳴していた。97年江標の後任として湖南学政に就任して，湖南の新政を引き継いだ。徐仁鋳は時務学堂の総教習，『時務報』の主筆として同年10月上海から招かれた梁啓超を積極的に支持し，当時梁に協力していた譚嗣同と意気投合し親交を結んだ。また徐の監督下におかれた『湘学報』でも今文学説が公然と掲げられるようになった。彼は伝統的な古い学説のみにとらわれないで西洋の学問・文化との交流をすすめ，自らの著『輶軒今語』を『湘学報』に連載した（98年２～３月)。『輶軒今語』は張之洞の『輶軒語』（75年）に対して書かれたもので，その内容は康・梁の主張するところに等しいものだった。

やがて『湘学報』は過激な言論をなすものとして湖広総督・張之洞から重ねて厳しい警告を受け，湖北向け送付販売を禁止された。さらに張は康梁学説に比べてより穏健な中体西用を説いた自著『勧学篇』を『湘学報』に連載することによって保守派の巻き返しをはかった。やはり保守派の葉徳輝は1898年３月さらに『輶軒今語評』を著して，徐仁鋳の『輶軒今語』を強く批判した。保守派の攻撃が激化した結果，巡撫・陳宝箴はついに康有為の『孔子改制考』の版木を焼くに至り，湖南における保守派の優勢は決定的となった。

徐仁鋳は父に康有為らの推挙を懇請し，父も政治改革を積極的に上奏した。一方で戊戌の政変前夜，徐は保守派の王先謙に書簡を送り，自分は必ずしも康有為の学問をよく理解して従ったわけではないと述べている。

戊戌の政変後父は免官されて無期懲役となり，やはり免官となった徐仁鋳と翰林院を免職になった弟の徐仁鏡は自分たちを身がわりに父の釈放を上書したが上聞に達しなかった。その後義和団事件の８カ国連合軍の北京進駐の際，父は放免となった。

参考文献：蘇与『翼教叢編』巻４（1898年，台聯国風出版社，台北，1970年復刻)。閔爾昌編『碑伝集補』巻９（四庫善本叢書館，北京，1923年)。民国清史館編『清史稿』巻464，列伝251（民国清史館，北京，1927年)。『戊戌変法資料叢刊』第４冊（上海人民出版社，上海，1953年)。湯志鈞『戊戌変法人物伝稿』上編（中華書局，北京，1961年)。小野川秀美『清末政治思想研究』（みすず書房，1960年)。
〔児野道子〕

徐（じょ）　潤（じゅん）　Xu Run

（1838年12月14日～1911年２月）

字・潤立。号・雨之，愚斎。広東省香山県生まれ。原籍，同前。清末上海の広東系買辦商人，中国初期工業化の大企業家。

彼の父・徐宝亭はかつて清政府の軍人で，太平天国の鎮圧に参加したという。伯父たちは皆英商宝順洋行関係の買辦であった。彼は６歳より家塾で学び始め，13歳の時叔父に連れられ，上海・蘇州で勉学を続けた。しかし，訛が強くて勉学を諦め，上海に戻り，伯父の紹介により，宝順洋行の徒弟（月俸10元）として入行，同行の買辦・曾寄圃に師事して生糸・茶の業務を学び，後に帳簿の手伝いをし，会計係に昇進した。21歳でその曾寄圃と紹祥字号を開設，洋行のために生糸・茶・綿花の取引を担当した。翌年からは浙江，江西各地に自力で茶号を開き，大利を得たという。

２年後曾寄圃が病死したので，彼が宝順洋行の副買辦に昇格し，商才を発揮して生糸・茶の他に麻・煙草・阿片などを扱った。26歳からは銭荘・布荘にも投資を拡げたし，捐納して官職を得ていた。1866年李鴻章が太平天国軍の残党を浙江・福建に討った時，彼は食糧・武器の運搬に積極的に協力し，その推薦を受けて４品銜を加えられたという。68年宝順洋行が改組したので，以後彼は自己の宝源祥茶桟を設け，茶の取引を江西・湖北にまで拡大した。また前後して上海の茶葉公所，絲業公所，洋薬局，仁済医院などの董事を担当し，併せて上海における広東商人の組織である広肇公所の財政権を掌握した。

1872年李鴻章が上海輪船招商局を設立し，その翌年彼を盛宣懐と共にその会辦に任命したのは，企業家としての彼の実力を高く評価したからである。当初招商局は資本募集難に苦しんでいたが，彼は個人で招商局に48万両を投資したし，彼の誘いで友人達も50～60万両に達する投資をしたという。76年彼は招商局の総辦・唐廷枢らと共に仁和水険公司，済和水火険公司（後に招商局に合併）を創業し，保険業も開始しつつ，その潤沢な資金を招商局の運転資金に当てたりした。その翌年米商旗昌輪船公司がその所有する数十隻の船と中国各地の埠頭・倉庫などを売りに出した時，彼は招商局を代表してそれを222万両で購入して，李鴻章より「殷実明干」の人材として賞賛を浴び，高位の官位を受けた。同年彼は唐廷枢と共に安徽省池州炭鉱に投資し，81年には開平鉱務局の会辦をも兼任した。82年彼は従兄弟の徐宏甫らと共に上海に同文書局を開設，98年に停業するまで十数年にわたって出版にも携わった。以上の他に彼は不動産業にも従事し，上海に土地3,000畝，建物五十数軒を所有，その資産総額は220余万両，家賃収入だけでも年12万余両に上ったという。14歳で月俸10元の徒弟を始めた彼が，30年後にこのような巨富を成したのは，彼の商才もさることながら，東西文明の接触点における買辦商人という新しい活躍の場が保証されていたことも看過できない。

しかし，1883年ヴェトナムをめぐる清仏の対立が激化し，その影響で上海に金融恐慌が発生すると，彼は不動産の投機で失敗し，破産同然の状態に陥った。流用していた招商局の公金16万2,000余両も返済出来ず，かねてから招商局の経営権をめぐり対立していた盛宣懐からその責任を問われて罷免された。

その後10年近く彼は失意の日々を過ごし，淮系の劉銘伝・李瀚章の委託を受けて台湾の基隆炭鉱や香山県天華銀鉱の経営を担当したが，成功しなかった。1890年招商局の借金を返済して以後，李鴻章・王文韶らの依頼で開平鉱務局林西鉱山，熱河承平銀鉱，建平・永平などの金山の経営に派遣されたがこの頃より再び活発な企業者活動を展開，天津・塘沽一帯で不動産を購入し，広益房産公司を設立したり，錦州大凌河で天一墾務公司を創設した。1902年には上海でシャツ靴下類の洋品裁縫工場を買収して景綸衫襪廠と改名，営業を開始した。03年には北洋大臣袁世凱からその手腕を買われて招商局の会辦に復職し，その翌年には上海商務総会の協理に充てられた。06年12月に招商局総辦・楊士琦が北京に転勤すると，彼がその代理に充てられた。しかし，この頃には袁世凱の政敵・盛宣懐が勢力を挽回し，招商局の実権を取り戻しつつあった。袁世凱は彼を利用して盛宣懐を牽制しようとし，彼も袁世凱のために香港の株主を自分の味方に付けて尽力したが，かえって袁世凱に疑われ，07年5月総辦代理の職を罷免された。その後の彼は景綸衫襪廠を個人企業とし，増資増設して自ら経営に務めたが，11年上海において病死した。

徐潤が書き残した『徐愚斎自叙年譜』（1927年初版）は，東西両文明の仲介者としての買辦商人の成長過程を記録した貴重な資料である。

参考文献：全漢昇「従徐潤的房地産経営看光緒九年的経済恐慌」，『中央研究院歴史語言研究所集刊』35輯，1964年9月。中国社会科学院近代史研究所主編『民国人物伝』1巻（中華書局，北京，1978年）。中井「買弁」（菊池他編『上海・職業さまざま』勉誠出版，2002年）。Albert Feuerwerker, *China's Early Industrialization: Sheng Hsuan-huai (1844-1916) and Mandarin Enterprise* (Harvard University Press, Cambridge, 1958). Hao Yen-p'ing, *The Comprador in Nineteenth Century China: Bridge between East and West* (Harvard University Press, Cambridge, 1970).　〔中井英基〕

徐（じょ）　紹楨（しょうてい）　Xu Shaozhen

（1861年6月30日～1936年9月13日）

字・固卿。晩年は学寿老人と号した。祖籍，浙江省銭塘県，広東省番禺県生まれ。清末・民初の軍人，政治家。

徐紹楨の父・子遠は，総督の幕僚を務めたこともあり，経学に通じていて，『通介堂総説』，『楽律考』，『説文注箋』などの著書があった。

徐は1894年挙人となり，97年江西課吏館副館長，1901年江西営務処総領，常備中軍統領などに任じられた。03年5月広東全省営務処総辦，同10月福建軍政局武備学堂総辦にそれぞれ任じられた。その後江蘇省の候補道員となり，新軍編成準備のために日本へ軍事視察に派遣された。

1904年12月両江督練公所参謀処及び教練処総辦に任じられて新軍の訓練に当り，05年に江南第9鎮が成立すると，その統制となり，その後さらに江南緑営総兵官に任じられ，第9鎮統制と江北提督を兼務するようになった。

1911年11月，武昌蜂起に呼応して，南京で第9鎮新軍を率いて張勲らに対して反乱を起こし，一旦は失敗したが，浙江，上海などの革命軍の応援を得て江浙聯総司令となり，12月2日に南京を攻略した。

1912年1月孫文から南京衛戍総督に任じられ，3月孫文に代わって臨時大総統となった袁世凱から参謀総長に任命されたが赴任せず，6月平民党の理事となった。14年5月参政院参政に任ぜられ，16年殖辺銀行を設立した。

1917年7月張勲復辟が起きると，日本の神戸へ避難したが，孫文の護法の呼びかけに賛同して広州へ行き，翌18年3月軍政府衛戍総司令となった。同月陸軍部練兵処督辦も兼務したが，同年5月に広州軍政府が改組されると，解職された。

1920年6月孫文から討賊軍総司令に任命され，7月に江門で広西派軍に対する蜂起を行うなどした。21年5月総統府参軍長に任じられた。23年3月広東省省長となり，5月には大本営内政部長に転じた。孫文死後の25年7月，段祺瑞執政府の臨時参政院参政に任じられたが，その後は健康が衰え，事実上政界から引退した。

1932年1月国難会議会員に任じられ，また33年2月から死ぬまで国民政府委員の地位にあった。36年9月伝染性下痢症で上海の自宅で死去した。

徐紹楨は本を好み，辛亥革命前に南京に書庫を建てて20万冊以上を所蔵していたが，張勲にすべて焼かれてしまった。しかし民国になって本を集め直し，「学寿堂」を作って所蔵し，晩年は著述に専念した。特に版本研究，暦法，数学に精通していた。

著書に，『四書質疑』，『孝経質疑』，『後漢書朔閏考』，『三国志質疑』，『勾股通義学』，『一斎算課草学』，『一斎勾股代数』，『説文部首述義』，『学寿堂文集』，『学寿堂日記』12巻，などがある。

参考文献：金天翮「国民政府委員徐公墓志銘」，『国史館館刊』1948年1巻4号。中国国民党中央委員会党史史料編纂委員会編『革命人物誌』3集（中央文物供応社，台北，1979年）。徐承庶等「(徐紹楨）行述」，卞孝萱・唐文権主編『辛亥人物碑伝集』（団結出版社，北京，1991年）。徐亜玲「徐紹楨」，中国社会科学院近代史研究所編『民国人物伝』12巻（中華書局，北京，2005年）。〔味岡徹〕

徐（じょ）　世昌（せいしょう）　Xu Shichang

（1855年10月20日～1939年6月5日）

原名・世昌，字・菊人，卜五。号・東海，鞠人，菊存，弢斎，水竹邨人，別名・書髄老人，退耕老人。河南省汲県生まれ。原籍，直隷省天津県。清末の進士，北洋派官僚，民国政界の元老。

歴代の官僚の家に生まれる。曾祖父は道光年代の進士で湖南省の知県を務め，祖父は河南省中河の通判を務めた。父親は県主簿（帳簿を司る役人）の候補になっていたが，仕事に就かずに夭逝する。2歳の時に開封に引っ越し，6歳で私塾に入学するが7歳の時に父親が死に，以後家計は傾くが，母親・劉氏に2歳下の弟・世光とともに一族の援助を受けて育てられる。成人後は近隣の県の役所の書記をしたり，私塾の教師をやりながら家計を助けた。淮寧で私塾の教師をしていた時に，項城の巨族の袁世凱と交情を深め，1879年に義兄弟の契りを結ぶ。4歳年下の袁世凱の資金援助を得て，科挙試験に臨み，82年に挙人に合格，86年に31歳で進士に合格，翰林院庶吉士を授かる。その後，翰林院編修を授かり，国史舘協修，武英殿協修，順天郷試磨勘官などに任じられる。

日清戦争後，康有為，梁啓超らが変法維新を目指して創設した勉学会に袁世凱とともに参加したこともある。1895年に袁世凱が天津の小站に新建陸軍を編成すると，彼の上奏により翰林院編修と兼任で同軍営務処参謀になる。98年の戊戌の変法の際，袁世凱とともに維新派から参画を要請されるが，光緒帝よりも西太后の権勢を利用する方が現実的に得策と判断して，袁に西太后への密告を勧める。1900年の義和団事件で8カ国連合軍が北京に進入した時，西太后と光緒帝が西安まで逃避して行ったのに随行する。戊戌変法を密告した功績で，袁世凱が山東巡撫次いで直隷総督兼北洋大臣に昇任したのにともない，彼の推挙を受けて，国子監司業，商部左丞，兵部左侍郎を歴任，04年には軍機大臣，督辦政務大臣，練兵大臣に任命される。

1906年に民生部尚書に任じられ，親王載振に同行して2カ月間にわたり東北の政治を視察，その結果を『密陳考察東三省情形折』，『密陳通籌東三省全局折』などにまとめ，東北の行政改革を献策する。07年慶親王奕劻と袁世凱の推挙により清朝から欽差大臣，東三省総督兼管三省将軍軍務に任命される。以後，奉天巡撫に唐紹儀，吉林巡撫に朱家宝，黒龍江巡撫に段芝貴をそれぞれ任命して北洋派の人脈で固め，政治・経済・軍事・外交面においていわゆる北洋新政を実施し，直隷総督・袁世凱の東三省支配形成の立役者となる。外交政策において，欧米諸国と結んで日本・ロシアに対抗する方針を取り，奉天右参賛・銭能訓に「広招欧米各国」政策を実行させた。間島支配をめぐって日本と清国が対立したいわゆる間島問題では，アメリカとドイツの支援を受けて日本を牽制し，08年日本政府に間島を清国領土と認めさせることに成功した。また，この時代に徐世昌を長とした北洋派官僚集団を形成し，同軍閥将領との人脈を作ったことは，後の政治活動の財産となる。西太后と光緒帝が亡くなり，09年初めに袁世凱が失脚させられたのにともない，自らも引退を願い出るが，清朝に慰留され，郵伝部尚書兼督辦津浦鉄路大臣に転任する。翌年には軍機大臣に再任され，11年5月に皇族内閣が成立すると，同内閣の官僚13人中，漢人はわずか4人であったが，総理大臣・奕劻に次ぐ職位の協理大臣に任命される。

1911年10月に辛亥革命が起こると，袁世凱と密かに連絡を取り，清朝をして袁世凱に事態の収拾を依拠せざるを得ないようにさせ，11月袁世凱を内閣総理大臣に任命させることに成功する。翌12年3月清皇帝を退位させた袁世凱が中華民国の臨時大総統に就任すると，自らは清朝遺臣として北京を去り，青島に隠遁する。14年5月袁世凱が臨時約法を否定して新約法を制定し，国務院内閣総理に代えて政治堂国務卿を新設すると，袁の招請を受けて同職に就任。しかし，国民の反対を無視して袁世凱の皇帝即位が現実化するや，15年10月袁の慰留を断って国務卿を辞任する。他方，同年12月に洪憲皇帝に即位した袁世凱によって，張謇らとともに臣下の礼を免除する「嵩山四友」に列せられている。16年3月帝制に失敗した袁世凱の要請を受けて再度国務卿に就き，洪憲皇帝の取消しの処理にあたり，袁自身の政権維持に奔走するも果せず，4月22日に国務卿を辞職して段祺瑞と替わる。

袁世凱の死後は河南省輝県百泉村に引き籠もり，水竹邨人と号して詩文を楽しむ生活を送る。1916年11月黎元洪大総統と段祺瑞国務総理との間で，いわゆる「府院の争い」（大総統府と国務院の争い）が激化すると，黎元洪に調停を依頼されて上京し，その後は天津に移って政界へ登壇する潮時を待つ。17年7月の張勲復辟に際して，溥儀より太傅大学士足輔政を命じられ，弼徳院院長に任じられるも受けず，但し復辟失敗後は清皇室優待条件の維持に努力する。袁世凱の死後北洋派軍閥が段祺瑞・安徽派と馮国璋・直隷派に分裂して抗争し，これに張作霖・奉天派が加わって三つ巴の対立状況が現出すると，何れにも属さずかつ文人官僚であった徐世昌が調停者として政治力を行使する条件が生まれた。

1918年9月安徽派が馮国璋大総統の引き降ろしを図った安福国会で絶対多数の票を獲得して大総統に選出されると，副総統を空席にしたまま，東三省総督時代からの息のかかった銭能訓を国務総理代理に任命して内閣を固め，折からの第1次世界大戦終結にともなう内外の和平希求の気運に乗じて，段祺瑞の武力統一に反対する和平統一を唱え，同年11月南北停戦令を宣布する。12月には国会において銭能訓を正式国務総理に承認させる。以後，国内的には文治総統を自認して民治，「民為邦本」つまり民本を唱え，国外的には「中国のウィルソン」と呼ばれたほど親米姿勢を明らかにし，さらにパリ大学から名誉文学博士の学位を授与されるなどして国際性をアピールしながら，大総統としては袁世凱に次いで長期の4年間，その座にあり続けた。しかも北京政府の歴代の正式大総統の中では唯一文人出身であった。この間，パリ講和会議に向けて総統府直属の外交委員会を設置して山東主権回収の方策を検討させ，19年1月から開かれたパリ会議に南北代表を派遣したり，同年2月上海で南北和平会議を開催したりしている。また21年11月から開かれたワシントン会議において中国の不平等条約改正の外交努力を行わせている。22年4月の第1次奉直戦争に直隷派が勝って単独で北京政府を支配するにおよんで，同年6月曹錕，呉佩孚らに大総統を罷免される。

以後の余生は天津の英租界に隠遁し，政界とは隔絶して，清代の学術思想の研究や編集，詩文の著作や作画に専念する日々を過ごす。日中戦争時，板垣征四郎や土肥原賢二らから傀儡政府への参加を工作されるが拒絶し，1939年6月病死する。著作は多く，『退耕堂政書』，『大清畿輔先哲伝』，『書髄樓蔵書目』，『欧戦後之中国』，『水竹邨人詩集』，『将吏法言』などがあり，『清儒学案』，『東三省政略』などの編集書もある。

参考文献：沃丘仲子『徐世昌』（崇文書局，上海，1919年）。『徐世昌全伝』（1922年），近代中国史料叢刊67輯『北洋人物史料三種』（文海出版社，台北，1971年）。沈雲龍『徐世昌評伝』（伝記文学出版社，台北，1979年）。楊大辛主編『北洋政府総統与総理』（南開大学出版社，天津，1989年）。

〔笠原十九司〕

許（きよ）　世英（せいえい）　Xu Shiying

（1873年9月10日～1964年10月13日）

号・雋人，字・静仁。安徽省貴池県生まれ。光緒年間の抜貢生。官僚政治家。

家は代々農業を営む。村の秀才から伝統的教育を受け，13歳のとき自らも秀才となる。1897年刑部主事に任ぜられる。後，民政部の前身に当たる工巡局事務員に転任。1905年，徐世昌が東三省総督であったとき，奉天高等審判庁長に任ぜられたが，さかんに同郷人を採用したので，審判庁は安徽会館の名称を得た。10年，司法次長・徐謙とともに，法律研究員としてアメリカに派遣され，また各国法律制度考察員をも兼任したので，イギリス，ドイツ，フランス，オーストリア，イタリアの各国をも巡った。さらに，第8回刑務所改良会議出席のために，アメリカにも赴いた。

1911年2月に帰国。辛亥革命のとき清帝の退位を求め，奉天在任の副都統であった徐世昌系の張錫鑾が山西巡撫になると，彼の推薦により，山西提法使となる。ほどなく布政使に昇任するが，張が直隷都督の位にのぼると，布政使を辞任し，彼の幕僚として天津にゆき，重用される。12年5月，張の推薦により大理院長となり，9月には趙秉鈞内閣の司法総長となる。13年，段祺瑞内閣に留任し，10月奉天都督・張錫鑾のもとで奉天民政長となる。12月に二等大綬宝光嘉禾章を授けられた。14年3月奉天民政長の職を辞任，5月福建民政長に転じる。ここで市政改革，財政整理，教育刷新などを行い，翌月，福建巡按使に任ぜられる。しかし，督軍の李厚基と合わず，16年4月福州を離れて北京にゆく。5月前職を辞任し，6月段祺瑞内閣の内務総長となる。7月には交通総長に転任するも，翌17年5月津浦鉄道の貨車購入収賄事件に連座して交通総長を辞職し，のちにイタリアと合弁の華義銀行総裁になる。

1921年9月安徽省長に任命され，飢饉救済会督辦を兼ねたが，省民の反対を受けて辞任。22年11月，汪大燮内閣の司法総長となる。12月王正廷臨時内閣に留任するも，翌23年1月辞任。ついで航空局監督となったが，陸軍側の反対にあって就任することができず，11月公的にこの職から解任された。24年11月，段祺瑞執政政府の成立後，善後会議籌備事宜となる。25年1月善後会議秘書長，5月国民代表会議籌備事宜。12月26日，段祺瑞執政のもとで国務総理となる。身体が小さかったので，「許矮閣」の異称があった。26年1月陳錦濤に代わって財政総長も兼任するが，段祺瑞の支持者たる張作霖，馮玉祥が戦うに至ったので，段祺瑞は下野，それに伴って彼は翌月に辞任してしまう。国民革命軍が北伐に出発して長江一帯に進出してきたので，これに内応して通電を発し，当時五省連盟総司令として革命軍と交戦していた孫伝芳の罪状を批判したため，27年逮捕状を通達され国外に亡命する。後，下野して上海に行き，平和運動に奔走。

北伐の完成を目前にして，1928年3月国民政府より直隷・山東両省災害救済委員に任命され，一等大綬嘉禾章を授けられる。30年，北京文化指導委員会委員，全国災害救済委員会委員長などに任ぜられる。31年，国民政府賑務委員会委員長。32年，国難会議委員。35年には，蔣作賓の後を受けて駐日大使に挙げられたが，37年日中戦争勃発により帰国。38～44年，賑務委員会を改組した全国救恤委員会を孔祥熙に代わって主宰。44～47年同委員会主席となる。45年2月，国民政府高級顧問，賑済委員会会長。47～48年，翁内閣の蒙蔵事務委員会委員長を務める。50年国民党政府が台湾に移ってからは，総統府資政となる。台湾で病死。

参考文献：『黄山攬勝集』（良友図書公司出版，上海，1933年）。『許世英回憶録』（人間世月刊社，台北，1966年）。

〔小林武〕

許（きよ）　世友（せいゆう）　Xu Shiyou

（1906年2月28日～1985年10月22日）

原名・仕友，字・漢禹，幼名・三伢子。河南省新県の貧農の家庭に生まれる（湖北省黄安県出身との説もある）。夫人は田普。中国人民解放軍の指導者。華東に基盤をもつ地方軍区司令員の雄で中央入りし，抜群の指揮能力で「鉄甲将軍」の異名をとる。

8歳で母と死別。少年の頃から血気さかんで，呉佩孚の軍閥部隊（洛陽の童子軍）に入り，のちに河南嵩山の少林寺に入り僧となる。故郷を離れ，1925年武昌で童子軍の後身たる第15軍第1師班長。26年10月，北伐軍が武昌に進軍し，北洋軍閥が国民革命軍に改編され，その湖北省防軍独立第1師第4連長となる。この間，武昌で共産主義青年団に参加し，旧軍隊から離脱，のちに中国共産党に入党。

1927年，湖北，湖南の秋収暴動の際，李先念らとともに黄安，麻城暴動に参加。31年春紅軍第4軍10師（徐向前）28団長，32年紅軍第4軍12師34団長，湖北・河南・安徽・蘇州地区で反国民党ゲリラ戦を展開。33年6月紅軍第9軍25師師長，1万有余人の師団で四川の反共軍の攻撃から大巴山地区を死守。35年3月紅軍第9軍軍長，6月第9軍の左路軍への編入で，張国燾総政委，朱徳総司令，劉伯承総参謀長の指揮する工農紅軍とともに北上。長征途中の9月中旬，毛沢東と張国燾の決裂で，朱徳，徐向前，賀龍らとともに，張国燾の率いる左路軍に従って四川省西部へ向かう。36年初頭，紅軍大学で受訓，卒業後，騎兵隊総指揮。同年8月，張国燾，朱徳，劉伯承の紅軍総部とともに再度北上。12月，抗日大学（校長・林彪，教育長・羅瑞卿）2期生として受訓。37年4月，延安政治局会議で毛沢東が張国燾に全面闘争を展開したのに反対し，他の幹部らとともに抗日大学を出走。麻黄系統軍の先輩・董必武に説得されて大学に戻り，37年8月，抗日大学2期生として卒業。

日中戦争勃発後，1937年末，八路軍129師（師長・劉伯承，政委・鄧小平，副師長・徐向前）385旅団副旅長として，山西抗戦に参加。38年夏，徐向前が18集団軍第1縦隊司令員となったのに随行して山東省に進軍。39年3月，渤海軍区清河軍分区司令員。41年，山東軍区膠東軍分区司令員。45年，渤海軍区司令員に昇任，米太平洋艦隊の煙台上陸を阻止した。

抗日戦争終結後の1945年9月，膠東軍区司令員。46年，煙台，威海衛海防司令員，同年，膠東地方部隊が陳毅の率いる華東野戦軍の第9縦隊となり，同縦隊司令員を兼任。47年3月，第9縦隊を率いて国民党軍を攻撃。6月から8月，陳毅の指揮下で南麻戦役に参加。48年初頭，華東野戦軍東線兵団司令員（政委・譚震林，副司令員・王建安）となり，「新式整軍」運動を通して兵力拡大。9月に同兵団を率いて済南戦役に勝利し，中共全国野戦部隊中の有力兵団となる。48年冬，粟裕の指揮下で山東兵団を率いて准海戦役に参加し，韋国清と姫鵬飛の兵団とともに国民党軍を撃退。49年1月，華東野戦軍の第3野戦軍への改編にともない，山東兵団は第3野戦軍11兵団に改組され，11兵団司令員兼山東軍区司令員。同年4月，同兵団を率いて国民政府の首都・南京を占領した。

1949年9月，華東軍区を代表して中国人民政治協商会議に出席。50年春，華東軍政委員会委員。同年6月，朝鮮戦争の勃発で，山東軍区司令員兼山東省府委員として同地区の防衛にあたり，以後数年間，山東省に駐屯。53年，中国人民志願軍第3兵団司令員として朝鮮戦争に参戦。54年2月，朝鮮から帰国し，華東軍区第2司令員，8月，第1期全人代華東軍区代表，9月，国防委員，10月，総参謀部副総参謀長。55年3月，華東軍区にかわり南京軍区が成立し，同軍区司令員，9月，上将となる。56年9月，中共第8期中央委員候補。59年9月，林彪が彭徳懐にかわり国防部長に就任した際に，国防部副部長となり，南京軍区司令員を兼任。

1967年初頭，文革のさなか，実権派と文革派の支持する2つの司令部の武闘にたいして曖昧な態度をとり，67年7月武漢事件発生後，昆明地区の秦基偉とともに「毛沢東思想学習班」に参加のため北京に滞在し，ここでようやく文革派に服従した。68年3月，江蘇省革命委員会主任，国防部副部長，南京軍区司令員を兼任。69年4月中共第9期中央委員，中央政治局委員。70年12月，江蘇省党委員会第1書記。71年6月から72年4月の間，公式の場に姿を見せず，林彪追い落し工作にあたっていたと伝えられる。73年8月，中共第10期中央委員，中央政治局委員。73年末の8大軍区司令員の異動で，74年1月広州部隊司令員となる。75年1月，第4期全人代主席団員。76年9月9日，毛沢東の死に際し，急遽広州から北京に飛び，「四人組」打倒行動に加わる。77年8月，中共第11期中央委員，中央政治局委員。78年3月，第5期全人代軍代表。79年2月11日，北京での中央政治局拡大会議に出席。翌12日，南寧での対越戦争にむけての最後の作戦会議で「失敗はゆるされない」との決意を表明した後，同戦争を総指揮（副指揮・楊得志）した。80年2月，広州部隊司令員を解任後，南京に長期滞在。同年8月，中央軍事委員会常務委員。82年9月中共12全大会主席団常務委員となるが，中央委員からはずれ，中央顧問委員会委員，同常務委員，同委副主任。85年10月，南京で病死。

参考文献：黄震遐『中共軍人誌』（当代歴史研究所，香港，1968年）。星火燎原編輯部編『解放軍将領伝』7（解放軍出版社，北京，1988年）。Donald W. Klein & Anne B. Clark (eds.), *Biographic Dictionary of Chinese Communism, 1921-1965* (Harvard University Press, Cambridge, Massachusetts, 1971). Wolfgang Bartke (ed.), *Who's Who in the People's Republic of China* (M.E. Sharpe, New York, 1981). 許世友『我在紅軍十年』（戦士出版社，北京，1983年）。　〔井尻秀憲〕

許（きよ）　寿裳（じゅしょう）　Xu Shoushang

（1883年2月4日～1948年2月18日）

許寿裳，字は季黻，または季茀，号上遂，浙江省紹興出身。杭州求是書院で学んだ後，1902年9月，浙江省派遣の官費留学生として日本に留学，先ず，弘文学院速成普通科に入学し，日本語及び普通学を習得した。ここで同郷の周樹人（のちの魯迅）と初めて知り合い，2人の深い友情の絆は魯迅の死（1936年）まで変わらなかった。04年3月，弘文学院を卒業，東京高等師範学校に進み，聴講生の身分で，「教育・地理・西洋史」を修め，08年3月，同校を卒業した。この間，在京留学生界における許寿裳の言動は，反満革命の立場を鮮明にしており，清末革命派の運動の一翼を担うものであった。啓蒙思想・革命思想の鼓吹を旨とする同郷会誌『浙江潮』（1903年発刊）の編集を担当し，秘密結社光復会会員となり，これらの結社を集めて中国同盟会が成立（1905年）した後はこれに参加もした。許寿裳と魯迅は，弘文学院在学中より，国民性改造に必要なのは革命である，と語り合っていた。さらに，留学時代の後半には魯迅らと起居を共にし，中国人の精神を変革すべく文芸運動の準備を始めた。が，これは失敗に終わった。また同じ頃，魯迅ら数人と，日本滞在中の革命派の学者章太炎の許に通い『説文解字注』の講義を受けた。章太炎は求是書院時代に出会った蔡元培とともに，許寿裳の生涯尊敬する師となった。許寿裳はドイツ留学を希望し，魯迅と共に，独逸学協会学校附属の独逸語専修学校でしばらく当時の日本における最先端のドイツ語教育を受けた。しかし，希望は叶わず，09年帰国，浙江両級師範学堂教務長の職に就く。やがて魯迅も帰国して同学堂で生理学・化学の教員となり，しばらく許寿裳と共に働くことになる。

辛亥革命の後，蔡元培が教育総長に就任すると，招かれて南京の教育部に勤務，ここでもまた魯迅と同僚となる。遷都による教育部の移転に伴い許寿裳も北京に移住して，教育部普通教育司第一科長となった。その後日中戦争勃発まで，江西省教育庁長，北京女子高等師範学校校長，中山大学教授，中央研究院幹事兼文書処主任，北平大学女子文理学院院長等の要職を歴任する。教育部，北京女子高等師範学校に在職していた北京で，中山大学在職の広州で，許寿裳は，教育や政治の重大な事態に遭遇すると，魯迅と志を同じくして難局に当たり，運命を分かち合った。1925年，北京女子師範大学で校長排斥運動として起きた，教育界新旧両派の対立を孕む所謂女子師大事件の時には，学生を支援し，ために免職された魯迅を支持して時の教育総長章士釗に反対し，自らも教育部を免職になった。26年3月18日，日本を含む列強8カ国の武力干渉と段祺瑞政府の外交姿勢に抗議したデモの民衆の中に，発砲されて多数の死傷者が出た，3・18事件では，逮捕令の出た50名の大学教授らの中に2人の名前もあり，転々と避難生活を続け，その後それぞれ北京を脱出することになる。また27年4月12日に起きた蔣介石の反共クーデターによって中山大学からも数十名の学生が逮捕された時，大学が救援せぬため，2人は辞職して抗議の意志を表した。

日中戦争勃発後，1937年10月，国民政府教育部は，北平大学，北平師範大学，天津北洋工学院の3校を合併して西安に西安臨時大学を作った。許寿裳も教授として赴き，史学系主任兼教務委員となった。38年，西安臨時大学は，戦禍のため漢中に移り，西北聯合大学と名称をかえた。許寿裳は，この大学の法商学院院長を兼任することになったが，間もなく時の教育部長陳立夫の干渉を受け，憤慨して院長を辞し，史学系教授専任となる。39年，西北聯合大学が西北大学に改組された時，許寿裳は辞職し陝西を去った。同年冬，雲南に行き，再び中山大学師範学院教授（当時，戦禍のため中山大学は広州から雲南の澂江に移った）になる。40年春，私立華西協合大学（成都）の招きに応じて，庚款（イギリス義和団賠償金による）講座の教授として文学院で教鞭をとった。41年夏，華西協合大学を辞し，重慶に赴き国民政府考試院考選委員会簡任秘書，やがて専門委員となり，再び役人生活に入った。

日中戦争が終わると南京に戻り，上海の家族とも，9年振りの再会を果したが，間もなく，1946年，旧友の台湾省行政長官公署長官陳儀の招きにより台湾へ渡った。台湾における許寿裳は，台湾省編訳館館長，台湾大学文学院中国文学系教授兼主任の職に在って，台湾の教育文化事業に尽瘁し，48年2月，台湾大学の官舎で不慮の死をとげたのである。

許寿裳の一生を概観するに，最も深い影響力をもったのは，戦後台湾に渡り，台湾から「日本化を除去」し「再中国化」するという，戦後台湾の文化再構築の事業に携わったことである。特に，許寿裳は，戦前の在台日本人学者が遺留した学術文化遺産に対して，先入観を抱かなかったばかりではなく，なおかつ，台湾省編訳館に台湾研究組を設け，植民地時期の台湾研究の成果を翻訳して整理，中国語化し資料化して，それによって接収した戦前日本の台湾研究を，戦後台湾の台湾研究に連続させ，かつ，研究を広げることに用いたのである。

この他，許寿裳の3冊の著書，『魯迅的思想与生活』（楊雲萍編，台湾文化協進会，台北，1947年），『亡友魯迅印象記』（峨嵋出版社，上海，1947年），『我所認識的魯迅』（王士菁編，人民文学出版社，北京，1952年）は，魯迅研究必須の入門書として広く知られているが，この3冊の著書の内容の大半は台湾で完成したものである。さらに，『魯迅的思想与生活』と『我所認識的魯迅』に収められている文章の多くは，みな戦後台湾の新聞の副刊や雑誌に発表されている（『魯迅的思想与生活』と『我所認識的魯迅』に収められている文章には，重複しているものが多い。ただし，『我所認識的魯迅』は，彼の死後出版されたもので，その文章の表現には，『魯迅的思想与生活』と異なるものが見受けられる）。許寿裳が台湾で，積極的に魯迅について書き，魯迅を宣伝したのは決して偶然のことではなく，戦後台湾の文化再構築と関係がある。許寿裳は，魯迅の伝播を通して，魯迅思想を媒介として，過去に於いて魯迅が重要な役割を演じた五・四新文化運動をもう一度台湾で巻き起こして，戦後台湾の文化再構築の目的を達成することを意図したのである。さらにまた，許寿裳による魯迅の伝播に導かれて，五・四新文化運動に於ける社会変革の文芸精神が台湾に波及し，戦後台湾文学の発展に影響を与えたのである。

2010年，及び11年，中国・福建教育出版社から相次いで許寿裳の未刊稿『許寿裳遺稿』（全4巻）が出版され，10年には，台湾大学出版中心から，重校『許寿裳日記』と『許寿裳台湾時代文集』が出版された。許寿裳は，今，あらためて中国と台湾の斯界の注目と評価を得ている。

参考文献：北岡正子・秦賢次・黄英哲編『許寿裳日記』，北岡正子・黄英哲「許寿裳日記解説」（東京大学東洋文化研究所付属東洋学文献センター，1993年）。許世瑛「許寿裳年譜」『許寿裳日記』所収（台湾大学出版中心，台北，2010年）。黄英哲編『許寿裳台湾時代文集』，黄英哲解説「許寿裳与台湾」（台湾大学出版中心，台北，2010年）。北岡正子「『我所認識的魯迅』に異義あり」（『関西大学中国文学会紀要』17号，1996年3月）。〔北岡正子・黄英哲〕

徐　樹錚（じょ　じゅそう）　Xu Shuzheng

（1880年11月11日～1925年12月30日）

字・股錚，号・鉄珊，則林。江蘇省蕭県生まれ，段祺瑞派の軍人。

徐樹錚の父・徐忠清は貢生であり，徐自身も12歳で秀才になる。徐は17歳の時南京で挙人の試験を受けるが，これに不合格となったことから軍人になる決心をする。22歳の時済南に赴き，当時山東巡撫であった袁世凱に接近するが果せず，かえって段祺瑞の信任を得るのに成功する。1905年段の推薦によって日本に留学し，陸軍士官学校第7期歩兵科に入学する。2年後卒業して帰国した徐は，ただちに段の第1軍総参謀に任ぜられる。

中華民国成立後段祺瑞が陸軍部総長となると，徐は陸軍部軍学処処長となる。徐は1912年11月雑誌『平報』を創刊するが，これは段の政治的主張を宣伝する「陸軍部機関報」であるといわれた。14年陸軍部次長となった徐は，同年北京で正志中学を創設し，自ら校長となり，古文の保護を提唱する。15年6月段が袁世凱の帝制に反対して病を理由に辞職すると，徐も解任される。

1916年6月の袁世凱死後段祺瑞が国務院総理となると，徐は国務院秘書長に任命される。17年春黎元洪と段との間の矛盾が先鋭化すると，徐は段側の代表として徐州に赴き，張勲を動かして黎元洪に対抗する。18年段が国務総理に再任されると，徐は王揖唐らと「安福倶楽部」を組織し，段を背後から支える。その後も徐は段の参謀として活躍し，11月には日本に赴き，東三省の権益をめぐって秘密裏に交渉する。19年の五・四運動に際しては学生運動の断固たる鎮圧を主張する。6月西北辺防軍総司令に就任し，外モンゴルの自治を取り消す声明を発表し，自ら外蒙善后督辦に就く。

1920年6月安直戦争が勃発し，段祺瑞が敗北して辞職すると，徐は日本大使館に逃げ込み，11月日本人の保護下上海の共同租界に隠れる。徐は21年『建国詮真』を著して自らの政治理念を明らかにする。22年1月，孫文と張作霖，段祺瑞の軍事同盟が成立すると，徐も戦列に復帰し，『建国詮真』の実践を目指す。第2次奉直戦争後の25年1月，徐は北京政府臨時執政となった段から「欧米日本各国政治考察特使」に任命され，12月11日帰国するまでの間，フランス，イギリス，イタリア，ドイツ，ソ連，アメリカ，日本などを歴訪する。

徐が帰国した時，すでに北方では馮玉祥が広州の国民政府との連合に傾いていたが，徐はこれに強く反対し，馮との対立を表面化する。帰国後の1925年12月23日，徐は上海から北京に赴き段祺瑞に会見した後，29日再び上海に向かう。30日午後1時上海に到着した徐は駅において馮の部下によって逮捕され，ただちに銃殺される。

参考文献：劉紹唐主編『民国人物小伝』第1冊（伝記文学出版社，台北，1981年）。中国社会科学院近代史研究所主編『民国人物伝』1巻（中華書局，北京，1978年）。徐友春主編『民国人物大辞典』増補版（河北人民出版社，石家荘，2007年）。〔家近亮子〕

徐　特立（じょ　とくりつ）　Xu Teli

（1877年2月1日～1968年11月28日）

原名・懋恂（または懋循），別名・立華，改名・特立。湖南省善化県五美山生まれ。中国共産党の指導者，宣伝工作面の活動家，教育者。

父は徐樹兆，農民。貧しい家庭に生まれる。母は，4歳の時に死亡。9歳から私塾に通い，四書五経や仏教の経典を学習。1893年，特立に改名。18歳で私塾の教師となる一方，中国の古典のほか数学，物理，化学，歴史，地理，国文などを独学。長沙で康有為，梁啓超の変法思想に接し共鳴。98年の戊戌政変で清朝に失望。1905年，科挙を受験，秀才科不合格。同年，科挙廃止後，長沙で新式学校として寧郷師範学校が創設されると，入学。4カ月間の速成班に在学する。同校校長の周震麟は中国同盟会会員で，孫文の革命思想を学内で宣伝しており，周や同盟会機関誌『民報』の影響を受け変法思想から革命思想へ転換。在学中，教員の朱剣凡，学友の姜済寰，何雨農らと交流。同年7月，姜，何とともに梨江高等小学を創設する。

1906年春，長沙の周氏女塾（後年，周南女子師範学堂に改称。校長・朱剣凡）に招請され，国文，歴史，地理，数学などを教授。当地で，『猛回頭』，『中国魂』，『新湖南』など革命的刊行物を読み，清朝の打倒だけが中国を救う道と明確に認識，学校を孫文の思想と革命を広めるための陣地と見なす。07年，長沙の修業学校で列強の中国侵略及び清朝の敗北主義的な政策について報告中，「駆除韃虜回復中華」の血書を書く。08年，湖南の鉄道国有化反対運動に朱剣凡とともに参加。10年春，小学教育研究のため上海に赴き，さらに7月，渡日（在東京）。10月に帰国し，長沙に戻り再び周南女子師範学堂で教鞭をとる。朱の後任として校長に就任。『周南教育』を創刊，上海，日本の小学校教育の状況を紹介。11年，辛亥革命勃発にともなう長沙蜂起に何雨農と参加し，蜂起成功後，臨時諠会副議長となり，一部議員とともに民衆による県長選挙の実施を主張。そのため，保守派と対立，保守派の武力行使により議会は解散。この時，辛亥革命は失敗し，変質したと認識，副議長職を辞す。その後，湖南省教育司教育科科長に就任するが，司長の陳潤霖と対立，辞職。政界を離れ，「教育界に戻り，教育によって人心を改革する」ことを決意，「教育救国」を主張した。善化県第一高等小学堂校長に就任。長沙師範建設に尽力し，12年，開校とともに初代校長に就任する。同年，五美高等小学を創設。13年，毛沢東が在学していた湖南第一師範に奉職，実習主任を兼任（19年まで）し，学生運動を積極的に支持。当局による毛沢東らの除籍処分に反対。後年，毛沢東は同校で最も尊敬していた教師は「楊懐中先生と徐老だった」と回想している。

1919年6月，健学会が成立すると，何叔衡，朱剣凡らとともに加入。五・四運動以後高揚した日本製品ボイコット，反帝反軍閥闘争に参加。夏，張敬尭の圧力で五美高小が閉鎖に追い込まれ，フランス留学を決意。9月下旬，上海を出発，11月中旬，フランスに到着。パリで1年余り労働しながら学習した。留学生間の政治闘争には参加せず，ほかの学生が政治に関与しようとするのを押しとどめる。しかし，21年のリヨン大学事件では勤工倹学学生の立場で奔走，学生に対する当局の暴行に抗議。この事件で，留学し高等教育を受けられるのは官僚，軍閥，金持ちだけで貧しい学生は革命を起こすしかないのだと考えるようになる。23年，フランスを出国，ベルギー（6カ月滞在），ドイツ（4カ月滞在）を経て，24年夏に帰国。中共湖南省委組織部部長・何叔衡から国民党を改造すべく国民党に加入するよう勧誘されるが，辛亥革命直後の経験から拒否する。帰国後，陣章甫，熊瑾玎，周以栗ら共産党員との接触が増加。25年春から27年5月まで長沙女子師範，長沙師範，湖南省立第一女子師範の校長を兼任。27年，馬日事件後，李維漢に共産党に入るよう勧誘され，李の紹介で同党に入党。入党後，党の命を受け武漢で活動。

1927年8月1日，南昌蜂起発生にともない，当地の革命委員会委員に任命される。蜂起部隊の再編後，賀龍率いる第20軍第3師の党代表，政治部主任を兼任（師長・周逸群）。蜂起失敗後，上海に逃亡。その後，湖南西部に根拠地を建設すべく賀龍とともに武漢に潜入するが，消化器系の病気のため断念，武漢及び上海で療養生活を送る。28年5月，党中央の決定によりモスクワ中山大学に留学し，ロシア語とマルクス・レーニン主義理論を学習。30年に帰国。上海に到着するが，国民党の締め付けが厳しく脱出，贛南根拠地に入る。同根拠地では国民党軍捕虜の教化に従事。31年11月，瑞金の第1回全国ソヴィエト代表大会で中央執行委員に選出される。また，教育人民委員部副部長に任命される。部長の瞿秋白は上海で活動していたため実質的に同部の指導に当たる。34年1月，第2回全国ソヴィエト代表大会で中華ソヴィエト中央執行委員，労農民主政府委員に選出される。教育人民委員部を引続き指導。同年10月以後，董必武，林伯渠，謝覚哉らとともに，紅軍野戦医院中央工作団副主任として長征に参加。37年2月1日，延安で還暦祝賀会が開かれ，その前日，毛沢東より祝辞が寄せられる。

1937年7月，日中全面戦争勃発後，八路軍湖南駐在事務所代表に任命される。12月9日，長沙に赴任，寿里街に事務所を開設。湖南における党組織の再建，宣伝工作，統一戦線工作に従事。38年9月，中共6期6中全会に出席。39年初，長沙に戻る。40年，国民党当局の圧力が強まり，湖南を退出。一時，桂林に滞在するが，再び湖南に潜入，地下活動を展開。同年8月，党の指示により長沙を離れ延安に向かう。延安では，自然科学院院長，党中央宣伝部副部長に就任した。

1942年に第1次整風運動が始まると，これに積極的に参加。45年4月，中共7全大会に出席，中央委員に選出される。49年3月，中共7期2中全会に出席。同年9月，党代表として中国人民政治協商会議第1回全体会議に出席。中華人民共和国成立後，中央人民政府委員，全人代常務委員会委員などを歴任。56年9月，中共8全大会で中央委員に選出される。58年に極端な理論と実践の結合を求める「教育革命」が展開される中で，学校や本で知識を得ることの重要性を指摘する。68年11月，北京で病死。

参考文献：湖南省長沙師範学校編『懐念徐特立同志』（湖南人民出版社，長沙，1979年）。湖南省長沙師範学校編『徐特立文集』（湖南人民出版社，長沙，1980年）。中共党史人物研究会編『中共党史人物伝』3巻（陝西人民出版社，西安，1981年）。陳志明『徐特立伝』（湖南人民出版社，長沙，1984年）。柯藍『命運之謎—徐特立伝』（教育科学出版

社，北京，1989年)。〔中村楼蘭〕

徐　桐　Xu Tong

(1820年～1900年)

字・蔭軒，号・預如。漢軍正藍旗人。咸豊・同治・光緒の3朝に仕えた保守派の官僚。

父は礼部尚書の沢醇。1850年徐桐は進士となり，翰林院庶吉士となった。60年には翰林院検討に進み，以後，実録館協修，纂修となり文宗（咸豊帝）実録の編集にあたり，67年に完成した。68年に徐桐は侍講学士となり，彼の師の日本人や翁同龢らとともに弘徳殿で同治帝に学問を講じた。

1869年に徐桐は太常寺卿，都察院左副御史代理となり，翌年には内閣学士となり，ついで礼部右侍郎代理，戸部左侍郎代理，工部左侍郎を歴任した。さらに78年には礼部尚書代理，吏部尚書代理となり，翌79年には都察院左都御史代理となった。なお，この年穆宗（同治帝）実録が徐桐らの尽力により完成している。83年に徐桐は国史館正総裁となった。

1883年成立したフランスの第2次フェリー内閣がヴェトナムへの侵略を強化したのに対して，朝廷内部では和平論と主戦論とが対立して対応を決めかねていたが，徐桐はフランスとの主戦論を主張した。84年に徐桐は吏部尚書代理と兵部尚書代理を兼ね，上書房師伝を拝命した。

1888年12月，康有為の光緒帝への第1上書がなされたが，保守派の反対にあって上達しなかった。康有為によれば，彼は徐桐に上書の代奏を請うたが会ってもらえず，後に徐が康の上書を読んで狂生の見解であると非難したとのことである。徐桐は89年に吏部尚書，協辦大学士に昇進し，また会典館正総裁にもなった。さらに96年には体仁閣大学士を授けられた。

日清戦争後，康有為が変法自強を目的として強学会を組織すると，徐桐は御史・褚成博とともに康を弾劾した。ついで御史・楊崇伊の弾劾がなされ，強学会は禁止された。

その後変法運動が高揚し，光緒帝が康有為ら変法派を登用して1898年6月から戊戌変法を推進すると，徐桐は「寧ろ国を亡ぼすも，法を変えるべからず」と述べて，変法維新に強く反発した。そして門人が新政を論ずることさえ厭い，そのような門人には決して会おうとしなかったと言われている。

戊戌政変後，徐桐は西太后の信任を受け，義和団運動が高揚した1900年1月には，崇綺らとともに西太后を支持して光緒帝を廃し，保守派の皇族端郡王載漪の子・溥儁を「大阿哥」（皇太子）につけようと画策した。さらに6月，西太后は和平派の慶親王奕劻らに代えて，対外強硬を主張する端郡王載漪に総理衙門を統括させた。

外交関係の最高権限を掌握した主戦派は，義和団を利用して外国人を駆逐しようと謀り，ついに1900年6月21日列国に宣戦を布告した。しかし8月14日に列強によって北京は占領され，西太后は西安に逃亡した。その際，西太后の命により徐桐は栄禄，崇綺とともに留守辦理大臣として北京に留まり再起を図ったが，如何ともすることができず自殺した。講和成立後，戦犯として罪を問われ，原官を剥奪された。

参考文献：民国清史館編『清史稿』列伝252（民国清史館，北京，1927年)。蔡冠洛編『清代七百名人伝』上冊（遠東図書公司，香港，1963年)。湯志鈞編『戊戌変法人物伝稿』下編（中華書局，北京，1961年)。〔楠瀬正明〕

徐　錫麟　Xu Xilin

(1873年12月17日～1907年7月7日)

字・伯蓀，号・光漢子・浙江省紹興府山陰県東浦の生まれ。清末の革命家。

父の名は鳳鳴（字・梅生)，母は厳氏。生家は125畝の土地を持つうえに，商業を営む裕福な家庭であった。父は秀才で，宋儒を尊敬する厳格な性格の人物であって，徐錫麟は幼少の頃より厳しくしつけられた。そのため，12歳の時には家出をして，銭塘の寺に行って僧侶になろうとしたこともあった。

1888年5月徐錫麒は王貞姑（後に改名して徐振漢）と結婚した。93年5月県学の附生となった。1900年夏義和団事件に際し，徐は朝廷と官僚が頼むに足らぬとして，民衆の手による自衛策が必要である旨を訴えた。しかし当時彼の主張に耳を傾ける人は少なかった。01年10月紹興府学堂が開設されると，彼は経学及び数学の教師として招かれたが，その才能は知府の知るところとなり，翌年には副監督に抜擢された。

1903年4月徐錫麟は紹興府学堂の日本語教師であった平賀深造と共に，大阪で開催中の博覧会を参観すべく日本を訪れた。彼は東京にも足を伸ばしたが，ここで浙江出身の学生たちが蘇報事件で入獄中の章炳麟の救出運動を行っていることを知り，彼らの集会に参加して募金活動に協力した。この時の縁で，彼は陶成章らと知己となった。また，ちょうどこの頃，日本では中国人学生がロシアの東北侵略に抗議して拒俄運動を行っており，徐もその影響を受けて排満の感情を高めることとなった。帰国後の同年10月彼は父の厳命に従って杭州で郷試を受け，副榜に列せられた。しかし，彼の民族主義意識は更に高まり，ロシアの東北侵略が止まないことを知ると，ロシア人を描いた的を作って射撃練習を行うなどしたため，父から勘当を言い渡されることとなった。

1904年2月徐錫麟は東浦に熱誠学堂を開設し，児童教育を行った。同年11月上海で光復会が結成された。翌年1月彼は上海に出て蔡元培に会い，同会に加入した。これより彼は光漢子と号し，紹興に戻って会党との連絡に当たった。05年5月紹興に体育会を創設し，ここで青年数百名を集めて射撃訓練などを行った。彼は，会党の成員を革命に動員するには教育を施す必要があると考えており，翌月から陶成章らの協力によって大通武備学堂の創設に乗り出した。しかし，私立の武備学堂の設立は許可されなかったため，名称を大通師範学堂と改めて9月23日に正式に開校した。同校には体育専修科が設けられ，各地の会党の頭目を招いては軍事訓練を施した。

大通師範学堂成立後，徐錫麟は陶成章の提案に基づいて，捐納によって官位を手に入れて軍事を学び，然る後に清朝の軍隊内部に潜り込んで権力を掌握し，中央革命を達成しようとする方針を定めた。そこで1905年12月徐は富裕な商人である許仲卿の援助を得て官位を手に入れて日本に渡った。そして翌06年1月彼は振武学校に入学しようとしたが強度の近視のため不合格となり，陸軍経理学校に入ろうとしたがこれにも失敗した。彼は同年6月に帰国し，革命の便を図るべく捐納によって安徽候補道員の地位を手に入れて安慶に行き，親戚で元湖南巡撫であった兪廉三の推薦もあって，安徽巡撫・恩銘の信任を得て，武備学堂副総辦，警察処会辦，巡警学堂堂長，陸軍小学堂会辦などの地位を務めた。この間，大通師範学堂の運営は秋瑾が当たった。

1907年徐錫麟は紹興の秋瑾との連繋によって，安慶で蜂起を行う計画を立てていた。しかし，7月の初め光復会会員の葉仰高という人物が上海で逮捕され，清朝に寝返って革命党員の名前を自供したため，計画が露見する恐れが出てきた。そこで，徐は同志の陳伯平・馬宗漢らと相談の結果，蜂起の時期を早めることにした。最初，蜂起の期日は恩銘が巡警学堂の卒業式の出席のためにやって来る7月8日とされたが，恩銘の個人的事情によって卒業式が6日に変更されたため，蜂起もこれに伴って2日繰り上げられることとなった。

7月6日当日徐錫麟は陳伯平と馬宗漢の2人を伴って巡警学堂に赴き，学生に「救国を忘るなかれ」と演説した後講堂に入った。そして卒業式が始まると，徐は恩銘に敬礼しながら「本日革命党が蜂起します」と述べた。恩銘が驚くと，徐は彼に向かって隠し持っていた拳銃を発射した。しかし，極度の近視のため弾を命中させることはできず，加えて陳が投げ付けた爆弾も不発であったため，乱射を続けた結果，恩銘は7発の銃弾を受けて死亡した。この後，彼らは武器庫に押し入ったが，銃火器はいずれも撃鉄がはずされていて用をなさず，鎮圧に駆けつけた清朝の軍隊との4時間にわたる激戦の末，陳は戦死し，徐と馬は捕えられた。徐は翌7日未明に安慶撫院の前で処刑された。その8日後，秋瑾も紹興で処刑された。

参考文献：黄季陸主編『革命人物誌』3（中央文物供応社，台北，1969年）。中国社会科学院近代史研究所主編『民国人物伝』1（中華書局，北京，1978年）。中国人民政治協商会議全国委員会文史資料研究委員会編『辛亥革命回憶録』4（文史資料出版社，北京，1981年）。徐乃常編『徐錫麟集』（中国文史出版社，北京，1993年）。　〔嵯峨隆〕

徐（じょ）　向前（こうぜん）　Xu Xiangqian

（1901年11月8日～1990年9月21日）

原名・象謙，字・子敬。山西省五台県永安村生まれ，原籍，生誕地に同じ。中国人民解放軍の指導者，中華人民共和国元帥。

幼い頃私塾に学び，一時期高等小学校に通ったが，その後書店で徒弟として働く。1919年春太原の山西省立国民師範学校速成班に入学。21年春卒業し，陽曲県太原第四小学校，五台県河辺村川至中学校付属小学校の教員となる。この頃朱香蟬と結婚したが，24年秋死別する。

1924年5月黄埔軍官学校第1期生として入学，学生第1隊に配属される。卒業後同校第3期生第3隊小隊長となり，25年2月春軍閥陳炯明討伐のための第1次東征に参加する。この頃共産党員を中心とする中国青年軍人連合会の活動にも参加した。その後国民革命軍第2軍第6混成旅団において教導大隊教官，参謀，副連隊長などをつとめる。27年武漢中央軍事政治学校学生総隊政治大隊第1隊長となる。また同年3月樊炳星，楊得魁の紹介で中国共産党に加入する。6月国民革命軍第2方面軍総指揮部参謀となるが，7月国共合作の破綻により部隊を離れ，上海に至る。

1927年9月広州に派遣され，12月の広州蜂起では工人赤衛隊第6連隊長をつとめる。蜂起失敗後，蜂起軍が工農革命軍第4師団に改編されると同師団第10連隊党代表，同師団参謀長となり，海陸豊革命根拠地の遊撃戦を指導する。28年6月同師団長となったが，29年1月党広東省委員会の指示により同地を撤退し，香港を経由して上海に至る。同年6月鄂豫辺革命根拠地に派遣され，中国工農紅軍第31師団副師団長となって国民党に対する反囲剿戦を指揮。この間同根拠地第1回党代表大会で「軍事問題決議案」を発表し，有名な紅軍遊撃戦の7原則を提起した。30年2月紅軍第1軍副軍長兼第1師団長に任じられる。31年1月同軍と第15軍が合併して第4軍に改編されると参謀長となり，鄂豫皖根拠地の反囲剿戦を指揮する。同年7月同軍軍長となり，11月紅軍第4方面軍が成立すると総指揮に任じられる。また同月江西省瑞金で中華ソヴィエト共和国臨時政府中央革命軍事委員会（主席・朱徳）が成立し，葉剣英，賀龍らとともに委員となる。その後も張国燾とともに同軍の反囲剿戦を指揮し，鄂豫皖根拠地の発展に貢献した。

1932年10月第4方面軍主力を率いて同根拠地を撤退し，四川，陝西省境地区へ移る。同地で西北革命軍事委員会が成立し（委員長・張国燾），陳昌浩とともに副主席に任じられたが，紅軍第4方面軍総指揮の職務も継続した。その後儀南戦役，営渠戦役，宣達戦役などを指揮し，川陝革命根拠地の全盛期を築いたといわれる。34年1月瑞金における第2回全国工農兵代表大会で中華ソヴィエト共和国中央執行委員会委員に選出される。35年1月張国燾とともに長征に参加，右路軍総指揮となり，一時張国燾に従って四川に南下する。36年7月中共中央西北局が成立すると（書記・張国燾），副主席に任じられる。同年10月陝北へ至り，紅軍第1方面軍と合流して長征を終了した。その後第4方面軍総部などを指揮して黄河を西へ渡り，36年11月同軍が西路軍と改称されると総指揮に任じられる。同年12月新たに統一された中央革命軍事委員会が成立し，聶栄臻，林彪，陳毅らと共に委員となる。37年3月2万人以上を擁した同軍はほぼ全滅し，残存する700～800人が李先念の指揮により新疆へ逃れると，延安へ戻る。

日中戦争が勃発すると，1937年8月中国工農紅軍が八路軍に改編され，第129師団副師団長に任じられる。そして広陽，神頭嶺，響堂鋪などの戦闘を指揮し，晋冀豫抗日根拠地の基礎を築いた。39年8月八路軍第1縦隊司令員，山東軍政委員会委員となり，山東抗日根拠地で活躍した後，40年12月再び延安に戻る。42年5月同地で陝甘寧晋綏聯防司令部が設立され（司令員・賀龍），副司令員兼参謀長となる。43年3月中国人民抗日軍政大学へ移り，校長代理となる。44年7月から病気のため入院，45年第7回党大会で中央委員会委員に選出される。

国共内戦では1947年6月晋冀魯豫軍区第1副司令員に任じられ，48年3月臨汾戦役を指揮する。同年5月晋察冀軍区と合併して華北軍区が成立し（司令員・聶栄臻），第1副司令員兼華北野戦軍第1兵団司令員兼政治委員となる。また中共華北局委員，華北人民政府委員をも兼任した。6月から7月晋中戦役を，10月太原戦役を指揮する。49年3月同兵団が中国人民解放軍第18兵団と改称され，司令員兼政治委員となる。その後太原前線司令員兼政治委員に任じられ，同地を解放して太原市軍事官制委員会主任となった。

中華人民共和国が成立すると中国人民解放軍総参謀長に任命されたが，病気療養のため副総参謀長・聶栄臻が代理をつとめた。1951年4月中央人民政府兵工代表団長としてソ連を訪問し，兵器購入や軍事工業援助などについて交渉する。54年6月人民革命軍事委員会副主席に任じられ，主として空軍，防空軍の建設を担当する。同年9月第1期全国人民代表大会で常務委員会委員に選出され，また国防委員会副主席となる。55年9月中華人民共和国元帥の階級と一級八一勲章，一級独立自由勲章，一級解放勲章を授与される。このころ劉伯承とともに軍事委員会戦略研究小組を主宰し，64年中央軍事委員会戦略委員会指導小組副組長に任じられる。63年から民兵の建設を担当し，64年8月中央軍事委員会人民武装委員会主任となったが，文化大革命後も引続き民兵建設に貢献した。また66年から87年まで中共中央軍事委員会副主席をつとめた。中共第8期，第11期，第12期中央政治局員に選出される。

文化大革命では，1967年1月中共中央軍事委員会文化革命小組組長となったが，2月葉剣英，陳毅らとともに林彪・四人組を厳しく非難して「2月逆流」といわれた。69年1月北京第27機関車車両工場で「再教育」を受けさせられる。2月から9月まで陳毅，葉剣英，聶栄臻とともに「国際情勢研究組」を組織して討議を重ね，外交・国防政策を党中央に建議する。その後78年から80年まで国務院副総理兼国防部長をつとめる。84年6月黄埔軍官学校同学会が成立し，会長に選出される。85年9月党指導者若返りの方針に従い，中共中央委員，中央政治局員を辞任する。87年11月中央軍事委員会副主席に再任されなかった。88年2月黄埔軍官学校同学会長を辞任し，名誉会長となる。89年5月北京市への戒厳令発令に際しては，聶栄臻とともに人民解放軍は学生を鎮圧しないという談話を発表したが，いわゆる天安門事件後戒厳部隊の活躍を評価した。90年9月北京で死去し，遺骨は遺志により大別山区・河西回廊に散布された。回想録のほかに多くの軍事関係著作がある。

参考文献：徐向前『歴史的回顧』（解放軍出版社，北京，1984年）。王永均編『黄埔軍校三百名将伝』（広西人民出版

社，南寧，1989年）。〔安田淳〕

徐（じょ）　新六（しんろく）　Xu Xinliu

（1890年～1938年8月14日）

字・振飛。浙江省杭州生まれ。原籍，浙江省余杭。銀行家。「国民党政学系」と称されている。

父・徐珂は上海商務印書館の高級職員。まず私塾，次いで杭州養正学校で学ぶ。1902年上海徐家匯の南洋公学（交通大学の前身）に進学。08年浙江省公費留学生にパスし，イギリスに赴き，バーミンガム大学で4年間冶金を専攻し，学士を取得。12年ヴィクトリア大学で経済学専攻，翌年商学士を取得。さらにフランスのパリ政治学院で国家財政学を学んだ後，14年帰国，北京政府の高等文官試験に合格して財政部事務官となり，同時に北京大学で教鞭をとる。

徐新六は早くから梁啓超につき従っており，1917年7月段祺瑞が組閣した際，財政総長・梁の下で秘書に就任した。11月梁の辞職に伴い，徐も財政部を離れ，中国銀行金庫監事，北京分行副支配人を歴任。その間，漢冶萍煤鉄廠鉱公司総会計にもなっている。18年末，梁がパリ講和会議に出席するため渡欧した際，張君勱，蔣百里らとともに随行し，19年会議に中国代表賠償委員，中国代表団専門委員として出席した。20年3月上海で新通貿易公司を経営したが，すぐに浙江興業銀行に招聘され，董事会秘書となり，23年副総経理，25年総経理兼常務董事に昇格した。この間，同銀行の内部合理化，人材招聘，試験制度採用など，近代的管理制度樹立に尽力した。

1926年北伐軍が江西，浙江一帯に進軍すると，浙江財閥の一員として蔣介石に経済的支援を行った。27年4月頃，上海は不景気であった。そのため，徐の許可の下で浙江興業銀行は劉鴻生の大中華マッチ公司，上海セメント公司に大量の貸付を行っている。12月上海公共租界納税華人会の執行委員，29年工部局中国人董事の1人となった。この後，復旦大学理事（一時，校長兼任），および時事新報館，大晩報館，申報電訊社の各董事長，交通銀行，中国企業銀行，中国建設銀公司，大陸報館，上海毛紡績廠，中華教育文化基金などの各董事，上海市商会公債基金保管委員会主任委員，中国太平洋国際学会副委員長などの職を歴任した。

1935年11月の幣制改革の時，徐新六起草の『幣制改革方案』の多くが採用された。36年中国棉業公司（董事長・宋子文）常務理事。10月国民政府は日本提起の「日中経済提携」に呼応して経済視察団を組織した際，代表団構成員の1人となる。37年第2次上海事件により上海が陥落したが，徐は民間金融界代表で租界内の金融事業維持の責任者であった。38年4月抗日のため「実行可能な方法として合作社方案を」と，熱烈に工業合作組織案を支持し，自ら中国工業合作社促進委員会主席に就任する。8月国民政府はアメリカからの借款のため，代表団を組織することを決め，徐に参加を要請した。同月14日中南銀行総経理胡筆江と飛行機で香港から重慶に向かう時，日本軍により孫科が搭乗していると誤認され，広東上空で撃墜された。著書に『幣法考』などがある。

参考文献：『工商経済史料叢刊』1（文史資料出版社，北京，1983年）。中国社会科学院近代史研究所主編『民国人物伝』6巻（中華書局，北京，1987年）。菊池一隆「中国工業合作運動と救国会派—中国工業合作協会設立をめぐって」『歴史研究』（大阪教育大学）25，1988年3月。Nym Wales, *China Builds for Democracy: A Story of Cooperative Industry* (Modern Age Books, INC., New York, 1941. 東亜研究所訳『支那民主主義建設』（東亜研究所，1942年）。

〔菊池一隆〕

徐（じょ）　用儀（ようぎ）　Xu Yongyi

（1826年～1900年8月11日）

字・吉甫，別字・筱雲。浙江省海寧県生まれ。咸豊年間の挙人，清末の同治・光緒年間の大臣。

1862年，軍機章京に任官，翌年に総理各国事務衙門章京を兼任。73年鴻臚寺少卿。82年工部右侍郎に昇進。84年総理各国事務衙門大臣。94年軍機処大臣となり，恭親王のもとで外交問題にとりくむ。日清戦争の時は，「敵を軽んずべからず」と主張し，平和交渉の必要性を説いたので，主戦派の翁同龢らと対立し，95年に軍機処大臣と総理各国事務衙門大臣を罷免された。

1898年，西太后が戊戌政変を起こして最高権力の座に復帰したため，徐用儀は再びもとの地位に返り咲き，99年兵部尚書となる。この頃から義和団運動が山東全省に拡大し大問題となったが，1900年6月の御前会議において，立山，聯元，袁昶，許景澄らとともに義和団を鎮圧して列国と衝突しないよう主張した。また，アメリカの駐華公使E・H・コンガーに衝突回避のための調停に努力し，出兵を極力避けるよう尽力を依頼し，自分も外国人保護に努力すると約束した。こうした徐用儀の行動は主戦派の載漪らに外国人と密通するものと指弾され，8カ国連合軍の入京する数日前の8月11日，北京で処刑された。しかし，01年1月，再審理ののち名誉回復された。

参考文献：中国史学会主編『中国近代史資料叢刊・義和

団』4（上海人民出版社，上海，1961年）。『清史列伝』巻62（台湾中華書局，台北，1982年）。〔小林一美〕

徐　志摩（じょ　しま）　Xu Zhimo

（1897年1月15日～1931年11月19日）

原名・章垿，字・槱森。筆名は，南湖，詩哲，海谷，谷，鶴，仙鶴，雲中鶴，大兵，刪我，黄狗，心手など。20年代を代表する詩人，散文家。

1897年，浙江省海寧市硤石鎮の裕福な商家に生まれる。1900年より私塾に学び，07年硤石鎮開智学堂に入学。近代的教育制度が整えられていく時代の中で，高いレベルの教育を受けて育つ。15年に浙江省立第一中学校（通称杭州一中）を卒業し，上海滬江大学へ進学。16年，北洋大学予科へ入学するが，翌年学部調整により北洋大学法学部が北京大学へ統合されたため，北京大学法学部へ転入する。18年より，義兄の張君勱の紹介により梁啓超に師事。

同年夏渡米，クラーク大学に入学し歴史学を専攻する。補修講座を受け，1年で学士を取得。同大学在学中には，学生陸軍訓練団やハーバード大学の中国留学生が組織した国防会に参加している。1919年コロンビア大学大学院に進み経済学を専攻。マルクスやオーウェンの著作を研究するなど，この時期には政治社会問題に強い興味を示している。20年，「中国婦女の地位を論ず（論中国婦女的地位）」で修士号を取得。

同年秋，バートランド・ラッセルに師事するために渡英したが，この時ラッセルが訪中によりロンドンを離れていたため，ロンドン大学政治経済学院に入学。ハロルド・ラスキのもとで学ぶ。

1921年，国際連盟協会の中国代表としてロンドンに滞在していた林長民を介して知り合ったG.L.ディキンソンの紹介により，ケンブリッジ大学キングス・カレッジに聴講生として迎えられる。この頃から詩作を開始。ロンドンでは，陳源（西瀅），林長民の娘林徽音らと知り合ったほか，H.G.ウェルズ，バートランド・ラッセル，キャサリン・マンスフィールド，ロジャー・フライらと交流。勉学に励んだ米国留学中とは対照的に，英国留学中にはこうした文化人との交流や，孤独な思索に時間を費やす。この英国留学が，徐志摩を詩人として目覚めさせた。

1922年に帰国，新聞や雑誌に新詩を発表する。23年，研究者や欧米留学経験者を中心とする知識人グループ新月社を北京で発足し，読書会や演劇上演等の活動を行う。新月社の成立や活動等については『飯局・書局・時局―新月社研究』に詳しい。24年のタゴール訪中に際しては通訳を務め，訪日にも同行。徐志摩は，タゴールの詩や思想よりも，その人格に学ぶべきであると主張しており，タゴールに精神の自由を見出していたと言える。25年には，ソ連，フランス，ドイツ，イギリスを旅行。ソ連では十月革命後の現実を目の当たりにし，「シベリア旅行記（欧游漫録―西伯利亜游記）」等にソ連社会主義制度に対する不満を表明している。

1925年10月，『晨報副刊』の主編となり，翌年からは聞一多と『晨報副刊・詩鐫』を編集。口語定型詩を提唱し，新しい口語詩のリズムを作り出そうとした。この年，『晨報副刊・劇刊』も創刊する。10月に『晨報副刊』主編を退き，上海へ転居した。

27年，上海で新月書店を設立し，総編集となる。同年より上海光華大学，東呉大学等複数の大学で教授を兼任。28年，『新月』月刊を創刊。創刊号に掲載された「『新月』の態度（『新月』的態度）」では，“健康を妨げない（不妨害健康的原則）”，“尊厳を侵さない（不折辱尊厳的原則）”という2つの原則を主張。『新月』同人の主要なメンバーには胡適，聞一多，梁実秋等がおり，徐志摩の作品をはじめ，新詩を多く掲載した。

1929年，上海中華書局の編集者となり，『新文芸叢書』を編集。同年，南京国民政府主催の第一回全国美術展覧会の常務委員を担当し，展覧会開幕中は『美展』三日刊を発行するなど，美術に対する識者としても活躍。同年7月『新月』主編を退く。30年，新詩や詩の批評，研究を掲載する専門誌『詩刊』を創刊。『新月』が次第に政論に圧迫されていく中，『詩刊』において改めて詩論の展開を試みようとした。同年2月からは，胡適の要請により北京大学英文科教授に就任。また，北京女子大学教授も兼任した。

1931年11月19日，南京から北京へ向かう途中，航空機の墜落事故により死去。

結婚は2度。一人目の妻張幼儀は親の決めた相手であり，1915年に結婚した。20年から，ロンドンへやってきた張幼儀と同居を始めるが，この時徐志摩は林徽音と恋愛関係にあった。21年，張幼儀はドイツへ留学し，翌年2月に次男を出産。同年，正式に離婚した。留学から帰国した徐志摩は，軍人の妻であった陸小曼と恋愛，陸小曼の離婚後，26年に2度目の結婚をした。こうした恋愛のいきさつは，テレビドラマ化もされている。

徐志摩の詩は，音楽性と情調に富み，散文は想像力豊かな比喩が特徴とされる。中産上流階級の出身であったため，文学史上重視されてこなかったが，文化大革命後に再評価され，90年代から作品集や全集，伝記が出版されている。また，徐志摩の日記には，文芸界・政界で活躍した知識人が数多く登場し，その幅広い交友関係も注目されており，星野幸代らにより「〈共訳〉徐志摩「西湖記」」等の翻訳が進められている。

著作に，詩集『志摩的詩』，『翡冷翠的一夜』，『猛虎集』，『雲游』，散文集『落葉』，『巴黎的鱗爪』，『自剖』，『秋』，小説集『輪盤』，翻訳集『英国曼殊斐尓小説集』，『瑪麗瑪麗』（沈性仁と共訳）等がある。

参考文献：邵華強編『中国文学史資料全編現代巻66　徐志摩研究資料』（知識産権出版社，北京，2011年6月）。韓石山『徐志摩伝』（人民文学出版社，北京，2010年9月）。劉群『飯局・書局・時局―新月社研究』（武漢出版社，武漢，2011年1月）。星野幸代「徐志摩とケンブリッジ―ロジャー・フライとの交流を中心に―」（『言語文化研究叢書』3号，2004年3月）。星野幸代「徐志摩と新月社―近代中国の文芸的公共圏」（東京大学大学院人文社会系研究科博士論文ライブラリー，2002年2月）。加藤阿幸「徐志摩詩文の比喩性」（『中国詩文論叢』29集，2010年12月）。星野幸代他「〈共訳〉徐志摩「西湖記」」（『言語文化論集』30巻2号，2009年3月）。

〔山下未奈〕

薛（せつ）　篤弼（とくひつ）　Xue Dubi

（1892年～1973年7月9日）

字・子良。山西省解県生まれ。法律家，官僚。馮玉祥麾下の文官の重鎮。

太原法政専門学堂在学中，辛亥革命が勃発し，太原で革命に参加する。革命政権下で山西河津県地方審判庁審判官に任ぜられ，現地の革命機関紙『河東日報』館長を兼ねる。1912年8月革命後，授業を停止していた山西法政学校（改称）が再開したので学校に戻る。卒業後，山西臨汾県地方審判庁長となる。

1914年陸軍第16混成団長であった馮玉祥に招かれて，同旅団秘書長兼軍法処長となる。18年馮玉祥軍の湖南省常徳への移駐に従い軍警連合監察処長となる。19年常徳県長に任ぜられるも，馮軍の北上に軍法官として従う。

1921年陝西省督軍となった馮玉祥のもとで咸陽県長，ついで長安県長となり，22年4月陝西財政庁長に就く。同年5月馮は河南督軍に転じ，薛篤弼は河南財政庁長となる。23年1月北京政府司法部次長となり5月国務院秘書長を兼ね，24年9月国務院内務部次長となる。10月馮玉祥は北京でクーデターを起こして直隷派を追い出し，北京の支配者となるが，薛は12月に京兆尹に任ぜられ，25年10月まで務める。2月善後会議会員となり，また，この頃北京慈善会会長を務めたという。同年10月馮玉祥に代わって甘粛軍務督辦となった劉郁芬のもとで甘粛省長となる。

1926年9月馮玉祥は国民党に入党して西北国民革命軍総指令に任ぜられ，薛篤弼は西北軍総参謀長兼総軍法処長となった。27年6月河南省主席となった馮に従って河南省政府委員兼財政庁長となり，また国民党開封政治分会委員を兼ねる。28年1月河南民生庁長となる。2月国民政府内務部長に任ぜられ，4月に財政管理委員会委員を，7月に禁煙委員会常務委員を兼ねる。10月新設の衛生部長に転じる。29年3月国民党3期中央執行委員候補，5月中央政治会議委員候補となる。

1929年11月衛生部長を免じられ，上海で弁護士を開業する。このころ馮玉祥らは反蔣運動を展開し，薛篤弼も30年8月反蔣各派が北平で開いた中国国民党中央党部拡大会議に参加し，宣伝部委員となっている。馮は「9・18」後南京政権に復帰するが，薛も31年11月に国民党4期中央執行委員候補，12月に国民政府委員となる。33年初め馮は抗日同盟軍を起こすが同年秋には崩壊し，35年秋に南京国民政府に復帰した。薛は33年1月国民政府委員を辞して上海で弁護士を開業するが，35年11月に国民党5期中央執行委員候補となり，36年7月には中央執行委員に補選されている。

1941年7月行政院全国水利委員会の主任委員となり，のち委員長，水利部長として抗戦期，内戦期の水利建設に活躍したが，48年12月の行政院改組に伴って職を去った。45年5月国民党6期中央執行委員。48年行憲国民大会代表となり，大会主席団にも名を連ねる。

中華人民共和国成立後も大陸にとどまり，全国政治協商会議2～4期全国委員会委員，上海法学会理事，上海律師協会副主任，中国国民党革命委員会（民革）中央委員などを務める。1973年7月上海にて病没する。

参考文献：傅潤華主編『中国当代名人伝』（上海出版，上海，1948年）。薛篤弼「太原和河東光復的片断」，『辛亥革命回憶録』5集（中華書局，北京，1963年）。劉商唐主編『民国人物小伝』第3冊（伝記文学出版社，台北，1980年）。

〔小浜正子〕

薛（せつ）　福成（ふくせい）　Xue Fucheng

（1838年4月12日～1894年7月21日）

字・叔耘，号・庸盦。江蘇省無錫県人。清末の官僚，外交官。

薛湘（字・暁颿，1858年没）の三男として生まれた。57年弟の福保と共に秀才となり，67年には副貢生となった。曾国藩の捻匪を討つ檄に応じて提出した長文の意見書が曾国藩の認めるところとなり，招かれてその幕吏となった。次いで75年治平六策，海防十事を上書，また直隷総督・李鴻章の幕下に入った。総税務司・ハートの総海防司任命にたいして極力阻止しようとしたのもこの頃のことである。82年朝鮮において壬午の変が発生すると，薛福成は張樹声にたいし軍艦を迅速に派遣することを進言したが，この処置によって清軍がいち早く到着し日本の進出を牽制することができた。この功績により，84年寧紹台道に任命された。たまたま同年清仏戦争が起こったが，薛はよく沿岸防備を整え，85年仏艦が鎮海を攻撃した時にも事なきをえた。この時の体験を記した『浙東籌防録』４巻が翌86年に刊行されている。88年に至り湖南按察史に任ぜられ，翌89年にはイギリスなど４カ国の公使を命じられた。90年１月フランス船で上海を発ち，３月９日パリに到着。次いでロンドン，ブラッセルに赴き，91年３月にはローマに至った。薛が出使四国大臣として滞欧した４カ年間は，中国外交としては静穏な時期に当たっているが，彼はこの間，カンジュート問題，ビルマとの国境問題の解決を図り，94年３月１日にビルマとの国境を定めた中英協定に調印している。同年５月26日マルセイユを発ち，７月１日に上海に帰着したが，その20日後に同地において没した。

薛福成は西洋と接触し，海外事情に通じていたところから，当時の洋務運動に批判的であり，西洋文化を輸入し近代工業を興起させなければならぬと主張した。また海外における華僑の存在を重視し，その保護を図った。1877年以来設置されていたシンガポール領事を総領事に昇格させ（91年），黄遵憲を初代総領事に推挙し，あるいは康熙年間の旧法を廃止して，華僑がなんら障害なく，自由に帰国できる端緒を開いたりした（93年）。著書に『庸盦文編』４巻，『海外文編』４巻，『出使英法義比四国日記』６巻，『籌洋芻議』１巻などがあり，これらは『庸盦全集』にまとめられている。なお長兄の福辰（字・撫平）は直隷省に官たりし人であるが，医薬の知識によって世に知られた。

参考文献：民国清史館編『清史稿』452，列伝233（民国清史館，北京，1927年）。『清史列伝』58（民国中華書局，上海，1928年）。閔爾昌編『碑伝集補』13（燕京大学国学研究所，北京，1932年）。費成康『薛福成』（上海人民出版社，上海，1983年）。薛福成著，丁鳳麟・王欣之編『薛福成選集』（上海人民出版社，上海，1987年）。Arthur W. Hummel, *Eminent Chinese of the Ch'ing Period, 1644-1912*, Vol. 1 (U.S. Government Print Office, Washington, D.C., 1943).〔可児弘明〕

薛（せつ）　仙舟（せんしゅう）　Xue Xianzhou

（1878年～1927年９月14日）

原名・頌瀛，改名・薛瀛，字・仙舟。江蘇省揚州生まれ。原籍，広東省香山県。合作運動家で，「中国合作社の創始者」と称される。

父の岐山は揚州塩政官長。４歳で上海に移転。５歳で三字経，千字文，百家姓，神童詩，千家詩，大学，中庸を読み始める。11歳，天津中西書院に入学。16歳，北洋大学に進学し，19歳で卒業後，上海に戻る。

1900年漢口で唐才常の自立軍蜂起に参加したことで逮捕される。当局は薛仙舟年が若いこととその才を惜しんで釈放する。釈放後，薛は学問に専念することを決め，01年官費でカリフォルニア州立大学に留学した。しかし，すぐに革命を図るために帰国するが，上海で捕えられて再び獄につながれた。ただ，この時も獄卒の援助で逃れ，再び渡米するが，官費名簿からは削除された。

1903年広州で会計学堂を創設し，銀行幹部を訓練する。05年ドイツに留学し，留独学生監督に任ぜられ，かつベルリン大学研究生となり，銀行業務を実習する。ドイツは協同組合銀行，信用協同組合の発祥の地であり，著名なシュルツエ式とライファイゼン式の２つの方式があった。薛仙舟はこれらを深く研究した結果，貧民経済解放に役立つと確信した。このように，アメリカ，ドイツ両国での経験から，資本主義発達の結果生じる貧富の差にも，マルクス経済理論にも批判的視点をもつようになり，「左右両思想の中間的大道」，すなわち互助合作，経済合作制度を深く信じるようになった。

1911年ドイツから帰国後，中国実業状況の調査を行い，また同年上海中国銀行副監督に任ぜられる。その他，張静江経営の通運公司を補佐したり，中華実業銀行を発起するなどの活動を行っている。14年復旦公学（後の復旦大学）教授となり，ドイツ語，公民，経済学などを教える。18年工商銀行が開始されると総経理に就任し，かつ海外で株式募集も行った。薛仙舟は華僑との関係が極めて密接であった。同時にアメリカで大量の協同組合関係資料を収集し，19年上海国民合作儲蓄銀行を創立した。そして同銀行に復旦大学学生を招き，合作宣伝を精力的に行った。20年合作社専門の本格的新聞『平民週刊』を発刊。さらに合作主義の研究，提唱，人材育成を宗旨とする上海合作同志社を組織した。

1927年４・12クーデター後，南京国民政府が成立すると，外交，建設，民生主義等々の問題が浮上してきた。この時期薛仙舟は陳果夫の勧めもあり，①全国合作社組織方案，②合作訓練院組織大綱，③全国合作銀行組織大綱などからなる『全国合作化方案』を作成し，蔣介石，胡漢民，陳果夫に提出した。しかし，北伐，財政困難などを理由に棚上げされ，『中央半月刊』に掲載されたに過ぎなかった。8月中央党務学校で合作社の講義を行ったほか，全国合作銀行の詳細な章程の作成，合作社法の起草などに尽力したが，これらが完成以前の9月14日上海で急逝した。

参考文献：張鏡予『中国農村信用合作運動』（商務印書館，上海，1930年）。呉藻渓編『近代合作思想史』（棠棣出版社，上海，1950年）。劉紹唐主編『民国人物小伝』第1冊（伝記文学出版社，台北，1975年）。余井塘「我所認識的薛仙舟先生」，中国国民党中央委員会党史委員会編『革命文献』85輯（中央文物供応社，台北，1980年）。菊池一隆「中国国民党における合作社の起点と展開」，『孫文研究』9，1988年12月。
〔菊池一隆〕

薛（せつ）　岳（がく）　Xue Yue

（1896年12月17日～1998年5月3日）

原名・仰岳，字・伯陵。中国国民党の軍人。貴州，湖南，広東諸省の政府主席を務める。

広東省楽昌県九峰郷の農家に生まれる。父・豪漢は農業を営む。母・李秀貞。郷塾，郷初等小学，県高等小学で学んだ後，1910年新軍の連長であった母方の叔父・扶煥坤をたよって広州に出た。翌年，広東黄埔の広東陸軍小学に入学。14年に同校を卒業し中華革命党に参加した。同年，薛岳は朱執信によって電白区革命軍司令に任命されたが，安南のフランス官憲に逮捕され，17年まで約3年間ハノイに拘留された。釈放後，保定の軍官学校に入学，同期に鄧演達，張発奎らがいた。

1919年陳炯明率いる護法援閩粤軍の第1師師長・鄧鏗のもとで中尉小隊長を務めた。粤軍による広州回復後の21年，薛は孫文の大元帥府警衛団大隊長となった。22年6月16日陳炯明麾下の部隊が大元帥府を包囲した際に，薛は孫文夫妻の避難を助けた。この事件以後彼は孫文に，そしてのちには蔣介石に，重用されるようになる。

1923年から25年の間，薛岳は孫文側についた粤軍指導者の1人として第3次広東軍政府・広東国民政府を支え，陳炯明の粤軍を攻撃する東征に参加した。東征中の戦功により薛は26年国民革命軍第1軍第1師副師長となり，同年7月に開始された北伐では江西などにおいて孫伝芳の部隊と戦った。27年薛は師長に昇進した。同年，上海で彼の軍は共産党系の上海工人糾察隊を鎮圧し，その後南下して南昌暴動と広東コミューンを平定した。薛は蔣の北伐と南京政権の華南における軍事的基盤の確立において大きな貢献をした。

1927年末から継続された北伐で薛岳は国民革命軍第4軍の副軍長として北上し，山東省を攻略した。北伐完了後，薛は一時離職し広東にもどっていたが，30年軍に復帰した。33年から34年の第5次囲剿戦では第5軍軍長として共産党軍と戦った。34年10月から翌35年8月まで，薛は長征途上の共産党軍を湖南・広東・広西・貴州・雲南・チベット・四川・陝西・甘粛の諸省にわたって追撃した。この功績で彼は35年上将となった。台湾ではこの追撃を史上空前の「長征」と呼んでいる。翌36年両広事件に対処するため薛は貴州・広西省境付近まで南下した。その後彼は貴州省主席に任ぜられ，また中国国民党第5期中央監察委員に当選した。

抗日戦争では主に華中で日本軍と戦い（淞滬会戦・武漢政防戦など），1938年12月には第9戦区司令官代理となった。39年に薛岳は湖南省主席に就任し，これ以後日本の降伏まで長沙及びその周辺において日本軍と戦った。この間薛はアメリカ軍との協力をすすめ，湖南省内で水利事業や公営工場の経営をおこなった。45年彼は南昌において日本の南昌九江地区第11軍司令官・笠原幸雄の降伏を受け入れた。

1946年薛岳は再度一時的に軍務を離れるが，同年中に徐州綏靖公署主任となり共産党軍との戦いに参加した。彼は同年，国民政府上将参軍長となっている。薛の部隊は，江蘇・山東・河南の諸省において共産党第2及び第3野戦軍と戦った。47年5月蔣介石は顧祝同を徐州に派遣し，薛と交替させた。薛は命に従い南京に移ったが，この措置には不満であった。

1949年薛岳は宋子文広東省主席に請われて広州に赴きその省主席職を継いだ。彼は権限を省主席に集中し，支配下の武装力を再編したが，同年10月に広州は共産党軍の支配するところとなった。薛は海南島へ逃れたが，50年5月台湾一島にたてこもるという蔣介石の政策をうけて海南島を放棄し，台湾へ移った。

1954年薛岳は台湾において総統府戦略顧問，光復大陸設計研究委員会（光復会）の委員となり，翌55年同会の主任となった。また，国民党中央評議委員，中央評議委員会主席団主席などを歴任し，85年薛は90歳の誕生日に蔣経国中国国民党主席から中山奨章を受けている。

参考文献：劉葆編『現代中国人物誌』（博文書店，上海，1941年）。呉相湘「薛岳長沙三捷」，『民国百人伝』第4冊（伝記文学出版社，台北，1971年）。中央研究院近代史研究所編『薛岳将軍与国民革命』（中央研究院近代史研究所，

台北，1988年）。汪新・劉紅『南京国民政府軍政要員録』（春秋出版社，北京，1988年）。〔塩出浩和〕

Y

厳　復（げん ぷく） Yan Fu

（1854年1月8日～1921年10月21日）

名・伝初，体乾，宗光，復，字・又陵，幾道，号・瘉壄老人ほか。原籍，福建省侯官県，同地に生まれる。清末の翻訳家，啓蒙思想家，教育家。

名のある医者の家庭に生まれ，7歳で私塾に入り，11歳で地元の老儒者について四書五経および宋・明代の理学を修めた。14歳の時父・厳振先の死に遭遇したため家庭教師から学ぶことを断念し，1866年左宗棠の創設した中国最初の海軍学校・船政学堂後学堂英語選択組に首席で入学した。厳復の兄は夭折したが，妹2人は母が針仕事をして育てられた。厳復は14歳で王氏と結婚して長男・伯玉をもうけたが，王氏の死後92年再婚し，4女を得た。71年厳は船政学堂を首席で卒業し，建威丸や揚武艦に乗り東南アジアや日本方面に実習訓練に出た。74年日本の台湾出兵問題が起こると，沈葆禎の随員として台湾に赴き，台湾東部の港を測量し，軍事情勢の調査にあたった。

1877年中国最初の留学生としてイギリスに渡り，グリニッジ海軍大学で学ぶかたわら，ベンサム，ルソー，モンテスキュー，ミル，ダーウィン，トマス・ハクスレー，スペンサーらの著作を広く読み，西洋資本主義文明に開眼していった。2年後の79年6月帰国し母校福州船政学堂の教員となった。翌年北洋大臣・李鴻章が天津に設立した北洋水師学堂の主任教員に転任，その後20年間にわたって同校校長を務めた。厳復は30代で4度郷試を受験したが果せなかった。

中国が日清戦争に敗戦し下関条約が締結される頃から厳復は西洋思想の訳述書を次々に発表した。その主なものにはトマス・ハクスレーの *Evolution and Ethics*（『天演論』），アダム・スミスの *Wealth of Nations*（『原富』），スペンサーの *Study of Sociology*（『群学肄言』）などがある。これらの西洋の書物を精力的に訳述するかたわら，彼は天津の『直報』にも「論世変之亟」，「原強」などの論文を載せ，中国の閉鎖性，後進性を指摘し，西洋の学問，技術に学んで救国自強をはかるべきであると訴えた。

厳復は当時康有為ら改革派により結成された強学会の機関紙『時務報』のために100元を寄付し，1896年には天津のロシア語学校，北京の通芸学堂においても西洋の学問を鼓吹した。翌年には夏曾佑らと天津で『国聞報』を創刊して維新を訴え，富強のためには内治の充実をはかるべきことを戊戌の政変前に上奏して光緒帝に謁見を許されたことがある。しかし，彼は康有為一派とはほとんど行動を共にしなかった。

厳復は多くの西洋の経済学，法学，社会学などの古典を翻訳・紹介したが，中でもトマス・ハクスレーの訳書『天演論』を通じて中国に（社会）進化論を紹介したことは当時の中国の知識人に大きな影響を及ぼした。たとえば，梁啓超はその影響を受けた1人で，これについて厳と往復書簡を交わし，胡適は自分の名を「適者生存」からとってつけた。彼の翻訳については部分的には原典解釈の誤りが指摘されるが，訳文中のポイントとなる部分には西洋の諸学説を中国の古典や現実と関連づけて解釈した長文の注釈をつけている。彼は訳文は原文に忠実，明解，格調を理想として訳語の選定には苦労した。そして自らの言論においても社会進化論を基調として変革を掲げたが，それらはあくまで漸進的なものであって，共和制や革命には反対であった。しかし，彼が紹介した資本主義的自由競争の経済理論は当時の中国には非常に新鮮なものと映った。

1900年の義和団事件を機に厳復は長年奉職した天津の北洋水師学堂を去って上海に移った。02年より2年間京師大学堂附属編訳書局長をつとめたのち，05年上海に戻って馬良の復旦公学（現在の復旦大学）設立に協力し，数カ月校長を務めた。その後も安徽師範学堂監督などに任じ，10年には資政院議員など多くの官職を経て，辛亥革命の前には海軍1等参謀官を授与されていた。

1912年袁世凱が臨時大統領に就任後も京師大学堂文科大学学長，総統府国際法顧問，憲法起草委員などに任じ，袁の帝制準備のための「籌安会」にも“六君子”の1人として発起人となることを強いられた。厳復は袁の日本の21カ条要求への対応の安易さに失望し，袁が政治家としての能力や人徳の点で劣っていることを認めながらも，中国の統一維持のための強力な指導者である点を国民党と比較して高く評価していた。このように厳は民国以後は次第に保守的な傾向を強め，君主制を擁護し，康・梁批判も行った。

厳復は日本に対して，第1次世界大戦前は伊藤博文の憲法解釈を読んで民権国家としてのイメージを持っていたが，暴力的な21カ条要求によって彼の日本観は力のイメージに変わった。そして日本がモデルとしたドイツの国力は，それまで彼が理想としていたイギリスのそれをしのぐものと映った。さらに第１次世界大戦は彼を西洋否定の立場へ向かわせることになった。袁世凱の死後は官界から去って中国の現実を嘆きながら病気がちの晩年を送り，1921年郷里の福州で病没した。

参考文献：閔爾昌編『碑伝集補』巻末（四庫善本叢書館，北京，1923年）。王蘧常「厳幾道年譜」，『侯官厳氏叢刻』（南昌，1901年。文海出版社，台北，1979年復刻）。王栻編『厳復集』全５冊（中華書局，北京，1986年）。王栻『厳復伝』（上海人民出版社，上海，1957年）。林国清・林蔭儂『厳復』（福建人民出版社，福州，1989年）。牛仰山・孫鴻霓編『厳復研究資料』（海峡文芸出版社，福州，1990年）。Benjamin I. Schwartz, *In Search of Wealth and Power—Yan Fu and the West* (Harvard Univ. Press, Cambridge, 1964. 平野健一郎訳『中国の近代化と知識人―厳復と西洋』（東京大学出版会，1978年）。小野川秀美『清末政治思想研究』（みすず書房，1969年版）。高田淳「厳復の『天演論』の思想―普遍主義への試み」『東京女子大学附属比較文化研究所紀要』巻20巻，1965年11月。　〔児野道子〕

顔（がん）　恵慶（けいけい）　Yan Huiqing

（1877年4月2日～1950年5月24日）

字・駿人。欧名・Dr. W.W. Yen。上海虹口生まれ。原籍，福建省厦門。外交官，北京政府の閣僚を歴任した政治家，教育者，社会事業家。

５人兄弟の四男に生まれる。父・永京は上海米国教会学堂を卒業してアメリカに留学，帰国してから聖約翰書院（後の聖約翰大学〔The St. John's University〕）の初代院長を務め，その後伝道に専念して虹口の米国監督教会（The Episcopal Church）の牧師となった。欧米的な家庭環境に育ち，幼少で洗礼を受け，上海の英国教会が運営する英華学塾を卒業して，1895年アメリカに留学，ヴァージニア州の米国監督教会高校（The Episcopal High School）に入学。成績は優れ，約１年半で卒業資格を獲得，無試験でヴァージニア大学入学を許可される。1900年に同大学を卒業，文学士の資格を得る。

1900年夏に帰国，上海の聖約翰大学の教員となり，６年間にわたって英語，文学を教える。この間，『英華標準双解大辞典』を主編して上海商務印書館より出版する。07年伍廷芳が欽差大臣としてアメリカおよび中南米諸国に派遣されると，使館二等参員として随行，アメリカに長期滞在中，ワシントン大学のジェームズ・B・スコット博士について１年間国際法や外交問題について学ぶ。この時，アメリカ国際法学会の入会を認められ，終身会員となる。

1909年に帰国，周自斉の推薦により外務部主事として新聞所所長に任ぜられ，英文の *The Peking Daily News* の発行に協力した。11年外務部を代表して中英阿片禁止会議に出席，駐華英国公使ジョルダンとの間に10条からなる中英阿片禁止条件を締結させるのに活躍した。

中華民国になり，北京に最初に成立した唐紹儀内閣の外交部次長に任ぜられ，病気がちの陸徴祥外交総長に代わって実際の仕事を担当する。1913年駐ドイツ公使に任命されベルリンに赴任，デンマーク公使，スイス公使も兼任する。17年３月北京政府が対独国交断絶を宣言したため，デンマークのコペンハーゲンに移駐する。この間，13年と14年にオランダのハーグで開催された第２回および第３回の阿片禁止国際会議に中国代表として参加，阿片の生産・輸出を禁止する国際法の制定を提起したが，会議自体はさして成果を収めなかった。18年11月に第１次世界大戦が終結すると，講和会議に出席する中国代表の１人としてパリに赴くが中国の正式代表の数が２名に制限されたため中国代表団顧問となり，顧維鈞，王正廷に活躍の場を譲る。

1920年８月安直戦争直後に組閣された靳雲鵬内閣の外交総長に任ぜられ，帝政ロシアの領事裁判権・治外法権の撤廃など，新生ソヴィエト政府の革命外交に対応して国権回収に努める。さらに21年１月日中軍事協定の廃棄にいたる対日交渉を行う。同年５月には民国以後最初の不平等条約改訂にあたる中独復交条約を締結。同年８月外交部内にワシントン会議参加準備処を設立して自らその主任に就く。この間，日本の山東問題直接交渉の要求を拒絶し続ける。北京政局が不安定となったため，結局，ワシントン会議には参加できなかったが，施肇基，顧維鈞，王寵恵らのヤング・チャイナを代表する米国留学生出身の外交官僚を送り込んで，山東問題解決に活躍させる。20年の安直戦争以後22年８月まで６回も内閣が替わったのに対して，一貫して外交総長の任にあって中国の国権回復に努めた。この間，外交総長兼任で，21年12月，22年１月，22年６月に国務総理を代行し，３度臨時内閣を組閣。22年秋から23年まで財政整理委員会委員長を務め，北京政府の内外債整理の困難な仕事に従事，北京関税会議招集の準備に当たる。24年１月に組閣された孫宝琦内閣の農商総長に就任，９月国務総理となり内務総長を兼任。しかし，第２次奉直戦争で直隷派が大敗したのにともない辞職する。25年10月に開催された北京関税会議に中国代表として出席，26年5月に第3次顔恵慶内閣を組閣するも奉天軍閥・張作霖の反対を受けて1カ月余で辞職，北京関税会議がほとんど成果を見ずに閉幕したのにともない，天津に退いて南開大学の理事を務めるなど社会事業に携わる。

1931年満州事変が勃発すると，国民政府の外交部長・王正廷に召還されて南京に赴き，対日特殊委員会委員に任ぜられる。31年11月，駐米公使に任命され，翌年1月に国際連盟行政院会議に出席，日本の中国侵略を強く批判。32年12月ソ連外交委員会主席リトヴィーノフと国際軍縮会議で接触したのをきっかけに中ソ国交回復の実現に努力，33年駐ソ大使に任命される。同年2月日本が国際連盟を脱退した連盟総会に中国代表として出席，日本代表・松岡洋右に対する反対演説を行ったことは有名。36年夏健康を理由に駐ソ大使を辞職して帰国，以後政府の公職には就かず。39年太平洋研究会の大会に参加するため訪米，アメリカ各地を訪問して中国の対日抗戦への支持と援助を米国民ならびに在米華僑に訴える。戦後の国共内戦期は，中間人士として国共両党の調停の役割を担い，49年革命以後は全国政治協商会議委員，華東軍政委員会副主席，中央人民政府政治法律委員会委員などを歴任，50年上海の自宅で病死。英文の自伝 *My Life*（姚崧齢訳『顔恵慶自伝』，伝記文学出版社，台北，73年）がある。英文の日記（1908年～1950年）が上海市檔案館訳『顔恵慶日記』第1巻～第3巻（中国檔案出版社，北京，1996年）として出版されている。

参考文献：楊大辛主編『北洋政府総統与総理』（南開大学出版社，天津，1989年）。劉紹唐主編『民国人物小伝』第2冊（伝記文学出版社，台北，1977年）。何明主編『北洋政府総理的最後結局』（中共党史出版社，北京，2008年）。

〔笠原十九司〕

閻（えん）　錫山（しゃくざん）　Yan Xishan

（1883年10月8日～1960年5月23日）

字・伯川，百川，号・龍山。山西省五台県河辺村に五台県城内で銭舗を営んでいた閻子明の子として生まれた。地方軍事指導者，中国国民党員。

閻錫山は9歳で私塾に入り，古典的教育を受けた。16歳の時から父の銭舗で見習いを始めるが，1900年その倒産のため父に従って太原に移った。

1902年閻錫山は山西武備学堂に入学し，軍人としての進路を歩み始めることになる。04年清朝政府派遣留学生として日本に留学，振武学校から陸軍士官学校へと進んだ（中国人留学生第6期）。日本において革命思想の影響を受け，05年10月中国同盟会に加入，その後軍人によって結成された鉄血丈夫団に参加した。陸軍士官学校を卒業して09年帰国し，故郷山西省の新軍に勤務した。山西陸軍小学教習から，同監督，第43混成協第86標教練官，同標統へと順調に昇進した。この間，閻は秘密理に同盟会の活動に従事した。

1911年10月武昌での新軍蜂起をきっかけに辛亥革命が始まると，10月29日これに呼応して山西省でも革命派による武装蜂起が発動された。部隊を率いて蜂起に参加した閻錫山は革命の過程で大きな役割を果し，同日都督に推挙された。同年12月袁世凱指揮下の清朝軍が山西省に侵入したため，閻は一時太原を放棄することを余儀なくされたが，逆に臨時大総裁に就任した袁世凱によって12年3月山西都督に任命されたため，閻錫山は太原に復帰した。これ以降，閻は長期に渡って山西省最高権力者の地位を維持し，安定した支配を築くことになった。

1912年8月同盟会が改組され，国民党が組織されると閻錫山はこれに参加し，参議に任命された。しかし，袁世凱の権力が次第に強化され，袁と国民党との関係が悪化していくと，閻錫山は国民党とは距離を置き，袁世凱に接近していった。そして，正式大総統に就任した袁世凱が13年11月国民党の解散を命じると，閻は積極的にこの命令を実行し，山西省内の国民党に解散を命じると共に，本人も国民党からの離脱を声明した。翌14年袁世凱が各省の都督を将軍に改編すると，閻錫山は同武将軍に任命され，山西の軍務を督理することになった。

1916年帝制運動が失敗に終わり袁世凱が急死すると，閻錫山は北京政府の実権を掌握した段祺瑞に接近し，自らの保身を計った。その結果，同7月各省の将軍が督軍に改称されると閻は山西督軍に就任し，翌17年9月には山西省長を兼任するに至った。以上のように無原則ともいえる巧妙な対外政策をとることによって，閻は山西省の独立的地位を守ることに成功したのであった。

閻錫山は「保境安民」をスローガンに掲げ，省外の政治には介入せず，同時に省外からの介入も阻止しながら，纏足の廃止，アヘンの禁止，経済開発の推進などの内政改革を押し進めることとなった。周囲を山岳地帯に囲まれるという山西省の地理的な環境も手伝って，閻錫山統治下の山西は繰り返される戦乱に巻き込まれることはなく，社会の安定を背景に内政改革はかなりの成果を挙げていった。この結果，山西省は「模範省」と称されるに至った。

1920年代に入って北洋軍閥同士の対立抗争が激化していくが，閻錫山は省外の紛争の山西省内への波及を避けるという従来の方針を継続し，様々な勢力との提携と対立を巧妙に使い分けることによって山西の独立を維持し続けた。まず馮玉祥と連携して段祺瑞を支持したのを皮切りに，張作霖と提携して呉佩孚と対抗し，後には張作霖と提携して馮玉祥を攻撃した。この過程で隣接する綏遠省を支配下に収め，その軍隊を計12旅団へと拡大した。

北伐戦争が始まるのに先だって国民党は閻錫山への働きかけを強め，関係改善に成功した。このため，1927年6月6日閻は自らを北方革命軍総司令に任命し，国民革命に参加する態度を表明した。翌28年2月蔣介石によって国民革命軍第3集団軍総司令に任命された閻は張作霖の奉天軍への攻撃に参加し，北伐戦争の最終段階で決定的な役割を果した。この結果，閻は国民党中央政治会議太原分会主席，同北平分会代理主席，平津衛戍司令を兼任し，その勢力は山西のみならず河北，チャハル，綏遠，北京，天津に及んだ。ここに閻錫山は一地方の権力者に留まらない全中国で有数の政治家の地位を築いたのであった。

1928年南京国民政府が全国を統一した後も中国の政状は安定せず，その実権をめぐって蔣介石をはじめとする各勢力間の緊張と対立は激化していった。北伐戦争の過程で膨張した軍隊をいかに縮小するかの問題で蔣介石と対立するに至った閻錫山は，30年馮玉祥，李宗仁を中心とする広西派，汪精衛を中心とする国民党改組派などと結んで蔣介石との全面的な戦争に突入した。これがいわゆる中原大戦である。しかし，戦闘は東北の張学良の支援を受けた蔣介石の完勝に終わり，閻錫山は下野を余儀なくされ大連へと逃亡した。山西省を越えて全中国政治に影響力をふるうという閻の野望はここに潰えたのであった。

1930年失脚後も山西省政府の主要なポストは閻錫山と密接な関係を有する人物が占めていたから，大連逃亡中も閻は山西省政治に大きな影響力を持ち続けた。31年8月山西省内に戻った閻は，翌32年3月太原綏靖公所主任に任命され，山西省の最高権力者の地位を回復した。閻はまもなく国民政府委員，軍事委員会委員に復帰し，国民党中央委員に選出された。

政界に復帰した閻錫山は省外への介入は避けて内政改革を最優先にする「保境自主」の政策に戻った。「山西省政10年建設計画案」を立案し，これに従って経済開発を精力的に押し進めた。そして，同蒲鉄道を建設し，かなりの工業基盤の形成に成功するなど，この経済開発計画は大きな成果をあげるに至った。

1937年日中戦争が始まると，国民政府によって第2戦区司令長官に任命された閻錫山は抗日戦争に参加した。そして，同年9月から山西省への攻撃を開始した日本軍と閻指揮下の中国軍部隊は激しい戦闘を交えた。戦局は結局日本軍優勢に傾き，11月日本は太原を占領するが，その過程で日本軍に大きな損害を与えたのであった。閻錫山は太原陥落後も省西南部の臨汾に移り，日本軍への抵抗を続けた。

日中戦争が長期化する中で，閻錫山は山西省でも根拠地を広げつつあった共産党と次第に対立を深め，1939年ついに両派の軍隊は衝突するに至った。他方，閻は共産党と対抗するため秘密理に現地日本軍と接触し協調的関係を築いていった。

1945年日中戦争が終了すると閻錫山は太原に戻り，三たび山西省の最高権力者の地位に復帰し，再開された国共内戦の中で共産党と戦火を交えることになった。この戦闘で一部の旧日本軍将兵が閻錫山軍に加わっている。しかし，戦局は農村に強固な根拠地を築いた共産党優勢に傾き，48年7月には閻錫山が支配するのはわずかに太原，大同の2都市に限られることになった。以上のような絶望的な状況のもとで49年3月，閻は共産党軍包囲下の太原から飛行機で南京に脱出した。ここに，長きにわたった閻錫山の山西支配はついに終わりを迎えたのであった。

太原を脱出した閻は1949年6月国民政府行政院長に就任した。そして，国共内戦が共産党の全面的な勝利に終わると，同年12月国民政府と共に台湾へ渡った。翌50年3月蔣介石が大総統の職務に復帰すると，閻錫山は，行政院長から解任され，総統府資政兼国民党中央評議委員に就任した。60年5月閻錫山は台北で病死した。

参考文献：山西省政協文史資料研究委員会編『閻錫山統治山西史述』（山西人民出版社，太原，1981年）。陳小校『閻錫山之興滅』（致誠出版社，香港，1972年）。閻伯川先生記念会編『民国閻伯川先生錫山年譜長編初稿』（台湾商務印書館，台北，1988年）。Donald G. Gillin, *Warlord: Yen Hsi-shan in Shangsi Povince, 1911-1949* (Princeton University Press, Princeton, 1967).

〔塚本元〕

厳（げん）　信厚（しんこう）　Yan Xinhou

（1839年～1907年）

字・筱舫。原籍，浙江省寧波府慈渓県，同地生まれ。清末上海の有力商人，洋務企業の企業家・経営者。

彼は若い時に寧波の恒興銭肆で修業し，後に上海へ出て宝成銀楼に職を得，そこで金融業の経験を積み，腕を磨いていた。時に上海では，杭州の豪商・胡光墉が左宗棠の財政担当者として活躍していたが，その胡から認められ，その紹介を得て，1862年20代初めの若さにもかかわらず，李鴻章の幕下に加わり，胡光墉と同様の兵糧・武器購入の仕事を担当するようになった。そして李鴻章の抜擢を得て，さらに河南の塩務督銷，天津塩務幇辦代理などを歴任するという好機を摑んだ。当時塩の売買の監督は大変実入りの多い職務であり，彼はこの職務を担当した十数年で巨万の富を築いたと言われている。その富を基礎に86年以降，独力で，あるいは他の者と協力して寧波の通久源繰綿工場・紡績工場・製粉工場・上海の中英薬局・華興海上火災保険公司，景徳鎮江西瓷業公司などを創業，投資するという活発な企業活動を行った。特に許鼎霖ら江浙出身の紳商と合資することが多かったようである。1902年上海商業会議公所総理に任命され，２年後の04年には上海商務総会総理に昇格した。

彼は金融業から始めて，胡光墉・李鴻章の知遇を得て，淮系の財務官僚として出世し，財産を作り，それを元手に近代企業の設立・経営に携わった中国初期工業化の企業家であり，洋務運動の積極的な推進者の１人であった。そして，晩年は上海紳商界のトップにまで登り詰めたが，官商間の矛盾・対立には必ずしも経元善・鄭観応のような鋭敏な問題意識を持たず，変法などの改革には積極的に参加しなかった。その意味で彼は当時の上海紳商層の，ブルジョアジーとしての大きな限界を代表していたともいえよう。

その子・厳子均も上海の大商人・企業家として活躍した。

参考文献：汪敬虞編『中国近代工業史資料』２輯下冊（科学出版社，北京，1957年）。李華興主編『近代中国百年史辞典』（浙江人民出版社，杭州，1987年）。　〔中井英基〕

晏（あん）　陽初（ようしよ）　Yan Yangchu

（1893年10月26日～1990年１月17日）

派名・興復，遇春，通称名・雲霖，欧名・Y.C. James Yen。四川省巴中県生まれ。平民教育運動家。生年は1890年，92年，94年という説もある。

14代続いた裕福な読書人家庭に７人兄弟の７番目として生まれた。父親は晏美堂といい中医，同時に巴中県福音教会の中国語教師であった。彼は，晏陽初が５歳の時から『三字経』を教え，自らの経営する私塾で「四書五経」に親しませるなど非常に慈愛深い人であったが，母親は非常に厳格な人であった。1903年には保寧府閬中県の西学堂，07年には成都に出で米国美以美会設立の中学で学び，10年に英語教師，輔仁学舎の副主任となる。13年香港の聖梯芬孫学堂に入学し，同年秋香港大学の前身聖保羅書院に１位の成績で入学する。16年に卒業，米国留学準備のため上海へ行き，同年秋エール大学に入学し政治経済の基礎を学び，18年に卒業する。この後フランスへ向かい，中国人労働者の識字班を組織し，『駐法華工週報』を創刊するなどの活動を通し，識字教育の重要性を認識する。19年６月再び米国へ渡り，秋，プリンストン大学研究院で歴史学を学ぶ。20年北米キリスト教中国学生会会長に選出されるも，８月修士号を得たのち上海に戻る。この時，生涯平民教育に献身することを決意する。21年９月には，許雅麗（1895～1980年）と結婚，５人の子供をもうける。許雅麗は，ニューヨーク長老会教会牧師・許芹の娘で，コロンビア大学師範学院体育学部を卒業している。

晏陽初の平民教育運動は，1923年８月に結成された「中華平民教育促進会」の総幹事としての活動や，『平民千字課』の出版など多岐にわたる。20年代は，長沙，煙台，嘉興などの都市およびその近郊で活動をおこない，28年から１年間の米国での募金活動ののち，29年冬より南京定県での実験を始める。彼はここで，26年からの定県社会調査を基礎に「４大教育」，すなわち「愚」を救う文芸教育，「窮」を救う生計教育，「弱」を救う衛生教育，「私」を救う公民教育を提唱，その方法として，「３大方式」，つまり，学校式教育，社会式教育，家庭式教育を採用した。こうして農村改造を教育を通して実現しようとする定県の実験は36年まで続いた。

また，平民教育に従事する人材育成に注目し，「農村建設育才学院」を創設，1936年には華北農村改造協進会の主席となり，郷村教師，郷村幹部の養成に努めた。40年に重慶北碚歇馬場に設立された「中国郷村建設育才院」は，45年に４年制の大学「私立郷村建設学院」として正式認可され，その卒業生の中からは，解放後の社会主義建設の人材を数多く輩出した。43年には「コペルニクス逝去400周年記念大会」で，アインシュタイン，デューイなどとともに，現代の革命に貢献した10大偉人に選ばれた。また，シラキュース大学，テンプル大学，ルイスビル大学から名誉法学博士を授与されるなど国際的名声が高まった。この頃，全世界的規模での平民教育の必要性を説き，「平民教育中米委員会」を設立し，中国の新しい社会での平民教育の重要性を主張した。

国共内戦中は，トルーマン大統領と会談するなど政治的にも積極的に活動し，1948年10月には「中米農村復興連合委員会」をつくり，南京政府の下で農村改造に取り組んだ。解放後は，49年12月にニューヨークに渡り，52年から東南アジア，西アジアでの農村改造運動に従事し，やがてラテンアメリカ諸国へも発展していった。特にフィリピンでは，マニラに67年「国際郷村改造学院」を設立させ，第3世界の農村改造のための人材養成の拠点となっている。これらの国際的農村改造運動のスローガンは「科学簡単化，農村科学化」である。85年には解放後初めて中国を訪れ，成都などで講演し，要人たちと会談するなど，再評価の動きが加速化したが，90年1月17日ニューヨークで病死した。

晏陽初の平民教育運動は，解放後の中国においては，ほぼ一貫して「教育救国論」に立つものとして，さらに政治的には，ブルジョア階級の文化的買辦の役割を果したとして否定的に評価されてきた。しかし，1980年代半ば以降，現代化達成のための農村教育の重要性が認識され，「教育救国論」そのものから始まり，平民教育運動の実践の内容，果した役割，さらに晏陽初の革命への関わりに至るまで再評価の動きが出始めている。

主要な著作には，『平民教育概論』，『平民教育真義』，『農村運動的使命』など多数ある。

参考文献：呉相湘編『晏陽初伝』（時報文化出版事業有限公司，台北，1981年）。華東師範大学教育系編『中国現代教育文選』（人民教育社，北京，1989年）。趙冕「晏陽初和抗日戦争時期的平教会」『文史資料選輯』合訂本15冊（中国文史出版社，北京，1986年）。任宝祥・庾国琼・王志祥「晏陽初的平民教育思想和教育実践」『教育研究』（教育科学出版社，北京，1987年）。宋恩栄「晏陽初与郷村教育運動」，『教育研究』（教育科学出版社，北京，1988年）。宋恩栄編『晏陽初文集』（教育科学出版社，北京，1989年）。詹一之編『晏陽初文集』（四川教育出版社，成都，1890年）。

〔中島勝住〕

楊（よう）　闇公（あんこう）　Yang Angong

（1898年3月10日～1927年4月6日）

別名・楊尚述，仮名・楊暗公。四川省潼南県双江鎮生まれ。中国共産党の指導者，組織工作の専門家。

兄の楊剣秋，いとこの楊宝民は中国同盟会員であり，楊闇公も彼らの影響を受け，少年期より中国革命への関心は高かった。1913年江西討袁軍に加わるため四川省を出るが，討袁軍は間もなく壊滅，楊は目的を果せず，上海に向かう。上海でいとこの楊宝民の紹介により国民党に入党，同年南京の江蘇軍官教導団に入る。15年12月の袁世凱の帝制復活に反対し，16年初め江陰砲台に赴き討袁蜂起を企図するが，計画が漏れて失敗，上海に脱出し，翌17年に日本に渡る。

日本では最初成城学校に入学し日本語を学んでいたが，留日学生読書会に加入したことから日本の警察に睨まれ一時拘束される。無罪釈放となった後，1918年に陸軍士官学校に転入し，しばらくの間軍事について学んでいた。しかし，19年の五・四運動勃発時に中国人留学生や華僑とともに中国公使館前でデモ行進を行い，再び逮捕，投獄される。翌20年に釈放されるが，強制的に帰国させられる。同年秋上海を経て四川省重慶に到着した。なお，楊闇公は，この日本滞在中に『資本論』，『社会主義の神髄』などの著作を読み，マルクス・レーニン主義に傾倒していったといわれる。

四川省に戻った楊は1921年冬成都に赴き，マルクス・レーニン主義の宣伝活動を開始，22年に呉玉章，23年に劉伯承と知り合い，彼らとともに成都を拠点として労働組合，農民組合の組織に努める。当時，楊闇公らは上海における中共成立を知らず，24年1月中国青年共産団と称する政治団体を結成して四川省独自の運動を展開していた。

1924年中国社会主義青年団に入団，同年7月社会主義青年団重慶地委組織部部長に就任。同年秋中共中央の特派員，蕭楚女と接触，11月に四川平民学社を創立する。翌25年初め共青団重慶地委書記に選出される。同年中共に入党，5・30運動中，重慶国民外交後援会を組織，指導する。8月には呉玉章とともに革命幹部養成学校として中法学校を創設，自ら政治及び歴史の教師をつとめる。同年冬中共重慶地方執行委が成立すると，その書記に就任（宣伝部部長・呉玉章），北伐進行中の26年には同地委軍委書記を兼任した。中共入党後，楊闇公は重慶地区の中共並びに共青団の主要な指導者としての地歩を固めていった。

この間はまた第1次国共合作の時期でもあったが，楊闇公はこの合作下において，例えば1925年初め孫文の呼びかけに応えて重慶で国民会議促成会を組織し，同年夏以降は国民党四川省党部を実質的に指導した。26年1月には広州の国民党2全大会に出席し，同年11月の四川省国民党第1次全省代表大会では政治，労働運動，農民運動に関する3つの報告を行い，国民党四川省党部執行委委員に選出されるなど，活発に行動し，国民党内における地位も上昇しつつあった。

しかし，四川省の劉湘は蔣介石と結び，1927年3月31日，楊闇公らが開催していた反英反米の大衆集会を武力弾圧し，楊の周辺の政治環境はにわかに厳しさを増すことになる。4月4日武漢の中共中央に報告に向かう途中，逮捕され，同月6日重慶の浮円関で処刑された。

参考文献：四川省地方志編纂委員会省志人物志編輯組編『四川近現代人物伝』1輯（四川省社会科学院出版社，成都，1985年）。陳玉堂編『中共党史人物別名録』（紅旗出版社，北京，1985年)。王永均・劉建皋編『中国現代史人物伝』(四川人民出版社，成都，1986年)。『不屈的共産党人』5(人民出版社，北京，1988年)。徐友春主編『民国人物大辞典』(河北人民出版社，石家荘，1991年)。〔中村楼蘭〕

楊(よう)　昌済(しょうさい)　Yang Changji

(1871年4月21日～1920年1月17日)

字・懐中，号・華生・板倉老人。湖南省長沙県清泰郷生まれ。思想家，教育者。初期の毛沢東の思想形成に大きな影響を与える。父・楊書祥，母・向氏。兄弟は4人で，兄と姉と弟がいる。妻・向振煕は母親の姪。娘・楊開慧は毛沢東夫人。

父・書祥は，清泰郷の私塾の教師であった。楊昌済は1877年私塾に入り，父親のもとで経書や史書を読む。79年母親を病で失った後は，父親の手で育てられ，主に儒教の経典，曾国藩の著作などを中心に学ぶ。84年には父親を病で失う。

1889年楊昌済は科挙を受け，長沙県の学試に合格し，90年郷試を経て挙人をめざすが，これに失敗し，故郷に戻り私塾を開く。この時期昌済は，宋・明学の研究をする。92年には長沙の私塾で教えるようになり，ここで生涯の友となる楊毓麟と知り合う。

1893年楊昌済は長沙の城南書院に入学し，再び郷試に挑戦するが合格には至らなかった。その後は故郷の私塾における教育に専念する。94年日清戦争が勃発し，清朝が敗北すると，彼は清朝政府の腐敗と無能さに失望し，康有為の提出した「公車上書」の変法の主張を擁護するようになり，その後熱心に変法の理論を研究するようになる。湖南省において変法運動が盛んになると，楊は97年4月『湘学報』を創刊し，変法の主張を行い，10月には時務学堂を成立する。

1898年2月長沙に南学会が成立する。楊昌済は南学会には入会しなかったが，講演会には必ず出席し，譚嗣同らの演説を聴講した。9月変法運動が失敗し，譚嗣同ら「六君子」が処刑されると，楊も帰郷し，以後3年間独学に励む。1902年留日学生募集の試験を受け，官費留学の資格を得る。03年3月22日陳天華ら36人と共に上海より船で日本に向かう。4月初め東京弘文学院速成科入学。その後普通科に転入し，在学中楊度らと共に「中国学会」を組織する。06年成績優秀であった楊は，校長・嘉納治五郎の推薦で東京高等師範学校文科に入学する。

楊昌済は東京高等師範学校卒業後，楊毓麟・章士釗の援助で1909年英国に留学し，哲学・倫理学・教育学などを学ぶ。その後ドイツにも留学し，帰国したのは13年の春であった。昌済は湖南省に戻ると，譚延闓によって省教育司司長に任ぜられる。しかし，これを受けず，湖南高等師範学校教授となり，倫理学，心理学，教育学を教えると同時に，湖南第四師範学校で修身と心理学を教える。彼は，英国の小，中学校の教育状況を紹介し，中国における教育改革の重要性を『湖南教育雑誌』上で訴える。14年9月には徐特立らと宏文編訳社を組織し，『共和国中小学各科教科書』を編集出版する。

1915年湖南高等師範学校の一学生であった毛沢東は，数人の友人と校長の張干の辞任を求める運動を学内で起こす。張干は毛沢東らの学籍を取り消そうとしたが，楊昌済は徐特立とともに張に嘆願し，毛沢東らを救う。9月陳独秀が『新青年』を出版すると，昌済はこれを愛読し，数冊購入して毛沢東，蔡和森らに与えた。その後も彼は毛沢東のすぐれた資質に注目し，17年には毛沢東の「体育之研究」を『新青年』に推薦して発表させる。(この論文は「二十八画生」の筆名で書かれている)。

1918年4月新民学会が成立したが，その学会章程には楊昌済の思想の影響が鮮明に反映されている。6月昌済は一家で北京に赴き，北京大学の教授となる。「フランス勤工倹学」が盛んになり，蔡和森，肖子昇，毛沢東らがその資金を得るために前後して北京に来ると，彼は肖子昇を李石曾の秘書に推薦し，毛沢東を北京大学の図書館に紹介する。昌済は19年になると胃病を患い，12月北京徳国医院に入院する。入院中彼は章士釗に手紙を書き，彼に毛沢東と蔡和森を推薦し，「2人は類まれな人材である。彼らの前途は遠大であり，救国はまずあの2人の人材を重んじることから始まる」と彼らの才能を讃えた。昌済は，20年1月17日入院中の北京徳国医院で死去する。22日には『北京大学日刊』に蔡元培・楊度・毛沢東ら29人が追悼文を発表し，楊昌済の生前の功績を讃え，その早過ぎる死を悼んだ。

著作に『西洋倫理学史』上・下，『倫理学之根本問題』などがある。

参考文献：王興国『楊昌済的生平及思想』(湖南人民出版社，長沙，1981年)。劉紹唐主編『民国人物小伝』第2冊(伝記文学出版社，台北，1976年)。李鋭『毛沢東同志的初期革命運動』(中国青年出版社，北京，1957年)。宋斐文『新民学会』(湖南人民出版社，長沙，1980年)。〔家近亮子〕

楊(よう)　成武(せいぶ)　Yang Chengwu

(1914年10月8日～2004年2月14日)

福建省長汀生まれ。人民解放軍軍人，上将。

1930年代初頭紅4軍第4縦隊下級幹部。32年紅4

軍11師32団政治委員（団長・耿飈）。34年紅１軍団（林彪，聶栄臻）２師（劉亜楼）４団（耿飈）政治委員として長征に参加。35年葉挺独立団を改編した紅４団を指揮，劉伯承に従って行動，とくに瀘定橋の渡河で勇名をはせた。36年２月第１方面軍第１軍団（軍団長・林彪）第１師政治委員（師長・陳賡）。37年６月第１軍団（政治委員・聶栄臻）第１師長。同年８月八路軍第115師（師長・林彪）独立団（編成外の部隊）団長。11月聶栄臻の指揮で山西で作戦，晋察冀根拠地を創設。38年冬晋察冀軍区第１軍分区兼第１支隊司令員兼政治委員。

1946年晋察冀野戦軍第３縦隊司令員。47年夏晋察冀野戦軍第２政治委員（司令員・楊得志，第１政治委員・羅瑞卿）。48年華北野戦軍（司令員・聶栄臻，政治委員・薄一波）第３兵団司令員（政治委員・李井泉）。49年華北野戦軍第20兵団（中央直属部隊）司令員，天津警備司令員兼天津人民政府委員会委員。

1951年６月第67軍，第68軍，華北砲兵を指揮して朝鮮戦争に参加。52年初頭帰国，華北軍区（司令員・聶栄臻）副司令員，京津衛戍区（司令員・聶栄臻）副司令員兼参謀長，９月国防委員会委員。54年９月北京軍区司令員兼京津衛戍区司令員。55年中国軍事代表団員としてソ連空軍記念日祝典に参加。同年９月一級独立自由勲章を授与され，一級解放勲章，上将。56年防空軍司令員を兼任。同年９月中共８全大会で中央委員会候補委員。57年６月一級八一勲章。９月防空軍は空軍に併合，防空軍司令員を解任。

1958年秋彭徳懐の近代化・正規化軍事路線から毛沢東の人民戦争軍事路線への転換に伴って実施された「下連当兵」（将校が中隊で一兵卒になること）に従い，中隊に入って一兵卒になり１カ月部隊勤務。59年２月『紅旗』第４期に論文「下連当兵を論ず」を発表。同年３月北京軍区司令員を辞任（後任は楊勇），総参謀部第４副総参謀長。副総参謀長時代を通して林彪の近代化・正規化軍事路線の清算による毛沢東軍事路線の定着化に寄与。59年４月中国軍事友好団長としてインドネシア訪問。61年12月中国軍事代表団長として北ヴェトナム訪問。

1966年初頭第１副総参謀長。同年３月羅瑞卿の総参謀長解任により総参謀長代理，華北系部隊を率いて北京を制圧。８月中共８期11中全会で文化大革命を支持。67年奪権闘争で毛沢東夫人・江青を支持，賀龍，彭徳懐，徐向前各系統の将領を打倒，総参謀部・各軍種兵種を改組，瀋陽・武漢・福州・済南・昆明の各大軍区を全面的に改革。68年３月余立金（空軍政治委員），傅崇碧（北京衛戍区司令員）とともに突然すべての職務を解任されて失脚。73年12月毛沢東はこの出来事を林彪が自己の軍事指導体制を固めるために黄永勝を総参謀長に就任させるための陰謀と説明，楊成武らは名誉回復。

1974年７月建軍節祝賀会に出席して復活。12月までに副総参謀長に復帰。76年10月聶栄臻，王震とともに四人組逮捕で楊剣英に協力。77年８月中共11全大会で中央委員会委員に復帰。同年８月福州軍区司令員を兼任，中共福建省委員会書記。78年第５期全人代解放軍代表。83年11月福州軍司令員を解任。84年頃副総参謀長を解任。85年10月中国人民友好代表団団長として中国人民志願軍の朝鮮戦争参戦35周年記念行事に参加のため北朝鮮を訪問，北朝鮮から一級自由独立勲章授与。政協第６期全国委員会副主席。88年７月一級紅星勲功栄誉章。

参考文献：黄震遐編『中共軍人誌』（当代歴史研究所，香港，1968年）。現代中国人名辞典編集室編『現代中国人名辞典 1986版』（霞山会，1986年）。軍事科学院軍事歴史研究部編『中国人民解放軍戦史』全３巻（軍事科学出版社，北京，1987年）。

〔平松茂雄〕

楊（よう）　崇伊（すうい）　Yang Chongyi

（生没年不詳）

字・莘伯。原籍，江蘇省常熟県，同地生まれ。清末西太后派の官僚。

父・汝孫は儒者で訓導をつとめた。伯父・沂孫，泗孫もそれぞれ安徽省鳳陽県知府，太常寺少卿に任じられた官吏であった。1860年太平天国軍が常熟を占領したため，崇伊ら兄弟４人は父に従って長江を渡って南通に逃げ，同地に学んだ。80年楊崇伊は進士に合格して翰林院に入った。

1895年江西道監察御史に昇任，その後江西道監察御史に転じた。栄禄に認められ，また子の楊雲史が李鴻章の孫を妻としたことから李の後ろ盾を得た。変法運動を指導した康有為らは，95年秋光緒帝派の官吏と提携して北京に強学会を設立した。楊は当時の改革運動には否定的で，96年１月21日付で同会を批判する上奏文を提出している。彼はその中で，彼らには公費の流用や将来朝廷への干渉の恐れがあることを指摘した。その結果強学会は閉鎖されて，康有為らは降ろされ，朝廷（西太后派）主導による官書局に再編されることになった。楊は当時爆発的に増大した新聞社の乱立や科挙の廃止論に反対の立場を示し，百日維新においても栄禄と策動して，大同学会（保国会）の危険や当時来華した伊藤博文が変法派に重用される危険を西太后に訴えた。

戊戌の政変後も康有為暗殺計画を主謀し，それが失敗したのちは陝西省漢中知府に左遷された。その後同省鳳翔府事に任じられ，栄禄や息子の楊慶専を通じて中央に帰る運動をしていたところ，1904年1月浙江省の補欠用員となった。しかしその後女性問題で暴力沙汰を起こして，08年10月官職を解かれ，数年後死去した。

参考文献：湯志鈞編『戊戌変法人物伝稿』下冊（中華書局，北京，1961年）。孔祥吉「楊崇伊」清史編委会編『清代人物伝稿』下編3巻（遼寧人民出版社，瀋陽，1987年）。

〔児野道子〕

楊　得志（よう　とくし） Yang Dezhi

（1911年1月3日～1994年10月25日）

原名・楊徳志，幼名・敬虎子。湖南省株洲の生まれ。中国人民解放軍の指導者，上将。

1927年秋収蜂起に参加，28年2月工農革命軍第7師団に入り，同年10月中国共産党に入党する。小隊長，中隊長を経験した後，31年紅軍第1軍団第45師団第93連隊長となる。中央ソヴィエト区の反囲剿戦に参加し，その功績により三等紅星勲章を授与される。34年10月同軍団第1師団第1連隊長として長征に参加し，突撃隊（後に大渡河17勇士と称される）を組織して大渡河作戦に活躍する。その後同軍団第1師団副師団長，第2師団長を歴任，直羅鎮戦役，山城堡戦役に参戦する。

日中戦争時期においては八路軍第115師団第685連隊長，旅団長代理，冀魯豫支隊長，第2縦隊司令員，冀魯豫軍区司令員，陝甘寧晋綏聯防教導第1旅団長を歴任，1937年9月には平型関戦役に参加し，平原おける遊撃戦を展開した。45年8月晋冀魯豫軍区第1縦隊司令員に任ぜられる。

国共内戦時期には晋察冀軍区第2縦隊司令員，晋察冀野戦軍司令員，華北軍区第2兵団司令員，第19兵団司令員を歴任し，朱徳，聶栄臻の指導の下で清風店，石家荘，平津などの各戦役を指揮，西北地区，寧夏へ進攻する。

中華人民共和国成立後は寧夏軍区司令員，陝西軍区司令員を兼任し，1951年2月第19兵団を率いて朝鮮戦争に参戦，52年中国人民志願軍副司令員となる。54年10月同軍司令員に任ぜられる。朝鮮戦争においては上甘嶺戦役などを指揮し，その戦功により朝鮮民主主義人民共和国一級国旗勲章，一級自由独立勲章を授与される。55年3月に帰国，9月に上将の階級及び一級八一勲章，一級独立自由勲章，一級解放勲章を授与される。同年，人民解放軍軍事学院に入学し，戦役系（部）主任を兼任する。また同じ年に済南軍区司令員となる。54年9月には第1期国防委員，59年には第2期国防委員，65年1月には第3期国防委員となる。59年4月軍事代表団員として東欧7カ国を訪問。67年9月中越友好協会代表団長として北ヴェトナムを訪問した。

1969年4月第9期中共中央委員に選出される。文化大革命に際しては推進派であったといわれる。73年8月第10期中央委員に選出され，翌74年1月武漢軍区司令員に任ぜられる。78年8月軍事代表団副団長として北朝鮮を訪問。79年1月昆明軍区司令員，同軍区党委員会第1書記となり，同年2月副総指揮として中越戦争に参加する。80年2月北京に戻り中共中央書記処書記，中共中央軍事委員会常務委員，国防部副部長，人民解放軍総参謀長に任ぜられる。81年には欧州4カ国とパキスタンをそれぞれ訪問。82年9月中共中央軍事委員会副秘書長に任ぜられ，翌83年6月には中華人民共和国中央軍事委員会委員となる。また82年9月中共第12期中央政治局委員に選出される。83年1月にはタイを，84年7月にはルーマニア，ユーゴスラヴィアをそれぞれ訪問。85年1月にはベッシー米国統合参謀本部議長と，同年5月には日本の夏目晴雄防衛庁事務次官とそれぞれ会見した。86年5月軍事代表団長として米国を訪問し，その帰途日本を訪問。同年10月にはワインバーガー米国防長官と，12月には桜内義雄衆議院議員とそれぞれ会見。87年5月栗原祐幸防衛庁長官と会見する。同年11月総参謀長を退任し，中国共産党中央顧問委員会常務委員委に選出された。89年6月の天安門事件に際しては，6人の上将とともに軍事鎮圧に反対する書簡を中央軍事委員会に送ったと言われる。94年10月北京で病没した。

参考文献：楊徳志『横戈馬上』（解放軍文芸出版社，北京，1985年）。楊徳志『為了和平』（長征出版社，北京，1987年）。楊徳志『楊徳志回憶録』（解放軍出版社，北京，1992年）。

〔安田　淳〕

楊　度（よう　たく） Yang Du

（1875年1月10日～1931年9月17日）

原名・承瓚，改名・度，字・晳子。号・虎公，虎禅，虎禅師，虎頭陀，釈虎。湖南省湘潭県石塘郷姜畬村生まれ。清末・民国初年の政治家，後に共産党員となる。

父は宗彝。母は李氏，名は不詳。9歳にして父が病没したため，一家の生活は朝陽鎮総兵であった伯父・端生の援助に頼った。

楊度は幼年時代に伯父が招いた教師から学問を授け

られ，1894年には挙人となった。しかし，翌年と98年に受けた会試には不合格となる。この間，楊度は清朝の支配体制に不満を持ち始めていたことは事実であるが，戊戌変法運動に参加した形跡はない。

楊度が思想的立場を変化させ始めるのは，1902年5月から7カ月にわたる日本留学を契機としてである。彼は日本において東京速成師範学校に入り，『游学訳編』の主筆となる。また，西洋の思想に接し，政治や教育の改良を求めるようになった。しかし他方において，彼は03年に清朝が新設した経済特科の試験を受けている。彼はこの試験で優秀な成績を収めたが，政治的背景の故に不合格となり，しかも逮捕されるという噂が広まったため，同年8月に日本に逃れた。彼は日本において，亡命中の革命派の指導者たちと交流を持ったが，彼らの運動に加わることはなかった。むしろ，彼が思想的に親近感を抱いたのは改良派の人々であり，07年2月彼らとともに政俗調査会を作るなどして立憲運動を展開した。またこれと同じ頃，彼は『中国新報』を創刊し，同紙に「金鉄主義説」などの論説を発表して立憲君主論を展開した。しかし彼の主張は，満漢一体論の否定などの点において康有為・梁啓超一波の主張とは一線を画すものであった。07年10月楊度は伯父の死を契機に帰国し，これ以後は国内で国会開設請願運動を行うことになる。

1911年6月，楊度は皇族内閣の統計局局長に任ぜられた。辛亥革命が勃発すると，彼は11月に汪精衛・黄興らと国事共済会を組織して，国民会議の開催による国体問題の解決を提唱した。しかし，彼の考えは革命派・清朝いずれからも容れられず，同会は1カ月で解散した。そこで，12年1月には共和促進会を組織し，共和制による国家統一の必要性を明確に表明した。同年2月南北和議が成り，3月袁世凱が大総統の地位に就いた。楊度は袁世凱の権力獲得以後，政治会議議員，漢口建築商場督辦，参政院参政，国史館副館長などの職を務めたが，これらはいずれも閑職でしかなかった。

1915年袁世凱が帝制復活の計画を開始すると，楊度は4月に「君憲救国論」を書いて袁世凱の計画を支持し，8月には厳復らと籌安会を組織して帝制復活運動の先導役を務めた。翌年，帝制復活が失敗に終わると，北洋政府は帝制主犯のかどで楊度の逮捕を命じた。そのため，彼は天津の租界に逃れて詩文を書いて時を過ごしたが，18年3月の政府の特赦令によって自由を回復し，北京に戻った。彼はこの後，一時政界への復帰の意欲を見せたが，主たる関心は実業界に向けられ，中日実業公司顧問，湖南華昌煉鉱公司総理などを歴任している。しかし，会社の破産などもあって，彼の企業活動は失敗に終わってしまった。

楊度は1920年代に入って政治的立場を大きく変化させて行くことになる。そこに至る過程で特徴的であったことは，禅宗仏教を学び，それを自らの思想的基盤に据えたことである。そして彼は10年代末以降，革命派と交流を深めて行く。22年6月の陳炯明の反乱に際して，彼は直隷軍の南下を防ぐ役割を果し，これによって孫文との関係回復を果した。しかし，孫文は楊度を国民党に無条件に加入させることには難色を示したため，党外からの国民党の革命を支援するにとどまった。

1927年4月北京で李大釗が奉天軍閥に殺害されると，楊度は遺族の救援に当たった。そして，上海で反共クーデターが起こると，彼は急速に左派に接近して行き，翌年には上海に移って中国革命互済会に加入した。28年秋には共産党に加入し，周恩来の批准を経て秘密党員となり，杜月笙に対する工作に当たるなどしたが，31年9月上海で病死した。

楊度は1902年に同郷の黄華と結婚し，後に徐粲楞を第2夫人に迎え，2人との間に8人の子供をもうけた。

参考文献：陶菊隠『籌安会“六君子”伝』（中華書局，北京，1981年）。楊雲慧『従保皇派到秘密党員――回憶我的父親楊度』（上海文化出版社，上海，1987年）。劉晴波編『楊度集』（湖南人民出版社，長沙，1986年）。李宗一「楊度について――一生の活動の評価」，山田辰雄編『近代中国人物研究』（慶應通信，1988年）。
〔嵯峨隆〕

楊（よう）　篤生（とくせい）　Yang Dusheng

（1872年～1911年8月6日）

原名・毓麟，号・叔壬，改名・守仁。字・篤生，筆名・湖南之湖南人，椎印寒灰。湖南長沙の生まれ。清末の革命家。生年については1871年説もある。

楊篤生は15歳で秀才となり，後に長沙の岳麓書院，城南書院などで学んだ。彼は経世致用の学に関心を抱き，1894年に中国が日清戦争で敗北すると，『江防海防策』を書き，清朝政府内の対外妥協主義者に批判を加えている。97年楊は挙人となり，翌年会試を受験した後，張亨嘉・江標らによって才能を見出され，広西省の知県の補充候補とされたが，任官実現には至らなかった。この後，楊は湖南時務学堂に教員として招聘され，梁啓超・唐才常らと共に変法論を唱えた。98年9月戊戌の政変が勃発すると，時務学堂は閉鎖され，主立った変法論者には逮捕命令が発せられたが，楊は田舎に身を隠し難を逃れることができた。

1899年楊篤生は江蘇学使・瞿鴻機の幕下に入り，

教育に携わった。間もなくここを辞し，翌年から湖南の郷紳・龍湛霖の私塾の教師となった。この頃より，楊の思想は革命へと傾き始める。1902年楊は私塾の学生を引率して日本に渡り，彼自身も弘文学院，次いで早稲田大学に学んだ。日本滞在中，楊は黄興・劉揆一・陳天華らと知己となり，『游学訳編』の編集に携わり，西洋の思想・文化の紹介に努めた。03年には湖南省の清朝政府からの独立を説く『新湖南』を著し，革命派の人々に多大な影響を与えた。同書の「破壊」と題した第5章では，革命党は破壊の精神・破壊の条理を主張するとし，かかる破壊の精神はロシア無政府党が世界最強であると述べており，そこにはナロードニキの思想的影響が濃厚に反映されていた。

1903年4月拒俄運動が起こると，楊篤生も拒俄義勇隊に参加した。義勇隊が軍国民教育会に改編されると，彼は資金集めや同志間の連絡に努めた。また，軍国民教育会の中に秘密裡に暗殺団が組織されると，楊は横浜で黄興・周来蘇・蘇鵬らと爆弾の製造に当たった。翌年夏，張継ら同志と共に密かに北京に潜入し，頤和園で西太后の暗殺を謀ったが，果せぬまま上海に移った。この年，黄興・劉揆一らは長沙で蜂起を計画していた。そこで，楊は上海到着後蔡元培・章士釗らと秘密組織を作り，爆弾製造の研究に当たるほか，各省および日本滞在中の同志との連絡に務めた。同年10月蜂起計画は情報が漏れて失敗に帰した。黄興らは上海に逃れ余慶里に愛国協会を設けたが，その会長には楊が就任した。同年11月万福華による広西巡撫・王之春暗殺未遂事件が発生すると，愛国協会にも捜査の手が及び，楊も逮捕者の名簿に名を連ねたが，彼は守仁と名を変えて逃走した。

上海を離れた後の楊篤生は，周辺地域での蜂起は首都での運動に及ばずと考えるに至った。そこで彼は，北京に入って張伯熙との縁で訳学館の教員の身分となり，これを隠れ蓑として中央革命の計画に従事した。そして1905年保定で呉樾らと北方暗殺団を組織し，7月に清朝政府が憲政視察のために5大臣を各国歴訪に派遣する旨を発表すると，楊らはこれを阻止すべく暗殺の準備に取り掛かった。楊は視察団の随員に紛れ込んで，内部から応じる手筈であった。9月24日呉樾が北京で5大臣の暗殺失敗し犠牲となったが，楊には嫌疑が及ばず，12月彼はそのまま随員として出発した。一行が日本に到着すると，彼は黄興・張継・宋教仁らと会談し，随員の職を辞して上海に戻った。上海では，同志と共に江海交通機関を創設した。06年6月楊は正式に中国同盟会に加入した。

1907年4月楊篤生は上海で于右仁と共に『神州日報』を創刊し，専制政治の批判と民族の危機を訴えた。翌月近隣から出火した火事が社屋に延焼し，印刷機などに被害が出たうえ于も社を去ったが，楊は独力で新聞の発行を続けた。08年春楊は留欧学生監督・蒯光典の秘書となってヨーロッパに随行することとなった。蒯は09年に帰国したが，楊はそのまま残り，スコットランドのアバディーン大学に学ぶと同時に，『民立報』の特派員となって本国に西洋の社会運動関係の記事を送った。

1911年4月黄花崗蜂起が終わると，楊篤生のもとに盟友である黄興が戦死したとの報せが届き，彼はしばらく心痛の日々を送った。黄興戦死の一件は誤報であったが，楊は当時章士釗との人間関係のこじれや，更には持病の脳浮腫の痛みに悩まされ続け，ついにこの年の8月リバプールの海に身を投げて命を絶った。死にあたって，楊は呉稚暉と石瑛に宛て，所持金のうち100ポンドを革命資金として黄興に送り，30ポンドを老母に送る旨の手紙を残している。遺体は呉稚暉らによってリバプールの墓地に埋葬された。1男1女があった。

参考文献：馮自由『革命逸史』2（台湾商務印書館，台北，1969年）。黄季陸主編『革命人物誌』6（中央文物供応社，台北，1971年）。中国社会科学院近代史研究所主編『民国人物伝』2（中華書局，北京，1980年）。　〔嵯峨隆〕

楊（よう）　芳（ほう）　Yang Fang

（1770年～1846年）

字・誠斎，誠村，諡・勤勇。原籍，貴州省松桃県。清末の将領。

科挙試験を受けたが合格せず兵士となる。楊遇春に認められて把総に任ぜられ，1795年，湖南・貴州の苗族の反乱の鎮圧で功績を立て，台拱営の守備に任ぜられた。97年白蓮教徒の反乱が興起すると，楊遇春，額勒登保（エルデンボ），穆克登布（ムクデンフ）などに従って，1804年の鎮定まで約8年間，湖北，四川，甘粛，山西，河南など各地を転戦して戦功をあげた。その間，平遠営都司，下江営游撃，両広督標参将などを歴任，1800年には誠勇巴図魯の称号を賜与され，広西の新泰協副将に抜擢された。06年，甘粛の固原提督代理に任ぜられて赴任したが，その間，寧陝鎮駐在の部下が反乱を起こしたので，監督責任を追及されてイリに左遷された。しかし，翌年には許されて軍務に復帰し，10年には広東の右翼鎮総兵に任じられ，ついで陝西の西安に移った。13年，李文成の天理教の反乱が起こると，その鎮圧にも当たり，その功により雲騎尉の称号を与えられ，河北鎮総兵に任ぜられ，ついで西安鎮に移った。15年には甘粛提督に就任，その後，直隷（21～23年），湖南（24～25年），固原（25～33年）の各提督を歴任した。その間，27年にはカシュガルの張格爾（ジハーンギール）の反乱を鎮定し，三等果勇侯に封ぜられ，33年には四川省の少数民族の反乱を鎮圧し，一等果勇侯に昇進し，36年には広西・湖南の提督を歴任した。

1840年アヘン戦争が勃発し定海がイギリス軍に占領されると，林則徐が罷免されて琦善が広州へ赴き和議に当たった。41年，和議交渉が決裂し，奕山が靖逆将軍に任じられて広州に赴くこととなった。楊芳は隆文と共に参賛に任じられて将兵を率いて広州に赴いた。途中江西に到着した時，楊芳は琦善の和議に賛同し，香港の割譲を奏請した。広州に到着して防衛体制の不備，商人の貿易要請を知って，巡撫・怡良と共に和議通商の実施を上奏した。そのため，楊芳は朝命違背・軍務怠慢の理由で厳罰に処せられ停職となった。奕山が到着して指揮に当たったが，戦況は不利であった。同年6月，イギリス軍は北上するため広州を退去し，清軍は砲台の修復など軍備の再建に努めたが，奕山は遂に広州防衛軍の帰還を上奏した。楊芳は病気を理由に退職を願ったが慰留され，湖南提督に就任した。戦術家としての名声が高く，楊芳の先輩たる楊遇春とともに戦術家の「二楊」と称され尊敬された。

参考文献：李桓輯『国朝耆献類徴』255（湘陰李氏刊，1890年）。李元度編『国朝先正事略』23（循陔艸堂刊，1899年）。繆荃孫編『続碑伝集』48（江楚編訳書局，上海，1910年）。民国清史館編『清史稿』列伝155（民国清史館，北京，1927年）。国民中華書局編『清史列伝』39（民国中華書局，上海，1928年）。A.W. Hummele ed., *Eminent Chinese in the Ch'ing Period, 1644-1912*, Vol. 2 (U.S. Gov. Printoffice, Washington, D.C., 1944).

〔横山英〕

陽（よう）　翰笙（かんしょう）　Yang Hansheng

（1902年10月8日～1993年6月7日）

原名・欧陽継修，筆名・華漢，寒生，胡鋭，林笴，林菁。四川省高県生まれ。劇作家，小説家，演劇映画運動の指導者。

1924年上海大学社会学系に編入する。学系主任・瞿秋白の紹介で25年中国共産党に加入。5・30運動の際，全国学連常務理事，上海工商学連合会全国学連代表として活躍。26年黄埔軍官学校に行き，党の組織工作と政治教育工作を担当。北伐のときは，国民革命軍第6軍や第4軍で政治工作をする。

1927年南昌蜂起の際は，葉挺の率いる第24師の党代表で，蜂起軍総政治部秘書長であった。28年4月上海にもどり創造社に参加し，蔣光慈の太陽社にも参加した。短篇小説「女囚」（28年）を発表し，続いて中篇「暗夜」（また「深入」ともいう），「両個女性」（29年），短篇「活力」などを発表して，文学的生涯を始めた。30年左翼作家連盟の発起人の1人となり，その書記および中共中央上海局文委書記となる。短篇集『十姑娘的悲愁』（30年），短篇「地泉」（31年），中篇「義勇軍」（32年）や『最後一天』を出版し，農村社会の崩壊のさまを描いた。

1932年に映画脚本「鉄板紅涙録」で農民の武装闘争を描いたが，これ以後，映画や演劇に転身する。「中国海的怒潮」（33年），「逃亡」（34年）などがそれである。35年2月国民党によって田漢とともに逮捕された。柳亜子，蔡元培らの助力によって保釈出獄したが，南京で軟禁状態にあった。36年周揚の「国防文学」論を支持して魯迅に対抗し，魯迅から周揚，田漢，夏衍とともに「四条漢子」と罵られた。一方では，高度の愛国主義精神を描いた「生死同心」（36年），「夜奔」（37年）などを書き，明星映画会社により撮影された。

第2次国共合作期には党より派遣されて1938年2月武漢に行き，国民政府軍事委員会政治部第3庁の主任秘書になる。庁長は郭沫若。第3庁改組後，文化工作委員会副主任となり，文協理事，劇協や映協の常務理事になった。国民党統治地区文化界の統一戦線工作と演劇映画界の抗日救亡運動を指導した。同時に，歴史劇「李秀成之死」（38年），話劇「塞上風雲」，「前夜」や映画脚本「八百壮士」などを書き，国民党の「外を攘つには必ず先に内を安んずる」政策を攻撃し，抗日の闘争意志を鼓舞した。ほかに，映画脚本「青年中国」（39年），「日本間諜」（40年）などがある。

1941年皖南事変が起きると，憤怒の情で歴史劇「天国春秋」を書いた。これは，太平天国の失敗を歴史的教訓として，古を借りて今を諷したものであった。また，「草莽英雄」（42年）も影響が大きかった。それは，抗日統一戦線の団結を維持しようとするなら，国民党反動派と闘争せねばならぬことを伝えていた。風刺喜劇「両面人」（「天地玄黄」ともいう，43年）や，日本の朝鮮侵略を扱う「槿花之歌」（44年）などがある。

抗日戦争勝利後は上海にもどり，崑崙映画会社のために「万家灯火」（沈浮と合作，1947年）や「三毛流浪記」（48年）などを製作したが，夏衍らと香港へ南下した。1949年1月北平に出，中華人民共和国成立後は，中華全国電影芸術工作者協会主席，中国作家協会理事，政務院文化教育委員会党組書記兼副秘書長，周総理辦公室副主任，中国文連党組書記，副主席兼秘書長，中央国際活動指導委員会委員および中国人民対外文化協会党組書記，副会長などについた。第１，２期全国人民代表大会代表，第１，３期全国政治協商会議委員にもなった。58年には知識分子の思想改造を主題とする話劇「三人行」を書き，文化部より優秀脚本１等賞を与えられた。63年には躍進面を反映した映画脚本「北国江南」を書いた。

文化大革命中，「北国江南」は，周谷城の「時代精神融合論」という修正主義理論の見本であると厳しく批判され，旧作「李秀成之死」は，反徒哲学と階級投降主義を宣揚した毒草であると批判された。９年の長きにわたって禁錮にあい，一切の権利が剝奪された。

1979年名誉回復し，中国文学芸術界連合会副主席，全国政協常務委員に復活し，85年からは作家協会顧問になった。

参考文献：陽翰笙「第３庁―国統区抗日民族統一戦線的一個戦闘堡壘」１～５，『新文学史料』1980年４期～81年４期。陽翰笙「戦闘在霧重慶」，「回憶上海大学」，「出川之前」上・下，「在大革命洪流中」，「参加南昌起義」，『新文学史料』1984年１期～85年２期。北京言語学院《中国文学家辞典》編集会編『中国文学家辞典』現代２分冊（四川人民出版社，成都，1982年）。張大明編写「陽翰笙年譜（抗戦部分）」，『抗戦文芸研究』1984年３期。「陽翰笙日記選」，『抗戦文芸研究』1985年３期。潘光武編『陽翰笙同志資料』（知識産権出版社，北京，2010年）。〔萩野脩二〕

楊(よう)　宏勝(こうしょう)　Yang Hongsheng

（1886年～1911年10月10日）

字・益三。湖北省襄陽県生まれ。新軍兵士，文学社社員。

初め故郷で農業に従事していたが，志を立てて武昌に至り緑営の兵士となった。しかし，緑営の腐敗と粗暴さを見てこれを離れ，湖北新軍第30標に身を投じた。新軍には孫武や劉公といった革命的傾向を持った兵士が多く，楊宏勝もその影響を受けて革命を志すようになった。また，楊は兵営付近に雑貨店を開設し，ここを革命派の連絡場所とした。

1911年１月文学社が成立すると，楊宏勝もこれに加わった。９月文学社と共進会が連合して湖北革命軍総指揮部を設立し，武装蜂起の準備にとりかかると，彼は連絡及び武器の輸送の任に当たった。しかし，10月８日漢口から武昌に爆弾を運搬中，誤って爆発させてしまい，彼は顔面を負傷した上に官憲に逮捕され総督署に護送された。そして，小朝街の総本部で逮捕された彭楚藩，劉堯徴と共に10月10日未明に処刑された。

参考文献：張難先『湖北革命知之録』（商務印書館，上海，1946年）。陳旭麓・方詩銘等主編『中国近代史詞典』（上海辞書出版社，上海，1982年）。〔嵯峨隆〕

楊(よう)　虎城(こじょう)　Yang Hucheng

（1893年11月26日～1949年９月17日）

幼名・長久（久娃ともいう）。辛亥革命後，忠祥と改名，その後「忠」と同音の彪に改名。虎臣と号し，1929年以後，虎城と称す。陝西省蒲城県東南郷甘北村生まれ。中国国民党軍人。夫人・謝葆真。父は楊懐福，母は孫一蓮，弟は楊茂三。子供には延安で活動した楊拯民がいる。

貧困な農民の家庭に生まれた楊虎城は，13歳で童工に出るが，1908年５月父が誣告によって西安で処刑されてから農民の相互扶助団体「中秋会」を組織し，11年10月の陝西反清蜂起に参加した。

1915年の反袁世凱闘争勝利後，16年には西陸軍第３混成団王飛虎部隊の第１営長となった。17年，孫文の護法闘争に呼応した陝西の于右任らの靖国軍に参加，21年，安直戦争後の直隷派・呉佩孚らの勢力にも対抗し，24年には国民党に入党。同年馮玉祥の国民軍が組織されると，楊虎城は国民軍の一翼として陝北楡林から南下，三原県に駐留した。25年７月に創設した「三民軍官学校」に黄埔軍官学校の中共系卒業生を吸収，中共党員・魏野疇を政治部主任にした。26年４月楊虎城は三原から西安に進駐し，直隷，奉天両派と対峙し，広東国民政府の北伐軍の北上に呼応する態勢をとった。楊虎城は，27年５月，国民軍連軍東路軍前敵総指揮として，直（直隷）魯（山東）連軍と河南地域で闘うが利あらず，秋には安徽省太和に退き，隊の整頓を行った。27年４月から７月にかけて蔣介石，汪精衛，馮玉祥らによる反共クーデターの波及を阻止し，秋からは武装暴動方針の推進をはかっていた。楊虎城は，当時，魏野疇との関係で中共入党を申請したが，河南省委は承認しなかったという。

1928年２月，楊虎城は上海へ向かうが，４月中共皖北特委書記の魏野疇の死を聞くなかで，同月夫人と秘書の米暫沈の３人で日本へ渡航する。楊呼塵と改名し，神戸を経て東京の大岡山や東中野に居住し，代々木練兵場の訓練などを観察したり，留学生を通して日本の政情について理解を深めていた。米暫沈の回想によれば，楊虎城は，当時の日本の民主主義の表面的形式性を認識したうえで，なおかつ中国ではこのような民主すらないことが動乱の重要な原因の１つだと考えていた。馮玉祥，蔣介石，さらに楊虎城部隊から帰国要請が出るなかで，同年11月帰国した。

日本から帰国後，1929年，国民革命軍第２集団軍暫編第21師師長に就任，同年９月の蔣介石・馮玉祥戦争，および30年５月の中原大戦（蔣対閻錫山・馮玉祥）で蔣側につき，10月17路軍（西北軍）を率い西安に進駐，陝西省政府主席に任じられた。これより約３年，水利施設，医薬衛生事業，教育事業などに成果をあげた。

しかし，蔣介石との西北政治をめぐる矛盾は激化し，蔣は1933年５月楊虎城を省主席から解任，邵力子を派遣した。楊虎城が抗日のための中国共産党の活動を保護していたことも解任のひとつの理由であった。紅軍との関係でも，1933年，紅４方面軍が四川省北部に入ったとき，防衛線はしいたが密かに相互不可侵協定を結んでいた。35年５月の梅津・何応欽協定にもかれは憤慨したという。同年11月開催された国民党第５次全国代表大会で中央監察委員に選出されたが，蔣の消極的抗日論に同意できないともらしていた。35年末頃，毛沢東は楊虎城宛に抗日民族統一戦線の提案を行い，汪鋒を派遣して楊と西安で協商させた。楊虎城も，天津にいた南漢宸の仲介で中共北方局の合作抗日６項目を受けて，紅軍との相互不可侵協定と相互に代表を派遣するなどの事項を取り決めた。

楊虎城は，張学良とすでに国民党５全大会で抗日問題での意見を交換したあと，東北軍との合作を具体化するとともに，上海で面識のあった杜重遠や，南漢宸から紹介された張学良のブレイン高崇民らとも密接な関係をもった。1936年６月，張学良と共同で王曲鎮に軍官の訓練団を組織した。ちょうど反蔣介石の両広事件が勃発した頃で，陳済棠，李宗仁らは張学良，楊虎城に内戦停止，一致抗日で呼応するよう密電していたが，両広派が早く瓦解したので具体化しなかった。36年の後半西安でも西北各界救国連合会や東北民衆救亡会の運動が組織された。11月28日の「西安防衛８カ月」の10周年記念大会では張学良，東北軍の参加を得て，事実上救亡救国の西北大連合という形勢をつくりだした。そして12月９日の「12・９運動」１周年の愛国請願運動でひとつのピークに達する。

蔣介石は臨潼（華清池）に「剿匪督戦」に来て，抗日政策への転換を訴えた張学良を叱責するが，張学良と楊虎城は，1936年12月10日，兵諌を決定，17路軍は西安市内重要拠点，東北軍は臨潼（華清池）をそれぞれ確保することとした。12日，17路軍は西京招待所の国民党軍政大員を拘留した。午前９時ごろ，蔣介石は西安に送られてきた。張，楊はただちに全国にむけて抗日救国８項目を通電し，同時に延安の中共に代表派遣を要請した。14日，抗日連軍臨時西北軍事委員会が成立し，張学良が主任，楊は副主任となり，「西北剿匪総司令部」は廃止された。17日，周恩来が中共代表団長として西安に到着。最終的には12月23日，24日にかけて，宋子文，張学良，楊虎城，周恩来，宋美齢らの談判で，蔣介石は基本的に内戦停止，共同抗日を受け入れた。張学良は，25日，楊虎城や周恩来の同意を得ぬまま蔣介石に伴って洛陽へ飛んだ。31日，張学良に対する軍法会審判決が出されるが，翌37年の元旦の閲兵で楊虎城はこれに反対を唱えた。張学良のいなくなった後，東北軍内に分裂が生じ，結局楊虎城はそれに対応できず，国民政府の策動のなかで17路軍総指揮辞任に追い込まれた。

1937年６月，「欧米考察軍事専員」として，日本を経由してサンフランシスコへ向かうが，途中盧溝橋事件が勃発した。アメリカを８月４日出発し，その後，ロンドン，パリ，ベルリン，プラハ，ウィーン，ジュネーブとまわり，10月マドリードに赴き，フランコに対して闘う反ファシズム国際義勇軍を訪問し，11月末香港に帰着した。ところが，12月蔣介石との会見と称して南昌に赴かされたが，以後12年間監禁され，49年９月17日（周養浩によれば９月６日），重慶の中米特殊技術合作所で夫人や子供の楊拯中とともに殺害された。

参考文献：米暫沈『楊虎城伝』（陝西人民出版社，西安，1979年）。亢心栽・劉志強・張志強・李志剛・王惟之・王根僧『楊虎城将軍在欧美』（文史資料出版社，北京，1983年）。中国人民政治協商会議陝西省文史資料研究委員会編『回憶楊虎城将軍』（陝西人民出版社，西安，1986年）。米暫沈（米鶴都整理）『楊虎城将軍伝』（中国文史出版社，北京，1986年）。楊瀚『楊虎城大伝』（団結出版社，北京，2007年）。楊天石「美国所蔵檔案新発現—楊虎城是西安事変主角」『北京檔案』2003年３期。孟悦「西安事変中張学良和楊虎城比較分析」『遼寧省社会主義学院学報』2011年３期。

〔西村成雄〕

楊（よう）　靖宇（せいう）　Yang Jingyu

（1905年２月13日～1940年２月23日）

本名・馬尚徳，別名・順清，字・驥生。化名・楊靖宇，張貫一，乃超，周敏（東北地域での活動時に用いた）。河南省確山県李湾村生まれ。中共党員。反満抗日武装闘争の指導者。

楊靖宇の35年の生涯は24歳を境にして２期にわけられる。前半期は，河南での活動を中心とする時期で，東北に派遣されるまで。貧農の家に生まれた楊は５歳で父をなくした。13歳で確山県第一高小に入学，1919年の五・四運動には確山県城で参加した。23年秋開封紡績工業学校に入学，歴史的都市，開封の風土のなかでとくに岳飛に傾倒した。在学中，すでに５・30運動に積極的にも参加し，26年には中国共産主義青年団に加入した。時あたかも国民革命は急激な展開をみせ，楊靖宇は中共河南省委の指示で故郷確山に帰り，農民協会を樹立，27年初には１万人となり，２月全県第１次農民協会代表大会を開催，会長に選出された。４月９日，確山県城を攻略，成功裡に北伐軍の北上を迎え，同月末には県臨時治安維持委員会の委員の１人となり，５月５日，中国共産党に入党。しかし，蔣介石の反共クーデターのもとで，７月初め確山は地主軍閥武装勢力に奪回された。

中共「８・７会議」後，楊靖宇らは1927年10月末，劉店秋収暴動を展開，紅槍会などを基礎とした確山農民革命軍（のち，豫南工農紅軍遊撃大隊）を樹立した。12月，河南の軍閥部隊に包囲され，楊靖宇は，負傷し治療を受けるが，28年には開封や洛陽で地下活動に従事，29年春満州省委員会に派遣された。彼の河南における農村ゲリラ戦の体験は東北での活動に大きな意味をもった。

後半期は，24歳よりその死去まで。上海から東北に赴いた楊靖宇は，中共撫順特別支部書記となり，停滞していた撫順炭坑の労働運動を組織した。1929年８月，撫順の党組織は破壊され，楊も日本側に逮捕され，31年春満期釈放されたが再び捕われ，満洲事変後党によって救出され，満洲省委のあったハルビンで東北反日総会の活動に入った。32年11月，楊靖宇は省委軍事委員会を代表して南満の伊通，磐石，樺甸などを巡視し，磐石の抗日遊撃隊を工農紅軍第32軍南満遊撃隊に改組し，33年１月には政治委員として南満抗日闘争を指導した。33年１月26日付中共中央の「満洲各級党部及び全党員への手紙」（１月書簡）は，抗日民族統一戦線を提起しており，南満遊撃隊も各地の「山林隊，旧東北軍，紅槍会，大刀会」などとの共同闘争を推進し，同年９月には「東北人民革命軍第１軍独立師」となり，楊靖宇が師長（司令員）兼政治委員，李紅光が参謀長となった。33年10月から12月にかけての日本軍による「秋季大討伐」を退け，むしろ遊撃区を拡大する成果を収め，彼は34年１月，瑞金で開催された中華ソヴィエト第２次全国代表大会で中央政府執行委員に選出された。34年11月の中共南満地区第１次代表大会で東北人民革命軍第１軍が樹立され，軍長兼政治委員には楊靖宇が就き，同年末から35年初めにかけての「日満軍」による「討伐」を退け，遊撃区を25県に拡大した。その社会的基盤には広範な農民による南満反日総会などの大衆組織があった。

同時期，北満においても反満抗日武装闘争が発展し，35年８月１日付の「抗日救国のために全同胞に告げる書」の影響のもとで，36年２月にはコミンテルン駐在中共代表団の決定により「東北抗日連軍」への再編成が実施された。37年にかけて，全10軍，約２万人の部隊編成となった。この頃，楊靖宇の第１軍は約3,000の兵力を擁していたという。さらに第２軍（王徳泰軍長，兵力2,000）と連合して「抗日連軍第１路軍」を組織し，東満と南満の遊撃区を結合させた。こうした抗日連軍の発展は，日本の東北支配の直接的脅威であり，これに対する「討伐」は36年以降強化され，37年に入ると抗日部隊と農民を断ち切る「集家（村落集団化）政策」が実施された。38年以降，抗日連軍は北満地域に退却せざるをえなくなり，部隊としての活動は小規模化していった。38年６月，楊靖宇の部下も投降する事態が生まれ，小規模な部隊による転戦のなかで，40年２月23日，彼は吉林省濛江県保安村での戦闘において日本側によって射殺された。解剖に付されたとき，胃には枯草と樹皮，綿しかなかったという。

参考文献：黒龍江省社会科学院地方党史研究所等編『東北抗日烈士伝』１輯（黒龍江人民出版社，哈爾浜，1980年）。中共党史人物研究会編『中共党史人物伝』４巻（陝西人民出版社，西安，1982年）。季民文「不朽的人民英雄」，『吉林革命英烈』（吉林人民出版社，長春，1982年）。孫継英・周興・宋世章『東北抗日連軍第一軍』（黒龍江人民出版社，哈爾浜，1986年）。西村成雄『中国近代東北地域史研究』（法律文化社，1984年）。郭淵・王静「楊靖宇与南満抗日游撃根拠地的創建」『東北史地』2007年11期。

〔西村成雄〕

楊（よう）　開慧（かいけい）　Yang Kaihui

（1901年11月６日～1930年11月14日）

号・霞姑，別名・楊霞，字・雲錦。湖南省長沙板倉沖生まれ。革命烈士。毛沢東夫人。

父・楊昌済（懐中）は哲学・倫理学の学者。日本に６年，イギリスに４年留学し西欧の思想によく通じていたが，一貫して中国の理学の伝統をはなれず，主体の確立と実践を重んじ青年達に強い思想的影響を与えた。

楊開慧は楊公廟第40小学校に入学，その後隠儲学校，衡粹女校で学んだ。1913年父・楊昌済が湖南第一師範学校で教鞭をとることとなったため長沙へ移り，稲田女子師範附属小学校に転入，楊家を訪ね教えを受け議論する毛沢東，蔡和森，陳昌らと知り合った。

1918年父・楊昌済が北京大学へ招聘されたため一

家は上京，北京の家もやはり青年達の討論の場となった。この環境と，五・四に向かう新しい思潮の影響を受けて楊開慧は，『新青年』や『新潮』を愛読し，中国の改造を志すようになった。だが20年1月楊昌済が死去，一家は故郷の長沙板倉へ帰った。

1920年楊開慧は，長沙のアメリカ系教会学校である福湘女子中学に入学，傍ら湖南省学生連合会の活動に参加し，『福湘周刊』に「向不平等的根源進攻」，「呈某世伯的一封信」など，封建的な社会や制度を批判する文を発表した。だがこうした活動や，断髪を禁止する学校側の注意に耳を傾けなかったため退校。すると楊開慧は，長沙の男女別学を批判して5人の友人とともに岳雲中学に入学，この地における最初の共学を実現した。また同年には社会主義青年団に加入，同年冬には長沙で毛沢東と結婚した。結婚後は，新思潮，新文化の啓蒙活動の一環として毛沢東がすすめていた「文化書社」の仕事に協力した。

1921年中国共産党が成立，上海での第1回全国代表大会に出席した毛沢東が帰郷して湖南の中共湘区委員会を建立すると，楊開慧は入党，長沙清水塘22号の彼らの家が中国共産党湘区委員会の所在地となった。長子・毛岸英が22年に，次子・毛岸青が24年にここで誕生した。23年毛沢東が中央委員として上海へ赴くと，24年には楊開慧も2人の子供をつれて上海へ向かった。冬再び湖南へ帰ったが，長沙には短期間滞在したのみで，25年の春節を機に韶山に行き農民への働きかけを開始した。「雪恥会」を組織し，農協会員を増やし，中共湖南韶山支部を結成している。27年2月武漢へ赴き，毛沢東は中央農民運動講習所を開所，楊開慧はこれを助け，労働運動，農民運動，婦人運動に加わりつつ，この地で第3子・毛岸龍を出産した。大革命失敗後は，党の指令により故郷にかえり，この地の党組織の強化につとめた。この頃書かれた「繆三嫂」には，農民を立ち上がらせ革命を行うには，繆三嫂に代表されるような貧窮な婦女の存在に目を向けなければならないと記されている。

1930年8月紅軍が長沙を撤退すると，湖南省清郷司令部（司令・何鍵）は「毛沢東の妻子・楊氏」の逮捕に懸賞金大洋1,000元を出すとした。10月楊開慧は逮捕され，毛沢東との離別を拒否して11月14日処刑された。楊開慧死去のニュースは上海などの新聞に大きく報ぜられた。

参考文献：陳冠任『楊開慧』（人民日報出版社，北京，2011年）。《楊開慧》編写組『楊開慧』（湖南人民出版社，長沙，1978年）。湖南師範学院《楊開慧》編写組『楊開慧』（上海人民出版社，上海，1978年）。湖南省婦女連合会『湖南婦女英烈志』（湖南人民出版社，長沙，1982年）。中華全国婦女連合会婦女運動歴史研究室『中華女英烈』（人民出版社，北京，1981年）。袁韶瑩・楊瑰珍『中国婦女名人辞典』（北方婦女児童出版社，長春，1989年）。

〔浜口允子〕

楊(よう)　逵(き)　Yang Kui

（1905年10月18日～1985年3月12日）

本名・楊貴。筆名・楊逵，林泗文，虚泰平，頼健児，伊藤亮，陳水性，公羊，SP，狂人など。台湾台南県生まれ。台湾の文学者。

虚弱と貧困から進学が遅れ，1922年台南二中に入学するも，家に入っていた童養媳の問題などの悩みから，24年退学，日本へ渡る。25年日大専門部文学芸術科に入学，新聞配達，人夫などをしながら苦学。東京の台湾青年の間に左翼サークルを組織，活動を通じて日本の共産主義者，プロレタリア文学者と知り合う。

1927年台湾農民組合の召喚に応じて帰台，その中央委員会委員として活動。28年竹林争議の指導方針をめぐる対立から農民組合を追われ，活動の場を台湾文化協会に移すが，29年の島内一斉検挙で運動は壊滅状態となる。それまでに日本で1度，台湾で7度逮捕されている。

以後生活に追われ，職を転々とする中で「新聞配達夫」を書き，1932年『台湾新民報』に掲載されるが，後半は掲載禁止となる。これは台湾のプロレタリア文学の代表作である。34年「新聞配達夫」が日本の『文学評論』（10月号）に掲載され，日本の文壇に認められた最初の台湾人作家となる。「新聞配達夫」はまた胡風の訳で中国大陸にも紹介されている。（世界知識社編『弱小民族小説』，36年など）。

1934年より文学運動に関わり，『台湾文芸』日文欄の編集者となるが，編集方針が合わず，35年『台湾新文学』を創刊する。同誌はこの時期の文学運動を支えた雑誌だが，日本のプロレタリア文学者とのつながりが深いところにも特色がある。37年経営難と弾圧から同誌は停刊，農園を始める。以後農園での花作りが楊逵の生活を支えることとなる。そのかたわら「鵞鳥の嫁入」（42年）などの短篇を書き，トレチャコフ「吼えろ支那」を劇化して出版，上演（44年）したりしている。

1945年日本の敗戦とともに雑誌『一陽周報』（45年），『台湾文芸叢刊』（48年）を発行，「中国文芸叢書」を編集，刊行し（46年），また『和平日報』，『力行報』の文芸欄を編集するなど，台湾文化の再建をめざす活動を始めるが，49年上海の『大公報』に掲載された

「和平宣言」によって逮捕され，12年間を獄中（緑島）に過ごすこととなる。

1961年出獄，翌年より台中に農園を営み，花を作って生計をたてる。日本時代は日本語で創作していたが，獄中で中国語を書き習い，出獄後おのずからその生き方を象徴するような散文を書くが，その数は多くない。戦後は忘れられた作家であったが，民主化運動の進展の中で，74年頃から再評価が進み，なによりもその生き方において台湾文学を象徴する作家としての評価が定まった。

参考文献：楊素絹編『圧不扁的玫瑰花―楊逵的人与作品』（輝煌出版社，台北，1976年）。林梵『楊逵画像』（筆架山出版社，台北，1978年）。『鵝媽媽出嫁―楊逵全集①』（前衛出版社，台北，1985年）。『圧不扁的玫瑰―楊逵全集②』（前衛出版社，台北，1985年）。楊逵『緑島家書』（晨星出版社，台中，1987年）。陳芳明編『楊逵的文学生涯』（前衛出版社，台北，1988年）。『楊逵集』〔台湾作家全集・短篇小説巻／日拠時代⑦〕（前衛出版社，台北，1991年）。

〔松永正義〕

楊（よう）　了公（りょうこう）　Yang Liaogong

（1864年～1929年3月5日）

名・錫章，字・至文，子文，号・了公。筆名・蓼功，幾園，了王，紫雯，乳燕。書斎名・幾園，耨斎。生まれ，原籍ともに松江県。詩人，書家，慈善家，民国初期の中華民国農党他革新団体の指導者。

科挙試験（郷試）に合格して秀才となり，40歳を過ぎて宝山県の訓導に任命される。しかし，松江府知事戚揚を江蘇省巡撫に告発し逆に罷免された。失職後すぐに松江に戻り，慈幼会や貧児小学校を設立経営して家産を使い果したので，自ら“了公”と号した。1906年5月，民営鉄道の江蘇鉄路公司が設立されるとその株主となる。

孫文の指導する革命運動が発展する過程で中国同盟会に加入。1911年の武昌蜂起後，松江地方の治安維持に尽力するとともに，鈕永建指導の松江独立を支持し軍事費の調達に協力，松江軍政府成立後は参謀部長，顧問員，松江塩政局臨時総長を歴任した。

楊了公は，辛亥革命後中国同盟会以外の政治団体にも参加し，中国社会党松江支部主任，中華民国自由党松江支部（1912年4月29日成立）正部長，中華民国工党松江支部（12年6月1日成立）主任，青幇・紅幇など秘密結社構成員の意識改造を目的とする国民共進会松江支部（12年9月10日成立）評議員などに就任している。

1912年10月松江県の地主層が田業会（地主会）を組織して小作料の徴収強化をはかると，楊了公はこれに反対して佃戸会（小作人組合）の結成を提唱した。江蘇省都督の命令で田業会が解散させられると佃戸会の結成も中止された。楊了公は，このあとすぐに平民主義の主張を農村で実践するため上海に赴き，同年12月上海で中華民国工党の協力を得て中華民国農党を創立した。

1913年の第2革命失敗後は，上海租界に移り，書家として生計をたてていたが，16年袁世凱の死後松江に帰った。18年2月松江で婚家改良会が結成されると幹事に就任，息子の死後嫁に再婚を勧めている。またアヘン禁絶運動にも参加した。19年5月五・四運動がはじまると，松江県城内の獄廟で開催された5・9国恥日国民大会で日貨不買の演説をするとともに，7月に組織された松江県の各界連合会でも演説し，その副会長に選ばれている。

1927年北洋軍閥打倒の国民革命が進展し，鈕永建が江蘇省主席に就任すると，奉賢県県長に任命された。しかし，行政に不慣れなためまもなく辞職し，以後詩文や書で生計を立てた。革新的知識人の団体である南社の会員でもあった楊了公は，詩集『梅花百咏』，書の作品集『楊了公先生墨宝』，姚鵷雛との共著『仏学』などを残している。

参考文献：鄭逸梅編『南社叢談』（上海人民出版社，上海，1981年）。柳亜子文集編輯委員会主編，柳無忌編『南社紀略』（上海人民出版社，上海，1983年）。上海市松江県地方志編纂委員会編『松江県志』（上海人民出版社，上海，1991年）。小島淑男「辛亥革命期江南の農民運動と中華民国農党」，『歴史学研究』1971年5月。『新聞報』1911年11月1日・7日，1913年7月4日。『民立報』1912年1月2日。『天鐸報』1912年5月10日。『太平洋報』1912年5月15日，6月5日・15日，9月12日。『民国日報』1918年6月4日，9月21日，1919年7月10日。　〔小島淑男〕

楊（よう）　明斎（めいさい）　Yang Mingzhai

（1882年～1931年）

原名・好徳。山東省平度県馬戈荘生まれ。中国共産党の指導者，ロシア語通訳。

比較的富裕な農家に生まれ，13歳までに四書五経を修得し郷里の馬戈荘の有学の士と称されたが，その後家計が次第に苦しくなり，1898年ついに学問を断念し農耕に従事。結婚したものの間もなく妻は死去，1901年仕事を求めて海参崴（現在のウラジオストク）に向かう。当地で，親類の紹介により小さな工場に労働者としてつとめ，ロシア語を習得した。08年，さらにシベリアにまで入り，そこでボルシェヴィキと接触すると同時に，帝政ロシアにおける華僑労働者の悲惨な状況を知る。この頃，楊明斎はボルシェヴィキに傾倒し，帝政への反発を強めていった。

第１次世界大戦中，ボルシェヴィキが指導した労働運動に参加し，華僑労働者の代表に選出され，ついにレーニン率いるボルシェヴィキ党への入党を許される。1917年のロシア十月革命後の内戦にも赤軍として参加し，華僑労働者の赤軍への加入に努めた。内戦沈静後，ソ連共産党によりモスクワ東方労働者共産主義大学に派遣され，マルクス・レーニン主義理論を学ぶ。学習を終えた楊明斎は当時日本軍が占領していたウラジオストクに派遣され地下工作に従事したが，五・四運動発生後，ソ連共産党は中国に工作団派遣を決定，20年４月楊はその一員として団の責任者ヴォイチンスキーに同行し，北京に入った。

北京では，まず李大釗と会い，李・ヴォイチンスキー会談の下準備をととのえ，会談においては通訳をつとめた。会談後，楊明斎はヴォイチンスキーに当時上海で活動中であった陳独秀にも会うことを提案，李大釗の紹介状をたずさえ，ヴォイチンスキーとともに上海に赴く。陳・ヴォイチンスキー会談後，陳独秀は中共結党の準備に入るが，1920年５月の上海マルクス主義研究会の設立，同年８月の共産党上海発起組の設立にはいずれも楊明斎が関わっていた。上海発起組成立時に，社会主義青年団の結成も決定されたが，青年団組織工作は事実上楊に任せられていた。この頃，楊はソ連共産党員から中共党員に転じたとされる。

1921年春，張太雷とともに中国側代表としてイルクーツクに赴き，コミンテルン極東書記処に中国情勢を報告，中共の樹立，中共とコミンテルンの関係などの問題に関して書記処の代表と会談した。会談後，コミンテルン極東書記処中国支部設立についての報告書が作成され，コミンテルン第３回代表大会に提出された。21年６月，張太雷とともにモスクワで開催された同代表大会に出席する。

大会終了後帰国し，中共１全大会後の上海支部で李達と理論教育を担当した。以後，1924年頃まで，中共を代表してマルクス主義普及のための論陣をはり，梁漱溟，梁啓超，章士釗らと論争を展開することになる。21年10月４日，上海でフランスの警察によって，陳独秀，包恵僧，柯慶施らと共に逮捕されるが，後に中共及びコミンテルンの働きかけによって保釈される。当時の楊明斎の政治的立場は，楊が22年７月の中共２全大会で反帝反封建的綱領の制定を積極的に支持していたこと，同大会の後の国共合作をめぐる議論の中で，中共党員の個人の身分での国民党への参加に反対し，三民主義は“複雑主義”であると批判していたことから，かなり急進的であったことがうかがえる。但し，こうした急進的言動は中共３全大会前後からコミンテルンの指示によって次第に変化した。最終的には，楊自ら広州で中共党員の国民党への参加工作を推進し，国共合作時にはソ連顧問団の通訳をつとめている。

1925年10月モスクワ中山大学が創設されると，楊明斎は上海で留学生を派遣する任務につく。そして，第１回留学生を派遣した後，楊自身が引率して第２回留学生をソ連に連れて来ている。楊と第２回留学生は同年11月モスクワに到着した。中山大学では，500名余りの中国人留学生の衣食住の世話をし，さらに通訳をつとめた。27年大革命失敗後に帰国，上海到着後，天津地区に潜伏し，著書『中国社会改造原理』を執筆するなど秘かに活動し続けたが，病に倒れ，療養のため再びソ連に赴く。31年，イルクーツクで病没した。

参考文献：中共党史人物研究会編『中共党史人物伝』21巻（陝西人民出版社，西安，1985年）。程敏主編『中国共産党党員大辞典』（中国国際広播出版社，北京，1991年）。盛平主編『中国共産党人名大辞典』（中国国際広播出版社，北京，1991年）。

〔中村楼蘭〕

楊（よう）　匏安（ほうあん）　Yang Pao'an

（1896年11月6日～1931年8月）

原名・錦燾，筆名・匏庵，王純一。広東省香山県北山郷生まれ。中国共産党の指導者，宣伝・組織工作の専門家。

輸出用茶葉を扱う商人の家庭に生まれ，幼少の頃より母・陳智より古典の知識を教授される。郷里の恭都小学堂に入学，文学，歴史を好んで学んだといわれる。広州の両広高等学堂付属中学に進学したが，家が没落して学費が続かず，中途で学業を断念し郷里に帰る。郷里では恭都小学堂の教員をつとめたが，辛亥革命後，劉希明校長の汚職を暴露し，逆に劉と結託した当局によって逮捕される。この事件で楊匏安は社会の矛盾を痛感したとされ，釈放後，楊昌甫とともに渡日，横浜で暮らす。日本滞在中の楊匏安の生活は苦しかったが，楊は日本語の習得に専念する一方，政治，経済，哲学，美術，文芸などの本を多読し，西洋の新学説，新思潮の吸収に努めた。社会主義思想に楊が初めて接したのはこの日本滞在中のことである。

1916年帰国し，呉佩琪と結婚する。18年初め楊一家は広州に転居し，楊匏安はここで私立時敏中学で詩や作文の教師をつとめる一方，『広東中華新報』の記者としてエッセイや小説を発表した。当初楊の文章には明確な政治的主張は見られなかったが，19年五・

四運動が始まると，日本で社会主義思想に接していたこともあり，マルクス主義思想に急速に傾倒していった。同年８月には李大釗と胡適の論争に関連して，胡適が提唱する実用主義を批判し李大釗を事実上擁護した。10月には『広東中華新報』の副刊『通俗大学校』に「社会主義」と題する一文を発表して『資本論』を賞賛した。

1921年春広東に中共の組織が樹立されると，楊匏安は中共に入党，翌22年春『青年周刊』（社会主義青年団広東支部発行）上に「マルクス主義浅説」，『珠江評論』上に「プロレタリア階級と民治主義」を発表する。前者は日本の初期の社会主義者，堺利彦の著書を参考にしたものである。中共入党後，楊は文筆活動のみならず，労働運動の組織工作にも従事し，実際楊殷らとともに粤漢鉄道労働者の組織化につとめている。

第１次国共合作時期には譚平山の下で工作し，1924年に譚が国民党中央組織部部長に任命された際，楊匏安は組織部秘書に就任している（同年11月譚が国際会議に出席した時，中央組織部部長を一時代行した）。また，合作下，廖仲愷・国民党中央農工部長兼広東革命政府財政部部長と親しく交流し，25年の５・30運動勃発後には廖の代理として香港に赴き大規模なストライキの組織にあたった。同年11月国民党広東省党部の成立にともない，常務委員兼組織部部長，さらに，26年１月の国民党２全大会で中央執行委員，常務委員に選出され，国民党内の重要ポストについていった。この頃，中共においては，国民党内の党団書記，中共広東区委監察委員，同委委員をつとめる。

1927年初め李済深らが国民党広東省党部を改組すると，楊匏安は常務委員のポストを保持したものの実権を奪われ，同年３月譚平山とともに広州を離れ武漢に向かった。武漢では翌４月に中共５全大会に参加，中央委員兼中央監察委員に選出され，中央入りを果したが，同年末譚平山らの第三党組織事件が発生すると首謀者の１人と疑われ，中央監察委員を解任された。28年頃マレーシア，シンガポールの革命工作に派遣される。

1929年上海に戻り，中央の機関工作や中共の刊行物の印刷・出版工作に従事，同年逮捕され，８カ月間投獄される。出獄後も上海に留まり，王統一の名前で書物の編訳につとめたが，31年７月龍華警備司令部によって再逮捕され，翌８月上海で処刑された。

参考文献：中共党史人物研究会編『中共党史人物伝』４巻（陝西人民出版社，西安，1982年）。『不屈的共産党人』５（人民出版社，北京，1988年）。徐友春主編『民国人物大辞典』（河北人民出版社，石家荘，1991年）。楊青山・李大節（整理）「革命先烈楊匏安」，『珠海文史』１輯，1982年10月。史敬「新発現的楊匏安烈士的両首佚詩」，『珠海文史』３輯，1984年12月。

〔中村楼蘭〕

楊（よう）　衢雲（くうん）　Yang Quyun

（1861年12月19日～1901年１月10日）

原名・飛鴻，合吉，字・肇春，号・衢雲。福建省漳州府海澄県生まれ。清末の革命指導者，興中会の初代会長。

祖父の福康は清朝の廩生で，軍功によって任官し，署理新興県知県となり，五品銜を加えられたが，『荊駝逸史』を読んだことで漢族意識に覚醒し，退官してイギリス領マラヤに移住した。父・清河は海澄に帰郷した後，香港に出て，香港政庁の通訳や書院の教師をした。

楊衢雲は14歳の時，香港の海軍ドックで機械製造を学習中に機械にまきこまれ，右手の指３本を失うという事故にあい，英語の学習に転じた。のち，私立学校の英語教師，招商局の書記，イギリス系商社の幹部職員などを歴任した。少年時代から任俠精神に富み，また，中国人に対する差別待遇を経験して民族意識を強めた。

1890年学友の謝纘泰らと輔仁文社（又は輔仁書報社）を結成し，92年その社長となった。輔仁文社は「民智を開通する」ことをめざした進歩的な啓蒙団体である。

のち，孫文と知り会い，孫の革命思想に次第に共鳴していった。1895年孫文が革命団体結成を提起するとこれに賛成し，興中会の初代会長となった。孫文に比べて年長であったこと，輔仁文社の成員が多く興中会の会員となったことが会長となった背景にあった。

興中会の本部は香港のスタントン街13号に設置され，楊衢雲は孫文とともに武装蜂起の計画を協議・決定した。楊は香港において兵員の募集と資金・武器弾薬の調達を担当し，孫は広州における武装蜂起の準備と実行を担当することになった。1895年秋準備が進行し，革命成功後の「合衆国」（共和国）の大統領には謝纘泰の支持，孫文の譲歩によって，楊衢雲が就任することに決定された。しかし，10月に予定された広州の武装蜂起計画は清朝当局に探知されて失敗に終わり，孫文は日本に亡命した。楊衢雲も清朝の派遣した刺客を避けるために，インド，南アフリカ，イギリス，インド，フィリピン，シンガポールの各地を転々とした。この間，各地で興中会の分会を設け，反清革命の宣伝を怠らなかった。

1898年家族とともに日本の横浜に移り，英語教授で生活しながら革命活動を続けた。横浜在住中の孫文とも会い，広州武装蜂起失敗の責任を認めた。99年長江流域の会党首領や畢永年が孫文を首領に推戴すると，楊は興中会会長を辞して，孫が後任となった。

1900年孫文らが恵州蜂起を計画すると，楊は香港に赴いて活動した。この間，清朝側との平和交渉にも応じようとしたが，孫文らの反対でとりやめた。

恵州で蜂起した革命軍も，武器が続かず，失敗に帰し，指導者たちの多くがまた香港から亡命した。しかし，楊衢雲は同志の勧告を退け，香港にとどまり，私塾を開いて英語を教授していた。1901年1月清朝政府に買収された陳林に私塾内で狙撃され，病院に収容されたが間もなく死亡した。

参考文献：馮自由「楊衢雲事略」,「興中会首任会長楊衢雲補述」,『革命逸史』初集，5集（台湾商務印書館，台北，1969年）。鄒魯『中国国民党史稿』（台湾商務印書館，台北，1965年）。陳少白「興中会革命史要」,「興中会革命史別録」，中国史学会主編『辛亥革命』1（上海人民出版社，上海，1957年）。

〔久保田文次〕

楊　鋭（よう えい）　Yang Rui

（1857年～1898年9月28日）

字・叔嶠，鈍叔。四川省綿竹県生まれ。原籍，同前。清末の変法派官僚。戊戌六君子の1人。

楊賓家を父に，陽徳彝を兄として，4人兄弟の中に生まれた。1875年尊経学院に入学し，最年少で首席の成績を収めて知県となった。20歳を過ぎて科挙を受験し，四川省督学であった張之洞に認められて迎えられた。85年には順天の郷試に合格して内閣中書に就任した。両広総督となった張之洞に従って広州に赴き，つづいて湖北省，南京と随行して張を補佐した。

日清戦争後，康有為が強学会を設立すると入会し，会が官書局に改編されてのちもひきつづき同局にとどまり，選書を担当した。

1898年三国干渉が起こると，楊は北京の四川会館に康有為の保国会の四川支部（蜀学会）を設立するとともに，中国および西洋の学問を教える四川学堂を創設した。変法の国是が下りてのち，湖南巡撫・陳宝箴の推挙により，7月20日譚嗣同，劉光第，林旭とともに軍機処に入り，新政に加わった。西太后派との対立が次第に激しくなってきた9月15日，光緒帝から楊鋭に方策を講ずる旨の密勅が下された。しかし譚嗣同が袁世凱に新政への協力を要請した結果は，袁の密告によって9月21日のクーデターとなった。楊らは逮捕され，張之洞が盛宣懐を通じて王文韶に出した助命懇願も容れられず，28日死刑に処せられた。孫恭人夫人との間に1男3女があったが，夫人は1907年，長男・楊慶昶は12年没した。

参考文献：閔爾昌編『碑伝集補』巻12（四庫善本叢書館，北京，1923年）。民国清史館編『清史稿』巻464，列伝251（民国清史館，北京，1927年）。湯志鈞『戊戌変法史論叢』（湖北人民出版社，武漢，1957年）。湯志鈞編『戊戌変法人物伝稿』上冊（中華書局，北京，1961年）。清史編委会編『清代人物伝稿』下編3（遼寧人民出版社，瀋陽，1987年）。「説経堂詩草」張元済編『戊戌六君子遺集』三（上海商務印書館，上海，1917年。文海出版社，台北，1966年復刻）。

〔児野道子〕

楊　森（よう しん）　Yang Sen

（1884年2月20日～1977年5月15日）

原名・淑沢，字・子恵，別名・伯堅。四川省広安県龍台寺の生まれ。原籍，湖南省衡州府草堂寺。四川軍閥，後に国民党軍人となる。

父・楊廷安は清朝の小官吏であり，楊森は3男2女の長男として生まれた。2人の弟は後に楊森軍の指揮官となる。幼少時より父，伯父達の教育は厳しく，文武両道を仕付けられた。広安紫金小学，順慶連合中学に学び，卒業後成都の四川陸軍速成学堂に入学した。1906年中国同盟会加入，09年速成学堂を卒業し，成都近郊の新軍に小隊長として配属される。民国成立後は13年の第2革命，15～16年には護国軍（第3革命）に参加，その後は四川省の軍閥混戦に巻き込まれ，その中で勢力を拡大していった。

1926年5月には同じ四川軍閥の劉湘と連合して貴州軍閥の袁祖銘を四川省から駆逐し，自らの支配地域を大きく拡大した。四川省東部の肥沃な揚子江流域一帯を支配し，兵力は10個師団と砲兵部隊を保有し，四川を支配する7人の軍閥の1人となった。同時に北京政府の呉佩孚からは討賊連軍川軍第1路総司令の称号を授けられた。同年9月には揚子江の内河航行権をめぐって英国と衝突，司令部の置かれた万県を英国砲艦に砲撃され多くの犠牲者を出した（万県砲撃事件）。10月国民政府に帰順し，国民革命軍第20軍軍長に任ぜられ，武漢，南京両政府の対立にあたっては南京側につき，27年5月第5路軍前敵総指揮となる。33年には四川剿匪軍第4路総指揮として共産党討伐にあたり，36年2月国民政府陸軍中将に昇進した。

抗日戦勃発後は，1937年9月第20軍を率いて第6兵団に編入され，上海防衛戦に参加するが，大損害を出して敗退，しかし善戦を評価され陸軍上将に昇進した。同年末には第27集団軍総司令となり，39年6月蔣介石の命令により湖南省平江の新四軍通訊処を襲撃し，平江惨案を引き起こす。45年1月貴州省政府主席，48年4月重慶市長を歴任，49年10月には重慶衛戍総司令となり，11月末の人民解放軍重慶入城にいたるまで重慶の防衛と撤退工作にあたる。重慶陥落後に成都から飛行機で海南島の海口を経由して台湾に脱出した。50年5月総統府上将国策顧問，戦略顧問委員会委員に就任。60年より中華全国体育協進会理事長，台湾オリンピック委員会理事長となる。77年5月台北において病死した。

楊森を有名にしたのは，1926年秋の英国による万県砲撃事件である。事件の発端は船舶航行権をめぐる利害関係であり，人口の密集した市街地を砲撃されたが，英軍にも大きな損害を与え，外交交渉と軍事行動によって軍閥の反帝国主義的側面を示した。以後，英国は中国における武力行使を控える方向に政策を転換していく。

参考文献：馬宣偉・肖波『楊森』（四川人民出版社，成都，1989年）。馬宣偉・肖波『四川軍閥楊森』（四川人民出版社，成都，1983年）。汪新・劉紅『南京国民政府軍政要員録』（春秋出版社，北京，1988年）。徐友春主編『民国人物大辞典』（河北人民出版社，石家荘，1991年）。　〔滝口太郎〕

楊　尚奎（よう　しょうけい）　Yang Shangkui

（1905年10月24日～1986年7月7日）

別名・楊上魁，仮名・老穆。江西省興国県江背郷坪上漁渓村桂竹坑生まれ。祖籍，広東省梅県。客家。中国共産党の指導者。

生家は農家。9歳の時村の私塾に通い始め，3年間勉強したが，学費が続かず進学を断念，農耕に従事する。1928年郷里で密かに中国共産党系の農民協会と遊撃隊が組織されると，楊尚奎は人づてに「共産党は土豪を打倒して土地を分配し，貧乏人のために平等を説く」と聞き及び，それらの協会と軍に参加した。翌29年江背郷漁渓村ソヴィエト政府主席兼赤衛隊政治委員に任命され，9月には林雲山，張声幇の紹介を得て中共への入党を認められた。入党後は31年1月に中共興国県委宣伝部部長，32年3月に中共寧都県委宣伝部部長，33年5月に中共勝利県委書記に任ぜられ，中共江西省第2回代表大会では中共江西省委委員に選出される。さらに34年5月中共江西省委宣伝部部長に任命され，李富春によって瑞金の中央党校に派遣された。同校でマルクス主義を系統的に学び，9月に中共贛南省委委員，宣伝部部長に就任する。

1934年10月の中央紅軍の長征出発に際しては贛南に残り，項英，陳毅の指揮下に活動する。11月中共信康贛（のちに贛粤辺区に改称）特委副書記に着任（書記・李楽天），数百名の兵を率いて遊撃戦を展開した。35年12月の李楽天の戦死により書記となる。なお，「老穆」は36年春の梅山工作時に使用した仮名である。

日中前面戦争勃発後の1937年10月，項英，陳毅が贛粤辺区を離れたため，江西抗日義勇軍池工辦事処主任として辺区工作を統轄する。抗日工作を進める一方，中共の遊撃隊を改称した江西抗日義勇軍の訓練と安全確保（国民党軍の攻撃の回避）に努め。38年1月贛南特委成立にともない同書記に任ぜられ，翌月新四軍第1支隊所属となった義勇軍を抗日前線に無事送り出した。以後，特委書記として党勢拡大に尽力，37年300名にすぎなかった特委所属の党員を38年末には3,400名余に増やした。また，抗敵後援会，青年先鋒隊，国共合作抗日救国隊などの抗日団体を組織する。

1939年1月以降，国民党の反共姿勢が強まり，贛南でも楊尚奎らが組織した抗日団体が解散させられ，保安団など地主の武装組織が強化されていった。かかる状況下に楊は3月，特委第2回拡大会議を開き，党員に中共6期6中全会で決定された毛沢東の「統一戦線下での独立自主」路線の貫徹を通達，王明の「国民党主導下での統一戦線の保持」の主張を「新投降主義の誤り」と批判した。

1940年1月，中共7全大会出席のため延安に到着する。大会は延期となったが，そのまま延安に残り中央マルクス・レーニン学院に入学，41年9月に卒業。学院卒業後，中共中央組織部幹部科科長に任ぜられ7全大会代表の資格審査に携わる。42年9月中央党校に入学し，同校で整風運動に参加する。45年7全大会に出席した後，6月下旬に広贛幹部大隊を率いて延安を離れる（大隊副政治委員）。

幹部大隊は南下の途上日中戦争が終結，急遽東北転進を命じられ，楊尚奎も部隊とともに北上，1945年10月末に長春に到着した。11月中共永吉地委副書記兼敦化県委書記に任命され，以来敦化県をめぐり国民党と抗争，46年1月駐留ソ連軍の援護を受けて国民党部隊を撃破，同県の政権を掌握する。7月に吉南地委書記兼軍分区政治委員に転任，吉南の第24旅を指導し東北野戦軍の「三下江南，四保臨江」戦役に参加する。47年12月中共吉林省委常委兼組織部部長，翌年9月には同省委常委兼秘書長に転じた。さらに，49年4月中共江西省委副書記兼秘書長に転任となり，吉林南下幹部大隊を率いて東北を離れ（大隊長兼政治委員），6月に江西省に到着した。

中華人民共和国成立後は中共贛西南区委書記，贛西南軍区政治委員，贛西南行政公署主任，中共江西省委

書記（1956年9月以降第1書記となり，文化大革命初期まで在任），中共中央中南局委員，華東局書記処書記，福州軍区第3政治委員などを歴任した。しかし，文革中は「江西第1の走資派」と批判され失脚した。67年2月に辛うじて周恩来の庇護の下に湖北省に移された。71年10月江西省安義県の印刷所に下放され，労働に従事したといわれる。

1972年8月安義県から南昌に戻り，しばらく後に党務に復帰，73年2月に中共江西省委委員，同省革委副主任に任ぜられ復活する。さらに74年12月には中共江西省委書記となり，党・大衆工作を主管，75年以降も第4，5期の全人代代表，第5期全人代常委，江西省第4期政協主席，江西省人代常委会主任を歴任した。しかし，81年9月江西省委書記を辞任，83年4月には第6期の全人代，省人代の代表に指名しないよう江西省人代常委会に要請，82年9月に選出された中共中央顧問委委員についても85年9月に辞任，引退の道を歩んだ。86年2月に入院し，同年7月に南昌で病死した。

参考文献：中共党史人物研究会編『中共党史人物伝』43巻（陝西人民出版社，西安，1990年）。楊尚奎『艱難的歳月―楊尚奎革命回憶録』（江西人民出版社，南昌，1987年）。軍事科学院軍事図書館編『中国人民解放軍組織沿革和各級領導成員名録』修訂版（軍事科学出版社，北京，1990年）。現代中国人名辞典編集室編『現代中国人名辞典1986年版』（霞山会，1986年）。
〔永野英身〕

楊（よう）　尚昆（しょうこん）　Yang Shangkum

（1907年7月5日～1998年9月14日）

別名・楊善崑，変名・張昆，李萱夫，筆名・哲生，尚昆。四川省潼南県の生まれ。中国人民解放軍の指導者。中華人民共和国元国家主席。

四川，上海などで学生運動に従事する。1925年中国共産主義青年団に加入，26年に中国共産党へ移る。同年上海大学に入学した。27年モスクワの中山大学に入学し，31年に帰国する。

帰国後，全国総工会宣伝部長，上海工会連合会党団書記，江蘇省党委員会宣伝部長に任ぜられ，上海の労働運動や抗日運動の組織，指導に当たる。1932年江西ソヴィエト区に入り，中共中央宣伝部長となる。33年から中央革命根拠地において『紅色中華』，『闘争』の編集に携わるとともに，党校副校長となる。その後中国工農紅軍第1方面軍政治部主任，中央革命軍事委員会総政治部副主任，工農紅軍第3軍団政治委員，西北革命軍事委員会総政治部副主任などを歴任する。34年1月には第6期中央候補委員に選出され，同年10月長征に参加した。35年1月遵義における中共中央政治局拡大会議においては毛沢東を支持し，また張国燾の分裂活動には反対したといわれる。同年からは陝甘支隊政治部副主任，西北革命軍事委員会総政治部副主任，抗日先鋒軍総政治部主任，中国人民紅軍抗日大学政治部主任，中央軍事委員会総政治部副主任などを歴任する。長征の終了後は直羅鎮戦役，山城堡戦役に参加し，朱徳，彭徳懐らとともに日本軍の「掃討」，「清剿」や国民党の攻撃に抵抗した。37年には中共中央北方局書記に任ぜられる。

国共内戦期には，中共中央軍事委員会秘書長，中央外事組副組長，中央警衛司令員，中央後方委員会副書記，党中央辦公庁主任，党中央副秘書長などを歴任する。またこの間，党中央や中央軍事委員会を延安から撤退させ，周恩来らの下で党中央の日常活動に参与した。

中華人民共和国成立後，長期にわたって中共中央辦公庁主任，中央副秘書長，同秘書長，中央書記処書記をつとめた。1954年12月第2期全国政治協商会議常務委員となり，56年9月中共第8期中央委員に選出される。57年11月毛沢東のソ連訪問に同行，60年11月と63年7月にもソ連を訪問した。64年12月第3期全国人民代表大会四川省代表に選出され，65年1月全国人民代表大会常務委員，広東省党委員会書記となる。

文化大革命においては批判され迫害を受けたが，1978年12月広東省党委員会第2書記として名誉回復される。79年4月広東省革命委員会副主任，広州市党委員会第1書記，同市革命委員会主任となり，同月広州市代表団団長として訪日する。同年6月第5期全国人民政治協商会議常務委員に，9月中共第11期中央委員にそれぞれ選出される。12月広東省副省長となる。80年4月広東省軍区第1政治委員に任ぜられ，9月第5期全国人民代表大会常務委員会副委員長，同秘書長となる。81年7月には中共中央軍事委員会常務委員兼秘書長に，82年9月には同委員会常務副主席兼秘書長となり，翌10月には栗栖弘臣元統合幕僚会議議長と会見。83年6月には中華人民共和国中央軍事委員会副主席に任ぜられ，87年11月には中共第13期中央委員，政治局員，党中央軍事委員会常務副主席兼秘書長となる。これらの職務を通じて，鄧小平政権を支え，いわゆる鄧小平の軍事路線を積極的に推進した。84年7月には『紅旗』に論文「中国の特色を備え近代化された軍隊を建設しよう」を発表した。88年4月中華人民共和国国家主席に選出され，その後国家主席としての外遊及び国公賓との会見が多くなった。89年6月の天安門事件では軍事弾圧を指揮し，末弟の楊白冰とともに軍内での実権を確立しようとしたと言われた。その後も国家主席としての国賓接遇や外遊活動を活発に行ったが，93年3月の第8期全国人民代表大会で江沢民が国家主席に選出されたことにより引退した。98年9月北京で病死。

参考文献：施善球他『中国軍事人物辞典』（科学技術文献出版社，北京，1988年）。陳玉堂『中共党史人物別名録（字号，筆名，化名）』（紅旗出版社，北京，1985年）。日本国際問題研究所中国部会編『中国共産党史資料集』12巻別冊付録（勁草書房，1975年）。楊尚昆『楊尚昆日記』（中央文献出版社，北京，2001年）。〔安田淳〕

楊　深秀（よう　しんしゅう） Yang Shenxiu

（1849年～1898年9月28日）

本名・敏秀，字・漪邨，号・砉砉子。山西省聞喜県生まれ。清末の官僚，変法派の政治家。

1862年の挙人であったが，清朝に献金して刑部員外郎となる。宋明の義理の学に造詣が深かった。82年張之洞が山西巡撫の時，彼を起用して徳堂書院長とし，全省の読書人に経史，考拠詞章の学を教えさせ，志士をうやまわせようとした。

1889年進士となり，本官となって刑部主事を授かり，郎中に累進し，97年の冬には山東道監察御史となった。楊深秀は，その性格が剛直であり，日清戦争の恥を憤った。しかし，上申する場所がなかったため，御史になってからは，天下を正すことを自分の仕事とした。98年の正月ロシアが旅順，大連を分割する事件が起こったので，英・日と連合して，これを拒否することを上奏した。また，北京に保国会が成立すると，これを支持し，康広仁の親友でもあった。

1898年6月11日，戊戌の変法に際し，康有為のために代表して「国是を定め，賞罰を明らかにするの摺」を乞うた。楊深秀は，それによって国を正しい方向に向け，国運を振興させようとした。また，「台湾がすでに割かれ，膠州湾の変がついで生じて半年になる。だから，皇帝の明をもってしてもどうして猶予があるだろうか」と述べ中国の危機を訴えるとともに，変法による旧体制の変革を主張した。

1898年6月11日，楊深秀がすでに上奏していた「遊学日本章程」が承認された。それによれば，生員で30歳未満，才能があり，中国の学問に通じている者を選んで留学させようとするものであった。また，親王，貝勒，宗室に海外の各国を視察させることも認められた。その外，外国の書物の翻訳も上奏している。

1898年6月17日，御史宋伯魯が八股文を改廃して，経済特科を開くことを上奏したが，礼部尚書・許応騤が経済特科の無益なことを唱えて反対したので，6月20日宋伯魯と楊深秀が，許応騤を守旧で，新政を阻むものとして弾劾した。さらに，楊深秀は9月20日に上奏して，清朝が英・米・日本と団結して，それら諸国から援助を受けることを説いたが，これは楊が英国のティモシー・リチャード，日本の伊藤博文に幻想を抱いていたためであった。

1898年9月21日政変が起こったが，楊深秀は危難をさけようとしないで，光緒帝が廃された理由を問い，西太后に政権を光緒帝に返すよう勧告すらしている。彼はついに逮捕されたが，楊深秀の1子・韍田によれば，楊深秀はすでに皇帝が捕えられたのを知り，皇帝を何とか救おうとしたので，韍田がそれを密かにたしなめると，かえってこれを叱り，従容として逮捕されたことが知られている。逮捕されてからも獄中で詩を作り，9月28日処刑されて，北京に仮葬された。詔勅により，1910年はじめて故郷に葬られた。

楊深秀の著した詩文および奏稿は，「雪虚堂詩鈔」，「楊漪春侍御奏稿」として『戊戌六君子遺集』に収められている。また，陳作哲らが『聞喜県志斟』および，その続篇，補編の3書を編纂している。

参考文献：閔爾昌編『碑伝集補』巻10（燕京大学国学研究所，北京，1923年）。『戊戌六君子遺集』（文海出版社，台北，1966年）。趙爾巽等撰『清史稿』42巻（中華書局，北京，1977年）。湯志鈞編『戊戌変法人物伝稿』増訂本上冊（中華書局，北京，1982年）。蔡冠洛編『清代七百人伝』下（中国書店，北京，1984年）。〔深澤秀男〕

楊　庶堪（よう　しょかん） Yang Shukan

（1881年12月9日～1942年8月6日）

字・滄白，邠斎。原籍，四川省巴県。生員出身の教育家，政治家。

呂翼文に師事して経書・史書などの古典を学び国学の研究に専心したが，古典の辞句に捉われず広い視野に立とうとし，重慶の訳学舎に入学して英語を習得した。

清末，学制改革によって新設された成都高等学堂分設中学に英語教師として赴任し，教育家としての活動に入り，とくに明末諸老の著作を通じて民族意識を強くし，その議論は聴く者をして大いに感奮せしめたといわれる。また同郷人・鄒容の日本留学を援助するとともに，朱之洪らと公強会を組織して革命思想を養った。

1905年，日本から帰郷した童憲章，陳崇功らの留学生によって中国同盟会の成立を知ると，直ちに同盟会に加入し重慶支部を設立して革命運動に参加することになった。ついで重慶・成都・永寧の中学堂の教師を歴任するとともに，同盟会員の拡大に努力し，弾薬の製造など武装蜂起の準備をもひそかに援助していたといわれる。

1911年夏，清朝が強行しようとした鉄道国有化問題が起こると，保路同志会員として反対運動に奔走するとともに武装蜂起の準備を進めた。ついで武昌新軍の蜂起によって辛亥革命が開始されると，それに呼応して重慶府中学堂の学監・張培爵，謝持らと清朝からの独立を宣布して，張培爵を都督とする川南軍政府（蜀軍政府）を成立させてその顧問となったが間もなく辞任した。

1913年2月，中華民国第1回国会選挙では国民党から参議院議員に立候補して当選したが，袁世凱総統の国会無視・弾圧による反革命的独裁化傾向が強まるのに反対して江西都督・李烈鈞らが討袁の第2革命を起こすと，四川の討袁軍総司令・熊克武らと協力して四川省の独立を宣布し，四川省民政庁庁長となったが，敗れて熊克武とともに日本に亡命した。

1914年，同じく日本に亡命していた孫文が，革命運動を再建するために中華革命党を結成するに際し，それに参画して政治部副部長となり，孫文の信任をえた。15年，孫文の命をうけて胡漢民とともにルソン島に渡って在留華僑に対する革命資金の募金活動に従事し，翌年上海に潜行して陳其美らと討袁を画策して，袁の帝制に反対する蔡鍔らの護国軍に呼応して第3革命を起こして袁の帝制を阻止した。

1917年9月，孫文らが広州で非常国会を召集して軍政府を組織し，護法運動を開始すると，四川宣撫使に任命されて重慶に入り，川滇黔連軍総司令・唐継尭，川軍総司令・熊克武らと協議し，軍民分治を要請する四川省議会の意見によって18年3月四川省長に就任した。

1918年夏，北方で徐世昌が総統に就任して平和統一を主唱すると，軍政府内にも岑春煊，陸栄廷らそれに呼応する動きが現われて孫文らと対立し，孫文らは非常国会と軍政府を重慶に移転して四川・雲南・貴州省を根拠地として護法運動を継続しようとしたが唐継尭の反対にあい，楊庶堪の調停も不成功に終わって省長を辞任して上海に去った。

1920年末，孫文らが広東に軍政府を再建すると，その財政部長として広西軍閥・陸栄廷討伐戦争遂行の軍需を確保するとともに，また孫文の命により，22年北上して段祺瑞，張作霖の使者とも協議して，のちの孫・段・張の反直三角同盟を基礎づけ，再度浙江に赴いて浙江督軍・盧永祥との交渉にも当たった。

1922年6月，陳炯明のクーデターによって軍政府が崩壊し，上海に避難した孫文に勧めて顧品珍の率いる雲南軍を招撫し，陳を攻めて潰走させ広州を回復した。ついで翌年2月，広州に帰還した孫文の大元帥府秘書長となった。当時広東では，広東平定の功をたのむ雲南軍の横行が甚しく，「客軍（雲南軍）将亡省」の風評すら起こって広東人の反感をかっており，孫文は楊庶堪を広東省長に任命して事の処理に当たらせたが，母の死亡を理由に2カ月余で辞任し上海に去った。

1924年1月，中国国民党第1回全国代表大会による国民党改組の際，中央監察委員候補に選出され，翌年，直隷派から奪権して執政に復活していた段祺瑞の要請により，北上して司法総長として入閣したがまもなく辞職して上海に帰り，以後政界を離れ閑居して古典に親しんだ。

1926年1月，国民党を除名されたが，27年南京国民政府成立後党籍を回復し，31年11月の中国国民党4全大会（南京）で中央監察委員候補に選出され，国民政府委員として政界に復活した。日中戦争中，国民政府の重慶移転にも同行せず，また汪兆銘政権からの誘いも拒絶していたが，39年冬，単身上海を発って香港を経由して重慶に到り，国民政府から四川省政府主席，国史館館長に任命されたがいずれも固辞して受けず，40年11月陪都建設委員会副主任となり，42年重慶で病死した。

参考文献：向楚「楊庶堪伝」，『民国四川人物伝記』第1冊（台湾商務印書館，台北，1966年）。〔池田誠〕

楊（よう）　樹荘（じゅそう）　Yang Shuzhuang

（1882年5月11日～1934年1月10日）

字・幼京。福建省閩侯県生まれ。国民党指導者，海軍軍人。

楊樹荘は，その人と為りは温和で，感情を表に現さず，学識の面でも他人に寛容であったといわれる。

清末に黄埔海軍江南水師学堂（黄埔海軍学堂）を卒業後，大副に任ぜられ，数年を経ずして艦長になる。武昌蜂起以後，海軍が革命軍側についた後に，湖鷹魚雷艇長になる。

1914年5月海軍上校（大佐）になる。10月永翔艦長，翌17年4月通済艦長に就任する。この年，海軍が南北両政府側に分裂すると，一時広東に行き護法政府側についたともいわれる。

1920年12月，應瑞艦長となる。21年11月海軍少将となり，23年5月に海軍練習艦隊司令兼閩厦警備司令に任命される。同年10月将軍府将軍となり，24

年5月海軍中将。9月海軍副司令・勝威将軍に任ぜられる。25年2月杜錫珪に代わって海軍総司令となる。26年の北伐戦争中の江西における戦いでは，北洋軍の海軍総司令として揚子江を遡上し，孫伝芳の下で淞滬（呉淞・上海）艦隊司令として行動した。

しかし従来通りの東南地域における地盤と人事権を維持できる条件のもとに，楊樹荘は上海を離れて，1927年3月14日国民革命側に投じて配下の各艦は青天白日旗を掲げ，北伐軍の作戦に参加する。同月武漢政府側の国民党2期3中全会では，国民革命軍海軍総司令，国民政府委員に選出された。

南京国民政府期においても，国民政府委員，国民政府軍事委員会委員及び常務委員となり，引き続き国民革命軍海軍総司令の任にあった。しかし蔣介石によって海軍における楊樹荘の実権は抑制される。1927年4月27日，楊は江蘇省政務委員会分会委員・江蘇省政府委員に任命され（～8月6日まで），また福建省政治委員会分会委員（4月27日），福建省政府委員を兼任し（5月1日），福建省主席にも就任した（5月2日）。

1927年9月に武漢・南京両政府が合体して国民党中央特別委員会ができると，楊樹荘はその委員になる。また国民政府軍事委員会主席団，国民政府委員に任命された。10月に福州事件が起きると，福州で軍事庁を建てて対応する。

1928年1月4日，蔣介石，譚延闓らと南京に入城した。2月の南京での国民党2期4中全会で，国民政府委員・常務委員，軍事委員会常務委員に選出される。第2次北伐の再開が決定され，2月28日国民政府は楊樹荘を海軍総司令に任じて4艦隊を統括させた。楊は3月31日渡江して4月7日動員令を出す。

なお1928年4月には財政監理委員，8月に予算委員となり，2期5中全会では中央政治会議委員に選ばれている。また8月，福建省民政庁庁長にも任命された（～31年2月まで）。10月の国民政府改組で，改めて国民政府委員に当選した。

1929年1月から国民政府首都建設委員会委員，財務委員会委員となり，また何応欽を主任とする国軍編遣委員会が組織されるとその常務委員に任命され，海軍総司令を継任した。2月には国防会議委員を兼任，海軍編遣辦事処主任委員となる。また同年，国民党第3期中央執行委員，中央政治会議常務委員（3月）に選ばれ，4月に海軍部が成立するとその部長に選出され（31年12月30日まで），海軍上将（大将）となる。その際，蔣介石は楊樹荘の実権を制約するため，政務部長に陳紹寛を充てたといわれる。また5月に国民党中央政治会議が成立すると，その委員となる。

1931年5月に南京で国民会議が開催されると，中央委員として出席した。6月，改めて国民政府委員，中央政治会議委員となり，同年12月開催の国民党4中全会で中央執行委員に選ばれ，国民政府の改組後も政府委員を続けた。

海軍部部長を免ぜられた後（後任の海軍部長・陳紹寛），1932年1月，海軍部高等顧問に任ぜられる。また同年12月，福建省政府委員・省政府主席を免ぜられた。33年1月に政務官懲戒委員会委員となり，死亡するまでその任にあった。34年1月上海にて病死。

参考文献：楊際泰「海軍上将楊樹荘事略」上・続，『掌故月刊』15・16期，1972年。張墨・程嘉禾『中国近代海軍史略』（海軍出版社，北京，1989年）。呉如嵩編『中国軍事人物辞典』（新華出版，北京，1988年）。于翔麟「楊樹荘小伝」，『伝記文学』39－1，1981年。郭卿友主編『中華民国時期軍政職官誌』上（甘粛人民出版社，蘭州，1990年）。劉国銘編『中華民国国民政府・軍政職官人物誌』（春秋出版社，北京，1989年）。陳書麟・陳貞寿編『中華民国海軍通史』（海潮出版社，北京，1992年）。

〔杤木利夫〕

楊（よう）　衛玉（えいぎょく）　Yang Weiyu

（1888年～1956年2月3日）

江蘇嘉定生まれ。教育者。中国民主建国会指導者。

上海尚賢堂書院理科に学ぶ。後に日本に留学し，東京高等師範に入学。卒業後1913年に帰国し，江蘇にて学校を経営し，新教育を推進する。21年中華職業教育社に参加，また復旦大学，暨南大学，上海大夏大学，中華工商専科学校，中華職業学校などの教授を歴任する。

日本の侵略が拡大するにつれて，抗日民主運動に参加し，上海各界抗敵後援会の責任者になり，難民救済に力を注ぎ，また『救国通訊』を編集する。1945年民主建国会設立に参加，常務理事となる。49年9月中国人民政治協商会議第1次全体会議に出席した。

新中国成立後，軽工業部副部長，全国政治協商会議委員，民主建国会第1期中央常務委員，中華職業教育社副理事長を歴任。1956年北京にて病死した。

参考文献：蔣景源主編『中国民主党派人物録』（華東師範大学出版社，上海，1991年）。徐友春主編『民国人物大辞典』（河北人民出版社，石家荘，1991年）。

〔小山三郎〕

楊（よう）　杏仏（きょうふつ）　Yang Xingfo

（1893年5月4日～1933年6月18日）

名・銓，字・行，衡甫，筆名・死灰。江西省玉山生まれ。民国期の革命運動家。

1908年，上海呉淞口中国公学に学び，11年8月に河北唐山路鉱学堂に入学，10月に武昌に赴き辛亥革命に参加，中国同盟会に加入。

1912年，南京臨時総統府成立時，20歳未満で総統府秘書処収発組組長を担当。2月に袁世凱が臨時大統領に就くと，その官吏となるのを嫌い，渡米し，コーネル大学で機械工学を学んだ後，ハーバード大学で工商管理を学ぶ。14年，任鴻雋，趙元任らと共に中国科学会を設立し，翌年10月編集長に任じる。

1918年に帰国して漢冶萍煤鉄公司成本会計課長を務め，21年南京高等師範学校（後の東南大学）で教授兼工科主任を務める。東南大学内で国共合作の地下組織を作り，24年に免職され上海に去るが，10月広州にて臨時総統府秘書となり，11月孫文，宋慶齢と共に北上する。25年孫文が死去した後は，「総理喪事籌備処」総幹事を務め，孫文の志を己の志とし，身をもって孫文の遺言を具現，宋慶齢の賞賛を得る。26年3月，宋慶齢，孫科らと各界大衆数千人と共に南京紫金山で挙行された孫中山陵墓奠其典礼に参加。

1927年には上海労働者の第3次武装蜂起に参加。上海特別市党部執行委員兼宣伝部部長，上海政治分会委員，国民革命軍事清査整理招商局委員会常務委員兼総務主任を歴任する。

1927年10月，蔡元培が最高学術教育機関である大学院院長に就任すると，蔡元培を補佐して教育行政処主任，その後副院長となり，28年4月，蔡元倍が中国初の総合的な科学研究機関である中央研究院を創設すると，総辦事処総幹事を務め，社会科学研究所経済学組主任を兼任し，研究院の仕事に対し多大の貢献をする。

1931年，蔣介石が紅軍を立て続けに包囲攻撃すると，楊杏仏はそれまでに収集した資料や自らの江西での実施調査に基づき，『共産党の中国に於ける状況』の題で調査報告を書き，国内外に向けて報道。これは解放区の状況を最も早く客観的に報道したもので，大きな影響があった。エドガー・スノーは『中国の赤い星』の中でこの報告に触れており，この文章を見て陝北行きを決めたと言う。

1932年7月，宋慶齢，スノーらと牛蘭夫婦営救委員会の設立を発起。12月，宋慶齢，蔡元培，黎照寰，林語堂の5名で中国民権保障同盟を設立し，臨時全国執行委員会総幹事となる。33年1月，宋慶齢，蔡元培，林語堂，魯迅ら8名と共に中国民権保障同盟上海分会の執行委員に選出され，北平分会の設立準備に積極的に携わる。その間，民主闘争前線で奔走し，国民党政府に捕らわれた政治犯の救済に積極的に従事。4月，総慶齢，蔡元培，呉凱声，王造時，沈鈞儒ら7名と共に営救政治犯委員会委員に選出される。

国民党の専制統治に不満を抱き，宋慶齢らと共に民権保障同盟を創設し，活動の中堅となるなどした為に，楊杏仏は特務の暗殺リストのトップに載ることとなる。当時楊は趙志道とは既に離婚しており，上海のフランス租界亜爾培路331号の中央研究院に住んでいたが，特務は近くに住む宋慶齢に対する威嚇の効果を狙い，また責任を租界当局になすりつけるべく，研究院前を暗殺場所に決定。楊は1933年6月18日，日曜日，午前8時，14歳の長男・楊小仏を連れて研究院の門を出たところを襲撃され，子をかばいつつ銃弾を浴びて即死する。

参考文献：劉家良『宋慶齢伝』（中国文聯出版公司，北京，1988年）。李立明『中国現代六百作家小伝』（波文書局，香港，1977年）。
〔黄當時〕

楊（よう） 秀峰（しゅうほう） Yang Xiufeng

（1897年2月27日～1983年11月10日）

別名・楊秀林。河北省遷安県楊団堡村生まれ。教育家。

私塾，村の初級小学，県立高級小学で学んだ後，1911年に河北省立灤県師範学校に入学。同校卒業後の16年から21年まで北京高等師範学校史地部で引き続き学ぶが，途中1年間は経済困難のため休学し，故郷の遷安師範で教鞭をとっている。

北京高師卒業後，江西省鄱陽中学に勤務したのを皮切りに，1925年から26年まで河北省河間中学，同省通県女子師範学校，北京の京兆中学，平民中学で教えた。この間，通県女子師範在職中には5・30運動に学生を指導して参加している。27年からは北京女子師範大学の史地系講師を務めるとともに，北京師範大学付属中学教師も兼任することになったが，翌28年秋には天津市教育局，さらに河北省教育庁に転じて，教育行政の仕事に携わっている。

1929年にはフランス留学を目指して北京でフランス語の学習を行い，同年9月に渡仏し，パリ大学に入学して社会科学を学び始めた。このパリ留学中の30年3月に中国共産党に入党している。また，この時期には，フランス共産党の中に作られた中国語グループの執行委員に選ばれ，『工人』などの地下出版物の編集を任されている。31年に満州事変が勃発すると，楊は留仏中国人留学生や在仏華僑を指導して，反日デモを組織，実行したが，そのためにフランス政府により国外退去処分を受けることになった。その後，ベルギー，ソ連，ドイツ，イギリスを回り，34年春に上海に戻った後，日本を訪れ，同年10月まで滞在している。ベルギー，ドイツ，イギリスでは各国共産党の中国語グループに加わって活動を行ったという。

日本から帰国すると，河北法商学院教授として，「社会主義史」，「近世産業発達史」，「中国政治史」，「国際政治」などの授業を担当するとともに，中共北方局華北連絡局の指導の下に北京・天津地区の抗日民族統一戦線工作に従事した。1935年からは前後して北京師範大学，中国大学，東北大学で教え，歴史唯物論や弁証法的唯物論について講じ，やがて「赤色教授」として知られるようになった。

1937年に盧溝橋事件が起き，日中戦争が勃発すると，楊秀峰は学生を率いて河北西部の太行山地域で抗日ゲリラ戦を展開した。以後，日中戦争および国共内戦の時期に，冀南行政公署主任（38年8月～40年7月），晋冀魯豫辺区政府主席（41～48年）の職にあり，48年8月から49年10月までは華北人民政府副主席に，建国後は河北省政府主席となった。

本来が教育者である楊秀峰は，日中戦争期に河北抗戦学院を創設したのを初め，冀南行政幹部学院院長，晋冀魯豫辺区行政学院院長，晋冀魯豫辺区抗戦学院院長として，多数の抗日幹部を養成するなど，教育との関わりを持ち続けた。また，国共内戦期には解放戦争遂行のための幹部養成を目的とした北方大学の創設を指導した。

中華人民共和国建国後の1952年には高等教育部部長および部内党組織の書記となり，58年に高等教育部が教育部と合併され教育部に一本化されたのに伴って教育部部長となり，さらに64年7月に再び高等教育部の独立設置が決まると同部長となっている。かくて楊秀峰は14年間にわたって高等教育部ないし教育部部長の職にあったのである。また，56年9月には党の第8期中央委員会委員に，58年9月には中国ヴェトナム友好協会会長に選ばれた外，ポーランド，東ドイツ・ソ連訪問教育代表団団長（58年2～3月），北ヴェトナム訪問友好代表団団長（59年12月および62年8月），アルバニア訪問教育代表団団長（63年9月），アラブ連行，アルジェリア・ザンジバル訪問教育代表団団長（64年3～4月）なども務めた。65年1月には最高人民法院長に就任したが，文革開始とともに，反党グループの1人として批判され，失脚した。67年1月に自殺を図り，同年5月大衆批判の場に引き出された後，公式の場から姿を消したが，74年9月の国慶節前夜祭への出席が確認された。

文革後の1978年3月，第5期全人代常務委員会委員に選出され，79年2月には全人代法制委員会副主任に就任した。79年4月，中国教育学会名誉会長に選ばれ，80年9月には全国政治協商会議副主席に選ばれた。しかし82年9月，党の第12回全国代表大会の期間中，健康を理由に全ての職務からの勇退を党中央に申し入れ，翌年11月に北京で病没した。

参考文献：『中国大百科全書・教育』（中国大百科全書出版社，北京，1985年）。蘇渭昌編『楊秀峰教育文集』（北京師範大学出版社，北京，1987年）。「楊秀峰同志逝世」，『人民日報』1983年11月13日。

〔大塚豊〕

楊(よう)　秀清(しゅうせい)　Yang Xiuqing

（1821年～1856年9月2日）

別名・嗣龍。広西省桂平県生まれ。太平天国運動の指導者。

生年は他に1820年，23年などの説があり，確定されてはいない。曽祖父の代に広東省嘉応州から桂平県宣二里鵬隘山（または平隘山）新村に移住した。僻遠の寒村に住み，山民と同様に山地を耕作し，炭焼きをするなどして生活をたてたが，山主の搾取，圧迫を受けた。楊秀清は5歳で父を失い，9歳で母に死別し，伯父・楊慶善に養育された。成人した後，窮迫した生活から病気がちであり，一眼を失明したと伝えられている。この頃，近村に住む蕭朝貴を知り，交友を深めた。

1846年春大冲村に姻戚の曾開俊・曾玉珍父子を尋ね，曾家の塾教師・馮雲山を紹介された。馮から上帝の教えを聞き，拝上帝会に加入し，紫荊山地区における中心的人物になった。47年10月洪秀全，馮雲山らが象州の甘王廟を破壊したことに端を発し，紫荊山一帯の地主達と拝上帝会員の間に軋轢が生じ，同年12月地主・王作新の訴えにより，馮と盧六が下獄した。洪は馮らを救出するために広東に戻り，2,000人余を擁する当地の拝上帝会は指導者不在の状況に陥った。48年4月6日楊は民間伝説を利用し，「天父下凡附体」に託して会員の動揺を鎮めた。これ以後，天父の代言者としての資格を認められ，楊秀清の威信は高まった。同年11月馮は故郷に追放されることになり，広東省花県に帰った。

1849年7月洪・馮が紫荊山に戻り，50年7月洪は金田村への集結令を発した。51年1月11日楊秀清は軍務を統轄し，金田蜂起に立ち上がった。3月五軍主将制を定めた折，中軍主将に任じられ，左輔正軍師となった。楊は馮雲山の援助のもとに石嘴渡，思旺圩，蔡村江の3つの戦いを指揮し，卓越した軍事的能力を示した。12月17日永安で王制が布かれた折，東王，九千歳に封じられ，軍事，政治の大権を掌握した。52

年4月永安の包囲を突破し，広西から湖南に進軍した6月頃，太平軍の中に厭戦気分が蔓延し，広西に帰還するという主張すら現れた。楊は断固として前進することを主張し，洪秀全の支持を得た。また湖南進軍中に西王蕭朝貴との連名で「奉天討胡檄布四方諭」,「奉天誅妖救世安民諭」,「救一切天生天養中国人民諭」の檄文を発し，妖たる清朝支配の不当性を告発し，農民，知識人，天地会員，団勇などすべての人民が太平天国に結集するよう訴えた。蜂起の発展につれて太平軍への加入者は増大し，53年3月19日南京を占領し，天京と改称して首都とした。

天京建都後，楊秀清は執政の大権を掌握し，アヘンの禁絶，廟宇・偶像の破壊，官民・軍民の平等などの政策を厳格に実施した。建都初期に取られた男館・女館制度は1854年末から53年初に撤廃し，結婚を許可した。54年春には北王・韋昌輝，翼王・石達開との連名で安徽・江西等の占領地区で「照旧交糧納税」政策を実施するよう上奏し，太平天国はこれ以後，清朝の田賦制度を踏襲することになった。54年から55年には飲酒を厳禁し，違反者は斬首した。また天京には攪乱分子，スパイが潜入しており，53年から54年にかけて張継庚，呉蔚堂のクーデター計画などの陰謀粉砕に多大な精力を費した。

楊秀清は外交関係の処理にも携わった。1853年4月イギリス公使ボナムが天京を訪問し，南京条約の承認を迫ったが，恫喝にも屈服しなかった。54年6月ボナムの後任ジョン・ボウリング公使はメドハーストと1子レウィン・ボウリングを天京に派遣し，楊に太平天国の政策を尋ねる文書を送った。楊は返書の中で外交の基本的思想と政策を述べ，「イギリス一国とのみ通商せず万国と行う。商取引は太平天国の法律を遵守する」と言明し，アヘンの売買を禁止した。

軍事面で楊秀清が清軍との戦闘に出陣することはなかったが，天京で全局を把握し，1853年5月北伐と西征を実行した。北伐は失敗に終わったが，西征では安徽・江西に根拠地を獲得した。54年5月1日林紹璋が湖南省湘潭で湘軍に敗北して以後，太平軍は劣勢に陥った。楊は戦局を転換させるために石達開，羅大綱を救援に送り，石と羅は林啓栄と協力して55年2月湘軍を大破し，西征途上における重大な勝利を収めた。楊はさらに秦日綱に出陣を命じ，湖広総督・楊霈の軍を湖北省広済で撃退し，漢陽，武昌を再び占領した。西征が勝利のうちに展開する一方，天京情勢は緊迫化していた。55年2月上海小刀会の蜂起鎮圧後，清朝は江蘇巡撫・吉爾杭阿に鎮江攻撃を命じ，揚州郊外に江北大営，天京城外に江南大営を構築して天京を包囲した。楊は秦日綱軍を派遣し，呉如孝と呼応して4月2日鎮江の包囲を解かせ，さらに揚州に進軍して江北大営を大破させた。また石達開軍の主力を天京に帰還させ，秦軍と共同作戦を取って6月20日江南大営を潰滅させた。

他方，楊秀清は天京建都後，権威主義的傾向を強め，諸王・部将に君臨するに至った。1853年12月楊は女官の処遇および幼主教育における洪秀全の誤りを指摘し，天父下凡に託して洪を杖責しようとした。韋昌輝，石達開，秦日綱はこれに不満を持ち，洪に代わって杖罰を受けんとした。56年8月22日楊は自らを万歳に封ずるよう洪秀全に迫った。楊の更なる権力強化を恐れた韋昌輝は，9月1日親兵3,000人余を率いて江西の前線から天京に急行し，2日未明東王府を襲撃して楊とその一党を殺害した。彼の死後，太平天国は9月2日を東王が天に召された「東昇節」と定めた。

参考文献：「頒行詔書」，中国史学会主編『近代史資料叢刊II太平天国』第1冊（神州国光社，上海，1952年）。張徳堅「賊情彙纂」巻1劇賊姓名上，中国史学会主編『太平天国』第3冊（同上）。「李秀成自述」，太平天国歴史博物館編『太平天国文書彙纂』（中華書局，北京，1979年）。鍾文典『太平天国人物』（広西人民出版社，南寧，1984年）。茅家琦「楊秀清」，清史編委会編『清代人物伝稿』下編6巻（遼寧人民出版社，瀋陽，1990年）。陳宝輝・尹福庭・荘建平『太平天国諸王伝』（広東人民出版社，広州，1990年）。

〔针谷美和子〕

楊（よう） 勇（ゆう） Yang Yong

（1912年8月～1983年1月6日）

原名・世峻。湖南省瀏陽県文家市生まれ。人民解放軍軍人，上将。

中農出身。父兄が当地の労農民主政府の活動に参加したため，早くから農民運動・革命思想の影響を受けて成長。1926年農民協会指導下の児童軍を組織し，農民自衛隊の農民戦争に参加。同年6月瀏陽労農義勇軍と農民の長沙攻撃に参加，失敗後各地を逃亡。27年4月共産主義青年団入団。30年2月紅5軍随営学校で学習，中共党員。終了後紅3軍（軍長・彭徳懐）に配属，長沙攻撃に参加。同年冬，紅3軍は江西の中央根拠地に移動。5回の反包囲戦役に参加。第1軍団に所属して長征に参加。36年1月第1軍団（軍団長代理・左権，政治委員・聶栄臻）1師（師長・陳賡）政治委員。

抗日戦争により，八路軍115師（師長・林彪）第343旅686団（団長・李天佑）政治委員。1937年9月平型関の戦闘に参加。39年7月115師独立旅旅長兼政治委員として魯西地区で平原遊撃戦争を展開，抗日根拠地を拡大・発展。40年創設の魯西軍区司令員兼115師第343旅長，10月新編の教導3旅旅長を兼任。41年春高級幹部隊隊長として延安での学習に参加。42年2月同隊は中央党校に編入され，延安での整風運動に参加。44年4月冀魯豫軍区副司令員。

国共内戦期の1946年8月～47年3月晋冀魯豫軍区（司令員・劉伯承，政治委員・鄧小平）第7縦隊司令員。47年3月挺進中原3路大軍（劉鄧野戦軍）第1縦隊司令員（政治委員・蘇振華）。48年8月中原野戦軍（司令員・劉伯承，政治委員・鄧小平）第1縦隊司令員。同年11月淮海戦役に参加。49年2月第2野戦軍第5兵団司令員（政治委員・蘇振華），4月長江渡河，11月貴州作戦，12月成都戦役。50年1月貴州省人民政府主席，兼貴州軍区第2野戦軍第5兵団司令員。

1950年末軍事学院高級系で学習。51年4月総高級歩兵学校副校長，10月第二高級歩兵学校校長。53年4月人民志願軍第20兵団司令員として朝鮮戦争に参戦。54年2月人民志願軍第3副司令員兼参謀長。9月国防委員会委員。55年9月一級八一勲章，一級独立自由勲章，一級解放勲章を授与され，上将となる。56年中共第8期中央委員会候補委員。57年人民志願軍司令員。58年10月人民志願軍の北朝鮮からの撤退により帰国，朝鮮民主主義人民共和国一級国旗勲章。同月全人代常務委員会拡大会議で中国人民志願軍の8年来の活動を報告。同10月北京軍区司令員。59年10月副総参謀長を兼務。文化大革命で批判され失脚。

1971年9月復活。72年5月瀋陽軍区副司令員。73年6月新疆ウイグル民族自治区革命委員会副主任兼同区党委員会第2書記，8月中共第10期中央委員会委員。75年8月新疆軍区司令員。77年9月副総参謀長。中共中央軍事委員会委員。78年2月第5期全人代常務委員会委員。80年中共中央軍事委員会常務委員兼副秘書長。82年中共中央書記処書記。

1983年1月北京で病死。

参考文献：黄震遐編『中共軍人誌』（当代歴史研究所，香港，1968年）。星火燎原編輯部編『解放軍将領伝』1集（解放軍出版社，北京，1984年）。　〔平松茂雄〕

楊(よう)　宇霆(うてい)　Yang Yuting

（1885年8月29日～1929年1月10日）

原名・玉亭，号・凌閣，鄰葛。河北省灤県戴家嶺生まれ。奉天系軍人・政治家。祖父・楊正栄は同治年間凶年のため法庫県蛇山溝村に移住。楊正栄の四男・永昌が楊宇霆の父。

楊宇霆は，1904年の最後の科挙を受け，秀才となった。09年6月，東三省総督・趙爾巽のもとで政府留学生に選ばれ，日本陸軍士官学校第8期砲兵科に入学，11年5月帰国後，吉林の第23鎮・孟恩遠の部隊に配属された。

辛亥革命後，1913年東三省都督府軍械科長兼軍械廠長となったが，16年4月，張作霖が奉天督軍兼省長となったとき，陸軍第27師の参謀処長に抜擢され，張作霖の直系部隊を訓練しなおすことに成功した。17年，北京政府陸軍次長をしていた徐樹錚と関係をつけ，北京政府をめぐって安徽派支持の立場を明確にした。それによって張作霖が中央政治に進出する政治的基礎をつくった。しかし，18年には，密かに洛陽などで自派の軍隊を保有したため，張作霖から解任された。20年7月の安直戦争後，21年3月張作霖は楊宇霆を奉天によびもどし，東三省巡閲使署の総参議に任じ，直隷派攻撃の策定に参与させた。22年4月の第1次奉直戦争では参謀長として参戦したが敗北した。楊はこの敗北原因を軍隊の弱体にあるとして，陸軍整理処を設置し，約25万人体制の軍隊に再編成した。また，海軍や航空隊を創設し兵工廠も拡充した。この過程で，楊宇霆は姜登選，韓麟春，于珍らを日本の陸軍士官学校グループ（士官派）としてとりたてたのに対し，郭松齢は中国陸軍大学や保定軍官学校のグループ（陸大派）を形成，張学良もこの影響下にあった。当時，奉天軍内には士官派と陸大派（この二派を新派という），そして張作霖の旧部下のグループ（旧派）の3大勢力が対抗しあっていた。

1924年9月，第2次奉直戦争でも参謀長に就き，10月馮玉祥軍のクーデターを機に直隷派に勝利し，直隷，山東，江蘇，安徽を支配下に入れ，その論功行賞で楊宇霆は江蘇督辦となった。奉天系軍閥が江南を支配したことに対し，広範な反奉運動が展開し，地域の軍事勢力からの抵抗にもあって，25年11月，楊宇霆は奉天にもどった。こうした事態にもかかわらず，張作霖はなおも楊を重用しつづけたため，これに対し郭松齢らは，関内進出路線ではなく「保境安民」を実現するべく「君側の奸」をとりのぞくというスローガンで反奉通電を発した。楊宇霆は当初，大連に身を避けたが，張作霖の要請で「討逆軍」を組織し，日本側の後援政策とあいまって郭松齢の「反乱」を同年末に鎮圧しえた。26年に入ると，南方の国民革命運動が高揚し，反帝反軍閥闘争は本格的な北伐戦争へと発展した。これに対抗するべく，12月張作霖は「安国軍」を組織し，27年6月北京に「安国軍政府」を樹立した。この過程で楊宇霆は主導的役割を果し，28年6月の張作霖爆殺と張学良の帰奉時には軍権を掌握していた。

張学良が奉天に帰り，父の後を襲って東三省地域の政治的指導者となった頃，楊宇霆は関内の東北軍をまとめて，1928年9月奉天に帰還した。しかし，張学良の南京国民政府との合流政策には反対し，28年12月29日の「易幟」に際し，国民政府から任命された東北政務委員の職には就かなかった。張学良からみれば，あきらかに自己の政策に反対する勢力の代表者であった。そのために29年1月10日夜10時頃，楊宇霆とその腹心であった黒龍江省長・常蔭槐は，張学良の指示によって暗殺された。

参考文献：『遼寧文史資料』15輯（遼寧人民出版社，瀋陽，1986年）。常城「略論東北『易幟』与『槍斃楊常』」，『社会科学戦線』1982年3期。潘喜廷「楊宇霆其人其事」，『東北地方史研究』1986年1期。王海晨・郭俊勝「張学良“槍殺楊常事件”評析」『東北大学学報』2008年9月。

〔西村成雄〕

楊（よう）　増新（ぞうしん）　Yang Zengxin

（1864年3月6日～1928年7月7日）

字・鼎臣，静生，子周。雲南省蒙自県生まれ。清朝・中華民国の地方官，新疆省主席。

光緒14（1888）年の挙人，翌年進士に合格。甘粛省中衛県などの知県，河州府などの知府を歴任。また，甘粛陸軍学堂総辦，甘粛振武軍営務処，兼代振歩軍歩隊統領など，軍職にも就いた。のち，新疆布政使王樹枏の推薦で新疆省に転じ，阿克蘇道尹，鎮迪道を経て新疆提法使に進み，署理布政使を兼ねた。

1911年辛亥革命が起こり，ついで新疆のイリ地区にも波及し革命政権が成立した。12年3月新疆巡撫・袁大化が新疆都督に就任，旧清朝の地方政権とイリの革命政権の合体がはかられたが，袁大化はまもなく辞職，4月喀什道・袁鴻祐が後任となった。これより先，袁大化は中央に対し楊増新を都督後任に推薦していたが，5月袁鴻祐が殺害されたので，楊増新は正式に新疆都督兼民政長に就任した。

以後，1914年には新疆将軍兼巡按使，16年には督軍兼省長，25年には督辦兼省長，28年には新疆省主席というように，官職称号は変遷したが，17年間一貫して民国初期の新疆省の軍事・政治の実権を掌握して，独裁的な政治を行った。この間，新疆の革命派を弾圧し，袁世凱の帝制を支持し，また，ウイグル族の民族運動や哥老会の弾圧を実行，省中央への集権政策を進めた。省内では漢族とウイグル族などの対立，あるいはウイグル族やその他の少数民族相互の対立を利用しつつ，中央（北京）とは相対的に独自な政策を実行した。

辛亥革命前には支給されていた中央の国庫からの補助金が途絶したため，新疆の財政的自立をめざして独自の紙幣を発行した。ロシア（ソ連）や省外に通貨の流出するのを防ぐため，輸入貿易を制限した。これらの施策は新疆省の経済的・財政的自立を促進したが，一面で大規模なインフレーションを昂進させた。

ロシア領内居住の遊牧民族が国境を越えて往来することにも柔軟に対処し，ロシア革命反対の「白色」分子集団の出入国にあたっても，ロシア（ソ連）やモンゴルと交渉し調停的だが，毅然たる態度をとった。ソヴィエト政権が成立すると，カシュガル地方のロシアとの国境を閉鎖したが，同時に地方ソヴィエト政権と貿易協定を結び，イリ地区に2カ所のソヴィエトの領事館を認め，セミパラチンスク他1カ所に中国領事館を開設した。1924年の中ソ国交成立後にはウルムチにソ連の総領事館が設置され，セミパラチンスクの中国領事館は総領事館に昇格した。

この間，混迷を続ける中国の国内政治には中立的態度をとった。1927～28年の蒋介石の国民党の北伐に際しては，馮玉祥軍との間に協調関係を保った。蒋介石がソ連との関係を断絶した時も，楊増新はソ連との外交・貿易関係を維持した。28年蒋介石の全国「統一」の後，6月には南京の国民政府を認め，その管轄下に入り，青天白日旗を掲げたが，楊の対ソ政策は影響を受けなかった。

1928年7月7日ウルムチの官立法政専門学校卒業式記念宴会の席上，省政府外交庁特派交渉員の樊耀南らに射殺された。翌日樊は政務庁長・金樹仁に処刑され，金が省主席となった。楊には『補過斎文牘』の著があり，新疆史研究の重要史料である。

参考文献：曾問五『中国経営西域史』（上海商務印書館，上海，1936年）。オーエン・ラティモア著，中国研究所訳『アジアの焦点』（弘文堂，1951年）。劉紹唐主編『民国人物小伝』第2冊（伝記文学出版社，台北，1977年）。段金生『調適与衝突：楊増新思想与治新実践研究』（雲南人民出版社，昆明，2010年）。

〔久保田文次〕

楊（よう）　照順（しょうじゅん）　Yang Zhaoshun

（生年不詳～1899年12月24日）

又名・楊順天，楊順添，法名・心誠和尚，本明和尚，通称・銅頭和尚，鵝和尚。山東省高唐県後楊庄生まれ。山東義和団の著名な指導者。

貧農に生まれ幼児期病気がちであった楊照順は，神仏に頼り，初め斉河県五龍寺の小僧となり，後に禹城県丁家寺の和尚となった。済南の張仙祠に住んだこともあるという。幼い頃から武術に親しみ，自ら道場を開いて当地の義和拳の首領の1人となった。

1899年，茌平，高唐，禹城一帯に拳場が林立したとき，楊照順は朱紅燈，于清水ら義和団指導者とともに起ちあがった。彼らは同年11月頃禹城，長清，茌平一帯でカトリック教会や横暴の限りを尽していた中国人教民を襲撃して歩いた。11月17日，朱紅燈らの義和拳と博平県華岩寺に集まったが，争いが起こり朱は重傷を負った。23日，故郷で東字正軍統領の地位にあった官兵・馬金叙に捕縛された。その後済南に送られ，12月24日に山東巡撫・毓賢の命により処刑された。逮捕後，済南で厳しい拷問にあったが，ほとんど重要なことは自白しなかった。

楊照順は，朱紅燈と共に諸神を地上に降して人々に乗り移らせる儀式を行い，神拳を教えて多くの人々を結集して「扶清滅洋」(清を助けて外国人を滅ぼす)のスローガンを提出し，義和団運動の基本的方向を決定するという重要な役割を果した。

参考文献：中国史学会主編『中国近代史資料叢刊・義和団』1（上海人民出版社，上海，1961年）。中国社会科学院近代史研究所近代史資料編輯室編『義和団資料叢編・山東義和団案巻（近代史資料専刊）』上冊（斉魯書社，済南，1980年）。

〔小林一美〕

楊（よう）　之華（しか）　Yang Zhihua

（1900年～1973年10月20日）

幼名・楊小華，楊杏花，別名・文君，文尹，杜寧。浙江省蕭山県生まれ。中国共産党の指導者，婦女工作の専門家。瞿秋白夫人。

生家は斜陽の地主であった。1919年杭州第一女子師範学校に入学し，翌20年に沈剣龍と結婚する。しかし，結婚生活は幸せなものではなく，上海の『星期評論』社が進めていたソ連留学計画に参加すべく上海に行く。留学を果せなかったものの，そのまま上海に留まり，『星期評論』社に勤務する。21年春同社が閉鎖されたため帰郷，宣中華らが創設した農村学校の運営に参加する。同年末中国社会主義青年団に加入し，家を出る。

1923年上海大学社会学系に入学する。在学中，当時社会学系主任であった瞿秋白と親しく交際し，24年11月沈剣龍と正式に結婚，瞿秋白との事実上の結婚生活に入る。なお，同年春には婦女工作の責任者であった向警予の紹介により中共に入党する。

入党後，上海で紡績工場などの女工の動員工作の一端を担い，1925年の5・30運動，27年前半の上海における労働者の武装蜂起に参加する。27年4月の4・12反共クーデターにより上海から武漢に活動の場を移す。武漢では同月開催された中共5全大会で中央委員に当選し，党中央婦委の工作に従事する。

1928年4月瞿秋白が中共6全大会出席のためモスクワに出発したしばらく後，娘の瞿独伊を連れてモスクワに向かう。モスクワでは中共6全大会並びにコミンテルン第6次代表大会に出席する。両大会後，瞿が中共コミンテルン駐在代表団の責任者となったため，楊之華もソ連に留まり，モスクワ中山大学特別班で呉玉章，林伯渠，何叔衡らとともに学ぶ。特別班では中共小組組長をつとめた。30年瞿秋白に同行して帰国する。

上海到着後，中共中央婦委の責任者となり，中華全国総工会女工部で働くが，1931年1月中共6期4中全会で瞿秋白が失脚し，以後慣れない左翼文化工作に従事することになる。瞿秋白死亡直後の35年7月コミンテルン第7次代表大会出席のためソ連に向かい，大会後モスクワに留まる。41年に帰国の途につき，陸路新疆に入る。

中共中央所在地であった延安への交通が遮断されていたため，新疆でしばらくの間八路軍駐新疆辦事処招待所に滞在する。当時楊は杜寧と名乗る。1942年中共との統一戦線協定を破壊した盛世才によって他の中共党員とともに逮捕され，第4監獄に投獄される。

日中戦争終了後，政治犯の釈放が始まり，1946年に出獄，延安に向かう。延安到着後，中共中央婦委委員，中共晋冀魯豫中央局婦委書記に任命され，晋冀魯豫辺区に赴任する。49年春に北平入りし，当地で開催された全国婦女代表大会，中国人民政治協商会議第1回全体会議に出席する。

中華人民共和国成立後，全国婦連党組メンバー，国際部部長，副主席，全国総工会党組メンバー，女工部部長，中共中央監察委員などを歴任する。しかし，文化大革命中，康生らから「ソ連修正主義の特務」との批判を浴びせられ監禁され，長期間消息が途絶える。1973年10月北京で癌のため死亡した。

代表的な著作に『婦女運動概論』がある。

参考文献：盛平主編『中国共産党人名大辞典』（中国国際広播出版社，北京，1991年）。中共党史人物研究会編『中共党史人物伝』47巻（陝西人民出版社，西安，1991年）。景杉主編『中国共産党大辞典』（中国国際広播出版社，北京，1991年）。

〔中村楼蘭〕

楊（よう）　志驤（しじょう）　Yang Zhixiang

（1860年～1909年6月27日）

字・萍石，号・蓮府，謚名・文敬。安徽省泗州県生まれ。清末の官僚。楊志琦の兄。

1886年進士及第，翰林院編修。弟の楊志琦とともに李翰章の幕友をつとめ，その信任が厚かったとされる。後に，李鴻章の幕友に転じ，両広総督に着任した李鴻章とともに広東に赴いた。1901年辛丑条約締結交渉のため李鴻章が北京へ戻ると，それに従っている。進士及第であり，文章にすぐれていたといわれ，当時の李鴻章の上奏はほとんど楊志驤の手によるものとされる。

1902年通永道，のち直隷按察使。03年広西布政司に任命されるが赴任しなかった。のち，直隷布政司，袁世凱の下で地方行政にあたる。06年山東巡撫。特に黄河水害の防止に力をつくした。また，治安の維持に尽力し，「清郷法」を実施した。ドイツの山東への軍事的進出の中で，これと交渉にあたり，膠済鉄道沿線に駐屯していたドイツ軍隊の撤兵を実現させている。

1907年，袁世凱にかわって署直隷総督となる。その治世は袁世凱の改革を継承するものであり，特に，永定河の水利に力をそそいでいる。またこの間，中国海軍の再建と直隷の徭役の軽減を上奏した。この上奏は清朝中央から地方への財政負担の転嫁に対する批判であったと考えられ，当時の中央権力の地方支配力の減少を示しているといえる。

袁世凱の失脚後も直隷を離れず，清朝中央の反袁世凱，満州貴族への権力の集中に対して隠然たる反対勢力を形成したが，1909年6月死去。太子少保を贈られた。

以上のように，楊志驤は，李翰章，李鴻章の幕友として出発し，のちに，袁世凱の意をうけて，特に，直隷の地方政治に尽力した。こうした地方官僚の存在が，軍事力と並んで袁世凱の勢力基盤となったと考えられる。

王克敏は留学生監督として来日し，帰国後の一時期，楊志驤の幕友をつとめていたことがある。

参考文献：民国清史館編『清史稿』巻449（民国清史館，北京，1927年）。閔爾昌編『碑伝集補』巻16（四庫善本叢書館，1923年）。張国淦「北洋軍閥的起源」杜春和・林斌生・丘権政編『北洋軍閥史料選集』下冊（中国社会科学出版社，北京，1981年）。

〔飯島渉〕

姚（よう）　鼐（だい）　Yao Nai

（1732年1月17日～1815年10月15日）

字・姫伝，夢穀，号・惜抱軒。安徽省桐城生まれ。桐城派古文の文章家。書家。清初の大官，姚文然の玄孫。

姚鼐は幼い頃，おじの姚範およびその友人で古文の大家である劉大櫆（1697年頃～1779年）の教えを受けた。1763年に進士に合格したのち翰林院庶吉士を経て，66年に礼部主事となり，68年には山東，70年には湖南の郷試の考官，また71年には会試の同考官をつとめた。73年には『四庫全書総目提要』の纂修官となったが，翌年，同書が完成すると官を辞して南に帰り，歙県の紫陽書院，南京の鍾山書院などで後進の育成に努めるかたわら，『江寧府志』（1811年）の編集などにも携わった。10年には挙人合格60周年を記念して四品銜を与えられ，15年南京に歿した。

姚鼐は，師の劉大櫆および劉の師の方苞（1668年～1749年）と並んで，明末の帰有光の流れをくむ唐宋派古文の清代前期における大家であるが，この師弟３人はみな安徽桐城の出身であったため，彼らの主唱する古文は一般に桐城派古文とよばれる。中でも姚鼐は，文辞は方氏よりすぐれ，儒学は劉氏にまさると評せられ，出藍の誉れ高く，桐城派古文は彼にいたって集大成された感がある。彼は師の劉氏の説をうけ，文章における平淡の境地をもっとも重んじた。また翁方綱，銭大昕，載震などの学者とも交際があり，当時の漢学派の考証学にもかなりの理解があった。この点，方苞が文章の義法をことのほか重視し，朱子学を尊崇したのとは大いに異なる。実際，彼は方氏の『史記』や韓愈についての所説を暗に批判さえしているのである。しかし彼のこのような柔軟な姿勢こそは，その優れた文才，そして前後40年にわたって江南での教育に従事した経歴とともに，桐城派古文を普及させる上で大きな力になったといえよう。

姚鼐が，上は『楚辞』，『戦国策』，『国語』，『史記』，『漢書』から唐宋八家，帰有光，そして師の方苞，劉大櫆に至るまでの歴代の作品の中から自己の文学的主張に合致する文章を選んで，論弁，序跋，奏議，書説，贈序，詔令，伝状，碑誌，雑記，箴銘，頌賛，辞賦，哀祭の各ジャンル別に編集した『古文辞類纂』74巻は，その後，古文の教科書として民国になってまでも広く読まれた。清末の王先謙と黎庶昌にそれぞれ『続古文辞類纂』の編があることからも，その流行が窺えよう。

姚鼐の門下には，管同，梅曾亮，方東樹などがいて，それぞれ活躍したが，清代後期に桐城派古文が勢力を得る上でもっとも影響力のあったのは，姚鼐に私淑し，その主張の熱心な賛美者であった曾国藩であろう。但し曾国藩ものちには姚鼐の文の選び方が偏狭すぎる点にあきたらず，史書や経書の文までをも取り入れて『経史百家雑鈔』を自ら編んだ。曾国藩の門下からは呉汝綸，黎庶昌などの古文家が出て，その影響はさらに厳復，林紓などにまで及んでいる。清末民初における西洋文化の翻訳紹介にも，桐城派古文は関係しているのである。

姚鼐の編著書には，『古文辞類纂』の他に，『三伝補注』，『今体詩鈔』，『惜抱軒文集』，『惜抱軒後集』，『惜抱軒詩集』などがあり，それらはみな『惜抱軒全集』に収められている。その他に『惜抱軒遺書三種』がある。姚鼐はまた書家としても有名であり，『姚惜抱先生文稿』は彼の書を影印したものである。

参考文献：鄭福照『姚惜抱先生年譜』1巻附録文目編年（清同治年間刊本）。銭儀吉輯『碑伝集』巻141（江蘇書局刊本，上海，光緒19年）。季元度編『国朝先正事略』巻43（1899年）。民国清史館『清史稿』巻490（民国清史館，北京，1927年）。鈴木虎雄「桐城文派の主張と之に対する諸異説」（支那学社『支那学』6―1，1932年1月）。青木正児『清代文学評論史』（岩波書店，1950年）。王之望「姚鼐的風格論」，『江淮文壇』1982年3期。馬亜中「試論姚鼐古文的芸術特色」，『江淮文壇』1983年6期。〔金文京〕

葉(よう)　楚傖(そそう)　Ye Chucang

（1887年10月12日～1946年2月15日）

原名・宗源，字・卓書，楚傖，号・小鳳，改名・葉葉。別名・龍公，湘君，之子，老鳳，単葉，屑屑，春風，琳琅生。江蘇省呉県生まれ。ジャーナリスト，国民党指導者。

父・葉鳳巣は商人だったが没落し，母も幼年期に亡くす。苦学して小試および県府試を受け，優秀な成績で合格する。1903年南洋公学（後に南洋大学に改名，その後交通大学）に入学する。この時期に梁啓超らの思想に影響を受ける。その後，潯渓公学に転校するが学生運動のため同校は解散され，さらに04年蘇州高等学堂に転入する。在学中鄒容の『革命軍』に影響を受ける。07年同学堂を卒業したが，卒業生への官職分配をめぐる内紛に巻き込まれ，「革命党」の濡れ衣を着せられ，逮捕される。これにより官位への道を断たれた葉は，新聞事業に従事する。

1908年に汕頭の『中華新報』の主筆を務める。09年には謝逸橋の紹介で中国同盟会に加盟する。10年陳去病，柳棄疾らとともに革命色の強い江南文学団体「南社」の中堅として活躍する。12年に上海で『太平洋報』を創刊し，同年12月には于右任が社長兼主筆を務める『民立報』の主編および副刊を担当する。その後，上海で『生活日報』の総編集を務める。16年には『民国日報』を復刊してその総編集を務める。特に影響力の大きかった『民国日報』の運営は，葉楚傖個人の努力に負う所が大である。上海で19年の五・四運動に参加している。

1923年1月葉楚傖は中国国民党中央宣伝部長に任命され，党官僚の道を歩き始める。24年第1期中央執行委員に選出されると同時に，組織宣伝審査委員会委員に任命される。また24年1月には「新南社」を設立して，国民党の宣伝活動に供している。孫文の死後，西山会議に出席し，その後上海に移り，『民国日報』で反共宣伝を展開する。

1927年の4・12クーデター以降急速に南京との関係を回復し，同年9月中央特別委員会の特別委員候補となる。28年3月中央党部工人部代理部長に任命され，同年4月には国民党中央財務委員会委員に任命される。同年8月には中央広播電台を設立する。29年2月には『中央日報』を創刊する。3月に第3期中央執行委員，4月には中央宣伝部長に任命される。30年3月江蘇省政府主席，その後国民政府委員も務める。

1935年に中央宣伝委員会主任委員，同年12月には立法院副院長も就任する。36年には第5期執行委員会常務委員兼秘書長に選出される。その後も中央政治会議秘書長などの要職を歴任するが，ジャーナリズムからも遠ざかることなく，『文芸月刊』，『文芸叢書』，『新生活叢書』，『読書雑誌』などの創刊や編集などに従事する。

1940年には体調を崩して中央宣伝部部長を辞職し，その代わり41年には監察院副院長などの閑職を務める。44年には国民政府から一等景星勲章を受ける。抗日戦争に勝利した後，江蘇省宣撫の任を帯びて上海に到着した際，風邪にかかったが，それをおして視察を続けて肺炎となり，46年2月に南京でこの世を去る。『楚傖文存』など多数の著作がある。

参考文献：劉蘋華『筆雄万夫─葉楚傖伝』（近代中国出版社，台北，1986年）。劉紹唐主編『民国人物小伝』第1冊（伝記文学出版社，台北，1981年）。中国国民党中央委員会党史史料編纂委員会編『革命人物誌』7集（中央文物供応社，台北，1971年）。〔松田康博〕

葉(よう)　徳輝(とくき)　Ye Dehui

（1864年2月21日～1927年4月11日）

原名・徳輝，字・奐份，煥彬，号・直山，郋園。原籍，湖南省湘潭県。湖南省長沙に生まれる。清末の学者。

葉徳輝のまとめた『呉中葉氏族譜』によれば，葉徳輝の祖先は楚の葉公にあり，宋代に南渡して呉（江蘇）に移り，以後家系は10大支派に分かれたが，葉徳輝の家系はこのうち茅園派の流れをくむ。父は始祖より数えて第37世の葉浚蘭，太平天国運動の時，動乱を避けて江蘇省呉県から湖南省長沙に移り住み，手広く商売を手掛けて莫大な財産をなし，のちに湘潭県を原籍とした。葉徳輝自ら「半呉半楚の人」と称した所以である。葉徳輝は4人兄弟の長男で，幼少の頃一時学業をあきらめて商いにつくも，ある夜忽然と開悟して再び学問を志し，岳麓書院に学んで1884年に県学附生となり，翌85年に郷試に（同年には孔憲教がいる），92年に会試に第二甲で及第した。同年の及第者には湯寿潜・張元済・趙敬霖・蔡元培らがおり，その時の試験官の1人に徐仁鋳がいた。

ついで，吏部主事となった葉徳輝は，官界の窮屈さを嫌って程なく長沙に戻り，郷試及第の際の試験官・謝杭雋が王先謙の門下生であったことから，湖南の大儒・王先謙の知遇をえた。以降，莫大な財産を背景に学問にうちこみ，かつ王先謙の引き立てで湖南の名士の仲間入りをした。時に1895年，中国では日清戦争における敗北の衝撃から改革運動がおこり，湖南省でも巡撫・陳宝箴，学政・江標，のちには長宝塩法道・黄遵憲を中心に鋭意改革が進められたが，97年秋以降運動が急進化し康有為の学説が広まると，葉徳輝は率先して批判の論陣をはり，葉の師で時の学政でもあった徐仁鋳と対立し，事後その言論を『翼教叢編』，『覚迷要録』に収めた。

戊戌政変後は「湘紳」として湖南省内に確固たる地位を築き，一時は省内の重要事項の決定では巡撫といえども彼の意向を伺わざるをえなかったとされたが，末弟・葉徳煌の悪行に悩み，1910年に長沙で米騒動が発生すると米を買い占めて減価販売を行わなかった罪を問われ，革職の処罰を受けた。しかし，葉徳輝はその後も意気軒昂で，時の政治を激しくそしり，11年の辛亥革命後はしばしば省政府の追及をうけて日本の日清汽船などにかくまわれつつも，周囲に担がれては政治の舞台に登場し，15年に湖南教育会会長，籌安会湖南分会会長，排日会長となった。16年に袁世凱の帝制が挫折すると，北京，蘇州に難を避けたが，19年に湖南に戻り，27年4月，農民運動の盛り上がりの中で湖南農工界の大会において処刑された。

その言動は激しく，時に奇行もめだち，終生よからぬ風聞もついてまわったが，学問的には峻厳実直，博覧強記，ことに目録学と説文学をよくし，王先謙，王闓運とともに湖南の「二王一葉」と言われた。そして，自宅に版刻りを備えて『観古堂彙刻』，『観古堂所著書』，『双梅景闇叢書』など多くの叢書を発刊するかたわら，説文学・目録学を中心として『六書古微』，『説文読若字攷』，『同声仮借字攷』，『説文故訓』，『説文籀文攷証』の外，『経学通詁』，『書林清話』，『書林余話』，『観古堂詩録』，『観画百詠』，『郎園北游文存』，『郎園六十自叙』，『観古堂蔵書目』，『郎園読書志』，『還呉集』など多くの編書，著書を著した。そのため，日本人も含めて門人，友人も多く，門人には許崇熙，易培基，楊樹達，塩谷温，松崎鶴雄，友人には章炳麟の外，白岩龍平，水野梅暁，永井禾原などがいた。葉徳輝の死は当時内外に多くの衝撃を与えたが，1927年7月11日，日本では上野津梁院でその追悼会が開かれ，白岩龍平，水野梅暁，塩谷温などが出席して懇ろに法要がいとなまれた。

参考文献：王逸明主編『葉徳輝集』全4冊（学苑出版社，北京，2007年）。杜邁之・張承宗『葉徳輝評伝』（岳麓書社，長沙，1986年）。塩谷温「先師葉郎園先生追悼記　附郎園学行記」，『斯文』9―9，10，1927年。松崎鶴雄『柔父随筆』（座右宝刊行会，1943年）。
〔藤谷浩悦〕

葉（よう）　飛（ひ）　Ye Fei

（1914年5月～1999年4月18日）

原名・啓亨。フィリピン・ルソン島生まれ。原籍，福建省南安県金淘区深鞍郷。中国共産党の軍人。

父はフィリピン華僑の小商人。1919年本国で教育を受けさせたいという父の意向により，故郷に帰された。翌年，村の高級小学に入学。高学年に在籍中，国民党左派の教師から反帝反封建の思想を摂取した。25年編入試験を受けて厦門港中山中学2年に入り，マルクス主義などの左翼思想に触れて関心を深めた。27年国民党右派による学校閉鎖，共産党員殺害などを見て革命への参加を決意し，厦門の省立第十三中学に転校後，秘密活動に加わり始めた。28年中国共産主義青年団に加入，学内に支部を組織し，さらに地下工作者を養成する積極分子訓練班に参加した。訓練終了後，缶詰工場で労働者工作に従事した。29年共青団厦門区委員会書記，団福建省委員会宣伝部長，同代理書記をつとめたが，30年国民党当局に逮捕されて共産党員の嫌疑により懲役1年の刑に処された。31年末出獄後，共青団福州中心市委員会書記を命じられ，同時に蔡協民の紹介で32年中国共産党に加入した。

1932年後半，中共福州中心市委員会の特派員として閩東（福建東北）地区の巡視に派遣され，以後37年までこの地域で活動する。33年11月福建事件勃発の好機を利用して閩東全域規模の武装暴動を計画し，これを成功させて，34年2月閩東ソヴィエト政府の樹立に導いた。同時に工農紅軍閩東独立団を組織し，のちにこれを閩東独立師に発展させてその政治委員になった。しかし閩東ソヴィエト区の全盛期は1年足らずで終わり，35年1月から始まった国民党軍の包囲攻撃に対して独立師の主力部隊を率いて各地で遊撃戦を展開した。5月中共閩東特委書記に就任。その後，浙江西南部，福建西北部の部隊とも連携しつつ，主力紅軍長征後の3年間遊撃戦争を戦いぬいた。

日中戦争勃発後の1937年12月，閩東独立師は新四軍第3支隊第6団に改編されて団長となり，38年2月部隊を率いて閩東を去り江南に集結した。39年5月陳毅の命をうけて第6団は茅山から東進，梅光迪の率いる在地の部隊と合流して江南抗日義勇軍と名乗った。義勇軍の副総指揮として蘇州，常熟などの一帯で日本軍と戦って勝利を収めたが，国民党戴笠系の反共部隊・忠義救国軍との戦闘では苦戦を強いられた。同年末，命により部隊は江北の江都へ移動して新四軍挺進縦隊となり，副司令に就任した。その後，新四軍の編成替えにともない，40年7月に蘇北指揮部第1縦隊司令員兼政治委員，41年1月には第1師第1旅旅長兼政治委員となった。この間，半塔集，郭村，黄橋における国民党軍との戦闘，日本軍の掃蕩作戦に対する戦いなどに参加，44年3月の日本軍との車橋戦役では前線の総指揮をとった。同年12月第1師師長，中共蘇中区委員会書記に就任。45年中共中央は新四軍の南下を決定，蘇浙軍区副司令員兼中共蘇浙区委員会書記として浙江天目山地域で国民党軍と戦い，8月以降は投降を拒む日本軍に対する大反攻に参加した。

国共内戦では，山東野戦軍，華東野戦軍の第1縦隊司令員として宿北，魯南，萊蕪，孟良崮の各戦役を戦った。1948年6月の睢杞戦役では中原野戦軍との共同作戦に加わった。49年1月第3野戦軍第10兵団司令員になり，4月長江渡江，上海解放戦を戦っている時，毛沢東から福建への進撃の指示を受けた。7月兵団を率いて南下し，10月金門を除く全福建を解放した。

人民共和国成立後1960年代まで福建軍区司令員兼第1政治委員，福建省省長，中共福建省委員会第1書記，国防委員会委員などを歴任したが，最も重要な任務は台湾に対置する福建前線の防衛であった。58年金門島攻撃の際には，中央からの指示により前線指揮所で砲撃の指揮をとった。この間55年に人民解放軍上将となる。66年中共8期11中全会で中央委員に選ばれたが，文化大革命のなかで67年反革命分子と批判されて失脚。73年中共第10期中央委員候補として復活し，75～79年交通部長，79年以降海軍第1政治委員，海軍司令員，第6期全国人民代表大会常務委員会副委員長，中共第11，12期中央委員などを歴任した。

参考文献：葉飛『葉飛回憶録』（解放軍出版社，北京，1988年）。中央寧徳地委党史辦「閩東革命闘争的艱辛歴程」，『福建論壇』1984年6期。馬洪才編『新四軍人物誌』上集（江蘇人民出版社，南京，1985年）。　〔本庄比佐子〕

葉（よう）　恭綽（きょうしゃく）　Ye Gongchuo

（1881年11月24日～1968年8月6日）

字・裕甫，玉甫，玉父，玉虎，誉虎，号・遐翁，遐庵。筆名・矩園。北京生まれ。原籍，広東省番禺県。清朝政府・北京政府・国民政府を通じての交通官僚，交通系派閥の梁士詒の腹心，著述家，文化人。

幼少時は家庭教師について勉強する。21歳の時京師大学堂仕学館に入学，卒業を待たず23歳で湖北農業学堂の教師となり，ついで両湖師範学堂の教師も兼任する。1906年清朝政府に郵伝部が成立すると，職文案処に就職，同左侍郎・唐紹儀の秘書を務める。郷党・広東派の首領の梁士詒に用いられて，08年に路政司郎中に任ぜられ，09年には鉄道施設・資材の視察を兼ねて郵伝部よりヨーロッパ遊学に派遣され，11年鉄路総局局長代理に任ぜられる。

辛亥革命に際しては南北調停に当たり，南京臨時政府組織準備委員に挙げられる。1912年北京に中華民国政府が成立すると，交通部路政司司長兼鉄路総局長に任ぜられ，財政委員も務める。梁士詒が中華全国鉄路協会を組織するとその副会長に選ばれ，同協会内の専門委員会の鉄道専門用語策定委員会委員長，鉄道統計会計統一委員会委員長を務め，さらに交通銀行総理に任ぜられる。13年交通部路政局長に任ぜられ，同年7月趙秉鈞内閣の交通部次長代理を兼任，以後14年5月まで段祺瑞臨時内閣，熊希齢内閣，孫宝琦臨時内閣にわたって交通部次長代理を歴任する。この間，郵政総局長も兼任，交通系派閥の首領，梁士詒の腹心として政界，財界に大きな勢力を持つにいたる。14年6月徐世昌内閣の交通部次長に就任するも，翌15年5月袁世凱政府内の対抗派閥である安徽派が五鉄路局の汚職・不正を糾弾した「五路大弾劾事件」が発生し，その内の津浦線鉄道不正事件に関係あるとされ，停職命令を受ける。袁世凱の帝制運動が本格化すると，梁士詒とともにその推進に努め，袁世凱が洪憲皇帝に即位するための大典準備処委員に充当される。

1916年6月袁世凱が死去し，梁士詒が北京政界を追放されたのに伴い職を辞して北京を離れ，南京に在って江蘇省の軍務を統轄していた馮国璋副総統の秘書を務める。17年7月北京の政界に復帰して段祺瑞内閣の交通部次長に任命され，鉄路督辦，郵政総局長を兼任する。張勲の復辟に際しては，段祺瑞より討逆軍総部交通処長に任命され，討伐軍部隊の輸送・運搬業務を統括する。以後，段祺瑞内閣時代の交通部次長を歴任するが，この間，同じく段祺瑞内閣の交通総長を歴任した曹汝霖が，梁士詒らの交通系に対抗する親日派の新交通系派閥を形成して次第に勢力を強めたため，

18年10月曹汝霖交通総長と衝突して同部次長を辞任する。その時，新しく大総統に就いた徐世昌の援助で実業専使に任じられて欧米諸国へ視察に赴き，翌年帰国する。20年8月，靳雲鵬内閣の交通総長に任ぜられ，21年に交通部所轄の北京鉄路管理学校，上海工業専門学校，唐山工業専門学校を合併して交通大学に改めると，交通総長として同大学校長に就任する。21年12月に成立した梁士詒内閣の交通総長に就き，次の顔恵慶内閣の時に留任するも，22年4月梁内閣成立をめぐって対立を深めた奉天派と直隷派の間に第1次奉直戦争が始まり，奉天派が敗北したために同年5月に免職，逮捕令が出されて一時日本に亡命する。その後反直隷派に加わり，梁士詒に従って広東に行き，23年5月広東軍政府の財政部長に就任し，しばらくして建設部長代理も兼任する。同年11月，孫文に奉天派軍閥の張作霖と直隷派討伐の同盟締結を協議するために東北へ派遣される。24年第2次奉直戦争の結果，段祺瑞臨時執政政府が成立すると，その交通総長に就任，25年に北京関税特別会議委員会委員を兼任する。しかし同年，段祺瑞の慰留を辞して同職を去り，天津に住む。

以後，1928年に張作霖の安国軍総司令部財政討論会副会長に任じられたこともあるが，全国美術展覧会の審査委員や故宮博物院理事を務めたり，朱啓鈐と中国営造学社を組織したり，『詞学季刊』を創刊したりするなど，文化活動に重きを置くようになる。31年12月に南京，広東両政府の妥協により南京国民政府が改組され，林森が主席，孫科が行政院長になると，鉄道部長に任命される。しかし，翌年には辞職し，再び上海や香港で文化美術活動や出版活動に専念するようになる。49年以後は大陸に残り，51年に中央人民政府政務院文化委員会委員，53年に文学芸術界連合会第2期全国委員会委員，54年には文字改革委員会常務委員および全国政治協商会議委員，さらに56年に中央標準語普及工作委員会委員に任命されたりした。68年北京にて病死。

著書に中国における交通事業の発展の重要性を説いた『交通救国論』（1922年），21年末の梁士詒内閣の成立の正当性を主張した『太平洋会議前後中国外交内幕及其与梁士詒之関係』（葉遐庵（葉恭綽）述，兪誠之筆録，出版年不明）があり，さらに『遐庵彙稿』（30年），『太平天国官書十種』（48年）など多数の編著がある。

参考文献：劉紹唐主編『民国人物小伝』第2冊（伝記文学出版社，台北，1977年）。『中国近代名人図鑑』（1925年上海初版本。天一出版社，台北，1977年復刻）。外務省情報部編『現代中華民国・満州帝国人名鑑』（東亜同文会，1937年）。徐友春主編『民国人物大辞典（下）』（河北人民出版社，石家荘市，2007年）。

〔笠原十九司〕

葉（よう）　季壮（きそう）　Ye Jizhuang

（1893年～1967年6月27日）

広東省新興県生まれ。中国共産党の指導者，軍人，対外貿易の専門家。

広東政法専門学校卒業後，弁護士，新聞記者となり，中小学をおこす。1925年省港ストライキに参加。11月中国共産党に入党。その後，江門四邑平報社社長，編集長となる。招聘されて国民革命軍第1軍参議兼江門総工会秘書となる。27年初め中共新会県委員会書記，間もなく中共四邑地方委員会（江門）書記兼中共広東区委員会巡視員となる。

大革命失敗後五邑（五県）農民暴動を指導し，広東コミューンに呼応した。1928年秋西江各県の党の工作を整頓し，12月上海の中共中央の工作に移る。29年3月香港に戻り，中共広東省委員会の機関紙の総経理兼編集者となる。同年12月百色蜂起に参加し，紅7軍政治部調査科科長兼右江ソヴィエト政府財経委員会副主席となる。30年から31年紅7軍経理処処長，前敵委員会委員兼経理処処長。31年7月興国に至り，紅3軍団に編入された後，中共紅7軍軍事委員会書記，同年12月紅7軍政治部主任。32年総政治部組織部部長。33年4月軍事委員会総供給部西部委員兼軍事委員会総兵站部政治委員。34年2月軍事委員会総供給部政治委員兼帰化基地政治委員。部隊を率いて中央革命根拠地の第3回から第5回までの反包囲討伐戦に参加。

1934年10月部隊を率いて長征に参加。35年2月総供給部と軍事委員会第4局が合併された際，軍事委員会第4局局長となる。9月紅1方面軍先遣工作団主任となり，軍に従って先行北上する。11月陝西省北部に到着し，軍事委員会供給部を回復し，部長兼政治委員となる。36年9月軍事委員会後方勤務部部長兼政治委員及び総供給部部長となる。37年4月西安に移り，後方勤務の面での統一戦線工作に従事。

抗日戦争期には中共中央総後勤部部長兼政治委員，中共中央西北局委員兼陝甘寧辺区政府物資局局長，貿易公司経理などのポストを歴任。

日本の降伏直後の1945年9月，中共中央の決定により彭真，陳雲，伍修権らと共に東北に赴く。東北でも後勤工作，財政経済工作に従事し，東北軍区後勤部部長兼政治委員，中共中央東北局委員，東北財経委員会副主任兼東北人民政府貿易部部長，財政部部長などのポストを歴任した。

中華人民共和国成立直後，政務院貿易部部長に任命された。1950年1月周恩来に同行して訪ソ。中ソ友好同盟相互援助条約締結（同年2月14日）後，毛沢東，周恩来が帰国した後も，貿易協定などの実務協定を結ぶためモスクワに残る。5月中旬帰国。52年8月以降葉季壮は対外貿易部部長に任命された。その後財経委員会副主任，国務院第5辦公室副主任，第8期党中央委員も歴任。病気のため，林海雲が対外貿易部部長代理となるまで一貫して対外貿易工作に従事。1967年6月北京で死去。

参考文献：王健英『紅軍人物志』（解放軍出版社，北京，1988年）。〔石井明〕

葉　剣英（よう　けんえい） Ye Jianying

（1897年4月28日～1986年10月22日）

原名・宜偉。広東省梅県雁洋虎形村生まれ。中国人民解放軍軍人，元帥。

父・葉鈷祥。母・陳秀雲。小商人の家に生まれ，4男4女の兄弟の貧困な生活を送った。1912年三堡学堂卒業。その後梅県の務本中学に進学。兄と汕頭，香港，シンガポール，ペナンなどの各地で生活。日本の対華21カ条に憤慨して17年昆明の雲南講武堂に入学，剣英と改名，砲術を学んだ。20年7月講武堂卒業後，辛亥革命以来共鳴して来た孫文の革命運動に身を投じ，桂系軍閥駆逐，陳炯明討伐に参加。

1924年廖仲凱の招請で創設された黄埔軍官学校の教授部副主任。この頃からマルクス・レーニン主義に関心を持つ。26年7月北伐戦争に参加し国民革命軍第1軍総予備隊指揮部参謀長。南昌占領後新編第2師師長となったが，翌27年4月12日の蔣介石の上海でのクーデターにより，反蔣を表明して武漢に移り，国民革命軍第4軍参謀長，南昌蜂起直前の同年7月中共入党。

1927年8月南昌蜂起失敗後，広州蜂起の主力となった第4軍教導団を組織，広州蜂起（副総指揮）に失敗，モスクワに逃れ，ソ連陸軍大学で学習後，30年後半に帰国。江西ソヴィエト区で紅軍総参謀長（瑞金衛戍司令員兼政治委員）として参謀工作制度を整備。32年秋劉伯承の後を継いで労農紅軍学校校長兼政治委員として多数の軍政幹部を養成。

1934年10月中央軍事委員会第1縦隊司令員として長征に参加，秦邦憲（博古），李徳，張聞天，毛沢東，王稼祥ら党中央を護衛。中央紅軍の陝北到着後第1方面軍総参謀長。

1936年9月張学良，楊虎城らに抗日救国を宣伝のため西安に派遣され，続く12月12日の西安事件で，蔣介石に内戦停止と抗日のための国共合作を受け入れさせる周恩来の活動を補佐。翌37年7月抗日戦争が勃発すると，周恩来，朱徳に随行して南京で蔣介石が開いた国防最高会議に出席。この会議で中共軍の国民革命軍第八路軍への改編が決定され，8月同軍参謀長に就任。10月同軍の南京駐在代表となり，国民党支配地区での抗日統一戦線工作を担当。38年3月『新華日報』を創刊。39年中共中央南方局（書記・周恩来）で常務委員を務め，国民党の反共政策に対抗。40年3月『葉剣英抗戦言論集』を出版，皖南事件後の41年2月延安に戻り，毛沢東，朱徳の対日作戦指揮を補佐（中共中央軍事委員会参謀長）。44年5～6月の内外記者団および7月の米軍視察団の延安訪問を接遇。

1945年12月周恩来に従い重慶に赴き，46年1月日本降伏後の中国の方向を決定するための政治協商会議に出席。同月米国のマーシャル元帥の提案による，国共の軍事衝突を調停するための国府・中共・米国の三者代表からなる北京軍事調処執行部の中共代表。内戦の激化により47年2月延安に帰り，毛沢東の国共内戦指導を補佐。胡宗南の攻撃による中央の延安退去後中央後方委員会書記として，華北を転戦する中央を支援。48年5月創設された華北軍政大学校長兼政治委員。

1949年1月北平解放，同市軍事管制委員会主任兼市長。同年4月周恩来に従って国民政府代表団との和平交渉に参加。8月中央華南局第1書記，広東軍区司令員兼政治委員として広東戦役を指揮し，10月14日広州を解放。50年3～5月海南島解放を指導。当時広東省人民政府主席，広州市長，中南軍政委員会副主席，華南軍区司令員，中南軍区代理司令員，中共中央中南局代理書記。50年6月朝鮮戦争の勃発により，国府軍の大陸反抗に備えて反革命分子の鎮圧を断行，米国の対中国戦略物資禁輸措置に対抗して51年9月広州に華南墾殖局を設置，局長として海南島でゴムの栽培を指導。

1954年秋北京に呼び戻されて国防委員会副主席となり，解放軍の統帥部に新設された武装力量監察部の部長に就任。55年7月第1期全人代第2回会議で核戦略を提唱，「現代の戦争を理解していない」と彭徳懐を批判。同年9月一級八一勲章，一級独立自由勲章，一級解放勲章，元帥。56年毛沢東の人民戦争を核時代に適用させ「現代戦争の条件下の人民戦争」戦略に作り上げることを目的として軍事科学院の創設を提唱。武装力量監察部は57年後半から58年前半にかけて統帥部のいくつかの部とともに廃止され，58年3月設立された軍事科学院の院長兼政治委員に就任。

1959年9月彭徳懐が失脚して林彪が国防部長となり，中共中央軍事委員会常務委員に就任，軍事訓練と軍事科学研究部門を担当。61年1月『紅旗』に，毛沢東が指導した国共内戦の3大戦役を分析した論文「偉大な戦略的決戦」を発表。同年7月軍事科学院は毛沢東軍事思想に依拠する中国独自の合成軍隊戦闘条令概則，歩兵戦闘条令，飛行教令を公布。63年12月郭興福教学方法の学習を全軍で実施。64年北京部隊と済南部隊による模範演技を開催，毛沢東が参観，毛沢東軍事思想による大衆性の軍事訓練として賞賛。

1966年1月羅瑞卿総参謀長失脚により，中共中央軍事委員会副主席，同年5月中共中央書記処書記，中共中央軍事委員会秘書長として同委員会の日常活動を主宰。同年8月中共8期11中全会で中共中央政治局委員。文化大革命が始まると，67年1月の上海コミューンに続く2月逆流で，譚震林，陳毅，李富春，李先念，徐向前，聶栄臻ら古参幹部とともに，毛沢東および江青，康生，陳伯達らに対し不満を表明，反党分子として批判されたが，周恩来の弁護で失脚せず。

1969年4月の中共9全大会で中央政治局委員に再選。同年9月ホー・チ・ミンの葬儀に副団長（団長・周恩来）として，また73年3月再度周恩来に同行してハノイを訪問。71年7月のキッシンジャー訪中，翌72年2月のニクソン訪中，同年9月の田中訪中で接待活動，軍事領域だけでなく対外活動でも重要な役割を果した。71年の林彪事件後中共中央軍事委員会を主宰。73年8月中共10全大会で中央副主席。75年1月第4期全人代第1回会議で国防部長。

1976年10月7日四人組逮捕で中心的役割を果し，以後華国鋒の後見人として活動。77年8月の中共11全大会で党規約報告，78年2～3月の第5期全人代第1回会議で憲法改正報告，全人代常務委員会委員長。79年9月29日中華人民共和国成立30周年記念祝賀式典で記念演説，第3次国共合作を提案。83年3月の第5期全人代第26回常務会議で常務委員会委員長を辞任。85年9月の中共12期中央委員会第4回全体会議で中央委員，中央政治局委員，同常務委員を辞任。同会議で中共中央軍事委員会副主席を辞任したとの報道にもかかわらず，同副主席に留任。86年10月北京で病死。

参考文献：「葉剣英同師偉大光輝的一年」，『人民日報』1986年10月30日。治生編『葉剣英光輝的一生』（解放軍出版社，北京，1987年）。《索思録》編輯小組『索思録―懐念葉剣英』（人民出版社，北京，1987年）。平松茂雄「葉剣英と現代中国史の軌跡」，『東亜』1987年1月号。軍事科学院《葉剣英伝》編写組『葉剣英伝略』（軍事科学出版社，北京，1987年）。

〔平松茂雄〕

葉（よう）　挙（きよ）　Ye Ju

（1881年～没年不詳）

字・若卿。広東省恵陽に生まれる。軍人にして政治家。

恵州中学卒業後，広東将備学堂に第3期生として入学。同校卒業後は広東陸軍と広東法政の教員を歴任する。

1911年の武昌蜂起が勃発すると，同志を結集して高州を取り戻し，その後広東省に帰り北伐軍を組織し，広東陸軍第3混成協参謀長の地位に就く。翌12年2月には広東陸軍第1旅の旅長となり，しばらくして全省総綏靖処の参議を兼任するようになる。また，同年9月には高陽綏靖処督辦に任ぜられる。13年北京に赴き北京政府諮議の地位に就く。

1916年秋には広東に戻り，両広護国軍第5師師長の職を代行し，事態が落ち着いた後には，その職を退いて帰郷する。翌17年の護法戦争の際には陳炯明下の粤軍参謀処の処長となる。

1920年夏に部下を率いて広東に戻り，秋には肇慶善後処処長の地位に就く。21年夏広西軍が広東に攻め込んだ時には総指揮として軍を率い，これを駆逐する。22年6月陳炯明とともに広州で孫文に反旗をひるがえし，同年夏には粤軍総司令部参謀長となる。24年5月18日北京政府によって広東省長に任ぜられる。

晩年は工読学校を創立するとともに，広東西湖医院建設の資金を提供する。死亡年月日は不明。

参考文献：徐友春主編『民国人物大辞典』（河北人民出版社，石家荘，1991年）。外務省情報部編『現代中華民国・満州帝国人名監』（東亜同文会，1937年）。外務省情報部編纂『改訂現代支那人名鑑』（東亜同文会調査部，1928年）。

〔江崎隆哉〕

葉（よう）　青（せい）　Ye Qing

（1896年4月4日～1990年1月29日）

原名・任卓宣。筆名・葉青，卓宣，張其平，長青，陳季布，陳之平，陳仲明，陳慕平，陳三元，成茂林，成柏，江司澄，健人，金自立，秦一飛，青鋒，任一知，ST，TE，TF。四川省南充県生まれ。中国共産党の初期の指導者，後に国民党に転向，宣伝・政治工作の専門家。

貧農の家庭に5人兄弟の長男として生まれる。村の学堂で中国の古典を学んだ後，南充県の中学に入学，中学卒業後，南充高等小学で半年ほど教鞭をとる。その後，フランス留学を志し北京高等法文専修館に入り，1920年に勤工倹学によりフランスに留学した。

フランスでは最初リヨン近郊の製鉄工場で見習い工として働き，次いでパリ近郊の工場の技師となる。その間，フランス人の共産主義者と知己を得てマルクス主義を教えられ，自身もマルクス主義者となった。1923年に旅欧中国共産主義青年団執行委員となり，やがて正式な中国共産党員に転ずる。なお，フランス留学中に第1次国共合作が成立したため，当地で国民党に加入，24年3月に国民党の欧州支部が設置されると，その宣伝部門の責任者となる。翌25年，5・30運動が発生するとパリでその支援活動を積極的に展開し，フランス官憲に捕えられ投獄される。4カ月ほどで釈放されたが国外退去を命じられ，やむなく出国，ソ連に向かう。ソ連ではモスクワに滞在し中山大学で学習，大学卒業後，26年末頃に帰国した。

帰国後はまず中共広東省委，次いで1927年に湖南省委で工作に従事した。湖南省では，共産党の長沙における地下活動を指揮，27年の冬に同省の国民党当局に逮捕される。長沙の監獄に投獄され死刑判決を受けたものの，辛うじて難を逃れ党務に復帰，翌28年に長沙で小規模な暴動を頻発させた。同年中に国民党当局によって再び逮捕され，この時点で中共からの脱党を宣言，しばらくの間国民党の政治教官を務め，湖南省における反共幹部の養成に協力した。

1928年後半四川省成都に行き，当地で『科学思想旬刊』を創刊しその主編を務める。しかし，過去の共産党員としての経歴が災いして成都では歓迎されず，29年秋上海に向かう。上海では周仏海，郭沫若，魯迅，茅盾らと交流し，彼らの協力の下に翌30年辛墾書店を創設，総編集となり『二十世紀』，『研究与批判』の編集にあたる。同時に，これらの雑誌に葉青の筆名で自らも寄稿している。彼の当時の政治的立場であるが，中共組織とは絶縁してもなお，正統派のマルクス主義者と自認していた。実際，胡適らの反マルクス主義的言論に対して反駁していたし，陳伯達ら中共系グループによる「異端的マルクス主義者」の批判に対しても激しく反論していた。この「親マルクス主義・反中共」の立場は周囲に理解されず反感を買い，ついに36年辛墾書店を退出せざるをえなくなった。もっとも，辛墾書店を追われた後も活発な言論活動を展開，真理出版社を創設して36年から37年にかけて反中共的な書籍を出版した。

1937年の日中全面戦争勃発後，その政治的立場が変化する。国家存亡の危機に立ち至り，「中国に最も必要なものは民族主義」であり，孫文の三民主義が「中国の問題を解決する鍵である」と考えるようになり，マルクス主義から三民主義に全面的に傾倒していった。以来，国民党に積極的に協力する。同年9月四川省に赴き，国民党の中央軍事学院特別訓練班の上級教官を務め，38年には『抗戦嚮導』を創刊して三民主義の普及に尽力，39年には国民党イデオロギーの研究誌である『時代思潮』を創刊した。同年国民党に再入党する。40年には江西省に赴任し，蔣経国と省内の三民主義学習の推進に努めるとともに，国立中正大学で教授，42年には国民党宣伝部調査局長に任ぜられる。翌43年三民主義青年団中央幹事会幹事，常務幹事となり，中央幹部学校で教授，45年国民党第6期候補中央執行委員に選出され，『政治嚮導』を刊行する。

国共内戦期間中も一貫して国民党に協力，1946年11月制憲国民大会代表に当選し，47年7月には憲政実施促進委員会常務委員に招請され，国民党の憲政思想に貢献する。人民解放軍が南下するなかで48年後半から49年4月まで上海で勤務，49年7月国民党中央宣伝部副部長となり，次いで代理部長に就任する。国民党軍の敗退のさなか西南諸省で反共宣伝工作に従事したが，50年に台湾に脱出した。

台湾では政治作戦幹部学校教授，政治研究所主任に任ぜられ，国民党第10期中央委員会常務顧問，第12，13期中央評議委員会委員を歴任して，1990年1月死去した。77年に韓国の慶熙大学より名誉博士号を授与されている。

参考文献：徐友春主編『民国人物大辞典』（河北人民出版社，石家荘，1991年）。中共中央文献研究室注釈組編『老一代革命家著作注釈選』（中央文献出版社，北京，1989年）。Howard L. Boorman ed., *Biographical Dictionary of Republican China*, Vol. 2 (Columbia University Press, New York and London, 1968).

〔中村楼蘭〕

葉（よう）　聖陶（せいとう）　Ye Shengtao

（1894年10月28日～1988年2月16日）

作家，国語教育家。本名，紹鈞，字は秉臣，後に聖陶に改めた。筆名は葉匋，葉陶，允倩，王鈞，郢生，聖淘，秉丞，孟言，朱遜など。江蘇省蘇州の懸橋巷のある貧しい家庭に生まれた。幼少時，私塾で学んだ。1906年蘇州公立第一小学に入学，翌年，蘇州公立第一中学堂に上がり，11年冬に卒業した。在学中，英文学に触れ，多くの中国の旧小説を読み，文学に対する興味を深めた。同級生の顧頡剛らとともに詩社“放社”を結成。09年，王伯祥らとともに国家研究会を組織し，『学芸日刊』，『芸蘭要訣』を発行した。11年，中学卒業後，12年春から上海商務印書館附属尚公学校，呉県県立第五高等小学教員を歴任した。21年までの教員生活の経験は，後の童話創作と教育工作研究の基礎となった。

1914年から，雑誌『礼拝六』，『小説叢報』，『小説海』などで文言小説を発表した。これらの作品の多くは，平凡な人生の悲劇と暗い現実を描いたもので，後の作品に近い。

1919年2月，顧頡剛の招きに応じ，雑誌『新潮』に寄稿し，3月，新潮社に加入した。五・四時期には，『時事新報・学灯』，『晨報』第七版（『晨報副刊』），『婦女評論』などに小説，新詩と女性解放，教育改革についての短い論文を発表した。

1921年，沈雁冰（茅盾），鄭振鐸らと共に文学研究会を組織した。文学研究会のスローガン「人生のため」の写実主義文学を守り，主に短篇小説創作に力を入れた。この時期の作品集『隔膜』（1922年），『火災』（1923年），『線下』（1925年），『城中』（1926年）に収められた作品群で，写実的手法を用い，小市民と知識分子の灰色の生活を描き，旧社会の悪弊を暴露した。

また中国現代童話作品の創始者でもあり，この時期に書かれた童話は『稲草人』に収められている。誇張，擬人法，諷諭などの手法を用いて，童話の魅力を加えながら，社会の暗黒と人生の苦難を描き，労働者への同情を表現することに成功している。

1922年6月，文学研究会の同人8人と共に新詩集『雪朝』を出し，23年には散文集『剣鞘』を出版している。この新詩と散文における筆遣いは清新で細やか，素朴で上品であっさりとしており，当時の文壇の中で，独特の芸術的個性が現れたものとして際立っている。

1921年以降，蘇州第五高中女子部，上海呉淞中国公学中等部，杭州第一師範学校での教員，北京大学中文系の講師を歴任した。

1923年春，商務印書館の国文編集となり，教職と編集の兼職は30年まで続いた。

1925年，5・30事件後に上海メディアが正確に報道していないことに反発し，鄭振鐸と共に『公理日報』，『蘇州評論報』を創刊した。帝国主義の罪と反動派の売国行為を鋭く攻撃した。26年中国共産党の委託を受け，中国済難会の機関雑誌である『光明』半月刊を創刊した。他に『小説月報』，『文学旬刊』を編集した。

1927年4月12日の上海クーデタ後，『夜』，『某鎮紀事』，『皇帝的新衣』などの作品を速写した。これらの作品は国民党による白色テロの恐怖を描き，後に，『未厭集』（1936年），『四三集』（1936年），『古代英雄的石像』（1931年）にそれぞれ収録された。

1928年，『教育雑誌』“教育文芸”欄に長篇小説『倪煥之』を連載し，29年に単行本として出版された。これは，プチブル知識分子が，教育改革に参加して革命運動に没入するまでの紆余曲折の過程を描き，中国文学史上最も成功した作品の1つとされている。

1930年3月，中国左翼作家連盟成立後，加入はしなかったものの，支持の姿勢を示し，魯迅，茅盾など左連の指導者との交流は続いた。31年12月，夏丏尊，周建人らと上海文芸界反帝抗日連盟を組織した。32年2月，魯迅らと共に『上海文化界告全世界書』に署名し，その後も数種類の宣言に署名した。

1930年，『婦女雑誌』の主編を務め，商務印書館の職を辞し，開明書店の編集者となった。この時期，『中学生』，『中学生文芸季刊』，『文学』，『太白』，『新少年』などの主編となった。

1933年5月，丁玲，潘梓年が逮捕され，蔡元培ら39人とともに南京国民政府に釈放を求める要望を出した。後に2人は釈放された。

1933年7月，魯迅，茅盾とともに『文学』の編集委員を務めた。36年，中国文芸家協会の結成に参加し，『中国文芸協会宣言』などの署名をした。38年，重慶巴蜀学校，中央国立戯劇学校，復旦大学に招かれ，教鞭を執り，あわせて『抗戦文芸』，『国訊』の編集委員となった。41年，四川省教育庁教学科学館専門委員，『文史教学』編集委員を務めた。42年，桂林の『国文雑誌』主編，43年，中国文学家協会成都分会理事の任に就いた。抗日戦争時期，散文集『西川集』（1945年）を出版し，抗日と愛国精神を宣伝した。他に，『文章講話』（夏丏尊と共著，1938年），『閲読与写作』（夏と共著，1938年），『精読指導挙隅』（朱自清と共著，1943年），『国文教学』（朱自清と共著1945年）など教育に関する著作を出版し，語文教育，特に創作，教授法，教材分析などに提言を行っている。

1946年，開明書店で『中学生』，『開明少年』，『中国作家』，『進歩青年』などの雑誌を編集する傍ら，全国文芸界協会総務部部長の任に就いた。文協では，蒋介石の独裁政治に反対し，民主自由を勝ち取る闘争に積極的に参加した。

1949年3月，北平に赴き，華北人民政府教科書編集審査委員会主任，文代会準備会常務委員と『進歩青年』雑誌の主編の一人となり，第一文代会では全国文連委員と作協委員に選ばれた。中華人民共和国成立後，出版総署副署長，教育部副部長，人民教育出版社社長，全国人大代表，第五回全国人大常務委員，第一，二，五回全国政治協商委員，中国文連委員，教育部顧問，中国民主促進会副主席，中央文史館館長などの職を歴任した。88年2月16日，北京にて死去。享年94歳。著作には『葉聖陶選集』，『葉聖陶短編小説集』，『葉聖陶童話選』，『葉聖陶文集』，『篋存集』，『「稲草人」和其他童話』，『葉聖陶語文教育論集』などがある。

参考文献：「葉聖陶伝略」および「葉聖陶生平年表」，劉増人・馮光廉編『葉聖陶研究資料（上）』，中国文学史資料全編　現代巻32，知識産権出版社，北京，2010年。葉至善，葉至美，葉至誠編『葉聖陶集』，江蘇教育出版社，南京，1987～94年。金潔，鄧帥萍『葉聖陶　一代師表』上海教育出版社，上海，1999年。〔牧野格子〕

葉（よう）　挺（てい）　Ye Ting

（1896年9月10日～1946年4月8日）

原名・葉為詢，字・希夷，号・西平，六面破壁居士。広東省恵陽県の生まれ。国民革命軍，新四軍の指導者。

小作農の家に生まれる。貧しい家庭で，兄3人は病死し，妹2人は他家へ売られたという。小学校の教師であった陳敬如の影響で革命思想に触れる。1911年恵州府立中等蚕業学校に入学，革命勢力の影響を受けた。

辛亥革命後，広東陸軍小学校に入学，1914年に卒業し，湖北陸軍第2予備学校（武漢南湖陸軍中学）へ進む。ここでは雑誌『新青年』に投稿するなど，革命思想を深めた。16年同校を卒業，優等生の資格により保定陸軍軍官学校工兵科に入学し，18年同校を第6期生として卒業した。

1919年初め福建省漳州において陳炯明を総司令とする粤軍第1支隊参謀に任ぜられ，部隊の訓練などに貢献する。その働きを参謀長鄧仲元に認められ，孫文に紹介されて国民党に入党。翌年11月第1師団工兵大隊副大隊長となる。21年後半大本営警衛連隊第2大隊長となり，10月に孫文が広州から桂林へ至ると，宋慶齢を護衛して同地へ送った。22年6月陳炯明の反乱に際しても宋慶齢を警護して奮戦し，いったんマカオへ逃れる。23年1月孫文が広州へ戻ると，大元帥府憲兵司令部参謀長兼第1大隊長となって孫文の身辺警護に当たる。24年秋モスクワへ赴き，聶栄臻，王若飛，任弼時，蕭勁光らとともにソ連東方労働大学及び紅軍学校中国班で学ぶ。25年同地で聶栄臻と王若飛の紹介により中国共産党に入党する。同年9月に帰国，広州へ派遣され，国民革命軍第4軍参謀処長兼同軍独立連隊長に任ぜられる。またここにおいては農民運動を積極的に支援した。

1926年，中共広東区委員会軍事部長であった周恩来の指示を受け5月北伐先遣隊として武漢へ進軍を開始した。湖北省において汀泗橋戦役及び賀勝橋戦役を指揮し，呉佩孚軍の主力と交戦，その戦功により「北伐名将」と称せられ，部隊は「鉄軍」と讃えられた。その後武昌を攻略し，27年3月国民革命軍第11軍第24師団長兼武漢衛戍司令に任ぜられ，後に同軍副軍長を兼任する。同年4月の4・12クーデター後は，中共中央の指示により武漢防衛に貢献した。

1927年8月周恩来，朱徳，賀龍らとともに南昌蜂起を指導し，前敵総指揮代理兼第11軍長となる。同年12月張太雷，惲代英らとともに広州蜂起を指導して工農紅軍総司令に任ぜられる。蜂起失敗後に一時香港へ退去したが，失敗の責任を問われて6カ月の監察処分となる。その後いったん日本へ渡り，党の指示によりモスクワへ移る。だがここでも広州蜂起の失敗を批判され，党を脱退してドイツへ至り，流亡の生活を送った。この間に同地で廖承志との交流があったといわれる。

1931年の満州事変勃発後マカオへ居を移し，中共との関係を回復する。37年10月新四軍軍長に任ぜられ，南京で八路軍参謀長・葉剣英と会談した後，同年末延安へ至る。延安では毛沢東自ら彼の歓迎会を催した。38年1月南昌で新四軍が正式に成立すると副軍長・項英とともに部隊を指揮し，華中において日本軍に対する遊撃戦を展開する。

1941年1月皖南事件において奮戦したが，同月14日国民党軍に捕らえられ，上饒（江西省），重慶，恩施（湖北省）桂林などで5年2カ月の間監禁された。日中戦争終結後，46年3月4日に釈放され，直ちに中国共産党に復党を要求して認められる。また陽翰笙，郭沫若，董必武，王若飛，鄧穎超らが歓迎会を開いた。この後重慶では積極的に党の活動に参加するとともに，呉玉章と「ラテン化新文字」（30年代書記から始まった中国語のローマ字化表記運動で，文字改革・ピンイン表記の先駆けになったといわれる）を研究したといわれる。46年4月8日党の整軍復員会議に参加するため王若飛，博古，鄧発らとともに重慶から空路延安に向かう途中，飛行機事故により山西省興県黒茶山で死去，延安の四・八烈士陵園に葬られた。4月18日延安では毛沢東，朱徳らが参加して盛大な追悼大会が開催され，重慶でも周恩来が参加して追悼大会が開かれた。

参考文献：中山大学《葉挺》編写組編『葉挺』（広東人民出版社，広州，1979年）。華応申編「中国共産党烈士伝」（新民主出版社，北京，1949年）。『回憶葉挺』（人民出版社，北京，1981年）。中共党史人物研究会編『中共党人物伝』

第27巻（陝西人民出版社，西安，1986年）。　〔安田淳〕

奕経（えきけい）　Yijing

（1791年～1853年）

字・潤峰。愛新覚羅氏。満州鑲紅旗人。乾隆帝の曽孫。侍衛出身，清末の官僚。

内閣学士，副都統，護軍統領，兵部侍郎を歴任。1830年ジュンガルの回教徒の反乱の鎮圧のため出征し，帰京後戸部侍郎に任ぜられ，34年には黒龍江将軍，2年後には吏部尚書兼歩軍統領に昇進。41年2月，伊里布の後任として協辦大学士に就任した。

1841年10月，イギリス軍が浙江省に侵攻し定海，鎮海が相ついで占領され，裕謙が戦死すると，奕経は揚威将軍に任ぜられ，侍郎・文蔚，都統・特依順らを率いて抗英戦争の指揮に当たった。奕経は文蔚と共に蘇州に移って援軍を待ったが到着が遅れ，また募集した義勇兵も役立たず，遂に寧波が占領され，杭州へ移動した。当時杭州には各省から移駐した兵1万人，募集した兵勇2万余人が集結しており，志気も旺盛であった。42年3月，寧波，鎮海，定海を一挙に奪回すべく三城に一斉に攻撃を加えたが，大敗したうえ慈渓も占領された。しかし，奕経は定海の海辺で敵船数十隻を破壊し，敵兵数百人をせん滅したという部下の虚報を信じて，朝廷へ大勝したと報告し，褒賞を受けた。また同年5月，乍浦が占領されたが奕経は反抗に赴かないばかりか，寧波を奪回したと虚報した。やがてイギリス軍が江南に侵攻し，鎮江を占領した後南京に迫った。奕経は南京防衛支援を命ぜられたが戦意を失って，劉韻阿の和議の推進に異議をはさまなかった。南京条約が締結されて後，奕経は国家に禍いを招いたという罪で職を免ぜられ監禁された。しかし，翌43年，禁固を解かれて琦善と共に起用され，葉爾羌（ヤルカンド）幇辦大臣に任ぜられた。御史・陳慶鏞の弾劾を受けて暫時職を追われたが，すぐに葉爾羌参賛大臣に復職し，44年伊犂（イリ）領隊大臣に任ぜられた。しかし裁判の不当性を非難されて職を奪われ黒龍江に流された。

1850年，許されて伊犂および英吉沙爾（インジスハル）の領隊大臣を歴任し，52年，工部侍郎に任ぜられ，ついで刑部侍郎に転じて副都統を兼任した。翌53年，太平天国軍の北上に伴い，徐州の防衛に出兵し，鑲藍旗満州副都統として太平天国軍に対抗したが，軍中で病死した。

参考文献：民国清史館編『清史稿』列伝160（民国清史館，北京，1927年）。民国中華書局編『清史列伝』41（民国中華書局，上海，1928年）。清史編史編委会編『清代人物伝稿』下編1巻（遼寧人民出版社，瀋陽，1984年）。A.W. Hummel ed., *Eminent Chinese of the Ch'ing Period, 1644-1912*, Vol. 1 (U.S. Gov. Printoffice, Washington D.C., 1943).

〔横山英〕

奕劻（えききよう）　Yikuang

（1838年3月23日～1917年1月29日）

慶親王奕劻，清朝宗室（愛新覚羅氏），諡名・密。満州鑲藍旗人。乾隆帝の第17子永璘（慶親王）の孫，永璘の第6子綿性の長子。咸豊帝の従弟。満州貴族。清朝末期の商部尚書・載振は奕劻の子。

1850年輔国将軍に任じられ，52年貝子，60年貝勒，72年郡王銜，御前大臣，84年総理各国事務衙門大臣。85年海軍事務衙門に李鴻章とともに参与，89年宗人府大臣，94年慶親王を継承した。

日清戦争に際し，督辦軍務処幇辦，1895年総理各国事務衙門幇辦大臣，98年同総領大臣となった。

義和団事件に際し，和平派を形成，留京辦事大臣として李鴻章とともに辛丑条約締結にあたり，西太后の信任を得た。その結果，1901年外務部大臣，03年軍機大臣に上り，清朝中央に重きをなした。特に，袁世凱との関係が深かったとされる。「光緒新政」の一眼目たる実業振興に対しては，自らの子である載振を商部尚書に抜擢した。07年以後は，陸軍部大臣として陸軍の統制を図った。

西太后は，こうした奕劻の清朝中央における勢力の拡大に対して，醇親王載灃を登用，勢力の均衡を図ろうとした。しかし，老練な奕劻は，1908年の宣統帝即位以後，監国摂政王となった載灃の袁世凱排除，満州貴族への軍事的権力の集中などの動きの中でもその勢力を維持し，11年の皇族内閣の設置では内閣総理大臣に就任した。醇親王載灃が政治的手腕に乏しかったことに乗じて権力を掌握し続けたのである。

辛亥革命に際しては，清朝宗室会議において帝室優待と満州族の安全を条件に宣統帝の退位を提唱，自らは天津の租界に隠棲し，1917年1月死去した。

清朝宗室として位人民を極めたが，政治的に主体的な役割を果したとは言い難い。賄賂をめぐるスキャンダルは枚挙に暇がなく，清朝末期度々御史による弾劾上奏によって調査が行われたが，証拠不十分により不問にふされている。袁世凱は楊志琦を派遣して奕劻に賄賂を贈り続けたといわれ，栄禄亡き後，奕劻を後盾としていたとの感がある。こうした奕劻と袁世凱の関係には反対するものも多く，その過程でさまざまな事件が引き起こされている。最も有名なのは，1907年の丁未事件である。これは，段芝貴が黒龍江巡撫の職を得るため，載振に天津の名妓・楊翠喜を献上し，奕劻にも10万両を献じたこと（楊翠喜事件）に対し，御史・趙啓霖が弾劾上奏を行い，それを利用して中央における反袁世凱派たる協辦大学士・瞿鴻禨，郵伝部尚書・岑春喧が反袁世凱・奕劻の運動を行ったことを言う。しかし，載振が商部尚書の任を解かれたのみに終わり，逆に，岑春喧は両広総督に転出させられている。

外国銀行への預金が数千万元に上ったとされ，その死去に際しては，宣統帝退位・清朝滅亡の責任を追及されて，特に「密」と諡された。

参考文献：張国淦「北洋軍閥的起源」，『北洋軍閥史料選集』下（中国社会科学出版社，北京，1981年）。劉紹唐主編『民国人物小伝』第5冊（伝記文学出版社，台北，1982年）。惲宝恵「清末貴族之明争暗闘」，『晩清宮廷生活見聞』（文史資料出版社，北京，1982年）。〔飯島渉〕

伊里布（いりふ） Yilibu

（1772年～1843年）

字・莘農，諡・文敏。愛新覚羅氏。満州鑲黄旗人。清末の官僚。

1801年進士。国士監学正。雲南府南関通判，澂江知府代理，騰越知州，永昌知府代理，太平知府，山西冀寧道按察使，浙江按察使，湖北布政使，浙江布政使（24～25年）を歴任し，25年陝西巡撫，ついで山東巡撫，雲南巡撫（27～35年）を経て雲貴総督（35～39年）となる。38年協辦大学士に抜擢されたが，雲貴総督に留任した。当時，貴州省遵義県近辺で穆継賢の反乱が起こったが，伊里布は提督・余歩雲らを率いてこれを平定し，双眼花翎を賜与された。39年両江総督に任ぜられた。

1840年アヘン戦争が始まり，7月北上したイギリス軍に定海を占領された。翌月，伊里布は欽差大臣に任ぜられ，江蘇の防衛を裕謙に委ねて寧波に赴き，浙江沿海の防備の強化に当たった。9月中旬，琦善が広州で和議交渉を始めたので定海の奪回作戦を行わないよう命ぜられ，その後翌年2月までの間，定海のイギリス軍を慰問させたり，司令官エリオットと協議し，11月にはイギリス軍と停戦協定を結び，広州で琦善が担当している和議が成立するまで，暫定的にイギリス軍の定海占領を認めた。そして，道光帝に対しては対英妥協を隠し，イギリス軍がわが方の要求に応じたと虚報した。広州での和議が合意に達し難いので，41年1月，道光帝は和議を打ち切って対英宣戦を詔し，伊里布に定海奪回作戦を命じた。ところが，伊里布は軍隊および武器の増援がなければ攻撃を開始できないので安徽と湖南から増援軍が到着するまで待機すると返答した。朝命に即応しないことに立腹した道光帝は欽差大臣を免じ，両江総督の任に復し南京へ帰任するよう命じた。2月，伊里布に代わって裕謙が欽差大臣に任ぜられ，浙江に赴いて防備と定海奪回の指揮をとることとなった。ところが，当時，イギリスの艦船は広州総攻撃のため広東湾に移動しており，定海の占領は解かれていた。裕謙は定海の防備の強化を図ると共に，伊里布が在任中に定海占領中のイギリス軍へ好意を示したことなど対英妥協政策を弾劾した。そのため41年5月，伊里布は北京へ召還され，刑部の審判を経て，7月，職を免ぜられて辺境軍務に左遷された。

まもなく北上を開始したイギリス軍は厦門に続いて定海，鎮海，寧波を占領し，裕謙は陣中で没した。1842年3月，奕経が揚威将軍に任ぜられて浙江へ来援したが敗北を重ねた。巡撫・劉韻珂は浙江の危機に対処するため伊里布の派遣を求めたので，伊里布は杭州将軍・耆英と共に浙江に赴いた。イギリス軍がさらに乍浦を占領するに及び，耆英は撤退を計画した。5月，伊里布は乍浦副都統に任ぜられたが，イギリス兵は乍浦を退去して長江へ向かい，呉淞，鎮江を占領した。道光帝は遂に和議を決意し，奕経と伊里布に蘇州においてイギリス軍と和議交渉を始めるよう命じた。8月，総督・牛鑑が蘇州に到着し，3人の協力の下，南京条約が調印され，伊里布は筆頭に署名した。条約締結後，条約関連の税則など細則の交渉が広州で行われた。伊里布は広州将軍，欽差大臣を授かって最高の責任者に任ぜられ，耆英に命じて交渉に当たらせ，43年，自らも広州に赴いたが，まもなく病死した。代わって奕経が広州での対英交渉を引き継いだ。

伊里布の秘書・張喜（張士淳，字・小滄）は，アヘン戦争期，伊里布の使者として6回定海に行った記録『探夷説帖』を書き，さらに，南京条約締結交渉における伊里布などの活動の詳細を『撫夷日記』として著し，対英交渉の経過および伊里布の政治活動を伝えている。

参考文献：李桓輯『国朝耆献類徴』40（湘陰李氏刊，1890年）。民国清史館編『清史稿』列伝157（民国清史館，北京，1927年）。民国中華書局編『清史列伝』36（民国中華書局，上海，1928年）。A.W. Hummel ed., *Eminent Chinese of the Ch'ing Period, 1644-1912*, Vol. 1 (U.S. Gov. Printoffice, Washington D.C., 1943).〔横山英〕

易（えき）　礼容（れいよう） Yi Lirong

（1898年～1997年3月28日）

幼名・閏三，韵珊，別名・潤生，史恒。湖南省湘潭

県生まれ。中国共産党初期の指導者，後に無党派人士となる。

1919年の五・四運動時に新民学会に加入，毛沢東の指導下に同年末以降の軍閥・張敬尭を湖南省から駆逐する運動に参加，武漢地区で活動した。翌20年湖南省立商業専門学校を卒業。この年8月毛沢東，彭璜と3人で長沙文化書社の創設を準備し，資金集めに奔走，自らも資金を提供した。9月9日から文化書社は営業を開始するが，易礼容はその経理を務め，新思想，新文化，マルクス主義を積極的に宣伝した。

1921年1月易礼容は新民学会の新年大会に出席，大会の席上毛沢東がマルクス・レーニン主義による中国及び世界の改造を主張するとこれに賛同し，以後毛沢東を中心とする湖南省の共産党結成発起人グループの一員となる。同年中国共産党に入党した。

1922年第1回全国労働大会ならびに中国社会主義青年団第1回代表大会に出席，その後，安源路礦工人消費合作社総経理，湖南自修大学校董，湘江学校校長，中共湘区委委員，国民党湖南省党部農民部部長，中共中央農民運動委員会委員，中共湖南省委農民部部長，湖南省農民協会委員長などを歴任する。

1927年4月中共5全大会に出席し，第5期中央委員会委員に当選，5月の馬日事変発生後は中共湖南臨時省委軍委書記，同省委代理書記に就任し，中央及び湖南省における地位を高めていったが，反共高潮のなかで，28年3月に中共を脱党した。中共脱党後の一時期の足跡は明らかでない。

1934年に国民党に入党し，その後，上海市総工会工運人員訓練班教員，教務長，同会工人勇進隊秘書長，上海青年力社総幹事，湖南省政府秘書，国民党中央社会部工人科科長，重慶三民主義研究会専員（43年就任）などを務め，国民党系の組織・機関で活動した。日中戦争後期には国民党政府が組織した，いわゆる官製の大衆組織であった中国労働協会で秘書長，書記長を務めている。

以上のように，易礼容は1934年以降，国民党と密接な関係を保ちつつ行動していたのであるが，国共内戦後期になると，国民党陣営から離脱していった。例えば，48年8月1日から22日にかけてハルビンで反国民党・親中共色の濃厚な第6回全国労働大会が開催されたが，易はこれに出席し，大会が復活させた中華全国総工会の執行委員会委員に当選している。また49年には北平に入り，9月の中国人民政治協商会議第1回全体会議に出席したのである。

中華人民共和国成立後は，中華全国総工会の第7期常務委員兼労働保護部部長，第8，9期執行委員会委員，政務院政治法律委員会委員，中華全国体育総会常務委員を歴任し，第1～3期の全人代代表として全人代に出席，全国政協では第1～4期及び第8期の全国委員，第5～7期の全国政協常務委員を務めている。1997年3月28日99歳で死去した。

参考文献：徐友春主編『民国人物大辞典』（河北人民出版社，石家荘，1991年）。劉金田・沈学明主編『歴届中共中央委員人名詞典1921～1987』（中共党史出版社，北京，1992年）。宋斐夫『新民学会』（湖南人民出版社，長沙，1980年）。劉小萍・李生玉・薛徳堂・胡治安主編『中国人民政治協商会議第七届全国委員会委員名録』（中国文史出版社，北京，1990年）。外務省アジア局編『現代中国・朝鮮人名鑑』（1953年）。『毛沢東書信選集』（人民出版社，北京，1983年）。
〔中村楼蘭〕

易（えき）　培基（ばいき）　Yi Peiji

（1880年2月28日～1937年9月）

字・寅村。号，鹿山。湖南省長沙の生まれ。民国時期の教育者。

易培基は武昌方言学堂に学び，日本に留学した経験を持つ。留学中に中国同盟会に加入したが，辛亥革命にあたってはさほど目立った活動は残していない。1913年に湖南高等師範学堂の教員となり国文学を講じた。翌年，長沙師範および省立第一師範の教員となった。彼の学問傾向としては，文字学の研究分野では章炳麟に近く，経学の分野では康有為に賛成するというものであった。19年から20年にかけて張敬尭追放運動が起こると，易もこれに加わったことがある。20年易培基は第一師範の校長に任じられた。校長就任後，彼は人事面での改組に乗り出し，数名を留任させたほかは，各科の教員には北京から優秀な人材を呼び寄せた。その中には，五・四運動の指導者の1人である匡互生を初め，沈仲元，舒新城らがいた。

1921年易培基は譚延闓によって省長公署秘書長に任じられたが，翌年には広州に行き大元帥顧問となった。24年春に国立広東大学が創立すると，同校校長の鄒魯によって教授に招聘された。同年11月李石曾の推薦で北京政府の教育総長となったが，間もなく黄郛内閣が総辞職したため，彼も2週間足らずで総長の地位を降りた。その後，彼は故宮内の古物の点検を主な任務とする清室善後委員会委員となり，25年10月に故宮博物院が成立すると理事の1人に選出された。同年11月には西山会議に出席している。

1926年3月北京で3・18事件が発生すると，段祺瑞政権によって易培基らに逮捕命令が出されたため，彼は東交民巷の公使館地区に隠れ，翌年4月に上海に逃れた。27年9月上海に国立労働大学が創設されると，易培基は校長に任じられた。28年2月国民政府建設委員会委員に任ぜられ，6月には故宮博物院院長，10月には国民政府農鉱部長に任ぜられた。翌年1月首都建設委員会委員となり，30年11月には国立北平師範大学校長となった。翌年校長の職を辞し，故宮博物院院長の職に専念することになる。

しかし，1933年易培基はいわゆる「故宮盗宝案」によって起訴された。それは，彼が職権を乱用して，故宮博物院所蔵の宝物を資金作りの名目で勝手に売却したとするものであった。だが実際は，国民党元老の張継と李石曾・呉稚暉の不和によって生じた政争の犠牲になったものといわれている。結果として，易は33年10月に辞職に追い込まれた。ここに，彼の社会的地位は失われることとなった。彼は天津の日本租界に逃れ，36年密かに上海に移ったが，翌年当地で死去した。

参考文献：呉相湘『民国百人伝』1（伝記文学出版社，台北，1971年）。徐友春主編『民国人物大辞典』（河北人民出版社，石家荘，1991年）。陳旭麓・李華興主編『中華民国史辞典』（上海人民出版社，上海，1991年）。　〔嵯峨隆〕

奕山（えきざん） Yishan

（1790年～1878年）

字・静軒，諡・荘簡，愛新覚羅氏。満州鑲藍旗人。康熙帝の6代目の子孫，道光帝の甥。侍衛出身。清末の将領。

1827年カシュガル遠征に参加，32年には伊犂（イリ）領隊大臣，翌年塔爾巴哈台（タルバガタイ）領隊大臣に任ぜられ，35年には伊犂に赴任，副統領，参賛大臣を歴任して38年伊犂将軍に昇進した。40年にはイスラム教徒1,000家族に16万400畝（約1万ヘクタール）の土地を与えて入植させた。その功により正白旗領侍衛内大臣，御前大臣を授けられた。

アヘン戦争中，1841年，靖逆将軍に任ぜられ，参賛大臣・隆文（戸部尚書），楊芳（湖南提督）を従え清軍1万7,000人を率いて広州に赴き，イギリス軍との大戦に臨んだ。5月，イギリス軍が広州城を包囲して砲撃すると，周章狼狽して城壁上に白旗を掲げ，広州知府余保純に命じてC.エリオットに降伏を申し出させ，「広州和約」を結んだ。和約では，イギリス軍への賠償金600万元，イギリス商館の損失賠償金30万元の支払いを約したほか，清軍が広州城外60マイルに退去し，イギリス軍が砲台を撤去して虎門から退出することを決めた。同月30日，広州城外の三元里で農民がイギリス軍を包囲した時，奕山は余保純に命じて民衆を解散させ，イギリス軍を保護して帰艦させた。ついでイギリス軍が福建，浙江に侵攻した時には出兵に応じなかった。42年免職の上拘禁された。

1843年拘禁を解かれて和闐（ホータン）辦事大臣として和闐に赴き，2年後には伊犂参賛大臣に任ぜられて回教徒の反乱を鎮圧した。47年には葉爾羌（ヤルカンド）参賛大臣に転じて回教徒の侵入を防ぎ二等鎮国将軍に任ぜられた。50年には伊犂将軍に再任され，翌年ロシアとクルジャ（Kuldja）通商条約（伊塔通商章程17条）を結び，伊犂（イリ）と塔爾巴哈台（タルバガタイ）における通商を開いた。55年黒龍江将軍に任ぜられ，シベリアを東進して黒龍江地方の獲得をめざしたロシア総督ムラビヨフと外交交渉に当たり，58年愛琿条約を締結して黒龍江省の北方国境を画定した。ところが，大理寺少卿・殷兆鏞によって，広大な北方辺地を安易にロシアに譲与したと弾劾されて職を免ぜられた。60年，第2次アヘン戦争の結果，イギリス・フランスとの間の北京条約と共にロシアとの間の北京条約も締結されて，ロシアとの国境が改めて確認されたので奕山は許され，御前大臣に任ぜられ，また一等鎮国将軍に封ぜられた。74年病気のため退官した。

参考文献：民国清史館編『清史稿』列伝160（民国清史館，北京，1927年）。民国中華書局編『清史列伝』56（民国中華書局，上海，1928年）。万福麟・張伯英等編『黒龍江志稿』（北平，1933年）。清史編委会編『清代人物伝稿』下編1巻（遼寧人民出版社，瀋陽，1984年）。梁廷枏撰『夷氛聞記』（上海商務印書館，1937年）。『籌辦夷務始末』（道光朝1856年官撰，故宮博物院，1930年）。A.W. Hummel ed., *Eminent Chinese of the Ch'ing Period, 1644-1912*, Vol. 1 (U.S. Gov. Printoffice, Washington D.C., 1943).　〔横山英〕

奕訢（えききん） Yixin

（1833年～1898年5月29日）

恭親王，姓・愛新覚羅，号・楽道主人，鑑園主人，諡・忠。道光帝の9子中の第6子。第4子の咸豊帝の異母弟。清末の開明的政治家。

恭親王に4子あり，第2子載瀅の子・溥偉が1898年恭親王の没後第1子・載澂をついで恭親王を襲う。全妃（孝全成皇后）は31年7月に奕詝を生み，40年2月13日33歳で没した。奕詝は奕訢の母・静妃（孝静成皇后）に奕訢と共に育てられ，6歳からは朝夕上書房にて奕詝は杜受田の，奕訢は卓秉恬の教えをうけ，かつ共に武芸の練磨にはげみ，槍法28勢，刀法18勢をあみ出した。50年2月25日道光帝が没し，硃諭にて奕詝は皇太子，奕訢は恭親王に封じられた。

1850年3月9日奕詝は文宗咸豊帝として即位，53年11月7日から55年9月2日まで恭親王は軍機大臣に任命された。これは文宗が奕訢の母に育てられたその恩返しであって，静妃が55年8月21日に44歳で没すると，奕訢は9月2日「(恭親）王の喪儀疏略」との理由で一切の職務を解かれたが，兄弟の不和も大きな原因であった。かくて咸豊帝の在位中に恭親王は全く重用されなかった。

アロー号事件の結果締結された天津条約（1858年6月）を北京にて批准せんとする英仏連合軍は60年8月大沽砲台を陥れ，北京に迫る。60年9月21日，咸豊帝は弟の恭親王を全権大臣に任命，自らは載垣，粛順らと熱河の離宮に逃避する。北京に残って実権を掌握した恭親王は，61年1月13日，当面列強と結んで内敵（太平天国と捻軍）を亡ぼし，次いで列強をも併呑しようとの攘夷を秘めた協調外交の方針を明らかにし，次の如き具体策を示した。①総理衙門の新設。②北京，上海，広州に通訳養成機関として同文館を設置。③総理衙門の天津支所の新設，三口通商大臣として崇厚の任命がそれである。

この開明的政策をより能率的に遂行すべく1861年8月21日の咸豊帝の没後，恭親王は西太后と結んで載垣，粛順といった古い伝統主義者たちを排除し（いわゆる辛酉政変)，自らを頂点とする開明的な新体制を成立させた。以後84年4月8日までほぼ23年間「攘夷」を秘めた洋務運動を展開する。

恭親王体制下の初期の主要な具体的成果を示せば以下の通りである。①外国の砲船の購入を曾国藩にはかり，かつ汽船の製造を示唆した（1861年7月)。②61年12月曾国藩の同意を得，外人部隊を借りて金陵の賊を討つ（同部隊は常勝軍へ発展)，また太平軍平定の名目で夷の「船砲製造の秘」を学びとる（64年6月)。③マーチンの翻訳した『万国律例』を「領事を制伏する法」が書かれているとして導入を決定する（64年8月)。④天文算学館の設置。兵器製造の基礎となる数学・製図を学ばせるべく同文館に天文算学館を併設しようとする（66年12月)。

このような洋務政策に対する伝統主義者の反対は極めて強く，恭親王は開明的な有力地方督撫，曾国藩，李鴻章，左宗棠らの力を背景にしつつ地方レベルで洋務運動を推進する。その代表的事例としては，江南製造総局（1865年，李鴻章)，金陵機器局（65年，李鴻章)，福州船政局（66年，左宗棠・沈葆楨)，天津機器局（66年，崇厚・李鴻章）といった武器弾薬製造工場の建設，これらに関連する開平鉱務局（78年，李鴻章)，上海機器織布局（78年，李鴻章）の設立，上海天津間の有線電信の敷設（81年，李鴻章)，唐胥鉄路9 kmの敷設（81年，李鴻章）がある。

しかし，以上の如き「夷の長技」を堂々たる中華が学んでよいのかという問題が残り，その論拠が所謂中体西用論にほかならない。天文算学館問題で恭親王は「西術の借根は実は中術の天元に本づく」（1866年12月）との西学の中国起源説を援用したが，所謂中体西用論には本末論，道器論，主補論，理用論など様々なヴァリエーションがあるものの，いずれもその目指すところは西洋の技術・文明による中国の保全にあり，かく中国は伝統に拠りつつも西洋の先進的な技術を導入し内発的な誠に徐々たる近代化を遂げていくのである。こういった立場を開明的伝統主義と呼ぼう。その中心に恭親王があった。これに対し67年3月における倭仁の「立国の道は礼儀を尚び権謀を尚ばず，根本の図は人心に在りて技芸にあらず」との発言，75年4月の于淩辰の「李鴻章，丁日昌は直ちに夷を用いて夏を変ぜずんば止まず」の如きの伝統主義が対峙したが，この伝統主義者たちの背後には恭親王の真の敵・西太后があった。

恭親王は3度西太后の勘気にあい辞職させられている。まず1865年3月31日起居注官・蔡寿祺は恭親王の「納賄（収賄)」「驕盈（傲慢)」を弾劾，4月2日には西太后自ら恭親王の「妄自尊大」「目無君上」を指摘，全ての役職を奪った。しかし，廷臣会議での多数意見は恭親王の逸材たることを説き，4月11日に復職となる。2度目は頤和園造営中止問題から発し，74年9月10日西太后は恭親王の「言語諸多失儀」,「離間母子」を理由に郡王に降格させたが，諸臣のとりなしで9月12日には復職した。3度目は，81年4月8日これまで陰に陽に恭親王をかばってきた東太后（咸豊帝の第2妃，孝貞顕皇后）が45歳で急死（西太后による毒殺ともいう）したあと，西太后と恭親王の対立はあらわとなり，遂に84年4月8日ヴェトナムでの敗戦を期に「因循日甚」,「謬執成見」,「養疾」などを理由に罷首された。恭親王体制の終焉である。

恭親王は隠居すること10年，日清戦争のさなか黄海海戦の大敗北（1894年9月17日）の直後の9月29日再び首相兼外相に返り咲くが，かつて自分が敷いた文化帝国の武装化政策が音をたてて崩れ去っていくのを見守るだけで何ら新しい政策を打ち出せずに，4年後の98年5月自宅で病没した。同治の中興，北洋艦隊を中心とする帝国の武装化の功績を挙げながら，新しい状況に対応しきれなかった開明的伝統主義者といえよう。

参考文献：林言椒他主編『中国近代人物研究信息』（天津

教育出版社，天津，1988年)。荘練『中国近代史上的関鍵人物』上（中華書局，北京，1988年)。〔三石善吉〕

奕譞（えきけん） Yixuan

（1840年10月16日～1891年1月1日）

諡・賢。清朝皇族，清末の官僚。

道光帝の第7子。咸豊帝と奕訢の弟であり，光緒帝の父。その后は西太后の妹。1851年咸豊帝の即位に際して醇郡王に封ぜられる。祺祥の政変に加わり粛順を捕縛。この功により西太后の信任を得，都統，御前大臣，領侍衛内大臣の職を授けられた。さらに72年醇親王に封ぜられ，新たに改編された神機営管理大臣にも任命された。

同治帝が死ぬと，帝には子がなく，奕譞の第2子・載湉が光緒帝として即位。この即位と同時に彼はすべての職務を辞した。ところが，甲申の政変によって奕訢が軍機処を追放されるとその後を襲い軍機大臣として国政に参画し，清仏戦争を処理した。1885年海軍衙門が設立されると総理に就任，李鴻章らと近代海軍の建設にあたった。しかし，西太后の信任の厚い彼は，海軍の建艦費用を頤和園の修築費に転用したとして悪評を買った。光緒帝親政の後病死した。

醇親王家は，奕譞が封ぜられてからはじまり，光緒年間に親王家の世襲が許された。恭親王家と並ぶ皇族の名門。王府は北京市の北側にある。奕譞の死後，その第5子・載灃が継いだ。

参考文献：『清代七百名人伝』第1冊（北京市中国書店，北京，1984年〔世界書局本影印〕)。『中国近現代人名大辞典』（中国国際広播出版社，北京，1989年)。〔徳岡仁〕

廕昌（いんしょう） Yinchang

（1859年～1928年）

字・午楼，五楼。満州族正白旗の人。清朝・中華民国の軍人・官僚。

幼年時代に国子監に入り，1872年北京同文館が徳文館（ドイツ語科）を開設した時に入学，第1期の学生となった。77年初代の駐ドイツ公使・劉錫鴻に随行して，ドイツ公使館三等翻訳官となったが，翻訳が下手なので四等に降格となった。84年ドイツ陸軍士官学校に入学，ドイツ皇太子（のちの皇帝ウイルヘルム2世）と知り合った。学校では地雷操作を主に学び，卒業時には清朝政府が買入れた地雷500個を輸送して帰国した。

帰国後，李鴻章が天津に創立した天津武備学堂のドイツ語通訳となり，以後同校の監督，幇辦，総辦などの官職を歴任した。この間，袁世凱に対して，馮国璋，段祺瑞，王士珍らを推薦して北洋陸軍に参画させた。のち，1899年の「山東路礦章程」，1901年の「辛丑条約」の調印，義和団事件後のドイツへの謝罪特使・載灃の随員となるなど，ドイツとの外交交渉に従事した。

1901年ドイツ出張中に，侍郎銜・正白旗漢軍副都統の本官をもって駐ドイツ公使（出使徳国大臣）を命ぜられ，ついで駐オランダ公使を兼勤した。05年帰国したが，同年のウィルヘルム2世の結婚式には祝賀使節として参列，ウィルヘルムからドイツ・アメリカ・中国の同盟案を提示された。同年8月署理江北提督に任ぜられ，10月新設の陸軍部右侍郎（次官に相当，尚書は鉄良）に任ぜられた。09年再び駐ドイツ公使として赴任，ウィルヘルムと同盟案を協議した。ドイツ公使赴任中も陸軍部右侍郎が本官であったが，10年帰国して本官に復帰，3月鉄良の辞職後，陸軍部尚書署理（代行）となり，12月4日陸軍大臣（官制改革によって尚書から改称）に就任した。

1911年5月責任内閣制発足とともに，慶親王奕劻を総理大臣とする「皇族内閣」に陸軍部大臣として留任した。10月，辛亥革命が勃発すると，自ら第1軍司令官として武漢戦線に出動したが，指揮不如意，革命軍の進展を許し，ついに帰京を命ぜられ，袁世凱に指揮権を委ねた。11月1日袁世凱内閣成立とともに陸軍部大臣を辞し，軍諮大臣（参謀総長に相当，ただし複数人数制で，同僚は袁直系の徐世昌）に退いた。

中華民国成立後は袁世凱から，総統府侍従武官長，外交部高等外交顧問，総統府軍事処総長，参政院参政などに任ぜられ，袁の帝制計画を勧告した。1916年黎元洪が大総統となると侍従武官長に再任，以後長期にわたって在職したが，28年病死した。

参考文献：金梁輯『近世人物志』（国民出版社，台北，1955年)。劉紹唐主編『民国人物小伝』第8冊（伝記文学出版社，台北，1987年)。〔久保田文次〕

尹昌衡（いん しょうこう） Yin Changheng

（1884年～1953年5月26日）

原名・昌儀，字・太昭，碩権，号・止園。四川省彭県生まれ。原籍，四川省華陽県。辛亥革命時の四川都督，軍人。

代々の農家に生まれ，父母に学問があり，10歳で生員となった。一家の成都移住により，錦江書院に入学して新学を学んだが，家が貧しかったため，1903年に開設された四川武備学堂に入学し，翌年10月練兵処派遣学生として日本に赴いた。振武学校から入隊を経て，07年12月陸軍士官学校に入学，翌年11月第6期生として歩兵科を修業した。日本滞在中中国同盟会に加入した。帰国後，09年10月北京で任官試験を受けたが，期待したほどの官位は得られなかった。広西巡撫・張鳴岐の招請を受け，桂林で兵書の編訳などの仕事についたが，まもなく四川都督・趙爾巽に招かれ，成都に戻って教練処軍事編訳科科長となった。

1911年5月鉄道国有化に反対して保路運動が起こると，新任都督・趙爾豊に自分を売り込み，かえって警戒された。9月7日諮議局正，副議長の蒲殿俊，羅綸が逮捕されると，保路同志軍が各地で蜂起し，鎮圧のために端方の率いる湖北新軍が派遣されることになり，尹昌衡は再び自分の起用を趙に求め，都督府に拘禁されそうになった。しかし，たまたま陸軍小学堂で騒乱が起こり，鎮定のために総辦（校長）に任命された。

1911年11月15日蒲と羅が釈放され，27日に成都に大漢四川軍政府が成立し，蒲殿俊が正都督に，第17鎮統制（師団長）の朱慶瀾（浙江人）が副都督になると，尹昌衡は四川出身の軍人の後押しによって軍政部長となった。12月8日，閲兵式の際に巡防営が兵乱を起こし，新軍も殺掠に加わって成都が大混乱に陥ると，尹はうまくこの事態を収拾して都督に就任した（副都督・羅綸）。重慶の蜀軍政府（都督・張培爵）や同志軍の突き上げによって，12月22日，総督署を囲み，趙爾豊を捕えて処刑した。その後，哥老会を統御しながら成都の秩序を回復する一方，周辺の各州県の政権を接収し，侵入した雲南軍を撤兵させ，翌12年3月12日遂に成都と重慶の軍政府の合併に成功し，尹が都督に，張培爵が副都督となった。

1912年5月イギリスの使嗾によってチベット兵が四川省西部に侵入したため，袁世凱は尹昌衡を西征司令官として出兵を命じ，7月12日正式に尹を四川都督に，胡景伊を護理都督に，張培爵を民政長に任命した。9月25日川辺鎮撫使を兼任し，10月10日陸軍中将に上将銜を加えられた。前線に赴いた尹はチベット兵を打ち破って，翌13年4月成都に帰還したが，袁と結託した胡が職を引き渡さず，6月13日尹は川辺経略使に左遷され，胡が四川都督に実授された。7月12日川辺都督を兼任したが，上京を促され，翌14年1月13日に川辺経略使兼都督を解職された。

入京後しばらくは袁世凱に厚遇されたが，1914年2月2日弟を殺された趙爾巽に訴えられ入獄，一時は生命も危うかったが，段祺瑞の周旋によって袁の死後釈放された。その後は南京，成都に隠棲し，儒教・仏教などの研究に没頭して著述に励み，『止園叢書』として刊行した。24年に盛威将軍に任命されたが，世に出ることなく，国共内戦時に重慶に移り，その地で死亡した。自伝に『止園自記』（18年）がある。

参考文献：『止園叢書』1～3輯（自家本，南京，1918年）。波多野善大『中国近代軍閥の研究』（河出書房新社，1973年）。小野忍・丸山昇訳『私の幼少年時代，辛亥革命前後―郭沫若自伝1』（平凡社，1967年）。〔小林共明〕

殷(いん)　夫(ふ)　Yin Fu

（1910年6月11日～1931年2月7日）

原名・徐柏庭，学名・徐祖華，別名・徐白。筆名・任夫，殷夫，殷孚，白莽，莎洛，莎菲，Ivanなど。浙江省象山県生まれ。詩人。左連五烈士の1人。父は医者で1922年病死。兄弟は，姉が2人，兄が3人。

幼児に私塾で学んだ後，1921年象山県立高等小学校に入学。25年8月，上海の民立中学入学。26年7月上海の浦東中学に入学，革命運動と関わりを持つようになる。27年4・12クーデターの後逮捕されたが，蔣介石総司令部参謀処長であった長兄・徐培根の尽力により保釈出獄する。

1927年9月盛淑真の助けにより，その友人・徐文雄の名義で上海の同済大学付属ドイツ語補習科に入学。28年『太陽月刊』に詩を投稿し，銭杏邨の評価を得て，革命文学団体，太陽社に最年少のメンバーとして加わる。同年秋逮捕されるが，長兄の妻の尽力により保釈出獄し，象山県の実家に戻る。29年初め秘かに上海に行き，中国共産党の地下組織と接触を持ち，これ以後地下秘密工作に従事する職業革命家となる。

1929年魯迅が編集する『奔流』に詩を投稿し，魯迅とのつながりができ，そして魯迅から配慮と援助を受ける。7月上海の工場ストライキ中に逮捕され，釈放。その後，まもなく活動に復帰し，青年反帝大同盟，共産主義青年団，青年労働運動に従事する。同年冬，中共指導下にある青年反帝大同盟の刊行物『摩登青年』の編集に加わる。29年末から30年秋頃まで，共青団中央の機関誌『列寧青年』の編集に加わる。この後，31年に処刑されるまで，党誌『紅旗』，団誌『列寧青年』，青年反帝大同盟誌『摩登青年』などに，政治論文や翻訳を発表。その内容は，全国ソヴィエト代表大会，紅軍の宣伝教育，青年労働運動，少年先鋒隊，文化，党内の路線闘争など広範囲に及んでいる。

1930年3月に成立した左連の機関誌『萌芽月刊』，『拓荒者』や李一氓編集の『巴爾底山』などに革命的熱情を唱った詩や散文を発表し，左連の有力な詩人の1人となる。同年5月『拓荒者』に「写給一個哥哥的回信」（兄への返信）を発表し，自らは共産主義のために奮闘する革命戦士であると決意を述べ，兄を搾取階級の代表だとして決別する宣言をおこなった。

1931年1月逮捕され，2月7日上海龍華の国民党淞滬警備司令部で刑死。

殷夫の死後，魯迅は「為了忘却的記念」（1933年，『南腔北調集』所収）のなかで殷夫が訳したペトフィーの詩を紹介した。「生命誠宝貴／愛情価更高／若為自由故／二者皆可抛！（生命まことに貴し／愛情あたい更に高し／もし自由のためのゆえならば／ふたつとも皆抛（なげう）つべし！）」この詩は，その後中国の青年の間で革命歌として愛唱され有名になった。

代表作は，詩集『孩児塔』（1930年）があるが，これは魯迅の序があるものの当時は公刊できず，魯迅が保存していた手稿により54年『殷夫詩文選集』（人民文学出版社）に一部分が収められてはじめて公刊された。その他に詩集や翻訳があるが，その多くが散逸しており，未発見資料がまだ多い。

参考文献：徐忠傑「関於殷夫的伝略」，『新文学史料』1980年1期。丁景唐・瞿光熙編『左連五烈士研究資料編目』増訂本（上海文芸出版社，上海，1981年）。丁景唐・陳長歌『詩人殷夫的生平及其作品』（浙江人民出版社，杭州，1981年）。中国社会科学院近代史研究所主編『民国人物伝』4巻（中華書局，北京，1984年）。盛孰真「長歌一曲譜遺恨」，『人物』1991年3期。

〔辻田正雄〕

殷（いん）　汝耕（じょこう）　Yin Rugeng

（1889年～1947年12月1日）

字・亦農。浙江省平陽県生まれ。中国国民党員，冀東防共自治政府指導者。

温州の名門出身で，兄・殷汝驪は上海時事新報社を経営する一方，反袁世凱運動に参加し，黎元洪政府の財政部次長をつとめ，のちに海南島実業調査，瓊崖実業交通事務処長，江蘇省銀行総理，福建省政府委員などを歴任した経済官僚である。李鴻章政府時期，駐日大使館員をはじめ，満州国成立とともに国務総理になった鄭孝胥と殷兄弟は姻戚関係にあった。

殷汝耕は上海震旦学院を卒業後，日本熊本第五高等学校に留学し，のちに早稲田大学政治経済科に入り，卒業した。学生時代中国同盟会に入り，辛亥革命時には黄興に従って兄・汝驪とともに活動した。民国成立後の1913年には衆議院書記官長となった。18年中国銀行特派員として来日し，同年8月寺尾博士の媒酌で高知県人，井上宅輔の長女・恵子（中国名・民慧）と結婚。のち広東軍政府駐日特派員，唐継尭の雲南督軍下の雲南省公署財政顧問を経て，25年北京における関税特別会議に顧問として参加し，日本と中国の間の折衝を行う。同年10月郭松齢が灤州に挙兵して奉天の張作霖にむけて進撃を始めるや，郭松齢軍に参加し，その外交部長として郭軍の奉天入城にかんし，日本側の諒解をとるため，大連，旅順で奔走した。しかし，郭軍が新民屯で敗退したため殷汝耕は新民屯の日本領事館に逃れ，奉天軍の包囲の中半年間潜伏し，翌26年7月夜陰に乗じて脱出し日本に亡命した。日本では大阪にある妻・井上恵子宅にあり，自らの半生回顧録を『大阪毎日新聞』に連載し，郭軍参加の本意を明らかにした。まもなく上海にゆき，蘇浙皖3省の連合自治を計画するが，広東国民革命軍の北伐進展にあい，蔣介石と同郷のよしみで蔣介石の別働隊として活動。この頃黄郛とも知り合う。蔣介石の訪日に同行。

1927年4月南京国民政府成立後国民政府参議となり，翌28年国民政府非公式駐日外交代表兼国民政府参議に任ぜられ東京駐在となり，帰国後上海特別市政府（市長・黄郛）秘書，国民政府交通部航政司長，陸海空軍総司令部参議を経て，32年上海市政府（市長・呉鉄城）参事，黄郛外交部長の秘書として上海事件後の戦区接収委員となり，日本側と交渉して淞滬協定を成立させる。33年塘沽停戦協定成立後非武装地帯となった冀東の薊密区督察専員となり，灤楡督察専員・陶尚銘の辞職後全戦区の行政を担当した。

1935年11月日本の華北分割に呼応し，冀東地区の自治独立を宣言し，通州に冀東防共自治委員会を成立させ，委員長となる。同年12月冀東防共自治政府を組織し，殷汝耕はその政務長官となった。自治政府は戦区18県に隣接4県を加えた22県に及ぶ地域を国民政府統治下から独立させ支配することとなったため国民政府は直ちに殷の逮捕令を発したが及ばなかった。冀東政府では日本人顧問が各部署につき，軍指揮権も日本軍教官の手中にあった。35年12月冀察政務委員会が成立すると冀東政府は名目上その指導下に入ったが，なお実権は存続していた。

しかし，1937年7月盧溝橋事件勃発直後の7月29日，冀察政務委員会委員長の宋哲元は日本支那駐屯軍の意のままに動かず，ついに宋配下の保安隊が通州在留の日本人260人を惨殺するという「通州事件」が発生した。宋哲元軍はこの事件で殷汝耕を拉致したが，頭山満が彼を救出した。殷は通州事件の責任をとって辞職し，北平に隠棲，事件の犠牲となった人々の霊を慰める写経読経の日々を送った。40年春犠牲者の遺族を見舞いに来日，芝増上寺で盛大な追悼会を催した。その後運河の水利工事を研究し，43年2月王蔭泰の招きで中日合弁の山西省石炭公司董事長に就任，同年4月には汪精衛によって経済委員会委員に任命された。44年1月治理運河籌備処主任，5月治理運河工程局局長となったが，6月に辞職した。北平の住所は北平前図恩寺16号であった。

1945年8月日本敗戦後北平で逮捕され，46年5月26日南京老虎橋監獄に移送された。獄中では写経と『十年回顧録』の執筆の日々を送った。同年6月27日第1回公判が首都高等法院で開廷。弁護人は張文伯，章士釗らであった。通敵反逆罪で死刑宣告を受け，最高法院に上訴したが，47年11月8日再び死刑を宣告された。同年12月1日南京雨花台刑場で銃殺刑を受けた。因みに，この頃東京では連合国による極東国際軍事裁判が行われており，梅津・何応欽協定について殷汝耕を喚問する必要が出はじめていたが，中国（国民党）側が彼を国際裁判に出すと不利が生ずるおそれがあるので，急いで刑を執行したとの見方がある。

参考文献：朱金元・陳祖恩『汪僞受審紀実』（浙江人民出版社，杭州，1988年）。外務省情報部編『現代中華民国・満州国人名録』（東亜同文会，1937年）。東亜問題調査会編『最新支那要人伝』（朝日新聞社，1941年）。益井康一『漢奸裁判史』（みすず書房，1977年）。　〔八巻佳子〕

尤（ゆう）　列（れつ）　You Lie

（1866年～1936年11月12日）

幼名・季博，学名・其洞，字・令季，少紈，孝紈，惟孝，号・小図，呉興季子，鉢華道人。欧文名，Euclid。広東省順徳県北水郷新基坊生まれ。孫文の革命運動の同志，興中会会員。

祖父・禹亭，父・雲紈いずれも著作があり，『順徳県志』にはその庭園が記載されるほどの，地方の名家に生まれた。私塾の教師から民族意識に目ざめさせられ，また『易経』の「湯武革命，順乎天而応乎人」の一句を終生銘記するほど教育されたという。17歳の時，上海から日本の長崎・神戸，朝鮮の仁川などに旅行した。帰国時に上海で洪門に加入し，反清復明思想を形成するようになったという。のち，さらに南京，武漢，長沙，桂林，天津，北京，東三省を旅行した。

1886年広州算学館に入学，3年後に卒業。広東沙田局，輿図局に就職，ついで中仏越南国境調査員や香港政務司書記となった。このころ，孫文，楊鶴齢，陳少白と友人になり，つねに一緒に国事を放談したので，「四大冠」と呼ばれるにいたった。また，香港政庁在職時には，楊衢雲，謝纘泰と友人となって，孫文を楊衢雲に紹介し，興中会結成のもとをつくった。93年孫文・陸皓東，鄭士良らと広州南園の抗風軒で興中会設立を協議した。孫文がハワイで興中会ハワイ支部を設置して95年に帰国した時，広州で楊衢雲，鄭士良，陸皓東らと協議して，興中会本部を香港に設置，会長は楊衢雲であったが，尤列は孫文とともに指導部の中心にあった。このころ，陸皓東とともに，故郷に蚕種改良のため「興利蚕司公司」を設立，孫文が対聯を贈ったことがある。

1895年10月の広州の武装蜂起には孫文とともに広州で準備にあたったが，未然に発覚，陸皓東が逮捕・処刑され，蜂起は失敗した。尤列はフランス領インドシナのサイゴンに逃れた。97年革命党員を結集するため，九龍に中和堂を設立し，その総理となった。中和堂は主として労働者を入会させ，シンガポール，ペナン，クアラルンプールに支部を設置した。のちに日本にも渡り，横浜に支部を設け，東京で雑誌『国民報』を発行した。これらの活動はいずれも孫文の支持を受けていた。1900年恵州蜂起に際しては長江流域の会党に働きかけた。計画失敗後は，横浜や東南アジアの華僑労働者の中で革命を宣伝，労働者，小商人を中和堂に吸収し，またシンガポールで新聞『図南日報』を発行した。05年中国同盟会成立時には，中和堂会員の多くは同盟会に加入し，尤列も加盟した。しかし，この後の革命活動には積極的ではなくなっていった。

辛亥革命後の1913年，北京に来て中和堂を内務部に登録した。袁世凱は孫文らを弾圧するために尤列を籠絡しようとして歓待したが，尤は袁の真意を知り，天津に避けた。ついで，天津の商人の援助で日本に渡り，神戸で塾の教師となり華僑の崇敬を受けた。著書『四書章節易解』，『四書新案』は，日本で出版したものである。袁世凱の帝制計画には反対して「救世軍」を組織したことがある。

のちに帰国，1921年には孫文の護法軍政府の顧問となり，ついで香港で皇覚書院を開校した。31年日本の東北侵略に対抗するための国難会議議員に挙げられたが，病気のため出席できず，電報で意見を具申した。36年南京の孫文の墓（中山陵）に至り，蔣介石にも面会したが，同地で病死した。

参考文献：馮自由『革命逸史』初集（台湾商務印書館，台北，1965年）。鄒魯『中国国民党史稿』第5冊（台湾商務印書館，台北，1965年，影印版）。黄季陸主編『革命人物志』1集（中央文物供応社，台北，1969年）。劉紹唐主編『民国人物小伝』第4冊（伝記文学出版社，台北，1981年）。

〔久保田文次〕

余（よ）　保純（ほじゅん）　Yu Baochun

（生没年不詳）

字・冰懐。原籍，江蘇省武進県。清末の官僚。

1802年進士。06年広東省の高明県，16年番禺県の知県，17年南雄州の知州を歴任した。

1839年，林則徐に従って広東でアヘン密輸禁止策に従い虎門，澳門，沙角などの防備に当たった。41年，広州知府在職時，林則徐に代わって赴任してきた琦善の命を受けて黄埔に出むき，C・エリオットと講和を議した。講和が成立せず，5月，イギリス軍艦が広州城を砲撃した。余保純は琦善に代わった奕山の命令を受けてエリオットに降伏を申し出た。26日「広州和約」を結んだ。同月30日，四方砲台を占拠したイギリス軍が広州城北五里の三元里に侵攻して暴行を働いた。憤激した農民や郷紳は付近100余村の住民を結集して抵抗した。翌31日早朝，広州付近の番禺，南海，花県，増城など400余村の郷勇数万人が三元里農民と協力してイギリス軍が占拠していた四方砲台を攻撃し，1,000人余りのイギリス兵を包囲し，50人近くを死傷させた（三元里抗英闘争）。イギリス軍司令エリオットは余保純に密かに救援を求め，広東巡撫・祁㙻に事態を報告させた。余保純は南海県令，番禺県令と同道して三元里に赴き，欺瞞と脅迫をもって群衆を退散させ，イギリス兵を軍艦へ帰還させた。広東人民は余保純の反民族的行為に怒り，41年9月に余保純が責任者となって施行した科挙考試に際しては，「漢奸の考試は受けない」と叫んで受験を拒否したという。清廷も広東人民の抗議を無視できず余保純を免職にした。

参考文献：広東省文史研究館編『三元里人民抗英闘争史料』（中華書局，北京，1959年）。陳旭麓・方詩銘等主編『中国近代史詞典』（上海辞書出版社，上海，1982年）。清史編委会編『清代人物伝稿』下編2巻（遼寧人民出版社，瀋陽，1985年）。梁廷枏撰『夷氛聞記』（上海商務印書館，1937年）。

〔横山英〕

于（う）　冲漢（ちゅうかん）　Yu Chonghan

（1871年～1932年11月22日）

字・雲章。原籍，奉天省遼陽県。奉天省祁家堡生まれ。東北地方の官僚，政治家。満州国建国時の自治指導部長。

清朝時代の科挙の秀才。1891年熱河の匪賊を鎮定した功により，県亟に補される。続いて92年直隷提都衙門文案に任ぜられる。99年日本に遊学し，後に東京外国語学校の講師として1904年まで中国語を教えた。この時期に日本語とロシア語を習得，日露戦争時，日本軍の特別任務に従事した功により日本より勲六等を受けた。

1906年遼陽西路巡警事務にあたり，知府に選ばれる。07年遼陽に交渉局が設けられると于はこの局長に任命され，もっぱら外交交渉に携わる。10年遼陽交渉局が撤廃されると，吉長道衙門幇辦となる。11年奉天交渉局随辦となり，吉長道尹に任ぜられる。

民国成立後，1912年遼陽臨時知州となるが，同年5月辞任し，北京政府外交部特派奉天交渉員として再び外交に従事する。また，奉天巡按使・張元奇の外交顧問となった。さらに張作霖の総文案兼顧問となり，張の勢力の伸長につれ出世し，20年東三省官銀号総辦，東三省巡閲使署総参議となる。同年9月，奉天派を代表して第2次靳雲鵬内閣の国務院参議となった。第1次奉直戦争後，東三省保安総司令部総参議に就任し，25年東省特別区行政長官，26年東支鉄道督辦などに就く。

袁金鎧とともに王永江の流れを汲む奉天文治派の双璧として，東北地方の政財界に重きをなしたが，第2次奉直戦争後の軍事力中心の時代になると次第に敬遠され，1928年張作霖の死後，東三省保安総司令部参議となるが，ほどなく免官。外国の事情に明るく，特に日中関係に精通しており，日中合弁遼陽電燈公司，及び日中合弁鞍山鉄鉱振興公司の総辦に推された。しかし，反日政策をとる張学良から煙たがられ，病を理由に故郷に帰る。

1931年9月18日の満州事変勃発後，東北における新国家の建設にあたり，王永江をはじめ袁金鎧，于冲漢ら現地有識者の従来の主張である「保境安民」にのっとった地方の自治自衛組織設立の動きが出て，治安維持委員会が各県にできた。関東軍はこの動きを基にして治安工作の統一機関として自治指導部の設立を企画し，その部長として于に白羽の矢をたてた。部長就任の要請を受けた于は，31年の11月本庄関東軍司令官に会い，その直後，袁金鎧らを促し旧軍閥及び南京政権との絶縁宣告を実行させた。于は奉天文治派の従来からの主張である「保境安民」の実現を期待して東北における新国家の建設に協力するが，それが一部の在満邦人の主張する「王道主義」と合致し，満州国建国に「正統性」を与えることになった。

長男の于静遠も，満州事変後自治指導部顧問兼自治訓練処処長，1932年満州国協和会成立より同会総務処長となった。後に満州国の大臣を歴任した。

于冲漢は1932年3月満州国成立後，監察院院長に就任したが，同年11月大連にて没する。

参考文献：田辺種治郎編『東三省官紳人民録』（文海出版社，台北，1973年）。外務省情報部編『現代中華民国・満州帝国人名鑑』（東亜同文会，1937年）。満州国史編纂刊行会編『満州国史・総論』（満蒙同胞援護会，1970年）。

〔浜口裕子〕

郁　達夫　Yu Dafu

（1896年12月7日～1945年8月29日）

本名・文，幼名・蔭生，字・達夫，筆名・応生。晩年に偽名・趙廉。浙江省富陽県城満州衖生まれ。小説家，随筆家，翻訳家。

郁家は代々，教師兼医師の家柄で，かつては地主でもあった。祖父・聖山，父・企曾。達夫は兄２人，姉１人の４人兄弟の末子として生まれ，３歳の時に父を失い，以後，母と特に長兄の手で育てられた。この長兄・華は，思想的にも文学的にも郁達夫に大きな影響を与えた。家人の必死の訓育により，達夫は７歳で私塾で勉強をはじめ，９歳の時には詩が作れるようになった。1907年春，富陽県立高等小学校に入学し，10年に卒業後，嘉興府中学堂に合格，後に杭州府第一中学に転学した。13年春，アメリカの教会が杭州に建てた蕙蘭中学に入学したが，教会学校の「奴隷化」教育に不満を抱き帰郷，独り苦学を続けた。

兄は，16歳の時科挙の院試に首席で合格，1905年に浙江省の師範学校学生代表として早稲田大学に留学，法政大学を経て，清国政府外務部に勤務。この13年，視察のため日本に赴くことが決まっていた（後に司法官となったが，39年国民党により暗殺される。）

この兄の強い勧めもあり，郁達夫は日本留学を決意，1913年９月兄にしたがって訪日，東京神田正則学校に入学。14年７月，東京第一高等学校予科に合格，はじめは文科で学んだが，後に医科に変更。この頃，やはり留学中の郭沫若の知己となり，ヨーロッパ文学に触れる。15年夏，東京第一高等学校予科卒業，名古屋の第八高等学校医科に入学。しかし翌年文科に変更。さらに，19年７月，東京帝国大学経済学部に入学した。この専門を決定するに至る達夫の動揺の背景には，故国滅亡の危機感と絶望，そして兄への憧憬と反発などが作用していたと思われる。

郁達夫は，この東京帝国大学在学中，文学者としての地位を固めた。1921年７月，郭沫若，成仿吾，張資平らと東京で創造社を創設し，同月短篇小説「銀灰色の死」を『時事新報・学灯』に発表，10月には中国文壇を風靡した代表作『沈淪』をはじめとする短篇小説集を泰東図書局より出版した。この間，20年に一時帰国し，最初の妻となった同郷の孫荃と結婚した。22年春，東京帝国大学を卒業，経済学士の学位を獲得し，７月に帰国。

この日本留学の間，達夫に大きな影響を与えたのは，佐藤春夫であり，その背後にあるイギリス世紀末文学であった。この他，達夫は留学中に服部担風をはじめとする漢詩人たちと親交を結んでいる。達夫の才能溢れる旧体詩は，日本吟界で驚きをもって迎えられた。担風は慈父のように達夫に接し，その交わりはあたかも魯迅における藤野先生のようであったという。

帰国した1922年９月，郁達夫は安慶の安徽公立法政専門学校で教鞭を執り，続いて北京大学，25年には武昌大学で統計学などを教えた。こうして，38年までの16年間，達夫は中国国内を転々としながら，精力的に多くの作品を発表し，雑誌の編集出版にも力を入れた。そして抗日の激しい潮流のなかで，文学者として政治的にも重要な仕事をしていった。創作の面では，小説散文集『蔦蘿集』（泰東書局，23年），短篇小説「春風沈酔的晩上」（『創造季刊』２巻２期，24年），短篇小説「薄奠」（『太平洋』４巻９期，24年），小説集『鶏肋集』および短篇小説集『寒灰集』（創造社出版部，27年），中篇小説『迷羊』（北新書局，28年），小説集『在寒風裏』（厦門世界文芸書社，29年），中篇小説『她是一個弱好』（上海湖風書店，32年），中篇小説「出奔」（『文学』５巻５号，34年）などがある。

散文としては旅行記『達夫游記』（上海文学創作社，1936年），『閑書』（上海良友図書公司，36年）など。文学論としては，『文芸論集』（上海光華書局，26年），『戯劇論』（商務印書館，26年），『文学概説』（商務印書館，27年），『敝帚集』（現代書局，28年）などがある。一方，郁達夫の編集出版による雑誌としては，23年創造社の『創造季刊』，『創造週報』，『創造日』，27年『民衆旬刊』，28年魯迅と共同編集した月刊誌『奔流』，『大衆文芸』，銭杏邨と共同編集した，共産党指導下の済難会の半月刊誌『白華』などがある。また34年には，『中国新文学大系・散文二集』の選考と編集を行い，『導言』を書いた。

この間の郁達夫の政治的な動きを追うと，はじめは活動の拠点を創造社に置いていたが，1927年８月内部の意見の対立により脱退。10月魯迅と知り合い，魯迅主編の『語絲』に作品を発表した。28年には創造社の魯迅攻撃を批判，また，阿英の紹介で太陽社に加入。30年中国左翼作家連盟に発起人として参加したが，翌年不活動で除名される。31年，上海文化界反帝抗日大同盟に加入，33年中国民権保障同盟に加入，上海分会執行委員となる。36年福建省参議に就任，翌年には福州文化界救亡協会理事長に就任した。38年武漢に赴き，郭沫若が庁長を務めていた軍委政治部第３庁の抗日宣伝工作に設計委員として参加した。しかし，日本軍の武漢侵攻に伴い，12月２度目の妻・王映霞とともにシンガポールに渡った。この間，日本との関係では，27年「訴諸日本無産階級文芸界同志」

を日本『文芸戦線』（第4巻6期）に寄稿，33年小林多喜二虐殺に抗議する書を日本警視庁に送付，遺族救援の呼び掛け人となった。また35年には来日している。そして38年「日本的娼婦与文士」を『抗戦文芸』（第1巻4期）に発表，戦争に協力している日本の佐藤春夫らを厳しく批判した。

シンガポールに行った後も郁達夫の活動の勢いは衰えず，『星洲日報』副刊『晨星』と『繁星』の編集をはじめ，イギリス政府情報部出版の『華僑週報』の主編などを歴任した。1941年3月，国民党の皖南事変に対する抗議声明書「星華文芸工作者致僑胞書」を筆頭署名者として発表。12月シンガポール文化界抗日連合会主席に就任。やがてこの地も日本軍の手に落ち，胡愈之らとともに42年5月スマトラ島に難を避けた。そこで達夫は偽名の趙廉などを使い，スマトラ中西部の町パヤクンブー（Payakumbuh）で「趙豫記酒廠」という造り酒屋を経営した。この間43年には，インドネシア華僑・何麗有とパダンで3度目の結婚をしている。しかし，日本語の話せる華僑の存在は間もなく日本軍憲兵隊の知るところとなり，達夫は憲兵隊の通訳をさせられた。45年8月戦争は終わったが，この間に趙廉が実は郁達夫であることが憲兵隊に知れ，8月29日後難を恐れた憲兵が秘密裏に達夫を拉致し，その日のうちに殺害した。52年中華人民共和国政府は郁達夫を烈士に追認した。

参考文献：郁達夫「自伝之一」～「自伝之八」，『人間世』17期～21期，23期，26期，31期，1934年12月5日～1935年7月5日。郁風「郁達夫的出生家庭和他的少年時期」，『新文学史料』1979年5期。『郁達夫文集』10巻（生活・讀書・新知三聯書店，香港，1982年）。桑逢康『郁達夫伝』（北岳文芸出版社，太原，1989年）。王自立・陳子善編『郁達夫研究資料』上・下（天津人民出版社，天津，1982年）。馬良春・李福田編『中国文学大辞典』（天津人民出版社，天津，1991年）。『現代中国文学6』（河出書房新社，1971年）。稲葉昭二『郁達夫』（東方書店，1982年）。鈴木正夫『スマトラの郁達夫』（東方書店，1995年）。郭文有『千秋飲恨―郁達夫年譜長編』（四川人民出版社，成都，1996年）。

〔関根謙〕

于　方舟（う　ほうしゅう）　Yu Fangzhou

（1900年9月15日～1928年1月14日）

原名・蘭渚，字・芳州，舫州，変名・紹堯。河北省寧河県生まれ。国民革命時期の天津の学生運動指導者，農民運動指導者。

幼少時より父母からアヘン戦争や義和団事件などについて聞かされ，「反帝愛国」の影響を受けたといわれる。6歳で私塾に，13歳で俵口小学堂に学ぶ。1917年天津の直隷省立第一中学校に入学，天津の外国租界の様子やロシア革命に衝撃を受け，同校の三育促進会が発行する『進修』編集員として活躍する。

1919年五・四運動が勃発すると同校学生救国団を組織し，天津学生連合会評議会委員に選出されて，天津の学生運動で指導的役割を果した。その後新生社を設立し，李大釗の指導の下，周恩来の組織した覚悟社とともにさまざまな革命運動を積極的に展開した。20年4月雑誌『新生』を創刊する。天津学生連合会に講演部ができると街頭演説を展開し，周恩来らとともに一時投獄されたが，獄中でも教育宣伝活動を続けた。同年7月釈放され，寧河県の増税法案に反対する農民運動を支援し撤回させる。また李大釗の影響を受けて天津マルクス主義研究会を組織し，21年春これを社会主義青年団に改める。

1922年同郷の于紹舜の名を借りて南開大学に入学，寧河旅津同郷会会長に選出され革命運動に従事する。同年天津学生連合会を復興させ，執行部部長となる。23年李大釗の紹介で中国共産党に入党，24年春中共天津地方執行委員会を成立させ，書記に選出される。同年1月広州における国民党第1回全国代表大会に直隷省代表として参加し，国民党中央執行委員会委員候補，国民党直隷省臨時党部執行委員に選出され，中共順直省委員会組織部部長にも任ぜられる。同年12月孫中山が上海から日本，天津を経由して北京に向かうに際し，天津での歓迎活動を組織した。25年天津各界人民国民会議促成会が成立すると宣伝科主任に選出される。同年3月天津で孫中山追悼大会を組織する。5月には中共中央から派遣された李季達とともに天津電車公司のストライキ闘争を指導する。

1927年国共分裂後，10月中共順直省委員会の指示により河北省遵（化）・豊（潤）・玉（田）3県の農民武装蜂起を指導したが逮捕される。28年1月河北省玉田県城で処刑された。

参考文献：蕭三編『革命烈士詩抄』（中国青年出版社，北京，1959年）。中共党史人物研究会編『中共党史人物伝』11巻（陝西人民出版社，西安，1983年）。劉玉芝他「戦勝眼前魔，何愁滄海闊」，『不屈的共産党人』3（人民出版社，北京，1982年）。

〔安田淳〕

裕禄（ゆうろく）　Yulu

（1844年～1900年8月7日）

字・寿山，喜塔蠟氏，満州正白旗人。満州族。排外主義を唱えた清末の保守派官僚。

父は湖北巡撫となった崇綸。裕禄は1856年監生から金で筆帖式を買い取り，刑部に入り，以後主事，員外郎，郎中を歴任した。67年に裕禄は直隷・熱河の兵備道に就任した。つづいて彼は68年に安徽省按察使となり，72年には安徽省布政使に，そして74年に安徽省巡撫に昇進した。安徽省巡撫在任中に，前江南提督の李世忠が横暴でほしいままに振舞っていたので裕禄は彼を掣肘すると同時に，その家族を扶助したので名声を高めたという。

1885年に裕禄は湖広総督代理となり，87年には湖広総督に昇進し，さらに両江総督代理と辦理通商時務大臣をも兼ねた。この時期，張之洞の上奏により，廬漢鉄道の建設が決定されたが，裕禄はそれに強く反対した。89年盛京将軍となり，91年に熱河で教会を破壊し教民を殺戮する仇教闘争が起こると，彼は兵を率いて鎮圧している。

1894年日清戦争が勃発すると，盛京将軍として裕禄は奉天省に厳戒体制を敷いて防衛に努めたが，日本軍によって安東城，鳳凰城などを占領され，さらに金州，海城，牛庄などを陥落させられると，彼はその責任をとって処分を願い出て，２階級降格しただけで留任となった。

1895年に裕禄は福州将軍に転じ，翌年には四川総督となった。そして98年には軍機大臣行走となり，つづいて礼部尚書代理，総理各国事務衙門行走を歴任した。戊戌政変後には軍機大臣となった栄禄に代わって裕禄が直隷総督に昇進し，また北洋大臣の要職をも兼任した。

この時期，ドイツが宣教師殺害を口実に1897年11月青島を占領し，膠済鉄道を建設し始めると，キリスト教徒に対する反感と水害，日照りなどの自然災害が重なり，98年５月頃から山東省北部から義和団運動が広がっていった。その影響が直隷省南部にも波及すると，裕禄は軍隊を派遣して弾圧した。

しかし山東省では1899年春，排外主義者の毓賢が巡撫になると，義和団を保護したため義和団勢力が増大し，さらに同年秋に起こった平原教案事件で義和団を弾圧した地方官僚が処罰を受ける事態が発生すると，義和団の勢力は急速に山東省各地に拡大した。列強の強い要求に屈伏した清朝は毓賢を解任して袁世凱を起用した。袁世凱は山東省における義和団の活動を取り締まったため，義和団の主力が直隷省へ浸透することとなった。

裕禄はこの時期，その首領さえ捕えれば義和団活動を容易に統制できると考え，鎮圧ではなく解散させる対策をとっていた。1900年５月淶水県で義和団による教案が発生し，鎮圧のため派遣された軍隊と衝突すると，義和団は鉄道や電線の破壊を行って抵抗した。直隷総督・裕禄は援軍を派遣して鉄道・電線を守らせ，義和団に対しては一面では弾圧するとともに，他面では解散の命令・勧告を行った。しかし，義和団の勢力は衰えず，むしろ拡大することとなった。

列強は義和団の排外運動の鎮圧を要求してきたが，ついに1900年５月28日，各国公使は軍事介入を決定し，本国へ派兵を要求するとともに総理衙門にその旨を通告した。かくして６月17日，列強の連合軍は北京防衛の要衝である大沽砲台を攻略した。

これに対して西太后や端郡王らは対外強硬路線に転じ，義和団を利用して排外の目的を達成しようと考えるに至り，1900年６月21日列強に対し宣戦布告を行った。裕禄も天津一帯の秩序を保持するためには義和団を招撫せざるをえないとみなし，義和団の指導者である曹福田や張徳成らを総督署に招いて会見したり，天津内での義和団の活動を許可し，武器や馬を与えたりした。天津には約３万人の義和団が集結したようである。７月９日から始まった天津城攻防戦では列国は１万5,000人近い兵力を投入したが，その中心となったのは日本軍であった。これに対して聶士成の率いる武衛前軍や義和団は多くの犠牲者を出しながらも勇敢に抵抗した。

1900年７月14日天津城が陥落すると，裕禄は北倉に残存兵力を集結し，陣地を築いて列強の進攻を防ごうとした。しかし，８月５日約8,800人の日本軍を主力とした列国の軍隊によって北倉が攻略され，さらに裕禄は楊村に逃げ抵抗したが，ここも攻略され，８月７日自決した。列国軍隊が北京を占領したのは８月14日であった。

参考文献：民国清史館編『清史稿』巻465，列伝252（民国清史館，北京，1927年）。裕禄『裕寿泉摺奏』（台湾学生書局，台北，1965年）。蔡冠洛編『清代七百名人伝』中冊（遠東図書公司，香港，1963年）。小林一美『義和団戦争と明治国家』（汲古書院，1986年）。〔楠瀬正明〕

兪（ゆ）　平伯（へいはく）　Yu Pingbo

（1900年１月８日～1990年10月15日）

原名・銘衡，字・平伯，直民，号・屈斎。筆名・一公，平，蘋初，y.p.，環，援試，趨心餘，吾廬，古槐居士など。江蘇省蘇州生まれ。原籍，浙江省徳清県。文学者，古典文学研究家。

兪平伯は典型的な読書人家庭に育った。曽祖父は清末の高名な学者・兪樾であり，父・兪陛雲（字・階青，1821～1950年）も進士（探花郎）合格の文学者，母や異母姉らも詩文，音曲をよくした。幼時から父母に伝統的学問の基礎を厳しくたたきこまれ，短期間ではあったが直接兪樾の薫陶にも浴している。

思想形成に決定的な影響を与えたのは，北京大学在学時（1915～19年）に折からの新文化運動の洗礼を受けたことで，特に周作人からは後年に至るまで継続的に絶大な影響を蒙っている。北大では新潮社や平民教育講演団の主要メンバーとして活躍，『新潮』，『新青年』に口語による詩や小説，啓蒙的評論などを発表し，運動の一翼を積極的に担った。

創作活動は1920年代にほぼ集中している。文学研究会の初期からの会員。朱自清らとの交友が，文学的興趣を大いにかき立てた。20年代前半は口語詩創作に旺盛な意欲を見せ，22年には中国の口語詩集としては3番目に当たる『冬夜』を上梓し，また同年1月中国初の詩誌『詩』の創刊に関わるなど，草創期の新文学に少なからぬ貢献をした。詩の平民化を通じて万人が表現し享受しあう「詩の共和国」（『詩底進化的還原論』，21年）を理想としたが，平民化を意図した詩は成功したとはいいがたく，むしろ伝統的な風格を持つ抒情的な諸篇に佳作が多い。五・四落潮の中で理想の挫折を迎え，彷徨の様を唄う哲理詩「囈語」（『西還』，24年）と児歌に託して幼時の回憶を唄った『憶』（25年）への分裂を経て，より自由な表現形態たる散文へと向かい，以後口語詩はほとんど作られなくなる。

散文は『語絲』，『駱駝草』などを中心に発表され，『雑拌児』（1928年），『燕知草』（30年）など5冊の散文集にまとめられた。周作人らのいわゆる「言志派」にくみした。作品は科学的合理的精神に基づいた考証文から抒情小品に至るまで文人趣味が濃厚で，周作人はその文風の晦渋と反抗性を明末竟陵派になぞらえた。中でも特徴的なのは夫人・許宝馴らとの思い出を綴った小品群で，纏綿たる情感を回想という位相において表出している。これは兪平伯の際だって強かった家族愛を物語ると共に，彼が好んだいわゆる「美化文学」との強い血縁性を示している。30年代に入ると散文創作も次第に先細り，折りにふれて旧詩詞が作られるほかは，ほぼ古典の研究にのみ，自己実現の場を見出して行くこととなる。特に抗日戦期には，当時教鞭を執っていた清華大学の南遷に同行せず，日本占領下の北平に留まったが，対日非協力を貫き，わずかな学術論文を除き執筆をしていない。

古典研究は，いわゆる「新紅学」の傑出した成果である『紅楼夢辨』（1923年）以来，紅楼夢と詩詞を中心として行われた。その特徴は，実証的方法の上に，作品と創作心理の陰翳に分け入る読みの深さにあり，それ自体がすぐれて文学的な営為であったといえる。彼の紅楼夢研究に対して，解放後（54年）学術分野におけるプチブル性批判の一環として全国規模の批判運動が行われたが，研究そのものの価値を損なうには至らなかった。58年には労作『紅楼夢八十回校本』を完成させた。その他『読詩札記』・『読詞偶得』（34年）『清真詞釈』（48年）『唐宋詞選釈』（79年）など，詩詞の注釈のほか，『三俠五義』，『陶庵夢憶』，『浮生六記』などの校訂出版も手がけている。また，昆曲の継承保存に力を注いだ。

解放後は北京大学教授を経て社会科学院文学研究所研究員となり，九三学社，中華全国文学芸術工作者代表大会，文運，全国人民代表大会，中国人民政治協商会議などの代表，委員を務めた。文革時には批判を受け，河南の幹校へ下放させられた。結婚60周年を記念した七言長詩『重圓花燭歌』（1977年）は，晩年の平安のうちに来し方を回想した力作である。90年10月北京で死去。

参考文献：孫玉蓉編『兪平伯研究資料』（天津人民出版社，天津，1986年）。楽斉編『中国現代作家選集・兪平伯』（人民文学出版社・生活・読書・新知三聯書店，北京・香港，1989年）。兪平伯『兪平伯散文雑論編』（上海古籍出版社，上海，1990年）。兪平伯『兪平伯論紅楼夢』（上海古籍出版社，上海，1988年）。兪平伯『論詩詞曲雑著』（上海古籍出版社，上海，1983年）。『燕知草』（上海書店，上海，1984年影印版）。

〔奥山望〕

虞（ぐ）　洽卿（こうけい）　Yu Qiaqing

（1867年～1945年4月24日）

原名・和徳，字・洽卿。浙江省鎮海県龍山郷生まれ。原籍，浙江省鎮海県。金融業，汽船業などで活躍した上海の著名な浙江籍実業家。

村の小さな雑貨商だった父が早くに亡くなったため生活は貧しく，15歳の時上海の瑞康顔料号の徒弟になった。そこに10年ほど勤めた後，1894年顔料などの輸入に当たっていたドイツ人貿易商の魯麟洋行に入社し，買辦となって蓄財に成功する。1903年，魯麟洋行を辞めてロシア資本の華俄道勝銀行の買辦になり，さらに04年から，オランダ資本の荷蘭銀行の買辦に転じた。以上のような経験を生かし，浙江商人たちが発起した四明銀行の創設にも関与している。

この間に，1898年7月の四明公所事件，1905年12月の黎黄氏裁判事件など租界で発生した中国人と外国人との抗争に際し，巧みな調停能力を発揮して中国人側の利益を擁護し，上海の内外人の間にその名を知られるようになる。06年朱葆三らと華商体操会を組織する。この組織はその後彼の政治活動の基盤となる。24年から26年まで上海総商会の会長を務め，20年には創設された上海証券物品交易所の初代理事長に選ばれている。

1908年に寧波・上海間の汽船運賃問題をめぐる紛糾が生じた際も，虞洽卿はその解決に乗りだし，結局自らが汽船一隻を購入して汽船会社を経営することになった。これが寧紹公司であり，彼が汽船業に関係する発端であった。その後，13年の三北輪船公司創立，17年の寧興輪船公司創立，18年のイギリス資本の鴻安輪船公司買収などを通じて汽船業界に強固な地歩を築き，27年には航業公会理事長の座にも就いている。

1911年，辛亥革命の際は革命勢力への資金，武器弾薬援助などで活躍した。19年の五・四運動に際しては，商工業者の反日運動の先頭に立った。25年の5・30運動の際は，6月10日に総商会内部に設置された5・30委員会の委員として商工業者の政治的な行動をリードするとともに事態の収拾に当り，27年に蔣介石が4・12クーデターを起こした時も，頻繁に蔣と会談し財政援助の取りまとめなどに暗躍した。

抗日戦開始後も上海に残り，汽船会社の国籍をイタリア国籍やパナマ国籍に変えて営業継続を図る一方，上海難民救済協会の理事長に就いている。1941年春香港を経て重慶に移り住み，同地で45年4月に病死した。

参考文献：商報社編『現代実業家』(商報社，上海，1935年)。許念暉「虞洽卿的一生」，中国人民政治協商会議全国委員会文史資料研究委員会編『文史資料選輯』15輯（中国文史出版社，北京，1986年)。丁日初等「虞洽卿簡論」，『歴史研究』1981年5期。許滌新主編『中国企業家列伝』第2冊（経済日報出版社，北京，1988年)。徐鼎新等『上海総商会史（1902-1929)』(上海社会科学院出版社，上海，1991年)。

〔久保亨〕

裕謙（ゆうけん） Yuqian

(1793年～1841年)

原名・裕泰，字・魯山，衣谷，号・舒亭，諡・靖節。博羅忒氏。蒙古鑲黄旗人。清末の官僚。

1817年進士。庶吉士。翰林院に入った後礼部主事に，数年後に礼部員外郎に昇進した。26年，湖北省荊州の知府に任ぜられ，裕謙と改名。その後，武昌知府，荊宜施道，江蘇按察使，江蘇布政使を歴任し，39年から41年の間は江蘇巡撫の任にあった。

1840年6月アヘン戦争が勃発し，8月，舟山群島の定海が北上したイギリス海軍に占領された。両江総督・伊里布が欽差大臣に任命され，対英抗戦の任を帯びて浙江へ派遣されたので，裕謙は両江総督代理を兼任することとなった。当時，イギリス海軍は舟山群島から長江外洋にかけての洋上を巡航しており，江南は侵略の危険にさらされていた。裕謙は宝山や上海へみずから赴き，徐州鎮総兵・王志元や提督・陳化成を督励して長江沿海地域の防備を固めた。対英強硬論者の裕謙は，定海の即時奪回を主張し，その方策を上奏すると共に，広州においてイギリスと和議の交渉に当たっていた琦善の対英政策の誤り，対英防備の怠慢，定海譲渡意図など5カ条の罪を列挙して琦善を弾劾した。丁度このころ，道光帝は広州での対英交渉をやめて対英戦争の開始を決意しており，裕謙の弾劾上奏を受け容れた。道光帝は広東へ増援軍を派遣すると共に，伊里布に対して定海の奪回作戦を開始するよう命令した。

しかし，翌1841年1月，イギリス軍が広州への総攻撃を開始し，驚いた琦善は和議を申し込み，C・エリオットから香港島の割譲などを内容とした「穿鼻草約」の承認を強要された。琦善は結局調印しなかったが，イギリス軍はさっそく香港島を占領した。同年2月，琦善は職を免ぜられて北京へ召還されたが，琦善に追随して対英攻撃を実行しなかった伊里布も同月，欽差大臣を免ぜられて南京への帰任を命ぜられ，代わりに裕謙が定海奪回をめざす欽差大臣に任命された。しかし，裕謙が鎮海に着任した時にはすでにイギリス軍艦は定海から退去していたので，定海に渡って善後措置を講じた。ついで，両江総督を拝命したので浙江省を巡撫・劉韻珂と提督・余歩雲に依託して南京に移り，江南の防備の充実を進めた。やがて，イギリス軍の再度の北上が伝えられると，41年8月，裕謙は防備の任を帯びて浙江へ移り，定海の防備や砲台の増強に努めた。しかし，H・ポッティンジャーに率いられたイギリス軍は大挙して北上し，厦門につづき浙江の定海を再び占領し，つづいて鎮海を猛攻撃した。裕謙は部下を督励して必死の防戦につとめたが及ばず，池に身を投げ自殺をはかった。副将・豊伸泰らが救出したが既に意識不明で，小舟に乗せて退去する途上死亡した。

裕謙はその忠節を賞せられ，京師の昭忠祠に祀られ，鎮海には記念祠が建てられた。荊州および武昌の知府時代の文章は『勉益斎偶存稿』(8巻）として1832年頃刊行された。32年から40年の間の著述は『勉益斎続存稿』(16巻）として40年頃刊行され，76年にこれら両著を合冊して『正続外吏規型』として再刊された。また，裕謙の死後，著作集『裕靖節公遺書』(12巻）が出版された。最後の第12巻にはアヘン戦争期に著述した16編の文章が収められている。

参考文献：李桓輯『国朝耆献類徴』373（湘陰李氏刊，1890年）。繆荃孫編『続碑伝集』55（江楚編訳書局，上海，1910年）。民国清史館編『清史稿』列伝159（民国清史館，北京，1927年）。民国中華書局編『清史列伝』37（民国中華書局，上海，1928年）。清史編委会編『清代人物伝稿』下編1巻（遼寧人民出版社，瀋陽，1984年）。A.W. Hummel ed., *Eminent Chinese of the Ch'ing Period, 1644-1912*, Vol. 2 (U.S. Gov. Printoffice, Washington, D.C. 1944).〔横山英〕

余　清芳（よ せいほう）　Yu Qingfang

（1879年11月16日～1915年9月23日）

別名・余先生，余滄浪，余清風，徐清風。台湾省鳳山県生まれ。父は余蝦，母は余洪氏好。父母ともに福建系。西来庵事件の指導者。

幼くして父母と共に台南庁に転居し，6～7歳の頃，書房に入り数年間漢学を修める。12～13歳の頃，米穀・雑貨商の手伝の余暇に旧城公学校に通学し，日本語を習得。1899年から1904年にかけて，台南・鳳山両県で巡査補になるも，短期間で解職される。以後，台南各地の「斎堂」に出入し，信徒の勧誘に努める。08年に塩水港で起こった二十八宿会という秘密結社に加入し党勢の拡張に腐心したが，官憲に発見され，翌年台東加路蘭浮浪者収容所に送致される。11年，赦免され帰宅する。保険会社などの勧誘員を数年勤めた後，14年，台南市で精米所を開業する。商業の傍ら各地の「斎堂」（後述）に出入りして信徒の勧誘に努め，また同市にある西来庵廟の董事である蘇有志，鄭利記と知り合う。両人とも地方の名門の出身で，3人はしばしば同廟で密会し，日本の植民地統治を呪い，清朝時代をなつかしんだ。辛亥革命の勃発も彼らに大きな影響を与え，余清芳が中心となって抗日組織の同志を糾合した。余は抗日組織の成員として斎教（在家での修行と菜食が強調される宗派で，羅教の教義を継承し，さらに弥勒下生信仰が混入）の信者をまず勧誘した。斎教徒の信奉する西来庵は五福大帝を主神とし，祭礼説教の中で排日思想を鼓舞した。余は，同廟修繕費募集と称して各地をめぐり，自分が西来庵の祭神王爺の神勅により台湾で皇帝に即位し，大正4年は日本の台湾領有期限であり，その時には中国大陸から多数の軍隊が渡来し，これに呼応して暴動を起こせば，日本人を撃退できると訴えた。さらに西来庵の信徒で神符を持つ者には敵弾はあたらないとして，神符を与えた。また日本人撃退後は人民の貧富の懸隔がなく，徴税・法令規則の拘束がなく，自由安楽を享有させるという理想郷の「大明慈悲国」を現出するとも説いた。抗日活動のために中国大陸に亡命中の羅俊（彼も斎教徒）は余清芳の抗日計画を知り，これに参加するため帰台した。余は台湾南部の山間部で武装抗日活動を継続していた江定とも知り合いこれを副将とした。

1915年5月，抗日蜂起計画が官憲に察知され余清芳は江定と共に嘉義・台南・阿緱の3庁に跨がる後堀仔山中に逃亡し，6月，羅俊が逮捕され，7月，官憲の追及の手が後堀仔山に及ぶと，余清芳らはこの付近で蜂起し，支庁，派出所などを襲撃した。8月5日，1,000人余りの蜂起軍は虎頭山付近に結集し，2日間にわたる日本軍との激しい戦闘の結果，蜂起軍は敗北し散り散りになって逃走した。余清芳は8月22日に逮捕された。西来庵事件の逮捕者は1,400余名にのぼり，台南に臨時法院を開設し裁判が行われ，死刑判決が下された者は866名に上った（死刑が執行されたのは95名で，他は後に減刑される）。羅俊は9月6日に，余清芳は蘇有志，鄭利記らと共に9月23日に台南監獄において絞首刑に処せられた。

参考文献：台湾総督府法務部編纂『台湾匪乱小史』（台北，1920年）。台湾総督府編『警察沿革誌』第2編上（台北，1938年）。台湾憲兵隊編『台湾憲兵隊史』（台北，1932年）。程大学『余清芳伝』（台湾省文献委員会，台中，1978年）。Katz, Paul R. *When valleys turned blood red: the Ta-pa-ni incident in colonial Taiwan* (University of Hawaii Press, 2005).

〔張士陽〕

余　秋里（よ しゅうり）　Yu Qiuli

（1914年11月15日～1999年2月3日）

江西省吉安県生まれ。中国共産党の指導者，軍人，政治家。

1929年に故郷吉安県で農民暴動に参加し，中国工農紅軍に入る。同年12月に中国共産主義青年団に参加，同県の赤衛大隊の中隊長となる。31年5月中国共産党に入党。33年から江西地区で湘贛（湖南・江西の省境）ソヴィエト政府労農検査委員会委員，紅軍学校第4分校連隊指導員，紅軍第2軍団の団政治委員などを歴任，湘贛根拠地および湘鄂川黔（湖南・湖北・四川・貴州の省境）根拠地で国民党軍の包囲討伐軍との戦闘に参加した。

1935年の長征に参加。紅軍第2軍団の北上中に戦闘で負傷，その後傷が悪化して左腕を切断。36年に陝西北部で主力紅軍と合流，そこで抗日軍政大学に入学した。

日中戦争が始まると，国民革命軍陸軍第18集団軍（八路軍）の総政治部組織科の科長となり，ついで八路軍第120師幹部大隊の政治委員，支隊の政治委員，第358旅団の政治委員，旅団政治部主任などを歴任。

戦後内戦期には，第358旅の政治委員となり，部隊を率いて延安防衛戦役，西北解放の戦闘に参加した。

建国後は，青海軍区で軍の副政治委員，西南軍政大学の副政治委員，第二高級歩兵学校の校長兼政治委員，西南軍区後勤部部長兼政治委員，人民解放軍財政部部長，総後勤部政治委員などを歴任。1955年に中将となり，二級八一勲章，一級独立自由勲章，一級解放勲章を授与された。

1958年からは軍務を離れ，石油工業やエネルギー部門に転じた。2月に国務院石油工業部長となり，黒龍江省の大慶油田の開発工作を指導した。石油工業部長のポストは文化大革命期も保持し，70年までつとめた。

1964年から70年5月まで国家計画委員会第1副主任も兼務し，70年6月から80年3月までは主任をつとめた。その間，計画部門での功績を買われて75年1月から82年5月まで副総理となっている。79年から国家財政経済委員会，党中央財政経済指導小組のメンバー（～81年），80年8月から国家エネルギー委員会の主任もつとめた。82年5月からは副総理を退き，国務委員となって，83年6月までつとめる。

党内では，文化大革命中の1969年4月に初めて党中央委員（9期）となり，12期まで中央委員をつとめた。11期と12期では政治局委員，80年から87年9月まで書記処書記となった。

余秋里は，1958年から80年代はじめまで一貫して石油・エネルギー部門，国家計画部門のリーダーをつとめ，国務院の経済分野の指導者として文化大革命で失脚しなかった非常に珍しい例である。おそらくは，大慶油田開発の成功で中国の石油開発に大きな貢献をしたこと，および前歴が軍人であったことなどが地位の保持に有利な材料となったのだろう。

だが，華国鋒時代の1979年から80年，国力を顧みず外国からプラントなどを大々的に購入して経済の急成長を計ろうとした大躍進政策（58年のそれと区別して「洋躍進」と言われる）の立案，その破綻に余秋里ら国家計画部門，エネルギー部門のリーダーが一定の役割を果したことは否定できない。その影響もあってか，82年からは国務を離れ，再び軍務に戻っている。同年9月から中共中央軍事委員会（同時に国家中央軍事委員会）の副秘書長，人民解放軍の総政治部主任となる（～87年11月）。

1987年10月の13回党大会以後は第二線に退き，中共中央顧問委員会の常務委員を92年10月までつとめる。88年7月に一級紅星功勲栄誉章を授与され，91年1月から中国軍事科学学会の高級顧問もつとめる。1999年2月3日死去。

著作には，「人民解放軍与大慶油田的開発建設」（『人民日報』1992年8月5日），『余秋里回憶録』（人民出版社，2011年）などがある。

参考文献：徐友春主編『民国人物大辞典』（河北人民出版社，石家荘，1991年）。盛平主編『中国共産党人名大辞典』（中国国際広播出版社，北京，1991年）。〔毛里和子〕

于（う）　樹徳（じゅとく）　Yu Shude

（1894年2月29日～1982年2月18日）

河北省豊潤県静海の生まれ。中国共産党初期の指導者。中華人民共和国の社会事業家，経済指導者。

地主の家庭に生まれ，天津の直隷省立法政専門学校を卒業。辛亥革命に参加した。1918年日本の京都大学経済学部に留学してマルクス主義に接する。22年中国共産党に入党，同年李大釗の推挙によりモスクワで開催された極東民族会議に出席する。帰国後，北京や天津で学生運動及び国民党改組の活動に参与する。24年国民党1全大会で，また26年同2全大会で中央執行委員に選出される。また同委員会北京執行部責任者や黄埔軍官学校政治教官をもつとめる。国共分裂後，中共を脱党し，教育と著述に専念したが，中国で最も早く合作社の理論を論じたといわれる。33年中共に協力して李大釗（27年4月死去）の葬儀に参与する。日中戦争末期には中国工業合作協会副総幹事に任ぜられる。

中華人民共和国建国後，中央合作事業管理総局副局長，中華全国供銷合作総社監事会副主任，全国人民政治協商会議第2期及び第3期全国委員会委員，同第4期常務委員などを歴任する。1960年2月3・8国際労働婦人節50周年記念準備委員会委員となる。65年1月全国人民政治協商会議第4期全国委員会常務委員に任ぜられる。同年10月孫文生誕100周年記念祭準備委員となる。文化大革命後は消息が不明であったが，73年3月孫文逝去48周年記念式に参列し，また76年1月周恩来追悼大会に政治協商会議常務委員会委員として列席する。82年2月北京で病没した。

参考文献：裘之倬主編『中共党史人名録』（重慶出版社，重慶，1986年）。〔安田淳〕

于（う）　学忠（がくちゅう）　Yu Xuezhong

（1890年11月19日～1964年9月22日）

字・孝候。旅順生まれ。原籍，山東省蓬莱県。軍人。

父・于文孚（文季）は，清朝の毅軍の幇統であり，米振標，張作霖の同僚であった。于学忠は1904年に毅軍の随営学堂に入り，08年に通州速成随営学堂歩兵科に入学，11年に卒業した。14年，米振標によって熱河林西鎮守署公署中校副官長に抜擢された。17年，父の旧部下であった北洋陸軍第18混成旅旅長・趙栄華の招きに応じて湖北省襄陽に行き，砲営営長となった。その後21年秋，第2団団長となった。22年末，呉佩孚により于が趙栄華の後任の第18混成旅旅長に任命された。

第2次奉直戦争で敗れた呉佩孚は，1925年10月，再起を図って14省討賊連軍総司令となり，于学忠を第26師師長に任命した。その後26年7月，国民革命軍による北伐が開始された。于は長江上遊防守副司令，第9軍軍長兼荊襄警備総司令となり，国民革命軍と戦った。だが呉佩孚の率いる直隷派軍閥は惨敗し，27年5月，呉は下野し，于もまた呉佩孚と進退をともにし，6月，故郷の山東省蓬萊県に戻った。

だが，一時国民軍に所属していた于学忠の率いていた部隊の求めにより，于は再びこの部隊を率いて，父の同僚であった奉天派の張作霖軍の下に入り，第20軍軍長となった。1928年6月，張作霖が爆殺され張学良が後を継いだが，この時于は東北保安司令長官公署軍事参議官，帰綏駐軍司令となり，山海関に駐屯した。30年9月，中原大戦の後期，于は張学良の東北軍第1軍を率いて北平に進駐し，後に張の推薦を受け国民政府により平津衛戍司令に任命された。31年7月，東北軍に収編されていた元国民軍の石友三軍が，反蔣介石を唱えて挙兵した。于は命を受け第1集団軍総司令となり，第2集団軍王樹常軍と国民党中央軍の劉峙軍とともに石友三軍を挟撃し，1カ月余で石軍を保定に撃破した。32年8月，国民政府は于を平津衛戍司令から河北省主席に異動した。33年3月，日本軍により熱河省が占領され，4月，張学良は迫られて下野して出国したが，下野する前に東北軍の大部分を于の指揮下に置き，于は第51軍軍長に任命された。

1935年6月に日本との間に結ばれた梅津・何応欽協定の結果，国民政府により于学忠は河北省主席から川陝甘辺区剿匪総司令に異動させられ，第51軍も西安（後に天水）に移動させられて，北上抗日しようとする徐海東率いる紅軍第25軍追撃に参加させられた。11月には于は甘粛省主席に任命され，また国民党5全大会で中央執行委員に当選した。

1936年に起きた西安事件の時，于学忠は蘭州より西安に行き，事件前日の12月11日，東北軍高級将領会議に参加し，抗日愛国の8項目の主張に署名した。西安事件後，張学良は拘留され，于が東北軍の全責任を負うことになった。その後東北軍（第51軍）は江蘇省に移動し，于は江蘇省綏靖公署主任となった。

抗日戦争開始後の1937年8月，于学忠は第3集団軍副総司令となり，山東省防衛の任に当たった。38年1月，戦わずして逃走した山東省主席・韓復榘に代わって，第3集団軍総司令となった。その後于は部隊を率いて台児荘の戦い，武漢防衛戦に参加した。38年末，魯蘇戦区総司令となり，東北軍第51軍と第57軍を率いて山東省南部に駐屯し，八路軍駐屯地と隣接した。八路軍側は，于学忠軍に対しては友好的に接し，同じ東北軍出身でも反共頑固派の山東省主席の沈鴻烈軍とは敵対した。41年末，于は沈の後を継いで山東省主席を兼任することになった。44年，于は魯蘇戦区総司令の職を引き渡し，国民政府軍事参議院副院長となり，これ以後兵権を手放した。

国共内戦時期，于学忠は国民政府軍事戦略顧問委員会委員の閑職に就いた。1949年初め，蔣介石は于を台湾に行かせようとしたが，于は四川省の農村に隠れて同道しなかった。

中華人民共和国成立後，于学忠は愛国民主人士として，1952年12月，河北省人民政府委員となり，54年8月，第1期全国人民代表大会代表に当選し，9月，国防委員会委員となった。その後55年2月，河北省人民委員会委員となり，56年，中国国民党革命委員会第3期中央委員となった。

1964年9月北京で病死した。

参考文献：中国社会科学院近代史研究所主編『民国人物伝』2巻（中華書局，北京，1978年）。汪新・劉紅『南京国民政府軍政要員録』（春秋出版社，北京，1988年）。徐向前「憶在山東的一年」，『星火燎原（季刊）』1982年1期。

〔馬場毅〕

于（う）　右任（ゆうじん）　Yu Youren

（1879年4月11日～1964年11月10日）

原名・伯循，字・右任，筆名・神州旧主，騒心など。陝西省三原県東関河道巷生まれ。政治家，ジャーナリスト，教育家，詩人。

1885年，私塾に入り読書を開始した。1903年，挙人となり，商州中学堂監督となる。翌年，時政を批判したことに起因して清朝に追われる身となり，上海に逃れた。上海到着後，于は馬相伯を頼り“劉学裕”という偽名を用いて震旦学院に入学した。しかし，外国人教師が校務に干渉したことに抗議して于は離校し，葉仲裕，邵力子らとともに復旦公学を興した。05年，清朝政府の要請を受けて日本政府が清国留学生取締規則を公布した際に，これに抗議した中国人留学生が多数帰国した。これらの学生を収容すべく于は王敬方，張邦傑とともに中国公学を創立した。これらの2つの学校は後の時代を担った有為の人物を多数輩出したことで知られている。

1906年9月，于右任は革命宣伝のための新聞『神州日報』の創刊を計画した。それに必要な資金，人材，技術を得るために于は邵力子とともに渡日した。日本では10月，胡漢民，康心孚の紹介で孫文と会い，次いで11月，両者の仲介により正式に中国同盟会に加入した。ほぼ同時に4省（陝西，甘粛，河南，山西）留日同学同郷会が結成され，于はその会長に選出された。この同郷会を主な母体として于は3万元余の資金を調達し，翌年4月上海で『神州日報』の発刊にこぎつけた。しかし，同報は08年3月，火事に見舞われる。また人事問題が絡んだことから于は神州日報社を出て，翌09年，『民呼日報』，その発禁後に『民吁日報』と立て続けに新聞を創刊した。だがあまりに過激な論陣を張ったため短期間の内に発禁処分となり，于は投獄され，出獄後渡日した。帰国後，10年9月，于は沈縵雲，王一亭らの援助を得て4番目の新聞『民立報』を創刊した。この新聞には宋教仁，章士釗，邵力子などの多数の有力な人物が集まり，革命宣伝にきわめて重要な役割を果した。

1911年武昌蜂起の後，于右任は陳其美らとともに上海光復に尽力し，南京臨時政府成立後には交通部次長に選出された。孫文の下野にともない職を辞したものの，12年8月，国民党成立時には本部の参議に選ばれた。宋教仁暗殺事件後の第2革命は失敗に帰し，『民立報』は袁世凱によって発禁処分に処せられ，于は指名手配を逃れるべく3度目の亡命を余儀なくされた。半年ほど日本で月日を送った後，于は帰国し，革命の気運が低調だったこともあり，しばらくは図書編纂に精力を注いだ。

帝制の夢破れた袁世凱の悶死直後の1916年8月，陝西省では南方の孫文の動きに呼応して挙兵し，18年8月，于右任は陝西靖国軍総司令に就任した。しかし，同軍は護法の目的を達成できず，22年8月，于は陝西を離れ上海に向かった。上海では当時陳炯明に追われた孫文と会い，また，邵力子らとともに上海大学を創立し，その校長になった。

于右任が校長を務めていた頃，国共合作の気運が高まり，1923年1月，孫文は「中国国民党宣言」を発表し，三たび軍政府を樹立した。于は参議に選ばれ，孫文の命を受けて天津に向かい，段祺瑞と会談した。24年，国民党第1回全国代表大会が広州で開催され，「連ソ，容共，農工扶助」の3大政策が採用された。于は大会で中央執行委員に当選し，江蘇，浙江，安徽，江西4省を管轄とする上海執行部の工人農民部長に就任した。24年11月，第2次奉直戦争収束後，于は孫文北上にともなって北京入りを果し，孫文病没直前の25年1月，呉稚暉，李大釗らとともに北京政治委員会政治委員に任命された。

1925年7月，汪精衛を主席とする国民政府が広州に成立し，于右任は政府委員に選ばれた。11月，林森，鄒魯らが中心となり西山会議で「連ソ，容共，農工扶助」政策の放棄，共産党との離別が決定されたが，于は彼らの勧誘を拒絶して袂をわかった。同年，郭松齢の突然の軍事行動のため，北京を支配していた3派連合の間に亀裂が入った。また日本の干渉も加わり，西北国民軍は孤立して情勢が不利になり，馮玉祥はソ連に亡命した。この劣勢を挽回するために，李大釗の建議により于はモスクワに馮玉祥を訪ね，帰国を促した。帰国した馮は国民党に加入し，于は国民軍駐陝総司令に任命された。

1926年7月9日，国民革命軍総司令蔣介石によって北伐戦争が開始された。北伐軍は破竹の勢いで進撃し，長沙，武漢を占領した後，翌年3月には上海に到達した。このように軍閥が一掃された地区では労働者，農民をはじめとする民衆運動が華々しく展開された。26年9月に馮玉祥率いる国民革命軍によって占領された陝西省も同様であった。しかし，その後，4・12クーデターを契機として第1次国共合作は瓦解し，于は武漢から南京に向かい，国民党中央特別委員会委員に，そして翌28年2月の2期4中全会では蔣介石，譚延闓とともに主席団主席に選出された。

1931年，「中原大戦」収束後に中国国民党3期4中全会が召集され，于右任は国民政府委員兼監察委員長に就任し，孫文の五権憲法構想を引き継ぎ，監察制度の整備・確立に大きな貢献を果した。同年9月，満州事変が発生し，国民政府は不抵抗政策を採用した。上海では空前の抗日運動が展開され，于は蔣介石に代わって連日学生たちに接見した。翌32年1月28日，上海事件が発生，5月5日に日本と停戦協定を結んだ蔣は共産軍撲滅に取り組んだ。そして36年，いわゆる西安事件が発生した。この時，于は事件を解決するために特使として西安に派遣された。37年7月7日，蘆溝橋事件が発生し日中全面戦争へと突入した。于は各界人士の賛同の下に第2次国共合作の実現に精力を注ぎ，力を尽くして抗日を訴えた。

1945年に日中戦争が終結し，翌年11月，南京での国民大会では中華民国憲法が制定され，于右任は監察院院長に選出された。48年4月，蔣介石は選挙によって総統に選出された。同時に副総統も選挙され，于は候補者の1人であったが，1次選挙後に立候補を辞退した。49年3月，監察院院長の職を辞任しようとして慰留され，同年12月，蔣介石とともに台湾へ渡った。50年，監察院は蔣の意を受けて李宗仁を弾劾し，蔣は総統に復位した。

于右任は詩人・文筆家としての足跡も残している。抗日戦争期には地理学術方面に興味を示して文章を著し，また晩年は特に詩作に力を注いだ。主な著作に『右任文存』『右任詩存』，『標準草書』，『牧羊児自述』などがある。1964年11月病没した。

参考文献：『于右任詩詞集』（湖南人民出版社，長沙，1984年）。傅徳華編『于右任辛亥文集』（復旦大学出版社，上海，1986年）。許有成編『于右任伝』（湖南人民出版社，長沙，1988年）。劉鳳翰『于右任年譜』（伝記文学出版社，台北，1967年）。徐友春『民国人物大辞典』（河北人民出版社，石家荘，2007年）。

〔田中比呂志〕

于（う）　芷山（しざん）　Yu Zhishan

（1883年～1951年5月）

字・瀾波。遼寧省台安県人。東北地方の軍人。満州国の軍政部大臣。

地主の家庭出身。奉天陸軍講武堂卒業後1901～02年頃東北軍に入る。この時の上官は張作相であった。08年前路巡防第7営左哨哨長，12年陸軍第27師105団2営6連排長，5連1排長，16年遼河水上警察1分局長を経て，総局局長に昇進，20年暫編奉天陸軍第4混成旅歩兵1団団長となる。22年第1次奉直戦争に参加し以後東三省陸軍歩兵第8団団長，第3，4方面軍団第8師長などを歴任する。24年第27師第5旅旅長として第2次奉直戦争に参加。奉直戦争以後は第8旅旅長。25年には入関して馮玉祥を撃退，同年起こった郭松齢事件の際には第8師師長であった。さらに，張作霖の衛隊司令を経て，27年6月20日張作霖が大元帥に就任すると侍従武官長を任ぜられる。同年10月奉晋戦に，奉軍方面の団長である張作相の下に第5方面軍第30軍長として山西北部に駐兵，国民革命軍の北伐を迎え撃つ。しかし，奉天軍の総退却に伴い28年5月には，紫荊関方面より北京に退却し，6月関外に撤退した。

張作霖亡き後，張学良側近の新人派と合わなかったものの，旧派の長老として隠然たる勢力を持ち，東北鎮守使兼東北辺防軍司令長官公署軍事参議官として，奉天東辺道20余県の総司令にあたる。

1931年9月の満州事変勃発後，日本側の画策により東北の独立を宣言し，東辺保安司令に就任する。また張学良の不抵抗政策を堅持，部下らの抗日の動きを抑え，日本軍を迎え入れるよう指示，治安の維持に協力した。32年3月の満州国建国後は，奉天省警備司令官となり，35年陸軍上将，軍政部大臣に就任する。37年7月の行政改革以降は，治安部大臣となる。その後，将軍府（元帥）に列せられる。終戦後，義勇軍を組織して中共軍と戦い，解散後に中共政権下の北京で銃殺された。

参考文献：中央檔案館・中国第二歴史檔案館・吉林省社会科学院合編『日本帝国主義侵華檔案資料選編―九・一八事変1』（中華書局，北京，1988年）。田辺種治郎編『東三省官紳人民録』（文海出版社，台北，1973年）。外務省情報部編『現代中華民国・満州帝国人名鑑』（東亜同文会，1937年）。「最新満州辞典」，『改造』1937年7月号付録。山口重次『消えた帝国満州』（毎日新聞社，1947年）。

〔浜口裕子〕

俞（ゆ）　作伯（さくはく）　Yu Zuobo

（1887年～1959年）

字・健候。広西省北流県生まれ。国民党系軍人。

保定陸軍軍官学校第3期歩科（歩兵科）の卒業生である。当初は林虎の部下であったが，後に李宗仁の配下に移る。軍内では団長，旅長，指揮官を歴任する。その後中国国民党広西省党部委員兼部長，広西省政府農工庁庁長を歴任する。

1926年3月中央軍事政治学校南寧分校校長を務める。27年7月広西省政府政府委員に就任する。29年1月国民政府首都建設委員会委員に任命される。6月に広西省政府主席に就任するが，同年10月に辞職する。

抗日戦争時期に蘇皖辺境地域で忠義救国軍を組織する。抗日戦争に勝利した後は香港に赴き，医療を生業とする。

参考文献：広西統計局編『古今広西旅桂人名鑑』（出版年等不明）。徐友春主編『民国人物大辞典』（河北人民出版社，石家荘，1991年）。

〔松田康博〕

袁（えん）　国平（こくへい）　Yuan Guoping

（1906年～1941年）

原名・袁裕，字・醉涵。湖南省宝慶県袁家台林生まれ。工農紅軍，新四軍の指導者。

1925年中国共産党入党。黄埔軍官学校に合格し，第4期政治科に学ぶ。26年秋北伐戦争に参加し，国民革命第4軍左翼宣伝隊第4隊隊長となる。大革命失敗後，27年8月，南昌蜂起に参加，蜂起軍に従って南下し，広東に至る。同年12月，広東コミューンに参加。広東コミューンの失敗後，海陸豊地区に移動して闘争を堅持し，広東工農革命軍第4師党代表となる。28年春新たに成立した工農革命軍第5師師長となる。

海陸豊地区での武装割拠を堅持するも，同年夏，失敗。29年，湘鄂贛革命根拠地に入り，中共湘鄂贛特別委員会宣伝部部長となる。30年夏紅５軍前敵委員会委員，政治部主任となる。同年秋，紅３軍団前敵委員会委員，政治部主任となる。その後，紅８軍政治委員を兼任。２度にわたる長沙攻撃戦役及び中央革命根拠地の第１回から第５回に至る反「包囲攻撃」作戦に参与し，指導。33年中国工農紅軍総政治部副主任兼紅１方面軍政治部主任代理。二等紅星奨章を授与される。34年２月中華ソヴィエト共和国中央執行委員に選ばれる。同年10月中央紅軍の長征に参加。

1935年８月，再建された紅１方面軍の政治部主任代理。９月に紅軍陝甘支隊と改称された際，第１縦隊政治保衛局局長となる。軍とともに先行して北上し，10月陝西省北部に到達する。11月紅軍学校が再建された際，政治委員となる。36年２月軍事委員会が紅１方面軍主力に従って東征した際，軍事委員会後方政治部を成立させ，その主任となった。６月，抗日紅軍大学第３科政治委員。37年初め，紅軍大学歩兵学校（対外的には教導師と称した）政治委員。中共隴東特別委員会書記を兼ねたこともある。

抗日戦争期には新四軍の指導者として活躍し，中共中央軍事委員会新四軍分会委員，中共中央東南分局常務委員，新四軍政治部主任を歴任した。1941年１月安徽省南部事件の際，国民党軍に包囲され，突破を図る過程で犠牲となった。中国では，袁国平は，宣伝活動を善くし，思想教育を重視し，人民の軍隊の政治工作建設に貢献した，と評価されている。

参考文献：王健英『紅軍人物志』（解放軍出版社，北京，1988年）。　〔石井明〕

袁　金鎧（えん　きんがい）　Yuan Jinkai

（1870年～1947年３月）

字・潔珊，号・傭廬。奉天省遼陽県山岳舗生まれ。奉天省の地方官僚。

遼陽の富裕な漢軍旗人（属盛京礼部正黄旗）の地主の家に生まれ，18歳で生員。瀋陽萃升書院で学び，金州の王永江兄弟らと相い識る。郷試に応じるが果せず，歳貢に補せられ，私塾の教師をする。妻は同県の大地主・士紳蘇氏の娘。

清末，遼寧省では義和団事件・日露戦争による地方秩序の混乱により，各地に匪賊が跋扈し，これに対して地主・紳士主体の民間防衛組織（郷団）が組織されていった。袁金鎧も蘇氏の推挙で遼陽の北路保甲局総辦，ついで団董という郷団指導者になり，1904年その公的機構への改変により遼陽警務提調に任じられた。袁は警察官僚として培った権威と実力を基盤に06年遼陽の自治期成会会長になり，07年には盛京将軍・趙爾巽に謁見，改革方案を上申してその才を認められ，加捐して候補知県，ついで09年設置の奉天諮議局の副議長に選出されて地方政界に活躍した。

1911年趙爾巽が東三省総督に再任すると袁金鎧はその幕僚になり，辛亥革命後，種々の微妙な工作を行って革命派弾圧に重要な役割を果した。民国成立後，趙が清史館館長になると彼に従って上京，同館編纂に任じ，北京で活動する。15年帰郷後は張作霖の奉天支配確立のために献策して，奉天省議会・紳士法団の「奉人治奉」運動を策動し，16年奉天都督兼巡按使・段芝貴を駆逐し，17年には張の宿年の軍事的ライバル・馮徳麟失脚のために策謀した。この後，袁は張の軍政両署秘書長として一時奉天政界に絶大な力を振い，地方官僚制内に袁の縁故者・同郷の私的派閥（遼陽派）を築き，張の緑林時代以来の軍人（黒山派）と対立した。やがて張作霖の不興を買い，19年夏，離奉して黒龍江督軍秘書長，東省鉄路理事会理事，同理事長代理などを歴任する。22年第１次奉直戦争後北京政府より奉天省長に任命されるが，張作霖の猜疑を避けて大連に客居し，張の敗戦，東三省「独立」宣布後，東三省保安連合会委員長，張の保安司令部参議に任じる。24年第２次奉直戦争に当たり保境安民を主張。27年張作霖の陸海軍大元帥就任後，張の高等顧問兼清史館編修に留まり，清史編纂に専念，28年趙爾巽撰『清史稿』を刊行させた。

1928年張作霖爆殺後，東三省保安委員会副会長として秩序維持に尽力するが，国民政府への服従には反対し，保境安民を主張した。東三省易幟後，29年東北政務委員会委員兼東北辺防軍司令長官公署参議に任じる。満州事変後，奉天省の統治が麻痺すると，于冲漢，趙欣伯らと共に地方維持委員会を組織し委員長となる。31年末，同会解散後奉天省省長となるが，まもなく辞職，省政府最高顧問。于，趙らと共に溥儀推戴に活動。32年満州国建国後参議府参議，35年尚書府大臣の職に就く。袁が満州国に参加したのは，⑴地方社会の秩序維持に第一義的関心があり，⑵奉天派旧軍人とも張学良政権の新派官僚とも合わず，政治的に疎外されていたこと，また⑶清末以来「皇恩」を感じ，民国後も密かに清廃帝溥儀に謁見するなど清朝に忠誠心を抱いていたことによる。43年，袁金鎧は病を得て辞職，帰郷する。日本の敗戦後，46年春袁家は財産を略奪された，47年３月遼陽にて没す。

参考文献：金毓黻「袁金鎧別伝」，『吉林文史資料選輯』４輯（吉林人民出版社，長春，1983年）。趙夏山「我所知道的袁金鎧」,『吉林文史資料選輯』4輯（吉林人民出版社, 長春, 1983年)。江夏由樹「旧奉天省の郷団指導者, 袁金鎧について」,『一橋論叢』100巻6号, 1988年12月。

〔土田哲夫〕

袁　克定（えん　こくてい） Yuan Keding

(1878年～1958年)

字・雲台, 員台, 号・螙盦。幼名・記光。河南省陳州生まれ。原籍, 河南省項城県。清末民初の官僚, 政客。

袁世凱の男子17人の長子として生まれた。幼時から, 父・袁世凱にしたがって, 朝鮮, 済南, 天津, 北京と終始生活を共にしたため, 袁から非常にかわいがられた。袁克定は生来病弱であったが, 学問好きで, 科挙にも挑戦したが合格しなかった。やがて経世の術を求めて外国語を習い, 英・仏・日・独の4カ国語に通じ, とくにドイツ語にはもっとも精通し, また国文・書法も得意であった。やがて, 北京で部曹となり, 1896年前湖南巡撫・呉大澂の五女と結婚した。

1901年, 袁世凱が直隷総督兼北洋大臣となるや, 金を出して候選道となり, 05年盛京将軍となった趙爾巽の幕下に入り軍事に参画, また同年載沢らの各国憲政視察団の随員に任ぜられたが, 母・于氏の反対で中止した。07年農工商部右参議, 翌年署左参議となった。この昇進の背後には, 袁世凱が満州貴族の猜疑を解くため, 北洋四鎮の指揮権を清朝にゆだねた代償として, 清廷の配慮があったという。09年父・袁世凱が足疾を理由に回籍されたことで, 袁克定は清朝に強い反感を抱いた。しかしこの時袁世凱には次男の克文（異母弟）が付添い, 彼は官にとどまり, 農工商部右丞から, 親貴内閣の下で郵伝部丞参に昇進した。克定は父・袁世凱との長い生活の中で, 官場の内情に通じるようになり, 袁もかれを信頼し, しばしば対外事務を代弁させたことから, しだいに政治的野心をもつようになった。

1911年辛亥革命がおこり, 南北が対峙する間にあって, 袁克定は計略を駆使し, 父のために種々の策謀工作をおこなった。袁世凱が清朝から再三出馬を要請されている時, 彼は黄興と接触しながら, 袁世凱に対し清朝討伐を促したり, また呉禄貞を買収し, 彰徳を奪って袁世凱の後路を断とうとはかったが失敗, さらに皇宮に爆弾を投じて溥儀を追放する計画をたてたが, これも袁世凱に反対され, 故郷にもどされた。その後彼は袁世凱の命令で革命党の汪兆銘と兄弟の契を結び, 南北和議・袁世凱政権の成立に一役買った。またこのあと, 12年2月, 袁世凱を南京で臨時大総統に就任させようとする革命側の企図を阻止するため, 北京で曹錕の部隊が兵変をおこしたが, これも克定の策謀であったという。3月袁世凱が北京で臨時大総統に就任した頃, 彼は彰徳洹上村で落馬して左足に障害をもつ身となった。5月には開灤礦務局の督辦に任じ, のち理事長を兼ねた。13年3月宋教仁が暗殺され, 討袁の動きが高まると, 彼は秘密に南下して実情を偵察し, 袁世凱に南方討伐の決意を促した。

第2革命後, 正式大総統に就任した袁世凱は, 弛緩しだした北洋軍の軍権を再統一し, また帝制への布石とするため, 1914年10月, 直轄軍として新たに模範団を設立, 袁自ら第1期団長に任じ, 袁克定を第2期団長に指名, 克定は翌15年4月団長に就任した。8月帝制運動がはじまると, 自ら皇太子（青宮）をもって任ずる克定はこれに積極的に関与していった。まず, 帝制に反対する陸軍総長・段祺瑞の暗殺を画策して辞職させるなど, 外部の動きを封ずる一方で, 父・袁世凱が毎日目を通す新聞『順天時報』の記事を偽造し, 世論が帝制を支持していると信じ込ませようとした。またこの時期, 彼は袁に対して, 廃省改道, 廃督裁兵, 各省軍閥の輪番召見, 拱衛軍の設立など, 軍政の大事について建言するなど, あたかも皇太子然としてふるまうにいたったという。しかし新聞記事偽造の件はやがて袁世凱の知るところとなり, 激怒した袁世凱は「父を欺き, 国を誤った」として, 鞭で何回も克定をなぐりつけたという。やがて帝制運動が失敗し, 病床に臥した袁世凱は, 臨終の際に,「他害了我」なる言葉を吐いて亡くなったという。

袁世凱の死後, 袁克定は彰徳に退き, しばらくは家長として一族を統率し, 旧来の生活習慣や礼教を維持した。袁世凱の彰徳時代の詩集『洹邨逸興』も克定の手で出版された。しかし袁世凱の妻妾（1妻9妾）たちが次々と亡くなると, 天津, 上海などに移居する者が続出, 一族の四散がはじまった。克定自身も, 遺産で天津や北京の頤和園, 西山などに住み, しばらくは気ままな生活を送ったが, やがて金を使い果し, 開灤砿務局督辦の地位も失い, ついに親族・張伯駒の家に寄生する身となった。解放後は, 終始人民政府の救済にたよって生活を維持し, 1958年に死去した。彼には1男2女がおり, 男子の家融は英国に留学して天津で教師をしていた。

参考文献：李宗一『袁世凱伝』（中華書局, 北京, 1980年)。呉長翼編『八十三天皇帝夢』（文史資料出版社, 北京, 1983年)。陳錫璋『細説北洋』（伝記文学出版社, 台北, 1970年)。劉紹唐主編『民国人物小伝』第6冊（伝記文学出版社, 台北, 1982年)。惲宝恵「談袁克定」, 中国人民政

治協商会議全国委員会文史資料研究委員会編『文史資料選輯』26輯（中国文史出版社，北京，1986年）。〔渡辺惇〕

袁　世凱（えん せいがい） Yuan Shikai

（1859年9月16日～1916年6月6日）

字・慰庭，慰廷，慰亭，号・容庵，別名・項城。河南省陳州府項城県袁寨生まれ。故郷の名をとって項城ともよばれる。大官僚地主家庭の出身。北洋軍閥の首領，中華民国の初代大総統。

袁氏は河南省の名族で，一族からは進士・挙人が多く出た。特におじの袁甲三は捻軍討伐で功をあげ，官は漕運総督にまでなった。袁世凱は甲三の兄・樹三の長男・保中（地方豪紳）の第4子として生まれたが，まもなく子に恵まれなかった次男・保慶（江南塩巡道）の養子となった。天性豪胆な彼は，科挙の準備教育を好まず，悍馬を御したり，拳術に熱中した。ようやく童子試に合格して秀才になったが，1876，79年の2回の郷試に失敗し，挙人にのぼることはできなかった。

科挙を断念した袁世凱は，1881年捐納によって中書の資格を得，山東登州に赴き，養父・保慶の親友であった慶軍統領・呉長慶の幕下に入り，営務処会辦となった。82年朝鮮で閔妃一族に対して大院君一派が政権奪還を企てる壬午の変がおこった。袁は慶軍にしたがって朝鮮に赴き，政変を鎮圧するとともに，ひきつづき京城に駐留して新式軍隊の建設に尽力した。84年日本の支援をえた独立党が事大党を倒し，清朝に反旗をひるがえす甲申の変がおこると，袁はここでも敏速な行動でこれを鎮圧し，宗主国清朝の威信を保ち，李鴻章の信任を得た。85年総理交渉通商事宜の全権代表となり，朝鮮の内治外交に関与しこれを属国化した。94年東学党の乱がおこると，袁は李鴻章に出兵を促し，日清開戦の原因をつくったが，形勢が不利となるや，唐紹儀に後事を託して京城を脱出し，満州で軍需物資の輸送にあたった。

1895年日清戦争に敗れた清朝は，体制維持のために旧式化した淮軍にかえて，新式軍隊の建設に着手した。この時，袁世凱は清朝中枢に巧みにとり入り，一道員の資格でその担当を命ぜられた。彼は天津郊外の小站に設立されていた定武軍10営をうけつぎ，これを拡充して新建陸軍（新軍）をつくりあげた。それはドイツの軍制に倣い，新式武器で装備された中国最新最強の軍隊であった。士官養成の学堂も併設された。袁はまた封建文人を招いて兵士に忠君尽孝の封建思想を教育した。この時，袁と親密な関係を結んだ部将・兵卒の中には，後年北洋軍閥の主要な頭目となった徐世昌，段祺瑞，馮国璋，王士珍，曹錕，張懐芝，段芝貴，張勲，王占元，倪嗣仲，李純らがいた。袁を首領とする北洋軍閥の基礎はこの小站練兵時代に築かれた。97年袁は直隷按察使となったが，練兵の仕事はなお継続して専管した。

1898年，康有為らが光緒帝を推戴して変法を断行した。これに反対する西太后ら守旧派は栄禄の軍隊を背景に改革の弾圧を画策した。変法派は袁の武力に頼ってこれに対抗しようとしたが，変法派の実力の限界を見ぬいた袁世凱は，計画を栄禄に密告，ここに戊戌の変法は崩壊した。この一件で袁は西太后の信任を得，以後の政界飛躍への足場をつくった。

1898年12月，袁世凱の新軍は武衛右軍と改められ，栄禄支配下の5軍の1つとなった。翌1900年山東に義和団がおこるや，袁は山東巡撫としてこれを弾圧し，その主力を直隷に駆逐した。同年列強8カ国連合軍が京津に進攻したが，袁はこれには深入りせず，張之洞，劉坤一らが列強と結んだ東南互保に協力，中立を表明し，列強から多大な評価をうけた。こうして義和団戦争で他の武衛諸軍が壊滅したなかで，袁はひとり自己の兵力を温存した。

1901年袁は直隷総督兼北洋大臣に就任（翌年6月実授），張之洞とともに清朝再建の新政運動に指導的役割を果した。まず天津を回収してその近代化をはかるとともに，02年北洋軍政司督辦，03年練兵処会辦大臣に就任して北洋常備軍の整備拡充をおこない，05年には実額6万余人からなる北洋6鎮を完成した。このうち5鎮は小站出身の袁の嫡系で占められた。袁はまた趙秉鈞らに巡警部をつくらせて京津の警察権を握り，周学熙らに工芸総局をつくらせ華北の実業振興をはかったほか，吏治の刷新，司法改革，科挙の廃止，近代的学校教育制度の導入など多方面にわたる近代化政策を推進し，さらに中央政界においても，鉄路，商務，電政などの督辦大臣を兼ね，経済の大権を握るとともに，07年満州に督撫制が布かれると，徐世昌を総督に送り込みその実権を握った。彼はまた立憲改革にも積極的な発言をおこない，当時この運動を推進していた立憲派の中に信用をうえつけた。総じて当時新政を推進した督撫の中で袁はひときわ抜きん出ており，その実績は内外から高く評価された。

しかし，こうした袁世凱の権勢増大は，反面満州親貴の反感を招いた。袁はこれを回避すべく自ら譲歩して北洋4鎮の兵権を陸軍部尚書鉄良にゆだねたが，親貴らの不満はおさまらず，1907年袁は軍機大臣兼外務部尚書に転職され実権をうばわれた。さらに08年11月光緒帝，西太后が相次いで没し，宣統帝溥儀が帝位に即き，父・醇親王載灃が摂政になると，翌年1月袁は足疾を理由に軍機大臣を罷免された。しかしかれは河南彰徳府に下野しても，その勢力は衰えず，子飼いの旧部下を通して情報を収集し，また有力な地方督撫や立憲派・革命派とも連絡をとり，再起の機会をうかがった。

その機会は2年有余にして到来した。1911年10月武昌蜂起がおこると，清朝は廕昌に命じて北洋軍を率いて南下させ革命軍の鎮圧に当たらせた。しかし北洋軍将兵は廕昌の命を聞かなかった。そこで清朝は袁を湖広総督に任命したが，袁世凱は足疾を理由にこれに応ぜず，逆に袁は徐世昌を介して軍政の大権を要求した。この間列強は清朝に対し再三にわたり袁の起用を促した。ここに清朝は譲歩して袁を欽差大臣に任命し水陸各軍の指揮権を与え，さらに11月には内閣総理大臣の席を明け渡した。ここにおいて袁はようやく腰をあげ，湖北に赴いて馮国璋をして漢口を奪回させ，しかるのち北京に入り，責任内閣を組織して清朝の全権力を掌握した。

この時点で，袁世凱は天下の大勢は共和に傾き，人心はすでに清廷を去ったこと，また武力だけでは革命動乱を鎮圧できぬことを感じとった。一方，革命が各省に波及するなかで，「袁世凱でなければ大局を収拾できない」とする声は，ひとり列強のみならず，国内の立憲派商紳の間からも強くおこり，一部革命党人の間でも，袁を共和国の大総統に推挙する動きも出てきた。こうした状況の下で，袁は一方で漢陽を攻めて革命軍に打撃を与えた後武昌攻撃を中止させ，他方英国公使ジョルダンの斡旋で停戦和議をすすめた。袁にとり，南北和議の目的は，清帝の退位とひきかえに袁を大総統にするという確約を革命党からとりつけることにあった。そしてこの確約を得たのち，彼は清朝を守ろうとする満州親貴，宗社党の説得，弾圧にのり出し，最後に段祺瑞ら北洋将校46人をして清帝の退位を強要させ，ついに1912年2月12日清帝は退位，同月15日袁は南京参議院において臨時大総統に選ばれた。しかし袁は革命党が求めた南京での就任には応ぜず，京津一帯で兵変をおこして，3月10日北京で臨時大総統に就任した。

北京政府が成立したといっても，南方各省はなお革命党の支配下にあったから，袁世凱政権は最初南北両勢力の連立内閣の形をとった。袁は孫文，黄興らとは協調する政策をとったが，やがて責任内閣制によって袁の権力を制約しようとはかる宋教仁の力が増大すると，13年3月宋を上海で暗殺，ついで4月国会の承認をえずに5国銀行団との間に2,500万ポンドの善後借款を結んだ。この両案は革命党を憤激させ，7月第2革命をひきおこすことになったが，武力と財力の双方で劣る革命党はわずか1カ月余で敗退した。これにより北洋派の勢力は江南の長江流域まで伸びることになった。

権力基盤を確立した袁世凱は，以後しだいに時代に逆行する政策を打ち出し，独裁体制を強めた。1913年10月には軍警を動員し国会をおどして自ら正式大総統に就任，ついで国民党と国会の解散を強行，政治会議，約法会議を召集して御用機関とし，14年5月には臨時約法を廃止して中華民国約法を制定，政事堂を設立し，徐世昌を国務卿にすえて，行政権統率を独占した。軍事面でも，陸海軍大元帥辦事処を特設し，長子・袁克定に自己直轄の模範軍をつくらせ，軍権を握った。また総統選挙法を改修して袁家世襲への道を開き，さらに祭天祀孔令を公布した。

袁世凱の帝制への野心は早くも日本政府によって察知された。第1次世界大戦勃発後の1915年1月日本政府は21カ条要求を袁世凱政府に突き付けた。これに対して，袁は5月7日，日本が帝制を支持するのとひきかえにこの要求を受理，イギリスもまた日本との対抗上支持を表明した。こうして外交上の支障がなくなったことで，袁は帝制にふみ切った。

1915年8月袁政府のアメリカ人顧問グッドナウの帝制を鼓吹する論文が出るや，これに呼応して，楊度らの籌安会や，梁士詒・段芝貴らの全国請願連合会があいついで組織され，やがて国民代表大会が開かれて国体投票が挙行され，袁が中華帝国大皇帝に推挙された。12月袁はこれを受諾，ついで大典籌備処が設けられ，総統府は新華宮と改称され，16（民国5）年を洪憲元年と改めることになった。

しかし帝制に反対する動きは内外から猛然とおこった。孫文の討袁宣言に続いて，1915年12月25日雲南将軍・唐継尭が独立を宣言，都督と称し，蔡鍔，李烈鈞を総司令として護国軍が組織され，ついで，貴州，広西も独立，ここに護国戦争，第3革命がはじまった。こうしたなかで，袁世凱が頼みとした日本をはじめ諸外国は態度を変え，帝制の取消を勧告してきた。北洋派の内部でも，段祺瑞が批判的であったのに加えて，馮国璋らが帝制反対を通電してきた。ここにさすがの袁も屈して，16年3月22日帝制を取消した。だが，護国軍は袁が大総統の地位にとどまることをも認めず，さらに広東，浙江，陝西と独立が続いた。狼狽した袁は，段祺瑞を国務卿兼陸軍総長に任じたが，段は袁に実権をあけわたすように進言，馮国璋が南北妥協をはかって開いた南京会議も失敗し，寵臣の湖南の湯薌銘，四川の陳宧らも独立を表明するにいたった。こうして四面楚歌の中で，一代の梟雄・袁世凱は6月6日尿毒症を悪化させて憤死した。墓（袁林）は遺言により，太行山の麓に作られた。

参考文献：甘厚慈編『北洋公牘類纂』(1907年)。甘厚慈編『北洋公牘類纂続編』(1910年)。沈祖憲・呉闓生共編『容庵弟子記』4巻（1913年)。李宗一『袁世凱伝』(中華書局，北京，1980年)。呉長翼編『八十三天皇帝夢』(文史資料出版社，北京，1985年)。侯宜傑『袁世凱評伝』(河南教育出版社，開封，1986年)。天津図書館・天津社会科学院歴史研究所編『袁世凱奏議』全3冊（天津古籍出版社，天津，1987年)。章伯鋒・李宗一主編『北洋軍閥（1912～1928)』1・2巻（武漢出版社，武漢，1990年)。周岩『袁世凱家族』(中国青年出版社，北京，1991年)。徐有朋編『袁大総統書牘彙編』(文星書店，台北，1962年)。ジェローム・チェン著，守川正道訳『袁世凱と近代中国』(岩波書店，1987年)。〔渡辺惇〕

袁　水拍（えん　すいはく） Yuan Shuipai

（1919年～1982年10月29日）

本名・袁光楣，筆名・袁水拍，馬凡陀，MVD。江蘇省蘇州呉県生まれ。詩人。

1934年，蘇州高級中学校卒業，滬江商学院夜間部に通いながら，上海浙江興業銀行に勤める。その後中国銀行に練習生として採用される。

1937年，抗日戦争開始後，中国銀行の上海からの撤退に伴い，漢口，香港に移動。1940年，重慶に置かれた中国銀行本店に勤務。重慶美術出版社で編集に従事し，中華全国文芸界抗敵協会総会候補理事に就任，会誌の編集にあたった。42年に共産党に入党。

1949年からは中共宣伝部文芸処処長，中国文学芸術界連合会全国委員となり，『人民日報』文芸部に所属し，『人民文学』，『詩刊』の編集委員を兼任した。53年，作家協会理事。75年，文化部文学芸術研究所責任者，76年から翌年まで文化部副部長などの要職を歴任した。

特に建国後の歩みにおいて，袁水拍は常に中国共産党中央の路線の忠実な実行者であり，胡風批判や反右派闘争でいくつもの論文を発表した。さらに文化大革命においては，いわゆる四人組の信奉者の役割を演じ，他の文学者の「反革命性」を摘発する文章を発表して，その政治的な地位を高めた。しかし，文化大革命終結後は，政治的にも文学的にも信用を失った。82年，北京で病死した。

袁水拍は，1940年に処女詩集『人民』を出版し，以後42年に『冬天，冬天』，翌年『向日葵』などの詩集を出版，多くの政治性の高い叙情詩を発表した。続いて44年から48年まで上海の『新民歌』，『大公報』の編集を担当し，この間「馬凡陀」の名で300篇に上る政治風刺詩を発表した。これらは「山歌」という民歌，民謡，童謡の形式に則り，五言，七言などの大衆に受け入れられ易い韻律で歌われており，「民族形式」に関する論争を背景に，高い評価を博した。これらの詩は46年の詩集『馬凡陀の山歌』，48年の詩集『馬凡陀山歌続集』にまとめられている。49年以後は，『解放山歌』，『歌頌与詛咒』，『春鶯集』などの詩集を出版した。また，チリの詩人パブロ・ネルーダの『木こりよ，目覚めよ』をはじめ，多くの翻訳を発表している。

参考文献：李立明『中国現代六百作家小伝』(波文書局，香港，1977年)。劉献彪『中国現代文学手冊』(中国文聯出版公司，北京，1987年)。丸山昇・伊藤虎丸・新村徹編『中国現代文学事典』(東京堂書店，1985年)。馬良春・李福田編『中国文学大辞典』(天津人民出版社，天津，1991年)。韓麗梅『袁水拍研究資料』(中国国際広播出版社，北京，2003年)。〔関根謙〕

袁　文才（えん　ぶんさい） Yuan Wencai

（1898年～1930年2月23日）

別名・選山，選三。江西省寧岡県茅坪馬源村生まれ。客家。中国工農紅軍の高級将校。

貧農の家庭に生まれる。幼少時より私塾で教育を受けたが，困窮のため中断，家業を助けた。1917年結婚したが，土豪に妻を奪われ，18年再婚する。21年永新県禾川中学校に入学したが，1年後父親が死去したためやむをえず帰郷する。当時同地方の井崗山では，農民・胡亜春が組織する「馬刀隊」が土豪地主に対する抵抗運動をくりかえしており，23年これに参加して参謀長となり闘争を積極的に組織した。

1925年10月寧岡において中共の地下工作を推進していた龍超清と協力して馬刀隊を県総保衛団に改編し，団長となる。26年秋寧岡暴動を指導，龍超清を主席とする行政委員会を成立させ，委員となって主に軍事工作を担当した。さらに県保衛団を農民自衛軍に改編し，総指揮となる。同年11月龍の紹介により中国共産党に入党。

1927年7月中共吉安地方委員会の指示により，王佐らが率いる農民自衛軍と連合して永新県城を攻撃し，監獄を破壊して王懐，劉珍らの共産党員を救出した。中共永新県革命委員会と贛西農民自衛軍が設立されると，同軍副総指揮となる。同年10月毛沢東率いる秋収蜂起部隊が寧岡県茅坪に進駐してくるとこれを迎え，毛沢東の指導の下で農民自衛軍の改編整備を推進し，井崗山革命根拠地の創建に参与した。28年2月には中国工農革命軍第1軍第1師団第2連隊長に，同年4月朱徳，陳毅らが率いる南昌八一蜂起部隊が合流して中国工農紅軍第4軍が成立すると同軍第11師団第32連隊長となった。また同年5月には湘贛辺界工農兵政府主席，中共湘贛辺界特別委員会委員に選出される。この間部隊を率い新城，龍源口，黄洋界，坳頭隴などの戦闘に参加し，井崗山革命根拠地の防衛に貢献した。29年1月紅軍第4軍参謀長となり，同軍主力は江西省南部へ進軍したが，ひとり井崗山に戻り，寧岡県委員会書記・何長工の配慮で同委員会常務委員会の職務を担当した。しかし当時の中共党内の路線闘争に，同地方の現地人と客家との長年の対立などが重なり，30年2月江西省永新県において湘贛辺界特別委員会の朱長楷により王佐とともに殺害された。

参考文献：中共党史人物研究会編『中共党史人物伝』2巻（陝西人民出版社，西安，1980年）。何長工『何長工回憶録』（解放軍出版社，北京，1987年）。羅栄桓「秋収起義与我軍初創時期」，江西人民出版社編『革命闘争回憶録』上（江西人民出版社，南昌，1979年）。陳正人「毛沢東同志創建井崗山革命根拠地的偉大実践」，政協江西省委員会文史資料研究委員会編『江西文史資料選編』1輯（江西人民出版社，南昌，1980年）。〔安田淳〕

岳(がく)　維峻(いしゅん)　Yue Weijun

（1883年～1932年8月11日）

字・西峰。陝西省蒲城県生まれ。軍人。国民軍総司令。

岳維峻は，6歳で私塾に入るが，幼い時から馬術などの武芸に優れ，1899年武学生候補となる。しかし，父親を失ったこともあって，武試を受けることは断念する。その後，彼は当時交際のあった井勿幕，胡景翼，李襄初らの影響を受け，革命に身を投じるようになる。そして，1906年井勿幕の紹介で中国同盟会に加入する。

1911年の辛亥革命に際しては，井勿幕にしたがって渭北で蜂起する。その後教導営に入り，卒業した後は連隊長に就任し，富平に駐屯する。袁世凱の帝制に反対して護国軍を組織し，胡景翼と謀って挙兵する。17年胡，劉守中，張義安と兵を起こし，靖国軍を称す。この時，岳維峻は前線で総指揮をとり，胡に代わって第4路軍総司令となる。22年4月第1次奉直戦争が起きると，馮玉祥と河南省に進軍し，24年9月の第2次奉直戦争に際しては，胡，馮，孫岳，鄧宝珊と連合して国民軍を組織する。岳は，国民軍第2軍の総指揮をとり，馮軍と連合して北京に入る。

岳維峻は，胡景翼が1925年4月死去すると，胡の後を継いで河南省督辦となる。26年の北伐には馮とともに国民軍第1，2，3軍を改組して国民連軍とし，自らは南路軍総司令となる。国民政府によって国民連軍が第2集団軍と改編されると，岳は第2集団第5方面軍の総指揮をとる。南京国民政府成立後，軍隊の改編により陸軍新1師が成立すると，正式に師長に就任する。その後，岳は適太夫人の病気を理由に職を辞す。

1929年秋蔣介石が河南省で旧軍部を召集し，新たに歩兵営を編制すると，岳維峻は両路司令の統轄に任ぜられ，また陝西省招撫使となり，徐向前の農工軍を破る。30年には部隊を率いて河南，安徽，湖北省の中共の農村根拠地を包囲，攻撃して戦功をあげる。その後も各地の農村根拠地を包囲，攻撃するが，32年8月11日河南省光山県新集鎮において紅軍に射殺された。国民政府は，岳維峻の葬儀を公葬とし，陸軍上将の称号を与える。

参考文献：黄季陸主編『革命人物誌』2集（中国国民党中央委員会党史史料編纂委員会，台北，1969年）。劉紹唐主編『民国人物小伝』第1冊（伝記文学出版社，台北，1981年）。外務省情報部編『現代中華民国・満州帝国人名鑑』（東亜同文会，1937年）。〔家近亮子〕

惲(うん)　代英(たいえい)　Yun Daiying

（1895年8月12日～1931年4月29日）

幼名・育育，別名・遽軒，字・子毅，筆名・代英，英，纓，但一，但，一，天逸，子毅，毅，子怡，稚宜，F・M，遽軒。湖北省武昌生まれ。原籍，江蘇省武進県石橋湾惲家村。中国共産党初期の活動家。青年・学生運動の指導者。

清初の著名な画家・惲恪（南田）を祖先にもつ書香の家系ながら，清末民国初年の変動の中で没落しつつあった官僚の家庭に，4人兄弟の次男として生まれる。1913年，武昌の私立中華大学予科に入学し，15年，中華大学本科文学系中国哲学門に進学，多くの社会科学の文献を読む。18年に卒業すると，大学校長の懇請で同大学中学部教務主任（校長）に就いた。予科在学中から早くも文筆活動を開始し，『東方雑誌』，『新青年』を含む各種の雑誌に哲学・教育・社会問題などに関する論文や，英語文献の翻訳を寄稿して文名を知られた。学生時代を通じて，クロポトキンのアナキズムに深く傾倒していたことは，惲の『日記』からも窺い知ることができるが，そこには，道徳の強調，大衆の秩序形成力への着目などクロポトキン主義の特徴的諸要素を，救国の手段と結び付ける惲独特の発想が見られる。

クロポトキンのいう「相互扶助」の実践による救国を志して，1917年10月，惲が学友と結成した「互助社」は，五・四時期に簇生した社団（青年・学生の自発的小結社）の嚆矢として著名である。「互助社」およびその関連団体からは林育生，劉仁静など後の中国共産党初期の活動家が輩出した外，後に国家主義派の指導者となる余家菊らとも近い関係にあった。これらの活動を通して惲は武漢の青年・学生の中心的存在となり，19年の五・四運動においては，中学部校長ながら武漢の学生運動の事実上の指導者となった。同年末，周囲の圧力から校長を辞職，時を同じくして日本の武者小路実篤らの「新しき村」運動を中国でも実践しようとした工読互助団運動が起こると，20年2月，「互助社」成員を中核に「利群書社」を設立してこの運動の一翼に連なり，また19年9月に加入した少年中国学会にも積極的に関与し，萌芽期でイデオロギー的にも未分化状態にあった中国の青年運動の先頭に立った。21年1月にカウツキーの『エルフルト綱領解説』（訳書名は『階級争闘』）を翻訳出版するなどマルクス主義への接近を示し始めるものの，五・四時期の理想主義への執着は強く，陳独秀らの勧誘にもかかわらず，中国共産党結成のための準備工作には加わらず，しばらく独自の道を模索した。20年11月，教務主任として安徽省宣城の第四師範に招かれるが，21年6月当地の軍閥に追われ，同年10月から23年夏まで四川で教育活動に従事，この間濾州の川南師範教務主任，校長などを務める。惲の中国共産党入党は，この四川滞在中の21年末頃と思われる。

1923年夏上海に出，党員としての活躍を開始。同年8月の社会主義青年団第2回全国大会で中央委員候補に選出され，まもなく中央執行委員に昇格し，宣伝部長として同年10月創刊の団機関誌『中国青年』の主編となる。以後，同誌上に160篇余の論説を発表，また24年1月，国共合作によって成立した国民党上海執行部の宣伝部秘書に就任，同機関誌『新建設』の編集を担当し，さらに革命幹部養成学校となった上海大学の教壇にも立ち，青年・学生層に多大の影響を与え，その啓蒙家，教育者としての才能をいかんなく示した。上海時代の活動としては，少年中国学会の主導権をめぐって対立した国家主義派（醒獅派）への批判，国民党右派・戴季陶主義との論戦，および5・30運動における学生組織の指導などが特筆されよう。26年1月，広州で開催された国民党2全大会に出席し，中央執行委員に選出される。5月，黄埔軍官学校の政治主任教官に就任，7月の北伐開始後も広州に留まって工作を継続したが，国民政府の武漢移転にともない27年1月武昌に設立された武漢中央軍事政治学校（校長・蔣介石，代理校長・鄧演達）の政治総教官に就任，校務を主宰した。4～5月の中国共産党5全大会では中央執行委員に選出されている。5月，武漢政府に反旗を翻した夏斗寅軍に対し，武漢軍校・中央農民運動講習所の学生を中央独立師に編成，その党代表として該師を率いて戦闘に参加した。

中共の武漢政府からの退去後は，1927年8月の南昌蜂起の前敵委員会委員，また12月の広東コミューンのソヴィエト政府秘書長と，共産党の武装暴動路線の最前線で活動した。28年6月の中共6全大会後（モスクワでの同大会には不出席），上海の党中央組織部秘書，ついで29年には宣伝部秘書長に就任，党機関誌『紅旗』の編集を担当するが，30年初め，党中央代表として厦門での中共福建省委第2回大会を指導，並びに閩西ソヴィエトを視察した際，土地革命と農村根拠地の拡大強化を強調したため，大都市奪取を志向する李立三指導部の批判を受け，4月に上海に帰任した後，滬中区行動委員会書記，ついで滬東区行動委員会書記に降格される。同年5月，上海楊樹浦の怡和紡績で工作中に逮捕，身元不詳のまま禁固刑に処せられたが，翌31年4月に逮捕された党中央の特務工作責任者・顧順章の自白により身元がわれ，直ちに南京の中央軍人監獄で銃殺された。

参考文献：中央檔案館・中央革命博物館・中共中央党校出版社編『惲代英日記』（中共中央党校出版社，北京，1981年）。『回憶惲代英』（人民出版社，北京，1982年）。『惲代英文集』上・下（人民出版社，北京，1984年）。田子渝・任武雄・李良明『惲代英伝記』（湖北人民出版社，武漢，1984年）。張羽・鉄鳳『惲代英伝』（中国青年出版社，北京，1995年）。李良明等『惲代英思想研究』（人民出版社，北京，2011年）。

〔砂山幸雄〕

Z

載灀（さいらん） Zailan

（生没年不詳）

愛新覚羅氏。惇親王奕誴の第3子，載濂・載漪の弟。輔国公。清末の政治家。清朝貴族として保守頑固派の代表的人物となり，排外的愛国主義の立場に立った。

1874年三等輔国将軍に封ぜられ，84年二等鎮国将軍に昇進し，89年には更に不入八分輔国公に封ぜられた。戊戌の政変の時，載濂・載漪とともに変法派のクーデター計画を西太后に密告した功績により，彼女から絶大なる信用を得た。

1900年義和団運動が起こると，義和団を利用して列強に戦いをいどむことを主張する載瀾は，右翼総兵代理を命ぜられ，荘親王載勛とともに首都北京防衛についた。しかし，同年8月北京が8カ国連合軍に占領されるや，西安に向けて逃げた西太后の後を追った。和平会議が開かれると，列強は載瀾を戦争犯罪人の首魁の1人であると主張した。清政府は大いに困惑し，01年2月13日光緒帝の上諭の名で，「新疆に押送し永く監禁すべし」と命じ，その処罰をおこなった。

1911年辛亥革命が起こると，イリにいた載瀾は清朝再建の策謀をめぐらしたが失敗した。そのため，庫倫を経て満州に潜入し，寧古塔に住んだ。15年冬，載瀾は袁世凱の顧問であったG・E・モリソンに手紙を書き，北京に帰る許可を袁世凱に依頼してくれるようたのんだが，成功しなかった。現在，北京清華大学がおかれている清華園は，載瀾の家の花園であった。

参考文献：中国近代史資料叢刊『義和団』4（上海人民出版社，上海，1961年）。李文海等編『義和団史実要録』（斉魯書社，済南，1986年）。〔小林一美〕

載灃（さいれい） Zaili

（1883年2月12日～1951年2月3日）

号・伯涵，静雲，閑園。清朝宗室（愛新覚羅氏）。北京生まれ。満州鑲白旗人。道光帝の子・醇親王奕譞の第3子，光緒帝の弟。

北京の醇親王府に生まれる。母は側室の劉佳氏。父・奕譞の教育方針により，満州語にも堪能であった。奕譞の死により，1891年醇親王を継承。戊戌政変・義和団事件時期には，任官以前であり，直接的な政治活動を行っていない。逆に，この事が，後に満州貴族間に重きをなした要因ともなった。

1901年正白旗副都統，同年7月義和団謝罪使としてドイツを訪問，厳格な軍事的教育を受けるドイツの貴族制度に影響を受けた。帰国後，結婚。栄禄の娘（瓜爾加氏）を選んだのは西太后であった。05年陸軍貴兜学堂の開設に関与，07年正紅旗都統，08年軍機大臣，憲政編査館大臣となる。

1908年光緒帝死後，長子・溥儀が宣統帝として即位したため，自らは監国摂政王に就任し，20代半ばにして衰退しつつあった清朝中央の中枢に位置した。西太后が載灃を重用したのは，慶親王奕劻の勢力を分割・弱体化させるためであったが，その人となりは誠実に過ぎ，権謀術数に長けた奕劻には対抗しえなかった。

監国摂政王就任後は，北洋陸軍の統制権を清朝中央に回収すべく袁世凱を罷免，陸海軍大元帥となったが，軍事的実権を掌握するにはいたらなかった。また，弟である載濤，載洵を軍事部門の大臣に任じ，日本などを訪問させた。この結果，清朝中央は3兄弟の専制と見られ，総督・巡撫の反発が強まった。さらに，光緒帝の后である隆裕皇后の西太后に倣った「垂廉聴政」の策動にも対決しなければならず，この対立はのちの宣統帝退位の際にも再燃した。そのため，載灃が企図した財政改革などの政策も実質的効果をあげることができなかった。こうした3兄弟専制に対し，汪精衛はその暗殺を計画して投獄された。載灃に袁世凱の情報を提供していたのは，大陸浪人・川島浪速であったとされる。

載灃は立憲運動に否定的であったとされるが，譲歩の結果，1911年5月内閣を組織させた。しかし，満州貴族中心の皇族内閣であり，総理大臣には政敵であった慶親王奕劻を任命しなければならないなど，載灃の置かれた政治的環境は，外なる革命派との対決，内なる奕劻及び袁世凱との対決など，多難を極めた。武昌蜂起以後，心ならずも袁世凱を総理大臣に起用，11年12月6日監国摂政王を辞任した。

辛亥革命以後，載灃は表面的には政治に関与せず，読書に明け暮れる生活を送ったとされる。この間，孫文とも会見している。しかし，前監国摂政王としての地位は平穏な生活を許さず，一貫して進められていた清朝復活の運動の中心たることが期待された。こうした活動に対する載灃の態度は，不明である。

1924年馮玉祥の北京政変により紫禁城から溥儀が追放され，皇室優待条件が失われると，載灃はその財産を北京市内の西什庫教会に移し，26年には自らも教会の中の一室に身を寄せた。27年以後，国民政府部内に知る人が少ないことを懸念した載灃は，北京から天津のイギリス租界に移った。この間，外出も少なく，如何なる政治的活動もしなかったとされる。

しかし，こうした天津での生活を一変させたのは，「満州国」の成立，息子である溥儀の皇帝即位といった事件であった。蘆溝橋事件以後，載灃は，天津のイギリス租界から日本租界へと移住した。1939年日本軍に護衛され，天津から北京にもどり，徳勝門内什刹後海北岸の醇親王府（現在の宋慶齢故居，宋慶齢基金会所在地）に住んだ。「満州国」成立以後は，溥傑・嵯峨浩夫妻が北京を訪れることもあり，「満州国」との関係が全くなかったわけではない。しかし，載灃は北京に住み，東北を訪れることをしていない。

日本の敗戦後は，第11戦区指令長官兼河北省主席の孫連仲と姻戚関係にあったため，その安全を保証されたが，邸宅は一部軍人の跋扈するところとなり，財産も失われた。1952年2月北京で死去。郊外の福田公墓に葬られた。

参考文献：惲宝恵「清末貴族之明争暗闘」，『晩清宮廷生活見聞』（文史資料出版社，北京，1982年）。「醇親王使徳日記」，中国社会科学院近代史研究所近代史資料編輯組編『近代史資料』総73号（中華書局，北京，1987年7月）。凌冰『愛新覚羅・載灃―清末監国摂政王』（文化芸術出版社，北京，1988年）。R.F. ジョンストン著，入江曜子・春名徹訳『紫禁城の黄昏』（岩波書店，1989年）。〔飯島渉〕

載濤（さいとう） Zaitao

（1887年6月23日～1970年9月2日）

字・野雲。清朝宗室（愛新覚羅氏）。光緒帝と醇親王載灃の弟。

宣統帝の即位に際し，その兄である醇親王載灃が監国摂政王に就任したため，載灃により推進された清朝中央における袁世凱排除，満州貴族への軍事的権力の集中過程で，1908年禁衛軍を管理，09年軍諮処大臣に就任した。

1910年陸軍視察のため，日本・欧米を訪問している。載濤の日本訪問については，その受け入れの中心であったと考えられる陸軍関係の史料は確認し得ない。但し，同時に準備にあたった海軍の史料が残されている。海軍省編『明治四十三年公文備考・儀制四・載濤殿下来朝一件』によれば，載濤の日本訪問は10年3月23日から4月6日であり，随行者として，副都統・李経邁，禁衛軍第1協統領・良弼らの名前があげられている。日本側の責任者は，陸軍中将・長岡外史（軍務局長），陸軍少将・青木宣純（清国公使館付武官），外務省書記官・鄭永邦，陸軍中佐・阪西利八郎（野砲兵第12連隊付）らである。3月23日載濤は清朝海軍の軍艦で下関に到着，以後，明治天皇との会見をはじめ，次のような機関を視察している。それらは，海軍兵学校，呉海軍工廠，大阪砲兵工廠，近衛師団，第1師団，陸軍大学校，近衛歩兵第1旅団，近衛騎兵連隊，陸軍参謀本部，陸軍士官学校，東京砲兵工廠などである。また，近衛師団，第1師団の野外演習を視察，4月6日帰国した。

載濤の日本訪問は満州貴族への軍事的権力の集中の動きに対応したものであったが，実質的な意味を持つにはいたらなかった。載濤自身は軍事的才幹に乏しかったとされ，1911年の武昌蜂起以後の清朝宮廷会議において，「陸軍の練兵には関与した経験があるけれども，実際にそれを使って干戈を交えた経験はない」と述べたという。

宣統帝退位後も北京に在住し，宗社党を結成して清朝復興を画策した。以後の活動については不明な点が多い。

溥儀の家庭教師であったイギリス人ジョンストンの著作では，載濤は，「少年（溥儀）の教育に特別の関心を持っており，満州貴族のなかではもっとも聡明かつ進歩的な人物として尊敬されている」，「十分に事態を掌握し，しかも心から少年の幸福をねがう」，「リベラルな皇族」と好意的に紹介され，個人的な事柄を自分で管理する能力を持ち，また，それを実行していたとされている。

参考文献：凌冰『愛新覚羅・載灃―清末監国摂政王』（文化芸術出版社，北京，1988年）。海軍省編『明治四十三年公文備考・儀制四・載濤殿下来朝一件』（防衛研究所図書館蔵）。R.F. ジョンストン著，入江曜子・春名徹訳『紫禁城の黄昏』（岩波書店，1989年）。〔飯島渉〕

載洵（さいじゅん） Zaixun

（1885年5月20日～1949年3月）

清朝宗室（愛新覚羅氏）。満州鑲白旗人。光緒帝，醇親王載灃の弟。満州貴族。

宣統帝即位に際し，その兄である醇親王載灃が監国摂政王に就任したため，載灃により推進された清朝中央における袁世凱の排除，載灃を中心とする満州貴族への軍事的権力の集中の過程で，1909年籌辦海軍大臣に就任した。

1909年海軍視察のためヨーロッパを訪問。ロシアから帰国の途中，ハルビンにおいて熊成基の暗殺計画の対象とされた（熊成基は，徐錫麟らとともに安慶に蜂起，その後日本に亡命していた。但し，計画は失敗し，熊成基は長春で処刑された）。

1910年同じく海軍視察のためアメリカ及び日本を訪問した。載洵の日本訪問は，アメリカへの海軍視察の帰路に行われたものであり，史料として海軍省編『明治四十三年公文備考・儀制・載洵殿下来朝一件』1～4が残されている。載洵の来日は，10年10月23日から11月1日までであり，随行者として，籌辦海軍大臣・薩鎮冰，外務部行走・周自斉，海軍処司長・曹汝英，鄭汝成，徐振鵬らがいた。日本側の受け入れは海軍が中心となり，海軍中将・藤井較一（軍令部次長），海軍大佐・森義太郎らがその任にあたった。10月23日横浜到着，明治天皇との会見をはじめとして，海軍省・海軍軍令部・海軍大学校・呉海軍工廠・海軍兵学校・佐世保鎮守府・佐世保海軍工廠などを視察している。

載洵の海軍視察は，載灃による軍事的権力の清朝中央，特に，満州貴族への集中の動きを背景とし，その兄である載濤の陸軍視察と主旨を一にするものであった。しかし，こうした一連の満州貴族の外国訪問，軍隊視察が実質的な意味を持ったとは考えにくい。日本側は，その前年に行われた載洵のヨーロッパ訪問や直前のアメリカ訪問に際し，その在外駐在武官に命じて広く情報収集を行っていたが，そこでも儀礼的な訪問であり実質的な意味はほとんどない，との結論を下していた。但し，儀礼的であるがゆえに公式の歓迎行事は大きな規模で行われており，当時の新聞は，逐一その状況を伝えている。

奕劻の皇族内閣の海軍大臣に就任。但し，載洵の政治的役割については，不明な部分が多い。その兄・醇親王載灃に比べ，凡庸であったとも言われ，清朝最末期の政局において主体的な活動を行ったとは言いがたいようである。

参考文献：張俠・楊志本・羅澍偉・王蘇波・張利民『清末海軍史料』（海洋出版社，北京，1982年）。凌冰『愛新覚羅・載灃―清末監国摂政王』（文化芸術出版社，北京，1988年）。海軍省編『明治四十三年公文備考・儀制・載洵殿下来朝一件』１～４（防衛研究所図書館蔵）。〔飯島渉〕

載漪（さいい） Zaiyi

（1856年～1922年）

氏・愛親覚羅。道光帝の孫，咸豊帝の甥。惇親王奕誴の第２子。彼の妻は西太后の姪。弟に同じく義和団事件の首謀者となった輔国公・載瀾がいる。清末における宗室出身の保守的政治家で排外主義者。満州族。

載漪は1860年瑞郡王奕志の後を嗣いで貝勒（ベイレ）を授けられ，89年には郡王の肩書きを加えられた。さらに93年御前大臣に任命され，翌年には端郡王に進封された。戊戌政変の時，載漪は変法派のクーデターを密告して西太后の信頼を得たという。

戊戌政変後，再び政権を掌握した西太后は光緒帝を監禁し，光緒帝に子がないことを口実にして皇太子を決めることとしたが，それは皇帝の存命中に次の皇帝を決めてはならないという祖法に背いた行為であり，その裏には光緒帝を廃位させようとの意図があった。載漪は西太后が寵愛している李蓮英らに賄賂を送り，1900年１月24日に次子の溥儁を「大阿哥」（皇太子）とすることに成功したが，光緒帝の廃位は列強の反対で失敗した。そのため，載漪は列強への反感をさらに強めた。

1898年春頃，山東省北部から発展した義和団運動は，排外主義者の毓賢が巡撫になり義和団を公認すると，山東省一帯にその勢力を拡大したが，後任の山東巡撫・袁世凱が義和団を取り締まったため，義和団の主力は直隷省へ浸透した。

義和団の強烈な排外思想と愛国のエネルギーを看取した載漪は毓賢と会見して義和団を宣撫して列強と対抗させようと画策し，公然と義和団を擁護し，自己の統率下にある虎神営に義和拳法を習わせた。かくして載漪を中心にして「撫拳滅洋」集団が清朝政府内に形成されたが，その主なメンバーは，軍機大臣・吏部尚書の剛毅，大学士の徐桐，戸部尚書の崇綺，礼部尚書の啓秀，刑部尚書の趙舒翹，庄親王載勛，輔国公載瀾らの頑固派と皇族達であった。

1900年の４月から５月にかけて義和団が北京に現れると，載漪らはさかんに義和団を宣撫して列強との対決に利用すべきであると主張した。６月９日西太后が召集した宮廷秘密会議で載漪らの主張が通り，翌日，西太后は載漪に総理衙門を統括させ，礼部尚書・啓秀，工部右侍郎・溥興，大学士・徐桐らを総理衙門大臣に任命した。これ以後，載漪ら主戦派が清朝の軍事・外交の実権を掌握した。そして列強が北京防衛の要衝である大沽を攻略すると，ついに６月21日西太后は列強に対し宣戦布告を行った。なお宣戦布告に先だって６月16日から19日にかけて開かれた御前会議で載漪らに反対して非戦論を主張した吏部左侍郎・総理衙門大臣許景澄，太常寺卿・総理衙門大臣袁昶らは７月28日に載漪らによって処刑された。

光緒帝を廃位して溥儁を皇帝にして権力を確実にしたい載漪は，1900年６月25日に60人ほどの義和団を宮中に入れ，「二毛子」（外国の手先）を探すことを名目にして，光緒帝に宮中より出るよう策動した。これにはさすがの西太后も怒り，義和団頭目20余人を処刑した。

この間北京には，武術軍，八旗，虎神営などおよそ４万人の軍隊，それに10万人ほどの義和団が集結していた。1900年６月11日には日本公使館書記生の杉山彬が董福祥率いる甘軍によって殺害され，６月20日にはドイツ公使ケトラーが載漪統率下の虎神営によって殺された。さらに教会が破壊され，多くのキリスト教徒が殺された。載漪は６月19日に東交民巷の公使館への攻撃を許可した。

1900年７月14日連合軍は天津を占領したが，８月14日には日本軍を主力とする約１万5,000人の連合軍が北京を攻撃し占領した。近代的武器を備え実戦に長けた連合軍の勝利は明白であった。15日西太后は光緒帝を伴って北京城を脱出したが，載漪も西太后に従って西安へ逃亡した。その際，西太后は栄禄，徐桐，崇綺の3人を北京に留め，留守辦理大臣として挽回を謀らせたが如何ともできなかった。北京を占領した連合軍はほしいままに掠奪行為を働き，多くの文化財が持ち去られた。

1901年9月7日，奕劻と李鴻章を全権として連合国との間で辛丑条約が締結された。載漪は首謀者として死刑を要求されたが，皇族であるという理由で爵位を剝奪され，新疆へ流刑となるにとどまった。溥儁も皇太子の地位を廃された。辛亥革命後，載漪は北京へ帰り，22年病没した。

参考文献：清史編委会編『清代人物伝稿』下編3巻（遼寧人民出版社，瀋陽，1988年）。村松祐次『義和団の研究』（巌南堂，1976年）。小林一美『義和団戦争と明治国家』（汲古書院，1986年）。　〔楠瀬正明〕

臧（ぞう）　式毅（しきき）　Zang Shiyi

（1884年10月～1956年11月13日）

字・奉九。奉天省瀋陽県人。東北地方の軍人。政治家。満州国の大臣。

弟・臧爾寿は満州国建国後吉林省高等検察庁長，義兄・吉興は吉林督軍公署参謀長，延吉鎮守使兼東北陸軍第13旅長などを経て満州国建国後は吉林省警備司令官となった。

1904年北洋軍官速成学校を卒業。清末に日本に留学し，振武学校を経て陸軍士官学校騎兵科に学ぶ。在学中に辛亥革命が起こり，退学し革命に参加した。

その後，保定軍官学校教官を経て，張作霖の腹心の孫烈臣の下で軍務に携わる。1920年黒龍江督軍公署参謀，21年吉林督軍公署参謀兼衛隊団長，23年吉林督軍公署参謀長などを歴任する。この間，孫の病気中一時督軍事務も代行した。24年孫の死後張作霖に拾われ，奉天に赴き第1次奉直戦争で敗れた後の奉天軍整備のために陸軍整理処参謀長となる。この時以来，楊宇霆に随身する。

第2次奉直戦争後の1925年，楊にしたがって南京に入り，江蘇軍務前後事宜督辦公署参謀長として戦後処理にあたった。奉天軍の江南からの撤退に際し，最後まで南京にとどまり，孫伝芳軍にとらえられて約半年間揚州と蚌埠に監禁の身となる。26年1月釈放され，奉天に帰って奉天将軍公署参議として，奉天軍最高幹部の北京移転後の留守司令にあたる。

1928年6月4日張作霖爆死事件が起きた時には，事件後の調査から日本軍の謀略と確信し，張作霖の死を伏せて「負傷」とだけ発表，華北にいた張作霖の息子の張学良の帰りを待った。その一方で，奉天軍の行動を抑え，混乱を回避し，日本軍に出兵の口実を与えなかった。この事件の善後処理にあたり，東三省保安総司令部参議となる。

1929年，楊宇霆暗殺後，その後をうけて奉天兵工廠督辦となった。またこの頃より，旧張作霖勢力の内紛を抑えるため，政界に関与していく。30年遼寧省政府委員兼主席となる。

1931年9月18日の満州事変直後，日本の監視下で軟禁状態に置かれた。12月中旬日本側は東三省政府を組織して軍事は日本軍が担当するという条件を示し，臧式毅はやむをえずこれを受け入れ，ようやく解放される。31年末には推されて奉天省主席となり，その後は満州国の建国に協力した。32年2月17日張景恵を委員長として発足した東北行政委員会の委員となり，翌18日東北省区の国民政府からの独立を宣言した。満州国建国の準備段階においては，新国家を立憲共和制にすべしとの立場をとった。32年3月の満州国樹立後，同国民政部総長に就任，奉天省長，憲法制度調査委員なども兼ねることになった。34年3月満州国帝制実施と共に民政部大臣となり，さらに国道会議副議長，満州中央銀行継承資産審定委員会委員を兼ねる。35年満州国参議府議長，満州国赤十字社総裁などに就いた。満州国においては張景恵，熙洽らとともに東北在住の中国人の大物政治家として重きをなしていた。皇帝となった溥儀や中国人の間で一目置かれる存在であり，32年9月頃には鄭孝胥に代わって満州国国務総理にという声もあったが，臧自身，関東軍の推挙がないところで事を運び混乱を招くことを恐れているうちに，この話は流れた。35年にも溥儀が臧を国務総理に推挙したが，この時には関東軍が推す張景恵が総理の座についた。

満州国参議府議長として終戦を迎え，その後ソ連に抑留された。1950年頃，撫順の収容所に送られ，56年11月13日獄中で病死した。

参考文献：中央檔案館・中国第二歴史檔案館・吉林省社会科学院合編『日本帝国主義侵華檔案資料選編—九・一八事変』（中華書局，北京，1988年）。外務省情報部編『現代中華民国・満州帝国人名鑑』（東亜同文会，1937年）。愛新覚羅溥儀著，小野忍他訳『わが半生』上・下（大安，1965年）。張振鷺「九一八事変時的臧式毅」，『伝記文学』12巻4期，1968年。山口重次『消えた帝国満州』（毎日新聞社，1967年）。　〔浜口裕子〕

曾　国藩　Zeng Guofan

(1811年11月26日～1872年3月12日)

原名・子城，字・伯涵，号・滌生，謚・文正。一等毅勇侯。清末の軍人，官僚，桐城派の文章家。

代々農を業とし，父・麟書は家塾を営む小地主で5男4女あり，国藩はその長男にして2番目の子。弟に国潢（家を継ぐ），国華（1858年戦死），国荃（両江総督），国葆（貞幹，62年陣没）。子供に2男4女，紀沢（外交官），紀鴻がある。

父の家塾で学び，1834年挙人，38年会試，殿試に合格して曾家初めての進士となり国藩と改め，翰林院庶吉士となる。40年3月から北京に住み，52年8月離京するまでを「京師時代」とする。官位は40年5月の翰林院検討（従七品）をふりだしに，43年4月の大考（翰林の試験）で二等第一（一等5人，二等55人，三等56人，四等7人の120名中の6番の成績）となり，翰林院侍講（従五品）に特昇，同侍読，同侍講学士（従四品）を経て，47年の大考で二等第4名となり，同年7月には内閣学士兼礼部侍郎銜（従二品）に特別昇級した。49年2月礼部右侍郎（正二品），同年8月には兵部右侍郎に移る。50年2月25日道光帝が没し，咸豊帝が即位した。そして遥か南方の広西省の金田村では51年1月11日洪秀全37歳の誕生日を機に太平天国の建国宣言がなされている。

「京師時代」は大常寺卿・唐鑑から程朱の学を中心として歴史，詩，古文詞を学ぶよう勧められ（1841年8月），「主敬，静坐，早起，読書不二，読史，謹言，養気，保身，日知所亡，月無忘所能，作字，夜不出門」の「課程12条」を立て（43年1月），日記を書き自己の赤裸々な心理と生活を描写するとともに，呉廷棟，陳源兗，倭仁らと往来討論して自己修練に努めた。特に42年11月～43年7月四川正考官として離京するまで，日記は楷書で綴られ，その宋学的克己のあとがよく窺える。

1853年1月の出馬から太平天国の首都天京（南京）の陥落（64年7月19日）を経て，捻軍の討伐を命ぜられ（64年11月），「精力日に衰う」の理由で両江総督の原任に戻る（66年12月）までのほぼ14年間を「戦塵時代」とする。母の喪儀のために帰省していた曾国藩に「曾国藩は籍は湘郷に隷す，湖南地方の人情に熟悉していよう。土匪を捜査」せよとの帝命が下る（53年1月）。太平軍は52年4月永安の包囲網を突破し，全州から湖南に入り，同年9月には長沙を攻め，53年1月には武昌を陥す。翌53年2月武昌を棄て長江に沿って九江，安慶を落し，3月19日には遂に南京（金陵）を取り，天京と改めて首都とし，北方の清朝と対峙する。

太平天国平定に出馬してほぼ1年後，1854年2月，曾国藩は「討粤匪檄」を発してその思想的立場を明らかにした。その核心は，太平天国が①「外夷の……天主の教を崇め」，②「その偽君，偽相より，下兵卒賤役に逮ぶまで皆兄弟を以て称」し，③「中国数千年の礼儀人倫，詩書典則」および「宣聖の木主，十哲の両廡」をすべて焚き滅ぼしたことを告発するにある。つまり曾国藩・清朝が太平天国を否定する最大の根拠は，太平天国が異教たる「天主教」を崇拝して千年王国思想を鼓吹し，儒教的な上下の恭順原理を峻拒して平等主義を主張し，かつ伝統的な中国の文化文明を悪なるものとして拒否する点にあった。かくて曾国藩は思想的にも太平天国と鋭く対立する伝統の全面的擁護者として登場した。

曾国藩はこの太平天国を平定するには腐敗した官軍に代る戦闘力旺盛な義勇軍（湘軍，淮軍など）の練成，水師の建設，大砲弾薬軍船の製造の必要性を痛感し，まずこの三者の完成に全力を尽す。曾国藩の義勇軍は兵を故郷の湖南から採り，儒教的精神に燃える書生が統率し，「土匪」への仮借なき弾圧は湘軍生みの親たる曾国藩を「曾剃頭」（首切りの曾）と呼ばしめるに至る。国藩はまた1854年広東広西から水師を呼びよせて湘軍と合し，55年3月には大本営を南昌におき，ここに武器弾薬を供給する工場と快蟹船，舢舨船などを製造修理する造船工場を創っている。曾国藩は54年10月に湖北巡撫を授けられたが戦局に鑑みて受けず，58年5月九江を奪い返し，太平天国の重要な拠点・安慶攻撃に目標を定める59年11月までは苦戦の連続で，その地位も上っていない。60年5月江南大営が陥ち，欽差大臣の和春が自尽した。曾国藩は同年6月両江総督に昇り，8月には和春をついで欽差大臣となって江南の全軍事権を与えられた。60年7月には大本営を南昌から祁門に移して直接に天京を目指し，弟の国荃には安慶の攻撃をまかせる。

ところで清朝朝廷は1861年11月3日から開明的な恭親王奕訢が首席軍機大臣，首席総理衙門大臣たる首相兼外相として清朝の政治をリードし，その基本政策を太平天国平定のために一旦列強と和すと定め，洋兵を借り洋船洋砲を購入して太平天国を平定しようとする。60年12月，61年8月と曾国藩も恭親王の方策に賛成するが，61年9月弟の国荃が遂に安慶を落とし天京郊外の雨花台に兵を進めると，曾国藩は62年4月恭親王に「助を外国に借りるを以て深き愧となす」と反対するに至る。64年6月1日洪秀全が死に，同年7月19日には天京が陥ち，さしもの太平天国も滅亡する。曾国藩は64年8月1日太平天国平定の功で太子太保銜，一等侯爵世襲罔替（正一品）に昇る。農家の長男が終に侯爵たる清朝貴族の最高位に列せられたのである。

休む間もなく1865年5月27日，曾国藩は欽差大臣として山東の捻軍の討伐を命ぜられた。国藩は6月2日直ちに「捻匪に戦馬極めて多く，平原を馳騁す」と上奏し馬隊編成の必要性を強調する。まさに太平天国戦は船で，捻軍は馬でと南船北馬の戦いである。徐州にて訓練編成した馬隊をもって戦うが，「中原は平昿にして四通八達……大いに懲創を加うるあたわず」（66年7月）と上奏し，「剿捻效なし」（66年12月）との理由で捻軍討伐の役をおろしてほしいと請う。恭親王がこれを了承して後任に李鴻章を任命するのが66年12月のことである。

曾国藩が両江総督の任に戻るのが1867年4月，これまでの戦功で体仁閣大学士（正一品）を贈られ平和な晩年を送るかに見えたが，68年9月6日直隷総督に命ぜられ，天津教案に遭遇する。教会に対する民衆の誤解が増幅し，70年6月21日フランス領事アンリ・フォンタニエが激昂した民衆に惨殺されたのである。排仏感情が鬱積する天津で曾国藩は「被拐の事情なし」「眼を控り心を剖く」は全くの「謡言」と判断（70年7月）して厳罰主義で臨み，かつフランスに対しては「大信を示して兵端を開かず」（同年7月）との態度を示し，天津人士の義憤を買うも，国藩は自己の判断の正しさを確信して動揺しなかった。70年11月南京に戻った国藩は日常政務のほか，江南製造局を訪れたり，『資治通鑑』や『宋元学案』のメモをとったりしていたが，新築成った両江総督署で散歩中に発作がおき，72年3月子供の紀沢にみとられ，肝臓病のため没した。

曾国藩の学問は，1859年2月南昌の軍幕の裡に成る「聖哲画像記」の「義理，考拠，詞章」の三門併重を説くその折衷性にある。また近現代中国におけるその評価は中国の政治状況の変化にともない，「中興の祖」，「漢奸劊子手」，「洋務の推進者」と変化しているが，その本質は開明的伝統主義に立つものである。

参考文献：林言椒他主編『中国近代人物研究信息』（天津教育出版社，天津，1988年）。『曾国藩全集』（岳麓書社，長沙，2011年）。
〔三石善吉〕

曾（そう）　国荃（こくせん）　Zeng Guoquan

（1824年10月12日～1890年11月22日）

字・沅浦（兄・曾国藩の日記，家書では沅弟，九弟），号・叔純，諡・忠襄，一等威毅伯，太子太保。曾麟書の5男4女の四男，7番目の子。南京の督署で病没。清末の軍人，官僚。2男3女あり，紀瑞（1849～80年），紀官（52～81年）。

家塾と北京で兄・国藩の許で学び，1847年府試を首席で合格して湘郷の県学に入り，翌48年科試一等で廩膳生，55年9月優貢生となる。56年春，京師にて廷試を受けんとするも太平軍に阻まれて進めず，同知（正五品）の官位を買う。この年の11月，国荃は太平軍に占領された「吉安を復せんと規（はか）り」，郷里から3,000の兵を募り吉安に進攻した。曾国藩は「豪傑の挙也」と言って驚く。以後太平天国の首都天京（南京）を陥す64年7月まで戦塵の裡にすごす。この8年間たらずの間に彼の地位はその戦功により驚くべき早い昇進をとげている。つまり58年9月湘軍を率いて吉永，太和などを奪回して同知（正五品）の官位を与えられ，同じ9月に吉安を復して知府（従四品）に昇り，翌59年8月には景徳鎮を奪回した功で道員（正四品）に，61年9月には安慶を陥して布政使の銜と按察使の記名（正三品），62年2月には浙江按察使，同年2月には江蘇布政使，63年5月には浙江巡撫（従二品）を授けられ（謝絶），さらに64年7月19日金陵（南京）奪回の大功で太子少保銜（正二品），一等伯爵を与えられた。

ところで，曾国荃も兄・国藩と同じように肝臓の持病をもっていた。国藩の日記によれば，1859年8月景徳鎮奪回のあと，「沅弟瘧疾復た発す，病頗る軽からず」とあり，64年5月国荃宛の手紙に「弟の疾頗る軽からず，深く擾灼たり，肝気に系（かか）わるの故（こと）と聞く」ともあり，さらに金陵回復の2カ月後の9月には「病勢日に増す」との理由で辞職願いを出して故郷に帰っている。国荃のこの辞職は曾兄弟の「兵権太（はなは）だ重く，利権太だ大きく」，人々に疑われ妬まれるのを恐れた国藩が，金陵を回復したならば我々兄弟は「引退」しよう（64年5月沅弟宛家書）とのかねてよりの意向の実行でもあったが，国荃の病状も実際の所極めて重かったようである。

太平天国平定後，曾国荃は巡撫総督の重職を歴任するが，肝臓病のためしばしば任の中途で辞職帰省している。国荃の官位とその間の主要治績は以下の通りである。

1865年8月～12月，山西巡撫，但し病のため赴任せず。66年3月～67年12月，湖北巡撫。病気治療のため故郷に戻り，以後74年7月「来京陛見」の上諭があるまでほぼ7年間，故郷に隠退している。

1876年9月～80年11月，山西巡撫で河東河道総督を兼任した。77年6月太原に赴任，2年続きの大旱で饑民が80余県300～400万に及び，漕米や義援金を募ってこれを救い「善政」と称された。また山西の沃野の大半にケシが栽培され米麦の生産が落ちていることを知り，種と牛力を与えて五穀を植えさせ，差徭を減らし，魚鱗冊を作り，入植を奨励した。

1881年2月～9月，陝西総督。病気のため赴任せず湘郷に戻る。82年5月～83年8月，両広総督として広東に赴任した。時に兄・国藩の子紀沢は駐仏公使としてパリにあり，82年5月6日フランスにヴェトナムからの撤兵を要求するも拒絶され，83年12月11日から清仏戦争が始まる。83年7月国荃は虎門の守備が最重要と報告しているが，戦争開始前に北京に召還されている。

1884年2月～90年11月，両江総督兼辦理南洋通商事務（南洋大臣）として務めるが，90年兄・国藩と同じ南京の督署に没す。この間，84年7月から上海においてフランス公使パトノートルと中国側の全権大臣としてヴェトナム問題の交渉を行うが，フランス側は賠償金50万両を要求するなど「理なきこと已に甚だし，惟だ一意主戦あるのみ」を主張して江南の防備にとりかかる。しかし曾国荃は馬江の役（84年8月23日）について「片刻にして馬尾の兵船悉く焚（も）ゆ」と指摘し，道器論に基づき，「外夷の擅長する」形而下の器を修めると同時に船堅砲利の「富国強兵の道」を歩むべきと述べた（84年9月の上奏文）。さらに89年2月には「咸豊年間，各国通商し，洋務を講求せざるあたわず，同治初年始めて輪船を制（つく）り，光緒初年始めて電線を興し風気一開す」と述べ，鉄道の利や公使の派遣をあげつつ，「勢これを為すなり」と断じた。開明的な伝統主義者といえよう。

参考文献：蕭栄爵輯『曾忠襄公全集』（1903年）。『曾国荃全集』（岳麓書社，長沙，2006年）。　〔三石善吉〕

曾（そう）　紀沢（きたく）　Zeng Jize

（1839年～1890年）

字・劼剛。湖南省湘郷生まれ。清末の官僚，外交官。

曾国藩の長男として生まれ，父親の功績によって1870年戸部員外郎に任ぜられる。77年侯爵を襲爵する。翌年駐英，仏公使に任ぜられ，太常寺および大理寺少卿に補せられ任地に赴任する。80年イリ返還問題で崇厚の締結したリヴァディア条約の批准を拒否した清朝は改めて曾紀沢をペテルブルクに派遣，翌年イリ条約が結ばれた。これによってイリ地方の大半は返還された。

中仏戦争では強硬論を唱え左宗棠の推挙で兵部右侍郎に抜擢されたが，1884年駐仏公使の任を解かれた。駐英公使の専任となった曾紀沢は，イギリスとの間で阿片税釐併徴条約を結び，この結果歳入の銀200万両余りが増収となった。

在欧9年の後帰国すると，海軍衙門事務を補佐し，1887年には総理各国事務衙門大臣を兼務した。同年に発表した「中国先睡後醒論」で，富国より強兵を優先させ，外交の充実を急務とするとの主張を行った。この主張にたいしての何啓や胡礼垣の反論は変法論の立場からは当然のことであった。最後には戸部左侍郎および管理同文館事務となった。

参考文献：民国清史館編『清史稿』巻446，列伝233（民国清史館，北京，1927年）。　〔徳岡仁〕

曾（そう）　琦（き）　Zeng Qi

（1892年9月25日～1951年5月7日）

原名・昭琮，字・錫瓚。後に名を琦，字を慕韓と改める。別号・愚公。党号，移山。中国青年党の創始者。

四川省隆昌県の進士の家に生まれる。1899年父・友三が広西省の官吏となり，一家で象州に転居するが，程なくして母が死去。7歳の時家の私塾で学び始め，1905年に広西寧明州高等小学堂に入学，梁啓超の著作や顧炎武らの文集に触れ，国家主義や排満思想を知る。08年春に桂林中学堂に入学するが，冬には父の死により原籍の四川省に赴く。09年春成都高等学堂分設中学に転学し，王光祈らと知り合う。10年には家の零落により自学し，11年に四川法政学堂に転学した。

1911年6月四川保路運動が起こると四川総督を批判し，『成都商報』の主筆に招聘される。辛亥革命後も数紙に執筆し，重慶で『民国新報』と『群報』を創刊。13年には共和大学に入学し，7月の第2革命時には反袁運動に加わるが失敗，隆昌に潜伏する。14年に上海の震旦学院でフランス語を学び，左舜生や李璜と知り合い，15年には北京で章炳麟や梁啓超と知り合う。

1916年春日本に留学し，秋に中央大学に入学して憲法と行政法を学ぶ。この頃，陳愚生らと知り合い，易君左らと華瀛通信社を創設して日本マスコミの中国情報の歪曲を批判した。18年5月日中軍事協定反対運動の際に帰国した。

1918年6月に王光祈や李大釗と北京で少年中国学会を結成し，上海では『救国日報』を創刊。19年の五・四運動の際には学生を慰問しに北京に赴き，後フランスに留学，李璜らと巴黎通信社で働く一方，上海『新聞報』の特約記者として通信文を書く。22年に病気療養のためドイツに移り，23年にフランスに戻った。

中国共産党系留学生が勢力を強めつつあった1923年12月2日李璜，何魯之，胡国偉らとパリ郊外で中国青年党を結成し，24年4月20日の青年党第1回党員全体大会（パリ）で委員長に選出された。以後機関誌『先声週報』を通じて中共の『赤光』と論争し，国共合作に反対して国家主義を唱道した。9月に李璜らと上海に戻り，大学で教鞭をとる一方，10月10日に左舜生，陳啓天，余家菊らと『醒獅週報』を創刊し，その編集長となる。同年冬には孫文と会見し，連ソ・容共の中止を訴えたが，拒絶された。

1925年5月の5・30事件以後，全国に反帝国主義を主張する国家主義団体が簇生すると，「中国国家主義青年団」名義でそれらを統合し，12月15日に上海で全国国家主義団体連合会を成立させ，反軍閥・反列強の他に共産党との対抗のため反ソ・全民革命を謳う。26年7月の青年党第1回全国代表大会では中央執行委員会委員長に選出されたが，同時期に開始された国民革命軍の北伐に対処するために，韓復渠（山東）や張作霖など諸軍閥に接近し，五色旗擁護運動を組織する。

1927年1月に北伐軍が上海に入ると南京，北京に逃れ，4月には張作霖に李大釗処刑を勧める。4・12クーデター後は国民党の一党独裁に反対し，8月31日には国民党に逮捕された。出獄後は一時日本に赴き，帰国後は天津で梁啓超を擁立して新党結成を試み，山東では「特別偵諜隊」を組織して韓復榘の共産党員逮捕を助ける。

1931年に満州事変が勃発すると「一致対外」を主張して国民党批判を中止する。32年1月の上海事件に際して蔣介石が召集した国難会議に招かれたが，開催方法に異論があり応じなかった。同年，青年党系軍人を援助して東北義勇軍を組織し日本と戦い，翌年にかけて各地の抗日状況を視察した。

1934年5月左舜生と李璜を派遣して蔣介石と会談させ，10月以降は四川軍閥を援助して長征途上の共産党軍を攻撃させる。36年10月の蔣介石の誕生日の際には李璜を派して蔣の西安行き中止を勧告し，12月の西安事件では閻錫山と蔣の救済方法を話し合った。37年1月には初めて自ら蔣介石と会談し，国民党への協力が決定された。

1937年7月の廬山談話会では，国民党に対して一党独裁の停止，国民大会の召集，憲政の実施などを要求し，8月以降は国防参議院参議員として，雲南・貴州両省の総動員状況を視察した。38年7月の第1期国民参政会では，「抗戦建国綱領」擁護と朝野各党共同連合救国を青年党を代表して宣言し，翌39年2月の参政会第1期第3次大会にかけて県市参議会設立案を提出し通過させる。

しかし，参政会は第2期以降国民党独裁色が濃厚になったので，1941年夏に香港に赴き，10月に中国民主政団同盟を樹立し，梁漱溟とともに機関紙『光明報』を創刊した。同年12月に香港が陥落すると日本領事館の保護下に上海に戻り，汪精衛の勧めで南京政権の考試院副院長に就任して経費を受け取り，一部の青年党員に批判される。

1944年冬青年党幹部の劉東巌の招請で北平に行き，45年8月には日本支配下の太原に赴くが，日本の降伏後は蔣介石に四川へ呼び戻され，10月に国民政府より勝利勲章を授与される。同年11月の青年党第10回全国代表大会で党主席に選出され，12月の第11回大会でも再選されて，政治協商会議と連合政府の支持，内戦の回避を謳う。この頃民主政団同盟が民主同盟に改組されると，徐々に距離を置くようになった。

1946年1月の政治協商会議には陳啓天らを派遣し，政治の民主化を国民党に，軍隊の国軍化を共産党に要求する。国共内戦勃発後の同年11月には国民党の制憲国民大会に参与して主席団主席に指名された。47年4月に国民政府が改組されると，青年党を代表して「共同施政綱領」に署名し，次いで国民政府委員に就任する。同年7月にはウェデマイヤーと会談し，アメリカの援助を請うも，国民政府の腐敗の故に果せなかった。同年冬には四川隆昌県の国民大会代表に当選した。

1948年元旦には蔣介石から一等卿雲勲章を授与され，以後国民党に対し，老年・青年・婦女・児童ごとに軍隊を組織して共産党と人民を分断するよう勧告する。同年3月から5月の第1期国民代表大会では総統府資政に選出されたが，国民党の独裁に失望し，6月には政務院からの退出を声明した。

1948年10月病気療養のため渡米。49年5月に国共和議が破綻した頃，ニューヨークで民主自由連盟を結成し，超党派の救亡運動を訴え，頼景瑚と華美通訊社を経営して南北アメリカに向けて反共宣伝を行う。またこの頃キリスト教徒となる。

青年党中央党部の台湾移転後は，秘書長兼主席を陳啓天に代理させ，ヨーロッパを歴遊する。1951年5月ワシントン大学病院で盲腸炎悪化のため死去した。

参考文献：菊地貴晴『中国第三勢力史論』（汲古書院，1987年）。曾慕韓先生遺著編輯委員会編『曾慕韓先生遺著』（中国青年党中央執行委員会，台北，1954年）。沈雲龍主編『曾慕韓（琦）先生年譜・日記』（中国青年党中央党部，台北，1983年)。中国社会科学院近代史研究所主編『民国人物伝』2巻（中華書局，北京，1980年)。李義彬編『中国青年党』(中国社会科学出版社，北京，1982年)。江崎隆哉「国民革命期における国家主義派について」，『中国近代史研究会通信』No.19，1986年。〔江崎隆哉〕

曾　山（そう ざん） Zeng Shan

(1899年～1972年4月16日)

原名・曾如柏。別名・曾修生，曾珊，曾憲。江西省吉安県生まれ。中国共産党の指導者，特に経済部門の専門家。

織物労働者出身。1925年農民運動に従事。26年10月中国共産党に入党。27年2月吉安県農民協会執行委員に選出される。大革命失敗後の同年秋，南昌蜂起に参加。その後，広州に赴き，共産党の影響力の強かった教導団に入る。同年12月広東コミューンに参加し，教導団事務長となる。28年初め吉安に戻り，太和に派遣され，秘密工作に従事。同年4月中共吉安県西区委員会書記となり，農民を指導して，武装暴動をおこす。11月，中共吉水県委員会書記。29年1月中共贛西特務委員会常務委員に選ばれ，組織部部長となる。同年3月，毛沢東，朱徳と合流し，中共紅4軍前敵委員会委員となる。6月，贛西ソヴィエト政府が成立した際，主席に選出される。30年2月中共紅4，紅5，紅6軍共同前敵委員会常務委員に選ばれる。同年3月，中共贛西南特別委員会が成立した際は，常務委員に選ばれ，同時に成立した贛西南ソヴィエト政府では主席となる。同年6月中国革命軍事委員会委員，7月中共贛西南特別委員会書記，8月中共江西省行動委員会委員。同年10月，江西省ソヴィエト政府主席に選ばれる。31年1月中共ソ区中央局委員，中共江西省委員会常務委員。同年11月中華ソヴィエト共和国中央執行委員に選ばれる。32年11月江西省ソヴィエト政府副主席兼財政部部長となる。34年2月中央政府内務部部長。贛西南の紅軍，革命根拠地の創建と政権建設などの工作を指導し，紅軍の何度にもわたる反包囲討伐戦を支援する。34年9月中共江西省委員会書記兼江西軍区政治委員となる。

中央紅軍の長征後も江西省に留まって，闘争を堅持し，江西省党政軍機関を率いて贛南の山区でゲリラ戦をくりひろげた。1935年5月游撃隊が失敗するにおよび，上海経由でソ連に赴き，レーニン学院に入って学ぶ。37年12月帰国して延安に至る。抗日戦争期には中共中央東南分局副書記組織部部長及び新四軍駐贛辦事処主任，中共中央東南局組織部部長，中共中央華中局組織部部長などを歴任。中共7全大会で中央委員に選ばれる。解放戦争期には中共華中局組織部部長，華中財経委員会主任，中共中央華東局委員，華東財経委員会主任などを歴任。

中華人民共和国建国後，政務院政務委員，紡績工業部部長，華東行政委員会副主席兼財経委員会主任，上海市副市長兼財経委員会主任，政務院財経委員会副主任，国務院商業部部長，中共中央交通工業部部長，国務院内務部部長などを歴任。中共第8期中央委員，政治協商会議第4期全国委員会委員。1972年4月北京で病死。

参考文献：王健英『紅軍人物志』(解放軍出版社，北京，1988年)。〔石井明〕

曾　生（そう せい） Zeng Sheng

(1910年12月19日～1995年11月20日)

原名・振声。広東省恵陽県生まれ。広東人民抗日遊撃隊東江縦隊の指導者の1人，中国人民解放軍少将。

広州の中山大学文学院に学び，英語が非常に巧みであったといわれる。在学中広州学生ストライキを組織して香港へ逃げ，船員となり労働運動にも従事した。その後復学し，1936年中国共産党に入党する。

1937年抗日戦争勃発後から海外華僑や知識青年を「回郷服務団」に組織して恵陽，東莞，宝安一帯で活動したが，それをもとに38年10月恵（陽）宝（安）人民抗日遊撃隊を創設し隊長となる。その後王作尭が指揮する東莞抗日模範壮丁隊と合同して43年広東人民抗日遊撃隊東江縦隊に発展させ，司令員となる。政治委員・林平らとともに部隊を率いて東江両岸，粤北山区を転戦し，抗日根拠地を建設して日本軍との戦闘を展開した。

1941年太平洋戦争勃発後は，香港を撤退した著名な「民主人士と友好的外国人」を後方の安全な地区へ護衛して送り届け，国民党政府およびアメリカ政府から何度も表彰された。

1946年7月初め東江縦隊を率いて山東省の解放区へ赴く。47年渤海軍区副司令員，人民解放軍両広縦隊司令員となり，豫東，済南，淮海，広東などの戦役戦闘に参加した。

中華人民共和国成立後，広東省人民政府委員，広東軍区第3副司令員兼珠江軍分区司令員，中南軍区海軍広東江防司令員，中共広東珠江地方委員会書記，中共中央政治局華南分局委員，広東省人民委員会委員，同省革命老根拠地建設委員会副主任，海軍南海艦隊少将，同艦隊第1副司令員などの職を歴任する。1954年第1期全人代広東省代表。55年少将の位と第一級独立自由勲章，第一級解放勲章を授与された。

1959年の廬山会議で彭徳懐らが失脚した際関係があったとして批判され，解放戦争時期に両広縦隊が山東省煙台を撤退したのは戦略上の誤りであったとされた。60年には広州市長，広東省副省長に選出される。また61年からは広州労働大学校長，広東省中級党校副校長を兼任する。66年5月には中日友好協会理事となり，同月から6月にかけて中国人民対外友好協会広州分会会長代理として広東省友好代表団を率いて来日，自民党顧問・松村謙三，同党国会議員・竹山佑太郎，社会党国会議員・黒田寿男や日本共産党首脳など各界人士と接触した。

文化大革命開始後はしばらく活動していなかったが，1974年の国慶節招待会に姿を見せ，75年には第4期全国人民代表大会常務委員会委員，78年には第5期同大会常務委員会委員，79年には交通部長，81年には国務院顧問，82，87年には第12期，第13期の中共中央顧問委員会委員に選出されている。95年11月広州にて死去。

参考文献：呉炎林編『中共名将録』2輯（科華図書出版公司，香港，出版年不明）。曾生「東江抗日星火」，『星火燎原選編之五』（戦士出版社，北京，1981年）。曾生『曾生回憶録』（解放軍出版社，北京，1992年）　〔安田淳〕

曾（そう）　希聖（きせい）　Zeng Xisheng

（1904年～1968年7月15日）

別名・曾勉。湖南省資興県生まれ。中国共産党の指導者。軍人。

1922年中国社会主義青年団に入団，27年中国共産党に入党。湖南省立第三師範学校卒業。学生の愛国運動に参加。24年黄埔軍官学校に合格し，そこで学び，後に政治講習班に入る。青年軍人連合会の活動に参加。26年北伐戦争に参加，国民革命軍第8軍の中で宣伝部分隊長，団（連隊）教導員，教導団軍事隊隊長などを歴任。

大革命失敗後，漢口で秘密軍事情報の連絡工作に従事。1927年冬河南の国民党駐軍教導団で政治教官となる。28年烟台の国民党軍劉珍年部隊の政治処の科長となる。29年には唐生智の部隊に派遣される。同年冬漢口に至り，中共湖北省委員会において工人糾察隊の訓練工作に従事。30年，中共中央長江局軍事委員会兼中央軍事委員会長江辦事処秘書長。同年冬上海の中共中央軍事委員会に移り，偵察工作を行う。31年冬中央革命根拠地に派遣され，軍事委員会総参謀部偵察科科長となる。33年5月紅軍総司令部第2局（偵察局）局長。34年軍事委員会総参謀部第2局と改称後も引き続き局長を務める。中央革命根拠地での第4回及び第5回の，反包囲討伐戦において情報工作を完成させたことに対して二等紅星奨章が授けられる。同年10月長征に参加。35年7月軍事委員会第2科科長。同年9月中央紅軍に従って陝西省北部に到着。11月，軍事委員会第2局局長。36年6月紅軍大学第1期に入って，学習。

抗日戦争期には中共中央軍事委員会第2局局長，新四軍第7師政治委員兼中共鄂皖贛区委員会書記，第7師兼皖江軍区政治委員及び中共皖江区委員会書記を兼任。解放戦争期には山東野戦軍第7師政治委員，華東野戦軍第4縦隊政治委員，豫西軍区司令員，皖北軍区司令員兼政治委員及び中共皖北区委員会書記などを歴任。中華人民共和国成立後は中共安徽省委員会書記，安徽省人民政府主席，中共安徽省委員会第1書記などを歴任。中共第8期中央委員。1968年7月，北京で病死。

参考文献：王健英『紅軍人物志』（解放軍出版社，北京，1988年）。　〔石井明〕

曾（そう）　仲鳴（ちゅうめい）　Zeng Zhongming

（1896年～1939年3月21日）

福建省閩侯県生まれ。中国国民党員。汪精衛の秘書。フランス文学者にしてフランスにおける中国文学及び古詩の紹介者として知られる。

曾仲鳴は1912年フランスに留学し，パリ大学で理科学士の学位取得。のち，さらにリヨン大学に進み，フランス文学を学び，文学博士の称号を得る。21年にはリヨンにあった中法大学の秘書長となる。

1925年初め帰国した曾仲鳴は，広東大学の教授として迎えられる。まもなく中国国民党に加入し，汪精衛と知り合う。フランス語に堪能であった曾仲鳴は，この時から汪精衛の信任を受け，その後終生汪と行動を共にすることとなる。25年7月1日広州に国民政府が成立し，汪精衛が主席に就任すると，曾仲鳴は国民政府秘書，政治委員会主任秘書などを歴任する。26年3月20日中山艦事件が発生する。汪精衛はこの事件の前，体調を崩し自宅で療養中であった。国民政府主席の地位にありながら事件について何も報告を受けなかった汪精衛は，22日自宅で中央政治委員会を召集し，蔣介石に事件についての説明を求めた。会議後，主席としての威信を傷つけられたと感じた汪精衛は，転地療養を理由に5月11日密かに香港から船に乗ってフランスに赴く。当時秘書長をしていた曾仲鳴は，これに同行し，6月中旬パリ郊外に落ち着く。汪精衛は27年3月下旬いったん帰国するが，国民党の内部抗争の中で12月中旬再び国を離れる。29年3月蔣介石主導の国民党３全大会が開催された直後，汪精衛は密かに香港に戻り，時機をうかがう。曾仲鳴もこれに従って香港に入り，ここで汪の命を受け『南華日報』を創刊する。

曾仲鳴は，1930年９月北平で開催された反蔣各派（改組派，西山会議派，閻錫山ら）による「中央党部拡大会議」に汪精衛の秘書長として参加する。31年５月25日汪精衛は広州に国民政府を樹立し，曾仲鳴は国民政府主任秘書に就任する。また，12月18日開催された４全大会（広州）において，中央執行委員候補に選出される。32年１月には上海で『南華文芸』半月刊を創刊し，自ら主筆となる。同月汪精衛が行政院院長に就任すると，曾仲鳴は行政院秘書長に任ぜられる。また２月には国民政府鉄道部常務次長に就任する。その後，教務委員会常務委員，鉄道部大撞太沽鉄路督辦，全国経済委員会合作事業委員会委員などを歴任し，35年11月の５全大会において中央執行委員候補に再選される。

1936年２月19日，前年11月の４期６中全会中に狙撃された汪精衛が療養のためヨーロッパに赴くと，曾仲鳴もこれに従う。12月12日西安事件が発生すると，何応欽らはただちに汪精衛に通電し，帰国を要請する。37年１月汪精衛とともに帰国した曾仲鳴は，２月国民党中央政治委員会副秘書長に任じられる。38年12月18日，対日政策をめぐって蔣介石と対立した汪精衛は身辺に危険を感じ，重慶を脱出し昆明に移る。その後汪精衛はハノイに逃亡し，当地で12月30日日本との和平を主張する第１次声明を発表する。蔣介石はこの声明に対して39年１月１日中央執行委員会臨時会議を招集し，汪精衛の党籍を永久に剝奪することを決定する。

1939年１月８日汪精衛は第２次声明を発表し，さらに日本との和平の必要性を主張する。このような汪精衛の声明を受けて，曾仲鳴は同行していたハノイから香港に赴き，『南華日報』上で「反共和平」の論陣を張る。２月21日暗殺団５人がハノイのコロンス街にあった汪精衛の隠れ家を襲い，拳銃を乱射する。この時汪精衛は難を逃れたが，３階にいた曾仲鳴は銃弾に倒れて死亡する。汪精衛は曾仲鳴の死を悼んで，「曾仲鳴先生は，余よりも尚幾春秋に富むにも拘らず，志空しく余に先んじて逝去したことは誠に惜しむべきことである」と述べた。

著書に『法国文学叢談』，『法国的浪漫主義』，『中国与法国』などの他，仏文の著作及び唐詩の仏訳が多数ある。

参考文献：王美真『汪精衛伝』（国際文化事業公司，台北，1988年）。「曾仲鳴の暗殺」，松山悦三『新支那の建設と汪精衛』（人生社，1940年）。徐友春主編『民国人物大辞典』増補版（河北人民出版社，石家荘，2007年）。外務省情報部『現代中華民国・満州帝国人名鑑』（東亜同文会，1937年）。

〔家近亮子〕

曾（そう）　中生（ちゅうせい）　Zeng Zhongsheng

（1900年６月10日～1935年８月）

原名・鍾聖，中聖，乳名・光斎。湖南省資興県生まれ。中国工農紅軍の高級将校。

困窮した地主の家に生まれたが，７歳から私塾で学ぶ。その後湖南省郴州第七連合中学に入学，五・四運動に参加する。卒業後いったん沈鴻英軍に入り参謀をつとめるが，1924年湖南省衡陽を経て広州に出る。25年黄埔軍官学校に第４期生として入学，同時に中央農民運動講習所で毛沢東らの講演を聞き，農民運動に関心を抱いた。また李之龍，蔣先雲らとともに青年軍人連合会の活動に参加して国民党右派の孫文主義学会と論争を展開した。同年末中国共産党に入党。

1926年北伐戦争に参加し，国民革命軍第８軍前敵総指揮部政治部において組織科長をつとめ，政治機関の創建と中共組織の発展，兵士大衆に対する思想教育活動に参与する。同年『漢口民国日報』を主宰。27年の蔣介石による４・12クーデター後「討蔣」委員会委員となったが，その後党中央によってモスクワの中山大学に派遣され，マルクス・レーニン主義やロシア革命について学んだ。28年モスクワで開催された中共６全大会に参加，同年冬帰国して上海の中共中央軍事部参謀科長，同中央軍事委員会武装工農部長として活動する。

1930年４月中共南京市委員会組織部に派遣され，９月書記に任ぜられたが，まもなく上海の党中央に戻る。11月鄂豫皖革命根拠地に派遣されて中共鄂豫皖特別委員会書記兼革命軍事委員会主席，中共中央鄂豫皖分局委員，同分局軍事委員会副主席兼中国工農紅軍第４軍政治委員などの職を歴任した。この間湖北省黄安へ赴き，鄂豫皖革命根拠地に対する国民党の第１次「囲剿」において中共鄂豫皖臨時特別委員会と同臨時革命軍事委員会を組織し，反「囲剿」闘争を指揮して勝利を収める。さらに根拠地建設を指導し，工農紅軍軍政学校第４分校を創設し，紅軍主力を整頓編成した。

1931年張国燾の路線に反対してたびたび迫害に遭い，鄂豫皖革命軍事委員会副主席に降格される。独立１師団長として徐向前，許継慎らとともに反「囲剿」戦を指揮した。32年第４方面軍が川陝地区に進軍した後，西北革命軍事委員会参謀長，中共川陝省委員会委員に任ぜられて革命根拠地の建設に貢献する。また軍事理論の研究に尽力し『与川軍作戦要点』,『遊撃戦争要決』,『与「剿赤」軍作戦要決』などの戦闘経験を著述した。その後張国燾の路線に反対した理由により35年8月中旬四川省西北部の卓克基で秘密裡に殺害された。45年7全大会で名誉回復される。

参考文献：人民出版社編『不屈的共産党人3』(人民出版社,北京,1982年)。《川陜革命根拠地歴史長編》編写組編『川陜革命根拠地歴史長編』(四川人民出版社,成都,1982年)。星火燎原編輯部編『解放軍将領伝』1集(解放軍出版社,北京,1984年)。川陜革命根拠地歴史研究会編『川陜革命根拠地英烈伝』1集(四川省社会科学院出版社,成都,1984年)。盛仁学編『曾中生和他的軍事文稿』(重慶人民出版社,重慶,1984年)。〔安田淳〕

曾（そう）　鋳（ちゅう）　Zeng Zhu

(1849年～1908年4月)

号・少卿。福建省同安県の生まれ。近代的資本家,社会事業家,民族運動の指導者。

曾鋳は,若い頃多くの書籍を読み,画をたしなむ。曾家は代々海運業を営んでいたが,曾鋳の代に至って発展し,1901年には東南アジアから上海に米を輸入して財をなした。以後上海に商店「建発号」を開設して海産物,砂糖及び外国製品を扱い大商業資本家となった。曾はまた中国紙烟公司の経理(社長),華成保険公司の総董(理事長)を歴任するとともに,07年には鎮江造紙廠,江西瓷業公司にも投資して近代的な工商業資本家に成長した。

曾鋳は,私財を投じて一族の救貧を目的とする瑞芝義荘を設立するとともに,3万両を投じて貧児院を経営した。また,アヘン禁止の活動にも奔走し,その活動拠点として振武宗社を設立。各地で発生した水害に対しては巨額の義援金を醵出し,その功により道員の職位を与えられた。そのため,人は曾鋳を曾道員または曾観察と呼んだ。

曾鋳は,1904年アメリカで中国人労働者の入国が制限され,中国人労働者に対する迫害事件が発生すると,05年これに抗議する対米ボイコット運動を指導した。上海における福建省出身者グループ(福建幇)の領袖であるとともに,上海商務総会会董の地位にあった曾鋳は,全国の主要都市の商会に檄文を送り,上海では米貨を使用せず,米貨を運ばず,アメリカ人経営の学校には子女を入学させず,アメリカ人の買辦にならず,アメリカ人に雇用されないという5項目のボイコット方針を提起して全国的な反米ボイコット運動を指導し,アメリカ製品の対中国輸出に大打撃を与えた。上海の実業界は事実上寧波幇に牛耳られていたが,この運動に対する高い評価から,曾鋳は05年10月地方自治の先がけともいうべき上海城廂内外総工程局の総董に選ばれるとともに,同年12月には上海商務総会の総理に選出された。上海から寧波に至る滬杭甬鉄道の建設に対し,清朝が07年イギリスからの借款受け入れを決定すると,曾はその反対運動でも指導的役割を果した。しかし,翌08年4月病死した。曾鋳の遺稿は,蘇紹柄らの編集した『山鐘集』に収められている。

参考文献：『民国上海県続志』巻18人物(上海)。張存武『光緒31年中美工約風潮』(中央研究院近代史研究所,台北,1966年)。楊立強・劉其奎主編『簡明中華民国史辞典』(河南人民出版社,鄭州,1989年)。章開沅主編『辛亥革命辞典』(武漢出版社,武漢,1991年)。孔令仁主編『中国近代企業的開拓者下』(山東人民出版社,済南,1991年)。徐鼎新・銭小明『上海総商会史(1902—1929)』(上海社会科学出版社,上海,1991年)。〔小島淑男〕

詹（せん）　大悲（だいひ）　Zhan Dabei

(1887年8月3日～1927年12月17日)

原名・詹瀚,別名・詹培瀚,字・質存。大悲は筆名である。湖北省蘄春県生まれ。父・詹竹亭,母・朱氏,兄弟が8人,妹が2人いる。辛亥革命時期に活躍したジャーナリスト。後に中国国民党員となり,左派に属する。

父は秀才であり,村で塾の教師をしていた。詹大悲は7歳の時から父について勉学を始め,特に理数の勉強に力を入れる。彼は大変勤勉で非常に優秀であり,1907年黄州府中学堂に入学すると,成績は常に一番であった。詹は黄州において革命思想の影響を受け,宛思演らと学内に証人学会を創設する。しかし,08年学校側が彼らの活動を問題とし,詹は除籍処分となり,黄州を離れ漢口へと移る。

漢口において詹大悲は,宛思演と『商務報』を創設し,主筆となる。これは武漢地方で最も早い革命的新聞であった。1909年湖北新軍内部に秘密裏に創設された群治学社の社員たちが『商務報』に投稿するようになると,詹は群治学社と緊密に連絡をとるようになり,『商務報』は群治学社の機関紙となる。10年夏群治学社が発覚したことにより『商務報』は停刊となる。その後,彼は漢口で発行されていた『大江白話報』の主筆となる。同紙は漢口で起きた英国水夫の人力車夫撲殺事件の掲載をめぐって英領事館と対立し,停刊に追い込まれるが,詹は3,000元の自費を投じて同紙を『大江報』と改名し,11年1月3日継続刊行する。群治学社は，その後振武学社，さらに1月30日文学社へと改組されるが，詹は文学社の文書部長に選出される。これより『大江報』は文学社の機関紙となる。5月9日清朝政府が鉄道国有化政策を発表すると，彼は『大江報』紙上で反対の論陣を張る。同紙は7月26日清朝を痛烈に批判した黄侃の「大乱者が中国を救う妙薬也」を掲載するが，これによって7カ月の停刊処分を受け，詹は逮捕され1年半の懲役を言い渡される。

1911年10月10日辛亥革命が起こって漢口が革命派に占領されると，詹大悲は釈放され，14日漢口軍政分府によって主任兼管軍事処に任じられる。12年8月25日中国同盟会，統一共和党らが連合して「国民党」を結成すると，詹は国民党漢口交通部部長に任じられ，湖北省議会が成立すると，議員に選出される。13年3月20日袁世凱による宋教仁暗殺事件が起きると，詹は孫文の討袁興師の主張を支持し，文学社社員・楊王鵬らに連絡をとり，漢口において事を先んじる計画を立てる。しかし，事前にこの計画は発覚し，詹には逮捕令が出される。9月12日第2革命失敗後，黎元洪は省議会に対して詹らの除籍を要請し，漢口の国民党交通部を閉鎖したため詹は上海へ移り，日本に亡命する。

1914年7月8日孫文は東京で中華革命党を創設するが，詹大悲はこれに加入し，孫文の命を受け王憲章らと上海における蜂起を計画する。この計画も事前に露呈し，王は殺害され，詹は再び日本に逃れる。17年9月10日孫文が広州に軍政府を樹立すると，唐は四川省に派遣される。18年5月4日桂系軍閥が軍政府に合議制を取り入れることを決定し，孫文が大元帥を辞任して広州を離れると，詹もこれに従う。21年12月7日孫文が桂林で北伐大本営を組織すると，詹は大本営宣伝員に任じられる。22年6月16日の陳炯明の波乱の際，孫文は永豊艦に50日余り避難するが，詹はこれに同行した1人であった。

詹大悲は1924年1月20日の国民党1全大会に湖北代表の身分で出席し，孫文のいわゆる「三大政策」を積極的に擁護する。25年7月1日広州に国民政府が成立すると，詹は刑事審判委員に任命される。26年1月1日より開催された国民党2全大会においては，「第2次全国代表大会政治報告決議文」の起草に参与し，いわゆる西山会議派に対してはその非合法性を厳しく糾弾した。またこの大会で詹は，中央執行委員候補に選出され，国民政府駐滬代表に任命される。7月9日国民革命軍が北伐誓師を行うと，詹は従軍し，武漢政治分会委員，湖北政務委員会委員兼建設科長，漢口特別市党部執行委員兼組織部長などの職につく。国民政府内部での遷都についての論争に関して，詹はあくまでも26年11月の中央政治会議での決議を堅持し，首都は武漢にすべきであると主張し，蔣介石の南昌遷都案に反対した。また，詹は蔣介石の個人独裁に反対し，党務は「個人の活動に依るのではなく，党単位の活動に依るべきである」と主張した。

1927年4月12日蔣介石が反共クーデターを起こすと，詹大悲はただちに漢口特別市党部会議を召集し，下級党員に対して反帝国主義と反蔣介石を通告した。同時に詹は積極的に孫文の「三大政策」を宣伝し，国共連合強化の必要性を主張した。7月15日汪精衛らが分共を決議すると，詹は漢口特別市執監委員連席会議を召集し，大声で「労農運動堅持」を叫んだ。このような詹の言動は，蔣介石らの強い反感を買い，9月15日南京で召集された国民党中央執監委員臨時会議で査問を受け，12月17日武漢衛戍司令であった胡宗鐸によって，共産党と暴動を密謀した罪で李漢俊，潘康時らとともに逮捕され，詹と李とはその日の夜処刑された。詹の妻であった陳希恵は単身上海に逃れ，無事であった。

参考文献：賀覚非編『辛亥武昌首義人物伝』下冊（中華書局，北京，1982年）。中国社会科学院近代史研究所主編『民国人物伝』4巻（中華書局，北京，1984年）。Howard L. Boorman ed., *Biographical Dictionary of Republican China*, Vol. 2 (Columbia University Press, New York, 1968).

〔家近亮子〕

詹（せん）　天佑（てんゆう）　Zhan Tianyou

（1861年4月26日～1919年4月24日）

字・眷誠。原籍，安徽省婺源県。広東省南海県に生まれる。清末・民国初年の鉄道技術者。

祖父の世鸞の時代に茶の取り引きを始め，一家は婺源から広州に移り住んでいた。しかし，父の興洪の時，経営する商店が第2次アヘン戦争の影響を受けて倒産したため，一家は南海県に移って農業を営んだ。

詹天佑は7歳になると塾に入って学問を始めたが，彼が住んでいた広東はアヘン戦争以来，外国の文物が入り込む土地であったため，彼は幼少の頃から西洋の工業品や機器に触れる機会に恵まれていた。1871年末清朝政府が香港で留学生派遣のための選抜試験を行う旨を発表すると，詹は翌年初めこれを受験して合格した。72年8月第1次派遣留学生としてアメリカに渡り，初等・中等教育を受けた後，78年6月イェール大学に入学し土木と鉄道工学を専攻した。

1881年6月詹天佑はイェール大学を卒業すると，清朝政府の命令によって他の在米留学生全員と共に帰国した。帰国後の同年11月彼は福州水師学堂に入学を命じられ，ここで航海術を学んだ。翌年12月軍艦揚武に乗船して操縦と指揮に当たることとなり，84年に勃発した清仏戦争にも参加した。その後，福州船政学堂の教習となった後，広州の博学館（後に水師学堂と改称）の外国語教習となり併せて沿海の海図測量の任に当たった。

1888年詹天佑は留学時代の友人の推薦でイギリス資本の中国鉄路公司の技師となり，イギリス人技師キンダーのもとで津沽線の建設に当たった。これが彼の鉄道技術者としての出発であった。1902年秋彼は河北省高碑店から西陵までの45キロの区間の建設を命じられたが，周到な計画のもと6カ月の間にこの工事を完成させた。これは中国人技師による初めての鉄道建設であった。05年からは技師長兼会辦（06年から総辦）として京張鉄路の建設に当たった。京張鉄路は09年9月に全線開通したが，これは中国が自らの力で建設した最初の路線であった。翌年には河南鉄路公司の顧問技師長，および粤漢鉄路総公司の要請で粤路総理となっている。彼は当時発生していた保路運動には支持を表明し，辛亥革命勃発後は列車の正常運行に務め，鉄道財政が損失を被らないように努めた。

1912年5月詹天佑は漢口に赴いて粤漢鉄路の会辦に就任した。同年夏，中華工程師学会・中華鉄路工同人共済会，中華工程師学会が合併して中華工程師会が設立し，詹が会長に選出された。13年には北京政府交通部技監となり，翌年には漢粤川鉄路の督辦となった。16年イェール大学から名誉修士号，香港大学から名誉法学博士号を授与された。19年2月北洋政府の命を受けて，シベリア鉄道および中東鉄道監督特別委員会に出席するためウラジオストクとハルビンに赴いた。しかし，体調を崩したため漢口に戻り，治療を受けたが回復せず死去した。著作に『鉄路名詞表』，『華英工学字匯』，『京張鉄路工程紀要』などがある。

参考文献：林漢楼「詹天佑」，『伝記文学』24巻1期（1974年）。中国社会科学院近代史研究所主編『民国人物伝』4巻（中華書局，北京，1984年）。戴逸・林言椒主編『清代人物伝稿』下編1巻（遼寧人民出版会，瀋陽，1984年）。

〔嵯峨隆〕

張（ちょう）　愛萍（あいへい）　Zhang Aiping

（1910年1月9日～2003年7月5日）

字・凱豊。筆名・端緒。四川省達県生まれ。人民解放軍軍人，上将。

地主・知識人の家庭出身。早くから文芸を好み機知活発。中学時代雑誌を発刊して共産主義を宣伝。

1926年共産主義青年団入団，北伐戦争に参加。27年紅第5軍（彭徳懐）に参加，28年中共入党。一時彭徳懐の部隊を離れたが，33年紅3軍（彭徳懐）に所属して反包囲戦役に参加。34年同4師政治委員。長征に参加。36年抗日紅軍大学で学習。抗日戦争期新四軍に所属。41年1月皖南事件による新四軍（司令員・陳毅，政治委員・劉少奇）の改編で第3師（師長・黄克誠）第9旅旅長（政治委員・韋国清）。

1945年8月蘇北軍区司令員（政治委員・鄧子恢）。46年末華東解放軍（司令員・陳毅）第2縦隊（司令員・韋国清）に所属。48年3月蘇北兵団（司令員・韋国清）第2縦隊司令員。48年11月～49年1月淮海戦役に参加。49年1月第3野戦軍（司令員・陳毅）第7兵団（司令員・王建安，政治委員・譚震林）副司令員。

1949年4月渡江作戦に参加，同じ時華東軍区海軍司令員兼政治委員兼第1艦隊司令員に任命され，海軍建設に着手。8月毛沢東，朱徳，周恩来らと会見，台湾解放の任務を与えられ渡海作戦を準備。50年5月舟山列島作戦を指揮。51年9月第3野戦軍第7兵団司令員兼浙江軍区司令員，華東軍政委員会委員。53年第3野戦軍参謀長兼華東軍区参謀長，華東行政委員会委員。54年9月国防委員会委員，副総参謀長。55年1月浙東前線指揮部司令員兼政治委員として一江山島の上陸作戦・大陳島攻略作戦を指揮。同年9月一級八一勲章，一級独立自由勲章，一級解放勲章を受け上将となる。56年4月設置された総参謀部整備計画部を指導。58年5月中共8全大会第2回会議で中央委員会候補委員。59年5月チベットの動乱鎮圧を指揮。

1958年10月国防部国防科学技術委員会（主任・聶栄臻）副主任。中国が本格的に核兵器開発に着手した50年代中葉から聶栄臻（国務院科学技術委員会主任）の下で中心的指導者として活動。64年10月第1回原爆実験委員会主任として爆発実験を現場で指揮。文化大革命で批判され失脚。

1973年10月の国慶節行事に出席して復活。75年12月軍事科学技術委員会主任。77年8月中共11全大会で中央委員会委員，10月副総参謀長に復帰。80年1月中国訪問の米国国防長官ブラウンと会談（中国のロケット開発の中心的指導者・銭学森が同席）。6月国務院国家科学技術委員会第1副主任，9月国務院副総理。82年5月国務院副総理と国家科学技術委員会第1副主任を辞任。

1982年11月第5期全人代常務委員会第25回会議で国務委員兼国防部長。83年1月中共中央軍事委員会副秘書長。5月『紅旗』論文「国防現代化のいくつかの問題について」(11期）で，核兵器と一部の現代兵器の重点的発展とそのための科学技術の開発の緊急性を強調。80年5月の南太平洋へのロケット（ICBM）発射実験，81年10月の1基のロケットによる3個の衛星の打ち上げ実験，10月潜水艦による水中ロケット発射実験，84年4月の通信衛星の発射など，80年代における一連のロケット開発を指導。80年代を通じ体制改革・民用への転換・外国からの技術導入などによる国防工業・科学技術の水準向上を指導。

1983年9月米国国防長官ワインバーガーの中国訪問を接遇。84年6～7月フランスと米国を訪問，米国で国防長官ワインバーガーと会談，米中間の軍事技術移転で合意，米国の軍事施設と軍事産業を視察。帰国の途中7月日本に立ち寄り栗原防衛庁長官と会談。84年7月中国訪問の米国海軍長官レーマンと会談。85年1月中国で最初の国防経済学討論会（銭学森らが主催）に洪学智（総後勤部長）と参加して講話。5月中国訪問の夏目防衛庁事務次官と会談。87年5～6月中国訪問の栗原防衛庁長官を接遇。

1987年10～11月中共13全大会で中央委員会委員・中央軍事委員会委員を引退，中央顧問委員会委員兼常務委員。12月国防部長を引退。88年7月一級紅星功勲栄誉章。2003年，北京で病死。

参考文献：黄震遐編『中共軍人誌』(当代歴史研究所，香港，1968年)。現代中国人名辞典編集室編『現代中国辞典1986年版』(霞山会，1986年)。軍事科学院軍事歴史研究部編『中国人民解放軍戦史』全3巻（軍事科学出版社，北京，1987年)。

〔平松茂雄〕

張（ちょう）　百祥（ひゃくしょう）　Zhang Baixiang

(1879年～1914年9月13日)

名は啓善。四川省広安県生まれ。中国同盟会員，共進会会長。

父の名は仰山。張百祥は年少の頃から武を好んで義侠心が厚く，争い事の調停に優れていたため，土地の人には彼を尊敬する者が多く，孝義会という会党の首領となった。1904年彼の郷里は凶作となり，農民からの税の取り立ては苛酷を極めた。この年の秋，私塾で学んでいた彼は役人の横暴に耐えかねて，農民を率いて抗糧闘争に立ち上がった。その後，彼は排満意識を強め，県内の長老を集めて決起を呼びかけた。彼は結集した数万の兵を指揮して清軍と戦ったが，武器の供給が続かず7日にして敗北を喫した。

1905年，戦いに敗れた張百祥は日本に渡り，東斌学校に入学して体育を学んだ。同年8月中国同盟会が成立すると，彼もこれに加入した。07年同盟会に内訌が発生すると，彼は劉仲文，居正，焦達峰らと共進会を結成した。共進会は同盟会の綱領の中の「平均地権」を「平均人権」に替え，会党との連携を重視する傾向にあった。張は同会の初代会長に選出され，10年の帰国の時までこの地位にあった。帰国後の彼は，長江流域の各地の会党と連絡を取って革命への参加を呼びかけるなどの活動を行った。

1911年四川で保路運動が勃発すると，張百祥は湖北省宜昌で革命の宣伝を行い，労働者にストライキの呼びかけを行ったが，逮捕されて投獄された。武昌蜂起後出獄し，四川に戻り熊克武から決死隊の遊撃司令に任ぜられ，万県に駐在した。民国成立後の12年5月には，渝軍政府の命を受けて四川東部一帯の宣撫工作に当たっている。同年11月には成都で『人権報』を創刊し，四川都督であった胡景伊の悪行を暴露した。

1913年7月に勃発した第2革命において，張百祥は四川北部で挙兵を呼びかけた。彼の呼びかけに応じた者は数万に上ったと言われるが，武器が不足したうえに援軍として期待していた熊克武の行動が遅れたため，彼の軍は大敗を喫した。その後，彼は湖南の辰谿県に逃れた。翌年春，張は上海に赴き名を趙玉瑚と改め，日本に渡る準備を進めた。しかし，革命派の人物であることが発覚して逮捕され，北京に護送されて処刑された。妻・柏正才との間に張承碧という名の子供をもうけた。

参考文献：杜鋼百「張百祥革命事略」，中国人民政治協商会議全国委員会文史資料研究委員会編『辛亥革命回憶録』3集（文史資料出版社，北京，1962年)。馮自由「共進会会長張百祥」，『革命逸史』5集（台湾商務印書館，台北，1969年)。馮自由「辛亥武昌起義後之革命団体」，『革命逸史』1集（台湾商務印書館，台北，1969年)。陳旭麓他編『中国近代史詞典』(上海辞書出版社，上海，1982年)。

〔嵯峨隆〕

張（ちょう）　弼士（ひつし）　Zhang Bishi

(1840年～1916年8月)

南洋華僑中の大実業家。清朝と民国政府に重用された。

広東省大埔県生まれ。貧農の家庭に育ち，村の塾で3年の教育を受けただけで，太平天国の乱の中国から出稼ぎ労働者として出国，1856年バタビアに渡った。バタビアでは商店員となったが，数年で頭角を現し，オランダ植民地政府当局の認可を得て，66年からジャワ，スマトラ，英領マレー各地で，裕和，亜斉，笠旺，万裕興墾植会社，万裕興，広福，裕昌汽船会社を興した。中国大陸にも投資し，広東で織物，礦業，航運，牧畜，ガラス製造業の事業を手がけた。特に，山東省煙台に投資建設した張裕ブドウ酒工場は，良質のブランデー生産で知られた。90年清朝からペナン首任領事に，ついで95年シンガポール総領事に任命された。

1896年李鴻章の委任によって，大清（戸部）銀行の創設と仏山鉄道の修築に参加した。1905年南洋で中華総商会の設立を推進した。10年全国商会連合会会長。辛亥革命後，華僑連合会名誉会長となる。15年訪米実業視察団を組織し，中米銀行，中米汽船会社の創設に当り，全国商会連合会会長に任命された。

参考文献：中国人民政治協商会議広東省委員会文史資料研究会編『華僑滄桑録』（広東人民出版社，広州，1984年）。陳旭麓・方詩銘等編『中国近代史詞典』（上海辞書出版社，上海，1982年）。『人民日報（海外版）』1986年7月20日。

〔江頭数馬〕

章（しょう）　炳麟（へいりん）　Zhang Binglin

（1869年1月12日～1936年6月14日）

名は炳麟。改名・絳。字は梅叔・枚叔。号は太炎。原籍，生まれともに浙江省余杭県倉前鎮（省都杭州より東北に約18kmの地）。中国の伝統学術である清朝考証学の最後の大家として「国学大師」と称され，清朝打倒と共和制中国の樹立を主張した民族革命の指導者としては，孫文，黄興とともに「革命の三尊」と呼ばれる。また日本留学期の魯迅，周作人兄弟の“老師（先生）”でもあった。

章炳麟の生涯は，第1期（1869～1900），第2期（1900～12），第3期（1912～36）という3つの時期に分けることができる。まず第1期は儒教を根幹とする伝統的な学術を学んでいた章炳麟が，内なる中国の封建制と外からの列強の侵略に危機感をいだき社会改革を志向する，思想形成の時期である。先祖代々，学問によって身を立てた，いわゆる“書香の家”に生まれた章氏は，師であった外祖父の朱有虔から「小学（文字学）」のほか，黄宗羲，顧炎武，王船山など明末清初の民族主義的色彩の濃い思想家の著作と事跡を学び，反満の意識をうえつけられた。それのみならず，父・章濬はその臨終に際して，清朝の礼服で葬儀をおこなわぬよう遺言したのだった。幼いときからてんかんの病があった彼は科挙の受験を断念し，22歳のとき，有名な阮元が創設した杭州の詁経精舎に入学。兪樾の弟子として7年間にわたって考証学を学び，春秋左氏伝を重要視する古文学を修めた。が，学問は象牙の塔にこもるべきではなく「経世済民（世を経（おさ）め民を救（すく）う）」たるべきものだと考え，1895年に康有為の組織した強学会に加盟した。さらに翌年，梁啓超が主筆をしていた『時務報』に参加し，専制体制の清朝をロシアや日本をモデルとする立憲君主制に改革することを主張した。だが春秋公羊伝をバイブル視する今文派の梁啓超らとは意見が合わず，袂を分かった章炳麟は，戊戌政変ののち台湾に，99年秋まで日本に亡命し思想転換をするのであった。

第2期は，章炳麟が清朝打倒を鼓舞する反満革命のイデオローグとして，最も過激な言説を吐いた10年余りの期間である。義和団事件を残酷に弾圧し西欧列強に卑劣なまで従属的態度をとった満州族の清朝に，章氏は失望し，1900年弁髪を切ることによって，清朝による立憲君主制国家の建設を否定して共和革命による新中国の樹立の意志を表明した。翌年，中国の革命を論ずる文章をあつめた『訄書』を出版。さらに02年，日本で孫文と親交を結ぶと，東京上野の精養軒において支那亡国242年紀念会の開催を企画，在日中国人留学生の反満の気運を盛りあげた。03年には上海で蔡元培の主宰する愛国学社の教師となり，その機関誌『蘇報』に鄒容が書いた「革命軍」を掲載。さらに「康有為を駁して革命を論ずる書」を執筆し，光緒帝を呼びすてにしたばかりか，「まめと麦の区別もできぬ大馬鹿者」と侮蔑したため，逮捕され懲役3年の刑に処せられた。

1906年6月末出獄して東京に逃れた章炳麟は，自らが属した革命組織光復会が，孫文らの興中会，黄興らの華興会と大同団結した中国同盟会に参加。その機関誌『民報』の主筆となり，次々にユニークな革命宣伝の文章を書いた。たとえば，「五無論」（07年）では永遠の平和を実現するためには，無政府，無聚落，無人類，無衆生，無世界という“五無”が必要だ，と説く。そして「四惑論」（08年）では，進化論，公理主義，唯物論，自然法則の4つのものが西欧近代文明のもつ侵略的性格の基盤になっている，と批判する。また「倶分進化論」（06年）では，善の進化と悪の進化は並行して進む，との認識から，社会進化論を批判する。それはまさに，科学文明の進化が公害を生みだし環境を破壊するという，科学が“両刃の剣”である現代の状況を予見するかのごとき視点をもつものであった。この時期，章氏は一方で民族革命を主張しつつ，他方で伝統学術を再評価する『国故論衡』を上梓。さらに入獄中に学んだ仏教学の知識を利用して，『荘子』の難解な1章である斉物論を解釈する哲学的注釈書『斉物論釈』（10年）を書くとともに，魯迅，周作人，銭玄同，許寿裳，朱希祖，沈兼士など，のちに北京大学で教鞭をとった若きインテリに，音韻，文字学を教授した。

1911年10月辛亥革命が勃発，2カ月後の12年1月1日，アジアで最初の共和制中国「中華民国」が成立した。この国名を命名したのは，ほかならぬ章炳麟であった。そして民国成立以降のその生涯が，第3期にあたる。章氏は5年にのぼる日本での亡命生活を終えて上海に戻る。孫文と意見を異にした彼は袁世凱に接近して東三省籌辺使に就任。だが袁の帝制に反対を表明した章氏は，13年8月から約3年間，北京で軟禁され幽閉生活を送ることとなる。その間の彼の心情は，同年6月15日に結婚したばかりの湯国梨夫人にあてた書簡集『章太炎先生家書』に見られる。

袁世凱の死後，北洋軍閥の抗争が高まる1917年秋，章氏は再び孫文との連帯を強め，護法軍政府秘書長の職を受諾，護法の旗をかかげた。また20年秋には，「各省の自治を第一歩とし，連省自治を第二歩とし，連省政府を第三歩とする」というアメリカの連邦制に似た連省自治方式によって，軍閥混戦の中国に安定した政府を樹立しようと考えた。そのため，各地の政治家や名士に手紙を出し，実際にその地に足を運んだりした。しかし21年春，芥川龍之介に対して「支那の赤化は不可能」だ，とのべたごとく，共産党には声高に反対し，孫文の国共合作にも反対の立場をとった。そして最晩年の35年9月には，蘇州に章氏国学講習会を設立。18歳から73歳まで100余人の学生を全国19省から集めて，中国伝統学術の経学，史学，諸子学，文字学についての講義をおこなった。その活動については，章氏没後も出版された雑誌『制言』に詳しい。弟子の魯迅は絶筆ともいうべき「太炎先生に関する二，三のこと」で，「先生は以前こそ革命家として姿を現わしていたが，後には退いて静かな学者となり……時代と隔絶した」と評するが，章氏は一生涯，政治に興味をもちつづけ，経世済民を考えつづけた学者であった。

参考文献：『章太炎全集』全6冊（上海人民出版社，上海，1982～1986年）。湯志鈞編『章太炎年譜長編』全2冊（中華書局，北京，1979年）。王有為『章太炎伝』（広東人民出版社，広州，1984年）。姜義華『章太炎思想研究』（上海人民出版社，上海，1985年）。島田虔次「章炳麟について」，『中国革命の先駆者たち』（筑摩書房，1970年）。河田悌一「否定の思想家・章炳麟」，『中国近代思想と現代』（研文出版，1987年）。西順蔵・近藤邦康訳『章炳麟集』（岩波書店，1990年）。

〔河田涕一〕

章（しょう）　伯鈞（はくきん）　Zhang Bojun

（1895年11月17日～1969年5月17日）

安徽省桐城県生まれ。共産党と国民党との中間的立場をとった「第三党」の政治家。

7歳のとき父を亡くし，わずかにあった田産を売って学校に行く。私塾，ついで桐城中学に学び，1916年，武昌国立高等師範学校英語科に入学する。20年卒業して安徽に帰り，宣城師範学校校長に任じられたが，進歩的な思想傾向が災いして1年後，校長の職を解かれた。

1922年，安徽省教育庁長の許世英に重んじられて，公費でドイツに留学。朱徳や孫炳文らが同行の中にいた。ベルリン大学でヘーゲル哲学を学び，最初に中国共産党に入り，その後国民党に参加し，二重党籍を得た。25年当地で鄧演達と知り合い，彼の影響を受けた。26年春帰国すると，郭沫若に招かれて広東大学（7月に中山大学と改称）文学院教授となる。26年の北伐の時，武漢に行き，国民革命軍総司令部政治部副主任となるが，27年1月国民党左派と共産党によって武漢政府が樹立されると，国民党総政治部宣伝科長となる。3月鄧演達が国民党中央農民部長を兼ねると，兵農連合委員会主席に選ばれる。27年7月の国共分裂後，南昌に行って8・1蜂起に参加し，蜂起の後に成立した中国国民党革命委員会によって総政治部副主任に任じられる。革命軍に従って江西に行き，賀龍，葉挺らとともに，広東に退却。国民党軍に敗れるや，香港に逃れ共産党から離脱した。

1928年，譚平山，朱山らとともに上海で中華革命党を組織し，国民党，共産党と一線を画して民族民主革命を行おうとした。30年8月，中華革命党は農工中心の平民政府の樹立をめざして中国国民党臨時行動委員会に改組され，鄧演達は中央幹部会総幹事に，章伯鈞は中央宣伝委員会主任に推される。33年，反蔣・抗日・連共の福建人民政府に参加，経済委員会委員兼土地委員会主任委員となるが，2カ月程で蔣介石の反攻により福建人民政府が失敗に帰する。34年春日本に逃れる。

1935年日本より帰国。11月中国国民党臨時行動委員会を中華民族解放行動委員会と改称して，彭沢民らとともに反帝反日闘争と土地革命をスローガンに，連合戦線の構築を訴えた。38年6月国民参政会参政員に招かれる。39年11月，沈鈞儒，黄炎培，左舜生，梁漱溟らとともに統一建国同志会をつくり，立憲政府の樹立を要求。41年1月の皖南事件の後，統一建国同志会を中国民主政団同盟に改組し，常務委員と組織部長に推された。3月，第2期国民参政会において国民党から除名された。44年10月10日，中国民主政団同盟は中国民主同盟と改名し，中央常務委員兼中央組織委員会主任委員に選ばれる。45年1月，民族解放行動委員会は雑誌『中華論壇』を創刊し，章伯鈞は編集長に任じられた。7月，第4期国民参政会において，国民参政員の地位は回復され，また国共団結を促すため延安を訪問。46年1月，民主同盟の代表として重慶で開かれた政治協商会議に参加。47年1月中華民族解放行動委員会は中国農工民主党に改組され，彼は中央常務委員会主席に選ばれた。48年沈鈞儒らと香港で民盟1期3中全会を主催。

1949年6月民主同盟が『光明日報』を創刊すると，社長に選ばれ，9月中国人民政治協商会議全国委員会常務委員となる。10月中華人民共和国中央人民政府委員会委員兼政務院交通部部長となり，政務院政務委員も兼任。11月中国農工民主党主席に，12月には民主同盟中央常務委員兼中央政治局員となる。51年，中国農工民主党中央委員会および中央執行局の主席。53年1月選挙法起草委員会委員。2月，中央選挙委員会委員。翌3月には，スターリン逝去弔問団団員としてソ連を訪れる。6月，民主同盟中央委員会副主席。10月，中国人民第3回訪鮮慰問団総団副団長として朝鮮を訪問。11月，ウィーンの世界平和理事会に出席し，理事を務める。54年5月，世界平和理事会ベルリン特別会議に中国共産党代表団理事として出席。8月，第1期全国人民代表大会安徽省代表。9月国務院交通部部長に任じられ，12月政治協商会議第2期全国委員会常務委員会副主席に就任。56年2月，民主同盟第2期中央委員会および常務委員会副主席。11月より57年1月まで，全国人民代表大会代表団副団長としてソ連，東欧諸国を訪問。

1956年の「百花斉放，百家争鳴」時代において，政治設計院などの主張をしたため，57年9月農工民主党全国整風工作会議において黄琪翔，李伯球らとともに反共反社会主義右派分子として批判される。58年1月交通部長を罷免され，2月には第1期全国人民代表大会第5次会議において，右派分子の理由によって代表資格を奪われる。12月，中国民主同盟第3期中央常務委員会常務委員。59年4月，政治協商会議第3期全国委員会委員，同常務委員（民主同盟）。64年12月，政治協商会議第4期全国委員会委員（特別招請人）。69年5月胃癌を患って北京で逝く。82年11月，遺骨が八宝山革命公墓に移された。

参考文献：周天度「章伯鈞」，中国社会科学院近代史研究所主編『民国人物伝』5巻（中華書局，北京，1986年）。黄美真・郝盛潮主編『中華民国史事件人物録』（上海人民出版社，上海，1987年）。「紀念国父」，『中華論壇』3期。「章伯鈞先生対時局談話」，『中華論壇』9期。「談内戦問題」，『中華論壇』10～11期。
〔小林武〕

張（ちょう）　伯苓（はくれい）　Zhang Boling

（1876年4月5日～1951年2月23日）

原名・寿春，字・伯苓。天津市生まれ。中国近代の教育家。

父・張雲藻は秀才。早くから古典に親しむ。1891年天津北洋水師学堂に入学，総教習・厳復のもとで近代科学と軍事学を学ぶ。卒業後海軍に入り日清戦争に参加，北洋艦隊の惨敗に衝撃を受け軍界から退く。98年翰林・厳修の招きに応じて家塾「厳館」で西学を教授。これを契機に以後各地の教育機関で教鞭をとる。1904年直隷省教育行政機関・学校司督辦となった厳修に随伴して日本を訪れ，東京高等師範学校を皮切りに官公私立高等専門学校，各種中等学校の教育実態調査を敢行。帰国後，厳修とはかって私立敬業中学堂を天津に設立，まず師範班を開設して小学校教員の養成に着手する。07年科学教育，体育，人格教育を教育宗旨とする南開中学堂に改組。翌年アメリカに渡り，教育研究に従事する一方，キリスト教宣教会の教育文化活動にも参加，帰国後天津キリスト教青年会を指導した。

中華民国成立後，天津客籍学堂，長蘆中学堂，直隷工業専門学校付属中学校，法政専門学校付属中学校を相次いで吸収併合，1916年にはこれに専門部及び高等師範部を増設し，南開大学の母体をつくる。17年アメリカ留学，コロンビア大学ティーチャーズ・カレッジで教育学を専攻，帰国後厳修，范源濂らの援助を得て文科，理科，商科から成る南開大学を開設した。23年にはこれに女子中学部，やがて実験小学校，経済学研究所，応用科学研究所などを付設，南開大学を中国有数の総合大学に発展させた。この間，清華学校教務主任，直隷女子師範学校代理校長，直隷学務連合会会長を兼務する一方，中国における新教育運動を積極的に推進，代表的新教育研究団体・中華教育改進社の結成，アメリカ人教育専門家トゥイス（R. Twiss）を招いての「科学教授研究討論会」の実施，アメリカ6・3制にもとづく「学制系統改革案」の立案に尽力した。また24年には，義和団賠償金の保管運用にあたる米中合同の機関・中華教育文化基金董事会の副董事長となり，董事長・范源濂，黄炎培らと中国の教育文化の発展に寄与する諸事業にも当たっている。

抗日戦争中，南京国民政府の命により北京大学，清華大学と連合して，西南連合大学を昆明に開設，蔣夢麟，梅貽琦と同校の運営に邁進した。1938年国民参政会が成立すると参議会議員となり参政会副会長に就任。翌年国民党に入党。45年には国民党中央監察委員となった。46年南開大学を復興，これを国立大学に移管。48年には国民党政府考試院院長となったが，中華人民共和国成立後も天津にとどまり，教育事業に従事。51年天津にて病没。

参考文献：王文俊他共編『張伯苓教育言論選集』（南開大学出版社，天津，1984年）。陳景磐主編『中国近現代教育家伝』（北京師範大学出版社，北京，1987年）。阿部洋編『米中教育交流の軌跡』（霞山会，1985年）。〔蔭山雅博〕

張　赤男（ちょう　せきなん） Zhang Chinan

（1906年6月～1932年2月15日）

原名・希尭，字・尚書，別名・用心。福建省長汀県宣成郷生まれ。初期紅軍の指揮官。

貧農の家庭に生まれ，6歳から私塾に学んだ。1918年県城の高小編入試験を受けて5年生となり，2年後優秀な成績で省立第七中学に合格した。入学後は，当時学内に広く流布されていた五・四時期の進歩的出版物に強く惹きつけられた。24年秋商業学校，師範学校などの学生と共に長汀県学生連合会を結成してその責任者になった。25年5・30事件のニュースが伝わると，学生連合会を中心に市民，商人，農民らを組織して集会，デモ行進，募金活動，排日貨・英貨運動などを指導した。

1926年10月北伐軍東路軍が長汀に進駐してきた際これに参加し，第17軍政治部の宣伝員として従軍した。27年1月その熱意を認められて，中央軍事政治学校武漢分校に送られた。在学中，政治総教官・惲代英らの影響をうけてマルクス主義を学び，中国共産党に加入した。

国共分裂後，武漢分校の学生より成る教導団の一員として葉剣英に率いられて広州へ向かい，1927年12月広州暴動に参加した。暴動が失敗に終わってのち海陸豊根拠地を経て，翌28年3月志願して長汀へ戻った。母校の第七中学の教員になって合法的身分を得つつ，一方で革命活動を行って，危険分子として辞職させられた。6月中共臨時長汀県委員会委員となり，委員会の決定により活動の中心を農村に移し，秘密裡に農民協会の組織化に力を注いだ。

1929年3月，毛沢東らの率いる紅4軍が閩西（福建西南部）に進駐し，その援助を得て長汀県赤衛隊を組織，紅軍に呼応して県南部の山間地帯で遊撃戦を展開した。7月中共閩西第1次代表大会に長汀県代表として出席，閩西特委委員に選ばれた。12月の古田会議にも県代表として参加した。長汀県赤衛隊はその後閩西紅軍第5団になり，連城県の第4団と併せた第3路軍の総指揮に任ぜられ，30年5月，これが紅軍第12軍第2縦隊に改編されてその指揮官になった。6月紅軍第1軍団の成立に伴い，部隊は第4軍第3縦隊に再度編成替えされて縦隊政治委員になった。そして以後福建を離れ江西，湖南を転戦することになるが，その間に第3縦隊は第12師に，さらに第11師に改編され，引続き政治委員をつとめた。

1930年6月下旬南昌，長沙に向けて出発し，8月の文家市での戦闘，10月の吉安攻撃などを戦い，続いて31年夏まで3回にわたる国民党軍の剿共戦に対し紅軍主力の1部隊を率いて各地の戦闘に参加した。32年1月贛州奪取の作戦の下，第11師は贛州西南の新城を占拠して敵の増援軍を阻止する任務を負った。しかし新城を敵に先取されて苦戦となり，2月15日部隊を指揮中に敵弾にたおれた。

参考文献：中共党史人物研究会編『中共党史人物伝』7巻（陝西人民出版社，西安，1983年）。孔永松・林天乙『閩贛路千里―紅軍転戦閩贛与創造閩西革命根拠地的闘争』（上海人民出版社，上海，1982年）。中共龍岩地委党史資料徴集研究委員会『閩西革命根拠地史』（華夏出版社，北京，1987年）。〔本庄比佐子〕

張　徳成（ちょう　とくせい） Zhang Decheng

（生年不詳～1900年）

直隷省新城県張庄生まれ（一説によれば，白溝鎮の生まれともいわれる）。天津地区の義和団指導者。

張徳成は若い時から大清河，子牙河，南運河に沿って，勝芳，独流鎮，王家口，楊柳青，天津などを船頭として往来し，石灰や石炭を商店に売って生計をたてていた。その関係で，同業者を中心に各地に友人・知人を多くもっていた。とりわけ独流鎮で働いたこともあり，当地の俠客・劉連勝とは親しい間柄であった。

1900年4月張徳成は独流鎮集義生に現れ，キリスト教会と外国人に反対するため義和団の組織をつくり始めた。5月，多くの拳民を集めて独流鎮にあった老君廟に総壇を設け「天下第一壇」と称し，付近に沢山の分壇をつくり，当地にあった2つのキリスト教会を焼き払った。以後，彼の勢力は楊柳青から天津方面にまで拡大し，総勢2万人にも達した。6月初め，天津にいた直隷総督・裕禄の招きもあり，数7,000人の団民をつれて天津に行き，先に到着していた曹福田の義和団に合流した。ただちに外国租界や天津駅の包囲攻撃戦に加わり，ついで天津に来た外国軍と戦った。外国軍が天津城を総攻撃した時，張徳成は南門外の広仁堂一帯で奮戦したが，天津城が陥落し，また清軍からも背後から攻撃されて多くの義和団員が殺されたので，農民をよそおって城内から逃げた。その時，外国軍の砲弾で負傷し，最後まで彼についていた少年義和団数十人に守られて王口鎮に逃れた。張徳成は王口鎮の紳商など有力者を集め，食糧と資金を出すよう求めた。紳商たちは了承した振りをし金品を与えたのち，船に乗った張を急襲して殺し，死体を河に投げこんだ。

張徳成が独流鎮に「天下第一壇」を創設する前から，山東や直隷南部から続々と義和団員がこの方面に現れていた。そうした状況のなかで，武術が極めて盛んで商工業も発達していた静海県の人々がこれに呼応し，張徳成以外に，曹福田，滕徳生，劉十九（呈祥）などの著名な指導者が静海で大きな勢力をもって登場した。張徳成の義和団には，高順義（大師兄，石炭店の雇工），張二友（2師兄，穀物小売商），王大虎（3師兄，皮職人），呂練（4師兄，日傭い），董得玉（5師兄，豆腐店の職人）などの中心的メンバーがいた。彼らは，貧しい下層大衆であり，義和団運動に自分と民族の解放を期待したのであった。

参考文献：陳旭麓・方詩銘等主編『中国近代史詞典』（上海辞書出版社，上海，1982年）。李文海等編『義和団運動史実要録』（斉魯書社，済南，1986年）。清史編委会編『清代人物伝稿』下編3巻（遼寧人民出版社，瀋陽，1987年）。静海県政府・天津社会科学院《静海史話》編写組編『静海史話』（天津古籍出版社，天津，1989年）。　〔小林一美〕

張（ちょう）　鼎丞（ていじょう）　Zhang Dingcheng

（1898年12月～1981年12月16日）

原名・福仁，字・鼎信。福建省永定県渓南区金砂郷生まれ。父・張来鴻，母・範六姑。福建西部の中国共産党指導者。

貧農家庭の出身。1916年，18歳で道南高等小学を卒業，20年，隣県の上杭県豊湯で小学教師になった。24年，金砂郷の小学校長に迎えられ，翌年推されて郷長を兼務した。社会改良を意図して果せず，26年6月職を辞し，黄埔軍官学校を目指して広州へ行ったが，募集期限切れで入学できなかった。帰途，郷里の永定県に隣接する広東省大埔県青渓で小学教師の職を得た。同地で中国共産党の組織との結びつきができ，また教職のかたわら郷里で農民運動，青年運動に参加した。

1927年6月，大埔県で中共に加入，党の指示により郷里へ帰って革命活動を開始する。まもなく中共渓南支部を結成して支部書記となり，10月，中共永定県委員会の成立でその委員に選ばれた。同時に農民協会を再建し，会員の秘密武装組織“鉄血団”，平民夜校などをつくって農民大衆の掌握に努め，28年1月，農民1,000余人を率いて冠婚喪祭屠殺税反対の闘争を展開した。続いて春の端境期に地主の貯蔵穀物を農民に分配することを要求して闘争を組織し，それは県内各所に拡がった。6月末，当局の弾圧に対し数千人の農民を指揮して武装暴動をおこした。暴動後，その部隊は紅軍営を結成，営長となった。さらに渓南区ソヴィエト政府を樹立，鄧子恢とともに人口規準，抽多補少の土地分配方法を定めて土地革命を実行した。福建で最初の根拠地の誕生，最初の土地革命であった。この間7月に中共閩西特委が設けられて組織部長となり，同時に成立した閩西暴動総指揮部の副総指揮の任につき，遊撃戦争を展開して根拠地の拡大に努めた。しかし国民党軍の攻勢は厳しく，年末にはソヴィエト政府は地下活動に入ることを余儀なくされた。

1929年5月，毛沢東の率いる紅軍第4軍の永定県城攻撃に部隊を率いて参加し，県城占拠ののち樹立された永定県革命委員会の主席になった。7月，中共閩西第1次代表大会の開催にあたって毛沢東の準備作業を手伝い，大会で閩西特委の軍事委員会書記に選ばれた。同時に福建の武装勢力は紅4軍第4縦隊に編成され，その党代表に任ぜられた。以後第4縦隊を率いて閩西で遊撃戦を闘い，12月の古田会議に第4縦隊代表として参加してのち，30年前半は紅4軍主力部隊とともに江西各地を転戦した。7月，閩西ソヴィエト政府主席兼軍事部長に就任し，ソヴィエト区の仕事に戻った。当時李立三路線下の中共中央が福建の紅軍第12軍に広東への出撃を命じたのに反対して，“新たな右傾”と批判された。続く王明路線下に，31年春，閩西社会民主党粛清事件が発生，多数の冤罪を生んだ事態の展開に不同意を表明して問題への関与を禁ぜられた。11月，全国第1回ソヴィエト大会に出席し，中華ソヴィエト共和国中央執行委員，土地人民委員に選出された。32年中共福建省委員会常務委員，福建省ソヴィエト政府主席になったが，33年“羅明路線”反対闘争に際して積極的に羅明の意見を支持し，厳しい批判にさらされた。そして34年2月ソヴィエト政府主席を解任され，瑞金で中央糧食部副人民委員に任ぜられたが，実際には地方での食糧徴集に従事した。

1934年10月，長征にあたってはソヴィエト区に留まり，12月閩西に戻って福建省軍区の部隊とともに以後3年間に及ぶ遊撃戦争を始めた。35年春，閩西南軍政委員会主席となり，翌36年国共合作への方針転換に対応して国民党広東省当局と内戦停止の交渉を行った。

日中戦争勃発後，1937年12月閩西南遊撃隊は新四軍第２支隊に編成されて司令員になった。38年，部隊を率いて安徽南部から江蘇南部の前線へ移動，茅山を中心に抗日遊撃根拠地を創設した。39年５月党中央から呼ばれて延安へ赴き，中央党校で学習し，のち中央党校２部主任となった。41年新四軍第７師師長に任命されるが赴任せず，42年に始まる整風運動において党校２部生の自己点検を助けるとともに，閩西党史の研究と討論を主宰した。45年４月，中共７全大会に出席，中央委員に選出された。

日中戦争終結後，1945年10月命によって江蘇北部へ行き，華中軍区司令員，中共中央華中分局常務委員となった。46年後半，国民党軍の進攻をうけて山東へ転戦，47年，華東局常務委員として山東省の土地分配状況を調査し，土地改革の偏りを是正した。その後組織部長を兼任し，解放地域の拡大に対応して必要な幹部の養成と配置工作に従事した。

1949年８月部隊を率いて福建を解放，人民共和国成立後，中共福建省委員会書記，同省人民政府主席，同省軍区政治委員に就任した。53年11月から56年まで中共中央組織部副部長。同時に54年９月以降，最高人民検察院検察長に３選されて検察制度の確立に功績を残した。文革中は難にあったが，中共11全大会まで中央委員であり，第４，５期全国人民代表大会常務委員会副委員長もつとめた。80年８月，幹部の終身制廃止に応じて職を退いた。81年12月北京にて病死。

参考文献：張鼎丞『中国共産党創建閩西革命根拠地』（福建人民出版社，福州，1982年）。星火燎原編輯部編『解放軍将領伝』２集（解放軍出版社，北京，1985年）。中共龍岩地委党史資料徴集研究委員会『閩西革命根拠地史』（華夏出版社，北京，1987年）。連尹「緬懐張鼎丞同志在福建革命闘争中的功績」，『福建論壇』1982年２期。羅明「疾風知勁草―回憶開辟閩西革命根拠地時期的張鼎丞同志」，『福建論壇』1983年１期。
〔本庄比佐子〕

張　東蓀（ちょう　とうそん）　Zhang Dongsun

（1886年～1973年３月）

原名・万田，字・聖心。江蘇省呉県生まれ，原籍，浙江省杭県。哲学者，編集者，政治評論家。

10歳上の兄・張爾田（歴史学者，北京大学教授）の下で古典を学び，1905年日本に留学，仏教と西欧哲学を学んだ。東京帝国大学ないし東京哲学館（現在の東洋大学）を卒業したといわれるが，東京哲学館での修学を否定する説もあり，留学中の詳細は不明。

辛亥革命後，一時南京臨時政府の内政部秘書を務め，民国初年にはジャーナリストとして知られた。特に梁啓超に重用され，1912年から15年まで梁系の『大共和日報』，『庸言』，『正誼雑誌』，『大中華雑誌』などの主編を歴任し，立憲派として多数の論説を発表した。第３革命の際は袁世凱を激しく批判し，袁没後，北京政府元老院秘書長となった。17年から20年まで，親友・張君勱（名・嘉森）の後任として上海『時事新報』の総編集長を務め，副刊『学燈』を創刊，主編として新思潮の紹介，社会時評に腕をふるい，当時の文化・知識界に影響を与えた。また19年には梁啓超らの「新学会」による『解放与改造』の主編として，各種の社会主義思潮を紹介し，梁とともに「ギルド社会主義」を唱えた。

1920年春より中国共産党設立の為の秘密会議に出席し，党設立準備大会にも発起人の１人として参加したが，以後共産党から離れ，唯物弁証法や陳独秀らのマルクス主義的社会分析に一貫して反対した。23年，張君勱が学術界に引き起こした「科学と人生観」の論争でも，科学的人生観に反対し，胡適，丁文江，陳独秀らの認識論を批判，26年には『唯物弁証法論戦』を編纂して動的論理学と唯物史観を批判した。翌27年４月中国で最初の全国的な哲学専門誌『哲学評論』（隔月刊，翌年より季刊，北京尚志学会）を創刊，瞿秀英，黄通らとともに主編となった。

そのほか1920年代は教育職にも携わり，上海の呉淞私立中国公学校長代理として大学改革を計画，23年には張君勱，瞿秀英らと，上海に私立自治学院（25年国立政治大学と改称，27年国民政府により閉鎖）を創立して教授に就任，29年上海私立光華大学教授兼文学院院長，30年私立燕京大学哲学系教授（後に学部主任も兼務）に就任，さらに34年には一時期広州私立学海書院院長も務めた。

1930年代は政治活動が活発で，32年４月張君勱，湯住心，胡石青らと，北京で中国国家社会党を創立，翌月『再生』を創刊し，主編の１人となった。38年７月から40年まで，国家社会党の推薦する参政員の１人として国民参政会の活動に従事した。41年10月「中国民主政団同盟」が成立，その秘書長となったが，同年12月燕京大学教授団の一員として逮捕され，半年ほど日本軍に拘禁された。44年９月「中国民主同盟」が成立，国家社会党もこれに参加し，ファッショに反対して，連合政権の樹立を主張した。46年８月，国家社会党は民主憲政党と合併し，民主社会党と改名，同年12月民主同盟を脱退した。この時，張は張君勱と袂を分かち共産党側に立ち，47年１月民主社会党から除名された。内戦中は共産党の役割とその歴史的存在を重んずる考え方を示しつつ，国共いずれにも与しない立場をとった。

1949年1月燕京大学教授団の一員として，人民解放軍とともに北京平和解放にあたり，7月北京で発足した新哲学研究会準備委員会常務委員に就任した。9月中国民主同盟中央常務委員として同同盟を代表して人民協商会議に出席，中央人民政府委員となり，11月政教院文化教育委員会委員，中国人民外文学会理事に選ばれた。51年10月燕京大学に起きた大学と知識人改造の闘争で，張を含む3名の教授が自己批判を迫られ，翌52年2月29日自己批判の全学会議で職を追われた。それ以降の消息が絶えていたが，73年3月北京の病院で病死した。

張にはアメリカに学び，教鞭をとったことのある生物学者の長男と物理学者の次男，及び社会学者の三男がいる。プラトン，カント，ベルグソンの中国への紹介者であり，中国近代哲学の新しい体系を作った張の哲学思想は，カントの思想を基本にし，プラトン，ライプニッツの影響も受けた独自なもので，折衷論を自認し，認識的多元論を主張するものである。著訳書には，『新哲学論叢』（商務印書館，上海，1924年），『科学与哲学』（同上），『価値哲学』（世界書局，上海，1934年），『思想与社会』（商務印書館，上海，1934年），『物質与記憶』（ベルグソン著，商務印書館，上海，1922年）など多数ある。

参考文献：詹文滸編『張東蓀的多元認識論』（世界書局，上海，1936年）。葉青『張東蓀哲学批判』（辛墾書店，上海，1944年）。林布「張東蓀先生的思想」，『時与文』1巻12期，1947年。謝扶雅「懐念張東蓀先生」，『伝記文学』29巻6期，1976年。胡嘯「評張東蓀反馬克思主義的三次挑戦」，『復旦学報』1983年2期。Howard L. Boorman ed., *Biographical Dictionary of Republican China*, Vol. 1 (Columbia University Press, New York, 1967).

〔湯山トミ子〕

張（ちょう）　発奎（はつけい）　Zhang Fakui

（1896年9月2日～1980年3月10日）

字・向華。広東省始興県城生まれ。原籍，始興県消化郷新嶺村。中国国民党左派の軍人。

父親は農業を捨て県城に出て小役人になった人。9歳から私塾に学び，12歳で県立高等小学堂に入学。2年後の1910年広州へ行き，翌年広東陸軍小学に合格し，同時に中国同盟会に加入。14年，陸軍小学を卒業して武昌陸軍軍官予備学校に入学。16年，鄧樫，朱執信に従って袁世凱帝制に反対する秘密活動に従事し，そのまま学校には戻らなかった。

1917年から4年間広東セメント工場で働いたのち，20年粤軍に入り督戦隊長となった。21年孫文が広州で非常大総統に就任して大総統府警衛団が組織され，その第3営営長となった。22年反乱をおこした陳炯明軍討伐に参加したが，戦況不利となって一時部隊をひきいて始興に退いた。のち広州に戻り粤軍第1師輜重営営長となった。23年沈鴻英の反乱を鎮圧した功により独立団団長に昇格。24年第1師第1旅第1団団長。25年7月国民政府が成立し，その軍政統一方針に基づき粤軍第1師は国民革命軍第4軍となり，同軍独立旅旅長に任ぜられた。9月陳炯明討伐の第2次東征に参加，勝利をおさめたのち，第1独立旅は第12師に改編されて副師長となり，引き続き陳炯明に呼応する鄧本殷軍を鎮圧して師長に昇任した。

1926年7月北伐開始。第12師は第10師（師長・陳銘枢）とともに先鋒をつとめて湖南から湖北に入り，8月汀泗橋，賀勝橋，武昌で呉佩孚軍と戦ってこれを破り，11月江西の孫伝芳軍を潰滅させた。この戦功により27年4月第4軍軍長に任ぜられた。同時に，これらの戦闘に示された鉄の如き紀律と戦闘力に対して第4軍は「鉄軍」と称賛され，以後同軍の別称となる。同年5月北伐軍第1縦隊司令官として河南で奉天軍と戦い，武漢へ戻ってのち第2方面軍（第4，11，20軍）総指揮に昇任した。

1927年7月，国共分裂。張麾下には共産党員が多く，武漢国民政府の共産党員追放決定に対して，第11軍第24師師長・葉挺，第20軍軍長・賀龍は部隊を率いて8月1日南昌に蜂起した。これにより第4軍の兵力は半数以下となったが，残部を率い討伐軍として蜂起軍の南下を追って広東に至った。一方，南京・武漢統一後，9月に成立した中央特別委員会に汪精衛は反対，張は汪を支持して「護党」を主張する通電を発した。以後，汪精衛およびのちに組織される改組派の軍事的後楯としての役割を果すことになる。11月，広東を南京に対抗する地盤にすべく南京と結ぶ広西系軍隊を広州から追い，事件後，軍事委員会主席に就任した。しかし，張軍主力が広州を離れて広西軍の反撃に対戦している隙に，中共の組織した広州暴動がおこり，暴動は鎮圧したが職を免じられて日本へ去った。

1928年北伐が完成したのち，第4軍は第4師に縮小された。29年1月南京国民政府は編遣会議を召集して縮軍計画を提案するが，これに反発する軍閥は以後相継いで反蔣戦争をおこし，帰国した張もその一端を担った。反蔣の第1戦は同年3月武漢を拠点としていた広西派がおこし，張は政府の討伐軍第1路右翼軍司令官に任命され，湖北で広西軍を破った。同年5月第4師師長に就任。9月政府は宜昌に駐屯中の第4師に移動を命令，これを第4師解体の企図とみて，前年末に結成された改組派の反蔣運動に応ずる形で17日通電を発し，同時に部隊を率いて広西に入った。改組派の工作により広西派と提携して護党救国軍第3，第8路軍を組織し，第3路軍司令となって広州に迫ったが，激戦ののち敗れて広西に退いた。30年1月第4師は再び第4軍となった。この頃より閻錫山，馮玉祥を中心に反蔣連合が形成されてこれに参加，5月中原大戦が勃発すると李宗仁らとともに広西から部隊を湖南に進めて長沙を占領したが，7月湖北衡陽で広東軍と戦って惨敗し，再び広西に退いた。31年5月広東派を中心に反蔣各派が広州国民政府を樹立した際，広東派の要請に応じて広西派の白崇禧らと共に両広の軍事統一を協議し，軍事委員会委員となった。さらに12月，広州で開かれた国民党4全大会で中央監察委員に選ばれた。

この間に9・18事変勃発。1931年11月第4軍は馬占山支援に東北へ行くことを希望したが容れられず，32年2月になって上海支援を認められたが，軍餉と広西からの経路の問題とが解決されず，失意のうちに軍長を呉奇偉に委ねて，11月欧米諸国への視察旅行に出た。

1935年春，蔣介石に呼び戻されて帰国。36年1月閩浙贛皖4省辺区総指揮，37年2月蘇浙辺区綏靖主任となり，主力紅軍長征後の鎮定軍事と日中戦争に備える国防建設に従事した。

1937年日中戦争勃発し，8月第8集団軍総司令として上海戦に参加，右翼作戦軍総司令を兼任して浦東方面の指揮をとった。38年6月に始まる武漢防衛戦では，江南地方担当の第9戦区（司令長官・陳誠）第2兵団総司令となり，江西で激戦を展開した。39年春国民党軍の戦区再編にともない，広東広西担当の第4戦区司令長官に任命された。同年11月より，ヴェトナム――広西補給ルートの切断を目指す日本軍の広西進攻と戦い，同時に広東北上を狙った攻勢とも戦った。44年9月に始まる日本軍の湘桂作戦で桂林，柳州，南寧が相ついで占領され，第4戦区は兵力の大部分を失った。しかし，12月に新たに設置された中国陸軍総司令部直属の戦区となって戦力を補充した。45年3月第4戦区は第2方面軍に改編されて司令官となり，撤退する日本軍を追撃して南寧を回復した。

1945年8月，戦争終結。広州で日本軍の投降受理の仕事に従事。46年春第2方面軍司令部の解消により軍事委員会委員長広州行営主任となり，同年秋国民政府主席広州行轅と改称されるが，引続き主任をつとめた。47年呉奇偉ら27人と共に『第四軍紀実』を編纂，出版。49年春何応欽の後任として中国陸軍総司令に就任したが，7月職を辞して香港へ移住した。75年蔣介石の死去に際しての弔問を機に幾度か台湾を訪れたが，香港に定住して80年3月同地にて病死した。

参考文献：《第四軍紀実》編纂委員会『第四軍紀実』（懐遠文化事業服務社，広州，1949年）。呉相湘「張発奎以“山大王”為栄」，『伝記文学』43巻4期，1983年。王成斌等主編『民国高級将領列伝』5集（解放軍出版社，北京，1990年）。

〔本庄比佐子〕

張（ちょう）　鳳翽（ほうかい）　Zhang Fenghui

（1881年2月5日～1958年7月29日）

字・翔初。原籍，河南省沁陽県。陝西省咸寧県菊花園生まれ。清末・民国期の軍人，中国同盟会員。

父親は貧農だったが，災害のため河南より陝西に移住，鉄製器具，農具などをつくる鍛冶屋を経営するようになった。張鳳翽は少年時代より伝統教育を受け，科挙の試験に応じ，秀才となり，成績は咸寧県の首席だった。1902年陝西武備学堂に入学，04年に卒業，ただちに日本に留学生として派遣され，振武学校を経て陸軍士官学校に入学，第6期卒業生となる。

日本留学中に中国同盟会に加入したが，党員証を焼き捨て，革命活動には参加せず，陝西留学生の雑誌『秦隴』への寄稿にも冷淡であったという。また，留学生監督・李士鋭を通じて日本の軍事情報を清朝陸軍部に通報していたが，李が自分の息子名義で報告を送ろうとしたことなどがもとで対立が生じ，張鳳翽は李を殴打した。このため，李は報復として帰国時において張の任官を1年遅らせたという。

1909年帰国し，西安府衙門で書記などをしたあと，10年陝西新軍督練公所委員，ついで新軍の混成第39旅団付となり，また参謀兼第2連隊第1大隊長（営長）となった。この時も同盟会の活動には参加しなかったが，新軍内の同盟会員・張鈁と親密であり，旅団長，連隊長とは対立していた。

1911年10月10日の武昌蜂起の報が伝わると，西安新軍の革命派は蜂起を決定，張鳳翽を革命軍司令官に推薦，臨潼県で演習中であった張は大隊を率いて西安に戻り，10月21日決起して「秦隴復漢軍」の「大統領」に就任，陝西軍政府を成立させた。12月9日には「中華民国秦軍政分府大都督」と称した。この前後，東西から進攻する清朝政府軍を防ぎ，陝西革命政権を守った。

1912年になると，革命に功労のあった秦隴復漢軍副大統領らの哥老会幹部を殺害，会党勢力弾圧を進めた。8月大総統・袁世凱から陝西都督に任ぜられ，革命派圧迫をはじめた。13年7月の第2革命には反対，省内の反袁軍を鎮圧，四川に進出して熊克武の討袁軍と戦闘，国民党系幹部を処刑した。14年白狼軍が陝西に入ると，袁世凱は腹心の陸建章を討伐軍の司令官に任じ，張鳳翽を北京に呼んで「揚威将軍」を授けた。袁世凱帝制計画に際してはその発起人の1人となった。

その後1922年には参議院議員となり，24年には陝西の劉鎮華排撃を試みたが軟禁され，以後北京に閑居して政治には関与しなかった。抗日戦では西安に帰って協力，45年には台湾への避難を拒否，中華人民共和国成立後は陝西省人民政府副主席，同副省長，第1期全国人民代表大会代表などを歴任，58年西安で病死，西安烈士陵園に葬られた。

参考文献：中国社会科学院近代史研究所主編『民国人物伝』3巻（中華書局，北京，1981年）。　〔久保田文次〕

張　国燾（ちょう　こくとう）　Zhang Guotao

（1897年12月19日～1979年12月3日）

原名・張特立，字・愷蔭，号・凱音。筆名・特立，国濤，国燾。別名・天師，特，羅夫，化名・張彪，ロシア語名アモソフ。原籍，江西省吉水県。江西省萍郷県生まれ。私塾，初等学校をへて，北京大学（1916～20年）に学ぶ。中国共産党初期の指導者。38年に脱党してからは，国民党，および第三勢力の活動に参加。

北京大学在学中に初期マルクス主義者の李大釗や陳独秀の影響を受け，1919年に北京で五・四運動に参加，北京学生連合会主席に選ばれる。20年10月に北京共産主義グループの創立を呼びかける。21年7月，中国共産党創立大会（上海）に出席し，中央局の組織主任となる。その後，中国労働組合書記部が成立すると，その主席となる。22年中国共産党2全大会で中央委員に選出され，同じころ共産党員の身分で中国国民党に加入。同年末にモスクワに行き，極東勤労者民族大会に中国共産党代表団長の資格で出席した。24年1月の国民党1全大会で同時に国民党中央執行委員会候補委員に選ばれた。同年5月北京に戻ったところ，北京軍閥政府に逮捕され，5カ月間獄に繋がれた。釈放後，労働運動のリーダー・鄧中夏とともに雑誌『中国工人』を発刊，同誌の編集長となる。25年1月中共4全大会では中央局委員に昇格し，一時は中共中央労農部長，中央職工運動委員会書記，中央軍事部長などをつとめた。この間，中共江西省委や湖北省委の書記となっている。27年5月武漢で開かれた中共5全大会で，中央委員，中央政治局委員，政治局常務委員に昇格，中共中央組織部長をも兼任。組織部長の身分で国民党左派との間の国共両党連席会議に出席している。張国燾はこの頃には，中共内で都市労働運動と組織部門でトップリーダーとなった。

国共分裂後の1927年7月に中共が臨時中央を作った時，臨時政治局常務委員会の責任者となり，国民革命の危機を救う重大任務を担当した。だが翌8月の中央政治局会議（南昌会議）では，革命敗北の責任を問われて臨時中央政治局候補委員に降格された。

1928年7月モスクワで中共6全大会が開かれ，張国燾は中央委員および中共コミンテルン駐在代表団の副団長（団長・王明）に選ばれた。

1931年にモスクワから帰国すると，湖北地方に行き，4月に中共鄂豫皖（湖北・河南・安徽の省境）ソヴィエト区中央分局書記兼同区軍事委員会主席，および紅軍第4方面軍の政治委員となる（司令・朱徳）。その後35年まで張国燾は鄂豫皖地区および第4方面軍のトップリーダーをつとめた。その功績のため，31年11月には新しく生まれた中華ソヴィエト共和国（首都・瑞金）の副主席に選ばれている（主席・毛沢東）。

1933年初めに四川・陝西の省境地区に転じ，川陝ソヴィエト区を作り，西北革命軍事委員会主席となる。35年3月紅軍第4方面軍を朱徳とともに率いて川陝地区を離れ主力紅軍と合流するために北へ長征を開始した。同年6月四川省の懋功で中央紅軍と合流して紅軍総政治委員兼中央軍事委員会副主席（主席・毛沢東）になったものの，北上抗日を主張する毛沢東ら主流派に反対し，西北地区でのゲリラ活動に固執。主力紅軍と別れて第4方面軍で左路軍を編成して四川・西康省境地区に転じ，「第二中央」を作った。これが「張国燾の分派活動」と後きびしく批判される。36年7月に西康省甘孜で第2方面軍（司令・賀龍，政治委員・蕭克）と合流し，「第二中央」が取り消されて中共西北局の書記となり，同年10月朱徳，賀龍らとともに陝西北部に移って党中央，主力紅軍と合流した。紅軍の3大主力が集結したわけである。

日中戦争が始まると，国民政府下の特別政府となった陝甘寧（陝西・甘粛・寧夏の省境）辺区政府の主席代理に選ばれた（主席・林伯渠）。ところが，党中央の厳格な抗日統一戦線政策に批判的で，また1935～36年の分裂行動を党から非難されて嫌気がさした張国燾は，38年4月4日に単身でひそかに延安を脱出，武漢に行って国民党との接触をはかり，4月17日には「脱党声明」を出した。

1938年4月18日党中央は，35年に反党・反中央の闘争を行い，偽中央をつくって党の統一を破壊したこと，西安事件の平和解決に反対して内戦を主張するなど中央の抗日路線に従わなかったこと，などを理由に張国燾の除名を決定，発表した。なお，当時張は，党中央政治局委員，書記処書記，コミンテルン執行委員，陝甘寧辺区政府主席代理の要職にあった。

張国燾自身のメモワール『我的回憶』によれば，延安での張批判はすでに1937年1月から始まり，長征期の張の政治的・軍事的誤りが問題にされた上，抗日方針でも党中央と違っていたために，脱党を決意したと言う。モスクワのコミンテルンでは中共代表団が張除名の経過を説明，それを受けてコミンテルン執行委員会幹部会が同年7月頃に，「張国燾は共産主義と抗日統一戦線の事業を裏切り，自らを中華民族の敵に売り渡した」として，中共中央の張の除名を支持すると決定した。

武漢に行ってからの張国燾は，1939年5月に国民政府軍事委員会調査統計局特殊政治問題研究室の主任となり，第2期～第4期の国民参政会のメンバーとなった（40年12月～45年4月）。

1945年5月国民党6全大会で中央執行委員に選ばれ，10月には行政院の善後救済総署の江西分署署長となっている。その後上海に移り，48年6月には週刊誌『創進』を発刊。中共の全国制覇を目前にして同年11月に台湾に脱出するが，国民党勢力が台湾に逃げたのを機に香港に移る。香港で顧孟餘らの「第三勢力運動」に参加，「民主戦闘同盟」を組織し，雑誌『中国之声』などを編集。68年に香港からカナダのトロントに移住し，79年12月にトロントで病死した。

著作には『我的回憶』1～4巻（明報月刊出版社，香港，1971，73，74年）がある。

参考文献：于世楠編『張国燾其人』（四川人民出版社，成都，1980年）。盛平主編『中国共産党人名大辞典』（中国国際広播出版社，北京，1991年）。徐友春主編『民国人物大辞典』（河北人民出版社，石家荘，1991年）。姚金果『張国燾伝』（陝西人民出版社，西安，2000年）。　〔毛里和子〕

張（ちょう）　継（けい）　Zhang Ji

（1882年8月31日～1947年12月15日）

初名・溥，改名・継，字・溥泉，博泉，別名・自然生，黄帝子孫之一個人。河北省北滄県生まれ。清末革命派の人物，アナキスト，後に中国国民党右派の政治家。

父の以南は保定の蓮池書院の斎長を務めた人物である。母の姓は王。張継は6歳の時から祖父について読書を始め，15歳にして蓮池書院に入り，呉摯甫（汝綸）について経史を学んだ。1899年蓮池書院の教師であった中島裁之が帰国の途についたため，張継も彼と共に日本に渡り，善隣書院に入った。翌年，義和団事件のため一時帰国したが，中島の誘いもあって再度渡日して早稲田大学に入学し，政治経済学を専攻した。彼はこの時期より革命思想を抱き始め，留学生を組織して励志会，青年会，興亜会，作新社，拒俄義勇隊などを作った。1904年春蔡元培らと上海で軍国民教育会の結成に携わった後，清朝要人の暗殺を図るべく北京に赴くも果さず，南下して上海，長沙などの地で活動を続けたが，この年の冬万福華による王之春暗殺未遂事件との関連で逮捕・投獄された。出獄後，日本に渡り留学生会館総幹事となり，翌年8月に中国同盟会が成立すると司法部判事兼『民報』発行人となった。

この時期，張継は幸徳秋水や大杉栄ら日本人社会主義者と交わってアナキズムに接近し，劉師培らが創刊した『天義報』や社会主義講習会に関わっていった。しかし，彼は1908年1月に発生した金曜会屋上事件に連座して治安警察法違反に問われたため，日本を離れてパリに移った。パリでは『新世紀』を発行していた李石曾，呉稚暉らのグループに合流し，アナキストがフランス西北部に作った共産主義実験村に一時滞在したこともある。しかし，この間彼はアナキズムに関するまとまった著述を残しておらず，そのため彼が信奉したアナキズムが如何なるものであったのかは不明な点が多い。

1911年武昌蜂起が起こると張継は南洋経由で帰国し，革命の最終的勝利に向けての募金活動などを行った。中華民国成立後，同盟会が国民党に改組されると同党の参議となり，国会議員選挙が行われると参議院議員に当選し，更に13年には参議院議長に就任した。このような政界への接近のため，彼はアナキストとしてのモラルに反するとして劉師復から厳しい批判を受けた。袁世凱が大借款を断行すると，張継は職を辞して討袁の軍事活動に加わり，第2革命敗北後は日本に渡って中華革命党に加入した。その後，欧米各地を回って華僑に反袁の宣伝を行った後，16年帰国し，翌年広東の護法軍政府の駐日代表となった。20年ヨーロッパ各国を視察した後，軍政府顧問となり，翌年からは中国国民党の要職に就くことになる。

1924年1月国民党1全大会が開催されると，張継は中央監察委員に選出された。同年6月謝持らと共産党弾劾文を発表し，翌年孫文が死去した後は党内右派の中心人物となり，病気のため，西山会議には出席しなかったが，これを支持する立場に立った。

第1次国共合作分裂後は南京政権に加わり，1927年9月国民政府委員，国民党中央特別委員会委員となる。この年日本を訪問。28年には中央政治会議委員，司法院副院長などに任じられた。翌年の３全大会では中央監察委員のほかに国民政府委員に選出された。32年１月上海事件が勃発すると，西京籌備委員会委員長となった。その後，国民党華北辦事処主任，中央党史史料編纂委員会主任委員などに任じられ，37年の日中戦争勃発以後は，中央慰労団総団長として重慶から各地に赴き抗日意識の宣揚につとめた。また，43年９月には国民党５期11中全会に出席し，抗日戦争の勝利に向けて西北地域の開発によって鉄鋼生産を増大させることを主張した。抗日戦争勝利後の46年３月，国民党６期２中全会に出席し，華北に党・政・軍の統一的指揮監察機構を設立することなどを主張した。同年11月南京で開催された国民大会では主席団の１人となり，憲政実施促進会副会長に選出された。47年１月国史館館長に任じられ，同年12月心臓病のため南京で死去した。

1912年に結婚した夫人の崔震華との間に２男２女をもうけた。著作は『張溥泉先生全集』（中央文物供応社，台北，51年），同補編（52年），同続編（82年）に収められている。

参考文献：黄季陸主編『革命人物誌』４集（中央文物供応社，台北，1970年）。劉紹唐主編『民国人物小伝』第１冊（伝記文学出版社，台北，1981年）。徐文珊『北方之強─張継伝』（近代中国出版社，台北，1982年）。〔嵯峨隆〕

張（ちょう）　嘉璈（かごう）　Zhang Jia'ao

（1889年11月13日～1979年10月13日）

原名・嘉璈，字・公権。現地語でKia-ngau。江蘇省嘉定県生まれ。原籍，江蘇省宝山県。上海の代表的な銀行家，晩年は経済学者。

父の張潤之（諡・祖沢）は医者で，兄の張嘉森（君勱）は民社党の指導者になった著名な政治家，弟の張嘉鋳（禹九）は中国植物油公司総経理などを務めた経済人，弟嫁の張肖梅は中国銀行で経済調査に精通した専門家であった。

嘉定の私塾で学んだ後，13歳の時，兄の君勱に従い上海の江南製造局に付設されていた広方言館に入学。約２年の在学後，宝山県学堂を経て1905年に北京高等工業学堂へ進み，翌年日本への留学を果し，07年慶應義塾大学に入学した。大学では堀江帰一，福田徳三らに師事して財政・経済を専攻，それが日本の近代化を促した過程に感銘を受けたといわれるが，学資が続かずに退学したという。

1909年に帰国し清朝政府郵電部に入り，『交通官報』の編集に従事。この年，陳蘭均と結婚している（後に死別）。辛亥革命の勃発を見るや南下して，12年浙江都督・朱瑞の秘書になった。翌13年再び北京に戻り，参議院秘書長に就くが，ほどなくしてその職を辞し，同年12月中国銀行上海支店副経理に就任した。以後20年間続く中国銀行経営者としてのキャリアの第一歩である。上海支店副経理時代は，北京政府の16年の兌換停止令を拒否するなど上海経済界の利害を尊重する立場をとる一方，17年の『銀行週報』創刊など業務近代化に向けた努力を重ねた。同年，中国銀行の副総裁に抜擢されて北京の本店勤務となり，さらに28年国民政府による改組後の中国銀行（本店は上海に移動）の総経理となって実権を掌握している。内外に支店網を張りめぐらし，外国為替業務を専門に取り扱うなど同行の業務はこの間にめざましい拡大を遂げた。弟の張嘉鋳や弟嫁の張肖梅の助けも借りて経済調査研究機構を設け，『中行月刊』，『金融統計月報』なども発行している。しかし，35年３月国民政府の新たな金融政策の展開にともなって中国銀行を離れざるをえなくなり，５月から中央銀行副総裁兼中央信託局長に就任した。国民政府首脳の蔣介石，孔祥熙らが求めた軍事費増額のための公債発行などの政策に対し，張が反発したためだったとも言われている。

その後1935年12月国民政府鉄道部長（38年１月行政機構の変更で交通部長）に就き，外債発行によって資金を調達しながら粤漢線，浙贛線などの新線建設を推進した。抗日戦争前夜から戦時期にかけ，新線建設や輸送路確保はきわめて重要な意味を持ったのである。しかし日本軍の経済封鎖が強まった42年12月に交通部長を辞し，翌43年９月渡米した。

戦後1945年８月に帰国，９月から軍事委員会東北行営の経済委員会主任として，ソ連との東北地域接収交渉という困難な仕事を担当した。その後47年３月から48年の５月まで一時金融界に戻り，中央銀行総裁の座を務めている。しかしこの時は，結局戦後国民政府の下の悪性インフレーションを阻止できず，政策破綻の責任をとる形で辞職した。47年７月周碧霞と再婚している。49年崩壊寸前の国民政府財政部長への就任を請われるが，これを拒絶し，オーストラリアに渡って大学での教育研究に従事。53年アメリカのロサンゼルスにあるロヨラ大学に移り，さらに61年スタンフォード大学のフーバー研究所に移って研究を続けた。著書に，*China's Struggle for Railroad Development* (43), *The Inflationary Spiral* (58) などがある。79年スタンフォード大学付属病院で心臓疾患により急逝した。

参考文献：中国社会科学院近代史研究所主編『民国人物伝』３巻（中華書局，北京，1981年）。中国人民政治協商会議文史資料研究委員会編『工商経済史料叢刊』4輯（文史資料出版社，北京，1984年）。秦孝儀編『中国現代史辞典—人物部分』（近代中国出版社，台北，1985年）。姚崧齢編『張公権先生年譜初稿』（伝記文学出版社，台北，1982年）。劉紹唐主編『民国人物小伝』第4冊（伝記文学出版社，台北，1981年）。Howard L. Boorman ed., *Biographical Dictionary of Republican China*, Vol. 1 (Columbia University Press, New York, 1967).　〔久保亨〕

張　家驤（ちょう かじょう） Zhang Jiaxiang

（生年不詳～1885年12月）

字・子騰，諡・文莊。原籍，浙江省鄞県。清末清流派の官僚。

1862年の二甲進士。翰林院庶吉士から翰林院編修となり，64年国史館纂修を兼任。67年提督山東学政に任命された後，まもなく提督山西学政にかわる。69年，父の死のため辞職。72年除復後，入京して復職した。

1874年，翰林院侍講に昇進。命により南書房行走となり南書房に詰める。ついで功臣館纂修を兼任。75年翰林院侍読となり，文淵閣校理，日講起居注官を兼任。なお，この年，順天郷試同考官を務める。76年，道府用をもって記名され，ついで署国子監祭酒となる。

1879年，西太后の命により毓慶宮学習行走となり毓慶宮に詰める。ついで翰林院侍講学士，翰林院侍読学士，詹事府少詹事，署都察院左副都御史と累進。82年，詹事府詹事となり，ついで内閣学士に昇進，礼部侍郎が加銜される。その後，署戸部左侍郎となり，管理三庫事務を兼任。ほどなく稽察中書科事務，ついで経筵講官を兼任する。

1883年，工部右侍郎となり，管理銭法堂事務を兼任。84年，吏部右侍郎となる。なお，83年には，直隷省挙人覆試閲巻大臣，殿試読巻官，朝考閲巻大臣，武会試正考官などを兼任した。84年，西太后50歳の誕生日を祝賀して，紫禁城騎馬の特典が与えられる。翌年，病気により休暇。その後ほどなくして病死した。

4人の子供の内，長男の張有培には挙人の資格が賞与され，会試が許された。

張家驤の京官在任期間中に洋務運動は自強から求富に転換しつつあった。彼は清流派の1人として，こうした洋務運動に反対。とくに1880年劉銘伝が入京し，光緒帝に清江浦鉄道敷設計画を上疏した時，鉄道の敷設には3つの弊害があるとして強硬に反対した。3つの弊害とは，すなわち，1．清江浦は南北交通の要衝であり洋人が隙を窺う。2．田廬，墳墓に障りがある上，列車走行による交通事故が頻発し，民乱の原因となる。3．鉄道が有利なものであれば，さきに設立された招商局が不利になり，汽船が無用となって，これまで招商局に投下してきた数百万の資本が無駄になるというのがそれである。

張家驤に追随して御史・洪良品が5つの害を主張し，侍講・張楷が9つの不利を開陳して諫書まで奉った。決裁しかねた光緒帝は李鴻章，劉坤一に諮問。李鴻章は3つの弊害についてひとつひとつ根拠をあげて丁寧に反論し，劉銘伝を極力支持した。しかし，反対論は1881年になってもやまなかった上，間もなくペテルブルグ条約が締結されて，西北方面におけるロシアの脅威が一時薄らぐと，劉銘伝の鉄道敷設計画は却下された。

参考文献：民国清史館編『清史稿』巻447，列伝228（民国清史館，北京，1927年）。民国中華書局『清史列伝』53巻（民国中華書局，上海，1928年）。　〔林要三〕

張　謇（ちょう けん） Zhang Jian

（1853年7月1日～1926年8月24日）

字・季直，季子。号・嗇庵，嗇翁ほか。原籍，江蘇省通州。生まれ，同海門庁常（長）楽鎮。清末民初の大企業家，立憲派の重鎮，教育家，近代化の開拓者。

彼の祖父は南通の地主であったが，没落して海門の呉氏の入婿となり，農業と磁器の商いを継承した。家業を継いで富裕となった父・張彭年の下に5人の男子があり，彼はその四男である。彼が4歳の時に父は家塾を設け，師を招いて兄弟の教育に当てたが，父の教育方針は読書以外に畑の草取りや大工仕事も手伝わせ，労働の厳しさを教えると共に，農工による自立の途をも示した。

彼は15歳の時，如皐張氏の籍を借りて張育才と名乗り，如皐の県・州・院試に応試，及第して生員となった。しかし借籍をめぐってゆすられたり，訴訟事件に巻き込まれて借財を重ね，家運を傾けた。彼は兄の張詧（字・叔儼，号・退庵，1851～1939年）と共に親を引き取り，兄は家に残って家業を守り，彼が外に出て幕僚を務めることになった。この詧・謇の兄弟は仲がよく，後に彼が始めた諸事業も兄が実際の管理・運営を担当していたことが多い。

彼は以前訴訟で世話になった地方官の孫海岑の推挙により，淮軍の中でも儒将として有名な慶軍提督・呉長慶の幕下に入り，23歳から31歳まで文書を扱いながら朱子学と桐城派の古文を学んだ。24歳の時名を謇（直言の意味あり）と改め，字を季直とした。1881年袁世凱が同じく呉の軍幕に入り，彼が袁の文章を指導したこともあった。82年朝鮮での壬午の変の際，彼は慶軍の京城進駐と大院君の保護などに活躍した。この時彼は日本の侵略に対抗する強硬策を呉に代わって上奏したが，李鴻章に受け入れられず呉と共に奉天に移駐させられた。その後間もなく呉は病死し，彼は保護者を失った。当時洋務派に対抗した保守派の中で，とりわけ翰林院・都察院などの少壮官僚による「清流」一派が儒教的価値観から官界の綱紀粛正や対外強硬を要求していたが，張謇もその清流の夏子松，黄体芳らの指導と影響下に成長していたのである。

1885年彼は北京に出て順天郷試に地方人には珍しい第二席で合格して挙人となり，潘祖蔭，翁同龢に属目された。しかし，その翌年の会試には失敗し，帰郷して父と共に養蚕を興そうと努力したが，それにも失敗した。彼は以後江蘇各地の書院院長職を務めながら，会試に応じ続けたが，いずれも合格できなかった。しかし，94年父の命によりあえて受験した恩科会試に見事一甲第一名進士（状元）に合格し，翰林院修撰を授かった。その直後日清戦争が勃発し，彼は翁同龢・文廷式ら帝党と共に后党の李鴻章批判に加わったが，まもなく父の死に遇い，94年秋止むなく帰郷した。

1895年秋服喪在郷していた彼は，元清流で両江総督代理の張之洞（彼の日記には張を「腐儒」と酷評）の依頼で綿紡績工場の設立計画に「官・商の郵」（仲介役）として参加した。しかし，折からの紡績業不振の中で上海の商人達が脱落し，残る南通・海門の紳商達と資本募集に苦労を重ね，99年5月漸く操業開始に漕ぎ付けた。これが名高い大生紗廠である。これを契機に彼は一躍企業家として名を上げた。

ところで，大生設立の途中で彼は翁同龢からの要請で1898年5月上京し，翁に協力して京師大学堂辦法を定めた。しかし，変法の具体的な進め方について，当時の宮廷内における力関係と無関係に自己の理念を性急に実現しようとした康有為と大きな認識の差があって，国是の詔勅発布直後に翁と共に北京を離れた。

義和団以降，彼はその大生を基盤にまず経営面では開墾殖綿のための通海墾牧公司に着手，続いて搾油・製塩・漁業・製糸・製粉・鉄工・運輸各分野に企業を設立した。1904年にはその活躍が認められて商部頭等顧問官に任じられた。大生はその後全国屈指の優良企業に成長し，第1次世界大戦以前における中国資本紡績業の中で唯一の成功例として高く評価されている。

経営以外の面でも彼の活動は注目される。義和団勃発の際，彼は両江総督・劉坤一，湖広総督・張之洞を助け，盛宣懐・湯寿潜らと共に「東南互保」を結び，長江一帯に騒乱が及ぶのを防いだ。そして変法の詔勅発布に対して「変法平議」を上奏，議会制・近代教育などの改革案を訴えつつ，自力で1902年南通師範の創立に取り組んだ。また上海復旦などの創設・維持への協力など彼の教育活動は幅広く，江蘇教育会も設けて近代教育普及に奮闘した。また社会公共施設の充実にも尽力し，南通都市の近代化にも貢献した。

政治面では1903年日本を視察後，実業と教育を2つの柱とする地方自治の実現を図り，さらに張之洞・魏光燾に代わって立憲についての上奏を行う一方で，持ち帰った大日本帝国憲法を翻訳・出版して憲法への関心を朝廷や袁世凱らの権臣の間に呼び起こした。そして清朝が06年9月憲法制定に向けて動き出すと，彼は直ちに湯寿潜・鄭孝胥と共に予備立憲公会を設立，全国的な立憲運動を指導し，09年江蘇諮議局を設立，その議長となった。以後各地の諮議局代表を指導して国会請願運動を展開した。張謇は11年春久し振りに上京し，摂政王と会見して「最後の忠告」をしたが，その往路途上で門弟の雷奮・劉垣に勧められて彰徳に隠遁していた袁世凱と会見し，袁の政治手腕への期待と認識を新たにしたことは，その直後の辛亥革命との関連において看過できない。

1911年10月武昌蜂起が勃発すると，彼は江蘇巡撫・程徳全と共に改めて立憲を政府に訴えたが，それが無視され，かつ各省独立の趨勢が抑えがたいことを知ると，混乱による人民の被害を最小限に抑える「大義」のために立憲君主制から「立憲」共和（共ニ和ス）主義（リパブリックの意味なし）へと部分的な転換をした。そして江蘇都督・程徳全，浙江都督・湯寿潜，親友・鄭孝胥，趙鳳昌らの江湖有力者達，また革命派の黄興・章炳麟らとも打ち合わせの上，擁袁共和・南北議和のために奔走した。年末に帰国した孫文もその収拾策に従う前提で臨時大総統に就任した。翌12年臨時政府の樹立に伴い彼は実業部総長に任命され，軍政費の調達に尽力したが，他方で清帝遜位の詔稿執筆を劉垣と準備した。その詔稿は袁世凱側で改竄されたものの，一応2月12日清帝退位の実現を見ると，予定通り辞職した。

彼はかねて重要な「生計の問題」として塩政改革・淮河浚渫・綿産紡織拡充の3つを考えており，1912年9月上京して袁世凱にまず塩政改革を提案したが，容れられず虚しく帰郷し，前年程徳全から受けた両淮塩政総理を辞任した。翌13年2月には省議会議長からも引退して政界から隠遁した。その後袁から何度も要請された総理就任を断り続けたが，13年9月南京占領後に暴行略奪を働く江蘇都督・張勲を解任する交換条件として止むなく熊希齢内閣に農商部総長として入閣した（後水利局総裁も兼任）。そして有名な「綿鉄主義」を掲げて実業振興の法制整備や導淮借款交渉などに努力し，ある程度の成果を見た上で15年4月帝制復活に反対して辞職した。

以後彼は郷里にあって実業や教育を柱とする地方自治の完成と，不平等条約の改正・国際税法の平等化・内戦停止などの国内外の諸問題に取り組み，最後の力を振るった。1920年代初め民国以降設立された塩墾公司20社が災害に遭って軒並み巨額の欠損を抱え，また肝心の大生紗廠が経済不況のために赤字に転落すると，彼が長年にわたって築いた「南通王国」は内部から崩壊し始めた。大生紗廠及び大生から貸付を受けていた関連諸公司は上海・金城など4銀行団によって接収されるに至った。そのような状況下にあってもなお学校と河工の視察を怠ることのなかった彼は，26年ついに南通で病死した。

彼の執筆した文章は『張季子九録』(全6冊）に編纂されており，また膨大な『日記』は貴重な資料として知られている。彼の1人息子・張怡祖（字・孝若，1898～1935年）は37歳で暗殺された。孫の1人張緒武（1928年～）は江蘇省副省長・全国政協常務・工商聯常務副主席などを歴任，活躍した。

参考文献：藤岡喜久男『張謇と辛亥革命』(北海道大学図書刊行会，1985年)。章開沅著，藤岡喜久男訳『張謇伝稿―中国近代化のパイオニア』(東方書店，1989年)。中井『張謇と中国近代企業』(北海道大学図書刊行会，1996年)。

〔中井英基〕

張(ちょう)　景恵(けいけい)　Zhang Jinghui

(1871年～1959年5月)

字・叙五。遼寧省台安県人。東北地方の軍人。政治家。満州国の国務総理。

馬賊の出身だが，張作霖の配下に入り，清末に張作霖とともに清朝に帰順，巡防隊に入り，奉天講武堂に学ぶ。

辛亥革命にあたり，張作霖閣に従い，張作相らとともに張作霖を助け，奉天軍内で重きをなしてゆく。1913年騎兵第28団長，15年陸軍少将，17年27師歩兵第53旅長などを歴任した。18年には暫編奉天軍第1師長となり湖南に出征した。20年にはチャハル都統兼第16師長，22年5月安威将軍となり，第1次奉直戦争に出征するが作戦を誤り，奉天軍大敗の一因をなしたため，張作霖の怒りをかい失脚する。

一時京津間に流転の生活をおくるが，1924年に政界入りして，直隷政権下で全国国道籌備事宜督辦となり，張作霖とも和解した。26年には奉天督軍署参議になる。27年1月顧維鈞内閣に奉天派代表として入閣，陸軍総長に就任，さらに同年6月に成立した潘復内閣の実業部総長を歴任する。

1928年の張作霖爆死事件の際に，張景恵も負傷している。しかし，この事件の首謀者である元関東軍参謀・河本大作大佐が後に明らかにした手記によれば，この時奉天軍が兵を起こせば，張景恵が日本に内応して奉天独立の軍を起こし，一気に満州占領へと突き進む手筈が整えられていたという。この謀略は，日本側の意図を読みとった張学良や臧式毅らが奉天軍の行動を抑えたことにより実現には至らなかったが，張景恵がすでにこの頃から日本軍の一部と通じていたことがうかがえる。張景恵はその後奉天旧派の重鎮として，東省特別区行政長官，国民政府軍事参議院長，東北政務委員会委員などを歴任している。

1931年9月18日の満州事変勃発時に錦県にいたが，すぐに奉天にひき返し，関東軍参謀・板垣征四郎らと会う。日本軍は張景恵をハルビン地方にむかわせ，この地方での決起を期待するが，すでに吉林地方に軍事的地盤を持っていた熙洽などの場合とは異なり，この地方に確たる地盤を持っていなかったこともあり張景恵の態度はあいまいであった。結局，熙洽の吉林省独立宣言に遅れることおよそ3カ月後の32年1月1日臨時黒龍江省政府を組織，4日に独立を宣言し，7日に黒龍江省長に就任した。この間，日本側の要請に従い，ハルビン地方を中心として治安の維持にあたる。32年2月17日東北行政委員会が組織され，その委員長に就任，翌日同委員会の名のもとに東北省区の国民政府からの独立を宣言する。新国家建設の協議を行う中で，帝制を主張する張燕卿，謝介石らと，立憲共和制を主張する張景恵，臧式毅らの意見が対立，結局，溥儀を執政とする共和制という折衷案に落ち着いた。

1932年3月満州国が成立すると同国参議府議長兼東省特別区長官となる。また，馬占山の背反にともない，馬に代わって軍政部総長をも兼任する。日本の押し進める満州国建国において，日本側の主張する「日満親善」にのっとった態度を示し，関東軍司令官をはじめとする日本側から大きな信頼を寄せられた。35年5月に，日本のやり方に不満を見せ始めた鄭孝胥が満州国国務総理を辞任すると，関東軍の推挙により国務総理に就任する。さらに37年5月からは外交部大臣，蒙政部大臣をも兼任することになった。

終戦まで満州国国務総理の座にあり，終戦後はソ連に抑留された。1950年に戦犯として中共に引き渡され，撫順，本渓湖，ハルビンの収容所を転々とし，59年5月撫順の収容所で獄死した。

参考文献：中央檔案館・中国第二歴史檔案館・吉林省社会

科学院合編『日本帝国主義侵華檔案資料選編―九・一八事変』(中華書局，北京，1988年)。外務省情報部『現代中華民国・満州帝国人名鑑』(東亜同文会，1937年)。片倉衷「満州機密戦略日誌」,『現代史資料7』(みすず書房，1964年)。愛新覚羅溥儀著，小野忍他訳『わが半生』上・下(大安，1965年)。松本益雄「張景恵総理との10年」，猪瀬直樹監修，平塚柾緒編『目撃者が語る昭和史・第3巻・満州事変―昭和三年の張作霖爆殺事件から満州建国』(新人物往来社，1989年)。〔浜口裕子〕

張　景良(ちょう　けいりょう) Zhang Jingliang

(生年不詳～1911年)

原籍，直隷省故城県，同地に生まれる。清末の軍人。

将弁学堂卒業後，日本に遊学し，帰国して(日本の陸軍士官学校に留学した中国人の同窓会名簿には記載がない)湖北省の新軍第8鎮第15旅団第29連隊長となった。1911年辛亥武昌蜂起の際，黎元洪が湖北都督に推挙されて，張景良は都督府の参謀部長となったが，彼は清の官憲と通じているとも噂され，去就の表明が不明瞭であった。10月15日の都督府会議においては清軍攻撃に反対の態度を示したため，彼を殺すべきという意見が出たり，気が狂ったとみなされたりしたが，黎元洪のとりなしによってその場は収まった。19日，漢口での戦いが急を告げるや，張は自ら前線に赴き戦いたい旨申し出た。黎の許可が下り，漢口の劉家廟に司令部が設置されることになったが，彼は前線軍事委員会も開かず命令も発さず，戦闘のための軍隊の配備はおろか，自分の居所さえも明らかにしなかった。革命軍の下士官たちは自ら戦ったが，当然のことながら軍の内部は混乱を来たし，大きな損害が出た。漢口の軍政分府はこの知らせを受けて張を捜した結果，第8鎮の劉家祺参謀官とともに後城馬路の旅館にいるところを発見された。張は，結局審問にも明答しなかったため，直ちに処刑されて，さらし首にされ，“漢奸”の名を冠された。

張景良の伝記の記述は一定でなく，敵と通じていたか否かについても異論がある。彼は死後『清史稿』の忠義列伝に挙げられ，「朝廷が立憲を宣言した上は，革命を唱える必要はない」と考えていたとされ，革命軍の司令官となったのも妻子を人質にとられたためであると記されている。そして彼は勇敢に戦い，処刑の際は「自分は大清帝国に決して背いていない」の言葉を遺し，平然として逝ったと伝えられている。

参考文献：民国清史館編『清史稿』巻496，列伝283(民国清史館，北京，1927年)。賀覚非『辛亥武昌首義人物伝』下冊(中華書局，北京，1982年)。張国淦『辛亥革命史料』(龍門聯合書局，上海，1958年)。〔児野道子〕

張　敬尭(ちょう　けいぎょう) Zhang Jingyao

(1880年8月9日～1933年5月7日)

字・勲臣，化名・常世古(あるいは世五)，常石谷。安徽省霍丘県(霍山の北側)生まれ。父の張文奎が潁上県衙の官吏となったため，のちに潁上県南照集に移る。年下の兄弟に敬舜，敬禹，敬湯がいる。安徽派の武将。

年少の頃より性格は粗暴で，阿片・賭博に関与。一時，食糧品店の学徒となるも，1896年北洋新軍に加入。随営学堂の訓練生となり，訓練終了後排長(小隊長)となる。1910年保定軍官学校を卒業。段祺瑞に従い，第6鎮第11協第22標標長となる。12年陸軍第6師団第11旅第22団団長となり，13年少将となる。14年河南・安徽・陝西辺界地域を転戦し，袁世凱政権を少なからず脅かした白朗(白狼とも呼ばれた)らの反乱を討伐するのに功績をあげ，陸軍中将に抜擢され，第7師団長となる。ついで，江蘇，安徽，山東，河南各省辺界剿匪督辦に任ぜられ，盗賊，秘密結社などの取り締まりに従事。袁世凱が皇帝を称するや，雲南，四川など西南諸省が反旗を翻し，いわゆる第3革命が始まると，四川方面に派遣された。17年張勲による復辟事件が起こると，長江水師提督に任命されたが，復辟失敗により原職に復帰した。

1917年一旦綏遠都統に任命されたが，湖南都督・傅良佐が南軍に駆逐されるや，同年北京政府と広東政府との間で南北戦争が勃発し，湖南の前線に派遣され，南軍側の拠点岳陽攻撃軍の前敵総指揮に就任。その軍隊は無頼を多く収容していたとされ，蛮横暴戻をもって聞こえ，行く所略奪破壊をほしいままにした。岳陽に続いて長沙を攻略した功績という名目で段祺瑞より推挙され，18年北京政府より湖南都督兼湖南省長に任ぜられた。

湖南における在督2年程の間に張敬尭ら4兄弟は，反抗勢力を制圧して武断政治を敷くとともに，阿片栽培の督促・阿片税の強奪，省営の湖南第一紡績，水口山錫鉱の売却，裕湘銀行の乱設と紙屑同然の銀元票の省民への強制，教育経費の軍費への流用など，収奪・斂財の限りを尽したため，あらゆる階層から激しい反対を受け，省営企業の売却は断念を余儀なくされた。

すでに五・四運動の頃に湖南学生連合会による張敬尭追放(駆張)の動きが始まっていたが，1919年12月には各界連合による駆張代表団が北京，上海，衡陽などに派遣された。北京への代表には若き日の毛沢東も加わっていたが，彼らは京・津，上海などの地方の有力紙上で張敬尭の罪状を糾弾し，北京政府を牽制した。一方，衡陽に向かった代表団は，北軍側直隷派の勇将・呉佩孚に張の討伐を請願し，結果的に呉を湖南戦線から撤兵させ，安徽・直隷両派の抗争激化の端緒を作り出した。

安徽派の力を背景とした恣意的な政府操作にかねてより内心不満を抱いていた呉佩孚は，1918年の中頃以降南軍側の譚延闓系統の湖南軍（湘軍）と連絡を取り合っていた。その譚および軍司令の趙恒惕は「湘事は湘人が自決」を掲げ，民衆各層の駆張の潮流と合流に向かい，湖南自治の線で呉と暗黙の了解を遂げていた。

1920年5月25日呉軍が撤退を始めるや，湘軍の張敬尭勢力への総攻撃が開始された。当時，湘軍はその疲弊極点に達し，使える武器は3,000挺にも満たない弱体な部隊であったが，郷土の奪回に燃えて奮戦したとされ，そのうえ各地で民衆の有形・無形の支援を獲得し，破竹の如く前進した。恐慌を来した張敬尭は，北京政府に向かって討伐令の発布，増援部隊の派遣を矢のように催促した。安徽派の総帥・段祺瑞もまた，直隷派の戦線離脱を非難するとともに，南軍に対する反撃を建議した。しかし，大統領・徐世昌は，湖南問題は「局部問題」，すなわち湖南の内政問題とみなし，湘人自治を黙認したため張は失脚し，漢口租界に逃亡するほかなかった。ついで張は北京政府より更迭処分を受けた。

安直戦争後，張敬尭は一時張作霖のもとに身を寄せ，東三省保安総司令顧問に就任したが，ついでほどなく呉佩孚に忠誠を誓い，討賊連軍運輸総司令となり，第2次奉直戦争に参加。1925年奉天派によって北京で逮捕される。26年張宗昌を頼ってゆき，直魯連軍第2軍軍長となる。28年安国軍第2方面軍副団長となる。

1931年満州事変に際し，満州国側に身を投じ，33年関東軍参謀・板垣征四郎の華北方面での工作に協力して北京に潜入。国民党軍事委員会特務処の戴笠の命令を受けた鄭介民らによって，5月7日東交民巷のホテルで暗殺される。その暗殺を伝える新聞の記事には，その犠牲者は「巨商常石谷」とあったとされる。

参考文献：湖南省志編纂委員会編『湖南省志』1巻（湖南人民出版社，長沙，1959年）。陶菊隠『北洋軍閥統治時期史話』第5冊（生活・読書・新知三聯書店，北京，1958年）。丁中江『北洋軍閥史話』（春秋雑誌社，台北，1966年）。中国史学会・中国社会科学院近代史研究所編『北洋軍閥』3巻（武漢出版社，武漢，1990年）。湖南省哲学社会科学研究所現代史研究室編『五四時期湖南人民革命闘争史料選輯』（湖南人民出版社，長沙，1979年）。程舒偉・劉福祥『民国暗殺紀実』（団結出版社，北京，1989年）。

〔坂野良吉〕

張　君勱（ちょう　くんばい） Zhang Junmai

（1887年1月18日～1969年2月23日）

原名・嘉森。字・君勱，士林。号・立斎。筆名・世界室主人。欧米ではCarsun Changの名で知られる。江蘇省嘉定県生まれ。第三勢力の指導者，新儒家哲学者。

父・祖沢は医者であり，弟・嘉璈（字・公権）は，中国銀行総裁，交通部長を歴任し，鉄道建設に尽力した財政専門家，浙江財閥の要人であった。張君勱は5歳で塾に入り，1897年，上海の広方言館で西洋の新知識を学ぶが，他方，1902年宝山県試を受け秀才に合格。03年上海の震旦学院に入学するが，学資が続かず，南京の江南高等学堂に転校，拒俄運動に参加のため退学に処せらる。暫く湖南で教師をして金をため，06年春，宝山県官費留学生として，私費で慶應義塾大学に留学する弟を伴って念願の日本留学を果した。同年秋，早稲田大学政治経済学科予科に入り，07年秋，本科に進学，浮田和民の政治学の講義を熱心に聴講し，その才を愛され，またドイツの学風にもひかれた。在日中，梁啓超らの立憲派の主張に共鳴し政聞社に参加，「新民叢報」に政論を投稿するとともに，上海に派遣され国会速開請願運動との連絡に当たった。以後29年梁啓超が死ぬまで20年余り，梁と政治行動を共にした。10年早大を卒業して帰国，留学生対象の特別選抜により進士合格，翰林院庶吉士に就任した。辛亥革命が起るや帰郷して宝山県議会議長になり，また共和建設討論会や民主党の結成に参加し，梁啓超を迎えに日本に行った。他方，黄遠庸，藍公武と3人で『少年中国』週刊を出し，政党政治を鼓吹するとともに，ロシアの蒙古侵略の脅威に無策な袁世凱を非難した。袁の報復を避けるため出国してドイツのベルリン大学で引き続き国家学を学んだ。この間，第1次世界大戦中の西部戦線を視察した。袁世凱の帝制復活反対の文章を発表し，16年春帰国して，上海の『時事新報』に論陣を張った。17年初め，梁啓超と北京に赴き，対独参戦を説き，国際政務評議会書記長に就任。張勲の復辟クーデターの際は，北京に潜入して各国大使館に復辟不承認を働きかけ，馮国璋大総統の実現に尽力し，総統府秘書に任じた。17年11月，孫文の護法蜂起により南北分裂するや，政治活動を中断し，梁啓超と学術団体「松社」を結成し，自らは北京大学で国際法の教授に就任。18年10月，日本を訪問，12月29日，梁啓超，蔣百里，丁文江ら7名で大戦後のヨーロッパ視察に出発。梁啓超に随行してベルグソン，オイケンと会見，オイケンに傾倒して，22年1月，ドリーシュの中国訪問に付き添って帰国するまで，イエナ大学にとどまり哲学の研究に従事した。この間，20年に中国の前途はドイツの道かロシアの道かをめぐり『改造』誌上で張東蓀と討論したことに示されるように，これ以後，政治と哲学との間を揺れ動く，二足のワラジの生活を開始した。

張君勱の政治活動を概観すると，次の３種に分類される。１つは，帰国後すぐに依頼されて起草したワイマール憲法をモデルにした連省自治の憲法草案が示す制憲活動である。これは1944年初めの『憲政』雑誌創刊，及び47年１月１日公布の中華民国憲法の起草への積極的関与にまで引き続いている。２つは，国共合作への反対，国民党赤化を心配して北伐軍占領下の武漢の視察報告「武漢見聞」の発表，また共産主義の学説と行動を批判した『蘇俄評論』（27年12月）の刊行，及び生涯の最後まで一貫して展開した中共批判に示される，反共の活動である。そして３つは，国民党の一党独裁に対する反対活動である。張君勱は28年２月，李璜と『新路』雑誌を創刊したが発禁にあい，29年夏，国民党特務に誘拐され，監禁20日間のあと耳を切り取られて釈放された。32年４月，天津で張東蓀，羅隆基，梁実秋らと長年の課題であった新党国家社会党を密かに結成し，翌５月『再生』雑誌を創刊して独自の国家社会主義思想を展開した。また日本の侵略の気運が高まるや逸早く抗日を表明し，ルーデンドルフの『全民族戦争論』を訳出して士気を鼓舞すると同時に，国共両党に抗日への一致協力を呼びかけた。37年８月，国防参議会に参加，38年４月には国家社会党の他の指導者とともに国民参政会に参加し，41年２月には中国民主政団同盟（44年10月中国民主同盟と改称）を結成して，45年春のサンフランシスコの連合国会議に出席した。また政治協商会議に出席して，国共の和平調停に尽力した。46年８月，海外の民主憲政党を吸収して，国家社会党を民主社会党に改組しその主席に就任したが，国共分裂のあと46年10月の国民大会に参加したため，張君勱と民主社会党は民主同盟から除名された。中華人民共和国成立後の張君勱は，米国，香港，シンガポール，インドネシアなどで講演と著作の日々を過ごし，53年『第三勢力』（英文）を発表して自らの政治的立場を再び表明した。

さてもう一方の哲学者としての活動は，1923年２月，清華大学で「人生観」と題する講演を行い，それに対し地質学者・丁文江が反論を発表したことを機に，多くの知識人を巻き込んだ「科学と人生観」（科学と玄学）論争が開幕したことから一躍注目を浴びた。この論争は，21年梁漱溟『東西文化及其哲学』の発表により引き起された東西文化論争を継承して更に一歩深化させ，中国伝統文化の再評価，新儒家哲学派の形成を促す思想史上の大きな意義をもっていた。29年政治活動挫折後にドイツに行き，イエナ大学で中国哲学を講義し，また31年オイケンと共著の『人生観問題』を刊行した。35年『明日の中国文化』を発表，40年には雲南の大理に民族文化学院を創立し，西洋哲学との類似性の指摘・附会により民族文化の復権と発揚を図り，あわせて西洋哲学の長所を吸収して民族文化の再建を図るよう呼びかけた。晩年の主著に『比較中日陽明学』（54年），『新儒学思想史』（63年，英文）などがある。

参考文献：『張君勱伝記資料』（天一出版社，台中，1978年）。呉相湘『民国百人伝』第３冊（伝記文学出版社，台北，1971年）。江勇振「張君勱」，『中国歴代思想家』第10冊（台湾商務印書館，台北，1978年）。鄭大華『張君勱伝』（中華書局，北京，1997年）。　〔後藤延子〕

張（ちょう）　瀾（らん）　Zhang Lan

（1872年４月２日～1955年２月９日）

字・表方。四川省南充県生まれ。教育家・政治家。父は張文倬，科挙の秀才であった。父について学問し，1894年，22歳で秀才となり廩生に補せられた。1902年，四川尊経書院に入学，翌年日本留学生に選抜され，東京弘文書院師範科に入学，04年，留日学生会での「西太后引退，光緒帝親政」発言により，「大逆不道」という罪名で強制送還された。

張瀾は，四川各地で教員をしつつ，1906年出身地の南充で小学校や中学校を創設，新式教育を普及した。11年６月，川漢鉄路の国有化に反対して「保路同志会」を創設，四川諮議局のメンバー蒲殿俊ら立憲派とともに運動を展開，９月，四川総督・趙爾豊によって逮捕された。時あたかも武昌蜂起が勃発し，四川にも軍政府が樹立され，張瀾は川北宣慰使として南充に着任した（当時宣慰使護衛営長・劉湘）。13年２月，衆議院議員に選出され，進歩党に入党するが，15年の護国戦争では南充の独立を宣言した。袁世凱死後，四川の軍は，北洋派の劉存厚と西南派の熊克武の２派に分かれており，張瀾は17年11月，北洋政府から四川省長に任じられたが，20年四川軍内西南派にその職を追われた。この間，北京に在住の時は，200余名にものぼる四川の青年のフランス留学（勤工倹学）に資金援助をした。

1920年，四川省長を辞して後，南充でひきつづき教育事業にたずさわり，『民治日報』を発行する。25年12月，四川軍務善後督辦・劉湘のもとで創設された成都大学の校長に任じられ，国民革命期と国民政府期をつうじて，思想の自由と学術研究の自由を擁護したが，30年，国民党側の圧力のなかで校長を辞任した。ふたたび南充に帰り，小中学教育事業をつづける。「満洲事変」後の中国の困難な状況を痛感しながら，34年末，長征途上の紅軍を追撃していた四川省主席・劉湘の命で，「四川安撫委員会委員長」に任じられ，紅軍通過後の農村調査にあたった。このなかで，農民の口から紅軍や中国共産党の政治的影響力を知るようになった。そして，35年には，劉湘に助言して桂林で「紅（紅軍）桂（広西）川（四川）軍事協定」の締結に力を尽くし，陝北の中共とも連携するように促し，中共川北工委書記の于江震らの活動にも援助していた。また，35年秋，成都で「四川省郷村建設期成会」を組織し郷村再建運動にとりくんだ。

その後1938年，国民参政員として中国共産党の参政員との交流が深まるなかで，とくに39年以降，抗日のための政治的民主主義の必要性と重要性を訴える憲政運動に従事する。39年11月，黄炎培や章伯鈞らと重慶で統一建国同志会を結成，憲法制定と憲政政府の樹立，各抗日党派の合法化を要求した。41年3月，統一建国同志会をも含めた諸団体が「中国民主政団同盟」を結成，主席となる。44年9月，中国民主政団同盟を「中国民主同盟」に改組，主席に選出された。国民参政会を政治舞台にした国民党・国民政府の「訓政システム」（一党独裁）に対する民主諸党派の批判は，当時の中国共産党の「連合政府」構想にも大きな影響を与え，中国政治における政治的民主主義の所在を国民の前に示すうえで重要な役割を果した。

抗日戦争後の政治的激動のなかで，1945年10月の中国民主同盟全国代表大会は，国民党1党だけではなく，中国共産党，中国民主同盟などを含む各党派の円卓会議開催を主張し，46年1月開催の政治協商会議に，張瀾は民主同盟首席代表として参加した。46年7月，李公樸と聞一多の暗殺に対する成都での追悼集会では張瀾も特務から襲撃を受け負傷した。46年11月，民主同盟は国民党政府による一方的な国民大会召集に反対し，中共とともに不参加を表明。47年10月，民主同盟は「非合法団体」化され，11月には中国民主同盟総部解散公告を張瀾の名義によって公表させられた。48年1月，民主同盟中央常務委員・沈鈞儒，章伯鈞らは香港で3中全会を開催，さらに同年5月の中共の新政治協商会議開催の呼びかけに呼応した。張瀾は上海で国民党側に監視されていたが上海の解放前夜に救出され，49年9月，北京で中国人民政治協商会議に出席，中央人民政府副主席に選出された。

1949年10月1日，中華人民共和国の開国大典に参加，12月の中国民主同盟第1期5中全会でひきつづき主席に選出された。54年9月第1期全国人民代表大会で，張瀾は宋慶齢，李済深，沈鈞儒，黄炎培らとともに常務委員会副委員長となった。55年北京で病気のため死亡した。

参考文献：中国社会科学院近代史研究所主編『民国人物伝』3巻（中華書局，北京，1981年）。中国民主同盟中央文史資料委員会編『中国民主同盟歴史文献（1941～1949)』(文史資料出版社，北京，1983年)。于剛主編『中国各民主党派』(中国文史出版社，北京，1987年)。平野正『中国民主同盟の研究』(研文出版，1983年)。譚鋭「論張瀾在抗日戦争中的貢献」，『黒龍江史誌』2011年9期。

〔西村成雄〕

張（ちょう）　楽行（らくこう）　Zhang Lexing

（1810年～1863年4月5日）

張洛行ともいう。官側史料は張落刑と記す。安徽省亳州生まれ。清末安徽北部の捻軍の盟主，黄旗総目。

張氏は雉河集一帯の大族で，張老家を中心に付近18村落に数千人の同族を擁し「九里十八張」と称したという。3人兄弟の末子で父から70畝の土地を相続した。次兄・張敏行も黄旗捻軍の首領の1人であった。

清代中期以後，安徽北部の農村には捻党を結成して村落・一族の安全を図ることが広く行われていた。張楽行は雉河集の捻党として知られるとともに，糧食商店，雑貨屋，酒造業などを営んだ。また捻党の武装を利用して私塩の護送と密売に従事した。

1852年部下が隣接する河南省永城県で逮捕投獄されると，龔得樹とともに永城県城を囲んで部下を救出した。53年太平軍が南京を占領し，ついで北伐軍が安徽北部を通過すると，当地にも騒然とした状況が生まれ，前任漕運総督の周天爵が派遣されて，その弾圧に当たった。張楽行は一時周天爵の招撫を受け容れた。周天爵の後任の袁甲三は他の地の捻首逮捕を命ずるなど張楽行に対する統制を強めたが，これが逆に捻軍の組織化を促進することとなった。55年安徽北部の捻党は雉河集で会盟し，「大漢」の名号を立て，張楽行を盟主とし，黄旗・白旗・紅旗・黒旗・藍旗の5色に部隊を組織した。張楽行は「大漢盟主」「大漢永王」の名義で「檄文」を発し，「行軍条例」を制定して蜂起の態勢を整えた。捻軍の勢力範囲は安徽北部から隣接する河南東部，山東西南部，江蘇北部一帯に拡大し，各地に大漢盟主から官位・爵位を与えられる者が現れた。

1856年一時清軍に雉河集を奪われたが，逆に淮河流域を攻略した。当時桐城にいた李秀成の太平軍は，部下の李昭寿が張楽行・龔得樹と面識があったことから，捻軍に太平天国との連合作戦を呼びかけた。翌年，捻軍は淮河の南に進軍して太平軍に合流し，正陽関・霍邱を拠点として活動した。太平軍と連合して清軍と抗争する間に，藍旗が淮北にもどる動きをしたため，張楽行は藍旗の劉永敬を殺害し，部隊の分裂を食い止めようとした（劉餓狼事件という）。

1858年拠点を懐遠・臨淮関に移して淮河の水運の要所を押さえたが，そのころ李昭寿らが清軍に投降する動きが発生し，次第に孤立する情勢となった。59年懐遠から一時拠点を定遠に移した。太平天国はすでに張楽行に「征北主将」，「鼎天福」などの称号を与えていたが，61年冬には「沃王」に封じた。そのころ張楽行は部隊を定遠から淮北に移動し，62年初めには馬融和・陳得才の太平軍とともに潁州府城を囲んだ。しかし間もなく定遠が清軍に奪われ，廬州の英王・陳玉成が苗沛霖の裏切りにより死亡し，太平軍の勢力が弱まった。同年秋，僧格林沁の率いる清軍が山東・河南から安徽北部に迫り，翌年春捻軍地域を制圧した。張楽行は敗れて捕虜となり，4月5日亳州義門集付近の周家営で処刑された。処刑直前の自供書によれば53歳であった。

李秀成の残したことばによると，張楽行の捻軍は太平軍と連合したが，その指揮に服さずに独自に行動することが多く，そのため太平軍の軍規に好ましくない影響があったという。

参考文献：清史編委会『清代人物伝稿』下編6巻（遼寧人民出版社，瀋陽，1990年）。江地『捻軍人物伝』（山西教育出版社，太原，1990年）。羅爾綱『太平天国史』第4冊（中華書局，北京，1991年）。　〔並木頼寿〕

張（ちょう）　厲生（れいせい）　Zhang Lisheng

（1901年5月29日～1971年4月20日）

原名・興周，改名・維新，字・少武。湖北省楽亭県生まれ。中国国民党員，特に組織工作に従事する。

張厲生の家は代々農家を営む。張は8歳で私塾に入り，楽亭県立高等小学堂を卒業した後，1917年天津の南開中学に入る。この時期河北唐山路線礦学校で教職に就いていた呉稚暉からフランス勤工倹学を勧められ，卒業を待たずしてフランスに赴く。22年パリ大学に入学し，社会学，政治経済を学ぶ。23年パリで中国国民党に加入し，24年駐法総支部執行委員に任命される。張は思想的にはいわゆる右派に属し，国共合作に強く反対を表明，駐法総支部から除籍処分を受ける。

1925年帰国した張厲生は，上海の中山学院で教職につく。翌年，武漢に赴き北伐に加わり，27年春国民革命軍第10軍政治部主任に就任する。同年杭州市府秘書長兼国民党南京市党部監察委員となる。28年4月陳誠が国民革命軍総司令部警衛司令に就任すると，南京に赴き陳の秘書となる。29年4月には中央組織部長であった陳果夫によって組織部秘書に任命される。

張厲生は1931年11の南京における国民党4全大会に出席し，執行委員候補に選出されるが，32年10月張は北平に派遣され，華北地区の党務を指導するようになる。同時に張は，河北省政治委員に就任する。当時華北は国防の最重要地点であると認識されていたが，中央の指示を実行すべき機関の整備が著しく遅れていた。張はまず学生の国民党への加入を促進させることを計画し，『人民討論』，『存誠』，『教育改造』，『新中学生』などの雑誌を発行し，国民党の政策の宣伝を行う。このような張の努力は大きな成果を上げ，35年11月の国民党5全大会では中央執行委員に選出される。26年2月には陳立夫から中央組織部長に任命される。

日中戦争勃発後，張厲生は軍事委員会政治部の秘書長，副部長として対日作戦の決定と実践に尽力する。1942年末には行政院秘書長，その後国家総動員会秘書長なる。このころから張は常に蔣介石が主催する重要閣僚会議に出席し，公式文書の起草にあたる。張の発言，提言は蔣介石の賞賛するところとなり，大いに信頼を得る。45年6月には内政部部長となる。張は在任中数々の改革を行うが，とりわけ，人口法令，人口調査登記制度の改革による全国規模の人口調査の実施と戸籍の整備は評価されるものである。また，46年11月に開催された国民大会と48年3月の行憲国民大会を一手に取り仕切る。

1948年5月張厲生は行政院副院長となり，内政部の職を辞す。12月孫科が行政院院長となると，行政院政務委員となる。49年1月蔣介石が引退し，李宗仁が代理総統となると，張も共に職を辞し，台湾に移る。49年8月すでに台湾省主席として就任していた陳誠の要請を受け，台湾地方自治研究会主任となる。50年行政院副院長，54年8月国民党中央執行委員会秘書長となり，59年には駐日大使となる。71年4月台北で病死する。

参考文献：汪新・劉紅『南京国民政府軍政要員録』（春秋出版社，北京，1988年）。劉紹唐主編『民国人物小伝』第

2冊（伝記文学出版社，台北，1977年）。呉相湘『民国百人伝』第4冊（伝記文学出版社，台北，1971年）。

〔家近亮子〕

章　乃器（しょう だいき） Zhang Naiqi

（1897年3月4日～1977年5月13日）

原名・章埏。字・金烽，子偉。別名・嘉生。浙江省青田県生まれ。浙江実業銀行副支配人，民族資本家階級の理論家，民主建国会創立者の1人，一時期，抗日救国会の指導者。

読書人の家に生まれ，祖父は浙東の名士，父は日本留学後，民国初期，下級の官職につき，かれはその第2子。辛亥革命の際，15歳で南京臨時政府の飛行大隊の学徒兵となったが，袁世凱により飛行大隊が取消されたため，杭州に行き，浙江省立商業学校に入学。1918年卒業し，浙江実業銀行の見習いとなり，19年北京で京兆農工銀行に就職した。20年の政変で失業すると，21年上海にもどり，再び浙江実業銀行に入った。北京在住中，五・四運動に接し愛国主義の刺激を受け，その後の経済研究と真理探究の態度に大きな作用を及ぼした。上海では，独学で経済研究の論文を発表するとともに，業務上の才能をあらわし，同行の営業部主任から副支配人になった。

1927年国民革命失敗後，国民党の反動政策に反対して，同年12月，半月刊誌『新評論』を創刊し，真の三民主義の実行・不平等条約の廃棄・人権と自由の保障などを主張したが，28年5月の済南事件に対して「経済断交」を主張したため，発行を停止させられた。32年6月，中国最初の中国人の経営する信用調査機関―中国興信所を創立し，理事長となる。この期間，中国社会の問題と中国革命の道を研究し，社会改革に志し，多くの経済論文を発表し，中国社会の実態と，半植民地中国の金融市場の奇型的発展の特徴を明らかにした。それらの論文をもとに，36年『中国貨幣金融問題』を著し，高い評価をうけた。35年には，上海光華大学と滬江大学に招かれて，「国際金融論」，「中国財政論」などを教えた。

この間，1932年1月28日の上海事件後，沈鈞儒・鄒韜奮らとともに，のちの「救国会」の前身である「十人聚餐会」を組織し，33年以後は「安内攘外論」を批判して，「全国一致して外敵にあたる」との政治主張を『新社会』などに発表した。35年の12・9運動以後，上海文化界救国会，36年1月上海各界救国連合会が結成されると，その常務委員となり，宣伝を担当する。同年5月の全国各界救国連合会の結成に際しては，「抗日救国初歩政治綱領」を起草し，その常務委員となるなど，この時期の救国運動の中心的な活動家として，運動の発展に大きな貢献をした。この救国活動に対して，国民党が強い政治的圧力を加えたため，36年7月浙江実業銀行副支配人の職を辞し，救国会活動に全力を投入した。その故をもって，同年11月，他の救国会指導者とともに逮捕投獄された（抗日七君子事件）。37年日中戦争の勃発により，7月末釈放され，8月の上海抗戦後，香港に渡った。

抗戦開始後は，「論を少なくし，建議を多くせよ」と主張し，国民党への接近を示し，1938年第5戦区の李宗仁の招きによって安徽省財政庁長となり，3カ月の短期間に財政健全化の成果をあげた。重慶移動後は三民主義青年団の顧問となるなど，蒋介石との癒着を強めて，抗日救国会から除名されたという。重慶では，40年12月中国工業経済研究所を創立して所長となり，経済研究と図書・資料の出版を行った。41年には陳光甫と共同で上川実業公司を設立し，アルコール工場・電器工場・機械工場・牧場などを開設し，42年単独で上川企業公司を経営するなど，資本家としての立場を明確にした。この関係から，抗戦勝利後の45年12月，黄炎培・胡厥文らとともに民族資本家の団体，「民主建国会」を創立し，「第三勢力」の政治的地位と発言権を獲得しようとして，平和と民主の発言を行った。47年南京蒋介石政府の弾圧が強まると，香港に逃れ，48年中共のよびかけにこたえて，民主建国会から推されて東北解放区に至り，新政治協商会議の準備工作に参加した。

人民共和国成立後は政務委員，1952年8月糧食部長，54年11月中国銀行常務委員などを歴任。55年2月には民主建国会副主任委員となったが，57年の反右派闘争によって，右派分子と断罪され，すべての職務を剝奪された。文化大革命中はさらに極端な圧迫をこうむったが，死後，80年6月，最終的に“右派分子”という評価はとり消された。

参考文献：『章乃器論文選』（生活書店，上海，1934年）。『中国貨幣金融問題』（生活書店，上海，1936年）。『民衆基本論』（上海雑誌公司，上海，1937年）。『論中国的経済改造』（五十年代出版社，北京，1951年）。中国民主建国会・中華全国工商業連合会編『右派分子章乃器的丑悪面貌』（工商界月刊社，北京，1957年）。水羽信男「章乃器年譜（初稿）」，『広島大学文学部紀要』51巻，1992年3月。

〔平野正〕

張　培爵（ちょう ばいしゃく） Zhang Peijue

（1876年10月～1915年3月4日）

字・列五，号・智融。四川省隆昌県生まれ。清末四川省の革命家，中国同盟会員。

父の張照清は医者。培爵は私塾で学習，秀才となり，県の諸生となったのち，1904年成都高等学堂理科師範科に入学。06年謝持の紹介で中国同盟会に入会，以後四川省革命派の指導者として頭角を表した。07年卒業後，成都在住の叙州府出身者のための中学校の学監（教頭）となり，11年同志・楊庶堪が校長をしている重慶中学の教務長（教頭）となった。この間，数回の武装蜂起を計画，いずれも失敗したが，逮捕されず，「朕は国家なり」と称して革命活動に対する責任感を示していた。

1911年清朝政府の幹線鉄道国有令に反対する「保路運動」が全省に展開，清朝の立憲君主制への即時移行を要求する立憲派の郷紳が運動の主導権を握った。張培爵らは革命による根本解決をめざしたので，一面で運動に参加して立憲派と共同で闘争し，他面で運動の急進化と革命へ転換をはかった。学生，会党，軍人，商人などに運動して，11月22日に決起，清朝官憲から平和的に政権を奪取，蜀軍政府を組織し，蜀軍都督に就任した。この前後，四川省東南部各地に成立した小革命政権も蜀軍政府に服従したので，重慶革命政権は四川東南部を代表するものとなった。

省都成都では，官憲，立憲派，軍人間の妥協により，1911年11月27日「大漢四川軍政府」が成立し，清朝支配から離脱した。12年張培爵は成都に赴き，成都・重慶両政権の合併を協議，張自身周辺諸省から四川革命政権の都督として認められていたにもかかわらず，成都側の尹昌衡（新軍将校）に四川軍政府都督を譲り，自らは副都督に就任し，ここに四川の南北統一が実現した。6月都督・尹昌衡はチベットに出征したが，副都督の張に代理させず，軍団長・胡景伊に代理を命じた。7月尹は正式に四川都督に任ぜられ，胡が都督を代理し，張は民政長に転じた。ついで，袁世凱より四川の状況について諮問に応ずべく上京を命ぜられ，北京で総統府顧問に任ぜられた。しかし，まもなく，13年3月宋教仁暗殺，大借款導入の事件が起こり，7月旧同盟会を中心とする国民党は「第2革命」に決起したが失敗，四川の同志・楊庶堪，謝持，熊克武らは亡命した。

張培爵は病気で革命には参加せず，天津の日本租界に引退，靴下製造業を経営した。しかし，黄興に資金援助をしたこと，同志が参加したことによって袁世凱の嫌疑を受けた。1915年1月7日暗殺団体「血光団」の嫌疑をもって逮捕され，3月4日北京で刑死した。

参考文献：中国国民党中央党史史料編纂委員会編『革命先烈先進伝』（中央文物供応社，台北，1965年）。中国社会科学院近代史研究所主編『民国人物伝』1巻（中華書局，北京，1978年）。隗瀛濤・趙清主編『四川辛亥革命史料』下冊（四川人民出版社，成都，1982年）。張鷹・曾研編『張培爵集：紀念辛亥革命100周年』（重慶出版社，重慶，2011年）。

〔久保田文次〕

張（ちょう）　皮綆（ひこう）　Zhang Pigeng

（生年不詳～1872年）

別名・張凌雲。安徽省亳州，雉河集生まれ。僧格林沁を戦死させた少年。

1863年欽差大臣・僧格林沁の清軍が雉河集一帯の捻軍の拠点を掃蕩すると，張皮綆は梁王・張宗禹に従って流動戦に加わった。その後捻軍は遵王・頼文光らの太平軍と連合して，河南・山東の各地で清軍と戦い，65年5月18日，山東菏沢の高楼寨の戦いで華北の清軍の最も精強な部隊を率いていた僧格林沁を包囲し戦死させた。張皮綆は，追いつめられて高粱の畑（麦畑ともいう）の中に潜んでいた僧格林沁を短刀で刺し殺したという。捻軍の蜂起が鎮圧された後，故郷で農民として暮らしていたが，72年官憲に摘発され，家中に僧格林沁の遺品があったことから逮捕されて北京に送られ，その途中絶食して死亡したという。

参考文献：羅爾綱『太平天国史』第4冊（中華書局，北京，1991年）。江地『捻軍人物伝』（山西教育出版社，太原，1990年）。

〔並木頼寿〕

張（ちょう）　琴秋（きんしゅう）　Zhang Qinqiu

（1904年11月～1968年4月22日）

原名・張梧，字・琴秋。浙江省桐郷県生まれ。中国共産党女性指導者。

知識人の家庭で育ち，1921年浙江省立杭州女子師範学校入学，その後上海愛国女校読文科に編入した。23年南京美術学校に入学，沈沢民の影響を受けて24年初上海大学に入学，4月共産主義青年団入団，11月中国共産党に入党した。上海楊樹浦の工場地区で工人夜校を開き，女子労働者を組織し，紡織・煙草労働者のストライキを指導し，5・30運動に参加した。

1925年沈沢民と結婚し，まもなく前後してモスクワに派遣され，中山大学で学んだ。「28人のボルシェヴィキ」といわれたモスクワ仕込みの党員の1人である。30年帰国後上海の中共滬東区委員として地下活動を行い，滬東区崩壊後31年沈沢民とともに鄂豫皖ソヴィエトに行った。これより彭楊軍政学校政治部主任，紅軍第4方面軍73師政治部主任などの軍務についた。32年末国民党軍の攻撃を受けて紅4方面軍は陝西省南部辺境に移動，ここで紅4方面軍総政治部主任となるが，張国燾により降格されて，紅江県県委書記となった。33年夏紅4方面軍総医院政治部主任となる。500人の女性兵士を率いて傷兵を護送する途中敵と遭遇し，巧妙な心理作戦で敵の一隊を投降させて有名になった。33年11月沈沢民死去。34年全中華ソヴィエト共和国中央委員となる。同年3月婦女独立団団長兼政治委員となり，傷兵看護・武器食糧運輸を指揮した。

1935年長征に参加して，翌年秋陝西省北部に到着後，紅4方面軍を中心とする西路軍の政治部組織部長となった。西路軍は河西回廊を通り西征中回族軍に攻撃されて37年1月壊滅，張琴秋も捕虜となった。身分をかくして炊事員となったが発覚して南京の監獄に送られ，日中開戦後釈放された。西路軍を指揮した紅4方面軍政治委員・陳昌浩は，張琴秋の2番目の夫となった人で，のち離婚している。

1937年9月延安に帰着し，38年11月王明を書記とする中共中央婦女運動委員会常務委員となった。同月抗日軍政大学女生大隊長，ついで39年夏王明が校長となった延安中国女子大学（41年閉鎖）の教育長となり女性幹部の育成にあたった。中央婦女委が刊行した『中国婦女』（39年6月～41年3月）に多くの文章を書いている。41年6月整風運動の過程で王明は婦女委書記を解任され，蔡暢が代わる。張琴秋はその後41年陝甘寧辺区第2期参議員として活動し，44年に党中央婦女委の活動にもどった。

1947年から48年には華北農村で革命活動を行い，48年解放区婦女代表団の1人としてブダペストで開かれた国際民主婦人連合会第2回代表大会に出席した。全国民主婦女連合会籌備委員会秘書長となり，49年3～4月の中国婦女第1回全国代表大会で全国民主婦連執行委員に選ばれ，9月政協全国委員となった。

建国後は1949年政務院紡織工業部副部長，同党組副書記となり，以後十数年間その職にあって紡織労働者の労働条件・生活条件の改善と生産発展に努めた。53年中国・ルーマニア科学技術合作会議代表としてルーマニアを訪問，紡織工業部参観団長として訪ソしている。全国民主婦連第2期・全国婦連（改称）第3期執行委員，第1・第2・第3期全人代浙江省代表などの職についた。陳昌浩と離婚後，40年代前半に蘇井観（64年死去，建国後衛生部副部長）と結婚している。

文化大革命中迫害をうけ，1968年4月死去。のち名誉回復され，79年6月党中央による追悼会が行われた。

参考文献：銭青「紅軍女将領張琴秋小伝」，『人物』1984年1期。王定国「躍馬持槍女将軍—追憶張琴秋同志」，『人民日報』1988年5月26日。康克清・帥孟奇・黄傑・趙烽・郭霽「中国革命的一位偉大女性—深切懐念張琴秋」，『中国婦女報』1988年6月17日。Donald Klein and Anne B. Clark, *Biographic Dictionary of Chinese Communism, 1921-1965* (Harvard University Press, Cambridge, 1971).　〔末次玲子〕

張（ちょう）　秋人（しゅうじん）　Zhang Qiuren

（1898年3月19日～1928年2月8日）

幼名・張友表，学名・張慕翰，張慕寒，張慕韓。号・秋蔬，丘人，筆名・慕翰，秋人。浙江省諸暨県南郷牌頭水霞張村生まれ。中国社会主義青年団及び中国共産党の指導者，宣伝工作の専門家。

張秋人は中農出身で，父は張乃栄。郷里の楽賢小学，牌頭鎮同文書院高小で学び，1915年紹興越材中学に入学する。2年間在学した後に退学し，18年にキリスト教系の寧波崇信中学に編入する。

1920年に中学を卒業し上海に出，そこで兪秀松，施存統，沈雁冰（茅盾），陳独秀らと知己を得，上海共産主義小組や社会主義青年団の活動に積極的に参加する。21年上海で社会主義青年団，翌22年初めに中共に加入した。中共入党後，間もなく同党が創設した最初の女性幹部養成学校である平民女校の初級英語教師となる。

1922年の夏期休暇に湖南省に赴き，毛沢東と会う。この時毛から衡陽の湖南省立第三師範学校の英語教師に招かれる。衡陽では，同時に中共衡陽支部書記に就任する。しかし，23年春学生運動を指導したことにより学校当局によって強制的に退職させられ，同年7月に上海に戻る。上海では，沈雁冰，施存統の紹介により上海大学で英語教師をつとめる一方，商務印書館で働く。

1923年半ば以降張秋人は中共並びに社会主義青年団で主要な地位を占めるようになる。同年8月南京で社会主義青年団中央執行委員会候補委員，24年1月中共上海地方兼区執行委員会候補委員，6月社会主義青年団江浙皖区兼上海地方執行委員会委員にそれぞれ選出され，特に江浙皖区兼上海執委では秘書，学生部部長代理を兼任し江蘇，浙江，安徽，上海の社会主義青年団の工作を主管した。張はまた，24年11月から25年9月にかけての1年足らずの間に『中国青年』（社会主義青年団中央の刊行物）に「十月革命の指導者レーニン」をはじめ11篇もの文章を寄稿し，中共及び青年団の宣伝工作を積極的に展開した。

1925年5・30事件発生後，中共中央より浙江省に派遣され，全国学生連合会ないし上海学生連合会の代表として運動の指導に当たる。同年後半安徽省蕪湖に赴き，社会主義青年団の工作に従事する一方，中共の建党工作にも関与する。蕪湖で組織された最初の中共支部の書記に就任する。

1926年3月張秋人は広州工作に派遣され，当時国民党中央宣伝部部長代理兼『政治周報』（国民党中央の刊行物）総編集長をつとめていた毛沢東の直接的な指導の下で，『政治周報』の編集工作に従事する。その他，広州滞在中，張は毛沢東が主宰していた第6期広州農民講習所や国民党広東省青年部が開いた第1期，第2期の青年訓練員養成所の教員をつとめ，「各国革命史」，「国民革命概論」，「ソ連研究」などの講義を担当した。また，黄埔軍官学校政治部国民党党部候補執行委員，国民党黄埔軍官学校特別党部政治顧問なども歴任した。

1927年3月張秋人は広州を離れ香港，上海経由で武漢に入る。武漢では中共の宣伝工作に従事しつつ，武漢中央軍事政治学校の政治教官をつとめる。同年7月国民党左派との決別により中共中央が上海に移転すると，それに同行する。上海で一時中共中央宣伝部で勤務した後，9月に中共浙江省委書記に任ぜられ杭州に赴任する。ここで同月29日国民党当局に逮捕され，国民党杭州陸軍監獄に投獄される。翌28年の2月同監獄で処刑された。

張秋人については，かつての上司であった毛沢東が1931年に瑞金で，「立派な同志，立派な党員」であったが，「惜しむらくは犠牲となるのがあまりに早すぎた」と回顧したといわれている。

参考文献：中共党史人物研究会編『中共党史人物伝』9巻（陝西人民出版社，西安，1983年）。『不屈的共産党人』4（人民出版社，北京，1984年）。陳玉堂編『中共党史人物別名録』（紅旗出版社，北京，1985年）。王永均・劉建皐編『中国現代史人物伝』（四川人民出版社，成都，1986年）。《革命烈士伝》編輯委員会編『革命烈士伝』2（人民出版社，北京，1987年）。
〔中村楼蘭〕

張（ちょう）　羣（ぐん）　Zhang Qun

（1889年5月9日～1990年12月14日）

字・岳軍。四川省華陽生まれ。知日派として知られる中国国民党の軍人出身政治家。

1908年春保定陸軍軍官学校の援助を得て日本の振武学校に留学し，東京で同盟会に加入。11年辛亥革命の武昌蜂起に際し，同学である蒋介石とともに帰国して上海革命戦役に参加。13年袁世凱討伐の軍事行動に参加するが，失敗して再び日本に行き，学業を継続して日本陸軍士官学校を卒業。17年広州大元帥府に参軍し，西南戦局で活躍した。

1926年国民革命軍総司令部総参議となり蒋介石の北伐に参加。28年軍政部政務次長兼兵工署長となり，国防の人材を育てるため上海同済大学校長を勤める。29年4月上海特別市長となり，5月中国国民党第3期中央執行委員に当選。31年11月国民党第4期中央執行委員。33年5月湖北省政府主席。35年11月国民党第5期中央執行委員。35年冬から外交部長に就任するが，対日関係の悪化にともない，37年初頭その職を辞す。37年2月国民党中央政治委員会秘書長兼外交専門委員会主任委員。

1937年抗日戦争勃発に際し，軍事委員会秘書長となる。38年初頭から行政院副院長兼重慶行営主任。39年1月国防最高委員会秘書長，40年11月軍事委員会委員長，成都行轅主任，兼四川省政府主席。45年5月国民党第6期中央執行委員。46年アメリカのマーシャル元帥が戦後の国共内戦の調停に尽力したとき，政治協商会議国府主席代表として，周恩来とのあいだで国共停戦協定に調印。47年春行政院長となるが，政局が派閥で不安定化するのをみて翌年辞職し，総統府資政に就任。48年11月国民党中央政治委員会秘書長となり，第1期国民大会代表に当選。49年2月重慶治安公署主任，4月に四川，西康，貴州，雲南地区をあずかる西南軍政長官となる。この間，何応欽，閻錫山内閣の政務委員をつとめる。

1950年国民党中央評議委員。54年5月蒋介石，陳誠が第2期総統，副総統に就任したのにともない，総統府秘書長，革命実践研究院主任に就任。57年から59年まで国防会議秘書長を兼ねる。61年中央銀行常務理事。同年公職を退き，総統府資政，中央評議委員主席団長に専任。63年東京で開かれた日華協力委員会総会顧問。64年8月，訪日，訪韓。67年10月吉田茂国葬における中華民国特使として訪日。71年韓国大統領就任祝賀特使として，訪韓。同年7月東京で開かれた日華協力委員会総会顧問。72年6月蒋経国内閣の組閣に当たり，総統府秘書長の職を辞して国民党「第1世代」の権力からの退出の象徴的存在となる。75年6月韓国国会議長の招請で訪韓。79年5月9日，91歳の誕生日に蒋経国総統より国民党最高の中山奨章を授与される。87年5月，100歳の誕生日を祝賀。88年7月，国民党第13期中央評議委員。89年2月李登輝体制下の政治改革の潮流のなかで，大陸籍終身議員の自発的退職を促す「退職条例」の規定に鑑み，すでに高齢であるところから，谷正綱らとともに率先して国民大会代表の職を退くと表明し，終身議員のあるべき模範として各界から歓迎された。90年6月1日西安事件の中心人物である張学良の90歳の誕生パーティーを主催。同年12月心臓衰弱のため台北栄民総医院で死去。

米国イリノイ大学法学博士，韓国ソウル大学法学博士，韓国成均館大学政治学博士，東呉大学文学博士，中国文化大学名誉文学博士などの学位をもつ。

参考文献：張羣『中央政治概説』（国防研究院，台北，1959年）。中日文化経済協会編『張羣特使訪日本記』（中華文化出版事業社，台北，1958年）。中日合作策進委員会編『張羣秘書長訪日紀要』（中日合作策進委員会，台北，1963年）。中日関係研究会編『張岳軍先生対日言論選集』（中日関係研究会，台北，1978年）。『中華民国当代名人録』（台湾中華書局，台北，1978年）。張羣著・古屋圭二訳『日華・風雲の七十年―張羣外交秘録』（サンケイ出版，1980年）。『聯合報』1989年2月4日。『中国国民党歴史事件人物資料輯録』（解放軍出版社，北京，1988年）。

〔井尻秀憲〕

張（ちょう）　人傑（じんけつ）　Zhang Renjie

（1877年9月19日～1950年9月3日）

譜名・増澄，字・静江，別に飲光，臥禅とも号す。清末民国時代の革命家，政治家。浙江省呉興県南潯鎮の生まれ。

祖先は安徽省徽州府からの移住民。南潯は古くから生糸の集散地として有名であるが，張家も生糸売買で富裕となった。父親の張定甫も，母の生家・龐家も生糸の大商人であった。張人傑は1901年献金によって江蘇候補道の官職資格を得，02年以降清朝の駐フランス公使・孫宝琦の随員として，友人の李石曾とともにパリに赴任，商務官として在勤した。

かたわら，父の出資により，パリに「通運公司」を設立，骨董品を主とし，茶・生糸の取引を行い，巨富を得た。さらにパリで，07年李石曾，呉稚暉らと出版社兼印刷会社の「世界社」を創立，雑誌『新世紀』を発刊，無政府主義思想を宣伝した。『新世紀』は10年の停刊までに121号を発行し，李石曾・呉稚暉が多く論文を担当し，張人傑は経費を負担した。「世界社」はまた「新世紀叢書」なども刊行した。

1906年ごろ汽船上で孫文と知り合い，革命運動に対する資金援助を約し，その後の萍瀏醴蜂起，雲南蜂起，広州黄花崗蜂起などに際して巨額の援助を実行した。07年香港において，胡漢民・馮自由の紹介で中国同盟会に正式に入党した。『新世紀』は無政府主義ばかりでなく，革命思想の宣伝もするようになった。ただし，「通運公司」は革命援助のため資金難となって閉業した。張人傑はフランスの銀行と合弁して不動産金融業の「通義銀行」を設立しようとしたが実現しなかった。

1911年の辛亥革命後に帰国，孫文から革命政権の財政部長就任を求められたが断わり，中国同盟会の財政部長として党財政のため尽力した。13年の第2革命には上海製造局攻撃に参画したが，失敗後は上海の租界に潜居した。14年孫文が中華革命党を結成すると，入党し，その財政部長に任命された。しかし，持病の痀瘻（くる）病のため日本に渡れず，次長の廖仲愷に実務を一任した。

1916年袁世凱の死後，上海で商業に従事，20年には虞洽卿らと上海証券取引所を設立，投機売買を行った。24年中国国民党第1回全国大会で中央執行委員に当選，上海における党務を担当した。25年孫文死去に際しては北京に赴いて臨終に立ち合い，遺書の証人の1人となった。

蔣介石とは同郷の浙江省人でもあり，辛亥革命・第2革命に共に従事したこともあり，早くから親しい関係にあった。蔣の中華革命党への入党も張が推薦した。陳其美の死後は，張が陳に代わって蔣の庇護者の役割を果すようになり，張は蔣から「師」と目されるようになっていた。1925年張人傑は広州の国民政府常務委員，26年1月国民党中央監察委員に選ばれ，同年5月国民党中央執行委員会常務委員会主席となり，事実上の党首となった。7月張は常務委員会主席を辞し，蔣介石がその後任となった。しかし，蔣は国民革命軍総司令として北伐軍を指揮していたので，張人傑が常務委員会主席を代理した。26年から27年にかけて張は蔣介石の擁護，汪兆銘と蔣介石との抗争の調停などに奔走，蔣介石の反共クーデター（27年4月12日）にいたる過程では，武漢の国民党左派・共産党連合政権に反対し，国民党からの共産党員追放など，蔣の反共政策の推進に積極的に協力した。

蔣介石の南京国民政府成立後の1928年，張人傑は中華民国建設委員会委員長に任命され，政府の主管各部門と協力して，電力，電話，鉄道などの整備を推進した。しかし，建設委員会への権限集中を歓迎しない勢力もあり，蔣介石とも対立を生じ，29年辞職した。この間，28年から30年に故郷の浙江省政府主席となり，西湖博覧会を開催したが，浪費との批判を招いた。以後，国民党の元老として，中央監察委員，国民政府委員などを歴任，また江南鉄路公司総経理など，実業界の役職を兼ねた。政治的には，蔣介石・汪兆銘の妥協を画策した。

1937年日本軍の侵入によって漢口，ついで香港，スイス，フランスに逃れ，39年アメリカに渡った。

この間，リューマチと眼病に苦しみ，45年に両眼を失明するにいたった。50年ニューヨークの病院で死去した。

書画その他の諸芸にもすぐれていた。2度結婚したが，娘の1人は陳友仁の夫人である。

参考文献：馮自由「新世紀土人張静江」，『革命逸史』2集（台湾商務印書館，台北，1969年）。Howard L. Boorman ed., *Biographical Dictionary of Republican China*, Vol. 2 (Columbia University Press, New York, 1968). 狄膺「張静江」，『革命人物誌』4集（中央文物供応社，台北，1970年）。『張静江先生百歳紀念集』（世界社，1976年）。『張静江先生文集』（中国国民党党史委員会，1982年）。　〔久保田文次〕

章　士釗　Zhang Shizhao

（1881年3月20日～1973年7月1日）

字・行厳。筆名・爛柯山人，黄中黄，秋桐，孤桐，青桐，無卯など。原籍，湖南省善化人。ジャーナリスト，作家，学者。

医を業とする地主の家庭に生まれる。幼年時代は私塾に学び，16歳になると家を離れ独自に生計の道を図るようになり，武昌で童子師（子どもに素読を教える師匠）となる。1901年，姉の援助の下に武昌両湖書院で読書を続け，翌年3月，南京陸師学堂に入学した。03年4月，拒俄運動が起こり，章は30余人の同級生と共に，上海南洋公学の授業ボイコットの呼掛けに応ずるために上海に行った。上海では『蘇報』の主筆となり，また宮崎滔天の『三十三の夢』を翻訳するなどして活動した。孫文の名を世間に知らしめたのも章である。その後陳独秀らとともに，封禁された『蘇報』にかわって『国民日日報』を創刊した。04年2月，章士釗は黄興らが長沙で結成した華興会に参加し，上海に華興会の外郭団体である「愛国協会」を創立し副会長となった。同年の長沙蜂起失敗後，日本に亡命した。日本では実践女子校で湖南省からの女子留学生に中国語を教え，これをもとにして『中等国文典』を著した（07年に上海商務印書館より刊行）。しかし，この頃より章の廃学救国の思想は苦学救国へと変わり，イギリス留学を目指して正則英語学校に入学した。

1908年，日本を出発しイギリスに向かった章士釗は，5年間の留学生活のそのほとんどをアバディーン大学で過ごし，哲学，倫理学，政治学，法律学を学んだ。呉弱男と結婚したのもこの頃である。勉学に励むかたわら，章は留学先から『北京帝国日報』や『民立報』に寄稿し続けた。

辛亥革命が起こり，帰国後に宋教仁から同盟会入りを勧められたが入会せず，于右任の主催する上海『民立報』館に入社し，また江蘇都督府顧問を兼任した。そして，南京臨時政府のために，『民立報』誌上で留学の成果を遺憾なく発揮し，民国の政治体制の構想に大きな影響を与えた。しかし，1912年8月の張振武・方維暗殺事件に際して，章士釗が「総統無責任論」を展開したことなどが原因となって同盟会員との確執を生み，章は『民立報』館を退社し，9月，新たに上海に『独立週報』を興した。当時，帝制の実現を目論んでいた袁世凱は，章を帝制準備の有力な一員と見なし，彼を北京大学校長に任命する（未就任）などの懐柔がなされた。それまで袁に対して終始つかず離れずの姿勢を取ってきた章は，13年1月，『独立週報』が袁のヒモ付きであることを知ると筆を絶ち，江蘇都督・程徳全と組んで憲法研究会を組織し，憲法の起草に意欲を燃やした。また，北京の明徳大学校長に招かれ就任したものの，同年3月，宋教仁暗殺事件が起こると袁に見切りをつけて上海を去り，岑春煊の元に身を寄せ彼の秘書長となり，第2革命に参加したが，その敗北のために14年，再び日本に亡命した。

日本で章士釗は，陳独秀，高一涵，李大釗とともに『甲寅雑誌』を創刊し，独特の「調和論」を展開し袁の帝制の野望に反対した。1916年，第3革命に際して帰国し，岑春煊が肇慶に設けた軍務院及び両広都司令部の秘書長として参加した。袁の急死後，北京に『甲寅日刊』を創刊し，また参議院議員に任命された。17年，国会解散後に北京大学文科研究院教授に任命され，「邏輯（ロジック）」を講じた。北京大学に1年ほど奉職した後，章は岑春煊の要請により南下し，護法運動に参加した。南北和議後，岑春煊の下野に従い，21年2月，黎元洪の援助の下，イギリス憲政の実態を見るべく中国を離れ再びヨーロッパに向かった。この遊学で章はバーナード・ショウなどの著名人に会い，またベルリンでマルクス主義を学び，従来の代議政体実現に代わる新しい社会構想を追求した。それが「明農建国」である。

1922年，帰国した章士釗は自らの理論の実践のために北京国立農業専門学校校長に就任し，それとともに参議院議員になった。23年，曹錕の賄選に反対して杭州に逃れ，『新聞報』主筆として論陣を張った。24年，段祺瑞政府が成立すると章は司法総長兼教育総長として参加し，後に執政府秘書長に転じた。28年，北伐軍の入京，国民政府の指名手配を受けたため3度目のヨーロッパ遊学に出かけ，ドイツに滞在し翻訳活動に従事した。帰国後，張学良の招きによって東北大学で名理の学を講義した。

1931年9月18日に満州事変が起こると，章士釗は北京を経由して上海に行き，杜月笙の下に身を寄せ，弁護士を開業した。32年，章は国難会議員に推薦され，また34年には上海法政学院長，36年には宋哲元の依頼により北上し，冀察政務委員会法政委員会主任などの任についた。その間，「陳独秀案」が起こると，かねてからの言論の自由の主張に則り，陳の弁護を買って出た。38年，南京傀儡政府が成立した。その誘いを拒絶し，翌年，重慶に蒋介石を尋ね，国民参政会参政委員になった。章はまた，自己の論理学研究の集大成に着手することを決意した。そのために章は香港に向かい，43年に『邏輯指要』をまとめあげた。

中日戦争終結後，章士釗は再び上海に戻り弁護士を開業した。1949年2月には国共和平交渉のために奔走し，章士釗は，江庸，顔恵慶，邵力子らとともに私人資格で北京に行き，石家荘で毛沢東，周恩来と会い，国事について話し合い，その後に上海和平代表団，南京政府和平談判代表団代表になった。解放後は中国人民政治協商会議第１期全国委員会委員，同第２，３期全国委員会常務委員，全国人民代表大会第１，２期代表，同第３期常務委員会委員，政務院法政委員会委員，中央文史館長などの要職を歴任するかたわら，研究活動に精力を注ぎ『柳文指要』の一書を著した。73年香港で病没した。

参考文献：北京言語学院《中国文学家辞典》編委会編『中国文学家辞典』現代２分冊（四川人民出版社，成都，1982年）。中国社会科学院近代史研究所主編『民国人物伝』４巻（中華書局，北京，1984年）。王永均・劉建皋編『中国現代史人物伝』（四川人民出版社，成都，1986年）。王森然『近代二十家評伝』（書目文献出版社，北京，1987年）。高田淳『章炳麟・章士釗・魯迅』（龍渓書舎，1974年）。徐友春主編『民国人物大辞典』（河北人民出版社，石家荘，2007年）。

〔田中比呂志〕

張（ちょう）　太雷（たいらい）　Zhang Tailei

（1898年6月17日～1927年12月12日）

原名・張曾讓，譜名・張孝曾，乳名・泰来，学名・張復，曾讓。筆名・春木，大雷，太雷，椿年，泰雷，太来，雷音，Chantaly。別名・張春木，張春之，張椿年。江蘇省常州市生まれ。中共創設期の指導者の１人，特に1927年の「広州コミューン」の指導者として有名。

貧しい家庭に生まれ，その上幼くして父を亡くす。他人からの学資援助により，常州市貞和堂張家私塾，常州石龍嘴西郊初等小学校に学んだ後，1911年常州府中学堂（のち江蘇省立第五中学と改名）予科に，翌年本科にはいる。この時，瞿秋白が同学年にいる。15年７月，同校の学生騒動に関わり除籍処分を受け，その秋北京大学法科予科生に転じ，16年秋天津北洋大学法科に入学し，20年６月卒業。この期間，学費と生活費のために『華北明星報』の英文通訳として働く。

1918年秋，張太雷はソ連・コミンテルン顧問のボロジンと知り合いになり，社会主義関係の文献の翻訳を始める。19年天津にて五・四運動に参加し，「社会建設会」を組織したり，天津学生連合会評議会議長などの任に就き，当地における愛国青年運動のリーダーの１人となる。20年３月コミンテルンから派遣されたヴォイチンスキー一行と出会い，通訳として上海・北京などにおける彼らの中国共産党建設活動に積極的に加わる。この過程でボロジンを通じて李大釗，陳独秀らと知り合いになる。この年８月中共上海発起組の活動に参加，10月李大釗の創設した北京共産主義小組に加入。11月天津にて中国社会主義青年団小組を設立し，同書記となる。

1921年春張太雷は党発起組の委託を受けてイルクーツク・コミンテルン極東局に赴き，同極東局中国科書記の任に就く。同年６～７月コミンテルン第３回代表大会に参加，会議で中国共産主義運動の状況を紹介。７月中国共産党の成立により８月帰国し，張はコミンテルン中国駐在代表マーリンの通訳兼助手として活動する。この頃彼はコミンテルンの密使として日本も訪問し，在日学生党員を通して日本の共産主義者とも関係を取っている。12月マーリンに随行して桂林で孫文と会い，国民党とソ連との同盟の可能性について意見を交換している。22年５月広州にて社会主義青年団１全大会を主宰し，団中央書記に当選，蔡和森ら５人と団中央執行委員会を構成する。７月の中共２全大会，８月の中共中央西湖会議にてマーリンの提唱する党内合作政策を積極的に支持，やがて陳独秀・李大釗らとともに国民党に加入，孫文によって国民党中央宣伝部幹事に任命される。23年張は上海大学社会学部教授を兼任する。６月の中共３全大会では中央委員候補となる。８月蒋介石を団長とする「孫逸仙博士代表団」に加わり訪ソ，軍事・政治・経済・援助などについての視察を行う。24年８月，モスクワでの任務を終え帰国し，上海『民国日報』の編集長となる。当時レーニンの『国家と革命』第１章を翻訳した。

1925年１月中共４全大会で中央委員候補に当選，青年団３全大会では政治報告を行い，団中央書記に当選した。５月広州に派遣され，国民政府ソ連顧問ボロジンの通訳兼助手として国共統一戦線工作などに従事。同時に党内では広東地区常務委員兼宣伝部長となり，『人民週刊』など当地の刊行物を主管するとともに，彼自身70篇余りの革命闘争関係の文章を発表する。

1926年3月の「中山艦事件」，5月の「党務整理案」という蔣介石による一連の反共行動に対し強く抗議し，11月国民政府の武漢移転決定に合わせ，ボロジン・宋慶齢らとともに当地に赴き，都市・農村の大衆運動を指導した。

1927年4月中共5全大会が開かれ，張太雷は大会主席団のメンバーとなり，瞿秋白らとともに陳独秀の「右傾投降主義」の誤りを厳しく批判し，中央委員兼湖北省書記となる。7月コミンテルンの指示のもとに陳の指導職務を停止し，張太雷，張国燾，周恩来，李立三，李維漢の5人による臨時中央常務委員会を組織，政治局の職務を代行した。続いて中共中央8・7緊急会議が開かれ，張は政治局委員候補に選出され，9月中共広東省委書記として南方局の指導工作に参加した。10月上海に戻り，党中央に広東の状況を報告し，それに基づいて開かれた中央政治局拡大会議では広州での武装蜂起を決定。張は蜂起指導総指揮部を設立し総指揮者となる。12月11日，張，葉挺，葉剣英らの指導下で広州蜂起が実践され，広州ソヴィエト政府が成立した。張はソヴィエト政府主席代理兼人民陸海軍委員に選ばれる。同日午後，ソヴィエト政府成立祝賀大会に出席，重要講話を終えたのち，総指揮部に帰る途中潜伏していた敵の攻撃を受け，散弾を浴びて壮烈な死を遂げる。

参考文献：範済国主編『中国革命史人物伝略』(湖北教育出版社，武漢，1987年)。『張太雷文集』(人民出版社，北京，1981年)。王永均・劉建皐編『中国現代史人物伝』(四川人民出版社，成都，1986年)。宋春・朱建華主編『中国政党辞典』(吉林文史出版社，長春，1988年)。Donald W. Klein & Anne B. Clark, *Biographic Dictionary of Chinese Communism 1921-1965* (Harvard University Press, Cambridge, Massachusetts, 1971).

〔天児慧〕

張(ちょう)　添倫(てんりん)　Zhang Tianlun

(生年不詳～1802年3月26日)

湖北省襄陽県侯家湾に居住。嘉慶白蓮教徒の反乱(1796～1806年)において襄陽県蜂起軍を指導した中心人物。

1796年(嘉慶元年)，湖北省・四川省・陝西省三省交界地区の山岳地帯において大規模な白蓮教系民間宗教教徒の反乱が勃発した。この反乱は統一的な組織の指導によって発動されたわけではなく，白蓮教系の3教派—西天大乗教・混元教・収元教が連合しつつ反乱へと至ったものである。以上の3教派は，いずれも襄陽を中心とする河南・湖北地区に活動基盤を持っており，張添倫の居住した襄陽県はその一大発信源としての役割を果していた。

白蓮教徒反乱の領袖，張添倫の活動について述べる前に，湖北襄陽を中心とした3教派の錯綜した関係を見ておくことにする。3教派のうち最も大きな勢力を持っていたのは，宋之清によって創始された西天大乗教である。宋之清は初め収元教に，次いで混元教に入教したが，混元教教首・劉之協と対立，1792年に襄陽にて自ら西天大乗教を開いた。これ以後，宋之清とその門弟たちによる積極的な布教活動の結果，西天大乗教は急速に広まり，四川省東部，陝西省南西部にも大量の信徒を獲得することになる。西天大乗教に次ぐ勢力を誇ったのは，劉之協・王廷詔らを老教首とする混元教である。混元教は74年河南の樊明徳によって創始され，襄陽を中心とする河南・湖北地区において相当の信徒を獲得していた。また，94年清朝の弾圧により西天大乗教，収元教の幹部の多くが刑死した後，劉之協は3教派を結びつけ，反乱へと赴かしめるために重要な貢献を行っている。収元教は遠く明末聞香教の道統を受け継ぎながら，河南の地で消長を繰り返した。嘉慶白蓮教徒の反乱前夜，収元教は房県を中心とする湖北省西部に勢力を保っていた。

1796年3月，襄陽にて蜂起した白蓮教軍も，当然上述の如き事情を反映しており，それぞれの教派，人脈に基づく独自のまとまりを持った小集団の連合体であった。襄陽県夾河洲地方にて蜂起した姚之富，斉王氏，襄陽県黄龍壋にて蜂起した張漢潮，そして襄陽県侯家湾にて蜂起した張添倫，以上が襄陽教軍の主な指導者であった。張添倫の生年，職業についての詳細は不明だが，彼とその一族は老教首・王廷詔より混元教を伝授され，襄陽県における混元教の地方幹部として活動していた。92年には，地区の信徒から集めた「根基銀」3,000両を，北京の東，阮家湾なる地に居住していたと伝えられる上級教首，李孔盛に届け，老教首・劉之協とも連絡を取っていた。従って，劉之協と襄陽居住の西天大乗教幹部・姚之富が手を結び組織しようとしていた辰年辰月辰日(96年3月10日)一斉蜂起の計画に，張添倫も加わっていた可能性が考えられる。こうして96年3月，襄陽の教徒たちは次々と蜂起，張添倫は彼の率いるグループの総元帥として戦闘を指揮した。襄陽教軍は，襄陽城をはじめとする湖北北部の諸県を攻撃したが，清軍の反撃に遭い，同年末には湖北・河南省境地区へ退いた。翌97年，清軍の追撃が更に厳しさを増すと，襄陽教軍は河南から陝西・甘粛・四川などの地を駆けめぐりつつゲリラ戦を繰り返した。この頃までに襄陽教軍は，姚之富・斉王氏の率いる集団を襄陽黄号，張漢潮の率いる集団を襄陽藍号，高均徳，及び張添倫の率いる集団を襄陽白号と命名していた。98年2月まず追いつめられた姚之富・斉王氏が湖北省鄖西県にて自殺，次いで99年7月，張漢潮が陝西にて戦死，1802年陰暦2月23日，四川に逃れて抵抗を続けていた張添倫も遂に四川巴州にて戦死した。45～46歳であったと伝えられる。

襄陽教軍の一部では「戌・亥の年を過ぎれば世界が変わる」と信じられていた。戦闘の中で彼らが世界の変わる瞬間を待ち続けていたとすれば，それは中国史上有数の大宗教反乱にふさわしい信念であったと言えるかもしれない。また，張漢潮の襄陽藍号は「滅満興漢」のスローガンを唱えていた。さらに，襄陽に近い穀城県では，教軍が土地の分給を唱えた例もあるが，これも他に類例を見ない。結局，嘉慶白蓮教徒の反乱，そして張添倫の参加した襄陽教軍自体も，世界の転換という想念のみを紐帯とするゆるやかな複合体であり，様々な可能性を孕みながらも遂にその想念は現実的な戦略として結実することなく終わったと言えるだろう。

参考文献：慶桂等編『欽定剿平三省邪匪方略』（1810年）。石香農『戡靖教匪述編』。蔣維明『川湖陝白蓮教起義資料輯録』（四川人民出版社，成都，1980年）。中国社会科学院歴史研究所清史室・資料室編『清中期五省白蓮教起義資料』第1～5冊（江蘇人民出版社，南京，1981～82年）。

〔山田賢〕

張（ちょう）　天翼（てんよく）　Zhang Tianyi

（1906年9月26日～1985年4月28日）

本名・張元定，字・漢弟，号・一之，別名・張一之，張煥之，張養吾。筆名・張無諍，無諍，張天翼，鉄池翰，翼，張一，翼之。南京生まれ。原籍，湖南省湘郷。作家，児童文学者。

教員の父に従い，南京，上海を転々としたのち杭州に移り住む。1913年杭県県立高等小学校に入学，20年卒業し，同年杭州宗文中学に学ぶ。ここで林訳小説や鴛鴦胡蝶派の作品に触れ文学にめざめる。戴望舒，蘇汶，施蟄存らと文芸雑誌を出したり，『礼拝六』誌に処女小説『新詩』を発表（22年）したりした。24年上海美術専科学校に進学，美術を学ぶが，経済的理由で退学，その後，北京大学予科に入学した。だが，大学生活に失望し，翌年には退学，杭州に戻った。在学中マルクス主義に傾倒する。

1928年より創作にうちこみ，29年「三天半的夢」が魯迅主編の『奔流』に掲載されたのをきっかけに専業作家の道を歩み始めた。文学を通して青年に社会の不合理や政治の暗部を知らしめ，革命へとむかわせることを創作の目的とした。当時，著作だけで生活維持をすることが困難で，家庭教師や安徽退志図書館員をつとめたり，30年には国民政府参謀本部にもつとめた。31年1月短篇小説集『従空虚到充実』，12月『小彼得』を出版する。漫画風に誇張された風刺で小市民生活を描いた作風は「恋愛と革命」という公式的な主題の作品にあふれた当時の文壇で斬新な反面，魯迅に「諧謔が過ぎる」と批判されたように欠点もあった。

1931年上海へ行き左連に参加，大衆文芸委員会や『北斗』，『十字街頭』など文芸誌の編集に携わる。32年より児童文学創作もはじめ，同年1月『北斗』に「大林和小林」を発表した。またこの年，国民政府軍事委員会第2庁に勤務した。33年『現代児童』に発表した「禿禿大王」は蔣介石を揶揄したとの嫌疑で国民政府より発禁を命ぜられた。35年8月暨南大学中文系教授に就任。36年6月魯迅ら67名連名の「中国文芸工作者宣言」に署名，10月には魯迅ら21名連名の「文芸界同人為団結御侮与言論自由宣言」に署名する。

1937年抗日戦争勃発後，上海文芸救亡会を成立させ，9月には長沙に行き救亡工作を続ける。38年4月『文芸陣地』掲載の「華威先生」と11月同誌掲載の「新生」は大きな論議を呼んだ。前者は抗戦に乗じて成り上がった官僚を風刺し，後者は地主インテリの抗戦下に於ける葛藤をユーモアとペーソスをおりまぜて描いたものであった。42年後半重い肺結核を患い，重慶，成都，上海，香港の各地を転々として療養生活を送り，著作活動は停止を余儀なくされた。解放前発表した作品は上記のほか，短篇集として33年『蜜蜂』，34年『反攻』，36年『万仞約』，35年『清明時節』（中篇），長篇として32年『歯輪』，33年『一年』などがあり，児童文学では42～43年『金鴨帝国』（未完）がある。他に評論として41年「論阿Q」，42年「賈宝玉的出家」がある。

解放後の1953年9月，中国文学芸術工作者第2次代表大会に参加，「子供を培い教育することは我が国の将来にかかる大事」であるとし，児童文学にも力を注ぐよう呼びかけた。全人代代表（第1～3期）に選ばれ，また，中央文学研究所副主任，中国文連全国委員会委員などもつとめ，『人民文学』主編も担当した。51年より「去看電影」，「他們和我們」，「不動脳筋的話」，「芙蓉在家里」，「宝葫蘆的秘密」などの児童文学を次々と発表，53年には「羅文応的故事」で全国児童文学芸術作品奨励大会第1等賞を受賞した。また，古典文学や魯迅に関する研究をまとめた『文学雑評』を58年に出版した。

文革中は「文芸の黒い糸実行の名手」とされ，1972

年まで一切の著作権利を奪われた。75年に脳血栓を患い，一時創作が不能になった。79年11月中国文連全国委員に選出され，中国作家協会理事，『人民文学』編集委員を兼任した。85年4月北京で病死した。

著作集に『張天翼文集』全10巻（上海文芸出版社，1985年）がある。

参考文献：張天翼『文学雑評』（作家出版社，北京，1958年）。沈承寛・黄侯興・呉福輝編『張天翼研究資料』（中国社会科学出版社，北京，1982年）。杜元明『張天翼小説論稿』（寧夏人民出版社，銀川，1985年）。胡星亮「論張天翼前期的諷刺小説」，『南京大学学報』1986年4期。

〔長井裕子〕

張（ちょう）　聞天（ぶんてん）　Zhang Wentian

（1900年8月30日～1976年7月1日）

別名・洛甫。江蘇省南匯県生まれ。中国共産党の指導者。夫人・劉英。

富農の家に生まれる。南匯小学校，浦東中学校，呉淞水産学校に学び，1916年南京市水利局河海工程専門学校に入学，沈沢民と知り合う。19年李大釗の組織した少年中国学会に沈沢民とともに加入，新文化運動に参加する。同年12月上海に赴き，フランス留学準備班で学んだが，翌20年夏に沈沢民とともに来日。日本滞在中，文学に接近，茅盾が編集する『小説月報』に投稿する。21年1月帰国，中華書局で外国文学の翻訳・編集に携わる。22年9月渡米，サンフランシスコで『大同日報』（華文）の編集にあたる。24年帰国後，中華書局において『新文化叢書』の編集を担当。当時，茅盾，郭沫若，郁達夫，李達らと親交を結び，「文学研究会」および「創造社」に加入，多くの小説，散文，評論を発表している。25年の5・30運動直前，沈沢民の紹介により洛甫の名で中国共産党に入党。その後，上海，蘇州で地下工作に従事した。同年10月ソ連に派遣され，モスクワ中山大学で学ぶ傍らコミンテルン東方部で活動を行う。31年1月楊尚昆とともに帰国。同年4月中共中央宣伝部長，中央農民部長，および党報編集委員会主任に就任。6月臨時中央政治局が成立すると政治局常務委員に選出される。

1933年1月江西ソヴィエト区に赴く。34年1月中共第6期5中全会において政治局員，中央宣伝部長に再選。同月中華ソヴィエト共和国中央執行委員，人民委員会主席に選出される。同年10月長征に参加。35年1月に開催された遵義会議においては，長征の契機となった第5次反「囲剿」戦敗北の主たる原因が博古（秦邦憲）とコミンテルン派遣の軍事顧問オットー・ブラウンの軍事指導上の誤りにあると主張する毛沢東を支持。同会議において博古に替わり中央総書記に就任する。37年12月党中央指導部の改組により中央総書記の地位を退く。

1938年9月の中共第6期6中全会以後，中央幹部教育部長，中央宣伝部長，西北工作委員会主任，『解放』編集責任者，『共産党人』編集長，中央マルクス・レーニン学院長を歴任，幹部教育，イデオロギー工作の方面で重要な役割を果した。

1945年4月中共7全大会において中央委員，中央政治局員に選出される。同大会で「留ソ派」のうち，政治局員に選出されたのは張聞天のみであった。大会閉幕後，自ら志願して東北に赴き，牡丹江地区党中央東北局代表，合江省党委書記，中央東北局常務委員兼組織部長，東北財経委員会副主任，遼寧省党委書記などを歴任，東北の復興と建設に努力した。

1949年10月の新中国成立後は外交工作に新たな活動の場を見い出した。51年4月駐ソ大使としてモスクワに赴任。54年4月外交部副部長（駐ソ大使兼任）に就任。同月政府代表団員としてジュネーブ会議に参加。同年8月第1期全人代江蘇省代表，同常務委員に選出される。55年1月駐ソ大使を解任され，外交部副部長に専任。56年9月の中共8全大会において中央委員，中央政治局候補委員に選出される。同月外交部副部長解任。59年2月第2期全人代江蘇省代表，同常務委員に再選された。

1959年7月に開催された廬山会議において，大躍進を批判する彭徳懐の「意見書」（実は毛沢東に対する私信であったが，毛が彭の了承を得ず印刷に付して参加者に配付したもの）に支持を表明，毛沢東の逆鱗に触れ，彭徳懐，黄克誠，周小舟とともに「反党集団」の1人とされ失脚，文化大革命がはじまると迫害を受け，66年10月広東省肇慶に送られ監察処分に付された。当時，身体が衰弱していたうえに白内障を病んだが，それにもかかわらず人目を盗んで林彪，四人組を批判する数十万字の文書を書き上げたという。75年8月，江蘇省無錫に移され，76年7月死去。79年8月党中央主催の追悼大会が開催され名誉回復，鄧小平が追悼文を読み上げた。

参考文献：『張聞天選集』（人民出版社，北京，1985年）。劉英「深切悼念張聞天同志」，『人民日報』1979年6月26日。張培森「論張聞天同志遵義会議的転変」，『党史研究』1983年3期。呉黎平「誠懇改正錯誤，終身追求真理—回憶張聞天同志」，『党史研究』1983年3期。劉啓林主編『当代中国社会科学名家』（社会科学文献出版社，北京，1989年）。程中原『張聞天伝（修訂版）』（当代中国出版社，北京，2000

年）。張培林主編『張聞天年譜』上・下（中共党史出版社，北京，2010年）。〔高橋伸夫〕

張　我軍（ちょう　がぐん） Zhang Wojun

（1902年10月7日～1955年11月3日）

原名・張清栄。筆名・一郎，憶，野馬，M.S.，剣華，大勝，雲逸，廃兵，以斎，四光，小生，迷生，老童生，鉄筆生，植民一郎など。台湾台北県板橋鎮生まれ。祖籍，福建省南靖県。台湾新文学運動初期の理論家。

1916年公学校卒業後靴屋の店員，ついで18年新高銀行員となり，苦学する。21年新高銀行厦門支店開設とともに厦門へ移る。23年新高銀行の業務停止にともない，銀行を退職，上海へ行く。24年北京へ移り，北京師範大学夜間部で中国語を学ぶ。この間，大陸での新文学運動に触れ，また上海では上海台湾青年会に参加，抗日運動に関わる。

1924年北京から書き送った「致台湾青年的一封信」をはじめとして，「糟糕的台湾文学界」，「為台湾文学界一哭」，「新文学運動的意義」などの文章を，25年にかけて『台湾民報』に掲載した。これらは大陸の新文学運動の立場から台湾の旧文学を攻撃し，文化啓蒙運動の基礎としての新文学と白話文を，台湾にも定着させようとするものであった。これらの文章は旧文学者との間に新旧文学論争を引き起こし，台湾に近代文学の形成される契機となった。この間24年10月台湾へ戻り，『台湾民報』の編集に任じた。『台湾民報』での仕事には，小説「買彩票」などの他，台湾最初の白話文詩集『乱都之恋』（25年）にまとめられた新詩，山川均「弱小民族の悲哀」の翻訳をはじめとする社会運動関係の文章，および魯迅らの作品の『台湾民報』誌上への掲載などが挙げられる。

1926年再び北京へ渡り，29年北京師範大学国文系を卒業，同大の日本語教員となり，また北京大学，中国大学でも日本語を教える。この頃より活動の場を北京へ移し，また魯迅，周作人らの知遇を得る。北京での仕事としては第1に日本語教育があり，『日本語基礎読本』（21年）他多数のテキストを編集している。34年に雑誌『日文与日語』を創刊，主編に任じている（35年停刊）。第2の仕事として，日本の文学及び人文，社会科学論文の翻訳がある。文学関係では葉山嘉樹，有島武郎，前田河広一郎，武者小路実篤，島崎藤村，徳田秋声らの作品や，夏目漱石，千葉亀雄，青野季吉らの文学論，文学以外では，丘浅次郎，正木不如丘，山川均，家永三郎，西村真次，長野朗，飯田茂三郎などのものを訳している。

1942，43年東京で開かれた2度の大東亜文学者大会に華北代表として参加している。参加の理由は，周作人（第1回大会に招かれたが不参加）との関係，まだ旅行したことのなかった日本をこの機会を借りて見てくる，といったものではなかったかと推測されており，必ずしも日本に対し全面的協力の姿勢であったとは考えられない。

1946年，解放軍に投じた長男・光正を北京に残して，一家と共に台湾へ引き揚げる。台湾では46年台湾省教育会編纂組主任となり，48年より台湾省茶業商業同業公会秘書として『台湾茶業』を主編，49年より台湾省合作金庫業務部員，のち同研究室主任として『合作界』を主編，また中国語学習のテキスト『国文自修講座』（47年）を編集するなどしているが，著述は多くない。55年11月病没。

参考文献：張光正編『張我軍選集』（時事出版社，北京，1985年）。張我軍『乱都之恋』（遼寧大学出版社，瀋陽，1987年）。張光直編『張我軍詩文集』（純文学出版社，台北，1989年）。『楊雲萍，張我軍，蔡秋桐合集』〔台湾作家全集・短篇小説巻／日拠時代②〕（前衛出版社，台北，1991年）。〔松永正義〕

張　錫鑾（ちょう　しゃくらん） Zhang Xiluan

（1843年～1922年）

字・金波，今坡，今頗ほか。原籍，浙江省銭塘県，四川省成都生まれ。清朝末，民国初期の官僚・軍人。

父親は軍の将校で，幼少より父に武技を習い，のち監生となる。1863年湖北武昌で軍隊に入り，のち官僚となる。75年奉天省（遼寧省）に転じ，通化・錦県などの知県を経て錦州鳳凰庁同知に進んだ。94年奉天新軍前後三営統領兼鴨緑江団練となり，日清戦争で日本軍に抗戦した。戦後，直隷海防営務処総辦，福建興化知府，北洋営務処兼発審処総辦などを歴任，1901年奉天東辺道に進み，中軍各営統領，巡警総辦を経て，07年奉天営務処総辦，ついで財政総局督辦を兼ね，さらに奉天民政使に進んだ。

1911年辛亥革命が勃発すると，袁世凱の推薦で，暗殺された呉禄貞の後任として山西巡撫に任じられ，第3師団（盧永祥）を指揮して，太原を革命軍より奪回した。12年1月許世英らと連名で上奏し，清廷退位・共和制承認を要請した。2月奉天防務担当を命ぜられ，東三省辺務大臣に任じられたが，再度共和承認を要請する上奏をした。

清朝滅亡後の1912年3月15日署理直隷都督に任ぜられたが，9月東三省宣撫使に，11月奉天都督に転じた。13年1月奉天民政長を兼任，2月袁世凱に中日同盟策を進言し，6月吉林都督署理を兼ねた。同月各省都督制廃止にともない鎮安上将軍・督理奉天軍務・兼節制吉黒両省軍務に任ぜられた。この間，一時を除いては奉天民政長（のち巡按使と改称）を署理（代行）した。15年督理湖北軍務に転じたが，湖北駐在の第3師団長・王占元に歓迎されず，赴任しなかった。同年12月袁世凱の帝制実施に際しては一等伯に封ぜられ，将軍府将軍・参政院参政となった。17年以降は政界を引退して，天津に閑居した。22年には趙爾巽・王士珍とともに，曹錕，張作霖間の直奉対立の調停工作にあたったが，同年病死した。著作に『張都護詩存』がある。袁世凱，張作霖とは義兄弟の交際があった。

参考文献：劉紹唐主編『民国人物小伝』第5冊（伝記文学出版社，台北，1982年）。来新夏主編『北洋軍閥史稿』（湖北人民出版社，武漢，1983年）。　〔久保田文次〕

張　奚若（ちょう　けいじゃく）　Zhang Xiruo

（1889年～1973年7月18日）

字・熙若。陝西朝邑生まれ。無党無派民主人士。

陝西楡林師範学校卒業。中国同盟会会員として辛亥革命に参加する。1913年米国に留学しコロンビア大学を卒業，修士を取得。帰国後，北京法政大学教授，中国大学教授，国民政府教育部国際出版物交換局局長，大学院高等教育部教育処処長，中央大学法学院教授，清華大学教授，北京大学教授を歴任した。

日中戦争勃発後，昆明の西南連合大学教授となる。1938年6月より国民参政会参政員を務めるが，抗日戦争後は中国共産党の提示した連合政府の構想を支持し，国民党統治区の民主運動に参加した。

1949年9月無党無派民主人士として，中国人民政治協商会議第1期全体会議に参加する。53年1月から56年9月まで中国人民平和擁護委北京市分会主席。53年4月から56年2月まで中国人民外交学会会長。53年6月政務院教育部長。54年8月第1期全国人民代表大会北京市代表。12月政治協商会議第2期全国委員，常務委員，59年4月同第3期全国委員，常務委員，64年12月同第4期全国委員，常務委員。58年2月対外文化連絡委員会主席。59年3月第2期，64年9月第3期全国人民代表大会北京市代表。59年3月日中関係打開に関する浅沼・張奚若共同声明発表。62年1月日本社会党・鈴木茂三郎との共同声明に調印。その後も北朝鮮，北ヴェトナムなど各国との文化協定に調印。66年4月対外文化友好協会常務理事。68年中国人民外交学会会長。73年北京にて病死。

参考文献：現代中国人名辞典編集室編『現代中国人名辞典1986年版』（霞山会，1986年）。京声・渓泉編『新中国名人録』（江西人民出版社，南昌，1987年）。蔡開松・于信鳳主編『二十世紀中国名人辞典』（遼寧人民出版社，瀋陽，1991年）。徐為民編『中国共産党人名詞典』（遼寧教育出版社，瀋陽，1988年）。　〔小山三郎〕

章　学誠（しょう　がくせい）　Zhang Xuecheng

（1738年～1801年）

字は実斎，号は小巌。浙江省紹興府会稽県の人。18世紀の中国が生んだ優れた歴史哲学者。その著『文史通義』は唐の劉知幾の『史通』とともに，2大史学書と称されている。

章学誠は中国の多くのインテリがそうであったように，曽祖父，祖父，父と代々いずれも学問の道に生きた家庭に育ち，幼少のときから科挙という儒教体制をささえる官吏登用試験のための学習を強いられた。だが，章氏は「資質魯鈍」，生まれつききわめて鈍才で，四書五経43万余字を丸暗記し試験にたくみにパスしてゆく，いわゆる秀才タイプの人物ではなかった。師について科挙の勉強に励んだが，14歳になってもまだ四書を終えることができず，挙人になるためのテスト（郷試）に7度も失敗。落第書生を続け，41歳にしてようやく最終段階の進士に合格した。けれど学風も人となりも変わっていたため，官僚になることもできず，書院の教師，地方官の幕僚（ブレーン），府志や県志といった地方志の編纂などの仕事に従事しながら，各地の名士をたよって流浪の一生を送った。彼は幼時のときから身体が弱く，若いときに鼻を患み，中年にして両耳が悪くなり，老いては頭痛に苦しみ，右目を失明する。その晩年は貧しさと病とがかわるがわるおそってきて，不幸を極めた。そうした逆境に生きた章学誠は，性，狷介で個性的，自負心の強いパーソナリティーをもっていた。当時，考証学者として高名であった戴震を「心術正しからず」と皮肉り，名文家をもって名を馳せた袁枚を「名教の罪人」と非難，また墨子を再評価した汪中とも激しい論争をおこない，刃物三昧にまで及ばんとしたことがある，という。

章学誠が生きた18世紀中葉は，中国の伝統文化を尊重した清朝第6代皇帝乾隆帝の命によって四庫全書館が開設され，中国歴代の書物をできるかぎり集めて「四庫全書」を編集する作業がおこなわれた。そのため，考証学が全盛をきわめた。多くの学者たちは，書物の一字一句の校定と穿鑿にその精力をついやしていた。そのような時代風潮を，章氏は「道理なき繁栄」だとし，学問の本旨を追求することなく瑣細な事柄を争う考証学は「俗儒」のなすべきものと否定した。なぜなら，章学誠にとって学問とは，義理（哲学），考拠（考証），辞章（文章）の3つが統一してあらねばならぬものだったからである。そこで章氏は，当時流行の「考証学を超える哲学」の構築をめざしたのである。

28歳のときはじめて劉知幾の『史通』を読み，自ら生まれつき持った歴史に対する才能を自負した章氏は「われ史学において天授あり」と述べて，その学問的情熱を歴史学に集中した。というのは，「天地の間に満ち，およそ著作の林に渉るものは，皆な是れ史学」なのであり，歴史こそがすべての学問の根本だと考えたからである。章学誠は長い歳月をかけて独特の歴史哲学書『文史通義』を書きあげた。そして，儒教経典たる六経（易経，書経，詩経，春秋，礼記さらに失われた楽経）は永遠の真理を記したバイブルではあるが，同時にそれらはすべて過去の歴史である，という「六経皆史」の説を提出したのだ。つまり神聖なる六経を歴史の書，具体的現象の記載された書物とみなしたのである。

章学誠が『文史通義』で述べんとしたことを要約すれば，以下のごとくである。1．歴史（あるべき学問）は事実の追求にとどまらず経世（世を経(おさ)めること）をめざさねばならぬ。2．経世をめざす以上，過去より現在を重視する「今」の立場に立たねばならぬ。3．過去の事実を知る「蔵往の知」だけでなく未来を予見する「知来の神」を持たねばならぬ。4．学問においては「一家の言をなす」ところの独創的主張をもたねばならぬ。5．そのためには，時代の学風に追随するのではなく新しい「風気を開く」ものでなくてはならぬ。6．そうした学問を構築するには，劉知幾の重視した才，学，識という「史家の三長」だけでは不充分で，情に流されぬ教養に根ざした平静さ，いわゆる「史徳」がなによりも必要なのである。

また章学誠は著述の源流と流派の分類を考える『校讐通義』，単なる地理や沿革だけ記すのではない，体系的な地方志の編纂などにも尽力した。しかし，生前も死後もその名前および学問は，ほとんど知られていなかった。それは同郷の学者・銭林が『文献徴存録』で章氏の姓を張学誠と誤記していること，主著の『文史通義』，『校讐通義』の両書が死後30余年後，はじめて出版されたことからも理解され得よう。章学誠の学問的価値は清末民国初になってようやく発掘されたが，それは内藤湖南の『章実斎先生年譜』(1921年)，胡適の『章実斎先生年譜』(22年）の顕彰によるものだった。銭穆（1895～1990年）は18世紀に生きた章学誠と戴震を「乾嘉（乾隆・嘉慶）時代の最高の両大師」と称賛。また米スタンフォード大学のニィヴィソン教授は「章学誠は歴史と国家について，ヘーゲルに近い体系的見解を展開した」思想家だ，という高い評価を与えている。

参考文献：章学誠『章氏遺書』全3冊（漢声出版社，台北，1973年)。余英時『論戴震与章学誠―清代中期学術思想史研究』(龍門書店，香港，1976年)。島田虔次「歴史的理性批判―“六経皆史”の説―」，『岩波講座哲学』4（岩波書店，1969年)。河田悌一「同時代人の眼―章学誠の戴震観」，『中国哲学史の展望と模索』(創文社，1976年)。

〔河田悌一〕

張(ちょう)　学良(がくりょう)　Zhang Xueliang

（1901年6月3日～2001年10月14日）

字・漢卿。号・毅庵。幼名・小六子。遼寧省台安県桑子林詹家窩鋪生まれ。張作霖の長男。東北地域を代表する民族主義的軍人・政治家。兄弟8人，姉妹6人。1915年父母の命で于鳳至と結婚。3男（閭珣，閭玗，閭琪）1女（閭瑛）をもうけ，のち趙媞（一荻，綺霞）との間に1男（閭琳）をもうけた。

1916年頃奉天（瀋陽）のキリスト教青年会（YMCA）活動に参加し，クェーカー教徒のアメリカ人幹事のJoseph Plattらと交流，後日，彼のブレインの1人となる閻宝航らとも相識るようになった。他方この間に伝統的学問を白永貞（佩珩）らから受講していた。19年3月東三省講武堂第1期砲兵科に入学，教官には郭松齢，熙洽らがおり，翌年3月卒業後，すぐ巡閲使署衛隊旅長となり，郭松齢を参謀長とした。21年秋，父の命により日本の秋季軍事演習を参観するも，日本側の意図的軍事デモンストレーションに「反日」的意識を芽生えさせたという。第1次直奉戦争（22年4月）では東路軍第2梯隊司令として参戦，第2次直奉戦争（24年9月）では第3軍軍長として参戦し，勝利を得た。25年6月には上海に進駐。同年11月，郭松齢の反張作霖クーデタでは鎮圧側にまわらざるをえず，その死を嘆いた。28年6月北伐軍の北京入城により張作霖が退出した後，河北での退却指揮をとっていた張学良は，6月4日の日本軍による張作霖爆殺後，奉天に帰り，6月18日奉天督辦に就任，7月1日には東北保安総司令となった。

1928年12月29日，「易幟」を実現し，国民政府との政治的合流を果すが，これは，日本の東北地域への攻勢に対抗した「反日民族主義」から出たものであった。このイニシアティブ掌握のために，29年1月10日，親日系と目された楊宇霆・常蔭槐に対する暗殺事件がおこされた。さらに，同年7月の「中東路回収事件」で示された「反ソヴィエト民族主義」も，東北地域の国際的諸条件のもとで中華民族的かつ国民国家としての独立の課題をどのように実現すべきかという認識に支えられていた。張学良のこうした対日，対ソ認識とその行動は，20年代の東北地域経済の資本主義発展と，それを基盤とした地域政治の民族主義的再編成過程に起因するものでもあった。

そして張学良29～34歳の時期に彼の3つの大きな政治選択がなされた。まず第1に，1930年9月，武装調停通電を発し「中原大戦」で蔣介石側に立ったことである。その結果，10月には陸海空軍副司令に就任，東北軍部隊を北平に駐留させることになった。第2に，満洲事変における事実上の「不抵抗主義」の選択に典型的に示されたように，彼は当面，抗日より国民政府＝蔣介石への忠誠を強めたことである。33年3月，蔣介石によって「熱河失守」の責任をとらされて下野した後，彼は顧問のドナルドや于鳳至や趙一荻らとともにヨーロッパに外遊し，とくにイタリアでのファシズム運動に触れる中で強力な指導者への礼賛と服従を強調することになる。第3の政治選択としては「鄂豫皖剿匪司令部副総司令」就任があり，蔣介石の「安内攘外政策」推進を担うことになる。しかし，他方で閻宝航，高崇民，王化一，盧広積らによる「抗日復土運動」，満洲事変直後の「東北民衆抗日救国会」，33年の「復東会」組織化を経て，東北抗日運動はしだいに高揚し，さらに35年にかけての長江流域都市ベルトにおける抗日救亡運動は，張学良や東北軍に大きな影響を与えた。

蔣介石の「安内攘外政策」にもとづく中国共産党支配地区への包囲攻撃（囲剿）の先頭に立たされた張学良と東北軍約13万人は，「長征」に出た紅軍を追って1935年秋，西安地域に北上，張学良は「西北剿匪総司令部副総司令」に就任した。しかし張学良が南京における国民党第5次全国代表大会に出席中，東北軍は，35年10月から11月にかけて3回にわたる紅軍との戦闘で敗北を喫し，加えて南京中央からは敗北した東北軍の建制番号撤廃を通告された。35年12月9日の北平における抗日救亡学生運動は，上海，南京，武漢をはじめとする長江都市ベルトの抗日救亡運動と呼応しはじめ，西安にも直接的影響を生みだしつつあった。関内流亡知識人のグループ，高崇民や閻宝航らの「内戦不参加，連共抗日」論はしだいに張学良周辺にまで影響を及ぼし始めていた。36年4月9日，張学良は極秘に膚施（延安）で周恩来と会談し，抗日の課題に照応した「連共」の姿勢を示した。36年6月22日の講演で彼は「抗戦こそ中華民族の唯一の活路であり，抗日は東北軍最大の使命である」と断言した。蔣介石はこれに対し徹底した剿匪第一主義の政策を主張し，11月23日「抗日救国七君子」を逮捕した。張学良はその釈放を求めたが容れられず，ついに12月10日，楊虎城と「兵諫」の実行を決意，12月12日，華清池に駐留していた蔣介石を拘束，西安の新城大楼に送った（西安事件）。張学良自身は，蔣介石個人に反対しているのではなく，抗日の先頭に立つ限り擁護すべきであると考えていた。12月24日，蔣介石から抗日の言質をとり，25日，蔣介石，宋美齢とともに洛陽に飛んだが，36年12月31日，国民党軍事委員会高等軍法会審は張学良に対し「上官暴行強迫罪」により「懲役10年，公民権剝奪5年」の判決を下した。

ところが，1937年1月4日付けで蔣介石は原判決を「特赦」し，軍事委員会のもとで「厳加管束（厳重に監禁）」する処置をとった。この後，張学良は37年1月奉化県渓口鎮へ，11月には安徽黄山へ，38年1月湖南郴州蘇仙嶺へ，3月同じく湖南沅凌鳳凰山へ移り，40年2月，趙一荻が鳳凰山にきて以後は同一行動をとることになる。妻の于鳳至は病気治療でアメリカへ移住した。40年10月，貴州修文県陽明洞へ，王陽明の故地で明史研究をはじめる。42年2月貴州開陽県劉育郷へ，44年初冬に貴州桐梓県南門外天門洞へ，46年4月9日，貴陽で蔣介石，蔣経国と会見，同年11月いったん重慶に移されたあと，すぐ台北に移動した。1956年の西安事件20年を前にして，蔣介石は張学良に「反省」を求めた。張学良はその後，「自我検討報告」を書いたとされるが，それが64年7月「西安事変懺悔録」として公表された。また，55年キリスト教に正式に入信した。58年11月，蔣介石は張学良を召見したが，「管束」解除には言及せず，従来のままであった。64年7月趙一荻と正式に結婚した。75年4月の蔣介石の葬儀に参加した。79年10月10日の国慶大会に参加し，さらに80年10月，金門島を訪問した。88年1月の蔣経国の葬儀にも参加した。90年6月には90歳誕生祝典を公開の場でおこない，政治的に事実上の監禁は終了した。なおこの年8月，NHKによる独占インタビューに応じた（12月9，10日夜放映）。このNHKを含めて張学良のオーラル・ヒストリーの記録としては，コロンビア大学の唐徳剛教授によるもの，91年の郭冠英氏（台湾『聯合報』記者）によるもの，91年から93年にかけてのコロンビア大学プロジェクトによるものなどがある。とくに，96年6月コロンビア大学図書館に「毅荻書斎」が設置され関係文書が収められ，2002年から公開されている。この間，1993年末に夫妻でハワイ・ホノルルに移住したが2000年6月趙一荻が死去し，01年10月張学良も101歳で死去した。

参考文献：中国第二歴史檔案館・雲南省・陝西省檔案館合編『西安事変檔案史料選編』（檔案出版社，北京，1986年）。「張学良将軍資料選」，中国人民政治協商会議遼寧省委員会文史資料研究委員会編『遼寧文史資料』18輯（遼寧人民出版社，瀋陽，1986年）。司馬桑敦『張学良評伝』（星輝図書公司，香港，1986年）。武育文・王維遠・楊玉芝『張学良将軍伝略』（遼寧大学出版社，瀋陽，1987年）。傅虹霖著，王海晨・胥波訳『張学良的政治生涯──一位民族英雄的悲劇』（遼寧大学出版社，瀋陽，1988年）。NHK取材班・臼井勝美『張学良の昭和史最後の証言』（角川書店，1991年）。張友坤他『張学良年譜』（社会科学文献出版社，北京，2009年）。畢万聞主編『張学良趙一荻合集』（全6部，時代文芸出版社，長春，2000年）。周毅他『張学良文集』（上下，香港同沢出版社，1996年）。西村成雄『張学良』（岩波書店，1996年）。Rana Mitter, *The Manchurian Myth*, California UP, 2000. 唐徳剛『張学良口述歴史』（遠流出版，台北，2009年）。楊奎松『西安事変新探』（山西出版集団・山西人民出版社，太原，2012年）。

〔西村成雄〕

張（ちょう）　学思（がくし）　Zhang Xuesi

（1916年1月6日～1970年5月29日）

原名・学詩，字・述卿，幼名・安児。奉天大帥府で生まれる。生母は張作霖第4夫人・許澍暘。張作霖の四男。張学良の弟。1940年，謝雪萍と結婚。中共系軍人。生母・許澍暘は貧困な家庭に育ったこともあって張学思を「貴公子」扱いせず，24年一般の奉天第四小学校に入学させた。父の死亡後，28年10月奉天同沢中学に入学，同学の王金鏡（王岳石）や，彼の紹介で家庭教師となった王西征（陶行知の暁荘師範出身）の影響で社会科学方面に関心をもちはじめた。31年2月，北平の名門滙文中学3年生に編入したが，満洲事変後の抗日救亡救国運動に王金鏡とともに積極的に参加，東北民衆抗日救国会の閻宝航，高崇民らとも面識を得る。33年初，中国共産党員・王金鏡の紹介で「反帝大同盟」北平沙灘支部に参加，同年4月初，中国共産党員となり，廊坊の東北軍第67軍特務大隊で活動するが失敗。34年，張学良の帰国後，滙文中学を卒業し，張学良の紹介で南京国民党中央軍校に入学したが，36年12月の西安事件に際し軍校当局に監禁された。その後釈放され，37年，中央軍校を卒業した。

西安事件後，1937年2月末に保定の東北軍第53軍（軍長・万福麟）に入るが，8月組織関係の切れていた中国共産党に再入党し，周恩来の武漢における統一戦線活動の一環として，東北抗日救亡総会の党団書記・劉瀾波のもとで「張学良釈放運動」をおこなう。この運動は，宋子文をも仲介に立てるにいたったが，蒋介石によって拒否され失敗におわった。38年4月，香港へ赴き廖承志の援助のもとで，母・許澍暘らのアメリカ移住を見送り，10月，延安に入った。

マルクス・レーニン学院を1939年9月に卒業し，抗日軍政大学・東北幹部隊の隊長として，40年12月，晋察冀辺区の冀中軍区に配属され，聶栄臻の指導下に入った。41年1月，冀中軍区参謀処処長，42年を通じて反「掃蕩作戦」に従事し，43年4月，冀中軍区副参謀長になり，44年2月，晋察冀軍区平西分区参謀長として敵後抗日根拠地の確保にあたった。45年2月，平西分区副司令員兼参謀長となった。

1945年8月，延安総部朱徳総司令第2号命令によって，張学思ら元東北軍関係者は，東北への進駐を開始した。張学思は，中共東北局の任命により遼寧省政府主席，省保安司令に就き，11月遼寧省代表大会で遼寧省政府主席に選出された。彼は国民党に張学良，楊虎城の即時釈放と東北自治をよびかけた。11月末，国民党軍の進駐に対し瀋陽を自主撤退し，本渓に遼寧軍区を設けてその司令員となり，46年1月改めて遼寧省民選政府の主席となった。46年8月東北各省市行政連合辦事処（東北行政委員会）が成立，主席に林楓，副主席に張学思と高崇民が就任した。46年末から47年にかけて「四たび臨江を守る作戦」に従事，48年11月，遼瀋戦役の勝利とともに瀋陽の接収に赴き，49年4月，東北行政委員会の決定によって遼東省政府主席に任命された。その直後，北京での中華全国青年代表大会に参加した際，周恩来から海軍創設委員会のメンバーに指名された。

1949年9月，第1期全国政治協商会議に中国人民解放軍総部海軍代表として参加，11月大連海軍学校副校長，53年3月朝鮮戦場を視察，8月海軍副参謀長に就任。55年一江山島戦役に海軍代表として参加，9月海軍少将に任ぜられる。56年8月レニングラードのウォロシーロフ海軍学院に派遣され，58年8月帰国。61年3月海軍参謀長に就任，65年10月「四清運動」に参加，「文化大革命」のなかで67年9月李作鵬らに監禁され，「東北幇反党投敵反革命事件」という事実無根の理由で闘争対象となる。70年病気により死去，75年名誉回復される。

参考文献：劉永路・呉国良・胡序文『張学思将軍』（解放軍出版社，北京，1985年）。汪文江口述「光復後張学思同志在東北」，『遼寧文史資料選輯』10輯（瀋陽）。劉永路「北平受命─張学思創建海軍学校紀実」上下，『党史縦横』1997年1期，2期。

〔西村成雄〕

張　勲（ちょう くん） Zhang Xun

（1854年12月14日～1923年9月12日）

原名・張和，字・少軒・紹軒，号・松寿老人。江西省奉新県生まれ。清末・民初の軍人。1917年清帝の復辟を首謀。

張勲は，小さな商店を営む家に生まれる。10歳の時，村の私塾に入るが，翌年父親が死亡したため勉学を断念し，家業を継ぐ。1884年軍人となり，清仏戦争に参加する。その後，江西提督であった蘇元春の部隊に入り，91年には参将に昇進する。94年には四川提督であった宋慶調に従って奉天に赴くが，日清戦争が起きるとこれに参加する。95年日清戦争終了後，天津で袁世凱軍に入る。99年袁に従って山東省に赴き，義和団制圧にあたり，副将，総兵に任じられる。1906年には奉天で奉軍遼北総督に就任する。

1911年8月，張勲は清朝から江南提督に任じられる。10月武昌蜂起が起き，これに呼応して南京の新軍第9鎮が反乱を起こすと，両江総督であった張人駿は張勲を南京に招き対策を講じる。この時張勲は，「独立は造反であり，規則に背く者は皆賊である」と述べ，革命派の弾圧を主張した。12月には清朝より江蘇巡撫，両江総督代理兼南洋大臣に任じられる。

1912年1月中華民国が成立し，2月清帝溥儀が退位し，3月袁世凱が大総統に就任すると，張勲の軍は武衛前軍に改編され，山東省に駐屯する。しかし，清朝の忠臣を自認する張は，この時から復辟の意志を抱き，民国を覆す機会を窺っていた。張と彼の部下達は，民国になってからも弁髪を切らず，彼の軍隊は「弁軍」と呼ばれていた。13年4月張は溥儀の復辟を計画するが，事半ばで露見し，断念する。7月袁世凱に第2革命鎮圧を命じられ南京に赴く。12月長江巡閲使に就任し，徐州に住む。15年武衛前軍が定武軍と改称されると，袁は張を定武上将軍に任ずる。16年張は安徽督軍に就任するが，この時点で彼の軍は，57営，約2万人に拡大していた。

張勲は清朝の再興を祈念していたため，袁世凱の帝制に不満を表明したが，護国戦争に際しては袁を支持する立場をとる。1916年6月6日袁世凱が死去し，政局が混乱すると，張はこれを復辟を実行する一大好機の到来と見倣し，「儒教を国教と定めるべし」との通電を発し，康有為の「孔教会」支持を表明する。6月9日彼は徐州に7省の軍代表を召集し，攻守同盟を組織しようとした。この時段祺瑞は，この徐州会議を利用して自らの指導的地位を固めようとしたため，7省同盟は13省に拡大する。9月21日張は第2次徐州会議を召集し，正式に「十三省連合会」を組織し，自ら盟主に就いた。

1917年3月黎元洪と段祺瑞とが第1次世界大戦への参戦をめぐって対立すると，張勲はドイツの復辟支持を理由にドイツに対する宣戦に反対し，黎元洪と彼を支持する国会に反対する。また，張は日本にも接近し，清朝の遺臣を密かに招くなど，復辟の準備を着々と行った。5月22日張は第4次徐州会議を開催するが，段はこれに腹心の部下であった徐樹錚を参加させ，張に武力をもって国会を解散させることを要請する。これと同時に，黎元洪も部下である李盛鐸を徐州に派遣し，張に政局の混乱の調停を要請する。このように両派から要請を受けた張は，6月7日10営3,000人を率いて徐州を出発し，黎に和解の条件として国会の解散を迫る。これを受けて黎は12日国会を解散し，14日張は北京に入る。

張勲は北京に入ると，全国の復辟派に入京を促す。彼は康有為・張鎮芳・雷震春・劉廷琛・梁敦彦らと協議し，6月30日の夜密かに紫禁城に入り，御前会議を開き，その日のうちに復辟を発動することを決定する。また，北京の軍警の実力者であった王士珍・呉炳湘らを自宅に招き城門の開放を迫る。それと同時に，自軍を駅，郵便局などの主要な地点に配置してこれを占拠した。7月1日張はついに清朝の朝服・朝冠を身につけ，自軍を従えて紫禁城に正門から入場し，溥儀の復辟を強行する。溥儀は直ちに「上諭」を発し，民国6年7月1日を「宣統9年5月13日」と改め，さまざまな清末の旧制を復活させた。張勲は自ら議政大臣兼直隷総督及び北洋大臣に就任する。

このような張勲の復辟の強行は，全国の反対を引き起こす結果となり，段祺瑞はこのような世論を受け，日本の支持の下「討逆軍」を組織する。1917年7月12日「討逆軍」5万余人が総攻撃を開始すると，張軍は直ちに降伏した。張は逮捕・監禁されるが，18年10月特赦によって釈放され，21年熱河督辦に任命されるが，これを受けず，23年9月天津で病死する。

参考文献：張勲『松寿老人自叙』（1921年）。中国社会科学院近代史研究所主編『民国人物伝』1巻（中華書局，北京，1978年）。劉紹唐主編『民国人物小伝』第4冊（伝記文学出版社，台北，1981年）。胡平生『民国初期的復辟派』（台湾学生書局，台北，1985年）。存萃学社『1917年丁巳清帝復辟史料彙輯』（大東図書，香港，1977年）。〔家近亮子〕

張　燕卿（ちょう えいけい） Zhang Yanqing

（1898年～没年不詳）

字・耐甫。河北省南皮県生まれ。満州国高官。

祖父は清朝政府末期に湖広総督および漢冶萍督辦を

つとめた改良派の重鎮・張之洞である。張燕卿は青島特別高等学校を卒業後，日本に留学。1920年東京の学習院大学文科を卒業。帰国後22年奉天省復県知事となり，24年直隷省正定県知事，25年山東省天津県知事兼直隷全省官産処坐辦，塩款清理処副処長，公災善后清理処幇辦，天津市政公署会辦を経て，26年天津市特別区市政管理局長，直隷省石門警察庁長となる。27年張作霖政権下の潘復内閣の交通部参事となり，東北辺防軍駐吉林副司令官公署秘書を務める。

1931年満州事変後，吉林特別公署参謀長であった熙洽は独立宣言を発し，吉林省政府を改組し吉林省長公署長官となったが，張燕卿は熙洽に抜擢され長春市政籌備処長から吉林省長官公署下の吉林実業庁長に就任し，32年満州国成立後は満州国実業部総長に昇任し，憲法制度調査委員会委員となる。34年満州国に帝制が布かれるや実業部大臣となり，同年財界実業界につくした功績により勲一位に叙せられ景雲章を下賜された。その他，臨時訂立条約準備委員会委員，逆産処理委員会委員などを兼任した。

一方，満州に五族共和，王道楽土を実現する精神的支柱としての協和党が組織され，1932年協和会と改名して新京に本部が置かれた。名誉会長に皇帝・溥儀，会長に国務総理・鄭孝胥，理事長に張燕卿が任ぜられ，日本人名誉理事に橋本虎之助，駒井徳三，板垣征四郎，山口重次，小沢開作らが入っていた。35年外交部大臣に就任。次長は大橋忠一。この間，満鮮国境税関協定，日満経済共同委員会設置協定などを調印成立させ，日満経済ブロックの結成を進めた。また華北に冀東防共自治政府が成立し，張外交部大臣は殷汝耕自治政府長官との間に両国家間の親密な関係を維持する旨の書簡を送っている。

1937年4月外交部が改組されると，張燕卿は同年5月辞職し，北平に移住した。張は華北にも協和会のような思想組織をつくり，中共軍に対抗したいとの意見をもって日本軍の協力を仰いだので，特務部・根本博少佐と前協和会員・小沢開作らは37年12月北平の張燕卿宅に会合し，華北に新民会を結成する準備をすすめた。同年12月24日新民会結成式が北平中南海公園の懐仁堂で開催され，臨時政府王克敏院長，北支派遣軍参謀長・山下奉文中将ら日中の要人が参列した。新民会会長に王克敏，副会長兼指導部長に張燕卿が就任した。38年10月漢口陥落後45年8月まで漢口に住む。

1945年12月5日華北政務委員会財務総署督辦・汪時璟の自宅北平北兵馬司胡同で宴会が設けられ，招待された王蔭泰，殷汝耕ら14名と共にいた張燕卿は，突然ふみこんだ戴笠の軍統局に軟禁され，46年6月河北高等法院の手に渡り北平第1監獄に投獄される。審議の結果無罪釈放されたが，同年10月26日再び拘留され，48年1月15日懲役10年の判決をうけたものの，金を使って脱獄。台湾に逃げ，のち日本に渡り東京有楽町で貿易商を営む。没年不祥。

参考文献：岡田春生編『新民会外史』（五稜出版社，1987年）。外務省情報部『満州国政府要人調』（1933年）。『満州国名士録』（人事興信所，1934年）。『満州国現勢・大同2年～康徳4年版』（満州国通信社，1933年～37年）。

〔八巻佳子〕

張（ちょう）　蔭桓（いんかん）　Zhang Yinhuan

（1837年～1900年）

字・樵野。原籍，広東省南海県仏山鎮，同地生まれ。清末の外交官。

科挙を受験したが合格せず，賄賂で官職を入手したと伝えられる。その後認められて道員となり，1882年按察使，85年命を受けて駐アメリカ・イスパニア・ペルー大臣としてアメリカに滞在した。当時アメリカ人労働者に放火され，中国人苦力200人が殺された事件で，張はアメリカ外務当局と交渉して補償金を獲得した。87年には国外にあってキューバ学堂やサンフランシスコ学堂，病院などの設立を本国に上奏した。帰国後は総署につとめ，戸部右侍郎に抜擢された。

1894年日清戦争が勃発すると，翁同龢に戦況を知らせる書簡を送って，イギリス，アメリカ，日本の状況にも触れるとともに，中国の自強を訴えた。日清講和条約交渉に邵友濂とともに全権大使として広島に到着したが，日本側から全権大使として不適格とされ，代わって李鴻章が派遣されることになった。

康有為は張蔭桓と同郷人だったため，北京時代はよく張を訪ね，また張の紹介で翁同龢と面識を得た。1897年にはビクトリア女王即位60周年記念式典に参列するため，また関税の平等化の交渉のためにイギリスに遣わされた。戊戌の変法の際，張は北京鉱務鉄路総局の責任者となり，康との往き来はさらに親密となった。光緒帝は張を駐日大使として，また康は変法維新の視察のために日本へ派遣する予定であった。しかし西太后派によるクーデターが発生し，張は死刑が確定した。死刑執行前夜，駐華イギリス公使からの要請を受けた当時の北京駐在日本代理公使・林権助は急きょ李鴻章の私邸を訪ね，張蔭桓を死刑にすると列国の干渉を招くと説得した。このため張は死刑を免れ，新疆へ流刑されたが，2年後義和団事件に乗じた西太后派の刺客によって暗殺された。死の翌年旧官に復され，名誉回復した。

張蔭桓は康有為の急進的な学説に必ずしも同調しなかったが，翁同龢と親しく，また親英の立場であったため，親ロシアの立場の李鴻章に排せられたとされている。張は妻・林氏の没後，後妻との間に塏徴，琬徴，驥徴をもうけた。著書に『鉄画琬楼詩文集』6巻，同続集2巻，『三州日記』などがある。

参考文献：閔爾昌編『碑伝集補』巻6（四庫善本叢書館，北京，1923年）。民国清史館編『清史稿』巻442，列伝229（民国清史館，北京，1927年）。林権助述『わが七十年を語る』（第一書房，1935年）。湯志鈞編『戊戌変法人物伝稿』上編（中華書局，北京，1961年）。沈雲龍『近代外交人物論評』（伝記文学出版社，台北，1968年）。〔児野道子〕

張（ちょう）　永福（えいふく）　Zhang Yongfu

（1872年～1957年）

シンガポール生まれ。原籍，広東省潮州市饒平県。華僑革命家。在シンガポール革命派指導者。

父の張立はシンガポールで東南アジア各地と手広く商売を行う織物商・長美号を営む。張永福は裕福な家庭環境に恵まれ，少年期は家塾で教育を受ける。

やがて，シンガポール華僑の若手リーダーで改良派の邱菽園から『清議報』，『新民叢報』，『開智録』などの改良派の宣伝出版物を紹介され，張永福は同じ現地貿易商の子・陳楚南とともに改良派の思想に傾倒するようになる。したがって，戊戌政変が彼に与えた影響は多大であった。1899年，張永福は現地華僑の有志とともに光緒帝幽閉に抗議する請願に署名した。しかし，1900年の漢口蜂起の失敗と義和団事件を契機に，清朝の統治能力に失望し，張永福は改良派から革命派へと思想的に転向していく。

1903年7月，上海で蘇報事件が起こり，章炳麟，鄒容が逮捕された。張永福，陳楚南らはこの事件に抗議し，小桃源倶楽部の名で上海のイギリス領事館へ章・鄒を保護するよう打電した。さらに，鄒容の『革命軍』を『図存篇』と改名して5,000冊を印刷し，東南アジア各地に配付し，革命思想の宣伝を行った。

19世紀末から20世紀初頭にかけて，革命派の宣伝出版物は中国の内外で多数発行された。張永福らもこれに深い思想的影響を受け，特に『揚州十日記』と前述の『革命軍』に衝撃を受け，反満思想を強くした。

1903年，陳楚南，張永福は『天南新報』の副編集員・黄伯耀を通して尤列を知り，革命運動の実践に進んでいく。04年，尤列の影響下で，陳・張の2人が出資して『図南日報』を発刊した。これは南洋革命党機関紙の元祖であり，中国における革命運動への呼応と現地改良派への思想的挑戦を目指したものであった。

1905年，張永福，陳楚南は尤列の紹介で，欧州からの帰路シンガポールに立ち寄った孫文と船上で会見する。そして，同年同盟会シンガポール支部が創設され，陳楚南が会長に，張永福が副会長に就任した。

『図南日報』は2年余りで資金難のため停刊となったが，1906年には『中興日報』を発刊し，革命宣伝に努めた。また，張永福は黄花崗蜂起，恵州汕頭蜂起など度重なる革命党の蜂起に資金援助を行った。

中華民国成立後は，国民党南洋交通部長，中華革命党南洋支部長を歴任，1919年にはシンガポール『新国民日報』の主筆となり，また汕頭で平民樹膠製造公司を経営した。23年には広東大元帥府諮議，25年には国民政府参事，26年には中央銀行汕頭分行経理，広東中国銀行副経理，汕頭市長に就任した。

1933年，中華民国史の重要な史料である『南洋与創立民国』（上海中華書局）を著す。34年，僑務委員会常務委員兼中央党部党史史料編纂委員会名誉編纂，革命債務調査委員会委員に就任した。

参考文献：譚谷編著『当代中国民族英雄伝』（博文書店，上海，1940年）。馮自由『革命逸史』第1・3・4集（台湾商務印書館，台北，1969年）。Yen Ching Hwang, *The overseas Chinese and the 1911 Revolution* (Oxford University Press, Kuala Lumpur, 1976).〔伊藤泉美〕

張（ちょう）　禹爵（うしゃく）　Zhang Yujue

（生年不詳～1868年3月17日）

幼名・張五孩，本名・張琢，字・玉振。安徽亳州の雉河集生まれ・後期捻軍の首領の1人。

捻軍盟主・張楽行の兄・張敏行の子供。張楽行の死後，太平天国が張楽行に与えた沃王の称号を継承して幼沃王と称した。果敢な戦いで名を知られ，1865年山東菏沢における僧格林沁の清軍との戦いで，任化邦とともに勇名をはせた。翌年秋，太平軍・捻軍の連合部隊が河南省許州で東西に分れた際に，張宗禹らとともに西捻軍に属した。67年西捻軍が陝西宜川の壷口で黄河を渡る際には，先陣として清軍の営塁を撃破した。68年3月直隷省饒陽で戦死した。一説には同年6月西捻軍が直隷・山東に転戦していたとき流れ弾にあたり，その傷がもとで死んだともいう。

参考文献：羅爾綱『太平天国史』第4冊（中華書局，北京，1991年）。江地『捻軍人物伝』（山西教育出版社，太原，1990年）。〔並木頼寿〕

張　雲逸　Zhang Yunyi

（1892年8月12日～1974年11月19日）

原名・張運鎰，別名・張勝之。軍人。紅軍，新四軍の指導者。

広東省文昌県頭宛区造福郷上僚村の貧しい農家に生まれる。文昌県は海南島の東北部にあたる。父は張景据，母は邢氏。6人の子女の長男。1908年広州黄埔陸軍小学に学ぶ。同盟会に参加。11年陸軍小学を去り，辛亥革命に参加し，革命軍の爆弾隊隊長となる。12年広東陸軍速成学校に入学，14年同校を卒業して，海南島の楊錦隆部隊の小隊長となり，のち中隊長に昇進。その後，討袁護国戦争に参加。21～23年広東香山護沙大隊大隊長。23～24年広東掲陽県県長。その後，広東軍許崇智部隊で旅団長を務める。

1926年7月北伐戦争に参加し，第4軍第25師参謀長となり，11月中国共産党に入党。27年の4・12クーデター後，張発奎部隊で党の秘密活動を続けていたが，その後海南島にわたり，更に上海に至る。29年5月党の指示で上海から香港に至り，同年7月広西省南寧に赴く。12月，鄧小平の指導する百色蜂起に参加し，工農紅軍第7軍軍長となる。30年10月鄧小平らとともに北上し，広西，湖南，広東，江西省の省境地区を転戦。31年3月下旬贛江以西の紅軍部隊を統一指揮するために河西総指揮部がつくられた際，総指揮となる。同年7月紅7軍を率いて贛江を渡り，于都県で中央紅軍に合流，紅3軍団に入ったが，張雲逸は病気のため，紅7軍参謀長となり，10月紅7軍軍長。12月中央軍事委員会に移り，32年1月11日中国工農紅軍最高裁判所委員。33年5月30日総司令部1局局長兼第1方面軍副総参謀長となり，軍隊建設及び戦略戦術の研究を行う。この時期，粤贛軍区司令員も担当。33年福建事件がおきた際，紅軍の軍事連絡員として福建人民政府側との交渉にあたる。福建人民政府の崩壊後，共産党にとって好ましい情勢を活用でなかったことを指摘した「重大な失策」と言う論文を発表した。

1934年10月，長征に参加。当初は第8軍団参謀長であったが，この軍団が大損害を出して軍団の番号を取り消されると，中央軍事委員会に移り，軍委副参謀長兼1局局長となる。35年9月党中央が中央紅軍主力で北上先遣支隊（陝甘支隊とも称す）を組織して北上させた際，同支隊副参謀長。同年10月中央紅軍が陝北に到達し，11月紅1方面軍の番号の復活させた際，紅1方面軍副総参謀長。11月3日西北革命軍事委員会後方辦事処参謀長。36年2月紅1方面軍主力と元々西北にいた紅軍をもって組織した中国人民紅軍抗日先鋒軍が黄河を渡って東征を行った際，同軍副参謀長。同年5月始め中央が東征紅軍の陝北への帰還を決定し，渡河司令部を作った際，司令員。12月7日中央軍事委員会が改組された際，委員となり，陝北では軍委副参謀長を担当。37年5月延安から香港に赴き，華南の統一戦線工作に従事。同年6月広西省桂林で統一戦線工作に従事した。

抗日戦争勃発後，新四軍の組織化に奔走。マカオに赴き，葉挺に新四軍軍長を引き受けるよう依頼。1938年1月6日新四軍軍部が南昌に成立した際，同軍参謀長兼第3支隊司令員。39年5月5日新四軍江北指揮部指揮員兼江北指揮部前敵委員会書記。40年1月中原局委員。41年1月皖南事件が起きた後，新四軍副軍長兼第2師師長となり，直接第2師を率いて淮南地区の闘争を堅持。43年秋新四軍軍長・陳毅が党7全大会出席のため，延安に赴くと，軍長代理として新四軍の軍事工作を主宰。45年6月党7全大会で中央委員。日本が降伏すると新四軍を率いて山東に至り，山東軍区との合併を実現させ，新四軍副軍長だけでなく，山東軍区副司令員も兼任した。47年1月中央が新四軍の番号を取り消した際，華東軍区副司令員を担当。同年8月，党の華東後方工作委員会書記。

1949年9月中国人民政治協商会議第1回会議に参加し，政治協商会議全国委員会常務委員会委員，中央人民政府委員会委員に選ばれる。同年10月には，人民革命軍事委員会委員，広西省党委員会書記，省政府主席となる。この時期には中共中央中南局委員，華南分局第2書記，中南行政委員会副主席を歴任。52年体を悪くし，北京に移って休養，11月ソ連に療養に赴く。53年夏ソ連から帰国。その後，党の第8，9，10回全国代表大会で中央委員に選ばれる。全国人民代表大会第1，第2，第3期常務委員会委員，中央人民政府委員会委員，国防委員会委員，華僑事務委員会委員を歴任。55年9月大将の位を授与される。62年中共中央監察委員会副書記。74年11月北京で病死。

参考文献：中共党史人物研究会編『中共党史人物伝』33巻（陝西人民出版社，西安，1987年）。曾成貴主編『中国革命人物研究総覧』（河南人民出版社，開封，1989年）。羅永平・曾傅先『張雲逸大将』（海燕出版社，河南省，1987年）。韋国清他「懐念張雲逸同志」，『人民日報』1984年11月18日。

〔石井明〕

張　之洞　Zhang Zhidong

（1837年9月2日～1909年10月4日）

字は孝達・薌濤・香濤・香巌。号は壺公・無競居士。諡は文襄。原籍は直隷（河北省）南皮県。清末の開明的官僚，政治家，学者。高祖父，曽祖父，祖父はいずれも清廉な官僚（知県），父も苦労を重ねて貴州県興義府の知事（知府）となる。その興義府で生まれた張之洞は４歳のとき母を失う。

張之洞は非常に頭の切れる秀才であった。５歳で家庭教師について科挙の勉強を開始し，９歳で四書五経を読了。幼児のころから「毎夜，坐して書を読むを好んだ」。10歳で「九経を終え古文辞を学」び，11歳で「作詩作文」を習い，14歳で故郷南皮県の県学に入学。わずか16歳で郷試に首席で合格，挙人となった。しかし太平天国の農民反乱と父の死などにより最終テスト会試の受験は遅れ，受験できたのは10年後であった。だがこの会試に第３番の抜群の成績で見事及第，26歳という年若い進士の誕生であった。

以後，張之洞はエリート官僚として官位を上昇していった。翌年，翰林院編修に任ぜられ，31歳で浙江郷試の副考官と湖北学政に就任。その後，四川郷試副考官などを経て40歳のとき文淵閣校理となる。北京に帰った張之洞にはさらなるチャンスが訪れた。1880（光緒５年），吏部主事の呉可読が西太后の推挙で皇帝となった光緒帝の皇位継承を問題にしたのだ。張之洞は西太后を弁護したため，西太后の信頼を勝ち得たのである。またイリ地方で紛争中であったロシアと条約を締結した吏部左侍郎・崇厚を弾劾して，一躍官界で有名になった。

これ以後，昇進のピッチは早まった。1881年２月翰林院侍講（従五品），５月には同侍読学士（従四品）となる。翌年６月に内閣学士（従二品）。さらに11月に山西巡撫（山西省省長）就任という具合に，とんとん拍子に出世していった。貧しく酢しか名産がないといわれる山西省に赴任した張之洞は，殖産興業，教育振興に尽力すること２年半，84年４月には両広総督（正二品，広東広西両省の長官）を拝命した。ヴェトナムの宗主権をめぐる清仏戦争のさなか広東に赴き，対仏主戦論を主張して後衛の守りを固めた。以後５年間の両広総督在任中，開明的指導者としてこの地方の近代化につとめた。

さらに1889年夏には湖南湖北両省の長官である湖広総督に任命され，1907年夏まで，なんと18年の長きにわたってその地位にあった（その間，1894～95年の１年間と1902年の一時期は両江総督を兼任）。清代で最も長期間，総督をつとめた張之洞は，外国人顧問を雇い進歩派インテリをブレーンにして，漢口から北京までの鉄道建設に着手，完成したのをはじめ，多くの政策を実施した。殖産興業としては湖北機器局などの機械製造業，大冶鉄鉱，漢陽鉄政局などの鉱業，製鉄業，武昌紡紗局による製糸織布業，銀元局，製銭局による造幣事業をおこない，強兵のためには，水師学堂（海軍学校）の設立，湖北槍砲廠（兵工廠）の建設によるドイツ式軍隊すなわち「自強（新）軍」の養成をおこなった。また広東水師学堂，武昌自強学堂，湖北高等農務学校などの学校建設と海外留学生の派遣といった新教育をも実施した。さらに新思想にも一定の理解を示し，北京の朝廷に新政を上奏したり，梁啓超を主筆とする『時務報』の発刊に資金援助をするとともに，省の各機関にその購入を命じたりもした。戊戌政変で刑死した湖南の志士・譚嗣同はその師・欧陽中鵠への手紙で「今のおえら方のなかで，最もよく大局を考えて限界を設けず，また旧習に泥まず，実用を講求するものは，ただ張香帥（張之洞）１人のみ」と高く評価している。

1907年（光緒33）年夏，内閣大学士（正一品）兼軍機大臣という最高の位をあたえられ，北京に戻った張之洞は中央政府で教育行政を管理し，また督辦粤漢鉄路大臣，督辦鄂境川漢鉄路大臣を拝命。政府の統制のもと資本の借款により運営をはかってきたため，紛糾していた漢口，広州間の鉄道（粤漢鉄路）の交渉に勢力を費した。が，肝臓を患い在職のまま09年その一生を終えた。

張之洞は科挙に優秀な成績で合格，生涯を有能な官僚として過ごしたが，学者としても「一家の言」をもつ人物であった。たとえば，その著『書目答問』は中国古来の書物を分類し，その巻数，著者さらにその刊本のよしあしを注記するもので，現在でも中国学を学ぶ者の必読書である。また康有為などの公羊学を嫌い自らの信念をのべた主著『勧学篇』（1898年）は，張氏の開明的思想と政治的立場を如実に示していて興味深い。

張之洞は，形而下の技術学問は西洋，日本から採用せざるをえないが，形而上すなわち精神的学問においては中国には固有の優れた儒教（朱子学）がある，というのだ。西洋の科学技術の導入はおこなってもその基盤となっている思想や制度（民主思想や共和制）は拒否する。あくまで「中国の学を体となし，西洋の学を用となす」という「中体西用論」を固く信じ，清朝の君主専制の改革は認めなかったのである。張之洞は最後まで儒教体制の清朝を守護する官僚であり続けたのである。

参考文献：『勧学篇』（両湖書局，武昌，1898年）。『書目答問補正』（新興書局，台北，1967年）。許同莘『張文襄公年譜』（台湾商務印書館，台北，1969年）。『勧学篇』抄訳，『清末民国初政治評論集』（平凡社，1971年），および『原典中国近代思想史』第２冊（岩波書店，1977年）。小野川

秀美『清末政治思想研究』(みすず書房，1969年)。

〔河田悌一〕

張　之江　Zhang Zhijiang

(1882年～1966年5月12日)

字・紫岷，子珉，別署・子薑。欧文名・Poul C.C. Chang. 直隷省塩山県生まれ。馮玉祥麾下西北軍（国民軍）の軍人，国民政府委員。

生家は地主で，父は村正を務めていた。伝統的教育を受け童生となったが，1903年清朝の徴兵政策に従って軍隊に入り，学力を認められて第1混成協で騎兵大隊の小隊長に任ぜられた。のち張之江の部隊は，馮玉祥が大隊長として属していた第20鎮に編入され，張は馮の組織する武学研究会に加入した。

1911年，馮の命を受けて張之江は反清蜂起について滬軍都督・陳其美と相談するため上海に赴き，灤州蜂起を行った。この蜂起は失敗に終わったが，北方への軍の出動要請を拒否したことで，辛亥革命に寄与したといわれている。辛亥革命後の12年張は山西督軍・張紹曾のもとで参謀となり，続いて馮が旅長であった陸軍第16混成旅で上尉参謀となった。16年の護国軍蜂起では蔡鍔と連絡をとり，馮と協力して四川将軍・陳宧に独立を宣言させた。この時成都で多くのキリスト教伝道師に接し，張は洗礼を受けた。その後第16混成旅の騎兵大隊長に任ぜられた。

1917年張勲の復辟に際しては，張之江は段祺瑞の意を受けて，一時的に部隊を離れていた馮玉祥を呼び戻した。馮は北京から張勲を追放した。その後張は馮に従って江蘇，続いて湖南に移動した。20年馮の部隊は河南省に戻り，張は第22旅旅長となった。21年，第22旅は陝西に入り陳樹藩を攻めた。

1922年4月第1次奉直戦争が起きたが，馮玉祥は直隷派につき，張之江は河南で趙倜の部隊と戦い，11月北京で中将になっている。24年の第2次奉直戦争では，張は馮が総司令であった第3軍第1路軍を率い，熱河に赴いた。しかし同年10月馮は首都革命を起こし，直隷派・呉佩孚の部隊を北京から追い出した。馮の軍隊は国民軍と改称され，張はこの軍の騎兵第1路旅長となった。25年馮玉祥の要請を受けて奉天派の郭松齢が張作霖に対して反乱を起こすと，張之江はこれに乗じて天津を占領した。26年1月馮玉祥の後を継いで張は，西北辺防督辦となり，2月国民軍（西北軍）は直隷派を助けるために出動した。張らはソ連の援助を受けていたが，日本軍の干渉もあって奉天軍との戦闘に敗れて天津を放棄し，綏遠・寧夏に撤退した。張は西北辺防督辦署に軍事・財政・政治の各委員会を設置し，西北の開発を進めた。26年8月馮玉祥がソ連から戻り，張は西北軍の指揮権を馮に返した。同年9月西北軍は北伐軍に呼応して河南に進軍した。27年6月張は豫陝甘考核院院長，7月には国民政府軍事委員会委員に任命され，同年12月には国民政府委員となった。張は蒋介石と馮玉祥との間で仲介役として重きをなした。28年4月北伐が再開されると，張は総司令部高級参謀団主任としてこれに貢献した。

1930年に張之江は江蘇綏靖督辦，32年には軍事参議院参議となっていたが，次第に中国の伝統的体育の普及に力を入れるようになった。これより先，28年4月に張は国術研究館の理事となり，同年7月からはアヘン禁止委員会主席を務めた。35年には国外で各国の体育事業の視察をしている。36年張は上将に昇進した。41年第2次国民参政会参政員に，45年国民党中央執行委員に選ばれた。同年11月郭松齢の反乱直後に張の部隊によって殺された徐樹錚の子・道鄰が重慶の地方裁判所に張を「殺人教唆」で訴えたが，これは時効になっており，罪は問われなかった。46年4月張は憲法制定国民大会の代表となったが，同年軍を退役している。

張之江は中華人民共和国成立後も大陸に残り，1954年第2期中国人民政治協商会議全国委員会特別招待委員に，また56年には中国国民党革命委員会中央委員に就任している。66年5月北京で死去。

参考文献：劉紹唐主編『民国人物小伝』(伝記文学雑誌社，台北，1981年)。呉相湘『民国百人伝』第3冊（伝記文学出版社，台北，1971年）。Howard L. Boorman ed., *Biographical Dictionary of Republican China*, Vol. 1 (Columbia University Press, New York and London, 1967). 李泰棻・宋哲元編『西北軍紀実（1924—1930年）』(大東図書公司，香港，1978年)。

〔塩出浩和〕

張　志譲　Zhang Zhirang

(1893年12月28日～1978年5月3日（4月26日説あり))

字は季竜。江蘇省武進県生まれ。近現代中国の法学者。その父である張贇宸は，萍郷煤礦総辦，漢陽鉄廠総辦などを務めた。清華学校初級部，北京大学予科（理科），復旦公学（大学）で学んだ後，1915年に渡米した。カリフォルニア大学を経て，コロンビア大学法学部で学び，17年に卒業。ドイツのベルリン大学でも法学を学び，21年に帰国した。その後，中華民国北京政府司法部参事，大理院推事となったが，北京大学法学部，北京法政学校で授業を受け持った。

また，北伐期には武漢革命政府の最高法院に勤務し，この時期に親戚の張太雷の影響で共産党に参加した。南京国民政府成立後は，上海で弁護士となったが，1932年からは復旦大学法学院や東呉大学で教鞭をとり，法学者として欧米諸法を中国に紹介する役割を果し，復旦大学法学院長ともなった。弁護士時代には，共産党員の関連する案件の弁護に当たったが，また35年の中山水平射殺事件や36年の沈鈞儒，鄒韜奮らの七君子事件の被告人の弁護を担当し，その活動や言論が大きくメディアで取り上げられることになった。抗日戦争に際しては，蔣介石が開催した廬山談話会に参加し，上海で宣伝関連の業務を担当，のちに38年に武漢で成立した，共産党員を中心にした組織である国民政府軍事委員会政治部第三庁の宣伝科の科長となった。このほか，桂林行営政治部宣伝組組長などを勤める。40年，復旦大学法学院長となり，『復旦文摘』の主編，『憲政』の編集などに当たり，積極的に統一戦線を支持した。

日本の敗戦後は1946年に復旦大学とともに上海に戻り，政治的性向を同じくする教員らと教授聯誼会を組織し，幹事長となった。この団体は，たとえば沈崇案に抗議して米軍駐兵に反対したり，政府が国民代表大会を開催して中米通商条約を批准することにも抗議したりした。また，共産党の民主連合政府論にも一定の理解を示し，昆明などのリベラリズム思潮や学生運動を支持した。48年に北京に赴き，49年の中国人民政治協商会議第一回全体会議に出席し，北京大学でも新哲学，のちに比較憲法などの授業を担当した。

中華人民共和国成立後，最高人民法院副院長。復旦大学法学院教授，校務委員会主任委員となった。1953年，中国政治法律学会成立大会の主席団団員，同学会副会長（56年～第2期，58年～第3期，60年～第4期）。54年には第1期全国人民代表大会の江蘇省代表（59年～第2期，64年～第3期），また最高人民法院副院長となる。この間，57年から58年にかけて開催された第四回全国司法工作会議において，裁判所が中央および地方の共産党に絶対的に従うことなど，裁判所のあり方をめぐる基本原則を定めた。

1950年代半ばには，中国の法律家の代表としてカルカッタのアジア法律工作者会議（55年），ブリュッセルの国際民主法律工作者協会第6期大会（56年），ダマスカスのアジア・アフリカ法律家会議（57年）などに相次いで赴く。55年，最高人民法院審判員会委員，59年，全国人民代表大会法案委員会委員。このほか，中国エジプト協会理事，中国アラブ友好協会理事，中国セイロン友好協会会長などとして活動した。

1978年5月3日（または4月26日），北京で病没した。

参考文献：張志譲「一份没有交出的入党申請―張志譲自伝」（『復旦学報』社会科学版，上海，1981年4期）。野村浩一・近藤邦康・砂山幸雄責任編集『救国と民主―抗日戦争から第二次世界大戦へ―』（新編・原典中国近代思想史6，岩波書店，2011年）。〔川島真〕

張（ちょう）　治中（じちゅう）　Zhang Zhizhong

（1890年10月27日～1969年4月6日）

原名・本尭，字・警魄，改名・文白。安徽省巣県生まれ。軍人，政治家で，「国民党内民主派」と称される。

祖父は農民，父は手工業者であった。張治中は6歳で塾に入る。1906年安慶，揚州などで雑貨店見習や警官をやる。11年辛亥革命勃発時に揚州で蜂起に参加，その後上海で学生軍に入る。12年陸軍第2予備学校入学。卒業後，保定陸軍学校第3期歩兵科入学。16年安徽「安武軍」倪嗣衝部隊見習に配属される。17年孫文について広州に行き，その後，雲南軍中隊長，大隊長，広西軍総務参謀，四川軍独立旅団参謀長を歴任した。

1924年1月広州の国民党第1次全国代表大会で3大政策を擁護。また，黄埔軍官学校開設に参加，6月に同校が開学すると，軍事研究委員会委員に就任。次いで第3期学生総隊代理総隊長，第4期歩兵第1連隊長，さらに軍官団長に任じた。この時期，周恩来，鄧演達，惲代英と親密であった。25年夏頃，張治中の主張や態度は次第に左傾し，「紅色教官」，「紅色団長」と称されるようになる。26年3月中山艦事件後，蔣介石のやり方に公然と反対したために逮捕されそうになったが，次第に蔣の信任を獲得するようになる。7月広州で国民革命軍の誓師の際，総司令部副官処処長となり，北伐に従軍した。10月北伐軍の武昌攻略後，学生団団長をつとめる。久しからず黄埔軍校武漢分校が成立すると，同分校教育長を兼任した。27年4・12クーデター前夜，蔣介石は武漢分校学兵団を江西に赴かせることを命じたが，張は反共も反蔣も願わず，辞職を決定した。

1927年8月蔣介石の下野を機に，欧米視察を決行。28年7月蔣の命で帰国し，国民政府軍事委員会軍政庁長，次いで南京の中央陸軍軍官学校訓練部主任，教育長に就任した。29，30年中原大戦では蔣側に立ち，馮玉祥，閻錫山と戦う。32年1月第1次上海事件に参戦。33年12月国民政府第4路軍総指揮として福建人民政府に対する包囲攻撃に参加。36年12月西安事件の時は，蔣救出のために和平解決を極力主張し，蔣釈放後は軍校で「蔣介石の人格と修養」などを講演し，蔣の威信を高めた。

1937年7・7事件勃発後，第9集団軍総司令兼左翼軍総司令に就任，第2次上海事件にも参戦した。11月湖南省主席となり，共産党との友好関係を樹立した。例えば，中共湖南省代表・徐特立，しばしば長沙に来ていた周恩来，葉剣英とも関係が良好であったという。12月湖南防衛計画を中央に送り，実施させる。38年3月湖南省政府委員会第14回常会に汚職処罰単行法を提起し，「湖南省懲治文武公務人員貪汚暫行条例」を公布させる。8月中国工業合作協会総会理事に就任したが，39年2月軍事委員会委員長侍従室第1処主任に異動。第1処は各部会，各戦区との連絡を担当した。40年9月軍事委員会政治部部長，三民主義青年団中央幹事会書記長に就任した。張治中は政治部内に文化工作委員会を設置，同委員会に郭沫若ら左派系文化人を配置した。当時，四川省綦江には集中営があり，多くの愛国青年を殺害したため，社会の糾弾を受けていた。そこで張は青年釈放に尽力し，集中営を廃止させた。42年重慶での国共交渉に国民党側代表として参加する。43年秋張が重慶で「孔祥熙打倒運動」を発起したことで，三民主義青年団による倒孔運動が各地で行われた。

1945年5月国民党第6次全国代表大会で三民主義青年団代表を率いて「政治改革方案」を提出し，労農を国民党の基礎にすること，民主集権制，「耕者有其田」等々を主張した。45年日中戦争勝利後，張治中は国共両党間の和平交渉を続けた。重慶交渉の時，張はハーレー，毛沢東と交渉し，そのため国共両党は「双十協定」調印にこぎつけることになる。なお，9月には新疆イリ事件解決のため，国民政府代表としてウルムチにも行っている。46年3月東北停戦協定調印，4月盛世才に拘禁されていたすべての共産党員を釈放させた。7月新疆省主席に就任した。同時期蔣介石は全面内戦を発動し，10月張家口を占領したことで国共関係は完全に破壊された。47年1月南京に戻った後，政治方式による国共紛争解決を目指したが，頑固派の冷笑をあびる。48年6月蔣は西安で軍事会議を開催し，そこで張はソ連と中共対策の変更を勧めたが，蔣の同意をえられなかった。49年4月北平で張は国民政府和平談判代表団首席として共産党と和平交渉を行い，和平協定8条24款を作成するが，国民政府により拒絶される。

1949年9月人民政治協商会議が北京で開会されると，全国委員会委員，中央人民委員会委員に選出され，かつ人民革命軍事委員会委員兼国防研究1組組長に就任。その後12月西北軍政委員会副主席，第1～3期全国人民代表大会常務委員会副委員長，国防委員会副主席，国民党革命委員会中央副主席などを歴任した。58年反右派闘争の時，「自我検査書」を毛沢東に送付，文革時期にも批判された可能性もあるが，どのような状況，立場であったのか不明である。69年4月北京で病死。

参考文献：『張治中回憶録』上・下（文史資料出版社，北京，1985年）。余湛邦「張治中」，中国社会科学院近代史研究所主編『民国人物伝』5巻（中華書局，北京，1986年）。張治中「六十歳総結」，中国人民政治協商会議全国委員会編『文史資料選輯』70輯（中国文史出版社，北京）。

〔菊池一隆〕

張（ちょう）　自忠（じちゅう）　Zhang Zizhong

（1891年8月11日～1940年5月16日）

字・尽臣，尽忱。山東省臨清県生まれ。馮玉祥の部下にして中国国民党員。

張自忠の父・樹桂は清朝の官吏で知県であった。母・馮氏。張は幼い頃父の赴任先であった江蘇省海州県で育ち，詩書を学ぶ。父の死後母に連れられて山東省に戻る。臨清中学卒業後，1911年天津法政学堂に入学する。その後済南法政専門学校に転入する。張は卒業を待たずして陸軍第20師随営学校に身を投じ，学兵となり，奉天省新民村に駐屯する。ここでの兵役は極めて困難なものであったが，張は非常に真面目に務め，同地に駐屯していた第16混成旅旅長であった馮玉祥に認められ，16年同軍に入隊する。

第16混成旅は全員がキリスト教に入信しており，軍規の厳格な軍隊であったが，張自忠は刻苦努力して軍事を学び，排長になる。1919年馮玉祥部隊の教導団に入って再び学習し，優秀な成績を修め，連長，学兵団営長，団長と順調に昇進していく。24年10月馮の「首都革命」に参加し，その後は北京の護衛にあたる。26年9月馮がソ連から戻り，「五原誓師」を行い，中国国民党に加入すると，部下であった張ら全員も国民党員となる。

1927年4月馮玉祥の国民軍が武漢政府によって国民革命軍第2集団軍に改編されると，張自忠は第28師師長に任命される。開封において第2集団軍に軍官学校が創設されると，張はその校長に任命される。また，28年5月には陸軍第25師師長に任命される。30年4月馮玉祥が反蔣戦争を起こすと，これに参加する。35年11月チャハル省政府主席に任命され，11月に成立した冀察政務委員会の委員に任命され，翌年5月には天津市長となる。

1937年日中戦争が勃発すると，張自忠は第27軍団軍団長として華北の防衛にあたる。40年5月日本軍は7個師団を信陽，随県，鐘祥の3路に分け，四川省への侵攻を窺う。7月張は第74師を率いて鐘祥に出陣する。日本軍の攻撃は激しく，16日張は戦闘中日本軍の砲弾を受け，戦死する。国民政府は張に陸軍上将の称号を与え，遺体を重慶北碚梅花山に葬る。日中戦争終結後，張は抗日戦の英雄として北平，天津などに記念碑が建てられる。

参考文献：汪新・劉紅『南京国民政府軍政要員録』（春秋出版社，北京，1988年）。張子文「張自忠小伝」，『伝記文学』31巻4期，1977年10月。　〔家近亮子〕

張（ちょう）　宗昌（そうしょう）　Zhang Zongchang

（1881年2月13日～1932年9月3日）

字・効坤，綽号・狗肉将軍，長腿将軍。山東省掖県祝家荘生まれ。軍人。

張宗昌の父は貧しいラッパ手であり，母は巫女であった。15，6歳の時に母とともに奉天省営口に行き生活した。張は正規の教育を受けたことは無く，「緑林（馬賊）大学卒業」と自称していた。

辛亥革命勃発後，馬賊100人を率いて上海に行き光復軍団長となった。その後所属部隊は江蘇都督・程徳全の下の冷禦秋師に編入されたが，第2革命の時敗れて，直隷派の大物江淮宣撫使・馮国璋に解散させられた。その後革命派を離反し馮国璋に接近した。1916年春，中華革命党の大物・陳其美が上海で反袁世凱活動をしていた時，張宗昌は馮との関係を通じて袁に買収されて，部下の営長・程国瑞を派遣して陳其美を暗殺し，馮の信頼を勝ち得た。この年11月，馮が副総統になった時には，侍従武官長を務めた。18年初め，蘇軍第6混成旅旅長となり，湘贛検閲使・張懐芝にしたがって湖南省を攻め，4月下旬大敗したが，大量の敗残兵を収容して暫編陸軍第1師師長となった。20年6月江西省に退いたが，21年初めその軍隊が吉安で給与問題で騒ぎを起こしたため，江西督軍・陳光遠に解散させられ，張は単身北方に戻った。

その後，奉天に行き張作霖の下に投じた。第1次奉直戦争直後の1922年5月，張宗昌は前吉林軍師長・高士儐と綏芬河の馬賊・盧永貴の挙兵を破って敗残兵を収容して3個団を成立させた。この事件を契機にして張作霖に重視されることになり，綏寧鎮守使に任じられ，さらに吉林防軍第3旅旅長に昇格した。

1924年秋，第2次奉直戦争では，鎮威軍第2軍副軍長として参戦し，奉軍の先頭を切って冷口より関内に進入し，直隷派の呉佩孚軍の4個旅を自軍に収容し兵力を増大させた。この後宣撫軍第1軍軍長となり，蘇皖宣撫使・盧永祥の南下を援助して，江蘇を支配している直系の斉燮元軍を破って上海に至った。25年2月，段祺瑞執政府は張宗昌を蘇皖魯三省勦匪総司令に任命し，徐州に駐屯させた。4月，張作霖の圧力によって，段祺瑞執政府は張を山東軍務督辦に任命した。以後張宗昌が山東省を統治したが，労働運動や学生運動を弾圧し，とりわけ25年5月，ストライキ中の青島の日本資本の在華紡労働者に対して引き起こした「青島惨案」は悪名高い。

1925年10月，浙江督辦・孫伝芳と馮玉祥の国民軍が連合して，奉軍との戦争がはじまった。11月，張宗昌は徐州を放棄し山東省に退き，西南部で国民軍第2軍の李紀才軍と戦った。12月，国民軍第1軍に天津を追われて済南に逃げてきた奉系の直隷督辦・李景林とともに直魯連軍を結成，総司令となった。26年初め，直系の呉佩孚の部下靳雲鶚と反国民軍の合作条件を結び，3月には国民軍を追って奉軍と直魯連軍は天津に，4月には北京に入った。張は北京政府より義威上将軍を授けられた。

北伐軍が長江下流に迫った1926年12月1日，張宗昌は安国軍副総司令兼直魯連軍総司令に就任し，翌27年1月，孫伝芳軍への援軍として，直魯連軍を一路は南京，上海に出動させ，一路は安徽省北部の合肥に進出させ，北伐軍と戦った。3月，上海労働者の第3次武装蜂起によって，直魯連軍は上海から撤退し山東省に戻った。その後，蔣介石の4・12クーデター以後，南京政府と武漢政府の対立に乗じて，張と孫伝芳は再度反攻を試み，7月に孫は徐州を奪った。この時期，張は津浦鉄道，隴海鉄道沿いに，国民党の蔣介石軍，馮玉祥軍と戦ったが，蚌埠，徐州，蘭封などの地区で敗れ，12月には山東省に戻った。

1928年4月，国民党の「第2次北伐軍」が済南に迫り，日本は権益擁護のために山東出兵を行い「済南事件」を引き起こした。張宗昌は済南を撤退し直隷省（河北省）東部に到り奉天に戻ろうとしたが，張学良軍と国民党の白崇禧軍の両方に挟み撃ちされ，9月，張の部隊5万人は，白崇禧軍に収編され，張は大連に去って日本の庇護を求めた。

1929年初め，魯軍の残存部隊と前から張宗昌に従っていた日本人・倉谷箕蔵，根本豪，小日向白朗らと山東省奪回を謀り煙台に上陸したが失敗し，日本の別府に亡命した。「満州事変」後，張は「抗日」を標榜して帰国し山東省奪回の機会を狙っていたが，32年9月3日，北平から済南に戻ったところで，山東省主席・韓復榘にそそのかされ，張を叔父の仇として恨んでいた鄭継成に済南駅で刺し殺された。

参考文献：朽木寒三『馬賊戦記（上）小日向白朗と満州』（番町書房，1975年）。黄徳昭「張宗昌」，中国社会科学院近代史研究所主編『民国人物伝』1巻（中華書局，北京，1978年）。田克深・王兆良『光輝的百年歴程』（山東人民出版社，済南，1984年）。工爻「張宗昌之出身」，『逸経』6期，1936年。　〔馬場毅〕

章　宗祥（しょう　そうしょう）　Zhang Zongxiang

（1879年～1962年10月1日）

字・仲和。浙江省呉興県生まれ。交通系の高級官僚。司法総長，農商総長，駐日公使などを歴任。段祺瑞政府の時の「西原借款」を推進。五・四運動で「売国三官僚」として罷免される。

読書人の家庭で育つ。父の章菊生は抜貢。章宗祥は1899年日本に留学し，第一高等学校から東京帝国大学法科に入学した。初期の中国人留学生の組織である励志会の指導者であったが，穏健派を代表した。特に「売国三官僚」の1人である曹汝霖とは，留学生時代から親しかった。日本書を漢訳する訳書彙編社に金邦平，曹汝霖らと参画して法律の講義などを翻訳して紹介した。また『日本留学指南』を出版して留学生の世話役として活躍した。清朝皇族・載振が日本へ特使として派遣された時に留学生の代表として謁見し，清朝との関係を得た。

帰国後，法律の専門家として清朝に登用される。「政界にあること十余年，余の公生活のほとんどは内政と法律である。外交問題については大変に疎遠である」と述べているほどである。1903年に北京進士館の教師となる。05年の「第1次留学卒業学生試験」（従来の科挙試験に準ずる）で曹汝霖とともに進士に合格した。法律館纂修官となる。また商部尚書載振を補助して商法の編纂に従事した。その後，憲政編査館編制局副局長，北京内城巡警庁丞，内閣法制院副使などを歴任。10年，摂政王載灃暗殺計画で逮捕された革命派の汪精衛の審理を北京内城巡警庁丞として担当した。日本留学の同学である汪精衛の才能を惜しみ，「寛大な処置を請う」と進言した。この結果，死刑から無期徒刑に減刑され，その後の汪精衛の活躍があるのも章宗祥の御陰である。

辛亥革命後の南北議和に参加した。中華民国成立後は袁世凱のもとで総統府秘書，法制局長，大理院（最高裁）院長などを歴任した後，1914年2月に孫宝琦内閣の司法総長に就任した。更に4月には農商総長を兼任した。その後，徐世昌，段祺瑞内閣においても司法総長を留任した。

袁世凱が死去した1916年6月，それまでの陸宗輿に替わって駐日特命全権公使に任命された。そしていわゆる「西原借款」（17年1月～18年9月）といわれる一連の日本と段祺瑞政府との借款交渉を担当した。章宗祥の紹介で中国に渡った西原亀三が曹汝霖（交通総長，財政総長），陸宗輿（中華匯業銀行総理）らと協議して借款を決定（契約書は章宗祥が署名）していったため，この3人が親日派官僚としてみなされることとなった。18年には反共軍事同盟としての「日華陸軍共同防敵軍事協定」，「日華海軍共同防敵軍事協定」を締結した。更に18年9月24日の「山東省に於ける諸問題処理に関する交換公文」で，日本軍の済南と青島駐屯を認める要求に「欣然同意」の文字をしたためた。章宗祥は「外交文書の常套語に過ぎない」と弁明したが，後のパリ講和会議で中国が山東省におけるドイツ権益の返還を求めた時，日本はこの「欣然同意」を持ち出し，ドイツの権益は日本が継承したと主張して中国の要求は挫折した。こうして中国権益を日本に売り渡した売国奴と非難された。

1919年5月4日，いわゆる五・四運動が発生し，曹汝霖宅（趙家楼）に居た章宗祥はデモ学生に痛打された。全国的に「売国三官僚」の罷免を求める要求が高まり，6月10日に曹汝霖，陸宗輿とともに駐日公使を罷免された。こうして政治生命を終えた。その後は日中合弁の中華匯業銀行総理，北京通商銀行総理を務め，28年以降は青島に住んだ。抗日戦争中に汪精衛政権のもとで華北政務委員会諮詢委員，電力公司董事長を歴任したため，45年に漢奸として逮捕されたが後に釈放された。62年10月1日，上海で病死した。

参考文献：曹汝霖著，曹汝霖回想録刊行会編訳『一生之回憶』（鹿島研究所出版会，1967年）。沃丘仲子『当代名人小伝』（崇文書局，上海，1919年）。大中華民国編「章宗祥」，中国社会科学院近代史研究所近代史資料編輯組編『五四愛国運動』下（中国社会科学出版社，北京，1979年）。章宗祥「東京之三年」，中国社会科学院近代史研究所近代史資料編輯組編『近代史資料』総38号（中華書局，北京，1979年2月）。鄭則民「章宗祥」，中国社会科学院近代史研究所主編『民国人物伝』3巻（中華書局，北京，1981年）。呉相湘「五四新日三伙伴—曹汝霖，章宗祥，陸宗輿」，『伝記文学』42巻5期，1983年5月。　〔横山宏章〕

張　宗遜（ちょう　そうそん）　Zhang Zongxun

（1908年2月7日～1998年9月14日）

陝西省渭南赤水鎮堰頭村生まれ。中国工農紅軍，中国人民解放軍上将。

富裕な農民の家庭に生まれる。少年のとき叔父・張浩如から五・四運動や軍閥混戦の話を聞き，思想的影響を受けた。その後王尚徳，張浩如らの始めた赤水職業学校でマルクス主義の教育を受ける。1924年5月中国社会主義青年団に加入，25年中国共産党の決定により合作中の国民党に加入する。26年1月黄埔軍官学校に第5期生として入学。このとき中共党員となり，しばしば広東省農民協会で周恩来の政治情勢報告を聞き影響を受けた。26年3月「中山艦事件」が起きると国民党を脱退する。27年1月中央軍事政治学校武漢分校に移り，大衆運動や宣伝工作にも従事した。

1927年4月卒業後国民革命軍第8軍第3師団に配属されるが，直後の国共分裂により部隊を脱退し，国民革命軍第24師団新兵訓練処小隊長となる。9月秋収蜂起に参加，蜂起軍が工農革命軍第1軍第1師団になると第6中隊長に任ぜられる。このとき毛沢東と出会い感銘を受け，井崗山まで護衛する。その後第1連隊第2中隊副中隊長，永新県遊撃大隊長となり，さらに工農紅軍第4軍第31連隊第2中隊長，第3縦隊第9支隊長となって井崗山革命根拠地の防衛に活躍した。30年6月同縦隊は工農紅軍第1軍団第12軍に改編され，参謀長代理となる。その後工農紅軍第12軍第30師団長，第1方面軍独立第1連隊長などを歴任する。34年瑞金の紅軍大学に学び，6月同校長兼政治委員となる。10月紅軍第1方面軍が長征のため中央革命根拠地から撤退し始めると，中央縦隊参謀長，紅軍第3軍団第4師団長に任ぜられ，遵義会議後紅軍第1方面軍の改編で第10連隊長となる。35年2月戦闘中に負傷したが，7月紅軍第4方面軍第4軍参謀長として復帰し，36年11月紅軍大学第2学校上級幹部隊長となる。37年1月中央軍事委員会第1局長兼鄜県・甘泉警備司令となり，8月紅軍第2方面軍第4師団長に任ぜられる。

日中戦争勃発後，1937年国民革命軍第八路軍第120師団第358旅団長を務め，39年賀龍，関向応の命により張縦隊と称する自らの軍隊を組織して司令員となる。40年2月晋察冀革命根拠地に戻って日本軍と奮戦し，「百団大戦」に参加した。10月晋西北軍区が設けられ，第3軍分区司令員に任命される。42年5月整風運動に参加するため延安に赴くまで第358旅団長として激戦を重ねた。12月延安自然科学院大学の学生であった杜芳と結婚。43年3月部隊に戻り，国民党の囲剿作戦に抵抗して延安を防衛する。45年党の中共第7回全国代表大会で中央委員候補に選出される。8月晋綏野戦軍副司令員に任ぜられる。

1946年国民党との内戦が始まると大同戦役を指揮し，47年西北野戦軍第1副司令員兼第1縦隊司令員に任命されて彭徳懐とともに西北地区での胡宗南との戦闘などを指揮する。中華人民共和国建国後も西北軍政委員会委員などとして西北地区の復興に貢献した。

1952年中国人民解放軍総参謀部副総参謀長兼軍校部長に任命され，軍の教育訓練や民兵，兵役などを担当する。53年3月スターリン逝去弔問のため訪ソ。55年4月訓練総監部副部長兼任となる。9月一級八一勲章，一級独立自由勲章，一級解放勲章を授与され上将となる。56年9月党の第8期全国代表大会で中央委員候補に選出される。59年彭徳懐率いる中国軍事友好代表団に加わり東欧など7カ国を訪問，翌年には軍事代表団長としてアラブ連合を訪問する。この間ずっと軍の幹部や専門家の養成のための高等教育機関設立及び制度の整備を担当した。

文化大革命では迫害されたが，1972年6月済南軍区副司令員として復活，73年6月総後勤部長に任命され，77年2月まで在職。82年第6期中国人民政治協商会議全国委員に選出される。88年7月一級紅星功勲栄誉章を授与される。98年9月死去。

参考文献：星火燎原編輯部編『解放軍将領伝』10集（解放軍出版社，北京，1989年）。『張宗遜回憶録』（解放軍出版社，北京，1990年）。

〔安田淳〕

張（ちょう）　宗禹（そうう）　Zhang Zongyu

（生年不詳～1868年8月16日）

官側史料は張総愚と記す。安徽省亳州雉河集張大荘生まれ。清末安徽北部の捻軍の首領。

千畝の土地を有する地主の家に生まれ，幼少のころ科挙受験の準備をしたが，成長して方向を転換した。捻軍の首領にはめずらしい知識人であった。1853年族叔・張楽行を中心とする捻党の活動に加わり，55年の雉河集における捻軍の会盟では鑲黄旗を領した。張楽行に従って参謀をつとめ，軍規の維持に厳しく「小閻王」と呼ばれた。60年李大喜とともに江蘇北部に遠征し要衝清江浦で清軍を破った。62年捻軍が大挙して河南に遠征したさい，張宗禹の部隊は周家口から洛陽などを経て陝西の洛南一帯まで転戦し，扶王・陳得才，遵王・頼文光の率いる西北太平軍と行動をともにした。

1863年春，僧格林沁の率いる清軍が安徽北部を制圧して雉河集が陥落，張楽行は清軍に逮捕，処刑された。これ以後張宗禹が実質的に捻軍の最高指導者となった。部隊は河南を転戦して，翌64年春ふたたび西北太平軍と会合し，頼文光を首領として連合部隊を編成。太平軍は張宗禹に梁王の称号を与えた。65年春，太平軍・捻軍の連合軍は山東の曹州府菏沢県の高楼寨付近で清軍に戦勝し，僧格林沁を戦死させ，清朝を震撼させた。その後張宗禹は北京攻撃を主張したが他の指導者は見解を異にして実現せず，頼文光の部隊とつかず離れずの形で河南・湖北・山東・江蘇北部・安徽北部を転戦，僧格林沁についで対捻軍戦の欽差大臣となった両広総督・曾国藩を苦しめた。

1866年10月，河南の中牟県で軍を2分し，張宗禹の部隊は西捻軍，頼文光の部隊は東捻軍と称し，西捻軍は陝西に入って西安付近で左宗棠・劉蓉の率いる湘軍と交戦した。まもなく東捻軍の危急を知り山西・河南から直隷に入って北京西郊を脅かした。翌年，東捻軍の滅亡後も活動を続け，天津の近郊ではイギリス・フランスの守備軍とも交戦した。しかし68年春には曾国藩に替わった李鴻章により大運河・黄河などにさえぎられた山東半島の一角に追いつめられ，8月16日荏平県広西鎮の徒駭河のほとりで清軍に敗戦，西捻軍は壊滅し張宗禹の消息も不明となった。同日死亡の説が有力。

参考文献：清史編委会編『清代人物伝稿』下編2巻（遼寧人民出版社，瀋陽，1985年）。江地『捻軍人物伝』（山西教育出版社，太原，1990年）。　〔並木頼寿〕

張（ちょう）　作霖（さくりん）　Zhang Zuolin

（1875年3月19日～1928年6月4日）

字・雨亭。奉天の海城生まれ。緑林から身を起こした奉天系軍閥の創始者。父は張永貴，母は邵氏。14歳の時に父が殺されたので，母と鎮安県に移住。子供は8男6女をもうける。

1894年，日清戦争時に毅軍，馬玉崑の部隊に入り，終戦後は馬賊（胡匪，紅鬍子）の馮麟閣の部下となるが，義和団運動とその後のロシア軍の東三省進駐に対する私的防衛組織「保険隊」を率い，近隣の頭目である張景恵，湯玉麟，張作相らと共同行動をとった。1901年，盛京将軍・増祺の保険隊に対する招撫政策を受け入れて，張作霖は遊撃馬隊の長となり，04年以後政府から経費を支給され，官軍となった。日露戦争中には，当時の田中義一中佐に救われたことがあるとされる。07年，徐世昌が初代東三省総督に任命され，胡匪鎮圧政策が実施されると，張作霖は奉天巡防営前路統領となった。その後も「蒙匪討伐」に従事し，部下3,500名を擁するにいたった。

辛亥革命当時，張作霖の部隊は洮南に駐留していたが，1911年11月，総督・趙爾巽の要請で諮議局に乗りこみ革命派を武力威嚇し，12年6月には奉天省城の軍権を掌握した。9月袁世凱は，張作霖の部隊を陸軍第27師と改編し，彼を中将師長に任じ，奉天省城駐防となった。15年，袁の帝制準備でも新任の袁世凱派の段芝貴督軍とともに，支持を表明するが，全国的に反袁闘争が展開するのをみて，16年4月段芝貴を放逐した。6月，袁の死後，段祺瑞政府によって奉天督軍兼省長に任じられた。

奉天督軍となった張作霖は，配下に文人や日本陸軍士官学校出身者を集めるようになり，遼陽の士紳・袁金鎧を秘書長に，楊宇霆を軍参謀長に，王永江を奉天警務処長に任じた。こうして，旧来からの緑林のグループと，新しいグループを擁したひとつの政治集団としての奉系軍事集団が形成された。

1917年7月，張勲の復辟が失敗したのを機に，張勲側についた緑林以来のライバル馮徳麟を打倒し，奉天の軍権を完全に掌握，8月黒龍江省督軍を自己の影響下に置いた。18年はじめ，段祺瑞の腹心・徐樹錚は楊宇霆を通して張作霖を安徽派に引きこみ，奉軍5万を入関させ直隷派への牽制とした。他方，張作霖は，18年9月，東三省巡閲使（清朝期の東三省総督に相当）の地位を得，東北全域を支配下に置く基盤ができあがった。

日本政府は，1916年10月，寺内正毅内閣以降，積極的に張作霖支持をうちだし，18年にかけて朝鮮銀行は多額の借款をおこなった。経済関係についてみても，19年，20年の大連の輸出大豆の80%は日本と朝鮮向けであった。また，20年には，張作霖は日本人顧問・菊池武夫，町野武馬，本庄繁らを招請していた。19年7月に勃発した「寛城子事件」は，日本軍と吉林軍の衝突であったが，日本側の強硬な対応で北京政府は事実上，吉林督軍・孟恩遠の革職をおこない，その結果，張作霖が吉林を支配下にくみいれた。こうして中華民国の国家・政府主権を大前提として，東北に覇をとなえた張作霖は，中央政治に積極的に関与することとなる。

張作霖は1920年7月，安直戦争で直隷派・曹錕や呉佩孚と連合して段祺瑞を打倒，直隷派とともに北京政府の実権を握り，同時に日本の強力な援助を要請していた。21年5月，張は蒙疆経略使となり，熱河，チャハル，綏遠の3特区をも支配下に置いた。その後，直隷派曹錕との矛盾が激化し，22年4月第1次奉直戦争となったが敗北した。5月東北の北京政府からの独立を宣言し，6月には東三省保安総司令に就任して東北自治と称し，北京政府の正統性を否認した。第1次奉直戦争を経て明らかになった張作霖の東北自治政策には，軍隊の再編成（東三省陸軍整理処），兵工廠の拡充，交通網の整備（東北交通委員会），税収確保，鉄道収入独占，塩税拘留（北京へ送らない）などがあり，いずれもその直接的目的は北京政府権力争奪のための軍事力・経済力の増強にあった。

1923年前後には，反直隷「三角同盟」を推進し，かつての政敵ともいえる段祺瑞および孫中山との連合をとなえた。孫中山も北方軍閥の分化をねらって汪精衛を奉天に派遣したりした。24年9月，第2次奉直戦争では，長城沿線を戦場とし長期戦化したが，馮玉祥のクーデター（北京政変）により，11月，張作霖と馮玉祥は北京政府を掌握した。同じ頃，孫中山が北上し国民会議を提唱するが，張作霖は段祺瑞とともにこれに対抗して善後会議を開催した。25年前半期，奉天軍は大挙入関し，直隷（李景林），山東（張宗昌），江蘇（楊宇霆），安徽（姜登選）を占領，6月には上海へ進駐した。そして5・30運動の発展を鎮圧するが，各地の反奉天派運動の高揚を招き，さらに10月直隷派・孫伝芳が反奉5省連軍を結成するもとで，北方でも馮玉祥との対立のなかで，11月に南方から撤退するにいたった。関内に40万の軍隊を投入していたが，これを支えた最大の財政的手段は「大豆経済」を基礎とした奉天票の乱発にあった。

1925年11月22日，馮玉祥国民軍への対応をめぐって張作霖と意見が対立していた郭松齢は，「地盤を争奪しあい，東北人民に損害を与える」戦争の停止と，東北の経済の安定と開発を主張して，反張作霖，反楊宇霆の軍を挙げた。郭軍が12月5日，錦州を占領した時点で，張作霖はもはや敗北と観念して，6日には「下野声明」すら出していた。ところが，その時，日本の関東軍の介入によって張作霖と楊宇霆は兵を整え12月24日郭軍を敗北させた。

1926年1月，張作霖は，奉天省長・王永江の軍事費削減のための財政改革意見を斥け，楊宇霆とともに北京政府掌握という政治的選択を行い，3月以降，馮玉祥を西北に駆逐した。増大する軍事費の負担は，奉天票の乱発によって補われ，その結果，対金票（「朝鮮銀行兌換券」）交換レートは下落し，民衆のインフレに対する不満が高まったが，権力維持のための財源確保として，さらに大規模な大豆特産物の買い占めに乗りだした。

時あたかも，広州国民政府は1926年7月北伐に出発し，直隷派・呉佩孚らの勢力を打倒して急速に長江流域に進出した。これに対し張作霖は，26年12月安国軍総司令となり，27年4月12日の蔣介石の反共クーデターと事実上呼応しつつ，4月28日，北京で中国共産党北方区執行委員会書記であった李大釗をはじめとする共産党員を処刑し，6月には「安国軍政府」を樹立して「中華民国陸海軍大元帥」の地位に就いた。

ちょうどこの頃，日本の田中義一内閣は東方会議を開催，1927年8月に入ると奉天総領事・吉田茂が奉天省長の莫徳恵に吉（林）会（寧）線など7路線の増修築を要求，他方，公使・芳沢謙吉は「商租権」問題などを含む「満蒙懸案の一挙解決」を張作霖に要求した。東北各地では8月から9月にかけて，こうした日本側の政治的攻勢に反対する反日運動が組織された。さらに，10月満鉄総裁・山本条太郎は，張作霖との間に「満蒙新五路協約」を結んだ（正式には翌28年5月に調印）。28年4月，蔣介石，馮玉祥，閻錫山，李宗仁の4集団軍は対張作霖「北伐」を実施，日本は第2次山東出兵をおこなったが，5月18日，公使芳沢謙吉は張作霖に関外退去を勧告した。5月30日，張作霖は張作相，孫伝芳，楊宇霆らとの協議で退去を決定，6月3日早朝北京をたち，天津を経由して，4日午前5時半頃，京奉線皇姑屯駅をすぎた満鉄線と立体交差する地点（三洞橋）で，張作霖の列車は，河本大作大佐指揮下の関東軍による橋梁爆破によって破壊炎上させられた。これによって張作霖は重傷を負い，一旦大元帥府に収容されたが，その日の午前9時半頃に死亡した。彼の死は，張学良の帰奉した後6月21日公表された。

参考文献：常城主編『張作霖』（遼寧人民出版社，瀋陽，1980年）。張徳良・周毅主編『東北軍史』（遼寧大学出版社，瀋陽，1987年）。王鉄漢『東北軍事史略』（伝記文学出版社，台北，1982年修訂版）。司馬桑敦等『張老帥与張少帥』（伝記文学出版社，台北，1984年）。張徳良・周毅主編『東北軍史』（遼寧大学出版社，瀋陽，1987年）。胡玉海・里蓉主編『奉系軍閥大事記』（遼寧民族出版社，瀋陽，2005年）。西村成雄『中国近代東北地域史研究』（法律文化社，1984年）。松重充浩「張作霖による奉天省権力の掌握とその支持基盤」，『史学研究』192号，1991年。澁谷由里『馬賊で見る「満洲」』（講談社，2004年）。Gavan McCormack, *Chang Tso-lin in Northeast China 1911-1928; China, Japan, and the Manchurian Idea* (Stanford University Press, Stanford, 1977). Suleski, R., *Civil Government in Warlord China* (Peter Lang Publishing, 2002).
〔西村成雄〕

張(ちょう)　作相(さくそう)　Zhang Zuoxiang

（1881年～1949年5月7日）

字・輔忱。遼寧省義県南雑木林子村生まれ。原籍，直隷省深州鎮。夫人は趙氏。子供は趙氏との間に6男あり。奉天派指導者。

父・張永安は平日は農業を営みながら結婚式の楽師を務めていたが，生活は貧しかった。母・劉氏は生活を切り詰め，張作相を私塾に通わせた。1894年日清戦争が勃発，家計は逼迫し，作相は本家の叔父の張永清の仕事を手伝うようになる。日清戦争後の混乱の中，16歳の時一族の者が暗殺され，身の危険を感じた作相は，錦州付近に落ちのびた。

1901年張作霖の下に身を寄せ，以後その忠実なパートナーとなっていった。03年張作霖が新民巡防営管帯に任じられると，張作相は哨官となる。07年頃張作相，張作霖は呉俊陞，孫烈臣，張景恵，湯玉麟ら8人で義兄弟の契りをかわしたという。11年辛亥革命時，張作相は奉天前路巡防馬隊1営管帯として，張作霖を助けた。この頃，奉天講武堂で学ぶ。12年9月奉天中路巡防と前路巡防が陸軍第27師に改編され，張作霖は師長に，張作相は砲兵第27団団長となり，17年春陸軍第27師歩兵第53旅旅長となる。この頃謀反の疑いの出た湯玉麟の追撃にあたる。同年8月陸軍第27師歩兵第54旅旅長，19年1月東三省巡閲使署総参謀長となる。同年7月黒龍江督軍に昇進した孫烈臣の後をうけて8月に陸軍第27師師長に任じられた。

1922年4月第1次奉直戦争が勃発，張作霖は鎮威軍総司令兼東路軍総司令として，張作相を東路軍第1梯隊司令，張学良を第2梯隊司令に任じた。この戦争で手痛い打撃をうけた張作霖は，軍事力を高めるため東三省陸軍整理処をつくり，統監に孫烈臣，副監に張作相，参謀長に張学良を任命した。

1924年4月吉林省督軍兼省長である孫烈臣が病死，張作相はその後をうけ，また，東三省保安副司令も兼任した。同年9月第2次奉直戦争が勃発すると第4軍軍長，12月督辦吉林軍務善後事宜。25年2月朱慶瀾の辞職後，一時東省護路軍総司令を兼任，3月東北軍の改編にともない，東北陸軍第15師師長も兼任，11月第5方面軍団軍団長となる。12月郭松齢事件の際には，軍を率いて吉林に帰り後方防衛にあたる。26年11月呉俊陞，孫伝芳，閻錫山らとともに総勢16名で張作霖を安国軍総司令に推し，27年6月には，やはり諸将とともに，張作霖を陸海軍大元帥に推挙した。7月第5方面軍団軍団長，9月東省護路軍総司令を兼任。10月輔威将軍に任じられ，上将に昇進。奉晋戦争では奉天軍北路総司令として進軍，28年の北伐軍の進軍には，吉林軍を率いてこれに応じた。

1928年6月張作霖爆死事件が起きると，東三省議会連合会が張作相を東三省保安総司令に推したが，固辞する。12月29日張学良，張作相，万福麟らは，東北の易幟を宣言，31日国民政府は張作相を東北辺防副司令長官，吉林省主席に任命した。29年1月国民政府首都建設委員会委員を兼任，7月国防司令を命じられ，8月吉林大学が成立するとその校長も兼任した。31年6月国民政府委員および中央政治会議委員を兼任。9月18日満州事変勃発時には，父の死亡のために故郷の義県に帰っており，吉林省主席代理の熙洽が吉林の独立を宣言した。作相は張学良のいる北平に行き学良と行動をともにする。

1932年初頭に北平軍事委員会が成立し理事を兼任，同年8月軍事委員会北平分会の委員も兼ねる。33年初頭，日本軍が熱河方面に進出すると，国民政府は，張作相を第2方面軍総指揮兼第6軍団総指揮に任ずるが6月撤回。その後作相は天津に身を潜め，満州国国務総理となった張景恵らによる再三のさそいにも応じなかった。36年1月国民政府軍事参議院上将参議に任ぜられる。

1947年初頭，東北行轅政治委員会委員，10月に東北行轅政治委員会と経済委員会が合併した政務委員会委員に任ぜられる。48年3月万福麟とともに中央政府顧問，同月東北剿匪総司令衛立煌暫行兼代東北行轅政務委員会主任委員，4月東北行轅政務委員会主任委員を任ぜられるが，情勢の悪化から就任しないままとなった。9月解放軍が故郷錦州を解放するさなか，財産を処分するため帰郷。解放軍は張作相を天津に送り，再び天津で過ごす。蔣介石は張作相のもとに人を派遣し，台湾に来ることを勧めるが，これを断わり天津に留まる。49年5月脳溢血により天津で没した。

参考文献：中国社会科学院近代史研究所主編『民国人物小伝』第4冊（伝記文学出版社，台北，1981年）。張傑「張学良的老把叔張作相」，『人物』1985年4月号。田辺種治郎編『東三省官紳人民録』（文海出版社，台北，1973年）。「最新満州辞典」，『改造』1937年7月号付録。片倉衷「満州事変機密戦略日誌」，『現代史資料7満州事変』（みすず書房，1964年）。
〔浜口裕子〕

趙（ちょう）　秉鈞（へいきん）　Zhao Bingjun

（1859年2月3日～1914年2月27日）

字・知庵，智庵。原籍，河南省汝州白沙溝，同地に生まれる。清末・民初の政治家。

幼くして父を亡くし，母の再婚によって継父の家に入った。羊飼いや資産家の書生をした後，1878年に秀才の試験を受けたが失敗し，左宗棠配下の楚軍に入り，その新疆遠征に参加して，83年にイリで勘画中俄辺界辦事員となり，辺境防衛の功績を認められて，欠員のあった巡検職についた。

その後，洛陽駐屯の河南鎮総兵・張曜の当番兵となり，1886年張曜が山東巡撫となると，張に従って山東へ行き，佐雑の官位を買った。89年さらに典吏の官位を買い，直隷省に派遣されて任命を待った。92

年同省新楽県典吏となり，95年に東明県典吏署理に転じ，97年同県中汛管河巡検署理となり，また開州下濮中判署理となった。99年天津北倉大使代理を経て，献県管河主簿となり，間もなく知県の官位を買い，直隷保甲局総辦兼統率巡防営となり，犯罪捜査に手腕を発揮して有名になった。

1900年京津地区の義和団の取り締まりに功績をあげて直隷総督・李鴻章に認められ，知州の資格を得た。01年に李が没すると，後任の袁世凱によって，02年保定巡警局総督に任ぜられ，知府の資格を取得し，塩運使の官名も得た。趙秉鈞は外国の警察制度を翻訳書を通じて勉強し，袁世凱の日本人警務顧問・三浦喜伝と警務章程を起草し，警務学堂を設置した。また巡警500人を募集し，保定城内外に配置して，治安維持に成果をあげた。02年，さらに天津南段巡警局総辦に任ぜられ，新軍を改編した巡警1,500人を連れて天津に進駐し，天津偵察隊と天津巡警学堂を創設した。

1903年春趙秉鈞は袁世凱に推されて道員の候補に昇進し，天津と保定の巡警学堂を合併して北洋巡警学堂と改称し，各県に巡警伝習所を設置した。05年9月，北京駅で外国へ憲政の視察に出かける大臣が革命派の爆弾で負傷する事件が発生すると，趙は天津偵察隊長・楊以徳を連れて北京へ行き，捜査にあたった。この事件が契機となって同年10月に巡警部が成立すると，趙は袁世凱の推薦により右侍郎署理となり，巡警部の実権を握った。趙は天津，保定より巡警，官兵1,000余人を北京へ呼び，06年1月北京工巡局を内外城巡警庁に改組した。同年8月巡警部右侍郎となり，11月に巡警部が民政部と改称されると，民政部右侍郎となったが，09年1月に袁世凱が軍機大臣を免職になると，趙も3月に免職になり，天津に閑居した。

1911年10月に辛亥革命が起きると，趙秉鈞は同月末に清朝の奕劻内閣の民政大臣署理に任命され，11月に袁世凱内閣が発足すると，正式の民政大臣となった。12年初め袁世凱の代理として清帝退位の交渉にあたり，3月に袁が臨時大総統に就任し，唐紹儀内閣が成立すると，趙は内務総長となった。6月唐紹儀が袁の意に沿わず罷免され，陸徴祥が国務総理となったが，趙は内務総長に留任し，7月には一時財政総長代理も務めた。同年8月，陸徴祥が病気を理由に政務を離れたため，趙は国務総理代理となった。趙は袁の承認のもとに同盟会に入り，8～9月に北京へやって来た孫文や黄興を接待し，宋教仁と交際するなどして，彼らの好感を得た。宋教仁らは，8月に同盟会を中核にして国民党を組織し，国民党内閣の実現をめざしたが，趙は国民党籍を有していることで国民党指導部の同意をとりつけ，9月下旬国務総理に就任するとともに，内務総長を兼任した。

1913年1月国会選挙で国民党が大勝したことが明らかになり，宋教仁内閣成立の可能性が生じると，趙秉鈞は袁の同意のもとに，国務院秘書・洪述祖を通じて前南京総統府庶務長兼衛隊長・応夔丞に，宋の暗殺を指示した。3月20日宋は上海駅で応が雇った山西人・武士英に拳銃で撃たれ，22日に死亡した。

宋の暗殺には成功したが，間もなく応と武が逮捕され，趙秉鈞と洪の関与を示す電報や手紙も発見されて，趙と袁世凱は世論の非難を浴びた。趙は，袁の助けを得て，上海の法廷への出頭は免れたものの，5月に国務総理及び内務総長の辞職を表明し，第2革命勃発直後の7月16日に正式辞職した。しかし，翌17日には袁によって歩軍統領兼管京師巡警事務に任ぜられ，21日さらに北京警備地域司令官も兼ねて，京津地区での革命派の取り締まりにあたった。第2革命が鎮圧されると，同年12月直隷都督に就任した。

1914年1月すでに脱獄していた宋教仁暗殺犯の応夔丞が，袁世凱に官位などの報酬を要求して，逆に袁の部下に京津線の列車内で殺されると，趙秉鈞は袁の冷酷さを非難したと言われている。趙は同年2月19日直隷民政長も兼任するようになったが，27日に天津の都督公署内で急死した。趙の急死については，袁が宋教仁暗殺事件の最後の証人である趙を毒殺したものという見方がある。15年12月袁世凱は皇帝即位を前に，趙秉鈞を一等忠襄公に追封した。

参考文献：中国社会科学院近代史研究所主編『民国人物伝』2巻（中華書局，北京，1980年）。楊大辛主編『北洋政府総統与総理』（南開大学出版社，天津，1989年）。劉紹唐主編『民国人物小伝』第5冊（伝記文学出版社，台北，1982年）。賈逸君編『中華民国名人伝』第3冊（近代中国出版社，台北，1985年）。
〔味岡徹〕

趙（ちょう）　爾豊（じほう）　Zhao Erfeng

（1846年～1911年12月22日）

字・季和。漢軍正藍旗の人，原籍，奉天鉄嶺県。清末の高級官僚。

兄の趙爾巽は四川総督，東三省総督を歴任した大官僚。兄2人と弟1人はみな進士に合格したが，爾豊だけは合格せず，買官（捐納）によって塩大使となり，ついで山西の静楽，永済の知県を歴任，功によって河東監掣同知に進み，山西河東道臨時代理中に，母の喪によって一時退官。1900年8カ国連合軍の進撃に備えて，山西巡撫・錫良の命を受け，東部省境地区の防衛を指揮して，錫良の賞するところとなった。以後，錫良が河東河道総督，河南巡撫，熱河都統と転任した時も，その部下として勤務，道員の地位を得た。

1903年錫良が四川総督となるや，趙爾豊は四川永寧道に任ぜられ，建昌道に転じ，管内の会党を苛酷に弾圧，以後，「趙屠戸」と称されるに至る。また「平康三策」の建議書を提出，巴塘地区（のちの西康省，現在の四川省西部）チベット族弾圧，開発，漢族化の方針を主張した。

1905年駐蔵大臣殺害事件報復のため提督・馬維騏とともに出兵，チベット族反乱を鎮圧，侍郎銜を授けられ，川滇辺務大臣に抜擢された。錫良や雲貴総督・丁振鐸と西康地区の開拓，移民，道路建設策を提出した。07年錫良が雲貴総督に転任，岑春煊，ついで兄の趙爾巽が四川総督に任ぜられたが，岑，趙は赴任せず，爾豊が成都に移って総督の代理（護理）を務め，西康開発を進めた。08年3月趙爾巽が四川総督に再任されると，爾豊は駐蔵大臣を兼ねて辺務大臣の本務に戻り，西康開発と民族反乱鎮圧に従事した。

1911年4月趙爾巽が東三省総督に転任すると，その後任として署理四川総督に転じ，四川布政使・王人文が趙の後任の川滇辺務大臣に任命された。趙の着任までは王が総督臨時代理として成都にとどまったが，5月清朝が発布した鉄道国有令に反対する「保路運動」が全省的に展開した。王人文は運動に同情的な態度をとったが，7月に着任した趙爾豊も，当初は王と同様であった。しかし，運動の進展と清朝の圧力のもとで，趙は9月7日運動の指導者十数名を逮捕し，ついで，釈放を請願した民衆数十名を殺害した。四川保路運動は以後武力闘争に発展，趙は処置不当を弾劾され，10月川滇辺務大臣に降格されたが，なお後任の岑春煊着任までは総督の代理を命ぜられた。11月6日免官となり，端方と交代したが，なお軍を擁して実権を握り，11月27日四川の自治を宣言，蒲殿俊を都督とする「大漢四川軍政府」に権限を委譲した。しかし，旧部下の軍隊を動かしたり，清朝と連絡していることが発覚，12月22日新任都督・尹昌衡によって処刑された。

参考文献：民国清史館『清史稿』列伝256（民国清史館，北京，1927年）。隗瀛濤・趙清主編『四川辛亥革命史料』第2冊（四川人民出版社，成都，1981年）。呉豊台編『趙爾豊川辺奏牘』（四川人民出版社，成都，1984年）。中国社会科学院近代史研究所主編『民国人物伝』6巻（中華書局，北京，1987年）。

〔久保田文次〕

趙（ちょう）　爾巽（じそん）　Zhao Erxun

（1844年5月23日～1927年9月3日）

字・公鑲，号・次珊，次山，無補。漢軍正藍旗の人。原籍，奉天鉄嶺県。清末，民国初期の官僚，政治家。『清史稿』の編者。

父の文類は『清史稿』「忠義伝」5に伝記が記載されている地方官で，山東省陽穀知県在職中に太平天国軍に殺害された。弟の趙爾豊は川滇辺務大臣・署四川総督を歴任，辛亥革命時に殺害された。1874年の進士で翰林院編修，工科給事中，貴州省石阡知府，貴州貴東道，広東兵備道，安徽・陝西の按察使，甘粛，新疆，山西の布政使と累進，1902年には山西巡撫を代理し，03年湖南巡撫に進んだ。04年署理戸部尚書，05年盛京将軍となり，東北地区の新軍訓練，産業開発に従事，日本・ロシアへの対抗策を講じた。

1907年四川総督に任ぜられたが，赴任しないうちに8月湖広総督に転じた。この間，弟の趙爾豊が四川総督代理を務めた。08年2月四川総督に再任されて赴任した。11年1月上京を命ぜられ，4月錫良の後任として東三省総督に任ぜられ，「欽差大臣」の肩書を加えられた。四川総督の後任には弟の爾豊が任ぜられた（代行）。趙爾巽はこの間，東北の軍事・教育の振興を重視し，また，外国借款導入による実業振興策を提唱した。これが11年の外国借款導入を前提とした鉄道国有化政策実施の一因となり，後任者であり，弟である趙爾豊の死を招くことになった。

1911年10月の武昌蜂起後，革命派主導の地方革命政権樹立を予防するため，清朝の了解を得て奉天国民保安会を結成，自ら会長となった。清朝滅亡・中華民国成立後の12年3月奉天都督に就任したが，11月辞職し，青島に引退した。

1914年袁世凱政権が「清史館」を設立すると，その館長となり，『清史稿』編纂に従事した。同年，参政院参政をも兼ねた。

1915年末袁世凱の帝制実施に際しては，徐世昌，李経羲，張謇とともに「嵩山四友」の称号を与えられた。17年の張勲の復辟の際には枢密院顧問大臣に任ぜられた。25年段祺瑞の臨時執政期に，善後会議議長，臨時参政院議長，安国軍政治最高顧問などを歴任した。27年『清史稿』は基本的に完成したが，同年9月北京で病死した。

参考文献：徐一士「『清史稿』与趙爾巽」，『逸経』1936年1期。金梁編『近世人物史』（国民出版社，台北，1955年）。Howard L. Boorman ed., *Biographical Dictionary of Republican China*, Vol. 1 (Columbia University Press, New York, 1967). 田原禎次郎編『清末民初中国官紳人名録』（中国研究会，北京，

1918年）。　〔久保田文次〕

趙　恒惕 Zhao Hengti

（1880年12月15日～1971年）

字・炎午，夷午，黄午，彝五。湖南省湘潭県（又，衡山県の説あり）生まれ。原籍，同前。清朝の挙人，軍人。

湖北方言学堂卒業後，武備学堂に入学。日本に留学して陸軍士官学校第6期砲兵科を卒業。その間，1905年中国同盟会に加入。

1909年帰国して広西常備軍協統となり，ついで広西督練公所会辦をへて幹部学堂堂長となる。辛亥革命に参加，12年北京に赴き，袁世凱に国民党員と誤認されて逮捕投獄されたが，同省人・譚延闓の保証により釈放されて帰郷した。

1916年，袁世凱の帝制に反対する護国運動が起こると，湖南護国軍梯団長となり，ついで湖南督軍・譚延闓のもとで湖南軍第1師師長に抜擢され，ついで湖南水陸軍総司令となる。以後，南北双方からの進攻の脅威下におかれていた湖南にあって，譚督軍を擁護した。

1917年8月，武力統一を遂行しようとする段祺瑞総理が，その部下・傅良佐を湖南督軍に派遣して譚督軍に代え，湖南をその勢力下におこうとした際にも，広西軍と協力して傅良佐を北京に逃亡させて譚督軍を復職させた。また18年5月，再度段総理が張敬尭を派遣して湖南督軍兼省長とし，譚督軍を罷免したときにも，譚総司令のもとで湖南軍総指揮としてそれを攻め，ついに20年5月に張敬尭を長沙から放逐し，譚総司令を湖南督軍兼省長に復職させた（以上，湖南戦争）。

このころ趙総指揮の実力はすでに譚督軍をしのぐまでになっており，また程潜も独自の勢力を成して，湖南軍内は譚・趙・程の3派が鼎立する形勢となっていたが，しかも省内のほとんどの要職を譚派の人士が占めていたので，趙・程両派の不満は大きく，趙は一時孫文の広東軍政府に接近するなど両派は協力して譚督軍を圧迫した。1920年11月，譚督軍について湖南軍総司令の職を趙恒惕に譲り，長沙を去って上海に移った。ここに湖南の軍政の権はほぼ趙総司令の手中に帰することになった。

1920年12月，すでに譚延闓が在任中に準備を開始していた省自治の継続を宣布して「連省自治」を主張するとともに，湖南制定省自治根本法籌備処を設けて省憲法などの制定を始め，四川，陝西，浙江，広西，雲南の各督軍の支持をえた。ついで21年3月には，李剣農，王正廷ら13名を省憲法起草委員として制憲工作を促進するとともに，4月には省議会の選挙によって臨時省長に就任した。9月に省憲法草案が完成すると，12月に省民投票を実施し，賛成1,800余万票，反対57余万票の圧倒的多数をもって省憲法が承認され，翌年元旦，湖南省憲法（13章141条）を公布した。ここに中国史上最初の省憲法が成立し，それにもとづく省自治が開始されることになり，周辺の各省に多大の影響を与えた。

この間，1920年7月，湖南の影響をうけた湖北の省自治運動を支援するため湖北に出兵し，その督軍・王占元を逃亡させたが，呉佩孚の率いる北洋軍の介入によって敗れ，イギリス領事の調停によって停戦協定を結んだ。この協定は「城下の盟」に等しいものと評され，以後，湖南は呉佩孚の圧力を直接に受けざるをえなくなった（援鄂戦争）。

省自治の開始に伴い，湖南省内では，趙恒惕の率いる新新社，譚延闓の民康社，林支宇の湘社などの主要政派が形成されて省議会選挙が行われ，ついで1922年9月には省長選挙が実施されて，趙恒惕は1,581票を得票して885票を得票した譚延闓を破り，最初の民選省長に就任し，省務院長以下内務，財政，教育，実業，司法，交渉，軍事など7司の各司長を任命した。

しかし1922年11月頃以降，呉佩孚の北洋軍の圧力が弱まると，省内では擁譚倒趙運動が活発になった。しかも上海の譚延闓は省自治の主張を撤回して孫文に接近し，その護法北伐を支持した。23年孫文らが広東に軍政府を再建して北伐を開始すると，譚延闓は湖南省長，湖南軍総司令として湖南に進攻したので，趙省長は苦境に陥り，唐生智ら擁趙派の17将軍が連名で通電を発して趙省長の擁護と省自治の擁護を全国に訴えた。8月趙恒惕は護憲の通電を発し，長沙に護憲総指揮部を設置して自ら護憲軍総指揮を兼ねて北伐軍との決戦を決意したが，9月北伐軍は優勢のうちに長沙に迫り，趙を長沙から放逐した。しかし11月呉佩孚の北洋軍の支援を得，また沈鴻英の広西軍が北伐軍の背後を襲ったので，北伐軍は広東に退き，ここに湖南の護憲戦争は一段落したが，以後湖南は呉佩孚の監督下におかれることになった。

1924年，呉佩孚の湖南駐在代表は省憲法を激しく攻撃して省自治の解消を求めたので，11月実質的には省自治の解消に等しい省憲法の改訂を行った。さらに省内では，程潜など軍人の反趙傾向が強まり，とくに唐生智はその率いる第4師を主力として長沙を制圧する勢いを示したので，26年3月ついに唐生智を内務司長兼省務院長に任命し，かつ省長の職権を代行させることとし，ついで辞職して引退し，長沙を離れて湖北省の随州に赴き，以後上海に閑居した。

しかし，抗日戦の時期には国民政府軍事委員会上将軍事参議官となり，ついで湖南省臨時参議会議長となり，1945年国民大会代表となった。49年以降台湾に移って，50年から総統府資政となる。71年台北で死去した。

参考文献：『分省中国人物誌』（波文書局，香港，1978年）。陶菊隠『北洋軍閥統治時期史話』第3～5冊（生活・読書・新知三聯書店，北京，1957～58年）。〔池田　誠〕

趙（ちょう）　三多（さんた）　Zhao Sanduo

（1841年～1902年）

字・祝盛，又名・洛珠，別名・趙老祝，趙老朱。直隷威県沙柳寨の生まれ。義和団の首領。

生家は貧しく，少年時代から地主の雇工，商店・質屋の小僧などで生活し，中年になっても露店商人など最下層の職業を転々とした。青年時代から当地に伝わる梅花拳を習い徒弟を集めて首領となる。

1896年春，山東省冠県梨園屯の紅拳首領閻書勤に招かれ，当地のカトリック教会に反対する闘いを支援し，梅花拳を義和拳の名称に変えた。97年4月，趙三多と閻書勤は梨園屯の近くの冠県蔣家庄に義和拳民3,000人を集め，「扶清滅洋」（清をたすけて外国人を滅ぼす）の旗をかかげて教会を攻撃した。これを聞いた山東巡撫・張汝梅は軍隊を派遣して弾圧したので，趙三多は敗れ義和拳の残党を率いて直隷の東部・中部に逃げた。ここで再び勢力を盛り返し，1900年5月に直隷省棗強県で第2次蜂起をおこなった。この頃，趙三多は反教会の闘いとともに「均粮」（土地税を平均にする）闘争もおこない，北京・天津方面の義和団運動の発展に大きな影響をあたえた。

1900年11月，趙三多の率いる義和団は，直隷省威県侯魏村で山東巡撫・袁世凱の部隊に包囲されて死傷者多数を出した。趙三多は包囲を突破して景県に逃れ，そこで闘争を持続した。当時，北京は8カ国連合軍に占領され，西太后，光緒帝は西安に逃亡し，義和団運動は敗北していたのであるが，趙三多は景廷賓と再起の準備をし，02年4月直隷省鉅鹿県で「掃清滅洋」（清朝を一掃し，外国人を滅ぼす），「官逼民反」（官が圧迫するので民は反抗する）をスローガンにして蜂起した。景廷賓が龍団大元帥，趙三多が主将となって指揮したこの反乱に，西太后は驚き直隷総督・袁世凱に命じて弾圧させた。袁の部下の段祺瑞，倪嗣冲の攻撃の前に景廷賓は，河南省臨漳まで転戦したが食糧・弾薬は尽き捕縛され，7月威県で殺された。趙三多は南宮県に逃げたが，当地の武挙人・趙炳綱の密告によって捕縛され，獄中で絶食して死んだ。

趙三多は義和団運動の先駆的役割を果した冠県梨園屯の反教会闘争を指揮してから，直隷省に行って活動し北京近郊の義和団運動に大きな影響をあたえたばかりか，1900年8月の北京陥落，西太后の西安逃亡，01年の北京議定書の締結と続く敗北の中で活動を持続し，02年景廷賓の蜂起まで闘い続けた人物であり，義和団指導者のなかでも特異な存在であった。

参考文献：中国史学会主編『中国近代史資料叢刊・義和団』1・4（上海人民出版社，上海，1961年）。清史編委会編『清代人物伝稿』下編1巻（遼寧人民出版社，瀋陽，1984年）。李文海等編『義和団運動史実要録』（斉魯書社，済南，1986年）。〔小林一美〕

趙（ちょう）　尚志（しょうし）　Zhao Shangzhi

（1908年10月26日～1942年2月12日）

化名・李先生，李育木，小孟。遼寧省朝陽県の農民の家庭に生まれた。中共系軍人。兄弟は11人おり，第6子であった。父は清末の秀才として私塾で教えていた。

1919年趙尚志は家族とともにハルビンに移った。25年彼はハルビン許公工業学校に入学した。学校で学生が秘密に組織した読書会に参加し，孫中山，魯迅などの著書を読んだ。5・30事件が起こると，ハルビンの学生は反帝闘争を展開し，趙もそれに参加した。同年中共に入党した。その後黄埔軍校に入学したが，26年3月蔣介石の中山艦事件が起こり，同校を退学し，中共の指示でハルビンに帰った。

1926年夏ハルビン地区委員会は，建党と学生運動の指導のために趙尚志を長春に派遣した。しかし奉天軍閥の長春憲兵隊に逮捕され，29年5月になって釈放された。その後，彼は中共北満特別委員会学生運動の責任者として派遣された。同年末中共満州省委員会は彼を上海の中央訓練班で学習させることを決定し，そこで周恩来らから講義を聞いた。奉天に帰った後，30年4月再び逮捕され，満州省委員会の指示のもとで獄中党支部を結成した。満州事変勃発後釈放され，32年春ハルビンに帰った。5月東北抗日義勇軍江北独立師が巴彦で成立すると，趙は満州省委から省委軍事委員会書記としてその部隊で工作するために派遣された。満州省委巡視委員から北方会議の路線にしたがって土地革命を遂行し，遊撃隊を紅軍に改めるという指示に基づき，遊撃隊を中国工農紅軍第36軍独立師に改編し，趙は政治部主任に就任した。

しかしこの路線は失敗に帰し，その失敗の原因は趙尚志の右傾的路線の結果であるという非難を受けた。彼はこれに服せなかったため，党籍を剝奪された。彼は賓県に行き，孫朝陽指揮下の義勇軍部隊に参加したが，孫の部下が彼を殺そうとしたため，孫の部隊の一部を率いて中共珠河県委員会の指導下に入った。「1月書簡」後，1933年10月中共珠河県委員会は三股流で大会を開催し，珠河反日遊擊隊の成立を決定し，趙を隊長に選んだ。34年6月珠河中心県委員会は珠河反日遊擊隊を東北反日遊擊隊哈東支隊に拡大再編成し，趙を支隊長に任命した。

1935年1月，中共満州省委は趙尚志の党籍を回復することを決議し，趙の党籍剝奪を左傾機会主義路線の結果と認定した。また，同月哈東支隊を基礎に東北人民革命軍第3軍が編成され，趙は軍長に就任した。36年8月人民革命軍第3軍は東北抗日連軍第3軍に改編され，趙は軍長に選任された。9月に湯原・珠河中心県委員会と第3・6軍党委員会連席会議が開催され，趙は，王明，康生のコミンテルン中共代表団の路線を統一戦線だけを重視し，闘争を軽視するものであること，遊擊隊の実力温存のために根拠地を離れてはならないこと，反満と抗日は不可分であるという理由から軍事的後退であり，右傾路線だと批判した。しかし王明らは趙を左傾関門主義と反党誤謬として反対に非難した。37年6月北満臨時省委員会執行委員会拡大会議が開催され，趙ら北満の指導者とともに，吉東省委を代表して周保中が参加した。趙と周とのあいだで路線論争が繰り広げられたが，意見の一致を見なかった。38年1月北満臨時省委の決定によって趙はソヴィエトに赴くが，ソヴィエトによって監禁された。コミンテルンに反対する反党分子とみなされ，39年5月まで釈放されなかった。釈放後，かれはソヴィエトにいた抗日連軍兵士を基礎に部隊を編成し，7月に満州に帰還した。

1940年3月，再度趙尚志はソヴィエトに赴き，周保中，馮仲雲と吉東省委と北満臨時省委のあいだの党内論争問題と今後の闘争方針を話し合った。しかし1月北満臨時省委第10次常任委員会ですでに趙の党籍を永遠に剝奪する決議が決定されていた。周保中はこれを再審議することを要求したが，受け入れられなかった。41年秋ソヴィエトは趙の満州で抗日戦を続けたいとの意を受け入れ，趙は小部隊を率いて満州に帰還した。しかし42年2月警察分駐所を襲撃した際，警察隊に包囲されて負傷し，逮捕されるが，出血多量で死亡した。82年6月中共黒龍江省委員会は趙の党籍を回復した。

参考文献：中共党史人物研究会編『中共党史人物伝』10巻（陝西人民出版社，西安，1983年）。軍政部軍事調査部編『満州共産匪の研究』1輯（1937年）。　〔鐸木昌之〕

趙（ちょう）　声（せい）　Zhao Sheng

（1881年3月16日～1911年5月18日）

原名・毓声，字・伯先，号・百先，別号・雄愁子，別名・宋王孫。江蘇省丹徒県大港鎮生まれ。清末の革命家。

父・趙蓉曾（字・鏡芙）と母・葛氏の間に生まれる（1880年生まれとの説もある）。父は廩生であったが，科挙による栄達の道を諦め，郷里で学問を講じていた。幼年の頃の趙声は，父に就いて学問を始める一方，武術の訓練にも時間を費した。彼は子供の頃から義侠心に溢れた性格で，13歳の時には，官吏によって不当に捕えられた人物を救済したエピソードを持っている。

趙声は18歳にして秀才となり，1901年受験勉強のために南京に赴いたが，間もなく軍事修得の必要性を感じて科挙の道を離れ，当地の江南水師学堂に入学した。ここを数カ月で退学した後，彼は江南陸師学堂に転じたが，ここで学校当局と衝突を来したため，自主退学を余儀なくされた。しかし，彼の才能を惜しんだ同校監督・兪明震によって復学を許可され，02年末に同校を卒業した。翌年2月趙声は軍事視察のために日本を訪れたが，この時から革命派の人々と交わりを持つようになった。帰国後，郷里で新聞書籍購読所，小学校，体育団体を創設して革命の鼓吹に努めた。後に南京の両江師範学堂の招きに応じて教員となった。この年，全国各地で拒俄運動が高揚を見せていたが，趙声も南京の学生たちが北極楼で開いた集会に参加し，運動を支持する旨の演説を行っている。しかし，これが清朝当局の知れるところとなったため，彼は南京を離れて湖南に逃れた。

長沙到着後，趙声は当地の革命派の同志の推薦により実業学堂の教員（一説に監督）となった。この後，趙は袁世凱が新軍の拡充に熱心であることを聞き，保定に赴き袁と面会したが，急進的傾向を警戒されて当地で軟禁同然の状態に置かれることとなった。そこを逃れた後，彼は北京さらには関外に赴き，東北の情勢を監察した。なお，北京において彼は，後に5大臣の暗殺を企てることになる呉樾と知己になっている。

1905年秋趙声は北洋陸軍の大演習の際に某部隊に紛れ込み，革命の策動を狙ったが計画にとりかかるまでにも至らず，やむなく南京に戻って督練公所に入り参謀官となった。その後，江陰で新軍の教練に当たるが，間もなく辞職する。そして，当時知己となっていた郭人漳が広西の巡防営統領に転任となると，趙声もこれに同行して管帯となった。しかし，広西では政府の監視が厳しく，革命活動を行うことができず，1年余りで南京に戻って南洋陸軍第9鎮17協33標2営管帯となり，半年後には標統となった。

1906年春趙声は中国同盟会に加入した。この後，彼は密かに軍隊内での革命意識の涵養に努めるようになる。しかし，次第に両江総督・端方から革命派との繋がりを疑われるようになり，同年12月の萍瀏醴蜂起失敗後，趙は南京を離れ翌年初め広州に移ることになる。広州では初め督練公所提調に任じられ，後に新軍第2標3営管帯，更には第2標標統となった。この後，彼は欽廉蜂起に新軍内部から呼応することを画策するが，盟友と仰いだ郭人漳の変節などもあって果すことができなかった。08年冬趙声は新軍第1標統帯に任じられたが，郭による讒言もあって，上層部には彼を警戒する空気が俄然強くなってきた。そのため，彼は翌年3月職を辞し郷里へ戻ったが，端方による逮捕状が発せられたため杭州へ逃れた。

1909年秋同盟会香港総部が創設されると，趙声はその部長への就任を要請され，再び広東の地に赴いた。そして，彼を中心に新軍による蜂起計画が立てられ，翌年2月に広州で実行に移されたが，結果は蜂起指導者の倪映典が死亡するなど失敗に終わった。趙は危うく難を逃れたが，蜂起の首謀者として清朝から懸賞金付き逮捕状が出たため，数カ月間香港の片田舎に身を隠した。

1910年11月孫文は趙声，黄興，胡漢民をペナンに集め，広州で蜂起を実行することを決定した。会議の後，香港に戻った趙，黄，胡の3人は早速準備組織を作り，11年4月13日をもって決行の日とすることが決定された。そして，4月8日に至って，趙声が総指揮，黄興が副指揮となることが決定された。しかしこの日，革命派の人物である温生才が広州将軍・孚琦を暗殺する事件が発生し，清朝当局による警戒が厳しくなったため，蜂起計画は変更を余儀なくされた。結局，同月23日に先ず黄興が広州に入り，趙声が後に続くこととなった。しかし，27日に至って情勢がにわかに緊張したため，既に広州に入っていた黄興はやむなく蜂起を決行した。いわゆる黄花崗蜂起である。一昼夜の激戦の結果，革命派の敗北はほぼ確定的となり，28日に広州に到着した趙声の軍隊は為す術もなく撤退せざるを得なかった。

失意のうちに香港に戻った趙声は，この後間もなく虫垂炎にかかり，手術後の経過がはかばかしくなく死亡した。中華民国成立後，孫文から彼に上将軍の称号が贈られた。

参考文献：柳詒徴「趙伯先伝」，『国史館館刊』1巻1期，1947年。黄季陸編『革命人物誌』7集（中央文物供応社，台北，1971年）。中国社会科学院近代史研究所主編『民国人物伝』2巻（中華書局，北京，1980年）。趙啓騄「趙声革命事迹」，中国人民政治協商会議全国委員会文史資料研究委員会編『辛亥革命回憶録』（文史資料出版社，北京，1981年）。劉泱泱・蕭屛東他『辛亥風雲人物鈎奇』（湖南文芸出版社，長沙，1991年）。
〔嵯峨隆〕

趙（ちょう）　世炎（せいえん）　Zhao Shiyan

（1901年4月13日～1927年7月19日）

字・琴蓀。号・国富。筆名・楽生，施英，士炎など。四川省酉陽県龍潭鎮生まれ。中国共産党の初期指導者。1927年の上海労働者3次蜂起の主要な指導者。

辛亥革命の時，「再び満州の奴隷にはなれない」と弁髪を切ったという。1915年8月，四川から北京に出て，北京高等師範学校付属中学（高校に相当）に入る。英語が得意で「英文学会」を組織し，外国人の講演の通訳をつとめたほどである。北京では四川省同郷会の会館に住み，同宿の大学生，中学生の面倒をよくみて「外交大臣」と呼ばれた。

徐々に社会的関心を深め，1919年に五・四運動が発生すると付属中学に組織された学生会の投票で満票を得て幹事長に選出され，運動に参加した。19年7月に中学を卒業したが大学には進まなかった。卒業直後に李大釗，王光祈らの紹介で，彼らが組織した「少年中国学会」に参加し，多くの青年活動家と知り合うこととなった。また付属中学の仲間や卒業生を集めて「少年学会」を組織して半月刊雑誌『少年』を刊行した。学会の宗旨は「個性知能を発展させ，真実学術を研究し，進取の精神で健全な少年を育成する」ということであるから，まさしく啓蒙思想であった。マルクス主義よりも当時流行した「工読主義」に興味を持ち，学生は働きながら勉強することで社会的自立が可能であると主張した。自らもフランスに留学して働きながら学ぼうという留仏勤工倹学運動に飛び込み，四川出身の呉玉章が創設した留仏勤工倹学準備学校の北京法文専修館に入学し，フランスへの留学を準備した。後に呉玉章が共産党に入党するときは趙世炎が紹介した。

1920年5月，上海から100名以上の学生と一緒にフランスへ渡った。パリ郊外の鉄工場で働いたが，失業するというような苦労を味わった。そこでマルクス主義者となり，21年2月に周恩来らと共産主義小組を結成した。さらに李立三らと労働学会を組織し，フランス在留の中国人労働者の組織化に乗り出した。21年7月に中国共産党が成立すると正式の共産党員となり，趙世炎は中共中央パリ駐在通信員に任命された。22年秋に中国共産党旅欧総支部が誕生し，総支部委員と中共フランス組織書記に選ばれた。23年3月，陳独秀の指示で趙世炎，王若飛，陳延年ら13人がフランスからモスクワへ渡り，東方共産主義労働大学に入学した。モスクワから共産党機関紙『嚮導周報』に多くの論文を送った。李大釗と一緒にコミンテルン第5回大会に出席した後，24年9月に中国へ戻った。

帰国後趙世炎は，先ず中共北京地委書記と中共北方区党委宣伝部長兼職工運動委員会書記となって李大釗，陳喬年らと華北での活動に従事したが，特に労働運動を指導した。1926年5月の第3次全国労働大会では大会主席団に選ばれた。その後は活動の場を上海に移し，中共江浙区委組織部長兼上海総工会党団書記に就任した。26年10月，27年2月，3月と共産党は3次にわたって上海労働者蜂起を計画・実行したが，3月21日の第3次蜂起で遂に国民革命軍の上海進軍を前に成功し，上海から軍閥勢力を一掃した。この労働者蜂起の中心となった1人が趙世炎である。多くの論文を残しているが，26年から27年に施英の署名で発表した一連の上海労働者ストライキの報告が優れ，特に「上海総同盟罷工的記録」，「上海工人三月暴動記実」は詳細なドキュメントであり，現在でも上海労働者蜂起の基本的文献となっている。

国民党・蔣介石の4・12反共クーデターで上海の共産党組織と労働運動は壊滅的打撃を受けた。1927年5月に武漢で開かれた共産党5全大会で中央委員に選ばれた。6月に江蘇省委員会書記の陳延年が逮捕された後に代理書記となったが，趙世炎も7月2日に上海で逮捕され，19日に処刑された。

参考文献：中共党史人物研究会編『中共党史人物伝』7巻（陝西人民出版社，西安，1983年）。『趙世炎選集』（四川人民出版社，成都，1984年）。王永均・劉建臯編『中国現代史人物伝』（四川人民出版社，成都，1986年）。中国社会科学院近代史研究所編『五四運動回憶録』続（中国社会科学出版社，北京，1979年）。中国社会科学院現代史研究室・中国革命博物館党史研究室編『“一大”前後』2（人民出版社，北京，1980年）。

〔横山宏章〕

趙（ちょう）　樹理（じゅり）　Zhao Shuli

（1906年9月24日～1970年9月23日）

原名・趙樹礼。幼名・得意。筆名・野小，白痴，孔仰聖，何化魯，何化櫓，尚在，呉戴，常哉，黒丑，啓明，胡起名，理，吉成，王甲土，申甲由など。作家，戯劇家。山西省沁水県尉遅村生まれ。

父・趙和清は，農作業ばかりでなく，鍛冶職から医術・占いまで，何でもやる人であった。祖父は民間信仰の三聖道教を信じ，趙樹理に字を教える一方，三聖道の経文や占い方を教えた。1916年祖父と祖母があいついで死に，巨額の借金ができ，彼は1年間小学校に通っただけでやめることになった。20年新式の高級小学校に入り，23年卒業。成績優秀で近くの初級小学校の教師になったが，有力者の後ろ盾がないため，1年で解職された。25年夏長治の山西省立第四師範学校に入学。ここで王春，史紀言らと知りあい，五・四以後の新文学に接する。

1926年共産党に入党。28年，閻錫山の共産党員逮捕令により，学校を脱出し帰郷する。沁水の城関小学校の教員になったが，妻が病死した上，自分も共産党員の嫌疑で逮捕され，太原の国民党「自新院」に投獄された。30年証拠不十分で釈放。この後，共産党との連絡を絶つ。太原市内の貧民街に住み，見聞を広める一方，作品を書き始める。名前を封建的な「樹礼」から革命的な真理を追求する「樹理」に変える。31年北京『晨報』副刊『北晨芝圃』に，旧体叙事詩「打卦歌」が掲載されたが，悲観的な色彩が濃かった。生活苦のため帰郷し，関連中と再婚する。32年史紀言，王中青を頼って太原に出，山西大学宿舎に寄宿する。この間，『山西党訊』副刊『最後一頁』や『中国文化建設協会山西分会月刊』に，仮名で文章を発表した。代表的なものに，長篇小説「蟠龍峪」があるが，第1章しか見つかっていない。この小説や他の議論文からして，文学大衆化に対しての固有の意見を35年頃には持っていたことがわかる。

1936年夏史紀言，王中青の上党公立簡易郷村師範学校に呼ばれ教師となる。また，「犠牲救国同盟会」に加入し，37年再度入党。以後革命工作に従事し，「打倒漢奸」などの小劇を書く。39年には『黄河日報』副刊『山地』，40年からは『抗戦生活』，その冬から新華日報社の『中国人』副刊『大家看』などの編集をおこない，多数の小鼓詞，小小説，小雑文を書いた。その他，「万象楼」などの脚本も書く。彼は農民にわかる語り口で文芸大衆化を実践し，「文攤文学家（露店の通俗本作家）」と称した。

1943年，若者の結婚について，実際におきた悲劇的事件を明るい結末に変えた「小二黒結婚」を書く。これは，太行山地区のベストセラーになった。続いて，減租減息運動を素材に，教条的な幹部を批判した「李有才板話」を発表。44年冬には「李家荘的変遷」を書き，張鉄鎖という若者の革命への覚醒を，李家荘という農村を舞台に描き出した。これらは，毛沢東「文芸講話」路線による新しい人民の作品として，国民党統治地区にいた郭沫若や茅盾から高く評価された。45年，『新大衆』や『新大衆報』の編集を担当する一方，土地改革運動に参加し，短篇「福貴」，「催糧差」，「伝家宝」，「田寡婦看瓜」，中篇「劉二和与王継聖」，「邪不圧正」などを発表。47年の晋冀魯豫辺区文連の座談会では，「趙樹理方向」に学べというスローガンが出され，「農民作家」という称号が与えられた。

1949年全国文連と作家協会の常務理事，全国曲芸改進会副主任となる。また，北京に成立した「大衆文芸創作研究会」の主席に選ばれ，総合的な通俗文芸誌『説説唱唱』を創刊する。50年「登記」を発表。51年から山西省長治の平順県川底村に行き，農業互助合作運動に参加する。この経験をもとに長篇「三里湾」を55年に発表。この後，短篇「鍛煉鍛煉」（58年），「套不住的手」（60年），「実幹家潘永福」（61年），「互作鑑定」（62年），「売煙葉」（64年）や長篇「霊泉洞」上（58年）などを出している。これらの作品は，どれも当時の社会問題と結びつき，彼によって「問題小説」と呼ばれた。彼は当時の政策を広報する必要から作品を書いたが，党の路線が変わると，批判された。

1964年の「中間人物」論批判では，農村の遅れた人物ばかりを描くと批判された。趙樹理は，美化されない普通の農民の着実な進歩を願って，こういった批判が要請する，人物を英雄化して描くことを受けいれなかった。「文革」では，周揚らの「修正主義文芸黒いグループ」の一員とされ，さらに，「反徒」とされて迫害を受け，70年9月太原の湖浜会堂の批判会で倒れた後，山西省高級人民法院の一室で，病院に送られることもなく死んだ。

1949年丁玲らとソ連を訪問し，58年にはソ連のウズベクで開かれたアジア・アフリカ作家会議に参加し，11月には朝鮮民主主義人民共和国を訪問した。

作品集には，評論集『三復集』（1960年）や，短篇集『下郷集』（63年）などがある。脚本「十里店」が64年に書かれた。文革中書かされた自己批判書のうち，66年のものが「回憶歴史，認識自己」と題されて，『趙樹理文集』（全4巻，80年）に抄録されている。86年から『趙樹理全集』全5巻（北岳文芸出版社，太原）が刊行された。また92年11月には，陳荒煤を会長にして「中国趙樹理研究会」が成立した。

参考文献：韓玉峰・楊宗・趙広建・苟有富『趙樹理的生平与創作』（山西人民出版社，太原，1981年）。復旦大学中文系趙樹理研究資料編輯組『趙樹理専集』（福建人民出版社，福州，1981年）。黄修己『趙樹理評伝』（江蘇人民出版社，南京，1981年）。董大中『趙樹理年譜』（山西人民出版社，太原，1982年）。董大中『趙樹理評伝』（百花文芸出版社，天津，1990年）。戴光中『趙樹理伝』（北京十月文芸出版社，北京，1996年）。山西省史志研究院編『趙樹理伝』（当代中国出版社，北京，2006年）。黄修己編『趙樹理研究資料』（知識産権出版社，北京，2010年）。　〔萩野脩二〕

趙(ちょう)　翼(よく)　Zhao Yi

（1727年12月4日～1814年6月5日）

原名・翼，字・耘松，雲菘，雲松，号・甌北。原籍，江蘇常州府陽湖県。清の学者，歴史家，詩人。

1750年直隷商籍から挙人となり，54年に内閣中書を授けられて軍機処に入った。61年殿試一甲一名の成績で進士となったが，乾隆帝の意向で一甲三名となり，翰林院編修を授けられた。66年冬広西鎮安府知府に就任し，さらに貴西道道台などの官を歴任して，清廉な政治を施すも弾劾を受けて降級となり，73年養母を理由に官を辞して帰郷した。87年台湾に林爽文の乱がおこると閩浙総督・李侍尭の要請によってその平定に参画するが，平定後は再び郷里に戻り，安定書院の主講として著述に専念した。1814年病によって蘇州に没した。

趙翼の史学研究は，考証学を基調とする旧史の考訂に力を注いだもので，同時代の王鳴盛，銭大昕と並び称せられる。『廿二史劄記』36巻附補遺1巻はその代表作である。

これより前，趙翼は『陔余叢考』43巻を著している。これは，経史，掌故，芸文，紀年，官制，科挙，風俗，器物などの来歴についてあらゆる方面にわたって考証した書である。書名は母親の「循陔」（親に仕え養うこと）の余暇に書きまとめたことに因む。

『廿二史劄記』は正史について互いに矛盾する記事を校勘して問題点を指摘した解説集で，『陔余叢考』中の正史に関した研究をさらに広げたものといえよう。1795年の趙翼自身の，1800年の銭大昕，李保泰の各序がある。自序によれば，「自分は資性粗鈍にして経学は研究できないが，歴代の史書は事顕らかにして義が浅く流覧に便利なため，日課として正史を読み続けていたが，そのうちに気づいた問題を書き留めたものが溜った」ことを刊行の動機としている。校勘を正史の間に限った理由については，同じく自序において，「人はしばしば稗史小説にして正史と異なった記事をみつけると，それをひきあいに正史の誤りを正そうとするが，それはいけない。稗史小説の記事は正史編纂の際にすべて1度は史局に集められたが，採用されなかった。必ずや信用しがたいところがあったためである。今それに依拠して正史の誤りを正そうとするは識者のそしりを免れない。それゆえ本書では多くの正史中の記事によって相互に校勘したのである」と述べている。内藤湖南は，これは趙翼が広く他書を参照できなかったための言訳であると判断している。だが，「司馬遷作史年歳」以下「明朝米価貴賤」に至る579項目のなかには中国史の問題点を網羅し，張之洞をして「正史を通読することができない者は『廿二史劄記』を読むべきだ」といわせるほどであった。その史論には独自の見識があり，梁啓超が「この書は我々に抽象的に歴史事実を監察する方法を教えてくれる」というように，東洋史学の入門者にとっては座右の書となるべきものである。

なお，この書はわが国においても広く読まれ，1862年に和刻本が刊行された。また笹川種郎・公田連太郎訳註による書き下し文になったものがある（『続国訳漢文大成』経史子部19・20，1930年）。

ところで，趙翼は若いときから詩文をもってしても聞こえ，この分野においては袁枚，蔣士銓と並んで乾隆3大家と称せられるほどであった。さらに詩評に対する眼にも優れたものがあったといわれている。詩文に関する著作では『甌北集』53巻が代表作である。

他の著作としては，『皇朝武功紀盛』4巻，『簷曝雑記』6巻，『甌北詩話』12巻，『甌北詩抄』20巻などが挙げられる。著作はいずれも『甌北全集』に収められている。

『清史稿』巻485，『清史列伝』巻72，『国朝耆献類徴初編』巻212，『碑伝集』巻86，『国朝先生事略』巻43などに伝がある。また，年譜には『甌北先生年譜』1巻（編者不詳，『甌北全集』所収）がある。

参考文献：梁啓超『中国近三百年学術史』（中華書局，上海，1936年）。内藤虎次郎『支那史学史』（弘文堂，1949年）。

〔山本英史〕

趙(ちょう)　元任(げんにん)　Zhao Yuanren

（1892年11月3日～1982年2月25日）

字・宣仲，宣重。英文ではYuen Ren Chao。天津生まれ。原籍，江蘇省常州市。趙元任の6世の祖は清の有名な学者・趙翼であり，知的伝統を持つ家の出身であった。言語学者。趙元任は中国語の言語・音声学の総ての領域に優れた功績を残し，科学的な中国語の研究の基礎を据え「中国言語学の父」（羅常培）と称される。アメリカで病死。

一家は官僚であった祖父に従い，趙元任は幼い時期を北方で暮らした。後に常州に帰り南方の各地に暮らす一族と交わり，また常州方言を話す家庭教師につき四書五経を学んだ。このように北方や南方の色々な方言を聞いて育ち，他人の言葉を学ぶことを好み言葉の違いを良く弁別したという。幼年時代は優れた言語学者となった彼の将来を暗示するものであった。1907年南京江南高等学堂に入り，10年清華学校庚子賠款官費生として胡適らと共にアメリカに留学し，コーネル大学で数学，哲学を学び，ハーバード大学の哲学博士号を得た。19年コーネル大学で物理学を教え，20年帰国後，清華学校の数学教授となる。

1921年アメリカに戻り，ハーバード大学で言語学を習得，22年同大学哲学系講師，23年コーネル大学中文系教授となる。米・仏，独，英へ行き，言語学の視察を行った。趙元任は22年『国語留声片課本』によって国語（標準語）の普及運動に参加した。25年帰国し，梁啓超，王国維，陳寅恪と合わせて4大導師とされ，清華学校国学研究院の教官を経て，29年から38年まで中央研究院歴史語言研究所研究員兼語言組主任を務めた。

趙元任は音声学者として優れた識別能力を備えた耳を持ち，どの地方の方言でも1週間でしゃべることができたなどという耳の良さを示す逸話に事欠かないが，1920年代にすでに33種の方言を話せたという。彼は実験語音学の方法を用いて中国語の音調の変化を研究し，呉語を始めとした方言調査を積極的に行い，世界の言語学界から言語学上の大貢献と絶賛される業績をあげた。また正確な記録と研究のために，音を標記する方法についても注意を払い，5音階制の声調字母を作った。さらに文法学者としてはアメリカの構造主義言語学の影響を受けつつ，現代中国語の文法を分析した。この方面でも彼の著作は古典的位置を占める。

ある人は趙元任の真摯な研究態度を『西遊記』の玄奘にたとえ，また彼の研究を支えた妻の楊歩偉を，玄奘を見守り助けた観世音菩薩にたとえている。彼女は日本に留学し，東京帝国大学の医学博士号を取得，北京の森仁医院医院長をしていた。1921年6月彼らは胡適と楊の友人1名だけを招き結婚証明書にそれぞれサインして結婚式を済ませた。このことは『晨報』に報道され当時評判になった。

1938年ホノルルに渡りハワイ大学教授，41年ハーバード大学教授に就任，45年にアメリカ言語学会の会長に選ばれた。カリフォルニア大学バークレイ校では多数の中国語学研究者を育成すると共に，多くの中国語教材を作るなどアメリカを根拠地にして活動した。59年京都大学で3カ月に渉って講義したのを始め，中国言語学の権威として世界中にその名を知られている。81年北京大学名誉教授の称号を受けた。著書に，『音韻学』，『言語問題』，『字根語調』などがある。

参考文献：趙元任『現代呉語的研究』（清華学校研究院出版，

北京，1928年）。趙元任 *Mandarin Primer: An Intensive Course IN SPOKEN CHINESE* (Harvard University Press, Cambridge, Massachusetts, 1948). 趙元任『趙元任早年自伝』（伝記文学出版社，台北，1984年）。〔道坂昭廣〕

鄭　観応（てい　かんのう） Zheng Guanying

（1842年7月24日～1922年5月）

原名・官応，字・正翔，号・陶斎，待鶴山人，羅浮待鶴山人。広東省香山県雍陌郷生まれ。清末の資本家，経営者，思想家。

アヘン戦争以前からすでに西欧との関係が深い香山県に生まれた鄭観応の親戚縁者には西欧との商取引に従事する買辦となるものが多く，叔父の鄭廷江は上海で新徳洋行の買辦であった。秀才に及第しなかった彼は，当初科挙のために勉学を続けるかどうか悩んだが，主として家庭の経済的事情から1858年に決心して勉学の道を諦め上海に出た。

上海では，叔父の廷江から英語や仕事の手ほどきを受け，1859年親戚の曾寄圃やその知人・徐潤らの紹介で当時一流といわれたイギリス系上海宝順洋行に入った。宝順洋行での仕事の余暇にイギリス人フライヤーの経営する英華書館の夜学でさらに英語の上達をはかると同時に，西欧の政治や経済それに実業などについて貪欲に知識を吸収した。

1860年代以降次第に同業者が多くなるにつれ競争が激化，ついに宝順洋行は倒産したが，宝順洋行での仕事を通じて養った経営手腕，投資対象や時期などの判断力を生かしてその後茶桟の通事，唐廷枢らと出資して公正長江輪船の董事としての経営に参加。さらに73年の太古輪船公司創業に参画して総理となった。この間上海や香港などで多くの西欧人と交際し，実務や経営能力に磨きをかけたばかりでなく，資金の蓄積にも励んだ。かねてより商業経営だけに満足できなかった彼は，近代工業への投資をはかり，開平煤鉱局への投資や鉱山の開発投資，82年には造紙公司の設立にあたって投資した。また，78年からはすでに上海機器織布局および津滬電線への投資，輪船招商局，漢鋼陽鉄廠，漢冶萍煤鉄公司，粤漢鉄道などの官督商辦企業に出資するとともに，官の委託を受けて経営にも従事した。これら諸企業経営にあたって，洋務派大官・李鴻章や官督商辦企業経営の実力者である盛宣懐らとの関係は重要である。とくに長く密接な関係を保った盛宣懐は鄭観応をときには保護しあるいは引き立てた。

数多くの企業経営や投資の実業に従事するとともに，一方で実業を通じての交流や見聞で養った知識をもとにして西欧近代の摂取方法について盛んに論じた。1880年に刊行した『易言』，94年の『盛世危言』などの中では次のような主張を展開した。中国の富強は主として商工業の振興をはかることにある。清朝の体制危機もこれによって解決する。そして，その主張はまた，軍事を重視する洋務論よりは議会制度に言及して政治制度を重視することから変法論に近いものであった。

鄭観応が輪船招商局経営に手腕を発揮していた1894年7月，日清戦争が勃発したが，彼は開戦数年前すでに日清両国衝突の可能性の高いことを警告して，イギリスとの間で密約を締結して対日防御を主張していた。開戦後は，対日通信，通商を厳しく統制することや日本船の動向を監視すること，輪船招商局の船舶を徴用すること，兵器購入のため外国に借款することなどを積極的に建議した。一方で戦争中，輪船招商局の船舶に一時イギリス旗を掲げて航行するという方策を採って営業の安全を計った。

戦後，急成長を遂げる日本の海運業と熾烈な競争を強いられた招商局の経営にあたったが，かねてより中国の富強のためには変法の必要性を強く感じていた鄭観応は，康有為が推進する戊戌の変法がまさに始まろうとしていた1898年5月，当時日本の外交官として北京に赴任しそこで知識人らに中国の変法を説いていた小田切万寿之助らと亜細亜協会を設立した。そして同協会の副会長となった彼はその設立主旨の中で「アジア諸国が連携し，人知を通じ，学術研究を主として，アジアの諸人士を加入させるべきである」として，西欧列強に対抗する拠り所を求めようとしたが，戊戌政変のためにその企ては水泡に帰してしまった。

1900年義和団事件の時には，容閎らと自立会を組織した。06年には粤漢鉄路総辦に就任する。08年清朝に上書を行い，憲政の実行を要求し，預備立憲公会に参加する。

辛亥革命後，袁世凱の帝制復活，張勲の復辟，軍閥混戦に失望し，上海に住まい，外界との関係を断ち，1922年5月に病死した。

その他の著書に『救世掲要』がある。

参考文献：夏東元『鄭観応伝』（華東師範大学出版社，上海，1981年）。徐友春主編『民国人物大辞典』（河北人民出版社，石家荘，1991年）。〔徳岡仁〕

鄭　国鴻（てい　こくこう） Zheng Guohong

（1777年～1841年）

字・雪堂。諡・忠節。原籍，湖南省鳳凰庁。世襲雲騎尉出身，清末の将領。

はじめ湖南の苗族の鎮圧に従軍して功を挙げ永綏屯守備に任ぜられ，ついで宝慶協副将に昇進した。

アヘン戦争に際し，1840年処州府総兵に任じ鎮海の防衛を担当。41年春，兵1,200人を率いて定海の守備に出動。9月，イギリス軍の再攻撃に対し，定海鎮総兵・葛雲飛，寿春鎮総兵・王錫朋の両総兵と協力して暁峰嶺，竹山門を死守し，血戦6昼夜にして戦死した。定海の収回後，専祠が建てられ葛雲飛，王錫朋と共に合祀され，また原籍にも専祠が建てられ，忠烈が表彰された。

参考文献：李桓輯『国朝耆献類徴』373（湘陰李氏刊，1890年）。繆荃孫編『続碑伝集』64（江楚編訳書局，上海，1910年）。民国清史館編『清史稿』列伝159（民国清史館，北京，1927年）。民国中華書局編『清史列伝』39（民国中華書局，上海，1928年）。　〔横山英〕

鄭（てい）　士良（しりょう）　Zheng Shiliang

（1863年～1901年8月27日）

原名・振華，字・安医，別号・士良，弼臣。広東省帰善県淡水墟生まれ。興中会員，孫文革命運動初期の同志。生年は推定である。

祖父・父とも広東塩運使署の「稽査」として私塩商人の取り締まりにあたっていたので，私塩商人間に勢力のある会党の人々と交際があった。鄭士良も少年時代から三合会に入り，武術を学んだ。19歳の時，ドイツ人宣教師が経営していた広州の礼賢学校に入り，キリスト教に入信した。のち，博済医院附属南華医学堂に進学，学友の孫文の革命思想に共鳴，会党を率いて革命に呼応することを約したという。1888年孫文は香港に転じ，鄭士良は中退して故郷で漢方医「同生薬房」を開業した。この間も香港，広州に孫文を訪ね，革命運動について協議した。

1893年孫文が広州南風軒で「興中会」結成を提案した時には，陸皓東・陳少白とともに賛成した。95年孫文が香港に興中会本部を設立した時にも参画，同年3月広州での武装蜂起を計画した時，鄭士良は広州周辺の会党を中心とする軍事行動の準備・組織を担当した。また，孫とともに「農学会」を組織し，興中会広州分会を設置した。

蜂起予定日の1895年10月26日，鄭士良は会党首領や内応予定の政府軍部隊幹部と準備を進めていたが，清朝当局が事前に探知して軍隊を出動させたので，蜂起にいたらないまま失敗に終わり，鄭は香港に逃れた。ついで，10月孫文，陳少白とともに日本に亡命，横浜到着後，しばらく日本に滞在したが，まもなく孫はハワイに赴き，鄭は香港で会党の結集による再起の準備を担当した。99年11月香港で興中会・哥老会・三合会の合同会議を主催し，革命派と会党の連合組織「興漢会」を結成し，孫文を総会長とした。

1900年6月北方の義和団運動の機に乗じて，興中会は広東省恵州で蜂起することを計画，10月8日鄭士良は会党を結集して三洲田に蜂起，しばしば政府軍を破った。しかし，日本の台湾総督府などからの武器・弾薬の予定の援助が日本側の政策変更・内閣交代のために到着せず，孫文は対策を現地司令官の鄭の判断に委ねた。鄭はやむを得ず，三多祝で軍を解散，香港に亡命した。

その後も，香港・日本間を往来して孫文とも連絡し，革命運動を続けたが，1901年8月友人と食事後の帰宅途上で急死した。清政府に買収された旧友が毒殺したとも伝えられている。

参考文献：宮崎龍介・小野川秀美編『宮崎滔天全集』全5巻（平凡社，1971～76年）。鄒魯『中国国民党史稿』（台湾商務印書館，台北，1965年）。馮自由「鄭士良事略」，『革命逸史』初集（台湾商務印書館，台北，1969年）。中国国民党中央委員会党史史料編纂委員会編『革命先烈先進伝』（中華民国各界記念国父百年誕辰籌備委員会，台北，1965年）。中国国民党中央委員会党史史料編纂委員会編『革命人物誌』7集（中央文物供応社，台北，1971年）。清史編委会編『清代人物伝稿』下篇3巻（遼寧人民出版社，瀋陽，1987年）。王怡『俠骨忠魂：鄭士良伝』（近代中国雑誌社，1983年）。　〔久保田文次〕

鄭（てい）　士琦（しき）　Zheng Shiqi

（1873年～1935年）

字・蘊卿，雲郷。安徽省定遠県生まれ。安徽派軍人。

安徽随営学堂出身。1916年4月，中将銜を授けられ，17年，第5師第10旅長として山東省濰県に駐屯し，その後第9旅旅長となった。19年12月，山東督軍・張樹元が更迭され，後任に田中玉が任命された時に，鄭士琦は靳雲鵬内閣総理により，張の兼任していた第5師師長に任命された。

1923年5月，土匪・孫美瑤が津浦鉄道の列車を襲い，外国人26人，中国人100余人を人質にした「臨城事件」が起きた。10月，各国公使はこの事件の責任を問い，山東督軍・田中玉の罷免を求めた。悪名高い「賄選」によって大統領に就任したばかりの曹錕は，各国による政府の承認を求めてこれに応じ，鄭士琦を後任の山東督理に任命した。

1924年11月，第2次奉直戦争において直隷派の呉佩孚が敗れると，安徽派の鄭士琦は突如として「武装中立」を宣布し，津浦鉄道を北上して呉の援軍に来ようとした斉燮元，孫伝芳軍を阻み，さらに呉佩孚が南下して退路を山東省にとることを拒んだ。その後25年1月，段祺瑞執政によって鄭は山東督辦に任命されたが，奉天派が張宗昌を山東督辦にすることを要求したため，4月鄭は代わりに安徽督辦に任命された。5月張が山東督辦に就任したが，張は鄭の指揮下の第5師，第17旅の山東省からの移動を禁じ，第7旅のみ安徽省への移動を認めた。ところが第7旅が列車に乗って南下すると，張は列車を待ち伏せして武装解除してしまった。このため鄭は，自らの指揮下にある軍隊を失い，安徽督辦に就任することなく，軍界から引退せざるを得なくなった。1935年天津で病死した。

参考文献：『最近支那官紳録』(支那研究会，1918年)。外務省情報部編『現代中華民国・満州帝国人名鑑』(東亜同文会，1937年)。陶菊隠『北洋軍閥統治時期史話』第5冊・第7冊（生活・読書・新知三聯書店，北京，1958年，59年)。

〔馬場毅〕

鄭(てい)　孝胥(こうしょ)　Zheng Xiaoxu

(1860年5月2日～1938年3月28日)

字・太夷，蘇勘，蘇龕，蘇庵。別号・海蔵，夜起庵。江蘇省蘇州胥門生まれ。原籍，福建省福清県。清末以降の官僚，政治家，文人。満州国の国務総理。

祖先は農業に携わっていたが，3代前から官職に就く。父・鄭守廉（仲濂）は清末の進士。母は林氏。1879年呉学芳と結婚，5男2女をもうける。長男・垂，次男・禹はともに日本留学を経て父の秘書となる。長孫，鄭広淵が1930年頃溥儀の2番目の妹と結婚。

幼い頃より叔父・鄭虞臣から史経を学び，1882年福建省郷試に合格。89年内閣中書，90年鑲紅旗官学堂教習を経て，91年渡日，駐日公使館書記官となり，翌年駐東京領事，大阪神戸総領事となる。94年日清戦争が勃発すると帰国し，一時両江総督・張之洞の下で軍事教練にあたる。98年戊戌変法に際して練兵の策を上奏した。戊戌変法失敗後は武昌に行き，99年京漢鉄路南段建設の総指揮者に命ぜられ，同時に漢口鉄路学堂を経営。1900年義和団事変が起きると張之洞を補佐して団の鎮圧の策を練った。

1903年上海で江南製造局総辦となる。この頃鄭孝胥は広西辺防督辦に任ぜられ，湖北新軍を統率し広西の農民の反乱を鎮圧する。04年辺防督辦を辞し，06年上海で張謇，湯寿潜，朱福詵らと預備立憲公会を設立，会長となり，連名で清朝政府に国会開設を要求した。07年南京で安徽按察使，広東安察使。09年，東三省総督・錫良より錦瑷鉄路督辦兼葫蘆島築港事宜を任ぜられ奉天に赴く。その後北京に行き，外資を借り入れて民間鉄道の回収資金に充てるという鉄道国有化策を盛宣懐に建議した。しかし，これを具現化すべく盛が押し進めた鉄道国有化は，結果的には辛亥革命を誘発させることになった。11年夏，湖南布政使として長沙に行くがすぐに北京に行く命を受け，9月には北京に入る。10月武昌蜂起に直面し，職を退き，長沙に帰る途中の上海で中華民国成立を見，そのまま上海にとどまる。

辛亥革命以後も清朝に忠誠心を持ち，袁世凱，段祺瑞らからの官界復帰要請を皆断わって，上海で詩を創り，書を売って過ごした。1917年には唐元素が創った麗沢文社（20年晦鳴文社と改名）の講師となる。

1923年夏，陳宝琛の推挙で故宮に入り溥儀に認められる。第2次奉直戦争のさなか，24年10月馮玉祥が北京を占領するが，鄭孝胥は陳宝琛，羅振玉らと計り，溥儀を日本公使館へ避難させる。25年2月溥儀は天津の日本租界に移るが，ほどなく鄭も天津に行く。この頃から，復辟を成功させるため，列強の援助により，中国を共同管理のもとにおくという構想を考え始めた。28年9月溥儀と駐華日本公使・芳沢謙吉の同意のもとに，長男・鄭垂とともに渡日，軍部や黒龍会関係者と会い，復辟支援について色よい返事を得る。

1931年9月18日満州事変が起きると，鄭孝胥は復辟の機会が到来したと考え，溥儀に建議して皇室の家庭教師である遠山猛雄を日本に派遣し，陸相・南次郎と黒龍会の首領・頭山満に連絡をとった。同年11月溥儀は日本の保護のもとに天津から旅順に移るが，鄭親子もこれに同行した。

1932年3月満州国が樹立され，溥儀は執政となり，鄭孝胥は国務総理となる。その後ごく短期間，軍政部総長を兼ね，8月に文教部ができると文教部総長をも兼任する。33年満日文化協会が成立すると，その会長となる。34年満州国は執政から帝制に変わり，溥儀は皇帝になるが，日本人の横暴が目立ってきた満州国の現状に不満をつのらせた鄭は，次第に関東軍と不協和音を生ずるようになり，35年5月ついに退任に追い込まれた。36年王道書院を創設。同年12月日本より勲一等旭日大綬章を贈られる。しかし，晩年の鄭は，実質的に日本軍の監視下におかれ，38年長春で急死した。著書に，『海蔵楼詩集』13巻，『驂乗日記』2巻，編著『孔教新編』など多数がある。

参考文献：葉参他編『鄭孝胥伝』(満日文化協会，新京，1938年)。中国歴史博物館編，労祖徳整理『鄭孝胥日記』全5冊（中華書局，北京，1993年)。中国社会科学院近代史研究所主編『民国人物伝』4巻（中華書局，北京，1984年)。劉唐紹主編『民国人物小伝』第3冊（伝記文学出版社，台北，1980年）。外務省情報部編『現代中華民国・満州帝国人名鑑』（東亜同文会，1937年）。愛新覚羅溥儀著，小野忍他訳『わが半生』上・下（大安，1965年）。〔浜口裕子〕

鄭（てい）　振鐸（しんたく）　Zheng Zhenduo

（1898年12月19日～1958年10月18日）

原名・木官。改名・振鐸。字・警民，鐸民。筆名・西諦。C.T，郭源新，谷遠，陳敬夫，玄覧居士，紉秋山館主人その他多数。浙江省永嘉県生まれ。原籍，福建省長楽県。文学史・芸術史学者，版本目録学者，歴史考古学者，作家，文芸評論家。蔵書家で，古文物，古典籍の保護と研究にとくに大きな貢献をした。

幼時に父を失い，叔父の援助で中学を終え，1917年，北京に出て学費の要らない鉄路管理学校に入学。YMCA図書室で知りあったアメリカ人社会学者バージェスの影響下に，ロシア文学や西洋社会学の本を読み，また同じ図書室に通う瞿秋白，耿済之，許地山らと友情を結ぶ。19年，五・四運動に学校代表として積極的に参加，さらに李大釗の秘密学習組織に加わり，北京社会主義青年団執行委員となって宣伝出版を担当したほか，瞿秋白らと社会学雑誌『新社会』を創刊して社会改造を訴える。

1920年秋，沈雁冰（茅盾），葉紹鈞，周作人らとともに文学研究会を結成して会務を担当，21年5月からは商務印書館に入り，以来，『文学旬刊』，『小説月報』をはじめ数多くの雑誌や新聞の創刊，編集に参画，かつ数多くの文学叢書を企画編集。文学の諸領域での多面的な活動が本格的に始まる。『ロシア文学史略』，『タゴール伝』，『文学大綱』や短篇集『家庭の物語』などはいずれも20年代の仕事である。この間，共産党幹部養成学校たる上海大学で教え，商務印書館労組代表となり，「人権保障宣言」に加わり，蔣介石による4・12クーデター後は逮捕をさけてヨーロッパに逃れ，翌年秋帰国後は中国著作者協会の結成に参画して執行委員となるなど，左翼陣営に足場をおいて社会活動にも精力を注ぐ。

1931年9月，商務印書館を辞して燕京大学教授に就任，35年春までの間に，文学の範囲を大きく拡げて文学史の概念を変えた『插図本中国文学史』（32年）を出し，魯迅と共同で北京の伝統的な書簡箋を集めて，『北平箋譜』を編み，さらに『十竹斎箋譜』を復刻する（いずれも34年）。論文集『中国文学論集』，『佝僂集』，小説集『火を取る者の逮捕』（いずれも34年）もこの時期の仕事である。35年春，上海暨南大学に移って文学院長兼中文系主任に就任。生活書店の大型文学叢書たる『世界文庫』の主編を担当し，また良友図書の『中国新文学大系』の編集に参画して『文学論争集』の巻を担当。かつ論文集『短剣集』（36年），歴史小説集『桂公塘』（37年）を出す。

1937年の盧溝橋事件の後ただちに上海文化界救亡協会に加わって，『救亡日報』，『吶喊』，『戦時連合旬刊』などの編集に参画し，救国を訴える詩文を数多く書く。上海が「孤島」と化して後は胡愈之，周建人，許広平らの人びとと「復社」を結成し，『魯迅全集』の出版を果した。さらにはきびしい出版環境のなかで，「筆を武器として祖国の生存のために戦う」決意を訴えて，王任叔らと『大時代文芸叢書』を編集，自らは『中国俗文学史』を書く。また唐から清にいたる時期の諸分野の版画千数百点を集めた大著『中国版画史図録』の刊行を始める（40～49年）。租界が完全に日本占領下に入ると，ただちに大学を辞し，陳敬夫と名を変え，文具店の店員を装って，文化の領域における戦いを続けた。

抗日戦期に最大の精力を注いだのは，民族の文化遺産たる貴重な文献を守る活動である。文献を戦火と掠奪から守り，散佚と国外流出を防ぐために，同志とともに，あるいは重慶の政府に緊急資金を要請し（1937年），あるいは秘かに文献保存同志会を結成し（40年），心肝を砕く。さらには占領下にあって玄覧居士，紉秋山館主人の名で，民族意識の濃い古籍の叢書『玄覧堂叢書』，『明季史料叢書』他を編集出版する。

戦後はひきつづき上海で『民主』，『文芸復興』といった雑誌を創刊，また馬叙倫らと中国民主促進会を結成し，左翼の立場から戦後の問題に発言，内戦反対，民主促進を訴え，国民党によるテロを声高く弾劾した。そうした社会活動の一方で，陶俑その他の歴史文物の収集に着手し，『中国歴史参考図譜』を思い立って，1947年から51年にかけて計24輯の出版を果す。この時期さらに『韞輝斎所蔵唐宋以来名画集』，『域外所蔵中国古画集』その他の仕事がある。

新中国成立後は中央政府，全国人民代表大会，政治協商会議，科学院，文連，作家協会，各種学会などでさまざまな役職を兼ね，肩書きに埋もれていよいよ多忙の身となるが，その中でなお『敦煌壁画選』を編み，『中国古代木刻画史略』を書きあげ，呉暁鈴らとともに『古本戯曲叢刊』を影印し，論文集『中国文学研究』全3冊を出すなど，疲れを知らぬ働きをする。海外へもたびたび出かけ，1958年10月，文化代表団を率いてエジプトを訪れる途中，飛行機事故のためソ連領内で死去。共産党員ではなかったが，一貫して党とともに歩むとの態度を表明しており，反右派闘争の際にもその立場から，右派分子を批判する発言をする。

63年，北京図書館の手で整理された蔵書目録『西諦書目』が出，文革後さらに『西諦書話』，『鄭振鐸美術文集』，『鄭振鐸古典文学論文集』，『鄭振鐸書簡』が出ている。

参考文献：『鄭振鐸全集』全20巻（花山文芸出版社，石家荘，1998年）。陳福康編『鄭振鐸年譜』（書目文献出版社，北京，1988年）。陳福康編『回憶鄭振鐸』（学林出版社，上海，1988年）。鄭振鐸著，安藤彦太郎・斎藤秋男訳『書物を焼くの記』（岩波書店，1954年）。〔杉本達夫〕

周　保中（しゅう ほちゅう） Zhou Baozhong

（1902年2月7日～1964年2月22日）

雲南省大理県湾橋村で靴職人の次男として生まれる。本名・奚李源，字・紹黄。白族出身の軍人である。

1913年県立小学堂に入り，卒業後，1年間中学で学んだ。しかし家庭の経済状態が悪くなったために，退学した。17年雲南陸軍第1師教導営に入り，同年8月第5軍に編入された。23年雲南講武堂に入学し，翌年第17期工兵科を卒業した。26年広東で国民革命軍第6軍に入り，北伐に参加した。

彼は，現実政治に対する不満から軍閥反対と対外独立に目覚めるようになり，孫文と社会主義思想の影響を受け，1927年7月中国共産党に入党した。その後，国民革命軍第6軍の党組織委員になった。中共中央軍事委員会の指導下，浙江省，湖南省，河南省，河北省，山東省などで連絡工作に従事した。

1928年末，中共中央は周保中にソ連で軍事を学ぶように指示し，中国労働者共産主義大学で学んだ。ソ連における粛清のとき嫌疑をかけられ，党籍を剝奪されるが，回復し，その後モスクワの国際レーニン学院で学んだ。帰国後，31年周は上海における工作に派遣された。

満州事変勃発後，党中央は周保中を満州省委員会に送り，満州における活動に従事させた。1932年2月彼はハルビンに到着し，満州省委員会委員，軍事運動部主席に就任した。そこで東北義勇軍抗日救国遊撃運動提綱，義勇軍組織法などを作成した。半年後，羅登賢満州省委員会書記の指示によって，抗日自衛軍と救国軍に対する党の工作を担当することになり，綏寧反日同盟軍軍長，党委員会書記兼軍事委員会主席として同盟軍を指導した。

1935年2月東北抗日連軍第5軍軍長，同党委員会書記に就任した。36年末東北抗日連軍第2路軍総指揮になり，第5，7，8，10軍を指導し，吉林省東部などで遊撃戦を展開した。周保中は，コミンテルン路線を忠実に実践し，それに批判的な第3路軍軍長・趙尚志と対立した。コミンテルンおよびソ連極東軍は周を支持した。満州共産党主義運動に対する指導は，初期の中国共産党中央と満州省委員会から35年以降コミンテルン中国代表部に，そして37年以降は，実際上ソ連極東軍に移っていった。周ら東北抗日連軍はソ連極東軍の支援のもとに遊撃戦を展開するようになり，ソ連の軍事的要請に従うようになっていた。

1938年以降，日満軍警の厳しい追及によって遊撃活動は不可能な状態に陥った。またソ連極東軍の要請によって，40年末周保中は部隊を率いてハバロフスクに行った。そこでソ連極東軍内務部長「王新林」が抗日連軍を解体することを要求したが，彼は金日成らとともに反対し，その不当性をスターリンに訴えてその主張が認められた。42年8月満州省委員会が東北委員会に，抗日連軍は抗日連軍教導旅に改編され，彼はそれぞれ党常任委員，旅長に就任した。実際には，ソ連極東軍偵察局の指揮下に別名第88旅団（国際旅）と呼ばれ，関東軍に対する偵察・破壊活動を行う部隊であった。周は，43年3月，ソ連軍中佐に任命された。

1945年9月，日本の敗戦後満州に帰り，東北人民自衛軍総司令，東北民主連軍副司令兼吉遼軍区司令員，吉林軍区司令員，吉林省政府主席，中国共産党東北委員会委員，同書記，中国共産党東北局委員，同吉林省委員会委員などを歴任した。49年7月，中国人民解放軍内の朝鮮人部隊（後に，朝鮮戦争で活躍する一戦部隊）を朝鮮民主主義人民共和国に引渡すのに重要な役割を果した。

1949年10月，心臓病の発作のために，北京で入院した。雲南省解放後，雲南省政府副主席，昆明軍事管制委員会副主席，中国共産党雲南省委員会委員，雲南省民委員会主任，雲南大学校長，中国共産党西南局委員などを歴任した。

1952年冬，再び心臓病が悪化し，1年間治療に専念した。その後，西南軍政委員会委員，西南行政委員会委員，政法委員会主任兼民政部部長などの職にあった。しかし，心臓病が悪化したため北京で治療したが，64年2月死亡した。朝鮮民主主義人民共和国首相・金日成はその死を悼み，弔辞を送った。

参考文献：周保中遺『戦闘在白山黒水』（遼寧人民出版社，瀋陽，1983年）。中共党史人物研究会編『中共党史人物伝』11巻（陝西人民出版社，西安，1983年）。『周保中文選』（雲南人民出版社，昆明，1985年）。趙素芬「周保中年譜（1902～64年）」，『中共党史資料』25輯，1988年。周保中『東北抗日遊撃日記』（人民出版社，北京，1991年）。軍政部軍事調査部編『満州共産匪の研究』1輯，1938年。『労働新聞』1964年2月23日。平松茂雄「朝鮮戦争の開戦

と中国」，『国際問題』209号，1977年8月。〔鐸木昌之〕

周　長齢（しゅう ちょうれい） Zhou Changling

（1861年3月13日～1959年2月24日）

字・寿臣。香港では広東音 Shouson Chow として知られる。香港生まれ。広東省宝安県人。清朝の官僚，香港財界人。

祖父が英領となる以前から香港島に居住していた。生家は比較的裕福であり，初め伝統的な教育を受けたが，1873年数え年13歳の時に清朝の第3期官費留学生に選ばれた。同期に2歳年下の唐紹儀がいた。74年に渡米，マサチューセッツ州のフィリップ学院を卒業，コロンビア大学に進んだが，81年になって清朝の官費留学生計画が中断となり，官費留学生は全員帰国を命じられた。このためコロンビア大学を卒業せずに帰国した後，朝鮮に派遣され，94年の日清戦争まで，総理交渉通商事宜・袁世凱の下で海関税務に従い，また一時期仁川で領事を務めたりした。日清戦争後は中国に戻り役人生活を続けたが，1903年，北洋大臣・袁世凱の要請を受けて招商局総辦となり，07年には京奉鉄路総辦に就任した。08年，署山海関道，09年には営口分巡兵備道となり同時に山海関監督を兼ねた。11年，北京に戻り外交部参議となったが，武昌蜂起後官職を辞して，故郷の香港に引退した。50歳の時のことである。

香港での周長齢は財界に転身し，南洋兄弟煙草公司，香港置地信託公司，香港電話公司，香港電灯公司，香港電車公司，ワトソン薬房などの董事，あるいは中華娯楽置業公司，中華百貨公司，東亞銀行の董事局主席などに就任した。こうした香港財界における成功と清朝での官歴によって，香港における名望家の1人となり，1920年，太平紳士（J.P.），さらに21年，香港政庁の定例局（立法評議会）民間議員に選任され，31年までその職にあった。また26年7月には中国人として初めて議政局（行政評議会）民間議員の要職に任命され，36年までその職にあって，中国系住民の公益を代表する立場にあった。この任命には省港ボイコット（25年6月～26年10月）後の香港における中国系住民の反英感情をやわらげる意図があったとはいえ，周の持つ影響力の大きさを物語っている。28年ジョージ5世は周にナイトの位を授けている。

この他，1921年，香港大学董事にも選ばれており，35年には同大学から名誉法学博士を授与されている。また多様な民間団体の役職に就いているが，主要なものをあげると，慈善団体の東華医院終身顧問，自警組織の団防局董事，華商総会顧問，華人体育協進会名誉会長，児童保護会会長などがある。なお『香港華人名人史略』は，「日俄交戦中立事宜を辦理したことにより，日本政府から四等旭日勲章を奨贈された」（4頁）と記している。

参考文献：呉醒濂『香港華人名人史略』（五洲書局，香港，1937年）。Howard L. Boorman ed., *Biographical Dictionary of Republican China*. Vol. 1 (Columbia University Press, New York, 1967).

〔可児弘明〕

周　春（しゅう しゅん） Zhou Chun

（生没年不詳）

別名・亜春，培春，春之。渾名・豆皮春。原籍，広東省番禺県，同県に生まれる。広東三合会の首領。

1854年，蜂起して広州に進攻した後，韶州を包囲した。翌年夏，湖南に移り，10月には江西省に移動して永新，安福，分宜を占領。12月には万載を攻略したのち新昌に進み太平天国軍に参加し「花旗軍」と称した。56年，指揮に任用され，翌年には総制に昇進した。同年8月には瑞州から吉安に移り，以後石達開に従って太平天国の本隊から離れて独自の行動をとり，江西・浙江・福建・湖南・広西各地を転戦し，60年初めには石達開と別れて中隊前精忠先鋒となり広東・湖南・江西の交界地区に転戦し，12月，福建省武平を占領した。翌年，江西にて李世賢の部下となって浙江に進軍，つづいて江西・安徽・浙江各地に転戦して功名を挙げ，懐王に封ぜられた。63年3月，林紹璋らと安徽南部から江蘇の句容を経て円陽にいた陳時永らと合流して鎮江に迫り，長江を渡河しようとしたが，清軍に敗れて句容に退去した。翌月，李世賢部隊と連携して再び鎮江に迫ったが清軍に妨げられた。64年，太平天国の天京が清軍に占領された後，李世賢・汪海洋らと福建・広東などへ転戦した。その後の事績は不明である。

参考文献：広東省文史研究館編『三元里人民抗英闘争史料』（中華書局，北京，1959年）。陳旭麓・方詩銘等主編『中国近代史詞典』（上海辞書出版社，上海，1982年）。李盛平主編『中国近現代人名大辞典』（中国国際広播出版社，北京，1989年）。

〔横山英〕

周　徳潤（しゅう とくじゅん） Zhou Derun

（生年不詳～1892年）

字・生霖。生誕地不詳。原籍，広西臨桂県。清末の官僚。

1862年の二甲進士。翰林院庶吉士編修。国史館協修，纂修，総纂を歴任。75年，実録館纂修となり，穆宗毅皇帝（同治帝）の実録編纂および『画一臣工列伝』

の編集に尽力しそれぞれ五品（77年），四品を加銜（79年）。ついで，『穆宗毅皇帝聖訓実録』を完成させた功により，79年国子監司業となる。その後，詹事府に入り，右春坊右中允より累進して詹事府少詹事（82年）となる。

その間，1880年には，署日講起居注官を兼任。同年，翰林院侍講，侍読，翌年には翰林院侍講学士，さらに翌年には侍読学士となり，文淵閣直閣事，経筵講官などを兼任。83年には，内閣学士となり，礼部侍郎を加銜された。

周徳潤は各省が孝廉・方正を役人に保挙する弊を指摘し（1881年），無能な外官を弾劾するとともに（83年），左宗棠の休職に反対し，高官たるものは時艱を前に休職させるべきでないと皇帝に直言（84年）。他方，刑罰の失を疏陳し（81年），政刑六事の改善を進言（82年），冤罪を雪いで酷吏の戒とした（82年）。

周徳潤はまた辺境防衛を重視し，1879年，崇厚がリヴァディア条約を締結した時，これに反対。また，ヴェトナムをめぐって中仏間が緊張すると，「さきに琉球を失い，いま越南を失えば，朝鮮が危うくなる」と藩属国の保護を主張し，ヴェトナム保護のため，岑毓英を派遣し，劉永福を使って仏軍と戦うとともに，さらに，タイと協力してサイゴンを攻めるよう主張した。これにより総理各国事務衙門走行を命じられたが，85年，清朝が和議に傾いた時も，依然徹底抗戦を主張したため，総理各国事務衙門走行を解任された。講和条約締結後，署礼部左侍郎となる。

1885年，命を受け雲南に出向き，岑毓英と国境を調査。86年，仏使ディロン（狄隆）らと境界線を修正し，久しくヴェトナム領とされていた一部の土地を中国領に回収した。87年帰国し，署工部右侍郎，刑部右侍郎となる。

周徳潤は督順天学政（1888年），武闈郷試正考官（91年）をはじめ，各省挙人覆試閲巻大臣，貢士覆試閲巻大臣，考試試差閲巻大臣，進士朝考閲巻大臣，庶吉士散館閲巻大臣などを務めている。92年，太廟修理の命を受け，ついで管理戸部三庫事務となるが，間もなく卒。

子供の周承烔は優待により戸部主事となる。

周徳潤は洋務運動に反対。1880～81年，鉄道論争が展開された時，養民を根本とする中国では，外国のように民と利を争う鉄道は敷設してはならないと鉄道敷設に反対したが，清仏戦争後はやや見解を変え，雲南など辺境防衛に対する疆吏の責任を強め，京師防衛のために鋭卒を募り，会辦北洋大臣を奉天，海口に分駐させて南北を統一し，雲南に機器局を設立することなどを主張した。

著書に『滇越辺界勘界節略』（1886年）がある。

参考文献：民国清史館『清史稿』巻229，列伝448（民国清史館，北京，1927年）。民国中華書局編『清史列伝』58巻（民国中華書局，上海，1928年）。　〔林要三〕

周（しゅう）　恩来（おんらい）　Zhou Enlai

（1898年3月5日～1976年1月8日）

名・恩来，幼名・大鸞。字と筆名・大美，少山，五，飛，飛飛，伍豪，陳廣，周翔，翔宇，胡公，冠生，非非，胡必成，伍，維恩。江蘇省淮安生まれ。原籍，浙江省紹興。中国共産党の草創期にヨーロッパで活動，以後，党の中枢にいた。中華人民共和国成立ののちは一貫して国務院総理。ほかに外交部部長，人民政治協商会議全国委員会主席など。

祖父は淮安県知事，父の周貽能は商人で他郷に出，不在がちだった。出生後，叔父の養子になり，その死後，生母の実家で生母，養母と暮らした。1907年，生母が死去，養母の実家に移った。まもなく養母も死去，９歳で２人の弟とともに残された。10年，瀋陽（当時の奉天）の叔父の家に身をよせ，東関模範学堂卒業，13年天津南開学校に入学。学業の優秀をみとめられ，２年次から学費，諸雑費を免除された。先例のない措置である。

1917年７月，南開を卒業後，日本に渡り，東京の東亜高等予備学校で日本語を学び，早稲田大学を聴講。周恩来を援助した南開の同窓の留学生たちが，帰国したため，京都にいた同窓の呉翰濤（三高留学，妻同伴。のち国民党官僚，西安事件の際西安で再会）の家に身をよせた。これよりさき18年５月，段祺瑞政府が日本と「中日共同防敵軍事協定」を密約，東京の中国人留学生が反対運動を起こし，日本の官憲の弾圧をうけた。周恩来は，運動に参加した。京都では呉翰濤が購読していた，河上肇創刊の雑誌『社会問題研究』を熱心に読んだ。また嵐山，円山公園にも遊び，口語自由詩をつくった。嵐山に詩碑がある。

1919年５月，五・四運動が発生，６月に天津にもどった彼は，南開学校学生の身分で天津学生連合会の指導活動に参加，「学生連合会会報」を創刊，編集長となり，健筆をふるった。９月に，男子学生10人と女子学生10人で革命団体「覚悟社」を結成。のち周恩来夫人になる鄧穎超もその１人で，当時は鄧文淑といった。20年１月請願デモを組織，逮捕された。獄中で周恩来は彼らにマルクスの学説と伝記について講義した（５月中旬～６月初旬）。７月に釈放。８月，李大釗をまねき，北京の陶然亭で少年中国学会などと合同の討論会をおこない，「改造連合宣言」を発表，「民衆のなかへ」というスローガンをだした。

当時，「勤工倹学」のスローガンのもと，フランスに留学する運動がもりあがり1920年11月周恩来は上海から出航した。はじめパリ，ついでベルリンに移り，23年パリにもどった（ゴドフロワ街17番地ゴドフロワホテル16号室）。中国人留学生や中国人労働者の闘争を指導，また共産党および共産主義青年団創立のため，フランス，ドイツ，ベルギー，イギリスを東奔西走した。

1922年6月，パリ，ブーローニュの森のカフェに20余人が集まり，3日間の会議ののち，旅欧中国少年共産党が成立，周恩来は趙世炎，李維漢とともにこの中央執行委員会委員。同年，中共中央からの通告で中国共産主義青年団ヨーロッパ支部と改称，すでに入党している党員は中国共産党ヨーロッパ支部を組織した。周恩来は支部の責任者であった。また中国共産主義青年団ヨーロッパ支部書記にも選出された。ちなみに，フランス共産党の成立は20年である。

ヨーロッパ支部は『少年』という機関誌を創刊，周恩来は編集責任者となった。このとき謄写版印刷に働いたのが鄧小平である。革命にめざめてヨーロッパにきた朱徳が彼にあい，彼は紹介者となって，朱徳を入党させた。

国民党とのあいだに合作が成立すると，周恩来は中国国民党ヨーロッパ総支部の責任者となった。広州に黄埔軍官学校が設立され，孫文と廖仲愷は同校の政治部主任を推薦するよう中国共産党にもとめた。周恩来が呼びもどされた。1924年9月，帰国，広州へ来て，新設の中共広東区委員会（通称「両広区委」）委員長兼宣伝部部長に任じた。25年黄埔軍官学校（正式の名は中国国民党陸軍軍官学校）政治部主任に任じた。同校の共産党員はしだいに増え43人に達し，学校の党支部は周恩来が広東区委員会を代表，直接指導した。

1925年8月8日，中共両広地区委員会の事務所で鄧穎超と結婚式をあげた。

1926年7月，国民革命軍が「北伐」を開始した。周恩来は，12月上海の党中央に転じ，中央組織部の秘書となり，中央軍事委員を兼任した。当時，上海の党中央には，じっさいには陳独秀と彭述之しかいなかった。

上海の労働者は当時，3回にわたって武装蜂起をおこなったが，第3回（1927年3月）を周恩来は指導した。上海区委員会のなかに特別軍事委員会が設けられ，5人の委員が任命され，周恩来が書記となったが，まもなく武装蜂起の総指揮が彼に委ねられた。3月21日12時，上海市の80万労働者がゼネストに突入，1時から武装した労働者5,000人が行動を開始した。蜂起は成功し，上海特別市臨時政府が成立した。

これに対し，蔣介石国民革命軍総司令官は4月11日深夜から12日早朝にかけ弾圧を加えた。蔣介石は上海の秘密結社，青幇，紅幇を利用，労働者の指揮処を攻撃させ，かけつけた蔣介石の軍隊は彼らと労働者双方を武装解除した。まもなく虐殺がはじまり，周恩来は地下に潜行，変装して武漢に移った。

武漢では第5回の党大会がおわったばかりであったが，周恩来は中央委員に選ばれており，さらに中央政治局委員，中共中央秘書長（蔡和森が代理）に選ばれていた。ついで，秘書長は李維漢が担当，周恩来は中央軍事部長に任じた。中央政治局常務委員は陳独秀，張国燾，李維漢の3人であったが，軍事部長は常務委員会に参加できるものとされた。彼は張国燾の代理として，中央常務委員の職務を担当した。当時，李維漢は湖南省におり，張国燾は河南省に赴いたからである。ついで瞿秋白が常務委員に選ばれ，中央常務委員会は陳独秀，瞿秋白，周恩来，蔡和森の4人が毎日交替して当直を担当することになった。周恩来はコミンテルンの指示にもとづき，武装暴動を計画した。

1927年8月1日，早朝から一昼夜にわたって，南昌で国民革命軍の一部が行動を起こした。前敵委員会書記であった周恩来は蜂起した兵力2万500人を率いて南下した。8月1日は人民解放軍の建軍記念日となっている。

1927年8月7日，漢口で開かれた緊急会義（8・7会議）に出席できなかったが，中央政治局委員候補に選出され，さらに中央軍事部部長，南方局の主任に任じられた。まもなく張国燾が南方局書記となり，周恩来は南方局軍事委員会主任となった。

1928年6～7月，モスクワで第6回党大会が開かれ，かれはこれに参加した。中央政治局常務委員に選出され，組織工作と軍事工作を担当，常務委員会秘書長，中央組織部部長を兼任した。

帰国した周恩来は上海で党中央の工作に従事した。中央政治局常務委員会主席兼政治局主席は向忠発であったが，彼の能力は低く，党中央の実際上の責任者は，周恩来であった。彼はまた，当時，江西省でゲリラ戦を展開しつつあった毛沢東，朱徳，陳毅の率いる労農赤軍第4軍にたいし，指導的な見解を示し，古田会議（1929年12月）に大きな影響力を発揮した。

コミンテルンの極東局と中国共産党中央のあいだに対立が深刻化，1930年3月周恩来はモスクワにむけ出発，ヨーロッパを経由，5月に到着した。周恩来の不在に乗じ，李立三は「中国革命の高まりがきた」とする報告をおこない，「一省あるいは数省における勝利を獲得すべきだ」という決議が採択された。コミンテルンは李立三の見解を誤りと考え，周恩来をいそぎ帰国させ，周恩来の説得によって李立三は誤りを認めた（8月）。

しかしコミンテルンの態度は強硬で，李立三の誤りを路線の誤りとして追求し王明らソヴィエト留学生によって指導部が形成された。王明らは1929年4月にモスクワから帰国しており，党中央に批判を加えた。ひそかに上海にやってきたコミンテルン代表ミフの指導下に31年1月第4回中央委員会総会が開かれ，王明が政治局委員になった。以後，4年間にわたって王明の，のちに「極左冒険主義」とされる指導が中共を支配する。

周恩来は向忠発，張国燾とともに中央常務委員に任ぜられ（のちの書記処にあたる）中央軍事委書記を兼任，ソヴィエト区の工作も担当することになった。

王明の指導は弾圧の強化をまねき，上海にあった中共中央の指導機関の活動はほとんど停止するにいたった。1931年10月，王明は上海を離れモスクワに赴いた。12月周恩来も上海を離れ，中央革命根拠地（中央ソヴィエト区）に赴いた。瑞金に到着したかれは中共ソヴィエト区中央局書記に就任した。

当時ソヴィエト区では，証拠なしに「AB団」「反革命」というレッテルが貼られ，銃殺がおこなわれていた。周恩来はこれを停止させた（1932年3月）。32年10月寧都会議の結果，周恩来が第1方面軍の総政治委員を兼任，毛沢東は中央政府の工作に専念することになった。周恩来は第4次の国民党の包囲に対する反撃を朱徳とともに指揮し，勝利をおさめたが，第5次包囲にはじゅうぶん指導権を与えられず，軍事顧問リトロフの指揮は敗戦をまねいた。34年10月，瑞金を放棄，のちに「長征」と称される大移動がはじまった。

1935年1月，貴州省遵義において会議が開かれ，周恩来は軍事指導上の自分の責任を認め，あわせて博古とリトロフを批判した。会議は，毛沢東を政治局常任委員にすること，朱徳と周恩来が最高の軍事首長であり，かつ指揮者であり，最終的決断を下す責任者は周恩来であると決定した。会議終了後，毛沢東を周恩来の軍事指揮上の援助者とした。のち議論が起こり，毛沢東，周恩来，王稼祥の3名が指揮小組をつくって紅軍を指揮する責任を負うことになった。

以後の行軍のなかで，毛沢東の指導力が強くなり，陝西省北部に到着したあと，党の工作は周恩来が責任を負い，軍事工作は軍事委員会をつくって毛沢東が主席になり，第1方面軍政治委員を兼任することが，政治局できめられた。さらに，西北革命軍事委員会が成立，毛沢東が主席，周恩来が彭徳懐とともに副主席に任じた。これ以後，周恩来は「副主席」と呼ばれ，もっぱら軍需品の供給に努力することになる。

1936年12月，西安事件が発生，彼は平和的解決に尽力し，抗日民族統一戦線の新しい局面をつくりだした。抗日戦争中は中共中央の代表として武漢・重慶に駐在，国民党政府との交渉にあたった。いっぽう中共中央南方局の書記として，党の発展をはかった。45年8月，毛沢東とともに蒋介石と会談，協定締結後は中共代表団を率いて重慶と南京に駐在した。46年11月，国民党が協定を破棄したため南京から延安にかえり，中国人民解放軍総参謀長に任じ，毛沢東とともに陝北を転戦した。

1949年，中華人民共和国が成立，国務院総理，外交部部長を兼任。あわせて中共中央軍事委員会副主席，政治協商会議全国委員会副主席（第1期）同主席（第2，3期），全国人民代表大会代表など。第6回党大会以後，中央政治局委員，または書記処書記，あるいは中央委員会副主席などを歴任した。

1954年，インドのネールとともに「平和共存の5原則」をとなえ，戦後世界に新風をもたらした。66年文化大革命が発生すると，毛沢東の側についたが，江青夫人，林彪の排斥をうけた。71年，林彪が飛行機で国外に逃亡をはかったとされる事件には機敏に対応，ついで経済，教育の立て直しをはかり，アメリカ，日本との国交正常化に貢献した。72年から癌が悪化し，ついに死去した。3カ月後清明節をむかえ，かれを記念する北京市民が，天安門広場の人民英雄記念碑に花環や追悼の詩をささげた。当局がこれを撤去したため，広場に来た民衆が騒ぎ出し，4月5日，天安門事件となった。背後の黒幕だとして鄧小平は再度追放された。

文革のさい，毛沢東に対し妥協的態度をとったことには，若干の異論がないわけではないが，迫害をうけた人間を救出し，江青，林彪らの横暴を阻止したことは事実であり，民衆の敬愛の念は深い。

参考文献：中共中央文献編輯委員会『周恩来選集』上・下巻（人民出版社，北京，1980年，84年）。『周恩来選集（1926年―1949年）』（外文出版社，北京，1981年）。中共中央文献研究室編『周恩来書信選集』（中央文献出版社，北京，1988年）。中共中央文献研究室編『周恩来伝1898―1949』（人民出版社，中央文献出版社，北京，1989年）。狭間直樹監訳『周恩来伝』（阿吽社，1992年）。Kai-yu Hsu（許芥昱），*Chou En-lai: China's Gray Eminence*（Doubleday

& Co, Inc., Garden City, New York, 1968. 高山林太郎訳『周恩来—中国の蔭の傑物』〔刀江書院，1973年〕）。蘇叔陽『大地的児子—周恩来的故事』（中国少年児童出版社，北京，1982年。竹内実訳『人間周恩来』〔サイマル出版会，1982年〕）。司馬長風『周恩来評伝』（香港波文書局，香港，1974年。竹内実訳『周恩来評伝』〔太平出版社，1975年〕）。李天民『周恩来』（1968年。桑原寿二訳『周恩来』〔実業之世界社，1973年〕）。〔竹内実〕

周（しゅう）　而復（じふく）　Zhou Erfu

（1914年1月3日～2004年1月8日）

原名・周祖式，周徳の名を用いたこともある。筆名・周而復，復，呉疑，荀寰。原籍，安徽省旌徳県。江蘇省南京生まれ。作家。

父親・周熙培は商売をしていたこともあるが，のち政府の下級職員となる。母親は王氏。経済的理由により幼時は正式の学校へ行かず，13歳の時，南京青年会中学入学。1933年上海光華大学英国文学系入学，在学中左翼文学活動に参加。『文学叢報』（編集長・王元亨，馬子華。日刊。36年4月1日～36年8月1日）や『小説家』（編集長・欧陽山。36年10月～36年12月）の編集に加わる。抗日救亡運動にも参加した。36年の国防文学論争の際は，魯迅らの主張を支持し「中国文芸工作者宣言」に名を連ねた。37年頃魯藜の紹介により中国共産党に入党。党活動はそれ以前よりおこなっていた。38年夏大学卒業後，延安に行き，陝甘寧辺区文化協会文学顧問委員会主任となる。『文芸突撃』の編集に参加。39年秋第18集団軍（八路軍）総政治部晋察冀軍区文芸小組組長となり，文芸宣伝工作などの抗日活動をおこなう。42年冬延安に戻り，43年中共中央党校で学ぶ。

1944年冬重慶に行き，中国共産党機関誌『群衆』半月刊の編集を担当，また新華社と『新華日報』の特派員となり，華北，東北，華中などを取材する。周恩来に随行したこともある。この間，多くのルポルタージュを執筆する。カナダ人医師，ノーマン・ベチューンの献身的医療活動を描いたルポルタージュ『諾爾曼・白求恩断片』（新華書店，49年）がある。また，これを素材にした長篇小説『白求恩大夫』（上海知識出版社，49年）も注目を集めた。

1946年，中共南方局文化工作委員会委員，副書記となる。同年夏から49年春まで，香港で文化工作に従事し，茅盾，楼適夷らと『小説』月刊を編集したり，『北方文叢』編集長をつとめたりして，解放区文芸の紹介に力を尽くす。

1949年5月香港から北平に入り，上海が解放されると第3野戦軍とともに上海に入り，中共中央華東局統一戦線工作部秘書長をつとめ，のちにこの時の体験をもとに長篇小説『上海的早晨』（第1部，58年。第2部，62年。第3部，80年。第4部，80年。）を執筆。その他，復旦大学教育工会主席，上海市委員会委員，華東軍政委員会文化教育委員会委員をつとめる。

1950年『群衆文芸』半月刊の編集に参加。53年中国作家協会理事に選出される。54年11月，中国文化代表団副団長として鄭振鐸らとともにインドとビルマを訪問。55年5月，中国インドネシア友好協会代表団副団長としてインドネシアを訪問。57年，『収穫』（編集長・巴金，靳以）の編集に参加。58年3月，中共上海市宣伝部副部長となる。58年及び59年に，中国雑技芸術団を率いて，アルゼンチン，ブラジル，チリ，ウルグアイ，チェコスロヴァキアを訪問，帰途ソヴィエトやスイスなども訪問する。

1959年北京勤務となり，9月国務院対外文化連絡委員会委員に任ぜられる。同年趙毅敏とともに中国代表としてチェコスロヴァキア全国文化工作大会に出席。60年5月中国ラテンアメリカ友好協会副会長となり，61年メキシコとキューバを訪問。7月中国人民対外友好協会副会長となる。63年5月中国人民対外文化協会代表団団長として日本を訪問。10月中日友好協会副会長となる。

文革中『上海的早晨』は劉少奇の資本主義復活路線を鼓吹するものとして批判され失脚。1978年名誉回復し復活。中国政治協商会議副秘書長，文化部副部長となる。79年5月中国政府文化代表団副団長として日本を訪問，10月，ルーマニア，ユーゴスラヴィア，シリア，ヨルダン，チュニジアを訪問，帰途パリとボンを訪れる。

1985年10月，日中政治家友好書道展に中国側代表団の団長として日本を訪問。その時「中国の国家としての尊厳と，共産党員としての道徳規律を著しく傷つけた」として，86年2月党を除名され，中国対外友好協会副会長および文化部対外文化交流委員会副主任などの職務を解かれる。文学創作の面ではその後も活動を続け，主として抗日戦争を題材にした作品を発表した。長篇小説『南京的陥落』（人民文学出版社，87年），『長江還在奔騰』（人民文学出版社，88年），『逆流与暗流』（人民文学出版社，89年）などがある。

著書は，小説，ルポルタージュのほか，詩集，散文，評論集など多岐にわたり多数ある。2004年1月病気のため北京で死去。

参考文献：北京語言学院《中国文学家辞典》編集委員会編『中国文学家辞典』現代1分冊（四川人民出版社，成都，

1979年）。Wolfgang Bartke, *Who's Who in the People's Republic of China* (Harvester Press, Sussex, Great Britain, 1981).『中国人民政治協商会議第七届全国委員会委員名録』（中国文史出版社，北京，1990年）。〔辻田正雄〕

周　仏海（しゅう ふつかい）　Zhou Fohai

（1897年～1948年2月28日）

福建省莆田県生まれ。国民党政治家。元来蔣介石の側近の地位にあったが汪精衛和平運動に参画した。

父親は湘軍司令部に勤務し，のち福建省県知事を務めるほどであったが，若死にすると母親は苦労しながら周仏海と弟妹の3人を育てた。周は私塾に学んだ後，湖南省沅陵県高等小学に入学するが，2年次に退学，長沙の兌沢中学を経て，1915年第八連合中学に入学，校長に推薦されて17年7月日本に単身留学した。周はこの頃までに早くも結婚しており，1男1女をもうけていた。

その後第一高等学校に合格して国費留学生となるが，予科卒業後第七高等学校に転学。この頃から周仏海は，中国人留学生の例に洩れず共産主義思想に強い関心を抱くようになり，1920年夏一時帰国の際に上海で陳独秀と面識を持った。21年7月周は留学生代表として中国共産党創立大会に参加し，党副委員長に推薦された。22年夏七高を卒業すると，京都帝国大学経済学科に進学し，河上肇の教えを受けた。しかし，その間上海の裕福な商人の娘・楊淑慧と結婚して1男をもうけ，苦学の生活に憂き身をやつした。24年3月京大を卒業すると，5月に帰国して広東に至り，戴季陶国民党宣伝部長の下で秘書兼広東大学教授に就任，黄埔軍官学校でも教鞭をとった。9月正式に共産党を離党し，黄季陸らと『社会評論』を刊行。25年12月広東政府がボロディンの影響下にあることに不満を覚えた周は広東を去り日本に渡った。26年3月帰国し，武漢大学や武昌商科大学で教鞭をとるかたわら，国民革命軍総司令部秘書に就任。27年2月武昌軍事政治学校秘書長兼政治部主任となるが，4・12クーデター後に上海に至り，国民党上海清党委員会に逮捕され，釈放後に中央陸軍軍官学校政治教官となる。この間著書の『中山先生思想概観』，『三民主義之理論的体系』により，周は一躍国民党の理論家として名を挙げた。28年1月戴に従って上海で月刊『新生命』を創刊し，中央陸軍軍官学校政治部主任，29年3月には国民政府訓練総監部政治訓練所長兼国民革命軍総司令部訓練主任となった。31年11月周は国民党4全大会で中央執行委員に選出され，その他の要職を歴任した後，37年8月には軍事委員会委員長侍従室副主任，38年国民党中央党部宣伝部副部長，次いで代理部長に任命され，蔣介石の側近として重要文書の草案を作成するなど，暫し枢要な地位にあった。

1937年1月，西安事件を聞きつけ急遽帰国した汪精衛を香港で迎えた周仏海は，蔣が中共の主張を受け入れ，内戦を停止して一致抗日策に同意したことに反対する汪との間に意見が一致し，その後国民政府の一部が南京から漢口に移転後，梅思平，陶希聖，胡適，高宗武らと密接に接触し，一致抗日に批判的な「低調クラブ」を組織した。やがて，漢口が陥落して重慶に移転すると，周は抗戦の将来を悲観し，対日和平の必要性をいよいよ強く唱えはじめた汪を指導者と仰ぐに至った。周は汪の重慶脱出（38年12月18日）に際しては，昆明に先行して汪一行に合流し，ハノイに随行した。同月末周は香港に脱出し，陳公博，林柏生，梅思平，陶希聖と共に汪派の宣伝機関であった『南華日報』の経営に当たった。周は，汪が重慶に対抗して南京に新政府を樹立し日中戦争を全面解決するという構想を最初から抱いており，39年5月と10月の汪訪日の際も，周は同行した。同年12月末に締結をみた日華協議書類の交渉の際にも，周は汪側を代表して中心的役割を果した。その後の周は，40年1月の青島会議を皮切りに，3月30日に南京国民政府が成立するまで絶えず交渉の表舞台に立ち続けた。周の強みは何と言っても，留学時代以降に開拓した日本人人脈の幅広さであった。新政権下では，財政部長兼警政部長他の要職に就き，12月行政院副院長，中央儲備銀行総裁，のちには軍事委員会副委員長，上海市長などを歴任した。また，「ゼスフィルド76号」と呼ばれた李士群，丁黙邨による対重慶特務工作にも深く関係し，汪に次ぐ権力の座を次第に確保していった周は，43年9月李士群の毒殺にも係わった。周は，汪夫人を囲む陳公博，褚民誼，林柏生，陳君慧，何炳賢，周隆庠らの「公館派」に対して，羅君強らを含む「少数派」と呼ばれていたが，隠然たる実力を示しつつ，早くも日本軍の黙認下に無電台を通じて重慶と頻繁に連絡を取り合い，日中全面和平と汪精衛の南京政府の重慶への吸収合併を画策するが，日本の敗戦となり失敗した。同政府が解消すると，意外にも蔣介石より国民党軍事委員会上海行動総隊総指揮に任ぜられ，45年9月軍統局長・戴笠の指示で特別機で重慶に送られる。のち南京高等法院で漢奸として死刑の判決を受けたが，47年3月蔣の特赦で無期懲役となる。48年2月持病の心臓病が悪化して獄中にて死去した。

参考文献：黄美真主編『汪偽十漢奸』（上海人民出版社，上海，1986年）。『陳公博・周仏海回憶録合編』（春秋出版社，香港，1971年）。蔡徳金編・村田忠禧他訳『周仏海日記』（みすず書房，1992年）。岡田酉次『日中戦争裏方記』（東洋経済新報社，1974年）。益井康一『漢奸裁判史』（みすず書房，1977年）。Howard L. Boorman ed., *Biographical Dictionary of Republican China*, Vol. 3 (Columbia University Press, New York, 1970).　〔高橋久志〕

周（しゅう）　馥（ふく）　Zhou Fu

（1837年12月20日～1921年9月21日）

幼名・玉成・宗培，改名して，馥。字・玉山，蘭渓，諡名・愨慎公。監生。安徽省建徳県生まれ。清朝末期の官僚。

伝統的な儒教教育を受け成長した。但し，太平天国軍の安慶占領はまさに周馥の童試の年であり，太平天国の推移は周馥にもその一家にも大きな影響を与えている。一家は，太平天国軍の進出，占領に応じて各地を転々とせざるを得なかった。

清朝時期における官僚としての周馥の一生は，1863年李鴻章の淮軍幕友として開始された。「馥」という名前は，李鴻章がその推薦状に誤記したのをそのまま用いたとされる。64年李鴻章に従って太平天国の鎮圧に参加し，のちに各地の知府などを歴任，特に水利事業で功績を残している。71年李鴻章が湖広総督から直隷総督に転じるにあたり周馥も天津に移った。78年以後8年間にわたって天津海関道をつとめ，同時に直隷の治水事業にも力を注いだ。

1882年李鴻章の下で中国朝鮮商民陸路互市章程の作成に関与，85年には天津武備学堂の設置に尽力した。その設立章程などはほとんど周馥の手によるものとされる。88年直隷按察使，同時に李鴻章の意を受け，軍事的価値の高まった旅順及び大連の整備にあたる。李鴻章の幕下にあって，北洋の軍事・実業を中心とする「新政」に参与，その推進にあたって大きな役割を果した。

日清戦争において前敵営務処に参与，各軍の調整にあたる。1899年四川布政使，1900年直隷布政使，義和団事件後，李鴻章とともに北京議定書の締結交渉に参与した。01年天津都統衙門の撤廃交渉にあたった。02年山東巡撫となり，治水事業を推進するとともに，ドイツとの交渉にあたる。04年両江総督，06年閩浙総督，転じて両広総督に任命されたが，07年には老齢を理由に引退し，以後著述に専念した。

青島，上海で晩年を送り，のちに，自らの基盤であり，またその子である周学熙が大きな勢力を築いた天津で没す。その著作には『黄河源流考』や，地方行政において力を注いだ水利事業に関する専門の著作である『治水術要』，『河防雑考』などがある。

但し，宗社党の一員でもあり，1917年の清朝復辟に際し協辦大学士に任命された。また，周学熙との関係から，名目上ではあるが，日本の対中国投資合弁会社である中日実業公司の相談役にも推されている。

一次史料として，『周愨慎公全集』（1922年）があり，自編の「周愨慎公自著年譜」が含まれている。

参考文献：「秋浦周尚書（玉山）全集」，沈雲龍主編『近代中国史料叢刊』正編82。（文海出版社，台北，1966年）。渋沢青淵記念財団竜門社編『渋沢栄一伝記資料』55巻（同書刊行会，1964年）。　〔飯島渉〕

周（しゅう）　谷城（こくじょう）　Zhou Gucheng

（1898年9月13日～1996年11月10日）

湖南省益陽県汾湖洲生まれ。歴史学者，文芸美学理論家，教育者。

1905年周氏族立の小学堂に学ぶ。13年中学に進み，17年卒業。北京高等師範学校（北京師範大学の前身）に入学，21年卒業後，湖南省長沙の省立第一師範学校の教師となる。この間19年には五・四運動に参加。26年，兼ねて湖南省農民協会顧問，湖南省農民運動講習所教師，全国農民協会宣伝幹事を務めた。27年春武漢において鄧演達の下で農民運動の資料整理に参加した。

国共合作分裂後上海にもどり，国立労働大学の教師となる。その後，『教育雑誌』に執筆。1930年広州の中山大学社会学科教授，主任，33年上海の曁南大学（上海商科大学の後身）歴史学科教授，42年上海の復旦大学歴史学科教授，主任，大学教務長（49年5月）などを歴任した。

新中国成立以前に出版した著書には，『生活系統』，『実験主義倫理学』（以上，商務印書館，1924年），『中国教育小史』（泰東図書局，29年），『農村社会新論』（遠東図書公司，29年），『中国社会之結構』（30年），『中国社会之変化』（32年），『中国社会之現状』（33年，以上，新生命書局），『中国通史』第2冊（開明書店，39年，第3冊，49年），『中国政治史』（中華書局，42年），『中国史学之進化』（生活書店，47年），『世界通史』（商務印書館，49年）などがあり，訳書『文化之出路』（新教育社，40年以前）がある。また，現実社会への強い関心を示す時事論文として，「農村経済を破壊する商業資本」（『読書雑誌』Ⅰ―1，31年），「現代中国経済変遷の概論」（同誌Ⅱ―7，35年），「中国土地制度および総理の土地公有学説」（『新生命』Ⅰ―12，35年），「教育と文字」（『東方雑誌』30―24，33年），「世界民主政治の傾向と中国民主政治の創造」

（同誌40―1，44年），「世界民主政治の最後の勝利を論ず」（同誌40―6，44年），「近五十年来の中国の政治」（『時与文』1―1―3，47年），「現段階の中国の政治と教育」（同誌1―6―11，47年）などがある。

1949年の新中国成立後，復旦大学歴史学科教授職の傍ら，56年上海市歴史学会会長，62年中国アジア・アフリカ学会理事，84年中国太平洋歴史学会会長などに就任。また中華書局65年刊『辞海』編輯委員，中国国際広播出版社89年刊『中国近現代人名大辞典』編集顧問となる。

著書には，『ヘーゲル論理学』（商務印書館，1952年），『古史零証』（群聯書店，56年），『形式論理と弁証法』（科学出版社，62年）などがあり，関心は歴史から論理学へ移った。さらに芸術論に向かい，『文匯報』，『光明日報』，『文芸報』，『新建設』などの紙上に，林語堂批判の「ユーモアを論ず」，「文章天成論」，姚文元批判の「整体を統一し反映を分別せよ」，歴史と芸術との異同論「文学と美学」，科学と芸術との異同論「礼楽新解」，美学論「朱光潜に与えて美学を商権す」，「朱光潜の芸術論を評す」，文芸理論「王子野の芸術論を評す」，「茹行の芸術論を評す」などを発表した。但し，62年発表の「芸術創作の歴史的地位」，63年の「整体を統一することと，反映を分別すること」は時代精神の寄せ集め論，資産階級の時代精神として批判され，呉晗『海瑞罷官』に対する批判座談会での発言は苦衷に満ちたものであった。66年に始まる文化大革命中にも復旦大学の教授職に在ったが，その講義は批判され妨害を受けた。その収束後に発表したのが，78年の「奴隷と経書の古今」（中華文史論叢7），79年の「《文芸報》特約評論員の評論を評す」（新文学論叢2）である。

政治方面では1949年5月中国農工民主党に加入，以後，同党中央委員会委員（第1期〔51年11月〕，第3期〔58年12月〕，兼ねて主席団委員），同党上海市委員会主任（57年5月，60年6月），中央委員会副主席（第8期〔79年10月〕，第9期〔83年3月〕）に選出された。また，49年9月第1期中国人民政治協商会議に参加，以後，上海市委員会の常務委員（第1期〔55年5月〕），同副主席（62年7月，第5期〔77年12月〕），全国委員会常務委員（第5期〔80年9月〕）に選出された。50年3月華東軍政委員会文化教育委員会委員，11月上海市抗美援朝分会会長，53年1月華東行政（軍政改め）委員会委員，57年5月中ソ友好協会上海市分会理事，59年中国保衛世界和平委員会上海市分会副会長，60年3月民主同盟・民主建国会・民主促進会・台湾自治同盟などの上海地方組織主任，79年上海市革命委員会委員などに就任した。さらに，全国人民代表大会の第1期（54年9月），第2期（59年4月），第3期（64年12月）の各大会に湖南省代表として出席。第5期（78年）からは上海市代表として出席し，12月常務委員会副主任，第6期（83年6月）と第7期（88年3月）には，教育科学文化衛生委員会主任，常務委員会副委員長に選出された。1996年11月10日，上海にて死去。

参考文献：北京語言学院《中国文学家辞典》編輯委員会編『中国文学家辞典』現代1分冊（四川人民出版社，成都，1979年）。『中共人名録』（国立政治大学国際関係研究中心，台北，1988年3次重修）。張克明主編『中華人民共和国大辞典』（中国国際広播出版社，北京，1989年）。胡安権編『中国文化史年表』（上海辞書出版社，上海，1990年）。橋川時雄編『中国文化界人物総鑑』（名著普及会，1982年覆刻）。

〔橋本高勝〕

周（しゅう）　建人（けんじん）　Zhou Jianren

（1888年11月12日～1984年7月29日）

原名・周建人，字・松寿，喬峰，筆名・高山，嵩山など。浙江省紹興市生まれ。生物学者，社会活動家。

周樹人（魯迅）の末弟。家の没落により学校に通わず，独学する。辛亥革命前後，紹興の小学校，中学校，女子師範などで教員をする。次兄・作人の妻・羽太信子の出産のため手伝いに紹興へ来た妹の芳子と，1914年結婚する。1男1女をもうけた。19年北京へ移る。北京大学で科学総論や哲学などを傍聴する。21年上海の商務印書館に職をみつけ，単身で移る。中学校小学校用の動植物学の教科書や自然科学叢書などの編集をする。また，『東方雑誌』，『婦女雑誌』の編集や『自然科学雑誌』の編集もする。上海で王蘊如と結婚し，3女をもうけた。

1923年，沈雁冰（茅盾）の紹介で瞿秋白，楊之華夫婦と知りあい，上海大学で進化論の授業をする。神州女学，上海暨南大学，安徽大学などで授業をしたり，松江女子中学で講演をした。女性解放と男女平等を宣伝し，進歩思想をひろめた。ダーウィン『物種起源』（共訳）がある。

1927年魯迅が広州から上海に来て居を定めると，魯迅のために通信連絡の役をつとめ，魯迅掩護につくした。瞿秋白が逮捕され，獄中から手紙を出したとき，宛先は周建人であった。こうして，瞿秋白は魯迅や楊之華と連絡できた。

1932年12月，宋慶齢，蔡元培，魯迅らが中国民権保障同盟を作ったとき，その調査員に推された。抗日戦争時期，国民党頑固派の消極抗戦と積極反共という政策に反対した。貧困と病気にさいなまれ，陳毅が周建人に治療費を送った。

抗戦勝利後，愛国民主運動に参加し，生活書店や新知識書店で編集の仕事をしていたとき進歩的な新聞や雑誌，『民主』，『周報』，『文匯報』，『聯合晩報』などに文章を発表した。1945年，馬叙倫，許広平らと中国民主促進会を作った。46年5月上海人民団体連合会を組織し，理事となる。馬叙倫らが内戦に反対し，平和を求める請願に南京へ行った際，南京の下関駅で暴徒に襲われた。周建人はこれに抗議し，デモの先頭に立った。

1948年4月中国共産党に加入。この秋，指示によって党中央の所在地である河北省平山県に移った。北平解放後，華北人民政府教育部教科書編集審査委員会副主任となる。49年6月上海人民団体連合会の首席代表の資格で，中国人民政治協商会議準備会議に出席し，続いて第1期全体会議に出席した。

中華人民共和国成立後は，出版総署副署長，高等教育部副部長，浙江省人民政府副主席，浙江省省長(1958年2月)，第9，10，11期中共中央委員，第1，2期全国人民代表大会常務委員会委員，第3，4，5期全国人民代表大会常務委員会副委員長，第2，3，4期全国政協常務委員，第5，6期全国政協副主席などの職を歴任した。50年に中国民主同盟に加入し，その中央委員，常務委員となった。

周建人は，魯迅の弟という関係から，魯迅についての貴重な文章を残している。『略講関於魯迅的事情』(人民文学出版社，1954年)，『魯迅回憶録』(上海文芸出版社，78年)，『魯迅故家的敗落』(周建人口述周曄編写，湖南人民出版社，84年）などがある。しかし，また魯迅についての評価は解放後の中国共産党の文化政策と関係あるため，周建人の魯迅についての発言は，ほとんど他人が書いた原稿を読むだけであったという証言もある。周建人は謙虚で誠実な人柄ゆえに，魯迅についても特別目新しいことを言っていない。彼の関心は，教育工作と科学技術発展につとめることにあった。『科学雑談』などの著作もある。

鼻の癌をもって96歳で亡くなった。遺言により北京医院で解剖され，骨灰は家族により，天津新港の外海へ撒布された。

参考文献：「周建人同志生平」，『人民日報』1984年8月7日。北京言語学院《中国文学家辞典》編委会編『中国文学家辞典』現代第1分冊（四川文芸出版社，成都，1979年）。謝徳銑『周建人評伝』(重慶出版社，重慶，1991年)。

〔萩野脩二〕

周　駿鳴（しゅう　しゅんめい）　Zhou Junming

(1902年～2003年11月9日)

河南省確山県生まれ。中国共産党の指導者，軍人。

周駿鳴がいつ中共の活動に参加したかについては諸説がある。一説によれば，1932年には1隊を率いて河南省駐馬店地区で王国華らと遊撃戦を展開しており，翌33年に江西ソヴィエト区で訓練を受けたとされる。また，他の説によれば，周は33年6月に革命活動に参加したという。しかし，いずれにせよ，33年中には中共に正式に入党しており，周駿鳴が同年以降中共の活動に本格的に関与していったことは確実である。

中共入党後，周駿鳴は中共確山県区委書記，県委書記を務め，1934年には中共河南省委委員兼省委軍委書記に就任する。同年夏，鄂豫辺界地区の遊撃根拠地に赴任し，中共鄂豫辺工作委員会委員となり，辺区の軍事工作を統轄する。35年秋鄂豫辺工作委員会が中共鄂豫辺省委に改称された際，同省委軍事部部長に任ぜられ，引き続き軍事工作の指導を担当する。

1936年1月鄂豫辺界地区で紅軍遊撃隊を組織してのち，政治指導員や隊長として遊撃隊を率いて鄂豫辺界地区で活発に遊撃戦を展開した。なお，同地区の紅軍遊撃隊の部隊編成は37年7月の日中全面戦争勃発に至るまで目まぐるしく変化した。そうした中で周駿鳴は，36年1月から5月までは豫南遊撃隊の一部の部隊を率い，5月以降は同遊撃隊が3分割されたうちの1つ，第3分隊（駐馬店地区で活動）を指揮した。また，同年12月に3分隊が統合され豫南遊撃隊は大隊規模となるが，陳番斎の後任として大隊長に就任し，37年春同部隊が鄂豫辺人民抗日軍に改称された際も隊長のポストを引き継いだ。

日中戦争勃発後の1937年秋，鄂豫辺人民抗日軍は豫南抗日独立団と改称され，その後さらに新四軍所属部隊の1つとして第4支隊第8団に改編される。周駿鳴はその改称，改編のたびに独立団団長，第8団団長に任ぜられ，部隊内の最高指導者の地位を保った。39年7月新四軍第5支隊副司令員に着任し，41年1月の皖南事変後，新四軍第2師参謀長となる。当時，淮南津浦鉄道沿線地域を転戦し，安徽省東端の半塔の防衛戦などに参加した。43年春陝甘寧辺区の延安に行き，そこで中央党校に入学する。

日中戦争終結後，1945年10月淮南軍区が設置されると，周駿鳴は同軍区の司令員に就任。国共内戦期には，華中軍区参謀長，華東軍区副参謀長（司令員・陳毅，政治委員・饒漱石)，華東軍区後勤部部長，第3野戦軍暨華東軍区副参謀長などを歴任する。

中華人民共和国成立後は，文化大革命発動までに華東軍区副参謀長（1954年10月まで在任），国務院水利部副部長（54～58年），林業部副部長（58～61年），黒龍江省農牧庁副庁長（60年以降）などを務めた。文革中の周駿鳴の詳しい動向については明らかでないが，67年11月にハルビン市の新聞紙上で「王力，関鋒と密着した主要な反逆者の1人」と告発され，失脚したといわれる。

文革終結宣言後に復活し，1979年に河南省政協の第4期委員会の副主席に任ぜられたが，復活後も目立った活動はしていない。なお，文革前に，全国政協で特別招請委員に選ばれたことがある（59年4月の第3期全国政協並びに64年12月の第4期全国政協）。2003年11月9日，101歳で死去した。

参考文献：王輔一主編『新四軍事件人物録』（上海人民出版社，上海，1988年）。徐友春主編『民国人物大辞典』（河北人民出版社，石家荘，1991年）。軍事科学院軍事図書館編『中国人民解放軍組織沿革和各級領導成員名録』修訂版（軍事科学出版社，北京，1990年版）。現代中国人名辞典編集室編『現代中国人名辞典1986年版』（霞山会，1986年）。*Who's Who in Communist China*, Vol. 1 (Union Research Institute, Hong Kong, 1969).

〔中村楼蘭〕

周(しゅう)　立波(りっぱ)　Zhou Libo

（1908年8月9日～1979年9月25日）

原名・周紹儀。周鳳翔，周菶梧ともいう。筆名・立波，張一柯，張尚斌ほか。原籍・湖南省益陽県鄧石橋清渓村。著名な現代中国作家。

農家の出身。長沙市立一中から上海に出て上海労働大学社会科学院経済系に入学したが，校外の集会に参加し，ビラ撒きをしたことから半年で除籍。1932年上海神州国光社のストライキに参加して逮捕され，獄中で闘争。34年刑期満了で出獄，中国左翼作家連盟に参加，12月には中国共産党に入党した。党と共青団の指導する工作に参加し，『時事新報』副刊の『毎週文学』を編集。このとき，英語の“自由”（Liberty）の訳音“立波”を筆名とした。散文，詩，文芸評論を発表し，またプーシキンの『ドゥブロフスキー』，ショーロホフの『ひらかれた処女地』第1部などを翻訳した。

1937年日中戦争が勃発すると，八路軍前線司令部と晋察冀辺区で活動，従軍記者として華北の前線を回って，八路軍のたたかいを描く『晋察冀辺区印象記』などのルポルタージュを書いた。その後武漢にもどり，周恩来の命で湖南省沅陵に行き，『抗戦日報』を編集，沅陵県委員会の宣伝工作を担当した。

1939年5月には桂林で『救亡日報』を編集，12月に延安に赴き，魯迅文学芸術学院で編訳所所長と文学系教員を兼任，中国と世界の名著の講義を担当した。42年に延安文芸座談会に参加し，毛沢東の文芸政策に感銘を受け，以後この路線を忠実に歩むことになる。44年『解放日報』副刊部副部長となり，王震の率いる第359旅団の南下に従い，司令部秘書として抗日根拠地の建設に従事，このときの湖南省，広東省でのたたかいの記録はのちに『南下記』として発表された。

1945年日本が降服すると北上して中原軍区の機関誌『七七日報』と『中原日報』の副社長，翌年には北平軍調部中共代表団の英語通訳を担当，冀熱遼区党委の『民声報』副社長となった。幹部工作隊に従って東北解放区に行き，土地改革運動に参加することになると，地区委宣伝部委員，省委宣伝所長として『松江農民』を編集するとともに，この時期の東北地区における土地革命を描く長篇小説の執筆に着手。48年『暴風驟雨』を完成したが，この作品は51年にはスターリン文学賞を受賞し，彼の代表作となった。その後，『文学戦線』の編集主任，瀋陽魯迅芸術学院研究室主任としても活動した。

1949年の中華人民共和国成立後，51年から54年にかけて3回にわたり石景山製鉄所に入って，建国初期の工業建設の生活を体験，長篇小説『鉄水奔流』を完成した。52年には『人民文学』編集部に移り，中国文化芸術団を率いてモンゴルを訪問したりしている。

1955年故郷の湖南省益陽に帰り，桃花崙郷竹山湾，つづいて鄧石橋清渓村に住み，農民と生活を共にしながら農民運動を指導，土地改革後における農村でのたたかいと農業合作化運動を描いた長篇小説『山郷巨変』を完成した。

1966年初め発表した散文『韶山的節日』は32年ぶりに故郷の韶山に帰った毛沢東のことを書いたものだが，中に最初の夫人・楊開慧のことを述べているのが江青の忌諱に触れたために文革中四人組による迫害を受けることとなった。78年『南下記』に手を加えた『万里征塵』を発表，また短篇小説『湘江一夜』は同年の優秀短篇小説1等賞を受賞したが，文革中の迫害から健康を損じていた立波は79年9月，北京で死亡した。誠実で朴訥な人がらで，一生を革命の事業にささげ，農民や労働者とともに生活し，人びとから愛された文学者であった。

参考文献：『周立波文集』全5巻（上海文芸出版社，上海，1981～85年）。『周立波選集』全7巻（湖南人民出版社，長沙，1983年）。李華盛・胡光凡編『周立波研究資料』（湖南人民出版社，長沙，1983年）。胡光凡『周立波評伝』（湖南文芸出版社，長沙，1986年）。鹿地亘・安島淋訳『暴風驟雨』（ハト書房，1951年）。三好一・池田幸子訳『奔流』（三一書房，1956年）。西条秀枝訳『山郷巨変』上・中・下（新日本出版社，1964年）。〔阿頼耶順宏〕

周　士第（しゅう　しだい）　Zhou Shidi

（1900年9月～1979年6月30日）

別名・士梯，力行，平。広東省海南島楽会県新昌村生まれ。中国工農紅軍，中国人民解放軍の軍事指導者。中国人民解放軍上将。

知識人の家庭に生まれ，7歳から私塾，県高等小学校，瓊崖中学に学び，父親の死後は叔父の援助を受けた。1919年五・四運動の影響で瓊崖に学生連合会が成立すると幹事に選出された。その後家計が困窮したため広州へ出たが，海南島出身の中国共産党員・徐成章の主宰する中共の外郭団体・瓊崖評論社に参加する。

1924年5月黄埔軍官学校に第1期生として入学，11月卒業後，中国共産党が指導し，周恩来が組織した革命武装鉄甲車隊に入り，広寧農民運動や広東地方の革命武装闘争に参加した。同年12月徐成章，廖乾五の紹介で中国共産党に入党。25年11月中国共産党が設立した葉挺独立連隊（国民革命軍第4軍独立連隊）に編入され，26年2月から参謀長として北伐に参加，平江，汀泗橋，賀勝橋，漢口，漢陽，武昌などを転戦する。その間同軍に第25師団が設けられ，同連隊は同師団第73連隊に改編されて連隊長となる。

1927年8月南昌蜂起に参加し，国民革命軍第2方面軍第4軍第25師団長をつとめる。その後李碩勲とともに香港に派遣され，李立三に部隊の状況を報告したが，同地で病気となり，28年春マレー半島の親族宅へ移って療養し，党をいったん脱退する。29年冬上海に戻って中国国民党臨時行動委員会の活動に参加し，香港の同委員会南方局を経て31年西安の同委員会陝西省委員会委員となる。その後国民党に逮捕されたが，宋慶齢の尽力で釈放された。

1932年以降上海，福建を経て瑞金へ到り，34年2月中国共産党に戻る。中央紅軍第4梯隊（幹部連隊）上級幹部隊長，紅軍第1方面軍第15軍団参謀長，同軍新兵訓練処長，中国工農紅軍第2方面軍参謀長などを歴任し，長征に参加した。

抗日戦争時期，八路軍第120師団参謀長兼抗日軍政大学第7分校長，晋綏軍区副司令員兼参謀長などをつとめた。

国共内戦時期には晋北野戦軍司令員兼政治委員，晋綏軍政幹部学校副校長，中国人民解放軍華北軍区第1兵団副司令員兼副政治委員，太原解放前線指揮部副司令員，華北軍区第18兵団副司令員兼副政治委員などをつとめ，閻錫山との戦闘を指揮した。また中共7全大会代表に選出される。

中華人民共和国成立後，川西軍区司令員兼成都市軍管会副主任，成都市長，西南軍区副司令員などを歴任した。また中央軍事委員会防空軍の創建に参加し，その司令員となった。その後中国人民解放軍総参謀部訓練総監部副部長兼軍外訓練部長，中共8全大会代表，中共中央監察委員会委員，中華人民共和国第1～3期国防委員会委員，中国人民政治協商会議第3，4期全国委員会委員，同常務委員会委員，中国人民解放軍総参謀部顧問などをつとめた。1955年には上将位と第一級八一勲章，第一級独立自由勲章，第一級解放勲章を授与された。文化大革命中は迫害されたが，これに抵抗したため69年9月広州へ移された。72年5月北京に戻り総参謀部顧問に任じられる。79年北京にて癌のため没す。主要著書として『回憶葉挺将軍』，『周士第回憶録』がある。

参考文献：『周士第回憶録』（人民出版社，北京，1979年）。中共党史人物研究会『中共党史人物伝』41巻（陝西人民出版社，西安，1989年）。星火燎原編輯部編『解放軍将領伝』5集（解放軍出版社，北京，1987年）。〔安田淳〕

周　天爵（しゅう　てんしゃく）　Zhou Tianjue

（1772年～1853年）

字・敬修。山東省東阿県人。清末の官僚。1811年の進士。24年安徽省懐遠県の知県となったのを皮切りに，阜陽県知事，宿州知州，廬州府知府，廬鳳潁道など安徽北部の地方官を歴任し，35年江西按察使，ついで安徽按察使となり，36年陝西布政使となった。この間に民衆反乱を苛酷な弾圧によって未然に防ぐことを重んじ，酷刑の濫用を理由に処分を受けたことがある。37年漕運総督に昇進し，大運河の水路改修，漕運要員の綱紀粛正に努めた。39年署湖広総督，河南巡撫，閩浙総督を経て湖広総督に任ぜられた。長江流域の治安の引き締めや宗教結社の摘発に努めた。白蓮教系の宗教結社を摘発弾圧したほか，キリスト教宣教師の非合法な布教活動にも弾圧を加え「天主」「十字」の「教匪」を逮捕した。40年収賄と酷刑濫用を弾劾され，職務を奪われて伊犁に流刑となった。アヘン戦争に際し，広東の奕山の軍営に従うことを命じられ，ついで42年江蘇に赴いて清江の防務にあたり，南京条約調印後，署漕運総督，ついで署南河河道総督となった。漕運の粛正にあたるとともに，安徽・江蘇の捻党の活動に弾圧を加えたが，誤認処刑などによりまたも処分を受けた。43年病気により職を辞した。

1850年北京に上って咸豊帝の召見を受け，ついで太平天国の蜂起に対処すべく署広西巡撫，ついで欽差大臣に任ぜられたが，翌年老齢を理由に前線から北京に呼び戻された。52年太平軍の北上と安徽北部の捻軍蜂起鎮圧のために，安徽の防務を援助するよう命じられ，53年兵部侍郎の称号を与えられた。安徽省都安慶が太平軍により陥落して巡撫・蔣文慶が死ぬと安徽巡撫を命じられたが，老齢を理由に辞退し，新任巡撫・李嘉端のもとで安徽北部の防務にあたった。太平天国北伐軍の北上を阻止することはできなかったが，捻首・陸遐齢の蜂起を弾圧し，一時捻首・張楽行を帰順させたことがある。まもなく老齢により死亡した。「文忠」と諡された。著書に『周文忠公尺牘』２巻（「雑文附録」１巻）があり，道光年間の安徽北部地方行政に関する史料として価値がある。

参考文献：民国清史館編『清史稿』393，列伝180（民国清史館，北京，1927年）。民国中華書局編『清史列伝』42（民国中華書局，上海，1928年）。繆荃孫編『続碑伝集』25（江楚編訳局，上海，1910年）。
〔並木頼寿〕

周（しゅう）　学熙（がくき）　Zhou Xuexi

（1866年1月12日～1947年9月26日）

幼名・元瑞。字・緝之，止庵。別号・定吾。晩号・松雲居士，研耕老人。兄弟６人の４番目のため，南の張謇（南四先生）と並んで北四先生とも言われる。安徽省至徳県（現東至県）紙坑山の人。南京生まれ。清末北洋新政期及び民国北京政府初期の経済官僚。実業家。

父は清末の官僚，政治家・周馥。母は呉太夫人。長兄は学海，次兄は学銘，三兄は学涵，次弟は学淵，末弟は学輝。

幼時から丈夫でなかったため終生摂生につとめた。７歳まで南京ですごし，1871年父について天津へ移り，ここで入塾し勉学を始めた。93年，順天郷試に合格して挙人となるが以後の会試がみな不合格のため捐納により官位を買い候補道となった。98年６月，北洋大臣・裕禄の命により開平礦務局会辦，同年10月，総辦。しかし1900年，同局所有の財産と鉱権とがイギリスに売却されたことに憤って辞任，翌年済南へ移って山東大学総辦となった。02年，袁世凱に請われて北洋銀元局総辦兼天津官銀号総辦に就任，天津経済界の復興と金融再建の任に当たり，その才を認められた。03年３月，日本に赴き，２カ月間商工業の実情を視察，日本の練兵，興学，製造の進展に注目した。

この経験から，帰国後ただちに袁世凱に実業振興の急務たることを奏請，自ら直隷工芸総局総辦となって，この後の北洋官営企業の取りまとめと全省の実業振興を図った。即ち，人材の育成のため高等工業学堂と実習工場を設立，日本人・藤井恒久を教務長に招き，将来の技術者・工業指導者の育成をめざした。また観工展覧館，教育品製造所，同陳列所，工業推進センターなどを設け，機器や製品の宣布と普及に努めた。そのほか製鉄，製紙，織布，石鹼，ガラス製造などの工場を創立した。直隷各州県にも65カ所にのぼる工芸局を開設し，地域振興をはかるために，各地の紳商富戸に出資を働きかけて工場をおこし，失業者の救済と手工業技術の普及をはかった。後年高陽県が織布業の発展をみせる基礎はこの時期にあったとされる。以上の実業振興や社会政策的施策とともに，同時期には，華北における利源の開発と大型企業の創出にも着手，1906年には啓新洋灰公司を，07年には灤州鉱務公司を，10年には京師自来水公司を設立した。このうち，啓新洋灰公司は順調に発展して民間資本の比重を高め，京師自来水公司も体制を整えて利益をあげたが，灤州公司は，12年にイギリス資本の開平公司と従属的な形で連合し開灤鉱務総局となった。

民国期に入ると，袁世凱政権のもとで２度にわたって財政総長に就任。第１次は1912年７月から13年５月で税務処督辦を兼任した。この時期の財政経済政策は，「財政政見書」と「財政計画説帖」とにみえる。直接的財政整理策と間接的経済振興策の両者からなり，前者は中央集権的な財政システムの形成と税制の改善をめざすもの，後者はその経済政策，とくに産業の助長を重視したものであった。またこの間には，13年４月の善後大借款の締結に当たった。所期の意図は，文字どおり辛亥革命の善後措置で，兵員の削減，財政の建て直し，政権の基盤の強化であったが，結果的には袁世凱の独裁をすすめ，革命勢力を抑える資金となった。第２次の財政総長就任は15年３月から16年４月で，塩務処督辦を兼任した。この時期も先の財政政策の基本を引き継ぎ，田賦の整理，塩務の整頓，農工銀行の設立，その融資による農工業の奨励などを行った。だが15年，袁世凱による帝制運動がおこると，これを批判して辞任，以後は官途を避け専ら実業振興に当たることとなった。

その１は紡織業の推進である1918年，華新紡織公司天津廠を設立，その後も22年までに青島，唐山，衛輝に同公司の紗廠を設け，その円滑な操業のために総管理処，興華資本団，興記花号，興華綿業公司を組織して，華北紡織業の一中心を形成した。さらにその原料となる棉業の発展のために，19年には全国綿業督辦に就任，綿業伝習所や綿業試験場を設けて技術の普及，棉種の改良を行ったほか，各省にすすめて模範紗廠を開設し，棉墾事業をすすめた。

その2は，銀行の設立と実業集団の形成である。1919年，実業銀行を天津に創立，全国各地に支店を設けたほか，23年には大同銀号を華新銀行に改組，工業発展の後楯とした。また関係諸公司に新事業創設基金をつくり，この資金によって新しい事業を開いた。21年の耀華玻璃公司の設立はその代表である。この耀華公司もふくめて既に設立された関連諸公司の協力関係のあり方から，この総体が周学熙実業集団と言われる。その中核をなす人的構成員は，周学熙，王筱汀，陳一甫，孫多森，李希明，龔心湛，言仲遠，陳光運，田中玉，楊味雲，そしてその各一族が中心である。同集団および周学熙に対する評価については従来は官僚資本（家）とされてきたが，現在は民族資本（家）との見解が多い。

周学熙自身は，1925年各公司の要職を退き，以後は教育及び救貧など社会事業に専念した。とくに教育には熱心で，26年からは一族の子弟を集めて師古堂をひらき，『四書』，『五経』，『唐詩三百首』，『顔氏家訓』，『曾文正公家書』，『名臣言行録』などを講読した。晩年には仏門に帰依し，47年9月26日，83歳で北京において病没するまで，毎日読経を欠かすことがなかった。

参考文献：虞和平，夏良才編『周学熙集』（華中師範大学出版社，武漢，2011年）。周淑貞『周止庵先生別伝』（天津印字館，天津，1948年）。郝慶元『周学熙伝』（天津人民出版社，天津，1991年）。周学熙『周止庵先生自叙年譜』（文海出版社，台北，出版年不明）。　〔浜口允子〕

周（しゅう）　揚（よう）　Zhou Yang

（1907年11月7日～1989年7月31日）

原名・起応，字・烈生，号・運宜。筆名に周筧，綺影，企新，谷揚等。湖南省益陽県出身。文芸理論家。

1907年（光緒33）に湖南省益陽県の大地主の家の次男として生まれる。2歳の時に父・稚仙が他界。23年に官吏の家の娘・呉淑媛と結婚，翌年には長女が誕生（4歳で死去）。呉淑媛との間には，他に27年長男・周艾若，31年次男・周邁，34年三男周岳の3人の子をもうける。

結婚後上海へ赴き上海国民大学，上海大夏大学英文系で学ぶ。また27年，クーデター後の上海で中国共産党に加入するも，ほどなくして党と接触するすべを失う。在学中はニーチェ思想に強い影響を受ける。28年に大学卒業後，29年日本へ留学。日本で出版されていたマルクス主義関連の書籍を読んでマルクス主義に接近。この間に，日本の左翼文化人と交流を持ったことから，警察に逮捕されて1カ月拘留された。

1930年帰国，31年左翼作家連盟に加入。32年改めて共産党に加入。同年，左連機関誌『文学月報』主編。33年左連党団書記。33年11月，雑誌『現代』4巻1期に「関於『社会主義的現実主義与革命的浪漫主義』――『唯物弁証法的創作方法』之否定」を発表。これは中国において最も早い時期に，ソ連の社会主義リアリズムの創作方法を体系的に紹介したものであった。

1934年10月には『大晩報』に論文「国防文学」を発表し，抗日のため「国防文学」をスローガンとして統一戦線を組織することを主張。36年このために夏衍らとともに左連を解散し，新しく中国文芸家協会を組織した。その成立時の宣言には，郭沫若・茅盾ら111名が署名した。一方，この動きに不満を抱いた魯迅・胡風・馮雪峰らは「民族革命戦争的大衆文学」のスローガンを主張し，中国文芸工作者宣言を発表。これには巴金・茅盾ら78名が署名。これら2つのスローガンをめぐって当時の文芸界で「国防文学論戦」が繰り広げられ，周揚は魯迅らの陣営から厳しい批判を受けた。

私生活では1934年，故郷に妻を残したまま光華大学の学生であった蘇霊揚と結婚。蘇霊揚との間には，後に長女・周密と長男・蘇蘇の2人の子をもうけた。

1937年の抗日戦争開始後は延安へ赴き，毛沢東の信頼を受けて39年陝甘寧辺区教育庁長，魯迅芸術文学院副院長等の職を歴任，延安における文芸政策の中心人物として，指導を行った。

1942年の整風運動では，延安の現状を批判する文章を発表した丁玲・王実味らと対立した。44年延安大学校長兼魯迅芸術文学院院長。45年末に晋察冀辺区に赴き，46年華北連合大学副校長。その後中共晋察冀中央局宣伝部部長および華北局宣伝部部長を務める。49年7月郭沫若・茅盾らとともに第1回中華全国文学芸術工作者代表大会を副総主席として主宰，ここで「新的人民的文芸」と題する報告を行い，文芸講話で示された道のほかに道はないと主張した。また，大会にて文代副主席に当選。新中国成立初期は文化部副部長兼党組書記，中国文学芸術界連合会および中国作家協会副主席，中共中央宣伝部副部長の職を務め，共産党の文芸部門責任者の立場で数々の批判キャンペーンを主導することとなる。54年の第2回全ソ作家代表大会では中国作家協会代表団団長としてソ連に赴いた。

この頃，以前から周揚と対立していた胡風が「関於解放以来的文芸実践状況的報告」を党中央へ提出して共産党の文芸政策に対する提言を行ったのに対し，

1955年毛沢東の指示で胡風批判のキャンペーンが開始される。周揚は毛沢東のもとで，このキャンペーンを実行した。この「胡風批判」は，文芸界に対する最大規模の弾圧運動に発展し，多数の犠牲者を出した。

1955年中国科学院哲学社会科学学部委員。56年，中国共産党第八次全国代表大会に参加，中央委員候補。57年の反右派闘争では丁玲，陳企霞，馮雪鋒，艾青，王蒙らを「右派分子」として批判した。59年より中国人民政治協商会議常務委員（第3期，第4期）。

1967年文革が始まると，反党・反社会主義・反毛沢東思想の修正主義者として批判され，また江青からも弾圧されて入獄，75年に釈放されるまで，長い監禁生活を送った。

文革後1977年に名誉回復して，中国文学芸術界連合会副主席，中国作家協会副主席，中共中央委員，中国社会科学院副院長兼研究生院院長，中共中央紀律検査委員会常務委員，第5期中国人民政治協商会議常務委員等に就任。79年10月から11月にかけて開催された第四回文代大会では「継往開来，繁栄社会主義新時期的文芸」と題する基調報告を行って，以前の文芸政策における自分の誤りを認め，弾圧を加えた文化人たちに対する謝罪の意を述べた。この文代大会にて文連主席に当選。

1985年頃より以前からの病気が悪化して寝たきり状態になり，89年7月31日北京の病院にて死去。享年81歳。

上記以外の著書に『表現新的群衆的時代』，『論趙樹理的創作』，『我国社会主義文学芸術的道路』等。編著に『馬克思主義与文芸』。訳著にトルストイ『安娜・卡列尼娜（アンナ・カレーニナ）』，チェルヌイシェフスキー『生活与美学（現実に対する芸術の美学的関係）』等。

参考文献：『周揚文集』1巻，2巻（人民文学出版社，北京，1984年）。王蒙・袁鷹主編『憶周揚』（内蒙古人民出版社，呼和浩特，1998年）。徐慶全『知情者眼中的周揚』（経済日報出版社，北京，2003年）。支克堅『周揚論』（河南大学出版社，開封，2004年）。羅銀勝『周揚伝』（文化芸術出版社，北京，2009年）。

〔松倉梨恵〕

周（しゅう）　以栗（いりつ）　Zhou Yili

（1897年10月26日～1934年11月）

字・子慎，別名・岳易雲，偽名・王仲英，筆名・易允。湖南省長沙県橋頭駅九福郷生まれ。国語学と注音字母の専門家，教育家，中国共産党員。

父・周世昌は勤勉な赤貧小作農で皮細工師，母・戴九姑も内職で布を織った。周以栗は3人兄弟の次男で，記憶力抜群で好学心に満ち，小学校では常に首席，開明教師・姜済寰，鄒寿の慈愛と経済的援助を受けて長沙県立師範に進み，3年間在籍した。

1919年北京の国語訓練班で研修を受ける。20年から長沙県立第一高等小学校や周南女学校，湖南第一女子師範学校で教歴を積み，この間長沙の国語講習会講師や長沙県教育会理事を兼任した。

1924年中国共産党に入党，25年中国国民党湖南党部中共党団書記，中国国民党湖南省執行委員，27年1月武漢に開設された中央農民運動講習所において教務主任を担当。ここで，徐特立，何叔衡を通して毛沢東と相い識り，緊密に協力した。同年12月，上海で創刊の中共中央機関誌『布爾塞維克』の編集に参加し，易允の筆名で論文を執筆した。28年中共河南省委書記に任じられて岳易雲の別名で河南農民暴動を指導し，同年4月逮捕され入獄したが，王仲英の偽名を用いて29年11月出獄した。獄中結核になり，出獄後汀州福音医院傅連璋医師の治療を受けた。30年8月中共長江局軍事部長に任じられ，8月29日月党中央指示を携えて，江西省袁州に駐屯中の朱徳，毛沢東率いる紅軍第1方面軍のもとに到着した。この指示が李立三路線の執行か執行停止のいずれであったか，党史研究家の説がわかれるところである。以後第1方面軍と共に行動し，第1方面軍総前委委員兼政治部主任となり，31年4月中共ソヴィエト中央局委員に補選され，8月には第1方面軍総前委組織部長も兼任した。

1931年11月瑞金で成立した中華ソヴィエト共和国の63人の中央執行委員の1人となり，ソヴィエト中央政府内務人民委員，同中央政府機関紙『紅色中華』主筆となるが，32年1月大喀血し，傅連璋医師のもとに再入院した。同医院には，のちに陳正人，さらにのちには毛沢東も一時入院する。34年10月第1方面軍が長征に出発するとき，ソヴィエト区党中央局は治療のため周以栗，陳正人を上海に護送する手配をし，11月護衛兵の一隊と雩都を出発したが，信豊河を渡河した夜，敵に襲撃され，陳正人と護衛兵の一部は脱出できたが，重病の周以栗と護送の同志達は惨殺された。

周以栗は，師範卒業後注音字母による国語教育の普及こそ国民にデモクラシーと科学を根づかせ，国を救いうる，との信念をもって注音字母を講じ，国語教材の組立てに尽力し，また女性解放を信念に掲げて女子教育にあたった。明晰な発音と雄弁に恵まれた天性の教師であった。20歳代で『中国文化的出路』，『国語拼音法』などの著書を著している。

参考文献：戴向青「対二打長沙中一些問題的看法」，『党史研究』1983年5期。韓栄璋「周以栗赴紅一方面軍的使命是為糾正“左”傾錯誤」，『近代史研究』1985年5期。劉仲良・曾長秋・黄建立「周以栗」，中共党史人物研究会編『中共党史人物伝』29巻（陝西人民出版社，西安，1986年）。

〔蜂屋亮子〕

周　逸群　Zhou Yiqun

（1896年6月25日～1931年5月20日）

字・立風，乳名・銅生，筆名・翊勲。変名・黔鉄，易穹，一穹，石応龍，左応龍。貴州省銅仁県生まれ。原籍，湖北省蒲圻県。中国工農紅軍の高級将校，湘鄂西革命根拠地の創建者。

比較的裕福な家庭に生まれたが，幼少の頃父母を失い叔父に育てられた。1914年貴陽南明中学に入学。在学中学生を率い，銅仁に設立された「福音堂」は宗教の衣をまとった帝国主義の文化侵略であるとしてそのガラス窓を割るなどの活動を行った。

1919年春日本に渡り，慶應義塾大学で政治経済学を専攻し，この間マルクス主義に接する。23年春上海に戻り，5月同地で貴州青年社を組織して『貴州青年』旬刊を創刊，革命思想を宣伝して蕭楚女の称賛を得た。24年10月黄埔軍官学校第2期に入学後，魯易，陳公培の紹介で中国共産党に入党する。11月第2期中共黄埔支部が成立すると宣伝組織工作を担当する。25年1月国民党黄埔軍校特別区党部第2期執行委員会委員に選ばれるとともに，常務委員となる。2月共産党員を骨幹として中国青年軍人連合会が組織されると，蔣先雲，王一飛，李之龍らとともに『青年軍人』，『中国軍人』，『中国青年軍人連合会周刊』などを出版して革命思想の宣伝に努め，中国共産党の工作に力を注いだ。その後周恩来の下で国民革命軍軍事委員会政治訓練部宣伝科中校科長となる。

1926年7月国民革命軍の北伐が始まると北伐軍総政治部宣伝隊長を担当する。8月湖南省常徳駐屯の国民革命軍第9軍第1師団（師団長・賀龍）の政治部主任となり，以来賀龍とは親密な戦友となった。第1師団における軍政の中堅幹部育成のため政治講習会を開くなど政治工作を展開し，党への政治的影響を拡大した。27年6月国民革命軍第20軍（軍長・賀龍）政治部主任に任じられる。

1927年8月南昌蜂起に参加，南進途中瑞金にて賀龍に中国共産党を紹介し入党させた。10月蜂起軍は潮汕で包囲されたため，党中央の指示で潮州を経由して船で上海へ逃れる。その後党中央は周逸群，賀龍，除特立らに湘西北特別委員会を組織させ，湘鄂辺区の武装闘争を指導させた。

1928年1月以降賀龍，段徳昌らとともに工農革命軍を指揮して監利，華容，石首一帯の武装闘争を指導する。29年7月鄂西遊撃大隊が鄂西遊撃総隊に拡編されると総隊長となる。この頃までに洪湖革命根拠地の基礎を確立し，8月党中央に対して「鄂西農村工作」と題する報告を提出した。9月変名・左応龍の名で中共湖北省委員会委員，鄂西特別委員会書記に任じられる。30年2月工農紅軍第6軍政治委員となる。4月鄂西工農兵貧民第2次代表大会により鄂西ソヴィエト政権が正式に成立すると主席になり，同時に鄂西赤衛隊総隊部を設立して総隊長をも兼任する。同年7月工農紅軍第2軍団政治委員兼前敵委員会書記となる。同軍団成立後，周逸群の指導により鄂西革命根拠地は大きな発展を遂げ，主要革命根拠地の1つとなった。

1930年9月鄧中夏が党中央から派遣されると職務を解かれたが，鄧中夏及び賀龍率いる紅2軍団は長江を渡り南征したため，周逸群は根拠地に留まり，湘鄂西特委書記代理を務めるとともに，鄂西連県政府主席を兼任した。同年冬から翌年春まで国民党軍の2度にわたる包囲を破り，洪湖根拠地の大部分を回復する。31年3月党中央から夏曦が湘鄂西革命根拠地に派遣されると，紅軍及び地方武装勢力などを引き連れて洪湖根拠地を離れ，新たな洞庭湖根拠地を拓く。5月部隊を江北へ戻す途中，岳陽県賈家凉亭で国民党軍の待ち伏せに遭い殺害される。

参考文献：許光達「洪湖紅色根拠地是怎様建立起来的」，『人民日報』1978年7月14日。「賀龍回憶紅二方面軍」，『近代史研究』1981年1期。「洪湖槍声」，『長江文芸』1978年8期。中共党史人物研究会編『中共党史人物伝第8巻』（陝西人民出版社，西安，1983年）。星火燎原編輯部編『解放軍将領伝』1集（解放軍出版社，北京，1984年）。王永均編『黄埔軍校三百名将伝』（広西人民出版社，南寧，1989年）。

〔安田淳〕

周　子昆　Zhou Zikun

（1901年～1941年3月13日）

原名・維寛，字・仲穌。広西桂林生まれ。原籍，湖南。軍人，工農紅軍・新四軍の幹部。

貧しい教師，周福臻の長男として生まれた（下に弟と妹が1人ずつ）。母親・陳氏は家庭婦人。15歳の時，父親が死去。外祖母の援助を受けて，1919年，広西省立第一甲種工業学校卒業。職がなく，20年広西軍の劉震寰の部隊に加わった。

しかし，地方軍閥に失望し，1925年国民革命軍第4軍に参加し，さらに大元帥府鉄甲車隊に移った。25年10月15日，鉄甲車隊党代表・廖乾吾と共産党員・

盧徳銘の紹介で入党。25年11月，鉄甲車隊が葉挺の独立連隊に加わると，周子昆は独立連隊第2大隊第4中隊の小隊長となった。その後，北伐戦争に参加し，戦功をあげ，中隊長，大隊長と昇進した。

1927年，南昌蜂起に参加。8月7日南昌を離れ，朱徳の軍に従って転戦。28年1月22日，部隊を率いて湖南の宜章県城を奪い，湘南蜂起に参加。湘南蜂起の後，工農革命軍第1師（師団長・朱徳）が編成されたが，周子昆は第1師の下の第28連隊第1大隊長となった。しかし，国民党側の反撃に会い，28年4月朱徳に従い井崗山に向かった。

1928年5月4日，井崗山で毛沢東，朱徳の両軍が合流し，工農紅軍第4軍が生まれた。毛沢東，朱徳らは幹部を養成するとともに，幹部の技術水準をあげるため，紅4軍教導隊をつくることを決め，周子昆を教導隊副隊長に任命した。これは中国の人民解放軍史上，最初の教導隊である。その後，30年6月工農紅軍第1軍団が成立すると，周子昆は同軍団の第3軍（軍長・黄公略）の参謀長となった。31年9月15日軍長・黄公略が戦死すると，周子昆は第3軍軍長となり4,000の兵を率いて国民党軍の包囲討伐と戦った。32年3月紅5軍団参謀長。32年6月紅1軍団第4軍軍長。

1933年2～3月，第4次反包囲討伐戦において，朱徳，周恩来の指揮下に「東を打つとみせかけて西を打ち，兵力を集中して，大兵団による待ち伏せ攻撃を行う」という戦法により，戦功を立てた。34年4月独立22師師団長となり，革命根拠地の南の大門，会昌を守る。しかし，根拠地を支えきれず，長征が始まる。独立22師は，中共中央，軍事委員会機関の左翼を掩護する任務を負った。35年6月，紅1方面軍と紅4方面軍が懋功で合流した後，周子昆は紅軍総司令・朱徳，総政治委員・張国燾，総参謀長・劉伯承によって構成される紅軍総司令部に従い，左路軍に加わっている。その後，紅4方面軍紅軍大学で上級指揮科科長。36年7月紅軍総司令部第1局局長となり，紅軍総司令部の指導者が作戦の指揮をするのを助けた。

陝北の根拠地に着いた後，1937年1月より抗日軍政大学に学ぶ。同年10月，国共両党の協議を経て，南方でゲリラ戦を行ってきた紅軍とゲリラは国民革命軍新編第4軍（新四軍）に改編されることとなった。周子昆は副参謀長に任命され，37年12月延安を離れ，南昌に向った。さらに38年3月下旬，軍部機関先遣要員を率いて皖南に赴いている。逃げてくる青年を訓練するため教導総隊がつくられたが，周子昆はその総隊長となった。38年10月，新四軍参謀長の張雲逸が新四軍江北指揮部の活動を指導するため，安徽省の無為に向かったため，参謀の仕事は主として周子昆が担うこととなった。39年3月，新4軍第2次参謀工作会議を主宰。

1940年下半期より，国民党軍と八路軍・新四軍の摩擦が激化した。41年1月，新四軍軍部は「団結抗戦」の大局を考慮して，国民党側の要求に従い，新四軍皖南部隊を江北に移動させることを決め，9,000の部隊を雲嶺から出発させた。しかし1月9日茂林地区で国民党軍の待ち伏せに会い，殲滅された。世に言う皖南事変である。周子昆は副軍長の項英ら数十人とともに包囲を突破して，赤坑山に隠れ，長江を渡る機会をねらっていたが，3月13日夜，反徒に殺害された。

1955年6月，人民解放軍南京部隊は中央軍事委員会総政治部の指示により周子昆の遺骸を南京雨花台に移葬した。

参考文献：星火燎原編輯部編『解放軍将領伝』6集（解放軍出版社，北京，1988年）。　〔石井明〕

周（しゅう）　自斉（じせい）　Zhou Ziqi

（1871年～1923年10月20日）

字・子廙。山東省単県生まれ。原籍，山東省単県。財政官僚，旧交通系官僚3巨頭の1人。

幼少の頃父親に従って広東へ行き，広東で成長したことから後に広東系派閥の首領・梁士詒の知遇を受ける。光緒年間甲午科（1894年）挙人の副貢（補欠合格候補者）出身。清朝が外国語に通暁した洋務の人材を養成するために設立した北京同文館に送られ，卒業後96年出使米国大臣・伍廷芳の随行員として訪米，99年までワシントンの中国公使館の書記官を務め，この間コロンビア大学で勉学を修める。1899年から1900年まで駐ニューヨーク領事，1901年から1年間キューバのハバナで中国代理大使，03年に駐サンフランシスコ総領事を歴任，04年から08年までワシントンの中国公使館の第一書記官に任命される。この間，07年にアメリカ議会が義和団賠償金を中米文化事業の基金に充当する旨の提案を議決したのを受けて，アメリカ政府と交渉し，同賠償金の中から1,200余万ドルを確保して中米文化基金会を成立させ，中国留米学生の派遣費用に当てることとし，游米学務処を設立し，自ら同学務処総辦に就き，総理退還庚款与留米学生事宜（義和団賠償金返還金を管理して留米学派遣に充当させる役職）に就任する。同学務処は民国になってから外交部所属の清華学堂と改められて留米学生の予備学校となり，その後29年に発足した国立清華大学の前身となった。

1909年中国に帰国，外務部参議に任じられ，ついで外務部左丞に昇格し，10年載洵貝勒（親王）の日本とアメリカへの海軍使節訪問に随行，翌11年の載振貝子（親王）の英国王ジョージ5世の載冠式参列に同行。帰国後度支部（財政部）諮議官に任じられ，辛亥革命直後一時南北臨時政府が並立していた時，袁世凱により度支部首領に任命され，度支部大臣・厳修と副大臣・陳錦濤を共助する。12年3月北京で臨時大総統に就任した袁世凱から山東都督兼民政長に任命され，南京臨時政府から派遣された山東都督・胡瑛の勢力の一掃に辣腕を振う。外国の事情に通じ，実務能力に長け，政治力も備えた器量が袁世凱の気に入るところとなり，13年中国銀行総裁に任命され，同年9月熊希齢内閣の交通総長に任じられる。以後，交通界（運輸・通信）に重きをおき，梁士詒，朱啓鈐とともに旧交通系官僚の3巨頭と言われるようになる。同内閣において陸軍総長を一時兼任し，14年2月には財政総長に転任する。同月に成立した孫宝琦臨時内閣の財政総長に留任。5月徐世昌内閣の財政総長兼塩務署総辦に任命され，15年4月辞職した張謇に代わって農商総長に就任。1年数カ月にわたる財政総長時代に袁世凱の要請を受けて内閣公債を発行したり，中国銀行や交通銀行から多額の銀行券（不換紙幣）を発行したりして，袁の帝制運動費用の捻出に努力した。財源以外でも袁世凱の帝制運動に奔走し，14年9月に袁世凱が祠孔令（孔子崇拝の決定）を発表して典礼を挙行した時の侍儀官を務め，15年10月から11月にかけて全国各省区から選出させた国民代表を北京に集めて国民代表大会を開催し，帝制の採用と袁世凱の皇帝位への昇進を請願させる形式を整えるために尽力した。さらに同年12月に袁世凱が皇帝になるために行った祭天式の大典準備処委員を務めた。16年1月には洪憲皇帝を称した袁世凱が日本政府の帝制支持を獲得するために大正天皇への大勲章を贈呈すべく，周自斉を特使として派遣しようとし，そのために破格の上卿の封位を授けたが，特使派遣は日本政府の拒絶により実現しなかった。

袁世凱の死後，黎元洪が大総統に就任すると，楊度，梁士詒，朱啓鈐らとともに帝制禍首として逮捕令が出されて日本へ亡命する。1918年2月馮国璋が大総統に就任すると特赦令が出され，帰国して政界に復帰し，総統府高等顧問として財界で活躍，梁士詒とともに大生銀公司を経営する。同年9月，新国会（安福国会）で徐世昌が大総統に選出されて以後，梁士詒ら旧交通系の官僚・議員とともに徐世昌に接近し，研究系などの非安福系議員と連合し，多数派の安徽派に対抗する勢力を形成し，10月に段祺瑞・安徽派の武力統一政策に反対した和平期成会の結成に係わる。さらに徐世昌が安徽派の統制がおよぶ外交部とは別に，研究系，新旧交通系の幹部を集めて設置した総統府直属の外交委員会の重要メンバーとなる。19年9月幣制局総裁に就任，20年8月靳雲鵬内閣の財政総長に任命される。アメリカからの借款を引き出すパイプ役を期待されての抜擢であったが，在華外交団が中国政府統一以前には一切の対中借款を停止するという決定をしたため実現せず，21年5月に財政総長を解任される。21年11月徐世昌よりワシントン会議中国代表団高等顧問に派遣される。22年4月教育総長との兼任で周自斉臨時内閣を組閣。奉天派・張作霖と旧交通系の結びつきを利用して直隷派に対抗しようとした徐世昌の画策によるものであったが，同年6月徐世昌が大総統を降ろされたのにともない辞職する。以後，実業視察専使の名目で欧米各国を遊歴，帰国後香港に旧友・梁士詒を訪ねる。妻を病気で失ったこともあって香港の花柳界に出入りして性病に感染，北京に戻ってからの治療を忌避し，23年死亡。

参考文献：楊大辛主編『北洋政府総統与総理』（南開大学出版社，天津，1989年）。張樸民『北洋政府国務総理列伝』（台湾商務印書館，台北，1984年）。*Who's Who in China* 2nd edition (Millard's Review, Shanghai, 1920. 龍渓書舎，1973年復刻本).

〔笠原十九司〕

周（しゅう）　作人（さくじん）　Zhou Zuoren

（1885年1月16日～1967年5月6日）

原名は周櫆寿，のち江南水師学堂入学時に周作人と改める。字は起孟，啓明など。筆名に仲密，知堂，苦雨，周遐寿など多数。浙江省紹興の人。散文作家，翻訳家。広汎な分野に深い学識を持ち，特に民俗学，日本・ギリシア文学研究における先駆者であった。

祖父周福清は内閣中書を務めた読書人の家柄で，父周鳳儀と母魯瑞のもとに次男として生まれる。兄は魯迅（周樹人），弟に周建人がいる。8歳で祖父が科挙不正事件で下獄し，11歳で父を病気で失い，一族は零落，兄魯迅ともども科挙受験を断念，活路を求めて1901年に給費制度のある南京の江南水師学堂に入学する。02年に魯迅が公費留学生試験に合格し，日本留学に出発すると，周作人もその後を追い，06年より日本に留学した。

反清排満主義が高揚するなか，章太炎のもとで『説文解字』を学び，古代ギリシア文学にヨーロッパ文明の淵源を探った。また魯迅とともにデンマーク，ロシア，ポーランド，ギリシアにおける被抑圧民族の文学作品を翻訳紹介した『域外小説集』を刊行するが，擬古文による格調高い文体が災いして不評に終わる。留学３年目の09年に日本女性羽太信子と結婚。前後して魯迅も帰国したため，本格的に日本語の勉強に勤しみ，武者小路実篤など白樺派の文学に触れる。11年，魯迅からの帰国要請を受けて妻と共に帰国し，帰国後間もなく辛亥革命に際会する。帰国後は視学官，英語教員などを務めるが，児童教育や童話研究に没頭する。

1917年，一足先に北京で中華民国政府官僚となっていた魯迅の斡旋で，北京大学文科教授に就任する。北京大学は蔡元培校長のもと，新たに陳独秀を文科長に迎え，全面的改革を断行していた時期であった。これより作人は『新青年』（陳独秀主編）に度々寄稿し，なかでも「人的文学」（1918年12月）は，大きな反響を呼んだ。これは，胡適「文学改良芻議」（1917年１月）が文体改革を提唱したのに対し，人道主義の旗幟を鮮明に掲げるもので，五・四運動の高揚とともに展開される新文学運動に進むべき道筋を示した。この人道主義は日本の白樺派の文学を中心とする世界的な文芸思潮に対応するもので，中国文学が同時代性を獲得した証左である。作人は，この文学運動と表裏一体となる「新しき村」を中国に翻訳紹介し，北京にも「新しき村」支部を設立した。20年末より過労で肋膜炎を発症し，21年は秋まで北京西山で療養，これが転機となり，日本の厨川白村の影響色濃い文芸批評を展開し，『自己的園地』（晨報社，1923年）にまとめる。また，魯迅と共に文学作品を翻訳紹介に尽力，『現代小説訳叢』（商務印書館，1922年），『現代日本小説集』（同，1923年）を刊行するが，23年７月，家庭内不和のため魯迅と絶交する。

1924年11月，五・四運動後，退潮期にあった文化情況を打破するべく，雑誌『語絲』を創刊する。25年に女師大事件が発生すると，魯迅らと共に『語絲』誌上で学生擁護の論陣を張り，現代評論派の陳源らと論争を繰り広げた。当時，自ら「ゴロツキと紳士，２つの亡霊が心の中に住んでいる」（「両個鬼」1926年）と述べるように，作人の戦闘的な一面を鮮やかに示した時期で，その一部は『談虎集』（上下巻，北新書局，1928年）に収録されている。

1926年末，兪平伯が校訂した張岱『陶庵夢憶』に序文を寄せ，亡国の危機感から明末に現代を重ね合わせ，明末散文への共感を語り，28年には「文学は現実的には無力で社会変革には役立たない」（「燕知草跋文」）と述べるに至り，『永日集』（北新書局，1929年）からは，近代的理性に培われた知性のもとで伝統文化を再生する模索が始まる。この模索は『中国新文学的源流』（講演録，人文書店，1934年）で結実し，中国文学史の変遷を即興的「言志」文学と教条的「載道」文学との対蹠的傾向によって説明し，広く影響を与えた。また，明末散文は林語堂による唱道も相まって30年代文芸に小品文ブームをもたらし，作人が友人達に供覧した戯作「知堂五十自寿詩」（1934年）とともに左翼文学陣営から排撃された。35年，作人は「日本管窺」を発表し，日本文化の特異性を理解する必要を訴えるが，「日本管窺・四」（1937年）では神道に見る熱狂的「神がかり」は中国には絶対見られないと指摘し，「日本の国民性は謎のごとく分からぬ」と告白し，日本研究断念を宣言する。

1937年７月，日中戦争が全面化し，北京に傀儡政権が樹立され，多くの文人たちが南へと避難するなか，作人は留守役として北京大学の資産管理を委任される。38年２月，大阪毎日新聞の主催する「更正中国文化建設座談会」への出席が報道され，日本の中国侵略政策への協力が明らかになると，中国文化界から非難の声が起こり，茅盾，郁達夫，老舎らから売国行為を諫める書簡が公表された。39年１月，自宅を狙撃されたが，奇跡的に難を逃れた。下手人は「抗日鋤奸団」なる国民党系テロ組織所属の燕京大学学生だったと近年解明されているが，作人自身は晩年まで日本側の威嚇と考え，事件直後に日本支配下にあった偽北京大学図書館長，文学院長に就任し，翌40年には教育督辦（文部大臣に相当）に就任した。なお，一連の「偽職」歴任の背景には淪陥区共産党地下組織からの了解支持があったとする説がある。

1945年８月の日本敗戦に伴い，12月には国民党政府によって北京砲局胡同監獄に収監され，46年５月には南京老虎橋監獄に移送された。47年12月には最終判決が下り，10年の禁固刑を宣告された。作人は獄中での感懐を『老虎橋雑詩』（手写本を死後2003年，河北教育出版社より公刊）に編んでいる。

1949年１月，国民党政府の瓦解により釈放された周作人は，教え子の尤炳圻に付き添われて上海へ到着し，渡米直前の胡適と面談するなどして，半年余りを過ごし，８月に北京へと戻った。この間，周恩来宛に弁明の書簡を送る等，水面下で共産党政府の反応を探っていたが，正式の処遇が定まらないまま，上海『亦報』にコラムを書く等で生活費を工面する日々が続いた。

状況が変化したのは解放後４年経過した1953年で，人民文学出版社社長の馮雪峰の勧めで執筆した『魯迅的故家』（上海出版公司，1953年３月），『魯迅小説裏的人物』（同上，54年４月）が刊行され，12月には北京市法院から公民権剥奪の宣告を受けた。これで中華人民共和国における周作人に対する公式な罪状判定が確定した。以後は人民文学出版社の特約翻訳という身分を与えられ，日本文学，ギリシア文学翻訳者，魯迅研究資料提供者として晩年を過ごす。56年には魯迅逝去20周年を記念して訪中した長與善郎や里見弴と面談したこともあった。しかし，60年代初めから文通の自由も徐々に奪われ，戦前から親交のあった翻訳者松枝茂夫への手紙も「八十自寿詩」（1964年12月）を最後に途絶した。65年2月，念願だった『ルキアノス対話集』の翻訳を完成させたが，66年8月より紅衛兵により自宅脇の浴室に監禁され，67年5月に急な発作に襲われ，ひとり溘然と絶命した。享年82歳であった。

参考文献：張菊香・張鉄栄『周作人年譜』（天津人民出版社，天津，2000年）。周作人『知堂回想録』（安徽教育出版社，合肥，2008年）。木山英雄『周作人「対日協力」の顛末―補注『北京苦住庵記』ならびに後日編』（岩波書店，2004年）。止庵『周作人伝』（山東画報出版社，済南，2009年）。劉岸偉『周作人伝』（ミネルヴァ書房，2011年）。小川利康「周作人・松枝茂夫往来書簡」（早稲田大学商学同攻会『文化論集』30～33号）。　〔小川利康〕

祝(しゅく)　大椿(だいちん)　Zhu Dachun

（1856年12月9日～1926年7月10日）

字・蘭舫。原籍，江蘇省常州府無錫県，同県に生まれる。清末民初の上海における有力商人・買辦，中国初期工業化の企業家。

1872年上海に出て，鍛冶屋の徒弟になった。85年に独立して源昌号を開設し，石炭・鉄器・金物販売業を営んだ。その後，船の燃料として石炭を納入していた関係からか，海運業者との伝手ができて汽船を多数購入し海運業をも兼業した。その後3年してから源昌機器精米廠・製糸工場を設立・経営した。1900年からはイギリス資本の怡和洋行，トロリーバス会社の買辦を歴任した。その後さらに華興機器製粉公司，公益機器紡織公司，龍章製紙廠，怡和源機器梱包公司などにも共同出資して創立・開業した。03年以後商部の実業奨励策の一環として，多額の投資を行った資本家が爵位を受けた時，彼も源昌機器金物工場創設に対して個人投資200万元以上と実際より水増しした虚偽の報告をして，二品官の爵位と賞を受けたことがあったという。その後さらに蘇州，無錫，揚州，武進，溧陽，大通など各地に工業投資を行った。晩年には上海総商会の董事となり，上海の代表的な買辦企業家と目されるようになった。26年上海で交通事故に遇い，死去した。

参考文献：益民「祝大椿生卒年補正」，『学術月刊』1984年10月号。葛崢「祝大椿史実的両点補正」，『学術月刊』1985年8月号，中井「買弁」（菊池他編著『上海・職業さまざま』（勉誠出版，東京・2002年）。〔中井英基，中川雅史〕

朱(しゅ)　徳(とく)　Zhu De

（1886年12月1日～1976年7月6日）

原名・代珍，乾徳。字・玉階，玉陔。別名・供，章。学名・健徳，存銘。化名・王楷，朱校董。ロシア名・ダディノフ（達第諾夫）。四川省儀隴県生まれ。中国人民解放軍の指導者。中華人民共和国元帥。

小作農の家に生まれ，叔父・朱世連の養子となる。6歳の時から私塾に学ぶ。1906年春順慶高等小学校に入学，その後日本留学から帰国した教員らによる順慶府中学堂に学び，ここで思想的に大きな影響を受けた。翌07年成都の武備学堂に合格し軍に入ろうとしたが，家族の反対を受け，四川高等学堂付属の体育学堂に入学，同年末卒業した。在学中中国同盟会の『民報』に触れて影響を受け，入会しようとしたが果せなかった。08年春帰郷して儀隴県高等小学堂の体育教員となるが，旧来の教員らと相容れず，09年4月雲南へ出る。

1909年11月雲南陸軍講武堂に入り歩兵科に配属される。この時朱徳と改名。講武堂の教官は多くが日本留学から帰国した同盟会会員や日本の陸軍士官学校の卒業生であり，その制度や気風は日本の陸軍士官学校に近かった。ここで同盟会に入会，范石生らと軍事蜂起などについて議論したといわれる。11年10月辛亥革命の勃発により繰り上げ卒業し，部隊に配属される。中隊長として部隊を率い総督衙門を陥落させる。その後四川蜂起軍を支援し，12年5月雲南に戻ると少校（少佐）に昇進して雲南講武学校教官に任じられる。この頃国民党に加入し，また師範学校女学生であった蕭菊芳（19年6月病没）と結婚。13年夏雲南陸軍第1師団第3旅団歩兵第2連隊第1大隊長に転属，その後連隊長となる。15年12月から袁世凱の帝制復権に反対するいわゆる護国戦争に参加。17年春孫炳文（かつて同盟会会員であり，北京で『民国日報』編集長であったが，袁世凱から逃れるため四川に戻っていた）と知り合い，思想的影響を受けた。同年6月孫炳文の姪・陳玉珍（67年11月病没）と結婚。8月第2軍第13混成旅団長に任じられ，四川で北洋軍閥・段祺瑞に反対する護法戦争に参加。20年冬賀治華と結婚（25年モスクワで離婚）。ロシアの十月革命と五・四運動の影響を受け，22年上海で中共中央執行委員会委員長の陳独秀に会う。

1922年9月出国してドイツに渡り，11月ベルリンにて中共旅欧支部責任者の張申府と周恩来の紹介で中国共産党に加入した。中国国民党員でもあったため国共合作に際しては中国国民党駐独支部執行委員となり，同地で革命運動を指導したが，2度逮捕される。25年7月ソ連へ渡り，モスクワの東方労働者共産主義大学でしばらく学んだ後，同地郊外の秘密軍事訓練班で軍事を学ぶ。

1926年5月シベリアからウラジオストク，門司を経由して7月上海に帰国。国民政府代表として四川へ派遣され，四川軍閥の楊森を説得して国民革命軍に参加させ，自らは国民革命軍第20軍党代表兼政治委員になるなど，国民革命軍の北伐を支援する。同年11月楊闇公，劉伯承とともに中共重慶地方委員会軍事委員会を組織する。27年初め江西省南昌で国民革命軍第3軍軍官教育団を創設する。同年4月南昌市公安局局長を兼任した。

1927年8月南昌蜂起の指揮に参与し，蜂起軍第9軍副軍長になる。28年1月湘南蜂起を指揮，工農革命軍第1師団長となる。同年2月湖南省立第三女子師範学校の卒業生・伍若蘭と結婚したが，伍は翌29年2月国民党により殺害されたといわれる。28年4月陳毅とともに湘南蜂起部隊と農民軍を率いて井崗山に移り，毛沢東の指導する秋収蜂起部隊と合流，工農革命軍（後の中国工農紅軍）第4軍を編成して軍長となる。ここから毛沢東との長期にわたる協力体制が生まれ，「朱毛」と称せられた。29年毛沢東とともに部隊を率いて贛南を攻撃，その後閩西に移り，贛南・閩西革命根拠地（以後中央革命根拠地に発展）を建設する。同年3月康克清と結婚。12月中共第4軍第9回代表大会（古田会議）で軍事報告を行い，前敵委員会委員に当選する。30年6月中国工農紅軍第1軍団総指揮になり，8月同軍団が長沙で第3軍と合流し，第1方面軍になると同軍総司令に任じられる。30年11月から31年9月まで総政治委員・毛沢東とともに第1方面軍を指揮し，国民党軍による第1，第2，第3次の囲剿戦に抵抗する。31年11月瑞金で召集された中華工農兵ソヴィエト第1回全国代表大会で「紅軍問題的報告」を行い，中央執行委員に選出されるとともに中央革命軍事委員会主席に任命される。32年10月中共ソヴィエト区中央局の寧都会議の決定により毛沢東が紅軍を離れると，あとを引き継いだ周恩来と協力する。この頃戦略戦術や紅軍建設に関する多くの著述を発表した。34年10月全軍を指揮して長征に参加。35年1月遵義会議の後引続き中央革命軍事委員会主席，中国工農紅軍総司令を担当した。同年6月紅軍左路軍総指揮を兼任する。8月北上する毛沢東ら中央紅軍と別れ，一時期張国燾とともに南下する。

1937年6月中共中央軍事委員会の決定により毛沢東，林彪，蕭勁光，李徳とともに軍事研究委員会を組織し，主任として対日作戦の戦略戦術を研究する。この結果をもとに38年初め「抗日遊撃戦争を論ず」を発表し，ゲリラ戦を重視した。第2次国共合作により，37年8月周恩来，葉剣英とともに南京に派遣され，中国共産党を代表して国防会議に参加，抗日戦争のための国共合作と紅軍の改編などについて国民党と交渉する。その結果国民革命軍第八路軍総指揮（副総指揮・彭徳懐）に任じられ，積極的に国民党軍の対日作戦に協力。同年9月平型関戦役を指揮，蘆溝橋事件以来最初の対日勝利であったといわれる。10月八路軍総部と第129師団を率いて晋冀魯豫抗日根拠地をうちたて，華北における主要な根拠地とする。39年第2戦区副司令長官を兼任。40年5月延安にもどり，毛沢東に協力して全国各抗日根拠地の戦闘を直接指揮する。また同年冬部隊を指揮して大生産運動を展開，根拠地の経済活動にも参与した。45年4月中共7全大会において「解放区の戦場を論ず」とする軍事報告を行い，中国共産党の指導する八路軍，新四軍などの対日戦闘の経験を総括する。また7期1中全会では毛沢東，劉少奇，周恩来，任弼時とともに中央書記処書記に選出される。ソ連の対日宣戦布告後毛沢東とともに華北，東北などの戦闘を指揮する。

国共内戦時期は，中国人民解放軍総司令に就任。1947年3月中共中央の延安撤退後同政治局拡大会議の決定により中央工作委員会を組織，4月劉少奇，董必武とともに晋察冀解放区へ赴き指導する。同年秋みずから華北前線に出て清風店戦役，石家荘戦役を指揮する。48年4月華東野戦軍の陳毅，粟裕も参加して中央書記処会議が開催され，ここでの決定に基づいて5月華東野戦軍へ赴く。同年9月以降遼瀋，淮海，平津の3大戦役を指揮，49年4月毛沢東と連名で「全国への進軍命令」を発し，渡江戦役や西南，西北地区の戦闘配置に参与した。同月「中国人民解放軍布告」を発表。6月中旬新政治協商会議準備会議で常務委員会委員に選出され，9月下旬中国人民政治協商会議第1期全体会議で中華人民共和国中央人民政府委員会副主席に選出される。

中華人民共和国建国に際しては改めて中国人民解放軍総司令に任命され，「中国人民解放軍総部命令」を発表する。さらに中国人民革命軍事委員会副主席，中共中央紀律検査委員会書記に任じられる。1950年朝鮮戦争への介入決定に参与する。軍の近代化，正規化について，人民解放軍を単一兵種から諸軍兵種が合成された軍隊へ改編することを強調し，また後勤部門をも重視した。54年9月第1期全国人民代表大会第1回会議で国家副主席に選出され，さらに国防委員会副主席となる。55年8月北朝鮮を，12月東独・ルーマニアを訪問。また同年9月中華人民共和国元帥の階級と一級八一勲章，一級独立自由勲章及び一級解放勲章を授与される。56年2月ソ連共産党第20回大会に出席，3月ポーランドを訪問する。同年9月8期1中全会で中共中央政治局委員，中共中央副主席に，また59年4月全人代常務委員会委員長に選出される。同年3月ポーランド・ハンガリーを訪問。65年1月第3期全国人民代表大会常務委員長に選出される。

文化大革命の時期には厳しい批判や迫害を受けた。1969年10月広東省従化に下放され，70年7月北京へ戻る。中共11期1中全会では中央政治局委員，中央政治局常務委員会委員に再選される。76年7月北京で病没。1978年中共中央は故郷に記念館を建設することを決定する。86年12月生誕100周年に際しては中共中央，全人代常務委員会，中央軍事委員会が人民大会堂で盛大な記念大会を開催，康克清夫人も参加し，中共中央総書記・胡耀邦が式辞を述べた。

参考文献：『朱徳選集』（人民出版社，北京，1983年）。中共中央文献研究室編『朱徳年譜』（人民出版社，北京，1986年）。解放軍画報社編『朱徳元帥』（長城出版社，上海，1986年）。『朱徳詩詞選』（人民文学出版社，北京，1986年）。中国人民革命軍事博物館編『朱徳元帥豊碑永存』（上海人民出版社，上海，1986年）。A.スメドレー著，阿部知二訳『偉大なる道—朱徳の生涯とその時代』（岩波書店，1955年）。

〔安田淳〕

朱（しゅ）　紅燈（こうとう）　Zhu Hongdeng

（1862年～1899年12月24日）

本名・朱逢明。山東省泗水県生まれ。遊民の出身。山東省平原・茌平県一帯で活躍した著名な義和団の指導者。

生家は貧しく，わずかの間私塾教育を受け，成人になって医術で生活していた。本来は長清県孔官庄の人であったが，流転して泗水で育ったという。1898年，黄河氾濫による大洪水を避け，同省の長清県大李庄の舅父の家に行き，医道に従事しながら拳術を学んだ。当時のカトリック教会の神父の非道横暴と地主階級の搾取に反対するための拳場をつくり，多くの弟子を集めて「神拳」（神から伝授された拳）の拳首を称した。神拳，大刀会，義和拳などといわれる拳法がこの一帯に盛んになったのは，日清戦争敗北後のことである。外国人の侵略の激化，キリスト教会の横暴，黄河の大氾濫などが人々に救世主の登場，新しい武術の必要を熱望させ，99年に朱紅燈，于清水などが舞台に登場したのであった。

1899年の春から夏にかけて，朱紅燈は茌平県張官屯に数千人の人々を集め，反キリスト教の戦いを煽るため，4日間にわたる歌・芝居の祭りを開いた。その前後の数カ月の間に茌平県の400～500の村々に神拳道場が生まれ，本明和尚，于清水，徐大香，羅会英，王清山，王立言などの指導者が登場した。朱紅燈らは，99年10月，張庄にあった強力なカトリック教会を攻撃に行き，それを弾圧するために出動した茌平県令・蔣楷と袁世敦の派遣した官兵を，平原県杠子・李庄と森羅殿において迎え撃った。この時，朱紅燈は神拳を「義和拳」に改め，「天下義和拳興清滅洋」（天下の義和拳は清国を興し，外国人を滅ぼす）なるスローガンを提出した。これ以後，朱は各地で教会を襲撃してまわったが，大きな成果はなかった。99年11月，朱紅燈は同じ義和拳の首領・楊照順（本明和尚）と争い，博平県華岩寺で負傷した。彼は1人で逃げたが，官兵に茌平県五里庄で逮捕された。その時，朱紅燈が仲間に宛てた手紙に「明年4月初4日，攻打北京（北京を攻撃する）」とあるのを発見し，官兵は朱紅燈を済南に送った。そこで12月24日，山東巡撫・毓賢は，本明和尚，于清水も引き続いて逮捕し，朱とともに処刑した。

朱紅燈を中心とする平原・茌平一帯を舞台にした神拳は，「義和拳」，「興清滅洋」，「降神付体，刀槍不入」（神を降して身体に付せば，刀や銃でも傷つくことはない）という義和団運動の中核となる武装論，スローガン，信仰を明確に提起し，義和団運動の発展に大きな役割を果した。彼らの神々とは，孫悟空，関羽，張飛，孫臏，周倉，托塔天王，馬武，哪吒など歴史上，伝説上の，あるいは小説中の英雄，偉人，超人であった。

参考文献：中国史学会主編『中国近代史資料叢刊・義和団』1（上海人民出版社，上海，1961年）。『山東義和団案巻』上冊（斉魯書社，済南，1980年）。清史編委会編『清史人物伝稿』下編3巻（遼寧人民出版社，瀋陽，1987年）。

〔小林一美〕

朱（しゅ）　積壘（せきるい）　Zhu Jilei

（1906年4月～1929年4月）

福建省平和県九峰上坪村生まれ。中国共産党の農民運動指導者。

父親は村で雑貨屋を営み，20畝の田を所有する比較的豊かな家庭環境に育った。1923年九峰の奎文高小を卒業後，厦門の集美学校師範部に進んだ。入学後五・四運動期の新思潮の影響をうけて積極的に学生運動に参加，24年学内に秘かに組織された革命団体のメンバーになり熱心に活動したが，25年過激分子として学校当局により除籍処分にされた。

1926年春，集美学校の先輩である羅明の紹介で広州農民運動講習所に入り（第6期生），マルクス主義理論と農民運動の方法，理論を学んだ。とりわけ，毛沢東「中国社会各階級的分析」と彭湃「海豊及東江農運状況」の講義および海豊県での実習は，その後農民運動に従事した際の「教科書」になった。この間，同年6月に中国共産党に加入。9月講習所卒業と同時に，汕頭の北伐軍指揮部政治部で宣伝工作に従事した。10月中共両広区委員会の指示により福建省平和県へ帰り，国民党中央農民部特派員の肩書で活動を始めた。郷里の上坪村に平民夜校を開いて農民を教育し，12月福建南部で最初の農民協会を結成した。減租・減息・減捐・減税・減役の「5減」のスローガンは多くの農民を惹きつけ，他の村にも運動は広がり，27年9月平和県農民協会が成立，会長に選ばれた。この間，中共の組織活動も行って上坪村に県内最初の共産党支部をつくり，支部書記となり，27年1月中共閩西特委委員，9月平和県臨時委員会書記に選ばれた。

国共分裂後，武装暴動方針の伝達をうけて長楽郷を拠点に各郷の農民協会に農民自衛軍を組織した。1928年1月，県役人による強制徴発と逮捕に激怒した農民を組織して県城へ向かい，県政府に拘禁されていた農民を釈放させた。これを機に工農自衛軍は拡がり，その中から常駐の独立分隊をつくって自ら政治教育，軍事訓練に当たった。2月農民協会代表大会は武装して豪紳と対決することを決定，福建で最初の紅軍の雛型とされる工農革命軍第1団が成立して団長に推挙された。3月8日暴動が決行され，その総指揮者として農民軍を率いて県城を占拠，逮捕されていた農民らを救出した。準備不十分のため，わずか1日で終わった蜂起であったが，それが県城占拠という規模の大きさをもっていたことにより，28年の福建西部の4大暴動の1つに数えられている。

暴動後，当局に追われながら各地で工作を続けたが，1928年8月隣接する広東省大埔県へ行った際，密偵に発見され逮捕された。翌29年4月，身柄を引取りにきた平和県の土豪により大埔で処刑された。

参考文献：中共党史人物研究会編『中共党史人物伝』7巻（陝西人民出版社，西安，1983年）。中共龍岩地委党史資料徴集研究委員会『閩西革命根拠地史』（華夏出版社，北京，1987年）。王大同・陳培坤「平和暴動及其歴史意義」，『福建師範大学学報（哲学社会科学版）』1985年2期。

〔本庄比佐子〕

朱 家宝 Zhu Jiabao

（1860年12月25日～1923年9月5日）

字・経田。号・墨農。原籍，雲南省華寧県，同地に生まれる。清末民初の官吏。

父・朱学詩は農業に従事するかたわら雑貨店を営んでいた。朱家宝は5歳で学問を始め，16歳で秀才となり，19歳で挙人に合格した。1892年さらに進士に合格して翰林院に奉職した。まもなく礼部祠祭司の司官となり，のち直隷省平郷県知県，紅蘇按察使などを歴任した。1906年には東三省総督・徐世昌の推薦により吉林省巡撫に昇任した。安徽省巡撫・恩銘が革命派の徐錫麟に暗殺されたのち，後任の安徽巡撫として転任し，革命派の取り締りにあたった。まず当地の革命派のリーダーと目された砲兵大隊長・倪映典を除隊させ，08年安徽省の新軍第31旅団の太湖秋期演習に際しては，この機に乗じて蜂起を計画していた熊成基らの演習参加を急きょ取りやめさせた。この秋期演習中に西太后と光緒帝の相次ぐ訃報に接した朱は直ちに安慶に戻って，革命派への取り締りをいっそう強化した。彼は革命派のみならず，10年の洪水や大雨による飢餓農民の暴動の鎮圧においても容赦しなかった。

1911年辛亥武昌蜂起勃発に際しては約800名の混成大隊を組織し，湖北省との省境防備にあたらせた。10月31日夜，革命軍に呼応した安徽省新軍第62連隊砲兵大隊と同騎兵大隊は省都安慶に迫ったが，朱家宝はこれを死守した。その後まもなく江西省九江が独立し，安慶に迫ったため，11月15日諮議局は朱に蜂起を勧告したが，彼は「忠臣は二君にまみえず」として応じなかった。しかし結局11月8日安徽省は独立を宣言し，朱は都督に推挙されたが，革命派の激しい反対によって辞職を余儀なくされ，結局天津経由で北京へ出た。13年1月袁世凱の臨時大総統辞任とともに参議院議員となり，14年2月直隷省民政長官兼都督（軍政長官），16年には同省長となった。17年の張勲の復辟運動に加担して，失敗後は日本に亡命した。翌年赦されて帰国後は天津に住み，23年同地で病死した。著書に『海蔵園序』，『廷尉天下之平論』，『審楽和政疏』などがある。

参考文献：中国社会科学院近代史研究所主編『民国人物伝』5巻（中華書局，北京，1986年）。

〔児野道子〕

朱　家驊　Zhu Jiahua

（1893年5月30日～1963年1月3日）

字・騮先，湘麐。浙江省呉興県姚家壩生まれ。中国国民党の政治家，地質学者，教育者。

商人兼地主の家庭に生まれる。6歳で塾に学ぶ。11歳で父を，12歳で母を亡くす。13歳で南潯正蒙学堂に入り，15歳で南潯公学に進む。卒業後，1908年秋に上海に出て同済徳文医学校（現在の同済大学）に入学。11年，学友と「中国敢死団」を組織し，武昌蜂起勃発後，武漢に赴いて救護活動に3カ月間従事する。12年3月中国同盟会に加入。

1914年ベルリン鉱科大学へ自費留学。このとき張静江に同行する。17年初め帰国し，8月程亦容と結婚する。9月より北京大学でドイツ語を教える。翌年教育部での公費でスイスに留学して地質学を学び，20年ドイツに転じ，22年ベルリン大学の哲学博士号を得る。24年帰国し，北京大学で地質学教授兼ドイツ語主任となる。

1925年5・30事件が発生すると北京の学生運動を指導し，また関税会議開催に反対した。12月改めて国民党に入党。26年の「3・18惨案」後，段祺瑞政権に追われたため南下し，広州で広東大学地質学部教授兼主任となる。10月同校は中山大学に改組され，校長制を廃して戴季陶，顧孟餘，徐謙，丁惟汾と朱が校務委員となったが，他の4人は政府の職務を兼ねたので，実質的に朱家驊が1人で校務に責任を負った。この年張静江の四女を養女とする。

1927年4月の「清党」後，広東省政府は改組され，朱家驊は戴季陶の推薦によって広東省政府委員兼民生庁長，広東政治分会委員となった。中山大学副校長として引続き校務も担当した。同年冬浙江省政府主席・張静江のもとで浙江省政府委員兼民生庁長となり，以後3年間広東と浙江を行き来して，両地の職務を兼ねる。浙江省民生庁長としては，全省の土地を測量し，二五減租を行う，戸口調査を実施する，「用新人，行新政」のスローガンのもとに人事制度を刷新し，警察学校・地方自治専修学校を創建するなどの成果をあげ，また自らの勢力を浙江地方に扶植した。

1929年国民党3期中央執行委員（以後，4期，5期にも選出される），中央政治会議委員となる。こうして朱家驊は国民党政権の中枢に参画し，また徐々に蔣介石の腹心の地位を得るようになる。30年国民党浙江省大会開催にあたって，陳果夫と勢力を争って敗れ，張静江とも決裂して，9月浙江省の職を辞して広東に戻った。広東では戴季陶に譲られて中山大学の校長となったが，11月に南京の中央大学校長に転じた。

1931年3月管理中英庚款董事会（のち，中英文教基金）董事長となり，その後もずっとその任にあって国土建設，文化事業に事績を残す。12月国民政府教育部長となり，33年4月に退くまでの間に，小学法・中学法などの法規や中小学課程標準の制定，中央図書館・博物館・編訳館の創設などの成果をあげた。32年11月から35年12月まで，交通部長に在職。35年春中央研究院院長・蔡元培の招きにより同院の総幹事となり，40年3月に蔡が病故してから57年まで代理院長として研究院の発展に努める。

1936年12月浙江省政府主席となる。翌年11月日本軍が金山衛に上陸し，嘉興・湖州などが危機に瀕したが，朱家驊は抗戦せずに撤退し，12月省主席を降ろされた。のち武漢に赴いて38年3月国民政府軍事委員会参軍室主任となるが，4月に国民党中央執行委員会秘書長兼党務委員会主任に転じ，また国民党中央執行委員会調査統計局局長（中統）となった。7月三民主義青年団が成立して幹事会常務幹事となり，まもなく中央団部書記長を兼ねる。39年12月国民党中央組織部長となり，以後4年半国民党の党務を管轄する。朱はもともと国民党内のCC系に属していたが，彼自身の派閥が拡大して，「新CC系」と呼ばれるようになり，陳果夫・陳立夫らと対立する。44年5月組織部長を降ろされ，11月再び教育部長となる。45年3月国民党6期中央執行委員に当選，二陳との競走は熾烈を極めた。

抗日戦終結後，教育復興に従事する。1948年冬共産党の南京攻略を前にして，故宮・中央研究院・北京図書館の大量の文物・書籍を台湾に運び込み，また中央研究院を台湾に移転させた。12月行政院政務委員に転じる。49年夏広州の国民政府の行政院副院長となるが，まもなく共産党の大陸制圧によって台湾に往く。

台湾では，総統府資政となり，また中英文教基金の資金などによって中央研究院の再建，発展に努力した。1963年1月，心臓病で死去した。

参考文献：中国国民党中央委員会党史史料編纂委員会編『革命人物誌』1集（中央文物供応社，台北，1967年）。胡頌平『朱家驊年譜』（伝記文学出版社，台北，1969年）。劉紹唐主編『民国人物小伝』第1冊（伝記文学出版社，台北，1975年）。王聿均・孫斌編『朱家驊先生言論集』（中央研究院近代史研究所，台北，1977年）。中国社会科学院近代史研究所主編『民国人物伝』4巻（中華書局，北京，1984年）。

〔小浜正子〕

朱　履龢　Zhu Lühe

(1884年～1945年4月13日)

字・笑山。浙江省嘉興県生まれ。民国期の司法専門家。国民政府，維新政府，汪精衛政権に招かれて司法行政を担当。

朱履龢は21歳でイギリスに留学し，リンカーンス・インを卒業する。帰国後北京政府に招かれ，司法部参事となり，法権討論会秘書，関税特別会議委員会秘書などを兼任した。1927年4月南京に国民政府が成立すると，6月招かれて外交部総務司長に就任する。その後，10月には外交部第2司長，28年2月司法部秘書長，3月司法部次長，11月司法部政務次長，30年4月司法行政部部長を歴任し，12月には立法院立法委員に選出される。

1931年朱履龢は蔣介石の政策に批判的になり，国民政府における一切の職務を辞し，故郷に帰る。38年南京の「維新政府」の要請で司法行政部次長，最高法院院長に就任する。40年3月汪精衛政権が成立すると，招かれて司法院副院長，中央政治委員会列席委員に就任する。その後も朱は汪政権の司法の専門家として重用され，4月中央公務員懲戒委員会委員長，9月立法院副院長，そして41年4月中央政治委員会列席委員などを歴任するが，45年4月南京で病死する。

参考文献：聞少華『汪精衛伝』(吉林文史出版社，長春，1988年)。徐友春主編『民国人物大辞典』増補版(河北人民出版社，石家荘，2007年)。外務省情報部編『現代中華民国・満州帝国人名鑑』(東亜同文会，1937年)。

〔家近亮子〕

朱　培徳　Zhu Peide

(1889年10月29日～1937年2月17日)

字・益之。雲南省塩興県に生まれる。中国国民党の軍人。

4歳で安寧に移り就学，7歳で父を亡くしている。1906年雲南陸軍付属学校に入学。この学校は10年，雲南講武堂(李根源総辦，09年開設)の一部となり，朱は李烈鈞らの教えを受けた。この時期の同期生に朱徳がいた。講武堂は多くの留日同盟会員を教員として採用していたため，辛亥武昌蜂起に講武堂師生はいちはやく呼応した。朱は西征軍に副官として参加したが，ほどなく辞職し，講武堂に復学した。14年首席で卒業し，滇軍新編歩兵第3団第1営第1連連長に任ぜられ，翌年第7団第2営営長に昇進した。15年中華革命党に参加，12月の雲南護国軍蜂起では李烈鈞の第2軍に加わり，桂林・梧州・肇慶と転戦し，第25団団長となった。16年8月雲南護国軍第2軍は広東における軍事行動を一応終え，軍長・李烈鈞は離職し広東を去った。しかし大部分の将兵はそのまま広東省内に分駐し，このとき朱は第7混成旅旅長であった。

1917年9月孫文(中華革命党)・唐継尭(雲南軍)・陸栄廷(広西軍)らの連合で第1次広州軍政府(護法政府)が成立した。朱培徳は広東南部を平定した功により，18年滇軍第4師師長に就任した。その後，第4師は広州に移り，朱は衛戍司令となる。19年孫文立ち会いのもと趙慧君(彼女の姉は楊傑と結婚)と結婚した。

1920年2月唐継尭は広西系の広東督軍・李根源の駐粤滇軍総司令職を解除し，李烈鈞に換えた。滇軍は分裂し，李烈鈞側についた朱培徳は李根源によって広州から追われ，10月辞職し上海に移った。同年11月末広州に第2次軍政府が成立し，孫文は朱を援桂第2路司令に任じた。朱は，21年11月中央直轄滇軍総司令，22年春北伐軍中路前敵総指揮となり，贛州を攻めた。同年6月孫文と陳炯明が決裂すると，朱の部隊は陳の粤軍と戦ったが敗れ，朱は広西に逃れた。

1923年2月広州で孫文の第3次軍政府が成立すると，朱培徳は大本営鞏衛軍軍長に就き，翌24年春に建国滇軍第1軍軍長，同年秋には北伐軍中路軍総指揮となった。この年，江西で曹錕・呉佩孚側の軍と交戦している。25年2月の第1次東征時には広州守備についた。6月滇軍総司令となり，反胡漢民の動きに出た楊希閔・劉雲賓を破った。同年7月広東に国民政府が成立した時に朱は政府委員，軍事委員会委員，政治委員会委員，さらに国民革命軍第3軍軍長を兼任した。10月の第2次東征には南路総指揮として参加，鄧本殷軍と戦った。26年1月中国国民党2全大会で中央執行委員に選ばれた。

1926年7月蔣介石を総司令とする国民革命軍の北伐が開始されると，朱培徳は第3軍軍長兼右翼総指揮として江西省に進軍した。翌27年1月朱培徳は，雲南講武堂の同学であった朱徳を教導団の指導者に任命した。同年4月朱培徳は江西省主席となり，この時朱徳を南昌公安局長に任じている。

朱培徳は寧漢対立の際，初め政治的には武漢の汪精衛に近い立場をとっていたが，軍事的には中立を保った。1927年5月長沙暴動以後，朱は共産党勢力を警戒し，同年末南昌の共産党系新聞社を封鎖した。また，すべて共産党系で占められていた第3軍内の政治工作人員(朱克清ら)を強制的に江西省から退去させた。しかし，この処置をとるにあたり朱は共産党員を傷つけなかったので，この事件は「礼送出境」と形容され，彼の人格を高く評価する根拠にされている。また，彼と個人的な関係のあった朱徳は，この時公安局長を解任されなかった。しかし，ついに27年6月朱培徳は南昌に戒厳令を布告し，共産党員の取り締まりを強化した。江西省及び南昌市の国民党党部内，それに農会や労働組合の主要共産党員を追放した。

1927年7月武漢国民政府が分共政策を採用すると，武漢の共産党員の多くはまだ活動の余地が残されていると思われていた江西省方面に向かい，8月1日南昌で共産党員による蜂起が勃発した。朱培徳の部隊は大きな損害を受け，これを機に彼は汪精衛・孫科らと連絡をとり，寧漢合作に積極的に動きはじめた。

1928年1月蔣介石は国民革命軍総司令に復職すると，朱培徳を第1集団軍予備隊総指揮に任命した。同年5月日本の山東出兵で北伐の進展が一時阻まれると，宋は第1集団軍前敵総指揮を命ぜられた。28年11月蔣の共産党に対する討伐戦で，朱は総指揮となった。29年3月国民党3全大会で中央執行委員となり，31年第4期でも再任される。同年8月江西省主席を辞任，9月参謀総長に就任した。この時期も朱は汪精衛・蔣介石間の仲介役として重きをなした。

1931年国民政府軍事委員会委員長・蔣介石が参謀総長を兼ねるようになると，朱培徳は軍事委員会辦公庁主任に転じ，34年代理参謀総長となる。36年広西系の李宗仁が蔣と対立した際，朱は調停に努力した。37年南京において敗血症で死亡。

参考文献：呉相湘『民国百人伝』第2冊（伝記文学出版社，台北，1971年）。胡以欽「護法時期的駐粤滇軍」，雲南省人民政府参事室・雲南省文史研究館『雲南文史叢刊』3期，1985年12月。彭礼崇「朱培徳所轄駐粤滇軍在統一広東和北伐中的戦績」，『雲南文史叢刊』1985年3期，1985年12月。張光宇『第一次国共合作時期的国民革命軍』（武漢大学出版社，武漢，1989年）。

〔塩出浩和〕

朱(しゅ) 其昂(きこう) Zhu Qi'ang

（生年不詳～1878年）

字・雲甫。原籍，江蘇省太倉州宝山県，同地に生まれる。清末洋務運動における最初の代表的民需企業である輪船招商局創立者の1人。

朱氏は代々ジャンク船による海運業を営む商人であった。特に官の漕運を長年にわたって請負い，巨利を得ていた。彼はその富で捐納して道員の資格を得，またその富を元手に1860年アメリカ商人と共に山東の煙台に清美洋行を設立，後に北京，上海，広東などの地に華裕豊匯銀票号を設けて，金融業にも進出していた。

1872年彼は李鴻章の委任を受けて，浙江海運委員という資格で輪船招商局の創設準備，資金調達などにあたった。有名なこの輪船招商局は，洋務運動の過程で，軍需から民需への転換点にあたる重要企業として知られている。彼が保有したのは旧式のジャンク船ではあったが，彼自身大手の海運業資本家・経営者であり，アメリカ商人の買辦でもあって，新式の経営知識を持っているという点で，李鴻章から特に見込まれた洋務運動の貴重な人材であった。しかし，同時に李鴻章の片腕たる盛宣懐もこの輪船招商局の創立に深く関わり，その設立に当たって彼は資本調達難を予想して官辦（官営）経営を求め，盛宣懐は民間資本の導入を主張して意見の対立があったという。これは民間商人と官僚との立場の相違を象徴する問題点として重要であろう。輪船招商局の場合，経営権をめぐる対立も早くもそこに芽生えていたといわれている。ともあれ，当初官辦の招商公局として出発した同社は，翌83年民間資本を組み込んだ官督商辦の企業に転換され，彼は同社の会辦（唐廷枢が総弁，徐潤・盛宣懐が会辦）に任命され，漕運と官務の管理にあたった。77年彼はアメリカの旗昌輪船公司所有の船舶・埠頭などの資産買収（総額222万両）のために江蘇，広東，浙江へ赴き，資金調達に努めたが，翌年病死した。

なお輪船招商局創業当初の経営については，唐廷枢・徐潤の広東商人側と盛宣懐の間に深刻な対立があったことも知られているが，その状況下での彼の立場，役割についてはわからない部分がまだ多い。しかし，彼はたとえ1877年以降も活躍したとしても，その抗争に巻き込まれて，いずれは招商局から排斥される運命にあったものと推測される。

参考文献：李華興主編『近代中国百年史辞典』（浙江人民出版社，杭州，1987年）。夏東元『盛宣懐伝』（四川人民出版社，成都，1988年）。聶宝璋編『中国近代航運史資料』1輯上・下冊（上海人民出版社，上海，1983年）。A. Feuerwerker, *China's Early Industrialization; Sheng Hsuan-huai (1844-1916) and Mandarin Enterprise* (Harvard University Press, Cambridge, 1958).

〔中井英基，中川雅史〕

朱(しゅ) 其華(きか) Zhu Qihua

（1907年12月28日～1945年秋）

本名・朱雅林，字・其華，佩我，号・新繁，筆名・李昴，亦明，柳寧。原籍，浙江省，四川省生まれ。社会科学者。国民革命期の宣伝工作員。

朱其華の履歴については不明な点が多い。1920年浙江省で国民党に加入し，省党部の幹部となったという説と，高語罕らとの親しい交際から中国共産党の成立当初からの党員で，党の命を受け24年国共合作下の中国国民党に入党したとの説がある。著書である『一九二七年の回想』（33年）では自らが共産党員であるか国民党員であるかは明らかにされていない。ただ，序文で「邵力子，周仏海の諸氏から序文をと言われ感激した」とあるので国民党員のままでいた可能性は高い。しかし，その論調と「中央党部と国民党」というような表現から見ると，少なくとも国民革命期には「職業的共産主義アジテーター」（Boorman）との評価が適切であるように思われる。

朱其華は1925年の5・30事件に参加するために上海に入るが，それまでは10余りの省を転々とし，革命思想を宣伝して歩いていた。特に彼は農民の解放に熱心であり，その活動の中心は農村にあった。9月1日上海から広州へ移り，広州においては国民党中央委員であった朱季恂と同居する。26年10月初旬に開催された中央各省区連席会議に武漢遷都問題が提議され，11月20日決定されるが，朱はこの決定に従い12月7日広州から武漢に向かう。彼はこれに先立ち中央委員会軍人部宣伝科主任に任命される。彼に課せられた任務は，各地で遷都に関する説明と宣伝をすることにあった。しかし，彼自身は武漢遷都には「我々の目的は地盤の掠取でなく民衆の解放にある。どうすれば民衆を解放できるか。まず革命政権を作り，革命の基礎を固めることだ。我々の基礎はどこにあるのか。むろん広東だ」として反対した。27年1月4日には南昌で蔣介石に会見し，宣伝工作に関する報告を行う。

1927年7月15日武漢で分共に関する会議が開催され，8月19日武漢政府は南京への遷都を布告するが，朱其華はその後も武漢に留まり，国共分裂で混乱する武漢の様子を克明に記録する。その後朱は共産党中央から11月17日の広州事件への参加を命じられるが，これに従わず，「反逆者」となり，香港を経由して上海に入る。この時点で朱其華は少なくとも表面的には共産党から離れたものと思われる。上海においては，葉青，陶希聖と同居し，郭沫若，茅盾，周仏海と交際する。これ以後，彼は「政治生活を離れて」執筆活動に入る。朱は多くの優れた中国社会に関する著書を執筆するが，CC系の丁默邨の発行していたファシズム紙の『社会新聞』にも李昂などの筆名で投稿する。

1937年7月7日日中戦争が勃発すると朱其華は西安に赴き，『抗戦与文化』に柳寧の筆名で執筆する。共産党はこれが朱其華とはわからず，「10大トロツキスト」の名に朱の名前の他に柳寧の名も列記した。38年第34集団軍総司令であった胡宗南に採用され，西安青年隊訓練部隊の政治教官となったが，41年春中共のスパイと指弾されて重慶で投獄される。朱其華には投獄中も読書，執筆の自由が与えられており，43年3月に出版された蔣介石の『中国之命運』は，彼と陶希聖，陳布雷が蔣の命によって撰述したものであるといわれている。朱其華は45年秋，結局スパイ容疑のまま処刑される。

著書に『中国資本主義之発達』，『中国革命与中国社会各階級』，『中国農村経済関係及其特質』，『中国社会的経済結構』，『中国経済危機及其前途』，『中国近代社会史解剖』，『中国農村経済透視』などがある。

参考文献：朱其華著，藤井正夫訳『一九二七年の回想』（金精社，1990年）。Howord L. Boorman ed., *Biographical Dictionary of Republican China*, Vol. 1 (Columbia University Press, New York, 1967).

〔家近亮子〕

朱（しゅ）　啓鈐（けいけん）　Zhu Qiqian

（1872年11月12日～1962年2月26日）

譜名・啓綸。字・桂辛。号・蠖公。原籍，貴州省開州。河南省信陽州生まれ。清末・民初の政治家，建築史家。

1875年父・朱梓皐を船の事故で失い，翌年母・傅氏とともに河南按察使をしていた外祖父・傅寿彤の元へ身を寄せ，傅に従って武昌，長沙へ移り住んだ。89年，外交官の養父とともに10歳までパリで過ごした陳光璣と結婚した。

1891年，四川学政となった義理の叔父・瞿鴻機に従って成都へ行き，94年瀘州の塩務総局印鑑所差となった。97年春陳夫人が病死し，于氏と再婚した。99年上海出口捐局差となり，1903年京師大学堂訳学館監督に任ぜられ，06年には北京外城巡警庁庁丞となった。

1907年瞿鴻機が軍機大臣を解任されると，朱啓鈐も辞職したが，08年東三省総督・徐世昌の推薦を得て，奉天の東三省蒙務局督辦となった。09年に徐世昌が郵伝部尚書に転任すると，朱も辞職して日本の北海道へ開墾事業の視察に訪れるなどした。10年津浦鉄路督辦を兼任していた徐世昌の力で北京へ戻って，郵伝部丞参上行走兼津浦路北段総辦となった。

辛亥革命後の1912年春，津浦鉄路督辦となり，同7月陸徴祥内閣の交通総長となり，9月成立の趙秉鈞内閣でも留任し，13年7月に第2革命が起きると，就任は辞退したものの，一時国務総理の代理に任じられた。同年9月熊希齢内閣の内務総長となり，14年5月に国務院が政治堂に改組されて成立した国務卿・徐世昌の内閣にも留任し，16年4月まで国務卿は一時陸徴祥に替わったが，朱は2年半以上も内務総長を務めた。この間，北京国立博物館や中央公園の建設のほか，北京の道路の拡幅・舗装などに手腕を発揮した。また14年2月から4月までは交通総長代理も務めた。

朱啓鈐は梁士詒を中心とする交通系の要人の1人で，袁世凱の信任が厚かった。1915年夏に袁世凱の帝制運動が表面化すると，9月に大典籌備処長となり，帝制の準備に需要な役割を果した。

1916年6月に袁世凱が急死して段祺瑞政権が成立すると，7月に帝制派として梁士詒らとともに指名手配を受け，天津租界に身を潜めることになった。しかし，18年2月に指名手配が解除されると，8月に安福国会の参議院副議長に選出され，この時は就任しなかったが，10月に徐世昌が大総統に選出されると，19年2月に上海で開かれた南北和議の北方総代表に任じられた。同年5月に南北和議が決裂すると辞職し，政界を引退した。

朱啓鈐はすでに1916年山東省嶧県の中興煤鉱公司の代理董事長となり，19年総経理に就任していたが，政界引退後は同社の経営に力を注いだ。石炭輸出の関係で大倉組の大倉喜八郎とも交際があった。

朱啓鈐は観光事業も重視し，1919年に北戴河に「地方自治公益会」を設立して会長となり，海浜地区の整備や植樹などを行って，北戴河の景勝地としての発展に力を尽くした。21年にはパリ大学から徐世昌に授与された名誉博士の学位を受け取りにフランスへ赴いた。この時在仏中国人留学生が困窮しているのを知り，5万元を徐特立ら「勤工倹学」学生に寄付した。26年于夫人が病死した。29年中国の古代建築を調査するために北京に中国営造学社を設立し，社長となった。

1930年馮閻大戦の時，張学良に北平市長を委任されたが固辞した。同年許曼頤と再婚した。中華人民共和国成立後，公私合営の中興煤鉱董事長，中央文史研究館館員，第2，3期全国政協委員などを務め，62年に死去した。

著書に，『蠖園文存』，『営造式法』，『李仲明営造法式』，『東三省蒙務公牘』，『存素堂絲繡録』などがある。

参考文献：葉祖孚「朱啓鈐与『存素堂賑目』」，『文史資料選編』32輯（北京出版社，北京，1987年）。北京市政協文史資料研究委員会・中共河北省秦皇島市委統戦部編『蠖公紀事―朱啓鈐先生生平紀実』（中国文史出版社，北京，1991年）。劉紹唐主編『民国人物小伝』第1冊（伝記文学出版社，台北，1981年）。P.S. Reinsch, *An American Diplomat in China* (Doubleday, Page & Company, New York, 1922).

〔味岡徹〕

朱（しゅ）　謙之（けんし）　Zhu Qianzhi

（1899年11月17日～1972年7月22日）

字・情牽，筆名・闔狂，古愚，左海佷人。原籍・福建省閩侯県。五・四時期の虚無主義的無政府主義者。思想家，大学教授。

福州市の代々咽喉科医の家庭に生まれ，4歳で母と，11歳で父と死別，継母・兄・姉と生活。辛亥革命の時，自分で弁髪を切る。福州省立第一中学時代から投稿を開始。早熟で自信の強い少年であった。1917年北京大学法科予科に入学，19年文科哲学系に進学。旺盛な読書欲に基づく精力的な執筆活動を展開し，20年1月，『現代思潮批判』を刊行。天地宇宙の消滅を目ざす虚無主義革命を主張し，クロポトキン信奉者・黄凌霜と論争し，『奮闘』旬刊，『北京大学学生週刊』に論陣を張った。18年，北京大学図書館の助理員をしていた毛沢東と無政府主義革命の実行方法などを討論した。また試験廃止運動を行う。20年秋，不穏文書所持のため100日余り入獄。21年，『革命哲学』を刊行。知識を罪悪とする見解は，魯迅から批判された。自殺志願，仏教帰依などの彷徨の後，梁漱溟の『東西文化及其哲学』と出会い，現実世界を肯定しそれとの調和に美を見出す汎神論的立場の唯情主義を唱え，23年『周易哲学』を刊行。

1923年，楊没累と性愛の介在しない純潔神聖な愛情による結婚生活に入る。音楽を学ぶ妻の影響による成果が，35年刊行の『中国音楽文学史』である。『謙之文存』（26年），『大同共産主義』（26年），『回憶』（27年）などを刊行。28年妻病死。翌年『没累文存』を出版。

1929年4月から31年初めまで日本に留学し，アテネ・フランセなどに通いつつ，図書館で歴史哲学の研究に専念。31年8月上海の曁南大学に招かれ，上海事件後，広州中山大学歴史系教授に移り，以後52年まで20年間在職。35年，何絳雲と再婚。大学の要職を歴任し，学報の創刊，南方文化運動の提唱など，大学の発展に尽力。『文化哲学』（35年），『中国文化史十講』（35年），『黒格爾（ヘーゲル）的歴史哲学』（36年），『中国思想対於欧洲文化之影響』（40年），『扶桑国考証』（40年），『奮闘廿年』（46年）などを次々に刊行，日本への原爆投下を機に，従来信奉してきたル・ボンの物質消滅説に疑いを抱き始め，レーニンの『唯物論と経験批判論』を読み，虚無主義を清算して唯物論の立場に立つ。

1949年の解放後，マルクス主義の学習を本格的に開始し，『武訓伝』批判を通じて芸術や教育に階級性があることに目ざめ，『矛盾論』，『実践論』の学習によりマルクス主義者への転化を成し遂げた。52年の院系調整により，中山大学哲学系の北京大学の吸収合併に伴い北京大学教授に移り，中国哲学史教研室に所属，『李贄—十六世紀中国反封建思想的先駆者』（56年）を刊行。58年，東方哲学史教研室の創設により，日本哲学史の研究に着手し，『日本的朱子学』（58年），『日本哲学史』（64年）を刊行。また『日本的古学及陽明学』（62年）を編著，日本哲学資料集（Ⅰ，Ⅱ）を翻訳して刊行した。64年，世界宗教研究所に移り，禅宗，中国キリスト教の研究に従事。生涯を通じて，著書30余冊，論文100篇以上を送り出した。

参考文献：「世界観的転変—七十自述」，『中国哲学』3～6輯，1980～81年。『朱謙之文集』全10巻（福建教育出版社，2002年）。エドガー・スノー著，松岡洋子訳『中国の赤い星』（筑摩書房ちくま学芸文庫上下2冊，1995年）。

〔後藤延子〕

朱　慶瀾　Zhu Qinglan

（1874年～1941年1月13日）

字・子橋，子樵，紫樵。原籍，浙江省紹興県。山東省長清県生まれ。付生出身の軍人，政治家。

清朝末，日本に留学して陸軍士官学校を卒業後，帰国して奉天省鳳凰庁，安東県の知県を経て奉天督辦公所巡警総局辦事となったが，四川省に転出して巡警道となり，ついで陸軍第33混成協協統に転じて軍職に就き，辛亥革命当時には成都の新軍第17鎮統制の職にあった。

清朝の幹線鉄道国有化政策に反対して，四川省では，保路同志会が結成されて国有化停止の請願や罷市などの保路運動が展開されたが，1911（宣統3）年秋，清朝は強硬策を採り運動を鎮圧するために，軍を率いさせて端方を派遣した。これに対して省内各地で保路同志軍が蜂起して成都を包囲し，四川省内は騒乱状態に陥るとともに，運動も保路運動にとどまらず反清革命運動の傾向を強めた。

武昌の新軍の蜂起によって辛亥革命が開始されると，それに呼応して，四川省においても曾省斎を都督とする蜀北（川北）軍政府（広安），張培爵を都督とする川南軍政府（瀘州），劉朝望を副都督とする川東軍政府（万県）らがつぎつぎに清朝からの独立を宣言，11月27日には四川総督・趙爾豊もついに四川省の自治を宣布し，ついで四川諮議局議長・蒲殿俊を都督とし，朱慶瀾を副都督とする成都軍政府（大漢四川独立軍政府）を成立させ，軍政府の軍権を朱慶瀾が掌握することになった。しかし新軍内では朱慶瀾を排除しようとする空気が強く，12月8日，軍政部長・尹昌衡らが起こした成都兵変によって成都を放逐された。

北洋軍閥支配下の中華民国時代，1912年9月には黒龍江都督府参謀長に復活，翌年10月畢桂芳都督の辞職のあと同省護軍使となり都督の職務を代行した。ついで14年6月の官制改革の際，鎮安右将軍として黒龍江省の軍務を督理し，また巡按使をも兼任して黒龍江省の全権を掌握した。袁世凱の帝制に際しては，段芝貴らとともに14将軍の連名で袁の帝制支持の通電を発して一等子爵に叙せられたが，袁の死去に伴い，許蘭州らに排斥されて辞職した。ついで16年段祺瑞政府によって広東省長に起用され卓威将軍となり，広西軍閥・陸栄廷の勢力下にあった広州に赴任した。広東ではアヘン厳禁令を発し，幣制の整理を手がけた。

張勲の復辟にはいち早く反対し，1917年7月，孫文らが南下して広州に軍政府を組織し，広東省を拠点とする護法運動を開始すると，広西派軍閥に対抗するためにこれを支持し，省長親衛軍20衛を軍政府の直属として陳炯明の指揮下に移すとともに，李烈鈞らとともに西南6省による護法北伐を画策したが，陳炯明らに排斥され，10月広西省長に転任させられ，これを受けずして下野した。

のち1922年9月，東北地方を勢力下にしていた張作霖に迎えられて，中東鉄路護路軍総司令に復職し，東省（ハルビン）特別行政区行政長官をも兼務し，また督辦膠澳商埠事宜となったが，24年辞任して以後は政界・軍界を引退して，28年以降は救済事業に専念した。

国民党南京政府統治下の中華民国時代には，1931年の「9・18」事変（満州事変）が起こると，東北義勇軍の抗戦を支援するために募金などの活動を行い，ついで上海事件では19路軍の抗戦を支援し，さらに，ハルビン民衆抗日同盟軍を援助した。32年には南京政府の賑務委員会委員，監察院監察委員となり，ついで35年には同委員会の委員長となった。一方32年に上海廃止内戦大同盟代表となって広東など華南各地を遊説し，国共内戦の停止を各界に訴え，38年には西安に到り，西北地域の賑勢，社会福祉事業に従事し41年1月に西安で病死した。

参考文献：四川省文史研究館編『四川軍閥史料』1輯（四川人民出版社，成都，1981年）。劉紹唐主編『民国人物小伝』第1冊（伝記文学出版社，台北，1981年）。〔池田誠〕

朱　深　Zhu Shen

（1879年～1943年7月2日）

字・博淵。河北省永清県生まれ。民国期の政治家。

天津と北京の学校に通った後，日本に渡り，1907

年9月東京帝国大学法学部法律学科に入学し，12年7月卒業して法学士の学位を得た。帰国後，同年8月代理京師地方検察庁検察長となり，袁世凱に認められて13年11月，京師高等検察庁検察長，15年11月総検察庁検察長にそれぞれ昇進した。

1918年3月段祺瑞内閣の司法総長に任じられ，10月成立の銭能訓内閣，19年6月成立の龔心湛内閣，9月成立の靳雲鵬内閣にいずれも留任した。この間，19年6月から12月まで内務総長を兼務した。

朱深は安福派に属していたため，1920年7月安直戦争で安徽派が敗北すると，司法総長を免職となり，逮捕令を出されて，徐樹錚らと共に北京の日本公使館に避難した。その後天津に移り，23年12月に逮捕令が解除された後も，しばらく政界から遠ざかっていた。

1924年11月に段祺瑞執政府が発足すると，25年1月京師警察庁総監に任じられ，11月に退任すると，再び政界を離れ，北京電灯公司の協理となった。

日中戦争開始後，日本軍による傀儡政府組織工作に協力し，1937年12月北平で王克敏らと中華民国臨時政府を組織し，行政委員会常務委員及び司法委員会法制部総長となった。38年9月臨時政府と南京の中華民国維新政府の仲介機関として，北平に王克敏を主席とする中華民国政府連合委員会が組織されると，その委員に任命された。

1940年3月汪兆銘らが南京で開いた中央政治会議に臨時政府代表の一員として出席した。同月，同会議の議決により国民政府が成立し，中華民国臨時政府が華北政務委員会と改称・改組されて汪政権下の自治政府となると，朱深は同委員会常務委員となり，同年6月まで政務庁庁長を兼任した。41年8月華北河渠委員会委員も兼務し，43年2月政務委員会委員長となり，3月華北剿共委員会委員長にも任じられた。この間，40年3月の南京中央政治委員会第1期委員会の聘請委員に任じられ，また41年4月の同第2期委員会，42年3月の同第3期委員会，43年4月の同第4期委員会のそれぞれ延聘委員に任命された。1943年7月政務委員会委員長在職中に病死した。

参考文献：黄美真・郝盛潮主編『中華民国史事件人物録』（上海人民出版社，上海，1987年）。劉国銘主編『中華民国国民政府軍政職官人物誌』（春秋出版社，北京，1989年）。*Who's Who in China*, Third edition (The China Weekly Review, Shanghai, 1926).

〔味岡徹〕

朱（しゅ）　雲卿（うんけい）　Zhu Yunqing

（1907年～1931年5月21日）

広東省嘉応県生まれ。中国共産党の指導者，軍人。商人の家庭に生まれる。1919年梅県県立第一高等小学に優秀な成績で入学する。在学中から『新青年』などを読み政治意識は高く，同校の学生連合会の指導者として活躍する。

1922年秋第一高等小学を卒業して後，叔父の朱亜球を頼ってインドネシアに渡り，貨物の運搬などをして働く。しかし，インドネシア滞在中も祖国の将来を憂える思いは強く，労働の合間に中国語の新聞や本を読み祖国の情報を得ようとしたという。24年黄埔軍官学校の学生募集のニュースを聞き，同年冬広州に戻る。広州到着後すぐに黄埔軍官学校の入学試験を受け，第3期入伍生として入学する。25年7月入伍生から第3期軍官生に昇進し，歩兵隊に入隊する。同年中共系の中国青年軍人連合会に入り，国民党右派の孫文主義学会と闘争する。同年中共に入党し，26年1月軍官学校を卒業する。

卒業後は広東省農民協会軍事部の工作に派遣され，以来一貫して農村における軍事工作を担当することになる。1926年5月農民運動講習所で毛沢東の講義を聞き，これに触発され，軍事部の数人の幹部とともに「自発的に」農民自衛軍を組織すべく花県に工作に出かけたといわれる。同年秋韶関に派遣され，そこで中共北江特委委員に就任し，農村武装闘争の幹部を養成するための北江農軍学校の創立工作に尽力する。11月に農軍学校が創設されると，朱雲卿は同校主任となり，同時に軍事教官を兼務する。

1927年，4・12反共クーデター発生後，広東省でも国民党によって中共勢力は弾圧され，武漢への撤退を余儀なくされた。4月朱雲卿は広東北江農民自衛軍北上総指揮部成立にともない同指揮部参謀長に就任し（副総指揮・周其鑑），同月末南雄農民自衛軍及び北江農軍学校第2期学生を率い武漢目指して撤退を開始する。途中，周其鑑率いる韶関農軍と湖南省で合流し，6月15日武漢に到着する。武漢では農政訓練班主任をつとめ，毛沢東と接することが多かったという。翌7月「大革命」が失敗すると，北江農軍を率いて8・1南昌蜂起に参加する。

蜂起失敗後の1927年12月桂東で毛沢東との連絡がつかず，当地に留まっていた秋収暴動部隊，労農革命軍第1軍第1師第1団第3営（営長・張子清）に加わる。朱雲卿は部隊が井崗山に帰還する際にそのまま同行し，以後毛沢東の指導下に入った。同月労農革命軍第1軍第1団参謀長に任ぜられる（団長・張子清）。28年4月第1軍第1団が労農革命軍第4軍（紅4軍）第11師第31団に改編されるが，朱は引き続き団参謀長を担当し，翌5月末の部隊再編時には第31団団長に就任する。さらに，29年2月紅4軍参謀長に昇進し，毛沢東・朱徳指導部において次第にその地位が上昇していった。その後も，30年6月に中国労農紅軍第1軍団（最初は第1路軍と称す），同年8月に中国労農紅軍第1方面軍がそれぞれ編成されたが，朱雲卿はいずれの場合も朱徳総指揮，毛沢東（総）前敵委書記兼（総）政委に次ぐ参謀長のポストを保持した。29年12月の古田会議では毛沢東の軍建設問題に関する意見を積極的に支持した。

中央革命根拠地で，朱雲卿は参謀長として，国民党軍による1930年後半から31年1月にかけての第1次囲勦戦並びに31年3月の第2次囲勦戦に対処したが，病気になり吉安東固の紅軍後方病院に入院，療養につとめたが，31年に死亡した。

参考文献：廖国良・田園東編『中国工農紅軍事件人物録』（上海人民出版社，上海，1987年）。王永均編『黄埔軍校三百名将伝』（広西人民出版社，南寧，1989年）。中共党史人物研究会編『中共党史人物伝』45巻（陝西人民出版社，西安，1990年）。盛平主編『中国共産党人名大辞典』（中国国際広播出版社，北京，1991年）。　〔中村楼蘭〕

朱（しゅ）　執信（しつしん）　Zhu Zhixin

（1885年10月12日～1920年9月21日）

原名・大符，字・執信。筆名・蟄伸，県解，去非，前進ほか。原籍，浙江省蕭山県。広東省番禺県生まれ。革命運動の指導者・理論家。孫文の忠実な協力者。

父・朱啓重は両広総督・張之洞など地方官の幕友をつとめた学者。母は父の恩師・汪瑔の娘。汪瑔は汪兆銘の叔父で，朱執信は幼時から汪兆銘と親しかった。

私塾で伝統教育を受け，叔父・汪仲器から数学などを学ぶ。1902年「教忠学堂」に入学，系統的な近代教育を受けた。在学中，級友と「群智社」を組織，ダーウィン，アダム・スミス，ルソーの中訳本を読み，大きな影響を受けた。

1904年2月京師大学堂（現在の北京大学）予科に合格したが，同年夏日本への官費留学生試験に広東省第1位の成績で合格したので，05年日本に渡り，法政大学速成科に入学，経済学を専攻した。汪兆銘，胡漢民も同大学の学友である。

1905年7月から8月孫文の来日を迎えて中国同盟会が結成された際，胡毅生の紹介で入会，汪兆銘らとともに評議員となった。以後，孫文の忠実な協力者としての生涯が始まったのである。11月同盟会の機関誌『民報』が創刊されたが，朱執信は「満州王朝は立憲制を実施しようとしてもできない」，「社会革命は政治革命と同時に行うべきである」，「土地国有と財政」，「心理的国家主義」など，多くの論文を発表して，清朝の立憲改革を欺瞞的だと批判し，共和革命の必然性を主張した。これらは，『新民叢報』による梁啓超ら保皇派と革命派との論戦の重要な一翼となっている。とくに，「社会革命」，「経済組織の革命」を強調し，工業化を主張しつつ独占資本出現の予防を提唱するなど，孫文の「民生主義」，「平均地権」の思想・理論を祖述した点が特徴的である。また，「ドイツ社会革命家小伝」などで，マルクス，ラサールなどの見解を紹介，中国におけるマルクス主義受容の一端を担った。

1906年法政大学速成科を卒業，帰国して広東高等学堂，広東政法学堂などの教師となり，革命活動を続けた。07年から11年にかけての数回の武装蜂起に参画，また革命派の新聞『中国日報』の主筆も担当した。11年，黄花崗蜂起には「選鋒」（突撃隊員）として参加したが，負傷し，失敗後香港に亡命した。その時の勇敢さは黄興等に称賛されている。

1911年10月の武昌蜂起後，各地の民軍に運動して広東における革命政権樹立工作に従事，11月胡漢民を都督とする政権が成立すると，総参議，広東審計院長，広陽綏靖処督辦，執法処長などを歴任した。

1913年，孫文が袁世凱に反対して第2革命を起こすと，広東で参加したが，失敗して日本に亡命した。14年以降，広東，シンガポール，マレーシアなどで反袁活動に従事，また東京で創刊された雑誌『民国』で反袁革命を宣伝した。14年孫文は中華革命党を結成したが，朱執信はその党首独裁制に批判的で入党せず，一時孫文との関係は緊張した。ただし，朱の活動は基本的には孫の方針と一致するものであり，15年11月には朱も入党し，中華革命軍広東司令長官に就任した。

1916年の第3革命後は，17年に護法軍政府の大元帥府秘書長に就任したように，広州における政治・軍事活動に従事するか，上海で孫文の側近にあって，党務（国民党・中国国民党）を処理し，理論活動に従事，多くの著述を発表した。孫文の名で発表された「中国の存亡問題」も朱執信が執筆したものである。

この時期以降，とくに1919年以降，孫文らは『建設』，『星期評論』，『民国日報』などの雑誌・新聞によって，中国の直面する問題を紹介・分析し，新思潮を紹介・適用した。朱執信はその中心人物であり，広義の新文化運動の重要な潮流を指導したと評価されるべきである。

1919年蔣介石への書簡で，「今後は全力をもって思想上の革新に従事し，二度と軍事界に足を踏み入れない」と決意を述べた。世界や中国における民主主義・

社会主義の新傾向を吸収し，中国の革命運動の再検討，再構築をめざし，ロシア革命や朝鮮の3・1運動に共鳴を表明した。「兵の改造と心理」を考察した朱執信の思想的営為は，孫文の「新三民主義」,「三大政策」と一致し，それらを予告するものであったといえる。

1920年広州を支配していた広西軍閥を駆逐して革命根拠地を再建するため，陳炯明の粤軍が広東に反攻した時，朱執信は民軍の組織にあたったが，9月降伏したはずの広西派軍に虎門で殺された。孫文は「我をして右左の手を失なわしめし如し」と述べて，その死を悲しんだ。

参考文献：中国国民党中央委員会党史史料編纂委員会編『革命人物誌』1集（中央文物供応社，台北，1969年）。狭間直樹『中国社会主義の黎明』（岩波書店，1976年）。呂芳上『朱執信与中国革命』（東呉大学，台北，1978年）。中国社会科学院近代史研究所主編『民国人物伝』1巻（中華書局，北京，1978年）。広東省哲学社会科学研究所歴史研究室編『朱執信集』全2冊（中華書局，北京，1979年）。林家有・張金超『文武兼備的革命家：朱執信』（広東人民出版社，広州，2008年）。〔久保田文次〕

朱（しゅ）　自清（じせい）　Zhu Ziqing

（1898年11月22日～1948年8月12日）

原名・自華，改名・自清，字・佩弦，号・秋実。筆名・余捷，柏香，知白，白暉，白水，P.S.。江蘇省東海県生まれ。原籍，浙江省紹興。詩人，散文家。

官吏の家に育ち，私塾で経籍・古文・詩詞を学ぶ。安徽旅揚公学高等小学校を卒業後，1912年揚州両淮中学に入学。16年同中学校卒業後北京大学予科に入り，同年冬休み，父母の命により結婚。17年北京大学哲学科に入学，20年卒業。19年1月『新潮』が創刊されると，新潮社社員となり，この頃から新詩を書き始める。また五・四運動，北京大学平民教育講演団にも参加した。

北京大学卒業後は，浙江省立第一師範（杭州），呉淞中国公学，浙江省立第六師範（台州），浙江省立第十中学，第十師範（温州），第四師範（寧波），私立春暉中学などの国文教員，江蘇省立第八中学教務主任を歴任。江蘇・浙江両省で教える間，国語教育に専念，また文芸雑誌に新詩・散文を発表。1921年文学研究会の結成とともに会員となる。22年劉延陵・兪平伯・葉紹鈞らと中国新詩社を作り，『詩』月刊を創刊。その頃の詩にはプチブルの失意と，目覚めた青年の光明に対する叫びがうたわれている。23年『小説月報』に長篇詩「毀滅」を発表，当時の文壇で大きな反響をよぶ。24年詩・散文集『踪跡』を出版。

1925年清華学校大学部国文系教授になると，詩から散文に転じ，同時に古典文学の研究も始める。28年初めての散文集『背影』を出版，「槳声灯影里的秦淮河」,「背影」,「荷塘月色」などは珠玉の名篇として評価が高い。29年妻病死。30年清華大学中国文学系主任。31年英国に留学，言語学・英文学を学ぶ。32年欧州5カ国を漫遊して帰国後，再婚。清華大学中国文学系主任。35年には清華図書館主任を兼任，陳寅恪・黄節・劉文典・兪平伯・聞一多・王力教授らとともに盛名を馳す。34年『欧遊雑記』を出版，また鄭振鐸らと『文学季刊』，陳望道らと『太白』の編集に当たる。35年『新文学大系・詩集』を編集,「導言」を書く。36年散文集『你我』を出版。

抗日戦争中は，北京・清華・南開大学を合併した長沙臨時大学，昆明の西南連合大学で中文系主任（1939年末主任を辞し，46年春からまた主任)。38年3月中華全国文芸界抗敵協会が成立，理事に選出される。43年『倫敦雑記』，45年葉紹鈞との共著『国文教学』などを出版。46年5月西南連合大学解散，10月北京に戻る。同年7月15日，聞一多が暗殺されると，聞一多先生遺著整理委員会の世話人となり，48年8月『聞一多全集』を刊行，その序文を書く。46年『経典常談』，47年『詩言志弁』，『新詩雑話』，48年『語文零拾』（以上学術論文・文芸評論集）を出版。48年雑文集『標準与尺度』，『論雅俗共賞』を出版。同年8月持病の胃潰瘍手術後腎炎を併発して死亡。

参考文献：葉聖陶・鄭振鐸・呉晗・兪平伯等編『朱自清文集』（開明書店，上海，1953年）。『朱自清詩文選集』（人民文学出版社，上海，1955年）。『朱自清古典文学論文集』（上海古籍出版社，上海，1981年）。季鎮淮編『聞朱年譜』（清華大学出版社，北京，1986年）。兪平伯・呉晗等『最完整的人格―朱自清先生哀念集』（北京出版社，北京，1988年）。朱喬森編『朱自清全集』（江蘇教育出版社，南京，1999年，全12巻）。姜建・呉為公『朱自清年譜』（光明日報出版社，北京，2010年）。〔楠原俊代〕

朱（しゅ）　嶟（そん）　Zhu Zun

（1791年～1862年）

字・仰山，致堂。諡・文端。原籍，雲南省通海県，同地に生まれる。清末の官僚。

1819年進士。庶吉士。御史，内閣学士を歴任。32年，畿輔地方が災害を受けたので広東の副貢成が救済費を提供し，挙人の資格を賜った。朱嶟はこのような富人優遇策は弊害が多いと上奏し，嘉納された。当時，アヘン密輸盛行のため銀の海外流出多く，銀価高騰，銭価下落，物価高の経済問題に直面していたので，朱嶟は銀銭の定額折価，銀銭両用による財政解決を上奏し，受理された。36年6月，太常寺少卿・許乃済がアヘン禁輸の緩和を奏請するや，朱嶟は率先して反対の上奏を奉り，アヘンの害毒が民間から兵士に広がれば軍事力の衰退を招くと全面的な禁止を主張し，ケシ栽培の緩和にも反対し，道光帝に対して，各省督撫および地方官に厳重にアヘン売買，吸飲を取り締まるよう命令し，違反者は厳重に処罰するよう建議した。

その後，通政副使，内閣侍読学士となり，1849年には倉場侍郎を授与された。54年，病気のため退官を乞うたが，翌年病気が治って戸部侍郎に復職し，56年左都御史に任命され，ついで署兵部尚書，署礼部尚書に任じられた。61年病気のため退官し，翌年死亡した。

参考文献：民国清史館編『清史稿』列伝208（民国清史館，北京，1927年）。陳旭麓・方詩銘等主編『中国近代史詞典』（上海辞書出版社，上海，1982年）。
〔横山英〕

鄒（すう）　魯（ろ）　Zou Lu

（1885年2月20日～1954年2月13日）

原名・鄒澄生，字・海浜，号・澄斉，別名・亜蘇，阿蘇，澄廬。広東省大埔県生まれ。中国国民党の元老。西山会議派の中心的人物。歴史家として多くの中国国民党史を残す。

鄒魯の家は代々商店を営んでいたが，家計はかなり苦しく父親は縫製職人として働いていた。また，鄒魯の家は3代続いて独りっ子であり，寂しい家系であった。彼は幼年期母親から孔子や孟子に関する基本的な知識を得，また学問の大切さを教えられた。

鄒魯は8歳の時私塾に入るが，15歳の時自らの資質を「魯鈍」であると自覚し，「魯」と改名する。その後潮州韓山書院に入学するが，新式の教育に不満を持ち，1903年友人数人と楽羣中学を創設する。05年救国の必要に目覚め，広州に出て反清的組織であった中和堂に加入する。また同年，中国同盟会にも加入する。06年広州に師範学校が少なかったために，潮嘉師範学堂を創始する。その後，法政学堂に合格する。

1907年鄒魯は同盟会員として，朱執信らと広州で密かに同志を募り，革命運動を開始する。11年広州で『可報』を創刊し，排満革命を鼓吹する。同年4月27日黄興らと黄花崗で蜂起するが，失敗し，香港に逃れる。10月10日辛亥革命が勃発すると，香港に在ってこれを支援する。その後広東で姚雨平らと北伐軍を組織し，自ら兵站の総監督に就き，軍需品の補給にあたる。

1912年1月1日中華民国が南京に成立すると，鄒魯は広州に戻り，銀銭局総辦に任ぜられる。13年2月4日北京でおこなわれた衆参両院選挙において，衆議院議員に選出される。その後袁世凱による3月20日の宋教仁暗殺，4月26日の「善後大借款協定」調印に反対し，孫文の命を受けて討袁軍を組織し，第2革命に参加するが失敗し，日本に逃亡する。

鄒魯は，日本においては早稲田大学で学ぶ。1914年7月8日孫文が東京で中華革命党を成立させると，鄒魯は『民国雑誌』を創刊し，朱執信と編集の責任をもつ。その後第1次世界大戦が勃発すると，孫文の命を受けて香港に戻り，討袁を策謀する。17年9月10日孫文が広州で軍政府大元帥に就任し，護法軍政府が正式に成立すると，鄒魯は潮梅総司令に任ぜられる。22年6月16日陳炯明が反乱を起こし，孫文は広州から上海に避難する。その後，孫文は討伐軍の組織を鄒魯に命じ，彼はこれに奔走する。鄒魯は23年5月には広東省財政庁庁長に就任し，11月には国立広東高等師範校長となる。

このころから鄒魯は，孫文の容共政策に反対の立場を表明し，1923年末北京で謝持らとともに「民治主義同志会」を結成する。24年1月20日広州で国民党1全大会が開催されると，鄒魯は中央執行委員兼青年部長に選出される。しかし彼は大会中，国民党内に共産党員を加入させることに対して批判的な発言をおこなう。同様の立場をとっていた馮自由らは「国民党海内外同志衛党同盟会」を結成し，同じころ張継も「国民党同志駐京辦事処」を結成するが，これら2つの組織はしばらくして連合して「国民党同志倶楽部」となる。

1925年3月12日の孫文の死に際して，鄒魯は汪精衛，戴季陶ら8人とともに遺嘱に署名する。その後，容共に反対の立場をとるいわゆる右派は，戴季陶主義の出現，廖仲愷暗殺事件を契機として国民党中央からの離脱を決意する。9月鄒魯は，林森，謝持らとともに広州から上海・南京などをまわり，10月14日北京に到着する。しばらくして彼らは，「国民党同志倶楽部」と「民治主義同志会」を合体させる。11月中旬彼らは，葉楚傖の提言で孫文の遺骸が安置してあった北京西山の碧雲寺で会議の開催を決定し，謝持，鄒魯，林森，張継，邵元沖，戴季陶，呉稚暉ら15人の連盟で汪精衛に対して，11月23日国民党中央執行委員会全体会議を開催することを通電する。

彼らは，1925年11月23日いわゆる「国民党1期4中全会」（西山会議）を開催する。会議は10日間続き，鄒魯は林森，居正らとともに中央執行委員に選出される。戴季陶，呉稚暉の2人は会議の主旨には賛成したが，出席するに至らず，張継もまた病気のため出席できなかった。この会議は人数の不足（当時の国民党の規定では中央執監委員合わせて51人の出席が必要であった）のため，非合法の「全会」となったが，共産党員の党籍の剝奪，ボロディンの解任を決議するなど，孫文の連ソ・容共政策への反対を公然化した。

鄒魯はその後上海で西山会議派の機関誌となった『江南晩報』を創刊する。1926年1月1日国民党は広州で2全大会を開催し，「西山会議弾劾決議案」を採択し，西山会議派の党籍を剝奪する。これに対して3月29日西山会議派は上海で「2全大会」を開催し，鄒魯は中央執行委員及び常務委員に選出される。本会議では反共，反ソ，そして「1全大会宣言」への反対を決議する。

1927年4月18日南京国民政府が成立すると，6月13日国民党中央執行委員会は張静江の提議により，西山会議派の党籍の回復を決定する。9月鄒魯は国民政府委員，特別委員会委員に選出される。その後彼は1年あまり外遊し，帰国後『中国国民党史稿』の編集を開始する。29年日本に赴き，帰国後反蔣介石を表明し，30年9月9日馮玉祥，閻錫山，汪精衛らとともに北平で拡大会議を開催し，常務委員会委員に選出される。31年5月25日汪精衛らが広州に国民政府を設立すると，鄒魯は広州に戻り，中央党部委員及び国府委員に就任する。また彼は32年から42年まで国立中山大学学長をつとめる。

鄒魯は1935年11月12日南京で開催された国民党5全大会に出席し，中央執行委員会常務委員及び国府委員に選出されるが，この時から蔣介石を擁護する立場に転じる。36年には世界大学教育会議とドイツのハイデルベルク大学の創立550周年大会に出席し，名誉法学博士の称号を贈られる。

1937年7月7日抗日戦争が勃発すると，鄒魯は重慶に移る。39年1月には国民党国防最高委員会常務委員に任ぜられる。また40年2月国史館籌備委員会委員に就任し，国民党史の編纂にあたる。45年5月5日の国民党6全大会においては中央執行委員に選出される。抗日戦争終了後は南京に移り，46年11月には国民大会代表に選出される。中華人民共和国成立後の49年10月広州から台北に飛び，台湾では国民党評議委員，総統府資政，監察院監察委員などを歴任するが，54年2月台北で病死する。

著書に『中国国民党史稿』の他に，『三月二十九日革命史』，『中国国民党史略』，『中国革命史』などがある。

参考文献：鄒魯『回顧録』（三民書局，上海，1943年）。「西山会議派」，汪長柱主編『中国革命史―事件与人物』下（湖南大学出版社，長沙，1986年）。劉紹唐主編『民国人物小伝』第1冊（伝記文学雑誌社，台北，1981年）。中国社会科学院近代史研究所主編『民国人物伝』1巻（中華書局，北京，1978年）。汪新・劉紅『南京国民政府軍政要員録』（春秋出版社，北京，1988年）　〔家近亮子〕

鄒（すう）　容（よう）　Zou Rong

（1885年～1905年4月3日）

原名・紹陶，名・桂文，字・蔚丹，威丹。四川省巴県生まれ。清末の革命思想家。父の名は子璠。5人兄弟の次男として裕福な商人の家庭に育ち，6歳から私塾で学び，四書五経をはじめ『史記』，『漢書』などを読破した。12歳の時に巴県の童生試を受験したが，途中退席。1898年の戊戌維新で変法派に共鳴し，特に刑死した譚嗣同を慕ったという。そして『天演論』，『時務報』などの新学図書を読み始めた。また清の支配に抵抗した明朝遺臣の夏完淳を尊敬し，その悲壮な詩文を口にしていたという。篆刻の名手でもあった。

1901年夏に四川省の官費留学生となったが，過激な思想のために資格を取り消された。その後に成都の経学書院で学んだが，尭，舜，周公，孔子などを批判して追われた。日本留学の志が強く，02年春に自費留学生として日本に渡り，東京の同文書院に入学した。日本滞在はわずか1年に過ぎないが，この期間に多くの啓蒙的政治思想に関する外国図書を読み，『革命軍』執筆の基礎を固めたのである。この時期に読んだのは，ルソー『社会契約論』，モンテスキュー『法の精神』或いは『フランス革命史』，『アメリカ独立宣言』などであったとされる。いわゆる市民革命，啓蒙思想の類に共鳴したのであろう。

鄒容は16歳という若さで日本に留学したが，「およそ留学生が集会を開くや，鄒容は先を争って演説し，論理は鋭く悲壮で，その鮮明さは類まれなるものであった」（章炳麟）という。悲憤慷慨する性格であった。1903年の春節（旧正月），東京駿河台の留学生会館で新年団拝大会が開かれ，そこで鄒容は馬君武らと演説し，清朝政府の腐敗を糾弾したのである。その鄒容が突然中国に戻ったのは，評判の悪かった在日留学生の監督官を懲らしめるために張継らと一緒にその弁髪を切り落とすという事件を起こし，帰国させられたからである。03年4月に上海に戻り，蔡元培，章炳麟らが組織していた愛国学社に参加した。そこで一気に『革命軍』を書き上げたのである。18歳の時である。

『革命軍』は孫文をはじめ多くの在外華僑が挙って各地で出版し，100万部を越える当時最大のベストセラーとなった名著である。その内容は民族独立・民主共和の国民革命を目指すものであった。「中国近代史上はじめて，ブルジョア民主共和国の綱領を明確にしたものである」という評価もある。その主張は，大きく分ければ，次の3点に要約できる。(1) 満州民族の支配を打倒する種族革命。(2) 奴隷根性の除去による国民意識の形成。(3) 自由，民主，平等の共和国の建立。

種族革命は章炳麟譲りの激しい排満論で，満州民族を「賤しい民族」として排斥し，その駆逐と復讐を強調した。また儒教的専制支配体制のもとで中国人民の多くは支配されることを当然とする奴隷根性に犯されているため，何よりも民衆の意識革命を行い，自立した近代的市民の誕生，即ち「国民意識」の形成を求めた。政治革命と同時に意識革命の必要性を求めた点は新しい思想動向を示すものであった。鄒容が求めた新しい政治体制は共和国体制であり，皇帝支配の専制支配体制を革命することにより，「中華共和国」の建設を目指した。特に政治改革のモデルとして掲げたのがアメリカ革命である。「アメリカ憲法に倣い，アメリカの自治の法律に倣った」国家建設を主張したのである。

『革命軍』を出した1903年5月に発生した言論抑圧事件である『蘇報』事件で，章炳麟と一緒に投獄された。そのまま05年4月上海の監獄で獄死した。まだ20歳の若さであった。孫文は辛亥革命後に「陸軍大将軍」の称号を鄒容に贈って，その業績を讃えた。

参考文献：陳旭麓『鄒容与陳天華』(人民出版社，北京，1957年)。隗瀛濤『鄒容』(江蘇古籍出版社，南京，1982年)。周勇主編『鄒容集』(重慶出版社，重慶，2011年)。朱慶葆・牛力『鄒容　陳天華評伝』(南京大学出版社，南京，2006年)。横山宏章『清末の中国の青年群像』(三省堂，1986年)。

〔横山宏章〕

鄒(すう)　韜奮(とうふん)　Zou Taofen

(1895年11月5日～1944年7月24日)

原名・恩潤，乳名・書書，幼名・蔭書，筆名・遊庵，谷僧，因公など多数。韜奮は筆名の1つ。変名・安生，沈白甫など多数。原籍，江西省余江県。福建省永安県生まれ。愛国的ジャーナリスト，生活書店創始者，救国会の幹部活動家。

父の代に家は没落し貧困となる。1912年父親の考えでエンジニアとなるため上海の南洋公学に入学。17年23歳の時同公学大学部に進んだが，ジャーナリストの志望から，19年聖約翰(セントジョーンズ)大学の3年に転入し，21年に卒業した。在学中，学費を補うために南洋公学では“優等生”となり学費を免除され，聖約翰大学では家庭教師をして学費と生活費を得ていた。

卒業すると民族資本家の穆藕初の英文秘書となったが満足できず，黄炎培の主宰する中華職業教育社の『教育与職業』，『職業教育叢書』の編集にあたり，1926年10月には同社の発行する『生活』周刊の編集に転じ，当時2,000部の雑誌を，読者との討論（投書と編集者の回答）を重視する編集方針の採用により，急速に発行部数を伸ばし，最終的に15万部にまで達したといわれ，ジャーナリストとしての非凡な才能を示した。30年には書籍代理店を設立し，32年にはそれを改組拡充して，同人出版合作社の形態をとった「生活書店」を開設した。

鄒韜奮の思想的変化は，9・18事変から翌年の1・28上海事件までの時期に明確となる。日本の侵略による民族的危機の意識と，国民党南京政府の妥協屈服政策への批判がその契機となって，民族の危機の意識と国民党の弾圧政策が彼を民主主義の闘士に変えたのである。1933年には中国民権保障同盟に参加し，同年6月同盟の幹事長・楊杏仏が暗殺され，かれの身も危険になったことから，7月国外に逃れた。

出国した鄒韜奮は欧米諸国をまわり，見聞を広めるとともに，イギリスでは大英博物館の図書館で，マルクス主義の文献を精力的に読破し，1934年7月にはソ連に入った。ここでの体験は彼に深刻な影響を及ぼした。35年5月にはアメリカに行き，黒人区のアメリカ共産党の秘密の会合にも参加したという。ソ連とアメリカの比較から，世界の情勢と未来の方向を知ることとなった。35年6月，彼の後をついで雑誌『新生』を編集発行していた杜重遠が投獄されたのを知り，8月ただちに帰国した。約3カ月の準備ののち，11月には『大衆生活』を創刊し，その直後に起こった12・9運動に際しては，抗日愛国の言論を展開し，学生の運動を鼓舞激励するとともに，抗日連合戦線の結成を訴えた。この時，学生の運動に呼応して上海文化界救国会の組織者の1人となり，常務委員となって運動の発展に努めた。36年2月抗日言論を理由に『大衆生活』が停刊されると，身の危険を感じ，再度香港に逃れた。同年5月末，全国各界救国連合会が成立し，救国運動が発展し情勢が好転すると，7月上海にもどり，4人の救国会幹部との連名で，「団結禦侮の基本的条件と最低要求」を出し，民族統一戦線の形成に大きな役割を果した。しかし救国会活動の故をもって，同年11月，逮捕投獄された（抗日七君子事件）。

1937年7月日中戦争の勃発後，7月末に釈放されると，すぐに『抗戦』（3日刊）の発刊準備に着手し，上海抗戦の直後同誌は創刊され，民衆の抗戦を鼓舞した。同誌は38年7月，李公樸の編集発行による『全民周刊』と合併し，『全民抗戦』（3日刊）となった。38年6月から40年末まで，鄒韜奮は抗日救国会の一員として国民参政会に参加し，抗日と民主のために活躍したが，皖南事件後，反動化の強まりによって，41年2月三たび香港に逃れた。この間，全国55の生活書店はすべて閉鎖され，その責任者は投獄あるいは殺害された。香港に出た韜奮は，『華商報』紙に「抗戦以来」を書いて，国民党支配の反民主の実態を暴露したが，41年12月香港が日本軍の手に陥ると，再び本国にもどることを余儀なくされた。しかし国民党特務が暗殺をねらっているとの情報により，中共東江縦隊の支援によって広東省梅県に潜伏し，蘇北解放区を経て延安に行く予定であったが，蘇北に至った時，耳癌が悪化し，上海の病院に名を変えて入院した。その病床で44年6月初め遺言を口述し，中共への入党を申請したが，7月24日その返事を待たずに死去した。彼の死をいたむ電報のなかで，中共は彼の入党を承認した。

韜奮の愛国的・戦闘的な生涯は，中国知識人の模範として賞讃され，その記念として，1956年上海に韜奮記念館が建てられ，多くの遺品が保存されることとなった。

参考文献：『韜奮文集』全3巻（生活・読書・新知三聯書店，上海，1955年）。穆欣編『鄒韜奮』（中国青年出版社，上海，1958年）。上海韜奮記念館編『韜奮的道路』（生活・読書・新知三聯書店，上海，1958年）。復旦大学新聞系研究室編『鄒韜奮年譜』（復旦大学出版社，上海，1982年）。銭小伯・雷群明編『韜奮与出版』（学林出版社，上海，1983年）。

〔平野正〕

左　権（さ けん）　Zuo Quan

（1905年3月15日～1942年5月25日）

原名・左紀伝，左紀権，乳名・自林。改名・左沢，字・孳林，号・叔仁。湖南省醴陵県生まれ。中国工農紅軍の指導者。

貧しい小作農民の家に生まれる。17歳で県立中学へ進み，在校中，中国共産党地下組織の指導する社会科学研究社に参加し，『新青年』，『嚮導』などを読んでマルクス主義革命思想に触れる。1924年3月張際春，蔡昇熙らとともに中華民国陸軍講武学校に入学。7月蔡昇熙，陳啓科らと「三民主義，兵工政策の実行」を標榜する蓮社を結成する。11月黄埔軍官学校第1期生に転入する。周恩来の薫陶を受け，25年1月陳賡，周逸群の紹介で中国共産党に入党，また青年軍人連合会の指導者の1人となる。10月同校卒業後選抜され，モスクワの中山大学で鄧小平，兪秀松，朱瑞らとともに学んだ後，27年9月からフルンゼ陸軍大学で軍事理論を学ぶ。

1930年6月劉伯承，劉雲，陳啓科らとともに帰国し，中央革命根拠地の中国工農紅軍軍官学校第一分校教育長に任ぜられたのち，閩西の部隊改編に派遣される。11月中国工農革命委員会が成立すると常務委員に選出される。同年12月新12軍が成立し軍長となり，31年初め第1方面軍総司令部作戦参謀となる。その後同軍参謀処長に任ぜられ，国民党の「第3次囲剿戦」に抵抗する。また総司令部特派員の名で後方や兵站，地方武装勢力の組織，訓練などを担当した。同年12月寧都蜂起に参加，その後工農紅軍第5団第15軍政治委員，同軍長となったが，32年6月王明らいわゆる留ソ派によって職務を解かれ，紅軍学校教官となる。33年初め中華ソヴィエト共和国中央軍事委員会第1局（作戦局）参謀に任ぜられたが，12月毛沢東の建議によって紅軍第1軍団参謀長に起用される。

1934年10月長征に参加し，部隊が陝北に到達した後，36年5月紅軍第1方面第1軍団長に任ぜられる。抗日戦争勃発後37年8月国民革命軍第八路軍副参謀長となり，「百団大戦」に参加するなど，朱徳，任弼時，彭徳懐，聶栄臻らを補佐して転戦する。またこの頃「埋伏戦術」，「襲撃戦術」，「戦術問題」などとくに遊撃戦に関する多くの論文を発表した。

1942年5月山西省遼県麻田にて日本軍と戦闘中戦死した。

参考文献：楊徳志「和左権同志相處的日子里」，『紅旗飄飄選編本』1集（中国青年出版社，北京，1979年）。中国青年出版社編『革命烈士書信』（中国青年出版社，北京，1980年）。星火燎原編輯部編『解放軍将領伝』1集（解放軍出版社，北京，1984年）。中共党史人物研究会編『中共党史人物伝』29巻（陝西人民出版社，西安，1986年）。

〔安田淳〕

左　舜生（さ しゅんせい）　Zuo Shunsheng

（1893年10月13日～1969年10月16日）

原名・学訓，字・舜生，号・仲平。湖南省長沙生まれ。中国青年党指導者。

7歳で私塾に入学。12歳で長沙官立第十八初等小学に入学，1911年冬同校を卒業。12年春長沙県立師範学校に入学後，秋に長沙に新設された外国語専門学校に転入し，英語・日本語を学習。14年秋長兄の援助で上海震旦学院に入学し，フランス語を学ぶ。同学に曾琦・李璜らがいた。17年家計困難により同学院を退学，南京で家庭教師をつとめた。18年李大釗らが北京で設立準備を進める少年中国学会に，準備主任・王光祈の紹介で入会。19年の五・四運動に際しては，南京で学生の組織化に尽力し，同年末上海中華書局編集所につとめ，その主任となるとともに，正式発足した少年中国学会の評議員（まもなく評議部主任，24年まで）となった。新文化運動の中にあって，日本の武者小路実篤の「新しき村」の影響の下に中国社会の改造をはかったが，その後学会内は，マルクス主義的革命団体の組織化を主張する李大釗ら左派と，これに反対する左舜生ら右派とに分裂，左はしだいに陳啓天らとともに「国家主義」を主張するようになった。

1923年パリに留学した曾琦・李璜らが中国青年党を組織し，「全民主義」・反階級闘争を主張すると，24年彼らの帰国とともに，上海で青年党の機関誌『醒獅』を創刊，反ソ・反共を宣伝した。26年正式に中国青年党に加入，翌年中央執行委員会常任委員となった。この年，中華書局の援助でフランスに留学。翌27年帰国後，中華書局に任職した。蔣介石の国民党に対しては，当初その「党治」に反対していたが，30年共産党が長沙を占領すると，『鏟共半月刊』を創刊して各地の「匪情調査」を掲載，31年の柳条湖事件後は上海で『民聲週刊』を発刊して，青年党と国民党の内争停止を主張した。32年中華書局を辞職し，復旦大学，大夏大学で教鞭をとった。33年には陳銘枢らが蔣介石に反対して組織した福建人民政府と連絡する動きも示したが，同年の塘沽協定を擁護したことから，34年蔣介石に招かれ廬山で初めて会見し，35年には南京の国民党の中央政治学校で教えた。同年青年党中央執行委員会委員長に選挙された。36年夏崔万秋とともに十数日間日本に赴き，日本の対中国政策を視察。西安事件にあたっては，張学良らを攻撃し，抗日民族統一戦線結成に反対した。37年曾琦とともに奉化で蔣介石に会見し，青年党と国民党との合作を協議した。

盧溝橋事件後，青年党代表の資格で国民党の国防参議員となり，「抗戦建国綱領」を支持した。1938年青年党は正式に合法的地位を与えられ，同年国民政府が武漢に移された後は，左は青年党代表として，新たに成立した国民参政会参政員となり，また『新中国日報』を創刊した。抗日戦争中，青年党は一貫して反共を主張したが，一方蔣介石の独裁に反対して憲政の実施を唱え，41年には黄炎培らが組織した中国民主政団同盟（のち中国民主同盟と改称）にも参加した。抗日戦争の勝利後は，45年青年党中央常務委員兼宣伝部長となり，46年には上海で青年党機関紙『中華時報』を創刊。47年には農林部長の地位を得た。49年大陸を離れ香港に居住して以後は，反共的雑誌『自由陣線』を刊行する一方，新亜学院・清華書院で中国近代史を講じた。69年9月青年党の内部矛盾を調停しようと台湾に赴き，同年10月台湾で病死した。

参考文献：左舜生編『中国近百年史資料』初・続編（中華書局，台北，1958年）。左舜生『中国近代史四講』（友聯出版社，香港，1962年）。左舜生『近三十年見聞雑記』（文海出版社，台北，1967年）。左舜生『万竹楼随筆』（文海出版社，台北，1967年）。左舜生『中国近代史話二集』（文星書店，台北，1967年）。

〔小松原伴子〕

左（さ）　宗棠（そうとう）　Zuo Zongtang

（1812年～1885年9月5日）

字・季高，樸存，号・湘上農人，老亮，諡・文襄。湖南省湘陰県生まれ。原籍，同前。清末の武将，政治家。

塾教師・左観瀾を父に，質素な農家の3男3女の三男として生まれた。5歳の時長沙に移り，18歳で同地の城南書院に入り，実用的な経世の学などを修めた。青年時代より読書を好み，大志を抱き，独自の意見を持っていた。21歳で挙人に合格したが，その後3度会試を受験して果せず，科挙は断念して農学研究と教育に従事した。妻の周端詒は湘潭の裕福な家庭の出身で，左が19歳の時結婚。その後は妻の実家に同居した。

1837年には湖南省醴陵の淥江書院で教壇に立った。39年林則除が広東に赴きアヘンの輸入を厳禁した当時，左宗棠は湖南省安化県の両江総督・陶澍宅で家庭教師の身であった。アヘン戦争における清廷の屈辱的態度に失望していた彼は陶澍の女婿・胡林翼の知遇を得たことで人生の一大転機を迎えた。胡の紹介により雲南総督を辞して郷里に帰った林則除と長沙の船中で膝を交えて語りあったこともある。43年には湖南省湘陰に70畝の田を購入してその地で暮らす予定であったが，51年広西省に起こった太平天国の乱が湖南まで波及してくると，左の平和な夢は破れた。

1852年，左宗棠は胡林翼らの勧めで湖南巡撫・張亮基の幕下に入り，張の湖広総督昇任後は彼に従って武昌に着任した。翌年張の山東巡撫転任を機に帰省して，湖南巡撫・路秉章の片腕として働いた。60年曾国藩の命を受けて約5,000人よりなる“楚軍”を組織して江西省北部へ赴き，太平天国軍と交戦，徳興，婺源を陥れて軍功を挙げた。翌年春には江南の軍務を命ぜられ，つづいて暮れには忠王・李秀成により杭州を奪取されて自殺した王有齢の後任として浙江巡撫に抜擢された。63年浙江・福建総督兼巡撫となり，翌年上半期にはフランス軍の協力も得て太平天国軍から浙江省を奪回した。さらに福建へ転戦して太平天国軍の残党を広東まで追いつめた。

太平天国の乱平定後，西洋の近代技術の導入の必要性を痛感していた左宗棠はまず1866年秋，福建省福州市馬尾に200畝余りの土地を購入して造船所の設立を準備した。フランス人技師を招いて技術指導にあたらせ，中国人技術者や海軍士官の養成学校・求是堂芸局も付設した。同年11月彼は一転して陝西・甘粛総督に任ぜられ，捻軍および西北地方の回族の反乱の鎮圧を命ぜられた。計画半ばの福州造船所はもと江西巡撫・沈葆楨に一任し，１年後には中国で最初の西洋式造船所・福州船政局が操業を始めた。いわゆる洋務運動の嚆矢である。

西北に転じた左宗棠は蘭州に彼の洋務運動の第二弾ともいうべき機械・毛織物局を設立し，さらに1873年初めには西洋式の鉄砲工場・甘粛制造局を設立した。毛織物工場は79年暮にドイツから大箱4,000個詰めの機械を輸入し，長江を遡って，漢口からは陸路で蘭州まで運んだ。紡織機60台余り，1,080錘を設置して翌80年９月から操業を開始した。この中国最初のマニュファクチュアによる毛織物生産は，品質不良などの理由で売れ行きが芳しくなく，経営不振のところ，２年後ボイラーの爆発事故を機に操業を停止した。

さて，1867年春欽差大臣として部隊を率いて西北地方へ着任した左はまず渭河流域に駐屯して西方の捻軍の平定をはかった。西捻軍は陝西省から黄河を渡って山西および河北省南部へぬけ，首都北京をうかがったが，68年夏に至ってようやくこれを鎮圧した。同年秋，西安に戻った左は陝西地方の反乱回族の平定に着手し，翌年春までに平らげ，つづいて甘粛地方の反清回族の４派も74年夏までに鎮圧した。この間新疆地方でも反清反乱やそれに乗じたロシアからの国境侵入事件が相ついでいた。李鴻章を中心とする新疆地方放棄論に対して，左は東方の海防と並んで西方の国境防衛の重要性を主張して，清廷から軍資金を獲得した。また兵士を地元に屯田させて彼らの訓練や装備の充実をはかった。76年春左は粛州に大本営を設け主力の25大隊約１万1,000名の兵士を四手に分けて出陣させ，翌年初めまでに反乱回族の指導者ヤクブ・ベクを滅ぼした。そして反乱に乗じて71年からイリ地方に進駐していたロシアとの国境問題で強硬論を主張したが，80年夏清朝政府に召還された。

その後北京で軍機大臣，総理衙門大臣などの要職についたが，頑固な性格の左宗棠は周囲と衝突することが多かった。1881年秋両江総督兼南洋通商大臣に任命されてのちは，水利，塩政，近代的鉱業の発展に貢献した。晩年の83年，ヴェトナムを侵略したフランスが中国国境を脅やかすに及んで左は自ら前線に赴いた。翌年６月，フランス軍は彼がはじめて造船所を設立した福州馬尾軍港に侵入してこれをまたたくまに破壊し，全軍艦，商船を撃沈し，清仏戦争開戦となった。欽差大臣として福州に駐屯した彼は援軍を率いて台湾に渡り指揮にあたった。科挙の失敗により一度は断念した官途に41歳にして抜擢されてから30余年，広い国土を文字通り縦横に転戦して反徒を平らげつづけ，また中国の自強のために積極的に尽力した彼は晩年にいたるまで壮健であったが，85年９月，任地の福州で病気のためその70余年の生涯を閉じた。死後清廷より「文襄」の諡を与えられた。

参考文献：民国清史館編『清史稿』巻412，列伝199（民国清史館，北京，1927年）。西田保『左宗棠と新疆問題』（博文館，1942年）。羅正鈞『左文襄公年譜』（文海出版社，台北，1967年影印本）。羅生鈞著，朱悦・朱子南校訂『左宗棠年譜』（岳麓書社，長沙，1983年）。楊東梁『左宗棠評伝』（湖南人民出版社，長沙，1985年）。楊慎之編『左宗棠研究論文集』（岳麓書社，長沙，1986年）。『左文襄公全集』134巻（上海書店，上海，1986年影印本）。

〔児野道子〕

中国近代史年表

年	月　日	事　　　項
1800		清軍，四川の新店子，馬蹄崗で白蓮教徒の乱，殲滅戦を展開。白蓮教徒の乱，事実上壊滅。 海賊・蔡牽，東南海で跳梁。 清朝のアヘン輸入，この年4,570箱になる（1773～94年の年平均，約1,000箱，1箱は60kg）。
1802		清朝，論功行賞を行って白蓮教徒の乱平定を祝う。清朝，白蓮教徒の乱平定のため財政難に陥る。
1805		白蓮教徒の乱，終息。
1813		華北の李文成，天理教の乱起こす。
1816		英使節アマースト，北京に来る。
1817		英・東インド会社の集計によると，この年の清朝のアヘン輸入は約45万斤，米の対中アヘン貿易額は約19万斤で全体の約42%を占める。
1821		道光帝，即位。
1822		米・商務委員会，対中貿易の重要性を指摘（輸出の中心はアヘンであることを公認）。
1824		アヘン流入の増加により清朝の貿易入超となり，銀の逆流現象が起きる。
1830		清朝のアヘン輸入，40,200箱に急増。
1833		清朝，英との貿易停止を通告。
1834		英，貿易監督官としてネーピアを広州に派遣。
1835	10	このころから広州でアヘン輸入取り締まりが強化される。
1836 同年	12	チャールズ・エリオット，広州貿易監督官首班となる。 清朝の妥協派・許乃済，アヘン「弛禁論」を上奏，他方，朱嶟，許球，「厳禁論」を上奏。
1837	1 3	洪秀全，広州で科挙受験，その際，梁発の『勧世良言』を手に入れる。 洪秀全，科挙に失敗，40日間の大病を患い，幻想を見る。
1838	6・2 12・31	清朝の強硬派・黄爵滋，アヘン「厳禁論」を上奏。 道光帝，湖北，湖南のアヘン厳禁で成果を上げた湖広総督・林則徐を欽差大臣に起用。
1839	3・10 6・3 7・7 8・16 10・1 11・3 12・6	欽差大臣・林則徐，広州に到着。 林則徐，英商人より没収したアヘン20,291箱を廃棄。 林維喜，英人水夫に撲殺される（英側，犯人の引き渡しを拒否）。 林則徐，マカオから英商人を締め出す。 英議会，中国への出兵を正式決定。 川鼻の戦い起こる。 林則徐，中英貿易停止を布告。
1840 同年	6・21 7・10 8・30 10・3 11・29	英軍，広州の珠江河口を封鎖（第1次アヘン戦争開始）。 英軍，定海の寧波を占領，長江河口を封鎖。 英，清，大沽で交渉に入る。 林則徐，鄧廷楨ら主戦派，罷免される。 欽差大臣・琦善，広州に到着。 英の対中資本進出始まる。
1841	1・25 1・27 5 5・27 8・10 10	琦善，英側と川鼻仮条約に調印。 道光帝，琦善を罷免し，奕山を靖逆将軍として広州に派遣。 英・清間に再び戦闘が始まる，広州の民衆，平英団を結成，三元里闘争を展開。 広州和約成立（清朝が三元里闘争に介入，英国軍と和約締結）。 英全権大使H・ポティンジャー着任。 鎮海，寧波で黒水党などによる抗英武装運動起こる。

年	月 日	事　　項
1842	5・18	乍浦，英軍に占領される。
	6・19	上海，英軍に占領される。
	7・21	鎮江，陥落。
	8	清朝，和議と主戦論に分かれる（和議の主唱者・穆彰阿，主戦論の代表・王鼎）。
		清朝軍機大臣・穆彰阿，耆英を欽差大臣に起用。
	8・29	清朝・耆英，英・ポティンジャー，英軍艦コーンウォリス号上で講和条約に調印（南京条約。①香港島の割譲，②5港の開港，③領事館の設置，④賠償金の支払い，⑤公行の廃止，⑥関税の協定，⑦対等の文書往来）。
	12・7	広州で民衆の英館焼き討ち事件起こる。
同年		魏源，『海国図志』50巻本を出版。
1843	6	洪秀全，3回目の科挙受験に失敗，キリスト教へ入信し，広東省花県官禄㘵村において拝上帝会を創立。
	7	洪仁玕，馮雲山，官禄㘵村において拝上帝会に入会。
	7・2	中英，五港通商章程を公布（領事裁判権の規定）。
	10・8	中英，虎門追加条約を締結（最恵国待遇の追加）。
1844	4・2	洪秀全，馮雲山，花県を離れ，広東省各地で布教。
	5	天地会，広東省香山県で蜂起。
	7・3	清朝，米国と望厦条約を締結（清朝・耆英，米全権大使・カッシング。領事裁判権の強化，治外法権の規定）。
	9・13	馮雲山，広西省桂平県に移り，客家の間で布教。
	10・24	清朝，仏と黄埔条約を締結（清朝・耆英，仏全権大使・ラグルネ。在中国外国人の納税義務の免除，カトリック教布教の自由を規定）。
	11・30	洪秀全，花県の本籍地に戻り，文筆活動に入る。
	12・28	清朝，天主教（カトリック教）布教を許可。
1845	8	珠江デルタ地帯で三合会，臥龍会が蜂起。
1846	1・14	外国人の入城に対する民衆の広州府署焼き討ち事件起こる。
	2	清朝，天主教を禁止。
1847	2	清朝，スウェーデン，ノルウェーと広東条約を締結。
	8・27	洪秀全，桂平県紫荊山に赴き，馮雲山と合流。以後，拝上帝会，神廟破壊をめぐり地主の団練と各地で激しく対立。
	12	広州郊外で英人襲撃事件起こる。
	同月	洪秀全，賜谷村（広西省）で石達開と出会う。
1848	1・17	馮雲山，桂平県で地主・王作新に捕われ，投獄される。
	4・6	楊秀清，天父降臨に仮託して，拝上帝会をまとめる。
	10	洪秀全，馮雲山を救出。
	11	英国，上海に東亜銀行分行を設立（英の銀行進出開始）。
1849	4・6	「社学」に結集した民衆，英国軍の広州城内立入りを阻止。
	10	天地会，広東省東莞県において集会，約2万人が結集。
1850	7	洪秀全，拝上帝会会員に対して金田村（広西省桂平県）に集結令を発する。集結した1万人余の家族制度を解体。
1851	1・11	洪秀全，金田村の韋昌輝邸で正式に蜂起を宣言し金田村を出発。太平天国成立。
	9・25	太平天国軍，広西省永安州を占領。
	12・17	太平天国，五王による集団指導体制を整備（洪秀全，天王を称す。東王・楊秀清，西王・蕭朝貴，南王・馮雲山，北王・韋昌輝，翼王・石達開）。
1852	6	太平天国，清朝打倒のスローガンを明確化。太平天国軍，広西全省を占領。
	6・10	南王・馮雲山，戦死。
	6・12	湖南省南部において太平天国軍，天地会系の人々の参加を得て5万人以上に増大。
	9・11	太平天国軍，湖南省長沙を攻撃。
	9・12	西王・蕭朝貴，戦死。
同年		太平天国，「天命詔旨書」「天条書」「太平条規」を公布。

年	月　日	事　　項
1853	1・12	太平天国軍，湖北省都武昌を占領。
	2・9	太平天国軍，「順江東下」（武昌から長沙の南東へ向かう）。
	2	曾国藩，湖南で湘軍の結成を準備。
	3・19	太平天国軍，南京を占領。天京と改称し首都と定める。
	4	太平天国軍の江北各地への進軍に呼応し，安徽省で捻軍の乱起こる。
	5・8	太平軍，揚州より北伐を開始。
	9・7	小刀会，劉麗川，上海城を占領。
	冬	太平天国，「天朝田畝制度」（土地を公有化し均分化，私有財産制の否定，人民皆兵）の公布。
1854	2・23	曾国藩，湘軍を結成。
	2	曾国藩，「討粤匪檄」を発す。
	4	各地捻軍，安徽省穎州に結集。
	7・25	湘軍，太平天国軍より湖南省岳州を奪還。
1855	2・17	清朝，仏軍とともに上海の小刀会鎮圧，劉麗川が戦死。
	3・15	太平天国北伐軍主将・林鳳祥，北京で処刑される。
	3	太平天国，兵士及び民衆の家族制度，私有財産制を復活。
	6・11	李開芳，北京で処刑される。
	6	太平天国軍，北伐失敗。 雲南回教徒が蜂起。
	7	捻軍，安徽省雉河に総結集。張洛行，大漢盟主に推挙される。
	9	清朝とタイ，ボーリン条約を締結。タイの対清朝貢使節を中止。
	10・24	貴州苗族が蜂起。
1856	4	太平天国軍，鎮江から武昌までの長江沿岸を制圧，最盛期を迎える。
	9	太平天国において「楊・韋内訌」発生（～11月）。
	10・8	アロー号事件起こる（第2次アヘン戦争の発端）。
	12・19	湘軍，武昌を太平天国軍より奪還。
	12	仏神父処刑事件起こる。
1857	5	太平天国で内訌（天京内訌）発生。石達開は天京を出奔し，洪仁発と洪仁達が権力を掌握。
	5	回教徒の乱，捻軍の乱，各地で相次いで起こる（～6月）。
	10	陳玉成，李秀成ら太平天国内で権力を掌握。
	11・29	英仏軍，広州を占領。
	12・27	湘軍，鎮江を占領。
1858	5・19	湘軍，江西省九江を占領。
	5・20	英仏連合軍，天津郊外の大沽砲台を占領。
	5・28	清朝，露と愛琿条約を締結。
	6	清朝，露米英仏4カ国と個別に天津条約を締結。
	10	仏との間で天津条約を補充，通商善後条約を締結。
	11・15	陳玉成，太平天国軍を率いて安徽で湘軍を破る。
1859	4・22	洪仁玕，天京に革新的政策を提案し，「資政新篇」を公布。
	6	太平天国軍，李秀成，陳玉成ら青年将領を新たに登用，軍事情勢挽回を計る。
	6・23	英仏米3国公使，天津条約批准書交換のため清朝の反対を押し切って北上。
同年		清朝，広東に招工局設置，漢人労働者派遣を監督。
1860	6・2	太平天国軍，江南平野に進出，上海に迫る。
	6	買辦商人F. T. ウォード，外人部隊，洋槍隊（その後の常勝軍）を組織。
	8・1	英仏軍，大沽砲台，天津を占領，北京に進軍。
	8・18	太平天国軍，上海への攻撃失敗（～20日）。
	9・8	咸豊帝，熱河の離宮に逃亡，恭親王奕訢に英仏両国との和平交渉の全権を託す。
	10・6	英仏連合軍，北京を占領，円明園を焼き払う（～18日）。
	10・24	清朝，英仏と北京条約を締結，九龍地区を英に割譲。
	11・14	清朝，露と北京条約を締結。
1861	1・20	清朝，天津を開港，総理各国事務衙門（外務省）を創設。清朝，H. N. レイを通して太平天国鎮圧のため軍艦7隻を購入。
	8・22	咸豊帝死去，西太后，恭親王奕訢が実権を握る（祺祥の政変）。

年	月　日	事　　　　項
	9・5	湘軍，安慶（安徽省）を占領。
	11・11	同治帝即位。
	11	馮桂芬，『校邠廬抗議』を著す。
	12	曾国藩，安慶軍械所を設立（洋務運動の開始）。
1862	1・3	英仏軍，上海防衛に参加。
	1・7	太平天国軍，上海を攻撃。
	2・22	李鴻章，安慶の団練を組織して淮軍を結成。
	3	李鴻章，淮軍を率いて上海に入り，ウォードの常勝軍と協力。
	5・15	陳王成，河南省で捕えられ，翌月処刑される。
	6	太平天国軍，半年にわたる上海攻撃失敗。
	6・11	清朝，北京に京師同文館を創設。
	7	陝西，甘粛の回教徒の反乱が頻発。
	9・22	太平天国軍，浙江省でウォードを殺害。
1863	3・25	ゴードン少佐，常勝軍の司令官となる。
	3・28	上海で広方言館を創設。
	6・25	石達開，成都で殺される。
	9・21	上海で共同租界が成立。
	12	曾国藩，容閎を米に派遣。
1864	5・31	常勝軍解散，兵器，兵員を淮軍が引き継ぐ。
	6・1	洪秀全，病死。
	7・19	天京陥落，太平天国滅亡。
	11	捻軍と西北の太平天国軍が連合，各地で戦闘継続。
1865	4	英，香港に滙豊銀行分行を設立。
	9・20	李鴻章，曾国藩，上海に江南製造総局を設立。
1866	7・14	左宗棠，福州船政局を設立。
	9	清朝，回教徒の反乱平定のため左宗棠を陝甘総督に任命。
	10・20	捻軍，山東省と陝西省の東西に分裂，戦闘を継続。
	11・12	孫文，広東省香山県に生まれる。
1867	4	崇厚，天津機器局を開設。
	7	英，上海に滙豊銀行分行を設立。
	9	左宗棠，福州船政学堂を設立。
1868	1・5	太平天国軍の最後の1部隊，捻軍とともに江蘇省揚州で壊滅。
	8・16	捻軍の西軍，山東省で敗北。
1869	10・23	清朝，条約改正交渉を行い，英とオルコック協定を締結。英政府は商人の不満を考慮して批准せず。
1870	8	曾国藩，西江総督に，李鴻章，直隷総督に就任。
1871	7・4	露軍，イリを占領。
1872	4・30	英人アーネスト・メイジャー，上海で『申報』創刊。
	8・12	李鴻章，広方言館の学生30名を米に派遣。
	12・23	李鴻章，上海に輪船招商局を設立。
		陳啓源，広東省南海県に製糸工場を設立（民間資本による機械制工場の開始）。
		左宗棠，蘭州製造局を創設。
1873	2・23	同治帝，親政開始（同治の中興）。
	12・24	劉永福の黒旗軍，仏軍と交戦を繰り返す。
1874	4・4	日本，台湾に出兵。
		清朝，10年間で北洋，東洋，南洋の3海軍の建設を決定。
	10・31	日本，清朝と和約（北京専条）を締結し，台湾より撤兵（12月3日）。

年	月　日	事　　　　項
1875	1・12	同治帝死去，西太后の「垂簾聴政」再開。
	2・25	光緒帝即位。
	5・3	清朝，左宗棠を新疆の軍務につかせる。
同年		英，上海に麦加利銀行分行を設立。
1876	4・15	李鴻章，軍事技術習得のために7名を独に派遣，軍官留学の開始。
1877	1・15	李鴻章，福州船政学堂の学生を英仏へ留学させる。
	3	沈葆楨，仏に馬建忠と学生を派遣。
	4	郭嵩燾，駐英公使となり，初の在外公館を設置。
	9	唐廷枢，開平鉱務局を設立，新式採炭を開始。
同年		タイに広東人協会が成立。
		英怡和舵船公司，上海に分公司を設立。
1878	2	左宗棠，イリを除く新疆を回復。
1879	10・2	崇厚，露とイリ問題に関するリヴァディア条約に調印。
1880	2・19	清朝，リヴァディア条約を廃棄。
	8	李鴻章，天津水師学堂の設立を上奏。
	9	李鴻章，天津・上海間に電信線を設置。
1881	2・24	清朝，露とイリ条約を締結。
1882	4	李鴻章，上海機器織布局を設立し，民間資本を募集。
	10・29	清朝，露とイリ条約を締結。
1883	7・13	李鴻章，直隷総督兼北洋通商事務大臣に復帰。
	9・1	ヴェトナムにおいて黒旗軍の反仏闘争が激化。
	11	清朝，ヴェトナムの宗主権を主張し，仏軍の撤退を要求。
1884	4・8	恭親王奕訢とその一派，失脚。
	5	清軍，北洋艦隊，福建艦隊，南洋艦隊の体制を整える。
	8・26	清仏戦争勃発。
1885	6・9	清朝，仏と天津条約を締結（清朝，ヴェトナムに対する宗主権を放棄）。
	6	李鴻章，天津武備学堂を設立。
	7・3	清朝，独から定遠，鎮遠の軍艦2隻を購入。
	10・13	清朝，総理海軍事務衙門を設立。
1886	7	清朝，英国とビルマ条約を締結。
1887	10・31	蔣介石，浙江省奉化県に生まれる。
	12・1	清朝，ポルトガルのマカオ永駐管理を承認。
1888	10	康有為，「変法自強」の第1回上書を行う。
	12・17	北洋艦隊，正式に設立。
1889	3・4	光緒帝の親政開始。
	8	張之洞，漢陽に湖北兵工廠を設立。
1890	9	張之洞，武昌に湖北織布局を設立。
		張之洞，漢陽に湖北煉鉄廠を設立。
	春～秋	反キリスト教運動「教案」，全国に発生。
1891	8	康有為，『新学偽経考』を刊行。
1893	11	鄭観応，『盛世危言』を刊行。
		張之洞，武昌に湖北自強学堂を設立。
	12・8	李鴻章，天津に北洋医学校を開設。

年	月 日	事 項
	12・26	毛沢東，湖南省湘潭県韶山村に生まれる。
1894	3	朝鮮で甲午農民戦争起きる。
	6・ 3	朝鮮政府（閔氏の事大党），清朝に援兵を要請。
	7	朝鮮開化党，日本に援軍を要請。日本は自国民保護の名目で派兵を決定。
	8・ 1	日本，清朝に対して宣戦布告，日清戦争勃発。
	9・19	李鴻章，上海に華盛紡織工場を設立。
	11・22	日本，旅順を占領。
	11・24	孫文，ハワイのホノルルで興中会を設立，反満革命を主張。出席者20人余，主席・劉祥，副主席・何寛。
	11	張之洞，武昌に湖北紡織工場，湖北製紙工場，湖北製麻工場を設立。
1895	1	孫文，ホノルルから香港に到着，陸皓東，鄭士良らと興中会総会設立を準備。
	2・21	香港興中会総会成立。
	4・17	日清戦争終結。下関条約に調印。清朝全権大使・李鴻章，日本・伊藤博文。
	5・ 2	康有為，「公車上書」を行い，変法自強を唱える。
	8・ 1	康有為，北京に強学会を設立。
	10・26	興中会，広州蜂起失敗，その後，孫文，日本に亡命。
1896	1・12	康有為ら，上海で『強学報』発行。
	5・13	袁世凱，新建陸軍行営武備学堂を開校。
	6・ 3	李鴻章，露との間に中露密約を締結，東清鉄道敷設権を規定。
	8・ 9	梁啓超，黄遵憲ら上海で『時務報』発行。
	10・11	孫文，ロンドンの清朝駐英公使館に幽閉される。
	10・23	孫文，釈放される。
1897	5・27	中国通商銀行，上海で開業。
	8・16	東清鉄道，正式に着工。
	10・26	厳復ら，天津で『国聞報』創刊。
	11・14	独，山東省の「鉅野教案」に際し，膠州湾を占領。
	12・15	露，旅順湾に侵入，大連，旅順を占領。
	冬	陳少白，台北で興中会台湾分会を設立。
1898	1・ 5	康有為ら，北京で粤学会を設立。
	2・21	譚嗣同ら，長沙で南学会を設立。
	3・ 6	独，膠州湾を租借。
	3・27	露，大連，旅順を租借。
	4・12	康有為，北京で保国会を設立。
	4・22	仏，広州湾を占領。
	6・ 9	英，九龍半島新界地区を99年間租借。
	6・11	光緒帝ら，戊戌変法を開始。
	7・ 1	英，威海衛を租借。
	9・21	西太后らの戊戌の政変により変法運動失敗。
	9・28	清朝，「戊戌六君子」（譚嗣同，林旭，劉光弟，楊鋭，楊深秀，康広仁）を処刑。
	12・23	梁啓超，横浜で『清議報』を創刊。
1899	3	義和団，山東省で排外運動を起こす。
	7・20	康有為，カナダで保皇会を組織。
	7・21	孫文，フィリピン独立戦争に武装援助を計画。
	9・ 6	米の国務長官ジョン・ヘイ，対中国門戸開放政策を宣言。
	10	義和団，「扶清滅洋」のスローガンを掲げる。
		西太后，列強の要請により新式軍隊を投入して義和団を弾圧。
		西太后，袁世凱を山東巡撫に任命。
		山東省沂州で「教案」起こる。
	秋	陳少白，孫文の命を受け香港で『中国日報』の出版を計画（正式出版は1900年1月）。
	11・16	仏，広州湾を租借。
	11	興中会，哥老会，三合会の3会が香港で会合を開き，興漢会を結成，総会長・孫文を選出。
	12・22	孫文，『支那現勢地図』を作成（1900年7月14日，東京で出版）。
1900	1・25	『中国日報』（別名『中国報』），香港で出版される（発行人及び主筆・陳少白）。1905年より中

年	月　日	事　　　項
		国同盟会の機関紙となる。
	春	山東省一帯大旱害。
	4・6	英米独仏，4カ国の要請により清朝，義和団を禁圧。義和団，山東省から河北省へ，天津，北京を占拠。
	6・10	露英仏独米墺伊日の8カ国連合軍2,000人余，天津から北京に進攻。
		大沽要塞を占拠。
	6・21	清朝守旧派，義和団の勢力に依拠し列強に宣戦布告。
	6・26	洋務派，上海の各国領事と「東南互保条約」を締結，各国の利益保護を保証。
	6	唐才常，上海で自立会を設立，容閎を会長とし，自立軍を組織。
	8・14	8カ国連合軍，北京占領。翌日西太后，光緒帝を連れ北京を脱出，西安に逃れる。
	8	自立軍，蜂起するも失敗に終わる。
	9・7	西太后，清軍に対し義和団討伐の上諭を発す。義和団，鎮圧される。
	10・8	鄭士良率いる興中会，恵州で蜂起を起こすが失敗に終わる（22日）。
	11・8	清朝，露と「奉天交地暫且章程」を締結。（露，ハルビン・旅順間鉄道敷設権を獲得）。
	12・24	李鴻章，11カ国の公使団と講和条約を協議。
	12・27	清朝，講和条件を受諾。
1901	7・24	清朝，総理各国事務衙門を「外務部」と改称。
	9・7	清朝，11カ国と辛丑条約（北京議定書）を締結。
	11・7	李鴻章，死去。李の推挙により直隷総督兼北洋大臣に袁世凱を任命。
1902	1・7	西太后と光緒帝，西安より北京に帰還。
	2・8	梁啓超，横浜で『新民叢報』創刊，立憲君主制を鼓吹。
	4・26	章炳麟，秦力山ら，東京で「支那亡国二百四十二年記念会」の開催を計画するも官憲の介入によって果さず。
	4・27	蔡元培ら，上海で中国教育会を結成。
	5	上海商業会議公所設立。（のち上海総商会と改称）。
	11・14	黄興，陳天華ら，東京で『湖南游学訳編』創刊（1903年11月停刊）。
	11・16	中国教育会，上海で愛国学社を創設。
	12・13	孫文，日本より香港を経てヴェトナムに赴く。ハノイの工業博覧会を見学。興中会分会を設立。
	12・14	帰国留日学生・秦力山ら，上海で『大陸』創刊（1906年1月停刊）。
同年		『大公報』，天津で創刊。
1903	1・29	湖北留学生・李書城ら，東京で『湖北学生界』（のち『漢声』と改称）創刊。この後，他省の留学生，『浙江潮』『直説』『江蘇』など創刊。
	4・29	留日学生500人余が東京大会を挙行，露の東北侵略に抗議。拒俄義勇軍（のち軍国民教育会と改称）が結成される。
	4	東清鉄道完成。
	5	鄒容，上海大同書局から『革命軍』出版。
		露軍，鴨緑江を越えて南下。
	6・29	上海で蘇報事件起こる。
	6・30	蘇報事件により章炳麟ら，逮捕投獄される。
	8・7	張継ら，上海で『国民日日報』創刊。
	8	シンガポールで『図南日報』発行。
	11・4	黄興，宋教仁ら，長沙で華興会を設立（会長・黄興）。
	12・15	蔡元培ら，「対俄同志会」を組織，『俄事警聞』発行。
	12	孫文，ホノルルで演説し，保皇派を批判，中華革命軍の設立を発表。
1904	1・11	孫文，ハワイで洪門致公堂に入門，「洪棍」（元帥）に任命される。
	1	孫文，ハワイの『檀香新報』に「駁保皇報書」発表。
	2・10	日露戦争勃発。
	2	『警鐘日報』，上海で創刊（主筆・蔡元培）。
	3・11	『東方雑誌』，上海で創刊。
	5・24	孫文，サクラメントを振り出しに，米各地を訪問，4カ月間に20数カ所の都市を訪れ，中国への同情と援助を訴える。
	11	蔡元培ら，上海で光復会を結成（会長・蔡元培）。
1905	1・2	露，血の日曜日事件起きる。
	5・10	上海商工会，商務総会会議を召集，反米愛国運動を決定。
	6・3	黄興，宋教仁ら，東京で『二十世紀之支那』創刊（8月27日発禁）。

年	月　日	事　　項
	7・16	清朝，立憲君主制準備のため5大臣を西洋各国に派遣。
	7・19	孫文，横浜で興中会と華興会の連合を提案。
	7・30	孫文，東京で中国同盟会の準備会議を召集，黄興，馬君武ら会章を起草。
	8・20	中国同盟会，東京赤坂で成立大会を開催，黄興，陳天華ら8人が起草の「章程」を可決。
	9・ 2	清朝，科挙制度を廃止。
	11・26	中国同盟会の機関誌『民報』，東京で創刊。孫文，「発刊の詞」で「三大主義」（三民主義の原型）を主張。
	12・ 8	陳天華，日本の「清国留学生取締規則」に関する朝日新聞の記事に憤慨し，大森海岸で自殺。
1906	2・16	孫文，シンガポールで同盟会支部を設立（会長・陳楚楠）。
	2・22	南昌「教案」発生。
	9・ 5	日露，ポーツマス条約を締結。
	9	清朝，「預備立憲」の上諭を発布。
	秋	同盟会，「中国同盟会宣言」（別称「軍政府宣言」）を発表，「民族の解放」「国家の独立」「共和国の設立」を主張。孫文，黄興，章炳麟ら東京でいわゆる「革命方略」を制定。
	11・ 6	清朝，中央官制を改革。
	12・ 2	『民報』発刊1周年記念大会，東京神田で開催。孫文，記念講演を行い，「三大主義」と「五権憲法」を主張。
	12・16	上海に預備立憲公会が成立。
1907	1・14	秋瑾，上海で『中国女報』創刊。
	1・20	楊度，東京で改良派の雑誌『中国新報』創刊。
	2・13	康有為ら，保皇会を国民憲政会に改組。
	3・ 4	日本政府，清朝の要請を受けて孫文の国外追放を決定。この日，孫文と胡漢民，ヴェトナムに向かう。
	5・22	同盟会員・陳涌波らによる潮州黄崗蜂起，軍政府を成立させるが，27日失敗。
	6・ 2	同盟会員・鄧子瑜ら，恵州七女湖で蜂起，13日失敗。章炳麟，蜂起失敗の責任を追及し，孫文の総理罷免を要求。
	6	東京とパリで中国人アナーキスト団体設立される。
	7・15	秋瑾，逮捕され処刑される。
	8・20	『中興日報』，シンガポールで創刊。
	8・31	劉師培，張継ら，東京で社会主義講習会を組織。
	8	会党首領・張百祥，同盟会員・焦達峯ら，東京で共進会を組織。
	9・ 1	同盟会員・王和順ら，広西省欽州で蜂起。
	10・17	梁啓超ら，東京で政聞社を結成。
	10	湖北省に憲政籌備会，湖南省に憲政公会，広東省に自治会設立される。
	11	北洋灤州煤鉱公司設立。
	12・ 2	同盟会員・黄明堂ら，広西省鎮南関で蜂起。
1908	2	盛宣懐，漢冶萍煤鉄廠鉱有限公司を組織。
	3・27	黄興ら，広東省欽州で蜂起。
	4・30	黄明堂，王和順ら，雲南省河口で蜂起（5月26日失敗）。
	7・26	武昌に湖北軍隊同盟会が成立。
	8・27	『光華日報』，ラングーンで創刊。
		清朝，「欽定憲法大綱」を公布，「預備立憲期」を9年に定める。
	9	孫文，シンガポールに同盟会南洋支部を設立（支部長・胡漢民）。
	10	清朝，諮議局設置の上諭を発布。
	10・19	日本政府の発禁令により『民報』が第24期をもって休刊（のち第25，26期が秘密出版される）。
	11・14	光緒帝，死去。
	11・15	西太后，死去。
	11・20	孫文，バンコクに同盟会支部を設立。
	11	バタビアに清朝商務総会を設立。
	12・ 2	宣統帝溥儀，即位。
1909	5	孫文，シンガポールより欧米旅行へ出発。
	9	章炳麟，陶成章ら，『偽民報検挙状』『孫文罪状』と題するパンフレットを日本，香港，東南アジア各地に配布し，孫文を攻撃する。
	10・ 3	于右任ら，上海で『民呼報』創刊。
	10・14	各省に諮議局が成立。
	11・13	柳亜子ら，蘇州で革命的文学団体・南社を設立。

年	月日	事項
	11・27	各省諮議局代表，上海で正式大会開催，立憲年限の短縮と国会の開催，内閣の組織を要求。
	12・24	孫文，ニューヨークで同盟会を設立。
	12	張謇ら，国会請願同志会を結成。
同年		虞洽卿，上海で寧紹輪船公司を開業。
1910	1・16	各省諮議局代表，国会即時開会の請願書を提出。
	2・12	倪映典ら，広州で新軍蜂起を指導，翌日失敗。
	2・16	孫文，サンフランシスコで同盟会支部を設立，「韃虜清朝の排除，中華民国の設立，民主主義の実行」を誓う。
	2	光復会東京総部が設立される（会長・章炳麟，副会長・陶成章）。
	3・31	喩培倫，黄復生，汪精衛ら，北京で摂政王載灃暗殺を計画（4月16日失敗）。
	6	山東省莱陽を中心とする農民の抗捐蜂起が発生。
	8・22	日本，韓国を併合。
	10・3	清朝，資政院（預備国会）を開設。
	10・11	于右任ら，上海で『民立報』創刊，1912年に同盟会の機関紙となる。
	11	孫文，ペナンで胡漢民，黄興らと会談，広州における挙兵を決定。
同年		新軍第20鎮軍官・馮玉祥，王金銘ら，革命団体・武学研究会を組織。
1911	1・30	湖北振武学社，文学社へ改組（社長・蔣翊武）。総機関を武昌に置く。孫文を総理とし，同盟会の「駆除韃虜，恢復中華，建立民国，平均地権」を綱領とする。
	4・27	黄興ら，黄花崗で蜂起。
	5・5	孫文，シカゴで「革命公司」という募金母体を設立。
	5・8	清朝，内閣官制を公布，皇族内閣成立。
	5・9	清朝，鉄道国有化政策を公布。
	6・17	四川省で保路同志会が設立される。
	6・18	米同盟会総会，致公堂との大同団結を呼びかけ，同盟会員はすべて洪門致公堂に加入することを決定。
	7・31	宋教仁，譚人鳳，陳其美ら，上海で中国同盟会中部総会を設立。
	10・10	武昌新軍が蜂起，辛亥革命起こる。
	10・11	湖北革命党人，中華民国湖北軍政府を設立。
	10・12	革命軍，武漢を占領。
	10・17	湖北軍政府，「中華民国軍政府条例」を発布。
	10・22	各省で新軍蜂起，31日までに各省に軍政府が成立。
	11・1	清朝，袁世凱を内閣総理大臣に任命。
	11・5	中国社会党，上海で成立（本部長・江亢虎）。
	11・9	『中国日報』，広州で出版，1913年11月，袁世凱により発禁にされる。
	11・15	革命各省の代表，上海で臨時会議を開催，民国中央政府の組織を検討。
	11・16	袁世凱内閣成立。
	11・29	漢口の英領事，3項目の和議条件（停戦，清帝退位，袁世凱の大統領就任）を提示。
	11・30	各省代表，漢口の英租界で会議を開き，停戦和議に同意。
		外モンゴル，独立宣言。
	11	同盟会京津分会，天津で成立。
	12・2	革命軍，南京を占領。各省代表，臨時政府を南京に置くことを決定。
	12・3	各省代表，袁世凱の大総統就任に反対。
	12・4	各省代表，「臨時政府組織大綱」を発布。
	12・5	北伐連合会，上海で成立（会長・程徳全）。
	12・18	上海で南北和議始まる。
	12・21	孫文，武昌新軍蜂起を米国で知り，急遽帰途につき，香港に帰着。
	12・25	孫文，上海に到着。翌日，同盟会最高幹部会議を開催，大統領の人選を行う。
	12・29	南京17省代表会議，孫文を中華民国臨時大総統に推挙。
1912	1・1	孫文，南京で中華民国臨時大総統就任を宣誓，中華民国の成立を宣告。
	1・2	陽暦の使用を宣言。
	1・3	南京で中華民国臨時政府が成立。各省代表，黎元洪を副総統に選出，孫文の作成した各部総長，次長名簿を可決。
		章炳麟，同盟会を脱会，張謇，程徳全らと上海に中華民国連合会を結成，3月2日，北京で統一党へ改組。
	1・28	南京臨時参議院成立（議長・林森）。
	1・29	『南京臨時政府公報』発刊。4月5日停刊。
	1・30	中華民国実業協会，南京で成立大会。

年	月　日	事　　　項
	1・31	臨時参議院,「臨時政府組織法」を改正し,「中華民国臨時約法」を起草。
	2・ 3	袁世凱,清帝退位の条件を提示。
	2・12	清帝溥儀,退位を宣言。袁世凱に臨時政府組織の全権を委譲,清朝滅亡。
	2・18	孫文,蔡元培と宋教仁を北京に派遣し,袁世凱に南下を促す。
	2・29	北洋軍第3鎮,北京で兵変を起こし,袁世凱の南下を拒否,「臨時政府は北京に樹立すべし」と通電。
	3・10	袁世凱,北京で臨時大総統就任を宣誓。袁,13日に唐紹儀を国務総理に任命。
	3・11	南京臨時政府,「中華民国臨時約法」を発布。
	3・30	唐紹儀内閣成立。
	3	陸軍部総長・段祺瑞,陸軍軍官学堂を陸軍軍官学校(俗称・保定軍官学校)と改称。
	4・ 1	孫文,臨時大総統就任を正式に宣告。
	4・ 2	臨時参議院,臨時政府を北京に置くことを正式に可決。
	4・ 8	林宗雪,唐群英ら,南京で女子参政同盟会を設立。
	4・11	統一共和党,南京に成立(総幹事・蔡鍔)。
	4・17	中華進歩党成立(代表・譚人鳳)。
	4・25	同盟会総本部,北京に移る。
	4・28	広東省議会,胡漢民を広東都督に推挙。
	5・ 7	臨時参議院,2院制の採用を可決,参議院と衆議院とする。
	5・ 9	統一党,民社聯合国民協進会,民国公会など6団体,共和党を結成(理事長・黎元洪)。
	8・24	孫文,北京に到着,袁世凱と外交,実業問題に関して会談。
	8・25	同盟会,統一共和党,国民共進会,国民公党,共和実進会など,正式に国民党に改組。北京で成立大会,「国民党政見宣言」発表(理事長・孫文,理事に黄興,宋教仁,王寵恵)。
	8・27	旧立憲派,民主党を結成。
	8・31	孫文,北京の臨時参議院歓迎会で遷都を主張,遷都の候補地は南京,武漢,開封など。
	9・28	臨時参議院,10月10日を中華民国国慶日(建国記念日)と決定。
	10・ 7	上海で孔教会が成立。
	10・14	中国鉄路総公司,上海で成立(総理・孫文)。
同年		全国の人口,413,638,462人。
1913	1・ 1	津浦鉄路,全線開通。
	2・ 4	北京で衆参両院選挙,国民党が第1党となる。
	2・15	康有為,東京で創刊の『不忍』を上海に移して発刊。
	2・16	王芝祥,于右任ら,北京で国事維持会を組織。
	3・20	宋教仁,袁世凱の刺客によって上海で暗殺される。
	4・ 8	中華民国第1回国会開会。
	4・15	国民党,機関誌『国民雑誌』創刊。
	4・26	袁世凱政府,善後大借款協定に調印。
	5・ 6	譚延闓,李烈鈞,胡漢民ら,北京政府の借款に反対の通電。
	5・31	南京の国民党機関,封鎖される。
	6	国民党の国会議員,反袁を表明。
	7・12	江西省都督・李烈鈞,江西省の独立を宣言(第2革命)。
	7・15	南京,独立を宣言。
	7・17	安徽省,独立を宣言。
	7・18	上海,広東省,独立を宣言。
	7・22	孫文,『民立報』上で反袁を表明。
	7・25	湖南省,独立を宣言。
	8・ 4	重慶,独立を宣言。
	9・11	熊希齢内閣,北京で成立。
	9・12	討袁軍,重慶を放棄,第2革命失敗。
	9・27	孫文,東京で中華革命党の結成を準備。
	10・ 6	袁世凱,正式に中華民国大総統に就任。
	11・ 4	袁世凱,国民党に解散命令,国民党籍議員の資格を剥奪。
	11・ 5	中露声明発表,袁政府,外モンゴルの自治権を承認。
1914	1・10	袁世凱,国会解散を命令。
	2・28	袁世凱,各省議会解散を命令。
	3・15	全国商業連合会,上海で成立大会。
	5・ 1	袁世凱,「中華民国約法」を公布,「臨時約法」を廃止。
	5・10	国民党機関紙『民国』,東京で創刊。
	5・26	袁世凱,参政院を設立,黎元洪を院長に任命。

年	月　日	事　　　項
	6・22	中華革命党，東京で第1回成立大会，孫文を総理に任命。
	7・ 8	中華革命党，東京で正式に成立，「中華革命党総章」を公布。
	7・28	第1次世界大戦勃発。
	8・ 6	北京政府，第1次世界大戦中立を宣言。
	8・23	日本，対独宣戦。
	11・ 7	日本軍，青島をはじめとする山東省の大部分を占領。
	12・29	袁世凱，「修正大総統選挙法」を制定，任期10年，重任可とする。
1915	1・18	日本，袁世凱に対し「対華21カ条の要求」を提出。
	3・18	上海紳商学会，国民大会を開催，「21カ条」に反対。
	5・ 7	日本，外務部に最後通牒を発する。
	5・25	袁世凱，日本の要求を受け入れ，条約に調印。
	6	李石曽ら，仏で勤工倹学会を組織。
	7	孫文，中華革命軍の組織を決定。
	8・ 1	全国銀貨の統一を行う。
	8・23	楊度，厳復，劉師培ら籌安会を発起，帝制を鼓吹する。
	9・15	『青年雑誌』，上海で創刊（主編・陳独秀）。1916年第2巻第1号から『新青年』と改称。李大釗，胡適，魯迅ら北京大学を舞台に民主と科学提唱，反封建の新文化運動を展開。
	12・12	国民代表大会，袁世凱を帝位に推戴。
	12・23	唐継尭ら，袁世凱に帝制取り消しを要求。
	12・25	唐継尭，蔡鍔ら，各省に通電し雲南省の独立を宣言，護国軍を組織し，討袁護国運動を再開（第3革命）。
1916	1・22	『民国日報』，上海で創刊（主編・邵力子）。
	1・27	貴州省，独立を宣言。
	3・15	広西省，独立を宣言。
	3・22	袁世凱，帝制取り消しを宣言。
	3	中日振興鉄砿公司設立，鞍山鉄砿採掘を開始。
	4・12	浙江省，中立を宣言。
	6・ 6	袁世凱，北京で病死。7日，黎元洪が大総統の後継となる。
	6・16	黎元洪，各省に停戦を指令。
	6・29	段祺瑞，国務総理に就任。
	8・ 1	黎元洪，北京で国会復活，召集。
	9・ 9	張継ら，憲法研究会に対抗して，憲法商権会を組織。
	11・19	政学会，北京で成立。
	12・26	黎元洪，蔡元培を北京大学校長に任命。
同年		上海申新紡織公司，創業。
1917	1・ 1	胡適，『新青年』に「文学改良芻議」を発表，白話文を提唱。
	1	「西原借款」の決定。
	2・ 1	陳独秀，『新青年』に「文学革命論」を発表。
	3・12	ロシア2月革命起こる。
	3・14	北京政府，正式に独と断交。
	3	孫文，ロシア2月革命の勝利を祝う通電。
	6・12	黎元洪，張勲の支援により国会を解散。
	7・ 1	張勲ら，北京で溥儀を擁立，復辟を行う。黎元洪，日本大使館に避難，馮国璋を大総統代理，段祺瑞を国務総理に任命。各省，復辟に反対。
	7・12	張勲の復辟が失敗。
	8・ 6	馮国璋，臨時大総統に就任。
	8・14	北京政府，段祺瑞主導により対独墺宣戦。独墺の天津，漢口の租界を回収。 米，第1次世界大戦に参戦。
	8・25	国会非常会議，広州で開幕，「中華民国軍政府組織大綱」を可決。
	9・ 1	孫文，広州で軍政府大元帥に就任。広州に護法軍政府，正式に成立。
	10・ 6	護法戦争始まる。
	11・ 2	石井・ランシング協定を締結。
	11・ 7	ロシア10月革命起こる。
	11・22	段祺瑞，国務総理に就任，直隷派が台頭。
	12・25	馮国璋，停戦令を交布。
1918	1・ 8	ウィルソンの14カ条演説。

年	月　日	事　　　項
	1・17	14カ国代表，上海で中国関税改定会議を召集。
	2・14	北洋軍第16混成旅長・馮玉祥，南北停戦を通電。
	3・ 7	安福倶楽部，北京で成立。
	3・23	段祺瑞，再び国務総理に就任（第3次段内閣成立）。
	4・18	毛沢東ら，長沙で新民学会を設立。
	5・ 4	孫文，非常国会の軍政府改組に反対して大元帥を辞任。
	5・15	魯迅，『新青年』に「狂人日記」を発表。
	5・16	日中陸軍共同防敵軍事協定を締結。
	5・20	国会非常会議，軍政府を改組，合議制の採用。
	5	留日学生救国団結成。
	8・12	安福国会，北京で開幕。
	10・10	徐世昌，大総統に就任。
	10・15	李大釗，『新青年』に「庶民の勝利」と「ボルシェヴィズムの勝利」を発表。
	11・ 3	第1次世界大戦終結。
	11・16	徐世昌，停戦令を発布。
	11・23	広東軍政府，停戦を指令，上海で南北和平を協議。
	12・22	李大釗，陳独秀ら，北京で『毎周評論』創刊。
同年		李大釗ら，北京大学でマルクス主義研究会を組織。
1919	1・18	パリ講和会議始まる。
	1	北京大学学生，『国民雑誌』『新潮』創刊。
	2・20	上海で南北和平会議開催。
	3・ 1	京城，平壌などで反日デモ，朝鮮独立を鼓吹（3・1運動）。
	3	第1回勤工倹学留学生，仏に赴く。
	5・ 4	五・四運動起こる。北京から各地に波及。
	5・15	『新青年』，マルクス主義を特集，李大釗「私のマルクス主義観」前半部を掲載。
	6・16	全国学生連合会，上海で成立（上海，南京，北京，天津など21地区の学生代表50人余出席）。
	7・ 1	少年中国学会，北京で成立（李大釗，毛沢東，鄧中夏ら）。
	7・14	毛沢東，長沙で『湘江評論』（週刊）創刊，第2期より毛沢東「民衆の大連合」を連載。
	7・20	胡適，李大釗の「私のマルクス主義観」に対し，『毎周評論』第31期に「より多く問題を研究し，より少なく『主義』を語れ」を発表。のち，李大釗は『毎周評論』第35期に「再び問題と主義を論ず」を発表し，論争となる。
	7・25	ソヴィエト政府，第1次カラハン宣言を発表，帝政ロシア時期の対中不平等条約を廃棄。1920年3月，中国に伝わる。
	8・ 1	中華革命党機関紙『建設』創刊。
	9・16	周恩来ら，天津で青年進歩団体・覚悟社を組織。
	10・10	孫文，中華革命党を中国国民党へ改称し改組。『孫文学説』及び『建国方略』第1冊を発表。
	11・10	全国各界連合界成立大会（上海）で章炳麟，孫文が演説。
	12・23	婦人参政権運動盛んとなる。広東女子国民大会開催。
1920	1	『北京大学学生周刊』創刊。
	1・10	国際連盟が発足。
	1・18	北京大学学生，平民夜学校を開校。
	1	工読互助団，北京で成立。
	3・31	北京大学でマルクス学説研究会が設立される（代表・李大釗）。各地にマルクス学説研究会が設立される。
	3	コミンテルン，中国の情況調査のためにヴォイチンスキーを派遣。
	6	上海軍政府成立。
	6・ 8	安直戦争，直隷派の勝利（～19日）。段祺瑞，国務院総理を辞職。
	6・29	中国（北京政府），国際連盟に加入。
	8・22	中国社会主義青年団，上海で成立（俞秀松，張太雷，任弼時，肖克ら）。上海に中国共産党発起人会が成立。以後10月までに武漢，杭州，北京，長沙にも成立。
		陳望道，『共産党宣言』を翻訳出版。
		陳独秀，上海共産主義小組を結成（李漢俊，李達，陳望道，茅盾ら）。
	9・ 1	『新青年』，上海共産党小組の機関誌となる。
	9・27	第2次カラハン宣言。
	11・ 7	『共産党』，上海で創刊（主編・李達）。
	11・11	周恩来ら，上海より船で仏へ勤工倹学に赴く，総勢400人余。
	12	李大釗ら，北京大学に社会主義研究会を設立。

年	月　日	事　　　項
1921	1・1	共産主義小組・鄧中夏，張国燾ら長辛店労働補習学校を設立。
		広州で旧国会回復。
	1・4	文学研究会，北京で（のちに上海に移る）成立（発起人・茅盾，鄭振鐸）。
	2	中国少年共産党，パリに仏支部を設置，周恩来，李富春，趙世炎，陳延世，羅邁，蔡和森，向警予ら参加。
	5・1	長辛店で1,000名の鉄道労働者メーデー，デモ起こる。
	5・5	広東護法政府成立，孫文，非常大総統に就任。
	6	上海共産主義小組，全国代表会議開催を通達。
	7・23	中国共産党第1回全国代表大会，上海で開催（出席代表・張国燾，李達，毛沢東，陳公博，周仏海ら13名，総書記・陳独秀）。この時の党員数57名。のち，成立記念日を7月1日と決定。
	8	中国労働組合書記部，上海で成立（主任・張国燾）。
	10・8	広州非常国会，北伐請願案通過，陳炯明が反対を表明。
	12・7	孫文，北伐大本営を桂林に設置。
	12・23	孫文とマーリン，桂林で会談。
1922	1・12	香港海員ストライキ，英資本家の圧迫に反対し待遇改善を要求。
	1・21	モスクワで第1回極東勤労者大会開催（中国代表・王燼美，瞿秋白），「中国の現段階における革命は，ブルジョア民主革命であり，その任務は反帝・反封建にある」ことを確認。
	2・4	ワシントン会議において，日中両国代表が山東懸案条約と附約に調印。
	2・12	全国教育独立運動会，北京で成立。
	3・26	孫文，桂林で緊急軍事会議を召集。
	4・29	第1次奉直戦争起こる（～6月，直隷派の勝利）。
	5・1	第1回全国労働大会，広州で開催。
	5・5	中国社会主義青年団，広州で第1回全国代表大会を開催。
	5・13	蔡元培，胡適，梁漱溟ら「我々の政治主張」を発表。
	6・6	孫文，「工兵計画宣言」を発表。
	6・11	徐世昌総統辞職，黎元洪総統が就任。
	6・16	陳炯明が反乱し，孫文，広州より上海に避難。
		中共中央，「時局についての第1次主張」を発表。
	7・16	中共2全大会，上海で開催（～23日），出席代表・鄧中夏，蔡和森，張太雷，向警予ら12人。コミンテルン加盟を決議。
	8・5	唐紹儀内閣，北京で成立。
	8・17	中共2期2中全会特別会議，杭州で開催。
	8・23	女権運動同盟，北京で成立。
	9・6	国民党改進案起草委員を任命，孫文，茅祖権，陳独秀，覃振，陳樹人，丁維汾ら9人。李大釗ら国民党へ入党。
	9・13	中共，上海で『嚮導』を創刊（主編・蔡和森，編集・瞿秋白，彭述之）。
		北京政府，王寵恵内閣成立，11月に辞職。
	11・1	湖南省工団連合会成立（総幹事・毛沢東）。
	12・10	漢冶萍総工会成立。
	12	張継，孫文の命を受け，北京でソ連全権代表ヨッフェと会談。
1923	1・1	孫文，「中国国民党宣言」を発表。
		広東省に海豊県総農会が成立。彭湃が指導，会員約10万人余。
	1・26	孫文とヨッフェ，共同宣言を発表。
		コミンテルン，「国共合作に関する決議」を発表。
		孫文，「和平統一宣言」を発表。
	2・1	京漢鉄路総工会，鄭州で成立大会。
	2・7	鄭州で2・7惨案起こる。
	3・1	陸海軍大元帥大本営成立，第3次広東軍政府が成立。
	6・1	長沙で6・1惨案起こる。
	6・10	中共3全大会，広州で開催（～20日）。「国民運動および国民党問題に関する決議案」通過，第1次国共合作決議。
	8・20	第2回中国社会主義青年団全国代表大会，南京で開催，中共3全大会の決議支持（～25日）。
	8・16	孫文，蔣介石らをソ連へ派遣。
	10・5	曹錕，買収選挙（北京政府総統選挙）。
	10・28	ボロディン，広州到着，国民党顧問に就任。
		国民党臨時中央執行委員会成立（委員・廖仲愷，譚平山，陳樹人ら9人）。
	11・12	国民党臨時中央執行委員会，中国国民党改組を宣言。
	11・29	馮自由ら国民党広州支部の11人，国共合作に反対し広州を去る。

年	月　日	事　　　項
	12・ 2	中国青年党，パリで成立（代表・曾琦，李璜）。 孫文，「広東関税に関する宣言」を発表。
1924	1・20	中国国民党1全大会，広州で開催，大会主席・孫文，出席代表198名（～30日）。第1次国共合作成立。
	1・25	レーニン死去。国民党1全大会で哀悼の決議採択。
	2・ 7	全国鉄道総工会，北京で成立。
	4・12	孫文，「国民政府建国大綱」を公布。
	5・ 3	孫文，蔣介石を黄埔軍官学校長に任命。
	5・31	中（北京政府）ソ国交が成立。
	6・16	黄埔軍官学校，正式に開校。
	6・18	張継ら，反共弾劾文を発表。
	7・ 3	広州で農民運動講習所が開設される（主任・彭湃）。
	7・13	北京に反帝大同盟が成立。
	7・15	広州沙面で英仏に反対する労働者，ストライキ。
	7	広東省第1回農民大会が開幕。
	8・ 2	国民政府，中央銀行を創設（行長・宋子文）。
	8・20	国民党中央政治会議開催，容共問題を討議。
	8・23	孫文，広州農民運動講習所第1期卒業式で講演，「耕者有其田」を提起。
	9・ 4	第2次奉直戦争始まる。
	9・14	北京政府で顔恵慶内閣成立。
	9・18	中国国民党，「北伐宣言」を発表。
	10・10	広州商団事件が発生。
	10・23	馮玉祥，北京でクーデター，曹錕を監禁（首都革命）。
	11・10	孫文，「北上宣言」を発表，日本に出発。 中共中央，農民会議提唱を支持する「時局についての第4次主張」を発表。
	11・24	中華民国臨時政府成立（臨時執政・段祺瑞）。
	11・28	孫文，神戸で「大アジア主義」講演を行う。
	12・20	上海国民会議促成会成立，孫文の国民会議開催に反対。
	12・24	段祺瑞，善後会議を提唱。
	12・31	孫文，北京入城，「入京宣言」を発表。
1925	1・11	中共4全大会，上海で開催，総書記・陳独秀，出席代表20名（～22日）。
	1・26	中国社会主義青年団，第3回全国代表大会を開催，中国共産主義青年団に改称。
	1・31	中国国民党中央執行委員会緊急会議で善後会議不参加を決定。
	2・ 1	国民党軍，第1次東征開始（陳炯明討伐）。善後会議，北京で開幕。
	2	華北の農民自衛組織・紅槍会，国民軍第2軍と大規模な武力衝突（禹県事件）。
	3・ 1	国民会議促成会全国代表大会，北京で開催，善後会議と対立。
	3・ 8	馮自由，張継ら，北京で中華民国国民党同志倶楽部を設立。
	3・12	孫文，北京で病死，3通の「遺嘱」を遺す。
	4・16	広東省長・胡漢民，香山県を中山県と改称することを通達。
	4・24	賀衷寒，繆斌ら，黄埔軍官学校内に孫文主義学を組織，「連ソ・容共・労農扶助」の3大政策に反対。
	5・ 1	第2回全国労働大会，広州で開催，中華合同総工会成立（委員長・林偉民，副委員長・劉少奇）。 広東省農民協会成立。
	5・30	上海で5・30事件勃発。
	6・ 1	瞿秋白，李立三，劉少奇らの指導の下に上海総工会が成立。
	6・19	省港スト勃発（沙基惨案発生）。
	7・ 1	中華民国国民政府，広州で成立（主席・汪精衛）。
	7・23	戴季陶，『国民革命と中国国民党』出版。
	8・20	廖仲愷，広州で暗殺される。
	8・26	広州国民政府軍事委員会，国民革命軍に編入される。
	9・28	広州政府，東征軍を組織（総指揮・蔣介石）。
	10・ 5	国民革命軍，第2次東征に出発。
	10・10	北京故宮博物院開設。
	10・26	北京関税会議開催，12カ国の代表が出席。
	10	中国致公党成立。
	11・ 8	馮玉祥，討奉戦争を開始。
	11・23	郭松齢，張作霖に対して反乱。 国民党右派，北京碧雲寺で西山会議を開催（出席・林森，居正，鄒魯，謝持，張継ら13人）。

年	月　日	事　　　項
		共産党員排除を決議。
	11・30	郭松齢，東北国民軍を組織。
	12・ 5	広州で『政治周報』創刊（主編・毛沢東）。
	12・29	孫文主義学会，戴季陶主義を理論的基礎として正式に成立。
1926	1・ 1	国民党２全大会，広州で開催，「三大政策」の堅持を確認し，西山会議派を弾劾。（～19日）。
	1・ 4	馮玉祥，下野を通電。
	1・22	国民党２期１中全会，「政治委員会組織条例」を可決。
	2・ 7	全国鉄路総工会第３次代表大会，天津で開催。
	3・12	日本軍艦砲撃に抗議して大沽港事件が発生。
	3・18	段祺瑞による弾圧事件，北京で発生。
	3・20	広州湾で中山艦事件発生。
		中共中央，「全国人民に告ぐる書」を発表。
	3・29	国民党西山会議派，上海で２全大会を開催，主席・張継，「共産分子粛清案」可決（～４月10日）。
		『江南晩報』創刊，西山会議派機関紙とする。
	3	中央軍事政治学校が開校。
	4・20	段祺瑞，下野する。
		第１回全国農民代表大会（広州）。
	5・ 1	第３回全国労働大会（広州）。
	5・ 4	国民政府，ボロディンを最高顧問にすることを決定。
	5・13	北京政府で顔恵慶内閣成立。
	5・15	国民党２期２中全会，広州で開催（～22日）。蔣介石，孫科ら９人の提出による「党務整理案」通過。
	6・ 5	蔣介石，国民革命軍総司令に就任。
	6・28	張作霖，北京に入り呉佩孚と会談。
	7・ 1	国民政府，「北伐宣言」を発表。
	7・ 9	国民革命軍，北伐に出発，総司令・蔣介石。
	7・11	国民革命軍，長沙を占領。
	7・12	中共４期３中全会，「中国共産党と国民党との関係の問題に関する決議」「農民運動に関する決議」「労働運動に関する決議」を採択。
	9・ 5	万県事件（四川），英軍艦による砲撃で4,000名死傷。反英運動高まる。
	9・17	馮玉祥，ソ連から帰国し，「五原誓師」を行い，国民連軍総司令に就任，全軍が国民党に加入。
	10・24	上海労働者，第１回武装蜂起を行うが，孫伝芳の部隊に鎮圧される。
		第１回上海ゼネスト発生。
	11・30	張作霖，天津で安国軍総司令に就任。
	12・ 1	湖南省全省農民代表大会，労働者代表大会（長沙）。
	12・13	国民党中央執行委員，国民政府委員連席会議（武漢）。
1927	1・ 1	武漢国民政府成立。蔣介石，武漢遷都に反対。
	1・ 5	漢口，九江で英租界回収要求の大衆運動が起こる（～６日）。
	1・ 7	蔣介石，南昌で中央政府会議を召集。
	1	『革命』週刊，レーニン著／柯柏年訳「国家と革命」掲載。
	2・18	湖南省農民運動が急進化，湖南省委機関誌『戦士』，毛沢東「湖南農民運動視察報告」を掲載。
	2・19	第２回上海労働者ストライキ，第２回武装蜂起へ。
	2・22	中華全国総工会，漢口で拡大執行委員会を召集。
	3・10	国民党２期３中全会，漢口で開催，蔣介石の中央常務委員会主席，軍事委員会主席などの職務を取り消す。
	3・21	上海労働者，周恩来らの指導による第３回武装蜂起。
	3・24	南京事件発生，国民革命軍の一部，英米日の領事館などを襲撃。米英，居留民保護を口実に南京市内を砲撃。
	3・24	国民革命軍，上海，南京を占領（～26日）。
	3・28	呉稚暉ら，上海国民党中央監察委員会を召集。
	4・ 2	国民党中央監察委員会全体会議，上海で反共決議。
	4・ 5	汪精衛，陳独秀，「汪陳連合宣言」を発表。
	4・ 6	張作霖，北京のソ連大使館を捜査，共産党員を逮捕。
	4・12	蔣介石，上海で反共クーデター断行。
	4・17	武漢国民党中央，蔣介石の党籍を取り消す。
	4・18	南京に国民政府成立，「南京建都宣言」発表。
	4・19	武漢国民革命軍の北伐開始，30日，鄭州，開封占領。

年	月　日	事　　　項
		日米英，武漢との貿易を断絶，経済危機が発生。
	4・27	中共5全大会，武漢で開催，陳独秀，右翼日和見主義の誤りをおかしたとして批判される（～5月11日）。
	4・28	李大釗ら20名余，北京政府により死刑執行される。
	4・29	海陸豊の農民武装蜂起発生。
	5・10	共産主義青年団第4回全国代表大会，漢口で開催（中央書記・任弼時）。
	5・17	夏斗寅が武昌で，許克祥が長沙で，相ついで反共クーデターを起こす（～21日）。
	5・20	汎太平洋労働組合会議，漢口で開催。
	6・ 2	王国維，北京で自殺。
	6・ 5	武漢国民政府，ソ連顧問の職務を解任。
	6・10	馮玉祥，鄭州と徐州で蒋介石，汪精衛，唐生智らの国民党指導者と会談，反共化（～20日）。
	6・18	張作霖，北京で中華民国陸海軍大元帥に就任，討共宣言を行う。
	6・19	閻錫山と馮玉祥，国民党中央への服従を誓う。
	7・13	中共中央臨時政治局会議，国共合作の停止を決議，「時局に関する宣言」発表。
	7・15	武漢で分共会議開催，汪精衛が召集。
	7・27	中共前敵委員会，南昌で成立（書記・周恩来）。
		中共，「戦区農民運動委員会」を組織。
	8・ 1	周恩来ら，南昌蜂起，革命委員会を組織。
	8・ 7	中共中央，8・7緊急会議を漢口で開催，土地革命と武装蜂起を決定，秋収蜂起決行を布告。
	8・13	蒋介石，国民革命軍総司令を辞任，下野宣言。
	8・19	武漢政府，南京に遷都を布告。
	9・ 9	毛沢東，秋収蜂起を始める。
	9・21	国民党中央特別委員会，上海で開催。
	9・29	毛沢東，秋収蜂起部隊を三湾で再編成。湖南省前敵委員会成立。
		蒋介石，訪日のため長崎に到着。
	10・ 7	毛沢東，蜂起に失敗した後，井崗山に入る。
	10・23	蒋介石，東京で中日親善について語り，「日本国民に告げる書（東京宣言）」を発表。
	10	彭湃，海陸豊で農民蜂起を指導。
	11・ 1	海陸豊ソヴィエト成立。
	11・ 9	中共中央臨時政治局拡大会議開催（上海），瞿秋白，「中国の現状と共産党の任務についての決議」を提出。
	11・17	広州事変発生。
	12・10	国民政府，ソ連に国交断絶を通告。蒋介石を総司令に再任。
	12・11	中共広東省党委員会書記・張太雷ら，広州で蜂起（広東コミューン）。
1928	年初	創造社と太陽社，無産革命文学を提唱，上海で魯迅らとの革命文学論争始まる。
	1・ 4	蒋介石，国民革命軍総司令に復職。
	1・ 7	宋子文，南京国民政府財政部長に就任。
	1・12	朱徳，陳毅ら，湖南省南部にソヴィエトを樹立。
	2・ 2	国民党2期4中全会（南京），「中華民国国民政府組織法」を可決，蒋介石，中央常務委員会主席兼軍委軍事委員会主席に就任（～7日）。
	3・30	毛沢東，「三大規律，八項注意」を発布。
	4・ 8	国民革命軍，北伐を再開。
	4・28	朱・毛軍，合流。
	5・ 3	済南事件発生，済南で日本の山東出兵軍と北伐途上の国民革命軍が衝突。
	5・ 4	中国労農紅軍第4軍成立。
	5・22	日本の関東軍，奉天に入城。
	5	湘贛辺界ソヴィエト政府成立，冀東北ソヴィエト区が成立。
	6・ 4	張作霖，北京から帰途中，日本軍に爆殺される。
	6・15	国民革命軍，北京占領。北伐完了を宣布。
	6・18	中共6全大会，モスクワで開催，総書記・向忠発，秘書長・李立三（～7月11日）。
	6・20	国民政府，直隷省を河北省に改め，北京を北平と改称する。
	8・ 8	国民党2期5中全会，南京で開催，「建国大綱」に則して国民政府5院8部設立を決議。
	10・ 3	国民党中央常務委員会，「中華民国国民政府組織法」「中国国民党訓政大綱」を議決。「訓政綱領」6条を公布。
	10・10	蒋介石，訓政の実施を全国に発布。
	11・ 5	米，国民政府を承認。
	11・14	紅軍第4軍第6回党代表大会，寧岡新城で開催（書記・朱徳）。
	11・20	中共中央機関誌『紅旗』，上海で創刊。
	12・29	張学良が易幟，南京国民政府，全国統一を完成。

年	月　日	事　　　　項
	12	「井崗山土地法」(全9条) を公布。 英仏，国民政府を承認。 国民党改組派成立。
1929	1・ 1	国民政府，編遣委員会会議を南京で開催（～25日)。
	1・14	紅軍第4軍，江西省西南部へ進出，朱毛軍，合流。
	1・19	梁啓超，北平で病死。
	1	梁漱溟ら村治月刊社を設立，郷村建設運動が始まる。
	2・ 1	国民政府，海関新税を実施。
	2	華北で馮玉祥らによる反蔣第1戦始まる。
	3・15	国民党3全大会（南京),「訓政綱領」を採択，李宗仁，李済琛，白崇禧の党籍を永久に剥奪（～28日)。
	3・29	蔣桂戦争勃発。
	4	毛沢東，「興国土地法」を制定。
	5・16	反蔣第2戦始まる。
	5・23	国民党中央常務会議，馮玉祥の党籍剥奪を決定。
	6・ 3	日本，国民政府を承認。
	6・10	国民党3期2中全会（南京),「分区『剿匪』案」「訓政時期6年，民国24年完成案」などを可決（～18日)。
	7・19	国民政府，ソ連と国交を断絶。
	8・ 1	国民政府編遣委員会，編遣実施会議を開催。
	8・30	彭湃，国民党員に殺害される。
	10・10	反蔣第3戦始まる。
	10・24	ウォール街の株価大暴落，世界大恐慌始まる。
	11・15	中共中央政治局，陳独秀，彭述之，汪沢楷らを除名。
	11	陳立夫，陳果夫ら国民党中央倶楽部（CC団）を組織。
	12・28	紅軍第4軍第9回党代表大会（古田)，毛沢東「党内のあやまった思想の是正について」を発表(古田会議決議)。
1930	冬	工農紅学校成立，ソヴィエト区文化活動の中心となる。
	1・ 5	毛沢東，「小さな火花も荒野を焼きつくす」を発表。林彪への書簡，党内の悲観的思想を批判。
	3・ 1	国民党3期3中全会（南京)，汪精衛の党籍を剥脱（～6日)。
	3・ 2	中国左翼作家連盟，魯迅らによって上海で設立。
	3・ 7	国民政府，上海で日本との間に関税協定を締結。
	3・14	反蔣第4戦始まる。
	5	中国社会性質論争が始まる。
	5・20	全国ソヴィエト区第1回代表大会，上海で開催。
	6・11	中共中央政治局会議，李立三の指導で決議案「新たな革命の高潮と一省または数省における首先的勝利」を採択。
	6	中国労農紅軍第1，3軍団成立（軍団長・彭徳懐)。
	7・27	中共第3軍団，長沙を占領，第2軍団設立。
	8・19	鄧演達，1927年成立の中華革命党を中国国民党臨時行動委員会と改称。9月1日上海で幹部会議開催，「我々の政治主張」を発表。
	8・23	中共第1，3軍団で労農紅軍第1方面軍（中央紅軍）編成，総司令・朱徳，総政治委員兼書記長・毛沢東。
	9・ 9	閻錫山，汪精衛，謝持ら反蔣各派，北平で中央党部拡大会議を開催。
	9・13	中共軍の第2次長沙攻撃失敗。
	9・21	張学良，東北軍を派遣，天津，北平を占領。
	9・24	中共6期3中全会（上海)，李立三路線批判。
	11・12	国民党3期4中全会（南京，～18日)。
	12・ 4	富田事件発生。
	12・30	紅軍第1方面軍，反攻を開始。
	12	国民党，第1次「囲剿」を開始。
1931	1・ 7	中共6期4中全会（上海)，王明路線の開始。
	1・15	瑞金（江西省）に中共ソヴィエト区中央局が成立（書記・項英，委員・毛沢東，朱徳，曾山)。
	1・31	国民政府，「危害民国緊急治罪法」発布。
	2・10	国民党，第2次「囲剿」を開始。
	3・ 1	蔣介石，南京郊外の湯山に胡漢民を監禁。
	5・ 5	蔣介石主導の国民会議（南京),「中華民国訓政時期約法」通過，出席代表447人（～17日)。

年	月　日	事　　項
	5・ 9	中共中央,「当面の政治情勢及び党の緊急任務」を採択。
	5・25	国民党反蔣派・汪精衛ら,広州に国民政府を樹立,南京討伐を宣言。
	6・13	国民党3期5中全会,南京で開催,「勦共問題」を討議(～15日)。国民政府,「中華民国政府組織法」を公布。
	6・22	向忠発中共総書記,逮捕され,24日上海で殺害される。
	7・ 1	国民党,第3次「囲剿」を開始(総司令・蔣介石)。
	7・23	蔣介石,南昌で「安内攘外(抗日必先剿匪,攘外必先安内,安内以攘外,剿匪以抗日)」の演説。
	7	上海学生抗日救国会成立。
		長春郊外で万宝山事件が発生。
	8・17	鄧演達,逮捕殺害される。
	8・19	蔣介石,揚子江一帯の水害救援のため軍隊200万人を派遣。
		日本,中華民国水害同情会を結成,歌舞伎座などでチャリティー公演。
	8・21	中共ソヴィエ区中央局,「土地問題についての決議」を採択。
	9・18	満洲事変勃発。関東軍参謀ら,奉天郊外の柳条湖で満鉄線路を爆破。
	9・21	国民政府,国際連盟に満洲事変について正式に提訴する。
	9	東北市民抗日救国会(北平),20万人抗日救国大会を開催。南京の学生,政府へ抗日の請願行動。
		関東軍参謀会議,「満蒙問題解決策案」を決定。袁金鎧,于沖漢ら,遼寧地方治安維持委員会を設立(奉天地方自治委員会を改組)。
		東省特別区治安維持会,独立宣言(会長・張景恵)。
	10・13	国際連盟特別会議,日本の撤兵を決議する。
	10	湖南民衆反日大会開催,広州学生の反日デモが発生。
		国家社会党成立。
	11・ 1	第1回全国ソヴィエト代表大会(瑞金,～5日)。
	11・ 7	中華ソヴィエト共和国臨時政府,瑞金で成立,主席・毛沢東。
		根拠地問題,軍事路線,土地革命路線で論争。
		中華民国解放行動委員会成立。
		上海の9大学教授抗日連合会成立。
		馬占山,対日徹底抗戦を全国に通電する。
	11・ 9	国民党3期中央執行委員会臨時全体会議(南京)。
	11・12	国民党4全大会(南京),剿共問題を討論(～23日)。
	11・18	広東国民党4全大会開催(主席・孫科)。
	11・20	遼寧省自治指導部発足。遼寧省を奉天省に改称。
		周恩来,ソヴィエト区に入り,ソヴィエト区中央局書記に就任。
	12・ 1	中華ソヴィエト共和国,「土地法」を公布。
	12・10	国際連盟,満洲調査団派遣を決定,団長・リットン。
	12・15	蔣介石,国民政府主席・行政院長を辞任して下野する。林森,国民政府主席となる。
	12・19	奉天省政府成立(主席・臧式毅)。遼寧省地方維持会は解散。
		国民政府,「僑務委員会組織法」を公布。
	12・22	中華民国国難救済会が成立,汪精衛,胡漢民に対する妥協的外交反対の通電を発する。
1932	1・ 9	東北抗日自衛軍総司令部成立(総司令・李杜)。
		東三省首脳会議開催。
	1・13	上海各民衆団体抗日救国会成立。
	1・28	上海の日本海軍陸戦隊,移動中に中国の第19路軍と衝突,上海事件起きる。
	2・16	満洲国建国会議,瀋陽で開催,張景恵,臧式毅,馬占山ら出席。
	2・18	東北行政委員会成立,東北地区の中国離脱・独立を宣言。
	2・26	中共中央,労農革命軍事委員会の成立を宣言。
		全満建国促進運動連合大会開催。
	3・ 1	満洲国成立(執政・溥儀,国務院総理・鄭孝胥)。
		国民党4期2中全会(洛陽),蔣介石軍事委員会委員長に就任(～6日)。
	3・ 3	満洲国,首都長春を新京に改称。
		王徳林,抗日ゲリラ闘争を延辺周辺で展開。
	4・ 7	国民政府国難会議(洛陽)。
	4・15	中華ソヴィエト共和国臨時政府,「対日戦争宣言」を発表。
	4・26	リットン調査団,満洲の調査を開始。
	5・ 5	上海停戦協定成立。
	6・15	国民党,第4次「囲剿」を開始。
	7	満洲国協和会成立。
	9・15	日満議定書調印。日本,満洲国を承認。
	9・27	東北の蘇炳文部隊,満洲里で日本官民を監禁。

年	月　日	事　　　　項
	10・ 1	紅軍第32軍南満遊撃隊が発足。
	10・ 2	リットン調査団，報告書を公表。
	10・15	陳独秀，国民党に逮捕される。
	12・12	国民政府，ソ連と国交回復。
		国民党4期3中全会，南京で開催，1935年3月に国民大会召集及び憲法制定を決定，国民政府行政院，僑民教育の推進を決定（～22日）。
	12・29	蔡元培，宋慶齢，魯迅，スメドレーら中国民権保障同盟を設立（1933年6月解散）。
1933	1	王徳林の抗日救国軍，ソ連国境へ。
		中共中央，上海を離れ江西ソヴィエト区に移動。
	1・15	米，各国に満洲国不承認を宣告。
	1・17	中華ソヴィエト臨時中央政府，労農紅軍革命軍事委員会，国民党軍隊に停戦和議，一致抗日を提議。
	2・21	日本軍，熱河作戦を開始，全満洲をほぼ占領。
	2・24	国際連盟，満洲国不承認を決議。
	3・26	蔣介石，汪精衛，南京で「全力で剿共」を決定。
	3・27	日本，国際連盟から脱退。
	4・12	中央ソヴィエト区革命互済会，第1次代表大会を召集。
	5・ 3	国民党中央政治会議，行政院北平政務整理委員会設立を決議，委員長・黄郛。
	5・26	馮玉祥，吉鴻昌，方振武，張家口で察綏抗日同盟軍を組織。
	5・31	塘沽協定成立，冀東を非武装化。
	6・ 1	中共，査田運動を開始。
	6・ 4	米中棉麦借款協定成立。
	6・17	国民政府，「兵役法」を公布（18～45歳の男子対象）。
	6・18	中国民権保障同盟総幹事・楊杏仏，国民党特務に暗殺される。
	6	中国民主社会党成立。
	7・23	国民党中央政治会議（廬山会議）召集，対日消極姿勢を示す。蔣介石，第5次「囲剿」を準備，抗日よりも剿共を優先させる。
	夏	珠河東北抗日遊撃隊成立（隊長・趙尚志）。
	9・12	国民党，第5次「囲剿」を開始。
	9・18	東北人民革命軍第1独立師成立。
	10・14	独，国際連盟脱退を声明。19日，脱退する。
	10・30	世界反帝大同盟，上海で大会（主催・宋慶齢）。
	11・20	福建人民政府事件発生。中国人民臨時代表大会を経て中華共和国人民政府が成立。
	12	国民政府，林沢臣を安南僑務視察のため派遣。
1934	1・15	中共6期5中全会，瑞金で開催，王明を総書記長に任命（～18日）。
	1・20	国民党4期4中全会，南京で開催，林森を国民政府主席に任命（～25日）。
		満洲国，帝制実施を声明。
	1・22	第2回全国ソヴィエト代表大会，瑞金で開催，主催・毛沢東（～2月1日）。
	2・19	蔣介石，南昌で新生活運動を提唱。
	2	国民党中央党部，上海で文芸書籍149点を発禁にする。
	3・ 1	満洲国，帝制を開始，皇帝・溥儀，年号・康徳。
	3	中日満の大同盟を組織（日本浪人による）。
	5・21	国民党，全国財政会議を召集。
	5	中華民族武装自衛委員会が上海で成立。
	6・ 1	東北民衆，東北人民抗日救国総会を組織。
	7・15	中華ソヴィエト共和国政府革命軍事委員会，「中国労農紅軍北上抗日宣言」を発布。
	10・10	毛沢東，朱徳らの紅軍第1方面軍，長征を開始。
	11・13	『申報』主筆・史量才，暗殺される。
	12・10	国民党4期5中全会，南京で開催，5全大会召集（1935年11月12日）を決定。「安内攘外」政策を再確認（～14日）。
	12・20	蔣介石，『外交評論』第3巻第10期（諸編特別号）に徐道鄰の名義で「敵乎？友乎？―中日関係の討論」の連載開始（～第12期）。
1935	1・ 9	中共ハルビン特別委員会成立。
	1・15	中共中央，遵義（貴州省）で中央政治局拡大会議（遵義会議）開催，毛沢東が党の指導権を獲得（～17日）。毛沢東，周恩来，王稼祥，軍事指揮小組を設立し，最高統帥部とする。
	1・28	東北人民革命軍第3軍成立（軍長・趙尚志）。
	2・20	東北抗日連軍統一建制の宣言，第4，5軍成立。

年	月　日	事　　　　項
	3・21	満洲国で「外国人労働者取り締まり規則」公布。
	3・23	ソ連，中東鉄道の所有権を満洲国に売却。
	3	張国燾の紅軍第4方面軍，四川へ転進。
	4・6	溥儀，東京で天皇と会見。
	4・12	中共中央政治局拡大会議（会理城），林彪が批判される。
	4・18	張国燾，中共西北特区委員会，西北ソヴィエト連邦政府を四川で設立。
	5・21	満洲国，国務総理交替にともない各部大臣が大移動。
	5・25	中央紅軍，大渡河を強行（～29日）。
	6・4	梅津・何応欽協定成立。
	6・18	瞿秋白，宋希濂に殺害される。
	6・20	東北反日総会と抗日連合戦線，「東北民衆に告ぐる書」を発表。
	6・27	土肥原・秦徳純協定を締結。
	6・28	中共中央政治局会議，両河口で開催，張国燾が批判される。
	6	紅軍が北上。
	7	長江，黄河の洪水発生。
	8・1	中共駐コミンテルン代表団中央，内戦停止，一致抗日の呼びかけ「8・1宣言」（抗日救国のために全同胞に告げる書）を起草，10月1日，パリで発行の『救国報』第10期の上巻に発表。
	8・4	中共中央政治局拡大会議，「張国燾同志の錯誤に関する決定」を発表。
	9・21	国民政府が経済顧問として迎えたイギリス人リース・ロス，上海に到着，財政部長・孔祥熙と幣制改革に取りかかる。
	10・5	張国燾，毛沢東と対立し新共産党中央を設立，自ら中央主席を称す。
	10・19	中共第1方面軍，長征を終え陝西省北部に到着。
	11・1	国民党4期6中全会（～6日）。開会直後に汪精衛が晨光通訊社記者・孫鳳鳴に狙撃される。 国民政府軍事委員会，抗日団体の取り締まりを強化。
	11・12	国民党5全大会（南京），「安内攘外」を再確認（～23日）。
	11・12	冀東防共自治委員会成立（主席・殷汝耕）。
	11・28	中華ソヴィエト共和国中央政府，中国労農紅軍革命軍事委員会，「抗日救国宣言」を発表。
	12・1	行政院院長・汪精衛が辞職。
	12・2	蔣介石，行政院長に復帰。
	12・9	12・9運動。北平で抗日愛国の学生デモ行進が発生，国民党軍に鎮圧される。 パリで『救国時報』創刊（主編・呉玉章）。
	12・12	上海の知識人，「救国運動宣言」を発表。
	12・13	上海学生救国連合会成立。
	12・16	冀察政務委員会，正式に成立。
	12・18	上海文化界救国会結成。
	12・25	中共中央政治局，瓦窰堡で会議を開催，「当面の政治情勢と党の任務についての決議」を発表。
	12	日本，満鉄の華北開発のため興中公司を設立。 李守信軍，関東軍の支援によりチャハル省東部に進撃を開始。
1936	1・21	日本外相・広田弘毅，「対中華3原則」（広田3原則―「排日取り締まり」「中日満経済合作」「共同防共」）を発表。
	1・22	オラホドガ地区で日満と外蒙軍が交戦。 李守信部隊，東北で臨時軍政府を樹立。
	1・25	中国労農紅軍，「東北軍全体将士に到る書」を発表。
	1・28	東北抗日連軍，軍政拡大連合会議を開催，「抗日連軍政治綱領」を発表。
	2・17	紅軍，抗日東征のため山西へ出発。
	2・19	汪精衛出国，ヨーロッパへ向かう。
	2・20	国民政府，「治安維持緊急辦法」を発布。
	3	東北抗日連軍第2軍成立（軍長・王徳泰）。
	4・9	周恩来，李克農，張学良，秘密裏に延安で会見。
	4・28	満洲国と冀東防共自治政府，互助協定大綱で妥協。
	5・5	国民政府，「中華民国憲法草案」（五五憲法草案）を発表。 毛沢東と朱徳，国民党に対し「停戦議和一致抗日」通電，反蔣抗日政策の転換。
	5・29	全国学生救国連合会（上海）成立。
	5・31	全国各界救国連合会（上海）成立。
	5	『救国時報』上海版創刊。
	6・2	両広事件起こる，国民党西南執行部，反蔣抗日救国を標榜，抗日救国西南連軍を組織。
	6・28	日本関東軍の援助により内モンゴルに親日軍政府が成立。
	7・10	国民党5期2中全会（南京），国防会議の設立を決定，議長・蔣介石（～14日）。
	7	『国難教育』，上海で創刊。

年	月　日	事　　　　項
	8・25	中共，反蔣スローガンを廃止。「国民党に宛てた書簡」を発表。
	8	国民党中央宣伝部，「中央取締，社会科学反動書刊一覧」を発表。
	9・1	中共中央書記処，「逼蔣抗日問題についての中央の指示」を発表。
	10・8	紅軍第2，4方面軍，甘粛省会寧で第1方面軍と合流。
	11・23	救国七君子事件起こる。国民党上海当局による，全国各界救国連合会指導者・沈鈞儒，鄒韜奮，李公樸，章乃器，王造時，沙千里，史良ら逮捕。
	11・24	綏遠事件発生，傅作義部隊，日本軍を攻撃。
	12・7	蔣介石，張学良と楊虎城に剿共戦強化を命令。
	12・12	張学良，楊虎城軍，蔣介石を西安郊外の華清池で拘束，その後，西安市内に監禁，内戦停止，一致抗日など8項目の要求（西安事件）。
	12・20	宋子文，宋美齢の蔣介石への手紙を携え西安へ。
	12・22	宋美齢，蔣介石救出のため西安へ。
	12・24	周恩来，西安に赴き監禁中の蔣介石と会談。
	12・25	蔣介石，抗日条件を受け入れ釈放される，張学良をともない洛陽へ。
	12・26	蔣介石，洛陽で「張，楊に対する訓詞」を発表。張学良，南京で拘束される。
	12・28	毛沢東，「蔣介石声明についての声明」を発表。
1937	1・7	中共中央，保安から延安へ移る。抗日第2路軍成立（総指揮・周保中）。
	2・15	国民党5期3中全会（南京），中共の「和平統一」政策を実質的に受け入れる（～22日）。
	3・23	中央政治局拡大会議，延安で開催，張国燾はなお陝甘寧辺区副主席に留まる（～31日）。
	3	華僑抗日暴動事件，マレーで起こる。
	4	新華通信社，延安で成立。
	5	中共中央ソヴィエト区・白区全国代表会議が開催される。
	5	国民党，「中央視察団」を延安に派遣。
	6・11	国民党，蘇州で沈鈞儒ら7人の審判を開始。全国各界の救援運動始まる。8月出獄。
	7・7	盧溝橋事件起こる（日中戦争の勃発）。
	7	満洲国，行政改革を実施。
		毛沢東，「実践論」を発表。
	8・13	国民党国防最高会議成立。蔣介石，陸海空軍大元帥に就任。
	8・15	日本軍，上海に進撃（上海戦）。
	8・21	日本海軍機，南京を渡洋爆撃。
		中ソ不可侵条約，南京で締結。
	8・22	中共中央政治局拡大会議（洛川），「抗日救国十綱領」を決定，軍事問題と国共両党関係問題を討議。
	8・25	紅軍，国民革命軍第八路軍に改編（指揮・朱徳，彭徳懐）。のちに第18集団軍となる。
	8	満洲国軍29団，抗日闘争に転ず。
		毛沢東，「矛盾論」を発表。
	9・4	察南自治政府成立。
	9・9	国民政府国防最高会議成立（主席・蔣介石，副主席・汪精衛）。
	9・22	第2次国共合作，正式に成立。
	10・2	国民革命軍新編第4軍（新四軍）成立（指揮・葉挺，項英）。
		王明（陳紹禹），モスクワより帰国。
	10・28	蒙古軍政府，蒙古連盟自治政府へ改組。
	11・8	太原，陥落。
	11・12	上海，陥落。
	11・20	国民政府，南京から重慶への遷都を通告。財政，外交，内政各部及び衛生署，武漢へ移転。
	11・22	蒙疆連合自治政府，帰綏で成立。
	12・13	南京，陥落。その後数週間にわたり「大虐殺事件」発生（南京事件）。
	12・14	中華民国臨時政府，北平で成立（主席・王克敏）。
	12・25	中共中央，「時局に対する宣言」を発表。
	12・26	駐華ドイツ大使トラウトマン，日本の和平条件「4原則」を国民政府に提示。
	12	中華全国戯劇界抗敵協会，武漢で成立。
		中共中央出版機構・解放社，延安で設立。
1938	1・3	武漢文化界行動委員会成立。
	1・6	新四軍軍部，南昌で正式に成立。
	1・10	周恩来，「抗戦軍隊の政治工作」を発表。
	1・11	『新華日報』，漢口で創刊（社長・潘梓年）。
	1・22	広田外相，蔣介石に4項の和議条件を提出。
	1・30	冀東自治政府，中華民国臨時政府（北平）に合流。

年	月　日	事　　　　項
	2・ 6	国民政府軍事委員会政治部成立（部長・陳誠）。
	2・11	北平臨時政府，中国連合準備銀行を創設。
	3・ 1	中共中央，「国民党臨時代表大会に対する提案」を起草。
	3・14	中華全国文芸界抗敵協会（漢口）。
	3・28	南京に中華民国維新政府が成立（行政院長・梁鴻志）。
	3・29	中国国民党臨時全国代表大会（漢口），「抗戦建国綱領」を採択。蔣介石を国民党総裁に任命。
	4・ 6	国民党5期4中全会，漢口で開催，「三民主義青年団組織要旨」などを可決。
	4・ 7	日本軍，徐州作戦を開始（徐州会戦）。
	4・12	国民政府，「国民参政会組織条例」を公布。
	4・13	国家社会党・張君勱，蔣介石の指導を支持。
	4・21	中国青年党・左舜生，蔣介石の指導を支持。
	5・ 4	中華全国文芸界抗敵協会，漢口で『抗戦文芸』創刊。
	5・14	中共中央書記処，「新四軍の行動方針に関する指示」を発表。敵後方での根拠地建設を決定。
	5・26	毛沢東，延安抗日戦争研究会で「持久戦論」を講演。
	5	合肥，徐州，帰徳，陥落。
	6・ 9	蔣介石，黄河堤防爆破を命令。黄河の大氾濫，被害が拡大。
	6・16	国民党，第1期国民参政会参政院名簿を発表。
	6・21	国民党中央常務委員会，汪精衛を参政会議長に選任。
	6	開封，陥落。
	7・ 2	国民政府，「中国国民党抗戦建国綱領」を公布。
	7・ 6	国民政府，第1期第1次国民党参政会を漢口で召集（～15日）。
	7・23	日本，中国へ4項の停戦条件を提出。
	7	九江，太湖，陥落。
	8・20	国民党，中央図書雑誌審査委員会を組織。一切の雑誌原稿は出版前に審査を受けることになる。
	8	風陵渡，大安，霍山，陥落。
	9・ 9	北京臨時政府，南京維新政府，中華民国連合委員会の設立を大連で準備，その後，北平で設立。
	9・29	中共中央拡大6期6中全会を開催，王稼祥，コミンテルンの指示を伝える。
		毛沢東，「新段階を論ず」を発表。中原局，南方局を設置（～11月17日）。
	10・ 2	陝甘寧辺区青年代表大会，延安で召集，「青年は軍隊，農村へ」の呼びかけ。
	10・10	南洋華僑籌賑祖国難民総会がシンガポールで成立，陳嘉庚が出席。
	10・13	国民党軍，蔣介石の密令により長沙撤退に際して市街に放火（長沙大火事件），焦土抗戦の実行。
	10・28	国民参政会第1期第2次大会，重慶で開幕（～11月6日）。
	11・ 7	日本，華北開発会社，華中振興会社を設立。
	11・20	汪精衛，「日華協議記録」「日華協議諒解事項」「日華秘密協議記録」に署名。
	11・25	国民党統帥部，衡陽南岳で軍事会議を召集。
	11・29	日本軍，長江を封鎖。
		汪精衛，蔣介石の焦土作戦を非難する声明を発表。
	12・ 2	汪精衛，上海協定を承認。
		滇緬公路（ビルマ援蔣ルート）開通。
	12・18	汪精衛，重慶を脱出，昆明経由でハノイに向かう。
	12・21	汪精衛，ハノイに到着。
	12・29	汪精衛，国民党中央に「日中和平，共同防共」を通電（「艶電」と呼ばれる）。
1939	1・ 1	国民党中央常務委員会，汪精衛の党籍を剥奪。
		日本，天津の仏租界を封鎖。
	1・17	陝甘寧辺区第1期参議会，延安で開幕，林伯渠を陝甘寧辺区政府主席とする。
	1・21	国民党5期5中全会，重慶で開幕。国防最高委員会を設置（委員長・蔣介石）。防共委員会が成立。
	1	中共中央南方局，重慶で成立（書記・周恩来）。
	2・ 2	陝甘寧辺区，生産動員大会を召集。
	2・ 4	日本軍，珠江を封鎖する。
	2・10	晋察冀辺区，「減租減息単行条例」を公布。
	2・12	国民参政会第1期第3次大会，重慶で開催。
	2・21	高宗武，日中和平案を携行して訪日。
	3・ 3	日本軍機，重慶を爆撃。
	3・11	国防最高委員会，国民精神総動員会を設立（会長・蔣介石）。
	3・21	ハノイの汪精衛，蔣介石の刺客に襲われる。秘書・曾仲鳴，暗殺される。
	3・26	日本軍，南昌，南沙群島を占領（～31日）。
	4・13	国民政府，6億元の軍需公債を発行。
	4・25	汪精衛，ハノイを脱出，上海へ向かう。

年	月　日	事　　　項
	4・26	中共中央,「国民精神総動員運動を展開するため全党同志に告げる書」を発表。
	4・30	博山事件（山東省）,八路軍,国民党軍に攻撃される。
	5・ 1	日本軍,華中地区に漢興商業銀行を設立。
	5・ 3	日本軍機,重慶を猛爆。
	5・11	満蒙国境で日ソが軍事衝突（ノモンハン事件）。
	5・24	旬邑事件（陝西省）,八路軍と保安隊が衝突。
	5・26	日本軍,中国大陸海域を封鎖。
	5・31	汪精衛,訪日,6月10～15日にかけて平沼,板垣,有田ら5相と会談。
	6・ 8	国民政府,汪精衛の逮捕令を発す。
	6・10	日本,天津英仏租界を封鎖。
	6・12	平江事件,国民党軍,新四軍を攻撃。
	6・13	中ソ通商条約,モスクワで締結。
	6・30	国民政府,「異党活動制限辦法」を公布。
	7・ 8	劉少奇,延安マルクス・レーニン学院で「共産党員の修養を論ず」の講演を行う。
	7・ 9	汪精衛,声明を発表,共同防共と親日,日中提携を語る。
	7中旬	日本軍,晋東南根拠地へ進攻。
	8・20	ソ連,ノモンハンで総攻撃を開始。
	8・23	独ソ不可侵条約が締結される。
	8・28	汪精衛,上海で中国国民党第6次全国代表大会を召集（主席・汪精衛,大会主席団主席・周仏海）。
	9・ 1	蒙疆連合自治政府（張家口）成立。
		ドイツ,ポーランドに侵攻。
	9・ 3	英仏,対独宣戦布告,第2次世界大戦始まる。
	9・ 9	国民参政会第1期第4次会議開催。国民参政会憲政促成会成立。
	9・19	汪精衛,南京会議を召集。
	9・20	日本軍,長沙へ進攻。
	9・21	国民党,三民主義教学研究会を設立,三民主義を学課とする。
	10・ 1	日本,中国派遣軍総司令部を南京で設立。
	11・ 1	中共中央,「大衆工作を深めることについての決定」を公布。
	11・12	国民党5期6中全会,1940年11月12日に国民大会開催を決定（～21日）。
	11	中共中央,減租減息運動を華北,華中で展開。
	12・ 1	閻錫山,山西新軍を攻撃。
	12・10	寧県事件起こる,隴寧県の保安隊,八路軍を攻撃。
	12・27	国民党,「異党問題処理辦法」を公布。
	12	毛沢東,「中国革命と中国共産党」を発表。
1940	1・ 3	中共中央,「幹部の学習についての指示」を公布。
	1・ 5	陝甘寧辺区文化界救亡協会,第1次代表大会（延安）,毛沢東,「文化工作者は労農兵大衆のなかへ深く入り,労農兵に奉仕する」ことを指示（～12日）。
	1・15	毛沢東,「新民主主義論」を発表。
	1・23	汪精衛,梁鴻志,王克敏,青島で南京に中華民国国民政府を組織することを協議。
	2・ 1	延安各界3万人,「討汪」大会を開催。
	3・ 5	蔡元培,香港で病死。
	3・ 6	毛沢東,「抗日根拠地の政権問題」を起草,「三三制」の実行を指示。
	3・29	華北政務委員会成立。
	3・30	汪精衛,南京に中華民国国民政府を樹立。
	4・ 1	国民参政会,重慶で第1期第5次会議開催。
	6・ 1	国民政府,「非常時期人民団体組織綱領」を公布。
	7・ 7	中共中央,「抗日戦争三周年記念に際しての時局に対する宣言」を発表。
	8・ 7	国民政府,「非常時期銀行管理暫行辦法」を公布,「四大家族」を中心とする官僚資産階級が金融事業を独占。
	8・20	八路軍,華北で百団大戦を発動（～12月5日）。
		綏遠蒙漢人民及び抗日団体,大青山根拠地で各界抗日団結会議を召集。
	9・ 1	国民党軍事委員会政治部部長・張治中,政治部の下に文化工作委員会（主持・郭沫若）を設置。
	9・25	中共中央北方局,高級幹部会議を召集,根拠地建設,欧米問題を討論。
	10・30	汪精衛政権,日本と中日邦交調整基本協定を締結。
	10	日本,南寧,隴州から撤退。
	11・14	国民政府軍司令部,「黄河以南剿共滅共軍作戦計画」を決議。
	11・16	日本軍,華北の各根拠地へ進攻。
	11・29	汪精衛,南京で国民政府主席に就任。

年	月 日	事　　　項
1941	1・1	中央儲備銀行成立。
	1・7	国民党軍，移動中の新四軍を安徽省涇県地区で包囲攻撃，軍長・葉挺逮捕，副軍長・項英が戦死（新四軍，皖南事件）。
	1・17	蔣介石，新四軍を「叛軍」と宣布，解散を命令。
	3・1	国民参政会，重慶で第2期第1次会議開催。中共参政員，出席を拒絶。
	3・19	中国民主政団同盟，重慶で成立（主席・黄炎培）。
	3・24	国民党5期8中全会，重慶で開催（～4月2日）。
	3	日本，華北で第1次治安強化運動を開始。
	4・9	華北防共委員会成立。
	4・29	国民政府行政院，「非常時期違反粮食管制治罪暫行辦法」を公布。
	5・16	『新中華報』と『今日新聞』が合併し，中共中央機関誌『解放日報』を延安で創刊。
	5・16	毛沢東，「われわれの学習を改造せよ」を延安幹部会で報告。
	5・25	延安『解放日報』，「三三制」を新民主主義の主要スローガンとして掲げる。
	6・16	汪精衛，訪日，19日天皇に会見，23日近衛・汪共同声明を発表。
	6・20	華北政務委員会，華北抗日根拠地を経済封鎖。
	6・22	独軍，ソ連に侵攻，独ソ戦始まる。
	7・1	独伊，汪政権を承認。
	7・2	劉少奇，華中局党校で「党内論争を論ず」を講演。
	7・7	日本，華北で第2次治安強化運動を展開。
	7・28	日本軍，南部仏印に進駐。
	8・1	米，対日石油などの禁輸措置を発表。
	8・12	ローズヴェルト，チャーチル，太平洋憲章宣言を発表。
	9・10	中共中央政治局拡大会議，第2次国内革命戦争時期の路線問題を討議。
	9・18	中国民主政団同盟機関誌『光明報』，香港で創刊。
	9・26	中共中央書記処，「高級学習組に関する決定」を発布。
	10・5	日本軍，鄭州を占領。
	10・10	中国民主政団同盟，香港で「成立宣言」及び「時局に対する主張と綱領」10条を発表。
	10・26	東方各民族反ファシスト大会（延安）。
	11・1	日本，華北で第3次治安強化運動を展開。
	11・6	陝甘寧辺区第2期参議会第1次会議（延安），中共参政員・董必武ら出席。
	11・27	陝甘寧辺区政府，「精兵簡政」の実行を決定。
	12・8	日本軍，ハワイのパールハーバー爆撃，太平洋戦争勃発。
	12・9	国民政府，日独伊に宣戦を布告。
		中共中央，「太平洋戦争に対する宣言」「太平洋反日統一戦線についての指示」を発表。
		国民政府財政部，「修正非常時期管理銀行暫行辦法」を公布。
	12・15	国民党5期9中全会，重慶で開催，「国家総動員法強化実施綱領」を公布。
	12・17	中共中央，「延安の幹部学校についての決定」を発布。
	12・25	日本軍，香港を占領。
1942	1・1	英米ソ中など26カ国，ワシントンで「連合国共同宣言」を発表。
		蔣介石，連合国中国戦区最高司令官に就任。
	1・28	中共中央政治局，「抗日根拠地の土地政策についての決定」を発表，「減租減息」政策の基本原則を堅持。
	2・1	毛沢東，中共中央党校開校式で「学風，党風，文風を整えよう」と演説，整風運動が始まる。
	2・4	蔣介石，インド訪問。21日昆明に帰着。
	2・8	毛沢東，延安幹部会議で「党八股に反対しよう」を講演。
	2・10	国民政府，「非常時期人民団体組織法」を公布。
	3・6	陝甘寧辺区政府，各県に「三三制」の充実を指示。
	3・16	国民政府，「修正国民参政会組織条例」を公布。
	3・29	国民政府，「国家総動員法」を公布。
	4・2	国民政府，「戦時消費税条例」を公布。
	5・1	日本軍，冀中区に全面的に進攻。
	5・2	毛沢東，「延安文芸座談会における講話」（文芸講話）座談会を開催。
	6・2	米，国民政府外交部長・宋子文と「中米抵抗侵略互助協定」を締結。
	6・22	国民政府財政部，全国の貨幣を中央銀行より統一発行することを決定。
	6	日本軍の進攻により華北解放区の面積が6分の1に縮小。
	9・7	毛沢東，『解放日報』において「きわめて重要な政策」を発表（精兵簡政，目前の形勢，党の各項政策など）。
	10・10	英米，中国における治外法権など対中不平等条約廃棄を発表。
	10・22	国民参政会，第3期第1次会議を召集，董必武，鄧穎超が出席（～31日）。

年	月 日	事 項
	11・12	国民党5期10中全会開催（～27日）。
	12・ 7	国民政府,「物価統制法」を公布。
	12・30	陝甘寧辺区政府,「土地租佃条例草案」を公布。
1943	1・ 9	日本と汪政権,「共同作戦連合宣言」を発表。汪政権，英米に宣戦を布告。
	1・15	陝甘寧辺区政府,「軍隊擁護についての決定」を発布。
	3・10	蒋介石,『中国之命運』を出版。
	3・13	日本首相・東条英機，南京を訪問。
	4・ 2	華北剿共委員会成立。
	4・12	三民主義青年団，第1次全国代表大会開幕。
	5・31	日本共産党員・岡野進（野坂参三)，延安へ。
	6・10	コミンテルン，解散。
	6・18	胡宗南，洛川で軍事会議開催，第3次反共高潮。
	7・ 7	国民政府軍，陝甘寧辺区を攻撃。
	8・11	艾思奇,『解放日報』に「『中国之命運』は，極端な唯心的愚民哲学である」を発表。
	8・15	中共中央,「幹部監査についての決定」を発表，反革命粛清拡大化の教訓を総括。
	9・ 6	国民党5期11中全会，重慶で開催，蒋介石を国民政府主席に任命。反共問題に関する指示を発表（～13日)。
	9・15	国民政府,「中華民国国民政府組織法」を修正し公布，主席の権限を拡大。
	9・18	国民参政会第3期第2次会議（～27日)。
	9・27	陳潭秋，毛沢民，林基路ら，盛世才に迪行で殺害される。
	10・ 1	毛沢東,「根拠地での小作料引き下げ運動，生産運動および擁政愛民運動を繰り広げよう」を起草。 中共中央政治局,「減租，生産，擁政愛民および十大政策の宣伝についての指示」を『解放日報』に発表。
	10・30	日本と汪精衛，日華同盟条約及び付属議定書を南京で調印。
	11・22	ローズヴェルト，チャーチル，蒋介石，カイロ会談を開催。
	12・ 1	中英米，カイロ宣言を発表。
1944	1・ 3	沈鈞儒，張君勱，黄炎培ら，憲政座談会を開催。
	2・13	成都民主憲政促進会成立。
	2・27	延安各界人士，憲政問題座談会を挙行。
	4・12	毛沢東,「学習と時局」を発表。
	5・20	国民党5期12中全会開催（～26日)。
	5・31	民主政団同盟,「目前についての見方と時局主張」を発表，国民政府の独裁政治を批判。
	6・20	張瀾ら民主憲政促進会を結成，成都で国事に関する10項目の主張を発表。
	7・ 7	雲南大学，中法大学，西南連大学などの3,000名余の学生，時事座談会を挙行，政治改革の実行を要求。
	7・22	中国駐在米軍総司令部，視察団を延安に派遣。
	8・29	湘桂戦役始まる。
	8・31	黄炎培ら30人,『憲政月刊』に「民主と勝利の献言」を発表。
	9・ 5	国民参政会第3期第3次会議，重慶で開催，憲政促進と経済建設を要求。
	9・ 6	米大統領特使ハーレー，重慶へ。
	9・15	中共・林伯渠，国民参政会で民主連合政府樹立のスローガンを提出。 重慶各界愛国人士，各党代表500人が国民政府改組，連合政府組織を要求。
	9・19	中国民主同盟成立，綱領草案を発表。
	10・10	周恩来,「どのように解決するか」の講演で国民会議の開催，国民政府改組，連合政府を要求。
	10・21	中国・ビルマ・インド軍戦域米陸軍司令官スティルウェルが解任され，ウェディマイヤーが後任となる。
	11・ 7	ハーレー，延安で毛沢東と会見，国共協定草案を起草（国民党は拒否)。
	11・10	汪精衛，名古屋の病院で死去。陳公博，南京政府主席に就任。
	11・30	ハーレー，米駐華大使となる。
	12・ 4	陝甘寧辺区第2期第2次参議会（延安)。
	12・ 5	毛沢東,「一九四五年の任務」を演説。
	12・16	国民政府,「戦時生産局組織法」を公布。
	12・25	国民政府，昆明で中国陸軍総司令部を創設。
1945	1・14	ハーレー，蒋介石と会談。
	1・15	中国民主同盟,「時局についての宣言」を発表，36項目の政治主張。
	2・ 4	ローズヴェルト，チャーチル，スターリン，ヤルタで会談。

年	月 日	事　　項
	2・11	ヤルタ協定（密約）調印，ソ連の対日参戦を決定。
	2・19	米軍，硫黄島に上陸開始。
	3・10	B29，東京大空襲を行う。
	4・ 1	米軍，沖縄本島に上陸開始。
	4・ 6	董必武，サンフランシスコ会議に参加。
	4・ 9	陝甘寧辺区政府，「地権条約」を公布。人民に土地私有権を保障。
	4・20	中共中央拡大6期7中全会，「若干の歴史問題に関する決議」を採択。
	4・23	中共7全大会，延安で開催，毛沢東「連合政府について」の報告，劉少奇「党規約の改正について」の報告（～6月11日）。
	5・ 5	国民党6全大会，重慶で開催，国民大会の開催を11月12日に決定，工業建設綱領，土地政策綱領を決定，蔣介石を総裁に再任（～21日）。
	5・ 7	独，ヒトラーの自殺（4月30日）を受け，無条件降伏。
	5・12	中華抗敵文芸協会，国民政府に「創作の自由」を要求。
	6・19	中共中央7期1中全会，延安で開催。
	6・30	国民政府行政院長・宋子文，モスクワでスターリンと会談。
	7・ 2	参政員・褚輔成，黄炎培，章伯鈞，左舜生ら，延安で国事を語る。
	7・ 7	国民参政会第4期第1次会議（重慶），中共参政員の参加を拒否する。
	7・17	トルーマン，チャーチル，スターリン，ポツダム会議を開催。
	7・26	ポツダム宣言発表。日本に無条件降伏を促す。
	7・28	鈴木貫太郎首相，ポツダム宣言を黙殺，戦争遂行の談話発表。 中国民主同盟，「時局についての宣言」を発表，独裁と内戦に反対する。
	8・ 6	米軍，広島に原爆を投下。
	8・ 8	ソ連，ヤルタ密約にもとづき対日参戦，満州国に進攻を開始。
	8・ 9	米軍，長崎に原爆を投下。
	8・10	日本，ポツダム宣言受諾を決定。
	8・14	国民政府外交部長・王世杰，中ソ友好同盟条約に調印。
	8・15	日本，天皇の「玉音放送」で戦争終結を発表。 蔣介石，重慶で全国，全世界に向け「抗戦に勝利し全国の軍民，全世界の人々に告げる書」をラジオで発表，「以徳報怨」の宣言。 中国民主同盟，「抗日戦勝利の声の中での緊急アピール」を発表。民主統一，和平建国のスローガンを提起。
	8・22	溥儀，瀋陽で逮捕される。
	8・25	中共中央委員会，「当面の時局についての主張」を発表。和平，民主，団結の3大スローガンを提起。
	8・30	蔣介石と毛沢東，重慶で和平会議を開始（重慶会談）。
	9・ 6	成都文化界，和平，内戦反対の宣言を発表。
	9・ 9	南京中国戦区，日本軍投降式を開催。
	9・14	中共中央，東北局を設立。
	9・18	国民参政会第4期第2次会議開催。
	9・27	毛沢東，ロイター記者に和平建国，民主連合政府の樹立などについて答える。
	10・ 1	中国民主同盟臨時代表大会，重慶で開催。「中国民主同盟綱領」を発表，10項目の主張を提出。
	10・10	「政府と中共代表会談紀要」（双十協定）を発表，「内戦回避の堅持」。
	10・20	外モンゴル，独立を宣言。
	10・24	何応欽，広州で剿匪会議を開催。
	11・ 7	毛沢東，「小作料引き下げと生産増強は解放区を守る二つ柱である」を起草。
	11・19	重慶各界代表500人余，内戦反対の大会を開催。
	11・27	ハーレー，駐華大使を辞職。
	12・ 1	12・1惨案，昆明で発生，国民党軍警，内戦反対のデモ学生を鎮圧。 米華軍事代表団成立（団長・ウェディマイヤー）。
	12・15	トルーマン，対中政策の声明を発表。国民政府が支持。
	12・16	民主建国会，重慶で成立（主席・黄炎培）。
	12・20	マーシャル米大統領特使，訪中。
	12・27	中共代表団と国民政府との会談が再開。
	12・30	中国民主促進会，上海で成立。
1946	1・ 3	国民政府，モンゴル人民共和国の独立を承認。
	1・ 7	軍事3人小組，張羣，周恩来，マーシャル，停戦問題を討議。
	1・10	国共両党停戦協定が成立。政治協商会議，重慶で開催，各党派代表，無党派代表38人が出席，和平建国綱領など5項目決議（～31日）。
	1・14	国民党，共産党，米国による軍事調処執行部，北平で成立。

年	月　日	事　　　項
	2・24	中国民主同盟，東北問題に関する主張を発表。
	3・1	国民党6期2中全会，重慶で開催，蔣介石，「軍令と政令の統一」を強調（～17日）。
	3・20	国民参政会第4期第2次会議，重慶で開幕，中共参政員，参加を拒否（～4月3日）。
	4・1	国民党中央常務委員会，「中央政治委員会組織条例」「国民政府組織法」を修正可決。
	4・22	国民政府，国民大会代表名簿を発表。
	4・25	重慶の中国民主憲政促進会，東北政治建設協会など，合わせて11団体が「東北内戦反対委員会」を組織。
	4・27	国民政府，馮玉祥をアメリカの水利視察のための派遣を決定。
	4・27	軍事3人小組，東北停戦協定を可決。
	4・29	国民政府，「土地法」及び「土地法施行法」を修正，公布。
	4・30	国民政府軍，鞍山，長春，ハルビンを占領。
	5・4	九三学社，重慶で成立。
		中共中央，「土地問題に関する指示」（五四指示）を発表，抗日戦争時期の土地政策を変更。
	5・5	国民政府，重慶から南京へ遷都。
	6・1	国民政府国防部，南京で成立。
	6・5	国共双方協議，6月7日から15日間の東北停戦を決定。
	6・17	国民政府代表，中共代表に5項目の停戦条件を提出。
	6・23	上海で約10万人の民衆，反内戦，反米デモ。
	6・26	国民政府軍，中原解放区を攻撃，全面的に内戦に突入。
	7・2	蔣介石，周恩来と会談。
	7・11	中国民主同盟中央委員・李公樸，国民党特務に昆明で暗殺される。
	7・15	中国民主同盟中央委員，西南連大教授・聞一多，国民党特務に昆明で暗殺される。
	7・20	毛沢東，党内指示「自衛戦争によって蔣介石の進行を粉砕せよ」を発表。
	7・22	宋慶齢，上海で「時局についての主張」を発表，米軍の撤退，連合政府の組織，内戦の中止を要求。
	8・2	国民政府空軍機，延安を爆撃。
	8・7	国民党中央常務委員会，中央政治学校と中央幹部学校を統合し国立政治大学にすることを決定，校長・蔣介石。
	8・13	蔣介石，廬山で「全国同胞に告ぐる書」を発表。
	8・16	延安放送，全解放区人民の動員を呼びかける。
	8・22	劉伯承軍，鄧小平の指揮する隴海路戦役に集結。
	8・30	国民政府軍，承徳を攻撃。
	8	毛沢東，「アメリカの記者アンナ・ルイズ・ストロングとの談話」を発表，いわゆる「中間地帯論」を展開。
	9・1	国民政府，全国で学生軍事訓練を実行。南京に学生軍訓委員会を設立（主任・白崇禧）。
	9・2	馮玉祥，上海から米に出発。1日付『大公報』で蔣介石に内戦の停止，民主和平の実現を要請。
	9・6	国家社会党，海外民主憲政党が合併し，民主社会党成立。
	9・9	東北民主連軍，長春，四平街，鉄嶺，鞍山などへの総反抗を指令。
	9・24	国民政府，国民大会を11月12日に開催することを各勢力に正式通告。
	9・29	中共代表団，国民政府に国民大会参加拒否を表明。
	下旬	国共内戦が全国化し，各都市で内戦反対運動起こる。
	10・10	蔣介石，全国で徴兵制度復活を通達。
	10・11	国民政府軍，張家口を占領。
	10・18	蔣介石，秘密軍事会議を南京で召集，「5カ月以内に中共軍を打倒する」と宣言。
	11・1	国民党中央合作金庫，南京で成立（理事長・陳果夫）。
	11・15	国民党，南京で国民大会を開催，出席代表1,355人，国民党代表が85%を占め，共産党と民主同盟代表は参加せず（～12月25日）。
	11・16	南京駐在中共代表・周恩来，国民大会を否認する声明を発表，南京から延安に戻る（19日）。
	12・18	トルーマン大統領，対華政策について声明を発表，蔣介石支持を堅持。
	12・25	国民大会，新憲法「中華民国憲法」を採択して閉会。
	12・26	共産党，新憲法の不承認を発表。
1947	1・1	国民政府，「中華民国憲法」を公布。
	1・2	人民解放軍華東野戦部隊，国民政府軍と18日間の激戦（魯南の戦役）。
	1・6	中国民主同盟1期2中全会，上海で開催，国民大会および憲法の不承認を決議（～10日）。
	1・7	トルーマン大統領，駐華大使マーシャルに帰国を命令。
	1・8	マーシャル，離華声明を発表。
	1・29	米国大使館，軍事3人小組及び北平軍事調処執行部からの退去を発表。
	1・30	国民政府，軍事3人小組及び北平軍事調処執行部の解散を発表。
	2・2	中共中央，「国民政府が1946年1月10日以降単独で諸外国と結んだ条約，借款，協定はすべて

年	月　日	事　　　項
		無効である」との声明を発表。
	2・9	2・9惨案，上海で発生。
	2・11	南京で物価が暴騰，金融危機起こる。
	2・17	国民政府，「経済緊急措施法案」を公布。
	2・28	台湾で2・28事件起こる。台湾住民，国民党の統治に反発，国民党軍警が鎮圧。
		国民党重慶警備司令部，新華日報社を封鎖したため『新華中報』停刊となる。
	3・1	宋子文，行政院長を辞職。蔣介石，行政院長を兼任。
	3・4	蔣介石，全国経済委員会を行政院直属とし，自ら委員長となる。
		全国経済委員会，物価委員会を設置。
	3・8	中国民主同盟，国共平和交渉決裂を宣言。
	3・13	国民政府軍，陝甘寧辺区へ重点的に進行を開始。
	3・15	国民党6期3中全会（南京），中央政治会議を設置し，最高決定機関とすることを決議（～24日）。
	3・19	国民政府軍，延安を占拠。
	4・1	国民党戦略顧問委員会成立（主任・何応欽）。
	4・6	国民政府軍，山東解放区に進攻を開始。
	4・18	蔣介石，南京で国民政府の改組を宣布。
		中国青年党，民社党員を国民政府委員に選任，「国民政府は，複数政党による政府であること」との声明を発表。
	4・22	行政院会議，台湾を台湾省政府とすることを決定（省政府主席・魏道明）。
	5・1	内蒙古自治政府成立。
	5・18	国民政府，「社会秩序維持臨時辦法」を発布，10人以上のデモ，ストライキを厳禁。
	5・20	5・20惨案，南京で発生。
		反飢餓，反内戦，反迫害学生運動が各都市に波及。
	5・30	上海学生連合が成立。
	6・5	新疆で北塔山事件発生。
	6・14	東北民主連軍，四平街戦役を発動。
	6・30	東北民主連軍の夏季攻勢が終結。
	7・4	国民政府，国務会議を招集，蔣介石，「国家総動員案」を提出。
	7・18	国民政府，「動員戡乱完成憲政実施綱要」を公布。
	7・22	米特使ウェディマイヤー，訪中。
	8・1	国民政府，対日貿易開放の原則を決議。全国経済委員会，「経済改革方案」を決議。
	8・20	沙家店戦役が終結。
	8・24	ウェディマイヤー，声明を発表，国民政府に「政治経済改革」の即時実行を要求。
	9・9	国民党6期4中全会（南京），翌年5月に7全大会を開催することを決定（～13日）。
		新華社，「人民解放軍大挙反抗」宣言を発表，2年以内に内戦に勝利し，民主連合政府を樹立することを宣言。
	9・10	中共，ハルビンで全国土地会議を開催，「土地法大綱」を決議。
	9・14	東北民主連軍，秋季攻勢を開始。
	9・18	国民党中央常務会議，「中央執行委員会組織大綱」を決議。
	10・10	中国人民解放軍総司令部，「打倒蔣介石，解放全中国」のスローガンを発表。
		中共中央，「土地法大綱」を公布，「耕者有其田」を提起。
	10・27	国民政府，中国民主同盟の解散を命令。
		国民政府，米と中米救済協定を締結。
	11・5	中国民主同盟主席・張瀾，同党の解散を発表。
	11・12	人民解放軍，石家荘を占領。
		台湾民主自治同盟成立。
	12・1	華北剿匪総司令部成立（総司令・傅作儀）。
	12・12	国民政府国務会議，「訓政結束程序法案」を提出。
	12・15	東北民主連軍，冬季攻勢を開始。
	12・25	毛沢東，「当面の情勢とわれわれの任務」を発表。
		国民政府，「中華民国憲法」を施行。
	12・31	東北民主連軍，東北人民解放軍と改称。
1948	1・1	中国国民党革命委員会，香港で成立を宣言（名誉主席・宋慶齢，主席・李済琛），連合政府組織を主張。
	1・5	中国民主同盟，香港で3中全会を開催，共産党擁護，国民党及びその政府，米の中国政策に反対の声明を発表。
	1・7	馮玉祥，米で反蔣声明を発表。
		国民党中央常務委員会，馮玉祥の党籍を剥奪。

年	月　日	事　　　項
	1・21	林彪，李立三，ハバロフスクでソ連軍首脳部との会談を終えてハルビンに帰着。
	1・29	上海で「同済血案」発生，学生の反国民政府デモ起こる。
	1・30	毛沢東，「軍隊内の民主運動」を発表。
	2・ 2	東北人民解放軍，遼寧，瀋陽を占領。
	2・16	上海で物価が暴騰。
	2・18	トルーマン，「中国人民に告ぐる書」を発表。
	2・20	ソ連政府，「中ソ不可侵条約」の2年延長を宣言。
	2・26	人民解放軍，威海衛を占領。
	3・ 1	上海で食料の配給制度を実施。
	3・10	トルーマン，対華政策を発表。
	3・13	東北人民解放軍，四平街を占領。
	3・29	国民党，行憲国民大会を南京で開催。
		蔣介石，「3カ月から6カ月以内」に中共を殲滅することを宣言。
	4・ 3	米議会，1948年度「対華援助法案」を可決。
	4・ 5	人民解放軍，洛陽を占領。
	4・ 8	華北人民解放軍，察南，綏東戦役が終結。
	4・ 9	成都各大学生の「反内戦，反飢餓，反軍糧」デモが発生。
	4・12	国民政府，塩税の引き上げを発表。
	4・22	人民解放軍，延安を占領。
	5・ 1	中共中央，メーデーで「反動分子の加わらない政治協商会議の開催，民主連合政府の樹立」を呼びかける。
	5・12	西北野戦軍，西府隴東戦役が終結。
	5・13	東北人民解放軍，山海関，錦州を攻撃。
	5・19	国民政府，「戒厳法」を公布。
	5・27	宛東戦役（～6月3日）で国民党の中原，華東野戦軍が壊滅。
	6・ 2	国民政府，第1期「行憲内閣」を組閣。
	6・ 5	国民政府監察院成立（院長・于右任）。
	6・22	人民解放軍，開封を占領。
	7・ 2	国民政府代表・王世杰，米と経済援助に関する中米協定を締結。
	7・10	中共中央，ユーゴ問題でコミンフォルム支持を表明。
	7・11	国民政府，戡乱動員建国委員会を南京に創設（主席・孫科）。
	7・13	人民解放軍，袞州を占領。
	7・21	人民解放軍，晋中戦役が終結。
	7・29	新華社，「解放戦争2周年の総括と第3年の任務」を発表。
	8・ 1	第6回全国労働大会，ハルビンで開催，中華全国総工会の復活を決定（～22日）。
	8・ 7	華北臨時人民代表大会，石家荘で開催。
	8・19	国民政府，「財政経済緊急処分令」を発布，金元券を発行。
		華北人民政府成立（主席・董必武）。
	8・31	馮玉祥，米からモスクワ経由で帰国途中，ギリシャ湾付近で船火事にあい死亡。
	9・12	東北人民解放軍，遼瀋戦役を発動。
	9・17	駐華米国連合軍事顧問団成立。
	9・24	人民解放軍，済南を占領。
	9・29	中共中央中原局，「知識分子に関する指示」を発表。
	10・19	人民解放軍，長春を占領。
	10・22	人民解放軍，鄭州を占領。
	11・ 2	蕭軍，中共東北局による批判を受ける。
	11・ 6	華東，中原人民解放軍，淮海戦役を発動。
	11・ 9	蔣介石，トルーマンに緊急の軍事援助を要請。
	11・12	人民解放軍，承徳を占拠。
	11・26	国民政府翁文灝内閣総辞職，孫科，組閣する。
	12・ 1	中国人民銀行成立。
	12・ 5	東北解放軍と華北解放軍，平津戦役を発動。
	12・10	蔣介石，全国に戒厳令を布告。
	12・14	人民解放軍，北平に迫る。
	12・24	人民解放軍，張家口を占領。
	12・25	李宗仁，白崇禧，国共和平会談の開催と蔣介石の下野を迫る。
	12・29	国民党，蔣経国を台湾省党支部主任に任命。
1949	1・ 1	蔣介石，「法統」「憲法」「国民党軍隊の維持」を条件に共産党との和平交渉を要求。
		蔣介石，陳誠を台湾省政府主席に任命。

年	月　日	事　　　　項
		新華社，毛沢東の「革命を最後まで遂行せよ」を発表。
	1・10	蔣介石と蔣経国，中央銀行の現金を上海から台湾に移す。
	1・14	毛沢東，「時局に関する声明」を発表，国民政府に8項目の和平条件を提示。
	1・15	人民解放軍，天津を占領。
	1・19	国民政府行政院，無条件停戦を提案。
	1・22	蔣介石，引退を宣言，李宗仁が代理総統になる。
	1・27	アメリカ駐華軍事顧問団，和平交渉停止を宣言。
	1・31	人民解放軍，北平に無血入場。平津戦役が終結。
	2・ 1	国民党中央党部，南京から広州に移転。
	2・ 3	人民解放軍，北平入場式を挙行。
	2・ 5	国民政府行政院，広州へ移転。
	2・20	華北人民政府，北平へ移転。
	2・21	西北解放軍，西安を攻撃。
	3・ 1	中華全国学生代表大会，北平で開幕。
	3・ 5	中共中央7期2中全会，河北省平山県で開催，毛沢東，農村から都市へ工作の重点を移すことを宣言（～13日）。
	3・ 8	孫科内閣総辞職。
	3・12	何応欽，行政院長に就任。
	3・25	中共中央委員会，人民解放軍総部，北平に移転。
	3・26	中共中央，国民党に毛沢東の和平条件を基礎に4月1日から北平で和平交渉に入ることを通告(代表・周恩来)。
	4・ 1	国民政府和平代表団・張治中，邵力子一行，北平に到着。
	4・ 3	人民解放軍第3野戦軍，杭州を占領。
	4・12	和平代表団，国内和平協定草案に合意。
	4・13	中共中央，和平協定最終修正案を国民党に提示，4月20日までに態度を表明することを要求（～15日)。
	4・21	毛沢東と朱徳，全国に向け進軍命令を発する。人民解放軍，長江を渡河して南進。国民政府，南京から広州に遷都。
	4・23	人民解放軍，南京を占領。
	4・24	人民解放軍第1野戦軍，太原を占領。
	5・ 1	人民解放軍華東軍区海軍司令部成立。
		大同の国民党軍，投降。人民解放軍，山西全省を占領。
	5・10	南京人民政府成立。
	5・20	人民解放軍第1野戦軍，西安を占領。
	5・21	李宗仁，声明を発表，国民党の形勢が「かなり劣悪」であることを認める。
	5・27	国民党軍隊，上海から撤退。
	6・ 2	国民政府軍，青島から撤退，人民解放軍，山東全域を占領。
	6・15	新政治協商会議準備会，北平で開催（～19日)。
		中国民主同盟機関紙『光明日報』，北平で創刊。
	6・30	毛沢東，「人民民主主義独裁について」を発表。
	7・ 2	中華全国文芸工作者代表大会，北平で開催。
	7・16	蔣介石，国民党非常委員会を組織。
		中ソ友好協会準備委員会，広州で成立。
	7・19	人民解放軍，浙江省を占領。
	7・23	全国工会工作会議，北平で開催。
	8・ 1	国民政府，広州より重慶に移転を開始，一部の中枢機関は台湾に移動。
	8・ 4	国民党湖南省政府主席・程潜，中共に投降。
	8・ 5	米国国務省，『中国白書』を発表。
	8・18	毛沢東，「さらば，スチュアート」を発表。
	8・21	東北人民政府成立。
	9・ 2	国民党雲南省主席・龍雲，国民党からの離脱を表明。
	9・21	中国人民政治協商会議，北平で開催，その中で毛沢東を中華人民共和国中央人民政府委員会主席に選出。
		「政協」第1回全体会議で，国都を北平とし北京に改称，国旗を「五星紅旗」とすることなどを決定（～30日)。
	10・ 1	中華人民共和国成立。
	10・ 2	ソ連，中華人民共和国を承認。
	10・ 4	米，中華人民共和国不承認を声明。
	10・ 5	中ソ友好協会設立。
	11・15	周恩来，国連に対して「中華人民共和国のみが中国を代表する」と声明。

年	月　日	事　　　項
	11・29	国民政府，重慶から成都への遷都を表明。
	11・30	人民解放軍第2野戦軍，重慶を占領。
	12・ 6	毛沢東，陳伯達らをともない，モスクワに出発，12月16日モスクワ着。
	12・ 8	国民政府，台北に遷都を決定，9日から行政院，台北で業務を開始。
	12・ 9	蔣介石と蔣経国，成都から台北，大陸反攻を宣言。
	12・27	人民解放軍，成都を占領。

修訂版 編集後記

1995年に刊行された『近代中国人名辞典』の編集は，当時慶應義塾大学の山田辰雄研究室でワープロによって行なわれていた。その頃のワープロの機能には限界があったため，外字として多くの漢字を作らなければならなかったことが思い出される。

それから16年が経過した2011年10月に『近代中国人名辞典 修訂版』編集委員会が組織され，それ以降旧版の編集委員4名と霞山会，国書刊行会の担当者による編集会議が霞山会の会議室で定期的に開催されてきた。刊行するにあたり，編集会議は延べ25回に及んでいる。

これまでの編集手順を振り返るならば，以下のようになる。

・旧版の執筆者全員に修訂版の趣旨を伝え，新たな資料をもとに旧版の原稿に修正を加えていただいた。
・編集委員会で検討の結果，計26名の人名を加え，総計1091名の人名を収録することにした。それによって執筆者には，新たに13名が加わり計141名となった。
・執筆者から戻された原稿を編集者全員が読み，内容の確認を行った。不明個所がある場合，執筆者に問い合わせた。
・修正の必要がないとの回答の場合，編集委員会の権限で凡例をもとに最低限の用語の統一，誤植等の修正を行った。また生没年が不明であったものが新しいデーターで判明している場合には，最新情報を加えた。
・附録の年表は，政治史を軸におき旧版の項目を吟味し新たに作成した。
・判型をB5判とした。

こうして『近代中国人名辞典 修訂版』が完成した。旧版と修訂版の編集を合わせると20年以上の月日が流れている。長い時間を要した編集作業を支えてくださったのは，執筆者各位，霞山会，国書刊行会である。これまでのご協力に感謝を申し上げたい。

2018（平成30）年3月

『近代中国人名辞典 修訂版』編集委員会

近代中国人名辞典
修訂版

2018年3月20日　初版第1刷発行

編者　近代中国人名辞典修訂版編集委員会
委員長 山田辰雄
委員 小山三郎　嵯峨隆　家近亮子

発行者　池田 維
発行　一般財団法人霞山会
東京都港区赤坂2-17-47
電話03-5575-6301　FAX03-5575-6306

発売　株式会社国書刊行会
東京都板橋区志村1-13-15
電話03-5970-7421　FAX03-5970-7428
http://www.kokusho.co.jp

印刷　中央精版印刷株式会社
製本　株式会社ブックアート
ISBN978-4-336-06257-4